2026
공인노무사
한권으로 끝내기

1차시험 | 전과목

끝까지 책임진다! 시대에듀!
QR코드를 통해 도서 출간 이후 발견된 오류나 개정법령, 변경된 시험 정보, 최신기출문제, 도서 업데이트 자료 등이 있는지 확인해 보세요!
시대에듀 합격 스마트 앱을 통해서도 알려 드리고 있으니 구글 플레이나 앱 스토어에서 다운받아 사용하세요.
또한, 파본 도서인 경우에는 구입하신 곳에서 교환해 드립니다.

편집진행 안효상·고광옥·김민지 | **표지디자인** 박종우 | **본문디자인** 하한우·윤준하

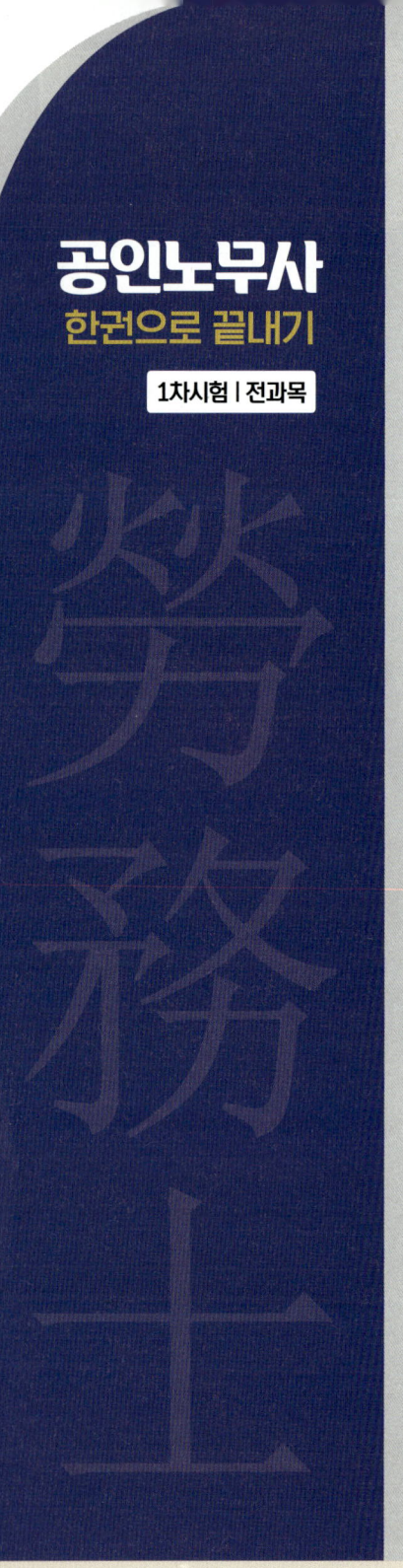

머리말

사회가 고도화됨에 따라 노사관계 및 노동이슈가 증가하고 있고, 개별적 노사관계는 물론 집단적 노사관계에 이르기까지 분쟁의 해결이라는 측면에서 공인노무사의 역할은 더욱 증대되고 있다. 이에 따라 최근 고용노동부는 공인노무사의 인력수급을 적정화하기 위하여 2018년부터 공인노무사시험 합격인원을 기존보다 50명 더 늘리기로 하였다.

공인노무사시험은 격년제로 시행되었으나, 1998년부터는 매년 1회 치러지고 있으며, 2024년부터는 1차시험이 과목당 40문항으로 문제 수가 증가되었다. 1차시험은 5지 택일형 객관식, 2차시험은 논문형 주관식으로 진행되고, 1·2차시험 합격자에 한하여 전문지식과 응용능력 등을 확인하기 위한 3차시험(면접)이 실시된다.

전 과목의 평균이 60점 이상이면 합격하는 1차시험 준비의 키워드는 '효율성'으로, 보다 어려운 2차시험 준비를 철저히 하기 위하여 단시간에 효율적으로 학습할 필요가 있는데, 본 교재는 이를 위한 종합본으로서 꼭 필요한 내용만을 담아 구성하였다.

Always with you

사람의 인연은 길에서 우연하게 만나거나 함께 살아가는 것만을 의미하지는 않습니다.
책을 펴내는 출판사와 그 책을 읽는 독자의 만남도 소중한 인연입니다.
시대에듀는 항상 독자의 마음을 헤아리기 위해 노력하고 있습니다. 늘 독자와 함께하겠습니다.

「2026 시대에듀 EBS 공인노무사 1차 한권으로 끝내기」의 특징은 다음과 같다.

첫 번째 최신 개정법령과 최근 기출문제의 출제경향을 완벽하게 반영하였다.

두 번째 EBS 교수진의 철저한 검수를 통하여 교재상의 오류를 없애고, 최신 학계동향을 정확하게 반영하였으므로, 출제가능성이 높은 주제를 빠짐없이 학습할 수 있다.

세 번째 상세한 이론 및 해설을 수록하였고, 기출표기를 통하여 해당 조문의 중요도를 한눈에 파악할 수 있도록 하였다.

네 번째 매 Chapter와 관련된 기출문제만을 모아 구성한 실전대비문제로 문제해결능력을 습득하고, 변형·심화문제에 대비할 수 있다.

다섯 번째 제1권(노동법Ⅰ·Ⅱ)과 제2권(민법·사회보험법), 제3권(경제학원론·경영학개론)으로 분권하여 편하게 휴대할 수 있도록 하였습니다.

본 교재가 공인노무사시험을 준비하는 수험생 여러분에게 합격을 위한 좋은 안내서가 되기를 바라며, 여러분의 합격을 기원한다.

편저자 올림

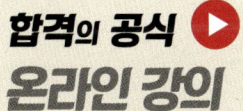
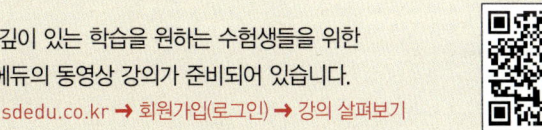

이 책의 구성과 특징

2026 시대에듀 EBS 공인노무사 1차 한권으로 끝내기

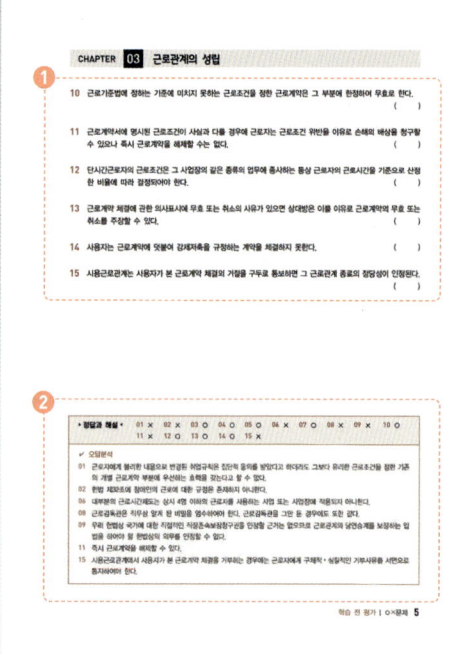

Point 1 OX문제 사전테스트

각 Chapter별 최다 빈출지문을 선별하여 구성한 OX문제로 중요내용을 선행학습할 수 있도록 하였다.

Point 2 오답분석

문제 하단에 정답과 해설을 배치하여 지문이 내포하고 있는 개념을 바로 이해할 수 있도록 하였다.

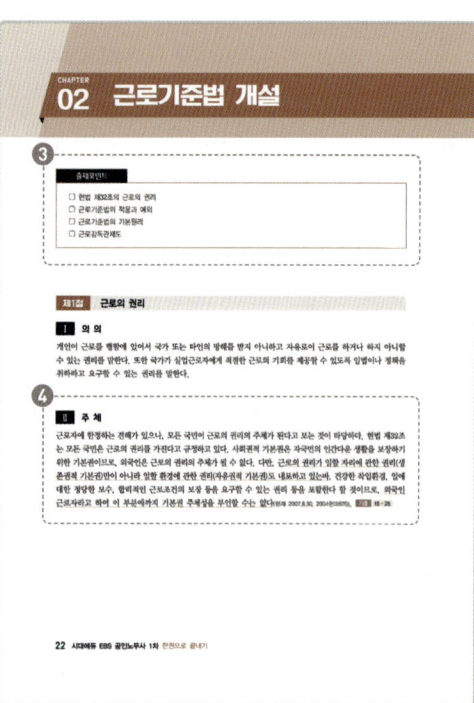

Point 3 각 CHAPTER별 출제 Point

해당 Chapter의 최다 빈출내용을 정리하여 반드시 학습하여야 할 내용을 미리 확인할 수 있도록 하였다.

Point 4 기출표기 및 핵심 Point

기출표기로 출제연도를 표시하였고, 핵심내용에는 밑줄을 그어 반드시 짚고 넘어갈 수 있도록 하였다.

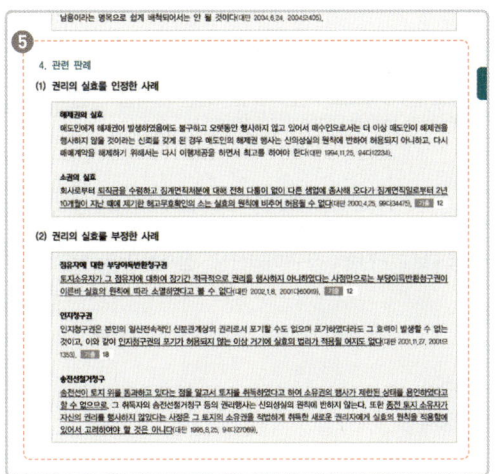

Point 5 · 판례박스

시험에 자주 출제되는 중요판례를 관련 이론과 함께 수록하여 쉽게 암기할 수 있도록 하였다.

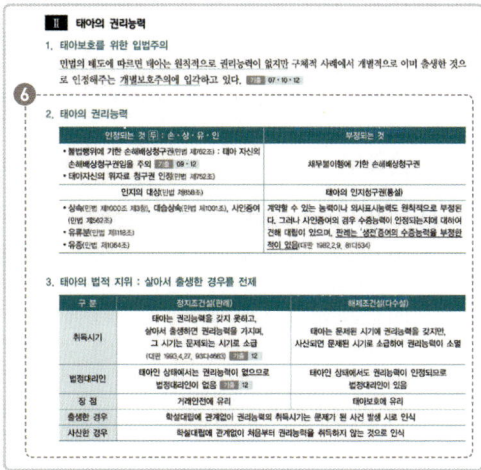

Point 6 · 도표 및 도해식 핵심정리

개념이해를 위한 다양한 도표와 도해식 핵심정리를 통하여 보다 입체적으로 학습할 수 있도록 하였다.

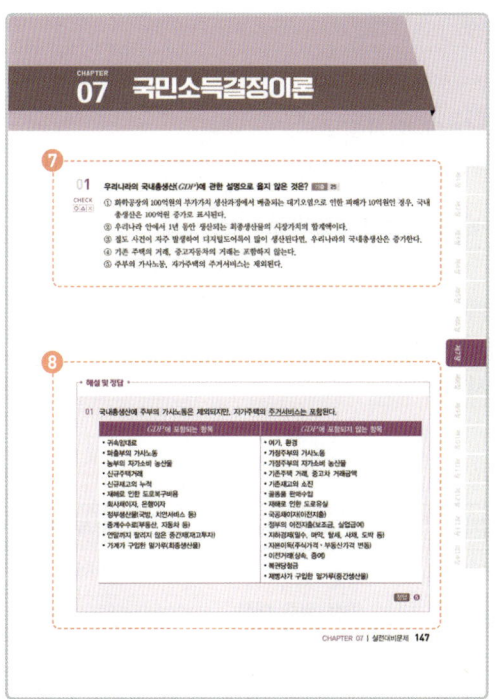

Point 7 · 최신 기출문제

매 Chapter마다 기출문제를 수록하여 문제해결능력을 높이고, 최근 출제경향을 파악할 수 있도록 하였다.

Point 8 · 상세해설 및 정답

상세한 해설로 문제가 요구하는 바를 정확히 이해할 수 있도록 하였다.

자격시험 소개

★ 2025년 제34회 시험공고 기준

◉ 공인노무사란?

⋯▶ 노동관계법령 및 인사노무관리 분야에 대한 전문적인 지식과 경험을 제공함으로써 사업 또는 사업장의 노동관계업무의 원활한 운영을 도모하며, 노사관계를 자율적이고 합리적으로 개선시키는 전문인력을 말한다.

◉ 주요업무

❶ 공인노무사는 다음의 직무를 수행한다.
  (1) 노동관계법령에 따라 관계기관에 대하여 행하는 신고·신청·보고·진술·청구(이의신청·심사청구 및 심판청구를 포함한다) 및 권리구제 등의 대행 또는 대리
  (2) 노동관계법령에 따른 서류의 작성과 확인
  (3) 노동관계법령과 노무관리에 관한 상담·지도
  (4) 「근로기준법」을 적용받는 사업이나 사업장에 대한 노무관리진단
  (5) 「노동조합 및 노동관계조정법」에서 정한 사적(私的) 조정이나 중재
  (6) 사회보험관계법령에 따라 관계기관에 대하여 행하는 신고·신청·보고·진술·청구(이의신청·심사청구 및 심판청구를 포함한다) 및 권리구제 등의 대행 또는 대리

❷ "노무관리진단"이란 사업 또는 사업장의 노사당사자 한쪽 또는 양쪽의 의뢰를 받아 그 사업 또는 사업장의 인사·노무관리·노사관계 등에 관한 사항을 분석·진단하고, 그 결과에 대하여 합리적인 개선방안을 제시하는 일련의 행위를 말한다.

◉ 응시자격

❶ 공인노무사법 제4조 각 호의 결격사유에 해당하지 아니하는 사람

> 다음의 어느 하나에 해당하는 사람은 공인노무사가 될 수 없다.
> ① 미성년자
> ② 피성년후견인 또는 피한정후견인
> ③ 파산선고를 받은 사람으로서 복권(復權)되지 아니한 사람
> ④ 공무원으로서 징계처분에 따라 파면된 사람으로서 3년이 지나지 아니한 사람
> ⑤ 금고(禁錮) 이상의 실형을 선고받고 그 집행이 끝나거나(집행이 끝난 것으로 보는 경우를 포함한다) 집행이 면제된 날부터 3년이 지나지 아니한 사람
> ⑥ 금고 이상의 형의 집행유예를 선고받고 그 유예기간이 끝난 날부터 1년이 지나지 아니한 사람
> ⑦ 금고 이상의 형의 선고유예기간 중에 있는 사람
> ⑧ 징계에 따라 영구등록취소된 사람

❷ 2차시험은 당해 연도 1차시험 합격자 또는 전년도 1차시험 합격자
❸ 3차시험은 당해 연도 2차시험 합격자 또는 전년도 2차시험 합격자

◉ 시험일정

구 분	인터넷 원서접수	시험일자	시행지역	합격자 발표
2026년 제35회 1차	2026년 4월 중	2026년 5월 중	서울, 부산, 대구, 인천, 광주, 대전	2026년 6월 중
2026년 제35회 2차	2026년 7월 중	2026년 8월 중		2026년 11월 중
2026년 제35회 3차		2026년 11월 중	서 울	2026년 12월 중

※ 시험에 응시하려는 사람은 응시원서와 함께 영어능력검정시험 성적표를 제출하여야 한다.

◉ 시험시간

구분	교시	시험과목	문항수	시험시간	시험방법
1차시험	1	1. 노동법Ⅰ 2. 노동법Ⅱ	과목당 40문항 (총 200문항)	80분 (09:30~10:30)	객관식 (5지 택일형)
	2	3. 민법 4. 사회보험법 5. 영어(영어능력검정시험 성적으로 대체) 6. 경제학원론 · 경영학개론 중 1과목		120분 (11:20~13:20)	
2차시험	1 2	1. 노동법	4문항	교시당 75분 (09:30~10:45) (11:15~12:30)	주관식 (논문형)
	3	2. 인사노무관리론	과목당 3문항	과목당 100분 (13:50~15:30) (09:30~11:10) (11:40~13:20)	
	4 5	3. 행정쟁송법 4. 경영조직론 · 노동경제학 · 민사소송법 중 1과목			
3차시험		1. 국가관 · 사명감 등 정신자세 2. 전문지식과 응용능력 3. 예의 · 품행 및 성실성 4. 의사발표의 정확성과 논리성		1인당 10분 내외	면접

◉ 합격기준

구분	합격자 결정
1차시험	영어과목을 제외한 나머지 과목에서 과목당 100점을 만점으로 하여 각 과목의 점수가 40점 이상이고, 전 과목 평균점수가 60점 이상인 사람
2차시험	• 과목당 만점의 40% 이상, 전 과목 총점의 60% 이상을 득점한 사람을 합격자로 결정 • 각 과목의 점수가 40% 이상이고, 전 과목 평균점수가 60% 이상을 득점한 사람의 수가 최소합격인원보다 적은 경우에는 최소합격인원의 범위에서 모든 과목의 점수가 40% 이상을 득점한 사람 중에서 전 과목 평균점수가 높은 순서로 합격자를 결정
3차시험	• 평정요소마다 "상"(3점), "중"(2점), "하"(1점)로 구분하고, 총 12점 만점으로 채점하여 각 시험위원이 채점한 평점의 평균이 "중"(8점) 이상인 사람 • 위원의 과반수가 어느 하나의 같은 평정요소를 "하"로 평정하였을 때에는 불합격

◉ 영어능력검정시험

| 시험명 | 토플(TOEFL) | | 토익
(TOEIC) | 텝스
(TEPS) | 지텔프
(G-TELP) | 플렉스
(FLEX) | 아이엘츠
(IELTS) |
	PBT	IBT					
일반응시자	530	71	700	340	65(Level 2)	625	4.5
청각장애인	352	—	350	204	43(Level 2)	375	—

자격시험 검정현황

◉ 공인노무사 수험인원 및 합격자현황

구분	1차시험				2차시험				3차시험			
	대상	응시	합격	합격률	대상	응시	합격	합격률	대상	응시	합격	합격률
제28회('19)	6,211	5,269	2,494	47.3%	3,750	3,231	303	9.4%	303	303	303	100%
제29회('20)	7,549	6,203	3,439	55.4%	4,386	3,871	343	8.9%	343	343	343	100%
제30회('21)	7,654	6,692	3,413	51.0%	5,042	4,514	322	7.1%	322	322	320	99.4%
제31회('22)	8,261	7,002	4,221	60.3%	5,745	5,128	549	10.7%	551	551	551	100%
제32회('23)	10,225	8,611	3,019	35.1%	5,327	4,724	395	8.4%	395	395	395	100%
제33회('24)	11,646	9,602	2,150	22.4%	4,052	3,682	330	8.9%	330	329	329	100%
제34회('25)	12,410	10,238	5,054	49.4%	인쇄일 현재 2025년 제34회 2차·3차 검정현황 미발표							

◉ 검정현황(그래프)

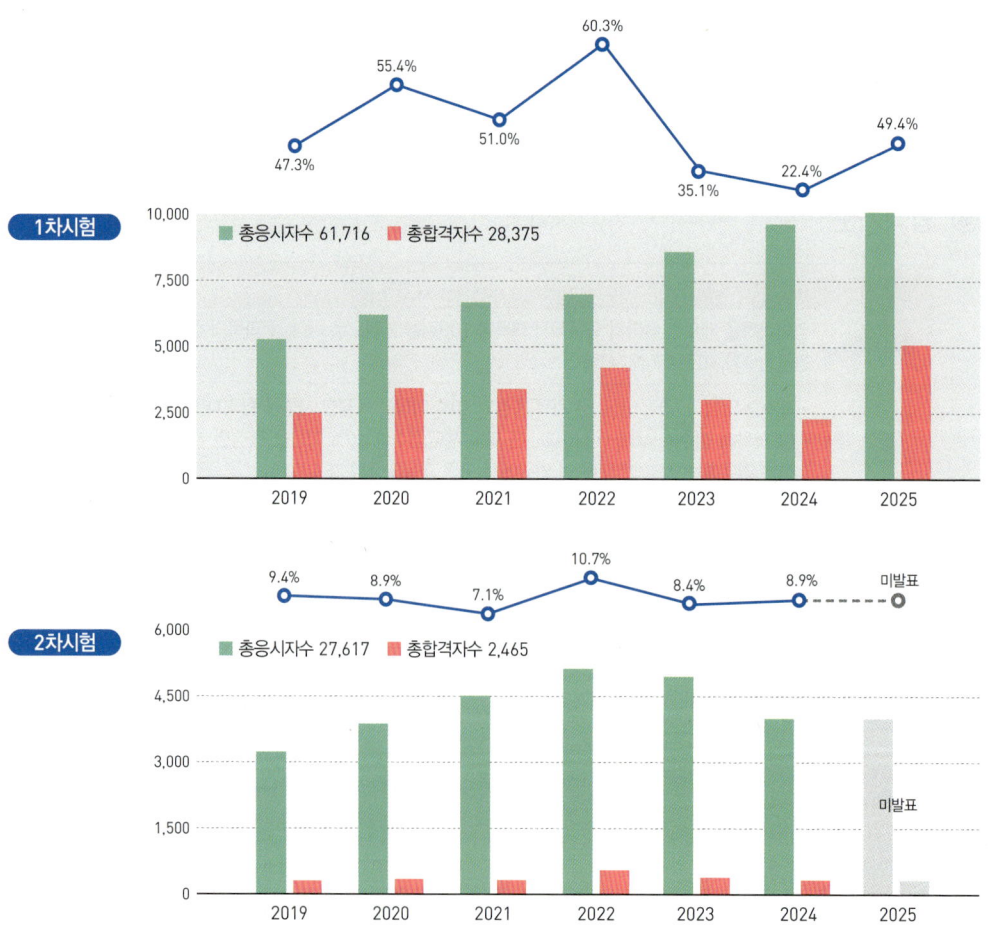

최신 개정법령 소개

❖ 본 교재에 반영한 최신 개정법령은 아래와 같다.

노동법 Ⅰ				노동법 Ⅱ · 사회보험법		
구 분	법 령	시행일자		구 분	법 령	시행일자
근로기준법	근기법	2025.10.23.		노동조합 및 노동관계조정법	노조법	2026.03.10.
	근기법 시행령	2025.10.23.			노조법 시행령	2025.08.07.
	근기법 시행규칙	2025.02.23.			노조법 시행규칙	2025.10.01.
파견근로자 보호 등에 관한 법률	파견법	2020.12.08.		근로자참여 및 협력증진에 관한 법률	근참법	2022.12.11.
	파견법 시행령	2025.06.21.			근참법 시행령	2022.12.11.
	파견법 시행규칙	2024.06.12.			근참법 시행규칙	2023.06.08.
기간제 및 단시간근로자 보호 등에 관한 법률	기단법	2021.05.18.		노동위원회법	노위법	2022.05.19.
	기단법 시행령	2021.04.08.			노위법 시행령	2024.12.27.
	기단법 시행규칙	2007.07.01.			노위법 시행규칙	2015.07.21.
산업안전보건법	산안법	2025.10.01.		공무원의 노동조합 설립 및 운영 등에 관한 법률	공노법	2023.12.11.
	산안법 시행령	2025.10.01.			공노법 시행령	2023.12.11.
	산안법 시행규칙	2026.01.01.			공노법 시행규칙	2025.10.01.
직업안정법	직안법	2024.07.24.		교원의 노동조합 설립 및 운영 등에 관한 법률	교노법	2023.12.11.
	직안법 시행령	2024.12.31.			교노법 시행령	2023.12.11.
	직안법 시행규칙	2024.06.12.			교노법 시행규칙	2021.07.06.
남녀고용평등과 일·가정 양립 지원에 관한 법률	고평법	2025.10.01.		사회보장기본법	사보법	2026.01.02.
	고평법 시행령	2025.10.01.			사보법 시행령	2025.10.01.
	고평법 시행규칙	2025.10.01.			사보법 시행규칙	2021.12.09.
최저임금법	최임법	2020.05.26.		고용보험법	고보법	2025.10.01.
	최임법 시행령	2019.01.01.			고보법 시행령	2025.11.01.
	최임법 시행규칙	2019.01.01.			고보법 시행규칙	2025.10.01.
근로자퇴직급여 보장법	근퇴법	2025.11.11.		산업재해보상보험법	산재법	2026.02.12.
	근퇴법 시행령	2024.05.28.			산재법 시행령	2025.10.01.
	근퇴법 시행규칙	2022.07.12.			산재법 시행규칙	2023.06.21.
임금채권보장법	임채법	2024.08.07.		국민연금법	연금법	2026.01.01.
	임채법 시행령	2024.08.07.			연금법 시행령	2026.01.01.
	임채법 시행규칙	2025.10.01.			연금법 시행규칙	2026.01.01.
근로복지기본법	근복법	2023.06.11.		국민건강보험법	건강법	2025.04.23.
	근복법 시행령	2025.04.08.			건강법 시행령	2025.09.16.
	근복법 시행규칙	2025.10.01.			건강법 시행규칙	2025.04.23.
외국인근로자의 고용 등에 관한 법률	외고법	2025.10.01.		고용보험 및 산업재해 보상보험의 보험료 징수 등에 관한 법률	징수법	2024.01.01.
	외고법 시행령	2023.02.03.			징수법 시행령	2025.10.01.
	외고법 시행규칙	2025.06.02.			징수법 시행규칙	2025.10.01.

최근 7개년 출제경향

2026 시대에듀 EBS 공인노무사 1차 한권으로 끝내기

● 노동법 Ⅰ
▶ 회별 최다 출제항목 : 기타 법령(13.4문), 근로기준법 개설(3.4문), 휴게·휴일·휴가 및 여성과 연소근로자의 보호(3.0문) 순이다.

	구 분	2019	2020	2021	2022	2023	2024	2025	누 계	출제비율	회별출제
Ch01	총 설	1	1	1	1	1	1	1	7	3.4%	1.0
Ch02	근로기준법 개설	2	5	3	3	4	4	3	24	11.7%	3.4
Ch03	근로관계의 성립	3	-	1	1	1	1	-	7	3.4%	1.0
Ch04	임 금	1	2	2	2	1	2	3	13	6.3%	1.9
Ch05	근로시간	1	1	1	3	1	2	3	12	5.9%	1.7
Ch06	휴게·휴일·휴가 및 여성과 연소근로자의 보호	2	3	3	2	4	3	4	21	10.2%	3.0
Ch07	취업규칙 및 기숙사	1	1	1	1	1	2	1	8	3.9%	1.1
Ch08	근로관계의 변경	-	1	-	1	-	2	-	4	2.0%	0.6
Ch09	근로관계의 종료	4	1	3	1	-	2	4	15	7.3%	2.1
Ch10	기타 법령	10	10	10	10	12	21	21	94	45.9%	13.4

● 노동법 Ⅱ
▶ 회별 최다 출제항목 : 단결권(5.7문), 단체교섭권(5.3문), 단체행동권(4문) 순이다.

	구 분	2019	2020	2021	2022	2023	2024	2025	누 계	출제비율	회별출제
Ch01	총 설	3	2	1	1	1	2	2	12	5.9%	1.7
Ch02	단결권	5	5	5	4	6	6	9	40	19.5%	5.7
Ch03	단체교섭권	6	4	5	6	6	5	5	37	18.0%	5.3
Ch04	단체행동권	4	4	5	4	3	4	4	28	13.7%	4.0
Ch05	노동쟁의조정제도	2	4	3	3	2	5	5	24	11.7%	3.4
Ch06	부당노동행위구제제도	1	2	2	3	1	2	2	13	6.3%	1.9
Ch07	노사협의회	1	1	1	1	2	4	5	15	7.3%	2.1
Ch08	노동위원회	1	1	1	1	2	4	4	14	6.8%	2.0
Ch09	기타 법령	2	2	2	2	2	8	4	22	10.7%	3.1

● 민법
▶ 회별 최다 출제항목 : 권리의 변동(7문), 계약각론(3.7문), 채권의 효력(3.6문) 순이다.

		구 분	2019	2020	2021	2022	2023	2024	2025	누 계	출제비율	회별출제
제1편 민법총칙	Ch01	민법 서론	-	-	-	-	-	-	-	-	-	-
	Ch02	권리 일반	1	-	-	1	-	-	1	3	1.5%	0.4
	Ch03	권리의 주체	2	3	2	2	2	3	3	17	8.3%	2.4
	Ch04	권리의 객체	1	1	1	1	1	1	1	7	3.4%	1.0
	Ch05	권리의 변동	7	6	7	6	7	9	7	49	23.9%	7.0
	Ch06	기 간	-	-	1	1	1	-	1	4	2.0%	0.6
	Ch07	소멸시효	1	1	1	1	1	2	2	9	4.4%	1.3
제2편 채권총론	Ch01	채권법 서론	-	-	-	-	-	-	-	-	-	-
	Ch02	채권의 목적	-	1	-	1	-	-	1	3	1.5%	0.4
	Ch03	채권의 효력	4	4	4	1	4	5	3	25	12.2%	3.6
	Ch04	다수당사자의 채권관계	-	1	1	1	1	2	1	7	3.4%	1.0
	Ch05	채권양도와 채무인수	2	1	1	1	-	2	2	9	4.4%	1.3
	Ch06	채권의 소멸	-	1	-	2	-	2	3	8	3.9%	1.1
제3편 채권각론	Ch01	계약총론	2	1	3	3	3	5	6	23	11.2%	3.3
	Ch02	계약각론	3	3	4	3	2	7	6	26	12.7%	3.7
	Ch03	법정채권관계	2	2	2	2	2	3	2	15	7.3%	2.1

ANALYSIS

합격의 공식 Formula of pass • 시대에듀 www.sdedu.co.kr

● 사회보험법
▶ 회별 최다 출제항목 : 고용보험법(7.3문), 산업재해보상보험법(7문), 징수법(5.1문) 순이다.

구 분		2019	2020	2021	2022	2023	2024	2025	누 계	출제비율	회별출제
Ch01	사회보장기본법	4	3	3	4	3	3	3	23	11.2%	3.3
Ch02	고용보험법	5	7	6	6	7	10	10	51	24.9%	7.3
Ch03	산업재해보상보험법	6	6	6	6	6	10	9	49	23.9%	7.0
Ch04	국민연금법	2	2	2	2	2	5	5	20	9.8%	2.9
Ch05	국민건강보험법	3	2	2	2	4	6	7	26	12.7%	3.7
Ch06	징수법	5	5	6	5	3	6	6	36	17.6%	5.1

● 경제학원론
▶ 회별 최다 출제항목 : 인플레이션과 실업(4.7문), 시장이론(3.7문), 생산요소시장과 소득분배(3.6문) 순이다.

구 분		2019	2020	2021	2022	2023	2024	2025	누 계	출제비율	회별출제
Ch01	수요와 공급	3	2	1	2	2	4	3	17	8.3%	2.4
Ch02	소비자이론	2	2	1	1	1	1	4	12	5.9%	1.7
Ch03	생산자이론	3	1	1	1	3	4	2	15	7.3%	2.1
Ch04	시장이론	2	3	6	2	3	6	4	26	12.7%	3.7
Ch05	생산요소시장과 소득분배	3	3	3	5	3	3	5	25	12.2%	3.6
Ch06	시장과 효율성	2	2	3	2	-	-	3	12	5.9%	1.7
Ch07	국민소득결정이론	1	3	3	3	1	3	3	17	8.3%	2.4
Ch08	거시경제의 균형	3	2	1	2	2	3	2	15	7.3%	2.1
Ch09	거시경제안정화정책	1	1	1	1	-	-	-	4	2.0%	0.6
Ch10	미시적 기초	-	2	1	1	2	1	5	12	5.9%	1.7
Ch11	인플레이션과 실업	3	3	2	5	6	7	7	33	16.1%	4.7
Ch12	경기변동과 경제성장	-	-	1	-	1	5	-	7	3.4%	1.0
Ch13	국제경제학	2	1	-	1	1	3	2	10	4.9%	1.4

● 경영학개론
▶ 회별 최다 출제항목 : 조직구조와 조직행위(5문), 마케팅(4문), 재무관리(3.9문) 순이다.

구 분		2019	2020	2021	2022	2023	2024	2025	누 계	출제비율	회별출제
Ch01	경영의 기초	-	1	-	-	-	-	-	1	0.5%	0.1
Ch02	경영의 역사	1	-	2	1	-	3	-	7	3.4%	1.0
Ch03	경영환경	-	-	-	-	1	1	-	2	1.0%	0.3
Ch04	기업형태 및 기업집중	1	1	1	-	1	-	2	6	2.9%	0.9
Ch05	경영목표와 의사결정	1	-	1	-	1	-	-	3	1.5%	0.4
Ch06	경영관리론	-	-	-	1	1	1	1	4	2.0%	0.6
Ch07	전략수립과 전략실행	1	2	1	2	1	1	3	11	5.4%	1.6
Ch08	조직구조와 조직행위	4	6	4	3	6	7	5	35	17.1%	5.0
Ch09	인사관리와 노사관계관리	4	1	3	3	-	5	4	20	9.8%	2.9
Ch10	생산관리	-	2	2	3	4	6	7	24	11.7%	3.4
Ch11	마케팅	4	3	3	4	3	5	6	28	13.7%	4.0
Ch12	재무관리	3	3	4	1	4	6	6	27	13.2%	3.9
Ch13	경영정보시스템	2	3	1	2	2	2	-	12	5.9%	1.7
Ch14	회계학	4	3	3	2	4	3	6	25	12.2%	3.6

이 책의 목차

제1과목 노동법 I

CHAPTER 01 총 설
제1절 노동법의 의의 · 014
제2절 노동법의 경향 · 014
제3절 노동법의 법원 · 015
CHAPTER 01 실전대비문제 · 019

CHAPTER 02 근로기준법 개설
제1절 근로의 권리 · 022
제2절 개별적 근로관계법과 근로기준법 · 023
제3절 근로기준법의 적용범위 · 024
제4절 근로기준법상 근로자 · 027
제5절 근로기준법상 사용자 · 030
제6절 근로기준법상 근로조건결정규범 · 033
제7절 근로기준법의 기본원리 · 034
제8절 근로기준법의 실효성 확보 · 042
CHAPTER 02 실전대비문제 · 044

CHAPTER 03 근로관계의 성립
제1절 근로계약의 의의 및 법적 성질 · 050
제2절 근로계약의 체결 · 051
제3절 근로계약과 근로관계 · 055
제4절 근로계약과 당사자의 권리 및 의무 · 058
CHAPTER 03 실전대비문제 · 060

CHAPTER 04 임 금
제1절 임금의 의의 · 062
제2절 평균임금 · 064
제3절 통상임금 · 069
제4절 임금지급방법의 보호 · 088

제5절 휴업수당 · 093
제6절 임금채권의 보호 · 095
CHAPTER 04 실전대비문제 · 103

CHAPTER 05 근로시간

제1절 근로시간의 개념과 산정 · 108
제2절 근로시간의 보호 · 111
제3절 시간외근로와 시간외근로수당 · 115
제4절 근로시간의 신축적 운용 · 119
CHAPTER 05 실전대비문제 · 124

CHAPTER 06 휴게 · 휴일 · 휴가 및 여성과 연소근로자의 보호

제1절 휴게 · 휴일 · 휴가 · 128
제2절 여성과 연소근로자의 보호 · 139
CHAPTER 06 실전대비문제 · 147

CHAPTER 07 취업규칙 및 기숙사

제1절 취업규칙 · 154
제2절 기숙사 · 167
CHAPTER 07 실전대비문제 · 169

CHAPTER 08 근로관계의 변경

제1절 인사이동 · 174
제2절 전 직 · 176
제3절 전 적 · 179
제4절 휴 직 · 180
제5절 징 계 · 180
제6절 직위해제(대기발령) · 191
제7절 근로관계의 이전 · 194
CHAPTER 08 실전대비문제 · 199

CHAPTER 09 근로관계의 종료

제1절 근로관계 종료의 유형 · 202
제2절 해고의 실체적 정당성 · 203
제3절 해고의 절차적 정당성 · 213
제4절 부당해고의 구제 · 218
제5절 근로관계 종료 후의 근로자 보호 · 228
CHAPTER 09 실전대비문제 · 230

CHAPTER 10 기타 법령

제1절 파견근로자 보호 등에 관한 법률 · 236
제2절 기간제 및 단시간근로자 보호 등에 관한 법률 · 242
제3절 산업안전보건법 · 256
제4절 직업안정법 · 270
제5절 남녀고용평등과 일 · 가정 양립 지원에 관한 법률 · 279
제6절 최저임금법 · 293
제7절 근로자퇴직급여 보장법 · 299
제8절 임금채권보장법 · 309
제9절 근로복지기본법 · 316
제10절 외국인근로자의 고용 등에 관한 법률 · 323
CHAPTER 10 실전대비문제 · 331

제2과목 노동법 Ⅱ

CHAPTER 01 총 설

제1절 집단적 노사관계법 · 364
제2절 노동3권 · 364
CHAPTER 01 실전대비문제 · 369

CHAPTER 02 단결권

제1절 총 설 · 374
제2절 노동조합의 설립 · 379

제3절 노동조합의 운영과 활동 · 386
CHAPTER 02 실전대비문제 · 414

CHAPTER 03　단체교섭권

제1절 단체교섭 · 430
제2절 단체협약 · 449
CHAPTER 03 실전대비문제 · 470

CHAPTER 04　단체행동권

제1절 총 설 · 488
제2절 쟁의행위의 정당성 · 490
제3절 쟁의행위의 법적 책임 · 503
제4절 쟁의행위의 법적 효과 · 509
제5절 사용자의 쟁의행위 · 511
제6절 안전보호시설과 필수유지업무 · 515
제7절 쟁의기간 중 대체근로 등의 제한 · 519
CHAPTER 04 실전대비문제 · 521

CHAPTER 05　노동쟁의조정제도

제1절 서 설 · 528
제2절 노동쟁의조정제도 · 529
CHAPTER 05 실전대비문제 · 540

CHAPTER 06　부당노동행위구제제도

제1절 총 설 · 546
제2절 부당노동행위의 유형 · 549
제3절 부당노동행위의 구제절차 · 561
CHAPTER 06 실전대비문제 · 567

이 책의 목차

CHAPTER 07 노사협의회
- 제1절 서 설 · 572
- 제2절 노사협의제도 · 573
- CHAPTER 07 실전대비문제 · 580

CHAPTER 08 노동위원회
- 제1절 서 설 · 584
- 제2절 노동위원회의 종류와 소관사무 및 조직 · 585
- 제3절 노동위원회의 회의 · 592
- CHAPTER 08 실전대비문제 · 596

CHAPTER 09 기타 법령
- 제1절 공무원의 노동조합 설립 및 운영 등에 관한 법률 · 602
- 제2절 교원의 노동조합 설립 및 운영 등에 관한 법률 · 610
- CHAPTER 09 실전대비문제 · 618

일러두기

인용약어 | 본문에 언급되는 법률명 중 약어로 더 많이 사용하거나 긴 것들은 다음과 같이 표시하였다.

노동법 I
- 「근로기준법」 → 근기법
- 「파견근로자 보호 등에 관한 법률」 → 파견법
- 「기간제 및 단시간근로자 보호 등에 관한 법률」 → 기단법
- 「산업안전보건법」 → 산안법
- 「직업안정법」 → 직안법
- 「남녀고용평등과 일·가정 양립 지원에 관한 법률」 → 고평법
- 「최저임금법」 → 최임법
- 「근로자퇴직급여 보장법」 → 근퇴법
- 「임금채권보장법」 → 임채법
- 「근로복지기본법」 → 근복법
- 「외국인근로자의 고용 등에 관한 법률」 → 외고법

노동법 II
- 「노동조합 및 노동관계조정법」 → 노조법
- 「근로자참여 및 협력증진에 관한 법률」 → 근참법
- 「노동위원회법」 → 노위법
- 「공무원의 노동조합 설립 및 운영 등에 관한 법률」 → 공노법
- 「교원의 노동조합 설립 및 운영 등에 관한 법률」 → 교노법

사회보험법
- 「사회보장기본법」 → 사보법
- 「고용보험법」 → 고보법
- 「산업재해보상보험법」 → 산재법
- 「국민연금법」 → 연금법
- 「국민건강보험법」 → 건강법
- 「고용보험 및 산업재해보상보험의 보험료징수 등에 관한 법률」 → 징수법

2026
공인노무사
한권으로 끝내기

1차시험 | 전과목

1권 | 노동법 Ⅰ·Ⅱ

시대에듀

CHAPTER 01 　 총 설

CHAPTER 02 　 근로기준법 개설

CHAPTER 03 　 근로관계의 성립

CHAPTER 04 　 임 금

CHAPTER 05 　 근로시간

CHAPTER 06 　 휴게·휴일·휴가 및 여성과 연소근로자의 보호

CHAPTER 07 　 취업규칙 및 기숙사

CHAPTER 08 　 근로관계의 변경

CHAPTER 09 　 근로관계의 종료

CHAPTER 10 　 기타 법령

노동법 I

출제경향 & 수험대책

2024년 실시된 제33회 공인노무사 1차시험부터 노동법 I 시험문제가 40문항으로 증가함에 따라 노동법 분야의 폭넓은 이해를 요구하는 문제뿐만 아니라 부속법령에 관한 지엽적인 조문문제도 다수 출제되어, 수험가에서 예상한 바와 같이 시험의 난이도가 상당한 정도로 상승한 결과를 가져왔다. 새로운 출제경향에 대비하기 위해 다음과 같이 준비하면 될 것으로 보인다. 노동법 I은 까다로운 문제가 많아 법조문 및 판례에 대한 정확한 이해와 암기가 요구되고 법령개정도 빈번하여 시험 전까지 수시로 개정사항을 파악하여야 한다. 기본서에 수록된 기출분석표의 각 Chapter별 출제비율을 참고하여 중요한 내용 위주로 준비하면 충분하리라 판단된다. 이와 더불어 부속법령에 대한 출제에 대응하여 지면이 허락하는 한 개별법률뿐만 아니라 시행령, 시행규칙도 소개하려고 노력하였으므로 이를 기준으로 학습의 강약을 조절할 필요가 있다.

빈출지문 OX 학습 전 평가

CHAPTER 01 총 설

01 근로자들의 집단적 동의를 받아 불리하게 변경된 취업규칙은 그보다 유리한 근로조건을 따로 정한 기존의 개별 근로계약부분에 우선하는 효력을 갖는다. ( )

02 헌법 제32조에 장애인의 근로는 특별한 보호를 받으며, 고용·임금 및 근로조건에 있어서 부당한 차별을 받지 아니한다고 명시적으로 규정하고 있다. ( )

03 단결권 및 단체교섭권 원칙의 적용에 관한 협약(제98호)은 우리나라가 비준한 국제노동기구(ILO)의 협약이다. ( )

04 취업규칙은 근로기준법이 근로자 보호의 목적으로 그 작성을 강제하고 이에 법규범성을 부여한 것이다. ( )

CHAPTER 02 근로기준법 개설

05 근로기준법에 따른 현장조사, 서류의 제출, 심문 등의 수사는 검사와 근로감독관이 전담하여 수행한다. ( )

06 근로시간(근로기준법 제50조) 규정은 상시 4명 이하의 근로자를 사용하는 사업 또는 사업장에 적용된다. ( )

07 사용자는 직장 내 괴롭힘에 대한 조사기간 동안 피해근로자 등을 보호하기 위하여 필요한 경우 해당 피해근로자 등에 대하여 근무장소의 변경, 유급휴가명령 등 적절한 조치를 하여야 한다. 이 경우 사용자는 피해근로자 등의 의사에 반하는 조치를 하여서는 아니 된다. ( )

08 근로감독관을 그만 둔 날로부터 1년이 경과한 후에는 직무상 알게 된 비밀을 엄수할 의무가 없다. ( )

09 근로자는 국가에 대해 직접적인 직장존속보장청구권을 가지고 있으므로 국가는 근로관계의 당연승계를 보장하는 입법을 반드시 하여야 할 헌법상의 의무가 있다. ( )

CHAPTER 03 근로관계의 성립

10 근로기준법에 정하는 기준에 미치지 못하는 근로조건을 정한 근로계약은 그 부분에 한정하여 무효로 한다. ( )

11 근로계약서에 명시된 근로조건이 사실과 다를 경우에 근로자는 근로조건 위반을 이유로 손해의 배상을 청구할 수 있으나 즉시 근로계약을 해제할 수는 없다. ( )

12 단시간근로자의 근로조건은 그 사업장의 같은 종류의 업무에 종사하는 통상 근로자의 근로시간을 기준으로 산정한 비율에 따라 결정되어야 한다. ( )

13 근로계약 체결에 관한 의사표시에 무효 또는 취소의 사유가 있으면 상대방은 이를 이유로 근로계약의 무효 또는 취소를 주장할 수 있다. ( )

14 사용자는 근로계약에 덧붙여 강제저축을 규정하는 계약을 체결하지 못한다. ( )

15 시용근로관계는 사용자가 본 근로계약 체결의 거절을 구두로 통보하면 그 근로관계 종료의 정당성이 인정된다. ( )

▶ **정답과 해설** ◀ 01 × 02 × 03 ○ 04 ○ 05 ○ 06 × 07 ○ 08 × 09 × 10 ○
11 × 12 ○ 13 ○ 14 ○ 15 ×

✔ **오답분석**
01 근로자에게 불리한 내용으로 변경된 취업규칙은 집단적 동의를 받았다고 하더라도 그보다 유리한 근로조건을 정한 기존의 개별 근로계약 부분에 우선하는 효력을 갖는다고 할 수 없다.
02 헌법 제32조에 장애인의 근로에 대한 규정은 존재하지 아니한다.
06 대부분의 근로시간제도는 상시 4명 이하의 근로자를 사용하는 사업 또는 사업장에 적용되지 아니한다.
08 근로감독관은 직무상 알게 된 비밀을 엄수하여야 한다. 근로감독관을 그만 둔 경우에도 또한 같다.
09 우리 헌법상 국가에 대한 직접적인 직장존속보장청구권을 인정할 근거는 없으므로 근로관계의 당연승계를 보장하는 입법을 하여야 할 헌법상의 의무를 인정할 수 없다.
11 즉시 근로계약을 해제할 수 있다.
15 시용근로관계에서 사용자가 본 근로계약 체결을 거부하는 경우에는 근로자에게 구체적·실질적인 거부사유를 서면으로 통지하여야 한다.

16 시용기간 중에는 사용자의 해약권이 유보되어 있으므로 그 기간 중에 확정적 근로관계는 존재한다고 볼 수 없다. (   )

17 시용기간 중에 있는 근로자를 해고하거나 시용기간 만료 시 본계약의 체결을 거부하는 것은 사용자에게 유보된 해약권의 행사로서, 보통의 해고보다는 넓게 인정되나, 이 경우에도 객관적으로 합리적인 이유가 존재하여 사회통념상 상당하다고 인정되어야 한다. (   )

18 근로자가 계속 근로한 기간이 3개월 이상인 경우 해고예고규정이 적용되지 않는다. (   )

CHAPTER 04 임금

19 사용자는 연장근로에 대하여는 평균임금의 100분의 50 이상을 가산하여 근로자에게 지급하여야 한다. (   )

20 계속적·정기적으로 지급되고 지급대상, 지급조건 등이 확정되어 있어 사용자에게 지급의무가 있는 경영평가성과급은 평균임금 산정의 기초가 되는 임금에 포함된다. (   )

21 사용자의 귀책사유로 휴업하면서 휴업수당을 지급하지 않는 경우에 처벌하는 근로기준법 규정은 반의사불벌죄에 해당한다. (   )

22 통상임금에 속하기 위한 성질을 갖춘 임금이 1개월을 넘는 기간마다 정기적으로 지급되는 경우, 그 임금이 소정근로의 대가로서 성질을 상실하게 되는 것이 아니다. (   )

23 임금은 매월 1회 이상 일정한 날짜를 정하여 지급하여야 하며, 다만 임시로 지급하는 임금에 대하여는 그러하지 아니하다. (   )

24 평균임금의 산정기간 중에 출산전후휴가 기간이 있는 경우에는 그 기간과 그 기간 중에 지급된 임금은 평균임금 산정기준이 되는 기간과 임금의 총액에서 각각 뺀다. (   )

25 사용자의 귀책사유로 휴업하는 경우에 지급하는 휴업수당은 임금으로 볼 수 없다. (   )

26 근로기준법령상 체불사업주의 명단은 공공장소에 1년간 게시하여 공개한다. (   )

CHAPTER 05 근로시간

27 3개월 이내의 탄력적 근로시간제에 따라 근로자를 근로시킬 경우에는 근로일 종료 후 다음 근로일 개시 전까지 근로자에게 연속하여 11시간 이상의 휴식 시간을 주어야 한다. ( )

28 사용자는 근로기준법 제51조 및 제51조의2에 따른 단위기간 중 근로자가 근로한 기간이 그 단위기간보다 짧은 경우에는 그 단위기간 중 해당 근로자가 근로한 기간을 평균하여 1주간에 40시간을 초과하여 근로한 시간 전부에 대하여 제56조 제1항에 따른 가산임금을 지급하여야 한다. ( )

29 3개월 이내의 탄력적 근로시간제에 따라 근로자를 근로시킬 경우에는 기존의 임금수준이 낮아지지 않도록 임금보전방안을 강구하여 고용노동부장관에게 신고하여야 한다. ( )

30 단시간근로자의 1일 소정근로시간 수는 4주 동안의 소정근로시간을 그 기간의 단시간 근로자의 총 소정근로일수로 나눈 시간 수로 한다. ( )

31 단시간근로자에게만 적용되는 취업규칙을 불이익하게 변경하는 경우에는 적용대상이 되는 단시간근로자 과반수의 동의를 받아야 한다. ( )

32 15세 이상 18세 미만인 사람의 근로시간은 1일 7시간, 1주 35시간을 초과할 수 없다. 다만, 당사자 사이의 합의에 의하여 1일 1시간, 1주 5시간을 한도로 연장할 수 있다. ( )

▶ 정답과 해설 ◀ 16 × 17 ○ 18 × 19 × 20 ○ 21 ○ 22 ○ 23 ○ 24 ○ 25 ×
26 × 27 × 28 ○ 29 × 30 × 31 ○ 32 ○

✔ 오답분석
16 시용기간에 있는 근로자의 경우에도 사용자의 해약권이 유보되어 있다는 사정만 다를 뿐 그 기간에 확정적 근로관계는 존재한다.
18 계속 근로한 기간이 3개월 미만인 경우 해고예고규정이 적용되지 않는다.
19 사용자는 연장근로에 대하여는 통상임금의 100분의 50 이상을 가산하여 근로자에게 지급하여야 한다.
25 사용자의 귀책사유로 휴업하는 경우에 지급하는 휴업수당은 임금의 일종으로 보아야 한다.
26 명단 공개는 관보에 싣거나 인터넷 홈페이지, 관할 지방고용노동관서 게시판 또는 그 밖에 열람이 가능한 공공장소에 3년간 게시하는 방법으로 한다.
27 사용자는 3개월을 초과하는 탄력적 근로시간제에 따라 근로자를 근로시킬 경우에는 근로일 종료 후 다음 근로일 개시 전까지 근로자에게 연속하여 11시간 이상의 휴식 시간을 주어야 한다.
29 3개월 이내의 탄력적 근로시간제에서는 기존의 임금 수준이 낮아지지 아니하도록 임금보전방안을 강구하는 것으로 족하다.
30 단시간근로자의 1일 소정근로시간 수는 4주 동안의 소정근로시간을 그 기간의 통상 근로자의 총 소정근로일수로 나눈 시간 수로 한다.

33 사용자는 근로시간이 8시간인 경우에는 모든 근로자에게 30분의 휴게시간을 근로시간 도중에 주어야 한다.
(　　)

34 탄력적 근로시간제도는 15세 이상 18세 미만의 연소근로자와 임신 중인 여성근로자에게는 적용하지 않는다.
(　　)

35 사용자는 근로자대표와의 서면합의에 따라 다음의 사항을 정하면 3개월 이내의 단위기간을 평균하여 1주간의 근로시간이 제50조 제1항의 근로시간을 초과하지 아니하는 범위에서 특정한 주에 제50조 제1항의 근로시간을, 특정한 날에 제50조 제2항의 근로시간을 초과하여 근로하게 할 수 있다. 다만, 특정한 주의 근로시간은 52시간을, 특정한 날의 근로시간은 12시간을 초과할 수 없다.
(　　)

CHAPTER 06 휴게·휴일·휴가 및 여성과 연소근로자의 보호

36 사용자는 1년간 80퍼센트 미만 출근한 근로자에게 1개월 개근 시 1일의 연차유급휴가를 주어야 한다.
(　　)

37 연차유급휴가 일수의 산정 시 근로자가 업무상의 질병으로 휴업한 기간은 출근한 것으로 보지 않는다.
(　　)

38 사용자가 근로자에게 주어야 하는 연차유급휴가의 총 휴가 일수는 가산휴가를 포함하여 25일을 한도로 한다.
(　　)

39 연차 휴가기간에 지급하여야 하는 임금은 유급휴가를 주기 전이나 준 직후의 임금지급일에 지급하여야 한다.
(　　)

40 연간 소정근로일수에 정당한 쟁의행위기간이 차지하는 일수가 포함되어 있는 경우 연차유급휴가 취득요건과 관련한 출근율은 소정근로일수에서 그 쟁의행위기간이 차지하는 일수를 제외한 나머지 일수를 기준으로 산정한다.
(　　)

41 사용자는 근로자대표와의 서면 합의에 따라 야간근로에 대하여 임금을 지급하는 것을 갈음하여 휴가를 줄 수 있다.
(　　)

42 사용자는 임신 중의 여성 근로자에게 시간외근로를 하게 하여서는 아니 되며, 그 근로자의 요구와 관계없이 쉬운 종류의 근로로 전환하여야 한다.
(　　)

43 사용자는 18세 미만인 사람과 근로계약을 체결하는 경우에 취업의 장소와 종사하여야 할 업무에 관한 사항을 서면(전자문서 및 전자거래 기본법에 따른 전자문서를 포함한다)으로 명시하여 교부하여야 한다.
(　　)

44 사용자는 18세 이상의 여성에 대하여는 그 근로자의 동의가 있는 경우에도 1일에 2시간, 1주에 6시간, 1년에 150시간을 초과하는 야간근로를 시키지 못한다. ( )

45 사용자는 18세 이상의 임신 중인 여성을 휴일에 근로시키려면 그 근로자의 동의와 고용노동부장관의 인가를 받아야 한다. ( )

46 의무교육대상자가 취직인허증을 신청하는 경우 신청인은 사용자가 될 자의 취업확인서를 받아 친권자 또는 후견인과 연명으로 고용노동부장관에게 신청하여야 한다. ( )

47 사용자는 18세 미만인 사람에 대하여는 그 연령을 증명하는 가족관계기록사항에 관한 증명서와 친권자 또는 후견인의 동의서를 사업장에 비치하여야 한다. ( )

48 15세 미만인 자를 사용하는 사용자가 취직인허증을 갖추어 둔 경우에는 가족관계기록사항에 관한 증명서와 친권자나 후견인의 동의서를 갖추어 둔 것으로 본다. ( )

49 취업규칙에서 근로자에 대하여 감급(減給)의 제재를 정할 경우에 그 감액은 1회의 금액이 통상임금의 1일분의 2분의 1을, 총액이 1임금지급기의 임금 총액의 10분의 1을 초과하지 못한다. ( )

50 사업주는 유산휴가를 청구한 근로자에게 임신기간이 28주 이상인 경우 유산한 날부터 30일까지 유산휴가를 주어야 한다. ( )

51 휴게(근로기준법 제54조)에 관한 규정은 감시(監視) 근로에 종사하는 사람으로서 사용자가 고용노동부장관의 승인을 받은 사람에 대하여는 적용하지 아니한다. ( )

▶ **정답과 해설** ◀ 33 ✕ 34 ○ 35 ○ 36 ○ 37 ✕ 38 ○ 39 ○ 40 ○ 41 ○ 42 ✕
43 ○ 44 ✕ 45 ✕ 46 ✕ 47 ○ 48 ○ 49 ✕ 50 ✕ 51 ○

✔ **오답분석**
33 8시간인 경우에는 1시간 이상의 휴게시간을 근로시간 도중에 주어야 한다.
37 업무상의 질병으로 휴업한 기간은 출근한 것으로 본다.
42 사용자는 임신 중의 여성 근로자에게 시간외근로를 하게 하여서는 아니 되며, 그 근로자의 요구가 있는 경우에는 쉬운 종류의 근로로 전환하여야 한다.
44 사용자는 18세 이상의 여성을 오후 10시부터 오전 6시까지의 시간 및 휴일에 근로시키려면 그 근로자의 동의를 받아야 한다. 한편 사용자는 산후 1년이 지나지 아니한 여성에 대하여는 단체협약이 있는 경우라도 1일에 2시간, 1주에 6시간, 1년에 150시간을 초과하는 시간외근로를 시키지 못한다.
45 사용자는 임신 중의 여성을 휴일에 근로시키려면 임신 중의 여성이 명시적으로 청구하는 경우로서 고용노동부장관의 인가를 받아야 한다.
46 학교장(의무교육대상자와 재학 중인 자로 한정) 및 친권자 또는 후견인의 서명을 받아 사용자가 될 자와 연명으로 고용노동부장관에게 신청하여야 한다.
49 통상임금 → 평균임금
50 유산한 날부터 90일까지 유산휴가를 주어야 한다.

CHAPTER 07 취업규칙 및 기숙사

52 사용자는 기숙사규칙의 작성 또는 변경에 관하여 기숙사에 기숙하는 근로자의 과반수의 동의를 받아야 한다.
( )

53 기숙사에 기숙하는 근로자가 기숙사규칙 중 안전과 보건에 관한 사항을 위반한 경우에는 500만원 이하의 과태료를 부과한다.
( )

54 노동조합이나 근로자들이 집단적 동의권을 남용하였다고 볼만한 특별한 사정이 없는 한 해당 취업규칙의 변경에 사회통념상 합리성이 있다는 이유만으로 그 유효성을 인정할 수는 없다.
( )

55 취업규칙이 근로자의 동의 없이 불이익하게 변경된 후에 이루어진 자의에 따른 사직 및 재입사로 근로관계가 단절된 근로자에 대하여 재입사 후 적용되는 취업규칙은 변경 전 취업규칙이다.
( )

56 근로자의 동의를 얻지 않은 취업규칙 불이익변경의 경우 그 변경으로 기득이익이 침해되는 기존의 근로자에게는 종전 취업규칙의 효력이 그대로 유지되지만, 변경 후에 근로관계를 갖게 된 근로자에게는 변경된 취업규칙이 적용된다.
( )

CHAPTER 08 근로관계의 변경

57 영업양도에 의하여 근로계약관계가 포괄적으로 승계된 경우에는 승계 후의 퇴직금 규정이 승계 전의 퇴직금 규정보다 근로자에게 불리하더라도 승계 후의 퇴직금 규정을 적용한다.
( )

58 징계처분에서 징계사유로 삼은 비위행위가 아닌 평소의 소행과 근무성적, 당해 징계처분사유 전후에 저지른 비위행위사실 등은 징계양정의 참작자료로 삼을 수 없다.
( )

59 징계위원회에 무자격위원이 참여한 상태에서 징계처분이 이루어진 경우 그 위원을 제외하더라도 의결정족수가 충족된다면 그 징계처분은 유효하다.
( )

CHAPTER 09 근로관계의 종료

60 노동위원회는 천재·사변, 그 밖의 부득이한 사유가 발생하여 납부기한 내에 이행강제금을 납부하기 어려운 경우에는 그 사유가 없어진 날부터 30일 이내의 기간을 납부기한으로 할 수 있다. ( )

61 노동위원회는 해고에 대한 구제명령을 할 때에 근로자가 원직복직을 원하지 아니하면 원직복직 대신 근로자가 해고기간 동안 근로를 제공하였더라면 받을 수 있었던 임금 상당액 이상의 금품을 근로자에게 지급하도록 명할 수 있다. ( )

62 경영상의 이유에 의하여 근로자를 해고한 사용자는 근로자를 해고한 날로부터 3년 이내에 해고된 근로자가 해고 당시 담당하였던 업무와 같은 업무를 할 근로자를 채용하려고 할 경우 경영상의 이유에 의하여 해고된 근로자가 원하면 그 근로자를 우선적으로 고용하여야 한다. ( )

63 근로계약서에 명시된 근로조건이 사실과 다를 경우에 근로자는 근로조건 위반을 이유로 손해의 배상을 청구할 수 있으며 즉시 근로계약을 해제할 수 있다. ( )

▶ 정답과 해설 ◀   52 ✕   53 ○   54 ○   55 ✕   56 ○   57 ✕   58 ✕   59 ✕   60 ✕   61 ○
62 ○   63 ○

✔ 오답분석
52 사용자는 기숙사규칙의 작성 또는 변경에 관하여 기숙사에 기숙하는 근로자의 과반수를 대표하는 자의 동의를 받아야 한다.
55 재입사한 근로자에게 재입사 후 적용되는 취업규칙은 변경 후의 취업규칙이라고 보아야 한다.
57 승계 후의 퇴직금 규정이 승계 전의 퇴직금 규정보다 근로자에게 불리하다면 근로기준법 제94조 제1항 소정의 당해 근로자집단의 집단적인 의사결정 방법에 의한 동의 없이는 승계 후의 퇴직금규정을 적용할 수 없다.
58 평소의 소행 등도 징계양정의 참작자료로 삼을 수 있다는 것이 판례이다.
59 이러한 징계권의 행사는 정의에 반하는 것으로서 무효라고 보아야 한다.
60 노동위원회는 천재·사변, 그 밖의 부득이한 사유가 발생하여 납부기한 내에 이행강제금을 납부하기 어려운 경우에는 그 사유가 없어진 날부터 15일 이내의 기간을 납부기한으로 할 수 있다.

CHAPTER 10 기타 법령

64 사업주는 공정안전보고서를 작성할 때 산업안전보건위원회가 설치되어 있지 아니한 사업장의 경우에는 근로자 대표의 동의를 받아야 한다. ( )

65 사용자의 부당한 갱신거절로 인해 근로자가 실제로 근로를 제공하지 못한 기간도 계약갱신에 대한 정당한 기대권이 존속하는 범위에서는 기간제 및 단시간근로자 보호 등에 관한 법률에서 정한 2년의 사용제한기간에 포함된다. ( )

66 사용사업주가 파견근로자에게 유급휴일을 주는 경우 그 휴일에 대하여 유급으로 지급되는 임금은 사용사업주가 지급하여야 한다. ( )

67 도급으로 사업을 행하는 경우 도급인이 책임져야 할 사유로 수급인이 근로자에게 최저임금액에 미치지 못하는 임금을 지급한 경우 도급인은 해당 수급인과 연대하여 책임을 진다. ( )

68 직업안정기관의 장은 출입국관리법을 위반하여 처벌을 받은 사용자에 대하여 그 사실이 발생한 날부터 5년간 외국인근로자의 고용을 제한하여야 한다. ( )

69 근로자파견사업 갱신허가의 유효기간은 그 갱신 전의 허가의 유효기간이 끝나는 날부터 기산하여 2년으로 한다. ( )

70 휴직・파견 등으로 결원이 발생하여 해당 근로자가 복귀할 때까지 그 업무를 대신할 필요가 있는 경우 2년을 초과하여 기간제근로자로 사용할 수 있다. ( )

71 노동위원회는 기간제 및 단시간근로자 보호 등에 관한 법률상 차별적 처우의 시정신청에 따른 심문의 과정에서 직권으로 조정절차를 개시할 수 없다. ( )

72 남녀고용평등과 일・가정 양립 지원에 관한 법률상 사업주는 55세 이상의 근로자에게 은퇴를 준비하기 위한 근로시간 단축을 허용한 경우에 그 근로자가 단축된 근로시간 외에 연장근로를 명시적으로 청구하면 주 12시간 이내에서 연장근로를 시킬 수 있다. ( )

73 노동조합 및 노동관계조정법에 따른 노동조합은 직업안정법상 국내 근로자공급사업의 허가를 받을 수 없다. ( )

74 사용자는 근로자가 퇴직한 경우에는 그 지급사유가 발생한 날부터 14일 이내에 퇴직금을 지급하여야 하나, 특별한 사정이 있는 경우에는 당사자 간의 합의에 따라 지급기일을 연장할 수 있다. ( )

75 임금채권보장법상 사업주의 부담금을 산정할 때 해당 연도의 보수총액을 결정하기 곤란한 경우에는 전 년도의 보수총액을 기준으로 부담금을 결정한다. ( )

▶ 정답과 해설 ◀ 64 × 65 ○ 66 × 67 ○ 68 × 69 × 70 ○ 71 × 72 ○ 73 ×
74 ○ 75 ×

✔ 오답분석

64 사업주는 공정안전보고서를 작성할 때 산업안전보건위원회의 심의를 거쳐야 한다. 다만, 산업안전보건위원회가 설치되어 있지 아니한 사업장의 경우에는 근로자대표의 의견을 들어야 한다.

66 사용사업주가 파견근로자에게 유급휴일 또는 유급휴가를 주는 경우 그 휴일 또는 휴가에 대하여 유급으로 지급되는 임금은 파견사업주가 지급하여야 한다.

68 직업안정기관의 장은 외국인근로자의 고용 등에 관한 법률 또는 출입국관리법을 위반하여 처벌을 받은 사용자에 대하여 그 사실이 발생한 날부터 3년간 외국인근로자의 고용을 제한할 수 있다.

69 근로자파견사업 갱신허가의 유효기간은 그 갱신 전의 허가의 유효기간이 끝나는 날의 다음 날부터 기산(起算)하여 3년으로 한다.

71 노동위원회는 심문의 과정에서 관계당사자 쌍방 또는 일방의 신청 또는 직권에 의하여 조정절차를 개시할 수 있다.

73 국내 근로자공급사업의 경우는 노동조합 및 노동관계조정법에 따른 노동조합이 고용노동부장관의 허가를 받을 수 있다.

75 보수총액을 결정하기 곤란한 경우에는 고용산재보험료징수법에 따라 고시하는 노무비율에 따라 보수총액을 결정한다.

CHAPTER 01 총 설

> **출제포인트**
> ☐ 국제노동기구(ILO)의 기본협약(Fundamental Conventions)
> ☐ 노동법의 법원성 인정 여부

제1절 노동법의 의의

자본주의 사회에서 근로자가 인간다운 생활을 할 수 있도록 노동관계를 규율하는 법규범의 총체를 의미한다.

제2절 노동법의 경향

Ⅰ 발전방향

노동법은 노동관습에 기인하여 발전적 · 진보적인 경향과 ILO 등 국제노동기구를 통하여 근로자의 근로조건을 개선 · 향상시키고자 하는 방향으로 통일되어 가는 경향을 가진다.

Ⅱ ILO(국제노동기구)

국제노동기구(ILO)의 기본협약(Fundamental Conventions) 기출 19 · 20 · 21 · 24 · 25
- 강제근로의 폐지에 관한 협약(비준 X)
- 결사의 자유 및 단결권 보호에 관한 협약(비준 O)
- 단결권 및 단체교섭에 대한 원칙 적용에 관한 협약(비준 O)
- 강제근로에 관한 협약(비준 O)
- 동일가치노동에 대한 남녀노동자 동일보수에 관한 협약(비준 O)
- 고용 및 직업상 차별대우에 관한 협약(비준 O)
- 취업최저연령에 관한 협약(비준 O)
- 가혹한 형태의 아동노동 폐지에 관한 협약(비준 O)
- 산업안전보건과 작업환경에 관한 협약(비준 O)
- 산업안전보건 증진체계에 관한 협약(비준 O)

1. 가 입

국제연합(UN) 회원국은 신청만으로, 회원국이 아닌 경우에는 총회의 의결을 요한다. 우리나라는 1991년 12월 9일 152번째 회원국으로서 국제노동기구(ILO)에 가입하였다. 기출 21·23

2. ILO 기본협약1)의 비준

ILO 기본협약 중 결사의 자유 및 단결권 보호에 관한 협약(제87호), 단결권 및 단체교섭권에 대한 원칙 적용에 관한 협약(제98호), 강제근로에 관한 협약에 대한 비준동의안 등이 2021.2.26. 국회본회의를 통과하여 정부가 비준서를 ILO에 기탁한 시점부터 1년(2022.4.20.)이 경과하여 발효되었으므로, 2022년 6월 현재 기본협약 중 비준되지 않은 강제근로의 폐지에 관한 협약(제105호)을 제외한 9개의 기본협약은 국내법과 같은 효력을 가진다.

제3절 노동법의 법원(法源)

I 의 의

일반적으로 법원이라 함은 법의 존재형식을 의미한다. 노동법의 법원에는 실정노동법, 노동관행, 자치규범이 있다. 다만, 실정노동법과 노동관행은 일반적·추상적인 객관적 법규범임에 반하여, 자치규범은 노사당사자에게만 적용된다는 점에서 주관적 법규범이다. 따라서 자치규범은 법원의 개념을 주관적 재판규범으로 파악할 때에만 법원성이 인정된다.

II 법원의 종류

1. 실정노동법

국내법은 노동법의 법원으로서 가장 중요하며, 헌법과 법률 그리고 시행령 등이 있다. 국제법으로는 ILO협약 등 노동에 관한 국제협약이 있으며, 이 협약은 헌법 제6조 제1항(헌법에 의하여 체결·공포된 조약과 일반적으로 승인된 국제법규는 국내법과 같은 효력을 가진다)에 의해 국내법과 동일한 효력을 갖는다. 기출 15·23

2. 노동관행 기출 17·21·23

노동법은 그 특성상 관습기원의 성질을 갖기 때문에 노동관행이나 관습이 성문법으로 제정되어 왔으며 노사관계에 대해서는 노동관행이 보완 적용되어 왔다. 노동관행은 노동관계에서 계속·반복적으로 행해짐으로써 노사 간의 행위준칙으로 인정되는 것을 말한다. 노동관행은 그 자체로 특별한 법적 효력이 없으므로 원칙적으로 법원으로 인정되지 않는다. 다만, 판례에 의하면 기업의 내부에 존재하는 특정의 관행이 근로계약의

---

1) 국제노동기구는 5개 분야에서 각각 2개씩 총 10개의 협약을 기본협약으로 정하고 있다. 산업안전보건과 작업환경에 관한 협약(제155호), 산업안전보건 증진체계에 관한 협약(제187호) 등은 기존의 8개의 기본협약에 더하여 2022년 6월 제110차 국제노동기구 총회에서 안전하고 건강한 노동환경 분야의 기본협약으로 채택되었다.

내용을 이루고 있다고 하기 위하여는 그러한 관행이 기업사회에서 일반적으로 근로관계를 규율하는 규범적인 사실로서 명확히 승인되거나 기업의 구성원에 의하여 일반적으로 아무도 이의를 제기하지 아니한 채 당연한 것으로 받아들여져서 기업 내에서 사실상의 제도로서 확립되어 있다고 할 수 있을 정도의 규범의식에 의하여 지지되고 있거나(대판 2002.4.23. 2000다50701)[2], 관행에 따라 계속적으로 이루어져 노사 간에 그 지급이 당연한 것으로 여겨질 정도의 관례가 형성된 경우에는 노동관행의 구속력이 인정된다고(대판 1997.5.28. 96누15084) 한다.

3. 노사자치규범

(1) 단체협약
노동조합과 사용자가 단체교섭을 실시하고 그 결과 합의된 사항을 문서화한 것으로, 계약으로 보든 규범으로 보든 노사당사자를 구속하는 재판규범으로서의 법원성이 인정된다. 기출 18·21

(2) 취업규칙
사업장에서 사용자가 근로자에게 적용하는 근로조건 및 복무규율 등에 관하여 일방적으로 작성한 것으로, 대체로 법원성이 인정된다. 다만, 그 근거에 대해서는 근로기준법 제97조에서 법원성을 찾는 견해 또는 사실인 관습에서 법원성을 찾는 견해 등이 있다. 기출 20·21

(3) 조합규약
노동조합의 조직 및 활동, 운영에 관하여 조합원이 자율적으로 정한 기본규칙으로, 조합 내 조합원을 구속하는 한도 내에서 법원성이 인정된다. 기출 18·23

(4) 근로계약
그 적용을 받는 당사자의 권리·의무를 규율하고 있으므로, 법원성이 인정된다. 기출 20·23

4. 부정례
행정해석, 판례 및 사용자의 지시는 법원성이 부정된다. 기출 15·18·20·21

(1) 행정해석
행정해석은 고용노동부 또는 법무부가 노동행정의 지침이나 노동법에 관한 유권해석을 국민 또는 하부기관에 표명하는 것을 말한다. 행정해석은 하급 행정기관을 구속하나, 국민에 대하여 재판기준으로서의 법적 구속력은 갖지 아니하는 것이 원칙이다. 판례도 업무상 재해인정기준에 관한 노동부 예규는 그 규정의 성질과 내용이 행정기관 내부의 사무처리준칙을 규정한 데 불과한 것이어서 국민이나 법원을 구속하는 것이 아니라고 할 것이다(대판 1990.9.25. 90누2727). 기출 23

(2) 판례
대륙법체계를 채택하고 있는 우리나라에서 판례는 원칙적으로 법원으로 인정되지 아니한다. 다만, 하급심법원은 상급심법원의 판단을 그대로 따를 가능성이 높으므로, 판례는 사실상 하급심법원을 구속한다.

---

[2] 사용자가 이미 퇴직한 근로자들에게 퇴직 이후에 체결된 단체협약에 의한 임금인상분 및 퇴직금인상분 차액을 추가 지급한 관행이 있었으나 그것은 노동조합 또는 근로자집단과 사용자 사이의 규범의식이 있는 노사관행으로는 볼 수 없다고 한 사례(대판 2002.4.23. 2000다50701)

Ⅲ 법원의 경합

1. 서 설

노동법의 법원이 경합하는 경우에도 법원 상호 간에 관계를 설정하는 일반원칙인 ① 상위법 우선의 원칙, ② 특별법 우선의 원칙, ③ 신법 우선의 원칙(신·구법의 적용범위가 동일한 경우)이 그대로 적용된다. 다만, 노동법에 특유한 유리성의 원칙이 존재하므로 그 적용범위가 문제된다.

2. 유리성의 원칙

(1) 의 의

하위의 법원(근로계약)이 상위의 법원(취업규칙)보다 근로자에게 유리한 내용을 규정하고 있는 경우, 하위의 법원이 효력을 발생하고 상위의 법원은 적용되지 않는 노동법의 원칙이다.

(2) 관련 조문

근로기준법보다 개별 근로계약이 근로자에게 유리하면 그 근로계약이 우선 적용되고(근기법 제15조 참조), 취업규칙보다 개별 근로계약이 근로자에게 유리하면 그 근로계약이 우선 적용된다(근기법 제97조 참조). 또한 근로기준법이 정한 근로조건은 최저기준이므로(근기법 제3조), 단체협약이나 취업규칙, 근로계약이 근로기준법보다 유리하면 이들 규정이 우선 적용된다. 기출 22

(3) 유리성의 원칙 적용 여부

1) 취업규칙과 근로계약3)

취업규칙보다 유리한 근로조건을 정한 근로계약을 우선 적용할 것인가에 대해 최근 판례는, 개별적 노사 간의 합의라는 형식을 빌려 근로자로 하여금 취업규칙이 정한 기준에 미달하는 근로조건을 감수하도록 하는 것을 막아 종속적 지위에 있는 근로자를 보호하기 위한 규정인 근로기준법 제97조를 반대해석하면, 취업규칙에서 정한 기준보다 유리한 근로조건을 정한 개별 근로계약 부분은 유효하고 취업규칙에서 정한 기준에 우선하여 적용되고, 근로기준법 제94조는 사용자가 일방적으로 정하는 취업규칙을 근로자에게 불리하게 변경하려고 할 경우 근로자를 보호하기 위하여 위와 같은 집단적 동의를 받을 것을 요건으로 정하고 있고, 근로기준법 제4조는 사용자가 일방적으로 근로조건을 결정하여서는 아니 되고, 근로조건은 근로관계 당사자 사이에서 자유로운 합의에 따라 정해져야 하는 사항임을 분명히 함으로써 근로자를 보호하고자 하는 것이 주된 취지이므로 이러한 각 규정 내용과 그 취지를 고려하면, 근로기준법 제94조가 정하는 집단적 동의는 취업규칙의 유효한 변경을 위한 요건에 불과하므로, 취업규칙이 집단적 동의를 받아 근로자에게 불리하게 변경된 경우에도 근로기준법 제4조가 정하는 근로조건 자유결정의 원칙은 여전히 지켜져야 한다. 따라서 근로자에게 불리한 내용으로 변경된 취업규칙은 집단적 동의를 받았다고 하더라도 그보다 유리한 근로조건을 정한

---

3) 판례는 근로자에게 불리한 내용으로 변경된 취업규칙은 집단적 동의를 받았다고 하더라도 그보다 유리한 근로조건을 정한 기존의 개별 근로계약 부분에 우선하는 효력을 갖는다고 할 수 없어, 이 경우에도 근로계약의 내용은 유효하게 존속하고, 변경된 취업규칙의 기준에 의하여 유리한 근로계약의 내용을 변경할 수 없으며, 근로자의 개별적 동의가 없는 한 취업규칙보다 유리한 근로계약의 내용이 우선하여 적용되나, 근로기준법 제4조, 제94조 및 제97조의 규정 내용과 입법 취지를 고려할 때, <u>위와 같은 법리는 근로자와 사용자가 취업규칙에서 정한 기준을 상회하는 근로조건을 개별 근로계약에서 따로 정한 경우에 한하여 적용될 수 있는 것이고, 개별 근로계약에서 근로조건에 관하여 구체적으로 정하지 않고 있는 경우에는 취업규칙 등에서 정하는 근로조건이 근로자에게 적용된다고 보아야 한다</u>고(대판 2022.1.13. 2020다232136) 판시하고 있다.

기존의 개별 근로계약 부분에 우선하는 효력을 갖는다고 할 수 없다. 이 경우에도 근로계약의 내용은 유효하게 존속하고, 변경된 취업규칙의 기준에 의하여 유리한 근로계약의 내용을 변경할 수 없으며, 근로자의 개별적 동의가 없는 한 취업규칙보다 유리한 근로계약의 내용이 우선하여 적용된다고(대판 2019.11.14. 2018다200709) 판시하고 있다. 기출 22·25

2) 검 토

근로자를 보호하려는 근로기준법 관련 규정의 입법취지를 고려하면, 근로자의 개별적 동의가 없는 한 취업규칙보다 유리한 근로계약의 내용이 우선하여 적용된다고 보는 것이 타당하다고 판단된다.

CHAPTER 01 총설

01 노동법의 법원(法源)에 관한 설명으로 옳지 않은 것은?(다툼이 있으면 판례에 따름) 기출 25

① 근로자들의 집단적 동의를 받아 불리하게 변경된 취업규칙은 그보다 유리한 근로조건을 따로 정한 기존의 개별 근로계약부분에 우선하는 효력을 갖는다.
② 취업규칙은 법령에 어긋나서는 아니 된다.
③ 취업규칙에서 정한 기준에 미달하는 근로조건을 정한 근로계약은 그 부분에 관하여는 무효로 한다.
④ 취업규칙은 「근로기준법」이 근로자 보호의 목적으로 그 작성을 강제하고 이에 법규범성을 부여한 것이다.
⑤ 「근로기준법」에서 정하는 기준에 미치지 못하는 근로조건을 정한 근로계약은 그 부분에 한정하여 무효로 한다.

해설 및 정답

01 ① (×) 근로자에게 불리한 내용으로 변경된 취업규칙은 집단적 동의를 받았다고 하더라도 <u>그보다 유리한 근로조건을 정한 기존의 개별 근로계약 부분에 우선하는 효력을 갖는다고 할 수 없다</u>. 이 경우에도 근로계약의 내용은 유효하게 존속하고, 변경된 취업규칙의 기준에 의하여 유리한 근로계약의 내용을 변경할 수 없으며, 근로자의 개별적 동의가 없는 한 취업규칙보다 유리한 근로계약의 내용이 우선하여 적용된다(대판 2022.1.13. 2020다232136).
② (○) 취업규칙은 법령이나 해당 사업 또는 사업장에 대하여 적용되는 단체협약과 어긋나서는 아니 된다(근기법 제96조 제1항).
③ (○) 취업규칙에서 정한 기준에 미달하는 근로조건을 정한 근로계약은 그 부분에 관하여는 무효로 한다. 이 경우 무효로 된 부분은 취업규칙에 정한 기준에 따른다(근기법 제97조).
④ (○) 근로기준법이 사용자에게 취업규칙의 작성을 강제하고 이에 법규범성을 부여한 것은 종속적 노동관계의 현실에 입각하여 <u>실질적으로 불평등한 근로자의 권익을 보호, 강화하여 그들의 기본적 생활을 향상시키려는 목적</u>에서이므로, 취업규칙의 변경에 의하여 기존 근로조건의 내용을 근로자에게 불리하게 변경하려면 종전 취업규칙의 적용을 받고 있던 근로자들의 집단적 의사결정 방법에 의한 동의를 요한다(대판 2023.5.11. 2017다35588 [전합]).
⑤ (○) 근기법 제15조 제1항

정답

02 우리나라가 비준한 국제노동기구(ILO)의 협약을 모두 고른 것은? 기출 24

> ㄱ. 취업최저연령에 관한 협약(제138호)
> ㄴ. 산업안전보건과 작업환경에 관한 협약(제155호)
> ㄷ. 결사의 자유 및 단결권 보호에 관한 협약(제87호)
> ㄹ. 단결권 및 단체교섭권 원칙의 적용에 관한 협약(제98호)

① ㄱ, ㄴ
② ㄱ, ㄴ, ㄷ
③ ㄱ, ㄷ, ㄹ
④ ㄴ, ㄷ, ㄹ
⑤ ㄱ, ㄴ, ㄷ, ㄹ

03 노동법의 법원(法源)에 관한 설명으로 옳지 않은 것은?(다툼이 있으면 판례에 따름) 기출 23

① 헌법에 따라 체결·공포된 조약은 국내법과 같은 효력을 가지므로 노동법의 법원이 된다.
② 노동조합규약은 일종의 자치적 법규범으로서 소속조합원에 대하여 법적 효력을 가진다.
③ 고용노동부의 행정해석은 고용노동부의 그 소속기관의 내부적 업무처리 지침에 불과하여 노동법의 법원이 아니다.
④ 노동관행은 그 자체로서는 법적 구속력을 가지지 않지만, 일정한 요건을 갖춘 경우에는 법원으로 인정된다.
⑤ 근로자와 사용자가 개별적으로 체결한 근로계약은 노동법의 법원이 아니다.

04 노동법 법원(法源)의 상충 등에 관한 설명으로 옳은 것을 모두 고른 것은? 기출 22

> ㄱ. 근로계약에서 정한 근로조건이 근로기준법에서 정하는 기준에 미치지 못하는 경우에는 그 근로계약을 무효로 한다.
> ㄴ. 취업규칙에서 정한 기준에 미달하는 근로조건을 정한 근로계약은 그 부분에 관하여는 무효로 하며 무효로 된 부분은 취업규칙에 정한 기준에 따른다.
> ㄷ. 취업규칙은 근로기준법과 어긋나서는 아니 된다.
> ㄹ. 취업규칙은 해당 사업 또는 사업장에 대하여 적용되는 단체협약과 어긋나서는 아니 된다.

① ㄱ, ㄴ
② ㄷ, ㄹ
③ ㄱ, ㄴ, ㄹ
④ ㄴ, ㄷ, ㄹ
⑤ ㄱ, ㄴ, ㄷ, ㄹ

해설 및 정답

02 ㄱ. 취업최저연령에 관한 협약(제138호)은 1999년 1월, ㄴ. 산업안전보건과 작업환경에 관한 협약(제155호)은 2008년 2월, ㄷ. 결사의 자유 및 단결권 보호에 관한 협약(제87호) 및 ㄹ. 단결권 및 단체교섭권 원칙의 적용에 관한 협약(제98호)은 2021년 4월(ILO에의 비준서 기탁)에 각각 우리나라의 비준을 얻었다.

정답 ⑤

03 ① (○) 헌법에 의하여 체결·공포된 조약은 국내법과 같은 효력을 가진다(헌법 제6조 제1항). 따라서 우리나라가 체결·비준한 국제노동기구(ILO)의 협약들은 노동법의 법원이 된다.
② (○) 노동조합규약은 노동조합의 조직 및 활동, 운영에 관하여 조합원이 자율적으로 정한 일종의 자치적 법규범으로서, 조합 내 조합원을 구속하는 한도 내에서 법적 효력을 가진다.
③ (○) 업무상 재해 인정기준에 관한 노동부[현 고용노동부(註)] 예규는 행정기관 내부의 사무처리준칙에 불과하므로 대외적 구속력이 없다는 판례(대판 1990.9.25. 90누2727)의 취지를 고려하면, 고용노동부의 행정해석은 통일적인 업무처리를 위한 내부적 업무처리 지침에 불과하여 일반 국민을 구속하는 법적 구속력이 있다고 보기 어려우므로 노동법의 법원에 해당하지 아니한다고 판단된다.
④ (○) 노동관행은 그 자체로 특별한 법적 효력이 없으므로 원칙적으로 법원으로 인정되지 않는다. 다만, 기업의 내부에 존재하는 특정의 관행이 기업사회에서 일반적으로 근로관계를 규율하는 규범적인 사실로서 명확히 승인되거나 기업의 구성원에 의하여 일반적으로 아무도 이의를 제기하지 아니한 채 당연한 것으로 받아들여져서 기업 내에서 사실상의 제도로서 확립되어 있다고 할 수 있을 정도의 규범의식에 의하여 지지되고 있는 경우에는 근로계약의 내용을 이루고 있다고 볼 수 있고(대판 2002.4.23. 2000다50701), 이러한 경우에는 노동관행이 법원으로 인정된다고 할 것이다.
⑤ (×) 근로자와 사용자가 개별적으로 체결한 근로계약은 그 적용을 받는 당사자의 권리·의무를 규율하고 있으므로, 법원성이 인정된다고 이해하여야 한다.

정답 ⑤

04 ㄱ. (×) 이 법에서 정하는 기준에 미치지 못하는 근로조건을 정한 근로계약은 그 부분에 한정하여 무효로 한다(근기법 제15조 제1항).
ㄴ. (○) 근기법 제97조
ㄷ. (○), ㄹ. (○) 취업규칙은 법령이나 해당 사업 또는 사업장에 대하여 적용되는 단체협약과 어긋나서는 아니 된다(근기법 제96조 제1항).

정답 ④

CHAPTER 02 근로기준법 개설

> **출제포인트**
> ☐ 헌법 제32조의 근로의 권리
> ☐ 근로기준법의 적용과 예외
> ☐ 근로기준법의 기본원리
> ☐ 근로감독관제도

제1절 근로의 권리

Ⅰ 의 의

개인이 근로를 행함에 있어서 국가 또는 타인의 방해를 받지 아니하고 자유로이 근로를 하거나 하지 아니할 수 있는 권리를 말한다. 또한 국가가 실업근로자에게 적절한 근로의 기회를 제공할 수 있도록 입법이나 정책을 취하라고 요구할 수 있는 권리를 말한다.

Ⅱ 주 체

근로자에 한정하는 견해가 있으나, 모든 국민이 근로의 권리의 주체가 된다고 보는 것이 타당하다. 헌법 제32조는 모든 국민은 근로의 권리를 가진다고 규정하고 있다. 사회권적 기본권은 자국민의 인간다운 생활을 보장하기 위한 기본권이므로, 외국인은 근로의 권리의 주체가 될 수 없다. 다만, 근로의 권리가 일할 자리에 관한 권리(생존권적 기본권)만이 아니라 일할 환경에 관한 권리(자유권적 기본권)도 내포하고 있는바, 건강한 작업환경, 일에 대한 정당한 보수, 합리적인 근로조건의 보장 등을 요구할 수 있는 권리 등을 포함한다 할 것이므로, 외국인 근로자라고 하여 이 부분에까지 기본권 주체성을 부인할 수는 없다(헌재 2007.8.30, 2004헌마670). **기출** 15 · 25

Ⅲ 내용

> **헌법 제32조** 기출 21·22·23·24·25
> ① 모든 국민은 근로의 권리를 가진다. 국가는 사회적·경제적 방법으로 근로자의 고용의 증진과 적정임금의 보장에 노력하여야 하며, 법률이 정하는 바에 의하여 최저임금제를 시행하여야 한다.
> ② 모든 국민은 근로의 의무를 진다. 국가는 근로의 의무의 내용과 조건을 민주주의원칙에 따라 법률로 정한다.
> ③ 근로조건의 기준은 인간의 존엄성을 보장하도록 법률로 정한다.
> ④ 여자의 근로는 특별한 보호를 받으며, 고용·임금 및 근로조건에 있어서 부당한 차별을 받지 아니한다.
> ⑤ 연소자의 근로는 특별한 보호를 받는다.
> ⑥ 국가유공자·상이군경 및 전몰군경의 유가족은 법률이 정하는 바에 의하여 우선적으로 근로의 기회를 부여받는다.

근로의 권리는 근로의 의사와 능력이 있는 자는 누구든지 국가에 대하여 근로의 기회를 청구할 수 있는 근로기회제공청구권을 그 내용으로 한다. 그러나 근로의 권리를 구체적 권리로 본다고 하더라도 직접 국가에 대하여 구체적인 일자리를 청구할 수는 없다고 해야 한다. 헌법재판소도 헌법 제15조의 직업의 자유 또는 헌법 제32조의 근로의 권리, 사회국가원리 등에 근거하여 실업방지 및 부당한 해고로부터 근로자를 보호하여야 할 국가의 의무를 도출할 수는 있을 것이나, 국가에 대한 직접적인 직장존속보장청구권을 근로자에게 인정할 헌법상의 근거는 없고, 이와 같이 우리 헌법상 국가에 대한 직접적인 직장존속보장청구권을 인정할 근거는 없으므로 근로관계의 당연승계를 보장하는 입법을 반드시 하여야 할 헌법상의 의무를 인정할 수 없다고(헌재 2002.11.28. 2001헌바50) 한다.
기출 25 즉 근로기회제공청구권이란 국가에 대하여 직접 일자리를 청구할 수 있는 권리가 아니라, 고용기회의 확대를 위하여 필요한 입법이나 정책을 요구할 수 있는 권리를 의미하는 것이다.

제2절 개별적 근로관계법과 근로기준법

Ⅰ 개별적 근로관계법

개개의 근로자와 개개의 사용자와의 법률관계로서 근로관계법과 사용자 또는 국가와의 관계에 있어서의 근로자보호의 법률관계인 노동보호법을 말한다. 이에는 근로기준법, 선원법, 산업재해보상보험법, 직업안정법, 남녀고용평등과 일·가정 양립 지원에 관한 법률, 산업안전보건법 및 최저임금법 등이 있다.

Ⅱ 근로기준법 기출 19

근로조건의 최저기준을 정한 것으로서 개별근로자에게 적용되는 노동보호법이다. 근로관계의 성립, 내용, 변경, 및 종료 등 근로조건 전반에 걸쳐 규정하고 있는 일반법이다. 강행법규이므로 근로자도 근로기준법상 권리를 포기할 수 없다. 사용자의 의무 설정은 물론, 사용자에 대한 근로자의 권리까지 설정함으로써 사법관계인 근로관계를 직접 규율하는 법이다.

제3절 근로기준법의 적용범위

I 전부적용

1. 상시 5인 이상의 근로자의 사용

(1) 상시 5인 이상

'상시 5인 이상의 근로자를 사용하는 사업 또는 사업장'이라 함은 '상시 근무하는 근로자의 수가 5인 이상인 사업 또는 사업장'이 아니라 '사용하는 근로자의 수가 상시 5인 이상인 사업 또는 사업장'을 뜻하는 것이고, 이 경우 상시라 함은 상태라고 하는 의미로서 근로자의 수가 때때로 5인 미만이 되는 경우가 있어도 사회통념에 의하여 객관적으로 판단하여 상태적으로 5인 이상이 되는 경우에는 이에 해당할 것이다(대판 2024.1.25. 2023다275998).

(2) 근로자

여기의 근로자에는 당해 사업장에 계속 근무하는 근로자뿐만 아니라 그때그때의 필요에 의하여 사용하는 일용근로자를 포함한다고 해석하여야 할 것이다(대판 2008.3.27. 2008도364). 기출 18 또한 정규직 근로자뿐만 아니라 기간제·단시간 근로자(대판 1997.11.28. 97다28971), 불법체류외국인근로자의 경우에도 근로기준법상 근로자에 포함된다(대판 1997.8.26. 97다18875).

2. 사업 또는 사업장

(1) 개 념

사업과 사업장은 동일한 개념으로 파악하는 것이 일반적이다. 근로기준법의 적용 단위가 되는 같은 법 제11조 제1항의 '사업 또는 사업장'이라 함은 경영상의 일체를 이루면서 유기적으로 운영되는 경제적, 사회적 활동단위를 의미한다. 근로기준법이 적용되는 사업이 되기 위해서는 일정한 장소에서 유기적인 조직하에 업으로 행해져야 한다. 업으로 행하는 경우 이를 계속적으로 행하여야 한다는 견해가 있으나, 그 사업이 일회적이거나 일시적이라 해도 근로기준법이 적용된다(다수설·판례). 이때 "업으로 행한다"라고 함은 반드시 영리를 목적으로 하여야 하는 것은 아니다. 기출 18·24

(2) 하나의 사업장의 판단기준

5인 이상이라 함은 하나의 사업 또는 사업장을 전제로 하고 있으므로, 독립된 개체로서의 하나의 사업 또는 사업장의 범위를 확정지어 주는 판단기준이 필요하게 된다. 법인격의 분리 여부가 독립된 사업 또는 사업장에 해당하는지를 판단하는 우선적인 기준이 되므로 법인격이 다른 기업조직은 특별한 사정이 없는 한 하나의 사업 또는 사업장을 구성할 수 없음이 원칙이다. 다만 별개의 법인격을 가진 여러 개의 기업조직 사이에 단순한 기업간 협력관계나 계열회사, 모자회사 사이의 일반적인 지배종속관계를 넘어 실질적으로 동일한 경제적, 사회적 활동단위로 볼 수 있을 정도의 경영상의 일체성과 유기적 관련성이 인정되는 특별한 사정이 있는 경우에는 이들을 하나의 사업 또는 사업장이라고 볼 수 있다. 이때 복수의 기업조직이 하나의 사업 또는 사업장에 해당하는 특별한 사정이 있는지 여부는 업무의 종류, 성질, 목적, 수행방식 및 장소가 동일한지, 업무지시와 근로자의 채용, 근로조건의 결정, 해고 등 인사 및 노무관리가 기업조직별로 구분되지 않고 동일한 사업주체 내지 경영진에 의하여 통일적으로 행사되는지, 각 단위별 사업활동의 내용이 하나의 사업목적을 위하여 결합되어 인적·물적 조직과 재무·회계가 서로 밀접하게 관련되어 운영되는지 등과 같은 사정을 종합적으로 고려하여 신중하게 판단하여야 한다(대판 2024.10.25. 2023두57876).

Ⅱ 일부적용-상시 4인 이하의 근로자를 사용하는 사업 또는 사업장에 적용되는 규정

1. 취 지
대통령령이 정하는 바에 따라 일부 규정을 적용할 수 있다. 이는 근로기준법상 의무에 따른 사용자의 부담 증가와 산업사회의 계속적인 변화를 고려하여 그 적용범위를 규모별로 신축성 있게 확대해 나가려는 취지이다. 기출 19·21

2. 근로기준법 시행령 [별표 1] 기출 23·24

[상시 4명 이하의 근로자를 사용하는 사업 또는 사업장에 적용되는 법규정]

구 분	적용 법규정
제1장 총 칙	• 적용 법규정 : 목적(제1조), 정의(제2조), 근로조건의 기준(제3조), 근로조건의 결정(제4조), 근로조건의 준수(제5조), 균등한 처우(제6조), 강제근로의 금지(제7조), 폭행의 금지(제8조), 중간착취의 배제(제9조), 공민권 행사의 보장(제10조), 적용범위(제11조, 제12조), 보고·출석의 의무(제13조) • 제14조는 적용되지 아니하므로, 사용자는 근기법 및 동법 시행령의 주요 내용과 취업규칙을 사업장에 게시하지 아니하여도 무방하다.
제2장 근로계약	• 적용 법규정 : 근기법을 위반한 근로계약(제15조), 근로조건의 명시(제17조), 단시간근로자의 근로조건(제18조), 근로조건 위반에 대한 손배청구와 해제(제19조 제1항), 위약예정의 금지(제20조), 전차금 상계의 금지(제21조), 강제저금의 금지(제22조), 해고시기의 제한(제23조 제2항), 해고의 예고(제26조), 금품 청산(제36조), 미지급임금에 대한 지연이자(제37조), 임금채권의 우선변제(제38조), 사용증명서(제39조), 취업 방해의 금지(제40조), 근로자의 명부(제41조), 계약서류의 보존(제42조) • 제19조 제2항은 적용되지 아니하므로, 명시된 근로조건이 사실과 다른 경우 근로자는 노동위원회에 손해배상신청이 불가능하며, 근로계약이 해제되었을 경우에 사용자는 취업을 목적으로 거주를 변경하는 근로자에게 귀향여비를 지급할 의무가 없다. • 제23조 제1항이 적용되지 아니하므로, 사용자는 정당한 이유의 존재 여부와 관계없이 해고·휴직·정직·전직·감봉 기타 징벌을 할 수 있다. • 그 밖에 적용되지 아니하는 규정 : 경영상 이유에 의한 해고의 제한(제24조), 우선재고용 등(제25조), 해고사유 등의 서면통지(제27조), 부당해고등의 구제신청(제28조), 조사 등(제29조), 구제명령 등(제30조), 구제명령 등의 확정(제31조), 구제명령 등의 효력(제32조), 이행강제금(제33조)
제3장 임 금	• 적용 법규정 : 임금 지급(제43조), 체불사업주 명단 공개(제43조의2), 임금등 체불자료의 제공(제43조의3), 도급사업에 대한 임금 지급(제44조), 건설업에서의 임금 지급 연대책임(제44조의2), 건설업의 공사도급에 있어서의 임금에 관한 특례(제44조의3), 비상시 지급(제45조), 도급근로자(제47조), 임금대장 및 임금명세서(제48조), 임금의 시효(제49조) • 제46조가 적용되지 아니하므로, 사용자는 휴업수당을 지급할 의무가 없다.
제4장 근로시간과 휴식 기출 20	• 적용 법규정 : 휴게(제54조), 1주 평균 1회 이상 유급휴일 보장(제55조 제1항), 근로시간, 휴게·휴일규정 적용 제외규정(제63조) • 대부분의 근로시간제도(근로시간제, 가산임금, 연차휴가 및 보상휴가제 등)는 적용되지 아니한다.
제5장 여성과 소년	• 적용 법규정 : 최저연령과 취직인허증(제64조), 유해·위험사업에 사용 금지, 임산부 등의 사용금지직종(제65조 제1항·제3항, 임산부와 18세 미만인 자로 한정), 연소자증명서(제66조), 근로계약(제67조), 임금의 청구(제68조), 근로시간(제69조), 야간근로와 휴일근로의 제한(제70조 제2항·제3항, 임산부와 18세 미만인 자로 한정), 시간외근로(제71조), 갱내근로의 금지(제72조), 임산부의 보호(제74조) • 제65조 제2항이 적용되지 아니하므로, 사용자는 임산부가 아닌 18세 이상의 여성을 임신 또는 출산에 관한 기능에 유해·위험한 사업에 사용할 수 있다. • 제70조 제1항이 적용되지 아니하므로, 사용자는 18세 이상의 여성을 오후 10시부터 오전 6시까지의 시간 및 휴일에 근로시키려면 그 근로자의 동의를 받을 필요 없다. • 생리휴가(제73조), 육아시간(제75조)의 규정도 적용되지 아니한다.

제6장 안전과 보건	적용 법규정 : 안전과 보건(제76조)
제8장 재해보상	적용 법규정 : 요양보상(제78조), 휴업보상(제79조), 장해보상(제80조), 휴업보상과 장해보상의 예외(제81조), 유족보상(제82조), 장례비(제83조), 일시보상(제84조), 분할보상(제85조), 보상청구권(제86조), 다른 손해배상과의 관계(제87조), 고용노동부장관의 심사와 중재(제88조), 노동위원회의 심사와 중재(제89조), 도급사업에 대한 예외(제90조), 서류의 보존(제91조), 시효(제92조)
제11장 근로감독관 등	적용 법규정 : 감독기관(제101조), 근로감독관의 권한(제102조), 근로감독관의 의무(제103조), 감독기관에 대한 신고(제104조), 사법경찰권 행사자의 제한(제105조), 권한의 위임(제106조)
제12장 벌 칙	적용 법규정 : 벌칙(제107조, 제108조, 제109조, 제110조, 제111조, 제113조 및 제114조), 고발(제112조), 양벌규정(제115조), 과태료(제116조)(제1장부터 제6장까지, 제8장 및 제11장의 규정 중 상시 4명 이하 근로자를 사용하는 사업 또는 사업장에 적용되는 규정을 위반한 경우로 한정)

Ⅲ 적용제외

1. 동거의 친족만을 사용하는 사업 또는 사업장(근기법 제11조 제1항 단서) 기출 23

사용종속관계를 쉽사리 인정할 수 없고, 동거의 친족관계에까지 국가가 개입하는 것은 바람직하지 않기 때문이다. 동거란 세대를 같이 하면서 생활을 공동으로 하는 것을 말한다. 친족이란 8촌 이내의 혈족, 4촌 이내의 인척 및 배우자를 말한다(민법 제777조). 근로자 중에 동거의 친족뿐만 아니라, 동거하지 아니하는 친족 또는 친족이 아닌 자가 혼합되어 있는 경우에는 근로기준법이 적용된다.

2. 가사사용인[4] (근기법 제11조 제1항 단서)

가사사용인의 근로제공은 주로 개인의 사생활과 밀접한 관련을 맺고 있어 국가가 개입하여 지도·감독하는 것은 적합하지 않기 때문이다. 가사사용인인지 여부는 근로의 장소 및 내용 등을 그 실제에 따라 구체적으로 판단하여, 가정의 사생활에 관한 것인가의 여부를 결정하여야 할 것이다. 가사와 다른 업무를 겸하는 경우 본래의 업무가 어느 쪽에 속하느냐에 따라 판단한다. 기출 24

Ⅳ 국가·지자체 등

근로기준법과 이 법에 따른 대통령령은 국가, 특별시·광역시·도, 시·군·구, 읍·면·동, 그 밖에 이에 준하는 것에 대하여도 적용된다(근기법 제12조). 판례는 근로기준법 제12조에 의하면 근로기준법이 국가에도 적용된다고 규정하고 있으므로 근로자와 국가 사이에 고용관계가 인정된다면 국가소속 역의 일용잡부로 근무하는 사람이 그 근로자 한사람뿐이라고 하더라도 근로기준법의 적용이 배제되는 것은 아니라고(대판 1987.6.9. 85다카2473) 판시하고 있다. 기출 23

---

[4] 2021.6.15. 제정된 가사근로자의 고용개선 등에 관한 법률에 의하면 가사서비스 제공기관의 사용자와 근로계약을 체결하고, 이용자에게 가사서비스를 제공하는 가사근로자는 근로기준법상의 일정 규정을 제외하고 근로기준법이 적용되므로 근로자로 간주되어 법적 보호를 받게 되었다.

제4절 근로기준법상 근로자

I 의의

직업의 종류와 관계없이 임금을 목적으로 사업이나 사업장에 근로를 제공하는 사람을 근로자로 정의하고 있다(근기법 제2조 제1항 제1호). 이 규정은 근로기준법상 보호의 대상인 근로자의 개념을 정의하기 위한 것이다. 기출 17

II 근로기준법상 근로자 개념

근로기준법상의 근로자는 종사하는 직업의 종류와 상관없이 성립된다. 또한 사용자에게 고용되어 사용자의 지휘, 명령에 따라 자신의 노무를 제공하고 그 대가로 임금을 수령하는 자를 말하며, 임금이라 함은 근로기준법 제2조 제1항 제5호의 임금, 즉 사용자가 근로의 대가로 근로자에게 지급하는 모든 금품을 말한다. 사업 또는 사업장에서 근로를 제공하여야 한다. 따라서 실업자 및 해고자는 근로자에 해당하지 아니한다.

III 대법원의 근로자성 판단기준

1. 사용종속관계

근로기준법상의 근로자에 해당하는지 여부를 판단함에 있어 그 계약의 형식이 민법상의 고용계약인지 또는 도급계약인지에 관계없이 그 실질에 있어 근로자가 사업 또는 사업장에 임금을 목적으로 종속적인 관계에서 사용자에게 근로를 제공하였는지 여부에 따라 판단하여야 한다(대판 1994.12.9. 94다22859).

2. 사용종속관계 인정 여부의 판단기준

(1) 판단징표를 통한 종합적 판단

종속적인 관계가 있는지 여부는, 업무내용을 사용자가 정하고 취업규칙 또는 복무(인사)규정 등의 적용을 받으며 업무수행과정에서 사용자가 상당한 지휘·감독을 하는지, 사용자가 근무시간과 근무장소를 지정하고 근로자가 이에 구속을 받는지, 노무제공자가 스스로 비품·원자재나 작업도구 등을 소유하거나 제3자를 고용하여 업무를 대행하게 하는 등 독립하여 자신의 계산으로 사업을 영위할 수 있는지, 노무 제공을 통한 이윤의 창출과 손실의 초래 등 위험을 스스로 안고 있는지, 보수의 성격이 근로 자체의 대상적 성격인지, 기본급이나 고정급이 정하여졌는지 및 근로소득세의 원천징수 여부 등 보수에 관한 사항, 근로제공관계의 계속성과 사용자에 대한 전속성의 유무와 그 정도, 사회보장제도에 관한 법령에서 근로자로서 지위를 인정받는지 등의 경제적·사회적 여러 조건을 종합하여 판단하여야 한다(대판 2007.9.7. 2006도777).

(2) 부수적 판단징표의 고려

다만, 기본급이나 고정급이 정하여졌는지, 근로소득세를 원천징수하였는지, 사회보장제도에 관하여 근로자로 인정받는지 등의 사정은 사용자가 경제적으로 우월한 지위를 이용하여 임의로 정할 여지가 크다는 점에서, 그러한 점들이 인정되지 않는다는 것만으로 근로자성을 쉽게 부정하여서는 안 된다(대판 2007.9.7. 2006도777).

3. 관련 판례 - 판단징표를 통한 종합적 판단을 함에 있어 추가적 요소를 설시한 사례[5]

(1) 플랫폼 종사자의 근로자성[6]

최근 판례는 자동차대여사업자인 갑 주식회사, 자회사인 을 주식회사가 개발·운영하는 모바일 애플리케이션을 기반으로 그 앱의 이용자에게 갑 회사의 차량을 대여함과 동시에 인력공급업 등을 영위하는 병 주식회사로부터 공급받은 차량 운전기사를 제공하는 '기사 알선 포함 차량 대여서비스'를 운영하였는데, 병 회사가 드라이버 프리랜서 계약을 체결한 운전기사들 단체 대화방에 인원을 감축한다는 내용의 메시지와 함께 향후 배차될 운전기사의 명단을 공지하자, 그 명단에서 배제된 정이 위 인원 감축 통보가 부당해고에 해당한다며 부당해고 구제신청을 한 사안에서, 온라인 플랫폼(노무제공과 관련하여 둘 이상의 이용자 간 상호작용을 위한 전자적 정보처리시스템)을 매개로 근로를 제공하는 플랫폼 종사자가 근로자인지를 판단하는 경우에는 노무제공자와 노무이용자 등이 온라인 플랫폼을 통해 연결됨에 따라 직접적으로 개별적인 근로계약을 맺을 필요성이 적은 사업구조, 일의 배분과 수행 방식 결정에 온라인 플랫폼의 알고리즘이나 복수의 사업참여자가 관여하는 노무관리의 특성을 고려하여 위 요소들을 적정하게 적용해야 한다고 하면서, 정은 근로기준법상 근로자에 해당하고 사용자는 갑 회사라고(대판 2024.7.25. 2024두32973) 판시한바 있다.

(2) 배송업무 종사자의 근로자성

[1] 근로를 제공하는 자가 기계, 기구 등을 소유하고 있다고 하여, 곧바로 독립하여 자신의 계산으로 사업을 영위하고 노무 제공을 통한 이윤의 창출과 손실의 초래 등 위험을 안는 사업자라고 단정할 것은 아니다. 다만, 기본급이나 고정급이 정하여졌는지, 근로소득세를 원천징수하였는지, 사회보장제도에 관하여 근로자로 인정받는지 등의 사정은 사용자가 경제적으로 우월한 지위를 이용하여 임의로 정할 여지가 크다는 점에서 그러한 점들이 인정되지 않는다는 것만으로 근로자성을 쉽게 부정하여서는 안 된다.

---

[5] 최근 판례는 겸직 여부나 겸직소득규모가 근로자성을 부인하는 징표는 될 수 없다고 판단하고 있으므로 이하에서 그 판결요지를 서술한다.
갑 등이 채권추심업체인 을 주식회사와 채권추심업무 위탁계약을 체결하고 채권추심원으로 근무하면서 다른 근무처에서 겸직을 하였는데, '갑 등이 을 회사 외의 다른 근무처에서 얻은 소득이 같은 기간 을 회사로부터 얻은 소득과 비교하여 50% 이상의 비중을 차지하는 기간'에도 갑 등을 을 회사의 근로자로 볼 수 있는지 문제된 사안에서, 갑 등이 을 회사 외의 다른 근무처에서 상당한 소득을 올렸다는 사정은 근로제공관계의 실질을 파악할 때 고려할 여러 사정 중 일부에 불과하므로, 갑 등이 을 회사 외의 다른 근무처에서 얻은 소득이 같은 기간 을 회사로부터 얻은 소득과 비교하여 50% 이상의 비중을 차지하는지 여부를 근로제공관계의 실질을 판단할 때 일의적 기준으로 삼을 합리적 이유를 찾기 어렵고, 위 기간 동안 갑 등의 겸직 소득 규모 외에는 갑 등의 업무수행 방식과 을 회사의 지휘·감독의 태양이나 정도 등이 근로자성 인정 여부를 종전과 달리 판단할 수 있을 정도로 실질적으로 변경되었다고 볼 만한 사정이 없으며, 이를 전후하여 해고나 합의해지 등을 통해 갑 등과 을 회사 사이의 근로계약관계가 유효하게 해소되었다고 볼 자료도 없으므로, 위 기간에도 여전히 갑 등을 을 회사의 근로자로 봄이 타당한데도, 이와 달리 본 원심판단에 법리오해 등의 잘못이 있다고 한 사례(대판 2020.6.25. 2018다292418)

[6] 최근 판례는 플랫폼 종사자의 근로자성 인정 여부에 대하여 사실상 종래 근로자성 판단기준을 완화하였는데, 온라인 플랫폼을 매개로 근로를 제공하는 플랫폼 종사자가 근로자인지 판단함에 있어서 추가로 고려하여야 하는 요소를 제시함으로써 근로자성의 인정 영역을 확대하고자 하였다는 점에 그 의의가 있다고 판단된다.

[2] 근로기준법상 '임금'은 사용자가 '근로의 대가'로 근로자에게 임금, 봉급, 그 밖에 어떠한 명칭으로든지 지급하는 일체의 금품을 말하고(제2조 제1항 제5호), 이는 평균임금 산정의 기초가 되는 임금의 경우에도 마찬가지이다. 근로자가 자신이 소유하는 차량에 관하여 사용자와 사이에 월 임대료를 정하여 차량임대계약을 체결하고 계속하여 그 차량을 이용하여 물품을 운송하는 형태로 근로를 제공하는 경우에, 임대료 중 근로의 대가로 볼 수 없고 차량 사용의 대가에 해당하는 부분이 있는 때에는 그 부분의 임대료를 평균임금 산정의 기초가 되는 임금으로 삼을 수 없다. 한편, 평균임금 산정의 기초가 되는 임금총액에는 사용자가 근로의 대상으로 근로자에게 지급하는 금품으로서, 근로자에게 계속적·정기적으로 지급되고 단체협약, 취업규칙, 급여규정, 근로계약, 노동관행 등에 의하여 사용자에게 그 지급의무가 지워져 있는 것은 그 명칭 여하를 불문하고 모두 포함된다 할 것이나, 근로자가 특수한 근무조건이나 환경에서 직무를 수행함으로 말미암아 추가로 소요되는 비용을 변상하기 위하여 지급되는 실비변상적 금원 또는 사용자가 지급의무 없이 은혜적으로 지급하는 금원 등은 평균임금 산정의 기초가 되는 임금총액에 포함되지 아니한다(대판 2013.4.26. 2012도5385).

(3) 전기관련 업무 위탁종사자의 근로자성

한국전력공사로부터 전기계량기 검침, 전기요금 관련 청구서 등의 송달, 전기요금 체납 고객에 대한 해지시공(단전) 및 재공급(송전) 등의 업무를 위탁받은 甲 주식회사(이하 '피고')와 위탁계약을 체결하고 위 업무를 수행하는 위탁원이 근로기준법의 근로자에 해당하는지 문제된 사안에서, 판례는 ① 피고는 한국전력으로부터 전기계량기 검침, 전기요금 관련 청구서 등의 송달 등의 업무를 위탁받아 이를 그대로 위탁원들에게 위탁한 것이어서 그들이 담당한 검침과 송달 등의 업무는 피고의 사업에서 핵심적이고 중요한 업무라 할 수 있으므로, 피고로서는 적정한 업무수행을 보장하기 위하여 위탁원들의 업무에 대하여 상당한 지휘·감독을 하고자 하는 유인이 크다고 할 수 있다. 실제 위탁원들이 피고로부터 업무를 배정받은 후 검침과 송달 등의 업무를 수행한 과정 등에 비추어 보면 피고가 위탁계약에 따라 제공받는 노무의 품질 등이 일정한 수준에 맞도록 요구하는 방법으로 위탁계약에 기하여 위탁원들의 업무에 대하여 일반적이고 추상적인 지시 등을 하는 것에서 더 나아가 상당한 지휘·감독을 하였을 가능성이 있다. ② 아울러 검침과 송달 등의 업무를 담당한 위탁원들의 예상 업무량은 그들의 담당구역이 지정되어 있는 이상 그 담당구역에 거주하는 전기수용가구의 수에 따라 정해지고 위탁원들이 업무를 하는 날 피고로부터 직접 검침이나 송달을 할 고객을 배정받았으므로, 위탁원들은 스스로의 노력으로 고객을 유치하여 검침이나 송달 업무의 양을 늘림으로써 그 수입의 규모를 확대할 수 없는 상황이었고, 이에 따라 위탁원들이 독립하여 자신들의 계산으로 사업을 영위하거나 노무 제공을 통한 이윤의 창출과 손실의 초래 등의 위험을 스스로 안고 있었다고 보기도 어렵다. ③ 또한 위탁원들이 하는 검침이나 송달 등의 업무가 전문성을 요하는 분야에 해당한다고 보기 어려울뿐더러 그들이 피고 외의 다른 사업자로부터 검침이나 송달 등의 업무를 위탁받아 이를 수행할 수도 없었고 그 업무를 정규직 직원이나 다른 위탁원이 아닌 제3자에게 수행하도록 재위탁할 수 없었으므로, 이러한 측면에서도 위탁원들이 독립하여 자신들의 계산으로 그 업무를 사업으로 영위하거나 그 사업으로 인한 수익과 손실의 위험을 스스로 부담할 수 없었다. 이러한 사정들을 앞서 본 법리에 비추어 살펴보면, 위탁원들에 대하여 취업규칙, 복무규정, 인사규정 등을 적용하지 아니하였고 위탁원들이 정규 직원과 달리 기본급이나 고정급을 지급받지 아니하였으며, 위탁원들의 급여에서 근로소득세 대신 사업소득세를 원천징수하고 피고가 위탁원들을 위하여 건강보험, 국민연금, 고용보험, 산업재해보상보험 등에 가입하지 아니하였더라도, 원고와 같이 검침이나 송달 업무를 담당하는 위탁원들은 임금을 목적으로 종속적인 관계에서 피고에게 근로를 제공하는 근로기준법상의 근로자에 해당한다고 볼 여지가 많다고 판시하고(대판 2014.11.13. 2013다77805) 있다.

Ⅳ 임원의 근로자성

1. 임원의 법적 지위

주식회사의 이사, 감사 등 임원은 회사로부터 일정한 사무처리의 위임을 받고 있는 것이므로, 사용자의 지휘·감독 아래 일정한 근로를 제공하고 소정의 임금을 받는 고용관계에 있는 것은 아니어서 원칙적으로 회사의 근로자라고 할 수 없다(대판 2003.9.26. 2002다64681).

2. 임원의 근로자성 인정 여부

(1) 상법상 임원인 경우

주주총회에 의한 선임절차를 거쳤다고 하더라도 회사로부터 위임받은 사무를 처리하는 외에 대표이사 등의 지휘·감독 아래 일정한 노무를 담당하고 그 대가로 일정한 보수를 지급받아 왔다면 그러한 임원은 근로기준법상의 근로자에 해당한다 할 것이다(대판 2003.9.26. 2002다64681).

(2) 상법상 임원이 아닌 경우

회사의 이사 또는 감사 등 임원이라고 하더라도 주주총회에 의한 선임절차를 거치지 아니하여 그 지위 또는 명칭이 형식적·명목적인 것이고 실제로는 매일 출근하여 업무집행권을 갖는 대표이사나 사용자의 지휘·감독 아래 일정한 근로를 제공하면서 그 대가로 보수를 받는 관계에 있다거나 또는 회사로부터 위임받은 사무를 처리하는 외에 대표이사 등의 지휘·감독 아래 일정한 노무를 담당하고 그 대가로 일정한 보수를 지급받아 왔다면 그러한 임원은 근로기준법상의 근로자에 해당한다(대판 2003.9.26. 2002다64681).

Ⅴ 불법체류외국인의 근로자성

취업자격 없는 외국인이 출입국관리법령상의 고용제한규정을 위반하여 근로계약을 체결하였다 하더라도 그것만으로 그 근로계약이 당연히 무효라고는 할 수 없고, 불법체류외국인이 사용종속관계에서 근로를 제공하고 임금을 받아온 자라면 근로기준법상 근로자에 해당한다(대판 1995.9.15. 94누12067). 기출 12

제5절 근로기준법상 사용자

Ⅰ 의 의

사용자라 함은 사업주 또는 사업경영담당자, 그 밖에 근로자에 관한 사항에 대하여 사업주를 위하여 행위하는 자를 말한다(근기법 제2조 제1항 제2호). 기출 17 근로기준법상의 사용자는 법에서 정한 최저기준을 준수해야 할 의무주체이며 이를 위반한 경우 책임을 져야 할 책임주체이나, 노조법상의 사용자는 노동조합의 상대방이며 단체교섭의 당사자 또는 부당노동행위 금지의 수규자로서의 의미를 가진다.

II 사용자의 범위

1. 사업주

근로자를 사용하여 사업을 하는 자, 즉 자기 이름으로 사업을 하는 경영의 주체로서 개인기업의 경우에는 경영주 개인, 법인기업의 경우에는 법인을 말한다. 사업주는 근로자와 체결한 근로계약의 타방당사자인 것이 일반적이다. 하도급의 경우 하도급회사에 고용된 근로자는 하도급회사의 사업주가 사용자로 되는 것이 원칙이지만, 하도급회사 전체가 원기업의 지휘·명령에 따르는 경우에는 그 원기업의 사업주가 사용자로 된다.

2. 사업경영담당자

사업경영담당자란 사업경영 일반에 관하여 책임을 지는 자로서 사업주로부터 사업경영의 전부 또는 일부에 대하여 포괄적인 위임을 받고 대외적으로 사업을 대표하거나 대리하는 자를 말한다(대판 2008.4.10. 2007도1199).[7] 구체적으로는 주식회사의 대표이사, 합명회사·합자회사의 업무집행사원, 유한회사의 이사·지배인 등이 이에 해당한다. 다만, 명목상의 대표이사는 사업경영담당자라고 할 수 없다(대판 2000.1.18. 99도2910).

3. 근로자에 관한 사항에 대하여 사업주를 위하여 행위하는 자

근로자에 관한 사항에 대하여 사업주를 위하여 행위하는 자란 근로자의 인사, 급여, 후생 및 노무관리 등 근로조건의 결정 또는 업무상의 명령이나 지휘감독을 하는 등의 사항에 대하여 사업주로부터 일정한 권한과 책임을 부여받은 자를 말한다(대판 2008.10.9. 2008도5984). 이와 같은 권한과 책임의 유무는 부장, 과장이라는 형식적인 직명에 따를 것이 아니라, 구체적인 권한과 책임에 의하여 판단하여야 한다.

III 사용자 개념의 확장

1. 의의

근로계약을 체결한 사업 또는 사업장이 아닌 다른 사업장의 사업주에게도 사용자성을 확장적용하는 경우가 있다. 사실상 사용종속관계의 존재 여부는 객관적으로 추인할 수 있는 묵시적인 의사의 합치가 있었는지를 기준으로 판단한다.

2. 판례법리에 의한 사용자 개념의 확장

(1) 판례법리

1) 묵시적 근로계약관계의 법리

판례는 원고용주에게 고용되어 제3자의 사업장에서 제3자의 업무에 종사하는 자를 제3자의 근로자라고 할 수 있으려면, 원고용주는 사업주로서의 독자성이 없거나 독립성을 결하여 제3자의 노무대행기관과 동일시할 수 있는 등 그 존재가 형식적, 명목적인 것에 지나지 아니하고, 사실상 당해 피고용인은 제3자와 종속적인

---

7) 대학교 의료원장은 의료원을 대표하며 의료원 산하 각 병원 및 기관의 운영 전반을 관장하고, 의료원은 의료원 산하 각 병원의 연간 종합 예산 등의 편성·조정·통제, 각 병원별 자금운용수지 현황 관리 등의 업무를 담당해 온 사안에서, 의료원 산하 각 병원이 독립채산제로 운영되고 해당 병원장이 그 전결사항으로 소속 근로자들에 대한 임금을 지급하여 왔다 하더라도, 의료원장은 의료원 산하 병원 등 소속 근로자들에 대한 관계에 있어서 근로기준법 제2조 제1항 제2호가 정한 사용자에 해당한다고 본 사례(대판 2008.4.10. 2007도1199)

관계에 있으며, 실질적으로 임금을 지급하는 자도 제3자이고, 또 근로제공의 상대방도 제3자이어서 당해 피고용인과 제3자 간에 묵시적 근로계약관계가 성립되어 있다고 평가될 수 있어야 한다고(대판 2020.4.9. 2019다267013) 판시하고 있다.

2) 법인격 부인의 법리

[1] 모회사인 사업주가 업무도급의 형식으로 자회사(원고용주)의 근로자들을 사용하였으나, 실질적으로는 위장도급으로서 사업주와 근로자들 사이에 직접 근로계약관계가 존재한다.

[2] 원심이 적법하게 확정한 사실과 기록에 의하면, 인사이트코리아는 참가인의 자회사로서 형식상으로는 독립된 법인으로 운영되어 왔으나 실질적으로는 참가인 회사의 한 부서와 같이 사실상 경영에 관한 결정권을 참가인이 행사하여 왔고, 참가인이 물류센터에서 근로할 인원이 필요한 때에는 채용광고 등의 방법으로 대상자를 모집한 뒤 그 면접과정에서부터 참가인의 물류센터 소장과 관리과장 등이 인사이트코리아의 이사와 함께 참석한 가운데 실시하였으며, 원고들을 비롯한 인사이트코리아가 보낸 근로자들에 대하여 참가인의 정식직원과 구별하지 않고 업무지시, 직무교육 실시, 표창, 휴가사용 승인 등 제반 인사관리를 참가인이 직접 시행하고, 조직도나 안전환경점검팀 구성표 등의 편성과 경조회의 운영에 있어서 아무런 차이를 두지 아니하였으며, 그 근로자들의 업무수행능력을 참가인이 직접 평가하고 임금인상수준도 참가인의 정식직원들에 대한 임금인상과 연동하여 결정하였음을 알 수 있는바, 이러한 사정을 종합하여 보면 참가인은 '위장도급'의 형식으로 근로자를 사용하기 위하여 인사이트코리아라는 법인격을 이용한 것에 불과하고, 실질적으로는 참가인이 원고들을 비롯한 근로자들을 직접 채용한 것과 마찬가지로서 참가인과 원고들 사이에 근로계약관계가 존재한다고 보아야 할 것이다. 그렇다면 참가인이 2000.11.1. 원고들을 계약직 근로자의 형식으로 신규 채용하겠다고 제의한 데 대하여 원고들이 동의하지 아니한다는 이유로 참가인이 원고들의 근로제공을 수령하기를 거부한 것은 부당해고에 해당한다 할 것이다(대판 2003.9.23. 2003두3420).

(2) 검 토

묵시적 근로계약관계의 법리는 외형상 근로관계를 체결하지 아니한 당사자 사이에 직접적인 고용관계가 성립할 수 있다는 것을 인정하는 유용한 이론이나, 동 법리가 적용되기 위하여는 원고용주에게 사업주로서의 독립성이 없어야 하는바, 약간의 독립성만 있으면 근로계약관계가 부정될 수 있다는 점에서 그 요건이 너무 엄격하다는 문제가 있다.

3. 법령상 인정되는 사용자책임의 특례

(1) 원수급인의 사용자책임

사업이 여러 차례의 도급에 따라 행하여지는 경우의 재해보상에 대하여는 원수급인을 사용자로 본다(근기법 제90조 제1항).

(2) 직상수급인의 연대책임

사업이 한 차례 이상의 도급에 따라 행하여지는 경우에 하수급인이 직상수급인(도급이 한 차례에 걸쳐 행하여진 경우에는 도급인)의 귀책사유로 근로자에게 임금을 지급하지 못한 경우에는 그 직상수급인은 그 하수급인과 연대하여 책임을 진다(근기법 제44조 본문). 기출 17

제6절 근로기준법상 근로조건결정규범

I 의의
근로계약, 관계법령, 단체협약, 취업규칙 및 노사관행 등 근로기준을 결정하는 규범을 말한다.

II 근로조건결정규범 상호 간의 관계
근로조건은 근로자와 사용자가 근로계약을 통해 자유로이 결정하는 것이 원칙이지만, 관계법령이나 단체협약, 취업규칙, 노사관행 등에 의해 설정되는 경우도 있다.

1. 법령과 단체협약 간의 관계
① 헌법·강행법규에 위반되는 단체협약 : 무효
② 행정관청은 단체협약 중 위법한 내용이 있는 경우에는 노동위원회의 의결을 얻어 그 시정을 명할 수 있다(노조법 제31조 제3항).

2. 법령과 취업규칙 간의 관계(근기법 제96조)
① 법령에 위반된 취업규칙 : 무효
② 고용노동부장관은 취업규칙의 변경을 명할 수 있다(근기법 제96조 제2항). 이때 무효가 된 취업규칙이 법령에 의해 대체되느냐에 대해서는 견해가 대립한다. 기출 15

3. 법령과 근로계약 간의 관계(근기법 제15조)
근로기준법에 정한 기준에 달하지 못하는 근로조건을 정한 근로계약은 그 부분에 한하여 무효이므로 그것이 단체협약에 의한 것이라거나 근로자들의 승인을 받은 것이라고 하여 유효로 볼 수 없다(대판 1990.2.21. 90다카24496). 무효로 된 부분은 근로기준법에서 정한 기준에 따른다. 기출 23·25

4. 단체협약과 근로계약 간의 관계(노조법 제33조)
① 단체협약에 정한 근로조건, 기타 근로자의 대우에 관한 기준에 위반하는 근로계약부분은 무효가 된다(규범적 효력 중 강행적 효력).
② 근로계약에 규정되지 않은 사항, 단체협약에 위반되어 무효가 된 부분은 단체협약에 정한 기준에 의한다(규범적 효력 중 대체적 효력).

5. 단체협약과 취업규칙 간의 관계

(1) 근기법 제96조
① 취업규칙은 법령이나 해당 사업 또는 사업장에 대하여 적용되는 단체협약과 어긋나서는 아니 된다. 기출 22
② 고용노동부장관은 법령이나 단체협약에 어긋나는 취업규칙의 변경을 명할 수 있다. 기출 18

(2) 노조법 제33조
① 단체협약에 정한 근로기준에 위반되는 취업규칙은 무효이다.
② 무효로 된 취업규칙의 부분에는 단체협약의 기준이 적용된다.

6. 취업규칙과 근로계약 간의 관계(근기법 제97조)

취업규칙에서 정한 기준에 미달하는 근로조건을 정한 근로계약은 그 부분에 관하여는 무효로 한다(강행적 효력). 이 경우 무효로 된 부분은 취업규칙에 정한 기준에 따른다(직접·보충적 효력).

제7절 근로기준법의 기본원리

Ⅰ 최저근로조건 보장의 원칙

이 법에서 정하는 근로조건은 최저기준이므로 근로관계당사자는 이 기준을 이유로 근로조건을 낮출 수 없다(근기법 제3조). 다만, 사회·경제적 사정의 변경이 있는 경우에는 근로조건을 낮출 수 있다. 기출 12·16·20·23

Ⅱ 근로조건 노사대등결정원칙

근로조건은 근로자와 사용자가 동등한 지위에서 자유의사에 따라 결정하여야 한다(근기법 제4조). 기출 12·16·19 이 규정은 사용자가 일방적으로 근로조건을 결정하여서는 아니 되고, 근로조건은 근로관계 당사자 사이에서 자유로운 합의에 따라 정해져야 하는 사항임을 분명히 함으로써 근로자를 보호하고자 하는 것이 주된 취지이다(대판 2019.11.14. 2018다200709). 한편 근로기준법 제4조가 근로자에게 유리한 내용의 근로조건의 기준을 지방의회의 의결로 결정하는 것을 제한하는 취지는 아니라고 할 것이므로, 근로자에게 유리한 내용의 근로조건의 기준을 조례로써 규정하고 그 내용이 사용자의 근로조건 결정에 관한 자유를 일부 제약한다 하더라도 그와 같은 내용을 규정한 조례가 무효라고 볼 수 없다(대판 2023.7.13. 2022추5156).

Ⅲ 근로조건의 준수원칙

1. 의무

근로자와 사용자는 각자가 단체협약, 취업규칙과 근로계약을 지키고 성실하게 이행할 의무가 있다(근기법 제5조).
기출 12·18·19·23·24

2. 벌칙규정

단체협약 중 일부 중요한 내용 위반에 대한 벌칙규정은 있으나, 취업규칙이나 근로계약 위반에 대해서는 벌칙규정이 없다.

Ⅳ 균등처우의 원칙

1. 의의

사용자는 근로자에 대하여 남녀의 성(性)을 이유로 차별적 대우를 하지 못하고, 국적·신앙 또는 사회적 신분을 이유로 근로조건에 대한 차별적 처우를 하지 못한다(근기법 제6조). **기출** 16·18·19·20·23

2. 관련 판례

(1) 인사고과의 정당성 여부

판례는 근로자에 대한 인사고과는 원칙적으로 인사권자인 사용자의 권한에 속하므로 업무상 필요한 범위 안에서는 상당한 재량을 가진다 할 것이나, 사용자는 근로자의 근무실적이나 업무능력 등을 중심으로 객관적이고 공정한 평정의 기준에 따라 이루어지도록 노력하여야 하고 그것이 해고에 관한 법적 규제를 회피하고 퇴직을 종용하는 수단으로 악용되는 등의 불순한 동기로 남용되어서는 아니 된다고 할 것이어서 이와 같이 사용자의 인사고과가 헌법, 근로기준법 등에 위반되거나 객관적이고 공정한 평정의 기준을 현저하게 위반하여 정당한 인사권의 범위를 벗어난 때에는 인사고과의 평가 결과는 사법심사의 대상이 되어 그 효력을 부인할 수 있어, 피고가 부진인력 관리계획을 수립한 후 원고들이 포함된 부진인력 대상자에게 인사고과, 업무분담 등에서 불이익을 주는 차별정책을 시행하였고, 원고들에게 합리적인 이유 없이 부당한 인사고과를 하였으므로 원고들에 대한 2009년도 인사고과는 재량권을 남용한 것으로서 위법하다고(대판 2015.6.24. 2013다22195) 한다.

(2) 정년규정의 무효 여부

판례는 정년규정은 당해 사업장에 있어서 근로자가 제공하는 근로의 성질, 내용, 근무형태 등 제반 여건에 따라 합리적인 기준을 둔다면 같은 사업장 내에서도 직책 또는 직급에 따라 서로 차이가 있을 수 있는 것이고, 이와 같은 기준에 따라 회사가 정한 정년규정이 일용노동자의 가동연한이나 공무원 및 동종 회사 직원의 정년보다 다소 하회한다고 하여 이를 법률상 무효라고는 할 수 없다고(대판 1991.4.9. 90다16245) 한다.

(3) 사회적 신분 또는 동일한 비교집단 여부 – 국도관리원에 대한 불리한 처우

[1] 근로기준법 제6조는 "사용자는 근로자에 대하여 남녀의 성을 이유로 차별적 대우를 하지 못하고, 국적·신앙 또는 사회적 신분을 이유로 근로조건에 대한 차별적 처우를 하지 못한다"라고 하여 '균등한 처우 원칙' 또는 '차별적 처우 금지 원칙'을 규정하는 한편, 제114조 제1호에서 그 위반 행위에 대한 형사처벌까지 규정하고 있다. 이는 사용자로 하여금 복수의 근로자들 사이에 합리적 이유 없는 차등 처우를 금지하여 헌법 제11조의 평등원칙을 개별적 근로관계에서 구현하기 위한 조항으로서, 차별적 처우는 복수의 근로자들이 본질적으로 동일한 근로자 집단에 속하는 것을 전제로, 그럼에도 합리적 이유 없이 서로 다르게 취급하는 경우에 한하여 성립할 수 있다. 이 사건에서 원고들에 대한 처우가 사회적 신분을 이유로 한 차별적 처우라고 보기 위해서는 차별의 사유가 되는 원고들의 지위가 '사회적 신분'에 해당하여야 하고, 원고들이 지목하는 비교대상자인 공무원들이 본질적으로 동일한 근로자 집단에 속하여야 한다. 근로기준법 제6조에서 말하는 사회적 신분이 반드시 선천적으로 고정되어 있는 사회적 지위에 국한된다거나 그 지위에 변동가능성이 없을 것까지 요구되는 것은 아니지만, 개별 근로계약에 따른 고용상 지위는 공무원과의 관계에서 근로기준법 제6조가 정한 차별적 처우 사유인 '사회적 신분'에 해당한다고 볼 수 없고, 공무원은 그 근로자와의 관계에서 동일한 근로자 집단에 속한다고 보기 어려워 비교대상 집단이 될 수도 없다(대판 2023.9.21. 2016다255941[전합]). **기출** 24

(4) 차별적 대우 여부

1) 차별적 대우의 합리적 이유를 인정하지 아니한 사례

① 임금피크제(성과연급제)

[1] 구 고령자고용법 제4조의4 제1항 제2호의 규정의 강행규정 여부 : 고용의 영역에서 나이를 이유로 한 차별을 금지하여 헌법상 평등권을 실질적으로 구현하려는 구 고령자고용법상 차별 금지 조항의 입법 취지를 고려하면, 구 고령자고용법 제4조의4 제1항은 강행규정에 해당한다. 따라서 단체협약, 취업규칙 또는 근로계약에서 이에 반하는 내용을 정한 조항은 무효이다. 원심은 같은 취지에서 구 고령자고용법 제4조의4 제1항을 위반하여 합리적인 이유 없이 제2호의 영역에서 연령을 이유로 차별을 하는 내용의 취업규칙은 구 고령자고용법을 위반하여 효력이 없다고 판단하였다. 앞서 본 법리에 따라 기록을 살펴보면, 원심의 위와 같은 판단에 구 고령자고용법의 강행규정성에 관한 법리를 오해한 잘못이 없다.

[2] 이 사건 성과연급제가 구 고령자고용법 제4조의4 제1항 제2호에서 금지하고 있는 연령을 이유로 한 합리적인 이유 없는 차별에 해당하는지 여부

㉠ 연령을 이유로 한 차별을 금지하고 있는 구 고령자고용법 제4조의4 제1항에서 말하는 '합리적인 이유가 없는' 경우란 연령에 따라 근로자를 다르게 처우할 필요성이 인정되지 아니하거나 달리 처우하는 경우에도 그 방법·정도 등이 적정하지 아니한 경우를 말한다. 사업주가 근로자의 정년을 그대로 유지하면서 임금을 정년 전까지 일정기간 삭감하는 형태의 이른바 '임금피크제'를 시행하는 경우 연령을 이유로 한 차별에 합리적인 이유가 없어 그 조치가 무효인지 여부는 임금피크제 도입 목적의 타당성, 대상 근로자들이 입는 불이익의 정도, 임금 삭감에 대한 대상 조치의 도입 여부 및 그 적정성, 임금피크제로 감액된 재원이 임금피크제 도입의 본래 목적을 위하여 사용되었는지 등 여러 사정을 종합적으로 고려하여 판단하여야 한다.

㉡ 다음과 같은 사정들을 종합하여 보면 이 사건 성과연급제는 연령을 이유로 임금 분야에서 원고를 차별하는 것으로 그 차별에 합리적인 이유가 있다고 볼 수 없다.

㉮ 이 사건 성과연급제는 피고의 인건비 부담을 완화하고 실적 달성률을 높이기 위한 목적으로 도입된 것으로 보인다. 피고의 주장에 따르더라도 51세 이상 55세 미만 정규직 직원들의 수주 목표 대비 실적 달성률이 55세 이상 정규직 직원들에 비하여 떨어진다는 것이어서, 위와 같은 목적을 55세 이상 정규직 직원들만을 대상으로 한 임금삭감 조치를 정당화할 만한 사유로 보기 어렵다.

㉯ 이 사건 성과연급제로 인하여 원고는 임금이 일시에 대폭 하락하는 불이익을 입었고, 그 불이익에 대한 대상조치가 강구되지 않았다. 피고가 대상조치라고 주장하는 명예퇴직제도는 근로자의 조기 퇴직을 장려하는 것으로서 근로를 계속하는 근로자에 대하여는 불이익을 보전하는 대상조치로 볼 수도 없다.

㉰ 이 사건 성과연급제를 전후하여 원고에게 부여된 목표 수준이나 업무의 내용에 차이가 있었다고 보이지 아니한다.

㉢ 같은 취지의 원심 판단은 정당하고, 상고이유 주장과 같이 연령차별의 합리적인 이유에 관한 법리를 오해하거나 논리와 경험의 법칙을 위반하여 자유심증주의의 한계를 벗어난 잘못이 없다(대판 2022.5.26. 2017다292343).

② **강의료의 차등지급** : [1] 사용자는 근로자에 대하여 성별·국적·신앙 또는 사회적 신분을 이유로 근로조건에 대한 차별적 처우를 하지 못한다(근로기준법 제6조). 여기에서 '차별적 처우'란 사용자가 근로자를 임금 및 그 밖의 근로조건 등에서 합리적인 이유 없이 불리하게 처우하는 것을 의미하고, '합리적인 이유가 없는 경우'란 당해 근로자가 제공하는 근로의 내용을 종합적으로 고려하여 달리 처우할 필요성이 인정되지 아니하거나 달리 처우하는 경우에도 그 방법·정도 등이 적정하지 아니한 경우를 말한다.

[2] 사업주는 동일한 사업 내의 동일 가치 노동에 대하여는 동일한 임금을 지급하여야 한다(남녀고용평등과 일·가정 양립 지원에 관한 법률 제8조 제1항). 여기에서 '동일 가치의 노동'이란 당해 사업장 내의 서로 비교되는 노동이 동일하거나 실질적으로 거의 같은 성질의 노동 또는 직무가 다소 다르더라도 객관적인 직무평가 등에 의하여 본질적으로 동일한 가치가 있다고 인정되는 노동에 해당하는 것을 말하고, 동일 가치의 노동인지는 직무 수행에서 요구되는 기술, 노력, 책임 및 작업조건을 비롯하여 근로자의 학력·경력·근속연수 등의 기준을 종합적으로 고려하여 판단하여야 한다.

[3] 근로기준법 제6조에서 정하고 있는 균등대우원칙이나 남녀고용평등과 일·가정 양립 지원에 관한 법률 제8조에서 정하고 있는 동일가치노동 동일임금 원칙 등은 어느 것이나 헌법 제11조 제1항의 평등원칙을 근로관계에서 실질적으로 실현하기 위한 것이다. 그러므로 국립대학의 장으로서 행정청의 지위에 있는 총장으로서는 근로계약을 체결할 때에 사회적 신분이나 성별에 따른 임금 차별을 하여서는 아니 됨은 물론 그 밖에 근로계약상의 근로 내용과는 무관한 다른 사정을 이유로 근로자에 대하여 불합리한 차별 대우를 해서는 아니 된다. 기출 24

[4] 갑이 국립대학인 을 대학과 시간강사를 전업과 비전업으로 구분하여 시간당 강의료를 차등지급하는 내용의 근로계약을 체결하고 자신이 전업강사에 해당한다고 고지함에 따라 전업 시간강사 단가를 기준으로 3월분 강의료를 지급받았는데, 국민연금공단으로부터 '갑이 부동산임대사업자로서 별도의 수입이 있는 사람에 해당한다'는 사실을 통보받은 을 대학 총장이 이미 지급한 3월분 강사료 중 비전업 시간강사료와의 차액 반환을 통보하고, 4월분과 5월분의 비전업 시간강사료를 지급한(이하 차액 반환통보 및 감액지급을 '각 처분') 경우, 근로계약서상의 전업·비전업 기준이 국립대학교인 을 대학교에 전속되어 일하여야 한다는 것인지, 출강은 어느 대학이든 자유로 할 수 있으나 시간강사 외의 일은 하지 않아야 한다는 것인지, 강사료 외에는 다른 소득이 없어야 한다는 것인지 분명하지 않고, 이를 어떻게 이해하더라도 시간제 근로자인 시간강사에 대하여 근로제공에 대한 대가로서 기본급 성격의 임금인 강사료를 근로의 내용과 무관한 사정에 따라 차등을 두는 것은 합리적이지 않은 점, 시간강사에 대한 열악한 처우를 개선할 의도로 강사료 단가를 인상하고자 하였으나 예산 사정으로 부득이 전업 여부에 따라 강사료 단가에 차등을 둔 것이라는 사용자 측의 재정 상황은 시간제 근로자인 시간강사의 근로 내용과는 무관한 것으로서 동일한 가치의 노동을 차별적으로 처우하는 데 대한 합리적인 이유가 될 수 없는 점 등을 종합하면, 위 각 처분은 위법함에도, 을 대학 총장이 시간강사를 전업과 비전업으로 구분하여 시간당 강의료를 차등지급하는 것이 부당한 차별적 대우에 해당하지 않는다고 본 원심판단에 헌법 제11조 제1항, 근로기준법 제6조, 남녀고용평등과 일·가정 양립 지원에 관한 법률 제8조 등의 해석에 관한 법리를 오해한 잘못이 있다(대판 2019.3.14. 2015두46321).

2) 차별적 대우의 합리적 이유를 인정한 사례 - 보수의 차등지급

[1] 처분문서는 진정성립이 인정되면 특별한 사정이 없는 한 처분문서에 기재되어 있는 문언의 내용에 따라 당사자의 의사표시가 있었던 것으로 해석하여야 한다. 그러나 당사자 사이에 계약의 해석을 둘러싸고 이견이 있어 처분문서에 나타난 당사자의 의사해석이 문제 되는 경우에는 문언의 내용, 그와 같은 약정이 이루어진 동기와 경위, 약정으로 달성하려는 목적, 당사자의 진정한 의사 등을 종합적으로 고찰하여 논리와 경험의 법칙에 따라 합리적으로 해석하여야 한다. 단체협약과 같은 처분문서를 해석할 때에는 단체협약이 근로자의 근로조건을 유지·개선하고 복지를 증진하여 경제적·사회적 지위를 향상시킬 목적으로 근로자의 자주적 단체인 노동조합과 사용자 사이에 단체교섭을 통하여 이루어지는 것이므로, 명문의 규정을 근로자에게 불리하게 변형 해석해서는 안 된다.

[2] 단체협약이나 취업규칙에서 근로관계에서의 차별적 처우를 금지하고 있는 경우 '차별적 처우'란 사용자가 근로자를 임금 그 밖의 근로조건 등에서 합리적인 이유 없이 불리하게 처우하는 것을 가리킨다. '합리적인 이유가 없는 경우'란 근로자가 제공하는 근로의 내용을 종합적으로 고려하여 달리 처우할 필요성이 인정되지 않거나 달리 처우하는 경우에도 그 방법·정도 등이 적정하지 않은 경우를 말한다. 합리적인 이유가 있는지는 개별 사안에서 문제가 된 불리한 처우의 내용과 사용자가 불리한 처우의 사유로 삼은 사정을 기준으로 근로자의 고용형태, 업무의 내용과 범위·권한·책임, 임금 그 밖의 근로조건 등의 결정 요소 등을 종합적으로 고려하여 판단하여야 한다.

[3] 일반적으로 '동일가치의 노동'이란 해당 사업장 내에서 서로 비교되는 근로자 간의 노동이 동일하거나 실질적으로 거의 같은 성질의 노동 또는 직무가 다소 다르더라도 객관적인 직무평가 등에 따라 본질적으로 동일한 가치가 있다고 인정되는 노동에 해당하는 것을 말한다. 동일가치의 노동인지는 직무 수행에서 요구되는 기술, 노력, 책임과 작업조건을 비롯하여 근로자의 학력·경력·근속연수 등의 기준을 종합적으로 고려하여 판단하여야 한다.

[4] 갑 지방자치단체가 설립한 중·고등학교에서 사무행정, 시설관리 등 업무를 지원하고 학교회계에서 보수를 받아 온 교육공무직 호봉제근로자인 을 등이 지방공무원법에 따라 채용된 일반직 공무원 등과 비교하여 근속승진에 따른 본봉 인상분과 이에 연동되어 증액되는 정근수당 등, 시간외근무수당 정액분, 1, 2월분 본봉 인상분을 지급받지 못하는 것은 호봉제근로자들을 불리하게 처우하는 것으로 단체협약 등에 위반된다고 주장하며 갑 지방자치단체를 상대로 위 수당 등의 지급을 구한 사안에서, 갑 지방자치단체가 위 수당 등의 지급에 관하여 을 등을 일반직 공무원과 달리 처우한 것에 합리적인 이유가 있고, 동일가치노동 동일임금 원칙을 규정한 단체협약 위반이라고 단정하기도 어렵다고 한 사례(대판 2020.11.26. 2019다262193).

Ⅴ 강제근로 금지의 원칙

사용자는 폭행, 협박, 감금, 그 밖에 정신상 또는 신체상의 자유를 부당하게 구속하는 수단으로써 근로자의 자유의사에 어긋나는 근로를 강요하지 못한다(근기법 제7조). 근로의 실행뿐만 아니라 준비단계의 착수도 포함된다.

기출 18·19

Ⅵ 폭행 금지의 원칙

1. 의 의
사용자는 사고의 발생이나 그 밖에 어떠한 이유로도 근로자에게 폭행을 하지 못한다(근기법 제8조). 기출 19

2. 내 용
업무와 관련되어 발생할 것을 요한다. 업무시간 외에 사업장 밖에서 발생한 폭행이라도 업무와 관련하여 발생하였다면 본조에 해당한다.

Ⅶ 중간착취의 배제원칙

1. 의 의
누구든지 법률에 따르지 아니하고는 영리로 다른 사람의 취업에 개입하거나 중간인으로서 이익을 취득하지 못한다(근기법 제9조). 이 규정은 타인의 취업을 소개・알선하는 조건으로 소개료・수수료 등의 명목으로 이익을 취득하거나 또는 취업 후에 중개인・감독자 등의 지위를 이용하여 근로자의 임금의 일부를 착취하는 행위를 금지하려는 데 목적이 있다. 기출 16・19・20・23・24

2. 내 용

(1) 누구든지 법률에 따르지 아니하고
근로기준법의 적용을 받는 사업주 또는 사용자는 물론이고, 기타 사인이나 단체 등을 묻지 아니하며, 공무원도 이에 포함될 수 있다. 법률에 근거하는 경우에는 동조의 적용을 받지 아니한다. 직업안정법과 파견근로자보호 등에 관한 법률에 의한 경우가 이에 해당한다.

(2) 영리의 목적
단, 1회의 행위라도 영리의 목적으로 한 것이면 동조 위반이 된다(대판 2001.12.14. 2001도5025). 따라서 대기업에 입사할 수 있도록 해 달라는 청탁을 받고 영리의 목적 없이 입사추천을 받도록 해 준 다음 취업사례금 명목의 돈을 받은 경우, 구 근로기준법 제8조에 규정된 '영리로 타인의 취업에 개입'하는 행위에 해당하는지 여부만이 문제될 뿐 '중간인으로서 이익을 취득'하는 행위에 해당하지는 않는다(대판 2007.8.23. 2007도3192).

(3) 타인의 취업에 개입
근로기준법이 적용되는 근로관계의 개시 및 존속 등에 관여하여 알선 또는 소개행위를 하는 것을 말한다. 근로관계의 성립과정에서 취업을 조건으로 하는 개입과 근로관계의 성립 후에 근로관계의 존속, 유지를 조건으로 하는 개입이 모두 해당한다. 또한, 취업을 원하는 사람에게 취업을 알선해 주기로 하면서 그 대가로 금품을 수령하는 정도의 행위도 포함되고, 반드시 근로관계 성립 또는 갱신에 직접적인 영향을 미칠 정도의 구체적인 소개 또는 알선행위에까지 나아가야만 하는 것은 아니다(대판 2008.9.25. 2006도7660). 기출 18

(4) 이익의 취득
이익이라 함은 보상금, 수수료, 소개료, 중개 및 수고비 등 형식적 명칭에 상관없이 일체의 금품 및 경제적 가치가 있는 것을 포함하며, 유・무형 모두가 포함된다. 또한 근로자, 사용자는 물론 제3자 등 누구로부터 이익을 받았는가도 묻지 않는다.

VIII 공민권 행사의 보장원칙

1. 의 의

사용자는 근로자가 근로시간 중에 선거권, 그 밖의 공민권 행사 또는 공(公)의 직무를 집행하기 위하여 필요한 시간을 청구하면 거부하지 못한다. 다만, 그 권리 행사나 공의 직무를 수행하는 데에 지장이 없으면 청구한 시간을 변경할 수 있다(근기법 제10조). 기출 16·18·19·24

2. 요 건

(1) 공민권

법령에 근거한 공직의 선거권, 피선거권은 물론 국민투표권과 같이 국민으로서 공무에 참가하는 권리를 말한다. 근로자가 스스로 입후보하는 피선거권은 포함되나, 다른 후보자를 위한 선거운동은 공민권 행사에 포함되지 아니한다. 공법상의 소권(공직선거법상 선거 또는 당선에 관한 소송)은 공민권의 행사라고 보아야 할 것이나, 사법상의 채권·채무에 관한 소송은 공민권의 행사라고 볼 수 없다.

(2) 공의 직무 기출 15

법령에 근거를 두고 있는 공적인 직무를 말한다. 지방의회 의원·노동위원회 위원으로 직무를 수행하는 경우, 민사소송법·노동위원회법 등 법령에 의한 증인·감정인의 직무 등이 해당된다. 그러나 노동조합활동, 정당활동 또한 공의 직무가 아니다. 따라서 근로시간 중의 노동조합활동은 여기에 해당하지 아니하고, 또한 부당노동행위구제신청을 한 당사자가 사건조사를 위하여 노동위원회의 요구에 따라 출석하는 시간은, 공권이 아닌 사권의 성격이 강하므로 공의 직무로 볼 수 없다.

(3) 근로자의 청구

공민권 행사 또는 공의 직무에 해당한다고 하더라도 근로자의 청구가 있어야 사용자의 의무가 발생한다.

3. 내 용

(1) 필요한 시간의 부여

필요한 시간은 공민권의 행사, 공의 직무의 성질에 따라 판단해야 한다. 권리의 행사를 위한 사전준비나 사후정리 등을 포함한 충분한 시간이 되어야 할 것이다. 사용자의 거부만으로 동조 위반이 되고, 거부의 결과 당해 근로자가 권리를 행사할 수 없었느냐의 여부는 문제되지 않는다.

(2) 시각의 변경

사용자는 공민권의 행사, 공의 직무의 집행에 지장이 없는 한, 청구한 시각을 근로시간 중의 다른 시각으로 변경하는 것이 허용된다. 또한 청구한 날짜의 변경도 시각의 변경에 포함된다(다수설).

4. 공민권 행사와 근로관계

① 평균임금 산정 시 병역법, 예비군법 또는 민방위기본법에 따른 의무를 이행하기 위하여 휴직하거나 근로하지 못한 기간 중, 임금을 지급받지 못한 기간이 있을 경우에는 그 기간은 평균임금의 산정기준이 되는 기간에서 제외한다(근기법 시행령 제2조 제7호).
② 연차휴가를 부여하기 위한 개근 여부를 산정하는 경우, 공민권 행사를 위한 기간은 이를 근로한 것으로 본다.
③ '사용자의 승인을 얻지 않고 공직에 취임한 때는 해고한다'고 정한 취업규칙은 근로자의 공민권 행사를 중대하게 제한하는 것으로 무효이다. 다만, 공직수행으로 인하여 회사의 업무수행에 현저한 지장을 주는 등 겸직이 불가능한 경우에는 해고의 대상이 된다.
④ 근로자가 필요한 시간을 청구하면 사용자는 공민권 행사 등에 필요한 시간을 거부할 수 없다는 것이므로(근기법 제10조), 공민권 행사에 필요하여 근로하지 못한 시간에 대하여 사용자가 임금을 지급하여야 한다는 의미는 아니다. 따라서 임금은 법률에 특별한 규정이 없는 한 취업규칙이나 단체협약에서 정한 바에 따르고, 따로 정함이 없는 경우에는 무급으로 해도 위법이 아니다. 다만, 공직선거법이나 향토예비군 설치법, 민방위기본법에 의한 공민권행사기간은 유급으로 해석된다. 기출 15·23

IX 직장 내 괴롭힘의 금지

1. 신설취지

사용자 또는 근로자는 직장에서의 지위 또는 관계 등의 우위를 이용하여, 업무상 적정범위를 넘어 다른 근로자에게 신체적·정신적 고통을 주거나 근무환경을 악화시키는 직장 내 괴롭힘을 해서는 안 되고, 누구든지 직장 내 괴롭힘 발생사실을 알게 된 경우, 그 사실을 사용자에게 신고할 수 있도록 하기 위해 2019.1.15.에 근로기준법 제76조의2 이하를 신설하였다.

2. 직장 내 괴롭힘의 금지(근기법 제76조의2)

사용자 또는 근로자는 직장에서의 지위 또는 관계 등의 우위를 이용하여, 업무상 적정범위를 넘어 다른 근로자에게 신체적·정신적 고통을 주거나 근무환경을 악화시키는 행위(이하 "직장 내 괴롭힘")를 하여서는 아니 된다. 기출 22·23·25 이를 위해 사용자는 직장 내 괴롭힘을 예방하고 근로자가 안전한 근로환경에서 일할 수 있는 여건을 조성하기 위하여 직장 내 괴롭힘 예방 교육을 실시하는 것이 바람직하나, 근로기준법에는 예방 교육의 의무적 실시에 대한 규정은 존재하지 아니한다. 기출 24

3. 직장 내 괴롭힘 발생 시 조치(근기법 제76조의3)

(1) 발생사실의 신고 기출 20·21·22·25

누구든지 직장 내 괴롭힘 발생사실을 알게 된 경우, 그 사실을 사용자에게 신고할 수 있다.

(2) 사실확인 조사

사용자는 신고를 접수하거나 직장 내 괴롭힘 발생사실을 인지한 경우에는 지체 없이 당사자 등을 대상으로 그 사실확인을 위하여 객관적으로 조사를 실시하여야 한다. 기출 23

(3) **적절한 조치** 기출 21·22·23·24·25

① 사용자는 조사기간 동안 직장 내 괴롭힘과 관련하여 피해를 입은 근로자 또는 피해를 입었다고 주장하는 근로자(이하 "피해근로자등")를 보호하기 위하여 필요한 경우, 해당 피해근로자등에 대하여 근무장소의 변경, 유급휴가명령 등 적절한 조치를 하여야 한다. 이 경우 사용자는 피해근로자등의 의사에 반하는 조치를 하여서는 아니 된다.

② 사용자는 조사결과 직장 내 괴롭힘 발생사실이 확인된 때에는, 피해근로자가 요청하면 근무장소의 변경, 배치전환, 유급휴가명령 등 적절한 조치를 하여야 한다. 사용자는 조사결과 직장 내 괴롭힘 발생사실이 확인된 때에는 지체 없이 행위자에 대하여 징계, 근무장소의 변경 등 필요한 조치를 하여야 한다. 이 경우 사용자는 징계 등의 조치를 하기 전에 그 조치에 대하여 피해근로자의 의견을 들어야 한다.

(4) **불리한 처우의 금지** 기출 20·22

사용자는 직장 내 괴롭힘 발생사실을 신고한 근로자 및 피해근로자등에게 해고나 그 밖의 불리한 처우를 하여서는 아니 된다.

(5) **비밀누설의 금지** 기출 23·25

직장 내 괴롭힘 발생사실을 조사한 사람, 조사내용을 보고받은 사람 및 그 밖에 조사과정에 참여한 사람은 해당 조사과정에서 알게 된 비밀을 피해근로자등의 의사에 반하여 다른 사람에게 누설하여서는 아니 된다. 다만, 조사와 관련된 내용을 사용자에게 보고하거나 관계기관의 요청에 따라 필요한 정보를 제공하는 경우는 제외한다.

4. 과태료의 부과

사용자(사용자의 배우자, 사용자의 4촌 이내의 혈족, 사용자의 4촌 이내의 인척 등이 해당 사업 또는 사업장의 근로자인 경우를 포함)가 직장 내 괴롭힘을 한 경우에는 1천만원 이하의 과태료를 부과한다(근기법 제116조 제1항). 기출 23·25

제8절 근로기준법의 실효성 확보

I 실효성 확보수단

1. 민사상 수단

근로계약의 내용이 근로기준법상의 최저기준에 미달하는 경우에는 당해 근로계약의 민사상 효력은 무효가 되고 무효가 된 부분에는 근로기준법의 근로조건이 대체적으로 적용된다(근기법 제15조). 판례는 근로기준법에서 정한 통상임금에 산입될 수당을 통상임금에서 제외하기로 하는 노사 간의 합의는 그 전부가 무효가 되는 것이 아니라, 근로기준법에서 정한 기준과 전체적으로 비교하여 그에 미치지 못하는 근로조건이 포함된 부분에 한하여 무효로 된다고(대판 2019.11.28. 2019다261084) 한다. 기출 23

2. 형사상 수단

사용자가 근로기준법상의 최저근로조건을 근로자에게 적용하지 아니하는 등 근로기준법을 위반하는 경우에는 형사상의 벌칙이 적용된다(근기법 제107조 이하).

3. 행정상 수단

근로기준법이 입법취지에 부합되게 제대로 시행되고 있는지를 사전에 점검 및 감독하고, 근로자의 사후적 권리구제를 효율적으로 보장하기 위하여, 고용노동부 산하에 근로감독관을 설치하여 근로조건의 기준을 확보하고 있다.

Ⅱ 근로감독관제도

1. 설 치 기출 14·20·22

근로조건의 기준을 확보하기 위하여 고용노동부와 그 소속기관에 근로감독관을 둔다(근기법 제101조 제1항).

2. 근로감독관의 권한과 의무

(1) 근로감독관의 권한

1) **행정상 권한**(근기법 제102조)
   ① 근로감독관은 사업장, 기숙사, 그 밖의 부속건물을 현장조사하고, 장부와 서류의 제출을 요구할 수 있으며, 사용자와 근로자에 대하여 심문할 수 있다. 기출 14·18·20·22·25
   ② 의사인 근로감독관이나 근로감독관의 위촉을 받은 의사는, 취업을 금지하여야 할 질병에 걸릴 의심이 있는 근로자에 대하여 검진할 수 있다. 기출 14·18·20·22
   ③ 위의 경우 근로감독관이나 그 위촉을 받은 의사는, 그 신분증명서와 고용노동부장관의 현장조사 또는 검진지령서를 제시하여야 한다.

2) **사법상 권한**(근기법 제102조, 제105조)
   ① 근로감독관은 이 법이나 그 밖의 노동관계법령 위반의 죄에 관하여, 사법경찰관리의 직무를 행할 자와 그 직무범위에 관한 법률에서 정하는 바에 의하여 사법경찰관의 직무를 수행한다. 기출 20·25
   ② 이 법이나 그 밖의 노동관계법령에 따른 현장조사, 서류의 제출, 심문 등의 수사는 검사와 근로감독관이 전담하여 수행한다. 다만, 근로감독관의 직무에 관한 범죄의 수사는 그러하지 아니하다. 기출 14·22·25

(2) 근로감독관의 의무(근기법 제103조)

근로감독관은 직무상 알게 된 비밀을 엄수하여야 한다. 근로감독관을 그만 둔 때에도 또한 같다.

기출 14·18·22·25

3. 감독기관에 대한 신고(근기법 제104조)

① 사업 또는 사업장에서 이 법 또는 이 법에 따른 대통령령을 위반한 사실이 있으면, 근로자는 그 사실을 고용노동부장관이나 근로감독관에게 통보할 수 있다.
② 사용자는 통보를 이유로 근로자에게 해고나 그 밖에 불리한 처우를 하지 못한다.

4. 벌 칙

근로감독관이 이 법을 위반한 사실을 고의로 묵과하면 3년 이하의 징역 또는 5년 이하의 자격정지에 처한다(근기법 제108조). 기출 18·25

CHAPTER 02 근로기준법 개설

01 근로기준법상 근로감독관에 관한 설명으로 옳지 않은 것은? 기출 25

① 근로감독관은 「근로기준법」 위반의 죄에 관하여 사법경찰관의 직무를 수행한다.
② 근로감독관은 사업장, 기숙사, 그 밖의 부속 건물을 현장조사할 수 있다.
③ 근로감독관은 사용자뿐만 아니라 근로자에 대하여도 심문할 수 있다.
④ 근로감독관을 그만 둔 날로부터 1년이 경과한 후에는 직무상 알게 된 비밀을 엄수할 의무가 없다.
⑤ 「근로기준법」에 따른 현장조사, 서류의 제출, 심문 등의 수사는 검사와 근로감독관이 전담하여 수행한다.

02 근로기준법상 직장 내 괴롭힘에 관한 설명으로 옳은 것은? 기출 25

① 사용자 또는 근로자는 직장에서의 지위 또는 관계 등의 우위를 이용하여 사용자 또는 다른 근로자에게 신체적·정신적 고통을 주는 행위를 하여서는 아니 된다.
② 누구든지 직장 내 괴롭힘 발생 사실을 알게 된 경우 그 사실을 사용자에게 신고하여야 한다.
③ 사용자는 조사기간 동안 피해근로자를 보호하기 위하여 행위자를 배치전환 하여야 한다.
④ 사용자는 조사결과 직장 내 괴롭힘 발생사실이 확인된 때에는 피해근로자의 의견을 들어 지체 없이 행위자에 대하여 징계, 근무장소의 변경 등의 조치를 하여야 한다.
⑤ 직장 내 괴롭힘 발생 사실을 조사한 사람은 조사와 관련된 내용을 사용자에게 보고할 수 없다.

03 헌법상 근로의 권리와 의무에 관한 설명으로 옳은 것은?(다툼이 있으면 판례에 따름) 기출 25

① 근로의 권리에는 일할 환경에 관한 권리는 포함되지 않는다.
② 모든 국민은 강제적인 근로의 의무를 진다.
③ 국가는 사회적·경제적 방법으로 근로자의 고용의 증진과 적정임금의 보장에 노력하여야 한다.
④ 근로자는 국가에 대해 직접적인 직장존속보장청구권을 가지고 있으므로 국가는 근로관계의 당연승계를 보장하는 입법을 반드시 하여야 할 헌법상의 의무가 있다.
⑤ 연소자인 여자의 근로에 대하여만 특별한 보호를 받는다.

해설 및 정답

01 ① (○) 근로감독관은 근로기준법이나 그 밖의 노동 관계 법령 위반의 죄에 관하여 사법경찰관리의 직무를 행할 자와 그 직무범위에 관한 법률에서 정하는 바에 따라 사법경찰관의 직무를 수행한다(근기법 제102조 제5항).
② (○) 근기법 제102조 제1항
③ (○) 근로감독관은 사업장, 기숙사, 그 밖의 부속 건물을 현장조사하고 장부와 서류의 제출을 요구할 수 있으며 사용자와 근로자에 대하여 심문할 수 있다(근기법 제102조 제1항).
④ (×) 근로감독관은 직무상 알게 된 비밀을 엄수하여야 한다. <u>근로감독관을 그만 둔 경우에도 또한 같다</u>(근기법 제103조).
⑤ (○) 근로기준법이나 그 밖의 노동 관계 법령에 따른 현장조사, 서류의 제출, 심문 등의 수사는 검사와 근로감독관이 전담하여 수행한다(근기법 제105조 본문).

정답 ④

02 ① (×) 사용자 또는 근로자는 직장에서의 지위 또는 관계 등의 우위를 이용하여 업무상 적정범위를 넘어 <u>다른 근로자에게</u> 신체적·정신적 고통을 주거나 근무환경을 악화시키는 행위를 하여서는 아니 된다(근기법 제76조의2).
② (×) 누구든지 직장 내 괴롭힘 발생 사실을 알게 된 경우 그 사실을 사용자에게 <u>신고할 수 있다</u>(근기법 제76조의3 제1항).
③ (×) <u>사용자는</u> 조사 기간 동안 직장 내 괴롭힘과 관련하여 피해를 입은 근로자 또는 피해를 입었다고 주장하는 근로자를 보호하기 위하여 필요한 경우 <u>해당 피해근로자등에 대하여 근무장소의 변경, 유급휴가 명령 등 적절한 조치를 하여야</u> 한다(근기법 제76조의3 제3항 전문). 배치전환은 근로자에 대한 조사 결과 직장 내 괴롭힘 발생 사실이 확인된 경우, 피해근로자가 요청에 의하여 사용자가 하여야 할 적절한 조치의 하나로 인정된다(근기법 제76조의3 제4항 참조).
④ (○) 사용자는 조사 결과 직장 내 괴롭힘 발생 사실이 확인된 때에는 <u>지체 없이 행위자에 대하여 징계, 근무장소의 변경 등 필요한 조치를 하여야</u> 한다. 이 경우 사용자는 징계 등의 조치를 하기 전에 그 조치에 대하여 피해근로자의 의견을 들어야 한다(근기법 제76조의3 제5항).
⑤ (×) 직장 내 괴롭힘 발생 사실을 조사한 사람, 조사 내용을 보고받은 사람 및 그 밖에 조사 과정에 참여한 사람은 해당 조사 과정에서 알게 된 비밀을 피해근로자등의 의사에 반하여 다른 사람에게 누설하여서는 아니 된다. <u>다만, 조사와 관련된 내용을 사용자에게 보고하거나 관계 기관의 요청에 따라 필요한 정보를 제공하는 경우는 제외한다</u>(근기법 제76조의3 제7항).

정답 ④

03 ① (×) 근로의 권리는 "일할 자리에 관한 권리"만이 아니라 "<u>일할 환경에 관한 권리</u>"도 함께 내포하고 있는바, 후자는 인간의 존엄성에 대한 침해를 방어하기 위한 자유권적 기본권의 성격도 갖고 있어, 건강한 작업환경, 일에 대한 정당한 보수, 합리적인 근로조건의 보장 등을 요구할 수 있는 권리 등을 포함한다(헌재 2007.8.30. 2004헌마670).
② (×) 헌법 제32조 제2항 전문은 "모든 국민은 근로의 의무를 진다."고 규정하고 있으나, 근로의 의무의 법적 성격에 대하여는 법적인 의무가 아니라 윤리적 의무로 이해하는 견해가 학설의 일반적인 태도이다.
③ (○) 국가는 사회적·경제적 방법으로 근로자의 고용의 증진과 적정임금의 보장에 노력하여야 하며, 법률이 정하는 바에 의하여 최저임금제를 시행하여야 한다(헌법 제32조 제1항 후문).
④ (×) 헌법 제15조의 직업의 자유 또는 헌법 제32조의 근로의 권리, 사회국가원리 등에 근거하여 실업방지 및 부당한 해고로부터 근로자를 보호하여야 할 국가의 의무를 도출할 수는 있을 것이나, 국가에 대한 직접적인 직장존속보장청구권을 근로자에게 인정할 헌법상의 근거는 없다. <u>이와 같이 우리 헌법상 국가에 대한 직접적인 직장존속보장청구권을 인정할 근거는 없으므로 근로관계의 당연승계를 보장하는 입법을 반드시 하여야 할 헌법상의 의무를 인정할 수 없다</u>(헌재 2002.11.28. 2001헌바50).
⑤ (×) 여자의 근로는 특별한 보호를 받으며, 고용·임금 및 근로조건에 있어서 부당한 차별을 받지 아니한다. 연소자의 근로는 특별한 보호를 받는다(헌법 제32조 제4항, 제5항).

정답 ③

04 헌법 제32조에 명시된 내용으로 옳은 것은? 기출 24

① 국가는 근로의 의무의 내용과 조건을 민주주의원칙에 따라 법률로 정한다.
② 사용자는 적정임금의 보장에 노력하여야 한다.
③ 전몰군경은 법률이 정하는 바에 의하여 우선적으로 근로의 기회를 부여받는다.
④ 근로의 권리는 인간의 존엄성을 보장하도록 법률로 정한다.
⑤ 미성년자의 근로는 고용·임금 및 근로조건에 있어서 부당한 차별을 받지 아니한다.

05 근로기준법령상 적용범위에 관한 설명으로 옳지 않은 것은?(다툼이 있으면 판례에 따름) 기출 24

① 가사(家事) 사용인에 대하여는 적용하지 아니한다.
② 상시 5명인 이상의 근로자를 사용하는 사업이라면 그 사업이 1회적이라도 근로기준법의 적용대상이다.
③ 근로조건의 명시(제17조)는 상시 4명 이하의 근로자를 사용하는 사업에 적용한다.
④ 근로기준법상 사업은 그 사업의 종류를 한정하지 아니하고 영리사업이어야 한다.
⑤ 연차 유급휴가(제60조)는 상시 4명 이하의 근로자를 사용하는 사업에 적용하지 않는다.

06 근로기준법상 기본원칙에 관한 설명으로 옳지 않은 것은?(다툼이 있으면 판례에 따름) 기출 24

① 근로기준법상 균등대우원칙은 헌법상 평등원칙을 근로관계에서 실질적으로 실현하기 위한 것이다.
② 근로기준법 제6조에서 말하는 사회적 신분은 그 지위에 변동가능성이 없어야 한다.
③ 사용자는 근로자가 근로시간 중에 공(公)의 직무를 집행하고자 필요한 시간을 청구하는 경우 그 공(公)의 직무를 수행하는 데에 지장이 없으면 청구한 시간을 변경할 수 있다.
④ 근로자와 사용자는 각자가 단체협약, 취업규칙과 근로계약을 지키고 성실하게 이행할 의무가 있다.
⑤ 누구든지 법률에 따르지 아니하고는 영리로 다른 사람의 취업에 개입하거나 중간인으로서 이익을 취득하지 못한다.

해설 및 정답

04 ① (○) 헌법 제32조 제2항 후문
② (×) <u>국가는</u> 사회적・경제적 방법으로 근로자의 고용의 증진과 <u>적정임금의 보장에 노력하여야</u> 하며, 법률이 정하는 바에 의하여 최저임금제를 시행하여야 한다(헌법 제32조 제1항 후문).
③ (×) <u>국가유공자・상이군경 및 전몰군경의 유가족은</u> 법률이 정하는 바에 의하여 우선적으로 근로의 기회를 부여받는다(헌법 제32조 제6항).
④ (×) <u>근로조건의 기준은</u> 인간의 존엄성을 보장하도록 법률로 정한다(헌법 제32조 제3항).
⑤ (×) <u>여자의 근로는</u> 특별한 보호를 받으며, 고용・임금 및 근로조건에 있어서 부당한 차별을 받지 아니한다(헌법 제32조 제4항).

정답 ❶

05 ① (○) 이 법은 상시 5명 이상의 근로자를 사용하는 모든 사업 또는 사업장에 적용한다. 다만, 동거하는 친족만을 사용하는 사업 또는 사업장과 <u>가사(家事) 사용인에 대하여는 적용하지 아니한다</u>(근기법 제11조 제1항 단서).
② (○) 대판 2007.10.26. 2005도9218
③ (○) 근기법 시행령 [별표 1]에 의하면 근로조건의 명시(제17조)는 상시 4명 이하의 근로자를 사용하는 사업에 적용된다.
④ (×) 근로기준법의 적용범위를 규정한 근로기준법 제11조는 <u>상시 5인 이상의 근로자를 사용하는 모든 사업 또는 사업장에 적용한다고 규정하고 있는바</u>, 여기서 말하는 사업장인지 여부는 하나의 활동주체가 유기적 관련 아래 사회적 활동으로서 계속적으로 행하는 모든 작업이 이루어지는 단위 장소 또는 장소적으로 구획된 사업체의 일부분에 해당되는지에 달려있으므로, <u>그 사업의 종류를 한정하지 아니하고 영리사업인지 여부도 불문하며, 1회적이거나 그 사업기간이 일시적이라 하여 근로기준법의 적용대상이 아니라 할 수 없고</u>, 근로자를 정의한 같은 법 제2조 제1항 제1호에서도 직업의 종류를 한정하고 있지 아니하므로, 정치단체도 위 각 조문의 사업이나 사업장 또는 직업에 해당된다 할 것이다(대판 2007.10.26. 2005도9218).
⑤ (○) 근기법 시행령 [별표 1]에 의하면 연차유급휴가(제60조)는 상시 4명 이하의 근로자는 사용하는 사업 또는 사업장에 적용되지 아니한다.

정답 ❹

06 ① (○) 근로기준법 제6조에서 정하고 있는 균등대우원칙이나 남녀고용평등과 일・가정 양립 지원에 관한 법률 제8조에서 정하고 있는 동일가치노동 동일임금 원칙 등은 어느 것이나 <u>헌법 제11조 제1항의 평등원칙을 근로관계에서 실질적으로 실현하기 위한 것이다</u>(대판 2019.3.14. 2015두46321).
② (×) <u>근로기준법 제6조에서 말하는 사회적 신분이 반드시 선천적으로 고정되어 있는 사회적 지위에 국한된다거나 그 지위에 변동가능성이 없을 것까지 요구되는 것은 아니지만, 개별 근로계약에 따른 고용상 지위는 공무원과의 관계에서 근로기준법 제6조가 정한 차별적 처우 사유인 '사회적 신분'에 해당한다고 볼 수 없고, 공무원은 그 근로자와의 관계에서 동일한 근로자 집단에 속한다고 보기 어려워 비교대상 집단이 될 수도 없다</u>(대판 2023.9.21. 2016다255941[전합]).
③ (○) 사용자는 근로자가 근로시간 중에 선거권, 그 밖의 공민권(公民權) 행사 또는 공(公)의 직무를 집행하기 위하여 필요한 시간을 청구하면 거부하지 못한다. <u>다만, 그 권리 행사나 공(公)의 직무를 수행하는 데에 지장이 없으면 청구한 시간을 변경할 수 있다</u>(근기법 제10조).
④ (○) 근기법 제5조
⑤ (○) 근기법 제9조

정답 ❷

07 근로기준법상 직장 내 괴롭힘의 금지 등에 관한 설명으로 옳은 것을 모두 고른 것은? 기출 24

ㄱ. 사용자는 직장 내 괴롭힘 예방 교육을 매년 실시하여야 한다.
ㄴ. 사용자는 조사 기간 동안 직장 내 괴롭힘과 관련하여 피해를 입은 근로자를 보호하기 위하여 필요한 경우 해당 피해근로자에 대하여 근무장소의 변경 등 적절한 조치를 하여야 한다. 이 경우 사용자는 피해근로자의 의사에 반하는 조치를 하여서는 아니 된다.
ㄷ. 사용자는 조사 결과 직장 내 괴롭힘 발생 사실이 확인된 때에는 피해근로자가 요청하면 배치전환, 유급휴가 명령 등 적절한 조치를 하여야 한다.

① ㄱ
② ㄴ
③ ㄱ, ㄷ
④ ㄴ, ㄷ
⑤ ㄱ, ㄴ, ㄷ

08 헌법 제32조에 명시적으로 규정된 내용은? 기출 23

① 국가는 법률이 정하는 바에 의하여 적정임금제를 시행하여야 한다.
② 국가는 사회적·경제적 방법으로 근로자의 고용을 보장하여야 한다.
③ 장애인의 근로는 특별한 보호를 받으며, 고용·임금 및 근로조건에 있어서 부당한 차별을 받지 아니한다.
④ 국가는 근로의 의무의 내용과 조건을 민주주의 원칙에 따라 법률로 정한다.
⑤ 국가는 전몰군경의 유가족이 우선적으로 근로의 기회를 부여받도록 노력하여야 한다.

09 근로기준법상 기본원리에 관한 설명으로 옳지 않은 것은? 기출 23

① 사용자뿐만 아니라 근로자도 취업규칙과 근로계약을 지키고 성실하게 이행할 의무가 있다.
② 사용자는 근로자에 대하여 국적·신앙 또는 사회적 신분을 이유로 근로조건에 대한 차별적 처우를 하지 못한다.
③ 누구든지 법률에 따르지 아니하고는 영리로 다른 사람의 취업에 개입하지 못한다.
④ 근로기준법에서 정하는 근로조건은 최저기준이므로 근로관계 당사자는 이 기준을 이유로 근로조건을 낮출 수 없다.
⑤ 사용자는 근로자가 근로시간 중에 공(公)의 직무를 집행하기 위하여 필요한 시간을 청구하면 유급으로 보장하여야 한다.

• 해설 및 정답 •

07 ㄱ. (×) 사용자는 직장 내 괴롭힘을 예방하고 근로자가 안전한 근로환경에서 일할 수 있는 여건을 조성하기 위하여 직장 내 괴롭힘 예방 교육을 실시하는 것이 바람직하나, 근기법에는 예방 교육의 의무적 실시에 대한 규정은 존재하지 아니한다.
ㄴ. (○) 사용자는 조사 기간 동안 직장 내 괴롭힘과 관련하여 피해를 입은 근로자 또는 피해를 입었다고 주장하는 근로자(이하 "피해근로자등")를 보호하기 위하여 필요한 경우 해당 피해근로자등에 대하여 근무장소의 변경, 유급휴가 명령 등 적절한 조치를 하여야 한다. 이 경우 사용자는 피해근로자등의 의사에 반하는 조치를 하여서는 아니 된다(근기법 제76조의3 제3항).
ㄷ. (○) 사용자는 조사 결과 직장 내 괴롭힘 발생 사실이 확인된 때에는 피해근로자가 요청하면 근무장소의 변경, 배치전환, 유급휴가 명령 등 적절한 조치를 하여야 한다(근기법 제76조의3 제4항).

정답 ④

08 ① (×) 국가는 사회적·경제적 방법으로 근로자의 고용의 증진과 적정임금의 보장에 노력하여야 하며, 법률이 정하는 바에 의하여 최저임금제를 시행하여야 한다(헌법 제32조 제1항 후문).
② (×) 국가는 사회적·경제적 방법으로 근로자의 고용의 증진과 적정임금의 보장에 노력하여야 하며, 법률이 정하는 바에 의하여 최저임금제를 시행하여야 한다(헌법 제32조 제1항 후문).
③ (×) 여자의 근로는 특별한 보호를 받으며, 고용·임금 및 근로조건에 있어서 부당한 차별을 받지 아니한다고(헌법 제32조 제4항) 규정하고 있을 뿐, 장애인의 근로에 대한 규정은 존재하지 아니한다.
④ (○) 헌법 제32조 제2항 후문
⑤ (×) 국가유공자·상이군경 및 전몰군경의 유가족은 법률이 정하는 바에 의하여 우선적으로 근로의 기회를 부여받는다(헌법 제32조 제6항).

> **헌법 제32조**
> ① 모든 국민은 근로의 권리를 가진다. 국가는 사회적·경제적 방법으로 근로자의 고용의 증진과 적정임금의 보장에 노력하여야 하며, 법률이 정하는 바에 의하여 최저임금제를 시행하여야 한다.
> ② 모든 국민은 근로의 의무를 진다. 국가는 근로의 의무의 내용과 조건을 민주주의원칙에 따라 법률로 정한다.
> ③ 근로조건의 기준은 인간의 존엄성을 보장하도록 법률로 정한다.
> ④ 여자의 근로는 특별한 보호를 받으며, 고용·임금 및 근로조건에 있어서 부당한 차별을 받지 아니한다.
> ⑤ 연소자의 근로는 특별한 보호를 받는다.
> ⑥ 국가유공자·상이군경 및 전몰군경의 유가족은 법률이 정하는 바에 의하여 우선적으로 근로의 기회를 부여받는다.

정답 ④

09 ① (○) 근로자와 사용자는 각자가 단체협약, 취업규칙과 근로계약을 지키고 성실하게 이행할 의무가 있다(근기법 제5조).
② (○) 사용자는 근로자에 대하여 남녀의 성(性)을 이유로 차별적 대우를 하지 못하고, 국적·신앙 또는 사회적 신분을 이유로 근로조건에 대한 차별적 처우를 하지 못한다(근기법 제6조).
③ (○) 누구든지 법률에 따르지 아니하고는 영리로 다른 사람의 취업에 개입하거나 중간인으로서 이익을 취득하지 못한다(근기법 제9조).
④ (○) 근기법 제3조
⑤ (×) 근로자가 필요한 시간을 청구하면 사용자는 공민권 행사 등에 필요한 시간을 거부할 수 없다는 것이므로(근기법 제10조 본문) 공민권 행사에 필요하여 근로하지 못한 시간에 대하여 사용자가 임금을 지급하여야 한다는 의미는 아니다. 따라서 임금은 법률에 특별한 규정이 없는 한 취업규칙이나 단체협약에서 정한 바에 따르고, 따로 정함이 없는 경우에는 무급으로 해도 위법이 아니다. 다만, 공직선거법이나 향토예비군 설치법, 민방위기본법에 의한 공민권행사기간은 유급으로 해석된다.

정답 ⑤

CHAPTER 03 근로관계의 성립

출제포인트
- □ 근로계약 체결 시 명시의무와 명시의무 위반
- □ 금지되는 근로조건
- □ 시용기간과 수습기간

제1절 근로계약의 의의 및 법적 성질

I 근로계약의 의의

정의(근기법 제2조)
① 이 법에서 사용하는 용어의 뜻은 다음과 같다.
  4. 근로계약이란 근로자가 사용자에게 근로를 제공하고 사용자는 이에 대하여 임금을 지급하는 것을 목적으로 체결된 계약을 말한다.

II 근로계약의 법적 성질

근로계약은 근로제공 및 임금지급에 관한 채권계약적 성질뿐만 아니라, 신분관계를 형성하는 인격적 결합계약의 성질도 가진다고 판단된다.

제2절 근로계약의 체결

I 근로계약의 당사자

1. 근로자

(1) 의 의

근로계약 체결의 당사자로서의 근로자는 근로의 능력과 의사가 있는 자로서, 사용자와 근로계약을 체결하고 이에 따라 근로를 제공하고자 하는 자를 말한다.

(2) 미성년자인 근로자에 대한 특칙

1) 근로계약의 대리체결 금지

친권자 또는 후견인은 미성년자의 근로계약을 대리할 수 없다(근기법 제67조 제1항). 민법에서는 미성년자가 고용계약을 체결하고자 하는 경우 미성년자 자신이 친권자 또는 후견인의 동의를 얻어 직접 계약을 체결하는 방법과, 친권자 또는 후견인이 법정대리인으로서 미성년자의 계약을 체결하는 방법 두 가지가 있으나, 근로기준법에서 전자의 방법은 허용되나 후자의 방법은 허용되지 아니한다. 그 이유는 법정대리인이 그 권한을 남용하여 미성년자가 원하지 않는 근로를 강제할 우려가 있기 때문이다. 기출 16 · 17

2) 친권자등의 근로계약해지권 기출 20

친권자, 후견인 또는 고용노동부장관은 근로계약이 미성년자에게 불리하다고 인정하는 경우에는 향후 이를 해지할 수 있다(근기법 제67조 제2항). 미성년자가 그 근로를 감당할 수 없을 정도의 사정이 존재할 것이 필요한 것은 아니고, 법정대리인 또는 고용노동부장관이 불리하다고 인정하면 족하다.

3) 미성년자에 대한 근로조건서면명시의무

사용자는 18세 미만인 사람과 근로계약을 체결하는 경우에는 근로조건을 서면(전자문서 포함)으로 명시하여 교부하여야 한다(근기법 제67조 제3항). 기출 19

2. 사용자

근로계약 체결의 당사자로서의 사용자는 사업주에 국한된다. 사업경영담당자 또는 사업주를 위하여 행위하는 자는, 사업주로부터 근로계약 체결의 권한을 위임받은 경우에 한하여 근로계약 체결의 당사자가 될 수 있다. 그러나 사업주가 아닌 사용자와 근로자 간에 근로계약이 체결되지 아니한 경우에도, 실제로 사용종속관계가 존재한다면 당해 사용자는 사업주로 간주될 수 있음에 유의해야 한다(파견근로자 사용사업주 등의 소위 사용자 개념이 확대되는 경우).

II 근로계약의 형식

특별한 형식을 요구하지 아니하며, 문서는 물론 구두에 의해서도 체결할 수 있다. 일반적으로 사용종속관계 아래서 근로의 제공과 임금의 지급이라는 실질적 사실이 있다고 인정되면, 서면계약이 체결되어 있지 아니한 경우에도 구두계약 및 관행, 관습에 의하여 근로계약이 체결되어 있는 것으로 보아야 한다.

Ⅲ 근로계약의 내용

1. 근로조건의 명시의무

[명시사항]

명시해야 할 사항	서면으로 명시해야 할 사항
• 임 금 • 소정근로시간 • 유급주휴일 • 연차유급휴가 • 취업규칙에서 정한 사항 • 기숙하는 경우 기숙사규칙에서 정한 사항 • 취업의 장소와 종사하여야 할 업무	• 임금의 구성항목·계산방법·지급방법 • 소정근로시간 • 유급주휴일 • 연차유급휴가

(1) 의 의

1) 명시사항

사용자는 근로계약을 체결할 때에 근로자에게 임금, 소정근로시간, 휴일, 연차유급휴가 및 그 밖에 대통령령으로 정하는 근로조건을 명시하여야 한다. 근로계약을 변경하는 경우에도 또한 같다(근기법 제17조 제1항). <u>기출</u> 23·24 대통령령으로 정하는 근로조건이란 ① 취업의 장소와 종사하여야 할 업무에 관한 사항, ② 취업규칙에서 정한 사항, ③ 사업장의 부속 기숙사에 근로자를 기숙하게 하는 경우에는 기숙사규칙에서 정한 사항을 말한다(근기법 시행령 제8조). <u>기출</u> 25 판례에 따르면 취업규칙에 신규채용하는 근로자에 대한 시용기간의 적용을 선택적 사항으로 규정하고 있는 경우에는, 그 근로자에 대하여 시용기간을 적용할 것인가의 여부를 근로계약에 명시하여야 하고, 만약 근로계약에 시용기간이 적용된다고 명시하지 아니한 경우에는, 시용근로자가 아닌 정식사원으로 채용되었다고 보아야 한다(대판 1999.11.12. 99다30473).

2) 서면명시사항

① 사용자는 근로계약 체결 시 임금의 구성항목·계산방법·지급방법 및 소정근로시간, 휴일, 연차유급휴가까지의 사항을 서면(전자문서 포함)으로 명시하여야 한다(근기법 제17조 제2항). <u>기출</u> 15·17·22

② 사용자는 기간제근로자 또는 단시간근로자와 근로계약을 체결하는 때에는 근로계약기간, 근로시간·휴게, 임금의 구성항목·계산방법 및 지불방법, 휴일·휴가, 취업의 장소와 종사하여야 할 업무를 서면으로 명시하여야 한다. 또한, 단시간근로자의 경우에는 근로일 및 근로일별 근로시간도 명시하여야 한다(기단법 제17조).

(2) 교부의무

1) 일반근로자

① **근로계약 체결·변경 시 교부의무** : 사용자는 근로계약 체결·변경 시 임금의 구성항목·계산방법·지급방법 및 소정근로시간, 휴일, 연차유급휴가까지의 사항이 명시된 서면(전자문서 포함)을 근로자에게 교부하여야 한다(근기법 제17조 제2항 본문).

② **근로계약 외의 사유로 근로조건 변경 시 교부의무** : 임금의 구성항목·계산방법·지급방법 및 소정근로시간, 휴일, 연차유급휴가에 관한 사항이 단체협약 또는 취업규칙의 변경 등 대통령령으로 정하는 사유로 인하여 변경되는 경우에는 근로자의 요구가 있으면 그 근로자에게 교부하여야 한다(근기법 제17조 제2항 단서).

단체협약 또는 취업규칙의 변경 등 대통령령으로 정하는 사유로 인하여 변경되는 경우란 ㉠ 근로자대표와의 서면합의에 의하여 변경되는 경우, ㉡ 취업규칙에 의하여 변경되는 경우, ㉢ 단체협약에 의하여 변경되는 경우, ㉣ 법령에 의하여 변경되는 경우를 말한다(근기법 시행령 제8조의2).

2) 연소근로자

사용자는 18세 미만인 사람과 근로계약을 체결하는 경우에는 제17조에 따른 근로조건을 서면(전자문서 포함)으로 명시하여 교부하여야 한다(근기법 제67조 제3항). 기출 22·25

(3) 명시의무 위반에 대한 구제방법

1) 사용자에 대한 제재

벌칙이 부과된다(500만원 이하의 벌금)(근기법 제114조 제1호). 명시한 근로조건이 사실과 다를 경우의 사용자에 대한 벌칙규정은 없다. 기출 13

2) 근로자에 대한 구제(근기법 제19조) 기출 23

명시된 근로조건이 사실과 다르다는 의미는 사실에 미달하는 경우만을 의미한다.
① 손해배상청구 : 근로자는 근로조건 위반으로 인한 손해배상을 노동위원회에 청구할 수 있고, 또한 일반법원에 손해배상 청구도 가능하다. 근로자는 두 개의 절차 중 어느 한 절차를 선택할 수 있다.
② 계약의 즉시해지권 : 명시된 근로조건이 사실과 다를 때에는 근로자는 근로계약을 즉시 해제할 수 있다. 상당한 기간이 지난 뒤에는 즉시해제권을 행사할 수 없다. 기출 14·19·21·25
③ 귀향여비 : 근로자가 근로관계를 해제하고 귀향하는 경우, 사용자는 취업을 목적으로 거주를 변경하는 근로자에게 귀향여비를 지급하여야 한다. 귀향여비는 금품청산이므로 14일 이내에 지급하여야 한다.

2. 금지되는 근로조건

(1) 의 의

어떠한 경우에도 근로계약의 내용으로 규정되어서는 아니 되는 근로조건을 말한다. 근로기준법은 금지되는 계약으로서 위약예정의 금지, 전차금 상계의 금지, 강제저축의 금지 등 3가지 형태를 명문으로 규정하고 있다. 다만, 판례에 의하면 사용자가 근로자에게 일정한 금전을 지급하면서 의무근로기간을 설정하고 이를 지키지 못하면 그 전부 또는 일부를 반환받기로 약정한 경우, 의무근로기간의 설정 양상, 반환 대상인 금전의 법적 성격 및 규모·액수, 반환 약정을 체결한 목적이나 경위 등을 종합할 때 그러한 반환 약정이 해당 금전을 지급받은 근로자의 퇴직의 자유를 제한하거나 그 의사에 반하는 근로의 계속을 부당하게 강요하는 것이라고 볼 수 없다면, 이는 근로기준법 제20조가 금지하는 약정이라고 보기 어려워, 갑 주식회사가 발행 주식 매각을 통한 소속 기업집단의 변경과정에서 이를 반대하는 근로자 측과 '갑 회사가 직원들에게 매각위로금 등을 지급하고, 매각위로금을 받은 직원이 지급일로부터 8개월 안에 퇴사할 경우 이미 지급받은 매각위로금을 월할로 계산하여 반납한다.'는 내용의 약정을 한 사안에서, 약정 중 위로금 반환 부분은 의무근로기간의 설정 양상, 반환 대상인 금전의 법적 성격 및 규모·액수, 반환 약정을 체결한 목적이나 경위 등을 종합할 때 그러한 반환 약정이 해당 금전을 지급받은 근로자의 퇴직의 자유를 제한하거나 그 의사에 반하는 근로의 계속을 부당하게 강요하는 것이라고 볼 수 없어, 이는 근로기준법 제20조가 금지하는 약정이라고 단정하기 어렵다고(대판 2022.3.11. 2017다202272) 판시하고 있다. 또한 근로기준법 제20조는 사용자가 근로자와의 사이에서 근로계약 불이행에 대한 위약금 또는 손해배상액을 예정하는 계약의 체결을 금지하는 데 그치는 것이므로 근로자에 대한 신원보증계약은 이에 해당되지 아니한다고(대판 1980.9.24. 80다1040) 하고 있음을 유의하여야 한다.

기출 18

(2) 위약예정의 금지

1) 위약금 또는 손해배상액 예정계약의 금지 기출 14·17·21

사용자는 근로계약 불이행에 대한 위약금 또는 손해배상액을 예정하는 계약을 체결하지 못한다(근기법 제20조). 위약금의 예정은 근로자의 채무불이행 시 근로자가 사용자에게 실제 손해의 발생 여부 및 손해의 액수에 상관없이 일정액을 지불할 것을 미리 약정하는 것을 말하며, 손해배상액의 예정은 근로자의 채무불이행의 경우에 실제 발생된 손해액과 관계없이 손해배상액을 미리 정하는 것을 말한다. 근로기준법은 채무불이행으로 인한 손해배상액의 예정만 금지하도록 규정하고 있으나, 동조의 취지가 손해배상의 사유 및 액수를 불문하고 손해배상액의 예정을 통한 근로자의 강제노동을 금지하고 있는 것이므로, 불법행위로 인한 손해배상의 예정도 금지된다. 그러나 근로자의 채무불이행 및 불법행위 등으로 사용자에게 손해가 발생했을 때, 실제로 발생한 손해에 해당하는 손해배상을 할 수 있도록 단체협약 및 취업규칙 등에 정하는 것은 허용된다.

2) 의무재직 불이행 시 임금반환약정과 연수비상환약정의 효력

① **임금반환약정** : 사용자가 근로계약의 불이행에 대하여 위약금 또는 손해배상을 예정하는 계약을 체결하는 것은 강행규정인 근로기준법 제20조에 위반되어 무효라 할 것인바, 기업체에서 비용을 부담·지출하여 직원에 대하여 위탁교육훈련을 시키면서 일정 임금을 지급하고 이를 이수한 직원이 교육 수료일자부터 일정한 의무재직기간 이상 근무하지 아니할 때에는 기업체가 지급한 임금이나 해당 교육비용의 전부 또는 일부를 상환하도록 하되 의무재직기간 동안 근무하는 경우에는 이를 면제하기로 약정한 경우, 교육비용의 전부 또는 일부를 근로자로 하여금 상환하도록 한 부분은 근로기준법 제20조에서 금지된 위약금 또는 손해배상을 예정하는 계약이 아니므로 유효하지만, 임금 반환을 약정한 부분은 기업체가 근로자에게 근로의 대상으로 지급한 임금을 채무불이행을 이유로 반환하기로 하는 약정으로서 실질적으로는 위약금 또는 손해배상을 예정하는 계약이므로 근로기준법 제20조에 위반되어 무효이다(대판 1996.12.6. 95다24944). 기출 13

② **연수비상환약정** : 근로자가 일정 기간 동안 근무하기로 하면서 이를 위반할 경우 소정 금원을 사용자에게 지급하기로 약정하는 경우, 그 약정이 사용자가 근로자의 교육훈련 또는 연수를 위한 비용을 우선 지출하고 근로자는 실제 지출된 비용의 전부 또는 일부를 상환하는 의무를 부담하기로 하되 장차 일정 기간 동안 근무하는 경우에는 그 상환의무를 면제해 주기로 하는 취지인 경우에는, 그러한 약정의 필요성이 인정된다. 이때 주로 사용자의 업무상 필요와 이익을 위하여 원래 사용자가 부담하여야 할 성질의 비용을 지출한 것에 불과한 정도가 아니라 근로자의 자발적 희망과 이익까지 고려하여 근로자가 전적으로 또는 공동으로 부담하여야 할 비용을 사용자가 대신 지출한 것으로 평가되며, 약정근무기간 및 상환해야 할 비용이 합리적이고 타당한 범위 내에서 정해져 있는 등 위와 같은 약정으로 인하여 근로자의 의사에 반하는 계속근로를 부당하게 강제하는 것으로 평가되지 않는다면, 그러한 약정까지 근로기준법 제20조에 반하는 것은 아니다(대판 2008.10.23. 2006다37274).

(3) 전차금 상계 및 강제 저금의 금지

1) **전차금 상계의 금지**(근기법 제21조) 기출 14·15·21
① 사용자는 전차금, 기타 근로할 것을 조건으로 하는 전대채권과 임금을 상계하지 못한다.
② 전차금은 근로자가 근로를 제공하여 향후 임금에서 변제하기로 하고 근로계약을 체결할 때에 사용자로부터 미리 차용한 금전을 말하며, 전대채권이란 전차금 이외에 근로자 또는 친권자 등에게 근로를 조건으로 지급된 금전으로, 전차금과 동일한 내용을 가지는 것이다. 다만, 사용자가 근로자에게 임금과의 상계를 전제로 하지 않고 전차금을 대여하는 것은 허용된다. 가불, 학자금대여 및 주택구입자금의 대부 등은 근로자의 편의를 위하여 임금의 일부를 미리 지급한 것으로서 근로기준법에 위배되지 아니한다.
③ 근로기준법 제21조에 위반하면 벌칙이 적용되고, 그 상계 조치는 무효가 되므로 사용자는 본래의 임금 전액을 근로자에게 지급하여야 한다.

2) **강제저축 및 저축금관리의 금지**(근기법 제22조)
① 사용자는 근로계약에 덧붙여 강제저축 또는 저축금의 관리를 규정하는 계약을 체결하지 못한다. 강제저축의 범위에는 사용자 자신이 명의인이 되는 것은 물론, 사용자가 지정하는 제3자, 즉 특정 은행, 우체국 및 공제조합 등의 금융기관과 저축계약을 하는 것도 포함된다. 기출 15·17·21·22·23 그러나 근로자의 자유의사에 의한 위탁으로 저축을 관리하는 것은 허용된다. 이 경우 사용자는 ㉠ 저축의 종류·기간 및 금융기관을 근로자가 결정하고, 근로자 본인의 이름으로 저축할 것, ㉡ 근로자가 저축증서 등 관련 자료의 열람 또는 반환을 요구할 때에는 즉시 이에 따를 것 등을 준수하여야 한다.
② 근로기준법 제22조에 위반하면 벌칙이 적용되고, 그 강제 저축 및 저축금 관리 계약은 사법상 무효가 되어, 사용자는 근로자에게 즉시 그 금액을 반환하여야 한다.

제3절 근로계약과 근로관계

I 근로관계의 의의

일반적으로 근로자가 사용자에게 근로를 제공하고, 사용자는 근로자에게 임금을 지급하는 것을 내용으로 하는 근로계약의 체결에 의하여 성립되는 당사자 간의 법률관계를 말한다.

II 비전형적 근로관계

1. 채용내정

(1) 의 의

회사가 근로자를 채용하기로 내정은 되어 있으나, 아직 정식의 근로계약을 체결하지 아니한 경우를 의미한다. 채용내정의 법적 성질에 대하여 근로계약예정설, 근로계약체결과정설 등이 주장되고 있으나 근로계약성립설을 취하는 것이 학설·판례의 일반적인 태도로 보인다.

(2) 채용내정의 취소

1) 채용내정의 취소사유

채용내정자의 사유로는 졸업, 건강상태 악화 등이 있고, 기업 측의 사유로는 인력 감축 등이 있다. 채용내정은 이미 근로계약이 성립한 경우이므로, 취소통보는 근로기준법상의 해고에 해당하여 동법 제23조 등의 제한을 받는다. 다만, 사용자에게 유보된 해약권의 행사는 합리적인 이유가 존재하여 사회통념상 상당하다고 인정되는 경우이어야 한다. 판례는 원심에 의하면 피고의 정리해고는 여러 인정사실에 비추어 긴박한 경영상의 필요에 의하여, 해고 회피를 위한 사용자의 노력이 병행되면서, 객관적·합리적 기준에 의하여 해고대상자를 선정하여, 근로자 측과의 성실한 협의를 거쳐서 행하여진 것이고, 한편 피고 회사의 취업규칙에 비추어 신규채용된 자들의 채용내정 시부터 정식발령일까지 사이에는 사용자에게 근로계약의 해약권이 유보된다고 할 것이어서 원고들에 대하여는 근로기준법 제24조 제3항이 적용되지 않는다고 보아야 하므로, 결국 피고의 원고들에 대한 정리해고가 정당하다고 판단한 것은 모두 정당하고 정리해고의 유효요건에 관한 법리를 오해한 위법이 있다고 할 수 없다고(대판 2000.11.28. 2000다51476) 보아, 채용내정자에 대한 정리해고의 경우 근로자대표와의 성실한 사전협의라는 정리해고의 요건은 적용되지 아니하는 것으로 판시하고 있다. 기출 19

2) 채용내정의 취소와 민사책임

사용자가 특별한 사정 없이 채용내정을 취소하는 경우에는 채용내정자의 기대권을 침해하는 것이 되어 불법행위를 구성하게 되고(대판 1993.9.10. 92다42897), 채용내정자가 근로를 제공할 수 있음에도 불구하고 사용자가 정당한 이유 없이 이를 거부한 경우에는 채용자에게 임금 전액을 배상하여야 할 것이다(대판 2002.12.10. 2000다25910). 한편, 판례는 원고들이 회사 측과 1년 이상을 기다리다 채용이 취소되더라도 법적 청구를 하지 아니하기로 하는 내용의 채용발령 연기동의서를 작성해 부제소합의가 이루어진 사실은 인정되나 근로자가 사전에 자신의 임금청구권을 포기하는 것은 허용되지 아니하여 최종 입사예정일부터 채용내정이 확정적으로 취소된 날까지의 대기기간은 사실상 근로기간과 다르지 아니하므로 임금을 지급하여야 한다고(대판 2002.12.10. 2000다25910) 판시하고 있다. 기출 19

3) 구제절차

정당한 이유 없는 채용내정의 취소는 근로기준법상 부당해고에 해당하므로 사법상 무효가 된다. 따라서 채용내정자는 법원에 제소하거나 노동위원회에 구제신청을 하여 구제받을 수 있다.

2. 시용

(1) 의의

시용이란 근로계약을 체결하기 전에 해당 근로자의 직업적 능력, 자질, 인품, 성실성 등 업무적격성을 관찰·판단하고 평가하기 위해 근로자를 일정 기간 시험적으로 고용하는 것을 말한다. 시용기간에 있는 근로자의 경우에도 사용자의 해약권이 유보되어 있다는 사정만 다를 뿐 그 기간에 확정적 근로관계는 존재한다(대판 2022.4.14. 2019두55859). 기출 24

(2) 법적 성질

정지조건부 근로계약설과 해제조건부 근로계약설 등의 견해가 있으나, 해약권유보부 근로계약설이 통설·판례이다.

(3) 시용계약의 성립

업무적격성 평가와 해약권 유보라는 시용의 목적에 따라 시용기간에 제공된 근로 내용이 정규 근로자의 근로 내용과 차이가 있는 경우에도 종속적 관계에서 사용자를 위해 근로가 제공된 이상 시용계약은 성립한다. 제공된 근로 내용이 업무수행에 필요한 교육·훈련의 성격을 겸하고 있는 경우에도 마찬가지이다. 시용기간 중의 임금 등 근로조건은 경제적으로 우월한 지위에 있는 사용자가 자신의 의사대로 정할 여지가 있으므로 종속적 관계에서 사용자를 위해 근로가 제공된 이상, 시용기간 중의 임금 등을 정하지 않았다는 사정만으로 시용 근로계약의 성립을 쉽게 부정해서는 안 되고, 단순히 근로계약 체결 과정 중에 있다고 볼 수도 없다(대판 2022.4.14. 2019두55859).

(4) 시용기간과 근로관계

1) 시용기간의 명시

사용자가 어떤 근로자를 시용근로자로 채용하기 위해서는 근로계약이나 취업규칙에 시용에 관한 내용을 명확하게 명시해야 한다. 즉 취업규칙에 시용기간의 적용을 선택적으로 규정하고 있는 경우에는 해당 근로자에 대하여 시용기간을 적용할지 여부를 근로계약에 명시하여야 한다. 만약 근로계약에 시용기간을 명시하지 아니한 경우에는 시용 근로자가 아니라 정식 근로자로 채용한 것으로 보아야 한다(대판 1999.11.12. 99다30473).

기출 18·19

2) 시용기간과 근로관계 종료

① **본채용의 거부** : 시용기간 중에 있는 근로자를 해고하거나 시용기간 만료 시 본계약의 체결을 거부하는 것은 사용자에게 유보된 해약권의 행사에 해당한다(대판 2006.2.24. 2002다62432). 기출 16·17·19 또한 본채용 거부 시에는 근로기준법 제27조의 해고서면통지규정이 적용되며, 시용근로관계에서 사용자가 본 근로계약 체결을 거부하는 경우에는 근로자에게 거부사유를 파악하여 대처할 수 있도록 구체적·실질적 거부사유를 서면으로 통지하여야 한다. 따라서 사용자인 피고 보조참가인이 근로자인 원고에게 단순히 '시용기간의 만료로 해고한다'는 취지로만 통지한 것은, 근로기준법 제27조 규정을 위반한 절차상 하자가 있어 효력이 없다(대판 2015.11.27. 2015두48136). 기출 16·19·20·22

② **정당한 이유의 범위** : 당해 근로자의 업무능력, 자질, 인품, 성실성 등 업무적격성을 관찰·판단하려는 시용제도의 취지·목적에 비추어 볼 때 보통의 해고보다는 넓게 인정되나, 이 경우에도 객관적으로 합리적인 이유가 존재하여 사회통념상 상당하다고 인정되어야 한다(대판 2006.2.24. 2002다62432). 기출 24

(5) 시용기간 만료 후 효과

1) 해약권 유보가 없는 정규근로자로의 전환

시용근로자에 대하여 사용자가 본채용을 거절하지 않은 채 시용기간이 지나면 사용자의 해약권은 소멸하고, 시용근로자는 정규종업원으로 전환된다고 해석된다.

2) 계속근로연수 산입

기존의 시용기간은 퇴직금, 연차휴가 등의 계산 시 계속근로연수에 산입되고, 정규근로관계의 존속기간으로 산입된다.

3. 수습기간

(1) 의 의

정식의 근로계약을 체결한 후에 근로자의 근무능력이나 사업장에서의 적응능력을 향상시키기 위하여 설정되는 근로관계를 말한다.

(2) 수습기간과 근로관계

근로기준법이 전면적용된다. 따라서 근로기준법 제23조의 정당한 이유 없이는 해고하여서는 아니 된다. 다만, 수습사용 중인 근로자가 계속 근로한 기간이 3개월 미만인 경우 해고예고규정은 적용되지 않는다(근기법 제26조). 또한 1년 이상의 기간을 정하여 근로계약을 체결하고 수습 중에 있는 근로자로서 수습을 시작한 날부터 3개월 이내인 사람에 대해서는 시간급 최저임금액(최저임금으로 정한 금액)에서 100분의 10을 뺀 금액을 그 근로자의 시간급 최저임금액으로 한다(최임법 시행령 제3조). 기출 12·16

제4절 근로계약과 당사자의 권리 및 의무

I 서 설

근로계약이 체결되는 경우 당사자 간의 대표적인 권리·의무는 근로자의 근로제공의무 및 사용자의 근로수령권과, 임금 지급에 대한 근로자의 임금수령권 및 사용자의 임금지급의무이다. 또한 근로자는 충실의무(성실의무)를, 사용자는 배려의무(보호의무)를 부담한다.

II 근로자의 권리 기출 18

① 근로자는 근로계약에 따라 근로를 제공하고 사용자에게 임금을 청구할 권리를 갖는다. 임금청구권의 소멸시효기간은 3년이다.

② 취업청구권이란 사용자가 업무를 주지 않는 경우 근로자가 업무수행을 위한 보직을 청구할 권리를 말한다. 판례는 사용자는 특별한 사정이 없는 한 근로자와 사이에 근로계약의 체결을 통하여 자신의 업무지휘권·업무명령권의 행사와 조화를 이루는 범위 내에서 근로자가 근로 제공을 통하여 참다운 인격의 발전을 도모함으로써 자신의 인격을 실현시킬 수 있도록 배려하여야 할 신의칙상의 의무를 부담한다. 따라서 사용자가 근로자의 의사에 반하여 정당한 이유 없이 근로자의 근로 제공을 계속적으로 거부하는 것은 이와 같은 근로자의 인격적 법익을 침해하는 것이 되어 사용자는 이로 인하여 근로자가 입게 되는 정신적 고통에 대하여 배상할 의무가 있다(대판 2012.5.9. 2010다88880)고 판시하고 있다.

Ⅲ 근로자의 의무

근로자는 근로계약에 따라 사용자에게 근로를 제공하여야 할 의무를 부담한다. 근로자는 근로제공의무 외에도 사용자에 대한 충실의무를 지는데, 이는 사용자 또는 경영상의 이익이 침해되지 아니하도록 특정 행위를 하여야 하는 작위의무와 특정 행위를 하여서는 아니 되는 부작위의무를 말한다. 또한 근로자는 사용자의 이익에 현저히 반하여 경쟁사업체에 취직하거나, 경쟁사업체를 경영하지 아니할 경업금지의무, 비밀유지의무, 진실고지의무 등을 부담한다. 판례는 진실고지의무와 관련하여 근로계약은 근로자가 사용자에게 근로를 제공하고 사용자는 이에 대하여 임금을 지급하는 것을 목적으로 체결된 계약으로서(근로기준법 제2조 제1항 제4호) 기본적으로 그 법적 성질이 사법상 계약이므로 계약 체결에 관한 당사자들의 의사표시에 무효 또는 취소의 사유가 있으면 상대방은 이를 이유로 근로계약의 무효 또는 취소를 주장하여 그에 따른 법률효과의 발생을 부정하거나 소멸시킬 수 있으나, 그와 같이 근로계약의 무효 또는 취소를 주장할 수 있다 하더라도 근로계약에 따라 그동안 행하여진 근로자의 노무 제공의 효과를 소급하여 부정하는 것은 타당하지 않으므로 이미 제공된 근로자의 노무를 기초로 형성된 취소 이전의 법률관계까지 효력을 잃는다고 보아서는 아니 되고, 취소의 의사표시 이후 장래에 관하여만 근로계약의 효력이 소멸된다고 보아야 한다고(대판 2017.12.22. 2013다25194) 판시하고 있다. 기출 24

Ⅳ 사용자의 권리

사용자는 근로계약에 따라 근로자에게 근로를 시킬 권리를 갖는다. 또한 사용자는 근로를 수령하고, 이를 지휘·감독할 수 있으며, 회사의 물적 시설 등을 관리·사용할 수 있는 권리를 갖는다.

Ⅴ 사용자의 의무

① 사용자는 근로계약에 따라 근로자에게 임금을 지급하여야 한다.
② 근로수령의무를 부정하는 견해도 없지는 않으나, 근로자는 근로를 함으로써 임금을 받는 이익 이외에도 근로 제공 그 자체에 특별한 이익이 있으므로, 특별한 사정이 없는 한 마땅히 사용자에게 근로수령의무가 인정되어야 한다(다수설·판례). 따라서 사용자가 근로자의 의사에 반하여 정당한 이유 없이 근로자의 근로제공을 계속적으로 거부하는 것은 이와 같은 근로자의 인격적 법익을 침해하는 것이 되어 사용자는 이로 인하여 근로자가 입게 되는 정신적 고통에 대하여 배상할 의무가 있다(대판 1996.4.23. 95다6823).
③ 사용자는 생산시설, 기계, 기구 등의 위험으로부터 근로자의 생명, 신체, 건강을 안전하게 보호할 의무가 있다. 기출 13 따라서 사용자는 근로계약에 수반되는 신의칙상의 부수적 의무로서 근로자가 노무를 제공하는 과정에서 생명, 신체, 건강을 해치는 일이 없도록 인적·물적 환경을 정비하는 등 필요한 조치를 강구하여야 하는 보호의무를 부담하고, 이러한 보호의무를 위반하여 근로자가 손해를 입었다면 이를 배상할 책임을 진다(대판 2021.8.19. 2018다270876). 기출 24 근로자는 사용자의 사업체 또는 사업장 내에 현실적으로 편입됨으로써 안전배려의무의 효력이 발생하기 때문에, 근로계약이 무효로 되거나 취소되더라도 안전배려의무의 효력은 부인될 수 없다.

CHAPTER 03 근로관계의 성립

01 근로기준법상 근로계약에 관한 설명으로 옳지 않은 것은?(다툼이 있으면 판례에 따름) 기출 24

① 근로계약 체결에 관한 의사표시에 무효 또는 취소의 사유가 있으면 상대방은 이를 이유로 근로계약의 무효 또는 취소를 주장할 수 있다.
② 시용기간 중에는 사용자의 해약권이 유보되어 있으므로 그 기간 중에 확정적 근로관계는 존재한다고 볼 수 없다.
③ 사용자는 근로계약 체결 후 소정근로시간을 변경하는 경우에 근로자에게 이를 명시하여야 한다.
④ 시용기간 중에 있는 근로자를 해고하는 것은 보통의 해고보다는 넓게 인정된다.
⑤ 피용자가 노무를 제공하는 과정에서 생명을 해치는 일이 없도록 필요한 조치를 강구하여야 할 사용자의 보호의무는 근로계약에 수반되는 신의칙상의 부수적 의무이다.

02 근로기준법상 근로계약에 관한 설명으로 옳지 않은 것은? 기출 23

① 근로기준법에 정하는 기준에 미치지 못하는 근로조건을 정한 근로계약은 그 부분에 한정하여 무효로 한다.
② 사용자는 근로계약에 덧붙여 저축금의 관리를 규정하는 계약을 체결할 수 있다.
③ 근로자는 근로계약 체결 시 명시된 근로조건이 사실과 다를 경우에 근로조건 위반을 이유로 손해의 배상을 청구할 수 있다.
④ 사용자는 근로계약 체결 후 소정근로시간을 변경하는 경우에 근로자에게 명시하여야 한다.
⑤ 단시간근로자의 근로조건은 그 사업장의 같은 종류의 업무에 종사하는 통상 근로자의 근로시간을 기준으로 산정한 비율에 따라 결정되어야 한다.

03 근로기준법상 근로계약에 관한 설명으로 옳은 것을 모두 고른 것은?(다툼이 있으면 판례에 따름) 기출 22

> ㄱ. 사용자는 근로계약에 덧붙여 강제 저축 또는 저축금의 관리를 규정하는 계약을 체결하지 못한다.
> ㄴ. 단시간근로자의 근로조건은 그 사업장의 같은 종류의 업무에 종사하는 통상 근로자의 근로시간을 기준으로 산정한 비율에 따라 결정되어야 한다.
> ㄷ. 소정근로시간은 사용자가 근로계약을 체결할 때에 근로자에게 명시하여야 할 사항에 해당한다.
> ㄹ. 시용근로관계는 사용자가 본 근로계약 체결의 거절을 구두로 통보하면 그 근로관계 종료의 정당성이 인정된다.

① ㄱ, ㄴ
② ㄷ, ㄹ
③ ㄱ, ㄴ, ㄷ
④ ㄴ, ㄷ, ㄹ
⑤ ㄱ, ㄴ, ㄷ, ㄹ

해설 및 정답

01 ① (○) 근로계약은 근로자가 사용자에게 근로를 제공하고 사용자는 이에 대하여 임금을 지급하는 것을 목적으로 체결된 계약으로서, 기본적으로 그 법적 성질이 사법상 계약이므로 계약 체결에 관한 당사자들의 의사표시에 무효 또는 취소의 사유가 있으면 상대방은 이를 이유로 근로계약의 무효 또는 취소를 주장하여 그에 따른 법률효과의 발생을 부정하거나 소멸시킬 수 있다(대판 2017.12.22. 2013다25194).
② (×) 시용기간에 있는 근로자의 경우에도 사용자의 해약권이 유보되어 있다는 사정만 다를 뿐 그 기간에 확정적 근로관계는 존재한다(대판 2022.4.14. 2019두55859).
③ (○) 사용자는 근로계약을 체결할 때에 근로자에게 소정근로시간을 명시하여야 한다. 근로계약 체결 후 소정근로시간을 변경하는 경우에도 또한 같다(근기법 제17조 제1항 제2호).
④ (○) 시용기간 중에 있는 근로자를 해고하거나 시용기간 만료 시 본계약의 체결을 거부하는 것은 사용자에게 유보된 해약권의 행사로서, 해당 근로자의 업무능력, 자질, 인품, 성실성 등 업무적격성을 관찰·판단하려는 시용제도의 취지·목적에 비추어 볼 때 보통의 해고보다는 넓게 인정되나, 이 경우에도 객관적으로 합리적인 이유가 존재하여 사회통념상 타당하다고 인정되어야 한다(대판 2023.11.16. 2019두59349).
⑤ (○) 사용자는 근로계약에 수반되는 신의칙상의 부수적 의무로서 근로자가 노무를 제공하는 과정에서 생명, 신체, 건강을 해치는 일이 없도록 인적·물적 환경을 정비하는 등 필요한 조치를 강구하여야 하는 보호의무를 부담하고, 이러한 보호의무를 위반하여 근로자가 손해를 입었다면 이를 배상할 책임을 진다(대판 2021.8.19. 2018다270876).

정답 ❷

02 ① (○) 근기법 제15조 제1항
② (×) 사용자는 근로계약에 덧붙여 강제 저축 또는 저축금의 관리를 규정하는 계약을 체결하지 못한다(근기법 제22조 제1항).
③ (○) 명시된 근로조건이 사실과 다를 경우에 근로자는 근로조건 위반을 이유로 손해의 배상을 청구할 수 있으며 즉시 근로계약을 해제할 수 있다(근기법 제19조 제1항).
④ (○) 사용자는 근로계약을 체결할 때에 근로자에게 소정근로시간을 명시하여야 한다. 근로계약 체결 후 소정근로시간을 변경하는 경우에도 또한 같다(근기법 제17조 제1항 제2호).
⑤ (○) 근기법 제18조 제1항

정답 ❷

03 ㄱ. (○) 근기법 제22조 제1항
ㄴ. (○) 근기법 제18조 제1항
ㄷ. (○) 근기법 제17조 제1항 제2호
ㄹ. (×) 시용근로관계에서 사용자가 본 근로계약 체결을 거부하는 경우에는 근로자에게 거부사유를 파악하여 대처할 수 있도록 구체적·실질적인 거부사유를 서면으로 통지하여야 한다(대판 2015.11.27. 2015두48136).

정답 ❸

CHAPTER 04 임금

> **출제포인트**
> ☐ 평균임금의 산정방법
> ☐ 통상임금의 개념적 징표
> ☐ 임금지급의 원칙

제1절 임금의 의의

Ⅰ 임금의 개념 기출 12·16

이 법에서 임금이라 함은 사용자가 근로의 대가로 근로자에게 임금, 봉급, 그 밖에 어떠한 명칭으로든지 지급하는 모든 금품을 말한다(근기법 제2조 제1항 제5호). 판례는 모든 임금은 근로의 대가이므로, 현실의 근로 제공을 전제로 하지 않고 단순히 근로자의 지위에 기하여 발생한다는 생활보장적 임금이란 있을 수 없다고 하여, 임금이분설을 폐기하고 임금일체설의 입장을 취하고 있다.

Ⅱ 구체적 내용

1. 사용자가 근로자에게 지급하는 금품

(1) 사용자가 지급할 것

임금은 사용자가 지급하는 것이므로, 사용자가 아닌 제3자가 지급하였다면 임금이 아니다. 사용자가 지급하는 금품은 금전뿐만 아니라 물건 또는 이익도 포함하는 것이며, 현실적인 수수뿐만 아니라 널리 이익의 제공도 포함된다. 문제가 되는 경우는 다음과 같다.

1) 봉사료

손님으로부터 받는 봉사료 또는 팁은 임금이 아니다. 다만, 봉사료나 팁을 사용자가 고객으로부터 일단 받은 후 이를 나중에 근로자에게 분배하는 경우에는 임금이라고 볼 수 있다(대판 1992.4.28. 91누8104).

2) 사납금 초과 운송수입금

판례는 택시운전사들이 하루의 운송수입금 중 사납금 등을 납입하고 남은 금액을 개인 수입으로 자신에게 직접 귀속시킨 경우, 그 개인 수입 부분의 발생 여부나 그 금액 범위 또한 일정하지 않으므로 운송회사로서는 택시운전사들의 개인 수입 부분이 얼마가 되는지 알 수도 없고 이에 대한 관리가능성이나 지배가능성도 없다고 할 것이어서 택시운전사들의 개인 수입 부분은 퇴직금 산정의 기초인 평균임금에 포함되지 않는다고 보아야 한다고(대판 1998.3.13. 95다55733) 판시하였으나, 운송회사가 그 소속 운전사들에게 매월 실제 근로일수에 따른 일정액을 지급하는 이외에 그 근로형태의 특수성과 계산의 편의 등을 고려하여 하루의 운송수입금 중 회사에 납입하는 일정액의 사납금을 공제한 잔액을 그 운전사 개인의 수입으로 하여 자유로운 처분에 맡겨 왔다면 위와 같은 운전사 개인의 수입으로 되는 부분 또한, 그 성격으로 보아 근로의 대가인 임금에 해당한다 할 것이므로, 사납금 초과 수입금은 특별한 사정이 없는 한 퇴직금 산정의 기초가 되는 평균임금에 포함된다고(대판 2002.8.23. 2002다4399) 한다.

(2) 근로자에게 지급할 것

근로자에게 지급하여야 하므로 사회보험에서 사용자부담부분은 임금이라고 할 수 없으나(대판 1994.7.29. 92다30801), 근로자부담부분의 보험료, 근로소득세 등은 임금에서 원천징수된 것에 불과하므로 임금에 해당한다.

2. 근로의 대가

근로의 대가라 함은 사용종속관계 아래서 제공되는 근로에 대한 보상을 의미한다. 임의적·은혜적으로 지급되는 것, 복리후생을 위하여 지급되는 이익, 비용, 기업설비의 일환으로 지급되는 것은 임금이 아니다. 사용자가 근로자에게 지급하는 금품이 임금에 해당하려면 먼저 그 금품이 근로의 대상으로 지급되는 것이어야 하므로, 비록 금품이 계속적·정기적으로 지급된 것이라 하더라도, 그것이 근로의 대상으로 지급되는 것으로 볼 수 없다면 임금에 해당한다고 할 수 없다. 여기서 어떤 금품이 근로의 대상으로 지급된 것이냐를 판단함에 있어서는, 금품지급의무의 발생이 근로 제공과 직접적으로 관련되거나 그것과 밀접하게 관련된 것으로 볼 수 있어야 한다(대판 2019.9.9. 2017다230079).

(1) 근로의 대가로서 임금인 것

① 단체협약, 취업규칙 또는 관례에 따라 지급되는 급식비, 교육비, 급식수당, 체력단련비 및 가족수당
② 퇴직금, 휴업수당
③ 정기적·제도적으로 지급되는 상여금
④ 유급휴일, 연차유급휴가기간 중에 지급되는 급여 등
⑤ 단체협약에 따라 지급된 선물포인트(현물)(대판 2005.10.13. 2004다13762)
⑥ 의사에게 지급하는 진료포상비(대판 2011.3.10. 2010다77514)
⑦ 영업사원에게 지급하는 인센티브(대판 2011.7.14. 2011다23149)
⑧ 근로의 대가로 지급된 실비 변상에 해당하는 금원(대판 2020.4.29. 2016다7647)

(2) 임금이 아닌 것

① 임의적·의례적인 경조금, 위문금
② 해고예고수당, 재해보상금
③ 회사창립일에 호의적으로 특별히 지급되는 금품
④ 장비구입비, 출장비, 판공비 및 업무비용 등과 같은 실비변상적 금품 기출 20
⑤ 사회보험제도에 따라 사용자가 부담하는 보험료(대판 1994.7.29, 92다30801)
⑥ 노조전임자의 급여(대판 1998.4.24, 97다54727)
⑦ 자기 차량을 소유 직원에 한하여 지급하는 자가운전보조비(대판 1995.5.12, 94다55934)

3. 명칭 여하를 불문

수당, 퇴직금, 정보비 및 복리후생비 등 명칭만을 가지고 임금에의 해당 여부를 판단하여서는 아니 되며, 구체적으로 근로에 대한 대가로 지급되었는가를 기준으로 판단하여야 한다.

제2절 평균임금

Ⅰ 평균임금의 개념

평균임금이라 함은 이를 산정하여야 할 사유가 발생한 날 이전 3월간에 그 근로자에 대하여 지급된 임금의 총액을 그 기간의 총일수로 나눈 금액을 말한다. 취업 후 3월 미만도 이에 준한다(근기법 제2조 제1항 제6호). 평균임금은 근로자가 현실적으로 지급받는 임금이 아니라, 어떤 급여 산출에 기초가 되는 단위 개념에 지나지 않는다.

기출 16·17·22·24

Ⅱ 평균임금을 기초로 산정하여야 할 경우

퇴직금(근기법 제34조, 근퇴법 제8조 제1항), 휴업수당(근기법 제46조), 연차유급휴가임금(근기법 제60조 제5항), 재해보상금(근기법 제79조 내지 제85조), 감급액(근기법 제95조), 산업재해보상보험법상의 보험급여 및 고용보험법상 구직급여기초일액 산정 등을 산출하는 경우에는 평균임금을 기초로 한다. 기출 13

Ⅲ 평균임금에 산입되는 임금의 범위

$$1일\ 평균임금 = \frac{사유가\ 발생한\ 날\ 이전\ 3개월간의\ 임금\ 총액}{사유가\ 발상한\ 날\ 이전\ 3개월간의\ 총일수}$$

1. 의 의

근로기준법상 임금은 사용자가 근로의 대가로 근로자에게 임금, 봉급, 그 밖에 어떠한 명칭으로든지 지급하는 일체의 금품을 말하고, 이는 평균임금 산정의 기초가 되는 임금의 경우에도 마찬가지이다. 평균임금 산정의 기초가 되는 임금 총액에는 사용자가 근로의 대가로서 근로자에게 지급한 일체의 금품으로, 근로자에게 계속적·정기적으로 지급되고 그 지급에 관하여 단체협약, 취업규칙 등에 의하여 사용자에게 지급의무가 지워져 있으면 그 명칭 여하를 불문하고 모두 포함된다(대판 2005.9.9. 2004다41217).

2. 평균임금에 산입되는 임금인지 여부

(1) 근로의 대가로 지급된 현물

사용자가 근로의 대상으로 근로자에게 지급한 금품이 비록 현물로 지급되었다 하더라도 근로의 대가로 지급하여 온 금품이라면 평균임금의 산정에 포함되는 임금으로 보아야 한다(대판 2020.4.29. 2016다7647).

(2) 1임금지급기를 초과하여 지급되는 임금

판례는 상여금과 같이 1임금지급기를 초과하여 지급되는 임금의 경우, 월할로 계산하여 산정사유 발생일 이전 12개월간 지급된 총액의 3/12을 산정기간인 3개월 중에 지급된 것으로 보아 포함하는 것이 타당하다고 (대판 1989.4.11. 87다카2901) 판시하고 있다.

(3) 성과급(상여금)

1) 임금성 판단기준

상여금이 계속적·정기적으로 지급되고 그 지급액이 확정되어 있다면 이는 근로의 대가로 지급되는 임금의 성질을 가지나 그 지급사유의 발생이 불확정이고 일시적으로 지급되는 것은 임금이라고 볼 수 없다(대판 2005.9.9. 2004다41217). 기출 21

2) 유형별 검토

① **특별생산격려금** : 회사가 특별생산격려금을 지급하게 된 경위가 노동쟁의의 조정결과 생산격려금을 지급하기로 합의가 된 데 따른 것이고 당시 조정안에서 위 생산격려금은 전년도의 경영성과를 감안한 특별상여금으로서 1회에 한하기로 약정하였다고 하더라도 이후 회사의 경영실적의 변동이나 근로자들의 업무성적과 관계없이 근로자들에게 정기적·계속적·일률적으로 특별생산격려금을 지급하여 왔다면 이는 근로계약이나 노동관행 등에 의하여 사용자에게 그 지급의무가 지워져 있는 것으로서 평균임금 산정의 기초가 되는 임금에 해당한다(대판 2001.10.23. 2001다53950).

② **개인성과급** : [1] 평균임금 산정의 기초가 되는 임금총액에는 사용자가 근로의 대상으로 근로자에게 지급하는 일체의 금품으로서, 근로자에게 계속적·정기적으로 지급되고 그에 관하여 단체협약, 취업규칙 등에 의하여 사용자에게 지급의무가 지워져 있으면 명칭 여하를 불문하고 모두 포함된다. 한편 어떤 금품이 근로의 대상으로 지급된 것인지를 판단할 때에는 금품지급의무의 발생이 근로제공과 직접적으로 관련되거나 그것과 밀접하게 관련된 것으로 볼 수 있어야 하고, 이러한 관련 없이 지급의무의 발생이 개별근로자의 특수하고 우연한 사정에 의하여 좌우되는 경우에는 금품의 지급이 단체협약·취업규칙·근로계약 등이나 사용자의 방침 등에 의하여 이루어진 것이라 하더라도 그러한 금품은 근로의 대상으로 지급된 것으로 볼 수 없다.

[2] 甲 자동차 판매회사가 영업사원들에게 매월 자동차 판매수량에 따른 일정 비율의 인센티브(성과급)를 지급한 것이 퇴직금 산정의 기초가 되는 평균임금에 포함되는지가 문제된 경우, 인센티브지급규정이나 영업프로모션 등으로 정한 지급기준과 지급시기에 따라 인센티브를 지급하여 왔고, 영업사원들이 차량판매를 위하여 하는 영업활동은 甲 회사에 대하여 제공하는 근로의 일부라 볼 수 있어 인센티브는 근로의 대가로 지급되는 것이며, 인센티브의 지급이 매월 정기적·계속적으로 이루어지고, 지급기준 등 요건에 맞는 실적을 달성하였다면 甲 회사로서는 그 실적에 따른 인센티브의 지급을 거절할 수 없을 것이며, 인센티브를 일률적으로 임금으로 보지 않을 경우 인센티브만으로 급여를 지급받기로 한 근로자는 근로를 제공하되 근로의 대상으로서의 임금은 없는 것이 되고 퇴직금도 전혀 받을 수 없게 되는 불합리한 결과가 초래될 것인 점 등에 비추어 위 인센티브는 퇴직금 산정의 기초가 되는 평균임금에 해당한다(대판 2011.7.14. 2011다23149).

③ 공공기관의 경영평가성과급 : 평균임금 산정의 기초가 되는 임금은 사용자가 근로의 대가로 근로자에게 지급하는 금품으로서, 근로자에게 계속적·정기적으로 지급되고 단체협약, 취업규칙, 급여규정, 근로계약, 노동관행 등에 의하여 사용자에게 그 지급의무가 지워져 있는 것을 말한다. 경영평가성과급이 계속적·정기적으로 지급되고 지급대상, 지급조건 등이 확정되어 있어 사용자에게 지급의무가 있다면, 이는 근로의 대가로 지급되는 임금의 성질을 가지므로 평균임금 산정의 기초가 되는 임금에 포함된다고 보아야 한다. 경영실적평가결과에 따라 그 지급 여부나 지급률이 달라질 수 있다고 하더라도 그러한 이유만으로 경영평가성과급이 근로의 대가로 지급된 것이 아니라고 볼 수 없다(대판 2018.10.12. 2015두36157). 기출 24

(4) 연차휴가수당[8]

퇴직금 산정의 기준이 되는 평균임금은 퇴직하는 근로자에 대하여 퇴직한 날 이전 3개월간에 그 근로의 대상으로 지급된 임금의 총액을 그 기간의 총일수로 나눈 금액을 말하고, 퇴직하는 해의 전 해에 개근하거나 8할 이상 출근함으로써 연차유급휴가를 받을 수 있었는데도 이를 사용하지 아니하여 그 기간에 대한 연차휴가수당청구권이 발생하였다고 하더라도 연차휴가수당은 퇴직하는 해의 전 해 1년간의 근로에 대한 대가이지 퇴직하는 그 해의 근로에 대한 대가가 아니므로, 연차휴가권의 기초가 된 개근 또는 8할 이상 근로한 1년간의 일부가 퇴직한 날 이전 3개월간 내에 포함되는 경우에 그 포함된 부분에 해당하는 연차휴가수당만이 평균임금 산정의 기준이 되는 임금 총액에 산입된다(대판 2011.10.13. 2009다86246).

(5) 사납금 초과 운송수입금

판례는 운송회사가 그 소속 운전사들에게 매월 실제 근로일수에 따른 일정액을 지급하는 이외에 그 근로형태의 특수성과 계산의 편의 등을 고려하여 하루의 운송수입금 중 회사에 납입하는 일정액의 사납금을 공제한 잔액을 그 운전사 개인의 수입으로 하여 자유로운 처분에 맡겨 왔다면 위와 같은 운전사 개인의 수입으로 되는 부분 또한, 그 성격으로 보아 근로의 대가인 임금에 해당한다 할 것이므로, 사납금 초과 수입금은 특별한 사정이 없는 한 퇴직금 산정의 기초가 되는 평균임금에 포함된다고(대판 2002.8.23. 2002다4399) 판시하고 있다.

(6) 근로소득세 상당액

판례는 평균임금 산정의 기초가 되는 임금총액에는 사용자가 근로의 대상으로 근로자에게 지급하는 일체의 금품으로서, 근로자에게 계속적·정기적으로 지급되고 그 지급에 관하여 사용자에게 지급의무가 지워져 있으면 그 명칭 여하를 불문하고 모두 포함되므로 사용자가 매달 근로자의 실수령액에 대한 근로소득세 등을 대납하기로 하였다면 그 명칭 여하를 불문하고 사용자가 대납하기로 한 해당 근로소득세 등 상당액은 평균임금 산정의 기초가 되는 임금총액에 포함되어야 한다고(대판 2021.6.24. 2016다200200) 판시하고 있다.

---

8) 이는 연차유급휴가미사용수당을 의미한다. 자세한 사항은 연차유급휴가에 대한 논의를 참조하라.

(7) 실비변상 또는 임시로 지급되는 금원

근로의 대가인지 여부가 불분명한 실비변상적 금원 또는 사용자가 지급의무 없이 은혜적으로 지급하는 금원 등은, 평균임금 산정의 기초가 되는 임금총액에 포함되지 않는다.

(8) 임의적 · 의례적으로 지급되는 금원

임의적 · 의례적인 경조금, 위문금이나 주택자금 · 학자금의 대여 등은 근로자에게 유익하지만 원칙적으로 임금이라고 할 수 없다.

(9) 복리후생적 성격의 금원

종래에는 임금에 해당하지 아니한다고 해석하는 견해가 일반적이었으나, 판례는 전체 근로자에게 지급된 통근수당과 급식비, 체력단련비, 개인연금보조비, 하계휴가비 등을 임금으로 이해한다. 또한 일정한 요건을 갖춘 근로자에게만 지급되는 가족수당(대판 2003.6.27. 2003다10421), 차량 소유에 관계없이 일정 직급에 해당하는 자에게 지급되는 차량유지비(대판 2002.5.31. 2000다18127)도 임금에 해당한다고 한다.

(10) 지급사유의 발생이 확정되지 아니한 금품

판례는 평균임금 산정의 기초가 되는 임금 총액에는 사용자가 근로의 대상으로 근로자에게 지급하는 일체의 금품으로서 근로자에게 계속적 · 정기적으로 지급되고 그 지급에 관하여 단체협약, 취업규칙 등에 의하여 사용자에게 지급 의무가 지워져 있으면 명칭 여하를 불문하고 모두 포함되고, 근로자가 현실적으로 지급받은 금액뿐 아니라 평균임금을 산정하여야 할 사유가 발생한 때를 기준으로 사용자가 지급 의무를 부담하는 금액도 포함되나, 지급 사유의 발생이 확정되지 아니한 금품은 포함되지 않으므로, 단체협약이나 취업규칙 등으로 달리 정하지 않는 한 퇴직금 중간정산 당시를 기준으로 지급 사유의 발생이 확정되지 아니한 금품을 평균임금에 포함하여 중간정산 퇴직금을 산정할 수는 없다고(대판 2024.1.25. 2022다215784) 한다.

Ⅳ 평균임금의 산정방법

1. 의 의

평균임금을 산정하기 위해서는 사유 발생 전 3개월 동안의 총일수와, 사유발생 전 3개월 동안 지급된 임금 총액을 파악해야 한다. 실근로일수가 아닌 역상의 일수를 의미한다.

2. 평균임금 산정에서 제외되는 기간과 임금

(1) 취 지

근로기준법 시행령 제2조 제1항은 평균임금 산정에 포함시키면 평균임금이 지나치게 낮아질 수 있는 경우를 평균임금의 산정에서 제외하도록 규정하고 있다.

(2) 구체적 검토

1) 수습기간 중의 평균임금 산정

① 근로계약을 체결하고 수습 중에 있는 근로자가 수습을 시작한 날부터 3개월 이내의 기간과 임금은 평균임금의 계산에서 제외되므로, 그 수습기간을 제외하고 평균임금을 산정한다. 한편, 최저임금법 제5조 제2항에 따르면, 수습 중에 있는 근로자로서 수습을 시작한 날부터 3개월 이내인 사람에 대하여는, 시간급 최저임금액에서 100분의 10을 뺀 금액을 그 근로자의 시간급 최저임금액으로 한다고 규정하고 있다.

② 판례는 근로기준법 시행령 제2조 제1항 제1호의 적용범위를 평균임금산정사유 발생일을 기준으로 그 전 3개월 동안 정상적으로 급여를 받은 기간뿐만 아니라 수습기간이 함께 포함되어 있는 경우에 한하므로, 근로자가 수습을 받기로 하고 채용되어 근무하다가 수습기간이 끝나기 전에 평균임금산정사유가 발생한 경우에는 위 시행령과 무관하게 수습사원으로서 받는 임금을 기준으로 평균임금을 산정하는 것이 평균임금제도의 취지 등에 비추어 타당하다고 한다(대판 2014.9.4. 2013두1232).

2) 위법한 쟁의행위기간

근기법 시행령 제2조 제1항의 취지 및 성격을 고려할 때, 제6호 '노조법 제2조 제6호의 규정에 의한 쟁의행위기간'이란 헌법과 노조법에 의하여 보장되는 적법한 쟁의행위로서의 주체, 목적, 절차, 수단과 방법에 관한 요건을 충족한 쟁의행위기간만을 의미한다. 만약, 위법한 쟁의행위기간까지 포함되는 것으로 해석하게 되면, 평균임금산정방법에 관한 원칙 자체가 무의미하게 되는 상황에 이르게 되는바, 이는 평균임금 산정에 관한 원칙과 근로자이익 보호정신을 조화시키려는 규정의 취지 및 성격이나 같은 조항의 다른 기간들과의 형평에 맞지 않기 때문이다(대판 2009.5.28. 2006다17287).

> **평균임금의 계산에서 제외되는 기간과 임금(근기법 시행령 제2조 제1항)**
> 1. 근로계약을 체결하고 수습 중에 있는 근로자가 수습을 시작한 날부터 3개월 이내의 기간
> 2. 사용자의 귀책사유로 휴업한 기간
> 3. 출산전후휴가 및 유산·사산휴가기간 [기출] 22·24
> 4. 업무상 부상 또는 질병으로 요양하기 위하여 휴업한 기간
> 5. 육아휴직기간
> 6. 쟁의행위기간
> 7. 병역법, 예비군법 또는 민방위기본법에 따른 의무를 이행하기 위하여 휴직하거나 근로하지 못한 기간
> 8. 업무 외 부상이나 질병, 그 밖의 사유로 사용자의 승인을 받아 휴업한 기간 [기출] 21

3) 직장폐쇄기간

근로기준법 시행령 제2조 제1항의 입법취지와 목적을 감안하면, 사용자가 쟁의행위로 적법한 직장폐쇄를 한 결과 근로자에 대해 임금지급의무를 부담하지 않는 기간은 원칙적으로 같은 조항 제6호의 기간에 해당한다. 다만 이러한 직장폐쇄기간이 근로자들의 위법한 쟁의행위 참가기간과 겹치는 경우라면 근로기준법 시행령 제2조 제1항 제6호의 기간에 포함될 수 없다. 위법한 직장폐쇄로 사용자가 여전히 임금지급의무를 부담하는 경우라면, 근로자의 이익을 보호하기 위해 그 기간을 평균임금산정기간에서 제외할 필요성을 인정하기 어려우므로 근로기준법 시행령 제2조 제1항 제6호에 해당하는 기간이라고 할 수 없다. 이와 달리 직장폐쇄의 적법성, 이로 인한 사용자의 임금지급의무 존부 등을 고려하지 않은 채 일률적으로 사용자의 직장폐쇄기간이 근로기준법 시행령 제2조 제1항 제6호에서 말하는 '노조법 제2조 제6호에 따른 쟁의행위기간'에 해당한다고 할 수 없다(대판 2019.6.13. 2015다65561).

4) 근로자의 귀책사유에 의한 직위해제기간

개인적인 범죄로 구속기소되어 직위해제되었던 기간은 근로기준법 시행령 제2조 소정의 어느 기간에도 해당하지 않으므로 그 기간의 일수와 그 기간 중에 지급받은 임금액은 근로기준법 제2조 제1항 제6호에 따른 평균임금산정기초에서 제외될 수 없고, 만일 그 기간과 임금을 포함시킴으로 인하여 평균임금액수가 낮아져 평균임금이 통상임금을 하회하게 되는 경우에는 같은 법 제2조 제2항에 따라 통상임금을 평균임금으로 하여 퇴직금을 계산하여야 한다(대판 1994.4.12. 92다20309).

3. 통상임금보다 적은 경우

근로기준법 제2조 제2항에 의하면, 법령에 따라 산출된 평균임금이 통상임금보다 적으면 통상임금액을 평균임금으로 한다. 기출 20·22

제3절 통상임금

I 통상임금의 개념

통상임금이라 함은 근로자에게 정기적이고 일률적으로 소정근로 또는 총근로에 대하여 지급하기로 정하여진 시간급금액·일급금액·주급금액·월급금액 또는 도급금액을 말하는 것으로(근기법 시행령 제6조 제1항), 기출 25 법령의 정의와 취지에 충실하게 통상임금 개념을 해석하면, 통상임금은 소정근로의 대가로서 정기적, 일률적으로 지급하기로 정한 임금을 말한다(대판 2024.12.19. 2020다247190[전합]).

II 통상임금을 기초로 하여 산정하여야 할 경우

해고예고수당(근기법 제26조), 주휴수당(근기법 제55조, 대판 2018.9.28. 2017다53210), 연장·야간·휴일근로수당(근기법 제56조), 출산전후휴가(근기법 제74조) 및 기타 법에 '유급'으로 표시되어 있는 경제적 보상의 경우에는 통상임금을 기준으로 한다.

III 통상임금의 판단기준

1. 실질적 요소 – 소정근로의 대가

소정근로의 대가라 함은 근로자가 소정근로시간에 통상적으로 제공하기로 정한 근로에 관하여 사용자와 근로자가 지급하기로 약정한 금품을 말한다. 근로자가 소정근로시간을 초과하여 근로를 제공하거나 근로계약에서 제공하기로 정한 근로 외의 근로를 특별히 제공함으로써 사용자로부터 추가로 지급받는 임금이나 소정근로시간의 근로와는 관련 없이 지급받는 임금은 소정근로의 대가라 할 수 없으므로 통상임금에 속하지 아니한다. 소정근로의 대가가 무엇인지는 근로자와 사용자가 소정근로시간에 통상적으로 제공하기로 정한 근로자의 근로의 가치를 어떻게 평가하고 그에 대하여 얼마의 금품을 지급하기로 정하였는지를 기준으로 전체적으로 판단하여야 하고, 그 금품이 소정근로시간에 근무한 직후나 그로부터 가까운 시일 내에 지급되지 아니하였다고 하여 그러한 사정만으로 소정근로의 대가가 아니라고 할 수는 없다(대판 2013.12.18. 2012다89399[전합]).

기출 21·25

2. 지급형태상의 요소 - 정기성·일률성

(1) 통상임금의 개념적 징표

통상임금은 근기법상 여러 임금을 산정하는 기준이 되므로, 그 본질은 근로자가 소정근로시간에 제공하기로 정한 근로의 가치를 평가한 기준임금이라는 데에 있다. 정기성과 일률성은 그 임금이 소정근로의 대가인 임금임을 뒷받침하는 개념적 징표이다. 근로자가 소정근로를 온전하게 제공하면 그 대가로서 정기적, 일률적으로 지급하도록 정해진 임금은 그에 부가된 조건의 존부나 성취 가능성과 관계없이 통상임금에 해당한다. 임금에 부가된 조건은 해당 임금의 객관적 성질을 실질적으로 판단하는 과정에서 소정근로 대가성이나 정기성, 일률성을 부정하는 요소 중 하나로 고려될 수는 있지만, 단지 조건의 성취 여부가 불확실하다는 사정만으로 통상임금성이 부정된다고 볼 수는 없다. 고정성이란 잣대 없이도, 근로자와 사용자가 소정근로시간에 제공하기로 정한 근로의 대가라는 '소정근로 대가성', 임금의 지급 시기와 지급 대상이 미리 일정하게 정해졌을 것을 요구하는 '정기성'과 '일률성'의 개념을 통하여 통상임금에 해당하는지 여부를 올바르게 판단할 수 있다. 이러한 통상임금을 이루는 개념에는 '임금 지급에 관한 일정한 사전적 규율'의 의미가 내포되어 있으므로, 소정근로의 제공과 관계없이 일시적이거나 변동적으로 지급되는 금품은 여전히 통상임금에서 제외된다(대판 2024.12.19. 2020다247190[전합]).

(2) 정기성·일률성의 의의

1) 정기성

① 의의 : 정기성은 어떤 임금이 일정한 간격을 두고 계속적으로 지급되는 것을 의미한다. 기출 15

② 판례 : [1] 어떤 임금이 통상임금에 속하기 위해서 정기성을 갖추어야 한다는 것은 그 임금이 일정한 간격을 두고 계속적으로 지급되어야 함을 의미한다. 통상임금에 속하기 위한 성질을 갖춘 임금이 1개월을 넘는 기간마다 정기적으로 지급되는 경우, 이는 노사 간의 합의 등에 따라 근로자가 소정근로시간에 통상적으로 제공하는 근로의 대가가 1개월을 넘는 기간마다 분할지급되고 있는 것일 뿐, 그러한 사정 때문에 갑자기 그 임금이 소정근로의 대가로서의 성질을 상실하거나 정기성을 상실하게 되는 것이 아님은 분명하다. 따라서 정기상여금과 같이 일정한 주기로 지급되는 임금의 경우 단지 그 지급주기가 1개월을 넘는다는 사정만으로 그 임금이 통상임금에서 제외된다고 할 수는 없다. 나아가 근로기준법 제43조 제2항은 임금을 매월 1회 이상 일정한 날짜를 정하여 지급하도록 규정하고 있으나, 이는 사용자로 하여금 매월 일정하게 정해진 기일에 임금을 근로자에게 어김없이 지급하도록 강제함으로써 근로자의 생활 안정을 도모하려는 것이므로, 위 규정을 근거로 1개월을 넘는 기간마다 정기적으로 지급되는 임금이 통상임금에서 제외된다고 해석할 수는 없다. 기출 20·22

[2] 그리고 앞서 본 근로기준법 시행령 제6조 제1항은 통상임금에 관하여 규정하면서 '시간급금액, 일급금액, 주급금액, 월급금액 또는 도급금액'이라는 표현을 사용하고 있는데, 위 표현을 근거로 위 규정이 통상임금의 범위를 1개월을 단위로 산정 또는 지급되는 임금으로 한정한 취지라고 해석할 수는 없다. 1982.8.13. 대통령령 제10898호로 개정되기 전의 구 근로기준법 시행령 제31조는 '시간, 일, 주, 월, 월·주 외의 일정한 기간' 등 다양한 단위기간으로 정하여지는 임금을 시간급 통상임금으로 산정하는 방법에 관하여 규정하다가, 위 개정으로 제31조 제1항에 통상임금의 정의규정이 신설되고 1997.3.27. 대통령령 제15320호로 폐지·제정된 구 근로기준법 시행령 이후부터는 그 정의규정이 제6조 제1항으로 위치가 옮겨졌다. 위와 같은 개정 및 폐지·제정과정이나 그 이후에도 일·주·월 외의 일정한 기간으로 정한 임금의 시간급 통상임금산정방식이 제31조 제2항 또는 제6조 제2항으로 위치를 옮겨 종전과 동일한 내용으로 계속 규정되어 온 점에 비추어 보면, 근로기준법 시행령 제6조 제1항은 통상임금의 범위를 1개월을 단위로 산정 또는 지급되는 임금으로 한정한 것이 아니라, 다양한 기간을 단위로 산정·지급되는 임금의 형태를 예시한 것에 불과하다고 보아야 할 것이다. 한편, 최저임금법 제6조 제4항은 사용자가 근로자에게 지급하는 임금 중 매월 1회 이상 정기적으로

지급하는 임금 외의 임금으로서 고용노동부장관이 정하는 것을 최저임금과 비교할 '비교 대상임금'에서 제외하고 있다. 그러나 최저임금제도의 목적은 임금의 최저수준을 보장하여 근로자의 생활 안정과 노동력의 질적 향상을 기하고자 하는 데에 있어 연장·야간·휴일근로에 대한 가산임금 등을 산정하기 위한 통상임금제도와 그 목적을 달리하므로, 위와 같은 최저임금법의 규정을 근거로 통상임금을 매월 1회 이상 정기적으로 지급하는 임금으로 한정하여야 한다고 보는 것은 타당하지 않다(대판 2013.12.18. 2012다89399[전합]).

2) 일률성

① 의의 : 일률성을 모든 근로자에게 지급되는 것이라고 좁게 해석하는 견해도 있으나 판례는 '일률적'으로 지급되는 것에는 '모든 근로자'에게 지급되는 것뿐만 아니라 '일정한 조건 또는 기준에 달한 모든 근로자'에게 지급되는 것도 포함된다고 한다. 기출 15

② 판례 : [1] 어떤 임금이 통상임금에 속하기 위해서는 그것이 일률적으로 지급되는 성질을 갖추어야 한다. '일률적'으로 지급되는 것에는 '모든 근로자'에게 지급되는 것뿐만 아니라 '일정한 조건 또는 기준에 달한 모든 근로자'에게 지급되는 것도 포함된다. 여기서 '일정한 조건'이란 고정적이고 평균적인 임금을 산출하려는 통상임금의 개념에 비추어 볼 때 고정적인 조건이어야 한다. 단체협약이나 취업규칙 등에 휴직자나 복직자 또는 징계대상자 등에 대하여 특정 임금에 대한 지급제한사유를 규정하고 있다 하더라도, 이는 해당 근로자의 개인적인 특수성을 고려하여 그 임금지급을 제한하고 있는 것에 불과하므로, 그러한 사정을 들어 정상적인 근로관계를 유지하는 근로자에 대하여 그 임금지급의 일률성을 부정할 것은 아니다. [2] 한편, 일정 범위의 모든 근로자에게 지급된 임금이 일률성을 갖추고 있는지 판단하는 잣대인 '일정한 조건 또는 기준'은 통상임금이 소정근로의 가치를 평가한 개념이라는 점을 고려할 때, 작업내용이나 기술, 경력 등과 같이 소정근로의 가치평가와 관련된 조건이라야 한다. 따라서 부양가족이 있는 근로자에게만 지급되는 가족수당과 같이 소정근로의 가치평가와 무관한 사항을 조건으로 하여 지급되는 임금은 그것이 그 조건에 해당하는 모든 근로자에게 지급되었다 하더라도 여기서 말하는 '일정한 조건 또는 기준'에 따른 것이라 할 수 없어 '일률성'을 인정할 수 없으므로, 통상임금에 속한다고 볼 수 없다. 그러나 모든 근로자에게 기본금액을 가족수당 명목으로 지급하면서 실제 부양가족이 있는 근로자에게는 일정액을 추가적으로 지급하는 경우 그 기본금액은 소정근로에 대한 대가에 다름 아니므로 통상임금에 속한다(대판 2013.12.18. 2012다89399[전합]).

(3) 고정성의 개념적 징표 여부

1) 종전 판례

종전 판례는 '고정성'이라 함은 '근로자가 제공한 근로에 대하여 그 업적, 성과 기타의 추가적인 조건과 관계없이 당연히 지급될 것이 확정되어 있는 성질'을 말하고, '고정적인 임금'은 '임금의 명칭 여하를 불문하고 임의의 날에 소정근로시간을 근무한 근로자가 그 다음 날 퇴직한다 하더라도 그 하루의 근로에 대한 대가로 당연하고도 확정적으로 지급받게 되는 최소한의 임금'이라고 판시하였다(대판 2013.12.18. 2012다89399[전합]).

2) 전합 판례

최근 전합 판례는 통상임금 개념은 통상임금의 본질과 기능에 부합하는 방향으로 새로이 정립되어야 한다고 하면서 법령 부합성, 통상임금 규정의 강행성, 소정근로 가치의 반영성, 사전적 산정의 가능성, 정책 부합성 등의 요청을 종합적으로 고려할 때, 종전 판례가 제시한 고정성 개념은 통상임금의 개념적 징표에서 제외하는 것이 옳다고 보아, 통상임금의 개념적 징표로 고정성을 요구하던 종전 판례를 변경하였다(대판 2024.12.19. 2020다247190[전합]).9)

---

9) 통상임금의 개념적 징표인 고정성을 폐기한 최근 전합 판례의 구체적인 내용은 이후에 서술할 관련 판례를 참조하라.

3) 검 토

생각건대 통상임금 개념은 통상임금의 본질과 기능에 부합하는 방향으로 정립되어야 하고 종래 통상임금의 개념적 징표로 인식되어왔던 고정성이란 잣대 없이도, '소정근로 대가성', '정기성'과 '일률성'의 개념을 통하여 통상임금 여부를 올바르게 판단할 수 있으므로 고정성을 통상임금의 개념적 징표에서 제외하는 변경된 전합 판례의 태도가 타당하다고 판단된다.

Ⅳ 통상임금성 인정 여부에 대한 사례

1. 종래 통상임금성 인정 여부가 문제되었던 사례[10]

(1) 복리후생비

1) 통상임금성을 인정한 사례

판례에 의하면 근로기준법 소정의 임금이란 사용자가 근로의 대가로 근로자에게 지급하는 일체의 금품으로서, 근로자에게 계속적·정기적으로 지급되고 그 지급에 관하여 단체협약, 취업규칙, 급여규정, 근로계약, 노동관행 등에 의하여 사용자에게 지급의무가 지워져 있다면 그 명목 여하를 불문하고 임금에 해당된다. 따라서 원심이 제1심판결을 인용하여 피고 소속 근로자들에게 정기적·일률적으로 지급되는 이 사건 선물비, 생일자지원금, 개인연금지원금, 단체보험료가 임금에 해당된다고 한다(대판 2013.12.18. 2012다94643[전합]).

2) 통상임금성을 부정한 사례

다만, 복리후생적 명목의 급여(효도제례비, 연말특별소통장려금 및 출퇴근보조여비)가 단체협약 등에 의하여 일률적·정기적으로 지급되는 것으로 정해져 있다는 사정만으로 통상임금에 해당한다고 할 수 없다고 한다(대판 2013.12.18. 2012다89399[전합]).

(2) 일할계산하여 지급하는 정기상여금

甲 주식회사가 상여금지급규칙에 따라 상여금을 근속기간이 2개월을 초과한 근로자에게는 전액을, 2개월을 초과하지 않는 신규입사자나 2개월 이상 장기휴직 후 복직한 자, 휴직자에게는 상여금 지급 대상기간 중 해당 구간에 따라 미리 정해 놓은 비율을 적용하여 산정한 금액을 각 지급하고, 상여금 지급 대상기간 중에 퇴직한 근로자에게는 근무일수에 따라 일할계산하여 지급한 경우, 위 상여금은 근속기간에 따라 지급액이 달라지기는 하나 일정 근속기간에 이른 근로자에게는 일정액의 상여금이 확정적으로 지급되는 것이므로, 위 상여금은 소정근로를 제공하기만 하면 지급이 확정된 것이라고 볼 수 있어 정기적·일률적으로 지급되는 고정적인 임금인 통상임금에 해당한다(대판 2013.12.18. 2012다89399[전합]).

---

[10] 이하에서 서술하는 대부분의 판례 사례는 정기성, 일률성뿐만 아니라 종래 통상임금의 개념적 징표로 인정되었던 고정성을 갖추었는지 여부에 따라 통상임금성 여부를 판단하였던 것으로, 이제는 고정성을 제외하고 정기성, 일률성의 구비 여부로 각 사례의 통상임금성을 판단하면 충분하다.

(3) 근속기간에 연동하는 임금

어떠한 임금이 일정 근속기간 이상을 재직할 것을 지급조건으로 하거나, 또는 일정 근속기간을 기준으로 하여 임금의 계산방법을 달리하거나 근속기간별로 지급액을 달리하는 경우와 같이 지급 여부나 지급액이 근속기간에 연동하는 임금유형이 있다. 근속기간은 근로자의 숙련도와 밀접한 관계가 있으므로 소정근로의 가치 평가와 관련이 있는 '일정한 조건 또는 기준'으로 볼 수 있고, 일정한 근속기간 이상을 재직한 모든 근로자에게 그에 대응하는 임금을 지급한다는 점에서 일률성을 갖추고 있다고 할 수 있다. 또한 근속기간은 근로자가 임의의 날에 연장·야간·휴일근로를 제공하는 시점에서는 그 성취 여부가 불확실한 조건이 아니라 그 근속기간이 얼마인지가 확정되어 있는 기왕의 사실이므로, 일정 근속기간에 이른 근로자는 임의의 날에 근로를 제공하면 다른 추가적인 조건의 성취 여부와 관계없이 근속기간에 연동하는 임금을 확정적으로 지급받을 수 있어 고정성이 인정된다. 따라서 임금의 지급 여부나 지급액이 근속기간에 연동한다는 사정은 그 임금이 통상임금에 속한다고 보는 데 장애가 되지 않는다(대판 2013.12.18. 2012다89399[전합]).

(4) 근무실적에 연동하는 임금

지급 대상기간에 이루어진 근로자의 근무실적을 평가하여 이를 토대로 지급 여부나 지급액이 정해지는 임금은 일반적으로 고정성이 부정된다고 볼 수 있다. 그러나 근무실적에 관하여 최하등급을 받더라도 일정액을 지급하는 경우와 같이 최소한도의 지급이 확정되어 있다면, 그 최소한도의 임금은 고정적 임금이라고 할 수 있다. 근로자의 전년도 근무실적에 따라 당해 연도에 특정 임금의 지급 여부나 지급액을 정하는 경우, 당해 연도에는 그 임금의 지급 여부나 지급액이 확정적이므로 당해 연도에 있어 그 임금은 고정적인 임금에 해당하는 것으로 보아야 한다. 그러나 보통 전년도에 지급할 것을 그 지급시기만 늦춘 것에 불과하다고 볼만한 특별한 사정이 있는 경우에는 고정성을 인정할 수 없다. 다만 이러한 경우에도 근무실적에 관하여 최하등급을 받더라도 일정액을 최소한도로 보장하여 지급하기로 한 경우에는 그 한도 내에서 고정적인 임금으로 볼 수 있다(대판 2013.12.18. 2012다89399[전합]).

(5) 임금인상 소급분

갑 주식회사가 노동조합과 매년 임금협상을 하면서 기본급 등에 관한 임금인상 합의가 기준일을 지나서 이루어지는 경우 인상된 기본급을 기준일로 소급하여 적용하기로 약정하고, 이에 따라 매년 소급기준일부터 합의가 이루어진 때까지 소정근로를 제공한 근로자들에게 임금인상 소급분을 일괄 지급하는 한편 임금인상 합의가 이루어지기 전에 퇴직한 근로자들에게는 이를 지급하지 않은 경우, 임금인상 소급분은 근로기준법 시행령 제6조에서 정한 통상임금에 해당한다(대판 2021.8.19. 2017다56226).

(6) 특수한 기술, 경력 등을 조건으로 하는 임금

특수한 기술의 보유나 특정한 경력의 구비 등이 임금지급의 조건으로 부가되어 있는 경우, 근로자가 임의의 날에 연장·야간·휴일근로를 제공하는 시점에서 특수한 기술의 보유나 특정한 경력의 구비 여부는 그 성취 여부가 불확실한 조건이 아니라 기왕에 확정된 사실이므로, 그와 같은 지급조건은 고정성 인정에 장애가 되지 않는다(대판 2013.12.18. 2012다89399[전합]).

(7) 야간교대수당

갑 주식회사가 4조 3교대 근무형태의 생산기능직 근로자 중 해당 월에 심야조 근무를 한 근로자들에게 단체협약에 따라 야간교대수당을 지급하였는데, 갑 회사의 근로자인 을 등이 야간교대수당을 통상임금에 포함하여 재산정한 추가법정수당의 지급을 구한 경우, <u>야간교대수당은 심야조 근무에 대한 대가로 일률적·정기적·고정적으로 지급되는 성질을 갖추고 있다고 봄이 타당하므로 야간교대수당이 통상임금에 해당한다</u>(대판 2021.9.30. 2019다288898).

(8) 업적연봉

<u>업적연봉은 비록 전년도 인사평가 결과에 따라 그 인상분이 달라질 수 있기는 하지만 일단 전년도 인사평가 결과를 바탕으로 한 인상분이 정해질 경우 월 기본급의 700%에 그 인상분을 더한 금액이 해당 연도의 근무실적과는 관계없이 해당 연도 근로의 대가로 액수 변동 없이 지급되는 것으로서 근로자가 소정근로를 제공하기만 하면 그 지급이 확정된 것이라고 볼 수 있어 정기적·일률적으로 지급되는 고정적인 임금인 통상임금에 해당한다. 그리고 업무 외의 상병으로 인한 휴직자에게는 업적연봉이 지급되지 않으나, 이는 해당 근로자의 개인적인 특수성을 고려하여 지급 여부에 차등을 둔 것에 불과하므로 그러한 사정만을 들어 업적연봉의 통상임금성을 부정할 것은 아니다</u>(대판 2021.6.10. 2017다49297).

(9) CCTV 수당

여객자동차 운수업을 영위하는 갑 주식회사가 운행버스에 설치한 CCTV를 교체하면서 노동조합과 합의한 협약서에서 당일 출근하는 모든 운전직 근로자들에게 실비변상 조로 장갑, 음료수, 담배, 기타 잡비 명목으로 일비 10,000원에 상당하는 갑 회사 발행의 구내매점용 물품구입권을 지급한다고 정하였고, <u>이에 따라 갑 회사가 실제 경비로 사용되는지를 불문하고 근로를 제공한 운전직 근로자 모두에게 물품구입권을 지급한 경우, 위 CCTV 수당은 통상임금에 포함된다</u>(대판 2020.4.29. 2016다7647).

(10) 지급제한사유로 인해 휴직자 등에게 지급되지 아니한 임금

근로기준법이 연장·야간·휴일 근로에 대한 가산임금 등의 산정 기준으로 규정하고 있는 통상임금은 근로자가 소정근로시간에 통상적으로 제공하는 근로인 소정근로의 대가로 지급하기로 약정한 금품으로서, 정기적·일률적·고정적으로 지급되는 임금을 말한다. 여기서 고정적인 임금이란 명칭 여하를 불문하고 임의의 날에 소정근로시간을 근무한 근로자가 그 다음 날 퇴직한다고 하더라도 그 하루의 근로에 대한 대가로 당연하고도 확정적으로 지급받게 되는 최소한의 임금을 말하므로, 근로자가 임의의 날에 소정근로를 제공하면 업적, 성과 기타의 추가적인 조건의 충족 여부와 관계없이 당연히 지급될 것으로 예정되어 지급 여부나 지급액이 사전에 확정된 임금은 고정성을 갖춘 것으로 볼 수 있다. <u>단체협약이나 취업규칙 등에 휴직자나 복직자 또는 징계대상자 등에 대하여 특정 임금에 대한 지급 제한사유를 규정하고 있다 하더라도, 이는 해당 근로자의 개인적인 특수성을 고려하여 임금 지급을 제한하고 있는 것에 불과하므로, 그러한 사정만을 들어 정상적인 근로관계를 유지하는 근로자에 대하여 그 임금이 고정적 임금에 해당하지 않는다고 할 수는 없다</u>(대판 2019.8.14. 2016다9704).

(11) 선택적 복지제도시행과 관련된 복지포인트

<u>사용자가 선택적 복지제도를 시행하면서 직원 전용 온라인 쇼핑사이트에서 물품을 구매하는 방식 등으로 사용할 수 있는 복지포인트를 단체협약, 취업규칙 등에 근거하여 근로자들에게 계속적·정기적으로 배정한 경우라고 하더라도, 이러한 복지포인트는 근로기준법에서 말하는 임금에 해당하지 않고, 그 결과 통상임금에도 해당하지 않는다</u>(대판 2019.8.22. 2016다48785[전합]).

(12) 사후에 노사협의로 지급액을 정하도록 한 금원

통상임금이 소정근로시간을 초과하는 근로를 제공할 때 지급되는 가산임금을 산정하는 기준임금으로 기능하는 점을 고려하면, 어떤 임금이 통상임금에 해당하기 위해서는 근로자가 실제로 연장·야간·휴일 근로를 하기 전에 그 지급과 지급액이 사전에 확정되어 있어야 하고, 여기서 지급과 지급액이 사전에 확정되어 있다는 것은 임의의 날에 소정근로를 제공하면 당연히 지급될 것이 예정되어 있는 것을 의미함은 앞서 본 바와 같다. 원심판결 이유와 기록에 의하면, 피고와 노동조합이 체결한 단체협약은 "회사는 김장철에 김장보너스를 지급하며, 지급금액은 노사협의하여 지급한다"고 정하고 있고, 이에 따라 이 사건 김장보너스는 지급 직전에 노사협의를 통해 정해졌는데, 2007년부터 2009년까지는 220,000원, 2010년에는 240,000원으로 정해진 사실을 알 수 있다. 이처럼 지급액을 결정하기 위한 객관적인 기준 없이 단지 사후에 노사협의를 통해 그 지급액을 정하도록 한 경우라면 그 지급액이 사전에 확정되어 있다고 볼 수 없다. 따라서 이 사건 김장보너스는 고정적인 임금이라고 할 수 없어 통상임금에 해당한다고 볼 수 없다(대판 2013.12.18. 2012다89399[전합]).

(13) 고정OT수당[11]

어떠한 임금이 통상임금에 속하는지 여부는 그 임금이 소정근로의 대가로 근로자에게 지급되는 금품으로서 정기적·일률적·고정적으로 지급되는 것인지를 기준으로 그 객관적인 성질에 따라 판단하여야 한다. 소정근로의 대가라 함은 근로자가 소정근로시간에 통상적으로 제공하기로 정한 근로에 관하여 사용자와 근로자가 지급하기로 약정한 금품을 말한다. 근로자가 소정근로시간을 초과하여 근로를 제공하거나 근로계약에서 제공하기로 정한 근로 외의 근로를 특별히 제공함으로써 사용자로부터 추가로 지급받는 임금이나 소정근로시간의 근로와는 관련 없이 지급받는 임금은 소정근로의 대가라 할 수 없으므로 통상임금에 속하지 아니한다. 소정근로의 대가가 무엇인지는 근로자와 사용자가 소정근로시간에 통상적으로 제공하기로 정한 근로자의 근로의 가치를 어떻게 평가하고 그에 대하여 얼마의 금품을 지급하기로 정하였는지를 기준으로 전체적으로 판단하여야 한다(대판 2021.11.11. 2020다224739).

---

[11] 고정OT합의(고정 OverTime 수당합의)는 실제 초과근로시간과 관계없이 일정 시간을 초과근로시간으로 간주하기로 합의하고 고정액을 지급하는 제도를 말한다. 급여항목으로 고정OT를 설계하였다고 하더라도 일정 시간을 초과하여 근로한 경우 그 초과근로에 대하여는 근로기준법 제56조에 따라 근로자에게 별도의 법정수당을 추가로 지급하여야 한다. 반면 포괄임금약정은 일정한 연장·야간·휴일근로가 예상되는 근무형태에서, 기본임금을 미리 정하지 아니한 채 연장근로 등에 대한 가산임금을 합하여 일정한 금액을 임금(월급·일급)으로 정하는 경우, 또는 기본임금은 미리 정하되 연장근로 등에 대한 가산임금으로서 일정한 금액을 지급하기로 하는 경우를 말한다. 예를 들어 포괄임금약정으로서 일체의 연장·야간·휴일 근로수당을 월 100만원으로 정하였다면, 월 20시간의 연장근로를 하든, 40시간의 연장근로를 하든 상관없이 사용자는 근로자에게 월 100만원만 지급하면 된다는 점에서 고정OT합의와 구별된다. 포괄임금약정은 강행규정인 근로기준법 제56조의 적용을 배제할 수 있어 판례는 포괄임금약정을 엄격한 요건하에 인정하고 있음을 유의하여야 한다.

2. 전합 판례(2020다247190[전합])등에서 설시한 사례

(1) 재직조건부 임금

① 통상임금은 실근로와 구별되는 소정근로의 가치를 반영하는 도구개념이므로, 계속적인 소정근로의 제공이 전제된 근로관계를 기초로 산정하여야 한다. 근로자가 재직하는 것은 근로계약에 따라 소정근로를 제공하기 위한 당연한 전제이다. '퇴직'은 정년의 도래, 사망, 해고 등과 함께 근로관계를 종료시켜 실근로의 제공을 방해하는 장애사유일 뿐, 근로자와 사용자가 소정근로시간에 제공하기로 정한 근로의 대가와는 개념상 아무런 관련이 없다. 따라서 어떠한 임금을 지급받기 위하여 특정 시점에 재직 중이어야 한다는 조건이 부가되어 있다는 사정만으로 그 임금의 소정근로 대가성이나 통상임금성이 부정되지 않는다(대판 2024.12.19. 2020다247190[전합]).

② 사용자와 근로자는 임금 구조와 체계, 개별 임금 항목의 유형과 내용, 임금 총액 등을 자유롭게 정할 수 있고, 임금에 관한 조건도 자유롭게 부가할 수 있다. 그 조건은 강행규정에 위반되거나 탈법행위에 해당하는 등 별도의 무효 사유가 존재하지 않는 한 효력을 가진다. 노사가 어떤 임금의 내용을 형성하는 과정에서 그 임금을 지급받기 위하여 특정 시점에 재직 중이어야 한다는 조건을 부가하는 것은 원칙적으로 그 임금이 지급되기 위한 기준 내지 임금의 지급대상을 정하는 것이지 이미 지급하기로 정해져 있는 임금을 특정 시점에 재직하지 않는다는 이유로 포기하게 하거나 박탈하는 것이라고 보기 어려우므로, 특별한 사정이 없는 한 무효라고 볼 수 없다(대판 2025.1.23. 2019다204876).

(2) 근무일수 조건부 임금

소정근로를 온전하게 제공하는 근로자라면 충족할 근무일수 조건, 즉 소정근로일수 이내로 정해진 근무일수 조건의 경우, 그러한 조건이 부가되어 있다는 사정만으로 그 임금의 통상임금성이 부정되지 않는다. 설령 근로자의 실제 근무일수가 소정근로일수에 미치지 못하여 근로자가 근무일수 조건부 임금을 지급받지 못하더라도, 그 임금이 소정근로 대가성, 정기성, 일률성을 갖추고 있는 한 이를 통상임금에 산입하여 연장근로 등에 대한 법정수당을 산정하여야 한다. 통상임금은 실제 근무일수나 실제 수령한 임금에 관계없이 소정근로의 가치를 반영하여 정한 기준임금이기 때문이다. 반면 소정근로일수를 초과하는 근무일수 조건부 임금은 소정근로를 제공하였다고 하여 지급되는 것이 아니고 소정근로를 넘는 추가 근로의 대가이므로 통상임금이 아니다. 근무일수 조건부 임금을 지급하는 사업장 중에서는 휴가를 사용한 날을 근무일수에 포함시켜 조건 충족 여부를 판단하는 곳이 있고, 실제 근무한 날만을 근무일수에 산입하는 이른바 '실근무일수 조건부 임금'을 둔 곳도 있다. 후자의 경우 예를 들면 소정근로일수 전부를 실제 근무할 것으로 조건으로 지급하는 임금은 휴가를 사용하지 않은 채 소정근로일수를 개근할 것을 요구한다는 점에서 소정근로를 초과하는 추가적인 조건이 부가되어 있다고 볼 여지가 전혀 없지는 않다. 그러나 근로자마다 계속근로기간이 달라 근로기준법이 부여하는 연차유급휴가일수가 다르고, 사업장마다 정해진 약정휴가가 다르다. 같은 근로자도 연도별 발생하는 연차유급휴가일수가 다르고, 월별로 실제 사용하는 휴가일수도 다르다. 이와 같이 휴가의 발생과 사용이 사업장이나 근로자별로 개별적, 유동적인 상황에서 근로자가 며칠의 휴가를 사용하고 나머지 소정근로일을 개근하는 것이 '소정근로의 온전한 제공'에 해당하는지를 명확히 제시하기 어렵다. 이를 해당 근로자나 사업장의 다른 근로자들의 근무실태 현황을 참고하는 등의 방법으로 산출해 낼 수 있다고 하더라도 그 순간 통상임금 판단이 '실근로'와 연계됨으로써 통상임금의 사전적 산정 가능성을 현저히 떨어뜨린다. 따라서 통상임금이 법정수당 산정을 위한 기준임금이자 소정근로의 가치를 반영한 가상의 도구개념이라는 점에서, 실 근무일수 조건부 임금도 휴가의 발생이나 실제 사용 여부를 고려하지 않고 조건으로 부여된 근무일수가 소정근로일수를 초과하는지에 따라 통상임금성을 일괄적으로 판단함이 타당하다. 한편 소정근로일수는 근로기준법이 정한 범위 내에서 근로자와 사용자가 근로의무 있는 날로 정한 일수를 말하므로 당사자가 자유롭게 정할 수 있는 사항이기는 하다. 그러나 소정근로일수의 정함이 기본적으로 '자율'의 영역에 속하더라도 그것이 탈법행위에 해당하는 경우에는 '후견'이 작동할 수 있다. 오로지 어떤 근무일수 조건부 임금을 통상임금에서 제외할 의도로 근무실태와 동떨어진 소정근로일수를 정하는 경우와 같이 통상임금의 강행성을 잠탈하고자 하는 경우에는 그러한 합의의 효력이 부정될 수 있다(대판 2024.12.19. 2020다247190[전합]).

(3) 성과급

1) 근무실적에 따라 지급되는 성과급

근로자의 근무실적에 따라 지급되는 성과급은 단순히 소정근로를 제공하였다고 지급되는 것이 아니라 일정한 업무성과를 달성하거나 그에 대한 평가결과가 어떠한 기준에 이르러야 지급되므로, 일반적으로 '소정근로 대가성'을 갖추었다고 보기 어렵다. 따라서 고정성을 통상임금의 개념적 징표에서 제외하더라도 위와 같은 순수한 의미의 성과급은 여전히 통상임금에 해당한다고 볼 수 없다. 다만 근무실적과 무관하게 최소한도의 일정액을 지급하기로 정한 경우 그 금액은 소정근로에 대한 대가에 해당한다(대판 2024.12.19. 2020다247190[전합]). 근로자의 전년도 근무실적에 따라 지급되는 성과급(최소지급분)이 당해 연도에 지급된다고 하더라도 지급 시기만 당해 연도로 정한 것이라면, 그 성과급은 전년도의 임금에 해당한다. 통상임금은 연장·야간·휴일 근로를 제공하기 전에 산정될 수 있어야 하므로, 전년도의 임금에 해당하는 성과급에 관하여 최소지급분이 있는지는 지급 시기인 당해 연도가 아니라 지급 대상기간인 전년도를 기준으로 판단하여야 하고, 최소지급분이 있다면 이는 전년도의 소정근로에 대한 대가로서 전년도의 통상임금에 해당한다(대판 2025.8.14. 2023다216777).

2) 출근율 조건이 부가된 상여금

최근 판례는 서울특별시 강남구 소속 환경미화원들인 원고들이 각종 상여금에 출근율 조건을 부가한 것은 통상임금성을 부정하기 위한 것으로서 무효이므로 출근율 조건 등이 부가된 상여금(이하 '이 사건 상여금')이 통상임금이라고 주장하면서, 피고를 상대로 이를 통상임금에 포함하여 계산한 뒤 그 차액을 청구한 사안에서, 기본급 등에 연동하여 정해진 일정한 금액을 일정 주기로 분할하여 지급하는 이 사건 상여금은 출근율 조건이나 재직조건이 부가되어 있더라도 소정근로의 대가로서 정기적, 일률적으로 지급하는 통상임금에 해당하여, 출근율 조건의 부가 여부와 관계없이 여전히 통상임금에 해당하므로, 출근율 조건을 부가한 합의가 실질적으로 이 사건 상여금을 통상임금에서 제외하는 합의와 같다고 단정할 수 없어 위 합의가 무효라고 보기는 어렵다고 판단한 뒤, 고정성을 통상임금의 개념적 징표로 전제하여 출근율 조건이 무효라 한 원심의 판단은 적절하지 않으나, 이 사건 상여금을 통상임금으로 인정한 원심의 결론은 정당하다고 보아 상고를 기각한바 있다(대판 2025.2.20. 2021다216957).

V. 통상임금의 산정

통상임금은 시간급으로 산정함이 원칙이다. 통산임금을 기초로 산정하는 수당이 주로 시간단위로 계산되기 때문이다.

VI 통상임금배제합의의 효력

1. 문제점

법률상 통상임금에 산입되어야 할 각종 수당을 통상임금의 범위에서 배제하는 것은, 최저기준을 정한 근로기준법 위반임이 명백함에도, 노사 간 합의를 이유로 통상임금에서 배제하는 사안을 인정할 수 있는지 여부가 문제된다.

2. 통상임금배제합의의 효력 기출 20·25

통상임금은 근로조건의 기준을 마련하기 위하여 법이 정한 도구개념이므로, 사용자와 근로자가 통상임금의 의미나 범위 등에 관하여 단체협약 등에 의해 따로 합의할 수 있는 성질의 것이 아니다. 따라서 성질상 근로기준법상의 통상임금에 속하는 임금을 통상임금에서 제외하기로 노사 간에 합의하였다 하더라도 그 합의는 효력이 없다. 예를 들어 연장·야간·휴일 근로에 대하여 통상임금의 50% 이상을 가산하여 지급하도록 한 근로기준법의 규정은 각 해당 근로에 대한 임금산정의 최저기준을 정한 것이므로, 통상임금의 성질을 가지는 임금을 일부 제외한 채 연장·야간·휴일 근로에 대한 가산임금을 산정하도록 노사 간에 합의한 경우, 그 노사합의에 따라 계산한 금액이 근로기준법에서 정한 위 기준에 미달할 때에는 그 미달하는 범위 내에서 노사합의는 무효이고, 무효로 된 부분은 근로기준법이 정하는 기준에 따라야 한다(대판 2013.12.18. 2012다89399[전합]).

3. 차액임금의 청구

(1) 차액임금의 청구 가부

1) 통상임금배제합의가 무효인 경우

통상임금에 속하는 임금을 통상임금에서 제외하기로 한 노사 간의 합의가 효력이 없다면, 근로자는 차액임금을 청구할 수 있는 것이 원칙이다.

2) 차액임금의 청구가 신의칙에 반하는 경우

판례는 노사합의의 내용이 근로기준법의 강행규정을 위반한다고 하여 노사합의의 무효주장에 대하여 예외 없이 신의칙의 적용이 배제되는 것은 아니고, 신의칙을 적용하기 위한 일반적인 요건을 갖춤은 물론 근로기준법의 강행규정성에도 불구하고 신의칙을 우선적용하는 것을 수긍할 만한 특별한 사정이 있는 예외적인 경우에 한하여 노사합의의 무효를 주장하는 것은 신의칙에 위배되어 허용될 수 없다고 하면서, 임금협상과정을 거쳐 이루어진 노사합의에서 정기상여금은 그 자체로 통상임금에 해당하지 아니한다고 오인한 나머지 정기상여금을 통상임금산정기준에서 제외하기로 합의하고 이를 전제로 임금수준을 정한 경우, 근로자 측이 앞서 본 임금협상의 방법과 경위, 실질적인 목표와 결과 등은 도외시한 채 임금협상 당시 전혀 생각하지 못한 사유를 들어 정기상여금을 통상임금에 가산하고 이를 토대로 추가적인 법정수당의 지급을 구함으로써, 노사가 합의한 임금수준을 훨씬 초과하는 예상외의 이익을 추구하고 그로 말미암아 사용자에게 예측하지 못한 새로운 재정적 부담을 지워 중대한 경영상의 어려움을 초래하거나 기업의 존립을 위태롭게 한다면, 이는 종국적으로 근로자 측에게까지 그 피해가 미치게 되어 노사 어느 쪽에도 도움이 되지 않는 결과를 가져오므로 정의와 형평관념에 비추어 신의에 현저히 반하고 도저히 용인될 수 없음이 분명하므로, 이와 같은 경우 근로자 측의 추가법정수당청구는 신의칙에 위배되어 받아들일 수 없다고(대판 2013.12.18. 2012다89399[전합]) 판시하여, 상여금에 한하여 신의칙에 따른 예외를 인정하고 있다.

(2) 신의칙 위반 여부의 판단

1) 판단 기준

① 노사합의에서 정기상여금은 그 자체로 통상임금에 해당하지 아니한다는 전제로, 정기상여금을 통상임금 산정기준에서 제외하기로 합의하고 이를 전제로 임금수준을 정한 경우, 근로자 측이 정기상여금을 통상임금에 가산하고 이를 토대로 추가적인 법정수당 등의 지급을 구함으로써, 사용자에게 새로운 재정적 부담을 지워 중대한 경영상의 어려움을 초래하거나 기업의 존립을 위태롭게 하는 것은 정의와 형평관념에 비추어 신의에 현저히 반할 수 있다. 다만, 근로관계를 규율하는 강행규정보다 신의칙을 우선하여 적용할 것인지를 판단할 때에는 근로조건의 최저기준을 정하여 근로자의 기본적 생활을 보장·향상시키고자 하는 근로기준법 등의 입법취지를 충분히 고려할 필요가 있다. 또한 기업을 경영하는 주체는 사용자이고, 기업의 경영상황은 기업 내·외부의 여러 경제적·사회적 사정에 따라 수시로 변할 수 있으므로, 통상임금 재산정에 따른 근로자의 추가법정수당청구를 중대한 경영상의 어려움을 초래하거나 기업존립을 위태롭게 한다는 이유로 배척한다면, 기업경영에 따른 위험을 사실상 근로자에게 전가하는 결과가 초래될 수 있다. 따라서 근로자의 추가법정수당청구가 사용자에게 중대한 경영상의 어려움을 초래하거나 기업의 존립을 위태롭게 하여 신의칙에 위반되는지는 신중하고 엄격하게 판단하여야 한다(대판 2019.2.14. 2015다217287).

② 대부분의 기업에서 정기상여금과 마찬가지로 특정 수당이 그 자체로 통상임금에 해당하지 않는다는 전제 아래에서, 임금협상 시 노사가 특정 수당을 통상임금에서 제외하기로 합의하는 실무가 장기간 계속되어 왔고, 이러한 노사합의가 일반화되어 이미 관행으로 정착된 경우가 아니라면, 단순히 개별 기업의 노사가 정기상여금이 아닌 특정 수당을 통상임금 산정 기준에서 제외하기로 합의한 후 이를 전제로 임금 수준을 정하였다는 등의 사정만으로는 근로자 측이 특정 수당을 통상임금에 가산하여 추가 법정수당 및 퇴직금의 지급을 구하는 것이 정의 관념에 비추어 용인될 수 없는 정도의 상태에 이르렀다거나 근로기준법의 강행규정성에도 불구하고 신의칙을 우선하여 적용하는 것을 수긍할 만한 특별한 사정이 있는 예외적인 경우라고 할 수 없다. 결국 근로자 측의 이러한 권리행사가 신의칙에 위배된다고 할 수 없다(대판 2019.6.13. 2015다69846).

③ [1] 특정 시점이 되기 전에 퇴직한 근로자에게 특정 임금 항목을 지급하지 않는 관행이 있더라도, 단체협약이나 취업규칙 등이 그러한 관행과 다른 내용을 명시적으로 정하고 있으면 그러한 관행을 이유로 해당 임금 항목의 통상임금성을 배척함에는 특히 신중해야 한다.

[2] 단체협약 등 노사합의의 내용이 근로기준법의 강행규정을 위반하여 무효인 경우에, 그 무효를 주장하는 것이 신의성실의 원칙(이하 "신의칙")에 위배되는 권리의 행사라는 이유로 이를 배척한다면, 강행규정으로 정한 입법 취지를 몰각시키는 결과가 되므로, 그러한 주장은 신의칙에 위배된다고 볼 수 없음이 원칙이다. 그러나 노사합의의 내용이 근로기준법의 강행규정을 위반한다는 이유로 노사합의의 무효 주장에 대하여 예외 없이 신의칙의 적용이 배제되는 것은 아니다. 신의칙을 적용하기 위한 일반적인 요건을 갖춤은 물론 근로기준법의 강행규정성에도 불구하고 신의칙을 우선하여 적용할 만한 특별한 사정이 있는 예외적인 경우에 한하여 그 노사합의의 무효를 주장하는 것이 신의칙에 위배되어 허용될 수 없다. 노사합의에서 정기상여금은 그 자체로 통상임금에 해당하지 않는다는 전제에서 정기상여금을 통상임금 산정 기준에서 제외하기로 합의하고 이를 기초로 임금수준을 정한 경우, 근로자 측이 정기상여금을 통상임금에 가산하고 이를 토대로 추가적인 법정수당의 지급을 구함으로써 사용자에게 예측하지 못한 새로운 재정적 부담을 지워 중대한 경영상의 어려움을 초래하거나 기업의 존립을 위태롭게 하는 것은 정의와 형평관념에 비추어 신의에 현저히 반할 수 있다. 근로자의 추가 법정수당 청구가 사용자에게 중대한 경영상의 어려움을 초래하거나 기업의 존립을 위태롭게 하여 신의칙에 위배되는지는 신중하고 엄격하게 판단해야

한다. 통상임금 재산정에 따른 근로자의 추가 법정수당 청구가 기업에 중대한 경영상의 어려움을 초래하거나 기업 존립을 위태롭게 하는지는 추가 법정수당의 규모, 추가 법정수당 지급으로 인한 실질임금 인상률, 통상임금 상승률, 기업의 당기순이익과 그 변동 추이, 동원 가능한 자금의 규모, 인건비 총액, 매출액, 기업의 계속성·수익성, 기업이 속한 산업계의 전체적인 동향 등 기업운영을 둘러싼 여러 사정을 종합적으로 고려해서 판단해야 한다. 기업이 일시적으로 경영상의 어려움에 처하더라도 사용자가 합리적이고 객관적으로 경영 예측을 하였다면 그러한 경영상태의 악화를 충분히 예견할 수 있었고 향후 경영상의 어려움을 극복할 가능성이 있는 경우에는 신의칙을 들어 근로자의 추가 법정수당 청구를 쉽게 배척해서는 안 된다(대판 2021.12.16. 2016다7975).

④ 노사가 협의하여 정기상여금은 통상임금에 해당하지 않는다는 것을 전제로 정기상여금을 통상임금 산정기준에서 제외하기로 합의하고 이에 기초하여 임금수준을 정한 경우, 근로자가 정기상여금을 통상임금에 가산하고 이를 토대로 추가적인 법정수당의 지급을 청구함으로써 사용자에게 과도한 재정적 부담을 지워 중대한 경영상 어려움을 초래하거나 기업의 존립을 위태롭게 하는 것은 신의칙에 반할 수 있으나 통상임금에서 제외하기로 하는 노사합의가 없는 임금에 대해서는 근로자가 이를 통상임금에 가산하고 이를 토대로 추가적인 법정수당의 지급을 청구하더라도 신의칙에 반한다고 볼 수 없다(대판 2021.6.10. 2017다49297).

2) 판단 대상

[1] 원심은, 피고가 원고들을 비롯한 생산직 근로자들에게 정기상여금을 통상임금에 산입한 결과 추가로 발생하는 법정수당 및 퇴직금(이하 "추가 법정수당 등")을 지급하게 됨으로써 피고에게 중대한 경영상의 어려움이 초래되거나 그 존립이 위태롭게 되는지 여부를 판단하면서, 당해 사업부가 각각 별도의 조직을 갖추고 어느 정도 독립적인 형태로 사업을 영위하고 있는 것으로 보인다는 등의 이유를 들어 피고 회사 자체가 아닌 당해 사업부의 재정 상황 등을 기준으로 삼아 이를 판단하였다.

[2] 그러나 원심의 위와 같은 판단은 수긍하기 어렵다. 앞서 본 바와 같이, 근로자의 추가 법정수당 등의 청구는 그것이 사용자에게 예기치 못한 새로운 재정적 부담을 지워 중대한 경영상의 어려움을 초래하거나 기업의 존립을 위태롭게 하는 경우에 한하여 신의칙 위반을 이유로 배척될 수 있는데, 당해 사업부가 피고 내부의 다른 사업부와 조직 및 운영상 어느 정도 독립되어 있는 것에서 더 나아가 재무·회계 측면에서도 명백하게 독립되어 있는 등으로 당해 사업부를 피고와 구별되는 별도의 법인으로 취급하여야 할 객관적인 사정을 인정하기 어렵기 때문이다(대판 2020.8.27. 2016다16054).

3) 증명 책임

신의칙 위반은 강행규정에 위반하는 것으로 당사자의 주장이 없더라도 법원은 직권으로 판단할 수 있다는 점에서 직권조사사항이라고 보아야 한다. 직권조사사항의 조사방식인 직권조사(통설, 판례)에 의할 때 당사자에게 사실의 주장·증명책임이 인정된다. 판례도 같은 취지에서 추가 퇴직금 등의 지급으로 인해 피고인 사용자에게 중대한 경영상의 어려움이 초래되는지를 판단하기 위해서 원고들인 근로자들이 사실심 변론종결일을 기준으로 피고의 현금성자산이 얼마나 되는지, 피고 회사의 현금 흐름이 어떠한지 등을 주장·증명하여야 한다고(대판 2019.4.23. 2014다27807) 판시하고 있다.

Ⅶ 관련 판례

1. 통상임금의 산정방법

(1) 시간급 통상임금의 산정

근로자에게 지급된 월급에 통상임금으로 볼 수 없는 근로기준법 제55조가 정한 유급휴일에 대한 임금이 포함되어 있어 월급 금액으로 정하여진 통상임금을 확정하기 곤란한 경우에는, 근로자가 이러한 유급휴일에 근무한 것으로 의제하여 이를 소정근로시간과 합하여 총근로시간을 산정한 후, 유급휴일에 대한 임금의 성격을 가지는 부분이 포함된 월급을 그 총근로시간 수로 나누는 방식에 의하여 그 시간급 통상임금을 산정하여도 무방하다. 이러한 법리는 근로자에게 지급된 월급에 근로계약이나 취업규칙 등에 따른 유급휴일에 대한 임금이 포함되어 있는 경우에도 마찬가지로 적용된다. 따라서 이러한 산정 방법에 따라 유급휴일에 근무한 것으로 의제하여 총근로시간에 포함되는 시간은 근로기준법 등 법령에 의하여 유급으로 처리되는 시간에 한정되지 않고, 근로계약이나 취업규칙 등에 의하여 유급으로 처리하기로 정해진 시간도 포함된다(대판 2019.10.18. 2019다230899).

(2) 기준근로시간 수의 산정

[1] 통상임금 여부는 근로기준법에 따르면서 시간급 통상임금의 산정 기준이 되는 기준시간 수에 관하여는 취업규칙, 단체협약에서 정한 바에 따르는 것은, 하나의 근로조건에 포함된 여러 가지 요소들을 개별적으로 비교하는 것일 뿐만 아니라 근로자에게 가장 유리한 내용을 각 요소별로 취사선택하는 것이어서 허용되지 않는다.

[2] 근로자에 대한 임금을 월급으로 지급할 경우 월급통상임금에는 근로기준법 제55조 제1항의 유급휴일에 대한 임금도 포함된다. 따라서 월급제 근로자는 근로계약·단체협약 등에서 달리 정하지 않는 한 통상임금이 증액됨을 들어 주휴수당의 차액을 청구할 수 없다(대판 2024.2.8. 2018다206899).

(3) 약정근로시간 수의 산정

[1] 근로기준법이 정한 기준근로시간을 초과하는 약정근로시간에 대한 임금으로서 월급 형태로 지급되는 고정수당을 시간급 통상임금으로 환산하는 경우, 시간급 통상임금 산정의 기준이 되는 총근로시간 수에 포함되는 약정근로시간 수를 산정할 때는 특별한 정함이 없는 한 근로자가 실제로 근로를 제공하기로 약정한 시간 수 자체를 합산하여야 하는 것이지, 가산수당 산정을 위한 '가산율'을 고려한 연장근로시간 수와 야간근로시간 수를 합산할 것은 아니다. 이와 달리 기준근로시간을 초과하는 약정근로시간에 대한 임금으로 지급된 월급 또는 일급 형태 고정수당의 시간급 환산 시 연장근로시간 수와 야간근로시간 수에 '가산율'을 고려하여 총근로시간 수를 산정하여야 한다는 취지로 판단한 종전 판결의 해당 부분 판단은 부당하므로 더 이상 유지하기 어렵다.

[2] 위와 같은 법리는 기준근로시간을 초과하는 약정근로시간에 대한 임금으로서 일급의 형태로 지급되는 고정수당에 대한 시간급 통상임금을 산정하는 경우에도 동일하게 적용된다.

[3] 단체협약이나 취업규칙 등으로 주휴수당에 가산율을 정한 경우, 이는 주휴수당을 지급할 때에 기본 주휴수당에 일정한 비율을 가산하여 지급하기로 하는 취지에 불과하므로 위와 같은 법리는 이 경우에도 동일하게 적용된다. 따라서 총근로시간 수에 포함되어야 하는 주휴일에 근무한 것으로 의제되는 시간 수를 산정할 때 주휴수당에 정한 가산율을 고려할 것은 아니다(대판 2020.1.22. 2015다73067[전합]).

2. 고정성의 법리 폐기

(1) 재직조건부 상여금의 통상임금성 인정 여부

1) 사실관계

한화생명보험주식회사(이하 '피고')는 급여규정 및 보수협약 등에 따라 매 짝수 달에 정기상여금, 설날 추석 상여금, 하계상여금을 지급하였는데(이하 '이 사건 상여금'), 위 각 규정에는 "상여금은 지급일 현재 재직 중인 자에 한하여 지급하고, 지급일 이전에 퇴직한 직원에게는 지급하지 않는다."는 조항이 있었다(이하 '재직 조건'). 피고 소속으로 재직 중이거나 퇴직한 근로자들인 甲등(이하 '원고들')은 지급일 현재 재직자에게만 지급하는 재직조건이 부가된 정기상여금, 성과급 최소지급분이 통상임금에 포함된다고 주장하면서, 피고를 상대로 법원에 법정 통상임금을 기초로 재산정한 시간외 근무수당 차액지급청구소송을 제기하였다.

2) 판결이유

[1] 통상임금 개념의 재정립 방향

통상임금 개념은 무엇보다 아래와 같이 기준임금으로서 요청되는 통상임금의 본질과 기능에 부합하는 방향으로 새로이 정립되어야 한다. 첫째, 통상임금은 법적 개념이므로 원칙적으로 법령상 정의에 충실하게 해석해야 한다(법령 부합성). 둘째, 통상임금은 강행적 개념이므로 당사자가 법령상 통상임금의 범위를 임의로 변경할 수 없어야 한다(강행성). 셋째, 통상임금은 소정근로의 가치를 온전하게 담아낼 수 있는 개념이라야 한다(소정근로 가치 반영성). 넷째, 통상임금은 사전에 명확하게 산정될 수 있어야 한다(사전적 산정 가능성). 다섯째, 통상임금 개념은 연장·야간·휴일근로(이하 '연장근로 등')의 억제라는 근로기준법의 정책 목표에 부합하여야 한다(정책 부합성). 위와 같은 요청을 종합적으로 고려할 때 종전 판례가 제시한 고정성 개념은 통상임금의 개념적 징표에서 제외하는 것이 옳다.

[2] 고정성을 통상임금의 개념적 징표로 볼 수 없는 이유

① 고정성 개념은 법령상 근거가 없음

2013년 전원합의체 판결이 말하는 '임금의 지급 여부나 지급액이 사전에 확정'될 것을 의미하는 고정성 개념은 법령의 어디에도 근거가 없다. 근로기준법 시행령 제6조 제1항은 통상임금을 "근로자에게 정기적이고 일률적으로 소정근로 또는 총 근로에 대하여 지급하기로 정한 시간급 금액, 일급 금액, 주급 금액, 월급 금액 또는 도급 금액"이라고 정의한다. 여기서 '지급하기로 정한'이라는 문언은 지급이 미리 정해진 상태, 즉 '소정성(所定性)'을 의미한다. 그러한 소정성은 모든 임금에 공통된 징표이지 통상임금에 특유한 개념적 징표라고 볼 수 없다. 이를 2013년 전원합의체 판결이 말하는 '고정성'으로 변형하여 해석하고 통상임금의 개념적 징표로 삼는 것은 문언상 근거가 부족하다. 그러한 해석이 입법자의 의사나 근로기준법의 목적에 부합하는 것도 아니다. 통상임금은 소정근로의 가치를 임금으로 전환한 개념으로, 법령상 정의된 통상임금의 본질적인 판단 기준은 '소정근로 대가성'이다. '정기성'과 '일률성'은 이러한 '소정근로 대가성' 있는 임금의 전형적 속성으로서, 임금의 지급 시기와 지급 대상이 미리 일정하게 정해지도록 요구함으로써 통상임금의 범위를 사전에 합리적으로 결정하도록 하는 역할을 담당한다. 그런데 여기에 법령상 근거 없이 '지급 여부나 지급액의 예외 없는 사전 확정'이라는 의미를 가지는 '고정성'이라는 징표를 더하는 것은 소정근로를 중심으로 도출되어야 하는 정당한 통상임금의 범위를 축소시키게 되어 부당하다.

② 통상임금 개념의 강행성에 반함

고정성 개념은 통상임금의 강행적 성격과 맞지 않는다. 통상임금은 법정수당 산정의 도구로서 연장근로 등에 대하여 법이 정한 합당한 보상을 하도록 한 강행법규와 관련되어 있다. 따라서 통상임금은 당사자가 그 의미나 범위를 임의로 변경할 수 없는 강행적 개념이다. 사용자와 근로자는 임금 구조와 체계, 개별 임금 항목의 유형과 내용, 임금 총액 등을 자유롭게 정할 수 있고, 임금에 관한 조건도 자유롭게 부가할 수 있다. 그 조건은 강행규정에 위반되거나 탈법행위에 해당하는 등 별도의 무효 사유가 존재하지 않는 한 효력을 가진다. 그러나 조건의 효력 문제와 그 조건이 부가된 임금 항목의 통상임금성 문제는 구별하여야 한다. 전자는 '자율'의 영역에 속하고, 후자는 '후견'의 영역에 속한다. 가령 어떤 임금 항목에 재직조건이 부가되어 있어 그에 따를 때 기준시점에 재직하지 않는 근로자에게는 해당 임금이 지급되지 않더라도, 그 임금 항목이 다른 법정수당의 산정 기초를 이루는 통상임금인지는 이와 별도로 판단할 문제이다. 이러한 측면에서 볼 때 2013년 전원합의체 판결은 자율의 영역에 속하는 '조건'을 후견의 영역에 속하는 '통상임금'과 부당하게 결부시킨 근본적인 문제점이 있다. 2013년 전원합의체 판결은 근로관계 당사자가 어떤 임금 항목에 조건을 부가하여 그 지급여부와 지급액이 사전에 확정될 수 없는 경우 고정성이 결여되어 통상임금이 아니라는 법리를 제시하였다. 이로써 당사자가 강행적 성격을 가지는 통상임금의 범위를 쉽게 좌우할 수 있게 허용하는 결과가 발생하였다. 사용자가 우월적 지위에서 임금에 조건을 부가함으로써 통상임금의 범위를 부당하게 축소할 위험도 초래하였다. 물론 조건의 유형과 내용에 따라서는 조건이 부가된 그 임금 항목의 통상임금성이 부정될 수도 있다. 하지만 이는 해당 임금의 지급 여부와 지급액이 그 임금 항목에 부가된 조건에 좌우되기 때문이 아니라, 해당 임금의 객관적 성질에 따라 통상임금성을 실질적으로 판단하는 과정에서 그 조건이 소정근로 대가성이나 정기성, 일률성을 부정하는 요소 중 하나로 고려되었기 때문이다. 예를 들어 운수회사에서 일정 기간 동안 교통사고가 발생하지 않을 것을 조건으로 지급하는 무사고수당은, 무사고라는 조건의 성취 여부가 불확실하기 때문이 아니라 소정근로 제공 외에 무사고라는 추가적인 자격요건 달성에 대한 보상으로서 지급되는 것이어서 소정근로 대가성이 결여되어 통상임금성이 부정된다.

③ 소정근로의 가치를 온전하게 반영하지 못함

통상임금은 소정근로의 가치를 평가한 개념이므로, 실근로와 무관하게 소정근로 그 자체의 가치를 온전하게 반영하는 것이라야 한다. 이 점에서 통상임금은 법정 기간 동안 근로자에게 실제 지급된 임금의 총액을 기초로 하여 사후적으로 산정되는 평균임금과 구별된다. 통상임금은 가상의 도구개념이고 그 개념이 전제하는 근로자는 '소정근로를 온전하게 제공하는 근로자'이다. '소정근로의 온전한 제공'이라는 요건이 충족되면 이를 이유로 지급되는 가상의 임금이 통상임금이다. 바꾸어 말하면 소정근로가 온전하게 제공되었다는 이유만으로 지급되는 것이 아닌 임금 항목(예컨대 순수한 의미의 성과급)은 통상임금이 아니다. 이처럼 통상임금을 실근로 또는 실제 임금과 분리하는 것은 법문에 부합할 뿐만 아니라 소정근로의 가치를 온전하게 반영하는 방식이다. 그렇게 해석함으로써 실제 임금의 변동 가능성이 통상임금에 투영되는 것을 막아 기준임금으로서의 통상임금의 본질을 지켜낼 수 있다. 대법원도 통상임금은 실제 근무일수나 실제 수령한 임금에 구애되지 않고 산정하여야 한다고 판시하여 왔다. 그런데 2013년 전원합의체 판결이 고정성을 갖춘 임금을 '근로자가 임의의 날에 소정근로를 제공하면 업적, 성과 기타 추가적인 조건의 충족 여부와 관계없이 당연히 지급될 것이 예정된 임금'이라고 정의하여 조건 충족 여부에 임금 지급 여부가 연계되면 고정성이 결여된다고 본 것은 위 법리에 부합하지 않는다. 만약 그 조건이 '실제 근무일수'처럼 소정근로가 아닌 실근로와 관련된 것이라면, 이러한 조건을 통로 삼아 실근로에 관한 요소가 통상임금 개념에 영향을 미치게 되기 때문이다.

④ 통상임금의 사전적 산정 가능성을 약화시킴

통상임금은 연장근로 등을 제공하기 전에 산정될 수 있어야 한다. 그래야 사용자와 근로자는 연장근로 등에 대한 비용 또는 보상의 정도를 예측하여 연장근로 등의 제공여부에 관한 의사결정을 할 수 있고, 연장근로 등이 실제 제공된 때에 가산임금을 곧바로 산정할 수 있다. 조건을 통하여 사후적 변동가능성이 있는 '실근로'를 '통상임금'과 연계하게 되면 통상임금의 사전적 산정 가능성이 약화된다. 통상임금의 사전적 산정 가능성은 실근로가 아니라 미리 정해진 소정근로와 연계될 때 제대로 확보될 수 있다. 그런데 2013년 전원합의체 판결은 사전적으로 정해져야 할 통상임금 여부를 임금의 지급 여부나 지급액의 확정 여부에 따라 결정하려고 하였다는 문제가 있다. 임금이 지급될지, 그 지급액이 얼마가 될지는 장래에 속한 일이므로 이를 사전에 완벽하게 확정하는 것은 불가능하다. 이 사건에서 문제되는 '근로자의 재직 여부'나 근무일수 조건부 임금에서 '근무일수의 충족 여부'도 마찬가지이다. 통상임금에서 고려할 것은 소정근로를 온전하게 제공한 경우에 지급되는 임금이 얼마로 정해졌는가이다. '실제로 조건을 충족하여 그 임금을 지급받을 가능성'은 통상임금에서 고려할 필요가 없다. 가령 1개월의 소정근로일수가 22일인데 그중 20일 이상을 근무하면 지급하도록 정해진 임금의 경우 실제 20일 이상 근무할 가능성은 통상임금에서 고려할 필요가 없다. 조건으로 부여된 근무일수가 소정근로일수 이내라면 근로자가 소정근로일수를 모두 근무한다는 전제에서 통상임금을 산정하면 충분하다.

⑤ 연장근로 등 억제라는 정책 목표에 부합하지 않음

통상임금 개념은 연장근로 등의 억제라는 근로기준법의 정책 목표에 부합하여야 한다. 근로기준법에 따르면 사용자는 근로계약을 체결할 때 '소정근로시간'을 명시하여야 하고(법 제17조 제1항 제2호), 1주간의 근로시간은 휴게시간을 제외하고 40시간을 초과할 수 없다(법 제50조 제1항). 연장근로 등은 근로자에게 더 큰 피로와 긴장을 주고 근로자가 누릴 수 있는 생활상의 자유시간을 제한하므로, 근로기준법은 연장근로를 제한하는 규정을 두면서(법 제53조) 연장근로 등에 대해 통상임금의 50% 이상을 가산한 임금을 지급하도록 하는 한편(법 제56조), 연장근로 등 관련 규정 위반에 관한 처벌 조항도 두고 있다(법 제109조, 제110조). 이는 근로자의 인간다운 생활을 보장하기 위하여 연장근로 등을 억제하고 연장근로 등의 가치에 상응하는 금전적 보상을 해 주려는 데에 그 취지가 있다. 그런데 고정성 개념은 통상임금의 범위를 법령상 근거 없이 축소시켜 통상임금이 소정근로의 가치를 합당하게 평가한 단위 임금 기능을 수행하지 못하게 한다. 이로써 연장근로 등을 억제하고 그에 상응하는 보상을 하고자 하는 근로기준법의 정책 목표에 부합하지 않는 결과가 발생한다.

[3] 통상임금 개념의 재정립 및 판단 기준

① 통상임금 개념 및 판단 기준

근로기준법 시행령 제6조 제1항은 통상임금을 "근로자에게 정기적이고 일률적으로 소정근로 또는 총근로에 대하여 지급하기로 정한 시간급 금액, 일급 금액, 주급 금액, 월급 금액 또는 도급 금액"이라고 규정한다. 법령의 정의와 취지에 충실하게 통상임금 개념을 해석하면, 통상임금은 소정근로의 대가로서 정기적, 일률적으로 지급하기로 정한 임금을 말한다. 통상임금은 근로기준법이 규정한 여러 임금을 산정하는 기준이 되므로, 그 본질은 근로자가 소정근로시간에 제공하기로 정한 근로의 가치를 평가한 기준임금이라는 데에 있다. 정기성과 일률성은 그 임금이 소정근로의 대가인 임금임을 뒷받침하는 개념적 징표이다. 근로자가 소정근로를 온전하게 제공하면 그 대가로서 정기적, 일률적으로 지급하도록 정해진 임금은 그에 부가된 조건의 존부나 성취 가능성과 관계없이 통상임금에 해당한다. 임금에 부가된 조건은 해당 임금의 객관적 성질을 실질적으로 판단하는 과정에서 소정근로 대가성이나 정기성, 일률성을 부정하는 요소 중 하나로 고려될 수는 있지만, 단지 조건의 성취 여부가 불확실하다는 사정만으로 통상임금성이 부정된다고 볼 수는 없다. 고정성이란 잣대 없이도, 근로자와 사용자가 소정근로시간에 제공하기로 정한 근로의 대가라는 '소정근로 대가성', 임금의 지급 시기와 지급 대상이 미리 일정하게 정해졌을 것을 요구하는 '정기성'과 '일률성'의 개념을 통하여 통상임금에 해당하는지 여부를 올바르게 판단할 수 있다. 이러한 통상임금을 이루는 개념에는 '임금 지급에 관한 일정한 사전적 규율'의 의미가 내포되어 있으므로, 소정근로의 제공과 관계없이 일시적이거나 변동적으로 지급되는 금품은 여전히 통상임금에서 제외된다. 고정성을 통상임금의 개념적 징표에서 제외하더라도 성질상 통상임금을 기초로 산정되는 주휴수당 등과 같은 법정수당은 개념적으로 통상임금이 될 수 없으므로, 통상임금에 속하지 않는다. 기출 25

② 특정 시점에 재직 중인 근로자에게만 지급하는 임금(이하 '재직조건부 임금')

통상임금은 실근로와 구별되는 소정근로의 가치를 반영하는 도구개념이므로, 계속적인 소정근로의 제공이 전제된 근로관계를 기초로 산정하여야 한다. 근로자가 재직하는 것은 근로계약에 따라 소정근로를 제공하기 위한 당연한 전제이다. '퇴직'은 정년의 도래, 사망, 해고 등과 함께 근로관계를 종료시켜 실근로의 제공을 방해하는 장애사유일 뿐, 근로자와 사용자가 소정근로시간에 제공하기로 정한 근로의 대가와는 개념상 아무런 관련이 없다. 따라서 어떠한 임금을 지급받기 위하여 특정 시점에 재직 중이어야 한다는 조건이 부가되어 있다는 사정만으로 그 임금의 소정근로 대가성이나 통상임금성이 부정되지 않는다.

③ 일정 근무일수를 충족하여야만 지급하는 임금(이하 '근무일수 조건부 임금')

소정근로를 온전하게 제공하는 근로자라면 충족할 근무일수 조건, 즉 소정근로일수 이내로 정해진 근무일수 조건의 경우, 그러한 조건이 부가되어 있다는 사정만으로 그 임금의 통상임금성이 부정되지 않는다. 설령 근로자의 실제 근무일수가 소정근로일수에 미치지 못하여 근로자가 근무일수 조건부 임금을 지급받지 못하더라도, 그 임금이 소정근로 대가성, 정기성, 일률성을 갖추고 있는 한 이를 통상임금에 산입하여 연장근로 등에 대한 법정수당을 산정하여야 한다. 통상임금은 실제 근무일수나 실제 수령한 임금에 관계없이 소정근로의 가치를 반영하여 정한 기준임금이기 때문이다. 반면 소정근로일수를 초과하는 근무일수 조건부 임금은 소정근로를 제공하였다고 하여 지급되는 것이 아니고 소정근로를 넘는 추가 근로의 대가이므로 통상임금이 아니다. 근무일수 조건부 임금을 지급하는 사업장 중에서는 휴가를 사용한 날을 근무일수에 포함시켜 조건 충족 여부를 판단하는 곳이 있고, 실제 근무한 날만을 근무일수에 산입하는 이른바 '실근무일수 조건부 임금'을 둔 곳도 있다. 후자의 경우 예를 들면 소정근로일수 전부를 실제 근무할 것을 조건으로 지급하는 임금은 휴가를 사용하지 않은 채 소정근로일수를 개근할 것을 요구한다는 점에서 소정근로를 초과하는 추가적인 조건이 부가되어 있다고 볼 여지가 전혀 없지는 않다. 그러나 근로자마다 계속근로기간이 달라 근로기준법이 부여하는 연차유급휴가일수가 다르고, 사업장마다 정해진 약정휴가가 다르다. 같은 근로자도 연도별 발생하는 연차유급휴가일수가 다르고, 월별로 실제 사용하는 휴가일수도 다르다. 이와 같이 휴가의 발생과 사용이 사업장이나 근로자별로 개별적, 유동적인 상황에서 근로자가 며칠의 휴가를 사용하고 나머지 소정근로일을 개근하는 것이 '소정근로의 온전한 제공'에 해당하는지를 명확히 제시하기 어렵다. 이를 해당 근로자나 사업장의 다른 근로자들의 근무실태 현황을 참고하는 등의 방법으로 산출해 낼 수 있다고 하더라도 그 순간 통상임금 판단이 '실근로'와 연계됨으로써 통상임금의 사전적 산정 가능성을 현저히 떨어뜨린다. 따라서 통상임금이 법정수당 산정을 위한 기준임금이자 소정근로의 가치를 반영한 가상의 도구개념이라는 점에서, 실 근무일수 조건부 임금도 휴가의 발생이나 실제 사용 여부를 고려하지 않고 조건으로 부여된 근무일수가 소정근로일수를 초과하는지에 따라 통상임금성을 일괄적으로 판단함이 타당하다. 한편 소정근로일수는 근로기준법이 정한 범위 내에서 근로자와 사용자가 근로의무 있는 날로 정한 일수를 말하므로 당사자가 자유롭게 정할 수 있는 사항이기는 하다. 그러나 소정근로일수의 정함이 기본적으로 '자율'의 영역에 속하더라도 그것이 탈법행위에 해당하는 경우에는 '후견'이 작동할 수 있다. 오로지 어떤 근무일수 조건부 임금을 통상임금에서 제외할 의도로 근무실태와 동떨어진 소정근로일수를 정하는 경우와 같이 통상임금의 강행성을 잠탈하고자 하는 경우에는 그러한 합의의 효력이 부정될 수 있다.

④ 성과급

근로자의 근무실적에 따라 지급되는 성과급은 단순히 소정근로를 제공하였다고 지급되는 것이 아니라 일정한 업무성과를 달성하거나 그에 대한 평가결과가 어떠한 기준에 이르러야 지급되므로, 일반적으로 '소정근로 대가성'을 갖추었다고 보기 어렵다. 따라서 고정성을 통상임금의 개념적 징표에서 제외하더라도 위와 같은 순수한 의미의 성과급은 여전히 통상임금에 해당한다고 볼 수 없다. 다만 근무실적과 무관하게 최소한도의 일정액을 지급하기로 정한 경우 그 금액은 소정근로에 대한 대가에 해당한다.

[4] 변경하여야 할 판결

대법원 2013.12.18. 2012다89399 전원합의체 판결 및 같은 날 선고 2012다94643 전원합의체 판결 중 고정성을 통상임금의 개념적 징표로 삼은 부분, 그에 따라 재직조건부 임금, 근무일수 조건부 임금, 성과급의 통상임금성을 고정성 인정 여부를 기준으로 판단한 부분, 재직조건부 임금이 조건의 부가로 인하여 소정근로 대가성을 갖추지 못하였다고 판단한 부분과 그와 같은 취지의 종전 판결들은 이 판결의 견해와 배치되는 범위 내에서 모두 변경하기로 한다.

[5] 새로운 법리의 효력 범위

위와 같은 판례변경은 임금체계의 근간이 되는 통상임금 개념을 재정립하는 것이어서 집단적 법률관계인 임금 지급에 관한 근로관계에 중대한 영향을 미친다. 새로운 법리를 전면적으로 소급 적용하면 종전 판례를 신뢰하여 형성된 수많은 법률관계의 효력에 바로 영향을 미침으로써 법적 안정성을 해치고 신뢰보호에 반하게 된다. 따라서 새로운 법리는 이 판결 선고일 이후의 통상임금 산정부터 적용하는 것이 타당하다. 다만 당해사건 및 이 판결 선고 시점에 이 판결이 변경하는 법리가 재판의 전제가 되어 통상임금 해당 여부가 다투어져 법원에 계속 중인 사건들(이하 '병행사건')에는 구체적 사건의 권리구제를 목적으로 하는 사법의 본질상 새로운 법리를 소급 적용하여야 한다. 따라서 이 판결 선고일인 2024.12.19. 이후 제공한 연장근로 등에 대한 법정수당은 새로운 법리에 따른 통상임금의 범위를 기초로 그 지급액을 산정하여야 하고, 2024.12.18.까지 제공한 연장근로 등에 대한 법정수당은 당해사건 및 병행사건을 제외하고는 종래 법리에 따른 통상임금을 기초로 산정하여야 한다.

[6] 이 사건에 대한 판단

① 재직조건부 상여금의 통상임금성

원심판결 이유와 기록에 의하면, 피고의 급여규정 및 보수협약에서 호봉제 근로자에게 월 기준급여의 850%를 상여금으로 지급하되 정기상여금(짝수 월), 설·추석상여금, 하계상여금으로 나누어 연간 총 9회 분할 지급하도록 정하면서 "상여금은 지급일 현재 재직 중인 직원에 한하여 지급하며 지급일 이전에 퇴직한 직원에게는 지급하지 않는다."라는 규정을 둔 사실을 알 수 있다. 앞서 본 법리에 비추어 보면, 기준급여의 850%에 해당하는 일정한 금액을 일정한 주기로 분할하여 지급하는 이 사건 상여금은 재직조건에도 불구하고 소정근로의 대가로서 정기적, 일률적으로 지급하는 통상임금에 해당한다. 원심이 고정성을 통상임금의 개념적 징표로 보아 이를 전제로 판단한 부분은 잘못이나, 이 사건 상여금을 통상임금으로 인정한 원심의 결론은 정당하다. 거기에 통상임금에 관한 법리를 오해하는 등으로 판결에 영향을 미친 잘못이 없다.

② 기관장 성과급(최소 지급분)의 통상임금성

원심은 기관장 성과급 중 월 하한 20만원은 특정 시점 전에 퇴직하더라도 지급되는 월 최소 보장액으로 근무일수에 비례한 만큼의 임금이 지급되기 때문에 통상임금에 해당한다고 판단하였다. 이에 대하여 피고는 기관장 성과급이 관행적으로 특정 시점 재직자에게만 지급되어 그 최소 지급분도 고정성이 없으므로 통상임금에 해당하지 않는다고 주장한다. 그러나 재직조건이 부가되어 있더라도 근무실적과 무관하게 지급하기로 정해진 월 최소 보장액은 소정근로의 대가로서 정기적, 일률적으로 지급하는 통상임금에 해당하므로, 상고이유는 이유가 없다(대판 2024.12.19. 2020다247190[전합]).

(2) 근무일수 조건부 상여금의 통상임금성 인정 여부

1) 사실관계

현대자동차주식회사(이하 '피고')는 단체협약 및 상여금 지급 시행 세칙에 따라 격월 정기상여금(각 기준급여의 100%), 설날 추석 및 하기휴가 상여금(각 기준급여의 50%)을 지급하였는데(이하 '이 사건 상여금'), 피고의 상여금 지급 시행 세칙은 "기준기간 내 입사하여 15일 미만 근무한 자" 및 "개인별 실 근무일수가 15일 미만 근무한 자"를 상여금 지급제외자로 정하였다(이하 '근무일수 조건'). 피고 소속 근로자들인 甲등(이하 '원고들')은 기준기간(상여금의 지급주기에 따라 2개월, 약 6개월, 약 1년) 내 15일 미만 근무한 경우 지급대상에서 제외하는 근무일수 조건이 부가된 정기상여금이 통상임금에 포함된다고 주장하면서, 피고를 상대로 법원에 법정 통상임금을 기초로 재산정한 연장근로수당 등 차액지급청구소송을 제기하였다.

2) 판결이유

[1] 통상임금에 관한 법리

근로기준법 시행령 제6조 제1항은 통상임금을 "근로자에게 정기적이고 일률적으로 소정근로 또는 총근로에 대하여 지급하기로 정한 시간급 금액, 일급 금액, 주급 금액, 월급 금액 또는 도급 금액"이라고 규정한다. 법령의 정의와 취지에 충실하게 통상임금 개념을 해석하면, 통상임금은 소정근로의 대가로서 정기적, 일률적으로 지급하기로 정한 임금을 말한다. 근로자가 소정근로를 온전하게 제공하면 그 대가로서 정기적, 일률적으로 지급하도록 정해진 임금은 그에 부가된 조건의 존부나 성취 가능성과 관계없이 통상임금에 해당한다. 어떤 임금에 일정 근무일수를 충족하여야만 지급한다는 조건(이하 '근무일수 조건')이 부가되어 있더라도, 그와 같은 조건이 소정근로를 온전하게 제공하는 근로자라면 충족할 조건, 즉 소정근로일수 이내로 정해진 근무일수 조건인 경우에는 그러한 조건이 부가되어 있다는 사정만으로 그 임금의 통상임금성이 부정되지 않는다. 설령 근로자의 실제 근무일수가 소정근로일수에 미치지 못하여 근로자가 근무일수 조건부 임금을 지급받지 못하더라도, 그 임금이 소정근로 대가성, 정기성, 일률성을 갖추고 있는 한 이를 통상임금에 산입하여 연장·야간·휴일근로에 대한 법정수당을 산정하여야 한다. 통상임금은 실제 근무일수나 실제 수령한 임금에 관계없이 소정근로의 가치를 반영하여 정한 기준임금이기 때문이다. 반면 소정근로일수를 초과하는 근무일수 조건부 임금은 소정근로를 제공하였다고 하여 지급되는 것이 아니고 소정근로를 넘는 추가 근로의 대가이므로 통상임금이 아니다.

[2] 판례의 변경 및 새로운 법리의 효력 범위

대법원 2013.12.18. 선고 2012다89399 전원합의체 판결 중 고정성을 통상임금의 개념적 징표로 삼아 근무일수 조건부 임금의 통상임금 해당 여부를 판단한 부분과 그와 같은 취지의 종전 판결들은 이 판결의 견해와 배치되는 범위 내에서 모두 변경하기로 한다. 위와 같이 변경된 새로운 법리는 법적 안정성과 신뢰보호를 고려하여 이 판결 선고일 이후의 통상임금 산정부터 적용하되, 다만 당해사건 및 이 판결 선고 시점에 이 판결이 변경하는 법리가 재판의 전제가 되어 통상임금 해당 여부가 다투어져 법원에 계속 중인 병행사건에는 구체적 사건의 권리구제를 목적으로 하는 사법의 본질상 새로운 법리를 소급 적용하여야 한다.

[3] 이 사건에 대한 판단

원심은 이 사건 상여금은 기준기간 중 15일 이상 근무하여야 한다는 조건이 성취되어야 지급되는데, 근로제공 시점에 그 조건의 성취 여부가 불확실하여 고정성이 없다는 등의 이유로 이 사건 상여금은 통상임금이 아니라고 판단하였다. 원심판결 이유 및 기록에 의하면, 다음 사실을 알 수 있다.

① 피고의 단체협약 및 상여금 세칙은 이 사건 상여금에 관하여 통상임금의 750%를 격월, 설·추석, 하기휴가에 분할 지급하도록 정하였다. 상여금 세칙은 격월 상여금(각 100%)은 지급 전월 1일부터 지급 월 말일까지 2개월, 설상여금(50%)은 직전 추석 당일부터 해당 설날 전일까지, 추석상여금(50%)은 직전 설날 당일부터 해당 추석 전일까지, 하기상여금(50%)은 전년도 하기휴가 시작일부터 당해 연도 하기휴가 시작 전일까지를 기준기간으로 한다고 정하였다.

② 피고의 취업규칙은 '근로시간은 1일 8시간, 1주일 40시간을 기준으로 한다'고 정하고, 상여금 세칙은 '기준기간 내 입사하여 15일 미만 근무한 자, 기준기간 내 실근무일수가 유·무결, 미승인결근, 조합활동 무급시간, 파업, 휴업, 사직대기, 휴직, 정직, 노조전임기간(무급) 등으로 15일 미만 근무한 자'를 상여금 지급대상에서 제외하도록 정하였다. 앞서 본 법리에 비추어 보면, 주 5일제 근무를 실시하고 있는 피고 사업장에서 이 사건 상여금이 요구하는 근무일수 15일은 각 기준기간에 해당하는 소정근로일수에 미치지 아니하므로 소정근로를 온전하게 제공하는 근로자라면 충족할 근무일수에 해당한다. 그러한 근무일수 조건이 부가되어 있다는 사정만으로 이 사건 상여금의 통상임금성이 부정된다고 볼 수 없다. 이 사건 상여금은 통상임금의 750%에 해당하는 일정한 금액을 일정한 주기로 분할하여 지급하는 임금이므로, 근무일수 조건에도 불구하고 소정근로의 대가로서 정기적, 일률적으로 지급하기로 정한 통상임금에 해당한다. 그런데도 원심은 판시와 같은 사정만을 들어 이 사건 상여금이 통상임금에 해당하지 않는다고 판단하였다. 이러한 원심의 판단에는 통상임금에 관한 법리를 오해하여 판결에 영향을 미친 잘못이 있다(대판 2024.12.19. 2023다302838[전합]).

제4절 임금지급방법의 보호

I 서 설

근로기준법 제43조에서는 직접불, 전액불, 통화불, 매월 1회 이상의 정기불 등 임금 지급의 4원칙을 규정하고 있다.

II 임금 지급의 원칙

1. 직접불의 원칙

(1) 의 의 기출 17

임금은 반드시 근로자 본인에게 지급되어야 한다. 친권자, 후견인 및 근로자의 위임을 받은 대리인에게 지급하는 것은, 직접불의 원칙에 위배된다. 이렇게 임금을 직접 지급하도록 하는 취지는 임금이 확실하게 근로자 본인에게 지급되도록 하여 그의 자유로운 처분에 맡기고 근로자의 생활을 보장하려는 데 있고, 통화 지급의 원칙이나 전액 지급의 원칙과 달리 직접 지급의 원칙은 법령 또는 단체협약에 의한 예외가 인정되지 아니한다. 따라서 원칙적으로 근로자가 제3자에게 임금 수령을 위임하거나 대리하게 하는 법률행위는 무효이다.[12] 다만, 민사집행법이나 선원법 등에 의한 예외가 인정된다.

---

[12] 갑 등이 을의 소개로 병 건설회사와 근로계약을 체결하면서 본인계좌 사용불가를 이유로 정에게 임금의 대리수령을 위임한다는 내용이 기재된 '임금수령 본인동의서(위임장)' 또는 '임금 대리수령 확인서' 등을 작성하여 병 회사에 제출하였고, 병 회사는 정에게 갑 등의 임금을 일괄하여 지급한 사안에서, 제반 사정에 비추어 정은 사회통념상 갑 등에게 지급하는 것과 동일시되는 사람 또는 갑 등에게 그대로 전달할 것이 확실하다고 판단되는 사람으로 보기 어려우므로, 병 회사가 정에게 갑 등의 임금을 지급하였더라도 직접 지급의 원칙에 위반되어 무효라고 한 사례(대판 2025.6.12. 2025다209645).

(2) 임금채권이 양도된 경우 기출 15·17·19·23

양수인에게 임금을 지급할 수 없고, 직접 양도인인 근로자에게 지급하여야 한다. 판례는 근로기준법 제43조에서 임금 직접지급의 원칙을 규정하는 한편 동법 제109조에서 그에 위반하는 자는 처벌을 하도록 하는 규정을 두어 그 이행을 강제하고 있는 취지가 임금이 확실하게 근로자 본인의 수중에 들어가게 하여 그의 자유로운 처분에 맡기고 나아가 근로자의 생활을 보호하고자 하는 데 있는 점에 비추어 보면 근로자가 그 임금채권을 양도한 경우라 할지라도 그 임금의 지급에 관하여는 같은 원칙이 적용되어 사용자는 직접 근로자에게 임금을 지급하지 아니하면 안 되는 것이고 그 결과 비록 양수인이라고 할지라도 스스로 사용자에 대하여 임금의 지급을 청구할 수는 없다고(대판 1988.12.13. 87다카2803[전합]) 판시하고 있다.

2. 전액불의 원칙

(1) 의 의

임금은 전액이 근로자에게 지급되어야 한다. 그러나 법령 또는 단체협약에 특별한 규정이 있는 경우에는 예외적으로 임금의 일부를 공제하여 지급할 수 있지만, 그 예외의 경우를 넓게 인정하게 되면 임금을 생계수단으로 하는 근로자의 생활안정을 저해할 우려가 있어 그에 해당하는지는 엄격하게 판단하여야 하므로 취업규칙이나 근로계약에 임금의 일부를 공제할 수 있는 근거를 마련하였다고 하더라도 그 효력은 없다고 보아야 한다(대판 2022.12.1. 2022다219540). 판례도 근로자에 대한 임금은 직접 근로자에게 전액을 지급하여야 하는 것이므로, 초과지급된 임금의 반환채권을 제외하고는 사용자가 근로자에 대하여 가지는 대출금이나 불법행위를 원인으로 한 채권으로써 근로자의 임금채권과 상계하지 못한다고 하여, 임금 전액지급의 원칙을 확인하고 있다(대판 1998.6.26. 97다14200).

(2) 전액불의 원칙에 위반되는 경우

1) 임금지급약정에 붙은 위법한 부관

판례는 근로기준법 제15조 제1항은 근로기준법에서 정하는 기준에 미치지 못하는 근로조건을 정한 근로계약은 그 부분에 한하여 무효로 한다고 정하고 있으므로, 임금지급약정에 붙은 부관이 근로기준법 제43조에 반하여 허용될 수 없다면 부관만 무효이고, 나머지 임금지급약정은 유효하다고 보아야 한다고(대판 2020.12.24. 2019다293098) 판시하고 있다.

2) 운송수입금 부족액을 공제하는 근로계약

하급심 판례에 의하면 여객자동차법상 전액 관리제를 분명하게 시행하여 기존 사납금제의 문제점을 확실하게 시정하고 고정급의 비율을 높임으로써 택시운수종사자의 생활 안정을 도모하고 택시운전산업을 발전시키고자 하는 입법자의 의사는 사용자가 일방적으로 임금을 공제함으로써 근로자의 경제활동이 위협받는 일이 없도록 보호하려는 근로기준법 제43조 제1항 본문의 해석에도 고려되는 것이 법질서 전체의 통일성에 비추어 타당한 점을 종합하면, 택시회사가 이 사건 근로계약 중 근로자의 운송수입금 부족액의 공제를 정한 부분은 강행규정인 근로기준법 제43조 제1항 본문에 위반되어 무효에 해당한다고(광주지판 2022.5.18. 2021나63388) 한다.13)

---

13) 2021나63388에 대해 피고가 상고하였으나, 대법원은 「이 사건은 소액사건심판법 제2조 제1항, 소액사건심판규칙 제1조의2에 정한 소액사건인데, 상고이유는 소액사건심판법 제3조 각 호에 정한 어느 사유에도 해당하지 않아 적법한 상고이유가 될 수 없다」며 상고를 기각하였다(대판 2022.8.11. 2022다243871).

(3) 전액불의 원칙에 위반되지 않는 경우

1) 합의에 의한 경우
과다지급된 임금을 차기 임금에서 공제하는 것, 학자금·대출금·주택자금 등을 근로자의 자유로운 의사에 따라 근로자와의 합의에 의하여 임금에서 공제하는 것, 가불 등이 있다.

2) 법령에 의한 경우
법령에 의한 예외법령에 의하여 임금 일부의 공제가 인정되는 것에는 근로소득세, 국민연금기여금 및 의료보험료 등이 있다.

3) 단체협약에 의한 경우
노동조합의 조합비를 조합원의 임금에서 일괄공제하고, 사용자가 이를 노동조합에 일괄납입하게 하는 조합비 사전공제제도, 대부금 반환 등이 있다.

4) 근로자의 동의에 의한 상계
근로자의 동의를 얻어 근로자의 임금채권에 대하여 상계하는 경우에, 그 동의가 근로자의 자유로운 의사에 터 잡아 이루어진 것이라고 인정할 만한 합리적인 이유가 객관적으로 존재하는 때에는, 근로기준법 제43조 제1항 본문에 위반하지 아니한다고 보아야 할 것이다. 다만, 이 경우에도 임금 전액지급의 원칙에 비추어 볼 때, 그 동의가 근로자의 자유로운 의사에 기한 것이라는 판단은 엄격하고 신중하게 이루어져야 한다(대판 2001.10.23. 2001다25184).

5) 조정적 상계
① 초과지급임금의 조정적 상계 : 계산의 착오 등으로 임금이 초과지급되었을 때, 그 행사의 시기가 초과지급된 시기와 임금의 정산, 조정의 실질을 잃지 않을 만큼 합리적으로 밀접되어 있고, 금액과 방법이 미리 예고되는 등 근로자의 경제생활의 안정을 해할 염려가 없는 경우, 또는 근로자가 퇴직한 후에 그 재직 중 지급되지 아니한 임금이나 퇴직금을 청구할 경우에는, 사용자가 초과지급된 임금의 부당이득반환청구권을 자동채권으로 하여 상계할 수 있다(대판 1998.6.26. 97다14200).

② 퇴직금 명목의 금원에 대한 조정적 상계 : [1] 사용자가 근로자에게 퇴직금 명목의 금원을 실질적으로 지급하였음에도 불구하고, 정작 퇴직금 지급으로서의 효력이 인정되지 아니할 뿐만 아니라 근로기준법 제43조 제1항의 임금지급으로서의 효력도 인정되지 않는다면, 사용자는 법률상 원인 없이 근로자에게 퇴직금 명목의 금원을 지급함으로써 위 금원 상당의 손해를 입은 반면 근로자는 같은 금액 상당의 이익을 얻은 셈이 되므로, 근로자는 수령한 퇴직금 명목의 금원을 부당이득으로 사용자에게 반환하여야 한다고 보는 것이 공평의 견지에서 합당하다.

[2] 근로기준법 제43조 제1항 본문에 의하면 임금은 통화로 직접 근로자에게 그 전액을 지급하여야 하므로 사용자가 근로자에 대하여 가지는 채권으로써 근로자의 임금채권과 상계를 하지 못하는 것이 원칙이고, 이는 경제적·사회적 종속관계에 있는 근로자를 보호하기 위한 것인바, 근로자가 받을 퇴직금도 임금의 성질을 가지므로 역시 마찬가지이다. 다만 계산의 착오 등으로 임금을 초과지급한 경우에, 근로자가 퇴직 후 그 재직 중 받지 못한 임금이나 퇴직금을 청구하거나, 근로자가 비록 재직 중에 임금을 청구하더라도 위 초과지급한 시기와 상계권 행사의 시기가 임금의 정산, 조정의 실질을 잃지 않을 만큼 근접하여 있고 나아가 사용자가 상계의 금액과 방법을 미리 예고하는 등으로 근로자의 경제생활의 안정을 해할 염려가 없는 때에는, 사용자는 위 초과지급한 임금의 반환청구권을 자동채권으로 하여 근로자의 임금채권이나 퇴직금채권과 상계할 수 있다. 그리고 이러한 법리는 사용자가 근로자에게 이미 퇴직금 명목의 금원을 지급하였으나 그것이 퇴직금 지급으로서의 효력이 없어 사용자가 같은 금원 상당의 부당이득반환

채권을 갖게 된 경우에 이를 자동채권으로 하여 근로자의 퇴직금채권과 상계하는 때에도 적용된다. 한편, 민사집행법 제246조 제1항 제5호는 근로자인 채무자의 생활 보장이라는 공익적, 사회정책적 이유에서 '퇴직금 그 밖에 이와 비슷한 성질을 가진 급여채권의 2분의 1에 해당하는 금액'을 압류금지채권으로 규정하고 있고, 민법 제497조는 압류금지채권의 채무자는 상계로 채권자에게 대항하지 못한다고 규정하고 있으므로, 사용자가 근로자에게 퇴직금 명목으로 지급한 금원 상당의 부당이득반환채권을 자동채권으로 하여 근로자의 퇴직금채권을 상계하는 것은 퇴직금채권의 2분의 1을 초과하는 부분에 해당하는 금액에 관하여만 허용된다고 봄이 상당하다(대판 2010.5.20. 2007다90760[전합]). 기출 23

3. 통화불의 원칙

(1) 의 의

임금은 우리나라에서 강제통용력이 인정되는 화폐로 지급되어야 한다. 그러나 법령 또는 단체협약에 특별한 규정이 있는 경우에는 통화 이외의 것으로 지급할 수 있다. 기출 15

(2) 통화불의 원칙에 위반되지 않는 경우

1) 원 칙

단체협약을 체결하여 근로자에게 점심식사제공 및 현금수당 중에서 어느 하나를 임의로 선택하게 하거나 은행발행 자기앞수표, 보증수표로 임금을 지급하는 것 또는 성과배분제도를 도입하면서 성과지급수단으로 주식을 지급하는 것 등이 이에 해당한다.

2) 예 외 기출 21

① 법령에 의한 예외 : 선원법 제52조 제4항에 의하여 기항지에서 통용되는 통화로 지급되는 경우
② 단체협약에 의한 예외 : 단체협약을 체결하여 수당, 상여금 등을 현물, 주식, 상품교환권으로 지급하는 경우

3) 임금 지급에 갈음하여 채권을 양도하기로 한 합의의 효력

임금은 법령 또는 단체협약에 특별한 규정이 있는 경우를 제외하고는 통화로 직접 근로자에게 전액을 지급하여야 한다(근로기준법 제43조 제1항). 따라서 사용자가 근로자의 임금 지급에 갈음하여 사용자가 제3자에 대하여 가지는 채권을 근로자에게 양도하기로 하는 약정은 전부 무효임이 원칙이다. 다만 당사자 쌍방이 위와 같은 무효를 알았더라면 임금의 지급에 갈음하는 것이 아니라 지급을 위하여 채권을 양도하는 것을 의욕하였으리라고 인정될 때에는 무효행위 전환의 법리(민법 제138조)에 따라 그 채권양도 약정은 '임금의 지급을 위하여 한 것'으로서 효력을 가질 수 있다(대판 2012.3.29. 2011다101308). 기출 23

4. 매월 1회 이상 정기불의 원칙

(1) 의 의

임금은 매월 1회 이상 일정한 기일을 정하여 지급되어야 한다. 여기서 매월이라 함은 매월 1일부터 말일까지, 즉 역일상의 1월을 의미하는 것이 아니라 1개월의 기간을 말한다. 취업규칙에는 반드시 임금의 지급시기를 명시하여야 한다(근기법 제93조). 기출 17・19

(2) 정기불의 원칙에 위반되지 않는 경우

임시로 지급되는 임금, 수당, 기타 이에 준하는 것 및 대통령령으로 정하는 임금 기출 22

> **매월 1회 이상 지급하여야 할 임금의 예외**(근기법 시행령 제23조)
> 법 제43조 제2항 단서에서 "임시로 지급하는 임금, 수당, 그 밖에 이에 준하는 것 또는 대통령령으로 정하는 임금"이란 다음 각 호의 것을 말한다.
> 1. 1개월을 초과하는 기간의 출근성적에 따라 지급하는 정근수당
> 2. 1개월을 초과하는 일정 기간을 계속하여 근무한 경우에 지급되는 근속수당
> 3. 1개월을 초과하는 기간에 걸친 사유에 따라 산정되는 장려금, 능률수당 또는 상여금
> 4. 그 밖에 부정기적으로 지급되는 모든 수당

Ⅲ 임금지급의무 위반

1. 벌 칙

임금지급의 원칙(근로기준법 제43조)을 위반한 자는 3년 이하의 징역 또는 3천만원 이하의 벌금에 처한다(근기법 제109조 제1항). 다만, 반의사불벌죄이므로 피해자의 명시적 의사에 반하여 처벌할 수 없다(근기법 제109조 제2항 본문).

2. 지연이자

종래에는 재직 중의 근로자에 대한 미지급 임금과 관련하여 당사자 간에 별도의 약정이 없으면 민법 제379조에 따라 연 5분의 지연이자가 부과되었으나, 임금 체불에 대한 사업주의 책임을 강화하고, 근로자의 권익을 보호하기 위해, 2024.10.22. 근로기준법의 개정으로 미지급 임금에 대한 지연이자 지급의 적용범위를 재직 중인 근로자까지로 확대하여, 임금 지급기일의 다음 날로부터 기산하여 사용자가 실제로 임금을 지급하는 날까지 20% 지연이자를 지급하도록 하고, 재직 중 근로자에게 임금을 지급하지 아니하여 지연이자를 지급할 의무가 발생한 이후 근로자가 사망 또는 퇴직한 경우, 해당 임금에 대한 지연이자도 임금 지급기일의 다음 날로부터 기산하도록 규정하고 있다(근기법 제37조 제1항, 제2항, 동법 시행령 제17조).

Ⅳ 임금의 비상시 지불

1. 의 의

사용자는 근로자가 출산, 질병, 재해, 그 밖에 대통령령으로 정하는 비상한 경우의 비용에 충당하기 위하여 청구하는 경우에는 지급기일 전이라도 이미 제공한 근로에 대한 임금을 지급하여야 한다(근기법 제45조).

기출 16

2. 요 건

(1) 출산, 질병, 재해 등의 비상시(근기법 시행령 제25조)

근로기준법 제45조에서 '그 밖에 대통령령으로 정하는 비상한 경우'라 함은 근로자 또는 그의 수입에 의하여 생계를 유지하는 자가 다음의 어느 하나에 해당하게 되는 경우를 말한다.
① 출산하거나 질병 또는 재해를 입은 경우
② 혼인 또는 사망한 경우 기출 12·17·21
③ 부득이한 사유로 인하여 1주 이상 귀향하게 되는 경우

(2) 근로자의 청구

근로자의 청구가 있으면 사용자는 임금의 지급기일 전이라도 이미 제공한 근로에 대한 임금을 지급해야 한다(근기법 제45조). 이때 이미 제공받은 근로에 대한 대가만 지급하면 된다. 비상시 지불을 청구할 수 있는 자는 근로자이나, 그 지불의 대상에는 근로자뿐만 아니라 그의 수입에 따라 생계를 유지하는 자도 포함된다. 친족이 아니라 해도 근로자가 부양의무를 지고 있다면, 그러한 자의 비상한 사유에 대한 비상시 지급이 인정된다.

3. 효 과

비상시 지급이 인정되는 경우에는 사용자는 임금의 지급기일 전이라도 이를 지급하여야 한다. 단체협약 및 취업규칙 등에 별도로 규정하고 있지 아니하는 한 사용자는 이미 제공된 근로에 대한 대가만 지급하면 된다. 장래의 근로에 대한 임금은 포함되지 아니한다. 이를 위반한 자는 1,000만원 이하의 벌금에 처한다(근기법 제113조).

제5절 휴업수당

I 휴업수당

1. 의 의

사용자의 귀책사유로 휴업하는 경우에 사용자는 휴업기간 동안 그 근로자에게 평균임금의 100분의 70 이상의 수당을 지급하여야 한다. 다만, 평균임금의 100분의 70에 해당하는 금액이 통상임금을 초과하는 경우에는 통상임금을 휴업수당으로 지급할 수 있다(근기법 제46조 제1항). 부득이한 사유로 사업을 계속하는 것이 불가능하여 노동위원회의 승인을 받은 경우에는 기준에 미달하는 휴업수당을 지급할 수 있다(근기법 제46조 제2항).

기출 20·25

2. 요 건

(1) 사용자의 귀책사유가 있을 것

사용자에게 고의, 과실이 있는 경우뿐만 아니라, 사용자가 불가항력이라고 주장할 수 없는 모든 경우를 포함한다. 즉, 사용자의 고의·과실이 없는 경우라고 할지라도, 사용자의 세력범위 안에서 발생한 경영장애는 사용자의 귀책사유에 해당한다. 그러나 천재지변 및 이에 준하는 사유가 있는 경우에는 사용자의 귀책사유에 해당하지 아니한다. 귀책사유의 증명책임은 사용자에게 있다(대판 1970.2.24. 69다1568). 최근 판례는 원청회사의 사업장에서 크레인이 충돌하여 중대재해가 발생하고 고용노동부의 작업중지 명령이 내려진 경우, 이로 인해 하청회사도 작업을 일시 중지하였다면 이는 불가항력 사유라고 할 수 없으므로 하청회사는 자신의 근로자들에게 휴업수당을 지급하여야 한다고(대판 2019.9.10. 2019도9604) 판시하고 있다.

(2) 휴업을 할 것

1) 휴업의 의의

휴업이라 함은 근로계약을 존속시키면서 사업의 전부 또는 일부를 사용자의 결정에 의하여 정지하는 것을 말하며, 1일의 전부만이 아니라 1일의 일부만을 휴업하는 경우까지 포함한다.

2) 휴업의 종류

사용자의 조업 중단뿐만 아니라 사용자가 조업은 계속하면서 특정 근로자의 근로제공에 대한 수령을 거부하는 경우도 휴업에 해당한다. 부당해고 기간(대판 1991.12.13, 90다18999) 또는 대기발령이나 출근정지 처분으로 근로자의 취업이 거부된 경우에도 근로기준법상의 휴업에 해당한다.

3) 관련 판례

판례에 의하면 근로기준법 제46조는 근로자의 최저생활을 보장하려는 취지에서 사용자의 귀책사유로 인하여 휴업하는 경우에는 사용자는 휴업기간 중 당해 근로자에게 그 평균임금의 100분의 70 이상의 수당을 지급하여야 한다고 규정하고 있고, 여기서의 휴업에는 개개의 근로자가 근로계약에 따라 근로를 제공할 의사가 있음에도 불구하고 그 의사에 반하여 취업이 거부되거나 또는 불가능하게 된 경우도 포함되므로 근로자가 사용자의 귀책사유로 인하여 해고된 경우에도 위 휴업수당에 관한 근로기준법이 적용될 수 있으며 이 경우에 근로자가 지급받을 수 있는 해고기간 중의 임금액 중 위 휴업수당의 한도에서는 이를 중간수입 공제의 대상으로 삼을 수 없고, 그 휴업수당을 초과하는 금액범위에서만 공제하여야 할 것이라고(대판 1991.12.13, 90다18999) 판시하고 있다. 기출 25

3. 휴업수당액

① 평균임금의 100분의 70 이상이다. 다만, 평균임금의 100분의 70에 해당하는 금액이 통상임금을 초과하는 경우에는 통상임금을 휴업수당으로 지급할 수 있다(근기법 제46조 제1항).

② 사용자의 귀책사유로 휴업한 기간 중에 근로자가 임금의 일부를 지급받은 경우에는 사용자는 근로기준법 제46조 제1항 본문에 따라 그 근로자에게 평균임금에서 그 지급받은 임금을 뺀 금액을 계산하여 그 금액의 100분의 70 이상에 해당하는 수당을 지급하여야 한다. 근로기준법 제46조 제1항 단서에 따라 통상임금을 휴업수당으로 지급하는 경우에는 통상임금에서 휴업한 기간 중에 지급받은 임금을 뺀 금액을 지급하여야 한다(근기법 시행령 제26조).

4. 휴업수당의 감액

근로기준법은 부득이한 사유로 사업을 계속하는 것이 불가능하여 노동위원회의 승인을 받은 경우에는 평균임금의 100분의 70에 못 미치는 휴업수당을 지급할 수 있다고 규정하고 있다(근기법 제46조 제2항). 근로기준법 제46조 제2항은 사용자의 휴업지불의무의 예외를 정한 것이고, 그러한 예외의 경우에 휴업지불의 하한이 별도로 정해져 있지 않은 이상, 사정에 따라서는 사용자가 휴업지불을 전혀 하지 않는 것도 가능하다(대판 2000.11.24, 99두4280).

Ⅱ 기타 관련 문제

휴업수당은 근로자의 최저생활을 보장하려는 취지에서 규정하고 있는 것이고, 사용자의 귀책사유로 인하여 해고된 근로자가 해고기간 중에 다른 직장에 종사하여 얻은 이익(중간수입)의 공제에 있어서 근로자가 지급받을 수 있는 임금액 중 근로기준법 소정의 휴업수당의 한도에서는 이를 이익 공제의 대상으로 삼을 수 없고, 그 휴업수당을 초과하는 금액에서 중간수입을 공제하여야 한다(대판 1991.6.28, 90다카25277).

제6절 임금채권의 보호

I 체불임금에 대한 보호

1. 3년 이하의 징역 또는 3천만원 이하의 벌금

① 근로기준법 제36조(금품청산), 제43조(임금지급), 제44조(도급사업에 대한 임금지급), 제44조의2(건설업에서의 임금지급연대책임), 제46조(휴업수당), 제51조의3(근로한 기간이 단위기간보다 짧은 경우의 임금정산), 제52조 제2항 제2호(1개월을 초과하는 정산기간을 정하는 경우, 통상임금의 100분의 50 이상을 가산지급) 또는 제56조(연장·야간 및 휴일근로)를 위반한 자(근기법 제109조 제1항)

② 사용자가 근로자가 사망 또는 퇴직하여 그 지급 사유가 발생한 때부터 14일 이내에 임금 등의 금품을 지급하지 아니한 경우(근기법 제36조), 사용자가 임금지급의 원칙에 위반한 경우(근기법 제43조), 직상수급인이 하수급인과 연대하여 지급할 임금지급 책임을 부담하지 아니하는 경우(근기법 제44조, 제44조의2), 사용자의 귀책사유로 휴업하면서 휴업수당을 지급하지 않는 경우(근기법 제46조), 사용자가 3개월 이내의 탄력적 근로시간제, 3개월을 초과하는 탄력적 근로시간제에 따른 단위기간 중 근로자가 근로한 기간이 그 단위기간보다 짧은 경우 가산임금을 지급하지 아니하는 경우(근기법 제51조의3), 1개월을 초과하는 정산기간을 정하는 선택적 근로시간제에서 가산임금을 지급하지 아니하는 경우(근기법 제52조 제2항 제2호), 연장·야간·휴일근로에 대한 가산수당을 지급하지 않는 경우(근기법 제56조) 등에 해당하면 피해자의 명시적인 의사와 다르게 공소를 제기할 수 없다(근기법 제109조 제2항 본문). 기출 20·23·25 반의사불벌죄는 원칙적으로 공소제기가 가능하나 피해자가 처벌을 원하지 않는다는 의사를 명백하게 한 경우에는 소추가 불가능한 범죄를 말하며, 근로기준법 제109조 제2항에 열거된 구성요건은 피해자의 명시적인 의사와 다르게 공소를 제기할 수 없는 반의사불벌죄에 해당한다.

2. 1천만원 이하의 벌금(근기법 제113조)

제45조(비상시 지급)를 위반한 자

3. 500만원 이하의 벌금(근기법 제114조)

제47조[14])를 위반한 자

---

[14]) 사용자는 도급이나 그 밖에 이에 준하는 제도로 사용하는 근로자에게 근로시간에 따라 일정액의 임금을 보장하여야 한다(근기법 제47조).

Ⅱ 체불사업주의 명단공개 등

1. 체불사업주 명단공개 (근기법 제43조의2)

① 고용노동부장관은 임금, 보상금, 수당, 근로자퇴직급여 보장법에 따른 퇴직급여등, 그 밖의 모든 금품(이하 "임금등")을 지급하지 아니한 사업주(법인인 경우에는 대표자 포함. 이하 "체불사업주")가 명단 공개 기준일 이전 3년 이내 임금등을 체불하여 2회 이상 유죄가 확정된 자로서 명단 공개 기준일 이전 1년 이내 임금등의 체불총액이 3천만원 이상인 경우에는 그 인적사항 등을 공개할 수 있다. 다만, 체불사업주의 사망·폐업으로 명단 공개의 실효성이 없는 경우 등 대통령령으로 정하는 사유가 있는 경우에는 그러하지 아니하다(제1항). 고용노동부장관은 체불사업주의 성명·나이·상호·주소(체불사업주가 법인인 경우에는 그 대표자의 성명·나이·주소 및 법인의 명칭·주소), 명단공개 기준일 이전 3년간의 임금등 체불액 등을 관보에 싣거나 인터넷 홈페이지, 관할 지방고용노동관서 게시판 또는 그 밖에 열람이 가능한 공공장소에 3년간 게시하는 방법으로 인적사항을 공개한다(근기법 시행령 제23조의3). 기출 21·24

② 고용노동부장관은 명단 공개를 할 경우에 체불사업주에게 3개월 이상의 기간을 정하여 소명 기회를 주어야 한다. 기출 13·14·21·24

③ 체불사업주의 인적사항 등에 대한 공개 여부 및 상습체불사업주에 관한 사항을 심의하기 위하여 고용노동부에 임금체불정보심의위원회(이하 "위원회")를 둔다. 이 경우 위원회의 구성·운영 등 필요한 사항은 고용노동부령으로 정한다(제3항). 기출 21 위원회 위원 중 공무원이 아닌 사람은 형법상 공무상 비밀누설죄 및 뇌물관련범죄를 적용할 때 공무원으로 본다.

④ 명단 공개의 구체적인 내용, 기간 및 방법 등 명단 공개에 필요한 사항은 대통령령으로 정한다.

체불사업주 명단 공개 제외 대상 (근기법 시행령 제23조의2)

법 제43조의2 제1항 단서에서 "체불사업주의 사망·폐업으로 명단 공개의 실효성이 없는 경우 등 대통령령으로 정하는 사유"란 다음 각 호의 어느 하나에 해당하는 경우를 말한다.

1. 법 제36조, 제43조, 제51조의3, 제52조 제2항 제2호 또는 제56조에 따른 임금, 보상금, 수당, 「근로자퇴직급여 보장법」 제12조 제1항에 따른 퇴직급여등, 그 밖의 모든 금품(이하 "임금등"이라 한다)을 지급하지 않은 사업주(이하 "체불사업주"라 한다)가 사망하거나 「민법」 제27조에 따라 실종선고를 받은 경우(체불사업주가 자연인인 경우만 해당한다)
2. 체불사업주가 법 제43조의2 제2항에 따른 소명 기간 종료 전까지 체불 임금등을 전액 지급한 경우
3. 체불사업주가 「채무자 회생 및 파산에 관한 법률」에 따른 회생절차개시 결정을 받거나 파산선고를 받은 경우
4. 체불사업주가 「임금채권보장법 시행령」 제5조에 따른 도산등사실인정을 받은 경우
5. 체불사업주가 체불 임금등의 일부를 지급하고, 남은 체불 임금등에 대한 구체적인 청산 계획 및 자금 조달 방안을 충분히 소명하여 법 제43조의2 제3항에 따른 임금체불정보심의위원회(이하 이 조, 제23조의4 및 제23조의7에서 "위원회"라 한다)가 명단 공개 대상에서 제외할 필요가 있다고 인정하는 경우
6. 제1호부터 제5호까지의 규정에 준하는 경우로서 위원회가 체불사업주의 인적사항 등을 공개할 실효성이 없다고 인정하는 경우

임금체불정보심의위원회 구성 및 운영(근기법 시행규칙 제7조의2)
① 법 제43조의2 제3항 전단에 따른 임금체불정보심의위원회(이하 "위원회")는 위원장 1명을 포함한 11명의 위원으로 구성한다.
② 위원장은 고용노동부차관이 되고, 위원은 다음 각 호의 사람이 된다.
  1. 고용노동부의 고위공무원단에 속하는 일반직공무원 중 고용노동부장관이 지정하는 직위에 있는 사람 3명
  2. 변호사 또는 공인노무사 자격이 있는 사람 중에서 고용노동부장관이 위촉하는 사람 2명
  3. 고등교육법 제2조에 따른 대학에서 부교수 이상의 직으로 재직하였거나 재직하고 있는 사람 중에서 고용노동부장관이 위촉하는 사람 2명
  4. 제1호부터 제3호까지에 준하는 경험 또는 사회적 덕망이 있다고 인정되는 사람으로서 고용노동부장관이 위촉하는 사람 3명
③ 제2항 제2호부터 제4호까지에 따른 위원의 임기는 3년으로 한다.
④ 위원회의 회의는 위원장을 포함한 재적위원 과반수의 출석으로 개의하고, 출석위원 과반수의 찬성으로 의결한다.
⑤ 제1항부터 제4항까지에서 규정한 사항 외에 위원회의 구성 및 운영에 필요한 사항은 고용노동부장관이 정한다.

2. 임금등 체불자료의 제공(근기법 제43조의3) 기출 24

① 고용노동부장관은 종합신용정보집중기관이 다음의 어느 하나에 해당하는 체불사업주의 인적사항과 체불액 등에 관한 자료(이하 "임금등 체불자료")를 요구할 때에는 임금등의 체불을 예방하기 위하여 필요하다고 인정하는 경우에 그 자료를 제공할 수 있다. 다만, 체불사업주의 사망·폐업으로 임금등 체불자료 제공의 실효성이 없는 경우 등 대통령령으로 정하는 사유가 있는 경우에는 그러하지 아니하다(제1항).
  ㉠ 임금등 체불자료 제공일 이전 3년 이내 임금등을 체불하여 2회 이상 유죄가 확정된 자로서 임금등 체불자료 제공일 이전 1년 이내 임금등의 체불총액이 2천만원 이상인 체불사업주
  ㉡ 상습체불사업주
② 임금등 체불자료를 받은 자는 이를 체불사업주의 신용도·신용거래능력 판단과 관련한 업무 외의 목적으로 이용하거나 누설하여서는 아니 된다. 기출 21
③ 임금등 체불자료의 제공 절차 및 방법 등 임금등 체불자료의 제공에 필요한 사항은 대통령령으로 정한다.

임금등 체불자료의 제공 제외 대상(근기법 시행령 제23조의4)
법 제43조의3 제1항 각 호 외의 부분 단서에서 "체불사업주의 사망·폐업으로 임금등 체불자료 제공의 실효성이 없는 경우 등 대통령령으로 정하는 사유"란 다음 각 호의 어느 하나에 해당하는 경우를 말한다.
  1. 체불사업주가 사망하거나 「민법」 제27조에 따라 실종선고를 받은 경우(체불사업주가 자연인인 경우만 해당한다)
  2. 법 제43조의3 제1항 제1호의 체불사업주가 법 제43조의3 제1항에 따른 임금등 체불자료(이하 "임금등 체불자료"라 한다) 제공일 전까지 체불 임금등을 전액 지급한 경우
  2의2. 법 제43조의3 제1항 제2호의 상습체불사업주가 임금등 체불자료 제공일 전까지 체불 임금등을 전액 지급하고 「임금채권보장법」 제7조 및 제7조의2에 따라 직전 연도에 지급된 대지급금을 전액 변제한 경우
  3. 체불사업주가 「채무자 회생 및 파산에 관한 법률」에 따른 회생절차개시 결정을 받거나 파산선고를 받은 경우
  4. 체불사업주가 「임금채권보장법 시행령」 제5조에 따른 도산등사실인정을 받은 경우
  5. 체불자료 제공일 전까지 체불사업주가 체불 임금등의 일부를 지급하고 남은 체불 임금등에 대한 구체적인 청산계획 및 자금 조달 방안을 충분히 소명하여 고용노동부장관이 체불 임금등 청산을 위하여 성실히 노력하고 있다고 인정하는 경우
  6. 체불 임금등의 전부 또는 일부의 존부(存否)에 대하여 소송이나 노동위원회의 심판이 계속 중인 경우로서 위원회가 법원이나 노동위원회에서 다투는 것이 적절하다고 인정하는 경우(법 제43조의3 제1항 제2호의 상습체불사업주만 해당한다)
  7. 그 밖에 제1호, 제2호, 제2호의2, 제3호부터 제6호까지의 규정에 준하는 사유로서 위원회가 임금등 체불자료를 제공할 실효성이 없다고 인정하는 경우(법 제43조의3 제1항 제2호의 상습체불사업주만 해당한다)

> **임금등 체불자료의 제공절차 등(근기법 시행령 제23조의5)**
> ① 법 제43조의3 제1항에 따라 임금등 체불자료를 요구하는 자(이하 "요구자"라 한다)는 다음 각 호의 사항을 적은 문서를 고용노동부장관에게 제출하여야 한다.
>   1. 요구자의 성명·상호·주소(요구자가 법인인 경우에는 그 대표자의 성명 및 법인의 명칭·주소를 말한다)
>   2. 요구하는 임금등 체불자료의 내용과 이용 목적
> ② 고용노동부장관은 제1항에 따른 임금등 체불자료를 서면 또는 전자적 파일 형태로 작성하여 제공할 수 있다.
> ③ 고용노동부장관은 제2항에 따라 임금등 체불자료를 제공한 후 제23조의4 각 호의 사유가 발생한 경우에는 그 사실을 안 날부터 15일 이내에 요구자에게 그 내용을 통지하여야 한다. 다만, 법 제43조의3 제1항 제2호의 상습체불사업주에 대해서는 그렇지 않다.
> ④ 법 제43조의3 제1항 제2호에 따른 상습체불사업주에 대한 임금등 체불자료의 제공기간은 임금등 체불자료의 제공일부터 1년으로 한다.

3. 상습체불사업주에 대한 보조·지원 제한 등(근기법 제43조의4)

① 고용노동부장관은 위원회의 심의를 거쳐 다음의 어느 하나에 해당하는 자(법인인 경우에는 대표자 포함)를 상습체불사업주(이하 "상습체불사업주")로 정할 수 있다(제1항).
  ㉠ 임금등 체불자료 제공일이 속하는 연도의 직전 연도 1년간 근로자에게 임금등(근로자퇴직급여 보장법에 따른 퇴직급여등은 제외)을 3개월분 임금 이상 체불한 사업주
  ㉡ 임금등 체불자료 제공일이 속하는 연도의 직전 연도 1년간 근로자에게 5회 이상 임금등을 체불하고, 체불총액이 3천만원 이상인 사업주
② 고용노동부장관은 상습체불사업주로 정할 경우에 해당 사업주에게 3개월 이상의 기간을 정하여 소명 기회를 주어야 한다.
③ 고용노동부장관은 중앙행정기관의 장, 지방자치단체의 장 또는 대통령령으로 정하는 공공기관의 장(이하 "중앙행정기관장등")에게 상습체불사업주에 대하여 다음의 조치를 하도록 요청하고 임금등 체불자료를 제공할 수 있으며, 중앙행정기관장등이 다음의 조치를 목적으로 상습체불사업주의 임금등 체불자료를 요청하는 경우 해당 자료를 제공할 수 있다(제3항).
  ㉠ 보조금 관리에 관한 법률, 지방자치단체 보조금 관리에 관한 법률 또는 개별 법률에 따른 각종 보조·지원사업의 참여 배제나 수급 제한
  ㉡ 국가를 당사자로 하는 계약에 관한 법률 또는 지방자치단체를 당사자로 하는 계약에 관한 법률에 따른 입찰참가자격 사전심사나 낙찰자 심사·결정 시 감점 등 불이익 조치
④ 상습체불사업주의 임금등 체불자료를 제공받은 자는 제공받은 자료를 위에서 정한 각종 보조·지원사업의 참여 배제나 수급 제한, 입찰참가자격 사전심사나 낙찰자 심사·결정 시 감점 등 불이익 조치 등의 목적 외의 목적으로 이용하거나 누설하여서는 아니 된다.
⑤ 고용노동부장관은 중앙행정기관장등에게 임금등 체불자료를 제공할 수 있으나, 상습체불사업주의 사망·폐업으로 임금등 체불자료 제공의 실효성이 없는 경우 등 대통령령으로 정하는 사유가 있는 경우에는 그러하지 아니하다. 그 밖에 임금등 체불자료의 제공 절차 및 방법 등 임금등 체불자료의 제공에 필요한 사항은 대통령령으로 정한다.
⑥ 그 밖에 3개월분 임금의 산정, 임금등의 체불횟수 산정, 소명 기회 제공 및 임금등 체불자료의 제공기간 등에 필요한 사항은 대통령령으로 정한다.

> **3개월분 임금·체불횟수 산정 등**(근기법 시행령 제23조의6)
> ① 법 제43조의4 제1항 제1호에 따른 3개월분 임금은 「고용보험 및 산업재해보상보험의 보험료징수 등에 관한 법률」 제16조의3 제2항에 따라 산정된 월평균보수의 3개월분으로 하되, 월평균보수의 산정이 곤란한 경우에는 고용노동부장관이 정하여 고시하는 방법에 따라 산정한 월보수액의 3개월분으로 한다.
> ② 법 제43조의4 제1항 제2호에 따른 임금등의 체불횟수는 임금등을 지급받지 못한 근로자 수를 기준으로 산정한다.
>
> **상습체불사업주의 결정**(근기법 시행령 제23조의7)
> ① 고용노동부장관은 법 제43조의4 제1항에 따라 위원회의 심의를 거쳐 상습체불사업주를 정하려는 경우에는 사업주의 임금등 체불자료를 검토하여 같은 항 각 호의 어느 하나에 해당하는지 여부를 확인해야 한다.
> ② 고용노동부장관은 법 제43조의4 제2항에 따른 소명 기회를 제공할 때에는 해당 사업주에게 같은 조 제1항 각 호의 어느 하나에 해당한다는 사실과 소명자료의 제출기간 및 방법 등 소명에 필요한 사항을 미리 알려야 한다.
> ③ 고용노동부장관은 법 제43조의4 제2항에 따라 사업주로부터 소명자료를 제출받은 경우에는 같은 조 제1항에 따라 위원회의 심의를 거치기 전에 소명자료에 대한 사실관계를 조사해야 한다.
>
> **상습체불사업주의 임금등 체불자료 제공 등**(근기법 시행령 제23조의8)
> ① 법 제43조의4 제3항 각 호 외의 부분에서 "대통령령으로 정하는 공공기관"이란 다음 각 호의 공공기관을 말한다.
>   1. 「공공기관의 운영에 관한 법률」 제5조에 따른 공기업 및 준정부기관, 기타공공기관
>   2. 「지방공기업법」 제5조, 제49조 및 제76조에 따른 지방직영기업, 지방공사 및 지방공단
>   3. 「지방자치단체 출자·출연 기관의 운영에 관한 법률」 제2조 제1항에 따른 출자·출연 기관
> ② 법 제43조의4 제3항에 따른 상습체불사업주에 대한 임금등 체불자료의 제공기간은 임금등 체불자료의 제공일부터 1년으로 한다.
> ③ 법 제43조의4 제3항에 따라 상습체불사업주에 대한 임금등 체불자료를 요청하려는 중앙행정기관장등(이하 이 조에서 "중앙행정기관장등"이라 한다)은 다음 각 호의 사항을 적은 문서를 고용노동부장관에게 제출해야 한다. 이 경우 고용노동부장관의 임금등 체불자료의 작성·제공방법에 관하여는 제23조의5 제2항을 준용한다.
>   1. 중앙행정기관장등의 기관명, 주소 및 요청하는 사람의 성명
>   2. 요청하는 임금등 체불자료의 내용과 이용 목적
> ④ 법 제43조의4 제5항에 따라 준용되는 법 제43조의3 제1항 단서에 따른 상습체불사업주에 대한 임금등 체불자료의 제공 제외 사유에 관하여는 제23조의4(제2호는 제외한다)를 준용한다. 이 경우 "체불사업주"는 각각 "상습체불사업주"로 본다.

4. 체불사업주 명단공개 등을 위한 자료제공 등의 요청(근기법 제43조의6)

① 고용노동부장관은 체불사업주 명단 공개, 임금등 체불자료의 제공, 상습체불사업주에 대한 중앙행정기관장등의 보조 및 지원 제한 등에 관한 업무를 수행하기 위하여 다음의 어느 하나에 해당하는 자료의 제공 또는 관계 전산망의 이용(이하 "자료제공등"을 해당기관에 요청할 수 있다.
  ㉠ 법원행정처장에게 체불사업주의 법인등기사항증명서
  ㉡ 국세청장에게 체불사업주의 종합소득에 관한 자료, 소득에 관한 자료, 사업자등록에 관한 자료
  ㉢ 국세청장에게 임금등이 체불된 근로자의 종합소득에 관한 자료
  ㉣ 근로복지공단에 임금등이 체불된 근로자의 월평균보수에 관한 자료, 피보험자격 취득에 관한 자료 및 체불사업주의 대지급금에 관한 자료
② 고용노동부장관은 월평균보수 및 피보험자격 취득에 관한 자료를 제공받기 위하여 해당 근로자의 임금, 근로제공기간 등 대통령령으로 정하는 정보를 근로복지공단에 제공할 수 있다(제2항).
③ 자료제공등을 요청받은 자는 정당한 사유가 없으면 그 요청에 따라야 한다.

> **자료 제공의 내용(근기법 시행령 제23조의10)**
> 법 제43조의6 제2항에서 "해당 근로자의 임금, 근로제공기간 등 대통령령으로 정하는 정보"란 다음 각 호의 정보를 말한다.
> 1. 해당 근로자의 성명・주민등록번호・주소
> 2. 해당 근로자의 임금・근로제공기간 등 근로조건
> 3. 해당 근로자가 소속된 사업장의 명칭・소재지・대표자・사업자등록정보

5. 출국금지(근기법 제43조의7)

① 고용노동부장관은 명단이 공개된 체불사업주에 대하여 법무부장관에게 출입국관리법에 따라 출국금지를 요청할 수 있다.

② 법무부장관은 고용노동부장관의 요청에 따라 출국금지를 한 경우 고용노동부장관에게 그 결과를 정보통신망 등을 통하여 통보하여야 한다. 고용노동부장관은 체불임금의 지급 등으로 출국금지 사유가 없어진 경우 즉시 법무부장관에게 출국금지의 해제를 요청하여야 한다.

③ 출국금지 및 그 해제의 요청 등의 절차에 필요한 사항은 대통령령으로 정한다(제4항).

> **출국금지의 해제 요청(근기법 시행령 제23조의11)**
> 고용노동부장관은 법 제43조의7 제4항에 따라 출국금지 중인 사람에게 다음 각 호의 어느 하나에 해당하는 사유가 발생한 사실이 확인된 경우로서 체불 임금등의 지급을 회피할 목적으로 국외로 도피할 우려가 없다고 인정되는 경우에는 법무부장관에게 출국금지의 해제를 요청해야 한다.
> 1. 국외건설계약 체결, 수출신용장 개설, 외국인과의 합작사업 계약 체결 등 구체적인 사업계획의 추진을 위하여 출국하려는 경우
> 2. 국외에 거주하는 직계존비속이 사망하여 출국하려는 경우
> 3. 제1호 및 제2호의 사유 외에 본인의 질병 치료 등 불가피한 사유로 출국금지를 해제할 필요가 있다고 인정되는 경우

6. 체불 임금등에 대한 손해배상청구(근기법 제43조의8)

① 근로자는 사업주가 다음의 어느 하나에 해당하는 경우 법원에 사업주가 지급하여야 하는 임금등의 3배 이내의 금액을 지급할 것을 청구할 수 있다.
   ㉠ 명백한 고의로 임금등(근로자퇴직급여 보장법의 급여는 제외)의 전부 또는 일부를 지급하지 아니한 경우
   ㉡ 1년 동안 임금등의 전부 또는 일부를 지급하지 아니한 개월 수가 총 3개월 이상인 경우
   ㉢ 지급하지 아니한 임금등의 총액이 3개월 이상의 통상임금에 해당하는 경우

② 법원은 금액을 결정할 때에 다음의 사항을 고려하여야 한다.
   ㉠ 임금등의 체불 기간・경위・횟수 및 체불된 임금등의 규모
   ㉡ 사업주가 임금등을 지급하기 위하여 노력한 정도
   ㉢ 지연이자 지급액
   ㉣ 사업주의 재산상태

Ⅲ 사망·퇴직 시 임금지급에 대한 보호

1. 금품청산
사용자는 근로자가 사망 또는 퇴직한 경우에는 그 지급사유가 발생한 때부터 14일 이내에 임금, 보상금, 그 밖의 모든 금품을 지급하여야 한다. 다만, 특별한 사정이 있을 경우에는 당사자 사이의 합의에 의하여 기일을 연장할 수 있다(근기법 제36조).

2. 미지급임금에 대한 지연이자(근기법 제37조)
① 사용자가 다음의 어느 하나에 해당하는 임금의 전부 또는 일부를 각각에서 정하는 날까지 지급하지 아니한 경우, 그 다음 날부터 지급하는 날까지의 지연 일수에 대하여 20%의 지연이자를 지급하여야 한다(근기법 시행령 제17조).
  ㉠ 근로자가 사망 또는 퇴직한 경우에 지급하여야 하는 임금 및 근로자퇴직급여 보장법에 따른 급여(일시금만 해당) : 지급 사유가 발생한 날부터 14일이 되는 날
  ㉡ 근로자가 재직 중인 경우에 지급하여야 하는 임금 : 임금의 지급기일
② 사용자가 재직 중인 근로자에게 지급하여야 할 임금을 지급하지 아니하여 지연이자를 지급할 의무가 발생한 이후 근로자가 사망 또는 퇴직한 경우, 해당 임금에 대한 지연이자는 임금의 지급기일을 기준으로 산정한다.
③ 지연이자 지급에 대한 위의 규정은 사용자가 천재·사변, 그 밖에 대통령령으로 정하는 사유에 따라 임금 지급을 지연하는 경우, 그 사유가 존속하는 기간에 대하여는 적용하지 아니한다.

> **지연이자의 적용제외사유(근기법 시행령 제18조)**
> 법 제37조 제3항에서 "그 밖에 대통령령으로 정하는 사유"란 다음 각 호의 어느 하나에 해당하는 경우를 말한다.
> 1. 임금채권보장법 제7조 제1항 제1호부터 제3호까지의 사유 중 어느 하나에 해당하는 경우
> 2. 채무자 회생 및 파산에 관한 법률, 국가재정법, 지방자치법 등 법령상의 제약에 따라 임금 및 퇴직금을 지급할 자금을 확보하기 어려운 경우
> 3. 지급이 지연되고 있는 임금 및 퇴직금의 전부 또는 일부의 존부(存否)를 법원이나 노동위원회에서 다투는 것이 적절하다고 인정되는 경우
> 4. 그 밖에 제1호부터 제3호까지의 규정에 준하는 사유가 있는 경우

Ⅳ 임금채권의 우선변제

1. 의 의
① 임금, 재해보상금, 그 밖에 근로관계로 인한 채권은 사용자의 총재산에 대하여 질권·저당권 또는 동산·채권 등의 담보에 관한 법률에 따른 담보권에 따라 담보된 채권 외에는 조세·공과금 및 다른 채권에 우선하여 변제되어야 한다. 다만, 질권·저당권 또는 동산·채권 등의 담보에 관한 법률에 따른 담보권에 우선하는 조세·공과금에 대하여는 그러하지 아니하다(근기법 제38조 제1항).
② 최종 3개월분의 임금채권, 재해보상금채권은 사용자의 총재산에 대하여 질권·저당권 또는 동산·채권 등의 담보에 관한 법률에 따른 담보권에 따라 담보된 채권, 조세·공과금 및 다른 채권에 우선하여 변제되어야 한다(근기법 제38조 제2항).
③ 퇴직금에 대해서는 근로자퇴직급여 보장법에서 규율한다.

2. 최우선변제되는 임금채권

(1) 최종 3월분의 임금채권

판례는 근로관계 종료 이전 3개월만을 의미한다는 입장을 취하고 있다. 또한 근로자의 배당요구 당시 이미 근로관계가 종료되었다면, 그 종료 시부터 소급하여 3개월 사이에 지급사유가 발생한 임금 중 미지급분을 의미하고(대판 2008.6.26. 2006다1930), 1임금지급기를 초과하여 지급하는 상여금과 관련하여 최종 3개월분의 임금이란 최종 3개월 사이에 지급사유가 발생한 임금채권을 의미하는 것이 아니라, 최종 3개월간 근무한 부분의 임금채권을 말한다고 하여 상여금 전액이 아닌 퇴직 전 최종 3개월의 근로의 대가에 해당하는 부분이라고(대판 2002.3.29. 2001다83838) 판시하고 있다.

(2) 최종 3년간의 퇴직급여채권

최종 3년간의 퇴직급여등은 사용자의 총재산에 대하여 질권 또는 저당권에 의하여 담보된 채권, 조세·공과금 및 다른 채권에 우선하여 변제되어야 한다(근퇴법 제12조 제2항).

(3) 재해보상금

재해보상금은 근로기준법에서 규정하고 있는 재해보상제도에 의한 보상금 전액을 의미한다.

V 임금대장작성의무

사용자는 각 사업장별로 임금대장을 작성하고 성명, 생년월일, 사원번호 등 근로자를 특정할 수 있는 정보, 고용 연월일, 종사하는 업무, 임금 및 가족수당의 계산기초가 되는 사항, 근로일수, 근로시간 수, 연장근로, 야간근로 또는 휴일근로를 시킨 경우에는 그 시간 수, 기본급, 수당, 그 밖의 임금의 내역별 금액, 임금의 일부를 공제한 경우에는 그 금액에 관한 사항을 임금을 지급할 때마다 적어야 한다. **기출 25** 사용자는 임금을 지급하는 때에는 근로자에게 근로자의 성명, 생년월일, 사원번호 등 근로자를 특정할 수 있는 정보, 임금지급일, 임금총액, 기본급, 각종 수당, 상여금, 성과금, 그 밖의 임금의 구성항목별 금액, 임금의 구성항목별 금액이 출근일수·시간 등에 따라 달라지는 경우에는 임금의 구성항목별 금액의 계산방법, 임금의 일부를 공제한 경우에는 임금의 공제 항목별 금액과 총액 등 공제내역 등의 사항을 적은 임금명세서를 서면(전자문서를 포함)으로 교부하여야 한다(근기법 제48조, 동법 시행령 제27조, 제27조의2). **기출 22**

VI 임금채권의 시효

임금채권의 소멸시효기간은 3년이다(근기법 제49조). **기출 12·14**

① 소멸시효의 기산점은 그 채권을 행사할 수 있는 날부터 진행한다(민법 제166조 제1항).
  ㉠ 임금 : 정기지급일부터
  ㉡ 상여금 : 상여금에 관한 권리가 발생한 때부터
  ㉢ 연차휴가수당 : 휴가 취득 후 1년이 경과한 다음 날부터
② 근로자가 아닌 이사 등 임원에 대한 퇴직금은 임금이 아니므로, 일반채권의 소멸시효기간인 10년이 적용된다(민법 제162조 제1항).

CHAPTER 04 임금

01
CHECK
□△✗

근로기준법령상 통상임금에 관한 설명으로 옳지 않은 것은?(다툼이 있으면 판례에 따름) 기출 25

① 고정성을 통상임금의 개념적 징표에서 제외하였으므로 주휴수당은 통상임금에 속한다.
② 근로자가 소정근로시간을 초과하여 근로를 제공함으로써 사용자로부터 추가로 지급받는 임금은 통상임금으로 볼 수 없다.
③ 통상임금에 산입될 수당을 통상임금에서 제외하기로 하는 노사합의에 따라 계산한 금액이 「근로기준법」에서 정한 기준에 미달할 때에는 그 미달하는 범위 내에서 노사합의는 무효이다.
④ 통상임금에 속하기 위한 성질을 갖춘 임금이 1개월을 넘는 기간마다 정기적으로 지급되는 경우, 그 임금이 소정근로의 대가로서 성질을 상실하게 되는 것이 아니다.
⑤ 통상임금은 근로자에게 정기적이고 일률적으로 소정근로 또는 총 근로에 대하여 지급하기로 정한 시간급 금액, 일급 금액, 주급 금액, 월급 금액 또는 도급 금액을 말한다.

해설 및 정답

01 ① (✗) 사용자는 1주 동안의 소정근로일을 개근한 근로자에게 1주에 평균 1회 이상의 유급휴일을 보장하여야 하는데(근기법 제55조 제1항, 동법 시행령 제30조 제1항), 이 유급휴일에 지급되는 임금을 통상적으로 주휴수당이라고 한다. 최근 전합판결은 통상임금의 개념적 징표로서의 고정성을 폐기하면서 통상임금을 이루는 개념에는 '임금 지급에 관한 일정한 사전적 규율'의 의미가 내포되어 있으므로, 소정근로의 제공과 관계없이 일시적이거나 변동적으로 지급되는 금품은 여전히 통상임금에서 제외되고, <u>고정성을 통상임금의 개념적 징표에서 제외하더라도 성질상 통상임금을 기초로 산정되는 주휴수당 등과 같은 법정수당은 개념적으로 통상임금이 될 수 없으므로, 통상임금에 속하지 않는다</u>고 판시하고 있다(대판 2024.12.19. 2020다247190[전합]).
② (○) <u>근로자가 소정근로시간을 초과하여 근로를 제공하거나 근로계약에서 제공하기로 정한 근로 외의 근로를 특별히 제공함으로써 사용자로부터 추가로 지급받는</u> 임금이나 소정근로시간의 근로와는 관련 없이 지급받는 임금은 소정근로의 대가라 할 수 없으므로 <u>통상임금에 속하지 아니한다</u>(대판 2013.12.18. 2012다89399[전합]).
③ (○) 통상임금의 성질을 가지는 임금을 일부 제외한 채 연장·야간·휴일 근로에 대한 가산임금을 산정하도록 노사 간에 합의한 경우 그 노사합의에 따라 계산한 금액이 <u>근로기준법에서 정한 위 기준에 미달할 때에는 그 미달하는 범위 내에서 노사합의는 무효이고, 무효로 된 부분은 근로기준법이 정하는 기준에 따라야 한다</u>(대판 2013.12.18. 2012다89399[전합]).
④ (○) 통상임금에 속하기 위한 성질을 갖춘 임금이 1개월을 넘는 기간마다 정기적으로 지급되는 경우, 이는 노사 간의 합의 등에 따라 근로자가 소정근로시간에 통상적으로 제공하는 근로의 대가가 1개월을 넘는 기간마다 분할지급되고 있는 것일 뿐, <u>그러한 사정 때문에 갑자기 그 임금이 소정근로의 대가로서 성질을 상실하거나 정기성을 상실하게 된다고 할 수 없다</u>(대판 2013.12.18. 2012다89399[전합]).
⑤ (○) 근기법 시행령 제6조 제1항

정답 ❶

02 근로기준법령상 휴업수당에 관한 설명으로 옳지 않은 것은?(다툼이 있으면 판례에 따름) 기출 25

① 평균임금의 100분의 70에 해당하는 금액이 통상임금을 초과하는 경우에는 통상임금을 휴업수당으로 지급할 수 있다.
② 휴업에는 근로자가 근로계약에 따라 근로를 제공할 의사가 있음에도 불구하고 그 의사에 반하여 취업이 거부되는 경우도 포함된다.
③ 사용자는 자신의 귀책사유에 해당하는 경영상의 필요에 따라 개별 근로자들에 대하여 대기발령을 한 경우 그 기간에 대한 휴업수당을 지급할 의무가 있다.
④ 부득이한 사유로 사업을 계속하는 것이 불가능한 경우에는 노동위원회의 승인을 얻어 휴업기간 동안 그 근로자에게 평균임금의 100분의 70 미만의 수당을 지급할 수 있다.
⑤ 사용자의 귀책사유로 휴업하는 경우에 지급하는 휴업수당은 임금으로 볼 수 없다.

03 근로기준법령상 사용자가 임금대장에 적어야 할 사항으로 명시된 것을 모두 고른 것은? 기출 25

ㄱ. 임금 및 가족수당 계산의 기초가 되는 사항
ㄴ. 근로일수 및 근로시간수
ㄷ. 임금지급일
ㄹ. 임금액

① ㄱ, ㄴ
② ㄷ, ㄹ
③ ㄱ, ㄴ, ㄷ
④ ㄱ, ㄴ, ㄹ
⑤ ㄴ, ㄷ, ㄹ

• 해설 및 정답 •

02 ① (○) 근기법 제46조 제1항 단서
② (○) 근로기준법 제46조 제1항에서 정하는 '휴업'에는, 개개의 근로자가 근로계약에 따라 근로를 제공할 의사가 있는데도 그 의사에 반하여 취업이 거부되거나 불가능하게 된 경우도 포함된다(대판 2013.10.11. 2012다12870).
③ (○) 사용자가 자신의 귀책사유에 해당하는 경영상의 필요에 따라 개별근로자들에 대하여 대기발령을 하였다면, 이는 근로기준법 제46조 제1항에서 정한 휴업을 실시한 경우에 해당하므로, 사용자는 그 근로자들에게 휴업수당을 지급할 의무가 있다(대판 2013.10.11. 2012다12870).
④ (○) 사용자의 귀책사유로 휴업하는 경우에 사용자는 휴업기간 동안 그 근로자에게 평균임금의 100분의 70 이상의 수당을 지급하여야 하나, 부득이한 사유로 사업을 계속하는 것이 불가능하여 노동위원회의 승인을 받은 경우에는 평균임금의 100분의 70 미만의 휴업수당을 지급할 수 있다(근기법 제46조).
⑤ (×) "사용자의 귀책사유로 휴업하는 경우"에 지급하는 휴업수당은 비록 현실적 근로를 제공하지 않았다는 점에서는 근로 제공과의 밀접도가 약하기는 하지만, 근로자가 근로 제공의 의사가 있는데도 자신의 의사와 무관하게 근로를 제공하지 못하게 된 데 대한 대상(代償)으로 지급하는 것이라는 점에서 임금의 일종으로 보아야 한다(대판 2013.10.11. 2012다12870).

정답 ⑤

03 ㄱ. 임금 및 가족수당 계산의 기초가 되는 사항, ㄴ. 근로일수 및 근로시간수, ㄹ. 임금액 등이 근기법 제48조 제1항, 동법 시행령 제27조 제1항에서 정한 임금대장에 적어야 할 사항에 해당한다.

> **임금대장 및 임금명세서(근기법 제48조)**
> ① 사용자는 각 사업장별로 임금대장을 작성하고 <u>임금과 가족수당 계산의 기초가 되는 사항, 임금액</u>, 그 밖에 대통령령으로 정하는 사항을 임금을 지급할 때마다 적어야 한다.
> ② 사용자는 임금을 지급하는 때에는 근로자에게 임금의 구성항목·계산방법, 제43조 제1항 단서에 따라 임금의 일부를 공제한 경우의 내역 등 대통령령으로 정하는 사항을 적은 임금명세서를 서면(「전자문서 및 전자거래 기본법」 제2조 제1호에 따른 전자문서를 포함한다)으로 교부하여야 한다.
>
> **임금대장의 기재사항(근기법 시행령 제27조)**
> ① 사용자는 법 제48조 제1항에 따른 임금대장에 <u>다음 각 호의 사항을 근로자 개인별로 적어야</u> 한다.
>   1. 성 명
>   2. 생년월일, 사원번호 등 근로자를 특정할 수 있는 정보
>   3. 고용 연월일
>   4. 종사하는 업무
>   5. <u>임금 및 가족수당의 계산기초가 되는 사항</u>
>   6. <u>근로일수</u>
>   7. <u>근로시간수</u>
>   8. 연장근로, 야간근로 또는 휴일근로를 시킨 경우에는 그 시간수
>   9. 기본급, 수당, 그 밖의 임금의 내역별 금액(통화 외의 것으로 지급된 임금이 있는 경우에는 그 품명 및 수량과 평가총액)
>   10. 법 제43조 제1항 단서에 따라 임금의 일부를 공제한 경우에는 그 금액

정답 ④

04 근로기준법령상 평균임금에 관한 설명으로 옳은 것은?(다툼이 있으면 판례에 따름) 기출 24

① 계속적·정기적으로 지급되고 지급대상, 지급조건 등이 확정되어 있어 사용자에게 지급의무가 있는 경영평가성과급은 평균임금 산정의 기초가 되는 임금에 포함된다.
② 사용자는 연장근로에 대하여는 평균임금의 100분의 50 이상을 가산하여 근로자에게 지급하여야 한다.
③ 평균임금의 산정기간 중에 출산전후휴가 기간이 있는 경우 그 기간은 산정기간에 포함된다.
④ 일용근로자의 평균임금은 최저임금위원회가 정하는 금액으로 한다.
⑤ 평균임금이란 이를 산정하여야 할 사유가 발생한 날 이전 3개월 동안에 그 근로자에게 지급된 임금의 총액을 그 기간의 총 근로시간 수로 나눈 금액을 말한다.

05 근로기준법령상 체불사업주 명단 공개에 관한 설명으로 옳지 않은 것은? 기출 24

① 고용노동부장관은 명단 공개를 할 경우에 체불사업주에게 3개월 이상의 기간을 정하여 소명 기회를 주어야 한다.
② 명단 공개는 공공장소에 1년간 게시한다.
③ 체불사업주가 법인인 경우에는 그 대표자의 성명·나이·주소 및 법인의 명칭·주소를 공개한다.
④ 관련 법령에 따라 임금등 체불자료를 받은 종합신용정보집중기관은 이를 체불사업주의 신용도·신용거래능력 판단과 관련한 업무에 이용할 수 있다.
⑤ 고용노동부장관은 체불사업주의 사망·폐업으로 임금등 체불자료 제공의 실효성이 없는 경우에는 종합신용정보집중기관에 임금등 체불자료를 제공하지 아니할 수 있다.

06 근로기준법 위반사항 중 피해자의 명시적인 의사와 다르게 공소를 제기할 수 없는 경우는 몇 개인가? 기출 23

- 근로자에게 1주에 평균 1회 이상의 유급휴일을 보장하지 않는 경우
- 사용자의 귀책사유로 휴업하면서 휴업수당을 지급하지 않는 경우
- 연장·야간·휴일근로에 대한 가산수당을 지급하지 않는 경우
- 친권자나 후견인이 미성년자의 근로계약을 대리하는 경우
- 근로자를 즉시 해고하면서 해고예고수당을 지급하지 않는 경우

① 1개
② 2개
③ 3개
④ 4개
⑤ 5개

• 해설 및 정답 •

04 ① (○) 경영평가성과급이 계속적·정기적으로 지급되고 지급대상, 지급조건 등이 확정되어 있어 사용자에게 지급 의무가 있다면, 이는 근로의 대가로 지급되는 임금의 성질을 가지므로 평균임금 산정의 기초가 되는 임금에 포함된다고 보아야 한다(대판 2018.10.12. 2015두36157).
② (×) 사용자는 연장근로에 대하여는 통상임금의 100분의 50 이상을 가산하여 근로자에게 지급하여야 한다(근기법 제56조 제1항).
③ (×) 평균임금 산정기간 중에 출산전후휴가 기간이 있는 경우에는 그 기간과 그 기간 중에 지급된 임금은 평균임금산정기준이 되는 기간과 임금의 총액에서 각각 뺀다(근기법 시행령 제2조 제1항 제3호).
④ (×) 일용근로자의 평균임금은 고용노동부장관이 사업이나 직업에 따라 정하는 금액으로 한다(근기법 시행령 제3조).
⑤ (×) "평균임금"이란 이를 산정하여야 할 사유가 발생한 날 이전 3개월 동안에 그 근로자에게 지급된 임금의 총액을 그 기간의 총일수로 나눈 금액을 말한다(근기법 제2조 제1항 제6호 전문).

정답 ❶

05 ① (○) 근기법 제43조의2 제2항
② (×) 명단 공개는 관보에 싣거나 인터넷 홈페이지, 관할 지방고용노동관서 게시판 또는 그 밖에 열람이 가능한 공공장소에 3년간 게시하는 방법으로 한다(근기법 시행령 제23조의3 제2항).
③ (○) 근기법 제43조의2 제1항, 동법 시행령 제23조의3 제1항 제1호
④ (○) 고용노동부장관이 제공한 체불사업주의 임금등 체불자료를 제공받은 종합신용정보집중기관은 이를 체불사업주의 신용도·신용거래능력 판단과 관련한 업무 외의 목적으로 이용하거나 누설하여서는 아니 된다(근기법 제43조의3 제1항, 제2항).
⑤ (○) 고용노동부장관은 체불사업주의 사망·폐업으로 임금등 체불자료 제공의 실효성이 없는 경우 등 대통령령으로 정하는 사유가 있는 경우에는 종합신용정보집중기관에 임금등 체불자료를 제공하지 아니할 수 있다(근기법 제43조의3 제1항).

정답 ❷

06 반의사불벌죄는 원칙적으로 공소제기가 가능하나 피해자가 처벌을 원하지 않는다는 의사를 명백하게 한 경우에는 소추가 불가능한 범죄를 말한다. 사용자가 근로자가 사망 또는 퇴직하여 그 지급 사유가 발생한 때부터 14일 이내에 임금 등의 금품을 지급하지 아니한 경우(근기법 제36조), 사용자가 임금지급의 원칙에 위반한 경우(근기법 제43조), 직상 수급인이 하수급인과 연대하여 지급할 임금지급 책임을 부담하지 아니하는 경우(근기법 제44조, 제44조의2), 사용자의 귀책사유로 휴업하면서 휴업수당을 지급하지 않는 경우(근기법 제46조), 사용자가 3개월 이내의 탄력적 근로시간제, 3개월을 초과하는 탄력적 근로시간제에 따른 단위기간 중 근로자가 근로한 기간이 그 단위기간보다 짧은 경우 가산임금을 지급하지 아니하는 경우(근기법 제51조의3), 1개월을 초과하는 정산기간을 정하는 선택적 근로시간제에서 가산임금을 지급하지 아니하는 경우(근기법 제52조 제2항 제2호), 연장·야간·휴일근로에 대한 가산수당을 지급하지 않는 경우(근기법 제56조) 등이 피해자의 명시적인 의사와 다르게 공소를 제기할 수 없는 반의사불벌죄에 해당한다(근기법 제109조 제2항 본문 참조).

정답 ❷

CHAPTER 05 근로시간

> **출제포인트**
> ☐ 연장근로시간과 연장근로시간에 대한 예외
> ☐ 연소근로자와 여성근로자의 근로시간 보호
> ☐ 탄력적 근로시간제와 선택적 근로시간제
> ☐ 단시간근로자의 근로시간 보호

제1절 근로시간의 개념과 산정

I 근로시간

1. 의의

(1) 개념

근로기준법상 근로시간이란 근로자가 사용자의 지휘·감독하에서 근로계약에 따라 실제로 근로를 제공하는 실근로시간이라고 보는 지휘·감독설이 통설·판례이다(대판 1992.10.9. 91다14406). 따라서 근로자가 그의 노동력을 사용자의 처분하에 둔 시간이면, 실제로 근로자가 근로를 제공하였는지 여부와 관계없이 근로시간에 포함된다.

(2) 근로시간인지 여부

① 사용자의 지휘·감독하에서 근로를 제공한 시간은 물론, 사용자의 지휘·감독이 없더라도 근로계약상의 근로를 제공하였다면, 그 시간 또한 근로시간에 포함된다고 보는 업무성설도 있으나, 근로기준법상 근로시간이란 근로자가 사용자의 지휘·감독하에서 근로계약에 따라 실제로 근로를 제공한 시간, 즉 실근로시간이라고 보는 지휘·감독설이 통설·판례이다. 따라서 근로자가 그의 노동력을 사용자의 처분하에 둔 시간이면, 실제로 근로자가 근로를 제공하였는지 여부와 관계없이 근로시간에 포함된다. 근로계약에서 정한 휴식시간이나 대기시간이 근로시간에 속하는지 휴게시간에 속하는지는 특정 업종이나 업무의 종류에 따라 일률적으로 판단할 것이 아니다. 이는 근로계약의 내용이나 해당 사업장에 적용되는 취업규칙과 단체협약의 규정, 근로자가 제공하는 업무 내용과 해당 사업장의 구체적 업무 방식, 휴게 중인 근로자에 대한 사용자의 간섭이나 감독 여부, 자유롭게 이용할 수 있는 휴게 장소의 구비 여부, 그 밖에 근로자의 실질적 휴식이 방해되었다거나 사용자의 지휘·감독을 인정할 만한 사정이 있는지와 그 정도 등 여러 사정을 종합하여 개별 사안에 따라 구체적으로 판단하여야 한다(대판 2018.6.28. 2013다28926).

② 판례에 의하면 근로자가 직무와 관련된 법령 또는 단체협약·취업규칙 등의 규정이나 사용자의 지시에 따라 소정근로시간 외에 교육을 받는 경우, 그러한 교육시간이 근로시간에 해당하는지는 관련 법령 또는 단체협약·취업규칙 등의 내용과 취지, 해당 교육의 목적 및 근로 제공과의 관련성, 교육의 주체가 누구인지, 사용자에게 이를 용인하여야 할 법령상 의무가 있는지, 근로자의 귀책사유로 말미암아 교육을 하게 되었는지, 근로자가 교육을 이수하지 않을 때에 받을 불이익의 존부와 그 정도 등 여러 사정을 종합적으로 고려하여 판단하여야 한다고 한다(대판 2022.5.12. 2022다203798).

2. 구 분

(1) 기준근로시간

기준근로시간은 근로자의 최장근로시간을 정하고 있는 법정근로시간을 말한다.
① 성인의 경우 : 1일 8시간, 1주 40시간(근기법 제50조)
② 연소자의 경우 : 1일 7시간, 1주 35시간(근기법 제69조)
③ 유해·위험작업 : 1일 6시간, 1주 34시간(산안법 제139조)

(2) 소정근로시간 [기출] 12·13

기준근로시간의 범위 안에서 근로자와 사용자 간에 정한 근로시간을 말한다(근기법 제2조 제1항 제8호). 소정근로시간의 개념은 시간급 통상임금의 산정에 있어 일급이나 월급을 시간급으로 환산하기 위하여 주로 사용한다. 소정근로시간을 초과하여 근무하는 경우, 총근로시간이 기준근로시간의 범위 내라면 시간외근로에 해당하지 않는다(대판 1991.6.28. 90다카14758).

(3) 연장근로시간

기준근로시간을 초과한 근로시간을 말하며, 통상임금의 100분의 50 이상을 가산하여 지급하여야 한다(근기법 제56조 제1항). [기출] 16·24

> **초과근로와 연장근로**
> 초과근로는 소정근로시간을 초과하는 근로를 의미하고, 연장근로는 법정근로시간을 초과하는 근로를 의미한다.

(4) 야간근로시간

오후 10시부터 오전 6시까지 사이의 근로시간을 말하며, 통상임금의 100분의 50 이상을 가산하여 지급하여야 한다(근기법 제56조 제3항). [기출] 24

(5) 표준근로시간

선택적 근로시간제에서 유급휴가 등의 계산기준으로, 사용자와 근로자의 대표가 합의하여 정한 1일의 근로시간을 말한다.

Ⅱ 근로시간의 산정

1. 원칙
근로시간은 작업의 개시부터 종료까지의 시간에서 휴게시간을 제외한 시간을 말한다. 특별한 사유가 없는 경우, 근로시간의 시업·종업시간은 단체협약 및 취업규칙 등에 정한 출근시간과 퇴근시간이 되는 것이 일반적이다.

2. 근로시간 계산의 특례(간주근로시간제)

(1) 유형

① 근로자가 출장이나 그 밖의 사유로 근로시간의 전부 또는 일부를 사업장 밖에서 근로하여 근로시간을 산정하기 어려운 경우에는 소정근로시간을 근로한 것으로 본다. 다만, 그 업무를 수행하기 위하여 통상적으로 소정근로시간을 초과하여 근로할 필요가 있는 경우에는 그 업무의 수행에 통상 필요한 시간을 근로한 것으로 본다(근기법 제58조 제1항, 사업장 밖 근로 간주근로시간제). 그 업무에 관하여 근로자대표와의 서면합의를 한 경우에는 그 합의에서 정하는 시간을 그 업무의 수행에 통상 필요한 시간으로 본다(근기법 제58조 제2항).

② 업무의 성질에 비추어 업무수행방법을 근로자의 재량에 위임할 필요가 있는 업무로서 대통령령이 정하는 업무는 사용자가 근로자대표와 서면합의로 정한 시간을 근로한 것으로 본다. 이 경우 그 서면합의에는 다음의 사항을 명시하여야 한다(근기법 제58조 제3항, 재량근로 간주근로시간제). 기출 20

> **간주근로시간제(근로자대표와의 서면합의)**
> • 사업장 밖 근로 간주근로시간제
> • 재량근로 간주근로시간제

(2) 서면합의의 명시사항(근기법 제58조 제3항)

① 대상업무
② 사용자가 업무의 수행수단 및 시간 배분 등에 관하여 근로자에게 구체적인 지시를 하지 아니한다는 내용
③ 근로시간의 산정은 당해 서면합의로 정하는 바에 따른다는 내용

(3) 재량근로의 대상업무(근기법 시행령 제31조) 기출 13·22

① 신상품 또는 신기술의 연구개발이나 인문사회과학 또는 자연과학 분야의 연구업무
② 정보처리시스템의 설계 또는 분석업무 기출 17
③ 신문·방송 또는 출판사업에 있어서 기사의 취재·편성 또는 편집업무
④ 의복·실내장식·공업제품·광고 등의 디자인 또는 고안업무
⑤ 방송프로그램·영화 등의 제작사업에서의 프로듀서 또는 감독업무 기출 14
⑥ 그 밖에 고용노동부장관이 정하는 업무

제2절 근로시간의 보호

I 서설

근로자의 근로시간 보호는 근로기준법상 보호와 산업안전보건법상 보호로 나눌 수 있는데, 근로기준법상 보호는 크게 일반근로자의 근로시간 보호와 여성근로자·연소근로자의 근로시간 보호로 나눌 수 있다. 다만, 사업의 성질, 업무의 특수성으로 인하여 출퇴근시간을 엄격하게 적용하는 것이 부적절한 근로자에게는, 근로기준법상 근로시간에 관한 규정의 적용을 배제하고 있다.

II 일반근로자의 근로시간 보호

1. 기준근로시간(근기법 제50조)

(1) 근로기준법
① 1일의 근로시간은 휴게시간을 제외하고 8시간을 초과할 수 없다.
② 1주간의 근로시간은 휴게시간을 제외하고 40시간을 초과할 수 없다.
③ 근로시간을 산정하는 경우, 작업을 위하여 근로자가 사용자의 지휘·감독 아래에 있는 대기시간 등은 근로시간으로 본다. 기출 16·18
④ 1주 및 1일의 개념은 반드시 특정 일, 특정 시간부터 특정 일, 특정 시간까지를 의미하는 것이 아니라, 1일은 24시간 동안, 1주는 7일 동안의 시간적 길이를 의미한다. 따라서 하나의 근로가 2일에 걸쳐 지속적으로 행하여지는 경우에도, 전체 근로시간이 8시간 이내인 한 동조 위반이 아니다.
⑤ 근로시간의 신축적 운용 : 탄력적 근로시간제도(근기법 제51조, 제51조의2) 및 선택적 근로시간제도(근기법 제52조)를 채택하는 경우, 1주 평균 40시간을 초과하지 아니하는 범위 내에서 1일 8시간, 1주 40시간을 초과하여 근로하게 할 수 있다.

(2) 기준근로시간의 연장

1) 원칙(통상연장근로) - 당사자 간의 합의

당사자 간의 합의가 있는 경우에는 1주간에 12시간을 한도로 제50조의 근로시간을 연장할 수 있다(근기법 제53조 제1항). 당사자 간의 합의가 있는 경우에는 1주간에 12시간을 한도로 제51조 및 제51조의2의 근로시간을 연장할 수 있으며, 제52조 제1항 제2호의 정산기간을 평균하여 1주간에 12시간을 초과하지 아니하는 범위 안에서 제52조 제1항의 근로시간을 연장할 수 있다(근기법 제53조 제2항). 기출 20 근로기준법 제53조 제1항이 연장근로시간의 한도를 1주간을 기준으로 설정하고 있을 뿐이고 1일을 기준으로 삼고 있지 아니하므로, 1주간의 연장근로가 12시간을 초과하였는지는 근로시간이 1일 8시간을 초과하였는지를 고려하지 않고 1주간의 근로시간 중 40시간을 초과하는 근로시간을 기준으로 판단하여야 한다(대판 2023.12.7. 2020도15393).

① **당사자** : 당사자 간의 합의라 함은 원칙적으로 사용자와 근로자의 개별적 합의를 의미한다(대판 1995.2.10. 94다19228). 다만, 개별근로자의 연장근로에 관한 합의권을 박탈하거나 제한하지 아니하는 범위 내에서는, 단체협약에 의한 합의도 가능하다(대판 1993.12.21. 93누5796).

② **합의의 방법** : 연장근로에 관한 합의는 근로자 보호를 위하여 단체협약·노사합의서 및 근로계약 등과 같은 서면에 의한 협정을 말하며, 당해 합의에는 연장근로의 사유, 기간 및 시간, 종류 및 대상근로자 등이 반드시 명시되어야 한다. 이에 대하여 서면은 물론 구두합의도 인정된다는 견해도 있다. 판례는 개별근로자와의 연장근로에 관한 합의는 연장근로를 할 때마다 그때그때 할 필요는 없고 근로계약 등으로 미리 이를 약정하는 것도 가능하다고(대판 1995.2.10. 94다19228) 판시하고 있다. 기출 13

③ **1주 12시간 연장** : 1주 12시간을 초과하지 않는 범위 내에서 1일 8시간을 초과하여도 무방하다.

2) 예 외

① **특별한 사정에 의한 예외(인가연장근로 또는 응급연장근로)** : 사용자는 특별한 사정이 있는 경우에는 고용노동부장관의 인가와 근로자의 동의를 얻어 제53조 제1항과 제2항의 근로시간을 연장할 수 있다. 다만, 사태가 급박하여 고용노동부장관의 인가를 받을 시간이 없는 경우에는 사후에 지체 없이 승인을 얻어야 한다(근기법 제53조 제4항). 이때 고용노동부장관은 근로시간의 연장이 부적당하다고 인정할 경우에는 그 후 연장시간에 상당하는 휴게시간 또는 휴일을 줄 것을 명할 수 있다(근기법 제53조 제5항). 사용자는 연장근로를 하는 근로자의 건강보호를 위하여 건강검진 실시 또는 휴식시간 부여 등 고용노동부장관이 정하는 바에 따라 적절한 조치를 하여야 한다(근기법 제53조 제7항).

② **특별한 사업에 대한 예외(특례연장근로)** 기출 12·13·24 : 다음의 어느 하나에 해당하는 사업에 대하여 사용자는 근로자대표와 서면합의를 한 경우에는 제53조 제1항에 따른 주 12시간을 초과하여 연장근로하게 하거나 제54조에 따른 휴게시간을 변경할 수 있다(근기법 제59조).

㉠ 육상운송 및 파이프라인운송업. 다만, 여객자동차 운수사업법에 따른 노선 여객자동차운송사업은 제외한다. 기출 19

㉡ 수상운송업

㉢ 항공운송업

㉣ 기타 운송 관련 서비스업

㉤ 보건업

이 경우 사용자는 근로일 종료 후 다음 근로일 개시 전까지 근로자에게 연속하여 11시간 이상의 휴식시간을 주어야 한다.

2. 소정근로시간

(1) **의 의**

소정근로시간이란 기준근로시간의 범위 내에서 근로자와 사용자 사이에 정한 근로시간을 말한다.

(2) **탈법적 목적의 소정근로시간 단축 합의**

최저임금법 제6조 제5항의 시행에 따라 정액사납금제하에서 생산고에 따른 임금을 제외한 고정급이 최저임금에 미달하는 것을 회피할 의도로 사용자가 소정근로시간을 기준으로 산정되는 시간당 고정급의 외형상 액수를 증가시키기 위해 택시운전근로자 노동조합과 사이에 실제 근무형태나 운행시간의 변경 없이 소정근로시간만을 단축하기로 한 합의의 효력은 무효이며 이러한 법리는 사용자가 택시운전근로자의 과반수로 조직된 노동조합 또는 근로자 과반수의 동의를 얻어 소정근로시간을 단축하는 내용으로 취업규칙을 변경하는 경우에도 마찬가지로 적용된다(대판 2019.4.18. 2016다2451[전합]).

Ⅲ 연소근로자 및 여성근로자의 근로시간 보호

1. 연소근로자의 근로시간 보호
① 15세 이상 18세 미만인 사람(연소근로자)의 근로시간은 1일에 7시간, 1주에 35시간을 초과하지 못한다. **기출 25** 다만, 당사자 간의 합의에 의하여 1일에 1시간, 1주에 5시간을 한도로 연장할 수 있다(근기법 제69조). **기출 13·16·19**
② 연소근로자에 대하여는 탄력적 근로시간제도 및 선택적 근로시간제도가 적용되지 아니한다(근기법 제51조, 제51조의2, 제52조).

2. 여성근로자의 근로시간 보호

(1) 임신 중인 여성근로자
사용자는 임신 중의 여성근로자에게 시간외근로를 하게 하여서는 아니 되며, 그 근로자의 요구가 있는 경우에는 쉬운 종류의 근로로 전환하여야 한다(근기법 제74조 제5항).

(2) 산후 1년이 경과하지 아니한 여성근로자
사용자는 산후 1년이 지나지 아니한 여성에 대하여는, 단체협약이 있는 경우라도 1일에 2시간, 1주에 6시간, 1년에 150시간을 초과하는 시간외근로를 시키지 못한다(근기법 제71조). **기출 17·25**

3. 연소근로자와 여성근로자의 야간근로 및 휴일근로의 제한

(1) 18세 이상의 여성근로자(근기법 제70조 제1항)
사용자는 18세 이상의 여성을 오후 10시부터 오전 6시까지의 시간 및 휴일에 근로시키려면, 그 근로자의 동의를 받아야 한다.

(2) 임산부와 18세 미만자
사용자는 임산부와 18세 미만자를 오후 10시부터 오전 6시까지의 시간 및 휴일에 근로시키지 못한다. 다만, 다음의 어느 하나에 해당하는 경우로서 고용노동부장관의 인가를 받으면 그러하지 아니하다(근기법 제70조 제2항). **기출 25**

① 18세 미만자의 동의가 있는 경우
② 산후 1년이 지나지 아니한 여성의 동의가 있는 경우
③ 임신 중의 여성이 명시적으로 청구하는 경우 : 사용자는 임산부와 18세 미만자의 야간근로, 휴일근로에 대하여, 고용노동부장관의 인가를 받기 전에 근로자의 건강 및 모성보호를 위하여, 그 시행 여부와 방법 등에 관하여 그 사업 또는 사업장의 근로자대표와 성실하게 협의하여야 한다(근기법 제70조 제3항). 임신 중인 여성근로자에 대하여는 탄력적 근로시간제가 적용되지 아니한다(근기법 제51조 제3항, 제51조의2 제6항). **기출 20**

[연장·야간·휴일근로의 제한]

구 분	기준근로시간		합의연장근로	야간·휴일근로	
	1일	1주		원 칙	예 외
18세 미만 근로자	7	35	1일 1시간, 1주 5시간	불 가	본인의 동의와 노동부장관의 인가
18세 이상 여성근로자	8	40	1주 12시간	가 능	근로자의 동의
임신 중인 여성근로자	8	40	불 가	불 가	본인의 명시적 청구와 노동부장관 인가
산후 1년 미만 여성근로자	8	40	1일 2시간, 1주 6시간, 1년 150시간	불 가	본인의 동의와 노동부장관의 인가

Ⅳ 적용의 제외(근기법 제63조)

1. 적용제외 규정

제4장(근로시간과 휴식)과 제5장(여성과 소년)에서 정한 근로시간, 휴게와 휴일에 관한 규정은 근로기준법 제63조에서 정하는 근로자에 대하여는 적용하지 아니한다. 기출 12·24

2. 적용제외 대상

① 토지의 경작·개간, 식물의 식재·재배·채취사업, 그 밖의 농림사업 : 제1호에서 정하는 '그 밖의 농림사업'은 같은 호에 규정된 '토지의 경작·개간, 식물의 재식·재배·채취 사업'과 유사한 사업으로서 제1차 산업인 농업·임업 및 이와 직접 관련된 사업을 의미한다고 보아야 한다. 만약 사용자가 농업·임업을 주된 사업으로 영위하면서 이와 구별되는 다른 사업도 함께 영위하는 경우라면, 그 사업장소가 주된 사업장소와 분리되어 있는지, 근로자에 대한 지휘·감독이 주된 사업과 분리되어 이루어지는지, 각각의 사업이 이루어지는 방식 등을 종합적으로 고려하여 그 사업이 '그 밖의 농림 사업'에 해당하는지 여부를 판단하여야 한다(대판 2020.2.6. 2018다241083).
② 동물의 사육, 수산동식물의 채취·포획·양식사업, 그 밖의 축산, 양잠, 수산사업
③ 감시 또는 단속적으로 근로에 종사하는 사람으로서 사용자가 고용노동부장관의 승인을 받은 사람 : 제3호에서 정하는 "감시적 근로에 종사하는 자"는 감시업무를 주 업무로 하며 상태적으로 정신적·육체적 피로가 적은 업무에 종사하는 자를 말한다(대판 2024.2.8. 2018다206899).
④ 대통령령으로 정하는 업무(사업의 종류에 관계없이 관리·감독업무 또는 기밀을 취급하는 업무)에 종사하는 근로자 기출 13

Ⅴ 산업안전보건법상의 근로시간의 보호

사업주는 유해하거나 위험한 작업으로서 높은 기압에서 하는 작업 등 대통령령으로 정하는 작업에 종사하는 근로자에게는 1일 6시간, 1주 34시간을 초과하여 근로하게 해서는 아니 된다(산안법 제139조 제1항). 기출 16

제3절 시간외근로와 시간외근로수당

I 의의

용어	내용
시간외근로	근로기준법에 정하여진 기준근로시간 이외의 시간에 근로를 하는 것을 말한다.
합의연장근로	당사자의 합의로 1주 40시간, 1일 8시간을 초과하여 근로하는 것을 말한다.
인가연장근로	특별한 사정이 있는 경우, 고용노동부장관의 인가와 근로자의 동의를 얻어 기준근로시간을 연장하는 것을 말한다.
야간근로	오후 10시부터 오전 6시까지 사이에 근로하는 것을 말한다. 기출 13
휴일근로	주휴일, 법정휴일, 단체협약이나 취업규칙에 의하여 정하여진 약정휴일에 근로하는 것을 말한다.

II 시간외근로수당(가산임금)

사용자는 연장근로(제53조·제59조 및 제69조 단서에 따라 연장된 시간의 근로)에 대하여는 통상임금의 100분의 50 이상을 가산하여 근로자에게 지급하여야 한다(근기법 제56조 제1항). 휴일근로에 대하여는 8시간 이내의 휴일근로는 통상임금의 100분의 50 이상을, 8시간을 초과한 휴일근로는 통상임금의 100분의 100 이상을 가산하여 근로자에게 지급하여야 한다(근기법 제56조 제2항). 기출 24·25 사용자는 야간근로(오후 10시부터 다음 날 오전 6시 사이의 근로)에 대하여는 통상임금의 100분의 50 이상을 가산하여 근로자에게 지급하여야 한다(근기법 제56조 제3항). 기출 20 판례에 의하면 일반적인 숙·일직 근무가 주로 정기적 순찰, 전화와 문서의 수수, 기타 비상사태 발생 등에 대비한 시설 내 대기 등 업무를 내용으로 하고 있는 것과 달리, 숙·일직시 행한 업무의 내용이 본래의 업무가 연장된 경우이거나 그 내용과 질이 통상의 근로와 마찬가지로 평가되는 경우라면, 그러한 초과근무에 대하여는 야간·연장·휴일근로수당 등을 지급하여야 한다고(대판 2019.10.17. 2015다213568) 판시하고 있다.

1. 연장근로와 시간외근로수당

(1) 연장근로시간의 간주합의

근무형태나 근무환경의 특성 등을 감안하여 노사 간에 실제의 연장근로시간과 관계없이 일정 시간을 연장근로시간으로 간주하기로 합의하였다면, 사용자가 근로자의 실제 연장근로시간이 합의한 시간에 미달함을 이유로 근로시간을 다투는 것은 허용되지 않는다. 그러나 그와 같은 합의가 없는 경우, 사용자는 다른 특별한 사정이 없는 한 실제 연장근로시간에 한하여 연장근로수당을 지급할 의무가 있고, 이때 실제 연장근로시간은 연장근로수당의 지급을 청구하는 근로자가 증명하여야 한다. 이는 연장근로시간과 중복되는 야간근로시간에서도 마찬가지이다(대판 2025.8.14. 2022다291153).

(2) 시간외근로수당의 지급 여부

1) 지급되는 경우

합의, 인가연장근로, 특별한 사업에 대하여 근로자대표와의 서면합의를 통하여 근로시간을 연장한 경우 및 연소근로자의 연장근로의 경우 모두에 연장된 근로시간에 대한 연장근로수당을 지급하여야 한다. 적법요건을 갖추지 못한 위법한 연장근로의 경우에도 지급하여야 함을 유의하여야 한다.

2) 지급되지 아니하는 경우

탄력적 근로시간제도 및 선택적 근로시간제도 등을 채택하는 경우에는, 1일 8시간을 초과하여도 연장근로수당을 지급하지 아니한다. 또한 법 내 초과근로의 경우에도 연장근로수당을 지급할 의무가 없다(대판 1991.6.28. 90다카14758). 다만, 단시간근로자의 법 내 초과근로의 경우에는 연장근로수당을 지급하여야 한다(기단법 제6조 제3항).

2. 야간근로와 시간외근로수당

① 근로시간·휴게·휴일에 관한 규정이 적용되지 않는 사업(근로기준법 제63조 각 호의 사업)이라 하더라도 야간근로에 대해서는 시간외근로수당이 지급된다.
② 경비 등 야간에만 근무하는 근로자의 경우, 처음부터 시간외근로수당을 포함하여 임금이 정해진 것이 명백하다면, 별도로 시간외근로수당을 지급하지 않아도 무방하다.

3. 휴일근로와 시간외근로수당

(1) 시간외근로수당의 지급 기출 13

시간외근로수당이 지급되어야 하는 휴일근로는 유급휴일과 무급휴일을 구별하지 않는다. 휴일근로와 연장근로는 근로시간의 양이 제한의 기준이나 야간근로는 특정 시간대가 제한의 기준이 되므로 그 법적 성격과 보호목적이 달라 휴일근로나 연장근로가 야간근로에 해당하는 경우에는, 각각 시간외근로수당을 합산하여 지급하여야 한다.[15] 판례에 의하면 구 근로기준법에 따라 휴일근로수당으로 통상임금의 100분의 50 이상을 가산하여 지급하여야 하는 휴일근로에는 주휴일 근로뿐만 아니라 단체협약이나 취업규칙 등에 의하여 휴일로 정하여진 날의 근로도 포함되고, 휴일로 정하였는지는 단체협약이나 취업규칙 등에 있는 휴일 관련 규정의 문언과 그러한 규정을 두게 된 경위, 해당 사업장의 근로시간에 관한 규율 체계와 관행, 근로 제공이 이루어진 경우 실제로 지급된 임금의 명목과 지급금액, 지급액의 산정 방식 등을 종합적으로 고려하여 판단하여야 한다고(대판 2022.5.12. 2022다203798) 판시하고 있다. 이러한 법리는 1일 근무하고 그 다음 날 쉬는 격일제 근무 형태에서 근무가 없는 날에 근로를 제공한 경우에도 마찬가지로 적용되는 것이어서, 단체협약이나 취업규칙 등에서 휴일로 정하였다고 볼 수 없다면, 그날의 근로제공에 대하여 구 근로기준법상 휴일근로수당이 지급되어야 하는 것은 아니라고(대판 2020.6.25. 2016다3386) 하고 있으며, 상위법령의 위임을 받은 조례 또는 단체협약 등에서 특정된 휴일을 근로일로 하고 대신 통상의 근로일을 휴일로 교체할 수 있도록 하는 규정을 두거나 그렇지 않더라도 근로자의 동의를 얻은 경우, 미리 근로자에게 교체할 휴일을 특정하여 고지하면 달리 보아야 할 사정이 없는 한 이는 적법한 휴일대체가 되어, 원래의 휴일은 통상의 근로일이 되고 그날의 근로는 휴일근로가 아닌 통상근로가 되므로 사용자는 근로자에게 휴일근로수당을 지급할 의무를 지지 않는다고 한다(대판 2000.9.22. 99다7367).

---

15) 한편, 대법원은 최근 전합판결(대판 2018.6.21. 2011다112391[전합])을 통하여 휴일근로에 따른 가산임금 외에 연장근로에 따른 가산임금을 중복하여 지급하는 것을 부정하고 있음을 유의하여야 한다.

(2) 구 근로기준법하에서의 근로수당의 중복지급 가부

[1] 구 근로기준법과 구 근로기준법 시행령규정의 내용과 체계 및 취지, 법률규정의 제·개정연혁과 이를 통해 알 수 있는 입법취지 및 목적, 근로관계당사자들의 인식과 기존 노동관행 등을 종합적으로 고려하면, 휴일근로시간은 구 근로기준법 제50조 제1항의 '1주간 기준근로시간 40시간' 및 제53조 제1항의 '1주간 연장근로시간 12시간'에 포함되지 않는다고 봄이 타당하다. 따라서 구 근로기준법상 휴일근로시간은 1주간 기준근로시간 및 1주간 연장근로시간에 포함되지 않는다고 보아야 하므로, 당연한 논리적 귀결로 휴일근로에 따른 가산임금과 연장근로에 따른 가산임금은 중복하여 지급될 수 없다.

[2] 원심은 1주간 기준근로시간을 초과하여 이루어진 8시간 이내의 휴일근로가 연장근로에도 해당한다고 보아 휴일근로에 따른 가산임금 외에 연장근로에 따른 가산임금을 중복하여 지급하여야 한다고 판단하였다. 이러한 원심의 판단에는 구 근로기준법 제50조 및 제53조가 정한 '1주'의 의미, 구 근로기준법 제56조의 휴일근로와 연장근로에 따른 각 가산임금 지급에 관한 법리를 오해하여 판결에 영향을 미친 잘못이 있다(대판 2018.6.21. 2011다112391[전합]).

4. 보상휴가제도

(1) 의 의

사용자는 근로자대표와의 서면합의에 따라 연장근로·야간근로 및 휴일근로 등에 대하여 임금을 지급하는 것을 갈음하여 휴가를 줄 수 있다(근기법 제57조). 기출 17·18·22·24·25

(2) 임금의 범위

보상휴가제도의 휴가일수는 가산임금제도의 취지를 고려해야 한다. 예를 들어 연장근로를 2시간 한 경우, 가산수당(50%)을 포함하면 총 3시간분의 임금이 지급되어야 하므로, 3시간의 휴가가 발생해야 할 것이다. 또한 근로자대표와의 서면합의를 통해 연장근로의 일부에 대해서는 임금으로 지급받고, 일부는 보상휴가로 받는 것도 가능할 것이다.

5. 포괄임금약정

(1) 의 의

근로조건의 명시 및 가산임금지급규정 등에 비추어 보면, 근로계약을 체결할 때에 기본임금을 미리 정하고 이를 기초로 연장·야간 또는 휴일근로에 대한 가산임금을 지급하는 것이 원칙이나, 일정한 연장·야간 또는 휴일근로가 예정된 근무형태에서, 기본임금을 미리 정하지 않은 채 연장근로 등에 대한 가산임금을 합하여 일정한 금액을 월급 또는 일급임금으로 정하는 경우, 또는 기본임금은 미리 정하되 연장근로 등에 대한 가산임금으로 일정한 금액을 지급하기로 하는 경우를 포괄임금약정이라고 한다.

(2) 포괄임금약정의 유효요건

1) 근로시간 산정이 어려울 것

감시단속적 근로 등과 같이 근로시간, 근로형태와 업무의 성질을 고려할 때 근로시간의 산정이 어려운 경우에는 포괄임금약정이 인정될 수 있다(대판 2005.8.19. 2003다66523).

2) 불이익이 없을 것

근로시간, 근로형태와 업무의 성질을 고려할 때 근로시간의 산정이 어려운 것으로 인정되는 경우에는 포괄임금제에 의한 임금 지급계약을 체결하더라도 그것이 달리 근로자에게 불이익이 없고 여러 사정에 비추어 정당하다고 인정될 때에는 유효하다(대판 2024.2.8. 2018다206899).

(3) 포괄임금약정의 효력과 차액정산의무

1) 의 의

종전 판례는 ① 근로시간, 근로형태와 업무의 성질 등을 참작하여 계산의 편의와 직원의 근무의욕을 고취하는 뜻에서 ② 근로자의 승낙하에 포괄임금제에 의한 임금지급계약을 체결하였다고 하더라도, ③ 단체협약이나 취업규칙에 비추어 근로자에게 불이익이 없고, 제반 사정에 비추어 정당하다고 인정될 때에는 그 계약은 유효하다고 판단하였다(대판 1997.4.25. 95다4056). 그러나 최근 판례는 근로시간 산정이 어려운 경우와 그러하지 아니한 경우로 구분하여 그 효력요건을 달리 판단하고 있음에 유의하여야 한다.

2) 근로시간 산정이 어려운 경우

[1] 원심은 그 채용증거들에 의하여 원고가 아파트입주자대표회의인 피고와의 사이에 근로계약을 체결하고 아파트 경비직으로 근무하면서 2인 1조로 야간경비를 맡거나 원고를 포함한 2명이 24시간 격일제로 경비를 하여 왔는데, 원고 등에 대하여는 채용 당시부터 야간수당, 시간외수당, 휴일수당에 관하여 기본급을 기준으로 한 시급에 추가근로시간을 곱하여 나온 금원을 가산하여 지급하는 것으로 정하지 아니하고 실제 근로시간과 무관하게 단순히 연장근로수당이라는 명목으로 매월 금 110,200원씩을 지급하기로 약정되었고, 그러한 약정에 따라 원고는 별다른 이의 없이 매월 확정금 110,200원을 연장근로수당 명목으로 지급받아 왔던 사실을 인정하고, 이를 바탕으로 원고가 제공한 근로는 신체 또는 정신적 긴장이 적은 감시적 업무로서 경비·순찰이라는 근로형태의 특수성으로 인하여 근로기준법상의 기준근로시간을 초과한 연장근로, 야간근로 및 휴일근로가 당연히 예상된다 할 것이어서, 원고와 피고 사이에는 기준근로시간을 초과한 근로 등에 대하여 매월 일정액을 제수당으로 지급한다는 내용의 포괄임금제에 의한 임금지급계약이 체결되었다고 판단하였다. [2] 그러나 포괄임금제에 의한 임금지급계약이 체결되었다면 원고가 포괄임금으로 지급받은 연장근로수당 또는 이에 갈음한 시간외수당, 야간수당, 휴일수당 등에는 근로기준법의 규정에 의한 시간외근로수당, 야간근로수당, 휴일근로수당이 모두 포함되어 있다고 볼 것이어서, 원심이 그 판시와 같이 원고의 구체적인 시간외근로시간 등을 인정하고 포괄임금으로 지급된 제수당과 원심이 인정한 시간외근로 등에 대한 근로기준법의 규정에 의한 수당과의 차액의 지급을 명한 것에는 포괄임금제에 관한 법리오해의 위법이 있다고 할 것이다(대판 2002.6.14. 2002다16958).

3) 근로시간 산정이 어렵지 아니한 경우

판례는 근로기준법 제15조에서는 근로기준법에 정한 기준에 미치지 못하는 근로조건을 정한 근로계약은 그 부분에 한하여 무효로 하면서(근로기준법의 강행성) 그 무효로 된 부분은 근로기준법이 정한 기준에 의하도록 정하고 있으므로(근로기준법의 보충성), 근로시간의 산정이 어려운 등의 사정이 없음에도 포괄임금제방식으로 약정된 경우 그 포괄임금에 포함된 정액의 법정수당이 근로기준법이 정한 기준에 따라 산정된 법정수당에 미달하는 때에는 그에 해당하는 포괄임금제에 의한 임금지급계약 부분은 근로자에게 불이익하여 무효라 할 것이고, 사용자는 근로기준법의 강행성과 보충성원칙에 의해 근로자에게 그 미달되는 법정수당을 지급할 의무가 있다고(대판 2010.5.13. 2008다6052) 판시하고 있다. 최근 판례도 같은 취지에서 실제 근로시간을 정확하게 산정하는 것이 곤란하지 아니하여 포괄임금약정을 체결한 것이라고 볼 수 없는 경우에 사용자가 근로자들에게 기본임금 외에 연장수당, 야간수당, 휴일수당 명목으로 기지급 수당을 지급한 경우, 기지급 수당이 추가근로를 포함한 근로자들의 실제 근로시간을 기준으로 근로기준법에 따라 계산한 법정수당보다 많다면, 사용자는 근로자들에게 추가 근로에 대한 임금을 추가로 지급할 의무가 없고, 미달하는 부분이 있다면 그 미달하는 차액을 지급할 의무가 있을 뿐이라고(대판 2023.7.27. 2023다221359) 판시하고 있다.

제4절 근로시간의 신축적 운용

I 탄력적 근로시간제도

1. 의의
업무량이 많고 바쁜 시기에는 근로시간을 집중적으로 배치하고, 업무량이 적고 한가한 시기에는 근로시간의 배치를 줄일 수 있도록, 사업자의 근로시간 운용실태에 부합시키기 위하여 마련한 제도이다.

2. 유형

(1) 3개월 이내의 탄력적 근로시간제

1) 2주 단위 탄력적 근로시간제

① 사용자는 취업규칙(취업규칙에 준하는 것을 포함)에서 정하는 바에 따라 2주 이내의 일정한 단위기간을 평균하여 1주간의 근로시간이 근기법 제50조 제1항의 근로시간(40시간)을 초과하지 아니하는 범위에서 특정한 주에 근로기준법 제50조 제1항의 근로시간(40시간)을, 특정한 날에 근로기준법 제50조 제2항(8시간)의 근로시간을 초과하여 근로하게 할 수 있다. 다만, 특정한 주의 근로시간은 48시간을 초과할 수 없다(근기법 제51조 제1항). 기출 17

② 취업규칙의 작성의무가 있는 10인 이상의 사업장은 취업규칙의 작성 및 변경을 통하여, 10인 미만의 사업장에서는 취업규칙에 준하는 것으로 이를 채택하여야 한다. 취업규칙에 준하는 것이란 명칭 또는 호칭에 구애됨이 없이 당사자 간의 서면합의에 의한 것이면 충분하다고 할 것이다. 기출 17 3개월 52시간제도와 달리 1일 최장근로시간을 규정하고 있지 아니하므로, 1일 근로시간의 한도는 없는 것으로 해석되어야 할 것이다.

③ 탄력적 근로시간제는 구 근로기준법 제50조 제1항과 제2항에서 정한 1주간 및 1일의 기준근로시간을 초과하여 소정근로시간을 정할 수 있도록 한 것으로서 법률에 규정된 일정한 요건과 범위 내에서만 예외적으로 허용된 것이므로 법률에서 정한 방식, 즉 취업규칙에 의하여만 도입이 가능할 뿐 근로계약이나 근로자의 개별적 동의를 통하여 도입할 수 없다(대판 2023.4.27. 2020도16431).

2) 3개월 단위 탄력적 근로시간제

사용자는 근로자대표와의 서면합의에 따라 다음의 사항을 정하면 3개월 이내의 단위기간을 평균하여 1주간의 근로시간이 제50조 제1항의 근로시간(40시간)을 초과하지 아니하는 범위에서 특정한 주에 제50조 제1항의 근로시간(40시간)을, 특정한 날에 제50조 제2항의 근로시간(8시간)을 초과하여 근로하게 할 수 있다. 다만, 특정한 주의 근로시간은 52시간을, 특정한 날의 근로시간은 12시간을 초과할 수 없다(근기법 제51조 제2항).

기출 17 · 21

① 대상근로자의 범위
② 단위기간(3개월 이내의 일정한 기간으로 정하여야 한다)
③ 단위기간의 근로일과 그 근로일별 근로시간
④ 그 밖에 대통령령으로 정하는 사항(서면합의의 유효기간)

(2) 3개월을 초과하는 탄력적 근로시간제 기출 22

① 사용자는 근로자대표와의 서면합의에 따라 다음의 사항을 정하면 3개월을 초과하고 6개월 이내의 단위기간을 평균하여 1주간의 근로시간이 제50조 제1항의 근로시간(40시간)을 초과하지 아니하는 범위에서 특정한 주에 제50조 제1항의 근로시간(40시간)을, 특정한 날에 제50조 제2항의 근로시간(8시간)을 초과하여 근로하게 할 수 있다. 다만, 특정한 주의 근로시간은 52시간을, 특정한 날의 근로시간은 12시간을 초과할 수 없다(근기법 제51조의2 제1항).
  ㉠ 대상근로자의 범위
  ㉡ 단위기간(3개월을 초과하고 6개월 이내의 일정한 기간으로 정하여야 한다)
  ㉢ 단위기간의 주별 근로시간
  ㉣ 그 밖에 대통령령으로 정하는 사항
② 사용자는 근로자를 근로시킬 경우에는 근로일 종료 후 다음 근로일 개시 전까지 근로자에게 연속하여 11시간 이상의 휴식시간을 주어야 한다. 다만, 천재지변 등 대통령령으로 정하는 불가피한 경우에는 근로자대표와의 서면합의가 있으면 이에 따른다. 기출 23
③ 사용자는 단위기간의 주별 근로시간에 따른 각 주의 근로일이 시작되기 2주 전까지 근로자에게 해당 주의 근로일별 근로시간을 통보하여야 한다.
④ 사용자는 근로자대표와의 서면합의 당시에는 예측하지 못한 천재지변, 기계 고장, 업무량 급증 등 불가피한 사유가 발생한 때에는 단위기간 내에서 평균하여 1주간의 근로시간이 유지되는 범위에서 근로자대표와의 협의를 거쳐 단위기간의 주별 근로시간을 변경할 수 있다. 기출 23 이 경우 해당 근로자에게 변경된 근로일이 개시되기 전에 변경된 근로일별 근로시간을 통보하여야 한다.

3. 효 과

기준근로시간을 초과하는 근로시간에 대하여 단위기간의 평균근로시간이 40시간을 초과하지 않는 한, 가산임금을 지급하지 않아도 무방하다. 그러나 사용자는 단위기간 중 근로자가 근로한 기간이 그 단위기간보다 짧은 경우에는 그 단위기간 중 해당 근로자가 근로한 기간을 평균하여 1주간에 40시간을 초과하여 근로한 시간 전부에 대하여 가산임금을 지급하여야 한다(근기법 제51조의3). 기출 24 탄력적 근로시간제도는 15세 이상 18세 미만의 연소근로자와 임신 중인 여성근로자에 대하여는 적용하지 아니한다(근기법 제51조 제3항, 제51조의2 제6항). 기출 23

4. 임금보전방안의 강구

사용자는 3개월 이내의 탄력적 근로시간제에 따라 근로자를 근로시킬 경우에는 기존의 임금수준이 낮아지지 아니하도록 임금보전방안을 강구하여야 한다(근기법 제51조 제4항). 기출 23 3개월을 초과하는 탄력적 근로시간제에서는 근로자대표와의 서면합의로 임금보전방안을 마련한 경우 외에는 사용자는 임금보전방안을 마련하여 고용노동부장관에게 신고하여야 한다(근기법 제51조의2 제5항).

Ⅱ 선택적 근로시간제도

1. 의 의
선택적 근로시간제도란 일정한 정산기간 동안의 총근로시간을 당사자가 결정한 다음, 근로자가 자신의 근로시간의 시작과 종료를 일정한 시간대에서 자유롭게 선택할 수 있는 제도를 말한다.

2. 유 형

(1) 1개월 이내의 선택적 근로시간제

① 사용자는 취업규칙(취업규칙에 준하는 것을 포함)에 따라 업무의 시작 및 종료 시각을 근로자의 결정에 맡기기로 한 근로자에 대하여 근로자대표와의 서면 합의에 따라 다음의 사항을 정하면 1개월(신상품 또는 신기술의 연구개발 업무의 경우에는 3개월) 이내의 정산기간을 평균하여 1주간의 근로시간이 40시간을 초과하지 아니하는 범위에서 1주 간에 40시간을, 1일에 8시간을 초과하여 근로하게 할 수 있다(근기법 제52조 제1항). 기출 12·18

㉠ 대상 근로자의 범위(15세 이상 18세 미만의 근로자는 제외)
㉡ 정산기간 기출 20
㉢ 정산기간의 총 근로시간
㉣ 반드시 근로하여야 할 시간대를 정하는 경우에는 그 시작 및 종료 시각
㉤ 근로자가 그의 결정에 따라 근로할 수 있는 시간대를 정하는 경우에는 그 시작 및 종료 시각
㉥ 그 밖에 대통령령으로 정하는 사항(표준근로시간)[16]

② 근로자의 선택에 따라 1주간에 40시간을, 1일에 8시간을 초과하여 근로하더라도 정산기간을 평균하여 1주간의 근로시간이 40시간을 초과하지 아니하면 시간외근로수당을 지급하지 아니하더라도 족하다.

(2) 1개월을 초과하는 선택적 근로시간제

1개월 이내의 선택적 근로시간제에 더하여, 사용자가 1개월을 초과하는 정산기간을 정하는 경우에는 다음의 조치를 하여야 한다(근기법 제52조 제2항).

① 근로일 종료 후 다음 근로일 시작 전까지 근로자에게 연속하여 11시간 이상의 휴식 시간을 줄 것. 다만, 천재지변 등 대통령령으로 정하는 불가피한 경우에는 근로자대표와의 서면 합의가 있으면 이에 따른다.
② 매 1개월마다 평균하여 1주간의 근로시간이 40시간을 초과한 시간에 대해서는 통상임금의 100분의 50 이상을 가산하여 근로자에게 지급할 것. 이 경우 연장·야간 및 휴일 근로에 대한 가산임금 지급에 관한 제56조 제1항은 적용하지 아니한다.

---
[16] 선택적 근로시간제에서 유급휴가 등의 계산기준으로, 사용자와 근로자의 대표가 합의하여 정한 1일의 근로시간을 말한다.

Ⅲ 단시간근로제도

1. 단시간근로자의 의의

단시간근로자란 1주 동안의 소정근로시간이 그 사업장에서 같은 종류의 업무에 종사하는 통상근로자의 1주 동안의 소정근로시간에 비하여 짧은 근로자를 말한다(근기법 제2조 제1항 제9호). 기출 16 · 18

2. 단시간근로자의 근로조건

(1) 근로조건의 결정

단시간근로자의 근로조건은 그 사업장의 같은 종류의 업무에 종사하는 통상근로자의 근로시간을 기준으로 산정한 비율에 따라 결정되어야 한다(근기법 제18조 제1항). 기출 22 · 23

> **근로조건의 서면명시사항(기단법 제17조)**
> - 근로계약기간에 관한 사항
> - 근로시간 · 휴게에 관한 사항
> - 임금의 구성항목 · 계산방법 및 지불방법에 관한 사항
> - 휴일 · 휴가에 관한 사항
> - 취업의 장소와 종사하여야 할 업무에 관한 사항
> - 근로일 및 근로일별 근로시간

> **서면명시규정을 위반한 경우**
> 근로조건의 서면명시규정을 위반한 자에게는 500만원 이하의 과태료 부과(기단법 제24조 제2항 제2호)

(2) 근로조건의 결정기준(근기법 시행령 [별표 2])

1) 근로계약의 체결

사용자는 단시간근로자를 고용할 경우에는 임금, 근로시간 및 그 밖의 근로조건을 명확히 적은 근로계약서를 작성하여 근로자에게 내주어야 한다.

2) 임금의 계산

① 단시간근로자의 임금산정단위는 시간급을 원칙으로 하며, 시간급임금을 일급 통상임금으로 산정할 경우에는 1일 소정근로시간 수에 시간급임금을 곱하여 산정한다(근기법 시행령 제9조 제1항 및 [별표 2] 제2호 가목).

② 단시간근로자의 1일 소정근로시간 수는 4주 동안의 소정근로시간을 그 기간의 통상근로자의 총소정근로일수로 나눈 시간 수로 한다. 기출 25

3) 초과근로

사용자는 단시간근로자를 소정근로일이 아닌 날에 근로시키거나 소정근로시간을 초과하여 근로시키고자 할 경우에는, 근로계약서나 취업규칙 등에 그 내용 및 정도를 명시하여야 하고, 초과근로에 대하여 가산임금을 지급하기로 한 경우에는, 그 지급률을 명시하여야 한다. 이 경우 사용자는 근로자와 합의한 경우에만 초과근로를 시킬 수 있다. 기출 18 · 25

4) 휴일·휴가의 적용
① 사용자는 단시간근로자에게 유급휴일을 주어야 한다.
② 사용자는 단시간근로자에게 연차유급휴가를 주어야 한다. 이 경우 유급휴가는 다음의 방식으로 계산한 시간단위로 하며, 1시간 미만은 1시간으로 본다. 기출 25

$$\text{통상근로자의 연차휴가일수} \times \frac{\text{단시간근로자의 소정근로시간}}{\text{통상근로자의 소정근로시간}} \times 8\text{시간}$$

③ 사용자는 여성인 단시간근로자에 대하여 생리휴가 및 출산전후휴가와 유산·사산휴가를 주어야 한다.
④ 사용자가 유급휴일이나 출산전후휴가 또는 유산·사산휴가를 주는 경우, 사용자가 지급해야 하는 임금은 일급 통상임금을 기준으로 한다. 기출 25

5) 취업규칙의 작성 및 변경
① 사용자는 단시간근로자에게 적용되는 취업규칙을 통상근로자에게 적용되는 취업규칙과 별도로 작성할 수 있다. 기출 14
② 취업규칙을 작성하거나 변경하고자 할 경우에는, 적용 대상이 되는 단시간근로자 과반수의 의견을 들어야 한다. 다만, 취업규칙을 단시간근로자에게 불이익하게 변경하는 경우에는 그 동의를 받아야 한다.
③ 단시간근로자에게 적용될 별도의 취업규칙이 작성되지 아니한 경우에는, 통상근로자에게 적용되는 취업규칙이 적용된다. 다만, 취업규칙에서 단시간근로자에 대한 적용을 배제하는 규정을 두거나, 다르게 적용한다는 규정을 둔 경우에는 그에 따른다.
④ 단시간근로자에게 적용되는 취업규칙을 작성 또는 변경하는 경우에는, 근로기준법 제18조(단시간근로자의 근로조건) 제1항의 취지에 어긋나는 내용이 포함되어서는 아니 된다.

3. 적용배제(초단시간근로자)

4주 동안(4주 미만으로 근로하는 경우에는 그 기간)을 평균하여 1주 동안의 소정근로시간이 15시간 미만인 근로자에 대하여는 근기법 제55조(휴일)와 근기법 제60조(연차유급휴가)를 적용하지 아니한다(근기법 제18조 제3항). 판례는 국립대학교에서 주당 강의시수가 12시간 이하인 시간강사로 근무한 甲 등이 국가를 상대로 연차휴가수당 및 주휴수당의 지급을 구한 사안에서, 대학의 시간강사가 초단시간근로자에 해당하는지는 특별한 사정이 없는 한 강의시간 수가 아니라 강의와 그에 수반되는 업무, 그 밖에 임용계약 등에서 정한 업무를 수행하는 데 통상적으로 필요한 근로시간 수를 기준으로 판단하여야 하므로 시간강사위촉계약에서 정한 주당 강의시수가 甲 등의 소정근로시간이라고 보기 어려운데도, 甲 등이 근로기준법 제18조 제3항에서 정한 초단시간근로자에 해당하므로 연차휴가와 주휴가 부여되지 않는다고 본 원심판단에 법리오해 등의 잘못이 있다고(대판 2024.7.11. 2023다217312) 판시하고 있다.

CHAPTER 05 근로시간

01 근로기준법상 휴일근로에 관한 설명으로 옳은 것을 모두 고른 것은?(단, 야간근로는 제외함) 기출 25

> ㄱ. 사용자는 8시간을 초과한 휴일근로에 대하여 통상임금의 100분의 100 이상을 가산하여 지급하여야 한다.
> ㄴ. 사용자는 근로자대표와의 서면합의가 있는 경우에는 휴일근로에 대하여 임금을 지급하는 것을 갈음하여 휴가를 줄 수 있다.
> ㄷ. 사용자가 18세 미만자의 동의만 얻으면 휴일근로를 시킬 수 있다.

① ㄱ
② ㄱ, ㄴ
③ ㄱ, ㄷ
④ ㄴ, ㄷ
⑤ ㄱ, ㄴ, ㄷ

02 근로기준법상 ( )에 들어갈 내용으로 옳은 것은? 기출 25

> 사용자는 산후 1년이 지나지 아니한 여성에 대하여는 단체협약이 있는 경우라도 1일에 (ㄱ)시간, 1주에 (ㄴ)시간, 1년에 (ㄷ)시간을 초과하는 시간외근로를 시키지 못한다.

① ㄱ : 2, ㄴ : 6, ㄷ : 120
② ㄱ : 2, ㄴ : 8, ㄷ : 120
③ ㄱ : 2, ㄴ : 6, ㄷ : 150
④ ㄱ : 3, ㄴ : 6, ㄷ : 150
⑤ ㄱ : 3, ㄴ : 8, ㄷ : 120

03 근로기준법령상 단시간근로자의 근로조건에 관한 설명으로 옳지 않은 것은? 기출 25

① 단시간근로자의 1일 소정근로시간 수는 4주 동안의 소정근로시간을 그 기간의 단시간 근로자의 총 소정 근로일 수로 나눈 시간 수로 한다.
② 단시간근로자에게만 적용되는 취업규칙을 불이익하게 변경하는 경우에는 적용대상이 되는 단시간근로자 과반수의 동의를 받아야 한다.
③ 단시간근로자의 연차 유급휴가에 대하여 지급해야 하는 임금은 시간급을 기준으로 한다.
④ 사용자는 단시간근로자와 합의한 경우에만 초과근로를 시킬 수 있다.
⑤ 여성인 단시간근로자의 출산전후휴가에 대하여 지급해야 하는 임금은 일급 통상임금을 기준으로 한다.

해설 및 정답

01 ㄱ. (○) 사용자는 8시간을 초과한 휴일근로에 대하여는 통상임금의 100분의 100 이상을 가산하여 근로자에게 지급하여야 한다(근기법 제56조 제2항 제2호).
ㄴ. (○) 사용자는 근로자대표와의 서면 합의에 따라 연장근로·야간근로 및 휴일근로 등에 대하여 임금을 지급하는 것을 갈음하여 휴가를 줄 수 있다(근기법 제57조).
ㄷ. (×) 사용자는 18세 미만자를 휴일에 근로시키지 못하나, 18세 미만자의 동의가 있는 경우로서 고용노동부장관의 인가를 받으면 그러하지 아니하다(근기법 제70조 제2항 제1호).

정답 ❷

02 사용자는 산후 1년이 지나지 아니한 여성에 대하여는 단체협약이 있는 경우라도 1일에 <u>2</u>시간, 1주에 <u>6</u>시간, 1년에 <u>150</u>시간을 초과하는 시간외근로를 시키지 못한다(근기법 제71조).

정답 ❸

03 ① (×) 단시간근로자의 1일 소정근로시간 수는 4주 동안의 소정근로시간을 <u>그 기간의 통상 근로자의 총 소정근로일 수로 나눈 시간 수로 한다</u>(근기법 시행령 [별표 2] 제2호 나목).
② (○) 사용자는 단시간근로자에게 적용되는 취업규칙을 통상근로자에게 적용되는 취업규칙과 별도로 작성할 수 있다. 이에 따라 취업규칙을 작성하거나 변경하고자 할 경우에는 적용대상이 되는 단시간근로자 과반수의 의견을 들어야 한다. <u>다만, 취업규칙을 단시간근로자에게 불이익하게 변경하는 경우에는 그 동의를 받아야 한다</u>(근기법 시행령 [별표 2] 제5호 가목, 나목).
③ (○) 근기법 시행령 [별표 2] 제4호 나목 후문
④ (○) 근기법 시행령 [별표 2] 제3호 나목
⑤ (○) 사용자는 여성인 단시간근로자에 대하여 근기법에 따른 생리휴가 및 출산전후휴가와 유산·사산 휴가를 주어야 한다. 이 경우(생리휴가는 제외)에 사용자가 지급해야 하는 임금은 일급 통상임금을 기준으로 한다(근기법 시행령 [별표 2] 제4호 다목, 라목).

정답 ❶

04 근로기준법상 탄력적 근로시간제에서 임금 정산에 관한 규정이다. (   )에 들어갈 내용으로 옳은 것은? 기출 24

> 사용자는 제51조 및 제51조의2에 따른 단위기간 중 근로자가 근로한 기간이 그 단위기간보다 짧은 경우에는 그 단위기간 중 해당 근로자가 근로한 (   ) 전부에 대하여 제56조 제1항에 따른 가산임금을 지급하여야 한다.

① 기간에서 1일 8시간을 초과하여 근로한 시간
② 기간에서 1주 40시간을 초과하여 근로한 시간
③ 기간에서 1일 8시간을 초과하거나 1주 40시간을 초과하여 근로한 시간
④ 기간을 평균하여 1일 8시간을 초과하여 근로한 시간
⑤ 기간을 평균하여 1주간에 40시간을 초과하여 근로한 시간

05 근로기준법상 근로시간 및 휴게시간의 특례가 적용되는 사업을 모두 고른 것은? 기출 24

> ㄱ. 노선여객자동차운송사업
> ㄴ. 수상운송업
> ㄷ. 보건업
> ㄹ. 영화업

① ㄱ, ㄴ
② ㄱ, ㄷ
③ ㄴ, ㄷ
④ ㄴ, ㄷ, ㄹ
⑤ ㄱ, ㄴ, ㄷ, ㄹ

06 근로기준법상 근로시간에 관한 설명으로 옳은 것은? 기출 23

① 3개월 이내의 탄력적 근로시간제에 따라 근로자를 근로시킬 경우에는 근로일 종료 후 다음 근로일 개시 전까지 근로자에게 연속하여 11시간 이상의 휴식 시간을 주어야 한다.
② 3개월 이내의 탄력적 근로시간제에 따라 근로자를 근로시킬 경우에는 기존의 임금수준이 낮아지지 않도록 임금보전방안을 강구하여 고용노동부장관에게 신고하여야 한다.
③ 3개월 이내의 탄력적 근로시간제는 15세 이상 18세 미만의 근로자에 대하여는 적용하지 아니한다.
④ 3개월을 초과하는 탄력적 근로시간제에 있어 업무량 급증의 불가피한 사유가 발생한 때에는 근로자대표와의 합의를 거쳐 단위기간의 주별 근로시간을 변경해야 한다.
⑤ 15세 이상 18세 미만인 사람의 근로시간은 1일에 6시간, 1주에 30시간을 초과하지 못한다.

• **해설 및 정답** •

04 사용자는 단위기간 중 근로자가 근로한 기간이 그 단위기간보다 짧은 경우에는 그 단위기간 중 해당 근로자가 근로한 <u>기간을 평균하여 1주간에 40시간을 초과하여 근로한 시간 전부에 대하여</u> 가산임금을 지급하여야 한다(근기법 제51조의3).

정답 ⑤

05 보기 중 수상운송업, 보건업 등이 근기법상 근로시간 및 휴게시간의 특례가 적용되는 사업에 해당한다(근기법 제59조 제1항).

> **근로시간 및 휴게시간의 특례(근기법 제59조)**
> ① 통계법 제22조 제1항에 따라 통계청장이 고시하는 산업에 관한 표준의 중분류 또는 소분류 중 다음 각 호의 어느 하나에 해당하는 사업에 대하여 <u>사용자가 근로자대표와 서면으로 합의한 경우에는 제53조 제1 항에 따른 주(週) 12시간을 초과하여 연장근로를 하게 하거나 제54조에 따른 휴게시간을 변경</u>할 수 있다.
>   1. 육상운송 및 파이프라인 운송업. 다만, 여객자동차 운수사업법 제3조 제1항 제1호에 따른 <u>노선(路線) 여객자동차운송사업은 제외</u>한다.
>   2. <u>수상운송업</u>
>   3. 항공운송업
>   4. 기타 운송관련 서비스업
>   5. 보건업
> ② 제1항의 경우 <u>사용자는 근로일 종료 후 다음 근로일 개시 전까지 근로자에게 연속하여 11시간 이상의 휴식 시간을 주어야</u> 한다.

정답 ③

06 ① (×) 사용자는 <u>3개월을 초과하는 탄력적 근로시간제에 따라 근로자를 근로시킬 경우에는 근로일 종료 후 다음 근로일 개시 전까지 근로자에게 연속하여 11시간 이상의 휴식 시간을 주어야 한다</u>(근기법 제51조의2 제2항).
② (×) 사용자는 <u>3개월을 초과하는 탄력적 근로시간제에 따라 근로자를 근로시킬 경우에는</u> 기존의 임금 수준이 낮아지지 아니하도록 임금항목을 조정 또는 신설하거나 가산임금 지급 등의 임금보전방안(賃金補塡方案)을 마련하여 고용노동부장관에게 신고하여야 하나, <u>3개월 이내의 탄력적 근로시간제에서는 기존의 임금 수준이 낮아지지 아니하도록 임금보전방안(賃金補塡方案)을 강구하는 것으로 족하다</u>(근기법 제51조의2 제5항, 제51조 제4항 참조).
③ (○) 3개월 이내의 탄력적 근로시간제는 <u>15세 이상 18세 미만의 근로자와 임신 중인 여성 근로자에 대하여는 적용하지 아니한다</u>(근기법 제51조 제3항).
④ (×) 사용자는 근로자대표와의 서면 합의 당시에는 예측하지 못한 천재지변, 기계 고장, 업무량 급증 등 불가피한 사유가 발생한 때에는 3개월을 초과하고 6개월 이내의 일정한 기간인 단위기간 내에서 평균하여 1주간의 근로시간이 유지되는 범위에서 <u>근로자대표와의 협의를 거쳐 단위기간의 주별 근로시간을 변경</u>할 수 있다(근기법 제51조의2 제4항).
⑤ (×) 15세 이상 18세 미만인 사람의 근로시간은 <u>1일에 7시간, 1주에 35시간을 초과하지 못한다</u>(근기법 제69조 본문).

정답 ③

CHAPTER 06 휴게 · 휴일 · 휴가 및 여성과 연소근로자의 보호

출제포인트

☐ 휴게시간과 주휴일
☐ 연차유급휴가의 기본개념
☐ 여성과 연소근로자의 보호
☐ 출산전후휴가

제1절 휴게 · 휴일 · 휴가

I 의 의

근로가 장기간 계속되면 근로자의 건강·신체에 부정적 영향을 미치게 되고 업무상 능률이 저하되므로, 사용자는 근로자의 심신을 보호하고 생산성을 유지·향상시키기 위하여 휴게·휴일·휴가를 부여하여야 한다.

II 휴게시간

1. 의 의

휴게시간이란 근로자가 근로시간 도중에 사용자의 지휘·감독을 받지 아니하고, 근로 제공의 의무 없이 자유로이 사용할 수 있는 시간을 말한다. 실제로 근로를 제공하고 있지 아니하나, 사용자의 지휘·감독하에 놓여 있는 시간은 휴게시간에 해당하지 아니한다. 기출 13

2. 휴게시간의 길이와 부여방법

사용자는 근로시간이 4시간인 경우에는 30분 이상, 8시간인 경우에는 1시간 이상의 휴게시간을 근로시간 도중에 주어야 한다(근기법 제54조 제1항). 기출 12 · 13 · 22 · 24

Ⅲ 휴일

1. 의의

휴일은 근로자가 사용자의 지휘·명령으로부터 완전히 벗어나 근로를 제공하지 아니하는 날을 의미한다. ILO조약이나 각국의 입법례와는 달리 주휴일을 유급으로 하고 있다는 점이 특징이다.

2. 주휴일의 원칙

사용자는 근로자에 대하여 1주에 평균 1회 이상의 유급휴일을 주어야 한다(근기법 제55조 제1항). 이 규정은 근로자가 매일 근로를 제공하는 경우뿐만 아니라, 교대제 또는 격일제의 형태로 근무하는 경우에도 적용된다(대판 2025.8.14. 2022다291153). 주휴일은 반드시 일요일이어야 할 필요는 없다. 기출 12·17·22·24 사용자는 근로자에게 대통령령으로 정하는 휴일을 유급으로 보장하여야 한다. 다만, 근로자대표와 서면으로 합의한 경우 특정한 근로일로 대체할 수 있다(근기법 제55조 제2항). 기출 22

(1) 휴일 부여 대상자

격일제근무, 교대제근무, 일용직 및 시간제 근로 등 근로형태나 근로자의 종류를 불문하고, 주휴일 부여의 요건이 충족되면 당연히 부여하여야 한다. 다만, 근로기준법 제63조에 해당하는 농림수산업종사자 또는 감시·단속적으로 근로에 종사하는 근로자로서 사용자가 고용노동부장관의 승인을 받은 사람 등에게는, 근로기준법상의 휴일에 관한 규정이 적용되지 않는다. 기출 17

> **주휴일 부여 제외자**
> 4주 동안(4주 미만으로 근로하는 경우에는 그 기간)을 평균하여 1주 동안의 소정근로시간이 15시간 미만인 근로자에 대하여는 주휴일이 부여되지 아니한다(근기법 제18조 제3항).

(2) 주 1회 이상의 유급휴일을 가질 수 있는 자

1주 동안의 소정근로일을 개근한 자에게 주어야 한다(근기법 시행령 제30조 제1항). 근로자가 1주간의 소정근로일수를 하루라도 결근한 경우에는 유급으로 휴일을 청구할 수 없을 뿐 무급의 휴일청구권은 갖는다고 본다. 개근하지 못한 근로자에게도 1주에 1회 이상의 무급휴일을 부여하여야 한다(대판 2004.6.25. 2002두2857). 법정휴가·생리휴가 및 출산전후휴가 등 법정휴가를 사용한 기간은 출근한 것으로 보아야 한다. 기출 12·13

(3) 1주 평균 1회 이상의 휴일

1회의 휴일이란 원칙적으로 오전 0시부터 오후 12시까지의 역일을 의미하나, 교대제작업 등의 경우에는 2일간에 걸쳐 계속 24시간의 휴식을 보장하면 휴일을 부여한 것으로 간주한다. 기출 13

(4) 관련 판례

1) 주휴수당의 차액 청구

[1] 구 근로기준법 제55조는 "사용자는 근로자에게 1주일에 평균 1회 이상의 유급휴일을 주어야 한다."라고 규정하고 있는바, 이에 따른 주휴수당 역시 근로기준법상의 수당으로서 근로자가 주휴일에 실제로 근무를 하지 않더라도 근무를 한 것으로 간주하여 지급되는 임금이므로, 그 성질상 통상임금을 기초로 하여 산정할 수당으로 봄이 타당하다. 시급제 또는 일급제 근로자가 기본 시급 또는 기본 일급 외에 매월 지급받는 고정수당 중에는 근로계약·단체협약 등에서 달리 정하지 않는 한 구 근로기준법 제55조에 따른 법정수당인 주휴수당이 포함되어 있지 않다. 따라서 시급제 또는 일급제 근로자로서는 근로기준법상 통상임금에 속하는 매월 지급되는 고정수당을 포함하여 새로이 산정한 시간급 통상임금을 기준으로 계산한 주휴수당액과 이미 지급받은 주휴수당액의 차액을 청구할 수 있고, 이를 주휴수당의 중복 청구라고 할 수 없다. 이는 1개월을 초과하는 일정 기간마다 지급되는 정기상여금을 통상임금에 포함하여 시간급 통상임금을 새로 산정하는 경우에도 마찬가지이다.

[2] 원심은 일급제 근로자인 원고들이 지급받은 이 사건 정기상여금에 주휴수당이 포함되어 있다는 등의 이유를 들어 이 사건 정기상여금이 통상임금에 포함됨을 전제로 한 주휴수당 차액 청구와 이러한 주휴수당 차액분을 반영한 원고 1의 퇴직금 차액 청구 부분을 기각하였다. 원심판결 이유를 앞서 본 법리에 비추어 살펴보면, 피고의 단체협약이나 취업규칙에는 이 사건 정기상여금에 주휴수당이 포함되어 지급된다고 볼 만한 내용이 없으므로 일급제 근로자인 원고들에게 지급되는 이 사건 정기상여금에 주휴수당이 포함되어 있다고 볼 수 없다. 따라서 원심의 위와 같은 판단에는 주휴수당에 관한 법리를 오해하여 판결에 영향을 미친 잘못이 있다(대판 2025.1.23. 2019다204876).

2) 주휴수당 지급기준 시간 수의 산정

근로기준법 제55조 제1항, 근로기준법 시행령 제30조 제1항에 따라 지급되는 주휴수당은 소정의 근로를 제공함에 따라 지급되는 임금으로서 근로자가 주휴일에 실제로 근무하지 않더라도 근무한 것으로 간주하여 지급된다. 그와 같은 주휴수당의 성격, 취지 등에 비추어, 주휴수당의 지급기준이 되는 시간 수는 특별한 사정이 없는 한 1일 평균 소정근로시간 수(1주간 소정근로시간 수를 1주간 소정근로일 수로 나눈 값)로 하는 것이 원칙이다. 다만 주휴수당은 1주 동안의 소정근로일을 개근한 근로자에게 지급되는 임금이므로(근로기준법 시행령 제30조 제1항), 1주간 소정근로일 수 등의 차이도 고려할 필요가 있다. 위 원칙적 산정 방법을 1일 평균 소정근로시간 수는 같으나 1주간 소정근로일 수가 달라 1주간 소정근로시간 수에 차이나는 근로자들에게 그대로 적용하면, 1주간 소정근로일 수가 5일 미만인 근로자가 5일 이상인 근로자보다 1주간 소정근로시간이 적음에도 같은 주휴수당을 받게 되는 불합리가 발생한다. 그러므로 근로자와 사용자가 소정근로시간에 관하여만 정하였을 경우, 1주간 소정근로일이 5일에 미달하는 근로자에 대하여는 1주간 소정근로일 수를 5일로 보고, 1주간 소정근로시간 수를 5일로 나누는 방법으로 산정하는 것이 타당하다(대판 2025.8.14. 2022다291153).

3. 휴일근로와 임금 기출 18

8시간 이내의 휴일근로의 경우에는 통상임금의 100분의 50 이상, 8시간을 초과한 휴일근로의 경우에는 통상임금의 100분의 100 이상을 가산하여 지급하여야 한다(근기법 제56조 제2항).

Ⅳ 휴가(연차유급휴가)

1. 연차유급휴가(근기법 제60조)

① 사용자는 1년간 80% 이상 출근한 근로자에게 15일의 유급휴가를 주어야 한다.
② 사용자는 계속하여 근로한 기간이 1년 미만인 근로자 또는 1년간 80% 미만 출근한 근로자에게 1개월 개근 시 1일의 유급휴가를 주어야 한다.
③ 사용자는 3년 이상 계속하여 근로한 근로자에게 최초 1년을 초과하는 계속근로연수 매 2년에 대하여 1일을 가산한 유급휴가를 주어야 한다. 이 경우 가산휴가를 포함한 총휴가일수는 25일을 한도로 한다.

기출 17·19·22·23·25

2. 연차유급휴가의 성립요건

(1) 1년간 80% 이상 출근(근기법 제60조 제1항)

1년간의 기산일은 당해 근로자의 채용일로 본다. 다만, 동일한 사업장에서 기산일의 통일을 기하기 위하여, 모든 근로자에게 획일적으로 적용되는 기산일을 정하여도 무방하다 할 것이다. 1년이라 함은 역일상의 365일을 의미하는 것이 아니라, 1년의 총일수에서 휴일을 제외한 총근로일수를 말한다. 80% 이상의 출근율은 출근일을 분자로, 소정근로일수를 분모로 하여 계산한다.

(2) 계속근로연수가 1년 미만인 근로자에 대하여는 1개월간 개근 시(근기법 제60조 제2항) 기출 20·21·24

단기계약직 근로자를 배려하기 위하여 계속근로기간이 1년에 미달하더라도 1월당 1일의 휴가를 비례적으로 보장하고 있다.

(3) 출근율 산정 관련 판례

1) 출근으로 처리되는 기간

① 법령상 출근 간주기간

㉠ 근로자가 업무상의 재해로 휴업한 기간, 임신 중의 여성이 출산 전후의 휴가로 휴업한 기간, 육아휴직기간, 육아기 근로시간 단축을 사용하여 단축된 근로시간, 임신기 근로시간 단축을 사용하여 단축된 근로시간은 출근한 것으로 본다(근기법 제60조 제6항). 기출 20·22·25

㉡ [1] 근로자가 업무상 재해로 휴업한 기간은 장단(長短)을 불문하고 소정근로일수와 출근일수에 모두 포함시켜 출근율을 계산하여야 한다. 설령 그 기간이 1년 전체에 걸치거나 소정근로일수 전부를 차지한다고 하더라도, 이와 달리 볼 아무런 근거나 이유가 없다. 나아가 근로자가 연차휴가에 관한 권리를 취득한 후 1년 이내에 연차휴가를 사용하지 아니하거나 1년이 지나기 전에 퇴직하는 등의 사유로 인하여 더 이상 연차휴가를 사용하지 못하게 될 경우에는 사용자에게 그 연차휴가일수에 상응하는 임금인 연차휴가수당을 청구할 수 있다. 한편 연차휴가를 사용할 권리 혹은 연차휴가수당청구권은 근로자가 전년도에 출근율을 충족하면서 근로를 제공하면 당연히 발생하는 것으로서, 연차휴가를 사용할 해당 연도가 아니라 그 전년도 1년간의 근로에 대한 대가에 해당한다. 따라서 근로자가 업무상 재해 등의 사정으로 말미암아 연차휴가를 사용할 해당 연도에 전혀 출근하지 못한 경우라 하더라도, 이미 부여받은 연차휴가를 사용하지 않은 데 따른 연차휴가수당은 청구할 수 있다. 이러한 연차휴가수당의 청구를 제한하는 내용의 단체협약이나 취업규칙은 근로기준법에서 정하는 기준에 미치지 못하는 근로조건을 정한 것으로서, 효력이 없다고 보아야 한다. 기출 21

[2] 노사 간의 합의에 따라 근로기준법에 규정되지 않은 급여를 추가지급하기로 한 경우 그 산정기준은 노사합의에서 정한 바에 의하면 되고, 반드시 근로기준법에 규정된 법정수당 등의 산정기준인 통상임금을 기준으로 하여야 하는 것은 아니다. 따라서 근로기준법상의 통상임금에 포함되는 임금항목 중 일부만을 위 추가지급하기로 한 급여의 산정기준으로 정하였다고 하더라도 그러한 합의는 유효하다(대판 2017.5.17. 2014다232296). 기출 23

② **부당해고기간** : 근로자가 부당해고로 인하여 지급받지 못한 임금이 연차휴가수당인 경우에도 해당 근로자의 연간 소정근로일수와 출근일수를 고려하여 근로기준법 제60조 제1항의 요건을 충족하면 연차유급휴가가 부여되는 것을 전제로 연차휴가수당을 지급하여야 하고, 이를 산정하기 위한 연간 소정근로일수와 출근일수를 계산할 때 사용자의 부당해고로 인하여 근로자가 출근하지 못한 기간을 근로자에 대하여 불리하게 고려할 수는 없으므로 그 기간은 연간 소정근로일수 및 출근일수에 모두 산입되는 것으로 보는 것이 타당하며, 설령 부당해고기간이 연간 총근로일수 전부를 차지하고 있는 경우에도 달리 볼 수는 없다(대판 2014.3.13. 2011다95519). 기출 21

③ **위법한 직장폐쇄기간** : 사용자의 위법한 직장폐쇄로 인하여 근로자가 출근하지 못한 기간을 근로자에 대하여 불리하게 고려할 수는 없으므로 원칙적으로 그 기간은 연간 소정근로일수 및 출근일수에 모두 산입되는 것으로 보는 것이 타당하다. 다만, 위법한 직장폐쇄 중 근로자가 쟁의행위에 참가하였거나 쟁의행위 중 위법한 직장폐쇄가 이루어진 경우에 만일 위법한 직장폐쇄가 없었어도 해당 근로자가 쟁의행위에 참가하여 근로를 제공하지 않았을 것이 명백하다면, 이러한 쟁의행위가 적법한지 여부를 살펴 적법한 경우에는 그 기간을 연간 소정근로일수에서 제외하고, 위법한 경우에는 연간 소정근로일수에 포함시키되 결근한 것으로 처리하여야 한다. 이처럼 위법한 직장폐쇄가 없었다고 하더라도 쟁의행위에 참가하여 근로를 제공하지 않았을 것임이 명백한지는 쟁의행위에 이른 경위 및 원인, 직장폐쇄사유와의 관계, 해당 근로자의 쟁의행위에서의 지위 및 역할, 실제 이루어진 쟁의행위에 참가한 근로자의 수 등 제반 사정을 참작하여 신중하게 판단하여야 하고, 그 증명책임은 사용자에게 있다(대판 2019.2.14. 2015다66052).

2) 결근으로 처리되는 기간

① **위법한 쟁의행위기간** : 근로자가 위법한 쟁의행위에 참가한 기간은 근로자의 귀책사유에 의한 것으로 결근으로 처리한다(대판 2019.2.14. 2015다66052).

② **정직·직위해제기간** : 정직이나 직위해제 등의 징계를 받은 근로자는 징계기간 중 근로자의 신분을 보유하면서도 근로의무가 면제되므로, 사용자는 취업규칙에서 근로자의 정직 또는 직위해제기간을 소정근로일수에 포함시키되 그 기간 중 근로의무가 면제되었다는 점을 참작하여 연차유급휴가 부여에 필요한 출근일수에는 포함하지 않는 것으로 규정할 수 있고, 이러한 취업규칙의 규정이 구 근로기준법 제59조에 반하여 근로자에게 불리한 것이라고 보기는 어렵다(대판 2008.10.9. 2008다41666).

3) 소정근로일수에서 제외되는 기간

① **정당한 쟁의행위기간** : [1] 연차유급휴가는 근로자가 사용자에게 근로를 제공하는 관계에 있다는 사정만으로 당연히 보장받을 수 있는 것이 아니라, 1년간 8할 이상 출근하였을 때 비로소 부여받을 수 있는 것이므로 다른 특별한 정함이 없는 이상 이는 1년간의 근로에 대한 대가라고 볼 수 있고, 근로자가 연차유급휴가를 사용하지 못하게 됨에 따라 사용자에게 청구할 수 있는 연차휴가수당은 임금이라고 할 것이다. 여기서 근로자가 1년간 8할 이상 출근하였는지는 1년간의 총역일(曆日)에서 법령, 단체협약, 취업규칙 등에 의하여 근로의무가 없는 날로 정하여진 날을 제외한 나머지 일수, 즉 연간 근로의무가 있는 일수(이하 "연간 소정근로일수")를 기준으로 그중 근로자가 현실적으로 근로를 제공한 날이 얼마인지를 비율적으로 따져

판단하여야 하고, 연간 소정근로일수는 본래 사용자와 근로자 사이에 평상적인 근로관계, 즉 근로자가 사용자에게 근로를 제공하여 왔고 또한 계속적인 근로 제공이 예정되어 있는 상태를 전제로 한 것이다. [2] 근로자가 정당한 쟁의행위를 하거나 '남녀고용평등과 일·가정 양립 지원에 관한 법률'(이하 "남녀고용평등법")에 의한 육아휴직(이하 양자를 가리켜 "쟁의행위 등")을 하여 현실적으로 근로를 제공하지 아니한 경우, 쟁의행위 등은 헌법이나 법률에 의하여 보장된 근로자의 정당한 권리 행사이고 그 권리 행사에 의하여 쟁의행위 등 기간 동안 근로관계가 정지됨으로써 근로자는 근로의무가 없으며, 쟁의행위 등을 이유로 근로자를 부당하거나 불리하게 처우하는 것이 법률상 금지되어 있으므로(노조법 제3조, 제4조, 제81조 제1항 제5호, 남녀고용평등법 제19조 제3항), 근로자가 본래 연간 소정근로일수에 포함되었던 쟁의행위 등 기간 동안 근로를 제공하지 아니하였다 하더라도 이를 두고 근로자가 결근한 것으로 볼 수는 없다. 그런데 다른 한편 그 기간 동안 근로자가 현실적으로 근로를 제공한 바가 없고, 근로기준법, 노조법, 남녀고용평등법 등 관련 법령에서 그 기간 동안 근로자가 "출근한 것으로 본다"는 규정을 두고 있지도 아니하므로, 이를 두고 근로자가 출근한 것으로 의제할 수도 없다. 따라서 이러한 경우에는 연간 소정근로일수에서 쟁의행위 등 기간이 차지하는 일수를 제외한 나머지 일수를 기준으로 근로자의 출근율을 산정하여 연차유급휴가 취득요건의 충족 여부를 판단하되, 그 요건이 충족된 경우에는 본래 평상적인 근로관계에서 8할의 출근율을 충족할 경우 산출되었을 연차유급휴가일수에 대하여 '연간 소정근로일수에서 쟁의행위 등 기간이 차지하는 일수를 제외한 나머지 일수'를 '연간 소정근로일수'로 나눈 비율을 곱하여 산출된 연차유급휴가일수를 근로자에게 부여함이 합리적이다(대판 2013.12.26. 2011다4629). 기출 21

② **적법한 직장폐쇄기간** : 사용자의 적법한 직장폐쇄로 인하여 근로자가 출근하지 못한 기간은 원칙적으로 연차휴가일수 산정을 위한 연간 소정근로일수에서 제외되어야 한다. 다만 노동조합의 쟁의행위에 대한 방어수단으로서 사용자의 적법한 직장폐쇄가 이루어진 경우, 이러한 적법한 직장폐쇄 중 근로자가 위법한 쟁의행위에 참가한 기간은 근로자의 귀책으로 근로를 제공하지 않은 기간에 해당하므로, 연간 소정근로일수에 포함시키되 결근한 것으로 처리하여야 한다(대판 2019.2.14. 2015다66052).

③ **노조전임기간** : 노조전임기간 동안 현실적으로 근로를 제공하지 않았다고 하더라도 결근한 것으로 볼 수 없고, 다른 한편 노조법 등 관련 법령에서 출근한 것으로 간주한다는 규정 역시 두고 있지 않으므로 출근한 것으로 의제할 수도 없다. 결국, 근로제공의무가 면제되는 노조전임기간은 연차휴가일수 산정을 위한 연간 소정근로일수에서 제외함이 타당하다. 다만 노조전임기간이 연차휴가 취득기준이 되는 연간 총근로일 전부를 차지하고 있는 경우라면, 단체협약 등에서 달리 정하지 않는 한 이러한 노조전임기간에 대하여는 연차휴가에 관한 권리가 발생하지 않는다. 그리고 위와 같이 연간 소정근로일수에서 노조전임기간 등이 차지하는 일수를 제외한 후 나머지 일수(이하 "실질 소정근로일수")만을 기준으로 근로자의 출근율을 산정하여 연차휴가 취득요건의 충족 여부를 판단하게 되는 경우, 연차휴가제도의 취지, 연차휴가가 가지는 1년간의 근로에 대한 대가로서의 성질, 연간 소정근로일수에서 제외하지 않고 결근으로 처리할 때 인정되는 연차휴가일수와의 불균형 등을 고려하면, 해당 근로자의 출근일수가 연간 소정근로일수의 8할을 밑도는 경우에 한하여, 본래 평상적인 근로관계에서 8할의 출근율을 충족할 경우 산출되었을 연차휴가일수에 대하여 실질 소정근로일수를 연간 소정근로일수로 나눈 비율을 곱하여 산출된 연차휴가일수를 근로자에게 부여함이 합리적이다. 이러한 법리는 단체협약에서 정한 연월차휴가와 관련하여 연월차휴가 취득을 위한 출근율과 실질 소정근로일수를 기준으로 한 연차휴가일수를 산정할 때에도 다른 정함이 없는 한 마찬가지로 적용된다(대판 2019.2.14. 2015다66052).[17]

---

17) 따라서 판례의 취지를 고려할 때 출근일수가 연간 소정근로일수의 80% 이상인 경우에는 비례삭감하지 아니하고 15일 이상의 연차유급휴가가 부여된다고 이해할 수 있다.

3. 비례적 삭감설의 법리

(1) 판 례

1) 비례적 삭감설을 따른 사례[18]

출근율의 요건이 충족된 경우의 연차휴가일수에 대하여 종래 판례는, 본래 평상적인 근로관계에서 8할의 출근율을 충족할 경우 산출되었을 연차유급휴가일수에 대하여 '연간 소정근로일수에서 정당한 쟁의행위기간이 차지하는 일수를 제외한 나머지 일수'를 '연간 소정근로일수'로 나눈 비율을 곱하여 산출된 연차유급휴가일수를 근로자에게 부여함이 합리적이라 할 것이라고(대판 2013.12.26. 2011다4629) 판시하였다.

2) 비례적 삭감설을 제한한 사례

최근 판례는 "연차휴가제도의 취지, 연차휴가가 가지는 1년의 근로에 대한 대가로서의 성질, 연간 소정근로일수에서 제외하지 않고 결근으로 처리할 때 인정되는 연차휴가일수와의 불균형 등을 고려하면, 적법한 직장폐쇄나 노조전임기간의 경우, 해당 근로자의 출근일수가 연간 소정근로일수의 8할을 밑도는 경우에 한하여, 본래 평상적인 근로관계에서 8할의 출근율을 충족할 경우 산출되었을 연차휴가일수에 대하여 실질 소정근로일수를 연간 소정근로일수로 나눈 비율을 곱하여 산출된 연차휴가일수를 근로자에게 부여함이 합리적이라고(대판 2019.2.14. 2015다66052) 판시하여, 비례삭감설의 입장을 다소 제한하는 법리를 제시하고 있다. 즉, 해당 근로자의 출근일수가 연간 소정근로일수의 8할 이상이 되는 경우에는 법률에서 규정한 연차휴가일수 전부를 부여하고, 8할에 미치지 못하는 경우에만 비례적으로 삭감하여 연차를 부여하는 방식이다.

(2) 검 토

근로기준법 제60조 제6항에 의하면 업무상의 부상 또는 질병으로 휴업한 기간, 임신 중의 여성이 출산전후휴가 또는 유·사산휴가로 휴업한 기간, 육아휴직으로 휴업한 기간, 육아기 근로시간 단축을 사용하여 단축된 근로시간, 임신기 근로시간 단축을 사용하여 단축된 근로시간 등은 출근한 것으로 간주하여 연차유급휴가를 산정하도록 하고 있으나, 근로기준법에 규정되어 있지 아니한 사유로 출근하지 아니한 경우의 연차유급휴가의 산정은 판례에 맡겨져 있다. 생각건대 판례가 취하고 있는 비례적 삭감설의 법리는 근로제공 의무가 없는 기간 때문에 연차유급휴가에 관하여 근로자에게 불이익을 줄 뿐만 아니라 당해 기간을 소정근로일수에서 제외함으로 그 기간이 산정기간 전체에 걸친 경우에는 출근율을 산정하는 것조차 불가능하게 되는 문제가 있으므로, 정당한 쟁의행위기간, 적법한 직장폐쇄기간, 노조전임기간 등도 출근한 것으로 간주하여 연차유급휴가를 산정하는 것이 타당하다고 판단된다.

---

[18] 비례적 삭감설을 따른 사례(2011다4629)의 해석과 관련하여 당해 근로자의 출근일수가 연간 소정근로일수의 80%를 밑도는 경우에 한하여, 본래 평상적인 근로관계에서 80%의 출근율을 충족할 경우 산출되었을 연차유급휴가일수에 대하여 실질 소정근로일수를 연간 소정근로일수로 나눈 비율을 곱하여 산출된 연차유급휴가일수를 근로자에게 부여함이 합리적이므로, 출근일수가 연간 소정근로일수의 80% 이상인 경우에는 비례삭감을 하지 아니하고 온전하게 15일 이상의 연차유급휴가가 부여된다고 보아야 한다는 견해가 있고, 같은 취지의 고용노동부 행정해석(임금근로시간과-906, 2021.4.16.)도 있다. 이에 의할 경우 결국 비례적 삭감설을 따른 사례도 비례적 삭감설을 제한한 사례와 동일한 결론에 이르게 된다.

4. 연차유급휴가의 내용[19]

(1) 휴가일수(근기법 제60조 제4항)

1) 계속근로연수가 1년 미만인 경우
1개월간 개근 시 1일의 유급휴가가 주어진다.

2) 계속근로연수가 1년 이상 3년 미만인 경우
15일의 연차유급휴가가 주어진다.

3) 계속근로연수가 3년 이상인 경우(가산휴가제도)
15일의 연차유급휴가일수에 매 2년에 대하여 1일을 가산한 유급휴가를 주어야 한다. 근로자가 가산휴가를 받기 위해서는 3년 이상 계속 근로하여야 하고, 휴가 산정 대상기간 중 80% 이상 출근하여야 하며, 80% 미만 출근자의 경우에는 가산의 전제가 되는 휴가 자체가 발생하지 아니하므로, 가산휴가도 발생하지 아니한다.

> **가산휴가제도**
> 가산휴가청구권은 산정 대상기간 중의 출근율을 기준으로 발생하고, 산정 대상기간 전년도 이전의 출근율은 고려하지 않는다. 가산일수를 포함한 총휴가일수는 25일을 한도로 한다.

(2) 연차유급휴가수당
사용자는 취업규칙이나 그 밖의 정하는 바에 따라 통상임금 또는 평균임금을 지급하여야 한다(근기법 제60조 제5항). 연차휴가임금은 유급휴가를 주기 전 또는 준 직후의 임금지불일에 지급하여야 한다(근기법 시행령 제33조).

기출 23

(3) 휴가부여시기

1) 근로자의 시기지정권
사용자는 근로자가 청구한 시기에 연차유급휴가를 주어야 한다(근기법 제60조 제5항 본문). 시기지정권의 행사방법에 대해서는 단체협약 및 취업규칙 등에 구체적인 방법 및 절차 등을 규정하는 것이 원칙이나, 이러한 규정이 없다 할지라도 서면 또는 구두의 방법으로 시기 지정의 의사가 전달되었다면, 시기지정권의 행사로 보아야 할 것이다(대판 1992.4.10. 92누404). 기출 15 연차휴가권이 근로기준법상의 성립요건을 충족하는 경우에 당연히 발생하는 것이라고 하여도 그와 같이 발생한 휴가권을 구체화하려면 근로자가 자신에게 맡겨진 시기지정권을 행사하여 어떤 휴가를, 언제부터 언제까지 사용할 것인지에 관하여 특정하여야 할 것이고, 근로자가 이와 같은 특정을 하지 아니한 채 시기지정권을 행사하더라도 이는 적법한 시기지정이라고 할 수 없어 그 효력이 발생할 수 없으며, 이와 같은 경우에는 적법한 휴가시기 지정이 있음을 전제로 하는 사용자의 시기변경권의 행사도 필요하지 아니하다(대판 1997.3.28. 96누4220).

---

19) 판례는 근로기준법 제60조 제1항은 최초 1년간 80% 이상 출근한 근로자가 그다음 해에도 근로관계를 유지하는 것을 전제로 하여 2년 차에 15일의 유급휴가를 부여하는 것이어서, 1년 기간제 근로계약을 체결하여 1년의 근로계약기간이 만료됨과 동시에 근로계약관계가 더 이상 유지되지 아니하는 근로자에게는 근로기준법 제60조 제2항에 따라 최대 11일의 연차휴가만 부여될 수 있을 뿐 근로기준법 제60조 제1항에서 정한 15일의 연차휴가가 부여될 수는 없으나, 1년을 초과하되 2년 이하의 기간 동안 근로를 제공한 근로자에 대하여는 최초 1년 동안의 근로제공에 관하여 근로기준법 제60조 제2항에 따른 11일의 연차휴가가 발생하고, 최초 1년의 근로를 마친 다음 날에 근로기준법 제60조 제1항에 따른 15일의 연차휴가까지 발생함으로써 최대 연차휴가일수는 총 26일이 된다고(대판 2022.9.7. 2022다245419) 한다.

2) 사용자의 시기변경권(예외)

사용자는 근로자가 청구한 시기에 연차유급휴가를 주어야 하나, 사업 운영에 막대한 지장이 있는 경우에는 그 시기를 변경할 수 있다(근기법 제60조 제5항 단서). 시기변경권의 행사방법에 대해서는 단체협약 및 취업규칙 등에 구체적인 방법 및 절차 등을 규정하는 것이 좋다. 판례는 취업규칙에 연차유급휴가를 청구하는 경우 사전에 기관장에게 신청하여 승인을 얻도록 규정하고 있다면, 이는 근로자의 시기지정권을 박탈하는 것이 아닌 사용자의 시기변경권의 적절한 행사를 위한 조치이므로 유효하다고(대판 1992.6.23. 92다7542) 판시하고 있다.

기출 12

(4) 연차유급휴가의 분할사용 및 사용용도

1) 분할사용

연차유급휴가는 계속하여 부여하는 것이 원칙이나, 근로자가 분할하여 청구하는 경우에는 분할하여 부여할 수 있을 것이다. 다만, 근로자의 분할청구권도 사용자의 시기변경권에 의하여 제한받을 수 있음을 유의하여야 한다.

2) 사용용도

연차휴가의 사용용도는 특별한 규정이 없으므로, 근로자가 자유롭게 이용할 수 있다.

> **연차유급휴가의 사용용도**
> 정당한 쟁의행위의 목적이 없이 오직 업무 방해의 수단으로 이용하기 위하여 다수의 근로자가 집단적으로 일시에 월차유급휴가를 신청하여 일제히 결근함으로써 회사 업무의 정상적인 운영을 저해한 경우에는 업무방해행위를 구성한다(대판 1991.1.29. 90도2852).

5. 연차유급휴가의 소멸

(1) 연차유급휴가의 소멸

연차유급휴가는 1년간(계속하여 근로한 기간이 1년 미만인 근로자의 연차유급휴가는 최초 1년의 근로가 끝날 때까지의 기간) 행사하지 아니하면 소멸된다. 다만, 사용자의 귀책사유로 사용하지 못한 경우에는 그러하지 아니하다(근기법 제60조 제7항). 휴가청구권의 소멸시효는 근로자가 휴가를 청구할 지위를 얻게 될 때, 즉 개근의 근로를 마친 다음 날부터 진행된다(대판 1972.11.28. 72다1758). 사용자의 귀책사유로 근로자가 연차유급휴가를 사용하지 못한 경우에는, 휴가청구권 발생일로부터 1년이 지나더라도 휴가청구권은 소멸되지 아니하고 이월된다. 이때 사용자의 귀책사유란 사용자가 시기변경권을 행사한 경우를 말한다. 근로자의 귀책사유로 1년간 연차유급휴가를 행사하지 아니한 경우에는, 휴가청구권은 소멸된다. 이때 근로자의 귀책사유란 근로자가 연차유급휴가를 청구하지 아니한 경우를 말한다. 기출 12 · 19

(2) 연차유급휴가미사용수당

1) 연차유급휴가미사용수당의 산정

판례는 근로기준법 제60조 제5항 본문은 "사용자는 제1항부터 제4항까지의 규정에 따른 휴가를 근로자가 청구한 시기에 주어야 하고, 그 기간에 대하여는 취업규칙 등에서 정하는 통상임금 또는 평균임금을 지급하여야 한다"라고 정하고 있다. 이와 같이 연차휴가기간에 근로자가 근로를 제공하지 않더라도 근로를 제공한 것으로 보아 지급되어야 하는 연차휴가수당은 취업규칙 등에서 산정기준을 정하지 않았다면, 그 성질상 통상임금을 기초로 하여 산정하여야 한다. 그리고 근로자가 연차휴가에 관한 권리를 취득한 후 1년 이내에 연차휴가를 사용하지 아니하거나 1년이 지나기 전에 퇴직하는 등의 사유로 인하여 더 이상 연차휴가를 사용하지 못하게 될 경우에 연차휴가일수에 상응하는 임금인 연차휴가수당을 청구할 수 있는데, 이러한 연차휴가수당 역시 취업규칙 등에 다른 정함이 없다면 마찬가지로 통상임금을 기초로 하여 산정할 수당으로 보는 것이 타당하다고(대판 2019.10.18. 2018다239110) 한다.

2) 연차유급휴가미사용수당의 청구

판례는 근로자가 연차휴가에 관한 권리를 취득한 후 1년 이내에 연차휴가를 사용하지 아니하거나 1년이 지나기 전에 퇴직하는 등의 사유로 인하여 더 이상 연차휴가를 사용하지 못하게 될 경우에는 사용자에게 연차휴가일수에 상응하는 임금인 연차휴가수당을 청구할 수 있고, 한편 연차휴가를 사용할 권리 혹은 연차휴가수당청구권은 근로자가 전년도에 출근율을 충족하면서 근로를 제공하면 당연히 발생하는 것으로서, 연차휴가를 사용할 해당 연도가 아니라 그 전년도 1년간의 근로에 대한 대가에 해당한다고(대판 2017.5.17. 2014다232296) 한다.

기출 21 다만, 연차휴가를 사용할 권리는 다른 특별한 정함이 없는 한 전년도 1년간의 근로를 마친 다음 날 발생한다고 보아야 하므로, 그전에 퇴직 등으로 근로관계가 종료한 경우에는 연차휴가를 사용할 권리에 대한 보상으로서의 연차휴가수당도 청구할 수 없다(대판 2018.6.28. 2016다48297).

(3) 연차유급휴가미사용수당의 청구를 제한하는 단체협약 등의 효력

판례에 의하면 근로자가 업무상 재해 등의 사정으로 말미암아 연차휴가를 사용할 해당 연도에 전혀 출근하지 못한 경우라 하더라도, 이미 부여받은 연차휴가를 사용하지 않은 데 따른 연차휴가수당은 청구할 수 있다. 이러한 연차휴가수당의 청구를 제한하는 내용의 단체협약이나 취업규칙은 근로기준법에서 정하는 기준에 미치지 못하는 근로조건을 정한 것으로서, 효력이 없다(대판 2017.5.17. 2014다232296). **기출** 20·23

(4) 확정되지 않은 연차유급휴가미사용수당의 평균임금 산입 가부

평균임금 산정의 기초가 되는 임금 총액에는 사용자가 근로의 대상으로 근로자에게 지급하는 일체의 금품으로서 근로자에게 계속적·정기적으로 지급되고 그 지급에 관하여 단체협약, 취업규칙 등에 의하여 사용자에게 지급 의무가 지워져 있으면 그 명칭 여하를 불문하고 모두 포함되고, 근로자가 현실적으로 지급받은 금액뿐 아니라 평균임금을 산정하여야 할 사유가 발생한 때를 기준으로 사용자가 지급 의무를 부담하는 금액도 포함되나, 지급 사유의 발생이 확정되지 아니한 금품은 포함되지 않는다. 따라서 단체협약이나 취업규칙 등으로 달리 정하지 않는 한 퇴직금 중간정산 당시를 기준으로 그 지급 사유의 발생이 확정되지 아니한 금품을 평균임금에 포함하여 중간정산 퇴직금을 산정할 수는 없다(대판 2024.1.25. 2022다215784).

(5) 가산임금의 청구 가부

판례에 의하면 구 근로기준법 제46조가 정하는 할증임금지급제도와 구법 제47조, 제48조 소정의 연, 월차휴가제도는 그 취지가 상이한 제도이고, 각 법조문도 휴일과 휴가를 구별하여 규정하고 있는 점에 비추어, 연, 월차휴가근로수당에 대하여는 구법 제46조 소정의 가산임금(수당)이 포함될 수 없다(대판 1991.7.26. 90다카11636).

(6) 연차유급휴가미사용수당의 소멸시효

연차유급휴가권을 취득한 근로자가 휴가권이 발생한 때부터 1년 이내에 연차유급휴가를 사용하지 못하게 됨에 따라 발생하는 연차휴가미사용수당도 그 성질이 임금이므로, 연차휴가미사용수당 청구권에는 3년의 소멸시효가 적용되고(근로기준법 제49조), 그 기산점은 연차유급휴가권을 취득한 날부터 1년의 경과로 휴가의 불실시가 확정된 다음 날이다(대판 2023.11.16. 2022다231403).

6. 연차유급휴가의 사용촉진

(1) 법규정(근기법 제61조)
사용자가 연차유급휴가의 사용을 촉진하기 위하여 조치를 하였음에도 불구하고 근로자가 휴가를 사용하지 아니하여 소멸된 경우에는, 사용자는 그 사용하지 아니한 휴가에 대하여 보상할 의무가 없고, 사용자의 귀책사유에 해당하지 아니하는 것으로 본다.

(2) 요 건

1) 일반근로자와 1년간 80% 미만 출근자의 연차유급휴가 사용촉진
사용자가 연차유급휴가(계속하여 근로한 기간이 1년 미만인 근로자의 제60조 제2항에 따른 유급휴가는 제외)의 사용을 촉진하기 위하여 다음의 조치를 하였음에도 불구하고 근로자가 휴가를 사용하지 아니하여 소멸된 경우에는 사용자는 그 사용하지 아니한 휴가에 대하여 보상할 의무가 없고, 사용자의 귀책사유에 해당하지 아니하는 것으로 본다(근기법 제61조 제1항).

① 연차유급휴가의 행사기간이 끝나기 6개월 전을 기준으로 10일 이내에 사용자가 근로자별로 사용하지 아니한 휴가일수를 알려 주고, 근로자가 그 사용시기를 정하여 사용자에게 통보하도록 서면으로 촉구할 것

② 근로자가 촉구를 받은 때부터 10일 이내에 사용하지 아니한 휴가의 전부 또는 일부의 사용시기를 정하여 사용자에게 통보하지 아니하면 연차유급휴가의 행사기간이 끝나기 2개월 전까지 사용자가 사용하지 아니한 휴가의 사용시기를 정하여 근로자에게 서면으로 통보할 것

2) 근로기간이 1년 미만인 근로자의 연차유급휴가 사용촉진
사용자가 계속하여 근로한 기간이 1년 미만인 근로자의 연차유급휴가의 사용을 촉진하기 위하여 다음의 조치를 하였음에도 불구하고 근로자가 휴가를 사용하지 아니하여 소멸된 경우에는 사용자는 그 사용하지 아니한 휴가에 대하여 보상할 의무가 없고, 사용자의 귀책사유에 해당하지 아니하는 것으로 본다(근기법 제61조 제2항).

① 최초 1년의 근로기간이 끝나기 3개월 전을 기준으로 10일 이내에 사용자가 근로자별로 사용하지 아니한 휴가일수를 알려 주고, 근로자가 그 사용시기를 정하여 사용자에게 통보하도록 서면으로 촉구할 것. 다만, 사용자가 서면촉구한 후 발생한 휴가에 대해서는 최초 1년의 근로기간이 끝나기 1개월 전을 기준으로 5일 이내에 촉구하여야 한다.

② 근로자가 촉구를 받은 때부터 10일 이내에 사용하지 아니한 휴가의 전부 또는 일부의 사용시기를 정하여 사용자에게 통보하지 아니하면 최초 1년의 근로기간이 끝나기 1개월 전까지 사용자가 사용하지 아니한 휴가의 사용시기를 정하여 근로자에게 서면으로 통보할 것. 다만, 사용자가 서면촉구한 휴가에 대해서는 최초 1년의 근로기간이 끝나기 10일 전까지 서면으로 통보하여야 한다.

(3) 효 과

사용자가 연차유급휴가의 사용촉진을 위하여 이와 같은 조치를 한 경우에는, 사용자는 근로자의 미사용휴가에 대하여 보상의무를 부담하지 아니하므로, 근로자는 미사용휴가수당청구권을 행사할 수 없고, 또한 사용자의 귀책사유가 인정되지 아니하므로, 근로자의 연차휴가는 이월되지 아니하고 소멸된다. 판례에 의하면 사용자가 연차유급휴가의 사용촉진을 하였음에도 근로자가 휴가를 사용하지 아니하여 연차유급휴가가 소멸된 경우에는 사용자는 그 사용하지 아니한 휴가에 대하여 보상할 의무가 없으나 이와 같은 휴가미사용은 근로자의 자발적인 의사에 따른 것이어야 하므로 근로자가 지정된 휴가일에 출근하여 근로를 제공한 경우, 사용자가 휴가일에 근로한다는 사정을 인식하고도 노무의 수령을 거부한다는 의사를 명확하게 표시하지 아니하거나 근로자에 대하여 업무지시를 하였다면 특별한 사정이 없는 한 근로자가 자발적인 의사에 따라 휴가를 사용하지 않은 것으로 볼 수 없어 사용자는 근로자가 이러한 근로의 제공으로 인해 사용하지 아니한 휴가에 대하여 여전히 보상할 의무를 부담한다(대판 2020.2.27. 2019다279283).

7. 연차유급휴가의 대체

사용자는 근로자대표와의 서면합의에 따라 연차유급휴가일을 갈음하여 특정한 근로일에 근로자를 휴무시킬 수 있다(근기법 제62조). 대체휴가일을 근로일로 한정한 근로기준법 제62조의 규정 내용과 취지 및 휴일의 의의 등을 고려하면, 휴일을 대체휴가일로 정할 수는 없다(대판 2019.10.18. 2018다239110). 기출 20 · 21 · 22 · 23 · 25

제2절 여성과 연소근로자의 보호

I 여성과 연소근로자에 대한 공통된 특별보호

1. 탄력적 근로시간제도의 금지

탄력적 근로시간제도는 15세 이상 18세 미만의 근로자와 임신 중인 여성근로자에 대하여는 적용하지 아니한다(근기법 제51조 제3항, 제51조의2 제6항). 기출 18

2. 유해 · 위험사업에의 사용 금지 기출 14 · 18 · 21 · 22 · 24

① 사용자는 임신 중이거나 산후 1년이 경과되지 아니한 여성(이하 "임산부")과 18세 미만자를 도덕상 또는 보건상 유해 · 위험한 사업에 사용하지 못한다(근기법 제65조 제1항).
② 사용자는 임산부가 아닌 18세 이상의 여성을 보건상 유해 · 위험한 사업 중 임신 또는 출산에 관한 기능에 유해 · 위험한 사업에 사용하지 못한다(근기법 제65조 제2항).
③ 유해 · 위험작업에의 사용금지직종은 대통령령으로 정한다(근기법 제65조 제3항).

3. 야간 · 휴일근로의 금지(근기법 제70조)

(1) 18세 이상의 여성근로자

사용자는 18세 이상의 여성을 오후 10시부터 오전 6시까지의 시간 및 휴일에 근로시키려면 그 근로자의 동의를 받아야 한다. 기출 12·18·21·24

(2) 임산부와 18세 미만자

1) 원 칙

사용자는 임산부, 즉 임신 중이거나 산후 1년이 경과하지 아니한 여성과 18세 미만자를 오후 10시부터 오전 6시까지의 시간 및 휴일에 근로시키지 못한다.

2) 예외(다음의 사유에 고용노동부장관의 인가를 받은 경우)

① 18세 미만자의 동의가 있는 경우 기출 24·25
② 산후 1년이 경과하지 아니한 여성의 동의가 있는 경우
③ 임신 중의 여성이 명시적으로 청구하는 경우 기출 14·24

4. 갱내근로의 금지

사용자는 여성과 18세 미만인 사람을 갱내에서 근로시키지 못한다. 다만, 보건·의료, 보도·취재 등 대통령령이 정하는 업무를 수행하기 위하여 일시적으로 필요한 경우에는 그러하지 아니하다(근기법 제72조).

기출 18·23

① 갱내란 광산과 같이 지하에 있는 광물을 채굴하는 장소 및 지표에 나타남이 없이 지하에 도달하기 위하여 만들어진 지하도를 말한다.
② 작업장소가 갱내로 판단되는 한 그 작업의 내용이 반드시 광업이 아닐지라도 갱내근로에 해당된다.

> **갱내근로 허용업무(근기법 시행령 제42조)**
> 법 제72조에 따라 여성과 18세 미만인 자를 일시적으로 갱내에서 근로시킬 수 있는 업무는 다음 각 호와 같다.
> 1. 보건, 의료 또는 복지업무
> 2. 신문·출판·방송프로그램 제작 등을 위한 보도·취재업무
> 3. 학술연구를 위한 조사업무
> 4. 관리·감독업무
> 5. 제1호부터 제4호까지의 규정의 업무와 관련된 분야에서 하는 실습업무

[여성과 연소근로자의 보호]

구 분	18세 미만 근로자	18세 이상 여성근로자	임신 중인 여성근로자	산후 1년 미만 여성근로자
기준근로시간	1일 7시간, 1주 35시간(제69조)	1일 8시간, 1주 40시간(제50조)	1일 8시간, 1주 40시간(제50조)	1일 8시간, 1주 40시간(제50조)
연장근로	당사자와의 합의로 1일 1시간, 1주 5시간 연장 가능함 (제69조)	당사자와의 합의로 12시간 한도로 연장 가능함 (제53조)	금지되는 것이 원칙이며, 근로자의 요구가 있는 경우에는 쉬운 종류의 근로로 전환하여야 함 (제74조 제5항)	단체협약이 있는 경우라도 1일 2시간, 1주 6시간, 1년 150시간을 넘지 못함 (제71조)
야간·휴일근로	1. 원칙: 금지 2. 예외: 고용노동부장관의 인가와 당사자의 동의로 가능함 (제70조 제2항)	원칙: 근로자와의 동의로 가능함 (제70조 제1항)	1. 원칙: 금지 2. 예외: 고용노동부장관의 인가와 당사자의 명시적인 청구로 가능함 (제70조 제2항)	18세 미만의 근로자와 동일함
탄력적 근로시간제	적용 ×	적용 ○	적용 ×	적용 ○
선택적 근로시간제	적용 ×	적용 ○	적용 ○	적용 ○
유해·위험사업에의 사용 금지	사용 금지	임신 또는 출산에 관한 기능에 유해·위험한 사업에 사용 금지	사용 금지	사용 금지
갱내근로	1. 원칙: 금지 2. 예외: 대통령령이 정하는 업무를 수행하기 위하여 일시적으로 필요한 경우			

Ⅱ 연소근로자에 대한 특별보호

1. 최저취업연령의 제한

(1) 원 칙

15세 미만인 사람(초·중등교육법에 의한 중학교에 재학 중인 18세 미만인 사람을 포함)은 근로자로 사용하지 못한다(근기법 제64조).

(2) 예 외

대통령령이 정하는 기준에 따라 고용노동부장관이 발급한 취직인허증을 지닌 사람은 그러하지 아니하다(근기법 제64조). 기출 19

1) 취직인허증의 발급 대상

취직인허증을 받을 수 있는 자는 13세 이상 15세 미만인 자로 한다. 다만, 예술공연 참가를 위한 경우에는 13세 미만인 자도 취직인허증을 받을 수 있다(근기법 시행령 제35조 제1항). 기출 20·21·25

2) 취직인허증의 신청

취직인허증을 받으려는 자는 학교장(의무교육 대상자와 재학 중인자로 한정) 및 친권자 또는 후견인의 서명을 받아 사용자가 될 자와 연명으로 고용노동부장관에게 신청하여야 한다(근기법 시행령 제35조 제2항·제3항).

기출 14·21·25

3) 취직인허증의 발행·재교부
① 취직인허증은 본인의 신청에 따라 의무교육에 지장이 없는 경우에는 직종을 지정하여서만 발행할 수 있다(근기법 제64조 제2항). 기출 14
② 고용노동부장관은 임산부, 임산부가 아닌 18세 이상인 여성 및 18세 미만인 자의 사용이 금지되는 직종에 대하여는 취직인허증을 발급할 수 없다(근기법 시행령 제37조). 기출 25
③ 고용노동부장관은 취직인허증의 발행신청에 대하여 취직을 인허할 경우에는 고용노동부령으로 정하는 취직인허증에 직종을 지정하여 신청한 근로자와 사용자가 될 자에게 내주어야 한다(근기법 시행령 제36조 제1항). 기출 21
④ 사용자 또는 15세 미만인 자는 취직인허증이 못 쓰게 되거나 이를 잃어버린 경우에는 고용노동부령으로 정하는 바에 따라 지체 없이 재교부신청을 하여야 한다(근기법 시행령 제39조). 기출 21·23·25

4) 취직인허증의 취소
고용노동부장관은 거짓이나 그 밖의 부정한 방법으로 취직인허증을 발급받은 사람에게는 그 인허를 취소하여야 한다(근기법 제64조 제3항). 기출 14·21

2. 18세 미만 연소자증명서의 비치
① 사용자는 18세 미만인 사람에 대하여는 그 연령을 증명하는 가족관계기록사항에 관한 증명서와 친권자 또는 후견인의 동의서를 사업장에 비치하여야 한다(근기법 제66조). 기출 16·17·22
② 15세 미만인 자를 사용하는 사용자가 취직인허증을 갖추어 둔 경우에는 법 제66조에 따른 가족관계기록사항에 관한 증명서와 친권자나 후견인의 동의서를 갖추어 둔 것으로 본다(근기법 시행령 제36조 제2항). 기출 14·23·25

3. 미성년자의 근로계약
(1) 근로계약의 대리 금지
친권자 또는 후견인은 미성년자의 근로계약을 대리할 수 없다(근기법 제67조 제1항). 기출 19·20

(2) 근로계약의 해지
친권자, 후견인 또는 고용노동부장관은 근로계약이 미성년자에게 불리하다고 인정하는 경우에는 향후 이를 해지할 수 있다(근기법 제67조 제2항). 기출 18·19·20·21·25

4. 미성년자의 임금청구
① 미성년자는 독자적으로 임금을 청구할 수 있다(근기법 제68조). 기출 16·17·20·25
② 이는 민법상 행위능력이 없는 미성년자에게 법정대리인의 동의 없이 단독으로 임금을 청구할 수 있는 권리를 인정한 규정이다.
③ 임금의 청구는 미성년자뿐만 아니라 친권자에게도 허용된다. 다만, 임금은 미성년자에게 직접 지불되어야 하므로, 법정대리인이 대리수령할 수는 없다.

5. 연소자근로시간의 제한

(1) 원칙
15세 이상 18세 미만인 사람의 근로시간은 1일에 7시간, 1주에 35시간을 초과하지 못한다(근기법 제69조 본문). 기출 20·21·23

(2) 예외
당사자 간의 합의에 의하여 1일에 1시간, 1주에 5시간을 한도로 연장할 수 있다(근기법 제69조 단서). 기출 22

(3) 적용범위
① 탄력적 근로시간제도와 선택적 근로시간제도는 연소자에게 적용되지 않는다(근기법 제51조 제3항, 제51조의2 제6항).
② 사용자는 18세 미만자를 야간(오후 10시부터 오전 6시까지) 및 휴일에 근로시키지 못함이 원칙이다. 다만, 18세 미만자의 동의가 있는 경우로서 고용노동부장관의 인가를 얻은 경우에는 예외적으로 근로시킬 수 있도록 하고 있다(근기법 제70조 제2항). 기출 17·22

Ⅲ 여성근로자에 대한 특별보호

1. 생리휴가
① 사용자는 여성근로자가 청구하면 월 1일의 생리휴가(무급)를 주어야 한다(근기법 제73조). 기출 12·18
② 여성근로자의 특수한 신체적·생리적 사정을 보호하기 위한 제도이므로, 직종이나 근로시간, 개근 여부 등에 관계없이 임시직 근로자 및 시간제근로자 등을 포함한 모든 여성근로자에게 생리 여부 사실에 따라 부여되어야 한다.
③ 임신, 폐경 등 생리현상이 없는 여성근로자에게는 생리휴가를 부여하지 아니하여도 무방하다.

2. 출산전후휴가와 임신기의 근로(근기법 제74조)

(1) 출산전후휴가의 부여
① 사용자는 임신 중의 여성에게 출산 전과 출산 후를 통하여 90일(미숙아를 출산한 경우에는 100일, 한 번에 둘 이상 자녀를 임신한 경우에는 120일)의 출산전후휴가를 주어야 한다. 휴가기간의 배정은 출산 후에 45일(한 번에 둘 이상 자녀를 임신한 경우에는 60일) 이상이 되어야 하고, 미숙아의 범위, 휴가 부여 절차 등에 필요한 사항은 고용노동부령으로 정한다(제1항). 기출 15·20·23·24
② 사용자는 임신 중인 여성근로자가 유산의 경험 등 대통령령으로 정하는 사유로 ①의 휴가를 청구하는 경우 출산 전 어느 때라도 휴가를 나누어 사용할 수 있도록 하여야 한다. 이 경우 출산 후의 휴가기간은 연속하여 45일(한 번에 둘 이상 자녀를 임신한 경우에는 60일) 이상이 되어야 한다(제2항). 기출 16
③ 출산 전 휴가는 근로자가 청구한 때에 주어야 하나, 출산 후 휴가는 근로자의 청구가 없더라도 주어야 한다.
④ 사업주는 근로자가 배우자의 출산을 이유로 휴가(이하 "배우자출산휴가")를 고지하는 경우에 20일의 휴가를 주어야 한다. 이 경우 사용한 휴가기간은 유급으로 한다. 배우자출산휴가는 근로자의 배우자가 출산한 날부터 120일이 지나면 사용할 수 없다(고평법 제18조의2). 기출 16·17

(2) 유산·사산휴가 기출 16·23

사용자는 임신 중인 여성이 유산 또는 사산한 경우로서 그 근로자가 청구하면 유산·사산휴가를 주어야 한다. 다만, 임신중절수술(모자보건법 제14조 제1항에 따른 경우는 제외)에 따른 유산의 경우는 그러하지 아니하다(제3항).

(3) 휴가기간 중 임금

① 휴가 중 최초 60일(한 번에 둘 이상 자녀를 임신한 경우에는 75일)은 유급으로 한다. 다만, 남녀고용평등과 일·가정 양립 지원에 관한 법률에 따라 출산전후휴가급여 등이 지급된 경우에는 그 금액의 한도에서 지급의 책임을 면한다(제4항). 기출 12·15

② 국가는 배우자출산휴가, 난임치료휴가, 출산전후휴가 또는 유산·사산휴가를 사용한 근로자 중 일정한 요건에 해당하는 사람에게 그 휴가기간에 대하여 통상임금에 상당하는 금액(이하 "출산전후휴가급여등")을 지급할 수 있다(고평법 제18조 제1항).

(4) 근로제공의무의 경감

1) 시간외근로의 금지

사용자는 임신 중의 여성근로자에게 시간외근로를 하게 하여서는 아니 된다(제5항). 이때 시간외근로는 연장근로만을 의미하며, 고용노동부장관의 인가와 근로자의 명시적 청구가 있는 경우에는 휴일 및 야간근로는 인정된다(근기법 제70조 제2항). 기출 20·23

2) 경미한 근로로의 전환

사용자는 임신 중의 여성근로자의 요구가 있는 경우에는 쉬운 종류의 근로로 전환하여야 한다(제5항). 경미한 근로의 여부는 사회통념에 따라 구체적으로 판단하여야 한다. 기출 16·23

(5) 휴가 종료 후 직무 복귀

사업주는 출산전후휴가 종료 후에는 휴가 전과 동일한 업무 또는 동등한 수준의 임금을 지급하는 직무에 복귀시켜야 한다(제6항). 기출 16·20·23

(6) 근로시간의 단축

사용자는 임신 후 12주 이내 또는 32주 이후에 있는 여성근로자(고용노동부령으로 정하는 유산, 조산 등 위험이 있는 여성 근로자의 경우 임신 전 기간)가 1일 2시간의 근로시간 단축을 신청하는 경우 이를 허용하여야 한다. 다만, 1일 근로시간이 8시간 미만인 근로자에 대하여는 1일 근로시간이 6시간이 되도록 근로시간 단축을 허용할 수 있다(제7항). 사용자는 근로시간 단축을 이유로 해당 근로자의 임금을 삭감하여서는 아니 된다(제8항). 기출 20·23

(7) 업무시각의 변경

사용자는 임신 중인 여성근로자가 1일 소정근로시간을 유지하면서 업무의 시작 및 종료시각의 변경을 신청하는 경우 이를 허용하여야 한다. 다만, 정상적인 사업운영에 중대한 지장을 초래하는 경우 등 대통령령으로 정하는 경우에는 그러하지 아니하다(제9항). 기출 24

(8) 해고의 제한

출산 전후의 여성이 이 법에 따라 휴업한 기간과 그 후 30일간은 해고하지 못한다. 다만, 사용자가 제84조에 따라 일시보상을 하였을 경우 또는 사업을 계속할 수 없게 된 경우에는 그러하지 아니하다(근기법 제23조 제2항).

유산·사산휴가의 청구 등(근기법 시행령 제43조)

① 법 제74조 제2항 전단에서 "대통령령으로 정하는 사유"란 다음 각 호의 어느 하나에 해당하는 경우를 말한다.
  1. 임신한 근로자에게 유산·사산의 경험이 있는 경우
  2. 임신한 근로자가 출산전후휴가를 청구할 당시 연령이 만 40세 이상인 경우 기출 24
  3. 임신한 근로자가 유산·사산의 위험이 있다는 의료기관의 진단서를 제출한 경우
② 법 제74조 제3항에 따라 유산 또는 사산한 근로자가 유산·사산휴가를 청구하는 경우에는 휴가청구사유, 유산·사산 발생일 및 임신기간 등을 적은 유산·사산휴가신청서에 의료기관의 진단서를 첨부하여 사업주에게 제출하여야 한다.
③ 사업주는 제2항에 따라 유산·사산휴가를 청구한 근로자에게 다음 각 호의 기준에 따라 유산·사산휴가를 주어야 한다.
  1. 유산 또는 사산한 근로자의 임신기간(이하 "임신기간")이 15주 이내인 경우 : 유산 또는 사산한 날부터 10일까지
  2. 삭제 〈2025.2.18.〉
  3. 임신기간이 16주 이상 21주 이내인 경우 : 유산 또는 사산한 날부터 30일까지
  4. 임신기간이 22주 이상 27주 이내인 경우 : 유산 또는 사산한 날부터 60일까지
  5. 임신기간이 28주 이상인 경우 : 유산 또는 사산한 날부터 90일까지 기출 20

임신기간 근로시간 단축의 신청(근기법 시행령 제43조의2)

법 제74조 제7항에 따라 근로시간 단축을 신청하려는 여성근로자는 근로시간 단축개시 예정일의 3일 전까지 임신기간, 근로시간 단축개시 예정일 및 종료 예정일, 근무개시시각 및 종료시각 등을 적은 문서(전자문서를 포함)에 의사의 진단서(같은 임신에 대하여 근로시간 단축을 다시 신청하는 경우는 제외)를 첨부하여 사용자에게 제출하여야 한다.

임신기간 업무의 시작 및 종료 시각의 변경(근기법 시행령 제43조의3)

① 법 제74조 제9항 본문에 따라 업무의 시작 및 종료 시각의 변경을 신청하려는 여성 근로자는 그 변경 예정일의 3일 전까지 임신기간, 업무의 시작 및 종료 시각의 변경 예정 기간, 업무의 시작 및 종료 시각 등을 적은 문서(전자문서를 포함)에 임신 사실을 증명하는 의사의 진단서(같은 임신에 대해 업무의 시작 및 종료 시각 변경을 다시 신청하는 경우는 제외)를 첨부하여 사용자에게 제출해야 한다.
② 법 제74조 제9항 단서에서 "정상적인 사업 운영에 중대한 지장을 초래하는 경우 등 대통령령으로 정하는 경우"란 다음 각 호의 어느 하나에 해당하는 경우를 말한다.
  1. 정상적인 사업 운영에 중대한 지장을 초래하는 경우
  2. 업무의 시작 및 종료 시각을 변경하게 되면 임신 중인 여성 근로자의 안전과 건강에 관한 관계 법령을 위반하게 되는 경우

미숙아의 범위 등(근기법 시행규칙 제12조의2)

① 법 제74조 제1항 전단에 따라 임신 중인 여성에게 출산 전과 출산 후를 통하여 100일의 출산전후휴가를 주어야 하는 미숙아의 범위는 임신 37주 미만의 출생아 또는 출생 시 체중이 2천500그램 미만인 영유아로서, 특별한 의료적 관리를 위해 출생 후 24시간 이내에 신생아중환자실에 입원한 영유아로 한다. 기출 25
② 임신 중인 여성 근로자가 법 제74조 제1항 전단에 따라 미숙아의 출산으로 100일의 출산전후휴가를 부여받으려는 경우에는 출산전후휴가의 종료예정일(90일의 출산전후휴가를 사용 중인 여성 근로자가 미숙아의 출산으로 휴가기간을 100일로 변경하려는 경우에는 사용 중인 출산전후휴가의 종료예정일을 말한다) 7일 전까지 미숙아의 출산사실을 증명할 수 있는 서류를 사업주에게 제출해야 한다.

3. 태아검진 시간의 허용

사용자는 임신한 여성근로자가 임산부 정기건강진단을 받는데 필요한 시간을 청구하는 경우 이를 허용하여 주어야 한다. 사용자는 건강진단 시간을 이유로 그 근로자의 임금을 삭감하여서는 아니 된다(근기법 제74조의2). 기출 24

4. 유급수유시간

생후 1년 미만의 유아를 가진 여성근로자의 청구가 있는 경우에는 1일 2회 각각 30분 이상의 유급수유시간을 주어야 한다(근기법 제75조). 기출 15·16·23

5. 연장근로시간의 제한

사용자는 산후 1년이 지나지 아니한 여성에 대하여는 단체협약이 있는 경우라도 1일에 2시간, 1주에 6시간, 1년에 150시간을 초과하는 시간외근로를 시키지 못한다(근기법 제71조). 취업규칙, 근로계약 및 기타 당사자의 약정에 의하더라도 연장근로를 시킬 수 없다. 기출 13·14·21

CHAPTER 06 휴게 · 휴일 · 휴가 및 여성과 연소근로자의 보호

01 근로기준법령상 임산부의 보호에 관한 다음 규정 중 ( )에 들어갈 내용을 옳게 나열한 것은? 기출 25

> 시행규칙 제12조의2(미숙아의 범위 등)
> ① 법 제74조 제1항 전단에 따라 임신 중인 여성에게 출산 전과 출산 후를 통하여 (ㄱ)일의 출산전후휴가를 주어야 하는 미숙아의 범위는 임신 (ㄴ)주 미만의 출생아 또는 출생 시 체중이 2천 500그램 미만인 영유아로서, 특별한 의료적 관리를 위해 출생 후 (ㄷ)시간 이내에 신생아중환자실에 입원한 영유아로 한다.

① ㄱ : 100, ㄴ : 28, ㄷ : 12
② ㄱ : 100, ㄴ : 28, ㄷ : 24
③ ㄱ : 100, ㄴ : 37, ㄷ : 24
④ ㄱ : 120, ㄴ : 37, ㄷ : 48
⑤ ㄱ : 120, ㄴ : 40, ㄷ : 48

해설 및 정답

01 근로기준법 제74조 제1항 전단에 따라 임신 중인 여성에게 출산 전과 출산 후를 통하여 <u>100</u>일의 출산전후휴가를 주어야 하는 미숙아의 범위는 임신 <u>37</u>주 미만의 출생아 또는 출생 시 체중이 2천 500그램 미만인 영유아로서, 특별한 의료적 관리를 위해 출생 후 <u>24</u>시간 이내에 신생아중환자실에 입원한 영유아로 한다(근기법 시행규칙 제12조의2 제1항).

정답

02 근로기준법령상 여성과 소년의 보호에 관한 설명으로 옳지 않은 것은? 기출 25

① 사용자는 18세 이상의 임신 중인 여성을 휴일에 근로시키려면 그 근로자의 동의와 고용노동부장관의 인가를 받아야 한다.
② 15세 이상 18세 미만인 사람의 근로시간은 당사자 사이의 합의에 따라 1일에 1시간, 1주에 5시간을 한도로 연장할 수 있다.
③ 미성년자는 독자적으로 임금을 청구할 수 있다.
④ 고용노동부장관은 근로계약이 미성년자에게 불리하다고 인정하는 경우에는 이를 해지할 수 있다.
⑤ 사용자는 18세 미만인 사람과 근로계약을 체결하는 경우에 취업의 장소와 종사하여야 할 업무에 관한 사항을 서면(「전자문서 및 전자거래 기본법」에 따른 전자문서를 포함한다)으로 명시하여 교부하여야 한다.

03 근로기준법령상 취직인허증에 관한 설명으로 옳지 않은 것은? 기출 25

① 취직인허증의 신청은 학교장(의무교육 대상자와 재학 중인 자로 한정한다) 및 친권자 또는 후견인의 서명을 받아 사용자가 될 자와 연명(連名)으로 하여야 한다.
② 예술공연 참가를 위한 경우에는 13세 미만인 자도 취직인허증을 받을 수 있다.
③ 고용노동부장관은 임산부 등의 사용 금지 직종에 대하여는 취직인허증을 발급할 수 없다.
④ 사용자가 취직인허증을 잃어버린 경우에는 15세 미만인 자의 동의를 얻어 재교부 신청을 하여야 한다.
⑤ 15세 미만인 자를 사용하는 사용자가 취직인허증을 갖추어 둔 경우에는 가족관계기록사항에 관한 증명서와 친권자나 후견인의 동의서를 갖추어 둔 것으로 본다.

해설 및 정답

02 ① (×) 사용자는 18세 이상의 여성을 오후 10시부터 오전 6시까지의 시간 및 휴일에 근로시키려면 그 근로자의 동의를 받아야 한다(근기법 제70조 제1항). 사용자는 임신 중의 여성을 휴일에 근로시키려면 <u>임신 중의 여성이 명시적으로 청구하는 경우로서 고용노동부장관의 인가를 받아야</u> 한다(근기법 제70조 제2항). 18세 이상의 여성이 임신한 경우에는 근기법 제70조 제2항이 적용됨을 유의하여야 한다.
② (○) 15세 이상 18세 미만인 사람의 근로시간은 1일에 7시간, 1주에 35시간을 초과하지 못한다. 다만, 당사자 사이의 합의에 따라 1일에 1시간, 1주에 5시간을 한도로 연장할 수 있다(근기법 제69조).
③ (○) 근기법 제68조
④ (○) 친권자, 후견인 또는 고용노동부장관은 근로계약이 미성년자에게 불리하다고 인정하는 경우에는 이를 해지할 수 있다(근기법 제67조 제2항).
⑤ (○) 사용자는 18세 미만인 사람과 근로계약을 체결하는 경우에는 임금, 소정근로시간, 휴일, 연차유급휴가, 취업의 장소와 종사하여야 할 업무에 관한 사항 등의 근로조건을 서면(전자문서 포함)으로 명시하여 교부하여야 한다(근기법 제67조 제3항, 동법 제17조 제1항, 동법 시행령 제8조 제1호).

정답 ①

03 ① (○) 취직인허증을 받으려는 자는 학교장(의무교육 대상자와 재학 중인 자로 한정) 및 친권자 또는 후견인의 서명을 받아 사용자가 될 자와 연명(連名)으로 고용노동부장관에게 신청하여야 한다(근기법 시행령 제35조 제2항, 제3항).
② (○) 근기법 시행령 제35조 제1항 단서
③ (○) 고용노동부장관은 임산부, 임산부가 아닌 18세 이상인 여성 및 18세 미만인 자의 사용이 금지되는 직종에 대하여는 취직인허증을 발급할 수 없다(근기법 시행령 제37조, 제40조).
④ (×) 사용자 또는 15세 미만인 자는 취직인허증이 못쓰게 되거나 이를 잃어버린 경우에는 <u>취직인허증 재교부 신청서에 취직인허증이 못쓰게 되거나 이를 잃어버리게 된 사유를 적어, 관할 지방고용노동관서의 장에게 제출하여 지체 없이 재교부 신청을 하여야</u> 한다(근기법 시행령 제39조, 동법 시행규칙 제11조 제2항). 취직인허증을 잃어버린 경우 재교부 신청을 위해 별도로 15세 미만인 자의 동의는 필요하지 아니하다.
⑤ (○) 근기법 시행령 제36조 제2항

정답 ④

04 근로기준법령상 연차 유급휴가에 관한 설명으로 옳지 않은 것은? 기출 25

① 사용자는 계속하여 근로한 기간이 1년 미만인 근로자에게 1개월 개근 시 1일의 유급휴가를 주어야 한다.
② 근로자가 1년간 80퍼센트 미만 출근한 경우에는 연차 유급휴가를 전혀 부여받을 수 없다.
③ 연차 유급휴가기간에 지급하여야 하는 임금은 유급휴가를 주기 전이나 준 직후의 임금지급일에 지급하여야 한다.
④ 연차 유급휴가의 산정 시 근로자가 업무상의 부상 또는 질병으로 휴업한 기간은 출근한 것으로 본다.
⑤ 사용자는 근로자대표와의 서면합의에 따라 연차 유급휴가일을 갈음하여 특정한 근로일에 근로자를 휴무시킬 수 있다.

05 근로기준법상 휴식에 관한 설명으로 옳지 않은 것은? 기출 24

① 사용자는 8시간을 초과한 휴일근로에 대하여는 통상임금의 100분의 50 이상을 가산하여 근로자에게 지급하여야 한다.
② 사용자는 근로자에게 1주에 평균 1회 이상의 유급휴일을 보장하여야 한다.
③ 사용자는 근로시간이 4시간인 경우에는 30분 이상의 휴게시간을 근로시간 도중에 주어야 한다.
④ 사용자는 계속하여 근로한 기간이 1년 미만인 근로자에게 1개월 개근 시 1일의 유급휴가를 주어야 한다.
⑤ 휴게(제54조)에 관한 규정은 감시(監視) 근로에 종사하는 사람으로서 사용자가 고용노동부장관의 승인을 받은 사람에 대하여는 적용하지 아니한다.

06 근로기준법상 야간근로에 관한 설명으로 옳지 않은 것은? 기출 24

① 사용자는 야간근로에 대하여 통상임금의 100분의 50 이상을 가산하여 근로자에게 지급하여야 한다.
② 사용자는 근로자대표와의 서면 합의에 따라 야간근로에 대하여 임금을 지급하는 것을 갈음하여 휴가를 줄 수 있다.
③ 사용자는 18세 미만자의 경우 그의 동의가 있고 고용노동부장관의 인가를 받으면 야간근로를 시킬 수 있다.
④ 사용자는 18세 이상의 여성에 대하여는 그 근로자의 동의가 있는 경우에도 1일에 2시간, 1주에 6시간, 1년에 150시간을 초과하는 야간근로를 시키지 못한다.
⑤ 사용자는 임신 중의 여성이 명시적으로 청구하고 고용노동부장관의 인가를 받으면 야간근로를 시킬 수 있다.

해설 및 정답

04 ① (○) 사용자는 계속하여 근로한 기간이 1년 미만인 근로자 또는 1년간 80퍼센트 미만 출근한 근로자에게 1개월 개근 시 1일의 유급휴가를 주어야 한다(근기법 제60조 제2항).
② (×) 2012.2.1. 근기법 제60조 제2항이 개정됨에 따라 1년간 80퍼센트 미만 출근한 근로자가 1개월 개근하였다면 징계처분(직위해제, 정직)이나 불법파업 등 사유를 불문하고 1일의 연차유급휴가를 주어야 한다.
③ (○) 근기법 제60조 제5항, 동법 시행령 제33조
④ (○) 근기법 제60조 제6항 제1호
⑤ (○) 근기법 제62조

> **연차 유급휴가(근기법 제60조)**
> ① 사용자는 1년간 80퍼센트 이상 출근한 근로자에게 15일의 유급휴가를 주어야 한다.
> ② 사용자는 계속하여 근로한 기간이 1년 미만인 근로자 또는 1년간 80퍼센트 미만 출근한 근로자에게 1개월 개근 시 1일의 유급휴가를 주어야 한다.
> ⑥ 제1항 및 제2항을 적용하는 경우 다음 각 호의 어느 하나에 해당하는 기간은 출근한 것으로 본다.
>   1. 근로자가 업무상의 부상 또는 질병으로 휴업한 기간
>   2. 임신 중의 여성이 제74조 제1항부터 제3항까지의 규정에 따른 휴가로 휴업한 기간
>   3. 「남녀고용평등과 일·가정 양립 지원에 관한 법률」 제19조 제1항에 따른 육아휴직으로 휴업한 기간
>   4. 「남녀고용평등과 일·가정 양립 지원에 관한 법률」 제19조의2 제1항에 따른 육아기 근로시간 단축을 사용하여 단축된 근로시간
>   5. 제74조 제7항에 따른 임신기 근로시간 단축을 사용하여 단축된 근로시간

정답 ②

05 ① (×) 사용자는 8시간을 초과한 휴일근로에 대하여는 통상임금의 100분의 100 이상을 가산하여 근로자에게 지급하여야 한다(근기법 제56조 제2항 제2호).
② (○) 근기법 제55조 제1항
③ (○) 사용자는 근로시간이 4시간인 경우에는 30분 이상, 8시간인 경우에는 1시간 이상의 휴게시간을 근로시간 도중에 주어야 한다(근기법 제54조 제1항).
④ (○) 사용자는 계속하여 근로한 기간이 1년 미만인 근로자 또는 1년간 80퍼센트 미만 출근한 근로자에게 1개월 개근 시 1일의 유급휴가를 주어야 한다(근기법 제60조 제2항).
⑤ (○) 휴게(제54조)에 관한 규정은 감시(監視) 또는 단속적(斷續的)으로 근로에 종사하는 사람으로서 사용자가 고용노동부장관의 승인을 받은 사람에 대하여는 적용하지 아니한다(근기법 제63조 제3호).

정답 ①

06 ① (○) 근기법 제56조 제3항
② (○) 사용자는 근로자대표와의 서면 합의에 따라 연장근로·야간근로 및 휴일근로 등에 대하여 임금을 지급하는 것을 갈음하여 휴가를 줄 수 있다(근기법 제57조).
③ (○) 사용자는 임산부와 18세 미만자를 오후 10시부터 오전 6시까지의 시간 및 휴일에 근로시키지 못하나, 18세 미만자의 동의가 있는 경우로서 고용노동부장관의 인가를 받으면 그러하지 아니하다(근기법 제70조 제2항 제1호).
④ (×) 사용자는 18세 이상의 여성을 오후 10시부터 오전 6시까지의 시간 및 휴일에 근로시키려면 그 근로자의 동의를 받아야 한다(근기법 제70조 제1항). 한편 사용자는 산후 1년이 지나지 아니한 여성에 대하여는 단체협약이 있는 경우라도 1일에 2시간, 1주에 6시간, 1년에 150시간을 초과하는 시간외근로를 시키지 못한다(근기법 제71조).
⑤ (○) 사용자는 임산부와 18세 미만자를 오후 10시부터 오전 6시까지의 시간 및 휴일에 근로시키지 못하나, 임신 중의 여성이 명시적으로 청구하는 경우로서 고용노동부장관의 인가를 받으면 그러하지 아니하다(근기법 제70조 제2항 제3호).

정답 ④

07 근로기준법상 임산부의 보호에 관한 설명으로 옳지 않은 것은? 기출 24

① 사용자는 산후 1년이 지나지 아니한 여성 근로자가 1일 소정근로시간을 유지하면서 업무의 시작 및 종료 시각의 변경을 신청하는 경우 이를 허용하여야 한다.
② 사용자는 한 명의 자녀를 임신한 여성에게 출산 전과 출산 후를 통하여 90일의 출산전후휴가를 주어야 한다.
③ 사용자는 만 42세의 임신 중인 여성 근로자가 출산전후휴가를 청구하는 경우 출산 전 어느 때라도 휴가를 나누어 사용할 수 있도록 하여야 한다.
④ 사용자는 임신한 여성 근로자가 모자보건법상 임산부 정기건강진단을 받는데 필요한 시간을 청구하는 경우 이를 허용하여야 한다.
⑤ 사용자는 임산부를 도덕상 또는 보건상 유해·위험한 사업에 사용하지 못한다.

08 근로기준법상 임산부의 보호에 관한 설명으로 옳지 않은 것은? 기출수정 23

① 사용자는 임신 중의 여성 근로자에게 시간외근로를 하게 하여서는 아니 되며, 그 근로자의 요구와 관계없이 쉬운 종류의 근로로 전환하여야 한다.
② 사용자는 임신 중인 여성이 사산한 경우로서 그 근로자가 청구하면 대통령령으로 정하는 바에 따라 사산휴가를 주어야 한다.
③ 사용자는 한 번에 둘 이상 자녀를 임신 중의 여성에게 출산 전과 출산 후를 통하여 120일의 출산전후휴가를 주어야 한다.
④ 사업주는 출산전후휴가 종료 후에는 휴가 전과 동일한 업무 또는 동등한 수준의 임금을 지급하는 직무에 복귀시켜야 한다.
⑤ 사용자는 1일 근로시간이 8시간인 임신 후 32주 이후에 있는 여성 근로자가 1일 2시간의 근로시간 단축을 신청하는 경우 이를 허용하여야 한다.

해설 및 정답

07 ① (×) 사용자는 임신 중인 여성 근로자가 1일 소정근로시간을 유지하면서 업무의 시작 및 종료 시각의 변경을 신청하는 경우 이를 허용하여야 한다(근기법 제74조 제9항 본문).
② (○) 사용자는 임신 중의 여성에게 출산 전과 출산 후를 통하여 90일(미숙아를 출산한 경우에는 100일, 한 번에 둘 이상 자녀를 임신한 경우에는 120일)의 출산전후휴가를 주어야 한다(근기법 제74조 제1항 전문).
③ (○) 사용자는 임신 중인 여성 근로자가 출산전후휴가를 청구할 당시 연령이 만 40세 이상인 경우 출산 전 어느 때라도 휴가를 나누어 사용할 수 있도록 하여야 한다(근기법 제74조 제2항 전문, 동법 시행령 제43조 제1항 제2호).
④ (○) 근기법 제74조의2 제1항
⑤ (○) 사용자는 임신 중이거나 산후 1년이 지나지 아니한 여성과 18세 미만자(이하 "임산부")를 도덕상 또는 보건상 유해·위험한 사업에 사용하지 못한다(근기법 제65조 제1항).

> **임산부의 보호(근기법 제74조)**
> ① 사용자는 임신 중의 여성에게 출산 전과 출산 후를 통하여 90일(미숙아를 출산한 경우에는 100일, 한 번에 둘 이상 자녀를 임신한 경우에는 120일)의 출산전후휴가를 주어야 한다. 이 경우 휴가 기간의 배정은 출산 후에 45일(한 번에 둘 이상 자녀를 임신한 경우에는 60일) 이상이 되어야 하고, 미숙아의 범위, 휴가 부여 절차 등에 필요한 사항은 고용노동부령으로 정한다.
> ② 사용자는 임신 중인 여성 근로자가 유산의 경험 등 대통령령으로 정하는 사유로 제1항의 휴가를 청구하는 경우 출산 전 어느 때 라도 휴가를 나누어 사용할 수 있도록 하여야 한다. 이 경우 출산 후의 휴가 기간은 연속하여 45일(한 번에 둘 이상 자녀를 임신한 경우에는 60일) 이상이 되어야 한다.
>
> **유산·사산휴가의 청구 등(근기법 시행령 제43조)**
> ① 법 제74조 제2항 전단에서 "대통령령으로 정하는 사유"란 다음 각 호의 어느 하나에 해당하는 경우를 말한다.
>   1. 임신한 근로자에게 유산·사산의 경험이 있는 경우
>   2. 임신한 근로자가 출산전후휴가를 청구할 당시 연령이 만 40세 이상인 경우
>   3. 임신한 근로자가 유산·사산의 위험이 있다는 의료기관의 진단서를 제출한 경우

정답   ①

08 ① (×) 사용자는 임신 중의 여성 근로자에게 시간외근로를 하게 하여서는 아니 되며, 그 근로자의 요구가 있는 경우에는 쉬운 종류의 근로로 전환하여야 한다(근기법 제74조 제5항).
② (○) 사용자는 임신 중인 여성이 유산 또는 사산한 경우로서 그 근로자가 청구하면 대통령령으로 정하는 바에 따라 유산·사산 휴가를 주어야 한다(근기법 제74조 제3항 본문).
③ (○) 근기법 제74조 제1항 전문
④ (○) 근기법 제74조 제6항
⑤ (○) 사용자는 임신 후 12주 이내 또는 32주 이후에 있는 여성 근로자(고용노동부령으로 정하는 유산, 조산 등 위험이 있는 여성 근로자의 경우 임신 전 기간)가 1일 2시간의 근로시간 단축을 신청하는 경우 이를 허용하여야 한다. 다만, 1일 근로시간이 8시간 미만인 근로자에 대하여는 1일 근로시간이 6시간이 되도록 근로시간 단축을 허용할 수 있다(근기법 제74조 제7항).

정답   ①

CHAPTER 07 취업규칙 및 기숙사

출제포인트
☐ 불이익한 취업규칙의 변경
☐ 동의를 받지 못한 불이익변경의 효력

제1절 취업규칙

I 서 설

취업규칙이란 사용자가 기업경영의 필요상 사업장에서 근로자가 지켜야 할 복무규율과 임금·근로시간 등의 근로조건에 관한 구체적인 사항을 일방적·획일적·통일적으로 정한 준칙을 말한다. 취업규칙에서 정한 복무규율과 근로조건은 근로관계의 존속을 전제로 하는 것이지만, 사용자와 근로자 사이의 근로관계 종료 후의 권리·의무에 관한 사항이라고 하더라도 사용자와 근로자 사이에 존속하는 근로관계와 직접 관련되는 것으로서 근로자의 대우에 관하여 정한 사항이라면 이 역시 취업규칙에서 정한 근로조건에 해당한다(대판 2022.9.29. 2018다301527). 기출 24 사용자가 일방적으로 취업규칙을 작성하고 근로자에게 복종할 것을 사실상 강요하기 때문에 근로기준법은 취업규칙에 관하여 여러 제한을 가하고 있다.

II 취업규칙의 작성

1. 작성절차

(1) 작성의무자

상시 10명 이상의 근로자를 사용하는 사용자는 취업규칙을 작성하여 고용노동부장관에게 신고하여야 한다. 이를 변경하는 경우에 있어서도 또한 같다(근기법 제93조). 상시 10인 이상의 근로자를 사용하는 모든 사업장의 사용자가 작성의무자이다. 일시적으로 10인 미만이 되는 경우가 있다고 하더라도 상태적으로 보아 10인 이상이 되는 경우에는 상시 10인에 해당한다. 기출 13·18·20·21

(2) 근로자집단의 의견청취 및 동의

사용자는 취업규칙의 작성 또는 변경에 관하여 해당 사업 또는 사업장에 근로자의 과반수로 조직된 노동조합이 있는 경우에는 그 노동조합, 근로자의 과반수로 조직된 노동조합이 없는 경우에는 근로자의 과반수의 의견을 들어야 하고, 사용자는 취업규칙을 고용노동부장관에게 신고할 때에는 상기의 의견을 적은 서면을 첨부하여야 한다(근기법 제94조 제1항·제2항). 이 경우 의견을 들어야 함은 근로자의 단체적인 의견을 구하여야 한다는 의미이지, 반드시 동의를 받아야 하는 것은 아니다. 다만, 취업규칙을 근로자에게 불리하게 변경하는 경우에는 그 동의를 받아야 한다(제1항 단서). 기출 19·20

2. 복수의 취업규칙 작성 가부

하나의 사업장 내에서 상이한 근로자에게 별도로 적용되는 복수의 취업규칙을 작성하거나, 근로자의 일부에게만 적용되는 취업규칙을 작성할 수 있는지 여부가 문제된다.
① 이에 대하여 근로기준법은 명문의 규정을 두고 있지는 아니하나, 단시간근로자의 취업규칙을 통상근로자와 별도로 작성할 수 있다고 규정하고 있다(근기법 시행령 제9조 제1항 및 [별표 2] 제5호 가목).
② 판례는 사용자는 같은 사업장에 소속된 모든 근로자에 대하여 일률적으로 적용되는 하나의 취업규칙만을 작성하여야 하는 것은 아니고, 근로자의 근로조건, 근로형태, 직종 등의 특수성에 따라 근로자 일부에 적용되는 별도의 취업규칙을 작성할 수 있다고(대판 2007.9.6. 2006다83246) 판시하고 있다. 기출 17·19

3. 취업규칙에 반하는 개별합의

[1] 근로기준법 제97조는 "취업규칙에서 정한 기준에 미달하는 근로조건을 정한 근로계약은 그 부분에 관하여는 무효로 한다. 이 경우 무효로 된 부분은 취업규칙에 정한 기준에 따른다"라고 정하고 있다. 위 규정은, 근로계약에서 정한 근로조건이 취업규칙에서 정한 기준에 미달하는 경우 취업규칙에 최저기준으로서의 강행적·보충적 효력을 부여하여 근로계약 중 취업규칙에 미달하는 부분을 무효로 하고, 이 부분을 취업규칙에서 정한 기준에 따르게 함으로써, 개별적 노사 간의 합의라는 형식을 빌려 근로자로 하여금 취업규칙이 정한 기준에 미달하는 근로조건을 감수하도록 하는 것을 막아 종속적 지위에 있는 근로자를 보호하기 위한 규정이다.
[2] 원심은 그 판시와 같은 이유를 들어 원고들의 특별퇴직 신청에 관하여 원고들과 피고 사이에 이 사건 재채용 부분의 효력을 배제하고 재채용 신청의 기회 부여만을 특별퇴직조건으로 하는 것에 대하여 확정적인 의사의 합치가 있었다고 보기 어렵고, 설령 원고들과 피고 사이에 그와 같은 개별합의가 성립되었다고 가정하더라도 그러한 개별합의는 피고의 재채용 의무를 규정하고 있는 이 사건 재채용 부분에 반하여 원고들에게 불리한 내용의 합의로서 근로기준법 제97조에 따라 무효이므로 그에 대하여는 여전히 이 사건 재채용 부분이 적용된다고 판단하였다. 원심판결 이유를 앞서 본 법리와 기록에 비추어 살펴보면 원심의 위와 같은 판단은 정당하고, 거기에 상고이유 주장과 같이 필요한 심리를 다하지 아니한 채 논리와 경험의 법칙을 위반하여 자유심증주의의 한계를 벗어나거나 특별퇴직에 관한 의사표시 해석 등에 관한 법리를 오해하는 등의 잘못이 없다(대판 2022.9.29. 2018다301527).

Ⅲ 취업규칙의 기재사항

1. 기재사항

(1) 필요적 기재사항(근기법 제93조)

① 업무의 시작과 종료시각, 휴게시간, 휴일, 휴가 및 교대근로에 관한 사항
② 임금의 결정·계산·지급방법, 임금의 산정기간·지급시기 및 승급에 관한 사항
③ 가족수당의 계산·지급방법에 관한 사항
④ 퇴직에 관한 사항
⑤ 근로자퇴직급여 보장법에 따라 설정된 퇴직급여, 상여 및 최저임금에 관한 사항
⑥ 근로자의 식비, 작업용품 등의 부담에 관한 사항
⑦ 근로자를 위한 교육시설에 관한 사항
⑧ 출산전후휴가·육아휴직 등 근로자의 모성 보호 및 일·가정 양립 지원에 관한 사항
⑨ 안전과 보건에 관한 사항
⑩ 근로자의 성별·연령 또는 신체적 조건 등의 특성에 따른 사업장환경의 개선에 관한 사항
⑪ 업무상과 업무 외의 재해부조(災害扶助)에 관한 사항 기출 21
⑫ 직장 내 괴롭힘의 예방 및 발생 시 조치 등에 관한 사항
⑬ 표창과 제재에 관한 사항 기출 22
⑭ 그 밖에 해당 사업 또는 사업장의 근로자 전체에 적용될 사항

(2) 임의적 기재사항

위의 외에도 사용자는 법령이나 단체협약에 반하지 않는 한 어떠한 사항이라도 기재할 수 있다.

2. 필요적 기재사항이 미비된 경우

취업규칙의 작성·신고의무 위반이 되지만, 취업규칙 전체가 무효로 되는 것은 아니다. 기재되지 않은 부분에 대해서는 관련 법령·단체협약 및 근로계약 등에서 정한 내용이 적용된다.

Ⅳ 취업규칙의 변경

1. 불이익하지 아니한 취업규칙의 변경

(1) 의견청취

사용자는 취업규칙의 작성 또는 변경에 관하여 해당 사업 또는 사업장에 근로자의 과반수로 조직된 노동조합이 있는 경우에는 그 노동조합, 근로자의 과반수로 조직된 노동조합이 없는 경우에는 근로자의 과반수의 의견을 들어야 한다(근기법 제94조 제1항 본문). 기출 21·22

(2) 의견청취절차 위반의 효력

의견청취 자체를 하지 아니한 경우, 유효라는 견해와 무효라는 견해가 대립하고 있다. 판례는 근로기준법상의 의견청취의무는 단속법규에 불과할 뿐 효력규정이라고는 볼 수 없으므로 사용자가 이러한 규정들을 준수하지 않았다고 하더라도 그로 인하여 바로 취업규칙의 작성 또는 변경이 무효로 되는 것은 아니고(대판 2004.2.12. 2001다63599), 취업규칙의 하나인 인사규정의 작성·변경에 관한 권한은 원칙적으로 사용자에게 있으므로 사용

자는 그 의사에 따라 인사규정을 작성·변경할 수 있고, 원칙적으로 인사규정을 종전보다 근로자에게 불이익하게 변경하는 경우가 아닌 한 근로자의 동의나 협의 또는 의견청취절차를 거치지 아니하고 인사규정을 변경하였다고 하여 그 인사규정의 효력이 부정될 수는 없다고(대판 1999.6.22. 98두6647) 판시하고 있다. 기출 24

2. 불이익한 취업규칙의 변경

(1) 원 칙

사용자는 취업규칙을 근로자에게 불리하게 변경하는 경우, 해당 사업 또는 사업장에 근로자의 과반수로 조직된 노동조합이 있는 경우에는 그 노동조합, 근로자의 과반수로 조직된 노동조합이 없는 경우에는 근로자의 과반수의 동의를 받아야 한다(근기법 제94조 제1항 단서).

(2) 불이익변경

1) 의 의

취업규칙의 불이익한 변경이란 사용자가 종전 취업규칙 규정을 개정하거나 새로운 규정을 신설하여 근로조건이나 복무규율에 관한 근로자의 권리나 이익을 박탈하고 근로자에게 저하된 근로조건이나 강화된 복무규율을 일방적으로 부과하는 것을 말한다. 여기서 근로조건이나 복무규율에 관한 근로자의 권리나 이익이란 종전 취업규칙의 보호영역에 따라 보호되는 직접적이고 구체적인 이익을 가리킨다(대판 2022.4.14. 2021다280781).

2) 불이익변경의 판단기준

① 불리한 근로조건의 신설 : 취업규칙의 불이익한 변경이란 기존 취업규칙을 불이익하게 변경하여 근로조건을 저하시키는 경우뿐만 아니라 정년제의 신설과 같이 종전의 근로조건보다 불리한 근로조건을 신설하는 것도 이에 해당한다. 예컨대 판례는 취업규칙에서 징계시효를 연장하는 경우나 종래보다 징계사유가 확대되는 경우에는 취업규칙 불이익변경에 해당하지만(대판 1994.12.13. 94다27960), 기존의 규정이 불명확하거나 내용이 포괄적이어서 그 내용을 세분화·구체화한 데에 불과한 경우에는 불이익변경이 아니라고(대판 2009.3.26. 2007다54498) 판시하고 있다.

② 2 이상의 근로조건을 동시에 변경하는 경우
  ㉠ 근로조건 전체를 종합적으로 고려 : 취업규칙에서 2 이상의 근로조건을 동시에 변경하는 경우 어느 근로조건은 불이익으로, 다른 근로조건은 이익으로 변경된다면 변경되는 근로조건 전체를 종합적으로 고려하여 불이익변경의 여부를 판단하여야 할 것이다(대판 1984.11.13. 84다카414).
  ㉡ 근로조건을 결정짓는 여러 요소가 있는 경우 : 판례는 취업규칙의 일부인 퇴직금규정 중 어느 회사의 것이 근로자들에게 유리한지 불리한지 여부를 판단하기 위하여는 퇴직금지급률과 함께 그와 대가관계나 연계성이 있는 기초임금도 고려하여 종합적으로 판단하여야 한다고(대판 2001.4.24. 99다9370) 판시하고 있다. 또한 보수규정시행세칙과 같은 취업규칙의 작성·변경에 관한 권한은 사용자에게 있으므로 사용자는 그 의사에 따라 취업규칙을 작성·변경할 수 있는 것이 원칙이고, 다만 그것이 근로조건을 근로자에게 불이익하게 변경하는 것일 때에 한하여 근로자들의 집단적 의사결정방법에 의한 동의를 요하는 것으로 불이익변경인지 여부를 판단함에 있어서는, 근로조건을 결정짓는 여러 요소가 있는 경우 그중 한 요소가 불이익하게 변경되더라도 그와 대가관계나 연계성이 있는 다른 요소가 유리하게 변경되는 경우 이를 종합적으로 고려하여야 하는 것이므로 명예퇴직수당의 지급률이 낮아져 그 자체로는 불리해졌다고 하더라도 기초임금이 인상된 경우 반드시 불이익한 변경이라고 단정할 수는 없다고(대판 2004.1.27. 2001다42301) 한다.

③ 일부의 근로자에게는 유리하고, 일부의 근로자에게는 불리한 경우 : 취업규칙의 변경이 일부의 근로자에게는 유리하고, 일부의 근로자에게는 불리한 경우에는 근로자에게 불이익한 것으로 취급하여 근로자들 전체의 의사에 따라 결정하게 하는 것이 타당하다(대판 1993.5.14. 93다1893).

3) 불이익변경의 판단시점

취업규칙의 개정이 근로자들에게 불이익하게 변경된 것인지는 취업규칙의 개정이 이루어진 시점을 기준으로 판단하여야 한다(대판 2022.10.14. 2022다245518). 기출 23

4) 불이익변경 여부가 문제되는 사례

① 불이익변경을 인정한 사례

㉠ 교직원보수규정의 변경

㉮ 종전 공무원보수규정의 적용 : [1] 사용자가 취업규칙의 변경에 의하여 기존의 근로조건을 근로자에게 불리하게 변경하려면 종전 근로조건 또는 취업규칙의 적용을 받고 있던 근로자의 집단적 의사결정방법에 의한 동의를 받아야 한다(근로기준법 제94조 제1항 단서). 근로기준법 제94조 제1항 단서에서 정한 취업규칙의 불이익 변경이란 사용자가 취업규칙을 작성 또는 변경하여 근로조건이나 복무규율에 관한 근로자의 기득의 권리나 이익을 박탈하고 근로자에게 저하된 근로조건이나 강화된 복무규율을 일방적으로 부과하는 것이고, 취업규칙 불이익 변경의 대상인 근로조건이나 복무규율에 관한 근로자의 기득의 권리나 이익은 종전 취업규칙의 보호영역에 의하여 보호되는 직접적이고 구체적인 이익을 말한다.

[2] 갑 학교법인이 운영하는 대학교의 정관에 '교원의 보수는 이사회의 의결을 거쳐 따로 정한다'고 규정하고, 교직원보수규정에 '교원과 직원의 봉급월액은 공무원보수규정 제5조에 의한다'고 규정하고 있는데, 갑 법인이 당해 연도에 시행된 공무원보수규정이 아닌 그전에 시행된 공무원보수규정에 따라 보수를 지급하기로 하는 내용의 이사회의결을 한 사안에서, 교직원보수규정에서 말하는 공무원보수규정은 보수를 책정할 당시 시행되는 당해 연도의 공무원보수규정을 의미하는 것으로 해석되고, 당해 연도의 공무원보수규정을 적용함에 따른 임금 인상에 대한 기득의 권리나 이익은 종전 취업규칙의 보호영역에 의해 보호되는 직접적이고 구체적인 이익이라고 봄이 타당한데도, 이사회의결로 교직원보수규정이 근로자에게 불리하게 변경되었다고 할 수 없다고 본 원심판단에 법리오해의 잘못이 있다고 한 사례(대판 2022.3.17. 2020다219928).

㉯ 연봉제로의 변경 : 대학을 운영하는 학교법인인 피고는 1999.3. 교원의 임금체계를 호봉제에서 연봉제로 변경하는 내용으로 취업규칙을 개정하였으나, 취업규칙 불이익변경에 필요한 절차를 제대로 거치지 않다가 2017.8.16. 연봉제로 임금체계를 변경한 1999.3.1. 자 연봉제 급여지급규정 등에 대한 찬반투표를 실시하여 이를 찬성하는 결의가 이루어졌는데(이하 '이 사건 결의'), 원고는 연봉제를 도입하기 전에 임용된 교원으로, 피고가 2017학년도에도 원고에게 연봉제를 적용하자, 원고가 자신에게 호봉제가 적용된다고 주장하면서 2017학년도 임금 차액 등을 청구한 사안에서, 제반 사실관계에 비추어 보면, 원고의 2017년도 연봉을 기존의 누적성과 또는 업무실적 평가결과를 반영하는 방식으로 산정할 수 없고, 이 사건 결의 이후부터 장래에 향하여 연봉제를 적용하기로 함에 따라 그 첫해인 2017년도 연봉을 산정해야 하는 상황은, 호봉제에서 연봉제로 임금체계를 전환·적용하는 첫해 연봉의 산정 문제라는 점에서 급여규정의 1999.3.1. 자 연봉제 별도규정 부칙 또는 2001.3.1. 자 전문개정 부칙에서 예정한 상황과 본질적으로 같으므로, 원고의 2017년 연봉은 위 각 부칙을 준용하여 그 전년도인 2016년도 정당한 임금에서 1호봉 승급한 금액을 기준으로 결정함이 타당하다고 보아, 이와 달리 판단한 원심을 파기·환송한 사례(대판 2025.9.26. 2023다209106).

ⓒ **정년규정의 신설** : [1] 취업규칙에 정년규정이 없던 운수회사에서 55세 정년규정을 신설한 경우, 그 운수회사의 근로자들은 정년제 규정이 신설되기 이전에는 만 55세를 넘더라도 아무런 제한 없이 계속 근무할 수 있었으나, 그 정년규정의 신설로 인하여 만 55세로 정년에 이르고, 회사의 심사에 의하여 일정한 경우에만 만 55세를 넘어서 근무할 수 있도록 되었다면 이와 같은 정년제 규정의 신설은 근로자가 가지고 있는 기득의 권리나 이익을 박탈하는 불이익한 근로조건을 부과하는 것에 해당한다.
[2] 근로자 과반수로 조직된 노동조합이 있는 회사에서 취업규칙에 근로자에게 불리한 정년제 규정을 신설하는 경우, 그에 대한 노동조합의 동의를 얻어야 하는데, 이 경우에 있어서도 노동조합의 동의는 법령이나, 단체협약 또는 노동조합의 규약 등에 의하여 조합장의 대표권이 제한되었다고 볼만한 특별한 사정이 없는 한 조합장이 노동조합을 대표하여 하면 되는 것이지 노동조합 소속 근로자의 과반수의 동의를 얻어서 하여야 하는 것은 아니다.
[3] 노동조합이 설립된 운수회사가 그 취업규칙에 55세 정년규정을 신설하면서 노사협의회 근로자위원 전원과 노동조합 분회장의 동의를 얻은 경우, 이를 노동조합의 동의를 얻은 것과 동일시할 수 없다고 보아 그 정년규정의 신설을 무효라고 한 원심판결을 파기한 사례(대판 1997.5.16. 96다2507).

② **불이익변경을 인정하지 아니한 사례**
ⓐ **교직원보수규정의 변경(상여 수당의 삭감)** : 대학교의 교직원 보수규정에서 '교직원의 보수월액은 별도로 정한다.'라고 정하고 있고, 학교법인인 피고는 매 학년도에 기간제 교원의 기본급과 각종 수당의 세부 항목 및 액수 등을 정한 보수표를 마련하여 기간제 교원에게 보수를 지급하였고, 원고는 피고가 기간제 교원의 상여수당을 삭감한 취업규칙 변경이 무효라고 주장하면서, 피고를 상대로 변경 전의 취업규칙에 따라 산정한 상여수당과 지연손해금의 지급을 청구한 사안에서, 취업규칙의 변경이 근로자에게 불이익한지 여부를 판단할 때 근로조건을 결정짓는 여러 요소 중 한 요소가 불이익하게 변경되더라도 그와 대가관계나 연계성이 있는 다른 요소가 유리하게 변경되는 경우라면 그와 같은 사정을 종합적으로 고려하여야 함을 이유로, 피고가 공무원 보수체계의 개편에 따라 기간제 교원의 기본급이 급격히 인상된 점을 고려하여 상여수당을 감액한 것으로 볼 여지가 충분한 점, 기본급 인상과 상여수당 삭감 사이의 대가관계를 부정하기 어려운 점 등을 고려하면 특별한 사정이 없는 이상 상여수당을 감액한 해당 연도의 취업규칙 변경이 근로자에게 불이익한 변경에 해당하는지 판단함에 있어서는 기본급 인상이 함께 이루어진 경위와 그 대가관계 여부 등을 검토하고 임금 수준이 전체적으로 감소하였는지를 살피는 등으로 기본급이 근로자에게 유리하게 변경되었다는 사정까지 종합적으로 고려하여야 한다고 보아, 이와 달리 판단한 원심을 환송한 사례(대판 2025.2.20. 2024다293092).
ⓑ **정년규정의 변경** : 판례는 갑 조합의 조합장인 피고인이 근로자 과반수의 동의를 받지 않고 취업규칙인 인사규정을 근로자에게 불리하게 개정하였다고 하여 근로기준법 위반으로 기소되었는데, 갑 조합의 개정 전 인사규정은 "직원의 정년은 58세로 한다", "직원의 정년해직 기준일은 정년에 도달하는 날이 1월에서 6월 사이에 있는 경우에는 6월 30일로, 7월에서 12월 사이에 있는 경우에는 12월 31일로 한다"라고 규정되었다가 "직원의 정년해직 기준일은 정년에 도달한 날로 한다"라는 것으로 개정됨으로써, 개정 전 '근로자가 만 58세 되는 해의 6월 30일 또는 12월 31일에 퇴직하는 것'에서 개정 후 '만 60세에 도달하는 날에 퇴직하는 것'으로 변경된 사안에서, 고용상 연령차별금지 및 고령자고용촉진에 관한 법률 제19조에 따라 근로자의 정년을 60세 미만이 되도록 정한 근로계약이나 취업규칙, 단체협약의 정년 관련 규정은 이에 위반되는 범위 내에서 모두 무효이므로, 인사규정이 불이익하게 변경되었는지 여부는 정년에 관한 내용을 담고 있는 개정 전후의 인사규정 전체를 보고 판단하여야 하고 각 개별 조항의 효력을 하나씩 따로 비교하여 판단할 것은 아니므로 개정 인사규정에서 근로자의 정년은 만 60세에 도달하는 날 퇴직하는 것으로 변경되어 전체적으로 정년은 연장되었다는 이유로,

이와 달리 정년해직 기준일을 정한 조항만을 비교하여 취업규칙이 근로자에게 불리하게 변경되었다고 볼 것은 아니라고(대판 2022.4.14. 2020도9257) 한다.

ⓒ **휴직 중 승급 등의 제한** : 판례는 갑 주식회사가 을이 속해 있던 사업장을 매각하여 소속 근로자 등의 인적 조직을 다른 사업장에 통합하는 한편 신인사제도를 도입하여 취업규칙을 개정하면서 '휴직 중에는 승급 및 평가인상을 실시하지 않는다'고 규정하였고, 이에 업무상 재해로 휴직 중인 을에 대한 정기승급을 비롯하여 전년도 근무평가를 통한 기본급 인상이 불가능하게 되자 을이 취업규칙의 무효 확인을 구한 경우, 위 규정은 을이 속해 있던 사업장 소속의 휴직 중인 근로자에 대한 관계에서 신인사제도 시행에 따라 정기승급 및 평가인상과 관련하여 새로이 마련된 확인 규정에 불과해 보이고, 정기승급이나 근무평가를 통한 기본급 인상에 관하여 을이 속해 있던 사업장의 종전 취업규칙 규정을 불이익하게 변경한 것이라고 볼 수 없다고(대판 2018.9.28. 2015다209699) 한다.

ⓔ **연구보조비의 삭감** : 판례는 甲 학교법인이 운영하는 대학교의 교직원보수규정에서 예산의 범위에서 교원에게 연구보조비를 지급한다고 정하고 있고, 매 학년도별 봉급과 각종 수당의 세부 항목과 액수 등을 정한 교직원 보수표에서 연구보조비 액수를 정하고 있는데, 甲 법인이 일부 학년도의 연구보조비를 직전 학년도보다 적게 정한 것이 취업규칙의 불이익한 변경에 해당하는지 문제된 사안에서, 甲 법인이 매 학년도에 정한 연구보조비 액수가 매 학년도의 교직원 보수표의 보호영역에 따라 보호되는 직접적이고 구체적인 이익이라고 보기 어렵고, 일부학년도의 연구보조비 액수가 직전 학년도에 비해 줄어든 것을 실질적으로 연구보조비에 관한 종전 취업규칙을 교원에게 불리하게 개정하거나 변경한 것이라고 단정할 수 없다고(대판 2022.4.14. 2021다280781) 한다.

ⓜ **근무형태의 변경** : 한국방송공사가 기술직 근로자들의 TV조정실 근무형태를 '4조 3교대의 교대근무제'에서 '3조 3시차와 4조 3교대의 병합근무제'로 변경하는 등 근무형태 전면 개편조치를 시행하였는데, 위 조치가 취업규칙의 불이익 변경에 해당하는지 문제된 사안에서, 이로 인하여 기술직 근로자들의 근무형태가 크게 불규칙해졌다거나 업무부담이 증가하였다고 보기 어렵고, 일부 근로조건에서 다소 저하된 부분이 있다고 하더라도 오히려 근로조건이 향상된 부분도 있으므로 여러 요소들을 종합적으로 고려해 보면 취업규칙이 불이익하게 변경되었다고 보기 어렵다고 한 원심판단을 수긍한 사례(대판 2022.3.11. 2018다255488)

(3) 동의의 주체

1) 의 의

사용자는 취업규칙을 근로자에게 불리하게 변경하는 경우, 해당 사업 또는 사업장에 근로자의 과반수로 조직된 노동조합이 있는 경우에는 그 노동조합, 근로자의 과반수로 조직된 노동조합이 없는 경우에는 근로자의 과반수의 동의를 받아야 한다(근기법 제94조 제1항 단서). 그러나 불이익하게 변경되는 취업규칙이 일부 직종 또는 일부 직급 근로자에게만 적용되는 경우에 동의의 주체를 어떻게 판단해야 하는가에 대하여 규정하고 있지 않아 해석론에 맡겨져 있다.

2) 동의의 주체가 되는 근로자집단

① **취업규칙이 모든 근로자집단에게 적용되는 경우** : 해당 사업 또는 사업장의 모든 근로자에게 공통적으로 적용되는 취업규칙의 경우, 동의의 주체로서 산정기준이 되는 근로자는 전체 근로자집단을 의미한다.

② **취업규칙이 일부 근로자집단에게 적용되는 경우**
  ㉠ **이원화된 근로조건** : 판례는 사원과 노무원으로 이원화된 개정 퇴직금규정이 개정 전의 그것보다도 퇴직금지급일수의 계산 및 퇴직금 산정 기초임금의 범위에 있어 근로자에게 불리하게 변경된 경우에는 이에 관하여 종전 취업규칙의 적용을 받고 있던 근로자집단의 동의가 있어야 유효하다고 할 것인

바, 노동조합원인 총근로자 중 85%가 넘는 수를 차지하는 노무원이 퇴직금 개정안에 완전히 동의하였다 하더라도 개정 퇴직금규정이 노무원에 대한 부분에 국한하여 효력이 있는 것일 뿐, 개정에 동의한 바 없는 사원에 대한 부분은 효력이 없다고 한다(대판 1990.12.7. 90다카19647).

ⓒ 이원화되어 있지 아니한 근로조건 : 여러 근로자집단이 하나의 근로조건체계 내에 있어 비록 취업규칙의 불이익변경시점에는 어느 근로자집단만이 직접적인 불이익을 받더라도 다른 근로자집단에게도 변경된 취업규칙의 적용이 예상되는 경우에는 일부 근로자집단은 물론 장래 변경된 취업규칙규정의 적용이 예상되는 근로자집단을 포함한 근로자집단이 동의주체가 되고, 그렇지 않고 근로조건이 이원화되어 있어 변경된 취업규칙이 적용되어 직접적으로 불이익을 받게 되는 근로자집단 이외에 변경된 취업규칙의 적용이 예상되는 근로자집단이 없는 경우에는 변경된 취업규칙이 적용되어 불이익을 받는 근로자집단만이 동의주체가 된다(대판 2009.5.28. 2009두2238). 기출 19 · 23

(4) 동의의 방법

1) 노동조합의 동의를 받은 경우

근로자의 과반수로 조직된 노동조합 대표자의 동의를 요할 뿐, 별도로 조합원 과반수의 동의를 받을 필요는 없다. 여기서 근로자의 과반수로 조직된 노동조합이란 기존 취업규칙의 적용을 받고 있던 근로자 중 조합원 자격 유무를 불문한 전체 근로자의 과반수로 조직된 노동조합을 의미하고, 종전 취업규칙의 적용을 받고 있던 근로자 중 조합원 자격을 가진 근로자의 과반수로 조직된 노동조합을 의미하는 것이 아니므로, 정년퇴직연령을 단축하는 내용으로 취업규칙의 기존 퇴직규정을 변경하고 이에 관하여 기존 퇴직규정의 적용을 받던 근로자 전체의 과반수로 구성된 노동조합의 동의를 얻은 경우 그 취업규칙의 변경은 적법·유효하여 일정 직급 이상으로서 노동조합에 가입할 자격은 없지만 기존 퇴직규정의 적용을 받았던 근로자에게도 그 효력이 미친다(대판 2009.11.12. 2009다49377). 기출 17

2) 근로자 과반수의 동의를 받은 경우

① 회의방식에 의한 과반수의 동의 : 근로자 과반수로 조직된 노동조합이 없는 경우에는 근로자들의 회의방식에 의한 과반수의 동의가 있어야 한다. 여기서 말하는 근로자의 과반수라 함은 기존 취업규칙의 적용을 받는 근로자 집단의 과반수를 뜻한다(대판 2008.2.29. 2007다85997). 기출 23

② 찬반의견을 집약한 후 전체적으로 취합 : 회의방식에 의한 동의는 전 근로자가 반드시 한 자리에 모여 회의를 개최하는 방식만이 아니라 한 사업 또는 사업장의 기구별 또는 단위부서별로 사용자 측의 개입이나 간섭이 배제된 상태에서 근로자 간에 의견을 교환하여 찬반을 집약한 후 이를 전체적으로 모으는 방식도 허용된다. 여기서 사용자 측의 개입이나 간섭은 사용자 측이 근로자들의 자율적이고 집단적인 의사결정을 저해할 정도로 명시 또는 묵시적인 방법으로 동의를 강요하는 것을 의미하며, 사용자 측이 단지 변경될 근로조건이나 취업규칙의 내용을 근로자들에게 설명하고 홍보하는 데 그친 경우에는 사용자 측의 부당한 개입이나 간섭이 있었다고 할 수 없다(대판 2010.1.28. 2009다32522). 기출 17 다만, 업무의 특성, 사업의 규모, 사업장의 산재(散在) 등의 사정으로 전체 근로자들이 회합하기 어려운 경우에는 단위부서별로 회합하는 방식도 허용될 수 있겠으나, 근로기준법이 '회의방식'에 의한 근로자 과반수의 동의를 요구하는 이유는 '집단의사의 주체로서 근로자'의 의사를 형성하기 위함이므로, 사용자의 특수한 사정으로 인하여 전체 근로자들의 회합이 어려워 단위부서별로 회합하는 방식을 택할 수밖에 없는 경우에, 사용자는 부분적 회합을 통한 의견취합을 하더라도 전체 근로자들의 회합이 있었던 것과 마찬가지로 근로자들이 집단의사를 확인, 형성할 수 있도록 상당한 조치를 할 의무를 부담한다고 봄이 상당하다(대판 2017.5.31. 2017다209129; 서울고판 2017.1.13. 2015나2049413).

③ 노사협의회의결의 동의간주 가부 : 노사협의회는 근로자와 사용자 쌍방이 이해와 협조를 통하여 노사

공동의 이익을 증진함으로써 산업평화를 도모할 것을 목적으로 하는 제도로서, 노동조합과 그 제도의 취지가 다르므로 비록 회사가 근로조건에 관한 사항을 그 협의사항으로 규정하고 있다 하더라도, 근로자들이 노사협의회를 구성하는 근로자위원들을 선출함에 있어 그들에게 근로조건을 불이익하게 변경하는 경우 근로자들을 대신하여 동의를 할 권한까지 포괄적으로 위임한 것이라고 볼 수 없으며, 그 근로자위원들이 퇴직금규정의 개정에 동의를 함에 있어서 사전에 그들이 대표하는 각 부서별로 근로자들의 의견을 집약 및 취합하여 그들의 의사표시를 대리하여 동의권을 행사하였다고 볼만한 자료도 없다면, 근로자위원들의 동의를 얻은 것을 근로자들 과반수의 동의를 얻은 것과 동일시할 수 없다(대판 1994.6.24. 92다28556).

3) 강행법규를 잠탈할 의도로 변경된 취업규칙의 유효성

[1] 구 근로기준법은 휴게시간을 제외하고 1주간의 근로시간은 40시간을, 1일의 근로시간은 8시간을 초과할 수 없도록 기준근로시간을 정하여 규제하면서(제50조 제1항, 제2항), 기준근로시간의 범위 내에서 근로자와 사용자가 합의한 근로시간을 소정근로시간으로 규정하고 있다(제2조 제1항 제7호). 근로자는 합의한 소정근로시간 동안 근로의무를 부담하고, 사용자는 근로의무 이행에 대하여 임금을 지급하게 되는데, 사용자와 근로자는 기준근로시간을 초과하지 않는 한 원칙적으로 자유로운 의사에 따라 소정근로시간에 관하여 합의할 수 있다. 다만, 소정근로시간의 정함이 단지 형식에 불과하다고 평가할 수 있는 정도에 이르거나, 노동관계법령 등 강행법규를 잠탈할 의도로 소정근로시간을 정하였다는 등의 특별한 사정이 있는 경우에는 소정근로시간에 관한 합의로서의 효력을 부정하여야 한다.

[2] 정액사납금제하에서 생산고에 따른 임금을 제외한 고정급이 최저임금에 미달하는 것을 회피할 의도로 사용자가 소정근로시간을 기준으로 산정되는 시간당 고정급의 외형상 액수를 증가시키기 위해 택시운전근로자 노동조합과 사이에 실제 근무형태나 운행시간의 변경 없이 소정근로시간만을 단축하기로 합의한 경우, 이러한 합의는 강행법규인 최저임금법상 특례조항 등의 적용을 잠탈하기 위한 탈법행위로서 무효라고 보아야 한다. 이러한 법리는 사용자가 택시운전근로자의 과반수로 조직된 노동조합 또는 근로자 과반수의 동의를 얻어 소정근로시간을 단축하는 내용으로 취업규칙을 변경하는 경우에도 마찬가지로 적용된다(대판 2019.4.18. 2016다2451[전합]).

(5) 동의를 받지 못한 불이익변경의 효력

1) 의 의

취업규칙은 근로기준법이 근로자 보호의 목적으로 그 작성을 강제하고 이에 법규범성을 부여한 것이므로 이를 근로자에게 불이익하게 변경하려면 종전 취업규칙의 적용을 받고 있던 근로자 집단의 집단의사결정방법에 의한 동의를 요한다. 근로자 집단의 동의가 없는 한 취업규칙의 불이익한 변경에 대하여 개인적으로 동의한 근로자에 대하여도 그 효력이 없다(대판 1977.7.26. 77다355). **기출** 25

2) 동의를 받지 못한 취업규칙의 효력

① **기존근로자에 대한 효력** : 취업규칙의 작성·변경에 관한 권한은 원칙적으로 사용자에게 있으므로 사용자는 그 의사에 따라 취업규칙을 작성·변경할 수 있으나, 다만 근로기준법 제94조 제1항에 의하여 노동조합 또는 근로자 과반수의 의견을 들어야 하고 특히 근로자에게 불이익하게 변경하는 경우에는 동의를 얻어야 하는 제약을 받는바, 기존의 근로조건을 근로자에게 불리하게 변경하는 경우에 필요한 근로자의 동의는 근로자의 집단적 의사결정방법에 의한 동의임을 요하고 이러한 동의를 얻지 못한 취업규칙의 변경은 효력이 없다(대판 1992.12.22. 91다45165).

② **신규근로자에 대한 효력** : 판례는 사용자가 취업규칙에서 정한 근로조건을 근로자에게 불리하게 변경함에 있어서 근로자의 동의를 얻지 않은 경우에 그 변경으로 기득이익이 침해되는 기존의 근로자에 대한 관계에서는 변경의 효력이 미치지 않게 되어 종전 취업규칙의 효력이 그대로 유지되지만, 변경 후에 변경된 취업규칙에 따른 근로조건을 수용하고 근로관계를 갖게 된 근로자에 대한 관계에서는 당연히 변경된 취업규칙이 적용되어야 하고, 기득이익의 침해라는 효력배제사유가 없는 변경 후의 취업근로자에 대해서까지 변경의 효력을 부인하여 종전 취업규칙이 적용되어야 한다고 볼 근거가 없다(대판 1992.12.22. 91다45165)고 한다. 또한 보수규정이 근로자 집단의 동의 없이 불이익하게 변경될 당시 청원경찰로 근무하던 근로자가 다른 직종으로의 전직을 위하여 자유로운 의사에 따라 청원경찰을 사직하고 그 다음 날 신규채용 형식으로 고용원으로 재입사함으로써 근로관계가 단절된 경우, 그 재입사 당시 시행중인 법규적 효력을 가진 취업규칙은 개정된 보수규정이므로 재입사 후의 근속기간에 적용되는 보수규정은 개정된 보수규정이며, 그 근로자의 최초 입사일이 근로자 집단의 동의 없이 불이익하게 변경된 보수규정의 개정 이전이라고 하여 이와 달리 볼 것은 아니라고(대판 1996.10.15. 95다53188) 판시하고 있다. **기출** 19·22·23

3) **단체협약에 의한 소급적 동의**

① **소급적 동의의 허용 여부** : 단체협약은 노동조합이 사용자 또는 사용자단체와 근로조건, 기타 노사관계에서 발생하는 사항에 관하여 체결하는 협정으로서, 노동조합이 사용자 측과 기존의 임금, 근로시간, 퇴직금 등 근로조건을 결정하는 기준에 관하여 소급적으로 동의하거나 이를 승인하는 내용의 단체협약을 체결한 경우에, 그 동의나 승인의 효력은 단체협약이 시행된 이후에 그 사업체에 종사하며 그 협약의 적용을 받게 될 노동조합원이나 근로자들에 대하여 생긴다고 할 것이므로, 취업규칙 중 퇴직금에 관한 규정의 변경이 근로자에게 불이익함에도 불구하고, 사용자가 근로자의 집단적 의사결정방법에 의한 동의를 얻지 아니한 채 변경을 함으로써 기득이익을 침해받게 되는 기존의 근로자에 대하여는 종전의 퇴직금조항이 적용되어야 하는 경우에도, 노동조합이 사용자 측과 변경된 퇴직금조항을 따르기로 하는 내용의 단체협약을 체결한 경우에는 기득이익을 침해받게 되는 기존의 근로자에 대하여 종전의 퇴직금조항이 적용되어야 함을 알았는지의 여부에 관계없이, 그 협약의 적용을 받게 되는 기존의 근로자에 대하여도 변경된 퇴직금조항을 적용하여야 할 것이다(대판 2005.3.11. 2003다27429). **기출** 19

② **소급적 동의의 허용한계** : 노동조합이 사용자 측과 기존의 임금, 근로시간, 퇴직금 등 근로조건을 결정하는 기준에 관하여 소급적으로 동의하거나 이를 승인하는 내용의 단체협약을 체결한 경우에 그 동의나 승인의 효력은 단체협약이 시행된 이후에 그 사업체에 종사하며 그 협약의 적용을 받게 될 노동조합원이나 근로자들에 대하여만 생기고, 단체협약 체결 이전에 이미 퇴직한 근로자에게는 위와 같은 효력이 생길 여지가 없다(대판 1992.7.24. 91다34073).

4) **사회통념상 합리성의 법리**

① **종전 판례의 태도** : 종전 판례는 사용자가 일방적으로 새로운 취업규칙의 작성·변경을 통하여 근로자가 가지고 있는 기득의 권리나 이익을 박탈하여 불이익한 근로조건을 부과하는 것은 원칙적으로 허용되지 아니하지만, 해당 취업규칙의 작성·변경이 필요성 및 내용의 양면에서 보아 그에 의하여 근로자가 입게 될 불이익의 정도를 고려하더라도 여전히 당해 조항의 법적 규범성을 시인할 수 있을 정도로 사회통념상 합리성이 있다고 인정되는 경우에는, 종전 근로조건 또는 취업규칙의 적용을 받고 있던 근로자의 집단적 의사결정방법에 의한 동의가 없다는 이유만으로 그의 적용을 부정할 수는 없다고(대판 2015.8.13. 2012다43522) 판시하여 왔다.

② 전합 판결의 태도[20) 기출 24

㉠ 동의 없이 작성·변경된 취업규칙의 효력 : 사용자가 취업규칙을 근로자에게 불리하게 변경하면서 근로자의 집단적 의사결정방법에 따른 동의를 받지 못한 경우, 노동조합이나 근로자들이 집단적 동의권을 남용하였다고 볼만한 특별한 사정이 없는 한 해당 취업규칙의 작성 또는 변경에 사회통념상 합리성이 있다는 이유만으로 그 유효성을 인정할 수는 없다.

㉡ 논 거

㉮ 취업규칙의 불리한 변경에 대하여 근로자가 가지는 집단적 동의권은 사용자의 일방적 취업규칙의 변경 권한에 한계를 설정하고 헌법 제32조 제3항의 취지와 근로기준법 제4조가 정한 근로조건의 노사대등결정 원칙을 실현하는 데에 중요한 의미를 갖는 절차적 권리로서, 변경되는 취업규칙의 내용이 갖는 타당성이나 합리성으로 대체될 수 있는 것이라고 볼 수 없다.

㉯ 근로자의 집단적 동의권은 명문의 규정이 없더라도 위와 같은 근로조건의 노사대등결정 원칙과 근로자의 권익 보장에 관한 근로기준법의 근본정신, 기득권 보호의 원칙으로부터 도출된다. 이러한 집단적 동의는 단순히 요식적으로 거쳐야 하는 절차 이상의 중요성을 갖는 유효요건이다. 나아가 현재와 같이 근로기준법이 명문으로 집단적 동의절차를 규정하고 있음에도 취업규칙의 내용에 사회통념상 합리성이 있다는 이유만으로 근로자의 집단적 동의를 받지 않아도 된다고 보는 것은 취업규칙의 본질적 기능과 그 불이익변경 과정에서 필수적으로 확보되어야 하는 절차적 정당성의 요청을 도외시하는 것이다.

㉰ 근로자의 집단적 동의가 있는 경우 취업규칙의 불리한 변경에 반대한 개별 근로자에 대해서도 변경된 취업규칙의 효력을 인정함으로써 근로조건의 통일적 결정에 관한 요청이 충족되고 있으므로, 사용자가 근로자의 집단적 동의를 받지 않은 채 일방적으로 근로조건을 불리하게 변경한 경우에까지 사회통념상 합리성을 이유로 그 유효성을 인정하여 근로조건의 통일성을 도모할 필요가 있다고 볼 수도 없다.

㉱ 취업규칙의 불이익변경에 대하여는 단체협약보다 상위 규범인 법률에서 근로자의 집단적 동의권을 부여하고 있으므로, 취업규칙을 근로자에게 불리하게 변경하면서 근로자의 집단적 동의를 받지 않았다면 이를 원칙적으로 무효로 보되, 다만 노동조합이나 근로자들이 집단적 동의권을 남용한 경우에 한하여 유효성을 인정하는 것이 단체협약에 의한 노동조합의 동의권에 관한 대법원 판례의 태도와 일관되고 법규범 체계에 부합하는 해석이다.

---

20) 사실관계는 다음과 같다.
현대자동차 주식회사(이하 "피고")는 취업규칙(이하 "구 취업규칙")을 제정하여 전체 직원에 대하여 적용하여 왔는데, 법정근로시간을 단축하여 주 5일 근무제를 도입한 구 근로기준법이 2004.7.1.부터 피고 사업장에 시행됨에 따라 이에 맞추어 과장급 이상의 간부사원에게만 적용되는 간부사원 취업규칙을 별도로 제정하였다. 간부사원 취업규칙은 구 취업규칙과 달리 월 개근자에게 1일씩 부여하던 월차휴가제도를 폐지하고, 총 인정일수에 상한이 없던 연차휴가에 25일의 상한을 신설하는 내용을 포함하였다. 피고는 간부사원 취업규칙을 제정하면서 전체 근로자 과반수가 가입한 노동조합인 현대자동차노동조합(이하 "현대차노조")의 동의를 받지는 않았으나, 2004.8.16. 지역본부별, 부서별로 간부사원들을 모아 전체 간부사원 6,683명 중 약 89%에 해당하는 5,958명으로부터 동의서를 받았다. 피고소속 근로자들인 원고(선정당사자)들 및 선정자들(이하 통틀어 "원고등")은 피고에 입사하여 과장급 이상의 직위에서 근무하던 근로자들인데 제1심에서 간부사원 취업규칙 중 연월차휴가와 관련된 부분은 무효라고 주장하면서, 2004년부터 지급받지 못한 연월차휴가수당 상당액을 부당이득 반환으로서 청구하였다. 제1심이 청구원인 주장 자체에 의하더라도 원고등이 피고를 상대로 미지급 연월차휴가수당을 직접 청구할 수 있으므로 부당이득이 성립하지 않는다는 취지로 원고등의 청구를 기각하는 판결을 선고하자, 원고(선정당사자)들은 항소하면서, 원심에서 미지급 연월차휴가수당의 지급청구를 추가하였다.

㉮ 사회통념상 합리성이라는 개념 자체가 매우 불확정적이어서 어느 정도에 이르러야 법적 규범성을 시인할 수 있는지 노동관계 당사자가 쉽게 알기 어려울 뿐만 아니라, 개별 사건에서 다툼의 대상이 되었을 때 그 인정 여부의 기준으로 대법원이 제시한 요소들을 종합적으로 고려한 법원의 판단 역시 사후적 평가일 수밖에 없는 한계가 있다. 이에 취업규칙 변경의 효력을 둘러싼 분쟁이 끊이지 않고 있고, 그 유효성이 확정되지 않은 취업규칙의 적용에 따른 법적 불안정성이 사용자나 근로자에게 끼치는 폐해 역시 적지 않았다.

㉯ 그럼에도 종전 판례의 해석은 근로자의 집단적 동의가 없더라도 일정한 경우 사용자에 의한 일방적인 취업규칙의 작성 또는 변경으로 기존 근로조건을 낮추는 것을 인정하는 것이어서 강행규정인 근로기준법 제94조 제1항 단서의 명문 규정에 반하는 해석일 뿐만 아니라, 근로기준법이 예정한 범위를 넘어 사용자에게 근로조건의 일방적인 변경 권한을 부여하는 것이나 마찬가지여서 헌법 정신과 근로자의 권익 보장에 관한 근로기준법의 근본 취지, 근로조건의 노사대등결정 원칙에 위배된다.

ⓒ 집단적 동의권 남용 법리 : 우리 민법은 신의성실과 권리남용의 금지를 민사법의 중요한 원칙으로 선언하고 있고, 이는 법질서 전체를 관통하는 일반 원칙으로서 실정법을 형식적이고 엄격하게 적용할 때 생길 수 있는 부당한 결과를 막고 구체적 타당성을 실현하는 작용을 하므로, 근로기준법상 취업규칙의 불이익변경 과정에서 노동조합이나 근로자들이 집단적 동의권을 행사할 때도 신의성실의 원칙과 권리남용금지 원칙이 적용되어야 한다. 따라서 노동조합이나 근로자들이 집단적 동의권을 남용하였다고 볼만한 특별한 사정이 있는 경우에는 그 동의가 없더라도 취업규칙의 불이익변경을 유효하다고 볼 수 있다. 여기에서 노동조합이나 근로자들이 집단적 동의권을 남용한 경우란 관계 법령이나 근로관계를 둘러싼 사회 환경의 변화로 취업규칙을 변경할 필요성이 객관적으로 명백히 인정되고, 나아가 근로자의 집단적 동의를 구하고자 하는 사용자의 진지한 설득과 노력이 있었음에도 불구하고 노동조합이나 근로자들이 합리적 근거나 이유 제시 없이 취업규칙의 변경에 반대하였다는 등의 사정이 있는 경우를 말한다. 다만, 취업규칙을 근로자에게 불리하게 변경하는 경우에 근로자의 집단적 동의를 받도록 한 근로기준법 제94조 제1항 단서의 입법 취지와 절차적 권리로서 동의권이 갖는 중요성을 고려할 때, 노동조합이나 근로자들이 집단적 동의권을 남용하였는지 여부는 엄격하게 판단할 필요가 있다. 한편 신의성실 또는 권리남용금지 원칙의 적용은 강행규정에 관한 것으로서 당사자의 주장이 없더라도 법원이 그 위반 여부를 직권으로 판단할 수 있으므로, 집단적 동의권의 남용에 해당하는지 여부에 대하여도 법원은 직권으로 판단할 수 있다(대판 2023.5.11. 2017다35588[전합]).

(6) 관련 논점

1) 취업규칙의 수

사업장에 몇 개의 취업규칙이 존재할 수 있는가에 대하여 상대적 무효설에 따르면, 기존의 취업규칙과 변경된 취업규칙이 병존한다는 견해와, 변경된 취업규칙 1개만이 존재한다는 견해가 있는데, 판례는 취업규칙의 작성·변경권이 사용자에게 있는 이상 현행의 법규적 효력을 가진 취업규칙은 변경된 취업규칙이고, 기존근로자들의 근로조건은 기득권의 보호일 뿐이라고 보고 있다. 그러나 해당 불이익변경은 무효로 이해하여야 하므로, 그 사업장의 취업규칙은 기존의 취업규칙으로 보는 것이 타당하다고 판단된다.

2) 퇴직금차등제도

근로자퇴직급여 보장법 제4조 제2항은 퇴직금차등제도를 금지하고 있는데, 취업규칙의 변경으로 기존근로자에게는 퇴직금누진제가, 신규근로자에게는 퇴직금단수제가 적용된다면 하나의 사업장에 서로 다른 2개의 퇴직금제도가 존재하게 되고, 이러한 경우 퇴직금차등제도를 설정한 것과 동일한 법위반이 되는지가 문제된다. 이에 대하여 판례는 퇴직금차등제도를 설정한 경우에 해당하지 아니한다고(대판 1992.12.22. 91다45165) 판시하고 있다.

V 고용노동부장관에의 신고·취업규칙의 심사·주지의무

1. 고용노동부장관에의 신고
상시 10명 이상의 근로자를 사용하는 사용자는 작성 또는 변경된 취업규칙에 근로자집단의 의견을 적은 서면을 첨부하여 고용노동부장관에게 신고하여야 한다(근기법 제93조, 제94조 제2항).

2. 취업규칙의 심사
고용노동부장관은 법령 또는 단체협약에 어긋나는 취업규칙의 변경을 명할 수 있다(근기법 제96조 제2항).

기출 13·16·21·22

3. 취업규칙의 주지의무
사용자는 이 법과 이 법에 의하여 발하는 대통령령의 주요 내용과 취업규칙을 근로자가 자유롭게 열람할 수 있는 장소에 항상 게시하거나 갖추어 두어 근로자에게 널리 알려야 한다(근기법 제14조 제1항).

VI 취업규칙상의 징계권의 규제

취업규칙에서 근로자에 대하여 감급의 제재를 정할 경우에는 그 감액은 1회의 금액이 평균임금의 1일분의 2분의 1을, 총액이 1임금지급기의 임금 총액의 10분의 1을 초과하지 못한다(근기법 제95조). 기출 14·16·21·22

VII 취업규칙의 효력

1. 신설 또는 변경된 취업규칙의 효력발생 요건
[1] 신설 또는 변경된 취업규칙의 효력이 생기기 위해서는 반드시 같은 근로기준법 제14조 제1항에서 정한 방법에 의할 필요는 없지만, 적어도 법령의 공포에 준하는 절차로서 그것이 새로운 기업 내 규범인 것을 널리 종업원 일반으로 하여금 알게 하는 절차, 즉 어떠한 방법이든지 적당한 방법에 의한 주지가 필요하다. [2] 종업원의 근로조건 변경을 내용으로 하는 자구계획서가 명칭에 관계없이 취업규칙에 해당하고, 자구계획서의 내용이 회사 내 홍보매체를 통하여 전 종업원에게 알려지고, 회사근로자 과반수가 가입한 노조도 위와 같은 취업규칙의 변경에 동의하였다면 회사가 이미 존재하던 취업규칙의 개정절차를 거치지 않았다거나 변경된 취업규칙에 대한 신고의무, 게시 및 비치의무를 이행하지 않았다고 하더라도 위 변경된 취업규칙의 효력은 발생하였다 할 것이다(대판 2004.2.12. 2001다63599).

2. 단체협약과의 관계
취업규칙은 법령이나 해당 사업 또는 사업장에 대하여 적용되는 단체협약과 어긋나서는 아니 된다(근기법 제96조 제1항). 기출 13·25

3. 근로계약과의 관계
취업규칙에서 정한 기준에 미달하는 근로조건을 정한 근로계약은 그 부분에 관하여는 무효로 한다. 이 경우 무효로 된 부분은 취업규칙에 정한 기준에 따른다(근기법 제97조). 기출 16·18·24·25

제2절　기숙사

I　근로자의 기숙사 생활보장

① 사용자는 사업 또는 사업장의 부속기숙사에 기숙하는 근로자의 사생활의 자유를 침해하지 못한다(근기법 제98조 제1항). 사용자는 기숙사생활의 자치에 필요한 임원선거에 간섭하지 못한다(근기법 제98조 제2항). 기출 16·25

② 사용자는 부속기숙사를 설치·운영할 때 ㉠ 기숙사의 구조와 설비, ㉡ 기숙사의 설치장소, ㉢ 기숙사의 주거환경 조성, ㉣ 기숙사의 면적, ㉤ 그 밖에 근로자의 안전하고 쾌적한 주거를 위하여 필요한 사항에 관하여 대통령령으로 정하는 기준을 충족하도록 하여야 한다(근기법 제100조).

II　기숙사규칙의 작성 및 준수의무

1. 기숙사규칙의 작성

① 부속기숙사에 근로자를 기숙시키는 사용자는 ㉠ 기상, 취침, 외출과 외박에 관한 사항, ㉡ 행사에 관한 사항, ㉢ 식사에 관한 사항, ㉣ 안전과 보건에 관한 사항, ㉤ 건설물과 설비의 관리에 관한 사항, ㉥ 그 밖에 기숙사에 기숙하는 근로자 전체에 적용될 사항에 관하여 기숙사규칙을 작성하여야 한다(근기법 제99조 제1항).

② 사용자는 기숙사규칙의 작성 또는 변경에 관하여 기숙사에 기숙하는 근로자의 과반수를 대표하는 자의 동의를 얻어야 한다(근기법 제99조 제2항). 기출 25　사용자는 근로자의 과반수를 대표하는 자의 동의를 받으려는 경우 기숙사에 기숙하는 근로자의 과반수가 18세 미만인 때에는 기숙사규칙안을 7일 이상 기숙사의 보기 쉬운 장소에 게시하거나 갖추어 두어 알린 후에 동의를 받아야 한다(근기법 시행령 제54조).

2. 기숙사규칙의 준수의무

사용자와 기숙사에 기숙하는 근로자는 기숙사규칙을 지켜야 한다(근기법 제99조 제3항).

III　기숙사의 설치와 주거환경 조성

1. 구조와 설비

사용자는 기숙사를 설치하는 경우 기숙사의 구조와 설비에 관하여 ① 침실 하나에 8명 이하의 인원이 거주할 수 있는 구조일 것, ② 화장실과 세면·목욕시설을 적절하게 갖출 것, ③ 채광과 환기를 위한 적절한 설비 등을 갖출 것, ④ 적절한 냉·난방설비 또는 기구를 갖출 것, ⑤ 화재예방 및 화재발생 시 안전조치를 위한 설비 또는 장치를 갖출 것 등의 기준을 모두 충족해야 한다(근기법 시행령 제55조). 이때 기숙사 침실의 넓이는 1인당 $2.5m^2$ 이상으로 한다(근기법 시행령 제58조). 기출 25

2. 설치장소

사용자는 소음이나 진동이 심한 장소, 산사태나 눈사태 등 자연재해의 우려가 현저한 장소, 습기가 많거나 침수의 위험이 있는 장소, 오물이나 폐기물로 인한 오염의 우려가 현저한 장소 등 근로자의 안전하고 쾌적한 거주가 어려운 환경의 장소에 기숙사를 설치해서는 안 된다(근기법 시행령 제56조). 기출 25

3. 주거환경 조성

사용자는 기숙사를 운영하는 경우 ① 남성과 여성이 기숙사의 같은 방에 거주하지 않도록 할 것, ② 작업 시간대가 다른 근로자들이 같은 침실에 거주하지 않도록 할 것. 다만, 근로자들의 작업 시간대가 다르더라도 근로자들의 수면 시간대가 완전히 구분되는 등 수면에 방해가 되지 않는 경우에는 같은 침실에 거주하도록 할 수 있다. ③ 기숙사에 기숙하는 근로자가 감염병에 걸린 경우에는 ⊙ 해당 근로자의 침실, ⓒ 해당 근로자가 사용한 침구, 식기, 옷 등 개인용품 및 그 밖의 물건, ⓒ 기숙사 내 근로자가 공동으로 이용하는 장소에 대하여 소독 등 필요한 조치를 취할 것 등의 사항을 준수해야 한다(근기법 시행령 제57조).

IV 법위반에 대한 제재

과태료(근기법 제116조)

① 사용자(사용자의 「민법」 제767조에 따른 친족 중 대통령령으로 정하는 사람이 해당 사업 또는 사업장의 근로자인 경우를 포함한다)가 제76조의2를 위반하여 직장 내 괴롭힘을 한 경우에는 1천만원 이하의 과태료를 부과한다.
② 다음 각 호의 어느 하나에 해당하는 자에게는 500만원 이하의 과태료를 부과한다.
  1. 제13조에 따른 고용노동부장관, 노동위원회 또는 근로감독관의 요구가 있는 경우에 보고 또는 출석을 하지 아니하거나 거짓된 보고를 한 자
  2. 제14조, 제39조, 제41조, 제42조, 제48조, 제66조, 제74조 제7항·제9항, 제76조의3 제2항·제4항·제5항·제7항, 제91조, 제93조, 제98조 제2항 및 제99조를 위반한 자

규칙의 작성과 변경(근기법 제99조)

① 부속 기숙사에 근로자를 기숙시키는 사용자는 다음 각 호의 사항에 관하여 기숙사규칙을 작성하여야 한다.
  1. 기상(起床), 취침, 외출과 외박에 관한 사항
  2. 행사에 관한 사항
  3. 식사에 관한 사항
  4. 안전과 보건에 관한 사항
  5. 건설물과 설비의 관리에 관한 사항
  6. 그 밖에 기숙사에 기숙하는 근로자 전체에 적용될 사항
② 사용자는 제1항에 따른 규칙의 작성 또는 변경에 관하여 기숙사에 기숙하는 근로자의 과반수를 대표하는 자의 동의를 받아야 한다.
③ 사용자와 기숙사에 기숙하는 근로자는 기숙사규칙을 지켜야 한다. 기출 25

CHAPTER 07 취업규칙 및 기숙사

01 근로기준법령상 기숙사에 관한 설명으로 옳지 않은 것은? 기출 25

① 사용자는 기숙사 생활의 자치에 필요한 임원 선거에 간섭하지 못한다.
② 사용자는 기숙사규칙의 작성 또는 변경에 관하여 기숙사에 기숙하는 근로자의 과반수의 동의를 받아야 한다.
③ 기숙사 침실의 넓이는 1인당 2.5제곱미터 이상으로 한다.
④ 사용자는 소음이나 진동이 심한 장소 등 근로자의 안전하고 쾌적한 거주가 어려운 환경의 장소에 기숙사를 설치해서는 안 된다.
⑤ 기숙사에 기숙하는 근로자가 기숙사규칙 중 안전과 보건에 관한 사항을 위반한 경우에는 500만원 이하의 과태료를 부과한다.

해설 및 정답

01 ① (○) 근기법 제98조 제2항
② (×) 사용자는 기숙사규칙의 작성 또는 변경에 관하여 기숙사에 기숙하는 <u>근로자의 과반수를 대표하는 자의 동의를 받아야 한다</u>(근기법 제99조 제2항).
③ (○) 근기법 시행령 제58조
④ (○) <u>사용자는 소음이나 진동이 심한 장소</u>, 산사태나 눈사태 등 자연재해의 우려가 현저한 장소, 습기가 많거나 침수의 위험이 있는 장소, 오물이나 폐기물로 인한 오염의 우려가 현저한 장소 등 근로자의 안전하고 쾌적한 거주가 어려운 환경의 장소<u>에 기숙사를 설치해서는 안 된다</u>(근기법 시행령 제56조).
⑤ (○) 근기법 제116조 제2항 제2호, 동법 제99조 제3항

정답 ②

02

근로기준법상 취업규칙의 불이익변경에서 근로자 측의 집단적 동의권에 관한 설명으로 옳지 않은 것은?(다툼이 있으면 판례에 따름) 기출 24

① 노동조합이나 근로자들이 집단적 동의권을 남용하였다고 볼만한 특별한 사정이 없는 한 해당 취업규칙의 변경에 사회통념상 합리성이 있다는 이유만으로 그 유효성을 인정할 수는 없다.
② 취업규칙의 불리한 변경에 대하여 근로자가 가지는 집단적 동의권은 변경되는 취업규칙의 내용이 갖는 타당성이나 합리성으로 대체될 수 없다.
③ 권리남용금지 원칙의 적용은 당사자의 주장이 있어야 가능하므로, 집단적 동의권의 남용에 해당하는지에 대하여는 법원이 직권으로 판단할 수 없다.
④ 근로자의 집단적 동의가 없다고 하여 취업규칙의 불리한 변경이 항상 불가능한 것은 아니다.
⑤ 근로자가 가지는 집단적 동의권은 사용자의 일방적 취업규칙의 변경 권한에 한계를 설정하고 헌법 제32조 제3항의 취지와 근로기준법 제4조가 정한 근로조건의 노사대등결정 원칙을 실현하는 데에 중요한 의미를 갖는 절차적 권리이다.

03

근로기준법상 취업규칙의 작성과 변경에 관한 설명으로 옳지 않은 것은?(다툼이 있으면 판례에 따름) 기출 24

① 취업규칙에서 정한 기준에 미달하는 근로조건을 정한 근로계약은 그 부분에 관하여는 무효로 한다.
② 근로관계 종료 후의 권리·의무에 관한 사항은 사용자와 근로자 사이에 존속하는 근로관계와 직접 관련되는 것으로서 근로자의 대우에 관하여 정한 사항이라도 취업규칙에서 정한 근로조건에 해당한다고 할 수 없다.
③ 취업규칙의 작성·변경에 관한 권한은 원칙적으로 사용자에게 있다.
④ 취업규칙은 원칙적으로 객관적인 의미에 따라 해석하여야 하고, 문언의 객관적 의미를 벗어나는 해석은 신중하고 엄격하여야 한다.
⑤ 사용자가 근로자들에게 불리하게 취업규칙을 변경함에 있어서 근로자들의 집단적 의사결정 방법에 의한 동의를 얻지 아니하였다고 하더라도, 현행의 법규적 효력을 가진 취업규칙은 변경된 취업규칙이다.

• 해설 및 정답 •

02 ① (○) 사용자가 취업규칙을 근로자에게 불리하게 변경하면서 근로자의 집단적 의사결정방법에 따른 동의를 받지 못한 경우, 노동조합이나 근로자들이 집단적 동의권을 남용하였다고 볼만한 특별한 사정이 없는 한 해당 취업규칙의 작성 또는 변경에 사회통념상 합리성이 있다는 이유만으로 그 유효성을 인정할 수는 없다(대판 2023.5.11. 2017다35588[전합]).
② (○) 취업규칙의 불리한 변경에 대하여 근로자가 가지는 집단적 동의권은 사용자의 일방적 취업규칙의 변경권한에 한계를 설정하고 헌법 제32조 제3항의 취지와 근로기준법 제4조가 정한 근로조건의 노사대등결정 원칙을 실현하는 데에 중요한 의미를 갖는 절차적 권리로서, 변경되는 취업규칙의 내용이 갖는 타당성이나 합리성으로 대체될 수 있는 것이라고 볼 수 없다(대판 2023.5.11. 2017다35588[전합]).
③ (×) 신의성실 또는 권리남용금지 원칙의 적용은 강행규정에 관한 것으로서 당사자의 주장이 없더라도 법원이 그 위반 여부를 직권으로 판단할 수 있으므로, 집단적 동의권의 남용에 해당하는지에 대하여도 법원은 직권으로 판단할 수 있다(대판 2023.5.11. 2017다35588[전합]).
④ (○) 근로기준법상 취업규칙의 불이익변경 과정에서 노동조합이나 근로자들이 집단적 동의권을 행사할 때도 신의성실의 원칙과 권리남용금지 원칙이 적용되어야 한다. 따라서 노동조합이나 근로자들이 집단적 동의권을 남용하였다고 볼만한 특별한 사정이 있는 경우에는 그 동의가 없더라도 취업규칙의 불이익변경을 유효하다고 볼 수 있다(대판 2023.5.11. 2017다35588[전합]).
⑤ (○) 취업규칙의 불리한 변경에 대하여 근로자가 가지는 집단적 동의권은 사용자의 일방적 취업규칙의 변경권한에 한계를 설정하고 헌법 제32조 제3항의 취지와 근로기준법 제4조가 정한 근로조건의 노사대등결정 원칙을 실현하는 데에 중요한 의미를 갖는 절차적 권리이다(대판 2023.5.11. 2017다35588[전합]).

정답 ❸

03 ① (○) 근기법 제97조 전문
② (×) 취업규칙에서 정한 복무규율과 근로조건은 근로관계의 존속을 전제로 하는 것이지만, 사용자와 근로자 사이의 근로관계 종료 후의 권리·의무에 관한 사항이라고 하더라도 사용자와 근로자 사이에 존속하는 근로관계와 직접 관련되는 것으로서 근로자의 대우에 관하여 정한 사항이라면 이 역시 취업규칙에서 정한 근로조건에 해당한다(대판 2022.9.29. 2018다301527).
③ (○) 취업규칙의 작성·변경에 관한 권한은 원칙적으로 사용자에게 있으므로, 사용자는 그 의사에 따라 취업규칙을 작성·변경할 수 있으나, 근로기준법 제94조에 따라 노동조합 또는 근로자 과반수의 의견을 들어야 하고, 특히 근로자에게 불이익하게 변경하는 경우에는 그 동의를 얻어야 한다(대판 2022.10.14. 2022다245518).
④ (○) 취업규칙은 사용자가 근로자의 복무규율이나 근로조건의 기준을 정립하기 위하여 작성한 것으로서 노사 간의 집단적인 법률관계를 규정하는 법규범의 성격을 가지는데, 이러한 취업규칙의 성격에 비추어 취업규칙은 원칙적으로 객관적인 의미에 따라 해석하여야 하고, 문언의 객관적 의미를 벗어나는 해석은 신중하고 엄격하여야 한다(대판 2022.9.29. 2018다301527).
⑤ (○) 사용자가 근로자들에게 불리하게 취업규칙을 변경함에 있어서 근로자들의 집단적 의사결정 방법에 의한 동의를 얻지 아니하였다고 하더라도, 취업규칙의 작성, 변경권이 사용자에게 있는 이상 현행의 법규적 효력을 가진 취업규칙은 변경된 취업규칙이라고 보아야 한다(대판 2003.12.18. 2002다2843[전합]).

정답 ❷

04 근로기준법상 취업규칙 불이익 변경에 관한 설명으로 옳지 않은 것은?(다툼이 있으면 판례에 따름) 기출 23

① 취업규칙의 개정이 근로자들에게 불이익하게 변경된 것인지는 취업규칙의 개정이 이루어진 시점을 기준으로 판단하여야 한다.
② 근로조건이 이원화되어 있어 변경된 취업규칙이 적용되어 직접적으로 불이익을 받게 되는 근로자 집단 이외에 변경된 취업규칙의 적용이 예상되는 근로자 집단이 없는 경우에는 변경된 취업규칙이 적용되어 불이익을 받는 근로자 집단만이 동의주체가 된다.
③ 취업규칙이 근로자의 동의 없이 불이익하게 변경된 후에 이루어진 자의에 따른 사직 및 재입사로 근로관계가 단절된 근로자에 대하여 재입사 후 적용되는 취업규칙은 변경 전 취업규칙이다.
④ 근로자의 동의를 얻지 않은 취업규칙 불이익변경의 경우 그 변경으로 기득이익이 침해되는 기존의 근로자에게는 종전 취업규칙의 효력이 그대로 유지되지만, 변경 후에 근로관계를 갖게 된 근로자에게는 변경된 취업규칙이 적용된다.
⑤ 취업규칙 불이익 변경 시 근로자 과반수로 구성된 노동조합이 없는 때에는 근로자들의 회의방식에 의한 과반수 동의가 필요하다.

05 근로기준법상 취업규칙에 관한 설명으로 옳지 않은 것은?(다툼이 있으면 판례에 따름) 기출 22

① 근로자에게 불이익하게 변경된 취업규칙은 집단적 동의를 받았다고 하더라도 근로자의 개별적 동의가 없는 한 그 취업규칙보다 유리한 근로계약의 내용이 우선하여 적용된다.
② 사용자는 취업규칙의 작성 시 해당 사업 또는 사업장에 근로자의 과반수로 조직된 노동조합이 없는 경우에는 근로자의 과반수의 의견을 들어야 한다.
③ 취업규칙에서 근로자에 대하여 감급(減給)의 제재를 정할 경우에 그 감액은 1회의 금액이 통상임금의 1일분의 2분의 1을, 총액이 1임금지급기의 임금 총액의 5분의 1을 초과하지 못한다.
④ 표창과 제재에 관한 사항이 없는 취업규칙의 경우 고용노동부장관은 그 변경을 명할 수 있다.
⑤ 취업규칙이 기존의 근로자에게 불이익하게 변경되었는지 여부를 불문하고 사용자가 취업규칙을 변경한 후 신규 취업한 근로자에게는 변경된 취업규칙이 적용된다.

06 근로기준법상 취업규칙에 관한 설명으로 옳지 않은 것은? 기출 21

① 취업규칙을 작성하여 고용노동부장관에게 신고하여야 하는 사용자는 상시 10명 이상의 근로자를 사용하는 사용자이다.
② 사용자가 취업규칙을 작성하여 고용노동부장관에게 신고하여야 하는 경우, 해당 취업규칙에는 업무상과 업무 외의 재해부조(災害扶助)에 관한 사항이 포함되어야 한다.
③ 사용자는 취업규칙의 작성에 관하여 해당 사업 또는 사업장에 근로자의 과반수로 조직된 노동조합이 있는 경우에는 그 노동조합, 근로자의 과반수로 조직된 노동조합이 없는 경우에는 근로자의 과반수의 의견을 들어야 한다.
④ 취업규칙에서 근로자에 대하여 감급(減給)의 제재를 정할 경우에 그 감액은 1회의 금액이 평균임금의 1일분의 2분의 1을, 총액이 1임금지급기의 임금총액의 10분의 1을 초과하지 못한다.
⑤ 고용노동부장관은 법령이나 단체협약에 어긋나는 취업규칙에 대하여 노동위원회의 의결을 받아 그 변경을 명하여야 한다.

• 해설 및 정답 •

04 ① (○) 대판 2022.10.14. 2022다245518
② (○) 여러 근로자 집단이 하나의 근로조건 체계 내에 있어 비록 취업규칙의 불이익변경 시점에는 어느 근로자 집단만이 직접적인 불이익을 받더라도 다른 근로자 집단에게도 변경된 취업규칙의 적용이 예상되는 경우에는 일부근로자 집단은 물론 장래 변경된 취업규칙 규정의 적용이 예상되는 근로자 집단을 포함한 근로자 집단이 동의주체가 되고, 그렇지 않고 <u>근로조건이 이원화되어 있어 변경된 취업규칙이 적용되어 직접적으로 불이익을 받게 되는 근로자 집단 이외에 변경된 취업규칙의 적용이 예상되는 근로자 집단이 없는 경우에는 변경된 취업규칙이 적용되어 불이익을 받는 근로자 집단만이 동의주체가</u> 된다(대판 2009.5.28. 2009두2238).
③ (×) 보수규정이 근로자 집단의 동의 없이 불이익하게 변경될 당시 청원경찰로 근무하던 근로자가 다른 직종으로의 전직을 위하여 자유로운 의사에 따라 청원경찰을 사직하고 그 다음 날 신규채용 형식으로 고용원으로 재입사함으로써 근로관계가 단절될 경우, <u>그 재입사 당시 시행중인 법규적 효력을 가진 취업규칙은 개정된 보수규정이므로 재입사 후의 근속기간에 적용되는 보수규정은 개정된 보수규정이며</u>, 그 근로자의 최초 입사일이 근로자 집단의 동의 없이 불이익하게 변경된 보수규정의 개정 이전이라고 하여 이와 달리 볼 것은 아니다(대판 1996.10.15. 95다53188). 따라서 이러한 판례의 취지를 고려할 때 <u>재입사한 근로자에게 재입사 후 적용되는 취업규칙은 변경 후의 취업규칙이라고 보아야</u> 한다.
④ (○) 대판 2022.10.14. 2022다245518
⑤ (○) 취업규칙의 작성·변경에 관한 권한은 원칙적으로 사용자에게 있으므로 사용자는 그 의사에 따라서 취업규칙을 작성·변경할 수 있고, 다만 취업규칙의 변경에 의하여 <u>기존 근로조건의 내용을 일방적으로 근로자에게 불이익하게 변경하려면 종전 취업규칙의 적용을 받고 있던 근로자 집단의 집단적 의사결정방법에 의한 동의를 요한다</u>고 할 것인바, 그 동의방법은 근로자 과반수로 조직된 노동조합이 있는 경우에는 그 노동조합의, 그와 같은 <u>노동조합이 없는 경우에는 근로자들의 회의방식에 의한 과반수의 동의가 있어야</u> 하고, 여기서 말하는 근로자의 과반수라 함은 기존 취업규칙의 적용을 받는 근로자 집단의 과반수를 뜻한다(대판 2008.2.29. 2007다85997).

정답 ❸

05 ① (○) 근로자에게 불리한 내용으로 변경된 취업규칙은 집단적 동의를 받았다고 하더라도 그보다 유리한 근로조건을 정한 기존의 개별 근로계약 부분에 우선하는 효력을 갖는다고 할 수 없다. 이 경우에도 근로계약의 내용은 유효하게 존속하고, 변경된 취업규칙의 기준에 의하여 유리한 근로계약의 내용을 변경할 수 없으며, <u>근로자의 개별적 동의가 없는 한 취업규칙보다 유리한 근로계약의 내용이 우선하여 적용된다</u>(대판 2019.11.14. 2018다200709).
② (○) 근기법 제94조 제1항 본문
③ (×) 취업규칙에서 근로자에 대하여 감급(減給)의 제재를 정할 경우에 그 감액은 1회의 금액이 <u>평균임금의 1일분의 2분의 1을, 총액이 1임금지급기의 임금 총액의 10분의 1을</u> 초과하지 못한다(근기법 제95조).
④ (○) 취업규칙에는 표창과 제재에 관한 사항이 포함되어 있어야 하므로(근기법 제93조 제12호), 이에 대한 사항이 없는 취업규칙에 대하여 <u>고용노동부장관은 변경을 명할 수 있다</u>(근기법 제96조 제2항).
⑤ (○) 불이익하게 변경된 취업규칙이 동의를 받지 못한 경우, 그 변경으로 기득이익이 침해되는 기존 근로자에게는 그 변경의 효력이 미치지 않게 되어 종전 취업규칙이 적용되지만, <u>그 변경 후 변경된 취업규칙에 따른 근로조건을 수용하고 근로관계를 갖게 된 신규근로자에게는 변경된 취업규칙이 적용된다</u>(대판 1992.12.22. 91다45165).

정답 ❸

06 ① (○) <u>상시 10명 이상의 근로자를 사용하는 사용자는 취업규칙을 작성하여 고용노동부장관에게 신고하여야</u> 한다. 이를 변경하는 경우에도 또한 같다(근기법 제93조).
② (○) 근기법 제93조 제10호
③ (○) 근기법 제94조 제1항 본문
④ (○) 근기법 제95조
⑤ (×) <u>고용노동부장관은 법령이나 단체협약에 어긋나는 취업규칙의 변경을 명할 수 있다</u>(근기법 제96조 제2항). 이때 노동위원회의 의결을 요하지 아니한다.

정답 ❺

CHAPTER 08 근로관계의 변경

출제포인트
- 인사권의 법적 근거
- 징계의 요건 및 구제절차
- 영업양도 시 근로자의 동의

제1절 인사이동

I 의의
인사이동은 전직, 전적, 전출, 전근, 전보, 출장, 파견, 배치전환, 근로자공급 및 근로관계의 이전 등 다양한 형태의 근로관계 변경을 포함하는 개념이다.

II 인사권의 법적 근거
근로자에 대한 전직이나 전보처분은 근로자가 제공하여야 할 근로의 종류·내용·장소 등에 변경을 가져온다는 점에서 근로자에게 불이익한 처분이 될 수도 있으나, 원칙적으로 인사권자인 사용자의 권한에 속하므로 업무상 필요한 범위 안에서는 상당한 재량을 인정하여야 하고, 그것이 근로자에 대하여 정당한 이유 없이 해고·휴직·정직·감봉 기타 징벌을 하지 못하도록 하는 근로기준법에 위배되거나 권리남용에 해당하는 등 특별한 사정이 없는 한 무효라고는 할 수 없고, 전직처분 등이 정당한 인사권의 범위 내에 속하는지의 여부는 당해 전직처분 등의 업무상의 필요성과 전직에 따른 근로자의 생활상의 불이익을 비교·교량하고, 근로자가 속하는 노동조합과의 협의 등 그 전직처분을 하는 과정에서 신의칙상 요구되는 절차를 거쳤는지 여부를 종합적으로 고려하여 결정하여야 한다(대판 2009.4.23. 2007두20157). 기출 18

Ⅲ 인사이동의 주요형태

1. 기업 내 인사이동

사용자의 재량에 속하는 것으로, 근로기준법에 위반하거나 권리남용에 해당하는 등의 특별한 사정이 없는 한 유효하다. 권리남용에 해당하는지 여부는 전보처분 등의 업무상 필요성과 전보 등에 따른 근로자의 생활상 불이익을 비교·교량하고, 근로자 측과의 협의 등 그 전보처분과정에서 신의칙상 요구되는 절차를 거쳤는지 여부를 종합적으로 고려하여 결정하여야 한다.

(1) 전 근
전근은 동일한 기업 내에서 수개의 사업장이 있는 경우, 한 사업장에서 다른 사업장으로 근무장소가 변경되는 것을 말한다.

(2) 전 직
전직(전보·배치전환)은 근로자의 직무내용이나 근무장소가 장기간에 걸쳐 변경되는 것을 말한다. 다만, 전근과 전직은 그 법률효과가 동일하므로, 양자를 엄격하게 구별할 필요는 없다.

2. 기업 간 인사이동

(1) 전 출
전출은 근로자가 본래의 소속 기업에 재적한 채, 다른 기업에서 상당 기간 동안 근로를 제공하는 것을 말한다.

(2) 전 적
전적은 종래에 종사하던 기업과 사이의 근로계약을 합의해지하고 이적하게 될 기업과 사이에 새로운 근로계약을 체결하는 것이거나 근로계약상의 사용자의 지위를 양도하는 것이므로, 동일 기업 내의 인사이동인 전근이나 전보와 달리 특별한 사정이 없는 한 근로자의 동의를 얻어야 효력이 생긴다(대판 2006.1.12. 2005두9873).

(3) 관련 판례
전출은 근로자가 원소속 기업과의 근로계약을 유지하면서 휴직·파견·사외근무·사외파견 등의 형태로 원소속 기업에 대한 근로제공의무를 면하고 전출 후 기업의 지휘·감독 아래 근로를 제공함으로써 근로제공의 상대방이 변경되는 것으로서 근로자의 원소속 기업 복귀가 예정되어 있는 것이 일반적이다. 특히 고유한 사업 목적을 가지고 독립적 기업 활동을 영위하는 계열회사 간 전출의 경우 전출 근로자와 원소속 기업 사이에는 온전한 근로계약 관계가 살아있고 원소속 기업으로의 복귀 발령이 나면 기존의 근로계약 관계가 현실화되어 계속 존속하게 되는바, 위와 같은 전출은 외부 인력이 사업조직에 투입된다는 점에서 파견법상 근로자파견과 외형상 유사하더라도 그 제도의 취지와 법률적 근거가 구분되므로, 전출에 따른 근로관계에 대하여 외형상 유사성만을 이유로 원소속 기업을 파견법상 파견사업주, 전출 후 기업을 파견법상 사용사업주의 관계로 파악하는 것은 상당하지 않고, 앞서 본 바와 같이 여러 사정을 종합적으로 고려하여 신중하게 판단하여야 한다(대판 2022.7.14. 2019다299393).

제2절 전직

I 의의

전직이란 근로자의 직무내용이나 근무장소를 상당한 기간에 걸쳐 변경하는 인사처분을 말한다.

II 전직의 제한

1. 직무내용·근무지의 약정이 없는 경우

(1) 전직명령의 효력

근로자에 대한 전보나 전직은 원칙적으로 인사권자인 사용자의 권한에 속하므로 업무상 필요한 범위 내에서는 사용자는 상당한 재량을 가지고, 그것이 근로기준법 제23조에 위반되거나 권리남용에 해당되는 등의 특별한 사정이 없는 한 유효하다(대판 2013.6.27. 2013다9475).

(2) 전직명령의 정당성

1) 업무상의 필요성

업무상의 필요란 업무의 원활하고 효율적인 운영을 위해 인원 배치를 변경할 필요성이 있고, 그 변경에 어떠한 근로자를 포함시키는 것이 적절할 것인가 하는 인원 선택의 합리성을 의미한다. 여기에는 업무능률의 증진, 직장질서의 유지나 회복, 근로자 간의 인화 등의 사정도 포함된다. 전직처분이 정당한 인사권의 범위 내에 속하는지 여부는 전직명령의 업무상 필요성과 전직에 따른 근로자의 생활상의 불이익과의 비교교량, 근로자 본인과의 협의 등 그 전직처분을 하는 과정에서 신의칙상 요구되는 절차를 거쳤는지의 여부에 의하여 결정되어야 한다(대판 2013.2.28. 2010두20447).

2) 생활상의 불이익과의 비교형량

전보처분 등이 권리남용에 해당하는지 여부는 전보처분 등의 업무상의 필요성과 전보 등에 따른 근로자의 생활상의 불이익을 비교·교량하여 결정되어야 하고, 업무상의 필요에 의한 전보 등에 따른 생활상의 불이익이 근로자가 통상 감수하여야 할 정도를 현저하게 벗어난 것이 아니라면, 이는 정당한 인사권의 범위 내에 속하는 것으로서 권리남용에 해당하지 않는다(대판 1995.10.13. 94다52928).

3) 근로자와의 협의절차

근로자 본인과 성실한 협의 등 신의칙상 요구되는 절차를 거쳤는지도 정당한 인사권의 행사 여부를 판단하는 하나의 요소가 된다. 그러나 그러한 절차를 거치지 아니하였다는 사정만으로 배치전환 등이 권리남용에 해당하여 당연히 무효가 되는 것은 아니다(대판 1997.7.22. 97다18165). 기출 24 최근 판례도 같은 취지에서 사용자가 영업실적이 부진하거나 경영관리능력이 미흡한 직원 등을 후선업무로 배치하고, 후선배치기간 중의 업무실적 등을 평가하여 이들을 현업에 복귀시키거나 직역을 유지 또는 변경시키는 방법으로 소속 직원들을 관리하는 후선배치제도를 운영하는 경우, 전보명령에 앞서 근로자에게 후선배치사유 등을 설명하거나 소명의 기회를 부여하지 않았더라도, 그와 같은 사정만으로 전보명령이 무효가 된다고 볼 수는 없다고(대판 2023.7.13. 2020다253744) 판시하고 있다.

2. 직무내용·근무지의 약정이 있는 경우

(1) 전직명령권의 제한
근로계약에서 근로내용이나 근무장소를 특별히 한정한 경우에 사용자가 근로자에 대하여 전보나 전직처분을 하려면 원칙적으로 근로자의 동의가 있어야 한다(대판 2013.2.28. 2010다52041).

(2) 묵시적 약정
직무내용이나 근무지에 대한 약정에는 묵시적 약정도 포함된다. 특수한 기능·자격을 가진 근로자나 사업장 인근지역의 연고를 전제로 채용된 경우 등은 직무내용이나 근무지에 대한 묵시적 약정이 있는 것으로 볼 수 있다(대판 1994.2.8. 92다893).

Ⅲ 부당전직의 효과

1. 부당전직에 대한 구제
부당전직에 대한 벌칙은 없으나 근로자는 노동위원회에 구제신청을 할 수 있고(근기법 제28조 제1항), 법원에 제소하여 사법적 구제를 받을 수 있다. 또한, 부당한 전직은 사법상 무효가 된다.

2. 관련 판례
[1] 근로자들이 전보명령 이후 해고되었다고 하더라도 그 해고의 효력을 둘러싸고 법률적인 다툼이 있어 그 해고가 정당한지 여부가 아직 확정되지 아니하였고, 그 해고가 전보명령에 따른 무단결근 등을 그 해고사유로 삼고 있어서 전보명령의 적법성 여부가 해고의 사유와도 직접 관련을 갖고 있다면, 그 전보명령에 대한 구제의 이익이 있다.

[2] 근로자에 대한 전직이나 전보는 피용자가 제공하여야 할 근로의 종류와 내용 또는 장소 등에 변경을 가져온다는 점에서 피용자에게 불이익한 처분이 될 수 있으나 원칙적으로 사용자의 권한에 속하므로 업무상 필요한 범위 안에서는 상당한 재량을 인정하여야 하지만 그것이 근로기준법 제23조 제1항에 위반되거나 권리남용에 해당하는 경우에는 부당전보로서 허용되지 아니한다.

[3] 근로자들에 대한 전보명령이 업무상 필요성이 그다지 크지 않은 데 비하여 근로자들이 출퇴근하는 것이 현실적으로 매우 곤란한 등 근로자들에게 큰 생활상 불이익을 주며, 인사관리 면에서 그 전보대상자의 선정도 적절하다고 할 수 없고, 또 사용자가 그 근로자들의 방송 인터뷰 및 평소의 노조활동 등으로 좋지 않은 감정을 갖고 있다가 근로자들의 동의를 구한 바 없이 공휴일에 형식적인 제청절차만을 거쳐 전보명령을 행한 것이라면, 사용자가 한 근로자들에 대한 전보명령은 인사에 관한 재량권을 남용한 것으로 근로기준법 제23조 제1항에 위반된 부당전보라고 할 것이다(대판 1995.2.17. 94누7959).

Ⅳ 관련 문제

1. 전직과 징계

(1) 전직의 징계 해당 여부

판례에 의하면 전직명령은 인사권자인 사용자가 자신의 고유 권한으로 발령한 인사명령이지 징계처분으로 볼 수 없다고(대판 2013.2.28. 2010두20447) 한 경우도 있으나 최근에는 전직명령이 근로자의 직장질서 침해행위에 대한 제재로써 행하여진 경우에는 징계처분에 해당한다고(대판 2021.1.14. 2020두48017) 판시한 바 있다.[21]

(2) 전직과 징계절차

1) 전직을 징계로 규정한 사례

판례에 의하면 원심은 전직에 해당하는 이 사건 인사발령을 할 업무상 필요성이 존재하고, 위 인사발령으로 인한 참가인의 생활상 불이익이 관리자급 근로자로서 감내하여야 할 범주를 초과하지는 않지만, 위 인사발령의 근거가 된 사유는 징계사유에도 해당하는데, 취업규칙이 전직을 징계의 종류로 규정하고 있으므로, 취업규칙에서 정한 징계절차를 거치지 않은 채 이루어진 이 사건 인사발령은 절차적 하자가 있어 위법하다고 보았는바, 원심의 판단에 상고이유 주장과 같이 취업규칙상 징계의 종류, 징계처분의 개념 등에 관한 법리를 오해하거나 필요한 심리를 다하지 않은 채 논리와 경험의 법칙을 위반하여 자유심증주의의 한계를 벗어난 잘못이 없다고(대판 2021.12.10. 2020두44213) 판시하고 있다.

2) 배치전환(전보·전근 또는 전직)을 징계로 규정하지 아니한 사례

판례는 직장질서의 유지나 회복, 또는 근로자간의 인화를 위한 배치전환도 업무상 필요성이 있다고 인정되므로 정당한 이유가 있는 경우에는 허용된다고 할 것인데, 이 경우 비록 배치전환에 당해 근로자에 대한 제재적인 의미가 내포되어 있다고 하더라도 그 자체가 단체협약이나 취업규칙 등에 정한 징계절차를 요하는 징계로서 규정되지 아니한 이상 그러한 징계절차를 거치지 않았다고 하더라도 효력에 영향이 없다고(대판 1998.12.22. 97누5435) 한다.

---

21) 아래에서 판결요지를 살펴본다.
[1] 일반적으로 근로관계에서 징계란 사용자가 근로자의 과거 비위행위에 대하여 기업질서 유지를 목적으로 하는 징벌적 제재를 말한다. 단체협약 등의 징계규정에 징계대상자에게 소명할 기회를 부여하도록 되어 있는 데도 사용자가 이러한 징계절차를 위반하여 징계를 하였다면, 이러한 징계권 행사는 징계사유가 인정되는지 여부와 관계없이 절차적 정의에 반하여 무효라고 보아야 한다. 따라서 사용자가 근로자의 과거 비위행위에 대한 제재로서 하는 불이익 처분이 단체협약 등의 징계규정에 징계절차를 밟아야 하는 징계의 일종으로 규정되어 있다면, 원칙적으로 그 불이익 처분은 징계절차를 밟아야만 유효하다.
[2] 원고에게 적용되는 참가인 사업장의 단체협약과 취업규칙은 '무단결근 연속 2일'을 감봉에 처할 수 있는 징계사유의 하나로 정하면서 전직을 감봉 대신 선택할 수 있는 징계의 종류로 정하고 있고, 참가인은 이러한 징계에 앞서 징계대상자에게 소명의 기회를 주어야 한다. 참가인은 원고의 이 사건 조퇴·결근이 징계사유인 '무단결근 연속 2일' 등에 해당한다고 보아 그 제재로서 원고에게 단체협약이 정한 징계처분 중 전직에 해당하는 이 사건 전보를 명한 것으로 볼 수 있다. 그런데도 참가인은 이 사건 전보 과정에서 원고에게 소명 기회를 부여하지 않음으로써 단체협약과 취업규칙에서 요구하는 징계절차를 거치지 않았으므로, 이 사건 전보는 무효이다. 같은 취지의 원심판결은 정당하고, 원심판결에 상고이유 주장과 같이 필요한 심리를 다하지 않은 채 논리와 경험의 법칙에 반하여 자유심증주의의 한계를 벗어나거나 징계와 인사명령의 구별 등에 관한 법리를 오해한 잘못이 없다. 상고이유 주장의 요지는, 참가인이 이 사건 전보에 대한 업무상 필요성이 있었고, 그에 비해 이 사건 전보에 따른 원고의 생활상 불이익이 크지 않으며, 참가인이 이 사건 전보 이전에 원고가 속한 노동조합과 협의함으로써 신의칙상 요구되는 절차를 거쳤으므로 이 사건 전보가 적법하다는 것이다. 그러나 위에서 보았듯이 이 사건 전보가 징계절차를 밟아야 하는 징계에 해당한다고 보는 이상, 이 사건 전보가 징계가 아니라 참가인의 고유 권한에 기하여 발령된 인사명령임을 전제로 한 이 부분 상고이유 주장은 더 나아가 살펴볼 필요 없이 이유 없다(대판 2021.1.14. 2020두48017).

2. 전직에 대한 불응과 징계

정당한 전직명령에 불응하여 장기간 무단결근한 근로자를 징계하는 것은 정당하나(대판 1995.8.11. 95다10778), 전직명령이 무효라면 이에 따르지 아니한 근로자의 행위를 징계사유로 삼을 수는 없다(대판 1995.5.9. 93다51263).

제3절 전 적

I 의 의

전적이란 근로자가 소속기업과의 근로계약관계를 종료하고, 다른 기업과 근로계약관계를 새로이 체결하는 것을 말한다. 통상적으로 기업집단을 구성하는 계열기업 사이에서 이루어지는 경우가 많다.

II 전적의 유효요건

전적은 기업 외부로의 인사처분이므로, 전적이 유효하게 이루어지기 위해서는 전적계약이 체결되어야 한다. 전적계약은 근로자의 개별적 동의를 얻어야 하나(대판 1993.1.26. 92다11695), 규범적 사실로서 명확히 승인되거나 기업 내에서 사실상의 제도로서 확립되어 있는 관행에 의해 근로자의 동의를 얻거나(대판 1993.1.26. 92다11695), 근로자의 포괄적 사전동의를 얻은 경우(대판 1993.1.26. 92다11695)에도 효력이 생긴다.

III 전적명령의 정당성

근로기준법 제23조 제1항에 의하면, 사용자는 근로자에게 정당한 이유 없이 해고, 휴직, 정직, 전직, 감봉 및 그 밖의 징벌을 하지 못한다. 이는 예시적 규정이라고 할 것이므로, 예시되지 아니한 전적의 경우에도 이에 의하여 정당한 이유가 충족되어야 한다. 정당한 이유 유무는 전적명령의 업무상 필요성과 전적에 따른 근로자의 생활상 불이익과의 비교·교량, 근로자 본인과의 협의 등 그 전적처분을 하는 과정에서 신의칙상 요구되는 절차를 거쳤는지 여부에 의하여 결정되어야 한다.

IV 부당전적의 효과

부당전적에 대한 근로기준법상 벌칙규정은 없으나, 근로자는 노동위원회에 구제신청을 할 수 있고(근기법 제28조 제1항), 법원에 제소하여 사법적 구제를 받을 수 있다. 또한, 부당전적은 사법상 무효가 된다.

제4절 휴 직

I 의 의

휴직이란 근로 제공이 불가능하거나 부적당한 경우, 근로계약관계를 유지하면서 일정 기간 동안 근로 제공을 금지하거나, 근로제공의무를 면제하는 인사처분을 말한다.

II 휴직의 정당성

1. 원 칙

인사명령에 관해서는 업무상 필요한 범위 내에서 사용자에게 상당한 재량을 인정한다. 다만, 근로기준법 제23조 제1항에 따라 정당한 이유 없는 휴직은 금지하고 있다.

2. 정당성 판단기준

사용자의 취업규칙이나 단체협약 등의 휴직근거규정에 의하여 사용자에게 일정한 휴직사유의 발생에 따른 휴직명령권을 부여하고 있다 하더라도 그 정해진 사유가 있는 경우 당해 휴직규정의 설정목적과 그 실제 기능, 휴직명령권 발동의 합리성 여부 및 그로 인하여 근로자가 받게 될 신분상·경제상의 불이익 등 구체적인 사정을 모두 참작하여 근로자가 상당한 기간에 걸쳐 근로의 제공을 할 수 없다거나, 근로 제공을 함이 매우 부적당하다고 인정되는 경우에만 정당한 이유가 있다고 보아야 한다(대판 2005.2.18, 2003다63029).

III 부당휴직의 효과

부당휴직에 대한 근로기준법상 벌칙규정은 없으나, 근로자는 노동위원회에 구제신청을 할 수 있고(근기법 제28조 제1항), 법원에 제소하여 사법적 구제를 받을 수 있다. 또한, 부당휴직은 사법상 무효가 된다.

제5절 징 계

I 의 의

징계라 함은 근로자가 자신의 귀책사유로 인하여 법령·단체협약·취업규칙 및 근로계약 등에 위반하는 행위를 한 경우, 사용자가 취하는 제재조치를 말한다.

II 징계권의 법적 성질

판례는 단체협약에 명문으로 징계규정을 별도로 제정하기로 하였고, 그 규정에 의하여 징계규정이 만들어진 이상 다시 구체적인 징계규정의 내용에 관하여 회사와 근로자 간에 합의가 있어야 한다고 말할 수 없고, 근로자의 상벌 등에 관한 인사권은 사용자의 고유권한으로서 그 범위에 속하는 징계권 역시 기업운영 또는 노동계약의 본질상 당연히 사용자에게 인정되는 권한이기 때문에 그 징계규정의 내용이 강행법규나 단체협약의 내용에 반하지 않는 한 사용자는 그 구체적 내용을 자유롭게 정할 수 있고, 그 규정이 단체협약의 부속서나 단체협약 체결절차에 준하여 제정되어야 하는 것은 아니라고 판시하여 사용자고유권설을 따르고 있다(대판 1994.9.30. 94다21337).

III 징계의 종류

대표적인 징계의 종류는 다음과 같다.
① **견책** : 사용자가 근로자에게 시말서를 제출하도록 하는 징계방법이다.
② **경고** : 상대방을 구두 또는 문서로 훈계하는 데 그치고, 시말서의 제출은 요구되지 아니하는 징계방법이다.
③ **감봉(감급)** : 근로자가 실제로 제공한 근로의 대가로 수령하여야 할 임금액에서 일정액을 공제하는 징계처분이다. 취업규칙에서 근로자에 대하여 감급의 제재를 정할 경우에 그 감액은 1회의 금액이 평균임금의 1일분의 2분의 1을, 총액이 1임금지급기의 임금 총액의 10분의 1을 초과하지 못한다(근기법 제95조). **기출 19**
④ **정직** : 근로자와의 근로계약은 존속하나, 근로자의 보직을 해제하는 등 근로 제공을 일정 기간 금지하는 징계처분이다. 출근정지 또는 징계휴직이라고도 부른다.
⑤ **징계해고** : 사용자의 일방적인 의사표시에 의하여 근로자와의 근로관계를 종료시키는 징계처분이다.

IV 징계의 사유·양정·절차의 정당성

1. 징계사유의 정당성

(1) 원 칙

사용자는 기업질서를 유지하기 위하여 필요하고도 합리적인 범위 내에서만 징계권을 행사할 수 있다. 징계사유의 유형은 근무태만, 업무명령 위반, 업무 방해, 복무규율 위반, 범법행위 등이 있다. 사용자가 단체협약이나 취업규칙에 의하여 근로자에 대한 징계권을 가지게 되는 경우에도 이를 남용해서는 아니 된다. 근로자에 대한 징계가 권리남용이 되지 아니하기 위해서는 우선 단체협약이나 취업규칙에 징계사유가 규정되어야 하고, 근로자의 구체적인 비위행위가 단체협약이나 취업규칙상의 징계사유에 해당될 뿐만 아니라, 징계사유 그 자체가 정당한 것으로 평가될 수 있어야 한다.

(2) 취업규칙·단체협약 등에 의한 징계의 정당성

근로자의 어떤 비위행위가 징계사유로 되어 있는지는 구체적인 자료들을 통하여 징계위원회 등에서 그것을 징계사유로 삼았는지 여부에 의하여 결정되어야 하고, 그 비위행위가 정당한 징계사유에 해당하는지 여부는 취업규칙상 징계사유를 정한 규정의 객관적인 의미를 합리적으로 해석하여 판단하여야 한다. 취업규칙은 노사 간의 집단적인 법률관계를 규정하는 법규범의 성격을 갖는 것이므로 명확한 증거가 없는 한 그 문언의 객관적 의미를 무시하게 되는 사실인정이나 해석은 신중하고 엄격하여야 한다(대판 2021.11.25. 2019두30270).

기출 24 문제되는 비위행위가 징계사유에 해당함을 특정하여 표현하기 위해 징계권자가 징계처분 통보서에 어떤 용어를 쓴 경우, 그 비위행위가 징계사유에 해당하는지는 원칙적으로 해당 사업장의 취업규칙 등 징계규정에서 정하고 있는 징계사유의 의미와 내용을 기준으로 판단하여야 하고, 단지 그 비위행위가 통보서에 쓰인 용어의 개념에 포함되는지 여부만을 기준으로 판단할 것은 아니다(대판 2021.4.29. 2020다270770).[22] 단체협약이나 취업규칙 등에서 근로자에 대한 징계사유가 제한적으로 열거되어 있는 경우에는 그와 같이 열거되어 있는 사유 이외의 사유로는 징계할 수 없고(대판 1994.12.27. 93다5252), 근로기준법 제23조 소정의 정당한 이유란 징계해고의 경우에는 사회통념상 근로계약을 계속시킬 수 없을 정도로 근로자에게 책임 있는 사유가 있는 것을 말하므로 징계해고규정 해당 사유가 있다는 점만으로 당연히 그 징계해고처분이 정당한 이유가 있다고는 볼 수 없다(대판 1992.5.12. 91다27518).

1) 징계사유 추가·변경의 제한

① 징계처분을 받은 근로자가 재심을 청구할 수 있는 경우 그 재심절차는 징계처분에 대한 구제절차에 해당하고, 징계처분이 그 요건을 모두 갖추었다 하더라도 재심절차를 전혀 이행하지 않거나 재심절차에 중대한 하자가 있어 재심의 효력을 인정할 수 없는 경우에는 그 징계처분은 무효로 되므로, 원래의 징계처분에서 징계사유로 삼지 아니한 징계사유를 재심절차에서 추가하는 것은 추가된 징계사유에 대한 재심의 기회를 박탈하는 것으로 되어 특별한 사정이 없는 한 허용되지 아니한다(대판 1996.6.14. 95누6410).

② 취업규칙 등 징계규정에서, 근로자에게 일정한 징계사유가 있을 때 징계의결 요구권자가 먼저 징계사유를 들어 징계위원회에 징계의결 요구를 하고 징계의결 결과에 따라 징계처분을 하되 징계위원회는 징계대상자에게 진술의 기회를 부여하고 이익되는 사실을 증명할 수 있도록 하며 징계의결을 하는 경우에는 징계의 원인이 된 사실 등을 명시한 징계의결서에 의하도록 규정하고 있을 경우, 징계위원회는 어디까지나 징계의결 요구권자에 의하여 징계의결이 요구된 징계사유를 심리 대상으로 하여 그에 대하여만 심리·판단하여야 하고 징계의결이 요구된 징계사유를 근본적으로 수정하거나 징계의결 이후에 발생한 사정 등 그 밖의 징계사유를 추가하여 징계의결을 할 수는 없다. 또한 징계대상자에게 징계위원회에 출석하여 변명과 소명자료를 제출할 기회를 부여하도록 되어 있음에도 이러한 징계절차를 위반하여 징계해고하였다면 이러한 징계권의 행사는 징계사유가 인정되는지와 관계없이 절차의 정의에 반하여 무효라고 보아야 한다(대판 2012.1.27. 2010다100919).

---

22) 갑 방송국의 인사위원회가 카메라기자로 근무하던 을에게 해고를 통보하면서, 해고처분 통보서에 징계사유를 "을이 동료 카메라기자들을 대상으로 '카메라기자 성향분석표'와 '요주의 인물 성향' 문건을 작성하고 이를 반영한 인사이동안을 취재센터장에게 보고하는 등 명예훼손에 해당하는 불법행위를 저지름은 물론, 부당노동행위의 원인을 제공하여 합리적 인사관리를 방해하고 직장 질서를 문란케 하는 심대한 해사행위를 하였다."라고 기재한 사안에서, 을의 행위는 '상호 인격을 존중하여 직장의 질서를 유지하여야 한다.'고 정한 갑 방송국의 사규를 위반한 행위로서 취업규칙에서 정한 징계사유에 해당한다고 한 사례(대판 2021.4.29. 2020다270770).

2) 단체협약의 우선적 적용
① 단체협약에 반하지 않는 한 사용자는 취업규칙에서 새로운 징계사유를 정할 수 있고 그 징계사유를 터 잡아 징계할 수도 있다. 한편 단체협약에 해고는 단체협약규정에 의하여야만 하고 취업규칙에 의해서 해고할 수 없다고 규정되어 있는 경우, 취업규칙에 의한 해고는 무효이다(대판 1993.4.27. 92다48697).
② 기업질서는 기업의 존립과 사업의 원활한 운영을 위하여 필요불가결한 것이고, 따라서 사용자는 이러한 기업질서를 확립하고 유지하는 데 필요하고도 합리적인 것으로 인정되는 한 근로자의 기업질서 위반행위에 대하여 근로기준법 등의 관련 법령에 반하지 않는 범위 내에서 이를 규율하는 취업규칙을 제정할 수 있고, 단체협약에서 규율하고 있는 기업질서 위반행위 외의 근로자의 기업질서에 관련된 비위행위에 대하여 이를 취업규칙에서 해고 등의 징계사유로 규정하는 것은 원래 사용자의 권한에 속하는 것이므로, 단체협약에서 "해고에 관하여는 단체협약에 의하여야 하고 취업규칙에 의하여 해고할 수 없다"는 취지로 규정하거나 "단체협약에 정한 사유 외의 사유로는 근로자를 해고할 수 없다"고 규정하는 등 근로자를 해고함에 있어서 해고사유 및 해고절차를 단체협약에 의하도록 명시적으로 규정하고 있거나 동일한 징계사유나 징계절차에 관하여 단체협약상의 규정과 취업규칙 등의 규정이 상호 저촉되는 경우가 아닌 한 사용자는 취업규칙에서 단체협약 소정의 해고사유와는 관련이 없는 새로운 해고사유를 정할 수 있고, 그 해고사유에 터 잡아 근로자를 해고할 수 있으며, 비록 단체협약에서 해고사유와 해고 이외의 징계사유를 나누어 구체적으로 열거하고 있다 하더라도 취업규칙에서 이와 다른 사유를 해고사유로 규정하는 것이 단체협약에 반하는 것이라고 할 수 없다(대판 1999.3.26. 98두4672).

3) 징계사유유무 결정의 기준시점
[1] 취업규칙 위반행위 시와 징계처분 시에 있어서 서로 다른 내용의 취업규칙이 있는 경우, 다른 특별한 사정이 없는 한 해고 등의 의사표시는 의사표시의 시점에 시행되고 있는 신 취업규칙 소정의 절차에 따라 행하면 족하지만, 징계권(징계사유)의 유무에 관한 결정은 징계가 근로자에게 있어서 불이익한 처분이므로 문제로 되어 있는 행위 시에 시행되고 있던 구 취업규칙에 따라 행하여야 할 것이다.
[2] 사용자가 징계권(징계사유)의 유무를 결정함에 있어 구 취업규칙을 적용하면서 신 취업규칙을 함께 적용하였다 하더라도 그 적용된 신 취업규칙 소정의 징계사유가 구 취업규칙상의 징계사유 이상으로 부가확대한 것이 아니라 이와 동일하거나 이를 유형화, 세분화한 것에 불과하다면 근로자에게 있어서 특별히 불이익한 것이 아니므로, 근로자는 이를 이유로 그 징계가 위법하여 무효라고 주장할 수는 없다(대판 1994.12.13. 94다27960).

4) 쟁의기간 중 징계금지
[1] 단체협약에서 "쟁의기간 중에는 징계나 전출 등의 인사조치를 아니한다"고 정하고 있는 경우, 이는 쟁의기간 중에 쟁의행위에 참가한 조합원에 대한 징계 등 인사조치 등에 의하여 노동조합의 활동이 위축되는 것을 방지함으로써 노동조합의 단체행동권을 실질적으로 보장하기 위한 것이므로, 쟁의행위가 그 목적이 정당하고 절차적으로 노조법의 제반 규정을 준수함으로써 정당하게 개시된 경우라면, 비록 쟁의과정에서 징계사유가 발생하였다고 하더라도 쟁의가 계속되고 있는 한 그러한 사유를 들어 쟁의기간 중에 징계위원회의 개최 등 조합원에 대한 징계절차의 진행을 포함한 일체의 징계 등 인사조치를 할 수 없다.

[2] 단체협약의 '쟁의 중 신분 보장' 규정이 "회사는 정당한 노동쟁의행위에 대하여 간섭 방해, 이간행위 및 쟁의기간 중 여하한 징계나 전출 등 인사조치를 할 수 없으며 쟁의에 참가한 것을 이유로 불이익처분할 수 없다"라고 규정하고 있는 경우, 이러한 문언 자체로 징계사유의 발생시기나 그 내용에 관하여 특별한 제한을 두고 있지 않음이 분명하므로, 위 규정은 그 문언과 같이 정당한 쟁의행위기간 중에는 사유를 불문하고 회사가 조합원에 대하여 징계권을 행사할 수 없다는 의미로 해석함이 타당하다. 만일 이와 달리 비위사실이 쟁의행위와 관련이 없는 개인적 일탈에 해당하거나 노동조합의 활동이 저해될 우려가 없는 경우에는 정당한 쟁의행위기간 중에도 회사가 징계권을 행사할 수 있다는 식으로 '쟁의 중 신분 보장' 규정의 적용범위를 축소하여 해석하게 되면, 위 규정의 문언 및 그 객관적인 의미보다 근로자에게 불리하게 되어 허용되지 않는다고 보아야 한다. 이와 같이 근로자에게 불리한 해석은, 쟁의기간 중에 쟁의행위에 참가한 조합원에 대한 징계 등 인사조치에 의하여 노동조합의 활동이 위축되는 것을 방지함으로써 노동조합의 단체행동권을 실질적으로 보장하기 위한 위 규정의 도입취지에 반한다.

[3] 사용자인 회사가 근로자를 징계하게 되면 적법성·정당성 여부를 떠나 그 자체로 노동조합의 활동을 위축시킬 추상적 위험이 있으므로, 정당한 쟁의행위기간 중에는 징계사유의 발생시기 및 그 내용을 불문하고 일률적으로 징계를 금지하기 위하여 '쟁의 중 신분 보장' 규정이 도입된 것이지, 각각의 개별적인 징계사유 내지 징계로 야기되는 구체적인 결과별로 위 규정의 적용 여부를 다르게 취급하라는 취지로는 볼 수 없기 때문이다. '쟁의 중 신분 보장' 규정이 앞서 본 취지에 따라 도입된 것임에도 쟁의행위와 무관하다거나 개인적 일탈이라 하여 징계가 허용된다고 새기게 되면, 사용자인 회사가 개인적 일탈에 해당한다는 명목으로 정당한 쟁의행위기간 중에 임의로 징계권을 행사함으로써 노동조합의 단체행동권을 침해할 우려가 있다. 근로자의 비위행위가 쟁의행위와 무관한 개인적 일탈에 불과한 것인지, 쟁의행위와 관련이 있는지를 구분하는 것 역시 항상 명확하게 판가름되는 것이 아니어서, 근로자는 그만큼 불안정한 지위에 놓이게 된다(대판 2019.11.28, 2017다257869).

5) 단체협약상 일부 징계사유의 인정

여러 개의 징계사유 중 일부가 인정되지 않더라도 인정되는 다른 일부 징계사유만으로도 해당 징계처분의 타당성을 인정하기에 충분한 경우에는 그 징계처분을 유지하여도 위법하지 아니하고, 부당해고구제재심판정을 다투는 소송에서 해고의 정당성에 관한 증명책임은 이를 주장하는 사용자가 부담하므로, 인정되는 일부 징계사유만으로 해당 징계처분의 타당성을 인정하기에 충분한지에 대한 증명책임은 사용자가 부담한다(대판 2019.11.28, 2017두57318). 기출 20·22·24·25

6) 취업규칙상 징계사유 간의 충돌

[1] 해고할 수 있는 징계사유를 규정한 취업규칙의 여러 규정의 내용이 서로 일부 다른 경우 어느 것을 적용하여야 하는지가 문제되나 이러한 경우에는 근로자에게 보다 유리한 규정을 적용하여야 한다.

[2] 회사의 명예를 훼손하는 허위내용의 유인물 배포행위가 취업규칙 소정의 회사의 사전승인 없이 이루어졌고, 장기간 5차례에 걸쳐 배포되었으며 배포수량, 배포대상 등에 비추어 근로자들로 하여금 사용자에 대하여 적개심을 유발시킬 염려가 있어 회사의 직장질서를 문란시킬 구체적 위험성이 있으므로 이를 이유로 한 해고는 사용자의 징계재량권을 일탈하지 아니한다(대판 1994.5.27, 93다57551).

(3) 구체적 검토

1) 근무성적 불량

회사가 보험업을 영위하는 영리법인으로서 업무상, 성격상 그 거수실적의 많고 적음에 따라 회사 운영의 성패가 좌우된다고 할 수 있는 점에 비추어 앞서 본 바와 같은 징계규정이 무효의 규정이라고 할 수 없고 또 그 거수실적 불량의 정도가 추상적 자의적인 기준에 의한 것이 아니라 근로자의 직위, 보수, 근무경력, 다른 근로자의 전반적인 근로성적, 회사의 경영실태 등 제반 사정을 참작하여 근로자로서 최소한도의 직무수행능력이 결여되었다고 인정되는 경우라면 위 징계규정에 따라 해고한 데에 정당한 이유가 있다고 할 것이다 (대판 1991.3.27. 90다카25420).

2) 사생활에서의 비행

① 사용자가 근로자에 대하여 징계권을 행사할 수 있는 것은 사업활동을 원활하게 수행하는 데 필요한 범위 내에서 규율과 질서를 유지하기 위한 데에 그 근거가 있으므로, 근로자의 사생활에서의 비행은 사업활동에 직접 관련이 있거나 기업의 사회적 평가를 훼손할 염려가 있는 것에 한하여 정당한 징계사유가 될 수 있다(대판 1994.12.13. 93누23275). 기출 19·20·24

② 징계처분에서 징계사유로 삼지 아니한 비위행위라고 하더라도 징계종류 선택의 자료로서 피징계자의 평소의 소행과 근무성적, 당해 징계처분사유 전후에 저지른 비위행위사실 등은 징계양정에 있어서의 참작자료로 삼을 수 있는 것이다(대판 2002.5.28. 2001두10455). 기출 20·22

3) 업무지시의 거부

구제명령을 받은 사용자가 구제명령을 이행하지 아니한 채, 오히려 구제명령에 반하는 업무지시를 하고 근로자가 그 지시를 거부하였다는 이유로 근로자를 징계하는 것은 그 구제명령이 당연무효라는 등의 특별한 사정이 없는 한 정당성을 가진다고 보기 어렵다. 한편, 그 업무지시 후 구제명령을 다투는 재심이나 행정소송에서 구제명령이 위법하다는 이유에서 이를 취소하는 판정이나 판결이 확정된 경우라면, 업무지시 당시 구제명령이 유효한 것으로 취급되고 있었다는 사정만을 들어 업무지시 거부 행위에 대한 징계가 허용되지 않는다고 볼 수 없다. 이때 그러한 징계가 정당한지는 앞서 본 구제명령 제도의 입법 취지를 충분히 고려하면서, 업무지시의 내용과 경위, 그 거부 행위의 동기와 태양, 구제명령 또는 구제명령을 내용으로 하는 재심판정의 이유, 구제명령에 대한 쟁송경과와 구제명령이 취소된 이유, 구제명령에 대한 근로자의 신뢰 정도와 보호가치 등을 종합적으로 고려하여 판단해야 한다(대판 2023.6.15. 2019두40260).[23]

---

[23] 근로자인 원고가 '원고를 원직에 복직시키라는 구제명령'에 반하는 업무지시를 거부한 행위를 비위행위로 한 징계해고가 부당하다고 다투며 재심판정의 취소를 구한 사안에서, '위 업무지시 거부 이후 구제명령을 취소하는 판결이 선고되어 확정되었다는 이유만으로 징계가 정당하다고 판단한 원심'에는, 구제명령과 징계사유 등에 관한 법리를 오해하여, 이 사건에서 문제되는 '업무지시 거부행위와 구제명령 취소 판결의 선고 시점의 선후 관계에 따른 업무지시 거부행위 당시 구제명령에 대한 근로자의 신뢰의 정도와 보호가치' 등을 심리하여 징계의 정당성 판단에 고려하지 않은 잘못이 있다는 이유로 원심판결을 파기·환송한 사례(대판 2023.6.15. 2019두40260).

4) 시말서 제출 관련

취업규칙 등에 징계처분을 당한 근로자는 시말서를 제출하도록 규정되어 있는 경우 징계처분에 따른 시말서의 부제출은 그 자체가 사용자의 업무상 정당한 명령을 거부한 것으로서 징계사유가 될 수 있다(대판 1991.12.24. 90다12991). 다만, 판례는 취업규칙에서 사용자가 사고나 비위행위 등을 저지른 근로자에게 시말서를 제출하도록 명령할 수 있다고 규정하는 경우, 그 시말서가 단순히 사건의 경위를 보고하는 데 그치지 않고 더 나아가 근로관계에서 발생한 사고 등에 관하여 '자신의 잘못을 반성하고 사죄한다는 내용'이 포함된 사죄문 또는 반성문을 의미하는 것이라면, 이는 헌법이 보장하는 내심의 윤리적 판단에 대한 강제로서 양심의 자유를 침해하는 것이므로, 그러한 취업규칙규정은 헌법에 위배되어 근로기준법 제96조 제1항에 따라 효력이 없고, 그에 근거한 사용자의 시말서제출명령은 업무상 정당한 명령으로 볼 수 없다는(대판 2010.1.14. 2009두6605) 입장을 취하였다.

5) 노동조합 내부의 문제

[1] 근로자의 어떤 비위행위가 징계사유로 되어 있느냐 여부는 구체적인 자료들을 통하여 징계위원회 등에서 그것을 징계사유로 삼았는가 여부에 의하여 결정되어야 하는 것이지, 반드시 징계의결서나 징계처분서에 기재된 취업규칙이나 징계규정에서 정한 징계근거사유만으로 징계사유가 한정되는 것은 아니다.
[2] 노동조합 내부의 문제라 하더라도 그로 인하여 회사의 손실 등이 초래되는 경우에는 회사 취업규칙 등에서 규정하는 징계사유에 해당할 수 있다.
[3] 항공사 객실승무원들이 단독노조 설립을 위하여 모금한 후원금의 모금 및 관리·사용과 관련하여 객실노동조합 설립추진위원회 객실승무원들 사이에 발생한 분쟁을 이유로 회사가 위 추진위원회 핵심임원들을 해고한 경우, 사회통념상 고용관계를 계속할 수 없을 정도로 근로자에게 책임이 있는 경우에 해당한다고 보기 어려우므로 그 해고는 재량권의 범위를 일탈한 것이다(대판 2009.4.9. 2008두22211).

6) 사용자에 대한 명예훼손

[1] 국민건강보험공단이 인사규정 위반을 이유로 근로자 甲을 해임처분한 경우, 공단의 징계의결 요구를 받은 징계위원회가 甲이 징계위원회에 음주상태로 출석하여서 한 진술과 관련하여 '진술 시 품위 손상'을 별도의 독립한 징계사유로 삼았으나, 징계의결 요구권자는 징계위원회에 甲의 사내 전자게시판 게시글 게시 행위만을 징계사유로 삼아 경징계 요구하였으므로 징계의결에는 요구되지 않은 '진술 시 품위 손상'을 새로운 징계사유로 추가한 잘못이 있고, 징계위원회가 甲에게 '진술 시 품위 손상'이 징계사유로 된다는 점을 징계위원회 개최 중에라도 전혀 고지하지 않았으므로 甲이 음주상태로 징계위원회에 출석하게 된 경위에 관하여 답변하였다고 하여 징계사유에 대한 변명과 소명자료를 제출할 기회를 부여받았다고 할 수 없으므로, 공단 인사규정에서 정한 징계절차를 위반하여 이루어진 위 해임처분은 징계사유가 인정되는지와 관계없이 무효이다.
[2] 사내 전자게시판에 게시된 문서에 기재되어 있는 문언에 의하여 타인의 인격, 신용, 명예 등이 훼손 또는 실추되거나 그렇게 될 염려가 있고, 또 문서에 기재되어 있는 사실관계 일부가 허위이거나 표현에 다소 과장되거나 왜곡된 점이 있다고 하더라도, 문서를 배포한 목적이 타인의 권리나 이익을 침해하려는 것이 아니라 근로조건의 유지·개선과 근로자의 복지 증진 기타 경제적·사회적 지위의 향상을 도모하기 위한 것으로서 문서내용이 전체적으로 보아 진실한 것이라면 이는 근로자의 정당한 활동범위에 속한다(대판 2012.1.27. 2010다100919).

7) 고소·고발이나 진정

[1] 근로자가 뚜렷한 자료도 없이 사실을 허위로 기재하거나 왜곡하여 소속 직장의 대표자, 관리자나 동료 등을 수사기관 등에 고소·고발하거나 진정하는 행위는 징계규정에서 정한 징계사유가 될 수 있다. 다만 범죄에 해당한다고 의심할 만한 행위에 대해 처벌을 구하고자 고소·고발 등을 하는 것은 합리적인 근거가 있는 한 적법한 권리행사라고 할 수 있으므로 수사기관이 불기소처분을 하였다는 이유만으로 고소·고발 등이 징계사유에 해당하지 않는다.

[2] 노동조합 또는 노동조합의 대표자가 사용자 측을 근로기준법이나 노조법 위반 등으로 수사기관 등에 고소·고발·진정한 내용에 과장되거나 왜곡된 부분이 있더라도, 그것이 대체로 사실에 기초하고 있고 그 목적이 사용자에 의한 조합원들의 단결권 침해를 방지하거나 근로조건에 관한 법령을 준수하도록 하는 것이라면 고소·고발 등은 노동조합의 정당한 활동범위에 속하는 것으로 보아야 하므로, 이를 이유로 노동조합의 대표자에게 불이익을 주는 것은 원칙적으로 허용되지 않는다(대판 2020.8.20. 2018두34480).

2. 징계양정의 정당성

(1) 원 칙

징계처분 시 어떤 처분을 할 것인가는 징계권자의 재량이나 징계권자가 재량권의 행사로서 한 징계처분이 사회통념상 현저하게 타당성을 잃어 징계권자에게 맡겨진 재량권을 남용한 것이라고 인정되는 경우 그 처분은 위법하다고 할 수 있다. 그 징계처분이 사회통념상 현저하게 타당성을 잃은 처분이라고 하려면 구체적인 사례에 따라 직무의 특성, 징계의 사유가 된 비위사실의 내용과 성질 및 징계에 의하여 달성하려는 목적과 그에 수반되는 제반 사정을 참작하여 객관적으로 명백히 부당하다고 인정되는 경우라야 한다(대판 2002.8.23. 2000다60890).

1) 형평성의 원칙

종전에 다른 근로자에게 한 징계수단과 동등하거나 비슷한 수단의 징계를 하여야 한다.

2) 상당성의 원칙

징계권자가 재량권의 행사로서 한 징계처분이 사회통념상 현저하게 타당성을 잃어 재량권을 남용한 것이라고 인정되는 경우 그 처분은 위법한바, 징계권의 행사가 공익적 목적을 위하여 징계권을 행사하여야 할 공익의 원칙에 반하거나 일반적으로 징계사유로 삼은 비행의 정도에 비하여 균형을 잃은 과중한 징계처분을 선택함으로써 비례의 원칙에 반하거나 또는 같은 정도의 비행에 대하여 일반적으로 적용하여 온 기준에 비추어 합리적인 이유 없이 공평을 잃은 징계처분을 선택함으로써 평등의 원칙을 위반한 경우 이러한 징계처분은 재량권의 한계를 벗어난 처분으로서 위법하다(대판 1999.11.26. 98두6951).

(2) 구체적 검토 - 징계해고의 정당성

취업규칙 등의 징계해고사유에 해당하는 경우, 이에 따라 이루어진 해고처분이 당연히 정당한 것으로 되는 것이 아니라 사회통념상 고용관계를 계속할 수 없을 정도로 근로자에게 책임 있는 사유가 있는 경우에 행하여져야 정당성이 인정되고, 사회통념상 당해 근로자와의 고용관계를 계속할 수 없을 정도인지는 당해 사용자의 사업의 목적과 성격, 사업장의 여건, 당해 근로자의 지위 및 담당직무의 내용, 비위행위의 동기와 경위, 이로 인하여 기업의 위계질서가 문란하게 될 위험성 등 기업질서에 미칠 영향, 과거의 근무태도 등 여러 가지 사정을 종합적으로 검토하여 판단하여야 한다(대판 2013.10.31. 2013두13198).

3. 징계절차의 정당성

(1) 의 의

단체협약이나 취업규칙 또는 이에 근거를 둔 징계규정에서 징계절차를 규정한 것은 징계권의 공정한 행사를 확보하고 징계제도의 합리적인 운영을 도모하기 위한 것으로서 중요한 의미를 갖는다(대판 1991.7.9. 90다8077).

(2) 징계절차규정이 있는 경우 기출 19

1) 의 의

취업규칙이나 단체협약에 징계에 관한 절차규정이 있음에도 이러한 절차규정을 위반하여 징계한 경우에는, 절차에 관한 정의에 반하는 것으로서 징계의 정당성은 부정된다. 따라서 노동조합 간부에 대한 징계처분을 함에 있어 노동조합과 합의를 하도록 단체협약에 규정된 경우, 그 절차를 거치지 않은 징계처분은 원칙적으로 무효이다(대판 2007.9.6. 2005두8788). 기출 22

2) 절차 위반의 효력

① [1] 단체협약이나 취업규칙 또는 이에 근거를 둔 징계규정에서 징계위원회의 구성에 노동조합의 대표자를 참여시키도록 되어 있고 또 징계대상자에게 징계위원회에 출석하여 변명과 소명자료를 제출할 기회를 부여하도록 되어 있음에도 불구하고 이러한 징계절차를 위배하여 징계해고를 하였다면 이러한 징계권의 행사는 징계사유가 인정되는 여부에 관계없이 절차에 있어서의 정의에 반하는 처사로서 무효라고 보아야 한다. [2] 징계대상자에게 징계위원회에 출석하여 변명과 소명자료를 제출할 기회를 부여하도록 되어있다면, 통보의 시기와 방법에 관하여 특별히 규정한 바가 없다고 하여도 변명과 소명자료를 준비할 만한 상당한 기간을 두고 개최일시와 장소를 통보하여야 하며, 이러한 시간적 여유를 주지 않고 촉박하게 이루어진 통보는 징계규정이 규정한 사전통보의 취지를 몰각한 것으로서 부적법하다. 징계위원회의 개최일시 및 장소를 징계위원회가 개최되기 불과 30분 전에 통보한 것은 사실상 변명과 소명자료를 준비할 수 없게 만드는 것이어서 적법한 통보라고 볼 수 없다(대판 1991.7.9. 90다8077). 설사 징계대상자가 그 징계위원회에 출석하여 진술을 하였다 하여도 스스로 징계에 순응하는 것이 아닌 한 그 징계위원회의 의결에 터 잡은 징계해고는 징계절차에 위배한 부적법한 징계권의 행사라 할 것이다(대판 2004.6.25. 2003두15317).

② 단체협약 등에서 조합원의 징계 시 사전통지와 진술권 부여를 의무조항으로 규정하고 있다면 이는 징계의 객관성과 공정성을 확보하기 위한 것으로서 징계의 유효요건이고, 징계대상자가 구속 중이라고 하여도 서면 또는 대리인을 통하여 징계절차에서 변명을 하고 소명자료를 제출할 이익이 있는 것이므로 사전통지를 하지 아니함으로써 이러한 기회가 박탈되었다면 그 징계는 효력이 없다(대판 1996.9.6. 95다16400).

③ 징계처분에 대한 재심절차는 징계처분에 대한 구제 내지 확정절차로서 원래의 징계절차와 함께 전부가 하나의 징계처분절차를 이루는 것으로서 그 절차의 정당성도 징계과정 전부에 관하여 판단되어야 하므로, 원래의 징계처분이 그 요건을 갖추었더라도 재심절차를 전혀 이행하지 않거나 재심절차에 중대한 하자가 있어 재심의 효력을 인정할 수 없는 경우에는 그 징계처분은 현저히 절차적 정의에 반하는 것으로서 무효이다(대판 2020.11.26. 2017두70793).

④ 다만, 사용자가 단체협약에 규정된 여유기간을 두지 아니하고 피징계자에게 징계회부되었음을 통보한 경우에도 피징계자가 징계위원회에 출석하여 통지절차에 대한 이의를 제기하지 아니하고 충분히 소명을 한 경우에는 그와 같은 절차상의 하자는 치유된다(대판 1999.3.26. 98두4672). 또한 징계처분에 대한 재심절차는 원래의 징계절차와 함께 전부가 하나의 징계처분절차를 이루는 것으로서 그 절차의 정당성도 징계과정 전부에 관하여 판단되어야 할 것이므로, 원래의 징계과정에 절차위반의 하자가 있더라도 재심과정에서 보완되었다면 그 절차위반의 하자는 치유된다(대판 1997.11.11. 96다23627).

⑤ 단체협약이나 취업규칙에 징계대상자에게 징계혐의 사실을 통지하여야 한다는 규정이 있는 경우에 이러한 절차를 거치지 않은 징계처분을 유효하다고 할 수 없지만, 그러한 규정이 없는 경우까지 반드시 그 사실을 통지하여 줄 의무가 있는 것은 아니다. 또한 단체협약이나 취업규칙에서 당사자에게 징계사유와 관련한 소명기회를 주도록 규정하고 있는 경우에도 대상자에게 그 기회를 제공하면 되며, 소명 자체가 반드시 이루어져야 하는 것은 아니다. 그리고 징계위원회에서 징계대상자에게 징계혐의 사실을 고지하고 그에 대하여 진술할 기회를 부여하면 충분하고, 혐의사실 개개의 사항에 대하여 구체적으로 발문하여 징계대상자가 이에 대하여 빠짐없이 진술하도록 조치하여야 하는 것은 아니다(대판 2020.6.25. 2016두56042).

기출 22

⑥ 취업규칙에서 귀책사유를 이유로 근로자를 해고함에 있어서는 노동위원회의 승인을 받도록 규정하고 있는 경우, 현행 법령의 규정상 사용자가 근로자를 해고함에 관하여 사전에 인정이나 승인을 할 수 있는 권한이 노동위원회에는 없으므로 사용자가 근로자를 해고함에 있어서 취업규칙의 규정에 따라 노동위원회의 승인을 받지 않았다 하더라도 그 해고의 효력에 영향을 미칠 수 없다(대판 1994.9.30. 94다4042).

3) 징계위원회 구성

① 근로자 측 징계위원 위촉취지 및 위촉방법 : 취업규칙 등에서 노사 동수로 징계위원회를 구성하도록 하고 있다면 이는 근로자들 중에서 징계위원을 위촉하여 징계위원회에 대한 근로자들의 참여권을 보장함으로써 절차적 공정성을 확보함과 아울러 사 측의 징계권남용을 견제하기 위한 것이므로, 취업규칙에 직접적으로 징계위원의 자격과 선임절차에 관하여 규정하고 있지 않더라도, 노 측 징계위원들이 이전부터 근로자들을 대표하거나 근로자들의 의견을 대변해 왔다는 등의 특별한 사정이 없는 한 사용자가 근로자들의 의견을 반영하는 과정 없이 임의로 노 측 징계위원을 위촉할 수 있다고 해석할 수는 없다(대판 2006.11.23. 2006다48069).

② 근로자 측 징계위원 선정권 포기 : 단체협약이나 취업규칙 또는 이에 근거를 둔 징계규정에서 징계위원회의 구성에 근로자 측의 대표자를 참여시키도록 되어 있음에도 불구하고 이러한 징계절차를 위배하여 징계해고를 하였다면 이러한 징계권의 행사는 징계사유가 인정되는 여부에 관계없이 절차에 있어서의 정의에 반하는 처사로써 무효라고 보아야 할 것이지만, 근로자 측에 징계위원선정권을 행사할 기회를 부여하였는데도 근로자 측이 스스로 징계위원 선정을 포기한 것이라면 근로자 측 징계위원이 참석하지 않은 징계위원회의 의결을 거친 징계처분이라고 하더라도 이를 무효로 볼 수는 없다(대판 1997.5.16. 96다47074).

③ 근로자 측 징계위원의 자격 : 기업별 단위노동조합과 사용자가 체결한 단체협약에서 징계위원회를 노사 동수로 구성하기로 정하면서 근로자 측 징계위원의 자격에 관하여 아무런 규정을 두지 않은 경우, 근로자 측 징계위원은 사용자 회사에 소속된 근로자에 한정된다. 나아가 기업별 단위노동조합이 단체협약을 체결한 후 산업별 단위노동조합의 지부 또는 분회로 조직이 변경되고 그에 따라 산업별 단위노동조합이 단체협약상의 권리·의무를 승계한다고 하더라도, 노동조합의 조직이 변경된 후 새로운 단체협약이 체결되지 아니하였다면 근로자의 징계절차에는 기업별 단위노동조합일 때 체결된 단체협약이 그대로 적용되어야 하므로 징계절차에서도 근로자 측 징계위원은 사용자 회사에 소속된 근로자에 한정되어야 한다(대판 2015.5.28. 2013두3351).

④ 징계위원회 구성의 하자
  ㉠ 징계위원회의 구성 및 형식이 규정되어 있는 경우, 징계위원장 명의로 출석통지서 및 징계의결통보서가 발송되었지만 실제 징계위원장이 징계위원회에 참석한 바 없고, 그의 지위를 위임 또는 수권하지 않고 참석하지 않았다면 그 징계위원회는 징계위원장에 의하지 않고 진행된 것이므로 징계위원회의 구성 및 의결과정에서 절차상 하자가 있어 무효로 볼 여지가 있다. 또한 회사의 단체협약상의 징계규정에는 노동조합원을 징계하려면 상벌위원회의 심의를 거쳐야 하고 그 상벌위원회의 구성은 노사 각 4인씩으로 하여 노동조합원들을 참여시키도록 되어 있는데도 불구하고, 이러한 징계절차규정을 위배하여 노동조합 측의 위원 2명만 참석시키고 자격이 없는 상조회 소속 근로자 2명을 포함하여 상벌위원회를 구성한 다음 그 상벌위원회의 결의를 거쳐 징계해고하였다면, 이러한 징계권의 행사는 징계사유가 인정되는 여부에 관계없이 절차에 있어서의 정의에 반하는 처사로서 무효라고 보아야 할 것이고, 이는 자격이 없는 위원을 제외하고서도 의결정족수가 충족된다 하더라도 그 상벌위원회의 구성 자체에 위법이 있는 이상 마찬가지이다(대판 1996.6.28. 94다53716). **기출 19**
  ㉡ 원징계절차에 있어 징계위원회 구성상의 하자가 있는 경우 하자 있는 징계위원을 배제한 재심위원회에서 적법한 심의·의결을 거쳤다면 원징계절차의 하자는 치유될 수 있지만, 재심인사위원회가 개최되지도 않은 채 재심청구가 각하된 경우까지 그 하자가 재심과정에서 보완되어 치유되었다고는 볼 수 없다(대판 1997.11.11. 96다23627).

(3) 징계절차 규정이 없는 경우
징계에 관한 절차규정이 없는 경우, 절차를 거치지 않고 징계하더라도 그 징계의 정당성은 부정되지 않는다(대판 1992.4.14. 91다4775).

V 징계의 구제절차

1. 노동위원회에 대한 구제신청
사용자가 근로자에게 정당한 이유 없이 해고, 휴직, 정직, 전직, 감봉, 그 밖의 징벌(이하 "부당해고등")을 하면 근로자는 노동위원회에 구제를 신청할 수 있다. 구제신청은 부당해고등이 있었던 날부터 3개월 이내에 하여야 한다(근기법 제28조). 이때 노동위원회 외에도 법원에 구제신청을 할 수 있음은 물론이다.

2. 이중징계 금지의 원칙
사용자가 근로자에 대하여 이중징계를 한 경우 일사부재리의 원칙 또는 이중처벌 금지의 원칙에 위배되므로 무효가 된다. 한편, 징계해고에 관한 절차 위반을 이유로 해고무효판결이 확정된 경우 소급하여 해고되지 아니한 것으로 보게 될 것이지만, 그 후 같은 징계사유를 들어 새로이 필요한 제반 징계절차를 밟아 다시 징계처분을 한다고 하여 일사부재리의 원칙이나 신의칙에 위배된다고 볼 수는 없을 뿐더러 법원의 판결을 잠탈하는 것이라고 할 수도 없다(대판 1995.12.5. 95다36138).

제6절 직위해제(대기발령)

I 의 의

일반적으로 근로자가 직무수행능력이 부족하거나 근무성적 또는 근무태도 등이 불량한 경우, 근로자에 대한 징계절차가 진행 중인 경우, 근로자가 형사사건으로 기소된 경우 등에 있어서 당해 근로자가 장래에 계속 직무를 담당하게 될 경우 예상되는 업무상의 장애 등을 예방하기 위하여, 일시적으로 당해 근로자에게 직위를 부여하지 아니함으로써 직무에 종사하지 못하도록 하는 잠정적인 조치로서의 보직의 해제를 의미한다(대판 1996.10.29. 95누15926).

II 직위해제의 정당성

1. 사용자의 재량권 인정

대기발령 등 근로자에게 불이익한 처분이라도 취업규칙이나 인사관리규정 등에 징계처분의 하나로 규정되어 있지 않다면, 이는 원칙적으로 인사권자인 사용자의 고유권한에 속하는 인사명령의 범주에 속하는 것이라고 보아야 하고, 인사명령에 대하여는 업무상 필요한 범위 안에서 사용자에게 상당한 재량을 인정하여야 한다. 따라서 위와 같은 처분은 그것이 근로기준법에 위반되거나 권리남용에 해당하는 등의 특별한 사정이 없는 한, 단지 징계절차를 거치지 아니하였다는 사정만으로 위법하다고 할 수는 없다(대판 2013.5.9. 2012다64833).

기출 24

2. 직위해제의 정당성

① 근로자에 대한 전직, 전보처분, 대기발령 등의 인사명령이 정당한 인사권의 범위 내에 속하는지 여부는, 대기발령의 업무상 필요성과 그에 따른 근로자의 생활상 불이익과의 비교·교량, 근로자와의 협의 등 대기발령을 하는 과정에서 신의칙상 요구되는 절차를 거쳤는지 여부 등에 의하여 결정되어야 한다. 다만, 근로자 본인과 성실한 협의절차는 정당성 판단의 요소라 할 수 있으나, 그것을 거치지 아니하였다는 사정만으로 대기발령이 권리남용에 해당되어 당연히 무효가 된다고는 볼 수 없다(대판 2002.12.26. 2000두8011).
② 취업규칙 등에 직위해제처분과 관련된 절차를 거치도록 규정하고 있는 경우에는 그러한 절차를 거치지 아니한 직위해제처분은 무효가 되나(대판 1992.7.28. 91다30729), 취업규칙 등에 직위해제처분의 절차를 규정하지 아니한 경우에는 소명기회 부여 등의 절차를 거칠 필요가 없다(대판 1996.10.29. 95누15926).

3. 정당성이 부정된 사례

(1) 장기간 유지된 대기발령[24]

대기발령과 같은 잠정적인 인사명령이 명령 당시에는 정당한 경우라고 하더라도, 대기발령의 목적과 실제 기능, 유지의 합리성 여부 및 그로 인하여 근로자가 받게 될 신분상·경제상의 불이익 등 구체적인 사정을 모두 참작하여 그 기간은 합리적인 범위 내에서 이루어져야 한다. 따라서 대기발령을 받은 근로자가 상당한 기간에 걸쳐 근로의 제공을 할 수 없다거나 근로제공을 함이 매우 부적당한 경우가 아닌데도 사회통념상 합리성이 없을 정도로 부당하게 장기간 동안 잠정적 지위의 상태로 유지하는 것은, 특별한 사정이 없는 한 정당한 이유가 있다고 보기 어려우므로 합리성이 없을 정도로 부당하다고 볼 만한 시점 이후부터의 대기발령은 무효라고 보아야 한다(대판 2024.9.12. 2024다250873). 기출 22

(2) 기존 직무범위 중 본질적인 부분제한[25]

대기발령 등의 인사명령을 받은 근로자가 상당한 기간에 걸쳐 근로제공을 할 수 없다거나, 근로제공을 함이 매우 부적당한 경우가 아닌데도 사회통념상 합리성이 없을 정도로 부당하게 장기간 동안 잠정적 지위의 상태로 유지하는 것은, 특별한 사정이 없는 한 정당한 이유가 있다고 보기 어려우므로 그와 같은 조치는 무효라고 보아야 한다. 위와 같은 법리는, 대기발령처럼 근로자에게 아무런 직무도 부여하지 않아 근로의 제공을 할 수 없는 상태에서 단순히 다음 보직을 기다리도록 하는 경우뿐 아니라, 당해 근로자의 기존의 직무범위 중 본질적인 부분을 제한하는 등의 방식으로 사실상 아무런 직무도 부여하지 않은 것과 별 차이가 없는 경우 등에도 마찬가지로 적용된다고 보아야 한다(대판 2013.5.9. 2012다64833).

Ⅲ 직위해제 후의 당연퇴직(당연면직)

인사규정 등에 대기발령 후 일정 기간이 경과하도록 복직발령을 받지 못하거나, 직위를 부여받지 못하는 경우에는 당연퇴직된다는 규정을 두는 경우 대기발령에 이은 당연퇴직처리를 일체로서 관찰하면, 이는 근로자의 의사에 반하여 사용자의 일방적 의사에 따라 근로계약관계를 종료시키는 것으로서 실질상 해고에 해당하므로, 사용자가 그 처분을 함에 있어서는 근로기준법 제23조 제1항 소정의 정당한 이유가 필요하다고 할 것이다(대판 2007.5.31. 2007두1460).

---

24) 갑 학교법인의 을에 대한 대기발령이 무효인지 문제된 사안에서, 을의 감사 방해를 저지하기 위한 데 주된 목적이 있는 위 대기발령은 갑 법인의 감사가 종료됨으로써 그 필요성이 없어졌음에도 그대로 유지되고 있어 을을 사회통념상 합리성이 없을 정도로 부당하게 장기간 동안 잠정적 지위의 상태로 두는 것이 되어 부당하므로 대기발령이 무효라고 본 원심판단에 대하여 대기발령의 필요성이 없어진 시점부터는 대기발령이 부당하게 장기간 유지되는 것이어서 무효로 보아야 하지만, 대기발령의 필요성이 있을 수 있는 감사 종료 이전 부분에 관하여는 무효 사유를 별도로 따져 봐야 하고, 감사 종료 이후의 부당한 대기발령 유지 조치가 무효라는 이유만으로 그 이전 부분까지 당연히 무효가 된다고 볼 수는 없다고 한 사례(대판 2024.9.12. 2024다250873)

25) 甲 학교법인 산하 의과대학 교수이자 대학병원의 전문의인 乙에 대한 진료정지처분의 효력이 문제된 사안에서, 처분 당시에는 정당한 인사권의 범위 내에 속하였지만, 乙의 직능과 직책, 진료정지처분에 의한 乙의 직무 제한의 정도 및 乙이 입게 된 불이익의 내용, 잠정적인 인사명령 상태가 지속된 기간 등을 고려하면, 甲 법인이 진상조사위원회 조사를 거쳐 乙에게 연구전담교수로의 전환을 제안하기 훨씬 전에 乙을 원래의 지위로 복귀시키거나 다른 보직을 부여하는 확정적인 처분을 하였어야 한다는 이유로, 甲 법인이 위 처분을 부당하게 장기간 유지한 것은 위법하다고 본 원심판단을 수긍한 사례(대판 2013.5.9. 2012다64833)

Ⅳ 직위해제와 구제이익

직위해제처분은 근로자로서의 지위를 그대로 존속시키면서 다만 그 직위만을 부여하지 아니하는 처분이므로, 만일 어떤 사유에 기하여 근로자를 직위해제한 후 그 직위해제사유와 동일한 사유를 이유로 징계처분을 하였다면, 뒤에 이루어진 징계처분에 의하여 그전에 있었던 직위해제처분은 그 효력을 상실한다. 여기서 직위해제처분이 효력을 상실한다는 것은, 직위해제처분이 소급적으로 소멸하여 처음부터 직위해제처분이 없었던 것과 같은 상태로 되는 것이 아니라, 사후적으로 그 효력이 소멸한다는 의미이다. 따라서 직위해제처분에 기하여 발생한 효과는 당해 직위해제처분이 실효되더라도 소급하여 소멸하는 것이 아니므로, 인사규정 등에서 직위해제처분에 따른 효과로 승진·승급에 제한을 가하는 등의 법률상 불이익을 규정하고 있는 경우에는, 직위해제처분을 받은 근로자는 이러한 법률상 불이익을 제거하기 위하여 그 실효된 직위해제처분에 대한 구제를 신청할 이익이 있다(대판 2010.7.29. 2007두18406).

Ⅴ 경영상 필요에 의한 대기발령과 휴업수당

1. 문제점

근로자의 귀책사유 없이 조직개편 또는 업무량 감소 등과 같은 사용자의 귀책사유로 볼 수 있는 경영사정으로 인하여 부득이하게 근로자들이 자택 또는 특정장소에 대기발령을 받고 근로를 하지 못하게 될 경우, 근로기준법 제23조 제1항을 적용하여 그 정당성을 판단할 수 있는지 여부 및 이를 근로기준법상의 휴업을 실시한 것으로 보아, 휴업수당을 지급하여야 하는 것인지의 여부가 문제된다.

2. 경영상의 필요에 의한 대기발령의 법적 성질

[1] 근로기준법 제46조 제1항에서 정하는 '휴업'에는, 개개의 근로자가 근로계약에 따라 근로를 제공할 의사가 있는데도 그 의사에 반하여 취업이 거부되거나 불가능하게 된 경우도 포함되므로, 이는 '휴직'을 포함하는 광의의 개념인데, 근로기준법 제23조 제1항에서 정하는 '휴직'은 어떤 근로자를 그 직무에 종사하게 하는 것이 불가능하거나 적당하지 아니한 사유가 발생한 때에, 그 근로자의 지위를 그대로 두면서 일정한 기간 그 직무에 종사하는 것을 금지시키는 사용자의 처분을 말하는 것이고, '대기발령'은 근로자가 현재의 직위 또는 직무를 장래에 계속 담당하게 되면 업무상 장애 등이 예상되는 경우에, 이를 예방하기 위하여 일시적으로 당해 근로자에게 직위를 부여하지 아니함으로써 직무에 종사하지 못하도록 하는 잠정적인 조치를 의미하므로, 대기발령은 근로기준법 제23조 제1항에서 정한 '휴직'에 해당한다고 볼 수 있다(대판 2013.10.11. 2012다12870).

[2] 근로기준법 제2조 제1항 제5호는 "임금이란 사용자가 근로의 대가로 근로자에게 임금, 봉급, 그 밖에 어떠한 명칭으로든지 지급하는 일체의 금품을 말한다."라고 규정하고 있는데, 근로기준법 제46조 제1항에서 정한 "사용자의 귀책사유로 휴업하는 경우"에 지급하는 휴업수당은 비록 현실적 근로를 제공하지 않았다는 점에서는 근로 제공과의 밀접도가 약하기는 하지만, 근로자가 근로 제공의 의사가 있는데도 자신의 의사와 무관하게 근로를 제공하지 못하게 된 데 대한 대상(代償)으로 지급하는 것이라는 점에서 임금의 일종으로 보아야 한다(대판 2013.10.11. 2012다12870). 기출 25

3. 경영상의 필요에 의한 대기발령의 정당성

최근 판례는 회사가 경영상의 필요를 이유로 휴직의 인사명령을 한 경우 이것이 정당한 이유가 있는 때에 해당하는지 여부는 그 휴직명령 등의 경영상 필요성과 그로 인하여 근로자가 받게 될 신분상·경제상의 불이익을 비교·교량하고, 휴직명령 대상자 선정의 기준이 합리적이어야 하며, 근로자가 속하는 노동조합과의 협의 등 그 휴직을 명하는 과정에서 신의칙상 요구되는 절차를 거쳤는지 여부를 종합적으로 고려하여 결정하여야 한다고 판시하고 있다.

4. 사용자의 휴업수당지급의무

사용자가 자신의 귀책사유에 해당하는 경영상의 필요에 따라 개별근로자들에 대하여 대기발령을 하였다면, 이는 근로기준법 제46조 제1항에서 정한 휴업을 실시한 경우에 해당하므로, 사용자는 그 근로자들에게 휴업수당을 지급할 의무가 있다(대판 2013.10.11. 2012다12870). 기출 25

제7절 근로관계의 이전

I 의 의

근로관계의 이전이란 영업양도, 회사합병, 자회사의 독립 및 회사의 해산·폐업 등으로 사용자의 지위가 다른 사용자에게 이전되거나 소멸되는 경우, 기존의 근로관계가 다른 사용자에게 포괄적으로 이전될 수 있는지의 문제를 말한다. 이에 대하여 관련 법령은 명문의 규정을 두고 있지 아니하므로, 해석에 의존하는 수밖에 없다.

II 영업양도와 근로관계

1. 영업양도의 의의

영업의 양도라 함은 일정한 영업목적에 의하여 조직화된 업체, 즉 인적·물적 조직을 그 동일성은 유지하면서 일체로서 이전하는 것으로서 영업의 일부만의 양도도 가능하고, 이러한 영업양도가 이루어진 경우에는 원칙적으로 해당 근로자들의 근로관계가 양수하는 기업에 포괄적으로 승계되는바, 여기서 영업의 동일성 여부는 일반 사회관념에 의하여 결정되어야 할 사실인정의 문제이기는 하지만, 양도계약관계가 영업의 양도로 인정되느냐 안 되느냐는 단지 어떠한 영업재산이 어느 정도로 이전되어 있는가에 의하여 결정되어야 하는 것이 아니고 거기에 종래의 영업조직이 유지되어 그 조직이 전부 또는 중요한 일부로서 기능할 수 있는가에 의하여 결정되어야 한다(대판 2005.6.9. 2002다70822).[26] 영업양도는 합병과는 달리 포괄승계되는 것이 아닌 특정승계되는 것이므로, 개개의 재산에 대하여 별도의 이전절차를 거쳐야 한다. 기출 24

---

26) 영업재산의 일부를 유보한 채 영업시설을 양도했어도 그 양도한 부분만으로도 종래의 조직이 유지되어 있다고 사회관념상 인정되면 그것을 영업의 양도라 볼 것이지만, 반면에 영업재산의 전부를 양도했어도 그 조직을 해체하여 양도했다면 영업의 양도로 볼 수 없다(대판 2007.6.1. 2005다5812). 기출 24

2. 영업양도와 근로관계의 승계

(1) 근로관계의 승계 여부

영업이 양도되면 반대의 특약이 없는 한, 양도인과 근로자 사이의 근로관계는 원칙적으로 양수인에게 포괄적으로 승계된다(대판 2002.3.29. 2000두8455). 기출 17

(2) 승계되는 근로관계의 범위

1) 일부양도의 경우

① [1] 영업양도에 의하여 승계되는 근로관계는 계약체결일 현재 실제로 그 영업부문에서 근무하고 있는 근로자와의 근로관계만을 의미하고, 계약체결일 이전에 해당 영업부문에서 근무하다가 해고된 근로자로서 해고의 효력을 다투는 근로자와의 근로관계까지 승계되는 것은 아니다.
[2] 근로자들이 회사의 전적명령에 동의하지 아니함으로써 전적명령 자체가 아무런 효력이 없음이 객관적으로 명확하게 되었을 뿐만 아니라, 양수회사가 영업양수를 할 당시 근로자들에 대한 전적명령이 아무런 효력이 없게 된 사실을 알고 있었음이 명백하다면, 특별한 사정이 없는 한 근로자들의 근로관계가 양수회사에게 그대로 승계되는 것으로 봄이 상당하다(대판 1996.5.31. 95다33238).

② [1] 갑 회사가 을 회사로부터 그 영업의 일부만을 양수하였으나 그 영업에 관련된 모든 자산과 부채 및 관련 계약, 채권과 채무 그리고 위 영업에 종사하는 전 종업원 및 이에 대한 을 회사의 권리의무 등을 포괄적으로 양수하기로 합의하고 이에 따라 그 종업원들이 계속 근무하여 왔다면 을 회사와 그 종업원 사이의 근로계약관계는 위 합의에 따라 포괄적으로 갑 회사에 승계된 것으로 보아야 한다.
[2] 그 포괄승계 합의 시에 종업원의 퇴직금산정기간에 한하여 종전의 근속기간은 승계회사의 근속연수에 산입하지 않기로 하는 단서조항을 삽입하였다 하여도, 이는 종전의 근로계약관계를 포괄적으로 승계하면서 근속기간에 관한 근로자의 기득권을 제한하는 예외조항을 설정한 것이므로, 근로자의 동의가 없는 한 근로자에게 구속력이 미치지 않는다(대판 1991.11.12. 91다12806).

2) 전부양도의 경우

근로자가 영업양도일 이전에 정당한 이유 없이 해고된 경우 양도인과 근로자 사이의 근로관계는 여전히 유효하고, 해고 이후 영업 전부의 양도가 이루어진 경우라면 해고된 근로자로서는 양도인과의 사이에서 원직복직도 사실상 불가능하게 되므로, 영업양도 계약에 따라 영업 전부를 동일성을 유지하면서 이전받는 양수인으로서는 양도인으로부터 정당한 이유 없이 해고된 근로자와의 근로관계를 원칙적으로 승계한다. 영업 전부의 양도가 이루어진 경우 영업양도 당사자 사이에 정당한 이유 없이 해고된 근로자를 승계의 대상에서 제외하기로 하는 특약이 있는 경우에는 그에 따라 근로관계의 승계가 이루어지지 않을 수 있으나, 그러한 특약은 실질적으로 또 다른 해고나 다름이 없으므로, 근로기준법 제23조 제1항에서 정한 정당한 이유가 있어야 유효하고, 영업양도 그 자체만으로 정당한 이유를 인정할 수 없다(대판 2020.11.5. 2018두54705). 기출 24

3) 임금청구소송의 승소판결이 확정된 경우

노조법 제84조 소정의 노동위원회의 사용자에 대한 구제명령은 사용자에게 이에 복종하여야 할 공법상의 의무를 부담시킬 뿐 직접 노사 간의 사법상의 법률관계를 발생 또는 변경시키는 것은 아니지만, 해고처분을 받은 근로자가 별도의 임금청구소송을 제기하여 승소판결이 확정되었으며 이 판결은 해고가 무효여서 여전히 근로자로서의 지위를 가지고 있음을 전제로 해고 이후 복직 시까지의 임금의 지급을 명하는 것이라면, 비록 현실적인 복직조치가 없었다 하더라도 위 근로자는 영업양도 당시 양도회사와 적법·유효한 근로관계에 있었다고 보아야 하므로 그 근로자와 양도회사와의 근로관계는 양수회사에게 승계된다(대판 1994.6.28. 93다33173).

4) 퇴직 및 재입사의 형식을 거친 경우

영업양도의 경우에는 특단의 사정이 없는 한 근로자들의 근로관계 역시 양수인에 의하여 계속적으로 승계되는 것으로, 영업양도 시 퇴직금을 수령하였다는 사실만으로 전 회사와의 근로관계가 종료되고 인수한 회사와 새로운 근로관계가 시작되었다고 볼 것은 아니고, 다만 근로자가 자의에 의하여 사직서를 제출하고 퇴직금을 지급받았다면 계속근로의 단절에 동의한 것으로 볼 여지가 있지만, 이와 달리 회사의 경영방침에 따른 일방적 결정으로 퇴직 및 재입사의 형식을 거친 것이라면 퇴직금을 지급받았더라도 계속근로관계는 단절되지 않는 것이다(대판 2001.11.13. 2000다18608).

(3) 근로자의 승계거부권

1) 승계거부권(동의) 인정 여부

영업양도에 따른 근로관계의 이전이 유효하기 위하여 근로관계 이전에 대한 근로자의 동의가 필요한지 여부에 대하여 견해가 대립하고 있는바, 판례는 영업이 양도된 경우에 근로관계의 승계를 거부하는 근로자에 대하여는 그 근로관계가 양수하는 기업에 승계되지 아니하고, 여전히 양도하는 기업과 사이에 존속되는 것이라고(대판 2010.9.30. 2010다41089) 판시하여, 동의가 필요하다는 입장을 취하고 있다. 기출 24

2) 승계거부권 행사에 따른 법률관계

① 양도기업 잔류 또는 퇴직 : 영업양도에 의하여 양도인과 근로자 사이의 근로관계는 원칙적으로 양수인에게 포괄승계되는 것이지만, 근로자가 반대의 의사를 표시함으로써 양수기업에 승계되는 대신 양도기업에 잔류하거나 양도기업과 양수기업 모두에서 퇴직할 수도 있는 것이고, 영업이 양도되는 과정에서 근로자가 일단 양수기업에의 취업을 희망하는 의사를 표시하였다고 하더라도, 그 승계취업이 확정되기 전이라면 취업희망 의사표시를 철회하는 방법으로 위와 같은 반대의사를 표시할 수 있는 것으로 보아야 한다(대판 2002.3.29. 2000두8455).

② 양도기업 퇴직 또는 양수기업 입사 : 영업의 양도란 일정한 영업목적에 의하여 조직화된 업체, 즉 인적・물적 조직을 동일성은 유지하면서 일체로서 이전하는 것이어서 영업 일부만의 양도도 가능하고, 이러한 영업양도가 이루어진 경우에는 근로자가 자의에 의하여 계속근로관계를 단절할 의사로 양도기업에서 퇴직하고 양수기업에 새로이 입사할 수 있다(대판 2012.5.10. 2011다45217).

③ 거부권 행사의 상대방과 행사기간 : 이때 근로관계 승계에 반대하는 의사는, 근로자가 영업양도가 이루어진 사실을 안 날부터 상당한 기간 내에 양도기업 또는 양수기업에 표시하여야 한다(대판 2012.5.10. 2011다45217).

④ 상당한 기간 내에 표시하였는지의 판단기준 : 상당한 기간 내에 표시하였는지는 양도기업 또는 양수기업이 근로자에게 영업양도사실, 양도이유, 양도가 근로자에게 미치는 법적・경제적・사회적 영향, 근로자와 관련하여 예상되는 조치 등을 고지하였는지 여부, 그와 같은 고지가 없었다면 근로자가 그러한 정보를 알았거나 알 수 있었던 시점, 통상적인 근로자라면 그와 같은 정보를 바탕으로 근로관계 승계에 대한 자신의 의사를 결정하는 데 필요한 시간 등 제반 사정을 고려하여 판단하여야 한다(대판 2012.5.10. 2011다45217).

(4) 근로관계 승계배제특약

영업양도당사자 사이에 근로관계의 일부를 승계의 대상에서 제외하기로 하는 특약이 있는 경우에는 그에 따라 근로관계의 승계가 이루어지지 않을 수 있으나, 그러한 특약은 실질적으로 해고나 다름이 없으므로 근로기준법 제23조 제1항 소정의 정당한 이유가 있어야 유효하며, 영업양도 그 자체만을 사유로 삼아 근로자를 해고하는 것은 정당한 이유가 있는 경우에 해당한다고 볼 수 없다(대판 2002.3.29. 2000두8455).

3. 근로관계 승계의 구체적 검토

(1) 영업양도와 개별적 근로관계

1) 원 칙
근로관계의 승계로 인하여 영업양수인과 근로자 사이의 근로관계에, 영업양도인과 근로자 사이의 취업규칙 등 개별적 근로관계의 내용이 변동 없이 그대로 적용되는지 여부가 문제된다.

2) 판 례
① 취업규칙의 승계 : 판례는 영업양도나 합병에 의하여 근로계약관계가 포괄적으로 승계된 경우에 근로자의 종전 근로계약상의 지위도 승계되는 것이므로 취업규칙에 의해 규율되던 임금·근로시간 등 근로조건도 그대로 유지된다고(대판 1995.12.26, 95다41659) 판시하고 있다. 즉 영업양도로 인해 기존의 양도기업의 취업규칙 등이 그대로 승계되므로 그 결과 양수기업에는 복수의 취업규칙이 존재하게 된다.

② 승계 후의 퇴직금규정 적용 여부 : 판례는 영업양도나 기업합병 등에 의하여 근로계약 관계가 포괄적으로 승계된 경우에 근로자의 종전 근로계약상의 지위도 그대로 승계되는 것이므로, 승계 후의 퇴직금규정이 승계 전의 퇴직금규정보다 근로자에게 불리하다면 근로기준법 제94조 제1항 소정의 당해 근로자집단의 집단적인 의사결정 방법에 의한 동의 없이는 승계 후의 퇴직금규정을 적용할 수 없다고(대판 1995.12.26, 95다41659) 한다.27) **기출 24**

③ 퇴직금차등제도 설정 여부 : 판례는 영업양도에 의하여 근로관계가 포괄적으로 승계된 후의 새로운 퇴직금제도가 기존 근로자의 기득이익을 침해하는 것이나 집단적인 의사결정 방법에 의한 동의가 없어, 그들에게는 그 효력이 미치지 않고 부득이 종전의 퇴직금규정을 적용하지 않을 수 없어서 결과적으로 하나의 사업 내에 별개의 퇴직금제도를 운용하는 것으로 되었다고 하더라도, 이러한 경우까지 구 근로기준법 제28조 제2항, 부칙 제2항이 금하는 차등 있는 퇴직금제도를 설정한 경우에 해당한다고는 볼 수 없다고(대판 1995.12.26, 95다41659) 한다.

(2) 영업양도와 집단적 근로관계

1) 노동조합의 지위
영업양도 시 이미 설립된 기업별 노동조합은 영업양도에 의하여 그 존립에 영향을 받지 아니하고 양수인 사업장의 노동조합으로 존속한다고 보아야 하고(대판 2002.3.26, 2000다3347), 산업별 노동조합과 같은 초기업적 노동조합의 경우에도, 영업의 일부양도에 의하여 노동조합의 조직이 영향을 받지 아니하므로 산업별 노동조합은 양수인에 대하여 조합원을 위한 모든 권리를 주장할 수 있다.

2) 단체협약
판례에 의하면 영업양도 시 단체협약 승계 여부와 관련하여, 원칙적으로 양수기업은 영업양도로 인하여 양도기업이 체결한 단체협약상의 권리·의무를 승계한다고(대판 2002.3.26, 2000다3347) 한다. 다만, 유니온숍협정과 같이 그 성질상 승계를 인정하기 어려운 부분은 승계되지 아니한다.

---

27) 최근 전합판결은 사용자가 취업규칙을 근로자에게 불리하게 변경하면서 근로자의 집단적 의사결정방법에 따른 동의를 받지 못한 경우, 노동조합이나 근로자들이 집단적 동의권을 남용하였다고 볼만한 특별한 사정이 없는 한 해당 취업규칙의 작성 또는 변경에 사회통념상 합리성이 있다는 이유만으로 그 유효성을 인정할 수는 없다고(대판 2023.5.11, 2017다35588 [전합]) 판시하고 있다.

III 합병과 근로관계

합병의 경우 그 성질상 근로자의 근로관계는 당연히 합병회사에 포괄적으로 승계된다(대판 1994.3.8. 93다1589). 따라서 근로자의 전부 또는 일부를 승계 대상에서 제외한다는 당사자 간의 합의는 합병의 성질상 무효이다.

IV 분할과 근로관계

1. 의 의

기존회사의 영업을 복수로 분리하고, 분리된 영업재산을 자본으로 하여 회사를 신설하거나, 다른 회사와 합병시키는 조직법적 행위이다.

2. 분할과 근로관계의 승계

(1) 근로관계의 승계 여부

상법 제530조의10은 분할로 인하여 설립되는 회사는 분할하는 회사의 권리와 의무를 분할계획서가 정하는 바에 따라서 승계한다고 규정하고 있으므로, 분할하는 회사의 근로관계도 위 규정에 따른 승계의 대상에 포함될 수 있다. 회사분할에 따른 근로관계의 승계는 근로자의 이해와 협력을 구하는 절차를 거치는 등 절차적 정당성을 갖춘 경우에 한하여 허용되고, 해고의 제한 등 근로자 보호를 위한 법령 규정을 잠탈하기 위한 방편으로 이용되는 경우라면 그 효력이 부정될 수 있어야 한다(대판 2013.12.12. 2011두4282).

(2) 근로자의 승계거부권

둘 이상의 사업을 영위하던 회사의 분할에 따라 일부 사업부문이 신설회사에 승계되는 경우, 분할하는 회사가 분할계획서에 대한 주주총회의 승인을 얻기 전에 미리 노동조합과 근로자들에게 회사분할의 배경, 목적 및 시기, 승계되는 근로관계의 범위와 내용, 신설회사의 개요 및 업무내용 등을 설명하고 이해와 협력을 구하는 절차를 거쳤다면, 그 승계되는 사업에 관한 근로관계는 해당 근로자의 동의를 받지 못한 경우라도 신설회사에 승계되는 것이 원칙이다. 다만, 회사의 분할이 근로기준법상 해고의 제한을 회피하면서 해당 근로자를 해고하기 위한 방편으로 이용되는 등의 특별한 사정이 있는 경우에는, 해당 근로자는 근로관계의 승계를 통지받거나 이를 알게 된 때부터 사회통념상 상당한 기간 내에 반대의사를 표시함으로써, 근로관계의 승계를 거부하고 분할하는 회사에 잔류할 수 있다(대판 2013.12.12. 2011두4282).

CHAPTER 08 근로관계의 변경

01 근로기준법상 인사와 징계에 관한 설명으로 옳지 않은 것은?(다툼이 있으면 판례에 따름) 기출 24

CHECK ○△×

① 인사명령은 원칙적으로 인사권자인 사용자의 고유권한에 속한다.
② 사용자가 근로자 측과 성실한 협의절차를 거쳤는지는 전직처분이 정당한 이유가 있는지를 판단하는 요소의 하나이다.
③ 사용자가 인사처분을 함에 있어 노동조합의 사전 동의를 얻도록 단체협약에 규정하는 것은 사용자의 인사권의 본질적 내용을 침해하는 것으로 무효이다.
④ 근로자의 사생활에서의 비행이 기업의 사회적 평가를 훼손할 염려가 있는 것이라면 정당한 징계사유가 될 수 있다.
⑤ 여러 개의 징계사유 중 인정되는 일부 징계사유만으로 해당 징계처분의 타당성을 인정하기에 충분한지에 대한 증명책임은 사용자가 부담한다.

해설 및 정답

01 ① (O) <u>대기발령을 포함한 인사명령은 원칙적으로 인사권자인 사용자의 고유권한에 속한다</u> 할 것이고, 따라서 이러한 인사명령에 대하여는 업무상 필요한 범위 안에서 사용자에게 상당한 재량을 인정하여야 하며, 이것이 근로기준법 등에 위반되거나 권리남용에 해당하는 등의 특별한 사정이 없는 한 위법하다고 할 수 없다(대판 2007.5.31. 2007두1460).
② (O) 업무상 필요에 의한 전직처분 등에 따른 생활상의 불이익이 근로자가 통상 감수하여야 할 정도를 현저하게 벗어나지 않으면 전직처분 등의 정당한 이유가 인정되고, <u>근로자 측과 성실한 협의절차를 거쳤는지는 정당한 이유의 유무를 판단하는 하나의 요소라고 할 수 있으나, 그러한 절차를 거치지 아니하였다는 사정만으로 전직처분 등이 무효가 된다고 볼 수 없다</u>(대판 2023.9.21. 2022다286755).
③ (×) <u>사용자가 인사처분을 함에 있어 노동조합의 사전 동의나 승낙을 얻어야 한다거나 노동조합과 인사처분에 관한 논의를 하여 의견의 합치를 보아 인사처분을 하도록 단체협약 등에 규정된 경우에는 그 절차를 거치지 아니한 인사처분은 원칙적으로 무효라고 보아야 할 것이나</u>, 이는 사용자의 노동조합 간부에 대한 부당한 징계권 행사를 제한하자는 것이지 <u>사용자의 본질적 권한에 속하는 피용자에 대한 인사권 내지 징계권의 행사 그 자체를 부정할 수는 없는 것이므로</u> 노동조합의 간부인 피용자에게 징계사유가 있음이 발견된 경우에 어떠한 경우를 불문하고 노동조합 측의 적극적인 찬성이 있어야 그 징계권을 행사할 수 있다는 취지로 해석할 수는 없다(대판 2003.6.10. 2001두3136). 따라서 판례의 취지에 따라 판단하건대 노동조합의 사전동의권은 사용자의 인사권의 본질적 내용을 침해하는 것으로 볼 수 없다.
④ (O) 근로자의 사생활에서의 비행은 사업활동에 직접 관련이 있거나 기업의 사회적 평가를 훼손할 염려가 있는 것에 한하여 정당한 징계사유가 될 수 있다(대판 1994.12.13. 93누23275).
⑤ (O) 여러 개의 징계사유 중 일부가 인정되지 않더라도 인정되는 다른 일부 징계사유만으로 해당 징계처분의 타당성을 인정하기에 충분한 경우, <u>인정되는 일부 징계사유만으로 해당 징계처분의 타당성을 인정하기에 충분한지에 대한 증명책임은 사용자가 부담한다</u>(대판 2019.11.28. 2017두57318).

정답 ③

02 근로기준법상 근로관계와 영업양도에 관한 설명으로 옳지 않은 것은?(다툼이 있으면 판례에 따름) 기출 24

① 영업양도란 일정한 영업목적에 의하여 조직화된 업체를 그 동일성은 유지하면서 일체로서 이전하는 것이다.
② 영업양도에 의하여 근로계약관계가 포괄적으로 승계된 경우에는 승계 후의 퇴직금 규정이 승계 전의 퇴직금 규정보다 근로자에게 불리하더라도 승계 후의 퇴직금 규정을 적용한다.
③ 영업 전부의 양도가 이루어진 경우 영업양도 당사자 사이에 정당한 이유 없이 해고된 근로자를 승계의 대상에서 제외하기로 하는 특약은 근로기준법 제23조 제1항에서 정한 정당한 이유가 있어야 유효하다.
④ 영업재산의 일부를 유보한 채 영업시설을 양도했어도 그 양도한 부분만으로도 종래의 조직이 유지되어 있다고 사회관념상 인정되면 영업의 양도이다.
⑤ 근로관계의 승계를 거부하는 근로자에 대하여는 그 근로관계가 양수하는 기업에 승계되지 아니하고 여전히 양도하는 기업과 사이에 존속된다.

03 근로자의 징계 등에 관한 설명으로 옳지 않은 것은?(다툼이 있으면 판례에 따름) 기출 22

① 징계처분에서 징계사유로 삼지 아니한 비위행위라도 피징계자의 평소의 소행과 근무성적, 그 징계처분사유 전후에 저지른 비위행위사실 등은 징계양정의 참작자료로 삼을 수 있다.
② 취업규칙에 따라 소명기회를 부여하였더라도 징계위원회가 그 개개의 혐의 사항에 대하여 구체적으로 질문하고 징계대상자가 이에 대하여 빠짐없이 진술하도록 조치하지 않았다면 부당한 징계가 된다.
③ 대기발령은 그 사유가 정당한 경우에도 그 기간은 합리적인 범위 내에서 이루어져야 한다.
④ 여러 개의 징계사유 중 일부가 인정되지 않더라도 인정되는 다른 일부 징계사유만으로도 해당 징계처분의 타당성을 인정하기에 충분한 경우에는 그 징계처분이 위법하지 않다.
⑤ 노동조합 간부에 대한 징계처분을 함에 있어 노동조합과 합의하도록 단체협약에 규정된 경우 그 합의를 거치지 않은 징계처분은 원칙적으로 무효이다.

04 사용자의 징계권 행사에 관한 설명으로 옳지 않은 것은?(다툼이 있으면 판례에 따름) 기출 20

① 징계처분에서 징계사유로 삼은 비위행위가 아닌 평소의 소행과 근무성적, 당해 징계처분사유 전후에 저지른 비위행위사실 등은 징계양정의 참작자료로 삼을 수 없다.
② 학력 등을 허위로 기재한 행위를 이유로 징계해고를 하는 경우에 그 정당성은 고용 당시의 사정뿐 아니라, 고용 이후 해고에 이르기까지 그 근로자가 종사한 근로의 내용과 기간, 허위기재를 한 학력 등이 종사한 근로의 정상적인 제공에 지장을 초래하는지 여부 등을 종합적으로 고려하여 판단하여야 한다.
③ 사생활에서의 비행은 사업활동에 직접 관련이 있거나 기업의 사회적 평가를 훼손할 염려가 있는 것에 한하여 정당한 징계사유가 될 수 있다.
④ 근로기준법 제23조 제1항의 '정당한 이유'란 징계해고의 경우에는 사회통념상 근로계약을 계속시킬 수 없을 정도로 근로자에게 책임 있는 사유가 있는 것을 말한다.
⑤ 여러 개의 징계사유 중 일부가 인정되지 않더라도 인정되는 다른 일부 징계사유만으로도 해당 징계처분의 타당성을 인정하기에 충분한 경우에는 그 징계처분이 위법하지 않다.

해설 및 정답

02 ① (O) 영업의 양도라 함은 일정한 영업목적에 의하여 조직화된 업체, 즉 인적·물적 조직을 그 동일성은 유지하면서 일체로서 이전하는 것으로서 영업의 일부만의 양도도 가능하고, 이러한 영업양도가 이루어진 경우에는 원칙적으로 해당 근로자들의 근로관계가 양수하는 기업에 포괄적으로 승계된다(대판 2005.6.9. 2002다70822).
② (×) 영업양도 등에 의하여 근로계약관계가 포괄적으로 승계된 경우에는 근로자의 종전 근로계약상의 지위도 그대로 승계되는 것이므로, 승계 후의 퇴직금 규정이 승계 전의 퇴직금 규정보다 근로자에게 불리하다면 근로기준법 제94조 제1항 소정의 당해 근로자집단의 집단적인 의사결정 방법에 의한 동의 없이는 승계 후의 퇴직금규정을 적용할 수 없다(대판 1997.12.26. 97다17575).
③ (O) 영업 전부의 양도가 이루어진 경우 영업양도 당사자 사이에 정당한 이유 없이 해고된 근로자를 승계의 대상에서 제외하기로 하는 특약이 있는 경우에는 그에 따라 근로관계의 승계가 이루어지지 않을 수 있으나, 그러한 특약은 실질적으로 또 다른 해고나 다름이 없으므로, 근로기준법 제23조 제1항에서 정한 정당한 이유가 있어야 유효하고, 영업양도 그 자체만으로 정당한 이유를 인정할 수 없다(대판 2020.11.5. 2018두54705).
④ (O) 영업재산의 일부를 유보한 채 영업시설을 양도했어도 그 양도한 부분만으로도 종래의 조직이 유지되어 있다고 사회관념상 인정되면 그것을 영업의 양도라 볼 것이지만, 반면에 영업재산의 전부를 양도했어도 그 조직을 해체하여 양도했다면 영업의 양도로 볼 수 없다(대판 2007.6.1. 2005다5812).
⑤ (O) 영업이 양도된 경우에 근로관계의 승계를 거부하는 근로자에 대하여는 그 근로관계가 양수하는 기업에 승계되지 아니하고 여전히 양도하는 기업과 사이에 존속되는 것이며, 이러한 경우 원래의 사용자는 영업 일부의 양도로 인한 경영상의 필요에 따라 감원이 불가피하게 되는 사정이 있어 정리해고로서의 정당한 요건이 갖추어져 있다면 그 절차에 따라 승계를 거부한 근로자를 해고할 수 있다고 할 것이다(대판 2010.9.30. 2010다41089).

정답 ❷

03 ① (O) 징계처분에서 징계사유로 삼지 아니한 비위행위라고 하더라도 징계종류 선택의 자료로서 피징계자의 평소의 소행과 근무성적, 당해 징계처분사유 전후에 저지른 비위행위사실 등은 징계양정에 있어서의 참작자료로 삼을 수 있는 것이다(대판 2002.5.28. 2001두10455).
② (×) 징계위원회에서 징계대상자에게 징계혐의 사실을 고지하고 그에 대하여 진술할 기회를 부여하면 충분하고, 혐의사실 개개의 사항에 대하여 구체적으로 발문하여 징계대상자가 이에 대하여 빠짐없이 진술하도록 조치하여야 하는 것은 아니다(대판 2020.6.25. 2016두56042).
③ (O) 대기발령과 같은 잠정적인 인사명령이 명령 당시에는 정당한 경우라고 하더라도, 그러한 명령의 목적과 실제 기능, 유지의 합리성 여부 및 그로 인하여 근로자가 받게 될 신분상·경제상의 불이익 등 구체적인 사정을 모두 참작하여 그 기간은 합리적인 범위 내에서 이루어져야 한다(대판 2013.5.9. 2012다64833).
④ (O) 대판 2014.11.27. 2011다41420
⑤ (O) 사용자와 노동조합과의 사전 합의 조항을 둔 경우 그러한 절차를 거치지 않은 해고처분은 원칙적으로 무효이다(대판 2007.9.6. 2005두8788).

정답 ❷

04 ① (×) 징계처분에서 징계사유로 삼지 아니한 비위행위라고 하더라도 징계종류 선택의 자료로서 피징계자의 평소의 소행과 근무성적, 당해 징계처분사유 전후에 저지른 비위행위사실 등은 징계양정에 있어서의 참작자료로 삼을 수 있는 것이다(대판 2002.5.28. 2001두10455).
② (O) 대판 2012.7.5. 2009두16763
③ (O) 대판 1994.12.13. 93누23275
④ (O) 대판 1992.4.24. 91다17931
⑤ (O) 대판 2014.11.27. 2011다41420

정답 ❶

CHAPTER 09 근로관계의 종료

출제포인트

- ☐ 경영상 이유에 의한 해고의 요건
- ☐ 해고예고제도의 원칙과 예외
- ☐ 부당해고의 구제절차
- ☐ 이행강제금
- ☐ 근로관계 종료 후의 근로자 보호

제1절 근로관계 종료의 유형

근로관계는 당사자의 의사표시와 상관없이 일정한 요건을 충족하면, 근로관계가 당연히 종료되는 당연종료와 근로자의 의사 또는 동의에 의한 종료로 구분된다. 당연종료에는 근로계약기간의 만료, 정년퇴직, 당사자 소멸에 의한 종료 등이 포함되고, 근로자의 의사 또는 동의에 의한 종료에는 사직과 합의해지인 의원면직, 권고사직, 명예퇴직 등이 포함된다.

제2절 해고의 실체적 정당성

I 해고의 의의

해고는 근로자의 의사와는 관계없이 사용자의 일방적인 의사에 의하여 근로계약 내지 근로관계를 종료하는 법률행위를 말한다. 해고는 명시적 또는 묵시적 의사표시에 의해서도 이루어질 수 있으므로, 묵시적 의사표시에 의한 해고가 있는지는 사용자의 노무 수령 거부 경위와 방법, 노무 수령 거부에 대하여 근로자가 보인 태도 등 제반 사정을 종합적으로 고려하여 사용자가 근로관계를 일방적으로 종료할 확정적 의사를 표시한 것으로 볼 수 있는지 여부에 따라 판단해야 한다(대판 2023.2.2. 2022두57695).[28] 기출 25 사용자는 근로자와 자유로이 근로계약을 체결하고, 자유로이 이를 해지할 수 있는 것이 원칙이다. 그러나 사용자에 의한 해지의 자유는 근로제공을 유일한 생활수단으로 삼고 있는 근로자의 취업 기회를 박탈하여 생존에 커다란 위협을 줄 수 있으므로, 사용자의 근로계약 해지의 자유에 대한 법적 제한이 요구되면서 노동법의 해고 제한의 법리가 대두되었다.

II 해고의 정당성 판단

1. 정당한 이유

사용자는 근로자에게 정당한 이유 없이 해고, 휴직, 정직, 전직, 감봉, 그 밖의 징벌(懲罰)(이하 "부당해고 등")을 하지 못한다(근기법 제23조 제1항). 그러나 근로기준법은 무엇이 '정당한 이유'인가에 대하여 법 제24조에 규정된 경영해고 이외의 사유는 구체적으로 규정하고 있지 아니하다. 판례에 따르면 해고의 정당한 이유란 사회통념상 고용관계를 계속시킬 수 없을 정도로 근로자에게 책임이 있는 사유가 있다든가 부득이한 경영상의 필요가 있는 경우를 말한다(대판 1990.11.23. 90다카21589).

2. 근로자 측의 해고사유

(1) 통상해고

1) 의 의

통상해고란 근로자에게 귀책사유가 없으나 근로자 개인의 정신적·육체적 기타의 사유로 인하여 관련 법령, 단체협약, 취업규칙 및 근로계약 등에 규정된 근로제공의무를 충분히 이행할 수 없는 것을 이유로 한 해고처분을 말한다. 통상해고에는 해고에 대한 절차적 규정을 두지 않는 것이 보통이다.

---

[28] 전세버스 운송사업을 하는 갑 유한회사의 관리팀장이 버스 운전원 을의 통근버스 무단결행을 지적하는 과정에서 을과 말다툼을 하면서 을에게 '사표를 쓰라.'는 말을 수차례 반복하였고 을은 다음 날부터 출근하지 않았는데, 갑 회사는 이를 문제 삼지 않다가 약 3달 뒤 을에게 '해고한 적이 없으니 원하면 언제든지 출근하여 근무할 수 있으므로 속히 출근하여 근무하기 바란다.'는 취지의 통지를 한 사안에서, 갑 회사가 을을 해고한 것으로 볼 수 없다고 단정한 원심판단에 법리오해의 잘못이 있다고 한 사례(대판 2023.2.2. 2022두57695).

2) 일부사업부문의 폐지에 따른 해고

[1] 어떤 기업이 경영상 이유로 사업을 여러 개의 부문으로 나누어 경영하다가 그중 일부를 폐지하기로 하였더라도 이는 원칙적으로 사업 축소에 해당할 뿐 사업 전체의 폐지라고 할 수 없으므로, 사용자가 일부 사업을 폐지하면서 그 사업 부문에 속한 근로자를 해고하려면 근로기준법 제24조에서 정한 경영상 이유에 의한 해고 요건을 갖추어야 하고, 그 요건을 갖추지 못한 해고는 정당한 이유가 없어 무효이다.

[2] 사용자가 사업체를 폐업하고 이에 따라 소속 근로자를 해고하는 것은 그것이 노동조합의 단결권 등을 방해하기 위한 위장 폐업이 아닌 한 원칙적으로 기업 경영의 자유에 속하는 것으로서 유효하고, 유효한 폐업에 따라 사용자와 근로자 사이의 근로관계도 종료한다. 따라서 사용자가 일부 사업 부문을 폐지하고 그 사업 부문에 속한 근로자를 해고하였는데 그와 같은 해고가 경영상 이유에 의한 해고로서의 요건을 갖추지 못하였지만, 폐업으로 인한 통상해고로서 예외적으로 정당하기 위해서는 일부 사업의 폐지·축소가 사업 전체의 폐지와 같다고 볼만한 특별한 사정이 인정되어야 한다. 이때 일부 사업의 폐지가 폐업과 같다고 인정할 수 있는지는 해당 사업 부문이 인적·물적 조직 및 운영상 독립되어 있는지, 재무 및 회계의 명백한 독립성이 갖추어져 별도의 사업체로 취급할 수 있는지, 폐지되는 사업 부문이 존속하는 다른 사업 부문과 취급하는 업무의 성질이 전혀 달라 다른 사업 부문으로의 전환배치가 사실상 불가능할 정도로 업무 종사의 호환성이 없는지 등 여러 사정을 구체적으로 살펴 종합적으로 판단하여야 한다. 근로기준법 제31조에 따라 부당해고구제 재심판정을 다투는 소송에서 해고의 정당성에 관한 증명책임은 이를 주장하는 사용자가 부담하므로, 사업 부문의 일부 폐지를 이유로 한 해고가 통상해고로서 정당성을 갖추었는지에 관한 증명책임 역시 이를 주장하는 사용자가 부담한다(대판 2021.7.29. 2016두64876).

(2) 징계해고

1) 의 의

징계해고란 근로자가 자신의 귀책사유로 인하여 관련 법령, 단체협약, 취업규칙 및 근로계약 등에 규정된 근로제공의무를 위반하거나 사용자의 지시·명령에 불복종하는 것을 이유로 하는 해고처분을 말한다. 징계해고의 경우에는 원칙적으로 취업규칙 등에 해고에 대한 절차적 규정을 두게 된다. 특정사유가 취업규칙 등에서 징계해고사유와 통상해고사유의 양쪽에 모두 해당하는 경우뿐 아니라 징계해고사유에는 해당하나 통상해고사유에는 해당하지 않는 경우에도, 그 사유를 이유로 징계해고처분의 규정상 근거나 형식을 취하지 아니하고 근로자에게 보다 유리한 통상해고처분을 택하는 것은, 근로기준법 제23조 제1항에 반하지 않는 범위 내에서 사용자의 재량에 속하는 적법한 것이다. 다만 근로자에게 변명의 기회가 부여되지 않더라도 해고가 당연시될 정도라는 등의 특별한 사유가 없는 한, 징계해고사유가 통상해고사유에도 해당하여 통상해고의 방법을 취하더라도 징계해고에 따른 소정의 절차는 부가적으로 요구된다(대판 2023.12.28. 2021두33470).

2) 해고사유

① 무단결근·조퇴·지각의 반복(대판 1987.4.14. 86다카1875), ② 근로계약상의 근로제공의 거부(대판 1995.8.11. 95다10778), ③ 하자있는 급부 내지 불완전한 급부의 제공(대판 1987.4.14. 86다카1875), ④ 위법한 쟁의행위 및 조합활동으로 인한 근로제공 불이행 및 업무능력 저하행위(대판 1995.8.11. 95다10778), ⑤ 근로자의 범죄행위, 형사소추, 유죄판결(대판 1993.5.25. 92누12452), ⑥ 회사명예의 훼손(대판 1992.2.14. 91누4904), ⑦ 부정행위·비윤리적 행위 등을 생각할 수 있다.

(3) 근무성적 부진으로 인한 해고

1) 해고사유의 정당성

일반적으로 사용자가 근무성적이나 근무능력이 불량하여 직무를 수행할 수 없는 경우에 해고할 수 있다고 정한 취업규칙 등에 따라 근로자를 해고한 경우, 사용자가 근로자의 근무성적이나 근무능력이 불량하다고 판단한 근거가 되는 평가가 공정하고 객관적인 기준에 따라 이루어진 것이어야 할 뿐 아니라, 근로자의 근무성적이나 근무능력이 다른 근로자에 비하여 상대적으로 낮은 정도를 넘어 상당한 기간 동안 일반적으로 기대되는 최소한에도 미치지 못하고 향후에도 개선될 가능성을 인정하기 어렵다는 등 사회통념상 고용관계를 계속할 수 없을 정도인 경우에 한하여 해고의 정당성이 인정된다(대판 2021.2.25. 2018다253680).[29)30)]

---

29) [1] 근로기준법 제23조 제1항은 사용자는 근로자에게 정당한 이유 없이 해고하지 못한다고 하여 해고를 제한하고 있다. 사용자가 취업규칙에서 정한 해고사유에 해당한다는 이유로 근로자를 해고할 때에도 정당한 이유가 있어야 한다. 기출 25 일반적으로 사용자가 근무성적이나 근무능력이 불량하여 직무를 수행할 수 없는 경우에 해고할 수 있다고 정한 취업규칙 등에 따라 근로자를 해고한 경우, 사용자가 근로자의 근무성적이나 근무능력이 불량하다고 판단한 근거가 되는 평가가 공정하고 객관적인 기준에 따라 이루어진 것이어야 할 뿐 아니라, 근로자의 근무성적이나 근무능력이 다른 근로자에 비하여 상대적으로 낮은 정도를 넘어 상당한 기간 동안 일반적으로 기대되는 최소한에도 미치지 못하고 향후에도 개선될 가능성을 인정하기 어렵다는 등 사회통념상 고용관계를 계속할 수 없을 정도인 경우에 한하여 해고의 정당성이 인정된다. 이때 사회통념상 고용관계를 계속할 수 없을 정도인지는 근로자의 지위와 담당 업무의 내용, 그에 따라 요구되는 성과나 전문성의 정도, 근로자의 근무성적이나 근무능력이 부진한 정도와 기간, 사용자가 교육과 전환배치 등 근무성적이나 근무능력 개선을 위한 기회를 부여하였는지 여부, 개선의 기회가 부여된 이후 근로자의 근무성적이나 근무능력의 개선 여부, 근로자의 태도, 사업장의 여건 등 여러 사정을 종합적으로 고려하여 합리적으로 판단하여야 한다.
[2] 갑 주식회사가 취업규칙에서 정한 해고사유인 '근무성적 또는 능력이 현저하게 불량하여 직무를 수행할 수 없다고 인정되었을 때'에 해당한다는 이유로 을 등을 해고한 사안에서, 갑 회사가 다년간 실시한 인사평가 결과 을 등은 최하위권에 해당하는 저조한 업무수행실적을 보였고, 갑 회사로부터 수차례 직무경고를 받는 등 장기간 실적이 상당한 정도로 부진하였으며, 갑 회사는 을 등에게 10개월 동안 직무역량 향상과 직무재배치를 위한 직무교육을 실시한 다음 을 등을 직무재배치하였으나 이후 실시된 다면평가에서 을 등의 업무역량이 부족하고 을 등의 업무상 잘못으로 여러 차례 문제점이 발생하였다는 점이 지적된 사정에 비추어 보면 을 등의 직무역량이 상대적으로 저조하였던 것이 아니라 갑 회사가 부여하는 직무를 수행하기에 실질적으로 부족하였던 것으로 보이고, 을 등은 직무재배치 이후에도 부서 공동업무에 대한 관심이 부족하고 업무능력을 습득하려는 의지가 부족하다는 평가를 받거나, 직무재배치 교육 이전에도 여러 차례 업무향상계획서의 제출을 거부하기까지 하는 등 업무능력 향상에 대한 열의가 없었으며, 직무재배치 이후에도 능력부족과 개선의지 부족이라는 평가를 받는 등 을 등에게 업무능력 향상의지가 있다고 보기 어려우므로, 해고에 정당한 이유가 있다고 본 원심판단을 수긍한 사례(대판 2021.2.25. 2018다253680).

30) 판례는 근무성적 부진으로 인한 해고가 문제되는 또 다른 사안에서, 피고(선박의 건조 및 보수공사 등을 영위하는 회사)에 입사하여 근무하던 원고에 대하여 인사고과평가에서 낮은 점수를 받았다는 이유로 피고가 인사규정 및 취업규칙에 따라 원고를 대기발령한 후 해고한 것을 정당한 해고라고 판시한 원심에 대해, 원심으로서는 원고의 근무성적이나 근무능력의 부진이 다른 근로자에 비하여 상대적으로 낮은 정도를 넘어 상당한 기간 동안 일반적으로 기대되는 최소한에도 미치지 못하고 향후에도 개선될 가능성을 인정하기 어렵다는 등 사회통념상 고용관계를 계속할 수 없을 정도인지 여부를 심리하여 이 사건 해고에 정당한 이유가 있는지 여부를 판단하였어야 하나, 원심은 원고의 근무성적이나 근무능력의 부진이 어느 정도 지속되었는지, 그 부진의 정도가 다른 근로자에 비하여 상대적으로 낮은 정도를 넘어 상당한 기간 동안 일반적으로 기대되는 최소한에도 미치지 못하는지, 나아가 향후에도 개선될 가능성을 인정하기 어려운지, 피고가 원고에게 교육과 전환배치 등 근무성적이나 근무능력개선을 위한 기회를 충분히 부여하였는지 등에 관하여 제대로 심리하지 않은 채 단지 이 사건 대기발령이 정당하고 대기발령 기간 동안 원고의 근무성적이나 근무능력이 개선되지 않았다는 이유만으로 이 사건 해고가 정당하다고 판단하였으므로, 원심의 판단에는 해고의 정당성에 관한 법리를 오해하여 필요한 심리를 다하지 않음으로써 판결에 영향을 미친 잘못이 있다고 한 사례(대판 2022.9.15. 2018다251486).

2) 판단기준

사회통념상 고용관계를 계속할 수 없을 정도인지는 근로자의 지위와 담당 업무의 내용, 그에 따라 요구되는 성과나 전문성의 정도, 근로자의 근무성적이나 근무능력이 부진한 정도와 기간, 사용자가 교육과 전환배치 등 근무성적이나 근무능력 개선을 위한 기회를 부여하였는지 여부, 개선의 기회가 부여된 이후 근로자의 근무성적이나 근무능력의 개선 여부, 근로자의 태도, 사업장의 여건 등 여러 사정을 종합적으로 고려하여 합리적으로 판단하여야 한다(대판 2021.2.25. 2018다253680).

3. 사용자 측의 해고사유(경영해고 · 정리해고)

사용자가 긴박한 경영상의 필요로 인하여 근로자와의 근로관계 존속이 불가능한 것을 이유로 하는 해고처분을 말한다. 근로기준법 제24조는 사용자가 경영상의 이유로 근로자를 해고할 경우 ① 긴박한 경영상의 필요, ② 해고회피노력, ③ 합리적이고 공정한 해고기준의 설정, ④ 근로자대표와의 사전협의 등 4가지 요건을 요구하고 있으나, 판례는 위 각 요건의 구체적 내용은 확정적 · 고정적인 것이 아니라 구체적 사건에서 다른 요건의 충족 정도와 관련하여 유동적으로 정해지는 것이므로 구체적 사건에서 경영상 이유에 의한 당해 해고가 위 각 요건을 모두 갖추어 정당한지 여부는 위 각 요건을 구성하는 개별사정들을 종합적으로 고려하여 판단하여야 한다는(대판 2002.7.9. 2001다29452) 입장이다. 기출 24

(1) 경영해고의 요건

1) 긴박한 경영상의 필요 기출 19·21·24

사용자가 경영상 이유에 의하여 근로자를 해고하려면 긴박한 경영상의 필요가 있어야 한다. 이 경우 경영악화를 방지하기 위한 사업의 양도·인수·합병은 긴박한 경영상의 필요가 있는 것으로 본다(근기법 제24조 제1항 후문). 긴박한 경영상의 필요 정도와 관련하여 판례는 다음과 같은 태도의 변화를 보이고 있다.

① 긴박성의 판단기준

㉠ 도산 회피 : 초기에는 기업이 일정수의 근로자를 정리해고하지 않으면 경영 악화로 인하여 사업을 계속할 수 없거나, 적어도 기업재정상 심히 곤란한 처지에 놓일 개연성이 있는 긴박한 경영상의 필요가 있어야 한다고 하였다.

㉡ 객관적 합리성 인정 : 이후에는 기업의 도산을 회피하기 위한 경우뿐만 아니라, 기업에 종사하는 인원을 줄이는 것이 객관적으로 보아 합리성이 있다고 인정되는 경우에는 긴박한 경영상의 필요가 있는 것으로 보아야 할 수도 있다는 입장을 보이며, 그 범위를 확대하였다.

㉢ 장래위기 대처 : 최근에는 긴박한 경영상의 필요라 함은 반드시 기업의 도산을 회피하기 위한 경우에 한정되지 아니하고, 장래에 올 수도 있는 위기에 미리 대처하기 위하여 인원 삭감이 객관적으로 보아 합리성이 있다고 인정되는 경우도 포함되는 것으로 보아야 한다는(대판 2012.2.23. 2010다3735) 입장이다. 또한 긴박한 경영상의 필요가 있는지를 판단할 때는 법인의 어느 사업부문이 다른 사업부문과 인적·물적·장소적으로 분리·독립되어 있고 재무 및 회계가 분리되어 있으며 경영여건도 서로 달리하는 예외적인 경우가 아니라면 법인의 일부 사업부문 내지 사업소의 수지만을 기준으로 할 것이 아니라 법인 전체의 경영사정을 종합적으로 검토하여 결정하여야 한다고(대판 2015.5.28. 2012두25873) 판시하고 있다. 기출 19·21

② 긴박성의 판단시점 : 긴박한 경영상 필요란 반드시 기업의 도산을 회피하기 위한 경우에 한정되지 않고, 장래에 올 수도 있는 위기에 미리 대처하기 위하여 인원 감축이 필요한 경우도 포함되지만, 그러한 인원 감축은 객관적으로 보아 합리성이 있다고 인정되어야 한다. 이와 같은 긴박한 경영상 필요가 있는지는 정리해고를 할 당시의 사정을 기준으로 판단해야 한다(대판 2022.6.9. 2017두71604).

③ **인원 삭감의 필요성** : 정리해고가 정당하기 위해서는 인원 삭감의 필요성이 인정되어야 하고, 필요성의 판단은 회사의 예상매출수량 등 미래에 대한 추정이 전제되어야 한다.

㉠ 재무건전성 위기에 대하여 보면, 원심은 피고가 손상차손 인식의 대상이 된 유형자산에서 생산될 차량의 예상매출수량을 부당하게 과소 추정함으로써 해당 유형자산의 손상차손이 과다 계상되었다고 보았으나, 미래에 대한 추정은 불확실성이 존재할 수밖에 없는 점을 고려할 때 피고의 예상매출수량 추정이 합리적이고 객관적인 가정을 기초로 한 것이라면 그 추정이 다소 보수적으로 이루어졌다고 하더라도 그 합리성을 인정하여야 할 것이다. 이 사건 정리해고 당시 피고가 처한 경영위기는 상당 기간 신규설비 및 기술개발에 투자하지 못한 데서 비롯된 계속적·구조적인 것으로서, 외부적 경영여건의 변화로 잠시 재무상태 또는 영업실적이 악화되었다거나 단기간 내에 쉽게 개선될 수 있는 부분적·일시적 위기가 아니었던 것으로 봄이 타당하다. 따라서 피고로서는 인원 감축 등을 통해 위와 같은 경영위기를 극복할 긴박한 경영상의 필요가 있었다고 볼 수 있고, 경영진의 부실경영 등으로 경영위기가 초래되었다고 하여 이러한 필요성이 부정된다고 보기는 어렵다(대판 2014.11.13. 2014다20875).

㉡ 기업 운영에 필요한 인력의 규모가 어느 정도인지, 잉여인력은 몇 명인지 등은 상당한 합리성이 인정되는 한 경영판단의 문제에 속하는 것이므로 특별한 사정이 없다면 경영자의 판단을 존중하여야 할 것이다. 이 사건 정리해고 이후에 체결된 노사대타협으로 정리해고자 중 459명이 무급휴직으로 전환되어 결국 정리해고된 근로자 수가 165명으로 대폭 축소되기는 하였으나, 위 노사대타협은 이 사건 정리해고를 둘러싼 노사 간의 극심한 대립으로 기업의 존립 자체가 위태로워 피고의 회생 실패로 노사가 공멸하는 최악의 상황을 막기 위한 고육지책으로 노사가 막판에 상호 양보하여 체결된 점 등을 알 수 있는바, 이와 같은 사실관계에 비추어 볼 때 피고가 제시한 이 사건 인원감축규모가 비합리적이라거나 자의적이라고 볼 수 없다(대판 2014.11.13. 2014다20875).

2) **해고회피노력**

① **판단기준**

㉠ 사용자가 정리해고를 실시하기 전에 다하여야 할 해고회피노력의 방법과 정도는 확정적·고정적인 것이 아니라 당해 사용자의 경영위기의 정도, 정리해고를 실시하여야 하는 경영상의 이유, 사업의 내용과 규모, 직급별 인원상황 등에 따라 달라지는 것이고, 사용자가 해고를 회피하기 위한 방법에 관하여 노동조합 또는 근로자대표와 성실하게 협의하여 정리해고 실시에 관한 합의에 도달하였다면 이러한 사정도 해고회피노력의 판단에 참작되어야 한다(대판 2002.7.9. 2001다29452).

㉡ 정리해고의 요건 중 '해고를 피하기 위한 노력을 다하여야 한다'는 것은 경영방침이나 작업방식의 합리화, 신규채용의 금지, 일시휴직 및 희망퇴직의 활용 및 전근 등 사용자가 해고범위를 최소화하기 위하여 가능한 모든 조치를 취하는 것을 의미하고, 그 방법과 정도는 확정적·고정적인 것이 아니라 그 사용자의 경영위기의 정도, 정리해고를 실시하여야 하는 경영상의 이유, 사업의 내용과 규모, 직급별 인원상황 등에 따라 달라지는 것이다. 이 사건 정리해고 이후에 이루어진 무급휴직조치는 이 사건 정리해고를 둘러싼 노사 간 극심한 대립으로 기업의 존립 자체가 위태로워지자 최악의 상황을 막기 위해 고육지책으로 시행되었고, 피고는 이 사건 정리해고에 앞서 부분휴업, 임금 동결, 순환휴직, 사내협력업체 인원 축소, 임직원 복지 중단, 희망퇴직 등의 조치를 실시하였음을 알 수 있다. 위와 같은 사정과 당시 피고가 처한 경영위기의 성격이나 정도, 피고의 사업내용과 규모 등을 종합하여 보면, 피고로서는 해고회피를 위한 노력을 다한 것으로 보아야 할 것이다(대판 2014.11.13. 2014다20875).

② **참작사유** : 사용자는 해고를 피하기 위한 노력을 다하여야 하며, 합리적이고 공정한 해고의 기준을 정하고 이에 따라 그 대상자를 선정하여야 한다. 이 경우 남녀의 성을 이유로 차별하여서는 아니 된다. 정리해고조치 이외의 경영상의 실현 가능한 모든 조치를 신의성실의 원칙에 따라 취하였음에도 불구하고 긴박한 경영상의 필요를 충족시키지 못하였거나 정리해고조치 이외의 다른 해결방안을 강구하는 것이 불가능해야 한다. <u>사용자가 해고를 회피하기 위한 방법에 관하여 노동조합 또는 근로자대표와 성실하게 협의하여 정리해고 실시에 관한 합의에 도달하였다면 이러한 사정도 해고회피노력의 판단에 참작되어야 한다</u>(대판 2002.7.9. 2001다29452). 기출 19

③ **증명책임** : 경영상 이유에 의한 해고의 요건 중 해고를 피하기 위한 노력을 다하여야 한다는 것은 경영방침이나 작업방식의 합리화, 신규 채용의 금지, 일시휴직 및 희망퇴직의 활용, 전근 등 사용자가 해고범위를 최소화하기 위하여 가능한 모든 조치를 취하는 것을 의미하고, 그 방법과 정도는 확정적·고정적인 것이 아니라 당해 사용자의 경영위기의 정도, 해고를 실시하여야 하는 경영상의 이유, 사업의 내용과 규모, 직급별 인원상황 등에 따라 달라지는 것이다. <u>한편 경영상 이유에 의한 해고가 정당하기 위한 요건은 사용자가 모두 증명해야 하므로, 해고 회피 노력을 다하였는지에 관한 증명책임은 이를 주장하는 사용자가 부담한다</u>(대판 2021.7.29. 2016두64876).

3) 합리적이고 공정한 해고기준의 설정

① **판단기준** : 합리적이고 공정한 해고의 기준 역시 확정적·고정적인 것은 아니고, 당해 사용자가 직면한 경영위기의 강도와 정리해고를 실시하여야 하는 경영상의 이유, 정리해고를 실시한 사업부문의 내용과 근로자의 구성, 정리해고 실시 당시의 사회경제상황 등에 따라 달라지는 것이고, 사용자가 해고의 기준에 관하여 노동조합 또는 근로자대표와 성실하게 협의하여 해고의 기준에 관한 합의에 도달하였다면, 이러한 사정도 해고의 기준이 합리적이고 공정한 기준인지의 판단에 참작되어야 한다(대판 2002.7.9. 2001다29452).

② **객관적 합리성과 사회적 상당성** : 사용자가 경영상의 이유로 근로자를 해고하고자 하는 경우, 근로기준법 제24조 제1항 내지 제3항에 따라 합리적이고 공정한 해고의 기준을 정하고 이에 따라 대상자를 선정하여야 하는데, 이때 합리적이고 공정한 기준이 확정적·고정적인 것은 아니고 당해 사용자가 직면한 경영위기의 강도와 정리해고를 해야 하는 경영상 이유, 정리해고를 시행한 사업부문의 내용과 근로자의 구성, 정리해고 시행 당시의 사회경제상황 등에 따라 달라지는 것이기는 하지만, <u>객관적 합리성과 사회적 상당성을 가진 구체적인 기준이 마련되어야 하고, 그 기준을 실질적으로 공정하게 적용하여 정당한 해고대상자의 선정이 이루어져야 한다</u>(대판 2012.5.24. 2011두11310).

③ **증명책임** : 해고대상자 선정기준은 단체협약이나 취업규칙 등에 정해져 있는 경우라면 특별한 사정이 없는 한 그에 따라야 하고, 만약 그러한 기준이 사전에 정해져 있지 않다면 근로자의 건강상태, 부양의무의 유무, 재취업 가능성 등 근로자 각자의 주관적 사정과 업무능력, 근무성적, 징계 전력, 임금 수준 등 사용자의 이익 측면을 적절히 조화시키되, 근로자에게 귀책사유가 없는 해고임을 감안하여 사회적·경제적 보호의 필요성이 높은 근로자들을 배려할 수 있는 합리적이고 공정한 기준을 설정하여야 한다. 경영상 이유에 의한 해고에 앞서 전환배치를 실시하는 경우 전환배치대상자 선정기준은 최종적으로 이루어지는 해고대상자 선정에도 영향을 미치게 되므로, <u>전환배치 기준은 해고대상자 선정기준에 준하여 합리성과 공정성을 갖추어야 하고, 이에 관한 증명책임 역시 이를 주장하는 사용자가 부담한다</u>(대판 2021.7.29. 2016두64876).

4) 근로자대표와의 사전협의
① 의의 : 사용자는 해고를 피하기 위한 방법과 해고의 기준 등에 관하여 그 사업 또는 사업장에 근로자의 과반수로 조직된 노동조합이 있는 경우에는 그 노동조합(근로자의 과반수로 조직된 노동조합이 없는 경우에는 근로자대표)에 해고를 하려는 날의 50일 전까지 통보하고 성실하게 협의하여야 한다(근기법 제24조 제3항). 근로자라 함은 정식으로 근로계약이 체결되어 확정된 근로자를 의미한다. 따라서 채용내정자나 시용근로자를 해고하고자 하는 경우에는 별도의 협의를 거칠 필요가 없다. 기출 19
② 근로자대표의 의미
  ㉠ 과반수 노동조합이 있는 경우 : 정리해고가 실시되는 사업장에 근로자의 과반수로 조직된 노동조합이 있는 경우, 그 노동조합과 협의하면 족하므로 사용자가 그 노동조합과의 협의 외에 정리해고의 대상인 일정 급수 이상 직원들만의 대표를 새로이 선출케 하여 그 대표와 별도로 협의를 하지 않았다고 하여 그 정리해고를 협의절차의 흠결로 무효라 할 수는 없다(대판 2002.7.9. 2001다29452). 기출 24
  ㉡ 과반수 노동조합이 없는 경우 : 근로자의 과반수로 조직된 노동조합이 없는 경우, 그 협의의 상대방이 형식적으로는 근로자 과반수의 대표로서의 자격을 명확히 갖추지 못하였더라도, 실질적으로 근로자의 의사를 반영할 수 있는 대표자라고 볼 수 있는 사정이 있다면 위 절차적 요건도 충족하였다고 보아야 할 것이다(대판 2006.1.26. 2003다69393).
③ 협의의무를 위반한 경영해고의 효력
  ㉠ 근로기준법(경영상 해고규정) 개정 전 판례 : 정리해고의 실질적 요건이 충족되어 해고의 실행이 시급하게 요청되고, 한편 근로자들을 대표할 만한 노동조합 기타 근로자집단도 없고 취업규칙에도 그러한 협의조항이 없으며, 또 해고 대상근로자에 대하여는 해고조치 외에 마땅한 대안이 없어서 그 근로자와의 협의절차를 거친다고 하여도 별다른 효과를 기대할 수 없는 등 특별한 사정이 있는 때에는, 사용자가 근로자 측과 사전협의절차를 거치지 아니하였다 하여 그것만으로 정리해고를 무효라고 할 수는 없다(대판 1992.11.10. 91다19463).
  ㉡ 근로기준법 개정 후 판례 : 이 사건 정리해고 이후의 조업 단축, 기능직 근로자들의 희망퇴직, 고정자산 매각 등을 해고범위를 최소화하기 위한 일련의 조치로 본 부분에는 잘못이 있고, 참가인 회사가 이 사건 정리해고에 앞서 노동조합이나 원고들과 구체적인 사전협의를 거치지 않았다고 하더라도, 원고들은 참가인 회사의 경영상 위기로 말미암아 어느 정도 감량경영이 따르리라는 것을 충분히 예상할 수 있었던 점, 원고들에 대하여는 해고조치 외에 마땅한 대안이 없어서 원고들과 협의절차를 거친다고 하여도 별다른 효과를 기대할 수 없었던 점 등의 절차상의 흠이 있더라도, 이 사건 정리해고를 둘러싼 모든 사정을 전체적·종합적으로 고려하여 볼 때 참가인 회사가 해고 회피를 위한 노력을 다한 것으로 보이므로 정리해고는 정당하다(대판 2002.6.28. 2000두4606).
④ 통보·협의기간을 위반한 경영해고의 효력 : 근로기준법 제24조 제3항이 해고를 피하기 위한 방법과 해고의 기준을 해고 실시 50일 이전까지 근로자대표에게 통보하게 한 취지는, 소속 근로자의 소재와 숫자에 따라 그 통보를 전달하는 데 소요되는 시간, 그 통보를 받은 각 근로자들이 통보내용에 따른 대처를 하는 데 소요되는 시간, 근로자대표가 성실한 협의를 할 수 있는 기간을 최대한으로 상정·허여하자는 데 있는 것이고, 50일 기간의 준수는 정리해고의 효력요건은 아니어서, 구체적 사안에서 통보 후 정리해고 실시까지의 기간이 그와 같은 행위를 하는 데 소요되는 시간으로 부족하였다는 등의 특별한 사정이 없으며, 정리해고의 그 밖의 요건은 충족되었다면 그 정리해고는 유효하다(대판 2003.11.13. 2003두4119).

기출 21

(2) 경영해고의 신고

사용자는 1개월 동안에 사업장의 규모에 따라 일정한 인원 이상을 해고하려면 최초로 해고하려는 날의 30일 전까지 고용노동부장관에게 신고하여야 한다(근기법 시행령 제10조). 기출 19·21

> **경영상의 이유에 의한 해고 계획의 신고(근기법 시행령 제10조)**
> ① 법 제24조 제4항에 따라 사용자는 1개월 동안에 다음 각 호의 어느 하나에 해당하는 인원을 해고하려면 최초로 해고하려는 날의 30일 전까지 고용노동부장관에게 신고하여야 한다.
>   1. 상시근로자 수가 99명 이하인 사업 또는 사업장 : 10명 이상
>   2. 상시근로자 수가 100명 이상 999명 이하인 사업 또는 사업장 : 상시 근로자 수의 10% 이상
>   3. 상시근로자 수가 1,000명 이상인 사업 또는 사업장 : 100명 이상
> ② 제1항에 따른 신고를 할 때에는 다음 각 호의 사항을 포함하여야 한다.
>   1. 해고사유
>   2. 해고예정인원
>   3. 근로자대표와 협의한 내용
>   4. 해고일정

(3) 경영해고 후의 근로자 보호 기출 21

1) 의 의

구 근로기준법에서는 우선재고용 노력의무로 규정하고 있었으나 2007년 근로기준법 개정에 의해 법적인 재고용의무를 부과하고 있다. 이는 자신의 귀책사유가 없음에도 경영상의 이유에 의하여 직장을 잃은 근로자가 이전 직장으로 복귀할 수 있는 기회를 보장하여 근로자를 보호하려는 데 그 취지가 있다.

2) 요 건

근로자를 해고한 사용자는 근로자를 해고한 날부터 3년 이내에 해고된 근로자가 해고 당시 담당하였던 업무와 같은 업무를 할 근로자를 채용하려고 할 경우 해고된 근로자가 원하면 그 근로자를 우선적으로 고용하여야 한다. 정부는 해고된 근로자에 대하여 생계안정, 재취업, 직업훈련 등 필요한 조치를 우선적으로 취하여야 한다(근기법 제25조). 기출 24

3) 효 과

① **우선재고용의무** : 근로기준법 제25조 제1항의 규정내용과, 자신에게 귀책사유가 없음에도 경영상 이유에 의하여 직장을 잃은 근로자로 하여금 이전 직장으로 복귀할 수 있는 기회를 보장하여 해고근로자를 보호하려는 입법취지 등을 고려하면, 사용자는 근로기준법 제24조에 따라 근로자를 해고한 날부터 3년 이내의 기간 중에 해고근로자가 해고 당시에 담당하였던 업무와 같은 업무를 할 근로자를 채용하려고 한다면, 해고근로자가 반대하는 의사를 표시하거나 고용계약을 체결할 것을 기대하기 어려운 객관적인 사유가 있는 등의 특별한 사정이 있는 경우가 아닌 한 해고근로자를 우선재고용할 의무가 있다. 이때 사용자가 해고근로자에게 고용계약을 체결할 의사가 있는지 확인하지 않은 채 제3자를 채용하였다면, 마찬가지로 해고근로자가 고용계약 체결을 원하지 않았을 것이라거나 고용계약을 체결할 것을 기대하기 어려운 객관적인 사유가 있었다는 등의 특별한 사정이 없는 한 근로기준법 제25조 제1항이 정한 우선재고용의무를 위반한 것으로 볼 수 있다(대판 2020.11.26. 2016다13437).[31]

---

[31] 갑이 을 재단법인이 운영하는 장애인복지시설에서 생활부업무 담당 생활재활교사로 근무하다가 경영상 이유에 의하여 해고된 후 3년 이내의 기간 중에 을 법인이 여러 차례 생활재활교사를 채용하면서 갑에게 채용사실을 고지하거나 고용계약을 체결할 의사가 있는지 확인하지 아니하였는데, 을 법인이 근로기준법 제25조 제1항에서 정한 우선재고용의무를 위반한 시점이 문제된 사안에서, 갑이 고용계약을 체결하기를 원하지 않았을 것이라거나 을 법인에 갑과 고용계약을 체결할 것을 기대하기 어려운 객관적인 사유가 있었다고 볼 수 없고, 을 법인이 갑에게 채용사실과 채용조건을

② **임금 상당의 손해배상금청구** : 근로기준법 제25조 제1항에 따라 사용자는 해고근로자를 우선재고용할 의무가 있으므로 해고근로자는 사용자가 위와 같은 우선재고용의무를 이행하지 아니하는 경우 사용자를 상대로 고용의 의사표시를 갈음하는 판결을 구할 사법상의 권리가 있고, 판결이 확정되면 사용자와 해고근로자 사이에 고용관계가 성립한다. 또한 해고근로자는 사용자가 위 규정을 위반하여 우선재고용의무를 이행하지 않은 데 대하여, 우선재고용의무가 발생한 때부터 고용관계가 성립할 때까지의 임금 상당 손해배상금을 청구할 수 있다(대판 2020.11.26. 2016다13437).

③ **중간수입의 공제** : 채무불이행이나 불법행위 등으로 손해를 입은 채권자 또는 피해자 등이 동일한 원인에 의하여 이익을 얻은 경우에는 공평의 관념상 그 이익은 손해배상액을 산정할 때 공제되어야 한다. 이와 같이 손해배상액을 산정할 때 손익상계가 허용되기 위해서는 손해배상책임의 원인이 되는 행위로 인하여 피해자가 새로운 이득을 얻었고, 그 이득과 손해배상책임의 원인인 행위 사이에 상당인과관계가 있어야 한다. 사용자의 고용의무 불이행을 이유로 고용의무를 이행하였다면 받을 수 있었던 임금 상당액을 손해배상으로 청구하는 경우, 근로자가 사용자에게 제공하였어야 할 근로를 다른 직장에 제공함으로써 얻은 이익이 사용자의 고용의무 불이행과 사이에 상당인과관계가 인정된다면, 이러한 이익은 고용의무 불이행으로 인한 손해배상액을 산정할 때 공제되어야 한다. 한편 사용자의 고용의무 불이행을 이유로 손해배상을 구하는 경우와 같이 근로관계가 일단 해소되어 유효하게 존속하지 않는 경우라면 근로기준법 제46조가 정한 휴업수당에 관한 규정을 적용할 수 없다(대판 2020.11.26. 2016다13437).

4. 단체협약·취업규칙상의 해고사유

(1) 단체협약·취업규칙상의 해고규정

1) 단체협약과 취업규칙의 해고사유의 관계

① **상호 저촉되는 해고 사유의 우선 순위** : 양자의 해고사유가 상호 저촉되는 경우에는 단체협약의 해고사유가 우선한다. 취업규칙은 단체협약을 위반할 수 없기 때문이다(근기법 제96조).

② **취업규칙상 해고 사유에 의한 해고 가부**[32]

㉠ **취업규칙에만 규정된 사유로 해고할 수 없는 경우** : 단체협약에 "해고에 관하여는 단체협약에 의해야 하고, 취업규칙에 의해 해고할 수 없다." 또는 "단체협약에서 정한 사유 외의 사유로는 근로자를 해고할 수 없다."고 규정하는 등 해고사유를 단체협약에 의하도록 명시적으로 규정하고 있는 경우에는 단체협약 이외의 취업규칙만의 사유를 근거로 근로자를 해고할 수 없다(대판 1992.9.8. 91다27556; 대판 1995.2.14. 94누5069).

㉡ **취업규칙에만 규정된 사유로 해고할 수 있는 경우** : 단체협약에 "이 협약은 취업규칙보다 우선한다.", "본 협약에 명시되지 않은 사항은 취업규칙에 따르되 근로조건을 저하시킬 수 없다."고 규정한 것은 단체협약에 저촉되는 취업규칙의 효력을 인정할 수 없다는 취지를 밝힌 것에 불과하다(대판 1995.1.20. 94다37851). 이 경우 취업규칙에 단체협약 소정의 징계사유와는 관련이 없는 새로운 징계사유를 규정하였다면 이를 단체협약의 규정에 반하는 것이라 할 수 없고, 따라서 취업규칙을 적용하여 근로자를 징계해고할 수 있다(대판 1994.6.14. 93누20115).

고지하여 고용계약을 체결할 의사가 있는지 확인하지 아니하였으므로, 늦어도 갑이 해고 당시 담당하였던 생활부업무 담당 생활재활교사업무에 근로자를 2명째 채용한 무렵에는 을 법인의 우선재고용의무가 발생하였다고 볼 수 있는데도, 이와 달리 갑이 을 법인에 재고용을 원한다는 뜻을 표시한 이후로서 을 법인이 신규채용을 한 때에 비로소 을 법인의 우선재고용의무가 발생하였다고 본 원심판단에 법리오해의 잘못이 있다고 한 사례(대판 2020.11.26. 2016다13437)

[32] 단체협약 이외의 사유(취업규칙에만 규정된 사유)로 근로자를 해고할 수 없으나, 해고한 경우, 당연히 부당해고가 되며, 단체협약 이외의 사유로 근로자를 해고할 수 있어, 해고한 경우에는 근기법 제23조 제1항에서 정한 정당성을 구비하였는지의 여부를 다시 판단하여야 한다.

2) 단체협약 등의 해고사유 규정의 의미
① 해고사유의 사회통념상 합리성 요구 : 해고사유가 단체협약이나 취업규칙에 규정되어 있다고 하더라도, 그 해고사유로 인한 해고가 반드시 정당한 이유가 있는 해고에 해당하는 것은 아니다. 그 해고사유가 근로기준법 등 관련 법령에 위배되지 아니하고, 신의칙을 위반하거나 권리남용에 해당하지 아니하는 등 사회통념상 합리성을 지니고 있어야 정당한 이유로 인정된다.
② 제한적 해고사유 이외의 사유에 의한 해고 가부 : 사업장에서 발생하는 해고사유를 미리 예상하여 단체협약 및 취업규칙에 빠짐없이 열거하는 것은 현실적으로 불가능하므로, 열거되지 아니한 사항이라도 사회통념상 근로관계를 계속 유지할 수 없는 등 합리성이 인정된다면, 정당한 해고사유가 될 수 있다고 보는 견해가 있으나, 대법원은 단체협약이나 취업규칙 등에서 근로자에 대한 징계사유가 제한적으로 열거되어 있는 경우에는, 그와 같이 열거되어 있는 사유 이외의 사유로는 징계할 수 없다고 한다(대판 1994.12.27. 93다52525).

3) 단체협약 등에서 정한 형사유죄판결
여기서의 유죄판결은 유죄의 확정판결만을 의미하는 것으로 해석하여야 하나, 반드시 실형판결만을 뜻하는 것은 아니므로, 예컨대 금고 이상의 형의 판결을 해고사유로 규정한 경우 그 의미는 규정의 취지나 다른 면직사유의 내용 등에 비추어 합리적으로 판단해야 한다(대판 1997.5.23. 97다9239).

(2) 단체협약·취업규칙상 해고사유의 실체적 정당성

1) 해고사유의 정당성
근로기준법 제23조 제1항의 정당한 이유란, 징계해고의 경우에는 사회통념상 근로계약을 계속시킬 수 없을 정도로 근로자에게 책임 있는 사유가 있는 것을 말하므로 징계해고규정 해당 사유가 있다는 점만으로 당연히 그 징계해고처분이 정당한 이유가 있다고는 볼 수 없고, 구체적인 사정을 참작하여 위와 같은 의미의 정당한 이유가 있다고 인정되는 경우에야 비로소 그 징계해고처분에 정당한 이유가 있다고 할 수 있다(대판 1992.5.12. 91다27518). 해고처분은 사회통념상 고용관계를 계속할 수 없을 정도로 근로자에게 책임 있는 사유가 있는 경우에 행하여져야 그 정당성이 인정되는 것이고, 사회통념상 근로자와의 고용관계를 계속할 수 없을 정도인지 여부는 사용자의 사업의 목적과 성격, 사업장의 여건, 근로자의 지위 및 담당직무의 내용, 비위행위의 동기와 경위, 이로 인하여 기업의 위계질서가 문란하게 될 위험성 등 기업질서에 미칠 영향, 과거의 근무태도 등 여러 가지 사정을 종합적으로 검토하여 판단하여야 한다. 또한 근로자에게 여러 가지 징계혐의사실이 있는 경우, 이에 대한 징계해고처분이 적정한지 여부는 그 사유 하나씩 또는 그중 일부의 사유만 가지고 판단할 것이 아니고, 전체의 사유에 비추어 사회통념상 고용관계를 계속할 수 없을 정도로 근로자에게 책임이 있는지 여부에 의하여야 한다(대판 2013.10.31. 2013두13198).

2) 경력사칭과 징계해고의 정당성
① 종전 판례 : 허위기재 또는 은폐한 내용이 사전에 발각되었다면 고용계약을 체결하지 않았을 것이라고 인정될 때에는 징계해고의 사유가 된다고(대판 1997.5.28. 95다45903) 판시하여, 가정적 인과관계설에 따라 징계해고사유의 정당성을 판단하였다.
② 최근 판례 : 사용자가 사전에 그 허위기재사실을 알았더라면 근로계약을 체결하지 않았거나 적어도 동일 조건으로는 체결하지 않았으리라는 등 고용 당시의 사정뿐만 아니라, 고용 이후 해고에 이르기까지 근로자가 종사한 근로의 내용과 기간, 허위기재를 한 학력 등이 종사한 근로의 정상적인 제공에 지장을 가져오는지 여부, 사용자가 학력 등 허위기재사실을 알게 된 경위, 알고 난 후 당해 근로자의 태도 및 사용자의 조치내용, 학력 등이 종전에 알고 있던 것과 다르다는 사정이 드러남으로써 노사 간 및 근로자 상호 간

신뢰관계 유지와 안정적인 기업경영과 질서 유지에 미치는 영향, 기타 여러 사정을 종합적으로 고려하여 판단하여야 한다. 다만, 사용자가 이력서에 근로자의 학력 등의 기재를 요구하는 것은 근로능력 평가 외에 근로자의 진정성과 정직성, 당해 기업의 근로환경에 대한 적응성 등을 판단하기 위한 자료를 확보하고, 나아가 노사 간 신뢰관계 형성과 안정적인 경영환경 유지 등을 도모하고자 하는 데에도 목적이 있는 것으로, 이는 고용계약 체결뿐 아니라 고용관계 유지에서도 중요한 고려요소가 된다고 볼 수 있다. 따라서 취업규칙에서 근로자가 고용 당시 제출한 이력서 등에 학력 등을 허위로 기재한 행위를 징계해고사유로 특히 명시하고 있는 경우에 이를 이유로 해고하는 것은, 고용 당시 및 그 이후 제반 사정에 비추어 보더라도 사회통념상 현저히 부당하지 않다면 정당성이 인정된다(대판 2012.7.5. 2009두16763). 기출 20

(3) 당연퇴직규정에 의한 해고의 정당성

1) 당연퇴직규정의 법적 성격

① 근로계약의 종료사유는 근로자의 의사나 동의에 의하여 이루어지는 퇴직, 근로자의 의사에 반하여 사용자의 일방적 의사에 의하여 이루어지는 해고, 근로자나 사용자의 의사와는 관계없이 이루어지는 자동소멸 등으로 나눌 수 있으며, 근로기준법 제23조에서 말하는 해고란 실제 사업장에서 불리는 명칭이나 그 절차에 관계없이 모든 근로계약관계의 종료를 의미한다. 회사가 어떠한 사유의 발생을 당연퇴직사유로 규정하고 그 절차를 통상의 해고나 징계해고와는 달리 하였더라도, 근로자의 의사와 관계없이 사용자 측에서 일방적으로 근로관계를 종료시키는 것이면 성질상 이는 해고로서, 근로기준법에 의한 제한을 받는다고 보아야 할 것이다(대판 1993.10.26. 92다54210).

② 사용자가 어떤 사유의 발생을 당연퇴직 또는 면직사유로 규정하고 그 절차를 통상의 해고나 징계해고와 달리한 경우에, 그 당연퇴직사유가 근로자의 사망이나 정년, 근로계약기간의 만료 등 근로관계의 자동소멸사유로 보이는 경우를 제외하고는 이에 따른 당연퇴직처분은 근로기준법 제23조의 제한을 받는 해고이다. 따라서 주차관리 및 경비요원을 파견하는 사업을 하는 사용자가 근로자가 근무하는 건물의 소유자 등과의 관리용역계약이 해지될 때에 근로자와의 근로계약도 해지되는 것으로 본다고 근로자와 약정한 경우, 그와 같은 해지사유는 근로관계의 자동소멸사유라고 할 수 없다(대판 2009.2.12. 2007다62840).

2) 해고의 정당성

근로자에 대한 퇴직조처가 단체협약이나 취업규칙에서 당연퇴직으로 규정되었다 하더라도, 위 퇴직조처가 유효하기 위하여는 근로기준법 제23조 제1항이 규정하는 바의 정당한 이유가 있어야 하고, 이와 같은 정당한 이유가 없는 경우에는 퇴직처분무효확인의 소를 제기할 수 있다(대판 1993.10.26. 92다54210).

제3절 해고의 절차적 정당성

I 서 설

근로기준법은 해고절차와 관련하여 해고의 예고 등을 규정하고 있다. 또한 단체협약이나 취업규칙 등에 해고절차를 규정할 수 있는데, 판례는 단체협약이나 취업규칙 등에 해고절차를 규정한 경우에는 그 절차를 준수하지 아니한 해고처분은 무효라고 판시하고 있다.

II 법령상 해고의 제한

1. 해고의 예고(근기법 제26조)

(1) 의 의

사용자는 근로자를 해고하려면 적어도 30일 전에 해고예고를 하여야 하고, 해고예고를 하지 아니하였을 경우에는 30일분 이상의 통상임금을 지급하여야 한다.

(2) 해고예고의무의 내용

1) 해고예고방법

사용자의 해고예고는 일정 시점을 특정하여 하거나 언제 해고되는지를 근로자가 알 수 있는 방법으로 하여야 할 것이다. 따라서 사용자인 피고인이 근로자 甲에게 "후임으로 발령받은 乙이 근무하여야 하니 업무인수인계를 해 달라", "당분간 근무를 계속하며 乙에게 업무인수인계를 해 주라"고만 말하고 甲을 해고한 경우, 피고인의 위와 같은 말만으로는 甲의 해고일자를 특정하거나 이를 알 수 있는 방법으로 예고한 것이라고 볼 수 없어 적법하게 해고예고를 하였다고 할 수 없다(대판 2010.4.15. 2009도13833). 사용자가 해고의 예고를 해고사유와 해고시기를 명시하여 서면으로 한 경우에는 해고사유 등의 서면통지를 한 것으로 본다(근기법 제27조 제3항).

2) 해고예고수당의 지급

사용자가 해고예고를 하지 아니하였을 때에는, 이에 대신하여 30일분 이상의 통상임금을 해고예고수당으로서 지급하여야 한다. 해고예고수당은 근로 제공에 대한 반대급부가 아니므로, 근로기준법상의 임금에 해당하지 아니한다(대판 1962.3.22. 4294민상1301).

(3) 해고예고의무의 예외(근기법 제26조 단서)

1) 3개월 미만 취업자에 대한 예외

근로자가 계속 근로한 기간이 3개월 미만인 경우에는 해고예고를 하지 아니하여도 된다. 기출 19

2) 부득이한 사유가 있는 경우의 예외

천재·사변, 그 밖의 부득이한 사유로 사업을 계속하는 것이 불가능한 경우, 근로자가 고의로 사업에 막대한 지장을 초래하거나 재산상 손해를 끼친 경우로서 고용노동부령으로 정하는 사유에 해당하는 경우에는, 해고예고를 하지 아니하거나 해고예고수당을 지급하지 아니하여도 된다. 기출 19

(4) 해고예고의무 위반의 효과

해고예고의무를 위반한 해고라 하더라도 해고의 정당한 이유를 갖추고 있는 한 해고의 사법상 효력에는 영향이 없다(대판 1993.9.24. 93누4199).

해고예고의 예외가 되는 근로자의 귀책사유(근기법 시행규칙 [별표 1])

1. 납품업체로부터 금품이나 향응을 제공받고 불량품을 납품받아 생산에 차질을 가져온 경우
2. 영업용 차량을 임의로 타인에게 대리운전하게 하여 교통사고를 일으킨 경우
3. 사업의 기밀이나 그 밖의 정보를 경쟁관계에 있는 다른 사업자 등에게 제공하여 사업에 지장을 가져온 경우
4. 허위사실을 날조하여 유포하거나 불법집단행동을 주도하여 사업에 막대한 지장을 가져온 경우
5. 영업용 차량 운송수입금을 부당하게 착복하는 등 직책을 이용하여 공금을 착복, 장기유용, 횡령 또는 배임한 경우
6. 제품 또는 원료 등을 몰래 훔치거나 불법반출한 경우
7. 인사·경리·회계 담당직원이 근로자의 근무상황실적을 조작하거나 허위서류 등을 작성하여 사업에 손해를 끼친 경우
8. 사업장의 기물을 고의로 파손하여 생산에 막대한 지장을 가져온 경우
9. 그 밖에 사회통념상 고의로 사업에 막대한 지장을 가져오거나 재산상 손해를 끼쳤다고 인정되는 경우

2. 해고가 무효인 경우 해고예고수당의 반환청구 가부

근로기준법 제26조 본문에 따라, 사용자가 근로자를 해고하면서 30일 전에 예고를 하지 아니하였을 때 근로자에게 지급하는 해고예고수당은 해고가 유효한지와 관계없이 지급되어야 하는 돈이고, 해고가 부당해고에 해당하여 효력이 없다고 하더라도 근로자가 해고예고수당을 지급받을 법률상 원인이 없다고 볼 수 없다(대판 2018.9.13. 2017다16778).

3. 해고의 서면통지

(1) 의 의

근로기준법 제27조 제1항에 의하면, 사용자는 근로자를 해고하려면 해고사유와 해고시기를 서면으로 통지하여야 하고, 이에 따라 서면으로 통지하지 아니한 경우에는 그 해고는 효력이 없다.

(2) 서면통지방법

1) 해고사유와 해고시기의 통지

① 사용자가 해고사유 등을 서면으로 통지할 때는 근로자의 처지에서 해고사유가 무엇인지를 구체적으로 알 수 있어야 하고, 특히 징계해고의 경우에는 해고의 실질적 사유가 되는 구체적 사실 또는 비위내용을 기재하여야 하며 징계대상자가 위반한 단체협약이나 취업규칙의 조문만 나열하는 것으로는 충분하다고 볼 수 없다(대판 2011.10.27. 2011다42324). 다만, 해고대상자가 이미 해고사유가 무엇인지 구체적으로 알고 있고 그에 대해 충분히 대응할 수 있는 상황이었다면 해고통지서에 징계사유를 축약해 기재하는 등 징계사유를 상세하게 기재하지 않았더라도 위 조항에 위반한 해고통지라고 할 수는 없다(대판 2015.7.9. 2014다76434). 그러나 해고 대상자가 해고사유가 무엇인지 알고 있고 그에 대해 대응할 수 있는 상황이었다고 하더라도, 사용자가 해고를 서면으로 통지하면서 해고사유를 전혀 기재하지 않았다면 이는 근로기준법 제27조를 위반한 해고통지에 해당한다고 보아야 한다(대판 2021.2.25. 2017다226605). 판례는 징계해고의 경우 근로기준법 제27조에 따라 서면으로 통지된 해고사유가 축약되거나 다소 불분명하더라도 징계절차의 소명 과정이나 해고의 정당성을 다투는 국면을 통해 구체화하여 확정되는 것이 일반적이라고 할 것이므로 해고사유의 서면 통지 과정에서까지 그와 같은 수준의 특정을 요구할 것은 아니라고 하면서, 성비위행위의 경우 원칙적으로는 해고 대상자의 방어권을 보장하기 위해서는 각 행위의 일시, 장소, 상대방, 행위 유형 및 구체적 상황이 다른 행위들과 구별될 수 있을 정도로는 특정되어야 하나, 불특정 다수를 상대로 하여 복수의 행위가 존재하고 해고 대상자가 그와 같은 행위 자체가 있었다는 점을 인정하는 경우에도 해고사유의 서면 통지 과정에서 개개의 행위를 모두 구체적으로 특정하여야 하는 것은 아니라고(대판 2022.1.14. 2021두50642) 한다.

② 사용자가 해고사유 등을 서면으로 통지할 때 해고통지서 등 명칭과 상관없이 근로자의 처지에서 해고사유가 무엇인지를 구체적으로 알 수 있는 서면이면 충분하므로 판례에 의하면 갑 주식회사가 회사에서 구매한 물품에 대해서 송금처를 법인 명의 계좌가 아닌 개인 명의 계좌로 대금을 지급한 근로자 을의 업무처리와 관련하여 회의를 진행하면서 업무처리 경위와 후속조치 계획에 관한 사유서를 제출받고 퇴사를 명할 수 있다고 경고한 다음, 회의 결과 최종적으로 해고하기로 결정하고 이를 기재한 회의록에 을의 서명을 받고 그 사본을 교부한 경우, 위 회의록에 의한 해고통지는 근로기준법 제27조를 위반한 것으로 보기 어렵다고(대판 2021.7.29. 2021두36103) 한다.

2) 이메일 해고통지

서면이란 일정한 내용을 적은 문서를 의미하고 이메일 등 전자문서와는 구별되지만, 근로자가 이메일을 수신하는 등으로 내용을 알고 있는 이상, 이메일에 의한 해고통지도 해고사유 등을 서면통지하도록 규정한 근로기준법 제27조의 입법취지를 해치지 아니하는 범위 내에서 구체적 사안에 따라 서면에 의한 해고통지로서 유효하다고 보아야 할 경우가 있다(대판 2015.9.10. 2015두41401).

(3) 서면통지 위반의 효과

사용자가 서면통지규정을 위반하여 근로자를 해고한 것에 대한 벌칙은 없으나, 근로자에 대한 해고는 해고의 사유와 시기를 서면으로 통지하여야 효력이 있다. 다만, 사용자가 서면으로 해고의 사유와 시기를 적어 근로자에게 해고예고를 한 경우에는 서면통지를 한 것으로 본다. 따라서 근로기준법 제27조 제1항에 따라 해고의 사유와 시기를 서면으로 통지하지 아니하면 그 해고는 무효가 된다.

4. 해고시기의 제한[33]

(1) 의 의

근로기준법 제23조 제2항에 의하면, 사용자는 근로자가 업무상 부상 또는 질병의 요양을 위하여 휴업한 기간과 그 후 30일 동안 또는 산전·산후의 여성이 이 법에 따라 휴업한 기간과 그 후 30일 동안은 해고하지 못한다.

(2) 취 지

해고금지기간을 규정한 취지는 근로자를 실직의 위협으로부터 절대적으로 보호하고자 함이다. 따라서 근로자가 업무상 부상 등으로 치료 중이더라도 휴업하지 아니하고 정상적으로 출근하고 있는 경우, 또는 업무상 부상 등으로 휴업하고 있더라도 요양을 위하여 휴업할 필요가 있다고 인정되지 아니하는 경우에는, 해고가 제한되는 휴업기간에 해당하지 아니한다.

(3) 요양을 위하여 휴업한 기간

1) 요양을 위하여 필요한 휴업의 의미

요양을 위하여 필요한 휴업에는 정상적인 노동력을 상실하여 출근을 전혀 할 수 없는 경우뿐만 아니라, 노동력을 일부 상실하여 정상적인 노동력으로 근로를 제공하기 곤란한 상태에서 치료 등 요양을 계속하면서 부분적으로 근로를 제공하는 부분 휴업도 포함된다(대판 2021.4.29. 2018두43958). 그러나 근로자가 업무상 부상 등을 입고 치료 중이라 하더라도 휴업하지 아니하고 정상적으로 출근하고 있는 경우 또는 업무상 부상 등으로 휴업하고 있는 경우라도 요양을 위하여 휴업할 필요가 있다고 인정되지 아니하는 경우에는 해고가 제한되는 휴업기간에 해당하지 아니한다. 여기서 '정상적으로 출근하고 있는 경우'란 단순히 출근하여 근무하고 있다는 것으로는 부족하고 정상적인 노동력으로 근로를 제공하는 경우를 말하는 것이므로, 객관적으로 요양을 위한 휴업이 필요함에도 사용자의 요구 등 다른 사정으로 출근하여 근무하고 있는 것과 같은 경우는 이에 해당하지 아니한다(대판 2011.11.10. 2009다63205).

---

[33] 고평법은 사업을 계속할 수 없는 경우 외에는 육아휴직기간에 근로자를 해고하는 것을 제한하고 있다(고평법 제19조 제3항).

2) 요양을 위한 휴업의 필요성 요부

요양을 위하여 휴업이 필요한지는 업무상 부상 등의 정도, 부상 등의 치료과정 및 치료방법, 업무의 내용과 강도, 근로자의 용태 등 객관적인 사정을 종합하여 판단하여야 한다(대판 2011.11.10. 2009다63205).

3) 해고금지기간 중의 해고

① 판례는 해고를 전후하여 근로자에 대하여 산업재해보상보험법에 의한 요양승인이 내려지고 휴업급여가 지급된 사정은 해고금지기간 중의 해고에 해당하는지를 판단하는 데에 참작할 사유가 될 수는 있지만, 법원은 이에 기속됨이 없이 앞서 든 객관적 사정을 기초로 실질적으로 판단하여 해고 당시 요양을 위하여 휴업을 할 필요가 있는지를 결정하여야 한다고 하면서, 근로자 甲을 해고한 것이 근로기준법 제23조 제2항에서 정한 휴업기간 중의 해고에 해당하는지 문제되는 경우, 해고 당시 甲이 담당업무를 통상적인 방법으로 수행할 수 없을 정도에 있었다고는 보기 어려운 점 등 제반 사정상 해고 당시 甲이 업무상 상병의 요양을 위하여 휴업을 할 객관적 필요가 있는 정도는 아니었고, 해고 당시 甲이 휴업할 필요가 있었는지는 해고시점의 상태를 기준으로 객관적으로 판단할 것이므로, 해고 이후에 근로복지공단이 해고시점을 포함한 기간에 대하여 요양을 승인하고 휴업급여를 지급하였다는 사정이 있다고 하여 반드시 결론을 달리해야 하는 것도 아니므로, 위 해고는 근로기준법 제23조 제2항에서 정한 휴업기간 중의 해고에 해당하지 않는다고(대판 2011.11.10. 2009다63205) 한다.

② 판례는 업무상 재해를 입은 근로자를 보호하기 위한 해고 제한의 필요성은 시용근로자에 대하여도 동일하게 인정되므로, 시용 근로관계에 있는 근로자가 업무상 부상 등으로 요양이 필요한 휴업 기간 중에는 사용자가 시용 근로자를 해고하거나 본계약 체결을 거부하지 못한다고(대판 2021.4.29. 2018두43958) 한다.

(4) 위반의 효과

해고금지기간에 근로자를 해고하면 해당 벌칙이 적용되고, 해고시기 제한규정에 위반하는 해고는 절대적으로 무효이며, 해고 후 해고금지기간의 경과로 인하여 무효였던 해고가 유효로 될 수도 없다(대판 2001.6.12. 2001다13044).

Ⅲ 자치규범에서 정한 해고사유의 절차적 정당성

1. 해고의 절차적 정당성

(1) 자치규범에 절차적 제한규정이 있는 경우

단체협약이나 취업규칙에 해고처분에 앞서 해당 근로자에게 사전통지를 하여 변명의 기회를 제공한다든지, 노동조합합의 등의 절차를 거치도록 한다든지, 또는 인사위원회(징계위원회)의 의결에 의해 해고처분을 하도록 하는 등 해고절차에 관한 규정을 둔 경우, 이러한 자치규범상 해고에 대한 절차적 제한규정을 위반하여 해고처분이 이루어진 경우에는 원칙적으로 해고의 정당성은 부정된다(대판 1994.10.25. 94다25889).

(2) 자치규범에 절차적 제한규정이 없는 경우

취업규칙 등에 제재에 관한 절차가 정하여져 있으면 반증이 없는 한 그 절차는 정의가 요구하는 것으로 유효요건이라 할 것이나, 회사의 징계에 관한 규정에 징계혐의사실의 고지, 진변(陳辯)의 기회 부여 등의 절차가 규정되어 있지 않은 경우에는 그와 같은 절차를 밟지 아니하고 한 징계처분도 정당하다(대판 1979.1.30. 78다304).

2. 관련 판례

(1) 통상해고사유와 징계해고사유에 모두 해당하는 경우

특정 사유가 단체협약이나 취업규칙 등에서 징계해고사유와 통상해고사유의 양쪽에 모두 해당하는 경우뿐 아니라, 징계해고사유에는 해당하나 통상해고사유에는 해당하지 않는 경우에도, 그 사유를 이유로 징계해고처분의 규정상 근거나 형식을 취하지 아니하고 근로자에게 보다 유리한 통상해고처분을 택하는 것은, 근로기준법 제23조 제1항에 반하지 않는 범위 내에서 사용자의 재량에 속하는 적법한 것이나, 근로자에게 변명의 기회가 부여되지 않더라도 해고가 당연시될 정도라는 등의 특별한 사유가 없는 한, 징계해고사유가 통상해고사유에도 해당하여 통상해고의 방법을 취하더라도 징계해고에 따른 소정의 절차는 부가적으로 요구된다고 할 것이고, 나아가 징계해고사유로 통상해고를 한다는 구실로 징계절차를 생략할 수는 없는 것이니, 절차적 보장을 한 관계규정의 취지가 회피됨으로써 근로자의 지위에 불안정이 초래될 수 있기 때문이다(대판 1994.10.25. 94다25889).

(2) 당연퇴직사유가 동일하게 징계사유로도 규정되어 있는 경우

회사가 어떠한 사유의 발생을 당연퇴직사유로 규정하고 그 절차를 통상의 해고나 징계해고와는 달리 하였더라도 근로자의 의사와 관계없이 사용자 측에서 일방적으로 근로관계를 종료시키는 것이면 성질상 이는 해고로서 근로기준법에 의한 제한을 받는다고 보아야 할 것이므로 근로자에 대한 퇴직조처가 단체협약이나 취업규칙에서 당연퇴직으로 규정되었다 하더라도 위 퇴직조처가 유효하기 위하여는 근로기준법 제23조 제1항이 규정하는 바의 정당한 이유가 있어야 한다. 단체협약 등에서 당연퇴직 사유에 대하여 징계해고에 관한 절차 등을 거치도록 규정하고 있지 않다 하여 그것이 근로기준법상의 해고제한 규정을 회피하려는 것으로서 무효라고 할 수 없다 할 것이나, 그 당연퇴직사유가 동일하게 징계사유로도 규정되어 있는 경우에는 당연퇴직처분을 하면서 일반의 징계절차를 거쳐야 한다고 할 것이다(대판 2023.12.7. 2023도2318).

제4절 부당해고의 구제

I 의 의

근로자는 노동위원회를 통한 행정적 구제와 법원에 의한 사법적 구제를 받을 수 있다(이원주의). 근로자는 이 두 가지 중 하나를 선택할 수 있고, 부당해고구제신청과 동시에 법원에 해고무효확인의 소도 제기할 수 있다. 과거에는 부당노동행위에 준하여 구제주의와 처벌주의를 병과하였으나, 노사관계선진화 입법을 통하여 부당해고등에 대한 벌칙규정을 삭제하였다.

Ⅱ 노동위원회에 의한 구제절차

사용자가 근로자에게 부당해고등을 하면 근로자는 노동위원회에 구제를 신청할 수 있다(근기법 제28조 제1항).

1. 당사자

(1) 신청인

신청인은 사용자의 부당해고등으로 인하여 권리를 침해당한 근로자이다.

(2) 피신청인

피신청인은 원칙적으로 사용자이다.

2. 구제의 절차

(1) 초심절차

1) 구제신청

구제신청은 부당해고등이 있었던 날부터 3개월 이내에 하여야 한다(근기법 제28조 제2항). 이 기간은 제척기간이므로 기간이 경과하면 구제신청을 할 수 없다(대판 1997.2.14. 96누5926). 기출 16·20

2) 구제의 이익

① 구제의 이익이 인정되는 사례

㉠ 해고의 효력을 다투던 중 근로관계의 종료

㉮ 종전 판례 : [1] 근로자가 부당해고구제신청을 하여 해고의 효력을 다투던 중 근로계약기간의 만료로 근로관계가 종료하였다면 근로자로서는 비록 이미 지급받은 해고기간 중의 임금을 부당이득으로 반환하여야 하는 의무를 면하기 위한 필요가 있거나 퇴직금 산정 시 재직기간에 해고기간을 합산할 실익이 있다고 하여도, 그러한 이익은 민사소송절차를 통하여 해결될 수 있어 더 이상 구제절차를 유지할 필요가 없게 되었으므로 구제이익은 소멸한다고 보아야 한다.
[2] 근로자가 부당징계구제신청을 하여 징계의 효력을 다투던 중 지방노동위원회의 구제명령 후 사직서를 제출한 경우, 근로자는 더 이상 구제절차를 유지할 필요가 없게 되어 근로관계의 종료와 동시에 구제이익이 소멸하였다고 보아야 하므로, 지방노동위원회의 구제명령을 전부 취소하고 구제신청을 각하하였어야 함에도 그 구제명령을 일부 유지한 중앙노동위원회의 재심판정은 위법하다(대판 2009.12.10. 2008두22136).

㉯ 전합 판례 : 부당해고구제명령제도에 관한 근로기준법의 규정내용과 목적 및 취지, 임금 상당액 구제명령의 의의 및 법적 효과 등을 종합적으로 고려하면, 근로자가 부당해고구제신청을 하여 해고의 효력을 다투던 중 정년에 이르거나 근로계약기간이 만료하는 등의 사유로 원직에 복직하는 것이 불가능하게 된 경우에도 해고기간 중의 임금 상당액을 지급받을 필요가 있다면 임금 상당액 지급의 구제명령을 받을 이익이 유지되므로 구제신청을 기각한 중앙노동위원회의 재심판정을 다툴 소의 이익이 있다고 보아야 한다(대판 2020.2.20. 2019두52386[전합]).

ⓒ 구제신청 후 임금 상당액의 지급 : 판례는 근로기준법 제30조 제3항이 노동위원회는 부당해고에 대한 구제명령을 할 때에 근로자가 원직복직을 원하지 아니하면 원직복직을 명하는 대신 근로자가 해고기간 동안 근로를 제공하였더라면 받을 수 있었던 임금 상당액(이하 '임금 상당액') 이상의 금품을 근로자에게 지급하도록 명할 수 있도록 규정하고 있다고 하면서, 이러한 금전보상명령은 원직복직명령을 대신하는 것이고 그 금액도 임금 상당액 이상의 금액이므로, 부당해고 구제신청 후 사용자가 해고를 취소하여 원직복직을 명하고 임금 상당액을 지급하였더라도 특별한 사정이 없는 한 근로자가 금전보상명령을 받을 구제이익이 소멸하는 것은 아니라고(대판 2025.3.13. 2024두54683) 한다.

② 구제의 이익이 인정되지 아니하는 사례
ㄱ. 해고무효확인의 소의 기각판결의 확정 : 판례는 구제이익이란 노동위원회로부터 구제명령을 받기 위한 구체적인 이익을 의미하므로 구제신청 당시에는 있었으나, 판정시점에는 구제의 이익이 없는 경우에, 근로기준법 제28조에 의하여 사용자의 근로자에 대한 해고가 정당한 이유가 없음을 이유로 구제신청을 하여 구제절차가 진행 중에 근로자가 별도로 사용자를 상대로 같은 사유로 해고무효확인청구의 소를 제기하였다가 청구가 이유 없다 하여 기각판결을 선고받아 확정되었다면, 부당해고가 아니라는 점은 이미 확정되어 더 이상 구제절차를 유지할 필요가 없게 되었으므로 구제이익이 소멸한 것으로 보아야 할 것이라고(대판 1992.7.28. 92누6099) 한다.
ㄴ. 구제신청 당시 근로관계의 종료 : 판례는 또한 부당해고 등 구제신청을 할 당시 이미 정년에 이르거나 근로계약기간 만료, 폐업 등의 사유로 근로계약관계가 종료된 경우에는 더 이상 근로기준법 제28조 제1항이 정한 근로자의 지위에 있다고 볼 수 없으며, 부당해고 등 구제신청을 하기 전에 그 사용자와의 관계에서 근로계약관계가 있었다는 사정만으로 근로기준법 제28조 제1항의 구제신청권을 갖는 근로자의 범위에 포함된다고 해석하기는 어렵다고(대판 2022.7.14. 2021두46285; 대판 2022.7.14. 2020두54852) 한다.

3) **심사절차**(근기법 제29조)
① 조사 및 심문 : 노동위원회는 구제신청을 받으면 지체 없이 필요한 조사를 하여야 하며 관계 당사자를 심문하여야 한다(제1항). 심문을 할 때에는 관계당사자의 신청이나 직권으로 증인을 출석하게 하여 필요한 사항을 질문할 수 있다(제2항). 이때에는 관계당사자에게 증거제출과 증인에 대한 반대심문을 할 수 있는 충분한 기회를 주어야 한다(제3항). 기출 14·24 구제신청 이후 노동위원회의 직권조사나 심문과정 등에서 실질적인 사용자가 밝혀진 경우 등과 같이 피신청인을 추가하거나 변경할 사정이 발생한 경우, 최초 구제신청의 대상이 된 불이익처분을 다투는 범위에서 피신청인의 추가·변경이 허용되고, 노동위원회는 새로운 피신청인에게 주장의 기회를 충분히 부여하여야 한다. 이때 근로기준법 제28조 제2항의 제척기간 준수 여부는 최초 구제신청이 이루어진 시점을 기준으로 판단하여야 한다(대판 2024.7.25. 2024두32973).
② 판정회의의 개최 : 심판위원회가 심문을 종결하였을 때에는 판정회의를 개최하여야 한다.
③ 화해 권고 : 노동위원회는 판정·명령 또는 결정이 있기 전까지 관계당사자의 신청 또는 직권에 의하여 화해를 권고하거나 화해안을 제시할 수 있다. 화해안을 작성함에 있어서는 관계당사자의 의견을 충분히 들어야 하며, 관계당사자가 화해안을 수락한 때에는 화해조서를 작성하여야 한다(노위법 제16조의3).

4) **구제명령**
노동위원회는 심문을 끝내고 부당해고등이 성립한다고 판정하면 사용자에게 구제명령을 하여야 하며, 부당해고등이 성립하지 아니한다고 판정하면 구제신청을 기각하는 결정을 하여야 한다(근기법 제30조 제1항).
① 구제명령의 내용 : 통상 원직복직명령 및 임금상당액지급명령을 원칙으로 하고 금전보상명령을 새로이 도입하였으나, 사용자에 대한 형벌의 부과, 손해배상명령 및 원상회복을 초과하는 추상적 부작위명령은 허용되지 않는다. 구제명령은 부당해고 전 상태로의 회복을 원칙으로 한다. 즉, 노동위원회는 제29조에

따른 심문을 끝내고 부당해고등이 성립한다고 판정하면 사용자에게 구제명령을 하여야 하며, 부당해고등이 성립하지 아니한다고 판정하면 구제신청을 기각하는 결정을 하여야 한다(근기법 제30조 제1항). 이는 근로계약기간의 만료, 정년의 도래 등으로 근로자가 원직복직(해고 이외의 경우는 원상회복)이 불가능한 경우에도 마찬가지이다(근기법 제30조 제4항). **기출 24** 노동위원회의 판정, 구제명령 및 기각결정은 사용자와 근로자에게 각각 서면으로 통지하여야 한다(근기법 제30조 제2항). 노동위원회는 사용자에게 구제명령을 하는 때에는 이행기한을 정하여야 한다. 이 경우 이행기한은 사용자가 구제명령을 서면으로 통지받은 날부터 30일 이내로 한다(근기법 시행령 제11조). **기출** 13·17·19·21·24

㉠ 원직복직명령 : 원직복직이란 해고된 근로자를 원래의 직장으로 복귀시키는 것을 의미한다. 판례는 해고무효확인의 소는 사용자의 근로자에 대한 전직, 보직발령권과 관련하여 볼 때 해고의 무효, 즉 근로자와 사용자 간의 고용관계의 존속을 확인함으로써 그 고용관계 자체를 회복하려는 데 목적이 있다 할 것이지, 해고 전의 원직을 회복하는 데에 소송의 목적이 있는 것은 아니라 할 것이므로 관광회사가 원고를 해고 전의 직책인 운전기사직이 아닌 영업사무직에 복직시켰다고 하더라도 이로써 위 회사 측이 원고와 간의 고용관계 그 자체의 존속을 인정하고 복직시킨 이상 원고가 영업사무직으로의 전직의 효력을 다투는 것은 별론으로 하고 해고무효확인을 구할 소의 이익은 없다고(대판 1991.2.22. 90다카27389) 판시하고 있다.

㉡ 임금상당액지급명령

㉮ 의의 : 사용자의 근로자에 대한 해고가 무효인 경우 근로자는 근로계약관계가 유효하게 존속함에도 불구하고 사용자의 귀책사유로 인하여 근로제공을 하지 못한 셈이므로 민법 제538조 제1항에 의하여 그 기간 중에 근로를 제공하였을 경우에 받을 수 있는 반대급부인 임금의 지급을 청구할 수 있다(대판 1994.10.25. 94다25889).

㉯ 임금을 청구할 수 없는 경우

ⓐ 사용자의 귀책사유가 아닌 경우 : 해고가 없었다고 하더라도 취업이 사실상 불가능한 상태(예를 들어 근로자가 구속된 경우)가 발생한 경우라든가 사용자가 정당한 사유에 의하여 사업을 폐지한 경우에는 사용자의 귀책사유로 인하여 근로제공을 하지 못한 것이 아니므로, 그 기간 중에는 임금을 청구할 수 없다(대판 1994.10.25. 94다25889).

ⓑ 쟁의행위참가가 명백한 경우 : 해고된 근로자가 쟁의행위에 참가하였거나 쟁의행위 중 해고가 된 경우에 그 해고가 무효라고 하더라도 만일 해당 근로자가 해고가 없었어도 쟁의행위에 참가하여 근로를 제공하지 않았을 것임이 명백한 경우라면 취업이 사실상 불가능한 상태가 발생한 경우에 준하여 해당 근로자는 쟁의행위 기간 중의 임금을 청구할 수 없다. 다만 해당 근로자에 대한 무효인 해고가 직접적 원인이 되어 쟁의행위가 발생한 경우 등 쟁의행위 기간 중 근로를 제공하지 못한 것 역시 사용자에게 귀책사유가 있다고 볼 수 있는 특별한 사정이 있는 경우에는 여전히 임금청구를 할 수 있다고 보아야 한다. 그리고 해고가 없었다고 하더라도 쟁의행위에 참가하여 근로를 제공하지 않았을 것임이 명백한지는 쟁의행위에 이른 경위 및 원인, 해고사유와의 관계, 해당 근로자의 파업에서의 지위 및 역할, 실제 이루어진 쟁의행위에 참가한 근로자의 수 및 이로 인해 중단된 조업의 정도, 해당 근로자에 대한 해고사유와 이전 근무태도 등 제반 사정을 참작하여 신중하게 판단하여야 하고, 그 증명책임은 사용자에게 있다. 또한 해당 근로자가 쟁의행위에 참가하였을 것임이 명백한 경우에도 쟁의행위 기간 중의 임금지급에 관한 단체협약이나 취업규칙의 규정 또는 관행의 유무, 쟁의행위에 참가한 다른 근로자에게 임금이 지급되었는지 여부 및 그 지급 범위 등에 따라 사용자에게 임금을 지급할 의무가 있는지를 판단하여야 한다(대판 2012.9.27. 2010다99279).

- ⓓ 임금상당액의 범위
    - ⓐ **평균임금의 산정기초인 임금총액** : 부당해고 기간 중 정상적으로 근로를 제공하였더라면 받을 수 있었던 임금을 의미하므로 통상임금에 국한하지 아니하고, 평균임금의 산정기초가 되는 임금총액에 포섭될 임금이 전부 포함된다. 따라서 시간외근무수당이나 상여금 등도 모두 포함된다고 보아야 한다(대판 1993.12.21. 93다11463).
    - ⓑ **개근 포상금** : 취업규칙이나 단체협약에 1년간 개근할 경우 연말에 금 1돈을 지급한다는 규정이 있는 경우, 이러한 금품도 해고기간에 근로하였다면 받을 수 있는 임금에 포함된다(대판 2012.2.9. 2011다20034).
    - ⓒ **연차유급휴가미사용수당** : 연차휴가를 산정할 경우 부당해고기간은 연간 소정근로일수와 출근일수에 모두 산입해야 하므로 부당해고기간에도 연차휴가는 발생한다. 이러한 연차휴가를 사용하지 아니함으로써 발생하는 연차휴가수당도 부당해고기간에 받을 수 있는 임금에 포함된다(대판 2014.3.13. 2011다95519).
- ⓔ 중간수입의 공제
    - ⓐ **문제점** : 부당해고 기간은 사용자의 귀책사유로 인하여 근로제공을 할 수 없었던 기간에 해당하므로 민법 제538조 제1항에 의하여 그 기간 중에 근로를 제공하였더라면 받을 수 있는 임금 전액을 청구할 수 있다(대판 1995.1.24. 94다40987). 그런데 근로자가 부당해고 기간에 다른 직장에 종사하여 얻은 수입(중간수입)이 있는 경우, 사용자가 이런 중간수입을 민법 제538조 제2항에 의하여 공제할 수 있는지 여부가 문제된다.
    - ⓑ **중간수입의 의미** : 중간수입이란 근로자가 해고기간 중에 자기 채무(근로제공의무)를 면함으로써 얻은 이익으로서 사용자에게 상환하여야 할 이익은 채무를 면한 것과 상당인과관계에 있는 이익에 한정한다. 따라서 근로자가 해고기간 중에 노동조합기금으로부터 지급받은 금원(대판 1991.5.14. 91다2656), 해고되기 전에 배우자의 주도로 경영하던 과수원에서 부업으로 얻어 온 수입(대판 1993.5.25. 92다31125) 등은 근로자가 노무제공을 면한 것과 상당인과관계에 있는 이익이 아니므로 사용자에게 상환할 필요는 없다.
    - ⓒ **공제의 한도** : 원칙적으로 사용자의 귀책사유로 인하여 해고된 근로자가 그 기간 동안의 임금을 청구하는 경우에 사용자는 휴업수당을 초과하는 금액범위에서 다른 직장에서 얻은 수입인 중간수입을 공제할 수 있다(대판 1991.12.13. 90다18999). <u>최근 판례는 사용자가 부당하게 해고한 근로자를 원직(종전의 일과 다소 다르더라도 원직에 복직시킨 것으로 볼 수 있는 경우를 포함)이 아닌 업무에 복직시켜 근로를 제공하게 하였다면 근로자는 사용자에게 원직에서 지급받을 수 있는 임금 상당액을 청구할 수 있는데, 이 경우 근로자가 복직하여 실제 근로를 제공한 이상 휴업하였다고 볼 수는 없으므로 근로자가 원직이 아닌 업무를 수행하여 지급받은 임금은 그 전액을 청구액에서 공제하여야</u> 하지, 근로기준법 제46조를 적용하여 휴업수당을 초과하는 금액의 범위 내에서만 이른바 중간수입을 공제할 것은 아니라고(대판 2024.4.12. 2023다300559) 한다.
- ⓒ 금전보상명령
    - ㉮ **복직포기 금전보상명령** : 원직복직명령은 근로자가 원직복직을 원하지 아니하는 경우에는 효과적인 구제수단이 되지 못하므로, 노동위원회는 구제명령(해고에 대한 구제명령만을 말한다)을 할 때에 근로자가 원직복직(原職復職)을 원하지 아니하면 원직복직을 명하는 대신 근로자가 해고기간 동안 근로를 제공하였더라면 받을 수 있었던 임금 상당액 이상의 금품(임금상당액과 위로금)을 근로자에게 지급하도록 명할 수 있다(근기법 제30조 제3항).

㉰ **복직불능 금전보상명령** : 근로계약기간의 만료, 정년의 도래 등으로 근로자가 원직복직(해고 이외의 경우는 원상회복)이 불가능한 경우에도 노동위원회는 부당해고등이 성립한다고 판정하면 근로자가 해고기간 동안 근로를 제공하였더라면 받을 수 있었던 임금 상당액에 해당하는 금품(해고 이외의 경우에는 원상회복에 준하는 금품)을 사업주가 근로자에게 지급하도록 명할 수 있다(근기법 제30조 제4항). 기출 16 · 18 · 20 · 22

② 구제명령의 불이행에 대한 제재

㉠ **이행강제금**(근기법 제33조) : 정당한 이유 없는 해고 등에 대한 노동위원회의 구제명령의 실효성을 담보하기 위하여, 노동위원회는 구제명령(구제명령을 내용으로 하는 재심판정을 포함)을 받은 후 이행기한까지 구제명령을 이행하지 아니한 사용자에게 3천만원 이하의 이행강제금을 매년 2회의 범위에서 구제명령이 이행될 때까지 반복하여 부과·징수할 수 있다(제1항·제5항). 기출 25 확정된 구제명령이라는 요건이 없기 때문에, 당사자가 이의를 제기하여 중앙노동위원회의 재심신청 또는 행정소송을 제기한 경우라도 노동위원회의 구제명령을 이행하지 아니하면 이행강제금을 부과할 수 있다. 노동위원회는 이행강제금을 부과하기 30일 전까지 이행강제금을 부과·징수한다는 뜻을 사용자에게 미리 문서로써 알려 주어야 한다(제2항). 이행강제금을 부과하는 때에는 이행강제금의 금액, 부과사유, 납부기한, 수납기관, 이의제기방법 또는 이의제기기관 등을 명시한 문서로써 하여야 한다(제3항). 노동위원회는 구제명령을 받은 자가 구제명령을 이행하면 새로운 이행강제금을 부과하지 아니하되, 구제명령을 이행하기 전에 이미 부과된 이행강제금은 징수하여야 한다(제6항). 기출 25 노동위원회는 이행강제금 납부의무자가 납부기한까지 이행강제금을 내지 아니하면 기간을 정하여 독촉을 하고 지정된 기간에 이행강제금을 내지 아니하면 국세 체납처분의 예에 따라 징수할 수 있다(제7항). 근로자는 구제명령을 받은 사용자가 이행기한까지 구제명령을 이행하지 아니하면 이행기한이 지난 때부터 15일 이내에 그 사실을 노동위원회에 알려 줄 수 있다(제8항). 기출 17 · 18 · 20 · 21 · 22

㉡ **벌칙** : 노동위원회의 구제명령이 확정되거나 행정소송을 제기하여 확정된 구제명령 또는 구제명령을 내용으로 하는 재심판정을 이행하지 아니한 자는 1년 이하의 징역 또는 1천만원 이하의 벌금에 처한다(근기법 제111조). 근로기준법 제111조의 죄는 노동위원회의 고발이 있어야 공소를 제기할 수 있고, 검사는 이에 따른 죄에 해당하는 위반행위가 있음을 노동위원회에 통보하여 고발을 요청할 수 있다(근기법 제112조). 기출 25 이는 과거 부당해고등에 대한 벌칙규정을 삭제하는 대신, 확정된 구제명령을 이행하지 아니한 자에게 벌칙을 부과하기로 규정한 것이다. 최근 판례는 근로기준법 제111조는 '확정된 구제명령 또는 구제명령을 내용으로 하는 재심판정을 이행하지 아니한 자'를 형사처벌 대상으로 규정하고 있는데, 형식상으로는 대표이사가 아니지만 실질적으로는 사주로서 회사를 사실상 경영하여 온 자는 구제명령을 이행할 실질적 권한과 책임을 가지는 사람으로서 위 조항에서 말하는 구제명령을 이행하지 아니한 자에 해당한다고(대판 2024.4.25. 2024도1309) 판시하고 있다.

③ **구제명령의 사법상 효력** : 부당해고등구제명령은 사용자에 대하여 공법상 의무를 부담시키는 것에 국한될 뿐, 당사자 간의 사법상 법률관계를 발생·변경·소멸시키는 것은 아니다. 근로자가 부당해고등에 대하여 사법상 권리구제를 받기 위해서는, 사용자를 상대로 해고무효 또는 종업원지위의 확인 등을 구하는 민사소송을 법원에 제기하여야 한다.

구제명령의 이행기한(근기법 시행령 제11조)
노동위원회법에 따른 노동위원회는 법 제30조 제1항에 따라 사용자에게 구제명령을 하는 때에는 이행기한을 정하여야 한다. 이 경우 이행기한은 법 제30조 제2항에 따라 사용자가 구제명령을 서면으로 통지받은 날부터 30일 이내로 한다.

이행강제금의 납부기한 및 의견제출 등(근기법 시행령 제12조)
① 노동위원회는 법 제33조 제1항에 따라 이행강제금을 부과하는 때에는 이행강제금의 부과통지를 받은 날부터 15일 이내의 납부기한을 정하여야 한다. 기출 21
② 노동위원회는 천재·사변, 그 밖의 부득이한 사유가 발생하여 제1항에 따른 납부기한 내에 이행강제금을 납부하기 어려운 경우에는 그 사유가 없어진 날부터 15일 이내의 기간을 납부기한으로 할 수 있다. 기출 25
③ 법 제33조 제2항에 따라 이행강제금을 부과·징수한다는 뜻을 사용자에게 미리 문서로써 알려 줄 때에는 10일 이상의 기간을 정하여 구술 또는 서면(전자문서를 포함)으로 의견을 진술할 수 있는 기회를 주어야 한다. 이 경우 지정된 기일까지 의견진술이 없는 때에는 의견이 없는 것으로 본다.
④ 이행강제금의 징수절차는 고용노동부령으로 정한다.

이행강제금의 부과기준(근기법 시행령 제13조)
법 제33조 제4항에 따른 위반행위의 종류와 위반 정도에 따른 이행강제금의 부과기준은 [별표 3]과 같다.

이행강제금의 부과유예(근기법 시행령 제14조) 기출 21
노동위원회는 다음 각 호의 어느 하나에 해당하는 사유가 있는 경우에는 직권 또는 사용자의 신청에 따라 그 사유가 없어진 뒤에 이행강제금을 부과할 수 있다.
1. 구제명령을 이행하기 위하여 사용자가 객관적으로 노력하였으나 근로자의 소재불명 등으로 구제명령을 이행하기 어려운 것이 명백한 경우
2. 천재·사변, 그 밖의 부득이한 사유로 구제명령을 이행하기 어려운 경우

이행강제금의 반환(근기법 시행령 제15조)
① 노동위원회는 중앙노동위원회의 재심판정이나 법원의 확정판결에 따라 노동위원회의 구제명령이 취소되면 직권 또는 사용자의 신청에 따라 이행강제금의 부과·징수를 즉시 중지하고 이미 징수한 이행강제금을 반환하여야 한다. 기출 21·25
② 노동위원회가 제1항에 따라 이행강제금을 반환하는 때에는 이행강제금을 납부한 날부터 반환하는 날까지의 기간에 대하여 고용노동부령으로 정하는 이율을 곱한 금액을 가산하여 반환하여야 한다.
③ 제1항에 따른 이행강제금의 구체적 반환절차는 고용노동부령으로 정한다.

(2) 재심절차

1) 신 청
부당해고등에 대한 판정, 구제명령 및 기각결정은 사용자와 근로자에게 각각 서면으로 통지하여야 한다(근기법 제30조 제2항). 노동위원회법에 따른 지방노동위원회의 구제명령이나 기각결정에 불복하는 사용자나 근로자는 구제명령서나 기각결정서를 통지받은 날부터 10일 이내에 중앙노동위원회에 재심을 신청할 수 있다(근기법 제31조 제1항). 기출 24 그 기간 이내에 재심을 신청하지 아니하면 그 구제명령·기각결정은 확정된다(근기법 제31조 제3항).

2) 범 위
재심은 신청한 불복의 범위 내에서 행하여지므로, 불복신청에 대하여는 초심에서 청구한 범위를 벗어나지 아니하는 한도 내에서만 재심할 수 있다.

(3) 행정소송

1) 제소기간

중앙노동위원회의 재심판정에 대하여 사용자나 근로자는 재심판정서를 송달받은 날부터 15일 이내에 행정소송법의 규정에 따라 소(訴)를 제기할 수 있고(근기법 제31조 제2항), 그 기간 이내에 행정소송을 제기하지 아니하면 그 재심판정은 확정된다(근기법 제31조 제3항). 기출 24

2) 집행부정지의 원칙

노동위원회의 재심판정은 행정소송 제기에 의하여 그 효력이 정지되지 아니한다(근기법 제32조).

기출 18 · 19 · 21 · 22 · 25

3) 심 리

부당해고 등의 구제절차는 부당해고 등으로 주장되는 구체적 사실이 부당해고 등에 해당하는지 여부를 심리하고 부당해고 등으로 인정되면 적절한 구제방법을 결정하여 구제명령을 하는 제도로서, 부당해고 등으로 주장되는 구체적 사실이 심사대상이 된다(대판 1997.6.13. 96누15718). 부당해고 구제신청에 관한 중앙노동위원회의 명령 또는 결정의 취소를 구하는 소송에서 그 명령 또는 결정이 적법한지는 그 명령 또는 결정이 이루어진 시점을 기준으로 판단하여야 하고, 그 명령 또는 결정 후에 생긴 사유를 들어 적법 여부를 판단할 수는 없으나, 그 명령 또는 결정의 기초가 된 사실이 동일하다면 노동위원회에서 주장하지 아니한 사유도 행정소송에서 주장할 수 있다(대판 2021.7.29. 2016두64876). 기출 25 부당해고구제재심판정을 다투는 소송에서 해고의 정당성에 관한 증명책임은 이를 주장하는 사용자가 부담하고, 인정되는 일부 징계사유만으로 해당 징계처분의 타당성을 인정하기에 충분한지에 대한 증명책임도 사용자가 부담한다(대판 2019.11.28. 2017두57318).

Ⅲ 법원에 의한 구제절차

1. 의 의

근로기준법 제28조는 부당해고를 당한 근로자에게 노동위원회에 그 구제를 신청할 수 있는 길을 열어 놓고 있으나 그렇다고 해서 해고를 둘러싼 쟁송에 대한 민사소송의 관할권을 박탈한 것으로 해석되지 아니한다(대판 1991.7.12. 90다9353). 따라서 사용자의 부당해고등에 대하여 근로자는 법원에 해고무효 또는 근로자지위의 확인의 소 등을 제기하여 구제받을 수 있다.

2. 사법적 구제의 내용

(1) 제소기간

1) 문제점

노동위원회에의 부당해고구제신청은 3개월 이내에 하여야 한다(근기법 제28조 제2항). 이 기간은 제척기간이므로 이 기간이 경과하면 구제신청을 할 수 없음은 명확하나, 해고를 당한 근로자가 법원에 해고무효확인의 소를 제기하는 경우에는 이러한 규정이 없어, 근로자는 제소기간의 제한이 없이 언제든지 또는 어떠한 경우에나 소를 제기할 수 있는지 여부가 문제된다.

2) 판 례
① 소제기가 인정되지 아니하는 사례 : 판례는 사용자와 근로자 사이의 고용관계(근로자의 지위)의 존부를 둘러싼 노동분쟁은, 그 당시의 경제적 정세에 대처하여 최선의 설비와 조직으로 기업활동을 전개하여야 하는 사용자의 입장에서는 물론, 임금 수입에 의하여 자신과 가족의 생계를 유지하고 있는 근로자의 입장에서도 신속히 해결되는 것이 바람직하므로 실효의 원칙이 다른 법률관계에 있어서보다 더욱 적극적으로 적용되어야 할 필요가 있다고(대판 1992.1.21. 91다30118) 하면서, 사용자로부터 해고된 근로자가 퇴직금 등을 수령하면서 아무런 이의의 유보나 조건을 제기하지 않았다면 해고의 효력을 인정하지 아니하고 이를 다투고 있었다고 볼 수 있는 객관적인 사정이 있다거나 그 외에 상당한 이유가 있는 상황 하에서 이를 수령하는 등의 특별한 사정이 없는 한 그 해고의 효력을 인정하였다고 할 것이고, 따라서 그로부터 오랜 기간이 지난 후에 그 해고의 효력을 다투는 소를 제기하는 것은 신의칙이나 금반언의 원칙에 위배되어 허용될 수 없다고(대판 2000.4.25. 99다34475) 판시하고 있다.

② 소제기가 인정되는 사례
㉠ 다만 이와 같은 경우라도 해고의 효력을 인정하지 아니하고 이를 다투고 있었다고 볼 수 있는 객관적인 사정이 있다거나 그 외에 상당한 이유가 있는 상황하에서 이를 수령하는 등 반대의 사정이 있음이 엿보이는 때에는 명시적인 이의를 유보함이 없이 퇴직금을 수령한 경우라고 하여도 일률적으로 해고의 효력을 인정하였다고 보아서는 안 된다고(대판 1993.9.24. 93다21736) 한다.

㉡ 또한 노동자들이 신설계열회사로부터 해고당한지 2년 8개월 여의 기간이 경과된 후에 재취업약정을 근거로 하여 원래 근무하던 공사와의 사이에 고용관계가 존재한다는 확인 내지 임금지급을 청구하는 소를 제기한 경우, 이는 그 동안 비슷한 처지에 놓인 다른 근로자들이 제기한 같은 취지의 관련소송의 추이를 기다렸다가 그중 일부 근로자들이 승소판결을 얻자 비로소 제소에 이르렀음이 분명하다면, 재취업약정에 기하여 공사와의 사이에 새로운 고용관계가 형성되었음에도 불구하고 공사 측에서 그 동안 전혀 근로의 기회를 제공하지 않은 사정을 감안하여 볼 때, 이러한 법률관계에 정통하지 못한 근로자들이 뒤늦게 제소를 하였다고 하여 그 소제기에 의한 권리의 행사가 실효의 원칙 내지는 신의성실의 원칙에 비추어 허용될 수 없는 것이라고 말할 수 없고, 근로자들이 비록 그 사이 각기 다른 회사에 입사하여 고액의 급료를 얻고 있었다고 하더라도, 이는 소송의 승소가능성에 대한 회의와 공사 측과의 사이에 생긴 법률관계에 대한 이해부족에서 연유된 것으로 보이므로 이 때문에 그 결론이 달라진다고 볼 수도 없다고(대판 1994.9.30. 94다9092) 한다.

3) 검 토
생각건대 판례는 사안에 따라 신의칙에 기한 실효의 원칙의 적용 여부를 달리 판단하여, 구체적 타당성을 기하고자 하는 것으로 보인다. 그러나 현행법상 소제기기간에 대한 명확한 기준이 마련되어 있지 않은 것은 법적 안정성의 측면을 고려할 때 입법적으로 보완하여야 할 부분이라는 지적이 있다.

(2) **임금 상당액의 청구**
사용자의 해고처분이 부당해고로 인정되는 경우, 근로자는 사용자에게 민법 제538조 제1항에 의해 부당해고기간 동안에 정상적으로 일을 계속하였더라면 받을 수 있었던 임금을 모두 지급받을 수 있다(대판 1994.10.25. 94다25889). 기타의 내용은 노동위원회에 의한 구제절차에서 서술한 임금상당액지급명령에서의 논의와 동일하다.

(3) 불법행위에 기한 손해배상청구

1) 불법행위의 성립

① 일반적으로 사용자의 불이익처분이 정당하지 못하여 무효로 판단되더라도 그러한 사유에 의하여 곧바로 그 해고가 불법행위를 구성하지 않는다. 그러나 사용자가 근로자에 대하여 징계해고 등을 할 만한 사유가 전혀 없는데도 오로지 근로자를 사업장에서 몰아내려는 의도하에 고의로 어떤 명목상의 해고사유 등을 내세워 징계라는 수단을 동원하여 해고 등의 불이익처분을 한 경우나, 해고 등의 이유로 된 어느 사실이 취업규칙 등 소정의 징계사유에 해당되지 아니하거나 징계사유로 삼을 수 없는 것임이 객관적으로 명백하고 또 조금만 주의를 기울였더라면 이와 같은 사정을 쉽게 알아볼 수 있는데도 그것을 이유로 징계해고 등의 불이익처분을 한 경우처럼, 사용자에게 부당해고등에 대한 고의·과실이 인정되는 경우에 있어서는 불법행위가 성립된다(대판 1996.4.23. 95다6823). 기출 20

② 사용자가 근로자들에게 어떠한 해고사유도 존재하지 아니함에도 노동조합활동을 혐오한 나머지, 경영상 어려움 등 명목상 이유를 내세워 사업 자체를 폐지하고 근로자들을 해고함으로써 일거에 노동조합을 와해시키고 조합원 전원을 사업장에서 몰아내고는 다시 기업 재개, 개인기업으로의 이행, 신설회사 설립 등 다양한 방법으로 종전 회사와 다를 바 없는 회사를 통하여 여전히 예전의 기업활동을 계속하는 것은 우리의 건전한 사회통념이나 사회상규상 용인될 수 없는 행위이므로, 이러한 위장폐업에 의한 부당해고는 근로자에 대한 관계에서 불법행위를 구성한다(대판 2011.3.10. 2010다13282).

2) 선택적 청구의 가부

부당해고가 무효임을 이유로 계속 근로하였을 경우 그 반대급부로 받을 수 있는 임금의 지급을 구할 수 있음은 물론이고 아울러 부당해고가 불법행위에 해당함을 이유로 손해배상을 청구할 수 있고, 그중 어느 쪽의 청구권이라도 선택적으로 행사할 수 있다(대판 2011.3.10. 2010다13282). 따라서 예를 들어 사용자가 법인기업인 경우 임금지급청구는 법인을 상대로 할 수 있음에 반하여, 손해배상청구는 법인 외에 실제로 불법행위를 행한 자를 상대로도 할 수 있게 된다.

3) 위자료청구

사용자가 근로자를 징계해고할 만한 사유가 전혀 없는데도 오로지 근로자를 사업장에서 몰아내려는 의도하에 고의로 어떤 명목상의 해고사유를 만들거나 내세워 징계라는 수단을 동원하여 해고한 경우나, 해고의 이유로 된 어느 사실이 소정의 해고사유에 해당되지 아니하거나 해고사유로 삼을 수 없는 것임이 객관적으로 명백하고, 또 조금만 주의를 기울이면 이와 같은 사정을 쉽게 알아볼 수 있는데도 그것을 이유로 징계해고에 나아간 경우 등 징계권의 남용이 우리의 건전한 사회통념이나 사회상규상 용인될 수 없음이 분명한 경우에 있어서는 그 해고가 근로기준법 제23조 제1항에서 말하는 정당성을 갖지 못하여 효력이 부정되는 데 그치는 것이 아니라, 위법하게 상대방에게 정신적 고통을 가하는 것이 되어 근로자에 대한 관계에서 불법행위를 구성할 수 있을 것이다(대판 1993.10.12. 92다43586).

제5절 근로관계 종료 후의 근로자 보호

I 금품청산(근기법 제36조)

사용자는 근로자가 사망 또는 퇴직한 경우에는 그 지급사유가 발생한 때부터 14일 이내에 임금, 보상금, 그 밖의 모든 금품을 지급하여야 한다. 다만, 특별한 사정이 있을 경우에는 당사자 사이의 합의에 의하여 기일을 연장할 수 있다. 기출 12

II 귀향여비의 지급(근기법 제19조)

근로기준법 제17조에 따라 명시된 근로조건이 사실과 다를 경우에 근로자는 근로조건 위반을 이유로 손해의 배상을 청구할 수 있으며 즉시 근로계약을 해제할 수 있다. 근로자가 손해배상을 청구할 경우에는 노동위원회에 신청할 수 있으며, 근로계약이 해제되었을 경우에는 사용자는 취업을 목적으로 거주를 변경하는 근로자에게 귀향여비를 지급하여야 한다. 기출 16·17

III 사용증명서의 교부(근기법 제39조 제1항)

1. 사용증명서 기재사항

사용기간, 업무종류, 지위와 임금, 그 밖에 필요한 사항 중 근로자가 요구하는 사항으로, 근로자가 청구하지 아니한 사항을 사용자가 임의로 기재하여서는 아니 된다. 기출 12·16

2. 사용증명청구권의 제한

사용증명서의 청구는 30일 이상 근무한 근로자에게만 인정되고, 퇴직한 후 3년 이내에 청구하여야 한다(근기법 시행령 제19조). 기출 12·16·25

IV 근로자 명부(근기법 제41조, 동법 시행령 제21조)

1. 기재사항

사용자는 각 사업장별로 근로자 명부를 작성하고, 근로자의 성명, 생년월일, 이력, 그 밖에 대통령령으로 정하는 사항을 적어야 한다. 다만, 사용기간이 30일 미만인 일용근로자에 대해서는 근로자 명부를 작성하지 아니할 수 있다. 기출 16·25

2. 변경사항

근로자 명부에 적을 사항이 변경된 경우에는 지체 없이 정정하여야 한다.

Ⅴ 취업방해의 금지(근기법 제40조)

누구든지 근로자의 취업을 방해할 목적으로 비밀기호 또는 명부를 작성·사용하거나 통신을 하여서는 아니 된다. 이는 목적범이므로, 비밀기호나 명부의 작성·사용 또는 통신행위라는 객관적 요건 이외에 주관적 요건으로서 취업방해의 목적을 필요로 한다. 기출 12

Ⅵ 근로자 명부와 계약서류의 보존(근기법 제42조)

사용자는 근로자 명부와 대통령령으로 정하는 근로계약에 관한 중요한 서류를 3년간 보존하여야 한다. 기출 25

보존 대상서류 등(근기법 시행령 제22조)

① 법 제42조에서 "대통령령으로 정하는 근로계약에 관한 중요한 서류"란 다음 각 호의 서류를 말한다.
1. 근로계약서
2. 임금대장
3. 임금의 결정·지급방법과 임금 계산의 기초에 관한 서류
4. 고용·해고·퇴직에 관한 서류
5. 승급·감급에 관한 서류
6. 휴가에 관한 서류
7. 삭제 〈2014.12.9.〉
8. 법 제51조 제2항, 제51조의2 제1항, 같은 조 제2항 단서, 같은 조 제5항 단서, 제52조 제1항, 같은 조 제2항 제1호 단서, 제53조 제3항, 제55조 제2항 단서, 제57조, 제58조 제2항·제3항, 제59조 제1항 및 제62조에 따른 서면합의서류
9. 법 제66조에 따른 연소자의 증명에 관한 서류

② 법 제42조에 따른 근로계약에 관한 중요한 서류의 보존기간은 다음 각 호에 해당하는 날부터 기산한다.
1. 근로자 명부는 근로자가 해고되거나 퇴직 또는 사망한 날
2. 근로계약서는 근로관계가 끝난 날 기출 25
3. 임금대장은 마지막으로 써 넣은 날
4. 고용, 해고 또는 퇴직에 관한 서류는 근로자가 해고되거나 퇴직한 날
5. 삭제 〈2018.6.29.〉
6. 제1항 제8호의 서면합의서류는 서면합의한 날
7. 연소자의 증명에 관한 서류는 18세가 되는 날(18세가 되기 전에 해고되거나 퇴직 또는 사망한 경우에는 그 해고되거나 퇴직 또는 사망한 날)
8. 그 밖의 서류는 완결한 날

CHAPTER 09 근로관계의 종료

01 근로기준법령상 구제명령 등에 관한 설명으로 옳은 것은? 기출 25

① 노동위원회는 천재・사변, 그 밖의 부득이한 사유가 발생하여 납부기한 내에 이행강제금을 납부하기 어려운 경우에는 그 사유가 없어진 날부터 30일 이내의 기간을 납부기한으로 할 수 있다.
② 노동위원회의 기각결정은 중앙노동위원회에 대한 재심 신청에 의하여 그 효력이 정지된다.
③ 노동위원회는 구제명령을 받은 후 이행기한까지 구제명령을 이행하지 아니한 사용자에게 3천만원 이하의 이행강제금을 부과한다.
④ 노동위원회는 법원의 확정판결에 따라 노동위원회의 구제명령이 취소되면 이행강제금의 부과・징수를 즉시 중지하고 이미 징수한 이행강제금은 반환하지 않는다.
⑤ 노동위원회는 구제명령을 받은 자가 구제명령을 이행하면 새로운 이행강제금을 부과하지 아니하고, 구제명령을 이행하기 전에 이미 부과된 이행강제금은 징수하지 않는다.

02 근로기준법령상 근로계약에 관한 설명으로 옳지 않은 것은? 기출 25

① 사용증명서를 청구할 수 있는 자는 계속하여 30일 이상 근무한 근로자로 하되, 청구할 수 있는 기한은 퇴직 후 3년 이내로 한다.
② 사용자는 사용기간이 30일 미만인 일용근로자에 대하여는 근로자 명부를 작성하지 아니할 수 있다.
③ 사용자는 고용・해고에 관한 서류를 3년간 보존하여야 한다.
④ 근로계약서의 보존기간은 근로관계가 끝난 날의 다음 날부터 기산한다.
⑤ 근로계약서에 명시된 근로조건이 사실과 다를 경우에 근로자는 근로조건 위반을 이유로 손해의 배상을 청구할 수 있으며 즉시 근로계약을 해제할 수 있다.

• 해설 및 정답 •

01 ① (×) 노동위원회는 천재·사변, 그 밖의 부득이한 사유가 발생하여 납부기한 내에 이행강제금을 납부하기 어려운 경우에는 <u>그 사유가 없어진 날부터 15일 이내의 기간을</u> 납부기한으로 할 수 있다(근기법 시행령 제12조 제2항).
② (×) 노동위원회의 구제명령, 기각결정 또는 재심판정은 중앙노동위원회에 대한 <u>재심 신청이나 행정소송 제기에 의하여</u> 그 효력이 정지되지 아니한다(근기법 제32조).
③ (○) 근기법 제33조 제1항
④ (×) 노동위원회는 중앙노동위원회의 재심판정이나 법원의 확정판결에 따라 노동위원회의 구제명령이 취소되면 직권 또는 사용자의 신청에 따라 이행강제금의 부과·징수를 즉시 중지하고 <u>이미 징수한 이행강제금을 반환하여야</u> 한다(근기법 시행령 제15조 제1항).
⑤ (×) 노동위원회는 구제명령을 받은 자가 구제명령을 이행하면 새로운 이행강제금을 부과하지 아니하되, <u>구제명령을 이행하기 전에 이미 부과된 이행강제금은 징수하여야</u> 한다(근기법 제33조 제6항).

정답 ❸

02 ① (○) 근기법 시행령 제19조
② (○) 근기법 시행령 제21조
③ (○) 사용자는 근로자 명부와 고용·해고·퇴직에 관한 서류 등을 3년간 보존하여야 한다(근기법 제42조, 동법 시행령 제22조 제1항 제4호).
④ (×) 근로계약에 관한 중요한 서류 중 근로계약서의 보존기간은 <u>근로관계가 끝난 날로부터 기산한다</u>(근기법 시행령 제22조 제2항 제2호).
⑤ (○) 근기법 제19조 제1항

> **보존 대상 서류 등(근기법 시행령 제22조)**
> ① 법 제42조에서 "대통령령으로 정하는 근로계약에 관한 중요한 서류"란 다음 각 호의 서류를 말한다.
>   1. 근로계약서
>   2. 임금대장
>   3. 임금의 결정·지급방법과 임금계산의 기초에 관한 서류
>   4. <u>고용·해고·퇴직에 관한 서류</u>
>   5. 승급·감급에 관한 서류
>   6. 휴가에 관한 서류
> ② 법 제42조에 따른 근로계약에 관한 중요한 서류의 보존기간은 다음 각 호에 해당하는 날부터 기산한다.
>   1. 근로자 명부는 근로자가 해고되거나 퇴직 또는 사망한 날
>   2. <u>근로계약서는 근로관계가 끝난 날</u>
>   3. 임금대장은 마지막으로 써 넣은 날
>   4. 고용, 해고 또는 퇴직에 관한 서류는 근로자가 해고되거나 퇴직한 날
>   5. 삭제 〈2018.6.29.〉
>   6. 제1항 제8호의 서면 합의 서류는 서면 합의한 날
>   7. 연소자의 증명에 관한 서류는 18세가 되는 날(18세가 되기 전에 해고되거나 퇴직 또는 사망한 경우에는 그 해고되거나 퇴직 또는 사망한 날)
>   8. 그 밖의 서류는 완결한 날

정답 ❹

03 근로기준법령상 벌칙에 관한 설명으로 옳지 않은 것은? 기출 25

① 근로감독관이 이 법을 위반한 사실을 고의로 묵과하면 3년 이하의 징역 또는 5년 이하의 자격정지에 처한다.
② 휴업수당을 지급하지 않은 자에 대하여는 피해자의 명시적인 의사와 다르게 공소를 제기할 수 없다.
③ 행정소송을 제기하여 확정된 구제명령을 이행하지 아니한 자는 1년 이하의 징역 또는 1천만원 이하의 벌금에 처한다.
④ 해당 사업 또는 사업장의 '사용자의 배우자'인 근로자가 다른 근로자에게 직장 내 괴롭힘을 한 경우에는 1천만원 이하의 과태료를 부과한다.
⑤ 검사는 확정된 구제명령을 이행하지 않은 경우 노동위원회에 통보하여 고발을 요청하여야 한다.

04 근로기준법령상 해고 등에 관한 설명으로 옳지 않은 것은?(다툼이 있으면 판례에 따름) 기출 25

① 사용자가 취업규칙에서 정한 해고사유에 해당한다는 이유로 근로자를 해고할 때에도 정당한 이유가 있어야 한다.
② 정년퇴직하게 된 근로자에게 기간제근로자로의 재고용에 대한 기대권이 인정되는 경우, 사용자가 기간제근로자로의 재고용을 합리적 이유 없이 거절하는 것은 근로자에게 효력이 없다.
③ 여러 개의 징계사유 중 일부만 징계사유로 인정되는 경우 해당 징계처분의 타당성을 인정하기에 충분한지에 대한 증명책임은 사용자가 부담한다.
④ 해고는 묵시적 의사표시에 의해서도 이루어질 수 있다.
⑤ 부당해고 구제신청에 관한 중앙노동위원회 명령의 취소를 구하는 소송에서 그 명령의 기초가 된 사실이 동일하더라도 노동위원회에서 주장하지 아니한 사유는 행정소송에서 주장할 수 없다.

해설 및 정답

03 ① (○) 근기법 제108조
② (○) 반의사불벌죄는 원칙적으로 공소제기가 가능하나 피해자가 처벌을 원하지 않는다는 의사를 명백하게 한 경우에는 소추가 불가능한 범죄를 말한다. 사용자의 귀책사유로 휴업하면서 휴업수당을 지급하지 않는 경우(근기법 제46조)는 피해자의 명시적인 의사와 다르게 공소를 제기할 수 없는 반의사불벌죄에 해당한다(근기법 제109조 제2항, 동법 제46조).
③ (○) 불복기간 이내에 재심을 신청하지 아니하거나 행정소송을 제기하지 아니하여 확정되거나, 행정소송을 제기하여 확정된 구제명령 또는 구제명령을 내용으로 하는 재심판정을 이행하지 아니한 자는 1년 이하의 징역 또는 1천만원 이하의 벌금에 처한다(근기법 제111조).
④ (○) 사용자(사용자의 배우자, 사용자의 4촌 이내의 혈족, 사용자의 4촌 이내의 인척 등이 해당 사업 또는 사업장의 근로자인 경우를 포함)가 직장 내 괴롭힘을 한 경우에는 1천만원 이하의 과태료를 부과한다(근기법 제116조 제1항, 동법 시행령 제59조의3).
⑤ (×) 불복기간 이내에 재심을 신청하지 아니하거나 행정소송을 제기하지 아니하여 확정되거나, 행정소송을 제기하여 확정된 구제명령 또는 구제명령을 내용으로 하는 재심판정을 이행하지 아니한 자에 대하여는 노동위원회의 고발이 있어야 공소를 제기할 수 있고, 검사는 이러한 위반행위가 있음을 노동위원회에 통보하여 고발을 요청할 수 있다(근기법 제112조).

정답 ⑤

04 ① (○) 대판 2023.12.28. 2021두33470
② (○) 정년퇴직하게 된 근로자에게 기간제근로자로의 재고용에 대한 기대권이 인정되는 경우, 사용자가 기간제근로자로의 재고용을 합리적 이유 없이 거절하는 것은 부당해고와 마찬가지로 근로자에게 효력이 없다. 이러한 법리는, 특별한 사정이 없는 한 기간제 근로자가 정년을 이유로 퇴직하게 된 경우에도 마찬가지로 적용된다(대판 2023.11.2. 2023두41727).
③ (○) 여러 개의 징계사유 중 일부가 인정되지 않더라도 인정되는 다른 일부 징계사유만으로 해당 징계처분의 타당성을 인정하기에 충분한 경우에는 그 징계처분을 유지하여도 위법하지 아니하며, 인정되는 일부 징계사유만으로 해당 징계처분의 타당성을 인정하기에 충분한지에 대한 증명책임도 사용자가 부담한다(대판 2019.11.28. 2017두57318).
④ (○) 해고는 명시적 또는 묵시적 의사표시에 의해서도 이루어질 수 있으므로, 묵시적 의사표시에 의한 해고가 있는지는 사용자의 노무 수령 거부 경위와 방법, 노무 수령 거부에 대하여 근로자가 보인 태도 등 제반 사정을 종합적으로 고려하여 사용자가 근로관계를 일방적으로 종료할 확정적 의사를 표시한 것으로 볼 수 있는지 여부에 따라 판단해야 한다(대판 2023.2.2. 2022두57695).
⑤ (×) 부당해고 구제신청에 관한 중앙노동위원회의 명령 또는 결정의 취소를 구하는 소송에서 그 명령 또는 결정이 적법한지는 그 명령 또는 결정이 이루어진 시점을 기준으로 판단하여야 하고, 그 명령 또는 결정 후에 생긴 사유를 들어 적법 여부를 판단할 수는 없으나, 그 명령 또는 결정의 기초가 된 사실이 동일하다면 노동위원회에서 주장하지 아니한 사유도 행정소송에서 주장할 수 있다(대판 2021.7.29. 2016두64876).

정답 ⑤

05 근로기준법상 경영상 이유에 의한 해고에 관한 설명으로 옳지 않은 것은?(다툼이 있으면 판례에 따름)

기출 24

① 경영 악화를 방지하기 위한 사업의 양도·인수·합병은 긴박한 경영상의 필요가 있는 것으로 본다.
② 해고가 요건을 모두 갖추어 정당한지 여부는 각 요건을 구성하는 개별 사정들을 종합적으로 고려하여 판단한다.
③ 사용자가 근로자의 과반수로 조직된 노동조합과의 협의 외에 해고의 대상인 일정 급수 이상 직원들만의 대표를 새로이 선출케 하여 그 대표와 별도로 협의를 하지 않았다고 하여 해고를 협의절차의 흠결로 무효라 할 수는 없다.
④ 사용자는 해고된 근로자에 대하여 생계안정, 재취업, 직업훈련 등 필요한 조치를 우선적으로 취하여야 한다.
⑤ 해고 근로자는 사용자의 우선 재고용의무 불이행에 대하여 우선 재고용의무가 발생한 때부터 고용관계가 성립할 때까지의 임금 상당 손해배상금을 청구할 수 있다.

06 근로기준법령상 구제신청과 구제명령에 관한 설명으로 옳은 것을 모두 고른 것은? 기출 24

ㄱ. 노동위원회는 구제신청에 따라 당사자를 심문할 때 직권으로 증인을 출석하게 하여 필요한 사항을 질문할 수 있다.
ㄴ. 노동위원회는 근로계약기간의 만료로 원직복직이 불가능한 경우에도 부당해고가 성립한다고 판정하면 근로자가 해고기간 동안 근로를 제공하였더라면 받을 수 있었던 임금 상당액에 해당하는 금품을 사업주가 근로자에게 지급하도록 명할 수 있다.
ㄷ. 노동위원회가 사용자에게 구제명령을 하는 때에 정하는 이행기간은 사용자가 구제명령을 서면으로 통지받은 날부터 30일 이내로 한다.
ㄹ. 지방노동위원회의 구제명령에 불복하는 사용자는 중앙노동위원회에 재심을 신청하거나 행정소송법의 규정에 따라 소(訴)를 제기할 수 있다.

① ㄱ, ㄴ
② ㄷ, ㄹ
③ ㄱ, ㄴ, ㄷ
④ ㄴ, ㄷ, ㄹ
⑤ ㄱ, ㄴ, ㄷ, ㄹ

07 근로기준법상 구제명령 등에 관한 설명으로 옳은 것은? 기출 22

① 중앙노동위원회의 재심판정에 대하여 사용자나 근로자는 재심판정서를 송달받은 날부터 20일 이내에 행정소송법의 규정에 따라 소(訴)를 제기할 수 있다.
② 노동위원회의 구제명령, 기각결정 또는 재심판정은 중앙노동위원회에 대한 재심 신청이나 행정소송 제기에 의하여 그 효력이 정지된다.
③ 노동위원회는 부당해고에 대한 구제명령을 할 때에 근로자의 의사와 무관하게 사용자가 원하지 아니하면 원직복직을 명하는 대신 해고기간 동안 임금 상당액 이상의 금품을 근로자에게 지급하도록 명하여야 한다.
④ 노동위원회가 이행강제금을 부과할 때에는 이행강제금의 액수, 부과 사유 등을 구두로 통보하여야 한다.
⑤ 노동위원회는 이행강제금 납부의무자가 납부기한까지 이행강제금을 내지 아니하면 기간을 정하여 독촉을 하고 지정된 기간에 이행강제금을 내지 아니하면 국세 체납처분의 예에 따라 징수할 수 있다.

해설 및 정답

05 ① (○) 사용자가 경영상 이유에 의하여 근로자를 해고하려면 긴박한 경영상의 필요가 있어야 한다. 이 경우 경영악화를 방지하기 위한 사업의 양도·인수·합병은 긴박한 경영상의 필요가 있는 것으로 본다(근기법 제24조 제1항).
② (○) 근로기준법 제24조 제1항 내지 제3항에서 정한 해고요건의 구체적 내용은 확정적·고정적인 것이 아니라 구체적 사건에서 다른 요건의 충족정도와 관련하여 유동적으로 정해지는 것이므로 구체적 사건에서 경영상 이유에 의한 당해 해고가 위 각 요건을 모두 갖추어 정당한지 여부는 위 각 요건을 구성하는 개별사정들을 종합적으로 고려하여 판단하여야 한다(대판 2002.7.9. 2000두9373).
③ (○) 정리해고가 실시되는 사업장에 근로자의 과반수로 조직된 노동조합이 있는 경우 사용자가 그 노동조합과의 협의 외에 정리해고의 대상인 일정 급수 이상 직원들만의 대표를 새로이 선출케 하여 그 대표와 별도로 협의를 하지 않았다고 하여 그 정리해고를 협의절차의 흠결로 무효라 할 수는 없다(대판 2002.7.9. 2001다29452).
④ (×) 정부는 해고된 근로자에 대하여 생계안정, 재취업, 직업훈련 등 필요한 조치를 우선적으로 취하여야 한다(근기법 제25조 제2항).
⑤ (○) 사용자는 해고 근로자를 우선 재고용할 의무가 있으므로 해고 근로자는 사용자가 우선 재고용의무를 이행하지 아니하는 경우 사용자를 상대로 고용의 의사표시를 갈음하는 판결을 구할 사법상의 권리가 있고, 판결이 확정되면 사용자와 해고 근로자 사이에 고용관계가 성립한다. 또한 해고 근로자는 사용자가 위 규정을 위반하여 우선 재고용의무를 이행하지 않은 데 대하여, 우선 재고용의무가 발생한 때부터 고용관계가 성립할 때까지의 임금 상당 손해배상금을 청구할 수 있다(대판 2020.11.16. 2016다13437).

정답 ④

06 ㄱ. (○) 노동위원회는 구제신청에 따라 심문을 할 때에는 관계 당사자의 신청이나 직권으로 증인을 출석하게하여 필요한 사항을 질문할 수 있다(근기법 제29조 제2항).
ㄴ. (○) 노동위원회는 근로계약기간의 만료, 정년의 도래 등으로 근로자가 원직복직이 불가능한 경우에도 구제명령이나 기각결정을 하여야 한다. 이 경우 노동위원회는 부당해고등이 성립한다고 판정하면 근로자가 해고기간 동안 근로를 제공하였더라면 받을 수 있었던 임금 상당액에 해당하는 금품을 사업주가 근로자에게 지급하도록 명할 수 있다(근기법 제30조 제4항).
ㄷ. (○) 근기법 시행령 제11조
ㄹ. (×) 노동위원회법에 따른 지방노동위원회의 구제명령이나 기각결정에 불복하는 사용자나 근로자는 구제명령서나 기각결정서를 통지받은 날부터 10일 이내에 중앙노동위원회에 재심을 신청할 수 있다. 중앙노동위원회의 재심판정에 대하여 사용자나 근로자는 재심판정서를 송달받은 날부터 15일 이내에 행정소송법의 규정에 따라 소(訴)를 제기할 수 있다(근기법 제31조 제1항, 제2항).

정답 ③

07 ① (×) 중앙노동위원회의 재심판정에 대하여 사용자나 근로자는 재심판정서를 송달받은 날부터 15일 이내에 행정소송법의 규정에 따라 소(訴)를 제기할 수 있다(근기법 제31조 제2항).
② (×) 노동위원회의 구제명령, 기각결정 또는 재심판정은 중앙노동위원회에 대한 재심 신청이나 행정소송 제기에 의하여 그 효력이 정지되지 아니한다(근기법 제32조).
③ (×) 노동위원회는 구제명령을 할 때에 근로자가 원직복직을 원하지 아니하면 원직복직을 명하는 대신 근로자가 해고기간 동안 근로를 제공하였다면 받을 수 있었던 임금 상당액 이상의 금품을 근로자에게 지급하도록 명할 수 있다(근기법 제30조 제3항).
④ (×) 이행강제금을 부과할 때에는 이행강제금의 액수, 부과 사유, 납부기한, 수납기관, 이의제기방법 및 이의제기기관 등을 명시한 문서로써 하여야 한다(근기법 제33조 제3항).
⑤ (○) 근기법 제33조 제7항

정답 ⑤

CHAPTER 10 기타 법령

출제포인트

- 근로자파견의 고용의무
- 차별적 처우의 금지 및 시정
- 근로자공급사업과 결격사유
- 육아기 근로시간 단축
- 직장 내 성희롱의 예방 및 금지
- 퇴직금중간정산제도
- 최저임금의 적용제외

제1절 파견근로자 보호 등에 관한 법률

I 서 설

1. 근로자파견의 개념

근로자파견이란 파견사업주가 근로자를 고용한 후 그 고용관계를 유지하면서 근로자파견계약의 내용에 따라 사용사업주의 지휘·명령을 받아 사용사업주를 위한 근로에 종사하게 하는 것을 말한다(파견법 제2조 제1호). 기출 12

2. 근로자파견사업의 허가

① 근로자파견사업을 하려는 자는 고용노동부령으로 정하는 바에 따라 고용노동부장관의 허가를 받아야 한다. 허가받은 사항 중 고용노동부령으로 정하는 중요사항을 변경하는 경우에도 또한 같다(파견법 제7조 제1항). 기출 12·24

② 근로자파견사업허가의 유효기간은 3년으로 한다(파견법 제10조 제1항). 기출 12·14·22 근로자파견사업 허가의 유효기간이 끝난 후 계속하여 근로자파견사업을 하려는 자는 고용노동부령으로 정하는 바에 따라 갱신허가를 받아야 하며, 근로자파견사업 갱신허가의 유효기간은 그 갱신 전의 허가의 유효기간이 끝나는 날의 다음 날부터 기산(起算)하여 3년으로 한다(파견법 제10조 제2항, 제3항). 기출 24

3. 겸업금지

식품위생법상의 식품접객업, 공중위생관리법상의 숙박업, 결혼중개업의 관리에 관한 법률상의 결혼중개업을 하는 자는 근로자파견사업을 할 수 없다(파견법 제14조). 기출 24

4. 명의대여의 금지

파견사업주는 자기의 명의로 타인에게 근로자파견사업을 하게 하여서는 아니 된다(파견법 제15조). 기출 24

Ⅱ 근로자파견과 근로관계

1. 근로자파견사업의 대상업무 및 파견기간

(1) 대상업무(파견법 제5조)

1) 상시허용업무

근로자파견사업은 제조업의 직접생산공정업무를 제외하고 전문지식·기술·경험 또는 업무의 성질 등을 고려하여 적합하다고 판단되는 업무로서 대통령령으로 정하는 업무를 대상으로 한다(제1항).

> **근로자파견의 대상 및 금지업무(파견법 시행령 제2조)** 기출 21
> ① 파견근로자 보호 등에 관한 법률(이하 "법") 제5조 제1항에서 "대통령령으로 정하는 업무"란 [별표 1]의 업무를 말한다.
> ② 법 제5조 제3항 제5호에서 "대통령령으로 정하는 업무"란 다음 각 호의 어느 하나에 해당하는 업무를 말한다.
>   1. 진폐의 예방과 진폐근로자의 보호 등에 관한 법률 제2조 제3호에 따른 분진작업을 하는 업무
>   2. 산업안전보건법 제137조에 따른 건강관리카드의 발급 대상업무
>   3. 의료법 제2조에 따른 의료인의 업무 및 「간호법」 제15조에 따른 간호조무사의 업무
>   4. 의료기사 등에 관한 법률 제3조에 따른 의료기사의 업무
>   5. 여객자동차 운수사업법 제2조 제3호에 따른 여객자동차운송사업에서의 운전업무
>   6. 화물자동차 운수사업법 제2조 제3호에 따른 화물자동차운송사업에서의 운전업무

2) 일시허용업무

제5조 제1항에도 불구하고 출산·질병·부상 등으로 결원이 생긴 경우 또는 일시적·간헐적으로 인력을 확보하여야 할 필요가 있는 경우에는 근로자파견사업을 할 수 있다(제2항). 기출 13·21

3) 절대금지업무 기출 21·24

다음의 업무에 대하여는 근로자파견사업을 행하여서는 아니 된다(제3항).
① 건설공사현장에서 이루어지는 업무
② 항만운송사업법, 한국철도공사법, 농수산물 유통 및 가격안정에 관한 법률, 물류정책기본법의 하역업무로서 직업안정법에 따라 근로자공급사업허가를 받은 지역의 업무
③ 선원법에 따른 선원의 업무 기출 15
④ 산업안전보건법에 따른 유해하거나 위험한 업무
⑤ 그 밖에 근로자 보호 등의 이유로 근로자파견사업의 대상으로는 적절하지 못하다고 인정하여 대통령령이 정하는 업무

(2) 파견기간(파견법 제6조) 기출 13·17

1) 상시허용업무
근로자파견의 기간은 1년을 초과하여서는 아니 된다. 파견사업주, 사용사업주, 파견근로자 간의 합의가 있는 경우에는 파견기간을 연장할 수 있다. 이 경우 1회를 연장할 때에는 그 연장기간은 1년을 초과하여서는 아니 되며, 연장된 기간을 포함한 총파견기간은 2년을 초과하여서는 아니 된다. 고용상 연령차별금지 및 고령자고용촉진에 관한 법률에 따른 고령자(55세 이상인 사람)인 파견근로자에 대하여는 2년을 초과하여 근로자파견기간을 연장할 수 있다(제1항 내지 제3항).

2) 일시허용업무
출산·질병·부상 등 그 사유가 객관적으로 명백한 경우에는 그 사유가 없어지는 데 필요한 기간, 일시적·간헐적으로 인력을 확보할 필요가 있는 경우에는, 3개월 이내의 기간 동안 근로자파견이 인정된다. 다만, 해당 사유가 없어지지 아니하고 파견사업주, 사용사업주, 파견근로자 간의 합의가 있는 경우에는 3개월의 범위에서 한 차례만 그 기간을 연장할 수 있다(제4항).

2. 고용의무(파견법 제6조의2) 기출 16·17·19·20

① 사용사업주는 ㉠ 상시허용업무에 해당하지 않는 업무에서 파견근로자를 사용하는 경우(2년 초과 불요), ㉡ 절대적 파견금지업무에 파견근로자를 사용하는 경우(2년 초과 불요), ㉢ 상시허용업무에서 2년을 초과하여 계속적으로 파견근로자를 사용하는 경우(2년 초과 시), ㉣ 일시허용업무에 대한 파견기간을 위반하여 파견근로자를 사용하는 경우(임시파견기간 위반 시), ㉤ 근로자 파견사업에 대한 허가를 받지 않은 자로부터 근로자파견의 역무를 제공받은 경우(2년 초과 불요) 등의 어느 하나에 해당하면 해당 파견근로자를 직접 고용하여야 한다(제1항).

② 파견근로자가 명시적으로 반대의사를 표시하거나 사용사업주가 임금채권보장법 제7조 제1항 제1호부터 제3호까지의 어느 하나에 해당하는 경우(회생절차개시 결정이나 파산선고 결정이 있는 경우, 고용노동부장관이 사용사업주가 일정한 요건과 절차에 따라 미지급임금등을 지급할 능력이 없다고 인정하는 경우) 또는 사용사업주가 천재·사변 그 밖의 부득이한 사유로 사업의 계속이 불가능한 경우에는 사용사업주의 직접 고용의무규정은 적용되지 아니한다(제2항).

③ 사용사업주는 파견근로자를 사용하고 있는 업무에 근로자를 직접 고용하려는 경우에는 해당 파견근로자를 우선적으로 고용하도록 노력하여야 한다(제4항).

3. 사업의 폐지

파견사업주는 근로자파견사업을 폐지하였을 때에는 고용노동부령으로 정하는 바에 따라 고용노동부장관에게 신고하여야 한다. 이에 따른 신고가 있을 때에는 근로자파견사업의 허가는 신고일부터 그 효력을 잃는다(파견법 제11조). 기출 22

4. 파견사업주 및 사용사업주와 파견근로자의 관계

파견사업주와 사용사업주 사이에는 근로자파견계약이 체결되고, 파견사업주와 파견근로자 사이에는 근로계약이 체결되며, 파견근로자는 사용사업주의 지휘·명령하에 근로를 제공하게 된다.

(1) 파견사업주와 사용사업주의 관계

1) **파견근로자에 대한 고용제한의 금지**(파견법 제25조 제2항)

파견사업주와 사용사업주 사이에 체결된 근로자파견계약에 따라 근로자파견이 이루어지게 되며 이 경우 파견사업주는 파견근로자의 고용관계가 끝난 후 사용사업주가 그 파견근로자를 고용하는 것을 정당한 이유 없이 금지하는 내용의 근로자파견계약을 체결하여서는 아니 된다(파견법 제25조 제2항). 기출 22·25

2) **사용사업주에 대한 통지**(파견법 제27조)

파견사업주는 근로자파견을 할 경우에는 파견근로자의 성명 등 고용노동부령으로 정하는 사항을 사용사업주에게 통지하여야 한다. 기출 25

(2) 파견사업주와 파견근로자의 관계

1) **근로계약의 체결**

일반근로자와는 달리 제3자인 사용사업자의 지휘·명령을 받아 근로할 의무를 부담하고, 임금은 파견사업주로부터 수령하게 된다는 점에서 일반적인 근로계약과 구별된다.

2) **파견근로자에 대한 고지의무**

① **고용 시 고지의무**(파견법 제24조 제1항) : 파견사업주는 근로자를 파견근로자로서 고용하려는 경우에는 미리 해당 근로자에게 그 취지를 서면으로 알려 주어야 한다.

② **파견 시 고지의무**(파견법 제24조 제2항) : 파견사업주는 그가 고용한 근로자 중 파견근로자로 고용하지 아니한 사람을 근로자파견의 대상으로 하려는 경우에는 미리 해당 근로자에게 그 취지를 서면으로 알리고 그의 동의를 받아야 한다. 기출 14·25

③ **취업조건의 고지**(파견법 제26조) : 파견사업주는 근로자파견을 하려는 경우에는 미리 해당 파견근로자에게 제20조 제1항 각 호의 사항과 그 밖에 고용노동부령으로 정하는 사항을 서면으로 알려 주어야 한다. 파견근로자는 파견사업주에게 해당 근로자파견의 대가에 관하여 그 내역을 제시할 것을 요구할 수 있다. 기출 25 파견사업주는 그 내역의 제시를 요구받았을 때에는 지체 없이 그 내역을 서면으로 제시하여야 한다.

3) **근로자파견의 제한**(파견법 제16조 제1항)

파견사업주는 쟁의행위 중인 사업장에 그 쟁의행위로 중단된 업무의 수행을 위하여 근로자를 파견하여서는 아니 된다. 기출 16·17·22·24

4) 파견근로자에 대한 고용제한의 금지(파견법 제25조 제1항)

파견사업주는 파견근로자 또는 파견근로자로 고용되려는 사람과 그 고용관계가 끝난 후 그가 사용사업주에게 고용되는 것을 정당한 이유 없이 금지하는 내용의 근로계약을 체결하여서는 아니 된다.

> **계약의 내용 등(파견법 제20조)**
> ① 근로자파견계약의 당사자는 고용노동부령으로 정하는 바에 따라 다음 각 호의 사항을 포함하는 근로자파견계약을 서면으로 체결하여야 한다.
>   1. 파견근로자의 수 기출 25
>   2. 파견근로자가 종사할 업무의 내용
>   3. 파견 사유(제5조 제2항에 따라 근로자파견을 하는 경우만 해당한다)
>   4. 파견근로자가 파견되어 근로할 사업장의 명칭 및 소재지, 그 밖에 파견근로자의 근로 장소
>   5. 파견근로 중인 파견근로자를 직접 지휘·명령할 사람에 관한 사항
>   6. 근로자파견기간 및 파견근로 시작일에 관한 사항
>   7. 업무 시작 및 업무 종료의 시각과 휴게시간에 관한 사항
>   8. 휴일·휴가에 관한 사항
>   9. 연장·야간·휴일근로에 관한 사항
>   10. 안전 및 보건에 관한 사항
>   11. 근로자파견의 대가 기출 25
>   12. 그 밖에 고용노동부령으로 정하는 사항

5) 파견사업관리책임자 선임(파견법 제28조)

파견사업주는 파견근로자의 적절한 고용관리를 위하여 근로자파견사업허가에 대한 결격사유에 해당하지 아니하는 사람 중에서 파견사업관리책임자를 선임하여야 한다.

(3) 사용사업주와 파견근로자의 관계

1) 사용관계의 성립

파견근로자와 사용사업주 간에는 사용관계가 성립한다.

2) 근로자대표와의 사전협의(파견법 제5조 제4항)

파견근로자를 사용하려는 경우 사용사업주는 해당 사업 또는 사업장에 근로자의 과반수로 조직된 노동조합이 있는 경우에는 그 노동조합, 근로자의 과반수로 조직된 노동조합이 없는 경우에는 근로자의 과반수를 대표하는 자와 사전에 성실하게 협의하여야 한다.

3) 파견근로자 사용제한(파견법 제16조 제2항)

누구든지 근로기준법 제24조에 따른 경영상의 이유에 의한 해고를 한 후 대통령령으로 정하는 기간이 지나기 전에는 해당 업무에 파견근로자를 사용하여서는 아니 된다.

> **파견근로자의 사용제한(파견법 시행령 제4조)**
> 법 제16조 제2항에서 "대통령령으로 정하는 기간"이란 2년을 말한다. 다만, 해당 사업 또는 사업장에 근로자의 과반수로 조직된 노동조합이 있는 경우 그 노동조합(근로자의 과반수로 조직된 노동조합이 없는 경우에는 근로자의 과반수를 대표하는 자)이 동의한 때에는 6개월로 한다.

4) 사용사업관리책임자 선임(파견법 제32조 제1항)

사용사업주는 파견근로자의 적절한 파견근로를 위하여 사용사업관리책임자를 선임하여야 한다. 기출 20·22

5. 파견근로자의 근로관계

(1) 파견근로자의 개별적 근로관계

① 파견근로자에게 근로기준법을 적용하는 경우에는, 파견사업주와 사용사업주 양자를 근로기준법상 사용자로 보는 것이 원칙이다. 다만, 근로기준법 제15조(이 법을 위반한 근로계약), 제16조(계약기간), 제17조(근로조건의 명시), 제18조(단시간근로자의 근로조건), 제19조(근로조건의 위반), 제20조(위약 예정의 금지), 제21조(전차금 상계의 금지), 제22조(강제 저금의 금지), 제23조(해고 등의 제한), 제24조(경영상 이유에 의한 해고의 제한), 제25조(우선 재고용 등), 제26조(해고의 예고), 제27조(해고사유 등의 서면통지), 제28조(부당해고등의 구제신청), 제29조(조사 등), 제30조(구제명령 등), 제31조(구제명령 등의 확정), 제32조(구제명령 등의 효력), 제33조(이행강제금), 제34조(퇴직급여 제도), 제36조(금품 청산), 제39조(사용증명서), 제41조(근로자의 명부), 제42조(계약 서류의 보존), 제43조(임금 지급), 제43조의2(체불사업주 명단 공개), 제43조의3(임금등 체불자료의 제공), 제44조(도급 사업에 대한 임금 지급), 제44조의2(건설업에서의 임금 지급 연대책임), 제44조의3(건설업의 공사도급에 있어서의 임금에 관한 특례), 제45조(비상시 지급), 제46조(휴업수당), 제47조(도급 근로자), 제48조(임금대장 및 임금명세서), 제56조(연장·야간 및 휴일 근로), 제60조(연차 유급휴가), 제64조(최저 연령과 취직인허증), 제66조(연소자 증명서), 제67조(근로계약), 제68조(임금의 청구), 근로기준법 제8장의 재해보상에 관한 규정 등을 적용할 때에는 파견사업주를 사용자로 보고, 근로기준법 제50조(근로시간), 제51조, 제51조의2(탄력적 근로시간제), 제52조(선택적 근로시간제), 제53조(연장근로의 제한), 제54조(휴게), 제55조(휴일), 제58조(근로시간 계산의 특례), 제59조(근로시간 및 휴게시간의 특례), 제62조(유급휴가의 대체), 제63조(적용의 제외), 제69조(근로시간), 제70조(야간근로와 휴일근로의 제한), 제71조(시간외근로), 제72조(갱내근로의 금지), 제73조(생리휴가), 제74조(임산부의 보호), 제74조의2(태아검진 시간의 허용 등), 제75조(육아시간) 등을 적용할 때에는 사용사업주를 사용자로 본다. **기출 23·25** 파견사업주가 사용사업주의 귀책사유로 근로자의 임금을 지급하지 못한 경우에는 사용사업주는 그 파견사업주와 연대하여 책임을 진다(파견법 제34조 제2항). 사용사업주가 파견근로자에게 유급휴일 또는 유급휴가를 주는 경우 그 휴일 또는 휴가에 대하여 유급으로 지급되는 임금은 파견사업자가 지급하여야 한다(파견법 제34조 제3항). **기출 25** 파견사업주와 사용사업주가 근로기준법을 위반하는 내용을 포함한 근로자파견계약을 체결하고 그 계약에 따라 파견근로자를 근로하게 함으로써 같은 법을 위반한 경우에는 그 계약 당사자 모두를 같은 법상의 사용자로 보아 해당 벌칙규정을 적용한다(파견법 제34조 제4항).

② 파견근로자는 차별적 처우를 받은 경우, 차별적 처우가 있는 날(계속되는 차별적 처우는 그 종료일)부터 6개월 이내에 노동위원회에 그 시정을 신청할 수 있다(파견법 제21조 제2항·제3항, 기단법 제9조 제1항). 고용노동부장관은 확정된 시정명령을 이행할 의무가 있는 파견사업주 또는 사용사업주의 사업 또는 사업장에서 해당 시정명령의 효력이 미치는 근로자 이외의 파견근로자에 대하여 차별적 처우가 있는지를 조사하여 차별적 처우가 있는 경우에는 그 시정을 요구할 수 있다(파견법 제21조의3 제1항). 차별적 처우의 금지 및 시정 등에 관한 규정은 사용사업주가 상시 4명 이하의 근로자를 사용하는 경우에는 적용하지 아니한다(파견법 제21조 제4항). **기출 20**

③ 파견 중인 근로자의 파견근로에 관하여는 사용사업주를 산업안전보건법 제2조 제4호의 사업주로 보아 같은 법을 적용한다(파견법 제35조 제1항 전문).

(2) 파견근로자의 집단적 노사관계

사용사업주는 파견근로자의 정당한 노동조합의 활동 등을 이유로 근로자파견계약을 해지하여서는 아니 된다(파견법 제22조 제1항). **기출 16**

6. 책임구별

파견근로자와 근로계약관계를 맺고 있는 파견사업주는 주로 근로계약의 체결·해고, 임금 등과 관련하여 사용자로서의 책임을 지고, 사용사업주는 주로 근로시간이나 휴일, 휴가 등과 관련하여 사용자로서의 책임을 진다. 기출 17·18

제2절 기간제 및 단시간근로자 보호 등에 관한 법률

I 서 설

1. 목적(기단법 제1조)

이 법은 기간제근로자 및 단시간근로자에 대한 불합리한 차별을 시정하고 기간제근로자 및 단시간근로자의 근로조건 보호를 강화함으로써 노동시장의 건전한 발전에 이바지함을 목적으로 한다. 기출 16

2. 정의(기단법 제2조)

① **기간제근로자** : 기간의 정함이 있는 근로계약을 체결한 근로자를 말한다.
② **단시간근로자** : 근로기준법 제2조의 단시간근로자를 말한다.
③ **차별적 처우** : 근로기준법에 따른 임금, 정기상여금, 명절상여금 등 정기적으로 지급되는 상여금, 경영성과에 따른 성과금, 그 밖의 근로조건 및 복리후생 등에 관한 사항에 있어서 합리적 이유 없이 불리하게 처우하는 것을 말한다. 기출 13·17

3. 적용범위(기단법 제3조)

① 이 법은 상시 5인 이상의 근로자를 사용하는 모든 사업 또는 사업장에 적용한다. 다만, 동거의 친족만을 사용하는 사업 또는 사업장과 가사사용인에 대하여는 적용하지 아니한다. 기출 14·16·20·22·24
② 상시 4인 이하의 근로자를 사용하는 사업 또는 사업장에 대하여는 대통령령으로 정하는 바에 따라 이 법의 일부 규정을 적용할 수 있다.
③ 국가 및 지방자치단체의 기관에 대하여는 상시 사용하는 근로자의 수와 관계없이 이 법을 적용한다.

Ⅱ 기간제근로자

1. 기간제근로자의 사용

(1) 사용기간 제한과 예외사유(기단법 제4조 제1항)

사용자는 2년을 초과하지 아니하는 범위 안에서(기간제근로계약의 반복갱신 등의 경우에는 그 계속 근로한 총기간이 2년을 초과하지 아니하는 범위 안에서) 기간제근로자를 사용할 수 있다. 다만, 다음의 어느 하나에 해당하는 경우에는 2년을 초과하여 기간제근로자로 사용할 수 있다. 기출 23

① 사업의 완료 또는 특정한 업무의 완성에 필요한 기간을 정한 경우 기출 21
② 휴직·파견 등으로 결원이 발생하여 해당 근로자가 복귀할 때까지 그 업무를 대신할 필요가 있는 경우 기출 22·24
③ 근로자가 학업, 직업훈련 등을 이수함에 따라 그 이수에 필요한 기간을 정한 경우 기출 24
④ 고령자고용촉진법상의 고령자(55세 이상인 사람)와 근로계약을 체결하는 경우 기출 24
⑤ 전문적 지식·기술의 활용이 필요한 경우와 정부의 복지정책·실업대책 등에 따라 일자리를 제공하는 경우로서 대통령령으로 정하는 경우

> **기간제근로자 사용기간 제한의 예외**(기단법 시행령 제3조)
> ① 법 제4조 제1항 제5호에서 "전문적 지식·기술의 활용이 필요한 경우로서 대통령령이 정하는 경우"란 다음 각 호의 어느 하나에 해당하는 경우를 말한다.
>   1. 박사 학위(외국에서 수여받은 박사 학위를 포함)를 소지하고 해당 분야에 종사하는 경우 기출 21·23
>   2. 국가기술자격법 제9조 제1항 제1호에 따른 기술사 등급의 국가기술자격을 소지하고 해당 분야에 종사하는 경우 기출 25
>   3. [별표 2]에서 정한 전문자격을 소지하고 해당 분야에 종사하는 경우
> ② 법 제4조 제1항 제5호에서 "정부의 복지정책·실업대책 등에 의하여 일자리를 제공하는 경우로서 대통령령이 정하는 경우"란 다음 각 호의 어느 하나에 해당하는 경우를 말한다.
>   1. 고용정책 기본법, 고용보험법 등 다른 법령에 따라 국민의 직업능력 개발, 취업 촉진 및 사회적으로 필요한 서비스 제공 등을 위하여 일자리를 제공하는 경우
>   2. 제대군인 지원에 관한 법률 제3조에 따라 제대군인의 고용증진 및 생활안정을 위하여 일자리를 제공하는 경우
>   3. 국가보훈기본법 제19조 제2항에 따라 국가보훈대상자에 대한 복지증진 및 생활안정을 위하여 보훈도우미 등 복지지원 인력을 운영하는 경우
> ③ 법 제4조 제1항 제6호에서 "대통령령이 정하는 경우"란 다음 각 호의 어느 하나에 해당하는 경우를 말한다.
>   1. 다른 법령에서 기간제근로자의 사용 기간을 법 제4조 제1항과 달리 정하거나 별도의 기간을 정하여 근로계약을 체결할 수 있도록 한 경우
>   2. 국방부장관이 인정하는 군사적 전문적 지식·기술을 가지고 관련 직업에 종사하거나 고등교육법 제2조 제1호에 따른 대학에서 안보 및 군사학 과목을 강의하는 경우
>   3. 특수한 경력을 갖추고 국가안전보장, 국방·외교 또는 통일과 관련된 업무에 종사하는 경우
>   4. 고등교육법 제2조에 따른 학교(같은 법 제30조에 따른 대학원대학을 포함)에서 다음 각 목의 업무에 종사하는 경우
>   가. 고등교육법 제14조에 따른 강사, 조교의 업무 기출 25
>   나. 고등교육법 시행령 제7조에 따른 명예교수, 겸임교원, 초빙교원 등의 업무
>   5. 통계법 제22조에 따라 고시한 한국표준직업분류의 대분류 1과 대분류 2 직업에 종사하는 자의 소득세법 제20조 제1항에 따른 근로소득(최근 2년간의 연평균근로소득)이 고용노동부장관이 최근 조사한 고용형태별근로실태조사의 한국표준직업분류 대분류 2 직업에 종사하는 자의 근로소득 상위 100분의 25에 해당하는 경우
>   6. 근로기준법 제18조 제3항에 따른 1주 동안의 소정근로시간이 뚜렷하게 짧은 단시간근로자를 사용하는 경우 기출 23·25

> 7. 국민체육진흥법 제2조 제4호에 따른 선수와 같은 조 제6호에 따른 체육지도자 업무에 종사하는 경우
> 8. 다음 각 목의 연구기관에서 연구업무에 직접 종사하는 경우 또는 실험·조사 등을 수행하는 등 연구업무에 직접 관여하여 지원하는 업무에 종사하는 경우
>   가. 국공립연구기관
>   나. 정부출연연구기관 등의 설립·운영 및 육성에 관한 법률 또는 과학기술분야 정부출연연구기관 등의 설립·운영 및 육성에 관한 법률에 따라 설립된 정부출연연구기관
>   다. 특정연구기관 육성법에 따른 특정연구기관
>   라. 지방자치단체출연 연구원의 설립 및 운영에 관한 법률에 따라 설립된 연구기관
>   마. 공공기관의 운영에 관한 법률에 따른 공공기관의 부설 연구기관
>   바. 기업 또는 대학의 부설 연구기관 기출 25
>   사. 민법 또는 다른 법률에 따라 설립된 법인인 연구기관

⑥ 그 밖에 합리적인 사유가 있는 경우로서 대통령령으로 정하는 경우

(2) 제한 초과 시 무기계약 간주(기단법 제4조 제2항)

사용자가 2년을 초과하여 기간제근로자로 사용할 수 있는 예외사유가 없거나 소멸되었음에도 불구하고 2년을 초과하여 기간제근로자로 사용하는 경우에는 그 기간제근로자는 기간의 정함이 없는 근로계약을 체결한 근로자로 본다.

(3) 경과규정

법률 제8074호 부칙 제2항에 의하여 기단법 제4조의 무기계약 간주규정은, 이 법의 시행(2007.7.1.) 후 근로계약이 체결·갱신되거나 기존의 근로계약기간을 연장하는 경우부터 적용한다.

2. 기간의 정함이 없는 근로자로의 전환노력(기단법 제5조)

사용자는 기간의 정함이 없는 근로계약을 체결하고자 하는 경우에는 해당 사업 또는 사업장의 동종 또는 유사한 업무에 종사하는 기간제근로자를 우선적으로 고용하도록 노력하여야 한다. 기출 17·21·23

Ⅲ 기간제근로자 보호에 관한 판례법리

1. 기간제근로자에 대한 갱신거절

(1) 근로관계의 당연종료

근로계약기간을 정한 근로계약서를 작성한 경우 처분문서인 근로계약서의 문언에 따라 특별한 사정이 없는 한 근로자와 사용자 사이에는 기간의 정함이 있는 근로계약을 맺었다고 보아야 하고, 이 경우 근로계약기간이 끝나면 그 근로관계는 사용자의 해고 등 별도의 조처를 기다릴 것 없이 당연히 종료함이 원칙이다(대판 2007.9.7. 2005두16901).

(2) 기간의 정함이 없는 근로계약으로 간주되는 경우

1) 기간형식화의 법리

[1] 기간을 정한 근로계약서를 작성한 경우에도 예컨대 단기의 근로계약이 장기간에 걸쳐서 반복하여 갱신됨으로써 그 정한 기간이 단지 형식에 불과하게 된 경우 등 계약서의 내용과 근로계약이 이루어지게 된 동기 및 경위, 기간을 정한 목적과 채용 당시 계속근로의사 등 당사자의 진정한 의사, 근무기간의 장단 및 갱신횟수, 동종의 근로계약체결방식에 관한 관행 그리고 근로자보호법규 등을 종합적으로 고려하여 그 기간의 정함이 단지 형식에 불과하다는 사정이 인정되는 경우에는 계약서의 문언에도 불구하고 사실상 기간의 정함이 없는 근로계약을 맺었다고 볼 것이며, 이 경우 사용자가 정당한 사유 없이 갱신계약 체결을 거절하는 것은 해고와 마찬가지로 무효이다.

[2] 3회에 걸쳐 기간을 정하여 근로계약을 갱신하면서 근무하여 온 교열직 직원에게 교열부를 폐지하기로 하는 신문사의 아웃소싱방침에 따라 기간 만료를 통지한 경우, 그간의 경위에 비추어 보면 근로계약에서 정한 기간은 형식에 불과하므로 위 통지는 기간의 정함이 없는 근로자에 대한 해고에 해당하고, 그 해고에 정당한 사유가 없다(대판 2007.9.7. 2005두16901).

2) 갱신거절의 정당성

갱신거절의 정당성 여부는 고용관계를 계속할 수 없을 정도의 귀책사유가 해당 근로자에게 존재하는지 여부에 따라 판단한다.

(3) 종전 근로계약이 갱신된 것과 동일하게 되는 경우

1) 문제점

기간의 정함을 형식에 불과한 것으로 볼 수 없다 하더라도, 기간제근로자에게 갱신기대권이 인정되는 경우에 사용자가 계약갱신을 거절하면 근로관계는 종료되는지가 문제된다.

2) 갱신기대권의 법리

기간을 정하여 근로계약을 체결한 근로자의 경우 그 기간이 만료됨으로써 근로자로서의 신분관계는 당연히 종료되고 근로계약을 갱신하지 못하면 갱신거절의 의사표시가 없어도 당연퇴직되는 것이 원칙이다. 그러나 근로계약, 취업규칙, 단체협약 등에서 기간 만료에도 불구하고 일정한 요건이 충족되면 당해 근로계약이 갱신된다는 취지의 규정을 두고 있거나, 그러한 규정이 없더라도 근로계약의 내용과 근로계약이 이루어지게 된 동기 및 경위, 계약갱신의 기준 등 갱신에 관한 요건이나 절차의 설정 여부 및 그 실태, 근로자가 수행하는 업무의 내용 등 당해 근로관계를 둘러싼 여러 사정을 종합하여 볼 때 근로계약당사자 사이에 일정한 요건이 충족되면 근로계약이 갱신된다는 신뢰관계가 형성되어 있어 근로자에게 근로계약이 갱신될 수 있으리라는 정당한 기대권이 인정되는 경우에는, 사용자가 이를 위반하여 부당하게 근로계약의 갱신을 거절하는 것은 부당해고와 마찬가지로 아무런 효력이 없고, 이 경우 기간 만료 후의 근로관계는 종전의 근로계약이 갱신된 것과 동일하다(대판 2011.4.14. 2007두1729). **기출 17**

3) 갱신거절의 정당성

판례에 의하면 갱신거절의 정당성 여부는 ㉠ 일정한 요건충족 여부, ㉡ 평가의 공정성 및 객관성 확보 여부에 의해 판단한다(대판 2011.4.14. 2007두1729).

2. 기단법 시행과 종전 법리와의 관계

(1) 기간형식화의 법리

1) 판 례

판례는 기단법 시행 이전에는 근로계약이 체결된 후 매년 반복하여 갱신되다가 기단법 시행 이후에는 갱신이 거절된 사례에서, 학교법인 甲이 1년 단위로 5회에 걸쳐 근로계약을 갱신하면서 甲 법인이 운영하는 대학교 소속 직장예비군 연대장으로 근무하던 乙과 근로계약 갱신을 거절하면서 계약기간 만료로 그 직을 면한다는 통지를 한 경우, 위 근로계약은 乙이 예비군지휘관으로서의 지위를 유지하는 것을 전제로 하는 기간의 정함이 없는 근로계약으로 갱신거절은 사실상 해고에 해당하고 乙에게 甲 법인과의 고용관계를 계속할 수 없을 정도의 책임 있는 사유가 있다고 할 수 없으므로 위 갱신거절을 부당하다고 본 원심판단은 정당하다고(대판 2013.2.14. 2011두24361) 판시하고 있다.

2) 검 토

기단법 시행 이후에도 기간의 정함을 형식적인 것으로 볼 수 있는 특별한 사정이 존재할 수 있으므로 기간형식화의 법리는 여전히 적용된다고 보아야 하나, 기단법 제4조의 사용기간 제한규정과 무기계약 간주규정 때문에 법원에 의하여 인용될 가능성은 낮아 보인다.

(2) 갱신기대권의 법리

1) 갱신기대권의 법리적용 여부

① 기간제 및 단시간근로자 보호 등에 관한 법률(이하 "기간제법")의 시행으로 사용자가 2년의 기간 내에서 기간제근로자를 사용할 수 있고, 기간제근로자의 총사용기간이 2년을 초과할 경우 기간제근로자가 기간의 정함이 없는 근로자로 간주되더라도, 기간제법 제4조의 입법취지가 기본적으로 기간제근로계약의 남용을 방지함으로써 근로자의 지위를 보장하려는 데에 있는 점을 고려하면, 기간제법의 시행만으로 시행 전에 이미 형성된 기간제근로자의 갱신에 대한 정당한 기대권이 배제 또는 제한된다고 볼 수는 없다. 나아가 위 규정에 의하여 기간제근로자의 갱신에 대한 정당한 기대권 형성이 제한되는 것도 아니다(대판 2016.11.10. 2014두45765).

② [1] '기간제 및 단시간근로자 보호 등에 관한 법률'(이하 "기간제법")은 같은 법 제4조 제1항 단서의 예외사유에 해당하지 않는 한 2년을 초과하여 기간제근로자로 사용하는 경우 기간의 정함이 없는 근로계약을 체결한 것으로 간주하고 있으나, 기간제법의 입법취지가 기간제근로자 및 단시간근로자에 대한 불합리한 차별을 시정하고 근로조건 보호를 강화하기 위한 것임을 고려하면, 기간제법 제4조 제1항 단서의 예외사유에 해당한다는 이유만으로 갱신기대권에 관한 위 법리의 적용이 배제된다고 볼 수는 없다.

[2] 갱신기대권 법리와 함께 기간제법 및 고령자고용법의 위 규정들의 입법취지와 사업장 내에서 정한 정년의 의미 및 정년 이후에 기간제 근로계약을 체결하는 근로계약당사자의 일반적인 의사 등을 모두 고려하면, 정년을 이미 경과한 상태에서 기간제 근로계약을 체결한 경우에는, 앞서 본 제반 사정 외에 해당 직무의 성격에 의하여 요구되는 직무수행능력과 당해 근로자의 업무수행적격성, 연령에 따른 작업능률 저하나 위험성 증대의 정도, 해당 사업장에서 정년을 경과한 고령자가 근무하는 실태 및 계약이 갱신되어 온 사례 등을 종합적으로 고려하여 근로계약 갱신에 관한 정당한 기대권이 인정되는지 여부를 판단하여야 한다(대판 2017.2.3. 2016두50563).[34]

---

34) 이러한 판례의 취지에 따르면 기단법 제4조 제1항 본문, 제2항이 적용되는 사례뿐만 아니라 동법 제4조 제1항 단서가 적용되는 사례(기간제한 예외자)의 경우에도 갱신기대권의 법리가 적용되는 것으로 이해할 수 있다.

2) 갱신기대권의 법리

① 기간제근로계약의 갱신에 관한 신뢰관계의 형성 : 기간을 정하여 근로계약을 체결한 근로자의 경우 기간이 만료됨으로써 근로자로서의 신분관계는 당연히 종료되는 것이 원칙이다. 그러나 근로계약, 취업규칙, 단체협약 등에서 기간만료에도 일정한 요건이 충족되면 당해 근로계약이 갱신된다는 취지의 규정을 두고 있거나, 그러한 규정이 없더라도 당해 근로관계를 둘러싼 여러 사정을 종합할 때 근로계약 당사자 사이에 일정한 요건이 충족되면 근로계약이 갱신된다는 신뢰관계가 형성되어 있어 근로자에게 그에 따라 근로계약이 갱신될 수 있으리라는 정당한 기대권이 인정되는 경우에는 사용자가 이에 위반하여 부당하게 근로계약의 갱신을 거절하는 것은 부당해고와 마찬가지로 아무런 효력이 없고, 이 경우 기간만료 후의 근로관계는 종전의 근로계약이 갱신된 것과 동일하다고 보아야 한다(대판 2017.10.12. 2015두44493).

② 갱신거절의 정당성의 판단기준 : 기간제 근로계약을 체결한 근로자에게 근로계약 갱신에 대한 정당한 기대권을 인정하는 취지는 기간제 근로계약의 남용을 방지함으로써 기간제근로자에 대한 불합리한 차별을 시정하고 기간제근로자의 근로조건 보호를 강화하려는 데에 있다. 그러므로 근로자에게 이미 형성된 갱신에 대한 정당한 기대권이 있음에도 사용자가 이를 배제하고 근로계약의 갱신을 거절한 데에 합리적 이유가 있는지가 문제될 때에는 사용자의 사업목적과 성격, 사업장 여건, 근로자의 지위 및 담당직무의 내용, 근로계약 체결경위, 근로계약의 갱신에 관한 요건이나 절차의 설정 여부와 운용실태, 근로자에게 책임 있는 사유가 있는지 등 당해 근로관계를 둘러싼 여러 사정을 종합하여 갱신 거부의 사유와 절차가 사회통념에 비추어 볼 때 객관적이고 합리적이며 공정한지를 기준으로 판단하여야 하고, 그러한 사정에 관한 증명책임은 사용자가 부담한다. 특히 사용자가 갱신에 대한 정당한 기대권을 보유한 기간제근로자들에 대하여 사전동의절차를 거치거나 가점 부여 등의 구체적인 기준도 마련하지 않은 채 재계약절차가 아닌 신규채용절차를 통하여 선발되어야만 계약 갱신을 해 주겠다고 주장하면서 대규모 갱신 거절을 한 경우, 이는 근로자의 갱신에 대한 정당한 기대권을 전면적으로 배제하는 것이므로, 사용자로서 그와 같은 조치를 취하지 않으면 안 될 경영상 또는 운영상의 필요가 있는지, 그에 관한 근거규정이 있는지, 이를 회피하거나 갱신 거절의 범위를 최소화하기 위한 노력을 하였는지, 그 대상자를 합리적이고 공정한 기준에 따라 선정하기 위한 절차를 밟았는지, 그 과정에서 차별적 대우가 있었는지 등을 종합적으로 살펴보아 그 주장의 당부를 판단하여야 한다고 한다(대판 2017.10.12. 2015두44493).

3) 갱신기대권이 인정되는 경우 갱신거절로 인한 법률관계

① 갱신 거절의 효력을 다투는 소의 이익 인정 여부 : 기간제 및 단시간근로자 보호 등에 관한 법률(이하 "기간제법") 제4조가 사용자는 2년의 기간 내에서 기간제근로자를 사용할 수 있음이 원칙이고, 기간제근로자의 총사용기간이 2년을 초과할 경우 기간제근로자는 기간의 정함이 없는 근로자로 본다고 규정하고 있더라도, 입법취지가 기본적으로 기간제 근로계약의 남용을 방지함으로써 근로자의 지위를 보장하려는 데에 있음을 고려하면, 위 규정에 의하여 기간제근로자의 갱신에 대한 정당한 기대권 형성이 제한되는 것은 아니다. 따라서 기간제 근로계약이 기간제법의 시행 후에 체결되었다고 하더라도, 그에 기한 근로관계가 반드시 2년 내에 종료된다거나 총사용기간이 2년을 넘게 되는 갱신기대권이 인정될 수 없다고 볼 것은 아니다. 기간제근로자에게 정당한 갱신기대권이 인정될 수 있는 경우에는 최초 계약의 근로관계 개시일부터 2년이 지난 시점에 당연히 근로관계가 종료될 것이라고 가정하여 그 시점이 경과되었다는 이유만으로 갱신 거절의 효력을 다투는 소의 이익을 부정할 것은 아니다(대판 2017.10.12. 2015두59907).

② **기간제근로자 사용제한기간에의 포함 여부** : [1] 기간제법의 기간제근로자 보호취지, 사용자의 부당한 갱신 거절로 인한 효과 등을 고려하면, 사용자의 부당한 갱신 거절로 인해 근로자가 실제로 근로를 제공하지 못한 기간도 계약 갱신에 대한 정당한 기대권이 존속하는 범위에서는 기간제법 제4조 제2항에서 정한 2년의 사용제한기간에 포함된다고 보아야 한다.

[2] 피고의 1차 갱신거절은 부당해고와 마찬가지로 효력이 없고, 원고의 계약갱신에 대한 기대권이 1차 갱신거절 이후까지 존속하지 않는다고 볼 만한 사정도 없으므로, 1차 갱신거절로 인해 원고가 실제로 근로를 제공하지 못한 기간도 기간제법 제4조 제2항의 사용제한기간 2년에 포함된다고 보아야 한다. 그렇다면 피고는 기간제법 시행 이후 최초 계약일인 2007.7.1.부터 2년을 초과하여 원고를 사용하였다고 할 것이므로, 이 사건 갱신거절 당시 원고는 기간제법 제4조 제2항에 따라 기간의 정함이 없는 근로계약을 체결한 근로자로 보아야 한다. 따라서 피고가 계약기간 만료를 이유로 근로계약의 종료를 통보한 이 사건 갱신거절은 효력이 없다(대판 2018.6.19. 2013다85523).

③ **근로기준법 제27조의 적용 여부** : 근로계약, 취업규칙, 단체협약 등에서 기간이 만료되더라도 일정한 요건이 충족되면 당해 근로계약이 갱신된다는 취지의 규정을 두고 있거나, 근로계약 당사자 사이에 일정한 요건이 충족되면 근로계약이 갱신된다는 신뢰관계가 형성되어 있어 근로자에게 근로계약이 갱신될 수 있으리라는 정당한 기대권이 인정되는 경우에는, 사용자가 합리적인 이유 없이 부당하게 근로계약 갱신을 거절하는 것은 예외적으로 그 효력이 없고, 종전의 근로계약이 갱신된 것과 동일하다고 인정하는 것이므로 기간제 근로계약의 종료에 따른 사용자의 갱신 거절은 근로자의 의사와 관계없이 사용자가 일방적으로 근로관계를 종료시키는 해고와는 구별되는 것이고, 근로관계의 지속에 대한 근로자의 신뢰나 기대 역시 동일하다고 평가할 수는 없다고 하면서 기간제 근로계약은 기간이 만료됨으로써 당연히 종료하는 것이므로 갱신 거절의 존부 및 시기와 사유를 명확하게 하여야 할 필요성이 해고의 경우에 견주어 크지 않고, 근로기준법 제27조의 내용과 취지에 비추어 볼 때 기간제 근로계약이 종료된 후 갱신 거절의 통보를 하는 경우에까지 근로기준법 제27조를 준수하도록 예정하였다고 보기 어려워 이러한 사정을 종합하면, 기간제 근로계약이 종료된 후 사용자가 갱신 거절의 통보를 하는 경우에는 근로기준법 제27조가 적용되지 않는다고(대판 2021.10.28. 2021두45114) 판시하고 있다.

3. 기간제근로자에 대한 최근 판례의 법리

(1) 정규직전환 기대권

1) **재단법인 소속근로자의 정규직전환 기대권**

근로계약, 취업규칙, 단체협약 등에서 기간제근로자의 계약기간이 만료될 무렵 인사평가 등을 거쳐 일정한 요건이 충족되면 기간의 정함이 없는 근로자로 전환된다는 취지의 규정을 두고 있거나, 그러한 규정이 없더라도 근로계약의 내용과 근로계약이 이루어지게 된 동기와 경위, 기간의 정함이 없는 근로자로의 전환에 관한 기준 등 그에 관한 요건이나 절차의 설정 여부 및 그 실태, 근로자가 수행하는 업무의 내용 등 근로관계를 둘러싼 여러 사정을 종합하여 볼 때, 근로계약당사자 사이에 일정한 요건이 충족되면 기간의 정함이 없는 근로자로 전환된다는 신뢰관계가 형성되어 있어 근로자에게 기간의 정함이 없는 근로자로 전환될 수 있으리라는 정당한 기대권이 인정되는 경우에는 사용자가 이를 위반하여 합리적 이유 없이 기간의 정함이 없는 근로자로의 전환을 거절하며 근로계약의 종료를 통보하더라도 부당해고와 마찬가지로 효력이 없고, 그 이후의 근로관계는 기간의 정함이 없는 근로자로 전환된 것과 동일하다(대판 2016.11.10. 2014두45765).

2) **도급업체 자회사 소속근로자의 정규직전환 기대권**
① **정규직전환에 대한 신뢰관계의 형성** : 도급업체가 업무 일부를 용역업체에 위탁하여 용역업체가 위탁받은 업무의 수행을 위해 기간을 정하여 근로자를 사용해 왔는데, 용역업체와의 위탁계약이 종료되고 도급업체가 자회사를 설립하여 자회사에 해당 업무를 위탁하는 경우, 자회사가 용역업체 소속 근로자를 정규직으로 채용하여 새롭게 근로관계가 성립될 것이라는 신뢰관계가 형성되었다면, 특별한 사정이 없는 한 근로자에게는 자회사의 정규직으로 전환 채용될 수 있으리라는 기대권이 인정된다(대판 2023.6.15. 2021두39034).
② **판단기준** : 이때 근로자에게 정규직 전환 채용에 대한 기대권이 인정되는지는 자회사의 설립 경위 및 목적, 정규직 전환 채용에 관한 협의의 진행경과 및 내용, 정규직 전환 채용 요건이나 절차의 설정 여부 및 실태, 기존의 고용승계 관련 관행, 근로자가 수행하는 업무의 내용, 자회사와 근로자의 인식 등 해당 근로관계 및 용역계약을 둘러싼 여러 사정을 종합적으로 고려하여 판단해야 한다. 근로자에게 정규직 전환 채용에 대한 기대권이 인정되는 경우 도급업체의 자회사가 합리적 이유 없이 채용을 거절하는 것은 부당해고와 마찬가지로 효력이 없다(대판 2023.6.15. 2021두39034).

(2) 정년 후 재고용 및 갱신기대권

1) **정년 후 재고용기대권**
근로계약, 취업규칙, 단체협약 등에서 정년에 도달한 근로자가 일정한 요건을 충족하면 기간제근로자로 재고용해야 한다는 취지의 규정을 두고 있거나, 그러한 규정이 없더라도 재고용을 실시하게 된 경위 및 실시기간, 해당 직종 또는 직무 분야에서 정년에 도달한 근로자 중 재고용된 사람의 비율, 재고용이 거절된 근로자가 있는 경우 그 사유 등의 여러 사정을 종합해 볼 때, 사업장에 그에 준하는 정도의 재고용 관행이 확립되어 있다고 인정되는 등 근로계약 당사자 사이에 근로자가 정년에 도달하더라도 일정한 요건을 충족하면 기간제근로자로 재고용될 수 있다는 신뢰관계가 형성되어 있는 경우에는 특별한 사정이 없는 한 근로자는 그에 따라 정년 후 재고용되리라는 기대권을 가진다. 이와 같이 정년퇴직하게 된 근로자에게 기간제근로자로의 재고용에 대한 기대권이 인정되는 경우, 사용자가 기간제근로자로의 재고용을 합리적 이유 없이 거절하는 것은 부당해고와 마찬가지로 근로자에게 효력이 없다. **기출 25** 이러한 법리는, 특별한 사정이 없는 한 기간제근로자가 정년을 이유로 퇴직하게 된 경우에도 마찬가지로 적용된다(대판 2023.11.2. 2023두41727).

2) **정년 후 갱신기대권**
① **정년 후 갱신에 대한 신뢰관계의 형성** : '기간제 및 단시간근로자 보호 등에 관한 법률' 및 '고용상 연령차별금지 및 고령자고용촉진에 관한 법률'의 입법 취지와 사업장 내에서 정한 정년의 의미 및 정년 이후에 기간제 근로계약을 체결하는 근로계약 당사자의 일반적인 의사 등을 고려하면, 정년이 지난 상태에서 기간제 근로계약을 체결한 경우에는 위에서 본 여러 사정에 더하여 해당 직무에서의 연령에 따른 업무수행 능력 및 작업능률의 저하 정도와 위험성 증대 정도, 해당 사업장에서 정년이 지난 고령자가 근무하는 실태와 계약이 갱신된 사례 등의 사정까지 아울러 참작하여 근로계약 갱신에 관한 정당한 기대권이 인정되는지를 판단해야 한다. 이와 같이 근로자에게 기간제 근로계약에 대한 갱신기대권이 인정되는 경우 사용자가 합리적 이유 없이 근로계약의 갱신을 거절하는 것은 부당해고와 마찬가지로 근로자에게 효력이 없고, 이때 기간만료 후의 근로관계는 종전의 근로계약이 갱신된 것과 동일하다(대판 2023.6.29. 2018두62492).

② **갱신거절의 정당성의 판단기준** : 근로자에게 이러한 갱신기대권이 인정되는데도 사용자가 이를 배제하고 갱신을 거절할 경우, 거기에 합리적 이유가 있는지는 사용자의 사업 목적과 성격, 사업장 여건, 근로계약 체결 경위, 근로계약 갱신 제도의 실제 운용 실태, 해당 근로자의 지위와 담당 직무의 내용 및 업무수행 적격성, 근로자에게 책임 있는 사유가 있는지 등 근로관계를 둘러싼 여러 사정을 종합하여 갱신거절의 사유와 절차가 사회통념에 비추어 볼 때 객관적이고 합리적이며 공정한지를 기준으로 판단해야 한다. 그리고 그러한 사정에 관한 증명책임은 사용자가 부담한다(대판 2023.6.29. 2018두62492).

(3) 고용승계 기대권

1) 새로운 근로관계에 대한 신뢰관계의 형성

도급업체가 사업장 내 업무의 일부를 기간을 정하여 다른 업체(이하 '용역업체')에 위탁하고, 용역업체가 위탁받은 용역업무의 수행을 위해 해당 용역계약의 종료 시점까지 기간제근로자를 사용하여 왔는데, 해당 용역업체의 계약기간이 만료되고 새로운 용역업체가 해당 업무를 위탁받아 도급업체와 용역계약을 체결한 경우, 새로운 용역업체가 종전 용역업체 소속 근로자에 대한 고용을 승계하여 새로운 근로관계가 성립될 것이라는 신뢰관계가 형성되었다면, 특별한 사정이 없는 한 근로자에게는 그에 따라 새로운 용역업체로 고용이 승계되리라는 기대권이 인정된다. 이와 같이 근로자에게 고용승계에 대한 기대권이 인정되는 경우 근로자가 고용승계를 원하였는데도 새로운 용역업체가 합리적 이유 없이 고용승계를 거절하는 것은 부당해고와 마찬가지로 근로자에게 효력이 없다(대판 2021.4.29. 2016두57045).

2) 판단기준

근로자에게 고용승계에 대한 기대권이 인정되는지는 새로운 용역업체가 종전 용역업체 소속 근로자에 대한 고용을 승계하기로 하는 조항을 포함하고 있는지 여부를 포함한 구체적인 계약내용, 해당 용역계약의 체결 동기와 경위, 도급업체 사업장에서의 용역업체 변경에 따른 고용승계 관련 기존 관행, 위탁의 대상으로서 근로자가 수행하는 업무의 내용, 새로운 용역업체와 근로자들의 인식 등 근로관계 및 해당 용역계약을 둘러싼 여러 사정을 종합적으로 고려하여 판단하여야 한다(대판 2021.4.29. 2016두57045).

(4) 검토

종래 판례에 의하여 인정되던 갱신기대권의 법리에 의하면 기간제근로자의 지위가 정규직으로 전환되는 것은 아니라는 한계가 있었으나 정규직 전환기대권의 법리에 의하면 비정규직 근로자에게 정규직 전환에 대한 정당한 기대권이 형성된 경우에는 사용자가 이를 위반하여 합리적 이유 없이 기간의 정함이 없는 근로자로의 전환을 거절할 수 없어 비정규직 근로자의 보호에 한층 긍정적 영향을 미칠 것으로 보인다. 정년 후 재고용 및 갱신기대권이나 고용승계 기대권의 법리도 같은 취지에서 이해할 수 있을 것이다.

Ⅳ 단시간근로자

1. 단시간근로자의 초과근로 제한(기단법 제6조)

① 사용자는 단시간근로자에 대하여 근로기준법 제2조의 소정근로시간을 초과하여 근로하게 하는 경우에는 해당 근로자의 동의를 얻어야 한다. 이 경우 1주간에 12시간을 초과하여 근로하게 할 수 없다.
   기출 17·23·25
② 단시간근로자는 사용자가 동의를 얻지 아니하고 초과근로를 하게 하는 경우에는 이를 거부할 수 있다.
③ 사용자는 초과근로에 대하여 통상임금의 100분의 50 이상을 가산하여 지급하여야 한다. 기출 22

2. 단시간근로자의 근로조건(근기법 시행령 [별표 2])

단시간근로자의 근로조건은 그 사업장의 같은 종류의 업무에 종사하는 통상근로자의 근로시간을 기준으로 산정한 비율에 따라 결정되어야 한다(근기법 제18조 제1항). 기출 14·16 기타 이에 대한 자세한 사항은 본서의 CHAPTER 05 제4절 근로시간의 신축적 운용을 참조하라.

3. 통상근로자로의 전환노력 등(기단법 제7조)

① 사용자는 통상근로자를 채용하고자 하는 경우에는 해당 사업 또는 사업장의 동종 또는 유사한 업무에 종사하는 단시간근로자를 우선적으로 고용하도록 노력하여야 한다. 기출 22
② 사용자는 가사, 학업 그 밖의 이유로 근로자가 단시간근로를 신청하는 때에는 해당 근로자를 단시간근로자로 전환하도록 노력하여야 한다. 기출 16·18·20·23·25

Ⅴ 차별적 처우의 금지 및 시정절차

1. 차별적 처우의 금지

(1) 기간제근로자에 대한 차별금지

사용자는 기간제근로자임을 이유로 해당 사업 또는 사업장에서 동종 또는 유사한 업무에 종사하는 기간의 정함이 없는 근로계약을 체결한 근로자에 비하여 차별적 처우를 하여서는 아니 된다. 기출 21 사용자는 단시간근로자임을 이유로 해당 사업 또는 사업장의 동종 또는 유사한 업무에 종사하는 통상근로자에 비하여 차별적 처우를 하여서는 아니 된다(기단법 제8조).

(2) 비교대상 근로자

판례는 비교대상 근로자의 선정은 차별적 처우가 합리적인지를 판단하기 위한 전제가 되는데, 이 단계를 실체적으로나 절차적으로나 지나치게 엄격하게 보면 차별 여부에 대한 실체 판단에 나아갈 수 없게 되어 차별시정제도를 통한 근로자 구제가 미흡하게 될 우려가 있다고 하면서, 이러한 노동위원회 차별시정제도의 취지와 직권주의적 특성, 비교대상성 판단의 성격 등을 고려하면, 노동위원회는 신청인이 주장한 비교대상 근로자와 동일성이 인정되는 범위 내에서 조사, 심리를 거쳐 적합한 근로자를 비교대상 근로자로 선정할 수 있다고(대판 2023.11.30. 2019두53952) 한다. 기출 24

(3) 불리한 처우

1) 의 의
기간제법 제2조 제3호의 불리한 처우란 사용자가 임금 그 밖의 근로조건 등에서 기간제근로자와 비교대상근로자를 다르게 처우함으로써 기간제근로자에게 발생하는 불이익 전반을 의미한다(대판 2019.9.26, 2016두47857).

2) 불리한 처우의 판단대상
'불리한 처우' 해당 여부를 따지기 위해서는 '기간제근로자'가 비교대상 근로자인 '정규직 근로자'와 비교할 때 불리한 처우를 받았는지 여부를 기준으로 판단하여야 한다. 즉 이 사건에서 기간제근로자들이 기간제법상 불리한 처우를 받았는지 여부를 판단하기 위해서는 기간제근로자들이 정규직으로 전환된 후의 상황을 고려해서는 안 되고, 이 사건 비교대상 근로자들 역시 그들의 과거 기간제 근무경력을 고려 대상으로 삼아서는 안 되며, 단지 기간제근로자들의 '기간제 근무기간'과 이 사건 비교대상 근로자들의 '정규직 근무기간'만을 비교대상으로 삼아 그 둘 사이에 차별이 있는지 여부를 검토하여야 한다(대판 2014.9.24. 2012두2207). 최근 판례는 불리한 처우가 '기간의 정함이 없는 근로계약을 체결한 근로자'와 비교하여 기간제근로자만이 가질 수 있는 속성을 원인으로 하는 경우 '기간제근로자임을 이유로 한 불리한 처우'에 해당하고, 모든 기간제근로자가 아닌 일부 기간제근로자만이 불리한 처우를 받는다고 하더라도 달리 볼 수 없다고(대판 2023.6.29. 2019두55262) 한다. 기출 25

3) 불리한 처우의 판단방법
① **항목별 비교** : 기간제근로자가 기간제근로자임을 이유로 임금에서 비교대상 근로자에 비하여 차별적 처우를 받았다고 주장하며 차별 시정을 신청하는 경우, 원칙적으로 기간제근로자가 불리한 처우라고 주장하는 임금의 세부 항목별로 비교대상 근로자와 비교하여 불리한 처우가 존재하는지를 판단하여야 한다(대판 2019.9.26. 2016두47857).

② **범주별 비교** : 다만 기간제근로자와 비교대상 근로자의 임금이 서로 다른 항목으로 구성되어 있거나, 기간제근로자가 특정 항목은 비교대상 근로자보다 불리한 대우를 받은 대신 다른 특정 항목은 유리한 대우를 받은 경우 등과 같이 항목별로 비교하는 것이 곤란하거나 적정하지 않은 특별한 사정이 있는 경우라면, 상호 관련된 항목들을 범주별로 구분하고 각각의 범주별로 기간제근로자가 받은 임금 액수와 비교대상 근로자가 받은 임금 액수를 비교하여 기간제근로자에게 불리한 처우가 존재하는지를 판단하여야 한다. 이러한 경우 임금의 세부 항목이 어떤 범주에 속하는지는, 비교대상 근로자가 받은 항목별 임금의 지급 근거, 대상과 그 성격, 기간제근로자가 받은 임금의 세부 항목 구성과 산정 기준, 특정 항목의 임금이 기간제근로자에게 지급되지 않거나 적게 지급된 이유나 경위, 임금 지급 관행 등을 종합하여 합리적이고 객관적으로 판단하여야 한다(대판 2019.9.26. 2016두47857).

(4) 합리적 이유가 없을 것

1) 의 의
불리한 처우에 합리적 이유가 없다면 이는 차별적 처우에 해당한다.

2) 합리적 이유의 판단기준
합리적인 이유가 있는지는 개별 사안에서 문제가 된 불리한 처우의 내용과 사용자가 불리한 처우의 사유로 삼은 사정을 기준으로, 급부의 실제 목적, 고용형태의 속성과 관련성, 업무의 내용과 범위·권한·책임, 노동의 강도·양과 질, 임금이나 그 밖의 근로조건 등의 결정요소 등을 종합적으로 고려하여 판단하여야 한다(대판 2019.9.26. 2016두47857). 예를 들면 장기근속수당은 장기근속에 대한 대가로 지급되는 외에 장기근속을 장려하기 위한 목적에서 지급되는 것으로 볼 수 있는 점, 기간제 근로 형태와 이 사건 비교대상 근로자들의 정규직 근로 형태가 채용 목적, 근로 범위나 권한 등의 측면에서 차이가 있는 것을 부정할 수 없는 점 등을 종합하여 볼 때, 사용자가 기간제 근무기간을 장기근속수당 산정을 위한 근속기간에 포함시키지 아니한 것에는 합리적인 이유가 있다고 할 것이다(대판 2014.9.24. 2012두2207). 한편 임금 그 밖의 근로조건 등에서 합리적인 이유 없이 불리하게 처우하는 것을 차별적 처우로 정의하고 있는 기간제 및 단시간근로자 보호 등에 관한 법률 제2조 제3호의 규정 내용을 고려하면, 임금 세부 항목별이 아닌 각 범주별로 기간제근로자에게 불리한 처우가 존재하는지를 판단하여야 할 때에는 합리적 이유가 있는지 여부도 범주별로 판단하여야 한다(대판 2019.9.26. 2016두47857).

3) 합리적 이유가 없는 경우
합리적인 이유가 없는 경우란 기간제근로자를 달리 처우할 필요성이 인정되지 않거나, 달리 처우할 필요성이 인정되더라도 그 방법·정도 등이 적정하지 않은 것을 뜻한다(대판 2019.9.26. 2016두47857).

4) 증명책임
합리적 이유의 존재 여부에 대한 증명책임은 사용자가 부담한다(기단법 제9조 제4항).

2. 차별적 처우의 시정절차

(1) 차별적 처우의 시정신청(기단법 제9조) 기출 16·17·19·20·24
① 기간제근로자 또는 단시간근로자는 차별적 처우를 받은 경우 노동위원회에 그 시정을 신청할 수 있다. 다만, 차별적 처우가 있은 날(계속되는 차별적 처우는 그 종료일)부터 6개월이 지난 때에는 그러하지 아니하다.
② 기간제근로자 또는 단시간근로자가 시정신청을 하는 때에는 차별적 처우의 내용을 구체적으로 명시하여야 한다.
③ 시정신청의 절차·방법 등에 관하여 필요한 사항은 중앙노동위원회가 따로 정한다.
④ 차별적 처우와 관련한 분쟁에서 증명책임은 사용자가 부담한다.
⑤ 노동위원회는 시정신청을 받은 때에는 지체 없이 필요한 조사와 관계당사자에 대한 심문을 하여야 한다.

(2) 조사·심문 등(기단법 제10조)
노동위원회는 시정신청을 받은 때에는 지체 없이 필요한 조사와 관계당사자에 대한 심문을 하여야 한다.

(3) 조정·중재(기단법 제11조)
① 노동위원회는 심문의 과정에서 관계당사자 쌍방 또는 일방의 신청 또는 직권에 의하여 조정절차를 개시할 수 있고, 관계당사자가 미리 노동위원회의 중재(仲裁)결정에 따르기로 합의하여 중재를 신청한 경우에는 중재를 할 수 있다. 기출 19·25
② 조정 또는 중재를 신청하는 경우에는 차별적 처우의 시정신청을 한 날부터 14일 이내에 하여야 한다. 다만, 노동위원회의 승낙이 있는 경우에는 14일 후에도 신청할 수 있다. 기출 25
③ 노동위원회는 조정 또는 중재를 하는 경우 관계당사자의 의견을 충분히 들어야 한다.
④ 노동위원회는 특별한 사유가 없으면 조정절차를 개시하거나 중재신청을 받은 때부터 60일 이내에 조정안을 제시하거나 중재결정을 하여야 한다. 기출 25
⑤ 노동위원회는 관계당사자 쌍방이 조정안을 수락한 경우에는 조정조서를 작성하고 중재결정을 한 경우에는 중재결정서를 작성하여야 한다.
⑥ 조정조서에는 관계당사자와 조정에 관여한 위원전원이 서명·날인하여야 하고, 중재결정서에는 관여한 위원 전원이 서명·날인하여야 한다. 기출 25
⑦ 조정 또는 중재결정은 민사소송법의 규정에 따른 재판상 화해와 동일한 효력을 갖는다.

(4) 시정명령 등(기단법 제12조) 기출 15

① 노동위원회는 조사·심문을 종료하고 차별적 처우에 해당된다고 판정한 때에는 사용자에게 시정명령을 내려야 하고, 차별적 처우에 해당하지 아니한다고 판정한 때에는 그 시정신청을 기각하는 결정을 하여야 한다.
② 판정·시정명령 또는 기각결정은 서면으로 하되 그 이유를 구체적으로 명시하여 관계당사자에게 각각 교부하여야 한다. 이 경우 시정명령을 내리는 때에는 시정명령의 내용 및 이행기한 등을 구체적으로 기재하여야 한다.

(5) 조정·중재 또는 시정명령의 내용(기단법 제13조) 기출 15·19·20·25

① 조정·중재 또는 시정명령의 내용에는 차별적 행위의 중지, 임금 등 근로조건의 개선(취업규칙, 단체협약 등의 제도개선명령을 포함) 또는 적절한 배상 등이 포함될 수 있다.
② 배상액은 차별적 처우로 인하여 기간제근로자 또는 단시간근로자에게 발생한 손해액을 기준으로 정한다. 다만, 노동위원회는 사용자의 차별적 처우에 명백한 고의가 인정되거나 차별적 처우가 반복되는 경우에는 손해액을 기준으로 3배를 넘지 아니하는 범위에서 배상을 명령할 수 있다.

(6) 시정명령 등의 확정(기단법 제14조)

① 지방노동위원회의 시정명령 또는 기각결정에 대하여 불복하는 관계당사자는 시정명령서 또는 기각결정서의 송달을 받은 날부터 10일 이내에 중앙노동위원회에 재심을 신청할 수 있다.
② 중앙노동위원회의 재심결정에 대하여 불복하는 관계당사자는 재심결정서의 송달을 받은 날부터 15일 이내에 행정소송을 제기할 수 있다.
③ ①에 규정된 기간 이내에 재심을 신청하지 아니하거나 ②에 규정된 기간 이내에 행정소송을 제기하지 아니한 때에는 그 시정명령·기각결정 또는 재심결정은 확정된다.

(7) 시정명령 이행상황의 제출 요구 등 기출 13·15·19·21

① 고용노동부장관은 확정된 시정명령에 대하여 사용자에게 이행상황을 제출할 것을 요구할 수 있고, 시정신청을 한 근로자는 사용자가 확정된 시정명령을 이행하지 아니하는 경우 이를 고용노동부장관에게 신고할 수 있다(기단법 제15조).
② 고용노동부장관은 확정된 시정명령을 이행할 의무가 있는 사용자의 사업 또는 사업장에서 해당 시정명령의 효력이 미치는 근로자 이외의 기간제근로자 또는 단시간근로자에 대하여 차별적 처우가 있는지를 조사하여 차별적 처우가 있는 경우에는 그 시정을 요구할 수 있다(기단법 제15조의3 제1항).

(8) 차별적 처우 시정요구 등(기단법 제15조의2, 제15조의3) 기출 24

① 고용노동부장관은 사용자가 차별적 처우를 한 경우에는 그 시정을 요구할 수 있다. 고용노동부장관은 사용자가 시정요구에 따르지 아니할 경우에는 차별적 처우의 내용을 구체적으로 명시하여 노동위원회에 통보하여야 한다. 이 경우 고용노동부장관은 해당 사용자 및 근로자에게 그 사실을 통지하여야 한다. 노동위원회는 고용노동부장관의 통보를 받은 경우에는 지체 없이 차별적 처우가 있는지 여부를 심리하여야 한다. 이 경우 노동위원회는 해당 사용자 및 근로자에게 의견을 진술할 수 있는 기회를 부여하여야 한다.
② 고용노동부장관은 확정된 시정명령을 이행할 의무가 있는 사용자의 사업 또는 사업장에서 해당 시정명령의 효력이 미치는 근로자 이외의 기간제근로자 또는 단시간근로자에 대하여 차별적 처우가 있는지를 조사하여 차별적 처우가 있는 경우에는 그 시정을 요구할 수 있다.

VI 보 칙

1. 불리한 처우의 금지(기단법 제16조)

사용자는 기간제근로자 또는 단시간근로자가 다음의 어느 하나에 해당하는 행위를 한 것을 이유로 해고 그 밖의 불리한 처우를 하지 못한다.
① 사용자의 부당한 초과근로 요구의 거부
② 차별적 처우의 시정신청, 노동위원회에의 참석 및 진술, 재심신청 또는 행정소송의 제기
③ 시정명령 불이행의 신고
④ 통 지

2. 근로조건의 서면명시(기단법 제17조)

사용자는 기간제근로자 또는 단시간근로자와 근로계약을 체결하는 때에는 다음의 모든 사항을 서면으로 명시하여야 한다. 다만, ⑥(근로일 및 근로일별 근로시간)은 단시간근로자에 한정한다. **기출** 17·22·23·24·25
① 근로계약기간에 관한 사항
② 근로시간·휴게에 관한 사항
③ 임금의 구성항목·계산방법 및 지불방법에 관한 사항
④ 휴일·휴가에 관한 사항
⑤ 취업의 장소와 종사하여야 할 업무에 관한 사항
⑥ 근로일 및 근로일별 근로시간

3. 감독기관에 대한 통지(기단법 제18조)

사업 또는 사업장에서 이 법 또는 이 법에 의한 명령을 위반한 사실이 있는 경우에는 근로자는 그 사실을 고용노동부장관 또는 근로감독관에게 통지할 수 있다. **기출** 23

4. 취업촉진을 위한 국가 등의 노력(기단법 제20조)

국가 및 지방자치단체는 고용정보의 제공, 직업지도, 취업 알선, 직업능력 개발 등 기간제근로자 및 단시간근로자의 취업촉진을 위하여 필요한 조치를 우선적으로 취하도록 노력하여야 한다.

VII 벌 칙

1. 벌칙(기단법 제21조, 제22조)

① 기간제근로자 또는 단시간근로자가 사용자의 부당한 초과근로 요구의 거부 등의 행위를 한 것을 이유로 해고 그 밖의 불리한 처우를 한 자는 2년 이하의 징역 또는 1천만원 이하의 벌금에 처한다.
② 단시간근로자의 동의 없이 소정근로시간을 초과하여 근로하게 하거나, 동의가 있더라도 1주간에 12시간을 초과하여 근로하게 한 자는 천만원 이하의 벌금에 처한다.

2. 과태료(기단법 제24조)

(1) 1억원 이하의 과태료
확정된 시정명령을 정당한 이유 없이 이행하지 아니한 자에게는 1억원 이하의 과태료를 부과한다.

(2) 500만원 이하의 과태료
정당한 이유 없이 고용노동부장관의 시정명령 이행상황의 제출요구에 따르지 아니하거나, 기간제근로자 또는 단시간근로자와 근로계약을 체결하는 경우, 근로조건을 서면으로 명시하지 아니한 자에게는 500만원 이하의 과태료를 부과한다. 기출 23

제3절 산업안전보건법

I. 목적(산안법 제1조)
산업 안전 및 보건에 관한 기준을 확립하고 그 책임의 소재를 명확하게 하여 산업재해를 예방하고 쾌적한 작업환경을 조성함으로써 노무를 제공하는 사람의 안전 및 보건을 유지·증진함을 목적으로 한다.

II. 정의(산안법 제2조, 시행규칙 제3조)

① 산업재해 : 노무를 제공하는 사람이 업무에 관계되는 건설물·설비·원재료·가스·증기·분진 등에 의하거나 작업 또는 그 밖의 업무로 인하여 사망 또는 부상하거나 질병에 걸리는 것을 말한다. 기출 14·24
② 중대재해 : 산업재해 중 사망 등 재해 정도가 심하거나 다수의 재해자가 발생한 경우로서 ㉠ 사망자가 1명 이상 발생한 재해, ㉡ 3개월 이상의 요양이 필요한 부상자가 동시에 2명 이상 발생한 재해, ㉢ 부상자 또는 직업성 질병자가 동시에 10명 이상 발생한 재해 등을 말한다. 기출 22
③ 근로자 : 근로기준법 제2조 제1항 제1호에 따른 근로자를 말한다.
④ 사업주 : 근로자를 사용하여 사업을 하는 자를 말한다. 기출 14
⑤ 근로자대표 : 근로자의 과반수로 조직된 노동조합이 있는 경우에는 그 노동조합을, 근로자의 과반수로 조직된 노동조합이 없는 경우에는 근로자의 과반수를 대표하는 자를 말한다.
⑥ 도급 : 명칭에 관계없이 물건의 제조·건설·수리 또는 서비스의 제공, 그 밖의 업무를 타인에게 맡기는 계약을 말한다.
⑦ 도급인 : 물건의 제조·건설·수리 또는 서비스의 제공, 그 밖의 업무를 도급하는 사업주를 말한다. 다만, 건설공사발주자는 제외한다. 기출 24
⑧ 수급인 : 도급인으로부터 물건의 제조·건설·수리 또는 서비스의 제공, 그 밖의 업무를 도급받은 사업주를 말한다.
⑨ 관계수급인 : 도급이 여러 단계에 걸쳐 체결된 경우에 각 단계별로 도급받은 사업주 전부를 말한다. 기출 24
⑩ 건설공사발주자 : 건설공사를 도급하는 자로서 건설공사의 시공을 주도하여 총괄·관리하지 아니하는 자를 말한다. 다만, 도급받은 건설공사를 다시 도급하는 자는 제외한다. 기출 24

⑪ **건설공사** : 다음의 어느 하나에 해당하는 공사를 말한다.
  ㉠ 건설산업기본법에 따른 건설공사
  ㉡ 전기공사업법에 따른 전기공사
  ㉢ 정보통신공사업법에 따른 정보통신공사
  ㉣ 소방시설공사업법에 따른 소방시설공사
  ㉤ 국가유산수리 등에 관한 법률에 따른 국가유산 수리공사
⑫ **안전보건진단** : 산업재해를 예방하기 위하여 잠재적 위험성을 발견하고 그 개선대책을 수립할 목적으로 조사·평가하는 것을 말한다.
⑬ **작업환경 측정** : 작업환경실태를 파악하기 위하여 해당 근로자 또는 작업장에 대하여 사업주가 유해인자에 대한 측정계획을 수립한 후 시료를 채취하고 분석·평가하는 것을 말한다. 기출 24

Ⅲ 적용범위(산안법 제3조)

이 법은 모든 사업에 적용한다. 다만, 유해·위험의 정도, 사업의 종류, 사업장의 상시근로자 수(건설공사의 경우에는 건설공사금액) 등을 고려하여 대통령령으로 정하는 종류의 사업 또는 사업장에는 이 법의 전부 또는 일부를 적용하지 아니할 수 있다. 기출 19

Ⅳ 정부의 책무와 사업주·근로자의 의무

1. 정부의 책무

(1) 책무의 내용(산안법 제4조)

정부는 동법의 목적을 달성하기 위하여 다음 사항을 성실히 이행할 책무를 진다.
① 산업안전 및 보건정책의 수립 및 집행
② 산업재해 예방 지원 및 지도
③ 근로기준법에 따른 직장 내 괴롭힘 예방을 위한 조치기준 마련, 지도 및 지원
④ 사업주의 자율적인 산업안전 및 보건경영체제 확립을 위한 지원
⑤ 산업안전 및 보건에 관한 의식을 북돋우기 위한 홍보·교육 등 안전문화 확산 추진 기출 18
⑥ 산업안전 및 보건에 관한 기술의 연구·개발 및 시설의 설치·운영
⑦ 산업재해에 관한 조사 및 통계의 유지·관리
⑧ 산업안전 및 보건 관련 단체 등에 대한 지원 및 지도·감독
⑨ 그 밖에 노무를 제공하는 사람의 안전 및 건강의 보호·증진

(2) 산업재해 예방 기본계획의 수립·공표(산안법 제7조)

① 고용노동부장관은 산업재해 예방에 관한 기본계획을 수립하여야 한다.
② 고용노동부장관은 수립한 기본계획을 산업재해보상보험법에 따른 산업재해보상보험 및 예방심의위원회의 심의를 거쳐 공표하여야 한다. 이를 변경하려는 경우에도 또한 같다. 기출 20

(3) 산업재해 발생건수 등의 공표(산안법 제10조)

① 고용노동부장관은 산업재해를 예방하기 위하여 대통령령으로 정하는 사업장의 근로자 산업재해 발생건수, 재해율 또는 그 순위 등(이하 "산업재해발생건수등")을 공표하여야 한다.

② 고용노동부장관은 도급인의 사업장(도급인이 제공하거나 지정한 경우로서 도급인이 지배·관리하는 대통령령으로 정하는 장소를 포함) 중 대통령령으로 정하는 사업장에서 관계수급인근로자가 작업을 하는 경우에 도급인의 산업재해발생건수등에 관계수급인의 산업재해발생건수등을 포함하여 공표하여야 한다.

기출 20

2. 지방자치단체의 책무

(1) 책무의 내용(산안법 제4조의2)

지방자치단체는 정부의 정책에 적극 협조하고, 관할지역의 산업재해를 예방하기 위한 대책을 수립·시행하여야 한다.

(2) 산업재해예방활동(산안법 제4조의3)

지방자치단체의 장은 관할지역 내에서의 산업재해 예방을 위하여 자체 계획의 수립, 교육, 홍보 및 안전한 작업환경 조성을 지원하기 위한 사업장 지도 등 필요한 조치를 할 수 있다. 정부는 지방자치단체의 산업재해 예방활동에 필요한 행정적·재정적 지원을 할 수 있다. 산업재해예방활동에 필요한 사항은 지방자치단체가 조례로 정할 수 있다.

3. 사업주의 의무(산안법 제5조)

① 사업주(특수형태근로종사자로부터 노무를 제공받는 자와 물건의 수거·배달 등을 중개하는 자를 포함)는 다음의 사항을 이행함으로써 근로자(특수형태근로종사자와 물건의 수거·배달 등을 하는 사람을 포함)의 안전 및 건강을 유지·증진시키고 국가의 산업재해예방정책을 따라야 한다.
  ㉠ 이 법과 이 법에 따른 명령으로 정하는 산업재해 예방을 위한 기준
  ㉡ 근로자의 신체적 피로와 정신적 스트레스 등을 줄일 수 있는 쾌적한 작업환경의 조성 및 근로조건 개선
  ㉢ 해당 사업장의 안전 및 보건에 관한 정보를 근로자에게 제공

② 다음의 어느 하나에 해당하는 자는 발주·설계·제조·수입 또는 건설을 할 때 이 법과 이 법에 따른 명령으로 정하는 기준을 지켜야 하고, 발주·설계·제조·수입 또는 건설에 사용되는 물건으로 인하여 발생하는 산업재해를 방지하기 위하여 필요한 조치를 하여야 한다.
  ㉠ 기계·기구와 그 밖의 설비를 설계·제조 또는 수입하는 자
  ㉡ 원재료 등을 제조·수입하는 자
  ㉢ 건설물을 발주·설계·건설하는 자

4. 근로자의 의무(산안법 제6조)

근로자는 이 법과 이 법에 따른 명령으로 정하는 산업재해 예방을 위한 기준을 지켜야 하며, 사업주 또는 근로기준법에 따른 근로감독관, 공단 등 관계인이 실시하는 산업재해 예방에 관한 조치에 따라야 한다.

V 안전·보건관리체계

1. 안전·보건관리체계의 도해

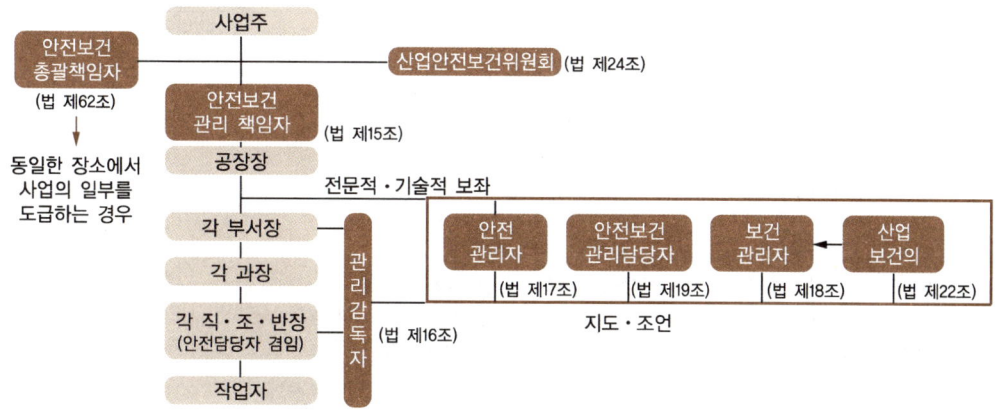

2. 이사회에 대한 보고 및 승인의무

상법에 따른 주식회사 중 대통령령으로 정하는 회사의 대표이사는 대통령령으로 정하는 바에 따라 매년 회사의 안전 및 보건에 관한 계획을 수립하여 이사회에 보고하고 승인을 받아야 하며, 대표이사는 이에 따른 안전 및 보건에 관한 계획을 성실하게 이행하여야 한다(산안법 제14조 제1항·제2항).

> **이사회 보고·승인 대상 회사 등(산안법 시행령 제13조)**
> ① 법 제14조 제1항에서 "대통령령으로 정하는 회사"란 다음 각 호의 어느 하나에 해당하는 회사를 말한다.
>   1. 상시근로자 500명 이상을 사용하는 회사
>   2. 「건설산업기본법」 제23조에 따라 평가하여 공시된 시공능력(같은 법 시행령 [별표 1]의 종합공사를 시공하는 업종의 건설업종란 제3호에 따른 토목건축공사업에 대한 평가 및 공시로 한정한다)의 순위 상위 1천위 이내의 건설회사
> ② 법 제14조 제1항에 따른 회사의 대표이사(「상법」 제408조의2 제1항 후단에 따라 대표이사를 두지 못하는 회사의 경우에는 같은 법 제408조의5에 따른 대표집행임원을 말한다)는 회사의 정관에서 정하는 바에 따라 다음 각 호의 내용을 포함한 회사의 안전 및 보건에 관한 계획을 수립해야 한다.
>   1. 안전 및 보건에 관한 경영방침
>   2. 안전·보건관리 조직의 구성·인원 및 역할
>   3. 안전·보건 관련 예산 및 시설 현황
>   4. 안전 및 보건에 관한 전년도 활동실적 및 다음 연도 활동계획

3. 안전보건관리책임자

안전보건관리책임자(산안법 제15조)
① 사업주는 사업장을 실질적으로 총괄하여 관리하는 사람에게 해당 사업장의 다음 각 호의 업무를 총괄하여 관리하도록 하여야 한다.
  1. 사업장의 산업재해 예방계획의 수립에 관한 사항
  2. 제25조 및 제26조에 따른 안전보건관리규정의 작성 및 변경에 관한 사항
  3. 제29조에 따른 안전보건교육에 관한 사항
  4. 작업환경측정 등 작업환경의 점검 및 개선에 관한 사항
  5. 제129조부터 제132조까지에 따른 근로자의 건강진단 등 건강관리에 관한 사항
  6. 산업재해의 원인 조사 및 재발 방지대책 수립에 관한 사항
  7. 산업재해에 관한 통계의 기록 및 유지에 관한 사항
  8. 안전장치 및 보호구 구입 시 적격품 여부 확인에 관한 사항 `기출` 25
  9. 그 밖에 근로자의 유해·위험 방지조치에 관한 사항으로서 고용노동부령으로 정하는 사항
② 제1항 각 호의 업무를 총괄하여 관리하는 사람(이하 "안전보건관리책임자"라 한다)은 제17조에 따른 안전관리자와 제18조에 따른 보건관리자를 지휘·감독한다.

4. 안전관리자

① 사업주는 사업장에 안전에 관한 기술적인 사항에 관하여 사업주 또는 안전보건관리책임자를 보좌하고 관리감독자에게 지도·조언하는 업무를 수행하는 사람(이하 "안전관리자")을 두어야 한다. 대통령령으로 정하는 사업의 종류 및 사업장의 상시근로자 수에 해당하는 사업장의 사업주는 안전관리자에게 그 업무만을 전담하도록 하여야 한다(산안법 제17조 제1항·제3항).

② 고용노동부장관은 산업재해 예방을 위하여 필요한 경우로서 고용노동부령으로 정하는 사유에 해당하는 경우에는 사업주에게 안전관리자를 대통령령으로 정하는 수 이상으로 늘리거나 교체할 것을 명할 수 있다. 대통령령으로 정하는 사업의 종류 및 사업장의 상시근로자 수에 해당하는 사업장의 사업주는 지정받은 안전관리업무를 전문적으로 수행하는 기관(이하 "안전관리전문기관")에 안전관리자의 업무를 위탁할 수 있다(산안법 제17조 제4항·제5항).

안전관리자의 업무 등(산안법 시행령 제18조)
① 안전관리자의 업무는 다음 각 호와 같다.
  1. 법 제24조 제1항에 따른 산업안전보건위원회(이하 "산업안전보건위원회"라 한다) 또는 법 제75조 제1항에 따른 안전 및 보건에 관한 노사협의체(이하 "노사협의체"라 한다)에서 심의·의결한 업무와 해당 사업장의 법 제25조 제1항에 따른 안전보건관리규정(이하 "안전보건관리규정"이라 한다) 및 취업규칙에서 정한 업무 `기출` 25
  2. 법 제36조에 따른 위험성평가에 관한 보좌 및 지도·조언
  3. 법 제84조 제1항에 따른 안전인증대상기계등(이하 "안전인증대상기계등"이라 한다)과 법 제89조 제1항 각 호 외의 부분 본문에 따른 자율안전확인대상기계등(이하 "자율안전확인대상기계등"이라 한다) 구입 시 적격품의 선정에 관한 보좌 및 지도·조언
  4. 해당 사업장 안전교육계획의 수립 및 안전교육 실시에 관한 보좌 및 지도·조언
  5. 사업장 순회점검, 지도 및 조치 건의
  6. 산업재해 발생의 원인 조사·분석 및 재발 방지를 위한 기술적 보좌 및 지도·조언
  7. 산업재해에 관한 통계의 유지·관리·분석을 위한 보좌 및 지도·조언
  8. 법 또는 법에 따른 명령으로 정한 안전에 관한 사항의 이행에 관한 보좌 및 지도·조언
  9. 업무 수행 내용의 기록·유지
  10. 그 밖에 안전에 관한 사항으로서 고용노동부장관이 정하는 사항

② 사업주가 안전관리자를 배치할 때에는 연장근로·야간근로 또는 휴일근로 등 해당 사업장의 작업 형태를 고려해야 한다.
③ 사업주는 안전관리 업무의 원활한 수행을 위하여 외부전문가의 평가·지도를 받을 수 있다.
④ 안전관리자는 제1항 각 호에 따른 업무를 수행할 때에는 보건관리자와 협력해야 한다.

5. 산업안전보건위원회

산업안전보건위원회(산안법 제24조)
① 사업주는 사업장의 안전 및 보건에 관한 중요 사항을 심의·의결하기 위하여 사업장에 근로자위원과 사용자위원이 같은 수로 구성되는 산업안전보건위원회를 구성·운영하여야 한다. 기출 20
② 사업주는 다음 각 호의 사항에 대해서는 제1항에 따른 산업안전보건위원회(이하 "산업안전보건위원회"라 한다)의 심의·의결을 거쳐야 한다.
  1. 제15조 제1항 제1호부터 제5호까지 및 제7호에 관한 사항
  2. 제15조 제1항 제6호에 따른 사항 중 중대재해에 관한 사항
  3. 유해하거나 위험한 기계·기구·설비를 도입한 경우 안전 및 보건 관련 조치에 관한 사항
  4. 그 밖에 해당 사업장 근로자의 안전 및 보건을 유지·증진시키기 위하여 필요한 사항
③ 산업안전보건위원회는 대통령령으로 정하는 바에 따라 회의를 개최하고 그 결과를 회의록으로 작성하여 보존하여야 한다.
④ 사업주와 근로자는 제2항에 따라 산업안전보건위원회가 심의·의결한 사항을 성실하게 이행하여야 한다.
⑤ 산업안전보건위원회는 이 법, 이 법에 따른 명령, 단체협약, 취업규칙 및 제25조에 따른 안전보건관리규정에 반하는 내용으로 심의·의결해서는 아니 된다.
⑥ 사업주는 산업안전보건위원회의 위원에게 직무 수행과 관련한 사유로 불리한 처우를 해서는 아니 된다.

6. 안전보건관리규정의 작성 및 변경

(1) 안전보건관리규정의 작성(산안법 제25조) 기출 13

① 사업주는 사업장의 안전 및 보건을 유지하기 위하여 다음의 사항이 포함된 안전보건관리규정을 작성하여야 한다(제1항).
  ㉠ 안전 및 보건에 관한 관리조직과 그 직무에 관한 사항
  ㉡ 안전보건교육에 관한 사항
  ㉢ 작업장의 안전 및 보건 관리에 관한 사항
  ㉣ 사고 조사 및 대책 수립에 관한 사항 기출 24
  ㉤ 그 밖에 안전 및 보건에 관한 사항
② 안전보건관리규정은 단체협약 또는 취업규칙에 반할 수 없다. 이 경우 안전보건관리규정 중 단체협약 또는 취업규칙에 반하는 부분에 관하여는 그 단체협약 또는 취업규칙으로 정한 기준에 따른다(제2항).
기출 24
③ 안전보건관리규정을 작성하여야 할 사업의 종류, 사업장의 상시근로자 수 및 안전보건관리규정에 포함되어야 할 세부적인 내용, 그 밖에 필요한 사항은 고용노동부령인 산업안전보건법 시행규칙으로 정한다. 동 시행규칙 [별표 2]에 의하면, 예를 들어 상시근로자 수가 300명인 보험업 사업주는 안전보건관리규정을 작성하여야 한다(제3항, 동법 시행규칙 제25조 제1항, 동법 시행규칙 [별표 2]). 기출 24

(2) **안전보건관리규정의 작성·변경절차**(산안법 제26조) 기출 13·19

사업주는 안전보건관리규정을 작성하거나 변경할 때에는 산업안전보건위원회의 심의·의결을 거쳐야 한다. 다만, 산업안전보건위원회가 설치되어 있지 아니한 사업장의 경우에는 근로자대표의 동의를 받아야 한다. 기출 24

(3) **안전보건관리규정의 준수**(산안법 제27조)

사업주와 근로자는 안전보건관리규정을 지켜야 한다. 기출 24

(4) **다른 법률의 준용**(산안법 제28조) 기출 13

안전보건관리규정에 관하여 이 법에서 규정한 것을 제외하고는 그 성질에 반하지 아니하는 범위에서 근로기준법 중 취업규칙에 관한 규정을 준용한다.

Ⅵ 유해·위험방지조치

1. **법령요지의 게시**(산안법 제34조)

사업주는 이 법과 이 법에 따른 명령의 요지 및 안전보건관리규정을 각 사업장의 근로자가 쉽게 볼 수 있는 장소에 게시하거나 갖추어 두어 근로자에게 널리 알려야 한다. 기출 22

2. **근로자대표의 통지 요청**(산안법 제35조)

근로자대표는 사업주에게 산업안전보건위원회(노사협의체를 구성·운영하는 경우에는 노사협의체)가 의결한 사항, 안전보건진단 결과에 관한 사항, 안전보건개선계획의 수립·시행에 관한 사항, 도급인의 이행 사항, 물질안전보건자료에 관한 사항, 작업환경측정에 관한 사항, 그 밖에 고용노동부령으로 정하는 안전 및 보건에 관한 사항 등을 통지하여 줄 것을 요청할 수 있고, 사업주는 이에 성실히 따라야 한다. 기출 25

3. **위험성평가의 실시**(산안법 제36조, 동법 시행규칙 제37조)

① 사업주는 건설물, 기계·기구·설비, 원재료, 가스, 증기, 분진, 근로자의 작업행동 또는 그 밖의 업무로 인한 유해·위험요인을 찾아내어 부상 및 질병으로 이어질 수 있는 위험성의 크기가 허용 가능한 범위인지를 평가하여야 하고, 그 결과에 따라 이 법과 이 법에 따른 명령에 따른 조치를 하여야 하며, 근로자에 대한 위험 또는 건강장해를 방지하기 위하여 필요한 경우에는 추가적인 조치를 하여야 한다. 기출 23·25
② 사업주는 위험성평가 시 고용노동부장관이 정하여 고시하는 바에 따라 해당 작업장의 근로자를 참여시켜야 한다. 기출 25
③ 사업주가 위험성평가의 결과와 조치사항을 기록할 때에는 위험성평가 대상의 유해·위험요인, 위험성 결정의 내용, 위험성 결정에 따른 조치의 내용, 그 밖에 위험성평가의 실시내용을 확인하기 위하여 필요한 사항으로서 고용노동부장관이 정하여 고시하는 사항 등을 포함하여야 하며, 이 자료를 3년간 보존하여야 한다. 기출 25

4. 안전보건표지의 설치·부착(산안법 제37조 제1항)

사업주는 유해하거나 위험한 장소·시설·물질에 대한 경고, 비상시에 대처하기 위한 지시·안내 또는 그 밖에 근로자의 안전 및 보건의식을 고취하기 위한 사항 등을 그림, 기호 및 글자 등으로 나타낸 표지(이하 "안전보건표지")를 근로자가 쉽게 알아 볼 수 있도록 설치하거나 붙여야 한다. 이 경우 외국인근로자의 고용 등에 관한 법률 제2조에 따른 외국인근로자를 사용하는 사업주는 안전보건표지를 고용노동부장관이 정하는 바에 따라 해당 외국인근로자의 모국어로 작성하여야 한다. 기출 23

5. 안전조치(산안법 제38조)

① 사업주는 ㉠ 기계·기구, 그 밖의 설비에 의한 위험, ㉡ 폭발성, 발화성 및 인화성 물질 등에 의한 위험, ㉢ 전기, 열, 그 밖의 에너지에 의한 위험으로 인한 산업재해를 예방하기 위하여 필요한 조치를 하여야 한다. 기출 22
② 사업주는 굴착, 채석, 하역, 벌목, 운송, 조작, 운반, 해체, 중량물 취급, 그 밖의 작업을 할 때 불량한 작업방법 등에 의한 위험으로 인한 산업재해를 예방하기 위하여 필요한 조치를 하여야 한다.
③ 사업주는 근로자가 ㉠ 추락할 위험이 있는 장소, ㉡ 토사·구축물 등이 붕괴할 우려가 있는 장소, ㉢ 물체가 떨어지거나 날아올 위험이 있는 장소, ㉣ 천재지변으로 인한 위험이 발생할 우려가 있는 장소에서 작업을 할 때 발생할 수 있는 산업재해를 예방하기 위하여 필요한 조치를 하여야 한다.

6. 보건조치(산안법 제39조 제1항)

사업주는 ㉠ 원재료·가스·증기·분진·흄(Fume : 열이나 화학반응에 의하여 형성된 고체증기가 응축되어 생긴 미세입자)·미스트(Mist : 공기 중에 떠다니는 작은 액체방울)·산소결핍·병원체 등에 의한 건강장해, ㉡ 방사선·유해광선·고열·한랭·초음파·소음·진동·이상기압 등에 의한 건강장해, ㉢ 사업장에서 배출되는 기체·액체 또는 찌꺼기 등에 의한 건강장해, ㉣ 계측감시, 컴퓨터단말기 조작, 정밀공작 등의 작업에 의한 건강장해, ㉤ 단순반복작업 또는 인체에 과도한 부담을 주는 작업에 의한 건강장해, ㉥ 환기·채광·조명·보온·방습·청결 등의 적정기준을 유지하지 아니하여 발생하는 건강장해, ㉦ 폭염·한파에 장시간 작업함에 따라 발생하는 건강장해 등을 예방하기 위하여 필요한 조치(이하 "보건조치")를 하여야 한다. 기출 25

7. 고객의 폭언 등으로 인한 건강장해예방조치(산안법 제41조) 기출 19

① 사업주는 주로 고객을 직접 대면하거나 정보통신망 이용촉진 및 정보보호 등에 관한 법률에 따른 정보통신망을 통하여 상대하면서 상품을 판매하거나 서비스를 제공하는 업무에 종사하는 고객응대근로자에 대하여 고객의 폭언, 폭행, 그 밖에 적정범위를 벗어난 신체적·정신적 고통을 유발하는 행위(이하 "폭언등")로 인한 건강장해를 예방하기 위하여 고용노동부령으로 정하는 바에 따라 필요한 조치를 하여야 한다.
② 사업주는 업무와 관련하여 고객 등 제3자의 폭언등으로 근로자에게 건강장해가 발생하거나 발생할 현저한 우려가 있는 경우에는 업무의 일시적 중단 또는 전환 등 대통령령으로 정하는 필요한 조치를 하여야 한다.
③ 근로자는 사업주에게 필요한 조치를 요구할 수 있고, 사업주는 근로자의 요구를 이유로 해고 또는 그 밖의 불리한 처우를 해서는 아니 된다.

8. 유해위험방지계획서의 작성·제출과 이행확인

(1) 유해위험방지계획서의 작성·제출(산안법 제42조 제1항)

사업주는 일정한 경우에는 이 법 또는 이 법에 따른 명령에서 정하는 유해·위험 방지에 관한 사항을 적은 계획서(이하 "유해위험방지계획서")를 작성하여 고용노동부령으로 정하는 바에 따라 고용노동부장관에게 제출하고 심사를 받아야 한다. 다만, 대통령령으로 정하는 크기, 높이 등에 해당하는 건설공사를 착공하려는 경우에 해당하는 사업주 중 산업재해발생률 등을 고려하여 고용노동부령으로 정하는 기준에 해당하는 사업주는 유해위험방지계획서를 스스로 심사하고, 그 심사결과서를 작성하여 고용노동부장관에게 제출하여야 한다. 기출 23

(2) 유해위험방지계획서의 이행확인(산안법 제43조)

① 유해위험방지계획서에 대한 심사를 받은 사업주는 고용노동부령으로 정하는 바에 따라 유해위험방지계획서의 이행에 관하여 고용노동부장관의 확인을 받아야 한다(제1항).

② 대통령령으로 정하는 크기, 높이 등에 해당하는 건설공사를 착공하려는 경우에 해당하는 사업주 중 산업재해발생률 등을 고려하여 고용노동부령으로 정하는 기준에 해당하는 사업주는 고용노동부령으로 정하는 바에 따라 유해위험방지계획서의 이행에 관하여 스스로 확인하여야 한다. 다만, 해당 건설공사 중에 근로자가 사망(교통사고 등 고용노동부령으로 정하는 경우는 제외)한 경우에는 고용노동부령으로 정하는 바에 따라 유해위험방지계획서의 이행에 관하여 고용노동부장관의 확인을 받아야 한다(제2항).

9. 공정안전보고서의 작성·제출(산안법 제44조)

① 사업주는 사업장에 대통령령으로 정하는 유해하거나 위험한 설비가 있는 경우 그 설비로부터의 위험물질 누출, 화재 및 폭발 등으로 인하여 사업장 내의 근로자에게 즉시 피해를 주거나 사업장 인근 지역에 피해를 줄 수 있는 사고로서 대통령령으로 정하는 사고(이하 "중대산업사고")를 예방하기 위하여 대통령령으로 정하는 바에 따라 공정안전보고서를 작성하고 고용노동부장관에게 제출하여 심사를 받아야 한다. 이 경우 공정안전보고서의 내용이 중대산업사고를 예방하기 위하여 적합하다고 통보받기 전에는 관련된 유해하거나 위험한 설비를 가동해서는 아니 된다. 기출 23

② 사업주는 공정안전보고서를 작성할 때 산업안전보건위원회의 심의를 거쳐야 한다. 다만, 산업안전보건위원회가 설치되어 있지 아니한 사업장의 경우에는 근로자대표의 의견을 들어야 한다. 기출 25

10. 급박한 산업재해 발생의 위험 시 작업중지

(1) 사업주의 작업중지권(산안법 제51조)

사업주는 산업재해가 발생할 급박한 위험이 있을 때에는 즉시 작업을 중지시키고 근로자를 작업장소에서 대피시키는 등 안전 및 보건에 관하여 필요한 조치를 하여야 한다. 기출 21·22

(2) 근로자의 작업중지권(산안법 제52조 제1항 내지 제4항)

근로자는 산업재해가 발생할 급박한 위험이 있는 경우에는 작업을 중지하고 대피할 수 있고, 작업을 중지하고 대피한 근로자는 지체 없이 그 사실을 관리감독자 또는 그 밖에 부서의 장(이하 "관리감독자등")에게 보고하여야 한다. 관리감독자등은 보고를 받으면 안전 및 보건에 관하여 필요한 조치를 하여야 한다. 사업주는 산업재해가 발생할 급박한 위험이 있다고 근로자가 믿을 만한 합리적인 이유가 있을 때에는 작업을 중지하고 대피한 근로자에 대하여 해고나 그 밖의 불리한 처우를 해서는 아니 된다. 기출 20·21

(3) 고용노동부장관의 시정조치 등(산안법 제53조)

① 고용노동부장관은 사업주가 사업장의 건설물 또는 그 부속건설물 및 기계·기구·설비·원재료(이하 "기계·설비등")에 대하여 안전 및 보건에 관하여 고용노동부령으로 정하는 필요한 조치를 하지 아니하여 근로자에게 현저한 유해·위험이 초래될 우려가 있다고 판단될 때에는 해당 기계·설비등에 대하여 사용중지·대체·제거 또는 시설의 개선, 그 밖에 안전 및 보건에 관하여 고용노동부령으로 정하는 필요한 조치(이하 "시정조치")를 명할 수 있다.
② 시정조치명령을 받은 사업주는 해당 기계·설비등에 대하여 시정조치를 완료할 때까지 시정조치명령사항을 사업장 내에 근로자가 쉽게 볼 수 있는 장소에 게시하여야 한다.
③ 고용노동부장관은 사업주가 해당 기계·설비등에 대한 시정조치명령을 이행하지 아니하여 유해·위험상태가 해소 또는 개선되지 아니하거나 근로자에 대한 유해·위험이 현저히 높아질 우려가 있는 경우에는 해당 기계·설비등과 관련된 작업의 전부 또는 일부의 중지를 명할 수 있다.
④ 사용중지명령 또는 작업중지명령을 받은 사업주는 그 시정조치를 완료한 경우에는 고용노동부장관에게 사용 중지 또는 작업 중지의 해제를 요청할 수 있다.
⑤ 고용노동부장관은 해제 요청에 대하여 시정조치가 완료되었다고 판단될 때에는 사용 중지 또는 작업 중지를 해제하여야 한다.

11. 중대재해 발생 시 조치

(1) 사업주의 조치(산안법 제54조)

① 사업주는 중대재해가 발생하였을 때에는 즉시 해당 작업을 중지시키고 근로자를 작업장소에서 대피시키는 등 안전 및 보건에 관하여 필요한 조치를 하여야 한다. 기출 21
② 사업주는 중대재해가 발생한 사실을 알게 된 경우에는 고용노동부령으로 정하는 바에 따라 지체 없이 고용노동부장관에게 보고하여야 한다. 다만, 천재지변 등 부득이한 사유가 발생한 경우에는 그 사유가 소멸되면 지체 없이 보고하여야 한다.

(2) 고용노동부장관의 작업중지조치(산안법 제55조)

① 고용노동부장관은 중대재해가 발생하였을 때 다음의 어느 하나에 해당하는 작업으로 인하여 해당 사업장에 산업재해가 다시 발생할 급박한 위험이 있다고 판단되는 경우에는 그 작업의 중지를 명할 수 있다.
  ㉠ 중대재해가 발생한 해당 작업
  ㉡ 중대재해가 발생한 작업과 동일한 작업
② 고용노동부장관은 토사·구축물의 붕괴, 화재·폭발, 유해하거나 위험한 물질의 누출 등으로 인하여 중대재해가 발생하여 그 재해가 발생한 장소 주변으로 산업재해가 확산될 수 있다고 판단되는 등 불가피한 경우에는 해당 사업장의 작업을 중지할 수 있다.
③ 고용노동부장관은 사업주가 작업 중지의 해제를 요청한 경우에는 작업 중지 해제에 관한 전문가 등으로 구성된 심의위원회의 심의를 거쳐 고용노동부령으로 정하는 바에 따라 작업 중지를 해제하여야 한다.
기출 21

(3) 중대재해 원인조사 등(산안법 제56조 제1항·제2항)

고용노동부장관은 중대재해가 발생하였을 때에는 그 원인 규명 또는 산업재해예방대책 수립을 위하여 그 발생원인을 조사할 수 있고, 중대재해가 발생한 사업장의 사업주에게 안전보건개선계획의 수립·시행, 그 밖에 필요한 조치를 명할 수 있다. 기출 23

(4) 산업재해 발생 은폐 금지 및 보고 등(산안법 제57조 제1항·제2항)

사업주는 산업재해가 발생하였을 때에는 그 발생사실을 은폐해서는 아니 되고, 고용노동부령으로 정하는 바에 따라 산업재해의 발생원인 등을 기록하여 보존하여야 한다.

Ⅶ 도급 시 산업재해 예방

1. 도급의 제한

(1) 유해한 작업의 도급 금지(산안법 제58조)

1) 원칙적 금지

사업주는 근로자의 안전 및 보건에 유해하거나 위험한 작업으로서 ① 도금작업, ② 수은, 납 또는 카드뮴을 제련, 주입, 가공 및 가열하는 작업, ③ 고용노동부장관의 허가를 받아야 하는 허가 대상물질을 제조하거나 사용하는 작업을 도급하여 자신의 사업장에서 수급인의 근로자가 그 작업을 하도록 해서는 아니 된다.

2) 예외적 허용

사업주는 ① 일시·간헐적으로 하는 작업을 도급하는 경우, ② 수급인이 보유한 기술이 전문적이고 사업주 (수급인에게 도급을 한 도급인으로서의 사업주)의 사업 운영에 필수 불가결한 경우로서 고용노동부장관의 승인을 받은 경우에는 도급하여 자신의 사업장에서 수급인의 근로자가 그 작업을 하도록 할 수 있다.

3) 고용노동부장관의 승인 및 취소

① 사업주는 고용노동부장관의 승인을 받으려는 경우에는 고용노동부령으로 정하는 바에 따라 고용노동부장관이 실시하는 안전 및 보건에 관한 평가를 받아야 한다.

② 승인의 유효기간은 3년의 범위에서 정한다.

③ 고용노동부장관은 유효기간이 만료되는 경우에 사업주가 유효기간의 연장을 신청하면 승인의 유효기간이 만료되는 날의 다음 날부터 3년의 범위에서 고용노동부령으로 정하는 바에 따라 그 기간의 연장을 승인할 수 있다. 이 경우 사업주는 안전 및 보건에 관한 평가를 받아야 한다.

④ 고용노동부장관은 승인, 연장승인 또는 변경승인을 받은 자가 고용노동부령으로 정한 기준에 미달하게 된 경우에는 승인, 연장승인 또는 변경승인을 취소하여야 한다.

(2) 도급의 승인(산안법 제59조)

① 사업주는 자신의 사업장에서 안전 및 보건에 유해하거나 위험한 작업 중 급성독성, 피부부식성 등이 있는 물질의 취급 등 대통령령으로 정하는 작업을 도급하려는 경우에는 고용노동부장관의 승인을 받아야 한다. 이 경우 사업주는 고용노동부령으로 정하는 바에 따라 안전 및 보건에 관한 평가를 받아야 한다.

② 승인에 관하여는 제58조 제4항부터 제8항까지의 규정을 준용한다.

(3) 도급의 승인 시 하도급 금지(산안법 제60조)

도금작업 등의 도급이 고용노동부 장관의 승인으로 예외적으로 허용되는 경우(제58조 제2항 제2호에 따른 승인)와 이에 대한 연장승인 또는 변경승인(동조 제5항 또는 제6항, 동법 제59조 제2항) 및 급성독성물질 등의 작업의 도급이 고용노동부장관의 승인을 받은 경우, 도급받은 수급인은 그 작업을 하도급할 수 없다.

(4) 적격수급인 선정의무(산안법 제61조)

사업주는 산업재해 예방을 위한 조치를 할 수 있는 능력을 갖춘 사업주에게 도급하여야 한다. 기출 22

2. 도급인의 안전조치 및 보건조치

(1) 안전보건총괄책임자(산안법 제62조 제1항)

도급인은 관계수급인근로자가 도급인의 사업장에서 작업을 하는 경우에는 그 사업장의 안전보건관리책임자를 도급인의 근로자와 관계수급인근로자의 산업재해를 예방하기 위한 업무를 총괄하여 관리하는 안전보건총괄책임자로 지정하여야 한다. 이 경우 안전보건관리책임자를 두지 아니하여도 되는 사업장에서는 그 사업장에서 사업을 총괄하여 관리하는 사람을 안전보건총괄책임자로 지정하여야 한다.

(2) 도급인의 안전조치 및 보건조치(산안법 제63조)

도급인은 관계수급인근로자가 도급인의 사업장에서 작업을 하는 경우에 자신의 근로자와 관계수급인근로자의 산업재해를 예방하기 위하여 안전 및 보건시설의 설치 등 필요한 안전조치 및 보건조치를 하여야 한다. 다만, 보호구 착용의 지시 등 관계수급인근로자의 작업행동에 관한 직접적인 조치는 제외한다.

(3) 도급인의 안전 및 보건에 관한 정보제공 등(산안법 제65조)

① 다음의 작업을 도급하는 자는 그 작업을 수행하는 수급인근로자의 산업재해를 예방하기 위하여 고용노동부령으로 정하는 바에 따라 해당 작업 시작 전에 수급인에게 안전 및 보건에 관한 정보를 문서로 제공하여야 한다.
  ㉠ 폭발성·발화성·인화성·독성 등의 유해성·위험성이 있는 화학물질 중 고용노동부령으로 정하는 화학물질 또는 그 화학물질을 포함한 혼합물을 제조·사용·운반 또는 저장하는 반응기·증류탑·배관 또는 저장탱크로서 고용노동부령으로 정하는 설비를 개조·분해·해체 또는 철거하는 작업
  ㉡ ㉠에 따른 설비의 내부에서 이루어지는 작업
  ㉢ 질식 또는 붕괴의 위험이 있는 작업으로서 대통령령으로 정하는 작업
② 도급인이 안전 및 보건에 관한 정보를 해당 작업 시작 전까지 제공하지 아니한 경우에는 수급인이 정보제공을 요청할 수 있다.
③ 도급인은 수급인이 제공받은 안전 및 보건에 관한 정보에 따라 필요한 안전조치 및 보건조치를 하였는지를 확인하여야 한다.
④ 수급인의 요청에도 불구하고 도급인이 정보를 제공하지 아니하는 경우에는 해당 도급작업을 하지 아니할 수 있다. 이 경우 수급인은 계약의 이행 지체에 따른 책임을 지지 아니한다.

Ⅷ 근로자보건관리

1. 작업환경 측정(산안법 제125조)

① 사업주는 유해인자로부터 근로자의 건강을 보호하고 쾌적한 작업환경을 조성하기 위하여 인체에 해로운 작업을 하는 작업장으로서 고용노동부령으로 정하는 작업장에 대하여 고용노동부령으로 정하는 자격을 가진 자로 하여금 작업환경 측정을 하도록 하여야 한다(제1항).
② 도급인의 사업장에서 관계수급인 또는 관계수급인의 근로자가 작업을 하는 경우에는 도급인이 고용노동부령으로 정하는 자격을 가진 자로 하여금 작업환경 측정을 하도록 하여야 한다(제2항). 기출 24
③ 사업주(도급인 포함)는 작업환경측정을 작업환경측정기관에 위탁할 수 있다. 이 경우 필요한 때에는 작업환경측정 중 시료의 분석만을 위탁할 수 있다(제3항).
④ 사업주는 근로자대표(관계수급인의 근로자대표 포함)가 요구하면 작업환경측정 시 근로자대표를 참석시켜야 한다(제4항). 기출 24

2. 휴게시설의 설치(산안법 제128조의2)

사업주는 근로자(관계수급인의 근로자를 포함)가 신체적 피로와 정신적 스트레스를 해소할 수 있도록 휴식시간에 이용할 수 있는 휴게시설을 갖추어야 한다. 사업주 중 사업의 종류 및 사업장의 상시 근로자 수 등 대통령령으로 정하는 기준에 해당하는 사업장의 사업주는 휴게시설을 갖추는 경우 크기, 위치, 온도, 조명 등 고용노동부령으로 정하는 설치·관리기준을 준수하여야 한다. 기출 24

> **휴게시설 설치·관리기준 준수 대상 사업장의 사업주(산안법 시행령 제96조의2)**
> 법 제128조의2 제2항에서 "사업의 종류 및 사업장의 상시 근로자 수 등 대통령령으로 정하는 기준에 해당하는 사업장"이란 다음 각 호의 어느 하나에 해당하는 사업장을 말한다.
> 1. 상시근로자(관계수급인의 근로자를 포함. 이하 제2호에서 같다) 20명 이상을 사용하는 사업장(건설업의 경우에는 관계수급인의 공사금액을 포함한 해당 공사의 총공사금액이 20억원 이상인 사업장으로 한정)
> 2. 다음 각 목의 어느 하나에 해당하는 직종(한국표준직업분류표에 따른다)의 상시근로자가 2명 이상인 사업장으로서 상시근로자 10명 이상 20명 미만을 사용하는 사업장(건설업은 제외)
>   가. 전화 상담원
>   나. 요양보호사 및 간병인
>   다. 노인 및 장애인 돌봄 종사자
>   라. 텔레마케터
>   마. 배달원
>   바. 청소 관련 종사자
>   사. 아파트 경비원
>   아. 그 외 건물 관리원 중 건물 경비원

3. 건강진단 및 건강관리

(1) 일반건강진단(산안법 제129조 제1항)

사업주는 상시 사용하는 근로자의 건강관리를 위하여 건강진단(이하 "일반건강진단")을 실시하여야 한다. 다만, 사업주가 고용노동부령으로 정하는 건강진단을 실시한 경우에는 그 건강진단을 받은 근로자에 대하여 일반건강진단을 실시한 것으로 본다.

(2) 특수건강진단(산안법 제130조)

① 사업주는 다음의 어느 하나에 해당하는 근로자의 건강관리를 위하여 건강진단(이하 "특수건강진단")을 실시하여야 한다. 다만, 사업주가 고용노동부령으로 정하는 건강진단을 실시한 경우에는 그 건강진단을 받은 근로자에 대하여 해당 유해인자에 대한 특수건강진단을 실시한 것으로 본다(제1항).
  ㉠ 고용노동부령으로 정하는 유해인자에 노출되는 업무(이하 "특수건강진단 대상업무")에 종사하는 근로자
  ㉡ 건강진단 실시 결과 직업병 소견이 있는 근로자로 판정받아 작업 전환을 하거나 작업장소를 변경하여 해당 판정의 원인이 된 특수건강진단 대상업무에 종사하지 아니하는 사람으로서 해당 유해인자에 대한 건강진단이 필요하다는 의료법에 따른 의사의 소견이 있는 근로자
② 사업주는 특수건강진단 대상업무에 종사할 근로자의 배치예정업무에 대한 적합성 평가를 위하여 건강진단(이하 "배치전건강진단")을 실시하여야 한다. 다만, 고용노동부령으로 정하는 근로자에 대해서는 배치전건강진단을 실시하지 아니할 수 있다(제2항).

(3) 건강진단에 관한 사업주의 의무(산안법 제132조)

① 사업주는 건강진단을 실시하는 경우 근로자대표가 요구하면 근로자대표를 참석시켜야 한다(제1항).

기출 24

② 사업주는 산업안전보건위원회 또는 근로자대표가 요구할 때에는 직접 또는 건강진단을 한 건강진단기관에 건강진단 결과에 대하여 설명하도록 하여야 한다. 다만, 개별 근로자의 건강진단 결과는 본인의 동의 없이 공개해서는 아니 된다(제2항).

③ 사업주는 건강진단의 결과를 근로자의 건강 보호 및 유지 외의 목적으로 사용해서는 아니 된다(제3항).

(4) 건강진단기관 등의 결과보고 의무(산안법 제134조)

① 건강진단기관은 건강진단을 실시한 때에는 고용노동부령으로 정하는 바에 따라 그 결과를 근로자 및 사업주에게 통보하고 고용노동부장관에게 보고하여야 한다.

② 건강진단을 실시한 기관은 사업주가 근로자의 건강 보호를 위하여 그 결과를 요청하는 경우 고용노동부령으로 정하는 바에 따라 그 결과를 사업주에게 통보하여야 한다.

4. 유해·위험작업에 대한 근로시간 제한 등(산안법 제139조 제1항, 동법 시행령 제99조)

사업주는 유해하거나 위험한 작업으로서 잠함(潛函) 또는 잠수 작업 등 높은 기압에서 하는 작업에 종사하는 근로자에게는 1일 6시간, 1주 34시간을 초과하여 근로하게 해서는 아니 된다. 동법 시행령은 잠수 작업에서 잠함·잠수 작업시간, 가압·감압방법 등 해당 근로자의 안전과 보건을 유지하기 위하여 필요한 사항을 고용노동부령으로 정하도록 위임하고 있으나, 위임한 사항을 규정한 시행규칙은 제정되어 있지 아니하다.

기출 24

5. 자격 등에 의한 취업제한(산안법 제140조 제1항)

사업주는 유해하거나 위험한 작업으로서 상당한 지식이나 숙련도가 요구되는 고용노동부령으로 정하는 작업의 경우 그 작업에 필요한 자격·면허·경험 또는 기능을 가진 근로자가 아닌 사람에게 그 작업을 하게 해서는 아니 된다.

6. 역학조사(산안법 제141조 제1항)

고용노동부장관은 직업성 질환의 진단 및 예방, 발생원인의 규명을 위하여 필요하다고 인정할 때에는 근로자의 질환과 작업장의 유해요인의 상관관계에 관한 역학조사를 할 수 있다. 이 경우 사업주 또는 근로자대표, 그 밖에 고용노동부령으로 정하는 사람이 요구할 때 고용노동부령으로 정하는 바에 따라 역학조사에 참석하게 할 수 있다. 기출 20

IX 법위반에 대한 제재의 강화

1. 벌칙(산안법 제167조 제1항·제2항)

① 사업주의 안전조치(현장실습생에 대한 특례에서 준용하는 경우를 포함), 사업주의 보건조치(현장실습생에 대한 특례에서 준용하는 경우를 포함) 또는 도급인의 안전조치 및 보건조치(현장실습생에 대한 특례에서 준용하는 경우를 포함)를 위반하여 근로자를 사망에 이르게 한 자는 7년 이하의 징역 또는 1억원 이하의 벌금에 처한다.

② ①의 죄로 형을 선고받고 그 형이 확정된 후 5년 이내에 다시 ①의 죄를 저지른 자는 그 형의 2분의 1까지 가중한다.

2. 형벌과 수강명령 등의 병과(산안법 제174조 제1항)

법원은 사업주의 안전조치(현장실습생에 대한 특례에서 준용하는 경우를 포함), 사업주의 보건조치(현장실습생에 대한 특례에서 준용하는 경우를 포함) 또는 도급인의 안전조치 및 보건조치(현장실습생에 대한 특례에서 준용하는 경우를 포함)를 위반하여 근로자를 사망에 이르게 한 사람에게 유죄의 판결(선고유예는 제외)을 선고하거나 약식명령을 고지하는 경우에는 200시간의 범위에서 산업재해 예방에 필요한 수강명령 또는 산업안전보건프로그램의 이수명령을 병과(倂科)할 수 있다.

제4절 직업안정법

I 서 설

1. 목적(직안법 제1조)

이 법은 모든 근로자가 각자의 능력을 계발·발휘할 수 있는 직업에 취업할 기회를 제공하고, 정부와 민간부문이 협력하여 각 산업에서 필요한 노동력이 원활하게 수급되도록 지원함으로써 근로자의 직업 안정을 도모하고 국민경제의 균형 있는 발전에 이바지함을 목적으로 한다.

2. 균등처우(직안법 제2조)

누구든지 성별, 연령, 종교, 신체적 조건, 사회적 신분 또는 혼인 여부 등을 이유로 직업 소개 또는 직업지도를 받거나 고용관계를 결정할 때 차별대우를 받지 아니한다. 기출 19

3. 정의(직안법 제2조의2)

① **직업안정기관** : 직업 소개, 직업지도 등 직업안정업무를 수행하는 지방고용노동행정기관을 말한다. 기출 20

② **직업 소개** : 구인 또는 구직의 신청을 받아 구직자 또는 구인자(求人者)를 탐색하거나 구직자를 모집하여 구인자와 구직자 간에 고용계약이 성립되도록 알선하는 것을 말한다. 기출 20

③ **직업지도** : 취업하려는 사람이 그 능력과 소질에 알맞은 직업을 쉽게 선택할 수 있도록 하기 위한 직업적성검사, 직업정보의 제공, 직업 상담, 실습, 권유 또는 조언, 그 밖에 직업에 관한 지도를 말한다.

④ **무료직업소개사업** : 수수료, 회비 또는 그 밖의 어떠한 금품도 받지 아니하고 하는 직업소개사업을 말한다. 기출 20

⑤ **유료직업소개사업** : 무료직업소개사업이 아닌 직업소개사업을 말한다.

⑥ **모집** : 근로자를 고용하려는 자가 취업하려는 사람에게 피고용인이 되도록 권유하거나 다른 사람으로 하여금 권유하게 하는 것을 말한다. 기출 12

⑦ **근로자공급사업** : 공급계약에 따라 근로자를 타인에게 사용하게 하는 사업을 말한다. 다만, 파견근로자 보호 등에 관한 법률에 따른 근로자파견사업은 제외한다. 기출 12·20·25

⑧ **직업정보제공사업** : 신문, 잡지, 그 밖의 간행물 또는 유선·무선방송이나 컴퓨터통신 등으로 구인·구직 정보 등 직업정보를 제공하는 사업을 말한다.

⑨ **고용서비스** : 구인자 또는 구직자에 대한 고용정보의 제공, 직업 소개, 직업지도 또는 직업능력 개발 등 고용을 지원하는 서비스를 말한다. 기출 20

4. 정부의 업무(직안법 제3조)

① 정부는 이 법의 목적을 달성하기 위하여 다음의 업무를 수행한다.
  ㉠ 노동력의 수요와 공급을 적절히 조절하는 업무
  ㉡ 구인자, 구직자에게 국내외의 직업을 소개하는 업무
  ㉢ 구직자에 대한 직업지도업무
  ㉣ 고용정보를 수집·정리 또는 제공하는 업무
  ㉤ 구직자에 대한 직업훈련 또는 재취업을 지원하는 업무
  ㉥ 직업소개사업, 직업정보제공사업, 근로자 모집 또는 근로자공급사업의 지도·감독에 관한 업무
  ㉦ 노동시장에서 취업이 특히 곤란한 사람에 대한 고용을 촉진하는 업무
  ㉧ 직업안정기관, 지방자치단체 및 민간고용서비스 제공기관과의 업무연계·협력과 고용서비스시장의 육성에 관한 업무
② 정부는 ①의 ㉡부터 ㉤까지 및 ㉦의 업무에 관한 사업을 다음의 자와 공동으로 하거나 다음의 자에게 위탁할 수 있다.
  ㉠ 무료직업소개사업을 하는 자
  ㉡ 유료직업소개사업을 하는 자
  ㉢ 직업정보제공사업을 하는 자
  ㉣ 그 밖에 ①의 ㉡부터 ㉤까지 및 ㉦의 업무와 관련된 전문기관으로서 대통령령으로 정하는 기관

5. 민간직업상담원(직안법 제4조의4)

고용노동부장관은 직업안정기관에 직업 소개, 직업지도 및 고용정보 제공 등의 업무를 담당하는 공무원이 아닌 직업상담원(이하 "민간직업상담원")을 배치할 수 있다. 기출 23

Ⅱ 직업안정기관의 장이 하는 직업 소개 및 직업지도 등

1. 업무 담당기관

제3조에 따른 업무의 일부는 직업안정기관의 장이 수행한다(직안법 제5조).

2. 직업 소개

(1) 구인의 신청

1) 수리 거부의 금지(직안법 제8조)

직업안정기관의 장은 구인신청의 수리(受理)를 거부하여서는 아니 된다. 다만, 다음의 어느 하나에 해당하는 경우에는 그러하지 아니하다. 기출 23
① 구인신청의 내용이 법령을 위반한 경우 기출 25
② 구인신청의 내용 중 임금, 근로시간, 그 밖의 근로조건이 통상적인 근로조건에 비하여 현저하게 부적당하다고 인정되는 경우
③ 구인자가 구인조건을 밝히기를 거부하는 경우 기출 17·22
④ 구인자가 구인신청 당시 근로기준법에 따라 명단이 공개 중인 체불사업주인 경우

2) **구인신청절차**(직안법 시행령 제5조)
① 구인신청은 구인자의 사업장소재지를 관할하는 직업안정기관에 하여야 한다. 다만, 사업장소재지 관할 직업안정기관에 신청하는 것이 적절하지 아니하다고 인정되는 경우에는 인근의 다른 직업안정기관에 신청할 수 있다.
② 직업안정기관의 장이 구인신청을 접수한 때에는 신청자의 신원과 구인자의 사업자등록내용 등의 확인을 요구할 수 있다.
③ 구인자는 구인신청 후 신청내용이 변경된 경우에는 즉시 이를 직업안정기관의 장에게 통보하여야 한다.
④ 직업안정기관의 장이 구인신청을 수리하지 아니하는 경우에는 구인자에게 그 이유를 설명하여야 한다.

(2) **구직의 신청**

1) **수리 거부의 금지**(직안법 제9조)
① 직업안정기관의 장은 구직신청의 수리를 거부하여서는 아니 된다. 다만, 그 신청내용이 법령을 위반한 경우에는 그러하지 아니하다.
② 직업안정기관의 장은 구직자의 요청이 있거나 필요하다고 인정하여 구직자의 동의를 받은 경우에는 직업상담 또는 직업적성검사를 할 수 있다. 기출 19

2) **구직신청절차**(직안법 시행령 제6조)
① 직업안정기관의 장은 구직신청을 접수할 경우에는 구직자의 신원을 확인하여야 한다. 다만, 신원이 확실한 경우에는 이를 생략할 수 있다.
② 직업안정기관의 장이 구직신청의 수리를 거부하는 경우에는 구직자에게 그 이유를 설명하여야 한다.
③ 고용노동부장관은 일용근로자등 상시 근무하지 아니하는 근로자에 대하여는 그 구직신청 및 소개에 관하여는 따로 절차를 정할 수 있다.
④ 직업안정기관의 장이 구직신청을 수리한 때에는 해당 구직자가 고용보험법에 따른 구직급여의 수급자격이 있는지를 확인하여 수급자격이 있다고 인정되는 경우에는 구직급여 지급을 위하여 필요한 조치를 취하여야 한다.

(3) **근로조건의 명시 등**(직안법 제10조)
구인자가 직업안정기관의 장에게 구인신청을 할 때에는 구직자가 취업할 업무의 내용과 근로조건을 구체적으로 밝혀야 하며, 직업안정기관의 장은 이를 구직자에게 알려 주어야 한다.

(4) **직업 소개의 원칙**(직안법 제11조)
① 직업안정기관의 장은 구직자에게는 그 능력에 알맞은 직업을 소개하고, 구인자에게는 구인조건에 적합한 구직자를 소개하도록 노력하여야 한다.
② 직업안정기관의 장은 가능하면 구직자가 통근할 수 있는 지역에서 직업을 소개하도록 노력하여야 한다.

(5) **광역 직업소개**(직안법 제12조)
직업안정기관의 장은 통근할 수 있는 지역에서 구직자에게 그 희망과 능력에 알맞은 직업을 소개할 수 없을 경우 또는 구인자가 희망하는 구직자나 구인인원을 채울 수 없을 경우에는 광범위한 지역에 걸쳐 직업소개를 할 수 있다. 기출 22

(6) **훈련기관 알선**(직안법 제13조)
직업안정기관의 장은 구직자의 취업을 위하여 직업능력개발훈련을 받는 것이 필요하다고 인정되면 구직자가 국민 평생 직업능력 개발법에 따른 직업능력개발훈련시설 등에서 직업능력개발훈련을 받도록 알선할 수 있다.

3. 직업지도

(1) **직업지도**(직안법 제14조 제1항)

① 직업안정기관의 장은 다음의 어느 하나에 해당하는 사람에게 직업지도를 하여야 한다.
  ㉠ 새로 취업하려는 사람 기출 23
  ㉡ 신체 또는 정신에 장애가 있는 사람
  ㉢ 그 밖에 취업을 위하여 특별한 지도가 필요한 사람
② 직업안정기관의 장은 직업지도를 받아 취업한 사람이 그 직업에 쉽게 적응할 수 있도록 하기 위하여 필요하다고 인정하는 경우에는 취업 후에도 직업지도를 실시할 수 있다(직안법 시행령 제9조 제3항).

(2) **직업안정기관의 장과 학교의 장 등의 협력**(직안법 제15조)

직업안정기관의 장은 필요하다고 인정하는 경우에는 초·중등교육법 및 고등교육법에 따른 각급 학교의 장이나 국민 평생 직업능력 개발법에 따른 공공직업훈련시설의 장이 실시하는 무료직업소개사업에 협력하여야 하며, 이들이 요청하는 경우에는 학생 또는 직업훈련생에게 직업지도를 할 수 있다.

4. 구인·구직의 개척 (직안법 제17조)

직업안정기관의 장은 구직자의 취업 기회를 확대하고 산업에 부족한 인력의 수급을 지원하기 위하여 구인·구직의 개척에 노력하여야 한다. 기출 17

Ⅲ 직업안정기관의 장 외의 자가 하는 직업소개사업 및 직업정보제공사업 등

1. 직업소개사업

(1) **무료직업소개사업**(직안법 제18조)

① 무료직업소개사업은 소개 대상이 되는 근로자가 취업하려는 장소를 기준으로 하여 국내 무료직업소개사업과 국외 무료직업소개사업으로 구분하되, 국내 무료직업소개사업을 하려는 자는 주된 사업소의 소재지를 관할하는 특별자치도지사·시장·군수 및 구청장에게 신고하여야 하고, 국외 무료직업소개사업을 하려는 자는 고용노동부장관에게 신고하여야 한다. 신고한 사항을 변경하려는 경우에도 또한 같다. 기출 19·24
② 무료직업소개사업을 하려는 자는 대통령령으로 정하는 비영리법인 또는 공익단체이어야 한다. 기출 15
③ 다음의 어느 하나에 해당하는 직업 소개의 경우에는 신고를 하지 아니하고 무료직업소개사업을 할 수 있다.
  ㉠ 한국산업인력공단법에 따른 한국산업인력공단이 하는 직업 소개
  ㉡ 장애인고용촉진 및 직업재활법에 따른 한국장애인고용공단이 장애인을 대상으로 하는 직업 소개 기출 22
  ㉢ 교육 관계법에 따른 각급 학교의 장, 국민 평생 직업능력 개발법에 따른 공공직업훈련시설의 장이 재학생·졸업생 또는 훈련생·수료생을 대상으로 하는 직업 소개
  ㉣ 산업재해보상보험법에 따른 근로복지공단이 업무상 재해를 입은 근로자를 대상으로 하는 직업 소개 기출 24

④ 무료직업소개사업을 하는 자 및 그 종사자는 구인자가 구인신청 당시 명단이 공개 중인 체불사업주인 경우 그 사업주에게 직업 소개를 하지 아니하여야 한다.
⑤ 특별자치도·시·군·구 중 둘 이상에 무료직업소개사업소를 두는 경우, 국내 무료직업소개사업의 신고가 있는 때에는 그 주된 사업소의 소재지를 관할하는 시장·군수·구청장(자치구의 구청장)은 주된 사업소 외의 사업소의 소재지를 관할하는 특별자치도지사·시장·군수·구청장에게 신고를 받은 날부터 10일 이내에 그 신고사실을 통보하여야 하며, 각 사업소의 소재지를 관할하는 특별자치도지사·시장·군수·구청장은 해당 사업의 지도·감독 등에 관하여 서로 협조를 요청할 수 있다. 요청을 받은 특별자치도지사·시장·군수·구청장은 특별한 사유가 없는 한 이에 응하여야 한다(직안법 시행령 제18조 제2항).

(2) 유료직업소개사업(직안법 제19조)

① 유료직업소개사업은 소개 대상이 되는 근로자가 취업하려는 장소를 기준으로 하여 국내 유료직업소개사업과 국외 유료직업소개사업으로 구분하되, 국내 유료직업소개사업을 하려는 자는 주된 사업소의 소재지를 관할하는 특별자치도지사·시장·군수 및 구청장에게 등록하여야 하고, 국외 유료직업소개사업을 하려는 자는 고용노동부장관에게 등록하여야 한다. 등록한 사항을 변경하려는 경우에도 또한 같다.
기출 15·19·24

② 등록을 하고 유료직업소개사업을 하려는 자는 둘 이상의 사업소를 둘 수 없다. 다만, 사업소별로 직업소개 또는 직업 상담에 관한 경력, 자격 또는 소양이 있다고 인정되는 사람 등 대통령령으로 정하는 사람을 1명 이상 고용하는 경우에는 그러하지 아니하다.

③ 등록을 하고 유료직업소개사업을 하는 자는 고용노동부장관이 결정·고시한 요금 외의 금품을 받아서는 아니 된다. 다만, 고용노동부령으로 정하는 고급·전문인력을 소개하는 경우에는 당사자 사이에 정한 요금을 구인자로부터 받을 수 있다. 기출 15

④ 고용노동부장관이 요금을 결정하려는 경우에는 고용정책 기본법에 따른 고용정책심의회의 심의를 거쳐야 한다.

⑤ 등록을 하고 유료직업소개사업을 하는 자 및 그 종사자는 다음의 사항을 준수하여야 한다.
㉠ 구인자가 구인신청 당시 근로기준법에 따라 명단이 공개 중인 체불사업주인 경우 구직자에게 그 사실을 고지할 것
㉡ 구인자의 사업이 행정관청의 허가·신고·등록 등이 필요한 사업인 경우에는 그 허가·신고·등록 등의 여부를 확인할 것
㉢ 그 밖에 대통령령으로 정하는 사항

⑥ **명의대여 등의 금지**(직안법 제21조) : 유료직업소개사업을 등록한 자는 타인에게 자기의 성명 또는 상호를 사용하여 직업소개사업을 하게 하거나 그 등록증을 대여하여서는 아니 된다. 기출 15·24

⑦ **선급금의 수령 금지**(직안법 제21조의2) : 등록을 하고 유료직업소개사업을 하는 자 및 그 종사자는 구직자에게 제공하기 위하여 구인자로부터 선급금을 받아서는 아니 된다. 기출 13·17·22·24

⑧ **연소자에 대한 직업 소개의 제한**(직안법 제21조의3)
  ㉠ 무료직업소개사업 또는 유료직업소개사업을 하는 자와 그 종사자(이하 "직업소개사업자등")는 구직자의 연령을 확인하여야 하며, 18세 미만의 구직자를 소개하는 경우에는 친권자나 후견인의 취업동의서를 받아야 한다. 기출 25
  ㉡ 직업소개사업자등은 18세 미만의 구직자를 근로기준법에 따라 18세 미만자의 사용이 금지되는 직종의 업소에 소개하여서는 아니 된다.
  ㉢ 직업소개사업자등은 청소년 보호법에 따른 청소년인 구직자를 청소년유해업소에 소개하여서는 아니 된다.
⑨ **겸업금지**(직안법 제26조) : 직업소개사업자(법인의 임원도 포함) 또는 그 종사자는 ㉠ 결혼중개업의 관리에 관한 법률상의 결혼중개업, ㉡ 공중위생관리법상의 숙박업, ㉢ 식품위생법상의 식품접객업으로 분류되는 휴게음식점영업 중 주로 다류(茶類)를 조리·판매하는 영업(영업자 또는 종업원이 영업장을 벗어나 다류를 배달·판매하면서 소요 시간에 따라 대가를 받는 형태로 운영하는 경우로 한정), 단란주점영업, 유흥주점영업 등을 경영할 수 없다. 기출 25

2. 직업정보제공사업

(1) 직업정보제공사업의 신고(직안법 제23조 제1항)
직업정보제공사업을 하려는 자(무료직업소개사업을 하는 자와 유료직업소개사업을 하는 자는 제외)는 고용노동부장관에게 신고하여야 한다. 신고사항을 변경하는 경우에도 또한 같다.

(2) 직업정보제공사업자의 준수사항(직안법 제25조, 동법 시행령 제28조)
무료직업소개사업을 하는 자 또는 유료직업소개사업을 하는 자로서 직업정보제공사업을 하는 자와 직업정보제공사업을 하는 자는 다음의 사항을 준수하여야 한다.
① 구인자가 구인신청 당시 근로기준법에 따라 명단이 공개 중인 체불사업주인 경우 그 사실을 구직자가 알 수 있도록 게재할 것
② 최저임금법에 따라 결정·고시된 최저임금에 미달되는 구인정보를 제공하지 아니할 것
③ 구인자의 업체명, 성명 또는 사업자등록증 등을 확인할 수 없거나 구인자의 연락처가 사서함 등으로 표시되어 구인자의 신원 또는 정보가 확실하지 않은 구인광고를 게재하지 않을 것
④ 직업정보제공매체의 구인·구직의 광고에는 구인·구직자의 주소 또는 전화번호를 기재하고, 직업정보제공사업자의 주소 또는 전화번호는 기재하지 아니할 것
⑤ 직업정보제공매체 또는 직업정보제공사업의 광고문에 "(무료)취업상담"·"취업추천"·"취업지원"등의 표현을 사용하지 아니할 것
⑥ 구직자의 이력서 발송을 대행하거나 구직자에게 취업추천서를 발부하지 아니할 것
⑦ 직업정보제공매체에 정보이용자들이 알아보기 쉽게 직업정보제공사업을 위한 신고로 부여받은 신고번호(직업소개사업을 겸하는 경우에는 무료직업소개사업을 영위하기 위한 신고로 부여받은 신고번호 또는 등록으로 부여받은 등록번호를 포함)를 표시할 것
⑧ 최저임금법에 따라 결정 고시된 최저임금에 미달되는 구인정보, 성매매알선 등 행위의 처벌에 관한 법률에 따른 금지행위가 행하여지는 업소에 대한 구인광고를 게재하지 아니할 것

3. 근로자의 모집

(1) 근로자의 모집(직안법 제28조)

근로자를 고용하려는 자는 광고, 문서 또는 정보통신망 등 다양한 매체를 활용하여 자유롭게 근로자를 모집할 수 있다. 기출 12・16

(2) 국외취업자의 모집(직안법 제30조 제1항)

누구든지 국외에 취업할 근로자를 모집한 경우에는 고용노동부장관에게 신고하여야 한다.
기출 12・16・22・23

(3) 모집방법 등의 개선권고(직안법 제31조)

① 고용노동부장관은 건전한 모집질서를 확립하기 위하여 필요하다고 인정하는 경우에는 제28조 또는 제30조에 따른 근로자모집방법 등의 개선을 권고할 수 있다.
② 고용노동부장관이 권고를 하려는 경우에는 고용정책심의회의 심의를 거쳐야 한다.

(4) 모집방법 등의 서면권고(직안법 시행령 제32조)

고용노동부장관이 모집방법 등의 개선을 권고할 때에는 권고사항, 개선기한 등을 명시하여 서면으로 하여야 한다.

(5) 금품 등의 수령 금지(직안법 제32조)

근로자를 모집하려는 자와 그 모집업무에 종사하는 자는 어떠한 명목으로든 응모자로부터 그 모집과 관련하여 금품을 받거나 그 밖의 이익을 취하여서는 아니 된다. 다만, 유료직업소개사업을 하는 자가 구인자의 의뢰를 받아 구인자가 제시한 조건에 맞는 자를 모집하여 직업 소개한 경우에는 그러하지 아니하다.

4. 근로자공급사업(직안법 제33조)

① 누구든지 고용노동부장관의 허가를 받지 아니하고는 근로자공급사업을 하지 못한다(제1항).
기출 17・18・19・21

② 근로자공급사업허가의 유효기간은 3년으로 하되, 유효기간이 끝난 후 계속하여 근로자공급사업을 하려는 자는 고용노동부령으로 정하는 바에 따라 연장허가를 받아야 한다. 이 경우 연장허가의 유효기간은 연장 전 허가의 유효기간이 끝나는 날부터 3년으로 한다(제2항). 기출 13・18

③ 근로자공급사업은 공급 대상이 되는 근로자가 취업하려는 장소를 기준으로 국내 근로자공급사업과 국외 근로자공급사업으로 구분하며, 각각의 사업의 허가를 받을 수 있는 자의 범위는 다음과 같다(제3항).
기출 15・18・21・25

  ㉠ 국내 근로자공급사업의 경우는 노조법에 따른 노동조합
  ㉡ 국외 근로자공급사업의 경우는 국내에서 제조업・건설업・용역업, 그 밖의 서비스업을 하고 있는 자. 다만, 연예인을 대상으로 하는 국외 근로자공급사업의 허가를 받을 수 있는 자는 민법에 따른 비영리법인으로 한다.

④ 국외 근로자공급사업을 하려는 자는 다음의 자산 및 시설을 모두 갖추어야 한다(직안법 시행령 제33조 제3항).
  ㉠ 1억원 이상의 납입자본금(비영리법인의 경우에는 재무상태표의 자본총계를 말하고, 법인이 아닌 경우에는 영업용 자산평가액)
  ㉡ 국내에 소재하고, 2명 이상이 상담할 수 있는 독립된 공간을 갖춘 사무실

Ⅳ 보 칙

1. 허가·등록 또는 신고 사업의 폐업신고(직안법 제35조)

신고 또는 등록을 하거나 허가를 받고 사업을 하는 자가 그 사업을 폐업한 경우에는 폐업한 날부터 7일 이내에 고용노동부장관 또는 특별자치도지사·시장·군수·구청장에게 신고하여야 한다.

2. 등록·허가 등의 취소 등

(1) 등록·허가 등의 취소 등 사유(직안법 제36조)

① 고용노동부장관 또는 특별자치도지사·시장·군수·구청장은 신고 또는 등록을 하거나 허가를 받고 사업을 하는 자가 공익을 해칠 우려가 있는 경우로서 다음의 어느 하나에 해당하는 경우에는 6개월 이내의 기간을 정하여 그 사업을 정지하게 하거나 등록 또는 허가를 취소할 수 있다. 다만, ⓒ에 해당할 때에는 등록 또는 허가를 취소하여야 한다.
  ㉠ 거짓이나 그 밖의 부정한 방법으로 신고·등록하였거나 허가를 받은 경우
  ㉡ 제38조 각 호의 어느 하나에 해당하게 된 경우
  ㉢ 이 법 또는 이 법에 따른 명령을 위반한 경우
② 고용노동부장관 또는 특별자치도지사·시장·군수·구청장은 제38조 제7호에 해당하는 사유로 등록 또는 허가를 취소하여야 할 때에는 미리 해당 임원을 바꾸어 임명할 기간을 1개월 이상 주어야 한다.

(2) 청문(직안법 제36조의3)

고용노동부장관 또는 특별자치도지사·시장·군수·구청장은 등록 또는 허가를 취소하려면 청문을 하여야 한다.

3. 폐쇄조치

(1) 폐쇄조치(직안법 제37조)

① 고용노동부장관 또는 특별자치도지사·시장·군수·구청장은 신고 또는 등록을 하지 아니하거나 허가를 받지 아니하고 사업을 하거나 정지 또는 취소의 명령을 받고도 사업을 계속하는 경우에는 관계공무원으로 하여금 다음의 조치를 하게 할 수 있다.
  ㉠ 해당 사업소 또는 사무실의 간판이나 그 밖의 영업표지물의 제거 또는 삭제
  ㉡ 해당 사업이 위법한 것임을 알리는 안내문 등의 게시
  ㉢ 해당 사업의 운영을 위하여 반드시 필요한 기구 또는 시설물을 사용할 수 없게 하는 봉인
② 조치를 하는 관계공무원은 그 권한을 표시하는 증표를 지니고 이를 관계인에게 보여 주어야 한다.

(2) 서면통지(직안법 시행령 제36조)

고용노동부장관 또는 특별자치도지사·시장·군수·구청장은 폐쇄조치를 하려는 경우에는 미리 이를 해당 사업을 하는 자 또는 그 대리인에게 문서(해당 사업을 하는 자 또는 그 대리인이 원하는 경우에는 전자문서 및 전자거래 기본법에 따른 전자문서를 포함)로 알려 주어야 한다. 다만, 긴급한 사유가 있는 경우에는 그러하지 아니하다.

4. **결격사유**(직안법 제38조)

    다음의 어느 하나에 해당하는 자는 직업소개사업의 신고·등록을 하거나 근로자공급사업의 허가를 받을 수 없다.
    ① 미성년자, 피성년후견인 및 피한정후견인
    ② 파산선고를 받고 복권되지 아니한 자 `기출 14`
    ③ 금고 이상의 실형을 선고받고 그 집행이 끝나거나 집행을 하지 아니하기로 확정된 날부터 2년이 지나지 아니한 자 `기출 14`
    ④ 이 법, 성매매알선 등 행위의 처벌에 관한 법률, 풍속영업의 규제에 관한 법률 또는 청소년 보호법을 위반하거나 직업소개사업과 관련된 행위로 선원법을 위반한 자로서 다음의 어느 하나에 해당하는 자
      ㉠ 금고 이상의 실형을 선고받고 그 집행이 끝나거나 집행을 하지 아니하기로 확정된 날부터 3년이 지나지 아니한 자
      ㉡ 금고 이상의 형의 집행유예를 선고받고 그 유예기간이 끝난 날부터 3년이 지나지 아니한 자 `기출 14`
      ㉢ 벌금형이 확정된 후 2년이 지나지 아니한 자
    ⑤ 금고 이상의 형의 집행유예를 선고받고 그 유예기간 중에 있는 자
    ⑥ 해당 사업의 등록이나 허가가 취소된 후 5년이 지나지 아니한 자 `기출 14`
    ⑦ 임원 중에 ①부터 ⑥까지의 어느 하나에 해당하는 자가 있는 법인

5. **장부 등의 작성·비치**(직안법 제39조)

    등록을 하거나 허가를 받은 자는 고용노동부령으로 정하는 바에 따라 장부·대장이나 그 밖에 필요한 서류를 작성하여 갖추어 두어야 한다. 이 경우 장부·대장은 전자적 방법으로 작성·관리할 수 있다.

6. **유료직업소개사업자의 장부 비치**(직안법 시행규칙 제26조 제1항)

    유료직업소개사업을 하는 자는 다음의 장부 및 서류를 작성하여 해당 기간 동안 갖추어 두어야 한다. 다만, 일용근로자의 직업 소개에 대해서는 ②·④ 및 ⑥의 서류를 작성하여 갖추어 두지 아니할 수 있다.
    ① 종사자명부 : 2년
    ② 구인신청서 : 2년
    ③ 구인접수대장 : 2년
    ④ 구직신청서 : 2년
    ⑤ 구직접수 및 직업소개대장 : 2년
    ⑥ 소개요금약정서 : 2년
    ⑦ 일용근로자 회원명부(일용근로자를 회원제로 소개·운영하는 경우만 해당) : 2년
    ⑧ 금전출납부 및 금전출납명세서 : 2년

7. **국고보조**(직안법 제45조)

    고용노동부장관은 무료직업소개사업 경비의 전부 또는 일부를 보조할 수 있다. `기출 23`

제5절 남녀고용평등과 일·가정 양립 지원에 관한 법률

I 서 설

1. 목적(고평법 제1조)

이 법은 대한민국 헌법의 평등이념에 따라 고용에서 남녀의 평등한 기회와 대우를 보장하고 모성 보호와 여성 고용을 촉진하여 남녀고용평등을 실현함과 아울러 근로자의 일과 가정의 양립을 지원함으로써 모든 국민의 삶의 질 향상에 이바지하는 것을 목적으로 한다.

2. 적용범위[35](고평법 제3조 제1항)

① 이 법은 근로자를 사용하는 모든 사업 또는 사업장에 적용한다. 기출 25 다만, 대통령령으로 정하는 사업에 대하여는 이 법의 전부 또는 일부를 적용하지 아니할 수 있다.
② 남녀고용평등과 일·가정 양립 지원에 관한 법률 제3조 제1항 단서에 따라 동거하는 친족만으로 이루어지는 사업 또는 사업장(이하 "사업")과 가사사용인에 대하여는 법의 전부를 적용하지 아니한다(고평법 시행령 제2조 제1항). 기출 25

3. 국가와 지방자치단체의 책무(고평법 제4조)

① 국가와 지방자치단체는 남녀고용평등과 일·가정 양립 지원에 관한 법률의 목적을 실현하기 위하여 국민의 관심과 이해를 증진시키고 여성의 직업능력 개발 및 고용 촉진을 지원하여야 하며, 남녀고용평등의 실현에 방해가 되는 모든 요인을 없애기 위하여 필요한 노력을 하여야 한다.
② 국가와 지방자치단체는 일·가정의 양립을 위한 근로자와 사업주의 노력을 지원하여야 하며 일·가정의 양립 지원에 필요한 재원을 조성하고 여건을 마련하기 위하여 노력하여야 한다.

4. 근로자 및 사업주의 책무(고평법 제5조)

① 근로자는 상호 이해를 바탕으로 남녀가 동등하게 존중받는 직장문화를 조성하기 위하여 노력하여야 한다. 기출 25
② 사업주는 해당 사업장의 남녀고용평등의 실현에 방해가 되는 관행과 제도를 개선하여 남녀근로자가 동등한 여건에서 자신의 능력을 발휘할 수 있는 근로환경을 조성하기 위하여 노력하여야 한다. 사업주는 일·가정의 양립을 방해하는 사업장 내의 관행과 제도를 개선하고 일·가정의 양립을 지원할 수 있는 근무환경을 조성하기 위하여 노력하여야 한다.

---

35) 근복법, 근퇴법, 산재법 및 산안법에서는 "근로자란 근로기준법에 따른 근로자를 말한다"고 하여 근로자의 정의를 근기법과 동일하게 규정하고 있으나, 고평법은 "근로자란 사업주에게 고용된 사람과 취업할 의사를 가진 사람을 말한다"라고 하여 별개로 규정하고 있다(고평법 제2조 제4호). 기출 25

5. 정책의 수립 등(고평법 제6조)
① 고용노동부장관은 남녀고용평등과 일·가정의 양립을 실현하기 위하여 다음의 정책을 수립·시행하여야 한다.
    ㉠ 남녀고용평등 의식 확산을 위한 홍보
    ㉡ 남녀고용평등 우수기업(적극적 고용개선조치 우수기업을 포함)의 선정 및 행정적·재정적 지원
    ㉢ 남녀고용평등 강조 기간의 설정·추진
    ㉣ 남녀차별 개선과 여성취업 확대를 위한 조사·연구
    ㉤ 모성보호와 일·가정 양립을 위한 제도개선 및 행정적·재정적 지원
    ㉥ 그 밖에 남녀고용평등의 실현과 일·가정의 양립을 지원하기 위하여 필요한 사항
② 고용노동부장관은 남녀고용평등과 일·가정의 양립을 실현하기 위한 정책의 수립·시행을 위하여 관계자의 의견을 반영하도록 노력하여야 하며 필요하다고 인정되는 경우 관계 행정기관 및 지방자치단체, 그 밖의 공공단체의 장에게 협조를 요청할 수 있다.

6. 기본계획 수립(고평법 제6조의2)
① 고용노동부장관은 남녀고용평등 실현과 일·가정의 양립에 관한 기본계획(이하 "기본계획")을 5년마다 수립하여야 한다. **기출 25**
② 기본계획에는 다음의 사항이 포함되어야 한다.
    ㉠ 여성취업의 촉진에 관한 사항
    ㉡ 남녀의 평등한 기회보장 및 대우에 관한 사항
    ㉢ 동일 가치 노동에 대한 동일 임금 지급의 정착에 관한 사항
    ㉣ 여성의 직업능력 개발에 관한 사항
    ㉤ 여성 근로자의 모성 보호에 관한 사항
    ㉥ 일·가정의 양립 지원에 관한 사항
    ㉦ 여성 근로자를 위한 복지시설의 설치 및 운영에 관한 사항
    ㉧ 직전 기본계획에 대한 평가
    ㉨ 그 밖에 남녀고용평등의 실현과 일·가정의 양립 지원을 위하여 고용노동부장관이 필요하다고 인정하는 사항
③ 고용노동부장관은 필요하다고 인정하면 관계 행정기관 또는 공공기관의 장에게 기본계획 수립에 필요한 자료의 제출을 요청할 수 있다. 고용노동부장관이 기본계획을 수립한 때에는 지체 없이 소관 상임위원회에 보고하여야 한다.

7. 실태조사 실시(고평법 제6조의3)
고용노동부장관은 사업 또는 사업장의 남녀차별 개선, 모성보호, 일·가정의 양립실태를 파악하기 위하여 정기적으로 조사를 실시하여야 한다. **기출 12**

Ⅱ 여성근로자에 대한 차별대우 금지

1. 차별대우의 개념(고평법 제2조 제1호)

(1) 원 칙

"차별"이란 사업주가 근로자에게 성별, 혼인, 가족 안에서의 지위, 임신 또는 출산 등의 사유로 합리적인 이유 없이 채용 또는 근로의 조건을 다르게 하거나 그 밖의 불리한 조치를 하는 경우[사업주가 채용조건이나 근로조건은 동일하게 적용하더라도 그 조건을 충족할 수 있는 남성 또는 여성이 다른 한 성(性)에 비하여 현저히 적고 그에 따라 특정 성에게 불리한 결과를 초래하며 그 조건이 정당한 것임을 증명할 수 없는 경우 포함]를 말한다.

(2) 예 외

① 직무의 성격에 비추어 특정성이 불가피하게 요구되는 경우 기출 25
② 여성근로자의 임신·출산·수유 등 모성보호를 위한 조치를 하는 경우
③ 그 밖에 이 법 또는 다른 법률에 따라 적극적 고용개선조치[36]를 하는 경우

2. 모집과 채용에 있어서의 평등(고평법 제7조)

(1) 남녀균등처우

사업주는 근로자를 모집하거나 채용할 때 남녀를 차별하여서는 아니 된다.

(2) 외모 등 제한의 금지

사업주는 근로자를 모집·채용할 때 그 직무의 수행에 필요하지 아니한 용모·키·체중 등의 신체적 조건, 미혼조건, 그 밖에 고용노동부령으로 정하는 조건을 제시하거나 요구하여서는 아니 된다. 기출 22

3. 임금에 있어서 평등(고평법 제8조)

(1) 동일 가치 노동에 대한 동일 임금의 지급

사업주는 동일한 사업 내의 동일 가치 노동에 대하여는 동일한 임금을 지급하여야 하고(제1항), 동일 가치 노동의 기준은 직무수행에서 요구되는 기술, 노력, 책임 및 작업조건 등으로 한다(제2항). 판례는 동일 가치의 노동이라 함은 당해 사업장 내의 서로 비교되는 남녀 간의 노동이 동일하거나 실질적으로 거의 같은 성질의 노동 또는 그 직무가 다소 다르더라도 객관적인 직무 평가 등에 의하여 본질적으로 동일한 가치가 있다고 인정되는 노동에 해당하는 것을 말하고, 동일 가치의 노동인지 여부는 직무수행에서 요구되는 기술, 노력, 책임 및 작업조건을 비롯하여 근로자의 학력·경력·근속연수 등의 기준을 종합적으로 고려하여 판단하여야 한다고(대판 2003.3.14. 2002도3883) 판시하고 있다.

(2) 동일 가치 노동의 결정

사업주가 동일 가치 노동의 기준을 정할 때에는 노사협의회의 근로자를 대표하는 위원의 의견을 들어야 한다 (제2항). 기출 24 동일가치노동·동일임금원칙은 서로 비교되는 남녀의 노동이 모두 하나의 사업 내에서 이루어지는 경우에 한한다. 다만, 사업이 별개로 나누어져 있다고 하더라도, 임금차별을 목적으로 한 것이라고 인정되면 이는 하나의 사업으로 보아야 한다.

---

36) 적극적 고용개선조치란 현존하는 남녀 간의 고용차별을 없애거나 고용평등을 촉진하기 위하여 잠정적으로 특정 성을 우대하는 조치를 말한다(고평법 제2조 제3호). 기출 22

(3) 사업주가 설립한 별개사업

사업주가 임금차별을 목적으로 설립한 별개의 사업은 동일한 사업으로 본다(제3항). `기출` 12・17・22

4. 임금 외의 금품에 있어서의 평등(고평법 제9조)

사업주는 임금 외에 근로자의 생활을 보조하기 위한 금품의 지급 또는 자금의 융자 등 복리후생에 있어서 남녀를 차별하여서는 아니 된다.

5. 교육・배치 및 승진에 있어서의 평등(고평법 제10조)

사업주는 근로자의 교육・배치 및 승진에 있어서 남녀를 차별하여서는 아니 된다.

6. 정년・퇴직 및 해고에 있어서의 평등(고평법 제11조)

사업주는 근로자의 정년・퇴직 및 해고에 있어서 남녀를 차별하여서는 아니 된다. 사업주는 여성근로자의 혼인, 임신 또는 출산을 퇴직사유로 예정하는 근로계약을 체결하여서는 아니 된다.

Ⅲ 직장 내 성희롱 금지

1. 직장 내 성희롱의 개념(고평법 제2조 제2호)

"직장 내 성희롱"이란 사업주・상급자 또는 근로자가 직장 내의 지위를 이용하거나 업무와 관련하여 다른 근로자에게 성적 언동 등으로 성적 굴욕감 또는 혐오감을 느끼게 하거나 성적 언동 또는 그 밖의 요구 등에 따르지 아니하였다는 이유로 근로조건 및 고용에서 불이익을 주는 것을 말한다. `기출` 14

2. 직장 내 성희롱의 금지 및 예방

(1) 직장 내 성희롱의 금지(고평법 제12조)

사업주, 상급자 또는 근로자는 직장 내 성희롱을 하여서는 아니 된다.

(2) 직장 내 성희롱 예방(고평법 제13조)

① 사업주는 직장 내 성희롱을 예방하고 근로자가 안전한 근로환경에서 일할 수 있는 여건을 조성하기 위하여 직장 내 성희롱의 예방을 위한 교육(이하 "성희롱예방교육")을 매년 실시하여야 한다(제1항). `기출` 16
② 사업주 및 근로자는 성희롱예방교육을 받아야 한다(제2항). `기출` 14
③ 사업주는 성희롱예방교육의 내용을 근로자가 자유롭게 열람할 수 있는 장소에 항상 게시하거나 갖추어 두어 근로자에게 널리 알려야 한다(제3항).
④ 사업주는 성희롱예방교육을 고용노동부장관이 지정하는 기관에 위탁하여 실시할 수 있다(고평법 제13조의2 제1항). `기출` 16

3. 직장 내 성희롱 발생 시 조치(고평법 제14조)

(1) 발생사실의 신고
누구든지 직장 내 성희롱 발생사실을 알게 된 경우 그 사실을 해당 사업주에게 신고할 수 있다(제1항).

기출 12·14·22

(2) 사실확인 조사
사업주는 신고를 받거나 직장 내 성희롱 발생사실을 알게 된 경우에는 지체 없이 그 사실확인을 위한 조사를 하여야 한다. 이 경우 사업주는 직장 내 성희롱과 관련하여 피해를 입은 근로자 또는 피해를 입었다고 주장하는 근로자(이하 "피해근로자등")가 조사과정에서 성적 수치심 등을 느끼지 아니하도록 하여야 한다(제2항).

기출 14

(3) 적절한 조치
① 사업주는 조사기간 동안 피해근로자등을 보호하기 위하여 필요한 경우 해당 피해근로자등에 대하여 근무장소의 변경, 유급휴가명령 등 적절한 조치를 하여야 한다. 이 경우 사업주는 피해근로자등의 의사에 반하는 조치를 하여서는 아니 된다. 사업주는 조사결과 직장 내 성희롱 발생사실이 확인된 때에는 피해근로자가 요청하면 근무장소의 변경, 배치전환, 유급휴가명령 등 적절한 조치를 하여야 한다(제3항·제4항).
② 사업주는 조사결과 직장 내 성희롱 발생사실이 확인된 때에는 지체 없이 직장 내 성희롱 행위를 한 사람에 대하여 징계, 근무장소의 변경 등 필요한 조치를 하여야 한다. 이 경우 사업주는 징계 등의 조치를 하기 전에 그 조치에 대하여 직장 내 성희롱 피해를 입은 근로자의 의견을 들어야 한다(제5항).

(4) 불리한 처우의 금지
사업주는 성희롱 발생사실을 신고한 근로자 및 피해근로자등에게 파면등 불리한 처우를 하여서는 아니 된다(제6항).

(5) 비밀누설의 금지
직장 내 성희롱 발생사실을 조사한 사람, 조사내용을 보고 받은 사람 또는 그 밖에 조사과정에 참여한 사람은 해당 조사과정에서 알게 된 비밀을 피해근로자등의 의사에 반하여 다른 사람에게 누설하여서는 아니 된다. 다만, 조사와 관련된 내용을 사업주에게 보고하거나 관계기관의 요청에 따라 필요한 정보를 제공하는 경우는 제외한다(제7항).

4. 고객 등에 의한 성희롱 방지(고평법 제14조의2)
① 사업주는 고객 등 업무와 밀접한 관련이 있는 사람이 업무수행과정에서 성적인 언동 등을 통하여 근로자에게 성적 굴욕감 또는 혐오감 등을 느끼게 하여 해당 근로자가 그로 인한 고충 해소를 요청할 경우 근무장소 변경, 배치전환, 유급휴가의 명령 등 적절한 조치를 하여야 한다.
② 사업주는 근로자가 피해를 주장하거나 고객 등으로부터의 성적 요구 등에 따르지 아니하였다는 것을 이유로 해고나 그 밖의 불이익한 조치를 하여서는 아니 된다.

Ⅳ 여성근로자의 모성보호

1. 출산전후휴가 등에 대한 지원(고평법 제18조)

① 국가는 배우자출산휴가, 난임치료휴가, 근로기준법에 따른 출산전후휴가 또는 유산·사산휴가를 사용한 근로자 중 일정한 요건에 해당하는 사람에게 그 휴가기간에 대하여 통상임금에 상당하는 금액(이하 "출산전후휴가급여등")을 지급할 수 있다.
② 지급된 출산전후휴가급여등은 그 금액의 한도에서 배우자출산휴가규정, 난임치료휴가규정 또는 근로기준법상 임산부의 보호규정에 따라 사업주가 지급한 것으로 본다.
③ 출산전후휴가급여등을 지급하기 위하여 필요한 비용은 국가재정이나 사회보장기본법에 따른 사회보험에서 분담할 수 있다.
④ 근로자가 출산전후휴가급여등을 받으려는 경우 사업주는 관계서류의 작성·확인 등 모든 절차에 적극 협력하여야 한다.

2. 배우자출산휴가(고평법 제18조의2)

① 사업주는 근로자가 배우자의 출산을 이유로 휴가(이하 "배우자출산휴가")를 고지하는 경우에 20일의 휴가를 주어야 한다. 이 경우 사용한 휴가기간은 유급으로 한다. 기출 15·16·17·20
② 출산휴가는 유급으로 하나, 출산전후휴가급여등이 지급된 경우에는 그 금액의 한도에서 지급의 책임을 면한다.
③ 배우자출산휴가는 근로자의 배우자가 출산한 날부터 120일이 지나면 사용할 수 없다.
④ 배우자출산휴가는 3회에 한정하여 나누어 사용할 수 있다.
⑤ 사업주는 배우자출산휴가를 이유로 근로자를 해고하거나 그 밖의 불리한 처우를 하여서는 아니 된다.

기출 20

3. 난임치료휴가(고평법 제18조의3)

① 사업주는 근로자가 인공수정 또는 체외수정 등 난임치료를 받기 위하여 휴가(이하 "난임치료휴가")를 청구하는 경우에 연간 6일 이내의 휴가를 주어야 하며, 이 경우 최초 2일은 유급으로 한다. 다만, 근로자가 청구한 시기에 휴가를 주는 것이 정상적인 사업 운영에 중대한 지장을 초래하는 경우에는 근로자와 협의하여 그 시기를 변경할 수 있다.
② 사업주는 난임치료휴가를 이유로 해고, 징계 등 불리한 처우를 하여서는 아니 된다.
③ 사업주는 난임치료휴가의 청구 업무를 처리하는 과정에서 알게 된 사실을 난임치료휴가를 신청한 근로자의 의사에 반하여 다른 사람에게 누설하여서는 아니 된다.

Ⅴ 일·가정의 양립 지원

1. 육아휴직(고평법 제19조)

(1) 신청권자 기출 18

사업주는 임신 중인 여성근로자가 모성을 보호하거나 근로자가 만 8세 이하 또는 초등학교 2학년 이하의 자녀(입양한 자녀를 포함)를 양육하기 위하여 휴직(이하 "육아휴직")을 신청하는 경우에 이를 허용하여야 한다(제1항). 다만, 육아휴직을 시작하려는 날(이하 "휴직개시예정일")의 전날까지 해당 사업에서 계속 근로한 기간이 6개월 미만인 근로자가 신청한 경우에는 그러하지 아니하다(고평법 시행령 제10조). 기출 25

(2) 휴직기간 기출 16

① 육아휴직의 기간은 1년 이내로 한다. 다만, ㉠ 같은 자녀를 대상으로 부모가 모두 육아휴직을 각각 3개월 이상 사용한 경우의 부 또는 모, ㉡ 한부모가족지원법상의 부 또는 모, ㉢ 고용노동부령으로 정하는 장애아동의 부 또는 모 중 어느 하나에 해당하는 근로자의 경우 6개월 이내에서 추가로 육아휴직을 사용할 수 있다(제2항).

② 기간제근로자 또는 파견근로자의 육아휴직기간은 기간제 및 단시간근로자 보호 등에 관한 법률에 따른 사용기간 또는 파견근로자 보호 등에 관한 법률에 따른 근로자파견기간에서 제외한다(제5항).

(3) 불리한 처우의 금지

사업주는 육아휴직을 이유로 해고나 그 밖의 불리한 처우를 하여서는 아니 되며, 육아휴직기간에는 그 근로자를 해고하지 못한다. 다만, 사업을 계속할 수 없는 경우에는 그러하지 아니하다.

(4) 휴직 후 복직

사업주는 육아휴직을 마친 후에는 휴직 전과 같은 업무 또는 같은 수준의 임금을 지급하는 직무에 복귀시켜야 한다. 또한 육아휴직기간은 근속기간에 포함한다. 기출 15·18

(5) 비용 지원

국가는 사업주가 근로자에게 육아휴직을 허용한 경우 그 근로자의 생계비용과 사업주의 고용유지비용의 일부를 지원할 수 있다(고평법 제20조 제1항). 고용노동부장관은 이에 따른 육아휴직을 30일(근로기준법에 따른 출산전후휴가기간과 중복되는 기간은 제외) 이상 부여받은 피보험자 중 일정한 요건을 모두 갖춘 피보험자에게 육아휴직급여를 지급한다(고보법 제70조 제1항). 기출 12

(6) 육아기 근로시간 단축(고평법 제19조의2)

① 사업주는 근로자가 만 12세 이하 또는 초등학교 6학년 이하의 자녀를 양육하기 위하여 근로시간의 단축(이하 "육아기 근로시간 단축")을 신청하는 경우에 이를 허용하여야 한다. 다만, 대체인력 채용이 불가능한 경우, 정상적인 사업 운영에 중대한 지장을 초래하는 경우 등 대통령령으로 정하는 경우에는 그러하지 아니하다. 기출 18·21

② 사업주가 육아기 근로시간 단축을 허용하지 아니하는 경우에는 해당 근로자에게 그 사유를 서면으로 통보하고 육아휴직을 사용하게 하거나 출근 및 퇴근시간 조정 등 다른 조치를 통하여 지원할 수 있는지를 해당 근로자와 협의하여야 한다. 사업주가 해당 근로자에게 육아기 근로시간 단축을 허용하는 경우 단축 후 근로시간은 주당 15시간 이상이어야 하고 35시간을 넘어서는 아니 된다. 기출 13·15·21

③ 육아기 근로시간 단축의 기간은 1년 이내로 한다. 다만, 근로자가 육아휴직기간 중 사용하지 아니한 기간이 있으면 그 기간의 두 배를 가산한 기간 이내로 한다.

④ 사업주는 육아기 근로시간 단축을 이유로 해당 근로자에게 해고나 그 밖의 불리한 처우를 하여서는 아니 된다.

⑤ 사업주는 근로자의 육아기 근로시간 단축기간이 끝난 후에 그 근로자를 육아기 근로시간 단축 전과 같은 업무 또는 같은 수준의 임금을 지급하는 직무에 복귀시켜야 한다. 기출 21

(7) **육아기 근로시간 단축 중 근로조건 등**(고평법 제19조의3)
① 사업주는 육아기 근로시간 단축을 하고 있는 근로자에 대하여 근로시간에 비례하여 적용하는 경우 외에는 육아기 근로시간 단축을 이유로 그 근로조건을 불리하게 하여서는 아니 된다.
② 육아기 근로시간 단축을 한 근로자의 근로조건(육아기 근로시간 단축 후 근로시간을 포함)은 사업주와 그 근로자 간에 서면으로 정한다.
③ 사업주는 육아기 근로시간 단축을 하고 있는 근로자에게 단축된 근로시간 외에 연장근로를 요구할 수 없다. 다만, 그 근로자가 명시적으로 청구하는 경우에는 사업주는 주 12시간 이내에서 연장근로를 시킬 수 있다. 기출 15·18·21
④ 육아기 근로시간 단축을 한 근로자에 대하여 근로기준법에 따른 평균임금을 산정하는 경우에는 그 근로자의 육아기 근로시간 단축기간을 평균임금산정기간에서 제외한다. 기출 21

(8) **육아휴직과 육아기 근로시간 단축의 사용형태**(고평법 제19조의4)
① 근로자는 육아휴직을 3회에 한정하여 나누어 사용할 수 있다. 이 경우 임신 중인 여성근로자가 모성보호를 위하여 육아휴직을 사용한 횟수는 육아휴직을 나누어 사용한 횟수에 포함하지 아니한다.
② 근로자는 육아기 근로시간 단축을 나누어 사용할 수 있다. 이 경우 나누어 사용하는 1회의 기간은 1개월(근로계약기간의 만료로 1개월 이상 근로시간 단축을 사용할 수 없는 기간제근로자에 대해서는 남은 근로계약기간) 이상이 되어야 한다.

(9) **육아 지원을 위한 그 밖의 조치**(고평법 제19조의5)
① 사업주는 만 8세 이하 또는 초등학교 2학년 이하의 자녀를 양육하는 근로자의 육아를 지원하기 위하여 다음의 어느 하나에 해당하는 조치를 하도록 노력하여야 한다.
  ㉠ 업무를 시작하고 마치는 시간 조정
  ㉡ 연장근로의 제한
  ㉢ 근로시간의 단축, 탄력적 운영 등 근로시간 조정
  ㉣ 그 밖에 소속 근로자의 육아를 지원하기 위하여 필요한 조치
② 고용노동부장관은 사업주가 근로자의 육아를 지원하기 위한 조치를 할 경우 고용효과 등을 고려하여 필요한 지원을 할 수 있다.

> **육아휴직의 신청 등**(고평법 시행령 제11조)
> ① 법 제19조 제1항 본문에 따라 육아휴직을 신청하려는 근로자는 휴직개시예정일의 30일 전까지 신청서에 다음 각 호의 사항을 적어 사업주에게 제출해야 한다. 이 경우 제6호의 사항에 대해서는 신청서에 해당 사실을 증명하는 서류를 첨부해야 한다.
>   1. 신청인의 성명, 생년월일 등 인적사항
>   2. 육아휴직 대상인 영유아의 성명·생년월일(임신 중인 여성근로자가 육아휴직을 신청하는 경우에는 영유아의 성명을 적지 않으며, 생년월일 대신 출산 예정일을 적어야 한다)
>   3. 휴직개시예정일
>   4. 육아휴직을 종료하려는 날(이하 "휴직종료예정일"이라 한다)
>   5. 육아휴직 신청 연월일
>   6. 법 제19조 제2항 각 호의 어느 하나에 해당하는 경우에는 그에 해당한다는 사실

② 근로자는 자녀 출생 후 18개월 이내에 육아휴직을 시작하려는 경우에는 「근로기준법」 제74조에 따른 출산전후휴가(이하 "출산전후휴가"라 한다)를 청구하거나 법 제18조의2에 따른 배우자 출산휴가를 고지할 때 법 제19조 제1항 본문에 따라 육아휴직을 함께 신청할 수 있다. 이 경우 근로자는 육아휴직 신청서에 제항 각 호의 사항 및 출산전후휴가 또는 배우자 출산휴가의 개시・종료예정일을 적어 사업주에게 제출해야 하며, 육아휴직의 신청은 육아휴직개시예정일 30일 전까지 해야 한다.
③ 제1항 및 제2항 후단에도 불구하고 다음 각 호의 어느 하나에 해당하는 경우에는 휴직개시예정일 7일 전까지 육아휴직을 신청할 수 있다.
  1. 임신 중인 여성 근로자에게 유산 또는 사산의 위험이 있는 경우 기출 25
  2. 출산 예정일 이전에 자녀가 출생한 경우
  3. 배우자의 사망, 부상, 질병 또는 신체적・정신적 장애나 배우자와의 이혼 등으로 해당 영유아를 양육하기 곤란한 경우
④ 사업주는 근로자가 제1항부터 제3항까지의 규정에 따라 육아휴직을 신청하는 경우에는 육아휴직을 허용해야 한다. 이 경우 제1항 및 제2항에 따라 육아휴직을 신청하는 근로자에게는 그 신청일부터 14일 이내에, 제3항에 따라 육아휴직을 신청하는 근로자에게는 그 신청일부터 3일 이내에 육아휴직을 허용한 사실을 서면 또는 전자적 방식으로 알려야 한다.
⑤ 사업주가 제4항 후단에 따른 기간 이내에 근로자에게 육아휴직을 허용한다는 사실을 알리지 않은 경우에는 근로자가 육아휴직을 신청한 대로 육아휴직을 허용한 것으로 본다.
⑥ 사업주는 근로자가 제1항 또는 제2항 후단에 따른 기한이 지난 뒤에 육아휴직을 신청한 경우에는 그 신청일부터 30일 이내에, 제3항에 따른 기한이 지난 뒤에 육아휴직을 신청한 경우에는 그 신청일부터 7일 이내에 육아휴직 개시일을 지정하여 육아휴직을 허용해야 하고, 그 사실을 서면 또는 전자적 방식으로 알려야 한다.

육아휴직의 변경신청 등(고평법 시행령 제12조)

① 육아휴직을 신청한 근로자는 휴직 개시예정일 전에 제11조 제3항 각 호의 어느 하나에 해당하는 사유가 발생한 경우에는 사업주에게 그 사유를 명시하여 휴직개시예정일을 당초의 예정일 전으로 변경하여 줄 것을 신청할 수 있다.
② 근로자는 휴직종료예정일을 연기하려는 경우에는 한 번만 연기할 수 있다. 이 경우 당초의 휴직종료예정일 30일 전(제11조 제3항 제1호 또는 제3호의 사유로 휴직종료예정일을 연기하려는 경우에는 당초의 예정일 7일 전)까지 사업주에게 휴직종료 예정일의 연기를 신청해야 한다. 기출 25

육아휴직 신청의 철회 등(고평법 시행령 제13조)

① 육아휴직을 신청한 근로자는 휴직개시예정일의 7일 전까지 사유를 밝혀 그 신청을 철회할 수 있다. 기출 25
② 근로자가 육아휴직을 신청한 후 휴직개시예정일 전에 다음 각 호의 구분에 따른 사유가 발생하면 그 육아휴직 신청은 없었던 것으로 본다.
  1. 임신 중인 여성 근로자가 육아휴직을 신청한 경우 : 유산 또는 사산
  2. 제1호 외의 근로자가 육아휴직을 신청한 경우
    가. 해당 영유아의 사망
    나. 양자인 영유아의 파양이나 입양의 취소
    다. 육아휴직을 신청한 근로자가 부상 또는 질병이나 신체적・정신적 장애, 배우자와의 이혼 등으로 해당 영유아를 양육할 수 없게 된 경우
    라. 법 제19조 제2항 제2호 또는 제3호의 사유로 6개월 이내에서 추가로 육아휴직을 신청한 근로자가 법 제19조 제2항 제2호 또는 제3호에 해당하지 않게 된 경우
③ 근로자는 제2항 각 호의 구분에 따른 사유가 발생하면 지체 없이 그 사실을 사업주에게 알려야 한다.

육아휴직의 종료(고평법 시행령 제14조)

① 육아휴직 중인 근로자는 다음 각 호의 구분에 따른 사유가 발생하면 그 사유가 발생한 날부터 7일 이내에 그 사실을 사업주에게 알려야 한다.
  1. 임신 중인 여성 근로자가 육아휴직 중인 경우 : 유산 또는 사산
  2. 제1호 외의 근로자가 육아휴직 중인 경우
    가. 해당 영유아의 사망
    나. 해당 영유아와 동거하지 않고 영유아의 양육에도 기여하지 않게 된 경우
② 사업주는 제1항에 따라 육아휴직 중인 근로자로부터 영유아의 사망 등에 대한 사실을 통지받은 경우에는 통지받은 날부터 30일 이내로 근무개시일을 지정하여 그 근로자에게 알려야 한다. 기출 25

③ 근로자는 다음 각 호의 어느 하나에 해당하는 날에 육아휴직이 끝난 것으로 본다.
  1. 제1항에 따라 통지를 하고 제2항에 따른 근무개시일을 통지받은 경우에는 그 근무개시일의 전날
  2. 제1항에 따라 통지를 하였으나 제2항에 따른 근무개시일을 통지받지 못한 경우에는 제1항의 통지를 한 날부터 30일이 되는 날
  3. 제1항에 따른 통지를 하지 아니한 경우에는 영유아의 사망 등의 사유가 발생한 날부터 37일이 되는 날
④ 육아휴직 중인 근로자가 새로운 육아휴직을 시작하거나 출산전후휴가 또는 법 제19조의2에 따른 육아기 근로시간 단축(이하 "육아기 근로시간 단축"이라 한다)을 시작하는 경우에는 그 새로운 육아휴직, 출산전후휴가 또는 육아기 근로시간 단축 개시일의 전날에 육아휴직이 끝난 것으로 본다.

2. 직장어린이집 설치 및 지원 등(고평법 제21조)

① 사업주는 근로자의 취업을 지원하기 위하여 수유・탁아 등 육아에 필요한 어린이집(이하 "직장어린이집")을 설치하여야 한다.
② 직장어린이집을 설치하여야 할 사업주의 범위 등 직장어린이집의 설치 및 운영에 관한 사항은 영유아보육법에 따른다.
③ 고용노동부장관은 근로자의 고용을 촉진하기 위하여 직장어린이집의 설치・운영에 필요한 지원 및 지도를 하여야 한다.
④ 사업주는 직장어린이집을 운영하는 경우 근로자의 고용형태에 따라 차별해서는 아니 된다.

3. 가족돌봄휴직

(1) 근로자의 가족 돌봄 등을 위한 지원(고평법 제22조의2)

1) 가족돌봄휴직의 신청

사업주는 근로자가 조부모, 부모, 배우자, 배우자의 부모, 자녀 또는 손자녀(이하 "가족")의 질병, 사고, 노령으로 인하여 그 가족을 돌보기 위한 휴직(이하 "가족돌봄휴직")을 신청하는 경우 이를 허용하여야 한다. 다만, 대체인력 채용이 불가능한 경우, 정상적인 사업 운영에 중대한 지장을 초래하는 경우, 본인 외에도 조부모의 직계비속 또는 손자녀의 직계존속이 있는 경우 등 대통령령으로 정하는 경우에는 그러하지 아니하다(제1항).

2) 가족돌봄휴가의 신청

① 사업주는 근로자가 가족(조부모 또는 손자녀의 경우 근로자 본인 외에도 직계비속 또는 직계존속이 있는 등 대통령령으로 정하는 경우는 제외)의 질병, 사고, 노령 또는 자녀의 양육으로 인하여 긴급하게 그 가족을 돌보기 위한 휴가(이하 "가족돌봄휴가")를 신청하는 경우 이를 허용하여야 한다. 다만, 근로자가 청구한 시기에 가족돌봄휴가를 주는 것이 정상적인 사업 운영에 중대한 지장을 초래하는 경우에는 근로자와 협의하여 그 시기를 변경할 수 있다(제2항).
② 사업주가 가족돌봄휴직을 허용하지 아니하는 경우에는 해당 근로자에게 그 사유를 서면으로 통보하고, 업무를 시작하고 마치는 시간 조정, 연장근로의 제한, 근로시간의 단축, 탄력적 운영 등 근로시간의 조정, 그 밖에 사업장 사정에 맞는 지원조치 중 어느 하나에 해당하는 조치를 하도록 노력하여야 한다(제3항).

3) 사용기간과 분할횟수 [기출] 19

① 가족돌봄휴직기간은 연간 최장 90일로 하며, 이를 나누어 사용할 수 있어야 한다. 이 경우 나누어 사용하는 1회의 기간은 30일 이상이 되어야 한다(제4항 제1호). [기출] 24
② 가족돌봄휴가기간은 연간 최장 10일[고용노동부장관이 고용정책심의회의 심의를 거쳐 가족돌봄휴가기간이 연장되는 경우 20일(한부모가족지원법상의 모 또는 부에 해당하는 근로자의 경우 25일) 이내]로 하며, 일 단위로 사용할 수 있어야 한다. 다만, 가족돌봄휴가기간은 가족돌봄휴직기간에 포함된다(제4항 제2호).
③ 고용노동부장관은 감염병의 확산 등을 원인으로 재난 및 안전관리 기본법에 따른 심각단계의 위기경보가 발령되거나, 이에 준하는 대규모 재난이 발생한 경우로서 근로자에게 가족을 돌보기 위한 특별한 조치가 필요하다고 인정되는 경우 고용정책 기본법에 따른 고용정책심의회의 심의를 거쳐 가족돌봄휴가기간을 연간 10일(한부모가족지원법에 따른 모 또는 부에 해당하는 근로자의 경우 15일)의 범위에서 연장할 수 있어야 한다(제4항 제3호).

4) 연장된 가족돌봄휴가의 사용

고용노동부장관이 고용정책심의회의 심의를 거쳐 연장한 가족돌봄휴가는 다음의 어느 하나에 해당하는 경우에만 사용할 수 있다(제5항).
① 감염병 확산을 사유로 재난 및 안전관리 기본법에 따른 심각단계의 위기경보가 발령된 경우로서 가족이 위기경보가 발령된 원인이 되는 감염병의 감염병예방법상의 감염병환자, 감염병의사환자, 병원체보유자인 경우 또는 같은 법상의 감염병의심자 중 유증상자 등으로 분류되어 돌봄이 필요한 경우
② 자녀가 소속된 학교등에 대한 초·중등교육법에 따른 휴업명령 또는 휴교처분, 유아교육법에 따른 휴업 또는 휴원명령이나 영유아보육법에 따른 휴원명령으로 자녀의 돌봄이 필요한 경우
③ 자녀가 전술한 감염병으로 인하여 감염병예방법에 따른 자가(自家)격리 대상이 되거나 학교등에서 등교 또는 등원중지조치를 받아 돌봄이 필요한 경우
④ 그 밖에 근로자의 가족돌봄에 관하여 고용노동부장관이 정하는 사유에 해당하는 경우

5) 불리한 처우 금지등

① 사업주는 가족돌봄휴직 또는 가족돌봄휴가를 이유로 해당 근로자를 해고하거나 근로조건을 악화시키는 등 불리한 처우를 하여서는 아니 된다(제6항).
② 가족돌봄휴직 및 가족돌봄휴가기간은 근속기간에 포함한다. 다만, 근로기준법에 따른 평균임금산정기간에서는 제외한다(제7항). [기출] 15
③ 사업주는 소속 근로자가 건전하게 직장과 가정을 유지하는 데에 도움이 될 수 있도록 필요한 심리상담 서비스를 제공하도록 노력하여야 한다(제8항).

(2) 가족 돌봄 등을 위한 근로시간 단축(고평법 제22조의3)

1) 근로시간단축신청

사업주는 근로자가 다음의 어느 하나에 해당하는 사유로 근로시간의 단축을 신청하는 경우에 이를 허용하여야 한다. 다만, 대체인력 채용이 불가능한 경우, 정상적인 사업 운영에 중대한 지장을 초래하는 경우 등 대통령령으로 정하는 경우에는 그러하지 아니하다(제1항).
① 근로자가 가족의 질병, 사고, 노령으로 인하여 그 가족을 돌보기 위한 경우
② 근로자 자신의 질병이나 사고로 인한 부상 등의 사유로 자신의 건강을 돌보기 위한 경우
③ 55세 이상의 근로자가 은퇴를 준비하기 위한 경우
④ 근로자의 학업을 위한 경우

2) 근로시간의 단축 불허

사업주가 근로시간 단축을 허용하지 아니하는 경우에는 해당 근로자에게 그 사유를 서면으로 통보하고 휴직을 사용하게 하거나 그 밖의 조치를 통하여 지원할 수 있는지를 해당 근로자와 협의하여야 한다(제2항). 기출 23

3) 근로시간의 단축 허용

① 사업주가 해당 근로자에게 근로시간 단축을 허용하는 경우 단축 후 근로시간은 주당 15시간 이상이어야 하고 30시간을 넘어서는 아니 된다(제3항). 기출 23·24

② 근로시간 단축의 기간은 1년 이내로 한다. 다만, 근로자가 가족의 질병, 사고, 노령으로 인하여 그 가족을 돌보기 위한 경우, 근로자 자신의 질병이나 사고로 인한 부상 등의 사유로 자신의 건강을 돌보기 위한 경우, 55세 이상의 근로자가 은퇴를 준비하기 위한 경우 등에 해당하는 근로자는 합리적 이유가 있는 경우에 추가로 2년의 범위 안에서 근로시간 단축의 기간을 연장할 수 있으나, 근로자의 학업을 위한 경우에는 그러하지 아니하다(제4항). 기출 23

(3) 가족 돌봄 등을 위한 근로시간 단축 중 근로조건 등(고평법 제22조의4)

1) 근로조건의 불리한 적용 금지

사업주는 근로시간 단축을 하고 있는 근로자에게 근로시간에 비례하여 적용하는 경우 외에는 가족 돌봄 등을 위한 근로시간 단축을 이유로 그 근로조건을 불리하게 하여서는 아니 된다(제1항).

2) 서면에 의한 근로조건 결정

근로시간 단축을 한 근로자의 근로조건(근로시간 단축 후 근로시간을 포함)은 사업주와 그 근로자 간에 서면으로 정한다(제2항). 기출 23

3) 연장근로 요구 금지 등

① 사업주는 근로시간 단축을 하고 있는 근로자에게 단축된 근로시간 외에 연장근로를 요구할 수 없다. 다만, 그 근로자가 명시적으로 청구하는 경우에는 사업주는 주 12시간 이내에서 연장근로를 시킬 수 있다(제3항). 기출 23·24

② 근로시간 단축을 한 근로자에 대하여 근로기준법에 따른 평균임금을 산정하는 경우에는 그 근로자의 근로시간 단축기간을 평균임금산정기간에서 제외한다(제4항).

VI 분쟁의 예방과 해결

1. 분쟁의 자율적 해결노력(고평법 제24조, 제25조)

① 고용노동부장관은 사업장의 남녀고용평등 이행을 촉진하기 위하여 당해 사업장 소속 근로자 중 노사가 추천하는 사람을 명예고용평등감독관으로 위촉할 수 있다(고평법 제24조 제1항). 기출 24

② 사업주는 근로자가 고충을 신고하였을 때에는 근로자참여 및 협력증진에 관한 법률에 따라 해당 사업장에 설치된 노사협의회에 고충의 처리를 위임하는 등 자율적인 해결을 위하여 노력하여야 한다(고평법 제25조).

2. 차별시정의 절차(고평법 제26조 내지 제28조)

(1) 차별적 처우등의 시정신청

① ㉠ 근로자가 사업주로부터 모집과 채용, 임금, 교육·배치 및 승진, 정년·퇴직 및 해고 등에서 차별적 처우를 받은 경우, ㉡ 사업주가 조사 결과 직장 내 성희롱 발생 사실이 확인된 경우 피해근로자의 요청에 대하여 근무장소의 변경, 배치전환, 유급휴가 명령 등 적절한 조치를 하지 아니하거나 고객 등 업무와 밀접한 관련이 있는 사람이 업무수행 과정에서 성적인 언동 등을 통하여 근로자에게 성적 굴욕감 또는 혐오감 등을 느끼게 하여 해당 근로자가 그로 인한 고충 해소를 요청할 경우 근무 장소 변경, 배치전환, 유급휴가의 명령 등 적절한 조치를 하지 아니한 경우, ㉢ 사업주가 성희롱 발생 사실을 신고한 근로자 및 피해근로자등에게 ㉮ 파면, 해임, 해고, 그 밖에 신분상실에 해당하는 불이익 조치, ㉯ 징계, 정직, 감봉, 강등, 승진 제한 등 부당한 인사조치, ㉰ 직무 미부여, 직무 재배치, 그 밖에 본인의 의사에 반하는 인사조치, ㉱ 성과평가 또는 동료평가 등에서 차별이나 그에 따른 임금 또는 상여금 등의 차별 지급, ㉲ 직업능력 개발 및 향상을 위한 교육훈련 기회의 제한, ㉳ 집단 따돌림, 폭행 또는 폭언 등 정신적·신체적 손상을 가져오는 행위를 하거나 그 행위의 발생을 방치하는 행위, ㉴ 그 밖에 신고를 한 근로자 및 피해근로자등의 의사에 반하는 불리한 처우 등을 하거나, 근로자가 성희롱에 따른 피해를 주장하거나 고객 등으로부터의 성적 요구 등에 따르지 아니하였다는 것을 이유로 해고나 그 밖의 불이익한 조치를 한 경우에는 근로자는 노동위원회에 그 시정을 신청할 수 있다. 다만, 차별적 처우등을 받은 날(차별적 처우등이 계속되는 경우에는 그 종료일)부터 6개월이 지난 때에는 그러하지 아니하다. **기출 23·25**

② 근로자가 시정신청을 하는 경우에는 차별적 처우등의 내용을 구체적으로 명시하여야 한다. **기출 23**

(2) 조사·심문 등

노동위원회는 시정신청을 받은 때에는 지체 없이 필요한 조사와 관계 당사자에 대한 심문을 하여야 한다. 심문을 하는 때에는 관계 당사자의 신청 또는 직권으로 증인을 출석하게 하여 필요한 사항을 질문할 수 있고, 심문을 할 때에는 관계 당사자에게 증거의 제출과 증인에 대한 반대심문을 할 수 있는 충분한 기회를 주어야 한다. 조사·심문의 방법 및 절차 등에 관하여 필요한 사항은 중앙노동위원회가 따로 정하여 고시한다.

(3) 조정·중재

① 노동위원회는 심문 과정에서 관계 당사자 쌍방 또는 일방의 신청이나 직권으로 조정(調停)절차를 개시할 수 있고, 관계 당사자가 미리 노동위원회의 중재(仲裁)결정에 따르기로 합의하여 중재를 신청한 경우에는 중재를 할 수 있다. 조정 또는 중재의 신청은 시정신청을 한 날부터 14일 이내에 하여야 하나, 노동위원회가 정당한 사유로 그 기간에 신청할 수 없었다고 인정하는 경우에는 14일 후에도 신청할 수 있다.

② 노동위원회는 조정 또는 중재를 하는 경우 관계 당사자의 의견을 충분히 들어야 한다. 노동위원회는 특별한 사유가 없으면 조정절차를 개시하거나 중재신청을 받은 날부터 60일 이내에 조정안을 제시하거나 중재결정을 하여야 한다. 노동위원회는 관계 당사자 쌍방이 조정안을 받아들이기로 한 경우에는 조정조서를 작성하여야 하고, 중재결정을 한 경우에는 중재결정서를 작성하여야 한다.

③ 조정조서에는 관계 당사자와 조정에 관여한 위원 전원이 서명 또는 날인을 하여야 하고, 중재결정서에는 관여한 위원 전원이 서명 또는 날인을 하여야 한다. 조정 또는 중재결정은 민사소송법에 따른 재판상 화해와 동일한 효력을 갖는다.

3. 노동위원회의 판정(고평법 제29조 내지 제29조의2)

(1) 시정명령 등

노동위원회는 조사·심문을 끝내고 차별적 처우등에 해당된다고 판정한 때에는 해당 사업주에게 시정명령을 하여야 하고, 차별적 처우등에 해당하지 아니한다고 판정한 때에는 그 시정신청을 기각하는 결정을 하여야 한다. 기출 25 판정, 시정명령 또는 기각결정은 서면으로 하되, 그 이유를 구체적으로 명시하여 관계 당사자에게 각각 통보하여야 한다. 이 경우 시정명령을 하는 때에는 시정명령의 내용 및 이행기한 등을 구체적으로 적어야 한다.

(2) 조정·중재 또는 시정명령의 내용

조정·중재 또는 시정명령의 내용에는 차별적 처우등의 중지, 임금 등 근로조건의 개선(취업규칙, 단체협약 등의 제도개선 명령을 포함) 또는 적절한 배상 등의 시정조치 등을 포함할 수 있다. 배상을 하도록 한 경우 그 배상액은 차별적 처우등으로 근로자에게 발생한 손해액을 기준으로 정한다. 다만, 노동위원회는 사업주의 차별적 처우등에 명백한 고의가 인정되거나 차별적 처우등이 반복되는 경우에는 그 손해액을 기준으로 3배를 넘지 아니하는 범위에서 배상을 명령할 수 있다. 기출 23

4. 시정명령 등의 확정(고평법 제29조의3)

지방노동위원회의 시정명령 또는 기각결정에 불복하는 관계 당사자는 시정명령서 또는 기각결정서를 송달받은 날부터 10일 이내에 중앙노동위원회에 재심을 신청할 수 있다. 중앙노동위원회의 재심결정에 불복하는 관계 당사자는 재심결정서를 송달받은 날부터 15일 이내에 행정소송을 제기할 수 있다. 불복기간에 재심을 신청하지 아니하거나 행정소송을 제기하지 아니한 때에는 그 시정명령, 기각결정 또는 재심결정은 확정된다.

5. 시정명령 이행상황의 제출요구 등(고평법 제29조의4)

고용노동부장관은 확정된 시정명령에 대하여 사업주에게 이행상황을 제출할 것을 요구할 수 있다. 기출 25 시정신청을 한 근로자는 사업주가 확정된 시정명령을 이행하지 아니하는 경우 이를 고용노동부장관에게 신고할 수 있다. 기출 23

6. 고용노동부장관의 차별적 처우 시정요구 등(고평법 제29조의5)

① 고용노동부장관은 사업주가 차별적 처우를 한 경우에는 그 시정을 요구할 수 있고, 사업주가 시정요구에 따르지 아니할 경우에는 차별적 처우의 내용을 구체적으로 명시하여 노동위원회에 통보하여야 한다. 이 경우 고용노동부장관은 해당 사업주 및 근로자에게 그 사실을 알려야 한다. 기출 23
② 노동위원회는 고용노동부장관의 통보를 받은 때에는 지체 없이 차별적 처우가 있는지 여부를 심리하여야 한다. 이 경우 노동위원회는 해당 사업주 및 근로자에게 의견을 진술할 수 있는 기회를 주어야 한다.
③ 노동위원회의 심리, 시정절차 및 노동위원회 결정에 대한 효력 등에 관하여는 제26조부터 제29조까지 및 제29조의2부터 제29조의4까지를 준용한다.

7. 확정된 시정명령의 효력 확대(고평법 제29조의6)

고용노동부장관은 (준용되는 경우를 포함)확정된 시정명령을 이행할 의무가 있는 사업주의 사업 또는 사업장에서 해당 시정명령의 효력이 미치는 근로자 외의 근로자에 대해서도 차별적 처우가 있는지를 조사하여 차별적 처우가 있는 경우에는 그 시정을 요구할 수 있다. 고용노동부장관은 사업주가 시정요구에 따르지 아니하는 경우 노동위원회에 통보하여야 하고, 노동위원회는 지체 없이 차별적 처우가 있는지 여부를 심리하여야 한다.

8. **시정신청 등으로 인한 불리한 처우의 금지**(고평법 제29조의7)

사업주는 근로자가 ① 차별적 처우등의 시정신청, ② 노동위원회에의 참석 및 진술, ③ 재심신청 또는 행정소송의 제기, ④ 시정명령 불이행의 신고를 하였다는 것을 이유로 해고나 그 밖의 불리한 처우를 하지 못한다.

9. **입증책임**

이 법과 관련한 분쟁해결에서 입증책임은 사업주가 부담한다. 기출 22

VII 기타 규정

1. **관계서류의 보존**(고평법 제33조)

사업주는 이 법의 규정에 따른 사항에 관하여 대통령령으로 정하는 서류를 3년간 보존하여야 한다. 이 경우 대통령령으로 정하는 서류는 전자문서 및 전자거래 기본법에 따른 전자문서로 작성·보존할 수 있다.

2. **양벌규정**(고평법 제38조)

법인의 대표자나 법인 또는 개인의 대리인, 사용인, 그 밖의 종업원이 그 법인 또는 개인의 업무에 관하여 제37조(벌칙)의 위반행위를 하면 그 행위자를 벌하는 외에 그 법인 또는 개인에게도 해당 조문의 벌금형을 과(科)한다. 다만, 법인 또는 개인이 그 위반행위를 방지하기 위하여 해당 업무에 관하여 상당한 주의와 감독을 게을리하지 아니한 경우에는 그러하지 아니하다.

제6절 최저임금법

I 서 설

1. **목적**(최임법 제1조)

이 법은 근로자에 대하여 임금의 최저수준을 보장하여 근로자의 생활 안정과 노동력의 질적 향상을 꾀함으로써 국민경제의 건전한 발전에 이바지하는 것을 목적으로 한다.

2. **정의**(최임법 제2조)

이 법에서 "근로자", "사용자" 및 "임금"이란 근로기준법 제2조에 따른 근로자, 사용자 및 임금을 말한다.

3. **적용범위**(최임법 제3조)

① 이 법은 근로자를 사용하는 모든 사업 또는 사업장(이하 "사업")에 적용한다. 다만, 동거하는 친족만을 사용하는 사업과 가사사용인에게는 적용하지 아니한다.
② 이 법은 선원법의 적용을 받는 선원과 선원을 사용하는 선박의 소유자에게는 적용하지 아니한다.

기출 14·18·20·22·25

Ⅱ 최저임금

1. 최저임금의 결정기준과 구분(최임법 제4조)
① 최저임금은 근로자의 생계비, 유사근로자의 임금, 노동생산성 및 소득분배율 등을 고려하여 정한다. 이 경우 사업의 종류별로 구분하여 정할 수 있다. 기출 15·17·19·22
② 사업의 종류별 구분은 최저임금위원회의 심의를 거쳐 고용노동부장관이 정한다.

2. 최저임금액(최임법 제5조)
① 최저임금액(최저임금으로 정한 금액)은 시간·일·주 또는 월을 단위로 하여 정한다. 이 경우 일·주 또는 월을 단위로 하여 최저임금액을 정할 때에는 시간급으로도 표시하여야 한다. 기출 14·18·19·22
② 1년 이상의 기간을 정하여 근로계약을 체결하고 수습 중에 있는 근로자로서 수습을 시작한 날부터 3개월 이내인 사람에 대해서는 시간급 최저임금액에서 100분의 10을 뺀 금액을 그 근로자의 시간급 최저임금액으로 한다(최임법 시행령 제3조). 다만, 단순노무업무로 고용노동부장관이 정하여 고시한 직종에 종사하는 근로자는 제외한다. 기출 17·21
③ 임금이 도급제나 그 밖에 이와 비슷한 형태로 정해진 경우에 근로시간을 파악하기 어렵거나 시간·일·주 또는 월을 단위로 최저임금액을 정하는 것이 적합하지 않다고 인정되면 해당 근로자의 생산고(生産高) 또는 업적의 일정 단위에 의하여 최저임금액을 정한다(최임법 시행령 제4조).

3. 최저임금의 효력(최임법 제6조)
① 사용자는 최저임금의 적용을 받는 근로자에게 최저임금액 이상의 임금을 지급하여야 한다.
② 사용자는 이 법에 따른 최저임금을 이유로 종전의 임금수준을 낮추어서는 아니 된다. 기출 17·18·19
③ 최저임금의 적용을 받는 근로자와 사용자 사이의 근로계약 중 최저임금액에 미치지 못하는 금액을 임금으로 정한 부분은 무효로 하며, 이 경우 무효로 된 부분은 이 법으로 정한 최저임금액과 동일한 임금을 지급하기로 한 것으로 본다. 기출 19
④ ①과 ③에 따른 임금에는 매월 1회 이상 정기적으로 지급하는 임금을 산입한다. 다만, 다음의 어느 하나에 해당하는 임금은 산입하지 아니한다.
  ㉠ 근로기준법에 따른 소정근로시간 또는 소정의 근로일에 대하여 지급하는 임금 외의 임금으로서 고용노동부령으로 정하는 임금
  ㉡ 상여금, 그 밖에 이에 준하는 것으로서 고용노동부령으로 정하는 임금의 월 지급액 중 해당 연도 시간급 최저임금액을 기준으로 산정된 월 환산액의 100분의 25에 해당하는 부분
  ㉢ 식비, 숙박비, 교통비 등 근로자의 생활 보조 또는 복리후생을 위한 성질의 임금으로서 ㉮ 통화 이외의 것으로 지급하는 임금, ㉯ 통화로 지급하는 임금의 월 지급액 중 해당 연도 시간급 최저임금액을 기준으로 산정된 월 환산액의 100분의 7에 해당하는 부분
⑤ 여객자동차운수사업법에 따른 일반택시운송사업에서 운전업무에 종사하는 근로자의 최저임금에 산입되는 임금의 범위는 생산고에 따른 임금을 제외한 대통령령으로 정하는 임금으로 한다. 여기서 대통령령으로 정하는 임금이란 단체협약, 취업규칙, 근로계약에 정해진 지급조건과 지급률에 따라 매월 1회 이상 지급하는 임금을 말한다. 다만, 다음의 어느 하나에 해당하는 임금은 산입하지 아니한다(최임법 시행령 제5조의3). 기출 15
  ㉠ 소정근로시간 또는 소정의 근로일에 대하여 지급하는 임금 외의 임금
  ㉡ 근로자의 생활 보조와 복리후생을 위하여 지급하는 임금

⑥ ①과 ③은 다음의 어느 하나에 해당하는 사유로 근로하지 아니한 시간 또는 일에 대하여 사용자가 임금을 지급할 것을 강제하는 것은 아니다.
  ㉠ 근로자가 자기의 사정으로 소정근로시간 또는 소정의 근로일의 근로를 하지 아니한 경우
  ㉡ 사용자가 정당한 이유로 근로자에게 소정근로시간 또는 소정의 근로일의 근로를 시키지 아니한 경우
⑦ 도급으로 사업을 행하는 경우 도급인이 책임져야 할 사유로 수급인이 근로자에게 최저임금액에 미치지 못하는 임금을 지급한 경우 도급인은 해당 수급인과 연대하여 책임을 진다. 기출 12·19·25
⑧ 수급인이 근로자에게 최저임금액에 미치지 못하는 임금을 지급한 경우, 도급인이 책임져야 할 사유의 범위는 다음과 같다.
  ㉠ 도급인이 도급계약 체결 당시 인건비 단가를 최저임금액에 미치지 못하는 금액으로 결정하는 행위
  ㉡ 도급인이 도급계약기간 중 인건비 단가를 최저임금액에 미치지 못하는 금액으로 낮춘 행위

> **최저임금의 범위(최임법 시행규칙 제2조)**
> ① 최저임금법(이하 "법") 제6조 제4항 제1호에서 "고용노동부령으로 정하는 임금"이란 다음 각 호의 어느 하나에 해당하는 것을 말한다.
>   1. 연장근로 또는 휴일근로에 대한 임금 및 연장·야간 또는 휴일근로에 대한 가산임금 기출 25
>   2. 근로기준법 제60조에 따른 연차유급휴가의 미사용수당
>   3. 유급으로 처리되는 휴일(근로기준법 제55조 제1항에 따른 유급휴일은 제외)에 대한 임금
>   4. 그 밖에 명칭에 관계없이 제1호부터 제3호까지의 규정에 준하는 것으로 인정되는 임금
> ② 법 제6조 제4항 제2호에서 "고용노동부령으로 정하는 임금"이란 다음 각 호의 어느 하나에 해당하는 것을 말한다.
>   1. 1개월을 초과하는 기간에 걸친 해당 사유에 따라 산정하는 상여금, 장려가급, 능률수당 또는 근속수당
>   2. 1개월을 초과하는 기간의 출근성적에 따라 지급하는 정근수당

4. 최저임금 산입을 위한 취업규칙 변경절차의 특례 (최임법 제6조의2)

사용자가 최저임금 산입을 위한 임금에 포함시키기 위하여 1개월을 초과하는 주기로 지급하는 임금을 총액의 변동 없이 매월 지급하는 것으로 취업규칙을 변경하려는 경우에는 근로기준법 제94조 제1항(규칙의 작성, 변경절차)에도 불구하고 해당 사업 또는 사업장에 근로자의 과반수로 조직된 노동조합이 있는 경우에는 그 노동조합, 근로자의 과반수로 조직된 노동조합이 없는 경우에는 근로자의 과반수의 의견을 들어야 한다.

5. 최저임금의 적용 제외 (최임법 제7조, 최임법 시행규칙 [별표 3]) 기출 13·17·21

다음의 어느 하나에 해당하는 사람으로서 사용자가 고용노동부장관의 인가를 받은 사람에 대하여는 제6조를 적용하지 아니한다. 인가기간은 1년을 초과할 수 없다.
① 정신장애나 신체장애로 근로능력이 현저히 낮은 사람
② 그 밖에 최저임금을 적용하는 것이 적당하지 아니하다고 인정되는 사람

Ⅲ 최저임금의 결정

1. 최저임금의 결정(최임법 제8조)

① 고용노동부장관은 매년 8월 5일까지 최저임금을 결정하여야 한다. 이 경우 고용노동부장관은 매년 3월 31일까지 최저임금위원회에 심의를 요청하고, 위원회가 심의하여 의결한 최저임금안에 따라 최저임금을 결정하여야 한다. 기출 14·20·21·22·24

② 위원회는 고용노동부장관으로부터 최저임금에 관한 심의 요청을 받은 경우 이를 심의하여 최저임금안을 의결하고 심의 요청을 받은 날부터 90일 이내에 고용노동부장관에게 제출하여야 한다. 기출 24

③ 고용노동부장관은 위원회가 심의하여 제출한 최저임금안에 따라 최저임금을 결정하기가 어렵다고 인정되면 20일 이내에 그 이유를 밝혀 위원회에 10일 이상의 기간을 정하여 재심의를 요청할 수 있다. 기출 24

④ 위원회는 재심의 요청을 받은 때에는 그 기간 내에 재심의하여 그 결과를 고용노동부장관에게 제출하여야 한다.

⑤ 고용노동부장관은 위원회가 재심의에서 재적위원 과반수의 출석과 출석위원 3분의 2 이상의 찬성으로 ②에 따른 당초의 최저임금안을 재의결한 경우에는 그에 따라 최저임금을 결정하여야 한다.

2. 최저임금안에 대한 이의 제기(최임법 제9조)

① 고용노동부장관은 위원회로부터 최저임금안을 제출받은 때에는 대통령령으로 정하는 바에 따라 최저임금안을 고시하여야 한다.

② 근로자를 대표하는 자나 사용자를 대표하는 자는 고시된 최저임금안에 대하여 이의가 있으면 고시된 날부터 10일 이내에 대통령령으로 정하는 바에 따라 고용노동부장관에게 이의를 제기할 수 있다. 기출 24 이 경우 근로자를 대표하는 자나 사용자를 대표하는 자의 범위는 대통령령으로 정한다.

㉠ 최저임금안에 대하여 이의를 제기할 때에는 다음의 사항을 분명하게 적은 이의제기서를 고용노동부장관에게 제출하여야 한다(최임법 시행령 제9조).
㉮ 이의제기자의 성명, 주소, 소속 및 직위
㉯ 이의 제기 대상업종의 최저임금안의 요지
㉰ 이의 제기의 사유와 내용

㉡ 근로자를 대표하는 자는 총연합단체인 노동조합의 대표자 및 산업별 연합단체인 노동조합의 대표자로 하고, 사용자를 대표하는 자는 전국적 규모의 사용자단체로서 고용노동부장관이 지정하는 단체의 대표자로 한다(최임법 시행령 제10조).

③ 고용노동부장관은 이의가 이유 있다고 인정되면 그 내용을 밝혀 위원회에 최저임금안의 재심의를 요청하여야 한다.

④ 고용노동부장관은 재심의를 요청한 최저임금안에 대하여 위원회가 재심의하여 의결한 최저임금안이 제출될 때까지는 최저임금을 결정하여서는 아니 된다.

3. 최저임금의 고시와 효력발생(최임법 제10조)

고용노동부장관은 최저임금을 결정한 때에는 지체 없이 그 내용을 고시하여야 한다. 고시된 최저임금은 다음 연도 1월 1일부터 효력이 발생한다. 다만, 고용노동부장관은 사업의 종류별로 임금교섭시기 등을 고려하여 필요하다고 인정하면 효력발생 시기를 따로 정할 수 있다. 기출 22

4. **주지의무**(최임법 제11조, 동법 시행령 제11조)

최저임금의 적용을 받는 사용자는 적용을 받는 근로자의 최저임금액, 최저임금에 산입하지 아니하는 임금, 해당 사업에서 최저임금의 적용을 제외할 근로자의 범위, 최저임금의 효력발생 연월일 등을 최저임금의 효력발생일 전날까지 그 사업의 근로자가 쉽게 볼 수 있는 장소에 게시하거나 그 외의 적당한 방법으로 근로자에게 널리 알려야 한다. 기출 23 · 25

Ⅳ 최저임금위원회

1. **최저임금위원회의 설치**(최임법 제12조)

최저임금에 관한 심의와 그 밖에 최저임금에 관한 중요사항을 심의하기 위하여 고용노동부에 최저임금위원회를 둔다. 기출 18 · 20 · 25

2. **위원회의 기능**(최임법 제13조)

위원회는 다음의 기능을 수행한다.
① 최저임금에 관한 심의 및 재심의
② 최저임금 적용사업의 종류별 구분에 관한 심의
③ 최저임금제도의 발전을 위한 연구 및 건의
④ 그 밖에 최저임금에 관한 중요사항으로서 고용노동부장관이 회의에 부치는 사항의 심의

3. **위원회의 구성 등**(최임법 제14조)

① 위원회는 다음의 위원으로 구성한다. 기출 15 · 25
  ㉠ 근로자를 대표하는 위원(이하 "근로자위원") 9명
  ㉡ 사용자를 대표하는 위원(이하 "사용자위원") 9명
  ㉢ 공익을 대표하는 위원(이하 "공익위원") 9명
② 위원회에 2명의 상임위원을 두며, 상임위원은 공익위원이 된다. 기출 24 상임위원은 고용노동부장관의 제청에 의하여 대통령이 임명한다(최임법 시행령 제12조 제2항).
③ 위원의 임기는 3년으로 하되, 연임할 수 있다. 기출 24
④ 위원이 궐위(闕位)되면 그 보궐위원의 임기는 전임자(前任者) 임기의 남은 기간으로 한다. 위원이 궐위된 경우에는 궐위된 날부터 30일 이내에 후임자를 위촉하거나 임명하여야 한다. 다만, 전임자의 남은 임기가 1년 미만인 경우에는 위촉하거나 임명하지 아니할 수 있다(최임법 시행령 제12조 제4항).
⑤ 위원은 임기가 끝났더라도 후임자가 임명되거나 위촉될 때까지 계속하여 직무를 수행한다. 기출 24

4. **위원장과 부위원장**(최임법 제15조)

① 위원회에 위원장과 부위원장 각 1명을 둔다.
② 위원장과 부위원장은 공익위원 중에서 위원회가 선출한다. 기출 24
③ 위원장은 위원회의 사무를 총괄하며 위원회를 대표한다.
④ 위원장이 불가피한 사유로 직무를 수행할 수 없을 때에는 부위원장이 직무를 대행한다.

5. 특별위원(최임법 제16조)

① 위원회에는 관계 행정기관의 공무원 중에서 3명 이내의 특별위원을 둘 수 있다. `기출 21`
② 특별위원은 위원회의 회의에 출석하여 발언할 수 있다.
③ 특별위원의 자격 및 위촉 등에 관하여 필요한 사항은 대통령령으로 정한다. 특별위원은 관계 행정기관의 3급 또는 3급 상당 이상의 공무원이나 고위공무원단에 속하는 공무원 중에서 고용노동부장관이 위촉한다(최임법 시행령 제15조).

6. 회의(최임법 제17조)

① 위원회의 회의는 다음의 경우에 위원장이 소집한다.
  ㉠ 고용노동부장관이 소집을 요구하는 경우
  ㉡ 재적위원 3분의 1 이상이 소집을 요구하는 경우 `기출 25`
  ㉢ 위원장이 필요하다고 인정하는 경우
② 위원장은 위원회 회의의 의장이 된다.
③ 위원회의 회의는 이 법으로 따로 정하는 경우 외에는 재적위원 과반수의 출석과 출석위원 과반수의 찬성으로 의결한다. `기출 24`
④ 위원회가 의결을 할 때에는 근로자위원과 사용자위원 각 3분의 1 이상의 출석이 있어야 한다. 다만, 근로자위원이나 사용자위원이 2회 이상 출석 요구를 받고도 정당한 이유 없이 출석하지 아니하는 경우에는 그러하지 아니하다.

7. 전문위원회(최임법 제19조)

위원회는 필요하다고 인정하면 사업의 종류별 또는 특정 사항별로 전문위원회를 둘 수 있다. 전문위원회는 위원회권한의 일부를 위임받아 위원회기능을 수행한다. 전문위원회는 근로자위원, 사용자위원 및 공익위원 각 5명 이내의 같은 수로 구성한다. `기출 21`

8. 사무국(최임법 제20조)

위원회에 그 사무를 처리하게 하기 위하여 사무국을 둔다. 사무국에는 최저임금의 심의 등에 필요한 전문적인 사항을 조사・연구하게 하기 위하여 3명 이내의 연구위원을 둘 수 있다. `기출 25`

9. 위원의 수당 등(최임법 제21조)

위원회 및 전문위원회의 위원에게는 대통령령으로 정하는 바에 따라 수당과 여비를 지급할 수 있다.

10. 운영규칙(최임법 제22조)

위원회는 이 법에 어긋나지 아니하는 범위에서 위원회 및 전문위원회의 운영에 관한 규칙을 제정할 수 있다.

V 보 칙

1. 생계비 및 임금실태 등의 조사(최임법 제23조, 동법 시행령 제19조)

고용노동부장관은 근로자의 생계비와 임금실태 등을 매년 조사하여야 하며, 최저임금위원회로 하여금 이에 관한 조사를 하게 할 수 있다. 기출 18·20·25

2. 보고(최임법 제25조)

고용노동부장관은 이 법의 시행에 필요한 범위에서 근로자나 사용자에게 임금에 관한 사항을 보고하게 할 수 있다.

제7절 근로자퇴직급여 보장법

I 퇴직급여제도

1. 서 설

(1) 퇴직급여의 의의

퇴직급여라 함은 근로관계의 종료를 사유로 하여 사용자가 퇴직근로자에게 지급하는 금전급부를 말한다.

(2) 법적 성격(근퇴법 제2조)

공로보상설, 생활보장설, 임금후불설 및 혼합설 등이 있는데, 대법원은 퇴직금은 후불임금으로서의 성격 이외에도 사회보장적 급여로서의 성격과 공로 보상으로서의 성격을 아울러 가진다고(대판 1995.10.12. 94다36186) 판시하고 있다.

2. 정 의 기출 19

① 근로자 : 근로기준법 제2조 제1항 제1호에 따른 근로자를 말한다.
② 사용자 : 근로기준법 제2조 제1항 제2호에 따른 사용자를 말한다.
③ 임금 : 근로기준법 제2조 제1항 제5호에 따른 임금을 말한다.
④ 평균임금 : 근로기준법 제2조 제1항 제6호에 따른 평균임금을 말한다.
⑤ 급여 : 퇴직급여제도나 개인형퇴직연금제도에 의하여 근로자에게 지급되는 연금 또는 일시금을 말한다.
⑥ 퇴직급여제도 : 확정급여형퇴직연금제도, 확정기여형퇴직연금제도, 중소기업퇴직연금기금제도 및 퇴직금제도를 말한다.
⑦ 퇴직연금제도 : 확정급여형퇴직연금제도, 확정기여형퇴직연금제도 및 개인형퇴직연금제도를 말한다.
⑧ 확정급여형퇴직연금제도 : 근로자가 받을 급여의 수준이 사전에 결정되어 있는 퇴직연금제도를 말한다. 기출 21·25
⑨ 확정기여형퇴직연금제도 : 급여의 지급을 위하여 사용자가 부담하여야 할 부담금의 수준이 사전에 결정되어 있는 퇴직연금제도를 말한다. 기출 21

⑩ **개인형퇴직연금제도** : 가입자의 선택에 따라 가입자가 납입한 일시금이나 사용자 또는 가입자가 납입한 부담금을 적립·운용하기 위하여 설정한 퇴직연금제도로서 급여의 수준이나 부담금의 수준이 확정되지 아니한 퇴직연금제도를 말한다.
⑪ **가입자** : 퇴직연금제도 또는 중소기업퇴직연금기금제도에 가입한 사람을 말한다.
⑫ **적립금** : 가입자의 퇴직 등 지급사유가 발생할 때에 급여를 지급하기 위하여 사용자 또는 가입자가 납입한 부담금으로 적립된 자금을 말한다.
⑬ **퇴직연금사업자** : 퇴직연금제도의 운용관리업무 및 자산관리업무를 수행하기 위하여 등록한 자를 말한다.
⑭ **중소기업퇴직연금기금제도** : 중소기업(상시 30명 이하의 근로자를 사용하는 사업에 한정) 근로자의 안정적인 노후생활 보장을 지원하기 위하여 둘 이상의 중소기업 사용자 및 근로자가 납입한 부담금 등으로 공동의 기금을 조성·운영하여 근로자에게 급여를 지급하는 제도를 말한다.
⑮ **사전지정운용제도** : 가입자가 적립금의 운용방법을 스스로 선정하지 아니한 경우 사전에 지정한 운용방법으로 적립금을 운용하는 제도를 말한다.
⑯ **사전지정운용방법** : 사전지정운용제도에 따라 적립금을 운용하기 위하여 승인을 받은 운용방법을 말한다.

3. 적용범위(근퇴법 제3조)

이 법은 근로자를 사용하는 모든 사업 또는 사업장에 적용한다. 다만, 동거하는 친족만을 사용하는 사업 및 가구 내 고용활동에는 적용하지 아니한다. 기출 12·14

4. 퇴직급여제도

(1) 퇴직급여제도의 설정

1) 원 칙

사용자는 퇴직하는 근로자에게 급여를 지급하기 위하여 퇴직급여제도 중 하나 이상의 제도를 설정하여야 한다. 계속근로기간이 1년 미만인 근로자, 4주간을 평균하여 1주간의 소정근로시간이 15시간 미만인 근로자에 대하여는 퇴직급여제도를 설정하지 아니한다(근퇴법 제4조 제1항). 기출 16·17·19·21·24

2) 설정 간주

① 근로자퇴직급여 보장법의 시행일인 2005년 12월 1일 당시 종전의 근로기준법에 따라 설정된 퇴직금제도와 미리 정산하여 지급된 퇴직금은 근로자퇴직급여 보장법에 따라 설정되거나 지급된 것으로 본다(근퇴법 부칙 제10조, 법률 제10967호, 2011.7.25.).
② 근로자퇴직급여 보장법의 시행일인 2005년 12월 1일 이전에 사용자가 근로자를 피보험자 또는 수익자로 하여 대통령령으로 정하는 퇴직보험 또는 퇴직일시금신탁(이하 "퇴직보험등")에 가입하여 근로자가 퇴직할 때 일시금 또는 연금으로 수령하게 하는 경우에는 근로자퇴직급여 보장법에 따른 퇴직금제도를 설정한 것으로 본다(근퇴법 부칙 제2조 제1항, 법률 제10967호, 2011.7.25.).
③ 상시 10명 미만의 근로자를 사용하는 사업의 경우 사용자가 개별근로자의 동의를 받거나 근로자의 요구에 따라 개인형퇴직연금제도를 설정하는 경우에는 해당 근로자에 대하여 퇴직급여제도를 설정한 것으로 본다(근퇴법 제25조 제1항). 기출 15
④ 사용자가 퇴직급여제도나 개인형퇴직연금제도를 설정하지 아니한 경우에는 제8조 제1항에 따른 퇴직금제도를 설정한 것으로 본다(근퇴법 제11조).

3) 퇴직급여제도의 종류 변경

사용자가 퇴직급여제도를 설정하거나 설정된 퇴직급여제도를 다른 종류의 퇴직급여제도로 변경하고자 하는 경우에는 당해 사업에 근로자의 과반수로 조직된 노동조합이 있는 경우에는 그 노동조합, 근로자의 과반수로 조직된 노동조합이 없는 경우에는 근로자의 과반수(이하 "근로자대표")의 동의를 받아야 한다(근퇴법 제4조 제3항).

기출 19·22·24

4) 퇴직급여제도의 내용 변경

① **불이익하지 않은 변경**: 사용자가 설정되거나 변경된 퇴직급여제도의 내용을 변경하고자 하는 경우에는 근로자대표의 의견을 들어야 한다(근퇴법 제4조 제4항 본문).
② **불이익한 변경**: 근로자에게 불이익하게 변경하고자 하는 경우에는 근로자대표의 동의를 받아야 한다(근퇴법 제4조 제4항 단서).

(2) 차등설정 금지

① 사용자는 퇴직급여제도를 설정하는 경우에 하나의 사업에서 급여 및 부담금 산정방법의 적용 등에 관하여 차등을 두어서는 아니 된다(근퇴법 제4조 제2항). 기출 24
② 생산직 근로자와 사무직 근로자 사이에 또는 과장급 이상 근로자와 과장급 이하 근로자 사이에 차등을 두는 것, 직위별 및 직종별로 누진율을 달리하는 것 등은 금지된다.
③ 퇴직급여제도의 불이익한 변경에 대하여 근로자대표가 동의하지 아니하여, 기존근로자에게는 변경 전의 퇴직급여제도를 그대로 적용하고 신규근로자에게는 변경된 새로운 취업규칙을 적용하는 것은, 퇴직급여 차등설정 금지의 원칙에 위배되지 아니한다.

5. 퇴직금제도

(1) 유 형

1) 법정퇴직금

퇴직금제도를 설정하고자 하는 사용자는 계속근로기간 1년에 대하여 30일분 이상의 평균임금을 퇴직금으로 퇴직하는 근로자에게 지급할 수 있는 제도를 설정하여야 한다(근퇴법 제8조 제1항). 기출 14·19·20 계속근로연수란 근로계약을 체결한 후 해지될 때까지의 기간을 말하는데, 반드시 계속하여 근로를 제공한 기간을 의미하지는 않는다. 따라서 원래 근로자가 반드시 월 평균 25일 이상 근무하여야만 근로기준법상 퇴직금 지급의 전제가 되는 근로자의 상근성·계속성·종속성의 요건을 충족시키는 것은 아니고, 최소한 1개월에 4, 5일 내지 15일 정도 계속해서 근무하였다면 위 요건을 충족한다(대판 1995.7.11. 93다26168[전합]). 다만, 군복무기간이나 해외유학기간, 휴직기간 등은 당사자가 합의하는 바에 따른다. 계속근로연수가 1년 이상인 경우에는, 1년에 미달하는 기간에 대해서도 그 기간에 비례하여 퇴직금을 지급하여야 한다. 퇴직금은 퇴직시점의 평균임금을 기준으로 하여 산정한다.

2) 약정퇴직금

당사자 간에 근로계약, 취업규칙 및 단체협약에 별도의 퇴직금제도를 규정하고 있는 경우에는, 당해 퇴직금제도에 따라 지급한다. 다만, 당해 퇴직금의 금액이 근로자퇴직급여 보장법 제8조 제1항에서 정한 최저기준을 상회하는 경우에 한하여 유효하다. 판례는 퇴직금 급여에 관한 근로기준법의 규정은 사용자가 퇴직하는 근로자에게 지급하여야 할 퇴직금액의 하한을 규정한 것이므로 노사 간에 급여의 성질상 근로기준법이 정하는 평균임금에 포함될 수 있는 급여를 퇴직금 산정의 기초로 하지 아니하기로 하는 별도의 합의가 있고, 그 합의에 따라 산정한 퇴직금액이 근로기준법이 보장한 하한을 상회하는 금액이라면 그 합의가 근로기준법 제34조에 위반되어 무효라고 할 수는 없으며, 위와 같은 별도의 합의는 묵시적으로도 이루어질 수 있는 것이라고(대판 2003.12.11. 2003다40538) 판시하고 있다.[37]

(2) 퇴직금의 지급시기

1) 원칙(근퇴법 제9조).
① 사용자는 근로자가 퇴직한 경우에는 그 지급사유가 발생한 날부터 14일 이내에 퇴직금을 지급하여야 한다. 다만, 특별한 사정이 있는 경우에는 당사자 간의 합의에 따라 지급기일을 연장할 수 있다. 기출 21·24
② 퇴직금은 근로자가 지정한 개인형퇴직연금제도의 계정 또는 중소기업퇴직연금기금제도 가입자부담금계정(이하 "개인형퇴직연금제도의 계정등")으로 이전하는 방법으로 지급하여야 한다. 다만, 근로자가 55세 이후에 퇴직하여 급여를 받는 경우 등 대통령령으로 정하는 사유가 있는 경우에는 그러하지 아니하다.
③ 근로자가 개인형퇴직연금제도의 계정등을 지정하지 아니한 경우에는 근로자 명의의 개인형퇴직연금제도의 계정으로 이전한다.

2) 예외 - 퇴직금 중간정산제도
① 사용자는 주택 구입 등 대통령령으로 정하는 사유로 근로자의 요구가 있는 경우에는 근로자가 퇴직하기 전에 당해 근로자가 계속 근로한 기간에 대한 퇴직금을 미리 정산하여 지급할 수 있다. 이 경우 미리 정산하여 지급한 후의 퇴직금 산정을 위한 계속근로기간은 정산시점부터 새로 계산한다(근퇴법 제8조 제2항). 기출 23
② 근로자의 요구와 사용자의 승낙이 있어야 한다.
③ 계속근로연수의 단절은 퇴직금의 경우에만 인정되고, 연차유급휴가이나 상여금, 경력 및 승진·승급기간의 산정 등의 경우에는 계속근로연수가 그대로 인정된다.

> **퇴직금의 중간정산사유**(근퇴법 시행령 제3조) 기출 17·18·22
> ① 법 제8조 제2항 전단에서 "주택 구입 등 대통령령으로 정하는 사유"란 다음 각 호의 경우를 말한다.
>   1. 무주택자인 근로자가 본인 명의로 주택을 구입하는 경우
>   2. 무주택자인 근로자가 주거를 목적으로 민법 제303조에 따른 전세금 또는 주택임대차보호법 제3조의2에 따른 보증금을 부담하는 경우. 이 경우 근로자가 하나의 사업에 근로하는 동안 1회로 한정한다.
>   3. 근로자가 6개월 이상 요양을 필요로 하는 다음 각 목의 어느 하나에 해당하는 사람의 질병이나 부상에 대한 의료비를 해당 근로자가 본인 연간 임금 총액의 1천분의 125를 초과하여 부담하는 경우 기출 23
>   가. 근로자 본인
>   나. 근로자의 배우자
>   다. 근로자 또는 그 배우자의 부양가족

---

37) 제반 사정상 교통비 및 휴일근로수당이 퇴직금 산정의 기초가 되는 평균임금에 포함되지 아니하기로 하는 별도의 합의가 묵시적으로 이루어져 있었다고 보기에 충분하고, 근로자들이 퇴직할 당시 수령한 퇴직금과 근속 누진금의 합계액수가 근로기준법 소정의 퇴직금 액수를 상회함이 분명한 이상 이러한 합의가 근로기준법에 위반된다고 볼 수 없다고 한 사례(대판 2003.12.11. 2003다40538)

> 4. 퇴직금 중간정산을 신청하는 날부터 거꾸로 계산하여 5년 이내에 근로자가 채무자 회생 및 파산에 관한 법률에 따라 파산선고를 받은 경우
> 5. 퇴직금 중간정산을 신청하는 날부터 거꾸로 계산하여 5년 이내에 근로자가 채무자 회생 및 파산에 관한 법률에 따라 개인회생절차개시결정을 받은 경우
> 6. <u>사용자가 기존의 정년을 연장하거나 보장하는 조건으로 단체협약 및 취업규칙 등을 통하여 일정 나이, 근속시점 또는 임금액을 기준으로 임금을 줄이는 제도를 시행하는 경우</u> 기출 25
> 6의2. 사용자가 근로자와의 합의에 따라 소정근로시간을 1일 1시간 또는 1주 5시간 이상 단축함으로써 단축된 소정근로시간에 따라 근로자가 3개월 이상 계속 근로하기로 한 경우
> 6의3. 법률 제15513호 근로기준법 일부 개정법률의 시행에 따른 근로시간의 단축으로 근로자의 퇴직금이 감소되는 경우
> 7. 재난으로 피해를 입은 경우로서 고용노동부장관이 정하여 고시하는 사유에 해당하는 경우
> ② 사용자는 제1항 각 호의 사유에 따라 퇴직금을 미리 정산하여 지급한 경우 <u>근로자가 퇴직한 후 5년이 되는 날까지 관련 증명 서류를 보존하여야 한다.</u> 기출 23

(3) 퇴직금의 지급방법

퇴직금도 임금에 해당한다. 따라서 균등처우의 원칙, 위약예정의 금지, 전차금 상계의 금지, 직접불·통화불의 원칙, 임금채권의 압류 제한, 소멸시효 및 임금채권의 우선변제 등에 관한 규정이 적용된다. 다만, 매월 1회 이상 정기불의 원칙은 퇴직금의 내재적 성질을 이유로, 전액불의 원칙은 퇴직보험제도의 연금 수령 인정에 따라 적용되지 아니한다.

(4) 퇴직급여등의 우선변제(근퇴법 제12조)

① 사용자에게 지급의무가 있는 퇴직금, 확정급여형퇴직연금제도의 급여, 확정기여형퇴직연금제도의 부담금 중 미납입부담금 및 미납입부담금에 대한 지연이자, 중소기업퇴직연금기금제도의 부담금 중 미납입부담금 및 미납입부담금에 대한 지연이자, 개인형퇴직연금제도의 부담금 중 미납입부담금 및 미납입부담금에 대한 지연이자(이하 "퇴직급여등")는 사용자의 총재산에 대하여 질권 또는 저당권에 의하여 담보된 채권을 제외하고는 조세·공과금 및 다른 채권에 우선하여 변제되어야 한다. 다만, 질권 또는 저당권에 우선하는 조세·공과금에 대하여는 그러하지 아니하다.
② 최종 3년간의 퇴직급여등은 사용자의 총재산에 대하여 질권 또는 저당권에 의하여 담보된 채권, 조세·공과금 및 다른 채권에 우선하여 변제되어야 한다. 기출 12
③ 퇴직급여등 중 퇴직금, 확정급여형퇴직연금제도의 급여는 계속근로기간 1년에 대하여 30일분의 평균임금으로 계산한 금액으로 한다.
④ 퇴직급여등 중 확정기여형퇴직연금제도의 부담금, 중소기업퇴직연금기금제도의 부담금 및 개인형퇴직연금제도의 부담금은 가입자의 연간 임금총액의 12분의 1에 해당하는 금액으로 계산한 금액으로 한다.

기출 17

(5) 퇴직금의 사전포기

퇴직금은 사용자가 일정 기간을 계속근로하고 퇴직하는 근로자에게 그 계속근로에 대한 대가로서 지급하는 후불적 임금의 성질을 가지는 금원으로서 구체적인 퇴직금청구권은 계속근로가 끝나는 퇴직이라는 사실을 요건으로 하여 발생하는 것으로 최종 퇴직 시에 발생하는 퇴직금청구권을 사전에 포기하거나 사전에 그에 관한 민사소송을 제기하지 않겠다는 부제소특약을 하는 것은 강행법규 위반으로 무효이다(대판 1998.3.27. 97다49732). 그러나 <u>근로자가 퇴직하여 더 이상 근로계약관계에 있지 않은 상황에서 퇴직 시 발생한 퇴직금청구권을 나중에 포기하는 것은 허용되고, 이러한 약정이 강행법규에 위반된다고 볼 수 없다</u>(대판 2018.7.12. 2018다21821).

기출 23

(6) 퇴직금의 시효(근퇴법 제10조)

퇴직금을 받을 권리는 3년간 행사하지 아니하면 시효로 인하여 소멸한다. 기출 14・16・20・22・24

6. 퇴직연금제도

(1) 퇴직연금제도의 종류

1) 확정급여형퇴직연금제도

① **의의** : 확정급여형퇴직연금제도라 함은 근로자가 수령하는 연금급여는 그 액수가 사전에 확정되고, 사용자의 부담금은 적립금의 운용 결과에 따라 변동되는 퇴직연금제도를 말하는데, 적립금의 운영실적에 관계없이 근로자가 일정한 액수의 퇴직급여를 수령하게 되므로 안정적이라는 장점이 있다. 기출 12・14

② **설정** : 확정급여형퇴직연금제도를 설정하려는 사용자는 근로자대표의 동의를 얻거나 의견을 들어 다음의 사항을 포함한 확정급여형퇴직연금규약을 작성하여 고용노동부장관에게 신고하여야 한다(근퇴법 제13조). 기출 25

  ㉠ 퇴직연금사업자 선정에 관한 사항
  ㉡ 가입자에 관한 사항
  ㉢ 가입기간에 관한 사항
  ㉣ 급여수준에 관한 사항
  ㉤ 급여지급능력 확보에 관한 사항
  ㉥ 급여의 종류 및 수급요건 등에 관한 사항
  ㉦ 운용관리업무 및 자산관리업무의 수행을 내용으로 하는 계약의 체결 및 해지와 해지에 따른 계약의 이전에 관한 사항
  ㉧ 운용현황의 통지에 관한 사항
  ㉨ 가입자의 퇴직 등 급여지급사유 발생과 급여의 지급절차에 관한 사항
  ㉩ 퇴직연금제도의 폐지・중단사유 및 절차 등에 관한 사항
  ㉪ 부담금의 산정 및 납입에 관한 사항
  ㉫ 그 밖에 확정급여형퇴직연금제도의 운영을 위하여 대통령령으로 정하는 사항

③ **가입기간** : 퇴직연금제도의 설정 이후 해당 사업에서 근로를 제공하는 기간으로 한다. 해당 퇴직연금제도의 설정 전에 해당 사업에서 제공한 근로기간에 대하여도 가입기간으로 할 수 있다. 이 경우 퇴직금을 미리 정산한 기간은 제외한다(근퇴법 제14조). 기출 25

④ **급여수준** : 급여수준은 가입자의 퇴직일을 기준으로 산정한 일시금이 계속근로기간 1년에 대하여 30일분 이상의 평균임금이 되도록 하여야 한다(근퇴법 제15조).

⑤ **급여종류 및 수급요건** : 확정급여형퇴직연금제도의 급여 종류는 연금 또는 일시금으로 하되, 연금은 55세 이상으로서 가입기간이 10년 이상인 가입자에게 지급하여야 하고, 이 경우 연금의 지급기간은 5년 이상이어야 하며, 일시금은 연금수급 요건을 갖추지 못하거나 일시금 수급을 원하는 가입자에게 지급하여야 한다. 기출 25

⑥ **운용현황의 통지** : 퇴직연금사업자는 매년 1회 이상 적립금액 및 운용수익률 등을 고용노동부령으로 정하는 바에 따라 가입자에게 알려야 한다(근퇴법 제18조). 기출 22

⑦ **적립금운용위원회 구성** : 상시 300명 이상의 근로자를 사용하는 사업의 사용자는 퇴직연금제도 적립금의 합리적인 운용을 위하여 대통령령으로 정하는 바에 따라 적립금운용위원회를 구성하여야 한다. 사용자는 적립금운용위원회의 심의를 거친 적립금운용계획서에 따라 적립금을 운용하여야 한다. 이 경우 적립금운용계획서는 적립금 운용목적 및 방법, 목표수익률, 운용성과 평가 등 대통령령으로 정하는 내용을 포함하여 매년 1회 이상 작성하여야 한다(근퇴법 제18조의2).

2) 확정기여형퇴직연금제도

① **의의** : 확정기여형퇴직연금제도라 함은 사용자의 부담금은 그 액수가 사전에 확정되고, 근로자가 수령하는 연금급여는 적립금의 운용 결과에 따라 변동되는 퇴직연금제도를 말하는데, 적립금의 운용실적에 따라 근로자의 연금급여가 결정되므로 실적이 좋은 경우에는 연금급여가 많아지나, 실적이 나쁜 경우에는 연금급여가 적어질 우려가 있다. 기출 16

② **중도인출** : 확정기여형퇴직연금제도에 가입한 근로자는 주택구입 등 사유가 발생하면 적립금을 중도인출할 수 있다(근퇴법 제22조). 기출 14 · 20

> **확정기여형퇴직연금제도의 중도인출사유(근퇴법 시행령 제14조)**
> ① 법 제22조에서 "주택 구입 등 대통령령으로 정하는 사유"란 다음 각 호의 어느 하나에 해당하는 경우를 말한다.
> 1. 제2조 제1항 제1호 · 제1호의2 또는 제5호(재난으로 피해를 입은 경우로 한정한다)에 해당하는 경우
> 1의2. 제2조 제1항 제2호에 해당하는 경우로서 가입자가 본인 연간 임금 총액의 1천분의 125를 초과하여 의료비를 부담하는 경우
> 2. 중도인출을 신청한 날부터 거꾸로 계산하여 5년 이내에 가입자가 채무자 회생 및 파산에 관한 법률에 따라 파산선고를 받은 경우
> 3. 중도인출을 신청한 날부터 거꾸로 계산하여 5년 이내에 가입자가 채무자 회생 및 파산에 관한 법률에 따라 개인회생절차개시결정을 받은 경우
> 4. 법 제7조 제2항 후단에 따라 퇴직연금제도의 급여를 받을 권리를 담보로 제공하고 대출을 받은 가입자가 그 대출원리금을 상환하기 위한 경우로서 고용노동부장관이 정하여 고시하는 사유에 해당하는 경우
> ② 제1항 제4호에 해당하는 사유로 적립금을 중도인출하는 경우 그 중도인출금액은 대출원리금의 상환에 필요한 금액 이하로 한다.

3) 중소기업퇴직연금기금제도

① **운영**(근퇴법 제23조의2)
  ㉠ 중소기업퇴직연금기금제도는 공단에서 운영한다.
  ㉡ 중소기업퇴직연금기금제도 운영과 관련한 주요사항을 심의 · 의결하기 위하여 공단에 중소기업퇴직연금기금제도운영위원회(이하 "운영위원회")를 둔다.
  ㉢ 운영위원회의 위원장은 공단 이사장으로 한다.
  ㉣ 운영위원회는 위원장, 퇴직연금관계업무를 담당하는 고용노동부의 고위공무원단에 속하는 일반직공무원 및 위원장이 위촉하는 다음의 위원으로 구성한다. 이 경우 위원장을 포함한 위원의 수는 10명 이상 15명 이내로 구성하되, 근로자를 대표하는 위원과 사용자를 대표하는 위원의 수는 같아야 한다.
   ㉮ 공단의 상임이사
   ㉯ 근로자를 대표하는 사람
   ㉰ 사용자를 대표하는 사람
   ㉱ 퇴직연금 관련 전문가로서 퇴직연금 및 자산운용에 관한 학식과 경험이 풍부한 사람

ⓜ 근로자를 대표하는 사람, 사용자를 대표하는 사람, 퇴직연금 관련 전문가로서 퇴직연금 및 자산운용에 관한 학식과 경험이 풍부한 사람으로서 위원장이 위촉한 위원의 임기는 3년으로 하되, 연임할 수 있다. 다만, 위원의 사임 등으로 새로 위촉된 위원의 임기는 전임위원 임기의 남은 기간으로 한다.
ⓗ 운영위원회는 다음의 사항을 심의·의결한다.
㉮ 중소기업퇴직연금기금운용계획 및 지침에 관한 사항
㉯ 중소기업퇴직연금기금표준계약서의 작성 및 변경에 관한 사항
㉰ 수수료 수준에 관한 사항
㉱ 그 밖에 위원장이 중소기업퇴직연금기금제도 운영과 관련한 주요사항에 관하여 운영위원회의 회의에 부치는 사항
ⓢ 위원장은 중소기업퇴직연금기금운용 등과 관련하여 운영위원회를 지원하기 위한 자문위원회를 구성할 수 있다.
② 관리 및 운용(근퇴법 제23조의3) : 공단은 중소기업퇴직연금기금의 안정적 운용 및 수익성 증대를 위하여 대통령령으로 정하는 방법에 따라 중소기업퇴직연금기금을 관리·운용하여야 하고 공단은 중소기업퇴직연금기금을 공단의 다른 회계와 구분하여야 한다.

4) 개인형퇴직연금제도
① 설정적격자(근퇴법 제24조 제2항)
㉠ 퇴직급여제도의 일시금을 수령한 사람 기출 15·21
㉡ 확정급여형퇴직연금제도, 확정기여형퇴직연금제도 또는 중소기업퇴직연금기금제도의 가입자로서 자기의 부담으로 개인형퇴직연금제도를 추가로 설정하려는 사람 기출 15
㉢ 자영업자 등 안정적인 노후소득 확보가 필요한 사람으로서 대통령령으로 정하는 사람
② 부담금 납입(근퇴법 제24조 제3항) : 개인형퇴직연금제도를 설정한 사람은 자기의 부담으로 개인형퇴직연금제도의 부담금을 납입한다. 다만, 대통령령으로 정하는 한도를 초과하여 부담금을 납입할 수 없다.
③ 적립금의 운용방법(근퇴법 제21조)
㉠ 가입자는 적립금의 운용방법을 스스로 선정할 수 있고, 반기마다 1회 이상 적립금의 운용방법을 변경할 수 있다.
㉡ 퇴직연금사업자는 반기마다 1회 이상 위험과 수익구조가 서로 다른 세 가지 이상의 적립금운용방법을 제시하여야 한다.
㉢ 퇴직연금사업자는 운용방법별 이익 및 손실의 가능성에 관한 정보 등 가입자가 적립금의 운용방법을 선정하는 데 필요한 정보를 제공하여야 한다.
④ 10명 미만을 사용하는 사업에 대한 특례(근퇴법 제25조) 기출 17
㉠ 상시 10명 미만의 근로자를 사용하는 사업의 경우 사용자가 개별근로자의 동의를 받거나 근로자의 요구에 따라 개인형퇴직연금제도를 설정하는 경우에는 해당 근로자에 대하여 퇴직급여제도를 설정한 것으로 본다.
㉡ 개인형퇴직연금제도를 설정하는 경우에는 다음의 사항이 준수되어야 한다.
㉮ 사용자가 퇴직연금사업자를 선정하는 경우에 개별근로자의 동의를 받을 것. 다만, 근로자가 요구하는 경우에는 스스로 퇴직연금사업자를 선정할 수 있다.
㉯ 사용자는 가입자별로 연간 임금 총액의 12분의 1 이상에 해당하는 부담금을 현금으로 가입자의 개인형퇴직연금제도 계정에 납입할 것
㉰ 사용자가 부담하는 부담금 외에 가입자의 부담으로 추가부담금을 납입할 수 있을 것

㉣ 사용자는 매년 1회 이상 정기적으로 ㉯에 따른 부담금을 가입자의 개인형퇴직연금제도 계정에 납입할 것. 이 경우 납입이 지연된 부담금에 대한 지연이자의 납입에 관하여는 제20조 제3항 후단 및 제4항을 준용한다.

㉰ 그 밖에 근로자의 급여수급권의 안정적인 보호를 위하여 대통령령으로 정하는 사항

ⓒ 사용자는 개인형퇴직연금제도 가입자의 퇴직 등 대통령령으로 정하는 사유가 발생한 때에 해당 가입자에 대한 부담금을 납입하지 아니한 경우에는 그 사유가 발생한 날부터 14일 이내에 그 부담금에 따른 지연이자를 해당 가입자의 개인형 퇴직연금제도의 계정에 납입하여야 한다. 다만, 특별한 사정이 있는 경우에는 당사자 간의 합의에 따라 납입기일을 연장할 수 있다.

(2) 수급권의 보호 (근퇴법 제7조) 기출 20 · 22

① 퇴직연금제도(중소기업퇴직연금기금제도를 포함)의 급여를 받을 권리는 양도 또는 압류하거나 담보로 제공할 수 없다.

② 가입자는 주택구입 등 대통령령으로 정하는 사유와 요건을 갖춘 경우에는 대통령령으로 정하는 한도에서 퇴직연금제도의 급여를 받을 권리를 담보로 제공할 수 있다. 이 경우 등록한 퇴직연금사업자(중소기업퇴직연금기금제도의 경우 산업재해보상보험법에 따른 근로복지공단)는 제공된 급여를 담보로 한 대출이 이루어지도록 협조하여야 한다.

퇴직연금제도수급권의 담보제공사유 등 (근퇴법 시행령 제2조)

① 근로자퇴직급여 보장법(이하 "법") 제7조 제2항 전단에서 "주택 구입 등 대통령령으로 정하는 사유와 요건을 갖춘 경우"란 다음 각 호의 어느 하나에 해당하는 경우를 말한다.

1. 무주택자인 가입자가 본인 명의로 주택을 구입하는 경우 기출 23 · 24 · 25
1의2. 무주택자인 가입자가 주거를 목적으로 민법 제303조에 따른 전세금 또는 주택임대차보호법 제3조의2에 따른 보증금을 부담하는 경우. 이 경우 가입자가 하나의 사업 또는 사업장(이하 "사업")에 근로하는 동안 1회로 한정한다. 기출 24 · 25
2. 가입자가 6개월 이상 요양을 필요로 하는 다음 각 목의 어느 하나에 해당하는 사람의 질병이나 부상에 대한 의료비(소득세법 시행령 제118조의5 제1항 및 제2항에 따른 의료비)를 부담하는 경우 기출 25
   가. 가입자 본인
   나. 가입자의 배우자
   다. 가입자 또는 그 배우자의 부양가족(소득세법 제50조 제1항 제3호에 따른 부양가족)
3. 담보를 제공하는 날부터 거꾸로 계산하여 5년 이내에 가입자가 채무자 회생 및 파산에 관한 법률에 따라 파산선고를 받은 경우
4. 담보를 제공하는 날부터 거꾸로 계산하여 5년 이내에 가입자가 채무자 회생 및 파산에 관한 법률에 따라 개인회생절차개시결정을 받은 경우
4의2. 다음 각 목의 어느 하나에 해당하는 사람의 대학등록금, 혼례비 또는 장례비를 가입자가 부담하는 경우 기출 23 · 25
   가. 가입자 본인
   나. 가입자의 배우자
   다. 가입자 또는 그 배우자의 부양가족
5. 사업주의 휴업 실시로 근로자의 임금이 감소하거나 재난(재난 및 안전관리 기본법 제3조 제1호에 따른 재난을 말한다)으로 피해를 입은 경우로서 고용노동부장관이 정하여 고시하는 사유와 요건에 해당하는 경우

② 법 제7조 제2항 전단에서 "대통령령으로 정하는 한도"란 다음 각 호의 구분에 따른 한도를 말한다.
1. 제1항 제1호, 제1호의2, 제2호부터 제4호까지 및 제4호의2의 경우 : 가입자별 적립금의 100분의 50 기출 23
2. 제1항 제5호의 경우 : 임금 감소 또는 재난으로 입은 가입자의 피해 정도 등을 고려하여 고용노동부장관이 정하여 고시하는 한도

(3) 책무 및 감독(근퇴법 제32조 내지 제35조)

1) 사용자의 책무(근퇴법 제32조)
① 사용자는 법령, 퇴직연금규약 또는 중소기업퇴직연금기금표준계약서를 준수하고 가입자 등을 위하여 대통령령으로 정하는 사항에 관하여 성실하게 이 법에 따른 의무를 이행하여야 한다.
② 확정급여형퇴직연금제도 또는 확정기여형퇴직연금제도를 설정한 사용자는 매년 1회 이상 가입자에게 해당 사업의 퇴직연금제도운영상황 등 대통령령으로 정하는 사항에 관한 교육을 하여야 한다. 이 경우 사용자는 퇴직연금사업자 또는 대통령령으로 정하는 요건을 갖춘 전문기관에 그 교육의 실시를 위탁할 수 있다.
③ 퇴직연금제도를 설정한 사용자는 다음의 어느 하나에 해당하는 행위를 하여서는 아니 된다. 기출 12
  ㉠ 자기 또는 제3자의 이익을 도모할 목적으로 운용관리업무 및 자산관리업무의 수행계약을 체결하는 행위
  ㉡ 그 밖에 퇴직연금제도의 적절한 운영을 방해하는 행위로서 대통령령으로 정하는 행위
④ 확정급여형퇴직연금제도 또는 퇴직금제도를 설정한 사용자는 다음의 어느 하나에 해당하는 사유가 있는 경우 근로자에게 퇴직급여가 감소할 수 있음을 미리 알리고 근로자대표와의 협의를 통하여 확정기여형퇴직연금제도나 중소기업퇴직연금기금제도로의 변경, 퇴직급여산정기준의 개선 등 근로자의 퇴직급여 감소를 예방하기 위하여 필요한 조치를 하여야 한다.
  ㉠ 사용자가 단체협약 및 취업규칙 등을 통하여 일정한 연령, 근속시점 또는 임금액을 기준으로 근로자의 임금을 조정하고 근로자의 정년을 연장하거나 보장하는 제도를 시행하려는 경우
  ㉡ 사용자가 근로자와 합의하여 소정근로시간을 1일 1시간 이상 또는 1주 5시간 이상 단축함으로써 단축된 소정근로시간에 따라 근로자가 3개월 이상 계속 근로하기로 한 경우
  ㉢ 근로기준법 일부개정법률 시행에 따라 근로시간이 단축되어 근로자의 임금이 감소하는 경우
  ㉣ 그 밖에 임금이 감소되는 경우로서 고용노동부령으로 정하는 경우

2) 퇴직연금사업자의 책무(근퇴법 제33조)
① 퇴직연금사업자는 이 법을 준수하고 가입자를 위하여 성실하게 그 업무를 하여야 한다(제1항).
② 퇴직연금사업자는 운용관리업무에 관한 계약 및 자산관리업무에 관한 계약의 내용을 지켜야 한다(제2항).
③ 퇴직연금사업자는 정당한 사유 없이 다음의 어느 하나에 해당하는 행위를 하여서는 아니 된다.
  ㉠ 운용관리업무의 수행계약 체결을 거부하는 행위
  ㉡ 자산관리업무의 수행계약 체결을 거부하는 행위
  ㉢ 특정 퇴직연금사업자와 계약을 체결할 것을 강요하는 행위
  ㉣ 그 밖에 사용자 또는 가입자의 이익을 침해할 우려가 있는 행위로서 대통령령으로 정하는 행위
④ 운용관리업무를 수행하는 퇴직연금사업자는 다음의 어느 하나에 해당하는 행위를 하여서는 아니 된다(제3항).
  ㉠ 계약 체결 시 가입자 또는 사용자의 손실의 전부 또는 일부를 부담하거나 부담할 것을 약속하는 행위
  ㉡ 가입자 또는 사용자에게 경제적 가치가 있는 과도한 부가적 서비스를 제공하거나 가입자 또는 사용자가 부담하여야 할 경비를 퇴직연금사업자가 부담하는 등 대통령령으로 정하는 특별한 이익을 제공하거나 제공할 것을 약속하는 행위
  ㉢ 가입자의 성명·주소 등 개인정보를 퇴직연금제도의 운용과 관련된 업무수행에 필요한 범위를 벗어나서 사용하는 행위
  ㉣ 자기 또는 제3자의 이익을 도모할 목적으로 특정 운용방법을 가입자 또는 사용자에게 제시하는 행위

⑤ 퇴직연금사업자는 운용관리업무의 수행계약과 자산관리업무의 수행계약 체결과 관련된 약관 또는 표준계약서(이하 "약관등")를 제정하거나 변경하려는 경우에는 미리 금융감독원장에게 보고하여야 한다. 다만, 근로자 또는 사용자의 권익이나 의무에 불리한 영향을 주지 아니하는 경우로서 금융위원회가 정하는 경우에는 약관등의 제정 또는 변경 후 10일 이내에 금융감독원장에게 보고할 수 있다(제7항). 기출 20

3) **사용자에 대한 감독**(근퇴법 제35조)
① 고용노동부장관은 사용자가 퇴직연금제도의 설정 또는 그 운영 등에 관하여 이 법 또는 퇴직연금규약 및 중소기업퇴직연금기금표준계약서에 위반되는 행위를 한 경우에는 기간을 정하여 그 위반의 시정을 명할 수 있다.
② 고용노동부장관은 사용자가 시정기간 이내에 시정명령에 따르지 아니하는 경우에는 퇴직연금제도 운영의 중단을 명할 수 있다.

Ⅱ 기타 규정

고용노동부장관은 이 법의 시행을 위하여 필요한 경우에 금융위원회 등 관련 기관에 자료의 제출을 요청할 수 있다. 이 경우 자료의 제출을 요청받은 기관은 정당한 사유가 없으면 이를 거부하여서는 아니 된다(근퇴법 제39조).

제8절 임금채권보장법

Ⅰ 서 설

1. **목적**(임채법 제1조)

이 법은 경기 변동과 산업구조 변화 등으로 사업을 계속하는 것이 불가능하거나 기업의 경영이 불안정하여, 임금 등을 지급받지 못하고 퇴직한 근로자 등에게 그 지급을 보장하는 조치를 마련함으로써 근로자의 생활안정에 이바지하는 것을 목적으로 한다.

2. **정의**(임채법 제2조)
① **근로자** : 근로기준법 제2조에 따른 근로자를 말한다.
② **사업주** : 근로자를 사용하여 사업을 하는 자를 말한다.
③ **임금등** : 근로기준법에 따른 임금·퇴직금, 휴업수당 및 출산전후휴가기간 중 급여를 말한다.
④ **보수** : 고용보험 및 산업재해보상보험의 보험료징수 등에 관한 법률에 따른 보수를 말한다.

3. **적용범위**(임채법 제3조)

이 법은 산업재해보상보험법에 따른 사업 또는 사업장(이하 "사업")에 적용한다. 다만, 국가와 지방자치단체가 직접 수행하는 사업은 그러하지 아니하다. 기출 17·22·24

4. 임금채권보장기금심의위원회(임채법 제6조)

① 임금채권보장기금의 관리・운용에 관한 중요사항을 심의하기 위하여 고용노동부에 임금채권보장기금심의위원회를 둔다. 기출 17・21

② 고용노동부장관이 사업주를 대신하여 지급하는 체불 임금등 대지급금의 상한액은 임금, 소득수준, 물가상승률, 기금의 재정상황 및 근로자의 퇴직 당시 연령(근로자의 퇴직 당시 연령은 법 제7조 제1항에 따른 대지급금의 상한액을 정하는 경우만 해당) 등을 고려하여 고용노동부장관이 기획재정부장관과 협의하여 정하고 그 내용을 관보 및 인터넷 홈페이지에 고시해야 한다(임채법 시행령 제6조).

③ 위원회는 근로자를 대표하는 사람, 사업주를 대표하는 사람 및 공익을 대표하는 사람으로 구성하되, 각각 같은 수로 한다. 기출 16

④ 위원회 위원은 다음의 구분에 따라 고용노동부장관이 임명하거나 위촉한다(임채법 시행령 제3조 제1항).
  ㉠ 근로자를 대표하는 위원 : 총연합단체인 노동조합이 추천하는 사람 5명
  ㉡ 사업주를 대표하는 위원 : 전국을 대표하는 사용자단체가 추천하는 사람 5명
  ㉢ 공익을 대표하는 위원 : 다음의 사람 5명
    ㉮ 고용노동부의 임금채권보장업무를 담당하는 고위공무원 1명
    ㉯ 고용노동부의 임금채권보장업무를 담당하는 3급 또는 4급 공무원 1명
    ㉰ 비영리민간단체 지원법에 따른 비영리민간단체에서 추천한 사람과 고용노동부장관이 사회보험에 관한 학식과 경험이 풍부하다고 인정하는 사람 중 3명

5. 지급 대상근로자(임채법 시행령 제7조) 기출 12

① 도산대지급금은 다음의 구분에 따른 날의 1년 전이 되는 날 이후부터 3년 이내에 해당 사업 또는 사업장(이하 "사업")에서 퇴직한 근로자에게 지급한다.
  ㉠ 회생절차개시의 결정 또는 파산선고의 결정(이하 "파산선고등")이 있는 경우에는 그 신청일
  ㉡ 채무자 회생 및 파산에 관한 법률에 따른 회생절차개시 신청 후 법원이 직권으로 파산선고를 한 경우에는 그 신청일 또는 선고일
  ㉢ 도산등사실인정이 있는 경우에는 그 도산등사실인정 신청일(신청기간의 말일이 공휴일이어서 공휴일 다음 날 신청한 경우에는 그 신청기간의 말일을 말하며, 도산등사실인정의 기초가 된 하나의 사실관계에 대해 둘 이상의 신청이 있는 경우에는 최초의 신청일)

② 간이대지급금 중 판결등에 의하여 인정되는 대지급금과 체불 임금등・사업주 확인서에 의하여 인정되는 대지급금은 다음의 구분에 따른 퇴직 근로자에게 지급한다.
  ㉠ 판결등에 의하여 인정되는 대지급금 : 사업에서 퇴직한 날의 다음 날부터 2년 이내에 판결, 명령, 조정 또는 결정 등(이하 "판결등")에 관한 소송 등(이하 "소송등")을 제기한 근로자
  ㉡ 체불 임금등・사업주 확인서에 의하여 인정되는 대지급금 : 사업에서 퇴직한 날의 다음 날부터 1년 이내에 임금등의 체불을 이유로 해당 사업주에 대한 진정・청원・탄원・고소 또는 고발 등(이하 "진정등")을 제기한 근로자

③ 간이대지급금 중 판결등이나 체불 임금등・사업주 확인서에 의하여 사업주의 미지급임금이 확인된 경우에 재직근로자에게 인정되는 대지급금은 다음의 기준을 모두 충족한 재직 근로자에게 지급한다.
  ㉠ 소송등 또는 진정등을 제기한 당시 해당 사업주와의 근로계약이 종료되지 않은 근로자(근로계약기간이 1개월 미만인 일용근로자는 제외)일 것
  ㉡ 해당 사업주와 근로계약에서 정한 임금액이 고용노동부장관이 정하여 고시하는 금액 미만일 것

ⓒ 다음의 구분에 따른 기간 이내에 사업주에 대한 소송등이나 진정등을 제기했을 것
  ㉮ 사업주가 근로자에게 미지급 임금을 지급하라는 판결등이 있는 경우 : 소송등을 제기한 날 이전 맨 나중의 임금등 체불이 발생한 날의 다음 날부터 2년 이내
  ㉯ 사업주에게 체불 임금등·사업주 확인서에 의하여 미지급임금등이 확인된 경우 : 진정등을 제기한 날 이전 맨 나중의 임금등 체불이 발생한 날의 다음 날부터 1년 이내

Ⅱ 임금채권의 지급 보장

1. 대지급금의 지급

(1) 대지급금의 지급사유와 범위(임채법 제7조)

① 고용노동부장관은 사업주가 다음의 어느 하나에 해당하는 경우에 퇴직한 근로자가 지급받지 못한 임금등의 지급을 청구하면 제3자의 변제에 관한 민법에도 불구하고 그 근로자의 미지급임금등을 사업주(하수급인과 연대책임을 부담하는 직상 수급인 및 그 상위 수급인 포함)를 대신하여 지급한다(제1항).
  ㉠ 채무자 회생 및 파산에 관한 법률에 따른 회생절차개시의 결정이 있는 경우 기출 25
  ㉡ 채무자 회생 및 파산에 관한 법률에 따른 파산선고의 결정이 있는 경우 기출 25
  ㉢ 고용노동부장관이 대통령령으로 정한 요건과 절차에 따라 미지급임금등을 지급할 능력이 없다고 인정하는 경우
  ㉣ 사업주가 근로자에게 미지급임금등을 지급하라는 다음의 어느 하나에 해당하는 판결, 명령, 조정 또는 결정 등이 있는 경우
    ㉮ 민사집행법에 따른 확정된 종국판결 기출 25
    ㉯ 민사집행법에 따른 확정된 지급명령
    ㉰ 민사집행법에 따른 소송상 화해, 청구의 인낙(認諾) 등 확정판결과 같은 효력을 가지는 것
    ㉱ 민사조정법에 따라 성립된 조정
    ㉲ 민사조정법에 따른 확정된 조정을 갈음하는 결정
    ㉳ 소액사건심판법에 따른 확정된 이행권고결정
  ㉤ 고용노동부장관이 근로자에게 체불임금등과 체불사업주 등을 증명하는 서류(이하 "체불 임금등·사업주 확인서")를 발급하여 사업주의 미지급임금등이 확인된 경우 기출 25

② 고용노동부장관이 사업주를 대신하여 지급하는 체불 임금등 대지급금(이하 "대지급금")의 범위는 다음과 같다. 다만, 대통령령으로 정하는 바에 따라 ①의 ㉠, ㉡, ㉢에 따른 대지급금의 상한액과 ①의 ㉣, ㉤에 따른 대지급금의 상한액은 근로자의 퇴직 당시의 연령 등을 고려하여 따로 정할 수 있으며 대지급금이 적은 경우에는 지급하지 아니할 수 있다(제2항).
  ㉠ 근로기준법에 따른 임금 및 근로자퇴직급여 보장법에 따른 최종 3년간의 퇴직급여등
  ㉡ 근로기준법에 따른 휴업수당(최종 3개월분으로 한정) 기출 15·17·20·22
  ㉢ 근로기준법에 따른 출산전후휴가기간 중 급여(최종 3개월분으로 한정)

③ 근무기간, 휴업기간 또는 출산전후휴가기간에 대한 대지급금의 지급은 다음의 구분에 따른다(제3항).
  ㉠ ①의 ㉠, ㉡, ㉢에 해당하여 지급하는 대지급금의 경우에는 중복하여 지급하지 아니할 것
  ㉡ ①의 ㉣, ㉤에 해당하여 지급하는 대지급금의 경우에는 중복하여 지급하지 아니할 것
  ㉢ ①의 ㉠, ㉡, ㉢ 중 어느 하나에 해당하여 대지급금을 지급한 경우에는 그에 해당하는 금액을 공제하고, ①의 ㉣ 또는 ㉤에 해당하는 대지급금을 지급할 것

ⓔ ①의 ⓔ 또는 ⓜ에 해당하여 대지급금을 지급한 경우에는 그에 해당하는 금액을 공제하고, ①의 ⓐ, ⓑ, ⓒ 중 어느 하나에 해당하는 대지급금을 지급할 것

④ 대지급금의 지급대상이 되는 퇴직한 근로자와 사업주의 기준은 대통령령으로 정한다(제4항).

⑤ 사업장 규모 등 고용노동부령으로 정하는 기준에 해당하는 퇴직한 근로자가 대지급금을 청구하는 경우 고용노동부령으로 정하는 공인노무사로부터 대지급금 청구서 작성, 사실확인 등에 관한 지원을 받을 수 있다(제5항).

⑥ 고용노동부장관은 퇴직한 근로자가 공인노무사로부터 지원을 받은 경우 그에 드는 비용의 전부 또는 일부를 지원할 수 있으며, 지원금액 및 구체적인 지급방법 등에 관한 사항은 고용노동부령으로 정한다(제6항). 『기출』 19

⑦ 고용노동부장관은 대지급금의 지급 여부에 관하여 고용노동부령으로 정하는 바에 따라 해당 사업주(대지급금을 지급하기로 한 경우로 한정) 및 근로자에게 통지하여야 한다(제7항).

체불 임금등 대지급금 상한액의 결정·고시(임채법 시행령 제6조)

① 법 제7조 제1항 및 제7조의2 제1항에 따라 고용노동부장관이 사업주를 대신하여 지급하는 체불 임금등 대지급금(이하 "대지급금")의 종류는 다음 각 호와 같다.
  1. 법 제7조 제1항 제1호부터 제3호까지의 규정에 따른 대지급금(이하 "도산대지급금")
  2. 법 제7조 제1항 제4호·제5호 및 법 제7조의2 제1항에 따른 대지급금(이하 "간이대지급금")

② 대지급금의 상한액은 법 제7조 제2항 단서 및 제7조의2 제3항에 따라 근로자의 임금이나 소득 수준, 물가상승률, 기금의 재정상황 및 근로자의 퇴직 당시 연령(근로자의 퇴직 당시 연령은 법 제7조 제1항에 따른 대지급금의 상한액을 정하는 경우만 해당) 등을 고려하여 고용노동부장관이 기획재정부장관과 협의하여 정한다.

③ 고용노동부장관은 제2항에 따라 정한 대지급금 상한액의 내용을 관보 및 인터넷 홈페이지에 고시해야 한다.

대지급금의 청구와 지급(임채법 시행령 제9조)

① 대지급금을 지급받으려는 사람은 다음 각 호의 구분에 따른 기간 이내에 고용노동부장관에게 대지급금의 지급을 청구해야 한다.
  1. 도산대지급금의 경우 : 파산선고등 또는 도산등사실인정이 있은 날부터 2년 이내 『기출』 23·24
  2. 법 제7조 제1항 제4호에 따른 대지급금의 경우 : 판결등이 있은 날부터 1년 이내
  3. 법 제7조 제1항 제5호에 따른 대지급금의 경우 : 체불임금등·사업주확인서가 최초로 발급된 날부터 6개월 이내
  4. 법 제7조의2 제1항에 따른 대지급금의 경우 : 판결등이 있은 날부터 1년 이내 또는 체불임금등·사업주확인서가 최초로 발급된 날부터 6개월 이내

② 제1항에서 규정한 사항 외에 대지급금의 청구 및 지급 등에 필요한 사항은 고용노동부령으로 정한다.

---

(2) 재직근로자에 대한 대지급금의 지급(임채법 제7조의2)

① 고용노동부장관은 사업주가 해당 사업주와 근로계약이 종료되지 아니한 근로자(이하 "재직근로자")가 지급받지 못한 임금등의 지급을 청구하면 제3자의 변제에 관한 민법 제469조에도 불구하고 대지급금을 지급한다.

② 고용노동부장관이 지급하는 대지급금의 범위는 다음과 같다.
  ㉠ 재직근로자가 체불임금에 대하여 판결, 명령, 조정 또는 결정 등을 위한 소송 등을 제기하거나 해당 사업주에 대하여 진정·청원·탄원·고소 또는 고발 등을 제기한 날을 기준으로 맨 나중의 임금체불이 발생한 날부터 소급하여 3개월 동안에 지급되어야 할 임금 중 지급받지 못한 임금
  ㉡ ㉠과 같은 기간 동안에 지급되어야 할 휴업수당 중 지급받지 못한 휴업수당
  ㉢ ㉠과 같은 기간 동안에 지급되어야 할 출산전후휴가기간 중 급여에서 지급받지 못한 급여

③ 대지급금의 지급대상이 되는 재직근로자와 사업주의 기준 및 대지급금의 상한액은 해당 근로자의 임금이나 소득수준 및 그 밖의 생활여건 등을 고려하여 대통령령으로 정한다.

④ 재직근로자에 대한 대지급금은 해당 근로자가 하나의 사업에 근로하는 동안 1회만 지급한다. 『기출』 23·24

⑤ 대지급금을 지급받은 근로자가 퇴직 후 같은 근무기간, 같은 휴업기간 또는 같은 출산전후휴가기간에 대하여 대지급금의 지급을 청구한 경우 그 지급에 관하여는 다음의 구분에 따른다.

⊙ 사업주에게 회생절차개시의 결정이나 파산선고의 결정이 있는 경우, 고용노동부장관이 대통령령으로 정한 요건과 절차에 따라 사업주가 미지급 임금등을 지급할 능력이 없다고 인정하는 경우에 해당하여 근로자가 대지급금의 지급을 청구한 경우에는 이미 지급받은 대지급금에 해당하는 금액을 공제하고 지급할 것
⊙ 사업주가 근로자에게 미지급 임금을 지급하라는 판결등이 있는 경우나 사업주에게 체불 임금등·사업주 확인서에 의하여 미지급임금등이 확인된 경우에 해당하여 근로자가 대지급금의 지급을 청구한 경우에는 지급하지 아니할 것
⑥ 고용노동부장관은 대지급금의 지급 여부에 관하여 고용노동부령으로 정하는 바에 따라 해당 사업주(대지급금을 지급하기로 한 경우로 한정) 및 근로자에게 통지하여야 한다.

(3) 체불임금 및 생계비 융자(임채법 제7조의3)
① 고용노동부장관은 사업주가 근로자에게 임금등을 지급하지 못한 경우에 사업주의 신청에 따라 체불 임금등을 지급하는 데 필요한 비용을 융자할 수 있다.
② 고용노동부장관은 사업주로부터 임금등을 지급받지 못한 근로자(퇴직한 근로자를 포함)의 생활안정을 위하여 근로자의 신청에 따라 생계비에 필요한 비용을 융자할 수 있다. 융자금액은 고용노동부장관이 해당 근로자에게 직접 지급하여야 한다. 기출 19·24

(4) 미지급임금등의 청구권 대위(임채법 제8조)
① 고용노동부장관은 해당 근로자에게 대지급금을 지급하였을 때에는 그 지급한 금액의 한도에서 그 근로자가 해당 사업주에 대하여 미지급임금등을 청구할 수 있는 권리를 대위(代位)한다. 기출 19·22
② 근로기준법에 따른 임금채권 우선변제권 및 근로자퇴직급여 보장법에 따른 퇴직급여등 채권 우선변제권은 대위되는 권리에 존속한다. 기출 25

(5) 사업주의 부담금(임채법 제9조)
① 고용노동부장관은 대지급금의 지급이나 체불 임금등 및 생계비의 융자 등 임금채권보장사업에 드는 비용에 충당하기 위하여 사업주로부터 부담금을 징수한다. 사업주가 부담하여야 하는 부담금은 그 사업에 종사하는 근로자의 보수총액에 1천분의 2의 범위에서 위원회의 심의를 거쳐 고용노동부장관이 정하는 부담금비율을 곱하여 산정한 금액으로 한다. 기출 19·24
② 보수총액을 결정하기 곤란한 경우에는 고용산재보험료징수법에 따라 고시하는 노무비율(勞務比率)에 따라 보수총액을 결정한다. 기출 24
③ 도급사업의 일괄적용에 관한 고용산재보험료징수법 규정은 부담금 징수에 관하여 준용한다. 임금채권보장법은 사업주의 부담금에 관하여 다른 법률에 우선하여 적용한다. 기출 24

2. 부담금의 경감(임채법 제10조)
고용노동부장관은 다음의 어느 하나에 해당하는 사업주에 대하여는 부담금을 경감할 수 있다. 이 경우 그 경감기준은 고용노동부장관이 위원회의 심의를 거쳐 정한다.
① 근로기준법 또는 근로자퇴직급여 보장법에 따라 퇴직금을 미리 정산하여 지급한 사업주 기출 24
② 법률 제7379호 근로자퇴직급여 보장법 부칙 제2조 제1항에 따른 퇴직보험 등에 가입한 사업주, 근로자퇴직급여 보장법에 따른 확정급여형퇴직연금제도, 확정기여형퇴직연금제도, 중소기업퇴직연금기금제도 또는 개인형퇴직연금제도를 설정한 사업주
③ 외국인근로자의 고용 등에 관한 법률에 따라 외국인근로자 출국만기보험·신탁에 가입한 사업주
기출 24

3. 수급권의 보호(임채법 제11조의2)

① 대지급금을 지급받을 권리는 양도 또는 압류하거나 담보로 제공할 수 없다. 기출 20·21·23
② 대지급금의 수령은 대통령령으로 정하는 바에 따라 위임할 수 있다. 즉, 대지급금을 받을 권리가 있는 사람이 부상 또는 질병으로 대지급금을 수령할 수 없는 경우에는 그 가족에게 수령을 위임할 수 있다. 대지급금 수령을 위임받은 사람이 대지급금을 지급받으려면 그 위임사실 및 가족관계를 증명할 수 있는 서류를 제출해야 한다(임채법 시행령 제18조의2 제1항·제2항). 기출 14·16·20·23
③ 미성년자인 근로자는 독자적으로 대지급금의 지급을 청구할 수 있다. 기출 14·16·19·21·22
④ 대지급금수급계좌의 예금에 관한 채권은 압류할 수 없다. 기출 22·23·25

4. 체불임금등의 확인(임채법 제12조)

① 임금등을 지급받지 못한 근로자는 대지급금의 지급청구절차를 진행하기 위하여 필요한 경우나 법률구조의 절차 등에 따라 소송제기를 위하여 필요한 경우에는 고용노동부장관에게 체불임금등·사업주확인서의 발급을 신청할 수 있다.
② 신청이 있을 경우 고용노동부장관은 근로감독사무처리과정에서 확인된 체불임금등·사업주확인서를 근로자, 근로복지공단 또는 대한법률구조공단에 발급할 수 있다.

Ⅲ 포상금의 지급(임채법 제15조)

거짓이나 그 밖에 부정한 방법으로 대지급금이 지급된 사실을 지방고용노동관서 또는 수사기관에 신고하거나 고발한 자에게는 대통령령으로 정하는 기준에 따라 포상금을 지급할 수 있다. 기출 13·21

Ⅳ 임금채권보장기금

1. 기금의 설치(임채법 제17조)

고용노동부장관은 대지급금의 지급이나 체불 임금등 및 생계비의 융자 등 임금채권보장사업에 충당하기 위하여 임금채권보장기금(이하 "기금")을 설치한다. 기출 14·20

2. 기금의 관리·운용(임채법 제20조)

기금은 고용노동부장관이 관리·운용한다. 기출 24 기금의 관리·운용 등에 관하여는 산업재해보상보험법 일부 규정을 준용한다.

Ⅴ 보 칙

1. 개인정보의 보호(임채법 제23조의2)

① 고용노동부장관은 임금채권보장법에 따른 업무를 수행하기 위한 자료의 제공을 요청할 때에는 업무에 필요한 최소한의 정보만 요청하여야 하고, 그 자료를 이용할 때에는 보안교육 등 사업주 또는 근로자 등의 개인정보에 대한 보호대책을 마련하여야 한다.
② 고용노동부장관은 퇴직연금사업자에 대해 대지급금청구 근로자의 퇴직연금에 관한 정보 자료, 보험회사에 대해 외국인 근로자의 출국만기보험·신탁 및 보증보험 가입 및 납입자료의 제공을 요청할 경우에는 사전에 정보주체의 동의를 받아야 한다.
③ 고용노동부장관은 자료를 이용할 때에는 체불 임금등의 지급, 미지급 임금등의 청구권의 대위 등 목적을 달성한 경우 지체 없이 파기하여야 한다.
④ 개인정보는 고용노동부 또는 고용노동부장관으로부터 권한을 위임받은 기관에서 임금채권보장법법에 따른 업무를 담당하는 자 중 해당 기관의 장으로부터 개인정보 취급승인을 받은 자만 취급할 수 있다.
⑤ 임금채권보장 업무에 종사하거나 종사하였던 자는 누구든지 업무 수행과 관련하여 알게 된 사업주 또는 근로자 등의 정보를 누설하거나 다른 용도로 사용하여서는 아니 된다. 기출 25

2. 신고(임채법 제25조)

사업주가 이 법 또는 이 법에 따른 명령을 위반하는 사실이 있으면 근로자는 그 사실을 근로감독관에게 신고하여 시정을 위한 조치를 요구할 수 있다. 기출 25

3. 소멸시효(임채법 제26조 제1항)

부담금이나 그 밖에 이 법에 따른 징수금을 징수하거나 대지급금·부담금을 반환받을 권리는 3년간 행사하지 아니하면 시효로 소멸한다. 기출 21·25

4. 벌칙(임채법 제27조의2, 제28조)

① 임금채권보장 업무에 종사하거나 종사하였던 자로 업무 수행과 관련하여 알게 된 사업주 또는 근로자 등의 정보를 누설하거나 다른 용도로 사용한 자 또는 미회수자료를 제공받은 자로서 이를 신용도·신용거래능력 판단과 관련한 업무 외의 목적으로 이용·제공 또는 누설한 자는 10년 이하의 징역 또는 1억원 이하의 벌금에 처한다. 기출 18
② 다음의 어느 하나에 해당하는 자는 3년 이하의 징역 또는 3천만원 이하의 벌금에 처한다.
　㉠ 거짓이나 그 밖의 부정한 방법으로 대지급금 또는 융자를 받은 자
　㉡ 거짓이나 그 밖의 부정한 방법으로 다른 사람으로 하여금 대지급금 또는 융자를 받게 한 자
③ 다음의 어느 하나에 해당하는 자는 2년 이하의 징역 또는 2천만원 이하의 벌금에 처한다.
　㉠ 부당하게 대지급금 또는 융자를 받기 위하여 거짓의 보고·증명 또는 서류제출을 한 자
　㉡ 다른 사람으로 하여금 부당하게 대지급금 또는 융자를 받게 하기 위하여 거짓의 보고·증명 또는 서류제출을 한 자

제9절 근로복지기본법

I 서 설

1. 목적(근복법 제1조)
이 법은 근로복지정책의 수립 및 복지사업의 수행에 필요한 사항을 규정함으로써 근로자의 삶의 질을 향상시키고 국민경제의 균형 있는 발전에 이바지함을 목적으로 한다.

2. 정의(근복법 제2조)
① 근로자 : 직업의 종류와 관계없이 임금을 목적으로 사업이나 사업장에 근로를 제공하는 사람을 말한다.
② 사용자 : 사업주 또는 사업경영담당자, 그 밖에 근로자에 관한 사항에 대하여 사업주를 위하여 행위하는 자를 말한다.
③ 주택사업자 : 근로자에게 분양 또는 임대하는 것을 목적으로 주택을 건설하거나 구입하는 자를 말한다.
④ 우리사주조합 : 주식회사의 소속 근로자가 그 주식회사의 주식을 취득·관리하기 위하여 이 법에서 정하는 요건을 갖추어 설립한 단체를 말한다.
⑤ 우리사주 : 주식회사의 소속 근로자 등이 그 주식회사에 설립된 우리사주조합을 통하여 취득하는 그 주식회사의 주식을 말한다.

3. 근로복지정책의 기본원칙(근복법 제3조)
① 근로복지(임금·근로시간 등 기본적인 근로조건은 제외)정책은 근로자의 경제·사회활동의 참여기회 확대, 근로의욕의 증진 및 삶의 질 향상을 목적으로 하여야 한다. 기출 12
② 근로복지정책을 수립·시행할 때에는 근로자가 성별, 나이, 신체적 조건, 고용형태, 신앙 또는 사회적 신분 등에 따른 차별을 받지 아니하도록 배려하고 지원하여야 한다.
③ 이 법에 따른 근로자의 복지 향상을 위한 지원을 할 때에는 중소·영세기업근로자, 기간제근로자, 단시간근로자, 파견근로자, 하수급인이 고용하는 근로자, 저소득근로자 및 장기근속근로자가 우대될 수 있도록 하여야 한다. 기출 15·23

4. 국가 또는 지방자치단체의 책무(근복법 제4조)
국가 또는 지방자치단체는 근로복지정책을 수립·시행하는 경우 제3조의 근로복지정책의 기본원칙에 따라 예산·기금·세제·금융상의 지원을 하여 근로자의 복지 증진이 이루어질 수 있도록 노력하여야 한다.

5. 사업주 및 노동조합의 책무(근복법 제5조) 기출 16·22
① 사업주(근로자를 사용하여 사업을 행하는 자)는 해당 사업장 근로자의 복지 증진을 위하여 노력하고 근로복지정책에 협력하여야 한다.
② 노동조합 및 근로자는 근로의욕 증진을 통하여 생산성 향상에 노력하고 근로복지정책에 협력하여야 한다.

6. 목적 외 사용금지(근복법 제6조)

누구든지 국가 또는 지방자치단체가 근로자의 주거안정, 생활안정 및 재산형성 등 근로복지를 위하여 이 법에 따라 보조 또는 융자한 자금을 그 목적사업에만 사용하여야 한다. 기출 21·22·24

7. 고용정책심의회의 심의사항(근복법 제8조)

이 법에 따른 근로복지에 관한 다음의 사항은 고용정책 기본법에 따른 고용정책심의회의 심의를 거쳐야 한다.
① 근로복지 증진에 관한 기본계획 기출 12·16
② 근로복지사업에 드는 재원 조성에 관한 사항
③ 그 밖에 고용정책심의회 위원장이 근로복지정책에 관하여 회의에 부치는 사항

8. 기본계획의 수립 등(근복법 제9조)

① 고용노동부장관은 관계 중앙행정기관의 장과 협의하여 근로복지 증진에 관한 기본계획(이하 "기본계획")을 5년마다 수립하여야 한다. 기출 21
② 기본계획에는 다음의 사항이 포함되어야 한다.
  ㉠ 근로자의 주거 안정에 관한 사항 기출 20
  ㉡ 근로자의 생활 안정에 관한 사항 기출 20
  ㉢ 근로자의 재산 형성에 관한 사항 기출 16
  ㉣ 우리사주제도에 관한 사항 기출 20
  ㉤ 사내근로복지기금제도에 관한 사항 기출 20
  ㉥ 선택적 복지제도 지원에 관한 사항
  ㉦ 근로자지원프로그램 운영에 관한 사항
  ㉧ 근로자를 위한 복지시설의 설치 및 운영에 관한 사항
  ㉨ 근로복지사업에 드는 재원 조성에 관한 사항
  ㉩ 직전 기본계획에 대한 평가
  ㉪ 그 밖에 근로복지 증진을 위하여 고용노동부장관이 필요하다고 인정하는 사항

9. 근로복지사업 추진협의(근복법 제11조)

지방자치단체, 국가의 보조를 받는 비영리법인이 근로복지사업을 추진하는 경우에는 고용노동부장관과 협의하여야 한다. 다만, 지방자치단체가 관할 구역 안에서 해당 지방자치단체의 예산으로만 근로복지사업을 추진하는 경우에는 협의를 거치지 아니할 수 있다. 기출 21

Ⅱ 근로자의 주거·생활안정 및 재산형성

1. 근로자의 주거안정

(1) 근로자주택공급제도의 운영(근복법 제15조)

① 국가 또는 지방자치단체는 근로자의 주택취득 또는 임차 등을 지원하기 위하여 주택사업자가 근로자에게 주택을 우선하여 분양 또는 임대(이하 "공급")하도록 하는 제도를 운영할 수 있다.
② 국토교통부장관은 주거기본법에 따른 주거종합계획에 근로자에게 공급하는 주택(이하 "근로자주택")의 공급계획을 포함하여야 한다.
③ 근로자주택의 종류, 규모, 공급대상근로자, 공급방법과 그 밖에 필요한 사항은 국토교통부장관이 고용노동부장관과 협의하여 정한다. 기출 21

(2) 근로자주택자금의 융자(근복법 제16조)

국가는 ㉠ 주택사업자가 근로자주택을 건설하거나 구입하는 경우, ㉡ 근로자가 주택사업자로부터 근로자주택을 취득하는 경우 등의 어느 하나에 해당하는 경우에는 주택사업자 또는 근로자가 그 필요한 자금(이하 "근로자주택자금")을 융자받을 수 있도록 주택도시기금법에 따른 주택도시기금으로 지원할 수 있다.

2. 근로자의 생활안정 및 재산형성

(1) 근로자의 이주 등에 대한 지원(근복법 제18조)

국가는 취업 또는 근무지 변경 등으로 이주하거나 가족과 떨어져 생활하는 근로자의 주거안정을 위하여 필요한 지원을 할 수 있다. 기출 25

(2) 생활안정자금의 지원(근복법 제19조)

국가는 근로자의 생활안정을 지원하기 위하여 근로자 및 그 가족의 의료비·혼례비·장례비 등의 융자 등 필요한 지원을 하여야 한다. 국가는 경제상황 및 근로자의 생활안정자금이 필요한 시기 등을 고려하여 임금을 받지 못한 근로자 등의 생활안정을 위한 생계비의 융자 등 필요한 지원을 할 수 있다. 기출 21·25

(3) 학자금의 지원 등(근복법 제20조)

국가는 근로자 및 그 자녀의 교육기회를 확대하기 위하여 장학금의 지급 또는 학자금의 융자 등 필요한 지원을 할 수 있다. 장학금의 지급과 학자금의 융자대상 및 절차 등에 관하여 필요한 사항은 고용노동부령으로 정한다. 기출 25

(4) 근로자우대저축(근복법 제21조)

국가는 근로자의 재산형성을 지원하기 위하여 근로자를 우대하는 저축에 관한 제도를 운영하여야 한다.

Ⅲ 근로복지시설 등에 대한 지원

1. 근로복지시설 설치 등의 지원(근복법 제28조)

① 국가 또는 지방자치단체는 근로자를 위한 복지시설의 설치·운영을 위하여 노력하여야 한다(제1항).
② 고용노동부장관은 사업의 종류 및 사업장 근로자의 수 등을 고려하여 근로복지시설의 설치기준을 정하고 사업주에게 이의 설치를 권장할 수 있다(제2항).

2. 이용료 등(근복법 제30조)

근로복지시설을 설치·운영하는 자는 근로자의 소득수준, 가족관계 등을 고려하여 근로복지시설의 이용자를 제한하거나 이용료를 차등하여 받을 수 있다. 기출 24·25

Ⅳ 우리사주제도

1. 우리사주제도의 목적(근복법 제32조)

우리사주제도는 근로자로 하여금 우리사주조합을 통하여 해당 우리사주조합이 설립된 주식회사(이하 "우리사주제도 실시회사")의 주식을 취득·보유하게 함으로써 근로자의 경제·사회적 지위 향상과 노사협력 증진을 도모함을 목적으로 한다. 기출 12

2. 우리사주조합의 설립(근복법 제33조)

① 우리사주조합을 설립하려는 주식회사의 소속 근로자는 우리사주조합원의 자격을 가진 근로자 2명 이상의 동의를 받아 우리사주조합설립준비위원회를 구성하여 대통령으로 정하는 바에 따라 우리사주조합을 설립할 수 있다. 이 경우 우리사주조합설립준비위원회는 우리사주조합의 설립에 대한 회사의 지원에 관한 사항 등 고용노동부령으로 정하는 사항을 미리 해당 회사와 협의하여야 한다.
② 우리사주조합의 설립 및 운영에 관하여 이 법에서 규정한 사항을 제외하고는 민법 중 사단법인에 관한 규정을 준용한다. 기출 14

3. 우리사주조합원의 자격 및 상실

(1) 자격요건(근복법 제34조 제1항)
① 우리사주제도 실시회사의 소속 근로자
② 우리사주제도 실시회사가 대통령령으로 정하는 바에 따라 해당 발행주식 총수의 100분의 50 이상의 소유를 통하여 지배하고 있는 주식회사(이하 "지배관계회사")의 소속 근로자 또는 우리사주제도 실시회사로부터 도급받아 직전 연도 연간 총매출액의 100분의 50 이상을 거래하는 주식회사(이하 "수급관계회사")의 소속 근로자로서 다음의 요건을 모두 갖춘 근로자
  ㉠ 지배관계회사 또는 수급관계회사의 경우에는 각각 소속 근로자 전원의 과반수로부터 동의를 받을 것
  ㉡ 해당 우리사주제도 실시회사의 우리사주조합으로부터 동의를 받을 것
  ㉢ 해당 지배관계회사 또는 해당 수급관계회사 자체에 우리사주조합이 설립되어 있는 경우 자체 우리사주조합이 해산될 것. 다만, 지배관계회사 또는 수급관계회사 자체에 설립된 우리사주조합이 우리사주를 예탁하고 있거나, 우리사주조합원이 우리사주매수선택권을 부여받은 경우는 제외한다.

(2) 상실요건(근복법 제34조 제2항)
① 해당 우리사주제도 실시회사, 지배관계회사 및 수급관계회사의 주주총회에서 임원으로 선임된 사람(다만, 배정받은 해당 우리사주제도 실시회사의 주식과 부여된 우리사주매수선택권에 한정하여 우리사주조합원의 자격을 유지할 수 있다)
② 해당 우리사주제도 실시회사, 지배관계회사, 수급관계회사의 소속 근로자로서 주주. 다만, 대통령령으로 정하는 소액주주인 경우는 제외한다.

③ 지배관계회사 또는 수급관계회사의 근로자가 해당 우리사주제도 실시회사의 우리사주조합에 가입한 후 소속 회사에 우리사주조합을 설립하게 되는 경우의 그 지배관계회사 또는 수급관계회사의 근로자
④ 그 밖에 근로기간 및 근로관계의 특수성 등에 비추어 우리사주조합원의 자격을 인정하기 곤란한 근로자로서 대통령령으로 정하는 사람

4. 우리사주조합의 운영

(1) **총회의 개최**(근복법 시행령 제12조)
   ① 조합의 대표자는 매년 1회 이상 총회를 개최하여야 한다. 다만, 해당 연도에 의결사항이 없는 경우에는 규약으로 정하는 바에 따라 조합의 운영상황을 공고함으로써 총회의 개최를 갈음할 수 있다.
   ② 조합의 대표자는 전체 우리사주조합원(이하 "조합원")의 5분의 1 이상이 총회에 부칠 사항을 명시하여 총회 소집을 요구하였을 때에는 3주 이내에 총회를 개최하여야 한다.
   ③ 조합의 대표자가 없거나 조합의 대표자가 3주 이내에 정당한 사유 없이 총회를 개최하지 않을 때에는 조합의 규약이 정하는 임원이 5일 이내에 총회를 개최해야 한다. 이 경우 그 임원이 의장의 직무를 수행한다. 총회를 개최해야 할 임원이 5일 이내에 총회를 개최하지 않을 때에는 전체 조합원 과반수의 동의를 받은 조합원이 총회를 개최한다. 이 경우 그 조합원이 의장의 직무를 수행한다.

(2) **대의원회**(근복법 제35조 제3항)
   우리사주조합은 규약으로 우리사주조합원 총회를 갈음할 대의원회를 둘 수 있다. 다만, 규약의 제정과 변경에 관한 사항은 반드시 우리사주조합원 총회의 의결을 거쳐야 한다. 기출 18

(3) **의결사항**(근복법 제35조 제2항)
   ① 규약의 제정과 변경에 관한 사항 기출 24
   ② 우리사주조합기금의 조성에 관한 사항
   ③ 예산 및 결산에 관한 사항
   ④ 우리사주조합의 대표자 등 임원 선출
   ⑤ 그 밖에 우리사주조합의 운영에 관하여 중요한 사항

5. 우리사주조합기금의 조성 및 사용

(1) **우리사주조합기금의 조성**(근복법 제36조 제1항)
   우리사주조합은 우리사주 취득 등을 위하여 다음의 재원으로 우리사주조합기금을 조성할 수 있다.
   ① 우리사주제도 실시회사, 지배관계회사, 수급관계회사 또는 그 주주 등이 출연한 금전과 물품. 이 경우 우리사주제도 실시회사, 지배관계회사 및 수급관계회사는 매년 직전 사업연도의 법인세 차감 전 순이익의 일부를 우리사주조합기금에 출연할 수 있다.
   ② 우리사주조합원이 출연한 금전
   ③ 차입금
   ④ 조합 계정의 우리사주에서 발생한 배당금
   ⑤ 그 밖에 우리사주조합기금에서 발생하는 이자 등 수입금

(2) **우리사주조합기금의 관리**(근복법 제36조 제2항)
   우리사주조합은 조성한 우리사주조합기금을 대통령령으로 정하는 금융회사 등에 보관 또는 예치하는 방법으로 관리하여야 한다.

(3) 우리사주조합기금의 사용(근복법 제36조 제3항)

조성된 우리사주조합기금은 대통령령으로 정하는 바에 따라 다음의 용도로 사용하여야 한다. 이 경우 우리사주조합원의 계정의 우리사주 환매수의 용도로는 비상장법인인 우리사주제도 실시회사가 우리사주조합기금에 출연한 출연금만을 사용하여야 한다.

① 우리사주의 취득
② 차입금 상환 및 그 이자의 지급
③ 손실보전거래
④ 우리사주조합원의 계정의 우리사주 환매수

6. 차입을 통한 우리사주의 취득(근복법 제42조)

① 우리사주조합은 우리사주제도 실시회사, 지배관계회사, 수급관계회사, 그 회사의 주주 및 대통령령으로 정하는 금융회사 등으로부터 우리사주 취득자금을 차입하여 우리사주를 취득할 수 있다(제1항). **기출 17**
② 우리사주제도 실시회사, 지배관계회사, 수급관계회사 및 그 회사의 주주는 차입금의 상환을 위하여 우리사주조합에 금전과 물품을 출연할 것을 해당 우리사주조합과 약정할 수 있다(제2항).
③ 우리사주조합은 차입금으로 취득한 우리사주를 해당 차입금을 융자하거나 융자보증한 우리사주제도 실시회사 및 금융회사 등에 담보로 제공할 수 있다. 이 경우 차입금 상환액에 해당하는 우리사주에 대하여는 상환 즉시 담보권을 해지할 것을 조건으로 하여야 한다(제3항).

V 사내근로복지기금제도

1. 근로조건의 유지(근복법 제51조)

사용자는 이 법에 따른 사내근로복지기금의 설립 및 출연을 이유로 근로관계 당사자 간에 정하여진 근로조건을 낮출 수 없다. **기출 22**

2. 사내근로복지기금의 설립(근복법 제52조 제1항·제2항)

사내근로복지기금은 법인으로 하며, 사내근로복지기금법인(이하 "기금법인")을 설립하려는 경우에는 해당 사업 또는 사업장(이하 "사업")의 사업주가 기금법인설립준비위원회(이하 "준비위원회")를 구성하여 설립에 관한 사무와 설립 당시의 이사 및 감사의 선임에 관한 사무를 담당하게 하여야 한다. **기출 22**

3. 복지기금협의회의 구성(근복법 제54조, 제55조)

기금법인에는 복지기금협의회, 이사 및 감사를 둔다. 복지기금협의회는 근로자와 사용자를 대표하는 같은 수의 위원으로 구성하며, 각 2명 이상 10명 이하로 하는데, 근로자를 대표하는 위원은 대통령령으로 정하는 바에 따라 근로자가 선출하는 사람이 되고, 사용자를 대표하는 위원은 해당 사업의 대표자와 그 대표자가 위촉하는 사람이 된다.

4. 기금법인의 사업(근복법 제62조)

기금법인은 그 수익금으로 대통령령으로 정하는 바에 따라 다음의 사업을 시행할 수 있다. 기출 19
① 주택구입자금등의 보조, 우리사주 구입의 지원 등 근로자재산 형성을 위한 지원
② 장학금·재난구호금의 지급, 그 밖에 근로자의 생활 원조
③ 모성 보호 및 일과 가정생활의 양립을 위하여 필요한 비용 지원
④ 기금법인 운영을 위한 경비 지급
⑤ 근로복지시설로서 고용노동부령으로 정하는 시설에 대한 출자·출연 또는 같은 시설의 구입·설치 및 운영
⑥ 해당 사업으로부터 직접 도급받는 업체의 소속 근로자 및 해당 사업에의 파견근로자의 복리후생 증진
⑦ 사용자가 임금 및 그 밖의 법령에 따라 근로자에게 지급할 의무가 있는 것 외에 대통령령으로 정하는 사업

VI 선택적 복지제도

1. 선택적 복지제도 실시(근복법 제81조)

① 사업주는 근로자가 여러 가지 복지항목 중에서 자신의 선호와 필요에 따라 자율적으로 선택하여 복지혜택을 받는 제도를 설정하여 실시할 수 있다.
② 사업주는 선택적 복지제도를 실시할 때에는 해당 사업 내의 모든 근로자가 공평하게 복지혜택을 받을 수 있도록 하여야 한다. 다만, 근로자의 직급, 근속연수, 부양가족 등을 고려하여 합리적인 기준에 따라 수혜수준을 달리할 수 있다. 기출 24

2. 선택적 복지제도의 설계·운영(근복법 제82조)

① 사업주는 선택적 복지제도를 설계하는 경우 근로자의 사망·장해·질병 등에 관한 기본적 생활보장항목과 건전한 여가·문화·체육활동 등을 지원할 수 있는 개인별 추가선택항목을 균형 있게 반영할 수 있도록 노력하여야 한다.
② 사업주는 근로자가 선택적 복지제도의 복지항목을 선택하고 사용하는 데 불편이 없도록 전산관리서비스를 직접 제공하거나 제3자에게 위탁하여 제공될 수 있도록 노력하여야 한다.
③ 선택적 복지제도는 사내근로복지기금사업을 하는 데 활용할 수 있다.

VII 보 칙

1. 지도·감독 등(근복법 제93조)

고용노동부장관은 근로자 등의 복지증진을 위하여 필요한 경우 다음의 사항을 보고하게 하거나 소속 공무원으로 하여금 그 장부·서류 또는 그 밖의 물건을 검사하게 할 수 있으며, 필요하다고 인정하는 경우에는 대통령령으로 정하는 바에 따라 그 운영 등에 시정을 명할 수 있다.
① 공단의 근로복지진흥기금 관리 및 운용 실태에 관한 사항
② 근로복지시설을 수탁·운영하는 비영리단체의 업무·회계·재산에 관한 사항
③ 휴게시설을 수탁·운영하는 법인 또는 단체의 업무·회계·재산에 관한 사항
④ 기금법인의 업무·회계·재산에 관한 사항

2. 특수형태근로종사자 등에 대한 특례(근복법 제95조의2)

(1) 근로복지사업의 대상
① 근로자가 아니면서 자신이 아닌 다른 사람의 사업을 위하여 다른 사람을 사용하지 아니하고 자신이 직접 노무를 제공하여 해당 사업주 또는 노무수령자로부터 대가를 얻는 사람 기출 24
② 산업재해보상보험법에 따른 중·소기업 사업주(근로자를 사용하는 사업주는 제외)

(2) 근로복지사업의 유형
국가 또는 지방자치단체가 실시할 수 있는 근로복지사업은 다음과 같다. 다만, 지방자치단체가 실시할 수 있는 근로복지사업은 ④의 근로복지사업으로 한정한다.
① 생활안정 및 재산형성 지원
② 신용보증 지원
③ 민간복지시설 이용비용의 지원
④ (1)의 ①에 해당하는 사람 중 다수 이용자의 요청에 따라 배달, 운전 등 대통령령으로 정하는 노무를 제공하는 사람이 이용할 수 있는 휴게시설의 설치·운영. 이 경우 휴게시설은 화장실 등 대통령령으로 정하는 부대시설을 갖추어야 한다.

(3) 근로자 간주
근로복지사업의 대상에 해당하는 사람이 생활안정 및 재산형성 지원, 신용보증 지원, 민간복지시설 이용비용의 지원에 따른 근로복지사업을 실시할 때에는 그 사업의 근로자로 본다.

(4) 운영위탁
국가 또는 지방자치단체는 (2)의 ④에 따라 설치한 휴게시설을 효율적으로 운영하기 위하여 필요한 경우에는 대통령령으로 정하는 법인 또는 단체에 운영을 위탁하고, 운영에 필요한 비용을 예산의 범위에서 지원할 수 있다.

제10절 외국인근로자의 고용 등에 관한 법률

I 서 설

1. 목적(외고법 제1조)
이 법은 외국인근로자를 체계적으로 도입·관리함으로써 원활한 인력 수급 및 국민경제의 균형 있는 발전을 도모함을 목적으로 한다.

2. 정의(외고법 제2조)
① 이 법에서 "외국인근로자"란 대한민국의 국적을 가지지 아니한 사람으로서 국내에 소재하고 있는 사업 또는 사업장에서 임금을 목적으로 근로를 제공하고 있거나 제공하려는 사람을 말한다. 다만, 출입국관리법에 따라 취업활동을 할 수 있는 체류자격을 받은 외국인 중 취업분야 또는 체류기간 등을 고려하여 대통령령으로 정하는 사람은 제외한다.
② 대통령령으로 정하는 사람이란 다음의 어느 하나에 해당하는 사람을 말한다(외고법 시행령 제2조).

⊙ 출입국관리법 시행령에 따라 취업활동을 할 수 있는 체류자격 중 5. 단기취업(C-4), 14. 교수(E-1)부터 20. 특정 활동(E-7)까지의 체류자격에 해당하는 사람
ⓒ 출입국관리법에 따라 체류자격의 구분에 따른 활동의 제한을 받지 아니하는 사람
ⓒ 출입국관리법 시행령에 따라 28. 관광취업(H-1)의 체류자격에 해당하는 사람으로서 취업활동을 하는 사람

3. 적용범위 등(외고법 제3조 제1항)

이 법은 외국인근로자 및 외국인근로자를 고용하고 있거나 고용하려는 사업 또는 사업장에 적용한다. 다만, 선원법의 적용을 받는 선박에 승무하는 선원 중 대한민국 국적을 가지지 아니한 선원 및 그 선원을 고용하고 있거나 고용하려는 선박의 소유자에 대하여는 적용하지 아니한다. 기출 17·23

4. 외국인력정책위원회(외고법 제4조)

① 외국인근로자의 고용관리 및 보호에 관한 주요사항을 심의·의결하기 위하여 국무총리 소속으로 외국인력정책위원회를 둔다. 기출 18
② 정책위원회는 다음의 사항을 심의·의결한다.
  ⊙ 외국인근로자 관련 기본계획의 수립에 관한 사항
  ⓒ 외국인근로자 도입업종 및 규모 등에 관한 사항 기출 21
  ⓒ 외국인근로자를 송출할 수 있는 국가의 지정 및 지정취소에 관한 사항 기출 17
  ⓔ 외국인근로자의 취업활동기간 연장에 관한 사항
  ⓜ 그 밖에 대통령령으로 정하는 사항
③ 정책위원회는 위원장 1명을 포함한 20명 이내의 위원으로 구성한다.
④ 정책위원회의 위원장은 국무조정실장이 되고, 위원은 재정경제부·외교부·법무부·산업통상부·고용노동부·중소벤처기업부의 차관 및 대통령령으로 정하는 관계 중앙행정기관(행정안전부, 문화체육관광부, 농림축산식품부, 보건복지부, 국토교통부 및 해양수산부)의 차관이 된다.
⑤ 외국인근로자 고용제도의 운영 및 외국인근로자의 권익 보호 등에 관한 사항을 사전에 심의하게 하기 위하여 정책위원회에 외국인력정책실무위원회(이하 "실무위원회")를 둔다.
⑥ 실무위원회는 위원장 1명을 포함한 25명 이내의 위원으로 구성하고, 실무위원회의 위원은 근로자를 대표하는 위원, 사용자를 대표하는 위원, 공익을 대표하는 위원 및 정부를 대표하는 위원(이하 "공익위원")으로 구성하되, 근로자위원과 사용자위원은 같은 수로 한다(외고법 시행령 제7조 제1항·제2항).

Ⅱ 외국인근로자의 고용절차

1. 내국인 구인노력(외고법 제6조)

① 외국인근로자를 고용하려는 자는 직업안정기관에 우선 내국인 구인신청을 하여야 한다.
기출 15·18·21·22·23
② 직업안정기관의 장은 ①에 따른 내국인 구인신청을 받은 경우에는 사용자가 적절한 구인조건을 제시할 수 있도록 상담·지원하여야 하며, 구인조건을 갖춘 내국인이 우선적으로 채용될 수 있도록 직업 소개를 적극적으로 하여야 한다.

2. 외국인구직자 명부의 작성(외고법 제7조)

① 고용노동부장관은 송출국가의 노동행정을 관장하는 정부기관의 장과 협의하여 대통령령으로 정하는 바에 따라 외국인구직자 명부를 작성하여야 한다. 다만, 송출국가에 노동행정을 관장하는 독립된 정부기관이 없을 경우 가장 가까운 기능을 가진 부서를 정하여 정책위원회의 심의를 받아 그 부서의 장과 협의한다(제1항).

② 고용노동부장관은 외국인구직자 명부를 작성할 때에는 외국인구직자 선발기준 등으로 활용할 수 있도록 한국어 구사능력을 평가하는 시험을 실시하여야 하며, 한국어능력시험의 실시기관 선정 및 선정 취소, 평가의 방법, 그 밖에 필요한 사항은 대통령령으로 정한다(제2항).

> **외국인구직자 명부의 작성(외고법 시행령 제12조)**
> ① 고용노동부장관은 법 제7조 제1항에 따라 외국인구직자 명부를 작성하는 경우에는 다음 각 호의 사항을 송출국가와 협의하여야 한다.
>   1. 인력의 송출·도입과 관련된 준수사항
>   2. 인력 송출의 업종 및 규모에 관한 사항
>   3. 송출대상 인력을 선발하는 기관·기준 및 방법에 관한 사항
>   4. 법 제7조 제2항에 따른 한국어 구사능력을 평가하는 시험(이하 "한국어능력시험")의 실시에 관한 사항
>   5. 그 밖에 외국인근로자를 원활하게 송출·도입하기 위하여 고용노동부장관이 필요하다고 인정하는 사항
> ② 고용노동부장관은 송출국가가 송부한 송출대상 인력을 기초로 외국인구직자 명부를 작성하고, 관리하여야 한다.
> 기출 24

3. 외국인근로자 고용허가(외고법 제8조)

① 내국인 구인신청을 한 사용자는 직업 소개를 받고도 인력을 채용하지 못한 경우에는 고용노동부령으로 정하는 바에 따라 직업안정기관의 장에게 외국인근로자 고용허가를 신청하여야 한다.

② 고용허가신청의 유효기간은 3개월로 하되, 일시적인 경영 악화 등으로 신규근로자를 채용할 수 없는 경우 등에는 대통령령으로 정하는 바에 따라 1회에 한정하여 고용허가신청의 효력을 연장할 수 있다.

③ 직업안정기관의 장은 ①에 따른 신청을 받으면 외국인근로자 도입업종 및 규모 등 대통령령으로 정하는 요건을 갖춘 사용자에게 외국인구직자 명부에 등록된 사람 중에서 적격자를 추천하여야 한다.

④ 직업안정기관의 장은 추천된 적격자를 선정한 사용자에게는 지체 없이 고용허가를 하고, 선정된 외국인근로자의 성명 등을 적은 외국인근로자 고용허가서를 발급하여야 한다.

⑤ 직업안정기관이 아닌 자는 외국인근로자의 선발, 알선, 그 밖의 채용에 개입하여서는 아니 된다. 기출 19

> **고용허가서의 발급요건(외고법 시행령 제13조의4)**
> 법 제8조 제3항에서 "외국인근로자 도입 업종 및 규모 등 대통령령으로 정하는 요건"이란 다음 각 호의 요건 모두에 해당하는 것을 말한다.
>   1. 정책위원회에서 정한 외국인근로자의 도입 업종, 외국인근로자를 고용할 수 있는 사업 또는 사업장에 해당할 것
>   2. 고용노동부령으로 정하는 기간 이상 내국인을 구인하기 위하여 노력하였는데도 직업안정기관에 구인 신청한 내국인근로자의 전부 또는 일부를 채용하지 못하였을 것. 다만, 법 제6조 제2항에 따른 직업안정기관의 장의 직업소개에도 불구하고 정당한 이유 없이 2회 이상 채용을 거부한 경우는 제외한다.
>   3. 법 제6조 제1항에 따라 내국인 구인 신청을 한 날의 2개월 전부터 법 제8조 제4항에 따른 외국인근로자 고용허가서(이하 "고용허가서") 발급일까지 고용조정으로 내국인근로자를 이직시키지 아니하였을 것
>   4. 법 제6조 제1항에 따라 내국인 구인 신청을 한 날의 5개월 전부터 고용허가서 발급일까지 임금을 체불(滯拂)하지 아니하였을 것

> 5. 고용보험법에 따른 고용보험에 가입하고 있을 것. 다만, 고용보험법을 적용받지 않는 사업 또는 사업장의 경우는 제외한다.
> 6. 산업재해보상보험법에 따른 산업재해보상보험 또는 어선원 및 어선 재해보상보험법 제16조 제1항에 따른 어선원 등의 재해보상보험에 가입하고 있을 것. 이 경우 산업재해보상보험법 및 어선원 및 어선 재해보상보험법을 적용받지 않는 사업 또는 사업장은 외국인근로자가 근로를 시작한 날부터 3개월 이내에 고용노동부령으로 정하는 바에 따라 해당 외국인근로자를 피보험자로 하여 농어업인의 안전보험 및 안전재해예방에 관한 법률에 따른 농어업인안전보험에 가입할 것을 내용으로 하는 확약서를 제출하는 것으로 갈음할 수 있다.
> 7. 외국인근로자를 고용하고 있는 사업 또는 사업장의 사용자인 경우에는 그 외국인근로자를 대상으로 법 제13조에 따른 보험 또는 신탁과 법 제23조 제1항에 따른 보증보험에 가입하고 있을 것(가입대상 사용자의 경우만 해당)
>
> **고용허가서의 발급 등(외고법 시행령 제14조)** 기출 14·22
> ① 법 제8조 제4항에 따라 고용허가서를 발급받은 사용자는 고용허가서 발급일부터 3개월 이내에 외국인근로자와 근로계약을 체결하여야 한다.
> ② 사용자가 법 제8조 제4항에 따라 고용허가서를 발급받은 후 외국인근로자의 사망 등 불가피한 사유로 그 외국인근로자와 근로계약을 체결하지 못하거나 근로계약을 체결한 후 사용자의 책임이 아닌 사유로 외국인근로자가 근로를 개시할 수 없게 된 경우에는 직업안정기관의 장은 다른 외국인근로자를 추천하여 고용허가서를 재발급하여야 한다.
> ③ 법 제8조 제4항 또는 이 조 제2항에 따라 직업안정기관의 장이 사용자에게 고용허가서를 발급하거나 재발급하는 경우에는 법 제9조 제3항 또는 제4항에 따른 근로계약기간의 범위에서 고용허가기간을 부여하여야 한다.
> ④ 고용허가서의 발급 및 재발급에 필요한 사항은 고용노동부령으로 정한다.

4. 근로계약(외고법 제9조)

① 사용자가 외국인근로자를 고용하려면 고용노동부령으로 정하는 표준근로계약서를 사용하여 근로계약을 체결하여야 한다. 기출 18·19·20 근로계약의 효력발생시기는 외국인근로자가 입국한 날로 한다(외고법 시행령 제17조 제1항). 기출 24

② 사용자는 근로계약을 체결하려는 경우 이를 한국산업인력공단에 대행하게 할 수 있다. 기출 19

③ 고용허가를 받은 사용자와 외국인근로자는 입국한 날부터 3년의 기간 내에서 당사자 간의 합의에 따라 근로계약을 체결하거나 갱신할 수 있다. 기출 20

④ 취업활동기간이 연장되는 외국인근로자와 사용자는 연장된 취업활동기간의 범위에서 근로계약을 체결할 수 있다. 기출 19·23

⑤ 근로계약을 갱신하거나 근로계약을 다시 체결한 사용자는 직업안정기관의 장에게 외국인근로자 고용허가기간 연장허가를 받아야 한다(외고법 시행령 제17조 제2항).

5. 사증발급인정서(외고법 제10조)

외국인근로자와 근로계약을 체결한 사용자는 출입국관리법에 따라 그 외국인근로자를 대리하여 법무부장관에게 사증발급인정서를 신청할 수 있다. 기출 19

6. 외국인취업교육(외고법 제11조, 동법 시행규칙 제10조)

외국인근로자는 입국한 후에 15일 이내에 한국산업인력공단 또는 외국인 취업교육기관에서 국내 취업활동에 필요한 사항을 주지(周知)시키기 위하여 실시하는 교육(이하 "외국인취업교육")을 받아야 한다. 사용자는 외국인근로자가 외국인취업교육을 받을 수 있도록 하여야 한다. 기출 21·23·24

7. 사용자교육(외고법 제11조의2)

외국인근로자고용허가를 최초로 받은 사용자는 노동관계법령·인권 등에 관한 교육을 받아야 한다.

기출 24

8. 외국인 취업교육기관의 지정(외고법 제11조의3)

고용노동부장관은 외국인 취업교육을 전문적·효율적으로 수행하기 위하여 외국인 취업교육기관을 지정할 수 있다. 외국인 취업교육기관으로 지정을 받으려는 자는 전문인력·시설 등 대통령령으로 정하는 지정기준을 갖추어 고용노동부장관에게 신청하여야 한다.

9. 외국인 취업교육기관의 지정취소(외고법 제11조의4)

① 고용노동부장관은 외국인 취업교육기관이 다음의 어느 하나에 해당하는 경우에는 고용노동부령으로 정하는 바에 따라 지정취소, 6개월 이내의 업무정지 또는 시정명령을 할 수 있다. 다만, 거짓이나 그 밖의 부정한 방법으로 지정을 받은 경우에는 지정을 취소하여야 한다. 고용노동부장관이 외국인 취업교육기관의 지정을 취소하는 경우에는 청문을 실시하여야 한다.
  ㉠ 거짓이나 그 밖의 부정한 방법으로 지정을 받은 경우
  ㉡ 외국인 취업교육기관 지정기준에 적합하지 아니하게 된 경우
  ㉢ 정당한 사유 없이 1년 이상 운영을 중단한 경우
  ㉣ 임직원이 외국인 취업교육 업무와 관련하여 형사처분을 받는 등 사회적으로 중대한 물의를 일으킨 경우
  ㉤ 운영성과의 미흡 등 대통령령으로 정하는 경우에 해당하는 경우
  ㉥ 그 밖에 이 법 또는 이 법에 따른 명령을 위반한 경우
② 지정이 취소된 외국인 취업교육기관은 지정이 취소된 날부터 1년이 경과하지 아니하면 외국인 취업교육기관 지정신청을 할 수 없다.

III 외국인근로자의 고용관리

1. 출국만기보험·신탁(외고법 제13조)

① 외국인근로자를 고용한 사업 또는 사업장의 사용자(이하 "사용자")는 외국인근로자의 출국 등에 따른 퇴직금 지급을 위하여 외국인근로자를 피보험자 또는 수익자(이하 "피보험자등"로 하는 보험 또는 신탁(이하 "출국만기보험등")에 가입하여야 한다. 이 경우 보험료 또는 신탁금은 매월 납부하거나 위탁하여야 한다(제1항). 기출 12·15·20·21·23

② 사용자가 출국만기보험등에 가입한 경우 근로자퇴직급여 보장법에 따른 퇴직금제도를 설정한 것으로 본다(제2항). 기출 13·14

2. 귀국비용보험·신탁(외고법 제15조 제1항)

외국인근로자는 귀국 시 필요한 비용에 충당하기 위하여 보험 또는 신탁에 가입하여야 한다.

기출 14·17·23

3. 귀국에 필요한 조치(외고법 제16조)

사용자는 외국인근로자가 근로관계의 종료, 체류기간의 만료 등으로 귀국하는 경우에는 귀국하기 전에 임금 등 금품관계를 청산하는 등 필요한 조치를 하여야 한다. 기출 16·17

4. 외국인근로자의 고용관리(외고법 제17조)

① 사용자는 외국인근로자와의 근로계약을 해지하거나 그 밖에 고용과 관련된 중요사항을 변경하는 등 대통령령으로 정하는 사유가 발생하였을 때에는 고용노동부령으로 정하는 바에 따라 직업안정기관의 장에게 신고하여야 한다. 기출 16
② 사용자가 신고를 한 경우 그 신고사실이 출입국관리법에 따른 신고사유에 해당하는 때에는 신고를 한 것으로 본다.
③ 신고를 받은 직업안정기관의 장은 그 신고사실이 출입국관리법에 따른 신고사유에 해당하는 때에는 지체 없이 사용자의 소재지를 관할하는 지방출입국·외국인관서의 장에게 통보하여야 한다.

5. 취업활동기간의 제한(외고법 제18조)

외국인근로자는 입국한 날부터 3년의 범위에서 취업활동을 할 수 있다. 기출 12·13·21·22

6. 취업활동기간 제한에 관한 특례(외고법 제18조의2 제1항)

① 다음의 외국인근로자는 한 차례만 2년 미만의 범위에서 취업활동기간을 연장받을 수 있다.
  ㉠ 고용허가를 받은 사용자에게 고용된 외국인근로자로서 취업활동기간 3년이 만료되어 출국하기 전에 사용자가 고용노동부장관에게 재고용허가를 요청한 근로자 기출 24
  ㉡ 특례고용가능확인을 받은 사용자에게 고용된 외국인근로자로서 취업활동기간 3년이 만료되어 출국하기 전에 사용자가 고용노동부장관에게 재고용허가를 요청한 근로자
② 고용노동부장관은 감염병 확산, 천재지변 등의 사유로 외국인근로자의 입국과 출국이 어렵다고 인정되는 경우에는 정책위원회의 심의·의결을 거쳐 1년의 범위에서 취업활동기간을 연장할 수 있다.

7. 고용허가 또는 특례고용가능확인의 취소(외고법 제19조)

① 직업안정기관의 장은 다음의 어느 하나에 해당하는 사용자에 대하여 대통령령으로 정하는 바에 따라 고용허가나 특례고용가능확인을 취소할 수 있다.
  ㉠ 거짓이나 그 밖의 부정한 방법으로 고용허가나 특례고용가능확인을 받은 경우 기출 25
  ㉡ 사용자가 입국 전에 계약한 임금 또는 그 밖의 근로조건을 위반하는 경우 기출 25
  ㉢ 사용자의 임금체불 또는 그 밖의 노동관계법 위반 등으로 근로계약을 유지하기 어렵다고 인정되는 경우 기출 17·20·25
② 외국인근로자고용허가나 특례고용가능확인이 취소된 사용자는 취소된 날부터 15일 이내에 그 외국인근로자와의 근로계약을 종료하여야 한다. 기출 25

8. **외국인근로자 고용의 제한**(외고법 제20조)
   ① 직업안정기관의 장은 다음의 어느 하나에 해당하는 사용자에 대하여 그 사실이 발생한 날부터 3년간 외국인근로자의 고용을 제한할 수 있다. `기출` 18 · 22
      ㉠ 고용허가나 특례고용가능확인을 받지 아니하고 외국인근로자를 고용한 자 `기출` 20
      ㉡ 외국인근로자의 고용허가나 특례고용가능확인이 취소된 자
      ㉢ 이 법 또는 출입국관리법을 위반하여 처벌을 받은 자 `기출` 12 · 16 · 25
      ㉣ 외국인근로자의 사망으로 산업안전보건법에 따른 처벌을 받은 자
      ㉤ 그 밖에 대통령령으로 정하는 사유에 해당하는 자
   ② 고용노동부장관은 외국인근로자의 고용을 제한하는 경우에는 그 사용자에게 고용노동부령으로 정하는 바에 따라 알려야 한다.

   > **외국인근로자 고용의 제한**(외고법 시행령 제25조)
   > 법 제20조 제1항 제4호에서 "대통령령으로 정하는 사유에 해당하는 자"란 다음 각 호의 어느 하나에 해당하는 자를 말한다.
   > 1. 법 제8조에 따라 고용허가서를 발급받은 날 또는 법 제12조에 따라 외국인근로자의 근로가 시작된 날부터 6개월 이내에 내국인근로자를 고용 조정으로 이직시킨 자 `기출` 22
   > 2. 외국인근로자로 하여금 근로계약에 명시된 사업 또는 사업장 외에서 근로를 제공하게 한 자
   > 3. 법 제9조 제1항에 따른 근로계약이 체결된 이후부터 법 제11조에 따른 외국인취업교육을 마칠 때까지의 기간 동안 경기의 변동, 산업구조의 변화 등에 따른 사업규모의 축소, 사업의 폐업 또는 전환, 감염병 확산으로 인한 항공기 운항 중단 등과 같은 불가피한 사유가 없음에도 불구하고 근로계약을 해지한 자

Ⅳ 외국인근로자의 보호

1. **차별금지**(외고법 제22조)

   사용자는 외국인근로자라는 이유로 부당하게 차별하여 처우하여서는 아니 된다. `기출` 13 · 15 · 25

2. **기숙사의 제공**(외고법 제22조의2)
   ① 사용자가 외국인근로자에게 기숙사를 제공하는 경우에는 근로기준법이 정하는 부속 기숙사의 설치 · 운영 기준을 준수하고, 건강과 안전을 지킬 수 있도록 하여야 한다. 따라서 사용자가 외국인근로자에게 의무적으로 기숙사를 제공하여야 하는 것은 아니라고 이해하여야 한다. `기출` 25
   ② 사용자는 기숙사를 제공하는 경우 외국인근로자와 근로계약을 체결할 때에 외국인근로자에게 기숙사의 구조와 설비, 기숙사의 설치 장소, 기숙사의 주거 환경, 기숙사의 면적, 그 밖에 기숙사 설치 및 운영에 필요한 사항에 대한 정보를 사전에 제공하여야 한다. 근로계약 체결 후 위의 사항을 변경하는 경우에도 또한 같다.

3. 보증보험 등의 가입(외고법 제23조)

① 사업의 규모 및 산업별 특성 등을 고려하여 대통령령으로 정하는 사업 또는 사업장의 사용자는 임금체불에 대비하여 그가 고용하는 외국인근로자를 위한 보증보험에 가입하여야 한다.

② 산업별 특성 등을 고려하여 대통령령으로 정하는 사업 또는 사업장에서 취업하는 외국인근로자는 질병·사망 등에 대비한 상해보험에 가입하여야 한다. 기출 25

4. 외국인근로자 관련 단체 등에 대한 지원(외고법 제24조 제1항)

국가는 외국인근로자에 대한 상담과 교육, 그 밖에 대통령령으로 정하는 사업을 하는 기관 또는 단체에 대하여 사업에 필요한 비용의 일부를 예산의 범위에서 지원할 수 있다. 기출 25

5. 외국인근로자 권익보호협의회(외고법 제24조의2 제1항)

외국인근로자의 권익보호에 관한 사항을 협의하기 위하여 직업안정기관에 관할 구역의 노동자단체와 사용자단체 등이 참여하는 외국인근로자 권익보호협의회를 둘 수 있다. 기출 14·25

CHAPTER 10 기타 법령

01 파견근로자 보호 등에 관한 법률에 관한 설명으로 옳지 않은 것은? 기출 25

① 사용사업주는 파견근로자에게 1주에 평균 1회 이상의 유급휴일을 보장하여야 한다.
② 파견사업주는 1년간 80퍼센트 이상 출근한 파견근로자에게 15일의 유급휴가를 주어야 한다.
③ 생후 1년 미만의 유아를 가진 여성인 파견근로자가 청구하면 사용사업주는 유급 수유시간을 주어야 한다.
④ 파견사업주는 파견근로자와 근로계약 불이행에 대한 위약금 또는 손해배상액을 예정하는 계약을 체결하지 못한다.
⑤ 사용사업주가 파견근로자에게 유급휴일을 주는 경우 그 휴일에 대하여 유급으로 지급되는 임금은 사용사업주가 지급하여야 한다.

해설 및 정답

01 ① (○) 파견근로자에게 근기법을 적용하는 경우에는, 파견사업주와 사용사업주 양자를 근기법상 사용자로 보는 것이 원칙이다. 다만, 근로자파견관계에 근기법 제55조(휴일)의 규정을 적용할 경우에는 사용사업주를 사용자로 간주한다. 따라서 사용사업주는 파견근로자에게 1주에 평균 1회 이상의 유급휴일을 보장하여야 한다(파견법 제34조 제1항 단서, 근기법 제55조 제1항).
② (○) 근로자파견관계에 근기법 제60조(연차유급휴가)의 규정을 적용할 경우에는 파견사업주를 사용자로 간주하므로, 파견사업주는 1년간 80퍼센트 이상 출근한 파견근로자에게 15일의 유급휴가를 주어야 한다(파견법 제34조 제1항 단서, 근기법 제60조 제1항).
③ (○) 근로자파견관계에 근기법 제75조(육아 시간)의 규정을 적용할 경우에는 사용사업주를 사용자로 간주하므로 생후 1년 미만의 유아를 가진 여성인 파견근로자가 청구하면 사용사업주는 유급 수유시간을 주어야 한다(파견법 제34조 제1항 단서, 근기법 제75조).
④ (○) 근로자파견관계에 근기법 제20조(위약예정의 금지)의 규정을 적용할 경우에는 파견사업주를 사용자로 간주하므로, 파견사업주는 파견근로자와 근로계약 불이행에 대한 위약금 또는 손해배상액을 예정하는 계약을 체결하지 못한다(파견법 제34조 제1항 단서, 근기법 제20조).
⑤ (×) 사용사업주가 파견근로자에게 유급휴일 또는 유급휴가를 주는 경우 그 휴일 또는 휴가에 대하여 유급으로 지급되는 임금은 <u>파견사업주</u>가 지급하여야 한다(파견법 제34조 제3항).

정답 ⑤

02 파견근로자 보호 등에 관한 법률상 파견사업주가 마련하여야 할 조치에 관한 설명으로 옳지 않은 것은? 기출 25

① 파견근로자는 파견사업주에게 해당 근로자파견의 대가에 관하여 그 내역을 제시할 것을 요구할 수 있다.
② 파견사업주는 파견근로자의 고용관계가 끝난 후 사용사업주가 그 파견근로자를 고용하는 것을 정당한 이유 없이 금지하는 내용의 근로자파견계약을 체결하여서는 아니 된다.
③ 파견사업주는 그가 고용한 근로자 중 파견근로자로 고용하지 아니한 사람을 근로자파견의 대상으로 하려는 경우에는 그의 동의를 받을 필요가 없다.
④ 파견사업주가 근로자파견을 하려는 경우 미리 해당 파견근로자에게 서면으로 알려 주어야 하는 사항에 파견근로자의 수도 포함된다.
⑤ 파견사업주는 근로자파견을 할 경우에는 파견근로자의 성명을 사용사업주에게 통지하여야 한다.

03 기간제 및 단시간근로자 보호 등에 관한 법률상 조정·중재에 관한 설명으로 옳은 것은? 기출 25

① 노동위원회는 차별적 처우의 시정신청에 따른 심문의 과정에서 직권으로 조정절차를 개시할 수 없다.
② 노동위원회의 승낙이 있는 경우에는 차별적 처우의 시정신청을 한 날부터 14일 후에도 조정을 신청할 수 있다.
③ 노동위원회는 특별한 사유가 없으면 조정절차를 개시한 때부터 90일 이내에 조정안을 제시하여야 한다.
④ 중재결정서에는 관계당사자와 중재에 관여한 위원전원이 서명·날인하여야 한다.
⑤ 조정의 내용에는 적절한 배상 등이 포함될 수 없다.

04 기간제 및 단시간근로자 보호 등에 관한 법령상 2년을 초과하여 기간제근로자로 사용할 수 있는 경우를 모두 고른 것은? 기출 25

ㄱ. 기업의 부설 연구기관에서 연구업무에 직접 종사하는 경우
ㄴ. 「국가기술자격법」에 따른 기술사 등급의 국가기술자격을 소지하고 해당 분야에 종사하는 경우
ㄷ. 「고등교육법」에 따른 학교에서 「고등교육법」에 따른 조교의 업무에 종사하는 경우
ㄹ. 4주 동안(4주 미만으로 근로하는 경우에는 그 기간)을 평균하여 1주 동안의 소정근로시간이 15시간 미만인 근로자를 사용하는 경우

① ㄱ, ㄴ
② ㄱ, ㄴ, ㄷ
③ ㄱ, ㄷ, ㄹ
④ ㄴ, ㄷ, ㄹ
⑤ ㄱ, ㄴ, ㄷ, ㄹ

해설 및 정답

02 ① (○) 파견법 제26조 제2항
② (○) 파견법 제25조 제2항
③ (×) 파견사업주는 그가 고용한 근로자 중 파견근로자로 고용하지 아니한 사람을 근로자파견의 대상으로 하려는 경우에는 미리 해당 근로자에게 그 취지를 서면으로 알리고 <u>그의 동의를 받아야</u> 한다(파견법 제24조 제2항).
④ (○) 파견사업주는 근로자파견을 하려는 경우에는 미리 해당 파견근로자에게 파견근로자의 수 등 일정한 사항과 그 밖에 고용노동부령으로 정하는, 파견근로자가 파견되어 근로할 사업장의 복리후생시설의 이용에 관한 사항을 서면으로 알려 주어야 한다(파견법 제26조 제1항, 동법 시행규칙 제12조).
⑤ (○) 파견법 제27조

정답 ③

03 ① (×) 노동위원회는 심문의 과정에서 관계당사자 쌍방 또는 일방의 신청 또는 직권에 의하여 <u>조정절차를 개시할 수 있고</u>, 관계당사자가 미리 노동위원회의 중재결정에 따르기로 합의하여 중재를 신청한 경우에는 중재를 할 수 있다(기단법 제11조 제1항).
② (○) 노동위원회에 조정 또는 중재를 신청하는 경우에는 차별적 처우의 시정신청을 한 날부터 14일 이내에 하여야 한다. <u>다만, 노동위원회의 승낙이 있는 경우에는 14일 후에도 신청할 수 있다</u>(기단법 제11조 제2항).
③ (×) 노동위원회는 특별한 사유가 없으면 조정절차를 개시하거나 중재신청을 받은 때부터 <u>60일</u> 이내에 조정안을 제시하거나 중재결정을 하여야 한다(기단법 제11조 제4항).
④ (×) 조정조서에는 관계당사자와 조정에 관여한 위원전원이 서명·날인하여야 하고, 중재결정서에는 <u>관여한 위원전원이 서명·날인하여야</u> 한다(기단법 제11조 제6항).
⑤ (×) 조정·중재 또는 시정명령의 내용에는 차별적 행위의 중지, 임금 등 근로조건의 개선(취업규칙, 단체협약 등의 제도개선 명령 포함) 또는 적절한 배상 등이 포함될 수 있다(기단법 제13조 제1항).

정답 ②

04 ㄱ. 기업의 부설 연구기관에서 연구업무에 직접 종사하는 경우(기단법 제4조 제1항 제6호, 동법 시행령 제3조 제3항 제8호 바목), ㄴ. 「국가기술자격법」에 따른 기술사 등급의 국가기술자격을 소지하고 해당 분야에 종사하는 경우(기단법 제4조 제1항 제5호, 동법 시행령 제3조 제1항 제2호), ㄷ. 「고등교육법」에 따른 학교에서 「고등교육법」에 따른 조교의 업무에 종사하는 경우(기단법 제4조 제1항 제6호, 동법 시행령 제3조 제3항 제4호 가목), ㄹ. 4주 동안(4주 미만으로 근로하는 경우에는 그 기간)을 평균하여 1주 동안의 소정근로시간이 15시간 미만인 근로자를 사용하는 경우(기단법 제4조 제1항 제6호, 동법 시행령 제3조 제3항 제6호) 등은 모두 기단법 및 동법 시행령에서 정하는 기간제근로자 사용기간 제한의 예외에 해당한다.

정답 ⑤

05 기간제 및 단시간근로자 보호 등에 관한 법률에 관한 설명으로 옳지 않은 것은?(다툼이 있으면 판례에 따름)

① 근로조건이 명시된 서면을 교부하지 않는 경우 500만원 이하의 과태료를 부과한다.
② 사용자가 근로계약을 체결할 때 서면으로 명시하여야 하는 사항 중 '근로일 및 근로일별 근로시간'은 단시간근로자에 한정한다.
③ 사용자는 단시간근로자의 동의를 얻어 소정근로시간을 초과하여 근로하게 하는 경우에도 1주간에 12시간을 초과하여 근로하게 할 수 없다.
④ 불리한 처우가 '기간의 정함이 없는 근로계약을 체결한 근로자'와 비교하여 기간제근로자만이 가질 수 있는 속성을 원인으로 하는 경우 '기간제근로자임을 이유로 한 불리한 처우'에 해당한다.
⑤ 사용자는 학업을 이유로 근로자가 단시간근로를 신청하는 때에는 해당 근로자를 단시간 근로자로 전환하도록 노력하여야 한다.

06 산업안전보건법령상 산업안전보건위원회에 관한 설명으로 옳은 것을 모두 고른 것은?

ㄱ. 산업안전보건위원회에서 심의·의결한 업무는 안전관리자의 업무에 해당한다.
ㄴ. 보호구 구입 시 적격품 여부 확인에 관한 사항은 산업안전보건위원회의 심의·의결 사항에 해당하지 않는다.
ㄷ. 근로자대표는 사업주에게 산업안전보건위원회가 의결한 사항을 통지하여 줄 것을 요청할 수 있고, 사업주는 이에 성실히 따라야 한다.
ㄹ. 사업주는 공정안전보고서를 작성할 때 산업안전보건위원회가 설치되어 있지 아니한 사업장의 경우에는 근로자대표의 동의를 받아야 한다.

① ㄱ, ㄴ
② ㄷ, ㄹ
③ ㄱ, ㄴ, ㄷ
④ ㄴ, ㄷ, ㄹ
⑤ ㄱ, ㄴ, ㄷ, ㄹ

• 해설 및 정답 •

05 ① (×) 기간제근로자 또는 단시간근로자와 근로계약을 체결하는 사용자가 근로조건을 <u>서면으로 명시하지 아니한 경우</u>에는 500만원 이하의 과태료를 부과하나(기단법 제24조 제2항 제2호), 근로조건이 명시된 서면을 교부하지 않는 경우 500만원 이하의 과태료를 부과하는 별도의 규정은 존재하지 아니한다.
② (○) 사용자는 기간제근로자 또는 단시간근로자와 근로계약을 체결하는 경우, 근로계약기간에 관한 사항, 근로시간·휴게에 관한 사항, 임금의 구성항목·계산방법 및 지불방법에 관한 사항, 휴일·휴가에 관한 사항, 취업의 장소와 종사하여야 할 업무에 관한 사항, 근로일 및 근로일별 근로시간 등에 관한 사항을 서면으로 명시하여야 하나, <u>근로일 및 근로일별 근로시간 등에 관한 사항은 단시간근로자에 한정한다</u>(기단법 제17조).
③ (○) 사용자는 단시간근로자에 대하여 소정근로시간을 초과하여 근로하게 하는 경우에는 해당 근로자의 동의를 얻어야 한다. 이 경우 1주간에 12시간을 초과하여 근로하게 할 수 없다(기단법 제6조 제1항).
④ (○) 불리한 처우가 '기간의 정함이 없는 근로계약을 체결한 근로자'와 비교하여 <u>기간제근로자만이 가질 수 있는 속성을 원인으로 하는 경우</u> '기간제근로자임을 이유로 한 불리한 처우'에 해당하고, 모든 기간제근로자가 아닌 일부 기간제근로자만이 불리한 처우를 받는다고 하더라도 달리 볼 수 없다(대판 2023.6.29, 2019두55262).
⑤ (○) 사용자는 가사, 학업 그 밖의 이유로 근로자가 단시간근로를 신청하는 때에는 해당 근로자를 단시간근로자로 전환하도록 노력하여야 한다(기단법 제7조 제2항).

> **과태료(기단법 제24조)**
> ① 제14조(제15조의2 제4항 및 제15조의3 제2항에 따라 준용되는 경우를 포함한다)에 따라 확정된 시정명령을 정당한 이유 없이 이행하지 아니한 자에게는 1억원 이하의 과태료를 부과한다.
> ② 다음 각 호의 어느 하나에 해당하는 자에게는 <u>500만원 이하의 과태료를 부과한다.</u>
>   1. 제15조 제1항(제15조의2 제4항 및 제15조의3 제2항에 따라 준용되는 경우를 포함한다)을 위반하여 정당한 이유 없이 고용노동부장관의 이행상황 제출요구에 따르지 아니한 자
>   2. 제17조의 규정을 위반하여 <u>근로조건을 서면으로 명시하지 아니한 자</u>

정답 ❶

06 ㄱ. (○) 산업안전보건위원회 또는 안전 및 보건에 관한 노사협의체에서 심의·의결한 업무와 해당 사업장의 안전보건관리규정 및 취업규칙에서 정한 업무는 산안법 제17조 제2항, 동법 시행령 제18조 제1항 제1호에서 정한 안전관리자의 업무에 해당한다.
ㄴ. (○) 보호구 구입 시 적격품 여부 확인에 관한 사항은 산업안전보건위원회의 심의·의결 사항이 아니라, 산안법 제15조 제1항 제8호에서 정한 안전보건관리책임자의 업무에 해당한다.
ㄷ. (○) 근로자대표는 사업주에게 산업안전보건위원회(노사협의체를 구성·운영하는 경우에는 노사협의체)가 의결한 사항을 통지하여 줄 것을 요청할 수 있고, 사업주는 이에 성실히 따라야 한다(산안법 제35조 제1호).
ㄹ. (×) 사업주는 공정안전보고서를 작성할 때 산업안전보건위원회의 심의를 거쳐야 한다. 다만, 산업안전보건위원회가 설치되어 있지 아니한 사업장의 경우에는 근로자대표의 의견을 들어야 한다(산안법 제44조 제2항).

정답 ❸

07 산업안전보건법령상 위험성평가에 관한 설명으로 옳지 않은 것은? 기출 25

① 사업주는 위험성평가의 결과와 조치사항에 따른 자료를 3년간 보존해야 한다.
② 사업주가 위험성평가의 결과와 조치사항을 기록・보존할 때에는 위험성 결정의 내용이 포함되어야 한다.
③ 사업주는 위험성평가 시 고용노동부장관이 정하여 고시하는 바에 따라 해당 작업장의 근로자를 참여시켜야 한다.
④ "위험성평가"란 사업주가 유해인자에 대한 측정계획을 수립한 후 시료를 채취하고 분석・평가하는 것을 말한다.
⑤ 사업주는 건설물로 인한 유해・위험 요인을 찾아내어 부상 및 질병으로 이어질 수 있는 위험성의 크기가 허용 가능한 범위인지를 평가하여야 한다.

08 산업안전보건법상 사업주가 보건조치를 하여야 하는 건강장해에 해당하는 경우는 모두 몇 개인가? 기출 25

- 산소결핍에 의한 건강장해
- 단순반복작업에 의한 건강장해
- 방사선에 의한 건강장해
- 계측감시 작업에 의한 건강장해
- 사업장에서 배출되는 기체에 의한 건강장해

① 1개
② 2개
③ 3개
④ 4개
⑤ 5개

09 직업안정법에 관한 설명으로 옳지 않은 것은? 기출 25

① 「노동조합 및 노동관계조정법」에 따른 노동조합은 국내 근로자공급사업의 허가를 받을 수 없다.
② 직업소개사업자는 「공중위생관리법」의 숙박업을 경영할 수 없다.
③ 근로자공급사업에는 「파견근로자 보호 등에 관한 법률」에 따른 근로자파견사업은 제외된다.
④ 직업안정기관의 장은 구인신청의 수리(受理)를 거부하여서는 안 되지만, 구인신청의 내용이 법령을 위반한 경우에는 그러하지 아니하다.
⑤ 무료직업소개사업을 하는 자가 18세 미만의 구직자를 소개하는 경우에는 친권자나 후견인의 취업동의서를 받아야 한다.

• **해설 및 정답** •

07 ① (○) 산안법 제36조 제3항, 동법 시행규칙 제37조 제2항
② (○) 사업주가 위험성평가의 결과와 조치사항을 기록·보존할 때에는 위험성평가 대상의 유해·위험요인, <u>위험성 결정의 내용, 위험성 결정에 따른 조치의 내용</u>, 그 밖에 위험성평가의 실시내용을 확인하기 위하여 필요한 사항으로서 고용노동부장관이 정하여 고시하는 사항 등이 포함되어야 한다(산안법 제36조 제3항, 동법 시행규칙 제37조 제1항).
③ (○) 산안법 제36조 제2항
④ (×) "위험성평가"란 사업주가 건설물, 기계·기구·설비, 원재료, 가스, 증기, 분진, 근로자의 작업행동 또는 그 밖의 업무로 인한 유해·위험 요인을 찾아내어 부상 및 질병으로 이어질 수 있는 위험성의 크기가 허용 가능한 범위인지를 평가하는 것을 말한다(산안법 제36조 제1항). 한편 작업환경 실태를 파악하기 위하여 해당 근로자 또는 작업장에 대하여 사업주가 유해인자에 대한 측정계획을 수립한 후 시료를 채취하고 분석·평가하는 것은 "작업환경측정"이라고 한다(산안법 제2조 제13호).
⑤ (○) 산안법 제36조 제1항 전단

정답 ④

08 산소결핍에 의한 건강장해(제1호), 단순반복작업에 의한 건강장해(제5호), 방사선에 의한 건강장해(제2호), 계측감시작업에 의한 건강장해(제4호), 사업장에서 배출되는 기체에 의한 건강장해(제3호) 등은 모두 산안법 제39조 제1항에서 정한 보건조치를 하여야 하는 건강장해에 해당한다.

> **보건조치(산안법 제39조)**
> ① 사업주는 다음 각 호의 어느 하나에 해당하는 건강장해를 예방하기 위하여 필요한 조치(이하 "보건조치"라 한다)를 하여야 한다.
>   1. 원재료·가스·증기·분진·흄(fume, 열이나 화학반응에 의하여 형성된 고체증기가 응축되어 생긴 미세입자를 말한다)·미스트(mist, 공기 중에 떠다니는 작은 액체방울을 말한다)·<u>산소결핍</u>·병원체 등에 의한 건강장해
>   2. 방사선·유해광선·고열·한랭·초음파·소음·진동·이상기압 등에 의한 건강장해
>   3. <u>사업장에서 배출되는 기체</u>·액체 또는 찌꺼기 등에 의한 건강장해
>   4. <u>계측감시(計測監視)</u>, 컴퓨터 단말기 조작, 정밀공작(精密工作) 등의 작업에 의한 건강장해
>   5. <u>단순반복작업</u> 또는 인체에 과도한 부담을 주는 작업에 의한 건강장해
>   6. 환기·채광·조명·보온·방습·청결 등의 적정기준을 유지하지 아니하여 발생하는 건강장해
>   7. 폭염·한파에 장시간 작업함에 따라 발생하는 건강장해

정답 ⑤

09 ① (×) 국내 근로자공급사업의 경우는 노동조합 및 노동관계조정법에 따른 노동조합이 <u>고용노동부장관의 허가를 받을 수 있다</u>(직안법 제33조 제3항 제1호).
② (○) 직업소개사업자(법인의 임원도 포함) 또는 그 종사자는 공중위생관리법의 숙박업을 경영할 수 없다(직안법 제26조 제2호).
③ (○) "근로자공급사업"이란 공급계약에 따라 근로자를 타인에게 사용하게 하는 사업을 말한다. <u>다만, 파견근로자보호 등에 관한 법률에 따른 근로자파견사업은 제외한다</u>(직안법 제2조의2 제7호).
④ (○) 직안법 제8조 제1호
⑤ (○) 무료직업소개사업 또는 유료직업소개사업을 하는 자와 그 종사자는 구직자의 연령을 확인하여야 하며, 18세 미만의 구직자를 소개하는 경우에는 친권자나 후견인의 취업동의서를 받아야 한다(직안법 제21조의3 제1항).

정답 ①

10 남녀고용평등과 일·가정 양립 지원에 관한 법령에 관한 설명으로 옳지 않은 것은? 기출 25

① 직무의 성격에 비추어 특정 성(性)이 불가피하게 요구되는 경우, 사업주가 그 성(性)을 이유로 채용 또는 근로의 조건을 다르게 하더라도 이 법에 따른 차별에 해당하지 않는다.
② 가사사용인에 대하여는 이 법의 전부를 적용하지 아니한다.
③ 상시 4명 이하의 근로자를 사용하는 사업 또는 사업장에 대하여는 이 법의 전부를 적용하지 아니한다.
④ 근로자는 상호 이해를 바탕으로 남녀가 동등하게 존중받는 직장문화를 조성하기 위하여 노력하여야 한다.
⑤ 고용노동부장관은 남녀고용평등 실현과 일·가정의 양립에 관한 기본계획을 5년마다 수립하여야 한다.

11 남녀고용평등과 일·가정 양립 지원에 관한 법령상 육아휴직에 관한 설명으로 옳지 않은 것은? 기출 25

① 임신 중인 여성 근로자는 유산 또는 사산의 위험이 있는 경우 휴직개시예정일 7일 전까지 육아휴직을 신청할 수 있다.
② 근로자는 육아휴직종료예정일을 연기하려는 경우에는 한 번만 연기할 수 있다.
③ 육아휴직을 신청한 근로자는 휴직개시예정일의 7일 전까지 사유를 밝혀 그 신청을 철회할 수 있다.
④ 사업주는 휴직개시예정일의 전날까지 해당 사업에서 계속 근로한 기간이 6개월 미만인 근로자가 육아휴직을 신청하는 경우에 이를 허용하여야 한다.
⑤ 사업주는 육아휴직 중인 근로자로부터 영유아의 사망 등에 대한 사실을 통지받은 경우에는 통지받은 날부터 30일 이내로 근무개시일을 지정하여 그 근로자에게 알려야 한다.

해설 및 정답

10 ① (○) "차별"이란 사업주가 근로자에게 성별, 혼인, 가족 안에서의 지위, 임신 또는 출산 등의 사유로 합리적인 이유 없이 채용 또는 근로의 조건을 다르게 하거나 그 밖의 불리한 조치를 하는 경우를 말한다. <u>다만, 직무의 성격에 비추어 특정 성이 불가피하게 요구되는 경우는 제외한다</u>(고평법 제2조 제1호 단서 가목).
② (○) 남녀고용평등과 일·가정 양립 지원에 관한 법률에 따라 동거하는 친족만으로 이루어지는 사업 또는 사업장과 가사사용인에 대하여는 이 법의 전부를 적용하지 아니한다(고평법 시행령 제2조 제1항).
③ (×) 고평법은 근로자를 사용하는 모든 사업 또는 사업장에 적용되므로, <u>상시 4명 이하의 근로자를 사용하는 사업 또는 사업장에 대하여도 고평법 전부가 적용되는 것이 원칙</u>이다(고평법 제3조 제1항 본문).
④ (○) 고평법 제5조 제1항
⑤ (○) 고평법 제6조의2 제1항

정답 ❸

11 ① (O) 고평법 시행령 제11조 제3항 제1호
② (O) 근로자는 휴직종료예정일을 연기하려는 경우에는 한 번만 연기할 수 있다. 이 경우 당초의 휴직종료예정일 30일 전까지 사업주에게 휴직종료예정일의 연기를 신청해야 한다(고평법 시행령 제12조 제2항).
③ (O) 고평법 시행령 제13조 제1항
④ (×) 사업주는 휴직개시예정일의 전날까지 해당 사업에서 계속 근로한 기간이 6개월 미만인 근로자가 육아휴직을 신청한 경우에는 이를 허용하지 아니한다(고평법 제19조 제1항 단서, 동법 시행령 제10조).
⑤ (O) 고평법 시행령 제14조 제2항

육아휴직의 신청 등(고평법 시행령 제11조)
③ 제1항 및 제2항 후단에도 불구하고 다음 각 호의 어느 하나에 해당하는 경우에는 휴직개시예정일 7일 전까지 육아휴직을 신청할 수 있다.
  1. 임신 중인 여성 근로자에게 유산 또는 사산의 위험이 있는 경우
  2. 출산 예정일 이전에 자녀가 출생한 경우
  3. 배우자의 사망, 부상, 질병 또는 신체적·정신적 장애나 배우자와의 이혼 등으로 해당 영유아를 양육하기 곤란한 경우

육아휴직의 변경신청 등(고평법 시행령 제12조)
① 육아휴직을 신청한 근로자는 휴직 개시예정일 전에 제11조 제3항 각 호의 어느 하나에 해당하는 사유가 발생한 경우에는 사업주에게 그 사유를 명시하여 휴직개시예정일을 당초의 예정일 전으로 변경하여 줄 것을 신청할 수 있다.
② 근로자는 휴직종료예정일을 연기하려는 경우에는 한 번만 연기할 수 있다. 이 경우 당초의 휴직종료예정일 30일 전(제11조 제3항 제1호 또는 제3호의 사유로 휴직종료예정일을 연기하려는 경우에는 당초의 예정일 7일 전)까지 사업주에게 휴직종료예정일의 연기를 신청해야 한다.

육아휴직 신청의 철회 등(고평법 시행령 제13조)
① 육아휴직을 신청한 근로자는 휴직개시예정일의 7일 전까지 사유를 밝혀 그 신청을 철회할 수 있다.
② 근로자가 육아휴직을 신청한 후 휴직개시예정일 전에 다음 각 호의 구분에 따른 사유가 발생하면 그 육아휴직신청은 없었던 것으로 본다.
  1. 임신 중인 여성 근로자가 육아휴직을 신청한 경우 : 유산 또는 사산
  2. 제1호 외의 근로자가 육아휴직을 신청한 경우
    가. 해당 영유아의 사망
    나. 양자인 영유아의 파양이나 입양의 취소
    다. 육아휴직을 신청한 근로자가 부상 또는 질병이나 신체적·정신적 장애, 배우자와의 이혼 등으로 해당 영유아를 양육할 수 없게 된 경우
    라. 법 제19조 제2항 제2호 또는 제3호의 사유로 6개월 이내에서 추가로 육아휴직을 신청한 근로자가 법 제19조 제2항 제2호 또는 제3호에 해당하지 않게 된 경우

정답 ④

12 남녀고용평등과 일·가정 양립 지원에 관한 법률상 분쟁의 예방과 해결에 관한 설명으로 옳지 않은 것은?

① 노동위원회에 차별적 처우등의 시정 신청을 할 수 있는 자는 사업주에게 고용된 사람과 취업할 의사를 가진 사람이다.
② 직장 내 성희롱 행위를 한 사람에 대하여 징계 등 필요한 조치를 하지 않은 경우 피해근로자는 노동위원회에 차별적 처우등의 시정신청을 할 수 있다.
③ 노동위원회는 차별적 처우등에 해당된다고 판정한 때에는 해당 사업주에게 시정명령을 하여야 한다.
④ 고용노동부장관은 확정된 시정명령에 대하여 사업주에게 이행상황을 제출할 것을 요구할 수 있다.
⑤ 사업주가 성희롱 발생 사실을 신고한 근로자에게 부당한 감봉조치를 한 경우 그 근로자는 노동위원회에 차별적 처우등의 시정신청을 할 수 있다.

13 최저임금법령에 관한 설명으로 옳지 않은 것은?

① 최저임금의 적용을 받는 사용자는 근로자에게 최저임금에 산입하지 아니하는 임금에 관하여 주지시켜야 한다.
② 사용자는 최저임금의 내용을 매년 8월 5일까지 근로자에게 주지시켜야 한다.
③ 동거하는 친족만을 사용하는 사업에는 최저임금법을 적용하지 아니한다.
④ 연장근로에 대한 임금 및 가산임금은 최저임금에 산입하지 아니한다.
⑤ 도급으로 사업을 행하는 경우 도급인이 책임져야 할 사유로 수급인이 근로자에게 최저임금액에 미치지 못하는 임금을 지급한 경우 도급인은 해당 수급인과 연대하여 책임을 진다.

• 해설 및 정답 •

12 ① (○) 고평법상 "근로자"란 사업주에게 고용된 사람과 취업할 의사를 가진 사람을 말하며(고평법 제2조 제4호), 이러한 근로자가 사업주로부터 차별적 처우 등을 받은 경우 노동위원회에 그 시정을 신청할 수 있다(고평법 제26조 제1항 본문).
② (×) <u>직장 내 성희롱 행위를 한 사람에 대하여 징계 등 필요한 조치를 하지 않은 경우는 고평법 제26조 제1항이 규정한 차별적 처우에 해당하지 아니한다.</u> 이는 고평법 제39조 제3항 제1의6호에 따라 500만원 이하의 과태료 부과 사유에 해당한다.
③ (○) 노동위원회는 조사·심문을 끝내고 차별적 처우등에 해당된다고 판정한 때에는 해당 사업주에게 시정명령을 하여야 하고, 차별적 처우등에 해당하지 아니한다고 판정한 때에는 그 시정신청을 기각하는 결정을 하여야 한다(고평법 제29조 제1항).
④ (○) 고평법 제29조의4 제1항
⑤ (○) <u>사업주가 성희롱 발생 사실을 신고한 근로자 및 피해근로자등에게</u> 징계, 정직, <u>감봉</u>, 강등, 승진 제한 등 부당한 인사조치를 하여, 이러한 근로자 및 피해근로자등이 사업주로부터 <u>차별적 처우 등을 받은 경우 노동위원회에 그 시정을 신청할 수 있다</u>(고평법 제26조 제1항 제3호, 동법 제14조 제6항).

정답 ❷

13 ① (○) 최저임금의 적용을 받는 사용자는 적용을 받는 근로자의 최저임금액, <u>최저임금에 산입하지 아니하는 임금</u>, 해당 사업에서 최저임금의 적용을 제외할 근로자의 범위, 최저임금의 효력발생 연월일 등의 최저임금의 내용을 근로자에게 주지시켜야 한다(최임법 제11조, 동법 시행령 제11조 제1항).
② (×) 사용자는 최저임금의 내용을 <u>최저임금의 효력발생일 전날까지</u> 근로자에게 주지시켜야 한다(최임법 제11조, 동법 시행령 제11조 제2항).
③ (○) 최저임금법은 근로자를 사용하는 모든 사업 또는 사업장에 적용한다. 다만, 동거하는 친족만을 사용하는 사업과 가사사용인에게는 적용하지 아니한다(최임법 제3조 제1항).
④ (○) 소정근로시간 또는 소정의 근로일에 대하여 지급하는 임금 외의 임금으로서 연장근로 또는 휴일근로에 대한 임금 및 연장·야간 또는 휴일 근로에 대한 가산임금 등은 최저임금에 산입하지 아니한다(최임법 제6조 제4항 단서 제1호, 동법 시행규칙 제2조 제1항 제1호).
⑤ (○) 최임법 제6조 제7항

정답 ❷

14 최저임금법령상 최저임금위원회에 관한 설명으로 옳은 것은? 기출 25

① 고용노동부장관은 최저임금위원회로 하여금 근로자의 생계비에 관한 조사를 하게 할 수 있다.
② 최저임금위원회의 회의는 공익위원 3분의 1 이상이 소집을 요구하는 경우에 위원장이 소집한다.
③ 최저임금을 심의하기 위하여 기획재정부에 최저임금위원회를 둔다.
④ 사무국에는 최저임금의 심의 등에 필요한 전문적인 사항을 조사·연구하게 하기 위하여 5명의 연구위원을 둘 수 있다.
⑤ 최저임금위원회는 근로자위원, 사용자위원, 공익위원 각 7명으로 구성한다.

15 근로자퇴직급여 보장법령상 퇴직연금제도의 수급권을 담보로 제공할 수 있는 사유에 해당하는 것을 모두 고른 것은? 기출 25

> ㄱ. 무주택자인 가입자가 본인 명의로 주택을 구입하는 경우
> ㄴ. 무주택자인 가입자가 주거를 목적으로 「민법」에 따른 전세금을 부담하는 경우(이 경우 가입자가 하나의 사업 또는 사업장에 근로하는 동안 1회로 한정한다)
> ㄷ. 가입자가 6개월 이상 요양을 필요로 하는 가입자의 배우자의 질병이나 부상에 대한 의료비(「소득세법 시행령」에 따른 의료비를 말한다)를 부담하는 경우
> ㄹ. 가입자 본인의 대학등록금을 가입자가 부담하는 경우
> ㅁ. 사용자가 기존의 정년을 연장하는 조건으로 취업규칙을 통하여 일정 나이를 기준으로 임금을 줄이는 제도를 시행하는 경우

① ㄱ, ㄴ, ㅁ
② ㄷ, ㄹ, ㅁ
③ ㄱ, ㄴ, ㄷ, ㄹ
④ ㄴ, ㄷ, ㄹ, ㅁ
⑤ ㄱ, ㄴ, ㄷ, ㄹ, ㅁ

• 해설 및 정답 •

14 ① (○) 고용노동부장관은 최저임금위원회로 하여금 근로자의 생계비와 임금실태에 관한 조사를 하게 할 수 있다(최임법 제23조, 동법 시행령 제19조).
② (×) 최저임금위원회의 회의는 고용노동부장관이 소집을 요구하는 경우, 재적위원 3분의 1 이상이 소집을 요구하는 경우, 위원장이 필요하다고 인정하는 경우에 위원장이 소집한다(최임법 제17조 제1항).
③ (×) 최저임금에 관한 심의와 그 밖에 최저임금에 관한 중요 사항을 심의하기 위하여 고용노동부에 최저임금위원회를 둔다(최임법 제12조).
④ (×) 사무국에는 최저임금의 심의 등에 필요한 전문적인 사항을 조사·연구하게 하기 위하여 3명 이내의 연구위원을 둘 수 있다(최임법 제20조 제2항).
⑤ (×) 최저임금위원회는 근로자위원 9명, 사용자위원 9명, 공익위원 9명으로 구성한다(최임법 제14조 제1항).

정답 ①

15 ㄱ, ㄴ, ㄷ, ㄹ은 모두 근퇴법 제7조 제2항 전문, 동법 시행령 제2조 제1항에서 정한 퇴직연금제도 수급권의 담보제공 사유에 해당하나, ㅁ 사용자가 기존의 정년을 연장하는 조건으로 취업규칙을 통하여 일정 나이를 기준으로 임금을 줄이는 제도를 시행하는 경우는 동법 시행령 제3조 제1항 제6호에서 정한 퇴직금의 중간정산 사유에 해당한다.

> **퇴직연금제도 수급권의 담보제공 사유 등(근퇴법 시행령 제2조)**
> ①「근로자퇴직급여 보장법」(이하 "법"이라 한다) 제7조 제2항 전단에서 "주택구입 등 대통령령으로 정하는 사유와 요건을 갖춘 경우"란 다음 각 호의 어느 하나에 해당하는 경우를 말한다.
> 1. 무주택자인 가입자가 본인 명의로 주택을 구입하는 경우
> 1의2. 무주택자인 가입자가 주거를 목적으로「민법」제303조에 따른 전세금 또는「주택임대차보호법」제3조의2에 따른 보증금을 부담하는 경우. 이 경우 가입자가 하나의 사업 또는 사업장(이하 "사업"이라 한다)에 근로하는 동안 1회로 한정한다.
> 2. 가입자가 6개월 이상 요양을 필요로 하는 다음 각 목의 어느 하나에 해당하는 사람의 질병이나 부상에 대한 의료비(「소득세법 시행령」제118조의5 제1항 및 제2항에 따른 의료비를 말한다. 이하 같다)를 부담하는 경우
>   가. 가입자 본인
>   나. 가입자의 배우자
>   다. 가입자 또는 그 배우자의 부양가족(「소득세법」제50조 제1항 제3호에 따른 부양가족을 말한다. 이하 같다)
> 3. 담보를 제공하는 날부터 거꾸로 계산하여 5년 이내에 가입자가「채무자 회생 및 파산에 관한 법률」에 따라 파산선고를 받은 경우
> 4. 담보를 제공하는 날부터 거꾸로 계산하여 5년 이내에 가입자가「채무자 회생 및 파산에 관한 법률」에 따라 개인회생절차개시 결정을 받은 경우
> 4의2. 다음 각 목의 어느 하나에 해당하는 사람의 대학등록금, 혼례비 또는 장례비를 가입자가 부담하는 경우
>   가. 가입자 본인
>   나. 가입자의 배우자
>   다. 가입자 또는 그 배우자의 부양가족
> 5. 사업주 휴업 실시로 근로자의 임금이 감소하거나 재난(「재난 및 안전관리 기본법」제3조 제1호에 따른 재난을 말한다. 이하 같다)으로 피해를 입은 경우로서 고용노동부장관이 정하여 고시하는 사유와 요건에 해당하는 경우

정답 ③

16 근로자퇴직급여 보장법상 확정급여형퇴직연금제도에 관한 설명으로 옳지 않은 것은? 기출 25

① 확정급여형퇴직연금제도란 근로자가 받을 급여의 수준이 사전에 결정되어 있는 퇴직연금제도를 말한다.
② 확정급여형퇴직연금제도의 설정 전에 해당 사업에서 제공한 근로기간에 대하여는 가입기간으로 할 수 없고, 이 경우 퇴직금을 미리 정산한 기간은 제외한다.
③ 확정급여형퇴직연금제도를 설정하려는 사용자는 근로자대표의 동의를 얻거나 의견을 들어 확정급여형퇴직연금규약을 작성하여 고용노동부장관에게 신고하여야 한다.
④ 연금은 55세 이상으로서 가입기간이 10년 이상인 가입자에게 지급하며, 이 경우 연금의 지급기간은 5년 이상이어야 한다.
⑤ 일시금은 연금수급 요건을 갖추지 못하거나 일시금 수급을 원하는 가입자에게 지급한다.

17 임금채권보장법상 퇴직한 근로자가 청구하면 고용노동부장관이 대지급금을 지급해야 하는 경우를 모두 고른 것은? 기출 25

ㄱ. 「채무자 회생 및 파산에 관한 법률」에 따른 회생절차개시의 결정이 있는 경우
ㄴ. 「채무자 회생 및 파산에 관한 법률」에 따른 파산선고의 결정이 있는 경우
ㄷ. 사업주가 근로자에게 미지급 임금등을 지급하라는 「민사집행법」에 따른 확정된 종국판결이 있는 경우
ㄹ. 고용노동부장관이 근로자에게 이 법에 따라 체불임금등과 체불사업주 등을 증명하는 서류를 발급하여 사업주의 미지급임금등이 확인된 경우

① ㄱ, ㄴ
② ㄴ, ㄹ
③ ㄷ, ㄹ
④ ㄱ, ㄴ, ㄷ
⑤ ㄱ, ㄴ, ㄷ, ㄹ

해설 및 정답

16 ① (○) 근퇴법 제2조 제8호
② (×) 확정급여형퇴직연금제도의 설정 전에 해당 사업에서 제공한 근로기간에 대하여도 <u>가입기간으로 할 수 있다.</u> 이 경우 퇴직금을 미리 정산한 기간은 제외한다(근퇴법 제14조 제2항).
③ (○) 확정급여형퇴직연금제도를 설정하려는 사용자는 근로자대표의 동의를 얻거나 의견을 들어 퇴직연금사업자 선정에 관한 사항 등 일정한 사항을 포함한 확정급여형퇴직연금규약을 작성하여 고용노동부장관에게 신고하여야 한다(근퇴법 제13조).
④ (○) 확정급여형퇴직연금제도의 급여 종류는 연금 또는 일시금으로 하되, 연금은 55세 이상으로서 가입기간이 10년 이상인 가입자에게 지급하며, 이 경우 연금의 지급기간은 5년 이상이어야 한다(근퇴법 제17조 제1항 제1호).
⑤ (○) 확정급여형퇴직연금제도의 급여 종류는 연금 또는 일시금으로 하되, 일시금은 연금수급 요건을 갖추지 못하거나 일시금 수급을 원하는 가입자에게 지급한다(근퇴법 제17조 제1항 제2호).

정답 ❷

17 ㄱ. 채무자 회생 및 파산에 관한 법률에 따른 회생절차개시의 결정이 있는 경우(제1호), ㄴ. 채무자 회생 및 파산에 관한 법률에 따른 파산선고의 결정이 있는 경우(제2호), ㄷ. 사업주가 근로자에게 미지급 임금등을 지급하라는 민사집행법에 따른 확정된 종국판결이 있는 경우(제4호), ㄹ. 고용노동부장관이 근로자에게 이 법에 따라 체불임금 등과 체불사업주 등을 증명하는 서류를 발급하여 사업주의 미지급임금등이 확인된 경우(제5호) 등은 모두 임채법 제7조 제1항에서 정한 퇴직한 근로자에 대한 대지급금 지급사유에 해당한다.

> **퇴직한 근로자에 대한 대지급금의 지급(임채법 제7조)**
> ① <u>고용노동부장관은 사업주가 다음 각 호의 어느 하나에 해당하는 경우에 퇴직한 근로자가 지급받지 못한 임금등의 지급을 청구하면 제3자의 변제에 관한 「민법」 제469조에도 불구하고 그 근로자의 미지급 임금 등을 사업주(하수급인과 연대책임을 부담하는 직상 수급인 및 그 상위 수급인 포함)를 대신하여 지급한다.</u>
> 1. 「채무자 회생 및 파산에 관한 법률」에 따른 <u>회생절차개시의 결정이 있는 경우</u>
> 2. 「채무자 회생 및 파산에 관한 법률」에 따른 <u>파산선고의 결정이 있는 경우</u>
> 3. 고용노동부장관이 대통령령으로 정한 요건과 절차에 따라 미지급 임금등을 지급할 능력이 없다고 인정하는 경우
> 4. <u>사업주가 근로자에게 미지급 임금등을 지급하라는 다음 각 목의 어느 하나에 해당하는 판결, 명령, 조정 또는 결정 등이 있는 경우</u>
>   가. 「민사집행법」 제24조에 따른 <u>확정된 종국판결</u>
>   나. 「민사집행법」 제56조 제3호에 따른 확정된 지급명령
>   다. 「민사집행법」 제56조 제5호에 따른 소송상 화해, 청구의 인낙(認諾) 등 확정판결과 같은 효력을 가지는 것
>   라. 「민사조정법」 제28조에 따라 성립된 조정
>   마. 「민사조정법」 제30조에 따른 확정된 조정을 갈음하는 결정
>   바. 「소액사건심판법」 제5조의7 제1항에 따른 확정된 이행권고결정
> 5. 고용노동부장관이 근로자에게 제12조에 따라 체불임금등과 체불사업주 등을 증명하는 서류(이하 "체불임금등·사업주 확인서"라 한다)를 발급하여 <u>사업주의 미지급임금등이 확인된 경우</u>

정답 ❺

18 임금채권보장법에 관한 설명으로 옳지 않은 것은? 기출 25

① 대지급금수급계좌의 예금에 관한 채권은 압류할 수 없다.
② 사업주가 이 법을 위반하는 사실이 있으면 근로자는 그 사실을 근로감독관에게 신고하여 시정을 위한 조치를 요구할 수 있다.
③ 대지급금을 반환받을 권리는 3년간 행사하지 아니하면 시효로 소멸한다.
④ 임금채권보장 업무에 종사하였던 자는 누구든지 업무 수행과 관련하여 알게 된 사업주의 정보를 누설하여서는 아니 된다.
⑤ 고용노동부장관이 해당 근로자에게 대지급금을 지급하였을 때에는 「근로기준법」에 따른 임금채권우선변제권은 대위되는 권리에 존속하지 않는다.

19 근로복지기본법에 관한 설명으로 옳지 않은 것은? 기출 25

① 국가는 근로자의 생활안정을 지원하기 위하여 근로자 및 그 가족의 의료비 등의 융자 등 필요한 지원을 하여야 한다.
② 국가는 경제상황 및 근로자의 생활안정자금이 필요한 시기 등을 고려하여 임금을 받지 못한 근로자 등의 생활안정을 위한 생계비의 융자 등 필요한 지원을 할 수 있다.
③ 국가는 근로자 및 그 자녀의 교육기회를 확대하기 위하여 장학금의 지급 등 필요한 지원을 할 수 있다.
④ 근로복지시설을 설치·운영하는 자는 근로복지시설의 이용료를 차등하여 받을 수 없다.
⑤ 국가는 취업으로 이주하거나 가족과 떨어져 생활하는 근로자의 주거안정을 위하여 필요한 지원을 할 수 있다.

20 외국인근로자의 고용 등에 관한 법령상 외국인근로자의 보호에 관한 설명으로 옳지 않은 것은? 기출 25

① 사용자는 외국인근로자라는 이유로 부당하게 차별하여 처우하여서는 아니 된다.
② 사용자는 외국인근로자에게 기숙사를 제공하여야 한다.
③ 국가는 외국인근로자에 대한 상담과 교육을 하는 기관에 대하여 사업에 필요한 비용의 일부를 예산의 범위에서 지원할 수 있다.
④ 산업별 특성 등을 고려하여 외국인근로자를 고용한 사업 또는 사업장에서 취업하는 외국인근로자는 질병·사망 등에 대비한 상해보험에 가입하여야 한다.
⑤ 외국인근로자의 권익보호에 관한 사항을 협의하기 위하여 직업안정기관에 관한 구역의 노동자단체와 사용자단체 등이 참여하는 외국인근로자 권익보호협의회를 둘 수 있다.

• **해설 및 정답** •

18 ① (○) 임채법 제11조의2 제4항
② (○) 사업주가 임금채권보장법 또는 동 법에 따른 명령을 위반하는 사실이 있으면 근로자는 그 사실을 근로감독관에게 신고하여 시정을 위한 조치를 요구할 수 있다(임채법 제25조).
③ (○) 부담금이나 그 밖에 임금채권보장법에 따른 징수금을 징수하거나 대지급금·부담금을 반환받을 권리는 3년 간 행사하지 아니하면 시효로 소멸한다(임채법 제26조 제1항).
④ (○) 임금채권보장 업무에 종사하거나 종사하였던 자는 누구든지 업무 수행과 관련하여 알게 된 사업주 또는 근로자 등의 정보를 누설하거나 다른 용도로 사용하여서는 아니 된다(임채법 제23조의2 제6항).
⑤ (×) 고용노동부장관이 해당 근로자에게 대지급금을 지급하였을 때에는 그 지급한 금액의 한도에서 그 근로자가 해당 사업주에 대하여 미지급 임금등을 청구할 수 있는 권리를 대위할 수 있는데, <u>근로기준법에 따른 임금채권 우선변제권 및 근로자퇴직급여 보장법에 따른 퇴직급여등 채권 우선변제권은 대위되는 권리에 존속한다</u>(임채법 제8조).

정답 ❺

19 ① (○) 국가는 근로자의 생활안정을 지원하기 위하여 근로자 및 그 가족의 의료비·혼례비·장례비 등의 융자 등 필요한 지원을 하여야 한다(근복법 제19조 제1항).
② (○) 근복법 제19조 제2항
③ (○) 국가는 근로자 및 그 자녀의 교육기회를 확대하기 위하여 장학금의 지급 또는 학자금의 융자 등 필요한 지원을 할 수 있다(근복법 제20조 제1항).
④ (×) 근로복지시설을 설치·운영하는 자는 근로자의 소득수준, 가족관계 등을 고려하여 근로복지시설의 이용자를 제한하거나 <u>이용료를 차등하여 받을 수 있다</u>(근복법 제30조).
⑤ (○) 국가는 취업 또는 근무지 변경 등으로 이주하거나 가족과 떨어져 생활하는 근로자의 주거안정을 위하여 필요한 지원을 할 수 있다(근복법 제18조).

정답 ❹

20 ① (○) 외고법 제22조
② (×) 외고법 제22조의2 제1항은 "사용자가 외국인근로자에게 기숙사를 제공하는 경우에는 근로기준법 제100조에서 정하는 기준을 준수하고, 건강과 안전을 지킬 수 있도록 하여야 한다."고 규정하고 있어, 사용자가 외국인근로자에게 의무적으로 기숙사를 제공하여야 하는 것은 아니라고 판단된다.
③ (○) 국가는 외국인근로자에 대한 상담과 교육, 그 밖에 대통령령으로 정하는 사업을 하는 기관 또는 단체에 대하여 사업에 필요한 비용의 일부를 예산의 범위에서 지원할 수 있다(외고법 제24조 제1항).
④ (○) 외고법 제23조 제2항
⑤ (○) 외고법 제24조의2 제1항

정답 ❷

21 외국인근로자의 고용 등에 관한 법률상 외국인근로자 고용허가의 취소나 고용의 제한에 관한 설명으로 옳지 않은 것은? 기출 25

① 직업안정기관의 장은 거짓으로 고용허가를 받은 경우 고용허가를 취소할 수 있다.
② 직업안정기관의 장은 사용자가 입국 전에 계약한 임금 또는 그 밖의 근로조건을 위반하는 경우 고용허가를 취소할 수 있다.
③ 직업안정기관의 장은 사용자의 임금체불로 근로계약을 유지하기 어렵다고 인정되는 경우 고용허가를 취소할 수 있다.
④ 외국인근로자 고용허가가 취소된 사용자는 취소된 날부터 15일 이내에 그 외국인근로자와의 근로계약을 종료하여야 한다.
⑤ 직업안정기관의 장은 「출입국관리법」을 위반하여 처벌을 받은 사용자에 대하여 그 사실이 발생한 날부터 5년간 외국인근로자의 고용을 제한하여야 한다.

22 파견근로자 보호 등에 관한 법률상 근로자파견 대상 업무에 해당하지 않는 것을 모두 고른 것은? 기출 24

ㄱ. 건설공사현장에서 이루어지는 업무
ㄴ. 선원법상 선원의 업무
ㄷ. 물류정책기본법상 하역업무로서 직업안정법에 따라 근로자공급사업 허가를 받은 지역의 업무

① ㄱ
② ㄴ
③ ㄱ, ㄷ
④ ㄴ, ㄷ
⑤ ㄱ, ㄴ, ㄷ

• 해설 및 정답 •

21　① (○) 직업안정기관의 장은 사용자가 거짓이나 그 밖의 부정한 방법으로 고용허가나 특례고용가능확인을 받은 경우, 고용허가나 특례고용가능확인을 취소할 수 있다(외고법 제19조 제1항 제1호).
　　② (○) 직업안정기관의 장은 사용자가 입국 전에 계약한 임금 또는 그 밖의 근로조건을 위반하는 경우, 고용허가나 특례고용가능확인을 취소할 수 있다(외고법 제19조 제1항 제2호).
　　③ (○) 직업안정기관의 장은 사용자가 사용자의 임금체불 또는 그 밖의 노동관계법 위반 등으로 근로계약을 유지하기 어렵다고 인정되는 경우, 고용허가나 특례고용가능확인을 취소할 수 있다(외고법 제19조 제1항 제3호).
　　④ (○) 외국인근로자 고용허가나 특례고용가능확인이 취소된 사용자는 취소된 날부터 15일 이내에 그 외국인근로자와의 근로계약을 종료하여야 한다(외고법 제19조 제2항).
　　⑤ (×) 직업안정기관의 장은 외국인근로자의 고용 등에 관한 법률 또는 출입국관리법을 위반하여 처벌을 받은 사용자에 대하여 그 사실이 발생한 날부터 <u>3년간</u> 외국인근로자의 고용을 제한할 수 있다(외고법 제20조 제1항 제3호).

> **외국인근로자 고용의 제한(외고법 제20조)**
> ① 직업안정기관의 장은 다음 각 호의 어느 하나에 해당하는 <u>사용자에 대하여 그 사실이 발생한 날부터 3년간 외국인근로자의 고용을 제한할 수 있다.</u>
> 　1. 제8조 제4항에 따른 고용허가 또는 제12조 제3항에 따른 특례고용가능확인을 받지 아니하고 외국인근로자를 고용한 자
> 　2. 제19조 제1항에 따라 외국인근로자의 고용허가나 특례고용가능확인이 취소된 자
> 　3. 이 법 또는 「출입국관리법」을 위반하여 처벌을 받은 자
> 　3의2. 외국인근로자의 사망으로 「산업안전보건법」 제167조 제1항에 따른 처벌을 받은 자
> 　4. 그 밖에 대통령령으로 정하는 사유에 해당하는 자

정답 ⑤

22　ㄱ. 건설공사현장에서 이루어지는 업무, ㄴ. 선원법상 선원의 업무, ㄷ. 물류정책기본법상 하역업무로서 직업안정법에 따라 근로자공급사업 허가를 받은 지역의 업무 등은 파견법 제5조 제3항에서 절대적 파견금지 대상업무로 규정하고 있다.

> **근로자파견 대상 업무 등(파견법 제5조)**
> ① 근로자파견사업은 제조업의 직접생산공정업무를 제외하고 전문지식·기술·경험 또는 업무의 성질 등을 고려하여 적합하다고 판단되는 업무로서 대통령령으로 정하는 업무를 대상으로 한다.
> ② 제1항에도 불구하고 출산·질병·부상 등으로 결원이 생긴 경우 또는 일시적·간헐적으로 인력을 확보하여야 할 필요가 있는 경우에는 근로자파견사업을 할 수 있다.
> ③ 제1항 및 제2항에도 불구하고 <u>다음 각 호의 어느 하나에 해당하는 업무에 대하여는 근로자파견사업을 하여서는 아니 된다.</u>
> 　1. <u>건설공사현장에서 이루어지는 업무</u>
> 　2. 항만운송사업법 제3조 제1호, 한국철도공사법 제9조 제1항 제1호, 농수산물 유통 및 가격안정에 관한 법률 제40조, <u>물류정책기본법 제2조 제1항 제1호의 하역(荷役)업무로서 직업안정법 제33조에 따라 근로자공급사업 허가를 받은 지역의 업무</u>
> 　3. <u>선원법 제2조 제1호의 선원의 업무</u>
> 　4. 산업안전보건법 제58조에 따른 유해하거나 위험한 업무

정답 ⑤

23 파견근로자 보호 등에 관한 법률에 관한 설명으로 옳지 않은 것은? 기출 24

① 파견사업주는 쟁의행위 중인 사업장에 그 쟁의행위로 중단된 업무의 수행을 위하여 근로자를 파견하여서는 아니 된다.
② 파견사업주는 자기의 명의로 타인에게 근로자파견사업을 하게 하여서는 아니 된다.
③ 결혼중개업의 관리에 관한 법률상 결혼중개업에 해당하는 사업을 하는 자는 근로자파견사업을 할 수 없다.
④ 근로자파견사업을 하려는 자는 고용노동부장관의 허가를 받아야 한다.
⑤ 근로자파견사업 갱신허가의 유효기간은 그 갱신 전의 허가의 유효기간이 끝나는 날부터 기산하여 2년으로 한다.

24 기간제 및 단시간근로자 보호 등에 관한 법률에 관한 설명으로 옳은 것을 모두 고른 것은? 기출 24

ㄱ. 근로자가 학업, 직업훈련 등을 이수함에 따라 그 이수에 필요한 기간을 정한 경우 2년을 초과하여 기간제근로자로 사용할 수 있다.
ㄴ. 고령자고용촉진법상 고령자와 근로계약을 체결하는 경우 2년을 초과하여 기간제근로자로 사용할 수 있다.
ㄷ. 국가 및 지방자치단체의 기관에 대하여는 상시 사용하는 근로자의 수와 관계없이 이 법을 적용한다.
ㄹ. 휴직·파견 등으로 결원이 발생하여 해당 근로자가 복귀할 때까지 그 업무를 대신할 필요가 있는 경우 2년을 초과하여 기간제근로자로 사용할 수 있다.

① ㄱ, ㄴ, ㄷ
② ㄱ, ㄴ, ㄹ
③ ㄱ, ㄷ, ㄹ
④ ㄴ, ㄷ, ㄹ
⑤ ㄱ, ㄴ, ㄷ, ㄹ

25 기간제 및 단시간근로자 보호 등에 관한 법률상 기간제근로자 차별적 처우의 시정에 관한 설명으로 옳지 않은 것은?(다툼이 있으면 판례에 따름) 기출 24

① 노동위원회는 신청인이 주장한 비교대상 근로자와 동일성이 인정되는 범위 내에서 조사, 심리를 거쳐 적합한 근로자를 비교대상 근로자로 선정할 수 있다.
② 기간제근로자가 차별 시정신청을 하는 때에는 차별적 처우의 내용을 구체적으로 명시하여야 한다.
③ 기간제근로자는 계속되는 차별적 처우를 받은 경우 차별적 처우의 종료일부터 3개월이 지난 때에는 노동위원회에 그 시정을 신청할 수 없다.
④ 고용노동부장관은 사용자가 기간제근로자에 대해 차별적 처우를 한 경우에는 그 시정을 요구할 수 있다.
⑤ 노동위원회는 사용자의 차별적 처우에 명백한 고의가 인정되거나 차별적 처우가 반복되는 경우에는 손해액을 기준으로 3배를 넘지 아니하는 범위에서 배상을 명령할 수 있다.

• 해설 및 정답 •

23 ① (○) 파견법 제16조 제1항
　② (○) 파견법 제15조
　③ (○) 결혼중개업의 관리에 관한 법률상 <u>결혼중개업을 영위하는 사업자는 겸업으로 근로자파견사업을 할 수 없다</u>(파견법 제14조 제3호).
　④ (○) 근로자파견사업을 하려는 자는 고용노동부령으로 정하는 바에 따라 <u>고용노동부장관의 허가를 받아야</u> 한다(파견법 제7조 제1항 전문).
　⑤ (×) 근로자파견사업 허가의 유효기간이 끝난 후 계속하여 근로자파견사업을 하려는 자는 고용노동부령으로 정하는 바에 따라 갱신허가를 받아야 하며, 근로자파견사업 갱신허가의 유효기간은 그 <u>갱신 전의 허가의 유효기간이 끝나는 날의 다음 날부터 기산(起算)하여 3년으로 한다</u>(파견법 제10조 제2항, 제3항).

　　　　　　　　　　　　　　　　　　　　　　　　　　　　　　　　　　　　정답

24 　ㄱ. (○) 기단법 제4조 제1항 제3호
　　ㄴ. (○) 기단법 제4조 제1항 제4호
　　ㄷ. (○) 기단법 제3조 제3항
　　ㄹ. (○) 기단법 제4조 제1항 제2호

　　기간제근로자의 사용(기단법 제4조)
　　① 사용자는 <u>2년을 초과하지 아니하는 범위 안에서</u>(기간제 근로계약의 반복갱신 등의 경우에는 그 계속근로한 총기간이 2년을 초과하지 아니하는 범위 안에서) 기간제근로자를 사용할 수 있다. 다만, 다음 각 호의 어느 하나에 해당하는 경우에는 <u>2년을 초과하여 기간제근로자로 사용할 수 있다</u>.
　　　1. 사업의 완료 또는 특정한 업무의 완성에 필요한 기간을 정한 경우
　　　2. <u>휴직・파견 등으로 결원이 발생하여 해당 근로자가 복귀할 때까지 그 업무를 대신할 필요가 있는 경우</u>
　　　3. <u>근로자가 학업, 직업훈련 등을 이수함에 따라 그 이수에 필요한 기간을 정한 경우</u>
　　　4. <u>고령자고용촉진법 제2조 제1호의 고령자와 근로계약을 체결하는 경우</u>
　　　5. 전문적 지식・기술의 활용이 필요한 경우와 정부의 복지정책・실업대책 등에 따라 일자리를 제공하는 경우로서 대통령령으로 정하는 경우
　　　6. 그 밖에 제1호부터 제5호까지에 준하는 합리적인 사유가 있는 경우로서 대통령령으로 정하는 경우

　　　　　　　　　　　　　　　　　　　　　　　　　　　　　　　　　　　　정답

25 ① (○) 노동위원회 차별시정제도의 취지와 직권주의적 특성, 비교대상성 판단의 성격 등을 고려하면, 노동위원회는 신청인이 주장한 비교대상 근로자와 <u>동일성이 인정되는 범위 내에서 조사, 심리를 거쳐 적합한 근로자를 비교대상 근로자로 선정할 수 있다</u>(대판 2023.11.30. 2019두53952).
　② (○) 기단법 제9조 제2항
　③ (×) 기간제근로자 또는 단시간근로자는 차별적 처우를 받은 경우 노동위원회에 그 시정을 신청할 수 있다. 다만, 차별적 처우가 있은 날(<u>계속되는 차별적 처우는 그 종료일</u>)부터 6개월이 지난 때에는 그러하지 아니하다(기단법 제9조 제1항).
　④ (○) 기단법 제15조의2 제1항, 제8조 제1항
　⑤ (○) 기단법 제13조 제2항 단서

　　　　　　　　　　　　　　　　　　　　　　　　　　　　　　　　　　　　정답

대부분의 사람은 마음먹은 만큼 행복하다.

– 에이브러햄 링컨 –

"오늘 당신의 노력은 아름다운 꽃의 물이 될 것입니다."

그러나, 이 꽃을 볼 때 사람들은 이 꽃의 아름다움과 향기만을 사랑하고 칭찬하였지, 이 꽃을 그렇게 아름답게 어여쁘게 만들어 주는 병 속의 물은 조금도 생각지 않는 것이 보통입니다.

아무리 아름답고 어여쁜 꽃이기로서니 단 한 송이의 꽃을 피울 수 있으며, 단 한 번이라도 꽃 향기를 날릴 수 있겠는가? 우리는 여기서 아무리 본바탕이 좋고 아름다운 꽃이라도 보이지 않는 물의 숨은 힘이 없으면 도저히 그 빛과 향기를 자랑할 수 없는 것을 알았습니다.

- 방정환의 우리 뒤에 숨은 힘 중

CHAPTER 01　총 설

CHAPTER 02　단결권

CHAPTER 03　단체교섭권

CHAPTER 04　단체행동권

CHAPTER 05　노동쟁의조정제도

CHAPTER 06　부당노동행위구제제도

CHAPTER 07　노사협의회

CHAPTER 08　노동위원회

CHAPTER 09　기타 법령

노동법 Ⅱ

출제경향 & 수험대책

2024년 실시된 제33회 공인노무사 1차시험부터 노동법Ⅱ 시험문제가 40문항으로 증가함에 따라 노동법 분야의 폭넓은 이해를 요구하는 문제뿐만 아니라 부속법령에 관한 지엽적인 조문문제도 다수 출제되어, 수험가에서 예상한 바와 같이 시험의 난이도가 상당한 정도로 상승한 결과를 가져왔다. 새로운 출제경향에 대비하기 위해 다음과 같이 준비하면 될 것으로 보인다. 노동법Ⅱ는 법령개정이 드물지만 2025.9.9. 노조법이 일부개정되었으므로 이를 반드시 확인하여야 한다. 또한 보기지문의 난이도가 점점 어려워지고 있는 추세이므로 반복하여 출제된 법조문 및 주요판례는 정확하게 이해하고 암기할 필요가 있다. 본 기본서에 수록된 OX문제로 중요내용을 확인하고 노동3권을 중심으로 한 실전대비문제를 반복하여 학습한다면 노동법Ⅱ에서 충분히 고득점을 획득할 수 있으리라 판단된다.

빈출지문 OX 학습 전 평가

CHAPTER 01 총설

01 2010년 개정된 노동조합 및 노동관계조정법에는 교섭창구단일화의 절차와 방법에 관한 규정이 신설되었다.
( )

02 헌법재판소는 노동3권 제한에 관한 개별적 제한규정을 두고 있지 않는 경우, 헌법 제37조 제2항의 일반유보조항에 따라 노동3권을 제한할 수 없다는 입장을 취하고 있다.
( )

03 단체교섭권은 단체교섭을 행할 권한은 포함하나 교섭한 결과에 따라 단체협약을 체결할 권한은 포함하지 않는다.
( )

CHAPTER 02 단결권

04 노동조합의 총회가 규약의 제·개정결의를 통하여 총회에 갈음할 대의원회를 두고 규약의 개정에 관한 사항을 대의원회의 의결사항으로 정한 경우라도 이로써 총회의 규약개정권한이 소멸된다고 볼 수 없다. ( )

05 연합단체인 노동조합을 설립하고자 하는 자는 신고서에 규약을 첨부하여 특별시장·광역시장·도지사에게 제출하여야 한다. ( )

06 종사근로자가 아닌 노동조합의 조합원은 규약이 정한 바에 따라 하나의 사업 또는 사업장을 대상으로 조직된 노동조합의 임원이 될 수 있다. ( )

07 규약의 제정·변경, 임원의 해임, 합병·분할·해산 및 조직형태의 변경에 관한 사항은 재적조합원 과반수 출석과 출석조합원 과반수의 찬성이 있어야 한다. ( )

CHAPTER 03 단체교섭권

08 하나의 사업장에서 조직형태에 관계없이 근로자가 설립하거나 가입한 노동조합이 2개 이상인 경우 노동조합은 교섭대표노동조합을 정하여 교섭을 요구하여야 한다. ( )

09 하나의 사업 또는 사업장에서 현격한 근로조건의 차이, 고용형태, 교섭 관행 등을 고려하여 교섭단위를 분리할 필요가 있다고 인정되는 경우에 노동위원회는 노동관계 당사자의 양쪽 또는 어느 한쪽의 신청을 받아 교섭단위를 분리하는 결정을 할 수 있다. ( )

10 교섭대표노동조합을 자율적으로 결정하는 기한까지 교섭대표노동조합을 정하지 못하고 사용자의 동의를 얻지 못한 경우에는 교섭창구 단일화 절차에 참여한 노동조합의 종사 근로자가 아닌 조합원을 포함한 전체 조합원 과반수로 조직된 노동조합이 교섭대표노동조합이 된다. ( )

11 단체협약은 서면으로 작성하여 당사자 쌍방이 서명 또는 날인하여야 하며, 단체협약의 당사자는 단체협약의 체결일부터 15일 이내에 이를 노동위원회에 신고하여야 한다. ( )

12 단체협약의 해지권을 정한 노동조합 및 노동관계조정법 제32조 제3항 단서의 규정은 성질상 강행규정이어서, 당사자 사이의 합의에 의하더라도 단체협약의 해지권을 행사하지 못하도록 하는 등 적용을 배제하는 것은 허용되지 않는다. ( )

▶ 정답과 해설 ◀　01 ○　02 ×　03 ×　04 ○　05 ×　06 ×　07 ×　08 ○　09 ○　10 ×
　　　　　　　　11 ×　12 ○

✔ 오답분석
02 헌법재판소는 헌법 제37조 제2항의 일반유보조항에 따라 근로3권을 제한할 수 있다고 판시하고 있다.
03 교섭할 권한이라 함은 사실행위로서의 단체교섭의 권한 외에 교섭한 결과에 따라 단체협약을 체결할 권한을 포함하는 것을 말한다.
05 연합단체인 노동조합과 2 이상의 특별시·광역시·특별자치시·도·특별자치도에 걸치는 단위노동조합을 설립하고자 하는 자는 신고서에 규약을 첨부하여 고용노동부장관에게 제출하여야 한다.
06 노동조합의 임원 자격은 규약으로 정한다. 이 경우 하나의 사업 또는 사업장을 대상으로 조직된 노동조합의 임원은 그 사업 또는 사업장에 종사하는 조합원 중에서 선출하도록 정한다.
07 재적조합원 과반수 출석과 출석조합원 3분의 2이상의 찬성이 있어야 한다.
10 교섭창구 단일화 절차에 참여한 노동조합의 전체 조합원 과반수로 조직된 노동조합이 교섭대표노동조합이 된다. 이때 조합원 수 산정은 종사근로자인 조합원을 기준으로 한다.
11 단체협약은 서면으로 작성하여 당사자 쌍방이 서명 또는 날인하여야 하며, 단체협약의 당사자는 단체협약의 체결일부터 15일 이내에 이를 행정관청에게 신고하여야 한다.

13 단체협약의 일반적 구속력으로서 그 적용을 받게 되는 '동종의 근로자'라 함은 당해 단체협약의 규정에 의하여 그 협약의 적용이 예상되는 자를 가리키며, 단체협약의 규정에 의하여 조합원의 자격이 없는 자는 단체협약의 적용이 예상된다고 할 수 없어 단체협약의 적용을 받지 아니한다. ( )

14 노동조합이 단체협약의 체결에 관한 권한을 위임한 때에는 그 사실을 노동위원회에 통보하여야 한다.( )

15 서로 다른 종류의 사업을 운영하던 회사들이 합병한 이후 그중 한 사업부문의 근로자들로 구성된 노동조합이 회사와 체결한 단체협약은 다른 사업부문의 근로자들에게도 적용된다. ( )

CHAPTER 04 단체행동권

16 사용자의 직장폐쇄가 정당한 쟁의행위로 평가받는 경우에는 사업장 내의 노조사무실 등 정상적인 노조활동에 필요한 시설이라 하더라도 조합원의 출입은 허용되지 않는다. ( )

17 직장폐쇄가 정당한 쟁의행위로 평가받기 위하여는 구체적 사정에 비추어 형평의 견지에서 근로자 측의 쟁의행위에 대한 대항·방위 수단으로서 상당성이 인정되는 경우에 한한다. ( )

18 노동조합이 쟁의행위 개시 전까지 쟁의행위기간 동안 근무하여야 할 조합원을 통보하지 아니한 경우 사용자의 신청에 의하여 노동위원회가 필수유지업무에 근무하여야 할 근로자를 지명하고 이를 노동조합과 그 근로자에게 통보하여야 한다. ( )

19 방위사업법에 의하여 지정된 주요방위산업체에 종사하는 근로자 중 방산물자의 완성에 필요한 개량업무에 종사하는 자는 쟁의행위를 할 수 없다. ( )

20 사용자는 필수유지업무협정이 체결된 경우 필수유지업무에 근무하는 조합원 중 쟁의행위기간 동안 근무하여야 할 조합원을 노동위원회에 통보하여야 한다. ( )

21 노동조합이 사용자의 점유를 배제하여 조업을 방해하는 형태로 쟁의행위를 한 경우 노동조합 및 노동관계조정법상 위반 행위에 해당하여 벌칙이 적용된다. ( )

22 사용자는 쟁의행위가 근로를 제공하고자 하는 자의 출입을 방해하는 방법으로 행하여지는 경우에는 즉시 그 상황을 행정관청과 관할 노동위원회에 신고하여야 하며, 그 방법으로 구두 신고도 가능하다. ( )

23 노동조합은 쟁의행위를 하고자 할 경우에는 고용노동부령이 정하는 바에 따라 행정관청에 쟁의행위의 목적·일시·장소·참가인원 및 그 방법을 미리 서면으로 신고하여야 한다. ( )

CHAPTER 05 노동쟁의조정제도

24 노동쟁의가 중재에 회부된 때에는 그날부터 20일간은 쟁의행위를 할 수 없다. ( )

25 관계 당사자는 긴급조정의 결정이 공표된 때에는 즉시 쟁의행위를 중지하여야 하며, 공표일부터 30일이 경과하지 아니하면 쟁의행위를 재개할 수 없다 ( )

26 조정위원회의 조정위원은 당해 노동위원회의 공익을 대표하는 위원 중에서 관계 당사자의 합의로 선정한 자에 대하여 그 노동위원회의 위원장이 지명한다. ( )

27 조정위원회가 작성한 조정안이 관계 당사자의 쌍방에 의하여 수락된 후 그 해석에 관하여 관계당사자 간에 의견의 불일치가 있는 때에는 관계 당사자는 당해 조정위원회에 그 해석에 관한 명확한 견해의 제시를 요청하여야 한다. ( )

28 단독조정인이 작성한 조정안이 관계 당사자의 쌍방에 의하여 수락된 후 이행방법에 관하여 관계당사자 간에 의견의 불일치가 있어 관계 당사자가 당해 단독조정인에게 그 이행방법에 관한 명확한 견해의 제시를 요청한 때에는 그 요청을 받은 날부터 7일 이내에 명확한 견해를 제시하여야 한다. ( )

▶ **정답과 해설** ◀ 13 ○ 14 × 15 × 16 × 17 ○ 18 × 19 ○ 20 × 21 × 22 ○
23 × 24 × 25 ○ 26 × 27 ○ 28 ○

✔ **오답분석**

14 노동조합과 사용자 또는 사용자단체는 교섭 또는 단체협약의 체결에 관한 권한을 위임한 때에는 그 사실을 상대방에게 통보하여야 한다.

15 서로 다른 종류의 사업을 운영하던 회사들이 합병한 이후 근로자들의 새로운 합의가 있기 전에 그 중 한 사업부문의 근로자들로 구성된 노동조합이 회사와 체결한 단체협약은 다른 사업부문의 근로자들에게는 적용될 수 없다.

16 사용자의 직장폐쇄가 정당한 쟁의행위로 평가받는 경우에도 사업장 내의 노조사무실 등 정상적인 노조활동에 필요한 시설, 기숙사 등 기본적인 생활근거지에 대한 출입은 허용되어야 한다.

18 노동조합이 쟁의행위 개시 전까지 이를 통보하지 아니한 경우에는 사용자가 필수유지업무에 근무하여야 할 근로자를 지명하고 이를 노동조합과 그 근로자에게 통보하여야 한다.

20 노동조합은 필수유지업무협정이 체결되거나 필수유지업무에 대한 노동위원회의 결정이 있는 경우 사용자에게 필수유지업무에 근무하는 조합원 중 쟁의행위기간 동안 근무하여야 할 조합원을 통보하여야 하며, 사용자는 이에 따라 근로자를 지명하고 이를 노동조합과 그 근로자에게 통보하여야 한다.

21 노조법 제37조 제3항의 규정("노동조합은 사용자의 점유를 배제하여 조업을 방해하는 형태로 쟁의행위를 해서는 아니된다")을 위반한 자에 대한 벌칙규정은 규정되어 있지 아니하다.

23 노동조합은 쟁의행위를 하고자 할 경우에는 고용노동부령이 정하는 바에 따라 행정관청과 관할노동위원회에 쟁의행위의 일시・장소・참가인원 및 그 방법을 미리 서면으로 신고하여야 한다.

24 노동쟁의가 중재에 회부된 때에는 그날부터 15일간은 쟁의행위를 할 수 없다.

26 조정위원회의 조정위원은 당해 노동위원회의 위원 중에서 사용자를 대표하는 자, 근로자를 대표하는 자 및 공익을 대표하는 자 각 1인을 그 노동위원회의 위원장이 지명하되, 근로자를 대표하는 조정위원은 사용자가, 사용자를 대표하는 조정위원은 노동조합이 각각 추천하는 노동위원회의 위원 중에서 지명하여야 한다.

29 관계당사자는 지방노동위원회의 중재재정이 월권에 의한 것이라고 인정하는 경우에는 중앙노동위원회에 재심을 신청할 수 없다. ( )

30 중앙노동위원회는 지방노동위원회의 중재재정을 재심한 때에는 지체 없이 그 재심결정서를 관계당사자와 지방노동위원회에 각각 송달해야 한다. ( )

31 중앙노동위원회는 고용노동부장관의 긴급조정결정 통고를 받은 때에는 지체 없이 중재를 개시하여야 한다. ( )

CHAPTER 06 부당노동행위구제제도

32 부당노동행위 구제의 신청은 부당노동행위가 있은 날(계속하는 행위는 그 종료일)부터 6월 이내에 이를 행하여야 한다. ( )

33 확정된 부당노동행위 구제명령에 위반한 자는 3년 이하의 징역 또는 3천만원 이하의 벌금에 처한다. ( )

34 노동위원회는 부당노동행위가 성립한다고 판정한 때에는 사용자에게 구제명령을 발하여야 하며, 부당노동행위가 성립되지 아니한다고 판정한 때에는 그 구제신청을 기각하는 결정을 하여야 한다. ( )

35 근로자에 대한 인사고과가 상여금의 지급기준이 되는 사업장에서 사용자가 특정 노동조합의 조합원이라는 이유로 다른 노동조합의 조합원 또는 비조합원보다 불리하게 인사고과를 하여 상여금을 적게 지급하는 불이익을 주었다면 그러한 사용자의 행위도 부당노동행위에 해당할 수 있다. ( )

36 회사 대표이사가 조합원에게 해고 또는 불이익한 대우를 하겠다는 의사표시를 하였으나 이를 현실화하지 않았더라도 이 노동조합 및 노동관계조정법 제81조 제1항 제1호에서 정한 부당노동행위에 해당한다. ( )

37 중앙노동위원회의 재심판정에 대하여 행정소송을 제기한 경우에 관할법원은 부당노동 행위구제 신청자의 신청에 의하여 판결이 확정될 때까지 중앙노동위원회의 구제명령의 전부를 이행하도록 명할 수 있다. ( )

38 원조된 운영비가 노동조합의 총지출에서 차지하는 비율은 노동조합 및 노동관계조정법 제81조(부당노동행위) 제1항 제4호 단서에 따른 "노동조합의 자주적인 운영 또는 활동을 침해할 위험" 여부를 판단할 때 고려하여야 하는 사항에 해당한다. ( )

CHAPTER 07 노사협의회

39 노사협의회는 근로조건에 대한 결정권이 있는 사업이나 사업장 단위로 설치하여야 한다. 다만, 상시(常時) 30명 미만의 근로자를 사용하는 사업이나 사업장은 그러하지 아니하다. ( )

40 노사협의회는 그 조직과 운영에 관한 규정을 제정하고 노사협의회를 설치한 날부터 30일 이내에 고용노동부장관에게 제출하여야 한다. ( )

41 고충처리위원은 근로자로부터 고충사항을 청취한 경우에는 15일 이내에 조치 사항과 그 밖의 처리결과를 해당 근로자에게 통보하여야 한다. ( )

42 법령에 따른 노사협의회의 설치를 정당한 사유 없이 거부하거나 방해한 자는 1년 이하의 징역 또는 1천만원 이하의 벌금에 처한다. ( )

43 하나의 사업에 종사하는 전체 근로자 수가 30명 이상이면 해당 근로자가 지역별로 분산되어 있더라도 그 주된 사무소에 노사협의회를 설치하여야 한다. ( )

44 근로자를 대표하는 위원의 결원이 생기면 50일 이내에 보궐위원을 위촉하거나 선출한다. ( )

45 노사협의회의 위원의 성명은 근로자참여 및 협력증진에 관한 법령상 노사협의회규정에 포함된다. ( )

46 노사협의회의 간사는 노사협의회 위원 중에서 1명을 선출한다. ( )

▶ 정답과 해설 ◀   29 ×   30 ○   31 ×   32 ×   33 ○   34 ○   35 ○   36 ×   37 ×   38 ×
39 ○   40 ×   41 ×   42 ×   43 ○   44 ×   45 ×   46 ×

✔ 오답분석
29 관계당사자는 지방노동위원회의 중재재정이 월권에 의한 것이라고 인정하는 경우에는 그 중재재정서의 송달을 받은 날부터 10일 이내에 중앙노동위원회에 그 재심을 신청할 수 있다.
31 중앙노동위원회는 고용노동부장관의 긴급조정결정 통고를 받은 때에는 지체 없이 조정을 개시하여야 한다.
32 부당노동행위 구제의 신청은 부당노동행위가 있은 날(계속하는 행위는 그 종료일)부터 3월 이내에 이를 행하여야 한다.
36 회사 대표이사가 노동조합 위원장, 부위원장 및 조합원에게 해고 또는 불이익한 대우를 하겠다는 의사표시를 하였으나 이를 현실화하지 않았다면 노조법 제81조 제1항 제1호에서 정한 부당노동행위에 해당하지 않는다.
37 사용자가 중앙노동위원회의 재심판정에 대하여 행정소송을 제기한 경우에 관할법원은 중앙노동위원회의 신청에 의하여 결정으로써, 판결이 확정될 때까지 중앙노동위원회의 구제명령의 전부 또는 일부를 이행하도록 명할 수 있다.
38 원조된 운영비가 노동조합의 총지출에서 차지하는 비율은 노조법 제81조 제2항에서 정한 고려사항에 해당하지 아니한다.
40 노사협의회는 그 조직과 운영에 관한 규정을 제정하고 협의회를 설치한 날부터 15일 이내에 고용노동부장관에게 제출하여야 한다.
41 고충처리위원은 근로자로부터 고충사항을 청취한 경우에는 10일 이내에 조치 사항과 그 밖의 처리결과를 해당 근로자에게 통보하여야 한다.
42 노사협의회의 설치를 정당한 사유 없이 거부하거나 방해한 자는 1천만원 이하의 벌금에 처한다.
44 근로자위원의 결원이 생기면 30일 이내에 보궐위원을 위촉하거나 선출한다.
45 '노사협의회의 위원의 성명'이 아니라 '노사협의회의 위원의 수'가 노사협의회 규정에 포함될 내용이다.
46 노사 쌍방은 회의 결과의 기록 등 사무를 담당하는 간사 1명을 각각 두어야 하는데, 간사는 노사협의회의 근로자를 대표하는 위원들과 사용자를 대표하는 위원들이 근로자위원과 사용자위원 중에서 각각 1명씩 선출한다.

CHAPTER 08 노동위원회

47 공익위원은 해당 노동위원회 위원장, 노동조합 및 사용자단체가 각각 추천한 사람 중에서 노동조합과 사용자단체가 순차적으로 배제하고 남은 사람을 위촉대상 공익위원으로 한다. ( )

48 노동문제와 관련된 학문을 전공한 사람으로서 고등교육법 제2조 제1호부터 제6호까지의 학교에서 조교수 이상으로 재직하고 있거나 재직하였던 사람은 노동위원회법상 지방노동위원회의 심판담당 공익위원의 자격기준에 해당한다. ( )

49 노동조합 및 노동관계조정법에 따른 관계 당사자의 자주적인 노동쟁의해결 지원에 관한 업무는 노동위원회법상 노동위원회의 소관 사무에 해당한다. ( )

50 부문별 위원회 위원장은 다른 법률에 특별한 규정이 있는 경우를 제외하고는 부문별 위원회의 위원 중에서 호선(互選)한다. ( )

51 중앙노동위원회는 당사자의 신청이 있는 경우 지방노동위원회 또는 특별노동위원회의 처분을 재심하여 이를 인정·취소 또는 변경할 수 있다. ( )

52 부문별 위원회 위원장은 부문별 위원회의 원활한 운영을 위하여 필요하다고 인정하는 경우에 주심위원을 지명하여 사건의 처리를 주관하게 하여야 한다. ( )

53 노동위원회는 부당노동행위 또는 부당해고 등에 대한 판정·명령이 있기 전까지 관계 당사자의 신청 또는 직권에 의하여 화해를 권고하거나 화해안을 제시할 수 없다. ( )

54 전원회의는 재적위원 과반수의 출석으로 개의하고, 출석위원 과반수의 찬성으로 의결하며, 부문별 위원회의 회의는 구성위원 전원의 출석으로 개의하고, 출석위원 3분의 2의 찬성으로 의결한다. ( )

CHAPTER 09 기타 법령

55 공무원의 노동조합 설립 및 운영 등에 관한 법률상 단체협약의 내용 중 조례에 의하여 위임을 받아 규정되는 내용은 단체협약으로서의 효력을 가지지 아니한다. ( )

56 교원의 노동조합의 대표자가 사립학교 설립·경영자와 교섭하고 단체협약을 체결할 경우 사립학교 설립·경영자가 개별적으로 교섭에 응하여야 한다. ( )

57 공무원은 근무시간 면제한도를 초과하여 보수의 손실 없이 정부교섭대표와의 협의·교섭, 고충처리, 안전·보건 활동 등 업무를 할 수 있다. ( )

58 공무원의 노동조합 설립 및 운영 등에 관한 법률상 정부교섭대표는 효율적인 교섭을 위하여 필요한 경우 다른 정부교섭대표와 공동으로 교섭할 수 있으나 정부교섭대표가 아닌 관계 기관의 장으로 하여금 교섭에 참여하게 할 수 없다. ( )

59 교원의 노동조합 설립 및 운영 등에 관한 법률상 관계 당사자는 중앙노동위원회의 중재재정이 위법하거나 월권에 의한 것이라고 인정하는 경우에는 중재재정서를 송달받은 날부터 15일 이내에 중앙노동위원회 위원장을 피고로 하여 행정소송을 제기할 수 있다. ( )

60 교원의 노동조합 설립 및 운영 등에 관한 법률 제8조(쟁의행위의 금지)를 위반하여 쟁의행위를 한 자는 5년 이하의 징역 또는 5천만원 이하의 벌금에 처한다. ( )

61 공무원의 노동조합 설립 및 운영 등에 관한 법률은 단체교섭에 대하여 개별교섭방식만을 인정하고 있다. ( )

62 교원의 노동조합 설립 및 운영 등에 관한 법률의 규정에 의하면 단체교섭이 결렬된 경우에는 당사자 어느 한쪽 또는 양쪽은 중앙노동위원회에 조정을 신청할 수 있고, 조정은 신청을 받은 날부터 15일 이내에 마쳐야 한다. ( )

▶ 정답과 해설 ◀   47 ○   48 ○   49 ○   50 ○   51 ○   52 ×   53 ×   54 ×   55 ○   56 ×
                57 ×   58 ×   59 ○   60 ○   61 ×   62 ×

✔ 오답분석
52 부문별 위원회 위원장은 부문별 위원회의 원활한 운영을 위하여 필요하다고 인정하는 경우에 주심위원을 지명하여 사건의 처리를 주관하게 할 수 있다.
53 노동위원회는 판정·명령이 있기 전까지 화해를 권고하거나 화해안을 제시할 수 있다.
54 부문별 위원회의 회의는 출석위원 과반수의 찬성으로 의결한다.
56 사립학교 설립·경영자는 전국 또는 시·도 단위로 연합하여 교섭에 응하여야 한다.
57 공무원은 단체협약으로 정하거나 정부교섭대표가 동의하는 경우 근무시간 면제 한도를 초과하지 아니하는 범위에서 보수의 손실 없이 정부교섭대표와의 협의·교섭, 고충처리, 안전·보건활동 등 공노법 또는 다른 법률에서 정하는 업무와 건전한 노사관계 발전을 위한 노동조합의 유지·관리업무를 할 수 있다.
58 정부교섭대표는 효율적인 교섭을 위하여 필요한 경우 정부교섭대표가 아닌 관계 기관의 장으로 하여금 교섭에 참여하게 할 수 있다.
61 개별교섭은 같은 교섭단위에서 복수노조가 있는 경우 사용자가 각 노동조합과 개별적으로 교섭하는 것을 의미한다. 공무원의 교섭노동조합이 둘 이상인 경우 교섭노동조합 사이의 합의에 따라 교섭위원을 선임하여 교섭창구를 단일화해야 하므로, 공노법은 개별교섭을 금지하고 있다고 이해해야 한다.
62 조정은 조정신청을 받은 날부터 30일 이내에 마쳐야 한다.

CHAPTER 01 총설

> **출제포인트**
> ☐ 노동3권의 제한 및 한계
> ☐ 적극적 단결권과 소극적 단결권

제1절 집단적 노사관계법

근로자 개인과 사용자 간의 근로관계를 규율하는 개별적 근로관계는 노동조합 등 근로자집단과 사용자 간의 노사관계를 규율하는 집단적 노사관계의 도움이 없어도 유지될 수 있으나 개별적 근로관계만으로는 노사당사자 간에 실질적으로 대등한 지위를 확보할 수 없다. 따라서 필연적으로 집단적 노사관계의 존재를 필요로 한다는 점에서 양자는 밀접한 관련을 가지고 있다.

제2절 노동3권[28]

I 노동3권의 의의

노동3권이라 함은 근로자의 단결권·단체교섭권·단체행동권을 통칭하는 개념이다. 이는 경제적 약자인 근로자들이 사용자와 대등한 지위를 확보하기 위하여 자주적으로 노동조합을 조직하고, 노동조합을 통하여 사용자와 교섭을 수행하며, 원활한 교섭을 뒷받침하기 위하여 단체행동을 할 수 있는 권리를 말한다.

---

[28] 참고로 제헌헌법 제18조는 "근로자의 단결, 단체교섭과 단체행동의 자유는 법률의 범위 내에서 보장된다. 영리를 목적으로 하는 사기업에서는 근로자는 법률이 정하는 바에 의하여 이익의 분배에 균점할 권리가 있다."고 규정함으로써 노동3권이 아닌 노동 4권을 명시하고 있었으나, 제18조 후문에서 규정한 이익분배균점권은 제5차 개정 헌법(1962년 헌법)에서 삭제되었다. 기출 23

II. 노동3권의 법적 성격

대법원은 노동기본권은 자유권적 기본권으로서의 성격보다는 생존권 또는 사회권적 기본권으로서의 측면이 강한 것으로 그 권리의 실질적 보장을 위해서는 국가의 적극적인 개입과 뒷받침이 요구되는 기본권이라 하여 생존권적 입장을 보이고 있다(대판 1990.5.15. 90도357). 헌법재판소는 자유권적 기본권으로서의 성격보다는 생존권 내지 사회권적 기본권으로서의 측면이 보다 강한 것으로 그 권리의 실질적 보장을 위해서는 국가의 적극적인 개입과 뒷받침이 요구되는 기본권이라고 본 반면(헌재 1991.7.22. 89헌가106), 자유권이라고 본 경우도 있으며(헌재 1996.12.28. 90헌바19), 그 이후에는 근로3권을 사회적 보호기능을 담당하는 자유권 또는 사회권적 성격을 띤 자유권이라 하여 혼합권설의 입장29)도 취하고 있다(헌재 1998.2.27. 94헌바13). 기출 22·25

III. 노동3권의 주체

① 근로자 개인과 근로자의 단결체가 주체가 되고, 사용자는 노동3권의 주체가 될 수 없다. 사용자가 사용자단체를 결성하는 것은 결사의 자유의 행사 결과로 보아야 한다. 사용자가 근로자와 단체교섭을 수행하는 것은, 근로자가 단체교섭권을 행사하는 데 그 상대방으로 대응한 것에 불과하고, 사용자의 직장폐쇄는 근로자의 단체행동권 행사에 대응한 사용자의 재산권 행사로 파악된다. 기출 17
② 근로자 개인은 단결권의 보유 및 행사의 주체가 될 수 있으나, 단체교섭권 및 단체행동권에 대하여는 보유의 주체가 될 뿐 행사의 주체는 될 수 없다. 근로자의 단결체인 노동조합은 단결권·단체교섭권 및 단체행동권 보유의 주체이자 행사의 주체이다.

IV. 노동3권의 효력

1. 대국가적 효력

기본권의 대국가적 방어권으로서의 성격과 우리 헌법 제10조 후문의 규정을 고려할 때 노동3권은 당연히 대국가적 효력을 가진다고 해야 한다. 노조법에서의 성실교섭의무, 단체협약의 일반적·지역적 구속력, 쟁의기간 중 근로자의 구속 제한, 사용자의 부당노동행위를 제한하는 부당노동행위구제제도를 입법화한 행위는 노동3권의 대국가적 효력 중 적극적 효력의 내용이다. 기출 17

---

29) 혼합권설의 입장을 취하고 있는 헌재결정요지(헌재 1998.2.27. 94헌바13)를 이하에서 구체적으로 살펴본다.
이러한 근로3권의 성격은 국가가 단지 근로자의 단결권을 존중하고 부당한 침해를 하지 아니함으로써 보장되는 자유권적 측면인 국가로부터의 자유뿐이 아니라, 근로자의 권리행사의 실질적 조건을 형성하고 유지해야 할 국가의 적극적인 활동을 필요로 한다. 따라서 근로3권의 사회권적 성격은 입법조치를 통하여 근로자의 헌법적 권리를 보장할 국가의 의무에 있다. 이는 곧, 입법자가 근로자단체의 조직, 단체교섭, 단체협약, 노동쟁의 등에 관한 노동조합관련법의 제정을 통하여 노사 간의 세력균형이 이루어지고 근로자의 근로3권이 실질적으로 기능할 수 있도록 하기 위하여 필요한 법적 제도와 법규범을 마련하여야 할 의무가 있다는 것을 의미한다. 기출 24

2. 대사인적 효력

노동3권이 사인 간의 법률관계에 직접 적용될지 여부에 대하여 부정설, 직접적용설 및 간접적용설 등이 대립하고 있으나, 사인 상호 간에 직접 적용되어 노동3권을 침해하는 사인의 행위를 부정하는 직접적용설이 타당하다고 판단된다. 판례도 같은 취지에서 노동3권은 법률의 제정이라는 국가의 개입을 통하여 비로소 실현될 수 있는 권리가 아니라, 법률이 없더라도 헌법의 규정만으로 직접 법규범으로서 효력을 발휘할 수 있는 구체적 권리라고 보아야 한다고(대판 2020.9.3. 2016두32992[전합]) 판시하고 있다.[30] 기출 25

V 노동3권의 상호관계

대법원은 헌법 제33조 제1항에 의하여 선명된 이른바 노동3권은 사용자와 근로자 간의 실질적인 대등성을 단체적 노사관계의 확립을 통하여 가능하도록 하기 위하여 시민법상의 자유주의적 법원칙을 수정하는 신시대적 시책으로서 등장된 생존권적 기본권들이므로 이 노동3권은 다 같이 존중·보호되어야 하고 그 사이에 비중의 차등을 둘 수 없는 권리들임에는 틀림없지만 근로조건의 향상을 위한다는 생존권의 존재목적에 비추어 볼 때 위 노동3권 가운데에서도 단체교섭권이 가장 중핵적 권리임은 부정할 수 없다고(대판 1990.5.15. 90도357) 한다. 기출 18·24 한편 헌법재판소는 구 노동쟁의조정법상의 직권중재의 위헌 여부에 대한 결정에서 근로자의 단체행동권이 전제되지 않은 단체결성이나 단체교섭이란 무력한 것이어서 무의미하여 단체결성이나 단체교섭권만으로는 노사관계의 실질적 대등성은 확보될 수 없어, 단체행동권이야말로 노사관계의 실질적 대등성을 확보하는 필수적인 전제이므로 근로3권 가운데 가장 중핵적인 권리는 단체행동권이라고 보아야 한다고(헌재 1996.12.26. 90헌바19) 판시하고 있다. 생각건대 헌법이 노동3권을 보장한 취지를 고려하면, 노동3권 가운데에서도 어떠한 권리를 중핵적인 권리로 파악하여 권리상호 간의 우열을 정할 것이 아니라 노동3권을 전체적이고 통일적인 시각에서 파악하는 것이 변화하는 노동환경에서 노동3권을 효과적으로 보장하기 위한 합리적인 대안이라고 판단된다.

---

30) 노동3권의 대사인적 효력에 대한 판례(2016두32992[전합])의 판결이유를 구체적으로 살펴본다.
헌법 제33조 제1항은 "근로자는 근로조건의 향상을 위하여 자주적인 단결권·단체교섭권 및 단체행동권을 가진다"라고 규정함으로써 노동3권을 기본권으로 보장하고 있다. 노동3권은 법률의 제정이라는 국가의 개입을 통하여 비로소 실현될 수 있는 권리가 아니라, 법률이 없더라도 헌법의 규정만으로 직접 법규범으로서 효력을 발휘할 수 있는 구체적 권리라고 보아야 한다. 노동조합법 제1조가 '이 법은 헌법에 의한 근로자의 단결권·단체교섭권 및 단체행동권을 보장하여' 근로조건의 유지·개선과 근로자의 경제적·사회적 지위 향상을 도모함을 목적으로 한다고 규정하고 있는 것도 이러한 차원에서 이해할 수 있다. 특히 노동3권 중 단결권은 결사의 자유가 근로의 영역에서 구체화된 것으로서, 연혁적·개념적으로 자유권으로서의 본질을 가지고 있으므로, '국가에 의한 자유'가 아니라 '국가로부터의 자유'가 보다 강조되어야 한다. 따라서 노동관계법령을 입법할 때에는 이러한 노동3권, 특히 단결권의 헌법적 의미와 직접적 규범력을 존중하여야 하고, 이렇게 입법된 법령의 집행과 해석에 있어서도 단결권의 본질과 가치가 훼손되지 않도록 하여야 한다(대판 2020.9.3. 2016두32992[전합]).

Ⅵ 노동3권의 제한의 법적 근거

1. 헌법상의 제한

(1) 내재적 한계 기출 20·22

근로자는 근로조건의 향상을 위하여 자주적인 단결권·단체교섭권 및 단체행동권을 가진다(헌법 제33조 제1항). 노동3권에 내재되어 있는 본질적 성격으로 인하여 노동3권의 행사범위가 당연히 제한되는 것으로, 근로자의 근로조건 향상을 위하여 자주적으로 행사될 것을 요구함이 내재적 한계로 기능하게 된다.

(2) 개별적 헌법유보에 의한 제한

① 공무원인 근로자는 법률이 정하는 자에 한하여 단결권·단체교섭권 및 단체행동권을 가진다(헌법 제33조 제2항). 기출 20·25

② 법률이 정하는 주요방위산업체에 종사하는 근로자의 단체행동권은 법률이 정하는 바에 의하여 이를 제한하거나 인정하지 아니할 수 있다(헌법 제33조 제3항). 기출 16·17·18·24

(3) 일반적 법률유보에 의한 제한 기출 17·25

노동3권도 국가안전 보장·질서 유지·공공복리를 위하여 필요한 경우에 한하여 법률로써 제한할 수 있다(헌법 제37조 제2항). 노동3권을 제한하는 법률로는 노조법, 국가공무원법, 지방공무원법, 사립학교법 및 방위사업법 등이 있다.

2. 비상사태 등에 의한 제한

국가비상사태하에서는 헌법 제76조의 규정에 따라 대통령의 긴급재정경제처분·명령과 긴급명령에 의하여 노동3권이 잠정적으로 제한될 수 있으며, 헌법 제77조의 규정에 의한 비상계엄선포에 의하여 단체행동권이 제약받을 수도 있다.

Ⅶ 근로의 특수성에 근거한 노동3권의 제한

헌법은 "공무원인 근로자는 법률이 정하는 자에 한하여 단결권·단체교섭권 및 단체행동권을 가진다"(헌법 제33조 제2항)라고 규정함으로써 노동3권이 보장되는 공무원의 범위를 법률로 정하도록 위임하고 있고, 이에 따라 제정된 공무원의 노동조합 설립 및 운영 등에 관한 법률(이하 "공노법")은 일정 범위의 공무원에 한하여 단결권과 단체교섭권을 보장하고 있다(공노법 제6조 제1항). 즉, 공노법이 적용되는 공무원에 대하여는 단체행동권을 제외한 단결권과 단체교섭권만이 인정되나, 공노법이 적용되지 아니하는 사실상 노무에 종사하는 공무원에 대하여는 단결권, 단체교섭권 및 단체행동권이 인정됨을 유의하여야 한다(공노법 제11조). 기출 16

VIII 사업·업무의 특수성에 기인한 노동3권의 제한

1. 주요방위산업체 종사자의 단체행동권 제한

헌법 제33조 제3항에 따라 방위사업법에 의해 지정된 주요방위산업체에 종사하는 근로자 중 전력·용수 및 주로 방산물자를 생산하는 업무에 종사하는 자는 쟁의행위를 할 수 없다(노조법 제41조 제2항). **기출 19**

2. 필수공익사업 종사자의 단체행동권 제한

철도·수도·전기·병원 등의 필수공익사업의 경우 필수유지업무의 정지·폐지 또는 방해하는 행위는 쟁의행위로 이를 행할 수 없으며, 파업 시 파업참가자 50%의 범위 내에서 대체근로가 허용된다(노조법 제42조의2 제2항, 제43조 제4항).

3. 특수경비원의 단체행동권 제한

국가중요시설의 경비 및 도난, 화재 그 밖에 위험 발생을 방지하는 업무에 종사하는 특수경비원은 일체의 쟁의행위를 하여서는 안 된다(경비업법 제15조 제3항). 헌법재판소는 노동3권을 일체로서 하나의 기본권으로 파악한 후에 헌법상 개별적 제한규정이 없더라도 노동3권 중 단체행동권을 제한하는 것은 헌법 제37조 제2항에 의하여 가능하다고 보아, 특수경비원의 쟁의행위 금지는 과잉금지원칙에 반하지 아니하므로 합헌이라고 결정하였다(헌재 2009.10.29. 2007헌마1359). **기출 22**

4. 청원경찰의 단체행동권 제한

청원경찰의 노동3권을 제한하여 왔던 청원경찰법 제5조 제4항이 헌법재판소의 헌법불합치결정(헌재 2017.9.28. 2015헌마653, 헌법불합치)을 받음에 따라, 2018년 개정된 청원경찰법은, 청원경찰은 파업, 태업 또는 그 밖에 업무의 정상적인 운영을 방해하는 일체의 쟁의행위를 하여서는 아니 된다고 규정함으로써 청원경찰의 단체행동권만을 제한하고 있다(청원경찰법 제9조의4).

CHAPTER 01 총설

01 헌법상 노동3권에 관한 설명으로 옳지 않은 것은?(다툼이 있으면 판례에 따름) 기출 25

CHECK
O △ ×

① 헌법재판소는 단결권에는 단결하지 아니할 자유가 포함되지 않는다고 보는 입장이다.
② 노동3권은 국가안전보장·질서유지 또는 공공복리를 위하여 필요한 경우에 법률로서 제한할 수 있다.
③ 단체교섭권은 단체교섭을 행할 권한은 포함하나 교섭한 결과에 따라 단체협약을 체결할 권한은 포함하지 않는다.
④ 노동3권은 사회적 보호기능을 담당하는 자유권 또는 사회권적 성격을 띤 자유권으로 분류된다.
⑤ 공무원인 근로자는 법률이 정하는 자에 한하여 단결권·단체교섭권 및 단체행동권을 가진다.

해설 및 정답

01 ① (O) 헌법상 보장된 근로자의 단결권은 단결할 자유만을 가리킬 뿐이고, 단결하지 아니할 자유 이른바 소극적 단결권은 이에 포함되지 않는다고 보는 것이 우리 재판소의 선례라고 할 것이다(헌재 2005.11.24. 2002헌바95).
② (O) 노동3권을 포함한 국민의 모든 자유와 권리는 국가안전보장·질서유지 또는 공공복리를 위하여 필요한 경우에 한하여 법률로써 제한할 수 있으며, 제한하는 경우에도 자유와 권리의 본질적인 내용을 침해할 수 없다(헌법 제37조 제2항).
③ (×) 구 노동조합법 제33조 제1항 본문은 "노동조합의 대표자 또는 노동조합으로부터 위임을 받은 자는 그 노동자 또는 조합원을 위하여 사용자나 사용자단체와 단체협약의 체결 기타의 사항에 관하여 교섭할 권한이 있다."고 규정하고 있었는데, 판례가 여기서 '교섭할 권한'이라 함은 사실행위로서의 단체교섭의 권한 외에 교섭한 결과에 따라 단체협약을 체결할 권한을 포함하는 것(대판 1998.1.20. 97도588)이라고 함에 따라, 현행 노조법 제29조 제1항은 이러한 판례의 취지를 좇아 "노동조합의 대표자는 그 노동조합 또는 조합원을 위하여 사용자나 사용자단체와 교섭하고 단체협약을 체결할 권한을 가진다."고 규정하고 있다.
④ (O) 근로자는 노동조합과 같은 근로자단체의 결성을 통하여 집단으로 사용자에 대항함으로써 사용자와 대등한 세력을 이루어 근로조건의 형성에 영향을 미칠 수 있는 기회를 가지게 되므로 이러한 의미에서 근로3권은 '사회적 보호기능을 담당하는 자유권' 또는 '사회권적 성격을 띤 자유권'이라고 말할 수 있다(헌재 1998.2.27. 94헌바13).
⑤ (O) 헌법 제33조 제2항

정답 ❸

02 우리나라가 비준하고 있는 ILO협약에 해당하는 것으로 옳은 것을 모두 고른 것은?

> ㄱ. 산업재해로 인한 보상에 있어서의 내외국인 평등대우에 관한 협약(제19호)
> ㄴ. 결사의 자유 및 단결권 보장에 관한 협약(제87호)
> ㄷ. 단결권 및 단체교섭권에 대한 원칙의 적용에 관한 협약(제98호)
> ㄹ. 강제노동의 철폐에 관한 협약(제105호)

① ㄱ, ㄴ
② ㄴ, ㄷ
③ ㄱ, ㄴ, ㄷ
④ ㄱ, ㄷ, ㄹ
⑤ ㄱ, ㄴ, ㄷ, ㄹ

03 노동조합 및 노동관계조정법의 연혁에 관한 설명으로 옳지 않은 것은?

① 1953년 제정된 노동조합법에는 복수노조 금지조항이 있었다.
② 1953년 제정된 노동쟁의조정법에는 쟁의행위 민사면책조항이 있었다.
③ 1963년 개정된 노동조합법에는 노동조합의 정치활동 금지 규정이 신설되었다.
④ 1997년에는 노동조합 및 노동관계조정법이 제정되었다.
⑤ 2010년 개정된 노동조합 및 노동관계조정법에는 교섭창구단일화의 절차와 방법에 관한 규정이 신설되었다.

해설 및 정답

02 보기의 ILO협약 중 ㄹ. 강제노동의 철폐에 관한 협약(제105호)을 제외하고, ㄱ. 산업재해로 인한 보상에 있어서의 내외국인 평등대우에 관한 협약(제19호)은 2001년 3월, ㄴ. 결사의 자유 및 단결권 보장에 관한 협약(제87호) 및 ㄷ. 단결권 및 단체교섭권에 대한 원칙의 적용에 관한 협약(제98호)은 2021년 4월(ILO에의 비준서 기탁)에 각각 우리나라의 비준을 얻었다.

정답 ③

03 ① (×) 1953년 노동조합법이 처음으로 제정되었을 때에는 노동조합의 설립을 제한하는 규정은 없었다. 복수노조 금지조항은 1963년 노동조합법을 개정하면서 "조직이 기존 노동조합의 정상적인 운영을 방해하는 것을 목적으로 하는 경우" 노동조합의 설립을 허용하지 않는다고 규정(1963년 노동조합법 제3조 제5호)하여 노동법에 처음 도입되었다.
② (○) 1953년 노동쟁의조정법은 "사용자는 쟁의행위에 의하여 손해를 받았을 경우에 노동조합 또는 근로자에 대하여 배상을 청구할 수 없다"고 규정(1953년 노동쟁의조정법 제12조)하여 쟁의행위 민사면책조항을 두고 있었다.
③ (○) 1963년 노동조합법은 "노동조합은 공직선거에 있어서 특정정당을 지지하거나 특정인을 당선시키기 위한 행위를 할 수 없다"고 규정(1963년 노동조합법 제12조 제1항)하여 노동조합의 정치활동 금지 규정을 두고 있었다.
④ (○) 헌법에 의한 근로자의 단결권·단체교섭권 및 단체행동권을 보장하여 근로조건의 유지·개선과 근로자의 경제적·사회적 지위의 향상을 도모하고, 노동관계를 공정하게 조정하여 노동쟁의를 예방·해결함으로써 산업평화의 유지와 국민경제의 발전에 이바지함을 목적으로 1997.3.13. 노조법이 제정되어 당일 시행되었다.
⑤ (○) 2010년 노조법에서는 교섭창구를 단일화하도록 하여 근로조건의 통일성 확보 및 교섭이 효율적으로 이루어질 수 있도록 하기 위해 동법 제29조의2 이하에서 교섭창구단일화의 절차와 방법에 관한 규정이 신설되었다.

정답 ①

04 헌법상 노동3권에 관한 설명으로 옳지 않은 것은?(다툼이 있으면 판례에 따름) 기출 24

① 노동3권은 근로조건의 향상을 위한다는 생존권의 존재목적에 비추어 볼 때 노동3권 가운데에서도 단체교섭권이 가장 중핵적 권리이다.
② 노동3권의 사회권적 성격은 입법조치를 통하여 근로자의 헌법적 권리를 보장할 국가의 의무에 있다.
③ 근로자의 단결하지 않을 자유, 즉 소극적 단결권은 개인의 자기결정의 이념에 따라 적극적 단결권과 동등하게 보장되어야 한다는 것이 헌법재판소의 입장이다.
④ 법률이 정하는 주요방위산업체에 종사하는 근로자의 단체행동권은 법률이 정하는 바에 의하여 이를 제한하거나 인정하지 아니할 수 있다.
⑤ 단체협약에서 다른 노동조합의 단체교섭권을 사전에 배제하는 이른바 유일교섭단체조항은 단체교섭권의 본질적 내용을 침해할 우려가 있다.

05 노동법 등의 연혁에 관한 설명으로 옳지 않은 것은? 기출 23

① 우리나라의 노동위원회법은 1953년에 처음 제정되었다.
② 우리나라는 1991년에 국제노동기구(ILO)에 가입하였다.
③ 우리나라의 공무원의 노동조합 설립 및 운영 등에 관한 법률은 교원의 노동조합 설립 및 운영 등에 관한 법률보다 먼저 제정되었다.
④ 미국의 1935년 와그너법은 근로자의 단결권·단체교섭권·단체행동권을 명문화하였다.
⑤ 우리나라 제헌헌법에는 영리를 목적으로 하는 사기업에 있어서는 근로자는 법률의 정하는 바에 의하여 이익의 분배에 균점할 권리가 있다는 규정이 있었다.

• 해설 및 정답 •

04 ① (○) 노동3권은 다 같이 존중 보호되어야 하고 그 사이에 비중의 차등을 둘 수 없는 권리들임에는 틀림없지만 근로조건의 향상을 위한다는 생존권의 존재목적에 비추어 볼 때 <u>노동3권 가운데에서도 단체교섭권이 가장 중핵적 권리임은 부정할 수 없다</u>(대판 1990.5.15. 90도357).
② (○) 근로3권의 성격은 국가가 단지 근로자의 단결권을 존중하고 부당한 침해를 하지 아니함으로써 보장되는 자유권적 측면인 국가로부터의 자유뿐이 아니라, 근로자의 권리행사의 실질적 조건을 형성하고 유지해야 할 국가의 적극적인 활동을 필요로 한다. 따라서 <u>근로3권의 사회권적 성격은 입법조치를 통하여 근로자의 헌법적 권리를 보장할 국가의 의무에 있다</u>(헌재 1998.2.27. 94헌바13).
③ (×) 헌법상 보장된 근로자의 단결권은 단결할 자유만을 가리킬 뿐이고, <u>단결하지 아니할 자유 이른바 소극적 단결권은 이에 포함되지 않는다</u>고 보는 것이 우리 재판소의 선례라고 할 것이다. 그렇다면 <u>근로자가 노동조합을 결성하지 아니할 자유나 노동조합에 가입을 강제당하지 아니할 자유, 그리고 가입한 노동조합을 탈퇴할 자유는</u> 근로자에게 보장된 단결권의 내용에 포섭되는 권리로서가 아니라 헌법 제10조의 행복추구권에서 파생되는 <u>일반적 행동의 자유 또는 제21조 제1항의 결사의 자유에서 그 근거를 찾을 수 있다</u>(헌재 2005.11.24. 2002헌바95).
④ (○) 헌법 제33조 제3항
⑤ (○) 이 사건 단체협약 제1조는 그 문언상 산업별 단위노동조합으로서 사용자와 직접 단체협약을 체결해 온 <u>원고만이 단체교섭을 할 수 있는 유일한 노동단체이고, 다른 어떠한 노동단체도 인정하지 않는다는 내용임이 명백하므로, 이는 근로자의 노동조합 결성 및 가입의 자유와 단체교섭권을 침해하여 노조법 제5조, 제29조 제1항에 위배되고, 이와 달리 위 조항의 취지가 단순히 원고가 원고 소속 조합원을 대표하는 단체임을 의미하는 것에 불과하다고 보기는 어렵다</u>(대판 2016.4.15. 2013두11789).

정답 ❸

05 ① (○) <u>1953년 3월 8일에 노동위원회법의 제정·공포로 중앙노동위원회와 지방노동위원회가 설치되었다.</u>
② (○) 우리나라는 1991년 12월 9일 152번째 회원국으로서 국제노동기구(ILO)에 가입하였다.
③ (×) 공무원의 노동조합 설립 및 운영 등에 관한 법률은 2005.1.27. 제정되었으나, <u>교원의 노동조합 설립 및 운영 등에 관한 법률은 1999.1.29. 제정되었다.</u>
④ (○) 와그너법은 근로자의 단결권·단체교섭권·단체행동권을 명문화하였고, 부당노동행위제도를 최초로 규정하였다.
⑤ (○) 영리를 목적으로 하는 사기업에 있어서는 근로자는 법률의 정하는 바에 의하여 이익의 분배에 균점할 권리가 있다(제헌헌법 제18조).

정답 ❸

CHAPTER 02 단결권

출제포인트

☐ 노동조합 설립의 소극적 요건
☐ 노동조합의 설립신고
☐ 노동조합 설립의 법적 효과
☐ 조합규약의 의무적 기재사항
☐ 노동조합의 의결방법
☐ 노조전임제도
☐ 노동조합의 해산사유

제1절 총 설

I 서 설

1. 의 의

근로자의 단결권이라 함은 근로자들이 자주적으로 노동조합을 설립·운영하고, 이에 가입하며, 이를 운영할 수 있는 권리를 말한다. 광의의 단결권은 협의의 단결권, 단체교섭권 및 단체행동권을 포함한 노동3권 모두를 포함한 개념이다.

2. 단결 강제의 인정범위

헌법재판소 판례는 단결하지 아니할 자유와 노동조합의 적극적 단결권이 충돌하게 되나, 근로자에게 보장되는 적극적 단결권이 단결하지 아니할 자유보다 특별한 의미를 갖고 있고, 노동조합의 조직강제권도 이른바 자유권을 수정하는 의미의 생존권적 성격을 함께 가지는 만큼 근로자 개인의 자유권에 비하여 보다 특별한 가치로 보장되는 점 등을 고려하면, 노동조합의 적극적 단결권은 근로자 개인의 단결하지 않을 자유보다 중시된다고 할 것이고 또 노동조합에게 위와 같은 조직강제권을 부여한다고 하여 이를 근로자의 단결하지 아니할 자유의 본질적인 내용을 침해하는 것으로 단정할 수는 없다고(헌재 2005.11.24. 2002헌바95)[31] 한다.

기출 14 · 17 · 18 · 22

---

[31] 헌법재판소 판례(헌재 2005.11.24. 2002헌바95)는 헌법 제33조 제1항은 "근로자는 근로조건의 향상을 위하여 자주적인 단결권·단체교섭권 및 단체행동권을 가진다."고 규정하고 있고, 여기서 헌법상 보장된 근로자의 단결권은 단결할 자유만을 가리킬 뿐이고, 단결하지 아니할 자유 이른바 소극적 단결권은 이에 포함되지 않는다고 보는 것이 재판소의 선례라고 하여 적극적 단결권에 특별한 의미를 인정하는 판시를 한 바가 있다. **기출** 22 · 23 · 24 · 25

Ⅱ 단결의 주체

1. 의 의

헌법 제33조 제1항에 규정된 단결권의 주체에는 근로자 개인뿐만 아니라, 근로자의 단결체인 노동조합도 포함된다. 근로자 개인의 단결권은 노동조합을 조직하고, 이에 가입·활동할 수 있는 권리를 말한다. 또한 노동조합이 향유하는 단결권의 내용은 노동조합의 존립 및 활동에 관한 권리를 말한다.

2. 근로자

(1) 노조법상의 근로자

1) 직업의 종류를 불문하고

육체적·정신적 노동을 구별하지 아니하며, 직원·공원·임시직 등은 물론 가사사용인도 포함된다.

2) 임금·급료 기타 이에 준하는 수입

근로자라 함은 직업의 종류를 불문하고 임금·급료, 기타 이에 준하는 수입에 의하여 생활하는 자를 말한다(노조법 제2조 제1호). 기출 14·19 임금이란 근로기준법 제2조 제1항 제5호의 임금으로, 사용관계하에서 제공하는 노동에 대한 대가를 의미한다. 기타 이에 준하는 수입이란 임금보다 넓은 개념으로, 종속적 노동과 독립적 노동의 중간 영역에 해당하는 노동을 공급한 것에 대한 대가를 의미한다.

3) 생활하는 자

노조법 제2조 제1호의 근로자 개념에 해당하는 경우에도, 노조법 제2조 제2호의 사용자의 개념에 해당하는 자는 단결권의 주체인 근로자가 될 수 없다. 사용자에 해당하는지는 일정한 직급이나 직책 등에 의하여 일률적으로 결정되어서는 안 되고, 업무내용이 단순히 보조적·조언적인 것에 불과하여 업무수행과 조합원활동 사이에 실질적인 충돌이 발생할 여지가 없는 자는 여기에 해당하지 아니한다. 기출 17

(2) 구직자·실업자·해고자 등의 근로자성

1) 문제점

노조법상 근로자는 현실적인 노무제공자에 국한되지 아니하고, 노무공급자들 사이의 단결권 등을 보장하여 줄 필요성이 있다는 점에서 노동의사가 있는 구직자·실업자·해고자 등의 근로자성을 인정할 것인지가 문제된다.

2) 종래 논의

학설은 대체적으로, 노조법상 근로자에는 원래 실업자도 포함된다는 점, 근로자가 아닌 자의 가입을 허용하지 아니하는 규정(구 노조법 제2조 제4호 라목 본문)에 이어, 해고된 자에 대하여는 제한적으로 근로자로 본다는 단서 규정이 있는 점 등에 비추어, 근로자 아닌 자의 노동조합 가입을 금지한 노조법 규정은 기업별 단위노조에만 적용되는 특별한 규정이라고 해석되므로, 구직자·실업자 등은 기업별 단위노조에는 가입할 수 없으나, 산업별 단위노조에는 가입할 수 있다고 보아, 노조법상의 근로자에 포함된다고 이해하였고, 판례(대판 2004.2.27. 2001두8568)도 이와 같은 견해를 취하고 있었다.

3) 검 토[32)33)]

우리나라는 국제노동기구(ILO)의 기본협약인 결사의 자유에 관한 협약의 비준을 추진하면서 해당 협약의 내용과 합치시키기 위하여 2021년 노조법을 개정함으로써 노조법 제2조 제4호 라목 단서를 삭제하였다. 생각건대 구 노조법 제2조 제4호 라목 단서는 오랫동안 헌법에서 보장한 근로자의 단결권 행사를 제약하는 요소로 작용하여 왔는데, 2021년 노조법 개정으로 구직자·실업자뿐만 아니라 해고자 등도 근로자 아닌 자에서 제외되어 노동조합(기업별 단위노조를 포함)에 가입할 수 있게 되었다.

(3) 특수형태근로종사자(노무제공자)의 근로자성[34)35)]

1) 종전 판례

종전 판례는 취업 중인 특수형태근로종사자(노무제공자)(예를 들어 골프장 캐디, 레미콘 기사 등)와 관련하여, 근로기준법상 근로자 판단기준과 노조법상 근로자 판단기준을 명확하게 구분하지 아니하고, 동일한 사용·종속관계로 파악하는 판시를 하여 왔다.

2) 최근 판례

① 계약종류의 불문 : 노조법 제2조는 제1호에서 "근로자라 함은 직업의 종류를 불문하고 임금·급료 기타 이에 준하는 수입에 의하여 생활하는 자를 말한다"라고 규정하고, 제4호에서 "노동조합이라 함은 근로자가 주체가 되어 자주적으로 단결하여 근로조건의 유지·개선 기타 근로자의 경제적·사회적 지위의 향상을 도모함을 목적으로 조직하는 단체 또는 그 연합단체를 말한다"라고 규정하고 있다(대판 2018.6.15. 2014두12598).

---

32) 개정 노조법에 의하면 기업별 노조의 대의원과 임원은 종사조합원 중에서 선출하여야 하고(노조법 제17조 제3항, 제23조 제1항 후문), 근로시간면제자는 종사조합원의 수등을 고려하여 결정하고(동법 제24조 제2항), 교섭창구단일화 절차에서의 조합원의 수는 종사조합원을 기준으로 하고(동법 제29조의2 제10항), 노동조합의 쟁의행위의 여부의 결정 시에는 종사조합원의 수를 기준으로(동법 제41조 제1항 후문) 한다는 점에서 구직자등의 조합활동에는 일정한 제한이 있을 수 있다. 다만 종사근로자인 조합원이 해고되어 노동위원회에 부당노동행위의 구제신청을 한 경우에는 중앙노동위원회의 재심판정이 있을 때까지는 종사근로자로 보게 되므로(동법 제5조 제3항), 위의 각 경우에 있어서 해고의 효력을 다투는 자는 종사근로자로 다루어진다.
33) 2025년 노조법 개정으로 '근로자가 아닌 자의 가입을 허용하는 경우'를 노동조합으로 보지 아니하던 노조법 제2조 제4호 라목도 삭제하여, 노동조합 가입대상자의 범위를 더욱 확대한 것은 주목할 만하다. 자세한 논의는 이하의 각주를 참조하라.
34) 2025년 개정 노조법은 '근로자가 아닌 자의 가입을 허용하는 경우'를 노동조합을 부정하는 소극적 요건으로 규정해 노동조합의 설립이 쉽게 방해되던 부당한 상황을 방지하여, 특수형태근로종사자(노무제공자), 플랫폼 노동자 등 다양한 일하는 사람들의 단결권을 보장하고 국제노동기구(ILO) 등 국제기구의 권고를 반영하기 위해, 노조법 제2조 제4호 라목을 삭제함으로써 노동조합 설립의 소극적 요건을 개정하였다. 다만, 이로 인해 특수형태근로자 등의 노동조합 가입이 가능해졌지만, 이들의 '근로자성'이 자동적으로 인정되는 것은 아니다. 노조법상 근로자성은 여전히 법원의 개별적인 판단을 통해 결정된다는 것을 유의하여야 한다.
35) 산재법은 산재보험의 전속성 요건을 폐지하고, 기존 특수형태근로종사자 및 온라인 플랫폼 종사자 등을 포괄하는 개념으로 "노무제공자"의 정의를 신설하여 산재보험의 적용을 받을 수 있도록 함으로써 산재보험을 통한 보호 범위를 보다 확대하려는 취지에서, 2022.6.10. 산재법 제125조를 삭제하고 산재법 제3장의4(산재법 제91조의15 이하)에서 노무제공자에 대한 특례를 신설하였다. 이에 의하면 산재법의 근로자는 근로기준법상의 근로자와 마찬가지로 직업의 종류와 관계없이 임금을 목적으로 사업이나 사업장에 근로를 제공하는 사람을 말함에도 불구하고(산재법 제5조 제2호), 노무제공자를 산재법의 적용을 받는 근로자로 보고, 노무제공자의 노무를 제공받는 사업을 산재법의 적용을 받는 사업으로 보고 있다.

② **판단기준** : 구체적으로 노조법상 근로자에 해당하는지는, 노무제공자의 소득이 특정 사업자에게 주로 의존하고 있는지, 노무를 제공받는 특정 사업자가 보수를 비롯하여 노무제공자와 체결하는 계약내용을 일방적으로 결정하는지, 노무제공자가 특정 사업자의 사업수행에 필수적인 노무를 제공함으로써 특정 사업자의 사업을 통해서 시장에 접근하는지, 노무제공자와 특정 사업자의 법률관계가 상당한 정도로 지속적·전속적인지, 사용자와 노무제공자 사이에 어느 정도 지휘·감독관계가 존재하는지, 노무제공자가 특정 사업자로부터 받는 임금·급료 등 수입이 노무 제공의 대가인지 등을 종합적으로 고려하여 판단하여야 한다(대판 2018.6.15. 2014두12598).

③ **입법목적의 고려** : 노조법은 개별적 근로관계를 규율하기 위해 제정된 근로기준법과 달리, 헌법에 의한 근로자의 노동3권 보장을 통해 근로조건의 유지·개선과 근로자의 경제적·사회적 지위 향상 등을 목적으로 제정되었다. 이러한 노조법의 입법목적과 근로자에 대한 정의규정 등을 고려하면, 노조법상 근로자에 해당하는지는 노무제공관계의 실질에 비추어 노동3권을 보장할 필요성이 있는지의 관점에서 판단하여야 하고, 반드시 근로기준법상 근로자에 한정된다고 할 것은 아니다(대판 2018.6.15. 2014두12598). 기출 19·21

3) 검 토[36]

최근 판례는 입법목적을 고려하되, 계약의 종류를 불문하고 노조법상 근로자의 개념을 구체화함으로써 노무제공자의 경우 근로기준법상의 근로자성은 부인하면서도 노조법상의 근로자성은 인정하였다는 데 그 의미가 있다고 할 수 있다.

---

[36] 최근 판례에서 설시한 새로운 법리에 따라 특수형태근로종사자(노무제공자)에 대하여 노조법상 근로자성을 인정한 주요 판례의 판시사항을 살펴본다.
① 학습지교사의 노조법상 근로자성 : 학습지 개발 및 교육 등의 사업을 하는 갑 주식회사가 전국학습지산업노동조합 소속 조합원이면서 학습지교사들인 을 등과 학습지회원에 대한 관리, 모집, 교육을 내용으로 하는 위탁사업계약을 체결하였다가 그 후 이를 해지하자 을 등이 부당해고 및 부당노동행위에 해당한다는 이유로 구제명령을 신청한 사안에서, 을 등은 노조법상의 근로자에 해당하고, 전국학습지산업노동조합도 노조법 제2조 제4호 본문에서 정한 노동조합에 해당한다고 한 사례(대판 2018.6.15. 2014두12598)
② 방송연기자의 노조법상 근로자성 : 방송연기자를 조직대상으로 하는 갑 노동조합이 한국방송공사와의 단체교섭에서 갑 노동조합 소속 조합원들인 방송연기자들과 한국방송공사 소속의 다른 근로자들을 각각의 교섭단위로 분리하여 줄 것을 신청한 사안에서, 갑 노동조합 소속 조합원인 방송연기자는 노조법상 근로자에 해당한다고 봄이 타당하므로, 갑 노동조합이 노조법상 노동조합으로서 교섭단위 분리를 신청할 적격이 있다고 본 원심판단이 정당하다고 한 사례(대판 2018.10.12. 2015두38092)
③ 카마스터의 노조법상 근로자성 : 자동차 판매대리점주 갑이 자신의 대리점에서 카마스터(car master, 자동차 판매원)로 근무하던 을 등과 자동차 판매용역계약을 해지하자, 을 등 카마스터들과 을 등이 속한 병 노동조합이 갑의 계약 해지와 노동조합 탈퇴 종용 행위가 부당노동행위에 해당한다는 이유로 노동위원회에 구제신청을 한 사안에서, 병 노동조합 소속 조합원인 을 등 카마스터들은 노조법상 근로자에 해당한다고 본 원심판단이 정당하다고 한 사례(대판 2019.6.13. 2019두33828)
④ 대리운전기사의 노조법상 근로자성 : 대리운전업을 영위하는 갑 주식회사가 다른 대리운전업체들과 대리운전 접수 및 기사 배정 등에 필요한 스마트폰 애플리케이션 프로그램을 공동으로 사용하면서 고객의 대리운전 요청 정보를 공유하고 기사 배정을 공동으로 하였는데, 갑 회사와 동업계약을 체결한 다음 대리운전 업무를 수행한 을이 노조법상 근로자에 해당하는지 문제된 사안에서, 을은 소득을 갑 회사에 전적으로 의존하고 있고, 을의 보수 역시 갑 회사가 사실상 결정한다고 보이는 등 제반 사정에 비추어 을은 갑 회사의 노조법상 근로자라고 봄이 타당하다고 한 사례(대판 2024.9.27. 2020다267491)
⑤ 철도역 위탁 매점운영자의 노조법상 근로자성 : 철도노조 코레일관광개발지부는 2015년 코레일유통에 임금교섭을 요청했는데도 사 측이 이를 공고하지 않자 지방노동위원회에 시정신청을 냈는데, 지방노동위원회와 중앙노동위원회가 잇따라 코레일관광개발지부가 노동조합임을 전제로 "교섭요구 사실을 전 사업장에 공고하라"는 결정하자, 코레일관광개발이 교섭요구사실공고재심결정취소소송을 제기한 사안에서, "매점 운영자들은 코레일관광개발과 2년 이상 용역계약을 체결하고 일정한 경우 재계약하는 등 용역계약관계가 지속적이었고, 코레일유통에 상당한 정도로 전속돼 있었다"며 "코레일관광개발과 경제적·조직적 종속관계를 이루고 있는 매점 운영자들을 노조법상 노동자로 인정할 필요가 있으므로, 이와 달리 매점운영자들이 노동자에 해당하지 않고 따라서 이들이 속한 철도노조가 적법한 노조가 아니라고 판단한 원심 판단에는 노조법상 근로자 및 노동조합에 관한 법리를 오해한 잘못이 있다"고 한 사례(대판 2019.2.14. 2016두41361)

(4) 불법체류외국인의 근로자성

1) 법위반 근로관계의 사법상 효력

판례는 외국인이 취업자격이 아닌 산업연수체류자격으로 입국하여 구 산업재해보상보험법의 적용 대상이 되는 사업장인 회사와 고용계약을 체결하고 근로를 제공하다가 작업 도중 부상을 입었을 경우, 비록 그 외국인이 구 출입국관리법상의 취업자격을 갖고 있지 않았다 하더라도 그 고용계약이 당연히 무효라고 할 수 없고, 위 부상 당시 그 외국인은 사용종속관계에서 근로를 제공하고 임금을 받아 온 자로서 근로기준법 소정의 근로자였다 할 것이므로 구 산업재해보상보험법상의 요양급여를 받을 수 있는 대상에 해당한다고(대판 1995.9.15. 94누12067) 한다.

2) 노조법상 근로자성

판례에 의하면 타인과의 사용종속관계하에서 근로를 제공하고 그 대가로 임금 등을 받아 생활하는 사람은 노조법상 근로자에 해당하고, 노조법상의 근로자성이 인정되는 한, 그러한 근로자가 외국인인지 여부나 취업자격의 유무에 따라 노조법상 근로자의 범위에 포함되지 아니한다고 볼 수는 없다고 하여 불법체류외국인근로자로 구성된 노동조합의 설립신고를 반려한 것은 위법하다고(대판 2015.6.25. 2007두4995[전합]) 한다. 기출 20

3. 노동조합

① 노동조합은 조합원의 자격에 따라 직종별 조합, 산업별 조합, 기업별 조합, 일반조합으로 구분할 수 있으며, 결합방식에 따라 단위노조, 연합체조직, 혼합조직 등으로 구분된다. 우리나라의 경우 연합체조직이란, 동종 산업의 단위노동조합을 구성원으로 하는 산업별 연합단체, 산업별 연합단체 또는 전국 규모의 산업별 단위노동조합을 구성원으로 하는 총연합단체를 말한다(노조법 제10조 제2항). 기출 25 총연합단체에는 한국노동조합총연맹과 전국민주노동조합총연맹이 있다.

② 단위노동조합은 연합단체 가입 여부를 자유로이 결정할 수 있다. 단위노동조합이 산업별 연합단체인 노동조합에 가입하거나, 산업별 연합단체 또는 전국 규모의 산업별 단위노동조합이 총연합단체인 노동조합에 가입한 경우에는 해당 노동조합은 소속 산업별 연합단체인 노동조합 또는 총연합단체인 노동조합의 규약이 정하는 의무를 성실하게 이행해야 한다. 총연합단체인 노동조합 또는 산업별 연합단체인 노동조합은 해당 노동조합에 가입한 노동조합의 활동에 대하여 협조·지원 또는 지도할 수 있다(노조법 시행령 제8조 제1항·제2항). 기출 14·25

Ⅲ 단결의 목적

1. 필요적 목적

노조법은 헌법에 의한 근로자의 단결권·단체교섭권 및 단체행동권을 보장하여 근로조건의 유지·개선과 근로자의 경제적·사회적 지위의 향상을 도모하고, 노동관계를 공정하게 조정하여 노동쟁의를 예방·해결함으로써 산업평화의 유지와 국민경제의 발전에 이바지함을 목적으로 한다(노조법 제1조). 이러한 노조법의 목적은 노동조합을 통하여 구체적으로 구현되는데, 노조법 제2조 제4호는 노동조합이란 근로자가 주체가 되어 자주적으로 단결하여 근로조건의 유지·개선 기타 근로자의 경제적·사회적 지위의 향상을 도모함을 목적으로 조직하는 단체 또는 그 연합단체를 말한다고 규정하고 있다. 여기서의 단결의 필요적 목적이란 노동조합이 의무적으로 수행하여야 할 목적을 말하며, 이러한 목적을 수행하지 않는 노동조합은 노조법상의 노동조합이 아님을 유의하여야 한다. 기출 13

2. 임의적 목적

노동조합이 의무적으로 반드시 수행할 필요는 없으나, 자유로운 의사결정에 의하여 임의로 수행할 수 있는 목적을 말한다. 임의적 목적에는 공제·수양, 기타 복리사업(노조법 제2조 제4호 다목) 및 정치운동(동호 마목) 등이 포함된다. 이때 필요적 목적을 수행하지 아니하고, 임의적 목적만을 유일한 목적으로 하는 경우에는 노동조합이 될 수 없다. 즉, 노동조합은 근로조건의 유지·개선이라는 필요적 목적을 우선적으로 추구하여야 하고, 이를 침해하지 않는 합리적인 범위 안에서 임의적 목적을 수행하여야 한다.

3. 금지적 목적

노동조합이 수행해서는 아니 되는 목적으로, 단결권의 내재적 성질에 의하여 당연히 제한되거나 관계 법령 등에 의하여 금지되는 목적을 말한다. 예를 들면, 노동조합은 현행법령상 범죄행위 또는 사법상 강행규정에 위반되는 행위를 목적으로 하여서는 아니 된다.

Ⅳ 단결의 상대방

1. 사용자

사용자라 함은 사업주, 사업의 경영담당자 또는 그 사업의 근로자에 관한 사항에 대하여 사업주를 위하여 행동하는 자를 말한다. 이 경우 근로계약 체결 당사자가 아니더라도 근로자의 근로조건에 대하여 실질적이고 구체적으로 지배·결정할 수 있는 지위에 있는 자는 그 범위에 있어서는 사용자로 본다(노조법 제2조 제2호).

기출 14·21

2. 사용자단체

사용자단체라 함은 노동관계에 관하여 그 구성원인 사용자에 대하여 조정 또는 규제할 수 있는 권한을 가진 사용자의 단체를 말한다(노조법 제2조 제3호). 기출 16·21

Ⅴ 단결의 방법

근로자 개인의 경우에는 노동조합을 결성하거나 가입하는 것이고, 노동조합의 경우에는 노동조합을 유지·운영하기 위해 여러 가지 숍(Shop)제도를 이용하는 것이 이에 해당한다.

제2절 노동조합의 설립

Ⅰ 실질적 요건

노동조합이라 함은 근로자가 주체가 되어 자주적으로 단결하여 근로조건의 유지·개선 기타 근로자의 경제적·사회적 지위의 향상을 도모함을 목적으로 조직하는 단체 또는 그 연합단체를 말한다(노조법 제2조 제4호). 노동조합이 실제로 대외적 자주성과 대내적 민주성을 갖추기 위해서는, 노조법 제2조 제4호의 실체적 요건을 충족하고, 동법 제11조의 조합규약을 마련하여야 한다.

1. 대외적 자주성의 확보를 위한 요건

(1) 적극적 요건

1) 주체상의 요건

근로자가 주체가 되어 자주적으로 단결하는 단체 또는 연합단체이어야 한다.

2) 목적상의 요건

노동조합은 근로조건의 유지·개선, 기타 경제적·사회적 지위 향상을 목적으로 하여야 한다.

(2) 소극적 요건(노조법 제2조 제4호 단서)

다음의 어느 하나에 해당하는 경우 노동조합의 설립이 인정되지 아니하는 요건을 말한다. 판례는 노동조합이 헌법 제33조 제1항 및 그 헌법적 요청에 바탕을 둔 노조법 제2조 제4호가 규정한 실질적 요건을 갖추지 못하였다면, 설령 설립신고가 행정관청에 의하여 형식상 수리되었더라도 실질적 요건이 흠결된 하자가 해소되거나 치유되는 등의 특별한 사정이 없는 한 이러한 노동조합은 노조법상 설립이 무효로서 노동3권을 향유할 수 있는 주체인 노동조합으로서의 지위를 가지지 않는다(대판 2021.2.25. 2017다51610)고 판시하고 있다.

1) 사용자 또는 항상 그의 이익을 대표하여 행동하는 자의 참가를 허용하는 경우 기출 16·18·19

노조법상 사용자에 해당하는 사업주, 사업의 경영담당자 또는 그 사업의 근로자에 관한 사항에 대하여 사업주를 위하여 행동하는 자와 항상 사용자의 이익을 대표하여 행동하는 자는 노동조합 참가가 금지되는데, 그 취지는 노동조합의 자주성을 확보하려는 데 있다. 여기서 '그 사업의 근로자에 관한 사항에 대하여 사업주를 위하여 행동하는 자'란 근로자의 인사, 급여, 후생, 노무관리 등 근로조건 결정 또는 업무상 명령이나 지휘·감독을 하는 등의 사항에 대하여 사업주로부터 일정한 권한과 책임을 부여받은 자를 말하고, '항상 사용자의 이익을 대표하여 행동하는 자'란 근로자에 대한 인사, 급여, 징계, 감사, 노무관리 등 근로관계 결정에 직접 참여하거나 사용자의 근로관계에 대한 계획과 방침에 관한 기밀사항 업무를 취급할 권한이 있는 등과 같이 직무상 의무와 책임이 조합원으로서 의무와 책임에 직접적으로 저촉되는 위치에 있는 자를 의미한다. 따라서 이러한 자에 해당하는지는 일정한 직급이나 직책 등에 의하여 일률적으로 결정되어서는 안 되고, 업무 내용이 단순히 보조적·조언적인 것에 불과하여 업무 수행과 조합원 활동 사이에 실질적인 충돌이 발생할 여지가 없는 자도 여기에 해당하지 않는다(대판 2011.9.8. 2008두13873).

2) 경비의 주된 부분을 사용자로부터 원조받는 경우

노동조합이 재정적인 측면에서 사용자로부터 독립하여 자주성을 유지하기 위한 것이다. 경비라고 함은 노동조합 운영에 소요되는 모든 경비를 말하는데, 사용자가 근로시간면제한도를 초과하여 급여를 지급하거나 노동조합의 운영비를 원조하는 행위 등은 허용되지 아니한다. 다만, 근로자가 근로시간 중에 사용자와 협의·교섭하는 등의 활동을 하는 것을 사용자가 허용함은 무방하며, 근로자의 후생자금 또는 경제상의 불행 그 밖에 재해의 방지와 구제 등을 위한 기금의 기부와, 최소한의 규모의 노동조합사무소의 제공 및 그 밖에 이에 준하여 노동조합의 자주적인 운영 또는 활동을 침해할 위험이 없는 범위에서의 운영비원조행위는 예외로 한다. 기출 17

3) 공제·수양, 기타 복리사업만을 목적으로 하는 경우 기출 14·18

노동조합은 근로조건의 유지·개선이라는 필요목적을 우선적으로 추구하여야 한다. 다만, 이를 달성하는 데 위배되지 아니하는 범위 내에서 공제·수양, 기타 복리사업 등의 임의목적을 영위하는 것은 무방하다.

4) 근로자가 아닌 자의 가입을 허용하는 경우

2021년 노조법 개정으로 노조법 제2조 제4호 라목 단서를 삭제하여, 구직자·실업자·해고자 등 당해 사업 또는 사업장에 종사하지 아니하는 근로자도 기업별 노동조합에 가입할 수 있게 되었고, 2025년 노조법 개정으로 '근로자가 아닌 자의 가입을 허용하는 경우'를 노동조합을 부정하는 소극적 요건으로 규정해 노동조합의 설립이 쉽게 방해되던 부당한 상황을 방지하여, 특수형태근로종사자(노무제공자), 플랫폼 노동자 등 다양한 일하는 사람들의 단결권을 보장하고 국제노동기구(ILO) 등 국제기구의 권고를 반영하기 위해, 노조법 제2조 제4호 라목을 삭제함으로써 이러한 사람들이 노동조합에 가입할 수 있게 되었다.

5) 주로 정치운동을 목적으로 하는 경우 기출 18·23

노동조합의 정치운동은 허용되나, 이를 주로 하는 경우에는 노사관계법상의 노동조합이 될 수 없다. 다만, 정치운동은 근로자의 근로조건 유지·개선이라는 필요목적을 침해하지 아니하는 범위 내에서만 행사되어야 한다.

2. 대내적 민주성의 확보를 위한 요건

노동조합은 그 조직의 자주적·민주적 운영을 보장하기 위하여 당해 노동조합의 규약을 작성하여야 한다(노조법 제11조).

Ⅱ 형식적 요건

1. 노동조합의 설립신고

(1) 법적 성격

신고주의, 허가주의 및 준칙주의의 견해가 대립하고 있으나, 설립신고란 근로자의 자주적 조직으로서 노동조합이 결성되었음을 행정관청에 단순통지하는 것에 불과하다고 보는 신고주의가 다수설이다.

(2) 신고서의 제출

1) 기재사항

설립신고서에는 명칭, 주된 사무소의 소재지, 조합원 수, 임원의 성명과 주소, 소속된 연합단체가 있는 경우에는 그 명칭, 연합단체인 노동조합에 있어서는 그 구성노동단체의 명칭, 조합원 수, 주된 사무소의 소재지 및 임원의 성명·주소를 기재해야 한다(노조법 제10조 제1항). 기출 22

> **산하조직의 신고(노조법 시행령 제7조)**
> 산하조직 중 근로조건의 결정권이 있는 독립된 사업 또는 사업장에 조직된 노동단체는 지부·분회 등 명칭이 무엇이든 상관없이 법 제10조 제1항에 따른 노동조합의 설립신고를 할 수 있다. 기출 22·23

2) 제출기관

노동조합을 설립하고자 하는 자는 신고서에 규약을 첨부하여 연합단체인 노동조합과 2 이상의 특별시·광역시·특별자치시·도·특별자치도에 걸치는 단위노동조합은 고용노동부장관에게, 2 이상의 시·군·구(자치구)에 걸치는 단위노동조합은 특별시장·광역시장·도지사에게, 그 외의 노동조합은 특별자치시장·특별자치도지사·시장·군수·구청장(자치구의 구청장)에게 제출하여야 한다(노조법 제10조 제1항).

기출 14·15·21·24·25

2. 행정관청의 심사절차 [기출] 15·17·18·21·22

(1) 신고증의 교부

고용노동부장관, 특별시장·광역시장·특별자치시장·도지사·특별자치도지사 또는 시장·군수·구청장(이하 "행정관청")은 설립신고서를 접수한 때에는 설립신고서의 보완을 요구하는 경우와 설립신고서를 반려하는 경우를 제외하고는 3일 이내에 신고증을 교부하여야 한다(노조법 제12조 제1항).

(2) 설립신고서의 보완

행정관청은 설립신고서 또는 규약이 기재사항의 누락등으로 보완이 필요한 경우에는 대통령령이 정하는 바에 따라 20일 이내의 기간을 정하여 보완을 요구하여야 한다. [기출] 24 이 경우 보완된 설립신고서 또는 규약을 접수한 때에는 3일 이내에 신고증을 교부하여야 한다(노조법 제12조 제2항). 즉, 행정관청은 노동조합의 설립신고 시 설립신고서에 규약이 첨부되어 있지 아니하거나 설립신고서 또는 규약의 기재사항 중 누락 또는 허위사실이 있는 경우, 임원의 선거 또는 규약의 제정절차가 노조법에 위반되는 경우에는 보완을 요구하여야 한다(노조법 시행령 제9조 제1항). [기출] 25

(3) 설립신고서의 반려

행정관청은 설립하고자 하는 노동조합이 노동조합 설립의 소극적 요건(노조법 제2조 제4호 각 목의 1)에 해당하는 경우, 설립신고서 또는 규약의 보완을 요구하였음에도 불구하고 그 기간 내에 보완을 하지 아니하는 경우에는 설립신고서를 반려하여야 한다(노조법 제12조 제3항). [기출] 24·25 노동조합이 설립신고증을 교부받은 후 노조법 제2조 제4호 각 목의 1에 해당하는 설립신고서의 반려사유가 발생한 경우에는 행정관청은 30일의 기간을 정하여 시정을 요구할 수 있다(노조법 시행령 제9조 제2항). 행정관청은 노동조합에 설립신고증을 교부한 때에는 지체 없이 그 사실을 관할 노동위원회와 해당 사업 또는 사업장의 사용자나 사용자단체에 통보해야 한다(노조법 시행령 제9조 제3항).

> **정의(노조법 제2조)**
> 이 법에서 사용하는 용어의 정의는 다음과 같다.
> 4. 노동조합이라 함은 근로자가 주체가 되어 자주적으로 단결하여 근로조건의 유지·개선 기타 근로자의 경제적·사회적 지위의 향상을 도모함을 목적으로 조직하는 단체 또는 그 연합단체를 말한다. 다만, 다음 각 목의 1에 해당하는 경우에는 노동조합으로 보지 아니한다.
>   가. 사용자 또는 항상 그의 이익을 대표하여 행동하는 자의 참가를 허용하는 경우
>   나. 경비의 주된 부분을 사용자로부터 원조받는 경우
>   다. 공제·수양 기타 복리사업만을 목적으로 하는 경우
>   라. 삭제 〈2025.9.9.〉
>   마. 주로 정치운동을 목적으로 하는 경우

(4) 관련 판례

행정관청이 노동조합의 설립신고서를 접수한 때에는 3일 이내에 설립신고증을 교부하도록 되어 있다 하여 그 기간 내에 설립신고서의 반려 또는 보완지시가 없는 경우에는 설립신고증의 교부가 없어도 노동조합이 성립된 것으로 본다는 취지는 아니므로 행정관청은 그 기간 경과 후에도 설립신고서에 대하여 보완지시 또는 반려처분을 할 수 있다 할 것이고, 또한 노동조합설립신고서의 보완을 요구하거나 그 신고서를 반려하는 경우에는 노동위원회의 의결이 필요 없는 것이므로 노동부장관인 피고가 이 사건 노동조합설립신고서에 대하여 노동위원회의 의결 없이 보완 요구를 하고 반려처분하였다 하여 이를 위법하다고 할 수는 없다(대판 1990.10.23. 89누3243). [기출] 17

3. 심사의 방법

(1) 실질적 심사권의 인정

노조법이 행정관청으로 하여금 설립신고를 한 단체에 대하여 같은 법 제2조 제4호 각 목에 해당하는지를 심사하도록 한 취지가 노동조합으로서의 실질적 요건을 갖추지 못한 노동조합의 난립을 방지함으로써 근로자의 자주적이고 민주적인 단결권 행사를 보장하려는 데 있는 점을 고려하면, 행정관청은 해당 단체가 노조법 제2조 제4호 각 목에 해당하는지 여부를 실질적으로 심사할 수 있다(대판 2014.4.10. 2011두6998).

(2) 실질적 심사권의 범위

행정관청은 일단 제출된 설립신고서와 규약의 내용을 기준으로 노조법 제2조 제4호 각 목의 해당 여부를 심사하되, 설립신고서를 접수할 당시 그 해당 여부가 문제된다고 볼만한 객관적인 사정이 있는 경우에 한하여 설립신고서와 규약내용 외의 사항에 대하여 실질적인 심사를 거쳐 반려 여부를 결정할 수 있다(대판 2014.4.10. 2011두6998).

III 노동조합의 설립과 법적 효과

1. 설립시기

노동조합이 신고증을 교부받은 경우에는 설립신고서가 접수된 때에 설립된 것으로 본다(노조법 제12조 제4항). 즉, 신고증 교부를 조건으로 신고서 접수 시에 노조법상 노동조합으로서 설립된다. 기출 15·16·18·21·24

2. 법적 효과 기출 20·21·23·24·25

① 노동조합이라는 명칭을 사용할 수 있다(노조법 제7조 제3항).[37]
② 노동위원회에 노동쟁의의 조정신청을 할 수 있다(노조법 제7조 제1항).
③ 노동위원회에 부당노동행위의 구제를 신청할 수 있다(노조법 제7조 제1항).
④ 법인격을 취득할 수 있다(노조법 제6조).
⑤ 단체협약의 지역적 효력 확장이 인정된다(노조법 제36조).
⑥ 사업체를 제외하고 조세 면제의 특전이 부여된다(노조법 제8조). 기출 18·23
⑦ 정당한 노동3권 행사에 민·형사상의 면책을 인정한다(노조법 제3조, 제4조).
⑧ 노동위원회에 근로자위원을 추천할 수 있다(노위법 제6조 제3항).
⑨ 근로자공급사업의 허가를 받을 수 있다(직안법 제33조).

3. 설립신고 후의 변경사항

(1) 변경신고

노동조합은 설립신고된 사항 중 명칭, 주된 사무소의 소재지, 대표자의 성명, 소속된 연합단체의 명칭에 변경이 있는 때에는 그날부터 30일 이내에 행정관청에게 변경신고를 하여야 한다(노조법 제13조 제1항).

기출 13·21

---

[37] 노동조합 및 노동관계조정법에 의하여 설립된 노동조합이 아니면서 노동조합이라는 명칭을 사용한 경우 500만원 이하의 벌금에 처한다(노조법 제93조 제1호, 제7조 제3항). 기출 24

(2) 변경통보
① 노동조합은 매년 1월 31일까지 전년도에 규약의 변경이 있는 경우에는 변경된 규약내용, 전년도에 임원의 변경이 있는 경우에는 변경된 임원의 성명, 전년도 12월 31일 현재의 조합원 수(연합단체인 노동조합에 있어서는 구성단체별 조합원 수)를 행정관청에게 통보하여야 한다(노조법 제13조 제2항). 기출 24
② 노동조합은 행정관청에 전년도 12월 31일 현재의 조합원 수(연합단체인 노동조합에 있어서는 구성단체별 조합원 수)를 통보할 때 둘 이상의 사업 또는 사업장의 근로자로 구성된 단위노동조합의 경우에는 사업 또는 사업장별로 구분하여 통보해야 한다(노조법 시행령 제10조 제4항).

Ⅳ 노동조합과 법인격

1. 법인격 취득

노동조합은 그 규약이 정하는 바에 의하여 법인으로 할 수 있다(노조법 제6조 제1항). 법인으로 하고자 할 때에는 등기를 하여야 한다(노조법 제6조 제2항). 기출 18

> **법인등기(노조법 시행령 제2조)**
> 노동조합 및 노동관계조정법(이하 "법") 제6조 제2항에 따라 노동조합을 법인으로 하려는 때에는 그 주된 사무소의 소재지를 관할하는 등기소에 등기해야 한다. 기출 23
>
> **등기사항(노조법 시행령 제3조)**
> 제2조에 따른 등기사항은 다음 각 호와 같다.
> 1. 명 칭
> 2. 주된 사무소의 소재지
> 3. 목적 및 사업
> 4. 대표자의 성명 및 주소
> 5. 해산사유를 정한 때에는 그 사유
>
> **등기신청(노조법 시행령 제4조)**
> ① 제2조에 따른 등기는 그 노동조합의 대표자가 신청한다.
> ② 제1항에 따른 등기 신청을 하려는 때에는 등기신청서에 해당 노동조합의 규약과 법 제12조에 따른 신고증의 사본(제10조 제3항에 따라 변경신고증을 교부받은 경우에는 그 사본)을 첨부해야 한다.
>
> **이전등기(노조법 시행령 제5조)**
> 법인인 노동조합이 주된 사무소를 이전한 경우 해당 노동조합의 대표자는 이전 후 3주일 이내에 종전 소재지 또는 새 소재지에서 새 소재지와 이전 연월일을 등기해야 한다. 기출 24
>
> **변경등기(노조법 시행령 제6조)**
> 노동조합의 대표자는 제3조 각 호의 등기사항이 변경된 경우(제5조에 따른 이전등기에 해당하는 경우는 제외)에는 변경 후 3주일 이내에 주된 사무소의 소재지에서 변경사항을 등기해야 한다. 기출 22·24

2. 법외노조

(1) 의 의
노조법 제2조 제4호에 정한 노동조합의 실질적 요건은 갖추었으나, 설립신고증을 교부받지 못한 근로자단체를 말한다.

(2) 노동3권 인정 여부
대법원은 노조법이 신고증을 교부받은 노동조합에 한하여 노동기본권의 향유 주체로 인정하려는 것은 아니므로, 노조법 제2조 제4호에서 정한 노동조합의 실질적 요건을 갖춘 근로자단체가 신고증을 교부받지 아니한 경우에도 노조법상 부당노동행위의 구제신청 등 일정한 보호의 대상에서 제외될 뿐, 노동기본권의 향유주체에게 인정되어야 하는 일반적인 권리까지 보장받을 수 없게 되는 것은 아니라고(대판 2016.12.27, 2011두921) 한다. 헌법재판소도 같은 취지에서 단결체의 지위를 '법외의 노동조합'으로 보는 한 그 단결체가 전혀 아무런 활동을 할 수 없는 것은 아니고 어느 정도의 단체교섭이나 협약체결능력을 보유한다 할 것이므로, 노동조합의 명칭을 사용할 수 없다고 하여 헌법상 근로자들의 단결권이나 단체교섭권의 본질적인 부분이 침해된다고 볼 수 없다고(헌재 2008.7.31, 2004헌바9) 판시하고 있다. 기출 25

(3) 법외노조통보의 위법성
[1] 헌법 제37조 제2항은 "국민의 모든 자유와 권리는 국가안전 보장·질서유지 또는 공공복리를 위하여 필요한 경우에 한하여 법률로써 제한할 수 있으며, 제한하는 경우에도 자유와 권리의 본질적인 내용을 침해할 수 없다"라고 규정하고 있다. 헌법상 법치주의는 법률유보원칙, 즉 행정작용에는 국회가 제정한 형식적 법률의 근거가 요청된다는 원칙을 핵심적 내용으로 한다. 나아가 오늘날의 법률유보원칙은 단순히 행정작용이 법률에 근거를 두기만 하면 충분한 것이 아니라, 국가공동체와 그 구성원에게 기본적이고도 중요한 의미를 갖는 영역, 특히 국민의 기본권 실현에 관련된 영역에 있어서는 행정에 맡길 것이 아니고 국민의 대표자인 입법자 스스로 그 본질적 사항에 대하여 결정하여야 한다는 요구, 즉 의회유보원칙까지 내포하는 것으로 이해되고 있다. 여기서 어떠한 사안이 국회가 형식적 법률로 스스로 규정하여야 하는 본질적 사항에 해당되는지는, 구체적 사례에서 관련된 이익 내지 가치의 중요성, 규제 또는 침해의 정도와 방법 등을 고려하여 개별적으로 결정하여야 하지만, 규율대상이 국민의 기본권과 관련된 중요성을 가질수록 그리고 그에 관한 공개적 토론의 필요성 또는 상충하는 이익 사이의 조정필요성이 클수록, 그것이 국회의 법률에 의하여 직접 규율될 필요성은 더 증대된다. 따라서 국민의 권리·의무에 관한 기본적이고 본질적인 사항은 국회가 정하여야 하고, 헌법상 보장된 국민의 자유나 권리를 제한할 때에는 적어도 그 제한의 본질적인 사항에 관하여 국회가 법률로써 스스로 규율하여야 한다.

[2] 헌법 제75조는 "대통령은 법률에서 구체적으로 범위를 정하여 위임받은 사항과 법률을 집행하기 위하여 필요한 사항에 관하여 대통령령을 발할 수 있다"라고 규정하고 있다. 따라서 대통령은 법률에서 구체적으로 범위를 정하여 위임받은 사항과 법률을 집행하기 위하여 필요한 사항에 관하여만 대통령령을 발할 수 있으므로, 법률의 시행령은 모법인 법률에 의하여 위임받은 사항이나 법률이 규정한 범위 내에서 법률을 현실적으로 집행하는 데 필요한 세부적인 사항만을 규정할 수 있을 뿐, 법률에 의한 위임이 없는 한 법률이 규정한 개인의 권리·의무에 관한 내용을 변경·보충하거나 법률에 규정되지 아니한 새로운 내용을 규정할 수는 없다.

[3] 법외노조통보는 적법하게 설립된 노동조합의 법적 지위를 박탈하는 중대한 침익적 처분으로서 원칙적으로 국민의 대표자인 입법자가 스스로 형식적 법률로써 규정하여야 할 사항이고, 행정입법으로 이를 규정하기 위하여는 반드시 법률의 명시적이고 구체적인 위임이 있어야 한다. 기출 23 그런데 구 노조법 시행령 제9조 제2항은 법률의 위임 없이 법률이 정하지 아니한 법외노조통보에 관하여 규정함으로써 헌법상 노동3권을 본질적으로 제한하고 있으므로 그 자체로 무효이다(대판 2020.9.3, 2016두32992[전합]).

제3절 노동조합의 운영과 활동

I 조합원의 지위 및 권리·의무

1. 의의

근로자는 자유로이 노동조합을 조직하거나 이에 가입하여 조합원의 지위를 취득할 수 있다(노조법 제5조 제1항). 조합원의 지위를 취득함으로써 근로자는 조합원으로서 일정한 권리를 향유하고 의무를 부담하게 된다.

2. 조합원지위의 취득 및 상실

(1) 조합원지위의 취득

1) 새로운 조합의 결성

노동조합의 조직행위란 근로자들이 공동으로 조직체를 창설하고, 그 조직체의 구성원이 되는 것을 말한다.

2) 기존 조합에의 가입

① 노동조합이 민주성 및 자주성의 원칙에 따라, 조합규약에 의하여 자신의 조합원자격을 자유로이 정할 수 있음은 당연하다. 따라서 노동조합은 일정한 직종·산업 또는 소속 기업을 정하여 이에 종사하는 근로자만을 자신의 노동조합에 가입하도록 허용하거나, 근로자지위 등을 기준으로 조합원자격에 일정한 제한을 둘 수도 있다. 다만, 노조법 제9조는 노동조합의 조합원은 어떠한 경우에도 인종·종교·성별·정당 또는 신분에 의하여 차별대우를 받지 아니한다고 규정하고 있다.

② 조합원자격을 가지고 있는 근로자에 대하여 노동조합이 그 조합 가입을 제한할 수 있는지가 문제되나, 판례는 유니언숍협정에 의한 가입 강제가 있는 경우에는 단체협약에 명문규정이 없더라도 노동조합의 요구가 있으면 사용자는 노동조합에서 탈퇴한 근로자를 해고할 수 있기 때문에 조합 측에서 근로자의 조합 가입을 거부하게 되면 이는 곧바로 해고로 직결될 수 있으므로 조합은 노조가입신청인에게 제명에 해당하는 사유가 있다는 등의 특단의 사정이 없는 한 그 가입에 대하여 승인을 거부할 수 없고, 따라서 조합 가입에 조합원의 사전동의를 받아야 한다거나 탈퇴조합원이 재가입하려면 대의원대회와 조합원총회에서 각 3분의 2 이상의 찬성을 얻어야만 된다는 조합 가입에 관한 제약은 그 자체가 위법 부당하다고(대판 1996.10.29. 96다28899) 판시하고 있다.

3) 관련 판례

사용자와 노동조합 사이에 체결된 단체협약은 특약에 의하여 일정 범위의 근로자에 대하여만 적용하기로 정하고 있는 등의 특별한 사정이 없는 한 협약당사자로 된 노동조합의 구성원으로 가입한 조합원 모두에게 현실적으로 적용되는 것이 원칙이고, 다만 단체협약에서 노사 간의 상호 협의에 의하여 규약상 노동조합의 조직 대상이 되는 근로자의 범위와는 별도로 조합원이 될 수 없는 자(과장급 이상의 직책을 가진 자)를 특별히 규정함으로써 일정 범위의 근로자들에 대하여 위 단체협약의 적용을 배제하고자 하는 취지의 규정을 둔 경우에는, 비록 이러한 규정이 노동조합규약에 정해진 조합원의 범위에 관한 규정과 배치된다 하더라도 무효라고 볼 수 없다(대판 2004.1.29. 2001다6800). 기출 23

(2) 조합원지위의 상실

조합원이 법령 또는 조합규약에서 정한 자격을 충족하지 못한 경우에는, 원칙적으로 조합원으로서의 지위를 상실한다. 또한 조합에서 탈퇴, 제명당하거나, 노동조합이 해산한 경우 등에도 그러하다. 조합원지위를 상실한 경우에는 조합원으로서의 권리와 의무를 상실하고, 조합재산에 대한 재산분할청구권도 인정되지 아니한다.

3. 조합원의 권리 · 의무

(1) 조합원의 권리

1) 평등권

① **균등참여권** : 노동조합의 조합원은 균등하게 그 노동조합의 모든 문제에 참여할 권리와 의무를 가진다. 다만, 노동조합은 그 규약으로 조합비를 납부하지 아니하는 조합원의 권리를 제한할 수 있다(노조법 제22조). 기출 21 · 23 · 25

② **차별대우의 금지** : 노동조합의 조합원은 어떠한 경우에도 인종, 종교, 성별, 연령, 신체적 조건, 고용형태, 정당 또는 신분에 의하여 차별대우를 받지 아니한다(노조법 제9조). 기출 16 · 20 · 25

2) 임원선거권 · 피선거권

조합원은 그 조합의 임원을 선출하고 또한 자신이 임원으로 선출될 수 있는 권리를 가지며, 임원을 해임할 수도 있다. 노동조합은 규약으로 총회에 갈음할 대의원회를 둘 수 있으며, 대의원은 조합원의 직접 · 비밀 · 무기명투표에 의하여 선출되어야 한다(노조법 제16조, 제17조). 기출 15 · 16

3) 총회출석 · 의결권 및 임시총회소집요구권

조합원은 총회에 출석하여 발언하고 의결에 참여할 권리를 가진다. 조합원 또는 대의원의 3분의 1 이상이 회의에 부의할 사항을 제시하고 회의의 소집을 요구할 때에는 조합대표자는 지체 없이 임시총회 또는 임시대의원회를 소집하여야 한다(노조법 제18조 제2항). 기출 14

4) 조합운영상황공개요구권

노동조합의 대표자는 회계연도마다 결산결과와 운영상황을 공표하여야 하며 조합원의 요구가 있을 때에는 이를 열람하게 하여야 한다(노조법 제26조). 기출 13 · 15 · 24

5) 재산분할청구권

조합 해산 시는 인정되나, 탈퇴 · 제명 시는 인정되지 아니한다.

(2) 조합원의 의무

조합비 납부의무는 조합활동의 재정적 기반이므로 어느 조합원도 면제될 수 없는 기본적 의무이다. 또한 조합원은 조합의 규약준수의무, 조합지시에 복종할 의무 및 조합활동에 참가할 의무를 부담한다.

Ⅱ 노동조합의 규약과 행정관청의 감독 등

1. 조합규약

(1) 의 의

조합규약은 노동조합의 자주적이고 민주적인 조직·운영 및 활동 등에 관한 기본사항을 정하고 있는 자주적인 조합규범이다. 따라서 노동조합이 자주적으로 만든 선거관리규정은 일종의 자치적 법규범으로 국가법질서 내에서 법적 효력을 가진다(대판 1998.2.27. 97다43567). 기출 23

(2) 조합규약의 내용

1) 의무적 기재사항(노조법 제11조)
   ① 명 칭
   ② 목적과 사업
   ③ 주된 사무소의 소재지 기출 19
   ④ 조합원에 관한 사항(연합단체인 노동조합에 있어서는 그 구성단체에 관한 사항) 기출 14
   ⑤ 소속된 연합단체가 있는 경우에는 그 명칭 기출 21
   ⑥ 대의원회를 두는 경우에는 대의원회에 관한 사항
   ⑦ 회의에 관한 사항 기출 19·21·25
   ⑧ 대표자와 임원에 관한 사항
   ⑨ 조합비, 기타 회계에 관한 사항
   ⑩ 규약 변경에 관한 사항 기출 19·21
   ⑪ 해산에 관한 사항 기출 13
   ⑫ 쟁의행위와 관련된 찬반투표 결과의 공개, 투표자 명부 및 투표용지 등의 보존·열람에 관한 사항
   기출 16·21·25
   ⑬ 대표자와 임원의 규약 위반에 대한 탄핵에 관한 사항 기출 25
   ⑭ 임원 및 대의원의 선거절차에 관한 사항, 규율과 통제에 관한 사항 기출 18·19·25

2) 임의적 기재사항
   ① **법정 임의적 기재사항** : 법정 임의적 기재사항은 조합규약에 기재하지 아니하여도 무방하나, 조합규약에 기재하지 아니한 경우에는 그 사항에 관하여 법적 효력이 부여되지 아니한다고 법에 명시된 사항을 말한다.
      ㉠ 노동조합의 법인격 취득(노조법 제6조 제1항)
      ㉡ 대의원회 설치(노조법 제17조 제1항)
      ㉢ 조합비를 납부하지 아니한 조합원의 권리 제한(노조법 제22조)
      ㉣ 총회 및 대의원회의 소집공고기간 단축(노조법 제19조)
   ② **자치 임의적 기재사항** : 자치 임의적 기재사항은 조합규약에 기재하는 경우에는 그 사항에 관하여 법적 효력이 인정되는 것은 물론이고, 조합규약에 기재하지 아니하였다고 하더라도 법적 효력이 반드시 부인되는 것은 아닌 사항을 말한다.

3) 금지적 기재사항
   강행법규에 위반되는 사항과 노동조합의 목적에 위배되는 사항을 기재하여서는 아니 된다. 조합규약이 노동관계법령에 위반한 경우, 행정관청은 노동위원회의 의결을 얻어 그 시정을 명할 수 있다(노조법 제21조 제1항).
   기출 21·23

(3) 규약의 제·개정절차

조합규약의 제정·변경에 관한 사항은, 조합원의 직접·비밀·무기명투표에 의하여 재적조합원 과반수의 출석과 출석조합원 3분의 2 이상의 찬성으로 의결한다(노조법 제16조 제2항). 다만, 총회에 갈음한 대의원회를 둔 경우에는 이를 준용한다. 기출 21

(4) 조합규약의 효력

판례에 의하면 노동조합의 조합규약의 제정에 있어서도 그의 내용이 강행법규에 위반되어서는 아니 되는 등의 제한이 따르는 터이므로 그 제한에 위반된 자치적 법규범의 규정은 무효라고 할 것이어서, 노동조합이 조합규약에 근거하여 자체적으로 만든 신분보장대책기금관리규정에 기한 위로금의 지급을 둘러싼 노동조합과 조합원 간의 분쟁에 관하여 노동조합을 상대로 일절 소송을 제기할 수 없도록 정한 노동조합의 신분보장대책기금관리규정 제11조는 조합원의 재산권에 속하는 위로금의 지급을 둘러싸고 생기게 될 조합원과 노동조합 간의 법률상의 쟁송에 관하여 헌법상 보장된 조합원의 재판을 받을 권리를 구체적 분쟁이 생기기 전에 미리 일률적으로 박탈한 것으로서 국민의 재판을 받을 권리를 보장한 위의 헌법 및 법원조직법의 규정과 부제소 합의 제도의 취지에 위반되어 무효라고(대판 2002.2.22. 2000다65086) 판시하고 있다. 기출 23

2. 행정관청의 감독

행정관청은 노동조합의 자주적·민주적 운영 및 활동을 위하여 필요한 경우에 한하여 개입할 수 있고, 최소한에 그쳐야 한다.

(1) 조합규약 및 조합결의·처분의 시정(노조법 제21조)

① 행정관청은 노동조합의 규약이 노동관계법령에 위반한 경우에는 노동위원회의 의결을 얻어 그 시정을 명할 수 있다.
② 행정관청은 노동조합의 결의 또는 처분이 노동관계법령 또는 규약에 위반된다고 인정할 경우에는 노동위원회의 의결을 얻어 그 시정을 명할 수 있다. 다만, 규약 위반 시의 시정명령은 이해관계인의 신청이 있는 경우에 한한다. 기출 20·22
③ 규약 및 결의 또는 처분의 시정명령을 받은 노동조합은 30일 이내에 이를 이행하여야 한다. 다만, 정당한 사유가 있는 경우에는 그 기간을 연장할 수 있다.

(2) 자료의 제출

① 노동조합은 행정관청이 요구하는 경우에는 결산결과와 운영상황을 보고하여야 한다(노조법 제27조). 기출 13·15·25
② 행정관청은 노동조합으로부터 결산결과 또는 운영상황의 보고를 받으려는 경우에는 그 사유와 그 밖에 필요한 사항을 적은 서면으로 10일 이전에 요구해야 한다(노조법 시행령 제12조). 기출 24

(3) 서류비치의무(노조법 제14조)

① 노동조합은 조합설립일부터 30일 이내에 조합원 명부(연합단체인 노동조합에 있어서는 그 구성단체의 명칭), 규약, 임원의 성명·주소록, 회의록, 재정에 관한 장부와 서류를 작성하여 그 주된 사무소에 비치하여야 한다. 기출 23·24·25
② 이 경우 회의록, 재정에 관한 장부와 서류는 3연간 보존하여야 한다. 기출 13·17·23·24·25

(4) 설립신고의 변경신고 및 통보(노조법 제13조)

① 노동조합은 설립신고된 사항 중 명칭, 주된 사무소의 소재지, 대표자의 성명, 소속된 연합단체의 명칭에 변경이 있는 때에는 그날부터 30일 이내에 행정관청에게 변경신고를 하여야 한다. 기출 13
② 노동조합은 매년 1월 31일까지 전년도에 규약의 변경이 있는 경우에는 변경된 규약내용, 전년도에 임원의 변경이 있는 경우에는 변경된 임원의 성명, 전년도 12월 31일 현재의 조합원수(연합단체인 노동조합에 있어서는 구성단체별 조합원수)를 행정관청에게 통보하여야 한다.

3. 재정 등의 지원 제한

(1) 사용자에 의한 재정 등의 지원 제한

1) 노동조합 설립에 대한 지원 제한

경비의 주된 부분을 사용자로부터 원조받은 경우, 노동조합 설립의 실질적 요건을 갖추지 못하였으므로 노동조합으로 보지 아니한다(노조법 제2조 제4호 단서 나목).

2) 노동조합 조직·운영에 대한 지원 제한

근로자가 노동조합을 조직 또는 운영하는 것을 지배하거나 이에 개입하는 행위와 근로시간 면제한도를 초과하여 급여를 지급하거나 노동조합의 운영비를 원조하는 행위는 부당노동행위가 된다(노조법 제81조 제1항 제4호). 다만, 근로자가 근로시간 중에 사용자와 협의·교섭하는 등의 활동을 하는 것을 사용자가 허용함은 무방하며, 또한 근로자의 후생자금 또는 경제상의 불행 그 밖에 재해의 방지와 구제 등을 위한 기금의 기부와 최소한의 규모의 노동조합사무소의 제공 및 그 밖에 이에 준하여 노동조합의 자주적인 운영 또는 활동을 침해할 위험이 없는 범위에서의 운영비 원조행위는 예외로 한다. 기출 14

(2) 제3자에 의한 노동관계지원 제한

노동조합과 사용자는 단체교섭 또는 쟁의행위와 관련하여 해당 노동조합이 가입한 산업별 연합단체 또는 총연합단체, 해당 사용자가 가입한 사용자단체, 해당 노동조합 또는 사용자가 지원을 받기 위하여 행정관청에게 신고한 자 및 기타 법령에 의하여 정당한 권한을 가진 자로부터 지원을 받을 수 있다.

Ⅲ 노동조합의 기구

노동조합에는 의사결정기관, 집행기관 및 감사기관 등이 있다. 노동조합은 규약으로 그 밖의 조합기관을 두어 특별임무를 수행하도록 할 수 있다.

1. 의결기관

노조법은 노동조합의 의결기관으로서 총회와 대의원회를 두고 있는데, 조합의 최고의사결정기관은 총회이다. 다만, 대규모의 조합에서는 모든 조합원이 총회에 참가한다는 것은 어려운 일이므로, 규약으로 총회에 갈음하여 대의원회를 둘 수 있다(노조법 제17조 제1항).

(1) 총 회

1) 개최시기
① **정기총회**(노조법 제15조)
㉠ 노동조합은 매년 1회 이상 총회를 개최하여야 한다. 기출 13·14·16·22
㉡ 노동조합의 대표자는 총회의 의장이 된다. 기출 13·15·16

② **임시총회**(노조법 제18조)
㉠ 노동조합의 대표자는 필요하다고 인정할 때에는 임시총회 또는 임시대의원회를 소집할 수 있다. 기출 23
㉡ 노동조합의 대표자는 조합원 또는 대의원의 3분의 1 이상(연합단체인 노동조합에 있어서는 그 구성단체의 3분의 1 이상)이 회의에 부의할 사항을 제시하고 회의의 소집을 요구한 때에는 지체 없이 임시총회 또는 임시대의원회를 소집하여야 한다. 기출 13·24
㉢ 행정관청은 노동조합의 대표자가 회의의 소집을 고의로 기피하거나 이를 해태하여 조합원 또는 대의원의 3분의 1 이상이 소집권자의 지명을 요구한 때에는 15일 이내에 노동위원회의 의결을 요청하고 노동위원회의 의결이 있는 때에는 지체 없이 회의의 소집권자를 지명하여야 한다. 기출 22
㉣ 행정관청은 노동조합에 총회 또는 대의원회의 소집권자가 없는 경우에 조합원 또는 대의원의 3분의 1 이상이 회의에 부의할 사항을 제시하고 소집권자의 지명을 요구한 때에는 15일 이내에 회의의 소집권자를 지명하여야 한다. 기출 22·24 이와 관련하여 판례는 산업별 노동조합의 지회 소속 조합원들이 지회의 운영규칙 등에 정한 총회 소집절차를 거치지 않고 그들 스스로 소집권자를 지정하여 총회를 소집한 후 조합의 조직형태를 산업별 노동조합에서 기업별 노동조합으로 변경하기로 결의한 경우, 그 결의는 소집절차에 중대한 하자가 있어 무효라고(대판 2009.3.12. 2008다2241) 판시하고 있다. 기출 13·17

2) 소집절차
① 총회 또는 대의원회는 회의개최일 7일 전까지 그 회의에 부의할 사항을 공고하고 규약에 정한 방법에 의하여 소집하여야 한다. 다만, 노동조합이 동일한 사업장 내의 근로자로 구성된 경우에는 그 규약으로 공고기간을 단축할 수 있다(노조법 제19조). 기출 13
② 노동조합의 대의원대회의 개최에 노조규약상 소집공고기간의 부준수 등 절차상 하자가 있다 하더라도 그 대회에 모든 대의원이 참석하였고, 거기서 다룬 안건의 상정에 관하여 어떠한 이의도 없었으므로 위 하자는 경미한 것이어서 위 대의원대회에서 한 결의는 유효하다(대판 1992.3.27. 91다29071).
③ [1] 노동조합의 대의원대회에 재적대의원 전원이 출석하여 전원의 찬성으로 위원장을 직선으로 선출하는 것을 전제로 규약을 개정하기로 의결을 한 것이라면, 노동조합이 그 규약개정안을 회의에 부의할 사항으로 미리 공고하지 아니한 채 대의원대회를 개최한 절차상의 흠이 있다고 하더라도, 그 대의원대회의 결의 자체를 무효라고 볼 수 없다.
[2] 노동조합이 규약으로 임원이 될 수 있는 자격을 일정한 수 이상의 조합원의 추천을 받은 자 및 노동조합원이 된 때로부터 일정한 기간이 경과한 자로 제한한 경우에도, 추천을 받아야 할 조합원의 숫자가 전체 조합원의 숫자에 비추어 소수 조합원의 권리를 해할 우려가 있는 정도에 이르지 아니하고, 요구되는 기간이 사용자와 노동조합의 실정을 파악하여 노동조합의 임원으로 직무를 수행하는 데에 필요하다고 인정되는 합리적인 기간을 넘어서는 것이 아니라면, 노동조합이 자주적인 판단에 따라 규약으로 정할 수 있는 것으로서 조합원들의 피선거권의 평등에 대한 현저한 침해라고는 볼 수 없으므로, 그와 같은 규약은 노조법 제22조에 위반하는 것이 아니라고 봄이 상당하다(대판 1992.3.31. 91다14413).

3) 의결사항(노조법 제16조 제1항 : 필요적)
① 규약의 제정과 변경에 관한 사항
② 임원의 선거와 해임에 관한 사항
③ 단체협약에 관한 사항 기출 21·22
④ 예산·결산에 관한 사항
⑤ 기금의 설치·관리 또는 처분에 관한 사항
⑥ 연합단체의 설립·가입 또는 탈퇴에 관한 사항 기출 14
⑦ 합병·분할 또는 해산에 관한 사항 기출 22
⑧ 조직형태의 변경에 관한 사항 기출 22
⑨ 기타 중요한 사항

4) 의결방법
① 원칙 : 재적조합원 과반수의 출석과 출석조합원 과반수의 찬성으로 의결한다(노조법 제16조 제2항 본문). 노동조합이 특정 조합원에 관하여 의결할 때에는 그 조합원은 표결권이 없다(노조법 제20조). 기출 13·15·24·25
② 예 외 기출 15·16·18·21·22
  ㉠ 규약의 제정·변경, 임원의 해임, 합병·분할·해산 및 조직형태의 변경에 관한 사항은 재적조합원 과반수의 출석과 출석조합원 3분의 2 이상의 찬성이 있어야 한다(노조법 제16조 제2항 단서). 다만, 임원의 선거에 있어서 출석조합원 과반수의 찬성을 얻은 자가 없는 경우에는 규약이 정하는 바에 따라 결선투표를 실시하여 다수의 찬성을 얻은 자를 임원으로 선출할 수 있다(노조법 제16조 제3항). 기출 14·15
  ㉡ 규약의 제정·변경, 임원의 선거·해임 및 대의원 선출에 관한 사항은 조합원의 직접·비밀·무기명투표에 의하여야 한다. 기출 13·14
  ㉢ 연합단체의 설립과 가입에 관한 사항은 일반결의사항이나, 하급심 판례에 따르면 연합단체의 설립·가입과 탈퇴에 관한 사항이 노동조합규약에 기재된 경우에 연합단체를 변경하는 것은 규약의 제정·변경에 관한 사항에 해당하므로 특별결의를 요한다(서울고판 2012.7.6. 2011나94099).

5) 관련 판례
① 노동조합의 연합단체 가입에 관한 의결정족수 : 노조법 제16조는 제1항에서 '연합단체의 설립·가입 또는 탈퇴에 관한 사항'을 노동조합 총회의 의결사항으로 규정하면서(제6호), 제2항 본문에서 그 의결에 재적조합원 과반수의 출석과 출석조합원 과반수의 찬성이라는 일반의결정족수를 요구하고 있고, 같은 항 단서의 재적조합원 과반수의 출석과 출석조합원 3분의 2 이상의 찬성이라는 특별의결정족수를 충족해야 하는 사항으로는 정하고 있지 않다(대판 2023.11.16. 2019다289310).[38] 즉 노동조합이 연합단체에 가입하기 위해서는 일반의결정족수를 충족하는 것으로 족하다는 취지이다.

---

38) 서울고판 2012.7.6. 2011나94099와의 구별을 위해 아래에서 판결이유를 살펴본다.
원고는 서울고판 2012.7.6. 2011나94099 판결을 들면서 연합단체의 설립, 가입 또는 탈퇴에 관한 사항은 규약의 제정·변경에 관한 사항에 해당하여 노동조합의 특별결의가 필요하다고 주장한다. 하지만 위 판결과 결정은 규약에 소속된 연합단체의 명칭이 기재된 경우 소속된 연합단체를 탈퇴하고 새로운 연합단체에 가입하는 의결은 소속된 연합단체의 명칭과 내용에 관한 규약을 실질적으로 변경하는 것으로 노조법 제16조 제2항 단서의 규약의 변경에 해당하여 특별결의가 필요하다는 취지로, '다르게 바꾸어 새롭게 고침'이라는 변경의 사전적 의미 등에 비추어 볼 때 기존에 소속된 연합단체가 없어 탈퇴와 가입으로 연합단체가 바뀌어 규약의 변경 문제가 발생할 여지가 없고 단지 신규로 연합단체에 가입하여 노조법 제16조 제1항 제6호의 연합단체의 가입에만 해당하는 이 사건과 사안을 달리한다(대판 2023.11.16. 2019다289310). 생각건대 대법원 판결은 규약에 소속된 연합단체의 명칭이 기재되지 않은 경우 연합단체에 가입하는 것은 일반결의로 족하나, 규약에 소속 연합단체 명칭이 기재된 경우라면 규약 변경이 필요한 경우에 해당하게 되어 특별결의가 필요하다는 취지로 이해하여야 할 것이다.

② **노동조합의 대표자 선출에 관한 의결정족수** : [1] 노조법 제16조 제1항 소정의 '임원의 선거에 관한 사항'에 임원의 선거 자체가 포함됨은 명백하고, 한편 총회의 의결방법에 관하여 규정하고 있는 같은 조 제2항은 노동조합의 구성원인 조합원이 그 조직과 운영에 관한 의사결정에 다수결의 원칙에 따라 관여할 수 있도록 함으로써 이른바 조합민주주의를 실현하기 위한 규정이므로 총회의 의결방법에 관한 위 규정은 강행규정이고, 위 규정의 문언에 의하더라도 총회의 특별결의를 요하는 사항이 아닌 총회의결사항은 재적조합원 과반수의 출석과 출석조합원 과반수의 찬성으로 의결하도록 규정되어 있는 바이므로, 총회에서 노동조합의 대표자인 임원으로 선출되기 위하여는 재적조합원 과반수가 출석하여 투표를 시행하고 아울러 총투표자 과반수의 득표를 하여야 한다.

[2] 노동조합의 대표자선거의 2차 투표에서 총투표수의 과반수에는 미달하나 총유효투표수의 과반수를 득표한 후보자를 당선자로 인정한 원심판결은 법리오해를 이유로 파기한다(대결 1995.8.29. 95마645).

(2) 대의원회

1) 선 출

대의원은 조합원의 직접·비밀·무기명투표에 의하여 선출되어야 한다(노조법 제17조 제2항). 대의원을 간접적인 방법에 의하여 선출할 수 있는지가 문제되나, 판례는 구 노조법이 강행규정이라고 할 것이므로, 다른 특별한 사정이 없는 한 위 법 조항에 위반하여 조합원이 대의원의 선출에 직접 관여하지 못하도록 간접적인 선출방법을 정한 규약이나 선거관리규정 등은 무효라고(대판 2000.1.14. 97다41349) 판시하고 있다. **기출 21·24**

2) 임 기

대의원의 임기는 규약으로 정하되 3년을 초과할 수 없다(노조법 제17조 제4항). **기출 14**

3) 대의원회의 권한

대의원회는 총회에 갈음하는 기관이므로 총회에 관한 규정은 대의원회에 준용된다(노조법 제17조 제5항). **기출 25**

4) 총회와 대의원회의 의결사항의 구별

규약에서 대의원회의 의결사항으로 규정한 사항에 대하여 총회가 의결할 수 있는지가 문제되나, 판례는 노조법 제16조 제1항, 제2항, 제17조 제1항에 따라 노동조합이 규약에서 총회와는 별도로 총회에 갈음할 대의원회를 두고 총회의 의결사항과 대의원회의 의결사항을 명확히 구분하여 정하고 있는 경우, 특별한 사정이 없는 이상 총회가 대의원회의 의결사항으로 정해진 사항을 곧바로 의결하는 것은 규약에 반하나, 총회가 규약의 제·개정결의를 통하여 총회에 갈음할 대의원회를 두고 '규약의 개정에 관한 사항'을 대의원회의 의결사항으로 정한 경우라도 이로써 총회의 규약개정권한이 소멸된다고 볼 수 없고, 총회는 여전히 노조법 제16조 제2항 단서에 정해진 재적조합원 과반수의 출석과 출석조합원 3분의 2 이상의 찬성으로 '규약의 개정에 관한 사항'을 의결할 수 있다고(대판 2014.8.26. 2012두6063) 판시하고 있다. **기출 23**

2. 집행기관

(1) 의 의

집행기관은 대외적으로 노동조합을 대표하고, 노동조합의 의사를 표시하며, 대내적으로 노동조합의 업무를 집행하는 기관이다. 노조법은 노동조합의 집행기관으로서 대표자와 임원을 둘 것을 예정하고 있다(노조법 제11조 제8호·제13호·제14호).

(2) 선임과 해임

① 노동조합의 임원자격은 규약으로 정한다. 이 경우 하나의 사업 또는 사업장을 대상으로 조직된 노동조합의 임원은 그 사업 또는 사업장에 종사하는 조합원 중에서 선출하도록 정한다(노조법 제23조 제1항). 기출 25 2021년 개정 노조법은 기업별 단위노조의 경우에만 임원자격을 종사근로자인 조합원으로 제한하고 있으므로, 종사근로자 아닌 조합원은 기업별 단위노조의 대의원이나 임원이 될 수 없도록 한 것으로 이해된다. 그러나 산업별 노조나 연합노조 등의 경우에는, 규약으로 정하는 바에 따라 종사근로자 아닌 조합원 중에서 임원을 선출할 수 있고, 조합원이 아닌 외부인을 임원으로 영입할 수도 있도록 하고 있다.

② 임원은 조합원의 직접·비밀·무기명투표에 의하여(노조법 제16조 제4항) 재적조합원 과반수의 출석과 출석조합원 과반수의 찬성으로 선출되어야 한다(노조법 제16조 제2항 본문).

③ 임원의 해임에 관한 사항은, 재적조합원 과반수의 출석과 출석조합원 3분의 2 이상의 찬성으로 의결한다(노조법 제16조 제2항 단서). 기출 18

(3) 임 기

임원의 임기는 규약으로 정하되 3년을 초과할 수 없다(노조법 제23조 제2항). 기출 21·23

(4) 권 한

1) 대표권

집행기관은 노동조합을 대외적으로 대표하는데, 단체교섭과 단체협약의 체결 등이 그것이다.

2) 업무집행권

총회의 의장이 되고, 회계감사를 실시하게 하며, 임시총회를 소집하고, 노조의 운영상황을 공개하여야 한다.

3. 노조전임자와 근로시간면제제도

(1) 노조전임자[39)40)]

1) 의 의

사용자 또는 노동조합으로부터 급여를 지급받으면서 근로계약 소정의 근로를 제공하지 아니하고 노동조합의 업무에 종사하는 자를 흔히 노조전임자라고 한다. 노동조합이 전임자를 두는 것은 단체협약으로 정하거나 사용자의 동의가 있어야 가능하고 노동조합이 일방적으로 이를 정할 수 없다.

---

39) 2021.1.5. 노조법 개정으로 구 노조법 제24조 제1항의 노조전임자라는 규정이 삭제되고 근로시간면제자제도가 도입되었으나, 노동조합의 전임간부제도인 노조전임자는 여전히 현실적으로 존재하고 있기 때문에 강학상 노조전임자 개념도 종전과 같이 존재하는 것으로 보는 것이 타당하므로 노조전임자에 대한 종전의 판례법리를 자세하게 논의할 실익이 있다. 한편 이 법리는 일종의 유급전임자에 해당하는 근로시간면제자에게도 원칙적으로 적용된다고 이해된다.

40) 전임자에 대한 더 자세한 내용은 후술한 노조전임제도를 참조하라.

2) 구 별

노조전임자는 급여지급 주체와 근로제공의무 면제 여부에 따라 급여를 사용자에게서 지급받는 경우(유급전임자, 근로시간면제자)와 사용자에게서는 받지 아니하고 노동조합에서 받는 경우(무급전임자)로, 근로제공의무를 전부면제 받는 경우(완전전임자)와 일부만 면제받는 경우(부분전임자)로 구분하여 볼 수 있다. 한편 유급전임자와는 달리 근로시간면제자에 대하여 노조법은 근로시간 면제 한도를 초과하는 내용을 정한 단체협약 또는 사용자의 동의는 그 부분에 한정하여 무효로 하고 있고(노조법 제24조 제4항), 사용자가 근로시간 면제 한도를 초과하여 급여를 지급하는 것은 부당노동행위의 일종으로 금지하고 있다는 점(노조법 제81조 제1항 제4호)에서, 양자는 일단 구별될 수 있다. 근로시간면제자는 노조법 제24조 제2항 이하의 적용을 받는다.

3) 지 위

① **전임발령** : 전임자를 둔다는 단체협약이 있더라도 다른 규정이나 관행이 없다면 사용자가 해당 근로자에 대하여 전임발령을 하여야 비로소 전임자가 된다.

② **관련 판례**
   ㉠ [1] 노동조합전임운용권이 노동조합에 있는 경우에도 그 행사가 법령의 규정 및 단체협약에 위배되거나 권리남용에 해당하는 등 특별한 사정이 있는 경우에는 그 내재적 제한을 위반한 것으로서 무효라고 보아야 하고, 노동조합전임운용권의 행사가 권리남용에 해당하는지 여부는 전임운용권 행사에 관한 단체협약의 내용, 그러한 단체협약을 체결하게 된 경위와 당시의 상황, 노조원의 수 및 노조업무의 분량, 그로 인하여 사용자에게 발생하는 경제적 부담, 비슷한 규모의 다른 노동조합의 전임자운용실태 등 제반 사정을 종합적으로 검토하여 판단하여야 한다.
   [2] 노동조합의 전임자통지가 사용자의 인사명령을 거부하기 위한 수단으로 이용된 것으로 보아, 이러한 경우의 노동조합전임운용권의 행사는 권리남용에 해당한다(대판 2009.12.24. 2009도9347).
   ㉡ 판례는 단체협약이 유효기간의 만료로 효력이 상실되었고, 단체협약상의 노조대표의 전임규정이 새로운 단체협약 체결 시까지 효력을 지속시키기로 약정한 규범적 부분도 아닌 경우, 그 단체협약에 따라 노동조합업무만을 전담하던 노조전임자는 사용자의 원직복귀명령에 응하여야 할 것이므로 그 원직복귀명령에 불응한 행위는 취업규칙 소정의 해고사유에 해당하고, 따라서 사용자가 원직복귀명령에 불응한 노조전임자를 해고한 것은 정당한 인사권의 행사로서 그 해고사유가 표면적인 구실에 불과하여 징계권 남용에 의한 부당노동행위에 해당하지 않는다고(대판 1997.6.13. 96누17738) 한다.

4) 활 동

① 노조전임자라 할지라도 사용자와의 사이에 기본적 근로관계는 유지되는 것으로서 취업규칙이나 사규의 적용이 전면적으로 배제되는 것이 아니므로 단체협약에 조합전임자에 관하여 특별한 규정을 두거나 특별한 관행이 존재하지 아니하는 한 출·퇴근에 대한 사규의 적용을 받게 된다. 노동조합의 업무가 사용자의 노무관리업무와 전혀 무관한 것이 아니고 안정된 노사관계의 형성이라는 면에서 볼 때는 오히려 밀접하게 관련되어 있으므로, 근로계약 소정의 본래 업무를 면하고 노동조합의 업무를 전임하는 노조전임자의 경우에 있어서 출근은 통상적인 조합업무가 수행되는 노조사무실에서 조합업무에 착수할 수 있는 상태에 임하는 것이라 할 것이고, 만약 노조전임자가 사용자에 대하여 취업규칙 등 소정의 절차를 취하지 아니한 채 위와 같은 상태에 임하지 아니하는 것은 무단결근에 해당한다(대판 1995.4.11. 94다58087).

② 판례에 의하면 노동조합업무 전임자가 근로계약상 본래 담당할 업무를 면하고 노동조합의 업무를 전임하게 된 것이 단체협약 혹은 사용자인 회사의 승낙에 의한 것이라면, 이러한 전임자가 담당하는 노동조합업무는, 그 업무의 성질상 사용자의 사업과는 무관한 상부 또는 연합관계에 있는 노동단체와 관련된 활동이나 불법적인 노동조합활동 또는 사용자와 대립관계로 되는 쟁의단계에 들어간 이후의 활동 등이 아닌 이상, 회사의 노무관리업무와 밀접한 관련을 가지는 것으로서 사용자가 본래의 업무 대신에 이를 담당하도록 하는 것이어서 그 자체를 바로 회사의 업무로 볼 수 있고, 따라서 그 전임자가 노동조합업무를 수행하거나 이에 수반하는 통상적인 활동을 하는 과정에서 그 업무에 기인하여 발생한 재해는 산업재해보상보험법 제5조 제1호 소정의 업무상 재해에 해당한다고 한다. 그리고 산업별 노동조합은 기업별 노동조합과 마찬가지로 동종 산업에 종사하는 근로자들이 직접 가입하고 원칙적으로 소속 단위사업장인 개별기업에서 단체교섭 및 단체협약체결권과 조정신청 및 쟁의권 등을 갖는 단일조직의 노동조합이라 할 것이므로, 산업별 노조의 노동조합업무를 사용자의 사업과 무관한 상부 또는 연합관계에 있는 노동단체와 관련된 활동으로 볼 수는 없다고(대판 2007.3.29, 2005두11418) 한다.

5) 급 여

구 노조법은 전임자가 그 전임기간 동안 사용자로부터 급여를 받는 것을 금지하고, 사용자가 전임자에게 급여를 지원하는 것 또한 부당노동행위로서 금지하고 있었으나, 2021년 개정 노조법은 이들 규정을 전임자의 급여문제를 당사자의 자율에 맡기지 아니하고 법률로 강제하는 것은 국제노동기준에 어긋나는 것으로 보아 삭제하였다.

(2) 근로시간면제자

1) 의 의

① 근로자는 단체협약으로 정하거나 사용자의 동의가 있는 경우에는 사용자 또는 노동조합으로부터 급여를 지급받으면서 근로계약 소정의 근로를 제공하지 아니하고 노동조합의 업무에 종사할 수 있다(노조법 제24조 제1항). 기출 22·24

② 사용자로부터 급여를 지급받는 근로자(이하 "근로시간면제자")는 사업 또는 사업장별로 종사근로자인 조합원 수 등을 고려하여 근로시간면제한도를 초과하지 아니하는 범위에서 임금의 손실 없이 사용자와의 협의·교섭, 고충처리, 산업안전활동 등 이 법 또는 다른 법률에서 정하는 업무와 건전한 노사관계 발전을 위한 노동조합의 유지·관리업무를 할 수 있다(노조법 제24조 제2항).

2) 지 위

노조법은 사용자가 유급전임자, 근로시간면제자와 무급전임자의 정당한 노동조합활동을 제한하는 것을 금지하고 있다(노조법 제24조 제3항). 근로시간면제자는 소정의 근로시간면제한도를 초과하지 아니하는 범위 내에서 임금의 손실 없이 소정의 대상업무를 할 수 있다.

3) 면제한도 기출 19·21·23

근로시간면제한도는 사업 또는 사업장별로 종사근로자인 조합원의 수 등을 고려하여 근로시간면제심의위원회가 심의·의결한다. 근로시간면제한도를 초과하는 내용을 정한 단체협약 또는 사용자의 동의는 그 부분에 한하여 무효로 하며, 사용자가 근로시간면제한도를 초과하여 급여를 지급하는 것은 부당노동행위가 된다(노조법 제24조 제4항, 제81조 제1항 제4호). 즉, 근로시간면제대상으로 지정된 근로자에게 급여를 지급하는 행위는 원칙적으로 부당노동행위에 해당하지 아니하나, 위 근로자에게 타당한 근거 없이 과다하게 책정된 급여를 지급하는 경우에는 부당노동행위가 될 수 있으며, 이는 단체협약 등 노사 간 합의에 의한 경우에도 마찬가지이다(대판 2018.4.26. 2012다8239). 판례는 근로시간면제대상으로 지정된 근로자(이하 "근로시간면제자")에 대한 급여는 근로시간면제자로 지정되지 아니하고 일반근로자로 근로하였다면 해당 사업장에서 동종 혹은 유사업무에 종사하는 동일 또는 유사직급·호봉의 일반근로자의 통상 근로시간과 근로조건 등을 기준으로 받을 수 있는 급여 수준이나 지급기준과 비교하여 사회통념상 수긍할 만한 합리적인 범위를 초과할 정도로 과다하지 않은 한 근로시간 면제에 따라 사용자에 대한 관계에서 제공한 것으로 간주되는 근로의 대가로서, 그 성질상 임금에 해당하는 것으로 봄이 타당하다. 따라서 근로시간면제자의 퇴직금과 관련한 평균임금을 산정할 때에는 특별한 사정이 없는 한 근로시간면제자가 단체협약 등에 따라 지급받는 급여를 기준으로 하되, 다만 과다하게 책정되어 임금으로서 성격을 가지고 있지 않은 초과급여 부분은 제외하여야 한다고(대판 2018.4.26. 2012다8239) 판시하고 있다.

4) 대상업무

근로시간면제자가 임금의 손실 없이 할 수 있는 대상업무는 사용자와의 협의·교섭, 고충처리, 산업안전활동 등 이 법 또는 다른 법률에서 정하는 업무와 건전한 노사관계 발전을 위한 노동조합의 유지관리업무로 한정된다.

(3) **근로시간면제심의위원회**

① 근로시간면제자에 대한 근로시간면제한도를 정하기 위하여 근로시간면제심의위원회(이하 "위원회")를 경제사회노동위원회법에 따른 경제사회노동위원회(이하 "경제사회노동위원회")에 둔다. 위원회는 근로시간면제한도를 심의·의결하고, 3년마다 그 적정성 여부를 재심의하여 의결할 수 있다. 경제사회노동위원회 위원장은 위원회가 의결한 사항을 고용노동부장관에게 즉시 통보하여야 한다(노조법 제24조의2 제1항 내지 제3항). 기출 20·22·23·24·25

② 고용노동부장관은 경제사회노동위원회 위원장이 통보한 근로시간면제한도를 고시하여야 한다(노조법 제24조의2 제4항). 기출 23

③ 위원회는 다음의 구분에 따라 근로자를 대표하는 위원과 사용자를 대표하는 위원 및 공익을 대표하는 위원 각 5명씩 성별을 고려하여 구성한다(노조법 제24조의2 제5항). 기출 23·25
  ㉠ 근로자를 대표하는 위원 : 전국적 규모의 노동단체가 추천하는 사람
  ㉡ 사용자를 대표하는 위원 : 전국적 규모의 경영자단체가 추천하는 사람
  ㉢ 공익을 대표하는 위원 : 경제사회노동위원회 위원장이 추천한 15명 중에서 전국적 규모의 노동단체와 전국적 규모의 경영자단체가 순차적으로 배제하고 남은 사람

④ 위원회의 위원장은 공익을 대표하는 위원 중에서 위원회가 선출한다. 위원회는 재적위원 과반수의 출석과 출석위원 과반수의 찬성으로 의결한다(노조법 제24조의2 제6항·제7항). 기출 13·20·25

⑤ 위원의 자격, 위촉과 위원회의 운영 등에 필요한 사항은 대통령령으로 정한다. 기출 15

> **위원회 위원의 임기(노조법 시행령 제11조의5)**
> ① 위원회 위원의 임기는 2년으로 한다. 기출 24·25
> ② 위원회의 위원이 궐위된 경우에 보궐위원의 임기는 전임자(前任者) 임기의 남은 기간으로 한다.
> ③ 위원회의 위원은 임기가 끝났더라도 후임자가 위촉될 때까지 계속하여 그 직무를 수행한다. 기출 24·25
>
> **위원회의 운영(노조법 시행령 제11조의6)**
> ① 위원회는 경제사회노동위원회 위원장으로부터 근로시간면제한도를 정하기 위한 심의요청을 받은 때에는 그 심의요청을 받은 날부터 60일 이내에 심의·의결해야 한다. 기출 24·25
> ② 위원회의 사무를 처리하기 위하여 위원회에 간사 1명을 두며, 간사는 경제사회노동위원회 소속 직원 중에서 경제사회노동위원회 위원장이 지명한다.
> ③ 위원회의 위원에 대해서는 예산의 범위에서 그 직무수행을 위하여 필요한 수당과 여비를 지급할 수 있다.
> ④ 위원회의 위원장은 필요한 경우에 관계 행정기관 공무원 중 관련 업무를 수행하는 공무원으로 하여금 위원회의 회의에 출석하여 발언하게 할 수 있다.
> ⑤ 위원회에 근로시간면제제도에 관한 전문적인 조사·연구업무를 수행하기 위하여 전문위원을 둘 수 있다.
> ⑥ 이 영에서 규정한 사항 외에 위원회의 운영에 필요한 사항은 위원회의 의견을 들어 경제사회노동위원회 위원장이 정한다.

4. **감사기관**(노조법 제25조)

노사관계법은 감사기관에 관한 명문규정을 두고 있지 아니하다. 다만, 회계감사에 한하여 이를 의무화하고 있다.
① 노동조합의 대표자는 그 회계감사원으로 하여금 6월에 1회 이상 당해 노동조합의 모든 재원 및 용도, 주요한 기부자의 성명, 현재의 경리상황 등에 대한 회계감사를 실시하게 하고 그 내용과 감사 결과를 전체 조합원에게 공개하여야 한다. 기출 13·15·23·24·25
② 노동조합의 회계감사원은 필요하다고 인정할 경우에는 당해 노동조합의 회계감사를 실시하고 그 결과를 공개할 수 있다. 기출 15·25

> **회계감사원 등(노조법 시행령 제11조의7)**
> ① 법 제25조에 따른 회계감사원(이하 이 조에서 "회계감사원")은 재무·회계 관련 업무에 종사한 경력이 있거나 전문지식 또는 경험이 풍부한 사람 등으로 한다.
> ② 노동조합의 대표자는 다음 각 호의 어느 하나에 해당하는 경우에는 조합원이 아닌 공인회계사나 공인회계사법 제23조에 따른 회계법인(이하 "회계법인"으로 하여금 법 제25조에 따른 회계감사를 실시하게 할 수 있다. 이 경우 회계감사원이 회계감사를 한 것으로 본다.
>   1. 노동조합의 대표자가 노동조합 회계의 투명성 제고를 위하여 필요하다고 인정하는 경우
>   2. 조합원 3분의 1 이상의 요구가 있는 경우
>   3. 연합단체인 노동조합의 경우에는 그 구성노동단체의 3분의 1 이상의 요구가 있는 경우
>   4. 대의원 3분의 1 이상의 요구가 있는 경우
>
> **결산결과 및 운영상황의 공표 시기 등(노조법 시행령 제11조의8)**
> 노동조합의 대표자는 특별한 사정이 없으면 법 제26조에 따른 결산결과와 운영상황을 매 회계연도 종료 후 2개월(제11조의7 제2항에 따라 공인회계사나 회계법인이 회계감사를 실시한 경우에는 3개월) 이내에 조합원이 그 내용을 쉽게 확인할 수 있도록 해당 노동조합의 게시판에 공고하거나 인터넷 홈페이지에 게시하는 등의 방법으로 공표해야 한다.

> **공시시스템을 통한 결산결과의 공표(노조법 시행령 제11조의9)**
> ① 고용노동부장관은 노동조합의 대표자가 그 결산결과를 공표할 수 있도록 노동조합 회계 공시시스템(이하 "공시시스템")을 구축·운영할 수 있다.
> ② 노동조합의 대표자는 제11조의8에도 불구하고 고용노동부령으로 정하는 서식에 따라 매년 4월 30일까지 공시시스템에 직전 연도의 결산결과를 공표할 수 있다. 이 경우 제11조의8에 따라 결산결과를 공표한 것으로 본다.
> ③ 노동조합의 산하조직(노동조합인 경우는 제외)의 대표자는 필요한 경우에는 고용노동부령으로 정하는 서식에 따라 매년 4월 30일까지 공시시스템에 직전 연도의 결산결과를 공표할 수 있다.
> ④ 제2항 및 제3항에도 불구하고 노동조합 등의 합병·분할 또는 해산 등 부득이한 사유가 있는 경우에는 9월 30일까지 직전 연도의 결산결과를 공표할 수 있다.
> ⑤ 제2항 및 제3항에도 불구하고 회계연도 종료일이 12월 31일이 아닌 경우에는 9월 30일까지 직전 연도에 종료한 회계연도의 결산결과를 공표할 수 있다.

Ⅳ 노동조합의 활동[41]

1. 조합활동의 의의

(1) 개념

조합활동이란 노동조합이 헌법상의 단결권·단체교섭권·단체행동권을 행사하는 데 필요한 노동조합의 조직·유지 및 운영에 관한 모든 활동을 의미한다(광의). 이 중에서 노동조합의 단결력을 유지·강화하기 위하여 행하는 일상적인 제반 활동을 협의의 조합활동이라고 하며, 일반적으로 조합활동이란 협의의 조합활동을 말한다.

(2) 조합활동 정당성의 판단기준

노동조합의 활동이 정당하다고 하기 위하여는 행위의 성질상 노동조합의 활동으로 볼 수 있거나 노동조합의 묵시적인 수권 또는 승인을 받았다고 볼 수 있는 것으로서 근로조건의 유지·개선과 근로자의 경제적 지위의 향상을 도모하기 위하여 필요하고 근로자들의 단결 강화에 도움이 되는 행위이어야 하며, 취업규칙이나 단체협약에 별도의 허용규정이 있거나 관행 또는 사용자의 승낙이 있는 경우 외에는 취업시간 외에 행하여져야 하고, 사업장 내의 조합활동에 있어서는 사용자의 시설관리권에 바탕을 둔 합리적인 규율이나 제약에 따라야 하며, 폭력과 파괴행위 등의 방법에 의하지 않는 것이어야 한다(대판 1994.12.22. 93다23152). 또한 조합활동이 근무시간 외에 사업장 밖에서 이루어졌을 경우에도 근로자의 근로계약상의 성실의무(사용자의 이익을 배려해야 할 의무)는 거기까지도 미친다(대판 1990.5.15. 90도357). 기출 12

2. 조합활동 보호와 법적 근거

ILO조약 제135호(기업 내 근로자대표의 보호와 편의에 관한 조약)는 기업 내 조합활동을 보호하고 있다. 그런데 대부분 기업별 조합형태를 띠고 있는 우리나라의 경우, 조합활동은 필연적으로 사용자의 경영권과 충돌되게 된다. 사용자는 조합활동을 반드시 보장하여야 하며, 이를 제한·침해하는 경우에는 부당노동행위가 된다.

---

[41] 노동조합의 정치활동과 관련하여, 1963년 노동조합법은 "노동조합은 공직선거에 있어서 특정정당을 지지하거나 특정인을 당선시키기 위한 행위를 할 수 없다"고 규정(1963년 노동조합법 제12조 제1항)하여 노동조합의 정치활동 금지 규정을 두고 있었으나, 1997년 노조법에서 삭제되었다. 현행 공직선거법은 일반단체의 경우와는 달리 노동조합이 공직선거에서 선거운동하는 것을 허용하고 있다. 기출 24

3. 조합활동주체의 정당성

(1) 노동조합

노동조합은 자신의 명의로 활동할 수 있다. 다만, 자연인인 조합대표 또는 조합원이 실제적인 조합활동을 하고, 그 법적 효과가 노동조합으로 귀속된다.

(2) 조합원

1) 노동조합의 명시적인 수권·지시를 따르는 경우

노동조합의 묵시적인 승인·지시를 받았다고 볼 수 있거나 그 활동의 성질상 당연히 노동조합의 활동으로 볼 수 있는 경우 조합원은 조합활동의 주체가 될 수 있다(대판 1991.11.12. 91누4164). 기출 19

2) 노동조합의 명시적인 수권·지시가 없는 경우

반대해석상 이 경우에는 조합활동으로 인정되지 아니한다.

(3) 미조직근로자의 자발적인 활동

일반적으로 조합활동의 정당성이 인정되지 아니하나, 예외적으로 단결권 보장의 취지에 적합한 활동은 조합활동으로 인정될 수도 있다.

4. 조합활동 목적의 정당성

노동조합의 활동이 정당하다고 하기 위하여는 행위의 성질상 노동조합의 활동으로 볼 수 있거나 노동조합의 묵시적인 수권 또는 승인을 받았다고 볼 수 있는 것으로서 근로조건의 유지·개선과 근로자의 경제적 지위의 향상을 도모하기 위하여 필요하고 근로자들의 단결 강화에 도움이 되는 행위이어야 하며, 취업규칙이나 단체협약에 별도의 허용규정이 있거나 관행 또는 사용자의 승낙이 있는 경우 외에는 취업시간 외에 행하여져야 하고, 사업장 내의 조합활동에 있어서는 사용자의 시설관리권에 바탕을 둔 합리적인 규율이나 제약에 따라야 하며, 폭력과 파괴행위 등의 방법에 의하지 않는 것이어야 한다(대판 1994.2.22. 93도613).

5. 조합활동 수단의 정당성

(1) 의 의

조합활동의 시기·수단·방법 등에 관한 요건은 조합활동과 사용자의 노무지휘권·시설관리권 등이 충돌할 경우에 그 정당성을 어떠한 기준으로 정할 것인지 하는 문제이므로, 위 요건을 갖추었는지 여부를 판단할 때에는 조합활동의 필요성과 긴급성, 조합활동으로 행해진 개별행위의 경위와 구체적 태양, 사용자의 노무지휘권·시설관리권 등의 침해 여부와 정도, 그 밖에 근로관계의 여러 사정을 종합하여 충돌되는 가치를 객관적으로 비교·형량하여 실질적인 관점에서 판단하여야 한다(대판 2020.7.29. 2017도2478).

(2) 비종사조합원의 조합활동

사업 또는 사업장에 종사하는 근로자가 아닌 노동조합의 조합원은 사용자의 효율적인 사업 운영에 지장을 주지 아니하는 범위에서 사업 또는 사업장 내에서 노동조합 활동을 할 수 있다(노조법 제5조 제2항). 기출 23 이는 비종사조합원은 사용자와 구체적인 근로관계가 형성되어 있지 아니하므로 사용자의 시설관리권이 종사근로자의 경우보다 더 엄격하게 적용된다는 점을 고려한 규정이라고 보인다. 종사근로자인 조합원이 해고되어 노동위원회에 부당노동행위의 구제신청을 한 경우에는 중앙노동위원회의 재심판정이 있을 때까지는 종사근로자로 본다(노조법 제5조 제3항). 기출 22·24

(3) 조합활동과 시설관리권

1) 문제점

기업시설 내 조합활동이 단체협약·취업규칙·노사관행 등에 의하여 인정되거나 사용자가 임의로 허용하는 경우에는 별다른 문제가 없으나, 그러하지 아니한 경우에는 기업시설 내 조합활동이 인정될 수 있는지가 문제된다.

2) 정당성이 인정되는 사례

① 벽보 등의 부착 : 사용자의 승낙을 받지 아니하고 기업시설을 이용하는 조합활동은 정당성을 인정할 수 없지만, 기업시설을 이용하는 조합활동의 필요성이 있고 그 활동으로 시설관리권의 실질적 지장을 초래하지 아니하는 경우에는, 정당성이 인정된다고 하여야 한다.

② 후보 사퇴이유에 대한 유인물의 배포 : 사업장 내에서의 기업질서를 유지하기 위하여 사용자의 허가 없이 사업장 내에서 유인물을 배포한 근로자를 징계할 수 있도록 한 취업규칙의 규정이 언론의 자유를 보장한 헌법 조항에 위반하여 무효라고 할 수 없다(대판 1997.7.11. 95다55900). 다만, 단체협약에 유인물의 배포에 허가제를 채택하고 있다고 할지라도 노동조합의 업무를 위한 정당한 행위까지 금지시킬 수는 없는 것이므로 유인물배포행위가 정당한가 아닌가는 허가가 있었는지 여부만 가지고 판단할 것은 아니고, 그 유인물의 내용이나 배포방법 등 제반 사정을 고려하여 판단되어져야 할 것이고, 취업시간 아닌 주간의 휴게시간 중의 배포는 다른 근로자의 취업에 나쁜 영향을 미치거나 휴게시간의 자유로운 이용을 방해하거나 구체적으로 직장질서를 문란하게 하는 것이 아닌 한 허가를 얻지 아니하였다는 이유만으로 정당성을 잃는다고 할 수 없다(대판 1991.11.12. 91누4164). 42)

③ 근로조건의 유지·개선을 위한 유인물의 배포

㉠ 비위사실을 적시하며 퇴진을 촉구하는 내용 : [1] 노동조합활동으로서 배포된 문서에 기재되어 있는 문언에 의하여 타인의 인격·신용·명예 등이 훼손 또는 실추되거나 그렇게 될 염려가 있고, 또 그 문서에 기재되어 있는 사실관계의 일부가 허위이거나 그 표현에 다소 과장되거나 왜곡된 점이 있다고 하더라도, 그 문서를 배포한 목적이 타인의 권리나 이익을 침해하려는 것이 아니라 노동조합원들의 단결이나 근로조건의 유지 개선과 근로자의 복지증진 기타 경제적 사회적 지위의 향상을 도모하기 위한 것이고, 또 그 문서의 내용이 전체적으로 보아 진실한 것이라면, 그와 같은 문서의 배포행위는 노동조합의 정당한 활동범위에 속하는 것으로 보아야 한다.

[2] 사단법인 한국교원단체총연합회(이하 '피고') 사무국 직원으로 조직된 노동조합의 간부들인 원고들이 피고 법인의 사무총장인 소외 甲과 피고 법인의 사무차장으로 근무하다가 피고 법인 산하 한국교육신문사의 주간으로 근무하고 있는 소외 乙이 사무총장과 사무차장으로서의 직무수행과 관련하여 행한 비위사실을 적시하여 그들의 퇴진을 촉구하는 내용의 유인물을 노동조합의 명의로 작성·배포한 사안에서, 유인물을 작성·배포한 행위는 노동조합의 정당한 활동범위에 속하는 것이고, 원고들의 위와 같은 행위가 피고 법인 회장의 인사권을 침해하여 복무규정 소정의 정관준수의무 근무기강확립의무나 친절·공정과 품위유지의무 또는 집단행동금지의무를 위반한 것이라고 볼 수는 없다고 판단한 원심의 조치를 정당한 것으로 수긍한 사례(대판 1993.12.28. 93다13544)

---

42) 판례는 유인물 배포의 정당성 여부에 대하여 그 유인물의 내용, 매수, 배포의 시기, 대상, 방법, 이로 인한 기업이나 업무에의 영향 등을 판단의 기준으로 삼고 있다(대판 2000.6.23. 98다54960 참조). 즉 개별기업의 취업규칙에 회사의 승인을 얻어야 유인물을 배포할 수 있다고 규정되어 있다고 하더라도 조합활동의 정당성은 객관적으로 판단되는 것이지, 주관적으로 사용자가 이러한 활동을 용인·승낙하였는지 여부로 판단되어서는 안 된다는 취지로 이해할 수 있다.

ⓒ **일방적인 구조조정을 비판하는 내용** : [1] 사용자가 징계사유로 삼은 근로자의 행위가 선전방송이나 유인물의 배포인 경우 선전방송이나 유인물의 배포가 사용자의 허가를 받도록 되어 있다고 하더라도 노동조합의 정당한 업무를 위한 선전방송이나 유인물의 배포 행위까지 금지할 수는 없는 것이므로 행위가 정당한지는 사용자의 허가 여부만을 가지고 판단하여서는 아니 되고, 선전방송이나 유인물의 내용, 매수, 배포의 시기, 대상, 방법, 이로 인한 기업이나 업무에의 영향 등을 기준으로 노동조합의 정당한 업무를 위한 행위로 볼 수 있는지를 살펴본 다음 판단하여야 한다. 한편 노동조합활동으로 이루어진 선전방송이나 배포된 문서에 기재되어 있는 문언에 의하여 타인의 인격·신용·명예 등이 훼손 또는 실추되거나 그렇게 될 염려가 있고, 또 선전방송이나 문서에 기재되어 있는 사실관계의 일부가 허위이거나 표현에 다소 과장되거나 왜곡된 점이 있다고 하더라도, 선전방송이나 문서를 배포한 목적이 타인의 권리나 이익을 침해하려는 것이 아니라 노동조합원들의 단결이나 근로조건의 유지 개선과 근로자의 복지증진 기타 경제적, 사회적 지위의 향상을 도모하기 위한 것이고, 또 선전방송이나 문서의 내용이 전체적으로 보아 진실한 것이라면, 그와 같은 행위는 노동조합의 정당한 활동범위에 속하는 것으로 보아야 한다. 그리고 이러한 법리는 사용자가 징계사유로 삼은 근로자의 행위가 선전방송이나 유인물의 배포인 경우 행위의 정당성 여부를 판단함에 있어서도 마찬가지로 적용된다.

[2] 甲(이하 '원고')은 현대중공업 주식회사(이하 '피고 회사')에 입사하여 조선자재지원부에서 근무하고 있고, 피고 회사는 선박건조, 수리판매업 등을 영위하는 법인인데, 원고가 "여성 조합원을 버린다면 회사는 바로 여러분들한테 정리해고의 칼날을 들이댐"이라는 선전방송을 한 것을 비롯하여 총 12회에 걸쳐 선전방송을 하고, "노동자를 짐승 취급 소외 1은 퇴진해! 뭐하노 빨리!!" 등의 문구가 기재된 유인물을 부착한 것을 비롯하여 총 13회에 걸쳐 유인물을 부착한 사안에서, 원심은 그 판시와 같은 이유만을 들어 원고의 행위가 노동조합의 업무를 위한 정당한 행위에 해당할 수 없고 징계사유에 해당한다고 단정한 것으로, 이러한 원심판단에는 노동조합의 정당한 업무를 위한 행위 및 징계사유에 관한 법리를 오해하고 필요한 심리를 다하지 아니함으로써 판결에 영향을 미친 잘못이 있다고 하여 원심판결을 파기·환송한 사례(대판 2017.8.18. 2017다227325)

④ **조합원 모집을 위한 홍보활동** : [1] 도급인은 원칙적으로 수급인 소속 근로자의 사용자가 아니므로, 수급인 소속 근로자가 도급인의 사업장에서 한 조합활동이 도급인의 노무지휘권·시설관리권 등과 충돌할 경우에는 사용자인 수급인에 대한 관계에서 조합활동의 정당성을 갖추었다는 사정만으로 사용자가 아닌 도급인에 대한 관계에서까지 정당성을 가진다고 볼 수는 없다. 그러나 도급인이 자신의 사업장을 수급인 소속 근로자들에게 근로의 장소로 제공하여 그곳에서 수급인 소속 근로자들이 작업을 하는 경우, 도급인의 사업장은 수급인 소속 근로자들에게 근로 제공의 현장이자 삶의 터전이 되는 곳으로서 조합활동의 기본적인 공간이 될 수밖에 없다. 또한 도급인은 비록 수급인 소속 근로자와 직접적인 근로계약관계를 맺고 있지는 않지만, 수급인 소속 근로자가 제공하는 근로에 의하여 일정한 이익을 누리고, 그러한 이익을 향수하기 위하여 수급인 소속 근로자에게 사업장을 근로의 장소로 제공하였으므로 그 사업장에서 발생하는 수급인 소속 근로자의 조합활동으로 인하여 일정 부분 법익이 침해되더라도 사회통념상 이를 용인하여야 하는 경우가 있을 수 있고, 그러한 범위 내에서는 조합활동이 도급인에 대해서도 정당하다고 보아야 한다. 이러한 경우에 해당하는지 여부는 헌법이 보장하는 기본권인 노동3권의 구체적 실현이라는 측면에서 해당 조합활동이 가지는 의미와 필요성, 조합활동의 경위와 구체적 태양, 해당 사업장에서 수행되는 업무의 성격과 사업장의 규모, 조합활동에 참여하는 근로자의 수와 이들이 조합활동을 위해 사용한 장소 또는 시설의 범위·특성과 종래 이용관계, 조합활동으로 인해 도급인의 시설관리나 업무수행이 제한되는 정도, 도급인 사업장 내에서 이루어져 온 노동조합 활동 관행 등 여러 사정을 종합하고 충돌되는 가치를 객관적으로 비교·형량하여 실질적인 관점에서 판단하여야 한다.

[2] 갑 유한회사가 을 주식회사 등에 갑 회사 화물의 배송업무를 위탁하였고, 을 회사 등의 소속 택배기사 병 등이 갑 회사가 제공한 배송센터에서 배송업무를 수행하면서 노동조합을 조직하여 조합원을 모집하는 홍보활동을 하자, 갑 회사가 병 등을 상대로 배송센터 출입금지 및 업무용 애플리케이션 사용 금지 조치를 하였는데, 병 등이 갑 회사를 상대로 이러한 조치가 노동조합 활동에 대한 침해라는 이유로 출입방해금지 가처분 신청을 한 사안에서, 병 등이 조합원을 모집하는 홍보활동은 노동조합 단결권의 유지·강화라는 정당한 목적을 달성하기 위한 것인 점, 갑 회사의 배송센터는 을 회사 등의 소속 택배기사들이 일상적 근로를 제공하는 삶의 터전의 일부이자 유일한 집단적 근로 제공 장소로서 노동조합 활동의 공간이 될 수 있는 점, 병 등의 배송센터 출입은 갑 회사 화물 배송업무 수행을 위하여 갑 회사가 허락한 것이고 다른 배송센터로 이동한 것 역시 병 등의 평소 업무수행을 위해 갑 회사로부터 허락받은 범위 내에 있었다고 보이는 점, 위 홍보활동은 평소의 업무수행과 마찬가지로 도보로 이동하면서 상하차 업무를 수행하는 다른 택배기사를 찾아가 인사를 나누고 유인물을 배포하는 정도에 그쳐, 갑 회사의 원활한 작업 수행과 안전사고 방지에 실질적 지장을 초래하는 수준에 이르렀다고 평가하기 어려운 점, 병 등이 갑 회사의 배송센터 출입과 업무용 애플리케이션 사용이 금지되면서, 배송센터 내 조합원 모집 활동을 할 수 없게 되었을 뿐 아니라 주된 수입원인 갑 회사 화물 배송업무를 수행할 수 없게 되어 생계유지에도 어려움이 발생한 점 등에 비추어, 병 등은 적어도 갑 회사의 배송센터 내에서 갑 회사의 시설관리권 등과 조화를 이루는 범위에서 노동조합 홍보활동을 할 권리가 있다고 볼 여지가 크고, 원래 병 등에게 허용되었던 배송센터의 출입과 업무용 애플리케이션의 사용에 관해서는 보전의 필요성을 인정할 여지가 큰데도, 이와 달리 본 원심판단에 법리오해 등의 잘못이 있다고 한 사례(대결 2024.12.24. 2024마6760)

3) **정당성이 인정되지 아니하는 사례**

① **회사를 비방하는 유인물의 배포** : 유인물의 배포가 정당한 노동조합의 활동에 해당되는 경우라면 사용자는 비록 취업규칙 등에서 허가제를 채택하고 있다 하더라도 이를 이유로 유인물의 배포를 금지할 수 없을 것이지만, 배포한 유인물은 사용자의 허가를 받지 아니하였을 뿐 아니라 허위사실을 적시하여 회사를 비방하는 내용을 담고 있는 것이어서 근로자들로 하여금 사용자에 대하여 적개감을 유발시킬 염려가 있는 것이고, 위 유인물을 근로자들에게 직접 건네주지 않고 사용자의 공장에 은밀히 뿌렸다는 것이므로 이는 사용자의 시설관리권을 침해하고 직장질서를 문란시킬 구체적 위험성이 있는 것으로서, 비록 위 유인물의 배포시기가 노동조합의 대의원선거운동기간이었다 할지라도 위 배포행위는 정당화될 수 없다(대판 1992.6.23. 92누4253).

② **병원의 승인 없는 복장의 착용** : 판례에 의하면 병원에 근무하는 직원인 노동조합원들이 병원의 승인 없이 조합원들로 하여금 모든 직원이 착용하도록 되어 있는 위생복 위에 구호가 적힌 주황색 셔츠를 근무 중에도 착용하게 함으로써 병원의 환자들에게 불안감을 주는 등으로 병원 내의 정숙과 안정을 해치는 행위를 계속하였고, 아울러 병원이 노동조합의 정당한 홍보활동을 보장하기 위하여 노동조합의 전용게시판을 설치하여 이를 이용하도록 통보하였음에도 조합원들이 주동이 되어 임의로 벽보 등을 지정장소 외의 곳에 부착하였고, 또한 노동조합이나 병원과는 직접적인 관련이 없는 전국병원노련위원장의 구속을 즉각 철회하라는 내용의 현수막을 병원 현관 앞 외벽에 임의로 각 설치한 후 병원의 거듭된 자진철거 요구에 불응한 사실이 인정된다면, 조합원들의 이와 같은 행위는 병원의 인사규정 제51조 제1호 소정의 징계사유인 '직원이 법령 및 제 규정에 위배하였을 때'에 해당하거나 제4호 소정의 징계사유인 '직무상의 의무를 위반 및 태만히 하거나 직무상의 정당한 명령에 복종하지 아니한 경우'에 해당할 뿐만 아니라, 조합원들이 점심시간을 이용하여 집단행동을 하였더라도 그러한 집단행동이 병원의 질서와 규율을 문란하게 한 경우에는 복무규정을 위반한 것이 되어 역시 위 인사규정 제51조 제1호 소정의 징계사유에 해당한다고(대판 1996.4.23. 95누6151) 한다.

③ 근무시간 외 사업장 밖의 활동 : 판례에 의하면 조합활동이 정당하려면 취업규칙이나 단체협약에 별도의 허용규정이 있거나, 관행, 사용자의 승낙이 있는 경우 외에는 취업시간 외에 행해져야 하며 사업장 내의 조합활동에 있어서는 사용자의 시설관리권에 바탕을 둔 합리적인 규율이나 제약에 따라야 하고, 비록 조합활동이 근무시간 외에 사업장 밖에서 이루어졌을 경우에도 근로자의 근로계약상의 성실의무(사용자의 이익을 배려해야 함)는 거기까지도 미친다고 보아야 하므로 그 점도 이행되어야 할 것인바, 근무시간 중에 조합간부들과 공동하여 지하철 공사의 사무실 내의 집기 등을 부수고 적색 페인트, 스프레이로 복도 계단과 사무실 벽 등 200여 군데에 "노동해방", "김명년 퇴진", "양키 고 홈"등의 낙서를 하여 수리비 42,900,000원이 소요되는 재물손괴를 하였다면, 이는 조합활동권의 정당성의 범위 밖에 속한다고(대판 1990.5.15. 90도357) 한다.

(4) 조합활동과 노무지휘권

1) 정당성이 인정되는 사례

근로자는 근로시간 중에 근로를 제공할 의무를 진다. 이러한 근로제공의무는 관련 법령·단체협약·취업규칙 등에 규정되어 있거나, 사용자가 임의로 허용하는 경우에 한하여 면제되는 것이 원칙이다. 근로시간 중의 조합활동은 허용되지 아니한다. 다만, 근로시간 중의 조합활동이 단체협약 및 취업규칙 등에 규정되어 있거나 노사관행 등에 의하여 허용되는 경우, 또는 사용자의 명시적인 승낙이 있는 경우에 한하여 인정된다. 사용자의 승낙이 없더라도, 근무형태나 업무의 특수성 등에 비추어 취업시간 중에 개최할 필요가 있는 경우에는 정당성이 인정될 수 있으나, 그 외에 해당 조합활동의 필요성과 긴급성, 노무지휘권의 침해 정도 등을 구체적·종합적으로 판단하여 인정되어야 할 것이다. 근로자가 근로시간 중에 사용자와 협의 또는 교섭하는 것을 허용하는 것은 부당노동행위가 아니다(노조법 제81조 제1항 제4호 단서). 판례에 의하면 쟁의행위에 대한 찬반투표 실시를 위하여 전체 조합원이 참석할 수 있도록 근무시간 중에 노동조합 임시총회를 개최하고 3시간에 걸친 투표 후 1시간의 여흥시간을 가졌더라도 그 임시총회 개최행위는 전체적으로 노동조합의 정당한 행위에 해당한다고(대판 1994.2.22. 93도613) 한다.

2) 정당성이 인정되지 아니하는 사례

판례에 의하면 단체협약에서 "전임이 아닌 조합원의 조합활동은 취업시간 외에 행함을 원칙으로 하나 부득이한 사유 발생으로 취업시간 중에 조합활동을 하고자 할 경우에는 사전에 회사에 통보하여야 하며 특별한 사유가 없는 한 허용하여야 한다"고 규정하고 있는 경우, 전임이 아닌 조합원의 취업시간 중의 조합활동은 그것이 정당한 조합활동을 목적으로 행하여질 경우로 제한하는 것이 그 규정을 둔 취지에 부합하고, 또한 이는 단체협약규정 자체에 의하여 예외적으로 허용되는 것일 뿐 아니라 더욱이 회사는 노동조합 측에서 전임이 아닌 조합원의 취업시간 중의 조합활동을 통보한 경우 특별한 사유가 없는 한 허용하도록 규정되어 있는 점 등에 비추어 위 규정 소정의 '부득이한 사유'는 매우 제한적으로 해석하여야 하며, 따라서 전임이 아닌 조합원의 취업시간 중의 조합활동으로서 임시총회를 개최하기 위하여는 예컨대 노조임원의 대부분이 궐석되어 노조의 정상적인 활동을 수행하기 어려운 급박한 사정이 있어 임시총회를 개최하여 궐석임원을 선출할 필요가 있다든가 노조의 합병 등 노조의 존속 여부 및 조직변경에 관한 중대한 결정을 할 필요가 있는 경우, 또는 정당한 쟁의행위를 결행할 것인가를 의결하기 위하여 임시총회를 개최할 필요가 있는 경우 등으로 국한시켜야 할 것이므로, 정당하지 아니한 쟁의행위를 결행할 것인가 여부를 결정하기 위하여 취업시간 중에 임시총회를 개최하는 것은 단체협약에서 전임이 아닌 조합원의 취업시간 중의 조합활동을 허용하도록 규정한 취지에 어긋날 뿐 아니라 단체협약 소정의 '부득이한 사유'에도 해당하지 않는다고(대판 1994.9.30. 94다4042) 한다.

6. 폭력·파괴행위의 금지

조합활동은 폭력이나 파괴행위 등의 방법에 의하지 아니하는 것이어야 한다(대판 1994.2.22. 93도613).

7. 편의 제공

사용자가 조합활동의 편의를 도모하기 위하여 임의로 제공하는 각종 인적·물적 지원 및 보장을 편의 제공이라고 한다. 편의 제공에는 조합활동에 대한 사전양해·사후추인 등 소극적인 성질의 것과, 조합비사전공제제도·노조전임제도의 인정 및 노동조합사무소의 제공 등 적극적인 성질의 것이 있다.

(1) 법적 근거

편의 제공은 헌법상 보장된 단결권을 근거로 하고 있으므로, 사용자는 편의 제공을 승인·보장할 의무만을 부담하고 이를 거부할 권리는 없다는 견해(단결권설)가 있으나, 사용자가 편의 제공에 동의하거나 노동조합과 협정을 체결한 경우에는, 편의제공의무를 부담한다는 견해(협정설)가 타당하다.

(2) 노조전임제도

1) 의 의

조합임원 또는 일반조합원이 근로시간 중에 근로의 일부 또는 전부를 제공하지 아니하고, 노동조합의 업무를 담당하는 제도를 말한다.

2) 법적 근거

2021년 개정 노조법 제24조는 노조전임자에 대한 근거규정을 삭제하였으나, 강학상으로 노조전임제도는 여전히 유효하다. 노조전임에 관한 사항을 단체협약으로 정하는 경우에도, 이는 임의적 교섭대상으로서 사용자는 원하는 경우에만 단체교섭에 응하면 되고, 단체협약을 반드시 체결하여야 할 의무도 부담하지 아니한다.

3) 법적 지위

① 의의 : 노조전임은 기업 내 근로자로서의 신분을 그대로 유지하나, 근로계약상의 근로제공의무를 면제받고 있다. 따라서 노조전임의 법적 지위는 휴직상태에 있는 근로자와 유사하지만, 헌법상 노동3권의 보장에 따른 노조전임의 근로자대표로서의 지위와 역할을 고려하면, 휴직상태에 있는 일반근로자와 구별된다. 교원의 노동조합 설립 및 운영 등에 관한 법률 제5조 제2항은, 교원노조의 노조전임은 당해 기간 중 휴직명령을 받은 것으로 본다고 규정하고 있다. 기출 12·15

② 임금지급 : 구 노조법은 전임자가 그 전임기간 동안 사용자로부터 급여를 받는 것을 금지하고, 사용자가 전임자에게 급여를 지원하는 것 또한 부당노동행위로서 금지하고 있었으나(구 노조법 제24조 제2항, 동법 제81조 제1항 제4호), 2021년 개정 노조법은 이들 규정을 전임자의 급여문제를 당사자의 자율에 맡기지 아니하고 법률로 강제하는 것은 국제노동기준에 어긋나는 것으로 보아 삭제하였다.

③ 상여금 및 연차휴가 : 판례는 휴직상태의 근로자와 유사한 지위를 갖고 있으므로, 단체협약 등에 정함이 없는 한 상여금이나 연차휴가를 청구할 권리가 당연히 인정되는 것은 아니라고(대판 1995.11.10. 94다54566) 판시하고 있다.

④ 퇴직금 산정 : 퇴직금 산정 시 계속근로연수는 인정된다. 하지만 퇴직금을 산정함에 있어서는 노동조합 전임자로서 실제로 지급받아 온 급여를 기준으로 할 수는 없고, 근로자의 통상의 생활을 종전과 같이 보장하려는 퇴직금제도의 취지에 비추어 볼 때, 그들과 동일 직급 및 호봉의 근로자들의 평균임금을 기준으로 하여 퇴직금을 산정함이 상당하다(대판 1998.4.24. 97다54727).

⑤ 출·퇴근 기출 13·17
　㉠ 노조전임자라 할지라도 사용자와의 사이에 기본적 근로관계는 유지되는 것으로서 취업규칙이나 사규의 적용이 전면적으로 배제되는 것이 아니므로, 노조전임자에 관하여 단체협약상의 특별한 규정이나 특별한 관행이 없는 한 출·퇴근에 관한 취업규칙이나 사규의 적용을 받으며, 근로계약 소정의 본래 업무를 면하고 노동조합의 업무를 전임하는 노조전임자의 경우 출근은 통상적인 조합업무가 수행되는 노조사무실에서 조합업무에 착수할 수 있는 상태에 임하는 것이므로, 노조전임자가 사용자에 대하여 취업규칙 등에 규정된 소정의 절차를 취하지 아니한 채 위와 같은 상태에 임하지 아니하는 것은 무단결근에 해당된다(대판 1997.3.11. 95다46715).
　㉡ 노동조합 전임자는 사용자와 사이에 기본적 노사관계는 유지되고 근로자로서의 신분도 그대로 가지지만 휴직상태에 있는 근로자와 유사하여 근로제공의무가 면제되고, 한편 사용자가 근로시간을 대체하여 근로자에 대하여 실시하는 교육·연수·훈련 등은 거기에 참가하는 것이 근로자의 의무로서 강제되는 한 근로 제공과 다를 바 없으므로 단체협약 등에 다른 정함이 없다면 근로제공의무가 면제된 노동조합 전임자가 그러한 교육 등에 참가하지 않았다 하여 바로 잘못이라고 보기는 어렵다(대판 1999.11.23. 99다45246).

4) 노동조합업무 중의 재해
① 노조전임업무의 경우 기출 14 : 노동조합업무 전임자가 근로계약상 본래 담당할 업무를 면하고 노동조합의 업무를 전임하게 된 것이 사용자인 회사의 승낙에 의한 것이라면, 이러한 전임자가 담당하는 노동조합업무는 그 업무의 성질상 사용자의 사업과는 무관한 상부 또는 연합관계에 있는 노동단체와 관련된 활동이나 불법적인 노동조합활동 또는 사용자와 대립관계로 되는 쟁의단계에 들어간 이후의 활동 등이 아닌 이상 원래 회사의 노무관리업무와 밀접한 관련을 가지는 것으로서 사용자가 본래의 업무 대신에 이를 담당하도록 하는 것이어서 그 자체를 바로 회사의 업무로 볼 수 있고, 따라서 그 전임자가 노동조합업무를 수행하거나 이에 수반하는 통상적인 활동을 하는 과정에서 그 업무에 기인하여 발생한 재해는 산업재해보상보험법 소정의 업무상 재해에 해당한다(대판 1998.12.8. 98두14006).
② 산업별 노조업무의 경우 : 노동조합업무 전임자가 근로계약상 본래 담당할 업무를 면하고 노동조합의 업무를 전임하게 된 것이 단체협약 혹은 사용자인 회사의 승낙에 의한 것이라면, 이러한 전임자가 담당하는 노동조합업무는, 그 업무의 성질상 사용자의 사업과는 무관한 상부 또는 연합관계에 있는 노동단체와 관련된 활동이나 불법적인 노동조합활동 또는 사용자와 대립관계로 되는 쟁의단계에 들어간 이후의 활동 등이 아닌 이상, 회사의 노무관리업무와 밀접한 관련을 가지는 것으로서 사용자가 본래의 업무 대신에 이를 담당하도록 하는 것이어서 그 자체를 바로 회사의 업무로 볼 수 있고, 따라서 그 전임자가 노동조합업무를 수행하거나 이에 수반하는 통상적인 활동을 하는 과정에서 그 업무에 기인하여 발생한 재해는 산업재해보상보험법 제5조 제1호 소정의 업무상 재해에 해당한다. 그리고 산업별 노동조합은 기업별 노동조합과 마찬가지로 동종 산업에 종사하는 근로자들이 직접 가입하고 원칙적으로 소속 단위사업장인 개별기업에서 단체교섭 및 단체협약체결권과 조정신청 및 쟁의권 등을 갖는 단일조직의 노동조합이라 할 것이므로, 산업별 노조의 노동조합업무를 사용자의 사업과 무관한 상부 또는 연합관계에 있는 노동단체와 관련된 활동으로 볼 수는 없다(대판 2007.3.29. 2005두11418).
③ 전임자 아닌 노조간부 : 전임자가 노동조합업무를 수행하거나 이에 수반하는 통상적인 활동을 하는 과정에서 업무에 기인하여 발생한 재해는 산업재해보상보험법 제5조 제1호 소정의 업무상 재해에 해당한다. 이러한 법리는 노동조합업무 전임자가 아닌 노동조합 간부가 사용자인 회사의 승낙에 의하여 노동조합업무를 수행하거나 이에 수반하는 통상적인 활동을 하는 과정에서 업무에 기인하여 발생한 재해의 경우에도 마찬가지로 적용된다(대판 2014.5.29. 2014두35232).

5) 노조전임과 복직권

① 노조전임자가 노조전임의 임기 또는 노조 임원의 지위가 종료되는 경우에는 단체협약·노사관행 또는 노사당사자 간의 합의된 사항에 따라 즉시 원직에 복귀된다. 사용자가 복직을 거부하거나 다른 근로자에 비하여 승진·승급 및 임금 등의 근로조건에서 차별대우를 하는 경우 부당노동행위에 해당된다. 또한 노조전임자 등에 대하여 그들의 쟁의행위 등 정당한 조합활동을 혐오한 나머지 조합활동을 곤란하게 할 목적으로 원직복귀명령을 하였다면 이는 사용자의 고유인사권에 기한 정당한 조치라 볼 수 없고 노조법 제81조 제1항 제1호, 제5호 소정의 부당노동행위에 해당하고, 또한 노조의 조직과 운영에 지배, 개입하는 행위로서 같은 조 제4호 소정의 부당노동행위에 해당한다(대판 1991.5.28. 90누6392). **기출 13**

② 단체협약이 유효기간의 만료로 효력이 상실되었고, 단체협약상의 노조대표의 전임규정이 새로운 단체협약 체결 시까지 효력을 지속시키기로 약정한 규범적 부분도 아닌 경우, 그 단체협약에 따라 노동조합업무만을 전담하던 노조전임자는 사용자의 원직복귀명령에 응하여야 할 것이므로 그 원직복귀명령에 불응한 행위는 취업규칙 소정의 해고사유에 해당하고, 따라서 사용자가 원직복귀명령에 불응한 노조전임자를 해고한 것은 정당한 인사권의 행사로서 그 해고사유가 표면적인 구실에 불과하여 징계권남용에 의한 부당노동행위에 해당하지 않는다(대판 1997.6.13. 96누17738).

6) 노조전임과 고용보험

노조전임은 그 기간에 지급받는 보수의 총액에 실업급여의 보험료율을 곱한 금액을 부담하여야 한다(징수법 제13조 제2항).

(3) 조합사무소의 제공

1) 최소한의 규모의 조합사무소의 제공

근로자가 기업시설을 이용하는 것은 사용자의 노동조합에 대한 지배·개입에 해당되어 부당노동행위를 구성할 우려가 있으나, 최소한의 규모의 노동조합사무소의 제공은 부당노동행위에 해당되지 아니한다(노조법 제81조 제1항 제4호 단서).

2) 편의 제공의 중단

사용자가 산업별 노동조합의 지부에 제공하던 사무실을 폐쇄하는 등 편의시설의 제공을 일방적으로 거절한 경우, 그것이 기업별 노동조합의 설립이 같은 사업장에 설치된 산업별 노동조합의 지부의 유효한 조직변경형태의 결의에 따른 것이라고 오인하였기 때문이라 하여도 부당노동행위에 해당한다(대판 2008.10.9. 2007두15506).

V 노동조합의 내부통제

1. 의 의
노동조합은 그 목적을 달성하기 위하여 조합원에게 일정한 강제를 행사하며, 이러한 통제에 복종하지 아니하는 조합원에 대하여 제재를 가할 수 있는데, 이를 노동조합의 통제권 또는 내부통제라고 한다.

2. 통제권의 법적 근거
노동조합은 사단의 일종으로, 그 본질상 단체의 존립과 목적수행을 위하여 필요한 범위 내에서 내부통제권을 가진다는 단체고유권설과, 노동조합은 헌법상의 단체로서 강력한 통제권을 필요로 하고, 이를 헌법 제33조의 단결권에서 인정하고 있다고 주장하는 단결권설이 대립하고 있으나, 노동3권을 보장하고 있는 헌법 규정의 취지를 고려하면, 단결권설이 타당하다고 판단된다. 판례도 "헌법 제33조 제1항에 의하여 단결권을 보장받고 있는 노동조합은, 그 조직을 유지하고 목적을 달성하기 위하여 조합의 내부질서가 확립되고 강고한 단결력이 유지되지 않으면 안 되고, 따라서 노동조합은 단결권을 확보하기 위하여 필요하고도 합리적인 범위 내에서 조합원에 대하여 일정한 규제와 강제를 행사하는 내부통제권을 가진다고 해석하는 것이 상당하다고 (대판 2005.1.28. 2004도227) 판시하여, 같은 태도를 취하고 있다. 기출 25

3. 통제권의 대상

(1) 조합결의·지시 위반
조합원은 규약의 준수, 조합의 결의·지시에 대한 복종의무를 부담하므로, 이러한 의무를 위반하는 경우에는 통제처분의 대상이 된다.

(2) 조합비 미납
조합원이 조합비를 납부하지 아니한 경우, 조합은 규약으로써 조합원의 권리를 제한할 수 있다.

(3) 언론·비판활동
조합원이 조합의 단체교섭을 방해하는 독자적인 행위, 살쾡이파업 또는 사용자와의 개별적 교섭을 하는 경우에는 통제처분의 대상이 된다. 그러나 조합의 위법한 결의나 지시에 따르지 아니한 경우에는, 통제처분의 대상이 되지 아니한다.

(4) 조합의 정치활동[43]

① 조합이 선거운동 등을 할 수 있다고 하더라도, 조합원에게 이를 강제하는 것은 허용되지 아니한다.
② 공직선거법 제81조는 노동조합은 일반 단체와 달리 선거기간 중 특정 정당이나 후보자를 지지·반대하거나 지지·반대할 것을 권유하는 행위가 금지되지 아니한다고 규정하고 있으므로, 노동조합이 공직선거에서 특정 정당이나 후보자를 지지하거나 반대하기로 결정하고 노동조합 명의로 선거운동을 할 수 있음은 물론이고, 그 조합원에 대하여 노동조합의 결정에 따르도록 권고하거나 설득하는 행위도 그 한도에서는 노동조합의 정치활동의 일환으로서 허용된다고 할 것이나, 다른 한편 정치활동을 고유의 목적으로 삼는 정치적 결사체도 아닌 노동조합이 비록 같은 법 제81조에 의하여 총회의 결의 등을 거쳐 지지하거나 반대하는 정당이나 후보자를 결정하고 그 명의로 선거운동을 할 수 있다고 하더라도, 그 구성원인 조합원 개개인에 대하여 노동조합의 결의내용에 따르도록 권고하거나 설득하는 정도를 넘어서 이를 강제하는 것은 허용되지 아니한다(대판 2005.1.28. 2004도227).

4. 통제권 행사로서의 제재절차

제재의 절차는 규약에 따라야 하고, 이에 관한 규정이 없는 경우에는 노동조합의 본질과 운영의 민주성원리에 따라 일정한 절차가 마련되어야 한다. 절차상 중대한 흠이 있는 경우에는 그 제재는 무효가 된다.

(1) 제재결정기관

규약에서 정하는 것이 원칙이다. 규약으로 제재기관을 총회가 아닌 징계위원회나 집행위원회 등의 하급기관에 위임하는 것도 가능하다. 다만, 임원의 해임은 총회의결사항이므로 하급기관에 위임할 수 없다.

(2) 제재절차

일반조합원의 제명의 경우, 노조법 제16조에 규정된 총회의 의결사항 중 '기타 중요사항'에 해당하므로, 반드시 총회 또는 대의원회에서 직접·비밀·무기명 투표에 의하여 결정되어야 한다. 제재를 가할 경우에는 제재의 사유를 미리 조합원에게 알리고, 제재결정기관에 출석하여 변명의 기회를 주어야 한다.

5. 통제권의 한계

조합원에 대한 통제처분의 대상 및 정도를 규율하는 것은 조합자치에 맡겨져 있다. 다만, 통제권은 합리적인 범위 내에서 행사되어야 하고, 재량의 한계를 벗어나거나 통제권의 남용에 해당하는 경우에는 위법한 것으로서 무효가 된다. 판례에 따르면, 정치활동을 고유의 목적으로 삼는 정치적 결사체도 아닌 노동조합이, 총회의 결의 등을 거쳐 지지하거나 반대하는 정당이나 후보자를 결정하고 그 명의로 선거운동을 할 수 있다고 하더라도, 그 구성원인 조합원 개개인에 대하여 노동조합의 결의내용에 따르도록 권고하거나 설득하는 정도를 넘어서, 노동조합이 특정 정당의 후보자를 지지하기로 하는 노동조합 총회의 결의 내용을 따르지 아니하는 조합원에 대하여는 노동조합의 내부적인 통제권에 기초하여 여러 가지 불이익을 가하는 등 강력하게 대처하겠다는 내용의 속보를 제작·배포한 행위 등으로 이를 강제하는 것은 허용되지 아니한다(대판 2005.1.28. 2004도227).

---

43) 1963년 노동조합법은 "노동조합은 공직선거에 있어서 특정정당을 지지하거나 특정인을 당선시키기 위한 행위를 할 수 없다"고 규정(1963년 노동조합법 제12조 제1항)하여 노동조합의 정치활동 금지 규정을 두고 있었으나, 1997년 노조법에서 삭제되었다. 현행 공직선거법은 일반단체의 경우와는 달리 노동조합이 공직선거에서 선거운동하는 것을 허용하고 있다. 기출 24

6. 위법한 통제처분의 구제

(1) 조합자치의 원칙
조합의 조합원에 대한 통제는 본질적으로 조합의 내부문제이므로, 조합이 자치에 일임하는 것이 단결권 보장의 취지에 적합하다.

(2) 행정적 구제(노조법 제21조)
행정관청은 노동조합의 규약이 노동관계법령에 위반한 경우에는 노동위원회의 의결을 얻어 그 시정을 명할 수 있다. 또한 행정관청은 노동조합의 결의 또는 처분이 노동관계법령 또는 규약에 위반된다고 인정할 경우에는 노동위원회의 의결을 얻어 그 시정을 명할 수 있다. 다만, 규약위반 시의 시정명령은 이해관계인의 신청이 있는 경우에 한한다. 이때 시정명령을 받은 노동조합은 30일 이내에 이를 이행하여야 한다. 다만, 정당한 사유가 있는 경우에는 그 기간을 연장할 수 있다. 기출 21·22

(3) 사법적 구제
조합규약에서 내부통제에 관한 규정을 두고 있지 아니한 경우, 그 내용이 일반적·추상적이어서 명확하지 아니한 경우 및 조합규약에 징계사유와 그 절차가 명확하고 구체적으로 규정되어 있다고 하더라도 그러한 사유와 절차를 현저히 일탈·남용한 경우에는, 법원에 의한 사법심사의 대상이 될 수 있다. 판례는 사단법인 부산시개인택시여객운송연합회와 같은 단체의 구성원인 조합원에 대한 제명처분은 조합원의 의사에 반하여 그 조합원인 지위를 박탈하는 것이므로 조합의 이익을 위하여 불가피한 경우에 최종적인 수단으로서만 인정되어야 할 것이고, 또, 조합이 조합원을 제명처분한 경우에 법원은 그 제명사유의 존부와 결의내용의 당부 등을 가려 제명처분의 효력을 심사할 수 있다고(대판 1994.5.10. 93다21750) 판시하고 있다.

Ⅵ 노동조합의 합병·해산과 조직 변경

1. 노동조합의 합병·분할

(1) 합 병
복수의 노동조합이 그 합의에 근거하여 하나의 노동조합으로 통합되는 것을 말한다. 기존 노동조합을 통합하여 새로운 노동조합을 만드는 신설합병과, 하나의 노동조합이 다른 노동조합을 흡수하여 존속하는 흡수합병으로 구분된다.

(2) 분 할
분할은 기존노조가 새로운 노조를 설립하는 경우와, 기존노조의 소멸을 전제로 2개 이상의 새로운 노조를 신설하는 경우로 구분된다.

2. 노동조합의 해산

(1) 의 의
노동조합이 본래의 활동을 정지하고 소멸하기 위한 절차를 개시하는 것을 의미하며, 해산 이후 청산절차에 들어가 그 절차가 종료되면 노동조합은 소멸한다. 노조법 제28조 제1항 각 호 외 본문에서 정한 바와 같이 "다음 각 호의 사유에 해당하는 경우에는 해산한다."는 것은 행정관청 등의 어떤 결정 또는 통보가 없더라도 당연히 해산한 것으로 간주한다는 것을 의미한다. 기출 25

(2) 해산사유(노조법 제28조 제1항) 기출 15

1) 규약에서 정한 해산사유 발생 기출 12·19·20·23·24

2) 합병 또는 분할로 인한 소멸 기출 19·20·23·24·25

총회의 의결사항으로, 재적조합원 과반수의 출석과 출석조합원 3분의 2 이상의 찬성이 있어야 한다(노조법 제16조 제2항 단서). 기출 12

3) 총회 또는 대의원회의 해산결의 기출 19·20·23·24·25

재적조합원 과반수의 출석과 출석조합원 3분의 2 이상의 찬성으로 행한다(노조법 제16조 제2항 단서).

4) 노동조합의 활동이 없는 경우 기출 20·21·23·24·25

① 실질적 요건 : 노동조합의 임원이 없고, 노동조합으로서의 활동을 1년 이상 수행하지 아니한 경우 노동조합은 해산된다. 노동조합으로서 활동을 1년 이상 수행하지 아니한 경우란, 계속하여 1년 이상 조합원으로부터 조합비를 징수한 사실이 없거나, 총회 또는 대의원회를 개최한 사실이 없는 경우를 말한다(노조법 시행령 제13조 제1항).

② 절차적 요건 : 행정관청이 그 사유의 존재에 관하여 관할 노동위원회의 의결을 얻은 때에 해당 노동조합은 해산된 것으로 본다(노조법 시행령 제13조 제2항). 노동위원회는 그 의결을 할 때에는 해산사유 발생일 이후 해당 노동조합의 활동을 고려해서는 아니 된다(노조법 시행령 제13조 제3항).

5) 단체성 상실의 경우

노동조합은 그 요건으로 단체성이 요구되므로 복수인이 결합하여 규약을 가지고 그 운영을 위한 조직을 갖추어야 하는바, 법인 아닌 노동조합이 일단 설립되었다고 할지라도 중도에 그 조합원이 1인밖에 남지 아니하게 된 경우에는, 그 조합원이 증가될 일반적 가능성이 없는 한, 노동조합으로서의 단체성을 상실하여 청산목적과 관련되지 않는 한 당사자능력이 없다(대판 1998.3.13. 97누19830).

(3) 해산절차

1) 해산신고

노동조합이 해산한 때에는 그 대표자는 해산한 날부터 15일 이내에 행정관청에게 이를 신고하여야 한다(노조법 제28조 제2항). 기출 19·23·24 규약에서 정한 해산사유가 발생한 경우, 합병 또는 분할로 소멸한 경우, 총회 또는 대의원회의 해산결의가 있는 경우 등의 사유로 노동조합이 해산한 때에는 그 대표자는 해산한 날부터 15일 이내에 행정관청에게 이를 신고하여야 하나, 해산신고가 해산의 요건이 되는 것은 아니고 이는 단순히 해산의 기준시점을 노동행정적 편의를 위해 공시하는 것에 불과하다는 것을 유의하여야 한다. 행정관청이 노동조합의 임원이 없고 노동조합으로서의 활동을 1년 이상 하지 아니한 것으로 인정되는 경우로서 노동위원회의 의결을 얻었거나, 규약에서 정한 해산사유가 발생한 경우, 합병 또는 분할로 소멸한 경우, 총회 또는 대의원회의 해산결의가 있는 경우 등으로 노동조합이 해산하여 대표자로부터 해산한 날부터 15일 이내에 해산신고를 받은 때에는 지체 없이 그 사실을 관할 노동위원회(해산신고를 받은 경우만 해당)와 해당 사업 또는 사업장의 사용자나 사용자단체에 통보해야 한다(노조법 시행령 제13조 제4항). 기출 25

2) 청산절차의 진행

청산 중의 노동조합은 통상의 노조활동은 중단하나, 청산목적범위 내에서는 활동한다. 청산절차가 완료되면 노동조합은 소멸된다.

3. 노동조합의 조직 변경

(1) 조직변경

1) 의 의

노동조합의 조직 변경은 조합의 존속 중에 그 동질성은 유지하면서 조직을 변경하는 것을 말한다.

기출 17

2) 조직 변경의 태양

단일노조에서 연합체 노조로, 기업별·직업별 노조에서 산업별 노조로의 전환 등이 있다.

3) 변경절차

① 실질적 동일성의 유지 : 노동조합이 존속 중에 그 조합원의 범위를 변경하는 조직 변경은 변경 후의 조합이 변경 전의 조합의 재산관계 및 단체협약의 주체로서의 지위를 그대로 승계한다는 조직 변경의 효과에 비추어 볼 때 변경 전후의 조합의 실질적 동일성이 인정되는 범위 내에서 인정되고, 노동조합은 구성원인 근로자가 주체가 되어 자주적으로 단결하고 민주적으로 운영되어야 하므로 어느 사업장의 근로자로 구성된 노동조합이 다른 사업장의 노동조합을 결성하거나 그 조직형태 등을 결정할 수는 없다(대판 1997.7.25. 95누4377). 기출 21

② 총회 또는 대의원회의 의결 : 재적조합원 과반수의 출석과 출석조합원 3분의 2 이상의 찬성에 의한 의결이 있어야 한다(노조법 제16조, 제17조). 기출 17

4) 조직 변경의 효과

조직 변경의 경우 노동조합의 동질성이 그대로 인정되므로, 변경 전의 노동조합이 체결한 단체협약, 권리·의무 및 조합의 재산관계는 그대로 유지되어 효력이 인정된다. 기출 17

(2) 초기업적 노조(산별노조) 지부·분회에서 기업별 노조로의 전환

1) 문제점

산별노조의 지부·분회 등에서 기업별 노조로 조직형태 변경이 가능한지가 문제된다.

2) 판례의 태도

① 원칙적 부정 : 산업별 노동조합은 동종 산업에서 일하는 근로자들을 조직 대상으로 하는 초기업적 노동조합으로서, 그 자체가 개별근로자를 구성원이자 조합원으로 하는 1개의 단위노동조합이다. 산업별 노동조합이 내부에 하부조직을 두더라도, 이는 별개의 노동조합이 아니라 산업별 노동조합 내부의 조직관리를 위한 기구나 그 조직체계의 일부인 구성요소가 되는 것이 원칙이다(대판 2016.2.19. 2012다96120[전합]).

② 예외적 인정

㉠ 기업별 노동조합에 준하는 실질을 갖춘 경우 : 산업별 노동조합의 지회 등이라 하더라도, 실질적으로 하나의 기업 소속 근로자를 조직 대상으로 하여 구성되어 독자적인 규약과 집행기관을 가지고 독립한 단체로서 활동하면서, 해당 조직이나 그 조합원에 고유한 사항에 관하여 독자적인 단체교섭 및 단체협약체결능력이 있어 기업별 노동조합에 준하는 실질을 가지고 있는 경우에는, 산업별 연합단체에 속한 기업별 노동조합의 경우와 실질적인 차이가 없으므로, 이 사건 규정에서 정한 결의요건을 갖춘 소속 조합원의 의사결정을 통하여, 산업별 노동조합에 속한 지회 등의 지위에서 벗어나 독립한 기업별 노동조합으로 전환함으로써 그 조직형태를 변경할 수 있다고 보아야 한다(대판 2016.2.19. 2012다96120[전합]).

기출 23

ⓒ 기업별 노동조합과 유사한 독립성이 인정되는 경우 : 산업별 노동조합의 지회 등이 독자적으로 단체교섭을 진행하고 단체협약을 체결하지는 못하더라도, 법인 아닌 사단의 실질을 가지고 있어 기업별 노동조합과 유사한 근로자단체로서 독립성이 인정되는 경우에, 기업별 노동조합에 준하는 실질을 가지고 있는 경우와 마찬가지로 노조법 제16조 제1항 제8호 및 제2항에서 정한 결의요건을 갖춘 소속 근로자의 의사결정을 통하여, 종전의 산업별 노동조합의 지회 등이라는 외형에서 벗어나 독립한 기업별 노동조합으로 전환할 수 있다(대판 2016.2.19. 2012다96120[전합]). 기출 25

　　ⓒ 결론 : 결론적으로 산업별 노동조합의 지회 등이더라도, 외형과 달리 독자적인 노동조합 또는 노동조합 유사의 독립한 근로자단체로서 법인 아닌 사단에 해당하는 경우에는, 자주적·민주적인 총회의 결의를 통하여 소속을 변경하고 독립한 기업별 노동조합으로 전환할 수 있고, 노동조합 또는 법인 아닌 사단으로서의 실질을 반영한 노조법 제16조 제1항 제8호 및 제2항에 관한 해석이 근로자들에게 결사의 자유 및 노동조합 설립의 자유를 보장한 헌법 및 노조법의 정신에 부합한다. 다만 이와 같은 견해가 산업별 노동조합의 지회 등에 대하여 그 실질을 명확히 가리지 아니하고 폭넓게 법인 아닌 사단으로서 처우하여 이 사건 규정에서 정한 조직형태변경결의를 허용하여야 한다는 취지는 아니다. 산업별 노동조합의 지회 등이 산업별 노동조합의 활동을 위한 내부적인 조직에 그친다면 그와 같은 결의를 허용할 수 없을 것이므로, 먼저 독자적인 노동조합 또는 노동조합 유사의 독립한 근로자단체로서의 실질을 갖추고 있는지에 관하여 신중하게 심리·판단하여야 한다(대판 2016.2.19. 2012다96120[전합]).

기출 21

(3) 의사결정능력이 없는 지회의 재산 이전

　산업별 노동조합의 지회 등이 기업별 노동조합에 준하는 실질이나 기업별 노동조합과 유사한 근로자단체로서 법인 아닌 사단의 실질을 갖추지 못하여 조직형태를 변경할 수 없는 경우에 결의를 통해 산업별 노동조합을 탈퇴하고 조합비 등 기존 재산 전부를 새로 설립한 기업별 노동조합에 포괄적으로 이전하는 것을 허용한다면, 조직형태 변경의 주체가 될 수 없는 지회 등이 우회적인 방법으로 사실상 조직형태를 변경하는 것과 마찬가지의 결과에 이를 수 있게 되어 조직형태변경제도의 취지가 잠탈될 수 있다. 따라서 이러한 산업별 노동조합의 지회 등이 총회 등을 통해 기업별 노동조합으로 조직형태를 변경하면서 이를 전제로 조합비 등 기존 재산 전부를 새로운 기업별 노동조합에 포괄적으로 이전하는 결의를 하더라도 그러한 결의는 조직형태변경결의로서뿐만 아니라 재산을 이전하는 결의로서도 효력이 없다고 보아야 한다(대판 2018.1.24. 2014다203045).

CHAPTER 02 단결권

01 노동조합 및 노동관계조정법상 노동조합의 조합원에 관한 설명으로 옳지 않은 것은? 기출 25

① 노동조합의 조합원은 균등하게 그 노동조합의 모든 문제에 참여할 권리와 의무를 가지지만, 그 규약으로 조합비를 납부하지 아니하는 조합원의 권리를 제한할 수 있다.
② 노동조합이 특정 조합원에 관한 사항을 의결할 경우에는 그 조합원은 표결권이 없다.
③ 종사근로자가 아닌 노동조합의 조합원은 사용자의 효율적인 사업 운영에 지장을 주지 아니하는 범위에서 사업 또는 사업장 내에서 노동조합 활동을 할 수 있다.
④ 종사근로자가 아닌 노동조합의 조합원은 규약이 정한 바에 따라 하나의 사업 또는 사업장을 대상으로 조직된 노동조합의 임원이 될 수 있다.
⑤ 노동조합의 조합원은 어떠한 경우에도 인종, 종교, 성별, 연령, 신체적 조건, 고용형태, 정당 또는 신분에 의하여 차별대우를 받지 아니한다.

02 노동조합 및 노동관계조정법령상 연합단체인 노동조합의 설립 및 관리에 관한 설명으로 옳지 않은 것은? 기출 25

① 연합단체인 노동조합을 설립하고자 하는 자는 신고서에 규약을 첨부하여 특별시장·광역시장·도지사에게 제출하여야 한다.
② 총연합단체인 노동조합은 해당 노동조합에 가입한 노동조합의 활동에 대하여 협조·지원 또는 지도할 수 있다.
③ 단위노동조합이 산업별 연합단체인 노동조합에 가입한 경우에는 해당 노동조합은 소속 산업별 연합단체인 노동조합의 규약이 정하는 의무를 성실하게 이행해야 한다.
④ 연합단체인 노동조합은 동종산업의 단위노동조합을 구성원으로 하는 산업별 연합단체와 산업별 연합단체 또는 전국규모의 산업별 단위노동조합을 구성원으로 하는 총연합단체를 말한다.
⑤ 연합단체인 노동조합은 조합설립일부터 30일 이내에 구성단체의 명칭을 기재한 명부를 작성하여 그 주된 사무소에 비치하여야 한다.

해설 및 정답

01 ① (○) 노조법 제22조
② (○) 노조법 제20조
③ (○) 사업 또는 사업장에 종사하는 근로자가 아닌 노동조합의 조합원은 사용자의 효율적인 사업 운영에 지장을 주지 아니하는 범위에서 사업 또는 사업장 내에서 노동조합 활동을 할 수 있다(노조법 제5조 제2항).
④ (×) 노동조합의 임원 자격은 규약으로 정한다. 이 경우 하나의 사업 또는 사업장을 대상으로 조직된 노동조합의 임원은 그 사업 또는 사업장에 종사하는 조합원 중에서 선출하도록 정한다(노조법 제23조 제1항). 따라서 <u>종사근로자가 아닌 조합원은 기업별 노동조합의 임원이 될 수 없다.</u>
⑤ (○) 노조법 제9조

정답 ④

02 ① (×) <u>연합단체인 노동조합</u>과 2 이상의 특별시·광역시·특별자치시·도·특별자치도에 걸치는 단위노동조합을 설립하고자 하는 자는 신고서에 규약을 첨부하여 <u>고용노동부장관에게 제출하여야</u> 한다(노조법 제10조 제1항 참조).
② (○) 총연합단체인 노동조합 또는 산업별 연합단체인 노동조합은 해당 노동조합에 가입한 노동조합의 활동에 대하여 협조·지원 또는 지도할 수 있다(노조법 시행령 제8조 제2항).
③ (○) <u>단위노동조합이 산업별 연합단체인 노동조합에 가입하거나</u>, 산업별 연합단체 또는 전국규모의 산업별 단위노동조합이 총연합단체인 노동조합에 가입한 경우에는 해당 노동조합은 <u>소속 산업별 연합단체인 노동조합</u> 또는 총연합단체인 노동조합의 <u>규약이 정하는 의무를 성실하게 이행해야</u> 한다(노조법 시행령 제8조 제1항).
④ (○) 노조법 제10조 제2항
⑤ (○) 노동조합은 조합설립일부터 30일 이내에 조합원 명부(<u>연합단체인 노동조합에 있어서는 그 구성단체의 명칭</u>), 규약, 임원의 성명·주소록, 회의록, 재정에 관한 장부와 서류 등을 작성하여 그 주된 사무소에 비치하여야 한다(노조법 제14조 제1항).

정답 ①

03 노동조합 및 노동관계조정법령상 노동조합의 해산에 관한 설명으로 옳지 않은 것은? 기출 25

① 노동조합은 총회 또는 대의원회의 해산결의가 있는 경우에 해산한다.
② 노동조합의 임원이 없고 노동조합으로서의 활동을 1년 이상 하지 아니한 것으로 인정되는 경우로서 행정관청이 노동위원회의 의결을 얻은 경우에 해산한다.
③ 규약에서 정한 해산사유가 발생하여 노동조합이 해산한 때에는 그 대표자가 행정관청에 신고할 때에 해산된 것으로 본다.
④ 행정관청은 노동조합이 합병으로 소멸하여 대표자로부터 해산신고를 받은 때에는 지체 없이 그 사실을 관할 노동위원회에 통보해야 한다.
⑤ 총회에서 재적조합원 과반수의 출석과 출석조합원 3분의 2 이상의 찬성에 따라 노동조합이 분할로 소멸하는 경우에 해산한다.

04 노동조합 및 노동관계조정법상 노동조합이 노동조합의 규약에 기재하여야 할 사항이 아닌 것은? 기출 25

① 대표자와 임원의 규약위반에 대한 탄핵에 관한 사항
② 직장 내 괴롭힘 예방 및 발생 시 조치 등에 관한 사항
③ 쟁의행위와 관련된 찬반투표 결과의 공개에 관한 사항
④ 규율과 통제에 관한 사항
⑤ 회의에 관한 사항

해설 및 정답

03 ① (○) 노조법 제28조 제1항 제3호
② (○) 노조법 제28조 제1항 제4호
③ (×) 노조법 제28조 제1항 제1호에서 정한 바와 같이 "규약에서 정한 해산사유가 발생한 경우, 해산한다."는 것은 행정관청 등의 어떤 결정 또는 통보가 없더라도 당연히 해산한 것으로 간주한다는 것을 의미한다. 또한 규약에서 정한 해산사유가 발생하여 노동조합이 해산한 때에는 그 대표자는 해산한 날부터 15일 이내에 행정관청에게 이를 신고하여야 하나(노조법 제28조 제2항), 해산신고가 해산의 요건이 되는 것은 아니고 이는 단순히 해산의 기준시점을 노동행정적 편의를 위해 공시하는 것에 불과하다는 것을 유의하여야 한다.
④ (○) 노동조합이 합병으로 소멸하여 해산한 때에는 그 대표자는 해산한 날부터 15일 이내에 행정관청에게 이를 신고하여야 하고, 해산신고를 받은 행정관청은 지체 없이 그 사실을 관할 노동위원회(해산신고를 받은 경우만 해당)와 해당 사업 또는 사업장의 사용자나 사용자단체에 통보해야 한다(노조법 제28조 제2항, 동법 시행령 제13조 제4항).
⑤ (○) 총회가 노동조합의 분할을 의결하는 경우에는 재적조합원 과반수의 출석과 출석조합원 3분의 2 이상의 찬성이 있어야 하므로(노조법 제16조 제2항 단서), 의결정족수를 충족하는 경우 노동조합은 분할로 소멸하여 해산한다(노조법 제28조 제1항 제2호).

정답 ❸

04 ① 대표자와 임원의 규약위반에 대한 탄핵에 관한 사항(제13호), ③ 쟁의행위와 관련된 찬반투표 결과의 공개에 관한 사항(제12호), ④ 규율과 통제에 관한 사항(제15호), ⑤ 회의에 관한 사항(제7호) 등은 모두 노조법 제11조에서 정한 규약의 기재사항에 해당한다. ② 직장 내 괴롭힘 예방 및 발생 시 조치 등에 관한 사항은 근기법 제93조 제11호에서 정한 취업규칙의 기재사항에 해당한다.

> **규약(노조법 제11조)**
> 노동조합은 그 조직의 자주적·민주적 운영을 보장하기 위하여 당해 노동조합의 규약에 다음 각 호의 사항을 기재하여야 한다.
> 1. 명 칭
> 2. 목적과 사업
> 3. 주된 사무소의 소재지
> 4. 조합원에 관한 사항(연합단체인 노동조합에 있어서는 그 구성단체에 관한 사항)
> 5. 소속된 연합단체가 있는 경우에는 그 명칭
> 6. 대의원회를 두는 경우에는 대의원회에 관한 사항
> 7. 회의에 관한 사항
> 8. 대표자와 임원에 관한 사항
> 9. 조합비 기타 회계에 관한 사항
> 10. 규약변경에 관한 사항
> 11. 해산에 관한 사항
> 12. 쟁의행위와 관련된 찬반투표 결과의 공개, 투표자 명부 및 투표용지 등의 보존·열람에 관한 사항
> 13. 대표자와 임원의 규약위반에 대한 탄핵에 관한 사항
> 14. 임원 및 대의원의 선거절차에 관한 사항
> 15. 규율과 통제에 관한 사항

정답 ❷

05
노동조합 및 노동관계조정법상 노동조합의 관리에 관한 설명으로 옳은 것은? 기출 25

① 노동조합의 회계감사원은 필요하다고 인정할 경우에는 당해 노동조합의 회계감사를 실시하고 그 결과를 공개할 수 있다.
② 대의원회를 둔 때에는 총회에 관한 규정은 대의원회에 이를 준용할 수 없다.
③ 노동조합은 회의록 및 재정에 관한 장부와 서류를 작성하여 5년간 보존하여야 한다.
④ 행정관청은 노동위원회의 의결을 얻어 노동조합의 결산결과와 운영상황 보고를 요구할 수 있다.
⑤ 노동조합의 대표자는 그 회계감사원으로 하여금 1년에 1회 이상 회계감사를 실시하게 하여야 한다.

06
노동조합 및 노동관계조정법령상 행정관청이 설립하고자 하는 노동조합에 설립신고서를 반려하여야 할 경우로 옳은 것은 모두 몇 개인가? 기출 25

- 규약상 조합원에 관한 사항에서 항상 사용자의 이익을 대표하여 행동하는 자의 참가를 허용하는 경우
- 설립신고서에 조합원수를 허위사실로 기재한 경우
- 규약의 기재사항 중 주된 사무소의 소재지 기재를 누락한 경우
- 행정관청이 20일 이내의 기간을 정하여 설립신고서의 보완을 요구하였음에도 불구하고 그 기간 내에 보완을 하지 아니하는 경우
- 설립신고서에 규약이 첨부되어 있지 아니한 경우

① 1개
② 2개
③ 3개
④ 4개
⑤ 5개

해설 및 정답

05 ① (○) 노조법 제25조 제2항
② (×) 대의원회를 둔 때에는 총회에 관한 규정은 <u>대의원회에 이를 준용</u>한다(노조법 제17조 제5항).
③ (×) 노동조합은 조합설립일부터 30일 이내에 조합원 명부(연합단체인 노동조합에 있어서는 그 구성단체의 명칭), 규약, 임원의 성명·주소록, 회의록, 재정에 관한 장부와 서류 등을 작성하여 그 주된 사무소에 비치하여야 하고, 작성한 서류 중 <u>회의록, 재정에 관한 장부와 서류는 이를 3년간 보존하여야</u> 한다(노조법 제14조).
④ (×) 노동조합은 행정관청이 요구하는 경우에는 결산결과와 운영상황을 보고하여야 하나(노조법 제27조), <u>행정관청의 요구에 별도의 노동위원회의 의결은 필요하지 아니하다</u>.
⑤ (×) 노동조합의 대표자는 그 회계감사원으로 하여금 <u>6월에 1회 이상</u> 당해 노동조합의 모든 재원 및 용도, 주요한 기부자의 성명, 현재의 경리 상황등에 대한 회계감사를 실시하게 하고 그 내용과 감사결과를 전체 조합원에게 공개하여야 한다(노조법 제25조 제1항).

정답 ❶

06 규약상 조합원에 관한 사항에서 항상 사용자의 이익을 대표하여 행동하는 자의 참가를 허용하는 경우(제1호), 행정관청이 20일 이내의 기간을 정하여 설립신고서의 보완을 요구하였음에도 불구하고 그 기간 내에 보완을 하지 아니하는 경우(제2호) 등이 노조법 제12조 제3항에서 정한 설립신고서의 반려사유에 해당한다. 설립신고서에 조합원수를 허위사실로 기재한 경우, 규약의 기재사항 중 주된 사무소의 소재지 기재를 누락한 경우, 설립신고서에 규약이 첨부되어 있지 아니한 경우 등은 노조법 제12조 제2항, 동법 시행령 제9조 제1항 제1호에서 정한 설립신고서의 보완사유에 해당한다.

신고증의 교부(노조법 제12조)
② 행정관청은 설립신고서 또는 규약이 기재사항의 누락등으로 보완이 필요한 경우에는 대통령령이 정하는 바에 따라 20일 이내의 기간을 정하여 보완을 요구하여야 한다. 이 경우 보완된 설립신고서 또는 규약을 접수한 때에는 3일 이내에 신고증을 교부하여야 한다.
③ 행정관청은 설립하고자 하는 노동조합이 다음 각 호의 1에 해당하는 경우에는 설립신고서를 반려하여야 한다.
  1. 제2조 제4호 각 목의 1에 해당하는 경우
  2. 제2항의 규정에 의하여 보완을 요구하였음에도 불구하고 그 기간 내에 보완을 하지 아니하는 경우

설립신고서의 보완요구 등(노조법 시행령 제9조)
① 고용노동부장관, 특별시장·광역시장·도지사·특별자치도지사, 시장·군수 또는 자치구의 구청장(이하 "행정관청"이라 한다)은 법 제12조 제2항에 따라 노동조합의 설립신고가 다음 각 호의 어느 하나에 해당하는 경우에는 보완을 요구하여야 한다.
  1. 설립신고서에 규약이 첨부되어 있지 아니하거나 설립신고서 또는 규약의 기재사항 중 누락 또는 허위사실이 있는 경우
  2. 임원의 선거 또는 규약의 제정절차가 법 제16조 제2항부터 제4항까지 또는 법 제23조 제1항에 위반되는 경우

정의(노조법 제2조)
이 법에서 사용하는 용어의 정의는 다음과 같다.
  4. "노동조합"이라 함은 근로자가 주체가 되어 자주적으로 단결하여 근로조건의 유지·개선 기타 근로자의 경제적·사회적 지위의 향상을 도모함을 목적으로 조직하는 단체 또는 그 연합단체를 말한다. 다만, 다음 각 목의 1에 해당하는 경우에는 노동조합으로 보지 아니한다.
    가. 사용자 또는 항상 그의 이익을 대표하여 행동하는 자의 참가를 허용하는 경우
    나. 경비의 주된 부분을 사용자로부터 원조받는 경우
    다. 공제·수양 기타 복리사업만을 목적으로 하는 경우
    라. 삭제 〈2025.9.9.〉
    마. 주로 정치운동을 목적으로 하는 경우

07 노동조합 및 노동관계조정법상 노동조합의 설립 및 운영에 관한 설명으로 옳지 않은 것은?(다툼이 있으면 판례에 따름) 기출 25

① 법인 아닌 노동조합이 일단 설립되었다고 할지라도 중도에 그 조합원이 1인밖에 남지 아니하게 된 경우에는 그 조합원이 증가될 일반적 가능성이 없는 한, 노동조합으로서의 단체성을 상실하여 청산목적과 관련되지 않는 한 당사자능력이 없다.
② 노동조합은 단결권을 확보하기 위하여 필요하고도 합리적인 범위 내에서 조합원에 대하여 일정한 규제와 강제를 행사하는 내부통제권을 가진다고 해석하는 것이 상당하다.
③ 노동조합의 조직이나 운영을 지배하거나 개입하려는 사용자의 부당노동행위에 의해 노동조합이 설립된 경우, 그 설립신고가 행정관청에 의하여 형식상 수리되었더라도 그 실질적 요건이 흠결된 하자가 해소되거나 치유되는 등의 특별한 사정이 없는 한 그 설립이 무효로서 노동조합으로서의 지위를 가지지 않는다고 보아야 한다.
④ 실질적인 요건은 갖추었으나 형식적인 요건을 갖추지 못한 근로자들의 단결체의 지위를 '법외의 노동조합'으로 보는 한 그 단결체가 전혀 아무런 활동을 할 수 없는 것은 아니고 어느 정도의 단체교섭이나 협약체결 능력을 보유한다 할 것이다.
⑤ 산업별 노동조합의 지회 등이 독자적으로 단체교섭을 진행하고 단체협약을 체결하지 못하였다면 법인 아닌 사단의 실질을 가지고 있어 기업별 노동조합과 유사한 근로자단체로서 독립성이 인정된다 하더라도 그 지회 등은 스스로 고유한 사항에 관하여 산업별 노동조합과 독립하여 의사를 결정할 수 있는 능력을 가지고 있지 않다.

08 노동조합 및 노동관계조정법에 의하여 설립된 노동조합에 관한 설명으로 옳지 않은 것은? 기출 25

① 노동조합이라는 명칭을 사용할 수 있다.
② 노동위원회에 노동쟁의의 조정을 신청할 수 있다.
③ 그 사업체는 세법이 정하는 바에 따라 조세를 부과하지 아니한다.
④ 그 규약이 정하는 바에 의하여 법인으로 할 수 있다.
⑤ 사용자의 부당노동행위로 인하여 그 권리를 침해당하는 경우 노동위원회에 그 구제를 신청할 수 있다.

• **해설 및 정답** •

07 ① (○) 노동조합은 그 요건으로 단체성이 요구되므로 복수인이 결합하여 규약을 가지고 그 운영을 위한 조직을 갖추어야 하는바, 법인 아닌 노동조합이 일단 설립되었다고 할지라도 중도에 그 조합원이 1인밖에 남지 아니하게 된 경우에는, 그 조합원이 증가될 일반적 가능성이 없는 한, 노동조합으로서의 단체성을 상실하여 청산목적과 관련되지 않는 한 당사자능력이 없다(대판 1998.3.13. 97누19830).

② (○) 헌법 제33조 제1항에 의하여 단결권을 보장받고 있는 노동조합은 그 조직을 유지하고 목적을 달성하기 위하여는 조합의 내부질서가 확립되고 강고한 단결력이 유지되지 않으면 안되므로, 노동조합은 단결권을 확보하기 위하여 필요하고도 합리적인 범위 내에서 조합원에 대하여 일정한 규제와 강제를 행사하는 내부통제권을 가진다고 해석하는 것이 상당하다(대판 2005.1.28. 2004도227).

③ (○) 노동조합의 조직이나 운영을 지배하거나 개입하려는 사용자의 부당노동행위에 의해 노동조합이 설립된 것에 불과하거나, 노동조합이 설립될 당시부터 사용자가 위와 같은 부당노동행위를 저지르려는 것에 관하여 노동조합 측과 적극적인 통모·합의가 이루어진 경우 등과 같이 해당 노동조합이 헌법 제33조 제1항 및 그 헌법적 요청에 바탕을 둔 노조법 제2조 제4호가 규정한 실질적 요건을 갖추지 못하였다면, 설령 그 설립신고가 행정관청에 의하여 형식상 수리되었더라도 실질적 요건이 흠결된 하자가 해소되거나 치유되는 등의 특별한 사정이 없는 한 이러한 노동조합은 노조법상 그 설립이 무효로서 노동3권을 향유할 수 있는 주체인 노동조합으로서의 지위를 가지지 않는다고 보아야 한다(대판 2021.2.25. 2017다51610).

④ (○) 실질적인 요건은 갖추었으나 형식적인 요건을 갖추지 못한 근로자들의 단결체는 노동조합이라는 명칭을 사용할 수 없음은 물론 그 외 법에서 인정하는 여러 가지 보호를 받을 수 없는 것은 사실이나, 명칭의 사용을 금지하는 것은 이미 형성된 단결체에 대한 보호정도의 문제에 지나지 아니하고 단결체의 형성에 직접적인 제약을 가하는 것도 아니며, 또한 위와 같은 단결체의 지위를 '법외의 노동조합'으로 보는 한 그 단결체가 전혀 아무런 활동을 할 수 없는 것은 아니고 어느 정도의 단체교섭이나 협약체결 능력을 보유한다 할 것이므로, 노동조합의 명칭을 사용할 수 없다고 하여 헌법상 근로자들의 단결권이나 단체교섭권의 본질적인 부분이 침해된다고 볼 수 없다(헌재 2008.7.31. 2004헌바9).

⑤ (×) 산업별 노동조합의 지회 등이 독자적으로 단체교섭을 진행하고 단체협약을 체결하지는 못하더라도, 법인 아닌 사단의 실질을 가지고 있어 기업별 노동조합과 유사한 근로자단체로서 독립성이 인정되는 경우에, 지회 등은 스스로 고유한 사항에 관하여 산업별 노동조합과 독립하여 의사를 결정할 수 있는 능력을 가지고 있다(대판 2016.2.19. 2012다96120[전합]).

정답 ❺

08 노조법은 행정관청으로부터 설립신고증을 받은 노동조합인 법내노조에 대하여는 법적 보호를 부여하고 있으나, 법외노조에 대하여는 법내노조와 차별하여 불이익을 주는 규정을 두고 있다. 상설하면, 법내노조는 그 규약이 정하는 바에 의하여 법인으로 할 수 있고(노조법 제6조 제1항)(④), 노동조합이라는 명칭을 사용할 수 있고(노조법 제7조 제3항)(①), 노동위원회에 노동쟁의의 조정을 신청할 수 있으며(노조법 제7조 제1항)(②), 사용자의 부당노동행위로 인하여 그 권리를 침해당하는 경우 노동위원회에 그 구제를 신청할 수 있다(노조법 제7조 제1항)(⑤). 또한 노동조합에 대하여는 그 사업체를 제외하고는 세법이 정하는 바에 따라 조세를 부과하지 아니한다(노조법 제8조)(③).

정답 ❸

09 노동조합 및 노동관계조정법령상 근로시간면제심의위원회(이하 "위원회"라 한다)에 관한 설명으로 옳은 것은? 기출 25

① 위원회는 근로시간 면제 한도를 심의·의결하고, 5년마다 그 적정성 여부를 재심의하여 의결할 수 있다.
② 위원회는 근로자를 대표하는 위원과 사용자를 대표하는 위원 및 공익을 대표하는 위원 각 5명씩 성별을 고려하여 구성한다.
③ 위원회는 고용노동부장관으로부터 근로시간 면제 한도를 정하기 위한 심의요청을 받은 때에는 그 심의요청을 받은 날부터 30일 이내에 심의·의결해야 한다.
④ 위원회는 재적위원 과반수의 출석과 재적위원 과반수의 찬성으로 의결한다.
⑤ 위원회 위원의 임기는 3년으로 하고, 임기가 끝났더라도 후임자가 위촉될 때까지 계속하여 그 직무를 수행한다.

10 노동조합 및 노동관계조정법령상 노동조합에 관한 설명으로 옳지 않은 것은? 기출 24

① 사업 또는 사업장에 종사하는 근로자(이하 "종사근로자"라 한다)인 조합원이 해고되어 노동위원회에 부당노동행위의 구제신청을 한 경우에는 중앙노동위원회의 재심판정이 있을 때까지 종사근로자로 본다.
② 법인인 노동조합이 주된 사무소를 이전한 경우 해당 노동조합의 대표자는 이전 후 3주일 이내에 종전소재지 또는 새 소재지에서 새 소재지와 이전 연월일에 대한 변경등기를 해야 한다.
③ 노동조합에 대하여는 그 사업체를 제외하고는 세법이 정하는 바에 따라 조세를 부과하지 아니한다.
④ 노동조합의 대표자는 명칭이 변경된 경우에는 변경 후 3주일 이내에 주된 사무소의 소재지에서 변경사항을 등기해야 한다.
⑤ 노동조합 및 노동관계조정법에 의하여 설립된 노동조합이 아니면 노동조합이라는 명칭을 사용할 수 없다.

해설 및 정답

09 ① (×) 위원회는 근로시간 면제 한도를 심의·의결하고, <u>3년마다</u> 그 적정성 여부를 재심의하여 의결할 수 있다(노조법 제24조의2 제2항).
② (○) 노조법 제24조의2 제5항 각 호 외 본문
③ (×) 위원회는 <u>경제사회노동위원회 위원장으로부터 근로시간 면제 한도를 정하기 위한 심의 요청을 받은 때에는 그 심의 요청을 받은 날부터 60일 이내에 심의·의결해야</u> 한다(노조법 시행령 제11조의6 제1항).
④ (×) 위원회는 재적위원 과반수의 출석과 <u>출석위원 과반수의 찬성으로</u> 의결한다(노조법 제24조의2 제7항).
⑤ (×) 위원회 위원의 임기는 <u>2년으로</u> 하고, 위원회의 위원은 임기가 끝났더라도 후임자가 위촉될 때까지 계속하여 그 직무를 수행한다(노조법 시행령 제11조의5).

> **위원회의 운영(노조법 시행령 제11조의6)**
> ① <u>위원회는 경제사회노동위원회 위원장으로부터 근로시간 면제 한도를 정하기 위한 심의 요청을 받은 때에는 그 심의 요청을 받은 날부터 60일 이내에 심의·의결해야 한다.</u>
> ② <u>위원회의 사무를 처리하기 위하여 위원회에 간사 1명을 두며, 간사는 경제사회노동위원회 소속 직원 중에서 경제사회노동위원회 위원장이 지명한다.</u>
> ③ 위원회의 위원에 대해서는 예산의 범위에서 그 직무 수행을 위하여 필요한 수당과 여비를 지급할 수 있다.
> ④ 위원회의 위원장은 필요한 경우에 관계 행정기관 공무원 중 관련 업무를 수행하는 공무원으로 하여금 위원회의 회의에 출석하여 발언하게 할 수 있다.
> ⑤ 위원회에 근로시간 면제 제도에 관한 전문적인 조사·연구업무를 수행하기 위하여 전문위원을 둘 수 있다.
> ⑥ 이 영에서 규정한 사항 외에 위원회의 운영에 필요한 사항은 위원회의 의견을 들어 경제사회노동위원회위원장이 정한다.

정답 ❷

10 ① (○) 노조법 제5조 제3항
② (×) 법인인 노동조합이 주된 사무소를 이전한 경우 해당 노동조합의 대표자는 <u>이전 후 3주일 이내에 종전 소재지 또는 새 소재지에서 새 소재지와 이전 연월일을 이전등기해야</u> 한다(동법 시행령 제5조).
③ (○) 노조법 제8조
④ (×) 노동조합을 설립하려면 소정의 사항을 기재한 설립신고서에 규약을 첨부하여 행정관청에 제출하여야 한다(노조법 제10조 제1항). 설립신고서를 접수한 행정관청은 보완요구나 신고서 반려의 사유가 있는 경우를 제외하고는 3일 이내에 신고증을 교부하여야 하며, 노동조합이 신고증을 교부받은 경우에는 설립신고서가 접수된 때에 설립된 것으로 간주된다(노조법 제12조 제1항, 제4항). 노동조합은 그 규약이 정하는 바에 의하여 법인으로 할 수 있고, 당해 노동조합을 법인으로 하고자 할 경우에는 대통령령이 정하는 바에 의하여 법인등기를 하여야 한다(노조법 제6조 제1항, 제2항). 생각건대 <u>노동조합은 설립신고서가 접수된 때에 설립된 것으로 간주되며 노동조합의 법인등기가 강제되지 아니한다는 점, 법인등기를 전제로 하지 아니할 경우 노동조합은 설립신고서에 기재한 명칭의 변경이 있는 경우에는 그날부터 30일 이내에 행정관청에게 변경신고를 하여야 한다는 점</u>(노조법 제13조 제1항)등을 고려하면, 법인등기를 전제로 출제한 것임을 명시하지 않은 지문 ④를 틀린 지문으로 이해할 여지가 있으므로 지문 ②와 함께 오답으로 처리하여 복수정답을 인정한 것으로 보인다.
⑤ (○) 노조법 제7조 제3항

정답 ❷, ❹

11 노동조합 및 노동관계조정법상 노동조합의 설립에 관한 설명으로 옳지 않은 것은? 기출 24

① 노동조합의 설립신고서에는 목적과 사업을 기재해야 한다.
② 노동조합은 매년 1월 31일까지 전년도 12월 31일 현재의 조합원수를 행정관청에 통보하여야 한다.
③ 노동조합이 신고증을 교부받은 경우에는 설립신고서가 접수된 때에 설립된 것으로 본다.
④ 행정관청은 설립신고서 또는 규약이 기재사항의 누락등으로 보완이 필요한 경우에는 대통령령이 정하는 바에 따라 20일 이내의 기간을 정하여 보완을 요구하여야 한다.
⑤ 행정관청은 설립하고자 하는 노동조합이 주로 정치운동을 목적으로 하는 경우 설립신고서를 반려하여야 한다.

12 노동조합 및 노동관계조정법령상 근로시간면제심의위원회에 관한 설명으로 옳은 것은? 기출 24

① 근로시간면제심의위원회는 근로시간 면제 한도를 심의·의결하고, 3년마다 그 적정성 여부를 재심의하여 의결해야 한다.
② 근로시간면제심의위원회 위원장은 근로시간면제심의위원회가 의결한 사항을 고용노동부장관에게 즉시 통보하여야 한다.
③ 근로시간면제심의위원회 위원의 임기는 3년으로 한다.
④ 근로시간면제심의위원회의 위원은 임기가 끝났더라도 후임자가 위촉될 때까지 계속하여 그 직무를 수행한다.
⑤ 근로시간면제심의위원회는 경제사회노동위원회 위원장으로부터 근로시간 면제 한도를 정하기 위한 심의 요청을 받은 때에는 그 심의 요청을 받은 날부터 90일 이내에 심의·의결해야 한다.

해설 및 정답

11 ① (×) 노동조합의 설립신고서에는 명칭, 주된 사무소의 소재지, 조합원수, 임원의 성명과 주소, 소속된 연합단체가 있는 경우에는 그 명칭, 연합단체인 노동조합에 있어서는 그 구성노동단체의 명칭, 조합원수, 주된 사무소의 소재지 및 임원의 성명·주소 등을 기재하여야 하나(노조법 제10조 제1항), <u>목적과 사업은 규약기재사항임</u>을 유의하여야 한다(동법 제11조 제2호).
② (○) 노조법 제13조 제2항 제3호
③ (○) 노조법 제12조 제4항
④ (○) 노조법 제12조 제2항 전문
⑤ (○) 노조법 제12조 제3항 제1호, 제2조 제4호 마목

> **신고증의 교부(노조법 제12조)**
> ② 행정관청은 설립신고서 또는 규약이 기재사항의 누락등으로 보완이 필요한 경우에는 <u>대통령령이 정하는 바에 따라 20일 이내의 기간을 정하여 보완을 요구하여야</u> 한다. 이 경우 보완된 설립신고서 또는 규약을 접수한 때에는 3일 이내에 신고증을 교부하여야 한다.
> ③ 행정관청은 설립하고자 하는 노동조합이 <u>다음 각 호의 1에 해당하는 경우에는 설립신고서를 반려하여야</u> 한다.
> 　1. <u>제2조 제4호 각 목의 1에 해당하는 경우</u>
> 　2. 제2항의 규정에 의하여 <u>보완을 요구하였음에도 불구하고 그 기간 내에 보완을 하지 아니하는 경우</u>
> ④ <u>노동조합이 신고증을 교부받은 경우에는 설립신고서가 접수된 때에 설립된 것으로 본다.</u>
>
> **정의(노조법 제2조)**
> 이 법에서 사용하는 용어의 정의는 다음과 같다.
> 　4. "노동조합"이라 함은 근로자가 주체가 되어 자주적으로 단결하여 근로조건의 유지·개선 기타 근로자의 경제적·사회적 지위의 향상을 도모함을 목적으로 조직하는 단체 또는 그 연합단체를 말한다. 다만, <u>다음 각 목의 1에 해당하는 경우에는 노동조합으로 보지 아니한다.</u>
> 　　가. 사용자 또는 항상 그의 이익을 대표하여 행동하는 자의 참가를 허용하는 경우
> 　　나. 경비의 주된 부분을 사용자로부터 원조받는 경우
> 　　다. 공제·수양 기타 복리사업만을 목적으로 하는 경우
> 　　라. 삭제 〈2025.9.9.〉
> 　　마. <u>주로 정치운동을 목적으로 하는 경우</u>

정답 ❶

12 ① (×) 근로시간면제심의위원회는 근로시간 면제 한도를 심의·의결하고, <u>3년마다 그 적정성 여부를 재심의하여 의결할 수 있다</u>(노조법 제24조의2 제2항).
② (×) <u>경제사회노동위원회 위원장은</u> 근로시간면제심의위원회가 의결한 사항을 고용노동부장관에게 즉시 통보하여야 한다(노조법 제24조의2 제3항).
③ (×) 근로시간면제심의위원회 <u>위원의 임기는 2년으로</u> 한다(노조법 시행령 제11조의5 제1항).
④ (○) 노조법 시행령 제11조의5 제3항
⑤ (×) 근로시간면제심의위원회는 경제사회노동위원회 위원장으로부터 근로시간 면제 한도를 정하기 위한 심의 요청을 받은 때에는 <u>그 심의 요청을 받은 날부터 60일 이내에 심의·의결해야</u> 한다(노조법 시행령 제11조의6 제1항).

정답 ❹

13 노동조합 및 노동관계조정법상 노동조합의 관리에 관한 설명으로 옳은 것은? 기출 24

① 노동조합은 조합원 명부를 3년간 보존하여야 한다.
② 예산・결산에 관한 사항은 총회에서 재적조합원 과반수의 출석과 출석조합원 3분의 2 이상의 찬성으로 의결한다.
③ 하나의 사업 또는 사업장을 대상으로 조직된 노동조합의 대의원은 그 사업 또는 사업장에 종사하는 조합원 중에서 선출하여야 한다.
④ 노동조합의 대표자는 대의원의 3분의 1 이상이 회의에 부의할 사항을 제시하고 회의의 소집을 요구한 때에는 15일 이내에 임시대의원회를 소집하여야 한다.
⑤ 행정관청은 노동조합에 총회의 소집권자가 없는 경우에 조합원의 3분의 1 이상이 회의에 부의할 사항을 제시하고 소집권자의 지명을 요구한 때에는 지체없이 회의의 소집권자를 지명하여야 한다.

14 노동조합 및 노동관계조정법령상 노동조합의 관리에 관한 설명으로 옳지 않은 것은? 기출 24

① 근로자는 사용자의 동의가 있는 경우에는 사용자로부터 급여를 지급받으면서 근로계약 소정의 근로를 제공하지 아니하고 노동조합의 업무에 종사할 수 있다.
② 노동조합이 특정 조합원에 관한 사항을 의결할 경우에는 그 조합원은 표결권이 없다.
③ 노동조합의 대표자는 그 회계감사원으로 하여금 회계연도마다 당해 노동조합의 모든 재원 및 용도, 주요한 기부자의 성명, 현재의 경리 상황등에 대한 회계감사를 실시하게 하고 그 내용과 감사결과를 전체 조합원에게 공개하여야 한다.
④ 노동조합의 대표자는 회계연도마다 결산결과와 운영상황을 공표하여야 하며 조합원의 요구가 있을 때에는 이를 열람하게 하여야 한다.
⑤ 행정관청은 노동조합으로부터 결산결과 또는 운영상황의 보고를 받으려는 경우에는 그 사유와 그 밖에 필요한 사항을 적은 서면으로 10일 이전에 요구해야 한다.

15 노동조합 및 노동관계조정법령상 노동조합의 해산에 관한 설명으로 옳지 않은 것은? 기출 24

① 노동조합의 임원이 없고 계속하여 1년 이상 조합원으로부터 조합비를 징수한 사실이 없어서 행정관청이 노동위원회의 의결을 얻은 경우 노동조합은 해산한다.
② 합병 또는 분할로 소멸한 경우 노동조합은 해산한다.
③ 총회 또는 대의원회의 해산결의가 있는 경우 노동조합은 해산한다.
④ 규약에서 정한 해산사유가 발생하여 노동조합이 해산한 때에는 그 대표자는 해산한 날부터 15일 이내에 행정관청에게 이를 신고하여야 한다.
⑤ 노동조합의 해산사유가 있는 경우, 노동위원회가 의결을 할 때에는 해산사유 발생일 이후의 해당 노동조합의 활동을 고려하여야 한다.

해설 및 정답

13 ① (×) 노동조합은 조합설립일부터 30일 이내에 조합원 명부(연합단체인 노동조합에 있어서는 그 구성단체의 명칭)를 작성하여 그 주된 사무소에 비치하여야 하나, <u>조합원 명부의 보존연한에 대하여는 규정하고 있지 아니하다</u>(노조법 제14조 제1항, 제2항 참조).
② (×) 총회는 <u>예산·결산에 관한 사항을 재적조합원 과반수의 출석과 출석조합원 과반수의 찬성으로 의결한다.</u> 다만, 규약의 제정·변경, 임원의 해임, 합병·분할·해산 및 조직형태의 변경에 관한 사항은 재적조합원 과반수의 출석과 출석조합원 3분의 2 이상의 찬성이 있어야 한다(노조법 제16조 제1항 제4호, 제2항).
③ (○) 노조법 제17조 제3항
④ (×) 노동조합의 대표자는 조합원 또는 대의원의 3분의 1 이상(연합단체인 노동조합에 있어서는 그 구성단체의 3분의 1 이상)이 회의에 부의할 사항을 제시하고 회의의 소집을 요구한 때에는 <u>지체없이 임시총회 또는 임시대의원회를 소집하여야</u> 한다(노조법 제18조 제2항).
⑤ (×) 행정관청은 노동조합에 총회 또는 대의원회의 소집권자가 없는 경우에 조합원 또는 대의원의 3분의 1 이상이 회의에 부의할 사항을 제시하고 소집권자의 지명을 요구한 때에는 <u>15일 이내에 회의의 소집권자를 지명하여야</u> 한다(노조법 제18조 제4항).

  정답 ③

14 ① (○) 근로자는 단체협약으로 정하거나 사용자의 동의가 있는 경우에는 <u>사용자 또는 노동조합으로부터 급여를 지급받으면서 근로계약 소정의 근로를 제공하지 아니하고 노동조합의 업무에 종사할 수 있다</u>(노조법 제24조 제1항).
② (○) 노조법 제20조
③ (×) 노동조합의 대표자는 <u>그 회계감사원으로 하여금 6월에 1회 이상</u> 당해 노동조합의 모든 재원 및 용도, 주요한 기부자의 성명, 현재의 경리 상황등에 대한 회계감사를 실시하게 하고 그 내용과 감사결과를 전체 조합원에게 공개하여야 한다(노조법 제25조 제1항).
④ (○) 노조법 제26조
⑤ (○) 노조법 시행령 제12조, 동법 제27조

 정답 ③

15 ① (○) 노조법 제28조 제1항 제4호, 동법 시행령 제13조 제1항
② (○) 노조법 제28조 제1항 제2호
③ (○) 노조법 제28조 제1항 제3호
④ (○) 노조법 제28조 제1항 제1호, 제2항
⑤ (×) 노동조합의 해산사유가 있는 경우에는 행정관청이 관할 노동위원회의 의결을 얻은 때에 해산된 것으로 본다. 노동위원회는 의결을 할 때에는 <u>해산사유 발생일 이후의 해당 노동조합의 활동을 고려해서는 아니 된다</u>(노조법 시행령 제13조 제2항, 제3항).

  정답 ⑤

16 노동조합 및 노동관계조정법상 총회 및 대의원회의 회의 등에 관한 설명으로 옳지 않은 것은? 기출 23

① 총회에서 임원의 선임에 관한 사항을 의결할 때에는 재적조합원 과반수의 출석과 출석조합원 3분의 2 이상의 찬성이 있어야 한다.
② 연합단체인 노동조합의 대표자는 그 구성단체의 3분의 1 이상이 회의에 부의할 사항을 제시하고 회의의 소집을 요구한 때에는 지체 없이 임시총회 또는 임시대의원회를 소집하여야 한다.
③ 노동조합이 특정 조합원에 관한 사항을 의결할 경우에는 그 조합원은 표결권이 없다.
④ 하나의 사업 또는 사업장을 대상으로 조직된 노동조합의 대의원은 그 사업 또는 사업장에 종사하는 조합원 중에서 선출하여야 한다.
⑤ 대의원회는 회의개최일 7일 전까지 그 회의에 부의할 사항을 공고하여야 하나, 노동조합이 동일한 사업장 내의 근로자로 구성된 경우에는 그 규약으로 공고기간을 단축할 수 있다.

17 노동조합 및 노동관계조정법상 노동조합의 관리 등에 관한 설명으로 옳지 않은 것은? 기출 23

① 연합단체인 노동조합은 조합설립일부터 30일 이내에 그 구성단체의 명칭을 기재한 명부를 작성하여 그 주된 사무소에 비치하여야 한다.
② 노동조합의 대표자는 그 회계감사원으로 하여금 3월에 1회 이상 당해 노동조합의 현재의 경리상황등에 대한 회계감사를 실시하게 하여야 한다.
③ 노동조합은 재정에 관한 장부와 서류를 3연간 보존하여야 한다.
④ 임원의 임기를 2년으로 정한 규약의 규정은 적법하다.
⑤ 노동조합의 대표자는 필요하다고 인정할 때에는 임시총회 또는 임시대의원회를 소집할 수 있다.

• 해설 및 정답 •

16 ① (×) 총회에서 <u>임원의 선임에 관한 사항</u>은 재적조합원 과반수의 출석과 출석조합원 과반수의 찬성으로 의결한다. 다만, <u>임원의 해임에 관한 사항</u>은 재적조합원 과반수의 출석과 출석조합원 3분의 2 이상의 찬성이 있어야 한다(노조법 제16조 제2항).
② (○) 노조법 제18조 제2항
③ (○) 노조법 제20조
④ (○) 노조법 제17조 제3항
⑤ (○) 총회 또는 대의원회는 회의개최일 7일 전까지 그 회의에 부의할 사항을 공고하고 규약에 정한 방법에 의하여 소집하여야 한다. <u>다만, 노동조합이 동일한 사업장 내의 근로자로 구성된 경우에는 그 규약으로 공고기간을 단축할 수 있다</u>(노조법 제19조).

  정답 ❶

17 ① (○) 노조법 제14조 제1항 제1호
② (×) 노동조합의 대표자는 그 회계감사원으로 하여금 <u>6월에 1회 이상</u> 당해 노동조합의 모든 재원 및 용도, 주요한 기부자의 성명, 현재의 경리 상황등에 대한 회계감사를 실시하게 하고 그 내용과 감사결과를 전체 조합원에게 공개하여야 한다(노조법 제25조 제1항).
③ (○) 노조법 제14조 제1항 제5호, 제2항
④ (○) 임원의 임기는 규약으로 정하되 3년을 초과할 수 없으므로(노조법 제23조 제2항), <u>임원의 임기를 2년으로 정한 규약의 규정은 적법</u>하다.
⑤ (○) 노조법 제18조 제1항

> **서류비치등(노조법 제14조)**
> ① 노동조합은 조합설립일부터 30일 이내에 다음 각 호의 서류를 작성하여 그 주된 사무소에 비치하여야 한다.
>   1. 조합원 명부(<u>연합단체인 노동조합에 있어서는 그 구성단체의 명칭</u>)
>   2. 규 약
>   3. 임원의 성명・주소록
>   4. 회의록
>   5. <u>재정에 관한 장부와 서류</u>
> ② 제1항 제4호 및 제5호의 서류는 <u>3연간 보존하여야</u> 한다.

  정답 ❷

CHAPTER 03 단체교섭권

출제포인트
- 단체교섭의 담당자 및 당사자
- 단체교섭의 위임
- 교섭창구단일화절차
- 교섭단위 결정
- 단체협약의 성립형식
- 단체협약의 시간적 적용범위
- 단체협약의 위반

제1절 단체교섭

Ⅰ 서 설

1. 단체교섭의 의의
법률상 단체교섭이란, 노동조합이나 그 밖의 노동단체가 교섭대표를 통하여 사용자 측과 근로조건 등에 관하여 합의에 도달할 것을 주된 목적으로 하여 교섭하는 것을 말한다.

2. 단체교섭권의 보장
노조법은 단체교섭권을 침해하는 사용자의 행위를 부당노동행위로 규정하고 있다(노조법 제81조 제1항 제3호). 또한 근로자 측의 단체교섭 요구가 정당하게 행하여질 경우에는, 사용자 측의 권리가 침해된다고 하더라도 민·형사상 면책이 인정된다(노조법 제3조, 제4조).

Ⅱ 단체교섭의 주체

1. 의 의
단체교섭의 주체라 함은 단체교섭을 자신의 명의로 수행하고, 그 법적 효과가 귀속되는 단체교섭의 당사자를 말한다. 따라서 단체교섭의 주체는 노동조합이고, 사용자 또는 사용자단체는 단체교섭의 상대방이다.

2. 단체교섭의 당사자

(1) 근로자 측의 당사자

단위노동조합은 당연히 단체교섭의 당사자가 되며, 기출 12·16 교섭대표노동조합은 그 교섭단위에서 단체교섭의 당사자지위를 가진다. 판례는 노동조합설립의 실질적 요건은 구비하였으나 형식적 요건을 구비하지 못한 근로자단체인 법외노조의 경우에도 노동3권의 주체가 되므로 단체교섭의 당사자가 된다고(대판 2016.12.27. 2011두921) 판시하고 있다. 노동조합의 상부단체가 독자적인 노동조합으로서의 조직을 갖추고 있고 하부단위노조에 단체교섭에 관한 통제력을 발휘할 수 있으면, 단체교섭의 주체가 될 수 있다고 보이며, 노동조합의 하부조직에 해당하는 산별노조의 지부·분회도 실질적으로 독립성을 가지고 있는 경우, 즉 독자적인 규약과 집행기관을 가지고 독립적인 조직체로서 활동하는 경우에는, 독자적인 단체교섭권이 인정된다는 견해가 다수설과 판례의 태도이다(대판 2001.2.23. 2000도4299). 기출 14·15·18·19·22 한편 특정 노동조합과 사용자 사이의 단체협약에 의하여 다른 노동조합의 헌법상 단체교섭권이 제한·박탈될 수 있으므로, 유일교섭단체조항의 효력에 대하여는 이를 무효로 보는 것이 일반적인 견해이다. 판례도 이 사건 단체협약 제1조는 그 문언상 산업별 단위노동조합으로서 사용자와 직접 단체협약을 체결해 온 원고만이 단체교섭을 할 수 있는 유일한 노동단체이고, 다른 어떠한 노동단체도 인정하지 않는다는 내용임이 명백하므로, 이는 근로자의 노동조합 결성 및 가입의 자유와 단체교섭권을 침해하여 노조법 제5조, 제29조 제1항에 위배되고, 이와 달리 위 조항의 취지가 단순히 원고가 원고 소속 조합원을 대표하는 단체임을 의미하는 것에 불과하다고 보기는 어렵다(대판 2016.4.15. 2013두11789) 같은 취지로 판시하고 있다. 기출 24

(2) 사용자 측의 당사자

1) 사용자

① 노조법상 사용자의 의미 : 사용자란 사업주, 사업경영담당자 또는 그 사업의 근로자에 관한 사항에 대하여 사업주를 위하여 행동하는 자를 말한다. 이 경우 근로계약 체결 당사자가 아니더라도 근로자의 근로조건에 대하여 실질적이고 구체적으로 지배·결정할 수 있는 지위에 있는 자도 그 범위에 있어서는 사용자로 본다(노조법 제2조 제2호). 노조법상 사용자 규정은 문언상 근로기준법상의 규정과 크게 차이가 없다. 그러나 근로기준법상 사용자는 동법의 준수의무자로 파악되는 것임에 반하여, 노조법상의 사용자는 단체교섭의 상대방(노조법 제29조) 및 부당노동행위금지의 수규자(노조법 제81조)로서의 의미를 가진다.

㉠ 사업주 : 근로자를 사용하여 사업을 하는 자, 즉 자기 이름으로 사업을 하는 경영의 주체로서 개인기업의 경우에는 경영주 개인, 법인기업의 경우에는 법인을 말한다.

㉡ 사업경영담당자 : 사업경영 일반에 관하여 책임을 지는 자로서 사업주로부터 사업경영의 전부 또는 일부에 대하여 포괄적인 위임을 받고 대외적으로 사업을 대표하거나 대리하는 자를 말한다(대판 2008.4.10. 2007도1199). 구체적으로는 주식회사의 대표이사, 합명회사·합자회사의 업무집행사원, 유한회사의 이사·지배인 등이 이에 해당한다. 다만, 명목상의 대표이사는 사업경영담당자라고 할 수 없다(대판 2000.1.18. 99도2910).

㉢ 근로자에 관한 사항에 대하여 사업주를 위하여 행위하는 자 : 근로자에 관한 사항에 대하여 사업주를 위하여 행위하는 자란 근로자의 인사, 급여, 후생 및 노무관리 등 근로조건의 결정 또는 업무상의 명령이나 지휘감독을 하는 등의 사항에 대하여 사업주로부터 일정한 권한과 책임을 부여받은 자를 말한다(대판 2008.10.9. 2008도5984). 이와 같은 권한과 책임의 유무는 부장, 과장이라는 형식적인 직명에 따를 것이 아니라, 구체적인 권한과 책임에 의하여 판단하여야 한다.

② 단체교섭의 당사자 : 단체교섭의 당사자로서의 사용자는 원칙적으로 사업주를 의미한다. 따라서 개인인 경우에는 사업주 개인이, 법인인 경우에는 법인 그 자체가 교섭당사자로서의 사용자에 해당한다.

③ 국가 : 국가의 행정관청이 사법상 근로계약을 체결한 경우 그 근로계약관계의 권리·의무는 행정주체인 국가에 귀속되므로, 국가는 그러한 근로계약관계에 있어서 노조법 제2조 제2호에 정한 사업주로서 단체교섭의 당사자의 지위에 있는 사용자에 해당한다(대판 2008.9.11. 2006다40935).

2) 사용자단체

사용자단체라 함은 노동관계에 관하여 그 구성원인 사용자에 대하여 조정 또는 규제할 수 있는 권한을 가진 사용자의 단체를 말한다(노조법 제2조 제3호). 판례는 교섭·협약 체결의 목적성, 구성원통제력 등을 고려하여 사용자단체 해당 여부를 판단하고 있다(대판 1992.2.25. 90누9049).

3) 사용자 개념의 확장

① **2025년 노조법의 개정** : 실질적으로 근로조건에 대한 지배력을 행사하는 사용자는 형식적인 계약관계의 부존재를 이유로 단체교섭 등의 사용자로서의 책임을 회피하고, 근로계약을 체결한 사용자는 근로조건을 개선할 권한과 능력이 없어 근로자들의 노동3권이 사실상 형해화되는 결과를 초래하고 있으므로, 노동3권을 실효적으로 보장하기 위해 2025년 노조법 개정으로 노조법 제2조 제2호 후문을 신설함으로써 근로계약 체결 당사자가 아니더라도 근로조건에 대하여 실질적이고 구체적으로 지배·결정할 수 있는 지위에 있는 자도 사용자로 간주하는 사용자 개념 확장규정을 두었다.

② **개정 노조법의 내용** : 학설상 논의되던 실질적 지배력설을 수용한 대법원 판례를 입법화함에 따라 사용자성을 인정할 실질적이고 구체적으로 지배·결정할 수 있는 지위를 판단하는 것이 중요하다. 고용노동부가 노조법 제2조 제2호의 개정과 관련하여 제시한 하급심 판례44)와 중앙노동위원회의 실질적·구체적 지배·결정 판단기준에 따라 사용자성이 인정되는 경우 원청의 교섭의무가 인정될 수 있는 범위를 살펴본다.

㉠ 실질적·구체적 지배·결정 판단기준

아래와 같은 기준을 전부 충족하여야 하는 것은 아니고, 이를 종합적으로 고려하여 실질적·구체적 지배·결정 여부를 판단할 것이다. 그 동안의 사례를 검토하건대, 노무도급의 경우에 실질적 지배력의 정도가 상대적으로 높을 것으로 예상된다. 다만, 사외 협력업체의 경우 단순히 제품을 납품하는 관계라든지, 모회사가 자회사의 주식지분 등을 보유하고 있다는 사정이 있는 것만으로는 모회사의 사용자성이 인정된다고 보기는 어려울 것이다.

㉮ 하청이 단순한 도급관계에서의 협조를 넘어 원청의 기준·절차, 작업방식 등에 따라 지속적·구조적 통제·지시를 받는 경우(실질적·구체적 지배·결정)

㉯ 하청이 수행하는 사업이 원청의 전체적인 공정 내에서 원청 사업의 유기적으로 조직된 일부로서 기능하고 있는 경우(필수적·구조적 편입)

㉰ 하청이 근로조건을 독자적으로 결정하지 못하고 원청과의 단체교섭에 의해 비로소 해결될 수 있는 경우(단체교섭의 필요성·타당성)

㉱ 하청이 수행하는 사업에 원청과 전속적 거래관계, 시설·장비의 소유·관리 권한의 부재, 원청 사업운영 체계에의 포섭 등의 특징이 있는 경우(경제적·조직적 종속성)

㉡ 원청의 교섭의무의 인정 범위

실질적·구체적 지배·결정 판단기준에 의해 하청 노동조합이 제시한 교섭의제를 개별적으로 판단하여 원청의 사용자성이 인정되면 교섭의무가 인정된다. 교섭의무의 인정 여부에 대한 하급심 판례와 중앙노동위원회 판정 사례를 검토한다.

㉮ 원청(현대제철)이 제정한 안전보건 기준을 공통 적용 및 이행 감독하거나, 통합안전교육 실시, 하청 사고발생 시 원청이 조사하여 사후처리한 경우(산업안전보건 교섭의제에 대한 교섭의무 인정)

---

44) 서울행판 2025.7.25. 2023구합55658, 서울행판 2025.07.25 2022구합69230, 서울고판 2024.1.24. 2023누34646 등

㉯ 원청(한화오션)이 각 하청에 성과급 등을 배분하는 등 성과급의 지급 여부·기준 결정 권한 보유하거나 경영상 목적을 위해 장기간 지속적으로 지급한 경우(성과급 지급 교섭의제에 대한 교섭의무 인정)

㉰ 원청(CJ대한통운)이 지급하는 수수료와 하청 근로자의 급여가 직결되고, 원청이 수수료 적용 기준·금액을 일방적으로 결정한 경우(배송수수료 체계 교섭의제에 대한 교섭의무 인정)

㉱ 노조활동 보장의제와 관련하여 원청(한화오션)과의 임대차계약에 의해 하청 노동조합의 노동조합 사무실의 확보 문제를 해결하여야 하는 경우나, 취업방해 금지의제와 관련하여 원청이 하청 근로자의 취업방해 행위를 하였다는 명확한 증거가 없고, 취업방해 금지는 근로기준법이 직접적이고 강행적으로 금지하고 있는 사항인 경우(노조활동 보장, 취업방해 금지 교섭의제에 대한 교섭의무 부정)45)

③ **향후 논의의 필요성** : 원청의 사용자성 인정 여부와 하청 노동조합이 원청에 단체교섭을 요구할 경우 교섭창구 단일화 절차의 진행 여하에 대하여 앞으로 계속적인 논의가 필요하다는 견해가 있고, 이는 결국 개정될 노조법 시행령과 판례를 통하여 구체화될 것으로 보인다.

3. 단체교섭의 담당자

(1) 개 념

단체교섭의 담당자는 단체교섭의 주체인 노동조합과, 사용자를 대표하여 실제로 교섭을 직접 담당하는 자를 말한다. 법적 대표권한이 있는 자(자연인)는 당연히 교섭담당자가 된다. 근로자 측에서는 노동조합 대표자가, 사용자 측에서는 개인기업의 경우에는 사업주 본인이, 법인기업의 경우에는 사업경영담당자(대표이사 등)가 본래의 교섭담당자가 된다. 단체교섭의 담당자가 상대방과 교섭할 수 있는 법적 자격을 단체교섭권한이라고 한다.

(2) 근로자 측의 담당자

1) 노동조합의 대표자

① 노동조합의 대표자는 그 노동조합 또는 조합원을 위하여 사용자나 사용자단체와 교섭하고 단체협약을 체결할 권한을 가진다(노조법 제29조 제1항). 기출 19·24·25

② 노동조합의 대표자 또는 수임자가 단체교섭의 결과에 따라 사용자와 단체협약의 내용을 합의한 후 다시 협약안의 가부에 관하여 조합원총회의 의결을 거쳐야 한다는 것은 대표자의 단체협약체결권한을 전면적·포괄적으로 제한함으로써 사실상 단체협약체결권한을 형해화하여 명목에 불과한 것으로 만드는 것이어서 노조법의 취지에 위반된다(대판 2002.11.26. 2001다36504). 기출 13·14·16·17

2) 노동조합으로부터 위임을 받은 자 기출 14·15·16

① 노동조합으로부터 교섭 또는 단체협약의 체결에 관한 권한을 위임받은 자는 그 노동조합을 위하여 위임받은 범위 안에서 그 권한을 행사할 수 있다(노조법 제29조 제3항). 기출 20

② 위임의 상대방은 제한이 없다.

---

45) 노조활동보장의제에 대하여는 하청업체가 원청과의 임대차계약을 통해 사무공간을 확보하고 있으므로 하청 노동조합의 노조활동을 위한 노조사무실의 마련의 경우에도 하청이 임대차계약의 변경 또는 추가를 통하여 해결하여야 할 일이고 원청과의 단체교섭에 의해 결정할 것은 아니라는 점에서, 취업방해금지의제에 대하여는 원청이 그러한 행위를 했다고 볼 수 있는 명확한 증거가 없고, 취업방해 금지는 근로기준법이 모든 사람에 대하여 직접적이고 강행적으로 금지하고 있는 사항이므로 단체교섭을 통해 재차 금지의무를 부과할 필요는 없다는 취지로 이해할 수 있다(서울행판 2025.7.25. 2023구합55658 참조).

③ 구 노조법 제33조 제1항에서 규정하고 있는 단체교섭권한의 '위임'이라고 함은 노동조합이 그 조직상의 대표자 이외의 자에게 그 조합 또는 조합원을 위하여, 그 조합의 입장에서 사용자 측과 사이에 단체교섭을 하는 사무처리를 맡기는 것을 뜻하고, 그 위임 후 이를 해지하는 등의 별개의 의사표시가 없더라도 그 노동조합의 단체교섭권한은 여전히 그 수임자의 단체교섭권한과 중복하여 경합적으로 남아 있다고 할 것이며, 같은 법조 제2항의 규정에 따라 단위노동조합이, 당해 노동조합이 가입한 상부단체인 연합단체에 그러한 권한을 위임한 경우에 있어서도 달리 볼 것은 아니다(대판 1998.11.13. 98다20790). 기출 12·17·19
④ 노동조합이 교섭 또는 단체협약의 체결에 관한 권한을 위임하는 경우에는 교섭사항과 권한범위를 정하여 위임하여야 한다(노조법 시행령 제14조 제1항). 기출 17·18
⑤ 노동조합은 교섭 등의 권한을 위임한 때에는 그 사실을 상대방에게 통보하여야 한다(노조법 제29조 제4항).
기출 18·24

(3) 사용자 측의 담당자

1) 사용자 또는 사용자단체의 대표자
사용자에는 사업주와 사업의 경영담당자(대표이사 등)뿐만 아니라, 그 사업의 근로자에 관한 사항에 관하여 사업주를 위하여 일하는 자를 포함한다.

2) 사용자 또는 사용자단체로부터 위임을 받은 자
사용자 또는 사용자단체가 교섭 또는 단체협약의 체결에 관한 권한을 위임하는 경우에는 교섭사항과 권한범위를 정하여 위임하여야 한다(노조법 시행령 제14조 제1항). 기출 25 사용자 또는 사용자단체로부터 위임을 받은 자는 위임받은 범위 내에서 교섭 또는 단체협약 체결에 관한 권한을 행사할 수 있다(노조법 제29조 제3항). 사용자 또는 사용자단체는 교섭 등의 권한을 위임한 때에는 그 사실을 상대방에게 통보하여야 한다(노조법 제29조 제4항).
기출 18·20·22·24·25

3) 회생절차개시결정 이후의 협약체결권자
회생절차개시결정이 있는 경우에는 경영과 관리권한이 관리인에게 귀속되므로 그 회사의 대표이사가 아니라 관리인이 근로계약상의 사용자지위에 있게 된다. 따라서 회사정리개시결정이 있는 경우 회사정리법에 따라 회사사업의 경영과 재산의 관리 및 처분을 하는 권한이 관리인에게 전속되므로 정리회사의 대표이사가 아니라 관리인이 근로관계상 사용자의 지위에 있게 되고 따라서 단체협약의 사용자 측 체결권자는 대표이사가 아니라 관리인이므로, 정리회사에 대한 회사정리절차가 진행 중 노조와 정리회사의 대표이사 사이에 이루어진 약정은 단체협약에 해당하지 아니하여 그 효력이 근로자 개인에게 미칠 수 없다(대판 2001.1.19. 99다72422).

(4) 단체교섭 위임의 제한

1) 단체협약상 제3자의 위임 제한
제3자 위임금지조항에 대하여는 유효설과 무효설의 대립이 있으나, 단체교섭권한의 위임 여부 또는 수임자의 선정문제는 노동조합이 자유로이 결정할 수 있다고 보는 무효설이 타당하다고 판단된다. 따라서 이 조항에 위반하여 제3자에게 단체교섭을 위임한 경우에는, 단체협약 위반의 손해배상책임은 별론으로 하더라도 제3자에 대한 위임 자체는 유효하다. 따라서 사용자가 이 조항을 이유로 단체교섭을 거부하면 부당노동행위가 성립한다.

2) 교원 및 공무원노조의 위임 제한
교원 및 공무원노조는 조합원인 교원이나 공무원 외의 일반 제3자에게는 단체교섭을 위임할 수 없다(교노법 제14조 제2항, 공노법 제17조 제3항).

Ⅲ 노조대표자의 단체협약체결권한과 제한

1. 노조대표자의 단체협약체결권한 기출 20

구 노조법 제33조 제1항 본문은 "노동조합의 대표자 또는 노동조합으로부터 위임을 받은 자는 그 노동자 또는 조합원을 위하여 사용자나 사용자단체와 단체협약의 체결 기타의 사항에 관하여 교섭할 권한이 있다"고 규정하고 있는바, "교섭할 권한"이라 함은 사실행위로서의 단체교섭의 권한 외에 교섭한 결과에 따라 단체협약을 체결할 권한을 포함한다(대판 1993.4.27. 91누12257[전합]). 현행 노조법도 제29조 제1항에 노동조합의 대표자는 그 노동조합 또는 조합원을 위하여 사용자나 사용자단체와 교섭하고 단체협약을 체결할 권한을 가진다고 규정하고 있다.

2. 협약체결권한 제한규정의 위법성

(1) 전면적 제한

① 노동조합의 대표자 또는 수임자가 단체교섭의 결과에 따라 사용자와 단체협약의 내용을 합의한 후 다시 협약안의 가부에 관하여 조합원총회의 의결을 거쳐야만 한다는 것은 대표자 또는 수임자의 단체협약체결 권한을 전면적, 포괄적으로 제한함으로써 사실상 단체협약체결권한을 형해화하여 명목에 불과한 것으로 만드는 것이어서 구 노조법 제33조 제1항의 취지에 위반된다(대판 1993.4.27. 91누12257[전합]).

② 노동조합이 노동조합규약에서 노동조합의 대표자가 사용자와 단체교섭 결과 합의에 이른 경우에도 단체 교섭위원들이 연명으로 서명하지 않는 한 단체협약을 체결할 수 없도록 규정한 경우, 위 규약은 노동조합 대표자에게 단체협약체결권을 부여한 노조법 제29조 제1항을 위반한 것이다(대판 2013.9.27. 2011두15404).

(2) 절차적 제한

노동조합이 조합원들의 의사를 반영하고 대표자의 단체교섭 및 단체협약체결업무 수행에 대한 적절한 통제를 위하여 규약 등에서 내부절차를 거치도록 하는 등 대표자의 단체협약체결권한의 행사를 절차적으로 제한하는 것은, 그것이 단체협약체결권한을 전면적·포괄적으로 제한하는 것이 아닌 이상 허용된다고 보아야 한다(대판 2014.4.24. 2010다24534). 기출 19·21·23

IV 교섭창구단일화46)

1. 교섭 및 체결권한 기출 15·20·21·22

① 노동조합의 대표자는 그 노동조합 또는 조합원을 위하여 사용자나 사용자단체와 교섭하고 단체협약을 체결할 권한을 가진다(노조법 제29조 제1항).

② 교섭대표노동조합의 대표자는 교섭을 요구한 모든 노동조합 또는 조합원을 위하여 사용자와 교섭하고 <u>단체협약을 체결할 권한을 가진다</u>(노조법 제29조 제2항). 기출 23 한편 판례에 의하면 <u>교섭창구 단일화 제도의 취지나 목적, 노조법 제29조 제2항의 규정 내용과 취지 등을 고려하면, 교섭대표노동조합의 대표자는 교섭창구 단일화 절차에 참여한 노동조합 및 조합원 전체를 대표하여 독자적인 단체협약체결권을 가지므로, 단체협약 체결 여부에 대해 원칙적으로 소수노동조합이나 그 조합원의 의사에 기속된다고 볼 수 없다</u>고(대판 2020.10.29. 2019다262582) 한다.

2. 단일화의 원칙 및 예외적인 개별교섭

(1) 단일화의 원칙

하나의 사업 또는 사업장에서 조직형태에 관계없이 <u>근로자가 설립하거나 가입한 노동조합이 2개 이상인 경우 노동조합은 교섭대표노동조합(2개 이상의 노동조합 조합원을 구성원으로 하는 교섭대표기구를 포함)를 정하여 교섭을 요구하여야 한다</u>(노조법 제29조의2 제1항 본문). 기출 22

(2) 예외적인 개별교섭

하나의 사업 또는 사업장에서 <u>2개 이상의 노동조합이 있더라도 교섭대표노조를 자율적으로 결정하는 기한 내에 사용자가 교섭창구단일화절차를 거치지 않기로 동의한 경우에는 예외적으로 해당 노동조합은 사용자와 개별적으로 교섭할 수 있다</u>(노조법 제29조의2 제1항 단서). 기출 16·18

---

46) 1953년 노동조합법이 처음으로 제정되었을 때에는 노동조합의 설립을 제한하는 규정은 없었으나, 1963년 노동조합법을 개정하면서 "조직이 기존 노동조합의 정상적인 운영을 방해하는 것을 목적으로 하는 경우" 노동조합의 설립을 허용하지 않는다고 규정(1963년 노동조합법 제3조 제5호)하여 복수노조 금지제도가 노동법에 처음 도입되었다. 이러한 복수노조 금지조항은 1997년 노조법을 제정하면서 삭제되었음에도 기업차원의 복수노조 설립은 2010.10.1. 노조법 개정으로 2011.7.1. 시행됨에 따라 비로소 허용되었고, 교섭창구단일화의 절차와 방법에 대한 규정들도 같은 날부터 시행되어 오고 있다. 기출 24

3. 교섭창구단일화절차

(1) 교섭참여노동조합의 확정 [기출] 20·22·23·24

노동조합은 해당 사업 또는 사업장에 단체협약이 있는 경우에는 그 유효기간 만료일 이전 3개월이 되는 날부터 사용자에게 교섭을 요구할 수 있다. 다만, 단체협약이 2개 이상 있는 경우에는 먼저 이르는 단체협약의 유효기간 만료일 이전 3개월이 되는 날부터 사용자에게 교섭을 요구할 수 있다. 노동조합은 사용자에게 교섭을 요구하는 때에는 노동조합의 명칭, 그 교섭을 요구한 날 현재의 종사근로자인 조합원 수 등 고용노동부령으로 정하는 사항을 적은 서면으로 해야 한다(노조법 시행령 제14조의2). 사용자는 7일간 그 사실을 공고하여야 한다. 노동조합은 사용자가 교섭요구 사실의 공고를 하지 아니하거나 다르게 공고하는 경우에는 노동위원회에 시정을 요청할 수 있고, 노동위원회가 시정 요청을 받은 때에는 요청을 받은 날부터 10일 이내에 그에 대한 결정을 하여야 한다(노조법 시행령 제14조의3). [기출] 25 사용자와 교섭하려는 다른 노동조합은 이 공고 기간 내에 조합원 수 등을 적은 서면으로 사용자에게 교섭을 요구하여야 한다(노조법 시행령 제14조의4). 사용자는 공고기간이 끝난 다음 날에 교섭을 요구한 노동조합을 확정하여 통지하고, 그 교섭을 요구한 노동조합의 명칭, 그 교섭을 요구한 날 현재의 종사근로자인 조합원 수 등 고용노동부령으로 정하는 사항을 5일간 공고해야 한다(노조법 시행령 제14조의5 제1항).

(2) 교섭대표노동조합의 자율적 결정

1) 교섭대표노동조합의 통지 [기출] 21·22

교섭대표노동조합 결정절차(이하 "교섭창구단일화절차")에 참여한 모든 노동조합은 대통령령으로 정하는 기한 내에 자율적으로 교섭대표노동조합을 정한다(노조법 제29조의2 제3항). 이에 따라 모든 참여노동조합은 참여노동조합으로 확정 또는 결정된 날부터 14일이 되는 날을 기한으로 하여 교섭대표노조의 대표자, 교섭위원 등을 연명으로 서명 또는 날인하여 사용자에게 통지해야 한다(노조법 시행령 제14조의6 제1항). 사용자에게 교섭대표노동조합의 통지가 있은 이후에는 그 교섭대표노동조합의 결정절차에 참여한 노동조합 중 일부 노동조합이 그 이후의 절차에 참여하지 않더라도 법 제29조 제2항에 따른 교섭대표노동조합의 지위는 유지된다(노조법 시행령 제14조의6 제2항). [기출] 25

2) 자율적 결정기간의 기산일 [기출] 17

① 판례에 의하면 노조법 시행령 제14조의5에 따른 사용자의 공고에 대하여 노동조합이 노동위원회에 시정을 요청하여 노동위원회가 결정을 한 경우에는 결정이 당사자에게 송달되어 효력이 발생한 날부터 교섭대표 자율결정기간이 진행한다고(대판 2016.1.14. 2013다84643) 한다.
② 판례에 의하면 교섭대표 자율결정기간의 기산일이 되는 '노조법 시행령 제14조의5에 따라 확정 또는 결정된 날'은 시행령 제14조의5에서 정한 교섭요구노동조합 확정절차가 종료된 날을 의미하는 것으로 해석되는 점 등을 종합하면, 교섭대표 자율결정기간의 기산일이 되는 '시행령 제14조의5에 따라 확정된 날'은 시행령 제14조의5 제1항에 따른 사용자의 공고에 대하여 노동조합이 이의를 신청하지 아니한 경우에는 공고기간이 만료된 날을, 노동조합이 이의를 신청하여 사용자가 수정공고를 한 경우에는 수정공고기간이 만료된 날을 의미한다고(대판 2016.2.18. 2014다11550) 한다.

(3) **과반수 교섭대표노동조합** 기출 18·20·22

자율적 결정기한 내에 교섭대표노조를 결정하지 못하고 개별교섭에 대한 사용자의 동의를 얻지 못한 경우에는 참여노동조합 전체 조합원의 과반수로 조직된 노동조합이 교섭대표노조가 되며, 2개 이상의 노동조합이 위임 또는 연합 등의 방법으로 참여노동조합 전체 조합원의 과반수가 되는 경우도 과반수노조에 포함된다(노조법 제29조의2 제4항).

(4) **공동교섭대표단**

1) 노조 간 자율적 공동교섭대표단 구성 기출 13·14·19·21

과반수 노동조합이 없는 경우에는 참여노동조합이 공동으로 구성한 교섭대표단을 교섭대표노조로 하되, 공동교섭대표단에는 조합원 수가 참여노동조합 전체 조합원의 100분의 10 이상인 노동조합만 참여할 수 있다(노조법 제29조의2 제5항). 공동교섭대표단에 참여할 수 있는 노동조합은 사용자와 교섭하기 위하여 소정의 기간 이내에 공동교섭대표단의 대표자, 교섭위원 등 공동교섭대표단을 구성하여 연명으로 사용자에게 통지해야 한다(노조법 시행령 제14조의8 제1항).

2) 노동위원회의 공동교섭대표단 결정

노조 간에 자율적으로 공동교섭대표단의 구성에 합의하지 못할 경우에 노동위원회는 해당 노동조합의 신청에 따라 조합원 비율을 고려하여 이를 결정할 수 있다(노조법 제29조의2 제6항). 기출 13·16·21·22

(5) **노동위원회 결정에 대한 불복**

교섭대표노동조합을 결정함에 있어 교섭요구사실, 조합원 수 등에 대한 이의가 있거나, 노동위원회의 공동교섭대표단 결정에 이의가 있는 경우에는 노동위원회는 노동조합의 신청을 받아 그 이의에 대한 결정을 할 수 있다(노조법 제29조의2 제7항). 노동위원회의 결정에 대한 불복절차 및 효력은 중재재정의 불복절차 및 효력에 관한 규정을 준용하므로, 노동위원회의 결정이 위법·월권인 경우에 한하여 이의제기를 할 수 있고, 중앙노동위원회의 재심신청이나 행정소송의 제기에 의해 그 효력이 정지되지 아니한다(노조법 제29조의2 제8항, 제69조, 제70조 제2항). 기출 12·15·18

과반수노동조합의 교섭대표노동조합 확정 등(노조법 시행령 제14조의7)

① 법 제29조의2 제3항 및 이 영 제14조의6에 따른 교섭대표노동조합이 결정되지 못한 경우에는 법 제29조의2 제3항에 따른 교섭창구단일화절차에 참여한 모든 노동조합의 전체 종사근로자인 조합원 과반수로 조직된 노동조합(둘 이상의 노동조합이 위임 또는 연합 등의 방법으로 교섭창구단일화절차에 참여하는 노동조합 전체 종사근로자인 조합원의 과반수가 되는 경우를 포함. 이하 "과반수노동조합")은 제14조의6 제1항에 따른 기한이 끝난 날부터 5일 이내에 사용자에게 노동조합의 명칭, 대표자 및 과반수노동조합이라는 사실 등을 통지해야 한다.
② 사용자가 제1항에 따라 과반수노동조합임을 통지받은 때에는 그 통지를 받은 날부터 5일간 그 내용을 공고하여 다른 노동조합과 근로자가 알 수 있도록 해야 한다.
③ 다음 각 호의 사유로 이의를 제기하려는 노동조합은 제2항에 따른 공고기간 내에 고용노동부령으로 정하는 바에 따라 노동위원회에 이의신청을 해야 한다.
  1. 사용자가 제2항에 따른 공고를 하지 않은 경우
  2. 공고된 과반수노동조합에 대하여 그 과반수 여부에 이의가 있는 경우
④ 노동조합이 제2항에 따른 공고기간 내에 이의신청을 하지 않은 경우에는 같은 항에 따라 공고된 과반수노동조합이 교섭대표노동조합으로 확정된다.
⑤ 노동위원회는 제3항에 따른 이의신청을 받은 때에는 교섭창구단일화절차에 참여한 모든 노동조합과 사용자에게 통지하고, 조합원 명부(종사근로자인 조합원의 서명 또는 날인이 있는 것으로 한정) 등 고용노동부령으로 정하는 서류를 제출하게 하거나 출석하게 하는 등의 방법으로 종사근로자인 조합원 수에 대하여 조사·확인해야 한다.

⑥ 제5항에 따라 종사근로자인 조합원 수를 확인하는 경우의 기준일은 제14조의5 제1항에 따라 교섭을 요구한 노동조합의 명칭 등을 공고한 날로 한다.
⑦ 노동위원회는 제5항에 따라 종사근로자인 조합원 수를 확인하는 경우 둘 이상의 노동조합에 가입한 종사근로자인 조합원에 대해서는 그 종사근로자인 조합원 1명별로 다음 각 호의 구분에 따른 방법으로 종사근로자인 조합원 수를 산정한다.
  1. 조합비를 납부하는 노동조합이 하나인 경우 : 조합비를 납부하는 노동조합의 종사근로자인 조합원 수에 숫자 1을 더할 것
  2. 조합비를 납부하는 노동조합이 둘 이상인 경우 : 숫자 1을 조합비를 납부하는 노동조합의 수로 나눈 후에 그 산출된 숫자를 그 조합비를 납부하는 노동조합의 종사근로자인 조합원 수에 각각 더할 것
  3. 조합비를 납부하는 노동조합이 하나도 없는 경우 : 숫자 1을 종사근로자인 조합원이 가입한 노동조합의 수로 나눈 후에 그 산출된 숫자를 그 가입한 노동조합의 종사근로자인 조합원 수에 각각 더할 것
⑧ 노동위원회는 노동조합 또는 사용자가 제5항에 따른 서류제출요구 등 필요한 조사에 따르지 않은 경우에 고용노동부령으로 정하는 기준에 따라 종사근로자인 조합원 수를 계산하여 확인한다.
⑨ 노동위원회는 제5항부터 제8항까지의 규정에 따라 조사·확인한 결과 과반수노동조합이 있다고 인정하는 경우에는 그 이의신청을 받은 날부터 10일 이내에 그 과반수노동조합을 교섭대표노동조합으로 결정하여 교섭창구단일화절차에 참여한 모든 노동조합과 사용자에게 통지해야 한다. 다만, 그 기간 이내에 종사근로자인 조합원 수를 확인하기 어려운 경우에는 한 차례에 한정하여 10일의 범위에서 그 기간을 연장할 수 있다.

자율적 공동교섭대표단 구성 및 통지(노조법 시행령 제14조의8)
① 법 제29조의2 제3항 및 제4항에 따라 교섭대표노동조합이 결정되지 못한 경우에, 같은 조 제5항에 따라 공동교섭대표단에 참여할 수 있는 노동조합은 사용자와 교섭하기 위하여 다음 각 호의 구분에 따른 기간 이내에 공동교섭대표단의 대표자, 교섭위원 등 공동교섭대표단을 구성하여 연명으로 서명 또는 날인하여 사용자에게 통지해야 한다.
  1. 과반수노동조합이 없어서 제14조의7 제1항에 따른 통지 및 같은 조 제2항에 따른 공고가 없는 경우 : 제14조의6 제1항에 따른 기한이 만료된 날부터 10일간
  2. 제14조의7 제9항에 따라 과반수노동조합이 없다고 노동위원회가 결정하는 경우 : 제14조의7 제9항에 따른 노동위원회 결정의 통지가 있은 날부터 5일간
② 사용자에게 제1항에 따른 공동교섭대표단의 통지가 있은 이후에는 그 공동교섭대표단결정절차에 참여한 노동조합 중 일부 노동조합이 그 이후의 절차에 참여하지 않더라도 법 제29조 제2항에 따른 교섭대표노동조합의 지위는 유지된다.

기출 22

노동위원회결정에 의한 공동교섭대표단의 구성(노조법 시행령 제14조의9)
① 법 제29조의2 제5항 및 이 영 제14조의8 제1항에 따른 공동교섭대표단의 구성에 합의하지 못한 경우에 공동교섭대표단 구성에 참여할 수 있는 노동조합의 일부 또는 전부는 노동위원회에 법 제29조의2 제6항에 따라 공동교섭대표단 구성에 관한 결정 신청을 해야 한다.
② 노동위원회는 제1항에 따른 공동교섭대표단 구성에 관한 결정신청을 받은 때에는 그 신청을 받은 날부터 10일 이내에 총 10명 이내에서 각 노동조합의 종사근로자인 조합원 수에 따른 비율을 고려하여 노동조합별 공동교섭대표단에 참여하는 인원 수를 결정하여 그 노동조합과 사용자에게 통지해야 한다. 다만, 그 기간 이내에 결정하기 어려운 경우에는 한 차례에 한정하여 10일의 범위에서 그 기간을 연장할 수 있다.
③ 제2항에 따른 공동교섭대표단결정은 공동교섭대표단에 참여할 수 있는 모든 노동조합이 제출한 종사근로자인 조합원 수에 따른 비율을 기준으로 한다.
④ 제3항에 따른 종사근로자인 조합원 수 및 비율에 대하여 그 노동조합 중 일부 또는 전부가 이의를 제기하는 경우 종사근로자인 조합원 수의 조사·확인에 관하여는 제14조의7 제5항부터 제8항까지의 규정을 준용한다.
⑤ 공동교섭대표단 구성에 참여하는 노동조합은 사용자와 교섭하기 위하여 제2항에 따라 노동위원회가 결정한 인원 수에 해당하는 교섭위원을 각각 선정하여 사용자에게 통지하여야 한다.
⑥ 제5항에 따라 공동교섭대표단을 구성할 때에 그 공동교섭대표단의 대표자는 공동교섭대표단에 참여하는 노동조합이 합의하여 정한다. 다만, 합의되지 않은 경우에는 종사근로자인 조합원 수가 가장 많은 노동조합의 대표자로 한다.

> **교섭대표노동조합의 지위 유지기간 등(노조법 시행령 제14조의10)**
> ① 법 제29조의2 제3항부터 제6항까지의 규정에 따라 결정된 교섭대표노동조합은 그 결정이 있은 후 사용자와 체결한 첫 번째 단체협약의 효력이 발생한 날을 기준으로 2년이 되는 날까지 그 교섭대표노동조합의 지위를 유지하되, 새로운 교섭대표노동조합이 결정된 경우에는 그 결정된 때까지 교섭대표노동조합의 지위를 유지한다.
> ② 제1항에 따른 교섭대표노동조합의 지위 유지기간이 만료되었음에도 불구하고 새로운 교섭대표노동조합이 결정되지 못할 경우 기존 교섭대표노동조합은 새로운 교섭대표노동조합이 결정될 때까지 기존 단체협약의 이행과 관련해서는 교섭대표노동조합의 지위를 유지한다.
> ③ 법 제29조의2에 따라 결정된 교섭대표노동조합이 그 결정된 날부터 1년 동안 단체협약을 체결하지 못한 경우에는 어느 노동조합이든지 사용자에게 교섭을 요구할 수 있다. 이 경우 제14조의2 제2항 및 제14조의3부터 제14조의9까지의 규정을 적용한다.

4. 교섭대표노동조합의 법적 지위

(1) 당사자지위의 인정

교섭대표노동조합의 대표자는 교섭을 요구한 모든 노동조합 또는 조합원을 위하여 사용자와 교섭하고 단체협약을 체결할 권한을 가진다(노조법 제29조 제2항). 판례에 의하면 교섭창구단일화 및 공정대표의무에 관련된 법령규정의 문언, 교섭창구단일화제도의 취지와 목적, 교섭대표노동조합이 아닌 노동조합 및 그 조합원의 노동3권 보장 필요성 등을 고려하면, 교섭창구단일화절차에서 교섭대표노동조합이 가지는 대표권은 법령에서 특별히 권한으로 규정하지 아니한 이상 단체교섭 및 단체협약 체결(보충교섭이나 보충협약 체결을 포함)과 체결된 단체협약의 구체적인 이행과정에만 미치는 것이고, 이와 무관하게 노사관계 전반에까지 당연히 미친다고 볼 수는 없다(대판 2019.10.31. 2017두37772). 기출 16·17·21

(2) 지위유지기간

1) 원 칙

노조법 제29조의2에 따라 결정된 교섭대표노동조합은 그 결정이 있은 후 사용자와 체결한 첫 번째 단체협약의 효력이 발생한 날을 기준으로 2년이 되는 날까지 그 교섭대표노동조합의 지위를 유지하되, 새로운 교섭대표노동조합이 결정된 경우에는 그 결정된 때까지 교섭대표노동조합의 지위를 유지한다(노조법 시행령 제14조의10 제1항). 기출 19·22

2) 예 외

교섭대표노동조합의 지위유지기간이 만료되었음에도 불구하고 새로운 교섭대표노동조합이 결정되지 못할 경우 기존 교섭대표노동조합은 새로운 교섭대표노동조합이 결정될 때까지 기존 단체협약의 이행과 관련해서는 교섭대표노동조합의 지위를 유지한다(노조법 시행령 제14조의10 제2항). 기출 24

(3) 지위의 상실 기출 16·17·18·19·24

교섭대표노동조합이 그 결정된 날부터 1년 동안 단체협약을 체결하지 못한 경우에는 어느 노동조합이든지 사용자에게 교섭을 요구할 수 있다. 이 경우 교섭창구단일화절차에 관한 일반절차에 따른다(노조법 시행령 제14조의10 제3항).

5. 관련 판례

(1) 유일노조의 교섭대표노동조합지위 인정 여부

교섭창구단일화제도의 취지 내지 목적, 교섭창구단일화제도의 체계 내지 관련 규정의 내용, 교섭대표노동조합의 개념 등을 종합하여 보면, 하나의 사업 또는 사업장 단위에서 유일하게 존재하는 노동조합은, 설령 노조법 및 그 시행령이 정한 절차를 형식적으로 거쳤다고 하더라도, 교섭대표노동조합의 지위를 취득할 수 없다고 해석함이 타당하다(대판 2017.10.31. 2016두36956). **기출** 19·24

(2) 노동조합 설립무효의 확인 또는 부존재확인의 소의 가부

[1] 단체교섭의 주체가 되고자 하는 노동조합으로서는 법적인 제약에 따르는 현재의 권리 또는 법률상 지위에 대한 위험이나 불안을 제거하기 위하여 다른 노동조합을 상대로 해당 노동조합이 설립될 당시부터 노조법 제2조 제4호가 규정한 주체성과 자주성 등의 실질적 요건을 흠결하였음을 들어 설립무효의 확인을 구하거나 노동조합으로서의 법적 지위가 부존재한다는 확인을 구하는 소를 제기할 수 있다고 보는 것이 타당하다.
[2] 확인청구소송의 인용판결은 사실심 변론종결 시를 기준으로 노동조합의 설립이 무효인 하자가 해소되거나 치유되지 아니한 채 남아 있음으로써 해당 노동조합이 노동조합으로서의 법적 지위를 갖지 아니한다는 점을 확인하는 것일 뿐 이러한 판결의 효력에 따라 노동조합의 지위가 비로소 박탈되는 것이 아니다. 그러므로 노동조합의 설립이 무효인 하자가 해소되거나 치유되지 아니한 채 존재하는지에 관한 증명은 판단의 기준 시점인 사실심 변론종결 당시까지 할 수 있고, 법원은 해당 노동조합의 설립 시점부터 사실심 변론종결 당시까지 사이에 발생한 여러 가지 사정들을 종합적으로 고려하여 노동조합이 설립 과정에서 노조법 제2조 제4호가 규정한 주체성과 자주성 등의 실질적 요건을 흠결한 하자가 여전히 남아 있는지, 이에 따라 현재의 권리 또는 법률관계인 그 노동조합이 노동조합으로서의 법적 지위를 갖는지 여부를 판단하여야 한다(대판 2021.2.25. 2017다51610). **기출** 23

V 교섭단위 결정

1. 원칙 기출 15·16·20·21·23

교섭대표노동조합을 결정하여야 할 단위는 하나의 사업 또는 사업장으로 한다(노조법 제29조의3 제1항). 이때 노동조합의 조직형태는 관계없다. 또한 하나의 사업 또는 사업장에서 조직형태와 관계없이 근로자가 설립하거나 가입한 노동조합이 2개 이상인 경우 노동조합은 교섭대표노조를 정하여 교섭을 요구하여야 한다(노조법 제29조의2 제1항).

2. 예외(교섭단위 분리·통합)

하나의 사업 또는 사업장에서 2개 이상의 노동조합이 있더라도, 교섭대표노조를 자율적으로 결정하는 기한 내에 사용자가 교섭창구단일화절차를 거치지 않기로 동의한 경우에는, 예외적으로 해당 노동조합은 사용자와 개별적으로 교섭할 수 있다(노조법 제29조의2 제1항 단서).

(1) 신청권자 기출 18·19·20·23·24

하나의 사업 또는 사업장에서 현격한 근로조건의 차이, 고용형태, 교섭관행 등을 고려하여 교섭단위를 분리하거나 분리된 교섭단위를 통합할 필요가 있다고 인정되는 경우에는 노동위원회는 노동관계당사자의 양쪽 또는 어느 한 쪽의 신청을 받아 교섭단위를 분리하거나 분리된 교섭단위를 통합하는 결정을 할 수 있다(노조법 제29조의3 제2항). 따라서 노동조합뿐만 아니라 사용자도 교섭단위분리·통합신청이 가능하다.

(2) 교섭단위분리·통합결정

1) 교섭단위의 결정 절차

노동위원회는 교섭단위를 분리·통합하는 결정신청을 받은 때에는 해당 사업 또는 사업장의 모든 노동조합과 사용자에게 그 내용을 통지해야 한다. 교섭단위의 분리·통합을 인정할 수 있는 예외적인 경우에 대해서는 분리·통합을 주장하는 측이 그에 관한 구체적 사정을 주장·증명하여야 한다(대판 2022.12.15. 2022두53716). 노동위원회는 신청을 받은 날부터 30일 이내에 교섭단위 분리·통합에 관한 결정을 하고 해당 사업 또는 사업장의 모든 노동조합과 사용자에게 통지하여야 한다(노조법 시행령 제14조의11). 기출 15·18·20·24

① 사용자가 교섭요구사실을 공고하기 전에도 가능하다. 기출 16·18·23·24
② 사용자가 교섭요구사실을 공고한 경우에는 교섭창구단일화절차에 따른 교섭대표노동조합이 결정된 날 이후에도 가능하다. 기출 20·23·24

2) 교섭단위 분리 필요의 판단기준

판례에 의하면 노조법 제29조의3 제2항에서 규정하고 있는 '교섭단위를 분리할 필요가 있다고 인정되는 경우'란 하나의 사업 또는 사업장에서 별도로 분리된 교섭단위에 의하여 단체교섭을 진행하는 것을 정당화할 만한 현격한 근로조건의 차이, 고용형태, 교섭관행 등의 사정이 있고, 이로 인하여 교섭대표노동조합을 통하여 교섭창구를 단일화하는 것이 오히려 근로조건의 통일적 형성을 통해 안정적인 교섭체계를 구축하고자 하는 교섭창구단일화제도의 취지에도 부합하지 않는 결과를 발생시킬 수 있는 예외적인 경우를 의미한다(대판 2018.9.13. 2015두39361).

> **교섭단위 결정(노조법 시행령 제14조의11)**
> ① 노동조합 또는 사용자는 법 제29조의3 제2항에 따라 교섭단위를 분리하거나 분리된 교섭단위를 통합하여 교섭하려는 경우에는 다음 각 호에 해당하는 기간에 노동위원회에 교섭단위를 분리하거나 분리된 교섭단위를 통합하는 결정을 신청할 수 있다. 기출 22
>   1. 제14조의3에 따라 사용자가 교섭요구사실을 공고하기 전 기출 25
>   2. 제14조의3에 따라 사용자가 교섭요구사실을 공고한 경우에는 법 제29조의2에 따른 교섭대표노동조합이 결정된 날 이후
> ② 제1항에 따른 신청을 받은 노동위원회는 해당 사업 또는 사업장의 모든 노동조합과 사용자에게 그 내용을 통지해야 하며, 그 노동조합과 사용자는 노동위원회가 지정하는 기간까지 의견을 제출할 수 있다.
> ③ 노동위원회는 제1항에 따른 신청을 받은 날부터 30일 이내에 교섭단위를 분리하거나 분리된 교섭단위를 통합하는 결정을 하고 해당 사업 또는 사업장의 모든 노동조합과 사용자에게 통지해야 한다. 기출 22
> ④ 제3항에 따른 통지를 받은 노동조합이 사용자와 교섭하려는 경우 자신이 속한 교섭단위에 단체협약이 있는 때에는 그 단체협약의 유효기간 만료일 이전 3개월이 되는 날부터 제14조의2 제2항에 따라 필요한 사항을 적은 서면으로 교섭을 요구할 수 있다. 기출 24
> ⑤ 제1항에 따른 신청에 대한 노동위원회의 결정이 있기 전에 제14조의2에 따른 교섭요구가 있는 때에는 교섭단위를 분리하거나 분리된 교섭단위를 통합하는 결정이 있을 때까지 제14조의3에 따른 교섭요구사실의 공고 등 교섭창구단일화절차의 진행은 정지된다. 기출 22·25
> ⑥ 제1항부터 제5항까지에서 규정한 사항 외에 교섭단위를 분리하거나 분리된 교섭단위를 통합하는 결정신청 및 그 신청에 대한 결정 등에 관하여 필요한 사항은 고용노동부령으로 정한다.

(3) 노동위원회 결정에 대한 불복

1) 불복절차 기출 20

노동위원회의 결정에 대한 불복절차 및 효력은 중재재정의 효력 및 불복절차에 따른다(노조법 제29조의3 제3항). 따라서 관계당사자는 교섭단위 분리에 관한 지방노동위원회의 결정이 위법이거나 월권에 의한 것이라고 인정하는 경우에는 그 결정서를 송달을 받은 날부터 10일 이내에 중앙노동위원회에 그 재심을 신청할 수 있다(노조법 제69조 제1항). 또한 관계당사자는 중앙노동위원회의 재심결정이 위법이거나 월권에 의한 것이라고 인정하는 경우에는 행정소송법 제20조의 규정에 불구하고 재심결정서의 송달을 받은 날부터 15일 이내에 행정소송을 제기할 수 있다(노조법 제69조 제2항). 지방노동위원회의 교섭단위 분리에 관한 결정 또는 중앙노동위원회의 재심결정은 중앙노동위원회에의 재심신청 또는 행정소송의 제기에 의하여 그 효력이 정지되지 아니한다(노조법 제70조 제2항).

2) 관련 판례

노조법 제29조의3 제3항에 의하면, 그 결정에 위법 또는 월권이 있는 경우에 한하여 불복이 허용된다. 판례는 교섭단위분리신청에 대한 노동위원회의 결정에 관하여는 단순히 어느 일방에게 불리한 내용이라는 사유만으로는 불복이 허용되지 않고, 그 절차가 위법하거나, 노조법 제29조의3 제2항이 정한 교섭단위분리결정의 요건에 관한 법리를 오해하여 교섭단위를 분리할 필요가 있다고 인정되는 경우인데도 그 신청을 기각하는 등 내용이 위법한 경우, 그 밖에 월권에 의한 것인 경우에 한하여 불복할 수 있다고(대판 2018.9.13. 2015두39361) 판시하고 있다.

VI 공정대표의무

1. 의 의

교섭대표노동조합과 사용자는 교섭창구단일화절차에 참여한 노동조합 또는 그 조합원 간에 합리적 이유 없이 차별을 하여서는 아니 된다(노조법 제29조의4 제1항). 공정대표의무란 교섭대표노동조합이 절차에 참여한 노동조합이나 그 조합원을 차별하지 아니하고 공정하게 대표할 의무로, 교섭대표노동조합의 권한에 따른 의무라고 할 수 있으나, 노조법은 교섭대표노동조합뿐만아니라 사용자에게도 공정대표의무를 부과하고 있다.

기출 19 · 21 · 23 · 24

2. 범 위

공정대표의무의 취지와 기능 등에 비추어 보면, 공정대표의무는 단체교섭의 과정이나 그 결과물인 단체협약의 내용뿐만 아니라 단체협약의 이행과정에서도 준수되어야 한다(대판 2018.8.30. 2017다218642). 기출 19 · 21 · 25

3. 증명책임

교섭대표노동조합이나 사용자가 교섭창구단일화절차에 참여한 다른 노동조합 또는 그 조합원을 차별한 것으로 인정되는 경우, 그와 같은 차별에 합리적인 이유가 있다는 점은 교섭대표노동조합이나 사용자에게 주장 · 증명책임이 있다(대판 2018.8.30. 2017다218642). 기출 19 · 23 · 24 · 25

4. 공정대표의무의 구체적 내용

(1) 절차적 공정대표의무

1) 의 의
단체교섭과정에서 교섭대표노동조합이 비대표노동조합의 의견을 충분히 수렴할 의무를 의미한다.

2) 의무 위반의 판단기준
교섭대표노동조합이 단체교섭과정의 모든 단계에 있어서 소수노동조합에 일체의 정보를 제공하거나 그 의견을 수렴하는 절차를 완벽하게 거치지 아니하였다고 하여 곧바로 공정대표의무를 위반하였다고 단정할 것은 아니고, 이때 절차적 공정대표의무를 위반한 것으로 보기 위해서는 단체교섭의 전 과정을 전체적·종합적으로 고찰하여 기본적이고 중요한 사항에 관한 정보제공 및 의견수렴절차를 누락하거나 충분히 거치지 아니한 경우 등과 같이 교섭대표노동조합이 가지는 재량권을 일탈·남용함으로써 소수노동조합을 합리적 이유 없이 차별하였다고 평가할 수 있는 정도에 이르러야 한다(대판 2020.10.29. 2017다263192).

3) 잠정합의안에 대한 대의원 결의절차와 관련된 의무위반 여부
판례에 의하면 교섭대표노동조합이 사용자와 단체교섭과정에서 마련한 단체협약 잠정합의안에 대하여 자신의 조합원 총회 또는 총회에 갈음할 대의원회의 찬반투표절차를 거치는 경우, 소수노동조합의 조합원들에게 동등하게 그 절차에 참여할 기회를 부여하지 않거나 잠정합의안에 대한 가결 여부를 정하는 과정에서 그들의 찬반의사를 고려 또는 채택하지 않았더라도 그것만으로는 절차적 공정대표의무를 위반하였다고 단정할 수 없다고(대판 2020.10.29. 2017다263192) 한다.

4) 정보제공 및 의견수렴과 관련된 의무위반 여부[47]
그러나 갑 노동조합이 교섭대표노동조합으로서 회사와 단체교섭을 진행하여 잠정합의안이 마련되자 조합원 총회를 갈음하는 임시대의원회를 개최하여 이를 가결하였는데, 그 과정에서 교섭창구 단일화 절차에 참여한 다른 노동조합인 을 노동조합에 잠정합의안 마련사실을 알리거나 이에 대해 설명하고 그로부터 의견을 수렴하지 않았고, 임시대의원회에 을 노동조합의 대의원이나 조합원을 참여시키지 않은 경우, 갑 노동조합이 을 노동조합에 잠정합의안 마련사실을 알리거나 이에 대하여 설명하고 그로부터 의견을 수렴하는 절차를 전혀 거치지 않은 것은 절차적 공정대표의무를 위반한 것으로 을 노동조합에 대한 불법행위가 되므로, 갑 노동조합은 이로 인한 위자료 배상책임을 부담한다고(대판 2020.10.29. 2019다262582) 한다.

---

[47] 갑 노동조합이 교섭대표노동조합으로서 회사와 단체교섭을 진행하여 잠정합의안이 마련되자 조합원총회를 갈음하는 임시대의원회를 개최하여 이를 가결하였는데, 그 과정에서 교섭창구 단일화 절차에 참여한 다른 노동조합인 을 노동조합에 잠정합의안 마련사실을 알리거나 이에 대해 설명하고 그로부터 의견을 수렴하지 않았고, 임시대의원회에 을 노동조합의 대의원이나 조합원을 참여시키지 않은 사안에서, 갑 노동조합이 단체협약 체결 여부를 결정하기 위하여 잠정합의안에 대한 임시대의원회의 결의를 거치면서 대표권이 없는 을 노동조합의 대의원 또는 조합원들에게 동등하게 해당 절차에 참여할 기회를 부여하지 않았다고 하더라도 차별의 문제는 발생하지 아니하므로, 차별의 존재를 전제로 하는 절차적 공정대표의무 위반은 인정하기 어려우나, 갑 노동조합이 단체교섭의 과정에서 중요한 사항인 잠정합의안에 대하여 자신의 대의원들에게만 이를 알리고 대의원회의 결의 절차를 거쳤을 뿐 을 노동조합에 대해서는 잠정합의안 마련사실을 알리거나 이에 대하여 설명하고 그로부터 의견을 수렴하는 절차를 전혀 거치지 않은 것은, 단체교섭의 전 과정을 전체적·종합적으로 살펴볼 때 교섭대표노동조합이 가지는 재량권의 범위를 일탈하여 을 노동조합을 합리적 이유 없이 차별함으로써 절차적 공정대표의무를 위반한 것이며, 그 위반에 대한 갑 노동조합의 고의 또는 과실도 인정되고, 나아가 갑 노동조합의 위와 같은 절차적 차별에 의한 공정대표의무 위반행위는 을 노동조합에 대한 불법행위가 되므로, 갑 노동조합으로서는 이로 인한 위자료 배상책임을 부담하는데도, 이와 달리 본 원심판단에 법리오해의 잘못이 있다고 한 사례(대판 2020.10.29. 2019다262582).

(2) 실체적 공정대표의무

1) 의 의
단체협약과 그 협약의 이행과정에서 합리적인 이유 없이 비대표노동조합과 그 조합원을 차별하지 아니할 의무를 말한다.

2) 실체적 공정대표의무 위반 여부
① 실체적 공정대표의무를 위반한 사례
- ㉠ **차별적인 노조사무실의 제공48)** : 판례는 노동조합의 존립과 발전에 필요한 일상적인 업무가 이루어지는 공간으로서 노동조합사무실이 가지는 중요성을 고려하면, 사용자가 단체협약 등에 따라 교섭대표노동조합에 상시적으로 사용할 수 있는 노동조합사무실을 제공한 이상, 특별한 사정이 없는 한 교섭창구단일화절차에 참여한 다른 노동조합에도 반드시 일률적이거나 비례적이지는 않더라도 상시적으로 사용할 수 있는 일정한 공간을 노동조합사무실로 제공하여야 한다고 봄이 타당하다. 이와 달리 교섭대표노동조합에는 노동조합사무실을 제공하면서 교섭창구단일화절차에 참여한 다른 노동조합에는 물리적 한계나 비용 부담 등을 이유로 노동조합사무실을 전혀 제공하지 않거나 일시적으로 회사 시설을 사용할 수 있는 기회를 부여하였다고 하여 차별에 합리적인 이유가 있다고 볼 수 없다고(대판 2018.8.30. 2017다218642) 판시하고 있다. 기출 24

- ㉡ **차별적인 금품지급** : 판례는 사용자단체가 교섭대표노동조합과 단체협약을 체결하면서 단체협약에 사용자의 노동조합에 대한 금품지급의무를 대신 이행하도록 정하고 사용자로부터 그 지급사무의 처리를 위임받은 경우, 사용자단체는 그 위임의 본지에 따라 선량한 관리자의 주의로써 위임사무를 처리하여야 하고, 위임인인 사용자의 지시가 있으면 우선적으로 그에 따라야 하므로, 사용자가 수임인인 사용자단체를 통하여 합리적 이유 없이 교섭대표노동조합에만 단체협약에 정해진 금품을 지급하는 등 공정대표의무를 위반한 때에는 교섭대표노동조합이 되지 못한 노동조합은 노동위원회에 시정을 요청할 수 있다고(대판 2019.4.23. 2016두42654) 한다.

- ㉢ **차별적인 징계위원회의 구성** : [1] 단체협약은 근로자의 경제적·사회적 지위 향상을 위하여 노동조합과 사용자가 단체교섭을 거쳐 체결하는 것이므로, 그 명문 규정을 근로자에게 불리하게 변형 해석할 수 없다. 다만 단체협약 문언의 객관적인 의미가 명확하게 드러나지 않고 문언 해석을 둘러싼 이견이 있는 경우에는, 해당 문언의 내용, 단체협약이 체결된 동기 및 경위, 노동조합과 사용자가 단체협약에 의하여 달성하려는 목적과 그 진정한 의사 등을 종합적으로 고려하여, 논리와 경험의 법칙에 따라 합리적으로 해석하여야 한다.
[2] 단체협약에서 징계위원회를 노·사 동수로 구성하고 근로자 측 위원을 노동조합이 지명·위촉하도록 규정(이하 '이 사건 규정')하고 있는 경우, 사용자와 교섭대표노동조합이 '소수노동조합 소속 조합원'에 대한 징계 절차에서 소수노동조합의 조합원들을 배제하고 교섭대표노동조합의 조합원들만을 근로자 측 위원으로 선임하였다면, 이는 다른 특별한 사정이 없는 한 징계 절차에서 소수노동조합 등을 합리적 이유 없이 차별한 것으로 공정대표의무에 위배된다고 봄이 타당하다. 나아가 이 사건 규정은 근로자의 근로권과 그 방어에 영향을 줄 수 있는 중요한 절차에 관한 사항에 해당한다. 사용자

---

48) 교섭대표노동조합과 사용자가 교섭대표노동조합에게만 노동조합 사무실을 제공하기로 하는 내용으로 단체협약을 체결하고 교섭창구 단일화 이후에도 교섭대표노동조합에게만 근로시간 면제를 인정하면서 교섭대표노동조합이 아닌 노동조합에게는 이를 인정하지 아니한 사안에서, 사용자의 이러한 행위는 모두 공정대표의무 위반에 해당하고, 사용자인 피고는 공정대표의무 위반을 이유로 원고에게 불법행위에 기한 손해배상의무를 부담한다고 판단한 원심판단을 수긍한 사례(대판 2018.8.30. 2017다218642)

가 공정대표의무를 위반하여 구성된 징계위원회의 의결을 거쳐 징계처분을 하였다면, 그러한 징계권의 행사는 징계사유가 인정되는지 여부와 관계없이 이 사건 규정을 위반하여 해당 근로자의 방어권 행사를 제약하여 이루어진 것으로 절차상 중대한 하자가 있어 무효라고 보아야 한다(대판 2025.7.18. 2023두61370).

ⓔ **근로조건 결정권한의 포괄적 위임** : [1] 교섭창구 단일화 및 공정대표의무에 관련된 법령 규정의 문언, 교섭창구 단일화 제도의 취지와 목적, 교섭대표노동조합이 아닌 노동조합 및 그 조합원의 노동3권 보장 필요성 등을 고려하면, 교섭창구 단일화 절차에서 교섭대표노동조합이 가지는 대표권은 법령에서 특별히 권한으로 규정하지 아니한 이상 단체교섭 및 단체협약 체결(보충교섭이나 보충협약 체결을 포함)과 체결된 단체협약의 구체적인 이행 과정에만 미치는 것이고, 이와 무관하게 노사관계 전반에까지 당연히 미친다고 볼 수는 없다.

[2] 사용자가 교섭대표노동조합과 체결한 단체협약에서 교섭대표노동조합이 되지 못한 노동조합 소속 조합원들을 포함한 사업장 내 근로자의 근로조건에 관하여 단체협약 자체에서는 아무런 정함이 없이 추후 교섭대표노동조합과 사용자가 합의·협의하거나 심의하여 결정하도록 정한 경우, 그 문언적 의미와 단체협약에 대한 법령 규정의 내용, 취지 등에 비추어 위 합의·협의 또는 심의결정이 단체협약의 구체적인 이행에 해당한다고 볼 수 없고 보충협약에 해당한다고 볼 수도 없는 때에는, 이는 단체협약 규정에 의하여 단체협약이 아닌 다른 형식으로 근로조건을 결정할 수 있도록 포괄적으로 위임된 것이라고 봄이 타당하다. 따라서 위 합의·협의 또는 심의결정은 교섭대표노동조합의 대표권 범위에 속한다고 볼 수 없다. 그럼에도 사용자와 교섭대표노동조합이 단체협약 규정에 의하여, 교섭대표노동조합만이 사용자와 교섭대표노동조합이 되지 못한 노동조합 소속 조합원들의 근로조건과 관련이 있는 사항에 관하여 위와 같이 합의·협의 또는 심의결정할 수 있도록 규정하고, 교섭대표노동조합이 되지 못한 노동조합을 위 합의·협의 또는 심의결정에서 배제하도록 하는 것은, 교섭대표노동조합이 되지 못한 노동조합이나 그 조합원을 합리적 이유 없이 차별하는 것으로서 공정대표의무에 반한다.

[3] 원심은, 이 사건 단체협약 세부지침 제48조가 교섭대표노동조합의 창립기념일만을 유급휴일로 지정한 것은 합리적인 이유 없이 다른 노동조합인 피고 보조참가인을 차별한 것이어서 공정대표의무 위반에 해당한다고 판단하였다. 앞에서 본 법리와 적법하게 채택된 증거들에 비추어 살펴보면, 원심의 이러한 판단에 상고이유 주장과 같이 공정대표의무에 관한 법리를 오해한 잘못이 없다(대판 2019.10.31. 2017두37772).

② **실체적 공정대표의무를 위반하지 아니한 사례**

㉠ **노동조합에 대한 차량 임차비용 지원** : 판례는 사용자의 노동조합에 대한 차량 임차비용 지원 행위가 공정대표의무 위반에 해당하는지가 문제된 사안에서, ㉮ 이 사건 차량 지원은 교섭창구 단일화 시로부터 약 1년 후에 있었고, 그 사이에 양 노조의 조합원 수 비율에 상당한 변동이 있었던 사정 등에 비추어, 원고(사용자)가 '2019년 10월의 조합원 수'를 기준으로 이 사건 차량 지원을 한 것은 합리적이라고 볼 수 있는 점, ㉯ 참가인 지회가 원고의 거듭된 요청에도 이 사건 차량 지원 시까지 구체적인 증빙자료를 제출하거나 합리적 대안을 제시한 바 없으므로, 이러한 상황에서 원고가 '일괄공제 내역에 따른 조합원 수'를 기준으로 이 사건 차량 지원을 한 것이 불합리하다고 볼 수 없는 점, ㉰ 노동조합 사무실과 달리 차량은 노동조합이 스스로 임차하여 사용함에 특별한 제약이 없고, 이 사건 차량 지원도 실제로는 차량 임차비용을 지원하는 방식으로 이루어진 점 등을 종합하면, 원고가 2019년 10월의 일괄공제 내역에 따른 조합원 수를 기준으로 차량 사용기간을 배분한 것에는 합리적인 이유가 있다고 볼 여지가 크다는 이유로, 이 사건 차량 지원이 공정대표의무 위반에 해당한다고 판단한 원심을 파기·환송(대판 2025.5.15. 2022두64693)하였다.

5. 노동위원회 결정에 대한 불복

노동조합은 교섭대표노동조합과 사용자가 공정대표의무에 위반하여 차별한 경우에는 그 행위가 있은 날(단체협약의 내용의 일부 또는 전부가 공정대표의무에 위반되는 경우에는 단체협약 체결일)부터 3개월 이내에 대통령령으로 정하는 방법과 절차에 따라 노동위원회에 그 시정을 요청할 수 있다(노조법 제29조의4 제2항). 기출 20·21 노동위원회는 노동조합의 시정요청에 대하여 합리적 이유 없이 차별하였다고 인정한 때에는 그 시정에 필요한 명령을 하여야 한다(노조법 제29조의4 제3항). 노동위원회의 명령 또는 결정에 대한 불복절차 등에 관하여는 부당노동행위구제명령에 대한 구제절차를 준용한다(노조법 제29조의4 제4항, 제85조, 제86조).

기출 17·19·20·21·23

> **공정대표의무 위반에 대한 시정(노조법 시행령 제14조의12)**
> ① 노동조합은 법 제29조의2에 따라 결정된 교섭대표노동조합과 사용자가 법 제29조의4 제1항을 위반하여 차별한 경우에는 고용노동부령으로 정하는 바에 따라 노동위원회에 공정대표의무 위반에 대한 시정을 신청할 수 있다.
> ② 노동위원회는 제1항에 따른 공정대표의무 위반의 시정신청을 받은 때에는 지체 없이 필요한 조사와 관계당사자에 대한 심문(審問)을 하여야 한다. 기출 23
> ③ 노동위원회는 제2항에 따른 심문을 할 때에는 관계당사자의 신청이나 직권으로 증인을 출석하게 하여 필요한 사항을 질문할 수 있다. 기출 23·25
> ④ 노동위원회는 제2항에 따른 심문을 할 때에는 관계당사자에게 증거의 제출과 증인에 대한 반대심문을 할 수 있는 충분한 기회를 주어야 한다.
> ⑤ 노동위원회는 제1항에 따른 공정대표의무 위반의 시정신청에 대한 명령이나 결정을 서면으로 하여야 하며, 그 서면을 교섭대표노동조합, 사용자 및 그 시정을 신청한 노동조합에 각각 통지하여야 한다.
> ⑥ 노동위원회의 제1항에 따른 공정대표의무 위반의 시정신청에 대한 조사와 심문에 관한 세부절차는 중앙노동위원회가 따로 정한다.

VII 단체교섭의 대상

1. 의 의

(1) 개 념

단체교섭의 대상이라 함은 법률의 규정 또는 노사당사자 간의 합의에 의하여 단체교섭의 주제 또는 목적으로 부의된 사항을 말한다.

(2) 범 위

단체교섭의 대상인지 아닌지에 따라 쟁의행위의 정당성 및 부당노동행위의 성립범위가 달라지므로, 그 범위와 관련하여 근로자와 사용자 간에는 첨예한 이해관계의 대립이 발생한다. 판례는 단체교섭의 대상은 근로자의 근로조건 기타 근로자의 대우뿐만 아니라 집단적 노사관계에 관한 사항으로서 사용자가 처분할 수 있는 사항을 의미한다고(대판 2003.12.26. 2003두8906) 판시하고 있다. 기출 14·16

2. 단체교섭의 대상

(1) 근로조건, 집단적 노사관계 및 권리분쟁에 관한 사항

근로자의 근로조건에 관한 사항은 단체교섭의 대상이 되며 판례도 같은 취지에서 상벌위원회 관련 사항도 근로조건에 해당한다고(대판 1996.2.23. 94누9177) 하고 있다. 집단적 노사관계에 대하여 판례는 단체교섭의 대상이 되는 단체교섭사항에 해당하는지 여부는 헌법 제33조 제1항과 노조법 제29조에서 근로자에게 단체교섭권을 보장한 취지에 비추어 판단하여야 하므로 일반적으로 구성원인 근로자의 노동조건 기타 근로자의 대우 또는 당해 단체적 노사관계의 운영에 관한 사항으로 사용자가 처분할 수 있는 사항은 단체교섭의 대상인 단체교섭 사항에 해당한다고(대판 2003.12.26. 2003두8906) 하여, 집단적 노사관계가 단체교섭 대상이 됨을 인정하고 있다. 반대의 견해가 있으나 권리분쟁에 관한 사항은 민사소송이나 노동위원회를 통하여 해결되어야 하는 문제라는 점에서 단체교섭 대상은 되지 아니한다고 보아야 하고 최근 판례(대판 2022.12.16. 2015도8190)도 같은 취지의 판시를 한바 있다.

(2) 경영사항 기출 12·16·18·21

1) 구조조정의 실시 여부

정리해고나 사업조직의 통폐합 등 기업의 구조조정 실시 여부는 경영주체에 의한 고도의 경영상 결단에 속하는 사항으로서 이는 원칙적으로 단체교섭의 대상이 될 수 없으나, 그것이 긴박한 경영상의 필요나 합리적인 이유 없이 불순한 의도로 추진되는 등의 특별한 사정이 없는 한, 비록 구조조정 실시로 근로자들의 지위나 근로조건의 변경이 필연적으로 수반된다 하더라도 사용자는 단체교섭을 정당하게 거부할 수 있다(대판 2011.1.27. 2010도11030).

2) 경영권에 속하는 사항

단체협약 중 조합원의 차량별 고정승무발령, 배차시간, 대기기사 배차순서 및 일당기사 배차에 관하여 노조와 사전합의를 하도록 한 조항은 그 내용이 한편으로는 사용자의 경영권에 속하는 사항이지만, 다른 한편으로는 근로자들의 근로조건과도 밀접한 관련이 있는 부분으로서 사용자의 경영권을 근본적으로 제약하는 것은 아니라고 보여지므로 단체협약의 대상이 될 수 있고, 그 내용 역시 헌법이나 노조법, 기타 노동관계법규에 어긋나지 아니하므로 정당하다(대판 1994.8.26. 93누8993).

3) 경영사항에 대한 단체협약상 합의조항이 있는 경우

사용자가 경영권의 본질에 속하여 단체교섭의 대상이 될 수 없는 사항에 관하여 노동조합과 '합의'하여 결정 혹은 시행하기로 하는 단체협약의 일부 조항이 있는 경우, 그 조항 하나만을 주목하여 쉽게 사용자의 경영권의 일부 포기나 중대한 제한을 인정하여서는 아니 되고, 그와 같은 단체협약을 체결하게 된 경위와 당시의 상황, 단체협약의 다른 조항과의 관계, 권한에는 책임이 따른다는 원칙에 입각하여 노동조합이 경영에 대한 책임까지도 분담하고 있는지 여부 등을 종합적으로 검토하여 그 조항에 기재된 '합의'의 의미를 해석하여야 한다고(대판 2002.2.26. 99도5380) 하여, 단체협약상의 합의를 협의로 해석함으로써 단체교섭의 대상이 되지 아니한다고 판시하고 있다.

Ⅷ 단체교섭의 방법

1. 성실교섭의무

노동조합과 사용자 또는 사용자단체는 신의에 따라 성실히 교섭하고 단체협약을 체결하여야 하며 그 권한을 남용하여서는 아니 된다(노조법 제30조 제1항). 노동조합과 사용자 또는 사용자단체는 정당한 이유 없이 교섭 또는 단체협약의 체결을 거부하거나 해태하여서는 아니 된다(노조법 제30조 제2항). 따라서 노동조합의 대표자는 사용자 또는 사용자단체에 대하여 단체교섭에 응할 것을 요구할 권리가 있고, 사용자 또는 사용자단체가 그 요구를 거부하는 경우에는 소로써 그 이행을 청구할 수 있다(대판 2025.7.3. 2023다251718). 국가 및 지방자치단체는 기업·산업·지역별 교섭 등 다양한 교섭방식을 노동관계당사자가 자율적으로 선택할 수 있도록 지원하고 이에 따른 단체교섭이 활성화될 수 있도록 노력하여야 한다(노조법 제30조 제3항). 기출 18·19·21·22·24

2. 폭력행위 등의 금지

어떠한 경우에도 폭력이나 파괴행위는 정당한 행위로 해석되어서는 아니 된다(노조법 제4조).

제2절 단체협약

Ⅰ 서 설

1. 단체협약의 개념

단체협약이라 함은 노동조합과 사용자 간의 개별적 근로관계 및 집단적 노사관계에 대하여 단체교섭이나 쟁의행위의 결과 합의된 사항을 협약이라는 형태로 서면화한 것을 말한다.

2. 단체협약의 특색

사용자의 정당한 이유없는 단체교섭의 거부는 부당노동행위가 되고, 단체협약의 형식, 신고의무 및 위법한 단체협약의 시정명령 등에 의한 행정관청의 관여가 인정되고 있다. 또한 단체협약은 당사자 간의 채권·채무 관계에 따른 효력뿐만 아니라 규범적 효력도 인정된다.

Ⅱ 단체협약의 성립

1. 당사자

단체협약의 당사자라 함은 자신의 명의로 단체협약을 체결할 수 있는 자를 말한다.

(1) 노동조합

실질적 요건과 형식적 요건을 갖춘 노사관계법상의 노동조합이 당사자가 될 수 있다. 또한 노동조합의 형식적 요건을 결한 법외노조와 연합단체 역시 독립한 노사관계법상의 노동조합이므로 단체협약의 당사자가 될 수 있다. 다만 민주성을 담보할 수 있는 규약이나 기관을 갖추지 못한 단결체에 그 구성원들을 구속할 수 있는 단체협약체결능력을 인정하는 것은 어려워 보인다. 판례는 노동조합이 헌법 제33조 제1항 및 그 헌법적 요청에 바탕을 둔 노조법 제2조 제4호가 규정한 실질적 요건을 갖추지 못하였다면, 설령 그 설립신고가 행정관청에 의하여 형식상 수리되었더라도 실질적 요건이 흠결된 하자가 해소되거나 치유되는 등의 특별한 사정이 없는 한 이러한 노동조합은 노조법상 그 설립이 무효로서 노동3권을 향유할 수 있는 주체인 노동조합으로서의 지위를 가지지 않는다고 보아야 하며, 나아가 해당 노동조합의 대표자는 노조법 제29조 제1항, 제2항에서 정한 단체협약 체결 권한이 없으므로, 해당 노동조합이 체결한 단체협약은 노조법상 단체협약으로서의 효력이 없다고(대판 2025.7.3. 2023다251718) 한다.

(2) 사용자 또는 사용자단체

개인기업의 경우에는 그 기업주, 법인기업의 경우에는 법인이 사용자로서 단체협약의 당사자가 된다. 또한 노동조합과 단체협약을 체결할 것을 그 목적으로 하고, 구성원인 사용자에 대하여 조정 또는 규제를 할 수 있는 권한을 가진 사용자단체(노조법 제2조 제3호)는 협약당사자가 될 수 있다.

2. 성립요건

(1) 실질적 요건

1) 노사 간의 협의

노동관계당사자의 합의가 필요하며, 이에는 민법상 의사표시에 관한 규정이 적용된다. 다만, 판례는 노조법 제3조, 제4조에 의하여 노동조합의 쟁의행위는 헌법상 보장된 근로자들의 단체행동권의 행사로서 그 정당성이 인정되는 범위 내에서 보호받고 있는 점에 비추어, 단체협약이 노동조합의 쟁의행위 끝에 체결되었고 사용자 측의 경영상태에 비추어 그 내용이 다소 합리성을 결하였다고 하더라도 그러한 사정만으로 이를 궁박한 상태에서 이루어진 불공정한 법률행위에 해당한다고 할 수 없다고(대판 2007.12.14. 2007다18584) 판시하고 있다.

2) 노사협의회에서의 합의

원칙적으로 노사협의회에서 의결된 사항은 단체협약이라고 할 수 없으나, 판례는 노동조합과 사용자 사이에 근로조건 기타 노사관계에 관한 합의가 노사협의회의 협의를 거쳐서 성립되었더라도, 당사자 쌍방이 이를 단체협약으로 할 의사로 문서로 작성하여 당사자 쌍방의 대표자가 각 노동조합과 사용자를 대표하여 서명날인하는 등으로 단체협약의 실질적·형식적 요건을 갖추었다면 이는 단체협약이라고 보아야 할 것이라고(대판 2005.3.11. 2003다27429) 판시하고 있다. 기출 19·21·22

(2) 형식적 요건

1) 서면작성 및 서명·날인

단체협약은 서면으로 작성하여 당사자 쌍방이 서명·날인하여야 한다(노조법 제31조 제1항). 서명 대신에 서명무인(대결 1995.3.10. 94마605)을 하거나 기명날인(대판 2002.8.27. 2001다79457)을 하였어도 무관하다.

2) 신 고 기출 21·22·23·24·25

단체협약의 당사자는 단체협약의 체결일부터 15일 이내에 이를 행정관청에 신고하여야 한다(노조법 제31조 제2항). 단체협약의 신고는 당사자 쌍방이 연명으로 해야 한다(노조법 시행령 제15조).

(3) 방식을 결한 단체협약의 효력

1) 서면으로 작성하지 아니하거나 서명 또는 날인하지 아니한 경우

단체협약은 서면으로 작성하여 당사자 쌍방이 서명 또는 날인하여야 한다고 규정하고 있는 취지는 단체협약의 내용을 명확히 함으로써 장래 그 내용을 둘러싼 분쟁을 방지하고 아울러 체결당사자 및 그의 최종적 의사를 확인함으로써 단체협약의 진정성을 확보하기 위한 것이므로, 그 방식을 갖추지 아니하는 경우 단체협약은 효력을 가질 수 없다(대판 2001.5.29. 2001다15422). 따라서 당사자 일방의 서명 또는 날인만으로는 단체협약으로서의 효력을 가지지 못한다.

2) 신고를 하지 아니한 경우

신고의무는 행정목적을 달성하기 위한 단속규정에 불과하고 단체협약의 효력요건은 아니므로, 단체협약의 효력은 인정된다. 기출 13

Ⅲ 단체협약의 내용 및 효력

1. 단체협약의 내용

(1) 규범적 부분 기출 12·16

단체협약 가운데 근로조건, 기타 근로자의 대우에 관한 기준을 정한 부분을 말한다. 이는 임금, 근로시간, 휴일, 휴가, 안전보건, 재해보상, 복무규율, 징계, 휴직, 해고 및 정년제 등 기업 내에서의 개별적 근로관계가 이에 해당한다.

(2) 채무적 부분 기출 17

단체협약당사자 상호 간의 권리·의무를 규정한 부분을 말한다. 일반적으로 평화의무, 평화조항, 숍조항, 해고협의조항, 단체교섭, 쟁의행위에 관한 절차 및 규칙에 관한 사항 등이 이에 해당한다.

2. 단체협약의 효력

(1) 단체협약의 규범적 효력

1) 의 의

단체협약이 일종의 규범으로서 근로자와 사용자 양 당사자를 구속하는 효력을 말한다. 단체협약에 정한 근로조건 기타 근로자의 대우에 관한 기준에 위반하는 취업규칙 또는 근로계약의 부분은 무효로 한다(노조법 제33조 제1항). 근로계약에 규정되지 아니한 사항 또는 단체협약에 위반하는 취업규칙 또는 근로계약의 무효 부분은 단체협약에 정한 기준에 의한다(노조법 제33조 제2항). 기출 16·18·19·20·22

2) 규범적 효력의 내용
① 강행적 효력 : 단체협약에서 정한 근로조건, 기타 근로자의 대우에 관한 기준에 위반하는 취업규칙 또는 근로계약의 부분을 무효로 하는 효력을 말한다.
　㉠ 단체협약과 근로계약 : 단체협약에서 정한 기준에 미달하는 근로계약은 무효가 되는데(노조법 제33조 제1항), 이때 단체협약에서 정한 기준이 최저기준인지 또는 절대기준인지가 문제되는데, 노조법 제33조가 미달이 아니라 위반이라는 표현을 사용하고 있고, 기업별 협약이 주를 이루고 있음을 고려할 때 유리성의 원칙은 적용되지 아니한다고 해야 한다. 따라서 근로계약의 기준이 유리하든지 불리하든지 상관없이 언제나 단체협약의 기준이 적용된다.
　㉡ 단체협약과 취업규칙 : 단체협약의 개정에도 불구하고 종전의 단체협약과 동일한 내용의 취업규칙이 그대로 적용된다면 단체협약의 개정은 그 목적을 달성할 수 없으므로 개정된 단체협약에는 당연히 취업규칙상의 유리한 조건의 적용을 배제하고 개정된 단체협약이 우선적으로 적용된다는 내용의 합의가 포함된 것이라고 봄이 당사자의 의사에 합치한다(대판 2002.12.27, 2002두9063). **기출 16**
② 대체적(직접적·보충적) 효력 : 근로계약에 아무런 관련 규정을 두고 있지 아니하거나 근로계약에 무효가 된 부분이 있는 경우에는, 단체협약에서 정한 기준이 대신하여 적용되는 효력을 말한다.

3) 규범적 효력의 한계(협약자치의 한계)
① 협약자치의 원칙 : 협약자치란 개별근로계약이 아니라, 노동조합과 사용자의 단체협약을 통하여 근로조건을 결정하는 것을 의미한다. 협약자치의 원칙상 노동조합은 사용자와의 사이에 근로조건을 유리하게 변경하는 내용의 단체협약뿐만 아니라 근로조건을 불리하게 변경하는 내용의 단체협약을 체결할 수 있다(대판 2000.9.29, 99다67536). 그러나 개별근로자의 권익을 보호하기 위해 일정한 경우 협약자치의 한계가 인정된다.
② 협약자치의 한계
　㉠ 강행법규 등에 의한 한계 : 단체협약의 내용이 강행법규나 공서양속에 반하는 경우에는 규범적 효력이 미치지 않는다.
　㉡ 근로조건의 불이익한 변경
　　㉮ 현저히 합리성을 결한 단체협약의 효력 : [1] 협약자치의 원칙상 노동조합은 사용자와 근로조건을 유리하게 변경하는 내용의 단체협약뿐만 아니라 근로조건을 불리하게 변경하는 내용의 단체협약을 체결할 수 있으므로, 특별한 사정이 없는 한 그러한 노사 간의 합의를 무효라고 볼 수 없고 노동조합으로서는 그러한 합의를 위하여 사전에 근로자들에게서 개별적인 동의나 수권을 받을 필요가 없다. 그러나 근로조건을 불리하게 변경하는 내용의 단체협약이 현저히 합리성을 결하여 노동조합목적을 벗어난 것으로 볼 수 있는 특별한 사정이 있는 경우에는 그러한 합의는 무효라고 보아야 하고, 이때 단체협약이 현저히 합리성을 결하였는지는 단체협약내용과 체결경위, 협약 체결 당시 사용자 측 경영상태 등 여러 사정에 비추어 판단하여야 한다.
[2] 학교법인 甲이 자신이 운영하는 병원 소속 근로자들로 구성된 노동조합과 '2005년·2006년 임·단 특별협약'을 체결하면서 근로자들 정년을 60세에서 54세로 단축하기로 합의하고 취업규칙의 정년규정도 같은 내용으로 변경한 후, 그에 따라 54세 이상인 乙을 포함한 일반직원 22명을 정년퇴직으로 처리한 경우, 제반 사정에 비추어 이는 일정 연령 이상의 근로자들을 정년 단축의 방법으로 일시에 조기퇴직시킴으로써 사실상 정리해고의 효과를 도모하기 위하여 마련된 것으로 보이고, 모든 근로자들을 대상으로 하는 객관적·일반적 기준이 아닌 연령만으로 조합원을 차별하는 것이어서 합리적 근거가 있다고 보기 어려우므로, 특별협약 중 정년에 관한 부분 및 이에 근거하여 개정된 취업규칙은 근로조건 불이익변경의 한계를 벗어나 무효이고, 乙 등에게 한 퇴직처리는 사실상 해고에 해당한다(대판 2011.7.28, 2009두7790).

- ㈎ 근로자의 개별동의 요부 : 협약자치의 원칙상 근로조건을 불리하게 변경하는 내용의 단체협약을 체결할 수 있으므로, 그러한 노사 간의 합의를 무효라고 볼 수는 없고, 노동조합으로서는 그러한 합의를 위하여 사전에 근로자들로부터 개별적인 동의나 수권을 받을 필요가 없으며, 단체협약이 현저히 합리성을 결하였는지 여부는 단체협약의 내용과 그 체결경위, 당시 사용자 측의 경영상태 등 여러 사정에 비추어 판단해야 한다(대판 2003.9.5. 2001다14665). 기출 22
- ㈐ 이미 지급청구권이 발생한 임금 : 이미 구체적으로 그 지급청구권이 발생한 임금(상여금 포함)은 근로자의 사적 재산영역으로 옮겨져 근로자의 처분에 맡겨진 것이기 때문에, 노동조합이 근로자들로부터 개별적인 동의나 수권을 받지 않는 이상, 사용자와 사이의 단체협약만으로 이에 대한 포기나 지급유예와 같은 처분행위를 할 수 없다(대판 2002.4.12. 2001다41384). 기출 21 최근 판례도 사용자가 근로의 대상으로 근로자에게 지급하는 금전 중 1월을 초과하는 기간에 의하여 산정되는 수당 등(근로기준법 제43조 제2항 단서, 같은 법 시행령 제23조 참조)에 관하여 지급하기로 정해진 기일이 있는 경우에도, 지급기일이 이미 도래하여 구체적으로 지급청구권이 발생한 수당 등은 근로자의 사적 재산영역으로 옮겨져 근로자의 처분에 맡겨진 것이라고 하면서 같은 취지의 판시를 하고 있다(대판 2022.3.31. 2021다229861).
- ㈑ 개별적인 의무나 지위의 변경 : 단체협약으로 연장근로나 휴일근로에 대하여 합의하는 것은 원칙적으로 허용되지 아니하고(대판 1993.12.21. 93누5796), 전적의 경우에는 해당 근로자의 동의가 있어야 유효하므로, 단체협약에 전적의 근거규정이 있다는 사유만으로 전적의 효력이 발생하는 것은 아니다(대판 1994.6.28. 93누22463).

4) 단체협약에 의한 소급동의
① 퇴직근로자에 대한 적용 여부 : 원래 단체협약이란 노동조합이 사용자 또는 사용자단체와 근로조건 기타 노사관계에서 발생하는 사항에 관하여 체결하는 협정으로서, 노동조합이 사용자 측과 기존의 임금·근로시간·퇴직금 등 근로조건을 결정하는 기준에 관하여 소급적으로 동의하거나 이를 승인하는 내용의 단체협약을 체결한 경우에 그 동의나 승인의 효력은 단체협약이 시행된 이후에 그 사업체에 종사하면서 그 협약의 적용을 받게 될 노동조합원이나 근로자들에 대해서만 생기고 단체협약 체결 이전에 이미 퇴직한 근로자에게는 위와 같은 효력이 생길 여지가 없으며, 근로조건이 근로자에게 유리하게 변경된 경우라 하더라도 다를 바 없다(대판 2002.4.23. 2000다50701).
② 기존 근로자에 대한 적용 여부 : 취업규칙 중 퇴직금지급률에 관한 규정의 변경이 근로자에게 불이익함에도 불구하고 사용자가 근로자의 집단적 의사결정방법에 의한 동의를 얻지 아니한 채 변경을 함으로써 기득이익을 침해하게 되는 기존의 근로자에 대하여는 종전의 퇴직금지급률이 적용되어야 하는 경우에도 노동조합이 사용자 측과 변경된 퇴직금지급률을 따르기로 하는 내용의 단체협약을 체결한 경우에는, 기득이익을 침해하게 되는 기존의 근로자에 대하여 종전의 퇴직금지급률이 적용되어야 함을 알았는지 여부에 관계없이 원칙적으로 그 협약의 적용을 받게 되는 기존의 근로자에 대하여도 변경된 퇴직금지급률이 적용되어야 한다(대판 1997.8.22. 96다6967).

5) 신·구 단체협약 간의 경합
새로운 단체협약이 체결된 경우에는, 새로운 단체협약이 기존의 단체협약보다 불리한 규정을 가지고 있더라도 새로운 단체협약이 그대로 적용된다. 판례 역시 근로조건을 불리하게 변경하는 내용의 단체협약을 체결한 경우에도 그것이 현저히 합리성을 결하여 노동조합의 목적을 벗어난 것으로 볼 수 있는 것과 같은 특별한 사정이 없는 한, 그러한 노·사 간의 합의를 무효라고 할 수는 없다. 또한 노동조합으로서는 그러한 합의를 위하여 사전에 해당 근로자들로부터 개별적인 동의나 수권을 받을 필요가 없다고(대판 2000.12.22. 99다10806) 판시하고 있다. 기출 12·14·16·17

(2) 단체협약의 채무적 효력

1) 의 의

단체협약의 당사자, 즉 노동조합과 사용자 사이에 단체협약상의 권리·의무가 발생하여 이를 준수하여야 하는 의무를 단체협약의 채무적 효력이라고 한다.

2) 채무적 효력의 일반적 내용

① 노동조합의 단체협약준수의무 : 노동조합은 단체협약의 당사자로서 단체협약을 준수할 의무를 진다. 노동조합 자신이 단체협약의 내용을 준수하여야 할 자기의무와, 조합원들이 단체협약의 내용을 준수하도록 통제·감독하는 영향의무를 포함한다.

② 사용자의 단체협약준수의무 : 단체협약의 당사자가 사용자인 경우, 사용자는 자신이 단체협약의 내용을 준수할 의무를 부담하고, 단체협약의 당사자가 사용자단체인 경우, 그 단체의 구성원인 사용자는 단체협약의 내용을 준수하도록 그 이행을 촉구하여야 할 의무를 부담한다.

3) 채무적 효력의 구체적 내용

① 평화의무

㉠ 의의 : 단체협약의 당사자인 노동조합은 단체협약의 유효기간 중에 단체협약에서 정한 근로조건 등에 관한 내용의 변경이나 폐지를 요구하는 쟁의행위를 행하지 아니하여야 함은 물론, 조합원들에 대하여도 통제력을 행사하여 그와 같은 쟁의행위를 행하지 못하게 방지하여야 할 의무를 부담하게 되는데 이를 평화의무라고(대판 1992.9.1. 92누7733) 한다. 기출 22·25 평화의무에는 절대적 평화의무와 상대적 평화의무가 있는데, 절대적 평화의무는 단체협약의 유효기간 중에는 어떠한 경우에도 쟁의행위를 하여서는 아니 되는 의무를 말하고, 상대적 평화의무는 단체협약의 유효기간 중에는 단체협약으로 노사 간에 이미 합의된 사항에 관하여 이의 개폐 또는 변경을 목적으로 쟁의행위를 하여서는 아니 되나, 단체협약에 규정되지 아니한 사항에 관하여는 쟁의행위가 허용되는 의무를 말한다. 절대적 평화의무는 근로자의 헌법상 단체교섭권 및 단체행동권의 본질적 내용을 침해하게 되므로, 당사자 간에 합의가 있다 하여도 이는 무효이다. 기출 16

㉡ 평화의무의 내용

㉮ 주체 : 주체는 원칙적으로 협약당사자인 노동조합이라고 하여야 한다. 그러나 판례는 평화의무가 노사관계의 안정과 단체협약의 질서형성적 기능을 담보하는 것인 점에 비추어 보면, 단체협약이 체결된 직후 노동조합의 조합원들이 자신들에게 불리하다는 이유만으로 위 단체협약의 무효화를 주장하면서 쟁의행위를 한 경우 그 쟁의행위에 정당성이 있다고 할 수 없다고(대판 2007.5.11. 2005도8005) 판시하고 있다.

㉯ 평화의무의 범위 : 평화의무는 협약소정사항에 대하여 부담하게 된다. 따라서 사용자는 특별한 사정이 없는 한 과거 기간의 근로조건 등 가운데 기존의 단체협약이 이미 정한 사항에 대하여 단체교섭의무를 부담하지 아니한다. 그러나 기존 단체협약이 무효라고 주장할 만한 상당한 근거가 있고, 그에 따라 적법하게 단체교섭을 요구한 노동조합의 단체교섭권이 보장되지 못하였다는 등의 특별한 사정이 있는 경우에는, 해당 노동조합은 신의성실의 원칙에 반하지 않는 범위 내에서 기존 단체협약의 개정, 폐지, 승인 또는 새로운 단체협약의 체결을 위한 단체교섭을 요구할 수 있다. 이때 사용자는 노동조합의 단체교섭 요구가 평화의무에 반한다거나, 교섭요구사항이 과거 기간의 근로조건 등에 관한 사항이라는 이유만을 내세워 단체교섭을 거부할 수 없다(대판 2025.7.3. 2023다251718). 협약소정사항이 아닌 경우에는 평화의무를 부담하지 아니한다. 판례는 평화의무는 단체협약에 규정되지 아니한 사항이나 단체협약의 해석을 둘러싼 쟁의행위 또는 차기 협약 체결을 위한

단체교섭을 둘러싼 쟁의행위에 대해서까지 그 효력이 미치는 것은 아니므로 단체협약유효기간 중에도 노동조합은 차기의 협약 체결을 위하거나 기존의 단체협약에 규정되지 아니한 사항에 관하여 사용자에게 단체교섭을 요구할 수 있다고 할 것이고 또한 단체협약이 형식적으로는 유효한 것으로 보이지만 단체협약을 무효라고 주장할 만한 특별한 사정이 인정되는 경우에도 노동조합으로서는 단체협약의 유효기간 중에 사용자에게 단체협약을 무효라고 주장하는 근거를 제시하면서 기존의 단체협약의 개폐를 위한 단체교섭을 요구할 수 있다고(대판 2003.2.11. 2002두9919) 판시하고 있다.

㉢ 평화의무 위반의 효력 : 내재설의 입장에서는, 해당 쟁의행위는 정당성을 상실하고, 따라서 민·형사 면책도 인정되지 않으며, 사용자는 노동조합에 손해배상을 청구할 수 있고, 쟁의행위의 중지를 청구할 수 있으며, 조합원에 대하여 징계처분을 할 수 있다고 한다. 계약설의 입장에서는, 해당 쟁의행위는 정당성을 상실하지 아니하고, 민·형사 면책이 인정되나, 단체협약 위반으로 인한 손해배상책임은 부담한다고 한다. 한편, 판례는 평화의무를 위반하여 이루어진 쟁의행위는 노사관계를 평화적·자주적으로 규율하기 위한 단체협약의 본질적 기능을 해치는 것일 뿐 아니라 노사관계에서 요구되는 신의성실의 원칙에도 반하는 것이므로 정당성이 없다고(대판 1994.9.30. 94다4042) 판시하고 있다.

② 평화조항

㉠ 의의 : 평화조항이란 쟁의행위의 구체적인 방법·절차 등에 관하여 단체협약에 명문으로 규정하고 있는 조항을 말한다.

㉡ 평화조항 위반의 효력 : 쟁의행위의 정당성을 상실한다는 견해도 있으나, 쟁의행위의 단순한 절차를 위반한 것에 불과하므로 쟁의행위의 정당성을 상실하지 아니한다는 견해가 다수설이다. 다만, 단체협약상의 채무불이행으로 인한 손해배상책임은 부담한다.

3. 단체협약의 위반

(1) 규범적 부분 위반

협약당사자는 단체협약 전체에 관하여 이행의무를 부담하므로, 사용자의 규범적 부분 위반행위에 대하여 노동조합은 협약준수의무 위반을 이유로 손해배상을 청구할 수 있고, 개별조합원의 이행청구만으로는 부족할 경우에는 노동조합 자체의 이행청구를 생각하여 볼 수 있다. 또한 규범적 부분의 불명확성으로 인하여 분쟁이 발생한 경우에는, 법원에 확인의 소를 제기할 수도 있을 것이다.

(2) 채무적 부분 위반

단체협약당사자 일방이 단체협약상의 의무를 이행하지 아니하는 경우, 다른 상대방은 강제이행 또는 동시이행의 항변권 행사나 단체협약의 해지, 손해배상청구 등을 고려할 수 있으나, 단체협약이 근로자를 보호하기 위한 편면계약적 성질을 가지고 있으므로, 이러한 권리들을 행사하는 것은 현실적으로 어려울 것으로 보인다.

(3) 형벌의 부과

1) 구 노조법 규정에 대한 위헌결정

구 노조법 제46조의3 중 단체협약에 위반한 자를 1,000만원 이하의 벌금에 처하도록 규정한 부분은, 죄형법정주의에 위배되어 헌법에 위반된다고 결정하였다(헌재 1998.3.26. 96헌가20).

2) 2001년 노조법의 개정

단체협약의 내용 중 다음의 하나에 해당하는 사항을 위반한 자는 1천만원 이하의 벌금에 처한다(노조법 제92조 제2호). 이는 헌법재판소의 위헌결정에 따라 단체협약위반행위를 구체적으로 특정한 것이다.

기출 16·19·21

① 임금·복리후생비, 퇴직금에 관한 사항
② 근로 및 휴게시간, 휴일, 휴가에 관한 사항
③ 징계 및 해고의 사유와 중요한 절차에 관한 사항
④ 안전보건 및 재해부조에 관한 사항
⑤ 시설·편의 제공 및 근무시간 중 회의 참석에 관한 사항
⑥ 쟁의행위에 관한 사항

Ⅳ 단체협약의 적용범위

1. 원 칙

단체협약은 협약당사자인 노동조합과 사용자에 대하여 그 협약의 유효기간 동안 당해 사업장에 한하여 적용되는 것이 원칙이다.

2. 인적 적용범위

단체협약의 당사자는 노동조합과 사용자이므로, 단체협약의 효력은 노동조합과 사용자에게만 적용되는 것이 원칙이나, 단체협약의 효력은 단체협약의 당사자인 노동조합 이외에도, 해당 노동조합의 조합원, 해당 노동조합이 설립된 사업장에 종사하는 비조합원 및 다른 지역에 있는 사업장의 제3자에게도 적용된다. 이때 조합원에게 적용되는 것은 일반적으로 단체협약의 규범적 효력 때문이고, 비조합원에게 적용되는 것은 사용자의 임의적용이나 사업장 단위의 일반적 구속력 때문이다.

(1) 조합원

조합원에게 효력이 미치는 근거에 대해서는 대리설, 단체설 및 절충설 등이 있다. 단체협약이 체결될 당시의 조합원은 물론, 단체협약이 이미 체결된 이후에 노동조합에 가입한 조합원에게도 적용된다.

(2) 비조합원

1) 사용자가 임의로 적용하는 경우

사용자는 동일한 사업장에 종사하는 비조합원과의 근로관계에도 단체협약을 적용하는 것이 일반적인데, 이는 사용자가 임의로 적용하기 때문이다. 비조합원인 근로자는 단체협약에서 정한 기준을 자신에게도 적용하여 줄 것을 사용자에게 요구할 권리가 없고, 노동조합도 사용자에게 비조합원에 대하여 단체협약의 적용을 배제하여 줄 것을 요청할 수 없다.

2) 사업장 단위의 일반적 구속력

① **노조법 규정** [기출] 15·16·18·22·25 : 하나의 사업 또는 사업장에 상시 사용되는 동종의 근로자 반수 이상이 하나의 단체협약의 적용을 받게 된 때에는 당해 사업 또는 사업장에 사용되는 다른 동종의 근로자에 대하여도 당해 단체협약이 적용된다(노조법 제35조).

② **입법취지** : 조합원과 비조합원 간의 형평을 도모하여 노동조합의 단결을 보호하고, 단체협약상의 기준을 공정기준으로 간주함으로써 모든 근로자에게 획일적인 근로조건을 적용하여 노사 간의 분쟁을 방지하고자 하는 데 그 취지가 있다.

③ 확장적용의 요건
  ㉠ 하나의 사업 또는 사업장 단위일 것
  ㉡ 상시 사용되는 근로자를 기준으로 할 것 : 상시 사용 여부는 객관적으로 결정한다. 상시 사용되는 동종의 근로자라 함은 하나의 단체협약의 적용을 받는 근로자가 반수 이상이라는 비율을 계산하기 위한 기준이 되는 근로자의 총수로서 근로자의 지위나 종류, 고용기간의 정함의 유무 또는 근로계약상의 명칭에 구애됨이 없이 사업장에서 사실상 계속적으로 사용되고 있는 동종의 근로자 전부를 의미하므로, 단기의 계약기간을 정하여 고용된 근로자라도 기간 만료 시마다 반복갱신되어 사실상 계속 고용되어 왔다면 상시 사용되는 근로자에 포함된다(대판 1992.12.22. 92누13189).
  ㉢ 동종의 근로자를 기준으로 할 것 : 동종의 근로자라 함은 동일한 직종 또는 직무에 종사하는 근로자를 말한다. 기업별 노조가 대부분인 우리나라에서 동종의 근로자를 동일한 직종에 종사하는 근로자로 한정하는 것은, 그 제도의 적용범위를 축소시키는 결과를 가져오게 된다. 판례는 동종의 근로자라 함은 당해 단체협약의 규정에 의하여 그 협약의 적용이 예상되는 자를 가리키는바, 사업장 단위로 체결되는 단체협약의 적용범위가 특정되지 않았거나 협약조항이 모든 직종에 걸쳐서 공통적으로 적용되는 경우에는 직종의 구분 없이 사업장 내의 모든 근로자가 동종의 근로자에 해당된다(대판 1999.12.10. 99두6927). 그러나, 단체협약에 조합원의 범위가 특정되어 있다면 노조법 제35조에 따라 단체협약의 적용을 받게 되는 '동종의 근로자'란 당해 단체협약의 규정에 의하여 그 협약의 적용이 예상되는 자를 가리키므로, 단체협약의 규정에 의하여 조합원의 자격이 없는 자는 단체협약의 적용이 예상된다고 할 수 없어 단체협약의 적용을 받지 않는다고(대판 1997.10.28. 96다13415) 판시하고 있다. 기출 18·24 한편 서로 다른 종류의 사업을 운영하던 회사들이 합병한 이후 근로자들의 근로관계 내용을 단일화하기로 변경·조정하는 새로운 합의가 있기 전에 그중 한 사업부문의 근로자들로 구성된 노동조합이 회사와 체결한 단체협약은 그 사업부문의 근로자들에 대하여만 적용될 것이 예상되는 것이라 할 것이어서 다른 사업부문의 근로자들에게는 적용될 수 없다(대판 2004.5.14. 2002다23185). 기출 25
  ㉣ 근로자 반수 이상이 하나의 단체협약의 적용을 받을 것 : 근로자 반수 이상이 하나의 단체협약의 적용을 받아야 한다. 반수 이상의 근로자의 산출에는 당해 단체협약의 본래적 적용을 받는 노동조합의 조합원만이 포함되는 것으로 해석하여야 한다(대판 2005.5.12. 2003다52456). 비조합원의 신규채용 또는 조합원의 탈퇴 등으로 반수 이상의 요건을 충족하지 못하게 되는 경우에는, 단체협약의 일반적 구속력은 당연히 종료된다.

④ 확장적용의 효과
  ㉠ 적용부분 : 확장적용되는 부분은 규범적 부분에 한정된다(다수설).
  ㉡ 미조직·비조합원에 대한 적용 : 단체협약의 적용범위가 특정되지 아니하거나 모든 직종 등에 공통적으로 적용되는 경우, 그 단체협약은 사업장의 전체 근로자에게 확대적용된다. 다만, 단체협약의 적용범위를 특정 직종 또는 특정 그룹의 근로자로 제한하고 있는 경우에는, 해당 직종 또는 그룹의 근로자에게만 확대적용된다. 이 경우 유리한 조건 우선의 원칙 적용 여부에 관해서는 견해가 대립하나, 부정하는 것이 타당하다.
  ㉢ 기조직·비조합원에 대한 적용 : 반수 미만의 소수 근로자가 별개의 조합을 결성하여 독자적인 단체협약을 보유하고 있는 경우에도, 다수 조합의 단체협약이 확대적용되는지가 문제되는데, 긍정설과 부정설(다수설)이 대립한다. 이러한 경우에도 확장적용하는 것은 소수 조합의 헌법상 단체교섭권을 침해하고 독자성을 부정하는 것이므로, 인정되지 아니하여야 한다는 것이 다수설의 논리이다. 판례(교섭창구단일화제도가 시행되기 전의 판례)도 기업별 단위노동조합이 독자적으로 단체교섭권을 행사하여 체결한 단체협약이 존재하고 그 단체협약이 노조법 제35조에서 정한 일반적 구속력을 가진다는 사정

이 존재한다 하더라도, 교섭창구단일화에 관한 개정규정이 시행되고 있지 아니하고 달리 단체교섭권 등을 제한하는 규정을 두지 아니한 현행 노조법에서 동일한 사업 또는 사업장에 근로자가 설립하거나 가입한 산업별·직종별·지역별 단위노동조합이 가지는 고유한 단체교섭권이나 단체협약 체결권이 제한된다고 할 수는 없다고(대결 2011.5.6. 2010마1193) 판시하고 있다.

3. 장소적 적용범위

우리나라의 노동조합형태는 기업별 노조가 일반적이므로, 단체협약은 조합원이 근로를 제공하는 사업장 또는 공장 등에 국한되어 적용되는 것이 원칙이다. 그러나 예외적으로 단체협약이 사업장 또는 공장 이외의 지역으로 확장적용되는 경우가 있는데, 이를 지역 단위의 일반적 구속력이라고 한다.

(1) 지역 단위의 일반적 구속력

하나의 지역에서 종업하는 동종의 근로자의 3분의 2 이상이 하나의 단체협약의 적용을 받게 된 경우 행정관청은 당해 단체협약의 당사자의 쌍방 또는 일방의 신청에 의하거나 그 직권으로 노동위원회의 의결을 얻어 당해 지역에서 종업하는 다른 동종의 근로자와 그 사용자에 대하여도 당해 단체협약을 적용한다는 결정을 할 수 있다(노조법 제36조 제1항). 기출 15·18·25 이는 일정 지역에서 다수의 근로자에게 적용되는 단체협약상의 근로조건을 다른 근로자에게도 확장적용함으로써 근로자 간의 근로조건에 형평성을 도모하고, 근로조건이 지나치게 높거나 낮은 수준의 근로자를 고용한 기업이 다른 기업에 비하여 부정경쟁력을 확보하는 것을 방지하기 위한 것이다.

(2) 확장적용의 요건

1) 실질적 요건

① 하나의 지역이어야 한다. 하나의 지역 여부를 결정하는 것은 대상산업의 동질성, 경제적·지리적·사회적 입지조건의 근접성, 기업의 배치상황 등 노사의 경제적 기초의 동일성 내지 유사성이 고려되어야 한다(다수설). 하나의 지역은 특별한 제한이 없으므로 행정지역 단위와 일치할 필요는 없으나, 이에 따라 정하여도 무방하다.
② 동종의 근로자 3분의 2 이상이어야 한다. 동종의 근로자라 함은 당해 단체협약의 규정에 의하여 그 협약의 적용이 예상되는 자를 말한다.
③ 하나의 단체협약이 적용되어야 한다.

2) 절차적 요건

단체협약당사자의 쌍방·일방의 신청에 의하거나, 행정관청의 직권으로 노동위원회의 의결을 얻어 행정관청이 확장적용을 결정하고, 이를 지체 없이 공고하여야 한다. 기출 18

(3) 확장적용의 효과

1) 적용 부분

행정관청의 결정에 의하여 단체협약은 그 지역에서 종업하는 다른 동종의 근로자와 그 사용자에게도 확장적용된다. 이 경우 확장적용되는 것은 규범적 부분에 국한된다.

2) 미조직·비조합원에 대한 적용

이 경우 단체협약은 해당 지역에서의 최저기준을 설정하는 의미를 가지므로, 유리한 조건 우선의 원칙이 적용된다.

3) 기조직·비조합원에 대한 적용

단체협약이 확장적용되는 경우 소수 노동조합의 조합원에게도 적용되는지 여부가 문제되는데, 긍정설과 부정설이 대립한다. 판례는 노동조합이 독자적으로 단체교섭권을 행사하여 이미 별도의 단체협약을 체결한 경우에는 그 협약이 유효하게 존속하고 있는 한 지역적 구속력 결정의 효력은 그 노동조합이나 구성원인 근로자에게는 미치지 않는다고(대판 1993.12.21. 92도2247) 판시하고 있다.

4. 시간적 적용범위

단체협약은 그 유효기간 동안 존속하는 것이 원칙이다. 그러나 단체협약의 당사자는 자동갱신협정 또는 자동연장협정 등을 통하여 단체협약의 유효기간이 종료되는 경우 이를 연장할 수 있다. 한편, 단체협약의 유효기간이 종료하였으나, 위 협정 등이 존재하지 아니하는 경우에는 단체협약의 효력은 종료되는 것이 원칙이나, 그 효력이 예외적으로 인정되는 경우가 있는데, 이를 단체협약의 여후효라 한다.

(1) 단체협약의 유효기간

1) 원 칙

단체협약의 유효기간은 3년을 초과하지 않는 범위에서 노사가 합의하여 정할 수 있다(노조법 제32조 제1항). 단체협약에 그 유효기간을 정하지 아니하거나 3년을 초과하는 유효기간을 정한 경우에 그 유효기간은 3년으로 한다(노조법 제32조 제2항). [기출] 18·22·23·24·25

2) 취 지

단체협약의 유효기간을 너무 길게 하면 사회적·경제적 여건의 변화에 적응하지 못하여 당사자를 부당하게 구속하는 결과에 이를 수 있어, 단체협약을 통하여 적절한 근로조건을 유지하고 노사관계의 안정을 도모하고자 하는 목적에 어긋나게 되므로, 유효기간을 일정한 범위로 제한하여 단체협약의 내용을 시의에 맞고 구체적 타당성이 있게 조정해 나가도록 하자는 데에 그 뜻이 있다(대판 1993.2.9. 92다27102).

(2) 단체협약의 유효기간 만료와 실효 여부

1) 노조법 제32조 제3항 본문

① 별도의 약정이 있는 경우

㉠ 단체협약에 자동연장협정이나 자동갱신협정이 있는 경우(계약자유의 원칙)에는, 협약의 유효기간이 만료되더라도 실효되지 아니하고, 약정에 따라 효력이 연장되거나 갱신된다.

㉡ 자동연장협정은 유효기간 만료로 인한 공백상태를 피하기 위하여 미리 협정에 일정 기간까지 협정의 효력을 지속시키기로 하는 조항을 의미한다. 이 협정에 따라 단체협약은 유효기간의 만료에도 불구하고, 협정에서 정한 기간까지 그 효력이 지속된다. 판례에 의하면 노조법 제32조 제3항의 규정은 종전의 단체협약에 유효기간 만료 이후 협약갱신을 위한 단체교섭이 진행 중일 때에는 종전의 단체협약이 계속 효력을 갖는다는 규정이 없는 경우에 대비하여 둔 규정이므로, 종전의 단체협약에 자동연장협정의 규정이 있다면 위 법조항은 적용되지 아니하고, 당초의 유효기간이 만료된 후 위 법조항에 규정된 3월까지에 한하여 유효하다고 볼 것은 아니다(대판 1993.2.9. 92다27102). [기출] 21

㉢ 자동갱신협정이란 단체협약에 그 유효기간의 만료 전 일정 기일까지 양 당사자 어느 쪽으로부터 협약 개폐의 통고가 없는 한, 종래의 단체협약이 다시 동일 기간 효력을 지속한다는 뜻을 정한 합의를 말한다. 자동갱신협정이 있는 경우 새로운 단체협약을 체결한 것으로 보며, 그 내용은 구 단체협약과 동일한 것이 된다. 새로운 단체협약의 유효기간은 종전 단체협약의 유효기간 만료일 다음 날부터 기산된다. 이 경우 노조법 제32조 제1항과 제2항이 적용되어 갱신된 협약의 유효기간은 3년을 초과할 수 없다(대판 1993.2.9. 92다27102).

② **별도의 약정이 없는 경우** : 자동연장협정 등과 같은 별도의 약정이 없는 경우에는 노조법 제32조 제3항 본문에 의한다. 즉, 단체협약의 유효기간이 만료되는 때를 전후하여 당사자 쌍방이 새로운 단체협약을 체결하고자 단체교섭을 계속하였음에도 불구하고 새로운 단체협약이 체결되지 아니한 경우에는 별도의 약정이 있는 경우를 제외하고는 종전의 단체협약은 그 효력 만료일부터 3월까지 계속 효력을 갖는다.

기출 24

2) **노조법 제32조 제3항 단서**

① **불확정기한부 자동연장조항에 따른 단체협약의 유효기간** : 단체협약에 불확정기한부 자동연장조항이 있으면, 그에 따라 새로운 협약이 체결될 때까지 종전 협정의 효력이 연장된다(계약자유의 원칙). 단체협약에 그 유효기간이 경과한 후에도 새로운 단체협약이 체결되지 아니한 때에는 새로운 단체협약이 체결될 때까지 종전 단체협약의 효력을 존속시킨다는 취지의 별도의 약정(불확정기한부 자동연장조항)이 있는 경우에는 그에 따르되, 당사자 일방은 해지하고자 하는 날의 6월 전까지 상대방에게 통고함으로써 종전의 단체협약을 해지할 수 있다(노조법 제32조 제3항 단서). 기출 14 · 15 · 18 · 22 · 25

② **효력연장기간의 제한 여부** : 단체협약이 노조법 제32조 제1항, 제2항의 제한을 받는 본래의 유효기간이 경과한 후에 불확정기한부 자동연장조항에 따라 계속 효력을 유지하게 된 경우에, 효력이 유지된 단체협약의 유효기간은 노조법 제32조 제1항, 제2항에 의하여 일률적으로 3년으로 제한되지는 아니한다(대판 2015.10.29. 2012다71138).

③ **합의에 의한 해지권의 배제 가부** : 단체협약의 유효기간을 제한한 노조법 제32조 제1항, 제2항이나 단체협약의 해지권을 정한 노조법 제32조 제3항 단서는 모두 성질상 강행규정이어서, 당사자 사이의 합의에 의하더라도 단체협약의 해지권을 행사하지 못하도록 하는 등 적용을 배제하는 것은 허용되지 않는다(대판 2016.3.10. 2013두3160). 기출 25

(3) **단체협약 실효 후의 근로관계**

1) **의 의**

단체협약이 유효기간 만료 등으로 실효하여 무협약상태가 되면, 채무적 부분에 따라 발생한 협약당사자의 권리·의무가 소멸된다는 점에서는 이의가 없다. 이 경우 단체협약의 규범적 부분이 단체협약의 실효 후에도 효력을 갖는지가 문제된다.

2) **근로조건(규범적 부분)**

① **여후효의 원칙적 인정** : 판례는 단체협약이 실효되었다고 하더라도 임금, 퇴직금이나 노동시간, 그 밖에 개별적인 노동조건에 관한 부분은 그 단체협약의 적용을 받고 있던 근로자의 근로계약의 내용이 되어 그것을 변경하는 새로운 단체협약, 취업규칙이 체결·작성되거나 또는 개별적인 근로자의 동의를 얻지 아니하는 한 개별적인 근로자의 근로계약의 내용으로서 여전히 남아 있어 사용자와 근로자를 규율하게 되고, 단체협약 중 해고사유 및 해고의 절차에 관한 부분에 대하여도 이와 같은 법리가 그대로 적용되는 것인바 위와 같은 법리에 비추어 볼 때, 구 단체협약 제111조는 개별적인 노동조건에 관한 부분이므로 구 단체협약이 ○○대학교 측의 단체협약해지통보 및 소정 기간의 경과로 실효되었다고 하더라도 2007년도 단체협약(이하 "신 단체협약")이 체결되기까지는 여전히 원고들과 피고 사이의 근로계약의 내용으로서 유효하게 존속하였다고 본 원심의 판단은 정당하고, 거기에 단체협약의 실효와 관련된 법리를 오해한 위법이 있다고 할 수 없다고(대판 2009.2.12. 2008다70336) 한다. 기출 21

② **실효 후 근로조건의 개별적 변경** : 단체협약이 실효되더라도 임금 등 개별적인 노동조건에 관한 부분은 단체협약의 적용을 받고 있던 근로자의 근로계약내용이 되어 여전히 사용자와 근로자를 규율한다. 그러나 그것을 변경하는 새로운 단체협약이 체결되면 종전의 단체협약은 더 이상 개별적인 근로계약의 내용으로 남아 있지 않게 된다(대판 2017.6.19. 2014다63087). 기출 14·15·18

③ **해제조건의 성취와 협약의 효력 상실** : 유효기간이 경과하는 등으로 단체협약이 실효되었다고 하더라도, 개별적인 근로자의 근로계약의 내용으로 여전히 남아 있어 사용자와 근로자를 규율하나, 노사가 일정한 조건이 성취되거나 기한이 도래할 때까지 특정 단체협약조항에 따른 합의의 효력이 유지되도록 명시하여 단체협약을 체결한 경우에는, 그 단체협약조항에 따른 합의는 해제조건의 성취로 효력을 잃는다(대판 2018.11.29. 2018두41532). 기출 25

④ **해고합의조항** : 단체협약의 실효 후에도 근로계약의 내용으로 남아 있는 것으로 보아야 한다. 최근 판례는 단체협약 중 해고사유 및 절차에 관한 부분이 단체협약 실효 후에도 적용된다고(대판 2007.12.27. 2007다51758) 판시하고 있다.

3) 협약당사자의 권리·의무(채무적 부분)

① **단체협약의 종료 후 채무적 부분의 효력** : 원칙적으로 단체협약의 채무적 부분은 그 협약의 실효와 함께 종료된다.

② **노동조합사무소에 관한 사용자의 반환 요구의 적법성** : 판례는 사용대차목적물은 그 반환시기에 관한 약정이 없는 한, 계약이나 목적물의 성질에 의한 사용수익이 종료한 때 또는 사용수익이 족한 기간이 경과하여 대주가 계약을 해지한 때에 반환하도록 되어 있는 것(민법 제613조)에 비추어 보면, 단체협약이 실효되었다는 사유만으로 사용대차목적물의 반환사유인 사용수익의 종료 또는 사용수익에 족한 기간의 경과가 있다고 할 것은 아니어서, 특히 그 반환을 허용할 특별한 사정이 있어야만 그 사무실의 명도를 구할 수 있다고(대판 2002.3.26. 2000다3347) 판시하고 있다.

Ⅴ 단체협약의 종료

1. 존속기간의 만료

존속기간의 만료로 단체협약의 효력은 종료된다.

2. 단체협약의 취소·시정 등

(1) 단체협약의 취소

해당 의사표시의 중요 부분에 착오가 있거나 사기·강박에 의한 것일 경우에는, 당사자의 일방에 의하여 취소할 수 있다.

(2) 행정관청의 시정명령

행정관청은 단체협약 중 위법한 내용이 있는 경우에는 노동위원회의 의결을 얻어 그 시정을 명할 수 있다(노조법 제31조 제3항). 행정관청의 시정명령을 위반한 자는 500만원 이하의 벌금에 처한다(노조법 제93조 제2호).

기출 19·20·21·22·24

(3) 단체협약의 해지

1) 상대방의 단체협약 위반
경미한 위반의 경우에는 해지할 수 없으나, 근로자가 평화의무를 위반하거나 사용자가 단체협약상의 근로조건을 이행하지 아니하는 등, 단체협약의 존재의의를 상실할 만한 중대한 위반행위를 한 경우에만 이를 해지할 수 있다.

2) 불확정기한부 자동연장협정
당사자 간에 자동연장협정이 체결되어 있는 경우, 당사자 일방은 해지하고자 하는 날의 6월 전까지 상대방에게 통고함으로써 종전의 단체협약을 해지할 수 있다(노조법 제32조 제3항 단서).

3) 사정 변경
단체협약 체결 당시 예측할 수 없을 만큼 중대한 사정 변경이 있어서 단체협약의 존립이 무의미하고, 일방 당사자에게 단체협약의 준수를 강요하는 것이 지극히 불합리할 경우에는, 사정 변경의 원칙에 의하여 이를 해지할 수 있다.

4) 해지계약
단체협약의 유효기간 중 당사자의 합의에 의하여 단체협약을 해지할 수 있다.

3. 단체협약당사자의 변경

(1) 사용자의 변경
단체협약은 회사의 해산·조직 변경·영업 양도 및 합병 등에 의하여 그 효력이 당연히 종료하지는 아니한다.

1) 해 산
회사가 해산하는 경우, 청산절차 중에 전체 근로자를 해고함으로써 단체협약은 실효된다.

2) 조직 변경
회사의 동일성이 인정되는 한 단체협약은 그대로 존속한다.

3) 합 병
흡수합병의 경우에는 소멸회사의 단체협약은 종료하고 합병회사의 단체협약이 적용된다는 견해와, 소멸회사의 권리·의무가 포괄승계되므로 소멸회사의 단체협약은 그대로 존속된다는 견해 등이 있다. 신설합병의 경우에는 소멸회사의 단체협약이 모두 적용된다는 견해와, 소멸회사의 단체협약은 종료되고 신설회사의 단체협약이 적용된다는 견해 등이 있다.

4) 영업 양도
사업의 동일성이 인정되는 한 단체협약은 승계된다.

(2) 노동조합의 변경

1) 노동조합의 해산
청산절차가 종료된 경우, 단체협약당사자의 실체가 없어지므로 단체협약은 실효된다.

2) 노동조합의 조직 변경
조직상 실질적 동일성이 인정되는 한 단체협약은 그대로 존속한다. 기출 12

3) 탈퇴 및 분열

다수의 조합원이 탈퇴하여도 단체협약은 존속한다. 분열의 경우에는 두 개의 새로운 노동조합이 결성되었다면 구 단체협약은 종료되나, 기존의 노동조합이 유지된 채 해당 노동조합에서 탈퇴한 조합원이 새로운 노동조합을 결성하였다면 구 단체협약은 그대로 존속한다.

4. 새로운 단체협약의 체결

종전 단체협약의 유효기간 중에 새로운 단체협약을 체결하는 경우, 종전 단체협약은 소멸한다.

Ⅵ 단체협약의 해석

1. 해석원칙

단체협약서와 같은 처분문서는 진정성립이 인정되는 이상 그 기재내용을 부정할 만한 분명하고도 수긍할 수 있는 반증이 없는 한 그 기재내용에 의하여 그 문서에 표시된 의사표시의 존재 및 내용을 인정하여야 하고, 단체협약은 근로자의 근로조건을 유지·개선하고 복지를 증진하여 그 경제적·사회적 지위를 향상시킬 목적으로 노동자의 자주적 단체인 노동조합이 사용자와 사이에 근로조건에 관하여 단체교섭을 통하여 이루어지는 것이므로 그 명문의 규정을 근로자에게 불리하게 해석할 수는 없다(대판 1996.9.20. 95다20454).

기출 15·17·19·21

2. 노동위원회의 단체협약의 해석

(1) 해석 절차

① 단체협약의 해석 또는 이행방법에 관하여 관계당사자 간에 의견의 불일치가 있는 때에는 당사자 쌍방 또는 단체협약에 정하는 바에 의하여 어느 일방이 노동위원회에 그 해석 또는 이행방법에 관한 견해의 제시를 요청할 수 있다(노조법 제34조 제1항). 기출 16·18·19·21·24

② 노동위원회는 견해 제시의 요청을 받은 때에는 요청을 받은 날부터 30일 이내에 명확한 견해를 제시하여야 한다(노조법 제34조 제2항). 기출 19·24

(2) 노동위원회의 견해의 효력 기출 14·19·22

노동위원회가 제시한 해석 또는 이행방법에 관한 견해는 중재재정과 동일한 효력을 가진다(노조법 제34조 제3항).

기출 25

(3) 노동위원회의 견해에 대한 불복

노조법 제34조 제3항은 단체협약의 해석 또는 이행방법에 관하여 단체협약당사자의 견해 제시의 요청에 응하여 노동위원회가 제시한 견해는 중재재정과 동일한 효력을 가진다고 정하고 있으므로, 단체협약의 해석 또는 이행방법에 관한 노동위원회의 제시견해의 효력을 다투고자 할 때에는 노동위원회가 행한 중재재정의 효력을 다투는 절차를 정한 위 법 제69조에 의하여야 할 것이고, 노동위원회가 단체협약의 의미를 오해하여 그 해석 또는 이행방법에 관하여 잘못된 견해를 제시하였다면 이는 법률행위인 단체협약의 해석에 관한 법리를 오해한 위법을 범한 것으로 위 법 제69조에서 정한 불복사유인 위법사유가 있는 경우에 해당된다(대판 2005.9.9. 2003두896). 기출 19

Ⅶ 단체협약의 중요조항

1. 조합원자격에 관한 조항

(1) 노조법에 의한 제한
노동조합의 자주성을 보장하기 위하여 사용자, 이익대표자의 가입을 허용하는 경우에는 노동조합으로 보지 아니한다(노조법 제2조 제4호 가목).

(2) 규약에 의한 제한
노조법 제5조 제1항, 제11조의 각 규정에 의하면, 근로자는 자유로이 노동조합을 조직하거나 이에 가입할 수 있고, 구체적으로 노동조합의 조합원의 범위는 당해 노동조합의 규약이 정하는 바에 의하여 정하여지며, 근로자는 노동조합의 규약이 정하는 바에 따라 당해 노동조합에 자유로이 가입함으로써 조합원의 자격을 취득한다(대판 2004.1.29. 2001다6800).

(3) 단체협약 등에 의한 제한
단체협약에서 노사 간의 상호 협의에 의하여 규약상 노동조합의 조직 대상이 되는 근로자의 범위와는 별도로 조합원이 될 수 없는 자를 특별히 규정함으로써 일정 범위의 근로자들에 대하여 위 단체협약의 적용을 배제하고자 하는 취지의 규정을 둔 경우에는, 비록 이러한 규정이 노동조합규약에 정해진 조합원의 범위에 관한 규정과 배치된다 하더라도 무효라고 볼 수 없다. 또한 법 제35조의 규정에 따라 단체협약의 일반적 구속력으로서 그 적용을 받게 되는 '동종의 근로자'라 함은 당해 단체협약의 규정에 의하여 그 협약의 적용이 예상되는 자를 가리키며, 단체협약의 규정에 의하여 조합원의 자격이 없는 자는 단체협약의 적용이 예상된다고 할 수 없어 단체협약의 적용을 받지 아니한다(대판 2004.1.29. 2001다6800).

2. 징계절차조항

(1) 쟁의기간 중 징계금지조항
단체협약에서 "쟁의기간 중에는 징계나 전출 등의 인사조치를 아니한다"고 정하고 있는 경우, 이는 쟁의기간 중에 쟁의행위에 참가한 조합원에 대한 징계 등 인사조치 등에 의하여 노동조합활동이 위축되는 것을 방지함으로써 노동조합의 단체행동권을 실질적으로 보장하기 위한 것이므로, 쟁의행위가 그 목적이 정당하고 절차적으로 노조법의 제반 규정을 준수함으로써 정당하게 개시된 경우라면, 비록 그 쟁의과정에서 징계사유가 발생하였다고 하더라도 쟁의가 계속되고 있는 한 그러한 사유를 들어 쟁의기간 중에 징계위원회의 개최 등 조합원에 대한 징계절차의 진행을 포함한 일체의 징계 등 인사조치를 할 수 없다(대판 2013.2.15. 2010두20362).

(2) 징계위원회 개최시한조항
단체협약에서 "징계위원회는 징계사유 발생일로부터 15일 이내에 개최되어야 하고, 이를 따르지 않는 징계는 무효로 한다"고 정하고 있는 경우, 징계대상자 및 징계사유의 조사 및 확정에 상당한 기간이 소요되어 위 규정을 준수하기 어렵다는 등의 부득이한 사정이 없는 한, 위 규정을 위반하여 개최된 징계위원회에서 한 징계결의는 무효이다. 한편 징계위원회 개최시한의 기산점은 원칙적으로 징계사유가 발생한 때이지만, 쟁의기간 중에 쟁의과정에서 발생한 징계사유를 들어 징계하는 경우 '쟁의기간 중의 징계 금지'와 같이 징계가 불가능한 사유가 있는 경우에는 쟁의행위가 종료된 때로부터 위 기간이 기산된다(대판 2013.2.15. 2010두20362).

3. 해고협의·합의조항(인사절차조항)

(1) 의 의

단체협약에 조합간부나 조합원을 해고하는 경우에는 노동조합의 협의 또는 동의를 얻어야 한다는 조항을 두는 경우가 있다. 이러한 해고협의·합의조항은 해고의 절차적 제한의 하나로, 사용자의 해고 결정에 노동조합이 직접적으로 관여한다는 점에서 그 제한의 정도가 매우 강한 절차 규정이다. 판례는 인사권이 원칙적으로 사용자의 권한에 속한다고 하더라도 사용자는 스스로의 의사에 따라 그 권한에 제약을 가할 수 있는 것이므로 사용자가 노동조합과 사이에 체결한 단체협약에 의하여 조합원의 인사에 대한 조합의 관여를 인정하였다면 그 효력은 협약규정의 취지에 따라 발생하는 것이라고(대판 1993.9.28. 91다30620) 하고 있다.

(2) 해고협의조항

1) 해고협의조항 위반 해고의 효력

판례에 의하면 단체협약에 "회사는 조합원의 신규채용, 해고, 휴직, 상벌에 관하여 노조의 의견을 참작하여 인사결정은 7일 이내에 노조에 통보하여야 한다"라고 규정하고 있는 경우 위 의견 참작은 노동조합과 협의하여 결정하는 경우와는 달리 단지 노동조합의 의견을 인사결정에 있어서 참고자료로 삼기 위한 것에 지나지 아니하여 인사결정의 효력에는 영향이 없다고 보여지므로, 조합원의 해고에 노동조합의 의견을 참작하지 않은 하자가 있다고 하여도 무효가 아니라고(대판 1992.4.14. 91다4775) 한다.

2) 협의 노력의 부재 또는 불성실 협의

그러나 해고협의조항을 위반한 해고의 효력에 대한 이러한 판례의 태도는 협의의 의미를 과소평가하는 것으로서, 단체협약과 같은 처분문서는 문언의 내용에 따라 객관적으로 해석하여야 하고, 단체협약의 명문규정을 근로자에게 불리하게 해석할 수는 없다는 해석원칙에 반하는 것이므로, 사용자가 협의를 위한 노력을 전혀 하지 아니하거나 불성실한 협의를 한 경우에는, 해고협의조항 위반을 이유로 그 해고를 무효로 보아야 한다.

(3) 해고합의조항

1) 해고합의조항 위반 해고의 효력

판례에 의하면 단체협약 등에 규정된 인사협의(합의)조항의 구체적 내용이 사용자가 인사처분을 함에 있어서 신중을 기할 수 있도록 노동조합이 의견을 제시할 수 있는 기회를 주어야 하도록 규정된 경우에는 그 절차를 거치지 아니하였다고 하더라도 인사처분의 효력에는 영향이 없다고 보아야 할 것이지만, 사용자가 인사처분을 함에 있어 노동조합의 사전동의나 승낙을 얻어야 한다거나 노동조합과 인사처분에 관한 논의를 하여 의견의 합치를 보아 인사처분을 하도록 규정된 경우에는 그 절차를 거치지 아니한 인사처분은 원칙적으로 무효라고 보아야 한다고(대판 1993.7.13. 92다45735) 판시하고 있다. 기출 22

2) 합의권의 남용·포기 기출 24

① 판례는 단체협약에 해고의 사전 합의 조항을 두고 있다고 하더라도 사용자의 해고 권한이 어떠한 경우를 불문하고 노동조합의 동의가 있어야만 행사할 수 있다는 것은 아니고, 노동조합이 사전동의권을 남용하거나 스스로 사전동의권을 포기한 것으로 인정되는 경우에는 노동조합의 동의가 없더라도 사용자의 해고권 행사가 가능하나, 여기서 노동조합이 사전동의권을 남용한 경우라 함은 노동조합 측에 중대한 배신행위가 있고 그로 인하여 사용자 측의 절차의 흠결이 초래되었다거나, 피징계자가 사용자인 회사에 대하여 중대한 위법행위를 하여 직접적으로 막대한 손해를 입히고 비위사실이 징계사유에 해당함이 객관적으로 명백하며 회사가 노동조합 측과 사전 합의를 위하여 성실하고 진지한 노력을 다하였음에도 불구하고 노동조합 측이 합리적 근거나 이유 제시도 없이 무작정 반대함으로써 사전 합의에 이르지 못하였다는 등의 사정이 있는 경우를 의미한다고(대판 2007.9.6. 2005두8788) 판시하고 있다.

② 판례는 노사협상의 산물로서 노동조합 간부에 대한 징계해고를 함에 있어 노동조합의 사전 합의를 받도록 되었다 하더라도 이는 사용자의 노동조합 간부에 대한 부당한 징계권 행사를 제한하자는 것이지 사용자의 본질적 권한에 속하는 피용자에 대한 징계권 행사 그 자체를 부정할 수는 없는 것이므로, 노동조합의 사전합의권 행사는 어디까지나 신의성실의 원칙에 입각하여 합리적으로 행사되어야 할 것인바, 만약 노동조합 측 징계위원이 징계위원회의 개최나 심의를 방해하거나 그 방해를 위하여 징계위원회 출석 자체를 거부하고, 또는 출석하더라도 징계사유에 대한 정당한 의견 제시를 하지 아니하고 명백하고도 중대한 징계사유가 있음에도 불구하고 피징계자가 노동조합 간부라는 이유만으로 무작정 징계를 거부하는 등의 행위를 한다면 이는 이른바 합의거부권의 포기나 남용에 해당되어 이러한 경우에는 사전합의를 받지 아니하였다 하여 그 징계처분을 무효로 볼 수는 없다고 하여야 할 것이라고(대판 1993.7.13. 92다45735) 한다. 또한 피징계자에게 객관적으로 명백한 징계사유가 있고, 이에 대한 징계를 함에 있어 사용자가 노동조합 측의 동의를 얻기 위하여 성실하고 진지한 노력을 다하였음에도 불구하고, 노동조합 측이 합리적 근거나 이유 제시도 없이 무작정 반대함으로써 동의거부권을 남용한 것이라고 인정되거나 노동조합 측이 스스로 이러한 사전동의권의 행사를 포기하였다고 인정된다면, 사용자가 노동조합 측의 사전동의를 받지 못하였다고 하여 그 징계해고처분을 무효로 볼 수는 없다고(대판 1993.9.28. 91다30620) 한다.

③ 이러한 법리는 해고가 아닌 인사처분(예를 들면 전직명령)에 대한 합의조항이 있는 경우에도 마찬가지로 적용된다.[49]

---

49) [1] 사용자가 인사처분을 할 때 노동조합의 사전 동의나 승낙을 얻어야 한다거나 노동조합과 인사처분에 관하여 논의하여 의견의 합치를 보아 인사처분을 하도록 단체협약 등에 규정된 경우에는 그 절차를 거치지 아니한 인사처분은 원칙적으로 무효로 보아야 한다. 다만 이처럼 사전합의조항을 두고 있다고 하더라도 사용자의 인사권이 어떠한 경우를 불문하고 노동조합의 동의나 합의가 있어야만 행사할 수 있는 것은 아니고, '노동조합이 사전합의권을 남용하거나 스스로 사전합의권의 행사를 포기하였다고 인정되는 경우'에는 사용자가 이러한 합의 없이 한 인사처분도 유효하다고 보아야 한다. 여기서 노동조합이 사전합의권을 남용한 경우란 노동조합 측에 중대한 배신행위가 있고 이로 인하여 사용자 측의 절차의 흠결이 초래되었다거나, 인사처분의 필요성과 합리성이 객관적으로 명백하며, 사용자가 노동조합 측과 사전 합의를 위하여 성실하고 진지한 노력을 다하였음에도 노동조합 측이 합리적 근거나 이유제시도 없이 무작정 인사처분에 반대함으로써 사전 합의에 이르지 못하였다는 등의 사정이 있는 경우에 인정된다.
[2] 단체협약에서 노동조합 임원의 인사에 대하여는 노동조합의 사전 합의를 얻도록 정하였음에도, 사용자가 노동조합과 사전 합의 없이 노동조합 임원들에 대하여 인사명령을 한 사안에서, 사용자가 위 인사명령에는 단체협약상 사전합의 조항의 적용이 배제되는 것으로 잘못 판단하여 사전 합의 절차 자체를 거치지 않았으므로 노동조합과의 사전 합의가 이루어지지 못한 주된 이유가 사용자에게 있다고 보아, 노동조합이 단체협약상의 사전합의조항을 들어 인사명령을 거부하였다고 하여 곧바로 사전합의권을 포기 또는 남용하였다고 볼 수 없다고 한 사례(대판 2010.7.15. 2007두15797)

3) 합의권의 남용법리의 제한적 적용

판례는 합의권의 남용법리가 제한적으로 적용되어야 한다는 기준을 추가하면서, 단순히 해고사유에 해당한다거나 실체적으로 정당성 있는 해고로 보인다는 이유만으로는 노동조합이 사전동의권을 남용하여 해고를 반대하고 있다고 단정하여서는 아니 된다고(대판 2007.9.6. 2005두8788) 판시하고 있다.

4. 고용안정협약(경영해고제한조항)

(1) 단체교섭의 대상 여부

정리해고나 사업조직의 통폐합 등 기업의 구조조정의 실시 여부는 경영주체에 의한 고도의 경영상 결단에 속하는 사항으로서 원칙적으로 단체교섭의 대상이 될 수 없으나, 사용자의 경영권에 속하는 사항이라 하더라도 노사는 임의로 단체교섭을 진행하여 단체협약을 체결할 수 있고, 그 내용이 강행법규나 사회질서에 위배되지 않는 이상 단체협약으로서의 효력이 인정된다(대판 2014.3.27. 2011두20406). 기출 25

(2) 법적 성격

판례에 의하면 특별교섭합의서에서 정한 고용 보장에 관한 확약은 이 사건 회사 스스로 인위적인 구조조정으로 근로관계를 종료하지 아니하겠다는 내용의 고용 보장을 확약한 것으로 보아야 하고, 그 내용상 단순히 공장 이전에만 국한하여 적용할 사항이 아니라 그 이후의 제반 근로조건에 관한 사항을 정한 것으로 보아야 하며, 이러한 고용 보장에 관한 확약은 단체협약의 규범적 부분에 해당한다고(대판 2014.3.27. 2011두20406) 한다.

(3) 경영해고금지조항

1) 경영해고금지조항 위반 해고의 효력

사용자가 노동조합과의 협상에 따라 정리해고를 제한하기로 하는 내용의 단체협약을 체결하였다면 특별한 사정이 없는 한 단체협약이 강행법규나 사회질서에 위배된다고 볼 수 없고, 나아가 이는 근로조건, 기타 근로자에 대한 대우에 관하여 정한 것으로서 그에 반하여 이루어지는 정리해고는 원칙적으로 정당한 해고라고 볼 수 없다(대판 2014.3.27. 2011두20406).

2) 사정변경

다만, 정리해고의 실시를 제한하는 단체협약을 두고 있더라도, 단체협약을 체결할 당시의 사정이 현저하게 변경되어 사용자에게 단체협약의 이행을 강요한다면 객관적으로 명백하게 부당한 결과에 이르는 경우에는 사용자가 단체협약에 의한 제한에서 벗어나 정리해고를 할 수 있다(대판 2014.3.27. 2011두20406). 여기서 사정변경이란 긴박한 경영상의 필요(근기법 제24조 제1항)보다는 더 엄격한, 예상하지 못한 급격한(현저한) 경영 악화로 보아야 한다.

(4) 경영해고합의조항

1) 합의로 해석한 사례

① 경영해고합의조항 위반 해고의 효력 : 사용자가 인사처분을 할 때 노동조합의 사전동의나 승낙을 얻어야 한다거나 노동조합과 인사처분에 관한 논의를 하여 의견합치를 보아 인사처분을 하도록 단체협약 등에 규정된 경우, 그 절차를 거치지 아니한 인사처분은 원칙적으로 무효로 보아야 한다(대판 2012.6.28. 2010다38007).

② 합의권의 남용·포기 : 이처럼 사전합의조항을 두고 있다고 하더라도 사용자의 인사권이 어떠한 경우라도 노동조합의 동의나 합의가 있어야만 행사할 수 있는 것은 아니고, 노동조합이 사전합의권을 남용하거나 스스로 사전합의권 행사를 포기하였다고 인정되는 경우에는, 사용자가 이러한 합의 없이 한 인사처분도 유효하다고 보아야 한다. 여기서 노동조합이 사전합의권을 남용한 경우란, 노동조합 측에 중대한 배신행위가 있고 이로 인하여 사용자 측의 절차 흠결이 초래되었다거나, 인사처분의 필요성과 합리성이 객관적으로 명백하며 사용자가 노동조합 측과 사전합의를 위하여 성실하고 진지한 노력을 다하였음에도, 노동조합 측이 합리적 근거나 이유 제시도 없이 무작정 인사처분에 반대함으로써 사전합의에 이르지 못하였다는 등 사정이 있는 경우를 의미한다(대판 2012.6.28. 2010다38007).

2) 협의로 해석한 사례 – 경영해고협의조항 위반 해고의 효력

사용자가 경영권의 본질에 속하여 단체교섭의 대상이 될 수 없는 사항에 관하여, 노동조합과 '합의'하여 시행한다는 취지의 단체협약의 일부 조항이 있는 경우, 그 조항 하나만을 주목하여 쉽게 사용자의 경영권의 일부 포기나 중대한 제한을 인정하여서는 아니 되고, 그와 같은 단체협약을 체결하게 된 경위와 당시의 상황, 단체협약의 다른 조항과의 관계, 권한에는 책임이 따른다는 원칙에 입각하여 노동조합이 경영에 대한 책임까지도 분담하고 있는지 여부 등을 종합적으로 검토하여, 그 조항에 기재된 '합의'의 의미를 해석하여야 한다. 회사와 노동조합이 체결한 단체협약서의 전체 내용, 단체협약 체결 당시의 상황 등 여러 사정에 비추어, '노동조합과의 합의에 의하여 정리해고를 실시할 수 있다'는 취지의 단체협약조항의 진정한 의미는 '회사가 정리해고 등 경영상 결단을 하기 위해서는 반드시 노동조합과 사전에 합의하여야 한다는 취지가 아니라, 사전에 노동조합에 해고기준 등에 관하여 필요한 의견을 제시할 기회를 주고, 그 의견을 성실히 참고하게 함으로써 구조조정의 합리성과 공정성을 담보하고자 하는 협의의 취지'로 해석하여야 한다(대판 2011.1.27. 2010도11030).

3) 검 토

협약자치의 원칙상 경영해고합의조항에 위반한 해고는 원칙적으로 무효이나, 합의권을 남용한 경우의 정리해고는 유효하다고 하여야 한다. 다만, 경영해고합의조항상 합의를 판례와 같이 '협의'로 해석하는 것은, 단체협약과 같은 처분문서는 문언의 내용에 따라 객관적으로 해석해야 하고, 단체협약의 명문규정을 근로자에게 불리하게 해석할 수는 없다는 해석원칙에 반하는 것으로, 제한적으로 해석하여야 할 필요성이 있다.

5. 관련 판례

(1) 산재유족 특별채용 조항의 효력

단체협약이 민법 제103조의 적용대상에서 제외될 수는 없으므로 단체협약의 내용이 선량한 풍속 기타 사회질서에 위배된다면 그 법률적 효력은 배제되어야 한다. 다만 단체협약이 선량한 풍속 기타 사회질서에 위배되는지를 판단할 때에는 단체협약이 헌법이 직접 보장하는 기본권인 단체교섭권의 행사에 따른 것이자 헌법이 제도적으로 보장한 노사의 협약자치의 결과물이라는 점 및 노조법에 의해 이행이 특별히 강제되는 점 등을 고려하여 법원의 후견적 개입에 보다 신중할 필요가 있다. 헌법 제15조가 정하는 직업선택의 자유, 헌법 제23조 제1항이 정하는 재산권 등에 기초하여 사용자는 어떠한 근로자를 어떠한 기준과 방법에 의하여 채용할 것인지를 자유롭게 결정할 자유가 있다. 다만 사용자는 스스로 이러한 자유를 제한할 수 있는 것이므로, 노동조합과 사이에 근로자 채용에 관하여 임의로 단체교섭을 진행하여 단체협약을 체결할 수 있고, 그 내용이 강행법규나 선량한 풍속 기타 사회질서에 위배되지 아니하는 이상 단체협약으로서의 효력이 인정된다. 사용자가 노동조합과의 단체교섭에 따라 업무상 재해로 인한 사망 등 일정한 사유가 발생하는 경우 조합원의 직계가족 등을 채용하기로 하는 내용의 단체협약을 체결하였다면, 그와 같은 단체협약이 사용자의 채용의 자유를 과도하게 제한하는 정도에 이르거나 채용 기회의 공정성을 현저히 해하는 결과를 초래하는 등의 특별한 사정이 없는 한 선량한 풍속 기타 사회질서에 반한다고 단정할 수 없다. 기출 25 이러한 단체협약이 사용자의 채용의 자유를 과도하게 제한하는 정도에 이르거나 채용 기회의 공정성을 현저히 해하는 결과를 초래하는지는 단체협약을 체결한 이유나 경위, 그와 같은 단체협약을 통해 달성하고자 하는 목적과 수단의 적합성, 채용대상자가 갖추어야 할 요건의 유무와 내용, 사업장 내 동종 취업규칙 유무, 단체협약의 유지 기간과 준수 여부, 단체협약이 규정한 채용의 형태와 단체협약에 따라 채용되는 근로자의 수 등을 통해 알 수 있는 사용자의 일반 채용에 미치는 영향과 구직희망자들에 미치는 불이익 정도 등 여러 사정을 종합하여 판단하여야 한다(대판 2020.8.27. 2016다248998[전합]).

(2) 경영해고를 제한하는 단체협약의 효력

[1] 정리해고나 사업조직의 통폐합 등 기업의 구조조정 실시 여부는 경영주체에 의한 고도의 경영상 결단에 속하는 사항으로서 이는 원칙적으로 단체교섭의 대상이 될 수 없으나, 사용자의 경영권에 속하는 사항이라 하더라도 노사는 임의로 단체교섭을 진행하여 단체협약을 체결할 수 있고, 그 내용이 강행법규나 사회질서에 위배되지 않는 이상 단체협약으로서의 효력이 인정된다. 따라서 사용자가 노동조합과의 협상에 따라 정리해고를 제한하기로 하는 내용의 단체협약을 체결하였다면, 특별한 사정이 없는 한 단체협약이 강행법규나 사회질서에 위배된다고 볼 수 없고, 나아가 이는 근로조건, 기타 근로자에 대한 대우에 관하여 정한 것으로서 그에 반하여 이루어지는 정리해고는 원칙적으로 정당한 해고라고 볼 수 없다.

[2] 다만, 정리해고의 실시를 제한하는 단체협약을 두고 있더라도, 단체협약을 체결할 당시의 사정이 현저하게 변경되어 사용자에게 단체협약의 이행을 강요한다면 객관적으로 명백하게 부당한 결과에 이르는 경우에는, 사용자가 단체협약에 의한 제한에서 벗어나 정리해고를 할 수 있다(대판 2014.3.27. 2011두20406).

CHAPTER 03 단체교섭권

01 노동조합 및 노동관계조정법상 단체교섭 및 단체협약에 관한 설명으로 옳지 않은 것은?(다툼이 있으면 판례에 따름) 기출 25

① 단체교섭에 대한 사용자의 거부나 해태에 정당한 이유가 있는지 여부는 사회통념상 사용자에게 단체교섭 의무의 이행을 기대하는 것이 어렵다고 인정되는지 여부에 따라 판단하여야 한다.
② 단체교섭권은 법률이 없더라도 헌법의 규정만으로 직접 법규범으로서 효력을 발휘할 수 있는 구체적 권리이다.
③ 단체협약은 서면으로 작성하여 당사자 쌍방이 서명 또는 날인하여야 하며, 단체협약의 당사자는 단체협약의 체결일부터 15일 이내에 이를 노동위원회에 신고하여야 한다.
④ 사용자가 업무상 재해로 사망한 조합원의 직계가족 등을 채용하기로 하는 내용의 단체협약을 체결하였다면, 그와 같은 단체협약이 사용자의 채용의 자유를 과도하게 제한하는 정도에 이르거나 채용기회의 공정성을 현저히 해하는 결과를 초래하는 등의 특별한 사정이 없는 한 선량한 풍속 기타 사회질서에 반한다고 단정할 수 없다.
⑤ 행정관청은 단체협약 중 위법한 내용이 있는 경우에는 노동위원회의 의결을 얻어 그 시정을 명할 수 있으며, 그 명령을 위반한 자는 형사처벌을 받을 수 있다.

02 노동조합 및 노동관계조정법상 단체교섭 및 단체협약에 관한 설명으로 옳지 않은 것은?(다툼이 있으면 판례에 따름) 기출 25

① 노사가 합의하여 단체협약의 유효기간을 4년으로 정하더라도 그 유효기간은 3년으로 한다.
② 단체협약에 그 유효기간이 경과한 후에도 새로운 단체협약이 체결되지 아니한 때에는 새로운 단체협약이 체결될 때까지 종전 단체협약의 효력을 존속시킨다는 취지의 별도의 약정이 있는 경우에는 그에 따른다.
③ 노사는 일정한 조건이 성취되거나 기한이 도래할 때까지 특정 단체협약 조항에 따른 합의의 효력이 유지되도록 명시하여 단체협약을 체결할 수 있다.
④ 단체협약의 당사자인 노동조합은 단체협약의 유효기간 중에 단체협약에서 정한 근로조건 등에 관한 내용의 변경이나 폐지를 요구하는 쟁의행위를 행하지 않을 평화의무를 부담하지 않는다.
⑤ 단체협약의 해지권을 정한 이 법 제32조 제3항 단서의 규정은 성질상 강행규정이어서, 당사자 사이의 합의에 의하더라도 단체협약의 해지권을 행사하지 못하도록 하는 등 적용을 배제하는 것은 허용되지 않는다.

● **해설 및 정답** ●

01 ① (○) 단체교섭에 대한 사용자의 거부나 해태에 정당한 이유가 있는지 여부는 노동조합 측의 교섭권자, 노동조합 측이 요구하는 교섭시간, 교섭장소 및 그의 교섭태도 등을 종합하여 <u>사회통념상 사용자에게 단체교섭의무의 이행을 기대하는 것이 어렵다고 인정되는지 여부에 따라 판단하여야</u> 한다(대판 2010.4.29. 2007두11542).
② (○) 노동3권은 법률의 제정이라는 국가의 개입을 통하여 비로소 실현될 수 있는 권리가 아니라, 법률이 없더라도 헌법의 규정만으로 직접 법규범으로서 효력을 발휘할 수 있는 구체적 권리라고 보아야 한다(대판 2020.9.3. 2016두32992[전합]).
③ (×) 단체협약은 서면으로 작성하여 당사자 쌍방이 서명 또는 날인하여야 하며, 단체협약의 당사자는 단체협약의 체결일부터 15일 이내에 이를 <u>행정관청에게 신고하여야</u> 한다(노조법 제31조 제1항, 제2항).
④ (○) 대판 2020.8.27. 2016다248998[전합]
⑤ (○) 행정관청은 단체협약 중 위법한 내용이 있는 경우에는 노동위원회의 의결을 얻어 그 시정을 명할 수 있고(노조법 제31조 제3항), 이러한 행정관청의 시정명령을 위반한 자는 500만원 이하의 벌금에 처한다(노조법 제93조 제2호).

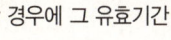
정답 ③

02 ① (○) 단체협약에 그 유효기간을 정하지 아니한 경우 또는 3년을 초과하는 유효기간을 정한 경우에 그 유효기간은 3년으로 한다(노조법 제32조 제2항).
② (○) 단체협약에 그 유효기간이 경과한 후에도 새로운 단체협약이 체결되지 아니한 때에는 <u>새로운 단체협약이 체결될 때까지 종전 단체협약의 효력을 존속시킨다는 취지의 별도의 약정이 있는 경우에는 그에 따르되, 당사자 일방은 해지하고자 하는 날의 6월 전까지 상대방에게 통고함으로써 종전의 단체협약을 해지할 수 있다</u>(노조법 제32조 제3항 단서).
③ (○) 노사가 일정한 조건이 성취되거나 기한이 도래할 때까지 특정 단체협약 조항에 따른 합의의 효력이 유지되도록 명시하여 단체협약을 체결할 수 있고, 그 단체협약 조항에 따른 합의는 노사의 합치된 의사에 따라 해제조건의 성취로 효력을 잃는다(대판 2018.11.29. 2018두41532).
④ (×) 단체협약의 당사자인 노동조합은 단체협약의 유효기간 중에 단체협약에서 정한 근로조건 등에 관한 내용의 변경이나 폐지를 요구하는 쟁의행위를 행하지 아니하여야 함은 물론, 조합원들에 대하여도 통제력을 행사하여 그와 같은 쟁의행위를 행하지 못하게 방지하여야 할 이른바 <u>평화의무를 지고 있다고 할 것이다</u>(대판 1992.9.1. 92누7733).
⑤ (○) 단체협약의 유효기간을 제한한 노조법 제32조 제1항, 제2항이나 단체협약의 해지권을 정한 노조법 제32조 제3항 단서는 모두 성질상 강행규정이라고 볼 것이어서, 당사자 사이의 합의에 의하더라도 단체협약의 해지권을 행사하지 못하도록 하는 등 그 적용을 배제하는 것은 허용되지 않는다고 할 것이다(대판 2016.3.10. 2013두3160).

정답 ④

03 노동조합 및 노동관계조정법령상 교섭단위 결정 및 공정대표의무에 관한 설명으로 옳지 않은 것은?(다툼이 있으면 판례에 따름) 기출 25

① 교섭단위 분리신청에 대한 노동위원회의 결정이 있기 전에 교섭 요구가 있는 때에는 교섭단위를 분리하는 결정이 있을 때까지 교섭요구 사실의 공고 등 교섭창구단일화절차의 진행은 정지된다.
② 공정대표의무는 단체교섭의 과정이나 그 결과물인 단체협약의 내용에는 적용되나 단체협약의 이행과정에는 적용되지 않는다.
③ 노동조합 또는 사용자는 분리된 교섭단위를 통합하여 교섭하려는 경우에는, 사용자가 교섭요구사실을 공고하기 전에 노동위원회에 분리된 교섭단위를 통합하는 결정을 신청할 수 있다.
④ 사용자가 교섭창구 단일화 절차에 참여한 다른 노동조합을 차별한 것으로 인정되는 경우, 그와 같은 차별에 합리적인 이유가 있다는 점은 사용자에게 주장·증명책임이 있다.
⑤ 노동위원회는 공정대표의무 위반의 시정 신청에 따른 심문을 할 때에는 관계 당사자의 신청이 없는 경우에도 직권으로 증인을 출석하게 하여 질문할 수 있다.

해설 및 정답

03 ① (○) 노조법 시행령 제14조의11 제5항
② (×) 공정대표의무는 헌법이 보장하는 단체교섭권의 본질적 내용이 침해되지 않도록 하기 위한 제도적 장치로 기능하고, 교섭대표노동조합과 사용자가 체결한 단체협약의 효력이 교섭창구단일화절차에 참여한 다른 노동조합에도 미치는 것을 정당화하는 근거가 된다. 따라서 교섭대표노동조합이 사용자와 체결한 단체협약의 내용이 합리적 이유 없이 교섭대표노동조합이 되지 못한 노동조합 또는 그 조합원을 차별하는 경우 공정대표의무 위반에 해당한다. 그리고 이러한 공정대표의무의 취지와 기능 등에 비추어 보면, <u>공정대표의무는 단체교섭의 과정이나 그 결과물인 단체협약의 내용뿐만 아니라 단체협약의 이행과정에서도 준수되어야 한다</u>(대판 2019.10.31. 2017두37772).
③ (○) 노동조합 또는 사용자는 교섭단위를 분리하거나 분리된 교섭단위를 통합하여 교섭하려는 경우에는 <u>사용자가 교섭요구 사실을 공고하기 전에 노동위원회에 교섭단위를 분리하거나 분리된 교섭단위를 통합하는 결정을 신청할 수 있다</u>(노조법 시행령 제14조의11 제1항 제1호).
④ (○) 교섭대표노동조합이나 사용자가 교섭창구 단일화 절차에 참여한 다른 노동조합 또는 그 조합원을 차별한 것으로 인정되는 경우, 그와 같은 <u>차별에 합리적인 이유가 있다는 점은</u> 교섭대표노동조합이나 <u>사용자에게 그 주장·증명책임이 있다</u>(대판 2018.9.13. 2017두40655).
⑤ (○) 노조법 시행령 제14조의12 제3항

교섭단위 결정(노조법 시행령 제14조의11)
① 노동조합 또는 사용자는 법 제29조의3 제2항에 따라 교섭단위를 분리하거나 분리된 교섭단위를 통합하여 교섭하려는 경우에는 <u>다음 각 호에 해당하는 기간에 노동위원회에 교섭단위를 분리하거나 분리된 교섭단위를 통합하는 결정을 신청할 수 있다.</u>
  1. 제14조의3에 따라 사용자가 교섭요구 사실을 공고하기 전
  2. 제14조의3에 따라 사용자가 교섭요구 사실을 공고한 경우에는 법 제29조의2에 따른 교섭대표노동조합이 결정된 날 이후
② 제1항에 따른 신청을 받은 노동위원회는 <u>해당 사업 또는 사업장의 모든 노동조합과 사용자에게 그 내용을 통지해야 하며, 그 노동조합과 사용자는 노동위원회가 지정하는 기간까지 의견을 제출할 수 있다.</u>
③ <u>노동위원회는 제1항에 따른 신청을 받은 날부터 30일 이내에 교섭단위를 분리하거나 분리된 교섭단위를 통합하는 결정을 하고 해당 사업 또는 사업장의 모든 노동조합과 사용자에게 통지해야</u> 한다.
④ 제3항에 따른 통지를 받은 노동조합이 사용자와 교섭하려는 경우 자신이 속한 교섭단위에 단체협약이 있는 때에는 그 단체협약의 유효기간 만료일 이전 3개월이 되는 날부터 제14조의2 제2항에 따라 필요한 사항을 적은 서면으로 교섭을 요구할 수 있다.
⑤ 제1항에 따른 신청에 대한 노동위원회의 결정이 있기 전에 제14조의2에 따른 교섭 요구가 있는 때에는 교섭단위를 분리하거나 분리된 교섭단위를 통합하는 결정이 있을 때까지 제14조의3에 따른 교섭요구 사실의 공고 등 교섭창구단일화절차의 진행은 정지된다.

공정대표의무 위반에 대한 시정(노조법 시행령 제14조의12)
① 노동조합은 법 제29조의2에 따라 결정된 교섭대표노동조합과 사용자가 법 제29조의4 제1항을 위반하여 차별한 경우에는 고용노동부령으로 정하는 바에 따라 노동위원회에 공정대표의무 위반에 대한 시정을 신청할 수 있다.
② 노동위원회는 제1항에 따른 공정대표의무 위반의 시정 신청을 받은 때에는 지체 없이 필요한 조사와 관계 당사자에 대한 심문(審問)을 하여야 한다.
③ 노동위원회는 제2항에 따른 심문을 할 때에는 관계 당사자의 신청이나 직권으로 증인을 출석하게 하여 필요한 사항을 질문할 수 있다.
④ 노동위원회는 제2항에 따른 심문을 할 때에는 관계 당사자에게 증거의 제출과 증인에 대한 반대심문을 할 수 있는 충분한 기회를 주어야 한다.
⑤ 노동위원회는 제1항에 따른 공정대표의무 위반의 시정 신청에 대한 명령이나 결정을 서면으로 하여야 하며, 그 서면을 교섭대표노동조합, 사용자 및 그 시정을 신청한 노동조합에 각각 통지하여야 한다.

정답

04 노동조합 및 노동관계조정법령상 단체교섭에 관한 설명으로 옳지 않은 것은? 기출 25

① 사용자에게 교섭대표노동조합의 통지가 있은 이후에는 그 교섭대표노동조합의 결정절차에 참여한 노동조합 중 일부 노동조합이 그 이후의 절차에 참여하지 않더라도 교섭대표노동조합의 지위는 유지된다.
② 노동조합이 교섭 또는 단체협약의 체결에 관한 권한을 위임하는 경우에는 교섭사항과 권한범위를 정하여 위임하여야 한다.
③ 노동조합이 단체협약의 체결에 관한 권한을 위임한 때에는 그 사실을 노동위원회에 통보하여야 한다.
④ 사용자는 노동조합으로부터 교섭 요구를 받은 때에는 그 요구를 받은 날부터 7일간 그 교섭을 요구한 노동조합의 명칭 등 고용노동부령으로 정하는 사항을 해당 사업 또는 사업장의 게시판 등에 공고하여 다른 노동조합과 근로자가 알 수 있도록 하여야 한다.
⑤ 노동조합은 사용자가 교섭요구 사실의 공고를 하지 아니하거나 다르게 공고하는 경우에는 고용노동부령으로 정하는 바에 따라 노동위원회에 시정을 요청할 수 있다.

05 노동조합 및 노동관계조정법령상 단체협약에 관한 설명으로 옳지 않은 것은?(다툼이 있으면 판례에 따름)
기출 25

① 단체협약의 해석에 관하여 관계 당사자 간에 의견의 불일치가 있는 때에는 당사자 쌍방이 노동위원회에 그 해석에 관한 견해의 제시를 요청하여 노동위원회가 해석을 제시한 경우, 그 해석은 중재재정과 동일한 효력을 가진다.
② 하나의 사업 또는 사업장에 상시 사용되는 동종의 근로자 반수 이상이 하나의 단체협약의 적용을 받게 된 때에는 당해 사업 또는 사업장에 사용되는 다른 동종의 근로자에 대하여도 당해 단체협약이 적용된다.
③ 하나의 지역에 있어서 종업하는 동종의 근로자 3분의 2 이상이 하나의 단체협약의 적용을 받게 된 때에는 행정관청은 직권으로 노동위원회의 의결을 얻어 당해 지역에서 종업하는 다른 동종의 근로자와 그 사용자에 대하여도 당해 단체협약을 적용한다는 결정을 할 수 있다.
④ 사용자의 경영권에 속하는 사항이라 하더라도 노사는 임의로 단체교섭을 진행하여 단체협약을 체결할 수 있다.
⑤ 서로 다른 종류의 사업을 운영하던 회사들이 합병한 이후 그중 한 사업부문의 근로자들로 구성된 노동조합이 회사와 체결한 단체협약은 다른 사업부문의 근로자들에게도 적용된다.

- 해설 및 정답 -

04 ① (○) 노조법 시행령 제14조의6 제2항
② (○) 노동조합과 사용자 또는 사용자단체는 교섭 또는 단체협약의 체결에 관한 권한을 위임하는 경우에는 교섭사항과 권한범위를 정하여 위임하여야 한다(노조법 시행령 제14조 제1항).
③ (×) 노동조합과 사용자 또는 사용자단체는 교섭 또는 단체협약의 체결에 관한 권한을 위임한 때에는 그 사실을 상대방에게 통보하여야 한다(노조법 제29조 제4항).
④ (○) 노조법 시행령 제14조의3 제1항
⑤ (○) 노조법 시행령 제14조의3 제2항

정답 ③

05 ① (○) 단체협약의 해석 또는 이행방법에 관하여 관계 당사자 간에 의견의 불일치가 있는 때에는 당사자 쌍방 또는 단체협약에 정하는 바에 의하여 어느 일방이 노동위원회에 그 해석 또는 이행방법에 관한 견해의 제시를 요청할 수 있고, 이에 대해 노동위원회가 제시한 해석 또는 이행방법에 관한 견해는 중재재정과 동일한 효력을 가진다(노조법 제34조).
② (○) 노조법 제35조
③ (○) 하나의 지역에 있어서 종업하는 동종의 근로자 3분의 2 이상이 하나의 단체협약의 적용을 받게 된 때에는 행정관청은 당해 단체협약의 당사자의 쌍방 또는 일방의 신청에 의하거나 <u>그 직권으로 노동위원회의 의결을 얻어 당해 지역에서 종업하는 다른 동종의 근로자와 그 사용자에 대하여도 당해 단체협약을 적용한다는 결정을 할 수 있다</u>(노조법 제36조 제1항).
④ (○) 정리해고나 사업조직의 통폐합 등 기업의 구조조정의 실시 여부는 경영주체에 의한 고도의 경영상 결단에 속하는 사항으로서 이는 원칙적으로 단체교섭의 대상이 될 수 없으나, <u>사용자의 경영권에 속하는 사항이라 하더라도 그에 관하여 노사는 임의로 단체교섭을 진행하여 단체협약을 체결할 수 있고, 그 내용이 강행법규나 사회질서에 위배되지 아니하는 이상 단체협약으로서의 효력이 인정된다</u>(대판 2014.3.27. 2011두20406).
⑤ (×) 서로 다른 종류의 사업을 운영하던 회사들이 합병한 이후 근로자들의 근로관계 내용을 단일화하기로 변경·조정하는 새로운 합의가 있기 전에 그중 한 사업부문의 근로자들로 구성된 노동조합이 회사와 체결한 단체협약은 그 사업부문의 근로자들에 대하여만 적용될 것이 예상되는 것이라 할 것이어서 다른 사업부문의 근로자들에게는 적용될 수 없다(대판 2004.5.14. 2002다23185).

정답 ⑤

06 노동조합 및 노동관계조정법령상 교섭단위 결정 등에 관한 설명으로 옳지 않은 것은? 기출 24

① 노동조합 또는 사용자는 사용자가 교섭요구 사실을 공고하기 전에는 노동위원회에 교섭단위를 분리하는 결정을 신청할 수 없다.
② 노동위원회는 법령에 따라 교섭단위 분리의 결정 신청을 받은 때에는 해당 사업 또는 사업장의 모든 노동조합과 사용자에게 그 내용을 통지하여야 한다.
③ 하나의 사업 또는 사업장에서 현격한 근로조건의 차이, 고용형태, 교섭 관행 등을 고려하여 교섭단위를 분리할 필요가 있다고 인정되는 경우에 노동위원회는 노동관계 당사자의 양쪽 또는 어느 한쪽의 신청을 받아 교섭단위를 분리하는 결정을 할 수 있다.
④ 교섭단위의 분리결정 신청은 사용자가 교섭요구 사실을 공고한 경우에는 교섭대표노동조합이 결정된 날 이후에 할 수 있다.
⑤ 교섭단위의 분리결정을 통지 받은 노동조합이 사용자와 교섭하려는 경우 자신이 속한 교섭단위에 단체협약이 있는 때에는 그 단체협약의 유효기간 만료일 이전 3개월이 되는 날부터 법령에 따라 필요한 사항을 적은 서면으로 교섭을 요구할 수 있다.

07 노동조합 및 노동관계조정법상 단체교섭 및 단체협약에 관한 설명으로 옳지 않은 것은?(다툼이 있으면 판례에 따름) 기출 24

① 노동조합과 사용자 또는 사용자단체는 정당한 이유없이 교섭 또는 단체협약의 체결을 거부하거나 해태하여서는 아니 된다.
② 단체협약의 유효기간이 만료되는 때를 전후하여 당사자 쌍방이 새로운 단체협약을 체결하고자 단체교섭을 계속하였음에도 불구하고 새로운 단체협약이 체결되지 아니한 경우에는 별도의 약정이 있더라도 종전의 단체협약은 그 효력만료일부터 3월까지 계속 효력을 갖는다.
③ 단체협약의 일반적 구속력으로서 그 적용을 받게 되는 '동종의 근로자'라 함은 당해 단체협약의 규정에 의하여 그 협약의 적용이 예상되는 자를 가리키며, 단체협약의 규정에 의하여 조합원의 자격이 없는 자는 단체협약의 적용이 예상된다고 할 수 없어 단체협약의 적용을 받지 아니한다.
④ 단체협약에 그 유효기간을 정하지 아니한 경우에 그 유효기간은 3년으로 한다.
⑤ 노동조합과 사용자 또는 사용자단체는 교섭 또는 단체협약의 체결에 관한 권한을 위임한 때에는 그 사실을 상대방에게 통보하여야 한다.

해설 및 정답

06 ① (×) 노동조합 또는 사용자는 교섭단위를 분리하거나 분리된 교섭단위를 통합하여 교섭하려는 경우에는 <u>사용자가 교섭요구 사실을 공고하기 전에</u> 노동위원회에 교섭단위를 분리하거나 분리된 교섭단위를 통합하는 결정을 신청할 수 있다(노조법 시행령 제14조의11 제1항 제1호).
② (○) 노동조합 또는 사용자로부터 교섭단위를 분리하거나 분리된 교섭단위를 통합하는 결정의 신청을 받은 노동위원회는 <u>해당 사업 또는 사업장의 모든 노동조합과 사용자에게 그 내용을 통지해야</u> 하며, 그 노동조합과 사용자는 노동위원회가 지정하는 기간까지 의견을 제출할 수 있다(노조법 시행령 제14조의11 제1항, 제2항).
③ (○) 하나의 사업 또는 사업장에서 현격한 근로조건의 차이, 고용형태, 교섭 관행 등을 고려하여 교섭단위를 분리하거나 분리된 교섭단위를 통합할 필요가 있다고 인정되는 경우에 <u>노동위원회는 노동관계 당사자의 양쪽 또는 어느 한쪽의 신청을 받아</u> 교섭단위를 분리하거나 분리된 교섭단위를 통합하는 결정을 할 수 있다(노조법 제29조의3 제2항).
④ (○) 노동조합 또는 사용자는 교섭단위를 분리하거나 분리된 교섭단위를 통합하여 교섭하려는 경우 <u>사용자가 교섭요구 사실을 공고한 경우에는 교섭대표노동조합이 결정된 날 이후</u> 노동위원회에 교섭단위를 분리하거나 분리된 교섭단위를 통합하는 결정을 신청할 수 있다(노조법 시행령 제14조의11 제1항 제2호).
⑤ (○) 노조법 시행령 제14조의11 제4항

정답 ❶

07 ① (○) 노조법 제30조 제2항
② (×) 단체협약의 유효기간이 만료되는 때를 전후하여 당사자 쌍방이 새로운 단체협약을 체결하고자 단체교섭을 계속하였음에도 불구하고 새로운 단체협약이 체결되지 아니한 경우에는 <u>별도의 약정이 있는 경우를 제외하고는</u> 종전의 단체협약은 그 효력만료일부터 3월까지 계속 효력을 갖는다(노조법 제32조 제3항 본문).
③ (○) 대판 2004.1.29. 2001다5142
④ (○) 단체협약에 그 유효기간을 정하지 아니한 경우 또는 3년을 초과하는 유효기간을 정한 경우에 <u>그 유효기간은 3년으로 한다</u>(노조법 제32조 제2항).
⑤ (○) 노조법 제29조 제4항

정답 ❷

08 노동조합 및 노동관계조정법상 단체협약 등에 관한 설명으로 옳지 않은 것은? 기출 24

① 노동위원회는 단체협약 중 위법한 내용이 있는 경우에는 그 시정을 명할 수 있다.
② 노동조합의 대표자는 그 노동조합 또는 조합원을 위하여 사용자나 사용자단체와 교섭하고 단체협약을 체결할 권한을 가진다.
③ 단체협약의 당사자는 단체협약의 체결일부터 15일 이내에 단체협약을 행정관청에게 신고하여야 한다.
④ 단체협약의 이행방법에 관하여 관계 당사자 간에 의견의 불일치가 있는 때에는 단체협약에 정하는 바에 의하여 사용자가 노동위원회에 그 이행방법에 관한 견해의 제시를 요청할 수 있다.
⑤ 노동위원회는 단체협약의 이행방법에 관한 견해 제시를 요청받은 때에는 그날부터 30일 이내에 명확한 견해를 제시하여야 한다.

09 노동조합 및 노동관계조정법상 단체교섭 및 단체협약에 관한 설명으로 옳지 않은 것은?(다툼이 있으면 판례에 따름) 기출 24

① 교섭대표노동조합과 사용자는 교섭창구 단일화 절차에 참여한 노동조합 또는 그 조합원 간에 합리적 이유 없이 차별을 하여서는 아니 된다.
② 사용자가 단체협약 등에 따라 교섭대표노동조합에게 상시적으로 사용할 수 있는 노동조합 사무실을 제공한 이상, 특별한 사정이 없는 한 교섭창구 단일화 절차에 참여한 다른 노동조합에게도 반드시 일률적이거나 비례적이지는 않더라도 상시적으로 사용할 수 있는 일정한 공간을 노동조합 사무실로 제공하여야 한다.
③ 노동조합과 사용자 또는 사용자단체는 신의에 따라 성실히 교섭하고 단체협약을 체결하여야 하며 그 권한을 남용하여서는 아니 된다.
④ 국가 및 지방자치단체는 기업·산업·지역별 교섭 등 다양한 교섭방식을 노동관계 당사자가 자율적으로 선택할 수 있도록 지원하고 이에 따른 단체교섭이 활성화될 수 있도록 노력하여야 한다.
⑤ 교섭대표노동조합이나 사용자가 교섭창구 단일화 절차에 참여한 다른 노동조합을 차별한 것으로 인정되는 경우, 그와 같은 차별에 합리적인 이유가 있다는 점에 대하여 교섭대표노동조합이나 사용자에게는 주장·증명책임이 없다.

해설 및 정답

08 ① (×) 행정관청은 단체협약 중 위법한 내용이 있는 경우에는 <u>노동위원회의 의결을 얻어 그 시정을 명할 수 있다</u>(노조법 제31조 제3항).
② (○) 노조법 제29조 제1항
③ (○) 노조법 제31조 제2항
④ (○) 단체협약의 해석 또는 이행방법에 관하여 관계 당사자 간에 의견의 불일치가 있는 때에는 당사자 쌍방 또는 단체협약에 정하는 바에 의하여 <u>어느 일방이 노동위원회에 그 해석 또는 이행방법에 관한 견해의 제시를 요청할 수 있다</u>(노조법 제34조 제1항).
⑤ (○) 노조법 제34조 제2항

정답

09 ① (○) 노조법 제29조의4 제1항
② (○) 사용자가 단체협약 등에 따라 교섭대표노동조합에게 상시적으로 사용할 수 있는 노동조합 사무실을 제공한 이상, 특별한 사정이 없는 한 <u>교섭창구 단일화 절차에 참여한 다른 노동조합에게도 반드시 일률적이거나 비례적이지는 않더라도 상시적으로 사용할 수 있는 일정한 공간을 노동조합 사무실로 제공하여야 한다고 봄이 타당하다. 이와 달리 교섭대표노동조합에게는 노동조합 사무실을 제공하면서 교섭창구 단일화 절차에 참여한 다른 노동조합에는 물리적 한계나 비용 부담 등을 이유로 노동조합 사무실을 전혀 제공하지 않거나 일시적으로 회사 시설을 사용할 수 있는 기회만을 부여하였다면, 이는 차별에 합리적인 이유가 있는 것으로 볼 수 없다</u>(대판 2018.9.13. 2017두40655).
③ (○) 노조법 제30조 제1항
④ (○) 노조법 제30조 제3항
⑤ (×) 교섭대표노동조합이나 사용자가 교섭창구 단일화 절차에 참여한 다른 노동조합 또는 그 조합원을 차별한 것으로 인정되는 경우, <u>그와 같은 차별에 합리적인 이유가 있다는 점은 교섭대표노동조합이나 사용자에게 그 주장·증명책임이 있다</u>(대판 2018.9.13. 2017두40655).

정답

10 노동조합 및 노동관계조정법령상 교섭창구 단일화 절차에 관한 설명으로 옳지 않은 것은?(다툼이 있으면 판례에 따름) 기출 24

① 노동조합은 해당 사업 또는 사업장에 단체협약이 2개 이상 있는 경우에는 먼저 이르는 단체협약의 유효기간 만료일 이전 3개월이 되는 날부터 사용자에게 교섭을 요구할 수 있다.
② 하나의 사업 또는 사업장 단위에서 유일하게 존재하는 노동조합은, 설령 노동조합 및 노동관계조정법 및 그 시행령이 정한 절차를 형식적으로 거쳤다고 하더라도, 교섭대표노동조합의 지위를 취득할 수 없다.
③ 사용자는 노동조합으로부터 교섭 요구를 받은 때에는 그 요구를 받은 날부터 7일간 그 교섭을 요구한 노동조합의 명칭 등 고용노동부령으로 정하는 사항을 해당 사업 또는 사업장의 게시판 등에 공고하여 다른 노동조합과 근로자가 알 수 있도록 하여야 한다.
④ 교섭대표노동조합의 지위 유지기간이 만료되었음에도 불구하고 새로운 교섭대표노동조합이 결정되지 못할 경우 기존 교섭대표노동조합은 새로운 교섭대표노동조합이 결정될 때까지 기존 단체협약의 갱신을 위한 교섭대표노동조합의 지위를 유지한다.
⑤ 교섭대표노동조합으로 결정된 노동조합이 그 결정된 날부터 1년 동안 단체협약을 체결하지 못한 경우에는 어느 노동조합이든지 사용자에게 교섭을 요구할 수 있다.

해설 및 정답

10 ① (○) 노동조합은 해당 사업 또는 사업장에 단체협약이 있는 경우에는 유효기간 만료일 이전 3개월이 되는 날부터 사용자에게 교섭을 요구할 수 있다. 다만, 단체협약이 2개 이상 있는 경우에는 먼저 이르는 단체협약의 유효기간 만료일 이전 3개월이 되는 날부터 사용자에게 교섭을 요구할 수 있다(노조법 시행령 제14조의2 제1항).

② (○) 교섭창구 단일화 제도의 취지 내지 목적, 교섭창구 단일화 제도의 체계 내지 관련 규정의 내용, 교섭대표노동조합의 개념 등을 종합하여 보면, 하나의 사업 또는 사업장 단위에서 유일하게 존재하는 노동조합은, 설령 노조법 및 그 시행령이 정한 절차를 형식적으로 거쳤다고 하더라도, 교섭대표노동조합의 지위를 취득할 수 없다고 해석함이 타당하다(대판 2017.10.31. 2016두36956).

③ (○) 노조법 시행령 제14조의3 제1항

④ (×) 교섭대표노동조합의 지위 유지기간이 만료되었음에도 불구하고 새로운 교섭대표노동조합이 결정되지 못할 경우 기존 교섭대표노동조합은 새로운 교섭대표노동조합이 결정될 때까지 기존 단체협약의 이행과 관련해서는 교섭대표노동조합의 지위를 유지한다(노조법 시행령 제14조의10 제2항).

⑤ (○) 노조법 시행령 제14조의10 제3항

노동조합의 교섭 요구 시기 및 방법(노조법 시행령 제14조의2)

① 노동조합은 해당 사업 또는 사업장에 단체협약이 있는 경우에는 법 제29조 제1항 또는 제29조의2 제1항에 따라 그 유효기간 만료일 이전 3개월이 되는 날부터 사용자에게 교섭을 요구할 수 있다. 다만, 단체협약이 2개 이상 있는 경우에는 먼저 이르는 단체협약의 유효기간 만료일 이전 3개월이 되는 날부터 사용자에게 교섭을 요구할 수 있다.

② 노동조합은 제1항에 따라 사용자에게 교섭을 요구하는 때에는 노동조합의 명칭, 그 교섭을 요구한 날 현재의 종사근로자인 조합원 수 등 고용노동부령으로 정하는 사항을 적은 서면으로 해야 한다.

노동조합 교섭요구 사실의 공고(노조법 시행령 제14조의3)

① 사용자는 노동조합으로부터 제14조의2에 따라 교섭 요구를 받은 때에는 그 요구를 받은 날부터 7일간 그 교섭을 요구한 노동조합의 명칭 등 고용노동부령으로 정하는 사항을 해당 사업 또는 사업장의 게시판 등에 공고하여 다른 노동조합과 근로자가 알 수 있도록 하여야 한다.

② 노동조합은 사용자가 제1항에 따른 교섭요구 사실의 공고를 하지 아니하거나 다르게 공고하는 경우에는 고용노동부령으로 정하는 바에 따라 노동위원회에 시정을 요청할 수 있다.

③ 노동위원회는 제2항에 따라 시정 요청을 받은 때에는 그 요청을 받은 날부터 10일 이내에 그에 대한 결정을 하여야 한다.

교섭대표노동조합의 지위 유지기간 등(노조법 시행령 제14조의10)

① 법 제29조의2 제3항부터 제6항까지의 규정에 따라 결정된 교섭대표노동조합은 그 결정이 있은 후 사용자와 체결한 첫 번째 단체협약의 효력이 발생한 날을 기준으로 2년이 되는 날까지 그 교섭대표노동조합의 지위를 유지하되, 새로운 교섭대표노동조합이 결정된 경우에는 그 결정된 때까지 교섭대표노동조합의 지위를 유지한다.

② 제1항에 따른 교섭대표노동조합의 지위 유지기간이 만료되었음에도 불구하고 새로운 교섭대표노동조합이 결정되지 못할 경우 기존 교섭대표노동조합은 새로운 교섭대표노동조합이 결정될 때까지 기존 단체협약의 이행과 관련해서는 교섭대표노동조합의 지위를 유지한다.

③ 법 제29조의2에 따라 결정된 교섭대표노동조합이 그 결정된 날부터 1년 동안 단체협약을 체결하지 못한 경우에는 어느 노동조합이든지 사용자에게 교섭을 요구할 수 있다. 이 경우 제14조의2 제2항 및 제14조의3부터 제14조의9까지의 규정을 적용한다.

정답 ④

11 노동조합 및 노동관계조정법상 노동조합과 조합원 등에 관한 설명으로 옳은 것은?(다툼이 있으면 판례에 따름) 기출 23

① 사업 또는 사업장에 종사하는 근로자가 아닌 노동조합의 조합원은 사용자의 사업 운영 지장 여부와 무관하게 사업 또는 사업장 내에서 노동조합 활동을 할 수 없다.
② 유니언 숍 협정이 체결된 사업장의 사용자는 단체협약에 명문규정이 있는 경우에도 노동조합에서 제명된 것을 이유로 근로자에게 신분상 불이익한 행위를 할 수 없다.
③ 유니언 숍 협정에 따라 사용자가 노동조합을 탈퇴한 근로자를 해고한 경우에 해고된 근로자가 조합원지위확인을 구하는 소를 제기하여 승소하면 그 해고는 취소된 것으로 본다.
④ 일정 범위의 근로자에 대하여만 단체협약을 적용하기로 규정하였더라도 단체협약은 조합원 모두에게 현실적으로 적용된다.
⑤ 헌법재판소는 헌법 제33조 제1항에서 정한 근로자의 단결권은 단결할 자유뿐 아니라 단결하지 아니할 자유를 포함한다고 해석한다.

12 노동조합 및 노동관계조정법령상 교섭단위 결정 등에 관한 설명으로 옳지 않은 것은? 기출 23

① 교섭대표노동조합을 결정하여야 하는 단위는 하나의 사업 또는 사업장으로 한다.
② 노동위원회는 사용자의 신청을 받아 교섭단위를 분리하는 결정을 할 수 있다.
③ 노동위원회는 노동조합의 신청을 받아 분리된 교섭단위를 통합하는 결정을 할 수 있다.
④ 노동조합이 교섭단위를 분리하여 교섭하려는 경우 사용자가 교섭요구 사실을 공고하기 전에는 교섭단위를 분리하는 결정을 신청할 수 있다.
⑤ 사용자는 분리된 교섭단위를 통합하여 교섭하려는 경우 교섭대표노동조합이 결정된 날 이후에는 그 통합하는 결정을 신청할 수 없다.

해설 및 정답

11 ① (×) 사업 또는 사업장에 종사하는 근로자가 아닌 노동조합의 조합원은 사용자의 효율적인 사업 운영에 지장을 주지 아니하는 범위에서 사업 또는 사업장 내에서 노동조합 활동을 할 수 있다(노조법 제5조 제2항).
② (○) 노동조합이 당해 사업장에 종사하는 근로자의 3분의 2 이상을 대표하고 있을 때에는 근로자가 그 노동조합의 조합원이 될 것을 고용조건으로 하는 단체협약의 체결은 예외로 하며, 이 경우 사용자는 근로자가 그 노동조합에서 제명된 것 또는 그 노동조합을 탈퇴하여 새로 노동조합을 조직하거나 다른 노동조합에 가입한 것을 이유로 근로자에게 신분상 불이익한 행위를 할 수 없다(노조법 제81조 제1항 제2호 단서).
③ (×) 유니언 숍 협약에 따라 사용자가 노동조합을 탈퇴한 근로자를 해고한 경우에 해고근로자가 노동조합을 상대로 하여 조합원지위확인을 구하는 소를 제기하여 승소한다고 하더라도 바로 해고의 효력이 부정되는 것은 아닐 뿐 아니라, 사용자 또한 그 해고가 적법한 것이라고 주장하고 있고 해고무효확인소송에서도 그 선결문제로 조합원지위의 존부에 관하여 판단을 할 수 있으므로, 근로자가 노동조합을 상대로 조합원지위의 확인을 구하지 아니하고 막바로 해고무효확인소송을 제기하였다고 하더라도 그 소가 소익이 없다고 할 수는 없다(대판 1995.2.28. 94다15363).
④ (×) 사용자와 노동조합 사이에 체결된 단체협약은 특약에 의하여 일정 범위의 근로자에 대하여만 적용하기로 정하고 있는 등의 특별한 사정이 없는 한 협약당사자로 된 노동조합의 구성원으로 가입한 조합원 모두에게 현실적으로 적용되는 것이 원칙이다(대판 2004.1.29. 2001다5142). 따라서 일정범위의 근로자에 대하여만 단체협약을 적용하기로 규정하였다면 단체협약은 그 범위에 속한 근로자에게만 적용된다.
⑤ (×) 헌법상 보장된 근로자의 단결권은 단결할 자유만을 가리킬 뿐이고, 단결하지 아니할 자유 이른바 소극적 단결권은 이에 포함되지 않는다고 보는 것이 우리 재판소의 선례라고 할 것이다(헌재 2005.11.24. 2002헌바95).

정답

12 ① (○) 노조법 제29조의3 제1항
② (○) 하나의 사업 또는 사업장에서 현격한 근로조건의 차이, 고용형태, 교섭 관행 등을 고려하여 교섭단위를 분리하거나 분리된 교섭단위를 통합할 필요가 있다고 인정되는 경우에 노동위원회는 노동관계 당사자의 양쪽 또는 어느 한쪽의 신청을 받아 교섭단위를 분리하거나 분리된 교섭단위를 통합하는 결정을 할 수 있다(노조법 제29조의3 제2항).
③ (○) 노조법 제29조의3 제2항
④ (○) 사용자가 교섭요구사실을 공고하기 전이나, 사용자가 교섭요구사실을 공고한 경우에는 교섭대표노동조합이 결정된 날 이후에 노동위원회에 교섭단위를 분리하거나 분리된 교섭단위를 통합하는 결정을 신청할 수 있다(노조법 시행령 제14조의11 제1항).
⑤ (×) 사용자가 교섭요구사실을 공고하기 전이나, 사용자가 교섭요구사실을 공고한 경우에는 교섭대표노동조합이 결정된 날 이후에 노동위원회에 교섭단위를 분리하거나 분리된 교섭단위를 통합하는 결정을 신청할 수 있다(노조법 시행령 제14조의11 제1항).

정답

13 노동조합 및 노동관계조정법령상 공정대표의무 등에 관한 설명으로 옳지 않은 것은?(다툼이 있으면 판례에 따름) 기출 23

① 교섭창구 단일화 절차에 참여한 노동조합은 단체협약의 내용의 일부가 공정대표의무에 위반되는 경우에는 단체협약 체결일부터 3개월 이내에 그 시정을 요청할 수 있다.
② 교섭대표노동조합과 사용자는 교섭창구 단일화 절차에 참여한 노동조합의 조합원 간에 합리적 이유 없이 차별을 하여서는 아니 된다.
③ 노동위원회는 공정대표의무 위반의 시정 신청을 받은 때에는 지체 없이 필요한 조사와 관계당사자에 대한 심문(審問)을 하여야 한다.
④ 노동위원회는 공정대표의무 위반의 시정 신청에 따른 심문을 할 때에는 관계 당사자의 신청이 없는 경우 직권으로 증인을 출석하게 하여 질문할 수 없다.
⑤ 교섭대표노동조합이 교섭창구 단일화 절차에 참여한 다른 노동조합을 차별한 것으로 인정되는 경우, 그와 같은 차별에 합리적인 이유가 있다는 점은 교섭대표노동조합에게 주장・증명책임이 있다.

14 노동조합 및 노동관계조정법령상 단체교섭 및 단체협약에 관한 설명으로 옳은 것은? 기출 23

① 교섭대표노동조합의 대표자는 교섭요구와 무관하게 사업장 내 모든 노동조합 또는 조합원을 위하여 사용자와 교섭하고 단체협약을 체결할 권한을 가진다.
② 교섭대표노동조합이 결정된 후 교섭창구단일화절차가 개시된 날부터 1년 동안 단체협약을 체결하지 못한 경우에는 어느 노동조합이든지 사용자에게 교섭을 요구할 수 있다.
③ 노동조합으로부터 적법한 교섭 요구를 받은 사용자는 그 요구를 받은 날부터 5일간 그 교섭요구 사실을 공고하여야 한다.
④ 노동조합은 사용자가 교섭요구 사실의 공고를 하지 아니하거나 다르게 공고하는 경우에는 고용노동부령으로 정하는 바에 따라 행정관청에 그 시정을 요청할 수 있다.
⑤ 단체협약의 당사자가 하여야 할 단체협약의 신고는 당사자 쌍방이 연명으로 해야 한다.

• 해설 및 정답 •

13 ① (○) 노동조합은 교섭대표노동조합과 사용자가 공정대표의무를 위반하여 차별한 경우에는 그 행위가 있는 날(<u>단체협약의 내용의 일부 또는 전부가 공정대표의무에 위반되는 경우에는 단체협약 체결일</u>)부터 3개월 이내에 대통령령으로 정하는 방법과 절차에 따라 노동위원회에 그 시정을 요청할 수 있다(노조법 제29조의4 제2항).
② (○) 노조법 제29조의4 제1항
③ (○) 노조법 시행령 제14조의12 제2항
④ (×) 노동위원회는 공정대표의무위반의 시정신청 따른 심문을 할 때에는 관계 당사자의 신청이나 <u>직권으로 증인</u>을 출석하게 하여 필요한 사항을 질문할 수 있다(노조법 시행령 제14조의12 제3항).
⑤ (○) 교섭대표노동조합이나 사용자가 교섭창구단일화절차에 참여한 다른 노동조합 또는 그 조합원을 차별한 것으로 인정되는 경우, 그와 같은 차별에 합리적인 이유가 있다는 점은 <u>교섭대표노동조합이나 사용자에게 주장·증명책임</u>이 있다(대판 2018.8.30. 2017다218642).

정답 ❹

14 ① (×) 교섭대표노동조합의 대표자는 <u>교섭을 요구한 모든 노동조합 또는 조합원을 위하여</u> 사용자와 교섭하고 단체협약을 체결할 권한을 가진다(노조법 제29조 제2항).
② (×) 교섭대표노동조합이 <u>그 결정된 날부터 1년 동안</u> 단체협약을 체결하지 못한 경우에는 어느 노동조합이든지 사용자에게 교섭을 요구할 수 있다(노조법 시행령 제14조의10 제3항).
③ (×) 사용자는 노동조합으로부터 교섭 요구를 받은 때에는 <u>그 요구를 받은 날부터 7일간</u> 그 교섭을 요구한 노동조합의 명칭 등 고용노동부령으로 정하는 사항을 해당 사업 또는 사업장의 게시판 등에 공고하여 다른 노동조합과 근로자가 알 수 있도록 하여야 한다(노조법 시행령 제14조의3 제1항).
④ (×) 노동조합은 사용자가 교섭요구 사실의 공고를 하지 아니하거나 다르게 공고하는 경우에는 고용노동부령으로 정하는 바에 따라 <u>노동위원회</u>에 시정을 요청할 수 있다(노조법 시행령 제14조의3 제2항).
⑤ (○) 노조법 시행령 제15조

> **노동조합 교섭요구 사실의 공고(노조법 시행령 제14조의3)**
> ① 사용자는 노동조합으로부터 제14조의2에 따라 교섭 요구를 받은 때에는 <u>그 요구를 받은 날부터 7일간</u> 그 교섭을 요구한 노동조합의 명칭 등 고용노동부령으로 정하는 사항을 해당 사업 또는 사업장의 게시판 등에 공고하여 다른 노동조합과 근로자가 알 수 있도록 하여야 한다.
> ② 노동조합은 사용자가 제1항에 따른 교섭요구 사실의 공고를 하지 아니하거나 다르게 공고하는 경우에는 <u>고용노동부령으로 정하는 바에 따라 노동위원회에 시정을 요청할 수 있다.</u>
> ③ 노동위원회는 제2항에 따라 시정 요청을 받은 때에는 그 요청을 받은 날부터 10일 이내에 그에 대한 결정을 하여야 한다.
>
> **교섭대표노동조합의 지위 유지기간 등(노조법 시행령 제14조의10)**
> ① 법 제29조의2 제3항부터 제6항까지의 규정에 따라 결정된 교섭대표노동조합은 그 결정이 있은 후 사용자와 체결한 첫 번째 단체협약의 효력이 발생한 날을 기준으로 2년이 되는 날까지 그 교섭대표노동조합의 <u>지위를 유지하되</u>, 새로운 교섭대표노동조합이 결정된 경우에는 그 결정된 때까지 교섭대표노동조합의 지위를 유지한다.
> ② 제1항에 따른 교섭대표노동조합의 지위 유지기간이 만료되었음에도 불구하고 새로운 교섭대표노동조합이 결정되지 못할 경우 기존 교섭대표노동조합은 새로운 교섭대표노동조합이 결정될 때까지 기존 단체협약의 이행과 관련해서는 교섭대표노동조합의 지위를 유지한다.
> ③ 법 제29조의2에 따라 결정된 교섭대표노동조합이 <u>그 결정된 날부터 1년 동안 단체협약을 체결하지 못한 경우</u>에는 어느 노동조합이든지 사용자에게 교섭을 요구할 수 있다. 이 경우 제14조의2 제2항 및 제14조의3부터 제14조의9까지의 규정을 적용한다.

정답 ❺

15 노동조합 및 노동관계조정법상 단체협약에 관한 규정 중 (　)에 들어갈 내용으로 옳은 것은? 기출 23

> 제31조(단체협약의 작성)
> ② 단체협약의 당사자는 단체협약의 체결일부터 (ㄱ)일 이내에 이를 행정관청에게 신고하여야 한다.
>
> 제32조(단체협약 유효기간의 상한)
> ① 단체협약의 유효기간은 (ㄴ)년을 초과하지 않는 범위에서 노사가 합의하여 정할 수 있다.

① ㄱ : 10, ㄴ : 2
② ㄱ : 10, ㄴ : 3
③ ㄱ : 15, ㄴ : 2
④ ㄱ : 15, ㄴ : 3
⑤ ㄱ : 20, ㄴ : 2

16 노동조합 및 노동관계조정법령상 단체교섭 및 단체협약에 관한 설명으로 옳지 않은 것은?(다툼이 있으면 판례에 따름) 기출 22

① 노동조합은 정당한 이유없이 교섭 또는 단체협약의 체결을 거부하거나 해태하여서는 아니 된다.
② 사용자로부터 교섭의 체결에 관한 권한을 위임받은 자는 그 사용자를 위하여 위임받은 범위 안에서 그 권한을 행사할 수 있다.
③ 교섭대표노동조합의 대표자는 단체협약 체결 여부에 대해 원칙적으로 소수노동조합이나 그 조합원의 의사에 기속된다고 볼 수 없다.
④ 노동조합은 해당 사업에 단체협약이 2개 이상 있는 경우에는 나중에 이르는 단체협약의 유효기간 만료일 이전 3개월이 되는 날부터 사용자에게 교섭을 요구할 수 있다.
⑤ 국가 및 지방자치단체는 다양한 교섭방식을 노동관계 당사자가 자율적으로 선택할 수 있도록 지원하고 이에 따른 단체교섭이 활성화될 수 있도록 노력하여야 한다.

17 노동조합 및 노동관계조정법령상 교섭단위 결정 등에 관한 설명으로 옳은 것은? 기출 22

① 노동조합 또는 사용자는 사용자가 교섭요구 사실을 공고하기 전에는 노동위원회에 교섭단위를 분리하는 결정을 신청할 수 없다.
② 노동조합 또는 사용자는 분리된 교섭단위를 통합하여 교섭하려는 경우에는 노동위원회에 분리된 교섭단위를 통합하는 결정을 신청할 수 없다.
③ 노동위원회는 노동관계 당사자의 어느 한쪽이 신청한 경우에는 교섭단위를 분리하는 결정을 할 수 없다.
④ 노동위원회는 교섭단위를 분리하는 결정을 하고 해당 사업 또는 사업장의 모든 노동조합과 사용자에게 통지해야 한다.
⑤ 교섭단위 분리신청에 대한 노동위원회의 결정이 있기 전에 교섭 요구가 있는 때에는 교섭단위 분리 결정과 관계없이 교섭요구 사실의 공고 등 교섭창구단일화절차는 진행된다.

해설 및 정답

15
- 단체협약의 당사자는 단체협약의 체결일부터 <u>15일</u> 이내에 이를 행정관청에게 신고하여야 한다(노조법 제31조 제2항).
- 단체협약의 유효기간은 <u>3년</u>을 초과하지 않는 범위에서 노사가 합의하여 정할 수 있다(노조법 제32조 제1항).

정답 ④

16
① (○) 노동조합과 사용자 또는 사용자단체는 <u>정당한 이유없이 교섭 또는 단체협약의 체결을 거부하거나 해태하여서는 아니 된다</u>(노조법 제30조 제2항).
② (○) 노동조합과 사용자 또는 사용자단체로부터 교섭 또는 단체협약의 체결에 관한 권한을 위임받은 자는 그 노동조합과 <u>사용자</u> 또는 사용자단체를 위하여 위임받은 범위 안에서 그 권한을 행사할 수 있다(노조법 제29조 제3항).
③ (○) <u>교섭대표노동조합의 대표자는</u> 교섭창구 단일화 절차에 참여한 노동조합 및 조합원 전체를 대표하여 독자적인 단체협약체결권을 가지므로, <u>단체협약 체결 여부에 대해 원칙적으로 소수노동조합이나 그 조합원의 의사에 기속된다고 볼 수 없다</u>(대판 2020.10.29. 2019다262582).
④ (×) 노동조합은 해당 사업 또는 사업장에 단체협약이 있는 경우에는 그 유효기간 만료일 이전 3개월이 되는 날부터 사용자에게 교섭을 요구할 수 있다. 다만, 단체협약이 2개 이상 있는 경우에는 <u>먼저 이르는 단체협약의 유효기간 만료일 이전 3개월이 되는 날부터 사용자에게 교섭을 요구할 수 있다</u>(노조법 시행령 제14조의2 제1항).
⑤ (○) 국가 및 지방자치단체는 기업·산업·지역별 교섭 등 <u>다양한 교섭방식을 노동관계 당사자가 자율적으로 선택할 수 있도록 지원하고 이에 따른 단체교섭이 활성화될 수 있도록 노력하여야</u> 한다(노조법 제30조 제3항).

정답 ④

17
① (×) 노동조합 또는 사용자는 교섭단위를 분리하거나 분리된 교섭단위를 통합하여 교섭하려는 경우, <u>사용자가 교섭요구 사실을 공고하기 전에 노동위원회에 교섭단위를 분리하거나 분리된 교섭단위를 통합하는 결정을 신청할 수 있다</u>(노조법 시행령 제14조의11 제1항 제1호).
② (×) 노동조합 또는 사용자는 교섭단위를 분리하거나 분리된 교섭단위를 통합하여 교섭하려는 경우, 노동위원회에 교섭단위를 분리하거나 <u>분리된 교섭단위를 통합하는 결정을 신청할 수 있다</u>(노조법 시행령 제14조의11 제1항).
③ (×) 하나의 사업 또는 사업장에서 현격한 근로조건의 차이, 고용형태, 교섭 관행 등을 고려하여 교섭단위를 분리하거나 분리된 교섭단위를 통합할 필요가 있다고 인정되는 경우에 <u>노동위원회는 노동관계 당사자의 양쪽 또는 어느 한쪽의 신청을 받아</u> 교섭단위를 분리하거나 분리된 교섭단위를 통합하는 결정을 할 수 있다(노조법 제29조의3 제2항).
④ (○) 노동위원회는 신청을 받은 날부터 30일 이내에 교섭단위를 분리하거나 분리된 교섭단위를 통합하는 결정을 하고 <u>해당 사업 또는 사업장의 모든 노동조합과 사용자에게 통지해야</u> 한다(노조법 시행령 제14조의11 제3항).
⑤ (×) 교섭단위를 분리하거나 분리된 교섭단위를 통합하는 결정의 신청에 대한 노동위원회의 결정이 있기 전에 교섭 요구가 있는 때에는 <u>교섭단위를 분리하거나 분리된 교섭단위를 통합하는 결정이 있을 때까지 교섭요구 사실의 공고 등 교섭창구단일화절차의 진행은 정지된다</u>(노조법 시행령 제14조의11 제5항).

정답 ④

CHAPTER 04 단체행동권

출제포인트
- □ 쟁의행위목적의 정당성
- □ 쟁의행위의 찬반투표 위반
- □ 쟁의권과 공공복리와의 조화(조정·중재)
- □ 필수유지업무와 필수유지업무협정
- □ 쟁의행위로 인한 민·형사책임
- □ 쟁의행위로 인한 사용자의 대체근로 제한
- □ 직장폐쇄의 정당성

제1절 총설

I 단체행동의 의의

1. 개념

단체행동의 개념에 대해서는 업무의 정상적 운영을 저해하는 쟁의행위로 파악하는 협의설과, 업무의 정상적 운영을 저해하는 쟁의행위는 물론, 완장 착용 등과 같이 반드시 업무의 정상적 운영을 저해하지 않는 단체과시도 포함된다는 광의설(다수설·판례), 그리고 쟁의행위 및 단체과시는 물론 조합활동도 포함된다는 최광의설이 있다.

2. 구별

(1) 노동쟁의

1) 2025년 노조법의 개정

노조법은 그 목적에서 '근로조건의 유지·개선과 근로자의 경제적·사회적 지위의 향상을 도모'하도록 되어 있음에도, 노동쟁의의 대상을 '근로조건의 결정'으로만 비좁게 한정하고 있어 근로자의 지위를 포함하여 근로조건에 영향을 미치는 정리해고나 구조조정 등에 대해서는 쟁의행위를 할 수 없고, 사용자의 단체협약 위반 등과 같은 사안에 대해서도 쟁의행위를 할 수 없게 되어, 다른 국가들과 비교할 때 좁은 쟁의행위 범위만을 인정하고 있으므로, 헌법상 노동3권을 실질화하기 위해 2025년 노조법 개정으로 노조법 제2조 제5호를 개정함으로써 노동쟁의 개념 확장규정을 두었다.

2) 개정 노조법의 내용

노동쟁의라 함은 노동조합과 사용자 또는 사용자단체(노동관계 당사자) 간에 임금·근로시간·복지·해고·근로자의 지위 기타 대우등 근로조건의 결정과 근로조건에 영향을 미치는 사업경영상의 결정에 관한 주장의 불일치 및 사용자의 명백한 단체협약 위반으로 인하여 발생한 분쟁상태를 말한다. 이 경우 주장의 불일치라 함은 당사자 간에 합의를 위한 노력을 계속하여도 더 이상 자주적 교섭에 의한 합의의 여지가 없는 경우를 말한다(노조법 제2조 제5호). 노동쟁의는 실제적인 실력 행사를 필요로 하는 쟁의행위와 개념상 구분된다.

기출 13·15 노조법 개정으로 노동조합은 근로조건의 결정뿐만 아니라 정리해고나 구조조정 등 근로조건에 영향을 미치는 사업경영상의 결정의 경우, 나아가 임금·복리후생비, 퇴직금에 관한 사항, 근로 및 휴게시간, 휴일, 휴가에 관한 사항, 징계 및 해고의 사유와 중요한 절차에 관한 사항, 안전보건 및 재해부조에 관한 사항 등에 관한 사용자의 명백한 단체협약 위반이 있는 경우, 쟁의행위를 할 수 있게 되었다. 그러나 노조법 제2조 제5호가 개정되었더라도 종래 노동쟁의의 범위에서 제외되는 것으로 이해되었던 근로계약·단체협약 등의 해석 및 적용에 관한 분쟁인 권리분쟁에 대하여는 여전히 쟁의행위가 가능하지 아니하다는 것을 유의하여야 한다.

(2) 쟁의행위

쟁의행위는 가장 대표적인 단체행동의 행위유형으로, 노조법은 파업·태업·직장폐쇄, 기타 노동관계당사자가 그 주장을 관철할 목적으로 행하는 행위와, 이에 대항하는 행위로서 업무의 정상적인 운영을 저해하는 행위라고 규정하고 있다(노조법 제2조 제6호).

(3) 조합활동

일반적으로 조합의 조직 및 운영에 관한 활동 중, 단체교섭권 및 단체행동권의 행사와 직접적인 관련이 없는 활동을 조합활동이라고 한다.

II 단체행동의 종류

근로자 측의 쟁의행위에는 파업·태업·준법투쟁·생산관리·보이콧·피케팅 및 직장점거 등이 있다. 사용자는 헌법상의 단체행동권을 갖지 못한다. 다만, 쟁의행위는 할 수 있는데 사용자의 쟁의행위에는 직장폐쇄가 있다.

III 쟁의행위에 대한 노조법상의 규율

1. 근로자의 구속 제한 **기출** 20·21·22·24·25

근로자는 쟁의행위기간 중에는 현행범 외에는 이 법 위반을 이유로 구속되지 아니한다(노조법 제39조).

2. 대체근로 등의 제한 및 예외적 허용

(1) 대체근로 등의 제한

사용자는 쟁의행위기간 중 그 쟁의행위로 중단된 업무의 수행을 위하여 당해 사업과 관계없는 자를 채용 또는 대체할 수 없고(노조법 제43조 제1항), 그 쟁의행위로 중단된 업무를 도급 또는 하도급줄 수도 없다(노조법 제43조 제2항).

(2) 예외적 허용

필수공익사업의 사용자는 쟁의행위기간 중에 한하여 당해 사업과 관계없는 자를 당해 사업 또는 사업장 파업 참가자의 100분의 50을 초과하지 않는 범위 안에서 채용 또는 대체하거나 도급 또는 하도급줄 수 있다(노조법 제43조 제3항·제4항).

3. 근로자파견의 금지

파견사업주는 쟁의행위 중인 사업장에 그 쟁의행위로 중단된 업무의 수행을 위하여 근로자를 파견하여서는 아니 된다(파견법 제16조 제1항).

제2절 쟁의행위의 정당성

I 정당성 판단기준

노동조합의 쟁의행위가 정당하기 위해서는 그 주체가 단체교섭의 주체로 될 수 있는 자이어야 하고, 노동조합과 사용자의 교섭과정에서 노사대등의 입장에서 근로조건의 향상 등 근로자의 경제적 지위를 향상시키려는 목적에서 나온 것이어야 하며, 사용자가 근로자의 근로조건 개선에 관한 구체적인 요구에 대하여 단체교섭을 거부하거나 단체교섭에서 그와 같은 요구에 반대의 의사표시를 하거나 묵살하고 반대하고 있는 것을 분명하게 하고 있을 경우에 개시할 수 있으며 특별한 사정이 없는 한 법령이 규정한 절차를 밟아야 하고, 그 수단과 방법이 사용자의 재산권과 조화를 이루어야 할 뿐 아니라, 다른 기본적 인권을 침해하지 아니하는 등 그 밖의 헌법상의 요청과 조화되어야 한다. 다만 이 경우에도 당해 쟁의행위 자체의 정당성과 이를 구성하거나 부수되는 개개의 행위의 정당성은 구별되어야 하므로 일부 소수의 근로자가 폭력행위 등의 위법행위를 하였다고 하더라도 전체로서의 쟁의행위가 위법하게 되는 것은 아니다(대판 2003.12.26. 2003두8906). **기출 20** 쟁의행위가 정당하기 위해 요구되는 이러한 기준은 쟁의행위의 목적을 알리는 등 적법한 쟁의행위에 통상 수반되는 부수적 행위가 형법상 정당행위에 해당하는지 여부를 판단할 때에도 동일하게 적용된다(대판 2022.10.27. 2019도10516).

II 쟁의행위주체의 정당성

1. 노동조합

(1) 노조법상의 노동조합

노동조합의 실질적 요건과 형식적 요건을 모두 구비한 노조법상의 노동조합은 당연히 쟁의행위의 주체가 된다. 쟁의행위는 기본적으로 단체교섭이 결렬된 경우 그 주장을 관철할 목적으로 수행되는 것이므로, 원칙적으로 쟁의행위의 주체는 해당 단체교섭의 주체와 일치한다고 볼 수 있다.

(2) 비노조쟁의행위

이는 노조법상의 노동조합이 아닌 근로자단결체, 즉 노동조합의 실질적 요건을 갖추지 못한 쟁의단, 실질적 요건은 갖추었으나 형식적 요건을 갖추지 못한 법외노조 등이 행하는 쟁의행위를 말하며 이에 대하여는 긍정하는 것이 다수설이다.

(3) 독립적 분회·지부

노동조합의 하부단체인 분회나 지부가 독자적인 규약 및 집행기관을 가지고 독립된 조직체로서 활동을 하는 경우 당해 조직이나 그 조합원에 고유한 사항에 대하여는 독자적으로 단체교섭하고 단체협약을 체결할 수 있고, 이는 그 분회나 지부가 노조법 시행령 제7조의 규정에 따라 그 설립신고를 하였는지 여부에 영향받지 아니한다(대판 2001.2.23. 2000도4299). 이러한 판례의 태도에 따를 경우, 분회·지부는 쟁의행위의 주체가 될 수 있다. 기출 21

(4) 비공인쟁의행위(Wildcat Strike)

노동조합의 내부에서 일부 조합원 또는 분회·지부가 노동조합의 의사와 무관하게 또는 이에 반하여 행하는 쟁의행위를 말한다. 조합원이 노동조합에 의하여 주도되지 아니한 쟁의행위를 한 경우에는 3년 이하의 징역 또는 3천만원 이하의 벌금에 처한다(노조법 제37조 제2항, 제89조 제1호). 그럼에도 불구하고 소수 조합원 또는 비독립적 분회·지부가 정당한 쟁의행위의 주체가 될 수 있는지 여부에 대하여 긍정설과 부정설이 대립한다. 판례는 전국기관차협의회는 노조법상의 노동조합이라고 볼 수 없고, 따라서 단체교섭권도 없어 쟁의행위의 정당한 주체로 될 수 없다고(대판 1997.2.11. 96누2125) 판시하고 있다. 기출 16·18·21·24

2. 쟁의행위주체의 제한

(1) 공무원·교원

공무원노조법은 공무원의 쟁의행위를 금지하고 있고(공노법 제11조), 교원노조법은 교원의 쟁의행위를 금지하고 있다(교조법 제8조). 따라서 공무원·교원의 쟁의행위는 정당성을 인정받기 어려울 것이다.

(2) 주요방위산업체 근로자

1) 단체행동권의 원칙적 제한

헌법은 법률이 정하는 주요방위산업체에 종사하는 근로자의 단체행동권은 법률이 정하는 바에 의하여 이를 제한하거나 인정하지 아니할 수 있다고 규정하고 있고(헌법 제33조 제3항), 노조법은 방위사업법에 의하여 지정된 주요방위산업체에 종사하는 근로자 중 전력, 용수 및 주로 방산물자를 생산하는 업무에 종사하는 자는 쟁의행위를 할 수 없다고 규정하고 있다(노조법 제41조 제2항). 기출 21·24 주로 방산물자를 생산하는 업무에 종사하는 자"라 함은 방산물자의 완성에 필요한 제조·가공·조립·정비·재생·개량·성능검사·열처리·도장·가스취급 등의 업무에 종사하는 자를 말한다(노조법 시행령 제20조). 기출 23·25

2) 방산물자의 생산 포기

방위산업체로서 지정을 받은 업체라고 하더라도 방산물자 생산을 포기하고 그 생산조직과 활동을 폐지하여 방산물자생산업체로서의 실체가 없어진 경우에는 형식상 방위산업체지정처분이 미처 취소되지 않은 채 남아있다고 하더라도 구 노동쟁의조정법 제12조 제2항의 쟁의행위 제한규정을 적용할 방위산업체에 해당하지 않는다고 보아야 한다(대판 1991.1.15. 90도2278).

3) 사내하도급에 의한 방산물자 생산

노조법 제41조 제2항에 의하여 쟁의행위가 금지됨으로써 기본권이 중대하게 제한되는 근로자의 범위는 엄격하게 제한적으로 해석하여야 한다. 따라서 주요방위산업체로 지정된 회사가 사업의 일부를 사내하도급방식으로 다른 업체에 맡겨 방산물자를 생산하는 경우에 하수급업체에 소속된 근로자는 노조법 제41조 제2항이 쟁의행위를 금지하는 '주요방위산업체에 종사하는 근로자'에 해당한다고 볼 수 없다(대판 2017.7.18. 2016도3185).

4) 집단적 연장·휴일근로 거부

[1] 쟁의행위에 대한 법령상의 엄정한 규율 체계와 헌법 제33조 제1항이 노동3권을 기본권으로 보장한 취지 등을 고려하면, 연장근로의 집단적 거부와 같이 사용자의 업무를 저해함과 동시에 근로자들의 권리행사로서의 성격을 아울러 가지는 행위가 노조법상 쟁의행위에 해당하는지는 해당 사업장의 단체협약이나 취업규칙의 내용, 연장근로를 할 것인지에 대한 근로자들의 동의 방식 등 근로관계를 둘러싼 여러 관행과 사정을 종합적으로 고려하여 엄격하게 제한적으로 판단하여야 한다. 이는 휴일근로 거부의 경우도 마찬가지이다.
[2] 갑 노동조합의 간부인 피고인들이 주요방위산업체로 지정된 을 주식회사와 임금단체협상을 진행하면서 을 회사의 방산물자 생산부서 근로자인 조합원들을 포함하여 연장근로, 휴일근로를 집단적으로 거부하도록 결정함으로써 위 조합원들과 공모하여 방산물자를 생산하는 업무에 종사하는 자의 쟁의행위 금지 규정을 위반하였다고 하여 노조법 위반으로 기소된 사안에서, 제반 사정을 종합하면 단체협상 기간에 갑 노동조합의 지침에 따라 연장근로·휴일근로가 이루어지지 않았더라도 방산물자 생산부서 조합원들이 쟁의행위를 하였다고 볼 수 없고, 이를 전제로 피고인들에게 공동정범의 책임을 물을 수 없다고 한 사례(대판 2022.6.9. 2016도11744).

Ⅲ 쟁의행위목적의 정당성

노조법 제2조 제6호는 이를 주장을 관철할 목적이라고 규정하고 있고, 노조법 제37조 제1항은 쟁의행위는 목적에 있어서 법령 기타 사회질서에 위반되어서는 아니 된다고 규정하고 있다. 근로자의 쟁의행위가 정당한 것으로 인정받기 위해서는 그 목적이 근로조건의 향상을 위한 노사 간의 자치적 교섭을 조성하는 데에 있어야 하며, 쟁의행위에서 추구하는 목적이 여러 가지이고 그중 일부가 정당하지 못한 경우에는 주된 목적 내지 진정한 목적의 당부에 의하여 그 쟁의목적의 당부를 판단하여야 하고, 부당한 요구사항을 제외하였다면 쟁의행위를 하지 않았을 것이라고 인정되는 경우에는 그 쟁의행위 전체가 정당성을 갖지 못한다고 보아야 한다(대판 2009.6.23. 2007두12859). 기출 13·16·18·21·22

1. 쟁의행위의 목적과 단체교섭의 대상

반대견해도 있으나, 판례는 쟁의행위의 목적은 임금, 근로시간, 후생, 해고, 기타 대우 등 근로조건에 관한 당사자의 주장을 관철할 목적으로 행하는 행위로서 쟁의행위의 목적은 근로조건의 유지·개선인 단체교섭의 대상과 일치한다고 판시하고 있다. 따라서 기본적으로 단체교섭의 대상인 근로조건의 향상을 위한 사항이 쟁의행위의 목적이 된다.

2. 구체적 검토

(1) 경영사항

1) 구조조정 반대쟁의행위의 정당성

사용자의 경영권 등 사용자가 법률상 또는 사실상 처분할 수 있는 사항이 쟁의행위의 목적에 포함되는지 여부에 대하여 견해가 대립하고 있다. 판례는 정리해고나 사업조직의 통·폐합 등 기업의 구조조정 실시 여부는 경영주체의 고도의 경영상 결단에 속하는 것으로서 이는 단체교섭의 대상이 될 수 없고, 그것이 긴박한 경영상의 필요한 합리적인 이유 없이 불순한 의도로 추진되는 등의 특별한 사정이 없는 한, 노동조합이 실질적으로 그 실시를 반대하기 위하여 쟁의행위에 나아간다면, 비록 그 실시로 인하여 근로자들의 지위나 근로조건의 변경이 필연적으로 수반된다 하더라도, 그 쟁의행위는 목적의 정당성을 인정할 수 없다고(대판 2002.2.26. 99도5380) 판시하고 있다. 기출 18

2) 고용안정협약이 존재하는 경우

사용자가 경영권의 본질에 속하여 단체교섭의 대상이 될 수 없는 사항에 관하여 노동조합과 '합의'하여 결정 혹은 시행하기로 하는 단체협약의 일부 조항이 있는 경우, 단체협약조항은 공사가 정리해고 등 경영상 결단을 하기 위하여는 반드시 노조의 사전동의를 요건으로 한다는 취지가 아니라 사전에 노조에게 해고의 기준 등에 관하여 필요한 의견을 제시할 기회를 주고 공사는 노조의 의견을 성실히 참고하게 함으로써 구조조정의 합리성과 공정성을 담보하고자 하는 '협의'의 취지로 해석함이 상당하다 할 것이라 하여 구조조정에 반대하는 쟁의행위의 정당성을 부정하고 있다(대판 2002.2.26. 99도5380).

(2) 인사사항

전직·해고·징계 등의 인사사항은 그 자체로서 단체교섭사항에 속하므로, 근로조건과 밀접한 관련이 있는지를 불문하고 당연히 쟁의행위의 목적에 포함된다고 보아야 한다.

(3) 단체교섭의 실시 여부

단체교섭 대상에 일단 해당하기만 하면, 실제 이에 대하여 단체교섭을 실시하지 아니하였더라도 모두 쟁의행위의 목적에 해당하는지 여부가 문제된다. 쟁의행위는 단체교섭의 실시 결과 당사자 간의 주장이 불일치하는 단체교섭 대상에 국한되는 것이 원칙이고, 다만 근로자가 단체협약 체결을 위한 노력을 기울였음에도 불구하고 사용자가 정당한 이유 없이 단체교섭을 거부하거나 단체협약을 체결하지 아니한 경우, 노동쟁의가 발생된 것으로 간주하여 쟁의행위를 행할 수 있다.

(4) 부당노동행위

사용자의 부당노동행위에 대하여 쟁의행위를 행할 수 있는지가 문제되는데, 사용자의 부당노동행위는 근로자의 헌법상 노동3권을 침해하는 행위이므로, 이에 대항하여 근로자의 노동3권을 보호하기 위한 쟁의행위는 무방하다 할 것이다. 예컨대 사용자가 단체교섭을 정당한 이유 없이 거부하거나 해태하는 경우, 사용자에게 단체교섭의 개시를 요구하는 쟁의행위는 당연히 인정되어야 한다. 판례도 사용자 측이 정당한 이유 없이 근로자의 단체협약 체결 요구를 거부하거나 해태한 경우에 부당노동행위구제신청을 하지 아니하고 노동쟁의의 방법을 택하였다고 하여 노조법을 위반한 것이라고 할 수 없다고(대판 1991.5.14. 90누4006) 판시하고 있다.

기출 16·18

(5) 평화의무

평화의무는 협약에 본질적으로 내재하는 의무이므로, 평화의무에 위반하는 쟁의행위는 민·형사책임이 면책되지 아니한다. 한편, 평화의무의 법적 근거를 당사자의 합의 내지 계약에서 구하는 견해는, 평화의무 위반의 쟁의행위는 당연히 허용되며, 단지 그 의무 위반에 대하여 채무 불이행의 책임을 질 뿐이라고 한다. 판례는 단체협약에서 이미 정한 근로조건이나 기타 사항의 변경·개폐를 요구하는 쟁의행위를 단체협약의 유효기간 중에 하여서는 아니 된다는 이른바 평화의무를 위반하여 이루어진 쟁의행위는 노사관계를 평화적·자주적으로 규율하기 위한 단체협약의 본질적 기능을 해치는 것일 뿐 아니라 노사관계에서 요구되는 신의성실의 원칙에도 반하는 것이므로 정당성이 없다고(대판 1994.9.30. 94다4042) 판시하고 있다.

(6) 집단적 노사관계에 관한 사항

판례는 단체교섭의 대상이 되는 단체교섭사항에 해당하는지 여부는 헌법 제33조 제1항과 노조법 제29조에서 근로자에게 단체교섭권을 보장한 취지에 비추어 판단하여야 하므로 일반적으로 구성원인 근로자의 노동조건 기타 근로자의 대우 또는 당해 단체적 노사관계의 운영에 관한 사항으로 사용자가 처분할 수 있는 사항은 단체교섭의 대상인 단체교섭사항에 해당한다고(대판 2003.12.26. 2003두8906) 판시하여, 집단적 노사관계에 관한 사항이 단체교섭과 쟁의행위의 대상이 됨을 분명히 하였다. 기출 21

(7) 권리분쟁에 관한 사항

쟁의행위는 단체교섭, 즉 단체협약 체결을 유리하게 전개하기 위한 수단이므로, 법령·단체협약의 이행 및 해석은 법원 또는 노동위원회를 통하여 해결하는 것이 원칙이며, 이를 쟁의행위에 호소하여 실현하는 것은 허용되지 아니한다. 최근 판례도 같은 취지에서 노동조합의 요구사항은 단순히 기존의 단체협약의 해석, 적용에 관한 사항을 주장하는 것이 아니라 단체협약의 이행을 실효적으로 확보할 수 있는 방안을 강구하기 위한 것이므로 이를 목적으로 한 쟁의행위는 근로조건의 결정에 관한 사항을 목적으로 한 쟁의행위에 해당한다고(대판 2022.12.16. 2015도8190) 판시하고 있다.

(8) 정치파업

쟁의행위가 주로 구속근로자에 대한 항소심 구형량이 1심보다 무거워진 것에 대한 항의와 석방 촉구를 목적으로 이루어진 것이라면 노조법의 적용 대상인 쟁의행위에 해당하지 않는다(대판 1991.1.23. 90도2852).

(9) 동정파업

동정파업은 노동조합이 자신의 사용자에게 직접적이고 구체적인 요구를 하지 않고 사용자에게 처분권한이 없는 사항을 목적으로 하고 있으며 사용자는 직접상대방이 아닌 제3자로서 손해를 입는다는 점에서 쟁의행위에 해당하지 않는다고 하는 것이 타당하다.

Ⅳ 쟁의행위시기·절차의 정당성

쟁의행위는 사용자가 근로자의 근로조건 개선에 관한 구체적인 요구에 대하여 단체교섭을 거부하거나, 단체교섭에서 그와 같은 요구에 반대의 의사표시를 하거나 묵살하고, 반대하고 있는 것을 분명하게 하고 있을 경우에 개시할 수 있으며, 특별한 사정이 없는 한 법령이 규정한 절차를 밟아야 한다.

1. 최후수단의 원칙

(1) 의 의

쟁의행위는 노사 사이에 평화적 단체교섭이 결렬되어 더 이상 교섭을 진행시키는 것이 무의미하게 된 경우에 최후수단으로 사용되어야 한다. 따라서 사용자와의 단체교섭을 개시하기 전에 또는 세력과시를 위하여 먼저 쟁의행위를 하는 것은 정당하지 아니하다.

(2) 다른 구제절차의 존재

사용자 측이 정당한 이유 없이 근로자의 단체협약 체결 요구를 거부하거나 해태한 경우에 노조법 제82조에 의한 구제신청을 하지 아니하고 노동쟁의의 방법을 택하였다고 하여 노조법을 위반한 것이라고 할 수 없다(대판 1991.5.14. 90누4006).

2. 조정전치주의

(1) 의 의
노동관계당사자는 노동쟁의가 발생한 때에는 어느 일방이 이를 상대방에게 서면으로 통보하여야 하고, 쟁의행위는 조정절차를 거치지 아니하면 이를 행할 수 없다(노조법 제45조 제1항·제2항).

(2) 취 지
노조법 제45조의 조정전치에 관한 규정의 취지는, 분쟁을 사전에 조정하여 쟁의행위 발생을 회피하는 기회를 주려는 데 있는 것이지 쟁의행위 자체를 금지하려는 데 있는 것이 아니므로, 쟁의행위가 조정전치의 규정에 따른 절차를 거치지 아니하였다고 하여 무조건 정당성이 결여된 쟁의행위라고 볼 것이 아니고, 그 위반행위로 말미암아 사회·경제적 안정이나 사용자의 사업 운영에 예기치 않은 혼란이나 손해를 끼치는 등 부당한 결과를 초래할 우려가 있는지의 여부 등 구체적 사정을 살펴서, 그 정당성 유무를 가려 형사상 죄책 유무를 판단하여야 할 것이라 판시하고 있다(대판 2000.10.13. 99도4812). 기출 22

(3) 조정신청은 했으나 조정결정이 없는 경우
판례는 사용자의 교섭 거부에 따른 교섭 미진 사례에서 노동위원회가 이를 노동쟁의가 아니라는 이유로 조정결정을 하지 않는 경우에, 조정전치를 거치지 않은 것으로 본다면 오히려 조정전치로 인하여 노동조합의 쟁의권이 침해된다는 점, 헌법상 단체행동권을 보장하는 규정취지와 노조법 제45조와 제54조의 해석상 조정종결원인과 관계없이 조정이 종료되었다면 조정절차를 거친 것으로 보는 것이 타당한 점 등에 비추어, 행정지도 이후에 이루어진 쟁의행위는 노조법 제45조의 규정에 따라 조정절차를 거친 이후에 이루어진 쟁의행위로 보는 것이 옳다는(대판 2001.6.26. 2000도2871) 입장이다.

(4) 지부·분회의 조정전치주의
노동조합설립신고가 되어 있지 않지만, 독자적인 규약 및 집행기관을 가지고 독립된 조직체로서 활동을 하는 지부·분회는, 노조법 제7조 제1항의 규제를 받아 조정신청이 불가능하다. 판례의 입장에 따르면 이러한 지부·분회는 노동위원회에 노동쟁의조정신청을 할 수 없으므로, 조정절차를 거치지 아니한 채 쟁의행위를 하였다고 하더라도 노조법 제45조 제2항 위반이 아니다(대판 2007.5.11. 2005도8005).

(5) 조정기간의 경과
노조법 제45조 제2항은 "쟁의행위는 제5장 제2절 내지 제4절의 규정에 의한 조정절차를 거치지 아니하면 이를 행할 수 없다. 다만, 제54조의 규정에 의한 기간 내에 조정이 종료되지 아니하거나 제63조의 규정에 의한 기간 내에 중재재정이 이루어지지 아니하는 경우에는 그러하지 아니하다"고 규정하고 있고, 법 제54조 제1항은 "조정은 제53조의 규정에 의한 조정의 신청이 있는 날부터 일반사업에 있어서는 10일, 공익사업에 있어서는 15일 이내에 종료하여야 한다"고 규정하고 있으며, 법 제91조는 법 제45조 제2항 본문의 규정을 위반한 자에 대한 벌칙을 규정하고 있는바, 노동쟁의는 특별한 사정이 없는 한 그 절차에 있어 조정절차를 거쳐야 하지만, 노동조합이 노동위원회에 노동쟁의조정신청을 하여 조정절차가 마쳐지거나 조정이 종료되지 아니한 채 조정기간이 끝나면 노동위원회의 조정결정이 없더라도 조정절차를 거친 것으로 보아야 한다(대판 2008.9.11. 2004도746).

(6) 쟁의사항의 부가
근로조건에 관한 노동관계당사자 간 주장의 불일치로 인하여 근로자들이 조정전치절차 및 찬반투표절차를 거쳐 정당한 쟁의행위를 개시한 후 쟁의사항과 밀접하게 관련된 새로운 쟁의사항이 부가된 경우에는, 근로자들이 새로이 부가된 사항에 대하여 쟁의행위를 위한 별도의 조정절차 및 찬반투표절차를 거쳐야 할 의무가 있다고 할 수 없다(대판 2012.1.27. 2009도8917). 기출 17

3. 쟁의행위에 대한 찬반투표 기출 17・18・19・22・25

노동조합의 쟁의행위는 그 조합원의 직접・비밀・무기명투표에 의한 조합원 과반수의 찬성으로 결정하지 아니하면 이를 행할 수 없다. 이 경우 조합원 수 산정은 종사근로자인 조합원을 기준으로 한다(노조법 제41조 제1항).

(1) 찬반투표를 거치지 아니한 쟁의행위의 정당성

1) 문제점

노조법 제41조 제1항의 규정에도 불구하고, 쟁의행위 찬반투표를 거치지 않은 쟁의행위의 정당성 인정 여부가 문제된다.

2) 판 례

① **종전 판례** : 종전 판례는 조합원의 민주적 의사결정이 실질적으로 확보된 경우에는, 위와 같은 투표절차를 거치지 않았다는 사정만으로 쟁의행위의 절차가 위법하여 정당성을 상실한다고 할 수는 없다는 입장이었다(대판 2000.3.10. 99도4838).

② **전합 판례** : 전합 판례는 노조법 제41조 제1항의 규정은 노동조합의 자주적이고 민주적인 운영을 도모함과 아울러, 쟁의행위에 참가한 근로자들이 사후에 그 쟁의행위의 정당성 유무와 관련하여 어떠한 불이익을 당하지 않도록, 그 개시에 관한 조합의사의 결정에 보다 신중을 기하기 위하여 마련된 규정이므로, 노조법 제41조 제1항에 의한 투표절차를 거치지 아니한 경우에도 조합원의 민주적 의사결정이 실질적으로 확보된 때에는, 단지 노동조합 내부의 의사형성과정에 결함이 있는 정도에 불과하다고 하여 쟁의행위의 정당성이 상실되지 않는 것으로 해석한다면, 위임에 의한 대리투표나 공개결의 및 사후결의, 사실상의 찬성간주 등의 방법이 용인된다고 하여 기존의 입장을 변경하였다(대판 2001.10.25. 99도4837[전합]).

기출 12・17・23

3) 검 토

노조법 제41조 제1항은 쟁의행위 개시에 관한 조합의사의 결정에 신중을 기하기 위한 규정이므로, 찬반투표를 거치지 아니한 쟁의행위는 그 정당성을 상실한다고 하는 것이 타당하다.

(2) 찬반투표에 참여할 조합원의 범위

1) 지부・분회 기출 17・21

쟁의행위 찬반투표에 참여할 조합원은 쟁의행위가 예정되어 있는 단위의 조합원이다. 초기업적 노동조합의 경우에는 총파업이 아닌 이상 쟁의행위를 예정하고 있는 당해 지부나 분회 소속 조합원의 과반수의 찬성이 있으면 쟁의행위는 절차적으로 적법하다고 보아야 할 것이고, 쟁의행위와 무관한 지부나 분회의 조합원을 포함한 전체 조합원의 과반수 이상의 찬성을 요하는 것은 아니다(대판 2004.9.24. 2004도4641). 같은 취지에서 판례는 원심은 채택증거에 의하여 그 판시와 같은 사실을 인정한 다음, 보건의료노조 차원의 파업 찬반투표가 있었다고 하여 위 투표가 각 지부별 단체교섭 거부에 대응한 파업 찬반투표로서의 성격까지 겸한다고 할 수는 없고, 보건의료노조 차원의 단체협약이 체결되어 쟁의행위가 종료된 이상 지부 차원의 구체적인 요구사항들에 대하여 사용자와 협상을 거친 후 그 협상이 거부당하거나 결렬되었을 때 지부 차원의 파업 찬반투표를 별도로 거쳐야 한다고 판단하였는바, 기록에 비추어 살펴보면 원심의 위와 같은 사실 인정과 판단은 정당한 것으로 수긍이 가고, 거기에 노조법 제41조 제1항에 대한 법리를 오해하거나 채증법칙 위배 또는 심리 미진으로 인한 사실 오인의 위법이 있다고 할 수 없으므로 피고인들의 이 부분 상고이유 역시 받아들일 수 없다고(대판 2007.5.11. 2005도8005) 판시하고 있다.

2) 교섭창구단일화절차

노동조합의 쟁의행위는 교섭대표노동조합이 결정된 경우에는 그 절차에 참여한 노동조합의 전체 조합원의 직접·비밀·무기명투표에 의한 조합원 과반수의 찬성으로 결정하지 아니하면 이를 행할 수 없다(노조법 제41조 제1항). 기출 21

(3) 찬반투표의 시기

찬반투표는 쟁의행위 이전에 행하여야 한다. 조정절차를 거치기 전에 찬반투표를 할 수 있는지가 문제되나, 최근 하급심 판결은 조정절차가 종료되기 전이라 하더라도 조정이 이루어지지 아니할 경우를 대비하여 미리 찬반투표를 하는 것은 허용된다고(서울고판 2019.1.11. 2017누74728) 판시하고 있다. 더 나아가 대법원 판례는 쟁의행위에 대한 조합원 찬반투표가 노조법 제45조가 정한 노동위원회의 조정절차를 거치지 않고 실시되었다는 사정만으로는 그 쟁의행위의 정당성이 상실된다고 보기 어렵다고(대판 2020.10.15. 2019두40345) 한다. 기출 25 찬반투표는 조합원의 직접·비밀·무기명투표에 의하여야 하고, 반드시 총회를 개최하여 실시할 필요는 없으며, 사업장별·부서별로 분산실시하여도 무방하다. 노동조합이 쟁의행위를 하기 위해서는 조합원 과반수의 찬성을 얻어야 한다. 이때 과반수라 함은 투표에 참가한 조합원의 과반수가 아닌, 재적조합원의 과반수를 의미한다.

(4) 찬반투표 위반의 효과

찬반투표를 거치지 아니하고 쟁의행위를 하는 경우 1년 이하의 징역 또는 1천만원 이하의 벌금에 처한다(노조법 제91조). 기출 24

4. 그 밖의 경우

(1) 노동쟁의의 통보의무

노동관계당사자는 노동쟁의가 발생한 때에는 어느 일방이 이를 상대방에게 서면으로 통보하여야 한다(노조법 제45조 제1항). 기출 24 동조 위반에 대하여는 벌칙 규정이 없으며, 단지 훈시적 성격을 갖고 있는 것으로 해석된다.

(2) 쟁의행위의 사전신고

노동조합은 쟁의행위를 하고자 할 경우에는 고용노동부령이 정하는 바에 따라 행정관청과 관할 노동위원회에 쟁의행위의 일시·장소·참가인원 및 그 방법을 미리 서면으로 신고하여야 한다(노조법 시행령 제17조). 기출 25 판례는 노조법 시행령 제17조에서 규정하고 있는 쟁의행위의 일시·장소·참가인원 및 그 방법에 관한 서면신고의무는 쟁의행위를 함에 있어 그 세부적·형식적 절차를 규정한 것으로서, 쟁의행위에 적법성을 부여하기 위하여 필요한 본질적인 요소라고 할 것은 아니므로, 노동쟁의 조정신청이나 조합원들에 대한 쟁의행위 찬반투표 등의 절차를 거친 후 이루어진 쟁의행위에 대하여 신고절차의 미준수만을 이유로 그 정당성을 부정할 수는 없다고(대판 2007.12.28. 2007도5204) 판시하고 있다. 기출 13·22

V 쟁의행위수단·방법의 정당성

1. 과잉 금지의 원칙 위배 금지

쟁의행위의 수단은 과잉 금지의 원칙에 위배되어서는 아니 된다. 과잉 금지의 원칙이란 쟁의행위라는 수단은 헌법상 보장된 단체교섭의 목적 달성에 적합하고 필요한 것이어야 하며, 그 정도를 초과하지 아니하도록 비례적이어야 함을 의미한다. 따라서 쟁의행위가 전적으로 사용자 또는 사용자의 거래상대방 등 제3자의 재산·명예 등에 손해를 끼치려는 것을 목적(가해목적)으로 하는 쟁의행위는 정당성이 부정된다.

2. 폭력·파괴행위 및 직장점거의 금지

노조법 제37조 제3항은 노동조합은 사용자의 점유를 배제하여 조업을 방해하는 형태로 쟁의행위를 해서는 아니 된다고 규정하고 있다. 쟁의행위는 사용자에게 파업으로 인한 경제적 손실을 주는 것에 그쳐야 하므로 사용자의 조업을 방해하는 행위로 그 이상의 손실을 주는 행위를 해서는 안 된다는 취지이다. 쟁의행위는 폭력이나 파괴행위 또는 생산, 기타 주요업무에 관련되는 시설과 이에 준하는 시설로서 대통령령이 정하는 시설을 점거하는 형태로 이를 행할 수 없다(노조법 제42조 제1항). 기출 24 사용자는 쟁의행위가 이에 위반되는 경우에는 즉시 그 상황을 행정관청과 관할 노동위원회에 서면·구두 또는 전화 기타의 적당한 방법으로 신고하여야 한다(노조법 시행령 제18조). 기출 23·25 다만, 이 경우에도 당해 쟁의행위 자체의 정당성과 이를 구성하거나 부수되는 개개의 행위의 정당성은 구별되어야 하므로 일부 소수의 근로자가 폭력행위 등의 위법행위를 하였다고 하더라도 전체로서의 쟁의행위가 위법하게 되는 것은 아니다(대판 2003.12.26, 2003두8906). 기출 18·21·22 판례는 쟁의행위에 따른 부수적 행위와 관련하여 피고인이 노동조합 간부들과 함께 무단으로 경영노무처 방송실 안으로 들어가 문을 잠근 다음 방송을 하고, 일부 노동조합 간부들은 방송실 출입문 밖에서 방송실 관리직원 등이 방송을 제지하려한다는 이유로 약 4~5분 동안 방송실에 들어가지 못하도록 막은 경우, 피고인의 이러한 행위는 외견상 그 각 구성요건에 해당한다고 볼 여지가 있으나, 그 주체와 목적의 정당성이 인정되고 절차적 요건을 갖추어 적법하게 개시된 쟁의행위의 목적을 공지하고 이를 준비하기 위한 부수적 행위이자, 그와 관련한 절차적 요건의 준수 없이 관행적으로 실시되던 방식에 편승하여 이루어진 행위로서, 전체적으로 수단과 방법의 적정성을 벗어난 것으로 보이지 않으므로, 형법상 정당행위에 해당하여 위법성이 조각된다고 봄이 타당하다고(대판 2022.10.27, 2019도10516) 판시하고 있다.

> **점거가 금지되는 시설(노조법 시행령 제21조)**
> 법 제42조 제1항에서 "대통령령이 정하는 시설"이란 다음 각 호의 시설을 말한다.
> 1. 전기·전산 또는 통신시설
> 2. 철도(도시철도를 포함)의 차량 또는 선로
> 3. 건조·수리 또는 정박 중인 선박. 다만, 선원법에 의한 선원이 당해 선박에 승선하는 경우를 제외한다.
> 4. 항공기·항행안전시설 또는 항공기의 이·착륙이나 여객·화물의 운송을 위한 시설
> 5. 화약·폭약 등 폭발위험이 있는 물질 또는 「화학물질관리법」 제2조 제2호·제2호의2·제2호의3에 따른 인체급성유해성물질·인체만성유해성물질·생태유해성물질을 보관·저장하는 장소
> 6. 기타 점거될 경우 생산 기타 주요업무의 정지 또는 폐지를 가져오거나 공익상 중대한 위해를 초래할 우려가 있는 시설로서 고용노동부장관이 관계 중앙행정기관의 장과 협의하여 정하는 시설

3. 타 법익과의 조화 · 균형

(1) 쟁의행위와 재산권 기출 19 · 20 · 21 · 23 · 24

쟁의행위는 사용자의 기업시설에 대한 소유권, 기타 재산권과 조화를 이루어야 한다. 따라서 파괴행위는 사용자의 재산권과의 조화 · 균형을 벗어나는 것으로서 정당성이 부정된다(노조법 제42조 제1항). 작업시설의 손상이나 원료 · 제품의 변질 또는 부패를 방지하기 위한 작업은 쟁의행위기간 중에도 정상적으로 수행되어야 한다(노조법 제38조 제2항). 이를 위반한 경우에는 1년 이하의 징역 또는 1천만원 이하의 벌금에 처한다(노조법 제91조). 노동조합은 쟁의행위가 적법하게 수행될 수 있도록 지도 · 관리 · 통제할 책임이 있다(노조법 제38조 제3항).

(2) 쟁의행위와 공공복리

1) 중재시 쟁의행위의 금지
노동쟁의가 중재에 회부된 때에는 그날부터 15일간은 쟁의행위를 할 수 없다(노조법 제63조). 기출 13 · 18 · 19 · 22

2) 긴급조정제도(노조법 제76조)
① 고용노동부장관은 쟁의행위가 공익사업에 관한 것이거나 그 규모가 크거나 그 성질이 특별한 것으로서 현저히 국민경제를 해하거나 국민의 일상생활을 위태롭게 할 위험이 현존하는 때에는 긴급조정의 결정을 할 수 있다. 기출 14 · 16
② 고용노동부장관은 긴급조정의 결정을 하고자 할 때에는 미리 중앙노동위원회 위원장의 의견을 들어야 한다. 기출 14 · 16
③ 고용노동부장관은 긴급조정을 결정한 때에는 지체 없이 그 이유를 붙여 이를 공표함과 동시에 중앙노동위원회와 관계당사자에게 각각 통고하여야 한다. 기출 14 · 15
④ 관계당사자는 긴급조정의 결정이 공표된 때에는 즉시 쟁의행위를 중지하여야 하며, 공표일부터 30일이 경과하지 아니하면 쟁의행위를 재개할 수 없다(노조법 제77조). 기출 14 · 15

4. 쟁의행위의 유형과 정당성

(1) 파 업

1) 의 의
파업이란 다수의 근로자가 하나의 단결체를 형성하여 근로조건의 유지 · 개선을 목적으로 조직적 · 일시적으로 사용자에게 근로 제공을 거부하는 행위를 말한다.

2) 파업의 정당성
파업은 근로 제공 거부의 효율성을 강화하기 위하여 피케팅과 직장점거가 동반되기도 하는데, 그러한 이유로 파업 자체가 정당성을 상실하지는 아니한다. 또한 총파업, 지명파업 및 부분파업도 조합의 통일적 의사결정에 따라 이루어진 이상 정당성을 상실하지는 아니한다. 그러나 파업에 참가한 근로자들이 적극적으로 사용자에 의한 생산설비의 지배 · 관리를 방해하거나, 환자의 생명 · 신체의 안전에 관계되는 의료행위를 거부하거나, 공장 또는 사업장의 안전에 관한 보안작업을 거부하는 행위는 정당한 쟁의행위로 볼 수 없다.

(2) 태 업

1) 의 의
태업은 다수의 근로자가 하나의 단결체를 결성하여 근로조건의 유지 · 개선을 목적으로 조직적인 방법에 의하여 작업능률을 저하시키는 행위를 말한다. 사보타주는 생산 또는 업무를 방해하는 행위로, 단순한 방법의 태업에 그치지 아니하고 생산설비를 파괴하는 행위까지 포함하는 개념이다.

2) 태업의 정당성

태업은 단순히 작업능률을 저하시키는 것에 불과하고, 근로자가 아직 사용자의 지휘·명령을 받고 있으므로 정당성이 인정된다. 사보타주는 그 정당성이 부정되거나 제한된 범위 내에서만 인정된다.

(3) 준법투쟁

1) 의 의

준법투쟁이란 노동조합의 통제하에 다수의 근로자들이 근로기준법, 노사관계법 등 관련 법령 및 단체협약·취업규칙·근로계약 등에 규정된 권리를 동시에 행사하거나, 의무를 동시에 이행하여 파업이나 태업 등의 쟁의행위와 같은 효과를 발생시키는 것을 말한다.

2) 유 형

권리행사형 준법투쟁과 안전투쟁형 준법투쟁으로 구분된다.

3) 쟁의행위 해당 여부

판례는 사실정상설에 근거하여, 근로자들이 통상적으로 해 오던 연장근로를 집단적으로 거부하도록 함으로써 회사업무의 정상운영을 방해하였다면, 이는 쟁의행위로 보아야 한다고(대판 1996.2.27. 95도2970) 판시하고 있다.

기출 12·13·16

4) 구체적 검토

① **권리행사형 준법투쟁**

㉠ 집단적 연장·휴일근로 거부 : 연장근로가 당사자 합의에 의하여 이루어지는 것이라고 하더라도 근로자들을 선동하여 근로자들이 통상적으로 해 오던 연장근로를 집단적으로 거부하도록 함으로써 회사업무의 정상운영을 저해하였다면 이는 쟁의행위로 보아야 한다(대판 1991.10.22. 91도600). 근로자들이 주장을 관철시킬 목적으로 종래 통상적으로 실시해 오던 휴일근무를 집단적으로 거부하였다면, 이는 회사업무의 정상적인 운영을 저해하는 것으로서 구 노동쟁의조정법 제3조 소정의 쟁의행위에 해당한다(대판 1994.2.22. 92누11176).

㉡ 집단적 연차휴가 사용 : 집단적 월차휴가는 형식적으로는 월차휴가권을 행사하려는 것이었다고 하여도 사용자 측 업무의 정상한 운영을 저해하는 행위를 하여 그들의 주장을 관철할 목적으로 하는 것으로서 실질적으로는 쟁의행위에 해당한다고 보아야 한다(대판 1991.12.24. 91도2323).

㉢ 복장 위반 근무 : 위생문제에 특히 주의해야 하고 신분을 표시할 필요가 있는 간호사들이 집단으로 규정된 복장을 하지 않는 것은 병원업무의 정상적인 운영을 저해하는 것으로서 역시 쟁의행위에 해당한다(대판 1994.6.14. 93다29167).

② **안전투쟁형 준법투쟁** : 택시회사의 노동조합의 간부들이 준법운행을 주도하여 시행하면서 그 준법운행사항 외에 수입금의 상한선까지 정하여 1일 입금액을 통제함으로써 회사에 큰 손해를 입히는 등 행위를 한 경우, 구 노동쟁의조정법 제3조 소정의 쟁의행위에 해당한다(대판 1991.12.10. 91누636).

(4) 생산관리

1) 의 의
생산관리는 근로자들이 사용자의 지휘·명령을 거부하면서 사업장 또는 공장을 점거하여 조합 간부의 지휘하에 근로를 제공하는 쟁의행위이다.

2) 유 형
근로자들이 직접 경영을 하되, 종전의 경영방침에 따라 임금을 지급하거나 생산활동을 하는 경우와, 기존의 회사경영방침을 무시하고 독자적인 경영방침을 세워 생산활동을 하거나, 회사의 이익금을 일방적으로 인상한 임금에 충당하는 경우 2가지 형태가 있다.

3) 생산관리의 정당성
쟁의행위는 소극적인 근로 제공의 거부를 원칙으로 하므로, 사용자의 생산수단을 적극적으로 통제하는 생산관리는 정당한 쟁의행위가 아니라고 보는 생산관리 부당설이 다수설이다.

(5) 쟁의행위에 대한 보조적 행위

1) 보이콧
① 의의 : 노동조합이 쟁의행위의 상대방인 사용자의 제품 불매를 호소하거나, 그 제품 취급을 거부하게 함으로써 그 제품의 거래를 방해하는 쟁의수단이다.
② 보이콧의 정당성 : 1차 보이콧은 노동조합이 사용자가 생산한 제품의 불매를 호소하거나 일반시민에게 불매 또는 거래정지를 호소하는 쟁의수단이다. 이 경우는 폭행 등의 쟁의행위의 실질적 성립요건을 침해하는 것이 아닌 한 정당성이 인정되나, 2차 보이콧은 사용자의 거래상대방에게 사용자와의 거래를 정지하도록 요구하고 이에 불응하면 그 거래상대방의 상품에 보이콧을 행하는 것으로, 쟁의행위는 원래 당사자 간의 실력행사이므로 정당한 쟁의행위가 아니라는 견해가 다수설이다.

2) 피케팅
① 의의 : 피케팅은 파업이나 태업 등의 효과를 유지·제고하기 위하여 다른 근로자 및 일반 시민에게 쟁의 중임을 알려 근로자 측에 유리한 여론을 형성하거나, 쟁의행위에서의 근로자의 이탈을 방지하고 대체근로 등 사용자의 방해행위를 저지함으로써, 주된 쟁의행위의 실효성을 높이기 위해서 사업장 입구 등 필요한 장소에 파업감시원(picketer)을 배치하거나 사업장의 출입통행에 제한을 가하는 쟁의수단이다. 쟁의행위의 보조적 행위로 보는 것이 일반적이나, 단체과시로서 독자적으로 수행되는 경우도 있다.
② 피케팅의 제한
  ㉠ 출입 등 방해의 금지 **기출** 13·16·20·21 : 쟁의행위는 그 쟁의행위와 관계없는 자 또는 근로를 제공하고자 하는 자의 출입·조업, 기타 정상적인 업무를 방해하는 방법으로 행하여져서는 아니 된다(노조법 제38조 제1항). 사용자는 쟁의행위가 이에 위반되는 경우에는 즉시 그 상황을 행정관청과 관할 노동위원회에 서면·구두 또는 전화 기타의 적당한 방법으로 신고하여야 한다(노조법 시행령 제18조). **기출** 24
  ㉡ 폭행·협박, 기타 위력의 사용 금지 **기출** 20 : 쟁의행위의 참가를 호소하거나 설득하는 행위로서 폭행·협박을 사용하여서는 아니 된다(노조법 제38조 제1항).

③ **피케팅의 정당성** : 파업의 보조적 쟁의수단인 피케팅은 파업에 가담하지 않고 조업을 계속하려는 자에 대하여 평화적 설득, 구두와 문서에 의한 언어적 설득의 범위 내에서 정당성이 인정되는 것이고, 폭행, 협박 또는 위력에 의한 실력저지나 물리적 강제는 정당화 될 수 없다(대판 1990.10.12. 90도1431). 기출 22·23 따라서 판례는 국민연금관리공단 근로자들의 파업기간 중 국민연금갹출료 고지서 발송업무가 파업에 참가하지 아니한 노조원이나 비노조원에 의하여 수행되고, 일부 출장소에서는 그 작업에 아르바이트 학생까지 동원하여 돕게 한 경우 구 노동쟁의조정법 제15조에 의하면 사용자는 쟁의기간 중 쟁의에 관계없는 자를 채용 또는 대체할 수 없다고 되어 있어 위 공단이 쟁의에 관계없는 자를 채용 또는 대체하여 고지서 발송작업을 하게 하거나 도와주도록 한 부분이 정당한 쟁의대항행위라고 할 수는 없다고(대판 1992.7.14. 91다43800) 한다.

3) **직장점거**

① **의의** : 직장점거는 파업에 참가한 근로자가 파업의 실효성을 제고하기 위한 수단으로, 사용자의 의사에 반하여 사업장에 체류하는 부수적 쟁의행위이다. 연좌 또는 농성을 하는 연좌파업의 모습을 띠는 경우도 있다.

② **직장점거의 정당성**

㉠ 쟁의행위의 본질은 근로자의 근로제공을 소극적으로 거부하는 데 있으므로, 사용자가 소유·경영하는 시설을 실력으로 점거하는 직장점거는 원칙적으로 정당한 쟁의행위가 되지 못한다.

㉡ 쟁의행위는 폭력이나 파괴행위 또는 생산, 기타 주요업무에 관련되는 시설과 이에 준하는 시설로서 대통령령이 정하는 시설을 점거하는 형태로 이를 행할 수 없다(노조법 제42조 제1항). 한편 직장점거 역시 사용자의 재산권과 조화를 이루는 범위 내에서 행하여져야 하기 때문에 점거가 금지되는 시설 이외의 시설에 대하여 무제한적으로 직장점거가 허용되는 것으로 볼 수 없다. 따라서 노동조합은 사용자의 점유를 배제하여 조업을 방해하는 형태로 쟁의행위를 해서는 아니 된다(노조법 제37조 제3항). 기출 23

㉢ 직장점거는 사용자 측의 점유를 완전히 배제하지 아니하고 그 조업도 방해하지 않는 부분적, 병존적 점거일 경우에 한하여 정당성이 인정되는 것이고, 이를 넘어 사용자의 기업시설을 장기간에 걸쳐 전면적, 배타적으로 점유하는 것은 사용자의 시설관리권능에 대한 침해로서 정당화될 수 없는 것이다(대판 1992.7.14. 91다43800). 기출 12·13·16

㉣ [1] 도급인은 원칙적으로 수급인 소속 근로자의 사용자가 아니므로, 수급인 소속 근로자의 쟁의행위가 도급인의 사업장에서 일어나 도급인의 형법상 보호되는 법익을 침해한 경우에는 사용자인 수급인에 대한 관계에서 쟁의행위의 정당성을 갖추었다는 사정만으로 사용자가 아닌 도급인에 대한 관계에서까지 법령에 의한 정당한 행위로서 법익 침해의 위법성이 조각된다고 볼 수는 없다. 그러나 사용자인 수급인에 대한 정당성을 갖춘 쟁의행위가 도급인의 사업장에서 이루어져 형법상 보호되는 도급인의 법익을 침해한 경우, 그것이 항상 위법하다고 볼 것은 아니고, 법질서 전체의 정신이나 그 배후에 놓여있는 사회윤리 내지 사회통념에 비추어 용인될 수 있는 행위에 해당하는 경우에는 형법 제20조의 '사회상규에 위배되지 아니하는 행위'로서 위법성이 조각된다. 기출 25

[2] 사용자가 당해 사업과 관계없는 자를 쟁의행위로 중단된 업무의 수행을 위하여 채용 또는 대체하는 경우, 쟁의행위에 참가한 근로자들이 위법한 대체근로를 저지하기 위하여 상당한 정도의 실력을 행사하는 것은 쟁의행위가 실효를 거둘 수 있도록 하기 위하여 마련된 규정의 취지에 비추어 정당행위로서 위법성이 조각된다. 위법한 대체근로를 저지하기 위한 실력 행사가 사회통념에 비추어 용인될 수 있는 행위로서 정당행위에 해당하는지는 그 경위, 목적, 수단과 방법, 그로 인한 결과 등을 종합적으로 고려하여 구체적인 사정 아래서 합목적적·합리적으로 고찰하여 개별적으로 판단하여야 한다(대판 2020.9.3. 2015도1927).

제3절 쟁의행위의 법적 책임

I. 정당한 쟁의행위의 민·형사책임 면제[50]

손해배상 청구의 제한(노조법 제3조)
① 사용자는 이 법에 따른 단체교섭 또는 쟁의행위, 그 밖의 노동조합의 활동으로 인하여 손해를 입은 경우에 노동조합 또는 근로자에 대하여 그 배상을 청구할 수 없다.
② 사용자의 불법행위에 대하여 노동조합 또는 근로자의 이익을 방위하기 위하여 부득이 사용자에게 손해를 가한 노동조합 또는 근로자는 배상할 책임이 없다.
③ 법원은 단체교섭, 쟁의행위, 그 밖의 노동조합의 활동으로 인한 손해배상책임을 근로자에게 인정하는 경우 손해의 배상의무자인 근로자에 대하여 다음 각 호에 따라 책임비율을 정하여야 한다.
  1. 노동조합에서의 지위와 역할
  2. 쟁의행위 등 참여 경위 및 정도
  3. 손해 발생에 대한 관여의 정도
  4. 임금 수준과 손해배상 청구금액
  5. 손해의 원인과 성격
  6. 그 밖에 손해의 공평한 분담을 위하여 고려할 필요가 있다고 인정되는 사항
④ 제3항에 따른 배상의무자인 노동조합과 근로자는 법원에 배상액의 감면을 청구할 수 있다. 이때 법원은 배상의무자의 경제상태, 부양의무 등 가족관계, 최저생계비 보장 및 존립 유지 등을 고려하여 각 배상의무자별로 감면 여부 및 정도를 판단하여야 한다.
⑤ 「신원보증법」제6조에도 불구하고 신원보증인은 단체교섭, 쟁의행위, 그 밖의 노동조합의 활동으로 인하여 발생한 손해에 대해서는 배상할 책임이 없다.
⑥ 사용자는 노동조합의 존립을 위태롭게 하거나 운영을 방해할 목적 또는 조합원의 노동조합 활동을 방해하고 손해를 입히려는 목적으로 손해배상청구권을 행사하여서는 아니 된다.

책임의 면제(노조법 제3조의2)
사용자는 단체교섭 또는 쟁의행위, 그 밖의 노동조합의 활동으로 인한 노동조합 또는 근로자의 손해배상 등 책임을 면제할 수 있다.

정당행위(노조법 제4조)
형법 제20조의 규정은 노동조합이 단체교섭·쟁의행위 기타의 행위로서 제1조의 목적을 달성하기 위하여 한 정당한 행위에 대하여 적용된다. 다만, 어떠한 경우에도 폭력이나 파괴행위는 정당한 행위로 해석되어서는 아니 된다.

부당노동행위(노조법 제81조)
① 사용자는 다음 각 호의 어느 하나에 해당하는 행위(이하 "부당노동행위")를 할 수 없다.
  5. 근로자가 정당한 단체행위에 참가한 것을 이유로 하거나 또는 노동위원회에 대하여 사용자가 이 조의 규정에 위반한 것을 신고하거나 그에 관한 증언을 하거나 기타 행정관청에 증거를 제출한 것을 이유로 그 근로자를 해고하거나 그 근로자에게 불이익을 주는 행위

---

[50] 1953년 노동쟁의조정법은 "사용자는 쟁의행위에 의하여 손해를 받았을 경우에 노동조합 또는 근로자에 대하여 배상을 청구할 수 없다"고 규정(1953년 노동쟁의조정법 제12조)하여 쟁의행위 민사책책조항을 신설하였고, 1996.12.31. 노동조합법과 노동쟁의조정법을 폐지하고 노동조합 및 노동관계조정법으로 통합하여 1997.3.1. 시행된 1997년 노조법은 구 노동쟁의조정법의 취지를 이어받아 노조법 제3조에 민사면책조항을 규정함으로써 현재에 이르고 있다. 기출 24
한편 1953년 노동쟁의조정법에서는 민사면책조항은 두었으나 현행 노조법 제4조와 같은 형사면책조항을 두고 있지는 않았다. 형사면책조항은 노동쟁의조정법이 폐지되고 1997년 제정된 노조법 제4조에 '정당행위'라는 제목 하에 비로소 규정되었다.

1. 의 의

① 헌법상 단체행동권 보장의 당연한 법적 효과로서 정당한 쟁의행위에 대하여는 민·형사책임이 면제되고, 노사관계법도 이를 확인하고 있다.

② 사용자는 이 법에 의한 단체교섭 또는 쟁의행위, 그 밖의 노동조합의 활동으로 인하여 손해를 입은 경우에 노동조합 또는 근로자에 대하여 그 배상을 청구할 수 없다. 사용자의 불법행위에 대하여 노동조합 또는 근로자의 이익을 방위하기 위하여 부득이 사용자에게 손해를 가한 노동조합 또는 근로자는 배상할 책임이 없다(노조법 제3조 제1항, 제2항). 기출 16·21

③ 형법 제20조(정당행위)는 노동조합이 단체교섭·쟁의행위 기타의 행위로서 노조법의 목적을 달성하기 위하여 한 정당한 행위에 대하여 적용된다. 다만, 어떠한 경우에도 폭력이나 파괴행위는 정당한 행위로 해석되어서는 아니 된다(노조법 제4조).

④ 사용자는 근로자가 정당한 단체행위에 참가한 것을 이유로 하거나 또는 노동위원회에 대하여 사용자가 이 조의 규정에 위반한 것을 신고하거나 그에 관한 증언을 하거나 기타 행정관청에 증거를 제출한 것을 이유로 그 근로자를 해고하거나 그 근로자에게 불이익을 주는 행위를 할 수 없다(노조법 제81조 제1항 제5호).

2. 민·형사책임 면제의 법적 성질

종래의 대법원 판례는 정당한 파업의 경우 업무방해죄의 위법성이 조각되는 것으로 보았으나, <u>최근 판례는 정당한 파업의 경우 업무방해죄의 위력에 해당하지 아니하는 것으로 보아, 구성요건해당성 자체가 조각되는 것으로 판단하고 있다</u>(대판 2011.3.17. 2007도482[전합]). 헌법재판소도 단체행동권에 있어서 쟁의행위는 핵심적인 것인데, 쟁의행위는 고용주의 업무에 지장을 초래하는 것을 당연한 전제로 하여, 헌법상 기본권 행사에 본질적으로 수반되는 것으로서 정당화될 수 있는 업무의 지장 초래가 당연히 업무 방해에 해당하여 원칙적으로 불법한 것이라 볼 수는 없다고(헌재 2010.4.29. 2009헌바168) 판시하여, 이 견해를 따르고 있다.

Ⅱ 정당하지 않은 쟁의행위와 민·형사 및 징계책임

1. 민사책임 기출 14·16

노조법 제3조 제1항은 "사용자는 이 법에 의한 단체교섭 또는 쟁의행위, 그 밖의 노동조합의 활동으로 인하여 손해를 입은 경우에 노동조합 또는 근로자에 대하여 그 배상을 청구할 수 없다"라고 규정하여 쟁의행위로 인한 사용자의 손해배상청구를 제한하고 있지만, 쟁의행위가 폭력이나 파괴행위를 수반하여 반사회성을 띠는 등으로 수단과 방법이 정당한 범위를 벗어난 경우에는 그로 인한 민사상 배상책임이 면제되지 않는다(대판 2023.6.15. 2019다38543). 이 경우 누구에게 어떠한 책임을 물을 수 있는지 문제된다.

(1) 손해배상책임의 부담

1) 노동조합의 손해배상책임

① 채무불이행으로 인한 손해배상책임 : 노동조합이 평화의무에 위반하여 쟁의행위를 한 경우, 이로 인하여 발생한 손해에 대한 배상책임을 진다.

② **불법행위로 인한 손해배상책임** : 법인인 노동조합이 불법행위책임의 주체가 되기 위해서는 노동조합의 대표자인 임원의 불법행위가 성립하여야 한다. 그러나 노동조합의 대표자가 정당하지 아니한 쟁의행위에 반대하였음에도 불구하고 조합원이 찬반투표를 거쳐 정당하지 못한 쟁의행위를 감행한 경우에는 노동조합은 대표자의 불법행위 없이도 불법행위책임의 주체가 된다. 또한 노동조합의 간부들이 불법쟁의행위를 기획, 지시, 지도하는 등으로 주도한 경우에 이와 같은 간부들의 행위는 조합의 집행기관으로서의 행위라 할 것이므로 이러한 경우 민법 제35조 제1항의 유추적용에 의하여 노동조합은 그 불법쟁의행위로 인하여 사용자가 입은 손해를 배상할 책임이 있다(대판 1994.3.25. 93다32828). 다만, 최근 판례는 산업별 노조인 갑 노동조합의 지부가 조합원들을 각 거점에 배치하고 새총, 볼트, 화염병 등을 소지한 채 공장 점거파업을 계속하자 경찰이 점거파업을 진압하기 위하여 헬기에서 조합원들이 있던 공장 옥상을 향하여 다량의 최루액을 살포하거나 공장 옥상으로부터 30~100m 고도로 제자리 비행을 하여 조합원들을 헬기 하강풍에 노출되게 하였고, 그 과정에서 헬기가 새총으로 발사된 볼트 등의 이물질에 맞아 손상된 사안에서, 헬기를 위와 같은 방법으로 사용하여 불법적인 농성을 진압하는 것은 경찰장비를 위법하게 사용함으로써 적법한 직무수행의 범위를 벗어났다고 볼 여지가 있으므로 갑 노동조합 등에 대하여 헬기의 손상에 관한 손해배상책임이 성립한다고 본 원심판단에 심리미진 등의 잘못이 있다고(대판 2022.11.30. 2016다26662) 판시하고 있다.

2) 조합원 개인의 손해배상책임

① **노동조합 간부의 책임** : 노동조합 간부가 근로계약상 근로제공의무를 이행하지 아니한 경우에는, 그에 대한 채무불이행책임을 부담하고, 불법행위책임의 요건을 구비하는 경우 불법행위책임을 부담하게 된다. 노동조합 간부의 불법행위로 인한 책임이 노동조합에 귀속된다고 하여 노동조합 간부의 책임이 면제되는 것은 아니다. 노동조합 간부 개인의 손해배상책임과 노동조합 자체의 손해배상책임은 부진정 연대채무관계에 있는 것이므로, 노동조합의 간부도 불법쟁의행위와 상당인과관계에 있는 손해 전부를 배상할 책임이 있다(대판 2006.9.22. 2005다30610). 조합간부들의 행위는 일면에 있어서는 노동조합단체로서의 행위라고 할 수 있는 외에 개인의 행위라는 측면도 아울러 지니고 있고, 일반적으로 쟁의행위가 개개근로자의 노무정지를 조직하고 집단화하여 이루어지는 집단적 투쟁행위라는 그 본질적 특징을 고려하여 볼 때 노동조합의 책임 외에 불법쟁의행위를 기획, 지시, 지도하는 등으로 주도한 조합의 간부들 개인에 대하여도 책임을 지우는 것이 상당하기 때문이다(대판 1994.3.25. 93다32828). 기출 12·14

② **일반조합원의 책임** : 조합원 개인이 위법한 쟁의행위에 참가하여 근로제공의무를 위반하면, 민법 제390조에 의하여 사용자에게 채무불이행으로 인한 손해배상책임을 부담한다. 불법행위책임과 관련하여, 불법쟁의행위 시 노동조합 등의 지시에 따라 단순히 노무를 정지한 일반조합원은, 노동조합 또는 조합간부들과 함께 공동불법행위책임을 지지 아니한다. 다만, 노무를 정지할 때에 준수하여야 할 사항 등이 정하여져 있고, 근로자가 이를 준수함이 없이 노무를 정지함으로써 그로 인하여 손해가 발생하였거나 확대되었다면, 그 근로자가 일반조합원이라고 할지라도 그와 상당인과관계에 있는 손해를 배상할 책임이 있다(대판 2006.9.22. 2005다30610). 기출 12·16

3) 과실상계

사용자가 노동조합과의 성실교섭의무를 다하지 않거나 노동조합과의 기존 합의를 파기하는 등 불법쟁의행위에 원인을 제공하였다고 볼 사정이 있는 경우 등에는 사용자의 과실을 손해배상액을 산정함에 있어 참작할 수 있다(대판 2006.9.22. 2005다30610).

4) 증명책임

채무불이행책임은 노동조합이나 조합원 개인이 자기에게 귀책사유가 없음을 증명하여야 하나, 불법행위책임은 피해자인 사용자가 가해자인 노동조합이나 조합원 개인의 귀책사유를 증명하여야 한다. 최근 판례는 제조업체가 불법휴무로 인하여 조업을 하지 못함으로써 입는 손해로는, 조업 중단으로 제품을 생산하지 못함으로써 생산할 수 있었던 제품의 판매로 얻을 수 있는 매출이익을 얻지 못한 손해와 조업 중단의 여부와 관계없이 고정적으로 지출되는 비용(차임, 제세공과금, 감가상각비, 보험료 등)을 무용하게 지출함으로써 입은 손해를 들 수 있고, 이러한 손해의 배상을 구하는 측에서는 불법휴무로 인하여 일정량의 제품을 생산하지 못하였다는 점뿐만 아니라, 생산되었을 제품이 판매될 수 있다는 점까지 증명하여야 할 것이지만, 판매가격이 생산원가에 미달하는 소위 적자제품이라거나 조업 중단 당시 불황 등과 같은 특별한 사정이 있어서 장기간에 걸쳐 당해 제품이 판매될 가능성이 없다거나, 당해 제품에 결함이 있어서 판매가 제대로 이루어지지 않는다는 등의 특별한 사정에 대한 간접반증[51]이 없는 한, 당해 제품이 생산되었다면 그 후 판매되어 당해 업체가 이로 인한 매출이익을 얻고 또 그 생산에 지출된 고정비용을 매출원가의 일부로 회수할 수 있다고 추정함이 타당하다고(대판 2018.11.29. 2016다12748) 판시하여, 간접반증이론에 의하여 증명책임을 분담하는 데까지 나아가고 있다.

(2) 손해배상책임의 제한

1) 2025년 노조법의 개정

쟁의행위와 관련하여 종래 대법원이 모든 공동불법행위자 각각에게 총 손해액의 전부를 부진정연대책임 방식으로 묻는 등 노동조합 및 조합원들에게 과도한 배상의무가 부과됨에 따라, 노동조합은 그 존립을 위협받고 쟁의행위에 참가한 근로자들은 경제적 곤란과 가정의 파탄 등 고통을 겪고 있어 이를 개선할 필요가 있고, 나아가 노동조합의 쟁의행위가 사용자의 불법행위에서 비롯되는 경우가 있는데도, 노동조합과 근로자 측에서만 손해배상책임을 부담하는 불합리한 상황이 발생하고 있으므로 노사분쟁의 원만한 해결을 도모하기 위해 2025년 노조법 개정으로 노조법 제3조와 제3조의2를 개정·신설함으로써 노동조합과 근로자 측의 손해배상책임 제한규정을 두었다.

2) 개정 노조법의 내용

① **개별책임의 원칙** : 법원은 단체교섭, 쟁의행위, 그 밖의 노동조합의 활동으로 인한 손해배상책임을 근로자에게 인정하는 경우 손해의 배상의무자인 근로자에 대하여 노동조합에서의 지위와 역할, 쟁의행위 등 참여 경위 및 정도, 손해 발생에 대한 관여의 정도, 임금 수준과 손해배상 청구금액, 손해의 원인과 성격, 그 밖에 손해의 공평한 분담을 위하여 고려할 필요가 있다고 인정되는 사항 등에 따라 책임비율을 정하여야 한다(노조법 제3조 제3항).

② **배상액의 감면 청구** : 사용자에게 손해배상책임을 부담하는 배상의무자인 노동조합과 근로자는 법원에 배상액의 감면을 청구할 수 있다. 이때 법원은 배상의무자의 경제상태, 부양의무 등 가족관계, 최저생계비 보장 및 존립 유지 등을 고려하여 각 배상의무자별로 감면 여부 및 정도를 판단하여야 한다(노조법 제3조 제4항).

③ **신원보증인의 책임 면제** : 신원보증인은 단체교섭, 쟁의행위, 그 밖의 노동조합의 활동으로 인하여 발생한 손해에 대해서는 배상할 책임이 없다(노조법 제3조 제5항).

---

51) 간접반증이란 권리의 발생·변경·소멸이라는 법률효과를 발생시키는 법규의 직접요건사실인 주요사실에 대하여 일응의 추정이 생긴 경우 그 추정의 전제사실과 양립되는 별개의 사실인 간접사실을 증명하여 일응의 추정을 방해하기 위한 증명활동을 말한다. 여기서 일응의 추정이란 사실상의 추정의 한 가지로 고도의 개연성이 있는 경험칙을 이용하여 간접사실로부터 주요사실을 추정하는 것을 말한다.

④ **권리남용의 금지** : 사용자는 노동조합의 존립을 위태롭게 하거나 운영을 방해할 목적 또는 조합원의 노동조합 활동을 방해하고 손해를 입히려는 목적으로 손해배상청구권을 행사하여서는 아니 된다(노조법 제3조 제6항).

⑤ **책임의 면제** : 사용자는 단체교섭 또는 쟁의행위, 그 밖의 노동조합의 활동으로 인한 노동조합 또는 근로자의 손해배상 등 책임을 면제할 수 있다(노조법 제3조의2).[52]

(3) 관련 판례

1) 조합원 개인의 손해배상책임 제한 여부

[1] 노동조합이라는 단체에 의하여 결정·주도되고 조합원의 행위가 노동조합에 의하여 집단적으로 결합하여 실행되는 쟁의행위의 성격에 비추어, 단체인 노동조합이 쟁의행위에 따른 책임의 원칙적인 귀속주체가 된다.

[2] 위법한 쟁의행위를 결정·주도한 주체인 노동조합과 개별 조합원 등의 손해배상책임의 범위를 동일하게 보는 것은 헌법상 근로자에게 보장된 단결권과 단체행동권을 위축시킬 우려가 있을 뿐만 아니라 손해의 공평·타당한 분담이라는 손해배상제도의 이념에도 어긋나므로, 개별 조합원 등에 대한 책임제한의 정도는 노동조합에서의 지위와 역할, 쟁의행위 참여 경위 및 정도, 손해 발생에 대한 기여 정도, 현실적인 임금 수준과 손해배상 청구금액 등을 종합적으로 고려하여 판단하여야 한다(대판 2023.6.15. 2017다46274).[53]

2) 조업중단으로 인한 손해발생 인정 여부

제조업체가 위법한 쟁의행위로 조업을 하지 못함으로써 입은 고정비용 상당 손해배상을 구하는 경우, 제조업체는 조업중단으로 인하여 일정량의 제품을 생산하지 못하였다는 점 및 그 생산 감소로 인하여 매출이 감소하였다는 점을 증명하여야 할 것이지만, 위법한 쟁의행위가 종료된 후 제품의 특성, 생산 및 판매방식 등에 비추어 매출 감소를 초래하지 않을 정도의 상당한 기간 안에 추가 생산 등을 통하여 쟁의행위로 인한 부족 생산량의 전부 또는 일부가 만회되었다면, 특별한 사정이 없는 한 그 범위에서는 조업중단으로 인한 매출 감소 및 그에 따른 고정비용 상당 손해의 발생을 인정하기 어렵다(대판 2023.6.29. 2017다49013).

2. 형사책임

(1) 의 의

사용자는 정당한 쟁의행위로 인하여 손해를 입은 경우, 노동조합 또는 근로자에 대하여 그 배상을 청구할 수 없다(노조법 제3조). 그러나 쟁의행위가 목적이나 절차 등에서 정당성을 상실한 경우에는 형사책임의 문제가 발생한다.

---

52) 노조법 제3조의2는 현행법상으로도 사용자는 노동조합과 조합원에게 제기한 손해배상청구소송을 취하할 수 있으나, 그렇게 할 경우 회사에 대한 배임죄에 해당할 수 있다는 이유로 취하를 거부해 온 일부 사용자들의 우려를 불식시키기 위한 취지에서 규정한 확인규정이라고 볼 수 있다.

53) 전국금속노동조합 현대자동차 비정규직지회가 2010.11.15.부터 2010.12.9. 사이에 원고 현대자동차 주식회사의 울산공장 1, 2라인을 점거하여 위 공정이 278.27시간 동안 중단되자, 원고가 위 쟁의행위에 가담한 피고들을 상대로 조업이 중단됨으로써 입은 고정비용 상당의 손해배상을 일부 청구하는 사안에서, 개별 조합원 등에 대한 책임제한의 정도는 노동조합에서의 지위와 역할, 쟁의행위 참여 경위 및 정도, 손해 발생에 대한 기여 정도 등을 종합적으로 고려하여 판단하여야 한다고 판단하고, 피고들이 비정규직지회와 동일한 책임을 부담한다는 전제에서 피고들의 책임을 50%로 제한한 것은 형평의 원칙에 비추어 현저히 불합리하다는 이유로 원심판결 중 피고들 패소부분을 파기·환송한 사례(대판 2023.6.15. 2017다46274).

(2) 위력에 의한 업무방해죄의 성부

1) 종전판례

다수의 근로자들이 상호 의사연락하에 집단적으로 작업장을 이탈하거나 결근하는 등 근로의 제공을 거부함으로써 사용자의 생산·판매 등 업무의 정상적인 운영을 저해하여 손해를 발생하게 하였다면, 그와 같은 행위가 노동관계법령에 따른 정당한 쟁의행위로서 위법성이 조각되는 경우가 아닌 한, 다중의 위력으로써 타인의 업무를 방해하는 행위에 해당하여 업무방해죄를 구성한다(대판 2006.5.25. 2002도5577).

2) 전합판례

파업이 업무방해죄에서 말하는 위력에 해당하는 요소를 포함하고 있다는 점은 인정하나, 근로자는 헌법상 보장된 기본권으로서 단체행동권을 갖기 때문에, 파업이 언제나 업무방해죄에 해당하는 것으로 볼 것은 아니고, 전후 사정과 경위 등에 비추어 사용자가 예측할 수 없는 시기에 전격적으로 이루어져 사용자의 사업운영에 심대한 혼란 내지 막대한 손해를 초래하는 등으로 사용자의 사업 계속에 관한 자유의사가 제압·혼란될 수 있다고 평가할 수 있는 경우에 비로소 그 집단적 노무 제공의 거부가 위력에 해당하여 업무방해죄가 성립한다(대판 2011.3.17. 2007도482[전합]). 기출 14·25

(3) 형사책임의 귀속54)

1) 노동조합의 형사책임

관련 법령에 명시적 규정이 있는 경우에 한하여 인정된다. 노조법 제94조는 노동조합의 대표자·대리인·사용인, 기타의 종업원이 노동조합의 업무에 관하여 위법행위를 한 경우에는 노동조합에도 벌금형을 부과한다.

2) 근로자 개인의 형사책임

① 노동조합 간부의 책임 : 정당하지 아니한 쟁의행위를 결의·주도·지시하였거나 참여한 경우, 정당한 쟁의행위를 하는 과정에서 독자적으로 정당하지 아니한 쟁의행위를 주도·지시·참여하는 경우에는, 관련 형사범죄의 공동정범·교사범·방조범의 책임이 인정된다.

② 일반조합원의 책임 : 정당하지 아니한 쟁의행위에 단순가담한 조합원의 행위는 위력에 의한 업무방해죄의 구성요건에는 해당하지 아니한다. 다만, 쟁의행위 중 개별조합원이 일탈행위로써 폭행·파괴행위 등의 행위를 한 경우에는 쟁의행위 전체의 정당성 여부와 관계없이 형사책임을 면할 수 없다. 기출 12·17

3. 징계책임

(1) 의 의

정당하지 아니한 쟁의행위에 참여한 조합원에 대하여 사용자가 징계처분을 하는 경우가 있는데, 이러한 징계처분은 성질상 노동조합에는 행할 수 없고, 근로자 개인에게만 행하여진다.

(2) 내 용

1) 노동조합 간부의 책임

위법한 쟁의행위에 따른 책임을 부담할 것이나, 단지 노동조합 간부라는 이유만으로 징계책임을 부담하는 것은 아니다.

---

54) 판례는 쟁의행위에 관련된 제3자의 책임에 관하여 쟁의행위가 업무방해죄에 해당하는 경우 제3자가 그러한 정을 알면서 쟁의행위의 실행을 용이하게 한 경우에는 업무방해방조죄가 성립할 수 있다고(대판 2021.9.16. 2015도12632) 한다.

2) 일반조합원의 책임

근로 제공의 정지는 쟁의행위가 정당성을 갖추지 못하는 한, 근로계약 위반으로서 징계처분의 대상이 될 수 있다. 또한 쟁의행위 그 자체는 정당한 절차를 통하여 개시되었더라도, 적극적인 형태의 업무 방해·폭력 등으로 인하여 쟁의행위가 위법하게 된 경우에는, 징계처분의 대상이 될 수 있다. 다만, 징계의 경우 상당성의 원칙이 준수되어야 한다. 판례도 일반조합원에 대하여 전면파업 등에 대한 무거운 책임을 지워 해임처분을 한 것은, 재량권을 일탈·남용한 것으로 부당하다고(대판 2014.9.24. 2013두1119) 판시하고 있다.

3) 면책협정과 징계권남용

쟁의행위 중에는 책임을 추궁하지 아니한다는 당사자 간의 면책특약을 한 경우에는, 사용자에게 정당한 이유가 있더라도 이에 반하여 징계처분을 할 수 없다. 면책특약에도 불구하고 사용자가 그 쟁의행위를 이유로 징계한 경우에는 징계권남용에 해당한다.

제4절 쟁의행위의 법적 효과

I 파업과 임금관계

1. 파업참가자의 임금

(1) 임금지급의무의 부존재

사용자는 쟁의행위에 참가하여 근로를 제공하지 아니한 근로자에 대하여는 그 기간 중의 임금을 지급할 의무가 없다(노조법 제44조 제1항). 이를 무노동·무임금의 원칙이라고 한다. 다만, 사용자가 쟁의행위기간 중에 임금을 지급하거나 단체협약 및 취업규칙 등에 의하여 임금을 스스로 지급하는 것은 무방하다. 즉, 쟁의행위기간 중의 임금지급의무는 임의적 교섭 대상에 해당된다. 노동조합은 쟁의행위기간에 대한 임금의 지급을 요구하여 이를 관철할 목적으로 쟁의행위를 하여서는 아니 된다(노조법 제44조 제2항). 이를 위반한 경우 2년 이하의 징역 또는 2천만원 이하의 벌금에 처한다(노조법 제90조). 기출 20·21·22·23·24

(2) 파업기간 중 임금 삭감의 범위

단체협약이나 취업규칙 등에서 결근자 등에 관하여 어떤 임금을 지급하도록 규정하고 있거나 임금삭감 등을 규정하고 있지 않고 있거나 혹은 어떤 임금을 지급하여 온 관행이 있다고 하여 쟁의행위의 경우에 이를 유추하여 당사자 사이에 쟁의행위기간 중 쟁의행위에 참가하여 근로를 제공하지 아니한 근로자에게 그 임금을 지급할 의사가 있다거나 임금을 지급하기로 하는 내용의 근로계약을 체결한 것이라고는 할 수 없다(대판 1995.12.21. 94다26721[전합]).

(3) 파업기간 중 유급휴일·휴가에 대한 임금지급청구의 가부

① 유급휴일에 대한 법리는 휴직 등과 동일하게 근로자의 근로제공의무 등의 주된 권리·의무가 정지되어 근로자의 임금청구권이 발생하지 아니하는 쟁의행위인 파업에도 적용된다 할 것이므로, 근로자는 파업기간 중에 포함된 유급휴일에 대한 임금의 지급 역시 구할 수 없다 할 것이다(대판 2009.12.24. 2007다73277). 기출 19

② 근로자가 유급휴가를 이용하여 파업에 참여하는 것은 평상적인 근로관계를 전제로 하는 유급휴가권의 행사라고 볼 수 없으므로 파업기간 중에 포함된 유급휴가에 대한 임금청구권 역시 발생하지 않는다(대판 2010.7.15. 2008다33399). 기출 19

(4) 파업기간 중 전임자의 급여

노동조합 전임자를 일반조합원보다 더욱 유리하게 처우하는 것은 단체협약의 규정을 둔 목적이나 취지에 비추어 볼 때 노사 쌍방이 당초 의도한 바와 합치하지 아니한다고 할 것이고, 또 파업으로 인하여 일반조합원들이 무노동·무임금원칙에 따라 임금을 지급받지 못하게 된 마당에 그 조합원들로 구성된 노동조합의 간부라고 할 수 있는 노동조합 전임자들이 자신들의 급여만은 지급받겠다고 하는 것은 일반조합원들에 대한 관계에 있어서도 결코 정당성이 인정될 수 없는바, 위 단체협약 각 규정은 일반조합원들이 무노동·무임금의 원칙에 따라 사용자로부터 파업기간 중의 임금을 지급받지 못하는 경우에는 노동조합 전임자도 일반조합원과 마찬가지로 사용자에게 급여를 청구할 수 없다는 내용으로 해석함이 상당하다(대판 2003.9.2, 2003다4815).

2. 파업비참가자의 임금과 휴업수당

(1) 임 금

① 근로를 제공한 경우 : 해당 근로자들은 조합원 여부와 상관없이 당연히 임금청구권을 갖는다. 이 경우 근로를 제공하였다 함은 근로자가 자신의 노동력을 사용자가 처분할 수 있는 상태에 두는 것을 의미한다.
② 근로를 제공하지 아니한 경우 : 파업비참가자들이 스스로 근로를 제공하지 아니한 경우에는 당연히 임금청구권을 갖지 못한다.

(2) 휴업수당

판례는 쟁의행위로 정상조업이 불가능하여 사용자가 근로기준법 제46조 제2항에 근거하여 노동위원회에 휴업수당 감액을 신청하여 승인을 받아 휴업수당을 지급하지 아니한 경우, 대법원은 노동위원회의 승인이 정당하다고(대판 2000.11.24, 99두4280) 판시하고 있다.

Ⅲ 태업과 임금관계

1. 태업과 무노동·무임금의 원칙

쟁의행위 시의 임금 지급에 관하여 단체협약이나 취업규칙 등에서 이를 규정하거나 그 지급에 관한 당사자 사이의 약정이나 관행이 있다고 인정되지 아니하는 한, 근로자의 근로제공의무 등의 주된 권리·의무가 정지되어 근로자가 근로를 제공하지 아니한 쟁의행위기간 동안에는 근로제공의무와 대가관계에 있는 근로자의 주된 권리로서의 임금청구권은 발생하지 아니한다. 근로를 불완전하게 제공하는 형태의 쟁의행위인 태업(怠業)도 근로 제공이 일부 정지되는 것이라고 할 수 있으므로, 여기에도 이러한 무노동·무임금원칙이 적용된다고 봄이 타당하다(대판 2013.11.28, 2011다39946). 기출 19

2. 비율적 임금의 삭감

사용자인 주식회사가 태업을 이유로 근로자의 임금과 노동조합 전임자의 급여를 삭감하여 지급한 경우, 회사가 각 근로자별로 측정된 태업시간 전부를 비율적으로 계산하여 임금에서 공제한 것이 불합리하다고 할 수 없다(대판 2013.11.28, 2011다39946).

3. 노조전임자의 급여

노동조합 전임자 역시 그에 상응하는 비율에 따른 급여의 감액을 피할 수 없는데 그 감액수준은 전체 조합원들의 평균태업시간을 기준으로 산정함이 타당하다(대판 2013.11.28, 2011다39946).

4. 휴일임금

유급휴일에 대한 법리는 휴직 등과 동일하게 근로자의 근로제공의무 등의 주된 권리·의무가 정지되어 근로자의 임금청구권이 발생하지 아니하는 쟁의행위인 파업에도 적용된다 할 것이므로, 근로자는 파업기간 중에 포함된 유급휴일에 대한 임금의 지급 역시 구할 수 없다. 그리고 이와 같은 법리는 파업과 마찬가지로 무노동·무임금원칙이 적용되는 태업에도 그대로 적용된다고 할 것이고, 따라서 근로자는 태업기간에 상응하는 유급휴일에 대한 임금의 지급을 구할 수 없다(대판 2013.11.28. 2011다39946).

제5절 사용자의 쟁의행위

I 직장폐쇄의 개념

직장폐쇄란 사용자가 노동조합의 쟁의행위에 대항하여, 직장을 폐쇄함으로써 근로자들의 근로 수령을 거부하고 임금을 지급하지 아니하는 사용자의 쟁의행위를 말한다.

II 직장폐쇄의 성립요건

1. 실질적 요건

실질적 요건은 직장폐쇄의 주체, 목적, 상대방 및 방법 등 직장폐쇄의 본질상 그 성립을 위하여 반드시 갖추어야 할 최소한의 요건을 말한다.

(1) 주 체

직장폐쇄가 성립하기 위해서는 쟁의행위가 발생한 사업장의 사용자나 내부위임 등에 의하여 직장폐쇄를 할 수 있는 권한을 수여받은 사업의 경영담당자 또는 사업주를 위하여 행위하는 자가 쟁의행위를 주도한 노동조합 및 근로자를 상대로 쟁의행위로부터 사용자의 재산권을 보호하기 위해, 사업장의 출입구를 폐쇄하거나 체류자에 대한 퇴거를 요구하거나 또는 전원을 단전하는 등 사실행위를 하여야 한다.

(2) 방 법

1) 근로 수령의 거부

근로자가 제공하는 근로의 수령을 거부하는 것이다. 판례는 근로자가 적법하게 직장점거를 개시한 경우에도 사용자가 적법하게 직장폐쇄하면, 사용자의 사업장에 대한 물권적 지배권이 전면적으로 회복되는 결과 사용자는 근로자에 대하여 퇴거 요구를 할 수 있고, 퇴거 요구 이후의 직장점거는 위법하게 되어 퇴거불응죄에 해당한다고(대판 1991.8.13. 91도1324) 판시하고 있다. 기출 13·14·15·16

2) 폭력·파괴행위의 금지

직장폐쇄는 폭력이나 파괴행위로써 이를 행하여서는 아니 되고, 안전보호시설의 정상적인 유지·운영을 정지·폐지 또는 방해하여서도 아니 된다(노조법 제42조 제1항·제2항).

2. 형식적 요건

형식적 요건이란 직장폐쇄의 절차 등에 관한 요건으로, 직장폐쇄의 본질적 내용과는 관련 없는 요건을 말한다.

(1) 단체협약 위반의 직장폐쇄

사용자가 직장폐쇄를 하지 아니하겠다는 단체협약상의 의무를 위반하여 직장폐쇄를 행한 경우에도 직장폐쇄는 유효하게 성립된다. 이 경우 사용자는 단체협약 위반으로 인한 손해배상책임을 부담한다.

(2) 신고절차 위반의 직장폐쇄

사용자가 직장폐쇄를 할 경우에는 미리 행정관청 및 노동위원회에 각각 신고하여야 한다(노조법 제46조 제2항). 사용자가 이를 위반하여 신고하지 아니한 경우에도 직장폐쇄는 유효하게 성립된다. 기출 13·14·15·21

Ⅲ 직장폐쇄의 정당성

1. 대항성

사용자는 노동조합이 쟁의행위를 개시한 이후에만 직장폐쇄를 할 수 있다(노조법 제46조 제1항). 선제적 직장폐쇄는 인정되지 아니하고, 대항적 직장폐쇄만이 인정된다. 기출 16·20·21·23·24

2. 방어성

(1) 의 의

노동조합의 쟁의행위에 대한 방어적인 목적을 벗어나 적극적으로 노동조합의 조직력을 약화시키기 위한 목적 등을 갖는 선제적, 공격적 직장폐쇄에 해당하는 경우에는 정당성이 인정될 수 없고, 직장폐쇄가 정당한 쟁의행위로 평가받지 못하는 경우에는 사용자는 직장폐쇄기간 동안의 대상근로자에 대한 임금지불의무를 면할 수 없다(대판 2016.5.24. 2012다85335). 사용자의 직장폐쇄가 정당한 쟁의행위로 평가받기 위하여는 노사 간의 교섭태도, 경과, 근로자 측 쟁의행위태양, 그로 인하여 사용자 측이 받는 타격의 정도 등에 관한 구체적 사정에 비추어 형평의 견지에서 근로자 측의 쟁의행위에 대한 대항·방위수단으로서 상당성이 인정되는 경우에 한한다 할 것이다(대판 2000.5.26. 98다34331). 기출 16·19·21·22·25

(2) 구체적 검토

① 노동조합이 파업을 시작한 지 불과 4시간 만에 사용자가 바로 직장폐쇄조치를 취한 것은 정당한 쟁의행위로 인정되지 아니하므로, 사용자 측 시설을 정당하게 점거한 조합원들이 사용자의 퇴거 요구에 불응하였더라도 퇴거불응죄가 성립하지 아니한다(대판 2007.12.28. 2007도5204). 기출 22·25
② 평균임금이 도내 택시회사 중 가장 높은 수준임에도 노동조합이 최고 수준의 임금 인상을 요구하여 임금협상이 결렬되었으나 노동조합이 준법투쟁에 돌입한 지 3일 만에 전격적으로 단행한 사용자의 직장폐쇄는 정당성을 결여한 것으로 보아야 한다(대판 2000.5.26. 98다34331).

3. 직장폐쇄의 대상

(1) 쟁의행위의 정당성과 직장폐쇄

근로자의 정당·합법적인 쟁의행위에 대하여 사용자가 직장폐쇄를 할 수 있음은 의문의 여지가 없고, 정당·합법하지 아니한 쟁의행위에 대하여도 직장폐쇄가 가능한지와 관련하여 긍정설과 부정설의 대립이 있으나, 직장폐쇄가 가능하다고 하는 것이 타당하다.

(2) 파업불참조합원 및 비조합원에 대한 직장폐쇄

파업불참조합원이나 비조합원을 대상으로 한 직장폐쇄도 가능하다. 다만, 전면적 직장폐쇄의 경우, 조업을 희망한 근로자들에 대하여 사용자의 임금지급의무가 면제되는지 여부가 문제되는데, 사용자는 조합원은 물론 비조합원을 포함한 모든 근로자들에 대한 임금지급의무가 면제된다. 기출 14·16

4. 업무복귀의 의사표시 이후의 직장폐쇄

(1) 정당성 판단기준

근로자의 쟁의행위 등 구체적인 사정에 비추어 직장폐쇄의 개시 자체는 정당하지만, 어느 시점 이후에 근로자가 쟁의행위를 중단하고 진정으로 업무에 복귀할 의사를 표시하였음에도 사용자가 직장폐쇄를 계속 유지하면서 근로자의 쟁의행위에 대한 방어적인 목적에서 벗어나 적극적으로 노동조합의 조직력을 약화시키기 위한 목적 등을 갖는 공격적 직장폐쇄의 성격으로 변질된 경우에는 그 이후의 직장폐쇄는 정당성을 상실한 것이다(대판 2016.5.24. 2012다85335). 기출 19·20·22·25

(2) 복귀의 의사표시

노동조합이 쟁의행위를 하기 위해서는 투표를 거쳐 조합원 과반수의 찬성을 얻어야 하고(노조법 제41조 제1항) 사용자의 직장폐쇄는 노동조합의 쟁의행위에 대한 방어수단으로 인정되는 것이므로, 근로자가 업무에 복귀하겠다는 의사 역시 일부 근로자들이 개별적·부분적으로 밝히는 것만으로는 부족하다. 복귀의사는 반드시 조합원들의 찬반투표를 거쳐 결정되어야 하는 것은 아니지만 사용자가 경영의 예측가능성과 안정을 이룰 수 있는 정도로 집단적·객관적으로 표시되어야 한다(대판 2017.4.7. 2013다101425). 기출 20

Ⅳ 직장폐쇄의 법적 효과

1. 당사자 간의 법적 효과

(1) 근로수령의 거부

정당한 직장폐쇄가 성립되면 사용자는 근로자를 생산수단으로부터 단절하고, 근로의 수령을 거부할 수 있다. 다만, 쟁의행위 중에도 안전보호시설의 정상적인 유지·운영은 정지·폐지 또는 방해할 수 없다. 따라서 사용자가 정당한 직장폐쇄를 한 경우에도 안전보호시설에 종사하는 근로자에게는 당연히 임금을 지급하여야 한다.

(2) 임금지급의무의 면제

[1] 우리 헌법과 노동관계법은 근로자의 쟁의권에 관하여는 이를 적극적으로 보장하는 명문의 규정을 두고 있는 반면 사용자의 쟁의권에 관하여는 이에 관한 명문의 규정을 두고 있지 않은바, 일반적으로는 힘에서 우위에 있는 사용자에게 쟁의권을 인정할 필요는 없다 할 것이나, 개개의 구체적인 노동쟁의의 장에서 근로자 측의 쟁의행위로 노사 간에 힘의 균형이 깨지고 오히려 사용자 측이 현저히 불리한 압력을 받는 경우에는 사용자 측에게 그 압력을 저지하고 힘의 균형을 회복하기 위한 대항·방위수단으로 쟁의권을 인정하는 것이 형평의 원칙에 맞는다 할 것이다. 기출 19

[2] 구체적인 노동쟁의의 장에서 단행된 사용자의 직장폐쇄가 정당한 쟁의행위로 평가받기 위하여는 노사 간의 교섭태도, 경과, 근로자 측 쟁의행위의 태양, 그로 인하여 사용자 측이 받는 타격의 정도 등에 관한 구체적 사정에 비추어 형평의 견지에서 근로자 측의 쟁의행위에 대한 대항·방위수단으로서 상당성이 인정되는 경우에 한한다 할 것이고, 그 직장폐쇄가 정당한 쟁의행위로 평가받을 때 비로소 사용자는 직장폐쇄기간 동안의 대상근로자에 대한 임금지불의무를 면한다(대판 2000.5.26. 98다34331). 기출 19·21·22·25 직장폐쇄는 파업 불참조합원이나 비조합원을 대상으로도 할 수 있으므로, 직장폐쇄가 정당한 경우에는 해당 근로자들에 대한 임금지급의무 또한 면제된다.

(3) 정당한 직장점거의 배제 가부

1) 직장점거의 배제 가부

① **적법한 직장폐쇄의 경우** : 근로자들의 직장점거가 개시 당시 적법한 것이었다 하더라도 사용자가 이에 대응하여 적법하게 직장폐쇄를 하게 되면, 사용자의 사업장에 대한 물권적 지배권이 전면적으로 회복되는 결과 사용자는 점거 중인 근로자들에 대하여 정당하게 사업장으로부터의 퇴거를 요구할 수 있고 퇴거를 요구받은 이후의 직장점거는 위법하게 되므로, 적법히 직장폐쇄를 단행한 사용자로부터 퇴거 요구를 받고도 불응한 채 직장점거를 계속한 행위는 퇴거불응죄를 구성한다(대판 1991.8.13. 91도1324). 기출 19·21

② **위법한 직장폐쇄의 경우** : 사용자의 직장폐쇄가 정당한 쟁의행위로 인정되지 아니하는 때에는 다른 특별한 사정이 없는 한 근로자가 평소 출입이 허용되는 사업장 안에 들어가는 행위가 주거침입죄를 구성하지 아니한다(대판 2002.9.24. 2002도2243).

> **전면적·배타적 직장점거**
> 전면적·배타적 직장점거는 그 정당성이 인정되지 아니하므로, 사용자의 퇴거 요구에 관계없이 처음부터 주거침입죄에 해당한다.

2) 직장점거 배제의 범위

① **노조사무실 출입의 허용** : 사용자의 직장폐쇄가 정당한 쟁의행위로 평가받는 경우에도 사업장 내의 노조 사무실 등 정상적인 노조활동에 필요한 시설, 기숙사 등 기본적인 생활근거지에 대한 출입은 허용되어야 한다(대판 2010.6.10. 2009도12180). 기출 22

② **노조사무실 출입의 제한**
  ㉠ 노조사무실을 쟁의장소로 활용하는 경우 : 쟁의 및 직장폐쇄와 그 후의 상황 전개에 비추어, 노조가 노조사무실 자체를 쟁의장소로 활용하는 등 노조사무실을 쟁의행위와 무관한 정상적인 노조활동의 장소로 활용할 의사나 필요성이 없음이 객관적으로 인정되는 경우에는, 합리적인 범위 내에서 노조사무실의 출입을 제한할 수 있다(대판 2010.6.10. 2009도12180).

ⓒ 노조사무실을 통한 생산시설 점거가 예상되고, 대체장소를 제공한 경우 : 노조사무실과 생산시설이 장소적·구조적으로 분리될 수 없는 관계에 있어, 일방의 출입 혹은 이용이 타방의 출입 혹은 이용을 직접적으로 수반하게 되는 경우로서 생산시설에 대한 노조의 접근 및 점거가능성이 합리적으로 예상되고, 사용자가 노조의 생산시설에 대한 접근·점거 등의 우려에서 노조사무실 대체장소를 제공하여 그것이 원래 장소에서의 정상적인 노조활동과 견주어 합리적 대안으로 인정된다면, 합리적인 범위 내에서 노조사무실의 출입을 제한할 수 있다(대판 2010.6.10. 2009도12180).

(4) 위법한 직장점거의 배제

위법한 직장점거는 당연히 쟁의행위로서의 정당성이 인정되지 아니하므로, 사용자도 수인의무를 부담하지 아니한다. 따라서 원래 사용자가 가지고 있던 물권적 지배권인 시설관리권으로 방해배제청구권을 행사함으로써 사업자의 지배를 회복할 수 있다.

2. 제3자에 대한 법적 효과

직장폐쇄로 인한 제3자에 대한 사용자의 손해배상책임 여부와 관련하여, 합법적인 직장폐쇄의 경우에는 손해배상책임이 면제되나, 위법적인 직장폐쇄의 경우에는 손해배상책임을 진다는 견해와, 직장폐쇄는 사용자의 통제범위에 있는 예측 가능한 행위로, 합법·위법 여부와 관계없이 손해배상책임을 진다는 견해가 있다.

제6절 안전보호시설과 필수유지업무

I 안전보호시설의 유지·운영의무

1. 안전보호시설에 대한 쟁의행위 금지

사업장의 안전보호시설에 대하여 정상적인 유지·운영을 정지·폐지 또는 방해하는 행위는 쟁의행위로서 이를 행할 수 없다(노조법 제42조 제2항). 기출 13·15·18

2. 안전보호시설의 범위

(1) 인명·신체의 안전보호시설

안전보호시설에는 인명·신체의 안전 보호를 위한 시설만 포함된다는 견해와, 그 외에도 물적 설비의 보호를 위한 시설도 포함된다는 견해로 나뉘고 있으나, 물적 설비의 보호는 파괴행위 등의 금지에 의하여 보호되고 있고, 판례는 '안전보호시설'이라 함은 사람의 생명이나 신체의 위험을 예방하기 위해서나 위생상 필요한 시설을 말하고, 이에 해당하는지 여부는 당해 사업장의 성질, 당해 시설의 기능, 당해 시설의 정상적인 유지·운영이 되지 아니할 경우에 일어날 수 있는 위험 등 제반 사정을 구체적·종합적으로 고려하여 판단하여야 한다고(대판 2006.5.12. 2002도3450) 판시하고 있으므로 안전보호시설에는 인명·신체의 안전 보호를 위한 시설만 포함된다고 보는 것이 타당하다고 판단된다.

(2) 인적 조직의 포함 여부

안전보호시설의 범위에는 병원에서 종사하는 약제사 및 간호사 등의 인적 조직은 포함되지 아니한다. 다만, 병원의 조리, 식기 세척, 소독 등 환자의 급식 및 건강을 위한 시설은 안전보호시설에 포함된다.

3. 안전보호시설방해죄의 성부

노조법 제42조 제2항의 입법목적이 '사람의 생명·신체의 안전 보호'라는 점과 노조법 제42조 제2항이 범죄의 구성요건이라는 점 등을 종합적으로 고려하면, 성질상 안전보호시설에 해당하고 그 안전보호시설의 유지·운영을 정지·폐지 또는 방해하는 행위가 있었다 하더라도 사전에 필요한 안전조치를 취하는 등으로 인하여 사람의 생명이나 신체에 대한 위험이 전혀 발생하지 않는 경우에는 노조법 제91조, 제42조 제2항 위반죄가 성립하지 않는다(대판 2006.5.12, 2002도3450).

4. 행정관청의 행위중지통보

① 행정관청은 쟁의행위가 사업장의 안전보호시설에 대하여 정상적인 유지·운영을 정지·폐지 또는 방해하는 행위에 해당한다고 인정하는 경우에는 노동위원회의 의결을 얻어 그 행위를 중지할 것을 통보하여야 한다. 다만, 사태가 급박하여 노동위원회의 의결을 얻을 시간적 여유가 없을 때에는 그 의결을 얻지 아니하고 즉시 그 행위를 중지할 것을 통보할 수 있다(노조법 제42조 제3항). 기출 20·23·24·25

② 이 경우 행정관청은 지체 없이 노동위원회의 사후승인을 얻어야 하며 그 승인을 얻지 못한 때에는 그 통보는 그때부터 효력을 상실한다(노조법 제42조 제4항).

Ⅲ 필수유지업무의 유지·운영의무

1. 의 의 기출 15·17·20·21

필수유지업무라 함은 필수공익사업의 업무 중 그 업무가 정지되거나 폐지되는 경우 공중의 생명·건강 또는 신체의 안전이나 공중의 일상생활을 현저히 위태롭게 하는 업무로서 대통령령이 정하는 업무를 말한다(노조법 제42조의2 제1항).

2. 필수유지업무에 대한 쟁의행위 금지

필수유지업무에 대하여 정당한 유지·운영을 정지·폐지·방해하는 행위는 쟁의행위로서 할 수 없다(노조법 제42조의2 제2항). 기출 14·17·24·25 '정당한'의 의미가 무엇인지 문제되는데, '정상적인'이 아닌 '필요 최소한'의 의미로 이해하여야 한다. 여기서 '필요 최소한'의 수준이란 공중의 생명·건강 또는 신체의 안전이나 공중의 일상생활을 현저히 위태롭게 하지 아니하는 수준을 의미한다.

3. 필수유지업무협정

(1) 의 의

노동관계당사자는 쟁의행위기간 동안 필수유지업무의 정당한 유지·운영을 위하여 필수유지업무의 필요 최소한의 유지·운영수준, 대상직무 및 필요인원 등을 정한 협정을 서면으로 체결하고 서명 또는 날인하여야 한다(노조법 제42조의3). 기출 17·20·21·23·24

(2) 법적 성격

필수유지업무협정의 체결방식은 단체협약의 방식과 동일하므로, 법적 성격은 단체협약으로 보아야 하고, 협정의 내용상 평화조항이나 쟁의절차조항은 단체협약의 채무적 부분이라고 하여야 한다.

4. 필수유지업무결정

(1) 의 의

필수유지업무협정이 체결되지 아니하였을 경우에는, 노동관계당사자 쌍방 또는 일방은 노동위원회에 필수유지업무결정에 대한 신청을 하여야 한다(노조법 제42조의4 제1항). 신청을 받은 노동위원회는 사업 또는 사업장별 필수유지업무의 특성 및 내용 등을 고려하여 필수유지업무의 필요 최소한의 유지·운영수준, 대상직무 및 필요인원 등을 결정할 수 있다. 이에 따른 노동위원회의 결정은 특별조정위원회가 담당한다(노조법 제42조의4 제2항·제3항). 기출 17·20·21·23·25

(2) 당사자 간의 의견불일치

노동위원회의 결정에 대한 해석 또는 이행방법에 관하여 관계당사자 간에 의견이 일치하지 아니하는 경우에는 특별조정위원회의 해석에 따른다. 이 경우 특별조정위원회의 해석은 노동위원회의 필수유지업무결정과 동일한 효력이 있다(노조법 제42조의4 제4항).

(3) 불복절차

노동위원회의 결정에 대한 불복절차 및 효력에 관하여는 제69조와 제70조 제2항의 규정을 준용한다(노조법 제42조의4 제5항). 따라서 노동위원회의 필수유지업무결정이 위법이거나 월권인 경우에 한하여 재심신청이나 행정소송을 제기할 수 있다(노조법 제69조). 기출 25

> **필수유지업무 유지·운영수준 등의 결정신청 등(노조법 시행령 제22조의3)**
> ① 노동관계당사자가 법 제42조의4 제1항에 따른 필수유지업무 유지·운영수준, 대상직무 및 필요인원 등의 결정(이하 "필수유지업무수준 등 결정")을 신청하면 관할 노동위원회는 지체 없이 그 신청에 대한 결정을 위한 특별조정위원회를 구성하여야 한다. 기출 24
> ② 노동위원회는 법 제42조의4 제2항에 따라 필수유지업무수준 등 결정을 하면 지체 없이 이를 서면으로 노동관계당사자에게 통보하여야 한다. 기출 21·25
> ③ 노동관계당사자의 쌍방 또는 일방은 제2항에 따른 결정에 대한 해석이나 이행방법에 관하여 노동관계당사자 간 의견이 일치하지 아니하면 노동관계당사자의 의견을 첨부하여 서면으로 관할 노동위원회에 해석을 요청할 수 있다.
> ④ 제3항에 따른 해석 요청에 대하여 법 제42조의4 제4항에 따라 해당 특별조정위원회가 해석을 하면 노동위원회는 지체 없이 이를 서면으로 노동관계당사자에게 통보하여야 한다.
> ⑤ 제1항에 따른 필수유지업무수준 등 결정의 신청절차는 고용노동부령으로 정한다.

5. 필수유지업무방해죄

(1) 의 의

필수유지업무의 정당한 유지·운영을 정지·폐지 또는 방해하는 행위는 쟁의행위로서 이를 행할 수 없다(노조법 제42조의2 제2항). 이를 위반한 경우에는 3년 이하의 징역 또는 3천만원 이하의 벌금에 처한다(노조법 제89조 제1호). 기출 21

(2) 필수유지업무방해죄의 성립요건

"필수유지업무방해죄의 성립을 위해서는 필수유지업무의 유지·운영을 정지·폐지 또는 방해하는 행위로 인하여 공중의 생명·건강 또는 신체의 안전이나 공중의 일상생활에 현저한 위험이 발생해야 한다"고 해석하거나, "필수유지업무의 유지·운영을 정지·폐지 또는 방해하는 행위가 있다고 평가하기 위해서는 단지 근로자가 필수유지업무에서 이탈하였다는 것만으로는 부족하고, 그로 인하여 공중의 생명·건강 또는 신체의 안전이나 공중의 일상생활에 현저한 위험이 발생해야 한다"고 해석하는 것이 타당할 것이다(인천지판 2015.6.19. 2015고정504).

(3) 필수유지업무방해죄의 면책

1) 필수유지업무협정에 따른 쟁의행위
필수유지업무에 대한 노동위원회결정은 필수유지업무협정이 체결되지 아니하였을 경우 인정되는 수단이라는 점에서, 명문의 규정이 없더라도 필수유지업무협정에 따른 쟁의행위에도 면책이 인정된다고 하여야 한다.

2) 노동위원회결정에 따른 쟁의행위 기출 21
노동위원회의 결정이 있는 경우 그 결정에 따라 쟁의행위를 한 때에는 필수유지업무를 정당하게 유지·운영하면서 쟁의행위를 한 것으로 본다(노조법 제42조의5). 이 경우 노조법 제42조의2 제2항 위반죄는 성립하지 아니한다.

6. 필수유지업무 근로근무자의 지명

노동조합은 필수유지업무협정이 체결되거나 필수유지업무결정이 있는 경우 사용자에게 필수유지업무에 근무하는 조합원 중 쟁의행위기간 동안 근무하여야 할 조합원을 통보하여야 하며, 사용자는 이에 따라 근로자를 지명하고 이를 노동조합과 그 근로자에게 통보하여야 한다. 다만, 노동조합이 쟁의행위 개시 전까지 이를 통보하지 아니한 경우에는 사용자가 필수유지업무에 근무하여야 할 근로자를 지명하고 이를 노동조합과 그 근로자에게 통보하여야 한다(노조법 제42조의6 제1항). 기출 23·24 필수유지업무 근로자 통보·지명 시 노동조합과 사용자는 필수유지업무에 종사하는 근로자가 소속된 노동조합이 2개 이상인 경우에는 각 노동조합의 해당 필수유지업무에 종사하는 조합원 비율을 고려하여야 한다(노조법 제42조의6 제2항).

7. 필수유지업무 위반의 쟁의행위의 정당성

(1) 당사자의 협정 위반
당사자가 필수유지업무협정을 위반하였다고 반드시 쟁의행위의 정당성이 상실되는 것은 아니라고 보아야 한다. 다만, 필수유지업무협정을 위반한 경우에는 협약 위반에 따른 채무불이행책임을 부담할 수 있다.

(2) 노동위원회결정 위반
노조법 제42조의5는 쟁의행위의 정당성에 대한 규정이 아니고, 노동위원회결정에 위반하였다고 쟁의행위의 정당성이 상실되는 것은 아니라는 점에서 당사자의 협정 위반의 경우와 마찬가지로 보아야 한다. 정당성은 실질적으로 필수유지업무의 정당한 유지·운영을 했는지에 따라 판단하여야 한다.

8. 관련 판례

필수유지업무는 공중의 생명·건강 또는 신체의 안전이나 공중의 일상생활을 현저히 위태롭게 하는 업무이므로 이에 대한 쟁의권 행사는 그 영향이 치명적일 수밖에 없다는 점에서 다른 업무영역의 근로자보다 쟁의권 행사에 더 많은 제한을 가한다고 하더라도 그 차별의 합리성이 인정되므로 평등원칙을 위반한다고 볼 수 없다(헌재 2011.12.29. 2010헌바385). 기출 20

필수공익사업별 필수유지업무(노조법 시행령 [별표 1])

1. 철도사업과 도시철도사업의 필수유지업무
   가. 철도·도시철도차량의 운전업무
   나. 철도·도시철도차량 운행의 관제업무(정거장·차량기지 등에서 철도신호 등을 취급하는 운전취급업무를 포함)
   다. 철도·도시철도차량 운행에 필요한 전기시설·설비를 유지·관리하는 업무
   라. 철도·도시철도차량 운행과 이용자의 안전에 필요한 신호시설·설비를 유지·관리하는 업무
   마. 철도·도시철도차량 운행에 필요한 통신시설·설비를 유지·관리하는 업무 기출 23

바. 안전운행을 위하여 필요한 차량의 일상적인 점검이나 정비업무 기출 25
사. 선로점검ㆍ보수업무
2. 항공운수사업의 필수유지업무
가. 승객 및 승무원의 탑승수속업무
나. 승객 및 승무원과 수하물 등에 대한 보안검색업무
다. 항공기 조종업무
라. 객실 승무업무 기출 24
마. 비행계획 수립, 항공기 운항 감시 및 통제업무
바. 항공기 운항과 관련된 시스템ㆍ통신시설의 유지ㆍ보수업무
사. 항공기의 정비[창 정비(Depot Maintenance, 대규모 정비시설 및 장비를 운영하여 수행하는 최상위 정비단계)는 제외] 업무

제7절 쟁의기간 중 대체근로 등의 제한

I 서 설

노조법 제43조 제1항 및 제2항은 쟁의기간 중 대체근로 등을 제한하고 있는데, 이는 헌법상 보장된 노동3권을 보장하기 위함이다. 2006년 개정된 노조법에 의하면, 필수공익사업의 사용자가 쟁의행위기간 중에 한하여 당해 사업과 관계없는 자를 채용 또는 대체하거나 그 업무를 도급 또는 하도급주는 경우, 당해 사업 또는 사업장 파업참가자의 100분의 50을 초과하지 않는 범위 안에서 대체근로가 허용된다(노조법 제43조 제3항ㆍ제4항).

II 대체근로 등의 제한

1. 사업과 관계없는 자의 대체 금지 기출 20

사용자는 쟁의행위기간 중 그 쟁의행위로 중단된 업무의 수행을 위하여 당해 사업과 관계없는 자를 채용 또는 대체할 수 없다(노조법 제43조 제1항). 즉, 쟁의행위로 중단된 업무의 수행을 위하여 사업 내부의 근로자를 투입하는 것은 허용되나, 사업 외부의 사람을 투입하는 것은 허용되지 아니한다.

2. 채용ㆍ대체의 허부범위

(1) 금지되는 채용ㆍ대체근로

1) 채용시기 불문

사용자가 노동조합이 쟁의행위에 들어가기 전에 근로자를 새로 채용하였다 하더라도 쟁의행위기간 중 쟁의행위에 참가한 근로자들의 업무를 수행케 하기 위하여 그 채용이 이루어졌고 그 채용한 근로자들로 하여금 쟁의행위기간 중 쟁의행위에 참가한 근로자들의 업무를 수행케 하였다면 노조법 제43조 제1항 위반죄를 구성하게 된다(대판 2000.11.28. 99도317).

2) 대체근로 실행

노조법 제43조는 쟁의행위를 보장하기 위한 규정이므로, 실제로 대체근로가 행하여져야만 노조법 제43조 제1항 위반이 된다. 따라서 그러하지 아니한 경우에는 동조 위반죄가 성립하지 아니한다.

(2) 허용되는 채용·대체근로

노조법 제43조 제1항은 노동조합의 쟁의행위권을 보장하기 위한 것으로서 쟁의행위권의 침해를 목적으로 하지 않는 사용자의 정당한 인사권 행사까지 제한하는 것은 아니므로, 자연감소에 따른 인원 충원 등 쟁의행위와 무관하게 이루어지는 신규채용은 쟁의행위기간 중이라 하더라도 가능하다(대판 2008.11.13. 2008도4831).

3. 도급 등의 금지 기출 20

사용자는 쟁의행위기간 중 그 쟁의행위로 중단된 업무를 도급 또는 하도급줄 수 없다(노조법 제43조 제2항). 파견사업주는 쟁의행위 중인 사업장에 그 쟁의행위로 중단된 업무의 수행을 위하여 근로자를 파견하여서는 아니된다(파견법 제16조 제1항).

Ⅲ 필수공익사업에서 일부 대체근로 등의 허용

1. 의 의

필수공익사업의 사용자가 쟁의행위기간 중에 한하여 당해 사업과 관계없는 자를 채용 또는 대체하거나 그 업무를 도급 또는 하도급주는 경우, 사용자는 당해 사업 또는 사업장 파업참가자의 100분의 50을 초과하지 않는 범위 안에서 채용 또는 대체하거나 도급 또는 하도급줄 수 있다(노조법 제43조 제3항·제4항). 기출 20·21·22·25

2. 필수공익사업의 범위

필수공익사업이라 함은 공익사업으로서 그 업무의 정지 또는 폐지가 공중의 일상생활을 현저히 위태롭게 하거나 국민경제를 현저히 저해하고 그 업무의 대체가 용이하지 아니한 ① 철도사업, 도시철도사업 및 항공운수사업, ② 수도사업, 전기사업, 가스사업, 석유정제사업 및 석유공급사업, ③ 병원사업 및 혈액공급사업, ④ 한국은행사업, ⑤ 통신사업을 말한다(노조법 제71조 제2항).

3. 대체근로자 수의 제한

필수공익사업의 경우 사용자는 당해 사업 또는 사업장 파업참가자의 100분의 50을 초과하지 않는 범위 안에서 대체근로가 허용된다(노조법 제43조 제4항). 이 경우 파업참가자 수는 근로의무가 있는 근로시간 중 파업 참가를 이유로 근로의 일부 또는 전부를 제공하지 아니한 자의 수를 1일 단위로 산정한다(노조법 시행령 제22조의4). 다만, 필수공익사업일지라도 근로자파견을 통한 대체근로는 여전히 제한된다(파견법 제16조 제1항). 기출 20

Ⅳ 위반의 효과

1. 부당노동행위의 구성

산업별 노동조합이 총파업이 아닌 사내하청지회에 한정한 쟁의행위를 예정하고 지회에 소속된 조합원을 대상으로 찬반투표를 실시하여 그 조합원 과반수의 찬성을 얻어 쟁의행위를 하자 사업주가 쟁의기간 중에 근로자를 신규채용한 경우, 이는 노동조합의 조직·운영에 관여한 행위로서 부당노동행위에 해당할 수 있다(대판 2009.6.23. 2007두12859).

2. 벌 칙

사용자가 쟁의기간 중 대체근로 제한규정을 위반한 경우에는 1년 이하의 징역 또는 1천만원 이하의 벌금에 처한다(노조법 제91조).

CHAPTER 04 단체행동권

01 노동조합 및 노동관계조정법령상 쟁의행위에 관한 설명으로 옳지 않은 것은? 기출 25

① 노동조합은 쟁의행위를 하고자 할 경우에는 고용노동부령이 정하는 바에 따라 행정관청에 쟁의행위의 목적·일시·장소·참가인원 및 그 방법을 미리 서면으로 신고하여야 한다.
② 사용자는 쟁의행위가 근로를 제공하고자 하는 자의 출입을 방해하는 방법으로 행하여지는 경우에는 즉시 그 상황을 행정관청과 관할 노동위원회에 신고하여야 하며, 그 방법으로 구두 신고도 가능하다.
③ 노동조합의 쟁의행위는 조합원의 직접·비밀·무기명투표에 의한다.
④ 「방위사업법」에 의하여 지정된 주요방위산업체에 종사하는 근로자 중 방산물자의 완성에 필요한 정비업무에 종사하는 자는 쟁의행위를 할 수 없다.
⑤ 근로자는 쟁의행위 기간 중에는 현행범 외에는 이 법 위반을 이유로 구속되지 아니한다.

해설 및 정답

01 ① (×) 노동조합은 쟁의행위를 하고자 할 경우에는 고용노동부령이 정하는 바에 따라 <u>행정관청과 관할노동위원회에</u> 쟁의행위의 일시·장소·참가인원 및 그 방법을 미리 서면으로 신고하여야 한다(노조법 시행령 제17조).
② (○) 사용자는 쟁의행위가 그 쟁의행위와 관계없는 자 또는 <u>근로를 제공하고자 하는 자의 출입·조업 기타 정상적인 업무를 방해하는 방법</u>으로 행하여지거나, 쟁의행위의 참가를 호소하거나 설득하는 행위로서 폭행·협박이 사용되는 경우에는 <u>즉시 그 상황을 행정관청과 관할 노동위원회에 서면·구두 또는 전화 기타의 적당한 방법으로 신고하여야</u> 한다(노조법 시행령 제18조, 동법 제38조 제1항).
③ (○) 노동조합의 쟁의행위는 <u>그 조합원의 직접·비밀·무기명투표에 의한 조합원 과반수의 찬성으로 결정하지 아니하면 이를 행할 수 없다.</u> 이 경우 조합원 수 산정은 종사근로자인 조합원을 기준으로 한다(노조법 제41조 제1항). 조합원의 직접·비밀·무기명투표에 의한 조합원 과반수의 찬성으로 결정하지 아니한 쟁의행위를 행한 경우, 1년 이하의 징역 또는 1천만원 이하의 벌금에 처한다(노조법 제91조, 제41조 제1항).
④ (○) <u>방위사업법에 의하여 지정된 주요방위산업체에 종사하는 근로자 중 전력, 용수 및 방산물자의 완성에 필요한 제조·가공·조립·<u>정비</u>·재생·개량·성능검사·열처리·도장·가스취급 등의 업무에 종사하는 자는 쟁의행위를 할 수 없다</u>(노조법 제41조 제2항, 동법 시행령 제20조).
⑤ (○) 노조법 제39조

정답 ①

02 노동조합 및 노동관계조정법령상 필수유지업무 등에 관한 설명으로 옳은 것은? 기출 25

① 도시철도의 안전 운행을 위하여 필요한 차량의 일상적인 점검 업무는 필수유지업무가 아니다.
② 노동위원회는 필수유지업무 수준 등 결정을 하면 지체 없이 이를 서면으로 행정관청에 통보하여야 한다.
③ 관계 당사자는 지방노동위원회의 필수유지업무결정이 위법이거나 월권에 의한 것이라고 인정하는 경우에는 중앙노동위원회에 그 재심을 신청할 수 있다.
④ 필수유지업무 수준 등 결정신청은 노동관계 당사자 일방이 할 수 없고, 쌍방이 공동으로 하여야 한다.
⑤ 필수유지업무의 정당한 유지·운영을 정지·폐지하는 행위는 쟁의행위로서 이를 행할 수 없으나, 방해하는 행위는 그러하지 아니하다.

03 노동조합 및 노동관계조정법상 쟁의행위에 관한 설명으로 옳지 않은 것은?(다툼이 있으면 판례에 따름) 기출 25

① 필수공익사업의 사용자는 쟁의행위 기간 중에 그 쟁의행위로 중단된 업무를 당해 사업 또는 사업장 파업참가자의 100분의 50을 초과하지 않는 범위 안에서 도급 줄 수 있다.
② 사업장의 안전보호시설에 대하여 정상적인 유지·운영을 방해하는 쟁의행위에 대하여 노동위원회는 행정관청에 알리고 그 행위를 중지할 것을 통보하여야 한다.
③ 사용자인 수급인에 대한 정당성을 갖춘 쟁의행위가 도급인의 사업장에서 이루어져 형법상 보호되는 도급인의 법익을 침해한 경우라도 그것이 항상 위법한 것은 아니다.
④ 쟁의행위에 대한 조합원 찬반투표가 이 법 제45조가 정한 노동위원회의 조정절차를 거치지 않고 실시되었다는 사정만으로는 그 쟁의행위의 정당성이 상실된다고 보기 어렵다.
⑤ 파업이 전격적으로 이루어져 사용자의 사업운영에 심대한 혼란 내지 막대한 손해를 초래할 위험이 있는 등의 사정으로 사용자의 사업계속에 관한 자유의사가 제압·혼란될 수 있다고 평가할 수 있다면 그러한 집단적 노무제공의 거부는 업무방해죄를 구성한다.

해설 및 정답

02 ① (×) 도시철도의 안전 운행을 위하여 필요한 차량의 일상적인 점검 업무는 노조법 시행령 [별표 1] 제1호 바목에서 정한 도시철도사업의 필수유지업무에 해당한다.
② (×) 노동위원회는 필수유지업무 수준 등 결정을 하면 지체 없이 이를 서면으로 노동관계 당사자("노동조합과 사용자 또는 사용자단체")에게 통보하여야 한다(노조법 시행령 제22조의3 제2항).
③ (○) 필수유지업무결정에 대한 신청을 받은 노동위원회는 사업 또는 사업장별 필수유지업무의 특성 및 내용 등을 고려하여 필수유지업무의 필요 최소한의 유지·운영 수준, 대상직무 및 필요인원 등을 결정할 수 있다(노조법 제42조의4 제2항). 관계 당사자는 지방노동위원회의 필수유지업무결정이 위법이거나 월권에 의한 것이라고 인정하는 경우에는 그 결정을 송달을 받은 날부터 10일 이내에 중앙노동위원회에 그 재심을 신청할 수 있다(노조법 제42조의4 제5항, 동법 제69조 제1항).
④ (×) 노동관계 당사자 쌍방 또는 일방은 필수유지업무협정이 체결되지 아니하는 때에는 노동위원회에 필수유지업무의 필요 최소한의 유지·운영 수준, 대상직무 및 필요인원 등의 결정을 신청하여야 한다(노조법 제42조의4 제1항).
⑤ (×) 필수유지업무의 정당한 유지·운영을 정지·폐지 또는 방해하는 행위는 쟁의행위로서 이를 행할 수 없다(노조법 제42조의2 제2항).

> **필수공익사업별 필수유지업무(노조법 시행령 [별표 1])**
> 1. 철도사업과 도시철도사업의 필수유지업무
>   가. 철도·도시철도 차량의 운전 업무
>   나. 철도·도시철도 차량 운행의 관제 업무(정거장·차량기지 등에서 철도신호 등을 취급하는 운전취급업무를 포함한다)
>   다. 철도·도시철도 차량 운행에 필요한 전기시설·설비를 유지·관리하는 업무
>   라. 철도·도시철도 차량 운행과 이용자의 안전에 필요한 신호시설·설비를 유지·관리하는 업무
>   마. 철도·도시철도 차량 운행에 필요한 통신시설·설비를 유지·관리하는 업무
>   바. 안전 운행을 위하여 필요한 차량의 일상적인 점검이나 정비 업무
>   사. 선로점검·보수 업무

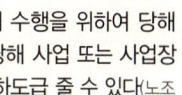
정답 ③

03 ① (○) 필수공익사업의 사용자는 쟁의행위 기간 중에 한하여 그 쟁의행위로 중단된 업무의 수행을 위하여 당해 사업과 관계없는 자를 채용 또는 대체하거나 그 업무를 도급 또는 하도급 주는 경우에, 당해 사업 또는 사업장 파업참가자의 100분의 50을 초과하지 않는 범위 안에서 채용 또는 대체하거나 도급 또는 하도급 줄 수 있다(노조법 제43조 제3항, 제4항).
② (×) 행정관청은 쟁의행위가 사업장의 안전보호시설에 대하여 정상적인 유지·운영을 정지·폐지 또는 방해하는 행위에 해당한다고 인정하는 경우에는 노동위원회의 의결을 얻어 그 행위를 중지할 것을 통보하여야 한다(노조법 제42조 제2항, 제3항 본문).
③ (○) 사용자인 수급인에 대한 정당성을 갖춘 쟁의행위가 도급인의 사업장에서 이루어져 형법상 보호되는 도급인의 법익을 침해한 경우, 그것이 항상 위법하다고 볼 것은 아니고, 법질서 전체의 정신이나 그 배후에 놓여있는 사회윤리 내지 사회통념에 비추어 용인될 수 있는 행위에 해당하는 경우에는 형법 제20조의 '사회상규에 위배되지 아니하는 행위'로서 위법성이 조각된다(대판 2020.9.3. 2015도1927).
④ (○) 대판 2020.10.15. 2019두40345
⑤ (○) 파업이 업무방해죄에서 말하는 위력에 해당하는 요소를 포함하고 있다는 점은 인정하나, 근로자는 헌법상 보장된 기본권으로서 단체행동권을 갖기 때문에, 파업이 언제나 업무방해죄에 해당하는 것으로 볼 것은 아니고, 전후 사정과 경위 등에 비추어 사용자가 예측할 수 없는 시기에 전격적으로 이루어져 사용자의 사업운영에 심대한 혼란 내지 막대한 손해를 초래하는 등으로 사용자의 사업 계속에 관한 자유의사가 제압·혼란될 수 있다고 평가할 수 있는 경우에 비로소 그 집단적 노무 제공의 거부가 위력에 해당하여 업무방해죄가 성립한다(대판 2011.3.17. 2007도482[전합]).

정답 ②

04 노동조합 및 노동관계조정법상 직장폐쇄에 관한 설명으로 옳은 것은?(다툼이 있으면 판례에 따름) 기출 25

① 사용자의 직장폐쇄가 정당한 쟁의행위로 인정되지 아니하더라도 적법한 쟁의행위로서 사업장을 점거 중인 근로자들이 직장폐쇄를 단행한 사용자로부터 퇴거 요구를 받고 이에 불응하면 퇴거불응죄가 성립한다.
② 직장폐쇄를 할 경우 사용자는 미리 행정관청에는 신고하여야 하나, 노동위원회에는 신고하지 않아도 된다.
③ 근로자가 쟁의행위를 중단하고 진정으로 업무에 복귀할 의사를 표시하였음에도 사용자가 적극적으로 노동조합의 조직력을 약화시키기 위한 목적으로 공격적 직장폐쇄를 유지하더라도 그 정당성을 잃은 것은 아니다.
④ 직장폐쇄가 정당한 쟁의행위로 평가받기 위하여는 구체적 사정에 비추어 형평의 견지에서 근로자 측의 쟁의행위에 대한 대항·방위 수단으로서 상당성이 인정되는 경우에 한한다.
⑤ 사용자는 직장폐쇄가 정당한 쟁의행위로 평가받는지에 관계없이 직장폐쇄 기간 동안의 대상 근로자에 대한 임금지불의무를 면한다.

05 노동조합 및 노동관계조정법령상 쟁의행위에 관한 설명으로 옳지 않은 것은? 기출 24

① 작업시설의 손상이나 원료·제품의 변질 또는 부패를 방지하기 위한 작업은 쟁의행위 기간 중에도 정상적으로 수행되어야 한다.
② 행정관청은 쟁의행위가 그 쟁의행위와 관계없는 자의 정상적인 업무를 방해하는 방법으로 행하여지는 경우 즉시 관할 노동위원회에 신고하여야 한다.
③ 쟁의행위는 근로를 제공하고자 하는 자의 출입·조업을 방해하는 방법으로 행하여져서는 아니 된다.
④ 근로자는 쟁의행위 기간 중에는 현행범 외에는 노동조합 및 노동관계조정법 위반을 이유로 구속되지 아니한다.
⑤ 사용자는 노동조합이 쟁의행위를 개시한 이후에만 직장폐쇄를 할 수 있다.

06 노동조합 및 노동관계조정법상 쟁의행위에 관한 설명으로 옳지 않은 것은? 기출 24

① 노동조합은 쟁의행위 기간에 대한 임금의 지급을 요구하여 이를 관철할 목적으로 쟁의행위를 하여서는 아니 된다.
② 방위사업법에 의하여 지정된 주요방위산업체에 종사하는 근로자 중 전력, 용수 및 주로 방산물자를 생산하는 업무에 종사하는 자는 쟁의행위를 할 수 없다.
③ 쟁의행위는 생산 기타 주요업무에 관련되는 시설과 이에 준하는 시설로서 대통령령이 정하는 시설을 점거하는 형태로 이를 행할 수 없다.
④ 노동관계 당사자는 노동쟁의가 발생한 때에는 어느 일방이 이를 상대방에게 서면으로 통보하여야 한다.
⑤ 노동위원회는 쟁의행위가 안전보호시설에 대하여 정상적인 유지·운영을 정지·폐지 또는 방해하는 행위에 해당한다고 인정하는 경우에는 그 행위를 중지할 것을 통보하여야 한다.

해설 및 정답

04 ① (×) 사용자의 직장폐쇄가 정당한 쟁의행위로 인정되지 아니하는 때에는 적법한 쟁의행위로서 사업장을 점거 중인 근로자들이 직장폐쇄를 단행한 사용자로부터 퇴거 요구를 받고 이에 불응한 채 직장점거를 계속하더라도 퇴거불응죄가 성립하지 아니한다(대판 2007.12.28. 2007도5204).
② (×) 사용자는 직장폐쇄를 할 경우에는 미리 행정관청 및 노동위원회에 각각 신고하여야 한다(노조법 제46조 제2항).
③ (×) 근로자의 쟁의행위 등 구체적인 사정에 비추어 직장폐쇄의 개시 자체는 정당하지만, 어느 시점 이후에 근로자가 쟁의행위를 중단하고 진정으로 업무에 복귀할 의사를 표시하였음에도 사용자가 직장폐쇄를 계속 유지하면서 근로자의 쟁의행위에 대한 방어적인 목적에서 벗어나 적극적으로 노동조합의 조직력을 약화시키기 위한 목적 등을 갖는 공격적 직장폐쇄의 성격으로 변질된 경우에는 그 이후의 직장폐쇄는 정당성을 상실한 것이다(대판 2016.5.24. 2012다85335).
④ (○) 사용자의 직장폐쇄는 노사 간의 교섭태도, 경과, 근로자 측 쟁의행위의 태양, 그로 인하여 사용자 측이 받는 타격의 정도 등에 관한 구체적 사정에 비추어 형평상 근로자 측의 쟁의행위에 대한 대항·방위 수단으로서 상당성이 인정되는 경우에 한하여 정당한 쟁의행위로 평가받을 수 있는 것이다(대판 2007.12.28. 2007도5204).
⑤ (×) 사용자의 직장폐쇄가 사용자와 근로자의 교섭태도와 교섭과정, 근로자의 쟁의행위의 목적과 방법 및 그로 인하여 사용자가 받는 타격의 정도 등 구체적인 사정에 비추어 근로자의 쟁의행위에 대한 방어수단으로서 상당성이 있으면 사용자의 정당한 쟁의행위로 인정될 수 있고, 그 경우 사용자는 직장폐쇄기간 동안 대상근로자에 대한 임금지불의무를 면한다(대판 2017.4.7. 2013다101425).

정답 ❹

05 ① (○) 노조법 제38조 제2항
② (×) 사용자는 쟁의행위가 그 쟁의행위와 관계없는 자의 정상적인 업무를 방해하는 방법으로 행하여지는 경우 즉시 그 상황을 행정관청과 관할 노동위원회에 신고하여야 한다(노조법 시행령 제18조 제1항, 노조법 제38조 제1항).
③ (○) 쟁의행위는 그 쟁의행위와 관계없는 자 또는 근로를 제공하고자 하는 자의 출입·조업 기타 정상적인 업무를 방해하는 방법으로 행하여져서는 아니 되며 쟁의행위의 참가를 호소하거나 설득하는 행위로서 폭행·협박을 사용하여서는 아니 된다(노조법 제38조 제1항).
④ (○) 노조법 제39조
⑤ (○) 노조법 제46조 제1항

정답 ❷

06 ① (○) 노조법 제44조 제2항
② (○) 방위사업법에 의하여 지정된 주요방위산업체에 종사하는 근로자 중 전력, 용수 및 주로 방산물자를 생산하는 업무에 종사하는 자는 쟁의행위를 할 수 없으며 주로 방산물자를 생산하는 업무에 종사하는 자의 범위는 대통령령으로 정한다(노조법 제41조 제2항).
③ (○) 쟁의행위는 폭력이나 파괴행위 또는 생산 기타 주요업무에 관련되는 시설과 이에 준하는 시설로서 대통령령이 정하는 시설을 점거하는 형태로 이를 행할 수 없다(노조법 제42조 제1항).
④ (○) 노조법 제45조 제1항
⑤ (×) 사업장의 안전보호시설에 대하여 정상적인 유지·운영을 정지·폐지 또는 방해하는 행위는 쟁의행위로서 이를 행할 수 없다. 행정관청은 쟁의행위가 이에 해당한다고 인정하는 경우에는 노동위원회의 의결을 얻어 그 행위를 중지할 것을 통보하여야 한다(노조법 제42조 제2항, 제3항 본문).

정답 ❺

07 노동조합 및 노동관계조정법령상 필수유지업무에 관한 설명으로 옳지 않은 것은? 기출 24

① 객실승무 업무는 항공운수사업의 필수유지업무에 해당한다.
② 필수유지업무의 정당한 유지·운영을 정지·폐지 또는 방해하는 쟁의행위는 할 수 없다.
③ 노동관계 당사자는 쟁의행위기간 동안 필수유지업무의 정당한 유지·운영을 위하여 필수유지업무협정을 쌍방이 서명 또는 날인하여 서면으로 체결하여야 한다.
④ 사용자는 필수유지업무협정이 체결된 경우 필수유지업무에 근무하는 조합원 중 쟁의행위기간 동안 근무하여야 할 조합원을 노동위원회에 통보하여야 한다.
⑤ 노동관계 당사자가 필수유지업무 유지·운영 수준, 대상직무 및 필요인원 등의 결정을 신청하면 관할 노동위원회는 지체 없이 그 신청에 대한 결정을 위한 특별조정위원회를 구성하여야 한다.

08 노동조합 및 노동관계조정법상 위반 행위에 대하여 벌칙이 적용되지 않는 것은? 기출 24

① 조합원이 노동조합에 의하여 주도되지 아니한 쟁의행위를 한 경우
② 노동조합 및 노동관계조정법에 의하여 설립된 노동조합이 아니면서 노동조합이라는 명칭을 사용한 경우
③ 노동조합이 사용자의 점유를 배제하여 조업을 방해하는 형태로 쟁의행위를 한 경우
④ 확정된 부당노동행위 구제명령에 위반한 경우
⑤ 조합원의 직접·비밀·무기명투표에 의한 조합원 과반수의 찬성으로 결정하지 아니한 쟁의행위를 행한 경우

09 노동조합 및 노동관계조정법령상 쟁의행위에 관한 설명으로 옳지 않은 것은?(다툼이 있으면 판례에 따름) 기출 23

① 노동조합은 사용자의 점유를 배제하여 조업을 방해하는 형태로 쟁의행위를 해서는 아니 된다.
② 쟁의행위가 사업장의 안전보호시설에 대하여 정상적인 운영을 방해하는 행위로 행하여지는 경우에 사용자가 행정관청과 관할 노동위원회에 하여야 할 신고는 전화로도 가능하다.
③ 피케팅은 파업에 가담하지 않고 조업을 계속하려는 자에 대하여 평화적 설득, 구두와 문서에 의한 언어적 설득의 범위 내에서 정당성이 인정되는 것이 원칙이고, 위력에 의한 물리적 강제는 정당화될 수 없다.
④ 사업장의 안전보호시설의 정상적인 유지·운영을 정지하는 쟁의행위에 대하여 노동위원회는 그 의결로 쟁의행위의 중지를 통보하여야 한다.
⑤ 방위사업법에 의하여 지정된 주요방위산업체에 종사하는 근로자 중 방산물자의 완성에 필요한 정비 업무에 종사하는 자는 쟁의행위를 할 수 없다.

• **해설 및 정답** •

07 ① (○) 객실승무 업무는 노조법 시행령 [별표 1]에서 정한 필수유지업무에 해당한다.
② (○) 노조법 제42조의2 제2항
③ (○) 노동관계 당사자는 쟁의행위기간 동안 필수유지업무의 정당한 유지·운영을 위하여 필수유지업무의 필요 최소한의 유지·운영 수준, 대상직무 및 필요인원 등을 정한 협정(이하 "필수유지업무협정")을 서면으로 체결하여야 한다. 이 경우 필수유지업무협정에는 노동관계 당사자 쌍방이 서명 또는 날인하여야 한다(노조법 제42조의3).
④ (×) <u>노동조합은 필수유지업무협정이 체결되거나 필수유지업무에 대한 노동위원회의 결정이 있는 경우 사용자에게 필수유지업무에 근무하는 조합원 중 쟁의행위기간 동안 근무하여야 할 조합원을 통보하여야 하며</u>, 사용자는 이에 따라 근로자를 지명하고 이를 노동조합과 그 근로자에게 통보하여야 한다(노조법 제42조의6 제1항 본문).
⑤ (○) 노조법 시행령 제22조의3 제1항

> 필수공익사업별 필수유지업무 중 항공운수사업의 필수유지업무(노조법 시행령 [별표 1])
>   2. 항공운수사업의 필수유지업무
>   가. 승객 및 승무원의 탑승수속 업무
>   나. 승객 및 승무원과 수하물 등에 대한 보안검색 업무
>   다. 항공기 조종 업무
>   라. 객실승무 업무
>   마. 비행계획 수립, 항공기 운항 감시 및 통제 업무
>   바. 항공기 운항과 관련된 시스템·통신시설의 유지·보수 업무
>   사. 항공기의 정비[<u>창정비</u>(Depot Maintenance, 대규모 정비시설 및 장비를 운영하여 수행하는 최상위정비 단계)<u>는 제외</u>] 업무

정답 ④

08 ① (○) 3년 이하의 징역 또는 3천만원 이하의 벌금에 처한다(노조법 제89조 제1호, 제37조 제2항).
② (○) 500만원 이하의 벌금에 처한다(노조법 제93조 제1호, 제7조 제3항).
③ (×) 노조법 제37조 제3항의 규정("노동조합은 사용자의 점유를 배제하여 조업을 방해하는 형태로 쟁의행위를 해서는 아니 된다")을 <u>위반한 자에 대한 벌칙규정은 규정되어 있지 아니하다.</u>
④ (○) 3년 이하의 징역 또는 3천만원 이하의 벌금에 처한다(노조법 제89조 제2호, 제85조 제3항, 제29조의4 제4항).
⑤ (○) 1년 이하의 징역 또는 1천만원 이하의 벌금에 처한다(노조법 제91조, 제41조 제1항).

정답 ③

09 ① (○) 노조법 제37조 제3항
② (○) 사용자는 쟁의행위가 사업장의 안전보호시설에 대하여 정상적인 유지·운영을 정지·폐지 또는 방해하는 행위로 행하여지는 경우에는 즉시 그 상황을 <u>서면·구두 또는 전화 기타의 적당한 방법으로 행정관청과 관할 노동위원회에 신고하여야 한다</u>(노조법 제42조 제2항, 동법 시행령 제18조).
③ (○) 파업의 보조적 쟁의수단인 피케팅은 파업에 가담하지 않고 조업을 계속하려는 자에 대하여 평화적 설득, 구두와 문서에 의한 언어적 설득의 범위 내에서 정당성이 인정되는 것이고, <u>폭행, 협박 또는 위력에 의한 실력적 저지나 물리적 강제는 정당화될 수 없다</u>(대판 1990.10.12. 90도1431).
④ (×) <u>행정관청은</u> 쟁의행위가 사업장의 안전보호시설에 대하여 정상적인 유지·운영을 정지·폐지 또는 방해하는 행위에 해당한다고 인정하는 경우에는 <u>노동위원회의 의결을 얻어 그 행위를 중지할 것을 통보하여야 한다</u>(노조법 제42조 제3항 본문).
⑤ (○) 방위사업법에 의하여 지정된 주요방위산업체에 종사하는 근로자 중 전력, 용수 및 <u>방산물자의 완성에 필요한 제조·가공·조립·정비·재생·개량·성능검사·열처리·도장·가스취급 등의 업무에 종사하는 자는 쟁의행위를 할 수 없다</u>(노조법 제41조 제2항, 동법 시행령 제20조).

정답 ④

CHAPTER 05 노동쟁의조정제도

출제포인트

- ☐ 사적 조정절차의 성립과 내용
- ☐ 단독조정인
- ☐ 중재의 개시와 진행
- ☐ 긴급조정의 요건과 효과

제1절 서 설

현실적으로 노사 간의 이해대립이 언제나 평화적으로 해결되기는 어려우므로, 단체교섭을 행하는 경우 당사자 간의 이해관계가 일치하지 아니하여 단체협약을 체결하지 못하고 분쟁상태에 놓이게 되는데, 이러한 분쟁상태를 해결하기 위한 제도가 노동쟁의조정제도이다.

제2절 노동쟁의조정제도

I 개관

정의(노조법 제2조)
이 법에서 사용하는 용어의 정의는 다음과 같다.
5. "노동쟁의"라 함은 노동조합과 사용자 또는 사용자단체(이하 "노동관계 당사자"라 한다) 간에 임금·근로시간·복지·해고·근로자의 지위 기타 대우등 근로조건의 결정과 근로조건에 영향을 미치는 사업경영상의 결정에 관한 주장의 불일치 및 제92조 제2호 가목부터 라목까지의 사항에 관한 사용자의 명백한 단체협약 위반으로 인하여 발생한 분쟁상태를 말한다. 이 경우 주장의 불일치라 함은 당사자 간에 합의를 위한 노력을 계속하여도 더 이상 자주적 교섭에 의한 합의의 여지가 없는 경우를 말한다.

자주적 조정의 노력(노조법 제47조)
이 장의 규정은 노동관계당사자가 직접 노사협의 또는 단체교섭에 의하여 근로조건 기타 노동관계에 관한 사항을 정하거나 노동관계에 관한 주장의 불일치를 조정하고 이에 필요한 노력을 하는 것을 방해하지 아니한다. 기출 25

당사자의 책무(노조법 제48조)
노동관계당사자는 단체협약에 노동관계의 적정화를 위한 노사협의 기타 단체교섭의 절차와 방식을 규정하고 노동쟁의가 발생한 때에는 이를 자주적으로 해결하도록 노력하여야 한다. 기출 25

국가등의 책무(노조법 제49조)
국가 및 지방자치단체는 노동관계당사자 간에 노동관계에 관한 주장이 일치하지 아니할 경우에 노동관계당사자가 이를 자주적으로 조정할 수 있도록 조력함으로써 쟁의행위를 가능한 한 예방하고 노동쟁의의 신속·공정한 해결에 노력하여야 한다. 기출 25

신속한 처리(노조법 제50조)
이 법에 의하여 노동관계의 조정을 할 경우에는 노동관계당사자와 노동위원회 기타 관계기관은 사건을 신속히 처리하도록 노력하여야 한다. 기출 25

공익사업등의 우선적 취급(노조법 제51조)
국가·지방자치단체·국공영기업체·방위산업체 및 공익사업에 있어서의 노동쟁의의 조정은 우선적으로 취급하고 신속히 처리하여야 한다. 기출 25

사적 조정·중재(노조법 제52조)
① 제2절 및 제3절의 규정은 노동관계당사자가 쌍방의 합의 또는 단체협약이 정하는 바에 따라 각각 다른 조정 또는 중재방법(이하 "사적조정등")에 의하여 노동쟁의를 해결하는 것을 방해하지 아니한다.
② 노동관계당사자는 제1항의 규정에 의하여 노동쟁의를 해결하기로 한 때에는 이를 노동위원회에 신고하여야 한다.
③ 제1항의 규정에 의하여 노동쟁의를 해결하기로 한 때에는 다음 각 호의 규정이 적용된다.
  1. 조정에 의하여 해결하기로 한 때에는 제45조 제2항 및 제54조의 규정. 이 경우 조정기간은 조정을 개시한 날부터 기산한다.
  2. 중재에 의하여 해결하기로 한 때에는 제63조의 규정. 이 경우 쟁의행위의 금지기간은 중재를 개시한 날부터 기산한다.
④ 제1항의 규정에 의하여 조정 또는 중재가 이루어진 경우에 그 내용은 단체협약과 동일한 효력을 가진다.
⑤ 사적조정등을 수행하는 자는 노동위원회법 제8조 제2항 제2호 각 목의 자격을 가진 자로 한다. 이 경우 사적조정등을 수행하는 자는 노동관계당사자로부터 수수료, 수당 및 여비 등을 받을 수 있다.

1. 기본원칙

(1) 자주성
노동쟁의당사자 간의 자주적 해결원칙(노조법 제47조, 제48조), 사적 조정제도의 채택(노조법 제52조), 노동쟁의의 자주적 해결을 위한 정부의 조력(노조법 제49조) 등은 노사자치의 원칙을 규정하고 있다. 기출 19

(2) 신속성
국가 및 지방자치단체의 신속처리노력(노조법 제49조), 당사자와 노동위원회 기타 관계기관의 신속한 사건처리의무(노조법 제50조) 등은 신속성의 원칙을 규정하고 있다. 기출 19

(3) 공정성
국가 및 지방자치단체의 공정한 해결을 위한 노력의무(노조법 제49조)를 규정하고 있다.

(4) 공익성
국가·지방자치단체·국공영기업체·방위산업체·공익사업에 있어서 노동쟁의 조정의 우선적 취급(노조법 제51조) 기출 23, 노사위원회 위원에 공익위원을 포함시키는 것 등은 공익을 위한 취지이다.

2. 적용범위

(1) 노동쟁의
노조법은 조정의 대상을 노동쟁의로 규정하고 있다(노조법 제53조). 노동쟁의라 함은 노동조합과 사용자 또는 사용자단체(노동관계 당사자) 간에 임금·근로시간·복지·해고·근로자의 지위 기타 대우등 근로조건의 결정과 근로조건에 영향을 미치는 사업경영상의 결정에 관한 주장의 불일치 및 사용자의 명백한 단체협약 위반으로 인하여 발생한 분쟁상태를 말한다. 이 경우 주장의 불일치라 함은 당사자 간에 합의를 위한 노력을 계속하여도 더 이상 자주적 교섭에 의한 합의의 여지가 없는 경우를 말한다(노조법 제2조 제5호).

(2) 집단적 노사관계

1) 원칙적 부정
판례는 노동조합 조합원의 근무시간 중의 노조활동은 원칙적으로 근로자의 근로제공의무와 배치되는 것이므로 허용되는 것이 아니고, 사용자와 근로자 사이의 근로계약관계에 있어서 근로자의 대우에 관하여 정한 근로조건에 해당하는 것이라고 할 수 없고, 종전의 단체협약이나 단체교섭을 진행하던 노동관계당사자 쌍방의 단체협약안에 그 사항에 관한 규정이 있다 하더라도 그것이 당연히 근로조건으로 되는 것이라고 할 수도 없으므로 이에 관한 노동관계당사자 사이의 주장의 불일치는 노동쟁의라고 할 수 없고, 따라서 특별한 사정이 없는 한 이를 중재재정의 대상으로 할 수 없으며, 노조전임제는 노동조합에 대한 편의제공의 한 형태로서 사용자가 단체협약 등을 통하여 승인하는 경우에 인정되는 것일 뿐 사용자와 근로자 사이의 근로계약관계에 있어서 근로자의 대우에 관하여 정한 근로조건이라고 할 수 없는 것이고, 단순히 임의적 교섭사항에 불과하여 이에 관한 분쟁 역시 노동쟁의라 할 수 없으므로 특별한 사정이 없는 한 이것 또한 중재재정의 대상으로 할 수 없다고(대판 1996.2.23. 94누9177) 한다.

2) 예외적 인정
판례는 중재절차는 노동쟁의의 자주적 해결과 신속한 처리를 위한 광의의 노동쟁의조정절차의 일부분이므로 노사관계당사자 쌍방이 합의하여 단체협약의 대상이 될 수 있는 사항에 대하여 중재를 해 줄 것을 신청한 경우이거나 이와 동일시할 수 있는 사정이 있는 경우에는 근로조건 이외의 사항에 대하여도 중재재정을 할 수 있다고 봄이 상당하다고(대판 2003.7.25. 2001두4818) 한다.

(3) 권리분쟁

1) 구 노동쟁의조정법하에서의 판례의 태도

판례는 노동쟁의의 정의에서 말하는 '노동조건에 관한 노동관계당사자 간의 주장'이란 개별적 노동관계와 단체적 노동관계의 어느 것에 관한 주장이라도 포함하는 것이고, 그것은 단체협약이나 근로계약상의 권리의 주장(권리쟁의)과 그것들에 관한 새로운 합의의 형성을 꾀하기 위한 주장(이익쟁의)을 모두 포함하는 것이므로 중재위원회의 중재 대상에는 이익분쟁과 권리분쟁이 모두 포함된다고(대판 1990.9.28. 90도602) 판시하고 있다.

2) 현행 노조법 규정

2025년 노조법 개정으로 근로조건의 결정과 근로조건에 영향을 미치는 사업경영상의 결정에 관한 주장의 불일치가 있는 경우, 일정한 사항에 관한 사용자의 명백한 단체협약 위반이 있는 경우가 노동쟁의의 대상이 되었으나, 권리분쟁은 여전히 조정·중재대상에 포함되지 아니하는 것으로 해석된다.

Ⅱ 노동쟁의조정제도의 기본체계

노조법은 노동분쟁을 해결함에 있어 노사자치의 원칙을 천명하고 있다. 이러한 원칙 아래 법은 노동쟁의 조정의 방식으로서 사적 조정절차와 공적 조정절차를 두고 있다. 다만, 사적 조정에 관한 당사자 간의 합의가 있는 경우에는 사적 조정절차가 우선 적용된다.

1. 사적 조정절차

(1) 성립

조정·중재의 규정은 노동관계당사자가 쌍방의 합의 또는 단체협약이 정하는 바에 따라 각각 다른 조정 또는 중재방법(이하 "사적조정등")에 의하여 노동쟁의를 해결하는 것을 방해하지 아니한다. 노동관계당사자는 이에 의하여 노동쟁의를 해결하기로 한 때에는 이를 노동위원회에 신고하여야 한다(노조법 제52조 제1항·제2항). 신고는 공적 조정 또는 중재가 진행 중인 경우에도 할 수 있다(노조법 시행령 제23조 제1항, 제2항).

기출 17·18·20·23·24

(2) 내용

① 조정·중재의 형태는 법에 규정된 조정 및 중재의 형태와 반드시 일치하지 아니하여도 무방하다. 당사자는 조정·중재의 절차 모두를 선택할 수 있고, 이 중 어느 절차를 생략할 수도 있다. 다만, 사적 조정절차는 물론 공적 조정절차도 적용받지 아니하기로 하는 당사자 간의 약정은 무효이다.
② 당사자는 사적 조정절차의 조정안에 대하여 그 선임·구성·권한·비용 분담 등에 관하여 임의로 정할 수 있다. 기출 13·16
③ 노조법상 사적 조정 등을 수행하는 자는 지방노동위원회의 조정담당공익위원으로서의 자격이 있어야 하며, 사적 조정인은 노동관계당사자로부터 수수료, 수당 및 여비 등을 받을 수 있다(노조법 제52조 제5항).

기출 23

(3) 공적 조정절차규정의 적용

① 근로조건에 관한 이익분쟁뿐만 아니라, 기타 교섭단체 및 협약의 대상이 될 수 있는 사항은 사적 조정 등의 대상이 될 수 있다.

② 사적 조정절차에 의하는 경우에도 공적 조정절차에 관한 규정이 적용되는 경우가 있다. 사적 조정절차에도 노동쟁의 조정전치주의의 원칙이 적용되며(노조법 제45조 제2항), 노동쟁의를 조정에 의하여 해결하기로 한 때에는 조정 개시 이후 일반사업에 있어서는 10일, 공익사업에 있어서는 15일 이내에 종료하여야 하고(노조법 제52조 제3항 제1호), 노동쟁의를 중재에 의하여 해결하기로 한 때에는 중재 개시 이후 15일간은 쟁의행위를 할 수 없다(노조법 제52조 제3항 제2호). 기출 17

③ 공적 조정절차에 관한 사항 중 강행적 효력을 가지고 있는 규정은 이를 위반하여서는 아니 된다. 긴급조정절차는 사적 조정절차의 대상이 될 수 없다.

(4) 효 력

1) 사적 조정 등이 이루어진 경우

사적 조정절차에 의하여 조정 또는 중재가 이루어진 경우에 그 내용은 단체협약과 동일한 효력을 갖는다(노조법 제52조 제4항). 기출 16·23·24

2) 사적 조정 등이 이루어지지 아니한 경우

① 노동관계당사자는 사적 조정·중재에 의하여 노동쟁의가 해결되지 않는 경우에는 노동쟁의를 조정 또는 중재하여 줄 것을 관할 노동위원회에 신청할 수 있다. 이 경우 관할 노동위원회는 지체 없이 조정 또는 중재를 개시해야 한다(노조법 시행령 제23조 제3항).

② 사적 조정·중재도 노조법 제45조 제2항의 조정전치주의가 적용되므로, 사적 조정 등이 이루어지지 아니한 경우에는 노동위원회에 공적 조정을 신청하거나, 그 사적 조정·중재기간이 경과한 후 쟁의행위를 할 수 있다.

2. 공적 조정절차

(1) 개 시

당사자 간의 사적 조정절차가 마련되어 있지 아니하거나, 사적 조정절차가 마련되어 있다 할지라도 이에 의하여 노동쟁의가 해결되지 아니하는 경우에는, 당사자의 신청에 의하여 공적 조정절차가 적용된다.

(2) 내 용

공적 조정절차에는 일반조정절차와 긴급조정절차가 있다. 일반조정절차의 경우, 노동위원회가 적극적으로 행정서비스를 제공할 수 있도록 사전조정과 사후조정을 규정하고 있다. 즉, 노동위원회는 조정신청 전이라도 원활한 조정을 위하여 교섭을 주선하는 등 관계당사자의 자주적인 분쟁 해결을 지원할 수 있고(노조법 제53조 제2항), 조정의 종료가 결정된 후에도 노동쟁의의 해결을 위하여 조정을 할 수 있다(노조법 제61조의2 제1항).

기출 19·22·25

(3) 효 력

조정 또는 중재의 절차에 의하여 분쟁이 해결되면 조정서 또는 중재재정서가 작성되고, 그 내용은 단체협약과 동일한 효력을 갖는다.

Ⅲ 노동쟁의 조정의 종류와 절차

1. 종 류

노동쟁의조정절차에는 크게 일반조정절차와 긴급조정절차가 있고, 일반조정절차에는 일반사업, 공익사업, 교원 및 공무원에 관한 조정절차가 있다.

2. 일반사업에 대한 조정절차

(1) 조 정

1) 조정의 의의

조정이란 노동위원회에 설치된 조정위원회가 당사자의 의견을 청취하고, 조정안을 작성하여 수락을 권고하는 절차를 말한다. 조정은 일반사업과 공익사업에 모두 적용되고, 강제성이 없는 조정안의 수락을 권고하는 것이므로, 당사자 간에 자주적인 분쟁의 해결을 도모할 수 있다.

2) 조정의 개시

노동위원회는 관계당사자의 일방이 노동쟁의의 조정을 신청한 때에는 지체 없이 조정을 개시하여야 하며 관계당사자 쌍방은 이에 성실히 임하여야 한다(노조법 제53조 제1항). 기출 15·20·22

3) 조정의 진행

① 조정의 담당자 : 조정위원회 또는 단독조정인이 조정을 행한다.

② 조정위원회의 구성 : 노동쟁의의 조정을 위하여 노동위원회에 조정위원회(3인으로 구성)를 두고, 조정위원은 당해 노동위원회의 위원 중에서 사용자를 대표하는 자, 근로자를 대표하는 자 및 공익을 대표하는 자 각 1인을 그 노동위원회의 위원장이 지명하되, 근로자를 대표하는 조정위원은 사용자가, 사용자를 대표하는 조정위원은 노동조합이 각각 추천하는 노동위원회의 위원 중에서 지명하여야 한다. 다만, 조정위원회의 회의 3일 전까지 관계당사자가 추천하는 위원의 명단 제출이 없을 때에는 당해 위원을 위원장이 따로 지명할 수 있다(노조법 제55조 제1항, 제2항, 제3항). 기출 20 노동위원회의 위원장은 근로자를 대표하는 위원 또는 사용자를 대표하는 위원의 불참 등으로 인하여 조정위원회의 구성이 어려운 경우, 노동위원회의 공익을 대표하는 위원 중에서 3인을 조정위원으로 지명할 수 있다. 다만, 관계 당사자 쌍방의 합의로 선정한 노동위원회의 위원이 있는 경우에는 그 위원을 조정위원으로 지명한다(노조법 제55조 제4항). 기출 24

③ 조정위원회 위원장 : 조정위원회의 위원장은 공익을 대표하는 조정위원이 된다(노조법 제56조 제2항 본문).

④ 단독조정인 : 노동위원회는 관계당사자 쌍방의 신청이 있거나 관계당사자 쌍방의 동의를 얻은 경우에는 조정위원회에 갈음하여 단독조정인에게 조정을 행하게 할 수 있다. 단독조정인은 당해 노동위원회의 위원 중에서 관계당사자의 쌍방의 합의로 선정된 자를 그 노동위원회의 위원장이 지명한다(노조법 제57조).

기출 18·20·21·22·24

4) 조정기간

① 조정은 조정의 신청이 있는 날부터 일반사업에 있어서는 10일, 공익사업에 있어서는 15일 이내에 종료하여야 한다(노조법 제54조 제1항). 기출 20

② 조정기간은 관계당사자 간의 합의로 일반사업에 있어서는 10일, 공익사업에 있어서는 15일 이내에서 연장할 수 있다(노조법 제54조 제2항). 기출 15·22

5) 조정의 절차
① 조정위원회 또는 단독조정인은 기일을 정하여 관계당사자 쌍방을 출석하게 하여 주장의 요점을 확인하여야 한다(노조법 제58조).
② 조정위원회의 위원장 또는 단독조정인은 관계당사자와 참고인 외의 자의 출석을 금할 수 있다(노조법 제59조). 기출 13
③ 조정위원회 또는 단독조정인은 조정안을 작성하여 이를 관계당사자에게 제시하고 그 수락을 권고하는 동시에 그 조정안에 이유를 붙여 공표할 수 있으며, 필요한 때에는 신문 또는 방송에 보도 등 협조를 요청할 수 있다(노조법 제60조 제1항).

6) 조정의 효력
① 조정안이 수락된 경우
  ㉠ 조정안이 관계당사자에 의하여 수락된 때에는 조정위원 전원 또는 단독조정인은 조정서를 작성하고 관계당사자와 함께 서명 또는 날인하여야 한다(노조법 제61조 제1항). 기출 12·14 조정서의 내용을 준수하지 아니한 자는 1천만원 이하의 벌금에 처한다(노조법 제92조 제3호). 기출 22
  ㉡ 조정서의 내용은 단체협약과 동일한 효력을 가진다(노조법 제61조 제2항). 기출 15·18·21
  ㉢ 조정안이 관계당사자 쌍방에 의하여 수락된 후 그 해석 또는 이행방법에 관하여 관계당사자 간에 의견의 불일치가 있는 때에는 관계당사자는 당해 조정위원회 또는 단독조정인에게 그 해석 또는 이행방법에 관한 명확한 견해의 제시를 요청하여야 하고, 조정위원회 또는 단독조정인은 그 요청을 받은 날부터 7일 이내에 명확한 견해를 제시하여야 한다(노조법 제60조 제3항·제4항). 기출 24·25
  ㉣ 해석 또는 이행방법에 관한 견해가 제시될 때까지는 관계당사자는 당해 조정안의 해석 또는 이행에 관하여 쟁의행위를 할 수 없다(노조법 제60조 제5항). 기출 20·25
  ㉤ 조정위원회 또는 단독조정인이 제시한 해석 또는 이행방법에 관한 견해는 중재재정과 동일한 효력을 가진다(노조법 제61조 제3항).
② 조정안이 수락되지 아니한 경우 : 조정위원회 또는 단독조정인은 관계당사자가 수락을 거부하여 더 이상 조정이 이루어질 여지가 없다고 판단되는 경우에는 조정의 종료를 결정하고 이를 관계당사자 쌍방에 통보하여야 한다(노조법 제60조 제2항).

> **노동쟁의의 조정 등의 신청(노조법 시행령 제24조)**
> ① 노동관계당사자는 법 제53조 제1항 또는 제62조에 따른 조정 또는 중재를 신청할 경우에는 고용노동부령으로 정하는 바에 따라 관할 노동위원회에 신청하여야 한다.
> ② 제1항에 따른 신청을 받은 노동위원회는 그 신청내용이 법 제5장 제2절 또는 제3절에 따른 조정 또는 중재의 대상이 아니라고 인정할 경우에는 그 사유와 다른 해결방법을 알려 주어야 한다.
>
> **조정의 통보(노조법 시행령 제25조)**
> 노동위원회는 법 제53조, 법 제62조, 법 제78조 및 법 제80조의 규정에 의한 조정과 중재를 하게 된 경우에는 지체 없이 이를 서면으로 관계당사자에게 각각 통보하여야 한다.
>
> **조정위원회의 구성(노조법 시행령 제26조)**
> 노동위원회는 법 제53조에 따라 노동쟁의의 조정을 하게 된 경우에는 지체 없이 해당 사건의 조정을 위한 조정위원회 또는 특별조정위원회를 구성해야 한다. 기출 24
>
> **조정안의 해석요청(노조법 시행령 제27조)**
> 노동관계당사자는 법 제60조 제3항에 따른 조정안의 해석 또는 그 이행방법에 관하여 견해의 제시를 요청하는 경우에는 해당 조정안의 내용과 당사자의 의견 등을 적은 서면으로 해야 한다. 기출 25

(2) 중 재

중재는 조정과정에서 당사자 간의 합의가 이루어지지 아니하는 경우 개시되는 절차이다. 중재의 중재안은 당사자를 구속한다는 점에서 당사자를 구속하지 아니하는 조정과 구별된다. 중재에 대하여는 공익사업에 대한 중재에서 상술한다.

3. 공익사업에 관한 조정절차

(1) 공익사업과 필수공익사업(노조법 제71조)

1) 공익사업 기출 21·24

① 공익사업이라 함은 공중의 일상생활과 밀접한 관련이 있거나 국민경제에 미치는 영향이 큰 사업으로서 다음의 사업을 말한다.
   ㉠ 정기노선여객운수사업 및 항공운수사업
   ㉡ 수도사업, 전기사업, 가스사업, 석유정제사업 및 석유공급사업
   ㉢ 공중위생사업, 의료사업 및 혈액공급사업
   ㉣ 은행 및 조폐사업
   ㉤ 방송 및 통신사업
② 국민건강보험공단, 투자금융회사 및 종합금융회사 등은 공익사업에 해당되지 아니한다.
③ 지역난방사업이 공중의 일상생활에 없어서는 아니 된다면 공익사업에 해당되고, 위성방송도 방송통신사업에 해당된다.

2) 필수공익사업 기출 13·20·22·24

필수공익사업이라 함은 공익사업으로서 그 업무의 정지 또는 폐지가 공중의 일상생활을 현저히 위태롭게 하거나 국민경제를 현저히 저해하고 그 업무의 대체가 용이하지 아니한 다음의 사업을 말한다.
① 철도사업, 도시철도사업 및 항공운수사업
② 수도사업, 전기사업, 가스사업, 석유정제사업 및 석유공급사업
③ 병원사업 및 혈액공급사업
④ 한국은행사업
⑤ 통신사업

(2) 공익사업에 대한 특칙

1) 노동쟁의 우선처리 기출 13·16·19

공익사업에 있어서의 노동쟁의의 조정은 우선적으로 취급하고 신속히 처리하여야 한다(노조법 제51조).

2) 조정기간

공익사업에 있어서의 조정은 조정의 신청이 있은 날부터 15일 이내에 종료하여야 한다(노조법 제54조 제1항).

3) 긴급조정 기출 15

고용노동부장관은 쟁의행위가 공익사업에 관한 것이거나 그 규모가 크거나 그 성질이 특별한 것으로서 현저히 국민경제를 해하거나 국민의 일상생활을 위태롭게 할 위험이 현존하는 때에는 긴급조정의 결정을 할 수 있다(노조법 제76조 제1항).

(3) 특별조정

1) 특별조정의 담당자(노조법 제72조)
① 공익사업의 노동쟁의의 조정을 위하여 노동위원회에 특별조정위원회를 둔다. 기출 17·21
② 특별조정위원회는 특별조정위원 3인으로 구성한다. 기출 21
③ 특별조정위원은 그 노동위원회의 공익을 대표하는 위원 중에서 노동조합과 사용자가 순차적으로 배제하고 남은 4인 내지 6인 중에서 노동위원회의 위원장이 지명한다. 다만, 관계당사자가 합의로 당해 노동위원회의 위원이 아닌 자를 추천하는 경우에는 그 추천된 자를 지명한다. 기출 24
④ 위원장은 공익을 대표하는 노동위원회의 위원인 특별조정위원 중에서 호선하고, 당해 노동위원회의 위원이 아닌 자만으로 구성된 경우에는 그중에서 호선한다. 다만, 공익을 대표하는 위원인 특별조정위원이 1인인 경우에는 당해 위원이 위원장이 된다(노조법 제73조 제2항). 기출 21

2) 조정활동
특별조정위원회의 조정절차 및 방법 등에 관하여 법은 아무런 명문규정을 두고 있지 아니하다. 따라서 일반사업에 대한 조정절차 및 방법 등이 적용되어야 할 것이다.

3) 조정의 결과
① 조정이 성립된 경우 : 조정안을 작성하여야 한다.
② 조정이 성립되지 아니한 경우 : 일반사업과 마찬가지로 파업을 할 수 있고, 노동위원회 위원장이 특별조정위원회의 권고에 의하여 중재회부결정을 한 때에는, 노동위원회가 중재를 행한다.

(4) 중 재
공익사업에 대한 중재절차 및 그 효력에 관한 사항은 일반사업의 경우와 동일하다.

1) 중재의 의의
중재는 노동위원회에 설치된 중재위원회가 당사자 쌍방에 대하여 당사자의 수락 여부와 관계없이 구속력있는 중재결정을 내리는 절차를 의미한다.

2) 중재의 개시
① 중재의 유형 : ㉠ 관계당사자와 쌍방이 함께 중재를 신청한 때(당사자 일방의 단독신청 불가), ㉡ 관계당사자의 일방이 단체협약에 의하여 신청[55])을 한 때(노조법 제62조), ㉢ 긴급조정에 있어 중앙노동위원회의 위원장이 조정이 성립될 가망이 없다고 인정한 경우에 공익위원의 의견을 들어 중재회부결정을 한 때(노조법 제79조 제1항) 및 ㉣ 교원노조법·공무원노조법에 의하여 조정이 실패한 때에 직권으로 중재절차를 개시할 수 있도록 규정하고 있다. ㉠·㉡의 경우 임의중재로서 노사자치원칙에 위배되지 아니하나, ㉢·㉣의 경우에는 강제중재이다. 종래 필수공익사업에 대한 직권중재제도는 2006년 노조법 개정으로 폐지되었다. 기출 13·18·21·22·25
② 중재 시 쟁의행위의 금지 : 노동쟁의가 중재에 회부된 때에는 그날부터 15일간은 쟁의행위를 할 수 없다(노조법 제63조). 기출 20·21·24·25

---

55) 중재는 일반사업이든 공익사업이든 관계없이 신청할 수 있다. 또한 중재는 일반적으로 조정이 실패한 경우에 신청하지만 조정을 거치지 않고 신청할 수도 있다. 기출 22

3) 중재의 진행

① **중재의 담당자**(노조법 제64조)
  ㉠ 중재는 노동위원회의 중재위원회가 담당한다.
  ㉡ 중재위원회는 중재위원 3인으로 구성한다. 기출 13
  ㉢ 중재위원은 당해 노동위원회의 공익을 대표하는 위원 중에서 관계당사자의 합의로 선정한 자에 대하여 그 노동위원회의 위원장이 지명한다. 다만, 관계당사자 간에 합의가 성립되지 아니한 경우에는 노동위원회의 공익을 대표하는 위원 중에서 지명한다. 기출 19·25

② **중재위원회의 위원장**(노조법 제65조) : 중재위원회에 위원장을 두며, 위원장은 중재위원 중에서 호선한다.
기출 13·20·25

③ **중재의 활동**(노조법 제66조)
  ㉠ 중재위원회는 기일을 정하여 관계당사자 쌍방 또는 일방을 중재위원회에 출석하게 하여 주장의 요점을 확인하여야 한다.
  ㉡ 관계당사자가 지명한 노동위원회의 사용자를 대표하는 위원 또는 근로자를 대표하는 위원은 중재위원회의 동의를 얻어 그 회의에 출석하여 의견을 진술할 수 있다. 기출 13
  ㉢ 중재위원회의 위원장은 관계당사자와 참고인 외의 자의 회의 출석을 금할 수 있다(노조법 제67조).
기출 25

4) 중재의 대상

① **노동쟁의** : 중재의 대상은 노조법 제2조 제5호의 노동쟁의이다. 노동쟁의라 함은 노동조합과 사용자 또는 사용자단체(노동관계 당사자) 간에 임금·근로시간·복지·해고·근로자의 지위 기타 대우등 근로조건의 결정과 근로조건에 영향을 미치는 사업경영상의 결정에 관한 주장의 불일치 및 사용자의 명백한 단체협약 위반으로 인하여 발생한 분쟁상태를 말한다. 이 경우 주장의 불일치라 함은 당사자 간에 합의를 위한 노력을 계속하여도 더 이상 자주적 교섭에 의한 합의의 여지가 없는 경우를 말한다(노조법 제2조 제5호).

② **근로조건 이외의 사항** : 근로조건 이외의 사항에 관한 노동관계당사자 사이의 주장의 불일치로 인한 분쟁상태는 근로조건의 결정에 관한 분쟁이 아니어서 현행법상의 노동쟁의라고 할 수 없고, 특별한 사정이 없는 한 이러한 사항은 중재재정의 대상으로 할 수 없다. 따라서 근로조건 이외의 사항인 근무시간 중 조합활동, 조합전임자, 시설편의제공, 출장 취급 등을 중재재정의 대상으로 할 수 없다. 다만, 중재절차는 노동쟁의의 자주적 해결과 신속한 처리를 위한 광의의 노동쟁의조정절차의 일부분이므로 노사관계당사자 쌍방이 합의하여 단체협약의 대상이 될 수 있는 사항에 대하여 중재를 해 줄 것을 신청한 경우이거나 이와 동일시할 수 있는 사정이 있는 경우에는 근로조건 이외의 사항에 대하여도 중재재정을 할 수 있다(대판 2003.7.25. 2001두4818).

5) 중재의 효력

① 중재재정은 서면으로 작성하여 이를 행하며 그 서면에는 효력발생기일을 명시하여야 한다(노조법 제68조 제1항). 기출 13·20·21·24·25 중재재정서의 내용을 준수하지 아니한 자는 1천만원 이하의 벌금에 처한다(노조법 제92조 제3호). 기출 22

② 중재재정의 내용은 단체협약과 동일한 효력을 가진다(노조법 제70조 제1항). 기출 22

③ 중재재정의 해석 또는 이행방법에 관하여 관계당사자 간에 의견의 불일치가 있는 때에는 당해 중재위원회의 해석에 따르며 그 해석은 중재재정과 동일한 효력을 가진다(노조법 제68조 제2항). 기출 12·24·25

6) 중재재정에 대한 불복
① 불복절차 기출 20
   ㉠ 중재재정에 대한 불복절차에는 재심절차와 행정소송절차가 있고, 이러한 불복절차를 밟는 경우에도 그 불복절차 개시에 의하여 중재재정 또는 재심결정은 그 효력이 정지되지 아니한다(노조법 제70조 제2항).
   기출 21·24·25
   ㉡ 관계당사자는 지방노동위원회 또는 특별노동위원회의 중재재정이 위법이거나 월권에 의한 것이라고 인정하는 경우에는 그 중재재정서의 송달을 받은 날부터 10일 이내에 중앙노동위원회에 그 재심을 신청할 수 있다(노조법 제69조 제1항). 기출 22·25
   ㉢ 관계당사자는 중앙노동위원회의 중재재정이나 재심결정이 위법이거나 월권에 의한 것이라고 인정하는 경우에는 그 중재재정서 또는 재심결정서의 송달을 받은 날부터 15일 이내에 행정소송을 제기할 수 있다(노조법 제69조 제2항). 기출 24
② 불복사유 : 노조법 제69조 제1항, 제2항은 지방노동위원회의 중재재정이 위법하거나 월권에 의한 것이라고 인정하는 경우 관계당사자가 중앙노동위원회에 그 재심을 신청할 수 있고, 중앙노동위원회의 재심결정이 위법하거나 월권에 의한 것이라고 인정하는 경우 행정소송을 제기할 수 있도록 정하고 있는바, 여기에서 '위법' 또는 '월권'이라 함은 중재재정의 절차가 위법하거나 그 내용이 근로기준법 위반 등으로 위법한 경우 또는 당사자 사이에 분쟁의 대상이 되어 있지 않는 사항이나 정당한 이유 없이 당사자 간의 분쟁 범위를 벗어나는 부분에 대하여 월권으로 중재재정을 한 경우를 말하고, 중재재정이 단순히 어느 일방에 불리하거나 불합리한 내용이라는 사유만으로는 불복이 허용되지 않는다(대판 2007.4.26. 2005두12992).

7) 중재재정의 확정
재심신청기간 및 행정소송제소시간 내에 재심을 신청하지 아니하거나 행정소송을 제기하지 아니한 때에는 그 중재재정 또는 재심결정은 확정된다(노조법 제69조 제3항).

> **중재위원회의 구성(노조법 시행령 제28조)**
> 노동위원회는 법 제62조에 따라 노동쟁의의 중재를 하게 된 경우에는 지체 없이 해당 사건의 중재를 위한 중재위원회를 구성해야 한다.
>
> **중재재정서의 송달(노조법 시행령 제29조)**
> ① 노동위원회는 법 제68조 제1항에 따라 중재를 한 때에는 지체 없이 그 중재재정서를 관계 당사자에게 각각 송달해야 한다.
> ② 중앙노동위원회는 법 제69조 제1항에 따라 지방노동위원회 또는 특별노동위원회의 중재재정을 재심한 때에는 지체 없이 그 재심결정서를 관계 당사자와 관계 노동위원회에 각각 송달해야 한다. 기출 24·25
>
> **중재재정의 해석요청(노조법 시행령 제30조)**
> ① 노동관계당사자는 법 제68조 제1항에 따른 중재재정의 해석 또는 이행방법에 관하여 당사자 간에 의견의 불일치가 있는 경우에는 해당 중재위원회에 그 해석 또는 이행방법에 관한 명확한 견해의 제시를 요청할 수 있다.
> ② 제1항에 따른 견해제시의 요청은 해당 중재재정의 내용과 당사자의 의견 등을 적은 서면으로 해야 한다.
>
> **수당 등의 지급(노조법 시행령 제31조)**
> 법 제72조 제3항 단서에 따라 특별조정위원으로 지명된 자에 대해서는 그 직무의 집행을 위하여 예산의 범위에서 노동위원회의 위원에 준하는 수당과 여비를 지급할 수 있다.

4. 긴급조정절차

(1) 긴급조정의 의의

쟁의행위가 공익사업에 관한 것이거나, 그 규모·성질이 특별한 것으로서 현저히 국민경제를 해치거나, 국민의 일상생활을 위태롭게 할 위험이 있을 경우, 고용노동부장관이 일시적으로 쟁의행위를 중지시키고, 긴급하게 조정할 것을 결정하여 행하는 조정을 말한다. 긴급조정절차는 당사자의 의견과는 상관없이 고용노동부장관의 결정에 의하여 강제적으로 개시되고, 쟁의행위가 이미 행하여진 후에도 이를 중지할 수 있어 쟁의권에 중대한 제한을 가져온다. 기출 18

(2) 긴급조정의 요건

1) 실질적 요건(노조법 제76조 제1항) 기출 20·25

쟁의행위가 공익사업에 관한 것이거나 그 규모가 크거나 그 성질이 특별한 것으로서 현저히 국민경제를 해하거나 국민의 일상생활을 위태롭게 할 위험이 현존하여야 한다.

2) 형식적 요건(노조법 제76조 제2항·제3항, 동법 시행령 제32조) 기출 18·19·20·23·25

고용노동부장관은 긴급조정의 결정을 하고자 할 때에는 미리 중앙노동위원회 위원장의 의견을 들어야 한다. 이 경우 고용노동부장관이 중앙노동위원회의 위원장의 의견에 구속되는 것은 아니다. 고용노동부장관은 긴급조정을 결정한 때에는 지체 없이 그 이유를 붙여 이를 공표함과 동시에 중앙노동위원회와 관계당사자에게 각각 통고하여야 한다. 긴급조정 결정의 공표는 신문·라디오 그 밖에 공중이 신속히 알 수 있는 방법으로 해야 한다.

(3) 긴급조정결정의 효과

1) 쟁의행위의 중지

관계당사자는 긴급조정의 결정이 공표된 때에는 즉시 쟁의행위를 중지하여야 하며, 공표일로부터 30일이 경과하지 아니하면 쟁의행위를 재개할 수 없다(노조법 제77조). 기출 19·20·21·24·25

2) 중앙노동위원회에 의한 조정과 중재

① 중앙노동위원회는 고용노동부장관의 통고를 받은 때에는 지체 없이 조정을 개시하여야 한다(노조법 제78조). 기출 16·18·23

② 중앙노동위원회의 위원장은 조정이 성립될 가망이 없다고 인정한 경우에는 공익위원의 의견을 들어 그 사건을 중재에 회부할 것인가의 여부를 통고받은 날부터 15일 이내에 결정하여야 한다(노조법 제79조). 기출 16·20·25

③ 중앙노동위원회는 당해 관계당사자의 일방 또는 쌍방으로부터 중재신청이 있거나 중재회부의 결정을 한 때에는 지체 없이 중재를 행하여야 한다(노조법 제80조).

④ 중앙노동위원회의 중재재정의 내용은 단체협약과 동일한 효력을 가진다(노조법 제70조 제1항). 기출 20

CHAPTER 05 노동쟁의조정제도

01 노동조합 및 노동관계조정법령상 노동쟁의의 조정에 관한 설명으로 옳지 않은 것은? 기출 25

① 조정위원회가 작성한 조정안이 관계 당사자의 쌍방에 의하여 수락된 후 그 해석에 관하여 관계당사자 간에 의견의 불일치가 있는 때에는 관계 당사자는 당해 조정위원회에 그 해석에 관한 명확한 견해의 제시를 요청하여야 한다.
② 노동관계당사자는 조정안의 해석에 관하여 견해의 제시를 요청하는 경우에는 해당 조정안의 내용과 당사자의 의견 등을 적은 서면으로 해야 한다.
③ 단독조정인이 작성한 조정안이 관계 당사자의 쌍방에 의하여 수락된 후 이행방법에 관하여 관계당사자 간에 의견의 불일치가 있어 관계 당사자가 당해 단독조정인에게 그 이행방법에 관한 명확한 견해의 제시를 요청한 때에는 그 요청을 받은 날부터 7일 이내에 명확한 견해를 제시하여야 한다.
④ 조정안의 이행방법에 관한 조정위원회의 견해가 제시될 때까지는 관계 당사자는 당해 조정안의 이행에 관하여 쟁의행위를 할 수 없다.
⑤ 조정위원회 또는 단독조정인은 관계 당사자가 수락을 거부하여 더 이상 조정이 이루어질 여지가 없다고 판단되어 조정의 종료를 결정한 이후에는 노동쟁의의 해결을 위하여 조정을 할 수 없다.

02 노동조합 및 노동관계조정법상 노동쟁의의 조정에 관한 설명으로 옳지 않은 것은? 기출 25

① 노동쟁의의 조정에 관한 규정(제5장)은 노동관계 당사자가 직접 노사협의 또는 단체교섭에 의하여 근로조건 기타 노동관계에 관한 사항을 정하거나 노동관계에 관한 주장의 불일치를 조정하고 이에 필요한 노력을 하는 것을 방해하지 아니한다.
② 노동관계의 조정을 할 경우에는 노동관계 당사자와 노동위원회는 사건을 신속히 처리하도록 노력하여야 한다.
③ 공익사업에 있어서의 노동쟁의의 조정은 우선적으로 취급하고 신속히 처리하여야 한다.
④ 국가 및 지방자치단체는 노동관계 당사자 간에 노동관계에 관한 주장이 일치하지 아니할 경우에 노동관계 당사자가 이를 자주적으로 조정할 수 있도록 조력함으로써 쟁의행위를 가능한 한 예방하고 노동쟁의의 신속·공정한 해결에 노력하여야 한다.
⑤ 노동관계 당사자는 단체협약에 노동관계의 적정화를 위한 노사협의 기타 단체교섭의 절차와 방식을 규정하고 노동쟁의가 발생한 때에는 이를 자주적으로 해결하여야 한다.

• **해설 및 정답** •

01 ① (○) 조정위원회가 작성한 조정안이 관계 당사자의 쌍방에 의하여 수락된 후 그 해석 또는 이행방법에 관하여 관계당사자 간에 의견의 불일치가 있는 때에는 관계 당사자는 당해 조정위원회 또는 단독조정인에게 <u>그 해석 또는 이행방법에 관한 명확한 견해의 제시를 요청하여야</u> 한다(노조법 제60조 제3항).
② (○) 노동관계당사자는 조정안의 해석 또는 그 이행방법에 관하여 견해의 제시를 요청하는 경우에는 해당 조정안의 내용과 당사자의 의견 등을 적은 서면으로 해야 한다(노조법 시행령 제27조).
③ (○) 조정위원회 또는 단독조정인이 조정안의 해석 또는 이행방법에 관한 명확한 견해의 제시를 요청 받은 때에는 그 요청을 받은 날부터 7일 이내에 명확한 견해를 제시하여야 한다(노조법 제60조 제4항).
④ (○) 조정안의 해석 또는 이행방법에 관한 견해가 제시될 때까지는 관계 당사자는 당해 조정안의 해석 또는 이행에 관하여 쟁의행위를 할 수 없다(노조법 제60조 제5항).
⑤ (×) 노동위원회는 조정위원회 또는 단독조정인이 관계 당사자가 수락을 거부하여 더 이상 조정이 이루어질 여지가 없다고 판단하여 <u>조정의 종료를 결정한 후라도 노동쟁의의 해결을 위하여 조정을 할 수 있다</u>(노조법 제61조의2 제1항).

정답 ⑤

02 ① (○) 노조법 제47조
② (○) 노조법에 의하여 노동관계의 조정을 할 경우에는 노동관계 당사자와 노동위원회 기타 관계기관은 사건을 신속히 처리하도록 노력하여야 한다(노조법 제50조).
③ (○) 국가·지방자치단체·국공영기업체·방위산업체 및 공익사업에 있어서의 노동쟁의의 조정은 우선적으로 취급하고 신속히 처리하여야 한다(노조법 제51조).
④ (○) 노조법 제49조
⑤ (×) 노동관계 당사자는 단체협약에 노동관계의 적정화를 위한 노사협의 기타 단체교섭의 절차와 방식을 규정하고 노동쟁의가 발생한 때에는 <u>이를 자주적으로 해결하도록 노력하여야</u> 한다(노조법 제48조).

정답 ⑤

03 노동조합 및 노동관계조정법상 노동쟁의의 중재에 관한 설명으로 옳지 않은 것은? 기출 25

① 중재위원회의 위원장은 관계 당사자와 참고인외의 자의 회의출석을 금할 수 있다.
② 노동쟁의가 중재에 회부된 때에는 그날부터 15일간은 쟁의행위를 할 수 없다.
③ 중재위원회의 중재위원은 당해 노동위원회의 공익을 대표하는 위원 중에서 관계 당사자의 합의로 선정한 자에 대하여 그 노동위원회의 위원장이 지명한다.
④ 중재위원회의 위원장은 노동위원회의 위원장이 지명한다.
⑤ 노동위원회는 관계 당사자의 일방이 단체협약에 의하여 중재를 신청한 때에는 지체 없이 해당 사건의 중재를 위한 중재위원회를 구성해야 한다.

04 노동조합 및 노동관계조정법령상 중재재정에 관한 설명으로 옳지 않은 것은? 기출 25

① 중재재정은 서면으로 작성하여 이를 행하며 그 서면에는 효력발생 기일을 명시하여야 한다.
② 관계 당사자는 특별노동위원회의 중재재정이 위법에 의한 것이라고 인정하는 경우에는 그 중재재정서의 송달을 받은 날부터 10일 이내에 중앙노동위원회에 그 재심을 신청할 수 있다.
③ 중앙노동위원회는 지방노동위원회의 중재재정을 재심한 때에는 지체 없이 그 재심결정서를 관계당사자와 지방 노동위원회에 각각 송달해야 한다.
④ 중재재정의 해석 또는 이행방법에 관하여 관계 당사자 간에 의견의 불일치가 있는 때에는 당해중재위원회의 해석에 따르며 그 해석은 중재재정과 동일한 효력을 가진다.
⑤ 노동위원회의 중재재정 또는 재심결정은 중앙노동위원회에의 재심신청 또는 행정소송의 제기에 의하여 그 효력이 정지된다.

05 노동조합 및 노동관계조정법령상 긴급조정에 관한 설명으로 옳지 않은 것은? 기출 25

① 고용노동부장관은 쟁의행위가 공익사업에 관한 것이거나 그 규모가 크거나 그 성질이 특별한 것으로서 현저히 국민경제를 해하거나 국민의 일상생활을 위태롭게 할 위험이 현존하는 때에는 긴급조정의 결정을 할 수 있다.
② 고용노동부장관은 중앙노동위원회 위원장의 의견을 들어 긴급조정을 결정한 때에는 지체없이 그 이유를 붙여 이를 공표함과 동시에 중앙노동위원회와 관계 당사자에게 각각 통고하여야 한다.
③ 관계 당사자는 긴급조정의 결정이 공표된 때에는 그날부터 30일 이내에 쟁의행위를 중지하여야 한다.
④ 긴급조정 결정의 공표는 신문・라디오 그 밖에 공중이 신속히 알 수 있는 방법으로 해야 한다.
⑤ 중앙노동위원회의 위원장은 조정이 성립될 가망이 없다고 인정한 경우에는 공익위원의 의견을 들어 그 사건을 중재에 회부할 것인가의 여부를 결정하여야 한다.

해설 및 정답

03 ① (○) 노조법 제67조
② (○) 노조법 제63조
③ (○) 노조법 제64조 제3항 본문
④ (×) 중재위원회에 위원장을 두며, <u>위원장은 중재위원 중에서 호선한다</u>(노조법 제65조).
⑤ (○) 노동위원회는 관계 당사자의 쌍방이 함께 중재를 신청하거나, 관계 당사자의 일방이 단체협약에 의하여 중재를 신청함에 따라 노동쟁의의 중재를 하게 된 경우에는 지체 없이 해당 사건의 중재를 위한 중재위원회를 구성해야 한다(노조법 시행령 제28조, 동법 제62조).

정답 ❹

04 ① (○) 노조법 제68조 제1항
② (○) 관계 당사자는 지방노동위원회 또는 특별노동위원회의 중재재정이 위법이거나 월권에 의한 것이라고 인정하는 경우에는 그 중재재정서의 송달을 받은 날부터 10일 이내에 중앙노동위원회에 그 재심을 신청할 수 있다(노조법 제69조 제1항).
③ (○) 중앙노동위원회는 지방노동위원회 또는 특별노동위원회의 중재재정을 재심한 때에는 지체 없이 그 재심결정서를 관계 당사자와 관계 노동위원회에 각각 송달해야 한다(노조법 시행령 제29조 제2항).
④ (○) 노조법 제68조 제2항
⑤ (×) 노동위원회의 중재재정 또는 재심결정은 중앙노동위원회에의 <u>재심신청 또는 행정소송의 제기에 의하여 그 효력이 정지되지 아니한다</u>(노조법 제70조 제2항).

정답 ❺

05 ① (○) 노조법 제76조 제1항
② (○) 노조법 제76조 제2항, 제3항
③ (×) 관계 당사자는 긴급조정의 결정이 공표된 때에는 <u>즉시 쟁의행위를 중지하여야</u> 하며, 공표일부터 30일이 경과하지 아니하면 쟁의행위를 재개할 수 없다(노조법 제77조).
④ (○) 노조법 시행령 제32조
⑤ (○) 노조법 제79조 제1항

정답 ❸

06 노동조합 및 노동관계조정법령상 사적 조정·중재에 관한 설명으로 옳지 않은 것은? 기출 24

① 사적 조정의 신고는 조정이 진행되기 전에 하여야 한다.
② 노동관계 당사자는 사적 조정에 의하여 노동쟁의를 해결하기로 한 때에는 이를 노동위원회에 신고하여야 한다.
③ 사적 조정에 의하여 조정이 이루어진 경우에 그 내용은 단체협약과 동일한 효력을 가진다.
④ 노동조합 및 노동관계조정법 제2절(조정) 및 제3절(중재)의 규정은 노동관계 당사자가 쌍방의 합의 또는 단체협약이 정하는 바에 따라 각각 다른 조정 또는 중재방법에 의하여 노동쟁의를 해결하는 것을 방해하지 아니한다.
⑤ 사적 조정을 수행하는 자는 노동관계 당사자로부터 수수료, 수당 및 여비 등을 받을 수 있다.

07 노동조합 및 노동관계조정법상 노동쟁의의 조정 등에 관한 설명이다. ( )에 들어갈 내용으로 옳은 것은? 기출 24

- 조정위원회는 조정안이 관계 당사자의 쌍방에 의하여 수락된 후 그 해석 또는 이행방법에 관하여 관계 당사자 간에 의견의 불일치가 있어 명확한 견해의 제시를 요청받은 때에는 그 요청을 받은 날부터 (ㄱ)일 이내에 명확한 견해를 제시하여야 한다.
- 노동쟁의가 중재에 회부된 때에는 그날부터 (ㄴ)일간은 쟁의행위를 할 수 없다.
- 관계 당사자는 긴급조정의 결정이 공표된 때에는 즉시 쟁의행위를 중지하여야 하며, 공표일부터 (ㄷ)일이 경과하지 아니하면 쟁의행위를 재개할 수 없다.

① ㄱ : 7, ㄴ : 7, ㄷ : 10
② ㄱ : 7, ㄴ : 15, ㄷ : 30
③ ㄱ : 10, ㄴ : 10, ㄷ : 15
④ ㄱ : 10, ㄴ : 15, ㄷ : 30
⑤ ㄱ : 15, ㄴ : 30, ㄷ : 30

08 노동조합 및 노동관계조정법상 노동쟁의의 조정에 관한 설명으로 옳은 것은? 기출 24

① 조정위원회의 조정위원은 당해 노동위원회의 공익을 대표하는 위원 중에서 관계 당사자의 합의로 선정한 자에 대하여 그 노동위원회의 위원장이 지명한다.
② 노동위원회의 위원장은 조정위원회의 구성이 어려운 경우 노동위원회의 각 근로자를 대표하는 위원, 사용자를 대표하는 위원 및 공익을 대표하는 위원 각 1인씩 3인을 조정위원으로 지명할 수 있다.
③ 단독조정인은 그 노동위원회의 공익을 대표하는 위원 중에서 노동조합과 사용자가 순차적으로 배제하고 남은 4인 내지 6인중에서 노동위원회의 위원장이 지명한다.
④ 중재위원회의 중재위원은 당해 노동위원회의 위원 중에서 사용자를 대표하는 자, 근로자를 대표하는 자 및 공익을 대표하는 자 각 1인을 그 노동위원회의 위원장이 지명한다.
⑤ 특별조정위원회의 특별조정위원은 관계 당사자가 합의로 당해 노동위원회의 위원이 아닌 자를 추천하는 경우에는 그 추천된 자를 노동위원회의 위원장이 지명한다.

• 해설 및 정답 •

06 ① (×) 노동관계당사자는 사적 조정·중재에 의하여 노동쟁의를 해결하기로 한 경우에는 고용노동부령이 정하는 바에 따라 관할 노동위원회에 신고해야 한다. <u>신고는 공적 조정 또는 중재가 진행 중인 경우에도 할 수 있다</u>(노조법 시행령 제23조 제1항, 제2항).
② (○) 노조법 제52조 제2항
③ (○) 사적 조정등에 의하여 조정 또는 중재가 이루어진 경우에 그 내용은 <u>단체협약과 동일한 효력을 가진다</u>(노조법 제52조 제4항).
④ (○) 노조법 제52조 제1항
⑤ (○) 노조법 제52조 제5항 후문

정답 ❶

07 • 조정안이 관계 당사자의 쌍방에 의하여 수락된 후 그 해석 또는 이행방법에 관하여 관계 당사자 간에 의견의 불일치가 있는 때에는 관계 당사자는 당해 조정위원회 또는 단독조정인에게 그 해석 또는 이행방법에 관한 명확한 견해의 제시를 요청하여야 한다. 조정위원회 또는 단독조정인은 요청을 받은 때에는 그 요청을 받은 날부터 <u>7일</u> 이내에 명확한 견해를 제시하여야 한다(노조법 제60조 제3항, 제4항).
• 노동쟁의가 중재에 회부된 때에는 그날부터 <u>15</u>일간은 쟁의행위를 할 수 없다(노조법 제63조).
• 관계 당사자는 긴급조정의 결정이 공표된 때에는 즉시 쟁의행위를 중지하여야 하며, 공표일부터 <u>30</u>일이 경과하지 아니하면 쟁의행위를 재개할 수 없다(노조법 제77조).

정답 ❷

08 ① (×) 조정위원회의 조정위원은 <u>당해 노동위원회의 위원 중에서 사용자를 대표하는 자, 근로자를 대표하는 자 및 공익을 대표하는 자 각 1인을 그 노동위원회의 위원장이 지명하되, 근로자를 대표하는 조정위원은 사용자가, 사용자를 대표하는 조정위원은 노동조합이 각각 추천하는 노동위원회의 위원 중에서 지명하여야 한다</u>(노조법 제55조 제3항 본문).
② (×) 노동위원회의 위원장은 근로자를 대표하는 위원 또는 사용자를 대표하는 위원의 불참 등으로 인하여 조정위원회의 구성이 어려운 경우 <u>노동위원회의 공익을 대표하는 위원 중에서 3인을 조정위원으로 지명할 수 있다</u>(노조법 제55조 제4항 본문).
③ (×) 단독조정인은 <u>당해 노동위원회의 위원 중에서 관계 당사자의 쌍방의 합의로 선정된 자를 그 노동위원회의 위원장이 지명한다</u>(노조법 제57조 제2항).
④ (×) 중재위원회의 중재위원은 당해 노동위원회의 공익을 대표하는 위원 중에서 관계 당사자의 합의로 선정한 자에 대하여 그 노동위원회의 위원장이 지명한다(노조법 제64조 제3항 본문).
⑤ (○) 특별조정위원회의 특별조정위원은 그 노동위원회의 공익을 대표하는 위원 중에서 노동조합과 사용자가 순차적으로 배제하고 남은 4인 내지 6인중에서 노동위원회의 위원장이 지명한다. 다만, 관계 당사자가 합의로 당해 노동위원회의 위원이 아닌 자를 추천하는 경우에는 그 추천된 자를 지명한다(노조법 제72조 제3항).

정답 ❺

CHAPTER 06 부당노동행위구제제도

출제포인트

☐ 단체교섭 거부의 정당한 이유
☐ 부당노동행위로서의 지배·개입
☐ 부당노동행위 구제절차
☐ 행정소송의 제기

제1절 총 설

I. 부당노동행위제도의 의의

1. 개 념

부당노동행위란 사용자가 근로자의 노동3권을 침해하는 행위를 말하며, 부당노동행위구제제도란 사용자의 부당노동행위로부터 근로자의 노동3권을 보호하기 위하여 국가가 정책적으로 설정한 일종의 공법상 구제제도이다.

2. 부당노동행위제도의 연혁

(1) 와그너(Wagner)법(미국, 1935)

와그너법은 근로자의 단결권·단체교섭권·단체행동권을 명문화하였고 부당노동행위제도를 최초로 규정하였으나, 사용자의 부당노동행위만을 금지하였다. 기출 23

(2) 태프트 하틀리(Taft-Hartley)법(미국, 1947)

노사 간 교섭력의 균형을 유지하기 위하여 기존 사용자의 부당노동행위에 근로자 측의 부당노동행위를 신설하였다.

(3) ILO 협약

ILO 기본협약 중 결사의 자유 및 단결권 보호에 관한 협약(제87호)은 단결권의 적극적 보호와 조성을 요구하였으며, 단결권 및 단체교섭권에 대한 원칙 적용에 관한 협약(제98호)은 부당노동행위제도의 정립을 요청하고 있다.

(4) 우리나라의 부당노동행위제도

1) 1953년 노동조합법과 노동쟁의조정법

1953년 노동조합법은 사용자의 부당노동행위를 금지하고, 같은 해 노동쟁의조정법(이하 "노쟁법")은 정당한 쟁의행위에 대한 사용자의 불이익취급을 금지하면서 각각 그 위반을 처벌하는 규정을 두고 있었다. 기출 21

2) 1963년 노동조합법

1963년 종전의 노동조합법을 전면개정하면서 노조법 및 노쟁법에 흩어져 있던 부당노동행위제도 관련 조문들을 부당노동행위로 통합하여 규정하였다. 또한 부당노동행위에 대해 처벌규정을 삭제하고, 그 대신 노동위원회가 구제명령을 내리는 구제제도를 규정함으로써 구제주의로 전환하였다.

3) 1986년 개정법 이후

기존의 구제주의에 처벌주의를 병행하였고 미확정된 구제명령 위반자에 대한 처벌규정의 헌법재판소의 위헌결정으로 1997년 긴급이행명령제도를 도입하였고, 부당노동행위를 한 자에 대하여 피해자의 명시적 의사를 불문하고 처벌하도록 하였다. 기출 14

Ⅱ 부당노동행위의 주체

1. 부당노동행위의 주체로서의 사용자 개념

우리나라의 경우 사용자만이 부당노동행위의 주체가 된다. 부당노동행위의 주체로서의 사용자 개념은 부당노동행위금지명령의 수규자(受規者), 부당노동행위구제명령의 수규자 및 형벌부과대상자로서의 사용자로 구분된다.

2. 사용자 개념의 확장

(1) 종래의 논의

종래에는 부당노동행위가 하위관리직 등 노조법 제2조 제2호의 사용자가 아닌 자에 의하여 행하여지는 내부적 확장의 경우, 그 자의 행위의 직무관련성, 사용자의 명시적·묵시적 승낙 여부 등을 고려하여 사용자의 부당노동행위 여부를 판단하여야 하고, 원·하청 노동관계에서 사업 외부에 있는 자(원청)를 사용자로 볼 수 있는지 여부에 관한 외부적 확장의 경우, 원청에게 실질적·구체적으로 지배·결정할 수 있는 지위가 인정된다면 사용자성을 인정할 수 있는바, 예를 들어 원청회사가 사내하청업체 소속 근로자들의 기본적인 노동조건 등에 관하여 고용사업주인 사내하청업체의 권한과 책임을 일정 부분 담당하고 있다고 볼 정도로 실질적·구체적으로 지배·결정할 수 있는 지위에 있고 사내 하청업체의 사업 폐지를 유도하고 그로 인하여 사내하청업체 노동조합의 활동을 위축시키거나 침해하는 지배·개입행위를 하였다면, 원청회사는 부당노동행위구제명령의 대상인 사용자로 보아야(대판 2010.3.25. 2007두8881) 한다는 논의가 있어 왔다. 기출 19·25

(2) 2025년 노조법 개정[56]

노동3권을 실효적으로 보장하기 위해 2025년 노조법 개정으로 노조법 제2조 제2호 후문을 신설함으로써 근로계약 체결 당사자가 아니더라도 근로조건에 대하여 실질적이고 구체적으로 지배·결정할 수 있는 지위에 있는 자도 사용자로 간주하는 사용자 개념 확장규정을 두었다. 실질적·구체적 지배·결정 판단기준에 의해 판단하여 원청의 사용자성이 인정되는 경우, 교섭의무가 있는 원청이 하청 노동조합의 단체교섭 요구를 거부하였다면 원청은 부당노동행위구제명령의 대상인 사용자에 해당할 수 있다.

Ⅲ 부당노동행위의 객체

1. 부당노동행위의 객체로서의 노동조합과 조합원 개인

노동조합의 실질적·형식적 요건을 모두 갖춘 노동조합은 부당노동행위구제신청을 할 수 있고, 노조법상 노조는 부당노동행위 중 노조법 제81조 제1항 제1호·제2호 및 제5호에 규정된 사항에 대하여 구제신청을 할 수 있다. 반면, 법외노조는 부당노동행위구제신청을 할 수 없고(노조법 제7조 제1항), 민사소송을 통한 사법상 구제를 받을 수 있을 뿐이다. 조합원 개인은 부당노동행위 중 노조법 제81조 제1항 제1호·제2호 및 제5호에 규정된 사항에 대하여 부당노동행위구제신청을 할 수 있다. 조합원 개인에 대한 부당노동행위는 궁극적으로 노동조합의 조직 및 활동에 부정적 영향을 가져오므로, 이에 대하여 노동조합 또한 부당노동행위구제신청을 할 수 있다. 기출 14

2. 부당노동행위의 객체의 확장

[1] 노동조합으로서는 자신에 대한 사용자의 부당노동행위가 있는 경우뿐만 아니라, 그 소속 조합원으로 가입한 근로자 또는 그 소속 조합원으로 가입하려고 하는 근로자에 대하여 사용자의 부당노동행위가 있는 경우에도 노동조합의 권리가 침해당할 수 있으므로, 그 경우에도 자신의 명의로 부당노동행위에 대한 구제신청을 할 수 있는 권리를 가진다. 이러한 법리는 다른 노동조합에 가입하려고 하거나 다른 노동조합과 연대하려고 하는 노동조합에 대하여 사용자의 부당노동행위가 있는 경우에도 적용된다. 따라서 특정 노동조합에 가입하려고 하거나 특정 노동조합과 연대하려고 하는 노동조합에 대한 부당노동행위로 인하여 특정 노동조합의 권리가 침해당할 수 있는 경우에는 그 특정 노동조합이 부당노동행위의 직접 상대방이 아닌 경우에도 자신의 명의로 부당노동행위에 대한 구제신청을 할 수 있다. 기출 25

[2] 노조법 제2조 제2호의 '그 사업의 근로자에 관한 사항에 대하여 사업주를 위하여 행동하는 자'는 근로자의 인사, 급여, 후생, 노무관리 등 근로조건의 결정 또는 업무상의 명령이나 지휘·감독을 하는 등의 사항에 대하여 사업주로부터 일정한 권한과 책임을 부여받았으므로, 그 사업의 근로자에 관한 사항에 대하여 사업주를 위하여 행동하는 사람이 그 권한과 책임의 범위 내에서 사업주를 위하여 한 행위가 노동조합의 조직이나 운영 및 활동을 지배하거나 이에 개입하는 의사로 한 것으로 부당노동행위가 되는 경우 이러한 행위는 사업주의 부당노동행위로도 인정할 수 있다. 다만 사업주가 그 선임 및 업무수행상 감독에 상당한 주의를 하였음에도 부당노동행위가 행해진 경우와 같은 특별한 사정이 있는 경우에는 그러하지 않을 수 있다. 이때 특별한 사정에 대한 주장·증명책임은 사업주에게 있다(대판 2022.5.12. 2017두54005).

---

56) 실질적·구체적 지배·결정 판단기준과 이로 인한 사용자성 인정 여부에 대한 구체적인 논의는 노동법 Ⅱ CHAPTER 03 단체교섭권을 참조하라.

제2절 부당노동행위의 유형

I 불이익취급

1. 의의

근로자가 노동조합에 가입 또는 가입하려고 하였거나 노동조합을 조직하려고 하였거나 기타 노동조합의 업무를 위한 정당한 행위를 한 것(노조법 제81조 제1항 제1호), 근로자가 정당한 단체행위에 참가한 것 또는 노동위원회에 대하여 사용자가 이 조의 규정에 위반한 것을 신고하거나 그에 관한 증언을 하거나 기타 행정관청에 증거를 제출한 것 등을 이유로 그 근로자를 해고하거나 그 근로자에게 불이익을 주는 행위(노조법 제81조 제1항 제5호)는 부당노동행위로서 금지하고 있다. 기출 12 · 15 · 21 · 24

2. 성립요건

(1) 근로자의 정당한 단결활동 등

1) **노동조합의 가입·조직**(노조법 제81조 제1항 제1호)

① 정당한 노조활동에는 이미 조직된 노동조합을 위한 행위와 그에 가입하거나 가입하려고 한 행위뿐만 아니라, 새로운 노동조합을 결성하기 위한 행위로서의 준비행위나 원조행위까지도 포함된다.

② 노동조합의 조합원인 것을 이유로 하는 불이익취급에는 조합원을 비조합원과 차별하는 경우뿐만 아니라, 다른 조합의 조합원과 차별하는 경우도 포함된다.

③ 노동조합은 법상의 자주성과 민주성을 갖춘 조합이어야 한다. 다만, 현재는 노동조합의 실질적·형식적 요건을 갖추지 못한 근로자단체에 불과할지라도, 법상의 노동조합으로 만들려는 조직이나 준비과정에 있는 근로자단체는 여기에서 보호하고자 하는 노동조합에 포함된다.

2) **노동조합의 업무를 위한 정당한 행위**(노조법 제81조 제1항 제1호)

① 노동조합의 활동이 정당하다고 하기 위하여는 행위의 성질상 노동조합의 활동으로 볼 수 있거나 노동조합의 묵시적인 수권 또는 승인을 받았다고 볼 수 있는 것으로서 근로조건의 유지·개선과 근로자의 경제적 지위의 향상을 도모하기 위하여 필요하고 근로자들의 단결 강화에 도움이 되는 행위이어야 하며, 취업규칙이나 단체협약에 별도의 허용규정이 있거나 관행 또는 사용자의 승낙이 있는 경우 외에는 취업시간 외에 행하여져야 하고, 사업장 내의 조합활동에 있어서는 사용자의 시설관리권에 바탕을 둔 합리적인 규율이나 제약에 따라야 하며, 폭력과 파괴행위 등의 방법에 의하지 않는 것이어야 한다(대판 1994.2.22. 93도613). 기출 19

② 취업규칙과 노사협의에 의하여 지급하도록 정하여진 목욕권과 예비군 훈련기간의 수당을 지급하지 않는다고 노동부에 진정한 행위는 노동조합의 목적인 근로조건의 유지·개선, 기타 근로자의 경제적 지위 향상을 도모하기 위한 행위로서 조합의 묵시적 승인 내지 수권을 얻은 행위라고 보아야 할 것이므로 근로조합의 업무를 위한 정당한 행위로 볼 것이다(대판 1990.8.10. 89누8217).

③ 노동조합의 의사결정 또는 지시·통제에 위배되는 행위는 조합활동으로 볼 수 없다.

3) **정당한 단체행위에 참가**(노조법 제81조 제1항 제5호)

근로자가 단체행위에 참가하는 행위도 단결활동의 한 유형이나, 이를 이유로 하는 사용자의 불이익취급으로부터 보호받기 위해서는 근로자가 참여한 단체행위가 반드시 정당하여야만 한다.

4) 신고・증언・증거의 제출 등(노조법 제81조 제1항 제5호)

노동위원회에 사용자의 부당노동행위를 신고하거나 증거 등을 제출하는 행위도 넓은 의미에서의 단결활동으로, 이를 이유로 사용자가 불이익을 준다면 이는 일종의 불이익취급이라고 하여야 한다.

(2) 사용자의 불이익처분

1) 의 의

불이익처분이란 일반적으로 근로자의 근로조건이나 지위를 저하시키는 것을 의미하는데, 근로기준법 제23조 제1항의 부당해고등이 이에 해당한다. 판례에 따르면 '불이익을 주는 행위'란 해고 이외에 그 근로자에게 휴직・전직・배치전환・감봉 등 법률적・경제적으로 불이익한 대우를 하는 것을 의미하는 것으로서 어느 것이나 현실적인 행위나 조치로 나타날 것을 요한다고 할 것이므로, 회사의 대표이사가 단순히 근로자에게 향후 불이익한 대우를 하겠다는 의사를 말로써 표시하는 것만으로는, 노조법 제81조 제1항 제4호에 규정된 노동조합의 조직 또는 운영을 지배하거나 이에 개입하는 행위에 해당한다고 할 수 있음은 별론으로 하고 노조법 제81조 제1항 제1호 소정의 불이익을 주는 행위에 해당한다고는 볼 수 없다고(대판 2004.8.30. 2004도3891) 한다. 기출 19・25

2) 조합활동상 불이익처분

① 사용자의 불이익처분에는 근로기준법상의 불이익처분뿐만 아니라, 근로자가 조합활동을 할 수 없거나 곤란하게 만드는 조합활동상의 불이익처분도 포함된다. 판례에 따르면 사용자가 근로자의 노동조합활동을 혐오하거나 노동조합활동을 방해하려는 의사로 노동조합의 간부이거나 노동조합활동에 적극적으로 관여하는 근로자를 승진시켜 조합원자격을 잃게 한 경우에는 노동조합활동을 하는 근로자에게 불이익을 주는 행위로서 부당노동행위가 성립한다고(대판 1998.12.23. 97누18035) 한다. 기출 14

② 노조전임자 등에 대하여 그들의 쟁의행위 등 정당한 조합활동을 혐오한 나머지 조합활동을 곤란하게 할 목적으로 원직복귀명령을 하였다면 이는 사용자의 고유인사권에 기한 정당한 조치라 볼 수 없고 노조법 제81조 제1항 제1호, 제5호 소정의 부당노동행위에 해당하고, 또한 노조의 조직과 운영에 지배, 개입하는 행위로서 같은 조 제1항 제4호 소정의 부당노동행위에 해당한다(대판 1991.5.28. 90누6392).

3) 인사상 불이익처분

① 노동조합의 조합원이라는 이유로 비조합원(또는 노조의 다른 조합원)보다 불리하게 인사고과를 하여 불이익을 주는 경우도 부당노동행위에 해당된다(대판 2009.3.26. 2007두25695). 기출 20

② [1] 사용자가 노조전임자의 노동조합활동을 혐오하거나 노동조합활동을 방해하려는 의사로 노조전임자를 승진에서 배제시켰다면 이러한 행위는 노동조합활동을 하는 근로자에게 불이익을 주는 것이어서 부당노동행위에 해당할 것이나, 사용자의 노조전임자에 대한 승진배제 행위가 위와 같이 부당노동행위 의사에 의하여 이루어진 부당노동행위에 해당하는지 여부는 사용자와 노동조합의 관계, 노조전임자와 비전임자 사이에 승진기준의 실질적인 차별이 존재하는지, 종래의 승진 관행에 부합하는지 등과 같이 부당노동행위 의사의 존재 여부를 추정할 수 있는 여러 객관적 사정을 종합하여 판단하여야 할 것이다.
[2] 노조전임자들에 대한 승격기준을 별도로 정하지 않은 채 다른 영업사원과 동일하게 판매실적에 따른 승격기준만을 적용하여 노조전임자들을 승격 대상에 포함시키지 않은 경우, 이는 노조전임자로 활동하였다는 이유만으로 승격가능성을 사실상 배제한 것으로 부당노동행위에 해당한다(대판 2011.7.28. 2009두9574).

4) 경제상 불이익처분

① 각종의 임금, 퇴직금 및 복리후생적 급부 등과 관련하여 불리하게 처우하는 것을 말한다. 일반적으로 근로자가 연장 또는 휴일근로를 희망할 경우 회사에서 반드시 이를 허가하여야 할 의무는 없지만, 특정 근로자가 파업에 참가하였거나 노조활동에 적극적이라는 이유로 해당 근로자에게 연장근로 등을 거부하는 것은 해당 근로자에게 경제적 내지 업무상의 불이익을 주는 행위로서 부당노동행위에 해당할 수 있다 (대판 2006.9.8. 2006도388). 기출 19·21

② [1] 노조법 제81조 제1항 제1호는 '근로자가 노동조합에 가입 또는 가입하려고 하였거나 노동조합을 조직하려고 하였거나 기타 노동조합의 업무를 위한 정당한 행위를 한 것을 이유로 그 근로자를 해고하거나 그 근로자에게 불이익을 주는 행위'를 사용자의 부당노동행위의 한 유형으로 규정하고 있다. 위 조항에서 말하는 부당노동행위가 성립하기 위해서는 근로자가 '노동조합의 업무를 위한 정당한 행위'를 하고 사용자가 이를 이유로 근로자에 대하여 해고 등의 불이익을 주는 차별적 취급행위를 한 경우라야 하며, 그 사실의 주장 및 증명책임은 부당노동행위임을 주장하는 측에 있다.

[2] 한편 근로자에 대한 인사고과가 상여금의 지급기준이 되는 사업장에서 사용자가 특정 노동조합의 조합원이라는 이유로 다른 노동조합의 조합원 또는 비조합원보다 불리하게 인사고과를 하여 상여금을 적게 지급하는 불이익을 주었다면 그러한 사용자의 행위도 부당노동행위에 해당할 수 있다. 이 경우 사용자의 행위가 부당노동행위에 해당하는지 여부는, 특정 노동조합의 조합원 집단과 다른 노동조합의 조합원 또는 비조합원 집단을 전체적으로 비교하여 양 집단이 서로 동질의 균등한 근로자 집단임에도 불구하고 인사고과에 양 집단 사이에 통계적으로 유의미한 격차가 있었는지, 인사고과의 그러한 격차가 특정 노동조합의 조합원임을 이유로 불이익취급을 하려는 사용자의 반조합적 의사에 기인한다고 볼 수 있는 객관적인 사정이 있었는지, 인사고과에서의 그러한 차별이 없었더라도 동등한 수준의 상여금이 지급되었을 것은 아닌지 등을 심리하여 판단하여야 한다.

[3] 원고가 변경된 2014년 단체협약의 상여금조항 및 상여금 지급규칙에 따라 2014년 하반기 성과평가에서 전반적으로 낮은 등급을 부여받은 피고보조참가인들을 포함한 이 사건 근로자들에게 상여금을 적게 지급한 것은 불이익취급의 부당노동행위에 해당한다(대판 2018.12.27. 2017두47311).

3. 인과관계

(1) 부당노동행위의사 요부

판례에 의하면 부당노동행위가 성립하려면 부당노동행위의사가 필요하다고 하면서 사용자가 표면적으로 내세우는 징계사유와는 달리 실질적으로는 근로자의 정당한 조합활동 등을 이유로 해고 등의 징계처분을 한 것인지 여부는 사용자가 내세우는 징계사유와 근로자가 한 노동조합활동 등의 행위의 내용, 징계처분을 한 시기, 징계처분을 하기까지 사용자가 취한 절차, 동종 사례에 있어서의 제재의 불균형, 사용자와 노동조합과의 관계 등 부당노동행위의사를 추정할 수 있는 제반 사정을 비교·검토하여 종합적으로 판단하여야 하고, 단순히 징계절차에 하자가 있다거나 징계양정이 부당하다는 사정은 그것이 부당노동행위의사 여부를 판단하는 하나의 자료가 되기는 하여도 그러한 사정만으로 곧바로 부당노동행위를 인정할 수는 없다고(대판 1997.3.28. 96누4220) 한다. 기출 14

(2) 인과관계의 입증 및 경합

① 부당노동행위가 성립하기 위해서는 근로자가 '노동조합의 업무를 위한 정당한 행위'를 하고 사용자가 이를 이유로 근로자에 대하여 해고 등의 불이익을 주는 차별적 취급행위를 한 경우라야 하며, <u>그 사실의 주장 및 증명책임은 부당노동행위임을 주장하는 측에 있다</u>(대판 2018.12.27. 2017두37031). 기출 19·21·23·25
② 불이익처분의 실질적인 이유를 판단함에 있어서는, 불이익처분 당시의 제반 사정을 종합적·구체적으로 고려하여야 한다.
③ 인과관계의 경합문제가 발생하는 경우, 둘 이상의 부당노동행위 중 최소한 하나의 부당노동행위가 성립되는 한 사용자는 이에 대한 책임을 지게 된다.

4. 불이익취급원인의 경합

(1) 의 의
사용자의 불이익취급사유로서 근로자의 정당한 조합활동과 근로자에 대한 징계사유가 동시에 존재하는 경우에 이를 불이익취급원인의 경합이라 한다. 이러한 경우에 부당노동행위를 인정할 것인가에 대해 견해가 대립한다.

(2) 판 례
판례는 사용자가 근로자에 대하여 해고를 함에 있어서 <u>표면적으로 내세우는 해고사유와는 달리 실질적으로는 근로자의 정당한 조합활동을 이유로 해고한 것으로 인정되는 경우에 있어서 그 해고는 부당노동행위라고 보아야 하고, 정당한 해고사유가 있어 해고한 경우에 있어서는 비록 사용자가 근로자의 조합활동을 못마땅하게 여긴 흔적이 있다거나 사용자에게 반노동조합의 의사가 추정된다고 하여 당해 해고사유가 단순히 표면상의 구실에 불과하다고 할 수는 없는 터이므로, 그것이 부당노동행위에 해당한다고 할 수 없다고</u>(대판 1996.4.23. 95누6151) 판시하여, 부정설을 취하고 있다. 기출 19·20

5. 불이익취급에 대한 구제

(1) 처 벌
사용자의 불이익취급이 부당노동행위에 해당하는 경우에는, 사용자에게 2년 이하의 징역 또는 2천만원 이하의 벌금이 부과된다(노조법 제90조, 제81조 제1항).

(2) 노동위원회에 의한 구제
근로자 또는 노동조합은 노동위원회에 구제신청을 할 수 있고, 노동위원회는 사용자의 불이익취급이 인정되면 원직복귀명령, 공고문게시명령 등 재량에 따라 구제명령을 할 수 있다.

(3) 법원에 의한 구제
① 근로자 또는 노동조합은 불이익취급이 법률행위(해고, 징계 및 전직 등)에 해당하면 처분무효확인의 소를 법원에 제기할 수 있고, 사실행위에 해당하면 그에 대한 손해배상을 청구할 수 있다.
② <u>해고무효확인청구의 소의 경우</u>, 근로자가 자신에 대한 해고 등의 불이익처분이 부당해고 및 부당노동행위에 해당한다고 주장하면서 노동위원회에 행정적 구제신청을 하여 구제절차가 진행 중에 별도로 사용자를 상대로 해고무효확인청구의 소를 제기하고 그 결과 청구기각판결이 선고되어 확정되었다면, 부당해고가 아니라는 점은 이미 확정되어 더 이상 부당해고구제절차를 유지할 필요가 없게 되며, 또한 이처럼 해고 등 불이익처분이 정당한 것으로 인정된 이상 노동위원회로서는 그 불이익처분이 부당노동행위에 해당한다고 하여 구제명령을 발할 수 없게 되므로 <u>부당노동행위구제절차를 유지할 이익도 소멸한다</u>(대판 2012.5.24. 2010두15964).

Ⅱ 반조합계약(비열계약)

1. 의 의

근로자가 노동조합에 가입하지 아니하거나 탈퇴할 것 또는 특정한 노동조합의 조합원이 될 것을 고용조건으로 하는 계약을 반조합계약이라고 한다. 노조법 제81조 제1항 제2호 본문은, 반조합계약의 체결만으로도 부당노동행위가 성립한다고 규정하고 있다. 반조합계약은 강행규정 위반으로서 사법상 무효이다. 기출 15

2. 반조합계약

(1) 요 건

조합불가입을 고용조건으로 하는 경우, 조합탈퇴를 고용조건으로 하는 경우, 특정한 노동조합의 조합원이 될 것을 고용조건으로 하는 경우, 조합활동의 금지를 고용조건으로 하는 경우 등이 이에 해당한다.

(2) 효 과

1) 사법상 무효

반조합계약은 헌법 제33조 제1항과 노조법 제81조에 위반하여 사법상 무효이므로, 반조합계약을 체결한 근로자는 노동위원회에 구제신청을 하거나 법원에 소를 제기할 수 있다.

2) 처 벌

사용자가 근로자와 반조합계약을 체결한 경우에는, 부당노동행위에 해당하여 사용자에게 2년 이하의 징역 또는 2천만원 이하의 벌금이 부과된다(노조법 제90조, 제81조 제1항).

3. 유니온숍제도

(1) 의 의

노동조합이 당해 사업장에 종사하는 근로자의 3분의 2 이상을 대표하고 있을 때에는 근로자가 그 노동조합의 조합원이 될 것을 고용조건으로 하는 단체협약의 체결은 예외로 하며, 이 경우 사용자는 근로자가 당해 노동조합에서 제명된 것을 이유로 신분상 불이익한 행위를 할 수 없다(노조법 제81조 제1항 제2호 단서). 기출 12·18·22

(2) 요 건

1) 근로자의 3분의 2 이상을 대표하는 노동조합

근로자의 개념에는 해고자·실업자 등의 미취업자도 포함되나, 여기에서의 근로자는 당해 사업장에 고용되어 있는 취업자만을 지칭하는 것임을 명문으로 규정하고 있다(노조법 제81조 제1항 제2호 단서). 노동조합의 조합원이 대량으로 조합을 탈퇴하여 노동조합이 근로자의 3분의 2 이상을 대표하지 못하는 경우에는, 유니언숍 협정의 효력은 상실하게 되고, 대량탈퇴자도 해고할 수 없는 것으로 보아야 한다.

2) 단체협약의 체결

① 유니언숍 협정은 단체협약을 통하여 체결하는 경우에만 허용된다. 따라서 취업규칙이나 근로계약에 유니언숍 협정을 두는 것은 허용되지 아니한다.
② 유니언숍 협정은 근로자의 단결을 강제함으로써 헌법상 단결권을 침해할 우려가 있는바, 이에 대하여는 견해가 나뉘고 있으나, 헌법재판소 판례는 유니언숍 협정이 근로자 개인의 조합에 가입하지 않을 자유나 조합 선택의 자유와 충돌하는 측면이 있기는 하지만, 조직 강제의 일환으로서 노조의 조직 유지와 강화에 기여하는 측면을 고려하여 이를 합헌으로 보고 있다(헌재 2005.11.24. 2002헌바95).

3) 조합원 지위의 취득

유니언숍 협정이 체결되었다고 하더라도, 대상근로자가 당연히 그 협정이 적용되는 노조의 조합원이 되는 것은 아니다. 조합원이 되기 위해서는 근로자의 가입의사와 노동조합의 승낙이 있어야 한다(대판 2004.11.12. 2003다264).

(3) 효 과

1) 단결강제

근로자들의 노동조합 가입이 강제된다. 근로자가 해당 노동조합에 가입하지 아니하거나 탈퇴하는 경우에는, 사용자가 해고·전직 등 신분상 불이익한 행위를 할 수 있다.

2) 제명 등의 경우의 불이익행위 금지

다만, 사용자는 근로자가 그 노동조합에서 제명된 것 또는 그 노동조합을 탈퇴하여 새로 노동조합을 조직하거나 다른 노동조합에 가입한 것을 이유로 근로자에게 신분상 불이익한 행위를 할 수 없다(노조법 제81조 제1항 제2호 단서). 기출 23

3) 단결선택권의 제한 금지

유니언숍 협정 체결 당시 근로자가 이미 다른 노동조합의 조합원인 경우에는, 이들 소수 조합원의 단결권 보장을 위하여 유니언숍 협정이 적용되지 아니한다. 판례도 같은 취지에서 근로자의 노동조합 선택의 자유 및 지배적 노동조합이 아닌 노동조합의 단결권이 침해되는 경우에까지 지배적 노동조합이 사용자와 체결한 유니언숍 협정의 효력을 그대로 인정할 수는 없고, 유니언숍 협정의 효력은 근로자의 노동조합 선택의 자유 및 지배적 노동조합이 아닌 노동조합의 단결권이 영향을 받지 아니하는 근로자, 즉 어느 노동조합에도 가입하지 아니한 근로자에게만 미치므로 신규로 입사한 근로자가 노동조합 선택의 자유를 행사하여 지배적 노동조합이 아닌 노동조합에 이미 가입한 경우에는 유니언숍 협정의 효력이 해당 근로자에게까지 미친다고 볼 수 없고, 비록 지배적 노동조합에 대한 가입 및 탈퇴 절차를 별도로 경유하지 아니하였더라도 사용자가 유니언숍 협정을 들어 신규 입사 근로자를 해고하는 것은 정당한 이유가 없는 해고로서 무효로 보아야 한다고(대판 2019.11.28. 2019두47377) 판시하고 있다.

(4) 유니온숍협정과 해고

1) 사용자의 해고의무

유니언숍협정은 노동조합의 단결력을 강화하기 위한 강제의 한 수단으로서 근로자가 대표성을 갖춘 노동조합의 조합원이 될 것을 '고용조건'으로 하는 것이므로 단체협약에 유니언숍협정에 따라 근로자는 노동조합의 조합원이어야만 된다는 규정이 있는 경우에는 다른 명문의 규정이 없더라도 사용자는 노동조합에서 탈퇴한 근로자를 해고할 의무가 있다. 다만, 단체협약상의 유니온숍협정에 의하여 사용자가 노동조합을 탈퇴한 근로자를 해고할 의무는 단체협약상의 채무일 뿐이고, 이러한 채무의 불이행 자체가 바로 노동조합에 대한 지배·개입의 부당노동행위에 해당한다고 단정할 수 없다(대판 1998.3.24. 96누16070). 판례는 유니언 숍 협약에 따라 사용자가 노동조합을 탈퇴한 근로자를 해고한 경우에 해고근로자가 노동조합을 상대로 하여 조합원지위확인을 구하는 소를 제기하여 승소한다고 하더라도 바로 해고의 효력이 부정되는 것은 아닐 뿐 아니라, 사용자 또한 그 해고가 적법한 것이라고 주장하고 있고 해고무효확인소송에서도 그 선결문제로 조합원지위의 존부에 관하여 판단을 할 수 있으므로, 근로자가 노동조합을 상대로 조합원지위의 확인을 구하지 아니하고 막바로 해고무효확인소송을 제기하였다고 하더라도 그 소가 소익이 없다고 할 수는 없다고(대판 1995.2.28. 94다15363) 한다. 기출 23

2) 재가입의 거부 금지

조합이 조합원의 자격을 갖추고 있는 근로자의 조합 가입을 함부로 거부하는 것은 허용되지 아니하고, 특히 유니언숍협정에 의한 가입 강제가 있는 경우에는 단체협약에 명문규정이 없더라도 노동조합의 요구가 있으면 사용자는 노동조합에서 탈퇴한 근로자를 해고할 수 있기 때문에 조합 측에서 근로자의 조합 가입을 거부하게 되면 이는 곧바로 해고로 직결될 수 있으므로 조합은 노조가입신청인에게 제명에 해당하는 사유가 있다는 등의 특단의 사정이 없는 한 그 가입에 대하여 승인을 거부할 수 없고, 따라서 조합 가입에 조합원의 사전동의를 받아야 한다거나 탈퇴조합원이 재가입하려면 대의원대회와 조합원총회에서 각 3분의 2 이상의 찬성을 얻어야만 된다는 조합 가입에 관한 제약은 그 자체가 위법·부당하므로, 특별한 사정이 없는 경우에까지 그와 같은 제약을 가하는 것은 기존 조합원으로서의 권리남용 내지 신의칙 위반에 해당된다(대판 1996.10.29. 96다28899).

4. 반조합계약에 대한 구제

사용자가 반조합계약을 체결한 것에 대하여 노동조합은 노동위원회에 구제신청을 할 수 있다. 노동위원회는 사용자가 근로자에게 특정 조합에 가입·불가입 및 탈퇴하도록 강요하는 것을 중지하거나, 이러한 반조합계약을 파기하도록 명할 수 있다.

Ⅲ 단체교섭거부·해태

1. 의 의

노동조합의 대표자 또는 노동조합으로부터 위임을 받은 자와의 단체협약 체결, 기타의 단체교섭을 정당한 이유 없이 거부하거나 해태하는 행위는 부당노동행위로서 금지된다(노조법 제81조 제1항 제3호). 사용자의 단체교섭의무는 성실하게 단체교섭을 수행하는 것에 국한되며, 반드시 단체교섭을 타결시켜 단체협약을 체결할 의무는 없다. 기출 14·15·22·25

2. 단체교섭에 있어서 성실교섭의무

성실교섭의무는 그 개념상 단체교섭에 본질적으로 내재되어 있는 의무로, 당사자는 성실하게 단체교섭을 행할 의무가 있다(노조법 제30조). 사용자가 성실하게 단체교섭을 행하고 있는지는 구체적 사안 및 사회통념에 따라 판단되어야 한다.

3. 단체교섭 거부·해태의 부당노동행위

(1) 성립요건

단체교섭 거부·해태의 부당노동행위가 성립하기 위해서는 ① 사용자가 ② 노동조합의 대표자 또는 수임자의 정당한 교섭 요구에 대하여 ③ 단체협약 기타 단체교섭을 거부하거나 해태하는 행위를 하고 ④ 이러한 행위에 정당한 이유가 없어야 한다.

(2) 정당한 이유의 판단기준

노조법 제81조 제1항 제3호가 정하는 부당노동행위는, 사용자가 아무런 이유 없이 단체교섭을 거부 또는 해태하는 경우는 물론이고, 사용자가 단체교섭을 거부할 정당한 이유가 있다거나 단체교섭에 성실히 응하였다고 믿었더라도 객관적으로 정당한 이유가 없고 불성실한 단체교섭으로 판정되는 경우에도 성립한다고 할 것이고, 한편 정당한 이유인지의 여부는 노동조합 측의 교섭권자, 노동조합 측이 요구하는 교섭시간, 교섭장소, 교섭사항 및 그의 교섭태도 등을 종합하여 사회통념상 사용자에게 단체교섭의무의 이행을 기대하는 것이 어렵다고 인정되는지 여부에 따라 판단할 것이다(대판 1998.5.22. 97누8076). 기출 25 판례는 정리해고나 사업조직의 통폐합, 공기업의 민영화 등 기업의 구조조정의 실시 여부는 경영주체에 의한 고도의 경영상 결단에 속하는 사항으로서 이는 원칙적으로 단체교섭의 대상이 될 수 없어 교섭 거부의 정당한 이유가 된다고(대판 2006.5.12. 2002도3450) 하였으나 노동조합이 회사로서는 수용할 수 없는 요구를 하고 있었다고 하더라도 이는 단체교섭의 단계에서 조정할 문제이지 노동조합 측으로부터 과다한 요구가 있었다고 하여 막바로 그 쟁의행위의 목적이 부당한 것이라고 해석할 수는 없으므로 단체교섭을 거부할 수 없다고(대판 1992.1.21. 91누5204) 판시하고 있다.

기출 22

4. 단체교섭 거부·해태에 대한 구제

(1) 행정적 구제

사용자가 정당한 이유 없이 단체교섭을 거부하거나 해태하는 경우에는, 노동조합은 노동위원회에 부당노동행위구제신청을 할 수 있다(노조법 제81조 제1항 제3호, 제82조). 노동위원회는 조사와 심문 후 부당노동행위에 해당한다고 판단하면, 사용자에게 단체교섭에 응할 것을 명하는 구제명령을 발하여야 한다. 사용자가 중앙노동위원회의 구제명령의 이행을 지연시키기 위해 계속 소송을 진행하는 경우, 노조법은 판결이 확정되기 전이라도 잠정적으로 구제명령을 이행하도록 강제하여 구제명령의 실효성을 확보하기 위해 긴급이행명령 제도를 두고 있다(노조법 제85조 제5항). 단체교섭거부에 대한 구제명령의 경우, 즉시구제의 필요성이 높기 때문에 긴급이행명령 제도의 활용이 적지 않을 것으로 보인다.

(2) 민사적 구제

노동조합 대표자는 사용자 또는 사용자단체를 상대로 단체교섭의무 확인의 소를 제기하거나 하급심 판례(서울지법 의정부 지결 2002.5.17. 2002카합240)에 의하면 단체교섭권을 피보전권리로 하여 단체교섭응낙가처분신청을 할 수 있다. 사용자의 불법행위책임 성립 여부와 관련하여 판례는 사용자의 단체교섭거부행위가 원인과 목적, 과정과 행위태양, 그로 인한 결과 등에 비추어 건전한 사회통념이나 사회상규상 용인될 수 없다고 인정되는 경우에는 부당노동행위로서 단체교섭권을 침해하는 위법한 행위로 평가되어 불법행위의 요건을 충족한다고(대판 2006.10.26. 2004다11070) 하면서, 사용자가 노동조합과의 단체교섭을 정당한 이유 없이 거부하다가 법원으로부터 노동조합과의 단체교섭을 거부하여서는 아니 된다는 취지의 집행력 있는 판결이나 가처분결정을 받고도 이를 위반하여 노동조합과의 단체교섭을 거부하였다면, 그 단체교섭거부행위는 건전한 사회통념이나 사회상규상 용인할 수 없는 행위로서 헌법이 보장하고 있는 노동조합의 단체교섭권을 침해하는 위법한 행위이므로 노동조합에 대하여 불법행위가 된다고(대판 2006.10.26. 2004다11070) 판시하고 있다.

(3) 형사적 구제

사용자가 정당한 이유 없이 단체교섭을 거부하거나 해태하는 경우에는, 2년 이하의 징역 또는 2천만원 이하의 벌금에 처한다(노조법 제90조). 또한 노동위원회의 확정된 구제명령을 위반하는 경우에는, 3년 이하의 징역 또는 3천만원 이하의 벌금에 처한다(노조법 제89조 제2호). 기출 24

(4) 자력구제

사용자 측이 정당한 이유 없이 근로자의 단체협약 체결 요구를 거부하거나 해태한 경우에 노조법 제82조의 규정에 의한 구제신청을 하지 아니하고 노동쟁의의 방법을 택하였다고 하여 노조법을 위반한 것이라고 할 수 없다(대판 1991.5.14. 90누4006).

Ⅳ 지배·개입

1. 의 의

근로자가 노동조합을 조직 또는 운영하는 것을 지배하거나, 이에 개입하는 행위는 부당노동행위로서 금지된다(노조법 제81조 제1항 제4호). 기출 12

2. 성립요건

지배·개입의 부당노동행위가 성립하기 위해서는 ① 사용자가 ② 근로자의 노동조합 조직 또는 운영을 ③ 지배하거나 이에 개입하여야 한다.

(1) 지배·개입의 의사

부당노동행위의 성립에 사용자의 지배·개입의사가 필요한지에 대하여 견해가 대립하고 있으나, 판례는 사용자가 연설, 사내방송, 게시문, 서한 등을 통하여 의견을 표명할 수 있는 언론의 자유를 가지고 있음은 당연하나, 그것이 행하여진 상황, 장소, 그 내용, 방법, 노동조합의 운영이나 활동에 미친 영향 등을 종합하여 노동조합의 조직이나 운영을 지배하거나 이에 개입하는 의사가 인정되는 경우에는 노조법 제81조 제1항 제4호에 정한 부당노동행위가 성립한다고(대판 1998.5.22. 97누8076) 판시하여, 지배·개입의사 필요설의 입장을 취하고 있다.

(2) 결과의 발생 불요 기출 20

부당노동행위구제제도는 이미 발생된 손해의 배상을 목적으로 하는 것이 아니라, 근로자의 노동3권 보호 자체를 그 목적으로 하고 있으므로, 구체적인 결과나 손해 발생을 요건으로 하지 아니한다. 판례도 노조법 제81조 제1항 제4호의 지배·개입으로서의 부당노동행위의 성립에 반드시 근로자의 단결권의 침해라는 결과의 발생을 요하는 것은 아니라고(대판 1997.5.7. 96누2057) 판시하여, 같은 입장이다. 기출 14·16·18·24

3. 지배·개입에 대한 구제

사용자의 지배·개입행위에 대하여 노동조합은 노동위원회에 구제신청을 할 수 있다. 그러나 지배·개입행위는 그 행위의 특성상 원상회복이 어려우므로, 부작위명령이나 공고문게시명령 등으로 구제를 받을 수 있다. 또한 사용자의 행위가 불법행위를 구성하는 경우에는 법원에 손해배상을 청구할 수 있다. 전임자에 대한 급여 지원이나 운영비 원조를 내용으로 하는 단체협약은, 노조법 제31조 제3항에 의하여 시정명령의 대상이 된다. 판례는 사용자가 노동조합의 조직 또는 운영에 지배·개입하는 행위가 건전한 사회통념이나 사회상규상 용인될 수 없는 정도에 이른 부당노동행위로 인정되는 경우 그 지배·개입행위는 헌법이 보장하고 있는 노동조합의 단결권을 침해하는 위법한 행위로 평가되어 노동조합에 대한 불법행위가 되고, 사용자는 이로 인한 노동조합의 비재산적 손해에 대하여 위자료 배상책임을 부담한다고(대판 2020.12.24. 2017다51603) 한다.

Ⅴ 전임자 급여 지원 및 운영비 원조

1. 서 설

노조법은 경비의 주된 부분을 사용자로부터 원조받는 경우를 노동조합의 결격사유로 규정하고 있고(노조법 제2조 제4호 나목), 사용자가 노동조합 운영비를 원조하는 행위를 부당노동행위로서 금지하고 있다(노조법 제81조 제1항 제4호). 노조법이 사용자의 노동조합 운영비에 대한 원조행위(이하 "운영비원조행위")를 금지하는 입법목적은 노동조합이 사용자에게 경제적으로 의존하거나 어용화되는 것을 막고 노동조합의 자주성을 확보하는 데에 있다고 할 것이다(대판 2016.1.28. 2012두12457).

2. 전임자의 급여 지원[57]

(1) 부당노동행위의 성립 여부

노조전임자라 하더라도 구 노조법 제24조 제4항에 따라 근로시간면제한도를 초과하지 아니하는 범위에서 임금의 손실 없이 사용자와의 협의·교섭 등의 업무를 할 수 있지만, 그 외에는 구 노조법 제24조 제2항에 따라 전임기간 동안 사용자로부터 일체의 급여를 지급받는 것이 금지되며, 노조법 제81조 제1항 제4호 본문과 단서는 이를 반영하여 규정하고 있으므로, 노조전임자 급여지원행위는 별도로 노동조합의 자주성을 저해할 위험성이 있는지 가릴 필요 없이 그 자체로 부당노동행위를 구성한다고 해석된다. 따라서 노조전임자 급여지원행위와 대등하게 규정되어 있는 운영비원조행위의 경우에도 이와 마찬가지로 해석할 수 있을 것이다(대판 2016.1.28. 2012두12457)(형식설의 입장).[58]

(2) 근로시간면제한도 초과

1) 근로시간면제한도 초과의 급여지급 [기출 22]

2021년 개정법은 근로시간면제한도를 초과하여 사용자가 급여를 지급하는 경우 부당노동행위로 처벌하도록 하고 있으나(노조법 제81조 제1항 제4호), 이는 구법 제81조 제1항 제4호의 내용과 차이가 없다. 다시 살피건대 2021년 개정법 전후의 경우 모두 근로시간면제한도를 초과하는 급여지급은 부당노동행위에 해당하고 이에 해당하는지의 여부는 형식설에 의하여 판단한다.

2) 근로시간면제자에 대한 급여지급

① 부당노동행위의 원칙적 부정 : 단순히 노동조합의 업무에만 종사하는 근로자(이하 "노조 전임자")에 불과할 뿐 근로시간 면제 대상으로 지정된 근로자(이하 "근로시간 면제자")로 지정된 바 없는 근로자에게 급여를 지원하는 행위는 그 자체로 부당노동행위가 되지만, 근로시간 면제자에게 급여를 지급하는 행위는 특별한 사정이 없는 한 부당노동행위가 되지 않는 것이 원칙이다(대판 2016.4.28. 2014두11137).

---

[57] 노조전임자의 급여지원뿐만 아니라 노동조합의 운영비 원조에서 소개하고 있는 판례의 노조전임자에 대한 설시는 사용자로부터 급여를 지급받는 유급전임자를 전제로 하는 것으로 보아야 한다. 2021년 개정법은 노조전임자의 급여지원을 부당노동행위로 명시하여 금지한 규정을 삭제하였으므로, 노조전임자에 대한 급여지원이 부당노동행위인지 여부에 대한 해석론상의 다툼은 이제 해소되었다고 이해된다.

[58] 이러한 판단방법은 근로시간면제자에게 과다한 급여를 지급한 경우에도 마찬가지로 적용된다고 보는 것이 타당하다(대판 2016.4.28. 2014두11137).

② **과다지급의 경우 부당노동행위 인정**: 단체협약 등 노사 간 합의에 의한 경우라도 타당한 근거 없이 과다하게 책정된 급여를 근로시간 면제자에게 지급하는 사용자의 행위는 노조법 제81조 제1항 제4호 단서에서 허용하는 범위를 벗어나는 것으로서 노조 전임자 급여지원행위나 노동조합 운영비원조행위에 해당하는 부당노동행위가 될 수 있다. 여기서 근로시간 면제자에 대한 급여지급이 과다하여 부당노동행위에 해당하는지는 근로시간 면제자가 받은 급여 수준이나 지급 기준이 그가 근로시간 면제자로 지정되지 아니하고 일반 근로자로 근로하였다면 해당 사업장에서 동종 혹은 유사 업무에 종사하는 동일 또는 유사 직급·호봉의 일반 근로자의 통상 근로시간과 근로조건 등을 기준으로 받을 수 있는 급여 수준이나 지급 기준을 사회통념상 수긍할 만한 합리적인 범위를 초과할 정도로 과다한지 등의 사정을 살펴서 판단하여야 한다(대판 2016.4.28. 2014두11137).

3. 노동조합의 운영비 원조

(1) 문제점

전임자의 급여지급과 마찬가지로, 노동조합이 적극적으로 요구하여 사용자가 운영비 원조를 한 경우, 부당노동행위에 해당하는지가 문제된다.

(2) 대법원 판례 – 형식설의 입장

1) 자주성 저해의 위험성 불요

[1] 노조전임자라 하더라도 구 노조법 제24조 제4항에 따라 근로시간면제한도를 초과하지 아니하는 범위에서 임금의 손실 없이 사용자와의 협의·교섭 등의 업무를 할 수 있지만, 그 외에는 구 노조법 제24조 제2항에 따라 전임기간 동안 사용자로부터 일체의 급여를 지급받는 것이 금지되며, 노조법 제81조 제1항 제4호 본문과 단서는 이를 반영하여 규정하고 있으므로, 노조전임자급여지원행위는 별도로 노동조합의 자주성을 저해할 위험성이 있는지 가릴 필요 없이 그 자체로 부당노동행위를 구성한다고 해석된다. 따라서 노조전임자급여지원행위와 대등하게 규정되어 있는 운영비원조행위의 경우에도 이와 마찬가지로 해석할 수 있을 것이다.
[2] 노조법 제81조 제1항 제4호 단서에서 정한 행위를 벗어나서 주기적이나 고정적으로 이루어지는 사용자의 노동조합 운영비에 대한 원조행위는 노동조합의 전임자에게 급여를 지원하는 행위와 마찬가지로 노동조합의 자주성을 잃게 할 위험성을 지닌 것으로서 노조법 제81조 제1항 제4호 본문에서 금지하는 부당노동행위라고 해석되고, 비록 운영비 원조가 노동조합의 적극적인 요구 내지 투쟁으로 얻어진 결과라 하더라도 이러한 사정만으로 달리 볼 것은 아니다(대판 2016.1.28. 2012두12457).

2) 허용되는 운영비 원조의 범위

판례는 단체협약 중 이 사건 사무보조비조항은 노동조합이 사용자로부터 최소한의 규모의 노동조합사무소와 함께 통상 비치되어야 할 책상, 의자, 전기시설 등의 비품과 시설을 제공받는 것은 허용되나, 매월 상당한 금액의 돈을 지급받는 것은 노동조합의 자주성을 침해할 현저한 위험성이 있어 부당노동행위에 해당하고(대판 2016.1.28. 2012두12457), 또한 노조활동의 편의를 위해 자동차를 무상으로 제공받는 것도 부당노동행위에 해당한다고(대판 2016.1.28. 2013다1419) 판시하고 있다.

(3) 헌법재판소 판례 – 실질설의 입장

[1] 사용자의 노동조합에 대한 운영비 원조에 관한 사항은 대등한 지위에 있는 노사가 자율적으로 협의하여 정하는 것이 근로3권을 보장하는 취지에 가장 부합한다. 따라서 운영비원조행위에 대한 제한은 실질적으로 노동조합의 자주성이 저해되었거나 저해될 위험이 현저한 경우에 한하여 이루어져야 한다.

[2] 그럼에도 불구하고 운영비원조금지조항은 단서에서 정한 두 가지 예외를 제외한 일체의 운영비원조행위를 금지하고 있으므로, 입법목적 달성을 위한 적합한 수단이라고 볼 수 없고, 필요한 범위를 넘어서 노동조합의 단체교섭권을 과도하게 제한하여 침해의 최소성에 반하고, 법익균형에도 반하여 과잉금지원칙을 위반하여 청구인의 단체교섭권을 침해하므로 헌법에 위반된다(헌재 2018.5.31. 2012헌바90). 기출 20

4. 2020년 개정 노조법의 태도 – 실질설의 입법화

(1) 운영비 원조의 예외적 허용

근로자가 근로시간 중에 사용자와 협의·교섭하는 등의 활동을 하는 것을 사용자가 허용함은 무방하며, 또한 근로자의 후생자금 또는 경제상의 불행 그 밖에 재해의 방지와 구제 등을 위한 기금의 기부와 최소한의 규모의 노동조합사무소의 제공 및 그 밖에 이에 준하여 노동조합의 자주적인 운영 또는 활동을 침해할 위험이 없는 범위에서의 운영비원조행위는 예외로 한다(노조법 제81조 제1항 제4호 단서). 기출 15·18·22·24·25

(2) 고려사항

노동조합의 자주적 운영 또는 활동을 침해할 위험 여부를 판단할 때에는 ① 운영비 원조의 목적과 경위, ② 원조된 운영비횟수와 기간, ③ 원조된 운영비금액과 원조방법, ④ 원조된 운영비가 노동조합의 총수입에서 차지하는 비율, ⑤ 원조된 운영비의 관리방법 및 사용처 등을 고려하여야 한다(노조법 제81조 제2항).

기출 22·24

Ⅵ. 부당노동행위금지규정에 위반한 법률행위의 효력

판례는 노조법 제81조의 부당노동행위금지규정은 헌법이 규정하는 근로3권을 구체적으로 확보하기 위한 것으로 이에 위반하는 행위에 대하여 처벌규정을 두고 있는 한편 부당노동행위에 대하여 신속한 권리구제를 받을 수 있도록 같은 법에서 행정상의 구제절차까지 규정하고 있는 점에 비추어 이는 효력규정인 강행법규라고 풀이되므로 위 규정에 위반된 법률행위는 사법상으로도 그 효력이 없고, 근로자에 대한 불이익취급행위로서의 법률행위가 부당노동행위로서 무효인 이상 그것이 근로기준법 제23조 소정의 정당한 이유가 있는지 여부는 더 나아가 판단할 필요가 없다고(대판 1993.12.21. 93다11463) 한다. 기출 16

제3절 부당노동행위의 구제절차

I. 서 설

부당노동행위구제제도는 헌법이 보장하는 노동3권의 구체적 실현을 목적으로 한다. 부당노동행위의 구제에는 노동위원회에 의한 행정적 구제와 법원에 의한 사법적 구제가 있다.

1. 구제주의와 처벌주의

구제주의는 부당노동행위 그 자체를 범죄로 보지 않고, 다만 이에 대한 구제를 중요시하여 구제명령에 위반한 경우에야 비로소 당해 위반행위를 범죄로 본다는 주의이다. 반면 처벌주의는 부당노동행위 그 자체를 범죄로 보고 이를 처벌함으로써 그러한 행위를 사전에 예방·억제하고자 하는 주의이다.

2. 노동위원회에 의한 구제제도와 사법적 구제제도

노동위원회에 의한 구제와 법원에 의한 구제를 생각해 볼 수 있다. 근로자는 동일한 부당노동행위에 대하여 양자에 의한 구제절차를 동시에 밟을 수 있으나, 법원에서 구제절차가 완료된 경우 이를 노동위원회에서 다시 구제신청을 진행할 수 없을 것이다.

II. 노동위원회에 의한 구제절차

1. 서 설

노동위원회에 의한 구제절차는 초심절차와 재심절차로 나뉜다. 중앙노동위원회의 결정에 대하여 불복하는 자는 행정법원에 행정소송을 제기할 수 있다.

2. 관 할

(1) 지방노동위원회의 관할

부당노동행위가 발생한 사업장의 소재지를 관할하는 지방노동위원회가 초심관할권을 가진다(노위법 제3조 제2항).

(2) 특별노동위원회의 관할

부당노동행위가 특별노동위원회의 설치목적으로 규정된 특정 사항에 관한 것일 경우에는, 특별노동위원회가 초심관할권을 가진다(노위법 제3조 제3항).

(3) 중앙노동위원회의 관할

중앙노동위원회는 원칙적으로 지방노동위원회 또는 특별노동위원회를 초심으로 하는 사건의 관할권을 가진다(노위법 제3조 제1항 제1호).

3. 당사자

(1) 신청인

① 사용자의 부당노동행위로 인하여 그 권리를 침해당한 근로자 또는 노동조합이다(노조법 제82조 제1항). 기출 15·24

② 노동조합은 노동조합의 성립요건을 모두 갖춘 법상의 노동조합을 말한다. 노조법상 노동조합이 아닌 근로자단체의 조합원은 불이익취급이나 반조합계약 사건과 관련하여 근로자 개인이 직접 구제신청을 할 수 있다. 또한 노동조합을 조직하려고 한다는 이유로 근로자에 대하여 부당노동행위를 한 경우, 후에 설립된 노동조합도 독자적인 구제신청권을 갖는다(대판 1991.1.25. 90누4952). 기출 14·16·21

③ 근로자는 원칙적으로 노조법상 노동조합의 조합원을 말한다.

④ 노조법상 노동조합의 성립요건을 갖추지 못하였더라도, 이를 지향·설립하는 과정에 있는 근로자단체 및 이에 속한 근로자는 신청인이 될 수 있다.

⑤ 노조법 제81조 제1항 제1호·제2호 및 제5호에 대하여는 근로자가, 노조법 제81조 제1항 제3호 및 제4호에 대하여는 노동조합이 신청인이 되는 것이 원칙이나, 전자의 경우 당해 조합원이 소속된 노동조합이 신청인이 될 수 있다.

⑥ 하나의 사안에 대하여 노동조합과 조합원 개인이 동시에 구제신청권을 보유한 경우, 양자는 상대방의 구제신청권과는 독립된 구제신청권을 보유하는 것이므로, 근로자가 노동조합 조합원으로서의 자격을 상실하거나, 구제신청을 포기·반대하는 경우에도 노동조합은 독자적으로 구제신청을 할 수 있다.

(2) 피신청인

피신청인은 원칙적으로 사용자이다. 개인기업의 경우에는 기업주, 법인기업의 경우에는 법인이 피신청인이 된다. 또한 근로자의 기본적인 노동조건 등에 관하여 그 근로자를 고용한 사업주로서의 권한과 책임을 일정 부분 담당하고 있다고 볼 정도로 실질적이고 구체적으로 지배·결정할 수 있는 지위에 있는 자가, 노동조합을 조직 또는 운영하는 것을 지배하거나 이에 개입하는 등으로 노조법 제81조 제4호에서 정한 행위를 하였다면, 그 시정을 명하는 구제명령을 이행하여야 할 사용자에 해당한다(대판 2010.3.25. 2007두8881).

4. 초심절차

(1) 구제의 신청(노조법 제82조)

① 사용자의 부당노동행위로 인하여 그 권리를 침해당한 근로자 또는 노동조합은 노동위원회에 그 구제를 신청할 수 있다. 기출 18·21·22 부당노동행위 구제의 신청은 부당노동행위가 있은 날(계속하는 행위는 그 종료일)부터 3월 이내에 이를 행하여야 한다. 기출 19·21·22·24·25 여기서 '계속하는 행위'란 1개의 행위가 바로 완결되지 않고 일정 기간 계속되는 경우뿐만 아니라 수 개의 행위라도 각 행위 사이에 부당노동행위 의사의 단일성, 행위의 동일성·동종성, 시간적 연속성이 인정될 경우도 포함된다(대판 2025.4.3. 2023두41864).

② 최근 판례는 계속하는 행위인지 여부에 대해 다음과 같이 판시하고 있다. [1] 일정한 단위 기간마다 인사고과나 승격 심사를 하고 그 결과에 따라 임금을 결정하는 사업장에서 노동조합 활동을 이유로 근로자에게 하위 인사고과를 부여하거나 승격에서 탈락시키는 부당노동행위를 하는 사용자의 의사에는 통상적으로 그에 따른 임금상의 불이익을 주려는 의사도 포함되어 있다고 볼 수 있다. 따라서 하위 인사고과 부여 또는 승격 탈락(이하 '인사고과 부여 등')은 특별한 사정이 없는 한 같은 단위 기간(예를 들어, 1년마다 인사고과 부여 등이 이루어지는 사업장에서 연초에 실시하는 전년도 근무성적에 대한 인사고과나 승격 심사와 이에

기한 그 연도 동안의 임금 지급은 같은 단위 기간에 이루어진 것)에 대한 임금의 지급과 하나의 '계속하는 행위'를 구성한다. 그러나 단위 기간을 달리하는 인사고과 부여 등과 이에 기한 임금 지급은 원칙적으로 하나의 '계속하는 행위'에 해당한다고 보기 어렵다. 다만 사용자가 여러 단위 기간 동안 단일한 의사와 유사한 방식으로 미리 수립한 계획에 따라 일련의 부당노동행위를 실행하였다는 등의 사정이 드러난 경우에는 단위 기간을 달리하는 인사고과 부여 등과 임금 지급 사이에서도 '계속하는 행위'가 성립할 수 있다.
[2] 부당노동행위에 대한 행정적 구제절차에서 심사대상은 구제신청의 대상이 된 부당노동행위를 구성하는 구체적 사실에 한정되므로, 부당노동행위에 대한 구제신청기간의 도과 여부는 근로자가 부당노동행위라고 주장하는 구체적 사실을 기준으로 판단해야 한다. 그러나 구제신청서에 구제의 내용이 구체적으로 특정되어 있지 않더라도 부당노동행위를 구성하는 구체적인 사실을 주장하고 있다면 그에 대한 구제도 신청하고 있는 것으로 보아야 한다(대판 2025.4.3. 2023두41864).

(2) **심문**(노조법 제83조)
① 신청하는 구제의 내용이 법령상이나 사실상 실현할 수 없음이 명백한 경우에는, 신청을 각하하는 결정을 하여야 한다(노동위원회규칙 제60조 제1항 제6호).
② 노동위원회는 구제신청을 받은 때에는 지체 없이 필요한 조사와 관계당사자의 심문을 하여야 한다. 기출 12·21·24
③ 노동위원회는 심문을 할 때에는 관계당사자의 신청에 의하거나 그 직권으로 증인을 출석하게 하여 필요한 사항을 질문할 수 있다. 기출 14·16·21·22·23
④ 노동위원회는 심문을 함에 있어서는 관계당사자에 대하여 증거의 제출과 증인에 대한 반대심문을 할 수 있는 충분한 기회를 주어야 한다. 기출 12·14·16·19
⑤ 부당노동행위의 심문을 함에 있어서는 반드시 심문을 거쳐 판정을 하여야 하고, 조사를 끝낸 것만으로는 구제명령을 내릴 수 없다.

(3) **화해**(노동위원회규칙 제69조, 제71조)
① 심판위원회는 사건의 조사과정이나 심문회의 진행 중에 당사자에게 화해를 권고하거나 주선할 수 있다(노동위원회규칙 제69조).
② 화해는 당사자와 화해에 관여한 심판위원이 서명이나 날인함으로써 성립되며 화해가 성립된 후 당사자는 이를 번복할 수 없다(노동위원회규칙 제71조 제2항).

(4) **판정**(노동위원회규칙 제59조)
① 심판위원회가 심문을 종결하였을 경우 판정회의를 개최하여야 한다.
② 심판위원회 위원장은 판정회의에 앞서 당해 심문회의에 참석한 근로자위원과 사용자위원에게 의견 진술의 기회를 주어야 한다.
③ 심판위원회는 심문회의에서의 새로운 주장에 대한 사실 확인이나 증거의 보완이 필요하다고 판단되거나 화해를 위한 회의 진행으로 추가적인 사실 심문 등이 필요한 경우에는 추후에 심문회의나 판정회의를 재개할 수 있다.

(5) **구제명령**

1) 노조법 규정

노동위원회는 심문을 종료하고 부당노동행위가 성립한다고 판정한 때에는 사용자에게 구제명령을 발하여야 하며, 부당노동행위가 성립되지 아니한다고 판정한 때에는 그 구제신청을 기각하는 결정을 하여야 한다(노조법 제84조 제1항). 기출 24

2) 구제명령의 내용

구제명령의 내용은 신청인의 구제청구내용을 존중하되, 이에 반드시 구속되는 것은 아니고 노동위원회의 재량권에 속한다. 구제명령은 부당노동행위가 행하여지지 아니하였던 것과 동일한 상태로의 회복, 즉 원상회복을 목적으로 하므로 원상회복명령이 원칙이다.

① **불이익취급** : 해고의 경우 근로자를 원직 또는 원직에 상당하는 지위에 복직시키도록 하고, 해고로 인하여 근로자가 지급받지 못한 임금의 소급지급을 명하는 것이 원칙이다. 정직·감봉 등 징계처분의 경우 그 처분의 취소를 명한다. 판례는 인사고과에 의한 성과금차별이 부당노동행위에 해당하는 경우, 반조합적 의사를 배제한 상태에서 성과평가를 재실시한 후 그 평가 결과에 따라 재산정한 성과상여금과 기존에 지급한 성과상여금과의 차액을 지급할 것을 명하는 구제명령은 적법하다고(대판 2018.12.27. 2017두47311) 판시하고 있다.

② **반조합계약(비열계약)** : 사용자가 근로자에게 특정 조합에 가입·불가입 및 탈퇴하도록 강요하는 것을 중지하거나, 이러한 반조합계약을 파기하도록 명한다.

③ **단체교섭의 거부·해태** : 교섭 대상, 교섭담당자, 교섭시기 및 교섭방법 등을 정하여 성실하게 단체교섭을 할 것을 명한다.

④ **지배·개입** : 지배·개입행위를 특정하여 이를 금지하는 부작위명령이나 공고문게시명령이 적절할 것이다. 판례는 사용자의 지배·개입행위가 사실행위로 이루어진 경우 그 행위 자체를 제거 내지 취소하여 원상회복하는 것이 곤란하며 또한 사용자의 행위가 장래에 걸쳐 계속 반복하여 행하여질 가능성이 많기 때문에 사용자의 지배·개입에 해당하는 행위를 금지하는 부작위명령은 적절한 구제방법이 될 수 있다고 (대판 2010.3.25. 2007두8881) 판시하고 있다.

3) 구제명령의 효력

① 부당노동행위구제명령은 서면으로 하되, 이를 당해 사용자와 신청인에게 각각 교부하여야 한다(노조법 제84조 제2항). 기출 20

② 관계당사자는 부당노동행위구제명령이 있을 때에는 이에 따라야 한다(노조법 제84조 제3항).

③ 정해진 기간 내에 재심을 신청하지 아니하거나 행정소송을 제기하지 아니한 때에는 그 구제명령·기각결정 또는 재심판정은 확정된다(노조법 제85조 제3항). 이 경우 관계당사자는 확정된 기각결정 또는 재심판정을 따라야 하며(노조법 제85조 제4항), 이에 따르지 아니하는 경우에는 3년 이하의 징역 또는 3천만원 이하의 벌금에 처한다(노조법 제89조 제2호). 기출 25

④ 미확정된 구제명령에 대하여는 그 실효성을 확보하기 위하여 긴급이행명령제도를 도입하였다(노조법 제85조 제5항). 기출 13·20

⑤ 판례는 부당노동행위구제제도는 헌법상 노동3권의 대국가적 효력을 구체화한 제도로, 부당노동행위구제명령은 사용자에게 공법상의 의무를 부담시킬 뿐, 직접 노사 간의 사법상의 법률관계를 발생 또는 변경시키는 것은 아니라고(대판 1996.4.23. 95다53102) 판시하고 있다. 근로자가 사법상의 권리 구제를 받기 위해서는 사용자를 상대로 법원에 민사소송을 제기하여야 한다. 기출 14·19

5. 재심절차

(1) **재심신청**(노조법 제85조 제1항)

지방노동위원회 또는 특별노동위원회의 구제명령 또는 기각결정에 불복이 있는 관계당사자는 그 명령서 또는 결정서의 송달을 받은 날부터 10일 이내에 중앙노동위원회에 그 재심을 신청할 수 있다. 한편, 초심절차에서 신청인 또는 피신청인이 될 수 있었던 자는, 비록 초심절차에서 신청인 또는 피신청인이 아니었을지라도 초심결정에 불복하여 재심을 신청할 수 있다. 기출 18·20·21·22·25

(2) 재심범위(노동위원회규칙 제89조)

당사자의 재심신청은 초심에서 신청한 범위를 넘어서는 아니 되며, 중앙노동위원회의 재심심리와 판정은 당사자가 재심신청한 불복의 범위 안에서 하여야 한다.

(3) 재심절차(노동위원회규칙 제33조)

초심절차에 관한 규정은 그 성질에 반하지 아니하는 한 재심절차에도 그대로 준용된다.

(4) 재심판정(노동위원회규칙 제94조)

① 중앙노동위원회는 재심신청이 요건을 충족하지 못한 경우 재심신청을 각하하고, 재심신청이 이유 없다고 판단하는 경우에는 기각하며, 이유 있다고 판단하는 경우에는 지방노동위원회의 처분을 취소하고 구제명령이나 각하 또는 기각결정을 하여야 한다.

② 중앙노동위원회는 근로관계의 소멸이나 사업장 폐쇄 등으로 초심의 구제명령내용을 그대로 유지하는 것이 적합하지 않다고 판단하는 경우에는 그 내용을 변경할 수 있다.

6. 행정소송

(1) 소의 제기

1) 당사자

원고는 재심판정에 불복하는 사용자, 피해근로자 및 노동조합이 되고, 취소소송에서의 피고는 당해 명령 또는 결정을 내린 중앙노동위원회의 위원장이 되며, 상대방은 피고의 보조참가인이 된다.

2) 제소기간 [기출] 16·18

중앙노동위원회의 재심판정에 대하여 관계당사자는 그 재심판정서의 송달을 받은 날부터 15일 이내에 행정소송법이 정하는 바에 의하여 소를 제기할 수 있고(노조법 제85조 제2항), 해당 기간 내에 행정소송을 제기하지 아니한 때에는 그 구제명령·기각결정 또는 재심판정은 확정된다(노조법 제85조 제3항). 이 경우 관계당사자는 이에 따라야 하며(노조법 제85조 제4항), 이에 따르지 아니하는 경우에는 형벌이 부과된다(노조법 제89조 제2호).

[기출] 20

3) 구제명령 등의 효력 부정지

노동위원회의 구제명령·기각결정 또는 재심판정은 행정소송의 제기에 의하여 그 효력이 정지되지 아니한다(노조법 제86조). [기출] 16·18·20·22·24

(2) 긴급이행명령제도

1) 의 의

긴급이행명령이란 사용자가 행정소송을 제기한 경우, 관할 법원이 중앙노동위원회의 신청에 의하여 결정으로써 판결이 확정될 때까지 중앙노동위원회의 구제명령의 전부 또는 일부를 이행하도록 명할 수 있는 제도를 말한다(노조법 제85조 제5항). 이는 미확정된 구제명령을 위반한 자에 대한 처벌규정이 헌법재판소에 의하여 위헌으로 결정됨에 따라, 구제명령의 실효성 확보 차원에서 인정된 것이다. [기출] 16·18·19·23·25

2) 내 용
① 긴급이행명령은 사용자가 행정소송을 제기한 경우에 한하여 허용된다.
② 관할 법원이 결정으로써 판결 확정 전까지 중앙노동위원회의 구제명령의 전부 또는 일부를 이행하도록 중앙노동위원회가 신청하여야 한다.
③ 관할 법원은 쌍방이 제출한 소명자료 등을 통하여 중앙노동위원회의 재심명령에 중대하고 명백한 하자가 없고, 긴급이행의 필요성이 부정되는 등 특별한 사정이 없는 경우에는 긴급이행명령을 내린다. 이 경우 재심명령의 적법성은 본안심리에서 심사되어야 할 사항이다.
④ 긴급이행명령의 효력은 판결이 확정될 때까지 지속된다. 다만, 판결이 확정되기 전이라도 당사자의 신청에 의하거나 법원의 직권으로 그 결정을 취소할 수 있다.

3) 위반의 효과
법원이 긴급이행명령결정을 하면 사용자는 중앙노동위원회의 구제명령의 전부 또는 일부를 이행하여야 한다. 법원의 명령에 위반한 자는 500만원 이하의 금액(당해 명령이 작위를 명하는 것일 때에는 그 명령의 불이행일수 1일에 50만원 이하의 비율로 산정한 금액)의 과태료에 처한다(노조법 제95조).

(3) 판결의 내용
① 중앙노동위원회에서 내린 각하 또는 기각결정에 대하여 법원이 취소한 경우, 중앙노동위원회는 취소판결의 취지에 따라 다시 이전의 신청에 대한 처분을 하여야 한다(행정소송법 제30조 제2항).
② 중앙노동위원회에서 내린 부당노동행위구제명령에 대하여 법원이 이를 취소한 경우, 취소판결의 확정에 의하여 중앙노동위원회의 구제명령은 그 효력을 상실한다.
③ 청구기각판결이 확정되면 중앙노동위원회의 재심판정은 확정된다.

Ⅲ 법원에 의한 구제절차

1. 의 의
부당노동행위의 구제는 신속하고 간편한 노동위원회에 의한 구제절차가 일반적이나, 법원에 의한 사법적 구제도 가능하다.

2. 민사적 구제
민사적 구제로는 무효확인청구소송, 방해배제청구소송 및 단체교섭응낙청구소송 등 본소에 의한 구제와, 본소가 확정될 때까지의 가처분제도에 의한 구제를 생각할 수 있다.

3. 형사적 구제
① 형벌부과 : 노조법은 부당노동행위를 한 사용자에 대하여 2년 이하의 징역 또는 2천만원 이하의 벌금에 처할 수 있도록 규정하고 있다(노조법 제90조, 제81조 제1항). 기출 23
② 양벌규정 : 법인 또는 단체의 대표자, 법인·단체 또는 개인의 대리인·사용인 기타의 종업원이 그 법인·단체 또는 개인의 업무에 관하여 제88조 내지 제93조의 위반행위를 한 때에는 행위자를 벌하는 외에 그 법인·단체 또는 개인에 대하여도 각 해당 조의 벌금형을 과한다. 기출 23 다만, 법인·단체 또는 개인이 그 위반행위를 방지하기 위하여 해당 업무에 관하여 상당한 주의와 감독을 게을리하지 아니한 경우에는 그러하지 아니하다(노조법 제94조).

CHAPTER 06 부당노동행위구제제도

01 노동조합 및 노동관계조정법상 부당노동행위에 관한 설명으로 옳지 않은 것은?(다툼이 있으면 판례에 따름)

기출 25

① 부당노동행위 구제의 신청은 부당노동행위가 있은 날(계속하는 행위는 그 종료일)부터 6월 이내에 이를 행하여야 한다.
② 확정된 부당노동행위 구제명령에 위반한 자는 3년 이하의 징역 또는 3천만원 이하의 벌금에 처한다.
③ 지방노동위원회의 부당노동행위 구제신청에 대한 기각결정에 대하여는 결정서의 송달을 받은 날로부터 10일 이내에 중앙노동위원회에 재심을 신청할 수 있다.
④ 근로자가 '노동조합의 업무를 위한 정당한 행위'를 하고 사용자가 이를 이유로 근로자에 대하여 해고 등의 불이익을 주는 차별적 취급 행위를 한 경우에는 부당노동행위가 성립하고, 그 사실의 주장 및 증명책임은 부당노동행위임을 주장하는 측에 있다.
⑤ 부당노동행위의 예방·제거는 노동위원회의 구제명령을 통해서 이루어지는 것이므로, 구제명령을 이행할 수 있는 법률적 또는 사실적인 권한이나 능력을 가지는 지위에 있는 한 그 한도 내에서는 부당노동행위의 주체로서 구제명령의 대상자인 사용자에 해당한다고 볼 수 있을 것이다.

해설 및 정답

01 ① (×) 부당노동행위 구제의 신청은 <u>부당노동행위가 있은 날(계속하는 행위는 그 종료일)부터 3월 이내에 이를 행하여야 한다</u>(노조법 제82조 제2항).
② (○) 노조법 제89조 각 호 외의 부분, 제2호
③ (○) 지방노동위원회 또는 특별노동위원회의 구제명령 또는 기각결정에 불복이 있는 관계당사자는 그 명령서 또는 <u>결정서의 송달을 받은 날부터 10일 이내에 중앙노동위원회에 그 재심을 신청할 수 있다</u>(노조법 제85조 제1항).
④ (○) 부당노동행위가 성립하기 위해서는 근로자가 '노동조합의 업무를 위한 정당한 행위'를 하고 사용자가 이를 이유로 근로자에 대하여 해고 등의 불이익을 주는 차별적 취급행위를 한 경우라야 하며, <u>그 사실의 주장 및 증명책임은 부당노동행위임을 주장하는 측에 있다</u>(대판 2018.12.27. 2017두37031).
⑤ (○) 대판 2010.3.25. 2007두8881

정답

02 노동조합 및 노동관계조정법상 부당노동행위에 관한 설명으로 옳지 않은 것은?(다툼이 있으면 판례에 따름)

기출 25

① 회사 대표이사가 조합원에게 해고 또는 불이익한 대우를 하겠다는 의사표시를 하였으나 이를 현실화하지 않았더라도 이 법 제81조 제1항 제1호에서 정한 부당노동행위에 해당한다.
② 특정 노동조합에 가입하려고 하거나 특정 노동조합과 연대하려고 하는 노동조합에 대한 부당노동행위로 인하여 특정 노동조합의 권리가 침해당할 수 있는 경우에는 그 특정 노동조합이 부당노동행위의 직접 상대방이 아닌 경우에도 자신의 명의로 부당노동행위에 대한 구제신청을 할 수 있다.
③ 노동조합의 자주적인 운영 또는 활동을 침해할 위험이 없는 범위에서의 운영비 원조행위는 부당노동행위로 보지 않는다.
④ 노동조합의 대표자 또는 노동조합으로부터 위임을 받은 자와의 단체협약체결 기타의 단체교섭을 정당한 이유 없이 거부하거나 해태하는 행위는 부당노동행위에 해당한다.
⑤ 중앙노동위원회의 재심판정에 대하여 사용자가 행정소송을 제기한 경우에 관할법원은 중앙노동위원회의 신청에 의하여 결정으로써, 판결이 확정될 때까지 중앙노동위원회의 구제명령의 전부 또는 일부를 이행하도록 명할 수 있다.

03 노동조합 및 노동관계조정법상 부당노동행위에 관한 설명으로 옳지 않은 것은?(다툼이 있으면 판례에 따름)

기출 24

① 사용자는 노동조합의 운영비를 원조하는 행위를 할 수 없으나, 노동조합의 자주적인 운영 또는 활동을 침해할 위험이 없는 범위에서의 운영비 원조행위는 할 수 있다.
② 노동조합 및 노동관계조정법 제81조(부당노동행위) 제1항 제4호 단서에 따른 "노동조합의 자주적인 운영 또는 활동을 침해할 위험" 여부를 판단할 때 원조된 운영비 금액과 원조방법을 고려할 필요가 없다.
③ 노동위원회는 부당노동행위가 성립한다고 판정한 때에는 사용자에게 구제명령을 발하여야 하며, 부당노동행위가 성립되지 아니한다고 판정한 때에는 그 구제신청을 기각하는 결정을 하여야 한다.
④ 지배·개입으로서의 부당노동행위의 성립에 반드시 근로자의 단결권의 침해라는 결과의 발생까지 요하는 것은 아니다.
⑤ 지방노동위원회의 구제명령은 중앙노동위원회에의 재심신청에 의하여 그 효력이 정지되지 아니한다.

04 노동조합 및 노동관계조정법상 부당노동행위에 관한 설명으로 옳은 것은 모두 몇 개인가? 기출 24

- 사용자의 부당노동행위로 인하여 그 권리를 침해당한 근로자 또는 노동조합은 노동위원회에 그 구제를 신청할 수 있다.
- 노동위원회는 부당노동행위 구제신청을 받은 때에는 지체없이 필요한 조사와 관계 당사자의 심문을 하여야 한다.
- 근로자가 노동조합의 업무를 위한 정당한 행위를 한 것을 이유로 그 근로자에게 불이익을 주는 사용자의 행위는 부당노동행위에 해당한다.
- 부당노동행위 구제의 신청은 부당노동행위가 있은 날(계속하는 행위는 그 종료일)부터 3월 이내에 이를 행하여야 한다.

① 0개
② 1개
③ 2개
④ 3개
⑤ 4개

• 해설 및 정답 •

02 ① (×) 회사 대표이사가 노동조합 위원장, 부위원장 및 조합원에게 해고 또는 불이익한 대우를 하겠다는 의사표시를 하였으나 이를 현실화하지 않았다면 노조법 제81조 제1항 제1호에서 정한 부당노동행위에 해당하지 않는다 (대판 2004.8.30. 2004도3891).
② (○) 대판 2022.5.12. 2017두54005
③ (○) 노동조합의 운영비를 원조하는 행위는 사용자의 부당노동행위에 해당하나, 노동조합의 자주적인 운영 또는 활동을 침해할 위험이 없는 범위에서의 운영비 원조행위는 부당노동행위에 해당하지 아니하므로 예외적으로 허용된다(노조법 제81조 제1항 제4호 단서).
④ (○) 노조법 제81조 제1항 제3호
⑤ (○) 사용자가 중앙노동위원회의 재심판정에 대하여 행정소송을 제기한 경우에 관할법원은 중앙노동위원회의 신청에 의하여 결정으로써, 판결이 확정될 때까지 중앙노동위원회의 구제명령의 전부 또는 일부를 이행하도록 명할 수 있으며, 당사자의 신청에 의하여 또는 직권으로 그 결정을 취소할 수 있다(노조법 제85조 제5항).

정답 ❶

03 ① (○) 노동조합의 운영비를 원조하는 행위는 사용자의 부당노동행위에 해당하나, 노동조합의 자주적인 운영 또는 활동을 침해할 위험이 없는 범위에서의 운영비 원조행위는 부당노동행위에 해당하지 아니하므로 예외적으로 허용된다(노조법 제81조 제1항 제4호 단서).
② (×) "원조된 운영비 금액과 원조방법"도 "노동조합의 자주적 운영 또는 활동을 침해할 위험" 여부를 판단할 때 고려할 사항에 포함된다(노조법 제81조 제2항 제3호).
③ (○) 노동위원회는 구제신청에 따른 심문을 종료하고 부당노동행위가 성립한다고 판정한 때에는 사용자에게 구제명령을 발하여야 하며, 부당노동행위가 성립되지 아니한다고 판정한 때에는 그 구제신청을 기각하는 결정을 하여야 한다(노조법 제84조 제1항).
④ (○) 대판 2019.4.25. 2017두33510
⑤ (○) 노동위원회의 구제명령·기각결정 또는 재심판정은 중앙노동위원회에의 재심신청이나 행정소송의 제기에 의하여 그 효력이 정지되지 아니한다(노조법 제86조).

정답 ❷

04 • (○) 노조법 제82조 제1항
• (○) 노조법 제83조 제1항
• (○) 근로자가 노동조합에 가입 또는 가입하려고 하였거나 노동조합을 조직하려고 하였거나 기타 노동조합의 업무를 위한 정당한 행위를 한 것을 이유로 그 근로자를 해고하거나 그 근로자에게 불이익을 주는 사용자의 행위는 부당노동행위에 해당한다(노조법 제81조 제1항 제1호).
• (○) 노조법 제82조 제2항

정답 ❺

05 노동조합 및 노동관계조정법상 부당노동행위에 관한 설명으로 옳은 것은?(다툼이 있으면 판례에 따름)

기출 23

① 부당노동행위에 대한 입증책임은 사용자가 부담한다.
② 노동위원회가 부당노동행위의 구제신청을 받고 심문을 할 때에는 그 직권으로 증인을 출석하게 하여 필요한 사항을 질문할 수 있다.
③ 부당노동행위를 한 사용자는 3년 이하의 징역 또는 3천만원 이하의 벌금에 처한다.
④ 중앙노동위원회의 재심판정에 대하여 행정소송을 제기한 경우에 관할법원은 부당노동 행위구제 신청자의 신청에 의하여 판결이 확정될 때까지 중앙노동위원회의 구제명령의 전부를 이행하도록 명할 수 있다.
⑤ 부당노동행위 규정 위반에 관한 명문의 양벌규정은 존재하지 아니한다.

06 노동조합 및 노동관계조정법 제81조(부당노동행위) 제1항 제4호 단서에 따른 "노동조합의 자주적인 운영 또는 활동을 침해할 위험" 여부를 판단할 때 고려하여야 하는 사항이 아닌 것은? 기출 22

① 원조된 운영비의 관리방법 및 사용처
② 원조된 운영비가 노동조합의 총지출에서 차지하는 비율
③ 원조된 운영비 금액과 원조방법
④ 원조된 운영비 횟수와 기간
⑤ 운영비 원조의 목적과 경위

• **해설 및 정답** •

05 ① (×) 노조법 제81조 제1항 제1호 소정의 부당노동행위가 성립하기 위해서는 근로자가 "노동조합의 업무를 위한 정당한 행위"를 하고, 회사가 이를 이유로 근로자를 해고한 경우라야 하고, 같은 사실의 주장 및 입증책임은 부당노동행위임을 주장하는 근로자에게 있다(대판 1991.7.26. 91누2557). 판례의 취지를 고려할 때 <u>부당노동행위에 대한 증명책임은 부당노동행위임을 주장하는 근로자 또는 노동조합에게 있다</u>고 보는 것이 타당하다. 반면 부당해고구제재심판정을 다투는 소송에 있어서 해고의 정당성에 관한 입증책임은 사용자가 부담한다(대판 1999.4.27. 99두202).
② (○) 노동위원회는 부당노동행위의 구제신청을 받고 심문을 할 때에는 관계 당사자의 신청에 의하거나 <u>그 직권으로</u> 증인을 출석하게 하여 필요한 사항을 질문할 수 있다(노조법 제83조 제2항).
③ (×) 부당노동행위를 한 사용자는 <u>2년 이하의 징역 또는 2천만원 이하의 벌금</u>에 처한다(노조법 제90조, 제81조 제1항).
④ (×) 사용자가 중앙노동위원회의 재심판정에 대하여 행정소송을 제기한 경우에 관할법원은 <u>중앙노동위원회의 신청에 의하여 결정으로써</u>, 판결이 확정될 때까지 중앙노동위원회의 구제명령의 전부 또는 일부를 이행하도록 명할 수 있으며, 당사자의 신청에 의하여 또는 직권으로 그 결정을 취소할 수 있다(노조법 제85조 제5항).
⑤ (×) 법인 또는 단체의 대표자, 법인·단체 또는 개인의 대리인·사용인 기타의 종업원이 그 법인·단체 또는 개인의 업무에 관하여 제88조 내지 제93조의 위반행위를 한 때에는 행위자를 벌하는 외에 그 법인·단체 또는 개인에 대하여도 각 해당 조의 벌금형을 과한다(노조법 제94조 본문). 따라서 법인 등의 대표자 등이 부당노동행위를 한 경우에는 행위자를 벌하는 외에 양벌규정에 의하여 그 법인 등을 각 해당 조의 벌금형으로 처벌할 수 있다.

정답

06 ① (○), ② (×), ③ (○), ④ (○), ⑤ (○)
원조된 운영비가 노동조합의 총지출에서 차지하는 비율은 노조법 제81조 제2항에서 정한 고려사항에 해당하지 아니한다.

> **부당노동행위(노조법 제81조)**
> ② 제1항 제4호 단서에 따른 "노동조합의 자주적 운영 또는 활동을 침해할 위험" 여부를 판단할 때에는 다음 각 호의 사항을 고려하여야 한다.
>   1. <u>운영비 원조의 목적과 경위</u>
>   2. <u>원조된 운영비 횟수와 기간</u>
>   3. <u>원조된 운영비 금액과 원조방법</u>
>   4. 원조된 운영비가 노동조합의 <u>총수입</u>에서 차지하는 비율
>   5. <u>원조된 운영비의 관리방법 및 사용처 등</u>

정답

CHAPTER 07 노사협의회

출제포인트
- ☐ 노사협의회의 설치 및 구성
- ☐ 노사협의회의 운영
- ☐ 노사협의회의 의결사항

제1절 서 설

Ⅰ 노사협의제도의 의의

1. 노사협의제도의 개념
노사협의제도는 근로자의 근로조건은 물론 기업의 경영 전반에 관한 노사의 공동관심사항에 대하여, 노사가 상호 협의함으로써 노사관계를 상호 협조적 관계로 정립하여 근로자의 경제적·사회적 지위를 향상시키고, 기업경영을 합리화하고자 하는 제도를 말한다.

2. 신의성실의 의무(근참법 제2조)
근로자와 사용자는 서로 신의를 바탕으로 성실하게 협의에 임하여야 한다.

3. 정의(근참법 제3조)
① 노사협의회는 근로자와 사용자가 참여와 협력을 통하여 근로자의 복지증진과 기업의 건전한 발전을 도모하기 위하여 구성하는 협의기구를 말한다. 기출 23·25
② 근로자는 근로기준법에 따른 근로자를 말하고, 사용자는 근로기준법에 따른 사용자를 말한다. 기출 25

Ⅱ 단체교섭과 노사협의제도의 구별
노동조합의 단체교섭이나 그 밖의 모든 활동은 이 법에 의하여 영향을 받지 아니한다(근참법 제5조). 기출 25

제2절 노사협의제도

I 연혁

노사협의회법은 1980년 12월 31일 제정되었다. 이 법이 제정되기 이전에는 1963년 노동조합법 제6조에 의하여 노사협의제도가 운영되었다.59) 이후 1996년에는 노사협의회법에서 근로자참여 및 협력증진에 관한 법률(이하 "근참법")로의 명칭 변경과 일부 개정이 있었고, 2019년에는 동법 제20조를 개정하여 근로자와 사용자 쌍방의 참여와 협력을 통하여 직장 내 성희롱을 예방할 수 있는 대책이 마련될 수 있도록, 직장 내 성희롱과 고객 등에 의한 성희롱 예방에 관한 사항을 노사협의회의 협의사항에 추가하였다. 2022년에는 동법 제6조를 개정하여 근로자위원 선출에 관한 사항을 직접 규정하되, 근로자위원을 선출하는 경우 근로자 과반수 참여를 의무화하고, 위원선거인 선출 시에도 근로자 과반수의 직접·비밀·무기명 투표 요건을 규정함으로써, 근로자위원의 대표성 및 민주적 정당성을 확보할 수 있는 근거를 마련하였다.

II 노사협의회의 목적(근참법 제1조)

근로자와 사용자 쌍방이 참여와 협력을 통하여 노사 공동의 이익을 증진함으로써 산업평화를 도모하고 국민경제 발전에 이바지함을 목적으로 한다.

III 노사협의회의 설치

1. 법규정(근참법 제4조) 기출 16·17·18·25

① 노사협의회(이하 "협의회")는 근로조건에 대한 결정권이 있는 사업이나 사업장 단위로 설치하여야 한다. 다만, 상시 30명 미만의 근로자를 사용하는 사업이나 사업장은 그러하지 아니하다.
② 하나의 사업에 지역을 달리하는 사업장이 있을 경우에는 그 사업장에도 설치할 수 있다.

2. 시행령규정(근참법 시행령 제2조)

하나의 사업에 종사하는 전체 근로자 수가 30명 이상이면 해당 근로자가 지역별로 분산되어 있더라도 그 주된 사무소에 협의회를 설치하여야 한다. 기출 22

---

59) 노사협의회는 1963년 4월 17일 전부개정된 노동조합법에서 처음으로 등장하였다. 다만, 1980년 12월 31일 제정된 노사협의회법에서 노사협의회의 설치, 구성, 운영 및 임무 등을 구체적으로 규정하였음을 유의하여야 한다. 기출 21

Ⅳ 노사협의회의 구성

1. 노사대표의 선정(근참법 제6조 제1항) 기출 18·20·21·23·25
협의회는 근로자와 사용자를 대표하는 같은 수의 위원으로 구성하되, 각 3명 이상 10명 이하로 한다.

2. 근로자위원의 선임(근참법 제6조 제2항, 제3항, 동법 시행령 제3조)
(1) 근로자의 투표에 의한 선출
   1) 원 칙
   근로자위원은 근로자 과반수가 참여하여 직접·비밀·무기명 투표로 선출한다. 이때 근로자위원의 선출에 입후보하려는 사람은 해당 사업이나 사업장의 근로자여야 한다. 기출 23·25

   2) 예 외
   사업 또는 사업장의 특수성으로 인하여 부득이한 경우에는 부서별로 근로자 수에 비례하여 근로자위원을 선출할 근로자("위원선거인")를 근로자 과반수가 참여한 직접·비밀·무기명 투표로 선출하고 위원선거인 과반수가 참여한 직접·비밀·무기명 투표로 근로자위원을 선출할 수 있다.

(2) 과반수노동조합이 있는 경우
   사업 또는 사업장에 근로자의 과반수로 조직된 노동조합이 있는 경우에는 근로자위원은 노동조합의 대표자와 그 노동조합이 위촉하는 자로 한다. 기출 18·25

3. 사용자위원의 선임(근참법 제6조 제4항)
사용자를 대표하는 위원(이하 "사용자위원")은 해당 사업이나 사업장의 대표자와 그 대표자가 위촉하는 자로 한다. 기출 17·18·25

4. 의장과 간사(근참법 제7조)
① 협의회에 의장을 두며, 의장은 위원 중에서 호선한다. 이 경우 근로자위원과 사용자위원 중 각 1명을 공동의장으로 할 수 있다. 기출 13·15·20·25
② 의장은 협의회를 대표하며 회의업무를 총괄한다.
③ 노사 쌍방은 회의 결과의 기록 등 사무를 담당하는 간사 1명을 각각 두어야 하는데, 간사는 노사협의회의 근로자를 대표하는 위원들과 사용자를 대표하는 위원들이 근로자위원과 사용자위원 중에서 각각 1명씩 선출한다(제3항, 동법 시행규칙 제2조). 기출 25

5. 위원의 임기(근참법 제8조)
① 위원의 임기는 3년으로 하되, 연임할 수 있다(제1항). 기출 12·14·25
② 근로자위원의 결원이 생기면 30일 이내에 보궐위원을 위촉하거나 선출하되, 근로자의 과반수로 구성된 노동조합이 조직되어 있지 아니한 사업 또는 사업장에서는 근로자위원 선출 투표에서 선출되지 못한 사람 중 득표 순에 따른 차점자를 근로자위원으로 할 수 있다(근참법 시행령 제4조). 기출 25 보궐위원의 임기는 전임자 임기의 남은 기간으로 한다(제2항). 기출 15·23
③ 위원은 임기가 끝난 경우라도 후임자가 선출될 때까지 계속 그 직무를 담당한다(제3항). 기출 13

6. **위원의 신분**(근참법 제9조) 기출 15・20・23
   ① 위원은 비상임・무보수로 한다.
   ② 사용자는 협의회위원으로서의 직무수행과 관련하여 근로자위원에게 불이익을 주는 처분을 하여서는 아니 된다. 기출 25
   ③ 위원의 협의회 출석시간과 이와 직접 관련된 시간으로서 협의회규정으로 정한 시간은 근로한 시간으로 본다.

7. **사용자의 의무**(근참법 제10조)
   ① 사용자는 근로자위원의 선출에 개입하거나 방해하여서는 아니 된다. 기출 13・25
   ② 사용자는 근로자위원의 업무를 위하여 장소의 사용 등 기본적인 편의를 제공하여야 한다.
   기출 13・15・23・25

Ⅴ 노사협의회의 운영

1. 회 의

(1) **개최**(근참법 제12조) 기출 24
   ① 협의회는 3개월마다 정기적으로 회의를 개최하여야 한다. 사용자가 정기적으로 협의회를 개최하지 아니하는 경우에는 200만원 이하의 벌금에 처한다(근참법 제32조). 기출 12・21
   ② 협의회는 필요에 따라 임시회의를 개최할 수 있다. 기출 12

(2) **회의의 소집**(근참법 제13조)
   ① 의장은 협의회의 회의를 소집하며 그 의장이 된다.
   ② 의장은 노사 일방의 대표자가 회의의 목적을 문서로 밝혀 회의의 소집을 요구하면 그 요구에 따라야 한다.
   기출 21
   ③ 의장은 회의 개최 7일 전에 회의일시, 장소, 의제 등을 각 위원에게 통보하여야 한다. 기출 24

(3) **정족수**(근참법 제15조)
   회의는 근로자위원과 사용자위원 각 과반수의 출석으로 개최하고 출석위원 3분의 2 이상의 찬성으로 의결한다.
   기출 15・21・24

(4) **회의의 운영**
   ① 협의회의 회의는 공개한다. 다만, 협의회의 의결로 공개하지 아니할 수 있다(근참법 제16조). 기출 24
   ② 협의회의 위원은 협의회에서 알게 된 비밀을 누설하여서는 아니 된다(근참법 제17조).
   ③ 협의회는 의결된 사항을 신속히 근로자에게 널리 알려야 한다(근참법 제23조).
   ④ 협의회는 개최일시 및 장소, 출석위원, 협의내용 및 의결된 사항, 그 밖의 토의사항을 기록한 회의록을 작성하여 갖추어 두어야 하고, 회의록은 작성한 날부터 3년간 보존하여야 한다(근참법 제19조).

(5) **임의중재**(근참법 제25조)

① 협의회는 다음의 어느 하나에 해당하는 경우에는 근로자위원과 사용자위원의 합의로 협의회에 중재기구를 두어 해결하거나 노동위원회나 그 밖의 제3자에 의한 중재를 받을 수 있다. 기출 16·23
  ㉠ 의결사항에 관하여 협의회가 의결하지 못한 경우
  ㉡ 협의회에서 의결된 사항의 해석이나 이행방법 등에 관하여 의견이 일치하지 아니하는 경우
② 중재결정이 있으면 협의회의 의결을 거친 것으로 보며 근로자와 사용자는 그 결정에 따라야 한다.
③ 중재결정의 내용을 정당한 사유 없이 이행하지 아니한 자는 1천만원 이하의 벌금에 처한다(근참법 제30조 제3호).

2. 노사협의회규정의 제정 및 변경

① 협의회는 그 조직과 운영에 관한 규정(이하 "협의회규정")을 제정하고 협의회를 설치한 날부터 15일 이내에 고용노동부장관에게 제출하여야 한다. 이를 변경한 경우에도 또한 같다(근참법 제18조 제1항). 기출 24
② 사용자가 협의회규정을 제출하지 아니한 때에는 200만원 이하의 과태료를 부과한다(근참법 제33조 제1항).

> **협의회규정(근참법 시행령 제5조)**
> ① 법 제18조에 따른 협의회규정(이하 "협의회규정"이라 한다)에는 다음 각 호의 사항이 포함되어야 한다.
>   1. 협의회의 위원의 수
>   2. 근로자위원의 선출 절차와 후보 등록에 관한 사항 기출 25
>   3. 사용자위원의 자격에 관한 사항 기출 25
>   4. 법 제9조 제3항에 따라 협의회 위원이 근로한 것으로 보는 시간에 관한 사항
>   5. 협의회의 회의 소집, 회기(會期), 그 밖에 협의회의 운영에 관한 사항 기출 25
>   6. 법 제25조에 따른 임의 중재의 방법·절차 등에 관한 사항
>   7. 고충처리위원의 수 및 고충처리에 관한 사항 기출 25
> ② 협의회규정을 제정하거나 변경할 경우에는 협의회의 의결을 거쳐야 한다.

Ⅵ 노사협의회의 임무

1. 협의사항(근참법 제20조)

(1) 의 의

협의사항은 당사자가 협의에 그칠 뿐 반드시 합의할 필요는 없으나, 원하는 경우 의결할 수 있는 사항이다.

(2) 내 용

① 생산성 향상과 성과 배분
② 근로자의 채용·배치 및 교육훈련
③ 근로자의 고충처리
④ 안전, 보건, 그 밖의 작업환경 개선과 근로자의 건강 증진 기출 25
⑤ 인사·노무관리의 제도 개선
⑥ 경영상 또는 기술상의 사정으로 인한 인력의 배치전환·재훈련·해고 등 고용조정의 일반원칙
⑦ 작업과 휴게시간의 운용
⑧ 임금의 지불방법·체계·구조 등의 제도 개선 기출 22

⑨ 신기계·기술의 도입 또는 작업공정의 개선
⑩ 작업수칙의 제정 또는 개정
⑪ 종업원지주제와 그 밖에 근로자의 재산 형성에 관한 지원
⑫ 직무 발명 등과 관련하여 해당 근로자에 대한 보상에 관한 사항
⑬ 근로자의 복지 증진 기출 24
⑭ 사업장 내 근로자 감시설비의 설치 기출 23
⑮ 여성근로자의 모성보호 및 일과 가정생활의 양립을 지원하기 위한 사항
⑯ 남녀고용평등과 일·가정 양립 지원에 관한 법률에 따른 직장 내 성희롱 및 고객 등에 의한 성희롱 예방에 관한 사항
⑰ 그 밖의 노사협조에 관한 사항

2. 의결사항

(1) 의결사항의 내용(근참법 제21조)

사용자는 다음의 어느 하나에 해당하는 사항에 대하여는 협의회의 의결을 거쳐야 한다.
① 근로자의 교육훈련 및 능력개발 기본계획의 수립 기출 14·16·22·25
② 복지시설의 설치와 관리 기출 24·25
③ 사내근로복지기금의 설치 기출 24
④ 고충처리위원회에서 의결되지 아니한 사항 기출 23·25
⑤ 각종 노사공동위원회의 설치 기출 21·24·25

(2) 의결사항의 공지(근참법 제23조)

협의회는 의결된 사항을 신속히 근로자에게 널리 알려야 한다.

(3) 의결사항의 이행(근참법 제24조)

근로자와 사용자는 협의회에서 의결된 사항을 성실하게 이행하여야 한다.

3. 보고사항(근참법 제22조)

(1) 사용자위원의 보고사항

사용자는 정기회의에 다음의 어느 하나에 해당하는 사항에 관하여 성실하게 보고하거나 설명하여야 한다. 기출 19

① 경영계획 전반 및 실적에 관한 사항
② 분기별 생산계획과 실적에 관한 사항
③ 인력계획에 관한 사항 기출 24
④ 기업의 경제적·재정적 상황

(2) 근로자위원의 보고사항

근로자위원은 근로자의 요구사항을 보고하거나 설명할 수 있다.

(3) 근로자위원의 자료제출요구권

근로자위원은 사용자가 보고와 설명을 이행하지 아니하는 경우에는 보고사항에 관한 자료를 제출하도록 요구할 수 있으며 사용자는 그 요구에 성실히 따라야 한다.

Ⅶ 고충처리제도

1. 고충의 의의
고충이란 근로조건 및 근로환경 등에 대한 근로자 개인의 불만을 말한다.

2. 고충처리위원회

(1) 설치대상(근참법 제26조)

모든 사업 또는 사업장에는 근로자의 고충을 청취하고 이를 처리하기 위하여 고충처리위원을 두어야 한다. 다만, 상시 30명 미만의 근로자를 사용하는 사업이나 사업장은 그러하지 아니하다. 기출 24

(2) 고충처리위원의 선임(근참법 제27조 제1항)

고충처리위원은 노사를 대표하는 3명 이내의 위원으로 구성하되, 협의회가 설치되어 있는 사업이나 사업장의 경우에는 협의회가 그 위원 중에서 선임하고, 협의회가 설치되어 있지 아니한 사업이나 사업장의 경우에는 사용자가 위촉한다. 기출 24

(3) 고충처리위원의 임기(근참법 제27조 제2항)

고충처리위원의 임기는 노사협의회 위원의 임기에 관한 규정을 준용하여 3년으로 하되, 연임할 수 있다. 보궐위원의 임기는 전임자 임기의 남은 기간으로 하고, 위원은 임기가 끝난 경우라도 후임자가 선출될 때까지 계속 그 직무를 담당한다. 기출 24

(4) 고충처리위원의 신분 및 처우(근참법 시행령 제8조)

① 고충처리위원은 비상임·무보수로 한다.
② 사용자는 고충처리위원의 직무수행과 관련하여 고충처리위원에게 불리한 처분을 하여서는 아니 된다.
③ 고충처리위원이 고충사항의 처리에 관하여 협의하거나 고충처리업무에 사용한 시간은 근로한 시간으로 본다.

3. 고충처리절차

① 근로자는 고충사항이 있는 경우에는 고충처리위원에게 구두 또는 서면으로 신고할 수 있고, 신고를 접수한 고충처리위원은 지체 없이 처리하여야 한다(근참법 시행령 제7조).
② 고충처리위원은 근로자로부터 고충사항을 청취한 경우에는 10일 이내에 조치사항과 그 밖의 처리 결과를 해당 근로자에게 통보하여야 한다(근참법 제28조 제1항). 기출 12·24
③ 고충처리위원이 처리하기 곤란한 사항은 협의회의 회의에 부쳐 협의처리한다(근참법 제28조 제2항).
기출 16·24
④ 고충처리위원은 고충사항의 접수 및 그 처리에 관한 대장을 작성하여 갖추어 두고 1년간 보존하여야 한다(근참법 시행령 제9조).

Ⅷ 벌칙

1. 벌칙(근참법 제30조 내지 제32조)

(1) 1천만원 이하의 벌금 기출 23 · 24

협의회의 설치를 정당한 사유 없이 거부하거나 방해한 자, 협의회에서 의결된 사항을 정당한 사유 없이 이행하지 아니한 자, 중재 결정의 내용을 정당한 사유 없이 이행하지 아니한 자는 1천만원 이하의 벌금에 처한다.

(2) 500만원 이하의 벌금

사용자가 정당한 사유 없이 시정명령을 이행하지 아니하거나 자료제출 의무를 이행하지 아니하면 500만원 이하의 벌금에 처한다. 기출 24

(3) 200만원 이하의 벌금

사용자가 협의회를 정기적으로 개최하지 아니하거나 고충처리위원을 두지 아니한 경우에는 200만원 이하의 벌금에 처한다.

2. 과태료(근참법 제33조)

사용자가 협의회규정을 제출하지 아니한 때에는 200만원 이하의 과태료를 부과한다. 과태료는 대통령령으로 정하는 바에 따라 고용노동부장관이 부과·징수한다. 기출 24

CHAPTER 07 노사협의회

01 근로자참여 및 협력증진에 관한 법령상 노사협의회규정에 포함되어야 하는 내용으로 옳지 않은 것은? 기출 25

① 노사협의회의 위원의 성명
② 근로자를 대표하는 위원의 선출 절차와 후보 등록에 관한 사항
③ 사용자를 대표하는 위원의 자격에 관한 사항
④ 노사협의회의 회의 소집, 회기(會期), 그 밖에 노사협의회의 운영에 관한 사항
⑤ 고충처리에 관한 사항

02 근로자참여 및 협력증진에 관한 법령상 노사협의회 구성에 관한 설명으로 옳지 않은 것은? 기출 25

① 노사협의회는 근로자와 사용자를 대표하는 같은 수의 위원으로 구성하되, 각 3명 이상 10명 이하로 한다.
② 사업 또는 사업장에 근로자의 과반수로 조직된 노동조합이 있는 경우에는 근로자를 대표하는 위원은 노동조합의 대표자와 그 노동조합이 위촉하는 자로 한다.
③ 사용자를 대표하는 위원은 해당 사업이나 사업장의 대표자와 그 대표자가 위촉하는 자로 한다.
④ 근로자를 대표하는 위원의 선출에 입후보하려는 사람은 해당 사업이나 사업장의 근로자여야 한다.
⑤ 근로자를 대표하는 위원의 결원이 생기면 50일 이내에 보궐위원을 위촉하거나 선출한다.

03 근로자참여 및 협력증진에 관한 법령에 관한 설명으로 옳은 것은? 기출 25

① "노사협의회"란 헌법에 의한 근로자의 단결권·단체교섭권 및 단체행동권을 보장하여 근로조건의 유지·개선과 근로자의 경제적·사회적 지위의 향상을 도모하기 위하여 구성하는 협의기구를 말한다.
② "근로자"란 「노동조합 및 노동관계조정법」 제2조에 따른 근로자를 말한다.
③ 노사협의회는 상시(常時) 30명 미만의 근로자를 사용하는 근로조건에 대한 결정권이 있는 사업이나 사업장 단위로 설치하여야 한다.
④ 노동조합의 단체교섭이나 그 밖의 모든 활동은 이 법에 의하여 영향을 받지 아니한다.
⑤ 노사협의회의 간사는 노사협의회 위원 중에서 1명을 선출한다.

해설 및 정답

01 ② 근로자를 대표하는 위원의 선출 절차와 후보 등록에 관한 사항(제2호), ③ 사용자를 대표하는 위원의 자격에 관한 사항(제3호), ④ 노사협의회의 회의 소집, 회기, 그 밖에 노사협의회의 운영에 관한 사항(제5호), ⑤ 고충처리에 관한 사항(제7호) 등은 근참법 시행령 제5조 제1항에서 정한 협의회 규정에 포함될 내용에 해당한다. ① '노사협의회의 위원의 성명'이 아니라 '노사협의회의 위원의 수'(제1호)가 협의회 규정에 포함될 내용임을 유의하여야 한다.

> **협의회규정(근참법 시행령 제5조)**
> ① 법 제18조에 따른 협의회규정(이하 "협의회규정"이라 한다)에는 다음 각 호의 사항이 포함되어야 한다.
>   1. 협의회의 위원의 수
>   2. 근로자위원의 선출 절차와 후보 등록에 관한 사항
>   3. 사용자위원의 자격에 관한 사항
>   4. 법 제9조 제3항에 따라 협의회 위원이 근로한 것으로 보는 시간에 관한 사항
>   5. 협의회의 회의 소집, 회기(會期), 그 밖에 협의회의 운영에 관한 사항
>   6. 법 제25조에 따른 임의 중재의 방법·절차 등에 관한 사항
>   7. 고충처리위원의 수 및 고충처리에 관한 사항
> ② 협의회규정을 제정하거나 변경할 경우에는 협의회의 의결을 거쳐야 한다.

정답 ❶

02 ① (○) 근참법 제6조 제1항
② (○) 근참법 제6조 제3항
③ (○) 근참법 제6조 제4항
④ (○) 근참법 시행령 제3조
⑤ (×) 근로자위원의 결원이 생기면 30일 이내에 보궐위원을 위촉하거나 선출하되, 근로자의 과반수로 구성된 노동조합이 조직되어 있지 아니한 사업 또는 사업장에서는 근로자위원 선출 투표에서 선출되지 못한 사람 중 득표순에 따른 차점자를 근로자위원으로 할 수 있다(근참법 시행령 제4조).

정답 ❺

03 ① (×) "노사협의회"란 근로자와 사용자가 참여와 협력을 통하여 근로자의 복지증진과 기업의 건전한 발전을 도모하기 위하여 구성하는 협의기구를 말한다(근참법 제3조 제1호). 헌법에 의한 근로자의 단결권·단체교섭권 및 단체행동권을 보장하여 근로조건의 유지·개선과 근로자의 경제적·사회적 지위의 향상을 도모하기 위하여 조직하는 단체는 노동조합을 의미한다(노조법 제2조 제4호 참조).
② (×) "근로자"란 노조법상의 근로자가 아니라, 근로기준법 제2조에 따른 근로자를 말한다(근참법 제3조 제2호).
③ (×) 노사협의회는 근로조건에 대한 결정권이 있는 사업이나 사업장 단위로 설치하여야 한다. 다만, 상시 30명 미만의 근로자를 사용하는 사업이나 사업장은 그러하지 아니하다(근참법 제4조 제1항).
④ (○) 근참법 제5조
⑤ (×) 노사 쌍방은 회의 결과의 기록 등 사무를 담당하는 간사 1명을 각각 두어야 하는데, 간사는 노사협의회의 근로자를 대표하는 위원들과 사용자를 대표하는 위원들이 근로자위원과 사용자위원 중에서 각각 1명씩 선출한다(근참법 제7조 제3항, 동법 시행규칙 제2조).

정답 ❹

04 근로자참여 및 협력증진에 관한 법률에 관한 설명으로 옳지 않은 것은? 기출 25

① 노사협의회에 의장을 두며, 의장은 위원 중에서 호선(互選)한다.
② 노사협의회 위원의 임기는 3년으로 하되, 연임할 수 없다.
③ 사용자는 노사협의회 위원으로서의 직무 수행과 관련하여 근로자를 대표하는 위원에게 불이익을 주는 처분을 하여서는 아니 된다.
④ 사용자는 근로자를 대표하는 위원의 선출에 개입하거나 방해하여서는 아니 된다.
⑤ 사용자는 근로자를 대표하는 위원의 업무를 위하여 장소의 사용 등 기본적인 편의를 제공하여야 한다.

05 근로자참여 및 협력증진에 관한 법률상 노사협의회의 의결 사항이 아닌 것은? 기출 25

① 근로자의 교육훈련 및 능력개발 기본계획의 수립
② 복지시설의 설치와 관리
③ 안전, 보건, 그 밖의 작업환경 개선과 근로자의 건강증진
④ 고충처리위원회에서 의결되지 아니한 사항
⑤ 각종 노사공동위원회의 설치

06 근로자참여 및 협력증진에 관한 법률상 노사협의회의 운영에 관한 설명으로 옳지 않은 것은? 기출 24

① 노사협의회는 3개월마다 정기적으로 회의를 개최하여야 하며, 필요에 따라 임시회의를 개최할 수 있다.
② 노사협의회 의장은 회의 개최 7일 전에 회의 일시, 장소, 의제 등을 각 위원에게 통보하여야 한다.
③ 노사협의회는 그 조직과 운영에 관한 규정을 제정하고 노사협의회를 설치한 날부터 30일 이내에 고용노동부장관에게 제출하여야 한다.
④ 노사협의회의 회의는 공개한다. 다만, 노사협의회의 의결로 공개하지 아니할 수 있다.
⑤ 노사협의회 회의는 근로자위원과 사용자위원 각 과반수의 출석으로 개최하고 출석위원 3분의 2 이상의 찬성으로 의결한다.

07 근로자참여 및 협력증진에 관한 법률상 벌칙 등에 관한 설명으로 옳지 않은 것은? 기출 24

① 제4조(노사협의회의 설치) 제1항에 따른 노사협의회의 설치를 정당한 사유 없이 거부하거나 방해한 자는 1천만원 이하의 벌금에 처한다.
② 제24조(의결 사항의 이행)를 위반하여 노사협의회에서 의결된 사항을 정당한 사유 없이 이행하지 아니한 자는 1천만원 이하의 벌금에 처한다.
③ 제25조(임의 중재) 제2항을 위반하여 중재 결정의 내용을 정당한 사유 없이 이행하지 아니한 자는 1천만원 이하의 벌금에 처한다.
④ 사용자가 정당한 사유 없이 제11조(시정명령)에 따른 시정명령을 이행하지 아니하면 1천만원 이하의 벌금에 처한다.
⑤ 사용자가 제18조(협의회규정)를 위반하여 노사협의회규정을 제출하지 아니한 때에는 200만원 이하의 과태료를 부과한다.

해설 및 정답

04 ① (○) 협의회에 의장을 두며, 의장은 위원 중에서 호선(互選)한다. 이 경우 근로자위원과 사용자위원 중 각 1명을 공동의장으로 할 수 있다(근참법 제7조 제1항).
② (×) 노사협의회 위원의 임기는 3년으로 하되, <u>연임할 수 있다</u>(근참법 제8조 제1항).
③ (○) 근참법 제9조 제2항
④ (○) 근참법 제10조 제1항
⑤ (○) 근참법 제10조 제2항

정답 ❷

05 ① 근로자의 교육훈련 및 능력개발 기본계획의 수립(제1호), ② 복지시설의 설치와 관리(제2호), ④ 고충처리위원회에서 의결되지 아니한 사항(제4호), ⑤ 각종 노사공동위원회의 설치(제5호) 등은 모두 근참법 제21조에서 정한 노사협의회의 의결사항에 해당한다. ③ '안전, 보건, 그 밖의 작업환경 개선과 근로자의 건강증진'은 근참법 제20조 제1항 제4호에서 정한 노사협의회의 협의사항에 해당한다.

정답 ❸

06 ① (○) 근참법 제12조
② (○) 근참법 제13조 제3항
③ (×) 노사협의회는 그 조직과 운영에 관한 규정(이하 "협의회규정")을 제정하고 <u>협의회를 설치한 날부터 15일 이내</u>에 고용노동부장관에게 제출하여야 한다(근참법 제18조 제1항 전문).
④ (○) 근참법 제16조
⑤ (○) 근참법 제15조

정답 ❸

07 ① (○) 근참법 제30조 제1호, 제4조 제1항
② (○) 근참법 제30조 제2호, 제24조
③ (○) 근참법 제30조 제3호, 제25조 제2항
④ (×) 사용자가 정당한 사유 없이 시정명령을 이행하지 아니하거나 사용자가 정기회의에 보고와 설명을 이행하지 아니하는 경우 인정되는 자료제출 의무를 이행하지 아니하면 <u>500만원 이하의 벌금에 처한다</u>(근참법 제31조, 제11조).
⑤ (○) 근참법 제33조 제1항, 제18조

벌칙(근참법 제30조)
다음 각 호의 어느 하나에 해당하는 자는 1천만원 이하의 벌금에 처한다.
1. 제4조 제1항에 따른 협의회의 설치를 정당한 사유 없이 거부하거나 방해한 자
2. 제24조를 위반하여 협의회에서 의결된 사항을 정당한 사유 없이 이행하지 아니한 자
3. 제25조 제2항을 위반하여 중재 결정의 내용을 정당한 사유 없이 이행하지 아니한 자

벌칙(근참법 제31조)
사용자가 정당한 사유 없이 제11조에 따른 시정명령을 이행하지 아니하거나 제22조 제3항에 따른 자료제출의무를 이행하지 아니하면 500만원 이하의 벌금에 처한다.

과태료(근참법 제33조)
① 사용자가 제18조를 위반하여 <u>협의회규정을 제출하지 아니한 때에는 200만원 이하의 과태료를 부과한다.</u>
② 제1항에 따른 과태료는 대통령령으로 정하는 바에 따라 고용노동부장관이 부과·징수한다.

정답 ❹

CHAPTER 08 노동위원회

출제포인트
☐ 노동위원회 위원의 위촉 및 자격
☐ 노동위원회 위원의 임기
☐ 화 해

제1절 서 설

I 의 의

1. 개 념
노사문제에서 제3자로써 근로자와 사용자 양 당사자의 입장을 적절하게 조절하여 공정하고 합리적으로 노사문제를 해결하기 위하여 설립된 기구가 노동위원회이다. 노동위원회는 합의제 행정기관으로서 심판기능을 담당하는 준사법적 기관이다.

2. 연 혁
1953년 3월 8일 구 노동위원회법이 제정·공포되어 사회부장관 소속하에 중앙노동위원회와 지방노동위원회가 설치되었다. 기출 23 이후 1997년 3월 13일 구 노동위원회법이 근로기준법, 노조법, 근로자참여 및 협력증진에 관한 법률과 함께 새로 제정되면서 노동위원회의 구성, 운영 및 기능이 획기적으로 변화되었고, 그간 논란의 대상이 되었던 독립성, 공정성 및 전문성 제고를 위한 제도적 기반을 마련하였다. 기출 18·24

II 노동위원회의 특성

1. 독립성(노위법 제4조)
노동위원회는 행정위원회로서 하나의 행정기관에 해당하지만, 노동위원회법(이하 "노위법")은 노동위원회의 독립성을 보장하고 있다.
① 노동위원회는 그 권한에 속하는 업무를 독립적으로 수행한다(노위법 제4조 제1항). 기출 20
② 중앙노동위원회 위원장은 중앙노동위원회 및 지방노동위원회의 예산·인사·교육훈련, 그 밖의 행정사무를 총괄하며, 소속 공무원을 지휘·감독한다(노위법 제4조 제2항). 기출 14·20·23

2. 공정성

위원은 다음의 어느 하나에 해당하는 경우에 해당 사건에 관한 직무집행에서 제척된다(노위법 제21조 제1항).

① 위원 또는 위원의 배우자이거나 배우자였던 사람이 해당 사건의 당사자가 되거나 해당 사건의 당사자와 공동권리자 또는 공동의무자의 관계에 있는 경우
② 위원이 해당 사건의 당사자와 친족이거나 친족이었던 경우 기출 24
③ 위원이 해당 사건에 관하여 진술이나 감정을 한 경우 기출 24
④ 위원이 당사자의 대리인으로서 업무에 관여하거나 관여하였던 경우 기출 24
⑤ 위원이 속한 법인, 단체 또는 법률사무소가 해당 사건에 관하여 당사자의 대리인으로서 관여하거나 관여하였던 경우
⑥ 위원 또는 위원이 속한 법인, 단체 또는 법률사무소가 해당 사건의 원인이 된 처분 또는 부작위에 관여한 경우 기출 16 · 24

3. 전문성

① 중앙노동위원회와 지방노동위원회는 고용노동부장관 소속으로 두며, 지방노동위원회의 명칭·위치 및 관할 구역은 대통령령으로 정한다(노위법 제2조 제2항). 기출 14 · 23
② 특별노동위원회는 관계법률에서 정하는 사항을 관장하기 위하여 필요한 경우에 해당 사항을 관장하는 중앙행정기관의 장 소속으로 둔다(노위법 제2조 제3항). 기출 18 · 23
③ 노동조합 또는 사용자단체가 공익위원을 추천하는 절차나 추천된 공익위원을 순차적으로 배제하는 절차를 거부하는 경우에는 해당 노동위원회 위원장이 위촉 대상공익위원을 선정할 수 있다(노위법 제6조 제5항). 이러한 공익위원은 그 담당업무에 따라 자격기준을 달리 정한다.

제2절 노동위원회의 종류와 소관사무 및 조직

I 노동위원회의 종류와 소관사무

1. 종 류

노동위원회는 중앙노동위원회, 지방노동위원회 및 특별노동위원회로 구분되고 중앙노동위원회, 지방노동위원회는 고용노동부장관 소속으로, 특별노동위원회는 관계법률에서 정하는 사항을 관장하기 위하여 필요한 경우에 해당 사항을 관장하는 중앙행정기관의 장 소속으로 둔다(노위법 제2조). 기출 15 · 19 · 20

2. 소관사무

> **노동위원회의 소관 사무(노위법 제2조의2)**
> 노동위원회의 소관 사무는 다음 각 호와 같다.
> 1. 「노동조합 및 노동관계조정법」, 「근로기준법」, 「근로자참여 및 협력증진에 관한 법률」, 「교원의 노동조합 설립 및 운영 등에 관한 법률」, 「공무원의 노동조합 설립 및 운영 등에 관한 법률」, 「기간제 및 단시간근로자 보호 등에 관한 법률」, 「파견근로자 보호 등에 관한 법률」, 「산업현장 일학습병행 지원에 관한 법률」 및 「남녀고용평등과 일·가정 양립 지원에 관한 법률」에 따른 판정·결정·의결·승인·인정 또는 차별적 처우 시정 등에 관한 업무 기출 25
> 2. 「노동조합 및 노동관계조정법」, 「교원의 노동조합 설립 및 운영 등에 관한 법률」 및 「공무원의 노동조합 설립 및 운영 등에 관한 법률」에 따른 노동쟁의 조정(調停)·중재 또는 관계 당사자의 자주적인 노동쟁의 해결 지원에 관한 업무 기출 25
> 3. 제1호 및 제2호의 업무수행과 관련된 조사·연구·교육 및 홍보 등에 관한 업무 기출 25
> 4. 그 밖에 다른 법률에서 노동위원회의 소관으로 규정된 업무
>
> **노동위원회의 관장(노위법 제3조)**
> ① 중앙노동위원회는 다음 각 호의 사건을 관장한다.
> 1. 지방노동위원회 및 특별노동위원회의 처분에 대한 재심사건
> 2. 둘 이상의 지방노동위원회의 관할구역에 걸친 노동쟁의의 조정(調整)사건
> 3. 다른 법률에서 그 권한에 속하는 것으로 규정된 사건
> ② 지방노동위원회는 해당 관할구역에서 발생하는 사건을 관장하되, 둘 이상의 관할구역에 걸친 사건(제1항 제2호의 조정사건은 제외한다)은 주된 사업장의 소재지를 관할하는 지방노동위원회에서 관장한다.
> ③ 특별노동위원회는 관계 법률에서 정하는 바에 따라 그 설치목적으로 규정된 특정사항에 관한 사건을 관장한다.
> ④ 중앙노동위원회 위원장은 제1항 제2호에도 불구하고 효율적인 노동쟁의의 조정을 위하여 필요하다고 인정하는 경우에는 지방노동위원회를 지정하여 해당 사건을 처리하게 할 수 있다.
> ⑤ 중앙노동위원회 위원장은 제2항에 따른 주된 사업장을 정하기 어렵거나 주된 사업장의 소재지를 관할하는 지방노동위원회에서 처리하기 곤란한 사정이 있는 경우에는 직권으로 또는 관계 당사자나 지방노동위원회 위원장의 신청에 따라 지방노동위원회를 지정하여 해당 사건을 처리하게 할 수 있다.

(1) 중앙노동위원회

1) 지방노동위원회 및 특별노동위원회의 처분에 대한 재심사건 기출 20

① 중앙노동위원회는 당사자의 신청이 있는 경우 지방노동위원회 또는 특별노동위원회의 처분을 재심하여 이를 인정·취소 또는 변경할 수 있다(노위법 제26조 제1항). 기출 24

② 재심신청은 관계법령에 특별한 규정이 있는 경우를 제외하고는 지방노동위원회 또는 특별노동위원회가 한 처분을 송달받은 날부터 10일 이내에 하여야 한다(노위법 제26조 제2항).

③ 중앙노동위원회의 처분에 대한 소송은 중앙노동위원회 위원장을 피고로 하여 처분의 송달을 받은 날부터 15일 이내에 제기하여야 한다(노위법 제27조 제1항). 기출 12

④ 소송의 제기로 처분의 효력은 정지하지 아니한다(노위법 제27조 제2항).

⑤ 재심신청기간이나 중앙노동위원회의 처분에 대한 소송제기기간은 불변기간으로 한다(노위법 제26조 제3항, 제27조 제3항).

2) 둘 이상의 지방노동위원회의 관할 구역에 걸친 노동쟁의의 조정사건

중앙노동위원회는 둘 이상의 지방노동위원회의 관할 구역에 걸친 노동쟁의의 조정사건을 관장하나, 효율적인 노동쟁의의 조정을 위하여 필요하다고 인정하는 경우에는 지방노동위원회를 지정하여 해당 사건을 처리하게 할 수 있다(노위법 제3조 제4항). 기출 14·16·18

3) 다른 법률에서 그 권한에 속하는 것으로 규정된 사건

노조법은 고용노동부장관의 긴급조정결정에 대한 중앙노동위원회 위원장의 의견청취(노조법 제76조 제2항), 중앙노동위원회의 긴급조정 및 중재권한(노조법 제78조 내지 제80조) 등을 규정하고 있다. 공노법과 교노법은 공무원 및 교원의 노동쟁의를 조정하기 위하여 중노위에 공무원노동관계조정위원회(공노법 제14조)와 교원노동관계조정위원회(교노법 제11조)를 둘 것을 규정하고 있다.

4) 사무처리 및 법령의 해석에 관한 지시권

중앙노동위원회는 지방노동위원회 또는 특별노동위원회에 대하여 노동위원회의 사무처리에 관한 기본방침 및 법령의 해석에 관하여 필요한 지시를 할 수 있다(노위법 제24조). **기출** 24

5) 협조 요청과 개선 권고 등

① 중앙노동위원회는 그 사무집행을 위하여 필요하다고 인정하는 경우에 관계 행정기관에 협조를 요청할 수 있으며, 협조를 요청받은 관계 행정기관은 특별한 사유가 없으면 이에 따라야 한다. 또한 중앙노동위원회는 관계 행정기관으로 하여금 근로조건의 개선에 필요한 조치를 하도록 권고할 수 있다(노위법 제22조).

기출 19·24

② 중앙노동위원회는 소관 사무와 관련하여 사실관계를 확인하는 등 그 사무집행을 위하여 필요하다고 인정할 때에는 근로자, 노동조합, 사용자, 사용자단체, 그 밖의 관계인에 대하여 출석·보고·진술 또는 필요한 서류의 제출을 요구하거나 위원장 또는 부문별 위원회의 위원장이 지명한 위원 또는 조사관으로 하여금 사업 또는 사업장의 업무상황, 서류, 그 밖의 물건을 조사하게 할 수 있다(노위법 제23조 제1항).

③ 협조 요청(노위법 제22조)과 조사권(노위법 제23조) 등의 권한은 지방노동위원회와 특별노동위원회에게도 인정된다.

6) 규칙제정권

중앙노동위원회는 중앙노동위원회, 지방노동위원회 또는 특별노동위원회의 운영, 부문별 위원회가 처리하는 사건의 지정방법 및 조사관이 처리하는 사건의 지정방법, 그 밖에 위원회 운영에 필요한 사항에 관한 규칙을 제정할 수 있다(노위법 제25조).

(2) **지방노동위원회**

① 지방노동위원회는 해당 관할 구역에서 발생하는 사건을 관장하되, 둘 이상의 관할 구역에 걸친 사건(노동쟁의의 조정사건은 제외)은 주된 사업장의 소재지를 관할하는 지방노동위원회에서 관장한다(노위법 제3조 제2항). **기출** 17

② 중앙노동위원회 위원장은 주된 사업장을 정하기 어렵거나 주된 사업장의 소재지를 관할하는 지방노동위원회에서 처리하기 곤란한 사정이 있는 경우에는 직권으로 또는 관계당사자나 지방노동위원회 위원장의 신청에 따라 지방노동위원회를 지정하여 해당 사건을 처리하게 할 수 있다(노위법 제3조 제5항).

③ 지방노동위원회의 심판위원회는 노조법, 근로기준법, 근로자참여 및 협력증진에 관한 법률, 그 밖의 법률에 따른 노동위원회의 판정·의결·승인 및 인정 등과 관련된 사항의 초심사건을 처리한다. 한편, 차별시정위원회는 기간제 및 단시간근로자 보호 등에 관한 법률, 파견근로자 보호 등에 관한 법률, 산업현장 일학습병행 지원에 관한 법률 또는 남녀고용평등과 일·가정 양립 지원에 관한 법률에 따른 비정규직에 대한 차별적 처우의 시정 등과 관련된 사항의 초심사건을 처리한다(노위법 제15조 제3항·제4항).

④ 지방노동위원회는 해당 관할 구역에서 발생하는 조정사건에 대하여 조정위원회·특별조정위원회 및 특별위원회의 노동쟁의 조정·중재 또는 관계당사자의 자주적인 노동쟁의 해결 지원에 관한 업무를 지원한다(노위법 제15조 제5항).

(3) 특별노동위원회
① 특별노동위원회는 관계법률에서 정하는 바에 따라 그 설치목적으로 규정된 특정 사항에 관한 사건을 관장한다(노위법 제3조 제3항).
② 특별노동위원회로서 해양수산부장관 소속으로 선원노동위원회를 둔다(선원법 제4조 제1항).

3. **사건의 이송**(노위법 제3조의2) 기출 17
① 노동위원회는 접수된 사건이 다른 노동위원회의 관할인 경우에는 지체 없이 해당 사건을 관할 노동위원회로 이송하여야 한다. 조사를 시작한 후 다른 노동위원회의 관할인 것으로 확인된 경우에도 또한 같다. 이송된 사건은 관할 노동위원회에 처음부터 접수된 것으로 본다.
② 노동위원회는 사건을 이송한 경우에는 그 사실을 지체 없이 관계 당사자에게 통지하여야 한다.

Ⅱ 노동위원회의 조직

1. **구성**(노위법 제6조 제1항·제2항)
① 노동위원회는 근로자를 대표하는 위원(이하 "근로자위원")과 사용자를 대표하는 위원(이하 "사용자위원") 및 공익을 대표하는 위원(이하 "공익위원")으로 구성한다.
② 노동위원회 위원의 수는 다음의 구분에 따른 범위에서 노동위원회의 업무량을 고려하여 대통령령으로 정한다. 이 경우 근로자위원과 사용자위원은 같은 수로 한다.
　㉠ 근로자위원 및 사용자위원 : 각 10명 이상 50명 이하
　㉡ 공익위원 : 10명 이상 70명 이하

2. **위원의 위촉**(노위법 제6조 제3항)
(1) 근로자위원 등의 위촉
근로자위원은 노동조합이 추천한 사람 중에서, 사용자위원은 사용자단체가 추천한 사람 중에서 다음의 구분에 따라 위촉한다. 기출 20
① 중앙노동위원회 근로자위원 등 : 고용노동부장관의 제청으로 대통령이 위촉 기출 17
② 지방노동위원회 근로자위원 등 : 지방노동위원회 위원장의 제청으로 중앙노동위원회 위원장이 위촉
기출 18

(2) 공익위원의 위촉(노위법 제6조 제4항·제5항)
① 공익위원은 해당 노동위원회 위원장, 노동조합 및 사용자단체가 각각 추천한 사람 중에서 노동조합과 사용자단체가 순차적으로 배제하고 남은 사람을 위촉 대상공익위원으로 하고, 그 위촉 대상공익위원 중에서 다음의 구분에 따라 위촉한다. 기출 22
　㉠ 중앙노동위원회 공익위원 : 고용노동부장관의 제청으로 대통령이 위촉
　㉡ 지방노동위원회 공익위원 : 지방노동위원회 위원장의 제청으로 중앙노동위원회 위원장이 위촉
기출 21
② 노동조합 또는 사용자단체가 공익위원을 추천하는 절차나 추천된 공익위원을 순차적으로 배제하는 절차를 거부하는 경우에는 해당 노동위원회 위원장이 위촉 대상공익위원을 선정할 수 있다.

3. 사회취약계층에 대한 권리구제 대리(노위법 제6조의2) 기출 17

노동위원회는 판정·결정·승인·인정 및 차별적 처우 시정 등에 관한 사건에서 사회취약계층을 위하여 변호사나 공인노무사로 하여금 권리구제업무를 대리하게 할 수 있다. 변호사나 공인노무사로 하여금 사회취약계층을 위한 권리구제업무를 대리하게 하려는 경우의 요건, 대상, 변호사·공인노무사의 보수 등에 관하여 필요한 사항은 고용노동부령으로 정한다.

4. 위원장 및 상임위원 등

(1) 위원장

1) 위원장(노위법 제9조)
① 노동위원회에 위원장 1명을 둔다. 기출 25
② 중앙노동위원회 위원장은 중앙노동위원회의 공익위원이 될 수 있는 자격을 갖춘 사람 중에서 고용노동부장관의 제청으로 대통령이 임명하고, 지방노동위원회 위원장은 지방노동위원회의 공익위원이 될 수 있는 자격을 갖춘 사람 중에서 중앙노동위원회 위원장의 추천과 고용노동부장관의 제청으로 대통령이 임명한다.
③ 중앙노동위원회 위원장은 정무직으로 한다.
④ 노동위원회 위원장(이하 "위원장")은 해당 노동위원회의 공익위원이 되며, 심판사건, 차별적 처우 시정사건, 조정사건을 담당할 수 있다. 기출 23·25

2) 위원장의 직무(노위법 제10조)
① 위원장은 해당 노동위원회를 대표하며, 노동위원회의 사무를 총괄한다. 기출 25
② 위원장이 부득이한 사유로 직무를 수행할 수 없을 때에는 대통령령으로 정하는 공익위원이 그 직무를 대행한다.

> **위원장의 직무대행(노위법 시행령 제9조)**
> 법 제10조 제2항에 따라 위원장이 부득이한 사유로 직무를 수행할 수 없을 때에는 상임위원(상임위원이 둘 이상인 경우에는 위원장이 미리 정한 순서에 따른 상임위원)이, 위원장 및 상임위원이 모두 부득이한 사유로 직무를 수행할 수 없을 때에는 위원장이 미리 정한 순서에 따른 공익위원이 그 직무를 대행한다.

(2) 상임위원(노위법 제11조)

① 노동위원회에 상임위원을 두며, 상임위원은 해당 노동위원회의 공익위원이 될 수 있는 자격을 갖춘 사람 중에서 중앙노동위원회 위원장의 추천과 고용노동부장관의 제청으로 대통령이 임명한다. 기출 25
② 상임위원은 해당 노동위원회의 공익위원이 되며, 심판사건, 차별적 처우 시정사건, 조정사건을 담당할 수 있다. 기출 18·21·25
③ 노동위원회에 두는 상임위원의 수와 직급 등은 대통령령으로 정한다.

(3) 사무처와 사무국(노위법 제14조)

① 중앙노동위원회에는 사무처를 두고, 지방노동위원회에는 사무국을 둔다. 기출 23
② 고용노동부장관은 노동위원회 사무처 또는 사무국 소속 직원을 고용노동부와 노동위원회 간에 전보할 경우 중앙노동위원회 위원장의 의견을 들어야 한다.

(4) 중앙노동위원회 사무처장(노위법 제14조의2)
① 중앙노동위원회에는 사무처장 1명을 둔다.
② 사무처장은 중앙노동위원회 상임위원 중 1명이 겸직한다. 기출 23
③ 사무처장은 중앙노동위원회 위원장의 명을 받아 사무처의 사무를 처리하며 소속 직원을 지휘·감독한다.

(5) 조사관(노위법 제14조의3)
① 노동위원회 사무처 및 사무국에 조사관을 둔다.
② 중앙노동위원회 위원장은 노동위원회 사무처 또는 사무국 소속 공무원 중에서 조사관을 임명한다.
③ 조사관은 위원장, 부문별 위원회의 위원장 또는 주심위원의 지휘를 받아 노동위원회의 소관 사무에 필요한 조사를 하고, 부문별 위원회에 출석하여 의견을 진술할 수 있다.

5. 위원의 임기(노위법 제7조) 기출 15·16·22
① 노동위원회의 위원의 임기는 3년으로 하되, 연임할 수 있다.
② 노동위원회 위원이 궐위(闕位)된 경우 보궐위원의 임기는 전임자 임기의 남은 기간으로 한다. 다만, 노동위원회 위원장 또는 상임위원이 궐위되어 후임자를 임명한 경우 후임자의 임기는 새로 시작된다.
기출 25
③ 임기가 끝난 노동위원회 위원은 후임자가 위촉될 때까지 계속 그 직무를 집행한다.

6. 공익위원의 자격기준(노위법 제8조) 기출 17
중앙노동위원회 및 지방노동위원회의 공익위원은 다음의 구분에 따라 노동문제에 관한 지식과 경험이 있는 사람을 위촉하되, 여성의 위촉이 늘어날 수 있도록 노력하여야 한다.

(1) 중앙노동위원회의 공익위원의 자격기준
1) 심판담당 공익위원 및 차별시정담당 공익위원
① 노동문제와 관련된 학문을 전공한 사람으로서 고등교육법상의 학교에서 부교수 이상으로 재직하고 있거나 재직하였던 사람
② 판사·검사·군법무관·변호사 또는 공인노무사로 7년 이상 재직하고 있거나 재직하였던 사람
③ 노동관계 업무에 7년 이상 종사한 사람으로서 2급 또는 2급 상당 이상의 공무원이나 고위공무원단에 속하는 공무원으로 재직하고 있거나 재직하였던 사람
④ 그 밖에 노동관계 업무에 15년 이상 종사한 사람으로서 심판담당 공익위원 또는 차별시정담당 공익위원으로 적합하다고 인정되는 사람

2) 조정담당 공익위원
① 고등교육법상의 학교에서 부교수 이상으로 재직하고 있거나 재직하였던 사람
② 판사·검사·군법무관·변호사 또는 공인노무사로 7년 이상 재직하고 있거나 재직하였던 사람
③ 노동관계 업무에 7년 이상 종사한 사람으로서 2급 또는 2급 상당 이상의 공무원이나 고위공무원단에 속하는 공무원으로 재직하고 있거나 재직하였던 사람
④ 그 밖에 노동관계 업무에 15년 이상 종사한 사람 또는 사회적 덕망이 있는 사람으로서 조정담당 공익위원으로 적합하다고 인정되는 사람

(2) 지방노동위원회의 공익위원의 자격기준

1) 심판담당 공익위원 및 차별시정담당 공익위원

① 노동문제와 관련된 학문을 전공한 사람으로서 고등교육법상의 학교에서 조교수 이상으로 재직하고 있거나 재직하였던 사람 기출 25
② 판사·검사·군법무관·변호사 또는 공인노무사로 3년 이상 재직하고 있거나 재직하였던 사람 기출 25
③ 노동관계 업무에 3년 이상 종사한 사람으로서 3급 또는 3급 상당 이상의 공무원이나 고위공무원단에 속하는 공무원으로 재직하고 있거나 재직하였던 사람 기출 25
④ 노동관계 업무에 10년 이상 종사한 사람으로서 4급 또는 4급 상당 이상의 공무원으로 재직하고 있거나 재직하였던 사람 기출 25
⑤ 그 밖에 노동관계 업무에 10년 이상 종사한 사람으로서 심판담당 공익위원 또는 차별시정담당 공익위원으로 적합하다고 인정되는 사람 기출 25

2) 조정담당 공익위원

① 고등교육법상의 학교에서 조교수 이상으로 재직하고 있거나 재직하였던 사람
② 판사·검사·군법무관·변호사 또는 공인노무사로 3년 이상 재직하고 있거나 재직하였던 사람
③ 노동관계 업무에 3년 이상 종사한 사람으로서 3급 또는 3급 상당 이상의 공무원이나 고위공무원단에 속하는 공무원으로 재직하고 있거나 재직하였던 사람
④ 노동관계 업무에 10년 이상 종사한 사람으로서 4급 또는 4급 상당 이상의 공무원으로 재직하고 있거나 재직하였던 사람
⑤ 그 밖에 노동관계 업무에 10년 이상 종사한 사람 또는 사회적 덕망이 있는 사람으로서 조정담당 공익위원으로 적합하다고 인정되는 사람

제3절 노동위원회의 회의

I 회의의 구성 및 업무

1. **전원회의**(노위법 제15조 제2항)
   ① 전원회의는 해당 노동위원회 소속 위원 전원으로 구성한다.
   ② 전원회의는 ㉠ 노동위원회의 운영 등 일반적인 사항의 결정, ㉡ 근로조건의 개선에 관한 권고, ㉢ 지방노동위원회 및 특별노동위원회에 대한 지시 및 규칙의 제정(중앙노동위원회만 해당)을 처리한다.

2. **부문별 위원회**

(1) **심판위원회**(노위법 제15조 제3항)

   심판위원회는 심판담당 공익위원 중 위원장이 지명하는 3명으로 구성하며, 노조법, 근로기준법, 근로자참여 및 협력 증진에 관한 법률, 그 밖의 법률에 따른 노동위원회의 판정·의결·승인 및 인정 등과 관련된 사항을 처리한다.

   1) 의결권한
   ① 노조법상의 의결권한
      ㉠ 행정관청의 노동조합 임시총회 소집권자 지명에 대한 의결(노조법 제18조 제3항)
      ㉡ 행정관청의 노동관계법령에 위반한 노동조합규약의 시정명령에 대한 의결(노조법 제21조 제1항)
      ㉢ 행정관청의 노동관계법령 또는 규약에 위반한 노동조합의 결의 또는 처분의 시정명령에 대한 의결(노조법 제21조 제2항)
      ㉣ 임원이 없고, 활동을 1년 이상 하지 아니한 것으로 인정되는 노동조합에 대한 해산의결(노조법 제28조 제1항 제4호) 기출 13
      ㉤ 행정관청의 위법한 단체협약의 시정명령에 대한 의결(노조법 제31조 제3항)
      ㉥ 행정관청의 단체협약의 지역적 구속력 확장에 대한 의결(노조법 제36조 제1항)
      ㉦ 행정관청의 안전보호시설의 정상적인 유지·운영을 침해하는 쟁의행위중지명령에 대한 사전의결 또는 사후승인(노조법 제42조) 기출 17
   ② 근로기준법상의 재해 보상에 관한 심사·중재의 권한(근기법 제89조)

2) 판정권한
① 노조법상의 판정권한
㉠ 단체협약의 해석 또는 이행방법에 관한 당사자 간의 의견 불일치 시 의견 제시(노조법 제34조)
㉡ 부당노동행위에 대한 판정 및 구제명령(노조법 제84조)
② 근로기준법상의 판정권한
㉠ 근로계약상의 근로조건 위반으로 인한 손해배상청구에 대한 처리(근기법 제19조)
㉡ 부당해고등의 구제신청(근기법 제28조)
㉢ 휴업수당 지급의 예외를 인정하는 부득이한 사유에 관한 승인(근기법 제46조 제2항)
㉣ 휴업 보상 또는 장해 보상의 면제사유로서 근로자의 중대한 과실 여부에 관한 인정(근기법 제81조)
③ 근로자참여 및 협력증진에 관한 법률상의 판정권한 : 노사협의회의 의결사항에 관한 분쟁이 있는 경우 노동위원회의 중재(근참법 제25조)

(2) 차별시정위원회(노위법 제15조 제4항)

차별시정위원회는 차별시정담당 공익위원 중 위원장이 지명하는 3명으로 구성하며, 기간제 및 단시간근로자 보호 등에 관한 법률, 파견근로자 보호 등에 관한 법률, 산업현장 일학습병행 지원에 관한 법률 또는 남녀고용평등과 일·가정 양립 지원에 관한 법률에 따른 차별적 처우의 시정 등과 관련된 사항을 처리한다.

기출 21

(3) 조정위원회·특별조정위원회·중재위원회(노위법 제15조 제5항)

조정위원회·특별조정위원회 및 중재위원회는 노조법에서 정하는 바에 따라 구성하며, 같은 법에 따른 조정·중재, 그 밖에 이와 관련된 사항을 각각 처리한다. 이 경우 공익위원은 조정담당 공익위원 중에서 지명한다.

(4) 교원노동관계조정위원회(노위법 제15조 제8항)

교원노동관계조정위원회는 교원의 노동조합 설립 및 운영 등에 관한 법률에서 정하는 바에 따라 설치·구성하며, 같은 법에 따른 조정·중재, 그 밖에 이와 관련된 사항을 처리한다.

(5) 공무원노동관계조정위원회(노위법 제15조 제9항)

공무원노동관계조정위원회는 공무원의 노동조합 설립 및 운영 등에 관한 법률에서 정하는 바에 따라 설치·구성하며, 같은 법에 따른 조정·중재, 그 밖에 이와 관련된 사항을 처리한다.

Ⅱ 회의의 운영

1. 회의의 소집(노위법 제16조)

① 부문별 위원회 위원장은 다른 법률에 특별한 규정이 있는 경우를 제외하고는 부문별 위원회의 위원 중에서 호선(互選)한다. 기출 25

② 위원장 또는 부문별 위원회 위원장은 전원회의 또는 부문별 위원회를 각각 소집하고 회의를 주재한다. 다만, 위원장은 필요하다고 인정하는 경우에 부문별 위원회를 소집할 수 있다. 기출 25

③ 위원장 또는 부문별 위원회 위원장은 전원회의 또는 부문별 위원회를 구성하는 위원의 과반수가 회의 소집을 요구하는 경우에 이에 따라야 한다. 기출 25

④ 위원장 또는 부문별 위원회 위원장은 업무수행과 관련된 조사 등 노동위원회의 원활한 운영을 위하여 필요한 경우 노동위원회가 설치된 위치 외의 장소에서 부문별 위원회를 소집하게 하거나 단독심판을 하게 할 수 있다. 기출 25

2. 회의의 진행

(1) 주심위원(노위법 제16조의2)

부문별 위원회 위원장은 부문별 위원회의 원활한 운영을 위하여 필요하다고 인정하는 경우에 주심위원을 지명하여 사건의 처리를 주관하게 할 수 있다. 기출 23

(2) 보고 및 의견청취(노위법 제18조)

① 위원장 또는 부문별 위원회의 위원장은 소관 회의에 부쳐진 사항에 관하여 구성위원 또는 조사관으로 하여금 회의에 보고하게 할 수 있다.

② 심판위원회 및 차별시정위원회는 의결하기 전에 해당 노동위원회의 근로자위원 및 사용자위원 각 1명 이상의 의견을 들어야 한다. 다만, 근로자위원 또는 사용자위원이 출석 요구를 받고 정당한 이유 없이 출석하지 아니하는 경우에는 그러하지 아니하다.

③ 노동위원회의 회의는 공개한다. 다만, 해당 회의에서 공개하지 아니하기로 의결하면 공개하지 아니할 수 있다(노위법 제19조).

(3) 단독심판을 통한 처리(노위법 제15조의2)

위원장은 사건의 효율적 처리를 위하여 ① 신청기간을 넘기는 등 신청요건을 명백하게 갖추지 못한 경우, ② 관계당사자 양쪽이 모두 단독심판을 신청하거나 단독심판으로 처리하는 것에 동의한 경우에 심판담당 공익위원 또는 차별시정담당 공익위원 중 1명을 지명하여 사건을 처리하게 할 수 있다. 기출 22

(4) 위원의 제척·기피·회피 등(노위법 제21조)

① 위원은 제척사유에 해당하는 경우에 해당 사건에 관한 직무집행에서 제척되고, 위원장은 제척사유가 있는 경우에 관계당사자의 신청을 받아 또는 직권으로 제척의 결정을 하여야 한다.

② 당사자는 공정한 심의·의결 또는 조정 등을 기대하기 어려운 위원이 있는 경우에 그 사유를 적어 위원장에게 기피신청을 할 수 있고, 위원장은 기피신청이 이유 있다고 인정되는 경우에는 기피의 결정을 하여야 한다.

③ 위원에게 제척사유나, 공정한 심의·의결 또는 조정 등을 기대하기 어려운 사유가 있는 경우에는 스스로 그 사건에 관한 직무집행에서 회피할 수 있다. 이 경우 해당 위원은 위원장에게 그 사유를 소명하여야 한다.

3. 회의의 의결과 송달 기출 15·18

(1) 회의의 의결

① 노동위원회의 전원회의는 재적위원 과반수의 출석으로 개의하고, 출석위원 과반수의 찬성으로 의결하며, 부문별 위원회의 회의는 구성위원 전원의 출석으로 개의하고, 출석위원 과반수의 찬성으로 의결한다(노위법 제17조 제1항·제2항). 기출 23·25

② 전원회의 또는 부문별 위원회의 회의에 참여한 위원은 그 의결사항에 대하여 서명하거나 날인하여야 한다(노위법 제17조 제4항).

(2) 송 달

1) 서면송달

노동위원회는 부문별 위원회의 의결 결과를 지체 없이 당사자에게 서면으로 송달하여야 한다. 또한 노동위원회는 처분 결과를 당사자에게 서면으로 송달하여야 하며, 처분의 효력은 판정서·명령서·결정서 또는 재심판정서를 송달받은 날부터 발생한다(노위법 제17조의2 제1항·제2항). 기출 19·21

2) 공시송달 기출 24

① 노동위원회는 서류의 송달을 받아야 할 자가 주소가 분명하지 아니한 경우, 주소가 국외에 있거나 통상적인 방법으로 확인할 수 없어 서류의 송달이 곤란한 경우, 등기우편 등으로 송달하였으나 송달을 받아야 할 자가 없는 것으로 확인되어 반송되는 경우 등에는 공시송달을 할 수 있다.

② 공시송달은 노동위원회의 게시판이나 인터넷 홈페이지에 게시하는 방법으로 하며, 게시한 날부터 14일이 지난 때에 효력이 발생한다(노위법 제17조의3).

4. 화해(노위법 제16조의3) 기출 13·16·22·23·24

① 노동위원회는 교섭창구단일화절차에 참여한 노동조합 또는 조합원에 대한 차별 및 부당노동행위, 부당해고등에 대한 판정·명령 또는 결정이 있기 전까지 관계당사자의 신청을 받아 또는 직권으로 화해를 권고하거나 화해안을 제시할 수 있다.

② 노동위원회는 화해안을 작성할 때 관계당사자의 의견을 충분히 들어야 하고, 관계당사자가 화해안을 수락하였을 때에는 화해조서를 작성하여야 한다.

③ 화해조서에는 관계 당사자 및 화해에 관여한 부문별 위원회(단독심판을 포함)의 위원 전원이 모두 서명하거나 날인하여야 한다.

④ 작성된 화해조서는 민사소송법에 따른 재판상 화해의 효력을 갖는다.

Ⅲ 중앙노동위원회의 처분에 대한 불복(노위법 제27조)

중앙노동위원회의 처분에 대한 소송은 중앙노동위원회 위원장을 피고로 하여 처분의 송달을 받은 날부터 15일 이내에 제기하여야 한다. 이 경우 소송의 제기로 처분의 효력은 정지하지 아니하고, 제소기간은 불변기간으로 한다. 기출 19·22

CHAPTER 08 노동위원회

01 노동위원회법상 지방노동위원회의 심판담당 공익위원의 자격기준에 관한 설명으로 옳지 않은 것은?

기출 25

① 노동문제와 관련된 학문을 전공한 사람으로서 「고등교육법」 제2조 제1호부터 제6호까지의 학교에서 조교수 이상으로 재직하고 있거나 재직하였던 사람
② 판사・검사・군법무관・변호사 또는 공인노무사로 3년 이상 재직하고 있거나 재직하였던 사람
③ 노동관계 업무에 3년 이상 종사한 사람으로서 3급 또는 3급 상당 이상의 공무원이나 고위공무원단에 속하는 공무원으로 재직하고 있거나 재직하였던 사람
④ 노동관계 업무에 4년 이상 종사한 사람으로서 4급 또는 4급 상당 이상의 공무원으로 재직하고 있거나 재직하였던 사람
⑤ 노동관계 업무에 10년 이상 종사한 사람으로서 심판담당 공익위원으로 적합하다고 인정되는 사람

02 노동위원회법상 노동위원회의 소관 사무로 옳은 것을 모두 고른 것은? 기출 25

> ㄱ. 「노동조합 및 노동관계조정법」에 따른 판정・결정
> ㄴ. 「노동조합 및 노동관계조정법」에 따른 노동쟁의 조정(調停)・중재
> ㄷ. 「노동조합 및 노동관계조정법」에 따른 관계 당사자의 자주적인 노동쟁의해결 지원에 관한 업무
> ㄹ. 「노동조합 및 노동관계조정법」에 따른 노동쟁의 조정(調停)・중재 업무수행과 관련된 조사・연구・교육 및 홍보 등에 관한 업무

① ㄱ
② ㄴ, ㄷ
③ ㄴ, ㄹ
④ ㄱ, ㄷ, ㄹ
⑤ ㄱ, ㄴ, ㄷ, ㄹ

해설 및 정답

01 ①, ②, ③, ⑤ 모두 노위법 제8조 제2항 제1호에서 정하는 지방노동위원회의 심판담당 공익위원의 자격기준에 해당한다. 지문 ④는 '<u>노동관계 업무에 10년 이상 종사한 사람</u>으로서 4급 또는 4급 상당 이상의 공무원으로 재직하고 있거나 재직하였던 사람'이 심판담당 공익위원의 자격기준에 해당한다.

> **공익위원의 자격기준 등(노위법 제8조)**
> ② <u>지방노동위원회의 공익위원</u>은 다음 각 호의 구분에 따라 노동문제에 관한 지식과 경험이 있는 사람을 위촉하되, 여성의 위촉이 늘어날 수 있도록 노력하여야 한다.
>   1. <u>심판담당 공익위원 및 차별시정담당 공익위원</u>
>   가. 노동문제와 관련된 학문을 전공한 사람으로서 「고등교육법」 제2조 제1호부터 제6호까지의 학교에서 조교수 이상으로 재직하고 있거나 재직하였던 사람
>   나. 판사·검사·군법무관·변호사 또는 공인노무사로 3년 이상 재직하고 있거나 재직하였던 사람
>   다. 노동관계 업무에 3년 이상 종사한 사람으로서 3급 또는 3급 상당 이상의 공무원이나 고위공무원단에 속하는 공무원으로 재직하고 있거나 재직하였던 사람
>   라. <u>노동관계 업무에 10년 이상 종사한 사람</u>으로서 4급 또는 4급 상당 이상의 공무원으로 재직하고 있거나 재직하였던 사람
>   마. 그 밖에 노동관계 업무에 10년 이상 종사한 사람으로서 심판담당 공익위원 또는 차별시정담당 공익위원으로 적합하다고 인정되는 사람

정답 ④

02 ㄱ. 노조법에 따른 판정·결정(제1호), ㄴ. 노조법에 따른 노동쟁의 조정·중재(제2호), ㄷ. 노조법에 따른 관계 당사자의 자주적인 노동쟁의해결 지원에 관한 업무(제2호), ㄹ. 노조법에 따른 노동쟁의 조정·중재업무수행과 관련된 조사·연구·교육 및 홍보 등에 관한 업무(제3호) 등은 모두 노위법 제2조의2에서 정한 노동위원회의 소관 사무에 해당한다.

> **노동위원회의 소관 사무(노위법 제2조의2)**
> 노동위원회의 소관 사무는 다음 각 호와 같다.
>   1. 「<u>노동조합 및 노동관계조정법</u>」, 「근로기준법」, 「근로자참여 및 협력증진에 관한 법률」, 「교원의 노동조합 설립 및 운영 등에 관한 법률」, 「공무원의 노동조합 설립 및 운영 등에 관한 법률」, 「기간제 및 단시간근로자 보호 등에 관한 법률」, 「파견근로자 보호 등에 관한 법률」, 「산업현장 일학습병행 지원에 관한 법률」 및 「남녀고용평등과 일·가정 양립 지원에 관한 법률」<u>에 따른 판정·결정·의결·승인·인정 또는 차별적 처우 시정 등에 관한 업무</u>
>   2. 「<u>노동조합 및 노동관계조정법</u>」, 「교원의 노동조합 설립 및 운영 등에 관한 법률」 및 「공무원의 노동조합설립 및 운영 등<u>에 관한 법률</u>」에 따른 <u>노동쟁의 조정(調停)·중재 또는 관계 당사자의 자주적인 노동쟁의해결 지원에 관한 업무</u>
>   3. 제1호 및 <u>제2호의 업무수행과 관련된 조사·연구·교육 및 홍보 등에 관한 업무</u>
>   4. 그 밖에 다른 법률에서 노동위원회의 소관으로 규정된 업무

정답 ⑤

03 노동위원회법상 노동위원회의 부문별 위원회에 관한 설명으로 옳은 것은? 기출 25

① 부문별 위원회 위원장은 다른 법률에 특별한 규정이 있는 경우를 제외하고는 부문별 위원회의 위원 중에서 호선(互選)한다.
② 부문별 위원회를 소집할 수 있는 권한은 부문별 위원회 위원장에 한한다.
③ 부문별 위원회 위원장은 부문별 위원회를 구성하는 위원의 3분의 1이 회의 소집을 요구하는 경우에 이에 따라야 한다.
④ 부문별 위원회 위원장은 업무수행과 관련된 조사 등 노동위원회의 원활한 운영을 위하여 필요한 경우라 할지라도 노동위원회가 설치된 위치 외의 장소에서는 부문별 위원회를 소집하게 할 수 없다.
⑤ 부문별 위원회 회의는 재적위원 3분의 1의 출석으로 개의하고, 출석위원 과반수의 찬성으로 의결한다.

04 노동위원회법상 노동위원회 위원장과 상임위원에 관한 설명으로 옳지 않은 것은? 기출 25

① 노동위원회에 위원장 1명을 둔다.
② 노동위원회 위원장과 상임위원은 해당 노동위원회의 공익위원이 되며, 심판사건, 차별적 처우 시정사건, 조정사건을 담당할 수 있다.
③ 노동위원회 위원장은 해당 노동위원회를 대표하며, 노동위원회의 사무를 총괄한다.
④ 노동위원회에 상임위원을 두며, 상임위원은 해당 노동위원회의 공익위원이 될 수 있는 자격을 갖춘 사람 중에서 중앙노동위원회 위원장의 추천과 고용노동부장관의 제청으로 대통령이 임명한다.
⑤ 노동위원회 위원장 또는 상임위원이 궐위(闕位)되어 후임자를 임명한 경우 후임자의 임기는 전임자 임기의 남은 기간으로 한다.

05 노동위원회법상 노동위원회의 화해의 권고 등에 관한 설명으로 옳지 않은 것은? 기출 24

① 노동위원회는 노동조합 및 노동관계조정법 제84조에 따른 판정·명령 또는 결정이 있기 전까지 관계 당사자의 신청을 받아 화해를 권고하거나 화해안을 제시할 수 있다.
② 노동위원회는 노동조합 및 노동관계조정법 제84조에 따른 판정·명령 또는 결정이 있기 전까지 직권으로 화해를 권고하거나 화해안을 제시할 수 있다.
③ 노동위원회는 관계 당사자가 화해안을 수락하였을 때에는 화해조서를 작성하여야 한다.
④ 노동위원회법에 따라 작성된 화해조서는 민사소송법에 따른 재판상 화해의 효력을 갖는다.
⑤ 단독심판의 위원을 제외하고 화해에 관여한 부문별 위원회의 위원 전원은 화해조서에 모두 서명하거나 날인하여야 한다.

해설 및 정답

03 ① (○) 노위법 제16조 제1항
② (×) 노동위원회 위원장 또는 부문별 위원회 위원장은 전원회의 또는 부문별 위원회를 각각 소집하고 회의를 주재한다. 다만, 노동위원회 위원장은 필요하다고 인정하는 경우에 부문별 위원회를 소집할 수 있다(노위법 제16조 제2항).
③ (×) 위원장 또는 부문별 위원회 위원장은 전원회의 또는 부문별 위원회를 구성하는 위원의 과반수가 회의 소집을 요구하는 경우에 이에 따라야 한다(노위법 제16조 제3항).
④ (×) 위원장 또는 부문별 위원회 위원장은 업무수행과 관련된 조사 등 노동위원회의 원활한 운영을 위하여 필요한 경우 노동위원회가 설치된 위치 외의 장소에서 부문별 위원회를 소집하게 하거나 단독심판을 하게 할 수 있다(노위법 제16조 제4항).
⑤ (×) 부문별 위원회의 회의는 구성위원 전원의 출석으로 개의하고, 출석위원 과반수의 찬성으로 의결한다(노위법 제17조 제2항). 한편 노동위원회의 전원회의는 재적위원 과반수의 출석으로 개의하고, 출석위원 과반수의 찬성으로 의결한다(동법 제17조 제1항).

정답

04 ① (○) 노위법 제9조 제1항
② (○) 노위법 제9조 제4항, 동법 제11조 제2항
③ (○) 노위법 제10조 제1항
④ (○) 노위법 제11조 제1항
⑤ (×) 노동위원회 위원이 궐위(闕位)된 경우 보궐위원의 임기는 전임자 임기의 남은 기간으로 한다. 다만, 노동위원회 위원장 또는 상임위원이 궐위되어 후임자를 임명한 경우 후임자의 임기는 새로 시작된다(노위법 제7조 제2항).

정답

05 ① (○) 노동위원회는 노동조합 및 노동관계조정법 제29조의4 및 제84조, 근로기준법 제30조에 따른 판정·명령 또는 결정이 있기 전까지 관계 당사자의 신청을 받아 또는 직권으로 화해를 권고하거나 화해안을 제시할 수 있다(노위법 제16조의3 제1항).
② (○) 노동위원회는 노동조합 및 노동관계조정법 제29조의4 및 제84조, 근로기준법 제30조에 따른 판정·명령 또는 결정이 있기 전까지 관계 당사자의 신청을 받아 또는 직권으로 화해를 권고하거나 화해안을 제시할 수 있다(노위법 제16조의3 제1항).
③ (○) 노위법 제16조의3 제3항
④ (○) 노위법 제16조의3 제5항
⑤ (×) 관계 당사자뿐만 아니라 화해에 관여한 부문별 위원회(단독심판 포함)의 위원 전원은 화해조서에 모두 서명하거나 날인하여야 한다(노위법 제16조의3 제4항).

정답

06 노동위원회법상 노동위원회의 공시송달에 관한 설명으로 옳은 것은? 기출 24

① 노동위원회는 서류의 송달을 받아야 할 자의 주소가 분명하지 아니한 경우에는 공시송달을 하여야 한다.
② 노동위원회는 서류의 송달을 받아야 할 자의 주소가 통상적인 방법으로 확인할 수 없어 서류의 송달이 곤란한 경우에는 공시송달을 하여야 한다.
③ 공시송달은 노동위원회의 게시판이나 인터넷 홈페이지에 게시하는 방법으로 하며, 게시한 날부터 14일이 지난 때에 효력이 발생한다.
④ 노동위원회는 서류의 송달을 받아야 할 자에게 등기우편 등으로 송달하였으나 송달을 받아야 할 자가 없는 것으로 확인되어 반송되는 경우에는 공시송달을 하여야 한다.
⑤ 노동위원회는 서류의 송달을 받아야 할 자의 주소가 국외에 있어서 서류의 송달이 곤란한 경우에는 공시송달을 하여야 한다.

07 노동위원회법상 노동위원회의 권한 등에 관한 설명으로 옳지 않은 것은? 기출 24

① 노동위원회는 그 사무집행을 위하여 필요하다고 인정하는 경우에 관계 행정기관에 협조를 요청할 수 있으며, 협조를 요청받은 관계 행정기관은 특별한 사유가 없으면 이에 따라야 한다.
② 노동위원회는 관계 행정기관으로 하여금 근로조건의 개선에 필요한 조치를 하도록 명령하여야 한다.
③ 중앙노동위원회는 지방노동위원회 또는 특별노동위원회에 대하여 노동위원회의 사무처리에 관한 기본방침 및 법령의 해석에 관하여 필요한 지시를 할 수 있다.
④ 중앙노동위원회는 당사자의 신청이 있는 경우 지방노동위원회 또는 특별노동위원회의 처분을 재심하여 이를 인정·취소 또는 변경할 수 있다.
⑤ 중앙노동위원회의 처분에 대한 소송은 중앙노동위원회 위원장을 피고로 하여 처분의 송달을 받은 날부터 15일 이내에 제기하여야 한다.

• **해설 및 정답** •

06 ① (×) 노동위원회는 서류의 송달을 받아야 할 자의 주소가 분명하지 아니한 경우에는 <u>공시송달을 할 수 있다</u>(노위법 제17조의3 제1항 제1호).
② (×) 노동위원회는 서류의 송달을 받아야 할 자의 주소가 국외에 있거나 통상적인 방법으로 확인할 수 없어 서류의 송달이 곤란한 경우에는 <u>공시송달을 할 수 있다</u>(노위법 제17조의3 제1항 제2호).
③ (○) 노위법 제17조의3 제2항, 제3항
④ (×) 노동위원회는 서류의 송달을 받아야 할 자가 등기우편 등으로 송달하였으나 송달을 받아야 할 자가 없는 것으로 확인되어 반송되는 경우에는 <u>공시송달을 할 수 있다</u>(노위법 제17조의3 제1항 제3호).
⑤ (×) 노동위원회는 서류의 송달을 받아야 할 자의 주소가 <u>국외에 있거나</u> 통상적인 방법으로 확인할 수 없어 서류의 송달이 곤란한 경우에는 <u>공시송달을 할 수 있다</u>(노위법 제17조의3 제1항 제2호).

정답 ❸

07 ① (○) 노위법 제22조 제1항
② (×) 노동위원회는 관계 행정기관으로 하여금 근로조건의 개선에 <u>필요한 조치를 하도록 권고할 수 있다</u>(노위법 제22조 제2항).
③ (○) 노위법 제24조
④ (○) 노위법 제26조 제1항
⑤ (○) 노위법 제27조 제1항

정답 ❷

CHAPTER 09 기타 법령

출제포인트

- ☐ 공무원 노동조합의 정치활동의 금지
- ☐ 공무원 노동조합의 전임자의 지위
- ☐ 정부교섭대표에 관한 사항
- ☐ 조정절차
- ☐ 교원 노동조합의 설립
- ☐ 교원 노동조합의 교섭 및 체결권한
- ☐ 중 재

제1절 공무원의 노동조합 설립 및 운영 등에 관한 법률[60]

I 목적(공노법 제1조)

이 법은 대한민국 헌법 제33조 제2항에 따른 공무원의 노동기본권을 보장하기 위하여 노동조합 및 노동관계조정법 제5조 제1항 단서에 따라 공무원의 노동조합 설립 및 운영 등에 관한 사항을 정함을 목적으로 한다.

II 주체(공노법 제2조)

공무원이란 국가공무원법 및 지방공무원법에서 규정하고 있는 공무원을 말한다. 다만, 국가공무원법 및 지방공무원법에 따른 사실상 노무에 종사하는 공무원과 교원의 노동조합 설립 및 운영 등에 관한 법률의 적용을 받는 교원인 공무원은 제외한다. 공무원의 신분보장을 위하여 공무원의 노동조합에 대하여는 유니온숍규정 등 단결강제조항은 적용되지 아니함을 유의하여야 한다. 기출 18

---

[60] 공노법은 2005.1.27. 제정되었으나, 교노법은 1999.1.29. 제정되었다. 기출 21·23

Ⅲ 노동조합활동의 보장 및 한계(공노법 제3조)

① 이 법에 따른 공무원의 노동조합(이하 "노동조합")의 조직, 가입 및 노동조합과 관련된 정당한 활동에 대하여는 국가공무원법 및 지방공무원법에 따른 단체행동권 제한규정을 적용하지 아니한다.
② 공무원은 노동조합활동을 할 때 다른 법령에서 규정하는 공무원의 의무에 반하는 행위를 하여서는 아니 된다.

기출 14·19·23

Ⅳ 정치활동의 금지(공노법 제4조)

노동조합과 그 조합원은 정치활동을 하여서는 아니 된다. 기출 17·18·20·21

Ⅴ 노동조합의 설립(공노법 제5조)

공무원이 노동조합을 설립하려는 경우에는 국회·법원·헌법재판소·선거관리위원회·행정부·특별시·광역시·특별자치시·도·특별자치도·시·군·구(자치구) 및 특별시·광역시·특별자치시·도·특별자치도의 교육청을 최소 단위로 하고, 노동조합을 설립하려는 사람은 고용노동부장관에게 설립신고서를 제출하여야 한다.

기출 15·16

Ⅵ 가입범위

1. 노동조합에 가입할 수 있는 공무원(공노법 제6조 제1항)

① 일반직공무원
② 특정직공무원 중 외무영사직렬·외교정보기술직렬 외무공무원, 소방공무원 및 교육공무원(다만, 교원은 제외) 기출 24
③ 별정직공무원
④ ①에서 ③까지의 어느 하나에 해당하는 공무원이었던 사람으로서 노동조합규약으로 정하는 사람

2. 노동조합에 가입할 수 없는 공무원(공노법 제6조 제2항) 기출 13·18·20·23·24

① 업무의 주된 내용이 다른 공무원에 대하여 지휘·감독권을 행사하거나 다른 공무원의 업무를 총괄하는 업무에 종사하는 공무원
② 업무의 주된 내용이 인사·보수 또는 노동관계의 조정·감독 등 노동조합의 조합원 지위를 가지고 수행하기에 적절하지 아니한 업무에 종사하는 공무원
③ 교정·수사 등 공공의 안녕과 국가안전 보장에 관한 업무에 종사하는 공무원

Ⅶ 노동조합전임자 등

1. 노동조합 전임자의 지위(공노법 제7조)

① 공무원은 임용권자의 동의를 받아 노동조합으로부터 급여를 지급받으면서 노동조합의 업무에만 종사할 수 있다. 동의를 받아 노동조합의 업무에만 종사하는 사람[이하 "전임자"(專任者)]에 대하여는 그 기간 중 휴직명령을 하여야 한다. 기출 24·25
② 국가와 지방자치단체는 공무원이 전임자임을 이유로 승급이나 그 밖에 신분과 관련하여 불리한 처우를 하여서는 아니 된다.

2. 근무시간 면제자 등(공노법 제7조의2)

① 공무원은 단체협약으로 정하거나 정부교섭대표(이하 "정부교섭대표")가 동의하는 경우 근무시간 면제 한도를 초과하지 아니하는 범위에서 보수의 손실 없이 정부교섭대표와의 협의·교섭, 고충처리, 안전·보건활동 등 관계법령에서 정하는 업무와 건전한 노사관계 발전을 위한 노동조합의 유지·관리업무를 할 수 있다. 기출 25
② 근무시간 면제 시간 및 사용인원의 한도(이하 "근무시간 면제 한도")를 정하기 위하여 공무원근무시간면제심의위원회(이하 이 조에서 "심의위원회")를 경제사회노동위원회에 둔다.
③ 심의위원회는 노동조합 설립 최소 단위를 기준으로 조합원(일반직공무원, 특정직공무원 중 외무영사직렬·외교정보기술직렬 외무공무원, 소방공무원 및 교원을 제외한 교육공무원, 별정직공무원 등의 조합원을 의미)의 수를 고려하되 노동조합의 조직형태, 교섭구조·범위 등 공무원 노사관계의 특성을 반영하여 근무시간 면제 한도를 심의·의결하고, 3년마다 그 적정성 여부를 재심의하여 의결할 수 있다. 기출 25
④ 근무시간 면제 한도를 초과하는 내용을 정한 단체협약 또는 정부교섭대표의 동의는 그 부분에 한정하여 무효로 한다.

> **근무시간 면제 절차(공노법 시행령 제3조의2)**
> ① 노동조합의 대표자가 법 제7조의2 제1항에 따른 공무원의 근무시간 면제에 관한 사항을 단체협약으로 정하는 경우에는 법 제8조 및 제9조에 따른 교섭 절차에 따른다.
> ② 노동조합의 대표자는 법 제7조의2 제1항에 따른 공무원의 근무시간 면제에 관한 사항에 대하여 법 제8조 제1항 본문에 따른 정부교섭대표(이하 "정부교섭대표")의 동의를 받으려는 경우에는 다음 각 호의 사항에 관한 동의를 서면으로 정부교섭대표에게 요청해야 한다.
>   1. 근무시간 면제 시간
>   2. 근무시간 면제 사용인원
> ③ 정부교섭대표는 제2항에 따른 동의 요청을 받은 경우 법 제7조의2 제2항 및 제3항에 따라 공무원근무시간면제심의위원회(이하 "심의위원회")에서 정한 근무시간 면제 시간 및 사용인원의 한도(이하 "근무시간 면제 한도")를 넘지 않는 범위에서 다음 각 호의 사항 등을 고려하여 동의할 수 있다. 이 경우 정부교섭대표는 제2항 각 호의 사항에 대한 동의 여부를 서면으로 알려야 한다.
>   1. 노동조합별 조합원(법 제6조 제1항 제1호부터 제3호까지의 어느 하나에 해당하는 조합원을 말한다. 이하 같다) 수
>   2. 법 제7조 제2항에 따른 전임자(專任者) 수
> ④ 정부교섭대표는 제3항 제1호에 따른 노동조합별 조합원 수를 확인하는 데 필요한 자료의 제공을 해당 노동조합의 대표자에게 요청할 수 있다. 이 경우 해당 노동조합의 대표자는 자료 제공에 적극 협조해야 한다.
> ⑤ 노동조합의 대표자가 제3항 제1호에 따른 조합원 수 산정과 관련하여 이견이 있는 경우 그 조합원의 수는 제2항에 따른 동의 요청일 이전 1개월 동안 전자금융거래법 제2조 제11호에 따른 전자지급수단의 방법으로 조합비를 납부한 조합원을 기준으로 산정한다. 다만, 둘 이상의 노동조합에 가입하여 조합비를 납부한 조합원에 대하여 조합원의 수를 산정하는 경우에는 숫자 1을 조합비를 납부한 노동조합의 수로 나눈 후에 그 산출된 숫자를 조합비를 납부한 노동조합의 조합원 수에 각각 더한다.

⑥ 노동조합의 대표자와 정부교섭대표는 제1항부터 제3항까지의 규정에 따라 법 제7조의2 제1항에 따른 공무원의 근무시간 면제에 관한 사항을 정한 경우 3년을 초과하지 않는 범위에서 그 유효기간을 합의하여 정할 수 있다.

근무시간 면제자 확정 및 변경 절차(공노법 시행령 제3조의3)
① 노동조합의 대표자는 제3조의2 제1항부터 제3항까지의 규정에 따라 정해진 근무시간 면제 시간 및 근무시간 면제 사용인원의 범위에서 근무시간 면제 사용 예정자(이하 이 조에서 "예정자") 명단과 예정자별 사용시간을 정하여 정부교섭대표 및 임용권자에게 제출해야 한다.
② 정부교섭대표는 제1항에 따른 예정자 명단과 예정자별 사용시간을 제출받은 경우 해당 명단에 있는 사람을 근무시간 면제자(법 제7조의2 제1항에 따라 보수의 손실 없이 근무시간 면제 시간에 같은 항에 따른 업무를 할 수 있는 공무원. 이하 "근무시간면제자")로 확정한다. 이 경우 정부교섭대표는 정부교섭대표와 임용권자가 다른 경우에는 임용권자로 하여금 확정을 하게 할 수 있다.
③ 노동조합의 대표자는 부득이한 사유가 있거나 제4항 전단에 따른 변경요청을 받은 경우에는 근무시간면제자를 변경할 수 있다. 이 경우 근무시간면제자 변경절차에 관하여는 제1항 및 제2항을 준용한다.
④ 정부교섭대표 또는 임용권자는 근무시간면제자가 법 제7조의2 제1항에 따른 업무 외의 목적으로 근무시간 면제 시간을 사용하는 경우 해당 근무시간면제자의 변경을 노동조합의 대표자에게 요청할 수 있다. 이 경우 노동조합의 대표자는 특별한 사정이 없으면 그 요청에 따라야 한다.

근무시간 면제 시간 사용 절차(공노법 시행령 제3조의4)
① 근무시간면제자는 근무시간 면제 시간을 사용하기 7일 전까지 정부교섭대표 또는 임용권자에게 그 사용일시 및 업무내용을 포함하여 근무시간 면제 시간 사용 신청을 해야 한다. 다만, 긴급한 사정이 있는 경우에는 하루 전까지 신청할 수 있다.
② 정부교섭대표 또는 임용권자는 제1항 본문에 따른 신청을 받은 경우 특별한 사정이 없으면 이를 승인해야 한다. 다만, 특별한 사정이 있는 경우에는 그 사유를 제시하고 근무시간면제자와 협의하여 그 사용일시 등을 조정할 수 있다.

연간 근무시간면제자의 자료 제출(공노법 시행령 제3조의5)
연간 근무시간을 전부 면제받는 근무시간면제자(이하 제3조의6에서 "연간근무시간면제자")는 매월 10일까지 전월의 근무시간 면제 사용결과를 정부교섭대표 또는 임용권자에게 제출해야 한다.

3. 근무시간 면제사용의 정보 공개(공노법 제7조의3)

정부교섭대표는 국민이 알 수 있도록 전년도에 노동조합별로 근무시간을 면제받은 시간 및 사용인원, 지급된 보수 등에 관한 정보를 대통령령으로 정하는 바에 따라 공개하여야 한다. 이 경우 정부교섭대표가 아닌 임용권자는 정부교섭대표에게 해당 기관의 근무시간 면제 관련 자료를 제출하여야 한다. 기출 25

근무시간 면제 사용 정보의 공개 방법 등(공노법 시행령 제3조의6)
① 정부교섭대표는 법 제7조의3 전단에 따라 다음 각 호의 정보를 매년 4월 30일까지 고용노동부장관이 지정하는 인터넷 홈페이지에 3년간 게재하는 방법으로 공개한다.
  1. 노동조합별 전년도 근무시간 면제 시간과 그 결정기준
  2. 노동조합별 전년도 근무시간 면제 사용인원(연간근무시간면제자와 근무시간 부분 면제자를 구분)
  3. 노동조합별 전년도 근무시간 면제 사용인원에게 지급된 보수 총액
② 정부교섭대표가 아닌 임용권자는 법 제7조의3 후단에 따라 정부교섭대표에게 제1항 제2호·제3호에 따른 정보를 매년 3월 31일까지 제출해야 한다.

VIII 교섭 및 체결권한 등

1. 단체교섭의 담당자(공노법 제8조)

① 노동조합의 대표자는 그 노동조합에 관한 사항 또는 조합원의 보수·복지 그 밖의 근무조건에 관하여 국회 사무총장·법원 행정처장·헌법재판소 사무처장·중앙선거관리위원회 사무총장·인사혁신처장(행정부를 대표)·특별시장·광역시장·특별자치시장·도지사·특별자치도지사·시장·군수·구청장(자치구의 구청장) 또는 특별시·광역시·특별자치시·도·특별자치도의 교육감 중 어느 하나에 해당하는 사람(이하 "정부교섭대표")과 각각 교섭하고 단체협약을 체결할 권한을 가진다. 다만, 법령 등에 따라 국가나 지방자치단체가 그 권한으로 행하는 정책결정에 관한 사항, 임용권의 행사 등 그 기관의 관리·운영에 관한 사항으로서 근무조건과 직접 관련되지 아니하는 사항은 교섭의 대상이 될 수 없다. 기출 24

② 정부교섭대표는 법령 등에 따라 스스로 관리하거나 결정할 수 있는 권한을 가진 사항에 대하여 노동조합이 교섭을 요구할 때에는 정당한 사유가 없으면 그 요구에 따라야 한다. 기출 15·22

③ 정부교섭대표는 효율적인 교섭을 위하여 필요한 경우 다른 정부교섭대표와 공동으로 교섭하거나, 다른 정부교섭대표에게 교섭 및 단체협약체결권한을 위임할 수 있다. 기출 15·16·21·22

④ 정부교섭대표는 효율적인 교섭을 위하여 필요한 경우 정부교섭대표가 아닌 관계 기관의 장으로 하여금 교섭에 참여하게 할 수 있고, 다른 기관의 장이 관리하거나 결정할 권한을 가진 사항에 대하여는 해당 기관의 장에게 교섭 및 단체협약체결권한을 위임할 수 있다. 기출 17·19·23

⑤ 정부교섭대표 또는 다른 기관의 장이 단체교섭을 하는 경우 소속 공무원으로 하여금 교섭 및 단체협약 체결을 하게 할 수 있다.

2. 단체교섭의 대상

(1) 교섭 대상(공노법 제8조 제1항)

1) 내 용

노동조합의 대표자는 그 노동조합에 관한 사항 또는 조합원의 보수·복지, 그 밖의 근무조건에 관하여 정부교섭대표와 각각 교섭할 수 있다.

2) 관련 판례

① 구 공무원의 노동조합 설립 및 운영 등에 관한 법률 제8조 제1항, 구 공무원의 노동조합 설립 및 운영 등에 관한 법률 시행령 제4조의 내용을 종합하여 보면, 법령 등에 따라 국가나 지방자치단체가 권한으로 행하는 정책결정에 관한 사항, 임용권의 행사 등 기관의 관리·운영에 관한 사항이 단체교섭의 대상이 되려면 그 자체가 공무원이 공무를 제공하는 조건이 될 정도로 근무조건과 직접 관련된 것이어야 하며, 이 경우에도 기관의 본질적·근본적 권한을 침해하거나 제한하는 내용은 허용되지 아니한다(대판 2017.1.12. 2011두13392).

② 법령 등에 따라 국가나 지방자치단체가 그 권한으로 행하는 정책결정에 관한 사항, 임용권의 행사 등 그 기관의 관리·운영에 관한 사항이 단체교섭의 대상이 되려면 그 자체가 공무원이 공무를 제공하는 조건이 될 정도로 근무조건과 직접 관련된 것이어야 한다. 이 사건 단체교섭사항 중 제16조의 전라남도 소속 도, 시·군 간 지방공무원 인사교류에 관한 사항은 인사교류의 일반적인 기준이나 절차를 정하는 것으로 단위노동조합 소속 공무원들의 근무조건과 직접 관련되어 있어 교섭 대상에 해당한다(대판 2014.12.11. 2010두5097).

(2) **비교섭 대상**(공노법 시행령 제4조)
① 정책의 기획 또는 계획의 입안 등 정책결정에 관한 사항
② 공무원의 채용·승진 및 전보 등 임용권의 행사에 관한 사항
③ 기관의 조직 및 정원에 관한 사항
④ 예산·기금의 편성 및 집행에 관한 사항
⑤ 행정기관이 당사자인 쟁송(불복신청을 포함)에 관한 사항
⑥ 기관의 관리·운영에 관한 그 밖의 사항

3. 단체교섭의 절차(공노법 제9조) 기출 12·15·18·19·21

(1) **내 용**
① 노동조합은 단체교섭을 위하여 노동조합의 대표자와 조합원으로 교섭위원을 구성하여야 한다.
② 노동조합의 대표자는 정부교섭대표와 교섭하려는 경우에는 교섭하려는 사항에 대하여 권한을 가진 정부교섭대표에게 서면으로 교섭을 요구하여야 한다.
③ 정부교섭대표는 노동조합으로부터 교섭을 요구받았을 때에는 교섭을 요구받은 사실을 공고하여 관련된 노동조합이 교섭에 참여할 수 있도록 하여야 한다.
④ 정부교섭대표는 교섭을 요구하는 노동조합이 둘 이상인 경우에는 해당 노동조합에 교섭창구를 단일화하도록 요청할 수 있다. 이 경우 교섭창구가 단일화된 때에는 교섭에 응하여야 한다. 기출 24
⑤ 정부교섭대표는 관련된 노동조합과 단체협약을 체결한 경우 그 유효기간 중에는 그 단체협약의 체결에 참여하지 아니한 노동조합이 교섭을 요구하더라도 이를 거부할 수 있다.

> **교섭요구의 시기(공노법 시행령 제6조)**
> 법 제9조 제2항에 따른 교섭요구는 고용노동부령으로 정하는 바에 따라 단체협약의 유효기간 만료일 3개월 전부터 교섭시작 예정일 30일 전까지 하여야 한다.
>
> **교섭요구사실의 공고와 교섭참여(공노법 시행령 제7조)**
> ① 정부교섭대표는 법 제9조 제3항에 따라 노동조합으로부터 교섭을 요구받았을 때에는 지체 없이 자신의 인터넷 홈페이지 또는 게시판에 그 사실을 공고해야 한다.
> ② 법 제9조 제3항에 따라 교섭에 참여하려는 노동조합은 제1항에 따른 공고일부터 7일 이내에 고용노동부령으로 정하는 바에 따라 정부교섭대표에게 교섭을 요구하여야 한다.
> ③ 정부교섭대표는 제2항에 따른 교섭요구기간이 끝난 후 지체 없이 법 제9조 제2항 및 제3항에 따라 교섭요구를 한 노동조합(이하 "교섭노동조합")을 자신의 인터넷 홈페이지 또는 게시판에 공고하고, 교섭노동조합에 알려야 한다.
> ④ 정부교섭대표는 제6조와 제2항에 따른 교섭요구기간 안에 교섭요구를 하지 아니한 노동조합의 교섭요구는 거부할 수 있다.
>
> **교섭위원의 선임(공노법 시행령 제8조)**
> ① 교섭노동조합은 제7조 제3항에 따른 공고일부터 20일 이내에 법 제9조 제1항에 따른 교섭위원(이하 "교섭위원")을 선임하여 교섭노동조합의 대표자가 각각 서명 또는 날인한 서면으로 정부교섭대표에게 알려야 한다. 이 경우 교섭위원의 수는 조직의 규모 등을 고려하여 정하되, 10명 이내가 되도록 해야 한다.
> ② 교섭노동조합이 둘 이상인 경우에는 교섭노동조합 사이의 합의에 따라 교섭위원을 선임하여 교섭창구를 단일화해야 한다. 다만, 제1항 전단에 따른 기간 내에 합의하지 못했을 때에는 교섭노동조합의 조합원 수(법 제6조 제1항 제1호부터 제3호까지의 규정에 해당하는 조합원의 수)에 비례하여 제1항 전단에 따른 기간이 끝난 날부터 20일 이내에 교섭위원을 선임해야 한다. 기출 24

③ 교섭노동조합은 제2항에 따라 교섭위원을 선임하는 때에는 해당 교섭노동조합의 조합원 수를 확인하는 데 필요한 기준과 방법 등에 대해 성실히 협의하고, 그에 필요한 자료를 제공하는 등 적극 협조해야 한다.
④ 교섭노동조합이 제2항 단서 및 제3항에 따른 교섭노동조합의 조합원 수 산정과 관련하여 이견이 있는 경우 그 조합원의 수는 제7조 제3항에 따른 교섭노동조합의 공고일 이전 1개월 동안 전자금융거래법 제2조 제11호에 따른 전자지급수단의 방법으로 조합비를 납부한 조합원을 기준으로 산정한다. 다만, 둘 이상의 노동조합에 가입하여 조합비를 납부한 조합원에 대하여 조합원의 수를 산정하는 경우에는 숫자 1을 조합비를 납부한 노동조합의 수로 나눈 후에 그 산출된 숫자를 조합비를 납부한 노동조합의 조합원 수에 각각 더한다.

교섭의 준비·시작 등(공노법 시행령 제9조)
노동관계 당사자는 제8조 제1항에 따라 교섭위원의 선임이 통보되면 지체 없이 교섭 내용, 교섭 일시, 교섭 장소, 그 밖에 교섭에 필요한 사항을 협의하고 교섭을 시작하여야 한다.

(2) 관련 판례

공무원노조법 제9조 제3항, 제4항, 같은 법 시행령 제7조는, 정부교섭대표가 노동조합으로부터 교섭을 요구받았을 때에는 교섭을 요구받은 사실을 공고하여 관련된 노동조합이 교섭에 참여할 수 있도록 하여야 하고, 교섭요구기간 안에 교섭 요구를 하지 아니한 노동조합의 교섭 요구에 대해서는 이를 거부할 수 있다고 규정함으로써 공무원노동조합의 경우 조직 대상이나 조직형태의 중복과 관계없이 관련된 복수의 노동조합이 교섭에 참가하는 경우에 교섭창구의 단일화를 요구하고 있다. 위 각 규정의 취지가 교섭의 효율화를 도모하기 위하여 교섭요구사항이 동일한 경우에는 교섭창구를 단일화하려는 데 있다는 점에 비추어 보면, 여기서 '관련된 노동조합'에 해당하기 위해서는 최초 교섭을 요구한 노동조합과 교섭창구를 단일화할 수 있을 정도로 교섭 대상이 동일할 것이 요구된다고 할 것이다(대판 2014.12.11, 2010두5097).

IX 단체협약의 효력(공노법 제10조)

① 체결된 단체협약의 내용 중 법령·조례 또는 예산에 의하여 규정되는 내용과 법령 또는 조례에 의하여 위임을 받아 규정되는 내용은 단체협약으로서의 효력을 가지지 아니한다. 기출 16·18·20·23·25
② 정부교섭대표는 단체협약으로서의 효력을 가지지 아니하는 내용에 대하여는 그 내용이 이행될 수 있도록 성실하게 노력하여야 한다. 기출 22·24
③ 정부교섭대표는 단체협약으로서의 효력을 가지지 아니하는 단체협약의 내용에 대한 이행 결과를 해당 단체협약의 유효기간 만료일 3개월 전까지 상대방에게 서면으로 알려야 한다(공노법 시행령 제10조).

X 쟁의행위의 금지(공노법 제11조)

노동조합과 그 조합원은 파업, 태업 또는 그 밖에 업무의 정상적인 운영을 방해하는 어떠한 행위도 하여서는 아니 된다. 기출 14·15·20·25

XI 조정절차

1. 조 정

(1) 조정의 개시(공노법 제12조 제1항)

단체교섭이 결렬된 경우에는 당사자 어느 한쪽 또는 양쪽은 중앙노동위원회에 조정을 신청할 수 있다.

기출 17

(2) 조정의 담당자(공노법 제14조)

① 조정은 공무원노동관계조정위원회에서 담당한다.
② 단체교섭이 결렬된 경우 이를 조정·중재하기 위하여 중앙노동위원회에 공무원 노동관계조정위원회(이하 "위원회")를 둔다. 기출 22·23·24
③ 위원회는 대통령이 위촉하는 7명 이내의 조정담당 공익위원으로 구성한다. 기출 13

(3) 조정기간(공노법 제12조 제4항)

조정은 신청을 받은 날부터 30일 이내에 마쳐야 한다. 다만, 당사자들이 합의한 경우에는 30일 이내의 범위에서 조정기간을 연장할 수 있다. 기출 12·21·25

(4) 조정안의 수락 권고(공노법 제12조 제3항 전단)

중앙노동위원회는 조정안을 작성하여 관계당사자에게 제시하고 수락을 권고하는 동시에 그 조정안에 이유를 붙여 공표할 수 있다.

2. 중 재

(1) 중재의 개시(공노법 제13조)

중앙노동위원회는 ① 단체교섭이 결렬되어 관계당사자 양쪽이 함께 중재를 신청한 경우, ② 조정이 이루어지지 아니하여 공무원노동관계조정위원회 전원회의에서 중재회부를 결정한 경우에는 지체 없이 중재를 한다.

기출 16·24·25

(2) 중재의 담당자(공노법 제14조 제1항)

중재는 공무원노동관계조정위원회에서 담당한다.

(3) 중재의 효력(공노법 제16조 제5항)

확정된 중재재정의 내용은 단체협약과 같은 효력을 가진다.

(4) 불복절차(공노법 제16조) 기출 18

① 공무원의 경우 중재재정에 관한 불복절차로서 행정소송만이 인정되고, 재심절차는 인정되지 아니한다.
② 관계당사자는 중앙노동위원회의 중재재정이 위법하거나 월권에 의한 것이라고 인정하는 경우에는 행정소송법에도 불구하고 중재재정서를 송달받은 날부터 15일 이내에 중앙노동위원회 위원장을 피고로 하여 행정소송을 제기할 수 있다. 기출 24
③ 중재재정서를 송달받은 날부터 15일 이내에 행정소송을 제기하지 아니하면 그 중재재정은 확정된다.
④ 중재재정이 확정되면 관계당사자는 이에 따라야 한다. 기출 24
⑤ 중앙노동위원회의 중재재정은 행정소송의 제기에 의하여 그 효력이 정지되지 아니한다. 기출 24

XII 다른 법률과의 관계

1. 공무원직장협의회의 설립·운영에 관한 법률과의 관계(공노법 제17조 제1항)

이 법의 규정은 공무원이 공무원직장협의회의 설립·운영에 관한 법률에 따라 직장협의회를 설립·운영하는 것을 방해하지 아니한다. 기출 24·25

2. 노조법과의 관계(공노법 제17조 제2항, 제3항)

공무원(일반직공무원, 특정직공무원 중 외무영사직렬·외교정보기술직렬 외무공무원, 소방공무원 및 교육공무원, 별정직공무원이었던 사람으로서 노동조합 규약으로 정하는 사람 포함)에게 적용할 노동조합 및 노동관계 조정에 관하여 이 법에서 정하지 아니한 사항에 대해서는 공노법 제17조 제3항에서 정하는 경우를 제외하고는 노조법에서 정하는 바에 따른다. 기출 24

심의위원회 위원의 자격기준(공노법 시행령 제3조의8)

① 법 제17조 제2항에서 준용하는 노동조합 및 노동관계조정법 제24조의2 제5항 제1호 및 제2호에 따라 전국적 규모의 노동단체 또는 공무원 노동단체나 정부교섭대표가 심의위원회의 위원으로 추천할 수 있는 사람의 자격기준은 다음 각 호와 같다.
  1. 전국적 규모의 노동단체 또는 공무원 노동단체의 전직·현직 임원
  2. 3급 또는 3급 상당 이상의 공무원이나 고위공무원단에 속하는 공무원으로 재직하고 있는 사람
② 법 제17조 제2항에서 준용하는 노동조합 및 노동관계조정법 제24조의2 제5항 제3호에 따라 공익을 대표하는 위원으로 추천받을 수 있는 사람의 자격기준은 다음 각 호와 같다.
  1. 노동 관련 학문을 전공한 사람으로서 고등교육법 제2조 제1호·제2호·제5호에 따른 학교나 공인된 연구기관에서 같은 법 제14조 제2항에 따른 교원 또는 연구원으로 5년 이상 근무한 경력이 있는 사람
  2. 그 밖에 제1호에 해당하는 학식과 경험이 있다고 인정되는 사람

심의위원회 위원의 임기(공노법 시행령 제3조의9)

① 심의위원회 위원의 임기는 3년으로 한다.
② 심의위원회의 위원이 궐위된 경우에 보궐위원의 임기는 전임자(前任者) 임기의 남은 기간으로 한다.
③ 심의위원회의 위원은 임기가 끝났더라도 후임자가 위촉될 때까지 계속하여 그 직무를 수행한다.

XIII 벌 칙(공노법 제18조)

쟁의행위 금지규정에 위반하여 파업, 태업 또는 그 밖에 업무의 정상적인 운영을 방해하는 행위를 한 자는 5년 이하의 징역 또는 5천만원 이하의 벌금에 처한다.

제2절 교원의 노동조합 설립 및 운영 등에 관한 법률

I 목적(교노법 제1조)

이 법은 국가공무원법 및 사립학교법에 따른 단체행동권 제한규정에도 불구하고 노조법 제5조 제1항 단서에 따라 교원의 노동조합 설립에 관한 사항을 정하고 교원에 적용할 노동조합 및 노동관계조정법에 대한 특례를 규정함을 목적으로 한다. 기출 24

Ⅱ 정의(교노법 제2조) 기출 25

교원이란 ① 유아교육법에 따른 교원, ② 초·중등교육법에 따른 교원, ③ 고등교육법에 따른 교원(다만, 강사는 제외)에 해당하는 사람을 말한다. 교원의 신분보장을 위하여 교원의 노동조합에 대하여는 유니온숍규정 등 단결강제조항은 적용되지 아니함을 유의하여야 한다.

Ⅲ 정치활동의 금지(교노법 제3조)

교원의 노동조합(이하 "노동조합")은 어떠한 정치활동도 하여서는 아니 된다. 기출 12·13·19·24·25

Ⅳ 노동조합의 설립(교노법 제4조) 기출 20·21·22

① 유아교육법에 따른 교원·초·중등교육법에 따른 교원은 특별시·광역시·특별자치시·도·특별자치도(이하 "시·도") 단위 또는 전국 단위로만 노동조합을 설립할 수 있다.
② 고등교육법에 따른 교원(다만, 강사는 제외)은 개별학교 단위, 시·도 단위 또는 전국 단위로 노동조합을 설립할 수 있다.
③ 노동조합을 설립하려는 사람은 고용노동부장관에게 설립신고서를 제출하여야 한다. 기출 25

Ⅴ 가입범위(교노법 제4조의2)

노동조합에 가입할 수 있는 사람은 ① 교원, ② 교원으로 임용되어 근무하였던 사람으로서 노동조합규약으로 정하는 사람이다. 기출 22·23

Ⅵ 노동조합전임자 등

1. 노동조합 전임자의 지위(교노법 제5조)

① 교원은 임용권자의 동의를 받아 노동조합으로부터 급여를 지급받으면서 노동조합의 업무에만 종사할 수 있다. 동의를 받아 노동조합의 업무에만 종사하는 사람[이하 "전임자"(專任者)]은 그 기간 중 휴직명령을 받은 것으로 본다. 기출 24
② 전임자는 그 전임기간 중 전임자임을 이유로 승급 또는 그 밖의 신분상의 불이익을 받지 아니한다.
기출 23·24

2. 근무시간 면제자 등(교노법 제5조의2)

① 교원은 단체협약으로 정하거나 임용권자가 동의하는 경우 근무시간 면제 한도를 초과하지 아니하는 범위에서 보수의 손실 없이 교육부장관, 시·도 교육감, 시·도지사, 또는 사립학교 설립·경영자, 국·공립학교의 장 등과의 협의·교섭, 고충처리, 안전·보건활동 등 관계법률에서 정하는 업무와 건전한 노사관계 발전을 위한 노동조합의 유지·관리업무를 할 수 있다.

② 근무시간 면제 시간 및 사용인원의 한도(이하 "근무시간 면제 한도")를 정하기 위하여 교원근무시간면제심의위원회(이하 이 조에서 "심의위원회")를 경제사회노동위원회에 둔다. 기출 24
③ 심의위원회는 다음의 구분에 따른 단위를 기준으로 조합원(교원인 조합원을 의미)의 수를 고려하되 노동조합의 조직형태, 교섭구조・범위 등 교원 노사관계의 특성을 반영하여 근무시간 면제 한도를 심의・의결하고, 3년마다 그 적정성 여부를 재심의하여 의결할 수 있다. 기출 24
  ㉠ 유아교육법에 따른 교원, 초・중등교육법에 따른 교원 : 시・도 단위
  ㉡ 강사를 제외한 고등교육법에 따른 교원 : 개별학교 단위 기출 24
④ 근무시간 면제 한도를 초과하는 내용을 정한 단체협약 또는 임용권자의 동의는 그 부분에 한정하여 무효로 한다. 기출 24

근무시간 면제 절차(교노법 시행령 제2조의2)
① 노동조합의 대표자가 법 제5조의2 제1항에 따른 교원의 근무시간 면제에 관한 사항을 단체협약으로 정하는 경우에는 법 제6조에 따른 교섭 절차에 따른다.
② 노동조합의 대표자는 법 제5조의2 제1항에 따라 교원의 근무시간 면제에 관한 사항에 대하여 임용권자의 동의를 받으려는 경우에는 다음 각 호의 사항에 관한 동의를 서면으로 임용권자에게 요청해야 한다.
  1. 근무시간 면제 시간
  2. 근무시간 면제 사용인원
③ 임용권자는 제2항에 따른 동의 요청을 받은 경우 법 제5조의2 제2항 및 제3항에 따라 교원근무시간면제심의위원회(이하 "심의위원회")에서 정한 근무시간 면제 시간 및 사용인원의 한도(이하 "근무시간 면제 한도")를 넘지 않는 범위에서 다음 각 호의 사항 등을 고려하여 동의할 수 있다. 이 경우 임용권자는 제2항 각 호의 사항에 대한 동의 여부를 서면으로 알려야 한다.
  1. 노동조합별 조합원(법 제4조의2 제1호에 해당하는 조합원. 이하 같다) 수
  2. 법 제5조 제2항에 따른 전임자(專任者) 수
④ 임용권자는 제3항 제1호에 따른 노동조합별 조합원 수를 확인하는 데 필요한 자료의 제공을 해당 노동조합의 대표자에게 요청할 수 있다. 이 경우 해당 노동조합의 대표자는 자료 제공에 적극 협조해야 한다.
⑤ 제3항 제1호에 따른 노동조합별 조합원 수의 산정과 관련하여 이의가 있는 경우 그 조합원 수 산정에 관하여는 제3조의2 제5항을 준용한다. 이 경우 "교섭노동조합"은 각각 "노동조합의 대표자"로, "제3조 제5항에 따른 공고일"은 "제2항에 따른 동의 요청일"로 본다.
⑥ 노동조합의 대표자와 임용권자는 제1항부터 제3항까지의 규정에 따라 법 제5조의2 제1항에 따른 교원의 근무시간 면제에 관한 사항을 정한 경우 3년을 초과하지 않는 범위에서 그 유효기간을 합의하여 정할 수 있다.

근무시간 면제자 확정 및 변경 절차(교노법 시행령 제2조의3)
① 노동조합의 대표자는 제2조의2 제1항부터 제3항까지의 규정에 따라 정해진 근무시간 면제 시간 및 근무시간 면제 사용인원의 범위에서 근무시간 면제 사용 예정자(이하 이 조에서 "예정자") 명단과 예정자별 사용시간을 정하여 임용권자에게 제출해야 한다.
② 임용권자는 제1항에 따른 예정자 명단과 예정자별 사용시간을 제출받은 경우 해당 명단에 있는 사람을 근무시간 면제자(법 제5조의2 제1항에 따라 보수의 손실 없이 근무시간 면제 시간에 같은 항에 따른 업무를 할 수 있는 교원. 이하 "근무시간면제자")로 확정한다.
③ 노동조합의 대표자는 부득이한 사유가 있거나 제4항 전단에 따른 변경요청을 받은 경우에는 근무시간면제자를 변경할 수 있다. 이 경우 근무시간면제자 변경절차에 관하여는 제1항 및 제2항을 준용한다.
④ 임용권자는 근무시간면제자가 법 제5조의2 제1항에 따른 업무 외의 목적으로 근무시간 면제 시간을 사용하는 경우 해당 근무시간면제자의 변경을 노동조합의 대표자에게 요청할 수 있다. 이 경우 노동조합의 대표자는 특별한 사정이 없으면 그 요청에 따라야 한다.

> **근무시간 면제 시간 사용 절차(교노법 시행령 제2조의4)**
> ① 근무시간면제자는 근무시간 면제 시간을 사용하기 7일 전까지 임용권자 또는 학교의 장에게 그 사용일시 및 업무내용을 포함하여 근무시간 면제 시간 사용 신청을 해야 한다. 다만, 근무시간면제자와 임용권자 또는 학교의 장이 협의한 경우에는 학사일정 등을 고려하여 본문에 따른 신청 기한을 변경할 수 있다.
> ② 임용권자 또는 학교의 장은 제1항 본문에 따른 신청을 받은 경우 특별한 사정이 없으면 이를 승인해야 한다. 다만, 특별한 사정이 있는 경우에는 그 사유를 제시하고 근무시간면제자와 협의하여 그 사용일시 등을 조정할 수 있다.

> **연간 근무시간면제자의 자료 제출(교노법 시행령 제2조의5)**
> 연간 근무시간을 전부 면제받는 근무시간면제자(이하 제2조의6에서 "연간근무시간면제자")는 매월 10일까지 전월의 근무시간 면제 사용결과를 임용권자 또는 학교의 장에게 제출해야 한다. 다만, 사립학교법에 따른 사립학교의 경우에는 노동조합의 대표자와 임용권자 또는 학교의 장이 협의하여 근무시간 면제 사용결과의 제출 시기·주기를 달리 정할 수 있다.

3. 근무시간 면제사용의 정보 공개(교노법 제5조의3)

임용권자는 국민이 알 수 있도록 전년도에 노동조합별로 근무시간을 면제받은 시간 및 사용인원, 지급된 보수 등에 관한 정보를 대통령령으로 정하는 바에 따라 공개하여야 한다.

> **근무시간 면제 사용 정보의 공개 방법 등(교노법 시행령 제2조의6)**
> 임용권자는 법 제5조의3에 따라 다음 각 호의 정보를 매년 4월 30일까지 고용노동부장관이 지정하는 인터넷 홈페이지에 3년간 게재하는 방법으로 공개한다. 기출 24
> 1. 노동조합별 전년도 근무시간 면제 시간과 그 결정기준
> 2. 노동조합별 전년도 근무시간 면제 사용인원(연간근무시간면제자와 근무시간 부분 면제자를 구분)
> 3. 노동조합별 전년도 근무시간 면제 사용인원에게 지급된 보수 총액

Ⅶ 교섭 및 체결권한 등(교노법 제6조)

1. 단체교섭의 담당자

① 노동조합의 대표자는 그 노동조합 또는 조합원의 임금, 근무조건, 후생복지 등 경제적·사회적 지위 향상에 관하여 다음의 구분에 따른 자와 교섭하고 단체협약을 체결할 권한을 가진다. 기출 20
   ㉠ 유아교육법에 따른 교원·초·중등교육법에 따른 교원이 설립한 노동조합의 대표자의 경우 : 교육부장관, 시·도 교육감 또는 사립학교 설립·경영자. 이 경우 사립학교 설립·경영자는 전국 또는 시·도 단위로 연합하여 교섭에 응하여야 한다. 기출 20·24
   ㉡ 고등교육법에 따른 교원이 설립한 노동조합의 대표자의 경우 : 교육부장관, 특별시장·광역시장·특별자치시장·도지사·특별자치도지사(이하 "시·도지사"), 국·공립학교의 장 또는 사립학교 설립·경영자
② 이 경우에 노동조합의 교섭위원은 해당 노동조합의 대표자와 그 조합원으로 구성하여야 한다.
기출 20·24

2. 단체교섭의 대상

노동조합 또는 조합원의 임금·근무조건·후생복지 등 경제적·사회적 지위 향상에 관하여 단체교섭을 할 수 있다.

3. 단체교섭의 절차 기출 13·17·18·20·22

① 노동조합의 대표자는 교육부장관, 시·도지사, 시·도 교육감, 국·공립학교의 장 또는 사립학교 설립·경영자와 단체교섭을 하려는 경우에는 교섭하려는 사항에 대하여 권한을 가진 자에게 서면으로 교섭을 요구하여야 한다. 기출 24
② 교육부장관, 시·도지사, 시·도 교육감, 국·공립학교의 장 또는 사립학교 설립·경영자는 노동조합으로부터 교섭을 요구받았을 때에는 교섭을 요구받은 사실을 공고하여 관련된 노동조합이 교섭에 참여할 수 있도록 하여야 한다.
③ 교육부장관, 시·도지사, 시·도 교육감, 국·공립학교의 장 또는 사립학교 설립·경영자는 교섭을 요구하는 노동조합이 둘 이상인 경우에는 해당 노동조합에 교섭창구를 단일화하도록 요청할 수 있다. 이 경우 교섭창구가 단일화된 때에는 교섭에 응하여야 한다.
④ 교육부장관, 시·도지사, 시·도 교육감, 국·공립학교의 장 또는 사립학교 설립·경영자는 노동조합과 단체협약을 체결한 경우 그 유효기간 중에는 그 단체협약의 체결에 참여하지 아니한 노동조합이 교섭을 요구하여도 이를 거부할 수 있다.
⑤ 단체교섭을 하거나 단체협약을 체결하는 경우에 관계당사자는 국민여론과 학부모의 의견을 수렴하여 성실하게 교섭하고 단체협약을 체결하여야 하며, 그 권한을 남용하여서는 아니 된다. 기출 22

> **단체교섭 요구 및 절차 등(교노법 시행령 제3조)**
> ① 노동조합의 대표자는 법 제6조 제1항 및 제4항에 따라 다음 각 호의 어느 하나에 해당하는 자(이하 "상대방")에게 단체교섭을 요구하려는 경우 노동조합의 명칭, 대표자의 성명, 주된 사무소의 소재지, 교섭요구사항 및 조합원 수(단체교섭을 요구하는 날을 기준) 등을 적은 서면으로 알려야 한다.
>   1. 교육부장관
>   2. 특별시장·광역시장·특별자치시장·도지사·특별자치도지사(이하 "시·도지사")
>   3. 시·도 교육감
>   4. 국·공립학교의 장
>   5. 사립학교 설립·경영자(법 제6조 제1항 제1호에 따른 사립학교 설립·경영자의 경우 이들을 구성원으로 하는 단체가 있을 때에는 그 단체의 대표자)
> ② 제1항 제5호의 사립학교 설립·경영자는 법 제4조 제1항에 따른 노동조합의 대표자로부터 제1항에 따른 단체교섭을 요구받은 때에는 그 교섭이 시작되기 전까지 전국 또는 시·도 단위로 교섭단을 구성해야 한다.
> ③ 상대방은 제1항에 따른 단체교섭을 요구받은 때에는 법 제6조 제5항에 따라 관련된 노동조합이 알 수 있도록 지체 없이 자신의 인터넷 홈페이지 또는 게시판에 그 사실을 공고해야 한다.
> ④ 법 제6조 제5항에 따라 단체교섭에 참여하려는 관련된 노동조합은 제3항에 따른 공고일부터 7일 이내에 제1항에 따른 서면으로 상대방에게 교섭을 요구해야 한다.
> ⑤ 상대방은 제4항에 따른 교섭요구기한이 지나면 지체 없이 제1항 및 제4항에 따라 교섭을 요구한 노동조합(이하 "교섭노동조합")을 자신의 인터넷 홈페이지 또는 게시판에 공고하고, 교섭노동조합에 그 공고한 사항을 알려야 한다.
> ⑥ 교섭노동조합과 상대방(이하 "노동관계당사자")은 제5항에 따른 공고가 있는 경우(법 제6조 제6항에 따라 둘 이상의 노동조합이 교섭창구를 단일화하려는 경우에는 제3조의2에 따라 교섭위원의 선임이 완료된 경우) 그 소속원 중에서 지명한 사람에게 교섭내용, 교섭일시·장소, 그 밖에 교섭에 필요한 사항에 관하여 협의하도록 하고, 교섭을 시작해야 한다.
> ⑦ 상대방은 제4항에 따른 교섭요구기간에 교섭요구를 하지 않은 노동조합의 교섭요구를 거부할 수 있다.

> **교섭위원의 선임**(교노법 시행령 제3조의2)
> ① 교섭노동조합은 제3조 제5항에 따른 공고일부터 20일 이내에 법 제6조 제2항에 따른 노동조합의 교섭위원(이하 "교섭위원")을 선임하여 상대방에게 교섭노동조합의 대표자가 서명 또는 날인한 서면으로 그 사실을 알려야 한다. 이 경우 교섭노동조합이 법 제6조 제6항에 해당하면 교섭노동조합의 대표자가 연명으로 서명 또는 날인해야 한다.
> ② 교섭위원의 수는 교섭노동조합의 조직 규모 등을 고려하여 정하되, 10명 이내로 한다. 기출 24
> ③ 교섭노동조합이 둘 이상인 경우에는 교섭노동조합 사이의 합의에 따라 교섭위원을 선임하여 교섭창구를 단일화하되, 제1항 전단에 따른 기간에 자율적으로 합의하지 못했을 때에는 교섭노동조합의 조합원 수(교원인 조합원의 수)에 비례(산출된 교섭위원 수의 소수점 이하의 수는 0으로 본다)하여 교섭위원을 선임한다. 이 경우 교섭노동조합은 전단에 따른 조합원 수를 확인하는 데 필요한 기준과 방법 등에 대하여 성실히 협의하고 필요한 자료를 제공하는 등 교섭위원의 선임을 위하여 적극 협조해야 한다. 기출 24
> ④ 제3항에 따른 조합원 수에 비례한 교섭위원의 선임은 제1항 전단에 따른 기간이 끝난 날부터 20일 이내에 이루어져야 한다.
> ⑤ 교섭노동조합이 제3항에 따른 조합원 수의 산정과 관련하여 이견이 있는 경우 그 조합원의 수는 제3조 제5항에 따른 공고일 이전 1개월 동안 전자금융거래법 제2조 제11호에 따른 전자지급수단의 방법으로 조합비를 납부한 조합원의 수로 하되, 둘 이상의 노동조합에 가입한 조합원에 대해서는 다음 각 호의 구분에 따른 방법으로 해당 조합원 1명에 대한 조합원 수를 산정한다. 이 경우 교섭노동조합은 임금에서 조합비를 공제한 명단을 상대방에게 요청할 수 있고, 상대방은 지체 없이 해당 교섭노동조합에 이를 제공해야 한다.
>   1. 조합비를 납부하는 노동조합이 1개인 경우 : 조합비를 납부하는 노동조합의 조합원 수에 숫자 1을 더한다.
>   2. 조합비를 납부하는 노동조합이 둘 이상인 경우 : 숫자 1을 조합비를 납부하는 노동조합의 수로 나눈 후에 그 산출된 숫자를 그 조합비를 납부하는 노동조합의 조합원 수에 각각 더한다.
> ⑥ 교섭노동조합은 제3항부터 제5항까지의 규정에도 불구하고 조합원 수에 대하여 이견이 계속되거나 제4항에 따른 기간에 교섭위원을 선임하지 못한 경우 고용노동부장관 또는 노동조합의 주된 사무소의 소재지를 관할하는 지방고용노동관서의 장에게 조합원 수의 확인을 신청할 수 있다. 이 경우 고용노동부장관 또는 해당 지방고용노동관서의 장은 조합원 수의 확인을 위한 자료가 불충분하여 그 확인이 어려운 경우 등 특별한 사정이 없으면 신청일부터 10일 이내에 조합원 수를 확인하여 제3조 제5항에 따라 공고된 교섭노동조합에 알려야 한다.

VIII 단체협약의 효력(교노법 제7조)

① 체결된 단체협약의 내용 중 법령·조례 및 예산에 의하여 규정되는 내용과 법령 또는 조례에 의하여 위임을 받아 규정되는 내용은 단체협약으로서의 효력을 가지지 아니한다. 기출 13·14·17·19·24
② 교육부장관, 시·도지사, 시·도 교육감, 국·공립학교의 장 및 사립학교 설립·경영자는 단체협약으로서의 효력을 가지지 아니하는 내용에 대하여는 그 내용이 이행될 수 있도록 성실하게 노력하여야 한다.
③ 교육부장관, 시·도지사, 시·도 교육감, 국·공립학교의 장 및 사립학교 설립·경영자는 단체협약으로서의 효력을 가지지 않는 단체협약내용에 대한 이행 결과를 다음 교섭 시까지 교섭노동조합에 서면으로 알려야 한다(교노법 시행령 제5조).

IX 쟁의행위의 금지(교노법 제8조)

노동조합과 그 조합원은 파업·태업 또는 그 밖에 업무의 정상적인 운영을 방해하는 어떠한 쟁의행위도 하여서는 아니 된다. 기출 16·18·19·21·22

X 조정절차

1. 조 정

(1) **조정의 개시**(교노법 제9조 제1항·제2항)

① 단체교섭이 결렬된 경우에는 당사자 어느 한쪽 또는 양쪽은 중앙노동위원회에 조정을 신청할 수 있다. 기출 23

② 당사자 어느 한쪽 또는 양쪽이 조정을 신청하면 중앙노동위원회는 지체 없이 조정을 시작하여야 하며 당사자 양쪽은 조정에 성실하게 임하여야 한다.

(2) **조정의 담당자**(교노법 제11조) 기출 15·17·18·21·25

① 교원의 노동쟁의를 조정·중재하기 위하여 중앙노동위원회에 교원노동관계조정위원회(이하 "위원회")를 둔다.

② 위원회는 중앙노동위원회 위원장이 지명하는 조정담당 공익위원 3명으로 구성한다. 다만, 관계당사자가 합의하여 중앙노동위원회의 조정담당 공익위원이 아닌 사람을 추천하는 경우에는 그 사람을 지명하여야 한다.

③ 위원회의 위원장은 위원회의 위원 중에서 호선한다.

(3) **조정기간**(교노법 제9조 제3항)

조정은 신청을 받은 날부터 30일 이내에 마쳐야 한다. 기출 19·24

(4) **노조법의 준용**(교노법 제14조)

이 법에서 정하지 아니한 사항은 노조법에서 정하는 바에 따른다.

2. 중 재

(1) **중재의 개시**(교노법 제10조)

중앙노동위원회는 ① 단체교섭이 결렬되어 관계당사자 양쪽이 함께 중재를 신청한 경우, ② 중앙노동위원회가 제시한 조정안을 당사자의 어느 한쪽이라도 거부한 경우, ③ 중앙노동위원회 위원장이 직권으로 또는 고용노동부장관의 요청에 따라 중재에 회부한다는 결정을 한 경우에는 중재를 한다. 기출 12·21·23·24·25

(2) **중재의 담당자**(교노법 제11조 제1항)

중재는 교원노동관계조정위원회에서 담당한다. 기출 24

(3) **중재의 효력**(교노법 제12조 제5항)

확정된 중재재정의 내용은 단체협약과 같은 효력을 가진다.

(4) **불복절차**(교노법 제12조) 기출 12·23

① 교원의 경우 중재재정에 관한 불복절차로서 행정소송만이 인정되고, 재심절차는 인정되지 아니한다.

② 관계당사자는 중앙노동위원회의 중재재정이 위법하거나 월권에 의한 것이라고 인정하는 경우에는 행정소송법에도 불구하고 중재재정서를 송달받은 날부터 15일 이내에 중앙노동위원회 위원장을 피고로 하여 행정소송을 제기할 수 있다. 기출 25

③ 중재재정서를 송달받은 날부터 15일 이내에 행정소송을 제기하지 아니하면 그 중재재정은 확정된다.

④ 중재재정이 확정되면 관계당사자는 이에 따라야 한다.

⑤ 중앙노동위원회의 중재재정은 행정소송의 제기에 의하여 효력이 정지되지 아니한다.

XI 다른 법률과의 관계(교노법 제14조)

교원(교원으로 임용되어 근무하였던 사람으로서 노동조합 규약으로 정하는 사람 포함)에 적용할 노동조합 및 노동관계조정에 관하여 이 법에서 정하지 아니한 사항에 대해서는 교노법 제14조 제2항에서 정하는 경우를 제외하고는 노조법에서 정하는 바에 따른다.

> **심의위원회 위원의 자격기준(교노법 시행령 제2조의8)**
> ① 법 제14조 제1항에서 준용하는 노동조합 및 노동관계조정법 제24조의2 제5항 제1호 및 제2호에 따라 전국적 규모의 노동단체 또는 교원 노동단체나 교육부장관이 심의위원회의 위원으로 추천할 수 있는 사람의 자격기준은 다음 각 호와 같다.
>   1. 전국적 규모의 노동단체 또는 교원 노동단체의 전직·현직 임원
>   2. 3급 또는 3급 상당 이상의 공무원이나 고위공무원단에 속하는 공무원으로 재직하고 있는 사람
>   3. 사립학교법에 따른 사립학교를 설립·경영하는 법인의 임원 또는 사립학교경영자나 사립학교를 설립·경영하는 법인의 임원이었던 사람 또는 사립학교경영자이었던 사람
> ② 법 제14조 제1항에서 준용하는 노동조합 및 노동관계조정법 제24조의2 제5항 제3호에 따라 공익을 대표하는 위원으로 추천받을 수 있는 사람의 자격기준은 다음 각 호와 같다.
>   1. 노동 관련 학문을 전공한 사람으로서 고등교육법 제2조 제1호·제2호·제5호에 따른 학교나 공인된 연구기관에서 같은 법 제14조 제2항에 따른 교원 또는 연구원으로 5년 이상 근무한 경력이 있는 사람
>   2. 그 밖에 제1호에 해당하는 학식과 경험이 있다고 인정되는 사람
>
> **심의위원회 위원의 임기(교노법 시행령 제2조의9)**
> ① <u>심의위원회 위원의 임기는 3년으로 한다.</u>
> ② 심의위원회의 위원이 궐위된 경우에 보궐위원의 임기는 전임자(前任者) 임기의 남은 기간으로 한다.
> ③ 심의위원회의 위원은 임기가 끝났더라도 후임자가 위촉될 때까지 계속하여 그 직무를 수행한다.

XII 벌 칙(교노법 제15조)

① 쟁의행위 금지규정에 위반하여 쟁의행위를 한 자는 5년 이하의 징역 또는 5천만원 이하의 벌금에 처한다.

기출 25

② 확정된 중재재정을 따르지 아니한 자는 2년 이하의 징역 또는 2천만원 이하의 벌금에 처한다.

CHAPTER 09 기타 법령

01 공무원의 노동조합 설립 및 운영 등에 관한 법률에 관한 설명으로 옳지 않은 것은? 기출 25

① 단체협약의 내용 중 법령·조례 또는 예산에 의하여 규정되는 내용은 단체협약으로서의 효력을 가지지 아니한다.
② 단체협약의 내용 중 조례에 의하여 위임을 받아 규정되는 내용은 단체협약으로서의 효력을 가지지 아니한다.
③ 노동조합과 그 조합원은 파업, 태업 또는 그 밖에 업무의 정상적인 운영을 방해하는 어떠한 행위도 하여서는 아니 된다.
④ 단체교섭이 결렬되어 관계 당사자 어느 한쪽이 중재를 신청한 경우 중앙노동위원회는 지체 없이 중재(仲裁)를 한다.
⑤ 조정은 당사자들이 조정기간의 연장에 관하여 합의하지 않는 경우에는 조정신청을 받은 날부터 30일 이내에 마쳐야 한다.

02 교원의 노동조합 설립 및 운영 등에 관한 법률에 관한 설명으로 옳지 않은 것은? 기출 25

① 「유아교육법」 제20조 제1항에 따른 교원을 대상으로 한다.
② 「초·중등교육법」 제19조 제1항에 따른 교원을 대상으로 한다.
③ 「고등교육법」 제14조 제2항 및 제4항에 따른 교원을 대상으로 하되, 강사는 제외한다.
④ 교원의 노동조합은 어떠한 정치활동도 하여서는 아니 된다.
⑤ 노동조합을 설립하려는 사람은 교육부장관에게 설립신고서를 제출하여야 한다.

03 교원의 노동조합 설립 및 운영 등에 관한 법률에 관한 설명으로 옳은 것은? 기출 25

① 법 제8조(쟁의행위의 금지)를 위반하여 쟁의행위를 한 자는 5년 이하의 징역 또는 5천만원 이하의 벌금에 처한다.
② 교원의 노동쟁의를 조정·중재하기 위하여 각 지방노동위원회에 교원 노동관계 조정위원회를 둔다.
③ 관계당사자는 중재재정서를 송달받은 날부터 30일 이내에 행정소송을 제기할 수 있다.
④ 중앙노동위원회 위원장은 직권으로 중재에 회부한다는 결정을 할 수 없다.
⑤ 중재재정은 관계당사자 쌍방이 수락한 경우에 효력을 가진다.

해설 및 정답

01 ① (○) 단체협약의 내용 중 법령·조례 또는 예산에 의하여 규정되는 내용과 법령 또는 조례에 의하여 위임을 받아 규정되는 내용은 <u>단체협약으로서의 효력을 가지지 아니한다</u>(공노법 제10조 제1항).
② (○) 공노법 제10조 제1항 후단
③ (○) 공노법 제11조
④ (×) 중앙노동위원회는 <u>단체교섭이 결렬되어 관계 당사자 양쪽이 함께 중재를 신청한 경우</u>나 조정이 이루어지지 아니하여 공무원 노동관계 조정위원회 전원회의에서 중재 회부를 결정한 경우에는 지체 없이 중재를 한다(공노법 제13조).
⑤ (○) 조정은 조정신청을 받은 날부터 30일 이내에 마쳐야 한다. 다만, 당사자들이 합의한 경우에는 30일 이내의 범위에서 조정기간을 연장할 수 있다(공노법 제12조 제4항).

정답

02 ① (○) 교노법 제2조 제1호
② (○) 교노법 제2조 제2호
③ (○) 교노법 제2조 제3호
④ (○) 교노법 제3조
⑤ (×) 노동조합을 설립하려는 사람은 <u>고용노동부장관에게</u> 설립신고서를 제출하여야 한다(교노법 제4조 제3항).

정답

03 ① (○) 교노법 제15조 제1항
② (×) 교원의 노동쟁의를 조정·중재하기 위하여 <u>중앙노동위원회</u>에 교원 노동관계 조정위원회를 둔다(교노법 제11조 제1항).
③ (×) 관계 당사자는 중앙노동위원회의 중재재정이 위법하거나 월권에 의한 것이라고 인정하는 경우에는 <u>중재재정서를 송달받은 날부터 15일 이내에</u> 중앙노동위원회 위원장을 피고로 하여 행정소송을 제기할 수 있다(교노법 제12조 제1항).
④ (×) 중앙노동위원회는 단체교섭이 결렬되어 관계 당사자 양쪽이 함께 중재를 신청한 경우, 중앙노동위원회가 제시한 조정안을 당사자의 어느 한쪽이라도 거부한 경우, <u>중앙노동위원회 위원장이 직권으로</u> 또는 고용노동부장관의 요청에 따라 <u>중재에 회부한다는 결정을 한 경우에는 중재를 한다</u>(교노법 제10조).
⑤ (×) 교노법상 중재재정은 서면으로 작성하여 이를 행하며 그 중재재정서에는 효력발생기일을 명시하여야 하므로(교노법 제14조 제1항 전문, 노조법 제68조 제1항), 중재재정결정에 따라 <u>중재재정서에 명시된 기일에 그 효력이 발생</u>한다. 중재는 조정과는 달리 관계당사자에 의해 수락될 것을 요하지 아니한다.

정답

04 공무원의 노동조합 설립 및 운영 등에 관한 법률에 관한 설명으로 옳은 것은? 기출 25

① 공무원 노동조합이 있는 경우 공무원이 공무원직장협의회를 설립·운영할 수 없다.
② 노동조합 전임자에 대하여는 그 기간 중 「국가공무원법」 제71조 또는 「지방공무원법」 제63조에 따라 휴직명령을 하여야 한다.
③ 공무원은 근무시간 면제한도를 초과하여 보수의 손실 없이 정부교섭대표와의 협의·교섭, 고충처리, 안전·보건활동 등 업무를 할 수 있다.
④ 근무시간 면제심의위원회는 근무시간 면제 한도를 심의·의결하고 2년마다 그 적정성 여부를 재심의하여 의결하여야 한다.
⑤ 정부교섭대표는 전년도에 노동조합별로 근무시간을 면제받은 시간 및 사용인원, 지급된 보수 등에 관한 정보를 대통령령으로 정하는 바에 따라 국회에 보고하여야 한다.

05 공무원의 노동조합 설립 및 운영 등에 관한 법률의 내용으로 옳은 것은? 기출 24

① 교원과 교육공무원은 공무원의 노동조합에 가입할 수 없다.
② 업무의 주된 내용이 다른 공무원에 대하여 지휘·감독권을 행사하거나 다른 공무원의 업무를 총괄하는 업무에 종사하는 공무원 중 대통령령으로 정하는 공무원은 공무원의 노동조합에 가입할 수 없다.
③ 교정·수사 등 공공의 안녕과 국가안전보장에 관한 업무에 종사하는 공무원은 공무원의 노동조합에 가입할 수 있다.
④ 공무원의 노동조합이 있는 경우 공무원이 공무원직장협의회를 설립·운영할 수 없다.
⑤ 공무원은 임용권자의 동의를 받아 노동조합으로부터 급여를 지급받으면서 노동조합의 업무에만 종사할 수 있으며, 그 기간 중 휴직명령을 받은 것으로 본다.

06 교원의 노동조합 설립 및 운영 등에 관한 법률의 내용으로 옳지 않은 것은? 기출 24

① 교원의 노동조합은 어떠한 정치활동도 하여서는 아니 된다.
② 교원은 임용권자의 동의를 받아 노동조합으로부터 급여를 지급받으면서 노동조합의 업무에만 종사할 수 있다.
③ 교원의 노동조합과 그 조합원은 노동운동이나 그 밖에 공무 외의 일을 위한 어떠한 집단행위도 하여서는 아니 된다.
④ 법령·조례 및 예산에 의하여 규정되는 내용은 단체협약으로 체결되더라도 효력을 가지지 아니한다.
⑤ 교원의 노동조합의 전임자는 그 전임기간 중 전임자임을 이유로 승급 또는 그 밖의 신분상의 불이익을 받지 아니한다.

해설 및 정답

04 ① (×) 공무원의 노동조합 설립 및 운영 등에 관한 법률의 규정은 공무원이 공무원직장협의회의 설립·운영에 관한 법률에 따라 직장협의회를 설립·운영하는 것을 방해하지 아니한다(공노법 제17조 제1항). 따라서 공무원노동조합이 있는 경우에도 공무원은 공무원직장협의회를 설립·운영할 수 있다.
② (○) 임용권자의 동의를 받아 노동조합으로부터 급여를 지급받으면서 노동조합의 업무에만 종사하는 공무원인 전임자에 대하여는 그 기간 중 <u>국가공무원법 또는 지방공무원법에 따라 휴직명령을 하여야 한다</u>(공노법 제7조 제1항, 제2항).
③ (×) 공무원은 단체협약으로 정하거나 정부교섭대표가 동의하는 경우 <u>근무시간 면제 한도를 초과하지 아니하는 범위에서</u> 보수의 손실 없이 정부교섭대표와의 협의·교섭, 고충처리, 안전·보건활동 등 이 법 또는 다른 법률에서 정하는 업무와 건전한 노사관계 발전을 위한 노동조합의 유지·관리업무를 할 수 있다(공노법 제7조의2 제1항).
④ (×) 근무시간 면제심의위원회는 노동조합 설립 최소 단위를 기준으로 조합원의 수를 고려하되 노동조합의 조직형태, 교섭구조·범위 등 공무원 노사관계의 특성을 반영하여 근무시간 면제 한도를 심의·의결하고, <u>3년마다 그 적정성 여부를 재심의하여 의결할 수 있다</u>(공노법 제7조의2 제3항).
⑤ (×) 정부교섭대표는 국민이 알 수 있도록 전년도에 노동조합별로 근무시간을 면제받은 시간 및 사용인원, 지급된 보수 등에 관한 정보를 <u>대통령령으로 정하는 바에 따라 공개하여야</u> 한다. 이 경우 정부교섭대표가 아닌 임용권자는 정부교섭대표에게 해당 기관의 근무시간 면제 관련 자료를 제출하여야 한다(공노법 제7조의3).

정답 ②

05 ① (×) 교원을 제외한 교육공무원은 <u>공무원의 노동조합에 가입할 수 있다</u>(공노법 제6조 제1항 제2호).
② (○) <u>업무의 주된 내용이 다른 공무원에 대하여 지휘·감독권을 행사하거나 다른 공무원의 업무를 총괄하는 업무에 종사하는 공무원으로서</u> 법령·조례 또는 규칙에 따라 다른 공무원을 지휘·감독하며 그 복무를 관리할 권한과 책임을 부여받은 공무원(직무 대리자를 포함)이거나, 훈령 또는 사무 분장 등에 따라 부서장을 보조하여 부서 내 다른 공무원의 업무 수행을 지휘·감독하거나 총괄하는 업무에 주로 종사하는 공무원 등은 <u>공무원의 노동조합에 가입할 수 없다</u>(공노법 제6조 제2항 제1호, 동법 시행령 제3조 제1호).
③ (×) 교정·수사 등 공공의 안녕과 국가안전보장에 관한 업무에 종사하는 공무원은 <u>공무원의 노동조합에 가입할 수 없다</u>(공노법 제6조 제2항 제3호).
④ (×) 공노법의 규정에 의한 노동조합이 있는 경우, 공무원이 공무원직장협의회의 설립·운영에 관한 법률에 따라 <u>직장협의회를 설립·운영하는 것을 방해하지 아니한다</u>(공노법 제17조 제1항 참조).
⑤ (×) 임용권자의 동의를 받아 노동조합으로부터 급여를 지급받으면서 노동조합의 업무에만 종사하는 사람[이하 "전임자"]에 대하여는 그 기간 중 <u>국가공무원법 또는 지방공무원법에 따라 휴직명령을 하여야 한다</u>(공노법 제7조 제2항).

정답 ②

06 ① (○) 교노법 제3조
② (○) 교노법 제5조 제1항
③ (×) <u>교노법은</u> 일정한 범위의 교원이 국가공무원법 제66조 제1항("공무원은 노동운동이나 그 밖에 공무 외의 일을 위한 집단 행위를 하여서는 아니 된다. 다만, 사실상 노무에 종사하는 공무원은 예외로 한다.")에도 불구하고 <u>교원의 노동조합 설립에 관한 사항을 정하고 교원에 적용할 노조법에 대한 특례를 규정함을 목적으로 한다</u>(교노법 제1조). 따라서 교노법 제2조에서 정한 교원은 노동조합을 설립하여 단체교섭에 나설 수 있다(교노법 제4조, 제6조 참조).
④ (○) 체결된 단체협약의 내용 중 법령·조례 및 예산에 의하여 규정되는 내용과 법령 또는 조례에 의하여 위임을 받아 규정되는 내용은 <u>단체협약으로서의 효력을 가지지 아니한다</u>(교노법 제7조 제1항).
⑤ (○) 교노법 제5조 제4항

정답 ③

07 교원의 노동조합 설립 및 운영 등에 관한 법령상 근무시간 면제에 관한 설명으로 옳지 않은 것은? 기출 24

① 근무시간 면제 시간 및 사용인원의 한도를 정하기 위하여 경제사회노동위원회에 교원근무시간면제심의위원회를 둔다.
② 고등교육법에 따른 교원에 대해서는 시·도 단위를 기준으로 근무시간 면제 한도를 심의·의결한다.
③ 교원근무시간면제심의위원회는 3년마다 근무시간 면제 한도의 적정성 여부를 재심의하여 의결할 수 있다.
④ 근무시간 면제 한도를 초과하는 내용을 정한 단체협약 또는 임용권자의 동의는 그 부분에 한정하여 무효로 한다.
⑤ 임용권자는 전년도에 노동조합별로 근무시간을 면제받은 시간 및 사용인원, 지급된 보수 등에 관한 정보를 고용노동부장관이 지정하는 인터넷 홈페이지에 3년간 게재하는 방법으로 공개하여야 한다.

• **해설 및 정답** •

07 ① (O) 교노법 제5조의2 제2항
② (×) 심의위원회는 고등교육법에 따른 교원의 경우, 개별학교 단위를 기준으로 조합원의 수를 고려하되, 노동조합의 조직형태, 교섭구조·범위 등 교원 노사관계의 특성을 반영하여 근무시간 면제 한도를 심의·의결하고, 3년마다 그 적정성 여부를 재심의하여 의결할 수 있다(교노법 제5조의2 제3항 제2호).
③ (O) 심의위원회는 유아교육법, 초중등교육법에 따른 교원의 경우 시·도 단위를 기준으로, 고등교육법에 따른 교원의 경우, 개별학교 단위를 기준으로 조합원의 수를 고려하되, 노동조합의 조직형태, 교섭구조·범위 등 교원 노사관계의 특성을 반영하여 근무시간 면제 한도를 심의·의결하고, 3년마다 그 적정성 여부를 재심의하여 의결할 수 있다(교노법 제5조의2 제3항).
④ (O) 교노법 제5조의2 제4항
⑤ (O) 교노법 제5조의3, 동법 시행령 제2조의6

정답 ②

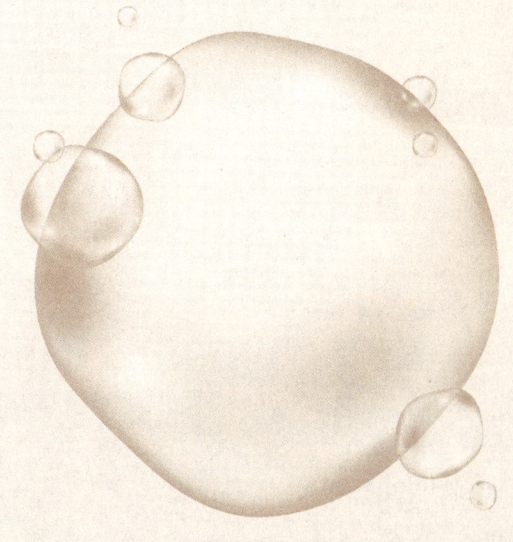

시련은 기회가 될 수 있다.

- 류중일 -

 혼자 공부하기 힘드시다면 방법이 있습니다.
시대에듀의 동영상 강의를 이용하시면 됩니다.
www.sdedu.co.kr → 회원가입(로그인) → 강의 살펴보기

49.4%

*2025년 공인노무사 1차 합격률

CBT 모의고사로 최종 합격 점검!

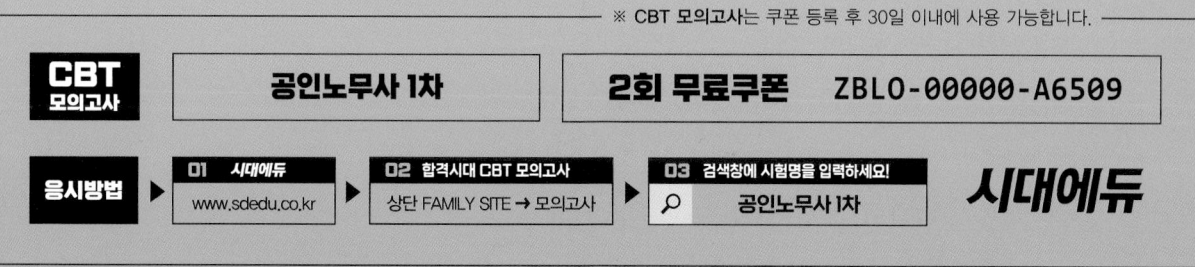

公認勞務士

공인노무사
한권으로 끝내기

노동법 I·II / 민법(총칙·채권) / 사회보험법 / 경제학원론·경영학개론(선택과목)

1차시험 | 전과목

[2024년] 공인노무사 시리즈
19,000부 판매

2026

公認勞務士

공인노무사
한권으로 끝내기

민법 / 사회보험법

편저 | EBS 교수진

핵심이론과 연계된 실전대비문제 수록

2026년 제35회 공인노무사시험 대비
출제경향을 반영한 핵심이론 수록

1차시험 | 전과목

시대에듀

 **합격생 후기 언급량 1위**
수험생들이 가장 많이 검색한 시대에듀

전과목 전강좌 0원

전 교수진 최신 강의 · 100% 무료

지금 바로 1위 강의 100% 무료 수강하기 GO »

*노무사 합격후기 / 수강후기 게시판 김희향 언급량 기준
*네이버 DataLab 검색어 트렌드 조회 결과(주제어: 업체명 + 법무사 / 3개 업체 비교 / 2016.05.~2025.05.)

2026

공인노무사
한권으로 끝내기

1차시험 | 전과목

2권 | 민법·사회보험법

시대에듀

이 책의 목차

제3과목 민 법

제1편 민법총칙

CHAPTER 01 민법 서론
- 제1절 서 설 · 021
- 제2절 민법의 법원 · 021
- CHAPTER 01 실전대비문제 · 023

CHAPTER 02 권리 일반
- 제1절 법률관계와 권리·의무 · 025
- 제2절 신의성실의 원칙 · 025
- CHAPTER 02 실전대비문제 · 032

CHAPTER 03 권리의 주체
- 제1절 서 설 · 034
- 제2절 자연인 · 035
- 제3절 법 인 · 049
- CHAPTER 03 실전대비문제 · 067

CHAPTER 04 권리의 객체
- 제1절 서 설 · 072
- 제2절 물 건 · 072
- 제3절 동산과 부동산 · 073
- 제4절 주물과 종물 · 075
- 제5절 원물과 과실 · 077
- CHAPTER 04 실전대비문제 · 078

CHAPTER 05 권리의 변동

제1절 서 설 · 082
제2절 법률행위 · 082
제3절 의사표시 · 089
제4절 법률행위의 대리 · 102
제5절 법률행위의 무효와 취소 · 115
제6절 법률행위의 부관 · 125
CHAPTER 05 실전대비문제 · 131

CHAPTER 06 기 간

제1절 기 간 · 148
CHAPTER 06 실전대비문제 · 150

CHAPTER 07 소멸시효

제1절 소멸시효 · 152
CHAPTER 07 실전대비문제 · 167

제2편 채권총론

CHAPTER 01 채권법 서론

제1절 채권의 목적(급부) · 171
제2절 채무의 내용(채무구조론) · 171
CHAPTER 01 실전대비문제 · 172

CHAPTER 02 채권의 목적

제1절 특정물채권 · 174
제2절 종류채권 · 176
제3절 금전채권 · 177
제4절 이자채권 · 179

제5절 선택채권 · 180
CHAPTER 02 실전대비문제 · 183

CHAPTER 03 채권의 효력

제1절 서 설 · 186
제2절 채무불이행의 유형과 그 효과 · 186
제3절 책임재산의 보전 · 200
CHAPTER 03 실전대비문제 · 212

CHAPTER 04 다수당사자의 채권관계

제1절 서 설 · 219
제2절 분할채권관계 · 219
제3절 불가분채권관계 · 219
제4절 연대채무관계 · 221
제5절 보증채무 · 227
CHAPTER 04 실전대비문제 · 237

CHAPTER 05 채권양도와 채무인수

제1절 채권의 양도 · 242
제2절 채무의 인수 · 247
CHAPTER 05 실전대비문제 · 252

CHAPTER 06 채권의 소멸

제1절 변 제 · 257
제2절 공 탁 · 266
제3절 상 계 · 268
CHAPTER 06 실전대비문제 · 275

제3편 채권각론

CHAPTER 01 계약총론

- 제1절 서 설 · 281
- 제2절 계약의 성립 · 282
- 제3절 계약의 효력 · 286
- 제4절 계약의 해제와 해지 · 297
- CHAPTER 01 실전대비문제 · 308

CHAPTER 02 계약각론

- 제1절 증 여 · 314
- 제2절 매 매 · 316
- 제3절 소비대차 · 326
- 제3절의2 사용대차 · 327
- 제4절 임대차 · 328
- 제5절 고 용 · 341
- 제6절 도 급 · 343
- 제7절 여행계약 · 348
- 제7절의2 현상광고 · 350
- 제8절 위 임 · 350
- 제9절 임 치 · 353
- 제10절 조 합 · 355
- 제11절 화 해 · 364
- CHAPTER 02 실전대비문제 · 365

CHAPTER 03 법정채권관계

- 제1절 사무관리 · 376
- 제2절 부당이득 · 379
- 제3절 불법행위 · 392
- CHAPTER 03 실전대비문제 · 406

이 책의 목차

2026 시대에듀 EBS 공인노무사 1차 한권으로 끝내기

제4과목 사회보험법

CHAPTER 01 사회보장기본법

제1절 사회보장기본법의 개관 · 423
제2절 사회보장기본법의 주요 내용 · 423
CHAPTER 01 실전대비문제 · 439

CHAPTER 02 고용보험법

제1절 고용보험법의 개관 · 446
제2절 고용보험법의 주요 내용 · 446
CHAPTER 02 실전대비문제 · 494

CHAPTER 03 산업재해보상보험법

제1절 서 설 · 510
제2절 근로복지공단 · 514
제3절 업무상 재해 · 517
제4절 보험급여 · 522
제5절 진폐에 따른 보험급여의 특례 · 541
제6절 건강손상자녀에 대한 보험급여의 특례 · · · · · · · · · · · · · · · · 542
제7절 노무제공자에 대한 특례 · 543
제8절 근로복지사업 · 547
제9절 산업재해보상보험 및 예방기금 · 548
제10절 심사청구 및 재심사청구 · 549
제11절 보 칙 · 555
제12절 벌 칙 · 555
CHAPTER 03 실전대비문제 · 557

CHAPTER 04 국민연금법

제1절 국민연금법의 주요 내용 · 575
제2절 국민연금가입자 · 579
제3절 국민연금공단 · 586
제4절 급 여 · 587

제5절 급여의 제한 및 정지 · 596
제6절 비용부담 및 연금보험료 징수 · 598
제7절 국민연금기금 · 600
제8절 심사청구 및 재심사청구 · 601
제9절 중복급여조정, 대위권 및 시효 · 604
제10절 벌 칙 · 605
CHAPTER 04 실전대비문제 · 606

CHAPTER 05 국민건강보험법

제1절 서 설 · 614
제2절 가입자 · 615
제3절 국민건강보험공단 · 619
제4절 보험급여 · 620
제5절 건강보험심사평가원 · 623
제6절 보험료 · 624
제7절 보험급여수급권의 제한과 보호 · 635
제8절 이의신청 및 심판청구 · 637
제9절 소멸시효, 근로자의 권익보호 등 · 640
제10절 벌 칙 · 641
CHAPTER 05 실전대비문제 · 643

CHAPTER 06 고용보험 및 산업재해보상보험의 보험료징수 등에 관한 법률

제1절 서 설 · 650
제2절 보험관계의 성립 및 소멸 · 652
제3절 보험료 · 655
제4절 가산금, 연체금 등의 징수 및 납부 등 · 666
제5절 보험사무대행기관 · 672
제6절 보험료의 시효 등 · 674
제7절 적용특례 · 675
제8절 벌 칙 · 682
CHAPTER 06 실전대비문제 · 684

PART 1　　　민법총칙

PART 2　　　채권총론

PART 3　　　채권각론

민법

출제경향 & 수험대책

2024년 실시된 제33회 공인노무사 1차시험부터 민법 시험문제가 40문항으로 증가하여 사례형 문제가 다수 출제되었지만 공부방법론은 종전과 동일하다. 생각건대 민법은 요구되는 학습량이 많아 수험생이 가장 부담스러워하는 과목으로, 기출분석표를 토대로 출제포인트를 파악하여 수험전략을 수립하는 것이 중요하고, 사례형 문제에 대비하기 위해 기출지문을 반복하면서 꼼꼼히 학습하는 것도 필요하다. 난이도가 있는 판례문제와 사례형 문제에 대비하기 위해 중요 판례에 대한 깊이있는 이해가 필요한 시점이 되었다고 판단하여, 본 기본서에 중요 판례를 빠짐없이 수록하려고 노력하였으므로 본서에 서술된 내용을 충실하게 학습한다면 합격의 문을 반드시 통과할 수 있으리라 확신한다.

빈출지문 OX 학습 전 평가

제1편 민법총칙

CHAPTER 01 민법 서론

01 관습법은 사회의 거듭된 관행이 사회구성원의 법적 확신에 의하여 법규범으로 승인된 것이다. (   )

CHAPTER 02 권리 일반

02 차임을 증액하지 않기로 하는 특약이 있더라도, 그 특약을 유지시키는 것이 신의칙에 반한다고 인정될 정도의 사정변경이 있는 경우에는 임대인의 차임증액청구를 인정하여야 한다. (   )

03 상계권의 행사가 상계제도의 목적이나 기능을 일탈하고 법적으로 보호받을 만한 가치가 없는 경우에는 신의칙에 반하여 허용되지 않고, 이 경우 일반적인 권리남용에서 요구되는 주관적 요건을 필요로 하는 것은 아니다. (   )

04 민사에 관하여 법률에 규정이 없으면 조리에 의하고 조리가 없으면 관습법에 의한다. (   )

CHAPTER 03 권리의 주체

05 의사무능력을 이유로 법률행위가 무효가 된 경우, 의사무능력자는 그 행위로 인하여 받은 이익이 현존하는 한도에서 상환할 책임이 있다. (   )

06 피성년후견인이 속임수로써 상대방으로 하여금 성년후견인의 동의가 있는 것으로 믿게 하여 체결한 토지매매계약은 제한능력을 이유로 취소할 수 없다. (   )

07 정관의 변경사항을 등기해야 하는 경우, 이를 등기하지 않으면 제3자에게 대항할 수 없다. (   )

08 생전처분으로 재단법인을 설립하는 자가 서면으로 재산출연의 의사표시를 하였다면 착오를 이유로 이를 취소할 수 없다. ( )

09 비법인사단의 대표자가 정관에 규정된 대표권 제한을 위반하여 법률행위를 한 경우, 그 상대방이 대표권제한사실을 알았거나 알 수 있었다면 그 법률행위는 효력이 없다. ( )

10 비법인사단의 대표자 甲이 외형상 직무에 관한 행위로 상대방 乙에게 손해를 가한 경우, 甲의 행위가 직무행위에 포함되지 아니함을 乙이 중대한 과실로 알지 못하였다면 비법인사단 A는 乙에게 손해배상책임을 부담하지 아니한다. ( )

11 민법상 사단법인 A를 대표할 권한이 있는 이사로 甲, 乙, 丙 3인이 있는 경우, 정관에 다른 규정이 없다면 甲은 특별한 사정이 없는 한 단독으로 이사회를 소집할 수 있다. ( )

12 민법상 사단법인의 정관의 규범적 의미 내용과는 다른 해석이 사원총회의 결의에 의하여 표명된 경우, 그 결의에 의한 해석은 법원을 구속하지 않는다. ( )

▶ 정답과 해설 ◀ 01 ○ 02 ○ 03 ○ 04 × 05 ○ 06 × 07 ○ 08 × 09 ○ 10 ○
11 × 12 ○

✔ 오답분석
04 법률에 규정이 없으면 관습법에 의하고 관습법이 없으면 조리에 의한다.
06 미성년자나 피한정후견인의 경우와는 달리 피성년후견인은 토지매매계약을 제한능력을 이유로 취소할 수 있다.
08 서면에 의한 출연이더라도 출연자가 착오에 기한 의사표시라는 이유로 출연의 의사표시를 취소할 수 있고, 상대방 없는 단독행위인 재단법인에 대한 출연행위라고 하여 달리 볼 것은 아니다.
11 이사가 수인인 경우 정관에 다른 규정이 없으면 법인의 사무집행은 이사의 과반수로써 결정하므로, 甲은 특별한 사정이 없는 한 단독으로 이사회를 소집할 수 없다.

CHAPTER 04 권리의 객체

13 특정이 가능하다면 증감·변동하는 유동집합물도 하나의 물건으로 다루어질 수 있다. ( )

14 매매목적물이 인도되지 않았고 매수인도 대금을 완제하지 않은 경우, 특별한 사정이 없는 한 매도인의 이행지체가 있더라도 매매목적물로부터 발생하는 과실은 매도인에게 귀속된다. ( )

15 건물의 개수는 공부상의 등록에 의하여 객관적으로 결정되고, 소유자의 의사 등 주관적 사정을 참작하여 결정될 수 없다. ( )

16 분묘에 안치되어 있는 피상속인의 유골은 제사주재자에게 승계된다. ( )

CHAPTER 05 권리의 변동

17 선량한 풍속 기타 사회질서에 반하는 법률행위의 무효는 그 법률행위를 기초로 하여 새로운 이해관계를 맺은 선의의 제3자에 대해서도 주장할 수 있다. ( )

18 불공정한 법률행위가 인정되기 위한 무경험은 거래일반에 대한 경험부족이 아니라 어느 특정영역에서의 경험부족을 의미한다. ( )

19 계약당사자 일방의 대리인이 계약을 하면서 상대방을 기망한 경우, 본인이 그 사실을 몰랐거나 알 수 없었다면 계약의 상대방은 그 기망을 이유로 의사표시를 취소할 수 없다. ( )

20 甲과 乙 사이에 행해진 X토지에 관한 가장매매예약이 철회되었으나 아직 가등기가 남아 있음을 기화로 乙이 허위의 서류로써 이에 기한 본등기를 한 후 X토지를 선의의 丙에게 매도하고 이전등기를 해주었다면 丙은 X의 소유권을 취득하지 못한다. ( )

21 제한능력자가 법정대리인의 동의 없이 계약을 무권대리한 경우, 그 제한능력자는 무권대리인으로서 계약을 이행할 책임을 부담하지 않는다. ( )

22 근로자가 회사의 경영방침에 따라 사직원을 제출하고 즉시 재입사하는 형식으로 퇴직 전후의 실질적인 근로관계의 단절 없이 계속 근무한 경우, 그 사직원 제출은 비진의표시에 해당한다. ( )

23 부당이득반환채권과 같이 이행기의 정함이 없는 채권이 자동채권으로 상계될 때 상계적상에서 의미하는 변제기는 상계의 의사표시를 한 시점에 도래한다. ( )

CHAPTER 06 기간

24 정관상 사원총회의 소집통지를 1주간 전에 발송하여야 하는 사단법인의 사원총회일이 2023년 6월 2일(금) 10시인 경우, 총회소집통지는 늦어도 2023년 5월 25일 중에는 발송하여야 한다. (   )

CHAPTER 07 소멸시효

25 계속적 물품공급계약에 기하여 발생한 외상대금채권은 특별한 사정이 없는 한 거래종료일로부터 외상대금채권 총액에 대하여 한꺼번에 소멸시효가 기산한다. (   )

26 3년의 소멸시효기간이 적용되는 채권이 지급명령에서 확정된 경우, 그 시효기간은 10년으로 한다. (   )

27 시효의 기산점과 관련하여 사실상 권리의 존재를 알지 못하였다는 것은 법률상 장애 사유에 해당한다. (   )

28 채권자가 전소(前訴)로 이행청구를 하여 승소 확정판결을 받은 경우, 시효중단을 위해 후소(後訴)로서 재판상의 청구가 있다는 점에 대하여만 확인을 구하는 소는 허용되지 아니한다. (   )

▶ **정답과 해설** ◀ 13 ○ 14 ○ 15 × 16 ○ 17 ○ 18 × 19 × 20 ○ 21 ○ 22 ○
23 × 24 ○ 25 × 26 ○ 27 × 28 ×

✔ **오답분석**

15 건물의 개수는 토지와 달리 공부상의 등록에 의하여 결정되는 것이 아니라 사회통념 또는 거래관념에 따라 물리적 구조, 거래 또는 이용의 목적물로서 관찰한 건물의 상태 등 객관적 사정과 건축한 자 또는 소유자의 의사 등 주관적 사정을 참작하여 결정되는 것이다.
18 '무경험'이라 함은 일반적인 생활체험의 부족을 의미하는 것으로서 어느 특정영역에 있어서의 경험부족이 아니라 거래일반에 대한 경험부족을 의미한다.
19 상대방의 대리인 등 상대방과 동일시할 수 있는 자의 사기나 강박은 제3자의 사기·강박에 해당하지 아니한다.
23 이행기의 정함이 없는 채권의 경우 그 성립과 동시에 이행기에 놓이게 되고, 부당이득반환채권은 이행기의 정함이 없는 채권으로서 채권의 성립과 동시에 언제든지 이행을 청구할 수 있으므로, 그 채권의 성립일에 상계적상에서 의미하는 이행기(변제기)가 도래한 것으로 볼 수 있다.
25 개별거래로 인한 각 외상대금채권이 발생한 때부터 개별적으로 소멸시효가 진행한다.
27 사실상 권리의 존재나 권리행사 가능성을 알지 못하였고 알지 못함에 과실이 없다고 하여도 이러한 사유는 법률상 장애 사유에 해당하지 않는다.
28 시효중단을 위한 후소로서 이행소송 외에 전소 판결로 확정된 채권의 시효를 중단시키기 위한 조치, 즉 '재판상의 청구'가 있다는 점에 대하여만 확인을 구하는 형태의 '새로운 방식의 확인소송'이 허용되고, 채권자는 두 가지 형태의 소송 중 자신의 상황과 필요에 보다 적합한 것을 선택하여 제기할 수 있다고 보아야 한다.

29 채권자가 최고를 여러 번 거듭하다가 재판상 청구를 한 경우, 시효중단의 효력은 재판상 청구를 한 시점을 기준으로 하여 이로부터 소급하여 6월 이내에 한 최고시에 발생한다. (   )

30 보증채무의 부종성을 부정하여야 할 특별한 사정이 있는 경우, 보증인은 주채무의 시효소멸을 이유로 보증채무의 시효소멸을 주장할 수 없다. (   )

31 甲이 乙에 대한 대여금채권을 丙에게 양도한 경우, 채권양도의 대항요건을 갖추지 못한 상태에서 丙이 乙을 상대로 양수금의 지급을 구하는 소를 제기하였다면 양수금채권의 소멸시효가 중단되지 않는다. (   )

32 민법 제163조 제1호의 '1년 이내의 기간으로 정한 금전 또는 물건의 지급을 목적으로 한 채권'이란 변제기가 1년 이내의 채권을 말한다. (   )

제2편 채권총론

CHAPTER 01 채권법 서론

33 결과채무란 일정한 결과발생을 목적으로 하는 채무를 말하며, 수단채무란 어떤 결과발생을 위하여 최선의 노력을 할 것을 내용으로 하는 채무를 말한다. (   )

CHAPTER 02 채권의 목적

34 금전채무의 약정이율은 있었지만 이행지체로 인해 발생한 지연손해금에 관한 약정이 없는 경우, 특별한 사정이 없는 한 지연손해금은 그 약정이율에 의해 산정한다. (   )

35 외화채권에서 채무자는 우리나라 통화로 변제할 수 있고 그 환산시기는 현실 지급시가 아니라 이행기이다. (   )

36 채권의 목적을 종류로만 지정한 경우에 법률행위의 성질이나 당사자의 의사에 의하여 품질을 정할 수 없는 때에는 채무자는 중등품질의 물건으로 이행할 수 있다. (   )

CHAPTER 03 채권의 효력

37 지체상금을 계약 총액에 지체상금률을 곱하여 산출하기로 정한 경우, 손해배상의 예정에 해당하는 지체상금의 과다 여부는 지체상금 총액을 기준으로 판단하여야 한다. ( )

38 사해행위 이후에 성립한 채권의 채권자는 사해행위취소와 원상회복의 효력을 받는 채권자에 포함된다. ( )

39 민법상 조합원의 조합탈퇴권은 특별한 사정이 없는 한 채권자대위권의 목적이 될 수 없다. ( )

40 乙의 채권자 甲이 乙의 丙에 대한 금전채권에 대하여 丙을 상대로 채권자대위권을 행사하는 경우 甲의 채권자대위소송의 제기로 인한 소멸시효 중단의 효력은 乙의 丙에 대한 채권에 생긴다. ( )

▶ **정답과 해설** ◀   29 ○   30 ○   31 ✕   32 ✕   33 ○   34 ○   35 ✕   36 ✕   37 ○   38 ✕
39 ✕   40 ○

✔ **오답분석**

31 대항요건을 갖추지 못하여 채무자에게 대항하지 못한다고 하더라도 채권의 양수인이 채무자를 상대로 재판상의 청구를 하였다면 소멸시효 중단사유인 재판상의 청구에 해당한다고 보아야 한다.

32 민법 제163조 제1호 소정의 "1년 이내의 기간으로 정한 금전 또는 물건의 지급을 목적으로 하는 채권"이란 1년 이내의 정기에 지급되는 채권을 의미하는 것이지, 변제기가 1년 이내의 채권을 말하는 것이 아니다.

35 채권액이 외국통화로 지정된 금전채권인 외화채권을 채무자가 우리나라 통화로 변제할 경우, 그 환산시기는 이행기가 아니라 현실로 이행하는 때, 즉 현실이행 시의 외국환 시세에 의하여 환산한 우리나라 통화로 변제하여야 한다.

36 이행할 수 있다. → 이행하여야 한다.

38 사해행위 이후에 채권을 취득한 채권자는 채권의 취득 당시에 사해행위취소에 의하여 회복되는 재산을 채권자의 공동담보로 파악하지 아니한 자로서 사해행위취소와 원상회복의 효력을 받는 채권자에 포함되지 아니한다.

39 조합원이 조합을 탈퇴할 권리는 그 성질상 채권자대위가 허용되지 않는 일신전속적 권리라고 할 수 없다.

CHAPTER 04 다수당사자 간의 채권관계

41 甲, 乙, 丙이 丁에 대하여 9백만원의 연대채무를 부담하고 있고, 각자의 부담부분은 균등하다고 할 때 甲이 丁에 대하여 6백만원의 상계적상에 있는 반대채권을 가지고 있는 경우, 甲이 6백만원에 대해 丁의 채무와 상계를 하였다면 甲, 乙, 丙은 丁에게 3백만원의 연대채무를 부담한다. ( )

42 주채무자의 의사에 반하여 보증인이 된 자가 변제로 주채무를 소멸하게 한 때에는 주채무자는 그 당시에 이익을 받은 한도에서 배상하여야 한다. ( )

CHAPTER 05 채권양도와 채무인수

43 양도금지특약부 채권을 전부받은 자로부터 다시 그 채권을 양수한 자가 특약에 대하여 악의인 경우, 채무자는 특약을 근거로 채권양도의 무효를 주장할 수 있다. ( )

44 매매로 인한 소유권이전등기청구권에 관한 양도제한의 법리를 취득시효완성으로 인한 소유권이전등기청구권의 양도에도 적용된다. ( )

45 중첩적 채무인수는 채권자와 채무인수인 사이에 합의가 있더라도 채무자의 의사에 반해서는 이루어질 수 없다. ( )

CHAPTER 06 채권의 소멸

46 변제공탁은 채권자의 수익의 의사표시 여부와 상관없이 공탁공무원의 수탁처분과 공탁물보관자의 공탁물수령으로 그 효력이 발생한다. ( )

47 채권의 일부에 대하여 변제자대위가 인정되는 경우 그 대위자는 채무자의 채무불이행을 이유로 채권자와 채무자 간의 계약을 해제할 수 있다. ( )

48 甲이 2025.2.1. 乙과 인쇄기의 매도계약을 체결하면서 대금 3천만원을 2025.2.15. 지급받음과 동시에 인쇄기를 인도하기로 한 경우, 乙이 甲에 대하여 이행기가 2020.2.20.인 3천만원의 대여금채권을 가지고 있다면, 乙은 상계하려는 의사표시에 조건을 붙일 수 없다. ( )

제3편 채권각론

CHAPTER 01 계약총론

49 甲이 2025.1.1. 乙에게 '핸드폰을 1백만원에 매도하고자 하니 매수 여부를 2025.1.20.까지 알려달라'는 내용의 우편을 발송하여 2025.1.5. 乙에게 도달한 경우, 甲이 2025.1.3. 위 매도청약을 철회한다는 내용의 우편을 발송하여 2025.1.6. 乙에게 도달하였다면, 甲의 청약은 유효하다. (   )

50 X토지에 대한 매매계약이 해제되기 전에 매수인으로부터 X토지에 대한 소유권이전등기청구권을 양도받은 자는 민법 제548조 제1항 단서의 계약해제의 소급효로부터 보호받는 제3자에 해당한다. (   )

51 甲은 2025.2.1. 乙에게 기계를 1천만원에 매도하기로 하면서, 乙은 계약금 1백만원은 계약 당일 지급하였고, 중도금 3백만원은 2025.2.10.에 지급하며, 잔금은 2025.2.20. 기계의 인도와 동시에 지급하기로 합의한 경우, '잔금을 지급기일에 지급하지 않으면 최고 없이 해제된다'고 특약을 하였으나, 잔금이 지급기일에 지급되지 않으면 원칙적으로 위 특약에 의해 해제된 것으로 본다. (   )

52 계약해제로 인한 원상회복의무가 이행지체에 빠진 이후의 지연손해금률에 관하여 당사자 사이에 별도의 약정이 있는 경우, 그 지연손해금률이 법정이율보다 낮더라도 약정에 따른 지연손해금률이 적용된다. (   )

▶ 정답과 해설 ◀ 41 ○ 42 × 43 × 44 × 45 × 46 ○ 47 × 48 ○ 49 ○ 50 ×
51 × 52 ○

✔ 오답분석
42 주채무자의 의사에 반하여 보증인이 된 자가 변제 기타 자기의 출재로 주채무를 소멸하게 한 때에는 주채무자는 현존이익의 한도에서 배상하여야 한다.
43 양도금지특약부 채권에 대한 전부명령이 유효한 이상, 그 전부채권자로부터 다시 그 채권을 양수한 자가 그 특약의 존재를 알았거나 중대한 과실로 알지 못하였다고 하더라도 채무자는 특약을 근거로 삼아 채권양도의 무효를 주장할 수 없다.
44 취득시효완성으로 인한 소유권이전등기청구권의 양도의 경우에는 매매로 인한 소유권이전등기청구권에 관한 양도제한의 법리가 적용되지 않는다.
45 중첩적 채무인수는 채권자와 채무인수인과의 합의가 있는 이상 채무자의 의사에 반하여도 이루어질 수 있다.
47 채무불이행을 원인으로 하는 계약의 해지 또는 해제는 채권자만이 할 수 있다.
50 계약상의 채권(예를 들어 소유권이전등기청구권)을 양수한 자나 그 채권 자체를 압류 또는 전부한 채권자는 제548조 제1항 단서의 제3자에 해당하지 아니한다.
51 매도인이 잔대금지급기일에 소유권이전등기에 필요한 서류를 준비하여 매수인에게 알리는 등 이행의 제공을 하여 매수인으로 하여금 이행지체에 빠지게 하였을 때에 비로소 자동적으로 매매계약이 해제된다고 보아야 하고 매수인이 그 약정 기한을 도과하였더라도 이행지체에 빠진 것이 아니라면 대금 미지급으로 계약이 자동해제된다고는 볼 수 없다.

CHAPTER 02 계약각론

53 계약이 의사의 불합치로 성립하지 않은 경우, 그로 인해 손해를 입은 당사자는 계약이 성립되지 않을 수 있다는 것을 알았던 상대방에게 민법 제535조(계약체결상의 과실)에 따른 손해배상청구를 할 수 없다. ( )

54 甲은 乙과 '乙이 甲에 대하여 일정한 부담을 이행할 것'을 내용으로 하는 부담부 증여계약을 체결하고, 증여를 원인으로 甲소유의 X토지에 관하여 乙에게 소유권이전등기를 경료해 준 경우, 증여에 부담이 붙어 있는지 여부에 관하여 다툼이 발생한 경우, 그에 대한 증명책임은 부담의 존재를 주장하는 자가 부담한다. ( )

55 2인 조합에서 조합원 1인이 탈퇴하는 경우, 잔존자는 조합의 탈퇴자에 대한 채권을 자동채권으로 하여 탈퇴자에 대한 지분 상당의 조합재산 반환채무와 상계할 수 없다. ( )

56 건물 소유를 목적으로 X토지에 관하여 임대인 甲과 임차인 乙 사이에 적법한 임대차계약이 체결된 경우, 甲과 乙 사이에 체결된 임대차계약에 임대차기간에 관한 약정이 없는 때에는 甲은 언제든지 계약해지의 통고를 할 수 있다. ( )

CHAPTER 03 법정채권관계

57 甲이 제3자와의 별도의 위임계약에 따라 乙의 사무를 처리한 경우, 원칙적으로 甲과 乙 사이에 사무관리는 성립하지 않는다. ( )

58 사무관리에 의하여 본인이 아닌 제3자가 결과적으로 사실상 이익을 얻은 경우, 사무관리자는 그 제3자에 대하여 직접 부당이득반환을 청구할 수 없다. ( )

59 급부를 한 당사자가 그 급부의 법률상 원인 없음을 이유로 반환을 청구하는 이른바 급부부당이득의 경우, 부당이득반환청구의 상대방이 이익을 보유할 정당한 권원이 있다는 점을 증명할 책임이 있다. ( )

60 부동산 실권리자명의 등기에 관한 법률에 위반되어 무효인 명의신탁약정에 기하여 타인 명의로 등기를 마쳐준 것은 당연히 불법원인급여에 해당한다. ( )

61 과실로 불법행위를 방조한 자에 대해서는 공동불법행위가 인정될 수 없다. ( )

62 법적 작위의무가 객관적으로 인정되더라도 의무자가 그 작위의무의 존재를 인식하지 못한 경우에는 부작위로 인한 불법행위가 성립하지 않는다. ( )

63 공동불법행위자 중 일부가 피해자의 부주의를 이용하여 고의로 불법행위를 저지른 경우, 그러한 사유가 없는 다른 불법행위자도 과실상계 주장을 할 수 없다. ( )

64 가해행위와 피해자 측의 요인이 경합하여 손해가 발생하거나 확대된 경우에는 그 피해자 측의 요인이 체질적인 소인과 같이 피해자 측의 귀책사유와 무관한 것이라도, 법원은 손해배상액을 정하면서 과실상계의 법리를 유추적용할 수 있다. ( )

▶ 정답과 해설 ◀   53 ○   54 ○   55 ×   56 ○   57 ○   58 ○   59 ×   60 ×   61 ×   62 ×
　　　　　　　　63 ×   64 ○

✔ 오답분석

55 2인 조합에서 조합원 1인이 탈퇴하는 경우, 조합의 탈퇴자에 대한 채권은 잔존자에게 귀속되므로 잔존자는 이를 자동채권으로 하여 탈퇴자에 대한 지분 상당의 조합재산 반환채무와 상계할 수 있다.
59 급부부당이득의 경우에는 법률상 원인이 없다는 점에 대한 증명책임은 부당이득반환을 주장하는 사람에게 있다.
60 부동산 실권리자명의 등기에 관한 법률이 규정하는 명의신탁약정은 그 자체로 선량한 풍속 기타 사회질서에 위반하는 경우에 해당한다고 단정할 수 없다.
61 공동불법행위에 있어서 형법과 달리 손해의 전보를 목적으로 과실을 원칙적으로 고의와 동일시하는 민법의 해석으로서는 과실에 의한 방조도 가능하다.
62 부작위로 인한 불법행위가 성립하려면 작위의무가 전제되어야 하지만, 작위의무가 객관적으로 인정되는 이상 의무자가 의무의 존재를 인식하지 못하였더라도 불법행위 성립에는 영향이 없다.
63 피해자의 부주의를 이용하여 고의로 불법행위를 저지른 자가 바로 그 피해자의 부주의를 이유로 자신의 책임을 감하여 달라고 주장하는 것은 허용될 수 없으나, 이는 그러한 사유가 있는 자에게 과실상계의 주장을 허용하는 것이 신의칙에 반하기 때문이므로, 그러한 사유가 없는 다른 불법행위자까지도 과실상계의 주장을 할 수 없다고 해석할 것은 아니다.

PART 1

민법총칙

CHAPTER 01　민법 서론

CHAPTER 02　권리 일반

CHAPTER 03　권리의 주체

CHAPTER 04　권리의 객체

CHAPTER 05　권리의 변동

CHAPTER 06　기 간

CHAPTER 07　소멸시효

CHAPTER 01 민법 서론

> **출제포인트**
> ☐ 민법의 법원
> ☐ 관습법

제1절 서 설

I 민법의 의의

민법은 형식적으로 민법이라는 이름의 성문법전, 즉 민법전을 가리키지만, 실질적으로는 법질서 안에서의 지위에 착안하여 모든 사람들에게 일반적으로 적용되는 사법, 즉 일반사법을 말한다.

II 민법의 성질

민법은 일반법으로 사람·사항·장소 등에 특별한 제한 없이 일반적으로 적용되는 일반사법과 실체법으로서의 성질을 가진다.

제2절 민법의 법원(法源)

I 의 의

1. 개 념

일반적으로 법원이란 「법의 존재형식」 내지 「법을 인식하는 근거가 되는 자료」로서의 의미를 갖는다.

2. 민법 제1조 기출 14

민법 제1조는 민법의 법원과 그 적용순서를 정하고 있다. 즉, 법률, 관습법 및 조리를 법원으로 인정하고, 이들의 적용순서에 관하여 1차적으로 법률, 법률이 없으면 관습법, 관습법도 없으면 조리에 의하도록 정하고 있는 것이다. 민법 제1조에서 정하는 '민사'라 함은 널리 사법관계를 의미하고, '법률'은 형식적 의미의 법률만을 의미하는 것이 아니라 모든 법규범, 즉 성문법을 통칭한다. 법원으로서의 성문민법에는 법률·명령·대법원규칙·조약·자치법이 있으며, 이하에서는 불문민법에 대하여 살펴본다.

Ⅱ 불문민법

법원으로서의 불문민법으로 주요한 것은 민법 제1조가 규정하고 있는 관습법과 조리가 있다. 민법 제1조가 판례법을 법원의 하나로 열거하고 있지 아니하므로 판례법의 법원성은 인정되지 아니하나 사실상의 구속력이 인정된다는 것이 학설의 일반적인 태도이다. 헌법재판소의 결정은 법원 기타 국가기관과 지방자치단체를 기속하므로(헌재법 제47조, 제67조, 제75조), 그 결정내용이 민사에 관한 것인 한 민법의 법원으로 인정된다.

1. 관습법

(1) 관습법의 의의

관습법이란 사회의 거듭된 관행으로 생성한 사회생활규범이 사회의 법적 확신과 인식에 의하여 법적 규범으로 승인·강행되기에 이르는 것을 말하고, 관습법은 바로 법원으로서 법령과 같은 효력을 갖는 관습으로서「법령에 저촉되지 않는 한 법칙으로서의 효력」이 있다(대판 1983.6.14. 80다3231). 기출 14

(2) 관습법의 성립

관행의 존재와 그 관행에 대한 일반적인 법적 확신의 취득으로 성립한다. 기출 14·15

(3) 관습법과 사실인 관습의 차이

1) 법적 확신의 유무

사실인 관습은 사회의 관행에 의하여 발생한 사회생활규범인 점에서 관습법과 같으나 사회의 법적 확신이나 인식에 의하여 법적 규범으로서 승인된 정도에 이르지 않은 것이다(대판 1983.6.14. 80다3231). 기출 05

2) 법적 효력

① 관습법 : 관습법은 바로 법원으로서 법령과 같은 효력을 갖는 관습으로서 법령에 저촉되지 않는 한 법칙으로서의 효력이 있는 것이다(제정법에 대한 열후적·보충적 효력).

② 사실인 관습
   ㉠ 사실인 관습은 법령으로서의 효력이 없는 단순한 관행으로서 법률행위의 당사자의 의사를 보충함에 그치는 것이다.
   ㉡ 사실인 관습은 사적 자치가 인정되는 분야, 즉 그 분야의 제정법이 주로 임의규정일 경우에는 법률행위의 해석기준으로서 또는 의사를 보충하는 기능으로서 이를 재판의 자료로 할 수 있다. 기출 05
   ㉢ 그 분야의 제정법이 주로 강행규정일 경우에는 그 강행규정 자체에 결함이 있거나 강행규정 스스로가 관습에 따르도록 위임한 경우 등 이외에는 법적 효력을 부여할 수 없다.

3) 주장·입증책임

관습법은 당사자의 주장·입증을 기다림이 없이 법원이 직권으로 확정하여야 한다. 다만, 관습은 그 존부 자체도 명확하지 않을 뿐만 아니라 그 관습이 사회의 법적 확신이나 법적 인식에 의하여 법적 규범으로까지 승인되었는지의 여부를 가리는 더욱 어려운 일이므로, 법원이 이를 알 수 없는 경우 결국은 당사자가 이를 주장·입증할 필요가 있다. 사실인 관습은 그 존재를 당사자가 주장·입증하여야 한다. 기출 15

2. 조 리

조리란 사물의 본성·자연의 이치를 말하며, 경험칙·사회통념·법의 일반원리 등으로 표현된다. 조리가 법원인지에 대해서는 학설의 대립이 있으나, 판례는 '섭외적 사건에 관하여 외국법규가 적용되는 경우, 법원에 관한 민사상 대원칙에 따라 외국법률, 외국관습법, 조리의 순으로 법원이 되는 것'이라고 판시한 적이 있다.

CHAPTER
01 민법 서론

01 관습법 등에 관한 설명으로 옳지 않은 것은?(다툼이 있는 경우에는 판례에 의함) 기출 14

CHECK
□△×

① 관습법상 미분리 과실에 관한 공시방법이 인정된다.
② 공동선조와 성과 본을 같이 하는 후손인 여성은 성년이 되면 종중의 구성원이 된다.
③ 관습법이 법규범으로서 효력이 인정되기 위해서는 전체 법질서에 부합하여야 한다.
④ 민사에 관하여 법률에 규정이 없으면 조리에 의하고 조리가 없으면 관습법에 의한다.
⑤ 관습법은 사회의 거듭된 관행이 사회구성원의 법적 확신에 의하여 법규범으로 승인된 것이다.

해설 및 정답

01 ① (○) 수목의 집단이나 미분리 과실에 대하여 <u>관습상 인정되는 공시방법은 명인방법이다</u>.
② (○) 종중이란 공동선조의 분묘수호와 제사 및 종원 상호 간의 친목 등을 목적으로 하여 구성되는 자연발생적인 종족집단이므로, 종중의 이러한 목적과 본질에 비추어 볼 때 공동선조와 성과 본을 같이 하는 후손은 <u>성별의 구별 없이 성년이 되면 당연히 그 구성원이 된다고 보는 것이 조리에 합당하다</u>(대판 2005.7.21. 2002다1178[전합]).
③ (○) <u>사회의 거듭된 관행으로 생성된 사회생활규범이 관습법으로 승인되었다고 하더라도</u> 사회 구성원들이 그러한 관행의 <u>법적 구속력에 대하여 확신을 갖지 않게 되었다거나</u>, 사회를 지배하는 기본적 이념이나 사회질서의 변화로 인하여 그러한 관습법을 적용하여야 할 시점에 있어서의 <u>전체 법질서에 부합하지 않게 되었다면 그러한 관습법은 법적 규범으로서의 효력이 부정될 수밖에 없다</u>(대판 2005.7.21. 2002다1178[전합]).
④ (×) 민사에 관하여 법률에 규정이 없으면 관습법에 의하고 관습법이 없으면 조리에 의한다(민법 제1조).
⑤ (○) 대판 2005.7.21. 2002다1178[전합]

정답 ❹

02 민법의 법원(法源)에 관련한 설명으로 옳지 않은 것은?(다툼이 있는 경우에는 판례에 의함) 기출 15

① 일단 성립한 관습법이라도 사회 구성원들이 그 관행의 법적 구속력에 대해 확신을 갖지 않게 되면 그 효력이 부정된다.
② 관습법이 헌법에 위반될 때에는 법원(法院)이 그 효력을 부인할 수 있다.
③ 민법 제1조(法源)에서의 '법률'은 국회가 제정한 법률만을 의미한다.
④ 사실인 관습은 그 존재를 당사자가 주장·입증하여야 한다.
⑤ 임의규정과 다른 관습이 있는 경우에 당사자의 의사가 명확하지 아니한 때에는 그 관습에 의한다.

해설 및 정답

02 ① (○) 사회의 거듭된 관행으로 생성된 사회생활규범이 <u>관습법으로 승인되었다</u>고 하더라도 사회 구성원들이 그러한 <u>관행의 법적 구속력에 대하여 확신을 갖지 않게 되었다</u>거나, 사회를 지배하는 기본적 이념이나 사회질서의 변화로 인하여 그러한 관습법을 적용하여야 할 시점에 있어서의 <u>전체 법질서에 부합하지 않게 되었다면 그러한 관습법은 법적 규범으로서의 효력이 부정될 수밖에 없다</u>(대판 2005.7.21. 2002다1178[전합]).
② (○) 헌법 제111조 제1항 제1호 및 헌법재판소법 제41조 제1항에서 규정하는 위헌심사의 대상이 되는 법률은 국회의 의결을 거친 이른바 형식적 의미의 법률을 의미하고, 또한 민사에 관한 관습법은 법원에 의하여 발견되고 성문의 법률에 반하지 아니하는 경우에 한하여 보충적인 법원(法源)이 되는 것에 불과하여(민법 제1조) <u>관습법이 헌법에 위반되는 경우 법원이 그 관습법의 효력을 부인할 수 있으므로 결국 관습법은 헌법재판소의 위헌법률심판의 대상이 아니라 할 것이다</u>(대결 2009.5.28. 2007카기134).
③ (×) 민법 제1조에서의 법률은 국회에서 제정된 고유한 의미의 법률뿐만 아니라 <u>널리 성문법 또는 제정법 전체를 의미하는 것으로</u>, 대통령의 긴급명령이나 위임명령도 이에 포함된다.
④ (○) 대판 2013.10.24. 2011다110685
⑤ (○) 민법 제106조

정답 ❸

CHAPTER 02 권리 일반

출제포인트
- ☐ 신의성실의 원칙
- ☐ 강행규정

제1절 법률관계와 권리·의무

법률관계는 인(人)의 생활관계 중 법규범에 의하여 규율되는 생활관계를 말하고, 권리란 통설(권리법력설)에 의하면 법익을 향유하기 위하여 법에서 허용하는 힘을, 의무는 의무자의 의사와는 무관하게 법에 의하여 강요되는 법률상의 구속을 말한다.

제2절 신의성실의 원칙

I 신의성실의 원칙

1. 의 의
신의성실의 원칙은 법률관계의 당사자가 상대방의 이익을 배려하여 형평에 어긋나거나, 신뢰를 저버리는 내용 또는 방법으로 권리를 행사하거나 의무를 이행하여서는 아니 된다는 추상적인 규범이다(대판 2011.2.10. 2009다68941).

2. 강행규정
판례는 "신의성실의 원칙에 반하는 것 또는 권리남용은 「강행규정」에 위배되는 것이므로 당사자의 주장이 없더라도 법원은 「직권」으로 판단할 수 있다"고 판시하고 있다(대판 1998.8.21. 97다37821). 기출 18·22

3. 적용범위

신의성실의 원칙은 재산법뿐만 아니라 가족법, 강제집행법, 소송법, 행정법규 등 공법 영역, 노동법 등에도 포괄적으로 적용된다(통설·판례).

II 사정변경의 원칙

1. 의 의

사정변경의 원칙이란 법률행위 당시의 기초가 된 객관적 사정의 현저한 변화로 최초에 약정한 내용을 당사자에게 강제하는 것이 형평에 어긋나게 되어 신의칙상 계약을 변경하거나, 해제 또는 해지할 수 있게 하도록 하는 원칙으로 신의칙의 파생원칙 중 하나이다.

2. 적용요건

① 법률행위 당시의 기초가 된 객관적 사정의 현저한 변경이 있을 것, ② 사정변경에 해제권을 취득하는 당사자에게 귀책사유가 없을 것, ③ 법률행위 당시 사정변경을 예견할 수 없었을 것. 판례는 사정변경에 대한 예견가능성이 있었는지는 추상적·일반적으로 판단할 것이 아니라, 여러 사정을 종합적으로 고려하여 개별적으로 판단하여야 하고, 이때 합리적인 사람의 입장에서 볼 때 당사자들이 사정변경을 예견했다면 계약을 체결하지 않거나 다른 내용으로 체결했을 것이라고 기대되는 경우 특별한 사정이 없는 한 예견가능성이 없다고 볼 수 있다고 한다(대판 2021.6.30. 2019다276338). ④ 종전의 계약관계를 유지하는 것이 법률행위 당사자에게 심히 부당할 것 등의 요건을 요한다.

3. 관련 판례

(1) 일시적 계약

> **사정변경을 원인으로 하는 계약해제**
> 이른바 '사정변경으로 인한 계약해제'는 계약성립 당시 당사자가 예견할 수 없었던 현저한 사정의 변경이 발생하였고 그러한 사정의 변경이 해제권을 취득하는 당사자에게 책임 없는 사유로 생긴 것으로서, 계약내용대로의 구속력을 인정한다면 신의칙에 현저히 반하는 결과가 생기는 경우에 계약준수 원칙의 예외로서 인정되는 것이고(대판 2012.1.27. 2010다85881), 여기서 말하는 사정이라 함은 계약의 기초가 되었던 객관적인 사정으로서, 일방당사자의 주관적 또는 개인적인 사정을 의미하는 것은 아니라 할 것이다(대판 2007.3.29. 2004다31302). 기출 22
>
> **가격등귀의 사정변경 해당 여부**
> 매수인이 애초에 계약할 당시의 금액표시대로 잔대금을 제공한다면, 그 동안에 앙등한 매매 목적물의 가격에 비하여 그것이 현저히 균형을 잃은 이행이 되는 경우라 하더라도, 민법상 매도인으로 하여금 사정변경의 원리를 내세워서 그 매매계약을 해제할 수 있는 권리는 생기지 아니한다(대판 1963.9.12. 63다452).

(2) 계속적 계약

> **사정변경으로 인한 계약해지**
> 이른바 '사정변경으로 인한 계약해지'는 계약성립 당시 당사자가 예견할 수 없었던 현저한 사정의 변경이 발생하였고 그러한 사정의 변경이 해지권을 취득하는 당사자에게 책임 없는 사유로 생긴 것으로서, 계약내용대로의 구속력을 인정한다면 신의칙에 현저히 반하는 결과가 생기는 경우에 <u>계약준수 원칙의 예외로서 인정되는 것이고</u>(대판 2011.6.24. 2008다44368), <u>여기서 말하는 사정이라 함은 계약의 기초가 되었던 객관적인 사정으로서, 일방당사자의 주관적 또는 개인적인 사정을 의미하는 것은 아니라 할 것이다</u>(대판 2007.3.29. 2004다31302). 따라서 <u>계약의 성립에 기초가 되지 아니한 사정이 그 후 변경되어 일방당사자가 계약 당시 의도한 계약 목적을 달성할 수 없게 됨으로써 손해를 입게 되었다 하더라도 특별한 사정이 없는 한 그 계약 내용의 효력을 그대로 유지하는 것이 신의칙에 반한다고 볼 수 없다</u>(대판 2013.9.26. 2013다26746[전합]).
>
> **근보증**
> <u>판례는 계속적 계약 중의 하나인 근보증의 경우 사정변경을 이유로 근보증계약의 해지를 명시적으로 인정하고 있다</u>(대판 2000.3.10. 99다61750).
>
> **차임불증액 특약이 있는 경우 차임증액청구**
> 임대차계약에 있어서 <u>차임불증액의 특약이 있더라도 그 약정 후 그 특약을 그대로 유지시키는 것이 신의칙에 반한다고 인정될 정도의 사정변경이 있다고 보여지는 경우에는 형평의 원칙상 임대인에게 차임증액청구를 인정하여야 한다</u>(대판 1996.11.12. 96다34061). 기출 13 · 18 · 22
>
> **임대차계약의 해지**
> <u>갑이 주택건설사업을 위한 견본주택 건설을 목적으로 임대인 을과 토지에 관하여 임대차계약을 체결하면서 임대차계약서에 특약사항으로 위 목적을 명시하였는데, 지방자치단체장으로부터 가설건축물축조신고반려통보 등을 받고 위 토지에 견본주택을 건축할 수 없게 되자, 갑이 을을 상대로 임대차계약의 해지 및 임차보증금 반환을 구한 경우, 견본주택 건축은 위 임대차계약 성립의 기초가 된 사정인데, 견본주택을 건축할 수 없어 갑이 임대차계약을 체결한 목적을 달성할 수 없게 되었고, 위 임대차계약을 그대로 유지하는 것은 갑과 을 사이에 중대한 불균형을 초래하는 경우에 해당하므로, 위 임대차계약은 갑의 해지통보로 적법하게 해지되었고, 을이 갑에게 임대차보증금을 반환할 의무가 있다</u>(대판 2020.12.10. 2020다254846).

Ⅲ 권리남용금지의 원칙

1. 신의칙과의 관계

학설은 ① 권리행사가 신의칙에 반하는 경우에는 권리남용이 된다는 견해(다수설), ② 권리남용금지는 신의칙의 파생원칙이라는 견해 등이 있으나, 판례는 다수설과 같이 <u>"권리행사가 신의성실에 반하는 경우에는 권리남용이 된다"고 설시하고 있다</u>(대판 2007.1.25. 2005다67233).

2. 적용범위

<u>소권, 항변권, 형성권의 행사 등도 권리남용이 될 수 있고, 소멸시효의 완성을 주장하는 것도 권리남용이 될 수 있으며, 확정판결에 기한 권리를 행사하는 것도 경우에 따라서는 권리남용이 될 수 있다.</u>

3. 성립요건

(1) 객관적 요건

권리남용이 성립하기 위해서는 ① 행사할 권리가 존재하여야 하며, ② 권리의 행사라고 볼 수 있는 행위가 존재하여야 하고, ③ 권리행사로 권리행사자의 이익과 그로 인하여 침해되는 상대방의 이익 사이에 현저한 불균형이 있어야 한다. 즉 그 권리행사가 사회질서에 위반된다고 볼 수 있어야 한다.

(2) 주관적 요건

판례는 권리남용이 성립하기 위해서는 통설의 태도와는 달리 그 권리행사의 목적이 오직 상대방에게 고통을 주고 손해를 입히려는 데 있을 뿐 권리를 행사하는 사람에게 아무런 이익이 없는 경우라는 주관적 요건이 필요하다고 보고 있다. 다만, 이러한 주관적 요건은 권리자의 정당한 이익을 결여한 권리행사로 보이는 객관적 사정으로 추인할 수 있다고(대판 2023.3.13. 2022다293999) 한다.

> 권리행사가 권리의 남용에 해당한다고 할 수 있으려면, 주관적으로는 그 권리행사의 목적이 오직 상대방에게 고통을 주고 손해를 입히려는 데 있을 뿐 권리를 행사하는 사람에게 아무런 이익이 없는 경우이어야 하고, 객관적으로는 그 권리행사가 사회질서에 위반된다고 볼 수 있어야 하는 것이며, 이와 같은 경우에 해당하지 않는 한 비록 그 권리의 행사에 의하여 권리행사자가 얻는 이익보다 상대방이 입을 손해가 현저히 크다고 하여도 그러한 사정만으로는 이를 권리남용이라 할 수 없다고 할 것이다(대판 2002.9.4. 2002다22083).

4. 효과

권리자의 권리 자체가 소멸되는 것은 아니다. 단지 청구권의 행사가 권리남용으로 인정되면 법에 의한 조력을 받지 못하게 되고, 상대방에게 항변권이 생기게 되는 것이며, 형성권의 경우에는 권리자의 권리행사에 따른 법적 효과가 발생하지 않게 되는 것이다.

5. 관련 판례

(1) 채무자의 소멸시효완성 주장

채무자의 소멸시효에 기한 항변권의 행사도 우리 민법의 대원칙인 신의성실의 원칙과 권리남용금지의 원칙의 지배를 받는 것이어서, 채무자가 시효완성 전에 채권자의 권리행사나 시효중단을 불가능 또는 현저히 곤란하게 하였거나, 그러한 조치가 불필요하다고 믿게 하는 행동을 하였거나, 객관적으로 채권자가 권리를 행사할 수 없는 장애사유가 있었거나, 또는 일단 시효완성 후에 채무자가 시효를 원용하지 아니할 것 같은 태도를 보여 권리자로 하여금 그와 같이 신뢰하게 하였거나, 채권자보호의 필요성이 크고, 같은 조건의 다른 채권자가 채무의 변제를 수령하는 등의 사정이 있어 채무이행의 거절을 인정함이 현저히 부당하거나 불공평하게 되는 등의 특별한 사정이 있는 경우에는 채무자가 소멸시효의 완성을 주장하는 것이 신의성실의 원칙에 반하여 권리남용으로서 허용될 수 없다(대판 2005.5.13. 2004다71881). **기출 22**

(2) 공로부지 소유자의 토지인도청구

어떤 토지가 개설경위를 불문하고 일반 공중의 통행에 공용되는 도로, 즉 공로가 되면 그 부지의 소유권 행사는 제약을 받게 되며, 이는 소유자가 수인하여야만 하는 재산권의 사회적 제약에 해당한다. 따라서 공로부지의 소유자가 이를 점유·관리하는 지방자치단체를 상대로 공로로 제공된 도로의 철거, 점유 이전 또는 통행금지를 청구하는 것은 법질서상 원칙적으로 허용될 수 없는 '권리남용'이라고 보아야 한다(대판 2021.10.14. 2021다242154).

(3) 통행로부지 소유자의 통행금지청구

갑 등이 취득한 빌딩과 을 등이 구분소유하는 빌딩 사이에 을 등의 빌딩에 출입하는 사람과 인근 주민들이 통행로로 사용하는 부지가 있고, 그중 대부분이 갑 등의 빌딩 부지에 포함되어 있는데, 갑이 을 등을 상대로 위 통행로 중 갑 등의 소유 부분에 대한 통행금지를 구한 경우, 제반 사정에 비추어 갑 등이 을 등에 대해서만 선별적·자의적으로 통행을 금지하는 것은 소유권의 행사에 따른 실질적 이익도 없이 단지 상대방의 통행의 자유에 대한 침해라는 고통과 손해만을 가하는 것이 되어 법질서상 원칙적으로 허용될 수 없는 '권리남용'이라고 볼 여지가 크다(대판 2023.3.13. 2022다293999).

Ⅳ 모순행위금지의 원칙(금반언의 원칙)

1. 의 의

권리자의 권리행사가 그의 종전의 행동과 모순되는 경우에는 그러한 권리행사는 허용되지 않는다는 원칙을 말한다.

2. 적용요건

① 행위자의 선행행위가 있을 것, ② 상대방은 선행행위로 인하여 정당한 신뢰를 형성하였을 것, 즉 상대방의 보호가치 있는 신뢰가 있을 것, ③ 행위자가 선행행위와 모순되는 후행행위를 하였을 것 등의 요건이 필요하다.

3. 판 례

(1) 금반언 내지 신의칙에 반하는 사례

본인으로부터 부동산을 상속받은 무권대리인의 무권대리행위 주장
甲이 대리권 없이 乙소유의 부동산을 丙에게 매도하여 소유권이전등기를 마쳐주었다면 그 매매계약은 무효이고 이에 터잡은 이전등기 역시 무효가 되나, 甲은 乙의 무권대리인으로서 민법 제135조 제1항의 규정에 의하여 매수인 丙에게 부동산에 대한 소유권이전등기를 이행할 의무가 있으므로 그러한 지위에 있는 甲이 乙로부터 부동산을 상속받아 그 소유자가 되며 소유권이전등기이행의무를 이행하는 것이 가능하게 된 시점에서 자신이 소유자라고 하여 자신으로부터 부동산을 전전매수한 丁에게 원래 자신의 매매행위가 무권대리행위여서 무효였다는 이유로 丁 앞으로 경료된 소유권이전등기가 무효의 등기라고 주장하여 그 등기의 말소를 청구하거나 부동산의 점유로 인한 부당이득의 반환을 구하는 것은 금반언의 원칙이나 신의성실의 원칙에 반하여 허용될 수 없다(대판 1994.9.27. 94다20617). 기출 14·15·17·18

스스로 행한 강행법규 위반행위의 무효주장(허용되지 않는 예외적인 경우)
단체협약 등 노사합의의 내용이 근로기준법의 강행규정을 위반하여 무효인 경우에, 그 무효를 주장하는 것이 신의칙에 위배되는 권리의 행사라는 이유로 이를 배척한다면, 강행규정으로 정한 입법 취지를 몰각시키는 결과가 될 것이므로, 그러한 주장은 신의칙에 위배된다고 볼 수 없음이 원칙이다. 그러나 노사합의의 내용이 근로기준법의 강행규정을 위반한다고 하여 그 노사합의의 무효 주장에 대하여 예외 없이 신의칙의 적용이 배제되는 것은 아니다. 위에서 본 신의칙을 적용하기 위한 일반적인 요건을 갖춤은 물론, 근로기준법의 강행규정성에도 불구하고 신의칙을 우선하여 적용하는 것을 수긍할만한 특별한 사정이 있는 예외적인 경우에 한하여, 그 노사합의의 무효를 주장하는 것은 신의칙에 위배되어 허용될 수 없다(대판 2019.4.23. 2016다37167).

(2) 금반언 내지 신의칙에 반하지 아니하는 사례

> **스스로 행한 강행법규 위반행위의 무효주장**
> 강행법규에 위반하여 무효인 수익보장약정이 투자신탁회사가 먼저 고객에게 제의함으로써 체결된 것이라고 하더라도, 이러한 경우에 강행법규를 위반한 투자신탁회사 스스로가 그 약정의 무효를 주장함이 신의칙에 위반되는 권리의 행사라는 이유로 그 주장을 배척한다면, 이는 오히려 강행법규에 의하여 배제하려는 결과를 실현시키는 셈이 되어 입법취지를 완전히 몰각하게 되므로, 달리 특별한 사정이 없는 한 위와 같은 주장이 신의성실의 원칙에 반하는 것이라고 할 수 없다(대판 1999.3.23. 99다4405).
> 기출 13 · 18 · 22
>
> **상속포기 후의 상속권 주장**
> 유류분을 포함한 상속의 포기는 상속이 개시된 후 일정한 기간 내에만 가능하고, 가정법원에 신고하는 등 일정한 절차와 방식을 따라야만 그 효력이 있으므로, 상속인이 상속개시 전인 피상속인의 생존시에 피상속인에 대하여 상속을 포기하기로 약정하였다고 하더라도, 상속개시 후에 자신의 상속권을 주장하는 것은 정당한 권리행사로서 신의칙에 반하지 않는다(대판 1998.7.24. 98다9021).
>
> **인지포기 후의 인지청구권 행사**
> 인지청구권은 포기할 수 없고, 포기하였다 하더라도 효력이 발생할 수 없고, 한편 인지청구권을 조정이나 화해로 포기하였다고 하더라도 인지청구가 금반언의 원칙에 반하거나 권리남용에 해당한다고 할 수 없다(대판 1999.10.8. 98므1698).

Ⅴ 실효의 원칙

1. 의 의

실효의 원칙이란 권리자가 실제로 권리를 행사할 수 있는 기회가 있어서 그 권리를 행사할 수 있었음에도 불구하고 상당한 기간이 경과하도록 그 권리를 행사하지 아니하여 의무자인 상대방으로서도 이제는 권리자가 권리를 행사하지 아니할 것으로 신뢰할 만한 정당한 기대를 가지게 된 경우에 새삼스럽게 권리자가 그 권리를 행사하는 것은 법질서 전체를 지배하는 신의성실의 원칙에 위배되어 허용되지 아니한다는 것을 의미한다(대판 2011.4.28. 2010다89654). 이 원칙의 근거는 신의칙상의 모순행위금지의 원칙에서 찾을 수 있어, 신의칙의 파생원칙으로 이해하는 것이 일반적이다.

2. 적용요건

① 권리자가 실제로 권리를 행사할 수 있는 기대가능성이 있었음에도 불구하고, ② 상당한 기간이 경과하도록 권리를 행사하지 않았을 것, ③ 의무자인 상대방으로서도 이제는 권리자의 권리 불행사를 신뢰할 만한 정당한 기대를 가지게 되었을 것, ④ 그럼에도 불구하고 권리자가 새삼스럽게 권리를 행사하는 것일 것 등의 요건이 필요하다.

3. 적용범위

판례는 사법상 권리뿐만 아니라 공법상 권리, 근로관계상의 권리, 소권, 항소권 등 소송법상 권리 등에도 적용될 수 있다고(대판 1996.7.30. 94다51840) 한다. 기출 12

> 비록 친자관계의 직접 당사자인 호적상 부모가 사망한 때로부터 오랜 기간 경과한 후에 소를 제기하였다 하더라도 그것만으로 신의칙에 반하는 소송행위라고 볼 수는 없다 할 것이므로, 달리 특별한 사정이 없는 한 친생자관계부존재확인의 소가 소권의 남용이라는 명목으로 쉽게 배척되어서는 안 될 것이다(대판 2004.6.24. 2004므405).

4. 관련 판례

(1) 권리의 실효를 인정한 사례

> **해제권의 실효**
> 매도인에게 해제권이 발생하였음에도 불구하고 오랫동안 행사하지 않고 있어서 매수인으로서는 더 이상 매도인이 해제권을 행사하지 않을 것이라는 신뢰를 갖게 된 경우 매도인의 해제권 행사는 신의성실의 원칙에 반하여 허용되지 아니하고, 다시 매매계약을 해제하기 위해서는 다시 이행제공을 하면서 최고를 하여야 한다(대판 1994.11.25. 94다12234).
>
> **소권의 실효**
> 회사로부터 퇴직금을 수령하고 징계면직처분에 대해 전혀 다툼이 없이 다른 생업에 종사해 오다가 징계면직일로부터 2년 10개월이 지난 때에 제기한 해고무효확인의 소는 실효의 원칙에 비추어 허용될 수 없다(대판 2000.4.25. 99다34475). 기출 12

(2) 권리의 실효를 부정한 사례

> **점유자에 대한 부당이득반환청구권**
> 토지소유자가 그 점유자에 대하여 장기간 적극적으로 권리를 행사하지 아니하였다는 사정만으로는 부당이득반환청구권이 이른바 실효의 원칙에 따라 소멸하였다고 볼 수 없다(대판 2002.1.8. 2001다60019). 기출 12
>
> **인지청구권**
> 인지청구권은 본인의 일신전속적인 신분관계상의 권리로서 포기할 수도 없으며 포기하였더라도 그 효력이 발생할 수 없는 것이고, 이와 같이 인지청구권의 포기가 허용되지 않는 이상 거기에 실효의 법리가 적용될 여지도 없다(대판 2001.11.27. 2001므1353). 기출 18
>
> **송전선철거청구**
> 송전선이 토지 위를 통과하고 있다는 점을 알고서 토지를 취득하였다고 하여 소유권의 행사가 제한된 상태를 용인하였다고 할 수 없으므로, 그 취득자의 송전선철거청구 등의 권리행사는 신의성실의 원칙에 반하지 않는다. 또한 종전 토지 소유자가 자신의 권리를 행사하지 않았다는 사정은 그 토지의 소유권을 적법하게 취득한 새로운 권리자에게 실효의 원칙을 적용함에 있어서 고려하여야 할 것은 아니다(대판 1995.8.25. 94다27069).

CHAPTER 02 권리 일반

01 신의성실의 원칙에 관한 설명으로 옳은 것을 모두 고른 것은?(다툼이 있으면 판례에 따름) 기출 25

> ㄱ. 부작위에 의한 불법행위 성립의 전제가 되는 법적 작위의무는 신의칙상 작위의무가 기대되는 경우에도 인정될 수 있다.
> ㄴ. 사용자가 피용자의 불법행위로 인하여 사용자책임을 지는 경우, 피용자에 대하여 행사하는 구상권은 신의칙을 근거로 제한될 수 있다.
> ㄷ. 상계권의 행사가 상계제도의 목적이나 기능을 일탈하고 법적으로 보호받을 만한 가치가 없는 경우에는 신의칙에 반하여 허용되지 않고, 이 경우 일반적인 권리남용에서 요구되는 주관적 요건을 필요로 하는 것은 아니다.

① ㄱ
② ㄴ
③ ㄱ, ㄷ
④ ㄴ, ㄷ
⑤ ㄱ, ㄴ, ㄷ

02 신의성실의 원칙에 관한 설명으로 옳지 않은 것은?(다툼이 있으면 판례에 따름) 기출 22

① 신의칙은 당사자의 주장이 없더라도 법원이 직권으로 그 위반 여부를 판단할 수 있다.
② 사정변경의 원칙에 기한 계약의 해제가 인정되는 경우, 그 사정에는 계약의 기초가 된 객관적 사정만이 포함된다.
③ 임대차계약에 차임을 증액하지 않기로 하는 특약이 있더라도 그 특약을 그대로 유지시키는 것이 신의칙에 반한다고 인정될 정도의 사정변경이 있는 경우에는 임대인에게 차임증액청구가 인정될 수 있다.
④ 채무자가 소멸시효 완성을 주장하는 것은 신의칙에 반하여 권리남용으로 될 여지가 없다.
⑤ 강행규정을 위반한 자가 그 위반을 이유로 하여 법률행위의 무효를 주장하는 것은 신의칙위반으로 될 수 있다.

● 해설 및 정답 ●

01 ㄱ. (○) 부작위에 의한 불법행위가 성립하기 위해서는 작위의무가 있는 자의 부작위가 인정되어야 한다. 여기서 작위의무는 법적인 의무이어야 하는데 그 근거가 법령, 법률행위, 선행행위로 인한 경우는 물론이고 신의성실의 원칙이나 사회상규 혹은 조리상 작위의무가 기대되는 경우에도 법적인 작위의무가 인정될 수는 있다(대판 2023.11.16. 2022다265994).

ㄴ. (○) 사용자가 피용자의 업무집행으로 행해진 불법행위로 인하여 직접 손해를 입었거나 또는 사용자로서의 손해배상책임을 부담한 결과로 손해를 입게 된 경우에는 사용자는 그 사업의 성격과 규모, 사업시설의 상황, 피용자의 업무내용, 근로조건이나 근무태도, 가해행위의 상황, 가해행위의 예방이나 손실의 분산에 관한 사용자의 배려정도 등의 제반사정에 비추어 손해의 공평한 분담이라는 견지에서 신의칙상 상당하다고 인정되는 한도 내에서만 피용자에 대하여 위와 같은 손해의 배상이나 구상권을 행사할 수 있다(대판 1987.9.8. 86다카1045).

ㄷ. (○) 상계권을 행사함에 이른 구체적·개별적 사정에 비추어, 그것이 상계 제도의 목적이나 기능을 일탈하고, 법적으로 보호받을 만한 가치가 없는 경우에는, 그 상계권의 행사는 신의칙에 반하거나 상계에 관한 권리를 남용하는 것으로서 허용되지 않는다고 함이 상당하고, 상계권 행사를 제한하는 위와 같은 근거에 비추어 볼 때 일반적인 권리남용의 경우에 요구되는 주관적 요건을 필요로 하는 것은 아니다(대판 2003.4.11. 2002다59481).

정답 ⑤

02 ① (○) 대판 2015.3.20. 2013다88829

② (○) 사정변경으로 인한 계약해제는 계약성립 당시 당사자가 예견할 수 없었던 현저한 사정의 변경이 발생하였고 그러한 사정의 변경이 해제권을 취득하는 당사자에게 책임 없는 사유로 생긴 것으로서, 계약내용대로의 구속력을 인정한다면 신의칙에 현저히 반하는 결과가 생기는 경우에 계약준수 원칙의 예외로서 인정되는 것이고, 여기서 말하는 사정이라 함은 계약의 기초가 되었던 객관적인 사정으로서, 일방당사자의 주관적 또는 개인적인 사정을 의미하는 것은 아니라 할 것이다(대판 2007.3.29. 2004다31302).

③ (○) 임대차계약에 있어서 차임불증액의 특약이 있더라도 그 약정 후 그 특약을 그대로 유지시키는 것이 신의칙에 반한다고 인정될 정도의 사정변경이 있다고 보여지는 경우에는 형평의 원칙상 임대인에게 차임증액청구를 인정하여야 한다(대판 1996.11.12. 96다34061).

④ (×) 채무자의 소멸시효에 기한 항변권의 행사도 우리 민법의 대원칙인 신의성실의 원칙과 권리남용금지의 원칙의 지배를 받는 것이어서, 채무자가 시효완성 전에 채권자의 권리행사나 시효중단을 불가능 또는 현저히 곤란하게 하였거나, 그러한 조치가 불필요하다고 믿게 하는 행동을 하였거나, 객관적으로 채권자가 권리를 행사할 수 없는 장애사유가 있었거나, 또는 일단 시효완성 후에 채무자가 시효를 원용하지 아니할 것 같은 태도를 보여 권리자로 하여금 그와 같이 신뢰하게 하였거나, 채권자보호의 필요성이 크고, 같은 조건의 다른 채권자가 채무의 변제를 수령하는 등의 사정이 있어 채무이행의 거절을 인정함이 현저히 부당하거나 불공평하게 되는 등의 특별한 사정이 있는 경우에는 채무자가 소멸시효의 완성을 주장하는 것이 신의성실의 원칙에 반하여 권리남용으로서 허용될 수 없다(대판 2005.5.13. 2004다71881).

⑤ (×) 강행법규를 위반한 자 스스로 강행법규에 위배된 약정의 무효를 주장하는 것이 신의칙에 위반되는 권리의 행사라는 이유로 그 주장을 배척한다면, 이는 오히려 강행법규에 의하여 배제하려는 결과를 실현시키는 셈이 되어 입법 취지를 완전히 몰각하게 되므로 달리 특별한 사정이 없는 한 위와 같은 주장은 신의칙에 반하는 것이라고 할 수 없다(대판 2011.3.10. 2007다17482).

정답 ④·⑤

CHAPTER 03 권리의 주체

출제포인트
- ☐ 태아의 권리능력 및 법적 지위
- ☐ 행위능력 내지 제한능력자제도
- ☐ 부재자재산 관리와 실종선고제도
- ☐ 법 인

제1절 서 설

I 권리의 주체

권리의 주체는 법에 의하여 권리를 향유할 수 있는 힘을 부여받은 자를 말하며, 법적 인격 또는 법인격이라고도 한다. 민법상 권리의 주체로 자연인과 법인이 있다.

II 민법상 능력

민법상 능력에 관한 규정은 모두 강행규정이다. 권리능력은 권리·의무의 주체가 될 수 있는 자격을 말한다. 의사능력은 자기 행위의 의미나 결과를 정상적인 인식력과 예기력을 바탕으로 합리적으로 판단할 수 있는 정신적 능력이나 지능을 말한다. 의사능력 유무는 구체적인 법률행위와 관련하여 개별적으로 판단해야 하고, 특히 어떤 법률행위가 일상적인 의미만을 이해해서는 알기 어려운 특별한 법률적 의미나 효과가 부여되어 있는 경우 의사능력이 인정되기 위해서는 그 행위의 일상적인 의미뿐만 아니라 법률적인 의미나 효과에 대해서도 이해할 수 있어야 한다(대판 2022.5.26. 2019다213344). 의사능력이 없으면 이에 대한 명문규정이 없더라도 무효이다. 의사무능력을 이유로 법률행위의 무효를 주장하는 측은 그에 대하여 증명책임을 부담하며(대판 2022.12.1. 2022다261237), 이 경우 무효의 주장은 의사무능력자뿐만 아니라 상대방도 할 수 있다(통설). **기출 25** 의사무능력자의 반환범위가 문제되는데 판례는 무능력자의 책임을 제한하는 민법 제141조 단서는 의사능력의 흠결을 이유로 법률행위가 무효가 되는 경우에도 유추적용되어야 할 것이나, 법률상 원인 없이 타인의 재산 또는 노무로 인하여 이익을 얻고 그로 인하여 타인에게 손해를 가한 경우에 그 취득한 것이 금전상의 이득인 때에는 그 금전은 이를 취득한 자가 소비하였는가의 여부를 불문하고 현존하는 것으로 추정되므로, 이익이 현존하지 아니함은 이를 주장하는 자, 즉 의사무능력자 측에 입증책임이 있다고(대판 2009.1.15. 2008다58367) 한다. **기출 25** 행위능력이란 단독으로 완전하고 유효하게 법률행위를 할 수 있는 능력을 말한다. 행위능력이 없는 자를 제한능력자라고 하며, 제한능력자는 객관적으로 법정·획일화되어 있다. 행위능력이 없으면 취소사유가 된다(민법 제5조 제2항, 제10조 제1항, 제13조 제4항). **기출 13**

제2절 자연인

I 권리능력의 시기 및 종기

권리능력은 사람이 생존하기 시작하는 때, 즉 출생과 함께 시작된다. 출생의 시기에 대해서는 통설은 태아가 모체로부터 완전히 분리된 때에 출생한 것으로 본다(전부노출설). 자연인에게 사망(死亡)만이 유일한 권리능력의 소멸사유이며, 인정사망이나 실종선고가 있더라도 당사자가 생존하고 있는 한 권리능력을 잃게 되지는 않는다. 사망의 사실 및 시기에 대한 입증책임은 원칙적으로 그것을 전제로 한 법률효과를 주장하는 자가 진다(대판 1995.7.28. 94다42679).

II 태아의 권리능력

1. 태아보호를 위한 입법주의

민법의 태도에 따르면 태아는 원칙적으로 권리능력이 없지만 구체적 사례에서 개별적으로 이미 출생한 것으로 인정해주는 개별보호주의에 입각하고 있다. 기출 07 · 10 · 12

2. 태아의 권리능력

인정되는 것 두 : 손 · 상 · 유 · 인	부정되는 것
• 불법행위에 기한 손해배상청구권(민법 제762조) : 태아 자신의 손해배상청구권임을 주의 기출 09 · 12 • 태아자신의 위자료 청구권 인정(민법 제752조)	채무불이행에 기한 손해배상청구권
인지의 대상(민법 제858조)	태아의 인지청구권(통설)
• 상속(민법 제1000조 제3항), 대습상속(민법 제1001조), 사인증여 (민법 제562조) • 유류분(민법 제1118조) • 유증(민법 제1064조)	계약할 수 있는 능력이나 의사표시능력도 원칙적으로 부정된다. 그러나 사인증여의 경우 수증능력이 인정되는지에 대하여 견해 대립이 있으며, 판례는 '생전'증여의 수증능력을 부정한 적이 있음(대판 1982.2.9. 81다534)

3. 태아의 법적 지위 : 살아서 출생한 경우를 전제

구 분	정지조건설(판례)	해제조건설(다수설)
취득시기	태아는 권리능력을 갖지 못하고, 살아서 출생하면 권리능력을 가지며, 그 시기는 문제되는 시기로 소급 (대판 1993.4.27. 93다4663) 기출 12	태아는 문제된 시기에 권리능력을 갖지만, 사산되면 문제된 시기로 소급하여 권리능력이 소멸
법정대리인	태아인 상태에서는 권리능력이 없으므로 법정대리인이 없음 기출 12	태아인 상태에서도 권리능력이 인정되므로 법정대리인이 있음
장 점	거래안전에 유리	태아보호에 유리
출생한 경우	학설대립에 관계없이 권리능력의 취득시기는 문제가 된 사건 발생 시로 인식	
사산한 경우	학설대립에 관계없이 처음부터 권리능력을 취득하지 않는 것으로 인식	

Ⅲ 동시사망・인정사망

1. 동시사망
2인 이상이 동일한 위난으로 사망한 경우에는 동시에 사망한 것으로 추정한다(민법 제30조). 기출 07·12

2. 인정사망
인정사망은 가족관계의 등록 등에 관한 법률상 제도로, 사망의제의 효력은 없다. 즉, 동시사망과 동일하게 사망으로 추정하는 제도이다.

Ⅳ 행위능력 내지 제한능력자제도

1. 의 의
행위능력제도는 근본적으로는 거래안전을 희생시키더라도 제한능력자를 보호하고자 하는 취지의 제도이다. 민법의 개정으로 금치산, 한정치산 제도가 폐지되고 성년후견, 한정후견, 특정후견, 임의후견제도가 2013년 7월 1일부터 시행되었다.

2. 미성년자

(1) 성년기

1) 의 의

민법상 19세로 성년이 되며(민법 제4조), 성년에 이르지 않은 자가 미성년자이다. 여기서 19세는 만 나이를 가리키며, 나이는 출생일을 산입하여 역(曆)에 따라 계산한다(민법 제158조, 제160조).

2) 성년의제

미성년자가 혼인을 한 때에는 성년자로 본다(민법 제826조의2). 이때의 혼인이 법률혼인지 사실혼인지에 대하여 견해대립이 있으나 통설은 성년시기를 획일적으로 명확하게 하여 거래안전을 보호해야 한다는 점에서 법률혼에 한정하고 있다. 성년의제는 민법의 영역에 한정되고 공직선거법, 근로기준법 등 공법이나 기타 사회법에서는 적용되지 않는다.

(2) 행위능력

1) 원 칙

미성년자가 법률행위를 함에는 법정대리인의 동의를 얻어야 하며(민법 제5조 제1항 본문), 법정대리인의 동의 없이 법률행위를 한 때에는 이를 취소할 수 있다(민법 제5조 제2항). 기출 17 법정대리인의 동의에 관한 입증책임은 미성년자에게 있는 것이 아니라 「동의가 있었음을 주장하는 상대방」에게 있다(대판 1970.2.24. 69다1568). 기출 08

2) 예외 - 미성년자가 단독으로 할 수 있는 행위

① 권리만을 얻거나 의무만을 면하는 행위(민법 제5조 제1항 단서)
  - 부담 없는 증여나 유증을 받는 경우 기출 05·14
  - 면제계약에 있어서 채무면제의 청약에 대한 승낙, 의무만을 부담하는 계약의 해제, 이자 없는 소비대차의 해지 등 기출 14·22

- 권리만을 얻는 제3자를 위한 계약의 수익의 의사표시
- 단, 부담부 증여, 미성년자에게 경제적으로 유리한 매매계약을 체결하는 경우, 기출 03·13 상속의 승인, 변제의 수령(통설)은 미성년자가 단독으로 할 수 없다.

② **범위를 정하여 처분이 허락된 재산의 처분행위**(민법 제6조) : 목적범위를 정하여 처분을 허락한 경우에도 지정목적에 상관없이 임의처분 가능하다. 즉, 여기서 허락의 대상은 사용의 목적이 아니라 재산의 범위라고 보아야 한다(통설). 처분허락은 묵시적으로도 가능하지만 미성년자의 전 재산의 처분을 허락하는 것과 같이 제한능력자제도의 목적에 반할 정도의 포괄적인 허락은 허용되지 아니한다. 법정대리인은 특정 재산에 관한 처분을 허락하였더라도 그 재산에 관한 대리권을 상실하지 않는다. 기출 22

③ **허락된 영업에 관한 행위**(민법 제6조)
- 영업은 특정되어야 하며, 그 영업에 관한 행위에 대하여는 성년자와 동일한 행위능력이 인정된다(민법 제8조 제1항). 따라서 그 영업에 관하여는 법정대리인의 동의권과 대리권이 모두 소멸한다. 한편 미성년자는 허락된 영업에 관하여는 소송능력도 갖게 된다. 기출 17·18·22·24
- 법정대리인은 허락을 취소 또는 제한할 수 있다. 그러나 선의의 제3자에게 대항하지 못한다(민법 제8조 제2항). 기출 13
- 영업의 허락은 특별한 방식을 요하지 않으나, 미성년후견인이 허락하는 경우에는 후견감독인이 있으면 그의 동의를 받아야 한다(민법 제950조 제1항 제1호).

④ **근로계약의 체결** : 민법 제920조 단서(미성년자의 동의를 얻어야 한다)와 근로기준법 제67조 제1항(미성년자의 근로계약을 대리할 수 없다)의 충돌이 있으나, 다수설은 근로기준법에 의하여 법정대리인의 동의를 얻어 미성년자가 스스로 체결하는 방식만 가능하다는 입장이다. 기출 11 미성년자는 독자적으로 임금을 청구할 수 있다(근기법 제68조). 기출 11·13

⑤ **대리행위**(민법 제117조 참조) : 대리행위의 효과는 대리인이 아닌 본인에게 귀속하기 때문에 미성년자가 단독으로 할 수 있다. 기출 22

⑥ **유언행위** : 유언에는 민법 제5조가 적용되지 않으며(민법 제1062조), 만 17세 이상이면 단독으로 유언이 가능하다(민법 제1061조).

⑦ **제한능력을 이유로 하는 취소**(민법 제140조) : 미성년자도 법정대리인의 동의 없이 단독으로 취소할 수 있다. 미성년자가 단독으로 취소한 경우, 그 법정대리인은 미성년자가 행한 취소의 의사표시를 다시 취소할 수 없다. 기출 22

3) 동의와 허락의 취소 또는 제한

① 미성년자의 법정대리인은 동의나 재산처분에 대한 허락을 취소할 수 있다(민법 제7조). 여기서 취소는 「철회」의 성질을 갖는다. 또한 철회는 미성년자가 법률행위를 하기 전에만 허용되는데, 미성년자나 상대방에게 하여야 한다. 기출 24 미성년자에게만 철회를 한 경우에는 선의의 제3자에게 대항할 수 없다.

② 법정대리인은 그가 행한 영업의 허락을 취소 또는 제한할 수 있다(민법 제8조 제2항 본문). 여기서 취소도 「철회」의 의미이다.

> **일정 소득이 있고 성년에 근접한 미성년자가 행한 신용구매계약의 취소 가능 여부**
> [1] 행위무능력자 제도는 사적자치의 원칙이라는 민법의 기본이념, 특히, 자기책임 원칙의 구현을 가능케 하는 도구로서 인정되는 것이고, 거래의 안전을 희생시키더라도 행위무능력자를 보호하고자 함에 근본적인 입법 취지가 있는바, 행위무능력자 제도의 이러한 성격과 입법 취지 등에 비추어 볼 때, 신용카드 가맹점이 미성년자와 신용구매계약을 체결할 당시 향후 그 미성년자가 법정대리인의 동의가 없었음을 들어 스스로 위 계약을 취소하지는 않으리라고 신뢰하였다 하더라도 그 신뢰가 객관적으로 정당한 것이라고 할 수 있을지 의문일 뿐만 아니라, 그 미성년자가 가맹점의 이러한 신뢰에 반하여 취소권을 행사하는 것이 정의관념에 비추어 용인될 수 없는 정도의 상태라고 보기도 어려우며, 미성년자의 법률행위에 법정대리인의 동의를 요하도록 하는 것은 강행규정인데, 위 규정에 반하여 이루어진 신용구매계약을 미성년자 스스로 취소하는 것을 신의칙 위반을 이유로 배척한다면, 이는 오히려 위 규정에 의해 배제하려는 결과를 실현시키는 셈이 되어 미성년자 제도의 입법 취지를 몰각시킬 우려가 있으므로, 법정대리인의 동의 없이 신용구매계약을 체결한 미성년자가 사후에 법정대리인의 동의 없음을 사유로 들어 이를 취소하는 것이 신의칙에 위배된 것이라고 할 수 없다. 기출 25
> [2] 미성년자가 법률행위를 함에 있어서 요구되는 법정대리인의 동의는 언제나 명시적이어야 하는 것은 아니고 묵시적으로도 가능한 것이며, 미성년자의 행위가 위와 같이 법정대리인의 묵시적 동의가 인정되거나 처분허락이 있는 재산의 처분 등에 해당하는 경우라면, 미성년자로서는 더 이상 행위무능력을 이유로 그 법률행위를 취소할 수 없다.
> [3] 미성년자의 법률행위에 있어서 법정대리인의 묵시적 동의나 처분허락이 있다고 볼 수 있는지 여부를 판단함에 있어서는, 미성년자의 연령·지능·직업·경력, 법정대리인과의 동거 여부, 독자적인 소득의 유무와 그 금액, 경제활동의 여부, 계약의 성질·체결경위·내용, 기타 제반 사정을 종합적으로 고려하여야 할 것이고, 위와 같은 법리는 묵시적 동의 또는 처분허락을 받은 재산의 범위 내라면 특별한 사정이 없는 한 신용카드를 이용하여 재화와 용역을 신용구매한 후 사후에 결제하려는 경우와 곧바로 현금구매하는 경우를 달리 볼 필요는 없다(대판 2007.11.16, 2005다71659).

(3) 법정대리인

1) 법정대리인으로 되는 자

1차적으로 친권자(부모)가 법정대리인이 된다(민법 제911조). 2차적으로 미성년자에게 부모가 없거나 부모가 친권을 행사할 수 없는 경우에는 후견인이 법정대리인으로 된다. 후견인은 지정후견인(민법 제931조), 선임후견인(민법 제932조)의 순으로 된다.

2) 법정대리인의 권한

① 동의권
- 동의권은 미성년자와 피한정후견인의 법정대리인에게만 인정되며, 피성년후견인의 성년후견인에게는 동의권이 없다.
- 동의는 미성년자의 법률행위가 있기 전에 하여야 하지만, 그 후에 하는 동의는 추인으로서 의미가 있다.
- 법정대리인은 예견할 수 있는 범위 내에서 개괄적으로 동의 또는 허락할 수 있다. 동의나 허락은 미성년자나 그 상대방 어느 쪽에 대해서도 할 수 있으며, 명시적·묵시적으로도 할 수 있다. 다만, 미성년후견인이 미성년자의 일정한 행위에 동의를 할 때에는 후견감독인이 있으면 그의 동의를 받아야 한다(민법 제950조). 기출 20

② 대리권
- 대리권은 동의 또는 처분허락을 준 행위에 대해서도 행사할 수 있지만, 영업허락의 경우에는 그렇지 않다.
- 미성년후견인이 미성년자의 일정한 행위를 대리한 때에는 후견감독인이 있으면 그의 동의를 받아야 한다(민법 제950조).
- 민법 제909조를 위반하여 친권자인 부모의 일방이 부모의 공동명의로 대리권을 행사한 경우, 다른 일방의 의사에 반하더라도 선의의 상대방에 대하여 효력이 발생하는 반면(민법 제920조의2) 자기 단독명의로 대리권을 행사한 경우에는 무권대리행위가 된다.

③ 취소권 : 법정대리인은 미성년자가 독자적으로 한 법률행위를 취소할 수 있다(민법 제140조). 친권은 부모가 공동으로 행사하여야 하지만(민법 제909조 제2항), 취소는 친권자 각자가 단독으로 할 수 있다.

3. 피성년후견인

(1) 피성년후견인의 의의

피성년후견인이란 질병, 장애, 노령, 그 밖의 사유로 인한 정신적 제약으로 사무를 처리할 능력이 지속적으로 결여된 사람으로서 가정법원으로부터 일정한 자의 청구에 의하여 성년후견개시의 심판을 받은 자를 말한다(민법 제9조).

(2) 성년후견개시 심판의 요건

1) 실질적 요건

질병, 장애, 노령, 그 밖의 사유로 인한 「정신적 제약」으로 사무를 처리할 능력이 「지속적으로 결여」된 사람이어야 한다(민법 제9조 제1항). 기출 18 가정법원은 피성년후견인이 될 사람의 정신상태에 관하여 의사에게 감정을 시켜야 하지만, 본인의 정신상태를 판단할 만한 다른 충분한 자료가 있는 때에는 그러하지 아니하다(가사소송법 제45조의2 제1항).

2) 형식적 요건

본인, 배우자, 4촌 이내의 친족, 미성년후견인, 미성년후견감독인, 한정후견인, 한정후견감독인, 특정후견인, 특정후견감독인, 검사 또는 지방자치단체의 장의 청구가 있어야 한다(민법 제9조 제1항). 기출 16 가정법원이 직권으로 심판절차를 개시할 수 없고, 가정법원이 심판을 할 때에는 본인의 의사를 고려하여야 한다(민법 제9조 제2항). 기출 15·16·17·18

(3) 성년후견개시 심판의 절차

① 성년후견개시 심판의 절차는 가사소송법에 의하며(가사소송법 제2조 제1항 제2호, 제44조 이하), (2)의 요건이 전부 갖추어지면 가정법원은 반드시 성년후견개시의 심판을 하여야 한다(민법 제9조 참조). 피성년후견인은 객관적으로 획일화되어 있다. 따라서 정신적 제약으로 사무처리능력이 지속적으로 결여된 사람이라도 성년후견개시의 심판을 받기 전에는 피성년후견인이 아니다(통설)(대판 1992.10.13. 92다6433).

② 가정법원의 성년후견개시 심판이 있으면 촉탁 또는 신청에 의하여 후견등기부에 그 구체적인 내용이 등기가 된다(후견등기에 관한 법률 제20조).

(4) 피성년후견인의 행위능력

1) 원 칙

피성년후견인이 단독으로 한 법률행위는 원칙적으로 취소할 수 있다(민법 제10조 제1항). 기출 15 성년후견인의 동의가 있었더라도 취소할 수 있는데, 취소권자는 피성년후견인 또는 성년후견인이다(민법 제140조).

2) 예 외

① 가정법원이 취소할 수 없는 피성년후견인의 법률행위의 범위를 정한 경우, 그 범위에서는 피성년후견인에게 예외적으로 행위능력이 인정되므로 피성년후견인의 법률행위라도 취소할 수 없다(민법 제10조 제2항). 즉 그 범위에서는 피성년후견인도 단독으로 유효한 법률행위를 할 수 있다. 기출 17·23 가정법원은 본인, 배우자, 4촌 이내의 친족, 성년후견인, 성년후견감독인, 검사 또는 지방자치단체의 장의 청구에 의하여 취소할 수 없는 피성년후견인의 법률행위의 범위를 변경할 수 있다(민법 제10조 제3항).

② 일용품의 구입 등 일상생활에 필요하고 그 대가가 과도하지 아니한 법률행위는 성년후견인이 취소할 수 없다(민법 제10조 제4항). **기출** 15
③ 타인의 대리행위는 의사능력이 갖추어진 경우에 한하여 피성년후견인이 단독으로 할 수 있다(민법 제117조). **기출** 23
④ 가족법상의 행위에 관하여 성년후견인의 동의를 받아 스스로 유효한 법률행위를 할 수 있는 경우가 있으며(민법 제802조, 제808조 제2항, 제835조, 제856조, 제873조 제1항, 제902조 등), 특히 유언의 경우 17세에 달한 피성년후견인은 의사능력을 회복한 때에 한하여 의사가 심신회복의 상태를 유언서에 부기하고 서명날인하면 단독으로 할 수 있다(민법 제1063조).

(5) 법정대리인

① 피성년후견인에게는 성년후견인을 두어야 한다(민법 제929조). 성년후견인을 여러 명 둘 수 있으며(민법 제930조 제2항), 법인도 성년후견인이 될 수 있다(민법 제930조 제3항). 성년후견인은 성년후견개시 심판을 할 때 가정법원이 직권으로 선임한다(민법 제936조 제1항).
② 성년후견인은 피성년후견인의 법정대리인이 된다(민법 제938조 제1항).
③ 성년후견인은 원칙적으로 동의권은 없으나(민법 제10조 제1항 참조), 대리권(민법 제949조)과 취소권(민법 제10조 제1항, 제140조)은 인정된다.
④ 가정법원은 필요하다고 인정되면 직권으로 또는 일정한 자의 청구에 의하여 성년후견감독인을 선임할 수 있다(제940조의4 제1항).
⑤ 가정법원은 성년후견감독인이 사망, 결격, 그 밖의 사유로 없게 된 경우에는 직권으로 또는 피성년후견인, 친족, 성년후견인, 검사, 지방자치단체의 장의 청구에 의하여 성년후견감독인을 선임한다(민법 제940조의4 제2항).

(6) 성년후견종료의 심판

① 성년후견개시의 원인이 소멸된 경우에는 가정법원은 본인, 배우자, 4촌 이내의 친족, 성년후견인, 성년후견감독인, 검사 또는 지방자치단체의 장의 청구에 의하여 성년후견종료의 심판을 해야 한다(민법 제11조). 이때에는 의사에 의한 정신감정을 요하지 않는다.
② 성년후견종료의 심판은 장래에 향하여 효력을 가진다. 따라서 그 심판이 있기 전에 행하여진 피성년후견인의 법률행위는 원칙적으로 취소될 수 있다.
③ 가정법원이 피성년후견인에 대하여 한정후견개시의 심판을 한 때에는 종전의 성년후견의 종료 심판을 해야 한다(민법 제14조의3 제2항). **기출** 25

4. 피한정후견인

(1) 피한정후견인의 의의

피한정후견인이란 질병, 장애, 노령 그 밖의 사유로 인한 정신적 제약으로 사무를 처리할 능력이 부족한 사람으로서 가정법원으로부터 한정후견개시 심판을 받은 자를 말한다(민법 제12조).

(2) 한정후견개시 심판의 요건

1) 실질적 요건

질병, 장애, 노령 그 밖의 사유로 인한 정신적 제약으로 사무를 처리할 능력이 「부족」해야 한다(민법 제12조 제1항). 성년후견개시원인인 결여보다는 정신적 제약이 경미한 상태를 말하며, 이때에도 원칙적으로 의사의 감정을 거쳐야 한다(가사소송법 제45조의2 제1항).

2) 형식적 요건

본인, 배우자, 4촌 이내의 친족, 미성년후견인, 미성년후견감독인, 성년후견인, 성년후견감독인, 특정후견인, 특정후견감독인, 검사 또는 지방자치단체의 장의 청구가 있어야 한다(민법 제12조 제1항 참조). 가정법원은 직권으로 심판절차를 개시할 수 없고, 가정법원은 한정후견개시의 심판을 할 때 본인의 의사를 고려하여야 한다(민법 제12조 제2항, 제9조 제2항). 기출 15 · 21 · 23

(3) 한정후견개시 심판의 절차

가정법원은 (2)의 요건이 충족되면 반드시 한정후견개시의 심판을 하여야 한다(민법 제12조 참조). 심판의 절차는 가사소송법에 의한다(가사소송법 제2조 제1항 제2호, 제44조 이하).

(4) 피한정후견인의 행위능력

1) 원 칙

① 한정후견이 개시되면 피한정후견인의 행위능력이 제한된다. 즉, 가정법원은 한정후견인의 동의를 받아야 하는 행위의 범위를 정할 수 있고(민법 제13조 제1항), 기출 15 그 범위에 속하는 행위를 한정후견인의 동의 없이 하였을 때에는 그 법률행위를 취소할 수 있다(민법 제13조 제4항). 그리고 그 범위는 본인, 배우자, 4촌 이내의 친족, 한정후견인, 한정후견감독인, 검사 또는 지방자치단체의 장의 청구에 의하여 가정법원이 변경할 수 있다(민법 제13조 제2항).

② 한정후견인의 동의를 받아야 하는 행위에 대하여 피한정후견인의 이익을 해칠 염려가 있음에도 한정후견인이 동의를 하지 않는 때에는 가정법원은 피한정후견인의 청구에 의하여 한정후견인의 동의를 갈음하는 허가를 할 수 있다(민법 제13조 제3항).

2) 예 외

일용품의 구입 등 일상생활에 필요하고 그 대가가 과도하지 아니한 법률행위는 피한정후견인이 단독으로 할 수 있다(민법 제13조 제4항 단서). 피한정후견인의 행위능력 제한은 가족법상의 행위에 미치지 않는다. 즉, 피한정후견인은 신분행위에 관해서는 완전한 능력자로 취급된다(통설).

(5) 법정대리인

① 피한정후견인에게는 한정후견인을 두어야 한다(민법 제952조의2). 한정후견인의 수와 자격, 선임방법 등은 성년후견인의 규정을 준용한다(민법 제959조의3 제2항). 즉, 한정후견인은 여러 명 둘 수 있고(민법 제959조의3 제2항, 제930조 제2항), 법인도 한정후견인이 될 수 있으며(민법 제959조의3 제2항, 제930조 제3항), 한정후견개시의 심판을 할 때 가정법원이 직권으로 선임한다(민법 제959조의3 제1항).

② 한정후견인은 동의를 요하는 범위에서 동의권과 대리권 및 취소권을 가진다. 그런데 한정후견인에 의한 능력보충은 주로 동의권 행사에 의하여 이루어지며 그 범위는 가정법원에 유보되어 있다. 그리고 대리권 행사는 대리권을 수여하는 가정법원의 심판이 있어야 가능하다(민법 제959조의4 제1항).

(6) 한정후견종료의 심판

한정후견개시의 원인이 소멸한 경우에는 가정법원은 일정한 자의 청구에 의하여 한정후견종료의 심판을 해야 한다(민법 제14조). 한정후견종료의 심판은 장래에 향하여 효력을 가진다. 가정법원이 피한정후견인에 대하여 성년후견개시의 심판을 할 때에는 종전의 한정후견의 종료 심판을 한다(민법 제14조의3 제1항). 기출 16 · 18 · 23

(7) 관련 판례

[1] 성년후견이나 한정후견에 관한 심판 절차는 가사소송법에서 정한 가사비송사건으로서, 가정법원이 당사자의 주장에 구애받지 않고 후견적 입장에서 합목적적으로 결정할 수 있다. 이때 성년후견이든 한정후견이든 본인의 의사를 고려하여 개시 여부를 결정한다는 점은 마찬가지이다(민법 제9조 제2항, 제12조 제2항).

[2] 성년후견이나 한정후견 개시의 청구가 있는 경우 가정법원은 청구 취지와 원인, 본인의 의사, 성년후견 제도와 한정후견 제도의 목적 등을 고려하여 어느 쪽의 보호를 주는 것이 적절한지를 결정하고, 그에 따라 필요하다고 판단하는 절차를 결정해야 한다. 따라서 한정후견의 개시를 청구한 사건에서 의사의 감정 결과 등에 비추어 성년후견 개시의 요건을 충족하고 본인도 성년후견의 개시를 희망한다면 법원이 성년후견을 개시할 수 있고, 성년후견 개시를 청구하고 있더라도 필요하다면 한정후견을 개시할 수 있다고 보아야 한다(대결 2021.6.10. 2020스596).

5. 피특정후견인

(1) 피특정후견인의 의의

피특정후견인이란 질병, 장애, 노령 그 밖의 사유로 인한 정신적 제약으로 일시적 후원 또는 특정한 사무에 관한 후원이 필요한 사람으로서 가정법원으로부터 특정한 후견개시의 심판을 받은 자를 말한다(민법 제14조의2).

기출 16

(2) 특정후견 심판의 요건

1) 실질적 요건

질병, 장애, 노령 그 밖의 사유로 인한 정신적 제약으로 「일시적 후원」 또는 「특정한 사무에 관한 후원」이 필요해야 한다. 성년후견이나 한정후견에서의 제약이 지속적·포괄적인 것인 반면, 여기에서의 제약은 일시적·한정적인 것이다.

2) 형식적 요건

본인, 배우자, 4촌 이내의 친족, 미성년후견인, 미성년후견감독인, 검사 또는 지방자치단체의 장의 청구가 있어야 한다(민법 제14조의2). 가정법원이 직권으로 심판절차를 개시할 수는 없다. 기출 16 특정후견은 본인의 의사에 반하여 할 수 없다(민법 제14조의2 제2항). 기출 17·18·25 가정법원은 특정후견의 심판을 할 때 의사나 그 밖에 전문지식이 있는 사람의 의견을 들어야 한다(가사소송법 제45조의2 제2항).

(3) 특정후견 심판의 절차

가정법원은 (2)의 요건이 갖추어지면 반드시 특정후견의 심판을 하여야 한다. 심판의 절차는 가사소송법에 의한다(가사소송법 제2조 제1항 제2호, 제44조 이하).

(4) 피특정후견인의 행위능력

특정후견의 심판을 하는 경우에 가정법원은 특정후견의 기간 또는 사무의 범위를 정하여야 하는데(민법 제14조의2 제3항). 기출 16·21 특정후견의 심판이 있다고 하여 피특정후견인의 행위능력이 제한되지 않는다.

(5) 특정후견인 및 특정후견감독인

① 가정법원은 피특정후견인의 후원을 위하여 필요한 처분을 명할 때 피특정후견인을 후원하거나 대리하기 위한 특정후견인을 선임할 수 있다(민법 제959조의8, 제959조의9 제1항). 특정후견인의 수와 자격 등은 성년후견인의 규정을 준용한다(민법 제959조의9 제2항). 즉, 특정후견인은 여러 명을 둘 수 있고(민법 제959조의9 제2항, 제930조 제2항), 법인도 특정후견인이 될 수 있다(민법 제959조의9 제2항, 제930조 제3항).

② 가정법원은 피특정후견인의 후원을 위하여 필요하다고 인정되면 기간이나 범위를 정하여 특정후견인에게 대리권을 수여하는 심판을 할 수 있고(민법 제959조의11 제1항), 특정후견인은 그 범위에서 대리권을 가질 뿐이다.

③ 피특정후견인은 행위능력이 제한되지 않으므로 특정후견인은 동의권 및 취소권을 가지지 않는다.
④ 가정법원은 필요하다고 인정하면 직권으로 또는 일정한 자의 청구에 의하여 특정후견감독인을 선임할 수 있다(민법 제959조의10 제1항).

(6) 특정후견의 종료

특정후견종료의 심판이라는 제도는 없으나, 가정법원이 피특정후견인에 대하여 성년후견개시의 심판을 하거나 한정후견개시의 심판을 할 때에는 종전의 특정후견의 종료심판을 하여야 한다(민법 제14조의3 제1항, 제2항). 특정후견종료의 심판은 장래에 향하여 효력을 가진다.

6. 제한능력자의 상대방보호

(1) 상대방 보호의 필요성

제한능력자의 법률행위는 취소될 수 있는데, 취소권을 제한능력자 측만이 가지므로 제한능력자와 거래하는 상대방은 매우 불안정한 지위에 놓이게 된다. 이에 민법은 불확정상태를 해소하기 위하여 법률행위의 취소에 관한 일반적 제도로서 법정추인제도(민법 제145조)와 취소권의 단기제척기간제도(민법 제146조)를 규정하고 있다. 더 나아가 제한능력자의 상대방을 보호하기 위한 특칙으로 상대방의 최고권(민법 제15조)과 철회·거절권(민법 제16조) 및 속임수를 이유로 한 취소권의 배제(민법 제17조)를 규정하고 있다.

(2) 상대방의 최고권

1) 의 의
① 최고권이란 제한능력자 측에 대하여 취소할 수 있는 행위를 추인할 것인지 여부의 확답을 촉구하고, 이에 대한 응답이 없으면 취소 또는 추인의 효과를 발생케 하는 권리를 말한다.
② 최고의 성질은 최고의 효과가 최고권자의 의사와 관계없이 법률규정에 의하여 결정되므로, 준법률행위의 일종인 「의사의 통지」이다. 또한 일방적인 행위에 의하여 취소할 수 있는 행위의 취소 또는 추인이라는 효과를 발생시키므로 형성권의 일종이라고 할 것이다(통설).

2) 최고의 요건
제한능력자의 상대방은 취소할 수 있는 행위를 적시하고, 1월 이상의 기간을 정하여 추인 여부의 확답을 촉구하여야 한다(민법 제15조 제1항). 최고의 상대방은 선의·악의를 묻지 않는다. 최고의 상대방은 최고를 수령할 수 있는 능력이 있고(민법 제112조 참조) 또한 추인할 수 있는 자에 한한다(민법 제140조, 제143조). 따라서 제한능력자는 능력자로 된 후에만 최고의 상대방이 될 수 있고(민법 제15조 제1항), 아직 제한능력자인 때에는 법정대리인만이 최고의 상대방이 된다(민법 제15조 제2항).

3) 최고의 효과
① 유예기간 내에 확답을 한 경우 : 제한능력자 측이 유예기간 내에 추인 또는 취소의 확답을 한 경우 그에 따라 추인 또는 취소의 효과가 발생하는데, 이는 추인 또는 취소의 의사표시에 따른 효과이며, 최고 자체의 효과는 아니다.

② 유예기간 내에 확답을 발하지 않은 경우
- 능력자가 된 후의 본인 또는 법정대리인이 상대방의 확답촉구를 받았으나 유예기간 내에 확답을 발송하지 않으면 그 행위를 추인한 것으로 본다(민법 제15조 제1항, 제2항).
- 그러나 법정대리인이 특별한 절차를 거쳐야 하는 경우에는 유예기간 내에 확답을 발송하지 않으면 그 행위를 취소한 것으로 본다(민법 제15조 제3항). 여기서 특별한 절차가 필요한 행위라 함은 법정대리인의 후견인이 민법 제950조 제1항에 열거된 법률행위에 관하여 추인하는 경우로, 후견감독인이 있으면 그의 동의를 받아야 하는 경우를 말한다[미성년자의 경우(민법 제950조 제1항), 피한정후견인의 경우(제959조의6)].

(3) 상대방의 철회권과 거절권

1) 철회권
① 의의 : 철회권은 제한능력자와 거래한 상대방이 본인의 추인이나 취소가 있을 때까지 불확정적인 법률행위를 확정적 무효로 돌리는 행위로(민법 제16조 제1항 본문), 계약에서 인정된다. 기출 12·14
② 철회권자 : 계약 당시 제한능력자임을 몰랐던 선의의 상대방에 한한다(민법 제16조 제1항). 기출 12·14·20·24
③ 철회의 상대방 : 법정대리인은 물론 제한능력자도 포함된다(민법 제16조 제3항). 기출 10
④ 철회의 효과 : 상대방이 계약을 철회하면 법률행위는 소급하여 무효가 되며, 이미 이행한 것은 부당이득으로 반환하여야 한다(민법 제741조).

2) 거절권
① 의의 : 거절권은 제한능력자의 행위에 대하여 그 상대방이 본인의 추인이나 취소가 있을 때까지 불확정한 법률행위를 확정적 무효로 돌리는 행위로(민법 제16조), 상대방 있는 단독행위에서 인정된다.
기출 05·09·10
② 거절권자 : 철회권과 달리 악의인 경우에도 거절권을 행사할 수 있다(통설).
③ 거절의 상대방 : 법정대리인은 물론 제한능력자에게도 거절할 수 있다(민법 제16조 제3항).
④ 거절의 효과 : 제한능력자의 상대방이 제한능력자의 단독행위를 거절하면 단독행위는 소급하여 무효가 된다.

(4) 취소권의 배제

1) 의 의
제한능력자가 속임수를 써서 법률행위를 하는 경우에 상대방은 사기에 의한 의사표시임을 이유로 그 법률행위를 취소하거나(민법 제110조) 또는 불법행위를 이유로 손해배상을 청구할 수도 있으나(민법 제750조), 법은 더 나아가 보호가치 없는 제한능력자로부터 취소권을 박탈함으로써 상대방이 당초 예기한 대로의 효과를 발생케 하여 거래의 안전과 상대방을 보호하고 있다(민법 제17조).

2) 요 건
① 제한능력자가 자기를 능력자로 믿게 하거나 법정대리인의 동의가 있는 것으로 믿게 하려고 했어야 한다(민법 제17조 제1항, 제2항). 다만, 민법 제17조 제1항은 제한능력자 모두에 적용되나, 민법 제17조 제2항은 피성년후견인에는 적용이 없다. 기출 07·09·21·24 예를 들어 피성년후견인의 경우 속임수로써 자기를 능력자라고 믿게 한 경우에는 그 행위를 취소할 수 없으나, 속임수로써 법정대리인의 동의가 있는 것으로 믿게 한 경우에는 그 행위를 취소할 수 있다.

② 제한능력자가 속임수를 썼어야 한다. 여기서 속임수란 기망수단을 의미하는 바, 그 정도에 관하여 판례는 제한능력자의 보호를 위해 적극적인 기망수단을 의미한다고 한다(대판 1971.12.14. 71다2045). 이에 반하여 다수설은 거래의 안전을 위하여 단순한 침묵 등 소극적 기망수단도 포함된다고 한다. 기출 10·12·14·20 생각건대 제한능력자를 보호하려는 민법 제17조의 입법취지를 고려할 때 판례의 태도에 따라 속임수는 적극적인 기망수단을 의미한다고 보아야 한다(협의설). 이에 의할 때 미성년자가 가족관계에 관한 증명서 또는 주민등록증을 변조하여 20세 이상이라고 말한 경우에는 적극적 기망수단에 해당한다고 할 수 있으나, 매매계약 체결시에 미성년자가 단순히 20세 이상이라고 말한 경우, 미성년자인 원고가 매매계약 당시 원고 본인이 스스로 사장이라고 말하였다거나 또는 동석한 자가 상대방인 피고에 대하여 원고를 주식회사의 사장이라고 호칭한 사실이 있었던 경우(대판 1971.12.14. 71다2045)는 그러하지 아니하다고 이해된다.
③ 제한능력자의 속임수에 의하여 상대방이 능력자라고 믿었거나 또는 법정대리인의 동의가 있다고 믿었고, 이에 의하여 상대방이 제한능력자와 법률행위를 하여야 한다. 즉, 오신과 법률행위 사이에 인과관계가 있어야 한다. 이때 오신에 대한 상대방의 과실 유무는 문제되지 않는다.
④ 제한능력자가 속임수를 썼다는 주장·입증책임은 상대방에게 있다(대판 1971.12.14. 71다2045). 기출 11

3) 효 과
제한능력자 측의 취소권이 배제된다. 이 경우 제한능력자의 행위는 확정적으로 유효하다(통설). 따라서 제한능력자의 상대방의 철회권도 배제된다(통설).

V 부재자의 재산관리와 실종제도

1. 서 설
① 사람이 그의 주소나 거소를 떠나서 단시일 내에 돌아올 가능성이 없는 경우에는 그의 재산을 관리하거나 또는 상속인이나 잔존배우자 등의 이익을 보호하기 위하여 적절한 조치를 취할 필요가 있다. 이에 민법은 「부재자 재산관리제도」와 「실종선고제도」를 두고 있다.
② 「부재자 재산관리제도」와 「실종선고제도」는 거래의 안전을 보호하는 것이 아닌 부재자의 재산과 이해관계인을 보호하고자 하는 것이다.

2. 부재자의 재산관리

(1) 부재자의 개념
부재자란 원래 「종래의 주소·거소를 떠나서 용이하게 돌아올 가능성이 없어서」「그의 재산이 관리되지 못하고 방치되어 있는 자」를 의미한다(민법 제22조 제1항 참조). 실종선고와 달리 반드시 생사불명일 필요는 없다. 기출 07 법인은 성질상 부재자가 될 수 없다(대결 1965.2.9. 64스9). 기출 07

(2) 부재자 재산의 관리

1) 부재자가 재산관리인을 둔 경우
① 원칙 : 부재자가 재산관리인을 둔 경우 그 관리인은 부재자의 임의대리인이다. 기출 12 따라서 그의 권한은 위임계약 및 민법 제118조에 의하여 정하여지며 그 관리인에게 필요한 처분권까지 주어진 경우에는 그 재산을 처분함에 있어서 법원의 허가를 받을 필요는 없다(대판 1973.7.24. 72다2136).

② 예 외
- 부재자가 재산관리인을 두었더라도 재산관리인의 권한이 본인의 부재 중 소멸하면 관리인을 두지 않은 경우와 같은 조치를 취한다(민법 제22조 제1항 후문).
- 부재자가 재산관리인을 두었더라도 부재자의 생사가 분명하지 않게 되면 관리인을 개임할 수 있으며(민법 제23조), 관리인을 바꾸지 않고 감독만 할 수도 있다. 기출 18 이 경우 가정법원은 관리인에게 재산목록 작성・재산보존에 필요한 처분을 명할 수 있고(민법 제24조 제3항), 관리인이 권한을 넘는 행위를 할 때 허가를 주고(민법 제25조 후문), 상당한 담보를 제공하게 할 수 있으며, 부재자의 재산에서 상당한 보수를 지급할 수 있다(민법 제26조 제3항). 기출 18

2) 부재자가 재산관리인을 두지 않은 경우
① 법원의 조치 : 부재자에게 재산관리인이 없고, 법정대리인도 없는 경우에 가정법원은 (법률상) 이해관계인, 검사의 청구에 의하여 재산관리에 필요한 처분을 명해야 한다(민법 제22조 제1항 전문). 일반적으로 재산관리에 필요한 처분은 재산관리인의 선임이다.
② 선임된 재산관리인의 지위 및 권한범위
- 지위 : 법원이 선임한 재산관리인은 법정대리인의 지위를 갖는다. 선임된 재산관리인은 언제든지 사임할 수 있고(가사소송규칙 제42조 제2항), 법원도 언제든지 개임할 수 있다(가사소송규칙 제42조 제1항). 부재자와 관리인 사이에는 위임계약이 있는 것은 아니나, 그 직무의 성질상 수임인에 관한 민법의 규정을 유추적용한다(통설). 따라서 관리인은 선량한 관리자의 주의의무를 다하여 직무를 처리하여야 한다(민법 제681조). 기출 11・12
- 권한범위 : 보존행위, 관리행위는 단독으로 자유롭게 할 수 있다(민법 제25조, 제118조). 기출 11・14 그러나 처분행위는 가정법원의 허가를 얻어야 한다. 허가를 얻지 아니한 처분행위는 무효이며 가정법원의 허가는 사전뿐만 아니라 사후에도 가능하다(대판 1982.9.14. 80다3063). 기출 08・11・12・18 부재자재산관리인이 법원의 매각처분허가를 얻었다 하더라도 부재자와 아무런 관계가 없는 남의 채무의 담보만을 위하여 부재자 재산에 근저당권을 설정하는 행위는 통상의 경우 객관적으로 부재자를 위한 처분행위로서 당연하다고는 경험칙상 볼 수 없다(대결 1976.12.21. 75마551). 즉, 법원의 허가를 얻은 처분행위에 있어서도 그 행위는 부재자를 위하는 범위에 한정된다. 기출 12・14
- 재산관리의 종료 : 부재자가 후에 재산관리인을 정한 때에는 법원은 부재자 본인・재산관리인・이해관계인 또는 검사의 청구에 의하여 처분에 관한 명령을 취소하여야 한다(민법 제22조 제2항). 부재자 스스로 그의 재산을 관리하게 된 때 또는 그의 사망이 분명하게 되거나 실종선고가 있는 때 또는 관리할 재산이 더 이상 남아 있지 아니한 때에는, 부재자 본인 또는 이해관계인의 청구에 의하여 그 명한 처분을 취소하여야 한다(가사소송규칙 제50조). 기출 12 그런데 재산관리인이 부재자의 사망을 확인하였더라도 법원에 의하여 재산관리인 선임결정이 취소되지 않는 한 재산관리인은 계속하여 권한을 행사할 수 있다(대판 1971.3.23. 71다189). 기출 08・12・18 법원의 허가를 받은 재산관리인의 권한초과행위가 부재자에 대한 실종기간이 만료된 후에 이루어졌더라도 선임결정이 취소되기 전이라면 유효하다(대판 1991.11.26. 91다11810). 기출 08・11・14 또한 가정법원의 처분허가 취소의 효력은 소급하지 않는다. 따라서 재산관리인이 선임결정 후 그 취소 전에 자기의 권한범위 내에서 한 행위는 그의 선・악의를 불문하고 유효하다.

3. 실종선고제도

(1) 실종선고의 의의

부재자의 생사불명상태가 일정기간 계속된 경우에, 가정법원의 선고에 의하여 부재자를 사망한 것으로 간주하고, 종래의 주소나 거소를 중심으로 한 법률관계를 확정하는 제도이다.

(2) 실종선고의 요건

1) 실질적 요건

① **생사불분명** : 생존의 증명도 사망의 증명도 할 수 없는 상태를 말한다. 호적상 이미 사망한 것으로 기재되어 있는 자에 대해서는 호적부의 추정력 때문에 실종선고를 할 수 없다(대결 1997.11.27. 97스4).

② **실종기간의 경과** 기출 14
- **보통실종**(민법 제27조 제1항) : 실종기간은 최후 소식 시로부터 5년이다.
- **특별실종**(민법 제27조 제2항) : 실종기간은 1년이다. 각 기산점은 전쟁실종은 전쟁 종료 시, 선박실종은 선박 침몰 시, 항공기실종은 항공기 추락 시, 위난실종은 위난 종료 시이다.

2) 형식적 요건

① 이해관계인 또는 검사의 청구가 있어야 한다(민법 제27조). 여기서의 이해관계인은 실종선고에 대하여 신분상 또는 재산상 이해관계를 가지는 자, 즉 법률상의 이해관계를 가지는 자를 말하며, 부재자의 배우자, 상속인, 재산관리인 등이 그 예이다. 제1순위 상속인이 있는 경우 부재자의 자매로서 제2순위 상속인, 제4순위 상속인 등에 불과한 자는 부재자에 대한 실종선고를 청구할 이해관계인이 될 수 없다. 기출 04

② 실종선고의 청구를 받은 가정법원은 가사소송규칙 제53조 이하에 따라 부재자 자신 또는 부재자의 생사를 알고 있는 자에 대하여 신고하도록 6개월 이상 공고해야 한다. 공시최고기간이 지나도록 신고가 없으면, 가정법원은 반드시 실종선고를 하여야 한다(민법 제27조 제1항).

(3) 실종선고의 효과

1) 사망의 간주

① 실종선고가 확정되면 실종선고를 받은 자는 사망한 것으로 본다(민법 제28조). 기출 07·12·14 이에 따라 상속이 발생하고, 혼인이 해소되어 실종자의 배우자는 재혼할 수 있다.

② 실종선고를 받은 자는 사망한 것으로 간주되므로, 추정되는 경우와 달리 실종자의 생존 기타 반대증거를 들어 선고의 효과를 다투지 못하며, 사망의 효과를 저지하려면 실종선고를 취소해야 한다(대판 1995.2.17. 94다52751). 따라서 실종선고가 가정법원에 의하여 취소되지 않는 한 사망의 효과는 그대로 존속한다.

2) 사망간주의 시기

① 실종선고에 의하여 사망한 것으로 간주되는 시기에 관하여 다양한 입법례가 있으나, 민법은 실종기간 만료 시에 사망한 것으로 본다(민법 제28조). 기출 12·14 문제는 이 시점이 실종선고 시보다 앞서기 때문에, 사망간주시기의 소급과 관련하여 선의의 제3자를 보호하기 위한 입법조치가 필요하다는 점이다.

출처 | 지원림, 「민법강의」, 弘文社, 2019

② 실종선고가 있으면 실종자는 실종기간이 만료되는 때에 사망한 것으로 간주되며, 그때까지 그는 생존하는 것으로 간주된다(대판 1977.3.22. 77다81).

③ 실종선고를 받지 않은 경우에는 학설은 생존하고 있는 것으로 추정된다는 견해가 다수설이다.

3) 사망간주의 범위

실종선고는 부재자의 「종래 주소를 중심」으로 「실종기간 만료 시의 사법상의 법률관계를 종료시키고, 그 범위에서만」 사망의 효과를 발생시키는 것이고, 실종자의 권리능력을 박탈하거나, 공법상의 법률관계(선거권, 납세의무 등)에 영향을 미치지는 않는다. 기출 07

(4) 실종선고의 취소

1) 일반론

실종선고는 가정법원의 형식적인 취소선고가 있어야 취소된다(민법 제29조 제1항). 실종선고의 취소는 소급효가 있는 것이 원칙이다.

2) 실종선고 취소의 요건

① 실질적 요건 : 실종자가 생존하고 있는 사실(민법 제29조 제1항 본문), 실종기간이 만료된 때와 다른 시기에 사망한 사실(민법 제29조 제1항 본문) 또는 실종기간의 기산점 이후의 어떤 시점에 생존하고 있었던 사실이 있어야 한다.

② 형식적 요건 : 본인, 이해관계인 또는 검사의 청구가 있어야 한다(민법 제29조 제1항 본문). 실종선고와 달리 공시최고는 요건이 아니다.

3) 실종선고 취소의 효과

① 원칙 : 소급효

실종선고가 취소되면 실종선고가 소급적으로 무효로 되어, 종래의 주소나 거소를 중심으로 한 실종자의 사법적 법률관계는 선고 전의 상태로 돌아간다.

② 예외 : 소급효의 제한
- 실종선고 후 그 취소 전에 선의로 한 행위의 효력에 영향을 미치지 아니한다(민법 제29조 제1항 단서). 여기서 선의는 재산행위, 신분행위를 불문하고 양 당사자 모두 선의이어야 한다(다수설). 다만, 단독행위의 경우에는 단독행위자(상속인 등)가 선의이기만 하면 유효하다(통설). 기출 12
- 실종선고의 취소가 있을 때에 실종의 선고를 직접원인으로 하여 재산을 취득한 자가 선의인 경우에는 그 받은 이익이 현존하는 한도에서 반환할 의무가 있고, 악의인 경우에는 그 받은 이익에 이자를 붙여서 반환하고 손해가 있으면 이를 배상하여야 한다(민법 제29조 제2항). 기출 04·12·14·16
- 민법 제29조 제2항은 실종선고를 직접원인으로 하여 재산을 취득한 자에 국한하여 적용되므로 이로부터 다시 재산을 취득한 전득자는 포함되지 않는다(통설).
- 민법 제29조 제2항의 이득반환청구는 부당이득반환청구권의 성질을 갖기 때문에 실종선고 취소시로부터 10년의 시효에 걸린다. 다만, 실종선고의 취소로 인하여 상속인이 달라지는 경우에, 진정상속인이 표현상속인에게 재산회복청구를 하는 것은 상속회복청구가 되므로 상속회복청구권의 제척기간(민법 제999조)이 적용된다.

제3절 법 인

I 법인의 의의

법인이란 자연인 이외에 법인격이 인정된 것으로, 일정한 목적을 위한 인적 결합에 법인격이 부여된 것을 「사단법인」, 일정한 목적에 바쳐진 재산에 법인격이 부여된 것을 「재단법인」이라 한다.

II 권리능력 없는 사단과 재단

1. 조합과 비법인사단의 구별

(1) 단체성의 강약

민법상의 조합과 법인격은 없으나 사단성이 인정되는 비법인사단을 구별함에 있어서는 일반적으로 그 단체성의 강약을 기준으로 판단하여야 하는바, 조합은 2인 이상이 상호 간에 금전 기타 재산 또는 노무를 출자하여 공동사업을 경영할 것을 약정하는 계약관계에 의하여 성립하므로 어느 정도 단체성에서 오는 제약을 받게 되는 것이지만 구성원의 개인성이 강하게 드러나는 인적 결합체인 데 비하여 비법인사단은 구성원의 개인성과는 별개로 권리·의무의 주체가 될 수 있는 독자적 존재로서의 단체적 조직을 가지는 특성이 있다 하겠는데, 어떤 단체가 고유의 목적을 가지고 사단적 성격을 가지는 규약을 만들어 이에 근거하여 의사결정기관 및 집행기관인 대표자를 두는 등의 조직을 갖추고 있고, 기관의 의결이나 업무집행방법이 다수결의 원칙에 의하여 행하여지며, 구성원의 가입, 탈퇴 등으로 인한 변경에 관계없이 단체 그 자체가 존속되고, 그 조직에 의하여 대표의 방법, 총회나 이사회 등의 운영, 자본의 구성, 재산의 관리 기타 단체로서의 주요사항이 확정되어 있는 경우에는 비법인사단으로서의 실체를 가진다고 할 것이다(대판 1999.4.23. 99다4504).

(2) 재산소유형태

조합의 소유형태는 조합원들의 합유이다(민법 제703조, 제704조). 비법인사단은 사원들의 총유이다(민법 제275조). 기출 06·07·14 총유물의 보존행위는 특별한 사정이 없는 한 사원총회의 결의를 거쳐야 하는 것인바, 이러한 법리는 비법인사단인 주택조합이 대표자의 이름으로 소송행위를 하는 경우에도 마찬가지이다(대판 1994.4.26. 93다51591). 기출 14 한편 법인은 법인의 단독소유이다.

(3) 채무관계

조합채무에 대하여는 조합재산과 조합원의 개인재산으로 무한책임을 진다. 비법인사단의 채무는 사원들의 준총유 형태로 귀속되며(민법 제278조), 비법인사단의 재산으로만 책임을 진다. 법인의 채무에 대해서는 법인의 재산만이 책임재산이 된다.

2. 권리능력 없는 사단(비법인사단)

(1) 의 의

사단의 실체를 갖추고 있으나 법인등기를 하지 아니한 단체를 말한다.

(2) 성립요건

권리능력 없는 사단은 사단의 실체를 가져야 하므로, 별도의 조직행위를 요하지는 않더라도 대표자와 총회 등 사단으로서의 조직을 갖추어야 하고, 구성원의 변경과 관계없이 존속해야 한다. 그 밖에 성문의 규약이 아니더라도 사단법인의 정관에 상응하는 것은 있어야 한다.

(3) 법률관계

① 소송법상 당사자능력(민소법 제52조)과 부동산등기법상 등기능력(부동산등기법 제26조 제1항)은 명문의 규정으로 인정된다. 기출 07·09 한편 비법인 사단이 당사자능력이 있는지 여부는 「사실심의 변론 종결 시」를 기준으로 판단한다(대판 2010.3.25. 2009다95387).

② 권리능력 없는 사단에 관하여 민법은 제275조에서 그 재산소유형태를 총유라고 하여 조합이 아님을 규정하고 있을 뿐이므로, 통설·판례는 권리능력 없는 사단이 사단의 실질을 가지고 있음을 이유로 법인설립등기를 전제로 하는 것을 제외하고 전부 사단법인 규정을 유추적용하고 있다. 기출 07

> **비법인사단에 유추적용을 긍정한 사례**
> - 지방 향교의 관할 구역은 독립된 비법인 사단인 지방 향교의 설립 목적과 사원 자격에 직결되어 있으므로, 비법인사단에 유추적용되는 민법 제34조에 따라 기본적으로 지방 향교의 정관이나 규약 등에 의하여 결정되는 것으로 봄이 상당하다. 또한, 독립된 비법인 사단인 지방 향교가 관할 구역 및 구성원의 자격에 관한 성균관의 정관이나 결정을 자신의 것으로 받아들이지 아니한 이상, 비록 성균관이 실질적으로 지방 향교의 상급단체의 지위에 있다 하더라도 이해 당사자인 해당 향교의 동의 없이는 임의로 지방 향교의 관할 구역을 축소하고 그에 따라 구성원 자격을 변경할 수 있는 권한이 있다고 볼 수 없다(대판 2010.5.27. 2006다72109).
> - 주택조합과 같은 비법인사단의 대표자가 직무에 관하여 타인에게 손해를 가한 경우 그 사단은 민법 제35조 제1항의 유추적용에 의하여 그 손해를 배상할 책임이 있으며, 비법인사단의 대표자의 행위가 대표자 개인의 사리를 도모하기 위한 것이었거나 혹은 법령의 규정에 위배된 것이었다 하더라도 외관상, 객관적으로 직무에 관한 행위라고 인정할 수 있는 것이라면 민법 제35조 제1항의 직무에 관한 행위에 해당한다(대판 2003.7.25. 2002다27088). 기출 12·13·16·20·24
> - 법인 아닌 사단의 단체성으로 인하여 구성원은 사용·수익권을 가질 뿐 이를 넘어서서 사단 재산에 대한 지분권은 인정되지 아니하므로, 총유재산의 처분·관리는 물론 보존행위까지도 법인 아닌 사단의 명의로 하여야 하고, 그 절차에 관하여 사단 규약에 특별한 정함이 없으면 의사결정기구인 총회 결의를 거쳐야 한다(민법 제276조 제1항). 총회 결의는 다른 규정이 없는 이상 구성원 과반수의 출석과 출석 구성원의 결의권의 과반수로써 하지만(민법 제75조 제1항), 사단에 따라서 재산 내역이 규약에 특정되어 있거나 그렇지 않더라도 재산의 존재가 규약에 정하여진 사단의 목적수행 및 사단의 명칭·소재지와 직접 관련되어 있는 경우에는 그 재산의 처분은 규약의 변경을 수반하기 때문에 사단법인 정관변경에 관한 민법 제42조 제1항을 유추적용하여 총 구성원의 2/3 이상의 동의를 필요로 한다고 해석하여야 한다(대판 2006.4.20. 2004다37775[전합]).
> - 비법인사단에 대하여는 사단법인에 관한 민법 규정 가운데 법인격을 전제로 하는 것을 제외하고는 이를 유추적용하여야 하는데, 민법 제62조에 비추어 보면 비법인사단의 대표자는 정관 또는 총회의 결의로 금지하지 아니한 사항에 한하여 타인으로 하여금 특정한 행위를 대리하게 할 수 있을 뿐 비법인사단의 제반 업무처리를 포괄적으로 위임할 수는 없으므로 비법인사단 대표자가 행한 타인에 대한 업무의 포괄적 위임과 그에 따른 포괄적 수임인의 대행행위는 민법 제62조를 위반한 것이어서 비법인사단에 대하여 그 효력이 미치지 않는다(대판 2011.4.28. 2008다15438). 기출 24
> - 민법 제63조는 법인의 조직과 활동에 관한 것으로서 법인격을 전제로 하는 조항이 아니고, 법인 아닌 사단이나 재단의 경우에도 이사가 없거나 결원이 생길 수 있으며, 통상의 절차에 따른 새로운 이사의 선임이 극히 곤란하고 종전 이사의 긴급처리권도 인정되지 아니하는 경우에는 사단이나 재단 또는 타인에게 손해가 생길 염려가 있을 수 있으므로, 민법 제63조는 법인 아닌 사단이나 재단에도 유추 적용할 수 있다(대결 2009.11.19. 2008마699[전합]). 기출 24
> - 총유물의 보존에 있어서는 공유물의 보존에 관한 민법 제265조의 규정이 적용될 수 없고, 특별한 사정이 없는 한 민법 제276조 제1항의 규정에 따라 사원총회의 결의를 거쳐야 하므로, 법인 아닌 사단인 교회가 그 총유재산에 대한 보존행위로서 소송을 하는 경우에도 특별한 사정이 없는 한 교인 총회의 결의를 거쳐야 한다. 이와 관련하여 "총회의 결의는 민법 또는 정관에 다른 규정이 없으면 사원 과반수의 출석과 출석사원의 의결권의 과반수로써 한다"는 민법 제75조 제1항의 규정은 법인 아닌 사단에 대하여도 유추적용될 수 있다(대판 2007.12.27. 2007다17062). 기출 24
> - 비법인사단에 대하여는 사단법인에 관한 민법규정 중 법인격을 전제로 하는 것을 제외한 규정들을 유추적용하여야 할 것이므로 비법인사단인 교회의 교인이 존재하지 않게 된 경우 그 교회는 해산하여 청산절차에 들어가서 청산의 목적범위 내에서 권리·의무의 주체가 되며, 이 경우 해산 당시 그 비법인사단의 총회에서 향후 업무를 수행할 자를 선정하였다면 민법 제82조 제1항을 유추하여 그 선임된 자가 청산인으로서 청산 중의 비법인사단을 대표하여 청산업무를 수행하게 된다(대판 2003.11.14. 2001다32687). 기출 21

- 권리능력 없는 사단인 재건축주택조합과 그 대표기관과의 관계는 위임인과 수임인의 법률관계와 같은 것으로서 임기가 만료되면 일단 그 위임관계는 종료되는 것이 원칙이고, 다만 그 후임자가 선임될 때까지 대표자가 존재하지 않는다면 대표기관에 의하여 행위를 할 수밖에 없는 재건축주택조합은 당장 정상적인 활동을 중단하지 않을 수 없는 상태에 처하게 되므로, 민법 제691조의 규정을 유추하여 구 대표자로 하여금 조합의 업무를 수행케 함이 부적당하다고 인정할 만한 특별한 사정이 없고 종전의 직무를 구 대표자로 하여금 처리하게 할 필요가 있는 경우에 한하여 후임 대표자가 선임될 때까지 임기만료된 구 대표자에게 대표자의 직무를 수행할 수 있는 업무수행권이 인정된다(대판 2003.7.8. 2002다74817).

비법인사단에 유추적용을 부정한 사례
- 비법인사단의 경우에는 대표자의 대표권 제한에 관하여 등기할 방법이 없어 민법 제60조의 규정을 준용할 수 없고, 비법인사단의 대표자가 정관에서 사원총회의 결의를 거쳐야 하도록 규정한 대외적 거래행위에 관하여 이를 거치지 아니한 경우라도, 이와 같은 사원총회 결의사항은 비법인사단의 내부적 의사결정에 불과하다 할 것이므로, 그 거래 상대방이 그와 같은 대표권 제한 사실을 알았거나 알 수 있었을 경우가 아니라면 그 거래행위는 유효하다고 봄이 상당하고, 이 경우 거래의 상대방이 대표권 제한 사실을 알았거나 알 수 있었음은 이를 주장하는 비법인사단 측이 주장·입증하여야 한다(대판 2003.7.22. 2002다64780). 기출 24
- 종중원들이 종중 재산의 관리 또는 처분 등을 위하여 종중의 규약에 따른 적법한 소집권자 또는 일반 관례에 따른 종중총회의 소집권자인 종중의 연고항존자에게 필요한 종중의 임시총회 소집을 요구하였음에도 그 소집권자가 정당한 이유 없이 이에 응하지 아니하는 경우에는 차석 또는 발기인(위 총회의 소집을 요구한 발의자들)이 소집권자를 대신하여 그 총회를 소집할 수 있는 것이고, 반드시 민법 제70조를 준용하여 감사가 총회를 소집하거나 종원이 법원의 허가를 얻어 총회를 소집하여야 하는 것은 아니다(대판 2011.2.10. 2010다83199). 기출 20·21

(4) 권리능력 없는 사단 여부

① 판례는 종중, 사찰, 교회, 주택조합 또는 재건축조합, 자연부락, 동·리, 어촌계, 집합건물의 관리단, 아파트입주자대표회의 기출 11 , 채권자들로 구성된 청산위원회 등을 권리능력 없는 사단으로 인정하고 있다.

② 반면, 부도난 회사의 채권자들이 조직한 채권단, 원호대상자광주목공조합, 개인사찰, 학교, 대한불교조계종총무원 등은 권리능력 없는 사단으로 보고 있지 않다.

(5) 관련 판례

1) 사단법인 하부조직의 비법인사단성

민사소송법 제52조가 비법인사단의 당사자능력을 인정하는 이유는 법인이 아니라도 사단으로서의 실체를 갖추고 대표자 또는 관리인을 통하여 사회적 활동이나 거래를 하는 경우에는 그로 인하여 발생하는 분쟁은 그 단체가 자기 이름으로 당사자가 되어 소송을 통하여 해결하도록 하기 위한 것이므로, 여기서 말하는 사단이라 함은 일정한 목적을 위하여 조직된 다수인의 결합체로서 대외적으로 사단을 대표할 기관에 관한 정함이 있는 단체를 말하고, 사단법인의 하부조직의 하나라 하더라도 스스로 위와 같은 단체로서의 실체를 갖추고 독자적인 활동을 하고 있다면 사단법인과는 별개의 독립된 비법인사단으로 볼 수 있다(대판 2022.8.11. 2022다227688).

2) 총유물의 관리·처분행위 해당 여부
① 금전채무를 보증하는 행위 : 민법 제275조, 제276조 제1항에서 말하는 총유물의 관리 및 처분이라 함은 총유물 그 자체에 관한 이용·개량행위나 법률적·사실적 처분행위를 의미하는 것이므로, 비법인사단이 타인 간의 금전채무를 보증하는 행위는 총유물 그 자체의 관리·처분이 따르지 아니하는 단순한 채무부담 행위에 불과하여 이를 총유물의 관리·처분행위라고 볼 수는 없다. 따라서 비법인사단인 재건축조합의 조합장이 채무보증계약을 체결하면서 조합규약에서 정한 조합 임원회의결의를 거치지 아니하였다거나 조합원총회 결의를 거치지 않았다고 하더라도 그것만으로 바로 그 보증계약이 무효라고 할 수는 없다. 다만, 이와 같은 경우에 조합 임원회의의 결의 등을 거치도록 한 조합규약은 조합장의 대표권을 제한하는 규정에 해당하는 것이므로, 거래 상대방이 그와 같은 대표권 제한 및 그 위반 사실을 알았거나 과실로 인하여 이를 알지 못한 때에는 그 거래행위가 무효로 된다고 봄이 상당하며, 이 경우 그 거래 상대방이 대표권 제한 및 그 위반 사실을 알았거나 알지 못한 데에 과실이 있다는 사정은 그 거래의 무효를 주장하는 측이 이를 주장·입증하여야 한다(대판 2007.4.19. 2004다60072[전합]).
② 소멸시효중단 사유로서의 승인 : 비법인사단이 총유물에 관한 매매계약을 체결하는 행위는 총유물 그 자체의 처분이 따르는 채무부담행위로서 총유물의 처분행위에 해당하나, 그 매매계약에 의하여 부담하고 있는 채무의 존재를 인식하고 있다는 뜻을 표시하는 데 불과한 소멸시효중단 사유로서의 승인은 총유물 그 자체의 관리·처분이 따르는 행위가 아니어서 총유물의 관리·처분행위라고 볼 수 없다(대판 2009.11.26. 2009다64383).

3. 권리능력 없는 재단(비법인재단)

(1) 의 의

재단법인의 실질을 갖추어 목적재산과 조직은 존재하지만 아직 법인격을 취득하지 못한 것을 의미한다.

(2) 법률관계

① 소송상 당사자능력이 인정된다.
② 부동산에 관하여는 등기능력이 인정되는데, 이는 결국 부동산은 권리능력 없는 재단의 단독소유로 취급된다(통설·판례). 부동산 이외의 재산권에 대하여는 아무런 규정이 없어 신탁의 법리로 설명하는 견해와 기타의 재산권도 역시 권리능력 없는 재단에 속한다는 견해가 대립하고 있다.
③ 그 밖의 법률관계에 대하여는 재단법인에 관한 규정 가운데 법인격을 전제로 하는 것을 제외하고는 이를 유추적용한다(통설).

(3) 권리능력 없는 재단 여부

사찰, 장학재단(육영회), 유치원 등은 판례가 비법인재단으로 인정하였으나, 학교와 같이 시설(영조물)에 불과한 것은 비법인재단이 아니라고 보았다(대판 1977.8.23. 76다147).

Ⅲ 종중의 법률관계

1. 종중의 의의

(1) 고유한 의미의 종중

1) 종중의 개념

종중이란 공동선조의 분묘수호 및 봉제사와 후손 상호 간의 친목을 목적으로 형성되는 「자연발생적인 종족단체」로, 선조의 사망과 동시에 후손에 의하여 성립하는 것이며, 법적 성격은 법인격 없는 사단이다(대판 2005.7.21. 2002다1178[전합]). 기출 06

2) 종중 유사의 단체

공동선조의 후손 중 "일정한 범위"의 종족집단이 사회적 조직체로서 성립하여 고유의 재산을 소유 관리하면서 독자적인 활동을 하고 있다면 단체로서의 실체를 부인할 수 없다고 할 것이나 이는 고유 의미의 종중과는 다른 종중 유사의 단체이다(대판 1992.9.22. 92다15048). 어떠한 단체가 고유의미의 종중이 아니라 종중유사단체를 표방하면서 그 단체에 권리가 귀속되어야 한다고 주장하는 경우, 우선 권리귀속의 근거가 되는 법률행위나 사실관계 등이 발생할 당시 종중유사단체가 성립하여 존재하는 사실을 증명하여야 하고, 다음으로 당해 종중유사단체에 권리가 귀속되는 근거가 되는 법률행위 등 법률요건이 갖추어져 있다는 사실을 증명하여야 한다. 자연발생적으로 형성된 고유한 의미의 종중(이하 "고유종중")이 아니라 그 구성원 중 일부만으로 범위를 제한한 종중유사의 권리능력 없는 사단(이하 "종중유사단체")의 성립 및 소유권 귀속을 인정하려면, 고유종중이 소를 제기하는 데 필요한 여러 절차(종중원 확정, 종중총회 소집, 총회결의, 대표자 선임 등)를 우회하거나 특정 종중원을 배제하기 위한 목적에서 종중유사단체를 표방하였다고 볼 여지가 없는지 신중하게 판단하여야 한다(대판 2020.4.9. 2019다216411). 종중 유사의 단체는 사적 자치의 원칙 내지 결사의 자유에 따라 그 구성원의 자격과 가입조건을 자유롭게 정할 수 있음이 원칙이므로 회칙 등에서 공동선조의 후손 중 남성만으로 구성원을 한정하고 있는 경우, 그러한 사정만으로 회칙 등이 무효로 되지는 않는다(대판 2011.2.24. 2009다17783). 같은 의미로 특정지역 내에 거주하는 일부 종중원이나 특정 항렬의 종중원만을 그 구성원으로 하는 단체는 종중 유사의 단체에 불과하고 고유한 의미의 종중은 될 수 없다(대판 2002.5.10. 2002다4863). 고유한 의미의 종중이라면 일부 종원의 자격을 임의로 제한하였거나 확장한 종중회칙은 종중의 본질에 반하여 무효이나, 그 종중의 회칙 규정이 종중의 본질에 반한다하여 바로 고유한 의미의 종중이 아니라고 추단할 수는 없다(대판 2002.6.28. 2001다5296). 기출 06

(2) 종중의 대표자

① 종중에는 관습에 따른 종장이 있는데, 종장이라는 이유만으로 당연히 법적 대표권한이 있는 것은 아니다(대판 1999.7.27, 99다9523).

② 종중 대표자의 선임방법은 그 종중에 규약이나 관례가 있으면 그에 따라 선임하고 그것이 없다면 종장 또는 문장이 그 종원을 소집하여 출석종원의 과반수 결의로 선출하며, 평소에 종중에 종장이나 문장이 선임되어 있지 아니하고 선임에 관한 규약이나 일반 관례가 없다면 현존하는 연고항존자(나이가 가장 많고 항렬이 가장 높은 사람)가 종장이나 문장이 되어 종중총회를 소집하는 것이 일반 관습이다(대판 2009.5.28, 2009다7182).

③ 최근 판례는 갑 종중의 일부 종원들이 종중 규약 중 '종중 회장은 종손으로 한다.'는 조항은 우리 사회의 전체 법질서에 반하고 종중 및 종원의 고유한 성격이나 기본적인 권리의 본질적 내용을 훼손하여 무효라면서 위 조항에 근거하여 종중 회장으로 취임한 을을 상대로 회장 지위의 부존재확인을 구한 사안에서, 위 조항의 내용은 선량한 풍속 기타 사회질서에 반할 뿐만 아니라 종원이 가지는 고유하고 기본적인 권리의 본질적인 내용을 침해하는 것으로서 종중의 본질이나 설립 목적에 크게 위배되므로 무효라고 보아야 한다고 판시하고 있다(대판 2024.12.24, 2024다274398).

(3) 종중의 구성원

① 공동선조와 성과 본을 같이 하는 후손은 성별의 구별 없이 성년이 되면 당연히 그 구성원이 된다. 판례는 민법 제781조 제6항에 따라 자녀의 복리를 위하여 자녀의 성과 본을 변경할 필요가 있어 자녀의 성과 본이 모의 성과 본으로 변경되었을 경우 성년인 그 자녀는 모가 속한 종중의 공동선조와 성과 본을 같이 하는 후손으로서 당연히 종중의 구성원이 된다고(대판 2022.5.26, 2017다260940) 한다. 기출 06·14

② 다른 가문으로 출계한 아들(양자로 간 아들)은 그 생가의 종원 자격을 인정할 수 없다(대판 1996.8.23, 96다12566).

2. 종중총회

(1) 총회의 소집권자

① 총회의 소집권자는 '종중규약'에 정함이 있으면 그에 따르고, 정함이 없으면 '연고항존자'가 적법한 소집권자이다.

② 종중원들이 규약에 따라 적법한 소집권자 또는 그러한 자가 없어 연고항존자에게 총회의 소집을 요구하였으나 그 소집권자나 연고항존자가 정당한 이유 없이 이에 응하지 아니하는 경우에는 차석 또는 소집을 요구한 종중원들이 소집권자를 대신하여 그 총회를 소집할 수 있다(대판 2010.12.9, 2009다26596).

(2) 총회의 소집통지방법

반드시 직접 서면으로 하여야만 하는 것은 아니고 구두 또는 전화로 하여도 되고 다른 종중원이나 세대주를 통하여 하여도 무방하다(대판 2000.2.25, 99다20155).

(3) 총회의 결의방법

종중규약에 다른 규정이 없는 이상 종원은 서면이나 대리인으로 결의권을 행사할 수 있으므로, 일부 종원이 총회에 직접 출석하지 아니하고 다른 출석 종원에 대한 위임장 제출방식에 의하여 종중의 대표자 선임 등에 관한 결의권을 행사하는 것도 허용된다(대판 2000.2.25, 99다2015).

(4) 총회의 의결정족수

총회의 의결정족수를 정하는 기준이 되는 출석종원이라 함은 문제가 된 결의 당시 회의장에 남아 있던 종원만을 의미한다. 따라서 회의 도중 스스로 회의장에서 퇴장한 종원들은 이에 포함되지 않는다(대판 2001.7.27, 2000다56037).

3. 관련 판례

(1) 종중규약의 효력

종중은 공동선조의 분묘수호와 제사 및 종원 상호 간의 친목 등을 목적으로 하여 구성되는 자연발생적인 종족집단으로 그 공동선조와 성과 본을 같이 하는 후손은 그 의사와 관계없이 성년이 되면 당연히 그 구성원이 된다. 이와 같은 종중의 성격과 법적 성질에 비추어, 종중 규약의 내용이 선량한 풍속 기타 사회질서에 반하는 경우 또는 종원이 가지는 고유하고 기본적인 권리의 본질적인 내용을 침해하는 등 종중의 본질이나 설립 목적에 크게 위배되는 경우 그 종중 규약은 무효로 보아야 한다(대판 2024.12.24. 2024다274398).

(2) 종중재산의 관리·처분

종중은 법인 아닌 사단이고 종중 소유의 재산은 종중원의 총유에 속한다(대판 2000.10.27. 2000다22881). 따라서 종중재산의 관리 및 처분에 관하여 먼저 종중규약에 정하는 바가 있으면 이에 따라야 하고, 그 점에 관한 종중규약이 없으면 종중총회의 결의에 의하여야 하므로 비록 종중대표자에 의한 종중재산의 처분이라고 하더라도 그러한 절차를 거치지 아니한 채 한 행위는 무효이다(대판 2000.10.27. 2000다22881). 판례에 따르면, 총유물의 보존에 있어서는 공유물의 보존에 관한 민법 제265조의 규정이 적용될 수 없고, 특별한 사정이 없는 한 민법 제276조 제1항의 규정에 따라 사원총회의 결의를 거쳐야 하므로, 법인 아닌 사단인 종중이 그 총유재산에 대한 보존행위로서 소송을 하는 경우에도 특별한 사정이 없는 한 종중총회의 결의를 거쳐야 한다(대판 2010.2.11. 2009다83650). 기출 21

(3) 종중의 분열 인정 여부

고유 의미의 종중이란 공동선조의 후손 중 성년인 사람을 종원으로 하여 구성되는 자연발생적인 종족집단으로서 특별한 조직행위를 필요로 함이 없이 관습상 당연히 성립하는 것이고, 종중이 자연발생적으로 성립한 후에 정관 등 종중규약을 작성하면서 일부 종원의 자격을 임의로 제한하거나 확장하더라도 그러한 규약은 종중의 본질에 반하여 무효이고, 그로 인하여 이미 성립한 종중의 실재 자체가 부인되는 것은 아니다. 또한 종중이 종중원의 자격을 박탈하거나 종중원이 종중을 탈퇴할 수 없는 것이어서 공동선조의 후손들은 종중을 양분하는 것과 같은 종중분열을 할 수 없다(대판 2023.12.28. 2023다278829).

IV 교회의 분열과 재산귀속관계

1. 교회의 법적 성격

교인들로 구성된 비법인사단이다. 특정 교단에 소속된 지교회도 비법인사단으로서의 실체를 갖추고 있다면, 특정 교단과는 독립된 비법인사단이다. 따라서 비법인사단에 관한 일반적인 법률관계가 교회에도 그대로 적용된다.

2. (비법인) 사단의 분열 여부

① 우리 민법이 사단법인에 있어서 구성원들이 2개의 법인으로 나뉘어 각각 독립한 법인으로 존속하면서 종전 사단법인에게 귀속되었던 재산을 소유하는 방식의 사단법인의 분열을 인정하지 아니하므로, 비법인사단의 분열은 허용되지 않는다(교회도 동일). 기출 20
② 따라서 비법인사단의 구성원들이 집단적으로 탈퇴하는 경우 탈퇴한 자들은 구성원의 지위를 상실하는 반면, 잔존 구성원들로 구성된 단체는 여전히 동일성을 잃지 않고 비법인사단으로서의 실체를 유지하며 존속한다.
③ 집단적으로 탈퇴한 구성원들은 종전 사단의 재산에 대하여는 어떠한 권리도 가질 수 없다.

3. 교회 탈퇴 시 종전 교회재산의 귀속관계(잔존 교인들의 총유)

의결권을 가진 교인 2/3 이상의 찬성이 없이 집단적으로 교회를 탈퇴한 경우 종전 교회재산은 잔존 교인들의 총유로 귀속된다(대판 2006.6.30. 2000다15944).

4. 지교회의 교단변경(의결권을 가진 교인 2/3 이상의 찬성)

① 특정 교단에 가입한 지교회(교단과는 독립한 비법인사단)의 경우에, 소속교단을 변경하는 것은 지교회의 명칭이나 목적 등 자치규범을 변경하는 결과를 초래하므로, 소속 교단에서의 탈퇴 내지 변경은 사단법인 정관변경에 준하여 「의결권을 가진 교인 2/3 이상의 찬성」에 의한 결의를 필요로 하며, 소속 교단에서의 탈퇴 내지 변경이 의결권을 가진 교인의 2/3 이상의 찬성에 의하여 소속 교단에서의 탈퇴 또는 소속 교단의 변경결의가 적법·유효하게 이루어졌다는 점은 이를 주장하는 자가 입증하여야 한다(대판 2007.12.27. 2007다17062). 다만 소속 교단에서의 탈퇴 내지 소속교단의 변경을 위한 정수에 관하여 지교회의 규약에 다른 규정을 두고 있는 때에는 특별한 사정이 없는 한 그 규정에 의한 결의도 필요하다(민법 제42조 제1항 단서)(대판 2023.11.2. 2023다259316).

② 만약 교단 탈퇴 및 변경에 관한 결의를 하였으나 이에 찬성한 교인이 의결권을 가진 교인의 2/3에 이르지 못한다면, 종전 교회의 동일성은 여전히 종전 교단에 소속되어 있는 상태로서 유지된다(대판 2006.4.20. 2004다37775[전합]).

③ 반대로 교단변경 결의요건을 갖추어 소속 교단에서 탈퇴하거나 다른 교단으로 변경한 경우에는 종전 교회의 실체는 이와 같이 교단을 탈퇴한 교회로서 존속하고 종전 교회재산은 위 「탈퇴한 교회 소속 교인들의 총유」로 귀속된다(대판 2006.4.20. 2004다37775[전합]).

V 법인의 설립

1. 비영리사단법인의 설립요건

(1) 목적의 비영리성(민법 제32조)

① 비영리성이란 사단법인의 수익이 사원들에게 분배되지 않는다는 의미이다. 다만, 목적달성을 위해 부수적인 영리행위는 그것이 비영리사단의 본질에 반하지 않는 한 문제되지 않는다.

② 비영리 사단법인만이 민법이 적용되며, 영리 사단법인에는 민사회사와 상사회사가 있는데, 이에는 상법이 적용된다(민법 제39조 참조).

(2) 설립행위

1) 의 의

사단법인을 설립하려면 2인 이상의 사람이 법인의 근본규칙을 정하여 서면에 기재하고 기명날인하여야 한다(제40조).

2) 정 관

사단법인 정관의 법적 성질은 계약이 아니라 자치법규이다. 따라서 객관적인 기준에 따라 그 규범적인 의미 내용을 확정하는 법규해석의 방법으로 해석되어야 하는 것이지, 작성자의 주관이나 해석 당시의 사원의 다수결에 의한 방법으로 자의적으로 해석될 수는 없다 할 것이어서, 어느 시점의 사단법인의 사원들이 정관의 규범적인 의미 내용과 다른 해석을 사원총회의 결의라는 방법으로 표명하였다 하더라도 그 결의에 의한 해석은 그 사단법인의 구성원인 사원들이나 법원을 구속하는 효력이 없다(대판 2000.11.24. 99다12437). 기출 20·25

3) 정관의 기재사항(민법 제40조, 제43조)
① 필요적 기재사항 : 정관에 다음의 사항들을 반드시 기재하여야 하며, 하나라도 빠지면 그 정관은 '무효'이다.
② 임의적 기재사항 : 임의적 기재사항에는 제한이 없으며, 다만, 임의적 기재사항이라도 일단 정관에 기재되면 필요적 기재사항과 효력상 차이가 없으며, 따라서 그것을 변경할 때에는 정관변경절차에 의하여야 한다.

(3) 주무관청의 허가 기출 07
① 비영리법인의 특징으로서 주무관청의 '허가'가 필요하고, 주무관청은 사후에 허가를 취소하여 법인을 소멸시킬 수 있다(민법 제38조). 이 허가 취소는 소급효가 없다.
② 판례는 위 허가는 주무관청의 자유재량에 속하는 행위이므로 주무관청이 판단과정에 합리성이 있음을 부정할 수 없는 경우에는, 다른 특별한 사정이 없는 한 그 불허가처분에 재량권을 일탈·남용한 위법이 있다고 할 수 없어 주무관청의 불허가처분에 관하여 행정소송으로 다툴 수 없다고 한다(대판 1996.9.10. 95누18437).

(4) 설립등기
사단법인은 법인등기부에 설립등기를 함으로써 성립한다(민법 제33조). 이 등기는 권리능력을 취득하기 위한 요건, 즉 성립요건이다.

2. 비영리재단법인의 설립요건
(1) 목적의 비영리성(민법 제32조)
재단법인은 사원이 없으므로 비영리법인만 존재한다.
(2) 설립행위
재단법인의 설립자는 일정한 재산을 출연하고 정관을 작성하여 기명날인을 하여야 한다(민법 제43조).
(3) 주무관청의 허가와 설립등기(민법 제32조, 제33조, 사단법인과 동일)

VI 재단법인의 출연재산의 귀속시기

1. 서 설
재단법인의 출연재산의 귀속시기와 관련된 논의는 권리변동에 별도의 공시가 필요한 물권과 증권화된 채권(지시채권, 무기명채권) 등을 출연하는 경우에만 문제가 되고, 지명채권(채권자가 특정되어 있고, 성립·양도에 증권이 불필요한 채권)의 경우에는 공시가 성립요건이 아니기 때문에 견해대립 없이 민법 제48조가 적용된다. 기출 22

2. 생전처분으로 설립하는 경우(민법 제48조 제1항)
판례는 출연자와 법인의 관계에서는 민법 제187조가, 제3자에 대한 관계에서는 민법 제186조가 적용된다는 입장이다(소유권의 상대적 귀속)(대판 1979.12.11. 78다481[전합]).

3. 유언으로 설립하는 경우(민법 제48조 제2항)

판례는 유언으로 재단법인을 설립하는 경우에도 제3자에 대한 관계에서는 출연재산이 '부동산'인 경우에는 그 법인에의 귀속은 법인의 설립 외에 등기를 필요로 한다는 입장이다(대판 1993.9.14. 93다8054).

VII 법인의 능력

1. 서 설

법인도 권리의 주체이므로, 자연인과 동일하게 권리능력·행위능력·불법행위능력을 가진다. 법인의 능력에 관한 규정은 강행규정이다.

2. 법인의 권리능력

법률의 규정과 정관으로 정한 목적의 범위 내에서 인정된다(민법 제34조). 법인의 권리능력은 법률, 권리의 성질, 법인의 정관에 의하여 제한될 수 있다. 판례는 정관에 의한 제한과 관련하여 "목적달성에 필요한 범위 내라고 판시하나, 직접적인 필요에 한정하지 않고 간접적으로 필요한 행위도 포함하고 있으며(대결 2001.9.21. 2000그9), 필요한지 여부도 객관적 성질에 따라 추상적으로 판단해야 한다(대판 1987.10.13. 86다카1522)"고 하여 그 범위를 넓히고 있다.

3. 법인의 행위능력

법인은 대표기관을 통해 현실적인 행위를 하기에 대표기관의 행위는 법인의 행위로 간주된다. 이사(민법 제59조), 이사의 직무대행자(민법 제60조의2), 임시이사(민법 제63조), 특별대리인(민법 제64조), 청산인(민법 제82조) 등이 대표적인 대표기관에 해당한다.

4. 법인의 불법행위능력

(1) 의 의

법인은 이사 기타 대표자가 그 직무에 관하여 타인에게 가한 손해를 배상할 책임이 있다. 이사 기타 대표자는 이로 인하여 자기의 손해배상책임을 면하지 못한다(민법 제35조 제1항).[1] 기출 05·09·13·20

---

[1] 민법 제756조와의 관계
① 법인의 불법행위가 성립하는 경우에 법인이 사용자의 지위에서 사용자책임(민법 제756조)도 지는지, 즉 민법 제35조 제1항과 제756조가 경합하는지 문제된다. 법인의 불법행위책임이 성립하는 경우에는 사용자책임은 성립하지 않는다는 것이 통설·판례의 태도이다. 기출 12 또한 법인의 불법행위책임은 사용자책임과 달리 선임·감독에 주의의무를 다하였음을 증명하여도 면책될 수 없다. 대표기관의 대리인의 가해행위가 있는 경우, 대리인은 대표기관이 아니므로 법인에게 민법 제35조상의 불법행위책임은 성립하지 않지만, 민법 제756조의 사용자책임이 성립할 수는 있다.
기출 05
② 법인의 대표자가 직무에 관하여 불법행위를 한 경우, 사용자책임을 규정한 민법 제756조 제1항을 적용할 수 있는지 여부(소극)민법 제35조 제1항은 "법인은 이사 기타 대표자가 그 직무에 관하여 개인에게 가한 손해를 배상할 책임이 있다"고 규정하고 있고, 민법 제756조 제1항은 "타인을 사용하여 어느 사무에 종사하게 한 자는 피용자가 그 사무집행에 관하여 제3자에게 가한 손해를 배상할 책임이 있다"고 규정하고 있다. 따라서 법인에 있어서 그 대표자가 직무에 관하여 불법행위를 한 경우에는 민법 제35조 제1항에 의하여, 법인의 피용자가 사무집행에 관하여 불법행위를 한 경우에는 민법 제756조 제1항에 의하여 각기 손해배상책임을 부담한다(대판 2009.11.26. 2009다57033).

(2) 요 건

1) **대표기관의 행위일 것**
   ① 법문상의 '이사 기타 대표자'는 '대표기관'만을 의미한다. 대표권 없는 이사는 법인의 기관이지만 대표기관은 아니기 때문에 그들의 행위로 인하여 민법 제35조상의 법인의 불법행위가 성립하지는 않는다(대판 2005.12.23, 2003다30159). 기출 09·12·13·16 이러한 대표기관에는 이사(민법 제59조), 임시이사(민법 제63조), 특별대리인(민법 제64조), 청산인(민법 제82조, 제83조), 직무대행자(민법 제52조의2, 제60조의2) 등뿐만 아니라 법인을 사실상 대표하여 법인의 사무를 집행하는 사람(대판 2011.4.28, 2008다15438)도 포함된다. 기출 22
   ② 감사, 지배인, 이사의 임의대리인(민법 제62조, 통설), 대표권이 없는 이사 등은 대표기관이 아니므로, 이들의 불법행위에 관해서는 법인이 사용자책임을 질 수 있을 뿐이다. 기출 05

구 분	법인의 불법행위책임(민법 제35조)	사용자책임(민법 제756조)
행위자	법인의 대표기관	대표기관이 아닌 자, 피용자
행 위	직무에 관하여 - 외형이론	사무집행에 관하여 - 외형이론
법인의 책임	법인 자체의 불법행위책임	사용자인 법인의 사용자책임
기타의 책임	법인과 대표기관은 부진정연대책임 관계	법인과 행위자는 부진정연대책임 관계
면책규정	없음 기출 12·13	있음

2) **대표기관이 직무에 관하여 타인에게 손해를 주었을 것**
   ① '직무에 관하여'의 의미 : 외형이론에 의하여 판단 기출 08·11
   직무상 행위란 직무행위와 견련관계가 있어 사회통념상 법인의 목적을 달성하기 위하여 행해진 것으로 인정되는 모든 행위를 말한다. 즉, 직무상 행위로 인정되기 위해서는 행위의 외형상 그 대표기관의 직무행위라고 인정할 수 있는 행위이면 족하다(대판 2004.2.27, 2003다15280). 그러나 이때에도 상대방이 대표자의 배임행위를 알았거나 중대한 과실로 인하여 알지 못한 경우에는 제35조의 책임을 묻지 못한다(대판 2004.3.26, 2003다34045). 기출 09
   ② 외형이론의 적용범위 : 대표기관의 주관적 의사는 불문하며, 대표기관의 행위가 법령에 위배되더라도 민법 제35조의 책임이 성립할 수 있다(대판 2004.2.27, 2003다15280). 기출 12·16

3) **대표기관이 일반불법행위의 요건을 갖출 것**
   민법 제750조의 요건(즉, 대표기관의 가해행위, 고의·과실, 책임능력, 가해행위의 위법성, 손해발생, 가해행위와 손해 간의 인과관계) 모두가 필요하다.

(3) 효 과

1) **법인의 불법행위가 성립하는 경우**
   법인의 불법행위가 성립하는 경우에도 대표기관은 그 자신의 손해배상책임을 면하지 못한다(민법 제35조 제1항 후문). 법인과 대표기관 개인의 채무는 부진정연대채무이다. 기출 12 법인이 피해자에게 손해를 배상한 때에는 법인은 대표기관 개인에게 구상권을 행사할 수 있고, 그 근거는 선관주의의무의 위반이다. 대표기관의 고의적인 불법행위라고 하더라도, 피해자에게 그 불법행위 내지 손해발생에 과실이 있다면 법원은 과실상계의 법리에 좇아 손해배상의 책임 및 그 금액을 정함에 있어 이를 참작하여야 한다(대판 1987.12.8, 86다카1170).

2) **법인의 불법행위가 성립하지 않는 경우**
   대표기관의 가해행위가 직무의 범위를 벗어나는 경우에는 법인의 불법행위가 성립하지 않는다. 이때에는 대표기관만이 민법 제750조에 의해 불법행위책임을 진다. 다만, 민법은 피해자를 보호하기 위하여 그 의결에 찬성하거나 그 의결을 집행한 사원, 이사 및 기타 대표자는 민법 제760조의 공동불법행위의 성립 여부를 묻지 않고 연대(부진정)하여 배상책임을 지도록 하고 있다. 기출 06·09

3) 법인의 불법행위책임과 민법 제756조와의 관계

법인의 불법행위책임이 성립하는 경우에는 사용자책임은 성립하지 않는다는 것이 통설·판례의 태도이다. 기출 12 대표기관의 대리인의 가해행위가 있는 경우, 대리인은 대표기관이 아니므로 법인에게 민법 제35조상의 불법행위책임은 성립하지 않지만, 민법 제756조의 사용자책임이 성립할 수는 있다. 기출 05

Ⅷ 법인의 기관

1. 서 설

(1) 개 념

자연인과 같이 그 자체로 활동할 수 없는 법인이 독립체로서 법인의 의사를 결정하고 외부에 대하여 행동하며 내부의 사무를 처리하기 위한 일정한 조직을 기관이라 한다.

(2) 필요기관·상설기관

① 이사는 집행기관으로서 재단·사단법인의 필요상설기관이다. 기출 18 이에 반해 이사회는 이사들의 의결기관으로 임의기관이다(단, 상법상으로는 필요기관이다).
② 감사는 민법상 필요기관도 상설기관도 아닌 임의기관이다(단, 상법상으로는 필요상설기관이다).
③ 사원총회는 의사결정기관으로서 사단법인에서만 필요기관이다(상설기관은 아님). 기출 16

2. 이 사

(1) 임 면

이사는 정관에 임면 방법을 기재하여야 하고(민법 제40조 제5호, 제43조), 성명과 주소는 등기사항이다(민법 제49조 제2항). 따라서 이사의 성명, 주소가 변경된 경우에는 3주간 내에 변경등기를 하여야 한다(민법 제52조, 제49조 제2항 제8호). 기출 25 이사의 선임행위는 법인과 이사 간의 위임과 유사한 계약에 해당하므로, 특별한 사정이 없는 한 위임의 법리가 적용된다. 이사의 해임 및 퇴임도 정관에 의할 것이나, 법인과 이사의 법률관계는 신뢰를 기초한 위임 유사관계로 볼 수 있으므로 정관에 다른 규정이 없거나 규정이 있더라도 불충분한 경우에는 위임의 규정을 유추적용할 수 있다.

> **민법 제691조의 유추적용에 관한 관련 판례**
> • 민법상 법인과 그 기관인 이사의 관계는 위임자와 수임자의 법률관계와 같은 것으로서 이사의 임기가 만료하면 일단 그 위임관계는 종료되는 것이 원칙이나, 그 후임 이사 선임시까지 이사가 존재하지 않는다면 기관에 의하여 행위를 할 수밖에 없는 법인으로서는 당장 정상적인 활동을 중단하지 않을 수 없는 상태에 처하게 되고, 이는 민법 제691조에 규정된 급박한 사정이 있는 때와 같이 볼 수 있으므로 임기만료되거나 사임한 이사라고 할지라도 그 임무를 수행함이 부적당하다고 인정할 만한 특별한 사정이 없는 한 그 급박한 사정을 해소하기 위하여 필요한 범위 내에서 신임 이사가 선임될 때까지 이사의 직무를 계속 수행할 수 있고, 이러한 법리는 법인 아닌 사단에서도 마찬가지이다(대판 2007.6.15. 2007다6307).
> • 임기만료된 이사의 업무수행권은 이사에 결원이 있음으로써 법인이 정상적인 활동을 할 수 없는 사태를 방지하자는 데 취지가 있으므로, 이사 중 일부의 임기가 만료되었더라도 아직 임기가 만료되지 아니한 다른 이사들로 정상적인 활동을 할 수 있는 경우에는 임기만료된 이사로 하여금 이사로서 직무를 행사하게 할 필요가 없고, 이러한 경우에는 임기만료로서 당연히 퇴임하며, 법인의 정상적인 활동이 가능한지는 이사의 임기만료 시를 기준으로 판단하여야 하지 그 이후의 사정까지 고려할 수는 없다(대결 2014.1.17. 2013마1801).

- [1] 민법상 법인의 이사나 감사 전원 또는 그 일부의 임기가 만료되었음에도 불구하고 그 후임 이사나 감사의 선임이 없거나 또는 그 후임 이사나 감사의 선임이 있었다고 하더라도 그 선임결의가 무효이고, 임기가 만료되지 아니한 다른 이사나 감사만으로는 정상적인 법인의 활동을 할 수 없는 경우, 임기가 만료된 구 이사나 감사로 하여금 법인의 업무를 수행케 함이 부적당하다고 인정할 만한 특별한 사정이 없는 한, 구 이사나 감사는 후임 이사나 감사가 선임될 때까지 종전의 직무를 수행할 수 있다.
  [2] 후임 이사가 유효히 선임되었는데도 그 선임의 효력을 둘러싼 다툼이 있다고 하여 그 다툼이 해결되기 전까지는 후임 이사에게는 직무수행권한이 없고 임기가 만료된 구 이사만이 직무수행권한을 가진다고 할 수는 없다(대판 2006.4.27. 2005도8875).

해임에 관한 관련 판례
- 법인과 이사의 법률관계는 신뢰를 기초로 한 위임 유사의 관계이고, 위임계약은 원래 해지의 자유가 인정되어 쌍방 누구나 정당한 이유 없이도 언제든지 해지할 수 있으며, 다만 불리한 시기에 부득이한 사유 없이 해지한 경우에 한하여 상대방에게 그로 인한 손해배상책임을 질 뿐이다(대결 2014.1.17. 2013마1801).
- 법인과 이사의 법률관계는 신뢰를 기초로 한 위임 유사의 관계로 볼 수 있는데, 민법 제689조 제1항에서는 위임계약은 각 당사자가 언제든지 해지할 수 있다고 규정하고 있으므로, 법인은 원칙적으로 이사의 임기 만료 전에도 이사를 해임할 수 있지만, 이러한 민법의 규정은 임의규정에 불과하므로 법인이 자치법규인 정관으로 이사의 해임사유 및 절차 등에 관하여 별도의 규정을 두는 것도 가능하다. 그리고 이와 같이 법인이 정관에 이사의 해임사유 및 절차 등을 따로 정한 경우 그 규정은 법인과 이사와의 관계를 명확히 함은 물론 이사의 신분을 보장하는 의미도 아울러 가지고 있어 이를 단순히 주의적 규정으로 볼 수는 없다. 따라서 법인의 정관에 이사의 해임사유에 관한 규정이 있는 경우 법인으로서는 이사의 중대한 의무위반 또는 정상적인 사무집행 불능 등의 특별한 사정이 없는 이상, 정관에서 정하지 아니한 사유로 이사를 해임할 수 없다(대판 2013.11.28. 2011다41741). 기출 24 · 25
- 법인의 자치법규인 정관을 존중할 필요성은 법인이 정관에서 정하지 아니한 사유로 이사를 해임하는 경우뿐만 아니라 법인이 정관에서 정한 사유로 이사를 해임하는 경우에도 요구된다. 법인이 정관에서 이사의 해임사유와 절차를 정하였고 그 해임사유가 실제로 발생하였다면, 법인은 이를 이유로 정관에서 정한 절차에 따라 이사를 해임할 수 있다. 이때 정관에서 정한 해임사유가 발생하였다는 요건 외에 이로 인하여 법인과 이사 사이의 신뢰관계가 더 이상 유지되기 어려울 정도에 이르러야 한다는 요건이 추가로 충족되어야 법인이 비로소 이사를 해임할 수 있는 것은 아니다. 해임사유의 유형이나 내용에 따라서는 그 해임사유 자체에 이미 법인과 이사 사이의 신뢰관계 파탄이 당연히 전제되어 있거나 그 해임사유 발생 여부를 판단하는 과정에서 이를 고려하는 것이 적절한 경우도 있으나, 이 경우에도 궁극적으로는 해임사유에 관한 정관 조항 자체를 해석 · 적용함으로써 해임사유 발생 여부를 판단하면 충분하고, 법인과 이사 사이의 신뢰관계 파탄을 별도 요건으로 보아 그 충족 여부를 판단해야 하는 것은 아니다(대판 2024.1.4. 2023다263537).

사임에 관한 관련 판례
- 학교법인의 이사는 법인에 대한 일방적인 사임의 의사표시에 의하여 법률관계를 종료시킬 수 있고, 그 의사표시는 수령권 있는 기관에 도달됨으로써 바로 효력을 발생하는 것이며, 그 효력발생을 위하여 이사회의 결의나 관할관청의 승인이 있어야 하는 것은 아니다(대판 2003.1.10. 2001다1171).
- 법인의 이사를 사임하는 행위는 상대방 있는 단독행위이므로 그 의사표시가 상대방에게 도달함과 동시에 그 효력을 발생하고, 그 의사표시가 효력을 발생한 후에는 마음대로 이를 철회할 수 없음이 원칙이다. 그러나 법인이 정관에서 이사의 사임절차나 사임의 의사표시의 효력발생시기 등에 관하여 특별한 규정을 둔 경우에는 그에 따라야 하는바, 위와 같은 경우에는 이사의 사임의 의사표시가 법인의 대표자에게 도달하였다고 하더라도 그와 같은 사정만으로 곧바로 사임의 효력이 발생하는 것은 아니고 정관에서 정한 바에 따라 사임의 효력이 발생하는 것이므로, 이사가 사임의 의사표시를 하였더라도 정관에 따라 사임의 효력이 발생하기 전에는 그 사임의사를 자유롭게 철회할 수 있다(대판 2008.9.25. 2007다17109). 기출 25
- 사임서 제시 당시 즉각적인 철회권유로 사임서 제출을 미루거나, 대표자에게 사표의 처리를 일임하거나, 사임서의 작성일자를 제출일 이후로 기재한 경우 등 사임의사가 즉각적이라고 볼 수 없는 특별한 사정이 있을 경우에는 별도의 사임서 제출이나 대표자의 수리행위 등이 있어야 사임의 효력이 발생하고, 그 이전에 사임의사를 철회할 수 있다(대판 2006.6.15. 2004다10909).

(2) 직무권한

1) 서 설

이사는 대외적으로 법인을 대표하고 대내적으로 법인의 사무를 집행할 권한을 가진다(민법 제58조 제1항). 이러한 직무를 집행할 때 이사는 선량한 관리자의 주의를 기울여야 한다(민법 제61조). 기출 08 · 15 이사가 그 임무를 해태한 때에는 그 이사는 법인에 대하여 연대하여 손해배상의 책임이 있다(민법 제65조).

2) 대외적 권한 : 법인의 대표

① **원칙** : 이사는 법인 사무에 관하여 각자 법인을 대표한다(민법 제59조 제1항). 즉, 각자대표가 원칙이다. 수인의 이사가 있더라도 동일하다.

② **적용법리**
- 대표기관이 법인을 대표하여 어떤 행위를 하면, 그 행위는 법인의 행위로 되어 법인이 그로 인한 권리를 취득하고 의무를 부담한다. 그런데 민법 제59조 제2항은 대리에 관한 규정을 준용하므로, 대표행위를 할 때 법인을 위한 것임을 표시해야 하며(민법 제114조), 무권대리에 관한 규정도 준용된다.
- 법인이 대표기관을 통하여 법률행위를 한 때에는 대리에 관한 규정이 준용되므로 적법한 대표권을 가진 자와 맺은 법률행위의 효과는 대표자 개인이 아니라 본인인 법인에 귀속하고, 마찬가지로 그러한 법률행위상의 의무를 위반하여 발생한 채무불이행으로 인한 손해배상책임도 대표기관 개인이 아닌 법인만이 책임의 귀속주체가 되는 것이 원칙이다(대판 2019.5.30. 2017다53265). 기출 20

③ **대표권의 제한**
  ㉠ 정관에 의한 제한
  - 이사의 대표권에 대한 제한은 이를 정관에 기재하지 아니하면 효력이 없으므로(민법 제41조) 정관기재는 효력요건이나, 이사의 대표권 제한에 대한 등기는 대항요건이다(민법 제60조). 기출 24·25
  - 제3자의 범위 : 학설로는 악의의 제3자는 공평의 원칙상 보호할 필요가 없다는 제한설과 문리해석상 선·악을 불문하고 대항할 수 있다는 무제한설의 대립이 있다. 판례는 '대표권의 제한에 관한 규정은 이를 등기하지 않을 경우 상대방의 선·악의를 불문하고 상대방에게 대표권 제한으로 대항할 수 없다'는 입장이다(무제한설)(대판 1992.2.14. 91다24564). 기출 11·18

  ㉡ 사원총회의 의결에 의한 제한(민법 제59조 제1항 단서)
  ㉢ 이익상반행위 : '이익이 상반되는 사항'이란 법인의 이익을 해할 염려가 있는 모든 재산적 거래를 말한다.

3) 대내적 권한 : 법인의 직무집행

이사는 대내적으로 법인의 모든 사무를 집행한다(민법 제58조 제1항). 이사의 수가 수인인 경우, 정관에 다른 규정이 없으면 법인의 사무집행은 이사의 과반수로써 결정한다(민법 제58조 제2항). 기출 11·25

3. 이사의 임의대리인

이사는 정관 또는 총회의 결의로 금지하지 아니한 사항에 한하여 타인으로 하여금 특정한 행위를 대리하게 할 수 있으며(민법 제62조) 기출 23·25, 이렇게 선임된 임의대리인에게 포괄적 대리권을 부여하는 것은 허용되지 아니한다(대판 1989.5.9. 87다카2407). 기출 08·15·22 임의대리인의 불법행위에 대해서는 민법 제35조 제1항의 책임이 아니라 법인의 사용자책임(민법 제756조)을 부담한다(통설).

4. 이사회

이사회란 법인의 사무집행을 결정하기 위하여 이사 전원으로 구성된 의결기관으로, 민법상 법인에서는 필요기관이 아니다. 상법상 주식회사 이사회는 상설의 필수기관이다(상법 제390조 이하).

5. 직무대행자

① 이사의 선임행위에 흠이 있음을 이유로 이해관계인의 신청에 의하여 법원이 가처분으로써 선임하는 임시적, 잠정적 기관이다(민법 제52조의2).
② 직무대행자는 가처분명령에 다른 정함이 없는 한 법인의 「통상사무」에 속하는 행위만을 할 수 있다. 이와 관련하여 직무대행자가 이를 위반한 경우 법인은 선의의 제3자에 대하여 책임을 진다(민법 제60조의2).
기출 08

6. 임시이사 · 특별대리인

(1) 임시이사
이사가 없거나 결원이 있는 경우에 이로 인하여 손해가 생길 염려가 있는 때에는 법원은 이해관계인이나 검사의 청구에 의하여 임시이사를 선임하여야 한다(민법 제63조). 기출 08 · 15 · 18

(2) 특별대리인
법인과 이사의 이익이 상반하는 사항에 관하여는 이사는 대표권이 없다. 이 경우 법원은 이해관계인이나 검사의 청구에 의하여 특별대리인을 선임하여야 한다(민법 제64조). 기출 08 · 23

7. 임시총회의 소집권자

임시총회의 소집권자는 이사(민법 제70조 제1항) · 임시이사 · 청산인 · 감사(민법 제67조 제4호), 소수사원(민법 제70조 제2항)이다.

8. 감 사

법인은 정관 또는 총회의 결의로 감사를 둘 수 있다(민법 제66조). 기출 15 · 18 감사의 직무는 법인의 재산상황을 감사하고, 이사의 업무집행의 상황을 감사하고, 재산상황 또는 업무집행에 관하여 부정, 불비한 것이 있음을 발견한 때에는 이를 총회 또는 주무관청에 보고하고, 이러한 보고를 하기 위하여 필요 있는 때에는 총회를 소집하는 일을 하는 것이다(민법 제67조). 기출 09

9. 사원총회

(1) 의 의
사원총회는 사단 내부에서의 최고의결기관으로, 정관에 의하더라도 두지 않거나 폐지할 수 없는 필요기관이다. 또한 사원 총원으로 구성되는 회의체이다. 기출 16

(2) 사원총회의 종류 및 소집절차

1) 종 류

사원총회는 적어도 1년에 1회 이상 정관에 정한 시기에 소집되는 통상총회(민법 제69조)와 특별한 필요에 따라 임시로 소집되는 임시총회(민법 제70조)의 두 가지가 있다.

2) 소집절차

사원총회를 소집하기 위하여 이사나 소수사원 등 적법한 소집권자가 1주일 전에 그 회의의 목적사항을 기재한 통지를 발하고, 기타 정관에 정한 방법에 의해야 한다(민법 제71조). 기출 16 1주간의 기간은 정관으로 단축할 수 없지만, 연장하는 것은 가능하다. 정관에 다른 규정이 없다면 총회는 통지한 사항에 관해서만 결의할 수 있다(민법 제72조). 기출 16 소집절차가 법률이나 정관에 위반하여 하자가 있는 경우에, 사원총회의 결의는 무효이다. 임시총회는 사단법인의 이사가 필요하다고 인정한 때, 총사원의 5분의 1 이상으로부터 회의의 목적사항을 제시하여 청구한 때 사단법인의 이사가 임시총회를 소집하여야 한다(민법 제70조). 기출 16 임시총회소집의 청구 있은 후 2주간 내에 이사가 총회소집의 절차를 밟지 아니한 때에는 청구한 사원은 법원의 허가를 얻어 이를 소집할 수 있다(민법 제70조 제3항).

(3) 사원총회의 권한

① 정관으로 이사나 기타 임원에게 위임한 사항을 제외한 법인사무 전부에 대한 의결권은 총회에게 있다(민법 제68조). 정관변경(민법 제42조)과 임의해산(민법 제77조 제2항, 제78조)은 총회의 전권사항으로서 정관에 의해서도 박탈할 수 없다. 단, 정관으로 정족수를 달리 정할 수는 있다. 기출 07 총회의 결의로 소수사원권과 사원의 의결권과 같은 사원의 고유권을 박탈할 수는 없다. 민법이나 정관에 달리 정함이 없으면, 결의의 성립에 필요한 의결정족수는 사원과반수의 출석과 출석사원 결의권의 과반수이다(민법 제75조).

② 민법이나 정관에 달리 정함이 없으면, 결의의 성립에 필요한 의결정족수는 사원과반수의 출석과 출석사원 결의권의 과반수이다(민법 제75조). 민법상 사단법인의 총회 결의는 소집・개최 절차가 이루어진 총회에 사원들이 참석하여 결의하는 것을 원칙적인 방법으로 한다고 보아야 한다. 총회의 소집・개최 절차를 진행하지 않은 채 목적사항을 서면통지하고 그에 대한 단순한 찬반투표만을 서면으로 받아 다수를 얻는 쪽으로 의사를 결정하는 방식으로 이루어지는 서면결의는 총회에 참석하여 목적사항을 적극적으로 토론하고 결의함으로써 사단법인 사무 운영에 자신의 의사를 반영하도록 하는 사원권의 행사를 제한할 수 있다. 따라서 민법상 사단법인에서 법률이나 정관에 정함이 없는데도 소집・개최 절차 없이 서면만으로 총회 결의를 한 경우에는 특별한 사정이 없는 한 그 결의에 중대한 하자가 있다고 보아야 한다(대판 2024.6.27. 2023다254984).

(4) 의결권

의결권은 출자액에 비례하지 아니하고 각 사원에게 평등한 것이 원칙이다(민법 제73조 제1항). 기출 16 다만, 의결권 평등의 원칙은 사원의 고유권을 박탈하지 않는 범위 내에서 정관으로 변경이 가능하다(민법 제73조 제3항). 서면 결의, 대리인을 통한 결의도 가능하다(민법 제73조 제2항). 기출 16 사단법인과 어느 사원과의 관계사항을 의결하는 경우에는 그 사원은 의결권이 없다(민법 제74조).

(5) 사원권

① 의의 : 사단법인의 사원이 사원이라는 자격 내지 지위에 기하여 사단법인에 대하여 가지는 권리・의무를 포괄하여 사원권이라 한다.

② 사원자격의 득실에 관한 규정은 정관의 필요적 기재사항이므로 사원권은 정관의 규정에 따라 취득한다(민법 제40조 제6호 참조).

③ 사단법인의 사원의 지위는 양도 또는 상속할 수 없다고 규정한 민법 제56조의 규정은 강행규정이라고 할 수 없다(대판 1992.4.14. 91다26850). 기출 09・11・18・20 이는 비법인사단에서도 동일하다(대판 1997.9.26. 95다6205).

④ 사원의 지위는 사원의 사망・탈퇴, 총회의 결의, 정관에 정하는 사유에 의하여 소멸한다.

IX 정관변경

1. 의 의

① 정관의 변경이란 법인이 동일성을 유지하면서 그 조직을 변경하는 것을 말한다. 정관변경은 사단법인이든 재단법인이든 주무관청의 허가가 효력요건이다(민법 제42조 제2항).

② 주무관청의 정관변경허가의 법적 성질은 그 표현이 허가로 되어 있으나 법률행위의 효력을 보충하여 주는 것이지 일반적 금지를 해제하는 것은 아니므로, 인가라고 보아야 한다(대판 1996.5.16. 95누4810[전합]). 기출 07

2. 사단법인

① 정관변경은 원칙적으로 허용되며, 사원총회의 전권사항이다(총사원 2/3 이상의 동의, 정관으로 정족수 변경 가능).
② 주무관청의 허가가 효력요건이고(민법 제42조 제2항), 변경내용이 등기사항이면 등기가 대항요건이다(민법 제49조 제2항, 제54조 참조). 기출 24
③ 정관에서 그 정관을 변경할 수 없다고 규정하고 있더라도 총사원의 동의가 있으면 정관을 변경할 수 있다(통설). 다만, 동일성을 해치거나 사단법인의 본질에 반하는 정관변경은 허용되지 않는다(대판 1978.9.26. 78다1435).

3. 재단법인

① 원칙적으로 정관을 변경할 수 없다. 그러나 재단법인의 목적달성 또는 재산보전을 위하여 적당한 경우에 명칭이나 사무소의 소재지를 변경할 수 있고(민법 제45조 제2항), 재단법인이 목적을 달성할 수 없으면 설립자나 이사가 설립의 취지를 참작하여 목적 기타 정관의 규정을 변경할 수 있다(민법 제46조). 어느 경우에나 주무관청의 허가를 받아야 하고, 등기사항이라면 등기하여야 제3자에게 대항할 수 있다(민법 제54조). 기출 24
② 판례는 재단법인의 기본재산에 관한 사항은 정관의 기재사항으로서 기본재산의 변경은 정관의 변경을 초래하기 때문에 주무부장관의 허가를 받아야 하고 따라서 기존의 기본재산을 처분하는 행위는 물론 새로이 기본재산으로 편입하는 행위도 주무부장관의 허가가 있어야만 유효하다 할 것이므로 재단법인 명의로 소유권이전등기가 경료된 부동산이 재단법인의 기본재산에 편입되었다고 인정하기 위해서는 그 편입에 관한 주무부장관의 허가가 있었음이 먼저 입증되어야 한다고(대판 1982.9.28. 82다카499) 판시하고 있다.

기출 24

X 법인의 소멸

1. 서 설

법인의 소멸이란 법인이 권리능력을 상실하는 것을 말하며, 법인의 소멸은 「해산」과 「청산」의 2단계를 거치게 된다.

2. 법인의 해산

해산이란 법인이 본래의 목적달성을 위한 적극적인 활동을 그치고 청산단계로 들어가는 것을 말한다.

3. 법인의 청산

(1) 개 념

청산이란 해산한 법인의 잔존사무를 처리하고 재산을 정리하여 권리능력을 완전히 소멸시키는 절차를 말한다.

(2) 청산법인의 능력 기출 15·20·21·22

① 청산법인은 해산 전의 법인과 동일성을 가지지만, 청산의 목적범위 내에서만 권리를 가지고 의무를 부담한다(민법 제81조). 이 범위를 초과하는 행위는 무효이다(대판 1980.4.8. 79다2036). 실제 청산사무의 종결 시까지 권리능력이 있다.

② '청산의 목적범위 내'란 청산목적과 직접 관련된 것에 한정할 것은 아니고, 청산의 목적달성을 위한 행위라면 이에 포함된다.

(3) 청산사무(청산인의 직무권한)

1) 해산의 등기와 신고(민법 제85조 제1항, 제86조 제1항)
2) 현존사무의 종결(민법 제87조 제1항 제1호)
3) 채권의 추심(민법 제87조 제1항 제2호)
4) 채무의 변제(민법 제87조 제1항 제2호)
   ① 채권신고의 최고
   - 채권자들에게 일정한 기간 내에 채권을 신고할 것을 공시최고 하여야 한다(민법 제88조 제1항).
   - 신고하지 않으면 청산에서 제외됨도 표시해야 한다(민법 제88조 제2항).
   - 청산인이 알고 있는 채권자에게는 개별적으로 최고해야 한다(민법 제89조 제1문).
   ② 변제
   - 청산인은 채권신고기간 내에는 채권자에 대하여 변제하지 못한다. 그러나 법인은 그 기간 동안 채권자에 대한 지연손해배상의 의무를 면하지 못한다(민법 제90조). 기출 25
   - 청산인이 알고 있는 채권자에게는 그의 신고가 없더라도 변제해야 한다(민법 제89조 제2문). 기출 25
   - 기한미도래의 채권, 조건부 채권, 불확정 채권도 변제해야 한다(민법 제91조).
5) 잔여재산의 인도(민법 제87조 제1항 제3호)
   ① 우선 정관으로 지정한 자에게 귀속한다(민법 제80조 제1항).
   ② 귀속권리자 또는 지정방법을 정관이 규정하지 않은 경우에, 이사 또는 청산인은 주무관청의 허가를 얻어 법인의 목적과 유사한 목적을 위해 처분할 수 있다(민법 제80조 제2항).
   ③ ①과 ②의 방법에 의해서도 처분할 수 없는 잔여재산은 국고에 귀속된다(민법 제80조 제3항).
6) 관련 판례
   민법상의 청산절차에 관한 규정은 모두 제3자의 이해관계에 중대한 영향을 미치는 것으로서 강행규정이므로, 해산한 법인이 잔여재산의 귀속자에 관한 정관규정에 반하여 잔여재산을 달리 처분할 경우 그 처분행위는 청산법인의 목적범위 외의 행위로서 특단의 사정이 없는 한 무효이다(대판 2000.12.8. 98두5279). 기출 25

XI 법인의 감독

1. 주무관청의 감독사항

법인설립 시 주무관청의 허가를 얻어야 하므로(민법 제32조) 법인설립 후에도 법인의 사무는 주무관청이 검사·감독한다(민법 제37조).

2. 법원의 감독사항

임시이사(민법 제63조), 특별대리인의 선임(민법 제64조), 해산과 청산(민법 제95조)은 법원이 검사·감독한다. 청산인의 선임(민법 제83조)·해임(민법 제84조)은 그 감독권의 일환이다. 기출 11

CHAPTER 03 권리의 주체

01 민법상 의사능력 및 행위능력에 관한 설명으로 옳지 않은 것은?(다툼이 있으면 판례에 따름) 기출 25

① 의사무능력을 이유로 하는 법률행위의 무효에 대한 증명책임은 무효를 주장하는 측에 있다.
② 의사무능력을 이유로 법률행위가 무효가 된 경우, 의사무능력자는 그 행위로 인하여 받은 이익이 현존하는 한도에서 상환할 책임이 있다.
③ 가정법원은 본인의 의사에 반하여 특정후견의 심판을 할 수 없다.
④ 법정대리인의 동의 없이 매매계약을 체결한 미성년자가 그 동의 없음을 이유로 위 계약을 취소하는 것은 신의칙에 위배된다.
⑤ 가정법원이 피특정후견인에 대하여 한정후견개시의 심판을 할 때에는 종전의 특정후견의 종료 심판을 한다.

해설 및 정답

01 ① (○) 의사능력이란 자기 행위의 의미나 결과를 정상적인 인식력과 예기력을 바탕으로 합리적으로 판단할 수 있는 정신적 능력이나 지능을 말하고, 의사무능력을 이유로 법률행위의 무효를 주장하는 측은 그에 대하여 증명책임을 부담한다(대판 2022.12.1. 2022다261237).
② (○) 무능력자의 책임을 제한하는 민법 제141조 단서는 부당이득에 있어 수익자의 반환범위를 정한 민법 제748조의 특칙으로서 무능력자의 보호를 위해 그 선의·악의를 묻지 아니하고 반환범위를 현존 이익에 한정시키려는 데 그 취지가 있으므로, 의사능력의 흠결을 이유로 법률행위가 무효가 되는 경우에도 유추적용되어야 할 것이나, 법률상 원인 없이 타인의 재산 또는 노무로 인하여 이익을 얻고 그로 인하여 타인에게 손해를 가한 경우에 그 취득한 것이 금전상의 이득인 때에는 그 금전은 이를 취득한 자가 소비하였는가의 여부를 불문하고 현존하는 것으로 추정되므로, 위 이익이 현존하지 아니함은 이를 주장하는 자, 즉 의사무능력자 측에 입증책임이 있다(대판 2009.1.15. 2008다58367).
③ (○) 가정법원은 질병, 장애, 노령, 그 밖의 사유로 인한 정신적 제약으로 일시적 후원 또는 특정한 사무에 관한 후원이 필요한 사람에 대하여 본인 등의 청구에 의하여 특정후견의 심판을 하며, 이러한 특정후견은 본인의 의사에 반하여 할 수 없다(민법 제14조의2 제1항, 제2항 참조).
④ (×) 신용카드 가맹점이 미성년자와 신용구매계약을 체결할 당시 향후 그 미성년자가 법정대리인의 동의가 없었음을 들어 스스로 위 계약을 취소하지는 않으리라고 신뢰하였다 하더라도 그 신뢰가 객관적으로 정당한 것이라고 할 수 있을지 의문일 뿐만 아니라, 그 미성년자가 가맹점의 이러한 신뢰에 반하여 취소권을 행사하는 것이 정의관념에 비추어 용인될 수 없는 정도의 상태라고 보기도 어려우며, 미성년자의 법률행위에 법정대리인의 동의를 요하도록 하는 것은 강행규정인데, 위 규정에 반하여 이루어진 신용구매계약을 미성년자 스스로 취소하는 것을 신의칙 위반을 이유로 배척한다면, 이는 오히려 위 규정에 의해 배제하려는 결과를 실현시키는 셈이 되어 미성년자 제도의 입법 취지를 몰각시킬 우려가 있으므로, 법정대리인의 동의 없이 신용구매계약을 체결한 미성년자가 사후에 법정대리인의 동의 없음을 사유로 들어 이를 취소하는 것이 신의칙에 위배된 것이라고 할 수 없다(대판 2007.11.16. 2005다71659).
⑤ (○) 가정법원이 피성년후견인 또는 피특정후견인에 대하여 한정후견개시의 심판을 할 때에는 종전의 성년후견 또는 특정후견의 종료 심판을 한다(민법 제14조의3 제2항).

정답 ④

02

민법상 사단법인 A를 대표할 권한이 있는 3인의 이사 甲, 乙, 丙에 관한 설명으로 옳지 않은 것은?(다툼이 있으면 판례에 따름) 기출 25

① 정관에 다른 규정이 없는 경우, 甲은 특별한 사정이 없는 한 단독으로 이사회를 소집할 수 있다.
② 甲은 정관 또는 총회의 결의로 금지하지 아니한 사항에 한하여 A를 위한 특정한 행위를 제3자에게 대리하게 할 수 있다.
③ 정관에 사임의 효력발생시기에 관한 규정이 있는 경우, 乙이 사임의 의사표시를 하였더라도 정관에 따라 사임의 효력이 발생하기 전에는 철회할 수 있다.
④ 丙의 주소가 변경된 경우에는 3주간 내에 변경등기를 하여야 한다.
⑤ 정관에 甲, 乙, 丙 3인이 공동으로 대표행위를 하도록 규정되어 있는 경우, 이를 등기하지 않으면 A는 제3자에게 대항할 수 없다.

03

민법상 법인에 관한 설명으로 옳지 않은 것은?(다툼이 있으면 판례에 따름) 기출 25

① 정관의 규범적 의미 내용과는 다른 해석이 사원총회의 결의에 의하여 표명된 경우, 그 결의에 의한 해석은 법원을 구속하지 않는다.
② 정관에 이사의 해임사유에 관한 규정이 있는 경우, 법인은 특별한 사정이 없는 한 정관에서 정하지 아니한 사유로 이사를 해임할 수 없다.
③ 청산 중인 법인의 청산인은 채권신고기간 내에 채권자에 대한 변제를 할 수 없으므로 법인은 그 기간 동안 채권자에 대한 지체책임을 면한다.
④ 채권신고기간 내에 채권신고를 하지 아니한 채권자라도 청산인이 알고 있는 채권자는 청산으로부터 제외되지 않는다.
⑤ 민법상의 청산절차에 관한 규정에 반하는 잔여재산의 처분행위는 특별한 사정이 없는 한 무효이다.

•─ 해설 및 정답 ─•

02 ① (×) 이사가 수인인 경우 정관에 다른 규정이 없으면 법인의 사무집행은 이사의 과반수로써 결정하므로(민법 제58조 제2항), 甲은 특별한 사정이 없는 한 단독으로 이사회를 소집할 수 없다.
② (○) 이사 甲은 정관 또는 총회의 결의로 금지하지 아니한 사항에 한하여 사단법인 A를 위한 특정한 행위를 제3자에게 대리하게 할 수 있다(민법 제62조 참조).
③ (○) 법인이 정관에서 이사의 사임절차나 사임의 의사표시의 효력발생시기 등에 관하여 특별한 규정을 둔 경우에는 그에 따라야 하는바, 위와 같은 경우에는 이사의 사임의 의사표시가 법인의 대표자에게 도달하였다고 하더라도 그와 같은 사정만으로 곧바로 사임의 효력이 발생하는 것은 아니고 정관에서 정한 바에 따라 사임의 효력이 발생하는 것이므로, 이사가 사임의 의사표시를 하였더라도 정관에 따라 사임의 효력이 발생하기 전에는 그 사임의사를 자유롭게 철회할 수 있다(대판 2008.9.25. 2007다17109).
④ (○) 이사 丙의 주소가 변경된 경우에는 3주간 내에 변경등기를 하여야 한다(민법 제52조, 제49조 제2항 제8호).
⑤ (○) 이사의 대표권에 대한 제한은 등기하지 아니하면 제3자에게 대항하지 못하므로(민법 제60조) 정관에 甲, 乙, 丙 3인이 공동으로 대표행위를 하도록 규정되어 있는 경우, 이를 등기하지 않으면 사단법인 A는 제3자에게 대항할 수 없다.

정답 ❶

03 ① (○) 사단법인의 정관은 이를 작성한 사원뿐만 아니라 그 후에 가입한 사원이나 사단법인의 기관 등도 구속하는 점에 비추어 보면 그 법적 성질은 계약이 아니라 자치법규로 보는 것이 타당하므로, 이는 어디까지나 객관적인 기준에 따라 그 규범적인 의미 내용을 확정하는 법규해석의 방법으로 해석되어야 하는 것이지, 작성자의 주관이나 해석 당시의 사원의 다수결에 의한 방법으로 자의적으로 해석될 수는 없다 할 것이어서, 어느 시점의 사단법인의 사원들이 정관의 규범적인 의미 내용과 다른 해석을 사원총회의 결의라는 방법으로 표명하였다 하더라도 그 결의에 의한 해석은 그 사단법인의 구성원인 사원들이나 법원을 구속하는 효력이 없다(대판 2000.11.24. 99다12437).
② (○) 법인이 정관에 이사의 해임사유 및 절차 등을 따로 정한 경우 그 규정은 법인과 이사와의 관계를 명확히 함은 물론 이사의 신분을 보장하는 의미도 아울러 가지고 있어 이를 단순히 주의적 규정으로 볼 수는 없다. 따라서 법인의 정관에 이사의 해임사유에 관한 규정이 있는 경우 법인으로서는 이사의 중대한 의무위반 또는 정상적인 사무집행 불능 등의 특별한 사정이 없는 이상, 정관에서 정하지 아니한 사유로 이사를 해임할 수 없다(대판 2013.11.28. 2011다41741).
③ (×) 청산 중인 법인의 청산인은 채권신고기간 내에는 채권자에 대하여 변제하지 못한다. 그러나 법인은 그 기간 동안 채권자에 대한 지연손해배상의 의무를 면하지 못한다(민법 제90조).
④ (○) 청산인이 알고 있는 채권자는 채권신고기간 내에 채권신고를 하지 아니한 경우에도 청산으로부터 제외하지 못한다(민법 제89조 후문).
⑤ (○) 민법상의 청산절차에 관한 규정은 모두 제3자의 이해관계에 중대한 영향을 미치는 것으로서 강행규정이므로, 해산한 법인이 잔여재산의 귀속자에 관한 정관규정에 반하여 잔여재산을 달리 처분할 경우 그 처분행위는 청산법인의 목적범위 외의 행위로서 특단의 사정이 없는 한 무효이다(대판 2000.12.8. 98두5279).

정답 ❸

04 민법상 법인의 정관에 관한 설명으로 옳지 않은 것은?(다툼이 있으면 판례에 따름) 기출 24

① 이사의 대표권에 대한 제한은 이를 정관에 기재하지 아니하면 그 효력이 없다.
② 정관의 변경사항을 등기해야 하는 경우, 이를 등기하지 않으면 제3자에게 대항할 수 없다.
③ 재단법인의 재산보전을 위하여 적당한 때에는 명칭이나 사무소 소재지를 변경할 수 있다.
④ 정관의 변경을 초래하는 재단법인의 기본재산 변경은 기존의 기본재산을 처분하는 행위를 포함하지만, 새로이 기본재산으로 편입하는 행위를 포함하지 않는다.
⑤ 정관에서 대표이사의 해임사유를 정한 경우, 대표이사의 중대한 의무위반 등 특별한 사정이 없는 한 법인은 정관에서 정하지 아니한 사유로 대표이사를 해임할 수 없다.

05 권리능력 없는 사단 A와 그 대표자 甲에 관한 설명으로 옳지 않은 것은?(다툼이 있으면 판례에 따름) 기출 24

① 甲이 외형상 직무에 관한 행위로 乙에게 손해를 가한 경우, 甲의 행위가 직무행위에 포함되지 아니함을 乙이 중대한 과실로 알지 못하였더라도 A는 乙에게 손해배상책임을 진다.
② 甲의 대표권에 관하여 정관에 제한이 있는 경우, 그러한 제한을 위반한 甲의 대표행위에 대하여 상대방 乙이 대표권 제한 사실을 알았다면 甲의 대표행위는 A에게 효력이 없다.
③ 甲이 丙을 대리인으로 선임하여 A와 관련된 제반 업무처리를 포괄적으로 위임한 경우, 丙이 행한 대행행위는 A에 대하여 효력이 미치지 않는다.
④ 甲이 자격을 상실하여 법원이 임시이사 丁을 선임한 경우, 丁은 원칙적으로 정식이사와 동일한 권한을 가진다.
⑤ A의 사원총회 결의는 법률 또는 정관에 다른 규정이 없으면 사원 과반수의 출석과 출석사원 의결권의 과반수로써 한다.

해설 및 정답

04 ① (○) 민법 제41조
② (○) 민법상 법인의 경우 설립등기 이외의 등기사항은 대항요건이므로 그 등기 후가 아니면 제3자에게 대항하지 못한다(민법 제54조 제1항). 따라서 정관의 변경사항을 등기해야 하는 경우에도 이를 등기하지 않으면 제3자에게 대항할 수 없다.
③ (○) 재단법인의 정관은 그 변경방법을 정관에 정한 때에 한하여 변경할 수 있다(민법 제45조 제1항). 다만, 재단법인의 목적달성 또는 그 재산의 보전을 위하여 적당한 때에는 명칭 또는 사무소의 소재지를 변경할 수 있다(민법 제45조 제2항). 정관의 변경은 주무관청의 허가를 얻지 아니하면 그 효력이 없다(민법 제45조 제3항, 제42조 제2항).
④ (×) 재단법인의 기본재산에 관한 사항은 정관의 기재사항으로서 기본재산의 변경은 정관의 변경을 초래하기 때문에 주무장관의 허가를 받아야 하고, 따라서 기존의 기본재산을 처분하는 행위는 물론 새로이 기본재산으로 편입하는 행위도 주무부장관의 허가가 있어야 유효하다(대판 1982.9.28. 82다카499).
⑤ (○) 법인과 이사의 법률관계는 신뢰를 기초로 하는 위임 유사의 관계이다. 민법 제689조 제1항에 따르면 위임계약은 각 당사자가 언제든지 해지할 수 있다. 그러므로 법인은 원칙적으로 이사의 임기 만료 전에도 언제든지 이사를 해임할 수 있다. 다만 이러한 민법 규정은 임의규정이므로 법인이 자치법규인 정관으로 이사의 해임사유 및 절차 등에 관하여 별도 규정을 둘 수 있다. 이러한 규정은 법인과 이사의 관계를 명확히 하는 것 외에 이사의 신분을 보장하는 의미도 아울러 가지고 있으므로 이를 단순히 주의적 규정으로 볼 수는 없다. 따라서 법인의 정관에 이사의 해임사유에 관한 규정이 있는 경우 이사의 중대한 의무위반 또는 정상적인 사무집행 불능 등의 특별한 사정이 없는 이상 법인은 정관에서 정하지 아니한 사유로 이사를 해임할 수 없다(대판 2024.1.4. 2023다263537).

정답 ❹

05 ① (×) 비법인사단[권리능력 없는 사단(註)]의 경우 대표자의 행위가 직무에 관한 행위에 해당하지 아니함을 피해자 자신이 알았거나 또는 중대한 과실로 인하여 알지 못한 경우에는 비법인사단에게 손해배상책임을 물을 수 없으므로(대판 2003.7.25. 2002다27088), 甲의 행위가 직무행위에 포함되지 아니함을 피해자 乙이 중대한 과실로 알지 못하였다면 A는 乙에게 손해배상책임을 부담하지 않는다.
② (○) 비법인사단[권리능력 없는 사단(註)]의 경우에는 대표자의 대표권 제한에 관하여 등기할 방법이 없어 민법 제60조의 규정을 준용할 수 없으므로, 그 거래상대방이 그와 같은 대표권제한사실을 알았거나 알 수 있었을 경우가 아니라면 그 거래행위는 유효하다고 봄이 상당할 것이나(대판 2003.7.22. 2002다64780), 정관에 의한 대표권 제한을 위반한 甲의 대표행위에 대하여 상대방 乙이 대표권 제한 사실을 알았다면 甲의 대표행위는 권리능력 없는 사단 A에게 효력이 없다.
③ (○) 권리능력 없는 사단 A의 대표자 甲이 丙을 대리인으로 선임하여 A와 관련된 제반 업무처리를 포괄적으로 위임한 경우, 丙이 행한 대행행위는 민법 제62조를 위반한 것이어서 A에 대하여 효력이 없다(대판 2011.4.28. 2008다15438 참조).
④ (○) 민법 제63조는 법인 아닌 사단이나 재단에도 유추적용할 수 있고(대결 2009.11.19. 2008마699[전합]), 민법상의 법인에 대하여 민법 제63조에 의하여 법원이 선임한 임시이사는 원칙적으로 정식이사와 동일한 권한을 가지므로(대판 2013.6.13. 2012다40332), 甲이 자격을 상실하여 법원이 임시이사 丁을 선임한 경우, 丁은 원칙적으로 정식이사와 동일한 권한을 가진다.
⑤ (○) 민법 제75조 제1항의 규정은 법인 아닌 사단[권리능력 없는 사단(註)]에 대하여도 유추적용된다(대판 2007.12.27. 2007다17062). 따라서 권리능력 없는 사단 A의 사원총회 결의는 법률 또는 정관에 다른 규정이 없으면 사원 과반수의 출석과 출석사원 의결권의 과반수로써 한다.

정답 ❶

CHAPTER 04 권리의 객체

출제포인트
- ☐ 물 건
- ☐ 동산과 부동산
- ☐ 주물과 종물
- ☐ 원물과 과실

제1절 서 설

권리의 객체는 권리의 종류에 따라 다르다. 물권의 객체는 물건, 채권의 객체는 채무자의 일정한 행위, 즉 급부이며, 형성권에서는 법률관계 자체가 객체이다.

제2절 물 건

I 물 건

1. 개 념

물건이란 '유체물 및 전기 기타 관리할 수 있는 자연력'을 말한다(민법 제98조). 관리가능성은 배타적 지배가능성을 뜻한다. 해, 달, 공기, 전파, 바다는 관리가능성이 없으므로 물건이 아니다. 권리도 물건은 아니나 물권의 객체는 될 수 있다.

2. 외계의 일부일 것

① 사람의 신체나 그 일부는 물건이 아니다. 의족, 의치 등도 신체에 부착되어 있다면 신체의 일부로 보아야 한다. 다만, 신체로부터 분리되면 물건이 된다. 기출 06·15
② 판례는 "사람의 유체·유골은 매장·관리·제사·공양의 대상이 될 수 있는 유체물로서, 분묘에 안치되어 있는 선조의 유체·유골은 제사용 재산인 분묘와 함께 그 제사주재자에게 승계되고, 피상속인 자신의 유체·유골 역시 위 제사용 재산에 준하여 그 제사주재자에게 승계된다. 피상속인이 생전행위 또는 유언으로 자신의 유체·유골을 처분하거나 매장장소를 지정한 경우에, 선량한 풍속 기타 사회질서에 반하지 않는 이상 그 의사는 존중되어야 하고 이는 제사주재자로서도 마찬가지이지만, 피상속인의 의사를 존중

해야 하는 의무는 도의적인 것에 그치고, 제사주재자가 무조건 이에 구속되어야 하는 법률적 의무까지 부담한다고 볼 수는 없다"고(대판 2008.11.20. 2007다27670[전합]) 한다. 기출 23

3. 독립한 물건일 것(독립성)

물건이 독립한 것인지 여부는 사회관념에 따라 판단되며, 물건의 일부 또는 물건의 집합은 원칙적으로 물권의 객체로 되지 못한다(일물일권주의). 기출 06

Ⅱ 단일물, 합성물, 집합물

단일물은 형체상 단일한 일체를 이루고 각 구성부분이 개성을 상실한 물건을 말한다. 따라서 단일물은 하나의 물건이다. 합성물은 각각의 구성부분이 개성을 잃지 않고 결합하여 일체를 이루는 물건으로, 법률상 한 개의 물건으로 다루어진다. 집합물은 다수의 물건이 결합하여 경제적으로 단일한 가치를 가지는 경우이다. 일물일권주의 원칙상 집합물 위에 하나의 물권이 성립할 수 없으나, 법률상 특별한 규정이 있다면 1개의 물건처럼 다루어진다(예 공장 및 광업재단저당법, 입목에 관한 법률). 판례는 특정성이 있으면 집합물을 하나의 물건으로 보아 이에 대한 양도담보가 유효하다고(대판 2013.2.15. 2012다87089) 판시하고 있다. 기출 22

제3절 동산과 부동산

Ⅰ 의 의

민법은 토지와 그 정착물을 부동산이라 하고, 그 밖의 물건을 동산이라고 한다(민법 제99조).

Ⅱ 부동산인 토지와 정착물

1. 토 지

토지란 인위적으로 구획된 일정범위의 지면에 정당한 이익이 있는 범위 내에서 그 상하를 포함한다(민법 제212조 참조). 따라서 토지의 구성물은 당연히 토지의 일부분에 지나지 않는다.

2. 정착물

토지의 정착물은 원칙적으로 토지에 부합하여 토지와 일체를 이루는 것으로 토지와 별개의 물건으로 인정되지 않는다. 다만, 토지의 정착물 중 일부는 토지와 독립된 부동산으로 취급되기도 한다.

기출 13・14・15・18

(1) 건 물

토지의 정착물 중 건물은 토지와는 독립된 별개의 부동산으로 취급되며, 토지에 부합하지 않는다. 건물의 개수는 토지와 달리 공부상의 등록에 의하여 결정되는 것이 아니라 사회통념 또는 거래관념에 따라 물리적 구조, 거래 또는 이용의 목적물로서 관찰한 건물의 상태 등 객관적 사정과 건축한 자 또는 소유자의 의사 등 주관적 사정을 참작하여 결정된다(대판 1997.7.8. 96다36517). 기출 25

(2) 등기된 입목

원래 수목이나 수목의 집단은 토지에 부합되어 토지의 구성부분으로 취급되나, 입목에 관한 법률에 의하여 보존등기를 하게 되면 그 수목은 토지와 「독립한 부동산」으로 다루어진다.

(3) 명인방법을 갖춘 수목이나 그 집단 또는 미분리의 과실 기출 10·14·18·20·22

① 명인방법은 수목이나 그 집단 또는 미분리 과실의 현재 소유자가 누구라는 것을 제3자가 명백하게 인식할 수 있도록 하는 방법으로, 관습법에 의하여 인정되는 공시방법이다. 명인방법으로 공시할 수 있는 권리는 소유권(또는 소유권이전형식의 양도담보)에 한하며 미분리의 과실도 명인방법을 갖추면 독립한 물건으로 다루어진다.

② 판례에 의하면 토지 위에 식재된 입목을 그 토지와 독립하여 거래의 객체로 하기 위해서는 '입목에 관한 법률'에 따라 입목을 등기하거나 명인방법을 갖추어야 하고, 물권변동에 관한 성립요건주의를 채택하고 있는 민법에서 명인방법은 부동산의 등기 또는 동산의 인도와 같이 입목에 대하여 물권변동의 성립요건 또는 효력발생요건에 해당하여 식재된 입목에 대하여 명인방법을 실시해야 그 토지와 독립하여 소유권을 취득하므로 이는 토지와 분리하여 입목을 처분하는 경우뿐만 아니라, 입목의 소유권을 유보한 채 입목이 식재된 토지의 소유권을 이전하는 경우에도 마찬가지라고 한다(대판 2021.8.19. 2020다266375).

(4) 농작물에 관한 판례 법리

농작물은 토지에 부합하지 않고 경작자에게 소유권이 있다. 이때 경작자에게 권원이 있을 필요는 없고, 명인방법을 갖출 필요도 없으나, 독립성은 있어야 하므로 성숙한 농작물이어야 한다(대판 1979.8.28. 79다784). 한편 수목에 대하여는 이 판례이론이 그대로 적용되지 아니한다. 즉, 타인의 토지상에 권원 없이 식재한 수목의 소유권은 토지소유자에게 귀속되고 권원에 의하여 식재한 경우에는 그 소유권이 식재한 자에게 있다(대판 1980.9.30. 80도1874). 기출 22

III 동 산

1. 의 의

부동산 이외의 물건은 동산이다(민법 제99조 제2항). 기출 17 따라서 관리할 수 있는 자연력도 동산이다. 선박·자동차·항공기·건설기계 등도 동산이지만, 특별법에 의하여 부동산에 준하여 취급된다. 기출 20

2. 금전의 특수성

금전 역시 동산이지만, 보통의 동산과는 다른 특수성이 인정된다. 즉, 금전채무자는 채권자에게 일정한 화폐 가치를 이전할 의무를 질뿐이어서 채무불이행에 관한 특칙이 인정되고(민법 제397조), 타인의 점유에 들어간 금전에 대해서는 물권적 청구권이 인정되지 않고 부당이득이 문제될 뿐이며, 선의취득에 관해서도 특수성이 인정된다(민법 제250조 단서).

제4절 주물과 종물

I 의의

물건의 소유자가 그 물건의 일상적인 사용을 돕기 위하여 자기 소유의 다른 물건을 이에 부속하게 한 경우에, 그 물건을 주물이라 하고 주물에 부속된 다른 물건을 종물이라 한다(민법 제100조 제1항).

II 종물의 요건

1. **주물의 상용에 공할 것**

   주물의 상용에 공한다는 것은 사회관념상 계속해서 주물의 경제적 효용을 다하게 하는 작용을 하는 것을 말한다. 그러나 주물의 소유자나 이용자의 사용에 공여되고 있더라도 주물 그 자체의 효용과 직접 관계가 없는 물건은 종물이 아니다(대결 2000.11.2. 2000마3530). 기출 24 주물과 종물 사이에 경제적 효용에 있어서 주종의 관계가 인정되려면 '장소적으로도 밀접한 위치'에 있어야 한다(통설·판례). 기출 10·16·18

2. **독립한 물건일 것** 기출 17

   독립한 물건이면 되고 동산·부동산을 불문한다. 기출 17·24 건물의 정화조, 주유소 토지에 매설된 유류저장탱크 등은 부합물[2])에 불과할 뿐 종물이 아니다(판례).

3. **주물과 종물이 모두 동일한 소유자의 소유에 속할 것** 기출 16·20·21·22·23

   학설은 종물이 타인의 소유라고 하더라도 그 타인의 권리를 해하지 않는 범위 내에서는 민법 제100조가 적용된다고 한다(통설). 반면 판례는 종물이 제3자의 소유임에도 민법 제100조 제2항에 따라 주물과 종물이 법률적 운명을 같이한다면 제3자의 권리가 침해되므로, 주물의 소유자 아닌 사람의 소유에 속하는 물건은 종물이 될 수 없다(대판 2008.5.8. 2007다36933)고 판시하고 있다.

---

2) 부합이란 소유자를 달리하는 수개의 물건이 결합하여 1개의 물건으로 되는 것을 말한다(민법 제256조, 제257조 참조). 부합으로 인하여 소유권의 변동이 있기 위해서는 훼손하지 아니하고는 분리할 수 없거나, 분리에 과다한 비용을 요하는 경우는 물론 분리하게 되면 경제적 가치를 심히 감소시키는 경우도 포함된다. 판례가 들고 있는 정화조나 유류저장탱크는 부동산에 부합한 물건으로 볼 수 있다.

Ⅲ 종물의 효과

① 종물은 주물의 처분에 따른다(민법 제100조 제2항). 기출 11 즉 종물은 주물과 법률적 운명을 같이 하게 된다. 민법 제358조는 주물에 저당권이 설정된 경우, 그 저당권의 효력이 저당권 설정 후의 종물에도 미친다고 규정하고 있다. 그러나 종물이 주물인 저당부동산으로부터 분리되어 반출되는 등 주물에 대한 공시가 종물에 미치지 아니하는 경우에는 저당권의 효력이 그 종물에 미치지 아니한다. 기출 18 주물이 동산인 경우에도 종물이 인도되지 아니하면 민법 제100조 제2항이 적용되지 아니한다. 여기서 주물의 처분은 법률행위에 의한 처분뿐만 아니라 주물의 권리관계가 압류와 같은 공법상의 처분 등에 의하여 변동된 경우도 포함된다(대판 2006.10.26, 2006다29020). 기출 21·25 다만, 점유 기타 사실관계에 기한 권리변동(예를 들어 주물만에 대한 시효취득)에 있어서는 민법 제100조 제2항이 적용되지 않는다는 점을 주의해야 한다.

② 민법 제100조 제2항은 임의규정이므로, 당사자는 주물을 처분할 때에 특약으로 종물을 제외할 수 있고 종물만을 별도로 처분할 수도 있다(대판 2012.1.26, 2009다76546). 기출 16·20·21·24

③ 민법 제100조 제2항의 법리는 권리 상호 간에도 유추적용할 수 있다. 기출 24 판례는 건물의 소유를 목적으로 하여 토지를 임차한 사람이 그 토지 위에 소유하는 건물에 저당권을 설정한 때에는 민법 제358조 본문에 따라서 저당권의 효력이 건물뿐만 아니라 건물의 소유를 목적으로 한 토지의 임차권에도 미친다고 보아야 할 것이므로, 건물에 대한 저당권이 실행되어 경락인이 건물의 소유권을 취득한 때에는 특별한 다른 사정이 없는 한 건물의 소유를 목적으로 한 토지의 임차권도 건물의 소유권과 함께 경락인에게 이전된다고 한다(대판 1993.4.13, 92다24950). 기출 22

Ⅳ 판례

종물 ○	종물 ×
• 농지에 부속한 양수시설 • 횟집점포건물에 붙여서 신축한 생선보관용 수족관 건물 기출 10 • 주유소의 주유기 기출 12 • 공장건물과 인접한 저유조 • 백화점건물의 전화교환설비 • 건물 외의 창고·연탄창고·공동변소	• 건물의 정화조 • 주유소의 유류저장탱크 기출 12 • 호텔의 객실에 설치된 전화기·텔레비전 등 기출 12

제5절 원물과 과실

I 의의

물건으로부터 생기는 경제적 수익을 과실이라 하고, 과실을 생기게 하는 물건을 원물이라고 한다. 민법은 물건의 과실만을 인정하고, 권리의 과실을 인정하지 않는다. 노동의 대가인 임금도 과실이 아니다. 기출 11·21

II 수취권자

1. 수취권자에 해당하는 자

과실수취권자는 원칙적으로 원물의 소유자이나 이에 한정하지 않는다. 즉, 선의의 점유자(민법 제201조 제1항), 지상권자(민법 제279조), 전세권자(민법 제303조), 목적물을 인도하지 않은 매도인(민법 제587조 제1문), 임차인(민법 제618조) 등도 수취권을 가진다.

2. 수취권자에 해당하지 않는 자

반면, 수치인(민법 제693조, 제701조), 수임인(민법 제680조, 제684조), 사무관리자(민법 제734조, 제738조), 후견인(민법 제957조) 등은 수취권자가 아니다.

III 과실의 종류

1. 천연과실

물건의 용법에 의하여 수취하는 산출물을 천연과실이라고 한다(민법 제101조 제1항). 기출 11 여기에서 '물건의 용법'은 원물의 경제적 용도에 따른다는 의미이고, 물건의 용법에 따르지 않은 산출물에 대하여도 본조가 유추적용된다(통설). 천연과실은 원물로부터 분리되는 때의 수취권자에게 귀속된다(민법 제102조 제1항). 기출 11 이 규정은 임의규정이다. 분리는 자연적이든 인위적이든 불문한다.

2. 법정과실

물건의 사용대가로 받는 금전 기타 물건을 말한다(민법 제101조 제2항). 임료, 지료, 이자 등이 법정과실이다. 기출 11 법정과실은 수취할 권리의 존속기간 일수의 비율로 취득한다(민법 제102조 제2항). 기출 11·15·18 이 규정 역시 임의규정이다. 판례에 의하면 국립공원의 입장료는 수익자부담의 원칙에 따라 국립공원의 유지·관리비용의 일부를 입장객에게 부담시키는 것에 지나지 않고, 토지의 사용대가가 아닌 점에서 민법상의 과실은 아니다(대판 2001.12.28. 2000다27749). 기출 20

IV 사용이익

물건을 현실적으로 사용하여 얻는 이익을 사용이익이라 한다. 사용이익은 실질이 과실과 동일하다고 보아 과실에 관한 규정이 유추적용된다.

CHAPTER 04 권리의 객체

01 권리의 객체에 관한 설명으로 옳은 것은?(다툼이 있으면 판례에 따름) 기출 25

① 건물의 개수는 공부상의 등록에 의하여 객관적으로 결정되고, 소유자의 의사 등 주관적 사정을 참작하여 결정될 수 없다.
② 피상속인이 유언으로 자신의 유체(遺體)를 처분한 경우, 제사주재자는 이에 따라야 할 법적 의무를 부담한다.
③ 주물·종물 법리는 압류와 같은 공법상 처분에는 적용되지 않는다.
④ 주물·종물 법리는 권리 상호 간에도 유추적용되므로 원본채권이 양도되면 이미 변제기에 도달한 이자채권도 원칙적으로 함께 양도된다.
⑤ 매매목적물이 인도되지 않고 매수인이 대금을 완제하지 아니한 경우, 특별한 사정이 없는 한 매도인의 이행지체가 있더라도 매매목적물로부터 생긴 과실은 매도인에게 귀속된다.

• 해설 및 정답 •

01 ① (×) 건물은 일정한 면적, 공간의 이용을 위하여 지상, 지하에 건설된 구조물을 말하는 것으로서, <u>건물의 개수는 토지와 달리 공부상의 등록에 의하여 결정되는 것이 아니라 사회통념 또는 거래관념에 따라 물리적 구조, 거래 또는 이용의 목적물로서 관찰한 건물의 상태 등 객관적 사정과 건축한 자 또는 소유자의 의사 등 주관적 사정을 참작하여 결정되는 것이고, 그 경계 또한 사회통념상 독립한 건물로 인정되는 건물 사이의 현실의 경계에 의하여 특정되는 것이므로, 이러한 의미에서 건물의 경계는 공적으로 설정 인증된 것이 아니고 단순히 사적관계에 있어서의 소유권의 한계선에 불과함을 알 수 있고, 따라서 사적자치의 영역에 속하는 건물 소유권의 범위를 확정하기 위하여는 소유권확인소송에 의하여야 할 것이고, 공법상 경계를 확정하는 경계확정소송에 의할 수는 없다</u>(대판 1997.7.8. 96다36517).

② (×) <u>피상속인이 생전행위 또는 유언으로 자신의 유체·유골을 처분하거나 매장장소를 지정한 경우에, 선량한 풍속 기타 사회질서에 반하지 않는 이상 그 의사는 존중되어야 하고 이는 제사주재자로서도 마찬가지이지만, 피상속인의 의사를 존중해야 하는 의무는 도의적인 것에 그치고, 제사주재자가 무조건 이에 구속되어야 하는 법률적 의무까지 부담한다고 볼 수는 없다</u>(대판 2008.11.20. 2007다27670[전합]).

③ (×) 민법 제100조 제2항의 종물과 주물의 관계에 관한 법리는 물건 상호 간의 관계뿐 아니라 권리 상호 간에도 적용되고, 위 규정에서의 처분은 처분행위에 의한 권리변동뿐 아니라 <u>주물의 권리관계가 압류와 같은 공법상의 처분 등에 의하여 생긴 경우에도 적용되어야</u> 한다(대판 2006.10.26. 2006다29020).

④ (×) 이자채권은 원본채권에 대하여 종속성을 갖고 있으나 이미 변제기에 도달한 이자채권은 원본채권과 분리하여 양도할 수 있고 원본채권과 별도로 변제할 수 있으며 시효로 인하여 소멸되기도 하는 등 어느 정도 독립성을 갖게 되는 것이므로, <u>원본채권이 양도된 경우 이미 변제기에 도달한 이자채권은 원본채권의 양도당시 그 이자채권도 양도한다는 의사표시가 없는 한 당연히 양도되지는 않는다</u>(대판 1989.3.28. 88다카12803).

⑤ (○) 민법 제587조에 의하면, 매매계약 있은 후에도 인도하지 아니한 목적물로부터 생긴 과실은 매도인에게 속하고, 매수인은 목적물의 인도를 받은 날로부터 대금의 이자를 지급하여야 한다고 규정하고 있는바, 이는 매매당사자 사이의 형평을 꾀하기 위하여 매매목적물이 인도되지 아니하더라도 매수인이 대금을 완제한 때에는 그 시점 이후의 과실은 매수인에게 귀속되지만, <u>매매목적물이 인도되지 아니하고 또한 매수인이 대금을 완제하지 아니한 때에는 매도인의 이행지체가 있더라도 과실은 매도인에게 귀속되는 것이므로 매수인은 인도의무의 지체로 인한 손해배상금의 지급을 구할 수 없다</u>(대판 2004.4.23. 2004다8210).

정답 ⑤

02 주물과 종물에 관한 설명으로 옳은 것은?(다툼이 있으면 판례에 따름) 기출 24

① 부동산은 종물이 될 수 없다.
② 종물은 주물의 구성부분이 아닌 독립한 물건이어야 한다.
③ 종물을 주물의 처분에서 제외하는 당사자의 특약은 무효이다.
④ 주물의 효용과 직접 관계가 없는 물건도 주물의 소유자나 이용자의 상용에 공여되는 물건이면 종물이 된다.
⑤ 물건과 물건 상호 간의 관계에 관한 주물과 종물의 법리는 권리와 권리 상호 간의 관계에는 유추적용될 수 없다.

03 권리의 객체에 관한 설명으로 옳은 것을 모두 고른 것은?(다툼이 있으면 판례에 따름) 기출 23

> ㄱ. 주물과 종물은 원칙적으로 동일한 소유자에게 속하여야 한다.
> ㄴ. 분묘에 안치되어 있는 피상속인의 유골은 제사주재자에게 승계된다.
> ㄷ. 부동산 매수인이 매매대금을 완제한 후, 그 부동산이 인도되지 않은 상태에서 그로부터 발생한 과실은 특별한 사정이 없는 한 매도인에게 귀속된다.

① ㄱ
② ㄱ, ㄴ
③ ㄱ, ㄷ
④ ㄴ, ㄷ
⑤ ㄱ, ㄴ, ㄷ

• 해설 및 정답 •

02 ① (×) 종물은 주물과 독립한 물건이면 되고, 동산이든 부동산이든 관계없다. 독일민법(제97조 제1항)과 스위스민법(제644조 제2항)은 종물을 동산에 한정하고 있으나, 현행 민법은 이러한 제한을 두고 있지 않으므로 부동산도 종물이 될 수 있다. 판례도 낡은 가재도구 등의 보관장소로 사용되고 있는 방과 연탄창고 및 공동변소가 본채에서 떨어져 축조되어 있기는 하나 본채의 종물이라고 판시하고 있다(대판 1991.5.14. 91다2779).
② (○) 종물은 주물과 '독립된 물건'이어야 한다. 따라서 주물의 구성부분(예 건물의 정화조)은 종물이 될 수 없다(대판 1993.12.10. 93다42399).
③ (×) 종물은 주물의 처분에 수반된다는 민법 제100조 제2항은 임의규정이므로, 당사자는 주물을 처분할 때에 특약으로 종물을 제외할 수 있고, 종물만을 별도로 처분할 수도 있다(대판 2012.1.26. 2009다76546).
④ (×) 주물의 상용에 이바지한다 함은 주물 그 자체의 경제적 효용을 다하게 하는 것을 말하는 것으로서, 주물의 소유자나 이용자의 사용에 공여되고 있더라도 주물 그 자체의 효용과 직접 관계가 없는 물건은 종물이 아니다(대결 2000.11.2. 2000마3530).
⑤ (×) 민법 제100조 제2항의 종물과 주물의 관계에 관한 법리는 물건 상호 간의 관계뿐 아니라 권리 상호 간에도 적용되고, 위 규정에서의 처분은 처분행위에 의한 권리변동뿐 아니라 주물의 권리관계가 압류와 같은 공법상의 처분 등에 의하여 생긴 경우에도 적용된다(대판 2006.10.26. 2006다29020).

정답 ❷

03 ㄱ. (○) 종물은 물건의 소유자가 그 물건의 상용에 공하기 위하여 자기 소유인 다른 물건을 이에 부속하게 한 것을 말하므로(민법 제100조 제1항) 다른 사람의 소유에 속하는 물건은 종물이 될 수 없다(대판 2008.5.8. 2007다36933). 즉 주물·종물은 모두 동일한 소유자에게 속하여야 한다.
ㄴ. (○) 사람의 유체·유골은 매장·관리·제사·공양의 대상이 될 수 있는 유체물로서, 분묘에 안치되어 있는 선조의 유체·유골은 민법 제1008조의3 소정의 제사용 재산인 분묘와 함께 그 제사주재자에게 승계되고, 피상속인 자신의 유체·유골 역시 위 제사용 재산에 준하여 그 제사주재자에게 승계된다(대판 2008.11.20. 2007다27670 [전합]).
ㄷ. (×) 민법 제587조에 의하면, 매매계약 있은 후에도 인도하지 아니한 목적물로부터 생긴 과실은 매도인에게 속하고, 매수인은 목적물의 인도를 받은 날로부터 대금의 이자를 지급하여야 한다고 규정하고 있는바, 이는 매매당사자 사이의 형평을 꾀하기 위하여 매매목적물이 인도되지 아니하더라도 매수인이 대금을 완제한 때에는 그 시점 이후의 과실은 매수인에게 귀속되지만, 매매목적물이 인도되지 아니하고 또한 매수인이 대금을 완제하지 아니한 때에는 매도인의 이행지체가 있더라도 과실은 매도인에게 귀속되는 것이므로 매수인은 인도의무의 지체로 인한 손해배상금의 지급을 구할 수 없다(대판 2004.4.23. 2004다8210).

정답 ❷

CHAPTER 05 권리의 변동

출제포인트

- 민법 제103조, 제104조
- 당사자 확정 및 법률행위의 해석
- 의사표시(민법 제107조 내지 제113조)
- 대 리
- 무효와 취소
- 법률행위의 부관(조건과 기한)

제1절 서 설

법에 의하여 규율되는 생활관계를 법률관계라고 하며, 법률관계의 변동이 일어나려면 일정한 원인이 있어야 하는데, 그 원인을 법률요건이라고 한다. 따라서 법률요건이 갖추어지면 법률관계의 변동(권리의 변동)이 일어나게 되며 이를 법률효과라고 한다. 권리변동은 권리의 발생, 변경, 소멸의 측면으로 설명된다.

제2절 법률행위

I 의 의

법률행위라 함은 일정한 법률효과의 발생을 목적으로 하는 하나 또는 수 개의 의사표시를 불가결의 요소로 하는 법률요건을 말한다. 법률행위가 완전히 그 효과를 발생하려면, 이론적으로는 먼저 법률행위로서 「성립」하여야 하고, 이어서 성립된 법률행위가 「유효」한 것이어야 한다.

Ⅱ 법률행위의 종류

1. 단독행위, 계약, 합동행위
법률행위의 요소인 의사표시의 수와 방향에 의한 분류이다.

(1) 단독행위

하나의 의사표시로 이루어진 법률행위이다.
① 상대방 있는 단독행위 : 동의, 취소, 상계, 채무면제, 해제, 추인 등 [기출 24]
② 상대방 없는 단독행위 : 재단법인설립행위, 유언, 소유권의 포기, [기출 17] 상속의 승인·포기 등
③ 한계 : 단독행위에는 상대방의 지위 불안정을 고려하여 원칙적으로 조건이나 기한을 붙이지 못한다(민법 제493조 제1항 참조).

(2) 계 약

청약과 승낙이라는 서로 대립하는 의사의 합치로 성립한다.

(3) 합동행위

두 개 이상의 서로 방향을 같이 하는 의사표시의 합치로 이루어진다. 사단법인 설립행위가 이에 해당한다. 합동행위에는 통정허위표시 규정(민법 제108조), 자기계약·쌍방대리 금지규정(민법 제124조)이 적용되지 않는다.

2. 채권행위(의무부담행위), 물권행위·준물권행위(처분행위)
① 채권행위는 이행의 문제를 남기고, 처분권이 불필요하다.
② 물권행위는 이행의 문제를 남기지 않고, 처분권이 필요하다. 물권행위는 물권의 변동을 직접 목적으로 하는 행위이고, 준물권행위는 물권 이외의 권리변동을 목적으로 하는 행위이다.
③ 채권법상의 모든 행위가 채권행위인 것은 아니다(예 준물권행위로서의 채권양도, 채무면제). [기출 24]

3. 생전(生前)행위, 사인(死因)행위
① 행위자의 사망으로 그 효력이 생기는 법률행위를 사인행위 또는 사후행위라고 하고, 기타의 보통의 행위를 생전행위라고 한다.
② 유언(민법 제1060조 이하), 사인증여(민법 제562조)와 같은 사인행위는 원칙적으로 엄격한 방식을 요한다(민법 제1060조 참조). [기출 24]

III 법률행위의 목적

1. 의의
법률행위의 목적이란 법률행위를 하는 자가 그 행위에 의하여 발생시키려고 하는 법률효과를 말하며, 법률행위의 내용이라고도 한다. 법률행위가 유효하려면 법률행위의 목적이 확정성, 실현가능성, 적법성, 사회적 타당성이라는 요건을 갖추어야 한다(통설).

2. 목적의 사회적 타당성

(1) 서 설
강행규정을 위반하지 않더라도 법률행위의 내용이 '선량한 풍속 기타 사회질서'에 반하면 무효이다(민법 제103조).

(2) 사회질서 위반의 요건
법률행위의 내용이 선량한 풍속 기타 사회질서에 반해야 하고, 자신의 법률행위가 사회질서에 반함을 행위자가 인식하고 있어야 한다(통설). 판례에 따르면 사회질서 위반 여부의 판단은 법률행위시를 기준으로 한다.

(3) 동기의 불법 기출 10
학설은 동기의 불법에 관하여 동기의 착오와 마찬가지로 동기가 표시되거나 상대방에게 알려진 경우에 한하여 민법 제103조가 적용된다는 입장이다. 마찬가지로 판례도 동기가 표시되거나 상대방에게 알려진 경우에 민법 제103조를 적용한다(대판 2001.2.9. 99다38613).

(4) 사회질서 위반행위의 유형

1) 사회질서 위반행위의 개념

반사회질서 행위는 법률행위의 목적인 권리의무의 내용이 선량한 풍속 기타 사회질서에 위반되는 경우, 권리의무의 내용 자체는 반사회질서적인 것이 아니라고 하여도 법률적으로 이를 강제하거나 그 법률행위에 반사회질서적인 조건 또는 금전적 대가가 결부됨으로써 반사회질서적 성격을 띠는 경우, 표시되거나 상대방에게 알려진 법률행위의 동기가 반사회질서적인 경우 등을 포괄하는 개념이다(대판 2023.2.23. 2022다287383).

2) 사회질서 위반행위에 해당하는 사례

① 정의관념에 반하는 행위
- 밀수입의 자금으로 사용하기 위한 소비대차 또는 그를 목적으로 한 출자행위
- 경매나 입찰에 있어서 부정한 약속을 하는 이른바 담합행위
- 당사자의 일방이 상대방에게 공무원의 직무에 관한 사항에 관하여 특별한 청탁을 하게 하고 그에 대한 보수로 돈을 지급할 것을 내용으로 한 약정
- 매수인이 매도인에게 이중매도할 것을 적극 권유하는 등 그의 배임행위에 적극 가담하여 이루어진 매매계약(대판 1994.3.11. 93다55289) 기출 08·10 판례는 부동산 이중매매가 반사회질서적인 것으로 평가되기 위해서는 제1매매행위에 약정 또는 법정해제사유가 없어야 하고, 제1매매행위가 계약이라면 중도금이 지급되는 등(대판 2020.5.14. 2019도16228) 계약금의 배액상환으로 제1매매계약을 해제할 수 없는 상태에 이르러야 한다고 판시하고 있다. 기출 22

- 참고인이 수사기관에 허위의 진술을 하는 대가로 일정한 급부를 받기로 한 약정 기출 14
- 보험계약자가 다수의 보험계약을 통하여 보험금을 부정 취득할 목적으로 체결한 보험계약 기출 14
- 증인은 진실을 진술할 의무가 있으므로, 증언의 대가로 급부를 제공받기로 한 약정도 무효이다. 허위진술의 대가로 급부를 받기로 하는 약정도 무효이다. 기출 17
- 형사사건의 성공보수약정은 반사회적 법률행위에 해당하나, 민사사건의 성공보수약정은 반사회적 법률행위에 해당하지 않는다. 기출 17
- 행정기관에 진정서를 제출하여 상대방을 궁지에 빠뜨린 다음 이를 취하하는 조건으로 거액의 급부를 제공받기로 약정한 경우 기출 14
- 위약벌의 약정은 채무의 이행을 확보하기 위하여 정해지는 것으로서 손해배상의 예정과는 그 내용이 다르므로 손해배상의 예정에 관한 민법 제398조 제2항을 유추적용하여 그 액을 감액할 수는 없고 다만, 그 의무의 강제에 의하여 얻어지는 채권자의 이익에 비하여 약정된 벌이 과도하게 무거울 때에는 그 일부 또는 전부가 공서양속에 반하여 무효가 된다(대판 2013.7.25. 2013다27015). 기출 14 · 22
- 금전 소비대차계약과 함께 이자의 약정을 하는 경우, 이율이 당시의 경제적·사회적 여건에 비추어 사회통념상 허용되는 한도를 초과하여 현저하게 고율로 정하여졌다면, 허용할 수 있는 한도를 초과하는 부분의 이자 약정은 선량한 풍속 기타 사회질서에 위반한 사항을 내용으로 하는 법률행위로서 무효이다 (대판 2023.6.15. 2022다211959).
- 법률행위의 일방 당사자로서 경제력의 차이로 인하여 우월한 지위에 있는 사업자가 지위를 이용하여 자기는 부당한 이득을 얻고 상대방에게 과도한 반대급부 내지 부당한 부담을 지우는 것으로 이를 강제하는 것이 사회적 타당성이 없다고 평가할 수 있는 경우 반사회질서 행위에 해당하여 무효가 되므로, 경제적 지위에서 우위에 있는 당사자와의 관계에서 계약상 책임의 요건과 범위 및 절차 등을 정한 경우, 상대방에게 이를 초과하는 책임을 추궁하는 것은 비록 계약상 별도의 약정에 기한 것이더라도 달리 그 합리성·필요성을 인정할 만한 사유가 존재하지 않는 한 경제적 지위의 남용에 따른 부당한 이익의 취득 및 부담의 강요로서 민법 제103조에 위반되어 무효로 볼 여지가 있다(대판 2023.2.23. 2022다287383).

② 윤리적 질서에 반하는 행위
- 일부다처제나 친자 간의 윤리에 반하는 행위
- 부부나 친자 등이 동거하지 않을 것을 제3자에게 약속하는 계약
- 자(子)가 부모를 상대로 불법행위에 의한 손해배상을 청구하는 행위
- 부첩관계인 부부생활의 종료를 해제조건으로 하는 증여계약(대판 1966.6.21. 66다530) 기출 22
- 다만, 부첩관계를 해소하면서 하는 금전지급약정은 공서양속에 반하지 않는다(대판 1980.6.24. 80다458).

기출 08

③ 개인의 자유를 매우 심하게 제한하는 행위
- 어떠한 일이 있어도 이혼하지 아니하겠다는 각서(대판 1969.8.19. 69므18)
- 단독계약·영업의 자유나 기타의 거래활동을 극도로 제한하는 경업금지계약

④ 사행성이 현저한 행위
- 도박자금을 대여하는 행위
- 도박으로 부담한 채무의 변제로써 토지를 양도하는 계약
- 도박에 패한 빚을 토대로 하여 그 노름빚을 변제하기로 한 계약
- 보험사고를 가장하여 보험금을 부정취득할 목적으로 체결된 다수의 생명보험계약(대판 2017.4.7. 2014다234827) 기출 22

3) 사회질서 위반행위에 해당하지 아니하는 사례
- 뇌물로 받은 금전을 소극적으로 은닉하기 위하여 이를 임치하는 행위
- 강제집행을 면할 목적으로 부동산에 허위의 근저당권을 설정하는 행위
- 양도소득세 회피 및 투기를 목적을 한 당사자 간의 매매계약(즉 양도소득세를 회피할 목적으로 실제로 거래한 가액보다 낮은 금액을 매매대금으로 기재한 경우는 반사회질서의 법률행위에 해당하지 아니함)
- 매매계약에서 매도인에게 부과될 공과금을 매수인이 책임진다는 취지의 특약을 한 행위
- 해외파견 후 귀국일로부터 상당기간 동안 소속회사에서 근무하지 않으면 해외파견 소요경비를 배상한다는 사규나 약정
- 민사사건에 관한 성공보수약정 행위
- 법률행위의 성립과정에 강박이라는 불법적 방법이 사용된 데에 불과한 행위 기출 24
- 전통사찰의 주지직을 거액의 금품을 대가로 양도・양수하기로 하는 약정이 있음을 알고도 이를 묵인 혹은 방조한 상태에서 한 종교법인의 주지임명행위
- 부동산을 매도인이 이미 제3자에게 매각한 사실을 매수인이 단순히 알고 있었던 상태에서 매도인의 요청으로 그 부동산을 매수하기로 한 행위 기출 24

(5) 사회질서 위반행위의 효과

1) 법률행위의 무효

사회질서에 반하는 사항을 내용으로 하는 법률행위는 무효이다(민법 제103조). 즉, 당사자가 그 법률행위에 의하여 발생시키고자 한 법률효과의 발생은 부정된다. 법률행위의 일부만이 사회질서에 반하는 경우에는 일부무효의 법리에 의하여 그 효과가 결정되어야 한다. 사회질서 위반에 따른 무효는 절대적이어서 선의의 제3자에게도 대항할 수 있다. 기출 22 판례는 부동산이중매매에서 거래 상대방이 배임행위를 유인・교사하거나 배임행위의 전 과정에 관여하는 등 배임행위에 적극 가담하는 경우에는 실행행위자와 체결한 계약이 반사회적 법률행위에 해당하여 무효로 될 수 있고, 선량한 풍속 기타 사회질서에 위반한 사항을 내용으로 하는 법률행위의 무효는 이를 주장할 이익이 있는 자는 누구든지 무효를 주장할 수 있다고(대판 2016.3.24. 2015다11281) 본다. 기출 23

2) 무효에 따른 법률관계

이행 전에는 반사회적 법률행위는 무효이므로 이행할 필요가 없고, 상대방도 이행을 구할 수 없다. 이행 후에는 기이행급부는 불법원인급여로서 원칙적으로 반환을 청구할 수 없다(민법 제746조 본문). 판례는 민법 제103조와 민법 제746조는 표리를 이루어 사법상 이상을 표현한 것이므로, 불법원인급여자는 부당이득반환청구권뿐만 아니라 소유권에 기한 목적물반환청구권도 행사할 수 없다고 한다(대판 1979.11.13. 79다483[전합]).

(6) 불공정한 법률행위(폭리행위)

1) 의 의

① 상대방의 궁박, 경솔 또는 무경험을 이용하여 자기의 급부에 비하여 현저하게 균형을 잃은 반대급부를 하게 함으로써 부당한 재산적 이익을 얻는 행위를 불공정한 법률행위 또는 폭리행위라고 한다(민법 제104조).
② 민법 제103조와 민법 제104조와의 관계에 대하여 통설・판례는 민법 제104조를 민법 제103조의 예시로 보아, 민법 제104조의 요건을 구비하지 못한 경우에도 민법 제103조에 의하여 무효가 될 수 있다고 한다.

2) 적용범위

증여와 같이 대가적 급부의 출연이 없는 무상행위에는 민법 제104조의 적용이 없다(대판 2000.2.11. 99다56833). 기출 06・11・20・23 또한 당사자의 의사에 기하지 않은 경매에 의한 재산권 이전에는 민법 제104조의 적용이

없다(대결 1980.3.21. 80마77). 기출 21 반면 채권의 포기에는 민법 제104조가 적용될 수 있고(대판 1975.5.13. 75다92), 합동행위 내지 권리능력 없는 사단의 총회결의에도 민법 제104조가 적용된다. 판례는 매매계약과 같은 쌍무계약이 급부와 반대급부와의 불균형으로 말미암아 민법 제104조에서 정하는 '불공정한 법률행위'에 해당하여 무효라고 한다면, 그 계약으로 인하여 불이익을 입는 당사자로 하여금 위와 같은 불공정성을 소송 등 사법적 구제수단을 통하여 주장하지 못하도록 하는 부제소합의 역시 다른 특별한 사정이 없는 한 무효라고 판시하고 있다(대판 2010.7.15. 2009다50308). 기출 21·25

3) 요 건

① 객관적 요건

㉠ **급부와 반대급부 사이의 현저한 불균형** : 객관적으로 급부와 반대급부 사이에 현저한 불균형이 존재하는 것을 의미한다. 판례는 현저한 불균형이 있다고 판시한 사례로, 정상적으로 받을 수 있는 손해배상액의 8분의 1만 받고 합의서를 작성하여 준 경우(대판 1979.4.10. 78다2457), 시가 700만원 상당의 가옥을 267만원에 매도한 경우(대판 1979.4.10. 79다275), 시가 2억 2,000만원 상당인 임야에 대하여 더 이상 권리주장을 하지 않는 대가로 7억 5,000만원을 받기로 약정한 경우(대판 1995.4.11. 94다17000) 등을 들고 있다. 현저한 불공정의 판단기준시점은 법률행위시이다(통설·판례). 기출 23·25

㉡ **상대방의 궁박·경솔·무경험의 이용** : 불균형은 상대방의 궁박·경솔·무경험에 기인하여야 한다. 궁박·경솔·무경험은 모두 구비되어야 하는 요건은 아니고, 그중 일부만 갖추어지면 충분하다. 기출 18·20 궁박이라 함은 급박한 곤궁을 의미하며, 경제적·정신적·심리적 원인에서 기인할 수 있다. 기출 06·11·18 판례는 당사자가 계약을 지키지 않는 경우 얻을 이익이 이로 인해 입을 불이익보다 크다고 판단하여, 그 불이익의 발생을 예측하면서도 이를 감수할 생각으로 계약에 반하는 행위를 함으로써 계약 상대방과의 관계에서 그가 주장하는 급박한 곤궁 상태에 이르렀다면, 이와 같이 그가 자초한 상태를 민법 제104조의 궁박이라고 인정하는 것은 엄격하고 신중하게 이루어져야 한다고 판시하고 있다(대판 2024.3.12. 2023다301712).3) 무경험은 일반적인 생활체험의 부족으로서 어느 특정영역에서의 경험부족이 아니라 거래일반에 대한 경험부족을 의미한다. 기출 18·23·25 판례는 매도인의 대리인이

---

3) [1] 급부와 반대급부는 해당 법률행위에서 정한 급부와 반대급부를 의미하므로, 궁박 때문에 법률행위를 하였다고 주장하는 당사자가 그 법률행위의 결과 제3자와의 계약관계에서 입었을 불이익을 면하게 되었더라도, 특별한 사정이 없는 한 이러한 불이익의 면제를 곧바로 해당 법률행위에서 정한 상대방의 급부로 평가해서는 안 된다. 이를 상대방의 급부로 평가한다면, 당사자가 그 불이익을 입는 것보다 해당 법률행위에서 정한 반대급부를 이행하는 것이 경제적으로 유리하다고 보아 그 법률행위를 한 대부분의 경우에 그 불이익을 포함한 급부의 객관적 가치가 반대급부의 객관적 가치를 초과하여, 그 이유만으로 당사자의 궁박 여부와 관계없이 법률행위의 불공정성이 부정되는 부당한 결과가 발생할 수 있기 때문이다. 이러한 불이익은 급부와 반대급부 사이의 객관적 가치 차이가 사회통념상 현저하게 균형을 잃은 정도에 이르렀는지, 또는 당사자가 궁박한 상태에 있었는지를 판단할 때 고려할 수 있을 뿐이다.
[2] 갑 소유 주택에 관하여 갑과 을이 체결한 주택임대차계약의 임대차 기간 중 갑이 위 주택 및 부지와 이에 인접한 토지들을 함께 매수하여 다세대주택을 신축하려는 병 주식회사에 위 주택 및 부지를 매도하는 매매계약을 체결하면서 '갑이 임차인들을 퇴거시켜야 하고, 잔금 지급일까지 이를 완전히 해결하지 않으면 위 매매계약의 위약금뿐만 아니라 다른 부동산 매매계약의 위약금도 모두 책임진다.'는 취지의 특약을 포함시켰는데, 을이 임대차계약을 합의해제하고 임차목적물을 인도해 달라는 갑의 요구에 응하지 않아 갑이 거액의 위약금을 지급하여야 할 위험에 처하게 되자, 쌍방이 협의를 거쳐 갑이 매매계약의 잔금을 수령하면 을에게 임차보증금과 이사비용뿐만 아니라 임차보증금의 10배에 달하는 인도 합의금을 지급하기로 한다는 내용의 합의를 하고, 정은 합의에 따른 갑의 채무를 보증한 사안에서, 위 합의에 따라 임차목적물의 인도가 이루어짐으로써 지급을 면하게 된 위약금 상당액을 을의 급부에 포함시켜 을의 급부의 객관적 가치가 갑과 정의 반대급부의 객관적 가치보다 오히려 높으므로 급부와 반대급부 사이에 현저한 불균형이 존재하지 않는다고 본 원심의 판단은 잘못이나, 갑과 정이 곤궁한 상태에 이르게 된 원인과 배경을 비롯하여 당사자의 신분 및 상호관계, 매매계약에 따른 경제적 이익, 합의의 경위 및 내용, 합의 이후의 상황, 매매계약의 해제와 같이 갑에게 존재하였던 다른 대안 등 모든 사정을 고려하면 위 합의가 갑과 정의 궁박 상태에서 체결되었다고 단정할 수 없으므로, 위 합의가 유효하다고 본 원심의 결론은 정당하다고 한 사례(대판 2024.3.12. 2023다301712)

매매한 경우에 있어서 그 매매가 불공정한 법률행위인가를 판단함에는 매도인의 경솔, 무경험은 그 대리인을 기준으로 하여 판단하여야 하고, 궁박상태에 있었는지의 여부는 매도인 본인의 입장에서 판단되어야 하며(대판 1972.4.25. 71다2255), 기출 11·20·21 법률행위가 현저하게 공정을 잃었다고 하여 곧 그것이 궁박, 경솔 또는 무경험으로 이루어진 것이라고 추정되는 것은 아니라고 한다(대판 1977.12.13. 76다2179). 기출 18·20

> 객관적으로 급부와 반대급부 사이에 현저한 불균형이 존재하는지를 판단하려면 우선 해당 법률행위의 급부와 반대급부가 무엇인지를 확정한 뒤 그 각각의 객관적 가치를 비교·평가해야 한다. 기출 25 또한 급부와 반대급부 사이에 현저한 불균형이 있는지는 단순히 시가와의 차액 또는 시가와의 배율로 판단할 수 있는 것은 아니고, 구체적·개별적 사안에서 일반인의 사회통념에 따라 결정하여야 한다. 여기에서 급부와 반대급부는 해당 법률행위에서 정한 급부와 반대급부를 의미하므로, 궁박 때문에 법률행위를 하였다고 주장하는 당사자가 그 법률행위의 결과 제3자와의 계약관계에서 입었을 불이익을 면하게 되었더라도, 특별한 사정이 없는 한 이러한 불이익의 면제를 곧바로 해당 법률행위에서 정한 상대방의 급부로 평가해서는 안 된다. 이를 상대방의 급부로 평가한다면, 당사자가 그 불이익을 입는 것보다 해당 법률행위에서 정한 반대급부를 이행하는 것이 경제적으로 유리하다고 보아 그 법률행위를 한 대부분의 경우에 그 불이익을 포함한 급부의 객관적 가치가 반대급부의 객관적 가치를 초과하여, 그 이유만으로 당사자의 궁박 여부와 관계없이 법률행위의 불공정성이 부정되는 부당한 결과가 발생할 수 있기 때문이다. 이러한 불이익은 급부와 반대급부 사이의 객관적 가치 차이가 사회통념상 현저하게 균형을 잃은 정도에 이르렀는지, 또는 당사자가 궁박한 상태에 있었는지를 판단할 때 고려할 수 있을 뿐이다(대판 2024.3.12. 2023다301712).

② **주관적 요건** : 폭리자가 상대방에게 위와 같은 사정이 있음을 알고서 그것을 이용하려는 의사(폭리행위의 악의)가 있어야 한다(대판 2002.10.22. 2002다38927). 기출 11·17

4) 입증책임

폭리행위에 대한 주장 및 입증책임은 그 무효를 주장하는 자에게 있고, 기출 04 급부와 반대급부 사이에 현저한 불균형이 있다는 사정만으로 곧바로 당사자의 궁박, 경솔 또는 무경험에 기인하는 것으로 추정되지는 않지만, 구체적 사정에 따라 추정되기도 한다.

5) 효 과

① 요건이 구비되면 그 행위는 절대적 무효이므로 선의의 제3자에게도 대항할 수 있다. 추인에 의해서도 그 법률행위가 유효로 될 수 없다(대판 1994.6.24. 94다10900). 기출 16·20·21·23·25 다만, 무효행위 전환의 법리에 따라 법률행위의 일부가 유효할 수 있다는 것이 판례이다. 기출 23

② 불공정한 법률행위는 무효이므로 아직 급부를 이행하지 아니한 경우에는 이행할 필요가 없다. 다만, 이미 급부를 이행한 경우에는 불법원인급여로서 제746조가 적용된다. 불법의 원인이 폭리자에게 있으므로 상대방, 즉 피해자는 민법 제746조 단서에 의해 이행한 것의 반환을 청구할 수 있으나, 폭리자는 민법 제746조 본문에 의해 자기가 이행한 것의 반환을 청구할 수는 없다.

제3절 의사표시

I 의 의

의사표시는 일정한 법률효과를 발생시키려는 의사를 외부로 표시하는 것으로, 법률행위의 본질적 구성부분이다.

II 흠 있는 의사표시

1. 민법의 규정

법률행위가 유효하기 위해서는 의사표시에 흠이 없어야 하며, 만일 의사표시에 흠이 있는 경우에는 법률행위가 무효로 되거나 취소될 수 있다. 민법은 이에 대하여 '의사와 표시의 불일치(민법 제107 내지 제109조)'와 '사기·강박에 의한 의사표시(민법 제110조)'의 둘로 나누어 규율하고 있다.

2. 진의 아닌 의사표시(민법 제107조)

(1) 의 의

비진의표시는 의사와 표시의 불일치를 표의자 스스로 알면서 하는 의사표시를 말한다.

(2) 요 건

1) 의사표시의 존재

진의 아닌 의사표시로 되기 위하여 우선 일정한 효과의사를 추단할 만한 행위가 있어야 한다.

2) 진의와 표시가 불일치할 것

진의와 표시가 일치하지 않아야 한다. 진의란 특정한 내용의 의사표시를 하고자 하는 표의자의 생각을 말하는 것이지 표의자가 진정으로 마음속에서 바라는 사항을 뜻하는 것은 아니라고 할 것이다(대판 1993.7.16. 92다41528). 기출 20 표의자가 의사표시의 내용을 진정으로 마음속으로 바라지는 아니하였다고 하더라도 당시의 상황에서는 그것을 최선이라고 판단하여 그 의사표시를 하였을 경우에는 이를 내심의 효과의사가 결여된 진의 아닌 의사표시라고 할 수 없다(대판 2003.4.25. 2002다11458). 기출 07

3) 표의자가 그러한 사실을 알고 있을 것

상대방과 통정이 있으면 통정허위표시이고, 표의자가 불일치를 모르고 있는 경우에는 착오의 문제이다.

(3) 효 과

① 원칙적으로 표시된 대로 효과가 발생하여 유효하다(민법 제107조 제1항 본문).
② 예외적으로 상대방이 알았거나 알 수 있었을 경우에는 무효이다(민법 제107조 제1항 단서). 이 경우 상대방이 진의 아님을 알았다거나 또는 알 수 있었다는 것은 의사표시의 무효를 주장하는 자가 주장·증명하여야 한다(통설·판례). 기출 06·07·10
③ 단, 무효로써 선의의 제3자에게 대항할 수 없다(민법 제107조 제2항).

(4) 적용범위

① 계약 및 상대방 있는 단독행위 : 당연히 민법 제107조가 적용된다.
② 상대방 없는 단독행위 : 민법 제107조 제1항 단서의 적용 여부에 대하여 학설의 다툼이 있다.
③ 친족법상의 행위와 공법상의 의사표시 및 거래의 안전이 중시되는 주식인수의 청약 등에 대하여는 민법 제107조가 적용되지 않는다.

(5) 판 례

1) 진의 아닌 의사표시에 해당하는 사례
① 사용자가 사직의 의사 없는 근로자로 하여금 어쩔 수 없이 사직서를 작성·제출하게 한 후 이를 수리하는 이른바 의원면직의 형식을 취하여 근로계약관계를 종료시키는 경우는 근로자의 사직서 제출이 진의 아닌 의사표시에 해당하여 무효이다(대판 2000.4.25. 99다34475). 기출 17·20
② 근로자가 회사의 경영방침에 따라 사직원을 제출하고 회사가 이를 받아들여 퇴직처리를 하였다가 즉시 재입사하는 형식을 취함으로써 근로자가 그 퇴직 전후에 걸쳐 실질적인 근로관계의 단절이 없이 계속 근무하였다면 그 사직원제출은 근로자가 퇴직을 할 의사 없이 퇴직의사를 표시한 것으로서 비진의의사표시에 해당하고 재입사를 전제로 사직원을 제출케 한 회사 또한 그와 같은 진의 아님을 알고 있었다고 봄이 상당하다 할 것이므로 위 사직원제출과 퇴직처리에 따른 퇴직의 효과는 생기지 아니한다(대판 1988.5.10. 87다카2578). 기출 25

2) 진의 아닌 의사표시에 해당하지 아니하는 사례
① 비록 재산을 강제로 뺏긴다는 것이 표의자의 본심으로 잠재되어 있었다 하여도 표의자가 강박에 의하여서나마 증여를 하기로 하고 그에 따른 증여의 의사표시를 한 이상 증여의 내심의 효과의사가 결여된 것이라고 할 수는 없다(대판 2002.12.27. 2000다47361). 기출 20·24
② 근로자가 징계면직처분을 받은 후 당시 상황에서는 징계면직처분의 무효를 다투어 복직하기는 어렵다고 판단하여 퇴직금 수령 및 장래를 위하여 사직원을 제출하고 재심을 청구하여 종전의 징계면직처분이 취소되고 의원면직처리된 경우, 그 사직의 의사표시는 비진의의사표시에 해당하지 않는다(대판 2000.4.25. 99다34475). 기출 17
③ 공무원이 사직의 의사표시를 하여 의원면직처분을 하는 경우 그 사직의 의사표시는 그 법률관계의 특수성에 비추어 외부적·객관적으로 표시된 바를 존중하여야 할 것이므로, 비록 사직원제출자의 내심의 의사가 사직할 뜻이 아니었다고 하더라도 진의 아닌 의사표시에 관한 민법 제107조는 그 성질상 사직의 의사표시와 같은 사인의 공법행위에는 준용되지 아니하므로 그 의사가 외부에 표시된 이상 그 의사는 표시된 대로 효력을 발한다(대판 1997.12.12. 97누13962). 기출 07·17·20
④ 법률상 또는 사실상의 장애로 자기 명의로 대출받을 수 없는 자를 위하여 대출금채무자로서의 명의를 빌려준 자에게 그와 같은 채무부담의 의사가 없는 것이라고는 할 수 없으므로 그 의사표시를 비진의표시에 해당한다고 볼 수 없고, 설령 명의대여자의 의사표시가 비진의표시에 해당한다고 하더라도 그 의사표시의 상대방인 상호신용금고로서는 명의대여자가 전혀 채무를 부담할 의사 없이 진의에 반한 의사표시를 하였다는 것까지 알았다거나 알 수 있었다고 볼 수도 없다(대판 1996.9.10. 96다18182). 기출 20

3. 통정한 허위의 의사표시

(1) 의 의

1) 개 념
허위표시라 함은 상대방과 통정하여 하는 자기의 진의와 다른 의사표시를 말한다. 그리고 허위표시를 요소로 하는 법률행위를 가장행위라 한다.

2) 구 별
① **은닉행위** : 증여를 하면서 증여세 면탈을 목적으로 매매를 가장하여 소유권이전등기를 하는 경우, 위 매매를 가장매매라 한다. 그리고 증여를 은닉행위라고 한다.
② **명의신탁행위** : 명의신탁에서 권리를 대외적으로 이전하려는 신탁자의 진의가 존재하므로, 명의신탁행위는 허위표시가 아니다.
③ **허수아비행위** : 계약당사자가 전면에 나서는 것을 꺼려 다른 사람을 내세워 법률행위를 하되 대내적으로 이에 따른 권리·의무를 자기에게 귀속시키는 행위를 허수아비행위라고 한다. 즉, 허수아비행위는 비진의표시나 통정허위표시가 될 수 없고, 원칙적으로 유효한 행위가 되어 허수아비에게 법적 효과가 귀속되고, 추후 배후자에게로의 권리이전의 문제가 남게 된다.

(2) 요 건

1) 의사표시의 존재
허위표시는 당연히 상대방 있는 의사표시여야 한다. 허위표시는 제3자를 속이기 위한 목적으로 행하여지는 것이 대부분이므로 증서의 작성이나 등기·등록과 같은 외형을 수반하는 경우가 많다.

2) 표시와 진의의 불일치
표시행위의 의미(표시상의 효과의사)에 대응하는 표의자의 의사(내심적 효과의사)가 존재하지 아니하여야 한다.

3) 상대방과의 통정이 있을 것
진의와 다른 표시를 하는 데 대하여 표의자가 알고 있어야 할 뿐만 아니라 상대방과 통정해야 한다. 기출 21 이 요건은 허위표시의 무효를 주장하는 자가 증명해야 한다. 판례는 의사표시의 진의와 표시가 일치하지 아니하고, 그 불일치에 관하여 상대방과 사이에 합의가 있는 경우에는, 통정허위표시가 성립한다고 판시하고 있다(대판 2018.7.24. 2018다220574). 기출 22·24 최근 판례는 임대인과 임차인이 임대차계약에 따른 임대차보증금반환채권을 담보할 목적으로 전세권을 설정하기 위하여 전세권설정계약을 체결한 경우, 이 전세권설정계약은 임대차계약과 양립할 수 없는 범위에서 통정허위표시에 해당하여 무효라고 판시하고 있다(대판 2021.12.30. 2018다268538).4) 기출 22

---

4) 이하에서 판결요지를 살펴본다.
임대차계약에 따른 임대차보증금반환채권을 담보할 목적으로 임대인과 임차인 사이의 합의에 따라 임차인 명의로 전세권설정등기를 마친 경우, 그 전세금의 지급은 이미 지급한 임대차보증금으로 대신한 것이고, 장차 전세권자가 목적물을 사용·수익하는 것을 완전히 배제하는 것도 아니므로, 그 전세권설정등기는 유효하다. 이때 임대인과 임차인이 그와 같은 전세권설정등기를 마치기 위하여 전세권설정계약을 체결하여도, 임대차보증금은 임대차계약이 종료된 후 임차인이 목적물을 인도할 때까지 발생하는 차임 및 기타 임차인의 채무를 담보하는 것이므로, 임대인과 임차인이 위와 같이 임대차보증금반환채권을 담보할 목적으로 전세권을 설정하기 위하여 전세권설정계약을 체결하였다면, 임대차보증금에서 연체차임 등을 공제하고 남은 돈을 전세금으로 하는 것이 임대인과 임차인의 합치된 의사라고 볼 수 있다. 그러나 그 전세권설정계약은 외관상으로는 그 내용에 차임지급 약정이 존재하지 않고 이에 따라 전세금이 연체차임으로 공제되지 않는 등 임대인과 임차인의 진의와 일치하지 않는 부분이 존재한다. 따라서 그러한 전세권설정계약은 위와 같이 임대차계약과 양립할 수 없는 범위에서 통정허위표시에 해당하여 무효라고 봄이 타당하다. 다만 그러한 전세권설정계약에 의하여 형성된 법률관계에 기초하여 새로이 법률상 이해관계를 가지게 된 제3자에 대하여는 그 제3자가 그와 같은 사정을 알고 있었던 경우에만 그 무효를 주장할 수 있다(대판 2021.12.30. 2018다268538).

(3) 효 과

1) 당사자 간의 효과

허위표시 당사자 사이에서는 언제나 무효이다. 또한 누구든지 그 무효를 주장할 수 있다(대판 2003.3.28. 2002다72125). 통정허위표시로서 의사표시가 무효라고 주장하는 자는 그 무효사유에 해당하는 사실을 증명할 책임이 있다(대판 2017.8.18. 2014다87595). 기출 21

① 민법 제746조와의 관계 : 허위표시는 그 자체로는 불법이 아니므로 민법 제746조는 적용되지 않는다. 기출 20 즉, 강제집행을 면할 목적으로 부동산의 소유자 명의를 허위의 근저당권 설정등기를 경료하거나 명의신탁 하는 것이 불법원인급여에 해당한다고 볼 수는 없다(대판 2004.5.28. 2003다70041). 기출 09 · 10 · 18

② 민법 제406조와의 관계 : 허위표시로 무효인 법률행위가 채권자취소권의 대상이 될 수 있는지 여부가 문제되나 통설·판례는 이를 긍정한다. 기출 21 · 22 · 23 · 24 · 25

2) 제3자에 대한 효과

① 제3자의 의의 : 허위표시의 당사자 및 포괄승계인 이외의 자로서 허위표시에 의하여 형성된 법률관계를 토대로 실질적으로 새로운 이해관계를 갖는 자를 말한다(통설)(대판 2007.7.6. 99다51258). 기출 08

② 제3자에 해당하는 경우
- 가장매매의 매수인으로부터 그 부동산을 다시 매수한 자(대판 1996.4.26. 94다12074) 기출 12
- 가장매매에 기한 대금채권의 양수인 또는 가장소비대차에 기한 채권의 양수인(대판 2004.1.15. 2002다31537)
- 가장양수인으로부터 저당권을 취득한 자(대판 2008.3.13. 2006다29372) 기출 08 · 12
- 통정허위표시에 의하여 외형상 형성된 법률관계로 생긴 채권의 가압류권자(대판 2004.5.28. 2003다70041) 기출 17 · 21 · 22
- 파산자가 상대방과 통정한 허위의 의사표시를 통하여 가장채권을 보유하고 있다가 파산이 선고된 경우의 파산관재인(대판 2005.5.12. 2004다68366) 기출 10 · 17 · 22
- 허위의 주채무자의 기망행위에 의하여 보증계약을 체결한 후 보증채무를 이행한 보증인(대판 2000.7.6. 99다51258)

③ 제3자에 해당하지 않는 경우
- 저당권의 가장포기시 기존의 후순위저당권자 기출 12
- 가장매매에 의한 손해배상청구권의 양수인(통설)
- 채권의 가장양수인으로부터 추심을 위한 채권양도를 받은 자 기출 08
- 제3자를 위한 계약의 수익자
- 채권의 가장양도인으로부터 계약상의 지위를 이전받은 자(대판 2004.1.15. 2002다31537)
- 채권의 가장양도에 있어서의 주채무자(대판 1983.1.18. 82다594) 기출 10
- 소외인 1이 부동산의 매수자금을 차용하고 담보조로 대주에게 가등기를 경료하기로 약정한 후, 채권자들의 강제집행을 우려하여 소외인 2에게 부동산을 가장양도한 경우, 소외인 2로부터 자기 앞으로 가등기를 경료받은 대주(대판 1982.5.25. 80다1403)[5]

---

5) 이하에서 판결요지를 살펴본다.
통정허위표시의 무효를 대항할 수 없는 제3자란 허위표시의 당사자 및 포괄승계인 이외의 자로서 허위표시에 의하여 외형상 형성된 법률관계를 토대로 새로운 법률원인으로써 이해관계를 갖게 된 자를 말한다. 따라서, 소외인 1이 부동산의 매수자금을 피고로부터 차용하고 담보조로 가등기를 경료하기로 약정한 후 채권자들의 강제집행을 우려하여 소외인 2에게 가장양도한 후 피고 앞으로 가등기를 경료케 한 경우에 있어서, 피고는 형식상은 가장 양수인으로부터 가등기를 경료받은 것으로 되어 있으나 실질적인 새로운 법률원인에 의한 것이 아니므로 통정허위 표시에서의 제3자로 볼 수 없다(대판 1982.5.25. 80다1403).

- 허위가등기에 대한 철회 후, 임의로 본등기를 경료한 자로부터 매수한 자(대판 2020.1.30. 2019다280375)[6]

  기출 24

④ **제3자의 선의** 기출 08·10·17·20·21 : 제3자의 선의는 추정되므로 무효를 주장하는 자가 제3자의 악의를 입증해야 한다는 것이 통설·판례이다. 즉 판례는 가장양수인으로부터 소유권이전등기청구권 보전을 위한 가등기를 경료받은 자는 민법 제108조 제2항의 제3자에 해당하고 여기에서 제3자는 특별한 사정이 없는 한 선의로 추정되므로, 제3자가 악의라는 사실에 관한 주장·입증책임은 그 허위표시의 무효를 주장하는 자에게 있다(대판 2006.3.10. 2002다1321)고 한다. 이때 제3자는 선의이면 족하고, 무과실은 요건이 아니다(대판 2004.5.28. 2003다70041). 허위표시임을 알고 있는 악의의 제3자로부터 전득한 자가 선의인 경우에도 선의의 제3자에 해당한다(대판 2013.2.15. 2012다49292). 한편 선의의 제3자로부터 다시 매수한 자(전득자)는 악의라 할지라도 보호된다(엄폐물법칙, 통설).

⑤ **'대항하지 못한다'는 의미**
  - 선의의 제3자가 보호받는 경우 허위표시의 당사자뿐만 아니라 그 누구도 제3자에게 허위표시의 무효를 주장할 수 없다는 것이 통설·판례이다. 기출 24
  - 그러나 선의의 제3자가 스스로 허위표시의 무효를 주장할 수는 있다(통설). 기출 06

(4) 적용범위
① 민법 제108조는 계약에 한하지 않고, 상대방 있는 단독행위에도 적용된다.
② 상대방 없는 행위에는 적용되지 않는다.
③ 가족법상의 법률행위에서 허위표시는 언제나 무효이다.

(5) 허위표시와 철회
① 당사자 간 합의로 허위표시의 철회는 가능하다(통설).
② 철회가 있기 전 이해관계를 맺은 선의의 제3자에 대하여 철회를 가지고 대항할 수 없고, 철회 후에 이해관계를 맺은 제3자에 대해서는 허위표시의 외형을 제거한 경우에만 철회를 가지고 제3자에게 대항할 수 있다(통설).

---

[6] 이하에서 판결요지를 살펴본다.
[1] 상대방과 통정한 허위의 의사표시는 무효이고 누구든지 그 무효를 주장할 수 있는 것이 원칙이나, 허위표시의 당사자와 포괄승계인 이외의 자로서 허위표시에 의하여 외형상 형성된 법률관계를 토대로 실질적으로 새로운 법률상 이해관계를 맺은 선의의 제3자에 대하여는 허위표시의 당사자뿐만 아니라 그 누구도 허위표시의 무효를 대항하지 못하는 것인데, 제3자의 범위는 권리관계에 기초하여 형식적으로만 파악할 것이 아니라 허위표시행위를 기초로 하여 새로운 법률상 이해관계를 맺었는지 여부에 따라 실질적으로 파악하여야 한다.
[2] 갑이 부동산 관리를 위해 을에게 매매예약을 등기원인으로 소유권이전등기청구권 가등기를 마쳐 주었고, 그 후 을이 제기한 가등기에 기한 본등기의 이행을 구하는 소송이 공시송달로 진행된 결과 을의 승소판결이 선고되어 외형상 확정되었으나, 갑이 추완항소를 제기하여 가등기의 등기원인인 매매예약이 갑과 을의 통정한 허위의 의사표시에 의한 것으로 무효라는 이유로 제1심판결을 취소하고 을의 청구를 기각하는 판결이 선고·확정되었는데, 위 부동산에 관하여 을이 갑의 추완항소 이전에 발급받았던 송달증명원 및 확정증명원을 가지고 확정판결을 원인으로 지분소유권이전등기를 마쳤고, 을의 남편인 병이 재산분할을 원인으로 지분소유권이전등기를 마쳤으며, 그 후 정과 무가 위 부동산에 관하여 매매를 원인으로 지분소유권이전등기를 순차로 마친 경우, 무는 을 명의의 허위가등기 자체를 기초로 하여 새로운 법률상 이해관계를 맺은 제3자의 지위에 있다고 볼 수 없으므로, 무가 통정한 허위의 의사표시의 제3자에 해당한다고 본 원심판단에는 법리오해 등의 잘못이 있다(대판 2020.1.30. 2019다280375).

(6) 민법 제108조 제2항의 유추적용 여부

乙이 甲으로부터 부동산에 관한 담보권설정의 대리권만 수여받고도 그 부동산에 관하여 자기 앞으로 소유권이전등기를 하고 이어서 丙에게 그 소유권이전등기를 경료한 경우, 丙은 乙을 甲의 대리인으로 믿고서 위 등기의 원인행위를 한 것도 아니고, 甲도 乙 명의의 소유권이전등기가 경료된 데 대하여 이를 통정·용인하였거나 이를 알면서 방치하였다고 볼 수 없다면 이에 민법 제126조나 제108조 제2항을 유추할 수는 없다(대판 1991.12.27. 91다3208).

4. 착오로 인한 의사표시

(1) 서 설

의사표시는 법률행위의 내용의 중요부분에 착오가 있는 때에는 취소할 수 있다. 그러나 그 착오가 표의자의 중대한 과실로 인한 때에는 취소하지 못하며(민법 제109조 제1항), 그 의사표시의 취소는 선의의 제3자에게 대항하지 못한다(민법 제109조 제2항). 여기서 착오에 의한 의사표시란 표시에 의하여 추단되는 의사와 진의가 일치하지 않으며 그 불일치를 표의자 자신이 모르는 의사표시를 말한다. 한편 표의자가 착오를 이유로 의사표시를 취소하는 경우, 착오취소를 배제하는 사유가 없어야 하는데, 그러한 사유로는 취소권 배제의 합의, 취소권의 포기(민법 제143조, 제144조) 또는 실효, 사후의 사정변경으로 취소주장이 신의칙에 반하는 경우, 상대방의 양해, 자발적인 위험인수 등을 들 수 있다. 이에 대한 증명책임은 표의자의 상대방에게 있다.

> **법률행위 당시 의사표시자의 인식이 장래에 있을 어떤 사항에 대한 단순한 예측이나 기대에 머무르는 것이 아니라 그 예측이나 기대의 근거가 되는 현재 사정에 대한 인식을 포함하고 있고, 그 인식이 실제로 있는 사실과 일치하지 않는 경우, 이를 착오로 다룰 수 있는지 여부(적극)**
> 민법 제109조에 따라 의사표시에 착오가 있다고 하려면 법률행위를 할 당시에 실제로 없는 사실을 있는 사실로 잘못 깨닫거나 아니면 실제로 있는 사실을 없는 것으로 잘못 생각하듯이 의사표시자의 인식과 그러한 사실이 어긋나는 경우라야 한다. 의사표시자가 행위를 할 당시 장래에 있을 어떤 사항의 발생을 예측한 데 지나지 않는 경우는 의사표시자의 심리상태에 인식과 대조사실의 불일치가 있다고 할 수 없어 이를 착오로 다룰 수 없다. 다만 어떠한 인식이 장래에 있을 어떤 사항에 대한 단순한 예측이나 기대에 머무르는 것이 아니라 그 예측이나 기대의 근거가 되는 현재 사정에 대한 인식을 포함하고 있고 그 인식이 실제로 있는 사실과 일치하지 않는다면 이를 착오로 다룰 수 있다(대판 2024.8.1. 2024다206760).
>
> **법률행위의 중요부분에 착오가 있음을 이유로 한 의사표시의 취소가 신의성실의 원칙에 비추어 허용될 수 없다고 본 사례**
> 매매계약의 체결 경위 및 당시 시행되던 소득세법, 같은 법 시행령, 조세감면규제법, 주택건설촉진법 등 관계 규정에 의하면, 토지의 매수인이 개인인지 법인인지, 법인이라도 주택건설사업자인지 및 주택건설사업자라도 양도소득세 면제신청을 할 것인지 여부 등은 매도인이 부담하게 될 양도소득세액 산출에 중대한 영향을 미치게 되어 이 점에 관한 착오는 법률행위의 내용의 중요부분에 관한 것이라고 할 수 있으나, 소득세법 및 같은법 시행령의 개정으로 1989.8.1. 이후 양도한 것으로 보게 되는 거래에 대하여는 투기거래의 경우를 제외하고는 법인과의 거래에 있어서도 개인과의 거래와 마찬가지로 양도가액을 양도 당시의 기준시가에 의하도록 변경된 점에 비추어 볼 때, 매매계약의 체결에 위와 같은 착오가 있었다 하더라도 소득세법상의 양도시기가 1989.8.1. 이후로 보게 되는 관계로 매도인은 당초 예상한 바와 같이 기준시가에 의한 양도소득세액만 부담하면 족한 것으로 확정되어 위 착오로 인한 불이익이 소멸되었으므로, 그 후 이 사건 소송계속 중에 준비서면의 송달로써 한 취소의 의사표시는 신의성실의 원칙상 허용될 수 없다(대판 1995.3.24. 94다44620). 기출 24

(2) 착오의 유형

1) 표시상의 착오

표의자가 외부적으로 자기가 표시한 것으로 나타난 바를 표시하려 하지 않았던 경우에 이 유형의 착오가 존재한다. 즉, 표시행위 자체를 잘못하는 것이 표시상의 착오이다. 판례는 신원보증서류에 서명날인한다는 착각에 빠진 상태로 연대보증의 서면에 서명날인한 경우, 결국 이와 같은 행위는 강학상 기명날인의 착오(또는 서명의 착오), 즉 어떤 사람이 자신의 의사와 다른 법률효과를 발생시키는 내용의 서면에, 그것을 읽지 않거나 올바르게 이해하지 못한 채 기명날인을 하는 이른바 표시상의 착오에 해당하고 착오가 제3자의 기망행위에 의하여 일어난 것이라 하더라도 그에 관하여는 사기에 의한 의사표시에 관한 법리, 특히 상대방이 그러한 제3자의 기망행위사실을 알았거나 알 수 있었을 경우가 아닌 한 의사표시자가 취소권을 행사할 수 없다는 민법 제110조 제2항의 규정을 적용할 것이 아니라, 착오에 의한 의사표시에 관한 법리만을 적용하여 취소권 행사의 가부를 가려야 한다고 판시하고 있다(대판 2005.5.27. 2004다43824). 기출 21

2) 내용의 착오

표의자가 표시하려고 한 바를 제대로 표시하였지만 외부적으로 표시된 바를 법적으로 다른 의미 또는 범위와 결부시킨 경우에 내용의 착오가 존재한다.

3) 동기의 착오

① 의의 : 동기의 착오란 의사형성의 과정에 있어서의 착오이며, 이에는 당사자 일방의 동기의 착오가 있고, 쌍방의 동기의 착오가 있다.

② 판례 : 동기가 표시되어 의사표시 해석상 법률행위의 내용이 된 경우이거나 표시되지는 않았더라도 동기의 착오가 상대방으로부터 유발되거나 제공된 경우, 민법 제109조를 적용할 수 있다. 다만, 이때에도 민법 제109조의 나머지 요건(중요 부분, 무중과실)을 갖추어야 취소할 수 있다는 점을 주의해야 한다.

기출 05·23

4) 그 밖의 착오

법률의 착오는 법률상태 즉 법률규정의 존부 또는 의미에 관한 착오를 말하며 의사표시의 내용을 이루는 법률효과에 관한 착오인 법률효과의 착오(내용의 착오에 해당)와 구별된다. 법률의 착오에 관하여 학설은 대부분 착오의 일반이론에 의하여 해결하여야 한다는 태도이고, 판례도 같은 취지로 보인다.

> 법률에 관한 착오(양도소득세가 부과될 것인데도 부과되지 아니하는 것으로 오인)라도 그것이 법률행위의 내용의 중요부분에 관한 것인 때에는 표의자는 그 의사표시를 취소할 수 있고, 또 매도인에 대한 양도소득세의 부과를 회피할 목적으로 매수인이 주택건설을 목적으로 하는 주식회사를 설립하여 여기에 출자하는 형식을 취하면 양도소득세가 부과되지 않을 것이라고 말하면서 그러한 형식에 의한 매매를 제의하여 매도인이 이를 믿고 매매계약을 체결한 것이라 하더라도 그것이 곧 사회질서에 반하는 것이라고 단정할 수 없으므로 이러한 경우에 역시 의사표시의 착오 이론을 적용할 수 있다(대판 1981.11.10. 80다2475). 기출 24·25

(3) 취소권 발생의 요건

1) **법률행위 내용의 중요부분에 착오가 있을 것(이중적 기준설)(통설)**(대판 1999.4.23. 98다45546) 기출 18
   ① **객관적 현저성** : 보통 일반인이 표의자의 입장에 섰더라면 그러한 의사표시를 하지 않았을 것이라고 생각될 정도로 중요한 것이어야 한다.
   ② **주관적 현저성** : 표의자가 이러한 착오가 없었더라면 그 의사표시를 하지 않았을 것이라고 판단될 정도로 중요한 것이어야 한다. 결국, 판례는 법률행위의 내용의 중요부분에 착오가 있는지 여부는 그 행위에 관하여 주관적·객관적 표준에 좇아 구체적 사정에 따라 가려져야 할 것이고, 추상적·일률적으로 이를 가릴 수 없다고 한다(대판 1985.4.23. 84다카890).

중요부분의 착오 ○	중요부분의 착오 ×
• 임대차계약에서 임차인의 착오 • 보증인의 주채무자에 대한 착오 • 매매계약에서 목적물인 점포에 대한 착오 • 토지의 현황·경계에 대한 착오 • 설계용역계약에서 건축사 자격증 여부에 대한 착오	• 매매에 있어서 사람의 동일성의 착오 • 보증인의 주채무자의 신용상태나 변제자력에 대한 착오 • 표의자가 경제적 불이익을 입지 않은 경우 • 토지의 수량 기출 20 • 시가에 대한 착오 기출 20

2) **표의자에게 중과실이 없을 것**
   ① 중대한 과실이란 표의자의 직업, 행위의 종류, 목적 등에 비추어 보통 베풀어야 할 주의를 현저하게 결여하는 것을 말한다(대판 2003.4.11. 2002다70884). 기출 10
   ② 표의자에게 중과실이 없어야 취소할 수 있음이 원칙이나, 상대방이 표의자의 착오를 알고 이를 이용한 경우에는 착오가 표의자의 중대한 과실로 인한 것이라고 하더라도 표의자는 의사표시를 취소할 수 있다(대판 2014.11.27. 2013다49794). 기출 15·18·21

3) **입증책임**
   ① 중요부분의 착오가 있다는 것은 착오에 의한 취소를 주장하는 표의자가 입증해야 한다. 기출 10·21
   ② 표의자에게 중과실이 있다는 점은 상대방이 입증하여 취소를 저지해야 한다. 기출 05·06·24

4) **착오에 대한 상대방의 예견가능성 요부**
   상대방의 예견가능성을 요건으로 하는 것은 명문에 반하고, 사실상 착오에 의한 취소를 봉쇄하는 결과가 되므로 이를 요건으로 하지 않는다(통설·판례).

(4) 효 과

1) **법률행위의 소급적 무효**(민법 제141조 본문)
   착오가 법률행위 일부에만 관계된 경우에는 그 부분만의 일부취소가 가능하며, 그 효과는 일부무효의 법리가 적용된다(통설)(대판1998.2.10. 97다44737).

2) **제3자에 대한 효과**
   착오에 의한 의사표시의 취소는 선의의 제3자에게 대항하지 못한다. 제3자에는 단순히 착오로 인한 의사표시의 취소가 있기 전에 새로운 이해관계를 맺은 자뿐만 아니라 법률행위 취소 이후라도 그러한 사정을 모르는 자도 포함된다(통설).

3) **신뢰이익의 배상책임**
   계약체결상의 과실책임(민법 제535조)을 유추적용하여 표의자에게 경과실이 있는 경우, 신뢰이익 배상책임을 인정한다(다수설).

4) 불법행위로 인한 손해배상책임

판례는 불법행위로 인한 손해배상책임이 성립하기 위하여는 가해자의 고의 또는 과실 이외에 행위의 위법성이 요구되므로, 전문건설공제조합이 계약보증서를 발급하면서 조합원이 수급할 공사의 실제 도급금액을 확인하지 아니한 과실이 있다고 하더라도 민법 제109조에서 중과실이 없는 착오자의 착오를 이유로 한 의사표시의 취소를 허용하고 있는 이상, 전문건설공제조합이 과실로 인하여 착오에 빠져 계약보증서를 발급한 것이나 그 착오를 이유로 보증계약을 취소한 것이 위법하다고 할 수는 없다고(대판 1997.8.22. 97다13023) 하여 착오자의 손해배상책임을 부정하는 판시를 한바 있다. 기출 24

(5) 적용범위

신분행위에는 적용이 없다(다수설). 소송행위나 공법상의 행위에도 적용되지 않는다(대판 1962.11.22. 62다655). 기출 18 정형적 거래행위, 단체적 거래행위에는 원칙적으로 민법 제109조가 적용되지만, 거래안전을 위하여 일정한 경우에는 제한될 수 있다. 회사성립 후에 주식을 인수한 자는 착오를 이유로 그 인수를 취소하지 못한다(상법 제320조 제1항). 판례는 재단법인에 대한 출연자와 법인과의 관계에 있어서 그 출연행위에 터 잡아 법인이 성립되면 그로써 출연재산은 민법 제48조에 의하여 법인성립 시에 법인에게 귀속되어 법인의 재산이 되는 것이고, 출연재산이 부동산인 경우에 있어서도 위 양 당사자 간의 관계에 있어서는 법인의 성립 외에 등기를 필요로 하는 것은 아니라 할지라도, 재단법인의 출연자가 착오를 원인으로 취소를 한 경우에는 출연자는 재단법인의 성립 여부나 출연된 재산의 기본재산인 여부와 관계없이 그 의사표시를 취소할 수 있다고 한다(대판 1999.7.9. 98다9045). 기출 21 · 22

(6) 민법 제109조와 다른 규정과의 경합 여부

1) 착오와 사기의 경합

착오와 사기가 경합할 때 표의자는 선택적으로 주장할 수 있다(통설 · 판례).

2) 착오와 담보책임의 경합

민법 제109조 제1항에 의하면 법률행위 내용의 중요 부분에 착오가 있는 경우 착오에 중대한 과실이 없는 표의자는 법률행위를 취소할 수 있고, 민법 제580조 제1항, 제575조 제1항에 의하면 매매의 목적물에 하자가 있는 경우 하자가 있는 사실을 과실 없이 알지 못한 매수인은 매도인에 대하여 하자담보책임을 물어 계약을 해제하거나 손해배상을 청구할 수 있다. 착오로 인한 취소 제도와 매도인의 하자담보책임 제도는 취지가 서로 다르고, 요건과 효과도 구별된다. 따라서 매매계약 내용의 중요 부분에 착오가 있는 경우 매수인은 매도인의 하자담보책임이 성립하는지와 상관없이 착오를 이유로 매매계약을 취소할 수 있다(대판 2018.9.13. 2015다78703). 기출 20 · 24 · 25

3) 해제와 취소의 경합

매도인이 매수인의 중도금지급채무 불이행을 이유로 매매계약을 적법하게 해제한 후라도, 매수인은 계약해제에 따라 자신이 부담하게 될 손해배상책임을 피하기 위해 착오를 이유로 위 매매계약을 취소하여 이를 무효로 돌릴 수 있다(대판 1991.8.27. 91다11308). 기출 13 · 15 · 18 · 25

4) 화해계약에 있어서 착오

① 민법상 화해계약에 있어서는 당사자는 착오를 이유로 취소하지 못하고 다만, 화해 당사자의 자격 또는 화해의 목적인 분쟁 이외의 사항에 착오가 있는 때에 한하여 취소할 수 있다(민법 제733조). 기출 14 · 15
② 화해의 목적인 분쟁 이외의 사항이라 함은 분쟁의 대상이 아니라 분쟁의 전제 또는 기초가 된 사항으로서 쌍방 당사자가 예정한 것이어서 상호양보의 내용으로 되지 않고 다툼이 없는 사실로 양해된 사항을 말한다(대판 2007.12.27. 2007다70285).

(7) 착오에 관한 구체적 검토

1) 중요부분의 착오에 해당하는 사례

귀속해제된 토지인데도 귀속재산인 줄로 잘못 알고 국가에 증여를 한 경우 이러한 착오는 일종의 동기의 착오라 할 것이나 그 동기를 제공한 것이 관계 공무원이었고 그러한 동기의 제공이 없었더라면 위 토지를 선뜻 국가에게 증여하지는 않았을 것이라면 그 동기는 증여행위의 중요부분을 이룬다고 할 것이므로 뒤늦게 그 착오를 알아차리고 증여계약을 취소했다면 그 취소는 적법하다(대판 1978.7.11. 78다719).

2) 중요부분의 착오에 해당하지 않는 사례

① 주채무자의 차용금반환채무를 보증할 의사로 공정증서에 연대보증인으로 서명·날인하였으나 그 공정증서가 주채무자의 기존의 구상금채무 등에 관한 준소비대차계약의 공정증서이었던 경우, 위와 같은 착오는 연대보증계약의 중요 부분의 착오가 아니다(대판 2006.12.7. 2006다41457). 기출 20

② 회사사고 담당직원이 회사운전수에게 잘못이 있는 것으로 착각하고 회사를 대리하여 병원경영자와 간에 환자의 입원치료비의 지급을 연대보증하기로 계약한 경우는, 의사표시의 동기에 착오가 있는 것에 불과하므로, 특히 그 동기를 계약내용으로 하는 의사를 표시하지 아니한 이상, 착오를 이유로 계약을 취소할 수 없다(대판1979.3.27. 78다2493).

5. 사기·강박에 의한 의사표시(민법 제110조)

(1) 서 설

피기망자나 피강박자의 재산을 보호하려는 것이 아니라 표의자의 의사결정의 자유를 보장하려는 것이 그 취지이다. 따라서 표의자에게 재산상 손해가 있을 것은 취소권 발생의 요건이 아니다.

(2) 사기·강박에 의한 의사표시의 요건

1) 사기에 의한 의사표시

① 의사표시의 존재

② 사기자의 고의 : 표의자를 기망하여 착오에 빠지게 하려는 고의와 착오에 기하여 의사표시를 하게 하려는 고의, 즉 2단계의 고의가 있어야 한다.

③ 기망행위가 있었을 것
- 작위에 의한 적극적 기망행위뿐만 아니라 부작위, 특히 침묵도 기망행위를 구성할 수 있다. 부작위가 기망이 되기 위해서는 신의칙 및 거래관념에 비추어 어떤 상황을 고지 내지 설명할 의무가 있음에도 불구하고 이를 알리지 않을 것을 요한다.
- 기망행위(사기행위)가 존재하여야 한다. 예를 들어, 상품의 선전, 광고에 있어 다소의 과장이나 허위가 수반되는 것은 그것이 일반 상거래의 관행과 신의칙에 비추어 시인될 수 있는 한 기망성이 결여된다고 하겠으나, 대형백화점의 이른바 변칙세일은 기망행위에 해당한다(대판 1993.8.13. 92다52665). 기출 08·16

④ 기망행위의 위법성 : 교환계약의 당사자가 자기 소유 목적물의 시가를 묵비한 것은 특별한 사정이 없는 한 위법한 기망행위가 되지 않는다(대판 2002.9.4. 2000다54406). 기출 14·16·24

⑤ 인과관계의 존재 : 기망과 착오, 착오와 의사표시 사이에 모두 인과관계가 있어야 한다.

2) 강박에 의한 의사표시

① **의사표시의 존재** : 절대적 폭력에 의하여 행위를 한 경우에는 의사표시가 존재하지 않는다. 판례는 이러한 행위를 무효로 본다. 기출 08·24

② **강박자의 고의** : 강박자는 표의자에게 공포심을 일으키려는 고의와 그 공포심에 의하여 일정한 의사표시를 하게 하려는 고의, 즉 2단계의 고의가 있어야 한다. 기출 24

③ **강박행위**
   - 강박행위란 장차 해악이 초래될 것임을 고지하여 공포심을 일으키게 하는 행위를 말한다.
   - 해악의 종류나 방법은 불문한다. 해악은 비재산적 법익에 대한 것일 수도 있다.
   - 어떤 해악의 고지가 아니라 단지 각서에 서명·날인할 것을 강력히 요구하는 행위는 강박행위가 아니다. 기출 14

④ **강박행위의 위법성** : 이 의미는 강박행위 그 자체가 위법하여야 한다는 의미가 아닌 표의자의 의사결정이 위법하게 이루어져야 한다는 것을 의미한다. 따라서 위법성이 인정되기 위해서는 수단이 위법하거나, 추구하는 목적이 위법하거나 수단과 목적을 상관적으로 고려하여 정당하지 않으면 된다(통설·판례).

⑤ **인과관계의 존재**

(3) 사기·강박에 의한 의사표시의 효과

1) 상대방의 사기·강박

사기나 강박에 의한 의사표시는 취소할 수 있다(민법 제110조 제1항).

2) 제3자의 사기·강박

① **상대방 없는 의사표시** : 표의자는 언제든지 그 의사표시를 취소할 수 있다. 기출 16

② **상대방 있는 의사표시** : 상대방 있는 의사표시에 관하여 제3자가 사기나 강박을 행한 경우에는 상대방이 그 사실을 알았거나 알 수 있었을 경우에 한하여 그 의사표시를 취소할 수 있다(민법 제110조 제2항).

기출 06·09·10

3) 제3자의 사기·강박 여부가 문제되는 사례

① 실제로 기망 또는 강박행위를 한 사람이 의사표시 상대방의 의사에 좇아 계약교섭에 관여한 경우에 그는 제3자가 아니며, 그 상대방은 제3자를 통해 간섭을 한 것으로 해석한다.

② 민법 제110조 제2항에서 정한 제3자에 해당되지 아니한다고 볼 수 있는 자란 그 의사표시에 관한 상대방의 대리인 등 상대방과 동일시할 수 있는 자만을 의미하고, 단순히 상대방의 피용자이거나 상대방이 사용자책임을 져야 할 관계에 있는 피용자에 지나지 않는 자는 상대방과 동일시할 수 없어 이 규정에서 말하는 제3자에 해당한다(대판 1998.1.23. 96다41496). 기출 12·13·14·15·24

③ 대리인 등 상대방과 동일시할 수 있는 자가 사기나 강박을 행한 경우에는 민법 제110조 제1항에 의해 취소할 수 있다. 기출 23

4) 제3자에 대한 효과

① 취소를 주장하는 자와 양립되지 아니하는 법률관계를 가졌던 것이 취소 이전에 있었던가 이후에 있었던가는 가릴 필요 없이 사기에 의한 의사표시 및 그 취소사실을 몰랐던 모든 제3자에 대하여는 그 의사표시의 취소를 대항하지 못한다(대판 1975.12.23. 75다533). 기출 09·10

② 사기의 의사표시로 인한 매수인으로부터 부동산의 권리를 취득한 제3자는 특별한 사정이 없는 한 선의로 추정할 것이므로 사기로 인하여 의사표시를 한 부동산의 양도인이 제3자에 대하여 사기에 의한 의사표시의 취소를 주장하려면 제3자의 악의를 입증할 필요가 있다(대판 1970.11.24. 70다2155).

(4) 적용범위

가족법상의 법률행위에는 적용되지 않는다. 단체적 행위, 소송행위 및 공법상의 행위에도 적용되지 않는다. 따라서 소 또는 항소취하, 소송상 화해, 귀속재산불하의 취소 처분에는 적용되지 않는다.

(5) 민법 제110조와 다른 규정과의 경합 여부

① 사기와 착오의 경합 : 통설과 판례는 경합을 긍정하므로 선택적으로 취소권을 행사할 수 있다. 기출 13

② 사기와 담보책임과의 경합 : 통설과 판례는 기망에 의해 하자 있는 물건에 관한 매매가 성립한 경우 매수인은 하자담보청구권과 사기에 의한 취소권을 선택적으로 행사할 수 있다고 한다.

③ 사기와 불법행위책임과의 경합 : 사기와 강박이 불법행위의 요건을 갖춘 때에는 의사표시의 취소와 동시에 불법행위에 기한 손해배상청구권을 행사할 수 있다. 다만, 경합에 대하여 판례는 "제3자의 사기행위로 인하여 피해자가 주택건설사와 사이에 주택에 관한 분양계약을 체결하였다고 하더라도 제3자의 사기행위 자체가 불법행위를 구성하는 이상, 제3자로서는 그 불법행위로 인하여 피해자가 입은 손해를 배상할 책임을 부담하는 것이므로, 피해자가 제3자를 상대로 손해배상청구를 하기 위하여 반드시 그 분양계약을 취소할 필요는 없다"(대판 1998.3.10. 97다55829)고 판시하고 있다. 기출 13·14·16

Ⅲ 의사표시의 효력발생

1. 서 설

① 상대방 없는 의사표시의 경우에 특정의 상대방이 없으므로 원칙적으로 표의자가 의사를 표명한 때에 그 효력이 발생한다. 다만, 유언의 경우 민법 제1065조의 방식을 준수해야 하고, 사인행위이므로 유언자의 사망 시에 그 효력이 발생한다. 한편 상대방 있는 의사표시의 경우에는 표의자에 의한 표백 → 발신 → 상대방에의 도달 → 상대방의 요지 단계를 거치는데, 위 의사표시가 효력을 발생하기 위해서는 원칙적으로 수령능력 있는 상대방에게 도달하여야 한다(민법 제111조 제1항, 제112조, 도달주의). 기출 08

② 의사표시의 효력발생시기에 관한 규정은 임의규정이고, 다른 의사표시 규정과는 달리 원칙적으로 공법행위에도 적용된다.

2. 상대방 있는 의사표시의 효력발생시기

(1) 도달주의

1) 도달주의의 원칙
① 민법은 도달주의를 채택하여 상대방에게 도달된 때에 그 의사표시가 효력을 발생한다고 한다.
② 도달주의 원칙을 규정한 민법 제111조는 임의규정이다.

2) 도달의 의미 : 요지가능시설
① 상대방이 요지할 수 있는 상태에 이르면 도달한 것으로 본다(통설)(대판 1983.8.23. 82다카439). 기출 08
② 도달은 상대방이 의사표시의 내용을 알 수 있는 상태에 있으면 족하기 때문에 비록 상대방이 그 내용을 알지 못하였더라도 도달은 있었다고 보아야 한다.
③ 의사표시가 기재된 내용증명 우편물이 발송되고 달리 반송되지 아니하였다면 특별한 사정이 없는 한 이는 그 무렵에 송달되었다고 봄이 상당하다(대판 2000.10.27. 2000다20052). 기출 16

3) 도달주의의 효과

① 도달주의를 채택한 결과 의사표시의 불착 또는 연착의 불이익을 표의자가 부담한다. 따라서 의사표시의 효력발생을 주장하는 표의자가 도달에 대한 입증책임을 진다. 기출 08
② 의사표시가 일단 상대방에게 도달하여 그 효력을 발생하면, 더 이상 그 의사표시를 철회할 수 없다.
③ 의사표시 발신 후의 사정변경(표의자의 사망 또는 행위능력의 상실)은 의사표시에 영향을 미치지 않는다(민법 제111조 제2항). 기출 08

(2) 예외적 발신주의

① 격지자 간의 계약에서 청약에 대한 승낙의 의사표시는 의사표시를 발송한 때에 그 효력을 발생하며, 그때 계약이 성립한다(발신주의)(민법 제531조).
② 거래의 신속을 목적으로 하는 상법에서는 발신주의를 채택한 예가 적지 않다(상법 제53조 등).

> **도달주의에 대한 예외 - 발신주의**
> - 제한능력자의 상대방의 최고에 대한 제한능력자 측의 확답(민법 제15조)
> - 무권대리인의 상대방의 최고에 대한 본인의 확답(민법 제131조)
> - 채무인수에서 채무자의 최고에 대한 채권자의 확답(민법 제455조)
> - 사원총회의 소집 통지(민법 제71조)
> - 격지자 간 계약의 성립(민법 제531조)

3. **수령무능력자**(민법 제112조)

(1) 의 의

의사표시의 수령능력이란 타인의 의사표시의 내용을 이해할 수 있는 능력을 말한다. 민법은 모든 제한능력자를 의사표시의 수령무능력자로 규정하여 제한능력자를 보호하고 있다(민법 제112조).

(2) 효 과

① 수령무능력자(제한능력자)에 대한 송달은 무효가 아니라 표의자가 효력을 주장할 수 없을 뿐이다. 달리 말하면 수령무능력자 측에서 의사표시의 도달 및 의사표시의 효력발생을 주장하는 것은 무방하다(민법 제112조 본문 참조). 기출 08·20
② 그러나 법정대리인이 수령무능력자에의 도달을 안 후에는 표의자가 의사표시의 도달을 주장할 수 있다(민법 제112조 단서).

(3) 적용범위

상대방 없는 의사표시, 발신주의에 의한 의사표시, 공시송달에 의한 의사표시에는 적용이 없다.

제4절 법률행위의 대리

I 서 설

1. 대리의 의의

대리란 타인이 '본인의 이름으로' 법률행위를 하거나 또는 의사표시를 수령함으로써 그 법률효과가 직접 본인에게 귀속되도록 하는 제도를 말한다. 즉, 법률상의 행위자는 대리인이지만 그 대리인의 효과의사에 기하여 본인에게 직접 법률효과가 귀속하는 것이다(대리인행위설).

2. 대리가 인정되는 범위

대리는 원칙적으로 법률행위에 한하여 인정되나 의사의 통지나 관념의 통지와 같은 표현행위로서의 준법률행위에도 대리가 허용되는 경우가 있다. 불법행위에는 대리가 허용되지 않고, 그 효과는 직접 대리인에게 발생한다.

3. 대리의 3면관계

대리의 법률관계는 ① 본인과 대리인 사이의 「대리권」, ② 대리인과 상대방 사이의 「대리행위」, ③ 본인과 상대방 사이의 「대리의 효과」의 세 가지 측면에서 고찰되어야 한다.

II 대리권(본인과 대리인 사이의 관계)

1. 대리권의 의의

대리권은 타인이 본인의 이름으로 의사표시를 하거나 제3자의 의사표시를 수령함으로써 직접 본인에게 그 법률효과를 귀속시킬 수 있는 법률상의 지위 또는 자격을 말한다. 대리권의 법적 성질에 관하여 자격설이 통설이며, 이에 의하면 대리권은 권리가 아니라 일종의 권한이다.

2. 대리권의 발생

(1) 발생원인

법정대리권은 법률의 규정에 의하거나 지정권자의 지정 또는 법원의 선임에 의하여 발생하며, 임의대리권은 상대방있는 단독행위인 수권행위에 의하여 발생한다. 수권행위는 불요식행위이므로 반드시 서면으로 할 필요는 없고, 구두로 할 수 있다(통설). 또한 명시적인 의사표시 외에 묵시적 의사표시로도 할 수 있다(대판 2016.5.26. 2016다203315).

(2) 관련 판례

인감도장 및 인감증명서는 대리권을 인정할 수 있는 하나의 자료에 지나지 아니하고 이에 의하여 당연히 피고에게 원고를 대리하여 양도담보부 금전소비대차계약을 체결하거나 위 계약에 대한 공정증서 작성을 촉탁할 대리권이 인정되는 것은 아니며, 대리권이 있다는 점에 대한 입증책임은 그 효과를 주장하는 피고에게 있다(대판 2008.9.25. 2008다42195). 기출 20

3. 대리권의 범위와 그 제한

(1) 대리권의 범위

1) 법정대리권의 범위
법정대리권의 범위는 그 발생근거인 법률의 규정에 의하여 정해진다. 따라서 법률의 규정에 의하지 않는 한 법정대리권의 범위를 당사자의 의사에 따라 임의적으로 확장 또는 제한하는 것은 허용되지 않는다.

2) 임의대리권의 범위
① 원칙 : 임의대리권은 수권행위에 의하여 주어지므로 그 구체적 범위는 수권행위의 해석에 의하여 결정된다.
② 보충규정으로서 민법 제118조 : 대리권이 존재하는 것은 분명하지만 그 범위가 불명한 경우를 위하여 민법은 보충규정을 두고 있다(민법 제118조).
  • 보존행위 : 재산의 현상을 유지하기 위한 행위를 말하며, 대리인은 아무런 제한 없이 보존행위를 할 수 있다. 기출 15 가옥의 수선·소멸시효의 중단·미등기부동산의 등기뿐만 아니라 기한이 도래한 채무의 변제나 부패하기 쉬운 물건의 처분 등이 이에 해당한다. 기출 21
  • 이용·개량행위 : 이용행위란 재산의 수익을 꾀하는 행위를 말하고, 개량행위는 사용가치 또는 교환가치를 증가시키는 행위를 말한다. 민법은 대리의 목적인 물건이나 권리의 성질이 변하지 않는 범위에서만 이용·개량행위를 허용한다. 기출 14

③ 관련 판례
  • 토지매각대리권은 중도금이나 잔금을 수령할 수 있고, 소유권이전등기를 할 권한이 있다. 기출 15·16·21
  • 소비대차계약의 대리권은 기한의 연기와 이자 및 잔여금을 수령할 권한이 있다. 기출 17
  • 부동산을 매수할 권한을 수여받은 대리인은, 그 부동산을 처분할 대리권까지 있다고 믿을 만한 정당한 이유가 있다고 볼 수 없다(대판 1991.2.12. 90다7364). 기출 15·25
  • 어떠한 계약의 체결에 관한 대리권을 수여받은 대리인은 체결된 계약의 해제 등 일체의 처분권과 상대방의 의사를 수령할 권한까지 가지고 있다고 볼 수는 없다(대판 2015.12.23. 2013다81019). 기출 22·23·24
  • 예금계약의 체결을 위임받은 자가 가지는 대리권에 당연히 그 예금을 담보로 대출을 받거나 이를 처분할 수 있는 대리권이 포함되어 있는 것은 아니다(대판 2002.6.14. 2000다38992). 기출 15
  • 금전소비대차계약에 따른 대여금의 영수권한만을 위임받은 대리인이 그 대여금채무의 일부를 면제하기 위하여는 본인의 특별수권이 필요하다(대판 1981.6.23. 80다3221). 기출 20

(2) 대리권의 제한

1) 자기계약 및 쌍방대리의 금지(민법 제124조) 기출 14·15
① 개념 및 근거
  • 대리인이 본인을 대리하면서 다른 한편으로 자기 자신이 상대방으로서 계약을 체결하는 것을 자기계약이라 하며, 동일인이 하나의 법률행위에 관하여 당사자 쌍방의 대리인이 되어 대리행위를 하는 것을 쌍방대리라고 한다.
  • 자기계약과 쌍방대리는 원칙적으로 금지된다. 그 취지는 본인과 대리인 사이의 이해충돌 또는 본인 간의 이해충돌을 막기 위함이다.
② 금지의 예외 : 본인의 허락이 있는 경우(민법 제124조 본문)나, 채무의 이행(민법 제124조 단서)의 경우에는 자기계약 또는 쌍방대리가 허용된다. 단, 채무의 이행일지라도 새로운 이해관계를 수반하는 채무의 이행, 즉 대물변제나 경개계약 체결 등은 본인의 허락이 없는 한 허용되지 아니한다. 기출 21 판례는 사채알선업

자가 대주(貸主)와 차주(借主) 쌍방을 대리하여 소비대차계약과 담보권설정계약을 체결한 경우, 대주로부터 소비대차계약을 체결할 대리권을 수여받은 대리인[사채알선업자(註)]은 특별한 사정이 없는 한 그 소비대차계약에서 정한 바에 따라 차주로부터 변제를 수령할 권한도 있다고 봄이 상당하므로 차주가 그 사채알선업자에게 하는 변제는 유효하다고 한다(대판 1997.7.8. 97다12273). 기출 21

③ 위반의 효과 : 자기계약 또는 쌍방대리는 예외에 해당하지 않는 한 무권대리로 된다. 즉, 본인에 대하여 무효이지만, 본인의 추인에 의하여 유효로 될 수 있다. 기출 15·24

④ 적용범위
- 원칙 : 민법 제124조는 임의대리권과 법정대리권 모두에 적용된다(통설).
- 민법 제124조에 대한 특칙 : 친권자에 대한 재산을 자(子)에게 증여하면서 친권자가 수증자로서의 자의 지위를 대리하는 것은 자기계약이기는 하지만 이해상반행위는 아니기 때문에 유효하다(대판 1981.10.13. 81다649). 기출 18

2) 공동대리

① 의의 및 취지
- 대리인이 수인인 경우에 원칙적으로 대리인 각자가 본인을 대리한다. 즉, 각자대리가 원칙이다(민법 제119조 본문). 그러나 법률 또는 수권행위에서 수인의 대리인이 공동으로만 대리할 수 있는 것으로 되어 있다면 공동으로 대리해야 한다. 기출 15·21·22
- 공동대리를 정한 취지는 대리인들로 하여금 상호견제 하에 의사결정을 신중히 하게 하여 본인을 보호하고자 함에 있다.

② 위반의 효과
- 공동대리의 제한을 위반한 대리행위는 무권대리가 된다. 다만, 본인의 추인이 있으면 유효하다.
- 친권의 행사에서 부모의 일방이 공동명의로 자를 대리한 경우, 다른 일방의 의사에 반하더라도 상대방이 악의가 아니라면 그 대리행위는 유효하다(민법 제920조의2). 기출 14

③ 적용범위 : 공동대리의 제한이 있다 하더라도 수동대리는 단독으로 가능하다.

4. 대리권의 남용

(1) 의 의

① 대리권의 남용이란 대리인이 대리권의 범위 내에서 대리행위를 하였으나, 본인의 이익이 아닌 자기 또는 제3자의 이익을 꾀하기 위하여 대리행위를 하는 경우를 말한다.
② 판례는 「대표권 남용」 사안에서의 주류는 비진의표시설의 입장에서 판시하고 있지만, 권리남용설의 입장을 보인 것도 있으며, 「대리권 남용」 사안에서는 비진의표시설만을 따르고 있다.

(2) 적용범위

대리권의 남용이 주로 임의대리에서 논의가 되지만 그에 한정할 것은 아니다. 즉, 법정대리에도 대리권남용의 법리가 적용되어야 한다. 판례도 법정대리권의 남용을 인정한다(대판 1997.1.24. 96다43298). 한편 표현대리가 성립하는 경우에도 대리권남용이 인정될 수 있다는 것이 판례이다(대판 1987.7.7. 86다카1004). 기출 24

5. 대리권의 소멸

법정대리와 임의대리의 공통된 소멸사유	임의대리인의 특유한 소멸사유
• 본인 – 사망 • 대리인 – 사망, 성년후견의 개시, 파산 기출 15·22	• 원인된 법률관계의 종료 기출 24 • 법률관계의 종료 전에 수권행위의 철회

Ⅲ 대리행위(대리인과 상대방 사이의 관계)

1. 현명주의

(1) 현명의 의의

통설은 대리인의 「대리적 효과의사(대리의사)」를 「외부에 표시하는 의사표시」라고 한다.

(2) 현명의 방식

1) 내 용
① 대리인은 대리행위의 법률효과를 본인에게 생기게 하려면 「본인을 위한 것임을 표시」하여야 한다(민법 제114조). 기출 18
② 현명은 불요식행위이므로 방식에 제한이 없어 반드시 위임장을 제시할 필요도 없고 구두에 의해서도 가능하고, 현명 시 본인을 특정할 필요가 없으며, 본인의 이름을 명시할 필요도 없다. 즉, 타인을 위한 것이라는 것만 표시하면 족하다(통설·판례). 기출 09·14·16

2) 관련 판례
갑이 부동산을 농업협동조합중앙회에 담보로 제공함에 있어 동업자인 을에게 그에 관한 대리권을 주었다면 을이 동 중앙회와의 사이에 그 부동산에 관하여 근저당권설정계약을 체결함에 있어 그 피담보채무를 동업관계의 채무로 특정하지 아니하고 또 대리관계를 표시함이 없이 마치 자신이 갑 본인인 양 행세하였다 하더라도 위 근저당권설정계약은 대리인인 위 을이 그의 권한범위 안에서 한 것인 이상 그 효력은 본인인 갑에게 미친다(대판 1987.6.23. 86다카1411). 기출 20

(3) 현명하지 않은 대리행위의 효력 기출 09·14

1) 원 칙
대리인이 본인을 위한 것임을 표시하지 아니한 때에는 그 의사표시는 자기를 위한 것으로 본다(민법 제115조 본문). 따라서 대리인이 법률행위의 당사자가 되며, 그로 인한 효과도 대리인에게 직접 발생하므로, 대리인은 자신을 위하여 행위 할 의사가 없었다는 이유로 그 계약을 착오에 근거하여 취소할 수 없다.

2) 예 외
상대방이 대리인으로서 한 것임을 알았거나 알 수 있었을 때에는 대리행위의 효과가 직접 본인에게 발생한다(민법 제115조 단서).

> [1] 민법 제450조에 의한 채권양도통지는 양도인이 직접하지 아니하고 사자를 통하여 하거나 대리인으로 하여금 하게 하여도 무방하고, 채권의 양수인도 양도인으로부터 채권양도통지 권한을 위임받아 대리인으로서 그 통지를 할 수 있다.
> [2] 채권양도통지 권한을 위임받은 양수인이 양도인을 대리하여 채권양도통지를 함에 있어서는 민법 제114조 제1항의 규정에 따라 양도인 본인과 대리인을 표시하여야 하는 것이므로, 양수인이 서면으로 채권양도통지를 함에 있어 대리관계의 현명을 하지 아니한 채 양수인 명의로 된 채권양도통지서를 채무자에게 발송하여 도달되었다 하더라도 이는 효력이 없다고 할 것이다.
> [3] 대리에 있어 본인을 위한 것임을 표시하는 이른바 현명은 반드시 명시적으로만 할 필요는 없고 묵시적으로도 할 수 있는 것이고, 채권양도통지를 함에 있어 현명을 하지 아니한 경우라도 채권양도통지를 둘러싼 여러 사정에 비추어 양수인이 대리인으로서 통지한 것임을 상대방이 알았거나 알 수 있었을 때에는 민법 제115조 단서의 규정에 의하여 유효하다(대판 2004.2.13. 2003다43490).

2. 대리행위의 하자

(1) 원칙 : 대리인 표준
① 의사표시의 효력이 의사의 흠결, 사기, 강박 또는 어느 사정을 알았거나 과실로 알지 못한 것으로 인하여 영향을 받을 경우에 그 사실의 유무는 대리인을 표준하여 결정한다(민법 제116조 제1항). 기출 15·16·18
② 그러나 그 대리행위의 하자에서 생기는 효과(취소권, 무효의 주장 등)는 본인에게 귀속됨을 주의해야 한다.
③ 본인에게 착오, 사기, 강박 등의 사유가 있더라도 대리인에게 그러한 사유가 없다면 본인은 이를 주장하여 취소권을 행사할 수 없다.

(2) 예 외
① 제3자가 대리행위의 상대방에게 사기·강박을 행한 경우에 대리인뿐만 아니라 본인이 제3자의 사기·강박을 알았거나 알 수 있었더라도 상대방이 그 의사표시를 취소할 수 있다.
② 본인이 대리행위의 상대방에게 사기·강박을 행한 경우에, 신의칙상 본인의 사기·강박은 대리인의 그것으로 평가되어, 대리인이 그 사실을 알았거나 알 수 있었는지 여부와 관계없이 상대방은 민법 제110조 제1항에 의하여 의사표시를 취소할 수 있다.
③ 대리인이 본인의 지시에 좇아 법률행위를 한 경우에는 본인은 자신에게 악의·과실이 있는 경우 대리인이 선의·무과실이라고 하여도 이를 주장하지 못한다(민법 제116조 제2항). 기출 22

3. 대리인의 능력

(1) 민법 제117조
대리인은 행위능력자임을 요하지 않는다(민법 제117조). 기출 25 다만, 대리행위 당시 대리인이 적어도 의사능력은 가지고 있어야 한다. 기출 14 본인에게는 행위능력도 의사능력도 불필요하다. 단, 권리능력은 있어야 한다.

(2) 제한능력자인 대리인과 본인의 관계
민법 제117조는 대리인이 제한능력자라는 점을 들어 본인이 그의 대리행위를 취소하지 못한다는 의미를 가질 뿐이며, 제한능력자인 대리인과 본인 사이의 내부적 관계에는 영향을 미치지 않는다. 즉, 대리인은 본인과의 내부적 법률관계를 발생시키는 행위를 제한행위능력을 이유로 취소할 수 있다.

Ⅳ 대리의 효과(본인과 상대방 사이의 관계)

① 대리인이 한 대리행위의 효과는 모두 직접 본인에게 귀속된다. 이 점에서 대리는 간접대리와 구별된다. 대리행위에 의하여 대리인과 본인이 의도한 효과뿐만 아니라 손해배상청구권이나 취소권 등도 본인에게 귀속된다. 반면 대리인은 대리행위에 따른 권리를 취득하지도 의무를 부담하지도 아니한다. 판례도 같은 취지에서 계약이 적법한 대리인에 의하여 체결된 경우에 대리인은 다른 특별한 사정이 없는 한 본인을 위하여 계약상 급부를 변제로서 수령할 권한도 가지며 대리인이 그 권한에 기하여 계약상 급부를 수령한 경우에, 그 법률효과는 계약 자체에서와 마찬가지로 직접 본인에게 귀속되고 대리인에게 돌아가지 아니하므로 계약상 채무의 불이행을 이유로 계약이 상대방 당사자에 의하여 유효하게 해제되었다면, 해제로 인한 원상회복의무는 대리인이 아니라 계약의 당사자인 본인이 부담한다고 하면서, 이는 본인이 대리인으로부터 그 수령한 급부를

현실적으로 인도받지 못하였다거나 해제의 원인이 된 계약상 채무의 불이행에 관하여 대리인에게 책임 있는 사유가 있다고 하여도 다른 특별한 사정이 없는 한 마찬가지라고 할 것이라고 판시하고 있다(대판 2011.8.18. 2011다30871). 기출 23·25
② 대리인이 한 불법행위는 법률행위의 대리가 아니므로 본인에게 그 효과가 귀속되지는 않고, 다만, 본인과 대리인이 사용자·피용자의 관계에 있는 경우에 본인이 민법 제756조의 사용자책임을 질 수는 있다.

V 복대리(複代理)

1. 의의

(1) 복대리인의 개념

복대리인은 대리인이 「대리인 자신의 이름」으로 선임한 「본인의 대리인」이다. 기출 06·15

(2) 복대리인의 법적 성질

복대리인은 「본인의 대리인」이고 대리인의 대리인은 아니다. 복대리인을 선임한 후에도 대리인의 대리권은 소멸하지 않고 복대리인의 대리권과 병존한다. 따라서 복임행위는 대리권의 「병존적 부여행위」라고 할 것이다.

2. 대리인의 복임권과 책임

(1) 임의대리인의 복임권과 책임

대리권이 법률행위에 의하여 부여된 경우에는 대리인은 본인의 승낙이 있거나 부득이한 사유 있는 때가 아니면 복대리인을 선임하지 못한다. 기출 23 복대리인의 선임이 가능한 경우에는 선임·감독상의 과실에 대해서만 책임을 지고(민법 제121조 제1항), 기출 05·15·20 대리인이 본인의 지명에 의하여 복대리인을 선임한 경우에는 복대리인의 부적임 또는 불성실함을 알고 본인에 대한 통지나 그 해임을 태만한 때가 아니면 책임이 없다.

> [1] 대리의 목적인 법률행위의 성질상 대리인 자신에 의한 처리가 필요하지 아니한 경우에는 본인이 복대리 금지의 의사를 명시하지 아니하는 한 복대리인의 선임에 관하여 묵시적인 승낙이 있는 것으로 보는 것이 타당하다.
> [2] <u>오피스텔의 분양업무</u>는 그 성질상 분양을 위임받은 대리인이 광고를 내거나 그 직원 또는 주변의 부동산중개인을 동원하여 분양사실을 널리 알리고, 분양사무실을 찾아온 사람들에게 오피스텔의 분양가격, 교통 등 입지조건, 오피스텔의 용도, 관리방법 등 분양에 필요한 제반 사항을 설명하고 청약을 유인함으로써 분양계약을 성사시키는 것으로서 <u>대리인의 능력에 따라 본인의 분양사업의 성공 여부가 결정되는 것이므로, 사무처리의 주체가 별로 중요하지 아니한 경우에 해당한다고 보기 어렵다고 한 사례</u>(대판 1996.1.26. 94다30690). 기출 24

(2) 법정대리인의 복임권과 책임

언제나 복임권이 있다. 기출 07·09 법정대리인은 언제든지 복임권을 가지는 대신에 한편으로는 선임·감독상의 과실유무에 관계없이 모든 책임을 부담한다(민법 제122조 본문). 그러나 부득이하게 선임한 경우 선임·감독상의 과실에 대해서만 책임을 진다(민법 제122조 단서).

3. 복대리인의 지위

(1) 대리인에 대한 관계
① 복대리인은 대리인이 자기의 권한 내에서 선임한 것이므로 대리인의 감독에 복종하며, 그 권한도 대리권의 범위 내에 한한다.
② 복대리권은 대리권을 초과할 수 없으며, 대리권이 소멸하면 복대리권도 소멸한다.
③ 복대리인의 선임으로 대리인의 대리권은 소멸하지 않으며, 대리인과 복대리인은 모두 본인을 대리한다.
기출 16

(2) 상대방에 대한 관계
① 복대리인은 본인의 대리인이므로(민법 제123조 제1항), 상대방에 대하여는 대리인과 동일한 권리·의무가 있다(민법 제123조 제2항). 기출 09·18·22·25
② 복대리인은 복대리행위를 함에 있어서 본인을 위한다는 표시를 하여야 하며(민법 제114조 제1항), 표현대리규정도 복대리행위에 적용될 수 있다.

(3) 본인에 대한 관계
민법 제123조 제2항에 의하여 본인과 대리인 사이의 내부적 법률관계가 본인과 복대리인 간의 내부적 법률관계로 의제된다(통설).

(4) 복대리인의 복임권
선임 대리인과 동일한 조건으로 복임권을 인정할 수 있다(통설). 기출 07

4. 복대리권의 소멸 기출 06·07·16

(1) 대리권 일반의 소멸원인
① 본인의 사망 또는 복대리인의 사망, 성년후견의 개시 또는 파산(민법 제127조), ② 대리인과 복대리인 사이의 내부적 법률관계의 종료(민법 제128조 전단) 및 ③ 대리인의 수권행위의 철회(민법 제128조 후단)에 의해 복대리권은 소멸한다.

(2) 대리인의 대리권 소멸

Ⅵ 무권대리

1. 서 설
대리권 없이 행하여진 대리행위를 무권대리라 한다. 무권대리는 대리인에게 대리권이 있는 것으로 믿을 만한 외관이 있고, 그 외관 형성에 대하여 본인에게도 책임을 물을 만한 사정이 있는 표현대리와, 이러한 사정이 없는 경우인 협의의 무권대리로 나누어진다. 여기서의 양자를 통틀어 광의의 무권대리라고 한다.

2. 표현대리

(1) 표현대리의 의의

1) 표현대리의 개념
표현대리란 대리인에게 대리권이 없음에도 불구하고 마치 그것이 있는 것과 같은 외관이 존재하고, 그러한 외관의 형성에 관여하든가 외관을 방치하는 등 본인이 책임져야 할 사정이 있는 경우에, 그 무권대리행위에 대하여 본인에게 책임을 지우는 제도이다.

2) 표현대리의 유형
민법은 대리권 수여표시에 의한 표현대리(민법 제125조)와 권한을 넘은 표현대리(민법 제126조), 대리권 소멸 후의 표현대리(민법 제129조)를 규정하고 있다.

3) 표현대리의 본질 및 무권대리와의 관계
유권대리에 있어서는 본인이 대리인에게 수여한 대리권의 효력에 의하여 법률효과가 발생하는 반면, 표현대리에 있어서는 대리권이 없음에도 불구하고 법률이 특히 거래상대방 보호와 거래안전유지를 위하여 본래 무효인 무권대리행위의 효과를 본인에게 미치게 한 것으로, 양자의 구성요건 해당사실, 즉 주요사실은 다르다고 볼 수밖에 없으니, 유권대리에 관한 주장 속에 무권대리에 속하는 표현대리의 주장이 포함되어 있다고 볼 수 없다(대판 1983.12.13. 83다카1489). 기출 16

4) 표현대리의 일반적 성립요건과 일반적 효과
① **일반적 성립요건** : 강행법규에 위반하는 행위에는 표현대리의 법리가 적용될 여지가 없으며(대판 1996.8.23. 94다38199), 이는 반사회질서의 법률행위의 경우에도 마찬가지이다. 기출 22 상대방이 표현대리를 주장함에는 무권대리인과 표현대리에 해당하는 무권대리 행위를 특정하여 주장하여야 할 것이므로, 상대방의 표현대리의 항변은 특정된 무권대리인의 행위에만 미치고 그 밖의 무권대리인이나 무권대리 행위에는 미치지 아니한다(대판 1984.7.24. 83다카819). 기출 25 표현대리는 상대방이 주장하는 경우에 비로소 문제되는 것이라는 것을 유의하여야 한다. 따라서 본인이 표현대리를 주장하는 것은 불가능하지만 추인에 의하여 동일한 효과를 얻을 수는 있다.

② **일반적 효과** : 표현대리가 성립하는 경우 본인과 상대방 사이에 처음부터 대리권이 있는 경우와 같은 효과가 발생한다. 과실상계의 법리가 적용되는지 다투어지고 있으나 판례는 표현대리가 성립하여 본인이 이행책임을 부담하는 경우에 상대방에게 과실이 있더라도 과실상계의 법리를 적용할 수 없다고 한다(대판 1996.7.12. 95다49554). 기출 23·25 표현대리가 성립함에 따라 본인에게 손해가 발생하였다면 본인은 내부적 법률관계에 기한 의무위반 또는 불법행위를 이유로 무권대리인에게 손해배상을 청구할 수 있다. 한편 표현대리에 민법 제135조가 적용되지 아니함은 이미 살펴본 바와 같다.

5) 복대리에서의 표현대리
복대리인의 대리행위에 대하여도 원칙적으로 표현대리의 규정이 적용된다. 즉, 복대리인의 대리권도 기본대리권에 해당하므로 복대리인이 복대리권의 범위를 넘어서 대리행위를 한 경우에 민법 제126조의 표현대리가 성립하고(대판 1998.3.27. 97다48982), 대리인이 대리권 소멸 후 복대리인을 선임하여 복대리인으로 하여금 상대방과의 사이에 대리행위를 하도록 한 경우에도 상대방이 대리권 소멸사실을 알지 못하여 복대리인에게 적법한 대리권이 있는 것으로 믿었고 그와 같이 믿는 데 과실이 없다면 민법 제129조에 의한 표현대리가 성립할 수 있다(대판 1998.5.29. 97다55317). 기출 22

(2) 대리권 수여표시에 의한 표현대리(민법 제125조)

1) 의 의

본인이 실제로는 타인에게 대리권을 수여하지 않았음에도 불구하고 수여하였다고 표시함으로써 대리권 수여의 외관이 존재하는 경우에 관한 규정이다.

2) 요 건

① 대리권수여의 표시
- 수권표시의 법적 성질 : 통설은 수권행위가 있었다는 뜻의 「관념의 통지」로 본다.
- 수권표시의 방법 : 제한이 없다. 따라서 서면으로 하든 구술로 하든, 특정인에 대한 것이든, 불특정인에 대한 것이든 불문한다. 또한 본인이 직접하지 않고 대리인이 될 자를 통해서 하더라도 무방하다. 본인에 의한 대리권 수여의 표시는 반드시 대리권 또는 대리인이라는 말을 사용하여야 하는 것이 아니라 사회통념상 대리권을 추단할 수 있는 직함이나 명칭 등의 사용을 승낙 또는 묵인한 경우에도 대리권 수여의 표시가 있은 것으로 볼 수 있다(대판 1998.6.12. 97다53762). 기출 16·24
- 수권표시의 철회 : 철회는 표현대리인이 대리행위를 하기 전에 행해져야 한다. 철회가 효력을 발생하려면 상대방에게 철회된 사실을 알려야 한다. 이때 철회는 표시와 동일한 방법이나 이에 준하는 방법으로 상대방에게 알려야 한다.

② 표시된 대리권의 범위 내의 행위일 것 : 만일 수권표시의 객관적인 범위를 넘는 행위가 있는 경우에 그 초과부분에 대해서는 민법 제126조가 적용될 여지가 있다.

③ 대리행위의 상대방 : 대리권수여의 표시를 받은 상대방에 한정한다.

④ 상대방의 선의·무과실 기출 17 : 상대방의 과실 유무는 무권대리행위 당시의 제반사정을 객관적으로 판단하여 결정해야 한다(대판 1974.7.9. 73다1804). 민법 제125조의 책임을 면하려는 본인이 상대방의 악의 또는 과실에 대한 입증책임을 진다.

3) 적용범위

민법 제125조는 임의대리에만 적용되고 법정대리에는 적용되지 않는다(통설·판례). 복대리에 관해서도 민법 제125조는 적용된다(판례). 소송행위에는 민법상의 표현대리규정이 적용 또는 유추적용될 수 없다(대판 1983.2.8. 81다카621). 공법상 행위도 마찬가지이다. 대리행위가 강행규정에 위반하는 경우에는 표현대리의 법리가 적용되지 않는다. 기출 18

4) 효 과

① 표현대리는 상대방이 이를 주장하는 경우에 비로소 문제되는 것이고, 상대방이 주장하지 않는 한 본인 측에서 표현대리를 주장할 수는 없다.

② 상대방의 철회와 본인의 추인 중 먼저 행해진 것에 따라서 표현대리의 효과가 확정된다.

③ 상대방에 대한 무권대리인의 책임규정(민법 제135조)은 적용되지 않는다.

④ 표현대리가 성립하는 경우에 그 본인은 표현대리행위에 의하여 전적인 책임을 져야 하고, 상대방에게 과실이 있다고 하더라도 과실상계의 법리를 유추적용하여 본인의 책임을 경감할 수 없다(대판 1996.7.12. 95다49554). 기출 06·17

(3) 권한을 넘은 표현대리(민법 제126조)

1) 의 의
대리인이 그 권한 외의 법률행위를 한 경우에 제3자가 그 권한이 있다고 믿을만한 정당한 이유가 있는 때에는 본인은 그 행위에 대하여 책임이 있다.

2) 요 건
① 대리인에게 기본대리권이 존재할 것
- 기본대리권에 법정대리권도 포함되며, 대리행위와 동종·유사한 것일 필요가 없고 전혀 별개의 행위에 대한 기본대리권도 가능하다. 따라서 기본대리권이 등기신청행위라 할지라도 표현대리인이 그 권한을 유월하여 대물변제라는 사법행위를 한 경우에는 표현대리의 법리가 적용된다(대판 1978.3.28. 78다282). 기출 25
- 기본대리권은 현재의 대리권을 말하고, 과거에 가졌던 대리권을 넘는 경우에는 민법 제126조가 적용되지 않고 민법 제129조가 적용될 수 있다. 기출 24

② 권한을 넘은 표현대리행위가 존재할 것
- 표현대리인과 상대방 사이에 대리행위가 없는 때에는 민법 제126조가 적용되지 않는다.
- 민법 제126조의 표현대리는 문제된 법률행위와 수여 받은 대리권 사이에 아무런 관계가 없는 경우에도 적용된다.
- 기본대리권이 공법상의 권리이고 표현대리행위가 사법상의 행위일지라도 민법 제126조의 표현대리는 적용된다.
- 민법 제126조의 상대방은 민법 제125조 및 민법 제129조의 경우와 같이 표현대리행위의 직접 상대방만을 말한다. 기출 23
- 사술을 써서 위와 같은 대리행위의 표시를 하지 아니하고 단지 본인의 성명을 모용하여 자기가 마치 본인인 것처럼 기망하여 본인 명의로 직접 법률행위를 한 경우에는, 본인을 모용한 사람에게 본인을 대리할 기본대리권이 있었고, 상대방으로서는 위 모용자가 본인 자신으로서 본인의 권한을 행사하는 것으로 믿은 데 정당한 사유가 있었던 사정이 있는 경우에 한하여 민법 제126조의 표현대리 법리가 유추적용된다(대판 2025.6.5. 2023다232526). 기출 16

③ 정당한 이유의 존재
- 정당한 이유란 대리행위에 대한 대리권이 존재하리라고 상대방이 믿은 데 과실이 없음을 말한다. 즉, 선의이며 과실이 없는 것을 의미한다.
- 정당한 이유의 존부는 대리인의 대리행위가 행하여질 때에 존재하는 제반사정을 객관적으로 관찰하여 판단하여야 한다(대판 2008.2.1. 2006다33418).
- 정당한 이유의 판정시기는 대리행위 당시이고 그 후의 사정이 고려되어서는 안 된다(대판 1997.6.27. 97다3828). 기출 10·17
- 정당한 이유의 입증책임에 대하여 다수설은 본인이 상대방의 악의·과실을 주장·입증해야 한다고 하는 반면, 판례는 유효를 주장하는 자에게 있다고 한다.

3) 적용범위
① 민법 제126조의 표현대리의 경우 임의대리와 법정대리에 모두 적용된다(통설).
② 민법 제125조와 민법 제129조가 적용됨으로써 상대방에 대한 관계에 있어서는 법률상 대리권의 수여가 있었던 것으로 다루어지기 때문에 그러한 범위를 넘은 경우에도 민법 제126조가 적용되어 민법 제125조와 민법 제129조의 표현대리권이 민법 제126조의 기본대리권에 해당한다(통설).

③ 복임권이 없는 대리인에 의하여 선임된 복대리인의 행위에도 민법 제126조가 적용된다(대판 1998.3.27. 97다48982). 기출 09·10
④ 부부 상호 간의 법정대리권인 일상가사대리권에 대해서도 민법 제126조의 적용이 있다(통설). 기출 10
⑤ 문제가 된 부부의 행위가 일상가사에 속하지 않더라도 일상가사대리권을 기본대리권으로 하여 문제의 행위에 특별수권이 주어졌다고 믿을 만한 정당한 이유가 있는 경우에 민법 제126조의 표현대리를 인정할 수 있다(판례).
⑥ 비법인사단인 교회의 대표자는 총유물인 교회 재산의 처분에 관하여 교인총회의 결의를 거치지 아니하고는 이를 대표하여 행할 권한이 없다. 따라서 교회의 대표자가 권한 없이 행한 교회 재산의 처분행위에 대하여는 민법 제126조의 표현대리에 관한 규정이 준용되지 아니한다(대판 2009.2.12. 2006다23312). 기출 14·17·20

4) 효 과

민법 제126조의 요건이 충족되면 상대방은 표현대리인이 한 법률행위의 효력을 본인에게 주장할 수 있다.

(4) 대리권 소멸 후의 표현대리(민법 제129조)

1) 의 의

① 민법 제129조는 대리권이 소멸하여 대리권이 없게 된 자가 대리행위를 한 경우에 선의·무과실로 그와 거래한 상대방을 보호하기 위하여 그 상대방과의 관계에서 마치 대리권이 있는 경우와 마찬가지로 효과를 인정한다.
② 민법 제129조는 그 효과로 '제3자에 대항하지 못한다'라고 규정하고 있는 바, 그 표현이 민법 제125조나 민법 제126조의 '책임이 있다'와 다르나 그 의미는 같다.

2) 요 건

① 대리인이 이전에는 대리권을 가지고 있었으나 대리행위를 할 때에는 대리권이 소멸하고 있어야 한다.
② 제3자는 선의·무과실이어야 한다.
③ 대리권이 이전에 존재하였던 것과 상대방의 신뢰 사이에 인과관계가 있어야 한다.
④ 대리인이 권한 내의 행위를 하여야 한다.
⑤ 처음부터 전혀 대리권이 없는 경우에는 민법 제129조가 적용될 수 없다.
⑥ 수권행위가 철회 또는 취소된 경우와 내부적 법률관계가 소멸한 경우에도 대리권은 소멸하므로 민법 제129조의 표현대리가 적용될 수 있다.
⑦ 상대방은 대리행위의 직접 상대방만을 말하며 상대방과 거래한 제3자는 포함되지 않는다.
⑧ 제3자의 악의·과실에 대한 입증책임은 본인에게 있다(통설).

3) 적용범위

① 민법 제129조의 표현대리는 임의대리와 법정대리 모두에 적용된다(통설·판례). 기출 16
② 민법 제129조는 복대리인의 무권대리행위에 대해서도 적용된다. 기출 16·17 즉 판례는 대리인이 대리권 소멸 후 직접 상대방과 사이에 대리행위를 하는 경우는 물론 대리인이 대리권 소멸 후 복대리인을 선임하여 복대리인으로 하여금 상대방과 사이에 대리행위를 하도록 한 경우에도, 상대방이 대리권 소멸 사실을 알지 못하여 복대리인에게 적법한 대리권이 있는 것으로 믿었고 그와 같이 믿은 데 과실이 없다면 민법 제129조에 의한 표현대리가 성립할 수 있다고(대판 1998.5.29. 97다55317) 한다. 기출 23·24

4) 효 과

민법 제129조의 요건이 충족되면 상대방은 표현대리인이 한 법률행위의 효력을 본인에게 주장할 수 있다.

3. 협의의 무권대리(無權代理)

(1) 서 설

대리인이 대리권 없이 대리행위를 한 경우 중 표현대리가 성립하는 경우를 제외한 것이 협의의 무권대리이다. 민법은 협의의 무권대리로 계약의 무권대리(민법 제130조 내지 제135조)와 단독행위의 무권대리(민법 제136조)를 규정하고 있다.

(2) 계약의 무권대리

1) 본인과 상대방 사이의 관계

① 본인의 권리 : 추인권 및 추인거절권
- 추인권의 성질 : 무권대리인의 추인은 상대방이나 무권대리인의 동의나 승낙을 요하지 않는 상대방 있는 단독행위이다.
- 추인의 당사자 : 추인권자는 본인이지만, 상속인 등 본인의 포괄승계인도 추인할 수 있고, 그 밖에 법정대리인이나 본인으로부터 특별수권을 부여 받은 임의대리인도 추인할 수 있다. 반면 추인의 상대방과 관련하여 판례는 "무권대리인, 무권대리인의 직접 상대방 및 그 무권대리행위로 인한 권리 또는 법률관계의 승계인에 대하여도 할 수 있다"(대판 1981.4.14. 80다2314)는 입장이다. 기출 18·21 다만, 추인을 무권대리인에게 하는 경우 상대방이 추인이 있음을 알지 못한 때에는 상대방에 대하여 추인의 효과를 주장하지 못한다(민법 제132조). 따라서 상대방은 그때까지 자신의 의사표시를 철회할 수 있다. 기출 05·08·18
- 추인의 방법 : 무권대리행위의 추인에 특별한 방식이 요구되는 것이 아니므로 명시적인 방법만 아니라 묵시적인 방법으로도 할 수 있고, 구술로 하든 서면으로 하든 모두 가능하며, 재판 외에서뿐만 아니라 재판상에서도 할 수 있다(대판 1974.2.26. 73다934). 기출 08·13·14·17·18
- 일부추인의 가부 : 추인은 원칙적으로 무권대리행위 전부에 대하여 해야 한다(대판 2008.8.21. 2007다79480). 따라서 무권대리행위의 일부에 대한 추인은 허용되지 않지만 상대방의 동의가 있으면 가능하다(대판 1982.1.26. 81다카549). 기출 08·18·21·22
- 추인의 효과와 소급효(민법 제133조) 기출 13·15·18·21
- 추인거절권 : 본인이 추인을 하지 않고 내버려 둘 수도 있으나, 적극적으로 추인의 의사가 없음을 표시하여 무권대리행위의 유동적 무효 상태를 확정적 무효 상태로 만들 수 있는데 이를 본인의 추인거절권이라 한다.
- 추인거절권의 상대방과 그 방법 : 추인의 경우와 동일하다(민법 제133조). 기출 13
- 추인거절의 효과 : 추인거절이 있으면 이제는 본인도 추인할 수 없고, 상대방도 최고권, 철회권을 행사할 수 없다.

② 무권대리인과 상속
- 무권대리인이 본인을 상속한 경우 : 학설은 비당연유효설 내지 양지위병존설과 당연유효설(다수설)의 대립이 있다. 판례는 당연유효로 보지는 않지만 "무권대리로서 무효임을 주장하는 것은 금반언의 원칙이나 신의칙에 반한다"(대판 1994.9.27. 94다20617)고 한다. 기출 22
- 본인이 무권대리인을 상속한 경우 : 당연유효설이 있으나 다수설은 양지위병존설의 입장에서 본인의 자격에서 추인을 거절할 수 있고 이는 신의칙에 반하지 않는다고 한다. 추인을 거절하면 무권대리인의 지위에서 이행 또는 손해배상책임을 부담하게 된다. 판례의 입장도 동일한 것으로 보인다(대판 1994.8.26. 93다20191).

③ 상대방의 권리
- 상대방의 최고권(민법 제131조) : 상대방의 선의·악의를 불문하고 본인에게만 행사할 수 있다. 기출 17·21
- 상대방의 철회권(민법 제134조) : 상대방이 선의인 경우, 본인 또는 무권대리인 모두에게 철회권을 행사할 수 있다. 기출 13·15

2) 대리인과 상대방 사이의 관계 – 무권대리인의 상대방에 대한 책임
① 의의 및 책임의 법적 성질
- 무권대리가 되면 본인은 원칙적으로 책임을 지지 않는다.
- 무권대리인의 상대방에 대한 책임은 무과실책임이며(대판 2014.2.27. 2013다3038), 법정책임이다(통설). 기출 17·24

② 책임의 요건
- 무권대리인이 대리권을 증명하지 못하고, 본인의 추인을 받지 못할 것
- 상대방이 선의·무과실일 것(민법 제135조 제2항) : 상대방의 선의·무과실의 판단은 대리행위 당시를 기준으로 하며, 무권대리인이 상대방이 대리권 없음을 알았거나 알 수 있었다는 사실을 주장·입증해야 한다(통설·판례). 기출 17·21
- 무권대리인이 제한능력자가 아닐 것(민법 제135조 제2항) 기출 22
- 상대방이 철회권을 행사한 경우에는 민법 제135조의 책임을 추궁할 수 없다.

③ 책임의 내용 : 「상대방」의 선택에 따라 계약의 이행 또는 손해배상책임을 진다. 기출 05·08·17

3) 본인과 무권대리인 사이의 관계
① 본인이 추인한 경우 : 본인이 추인하면 사무관리(민법 제734조)가 성립한다.
② 본인이 추인하지 않은 경우 : 본인과 대리인 사이에는 아무런 효과도 발생하지 않는다. 다만, 부당이득(민법 제741조), 불법행위(민법 제750조)가 문제될 수 있고, 본인이 대리인에게 내부적 법률관계에 의하여 채무불이행책임(민법 제390조)을 추궁할 수도 있다.

(3) 단독행위의 무권대리 기출 17

1) 상대방 없는 단독행위
① 유언, 재단법인의 설립행위, 권리의 포기 등의 상대방 없는 단독행위는 능동대리 및 수동대리를 묻지 않고 언제나 무효이다.
② 본인의 추인이 있더라도 무효이다.

2) 상대방 있는 단독행위
① 단독행위에는 그 행위 당시에 상대방이 대리인이라 칭하는 자의 대리권 없는 행위에 동의하거나 그 대리권을 다투지 아니한 때에 한하여 무권대리에 관한 규정을 준용한다. 대리권 없는 자에 대하여 그 동의를 얻어 단독행위를 한 때에도 같다(민법 제136조).
② 상대방 있는 단독행위도 원칙적으로 무효이다.
③ 민법 제136조 전단의 능동대리의 경우 대리권을 다투지 아니한 때란 이의를 제출하지 아니한 것을 말하고, 무권대리인에게 대리권이 없다는 데에 대한 선의·악의 내지 과실·무과실은 문제되지 않는다.
④ 민법 제136조 후단의 수동대리의 경우에는 무권대리인의 동의를 얻어 단독행위를 한 경우에만 계약과 동일한 효과가 발생한다.

제5절 법률행위의 무효와 취소

I 무효와 취소의 의의

1. 개념

처음부터 당연히 법률행위의 효력이 발생하지 아니하는 경우를 무효라 하고, 취소권자의 취소라는 행위가 있어야 비로소 소급적으로 무효가 되는 경우를 취소라고 한다.

2. 무효와 취소의 구별

구 분	무 효	취 소
효 력	처음부터 당연히 효력이 없음	원칙적으로 유효한 법률행위이나 취소를 통해 소급적 무효가 됨
주장권자	누구든지 무효 주장 가능 기출 08·12	취소권자만 주장 가능(민법 제140조)
상대방	누구에게나 무효 주장 가능	법률행위 상대방에게만 주장 가능
기 간	한번 무효는 계속 무효	취소는 단기제척기간 존재(민법 제146조)
추 인	무효행위의 추인제도가 있음. 다만, 추인하여도 원칙적으로 그 효력이 발생하지 않음. 다만, 무효임을 알고 추인한 경우 새로운 법률행위로 될 수 있음(민법 제139조)	취소할 수 있는 법률행위를 추인하면 유효한 법률행위로 확정
법정추인	없음	있음(민법 제145조)

출처 | 지원림, 홍문사, 민법강의 제16판, P.347 [2~363]

II 법률행위의 무효

1. 의의

법률행위가 성립요건을 갖추지 못할 때 법률행위의 부존재라고 하고, 성립요건은 갖추었으나 효력요건을 갖추지 못한 경우를 법률행위의 무효라고 한다.

2. 무효의 종류

(1) 절대적 무효·상대적 무효 기출 15

① 절대적 무효는 누구에 대해서도 무효를 주장할 수 있는 경우이다. 대표적인 경우가 민법 제103조, 민법 제104조 위반, 강행규정 위반 등의 경우이다.
② 상대적 무효는 당사자 사이에서는 무효이지만 선의의 제3자에게 대항하지 못하는 경우이다. 대표적으로 비진의표시가 무효로 되는 경우(민법 제107조 제1항), 통정허위표시(민법 제108조 제2항) 등의 경우이다.

(2) 당연무효·재판상 무효

무효는 원칙적으로 법률상 당연무효이다. 이와 달리 법률관계의 획일적 확정을 위하여 소(訴)에 의해서만 이를 주장할 수 있는 경우가 재판상 무효이다.

3. 무효의 일반적 효과

① 법률행위가 무효이면 법률효과는 발생하지 않으므로, 무효인 법률행위에 따른 법률효과를 침해하는 것처럼 보이는 위법행위나 채무불이행이 있더라도 법률효과 침해에 따른 손해배상을 청구할 수 없다(대판 2003.3.28. 2002다72125). 기출 16

② 무효인 법률행위에 기한 이행이 있기 전이라면 더 이상 이행할 필요가 없지만, 이미 급부가 이행되었다면 그 급부는 원칙적으로 부당이득에 관한 규정(민법 제741조 이하)에 의하여 반환되어야 한다.

4. 일부무효

(1) 의 의

① 전부 무효가 원칙이나 예외적으로 무효부분을 제외한 나머지 부분은 유효가 될 수 있다.

기출 16·17·20·21·23

② 일부무효에 관한 민법 제137조는 임의규정이다. 따라서 일부무효에 관하여 효력규정에 위반되지 않는 당사자의 명시적 또는 묵시적 약정이 있으면 그에 의하고, 제137조는 적용되지 않는다(대판 2010.3.25. 2009다41465).

(2) 요 건

1) 법률행위의 일체성과 분할가능성이 있을 것(객관적 요건)

① 일체성 : 당사자가 법률행위의 여러 부분을 하나의 전체로서 의욕한 경우 일체성이 인정된다.
② 분할가능성 : 단, 그 여러 부분이 각각 분할가능성이 인정되어야 일부무효의 법리가 적용된다.

2) 무효부분이 없더라도 법률행위를 하였을 것이라고 인정될 것(주관적 요건)

무효부분이 없더라도 나머지 부분만으로도 법률행위를 하였을 것이라는 가정적 의사가 필요하다(대판 2023.2.2. 2019다232277). 판단시점은 법률행위 당시를 기준으로 한다.

3) 입증책임

잔부(殘部)의 유효를 주장하는 자가 위 요건의 존재를 입증해야 한다.

(3) 효 과

원칙적으로 전부 무효이나, 위 요건을 갖춘 경우 그 일부만을 유효로 볼 수 있다. 유효가 되는 시점은 법률행위 당시로 소급한다.

(4) 적용범위

① 법률행위의 일부무효 법리는 여러 개의 계약이 체결된 경우에 그 계약 전부가 경제적, 사실적으로 일체로서 행하여져서 하나의 계약인 것과 같은 관계에 있는 경우에도 적용된다(대판 2024.4.4. 2023다298670).
② 민법 제137조는 임의규정이므로 당사자의 의사에 의해 배제할 수 있다. 또한 법률에 일부무효에 관한 효력에 관하여 특별한 규정이 있는 경우에도 적용되지 않는다.

5. 유동적 무효

(1) 의 의

유동적 무효란 법률행위가 무효이기는 하지만 추인 등에 의하여 행위 시에 소급하여 유효로 될 수 있는 경우를 말한다. 이는 취소할 수 있는 법률행위인 유동적 유효와 다르다.

(2) 토지거래 허가제도

1) 적용범위

토지거래 허가제도는 대가를 받고 소유권 또는 지상권을 이전 또는 설정하는 경우, 즉 유상계약에만 한정되어 적용되는 것이다(대판 2009.5.14. 2009도926).

2) 토지거래허가를 받지 않은 계약의 효력

① 전매차익을 얻을 목적으로 전전매매한 경우(확정적 무효) : 토지거래허가구역 내의 토지를 소유권이전등기를 경료할 의사 없이 중간생략등기의 합의 아래 전매차익을 얻을 목적으로 전전매매한 경우, 그 각각의 매매계약은 모두 확정적으로 무효로서 유효화될 여지가 없다(대판 1996.6.28. 96다3982).

② 허가를 배제하거나 잠탈하는 내용으로 매매계약이 체결된 경우(확정적 무효) : 구 국토의 계획 및 이용에 관한 법률상 토지거래계약 허가구역 내의 토지에 관하여 허가를 배제하거나 잠탈하는 내용으로 매매계약이 체결된 경우에는 그 계약은 체결된 때부터 확정적으로 무효이다. 다만 그 후 해당 토지가 토지거래계약 허가구역의 지정에서 해제되고, 매매계약 당사자들이 기존 매매계약이 무효임을 알면서 이를 추인하였다면 민법 제139조 단서에 따라 무효였던 기존 매매계약은 추인한 때로부터 새로운 법률행위로서 유효하게 된다고 보아야 한다(대판 2024.10.31. 2024다255328).

③ 허가받을 것을 전제로 거래계약을 체결한 경우(유동적 무효) : 판례는 허가를 받기 전의 거래계약이 처음부터 허가를 배제하거나 잠탈하는 내용의 계약일 경우에는 확정적 무효로서 유효화될 여지가 없으나 이와 달리 허가받을 것을 전제로 한 거래계약(허가를 배제하거나 잠탈하는 내용의 계약이 아닌 계약은 여기에 해당하는 것으로 본다)일 경우에는 허가를 받을 때까지는 법률상 미완성의 법률행위로서 소유권 등 권리의 이전 또는 설정에 관한 거래의 효력이 전혀 발생하지 않음은 위의 확정적 무효의 경우와 다를 바 없지만, 일단 허가를 받으면 그 계약은 소급하여 유효한 계약이 되고 이와 달리 불허가가 된 때에는 무효로 확정되므로 허가를 받기까지는 유동적 무효의 상태에 있다고 보는 것이 타당하므로 허가받을 것을 전제로 한 거래계약은 허가받기 전의 상태에서는 거래계약의 채권적 효력도 전혀 발생하지 않으므로 권리의 이전 또는 설정에 관한 어떠한 내용의 이행청구도 할 수 없으나 일단 허가를 받으면 그 계약은 소급해서 유효화되므로 허가 후에 새로이 거래계약을 체결할 필요는 없다고 한다(대판 1991.12.24. 90다12243[전합]).

3) 유동적 무효인 채권계약에 관한 법률관계

① 이행청구권의 인정 여부(소극) : 허가를 받을 것을 전제로 한 거래계약은 허가받기 전의 상태에서는 거래계약의 채권적 효력도 전혀 발생하지 않으므로 권리의 이전 또는 설정에 관한 어떠한 내용의 이행청구도 할 수 없고, 그러한 거래계약의 당사자로서는 허가받기 전의 상태에서 상대방의 거래계약상 채무불이행을 이유로 거래계약을 해제하거나 그로 인한 손해배상을 청구할 수 없다(대판 1997.7.25. 97다4357). 기출 05·24

② 해약금에 의한 해제 가능 여부(적극) : 특별한 사정이 없는 한 구 국토이용관리법상의 토지거래허가를 받지 않아 유동적 무효 상태인 매매계약에 있어서도 당사자 사이의 매매계약은 매도인이 계약금의 배액을 상환하고 계약을 해제함으로써 적법하게 해제된다(대판 1997.6.27. 97다9369). 기출 24

> **토지거래허가구역 내 토지에 관하여 매매계약을 체결하고 계약금만 주고받은 상태에서 토지거래허가를 받은 경우, 매도인이 민법 제565조의 규정에 의하여 그 계약을 해제할 수 있는지 여부(적극)**
> 국토의 계획 및 이용에 관한 법률에 정한 토지거래계약에 관한 허가구역으로 지정된 구역 안에 위치한 토지에 관하여 매매계약이 체결된 경우 당사자는 그 매매계약이 효력이 있는 것으로 완성될 수 있도록 서로 협력할 의무가 있지만, 이러한 의무는 그 매매계약의 효력으로서 발생하는 매도인의 재산권이전의무나 매수인의 대금지급의무와는 달리 신의칙상의 의무에 해당하는 것이어서 당사자 쌍방이 위 협력의무에 기초해 토지거래허가신청을 하고 이에 따라 관할관청으로부터 그 허가를 받았다 하더라도, 아직 그 단계에서는 당사자 쌍방 모두 매매계약의 효력으로서 발생하는 의무를 이행하였거나 이행에 착수하였다고 할 수 없을 뿐만 아니라, 그 단계에서 매매계약에 대한 이행의 착수가 있다고 보아 민법 제565조의 규정에 의한 해제권 행사를 부정하게 되면 당사자 쌍방 모두에게 해제권의 행사 기한을 부당하게 단축시키는 결과를 가져올 수도 있다. 그러므로 국토의 계획 및 이용에 관한 법률에 정한 토지거래계약에 관한 허가구역으로 지정된 구역 안의 토지에 관하여 매매계약이 체결된 후 계약금만 수수한 상태에서 당사자가 토지거래허가신청을 하고 이에 따라 관할관청으로부터 그 허가를 받았다 하더라도, 그러한 사정만으로는 아직 이행의 착수가 있다고 볼 수 없어 매도인으로서는 민법 제565조에 의하여 계약금의 배액을 상환하여 매매계약을 해제할 수 있다(대판 2009.4.23. 2008다62427).

③ **계약의 무효·취소 주장 가부(적극)** : 구 국토이용관리법상 규제구역 내에 속하는 토지거래에 관하여 관할 도지사로부터 거래허가를 받지 아니한 거래계약은 처음부터 위 허가를 배제하거나 잠탈하는 내용의 계약이 아닌 한 허가를 받기까지는 유동적 무효의 상태에 있고 거래 당사자는 거래허가를 받기 위하여 서로 협력할 의무가 있으나, 그 토지거래가 계약 당사자의 표시와 불일치한 의사(비진의표시, 허위표시 또는 착오) 또는 사기, 강박과 같은 하자 있는 의사에 의하여 이루어진 경우에는, 이들 사유에 의하여 그 거래의 무효 또는 취소를 주장할 수 있는 당사자는 그러한 거래허가를 신청하기 전 단계에서 이러한 사유를 주장하여 거래허가신청 협력에 대한 거절의사를 일방적으로 명백히 함으로써 그 계약을 확정적으로 무효화시키고 자신의 거래허가절차에 협력할 의무를 면할 수 있다(대판 1997.11.14. 97다36118).

④ **계약금·중도금에 대한 부당이득반환청구권의 인정 여부(원칙적 소극)** : 구 국토이용관리법상 토지거래허가를 받지 않아 거래계약이 유동적 무효의 상태에 있는 경우, 유동적 무효 상태의 계약은 관할 관청의 불허가처분이 있을 때뿐만 아니라 당사자 쌍방이 허가신청협력의무의 이행거절 의사를 명백히 표시한 경우에는 확정적으로 무효가 된다고 할 것이고, 이 경우 비로소 부당이득반환청구를 구할 수 있다(대판 1993.7.27. 91다33766). 또한 거래계약이 확정적으로 무효가 된 경우에는 거래계약이 확정적으로 무효로 됨에 있어서 귀책사유가 있는 자라고 하더라도 그 계약의 무효를 주장할 수 있다(대판 1997.7.25. 97다4357).

기출 12·24·25

⑤ **계약의 해제 가부** : 구 국토이용관리법(현행 부동산 거래신고 등에 관한 법률)상 규제구역 내의 토지에 대하여 매매계약을 체결한 경우에 있어 관할 관청으로부터 토지거래허가를 받기까지는 매매계약이 그 계약내용대로의 효력이 있을 수 없는 것이어서 매수인으로서도 그 계약내용에 따른 대금지급의무가 있다고 할 수 없으며, 설사 계약상 매수인의 대금지급의무가 매도인의 소유권이전등기의무에 선행하여 이행하기로 약정되어 있었다고 하더라도, 매수인에게 그 대금지급의무가 없음은 마찬가지여서 매도인으로서는 그 대금지급이 없었음을 이유로 계약을 해제할 수 없다(대판 1991.12.24. 90다12243[전합]). 기출 23

4) 협력의무에 관한 법률관계
① 협력의무의 인정 여부(적극) : 구 국토이용관리법상의 규제구역 내의 토지에 관하여 관할관청의 허가 없이 체결된 매매계약이라 하더라도 거래당사자 사이에는 계약이 효력이 있는 것으로 완성될 수 있도록 서로 협력할 의무가 있어 매매계약의 쌍방 당사자는 공동으로 관할관청의 허가를 신청할 의무가 있고, 이러한 의무에 위배하여 허가신청절차에 협력하지 않는 당사자에 대하여 상대방은 협력의무의 이행을 구할 수 있는 것이므로, 허가를 받을 것을 전제로 하여 체결된 매매계약의 매수인은 비록 그 매매계약이 허가를 받을 때까지는 법률상 미완성의 법률행위로서 소유권의 이전에 관한 계약의 효력이 전혀 발생하지 아니한다고 할지라도 위와 같은 토지거래허가신청절차청구권을 피보전권리로 하여 매매목적물의 처분을 금하는 가처분을 구할 수 있다(대판 1988.12.22. 98다44376). 기출 13 · 16 · 23

> 국토의 계획 및 이용에 관한 법률상의 토지거래허가구역에 있는 토지의 매수인이 토지거래허가 신청절차의 협력의무 이행청구권을 보전하기 위하여 매도인의 권리를 대위하여 행사할 수 있는지 여부(적극)
> 국토의 계획 및 이용에 관한 법률상의 허가구역에 있는 토지의 거래계약이 토지거래허가를 전제로 체결된 경우에는 유동적 무효의 상태에 있고 거래계약의 채권적 효력도 전혀 발생하지 않으므로 권리의 이전 또는 설정에 관한 어떠한 내용의 이행청구도 할 수 없지만, 계약을 체결한 당사자 사이에서는 계약이 효력 있는 것으로 완성될 수 있도록 서로 협력할 의무가 있으므로, 계약의 쌍방 당사자는 공동으로 관할 관청의 허가를 신청할 의무가 있다. 그 결과 경우에 따라서는 매수인이 토지거래허가 신청절차의 협력의무 이행청구권을 보전하기 위하여 매도인의 권리를 대위하여 행사하는 것도 허용된다고 할 수 있지만, 보전의 필요성이 인정되어야 한다(대판 2013.5.23. 2010다50014).

② 협력의무와 대금지급의무의 동시이행관계 여부(소극) : 구 국토이용관리법상의 토지거래규제구역 내의 토지에 관하여 관할 관청의 토지거래허가 없이 매매계약이 체결됨에 따라 그 매수인이 그 계약을 효력이 있는 것으로 완성시키기 위하여 매도인에 대하여 그 매매계약에 관한 토지거래허가 신청절차에 협력할 의무의 이행을 청구하는 경우, 매도인의 토지거래계약허가 신청절차에 협력할 의무와 토지거래허가를 받으면 매매계약 내용에 따라 매수인이 이행하여야 할 매매대금 지급의무나 이에 부수하여 매수인이 부담하기로 특약한 양도소득세 상당 금원의 지급의무 사이에는 상호 이행상의 견련성이 있다고 할 수 없으므로, 매도인으로서는 그러한 의무이행의 제공이 있을 때까지 그 협력의무의 이행을 거절할 수 있는 것은 아니다(대판 1996.10.25. 96다23825).

③ 협력의무불이행에 기한 손해배상청구권 인정 여부(적극) : 유동적 무효 상태에 있는 매매계약에 대하여 허가를 받을 수 있도록 허가신청을 하여야 할 협력의무를 이행하지 아니하고 매수인이 그 매매계약을 일방적으로 철회함으로써 매도인이 손해를 입은 경우에 매수인은 이 협력의무 불이행과 인과관계가 있는 손해는 이를 배상하여야 할 의무가 있다(대판 1995.4.28. 93다26397). 나아가 당사자 사이에서 일방이 토지거래허가를 받기 위한 협력 자체를 이행하지 아니하거나 허가신청에 이르기 전에 매매계약을 철회하는 경우 상대방에게 일정한 손해액을 배상하기로 하는 약정을 유효하게 할 수 있다(대판 1996.3.8. 95다18673).

기출 05 · 23

④ 협력의무불이행에 기한 계약해제 여부(소극) : 유동적 무효의 상태에 있는 거래계약의 당사자는 상대방이 그 거래계약의 효력이 완성되도록 협력할 의무를 이행하지 아니하였음을 들어 일방적으로 유동적 무효의 상태에 있는 거래계약 자체를 해제할 수 없다(대판 1999.6.17. 98다40459[전합]).

5) 유동적 무효가 확정적 유효로 되는 경우
① 허가를 받은 경우(대판 1992.7.28. 91다33612)
② 허가구역 지정이 해제되거나 허가구역 지정기간이 만료되었음에도 재지정을 하지 않은 경우(대판 2010.3.25. 2009다41465) 기출 24

6. 무효행위의 전환

(1) 의 의
① 무효행위의 전환이란 원래 법률행위가 무효이지만 이러한 법률행위가 동시에 다른 법률행위로서의 요건을 갖추고 있는 경우에, 당사자가 무효임을 알았다면 그 다른 법률행위를 하였을 것이라고 인정되는 경우 다른 법률행위로서의 효력을 인정하는 것을 말한다. 기출 15
② 무효행위의 전환을 질적 일부무효라고 한다.
③ 현실적 의사가 아니라「가상적 의사」를 기초로 한다는 점에서 추인과 다르다.

(2) 요 건
일단 무효인 법률행위가 존재하여야 하고 다른 법률행위로서의 요건을 갖추어야 한다. 또한 가상적 의사가 인정되어야 한다. 가상적 의사의 판단시점은 전환시점이 아니라 법률행위 당시를 기준으로 한다.

(3) 효 과
무효행위의 전환요건을 갖추면 다른 법률행위로서의 효력이 인정된다. 기출 16 전환의 효력은 원래의 법률행위 시점부터 발생한다.

(4) 적용범위
① 단독행위의 전환에 대해 학설의 대립이 있으나 민법은 비밀증서 유언의 요건 흠결 시 자필증서 유언의 요건을 갖추면 자필증서 유언으로의 전환을 인정하고 있다(민법 제1071조).
② 신분행위의 전환에 관하여 판례는 혼인 외의 출생자를 혼인 중의 출생자로 신고한 경우에 그 신고는 친생자출생신고로는 무효이지만 인지신고로서의 효력을 인정한다(대판 1971.11.15. 71다1983). 또한 타인의 자를 자기의 자로서 출생신고한 경우에 그 신고는 출생신고로는 무효이지만 입양신고로서는 유효하다(대판 1977.7.27. 77다492[전합])고 판시하고 있다.
③ 판례는 매매계약이 약정된 매매대금의 과다로 말미암아 민법 제104조에서 정하는 '불공정한 법률행위'에 해당하여 무효인 경우에도 무효행위의 전환에 관한 민법 제138조가 적용될 수 있으므로 당사자 쌍방이 위와 같은 무효를 알았더라면 대금을 다른 액으로 정하여 매매계약에 합의하였을 것이라고 예외적으로 인정되는 경우에는, 그 대금액을 내용으로 하는 매매계약이 유효하게 성립한다고 한다(대판 2010.7.15. 2009다50308). 기출 21・25

7. 무효행위의 추인

(1) 의 의
① 민법은 원칙적으로 추인을 금지하되(민법 제139조 본문), 예외적으로 당사자가 그 무효임을 알고 추인한 때에는 새로운 법률행위를 한 것으로 간주하고 있다(민법 제139조 단서). 기출 12・13
② 민법상 법률행위의 추인에는 소급효가 없다.

(2) 요 건
무효임을 알고서 추인해야 하는데, 추인의 의사표시는 묵시적으로 할 수 있다. 무효행위의 추인은 무효사유가 종료한 후에 해야 하고(대판 1997.12.12. 95다38240), 새로운 법률행위의 요건을 구비해야 한다. 무효행위의 추인이 있었다는 사실은 새로운 법률행위의 성립을 주장하는 자가 증명하여야 한다. 기출 12・13・16・21・22

(3) 효 과

무효인 법률행위에 대한 추인은 소급효가 없는 것이 원칙이다(민법 제139조 본문). 기출 20 그러나 당사자 간의 합의로 소급하여 유효로 할 수 있다(통설·판례). 대법원은 무효인 신분행위의 추인에는 민법 제139조의 적용을 부정하면서 소급효를 인정하고 있다(대판 1965.12.28. 65므61).

(4) 한 계 기출 06·11·12·17

강행규정·민법 제103조·민법 제104조 위반으로 무효인 경우에는 추인이 있더라도 무효이다.

(5) 관련 쟁점 – 무권리자의 처분행위

무권리자의 처분행위로서 무효인 처분행위도 권리자가 제3자의 이익을 해하지 않는 한 소급적으로 추인하여 유효로 할 수 있다. 판례도 같은 취지에서 무권리자의 처분행위에 대한 추인은 무권리자의 처분이 있음을 알고 해야 하고, 명시적으로 또는 묵시적으로 할 수 있으며, 그 의사표시는 무권리자나 그 상대방 어느 쪽에 해도 무방하다고 하면서, 권리자가 무권리자의 처분을 추인하면 무권대리에 대해 본인이 추인을 한 경우와 당사자들 사이의 이익상황이 유사하여, 무권대리의 추인에 관한 민법 제130조, 제133조 등을 무권리자의 추인에 유추 적용할 수 있으므로 무권리자의 처분이 계약으로 이루어진 경우에 권리자가 이를 추인하면 원칙적으로 계약의 효과가 계약을 체결했을 때에 소급하여 권리자에게 귀속된다고 보아야 한다고(대판 2017.6.8. 2017다3499) 판시하고 있다.

III 법률행위의 취소

1. 의 의

(1) 개 념

법률행위의 취소란 일단 유효하게 성립한 법률행위의 효력을 제한능력 또는 의사표시의 결함을 이유로 취소권자의 의사표시에 의하여 행위 시에 소급하여 무효로 하는 것을 말한다.

(2) 적용범위

법률행위의 취소에 관한 민법 제140조 이하는 제한능력 또는 의사표시의 결함을 이유로 하는 취소에 한하여 적용된다.

2. 취소의 당사자

(1) 취소권자

1) 제한능력자, 착오·사기·강박에 의한 의사표시자

취소할 수 있는 법률행위는 제한능력자, 착오로 인하거나 사기·강박에 의하여 의사표시를 한 자, 그의 대리인 또는 승계인만이 취소할 수 있다(민법 제140조). 따라서 제한능력을 이유로 취소하는 경우에는 법정대리인뿐만 아니라 제한능력자도 단독으로 취소할 수 있다. 기출 17·23

2) 대리인

취소도 법률행위이므로 대리인도 할 수 있다. 따라서 임의대리인(본인으로부터 별도의 수권이 필요)과 법정대리인(고유의 취소권이 인정) 모두 취소권이 인정된다.

3) 승계인

특정승계인, 포괄승계인 모두 취소권을 행사할 수 있으나, 특정승계인에 대해서는 취소권만의 승계는 인정되지 않는다. 기출 05·13·16·25

4) 보증인

보증인은 주채무자의 취소권이나 해제권을 직접 행사할 수는 없고, 주채무자에게 이러한 권리가 있을 때에는 이행을 거절할 수 있을 뿐이다(민법 제435조 참조). 단, 주채무자에게 상계권이 있을 때에는 보증인이 그 상계권을 직접 행사할 수 있다(민법 제434조).

(2) 취소의 상대방

① 취소할 수 있는 법률행위의 상대방이 있으면 그 취소는 그 상대방에 대한 의사표시로 해야 한다(민법 제142조). 기출 23

② 상대방 없는 단독행위에서는 상대방이 확정되어 있지 않기 때문에 취소를 특정인에게 행할 필요가 없고, 취소의 의사를 적당한 방법으로 외부에 알리기만 하면 된다(다수설).

③ 취소할 수 있는 행위의 상대방이 그 행위로 취득한 권리를 양도한 경우에 그 취소의 상대방은 양수인이 아니라 원래의 상대방이다.

3. 취소의 방법

(1) 취소의 의사표시 기출 21

① 취소권은 형성권이므로, 취소권자는 그의 일방적 의사표시에 의하여 취소권을 행사할 수 있다.

② 취소의 의사표시는 특별한 방식을 요하지 않는다. 따라서 반드시 재판상 행사하여야 할 필요는 없다. 취소의 의사가 상대방에 의하여 인식될 수 있다면 어떠한 방법에 의하더라도 무방하다.

(2) 취소의 대상

제한능력을 이유로 하는 취소의 대상은 법률행위 자체이다.

(3) 일부취소

① 하나의 법률행위 중 일부에만 취소사유가 있는 경우에 그 일부만을 취소할 수 있을지 문제되는데 통설과 판례는 「일부무효의 법리에 준」하여 일부취소를 인정한다.

② 즉, 일부무효와 마찬가지로 법률행위의 일부를 취소하기 위해서는 ㉠ 일체로서 법률행위가 ㉡ 가분적이고, ㉢ 그 법률행위의 일부에 취소사유가 존재해야 한다. 그 밖에 ㉣ 나머지 부분을 유지하려는 당사자의 가정적 의사가 있어야 한다. 기출 15·17

③ 일부취소가 있으면 그 부분만이 소급적으로 무효가 되나, 당사자의 가정적 의사에 따라 법률행위 전부가 무효가 될 수 있다.

4. 취소의 효과

(1) 원칙 : 소급적 무효

① 취소가 있으면 그 법률행위는 처음부터 무효인 것으로 본다(민법 제141조 본문). 기출 05·08 다만, 취소한 후라도 무효행위의 추인 요건에 따라 다시 추인할 수 있다(대판 1997.12.12. 95다38240). 기출 21

② 취소되면 법률행위가 소급하여 무효로 되기에 그 법률행위에 기하여 급부가 이미 행하여졌다면 부당이득 반환의 법리(민법 제741조)에 의하여 그 급부가 반환되어야 한다. 기출 05 반면 아직 급부가 이행되지 않은 경우에는 급부는 후속문제를 남기지 않고 소멸한다.

(2) 제한능력자의 반환범위에 관한 특칙 [기출] 17·20·22·23·24

① 제한능력자는 선의·악의를 불문하고 언제나 현존이익만 반환하면 된다(민법 제141조 단서). 이 규정은 민법 제748조 제2항에 대한 특칙이다.
② 현존이익이란 취소되는 행위에 의하여 사실상 얻은 이익이 그대로 있거나 또는 그것이 변형되어 잔존하는 것을 말한다.
③ 이익이 현존하는지 여부 및 현존이익의 범위는 「취소한 시점」을 기준으로 판단한다.
④ 이익의 현존에 대한 입증책임의 소재에 관하여, 다수설과 판례는 공평을 근거로 이익이 현존하는 것으로 추정되며 따라서 제한능력자가 현존이익이 없음을 입증해야 한다고 한다(대판 2009.1.15. 2008다58367).

(3) 소급효의 예외

근로계약(대판 2017.12.22. 2013다25194), 조합계약과 같은 계속적인 계약관계는 소급효가 부인된다(통설). [기출] 24

5. 취소할 수 있는 법률행위의 추인

(1) 의 의

취소할 수 있는 법률행위의 추인이란 취소할 수 있는 법률행위를 취소하지 않겠다는 취소권자의 의사표시로, 취소권의 포기이다.

(2) 추인의 요건

① 추인은 취소권의 포기이므로, 취소할 수 있는 행위임을 알고 추인해야 한다(대판 1997.5.30. 97다2986). 법정추인과의 차이점이다.
② 추인은 추인권자(즉 취소권자)가 취소의 원인이 종료한 후에 하여야 하고(대판 1997.5.30. 97다2986), 그렇지 않다면 그 효력이 없다(민법 제144조 제1항). 따라서 제한능력자는 능력자가 된 후, 착오·사기·강박에 의한 표의자는 그 상태를 벗어난 후가 아니면 추인할 수 없다. 다만, 법정대리인은 이러한 제한 없이 추인할 수 있다(민법 제144조 제2항). 한편 제한능력자라도 피성년후견인이 아닌 자는 법정대리인의 동의를 얻어 유효하게 추인할 수 있다. [기출] 08·11·13·14·22
③ 법률행위의 상대방에게 추인의 의사표시를 해야 한다(민법 제143조 제2항).
④ 취소권을 행사하여 소급하여 무효가 된 후의 추인은 무효행위의 추인에 해당한다(대판 1997.12.12. 95다38240).

[기출] 23

(3) 효 과 [기출] 20

추인이 있으면 취소할 수 있는 행위를 더 이상 취소할 수 없고, 그 행위는 확정적으로 유효로 된다.

6. 법정추인 [기출] 10·11·21·22

(1) 의 의

민법은 추인할 수 있는 후에 일정한 사유가 있으면 당연히 추인한 것으로 간주하는 법정추인을 규정하고 있다(민법 제145조). 취소할 수 있는 법률행위에만 적용되고, 취소원인이 소멸된 후에만 법정추인이 가능하다. 행위자가 취소할 수 있는 법률행위인지를 알고 있을 필요가 없다(통설·판례).

(2) 법정추인의 사유

1) 전부 또는 일부의 이행

취소권자가 상대방에게 이행한 경우는 물론이고 상대방의 이행을 수령한 경우를 포함한다.

2) 이행의 청구

취소권자가 청구하는 경우에 한한다.

3) 경 개 기출 25

취소권자가 채권자인지 아니면 채무자인지 묻지 않는다.

4) 담보의 제공

취소권자가 채무자로서 담보를 제공하거나 채권자로서 그러한 담보의 제공을 받는 경우이다.

5) 취소할 수 있는 행위로 취득한 권리의 전부나 일부의 양도

취소권자가 양도하는 경우에 한한다. 반면 취소함으로써 발생하게 될 장래의 채권의 양도는 제외된다.

6) 강제집행(압류)

집행을 하는 경우뿐만 아니라 집행을 받는 경우에도 소송상 이의를 제기할 수 있었음에도 불구하고 이를 하지 않는 경우에는 이에 포함된다.

(3) 효 과

위 요건이 갖추어지면 추인이 있었던 것으로 의제된다.

7. 단기제척기간

(1) 법적 성질 기출 05 · 06 · 08 · 11 · 25

민법 제146조가 규정하는 기간은 법률관계를 조속히 확정하여 상대방을 보호하기 위한 제도로 그 기간의 성질은 제척기간이다(통설)(대판 1996.9.20. 96다25371). 재판 외에서 행사되더라도 무방하다.

(2) 취소권의 단기소멸의 요건 기출 11 · 20 · 24

1) 추인할 수 있는 때로부터 3년

취소할 수 있는 때로부터가 아니다. 「추인할 수 있는 날」이란 「취소의 원인이 종료」되어 취소권 행사에 관한 장애가 없어져서 취소권자가 취소의 대상인 법률행위를 추인할 수 있고 취소할 수도 있는 상태가 된 때를 가리킨다(대판 1998.11.27. 98다7421).

2) 법률행위를 한 날로부터 10년

3) 양 기간의 관계 기출 09

둘 중 먼저 도달한 것이 있으면 그때 완전히 소멸한다. 법정대리인과 행위능력자 중 누구에 대해서라도 먼저 기간이 도과하면 취소권은 모두 소멸한다.

(3) 취소에 의해 발생한 청구권의 존속기간

통설은 취소권과 마찬가지로 단기제척기간에 걸린다고 한다. 판례는 전혀 별개의 문제이므로 취소권은 단기제척기간 내에 행사해야 하지만, 그 효과로서 생긴 부당이득반환청구권은 취소권을 행사한 때로부터 소멸시효가 별도로 진행한다고 한다(대판 1991.2.22. 90다13420).

제6절 법률행위의 부관

I 서 설

법률행위가 성립하면 곧바로 그 효력이 발생함이 원칙이다. 그러나 법률행위의 효력의 발생 또는 소멸을 제한하기 위하여 법률행위에 부가되는 약관을 법률행위의 부관이라고 한다. 민법상으로는 조건·기한·부담의 세 가지가 있다. 이 중 조건과 기한은 총칙에 일반규정을 두고, 부담부 증여(민법 제561조)와 부담부 유증(민법 제1088조)에 관한 특별규정을 둔다.

II 조 건

1. 조건의 의의

① 조건은 법률행위 효력의 발생 또는 소멸을 장래 불확실한 사실의 발생 여부에 따라 좌우되게 하는 법률행위의 부관이고, 법률행위에서 효과의사와 일체적인 내용을 이루는 의사표시 그 자체이다. 조건을 붙이고자 하는 의사는 법률행위의 내용으로 외부에 표시되어야 하고, 조건을 붙이고자 하는 의사가 있는지는 의사표시에 관한 법리에 따라 판단하여야 한다. 조건을 붙이고자 하는 의사의 표시는 그 방법에 관하여 일정한 방식이 요구되지 않으므로 묵시적 의사표시나 묵시적 약정으로도 할 수 있다(대판 2018.6.28. 2016다221368). 기출 23·24

② 조건이 되는 사실은 발생할 것인지 여부가 객관적으로 불확실한 장래의 사실이어야 한다. 장래 반드시 실현되는 사실은 기한이지 조건으로 되지 못한다(대판 2018.6.28. 2018다201702). 기출 25

③ 조건은 당사자가 임의로 부가한 것이어야 한다. 따라서 법정조건은 조건이 아니다. 기출 15

> **당사자가 표시한 문언에 의하여 객관적인 의미가 명확하게 드러나지 않는 경우, 법률행위의 해석 방법 / 조건을 붙이고자 하는 의사는 외부에 표시되어야 하는지 여부(적극) 및 이를 인정하기 위한 요건**
>
> 법률행위의 해석에 있어 당사자가 표시한 문언에 의하여 객관적인 의미가 명확하게 드러나지 않는 경우에는 문언의 형식과 내용, 법률행위가 이루어진 동기 및 경위, 당사자가 법률행위에 의하여 달성하려는 목적과 진정한 의사, 거래의 관행 등을 종합적으로 고려하여 사회정의와 형평의 이념에 맞도록 논리와 경험의 법칙, 그리고 사회일반의 상식과 거래의 통념에 따라 합리적으로 해석하여야 한다. 한편 조건은 법률행위 효력의 발생 또는 소멸을 장래 불확실한 사실의 발생 여부에 따라 좌우되게 하는 법률행위의 부관이고, 법률행위에서 효과의사와 일체적인 내용을 이루는 의사표시 그 자체이다. 조건을 붙이고자 하는 의사는 법률행위의 내용으로 외부에 표시되어야 하고, 조건을 붙이고자 하는 의사가 있는지는 의사표시에 관한 법리에 따라 판단하여야 한다. 조건을 붙이고자 하는 의사가 외부에 표시되었다고 인정하려면, 법률행위가 이루어진 동기와 경위, 법률행위에 의하여 달성하려는 목적, 거래의 관행 등을 종합적으로 고려하여 법률행위 효력의 발생 또는 소멸을 장래의 불확실한 사실의 발생 여부에 따라 좌우되게 하려는 의사가 인정되어야 한다(대판 2020.7.9. 2020다202821).
>
> **법률행위의 부관으로서 조건의 의미와 성립 요건 및 조건을 붙이고자 하는 의사가 있으나 외부에 표시되지 않은 경우, 법률행위의 부관으로서 조건이 되는지 여부(소극)**
>
> 조건은 법률행위의 효력의 발생 또는 소멸을 장래의 불확실한 사실의 성부에 의존하게 하는 법률행위의 부관으로서 해당 법률행위를 구성하는 의사표시의 일체적인 내용을 이루는 것이므로, 의사표시의 일반원칙에 따라 조건을 붙이고자 하는 의사 즉 조건의사와 그 표시가 필요하며, 조건의사가 있더라도 그것이 외부에 표시되지 않으면 법률행위의 동기에 불과할 뿐이고 그것만으로는 법률행위의 부관으로서의 조건이 되지는 아니한다(대판 2015.10.29. 2015다219504). 기출 25

2. 조건의 종류

(1) 정지조건과 해제조건

1) 정지조건

법률행위의 효력을 그 성취에 의해 발생하게 하는 조건이다(민법 제147조 제1항). 기출 14 정지조건부 법률행위에 해당한다는 존재 사실은 그 법률행위로 인한 법률효과의 발생을 저지하는 사유로서, 법률효과의 발생을 다투는 자가 입증해야 하나, 정지조건의 성취는 법률행위의 효력을 주장하는 자가 입증해야 한다.

기출 16·17·18·21

2) 해제조건

법률행위의 효력을 그 성취에 의해 소멸하게 하는 조건이다(민법 제147조 제2항). 기출 14·18·22

(2) 가장조건

형식적으로 조건이지만 실질적으로는 조건으로서의 효력이 인정되지 못하는 것을 총칭하여 가장조건이라고 한다.

1) 법정조건

법률행위의 효력이 발생하기 위하여 법률이 명문으로 요구하는 요건이 법정조건이다. 조건은 법률행위의 내용으로서 당사자들의 의사로 정하여야 하기에 법정조건은 조건이 아니다. 기출 15

2) 불법조건

① 선량한 풍속 기타 사회질서에 위반한 조건이 불법조건이다. 불법조건이 붙은 경우에 그 조건만이 무효인 것이 아니라 그 법률행위 전부가 무효로 된다(민법 제151조 제1항). 기출 15·16·20·21·23

② 매매계약에서 매도인에게 부과될 공과금을 매수인이 책임진다는 취지의 특약을 하였다 하더라도 이는 공과금이 부과되는 경우 그 부담을 누가 할 것인가에 관한 약정으로서 그 자체가 불법조건이라고 할 수 없고 이것만 가지고 사회질서에 반한다고 단정하기도 어렵다(대판 1993.5.25. 93다296). 기출 20

3) 기성조건

조건인 사실이 법률행위 성립 당시 이미 발생한 경우가 기성조건이다. 기성조건이 정지조건이면 조건 없는 법률행위가 되고, 해제조건이면 그 법률행위가 무효이다(민법 제151조 제2항). 기출 16·17·21·22·23

4) 불능조건

조건이 법률행위 성립 당시 이미 성취할 수 없는 것으로 객관적으로 확정된 경우가 불능조건이다. 불능조건이 해제조건이면 조건 없는 법률행위가 되고, 정지조건이라면 그 법률행위는 무효이다(민법 제151조 제3항).

기출 05·09·13·14·16

(3) 관련 판례

동산의 매매계약을 체결하면서, 매도인이 대금을 모두 지급받기 전에 목적물을 매수인에게 인도하지만 대금이 모두 지급될 때까지는 목적물의 소유권은 매도인에게 유보되며 대금이 모두 지급된 때에 그 소유권이 매수인에게 이전된다는 내용의 이른바 소유권유보의 특약을 한 경우, 목적물의 소유권을 이전한다는 당사자 사이의 물권적 합의는 매매계약을 체결하고 목적물을 인도한 때 이미 성립하지만 대금이 모두 지급되는 것을 정지조건으로 한다(대판 1999.9.7. 99다30534). 기출 20

3. 조건에 친하지 않은 법률행위

(1) 의 의
법률행위에 조건이 붙어지면 그 효력의 발생이나 존속이 불확실하게 되는데 그러한 불확실성을 감내할 수 없는 법률행위를 조건에 친하지 않은 법률행위라고 한다. 그럼에도 불구하고 조건에 친하지 않은 법률행위에 조건을 붙이면, 그 법률행위는 전체가 무효로 된다(대판 2005.11.8. 2005마541).

(2) 단독행위
원칙적으로 조건을 붙일 수 없다. 기출 12 단, 상대방의 동의가 있는 경우 또는 상대방에게 이익만을 주거나 상대방에게 불이익으로 되지 않은 경우에는 조건을 붙일 수 있다.

(3) 신분행위 기출 20
원칙적으로 조건을 붙일 수 없다. 단, 유언에는 조건을 붙일 수 있다(민법 제1073조 제2항). 또한 혼인과 달리 약혼에는 조건을 붙일 수 있다(통설).

4. 조건의 성취와 불성취

(1) 의 의
조건인 장래의 불확실한 사실이 일어나는 것을 조건의 성취라 하고, 그 반대의 경우를 불성취라고 한다.

(2) 조건의 성취 또는 불성취의 주장

1) 조건성취의 주장
① 조건의 성취로 인하여 불이익을 받을 당사자가 신의성실에 반하여 조건의 성취를 방해한 경우에, 상대방은 그 조건이 성취된 것으로 주장할 수 있다(민법 제150조 제1항). 기출 23 일방 당사자의 신의성실에 반하는 방해행위 등이 있었다는 사정만으로 곧바로 민법 제150조 제1항에 의해 그 상대방이 발생할 것으로 희망했던 결과까지 의제된다고 볼 수는 없으므로, 여기서 말하는 '조건의 성취를 방해한 때'란 사회통념상 일방 당사자의 방해행위가 없었더라면 조건이 성취되었을 것으로 볼 수 있음에도 방해행위로 인하여 조건이 성취되지 못한 정도에 이르러야 하고, 방해행위가 없었더라도 조건의 성취가능성이 현저히 낮은 경우까지 포함되는 것은 아니다(대판 2022.12.29. 2022다266645).
② 여기서의 당사자는 조건의 성취로 인하여 직접 불이익을 받는 자에 한한다.
③ 방해행위는 고의에 기한 경우뿐만 아니라 과실에 의한 경우를 포함하며, 작위에 한하지 않고 부작위라도 무방하다(대판 1990.11.13. 88다카29290).
④ 상대방의 주장에 의하여 조건성취로 의제되는 시점은 신의칙에 반하는 방해행위가 없었다면 조건이 성취되었으리라고 추정되는 시점이다(대판 1998.12.12. 98다42356). 기출 11

2) 조건불성취의 주장
조건의 성취로 인하여 이익을 받을 당사자가 신의성실에 반하여 조건을 성취시킨 경우에 상대방은 그 조건이 성취되지 않은 것으로 주장할 수 있다(민법 제150조 제2항). 기출 09

(3) 조건의 성취 또는 불성취의 효과

① 조건성취의 효과는 원칙적으로 소급하지 않는다. 즉, 정지조건부 법률행위는 그 조건이 성취된 때부터 그 효력이 생기고(민법 제147조 제1항) 기출 14, 해제조건부 법률행위는 그 조건이 성취된 때부터 그 효력을 잃는다(민법 제147조 제2항). 기출 14 다만, 당사자가 조건성취의 효력을 그 성취전에 소급하게 할 의사를 표시한 경우에는 그 의사에 의한다(민법 제147조 제3항). 기출 17 · 18 · 20 · 21

② 조건성취사실에 대한 입증책임은 조건의 성취로 인하여 법률행위의 효력이 확정되었음을 주장하는 자가 부담한다(대판 1984.9.25. 84다카967).

5. 조건부 법률행위의 일반적 효력

(1) 의 의

① 조건성취에 의하여 이익을 받을 당사자는 조건성취 여부가 미정인 상태에서도 일종의 기대권을 가진다.
② 조건부 법률행위에서 조건의 내용 자체가 불법적인 것이서 무효인 경우 또는 조건을 붙이는 것이 허용되지 않는 법률행위에 조건을 붙이는 경우에, 그 조건만을 분리하여 무효로 할 수 없고, 그 법률행위 전부가 무효로 된다.

(2) 조건부 권리의 보호

① 조건부 법률행위의 당사자는 조건의 성부가 미정인 동안 조건의 성취로 인하여 생길 상대방의 이익을 해치지 못한다(민법 제148조).
② 조건부 권리에 대한 침해가 민법 제150조 위반에 해당하는 경우에, 당사자는 선택적으로 조건성취의 주장 또는 손해배상의 청구를 할 수 있다.

(3) 조건부 권리의 처분 등

조건부 권리도 조건의 성취가 미정인 동안에도 일반규정에 의하여 처분·상속·보존·담보로 할 수 있다(민법 제149조). 기출 09 · 17 · 18 · 21 · 23

III 기 한

1. 기한의 의의

기한이란 법률행위의 효력의 발생이나 소멸을 장래 발생할 것이 확실한 사실에 의존케 하는 법률행위의 부관을 말한다. 기한은 법률행위의 내용으로 당사자가 임의로 정한 것이므로, 법정기한은 기한이 아니다.

2. 기한의 종류

(1) 시기와 종기

시기란 법률행위 효력의 발생에 관한 기한을 말하고, 종기란 효력의 소멸이 걸려 있는 기한이다.

(2) 확정기한과 불확정기한

① 기한의 내용인 사실이 발생하는 시기가 확정되어 있는 것이 확정기한이고, 그렇지 않은 것이 불확정기한이다.

② 어떤 부관이 불확정기한인지 조건인지 구별하기 어려운 경우 「법률행위의 해석」에 의해 판단한다. 부관에 표시된 사실이 발생하지 않으면 채무를 이행하지 않아도 된다고 보는 것이 합리적인 경우에는 조건으로 보아야 한다. 그러나 부관에 표시된 사실이 발생한 때에는 물론이고 반대로 발생하지 않는 것이 확정된 때에도 채무를 이행하여야 한다고 보는 것이 합리적인 경우에는 표시된 사실의 발생 여부가 확정되는 것을 불확정기한으로 정한 것으로 보아야 한다(대판 2018.6.28. 2018다201702).

3. 기한에 친하지 않은 법률행위

① 혼인 등 신분행위에는 시기를 붙일 수 없다.
② 소급효가 있는 법률행위에는 시기를 붙일 수 없다. (예 취소, 추인, 상계)
③ 그러나 어음·수표행위에는 시기를 붙일 수 있다.

4. 기한부 법률행위의 효력

(1) 기한도래의 효과

① 시기부 법률행위는 기한이 도래한 때부터 그 효력이 생긴다(민법 제152조 제1항). 반면 종기부 법률행위는 기한이 도래한 때부터 그 효력을 잃는다(민법 제152조 제2항).
② 기한에는 소급효가 없으며, 당사자의 특약에 의해서도 소급효를 인정할 수 없다. 기출 16

(2) 기한부 권리

조건부 권리에 관한 규정(민법 제148조, 제149조)은 기한부 권리에도 준용된다(민법 제154조).

5. 기한의 이익

(1) 의 의

기한의 이익이란 기한이 존재하는 것, 즉 기한이 도래하지 않음으로써 당사자가 받는 이익을 말한다.

(2) 기한의 이익의 추정

기한의 이익을 누가 가지는지는 우선 「법률행위의 성질」에 따라 정해진다. 당사자의 특약이나 법률행위의 성질에 비추어 보아도 어느 당사자를 위한 것인지 불분명하다면 채무자를 위한 것으로 추정한다(민법 제153조 제1항). 기출 08·10·17·22·25

(3) 기한의 이익의 포기
① 기한의 이익은 포기할 수 있다. 다만, 상대방의 이익을 해치지 못한다(민법 제152조 제2항). 기출 17 기한의 이익과 그 포기에 관한 민법 제153조 제2항은 임의규정으로서 당사자는 그와 다른 약정을 할 수 있다(대판 2023.4.13. 2021다305338).
② 기한의 이익이 상대방을 위하여 존재하는 경우 상대방의 손해를 배상하고 포기할 수 있다. 기출 17
③ 기한의 이익을 가지는 무이자 소비대차의 차주나 무상임치인은 손해배상 없이 언제든지 기한의 이익을 포기할 수 있다.
④ 포기는 상대방 있는 단독행위로, 상대방에 대한 일방적 의사표시로 행하여진다. 기한의 이익의 포기는 소급효가 없고, 장래를 향해서만 효과가 있다.

(4) 기한의 이익의 상실

1) 의 의
당사자의 합의에 의한 기한이익 상실의 특약 외에 법은 일정한 경우에 채무자는 기한의 이익을 주장하지 못한다고 한다(민법 제388조).

2) 기한이익의 상실 특약
① **정지조건부 기한이익 상실 특약** : 그 내용에 의하여 일정한 사유가 발생하면 채권자의 청구 등을 요함이 없이 당연히 기한의 이익이 상실되어 채무의 이행기가 도래하는 약정이다. 기출 10·11
② **형성권적 기한이익 상실 특약** : 일정한 사유가 발생한 후 채권자의 통지나 청구 등 채권자의 의사표시를 기다려 비로소 채무의 이행기가 도래하는 약정이다.

> 기한이익 상실의 특약이 위 양자 중 어느 것에 해당하느냐는 당사자의 의사해석의 문제이지만 일반적으로 기한이익 상실의 특약이 채권자를 위하여 둔 것인 점에 비추어 명백히 정지조건부 기한이익 상실의 특약이라고 볼만한 특별한 사정이 없는 이상 형성권적 기한이익 상실의 특약으로 추정하는 것이 타당하다(대판 2002.9.4. 2002다28340).
> 기출 10·15·22·24

3) 기한의 도래
민법상 기한의 이익의 상실사유가 발생한 경우 즉시 기한의 도래가 의제된 것이 아니라 채권자가 기한의 이익의 상실을 주장하여 즉시 변제를 청구할 수도 있고, 변제기를 기다려 청구할 수도 있다.

CHAPTER 05 권리의 변동

01 불공정한 법률행위에 관한 설명으로 옳지 않은 것은?(다툼이 있으면 판례에 따름) 기출 25

CHECK ○△×

① 무경험은 거래일반에 대한 경험부족이 아니라 어느 특정영역에서의 경험부족을 의미한다.
② 어떠한 법률행위가 불공정한 법률행위에 해당하는지는 법률행위 당시를 기준으로 판단하여야 한다.
③ 급부와 반대급부 사이의 현저한 불균형은 당사자의 주관적 가치가 아닌 거래상의 객관적 가치에 의하여 결정된다.
④ 불공정한 법률행위의 무효는 원칙적으로 추인에 의해 유효로 될 수 없다.
⑤ 매매계약이 불공정한 법률행위에 해당하여 무효인 경우, 특별한 사정이 없는 한 그 계약에 관한 부제소합의도 무효이다.

해설 및 정답

01 ① (×) '무경험'이라 함은 일반적인 생활체험의 부족을 의미하는 것으로서 어느 특정영역에 있어서의 경험부족이 아니라 거래일반에 대한 경험부족을 의미한다(대판 2002.10.22. 2002다38927).
② (○) 어떠한 법률행위가 불공정한 법률행위에 해당하는지는 법률행위 시를 기준으로 판단하여야 한다. 따라서 계약 체결 당시를 기준으로 전체적인 계약 내용에 따른 권리의무관계를 종합적으로 고려한 결과 불공정한 것이 아니라면, 사후에 외부적 환경의 급격한 변화에 따라 계약당사자 일방에게 큰 손실이 발생하고 상대방에게는 그에 상응하는 큰 이익이 발생할 수 있는 구조라고 하여 그 계약이 당연히 불공정한 계약에 해당한다고 말할 수 없다(대판 2013.9.26. 2011다53683).
③ (○) 급부와 반대급부 사이의 '현저한 불균형'은 단순히 시가와의 차액 또는 시가와의 배율로 판단할 수 있는 것은 아니고 구체적·개별적 사안에 있어서 일반인의 사회통념에 따라 결정하여야 한다. 그 판단에 있어서는 피해당사자의 궁박·경솔·무경험의 정도가 아울러 고려되어야 하고, 당사자의 주관적 가치가 아닌 거래상의 객관적 가치에 의하여야 한다(대판 2010.7.15. 2009다50308).
④ (○) 불공정한 법률행위로서 무효인 경우에는 추인에 의하여 무효인 법률행위가 유효로 될 수 없다(대판 1999.6.24. 94다10900).
⑤ (○) 매매계약과 같은 쌍무계약이 급부와 반대급부와의 불균형으로 말미암아 민법 제104조에서 정하는 '불공정한 법률행위'에 해당하여 무효라고 한다면, 그 계약으로 인하여 불이익을 입는 당사자로 하여금 위와 같은 불공정성을 소송 등 사법적 구제수단을 통하여 주장하지 못하도록 하는 부제소합의 역시 다른 특별한 사정이 없는 한 무효이다(대판 2010.7.15. 2009다50308).

정답 ①

02 의사표시에 관한 설명으로 옳은 것을 모두 고른 것은?(다툼이 있으면 판례에 따름) 기출 25

> ㄱ. 비진의표시에서 진의란 특정한 내용의 의사표시를 하고자 하는 표의자의 생각을 말하는 것이지 진정으로 마음속에서 바라는 사항을 뜻하는 것은 아니다.
> ㄴ. 채권자취소권의 대상이 된 채무자의 법률행위라도 통정허위표시의 요건을 갖춘 경우에는 무효이다.
> ㄷ. 근로자가 회사의 경영방침에 따라 사직원을 제출하고 즉시 재입사하는 형식으로 퇴직 전후의 실질적인 근로관계의 단절 없이 계속 근무한 경우, 그 사직원 제출은 비진의표시에 해당한다.

① ㄱ
② ㄴ
③ ㄱ, ㄷ
④ ㄴ, ㄷ
⑤ ㄱ, ㄴ, ㄷ

03 착오로 인한 의사표시에 관한 설명으로 옳은 것은?(표의자에게 중대한 과실이 없고, 다툼이 있으면 판례에 따름) 기출 25

① 화해당사자의 자격에 관한 착오로 화해계약을 체결한 자는 착오를 이유로 그 계약을 취소하지 못한다.
② 매도인이 매수인의 채무불이행을 이유로 매매계약을 적법하게 해제한 후에는 매수인은 매매계약내용의 중요 부분에 착오가 있더라도 착오를 이유로 그 계약을 취소할 수 없다.
③ 매수인은 매매계약 내용의 중요 부분에 착오가 있더라도 매도인의 하자담보책임이 성립하는 경우에는 착오를 이유로 그 계약을 취소할 수 없다.
④ 대리인에 의한 의사표시의 경우, 착오의 유무는 대리인을 표준으로 결정한다.
⑤ 법률에 관한 착오가 법률행위 내용의 중요부분에 관한 것이더라도 표의자는 착오를 이유로 법률행위를 취소할 수 없다.

• 해설 및 정답 •

02 ㄱ. (○) 비진의 의사표시에 있어서의 진의란 특정한 내용의 의사표시를 하고자 하는 표의자의 생각을 말하는 것이지 표의자가 진정으로 마음속에서 바라는 사항을 뜻하는 것은 아니므로, 표의자가 의사표시의 내용을 진정으로 마음속에서 바라지는 아니하였다고 하더라도 당시의 상황에서는 그것을 최선이라고 판단하여 그 의사표시를 하였을 경우에는 이를 내심의 효과의사가 결여된 비진의 의사표시라고 할 수 없다(대판 1996.12.20. 95누16059).

ㄴ. (○) 채무자의 법률행위가 통정허위표시인 경우에도 채권자취소권의 대상이 되고, 한편 채권자취소권의 대상으로 된 채무자의 법률행위라도 통정허위표시의 요건을 갖춘 경우에는 무효라고 할 것이다(대판 1998.2.27. 97다50985).

ㄷ. (○) 근로자가 회사의 경영방침에 따라 사직원을 제출하고 회사가 이를 받아들여 퇴직처리를 하였다가 즉시 재입사하는 형식을 취함으로써 근로자가 그 퇴직 전후에 걸쳐 실질적인 근로관계의 단절이 없이 계속 근무하였다면 그 사직원제출은 근로자가 퇴직을 할 의사 없이 퇴직의사를 표시한 것으로서 비진의의 사표시에 해당하고 재입사를 전제로 사직원을 제출케 한 회사 또한 그와 같은 진의 아님을 알고 있었다고 봄이 상당하다 할 것이므로 위 사직원제출과 퇴직처리에 따른 퇴직의 효과는 생기지 아니한다(대판 1988.5.10. 87다카2578).

정답 ⑤

03 ① (×) 화해계약은 착오를 이유로 하여 취소하지 못한다. 그러나 화해당사자의 자격 또는 화해의 목적인 분쟁 이외의 사항에 착오가 있는 때에는 그러하지 아니하다(민법 제733조). '화해의 목적인 분쟁 이외의 사항'이라 함은 분쟁의 대상이 아니라 분쟁의 전제 또는 기초가 된 사항으로서, 쌍방 당사자가 예정한 것이어서 상호 양보의 내용으로 되지 않고 다툼이 없는 사실로 양해된 사항을 말한다(대판 1997.4.11. 95다48414).

② (×) 매도인이 매수인의 중도금 지급채무 불이행을 이유로 매매계약을 적법하게 해제한 후라도 매수인으로서는 상대방이 한 계약해제의 효과로서 발생하는 손해배상책임을 지거나 매매계약에 따른 계약금의 반환을 받을 수 없는 불이익을 면하기 위하여 착오를 이유로 한 취소권을 행사하여 매매계약 전체를 무효로 돌리게 할 수 있다(대판 1996.12.6. 95다24982).

③ (×) 민법 제109조 제1항에 의하면 법률행위 내용의 중요 부분에 착오가 있는 경우 착오에 중대한 과실이 없는 표의자는 법률행위를 취소할 수 있고, 민법 제580조 제1항, 제575조 제1항에 의하면 매매의 목적물에 하자가 있는 경우 하자가 있는 사실을 과실 없이 알지 못한 매수인은 매도인에 대하여 하자담보책임을 물어 계약을 해제하거나 손해배상을 청구할 수 있다. 착오로 인한 취소 제도와 매도인의 하자담보책임 제도는 취지가 서로 다르고, 요건과 효과도 구별된다. 따라서 매매계약 내용의 중요 부분에 착오가 있는 경우 매수인은 매도인의 하자담보책임이 성립하는지와 상관없이 착오를 이유로 매매계약을 취소할 수 있다(대판 2018.9.13. 2015다78703).

④ (○) 의사표시의 효력이 의사의 흠결, 사기, 강박 또는 어느 사정을 알았거나 과실로 알지 못한 것으로 인하여 영향을 받을 경우에 그 사실의 유무는 대리인을 표준하여 결정하므로(민법 제116조 제1항), 대리인에 의한 의사표시의 경우, 착오의 유무는 대리인을 표준으로 결정한다.

⑤ (×) 법률에 관한 착오(양도소득세가 부과될 것인데도 부과되지 아니하는 것으로 오인)라도 그것이 법률행위의 내용의 중요부분에 관한 것인 때에는 표의자는 그 의사표시를 취소할 수 있고, 또 매도인에 대한 양도소득세의 부과를 회피할 목적으로 매수인이 주택건설을 목적으로 하는 주식회사를 설립하여 여기에 출자하는 형식을 취하면 양도소득세가 부과되지 않을 것이라고 말하면서 그러한 형식에 의한 매매를 제의하여 매도인이 이를 믿고 매매계약을 체결한 것이라 하더라도 그것이 곧 사회질서에 반하는 것이라고 단정할 수 없으므로 이러한 경우에 역시 의사표시의 착오의 이론을 적용할 수 있다(대판 1981.11.10. 80다2475).

정답 ④

04 민법상 대리에 관한 설명으로 옳지 않은 것은?(다툼이 있으면 판례에 따름) 기출 25

① 본인을 대리하여 부동산을 매수할 권한을 수여받은 대리인은 특별한 사정이 없으면 그 부동산을 처분할 대리권을 가진다.
② 임의대리인은 행위능력자임을 요하지 아니한다.
③ 대리인이 체결한 계약이 적법하게 해제되면 그로 인한 원상회복의무는 본인이 부담한다.
④ 대리행위가 상대방의 강박으로 취소되는 경우, 특별한 사정이 없으면 그 취소권은 본인에게 귀속한다.
⑤ 복대리인은 그 권한 내에서 본인을 대리한다.

05 표현대리에 관한 설명으로 옳은 것을 모두 고른 것은?(다툼이 있으면 판례에 따름) 기출 25

ㄱ. 표현대리행위가 성립하는 경우에는 상대방에게 과실이 있다고 하더라도 과실상계의 법리를 유추적용하여 본인의 책임을 경감할 수 없다.
ㄴ. 당사자가 표현대리를 주장하는 경우, 무권대리인과 표현대리에 해당하는 무권대리행위를 특정하여야 한다.
ㄷ. 권한을 넘은 표현대리에서 기본대리권의 내용과 표현대리행위는 동종의 것일 필요는 없다.

① ㄱ
② ㄱ, ㄴ
③ ㄱ, ㄷ
④ ㄴ, ㄷ
⑤ ㄱ, ㄴ, ㄷ

해설 및 정답

04 ① (×) 법률행위에 의하여 수여된 대리권은 그 원인된 법률관계의 종료에 의하여 소멸하는 것이므로 특별한 다른 사정이 없는 한 부동산을 매수할 권한을 수여받은 대리인에게 그 부동산을 처분할 대리권도 있다고 볼 수 없다(대판 1991.2.12. 90다7364).

② (○) 대리인은 행위능력자임을 요하지 아니한다(민법 제117조). 다만, 민법 제117조가 법정대리에도 적용되는지에 대해 견해의 대립이 있으나, 본인의 의사에 기한 임의대리와 본인의 의사와 무관하게 대리권이 발생하는 법정대리는 그 이익상황이 전혀 다르므로 민법 제117조를 법정대리에 적용하는 것은 타당하지 않다.

③ (○) 계약이 적법한 대리인에 의하여 체결된 경우에 대리인은 다른 특별한 사정이 없는 한 본인을 위하여 계약상 급부를 변제로서 수령할 권한도 가진다. 그리고 대리인이 그 권한에 기하여 계약상 급부를 수령한 경우에, 그 법률효과는 계약 자체에서와 마찬가지로 직접 본인에게 귀속되고 대리인에게 돌아가지 아니한다. 따라서 계약상 채무의 불이행을 이유로 계약이 상대방 당사자에 의하여 유효하게 해제되었다면, 해제로 인한 원상회복의무는 대리인이 아니라 계약의 당사자인 본인이 부담한다(대판 2011.8.18. 2011다30871).

④ (○) 대리행위가 상대방의 강박으로 취소되는 경우, 그 하자 유무는 대리인을 기준으로 판단하고, 취소권은 본인에게 귀속한다.

⑤ (○) 민법 제123조 제1항

정답 ①

05 ㄱ. (○) 표현대리행위가 성립하는 경우에 그 본인은 표현대리행위에 의하여 전적인 책임을 져야 하고, 상대방에게 과실이 있다고 하더라도 과실상계의 법리를 유추적용하여 본인의 책임을 경감할 수 없다(대판 1996.7.12. 95다49554).

ㄴ. (○) 표현대리 제도는 대리권이 있는 것 같은 외관이 생긴데 대해 본인이 민법 제125조, 제126조 및 제129조 소정의 원인을 주고 있는 경우에 그러한 외관을 신뢰한 선의·무과실의 제3자를 보호하기 위하여 그 무권대리 행위에 대하여 본인이 책임을 지게 하려는 것이고 이와 같은 문제는 무권대리인과 본인과의 관계, 무권대리인의 행위 당시의 여러가지 사정 등에 따라 결정되어야 할 것이므로 당사자가 표현대리를 주장함에는 무권대리인과 표현대리에 해당하는 무권대리 행위를 특정하여 주장하여야 한다 할 것이고 따라서 당사자의 표현대리의 항변은 특정된 무권대리인의 행위에만 미치고 그 밖의 무권대리인이나 무권대리 행위에는 미치지 아니한다(대판 1984.7.24. 83다카1819).

ㄷ. (○) 권한을 넘은 표현대리에서 기본대리권의 내용과 표현대리행위는 동종의 것일 필요는 없다. 따라서 기본대리권이 등기신청행위라 할지라도 표현대리인이 그 권한을 유월하여 대물변제라는 사법행위를 한 경우에는 표현대리의 법리가 적용된다(대판 1978.3.28. 78다282).

정답 ⑤

06 무효와 취소에 관한 설명으로 옳지 않은 것은?(다툼이 있으면 판례에 따름) 기출 25

① 경개는 법정추인사유이다.
② 불공정한 법률행위에는 무효행위 전환에 관한 민법 제138조가 적용될 수 있다.
③ 취소권의 행사기간은 소멸시효기간이다.
④ 토지거래허가구역 내에 있는 토지에 관한 매매계약이 확정적 무효인 경우, 그 무효에 귀책사유가 있는 자도 계약의 무효를 주장할 수 있다.
⑤ 포괄승계인은 피승계인의 법률행위의 취소권을 행사할 수 있다.

07 조건과 기한에 관한 설명으로 옳지 않은 것은?(다툼이 있으면 판례에 따름) 기출 25

① 장래 반드시 실현되는 사실은 실현 시기가 확정되지 않더라도 조건이 될 수 없다.
② 채무자가 자기 소유의 물적 담보를 고의로 감소하게 하여 남은 담보가 채무를 담보할 수 없게 된 경우, 그 채무자는 기한의 이익을 주장하지 못한다.
③ 현상광고에서 정한 행위의 완료에는 기한을 붙일 수 없다.
④ 기한은 원칙적으로 채무자의 이익을 위한 것으로 추정한다.
⑤ 조건을 붙이고자 하는 의사가 있더라도 외부에 표시되지 않으면 이는 법률행위의 동기에 불과하다.

해설 및 정답

06 ① (○) 경개는 법정추인사유의 하나로 인정된다(민법 제145조 제3호).
② (○) 매매계약이 약정된 매매대금의 과다로 말미암아 민법 제104조에서 정하는 '불공정한 법률행위'에 해당하여 무효인 경우에도 무효행위의 전환에 관한 민법 제138조가 적용될 수 있다(대판 2010.7.15. 2009다50308).
③ (×) 민법 제146조가 규정하는 기간은 소멸시효기간이 아니라 제척기간이고, 재판 외에서 행사하더라도 무방하다(대판 1996.7.20. 96다25371).
④ (○) 구 국토이용관리법상 토지거래허가를 받지 않아 거래계약이 유동적 무효의 상태에 있는 경우, 유동적 무효 상태의 계약은 관할 관청의 불허가처분이 있을 때뿐만 아니라 당사자 쌍방이 허가신청협력의무의 이행거절의사를 명백히 표시한 경우에는 허가 전 거래계약관계, 즉 계약의 유동적 무효 상태가 더 이상 지속된다고 볼 수 없으므로, 계약관계는 확정적으로 무효가 된다고 할 것이고, 그와 같은 법리는 거래계약상 일방의 채무가 이행불능임이 명백하고 나아가 상대방이 거래계약의 존속을 더 이상 바라지 않고 있는 경우에도 마찬가지라고 보아야 하며, 거래계약이 확정적으로 무효가 된 경우에는 거래계약이 확정적으로 무효로 됨에 있어서 귀책사유가 있는 자라고 하더라도 그 계약의 무효를 주장할 수 있다(대판 1997.7.25. 97다4357).
⑤ (○) 민법 제140조의 취소권자로서 승계인은 일반적으로 포괄승계인인지 특정승계인인지 불문하나, 취소권만의 승계는 허용되지 아니한다. 포괄승계인은 피승계인의 법률행위의 취소권을 행사할 수 있다.

정답 ③

07 ① (○) 조건은 법률행위 효력의 발생 또는 소멸을 장래의 불확실한 사실의 성부에 의존하게 하는 법률행위의 부관이다. 반면 장래의 사실이더라도 그것이 장래 반드시 실현되는 사실이면 실현되는 시기가 비록 확정되지 않더라도 이는 기한으로 보아야 한다(대판 2018.6.28. 2018다201702).
② (○) 민법 제388조 제1호
③ (×) 민법 제675조에 정하는 현상광고라 함은, 광고자가 어느 행위를 한 자에게 일정한 보수를 지급할 의사를 표시하고 이에 응한 자가 그 광고에 정한 행위를 완료함으로써 그 효력이 생기는 것으로서, 그 광고에 정한 행위의 완료에 조건이나 기한을 붙일 수 있다(대판 2000.8.22. 2000다3675).
④ (○) 민법 제153조 제1항
⑤ (○) 조건은 법률행위의 효력의 발생 또는 소멸을 장래의 불확실한 사실의 성부에 의존하게 하는 법률행위의 부관으로서 해당 법률행위를 구성하는 의사표시의 일체적인 내용을 이루는 것이므로, 의사표시의 일반원칙에 따라 조건을 붙이고자 하는 의사 즉 조건의사와 그 표시가 필요하며, 조건의사가 있더라도 그것이 외부에 표시되지 않으면 법률행위의 동기에 불과할 뿐이고 그것만으로는 법률행위의 부관으로서의 조건이 되지는 아니한다(대판 2015.10.29. 2015다219504).

정답 ③

08 민법상 조건과 기한에 관한 설명으로 옳은 것은?(다툼이 있으면 판례에 따름) 기출 24

① 대여금채무의 이행지체에 따른 확정된 지연손해금채무는 그 이행청구를 받은 때부터 지체책임이 발생한다.
② 지명채권의 양도에 대한 채무자의 승낙은 채권양도 사실을 승인하는 의사를 표명하는 행위로 조건을 붙여서 할 수 없다.
③ 부당이득반환채권과 같이 이행기의 정함이 없는 채권이 자동채권으로 상계될 때 상계적상에서 의미하는 변제기는 상계의 의사표시를 한 시점에 도래한다.
④ 조건을 붙이고자 하는 의사는 법률행위의 내용으로 외부에 표시되어야 하므로 묵시적 의사표시나 묵시적 약정으로 할 수 없다.
⑤ 당사자가 금전소비대차계약에 붙인 기한이익 상실특약은 특별한 사정이 없는 한 정지조건부 기한이익 상실특약으로 추정한다.

09 착오로 인한 의사표시에 관한 설명으로 옳은 것은?(다툼이 있으면 판례에 따름) 기출 24

① 착오로 인한 불이익이 법령의 개정 등 사정의 변경으로 소멸하였다면 그 착오를 이유로 한 취소권의 행사는 신의칙에 의해 제한될 수 있다.
② 과실로 착오에 빠져 의사표시를 한 후 착오를 이유로 이를 취소한 자는 상대방에게 신뢰이익을 배상하여야 한다.
③ 착오를 이유로 의사표시를 취소하려는 자는 자신의 착오가 중과실로 인한 것이 아님을 증명하여야 한다.
④ 법률에 관해 경과실로 착오를 한 경우, 표의자는 그것이 법률행위의 중요부분에 관한 것이더라도 그 착오를 이유로 취소할 수 없다.
⑤ 전문가의 진품감정서를 믿고 이를 첨부하여 서화 매매계약을 체결한 후에 그 서화가 위작임이 밝혀진 경우, 매수인은 하자담보책임을 묻는 외에 착오를 이유로 하여 매매계약을 취소할 수 없다.

• 해설 및 정답 •

08 ① (○) 금전채무의 지연손해금채무는 금전채무의 이행지체로 인한 손해배상채무로서 이행기의 정함이 없는 채무에 해당하므로, 채무자는 확정된 지연손해금채무에 대하여 채권자로부터 이행청구를 받은 때부터 지체책임을 부담하게 된다(대판 2021.5.7. 2018다259213).
② (×) 지명채권 양도의 대항요건인 채무자의 승낙은 채권양도 사실을 채무자가 승인하는 의사를 표명하는 채무자의 행위라고 할 수 있는데, 채무자는 채권양도를 승낙하면서 조건을 붙여서 할 수 있다(대판 2011.6.30. 2011다8614).
③ (×) 이행기의 정함이 없는 채권의 경우 그 성립과 동시에 이행기에 놓이게 되고, 부당이득반환채권은 이행기의 정함이 없는 채권으로서 채권의 성립과 동시에 언제든지 이행을 청구할 수 있으므로, 그 채권의 성립일에 상계적상에서 의미하는 이행기[변제기(註)]가 도래한 것으로 볼 수 있다(대판 2022.3.17. 2021다287515).
④ (×) 조건을 붙이고자 하는 의사는 법률행위의 내용으로 외부에 표시되어야 하고, 조건을 붙이고자 하는 의사가 있는지는 의사표시에 관한 법리에 따라 판단하여야 한다. 조건을 붙이고자 하는 의사의 표시는 그 방법에 관하여 일정한 방식이 요구되지 않으므로 묵시적 의사표시나 묵시적 약정으로도 할 수 있다(대판 2018.6.28. 2016다221368).
⑤ (×) 일반적으로 기한이익 상실의 특약이 채권자를 위하여 둔 것인 점에 비추어 명백히 정지조건부 기한이익 상실의 특약이라고 볼만한 특별한 사정이 없는 이상, '형성권적 기한이익 상실의 특약'으로 추정하는 것이 타당하다(대판 2010.8.26. 2008다42416).

정답 ①

09 ① (○) 소득세법 및 같은 법 시행령의 개정으로 1989.8.1. 이후 양도한 것으로 보게 되는 거래에 대하여는 투기거래의 경우를 제외하고는 법인과의 거래에 있어서도 개인과의 거래와 마찬가지로 양도가액을 양도 당시의 기준시가에 의하도록 변경된 점에 비추어 볼 때, 매매계약의 체결에 매도인이 부담하게 될 양도소득세액 산출에 대한 착오가 있었다 하더라도 소득세법상의 양도시기가 1989.8.1. 이후로 보게 되는 관계로 매도인은 당초 예상한 바와 같이 기준시가에 의한 양도소득세액만 부담하면 족한 것으로 확정되어 위 착오로 인한 불이익이 소멸되었으므로, 그 후 이 사건 소송계속 중에 준비서면의 송달로써 한 취소의 의사표시는 신의성실의 원칙상 허용될 수 없다(대판 1995.3.24. 94다44620).
② (×) 불법행위로 인한 손해배상책임이 성립하기 위하여는 가해자의 고의 또는 과실 이외에 행위의 위법성이 요구되므로, 전문건설공제조합이 계약보증서를 발급하면서 조합원이 수급할 공사의 실제 도급금액을 확인하지 아니한 과실이 있다고 하더라도 민법 제109조에서 중과실이 없는 착오자의 착오를 이유로 한 의사표시의 취소를 허용하고 있는 이상, 전문건설공제조합이 과실로 인하여 착오에 빠져 계약보증서를 발급한 것이나 그 착오를 이유로 보증계약을 취소한 것이 위법하다고 할 수는 없다(대판 1997.8.22. 97다13023). 이러한 판례의 취지를 고려할 때, 과실로 착오에 빠져 의사표시를 한 후 착오를 이유로 이를 취소한 자가 상대방에게 신뢰이익을 배상하여야 하는 것은 아니다.
③ (×) 민법 제109조 제1항 단서에서 규정하는 착오한 표의자의 중대한 과실 유무에 관한 주장과 입증책임(증명책임)은 착오자가 아니라 의사표시를 취소하게 하지 않으려는 표의자의 상대방에게 있는 것이다(대판 2005.5.12. 2005다6228).
④ (×) 법률에 관한 착오(양도소득세가 부과될 것인데도 부과되지 아니하는 것으로 오인)라도 그것이 법률행위의 내용의 중요부분에 관한 것인 때에는 표의자는 그 의사표시를 취소할 수 있다(대판 1981.11.10. 80다2475).
⑤ (×) 착오로 인한 취소 제도와 매도인의 하자담보책임 제도는 취지가 서로 다르고, 요건과 효과도 구별되므로, 매매계약 내용의 중요 부분에 착오가 있는 경우 매수인은 매도인의 하자담보책임이 성립하는지와 상관없이 착오를 이유로 매매계약을 취소할 수 있다(대판 2018.9.13. 2015다78703). 전문가의 진품감정서를 믿고 이를 첨부하여 서화 매매계약을 체결한 후에 그 서화가 위작임이 밝혀진 경우, 매수인은 하자담보책임을 묻는 외에 착오를 이유로 하여 매매계약을 취소할 수 있다.

정답 ①

10 통정허위표시에 관한 설명으로 옳지 않은 것은?(다툼이 있으면 판례에 따름) 기출 24

① 표의자가 진의 아닌 표시를 하는 것에 관하여 상대방과 사이에 합의가 있어야 한다.
② 통정허위표시로 행해진 부동산 매매계약이 사해행위로 인정되는 경우, 채권자취소권의 대상이 될 수 있다.
③ 민법 제108조 제2항의 선의의 제3자에 대해서는 그 누구도 통정허위표시의 무효로써 대항할 수 없다.
④ 악의의 제3자로부터 전득한 선의의 제3자는 민법 제108조 제2항의 선의의 제3자에 포함되지 않는다.
⑤ 甲과 乙 사이에 행해진 X토지에 관한 가장매매예약이 철회되었으나 아직 가등기가 남아 있음을 기화로 乙이 허위의 서류로써 이에 기한 본등기를 한 후 X를 선의의 丙에게 매도하고 이전등기를 해주었다면 丙은 X의 소유권을 취득하지 못한다.

11 사기・강박에 의한 의사표시에 관한 설명으로 옳지 않은 것은?(다툼이 있으면 판례에 따름) 기출 24

① 항거할 수 없는 절대적 폭력에 의해 의사결정을 스스로 할 수 있는 여지를 완전히 박탈당한 상태에서 행해진 의사표시는 무효이다.
② 사기로 인한 의사표시의 취소는 기망행위의 위법성을 요건으로 한다.
③ 강박으로 인한 의사표시의 취소는 강박의 고의를 요건으로 한다.
④ 계약당사자 일방의 대리인이 계약을 하면서 상대방을 기망한 경우, 본인이 그 사실을 몰랐거나 알 수 없었다면 계약의 상대방은 그 기망을 이유로 의사표시를 취소할 수 없다.
⑤ 근로자가 허위의 이력서를 제출하여 근로계약이 체결되어 실제로 노무제공이 행해졌다면 사용자가 후에 사기를 이유로 하여 근로계약을 취소하더라도 그 취소에는 소급효가 인정되지 않는다.

• 해설 및 정답 •

10 ① (O) 통정허위표시가 성립하기 위하여는 의사표시의 진의와 표시가 일치하지 아니하고, 그 불일치에 관하여 상대방과 사이에 합의가 있어야 한다(대판 1998.9.4. 98다17909).
② (O) 채무자의 법률행위가 통정허위표시인 경우에도 채권자취소권의 대상으로 된다고 할 것이고, 한편 채권자취소권의 대상으로 된 채무자의 법률행위라도 통정허위표시의 요건을 갖춘 경우에는 무효라고 할 것이다(대판 1998.2.27. 97다50985).
③ (O) 상대방과 통정한 허위의 의사표시는 무효이고 누구든지 그 무효를 주장할 수 있는 것이 원칙이나, 허위표시의 당사자와 포괄승계인 이외의 자로서 허위표시에 의하여 외형상 형성된 법률관계를 토대로 실질적으로 새로운 법률상 이해관계를 맺은 선의의 제3자에 대하여는 허위표시의 당사자뿐만 아니라 그 누구도 허위표시의 무효를 대항하지 못하는 것이다(대판 2000.7.6. 99다51258).
④ (×) 통정허위표시임을 알고 있는 악의의 제3자로부터 전득한 자가 선의라면 그는 민법 제108조 제2항의 선의의 제3자에 해당한다(대판 2013.2.15. 2012다49292 참조).
⑤ (O) 甲과 乙 사이의 통정한 허위의 의사표시[매매예약(註)]에 기하여 허위 가등기가 설정된 후 그 원인이 된 통정허위표시가 철회되었으나 그 외관인 허위 가등기가 제거되지 않고 잔존하는 동안에 가등기명의인인 乙이 임의로 소유권이전의 본등기를 마친 다음, 다시 위 본등기를 토대로 丙에게 소유권이전등기가 마쳐진 경우, 甲과 乙이 통정한 허위의 의사표시에 기하여 마친 가등기와 丙 명의의 소유권이전등기 사이에는 乙이 일방적으로 마친 원인무효의 본등기가 중간에 개재되어 있으므로, 이를 기초로 마쳐진 丙 명의의 소유권이전등기는 乙 명의의 가등기와는 서로 단절된 것으로 평가되고, 가등기의 설정행위와 본등기의 설정행위는 엄연히 구분되는 것으로서 丙에게 신뢰의 대상이 될 수 있는 '외관'은 乙 명의의 가등기가 아니라 단지 乙 명의의 본등기일 뿐이라는 점에서 丙은 민법 제108조 제2항의 제3자에 해당하지 아니하므로(대판 2020.1.30. 2019다280375), 丙이 선의라 하더라도 X토지의 소유권을 취득하지 못한다.

정답 ④

11 ① (O) 어떤 자가 항거할 수 없는 물리적인 힘(예: 절대적 폭력)에 의하여 의사결정의 자유를 완전히 빼앗긴 상태에서 행해진 의사표시는 무효이다. 판례도 강박에 의한 법률행위가 하자 있는 의사표시로서 취소되는 것에 그치지 아니하고 더 나아가 무효로 되기 위하여는 강박의 정도가 극심하여 의사표시자의 의사결정의 자유가 완전히 박탈되는 정도에 이른 것임을 요한다(대판 1996.10.11. 95다1460).
② (O) 민법 제110조 제1항에 따라 사기에 의한 의사표시로 취소를 하려면, ㉠ 표의자의 의사표시의 존재, ㉡ 사기자의 사기의 고의(표의자를 기망하여 착오에 빠지게 하려는 고의와 그 착오에 기하여 표의자로 하여금 구체적인 의사표시를 하게 하려는 2단계의 고의), ㉢ 사기자의 기망행위가 인정되어야 하며, ㉣ 사기자의 기망행위는 위법하여야 한다. 그리고 ㉤ 기망행위와 표의자의 의사표시 사이에 인과관계가 인정되어야 한다.
③ (O) 민법 제110조 제1항의 강박에 의한 의사표시의 취소는 강박자의 강박의 고의(故意)를 요건으로 한다. 사기에 의한 의사표시의 취소와 마찬가지로 강박자에게 2단계의 고의(故意), 즉 강박행위에 의하여 표의자를 공포심에 사로잡히게 하려는 고의와 표의자로 하며금 의사표시를 하게 하려는 고의가 필요하다(대판 1992.12.24. 92다25120 참조).
④ (×) 상대방의 대리인 등 상대방과 동일시할 수 있는 자의 사기나 강박은 제3자의 사기·강박에 해당하지 아니한다(대판 1999.2.23. 98다60828). 따라서 계약당사자 일방의 대리인이 계약을 하면서 상대방을 기망한 경우, 본인이 그 사실을 몰랐거나 알 수 없었더라도 계약의 상대방은 민법 제110조 제1항에 따라 그 기망을 이유로 의사표시를 취소할 수 있다.
⑤ (O) 판례는 지문과 유사한 사례에서 甲 회사가 운영하는 백화점 매장에서 乙이 판매 매니저로 근무하는 내용의 근로계약을 체결하였으나, 甲 회사가 위 근로계약은 乙이 이력서를 허위 기재함으로써 甲 회사를 기망하여 체결된 것이라는 이유로 이를 취소한다는 의사표시를 한 경우, 甲 회사의 취소의 의사표시로써 적법하게 취소되었고, 다만 취소의 소급효가 제한되어 위 근로계약은 취소의 의사표시 이후의 장래에 관하여만 효력이 소멸할 뿐 이전의 법률관계는 여전히 유효하다고 한다(대판 2017.12.22. 2013다25194).

정답 ④

12 무권대리 및 표현대리에 관한 설명으로 옳은 것은?(다툼이 있으면 판례에 따름) 기출 24

① 표현대리가 성립하는 경우에는 대리권 남용이 문제될 여지가 없다.
② 민법 제135조의 상대방에 대한 무권대리인의 책임은 무과실책임이다.
③ 사회통념상 대리권을 추단할 수 있는 직함의 사용을 묵인한 것만으로는 민법 제125조에서 말하는 대리권 수여의 표시가 인정될 수 없다.
④ 소멸한 대리권의 범위를 벗어나서 대리행위가 행해진 경우에는 민법 제126조의 권한을 넘은 표현대리가 성립할 수 없다.
⑤ 대리인이 대리권 소멸 후 복대리인을 선임한 경우, 그 복대리인의 대리행위에 대해서는 표현대리가 성립할 여지가 없다.

13 법률행위에 관한 설명으로 옳지 않은 것은?(다툼이 있으면 판례에 따름) 기출 24

① 보증계약은 요식행위이다.
② 증여계약은 낙성계약이다.
③ 채무면제는 처분행위이다.
④ 유언은 생전행위이다.
⑤ 상계는 상대방 있는 단독행위이다.

• 해설 및 정답 •

12 ① (×) 대리권 남용은 표현대리가 성립한 경우에도 똑같이 문제된다. 따라서 표현대리가 성립한 경우에도 그 대리인의 진의가 본인의 이익이나 의사에 반하여 자기 또는 제3자의 이익을 위한 배임적인 것임을 그 상대방이 알았거나 알 수 있었을 경우에는 민법 제107조 제1항 단서의 유추해석상 그 대리행위는 무효이다(대판 1987.7.7. 86다카1004 참조).
② (○) 민법 제135조 제1항은 "타인의 대리인으로 계약을 한 자가 그 대리권을 증명하지 못하고 또 본인의 추인을 얻지 못한 때에는 상대방의 선택에 좇아 계약의 이행 또는 손해배상의 책임이 있다."고 규정하고 있다. 위 규정에 따른 무권대리인의 상대방에 대한 책임은 무과실책임으로서 대리권의 흠결에 관하여 대리인에게 과실 등의 귀책사유가 있어야만 인정되는 것이 아니고, 무권대리행위가 제3자의 기망이나 문서위조 등 위법행위로 야기되었다고 하더라도 책임은 부정되지 아니한다(대판 2014.2.27. 2013다213038).
③ (×) 민법 제125조가 규정하는 대리권 수여의 표시에 의한 표현대리는 본인과 대리행위를 한 자 사이의 기본적인 법률관계의 성질이나 그 효력의 유무와는 직접적인 관계가 없이 어떤 자가 본인을 대리하여 제3자와 법률행위를 함에 있어 본인이 그 자에게 대리권을 수여하였다는 표시를 제3자에게 한 경우에는 성립될 수가 있고, 또 본인에 의한 대리권 수여의 표시는 반드시 대리권 또는 대리인이라는 말을 사용하여야 하는 것이 아니라 사회통념상 대리권을 추단할 수 있는 직함이나 명칭 등의 사용을 승낙 또는 묵인한 경우에도 대리권 수여의 표시가 있은 것으로 볼 수 있다(대판 1998.6.12. 97다53762).
④ (×) 과거에 가졌던 대리권이 소멸되어 민법 제129조에 의하여 표현대리로 인정되는 경우에 그 표현대리의 권한을 넘는 대리행위가 있을 때에는 민법 제126조에 의한 표현대리가 성립할 수 있다(대판 2008.1.31. 2007다74713).
⑤ (×) 대리인이 대리권 소멸 후 직접 상대방과 사이에 대리행위를 하는 경우는 물론 대리인이 대리권 소멸 후 복대리인을 선임하여 복대리인으로 하여금 상대방과 사이에 대리행위를 하도록 한 경우에도, 상대방이 대리권 소멸사실을 알지 못하여 복대리인에게 적법한 대리권이 있는 것으로 믿었고 그와 같이 믿은 데 과실이 없다면 민법 제129조에 의한 표현대리가 성립할 수 있다(대판 1998.5.29. 97다55317).

정답 ②

13 ① (○) 요식행위(要式行爲)는 일정한 방식에 따라 해야만 효력이 인정되는 법률행위이고, 불요식행위(不要式行爲)는 방식에 구속되지 않고 자유롭게 할 수 있는 법률행위이다. 보증계약은 보증의사가 보증인의 기명날인 또는 서명이 있는 서면으로 표시되어야 효력이 발생한다. 다만, 보증의 의사가 전자적 형태로 표시된 경우에는 효력이 없다(민법 제428조의2 제1항). 따라서 보증계약은 요식행위이다.
② (○) 증여계약은 편무·무상·낙성·불요식계약이다(민법 제554조 참조). 증여계약은 목적물의 인도 기타 출연행위가 없더라도 당사자의 합의만으로 성립하는 낙성계약이다. 그리고 증여자만이 채무를 부담하는 편무계약이며, 대가(반대급부) 없이 재산을 출연하는 대표적인 무상계약이다. 또한 증여계약은 방식에 구속되지 않고 자유롭게 할 수 있는 불요식계약이다. 다만, 증여의사가 서면으로 표시되지 않는 경우에는 증여를 해제할 수 있을 뿐이다(민법 제555조).
③ (○) 채무면제는 채권을 소멸시키는 행위로서 준물권행위이고, 따라서 처분행위이다. 채무면제는 처분행위이므로 채권의 처분권한을 가지고 있는 자만이 할 수 있다.
④ (×) 법률행위는 그 효력이 행위자의 생전에 발생하는지 아니면 사망 후에 발생하는지에 따라 생전행위(生前行爲)와 사인행위(死因行爲)로 구분된다. 보통의 법률행위는 생전행위이나, 유언(민법 제1060조 이하), 사인증여(민법 제562조)는 사인행위(死因行爲)이다.
⑤ (○) 단독행위는 하나의 의사표시에 의하여 성립하는 법률행위이다. 상대방이 있느냐에 따라 '상대방 있는 단독행위'와 '상대방 없는 단독행위'로 구분된다. 동의, 채무면제, 추인, 취소, 상계, 해제, 해지는 '상대방 있는 단독행위'이다. 반면, 유언, 재단법인 설립행위, 상속의 포기는 '상대방 없는 단독행위'이다.

정답 ④

14

X토지 소유자인 甲이 사망하고, 그 자녀인 乙과 丙이 이를 공동으로 상속하였다. 그런데 丙은 乙의 예전 범죄사실을 사법당국에 알리겠다고 乙을 강박하여 X에 관한 乙의 상속지분을 丙에게 증여한다는 계약을 乙과 체결하였다. 그 직후 변호사와 상담을 통해 불안에서 벗어난 乙은 한 달 뒤 그간의 사정을 전해들은 丁에게 X에 관한 자신의 상속지분을 매도하고 지분이전등기를 마쳐준 후 5년이 지났다. 이에 관한 설명으로 옳은 것은?(다툼이 있으면 판례에 따름) 기출 24

① 乙과 丙의 증여계약은 공서양속에 반하는 것으로 무효이다.
② 乙의 丙에 대한 증여의 의사표시는 비진의표시로서 무효이다.
③ 乙과 丁의 매매계약은 공서양속에 반하는 것으로 무효이다.
④ 乙은 강박을 이유로 하여 丙과의 증여계약을 취소할 수 있다.
⑤ 乙이 丙에게 증여계약의 이행을 하지 않는다면 채무불이행의 책임을 져야 한다.

해설 및 정답

14 ① (×) 단지 법률행위의 성립과정에 강박이라는 불법적 방법이 사용된 데에 불과한 때에는 강박에 의한 의사표시의 하자나 의사의 흠결을 이유로 효력을 논의할 수는 있을지언정 반사회질서의 법률행위로서 무효라고 할 수는 없다(대판 2002.12.27. 2000다47361). 사례의 경우, 丙이 乙의 예전 범죄사실을 사법당국에 알리겠다고 乙을 강박하여 증여계약을 체결한 것은 법률행위(증여계약) 성립과정에 강박이라는 불법적 방법이 사용된 데에 불과하므로 乙과 丙의 증여계약을 공서양속에 반하여 무효라고 볼 수 없다.
② (×) 비진의 의사표시에 있어서의 진의란 특정한 내용의 의사표시를 하고자 하는 표의자의 생각을 말하는 것이지 표의자가 진정으로 마음속에서 바라는 사항을 뜻하는 것은 아니라고 할 것이므로, 비록 재산을 강제로 뺏긴다는 것이 표의자의 본심으로 잠재되어 있었다 하여도 표의자가 강박에 의하여서나마 증여를 하기로 하고 그에 따른 증여의 의사표시를 한 이상 증여의 내심의 효과의사가 결여된 것이라고 할 수는 없다(대판 1993.7.16. 92다41528). 사례의 경우, 乙이 강박에 의하여서나마 증여를 하기로 하고 그에 따른 증여의 의사표시를 한 이상, 乙의 丙에 대한 증여의 의사표시가 비진의표시로서 무효로 되는 것은 아니다.
③ (×) 부동산의 이중매매가 반사회적 법률행위로서 무효가 되기 위하여는 매도인의 배임행위와 매수인이 매도인의 배임행위에 적극 가담한 행위로 이루어진 매매로서, 그 적극 가담하는 행위는 매수인이 다른 사람에게 매매목적물이 매도된 것을 안다는 것만으로는 부족하고, 적어도 그 매도사실을 알고도 매도를 요청하여 매매계약에 이르는 정도가 되어야 한다(대판 1994.3.11. 93다55289). 사례의 경우, 丁은 乙과 丙의 증여계약의 사실을 안 것에 불과하고 乙의 배임행위에 적극 가담한 것은 아니므로 乙과 丁의 매매계약이 공서양속에 반하여 무효로 되는 것은 아니다.
④ (×) 취소권은 추인할 수 있는 날로부터 3년 내에 법률행위를 한 날로부터 10년 내에 행사하여야 한다(민법 제146조). 이때 '추인할 수 있는 날'이란 취소의 원인이 종료되어 취소권 행사에 관한 장애가 없어져서 취소권자가 취소의 대상인 법률행위를 추인할 수도 있고 취소할 수도 있는 상태가 된 때를 말한다(대판 1998.11.27. 98다7421). 사례의 경우 적어도 변호사와 상담을 통해 불안에서 벗어난 乙이 한 달 뒤 그간의 사정을 전해들은 丁에게 X에 관한 자신의 상속지분을 매도하고 지분이전등기를 마쳐준 시점에는 취소의 원인이 종료되어 증여계약을 추인할 수도 있고 취소할 수도 있는 상태가 되었다고 볼 수 있다. 따라서 그날부터 5년이 지난 이상 乙의 취소권은 3년의 단기 제척기간이 도과하여 소멸하였으므로 乙은 강박을 이유로 하여 丙과의 증여계약을 취소할 수 없다.
⑤ (O) 乙은 강박을 이유로 丙과의 증여계약을 취소할 수 있었으나(민법 제110조 제1항), 3년의 단기 제척기간이 도과하여 취소권이 소멸한 이상 취소권을 행사할 수 없고(민법 제146조), 증여계약이 유효한 이상 乙이 丙에게 증여계약의 이행을 하지 않는다면 乙은 丙에게 채무불이행의 책임을 져야 한다(민법 제390조, 제544조).

정답 ⑤

15 임의대리인의 권한에 관한 설명으로 옳지 않은 것을 모두 고른 것은?(다툼이 있으면 판례에 따름) 기출 24

ㄱ. 부동산 매도의 대리권을 수여받은 자는 그 부동산의 매도 후 해당 매매계약을 합의해제할 권한이 있다.
ㄴ. 자동차 매도의 대리권을 수여받은 자가 본인의 허락 없이 본인의 자동차를 스스로 시가보다 저렴하게 매수하는 계약을 체결한 경우, 그 매매계약은 유동적 무효이다.
ㄷ. 통상의 오피스텔 분양에 관해 대리권을 수여받은 자는 본인의 명시적 승낙이 없더라도 부득이한 사유없이 복대리인을 선임할 수 있다.
ㄹ. 원인된 계약관계가 종료되더라도 수권행위가 철회되지 않았다면 대리권은 소멸하지 않는다.

① ㄱ, ㄴ
② ㄴ, ㄷ
③ ㄷ, ㄹ
④ ㄱ, ㄴ, ㄹ
⑤ ㄱ, ㄷ, ㄹ

해설 및 정답

15 ㄱ. (×) 법률행위에 의하여 수여된 대리권은 원인된 법률관계의 종료에 의하여 소멸하는 것이므로 특별한 사정이 없는 한, 매수명의자를 대리하여 매매계약을 체결하였다 하여 곧바로 대리인이 매수인을 대리하여 매매계약의 해제 등 일체의 처분권과 상대방의 의사를 수령할 권한까지 가지고 있다고 볼 수는 없다(대판 1997.3.25. 96다51271).
ㄴ. (○) 대리인이 본인을 대리하면서 다른 한편 자기 자신이 상대방으로 계약을 체결하는 경우를 자기계약이라 한다. 본인의 허락이 없는 자기계약은 무권대리로서 본인에 대하여 그 효력이 없는 유동적(불확정적) 무효의 상태에 있으나, 이러한 제한은 본인의 이익을 위한 것이므로 본인이 사후에 추인하면 확정적 유효로 되고 더 이상 대리권의 제한은 문제되지 아니한다. 지문에서 자동차 매도의 대리권을 수여받은 자가 본인의 허락 없이 본인의 자동차를 스스로 시가보다 저렴하게 매수하는 계약을 체결한 경우, 민법 제124조에 위반한 무권대리에 해당하여 그 매매계약은 유동적 무효가 된다(민법 제130조).
ㄷ. (×) 대리의 목적인 법률행위의 성질상 대리인 자신에 의한 처리가 필요하지 아니한 경우에는 본인이 복대리 금지의 의사를 명시하지 아니하는 한 복대리인의 선임에 관하여 묵시적인 승낙이 있는 것으로 보는 것이 타당하다. 그러나 오피스텔의 분양업무는 그 성질상 분양을 위임받은 대리인이 광고를 내거나 그 직원 또는 주변의 부동산중개인을 동원하여 분양사실을 널리 알리고, 분양사무실을 찾아온 사람들에게 오피스텔의 분양가격, 교통 등 입지조건, 오피스텔의 용도, 관리방법 등 분양에 필요한 제반 사항을 설명하고 청약을 유인함으로써 분양계약을 성사시키는 것으로서 대리인의 능력에 따라 본인의 분양사업의 성공 여부가 결정되는 것이므로, 사무처리의 주체가 별로 중요하지 아니한 경우에 해당한다고 보기 어렵다(대판 1996.1.26. 94다30690). 따라서 통상의 오피스텔 분양에 관해 대리권을 수여받은 자는 본인의 명시적 승낙이 없는 이상 부득이한 사유 없이 복대리인을 선임할 수 없다(민법 제120조 참조).
ㄹ. (×) 법률행위에 의하여 수여된 대리권은 전조의 경우(본인의 사망, 대리인의 사망, 대리인의 성년후견의 개시 또는 파산) 외에 그 원인된 법률관계(계약관계)의 종료에 의하여 소멸한다. 법률관계의 종료 전에 본인이 수권행위를 철회한 경우에도 같다(민법 제128조).

정답 ⑤

16 甲은 토지거래허가구역에 있는 자신 소유의 X토지에 관하여 허가를 받을 것을 전제로 乙과 매매계약을 체결한 후 계약금을 수령하였으나 아직 토지거래허가는 받지 않았다. 이에 관한 설명으로 옳지 않은 것을 모두 고른 것은?(다툼이 있으면 판례에 따름) 기출 24

> ㄱ. 甲은 乙에게 계약금의 배액을 상환하면서 매매계약을 해제할 수 있다.
> ㄴ. 甲이 허가신청절차에 협력하지 않는 경우, 乙은 甲의 채무불이행을 이유로 하여 매매계약을 해제할 수 있다.
> ㄷ. 乙은 부당이득반환청구권을 행사하여 甲에게 계약금의 반환을 청구할 수 있다.
> ㄹ. 매매계약 후 X에 대한 토지거래허가구역 지정이 해제되었다면 더 이상 토지거래허가를 받을 필요 없이 매매계약은 확정적으로 유효로 된다.

① ㄱ, ㄴ
② ㄴ, ㄷ
③ ㄷ, ㄹ
④ ㄱ, ㄴ, ㄷ
⑤ ㄱ, ㄷ

17 의사표시에 관한 설명으로 옳지 않은 것은?(다툼이 있으면 판례에 따름) 기출 23

① 매매계약이 착오로 취소된 경우 특별한 사정이 없는 한 당사자 쌍방의 원상회복의무는 동시이행관계에 있다.
② 동기의 착오가 상대방의 부정한 방법에 의하여 유발된 경우, 동기가 표시되지 않았더라도 표의자는 착오를 이유로 의사표시를 취소할 수 있다.
③ 통정허위표시로 무효인 법률행위도 채권자취소권의 대상이 될 수 있다.
④ 사기에 의해 화해계약이 체결된 경우 표의자는 화해의 목적인 분쟁에 관한 사항에 착오가 있더라도 사기를 이유로 화해계약을 취소할 수 있다.
⑤ 경과실에 의한 착오를 이유로 의사표시를 취소한 자는 상대방이 그 의사표시의 유효를 믿었음으로 인하여 발생한 손해에 대하여 불법행위책임을 진다.

해설 및 정답

16 ㄱ. (○) 특별한 사정이 없는 한 구 국토이용관리법상의 토지거래허가를 받지 않아 유동적 무효 상태인 매매계약에 있어서도 당사자 사이의 매매계약은 매도인이 계약금의 배액을 상환하고 계약을 해제함으로써 적법하게 해제된다(대판 1997.6.27. 97다9369). 사례의 경우 매도인 甲이 계약금만 수령하고 당사자 일방이 이행에 착수하기 전이므로, 매도인 甲은 매수인 乙에게 계약금의 배액을 상환하면서 매매계약을 해제할 수 있다(민법 제565조 제1항 참조).

ㄴ. (×) 유동적 무효의 상태에 있는 거래계약의 당사자는 상대방이 그 거래계약의 효력이 완성되도록 협력할 의무를 이행하지 아니하였음을 들어 일방적으로 유동적 무효의 상태에 있는 거래계약 자체를 해제할 수 없으므로(대판 1999.6.17. 98다40459[전합]), 매도인 甲이 허가신청절차에 협력하지 않더라도 매수인 乙은 甲의 채무불이행을 이유로 하여 매매계약 자체를 해제할 수는 없다.

ㄷ. (×) 구 국토이용관리법상의 토지거래허가를 배제하거나 잠탈하는 내용이 아닌 유동적 무효 상태의 매매계약을 체결하고 그에 기하여 임의로 지급한 계약금 등은 그 계약이 유동적 무효 상태로 있는 한 그를 부당이득으로서 반환을 구할 수 없고 유동적 무효 상태가 확정적으로 무효가 되었을 때 비로소 부당이득으로 그 반환을 구할 수 있다(대판 1997.11.11. 97다36965). 사례에서 X토지에 대한 매매계약이 유동적 무효 상태에 있는 한, 乙은 부당이득반환청구권을 행사하여 甲에게 계약금의 반환을 청구할 수 없다.

ㄹ. (○) 토지거래허가구역 지정기간 중에 허가구역 안의 토지에 대하여 토지거래허가를 받지 아니하고 토지거래계약을 체결한 후 허가구역 지정이 해제되거나 허가구역 지정기간이 만료되었음에도 재지정을 하지 아니한 때에는 그 토지거래계약이 허가구역 지정이 해제되기 전에 확정적으로 무효로 된 경우를 제외하고는, 더 이상 관할 행정청으로부터 토지거래허가를 받을 필요가 없이 확정적으로 유효로 되었다고 볼 것이다(대판 2010.3.25. 2009다41465). 매매계약 후 X에 대한 토지거래허가구역 지정이 해제되었다면, 더 이상 토지거래허가를 받을 필요 없이 매매계약은 확정적으로 유효로 된다.

정답 ❷

17 ① (○) 대판 2001.7.10. 2001다3764

② (○) 동기의 착오가 법률행위의 내용의 중요부분의 착오에 해당함을 이유로 표의자가 법률행위를 취소하려면 그 동기를 당해 의사표시의 내용으로 삼을 것을 상대방에게 표시하고 의사표시의 해석상 법률행위의 내용으로 되어 있다고 인정되면 충분하고 당사자들 사이에 별도로 그 동기를 의사표시의 내용으로 삼기로 하는 합의까지 이루어질 필요는 없지만, 그 법률행위의 내용의 착오는 보통 일반인이 표의자의 입장에 섰더라면 그와 같은 의사표시를 하지 아니하였으리라고 여겨질 정도로 그 착오가 중요한 부분에 관한 것이어야 한다(대판 2000.5.12. 2000다12259). 다만, 판례는 이에 대한 예외를 인정하여 동기의 착오가 상대방의 부정한 방법에 의하여 유발된 경우, 동기가 표시되지 않았더라도 표의자는 착오를 이유로 의사표시를 취소할 수 있다고 본다(대판 1997.8.26. 97다6063 등).

③ (○) 채무자의 법률행위가 통정허위표시인 경우에도 채권자취소권의 대상으로 된다고 할 것이고, 한편 채권자취소권의 대상으로 된 채무자의 법률행위라도 통정허위표시의 요건을 갖춘 경우에는 무효라고 할 것이다(대판 1998.2.27. 97다50985).

④ (○) 민법 제733조의 규정에 의하면, 화해계약은 화해당사자의 자격 또는 화해의 목적인 분쟁 이외의 사항에 착오가 있는 경우를 제외하고는 착오를 이유로 취소하지 못하지만, 화해계약이 사기로 인하여 이루어진 경우에는 화해의 목적인 분쟁에 관한 사항에 착오가 있는 때에도 민법 제110조에 따라 이를 취소할 수 있다(대판 2008.9.11. 2008다15278).

⑤ (×) 불법행위로 인한 손해배상책임이 성립하기 위하여는 가해자의 고의 또는 과실 이외에 행위의 위법성이 요구되므로, 전문건설공제조합이 계약보증서를 발급하면서 조합원이 수급할 공사의 실제 도급금액을 확인하지 아니한 과실이 있다고 하더라도 민법 제109조에서 중과실이 없는 착오자의 착오를 이유로 한 의사표시의 취소를 허용하고 있는 이상, 전문건설공제조합이 과실로 인하여 착오에 빠져 계약보증서를 발급한 것이나 그 착오를 이유로 보증계약을 취소한 것이 위법하다고 할 수는 없다(대판 1997.8.22. 97다13023). 판례는 착오를 이유로 보증계약을 취소한 것이 불법행위를 구성하지는 않는다는 것이므로 이러한 판례의 취지를 고려할 때 경과실에 의한 착오를 이유로 의사표시를 취소한 자는 상대방에게 불법행위책임을 부담하지 아니한다.

정답 ❺

CHAPTER 06 기 간

> **출제포인트**
> ☐ 기간의 계산방법

제1절 기 간

I 기간의 의의

1. 개 념

기간이란 어느 시점부터 어느 시점까지의 계속된 시간을 말한다. 법률사실로서 기간은 사건에 속한다. 따라서 기한(부관)과는 전혀 다르다.

2. 적용범위

기간계산에 관한 민법규정은 보충적인 것이다. 즉, 법령이나 재판상의 처분 또는 법률행위에 달리 정한 바가 있으면 그에 의한다(민법 제155조). 그런데 민법의 기간에 관한 규정은 사법관계뿐만 아니라 공법관계에도 적용된다. 기출 08

II 기간의 계산방법

민법은 시·분·초와 같은 단기간의 경우 자연적 계산방법을, 일·주·월·연과 같은 장기간의 경우에는 역법적 계산방법을 활용한다.

1. 기간을 시·분·초로 정한 경우

즉시로 기산하고, 시, 분, 초 단위로 산정하여(민법 제156조), 기간의 만료는 그 정하여진 시, 분, 초가 종료한 때이다. 기출 22·23

2. 기간을 일·주·월·년으로 정한 경우

(1) 기산점

① 초일 불산입의 원칙 : 기간을 일, 주, 월 또는 연으로 정한 때에는 기간의 초일은 산입하지 않는다(민법 제157조 본문). 그러나 민법 제155조에 의하여 법령이나 법률행위 등에 의하여 이 원칙과 달리 정하는 것도 가능하다(대판 2007.8.23. 2006다62942). 기출 23

② 예외적으로 초일을 산입하는 경우 : ㉠ 나이의 계산(민법 제158조) 기출 10·16·22·23 , ㉡ 오전 0시로부터 기산하는 경우(민법 제157조 단서)

(2) 만료점

① 기간 말일의 종료로 기간이 만료된다(민법 제159조). 기출 23

② 기간을 주·월·년으로 정한 경우에는 이를 일로 환산하지 않고 역(歷)에 의하여 계산한다(민법 제160조 제1항). 기출 22·25

③ 주·월·년의 처음부터 기산하지 않을 경우에, 최후의 주·월·년에서 그 기산일에 해당하는 날의 전일로 기간이 만료된다(민법 제160조 제2항). 기출 22

④ 월 또는 년으로 정하였는데 최종의 월에 해당일이 없으면, 그 월의 말일로 기간이 만료된다(민법 제160조 제3항). 기출 06

⑤ 기간의 말일이 토요일 또는 공휴일에 해당하는 경우에 그 다음 날로 만료하지만(민법 제161조), 기간의 초일이 토요일 또는 공휴일인 경우에는 그 적용이 없으며 초일 불산입의 원칙에 따른다. 기출 08·21·22·23·25

3. 기간의 역산 기출 08

민법상의 기간의 계산방법은 기간을 소급하여 계산할 때에도 유추적용된다(통설). 예를 들어 사단법인의 사원총회를 1주일 전에 통지한다고 할 때에(민법 제71조), 총회일이 10월 19일이라고 한다면 늦어도 10월 11일 24시까지는 사원총회의 소집통지를 발송하여야 한다. 기출 23·25

4. 관련 판례

정년이 60세라 함은 60세가 만료되는 날이 아니라, 만 60세에 도달하는 날을 의미한다. (대판 1973.6.12. 71다2669 참조). 기출 25

CHAPTER 06 기간

01 민법상 기간에 관한 설명으로 옳지 않은 것은?(다툼이 있으면 판례에 따름) 기출 25

① 나이가 1세에 이르지 아니한 경우에는 월수(月數)로 표시할 수 있다.
② 기간을 주(週)로 정한 때에는 역(曆)에 의하여 계산한다.
③ 기간의 말일이 토요일 또는 공휴일에 해당한 때에는 기간은 그 익일로 만료한다.
④ 정년이 60세라 함은 60세에 도달하는 날이 아니라 60세가 만료되는 날을 말한다.
⑤ 사원총회의 선거일이 2025.6.2.인 경우에 '선거일 전 3년간'은 2022.6.2. 00:00부터 2025.6.1. 24:00 사이를 말한다.

02 민법상 기간에 관한 설명으로 옳지 않은 것은?(다툼이 있으면 판례에 따름) 기출 23

① 기간의 기산점에 관한 제157조의 초일 불산입의 원칙은 당사자의 합의로 달리 정할 수 있다.
② 정관상 사원총회의 소집통지를 1주간 전에 발송하여야 하는 사단법인의 사원총회일이 2023년 6월 2일(금) 10시인 경우, 총회소집통지는 늦어도 2023년 5월 25일 중에는 발송하여야 한다.
③ 2023년 5월 27일(토) 13시부터 9시간의 만료점은 2023년 5월 27일 22시이다.
④ 2023년 5월 21일(일) 14시부터 7일간의 만료점은 2023년 5월 28일 24시이다.
⑤ 2017년 1월 13일(금) 17시에 출생한 사람은 2036년 1월 12일 24시에 성년자가 된다.

해설 및 정답

01 ① (○) 민법 제158조 단서
② (○) 기간을 주, 월 또는 연으로 정한 때에는 역에 의하여 계산한다(민법 제160조 제1항).
③ (○) 민법 제161조
④ (×) 정년이 60세라 함은 60세가 만료되는 날이 아니라, 만 60세에 도달하는 날을 말한다(대판 1973.6.12. 71다2669 참조).
⑤ (○) 민법이 규정하고 있는 기간의 계산방법은 일정한 기산일로부터 과거에 소급하여 역산되는 기간에도 유추적용 되며, 이 경우 초일은 산입하지 않는다(대판 1989.4.11. 87다카2901 참조). 따라서 사원총회의 선거일이 2025.6.2.인 경우 '선거일 전 3년간'의 기산일은 2025.6.1. 24:00이고 만료일은 2022.6.2. 00:00이다. 이에 따라 '선거일 전 3년간'은 2022.6.2. 00:00부터 2025.6.1. 24:00 사이를 말한다.

정답 ④

02 ① (○) 민법 제157조는 "기간을 일, 주, 월 또는 년으로 정한 때에는 기간의 초일은 산입하지 아니한다"고 규정하여 초일 불산입을 원칙으로 정하고 있으나, 민법 제155조에 의하면 법령이나 법률행위 등에 의하여 위 원칙과 달리 정하는 것도 가능하다(대판 2007.8.23. 2006다62942).
② (○) 사단법인의 사원총회일이 2023년 6월 2일(금) 10시인 경우, 6월 1일(목)이 기산점이 되어(초일 불산입의 원칙, 민법 제157조 본문) 그날부터 역으로 7일을 계산한 날의 말일인 5월 26일(금)의 0시에 만료하기 때문에(민법 제159조), 총회소집통지는 늦어도 2023년 5월 25일(목) 중에는 발송하여야 한다.
③ (○) 기간을 시, 분, 초로 정한 때에는 즉시로부터 기산한다(민법 제156조).
④ (×) 2023년 5월 22일(월)이 기산점이 되고(민법 제157조 본문), 7일의 기간이 만료되는 날은 2023년 5월 28일 24시이다(민법 제159조). 그러나 2023년 5월 28일은 공휴일(일요일)에 해당하므로 그 익일(다음 날)인 2023년 5월 29일 24시로 기간이 만료한다.
⑤ (○) 2017년 1월 13일(금) 17시에 출생한 사람은 1월 13일(금)을 산입(출생일을 산입)하여(민법 제158조) 19년이 되는 2036년 1월 12일 24시(또는 1월 13일 0시)에 성년자가 된다(민법 제159조).

정답 ④

CHAPTER 07 소멸시효

출제포인트
- ☐ 소멸시효와 제척기간의 구별
- ☐ 소멸시효의 대상적격
- ☐ 소멸시효의 기산점
- ☐ 소멸시효의 중단과 정지
- ☐ 소멸시효의 효과

제1절 소멸시효

I 서 설

1. 시효의 의의

시효란 일정한 사실상태가 일정기간 계속된 경우에, 진정한 권리관계와 일치하는지 여부를 불문하고 그 사실상태를 존중하여 일정한 법률효과를 발생시키는 제도이다.

2. 구별제도 : 제척기간

(1) 의 의

1) 개 념

제척기간이란 법률에서 획일적으로 정한 일정한 권리의 행사기간을 말한다. 그 기간 내에 권리를 행사하지 않으면 그 권리는 당연히 소멸한다. 제척기간은 권리자로 하여금 당해 권리를 신속하게 행사하도록 함으로써 법률관계를 조속하게 확정시키려는데 그 취지가 있다.

2) 법적 성질

판례는 제척기간을 재판상으로만 권리를 행사해야 되는 제소기간(출소기간)으로 보는 기간과 권리의 행사기간 내에 재판상뿐만 아니라 재판 외에서 권리를 행사하면 되는 기간으로 나누어 판시하고 있다. 형성권에 관하여는 민법 제406조 채권자취소권의 제척기간은 제소기간이고, 취소권, 매매예약완결권과 같은 형성권의 제척기간은 재판 외 행사기간이며, 청구권에 관하여는 민법 제204조 점유보호청구권, 민법 제999조 상속회복청구권의 행사기간은 제소기간이고 민법 제582조 하자담보책임에 따른 권리의 행사기간[7]은 재판 외 행사기간으로 판시하고 있다.

---

[7] 이와 관련하여 판례는 채권양도의 통지는 양도인이 채권이 양도되었다는 사실을 채무자에게 알리는 것에 그치는 행위이므로, 그것만으로 제척기간 준수에 필요한 권리의 재판 외 행사에 해당한다고 할 수 없다고 한다(대판 2012.3.22. 2010다28840[전합]).

(2) 소멸시효와의 구별

1) 구별기준

일반적으로 법문에 '소멸시효가 완성한다.' 또는 '시효로 인하여 소멸한다.'라는 규정이 있으면 소멸시효로 보고, '행사(제기)하여야 한다.'라고 규정되어 있으면 제척기간으로 볼 수 있다.

구 분	소멸시효	제척기간
권 리	청구권	형성권
성 질	권리불행사로 권리소멸	권리관계의 조속한 확정
효력발생 시점 기출 09·11	소급효	장래효
중단·정지 기출 09·11·15	인정 ○	인정 ×
포 기 기출 09	인정 ○	인정 ×
기간의 단축·경감 기출 11·15·17·25	인정 ○	인정 ○
배제, 연장, 가중 기출 25	인정 ×	인정 ×
기산점	권리를 행사할 수 있는 때	권리가 발생한 때
입증책임 기출 09·11	당사자의 주장	법원의 직권조사

2) 문제되는 경우

① 상속의 승인·포기의 취소권과 유증의 승인·포기의 취소권의 행사기간에 관하여 학설은 제척기간으로 본다.
② 유류분반환청구권의 행사기간에 관하여 학설은 제척기간으로 보나, 판례는 소멸시효기간으로 본다(대판 1993.4.13. 92다3595).
③ 불법행위에 기한 손해배상청구권(민법 제766조)과 관련하여 민법 제766조 제1항의 3년의 기간은 소멸시효기간이라고 보는 데 이견이 없다. 민법 제766조 제2항의 10년의 기간에 대해 통설은 제척기간이라고 보나, 판례는 소멸시효기간이라고 한다.

(3) 형성권의 행사기간

형성권의 행사기간은 원칙적으로 제척기간이다. 판례는 제척기간 내에 형성권이 행사되면 그로 발생하는 채권은 형성권 행사시부터 그 채권의 소멸시효가 진행한다고 판시하고 있다(대판 1991.2.22. 90다13420). 당사자 사이에 형성권의 행사기간을 약정한 때에는 그 기간 내에, 그러한 약정이 없는 때에는 10년 내에 이를 행사하여야 하며, 제척기간 진행의 기산점은 형성권 행사시기에 대한 약정의 유무에 관계없이 권리가 발생한 때로부터 진행한다고 한다(대판 1995.11.10. 94다22682). 한편 제척기간이 도과하였는지 여부는 당사자의 주장에 관계없이 법원이 당연히 조사하여 고려하여야 할 사항이다(대판 1996.9.20. 96다25371). 기출 24·25

(4) 상계권 행사 가부

매도인이나 수급인의 담보책임을 기초로 한 손해배상채권의 제척기간이 지난 경우에도 제척기간이 지나기 전 상대방의 채권과 상계할 수 있었던 경우에는 매수인이나 도급인은 민법 제495조를 유추적용해서 위 손해배상채권을 자동채권으로 해서 상대방의 채권과 상계할 수 있다(대판 2019.3.14. 2018다255648).

Ⅱ 소멸시효의 요건

1. 서 설
시효로 인하여 권리가 소멸하려면 ① 권리가 소멸시효의 목적이 될 수 있어야 하고(대상적격), ② 권리자가 권리를 행사할 수 있음에도 불구하고 행사하지 않아야 하며(시효의 기산점), ③ 권리 불행사의 상태가 일정기간 계속되어야 한다(시효기간)는 요건이 갖추어져야 한다.

2. 소멸시효의 대상적격

(1) 소멸시효에 걸리는 권리
채권뿐만 아니라 소유권을 제외한 그 밖의 재산권도 소멸시효의 대상이다(민법 제162조).
① 채권은 10년간 행사하지 아니하면 소멸시효가 완성한다(민법 제162조 제1항). 기출 15
② 판결에 의하여 확정된 채권은 단기의 소멸시효에 해당한 것이라도 그 소멸시효는 10년으로 한다(민법 제165조 제1항). 기출 12
③ 파산절차에 의하여 확정된 채권 및 재판상의 화해, 조정, 기타 판결과 동일한 효력이 있는 것에 의하여 확정된 채권도 단기의 소멸시효에 해당한 것이라도 그 소멸시효는 10년으로 한다(민법 제165조 제2항).
④ 판결확정 당시에 변제기가 도래하지 아니한 채권에 적용하지 아니한다(민법 제165조 제3항).

(2) 소멸시효에 걸리지 않는 권리

1) 비재산권
인격권 등의 비재산권은 소멸시효에 걸리지 않는다.

2) 형성권
형성권에 존속기간이 정해져 있는 경우, 원칙적으로 제척기간으로 보아야 한다.

3) 소유권
소멸시효에 걸리지 않는다. 합의해제에 따른 매도인의 원상회복청구권은 소유권에 기한 물권적 청구권으로서 소멸시효의 대상이 되지 않는다. 기출 18

4) 법률행위로 인한 등기청구권
부동산에 관하여 인도, 등기 등의 어느 한쪽만에 대하여서라도 권리를 행사하는 자는 전체적으로 보아 그 부동산에 관하여 권리 위에 잠자는 자라고 할 수 없다 할 것이므로, 매수인이 목적부동산을 인도받아 계속 점유하는 경우에는 그 소유권이전등기청구권의 소멸시효가 진행하지 않는다(대판 1999.3.18, 98다32175[전합]).

기출 20 · 25

5) 소멸시효에 걸리지 않는 재산권
① 점유권과 유치권은 점유가 존재하는 한 소멸시효가 문제되지 않는다.
② 상린권과 공유물분할청구권과 같이 소유권에 수반하는 권리는 소유권과 독립하여 소멸시효에 걸리지 않는다. 기출 07 · 21
③ 피담보채권이 존속하는 한 담보물권만이 소멸시효에 걸리지는 않는다(담보물권의 부종성).
④ 항변권이 소멸시효에 걸리는지 논의가 있으나 적어도 동시이행의 항변권 또는 보증인이 최고 · 검색의 항변권은 소멸시효에 걸리지 않는다고 보아야 한다.

3. 소멸시효의 기산점 : 권리의 불행사

(1) 의 의

소멸시효의 기산점은 권리를 행사할 수 있는 때로부터 진행한다(민법 제166조 제1항). 그런데 법률상 장애사유가 있으면 시효는 진행하지 않는다.

법률상 장애	• 정지조건이 아직 성취되지 않은 경우이거나 이행기가 아직 도래하지 않은 경우 • 건물에 관한 소유권이전등기청구권에 있어서 그 목적물인 건물이 완공되지 않은 경우
사실상 장애	권리자의 개인적인 사정, 법률지식의 부족, 권리의 존재에 대한 부지, 채무자의 부재 등

대법원이 채권자의 권리행사가 가능하다는 법률적 판단을 내린 경우, 그 시점 이후에는 장애사유가 해소되었다고 볼 수 있는지 여부(원칙적 적극)
[1] 채무자의 소멸시효를 이유로 한 항변권의 행사도 민법의 대원칙인 신의성실의 원칙과 권리남용금지의 원칙의 지배를 받는 것이어서 객관적으로 채권자가 권리를 행사할 수 없는 장애사유가 있었다면 채무자가 소멸시효 완성을 주장하는 것은 신의성실의 원칙에 반하는 권리남용으로서 허용될 수 없다.
[2] 채권자에게 권리의 행사를 기대할 수 없는 객관적인 사실상의 장애사유가 있었던 경우에도 대법원이 이에 관하여 채권자의 권리행사가 가능하다는 법률적 판단을 내렸다면 특별한 사정이 없는 한 그 시점 이후에는 그러한 장애사유가 해소되었다고 볼 수 있다(대판 2023.12.21. 2018다303653).

소멸시효가 진행하지 않는 '권리를 행사할 수 없는' 경우의 의미
소멸시효는 객관적으로 권리가 발생하여 그 권리를 행사할 수 있는 때로부터 진행하고 그 권리를 행사할 수 없는 동안만은 진행하지 않는바, '권리를 행사할 수 없는'경우라 함은 그 권리행사에 법률상의 장애사유, 예컨대 기간의 미도래나 조건불성취 등이 있는 경우를 말하는 것이고, 사실상 권리의 존재나 권리행사 가능성을 알지 못하였고 알지 못함에 과실이 없다고 하여도 이러한 사유는 법률상 장애사유에 해당하지 않는다(대판 2006.4.27. 2006다1381). 기출 25

(2) 변론주의의 적용대상

① 소멸시효의 기산점은 변론주의의 적용대상이다. 기출 07·18·20 따라서 본래의 소멸시효 기산일과 당사자가 주장하는 기산일이 서로 다른 경우에는 변론주의의 원칙상 법원은 당사자가 주장하는 기산일을 기준으로 소멸시효를 계산하여야 하는데, 이는 당사자가 본래의 기산일보다 뒤의 날짜를 기산일로 하여 주장하는 경우는 물론이고 특별한 사정이 없는 한 그 반대의 경우에 있어서도 마찬가지이다(대판 1995.8.25. 94다35886). 반면 소멸시효기간은 변론주의의 적용대상이 되지 아니하므로 법원이 직권으로 판단할 수 있다(대판 2008.3.27. 2006다70929). 기출 23
② 시효의 기산점에 대한 입증책임은 시효이익을 주장하는 자가 진다(대판 1995.6.30. 94다13435).

(3) 각종 권리의 소멸시효의 기산점

권리	소멸시효의 기산점
확정기한부 채무	기한이 도래한 때부터
불확정기한부 채무	기한이 객관적으로 도래한 때부터 기출 16
기한의 정함이 없는 채무	• 채권이 성립한 때부터 • 부당이득반환청구권 – 채권성립 시부터[[예] 매매대금을 지급한 때부터(대판 2024.6.27. 2023다302920)] • 의사의 치료채권 – 각 진료가 종료될 때부터
동시이행의 항변권이 붙은 권리	이행기가 도래한 때 기출 16·21
정지조건부 권리	조건이 성취된 때 기출 21
기한이익상실특약이 있는 경우	• 정지조건부 기한이익 상실의 특약 – 사유발생 시(정지조건이 성취된 때) • 형성권적 기한이익 상실의 특약 – 본래의 변제기
부작위채권	위반행위가 있은 때 기출 16·17·24
선택채권	선택권 행사 가능 시 기출 18
채무불이행에 기한 손해배상청구권	채무불이행이 발생한 때 : 소유권이전등기말소등기의무의 이행불능으로 인한 전보배상청구권의 소멸시효는 말소등기의무가 이행불능상태에 돌아간 때로부터 진행(대판 2005.9.15. 2005다29474). 기출 16·21·24
대상청구권	원칙 : 이행불능 시
불법행위에 기한 손해배상청구권	• 손해 및 가해자를 안 때(민법 제766조 제1항) • 불법행위가 있은 때(민법 제766조 제2항)
계속적 물품공급계약에서 발생한 외상대금채권	각 외상대금채권이 발생한 때로부터 개별적으로 진행 기출 20
소송위임계약에 의한 성공보수청구권	해당 심급의 판결을 송달받은 때이나, 지급시기에 관한 특약이 있는 경우에는 특약에 따라 보수채권을 행사할 수 있는 때(대판 2023.2.2. 2022다276307).

(4) 관련 판례

1) 보증금반환채권에 대한 소멸시효의 진행 여부

[1] 임대차가 종료함에 따라 발생한 임차인의 목적물반환의무와 임대인의 보증금반환의무는 동시이행관계에 있다. 임차인이 임대차 종료 후 동시이행항변권을 근거로 임차목적물을 계속 점유하는 것은 임대인에 대한 보증금반환채권에 기초한 권능을 행사한 것으로서 보증금을 반환받으려는 계속적인 권리행사의 모습이 분명하게 표시되었다고 볼 수 있다. 따라서 임대차 종료 후 임차인이 보증금을 반환받기 위해 목적물을 점유하는 경우 보증금반환채권에 대한 권리를 행사하는 것으로 보아야 하고, 임차인이 임대인에 대하여 직접적인 이행청구를 하지 않았다고 해서 권리의 불행사라는 상태가 계속되고 있다고 볼 수 없다.

[2] 소멸시효 제도의 존재 이유와 취지, 임대차기간이 끝난 후 보증금반환채권에 관계되는 당사자 사이의 이익형량, 주택임대차보호법 제4조 제2항의 입법 취지 등을 종합하면, 주택임대차보호법에 따른 임대차에서 그 기간이 끝난 후 임차인이 보증금을 반환받기 위해 목적물을 점유하고 있는 경우 보증금반환채권에 대한 소멸시효는 진행하지 않는다고 보아야 한다(대판 2020.7.9. 2016다244224·244231).

2) 임치물 반환청구권의 소멸시효의 기산점

임치계약 해지에 따른 임치물 반환청구는 임치계약 성립 시부터 당연히 예정된 것이고, 임치계약에서 임치인은 언제든지 계약을 해지하고 임치물의 반환을 구할 수 있는 것이므로, 특별한 사정이 없는 한 임치물 반환청구권의 소멸시효는 임치계약이 성립하여 임치물이 수치인에게 인도된 때부터 진행하는 것이지, 임치인이 임치계약을 해지한 때부터 진행한다고 볼 수 없다(대판 2022.8.19. 2020다220140).

3) 인수채무불이행으로 인한 손해배상청구권의 소멸시효의 기산점

갑 소유의 부동산에 채무자 갑, 근저당권자 을 축산업협동조합으로 하는 근저당권설정등기가 마쳐진 상태에서, 병이 정에게 위 부동산을 매도하는 내용의 매매계약을 체결하면서 위 근저당권이 담보하는 대출금채무를 정이 승계하는 대신 중도금의 전부나 일부로 대체하기로 하였고, 그 후 병이 갑과 체결한 약정에 따라 위 부동산에 관하여 자기 앞으로 소유권이전등기를 한 다음 정 앞으로 매매계약에 따른 소유권이전등기를 하였는데, 정이 대출금채무에 대한 인수의무를 이행하지 않아 갑이 대출금 이자 등을 지급하는 손해를 입게 되자, 갑이 정을 상대로 병을 대위하여 채권자대위에 따른 손해배상청구를 하여 병의 손해배상채권의 소멸시효 기산점이 문제된 사안에서, 정이 중도금 지급기일에 인수의무를 이행하지 않았다는 사정만으로 곧바로 병에게 손해가 현실적으로 발생하였다고 볼 수는 없고, 갑이 이자 등을 지급한 때 병에 대하여 채무불이행에 따른 손해배상청구권을 갖게 되며, 그때 병에게 정의 이행인수계약 불이행에 따른 손해가 현실적으로 발생하였다고 볼 수 있다(대판 2021.11.25. 2020다294516).

4. 시효기간

(1) 일반채권

민법상 채권은 10년이 원칙이고(민법 제162조 제1항), 상행위로 인한 상사채권은 5년이 원칙이다(상법 제64조). 판례는 사용자가 근로계약에 수반되는 신의칙상의 부수적 의무인 보호의무를 위반하여 근로자에게 손해를 입힘으로써 발생한 근로자의 손해배상청구와 관련된 법률관계는 근로자의 생명, 신체, 건강 침해 등으로 인한 손해의 전보에 관한 것으로서 그 성질상 정형적이고 신속하게 해결할 필요가 있다고 보기 어려우므로, 근로계약상 보호의무 위반에 따른 근로자의 손해배상청구권은 특별한 사정이 없는 한 10년의 민사 소멸시효기간이 적용된다고 봄이 타당하다고 한다(대판 2021.8.19. 2018다270876). 기출 25

(2) 단기시효

1) 3년의 시효

> **제3년의 단기소멸시효(민법 제163조)**
> 다음 각 호의 채권은 3년간 행사하지 아니하면 소멸시효가 완성한다. 두 : 이·의·도·변·변·생·수
> 1. 이자, 부양료, 급료, 사용료 기타 1년 이내의 기간으로 정한 금전 또는 물건의 지급을 목적으로 한 채권
> 2. 의사, 조산사, 간호사 및 약사의 치료, 근로 및 조제에 관한 채권
> 3. 도급받은 자, 기사 기타 공사의 설계 또는 감독에 종사하는 자의 공사에 관한 채권 기출 24
> 4. 변호사, 변리사, 공증인, 공인회계사 및 법무사에 대한 직무상 보관한 서류의 반환을 청구하는 채권
> 5. 변호사, 변리사, 공증인, 공인회계사 및 법무사의 직무에 관한 채권
> 6. 생산자 및 상인이 판매한 생산물 및 상품의 대가
> 7. 수공업자 및 제조자의 업무에 관한 채권

① 제1호
- '1년 이내의 기간으로 정한 채권'이란 1년 이내의 정기로 지급되는 채권을 의미하는 것이지, 변제기가 1년 이내인 채권을 말하는 것이 아니다. 기출 23
- 이자란 약정이자를 의미하는 것이지 지연이자는 아니다. 기출 17
- 사용료는 부동산의 사용료를 의미하고, 동산의 사용료는 1년의 소멸시효기간이 적용된다.

② 제2호 : 무자격자의 치료행위라도 그 사법상 효력이 부인되는 것은 아니며 소멸시효규정도 그대로 적용된다.

③ 제3호
- 도급받은 공사의 공사대금채권뿐만 아니라 그 공사에 부수되는 채권도 포함한다(대판 2013.2.28. 2011다79838). 따라서 수급인의 도급인에 대한 저당권설정청구권은 3년의 소멸시효기간이 적용된다(대판 2016.10.27. 2014다211978). 기출 20
- 소멸시효의 기산점은 일을 완성한 때라 할 것이다.

④ 제6호 : 3년의 단기소멸시효가 적용되는 '상인이 판매한 상품의 대가'란 상품의 매매로 인한 대금 그 자체의 채권만을 말하는 것으로서, 상품의 공급 자체와 등가성이 있는 청구권에 한한다(대판 1996.1.23. 95다39854).

2) 1년의 시효

> **1년의 단기소멸시효(민법 제164조)**
> 다음 각 호의 채권은 1년간 행사하지 아니하면 소멸시효가 완성한다. 두 : 여·의·노·학
> 1. 여관, 음식점, 대석, 오락장의 숙박료, 음식료, 대석료, 입장료, 소비물의 대가 및 체당금의 채권
> 2. 의복, 침구, 장구 기타 동산의 사용료의 채권
> 3. 노역인, 연예인의 임금 및 그에 공급한 물건의 대금채권
> 4. 학생 및 수업자의 교육, 의식 및 유숙에 관한 교주, 숙주, 교사의 채권

(3) 판결에 의해 확정된 채권은 10년

> **판결 등에 의하여 확정된 채권의 소멸시효(민법 제165조)**
> ① 판결에 의하여 확정된 채권은 단기의 소멸시효에 해당한 것이라도 그 소멸시효는 10년으로 한다.
> ② 파산절차에 의하여 확정된 채권 및 재판상의 화해, 조정 기타 판결과 동일한 효력이 있는 것에 의하여 확정된 채권도 전항과 같다.
> ③ 전2항의 규정은 판결확정 당시에 변제기가 도래하지 아니한 채권에 적용하지 아니한다.

1) 취 지
확정판결에 의하여 권리관계가 확정된 후에도 다시 단기소멸시효에 걸린다면 권리의 보존을 위하여 여러 차례 중단절차를 거쳐야 하는 불편을 고려한 규정이다.

2) 내 용
① 기판력 있는 확정판결만을 의미한다. 인낙조서가 그 예이다. 기출 12
② 시효연장의 효과는 상대적이어서 판결 등의 당사자에게만 연장된다.
  ㉠ 채권자와 주채무자 사이의 확정판결에 의하여 주채무가 확정되어 그 소멸시효기간이 10년으로 연장되었다 할지라도, 위 확정판결 등은 채권자와 연대보증인 사이에는 아무런 영향을 미치지 않고 채권자의 연대보증인의 연대보증채권의 소멸시효기간은 여전히 종전의 소멸시효기간에 따른다(대판 2006.8.24. 2004다26287·26294). 기출 25
  ㉡ 단, 민법 규정에 의하여 시효중단의 효력은 당연히 보증인에게도 미친다(민법 제440조).

3) 관련 판례

민사소송법 제474조, 민법 제165조 제2항에 의하면, 지급명령에서 확정된 채권은 단기의 소멸시효[3년의 소멸시효(註)]에 해당하는 것이라도 그 소멸시효기간이 10년으로 연장된다(대판 2009.9.24. 2009다39530).

기출 22

(4) 기타 재산권의 소멸시효기간

채권과 소유권 이외의 재산권의 소멸시효기간은 20년이다(민법 제162조 제2항).

Ⅲ 시효의 장애 : 소멸시효의 중단과 정지

1. 서 설

소멸시효의 진행을 방해하는 사태를 시효의 장애라고 하는데, 이에는 중단과 정지가 있다.

2. 소멸시효의 중단

(1) 의 의

① 소멸시효가 진행하는 도중에 권리의 불행사라는 소멸시효의 기초가 되는 사실을 깨뜨리는 사정이 발생한 경우, 이미 진행한 시효기간의 효력을 상실케 하는 제도이다(대판 1979.7.10. 79다569).
② 시효가 중단된 때에는 중간까지에 경과한 시효기간은 이를 산입하지 아니하고 중단사유가 종료한 때로부터 새로이 진행한다(민법 제178조 제1항).
③ 시효중단사유는 변론주의의 대상이어서 당사자의 주장이 없으면 법원이 이에 관하여 판단할 필요가 없다. 그에 대한 입증책임은 시효완성을 다투는 당사자가 진다(대판 2003.6.13. 2003다17927). 기출 20

(2) 소멸시효의 중단사유

1) 청구(민법 제168조 제1호)

시효의 대상인 권리를 재판상 내지 재판 외로 행사하는 것을 말한다. 민법은 청구의 유형으로 재판상 청구(민법 제170조), 파산절차 참가(민법 제171조), 지급명령(지급명령을 신청한 때에 소멸시효의 중단)(민법 제172조, 대판 2025.5.15. 2024다317783), 화해를 위한 소환 내지 임의출석(민법 제173조), 최고(민법 제174조)를 규정하고 있다. 기출 14

① 재판상 청구(민법 제170조)

의 의	자기의 권리를 재판상 주장하는 것을 말하며, 보통 소를 제기하는 것을 의미		
요 건	민사소송 ○ (각종의 모든 소 ○, 재심 ○)	형사소송 × 기출 25 (단, 배상명령신청 ○)	행정소송 × 기출 08·13 (단, 과세처분의 취소 또는 무효확인의 소 ○)
효 과	• 소멸시효의 중단 시점 : 소를 제기한 날(제소), 응소한 때(응소) • 재판상 청구는 소송의 각하, 기각 또는 취하의 경우에는 시효중단의 효력이 없음 기출 06·09 • 피고로서 응소하여 적극적으로 권리를 주장하고 그것이 받아들여진 경우에는, 시효중단의 효력이 있음 기출 09 • 피고가 응소하여 권리를 주장하였으나 그 소가 각하되거나 취하되는 경우에는, 6월 이내에 재판상의 청구 등 다른 시효중단조치를 취한 때에는 응소 시에 시효중단의 효력이 있음 기출 18		

- 채권자가 동일한 목적을 달성하기 위하여 복수의 채권을 갖고 있는 경우, 채권자로서는 그 선택에 따라 권리를 행사할 수 있되, 그중 어느 하나의 청구를 한 것만으로는 다른 채권 그 자체를 행사한 것으로 볼 수는 없으므로, 특별한 사정이 없는 한 다른 채권에 대한 소멸시효 중단의 효력은 없다(대판 2020.3.26. 2018다221867).
- 최고를 여러번 거듭하다가 재판상 청구 등을 한 경우에 있어서의 시효중단의 효력은 항상 최초의 최고시에 발생하는 것이 아니라 재판상 청구 등을 한 시점을 기준으로 하여 이로부터 소급하여 6월 이내에 한 최고시에 발생한다. 민법 제170조의 해석상, 재판상의 청구는 그 소송이 취하된 경우에는 그로부터 6월내에 다시 재판상의 청구를 하지 않는 한 시효중단의 효력이 없고 다만 재판외의 최고의 효력만 있다(대판 1987.12.22. 87다카2337).
- 시효중단 사유로서 재판상의 청구에는 소멸시효 대상인 권리 자체의 이행청구나 확인청구를 하는 경우만이 아니라, 그 권리가 발생한 기본적 법률관계를 기초로 하여 재판의 형식으로 주장하는 경우 또는 그 권리를 기초로 하거나 그것을 포함하여 형성된 후속 법률관계에 관한 청구를 하는 경우에도 그로써 권리 실행의 의사를 표명한 것으로 볼 수 있을 때에는 이에 포함된다(대결 2023.11.9. 2023마6582).
- [1] 채무자의 제3채무자에 대한 금전채권에 대하여 압류 및 추심명령이 있더라도, 이는 추심채권자에게 피압류채권을 추심할 권능만을 부여하는 것이고, 이로 인하여 채무자가 제3채무자에게 가지는 채권이 추심채권자에게 이전되거나 귀속되는 것은 아니다. 따라서 채무자가 제3채무자를 상대로 금전채권의 이행을 구하는 소를 제기한 후 채권자가 위 금전채권에 대하여 압류 및 추심명령을 받아 제3채무자를 상대로 추심의 소를 제기한 경우, 채무자가 권리주체의 지위에서 한 시효중단의 효력은 집행법원의 수권에 따라 피압류채권에 대한 추심권능을 부여받아 일종의 추심기관으로서 그 채권을 추심하는 추심채권자에게도 미친다.
[2] 재판상의 청구는 소송의 각하, 기각 또는 취하의 경우에는 시효중단의 효력이 없지만, 그 경우 6개월 내에 재판상의 청구, 파산절차참가, 압류 또는 가압류, 가처분을 한 때에는 시효는 최초의 재판상 청구로 인하여 중단된 것으로 본다(민법 제170조). 그러므로 채무자가 제3채무자를 상대로 제기한 금전채권의 이행소송이 압류 및 추심명령으로 인한 당사자적격의 상실로 각하되더라도, 위 이행소송의 계속 중에 피압류채권에 대하여 채무자에 갈음하여 당사자적격을 취득한 추심채권자가 위 각하판결이 확정된 날로부터 6개월 내에 제3채무자를 상대로 추심의 소를 제기하였다면, 채무자가 제기한 재판상 청구로 인하여 발생한 시효중단의 효력은 추심채권자의 추심소송에서도 그대로 유지된다고 보는 것이 타당하다(대판 2019.7.25. 2019다212945).
- 채권양도는 구 채권자인 양도인과 신 채권자인 양수인 사이에 채권을 그 동일성을 유지하면서 전자로부터 후자에게로 이전시킬 것을 목적으로 하는 계약을 말한다 할 것이고, 채권양도에 의하여 채권은 그 동일성을 잃지 않고 양도인으로부터 양수인에게 이전되며, 이러한 법리는 채권양도의 대항요건을 갖추지 못하였다고 하더라도 마찬가지인 점, 민법 제149조의 "조건의 성취가 미정한 권리의무는 일반규정에 의하여 처분, 상속, 보존 또는 담보로 할 수 있다."는 규정은 대항요건을 갖추지 못하여 채무자에게 대항하지 못한다고 하더라도 채권양도에 의하여 채권을 이전받은 양수인의 경우에도 그대로 준용될 수 있는 점, 채무자를 상대로 재판상의 청구를 한 채권의 양수인을 '권리 위에 잠자는 자'라고 할 수 없는 점 등에 비추어 보면, 비록 대항요건을 갖추지 못하여 채무자에게 대항하지 못한다고 하더라도 채권의 양수인이 채무자를 상대로 재판상의 청구를 하였다면 이는 소멸시효 중단사유인 재판상의 청구에 해당한다고 보아야 한다(대판 2005.11.10. 2005다41818).
  기출 22·25
- 채권양도 후 대항요건이 구비되기 전의 양도인은 채무자에 대한 관계에서는 여전히 채권자의 지위에 있으므로 채무자를 상대로 시효중단의 효력이 있는 재판상의 청구를 할 수 있고, 이 경우 양도인이 제기한 소송 중에 채무자가 채권양도의 효력을 인정하는 등의 사정으로 인하여 양도인의 청구가 기각됨으로써 민법 제170조 제1항에 의하여 시효중단의 효과가 소멸된다고 하더라도, 양도인의 청구가 당초부터 무권리자에 의한 청구로 되는 것은 아니므로, 양수인이 그로부터 6월 내에 채무자를 상대로 재판상의 청구 등을 하였다면, 민법 제169조 및 제170조 제2항에 의하여 양도인의 최초의 재판상 청구로 인하여 시효가 중단된다(대판 2009.2.12. 2008두20109).
- 민법 제170조의 해석에 의하면, 재판상의 청구는 그 소송이 각하, 기각 또는 취하된 경우에는 그로부터 6월 내에 다시 재판상의 청구 등을 하지 않는 한 시효중단의 효력이 없고, 다만 최고의 효력이 있게 된다. 기출 24 그런데 이와 같이 채권자가 소 제기를 통하여 채무자에게 권리를 행사한다는 의사를 표시한 경우 그 소송이 계속되는 동안에는 최고에 의하여 권리를 행사하고 있는 상태가 지속되고 있다고 보아야 하고, 최고에 의한 권리행사가 지속되고 있는 해당 소송 기간 중에 채권자가 민법 제174조에 규정된 재판상 청구, 압류 또는 가압류, 가처분 등의 조치를 취한 이상, 그 시효중단의 효력은 당초의 소 제기시부터 계속 유지되고 있다고 할 것이다(대판 2022.4.28. 2020다251403).
- 채권자가 전소로 이행청구를 하여 승소 확정판결을 받은 후 그 채권의 시효중단을 위한 후소를 제기하는 경우, 후소의 형태로서 항상 전소와 동일한 이행청구만이 시효중단사유인 '재판상의 청구'에 해당한다고 볼 수는 없다. 따라서 시효중단을 위한 후소로서 이행소송 외에 전소 판결로 확정된 채권의 시효를 중단시키기 위한 조치, 즉 '재판상의 청구'가 있다는 점에 대하여만 확인을 구하는 형태의 '새로운 방식의 확인소송'이 허용되고, 채권자는 두 가지 형태의 소송 중 자신의 상황과 필요에 보다 적합한 것을 선택하여 제기할 수 있다고 보아야 한다(대판 2018.10.18. 2015다232316[전합]). 기출 25

② **최고**(민법 제174조) : 최고는 6월 내에 재판상의 청구, 파산절차참가, 화해를 위한 소환, 임의출석, 압류 또는 가압류, 가처분을 하지 아니하면 시효중단의 효력이 없다. 기출 13

2) **압류·가압류·가처분**(민법 제168조 제2호)

의 의	압류 또는 가압류·가처분은 반드시 재판상의 청구를 전제로 하지 않을 뿐만 아니라 판결이 있더라도 재판확정 후에는 다시 시효가 진행하므로, 민법은 압류 등을 별도로 시효중단사유로 규정하고 있음
요 건	• 당연무효의 압류 등에는 시효중단효가 인정되지 않음 기출 10·14 • 채권자가 채무자의 제3채무자에 대한 채권을 압류 또는 가압류한 경우에, 채무자에 대한 채권자의 채권에 관하여 시효중단의 효력이 생김. 또한 채권자가 확정판결에 기한 채권의 실현을 위하여 채무자의 제3채무자에 대한 채권에 관하여 압류 및 추심명령을 받아 그 결정이 제3채무자에게 송달이 되었다면 거기에 소멸시효 중단사유인 최고로서의 효력을 인정해야 함(대판 2003.5.13. 2003다16238) • 판례는 배당요구를 압류에 준하는 것으로 이해(대판 2002.2.26. 2000다25484)
효 력	• 가압류의 집행보전의 효력이 존속하는 동안은 시효중단의 효력이 계속됨 기출 09·10 • 압류 등이 권리자의 청구에 의하여 또는 법률의 규정에 따르지 않음으로 인하여 취소되면 시효중단의 효력이 없음. 그러나 압류절차를 개시한 이상 집행불능에 그치더라도 시효중단의 효력은 발생(대판 2011.5.13. 2011다10044) • 압류 등은 시효의 이익을 받는 자에 대하여 하지 않은 경우에, 이를 그에게 통지한 후가 아니면 시효중단의 효력이 없음(민법 제176조) • 압류 등에 의하여 시효중단이 발생하는 시점은 다수설 및 판례에 의하면 소 제기에 준하여 집행행위가 있으면 신청 시에 소급하여 중단의 효력이 발생

• [1] 민법 제168조에서 가압류를 시효중단사유로 정하고 있는 것은 가압류에 의하여 채권자가 권리를 행사하였다고 할 수 있기 때문인데 가압류에 의한 집행보전의 효력이 존속하는 동안은 가압류채권자에 의한 권리행사가 계속되고 있다고 보아야 할 것이므로 가압류에 의한 시효중단의 효력은 가압류의 집행보전의 효력이 존속하는 동안은 계속된다.
[2] 민법 제168조에서 가압류와 재판상의 청구를 별도의 시효중단사유로 규정하고 있는데 비추어 보면, 가압류의 피보전채권에 관하여 본안의 승소판결이 확정되었다고 하더라도 가압류에 의한 시효중단의 효력이 이에 흡수되어 소멸된다고 할 수 없다(대판 2000.4.25. 2000다11102). 기출 25

• [1] 시효가 중단된 때에는 중단까지에 경과한 시효기간은 이를 산입하지 아니하고 중단사유가 종료한 때로부터 새로이 진행하는데(국세기본법 제28조 제2항, 민법 제178조 제1항), 소멸시효의 중단사유 중 '압류'에 의한 시효중단의 효력은 압류가 해제되거나 집행절차가 종료될 때 중단사유가 종료한 것으로 볼 수 있다.
[2] 보험계약자의 보험금 채권에 대한 압류가 행하여지더라도 채무자나 제3채무자는 기본적 계약관계인 보험계약 자체를 해지할 수 있고, 보험계약이 해지되면 계약에 의하여 발생한 보험금 채권은 소멸하게 되므로 이를 대상으로 한 압류명령은 실효된다.
[3] 체납처분에 의한 채권압류로 인하여 채권자의 채무자에 대한 채권의 시효가 중단된 경우에 압류에 의한 체납처분 절차가 채권추심 등으로 종료된 때뿐만 아니라, 피압류채권이 기본계약관계의 해지·실효 또는 소멸시효 완성 등으로 인하여 소멸함으로써 압류의 대상이 존재하지 않게 되어 압류 자체가 실효된 경우에도 체납처분 절차는 더 이상 진행될 수 없으므로 시효중단사유가 종료한 것으로 보아야 하고, 그때부터 시효가 새로이 진행한다(대판 2017.4.28. 2016다239840).

• 채권자가 채무자의 제3채무자에 대한 채권을 압류할 당시 그 피압류채권이 부존재하는 경우에도 집행채권에 대한 권리행사로 볼 수 있으므로 특별한 사정이 없는 한 압류집행으로써 그 집행채권의 소멸시효는 중단된다. 다만 압류명령 정본이 제3채무자에게 송달될 당시 피압류채권 발생의 기초가 되는 법률관계가 없어 피압류채권이 존재하지 않는 경우에는 압류의 효력이 없으므로, 특별한 사정이 없는 한 압류명령의 송달로써 개시된 집행절차는 곧바로 종료되고, 이로써 시효중단사유도 종료되어 집행채권의 소멸시효는 그때부터 새로이 진행한다고 보아야 한다. 이는 가까운 장래에 피압류채권이 발생할 것이 상당한 정도로 기대된다고 보기 어려워 장래의 채권에 대한 압류가 효력이 없는 경우에도 마찬가지이다(대판 2025.5.15. 2024다310980).

3) 승인(민법 제168조 제3호)

법적 성질	승인은 준법률행위 중 관념의 통지로서 의사표시 규정이 유추적용됨. 따라서 승인하는 자는 행위능력·의사능력이 필요	
당사자	채무자 : 시효중단의 효력 있는 승인에는 상대방의 권리에 관한 처분의 능력이나 권한 있음을 요하지 아니함(민법 제177조) 기출 10·18·21·23·25	
권리인식	소멸시효 진행 이전 승인	소멸시효 진행 이후 승인
	소멸시효 중단 ×	소멸시효 중단
방법	특별한 방식을 요하지 않음(서면·구두, 명시·묵시, 재판상·재판 외 모두 가능)	
효과	소멸시효 중단시점 : 승인이 상대방에게 도달한 때(채무승인이 있었다는 사실에 대한 입증책임은 채권자에게 있음) 기출 09	

- 동일한 채권자와 채무자 사이에 다수의 채권이 존재하는 경우 채무자가 변제를 충당하여야 할 채무를 지정하지 않고 모든 채무를 변제하기에 부족한 금액을 변제한 때에는 특별한 사정이 없는 한 그 변제는 모든 채무에 대한 승인으로서 소멸시효를 중단하는 효력을 가진다. 채무자는 자신이 계약당사자로 있는 다수의 계약에 기초를 둔 채무들이 존재한다는 사실을 인식하고 있는 것이 통상적이므로, 변제 시에 충당할 채무를 지정하지 않고 변제를 하였으면 특별한 사정이 없는 한 다수의 채무 전부에 대하여 그 존재를 알고 있다는 것을 표시했다고 볼 수 있기 때문이다(대판 2021.9.30. 2021다239745). 기출 22
- 소멸시효 중단사유인 채무의 승인은 시효이익을 받을 당사자나 대리인만 할 수 있으므로 이행인수인이 채권자에 대하여 채무자의 채무를 승인하더라도 다른 특별한 사정이 없는 한 시효중단 사유가 되는 채무승인의 효력은 발생하지 않는다(대판 2016.10.27. 2015다239744). 기출 25

(3) 시효중단의 효력

1) 기본적 효력

시효가 중단되면 그때까지 경과한 시효기간은 그 효력을 잃고(민법 제178조 제1항 전단), 중단사유가 없어지면 시효가 새로 진행한다(민법 제178조 제1항 후단). 재판상의 청구로 인하여 중단한 시효는 재판이 확정된 때로부터 새로이 진행한다. 기출 24

2) 효력이 미치는 인적 범위

① 원칙 : 시효의 중단은 원칙적으로 당사자 및 그 승계인 사이에서만 그 효력이 있다. 기출 10
- 당사자는 시효중단행위에 관여한 당사자를 의미하고, 시효의 대상인 권리관계의 당사자를 말하는 것은 아니다.
- 승계인이란 시효중단에 관여한 당사자로부터 중단의 효과를 받는 권리를 승계한 자를 말하며, 특정승계이건 포괄승계이건 불문한다. 그리고 승계는 중단사유가 발생한 후에 이루어져야 하고, 중단사유 발생 전의 승계인은 포함되지 않는다.

② 예외 : 다음의 경우에는 시효중단의 효력이 미치는 인적범위가 확대된다.
- 주채무자에 대한 시효의 중단은 보증인에 대하여 그 효력이 있다. 기출 08·09 반면, 보증채무에 대한 시효가 중단되더라도 주채무에 대한 소멸시효가 중단되지는 않는다.
- 압류, 가압류, 가처분의 시효이익을 받은 자에 대하여 하지 않았더라도, 이를 시효이익을 받은 자에게 통지하면 그때부터 시효가 중단된다.
- 연대채무자에 대한 이행청구는 다른 연대채무자에게도 효력이 있다. 반면 부진정연대채무자의 경우에는 그렇지 않다.

(4) 관련 판례

1) 청구금액을 확장할 뜻을 표시한 경우

[1] 하나의 채권 중 일부에 관하여만 판결을 구한다는 취지를 명백히 하여 소송을 제기한 경우에는 소제기에 의한 소멸시효 중단의 효력이 그 일부에 관하여만 발생하고, 나머지 부분에는 발생하지 아니하나, 소장에서 청구의 대상으로 삼은 채권 중 일부만을 청구하면서 소송의 진행경과에 따라 장차 청구금액을 확장할 뜻을 표시하고 당해 소송이 종료될 때까지 실제로 청구금액을 확장한 경우에는 소제기 당시부터 채권 전부에 관하여 판결을 구한 것으로 해석되므로, 이러한 경우에는 소제기 당시부터 채권 전부에 관하여 재판상 청구로 인한 시효중단의 효력이 발생한다.

[2] 소장에서 청구의 대상으로 삼은 채권 중 일부만을 청구하면서 소송의 진행경과에 따라 장차 청구금액을 확장할 뜻을 표시하였으나 당해 소송이 종료될 때까지 실제로 청구금액을 확장하지 않은 경우에는 소송의 경과에 비추어 볼 때 채권 전부에 관하여 판결을 구한 것으로 볼 수 없으므로, 나머지 부분에 대하여는 재판상 청구로 인한 시효중단의 효력이 발생하지 아니한다. 그러나 이와 같은 경우에도 소를 제기하면서 장차 청구금액을 확장할 뜻을 표시한 채권자로서는 장래에 나머지 부분을 청구할 의사를 가지고 있는 것이 일반적이라고 할 것이므로, 다른 특별한 사정이 없는 한 당해 소송이 계속 중인 동안에는 나머지 부분에 대하여 권리를 행사하겠다는 의사가 표명되어 최고에 의해 권리를 행사하고 있는 상태가 지속되고 있는 것으로 보아야 하고, 채권자는 당해 소송이 종료된 때부터 6월 내에 민법 제174조에서 정한 조치를 취함으로써 나머지 부분에 대한 소멸시효를 중단시킬 수 있다(대판 2020.2.6. 2019다223723).

2) 채권의 특정 부분을 명시적으로 제외한 경우

하나의 채권 중 일부에 관하여만 판결을 구한다는 취지를 명백히 하여 소송을 제기한 경우에는 소 제기에 의한 소멸시효중단의 효력이 그 일부에 관하여만 발생하고, 나머지 부분에는 발생하지 않는다. 다만 소장에서 청구의 대상으로 삼은 채권 중 일부만을 청구하면서 소송의 진행경과에 따라 장차 청구금액을 확장할 뜻을 표시하고 해당 소송이 종료될 때까지 실제로 청구금액을 확장한 경우에는 소 제기 당시부터 채권 전부에 관하여 재판상 청구로 인한 시효중단의 효력이 발생하나, 소장에서 청구의 대상으로 삼은 채권 중 일부만을 청구하면서 소송의 진행경과에 따라 장차 청구금액을 확장할 뜻을 표시하였더라도 그 후 채권의 특정 부분을 청구범위에서 명시적으로 제외하였다면, 그 부분에 대하여는 애초부터 소의 제기가 없었던 것과 마찬가지이므로 재판상 청구로 인한 시효중단의 효력이 발생하지 않는다(대판 2021.6.10. 2018다44114).

3) 임차권등기에 대한 압류 등에 준하는 효력 인정 여부

주택임대차보호법 제3조의3에서 정한 임차권등기명령에 따른 임차권등기는 특정 목적물에 대한 구체적 집행행위나 보전처분의 실행을 내용으로 하는 압류 또는 가압류, 가처분과 달리 어디까지나 주택임차인이 주택임대차보호법에 따른 대항력이나 우선변제권을 취득하거나 이미 취득한 대항력이나 우선변제권을 유지하도록 해 주는 담보적 기능을 주목적으로 한다. 비록 주택임대차보호법이 임차권등기명령의 신청에 대한 재판절차와 임차권등기명령의 집행 등에 관하여 민사집행법상 가압류에 관한 절차규정을 일부 준용하고 있지만, 이는 일방 당사자의 신청에 따라 법원이 심리·결정한 다음 등기를 촉탁하는 일련의 절차가 서로 비슷한 데서 비롯된 것일 뿐 이를 이유로 임차권등기명령에 따른 임차권등기가 본래의 담보적 기능을 넘어서 채무자의 일반재산에 대한 강제집행을 보전하기 위한 처분의 성질을 가진다고 볼 수는 없다. 그렇다면 임차권등기명령에 따른 임차권등기에는 민법 제168조 제2호에서 정하는 소멸시효 중단사유인 압류 또는 가압류, 가처분에 준하는 효력이 있다고 볼 수 없다(대판 2019.5.16. 2017다226629).

3. 소멸시효의 정지

(1) 의 의
시효기간이 거의 완성할 무렵에 권리자가 중단행위를 하는 것이 불가능 또는 대단히 곤란한 사정이 있는 경우에 그 시효기간의 진행을 일시적으로 멈추게 하고 그러한 사정이 없어졌을 때 다시 나머지 기간을 진행시키는 것을 말한다.

(2) 정지사유

1) 제한능력자를 위한 정지
① 소멸시효의 기간만료 전 6개월 내에 제한능력자에게 법정대리인이 없는 경우에는 그가 능력자가 되거나 법정대리인이 취임한 때부터 6개월 내에는 시효가 완성되지 아니한다(민법 제179조). 기출 18
② 재산을 관리하는 아버지, 어머니, 또는 후견인에 대한 제한능력자의 권리는 그가 능력자가 되거나 후임 법정대리인이 취임한 때부터 6개월 이내에는 소멸시효가 완성되지 아니한다(민법 제180조 제1항).

2) 혼인관계의 종료에 의한 정지
부부의 한쪽이 다른 쪽에 대하여 가지는 권리는 혼인관계가 종료된 때부터 6개월 내에는 소멸시효가 완성되지 아니한다(민법 제180조 제2항).

3) 상속재산에 관한 정지
상속재산에 속한 권리나 상속재산에 대한 권리는 상속인의 확정, 관리인의 선임 또는 파산선고가 있는 때로부터 6월 내에는 소멸시효가 완성하지 아니한다(민법 제181조).

4) 천재 기타 사변에 의한 정지
천재 기타 사변으로 인하여 소멸시효를 중단할 수 없을 때에는 그 사유가 종료한 때로부터 1월 내에는 시효가 완성하지 아니한다(민법 제182조). 기출 21

IV 소멸시효의 효과

1. 소멸시효 완성의 효과

(1) 견해의 대립

1) 학 설

구 분	절대적 소멸설	상대적 소멸설
시효완성의 효과 (권리소멸 여부)	시효완성으로 권리는 당연히 소멸	시효완성으로 권리는 소멸하지 않고 원용권이 발생
재판상 시효완성사실을 주장해야 하는지 여부 기출 18	민사소송법상 변론주의 원칙상 원용하지 않으면 직권 고려 불가	권리가 소멸하지 않으므로 원용하지 않으면 직권 고려 불가
소멸시효이익의 포기에 대한 이론구성	시효이익을 받지 않겠다는 의사표시로 이해	원용권을 포기하는 의사표시로 이해

2) 판 례
판례는 소멸시효에서 그 시효기간이 만료되면 소멸시효 중단 등 특별한 사정이 없는 한 권리는 당연히 소멸하는 것이지만 그 시효의 이익을 받는 자가 소송에서 소멸시효의 주장을 하지 아니하면 그 의사에 반하여 재판할 수 없다고 하면서, 소멸시효 완성으로 소유권이전등기청구권이 소멸한 상태에서 소유권이전등기가 이루어졌고 그 시효의 이익을 받는 자가 소송에서 이러한 소멸시효의 주장까지 하였다면, 그 소유권이전등기는 원인무효의 등기에 해당하므로 말소되어야 한다고 하여 절대적 소멸설을 취하고 있다(대판 2024.10.31. 2024다232523).

3) 검 토

절대적 소멸설과 상대적 소멸설은 학설 대립의 실질적 차이를 가져오지 아니하나 소멸시효제도는 직접적으로는 시효의 이익을 받을 자를 보호하기 위한 제도임을 고려할 때 상대적 소멸설이 타당하다고 판단된다.

(2) 시효원용권자

1) 소멸시효완성을 원용할 수 있는 자

① 소멸시효를 원용할 수 있는 사람은 권리의 소멸에 의하여 직접 이익을 받는 사람에 한정되는바, 채권담보의 목적으로 매매예약의 형식을 빌어 소유권이전청구권 보전을 위한 가등기가 경료된 부동산을 양수하여 소유권이전등기를 마친 제3자는 당해 가등기담보권의 피담보채권의 소멸에 의하여 직접 이익을 받는 자이므로, 그 가등기담보권에 의하여 담보된 채권의 채무자가 아니더라도 그 피담보채권에 관한 소멸시효를 원용할 수 있고, 이와 같은 직접수익자의 소멸시효 원용권은 채무자의 소멸시효 원용권에 기초한 것이 아닌 독자적인 것으로서 채무자를 대위하여서만 시효이익을 원용할 수 있는 것은 아니다(대판 1995.7.11. 95다12446).

② 채무자, 가등기담보가 설정된 부동산의 제3취득자(대판 1995.7.11. 95다12446)뿐만 아니라 매매예약에 기한 가등기가 경료된 부동산의 제3취득자(대판 1991.3.12. 90다카27570), 유치권이 성립된 부동산의 매수인(대판 2009.9.24. 2009다39530), 물상보증인(대판 2004.1.16. 2003다30890), 사해행위의 수익자(대판 2007.11.29. 2007다54849) 등도 소멸시효의 완성을 원용할 수 있는 자에 해당한다. 기출 23·24

2) 소멸시효완성을 원용할 수 없는 자

채무자에 대한 일반채권자(대판 1997.12.26. 97다22676), 후순위담보권자(대판 2021.2.5. 2016다232597), 채권자대위소송의 제3채무자(대판 1998.12.8. 97다31472) 등은 소멸시효의 완성을 원용할 수 있는 자에 해당하지 아니한다.

(3) 시효의 남용

소멸시효 제도는 법률관계 주장에 일정한 시간적 한계를 설정함으로써 그에 관한 당사자 사이의 다툼을 종식시키려는 것으로서, 누구에게나 무차별적·객관적으로 적용되는 시간의 경과가 1차적인 의미를 가지는 것으로 설계되었음을 고려하면, 법적 안정성 요구는 더욱 선명하게 제기된다. 따라서 소멸시효 완성 주장이 신의성실 원칙에 반하여 허용되지 아니한다고 평가하는 것은 신중을 기할 필요가 있다(대판 2025.5.29. 2024다294705). 이러한 취지에서 판례는 채무자의 소멸시효에 기한 항변권의 행사도 우리 민법의 대원칙인 신의성실의 원칙과 권리남용금지의 원칙의 지배를 받는 것이어서, 채무자가 시효완성 전에 채권자의 권리행사나 시효중단을 불가능 또는 현저히 곤란하게 하였거나, 그러한 조치가 불필요하다고 믿게 하는 행동을 하였거나, 객관적으로 채권자가 권리를 행사할 수 없는 장애사유가 있었거나, 또는 일단 시효완성 후에 채무자가 시효를 원용하지 아니할 것 같은 태도를 보여 권리자로 하여금 그와 같이 신뢰하게 하였거나, 채권자보호의 필요성이 크고, 같은 조건의 다른 채권자가 채무의 변제를 수령하는 등의 사정이 있어 채무이행의 거절을 인정함이 현저히 부당하거나 불공평하게 되는 등의 특별한 사정이 있는 경우에는 채무자가 소멸시효의 완성을 주장하는 것이 신의성실의 원칙에 반하여 권리남용으로서 허용될 수 없다고 한다(대판 2002.10.25. 2002다32332).[8]

---

[8] 근로자가 추가 퇴직금 청구권을 행사하는 것이 객관적으로 불가능한 사실상의 장애사유가 있었다고 보아 사용자의 소멸시효 항변이 신의칙에 반하여 허용될 수 없다고 한 사례

2. 소멸시효의 소급효

[1] 이행불능 또는 이행지체를 이유로 한 법정해제권은 채무자의 채무불이행에 대한 구제수단으로 인정되는 권리이다. 따라서 채무자가 이행해야 할 본래 채무가 이행불능이라는 이유로 계약을 해제하려면 그 이행불능의 대상이 되는 채무자의 본래 채무가 유효하게 존속하고 있어야 한다.

[2] 민법 제167조는 "소멸시효는 그 기산일에 소급하여 효력이 생긴다."라고 정한다. 본래 채권이 시효로 인하여 소멸하였다면 그 채권은 그 기산일에 소급하여 더는 존재하지 않는 것이 되어 채권자는 그 권리의 이행을 구할 수 없는 것이고, 이와 같이 본래 채권이 유효하게 존속하지 않는 이상 본래 채무의 불이행을 이유로 계약을 해제할 수 없다고 보아야 한다. 결국 채무불이행에 따른 해제의 의사표시 당시에 이미 채무불이행의 대상이 되는 본래 채권이 시효가 완성되어 소멸하였다면, 채무자가 소멸시효의 완성을 주장하는 것이 신의성실의 원칙에 반하여 허용될 수 없다는 등의 특별한 사정이 없는 한, 채권자는 채무불이행 시점이 본래 채권의 시효 완성 전인지 후인지를 불문하고 그 채무불이행을 이유로 한 해제권 및 이에 기한 원상회복청구권을 행사할 수 없다(대판 2022.9.29. 2019다204593).

3. 소멸시효이익의 포기

(1) 포기의 요건

규정	소멸시효의 이익은 미리 포기하지 못함(민법 제184조 제1항) 기출 06·11
의사표시	• 시효완성의 이익포기는 의사표시로 상대방에게 도달한 때 효력 발생 • 시효완성의 이익포기의 의사표시를 할 수 있는 자는 시효완성의 이익을 받을 당사자 또는 대리인에 한정

(2) 포기의 효과

시효진행	소멸시효이익의 포기를 하면 그때부터 새로이 소멸시효가 진행 기출 17
판례	• 주채무가 시효로 소멸한 때에는 보증인도 그 시효소멸을 원용할 수 있음 기출 06·08·17·23 • 주채무자가 시효이익을 포기한 경우 보증인에게는 포기의 효과가 미치지 않음 기출 06·11·18 • 시효완성 후 소멸시효 중단사유에 해당하는 채무승인 행위(일부 변제)가 있었더라도 곧바로 소멸시효 이익의 포기라는 의사표시가 있었다고 단정할 수 없음(대판 2025.7.24. 2023다240299[전합])

4. 종속된 권리에 대한 효력

주된 권리의 소멸시효가 완성한 때에는 종속된 권리에 그 효력이 미친다(민법 제183조).

CHAPTER 07 소멸시효

01 소멸시효와 제척기간에 관한 설명으로 옳은 것은?(다툼이 있으면 판례에 따름) 기출 25

① 시효의 기산점과 관련하여 사실상 권리의 존재를 알지 못하였다는 것은 법률상 장애 사유에 해당한다.
② 근로계약상 보호의무 위반에 따른 근로자의 손해배상청구권에는 특별한 사정이 없는 한 10년의 민사시효 기간이 적용된다.
③ 소멸시효는 법률행위에 의하여 배제할 수 있다.
④ 부동산의 매수인이 그 부동산을 인도받아 계속 점유하는 경우에도 그 소유권이전등기청구권의 소멸시효는 진행한다.
⑤ 법원은 제척기간의 경과 여부를 직권으로 조사할 수 없다.

해설 및 정답

01 ① (×) 소멸시효는 객관적으로 권리가 발생하여 그 권리를 행사할 수 있는 때로부터 진행하고 그 권리를 행사할 수 없는 동안만은 진행하지 않는바, '권리를 행사할 수 없는' 경우라 함은 그 권리행사에 법률상의 장애사유, 예컨대 기간의 미도래나 조건불성취 등이 있는 경우를 말하는 것이고, 사실상 권리의 존재나 권리행사 가능성을 알지 못하였고 알지 못함에 과실이 없다고 하여도 이러한 사유는 법률상 장애사유에 해당하지 않는다(대판 2006.4.27. 2006다1381).
② (○) 상법 제64조에서 5년의 상사시효를 정하는 것은 대량, 정형, 신속이라는 상거래 관계 특성상 법률관계를 신속하게 해결할 필요성이 있기 때문이다. 사용자가 상인으로서 영업을 위하여 근로자와 체결하는 근로계약이 보조적 상행위에 해당하더라도 사용자가 근로계약에 수반되는 신의칙상의 부수적 의무인 보호의무를 위반하여 근로자에게 손해를 입힘으로써 발생한 근로자의 손해배상청구와 관련된 법률관계는 근로자의 생명, 신체, 건강 침해 등으로 인한 손해의 전보에 관한 것으로서 그 성질상 정형적이고 신속하게 해결할 필요가 있다고 보기 어렵다. 따라서 근로계약상 보호의무 위반에 따른 근로자의 손해배상청구권은 특별한 사정이 없는 한 10년의 민사 소멸시효기간이 적용된다고 봄이 타당하다(대판 2021.8.19. 2018다270876).
③ (×) 소멸시효는 법률행위에 의하여 이를 배제, 연장 또는 가중할 수 없으나, 이를 단축 또는 경감할 수 있다(민법 제184조 제2항).
④ (×) 시효제도는 일정 기간 계속된 사회질서를 유지하고 시간의 경과로 인하여 곤란해지는 증거보전으로부터 구제를 꾀하며 자기 권리를 행사하지 않고 소위 권리 위에 잠자는 자는 법적 보호에서 제외하기 위하여 규정된 제도라고 할 것인바, 부동산에 관하여 인도, 등기 등의 어느 한 쪽에 대하여서라도 권리를 행사하는 자는 전체적으로 보아 그 부동산에 관하여 권리 위에 잠자는 자라고 할 수 없다 할 것이므로, 매수인이 목적 부동산을 인도받아 계속 점유하는 경우에는 그 소유권이전등기청구권의 소멸시효가 진행하지 않는다(대판 2010.1.28. 2009다73011).
⑤ (×) 매매예약완결권의 제척기간이 도과하였는지 여부는 소위 직권조사 사항으로서 이에 대한 당사자의 주장이 없더라도 법원이 당연히 직권으로 조사하여 재판에 고려하여야 하므로, 상고법원은 매매예약완결권이 제척기간 도과로 인하여 소멸되었다는 주장이 적법한 상고이유서 제출기간 경과 후에 주장되었다 할지라도 이를 판단하여야 한다(대판 2000.10.13. 99다18725).

정답 ❷

02 소멸시효의 중단과 정지에 관한 설명으로 옳은 것은?(다툼이 있으면 판례에 따름) 기출 25

① 형사소송에서 피해자가 신청하는 배상명령은 시효중단사유가 아니다.
② 채권자가 전소(前訴)로 이행청구를 하여 승소 확정판결을 받은 경우, 시효중단을 위해 후소(後訴)로서 재판상의 청구가 있다는 점에 대하여만 확인을 구하는 소는 허용되지 아니한다.
③ 시효중단의 효력 있는 승인에는 상대방의 권리에 관한 처분의 능력을 요한다.
④ 이행인수인이 채권자에 대하여 채무자의 채무를 승인하면 특별한 사정이 없으면 그 승인은 시효중단효력이 없다.
⑤ 유체동산에 대한 가압류결정을 집행한 경우, 가압류에 의한 시효중단의 효력은 본압류가 되면 소멸한다.

03 제척기간과 소멸시효에 관한 설명으로 옳지 않은 것은?(다툼이 있으면 판례에 따름) 기출 24

① 제척기간이 완성된 채권이 그 완성 전에 상계할 수 있었던 것이면 채권자는 이를 자동채권으로 하여 상대방의 채권과 상계할 수 있다.
② 제척기간이 도과하였는지 여부는 법원이 직권으로 조사하여 고려할 수 없고, 당사자의 주장에 따라야 한다.
③ 보증채무의 부종성을 부정하여야 할 특별한 사정이 있는 경우, 보증인은 주채무의 시효소멸을 이유로 보증채무의 시효소멸을 주장할 수 없다.
④ 부작위를 목적으로 하는 채권의 소멸시효는 위반행위를 한 때로부터 진행한다.
⑤ 도급받은 자의 공사에 관한 채권은 3년간 행사하지 아니하면 소멸시효가 완성한다.

해설 및 정답

02 ① (×) 형사소송은 피고인에 대한 국가형벌권의 행사를 그 목적으로 하는 것이므로, 피해자가 형사소송에서 소송촉진 등에 관한 특례법에서 정한 배상명령을 신청한 경우를 제외하고는 단지 피해자가 가해자를 상대로 고소하거나 그 고소에 기하여 형사재판이 개시되어도 이를 가지고 소멸시효의 중단사유인 재판상의 청구로 볼 수는 없다(대판 1999.3.12. 98다18124). 이러한 판례의 취지를 고려할 때 형사소송에서 피해자가 신청하는 배상명령은 소멸시효중단 사유로 보아야 한다.

② (×) 채권자가 전소로 이행청구를 하여 승소 확정판결을 받은 후 그 채권의 시효중단을 위한 후소를 제기하는 경우, 후소의 형태로서 항상 전소와 동일한 이행청구만이 시효중단사유인 '재판상의 청구'에 해당한다고 볼 수는 없다. 따라서 시효중단을 위한 후소로서 이행소송 외에 전소 판결로 확정된 채권의 시효를 중단시키기 위한 조치, 즉 '재판상의 청구'가 있다는 점에 대하여만 확인을 구하는 형태의 '새로운 방식의 확인소송'이 허용되고, 채권자는 두 가지 형태의 소송 중 자신의 상황과 필요에 보다 적합한 것을 선택하여 제기할 수 있다고 보아야 한다(대판 2018.10.18. 2015다232316[전합]).

③ (×) 시효중단의 효력 있는 승인에는 상대방의 권리에 관한 처분의 능력이나 권한 있음을 요하지 아니한다(민법 제177조).

④ (○) 소멸시효 중단사유인 채무의 승인은 시효이익을 받을 당사자나 대리인만 할 수 있으므로 이행인수인이 채권자에 대하여 채무자의 채무를 승인하더라도 다른 특별한 사정이 없는 한 시효중단 사유가 되는 채무승인의 효력은 발생하지 않는다(대판 2016.10.27. 2015다239744).

⑤ (×) 민법 제168조에서 가압류를 시효중단사유로 정하고 있는 것은 가압류에 의하여 채권자가 권리를 행사하였다고 할 수 있기 때문인데 가압류에 의한 집행보전의 효력이 존속하는 동안은 가압류채권자에 의한 권리행사가 계속되고 있다고 보아야 할 것이므로 가압류에 의한 시효중단의 효력은 가압류 집행보전의 효력이 존속하는 동안은 계속된다. 따라서 유체동산에 대한 가압류결정을 집행한 경우 가압류에 의한 시효중단 효력은 가압류집행보전의 효력이 존속하는 동안 계속된다(대판 2011.5.13. 2011다10044). 민법 제168조에서 가압류와 재판상의 청구를 별도의 시효중단사유로 규정하고 있는데 비추어 보면, 가압류의 피보전채권에 관하여 본안의 승소판결이 확정되었다고 하더라도 가압류에 의한 시효중단의 효력이 이에 흡수되어 소멸된다고 할 수 없다(대판 2000.4.25. 2000다11102). 이러한 판례의 취지를 고려할 때 본안의 승소판결 등 집행권원을 얻어 유체동산에 대한 가압류결정이 본압류로 전이되었다고 하더라도, 가압류에 의한 시효중단의 효력은 계속된다고 이해된다.

정답 ④

03 ① (○) 매도인이나 수급인의 담보책임을 기초로 한 손해배상채권의 제척기간이 지난 경우에도 제척기간이 지나기 전 상대방의 채권과 상계할 수 있었던 경우에는 매수인이나 도급인은 민법 제495조를 유추적용해서 위 손해배상채권을 자동채권으로 해서 상대방의 채권과 상계할 수 있다고 봄이 타당하다(대판 2019.3.14. 2018다255648).

② (×) 매매예약완결권의 제척기간이 도과하였는지 여부는 소위 직권조사 사항으로서 이에 대한 당사자의 주장이 없더라도 법원이 당연히 직권으로 조사하여 재판에 고려하여야 하므로, 상고법원은 매매예약완결권이 제척기간 도과로 인하여 소멸되었다는 주장이 적법한 상고이유서 제출기간 경과 후에 주장되었다 할지라도 이를 판단하여야 한다(대판 2000.10.13. 99다18725).

③ (○) 보증채무에 대한 소멸시효가 중단되는 등의 사유로 완성되지 아니하였다고 하더라도 주채무에 대한 소멸시효가 완성된 경우에는 시효완성의 사실로 주채무가 소멸되므로 보증채무의 부종성에 따라 보증채무 역시 당연히 소멸되는 것이 원칙이다. 다만 보증채무의 부종성을 부정하여야 할 특별한 사정이 있는 경우에는 예외적으로 보증인은 주채무의 시효소멸을 이유로 보증채무의 소멸을 주장할 수 없으나, 특별한 사정을 인정하여 보증채무의 본질적인 속성에 해당하는 부종성을 부정하려면 보증인이 주채무의 시효소멸에도 불구하고 보증채무를 이행하겠다는 의사를 표시하거나 채권자와 그러한 내용의 약정을 하였어야 하고, 단지 보증인이 주채무의 시효소멸에 원인을 제공하였다는 것만으로는 보증채무의 부종성을 부정할 수 없다(대판 2018.5.15. 2016다211620).

④ (○) 민법 제166조 제2항

⑤ (○) 민법 제163조 제3호

정답 ②

PART 2

채권총론

CHAPTER 01　채권법 서론

CHAPTER 02　채권의 목적

CHAPTER 03　채권의 효력

CHAPTER 04　다수당사자의 채권관계

CHAPTER 05　채권양도와 채무인수

CHAPTER 06　채권의 소멸

CHAPTER 01 채권법 서론

> **출제포인트**
> - 채권의 목적(급부)
> - 채무의 내용

제1절 채권의 목적(급부)

채권의 목적인 급부란 원칙적으로 채권자가 채무자에게 요구할 수 있는 일정한 행위를 말한다. 채권의 내용이라고도 하며, 채권의 목적물과는 구별된다. 금전으로 가액을 산정할 수 없는 것이라도 채권의 목적으로 할 수 있다(민법 제373조). 기출 22 급부는 작위급부와 부작위급부로, 작위급부는 주는 급부와 하는 급부로, 주는 급부는 다시 특정물급부와 불특정물급부로 나누어지고 급부를 실현하는 모습에 따라 일회적 급부·계속적 급부·회귀적 급부로 구분된다.

제2절 채무의 내용(채무구조론)

채무란 채권에 상응하여 채권자에게 일정한 행위를 부담하는 의무이다. 이에는 주된 급부의무와 종된 급부의무, 부수적 주의의무, 보호의무가 있다.

CHAPTER 01 채권법 서론

01 채권의 목적에 관한 설명으로 옳지 않은 것은?(다툼이 있으면 판례에 따름)

① 금전으로 가액을 산정할 수 없는 것이라도 채권의 목적으로 할 수 있다.
② 급부가 가분인지 여부는 급부의 객관적 성질에 의하므로, 당사자 의사에 의하여 가분을 불가분으로 할 수는 없다.
③ 채무의 이행이 일정기간 계속되어야 하는 경우를 계속적 급부라 하며, 일정기간 동안 정기적으로 제공되어야 하는 급부를 회귀적 급부라고 하는데, 이는 계속적 급부의 특수한 예이다.
④ 결과채무란 일정한 결과발생을 목적으로 하는 채무를 말하며, 수단채무란 어떤 결과발생을 위하여 최선의 노력을 할 것을 내용으로 하는 채무를 말한다.
⑤ 주는 급부는 특정물급부와 불특정물급부로 나누어진다.

02 채무의 내용에 대한 설명으로 옳지 않은 것은?(다툼이 있으면 판례에 따름)

① 급부의무뿐만 아니라 신의칙에 기하여 부수적 주의의무나 보호의무 등도 채무의 내용으로 인정된다.
② 종된 급부의무 위반시 손해배상청구권은 인정되나, 계약해제권은 인정되지 않는다.
③ 부수적 주의의무 위반시 원칙적으로 불완전이행책임이 문제된다.
④ 판례는 숙박업자, 기획여행계약에서 여행업자, 고용계약이나 노무도급계약상의 사용자 등의 보호의무를 인정한다.
⑤ 보호의무 위반의 효과로써 계약해제권이 원칙적으로 인정된다.

해설 및 정답

01 ① (○) 민법 제373조
② (×) 급부가 가분인지 여부는 급부의 객관적 성질에 의하지만, 당사자의 의사에 기하여 가분을 불가분으로 할 수도 있다.
③ (○) 계속적 급부나 계속적 급부의 특수한 예로 인정되는 회귀적 급부에서는 신의칙의 강한 지배를 받으며 법률관계의 종료 시에 소급효가 인정되지 아니하는 특징이 있다.
④ (○) 결과채무에는 대표적으로 매도인의 재산권이전의무가 있으며 수단채무로는 의사의 진료의무가 있다.
⑤ (○) 이는 급부목적물이 특정되어 있는가에 따른 구별이다.

정답 ❷

02 ① (○) 신의칙에 기하여 인정되는 부수적 주의의무나 보호의무 등도 채무의 내용에 포함된다는 것이 학설의 일반적인 태도이다.
② (○) 종된 급부의무를 위반한 경우에는 급부의무의 이행을 청구할 수 있으며 채무불이행으로 인한 손해배상을 청구할 수도 있으나 계약해제권은 원칙적으로 인정되지 아니한다.
③ (○) 부수적 주의의무 위반의 경우 원칙적으로 불완전이행으로 인한 손해배상만을 청구할 수 있을 뿐이고 채무의 이행청구나 계약해제권은 인정되지 아니한다.
④ (○) 판례는 숙박업자(대판 1997.10.10. 96다47302), 기획여행계약에서 여행업자(대판 1998.11.24. 98다25061), 고용계약이나 노무도급계약상의 사용자(대판 1999.2.23. 97다12082) 등에게 보호의무를 인정한다.
⑤ (×) 보호의무 위반의 효과로써 계약해제권은 원칙적으로 발생하지 않는다. 다만 계속적 채권관계에서 보호의무 위반으로 당사자들 사이의 신뢰관계의 기초가 파괴되었다면 예외적으로 계약해제권이 인정될 수 있다.

정답 ❺

CHAPTER 02 채권의 목적

> **출제포인트**
>
> ☐ 특정물채권 : 목적물보존의무, 목적물의 현상인도의무
> ☐ 종류채권 : 종류채권에서 목적물의 품질, 종류채권의 특정
> ☐ 금전채권 : 외화채권·금전채권의 특수성
> ☐ 이자채권 : 기본적 이자채권 및 지분적 이자채권의 특징
> ☐ 선택채권 : 선택채권의 특정, 선택권 행사의 효과, 선택권의 이전
> ☐ 임의채권 : 선택채권과의 구별, 대용권의 행사방법, 대용권 행사의 효과

제1절 특정물채권

Ⅰ 의의 및 판단기준

1. 의 의

특정물채권이란 소유권의 이전 여부와는 관계없이 특정물의 인도를 목적으로 하는 채권이다(민법 제374조). 특정물채권은 채권이 성립할 당시부터 목적물이 특정되어 있어야만 하는 것은 아니며, 채권이 성립할 당시에는 특정되어 있지 않더라도 후에 특정되면 그때부터는 특정물채권이 된다.

2. 판단기준

특정물인지 종류물인지 여부를 판단하는 1차적인 기준은 '당사자들의 주관적인 의사'이다. 따라서 특정물인지 종류물인지는 1차적으로 법률행위의 해석으로 귀결되나, 당사자의 의사가 불명확한 경우에는 부대체물은 특정물, 대체물은 종류물로 본다. 반면 대체물인지 부대체물인지 여부는 물건의 성질이라는 객관적 기준에 의하여 구별된다.

Ⅱ 목적물보존의무 : 선관주의의무(민법 제374조)

1. 선관주의

(1) 의 의

선량한 관리자의 주의란 거래상 일반적으로 평균인에게 요구되는 정도의 주의를 말한다. 민법상 선관주의의무가 원칙적인 모습이며, 이러한 주의의무 위반을 「추상적 경과실」이라 한다.

(2) 발생시기 및 존속기간

① **발생시기** : 특정물인도채무의 성립 시부터 선관주의의무가 발생한다. 기출 10

② **존속기간** : 특정물의 인도시까지 선관주의의무를 부담하며 여기서 인도시란 현실적인 인도시를 의미한다. 기출 22·25

2. 위반의 효과

채무자가 선관주의의무를 위반하여 목적물이 멸실 또는 훼손된 경우에 채무자는 다른 물건으로 급부할 의무는 없으나 채무불이행책임을 진다(민법 제390조). 선관주의의무를 다하였는지에 대한 입증책임은 채무자가 부담한다.

Ⅲ 목적물의 현상인도의무(민법 제462조)

1. 현상인도의무

특정물인도채무의 경우 「이행기」의 「현상」대로 그 물건을 인도하여야 한다(민법 제462조). 기출 06·10

2. 인도장소(민법 제467조 제1항)

① 지참채무의 원칙의 특칙으로서 「채권성립 당시 목적물이 있던 장소」가 변제의 장소가 된다. 기출 03·10

② 매매목적물의 인도와 동시에 대금지급을 하는 때에는 「목적물의 인도장소」가 대금지급장소라는 점을 유의해야 한다(민법 제586조).

3. 과실의 귀속

이행기 이전의 과실은 채무자에게, 이행기 이후의 과실은 채권자에게 귀속된다(다수설). 그러나 매수인이 아직 대금을 지급하지 않은 경우에는 이행기 이후라도 인도 전 과실은 매도인에게 속한다(민법 제587조).

Ⅳ 목적물이 채무자의 귀책사유에 의하지 않고 멸실·훼손된 경우

1. 내 용

멸실된 경우 채무자는 목적물인도의무를 면하고, 훼손된 경우에는 훼손된 상태대로의 물건을 인도하면 된다. 채무자가 목적물인도채무를 면하므로 채권자는 채무자에 대한 목적물인도채권을 상실한다.

2. 선관의무

채무자가 선관주의의무를 다한 때에는 채무불이행책임도 지지 않는다. 기출 10

제2절 종류채권

I 의의

1. 개념
종류채권이란 급부하여야 할 물건이 종류와 수량으로 정해져 있는 채권을 말한다.

2. 제한종류채권
급부가 종류와 수량으로 정해져 있으나 일정한 제한된 범위에서만 특정할 수 있는 채권이다. 판례는 특정창고에 소재한 백미 일부를 목적으로 한 매매계약을 제한종류채권의 발생원인으로 본 경우가 있다(대판 1956.3.31. 4288민상232).

II 종류채권에서 목적물의 품질

1. 품질을 정할 수 없는 경우
채무자는 법률행위의 성질이나 당사자의 의사에 의하여 품질을 정할 수 없는 경우에 「중등품질」의 물건을 급부하면 된다(민법 제375조 제1항). 기출 10

2. 채무자가 상등품질의 물건을 급부한 경우
채무자가 상등품질의 물건을 급부한 경우, 통설은 채권자가 특히 중등품질의 물건을 급부받아야 할 특수한 사정이 있는 경우가 아니라면, 채무불이행으로 되지는 않는다고 한다.

III 종류채권의 특정

1. 의의
종류물 중에서 인도할 물건이 구체적으로 결정되는 것을 종류채권의 특정이라고 한다. 기출 05

2. 특정의 방법
(1) 채무자가 이행에 필요한 행위를 완료한 때 기출 22

1) 지참채무
① 지참채무는 민법상 채무이행의 원칙으로 채무자가 목적물을 채권자의 주소에 가지고 가서 이행하여야 하는 채무를 말한다. 기출 05
② 이행준비를 다해서 채권자의 현주소에서 현실제공을 하면 특정이 된다. 다만, 지참채무라고 하더라도 채권자가 미리 변제받기를 거절한 경우에는 인도할 목적물을 분리·지정하고 구두의 제공(변제준비의 완료를 통지하고 그 수령을 최고)을 하면 된다. 기출 05

2) 추심채무
채권자가 채무자의 주소에 와서 목적물을 추심하여 이행받는 채무를 말한다. 채무자가 인도할 목적물을 분리·지정하고 「구두제공」을 하면 특정된다. 기출 05

3) 송부채무

① 송부채무란 채무자가 채권자에게 물건을 송부해야 하는 채무를 말한다. 급부장소는 채무자의 주소이고, 급부결과발생지는 통상 채권자의 주소이지만 합의된 제삼지일 수도 있다.
② 송부채무에서 채무자가 채권자에게 물건을 발송함으로써 발송된 물건으로 특정이 이루어진다.

(2) 채무자가 채권자의 동의를 얻어 이행할 물건을 지정한 때

① 채무자가 채권자로부터 지정권을 부여받아 인도할 물건을 지정한 때에 특정이 이루어진다. 이러한 경우에도 채무자는 종류물의 품질에 관한 제한을 준수해야 한다. 기출 22
② 판례는 지정권 불행사에 따른 지정권 이전에 대하여 선택채권에 관한 규정의 유추적용을 긍정하나, 다수설은 부정한다.
③ 당사자 사이의 특약으로 제3자에게 지정권을 줄 수 있다. 기출 05

IV 종류채권의 특정의 효과

1. 특정물채권으로의 전환

특정 후 채무자는 특정된 물건에 대한 선관주의의무만을 부담하지만(민법 제374조), 특정된 물건의 수령을 채권자가 지체하는 경우에 채권자지체가 성립하여 채무자의 보관상의 주의의무가 경감될 수 있다(민법 제401조).

2. 급부위험의 이전

특정에 의하여 급부위험이 채무자로부터 채권자에게로 이전된다. 즉, 특정 전에는 채무자에게 조달의무가 있었으나 특정 후에는 조달의무를 면하고 급부위험이 채권자에게 이전된다.

3. 급부변경권

당사자 의사에 기한 특정물채권에서와 달리 종류채권에서는 특정의 구속을 엄격하게 새길 것은 아니고, 채권자의 이익을 해치지 않는 한 채무자의 급부변경권을 인정할 필요가 있다.

제3절 금전채권

I 의 의

1. 개 념

금전채권이란 금전의 지급(인도)을 목적으로 하는 채권이며, 대부분의 경우에 금전채권은 금액채권이다.

2. 금전채권의 특수성

금전채권은 보통의 종류채권에서와 같은 특정의 문제도 없으며, 따라서 급부위험의 이전이라는 문제도 발생할 수 없고, 이행불능의 문제도 발생하지 않는다.

Ⅱ 금전채권의 종류

1. 금액채권
일정액의 금전의 지급(인도)을 목적으로 하는 금전채권을 금액채권이라고 한다.

2. 상대적 금종채권
당사자 간의 특약으로 특정한 종류의 통화로써 지급하기로 약정한 금전채권이 금종채권이다. 이 경우 그 특정 통화가 변제기에 강제통용력을 상실한 경우 통용력 있는 다른 화폐로 지급 가능하다(민법 제376조).

3. 특정금전채권과 절대적 금종채권
진열용 또는 소장용 등 특정의 화폐의 인도를 목적으로 하는 채권을 특정금전채권이라고 하는데, 이는 순수한 금액채권이 아닌, 「특정물채권」에 해당한다. 절대적으로 일정한 종류의 금전을 급부하는 것이 목적인 경우를 절대적 금종채권이라고 하는데, 이는 금액채권이 아닌 「종류채권」의 일종이다.

4. 외화채권

(1) 의 의
외국의 통화로 지급하기로 한 금전채권을 말한다.

(2) 종 류
① 외화금액채권 : 채무자는 자신의 선택에 따라 그 나라의 각종 통화로 지급할 수 있다(민법 제377조 제1항). 기출 17

② 외화금종채권 : 그 나라의 특정의 통화로 지급할 약정이 있으면 그것으로 지급하고, 그 통화가 강제통용력을 상실했다면 그 나라의 다른 통화로 지급하여야 한다(민법 제377조 제2항).

(3) 채무자의 대용권(민법 제378조)
① 외화채권의 경우 외화 금액채권이든, 외화 금종채권이든 채무자는 지급할 때의 있어서의 이행지의 환금시가로 환산하여 우리나라 통화로 변제할 수 있다(대판 1991.3.12. 90다2147[전합]). 기출 20
② 지급할 때의 의미란 현실이행시설의 입장에서 채무자가 현실로 이행할 때, 소로써 청구하는 경우에는 사실심변론 종결 당시의 외국환시세를 우리나라 통화로 환산하는 기준시로 삼아야 한다(다수설・판례).
③ 채권자에게도 이러한 대용급부청구권이 있다고 보는 것이 통설・판례이다.

Ⅲ 금전채권의 특수성

1. 금전채권의 성격
① 종류채권에 관한 민법 제375조는 금전채권에 적용되지 않는다.
② 채무자는 지급무능력을 이유로 자신의 급부의무로부터 해방될 수 없다.

2. 금전채무 불이행에 대한 특칙

(1) 요건에 관한 특칙
① 금전채무불이행시 채권자는 손해의 증명을 요하지 아니하고, 채무자는 과실 없음을 항변하지 못한다(민법 제397조 제2항). 기출 15·25 다만, 채권자가 채무의 불이행을 원인으로 손해배상을 구할 때에 지연이자 상당의 손해가 발생하였다는 취지의 주장은 하여야 한다(대판 2000.2.11. 99다49644). 기출 15·17
② 채무자는 자신의 귀책사유에 기한 것이 아닌 채무불이행에 대하여 책임을 지지 않지만(민법 제390조 단서), 금전채무의 채무자는 채무불이행이 자신에게 책임 없는 사유로 인한 것임을 증명하더라도 책임을 면할 수 없다.

(2) 효과에 관한 특칙
① 금전채무불이행의 경우에 손해배상액은 법정이율에 따라 산정되고(민법 제397조 제1항 본문), 채권자에게 실제로 발생한 손해가 법정이율에 의하여 산정된 액보다 많거나 적더라도 채무자는 법정이율에 따라 산정된 금액을 손해배상액으로 지급해야 한다. 그러나 법정이율과 다른 이자율의 약정이 있는 경우에 손해배상액은 그에 의하여 산정된다(민법 제397조 제1항 단서).
② 당사자 간에 실제로 발생한 손해액을 배상한다는 특약이 있는 경우, 법률에 특별한 규정이 있는 경우, 손해배상액의 예정이 있는 경우 또는 불이행 후 손해배상액에 대한 합의가 있는 경우에는 그에 의한다.
③ 확정된 지연배상금채무는 이행기의 정함이 없는 채무이므로 채무자는 채권자로부터 이행청구를 받은 때로부터 지체책임을 부담한다(판례). 기출 15·20
④ 금전채무의 이행지체로 인하여 발생하는 지연손해금은 그 성질이 손해배상금이지 이자가 아니며, 민법 제163조 제1호가 규정한 '1년 이내의 기간으로 정한 채권'도 아니므로 3년간의 단기소멸시효의 대상이 되지 아니한다(대판 1998.11.10. 98다42141). 기출 17·20·24

제4절 이자채권

I 이자의 의의

1. 개 념
이자란 금전 기타 대체물의 사용대가로 그 원본액과 사용기간에 따라 일정기간마다 일정한 비율에 따라 지급되는 금전 기타 대체물을 말한다.

2. 원본과 이자의 관계
원본과 이자는 금전에 한하지 않는다. 또한 원본과 이자는 동종일 필요가 없다.

II 이자채권

1. 의 의
이자채권은 이자의 지급을 목적으로 하는 채권을 말한다. 여기에는 변제기에 도달하지 않은 기본적인 이자채권과 변제기에 도달하여 구체화된 이자채권인 지분적 이자채권이 있다.

2. 기본적인 이자채권의 특징
   ① 부종성 : 원본채권에 대한 종속성이 강하여 운명을 같이 한다.
   ② 수반성 : 원본채권의 처분시 특별한 의사표시가 없는 한 기본적 이자채권도 함께 수반하여 이전한다.
   ③ 독립성 : 기본적 이자채권도 원본채권과 분리하여 「장래의 채권」으로서 양도가 가능하다.

3. 지분적 이자채권의 특징(독립성)
   ① 원본채권과 분리하여 지분적 이자채권만의 양도가 가능하며, 원본채권을 양도할 때 이미 발생한 지분적 이자채권까지도 양도한다는 의사표시가 없는 한 당연히 수반하여 양도되지는 않는다(통설)(대판 1989.3.28. 88다카12803). 기출 15·25
   ② 지분적 이자채권은 원본채권과 별도로 소멸시효에 걸린다. 단, 원본채권이 먼저 시효소멸하면 지분적 이자채권은 당연히 소멸한다.
   ③ 지분적 이자채권만 별도로 변제 가능하며, 원본채권만이 변제 등으로 소멸하더라도 지분적 이자채권은 소멸하지 않는다. 단, 원본채권의 발생원인이 무효·취소가 되어 원본채권이 부존재하게 되면 이자채권도 발생하지 않는다.

III 이 율

1. 의 의
   이율은 원본액에 대한 비율을 말하는데, 이자는 이율에 의하여 산정된다.

2. 법정이율과 약정이율
   ① 법정이율은 법률이 정한 이율로 민사에 있어서는 연 5푼(민법 제379조), 상사에 있어서는 연 6푼이다(상법 제54조). 기출 17
   ② 약정이율은 당사자에 의하여 정하여진 이율로 사적자치의 원칙상 자유롭게 정할 수 있다. 다만, 이자제한법 등 특별법의 제한이 있다.

제5절 선택채권

I 의 의

1. 개 념
   여러 개의 상이(相異)한 급부들 중 어느 하나를 목적으로 하는 채권이 선택채권이다.

2. 종류채권과의 비교

구 분		종류채권	선택채권
공통점		채권의 내용이 아직 확정되어 있지 않음	
차이점	급부 확정	특정으로 급부가 확정	선택권자의 선택권 행사로 급부가 확정
	특정물채권화 여부	종류채권이 특정되면 특정물채권	선택채권은 선택으로 당연히 특정물채권이 되는 것이 아님 (일반채권화)
	잔존급부의 특정	-	급부의 원시적 일부불능으로 잔존급부에 특정이 가능(민법 제385조 제1항)
	특정의 소급효 유무	종류채권 특정의 효과는 소급하지 않음	선택의 효과는 소급하나(민법 제386조), 급부불능에 의한 특정은 불소급

II 선택채권의 특정

1. 특정의 개념

선택채권이 이행되기 위해서는 수 개의 급부가 하나의 급부로 특정되어 단순채권으로 변경되어야 한다. 선택채권의 특정에는 선택권자의 선택에 의한 특정과 급부불능에 의한 특정이 있다.

2. 선택에 의한 특정

(1) 법적 성질

선택권은 일방적 의사표시로써 행사되며, 형성권이다.

(2) 선택권자

법률의 규정이나 당사자의 약정에 의해 정해지며, 정함이 없는 경우에는 채무자에게 선택권이 있다(민법 제380조).
기출 25

(3) 당사자의 선택권 행사

① 상대방 있는 단독행위로 상대방에 대한 의사표시로 한다. 기출 09 따라서 선택의 의사표시는 상대방에게 도달한 때 효력이 발생하며, 도달하여 효력이 발생한 후에는 선택의 의사표시는 원칙적으로 철회할 수 없다. 기출 06
② 단독행위이므로 원칙적으로 조건이나 기한을 붙이지 못한다.

(4) 제3자의 선택권 행사

① 채권자 및 채무자 모두에게 행사되어야 한다(민법 제383조 제1항). 기출 06·09
② 선택의 의사표시는 채무자 및 채권자의 동의가 없으면 철회할 수 없다(민법 제383조 제2항).

3. 급부불능으로 인한 특정

(1) 원시적 불능의 경우

여러 급부들 중에 처음부터 불능한 것이 있는 경우, 즉 원시적으로 불능인 급부가 있는 경우에, 잔존하는 급부에 채권이 존재한다(민법 제385조 제1항). 기출 09·25

(2) 후발적 불능의 경우

① 선택권자의 귀책 또는 불가항력 : 잔존급부가 채권의 목적이 된다(민법 제385조 제1항).
② 선택권 없는 자의 귀책 : 선택채권의 존속에 영향이 없다. 즉, 선택권자는 불능으로 된 급부를 선택할 수 있고, 이때 선택한 급부 자체의 이행이 불가능하므로 제1차적 급부의무는 소멸하고 그 대신 전보배상이 문제될 뿐이다. 기출 06·10

III 선택권의 이전

1. 당사자 일방이 선택권자인 경우(민법 제381조)

① 선택기간이 정해진 경우 : 최고가 필요하고, 기간 내에 선택이 없으면 선택권은 상대방에게 이전한다.
② 선택기간이 정해지지 않은 경우 : 채권의 기한이 도래한 후 상당한 기간을 정하여 최고가 필요하고, 선택권자의 선택이 그 기간 내에 없으면 선택권은 상대방에게 이전한다.

2. 제3자가 선택권자인 경우(민법 제384조)

① 제3자가 선택할 수 없는 경우 : 선택권은 채무자에게 있다. 기출 06·09
② 선택이 가능함에도 선택하지 않고 있는 경우 : 채권자나 채무자의 상당한 기간을 정한 최고가 필요하고, 그 기간 내에 선택이 없으면 선택권은 채무자에게 이전한다.

IV 선택권 행사의 효과

1. 단순·일반채권화

선택된 급부의 내용에 따라 특정물채권, 종류물채권, 금전채권 등으로 된다.

2. 선택의 소급효

① 채권발생 당시로 소급된다(민법 제386조 본문). 기출 09·22 단, 선택의 소급효로서 제3자의 이익을 해치지 못한다(동조 단서).
② 급부불능에 의한 특정 시에는 소급효가 없다.

CHAPTER 02 채권의 목적

01 채권의 목적에 관한 설명으로 옳지 않은 것은?(다툼이 있으면 판례에 따름) 기출 25

CHECK
○△×

① 특정물채권에서 채무자는 원칙적으로 그 물건을 인도하기까지 선량한 관리자의 주의로 보존하여야 한다.
② 금전채무의 이행지체로 인한 손해배상에서 채권자는 손해를 증명할 필요가 없다.
③ 외화채권에서 채무자는 우리나라 통화로 변제할 수 있고 그 환산시기는 현실 지급시가 아니라 이행기이다.
④ 선택채권에서 다른 정함이 없으면 그 선택권은 채무자에게 있다.
⑤ 선택채권의 목적으로 선택할 수개의 행위 중에 처음부터 불능한 것이 있으면 채권의 목적은 잔존한 것에 존재한다.

해설 및 정답

01 ① (○) 특정물의 인도가 채권의 목적인 때에는 채무자는 그 물건을 인도하기까지 선량한 관리자 주의로 보존하여야 한다(민법 제374조).
② (○) 금전채무의 이행지체로 인한 손해배상에 관하여 채권자는 손해의 증명을 요하지 아니하고 채무자는 과실 없음을 항변하지 못한다(민법 제397조 제2항).
③ (×) 채권액이 외국통화로 지정된 금전채권인 외화채권을 채무자가 우리나라 통화로 변제할 경우, 민법 제378조가 그 환산시기에 관하여 외화채권에 관한 민법 제376조, 제377조 제2항의 '변제기'라는 표현과는 다르게 '지급할 때'라고 규정한 취지에 비추어 볼 때, 그 환산시기는 이행기가 아니라 현실로 이행하는 때, 즉 현실이행 시의 외국환 시세에 의하여 환산한 우리나라 통화로 변제하여야 한다고 풀이함이 타당하다. 따라서 <u>채권자가 위와 같은 외화채권을 대용급부의 권리를 행사하여 우리나라 통화로 환산하여 청구하는 경우에도, 법원은 원고가 청구취지로 구하는 금액 범위 내에서는, 채무자가 현실로 이행할 때에 가장 가까운 사실심 변론종결 당시를 우리나라 통화로 환산하는 기준시로 삼아 그 당시의 외국환 시세를 기초로 채권액을 다시 환산한 금액에 대하여 이행을 명하여야 한다</u>(대판 2012.10.25. 2009다77754).
④ (○) 채권의 목적이 수개의 행위 중에서 선택에 좇아 확정될 경우에 다른 법률의 규정이나 당사자의 약정이 없으면 선택권은 채무자에게 있다(민법 제380조).
⑤ (○) 채권의 목적으로 선택할 수개의 행위 중에 처음부터 불능한 것이나 또는 후에 이행불능하게 된 것이 있으면 채권의 목적은 잔존한 것에 존재한다(민법 제385조 제1항).

정답 ③

02 민법상 채권의 목적에 관한 설명으로 옳지 않은 것은?(다툼이 있으면 판례에 따름) 기출 22

① 선택채권의 경우, 특별한 사정이 없는 한 선택의 효력은 소급하지 않는다.
② 금전으로 가액을 산정할 수 없는 것이라도 채권의 목적으로 할 수 있다.
③ 종류채권의 경우, 목적물이 특정된 때부터 그 특정된 물건이 채권의 목적물이 된다.
④ 특정물매매계약의 매도인은 특별한 사정이 없는 한 그 목적물을 인도할 때까지 선량한 관리자의 주의로 그 물건을 보존하여야 한다.
⑤ 금전채무에 관하여 이행지체에 대비한 지연손해금 비율을 따로 약정한 경우, 그 약정은 일종의 손해배상액의 예정이다.

03 금전채권에 관한 설명으로 옳지 않은 것은?(다툼이 있으면 판례에 따름) 기출 20

① 우리나라 통화를 외화채권에 변제충당할 때 특별한 사정이 없는 한 채무이행기의 외국환시세에 의해 환산한다.
② 금전채무의 이행지체로 발생하는 지연손해금의 성질은 손해배상금이지 이자가 아니다.
③ 금전채무의 이행지체로 인한 지연손해금채무는 이행기의 정함이 없는 채무에 해당한다.
④ 금전채무의 약정이율은 있었지만 이행지체로 인해 발생한 지연손해금에 관한 약정이 없는 경우, 특별한 사정이 없는 한 지연손해금은 그 약정이율에 의해 산정한다.
⑤ 금전채무에 관하여 이행지체에 대비한 지연손해금 비율을 따로 약정한 경우, 이는 일종의 손해배상액의 예정이다.

• 해설 및 정답 •

02 ① (×) 선택의 효력은 그 채권이 발생한 때에 소급한다. 그러나 제3자의 권리를 해하지 못한다(민법 제386조).
② (○) 민법 제373조
③ (○) 종류채권의 목적물은 채무자가 이행에 필요한 행위를 완료하거나 채권자의 동의를 얻어 이행할 물건을 지정한 때 특정되므로 그때로부터 그 물건을 채권의 목적물로 한다(민법 제375조 제2항).
④ (○) 민법 제374조
⑤ (○) 민법 제398조 제2항은 손해배상의 예정액이 부당히 과다한 경우에는 법원이 이를 적당히 감액할 수 있다고 규정하고 있고, 금전채무의 불이행에 관하여 적용을 배제하지 않고 있다. 또한 이자제한법 제6조는 법원은 당사자가 금전을 목적으로 한 채무의 불이행에 관하여 예정한 배상액을 부당하다고 인정한 때에는 상당한 액까지 이를 감액할 수 있다고 규정하고 있다. 따라서 금전채무에 관하여 이행지체에 대비한 지연손해금 비율을 따로 약정한 경우에 이는 손해배상액의 예정으로서 감액의 대상이 된다(대판 2017.7.11. 2016다52265).

정답 ❶

03 ① (×) 채권액이 외국통화로 지정된 금전채권인 외화채권을 채무자가 우리나라 통화로 변제함에 있어서는 민법 제378조가 그 환산시기에 관하여 외화채권에 관한 같은 법 제376조, 제377조 제2항의 "변제기"라는 표현과는 다르게 "지급할 때"라고 규정한 취지에서 새겨 볼 때 그 환산시기는 이행기가 아니라 현실로 이행하는 때, 즉 현실 이행 시의 외국환시세에 의하여 환산한 우리나라 통화로 변제하여야 한다고 풀이함이 상당하다(대판 1991.3.12. 90다2147[전합]).
② (○) 금전채무의 이행지체로 인하여 발생하는 지연손해금은 그 성질이 손해배상금이지 이자가 아니며, 민법 제163조 제1호가 규정한 '1년 이내의 기간으로 정한 채권'도 아니므로 3년간의 단기소멸시효의 대상이 되지 아니한다(대판 1998.11.10. 98다42141).
③ (○) 금전채무의 지연손해금채무는 금전채무의 이행지체로 인한 손해배상채무로서 이행기의 정함이 없는 채무에 해당하므로, 채무자는 확정된 지연손해금채무에 대하여 채권자로부터 이행청구를 받은 때로부터 지체책임을 부담하게 된다(대판 2010.12.9. 2009다59237).
④ (○) 계약 해제 시 반환할 금전에 가산할 이자에 관하여 당사자 사이에 약정이 있는 경우에는 특별한 사정이 없는 한 이행지체로 인한 지연손해금도 그 약정이율에 의하기로 하였다고 보는 것이 당사자의 의사에 부합한다 (대판 2013.4.26. 2011다50509).
⑤ (○) 금전채무에 관하여 이행지체에 대비한 지연손해금 비율을 따로 약정한 경우에 이는 일종의 손해배상액의 예정으로서 민법 제398조 제2항에 의한 감액의 대상이 된다(대판 2017.5.30. 2016다275402).

정답 ❶

CHAPTER 03 채권의 효력

> **출제포인트**
> ☐ 이행지체·이행불능의 요건 및 효과
> ☐ 채무불이행의 효과(강제이행·손해배상)
> ☐ 책임재산의 보전

제1절 서 설

민법전 제3편 제1장 제2절에서는 '채권의 효력'이라는 제목 아래 ① 채무불이행과 손해배상·강제이행의 방법(민법 제387조 내지 제399조) ② 채권자지체(민법 제400조 내지 제403조) ③ 채무자의 책임재산 보전(민법 제404조 내지 제407조)을 규정하고 있다.

제2절 채무불이행의 유형과 그 효과

I 채무불이행의 일반적 요건

1. 채무불이행의 의의

채무불이행이란 채무자에게 책임 있는 사유로 채무의 내용에 좇은 이행이 이루어지지 않고 있는 상태를 말한다. 이러한 채무불이행의 유형에 대하여 다수설은 이행지체, 이행불능, 불완전이행(또는 적극적 채권침해)의 셋으로 한정한다.

2. 채무불이행의 요건

(1) 객관적 요건

1) 이행지체

이행이 가능함에도 불구하고 이행기에 이행하지 않고 있는 경우일 것

2) 이행불능

이행기에 이행이 불가능할 것. 단, 후발적 불능일 것

3) 불완전이행

채무의 이행은 있었으나 그 이행이 채무의 내용에 좋은 이행이 아닌 경우일 것

(2) 주관적 요건

1) 채무자의 귀책사유

채무불이행에 대하여 채무자의 고의·과실이 있어야 한다. 이때의 과실은 추상적 경과실을 의미하며, 예외적인 경우에만 구체적 과실에 의한 책임을 진다.

2) 법정대리인·이행보조자의 귀책사유

① 의의 : 민법 제391조는 채권관계가 존재하고 있는 경우에 넓은 의미의 채무불이행 즉 이행행위 외에 그것과 관련성이 있는 행위에 관하여만 적용된다(대판 2008.2.15. 2005다69458).

② 법정대리인 : 법정대리인은 대리권이 법률의 규정에 기초하여 주어지는 대리인이다. 여기서의 법정대리인은 민법 제391조의 취지를 고려하여 넓게 이해하는 것이 일반적이다. 따라서 친권자·후견인·부재자 재산관리인뿐만 아니라 유언집행자·파산관재인·일상가사대리권 있는 부부도 포함된다.

③ 이행보조자 : 이행보조자는 채무자가 채무를 이행하기 위하여 사용하는 자로 협의의 이행보조자와 이행 대행자가 포함된다. 협의의 이행보조자는 채무자의 지시에 따라 채무를 이행하는 자를 말한다. 이러한 이행보조자는 채무자의 의사관여 아래 채무의 이행행위에 속하는 활동을 하는 사람이면 충분하고 반드시 채무자의 지시 또는 감독을 받는 관계에 있어야 하는 것은 아니다. 기출 21 따라서 그가 채무자에 대하여 종속적인 지위에 있는지, 독립적인 지위에 있는지는 상관없다(대판 2018.2.13. 2017다275447). 이행대행자는 채무자의 이행을 위하여 단순히 보조하는 것이 아니라, 독립하여 채무의 전부 또는 일부를 채무자에 갈음하여 이행하는 자를 말한다.

④ 효과 : 채무자의 법정대리인·이행보조자의 고의·과실이 있는 경우에는 채무자에게 고의·과실이 있는 것으로 의제되어 채무자가 채권자에게 채무불이행으로 인한 손해배상책임을 지게 된다(민법 제390조). 기출 21 사용자책임과는 달리, 채무자는 이행보조자에 대하여 선임·감독상의 주의의무를 다하였음을 증명하더라도, 이행보조자에 의하여 유발된 채무불이행책임을 면하지 못한다. 이행보조자와 채무자 간에 지휘·감독관계가 인정되고, 기타 민법 제756조 요건을 모두 구비한 경우, 채무자는 민법 제756조의 사용자책임을 부담할 수 있다. 이행보조자의 책임과 관련하여 이행보조자와 채권자 간에는 계약관계가 존재하지 않으므로, 채권자는 이행보조자에게 계약상 채무불이행책임을 물을 수 없으나(민법 제390조), 채권자는 민법 제750조 요건을 모두 구비한 경우에 한하여 이행보조자에게 불법행위책임을 추궁할 수 있다. 한편 동일한 사실관계에 기하여 채무자와 이행보조자가 각 채무불이행책임과 불법행위책임을 지는 경우, 이들의 책임은 부진정연대채무관계에 있다.

⑤ 관련 판례 : 이행보조자가 채무의 이행을 위하여 제3자를 복이행보조자로 사용하는 경우에도 채무자가 이를 승낙하였거나 적어도 묵시적으로 동의한 경우 채무자는 복이행보조자의 고의·과실에 관하여 민법 제391조에 따라 책임을 부담한다고 보아야 한다(대판 2020.6.11. 2020다201156). 기출 21

3. 위법성 등

채무불이행의 위법성이 채무불이행의 요건인지에 대해서 견해대립이 있다. 다수설은 고의·과실은 채무자 개인에 대한 주관적 판단인데 대하여 위법성은 행위 자체에 대한 객관적 판단이어서 고의·과실과는 별개의 요건으로 보아야 한다고 한다. 또한 채무자가 책임능력을 갖추어야 하고 채무불이행과 발생한 손해 사이에 인과관계가 있어야 한다.

4. 면책특약의 효력

(1) 과실면책특약
과실면책특약은 유효하다. 다만, 중과실 면책특약에 관해서는 유효설과 무효설의 대립이 있다. 단, 사업자, 이행보조자 또는 피용자의 고의 또는 중대한 과실로 인한 법률상의 책임을 배제하는 약관조항은 약관규제법 제7조 제1호에 의해 무효이다(대판 2002.4.12. 98다57099). 기출 21

(2) 고의면책특약
채무자의 고의면책특약은 사회질서에 반하기 때문에 무효이다. 이행보조자의 고의면책특약에 대해서는 유효설과 무효설의 대립이 있으나 약관규제법 제7조 제1호에 비추어 무효라고 보는 것이 타당해 보인다.

출처 | 박기현·김종원, 「핵심정리 민법」, 메티스, 2014, p.976~979

Ⅱ 이행지체

1. 이행지체의 의의
채무가 이행기에 있고 또한 이행이 가능함에도 불구하고 채무자의 귀책사유로 인하여 채무가 이행되지 않는 것을 말한다.

2. 이행지체의 요건

(1) 채무가 이행기에 있을 것

1) 확정기한이 있는 채무
① 기한의 도래·도과에 의하여 이행지체가 된다(민법 제387조 제1항 전문). 채무자는 변제기 당일까지 변제하면 되므로, 기한이 도래한 때란 기한이 도래한 다음 날을 의미한다(대판 1988.11.8. 88다3253).
② 채권자의 최고가 필요 없는 것이 원칙이다.
③ 지시채권, 무기명채권, 추심채무 기타 이행에 관하여 먼저 채권자가 협력을 하여야 할 채무의 경우 채권자가 먼저 협력 내지 그 제공을 하여 이행의 최고를 하지 않으면 지체가 되지 않는다. 기출 17·18 예를 들어 은행의 양도성예금증서(CD)는 일반적으로 무기명 할인식으로 발행되는 무기명채권의 일종으로, 양도성예금증서에 변제기한이 있는 경우, 그 기한이 도래한 후에 소지인이 증서를 제시하여 이행을 청구한 때로부터 은행은 지체책임이 있다(민법 제524조, 제517조). 기출 25
④ 쌍방의 채무가 동시이행관계에 있는 경우

> 쌍무계약에서 쌍방의 채무가 동시이행관계에 있는 경우 일방의 채무의 이행기가 도래하더라도 상대방 채무의 이행제공이 있을 때까지는 그 채무를 이행하지 않아도 이행지체의 책임을 지지 않는 것이며, 이와 같은 효과는 이행지체의 책임이 없다고 주장하는 자가 반드시 동시이행의 항변권을 행사하여야만 발생하는 것은 아니므로, <u>동시이행관계에 있는 쌍무계약상 자기채무의 이행을 제공하는 경우 그 채무를 이행함에 있어 상대방의 행위를 필요로 할 때에는 언제든지 현실로 이행을 할 수 있는 준비를 완료하고 그 뜻을 상대방에게 통지하여 그 수령을 최고하여야만 상대방으로 하여금 이행지체에 빠지게 할 수 있는 것이다</u>(대판 2001.7.10. 2001다3764).

2) 불확정기한이 있는 채무
① 채무자가 기한의 도래를 안 때로부터 지체책임이 있다(민법 제387조 제1항 후문). 여기서 "안 때"란 안 날의 다음 날을 의미한다. 기출 13·18·20·25

② 채무자가 기한의 도래를 알지 못하더라도 채권자가 기한도래 후에 최고를 한 경우에는 최고 시부터 지체책임이 있다(다수설). 기출 18
③ 당사자가 불확정한 사실이 발생한 때를 이행기한으로 정한 경우에는 그 사실이 발생한 때는 물론 그 사실의 발생이 불가능하게 된 때에도 이행기한은 도래한 것으로 보아야 한다(대판 2002.3.29. 2001다41766).
기출 17·23
④ 판례는 이 사건 중도금 지급기일을 "1층 골조공사 완료시"로 정한 것은 중도금 지급의무의 이행기를 장래 도래할 시기가 확정되지 아니한 때, 즉 불확정기한으로 이행기를 정한 경우에 해당한다고 할 것이므로, 중도금 지급의무의 이행지체의 책임을 지우기 위해서는 1층 골조공사가 완료된 것만으로는 부족하고 채무자인 원고가 그 완료 사실을 알아야 한다고 한다(대판 2005.10.7. 2005다38546). 기출 24

3) 기한이 없는 채무

① **원칙**: 기한의 정함이 없는 채무는 그 이행의 청구를 받은 다음 날로부터 이행지체의 책임을 진다(민법 제387조 제2항, 대판 1988.11.8. 88다3253). 기출 18

> - 금전채무의 지연손해금채무는 금전채무의 이행지체로 인한 손해배상채무로서 이행기의 정함이 없는 채무에 해당하므로, 채무자는 확정된 지연손해금채무에 대하여 채권자로부터 이행청구를 받은 때로부터 지체책임을 부담하게 된다(대판 2004.7.9. 2004다11582). 기출 24·25
> - 타인의 토지를 점유함으로 인한 부당이득반환채무는 이행의 기한이 없는 채무로서 이행청구를 받은 때부터 지체책임이 있다(대판 2008.2.1. 2007다8914). 기출 12·20·23
> - 집합건물법 제9조에 의하여 준용되는 민법 제667조가 정하는 수급인의 하자보수에 갈음하는 손해배상채무는 이행의 기한이 없는 채무로서 이행청구를 받은 때부터 지체책임이 있다(대판 2009.5.28. 2009다9539).
> - 유류분반환청구권의 행사로 인하여 생기는 원물반환의무 또는 가액반환의무는 이행기한의 정함이 없는 채무이므로, 반환의무자는 그 의무에 대한 이행청구를 받은 때에 비로소 지체책임을 진다(대판 2013.3.14. 2010다42624·42631).
> - 추심명령은 압류채권자에게 채무자의 제3채무자에 대한 채권을 추심할 권능을 수여함에 그치고, 제3채무자로 하여금 압류채권자에게 압류된 채권액 상당을 지급할 것을 명하거나 그 지급 기한을 정하는 것이 아니므로, 제3채무자가 압류채권자에게 압류된 채권액 상당에 관하여 지체책임을 지는 것은 집행법원으로부터 추심명령을 송달받은 때부터가 아니라 추심명령이 발령된 후 압류채권자로부터 추심금 청구를 받은 다음 날부터라고 하여야 한다(대판 2012.10.25. 2010다47117).
> - 민법 제576조에서 정하는 매도인의 담보책임에 기한 손해배상채무는 이행의 기한이 없는 채무로서 이행청구를 받은 때부터 지체책임이 있다(대판 2015.4.23. 2013다92873). 기출 24

② **예 외**

㉠ 소비대차로 인한 반환채무의 대주는 상당한 기간을 정하여 최고하여야 하므로(민법 제603조 제2항), 만약 이를 정하지 않고 최고하면 최고 후 상당한 기간이 경과한 후에야 지체가 생긴다. 기출 25

㉡ 불법행위로 인한 손해배상채무는 최고하지 않아도 불법행위 시부터 지체책임이 있다(통설·판례). 기출 15·18·20 이는 불법행위 시에 손해배상액을 확정할 수 없는 경우에도 마찬가지이다(대판 2018.7.20. 2015다207044). 기출 25

㉢ 이행기의 정함이 없는 채권의 양수인이 채무자를 상대로 이행청구소송을 제기하고 소송 계속 중 채무자에 대한 채권양도통지가 이루어진 경우, 채무자가 이행지체책임을 지는 시기

> 지명채권이 양도된 경우 채무자에 대한 대항요건이 갖추어질 때까지 채권양수인은 채무자에게 대항할 수 없으므로, 이행기의 정함이 없는 채권을 양수한 채권양수인이 채무자를 상대로 그 이행을 구하는 소를 제기하고 소송 계속 중 채무자에 대한 채권양도통지가 이루어진 경우에는 특별한 사정이 없는 한 채무자는 채권양도통지가 도달된 다음 날부터 이행지체의 책임을 진다(대판 2014.4.10. 2012다29557). 기출 24

4) 기한의 이익의 상실
① 채무자는 담보를 손상, 감소 또는 멸실하게 한 때나 담보제공의 의무를 이행하지 아니한 경우에는 기한의 이익을 주장하지 못한다(민법 제388조). 기출 22·25
② 채무자가 기한이익을 상실하면 채권자는 즉시이행을 청구할 수도 있고 본래의 이행기에 청구할 수도 있다.
③ 채무자가 기한이익을 상실하였다 하여 당연히 변제기가 도래하는 것은 아니고 채권자의 청구가 있는 때부터 지체의 책임을 진다.

(2) 이행이 가능할 것

이행이 가능함에도 이행기를 도과한 경우가 아니면 이행지체가 되지 않는다. 이행기에 이행이 불가능한 경우에는 이행불능의 문제가 된다.

(3) 이행지체가 채무자에게 책임이 있는 사유(귀책사유)에 기인할 것
① 채무자의 귀책사유란 채무자의 고의, 과실 및 신의칙상 이와 동일시되는 사유이다.
② 채무자의 법정대리인이 채무자를 위하여 이행하거나 채무자가 타인을 사용하여 이행하는 경우에는 법정대리인 또는 피용자의 고의나 과실은 채무자의 고의나 과실로 본다(민법 제391조).

(4) 이행하지 않는 것이 위법하고 책임능력이 있을 것

동시이행의 항변권(민법 제536조)이나 유치권(민법 제320조)과 같은 이행의 지연을 정당하게 하는 사유가 있는 때에는 이행지체의 책임을 지지 않는다. 기출 18·23 채무자에게 고의·과실이 있다고 하기 위해서는 책임능력이 있어야 한다.

3. 이행지체의 효과

(1) 이행의 강제
① 이행지체의 경우에 이행은 원칙적으로 가능하므로, 채권자는 채무자에 대하여 본래의 채무의 이행을 청구할 수 있다.
② 청구가 있음에도 불구하고 채무자가 이행하지 않는 때에는, 채권자는 그 강제이행을 법원에 소구하여 채권의 만족을 꾀할 수 있다.
③ 담보가 설정되어 있는 경우에는 담보를 실행할 수 있고, 위약금의 특약이 있으면 그 효력이 발생한다.

(2) 지연배상청구
① 채권자는 지체로 말미암아 생긴 손해의 배상, 즉 지연배상을 청구할 수 있다.
② 채권의 내용은 본래의 급부에 지연배상을 더한 것으로 확대된다.

(3) 전보배상청구

> **이행지체와 전보배상(민법 제395조)**
> 채무자가 채무의 이행을 지체한 경우에 채권자가 상당한 기간을 정하여 이행을 최고하여도 그 기간 내에 이행하지 아니하거나 지체후의 이행이 채권자에게 이익이 없는 때에는 채권자는 수령을 거절하고 이행에 갈음한 손해배상을 청구할 수 있다.

민법 제395조에 따르면, 채무자가 채무의 이행을 지체한 경우에 채권자가 상당한 기간을 정하여 이행을 최고하여도 그 기간 내에 이행하지 않은 경우 채권자는 이행에 갈음한 손해배상청구를 할 수 있다. 이는 대체물 인도의무를 이행하지 않는 경우에도 마찬가지이다. 그러나 <u>수익자가 사해행위취소 소송의 확정판결에 따른 원상회복으로 대체물 인도의무를 이행하지 않았다는 이유만으로 취소채권자가 수익자를 상대로 민법 제395조에 따라 이행지체로 인한 전보배상을 구할 수는 없다. 다만 수익자의 대체물 인도의무에 대한 강제집행이 불가능하거나 현저히 곤란하다고 평가할 수 있는 경우에는 전보배상을 구할 수 있다</u>(대판 2024.2.15. 2019다238640).

(4) 책임가중

이행지체 중의 손해배상(민법 제392조)
채무자는 자기에게 과실이 없는 경우에도 그 이행지체 중에 생긴 손해를 배상하여야 한다. 그러나 채무자가 이행기에 이행하여도 손해를 면할 수 없는 경우에는 그러하지 아니하다. `기출 14`

(5) 계약해제

① 계약에서 생긴 채무의 이행지체가 있는 경우, 채권자는 일정한 요건에 따라 그 계약을 해제할 수 있다.
② 당사자 일방이 그 채무를 이행하지 아니하는 때에는 <u>상대방은 상당한 기간을 정하여 그 이행을 최고하고 그 기간 내에 이행하지 아니한 때에는 계약을 해제할 수 있다.</u>
③ 채무자가 미리 이행하지 아니할 의사를 표시한 경우 최고를 요하지 아니한다(민법 제544조).
④ 계약의 성질 또는 당사자의 의사표시에 의하여 일정한 시일 또는 일정한 기간 내에 이행하지 아니하면 계약의 목적을 달성할 수 없을 경우에 당사자 일방이 그 시기에 이행하지 아니한 때에는 <u>상대방은 최고를 하지 아니하고 계약을 해제할 수 있다</u>(민법 제545조).

4. 이행지체의 종료

이행지체의 종료사유로 채권의 소멸, 변제의 제공, 채권자의 지체면제, 지체 후의 불능 등이 있다.

III 이행불능

1. 이행불능의 의의

채권이 성립한 후에 채무자에게 책임 있는 사유로 인하여 이행할 수 없게 된 것을 이행불능이라 하며, 불능한 급부를 목적으로 해서는 채권이 존속할 수 없으므로, 이행불능은 채권에 대한 침해가 된다.

2. 이행불능의 요건

(1) 채권성립 후에 이행할 수 없게 될 것

① 후발적 불능일 것
② 이행의 가능 여부는 사회생활상의 경험칙 내지 거래상의 통념에 의해 판단한다. `기출 14`
③ 금전채무에는 이행불능은 없으며 언제나 이행지체가 된다.
④ 이행지체 후에 불능으로 된 경우도 이행불능으로 본다.

(2) **불능이 채무자에게 책임 있는 사유에 기인할 것**

채무자가 이행기에 이행하여도 역시 채권자가 손해를 면할 수 없었을 것을 입증할 수 없는 한, 과실이 없는 경우에도 그 지체 중에 생긴 손해를 배상하여야 한다(민법 제392조).

(3) **불능이 위법할 것과 책임능력이 있을 것**

3. 이행불능의 효과

(1) **손해배상청구**

채권자는 전보배상을 청구할 수 있다(민법 제390조). 판례는 "매매계약의 이행불능으로 인한 전보배상책임의 범위는 이행불능 당시의 매매목적물의 시가에 의하여야 하고 그와 같은 시가 상당액이 곧 통상의 손해라 할 것이고, 그 후 시가의 등귀는 채무자가 알거나 알 수 있었을 경우에 한하여 이를 특별사정으로 인한 손해로 보아 그 배상을 청구할 수 있는 것이므로 이행불능 당시의 시가가 계약 당시의 그것보다 현저하게 앙등되었다 할지라도 그 가격을 이른바 특별사정으로 인한 손해라고 볼 수 없다"(대판 1993.5.27. 92다20163)고 한다.

기출 13 · 21 · 22

(2) **계약해제**

채권자는 '최고 없이' 계약을 해제할 수 있다(민법 제546조). 또는 해제와 전보배상을 함께 청구할 수 있다.

기출 14

(3) **대상청구**

① 대상청구권이란 급부의 후발적 불능으로 인해, 채무자가 이행의 목적물에 갈음하는 이익을 취득하는 경우에 채권자가 채무자에 대하여 그 이익의 상환을 청구하는 권리를 말한다.
② 대상청구권을 인정하는 실익은 채무자에게 책임 없는 사유로 이행불능이 된 경우에 생긴다.
③ 채무자에게 목적물의 급부의무가 있어야 하고, 이것이 후발적으로 불능이 되어야 한다. 후발적 불능에 채무자의 귀책사유는 묻지 않는다. 기출 14 · 21
④ 채무자가 목적물 소유자로서 수령하게 되는 보상금에 대하여 채권자인 경락인이 대상청구권을 가진다고 보는 이상, 특별한 사정이 없는 한 채권자는 그 목적물에 대하여 지급되는 보상금 전부에 대하여 대상청구권을 행사할 수 있는 것이고, 소유권이전등기의무의 이행불능 당시 채권자가 그 목적물의 소유권을 취득하기 위하여 지출한 매수대금 상당액 등의 한도 내로 그 범위가 제한된다고 할 수 없다(대판 2008.6.12. 2005두5956).
⑤ 취득시효가 완성된 토지가 수용됨으로써 취득시효 완성을 원인으로 하는 소유권이전등기의무가 이행불능이 된 경우에는 그 소유권이전등기청구권자는 소위 대상청구권의 행사로서, 그 토지의 소유자가 그 토지의 대가로서 지급받은 수용보상금의 반환을 청구할 수 있다(대판 1994.12.9. 94다25025).
⑥ 시효취득자가 직접 토지의 소유자를 상대로 공탁된 토지수용보상금의 수령권자가 자신이라는 확인을 구할 수는 없다(대판 1995.7.28. 95다2074).
⑦ 당사자 일방이 대상청구권을 행사하려면 상대방에 대하여 반대급부를 이행할 의무가 있는 바, 이 경우 당사자 일방의 반대급부도 그 전부가 이행불능이 되거나 그 일부가 이행불능이 되고 나머지 잔부의 이행만으로는 상대방의 계약목적을 달성할 수 없는 등 상대방에게 아무런 이익이 되지 않는다고 인정되는 때에는 상대방이 당사자 일방의 대상청구를 거부하는 것이 신의칙에 반한다고 볼만한 특별한 사정이 없는 한 당사자 일방은 상대방에 대하여 대상청구권을 행사할 수 없다(대판 1996.6.25. 95다6601).

⑧ 본래적 급부청구에다가 이에 대신할 전보배상을 부가하여 대상청구를 병합하여 소구한 경우의 대상청구는 본래적 급부청구의 현존함을 전제로 하여 이것이 판결확정 후에 이행불능 또는 집행불능이 된 경우에 대비하여 전보배상을 미리 청구하는 경우로서, 이 경우의 대상금액의 산정시기는 사실심 변론의 종결 당시의 본래적 급부의 가격을 기준으로 산정하여야 한다(대판 1975.7.22. 75다450).

⑨ 대상청구권은 특별한 사정이 없는 한 매매 목적물의 수용 또는 국유화로 인하여 매도인의 소유권이전등기의무가 이행불능 되었을 때 매수인이 그 권리를 행사할 수 있다고 보아야 할 것이고 따라서 그때부터 소멸시효가 진행하는 것이 원칙이라 할 것이나, 국유화가 된 사유의 특수성과 법규의 미비 등으로 그 보상금의 지급을 구할 수 있는 방법이나 절차가 없다가 상당한 기간이 지난 뒤에야 보상금청구의 방법과 절차가 마련된 경우라면, 대상청구권자로서는 그 보상금청구의 방법이 마련되기 전에는 대상청구권을 행사하는 것이 불가능하였던 것이고, 따라서 이러한 경우에는 보상금을 청구할 수 있는 방법이 마련된 시점부터 대상청구권에 대한 소멸시효가 진행하는 것으로 봄이 상당하다(대판 2002.2.8. 99다23901).

(4) 청구권 경합

채무불이행에 기한 손해배상청구권과 불법행위에 기한 손해배상청구권이 경합하는 경우, 채무자는 어느 한 쪽만을 주장할 수도 있고, 선택적으로 주장할 수도 있다(통설・판례).

Ⅳ 불완전이행

채무자가 채무의 이행으로 일정한 급부를 하였으나, 급부의 목적에 하자가 있거나 또는 채무불이행과 관련된 주의의무를 위반함으로써 채권자에게 손해를 끼친 경우로, 채무자의 고의・과실을 요건으로 하지 않고 부가적 손해가 배상범위에 포함되지 않는 하자담보책임과는 구별된다. 불완전이행은 이행불능 또는 이행지체 등의 소극적 사유에 의한 침해가 아닌, 이행이라는 적극적 행위에 의하여 침해가 발생한다.

Ⅴ 채무불이행의 효과

1. 강제이행

(1) 의 의

국가가 사인의 급부청구권을 실현시키기 위하여 법원에 의하여 채무자의 의사에 관계없이 국가의 강제력을 동원하여 급부의 내용을 실현하는 것이다. 강제이행의 방법에는 직접강제, 대체집행, 간접강제 등이 있다.

(2) 강제이행의 순서

강제이행의 순서는 직접강제, 대체집행, 간접강제의 순으로 한다.

(3) 강제이행의 방법

1) **직접강제**(민법 제389조 제1항, 민집법 제257조 이하)
① 채권의 내용을 집행기관의 집행행위만에 의하여 직접 실현시키는 것이다.
② 인도채무의 집행방법으로 허용된다.
③ 직접강제가 허용되는 채무에 관하여는 대체집행이나 간접강제가 허용되지 않는다.

2) 대체집행(민법 제389조 제2항, 제3항, 민집법 제260조)
① 채권자나 제3자로 하여금 대신 급부의 내용을 실현하게 하고 그의 비용을 금전으로 채무자에게 추심할 수 있도록 하는 강제이행방법이다.
② 주는 채무 이외에 하는 채무 중 대체적 작위채무의 불이행의 경우에 인정된다. 기출 21
③ 대체집행이 허용되는 경우에 간접강제는 허용되지 않는다.

3) 간접강제(민집법 제261조 제1항)
① 의의 : 채무자에게 불이익(일정금액지급, 벌금, 구금)을 예고하거나 부과하여 심리적 압박을 가함으로써 채무자 자신이 채무를 이행하도록 하는 방법으로, 부대체적 작위채무에 인정된다.
② 간접강제가 허용되지 않는 경우 : 채무자의 자유의사에 반하여 강제한다면 채무의 내용에 좇은 급부가 되지 못하는 채무(예술가의 작품 제작), 채무자의 의사에 반하여 그 이행을 강제하는 것이 채무자의 인격 존중에 반하는 채무(고용계약의 노무 제공), 채무자의 일신전속적 채무 등은 간접강제가 허용되지 않고, 다만 손해배상을 허용한다.

(4) 부작위채무의 강제이행
위반행위로 인하여 발생, 존속하는 물적 결과에 대하여 채무자는 제거의무를 지는데 그 제거의무의 집행은 대체집행의 방법에 의한다.
① 의무위반은 있었으나 아무런 물적 결과가 남아 있지 않은 경우에는 대체집행을 할 수 없으며 손해배상청구만이 가능하다.
② 의무위반이 반복되는 경우 법원은 장래에 대한 적당한 처분을 명한다.

(5) 강제이행과 손해배상의 청구
강제이행의 청구는 손해배상의 청구에 영향을 미치지 아니한다(민법 제389조 제4항). 기출 13 · 21

2. 손해배상

(1) 의 의
불법한 원인으로 발생한 손해를 피해자 이외의 자가 전보하는 것이다. 이에는 원상회복주의와 금전배상주의가 있는데, 민법은 금전배상주의 원칙에 따른다(민법 제394조).

(2) 손해배상의 근거와 방법
채무자가 채무의 내용에 좇은 이행을 하지 아니한 때에는 채권자는 손해배상을 청구할 수 있다. 그러나 채무자의 고의나 과실 없이 이행할 수 없게 된 때에는 그러하지 아니하다(민법 제390조). 다른 의사표시가 없으면 손해는 금전으로 배상한다(민법 제394조).

(3) 손해배상의 범위

> **손해배상의 범위(민법 제393조)**
> ① 채무불이행으로 인한 손해배상은 통상의 손해를 그 한도로 한다.
> ② 특별한 사정으로 인한 손해는 채무자가 그 사정을 알았거나 알 수 있었을 때에 한하여 배상의 책임이 있다.

1) 손해배상의 범위에 관한 학설
채무불이행 당시 보통인이 알 수 있었던 사정과 채무자가 특별히 알고 있는 사정을 함께 고려하여 그 사정으로 인한 손해를 손해배상의 범위로 결정한다(다수설, 절충적 상당인과관계설).

2) 통상손해

채무자의 예견유무를 불문하고 특별한 사정이 없는 한 그 종류의 채무불이행이 있으면 사회일반관념에 따라 통상 발생하는 것으로 생각되는 범위의 손해를 말한다.

3) 특별손해

당사자 사이의 개별적·구체적 사정에 의한 손해로서 채무자가 특별한 사정을 알았거나 알 수 있어야 한다. 그러나 특별한 사정에 의해 발생한 손해의 액수까지 알았거나 알 수 있어야 하는 것은 아니다. 손해의 범위는 특별한 사정으로부터 통상 생기는 손해이다.

4) 재산권침해에 의한 특별손해가 인정되는 경우

① 특별사정으로 인한 손해배상에 있어서 채무자가 그 사정을 알았거나 알 수 있었는지의 여부를 가리는 시기는 계약체결 당시가 아니라 채무의 이행기까지를 기준으로 판단하여야 한다(대판 1985.9.10. 84다카1532). 기출 24

② 일반적으로 타인의 불법행위에 의하여 재산권이 침해된 경우에는 그 재산적 손해의 배상에 의하여 정신적 고통도 회복된다고 보아야 할 것이므로, 재산적 손해의 배상에 의하여 회복할 수 없는 정신적 손해가 발생하였다면 이는 특별한 사정으로 인한 손해로서 가해자가 그러한 사정을 알았거나 알 수 있었을 경우에 한하여 그 손해에 대한 위자료를 인정할 수 있다(대판 1988.3.22. 87다카1096). 기출 13

③ 매도인이 매수인으로부터 매매대금을 약정된 기일에 지급받지 못한 결과 제3자로부터 부동산을 매수하고 그 잔대금을 지급하지 못하여 그 계약금을 몰수당함으로써 손해를 입었다고 하더라도 이는 특별한 사정으로 인한 손해이므로 매수인이 이를 알았거나 알 수 있었던 경우에만 그 손해를 배상할 책임이 있다(대판 1991.10.11. 91다25369).

④ 매매대상 토지의 개별공시지가가 급등하여 매도인의 양도소득세 부담이 늘었다고 하더라도 그 손해는 사회일반의 관념상 매매계약에서의 잔금지급의 이행지체의 경우 통상 발생하는 것으로 생각되는 범위의 통상손해라고 할 수는 없고, 이는 특별한 사정에 의하여 발생한 손해에 해당한다(대판 2006.4.13. 2005다75897).

(4) 손해배상액의 산정기준

1) 배상액 산정

① 재산적 손해의 배상은 통상가격을 표준으로 하고, 특별한 가격은 채무자가 특별사정을 알았거나 알 수 있었을 때 배상의 책임을 진다.

② 위자료액9)은 배상권리자가 정당하다고 생각되는 액을 청구하게 하고, 법원이 재량에 의하여 판단한다.

2) 배상액 산정의 시기

① 이행불능된 데 대한 전보배상을 명함에 있어 이행불능사유 발생 당시의 시가를 감정하여 그 가액 상당의 배상을 명한 것은 정당하다(대판 1990.12.7. 90다5672).

② 판례는 이행지체로 인한 전보배상에 대하여는 책임원인발생시설을 취한 경우도 있고, 사실심변론종결시설을 취한 경우도 있다.

---

9) 숙박업자가 숙박계약상의 고객보호의무를 다하지 못하여 투숙객이 사망한 경우, 숙박계약의 당사자가 아닌 그 투숙객의 근친자가 그 사고로 인하여 정신적 고통을 받았다 하더라도 숙박업자의 그 망인에 대한 숙박계약상의 채무불이행을 이유로 위자료를 청구할 수는 없다(대판 2000.11.24. 2000다38718). 따라서 이와 같은 경우, 채권자의 직계존속은 민법 제752조를 유추적용하여 채무불이행을 이유로 한 위자료를 청구할 수 없다. 기출 21

③ 이행지체에 의한 전보배상에 있어서의 손해액 산정은 본래의 의무이행을 최고한 후 상당한 기간이 경과한 당시의 시가를 표준으로 하고, 이행불능으로 인한 전보배상액은 이행불능 당시의 시가 상당액을 표준으로 할 것인바, 채무자의 이행거절로 인한 채무불이행에서의 손해액 산정은, 채무자가 이행거절의 의사를 명백히 표시하여 최고 없이 계약의 해제나 손해배상을 청구할 수 있는 경우에는 이행거절 당시의 급부목적물의 시가를 표준으로 해야 한다(대판 2007.9.20, 2005다63337).

3) 배상액 산정의 장소

당사자의 특약 또는 특별한 규정이 없는 경우 채무 이행지의 가격을 표준으로 한다.

(5) 손해배상의 범위에 관한 특수문제

1) 과실상계

① 의의 : 채무불이행이나 불법행위에 기한 손해배상책임의 범위를 정함에 있어 채권자의 과실이 손해의 발생 및 확대에 기여한 경우 법원은 이를 참작하여야 하는데(민법 제396조), 이를 과실상계라고 한다.

② 요 건
- 손해배상청구권이 발생하였을 것
- 채권자의 과실이 있을 것 : 판례는 손해배상책임의 요건으로서의 과실은 의무위반이라는 강력한 과실임에 반하여, 과실상계에서의 과실은 가해자의 과실과 달리 사회통념이나 신의성실의 원칙에 따라 공동생활에 있어 요구되는 약한 의미의 부주의라고 설시하고 있다(대판 2000.8.22, 2000다29028). **기출 20** 따라서 채권자의 단순한 부주의라도 그로 말미암아 손해가 발생하거나 확대된 원인을 이루었다면 과실이 있는 것으로 보아 과실상계를 할 수 있다(대판 2013.4.11, 2012다118525). **기출 21**
- 책임능력의 요부(要否) : 채권자에게 책임능력이 필요한지 여부에 대해 견해대립이 있으나, 통설과 판례는 책임능력은 불필요하고, 다만 사리변식능력만 있으면 족하다는 태도이다.

③ 효 과
- 과실상계 사유에 관한 사실인정이나 그 비율을 정하는 것은 그것이 형평의 원칙에 비추어 현저히 불합리하다고 인정되지 않는 한 사실심의 전권에 속하는 사항이다(대판 2012.1.12, 2010다79947).
- 채권자에게 과실이 인정되면 법원은 손해배상의 책임 및 그 금액을 정함에 있어서 이를 참작하여야 하며, 배상의무자가 피해자의 과실에 관하여 주장하지 않는 경우에도 소송자료에 의하여 과실이 인정되는 경우에는 이를 법원이 직권으로 심리·판단하여야 한다(대판 2008.2.28, 2005다60369). **기출 20**
- 일부청구에서의 과실상계의 방법 : 일부청구 시 과실상계의 방법으로 안분설, 내측설, 외측설 등이 주장되고 있으나, 판례(대판 2008.12.24, 2008다51649)는 외측설을 따르고 있다.

> 일개의 손해배상청구권 중 일부가 소송상 청구되어 있는 경우에 과실상계를 함에 있어서는 손해의 전액에서 과실비율에 의한 감액을 하고 그 잔액이 청구액을 초과하지 않을 경우에는 그 잔액을 인용할 것이고 잔액이 청구액을 초과할 경우에는 청구의 전액을 인용하는 것으로 해석하여야 할 것이며, 이와 같이 풀이하는 것이 일부청구를 하는 당사자의 통상적 의사라고 할 것이고, 이러한 방식에 따라 원고의 청구를 인용한다고 하여도 처분권주의에 위배되는 것이라고 할 수는 없다(대판 2008.12.24, 2008다51649).

④ 적용범위
- 과실책임주의를 기초로 하는 손해배상책임에 적용됨이 원칙이다.
- 무과실책임(매도인의 하자담보책임)의 경우 직접적용은 부정하나 참작은 가능하다. **기출 20**
- 법률행위 본래의 책임을 묻는 경우에는 과실상계가 적용되지 않는다.
- 손해배상의 예정에는 적용이 없다는 것이 판례의 태도이다.

⑤ 피해자 측 과실
- 채무불이행으로 인한 손해배상의 경우 : 통설은 채권자의 수령보조자의 과실을 채권자의 과실과 동일시하여 과실상계를 한다.
- 불법행위로 인한 손해배상의 경우 : 학설의 대립이 있으나, 판례는 과실상계에서 피해자의 과실에는 피해자 본인의 과실뿐 아니라 피해자와 동일시할 수 있는 피해자 측의 과실도 포함되어야 한다고(대판 1997.11.14. 97다35344) 판시하고 있다.

2) 손익상계

채무불이행이라는 동일한 원인에 의하여 채권자가 손해와 함께 이익을 얻은 경우에 그 이익을 공제하여 배상액을 산정하는 것을 말한다.
① 민법에는 규정이 없으나 공평의 원칙상 인정되는 제도임을 유의하여야 한다.
② 공제되는 이익의 범위는 채무불이행과 상당인과관계가 있는 이익이므로 채무불이행 이외의 원인을 통해 채권자가 이익을 얻은 경우에는 그 이익은 공제대상이 되지 않는다.
- 부의금은 공제의 대상이 아니다(통설).
- 피해자의 사망 시 피해자의 생활비는 손익상계로 공제된다(대판 1969.7.22. 69다504). 다만, 부양가족의 생활비는 공제되지 않는다.
③ 과실상계 후 손익상계를 한다(대판 2010.2.25. 2009다87621). 기출 15

3) 손해배상자의 대위

채권자가 그 채권의 목적인 물건 또는 권리의 가액 전부를 손해배상으로 받은 때에는 채무자는 그 물건 또는 권리에 관하여 당연히 채권자를 대위한다(민법 제399조).

(6) 손해배상액의 예정

1) 의 의

계약과 동시에 계약 위반으로 인한 손해를 미리 산정하여 계약 위반 시에 채권자가 별도의 손해 발생 및 손해액의 증명 없이 예정배상액을 청구하기로 하는 당사자 간의 합의를 말한다. 최근 판례에 의하면 매수인이 대금을 약정기일까지 납부하지 아니할 경우 그 체납액에 대하여 연체료를 가산하여 지급하기로 하는 연체료 약정은 이행지체에 대한 손해배상의 예정으로서 지체책임이 발생할 때 비로소 그 지급의무가 발생한다고 한다(대판 2025.6.26. 2025다209893).
① 당사자는 채무불이행에 관한 손해배상액을 예정할 수 있다(민법 제398조 제1항).
② 채무불이행을 정지조건으로 하는 계약이며, 기본채권에 종된 계약이다.
③ 채무불이행 시에만 적용되고 불법행위 시에는 손해배상예정을 할 수 없다. 기출 14·17·18

2) 요 건

① 채무불이행의 전제가 되는 채권관계가 있어야 한다.
② 기본채권관계의 채권자와 채무자 간 손해 발생과 손해액에 대한 약정이 체결되어야 한다.
③ 손해배상액의 예정방법에 대해 특별한 제한이 없으므로, 배상액예정은 일정액의 금전으로 하는 것이 보통이나 금전 이외의 것으로도 배상액을 예정할 수 있다(민법 제398조 제5항).

3) 효 과
① 예정배상액의 청구
- 채무불이행으로 인한 손해배상액의 예정이 있는 경우에는, 채권자는 채무불이행 사실만 증명하면 손해의 발생 및 그 액을 증명하지 아니하고 예정배상액을 청구할 수 있다. 기출 14·18·24·25
- 실제의 손해액이 예정된 배상액보다 많거나 적다는 것을 입증하더라도, 예정된 배상액만을 청구할 수 있을 뿐이다.
- 당사자 사이의 채무불이행에 관하여 손해배상액을 예정한 경우에 채권자는 통상의 손해뿐만 아니라 특별한 사정으로 인한 손해에 관하여도 예정된 배상액만을 청구할 수 있고 특약이 없는 한 예정액을 초과한 배상액을 청구할 수는 없다(대판 1988.9.27. 86다카2375). 기출 17·18·21·24·25
- 채무불이행으로 인한 손해배상액이 예정되어 있는 경우에는 채권자는 채무불이행 사실만 증명하면 손해의 발생 및 그 액을 증명하지 아니하고, 예정배상액을 청구할 수 있고, 채무자는 채권자와 채무불이행에 있어 채무자의 귀책사유를 묻지 아니한다는 약정을 하지 아니한 이상 자신의 귀책사유가 없음을 주장·입증함으로써 예정배상액의 지급책임을 면할 수 있다. 기출 14·21

② 예정배상액의 감액
- 손해배상의 예정액이 부당히 과다한 경우에는 법원은 적당히 감액할 수 있다(민법 제398조 제2항). 기출 14·18
- 예정배상액이 과소한 경우에 대해서는 아무런 규정을 두고 있지 않은데, 다수설은 법원에 의한 직권 증액을 부정한다.
- 손해배상의 예정액이 부당하게 과다한지 및 그에 대한 적당한 감액의 범위를 판단하는 데 있어서는, 법원이 구체적으로 그 판단을 하는 때 즉, 사실심의 변론종결 당시를 기준으로 하여 그 사이에 발생한 위와 같은 모든 사정을 종합적으로 고려하여야 한다. 이때 감액사유에 대한 사실인정이나 그 비율을 정하는 것은 형평의 원칙에 비추어 현저히 불합리하다고 인정되지 않는 한 사실심의 전권에 속하는 사항이다(대판 2017.5.30. 2016다275402). 기출 21·25
- 금전채무에 관하여 이행지체에 대비한 지연손해금 비율을 따로 약정한 경우에 이는 일종의 손해배상액의 예정으로서 민법 제398조에 의한 감액의 대상이 된다(대판 2000.7.28. 99다38637). 기출 17·20
- "손해배상의 예정액"이라 함은 문언상 배상비율 자체를 말하는 것이 아니라 그 비율에 따라 계산한 예정배상액의 총액을 의미한다고 해석하여야 한다(대판 2000.7.28. 99다38637).
- 민법 제398조 제2항은 손해배상의 예정액이 부당히 과다한 경우에는 법원이 이를 적당히 감액할 수 있다고 규정하고 있고, 금전채무의 불이행에 관하여 적용을 배제하지 않고 있다. 또한 이자제한법 제6조는 법원은 당사자가 금전을 목적으로 한 채무의 불이행에 관하여 예정한 배상액을 부당하다고 인정한 때에는 상당한 액까지 이를 감액할 수 있다고 규정하고 있다. 따라서 금전채무에 관하여 이행지체에 대비한 지연손해금 비율을 따로 약정한 경우에 이는 손해배상액의 예정으로서 감액의 대상이 된다(대판 2017.7.11. 2016다52265). 기출 21·22

③ 과실상계와 손익상계의 적용
- 손해배상액이 예정된 경우에도 채무불이행에 대한 채권자의 과실이 있을 때에는 손해배상의 책임 및 금액의 산정에 있어서 이를 참작해야 한다(통설).
- 손해배상액의 예정에 있어서도 손익상계는 부정되지 않는다.

- 당사자 사이의 계약에서 채무자의 채무불이행으로 인한 손해배상액이 예정되어 있는 경우, 채무불이행으로 인한 손해의 발생 및 확대에 채권자에게도 과실이 있더라도 민법 제398조 제2항에 따라 채권자의 과실을 비롯하여 채무자가 계약을 위반한 경위 등 제반 사정을 참작하여 손해배상예정액을 감액할 수는 있을지언정 채권자의 과실을 들어 과실상계를 할 수는 없다(대판 2016.6.10. 2014다200763). 기출 18·21

④ 배상액의 예정과 이행청구·계약해제 : 손해배상액의 예정은 이행의 청구나 계약의 해제에 영향을 미치지 않는다(민법 제398조 제3항).

4) 관련 문제

① 위약금
- 위약금이란 채무불이행의 경우에 채무자가 채권자에게 지급할 것을 약속한 금액으로서 손해배상액의 예정 또는 위약벌로서의 성격을 갖는다.
- 위약금의 약정이 있는 경우에는 채무자에게 채무불이행이 있으면 채권자는 실제손해액을 증명할 필요 없이 그 예정액을 청구할 수 있는 반면에 실제손해액이 예정액을 초과하더라도 그 초과액을 청구할 수 없다(대결 1990.2.13. 89다카26250).
- 도급계약에서 계약이행보증금과 지체상금의 약정이 있는 경우, 특별한 사정이 없는 한 계약이행보증금은 위약벌 또는 제재금의 성질을 가지고, 지체상금은 손해배상의 예정으로 봄이 상당하다는 판례(대판 1996.4.26. 95다11436)와 도급계약서 및 그 계약내용에 편입된 약관에 수급인의 귀책사유로 인하여 계약이 해제된 경우에는 계약보증금이 도급인에게 귀속한다는 조항이 있는 경우, 도급계약서에 계약보증금 외에 지체상금도 규정되어 있다는 점만을 이유로 하여 계약보증금을 위약벌이라고 보기는 어렵다는 판례(대판 2005.11.10. 2004다40597)가 있으나, 지체상금은 이행지체를 전제로 하는 것이고 채무불이행은 이행지체에 한정되는 것은 아니라는 점에서 계약이행보증금을 위약벌이라고 볼 수는 없다고 판단된다.
- 위약금은 그 약정목적에 따라 위약벌과 손해배상액의 예정으로 분류되는데 당사자 사이의 특별한 약정이 없는 한 손해배상액의 예정으로 추정된다(민법 제398조 제4항). 따라서 위약벌임을 주장하는 자에게 위약벌로서의 약정이었다는 사실에 대한 입증책임이 있다(대판 2001.9.28. 2001다14689).
- 위약벌의 경우에는 별도의 채무불이행으로 인한 손해배상청구가 가능하다. 기출 14·22·25
- 위약벌의 약정은 손해배상의 예정에 관한 민법 제398조 제2항을 유추적용하여 그 액을 감액할 수는 없고, 다만, 그 의무의 강제에 의하여 얻어지는 채권자의 이익에 비하여 약정된 벌이 과도하게 무거울 때에는 그 일부 또는 전부가 공서양속에 반하여 무효로 된다(대판 2016.1.28. 2015다239324). 기출 14 최근 전합판결도 이와 같은 판례는 타당하고 그 법리에 따라 거래계의 현실이 정착되었다고 할 수 있으므로 민법 제398조 제2항을 유추적용하여 위약벌의 약정액을 감액할 수 없다는 취지는 그대로 유지되어야 한다고 판시하고 있다(대판 2022.7.21. 2018다248855[전합]).
- 지체상금을 계약 총액에서 지체상금률을 곱하여 산출하기로 정한 경우, 민법 제398조 제2항에 의하면, 손해배상액의 예정액이 부당히 과다한 경우에는 법원은 적당히 감액할 수 있다고 규정되어 있고 여기의 손해배상의 예정액이란 문언상 그 예정한 손해배상액의 총액을 의미한다고 해석되므로, 손해배상의 예정에 해당하는 지체상금의 과다 여부는 지체상금 총액을 기준으로 하여 판단하여야 한다(대판 2002.12.24. 2000다54536). 기출 25

② 계약금
- 계약금이란 계약을 체결할 때에 그 계약에 부수하여 당사자의 일방이 상대방에게 교부하는 금전 기타 유가물을 말한다.
- 계약금이 수수된 경우 이는 특별한 사정이 없는 한 해약금으로 추정될 뿐 그것을 위약금으로 하여 손해배상의 예정을 한 것으로 볼 수는 없다.
- 다만, 계약금을 수수하면서 '일방이 위약하면 계약금을 포기하거나 배액을 상환하기로 하는 별도의 약정'이 있다면 이는 손해배상액의 예정으로서의 성질을 갖는다(대판 1989.12.12. 89다카10811).

③ 손해배상액의 예정의 실효 여부 : 계약당사자가 채무불이행으로 인한 전보배상에 관하여 손해배상액을 예정한 경우에 채권자가 채무불이행을 이유로 계약을 해제하거나 해지하더라도 원칙적으로 손해배상액의 예정은 실효되지 않고, 전보배상에 관하여 특별한 사정이 없는 한 손해배상액의 예정에 따라 배상액을 정해야 한다. 다만 위와 같은 손해배상액의 예정이 계약의 유지를 전제로 정해진 약정이라는 등의 사정이 있는 경우에 채무불이행을 이유로 계약을 해제하거나 해지하면 손해배상액의 예정도 실효될 수 있다. 이때 손해배상액의 예정이 실효된다고 볼 특별한 사정이 있는지는 약정 내용, 약정이 이루어지게 된 동기와 경위, 당사자가 이로써 달성하려는 목적, 거래의 관행 등을 종합적으로 고려하여 당사자의 의사를 합리적으로 해석하여 판단해야 한다(대판 2022.4.14. 2019다292736).

제3절 책임재산의 보전

I 서 설

민법은 일정한 경우에 채권자가 채무자의 책임재산에 대하여 간섭하는 것을 인정함으로써, 채권의 실질적 가치를 보전하는 것을 허용한다. 이를 위하여 두 개의 제도가 인정되는데, 하나는 채권자가 채무자에 갈음하여 채무자의 재산권을 행사함으로써 채무자의 책임재산을 보전하고 충실히 하는 것이고(채권자대위권), 다른 하나는 채무자가 행한 법률행위를 채권자가 취소하고 그 법률행위로 인하여 발생한 책임재산의 감소로부터 원상을 회복하는 것이다(채권자취소권).

II 채권자대위권

1. 의 의

   채무자가 그 재산권을 행사하지 않는 경우에 채권자가 자기의 채권을 보전하기 위하여 채무자에 갈음하여 그 권리를 행사함으로써 채무자의 책임재산의 유지·충실을 꾀하는 제도로, 간접소권·대위소권이라고도 한다.

2. 법적 성질

   실체법상의 권리이다. 또한 채권자가 채무자의 재산을 대신 관리해주는 법정재산관리권이다(통설).

기출 16

3. 채권자대위권의 행사요건

> **채권자대위권(민법 제404조)**
> ① 채권자는 자기의 채권을 보전하기 위하여 채무자의 권리를 행사할 수 있다. 그러나 일신에 전속한 권리는 그러하지 아니하다.
> ② 채권자는 그 채권의 기한이 도래하기 전에는 법원의 허가 없이 전항의 권리를 행사하지 못한다. 그러나 보전행위는 그러하지 아니하다.

채권자가 채권자대위권을 행사하기 위해서는 ① 피보전채권의 존재, ② 채권보전의 필요성, ③ 채무자의 권리의 불행사, ④ 피대위권리(채권)의 존재 등의 요건을 구비하여야 한다. 채권자대위소송의 법적 성질을 법정소송담당10)으로 이해할 때 ①, ②, ③ 등의 요건이 흠결된 경우, 수소법원은 당사자적격의 흠결로 채권자대위소송을 부적법각하하여야 하나, ④의 요건이 흠결된 경우에는 청구기각하여야 한다. 채권자대위권의 행사 요건 중 ①, ②, ③은 법원이 당사자의 주장을 기다리지 아니하고 직권으로 심리·조사해야 할 직권조사사항에 해당한다. 기출 22

(1) 채권자가 자기의 채권을 보전할 필요가 있을 것

1) 피보전채권의 존재

① 토지거래규제구역 내의 토지에 대해 관할관청의 허가 없이 체결된 매매계약이라 하더라도, 매수인은 매도인에 대해 토지거래허가신청절차의 협력의무의 이행청구권을 가지므로, 이를 보전하기 위해 매도인의 제3자에 대한 권리를 대위행사할 수 있다. 기출 15·17

② 물권적 청구권도 채권자대위권의 피보전채권이 될 수 있다(대판 2007.5.10. 2006다82700). 기출 22

③ 이혼으로 인한 재산분할권은 그 구체적인 내용이 형성되기까지는 그 범위 및 내용이 불명확·불확정하기 때문에 구체적으로 권리가 발생하였다고 할 수 없으므로, 이를 보전하기 위하여 채권자대위권을 행사할 수 없다. 기출 13

④ 채권자대위소송에서 대위에 의하여 보전될 채권자의 채무자에 대한 권리가 인정되지 아니할 경우에는 채권자가 스스로 원고가 되어 채무자의 제3채무자에 대한 권리를 행사할 당사자적격이 없게 되므로 그 대위소송은 부적법하여 각하할 것인바, 피대위자인 채무자가 실존인물이 아니거나 사망한 사람인 경우 역시 피보전채권인 채권자의 채무자에 대한 권리를 인정할 수 없는 경우에 해당하므로 그러한 채권자대위소송은 당사자적격이 없어 부적법하다(대판 2021.7.21. 2020다300893).

2) 채권보전의 필요성

① 원 칙
- 채권자대위권은 채권자가 자기의 채권을 보전할 필요가 있어야 행사할 수 있다. 채권의 종류는 묻지 않으며, 청구권을 포함한다. 또한, 채무자의 제3채무자에 대한 권리보다 먼저 성립되어 있을 필요도 없고(대판 2003.4.11. 2003다1250), 채무자에 대한 채권이 제3채무자에게까지 대항할 수 있는 것임을 요하는 것도 아니다. 기출 12·16
- 금전채권이나 손해배상채권으로 귀착되는 채권인 경우에 보전필요성이란 원칙적으로 채무자가 무자력이여서 그 일반재산의 감소를 방지할 필요가 있는 경우를 말한다.
- 채무자가 무자력인지 여부를 인정하는 시기는 사실심의 변론종결 당시를 표준으로 한다.
- 채무자의 무자력에 관하여는 채권자가 주장·입증하여야 한다.

---

10) 채권자대위소송은 민법이 채권자에게 소송수행권을 부여한 결과 채무자를 대위해 채무자의 제3채무자에 대한 권리를 행사하는 것으로 보는 견해이다(통설·판례).

② 예외 : 특정채권의 보전을 위하는 경우에는 채무자의 무자력과 관계없이 채권자대위권이 허용된다(대판 1992.10.27. 91다483). 특히 판례는 임대차보증금반환채권의 양수인이 임대인의 임차인에 대한 임차가옥명도청구권을 대위행사하는 경우(대판 1989.4.25. 88다카4253), 수임인이 민법 제688조 제2항 전단 소정의 대변제청구권을 보전하기 위하여 채무자인 위임인의 채권을 대위행사하는 경우(대판 2002.1.25. 2001다52506) 등에는 채무자인 임대인이나 위임인의 무자력을 요건으로 하지 아니한다. 한편, 피보전채권과 피대위권리 간에 상호 밀접관련성은 인정되어야 한다. 따라서 채권자대위권의 행사가 채무자의 자유로운 재산관리행위에 대한 부당한 간섭이 된다는 등의 특별한 사정이 있는 경우에는 보전의 필요성을 인정할 수 없다(대판 2013.5.23. 2010다50014). 기출 17·24

3) 채권이 변제기에 있을 것

대위권을 행사하려는 대위채권자의 채권의 이행기가 아직 도래하기 전에는 대위권의 행사가 허용되지 않는 것이 원칙이다. 단, 법원의 허가를 얻어서 하는 재판상의 대위와 보존행위의 대위는 이행기 전이라도 할 수 있다(민법 제404조 제2항).

(2) 채무자가 스스로 그 권리를 행사하지 않을 것

① 채권자대위권은 채무자가 그 권리를 행사하지 아니하는 경우에 한하여 자기 채권의 보전을 위하여 행사할 수 있다(대판 1969.2.25. 68다2352·2353). 채무자 스스로 권리를 행사하고 있음에도 불구하고 채권자대위를 허용한다면 채무자에 대한 부당한 간섭이 된다(대판 1979.3.27. 78다2342). 기출 12

② 채무자가 권리를 행사하는 이상, 부적당한 방법으로 권리를 행사해도 채권자대위는 허용되지 않는다. 기출 13 판례는 채권자대위권은 채무자가 제3채무자에 대한 권리를 행사하지 아니하는 경우에 한하여 채권자가 자기의 채권을 보전하기 위하여 행사할 수 있는 것이기 때문에 채권자가 대위권을 행사할 당시 이미 채무자가 그 권리를 재판상 행사하였을 때에는 설사 패소의 확정판결을 받았더라도 채권자는 채무자를 대위하여 채무자의 권리를 행사할 당사자적격이 없다고(대판 1993.3.26. 92다32876) 판시하고 있다. 기출 23

(3) 채권자대위권의 객체(피대위권리)

1) 대위권의 객체가 될 수 있는 권리

① 청구권·형성권을 불문
② 채권자대위권·채권자취소권 기출 15·17·22·24
③ 소유권이전등기의 말소등기청구권 기출 20
④ 채무자의 권리는 사권뿐만 아니라 공권이라도 무방하다.
⑤ 등기신청권에 관해서는 명문의 규정이 있다(부동산등기법 제28조).
⑥ 소송법상의 권리도 직접 실체법상의 권리를 주장하는 형식인 한 대위권의 객체가 될 수 있다.
⑦ 조합탈퇴권 기출 22
⑧ 임차권보전을 위한 임차인의 임대인의 제3자에 대한 임차목적물 인도청구권의 대위행사(대판 1964.12.29. 64다804) 기출 24

2) 대위권의 객체가 될 수 없는 권리

① 채무자의 일신전속권(민법 제404조 제1항 단서) 기출 15·17·22
② 압류금지채권
③ 채무자와 제3자와의 사이에 소송이 계속한 후에 그 소송을 수행하기 위한 소송법상의 개개의 행위인 공격·방어 방법의 제출, 상소나 재심의 소의 제기, 집행방법에 관한 이의 기출 15·16
④ 행사상의 일신전속권인 이혼으로 인한 재산분할청구권(대결 2022.7.28. 2022스613)
⑤ 행사상의 일신전속권인 공공임대주택 임차인의 임대차계약 중도 해지권(대판 2022.9.7. 2022다230165)
⑥ 임대인의 동의 없는 임차권의 양도에서 양수인의 임대인의 권한 대위 행사

4. 채권자대위권의 행사방법

(1) 행사의 방법

① 채권자는 자기의 이름으로 채무자의 권리를 행사하는 것이며, 채무자의 대리인으로서 행사하는 것이 아니다.
② 대위권을 행사함에 있어서 법원의 허가를 얻거나 재판상 행사하여야 할 필요는 없으나, 다만, 채권자의 채권이 이행기에 있지 않은 때에는 재판상의 대위를 하여야 한다.
③ 채권자가 수령한 경우 채무자에게 인도하여야 하지만, 그것이 채권자의 채무자에 대한 채권과 동종의 것이고 또 상계적상에 있는 것인 때에는 상계를 함으로써 사실상 우선변제를 받을 수 있다. 기출 18·23
④ 채권자대위권은 제3채무자에 대해 채무자에게 일정한 급부행위를 하라고 청구하는 것이 원칙이다. 다만, 금전 기타 물건의 급부를 목적으로 하는 채권과 같이 변제의 수령을 요하는 경우에는, 채무자가 수령하지 않는다면 대위권행사의 목적을 달성할 수 없으므로, 채권자는 제3채무자에 대해 채무자에게 인도할 것을 청구할 수 있음은 물론이고 직접 자기에게 인도할 것을 청구할 수도 있다(대판 1962.1.11. 4294민상195).

기출 13·17·18

> 채권자대위권은 채권자의 고유권리이기는 하지만 채무자가 제3채무자에 대하여 가지고 있는 권리를 대위행사하는 것이므로, 채권자가 대위권을 행사한 경우에 제3채무자에 대하여 채무자에게 일정한 급부행위를 하라고 청구하는 것이 원칙이다. 다만 금전의 지급이나 물건의 인도 등과 같이 급부의 수령이 필요한 경우나 말소등기절차의 이행을 구하는 경우 등에는 채권자에게도 급부의 수령권한이 있을 뿐만 아니라, 채권자에게 행한 급부행위의 효과가 채무자에게 귀속되므로 예외적으로 채권자가 제3채무자에 대하여 직접 자신에게 급부행위를 하도록 청구할 수 있는 것이다. 그러나 채무자가 제3채무자에게 채권의 양도를 구할 수 있는 권리를 가지고 있고, 채권자가 채무자의 위 권리를 대위행사하는 경우에는 채권자의 직접 청구를 인정할 예외적인 사유가 없으므로, 원칙으로 돌아가 채권자는 제3채무자에 대하여 채무자에게 채권양도절차를 이행하도록 청구하여야 하고, 직접 자신에게 채권양도절차를 이행하도록 청구할 수 없다. 제3채무자에 대하여 채무자에게 채권을 양도하는 절차를 이행하도록 하면 그 채권이 바로 채무자에게 귀속하게 되어 별도로 급부의 수령이 필요하지 않을 뿐만 아니라, 만약 제3채무자가 직접 채권자에게 채권을 양도하는 절차를 이행하도록 하면 그 채권은 채권자에게 이전된다고 볼 수밖에 없어 대위행사의 효과가 채무자가 아닌 채권자에게 귀속하게 되기 때문이다(대판 2024.3.12. 2023다301682).

(2) 대위권행사의 통지

① 채권자대위권의 행사에 채무자의 동의는 필요 없지만, 그 행사 후에는 그 사실을 채무자에게 통지하여야 한다. 채권자가 보존행위 이외의 권리를 대위행사하는 경우에는 채무자에게 이를 통지하여야 한다.

<small>기출 18·23</small>

② 통지를 받은 후에는 채무자가 그 권리를 처분하여도 이로써 채권자에게 대항하지 못한다. 판례는 채권자가 채무자를 대위하여 채무자의 제3채무자에 대한 권리를 행사하고 채무자에게 통지를 하거나 채무자가 채권자의 대위권 행사사실을 안 후에는 채무자는 그 권리에 대한 처분권을 상실하여 그 권리의 양도나 포기등 처분행위를 할 수 없고 채무자의 처분행위에 기하여 취득한 권리로서는 채권자에게 대항할 수 없으나, 채무자의 변제수령은 처분행위라 할 수 없고 같은 이치에서 채무자가 그 명의로 소유권이전등기를 경료하는 것 역시 처분행위라고 할 수 없으므로 소유권이전등기청구권의 대위행사 후에도 채무자는 그 명의로 소유권이전등기를 경료하는 데 아무런 지장이 없다고(대판 1991.4.12. 90다9407) 판시하고 있다.

<small>기출 23</small>

③ 채무자가 자신의 채권이 채권자에 의해 대위행사 되고 있는 사실을 안 때에는 채권자가 통지를 한 것과 같은 효과가 발생한다. <small>기출 16</small>

> • 채무자가 그러한 채권자대위권 행사 사실을 알게 된 후에 그 매매계약을 합의해제함으로써 채권자대위권의 객체인 부동산 소유권이전등기청구권을 소멸시켰다 하더라도 이로써 채권자에게 대항할 수 없고, 그 결과 제3채무자 또한 그 계약해제로써 채권자에게 대항할 수 없다(대판 2007.6.28. 2006다85921).
> • 채무자의 변제수령은 처분행위라 할 수 없고 같은 이치에서 채무자가 그 명의로 소유권이전등기를 경료하는 것 역시 처분행위라고 할 수 없으므로 소유권이전등기청구권의 대위행사 후에도 채무자는 그 명의로 소유권이전등기를 경료하는 데 아무런 지장이 없다(대판 1991.4.12. 90다9407).
> • 채무자가 채권자대위권행사의 통지를 받은 후에 채무를 불이행함으로써 통지 전에 체결된 약정에 따라 매매계약이 자동적으로 해제되거나, 채권자대위권행사의 통지를 받은 후에 채무자의 채무불이행을 이유로 제3채무자가 매매계약을 해제한 경우 제3채무자는 계약해제로써 대위권을 행사하는 채권자에게 대항할 수 있다. 다만 형식적으로는 채무자의 채무불이행을 이유로 한 계약해제인 것처럼 보이지만 실질적으로는 채무자와 제3채무자 사이의 합의에 따라 계약을 해제한 것으로 볼 수 있거나, 채무자와 제3채무자가 단지 대위채권자에게 대항할 수 있도록 채무자의 채무불이행을 이유로 하는 계약해제인 것처럼 외관을 갖춘 것이라는 등의 특별한 사정이 있는 경우에는 채무자가 피대위채권을 처분한 것으로 보아 제3채무자는 계약해제로써 대위권을 행사하는 채권자에게 대항할 수 없다(대판 2012.5.17. 2011다87235[전합]).

(3) 제3채무자의 지위

채권자대위권은 채무자의 제3채무자에 대한 권리를 행사하는 것이므로, 제3채무자는 채무자에 대하여 가지는 모든 항변사유로써 채권자에게 대항할 수 있다(대판 2023.4.13. 2022다244836). <small>기출 18</small>

5. 채권자대위권의 행사효과

(1) 채무자 처분권의 제한

① 채권자가 대위권의 행사에 착수하여 이를 채무자에게 통지하면, 채무자는 그 후 이를 방해하는 처분행위를 하여도 이로써 채권자에게 대항하지 못한다(민법 제405조 제2항). <small>기출 12</small>

② 채무자가 채권자대위권 행사의 통지를 받은 후, 자신의 채무자로부터 변제를 수령할 수 있다. 채무자의 처분행위가 금지될 뿐 관리·보존행위까지 금지되는 것은 아니다. <small>기출 13</small>

(2) 효과의 귀속
① 행사의 효과는 직접 채무자에 귀속한다.
② 제3채무자가 대위채권자에게 인도한 때에도 채무자의 채권은 소멸하며, 인도된 재산은 총채권자를 위한 공동담보가 된다.

(3) 시효의 중단
채권자대위권 행사의 효과는 채무자에게 귀속되는 것이므로 채권자대위소송의 제기로 인한 소멸시효 중단의 효과 역시 채무자에게 생긴다(대판 2011.10.13. 2010다80930). 기출 12·13·16·18·23

(4) 판결의 효과
채권자가 채권자대위권을 행사하는 방법으로 제3채무자를 상대로 소송을 제기하고 판결을 받은 경우에는 어떠한 사유로 인하였든 적어도 채무자가 채권자대위권에 의한 소송이 제기된 사실을 알았을 경우에는 그 판결의 효력은 채무자에게 미친다(대판 1975.5.13. 74다1664[전합]).

(5) 비용상환청구권
① 채권자가 대위하기 위하여 비용을 지출한 때에는 그 비용의 상환을 청구할 수 있다. 기출 13
② 채권자가 목적물의 대위수령과 목적물 보관에 비용을 지출한 때에는 채권자는 목적물상에 유치권을 취득한다.

Ⅲ 채권자취소권

1. 의 의
채권자취소권이란 채무자가 채권자를 해함을 알면서 법률행위에 의하여 자기의 책임재산을 감소시킨 경우, 채권자가 그 법률행위의 효력을 취소하고 책임재산을 회복시키려는 권리를 말한다. 기출 20

2. 법적 성질(상대적 무효설)(통설)(대판 1991.8.13. 91다13717)

(1) 법적 성질
사해행위의 취소와 일탈된 재산의 반환을 목적으로 하는 권리이다.

(2) 소송형태
취소소송(형성소송)과 반환소송(이행소송)을 병합하는 것이 원칙이나 취소소송만을 먼저 제기하고 나중에 이행소송을 제기할 수도 있다.

(3) 소송의 상대방
취소소송의 피고는 수익자 또는 전득자이며 채무자는 피고적격을 갖지 아니한다(판례).

(4) 효 과
① 일탈된 목적물은 채무자에게 반환된다. 다만, 취소된 사해행위는 소송당사자인 수익자 또는 전득자와 채권자 사이에만 무효가 되고, 채무자와 수익자 또는 전득자 사이의 법률관계는 그대로 유효하다.
② 취소권을 행사한 채권자에게 우선변제권이 있는 것은 아니다.
③ 강제집행을 통하여 권리를 상실한 수익자나 전득자는 채무자에게 상환을 받을 수 있다.

3. 채권자취소권의 행사요건

(1) 피보전채권이 존재할 것

1) 피보전채권의 적격이 문제되는 경우

① 특정채권 : 특정채권 그 자체의 보전을 위해 채권자취소권을 행사할 수는 없다(특정물에 대한 소유권이전등기청구권). 기출 13·17·23

② 담보가 설정된 피보전채권
- 피보전채권에 인적 담보가 있는 경우에도 채권자취소권을 행사할 수 있다.
- 질권·저당권 등 물적 담보를 수반하는 채권에 대해서는 담보목적물의 가격이 채권액에 부족한 한도에서 채권자의 취소권을 인정하여야 한다.

2) 피보전채권의 성립시기

① 원칙 : 사해행위 이전에 발생하였을 것을 요한다. 채권자의 채권이 사해행위 이전에 성립한 이상, 사해행위 이후에 양도되었다 하더라도 양수인은 채권자취소권을 행사할 수 있다. 기출 13·17·18 채권자의 채권이 사해행위 이전에 성립되어 있는 이상 그 채권이 양도된 경우에도 그 양수인이 채권자취소권을 행사할 수 있고, 이 경우 채권양도의 대항요건을 사해행위 이후에 갖추었더라도 채권양수인이 채권자취소권을 행사하는 데 아무런 장애사유가 될 수 없다(대판 2006.6.29, 2004다5822). 기출 21·25

② 예외 : 단, 사해행위 당시 이미 채권 성립의 기초가 되는 법률관계가 성립되어 있고, 가까운 장래에 그 법률관계에 기하여 채권이 발생하리라는 점에 대한 고도의 개연성이 있으며, 실제로 가까운 장래에 그 개연성이 현실화되어 채권이 발생한 경우에는 그 채권도 채권자취소권의 피보전채권이 될 수 있다(대판 2012.2.23, 2011다76426).

3) 피보전채권의 이행기

피보전채권의 이행기 도래는 채권자취소권의 요건이 아니다. 따라서 조건부·기한부 채권자도 채권자취소권을 행사할 수 있다.

> **정지조건부채권을 피보전채권으로 하여 채권자취소권을 행사할 수 있는지 여부(원칙적 적극)**
> 채권자취소권 행사는 채무 이행을 구하는 것이 아니라 총채권자를 위하여 이행기에 채무 이행을 위태롭게 하는 채무자의 자력 감소를 방지하는 데 목적이 있는 점과 민법이 제148조, 제149조에서 조건부권리의 보호에 관한 규정을 두고 있는 점을 종합해 볼 때, 취소채권자의 채권이 정지조건부채권이라 하더라도 장래에 정지조건이 성취되기 어려울 것으로 보이는 등 특별한 사정이 없는 한, 이를 피보전채권으로 하여 채권자취소권을 행사할 수 있다(대판 2011.12.8, 2011다55542). 기출 24

(2) 사해행위가 있을 것

1) 사해행위의 개념

사해행위란 채무자의 무자력 상태를 초래하는 재산상의 법률행위를 의미한다.

2) 무자력 상태

무자력이란 채무자의 변제자력이 없음을 뜻하는 것으로, 무자력인지 여부의 판단은 「사해행위 당시」를 기준으로 한다. 다만, 무자력상태는 「사실심변론 종결 시」까지 유지되어야 한다. 한편 처분행위 당시에 무자력상태의 채무자가 사실심변론 종결 당시 자력을 회복하였다는 점에 대한 입증책임은 채권자취소소송의 상대방에게 있다.

- [1] 채무자의 재산처분행위가 사해행위가 되기 위해서는 그 행위로 말미암아 채무자의 총재산의 감소가 초래되어 채권의 공동담보에 부족이 생기게 되어야 하는 것, 즉 채무자의 소극재산이 적극재산보다 많아져야 하는 것인바, 채무자가 재산처분행위를 할 당시 적극재산을 산정함에 있어서는 다른 특별한 사정이 없는 한 실질적으로 재산적 가치가 없어 채권의 공동담보로서의 역할을 할 수 없는 재산은 이를 제외하여야 하고, 재산이 채권인 경우에는 그것이 용이하게 변제를 받을 수 있는 확실성이 있는 것인지 여부를 합리적으로 판정하여 그것이 긍정되는 경우에 한하여 적극재산에 포함시켜야 한다. 나아가, 채무자의 재산처분행위가 사해행위에 해당함을 주장하면서 그 취소를 구하는 채권자는 채무자의 재산처분행위로 인하여 무자력 또는 채무초과상태가 초래되었다는 사실에 관한 주장·증명책임을 부담하므로, 어떠한 채권의 존부 및 범위에 관한 증명이 있는 경우에는, 그 채권이 용이하게 변제를 받을 수 있는 확실성이 없는 등 실질적으로 재산적 가치가 없어 채권의 공동담보로서의 역할을 할 수 없는 재산에 해당한다는 점에 대한 주장·증명책임 역시 취소채권자가 부담한다. [2] 채무자가 여러 채권자 중 일부에게만 채무의 이행과 관련하여 그 채무의 본래 목적이 아닌 다른 채권 기타 적극재산을 양도함으로써 채무초과상태를 유발 또는 심화시킨 경우, 채무자의 총재산에는 변동이 없지만 일반채권자를 위한 공동담보가 되는 책임재산을 감소시키는 결과가 초래되므로, 그와 같은 적극재산의 양도 행위는 채무자가 특정 채권자에게 채무 본지에 따른 변제를 하는 경우와 달리 원칙적으로 다른 채권자들에 대한 관계에서는 사해행위가 될 수 있고, 예외적으로 사해성의 일반적인 판단 기준에 비추어 그 행위가 궁극적으로 일반채권자를 해하는 행위로 볼 수 없는 경우에는 사해행위의 성립이 부정될 수 있다. 이때 채무자가 일반채권자 일부에 대한 특정 채무의 이행과 관련하여 그보다 적은 가액의 다른 채권 기타 적극재산을 양도함에 따라 채무초과상태가 유발되었는지 여부를 판단하기 위한 채무자의 책임재산을 산정함에 있어 양도된 재산을 적극재산에서 제외하였다면, 특별한 사정이 없는 한 위 특정 채무 중 양도된 재산과 같은 금액에 해당하는 부분도 소극재산에서 제외하여야 할 것이다(대판 2023.10.18. 2023다237804).
- 사해행위를 이유로 채권자취소권을 행사하는 경우 행위를 하지 않았다면 있었을 책임재산을 회복하도록 하여야 하고, 그보다 더 많은 책임재산을 회복하는 결과를 초래하는 것은 허용되지 않는다. 따라서 일반채권자들의 공동담보에 제공되지 않은 책임재산은 취소의 범위에서 제외되어야 한다. 공유물인 주택에 주택임대차보호법에 따라 임차보증금을 우선적으로 변제받을 권리를 가진 임차인이 있고 그 주택의 공유자들이 불가분채무인 임차보증금 반환의무를 부담하는 경우, 공유자 중 1인인 채무자가 처분한 지분 중에서 일반채권자들의 공동담보에 제공되는 책임재산은 우선변제권이 있는 임차보증금 반환채권 전액을 공제한 나머지 부분이다. 이러한 법리는 전세목적물의 소유권 중 일부 지분이 이전되어 전세목적물의 공유자들이 불가분채무인 전세금 반환의무를 부담하게 된 이후 그 공유자 중 1인이 자신의 지분을 처분함으로써 사해행위가 문제 되는 경우에도 마찬가지로 적용된다(대판 2025.4.15. 2024다312566).

3) 채무자의 법률행위는 재산권을 목적으로 할 것
① 혼인, 입양, 이혼, 상속포기(대판 2011.6.9. 2011다29307) 등의 신분행위는 사해행위가 될 수 없다. 기출 21 다만, 이혼 시 재산분할과 상속재산분할협의는 사해행위가 될 수 있다.
② 채무자의 법률행위로 계약 뿐만 아니라 단독행위도 사해행위가 되면 취소할 수 있다. 또한 준법률행위도 포함시키는 것이 일반적이다. 따라서 채무자가 소멸시효 완성 후에 한 소멸시효이익의 포기행위도 채권자취소권의 대상인 사해행위가 될 수 있다(대결 2013.5.31. 2012마712). 기출 25
③ 상속재산의 분할협의는 그 성질상 재산권을 목적으로 하는 법률행위이므로, 사해행위취소권 행사의 대상이 될 수 있다. 기출 14·17

4) 구체적 검토
① 변제와 대물변제
- 변제와 대물변제는 원칙적으로 사해행위가 되지 않는다(통설).
- 채무자의 재산이 채무의 전부를 변제하기에 부족한 경우에 채무자가 그의 유일한 재산을 어느 특정 채권자에게 대물변제로 제공하는 행위는 다른 특별한 사정이 없는 한 다른 채권자들에 대한 관계에서 사해행위가 된다(대판 2008.2.14. 2006다33357).

② 물적 담보의 제공
- 다수설 : 채무자가 일부의 채권자를 위하여 부동산 기타의 재산을 저당권 기타의 물적 담보를 위한 담보물로 제공하는 행위는 변제와 구별할 이유가 없다는 점에서 사해행위성을 부정한다.

- 판례 : 채무초과의 상태에 있는 채무자가 적극재산을 채권자 중 일부에게 담보로 양도하는 행위는 원칙적으로 다른 채권자들에 대한 관계에서 사해행위가 될 수 있다(대판 2011.3.10. 2010다52416). 반면에 채무자가 자금을 융통하여 사업을 계속 추진하는 것이 채무변제력을 갖게 되는 최선의 방법이라고 생각하고 물품을 공급받기 위하여 채무초과상태에 있으면서도 부득이 채무자 소유의 부동산을 특정 채권자에게 담보로 제공하고 그로부터 물품을 공급 받았다면 특별한 사정이 없는 한 채무자의 담보권설정행위는 사해행위에 해당하지 않는다(대판 2012.2.23. 2011다88832).

③ 인적 담보의 제공 : 채무자가 연대채무나 보증채무를 부담하는 것은 소극재산을 증가시키므로 사해행위가 된다.

④ 부동산, 기타 중요한 재산의 매각
- 재산을 무상 또는 부당한 염가로 매각하는 행위는 사해행위가 된다.
- 부동산 기타 재산을 상당한 대가를 받고 매각하는 것도 사해행위가 되는가에 대하여 다수설은 거래의 안전을 이유로 부정설의 입장, 판례는 긍정설의 입장이다.
- 채무자가 자기의 유일한 재산인 부동산을 매각하여 소비하기 쉬운 금전으로 바꾸는 경우, 그 매각 목적이 채무를 변제하기 위한 것이고, 그 대금이 부당한 염가가 아니며, 실제 이를 채권자에 대한 변제에 사용한 때에는, 채무자가 일부 채권자와 통모하여 다른 채권자를 해칠 의사를 가지고 변제를 하는 등의 특별한 사정이 없는 한, 사해행위에 해당한다고 볼 수 없다(대판 2024.12.12. 2024다275773).

⑤ 도급인의 저당권 설정 : 신축건물의 도급인이 민법 제666조가 정한 수급인의 저당권설정청구권의 행사에 따라 공사대금채무의 담보로 그 건물에 저당권을 설정하는 행위는 특별한 사정이 없는 한 사해행위에 해당하지 아니한다(대판 2018.11.29. 2015다19827). 기출 21

(3) 사해의사가 있었을 것

1) 채무자의 악의
① 채무자가 사해행위를 할 당시에 그 행위에 의하여 채권자를 해하는 것을 알고 있어야 한다(민법 제406조 제1항 본문). 기출 14
② 사해의사는 소극적인 인식으로 족하다. 특정의 채권자를 해하게 된다는 것을 인식할 필요는 없으며, 공동담보에 부족이 생긴다는 것에 관하여 인식하면 족하다. 기출 20
③ 사해의사는 사해행위 당시에 존재하여야 한다. 그 당시 과실로 인하여 인식하지 못한 경우에도 채권자취소권은 성립하지 않고, 사해행위가 있은 후에 인식하더라도 역시 취소하지 못한다.
④ 채무자의 사해의사는 사해행위의 성립요건이 되는 점에서 사해행위임을 주장하는 채권자가 이를 입증하여야 하고(대판 2024.12.12. 2024다275773), 사해의사를 입증하면 수익자의 악의는 추정된다. 기출 21·23

2) 수익자·전득자의 악의
① 사해행위로 인하여 이익을 받은 자(수익자)나 전득한 자가 그 행위 또는 전득 당시에 채권자를 해함을 알고 있어야 한다(제406조 제1항 단서).
② 수익자나 전득자 모두에게 사해의사가 있어야 하는 것은 아니고, 그중의 어느 1인에게 있으면 충분하다.
③ 전득자의 악의를 판단함에 있어서는 단지 전득자가 전득행위 당시 채무자와 수익자 사이의 법률행위의 사해성을 인식하였는지 여부만이 문제가 될 뿐이지, 수익자와 전득자 사이의 전득행위가 다시 채권자를 해하는 행위로서 사해행위의 요건을 갖추어야 하는 것은 아니다(대판 2006.7.4. 2004다61280).
④ 사해행위취소소송에 있어서 수익자 또는 전득자가 악의라는 점에 대하여는 그 수익자 또는 전득자 자신에게 선의임을 입증할 책임이 있다(대판 2015.6.11. 2014다237192). 기출 23 수익자는 선의로 족하며 선의에 과실이 있는지 여부는 묻지 않는다(대판 2023.9.21. 2023다234553).

4. 채권자취소권의 행사방법

(1) 행사의 당사자
① 취소권의 주체는 사해행위로 인하여 완제를 받을 수 없게 되는 채권자이다.
② 상대방은 이득반환청구의 상대방인 수익자 또는 전득자이다. 기출 13·20·23
③ 채무자를 상대로 채권자취소의 소송을 제기할 수는 없다(대판 1991.8.13. 91다13717).

(2) 행사의 방법
① 채권자취소권은 채권자가 자기의 이름으로, 반드시 재판상 소송의 형태로 행사하여야 한다. 기출 17·23 따라서 사해행위취소를 소구하지 않고 소송상의 공격·방어방법으로는 행사할 수 없다(대판 1993.1.26. 92다11008). 소의 성질은 형성의 소와 이행의 소를 합한 것이라고 한다.
② 원상회복의 방법으로 원물반환을 하여야 하나, 거래관념상 원물반환이 불가능하거나 현저히 곤란한 경우에는 사해행위의 목적물의 가액을 배상하여야 한다.
③ 사해행위의 취소에 따른 원상회복은 원칙적으로 그 목적물 자체의 반환에 의하여야 하고, 사해행위의 목적물이 금전 또는 동산이고 그 현물반환이 가능한 경우에는 취소채권자는 직접 자기에게 그 목적물의 인도를 청구할 수 있다(대판 1999.8.24. 99다23468; 대판 2003.11.28. 2003다50061). 사해행위 취소로 인한 원상회복으로서 가액배상을 명하는 경우에는, 취소채권자는 직접 자기에게 가액배상금을 지급할 것을 청구할 수 있다(대판 2008.11.13. 2006다1442). 기출 20

(3) 행사의 범위
① 원칙 : 보전되어야 할 채권액의 범위는 원칙적으로 취소채권자의 채권액을 표준으로 하여야 한다(통설·판례). 따라서 다른 채권자가 있더라도 자신의 채권액을 넘어서 취소하지 못한다(대판 2002.10.25. 2000다64441). 또한 채권자의 채권액에는 사해행위 이후 사실심 변론종결 시까지 발생한 이자나 지연손해금도 포함된다(대판 2003.7.11. 2003다19572).
② 예외 : 목적물이 불가분인 경우와 같이 특별한 사정이 있는 경우에는 취소채권자의 가액을 초과하더라도 전부를 취소할 수 있다. 다만, 사해행위취소로 인한 원상회복으로서 가액배상을 명하는 경우에는, 취소채권자는 직접 자기에게 가액배상금을 지급할 것을 청구할 수 있고, 위 지급받은 가액배상금을 분배하는 방법이나 절차 등에 관한 아무런 규정이 없는 현행법 아래에서 다른 채권자들이 위 가액배상금에 대하여 배당요구를 할 수도 없으므로, 결국 채권자는 자신의 채권액을 초과하여 가액배상을 구할 수는 없다(대판 2008.11.13. 2006다1442).

5. 채권자취소권의 행사효과

(1) 취소의 상대효
① 상대적 무효설에 의할 때 채권자와 수익자 혹은 전득자 사이에서만 무효의 효력이 있다.
② 채권자가 전득자를 상대로 하여 사해행위의 취소와 함께 책임재산의 회복을 구하는 소를 제기한 경우에 그 취소의 효과는 채권자와 전득자 사이의 상대적인 관계에서만 생기는 것이고 채무자 또는 채무자와 수익자 사이의 법률관계에는 미치지 않는 것이므로, 이 경우 취소의 대상이 되는 사해행위는 채무자와 수익자 사이에서 행하여진 법률행위에 국한되고, 수익자와 전득자 사이의 법률행위는 취소의 대상이 되지 않는다(대판 2004.8.30. 2004다21923). 기출 25

> [1] 무자력상태의 채무자가 소송절차를 통해 수익자에게 자신의 책임재산을 이전하기로 하여, 수익자가 제기한 소송에서 자백하는 등의 방법으로 패소판결 또는 그와 같은 취지의 화해권고결정 등을 받아 확정시키고, 이에 따라 수익자 앞으로 책임재산에 대한 소유권이전등기 등이 마쳐졌다면, 이러한 일련의 행위의 실질적인 원인이 되는 채무자와 수익자 사이의 이전합의는 다른 일반채권자의 이익을 해하는 사해행위가 될 수 있다.
> [2] 채권자가 사해행위의 취소와 함께 수익자 또는 전득자로부터 책임재산의 회복을 명하는 사해행위취소의 판결을 받은 경우 수익자 또는 전득자가 채권자에 대하여 사해행위의 취소로 인한 원상회복 의무를 부담하게 될 뿐, 채권자와 채무자 사이에서 취소로 인한 법률관계가 형성되는 것은 아니다. 따라서 위와 같이 채무자와 수익자 사이의 소송절차에서 확정판결 등을 통해 마쳐진 소유권이전등기가 사해행위취소로 인한 원상회복으로써 말소된다고 하더라도, 그것이 확정판결 등의 효력에 반하거나 모순되는 것이라고는 할 수 없다(대판 2017.4.7. 2016다204783).

③ 취소권행사의 효과는 총채권자의 이익을 위하여 생긴다. 채권자취소권(민법 제406조)의 규정에 의한 취소와 원상회복은 모든 채권자의 이익을 위하여 그 효력이 있다(민법 제407조). **기출 17 · 20**

④ 민법 제407조의 채권자라 함은 사해행위 당시 채무자에 대하여 채권을 갖고 있던 자 및 채권자취소권의 피보전채권으로서의 적격을 갖는 장래의 채권을 갖는 자에 한정되고, 사해행위 후의 채권자는 포함되지 않는다(대판 2009.6.23. 2009다18502). **기출 25**

⑤ 취소권자가 채권의 변제를 받으려면 자기의 집행권원에 기인하여 그 재산에 대하여 강제집행의 절차를 밟아야 한다.

⑥ 사해행위인 채권양도행위가 취소된 경우

> 채무자의 수익자에 대한 채권양도가 사해행위로 취소되는 경우, 수익자가 제3채무자에게서 아직 채권을 추심하지 아니한 때에는, 채권자는 사해행위취소에 따른 원상회복으로서 수익자가 제3채무자에게 채권양도가 취소되었다는 취지의 통지를 하도록 청구할 수 있다. 그런데 사해행위의 취소는 채권자와 수익자의 관계에서 상대적으로 채무자와 수익자 사이의 법률행위를 무효로 하는 데에 그치고, 채무자와 수익자 사이의 법률관계에는 영향을 미치지 아니한다. 따라서 채무자의 수익자에 대한 채권양도가 사해행위로 취소되고, 그에 따른 원상회복으로서 제3채무자에게 채권양도가 취소되었다는 취지의 통지가 이루어지더라도, 채권자와 수익자의 관계에서 채권이 채무자의 책임재산으로 취급될 뿐, 채무자가 직접 채권을 취득하여 권리자로 되는 것은 아니므로, 채권자는 채무자를 대위하여 제3채무자에게 채권에 관한 지급을 청구할 수 없다(대판 2015.11.17. 2012다2743). **기출 24**

(2) 원상회복

1) 원물반환

원상회복은 사해행위가 있기 전의 상태로의 복귀를 의미하므로 사해행위의 목적물 자체의 반환이 가능한 경우에는, 원칙적으로 그 목적물의 반환을 청구하여야 하며, 특별한 사정이 없는 한 그 목적물의 가액의 반환을 청구하지 못한다. 판례는 사해행위의 취소에 따른 원상회복은 원칙적으로 그 목적물 자체의 반환에 의하여야 하는바, 이때 사해행위의 목적물이 동산이고 그 현물반환이 가능한 경우에는 취소채권자는 직접 자기에게 그 목적물의 인도를 청구할 수 있다고(대판 1999.8.24. 99다23468) 한다. **기출 24**

2) 가액배상

① 요건 : 원물반환이 불가능하거나 현저히 곤란한 경우에 한하여 성립하고, 그 외에 불가능하게 된 데에 상대방인 수익자 등의 고의나 과실을 요하는 것은 아니다(대판 1998.5.15. 97다58316).

② 가액배상의 범위 및 산정기준 : 가액배상의 범위는 원칙적으로 사해행위의 범위와 피보전권리액 중 적은 금액으로 결정된다. 사해행위의 취소에 따른 원상회복은 원칙적으로 그 목적물 자체의 반환에 의하여야 할 것이나, 그것이 불가능하거나 현저히 곤란한 경우에는 예외적으로 가액배상에 의하여야 하고, 가액배상액을 산정함에 있어 그 가액은 수익자가 전득자로부터 실제로 수수한 대가와는 상관없이 사실심 변론종결 시를 기준으로 객관적으로 평가하여야 한다(대판 2010.4.29. 2009다104564).

③ **직접 청구** : 사해행위 취소로 인한 원상회복으로서 가액배상을 명하는 경우에는, 취소채권자는 직접 자기에게 가액배상금을 지급할 것을 청구할 수 있다(대판 2008.11.13. 2006다1442). 기출 20

3) 가액배상을 인정한 사례
   ㉠ 채권자가 원상회복만을 구하는 경우 : 사해행위를 전부 취소하고 원상회복을 구하는 채권자의 주장 속에는 사해행위를 일부 취소하고 가액의 배상을 구하는 취지도 포함되어 있으므로, 채권자가 원상회복만을 구하는 경우에도 법원은 가액의 배상을 명할 수 있다(대판 2001.9.4. 2000다66416).
   ㉡ 저당권이 설정되어 있는 부동산에 대한 사해행위 이후에 그 저당권 등이 말소된 경우 : 어느 부동산의 매매계약이 사해행위에 해당하는 경우에는 원칙적으로 그 매매계약을 취소하고 그 소유권이전등기의 말소 등 부동산 자체의 회복을 명하여야 하지만, 그 사해행위가 저당권이 설정되어 있는 부동산에 관하여 당해 저당권자 이외의 자와의 사이에 이루어지고 그 후 변제 등에 의하여 저당권설정등기가 말소된 때에는, 매매계약 전부를 취소하여 그 부동산 자체의 회복을 명하는 것은 당초 담보로 되어 있지 아니하던 부분까지 회복시키는 것이 되어 공평에 반하는 결과가 되므로, 그 부동산의 가액에서 저당권의 피담보채권액을 공제한 잔액의 한도에서 그 매매계약의 일부 취소와 그 가액의 배상을 구할 수 있을 뿐 부동산 자체의 회복을 구할 수는 없다(대판 1996.10.29. 96다23207).
   ㉢ 사해행위 후 그 목적물에 관하여 선의의 제3자가 저당권을 취득한 경우 : 어느 부동산에 관한 법률행위가 사해행위에 해당하는 경우에는 원칙적으로 그 사해행위를 취소하고 소유권이전등기의 말소 등 부동산 자체의 회복을 명하여야 하는 것이나, 다만 원물반환이 불가능하거나 현저히 곤란한 경우에는 원상회복의무의 이행으로서 사해행위 목적물의 가액 상당의 배상을 명하여야 하는 것이고, 이러한 가액배상에 있어서는 일반 채권자들의 공동담보로 되어 있어 사해행위가 성립하는 범위 내의 가액의 배상을 명하여야 하는 것이므로, 사해행위 후 그 목적물에 관하여 선의의 제3자가 저당권을 취득하였음을 이유로 가액배상을 명하는 경우에는 사해행위 당시 일반 채권자들의 공동담보로 되어 있었던 부동산 가액 전부의 배상을 명하여야 할 것이고, 그 가액에서 제3자가 취득한 저당권의 피담보채권액을 공제할 것은 아니고, 증여의 형식으로 이루어진 사해행위를 취소하고 원물반환에 갈음하여 그 목적물 가액의 배상을 명함에 있어서는 수익자에게 부과된 증여세액과 취득세액을 공제하여 가액배상액을 산정할 것도 아니다(대판 2003.12.12. 2003다40286). 기출 24

6. **채권자취소권의 존속기간**

사해행위의 취소 및 원상회복의 소는 채권자가 취소원인을 안 날로부터 1년, 법률행위 있은 날로부터 5년 내에 제기하여야 한다(민법 제406조 제2항). 존속기간의 성질은 제척기간이다(통설·판례). 기출 14·21 채권자취소권의 행사에서 그 제척기간의 기산점인 '채권자가 취소원인을 안 날'은 채권자가 채권자취소권의 요건을 안 날, 즉 채무자가 채권자를 해함을 알면서 사해행위를 하였다는 사실을 알게 된 날을 말한다. 이때 채권자가 취소원인을 알았다고 하기 위해서는 단순히 채무자가 재산의 처분행위를 하였다는 사실을 아는 것만으로는 부족하며, 구체적인 사해행위의 존재를 알고 나아가 채무자에게 사해의 의사가 있었다는 사실까지 알 것을 요한다. 사해행위의 객관적 사실을 알았다고 하여 취소원인을 알았다고 추정할 수는 없고, 그 제척기간의 도과에 관한 증명책임은 사해행위취소소송의 상대방에게 있다(대판 2023.4.13. 2021다309231).

CHAPTER 03 채권의 효력

01 이행지체에 관한 설명으로 옳은 것은?(다툼이 있으면 판례에 따름) 기출 25

① 금전채무의 이행지체로 인해 확정된 지연손해금채무의 경우, 채무자는 채권자로부터 이행청구를 받은 때부터 지체책임을 진다.
② 반환시기의 약정이 없는 소비대차의 경우, 대주가 반환을 최고한 때부터 이행지체가 된다.
③ 은행의 양도성예금증서에 변제기한이 있는 경우, 은행은 그 기한이 도래한 때부터 지체책임을 진다.
④ 채무이행의 불확정한 기한이 있는 경우, 채무자는 그 기한이 객관적으로 도래한 때부터 지체책임을 진다.
⑤ 불법행위로 인한 손해배상책임은 인정되지만 그 배상액이 확정되지 않은 경우, 채무자는 지체책임을 면한다.

02 민법상 손해배상액의 예정에 관한 설명으로 옳지 않은 것은?(다툼이 있으면 판례에 따름) 기출 25

① 채권자는 특약이 없는 한 손해배상예정액을 초과한 배상액을 청구할 수는 없다.
② 손해배상예정액의 감액비율을 정하는 것은 원칙적으로 사실심의 전권에 속한다.
③ 채권자가 예정된 손해배상액을 청구하기 위하여 손해의 발생 및 그 액을 증명할 필요는 없으나 적어도 채무불이행 사실은 증명하여야 한다.
④ 위약벌 약정액이 부당히 과다한 경우, 손해배상액의 예정에 관한 민법 제398조 제2항을 유추적용하여 그 액을 감액할 수 있다.
⑤ 지체상금을 계약 총액에 지체상금률을 곱하여 산출하기로 정한 경우, 손해배상의 예정에 해당하는 지체상금의 과다 여부는 지체상금 총액을 기준으로 판단하여야 한다.

• 해설 및 정답 •

01 ① (○) 금전채무의 지연손해금채무는 금전채무의 이행지체로 인한 손해배상채무로서 이행기의 정함이 없는 채무에 해당하므로, 채무자는 확정된 지연손해금채무에 대하여 <u>채권자로부터 이행청구를 받은 때부터</u> 지체책임을 부담하게 된다(대판 2010.12.9. 2009다59237).
② (×) 반환시기의 약정이 없는 소비대차의 경우 대주는 상당한 기간을 정하여 반환을 최고하여야 하므로(민법 제603조 제2항 본문), 차주의 이행지체 책임은 상당한 기간이 경과한 때로부터 발생한다.
③ (×) 은행의 양도성예금증서(CD)는 일반적으로 무기명 할인식으로 발행되는 무기명채권의 일종으로, 무기명채권이란 증서면에 권리자의 이름이 표시되어 있지 아니하고 증서의 소지인에게 변제하여야 하는 증권적 채권을 말한다. 은행의 양도성예금증서에 변제기한이 있는 경우, <u>그 기한이 도래한 후에 소지인이 증서를 제시하여 이행을 청구한 때로부터 은행은 지체책임이 있다</u>(민법 제524조, 제517조).
④ (×) 채무이행의 불확정한 기한이 있는 경우에는 채무자는 기한이 도래함을 안 때로부터 지체책임이 있다(민법 제387조 제1항 후문). 한편 불확정기한부 채권의 소멸시효는 그 기한이 객관적으로 도래한 때부터 진행한다.
⑤ (×) <u>청구금액이 확정되지 아니하였다는 이유만으로 채무자가 지체책임을 면할 수는 없다.</u> 청구권은 이미 발생하였고 가액이 아직 확정되지 아니한 것일 뿐이므로, 지연손해금 발생의 전제가 되는 원본 채권이 부존재한다고 말할 수는 없기 때문이다. 불법행위로 인한 손해배상채무의 경우 불법행위가 발생한 시점에는 손해배상액을 확정할 수 없는 경우가 대부분이지만, 그 발생시점부터 지체책임이 성립하는 점에 비추어도 그러하다(대판 2018.7.20. 2015다207044).

정답 ❶

02 ① (○) 당사자 사이의 채무불이행에 관하여 손해배상액을 예정한 경우에 채권자는 통상의 손해뿐만 아니라 특별한 사정으로 인한 손해에 관하여도 예정된 배상액만을 청구할 수 있고, 특약이 없는 한 예정액을 초과한 배상액을 청구할 수는 없다(대판 1988.9.27. 86다카2375).
② (○) 손해배상의 예정액이 부당하게 과다한지 및 그에 대한 적당한 감액의 범위를 판단하는 데 있어서는, 법원이 구체적으로 그 판단을 하는 때 즉, 사실심의 변론종결 당시를 기준으로 하여 그 사이에 발생한 위와 같은 모든 사정을 종합적으로 고려하여야 한다. 이때 <u>감액사유에 대한 사실인정이나 그 비율을 정하는 것은 형평의 원칙에 비추어 현저히 불합리하다고 인정되지 않는 한 사실심의 전권에 속하는 사항이다</u>(대판 2017.5.30. 2016다275402).
③ (○) 채무불이행으로 인한 손해배상액이 예정되어 있는 경우에는 채권자는 채무불이행 사실만 증명하면 손해의 발생 및 그 액을 증명하지 아니하고 예정배상액을 청구할 수 있고, 채무자는 채권자와 채무불이행에 있어 채무자의 귀책사유를 묻지 아니한다는 약정을 하지 아니한 이상 자신의 귀책사유가 없음을 주장·입증함으로써 예정배상액의 지급책임을 면할 수 있다(대판 2007.12.27. 2006다9408).
④ (×) 위약벌의 약정은 채무의 이행을 확보하기 위하여 정하는 것으로서 손해배상액의 예정과 그 내용이 다르므로 손해배상액의 예정에 관한 민법 제398조 제2항을 유추적용하여 <u>그 액을 감액할 수 없다.</u> 위와 같은 현재의 판례는 타당하고 그 법리에 따라 거래계의 현실이 정착되었다고 할 수 있으므로 그대로 유지되어야 한다(대판 2022.7.21. 2018다248855[전합]).
⑤ (○) 지체상금을 계약 총액에서 지체상금률을 곱하여 산출하기로 정한 경우, 민법 제398조 제2항에 의하면, 손해배상액의 예정액이 부당히 과다한 경우에는 법원은 적당히 감액할 수 있다고 규정되어 있고 여기의 손해배상의 예정액이란 문언상 그 예정한 손해배상액의 총액을 의미한다고 해석되므로, 손해배상의 예정에 해당하는 <u>지체상금의 과다 여부는 지체상금 총액을 기준으로 하여 판단하여야 한다</u>(대판 2002.12.24. 2000다54536).

정답 ❹

03 채권자취소권에 관한 설명으로 옳은 것은?(다툼이 있으면 판례에 따름) 기출 25

① 정지조건부 채권은 특별한 사정이 없는 한 채권자취소권의 피보전채권이 될 수 없다.
② 사해행위 이전에 성립된 채권을 양수하였으나, 그 대항요건을 사해행위 이후에 갖춘 양수인은 그 채권을 피보전채권으로 하는 채권자취소권을 행사할 수 있다.
③ 채무자가 소멸시효 완성 후에 한 소멸시효이익의 포기행위는 채권자취소권의 대상인 사해행위가 될 수 없다.
④ 채권자가 전득자를 상대로 사해행위취소의 소를 제기한 경우, 그 취소의 대상은 수익자와 전득자 사이의 법률행위이다.
⑤ 사해행위 이후에 성립한 채권의 채권자는 사해행위취소와 원상회복의 효력을 받는 채권자에 포함된다.

04 손해배상에 관한 설명으로 옳은 것은?(다툼이 있으면 판례에 따름) 기출 24

① 채무불이행으로 인한 손해배상액이 예정되어 있는 경우, 채권자는 채무불이행 사실 및 손해의 발생사실을 모두 증명하여야 예정배상액을 청구할 수 있다.
② 특별한 사정으로 인한 손해배상에서 채무자가 그 사정을 알았거나 알 수 있었는지의 여부는 계약체결 당시를 기준으로 판단한다.
③ 부동산소유권이전채무가 이행불능이 되어 채권자가 채무자에게 갖게 되는 손해배상채권의 소멸시효는 계약체결시부터 진행된다.
④ 채무불이행으로 인한 손해배상액을 예정한 경우에는 특별한 사정이 없는 한 통상손해는 물론 특별손해까지도 예정액에 포함된다.
⑤ 불법행위로 영업용 건물이 일부 멸실된 경우, 그에 따른 휴업손해는 특별손해에 해당한다.

• 해설 및 정답 •

03 ① (×) 채권자취소권 행사는 채무 이행을 구하는 것이 아니라 총채권자를 위하여 이행기에 채무 이행을 위태롭게 하는 채무자의 자력 감소를 방지하는 데 목적이 있는 점과 민법이 제148조, 제149조에서 조건부권리의 보호에 관한 규정을 두고 있는 점을 종합해 볼 때, 취소채권자의 채권이 정지조건부채권이라 하더라도 장래에 정지조건이 성취되기 어려울 것으로 보이는 등 특별한 사정이 없는 한, 이를 피보전채권으로 하여 채권자취소권을 행사할 수 있다(대판 2011.12.8. 2011다55542).
② (○) 채권자의 채권이 사해행위 이전에 성립되어 있는 이상 그 채권이 양도된 경우에도 그 양수인이 채권자취소권을 행사할 수 있고, 이 경우 채권양도의 대항요건을 사해행위 이후에 갖추었더라도 채권양수인이 채권자취소권을 행사하는 데 아무런 장애사유가 될 수 없다(대판 2006.6.29. 2004다5822).
③ (×) 채무자가 소멸시효 완성 후에 한 소멸시효이익의 포기행위는 소멸하였던 채무가 소멸하지 않았던 것으로 되어 결과적으로 채무자가 부담하지 않아도 되는 채무를 새롭게 부담하게 되는 것이므로 채권자취소권의 대상인 사해행위가 될 수 있다(대결 2013.5.31. 2012마712).
④ (×) 채권자가 전득자를 상대로 하여 사해행위의 취소와 함께 책임재산의 회복을 구하는 사해행위취소의 소를 제기한 경우에 그 취소의 효과는 채권자와 전득자 사이의 상대적인 관계에서만 생기는 것이고 채무자 또는 채무자와 수익자 사이의 법률관계에는 미치지 않는 것이므로, 이 경우 취소의 대상이 되는 사해행위는 채무자와 수익자 사이에서 행하여진 법률행위에 국한되고, 수익자와 전득자 사이의 법률행위는 취소의 대상이 되지 않는다(대판 2004.8.30. 2004다21923).
⑤ (×) 채권자취소권은 채무자가 채권자를 해함을 알면서 자기의 일반재산을 감소시키는 행위를 한 경우에 그 행위를 취소하여 채무자의 재산을 원상회복시킴으로써 모든 채권자를 위하여 채무자의 책임재산을 보전하는 권리이나, 사해행위 이후에 채권을 취득한 채권자는 채권의 취득 당시에 사해행위취소에 의하여 회복되는 재산을 채권자의 공동담보로 파악하지 아니한 자로서 민법 제407조에 정한 사해행위취소와 원상회복의 효력을 받는 채권자에 포함되지 아니한다(대판 2009.6.23. 2009다18502).

정답 ②

04 ① (×) 채무불이행으로 인한 손해배상액이 예정되어 있는 경우에는 채권자는 채무불이행 사실만 증명하면 손해의 발생 및 그 액을 증명하지 아니하고 예정배상액을 청구할 수 있고, 채무자는 채권자와 채무불이행에 있어 채무자의 귀책사유를 묻지 아니한다는 약정을 하지 아니한 이상 자신의 귀책사유가 없음을 주장·입증함으로써 예정배상액의 지급책임을 면할 수 있다(대판 2007.12.27. 2006다9408).
② (×) 민법 제393조 제2항 소정의 특별사정으로 인한 손해배상에 있어서 채무자가 그 사정을 알았거나 알 수 있었는지의 여부를 가리는 시기는 계약체결당시가 아니라 채무의 이행기까지를 기준으로 판단하여야 한다(대판 1985.9.10. 84다카1532).
③ (×) 매매로 인한 부동산소유권이전채무가 이행불능됨으로써 매수인이 매도인에 대하여 갖게 되는 손해배상채권은 그 부동산소유권의 이전채무가 이행불능된 때에 발생하는 것이고 그 계약체결일에 생기는 것은 아니므로 위 손해배상채권의 소멸시효는 계약체결일 아닌 소유권이전채무가 이행불능된 때부터 진행한다(대판 1990.11.9. 90다카22513).
④ (○) 계약 당시 손해배상액을 예정한 경우에는 다른 특약이 없는 한 채무불이행으로 인하여 입은 통상손해는 물론 특별손해까지도 예정액에 포함되고 채권자의 손해가 예정액을 초과한다 하더라도 초과부분을 따로 청구할 수 없다(대판 1993.4.23. 92다41719).
⑤ (×) 불법행위로 영업용 물건이 멸실된 경우, 이를 대체할 다른 물건을 마련하기 위하여 필요한 합리적인 기간 동안 그 물건을 이용하여 영업을 계속하였다면 얻을 수 있었던 이익, 즉 휴업손해는 그에 대한 증명이 가능한 한 통상의 손해로서 그 교환가치와는 별도로 배상하여야 하고, 이는 영업용 물건이 일부 손괴된 경우, 수리를 위하여 필요한 합리적인 기간 동안의 휴업손해와 마찬가지라고 보아야 할 것이다(대판 2004.3.18. 2001다82507[전합]).

정답 ④

05 이행지체에 관한 설명으로 옳지 않은 것은?(다툼이 있으면 판례에 따름) 기출 24

① 이행지체를 이유로 채권자에게 전보배상청구가 인정되는 경우, 그 손해액은 원칙적으로 최고할 당시의 시가를 기준으로 산정하여야 한다.
② 중도금지급기일을 '2층 골조공사 완료시'로 한 경우, 그 공사가 완료되었더라도 채무자가 그 완료사실을 알지 못하였다면 특별한 사정이 없는 한 지체책임을 지지 않는다.
③ 금전채무의 이행지체로 인하여 발생하는 지연이자의 성질은 손해배상금이다.
④ 저당권이 설정된 부동산 매도인의 담보책임에 기한 손해배상채무는 이행청구를 받은 때부터 지체책임이 있다.
⑤ 이행기의 정함이 없는 채권을 양수한 채권양수인이 채무자를 상대로 그 이행을 구하는 소를 제기하고 소송 계속 중 채무자에 대한 채권양도통지가 이루어진 경우, 특별한 사정이 없는 한 채무자는 채권양도통지가 도달된 다음 날부터 지체책임을 진다.

06 채권자대위권에 관한 설명으로 옳은 것을 모두 고른 것은?(다툼이 있으면 판례에 따름) 기출 24

> ㄱ. 피보전채권이 특정채권인 경우에 채무자의 무자력은 그 요건이 아니다.
> ㄴ. 임차인은 특별한 사정이 없는 한 임차권 보전을 위하여 제3자에 대한 임대인의 임차목적물인도청구권을 대위행사 할 수 있다.
> ㄷ. 채권자대위권도 채권자대위권의 피대위권리가 될 수 있다.

① ㄱ
② ㄷ
③ ㄱ, ㄴ
④ ㄴ, ㄷ
⑤ ㄱ, ㄴ, ㄷ

해설 및 정답

05 ① (×) 이행지체에 의한 전보배상에 있어서의 손해액 산정은 본래의 의무이행을 최고한 후 상당한 기간이 경과한 당시의 시가를 표준으로 하고, 이행불능으로 인한 전보배상액은 이행불능 당시의 시가 상당액을 표준으로 할 것인바, 채무자의 이행거절로 인한 채무불이행에서의 손해액 산정은, 채무자가 이행거절의 의사를 명백히 표시하여 최고 없이 계약의 해제나 손해배상을 청구할 수 있는 경우에는 이행거절 당시의 급부목적물의 시가를 표준으로 해야 한다(대판 2007.9.20. 2005다63337).

② (○) 채무이행기가 확정기한으로 되어 있는 경우에는 기한이 도래한 때로부터 지체책임이 있으나, 불확정기한으로 되어 있는 경우에는 채무자가 기한이 도래함을 안 때로부터 지체책임이 발생한다고 할 것인바, 이 사건 중도금 지급기일을 '2층 골조공사 완료시'로 정한 것은 중도금 지급의무의 이행기를 장래 도래할 시기가 확정되지 아니한 때, 즉 불확정기한으로 이행기를 정한 경우에 해당한다고 할 것이므로, 중도금 지급의무의 이행지체의 책임을 지우기 위해서는 2층 골조공사가 완료된 것만으로는 부족하고 채무자인 원고가 그 완료 사실을 알아야 한다고 할 것이다(대판 2005.10.7. 2005다38546 참조). 그 공사가 완료되었더라도 채무자가 그 완료사실을 알지 못하였다면 특별한 사정이 없는 한 지체책임을 지지 않는다.

③ (○) 금전채무의 이행지체로 인하여 발생하는 지연손해금은 그 성질이 손해배상금이지 이자가 아니며, 민법 제163조 제1호의 1년 이내의 기간으로 정한 채권도 아니므로 3년간의 단기소멸시효의 대상이 되지 아니한다(대판 1995.10.13. 94다57800).

④ (○) 매매의 목적이 된 부동산에 설정된 저당권의 행사로 인하여 매수인이 그 소유권을 취득할 수 없거나 취득한 소유권을 잃은 때에는 매수인은 계약을 해제할 수 있다. 이 경우에 매수인이 손해를 받은 때에는 그 배상을 청구할 수 있다(민법 제576조 제1항, 제3항). 민법 제576조에서 정하는 매도인의 담보책임에 기한 손해배상채무는 이행의 기한이 없는 채무로서 이행청구를 받은 때부터 지체책임이 있다(대판 2015.4.23. 2013다92873).

⑤ (○) 채무에 이행기의 정함이 없는 경우에는 채무자가 이행의 청구를 받은 다음 날부터 이행지체의 책임을 지는 것이나, 한편 지명채권이 양도된 경우 채무자에 대한 대항요건이 갖추어질 때까지 채권양수인은 채무자에게 대항할 수 없으므로, 이행기의 정함이 없는 채권을 양수한 채권양수인이 채무자를 상대로 그 이행을 구하는 소를 제기하고 소송 계속 중 채무자에 대한 채권양도통지가 이루어진 경우에는 특별한 사정이 없는 한 채무자는 채권양도통지가 도달된 다음 날부터 이행지체의 책임을 진다(대판 2014.4.10. 2012다29557).

정답 ①

06 ㄱ. (○) 채권자는 자기의 채무자에 대한 부동산의 소유권이전등기청구권 등 특정채권을 보전하기 위하여 채무자가 방치하고 있는 그 부동산에 관한 특정권리를 대위하여 행사할 수 있고 그 경우에는 채무자의 무자력을 요건으로 하지 아니하는 것이다(대판 1992.10.27. 91다483).

ㄴ. (○) 임대인 乙이 그 소유 토지를 피고 丙에게 임대하였다가 이를 해지한 뒤 다시 위 토지를 원고 甲에게 임대한 경우에 그 뒤 임대인 乙이 위 토지를 다른 사람 丁에게 매도하고 소유권이전등기를 완료함으로써 소유권을 상실하였다 하더라도 임대인 乙로서는 임차인인 원고 甲에게 임대물을 인도하여 그 사용수익에 필요한 상태를 제공·유지하여야 할 의무가 있고 또 임대인 乙은 피고 丙과의 임대차계약을 해지함으로써 피고 丙에게 임대물의 인도를 청구할 권리가 있다 할 것이므로 임대인 乙이 丁에게 매도함으로써 소유권은 상실하였다 해도 위와 같은 권리의무는 있다 할 것인즉 임차인 원고 甲은 임대인 乙의 피고 丙에 대한 위와 같은 임대물의 인도를 청구할 권리를 대위하여 행사할 수 있다(대판 1964.12.29. 64다804).

ㄷ. (○) 채권자대위권도 채권자대위권의 피대위권리가 될 수 있다(대판 1992.7.14. 92다527; 대판 1968.1.23. 67다2440 참조).

정답 ⑤

07 甲은 乙에 대하여 1억원의 물품대금채권을 가지고 있고, 乙은 丙에 대한 1억원의 대여금채권을 채무초과상태에서 丁에게 양도한 후 이를 丙에게 통지하였다. 甲은 丁을 피고로 하여 채권자취소소송을 제기하였다. 이에 관한 설명으로 옳은 것을 모두 고른 것은?(다툼이 있으면 판례에 따름) 기출 24

> ㄱ. 甲의 乙에 대한 물품대금채권이 시효로 소멸한 경우, 丁은 이를 甲에게 원용할 수 있다.
> ㄴ. 乙의 丁에 대한 채권양도행위가 사해행위로 취소되는 경우, 丁이 丙에게 양수금채권을 추심하지 않았다면 甲은 원상회복으로서 丁이 丙에게 채권양도가 취소되었다는 취지의 통지를 하도록 청구할 수 있다.
> ㄷ. 乙의 丁에 대한 채권양도행위가 사해행위로 취소되어 원상회복이 이루어진 경우, 甲은 乙을 대위하여 丙에게 대여금채권의 지급을 청구할 수 있다.

① ㄱ
② ㄷ
③ ㄱ, ㄴ
④ ㄴ, ㄷ
⑤ ㄱ, ㄴ, ㄷ

해설 및 정답

07 ㄱ. (○) 소멸시효를 원용할 수 있는 사람은 권리의 소멸에 의하여 직접 이익을 받는 자에 한정되는바, 사해행위취소소송의 상대방이 된 사해행위의 수익자는, 사해행위가 취소되면 사해행위에 의하여 얻은 이익을 상실하고 사해행위취소권을 행사하는 채권자의 채권이 소멸하면 그와 같은 이익의 상실을 면하는 지위에 있으므로, 그 채권의 소멸에 의하여 직접 이익을 받는 자에 해당하는 것으로 보아야 한다(대판 2007.11.29. 2007다54849). 따라서 사해행위 취소권을 행사하는 채권자 甲의 채무자 乙에 대한 물품대금채권(피보전채권)이 시효로 소멸한 경우, 수익자 丁은 이를 채권자 甲에게 원용할 수 있다.
ㄴ. (○) 채무자(乙)의 수익자(丁)에 대한 채권양도가 사해행위로 취소되는 경우, 수익자(丁)가 제3채무자 (丙)에게서 아직 채권을 추심하지 아니한 때에는, 채권자(甲)는 사해행위취소에 따른 원상회복으로서 수익자(丁)가 제3채무자(丙)에게 채권양도가 취소되었다는 취지의 통지를 하도록 청구할 수 있다(대판 2015.11.17. 2012다2743).
ㄷ. (×) 사해행위의 취소는 채권자와 수익자의 관계에서 상대적으로 채무자와 수익자 사이의 법률행위를 무효로 하는 데에 그치고, 채무자와 수익자 사이의 법률관계에는 영향을 미치지 아니한다. 따라서 채무자(乙)의 수익자(丁)에 대한 채권양도가 사해행위로 취소되고, 그에 따른 원상회복으로서 제3채무자(丙)에게 채권양도가 취소되었다는 취지의 통지가 이루어지더라도, 채권자(甲)와 수익자(丁)의 관계에서 채권이 채무자(乙)의 책임재산으로 취급될 뿐, 채무자(乙)가 직접 채권을 취득하여 권리자로 되는 것은 아니므로, 채권자(甲)는 채무자(乙)를 대위하여 제3채무자(丙)에게 채권에 관한 지급을 청구할 수 없다(대판 2015.11.17. 2012다2743).

 정답 ③

CHAPTER 04 다수당사자의 채권관계

출제포인트
- 불가분채권·불가분채무의 효력
- 연대채무·부진정연대채무
- 보증채무

제1절 서 설

다수당사자의 채권관계란 「하나의 동일한 내용의 급부」에 관하여 채권자 또는 채무자가 복수인 경우를 말한다. 민법은 다수당사자의 채권관계로 분할채권관계(민법 제408조), 불가분채권관계(민법 제409조 이하), 연대채무(민법 제413조 이하) 및 보증채무(민법 제428조 이하)의 네 종류를 규정하고 있으며, 해석상 부진정연대채무가 인정되고 있다.

제2절 분할채권관계

하나의 가분적 급부에 대하여 채권자나 채무자가 다수 존재하는 경우에, 각 채권자가 급부의 일부에 대해서만 권리를 가지거나 또는 각 채무자가 급부의 일부만을 부담하는 채권관계를 분할채권·채무관계라고 한다. 민법상 다수당사자의 채권·채무관계의 원칙적인 모습이다.

제3절 불가분채권관계

I 불가분채권관계의 의의

하나의 불가분급부를 목적으로 하는 다수당사자의 채권관계를 불가분채권관계라고 한다. 불가분채권관계에는 불가분채권과 불가분채무가 있다.

Ⅱ 불가분채권관계의 성립

불가분채권관계는 급부가 성질상 불가분인 경우, 의사표시에 의해 불가분채권·채무관계로 정한 경우에도 성립한다.

Ⅲ 불가분채권의 효력

1. 대외적 효력
각 채권자는 단독으로 채권 전부의 이행을 청구할 수 있으며, 채무자는 모든 채권자를 위하여 1인의 채권자에게 전부 이행할 수 있다(민법 제409조). 기출 16

2. 1인의 채권자에게 생긴 사유의 효력
이행청구, 이행청구로 인한 시효중단과 이행지체, 변제, 변제의 제공, 공탁, 수령지체는 절대적 효력이 있고, 상계, 대물변제, 경개, 면제, 혼동, 시효완성의 효과등은 상대적 효력이 있다.

3. 대내적 효력
채권자 상호 간의 내부관계에 관한 명문규정이 없지만, 특별한 의사표시가 없는 한 전부 이행을 받은 채권자는 다른 채권자들에게 균등한 비율로 그 이익을 분급하여야 한다.

Ⅳ 불가분채무의 효력

1. 대외적 효력
채권자는 1인의 채무자에게 전부의 이행을 청구할 수도 있고, 채무자 전원에게 동시 또는 순차로 이행을 청구할 수도 있다(민법 제411조, 제414조).

2. 1인의 채무자에게 생긴 사유의 효력 기출 13
변제, 변제제공, 공탁, 수령지체, 대물변제, 상계은 절대적 효력이 있고, 경개, 면제, 시효완성의 효과등은 상대적 효력이 있다. 이행청구에 대하여는 견해의 대립이 있으나 다수설은 상대적 효력을 인정한다.

3. 대내적 효력
불가분채무자 상호 간의 관계에 대하여 연대채무에 관한 규정이 준용된다.

Ⅴ 불가분채권관계의 분할채권관계로의 전환

불가분급부가 가분급부로 되면 불가분채권관계가 분할채권관계로 전환된다(민법 제412조).

VI 관련 판례 - 불가분채무인지 여부가 문제되는 사례

- 수인이 타인의 토지를 무단으로 점유한 경우의 부당이득반환채무는 특별한 사정이 없는 한 불가분적 이득의 반환으로 불가분채무이다(대판 2001.12.11. 2000다13948). 기출 20
- 건물의 공유자가 임대인의 지위에서 보증금을 수령한 경우 그 반환의무는 성질상 불가분채무이다(대판 1998.12.8. 98다43137). 참고로 공동차주(민법 제616조, 제654조)의 차임지급의무는 연대채무이다.
- 공동상속인들의 건물철거의무는 성질상 불가분채무이고, 각자 그 지분의 한도 내에서 건물 전체에 대한 철거의무를 지는 것이다(대판 1980.6.24. 80다756).
- 건물의 공유자가 공동으로 건물을 임대하고 임차보증금을 수령한 경우 특별한 사정이 없는 한 그 임대는 각자 공유지분을 임대한 것이 아니라 임대목적물을 다수 당사자로서 공동으로 임대한 것이고 그 임차보증금 반환채무는 성질상 불가분채무에 해당한다. 임대인 지위를 공동으로 승계한 공동임대인들의 임차보증금 반환채무 역시 성질상 불가분채무이고, 이는 임대목적물의 소유권 중 일부 지분을 이전받은 새로운 공유자가 임대인 지위를 승계하여 기존 임대인과 함께 임차보증금 반환의무를 부담하게 되는 경우에도 마찬가지이다(대판 2025.4.15. 2024다312566).

제4절 연대채무관계

I 연대채무의 의의

연대채무란 수인의 채무자가 각자 채무 전부를 이행할 의무를 부담하되, 채무자 1인의 이행으로 다른 채무자도 그 의무를 면하게 되는 다수당사자의 채권관계를 말한다(민법 제413조).

II 연대채무의 성립

1. 법률행위에 의한 성립

계약이나 단독행위(유언)에 의해 성립한다. 연대약정은 명시적 뿐만 아니라 묵시적으로도 인정될 수 있다.

2. 법률의 규정에 의한 성립

(1) 공동차주(임차인, 사용차주)의 연대책임(민법 제616조, 제654조) 기출 21

순수한 연대채무 규정이다.

(2) 법인의 사원, 이사, 기타 대표자의 연대책임(민법 제35조 제2항)

법문은 '연대하여'라고 규정되어 있으나 통설은 부진정연대책임으로 해석한다.

(3) 부부의 일상가사 연대책임(민법 제832조)

(4) 상행위로 인한 채무

연대채무이다(상법 제47조 제1항).

Ⅲ 연대채무의 효력

1. 대외적 효력 : 채권자와 채무자 사이의 관계

(1) 청구방법

채권자는 어느 한 연대채무자에 대하여 또는 동시나 순차로 모든 연대채무자에 대하여 채무의 전부 또는 일부의 이행을 청구할 수 있다(민법 제414조).

(2) 연대채무자 1인의 파산시

파산선고 당시 가진 채권의 전액을 가지고 파산재단에 참가할 수 있다. 그 후 어느 파산재단으로부터 일부배당을 받았거나 임의변제를 받았더라도 배당참가액을 감액할 필요가 없다.

2. 연대채무자 1인에 대하여 생긴 사유의 효력

이행청구의 절대적 효력(민법 제416조)
어느 연대채무자에 대한 이행청구는 다른 연대채무자에게도 효력이 있다. 기출 22·24

경개의 절대적 효력(민법 제417조)
어느 연대채무자와 채권자 간에 채무의 경개가 있는 때에는 채권은 모든 연대채무자의 이익을 위하여 소멸한다. 기출 25

상계의 절대적 효력(민법 제418조)
① 어느 연대채무자가 채권자에 대하여 채권이 있는 경우에 그 채무자가 상계한 때에는 채권은 모든 연대채무자의 이익을 위하여 소멸한다. 기출 23
② 상계할 채권이 있는 연대채무자가 상계하지 아니한 때에는 그 채무자의 부담부분에 한하여 다른 연대채무자가 상계할 수 있다. 기출 22·23·24

면제의 절대적 효력(민법 제419조)
어느 연대채무자에 대한 채무면제는 그 채무자의 부담부분에 한하여 다른 연대채무자의 이익을 위하여 효력이 있다.
기출 22·24

혼동의 절대적 효력(민법 제420조)
어느 연대채무자와 채권자 간에 혼동이 있는 때에는 그 채무자의 부담부분에 한하여 다른 연대채무자도 의무를 면한다.
기출 24

소멸시효의 절대적 효력(민법 제421조)
어느 연대채무자에 대하여 소멸시효가 완성한 때에는 그 부담부분에 한하여 다른 연대채무자도 의무를 면한다. 기출 22

채권자지체의 절대적 효력(민법 제422조)
어느 연대채무자에 대한 채권자의 지체는 다른 연대채무자에게도 효력이 있다.

효력의 상대성의 원칙(민법 제423조)
전7조의 사항 외에는 어느 연대채무자에 관한 사항은 다른 연대채무자에게 효력이 없다.

(1) 민법의 태도

현행 민법은 급부의 실현을 가져오는 것 이외의 사항에 대해서도 당사자 간의 사후 법률관계를 간편하게 처리하기 위하여 절대효 사유를 넓히고 있다.

(2) 절대효 사유

1) 일체형 절대효 사유

① **변제, 대물변제, 공탁** : 명문의 규정은 없지만 채권의 종국적 만족을 주는 사유라는 점에서 당연히 절대적 효력이 인정된다.

② **일부변제** : 여러 명의 연대채무자 또는 연대보증인에 대하여 따로따로 소송이 제기되는 등으로 그 판결에 의하여 확정된 채무원본이나 지연손해금의 금액이나 이율 등이 서로 달라지게 되어 원금이나 지연손해금에 채무자들이 공동으로 부담하는 부분과 공동으로 부담하지 않는 부분이 생긴 경우에 어느 채무자가 채무 일부를 변제한 때에는 그 변제자가 부담하는 채무 중 공동으로 부담하지 않는 부분의 채무 변제에 우선 충당되고 그 다음 공동 부담 부분의 채무 변제에 충당된다. 그리고 채권의 목적을 달성시키는 변제와 같은 사유는 연대채무자 또는 연대보증채무자 전원에 대하여 절대적 효력을 가지므로 어느 채무자의 변제 등으로 다른 채무자와 공동으로 부담하는 부분의 채무가 소멸되면 그 채무소멸의 효과는 다른 채무자 전원에 대하여 미친다(대판 2013.3.14. 2012다85281).

③ **이행의 청구**(민법 제416조) : 어느 연대채무자에 대한 이행청구는 다른 연대채무자에게도 효력이 있으므로, 이행청구를 기초로 한 이행지체(민법 제387조 제2항) 및 시효중단(민법 제168조 제1호)도 절대적 효력이 있다. 판례는 채권자가 연대채무자 1인의 소유 부동산에 대하여 경매신청을 한 경우, 이는 최고로서의 효력을 가지고 있고, 연대채무자에 대한 이행청구는 다른 연대채무자에게도 효력이 있으므로, 채권자가 6월 내에 다른 연대채무자를 상대로 재판상 청구를 하였다면 그 다른 연대채무자에 대한 채권의 소멸시효가 중단되지만, 이로 인하여 중단된 시효는 위 경매절차가 종료된 때가 아니라 재판이 확정된 때로부터 새로 진행된다고 하고 있으나(대판 2001.8.21. 2001다22840), 민법 제416조는 어느 연대채무자에 대한 이행청구는 다른 연대채무자에게도 효력이 있다고 규정하고 있을 뿐이고 채무승인은 이행청구에는 해당하지 않기 때문에, 어느 연대채무자가 채무를 승인함으로써 그에 대한 시효가 중단되었더라도 그로 인하여 다른 연대채무자에게도 시효중단의 효력이 발생하는 것은 아니라고 판시하고 있다(대판 2018.10.25. 2018다234177).

④ **경개**(민법 제417조) : 어느 연대채무자와 채권자 사이에 경개가 이루어지면 다른 연대채무자의 채무도 소멸한다.

⑤ **상계**(민법 제418조 제1항) : 어느 연대채무자가 채권자에 대하여 채권이 있는 경우에, 그 채무자가 상계한 경우에는 채권은 모든 연대채무자의 이익을 위하여 소멸한다.

⑥ **채권자지체**(민법 제422조) : 어느 연대채무자에 대한 채권자의 지체는 다른 연대채무자에게도 효력이 있다.

2) 부담부분형 절대효 사유

① **상계**(민법 제418조 제2항) : 반대채권을 가진 채무자가 상계를 하지 아니하는 경우에는 다른 연대채무자가 그의 부담부분 한도에서 상계할 수 있다.

② **면제**(민법 제419조)

㉠ **연대채무의 면제** : 어느 연대채무자에 대한 채무면제는 그 채무자의 부담부분에 한하여 다른 연대채무자의 이익을 위하여 효력이 있다. 민법 제419조의 규정은 임의규정이라고 할 것이므로 채권자가 의사표시 등으로 이 규정의 적용을 배제하여 어느 한 연대채무자에 대하여서만 채무면제를 할 수 있다(대판 1992.9.25. 91다37553).

㉡ **연대채무의 일부면제** : 연대채무자 중 1인에 대한 채무의 일부 면제에 상대적 효력만 있다고 볼 특별한 사정이 없는 한 일부 면제의 경우에도 면제된 부담부분에 한하여 면제의 절대적 효력이 인정된다고

보아야 한다. 구체적으로 연대채무자 중 1인이 채무 일부를 면제받는 경우에 그 연대채무자가 지급해야 할 잔존 채무액이 부담부분을 초과하는 경우에는 그 연대채무자의 부담부분이 감소한 것은 아니므로 다른 연대채무자의 채무에도 영향을 주지 않아 다른 연대채무자는 채무 전액을 부담하여야 한다. 반대로 일부 면제에 의한 피면제자의 잔존 채무액이 부담부분보다 적은 경우에는 차액(부담부분 - 잔존 채무액)만큼 피면제자의 부담부분이 감소하였으므로, 차액의 범위에서 면제의 절대적 효력이 발생하여 다른 연대채무자의 채무도 차액만큼 감소한다(대판 2019.8.14. 2019다216435). 기출 21·25

ⓒ **연대의 면제** : '연대의 면제'란 채권자가 어느 연대채무자에게 다른 연대채무자와 연대하여 채무를 이행할 의무를 면제해 주는 것으로서, 연대의 면제를 받은 채무자는 그의 부담부분에 대하여 분할채무를 부담하고, 면제를 받지 아니한 다른 연대채무자는 여전히 채무 전액에 대하여 연대채무를 부담하게 된다.

③ **혼동**(민법 제420조) : 어느 연대채무자와 채권자 간에 혼동이 있는 경우에는 그 채무자의 부담부분에 한하여 다른 연대채무자도 의무를 면한다.

④ **소멸시효의 완성**(민법 제421조) : 어느 연대채무자에 대하여 소멸시효가 완성한 경우에는 그 부담부분에 한하여 다른 연대채무자도 의무를 면한다.

(3) 상대효 사유

① 이행청구(절대적 효력) 이외의 시효중단(압류·가압류·가처분·승인) 사유 기출 22
② 이행청구에 의한 이행지체(절대적 효력) 이외의 연대채무자의 채무불이행책임
③ 채권양도에서의 대항요건
④ 확정판결의 기판력
⑤ 어느 연대채무자에 대한 법률행위의 무효나 취소의 원인

3. 대내적 효력 : 연대채무자 상호 간의 구상관계

(1) 부담부분

특약이나 특별한 사정이 없는 한 연대채무자의 부담부분은 균등한 것으로 추정한다(민법 제424조).

(2) 구 상

1) 구상의 요건

> **출재채무자의 구상권(민법 제425조)**
> ① 어느 연대채무자가 변제 기타 자기의 출재로 공동면책이 된 때에는 다른 연대채무자의 부담부분에 대하여 구상권을 행사할 수 있다.
> ② 전항의 구상권은 면책된 날 이후의 법정이자 및 피할 수 없는 비용 기타 손해배상을 포함한다.

① 공동면책과 자기의 출재가 있을 것
② 공동면책이 있기만 하면 되고 그 범위가 출재를 한 연대채무자의 부담부분 이상일 필요가 없다. 다만, 공동보증인의 타 공동보증인에 대한 구상권(민법 제448조), 공동불법행위자들 사이의 구상권에 있어서는 「자기의 부담부분 이상의 면책」이 있어야 한다(통설·판례).
③ 구상의 범위는 출재액과 공동면책액 중 작은 쪽이다. 즉, 출재액이 소멸한 채권액보다 크더라도 면책액을 넘어 구상할 수 없다. 반면 출재액이 공동면책액보다 작으면 출재액의 한도에서 구상권을 행사할 수 있다.

2) 구상의 통지

① 어느 연대채무자가 변제 등 공동면책을 발생시키는 행위를 하는 경우에, 사전 및 사후에 그 사실을 다른 연대채무자에게 통지해야 한다(민법 제426조). 공동면책을 발생시키는 행위를 한 연대채무자가 사전 또는 사후의 통지를 하지 않은 경우에, 그의 내부관계에 기한 구상권이 제한된다.

② 사전의 통지를 게을리한 경우에 채권자에게 대항할 수 있는 사유를 가지는 다른 연대채무자는 그의 부담부분에 한하여 그 사유로 사전의 통지를 하지 않은 채 면책행위를 한 연대채무자에게 대항할 수 있고, 그 대항사유가 상계라면 상계로 소멸할 채권이 면책행위를 한 연대채무자에게 이전된다(민법 제426조 제1항).

③ 사후의 통지를 게을리한 경우에 선의로 변제 기타 유상의 면책행위를 한 다른 연대채무자는 제1의 면책행위자에 대하여 자기의 면책행위의 유효를 주장할 수 있다(민법 제426조 제2항).

④ 제1변제자가 사후통지 해태 중 제2변제자가 사전통지를 해태하고 변제한 경우에는 일반원칙에 따라 제1변제만이 유효하고, 제1변제자만이 구상권을 행사할 수 있다(통설·판례).

3) 상환무자력자가 있는 경우의 구상권자의 보호

① 민법 제427조 제1항의 내용 : 연대채무자 중 상환할 자력이 없는 자가 있는 경우, 그 채무자의 부담부분은 구상권자 및 다른 자력이 있는 채무자가 자신들의 부담비율에 따라 비례하여 분담한다(본문). 단, 지체 없이 구상하지 않았기 때문에 다른 연대채무자가 무자력이 된 경우와 같이 구상권자의 과실이 있는 때에는 분담을 청구할 수 없다(단서).

② 연대의 면제 : 연대채무자 중 1인이 연대의 면제를 받으면 그는 연대채무관계에서 이탈하여 자기의 부담부분에 대하여만 채무를 부담하게 되고 구상에서의 무자력위험은 채권자가 부담하게 된다(민법 제427조 제2항). 물론 다른 연대채무자는 채무 전액을 부담한다. 한편 연대채무의 면제는 면제받은 채무자의 부담부분의 범위에서 다른 연대채무자도 채무를 면하게 된다는 것을 유의하여야 한다. 기출 21

Ⅳ 부진정연대채무

1. 의 의
부진정연대채무란 하나의 동일한 급부에 대하여 수인의 채무자가 각기 독립하여 그 전부를 급부해야 하는 의무를 부담하는 채무를 말한다. 부진정연대채무는 「주관적 공동관계」가 없다는 점에서 연대채무와 다르다.

2. 성 립
부진정연대채무는 주로 동일한 사실관계에 기한 손해를 수인이 각자의 입장에서 전보할 의무를 지는 경우에 생긴다.

3. 부진정연대채무자 1인에 관하여 생긴 사유의 효력

(1) 절대적 효력
변제, 대물변제, 공탁, 상계 등 목적도달 사유에는 절대적 효력이 인정된다(통설·판례). 또한 상계계약도 절대적 효력이 인정된다(대판 2010.9.16. 2008다97218[전합]). 기출 13·24

(2) 상대적 효력
이외의 사유는 모두 상대적 효력이 인정됨에 그친다.

> • 부진정연대채무자 중 1인이 자신의 채권자에 대한 반대채권으로 상계를 한 경우에도 채권은 변제, 대물변제, 또는 공탁이 행하여진 경우와 동일하게 현실적으로 만족을 얻어 그 목적을 달성하는 것이므로, 그 상계로 인한 채무소멸의 효력은 소멸한 채무 전액에 관하여 다른 부진정연대채무자에 대하여도 미친다고 보아야 한다. 이는 부진정연대채무자 중 1인이 채권자와 상계계약을 체결한 경우에도 마찬가지이다. 나아가 이러한 법리는 채권자가 상계 내지 상계계약이 이루어질 당시 다른 부진정연대채무자의 존재를 알았는지 여부에 의하여 좌우되지 아니한다(대판 2010.9.16. 2008다97218[전합]).
> • 그러나 부진정연대채무에 있어서 부진정연대채무자 1인이 한 상계가 다른 부진정연대채무자에 대한 관계에 있어서도 공동면책의 효력 내지 절대적 효력이 있는 것인지는 별론으로 하더라도, 부진정연대채무자 사이에는 고유의 의미에 있어서의 부담부분이 존재하지 아니하므로 위와 같은 고유의 의미의 부담부분의 존재를 전제로 하는 민법 제418조 제2항은 부진정연대채무에는 적용되지 아니하는 것으로 봄이 상당하고, 따라서 부진정연대채무에 있어서는 한 부진정연대채무자가 채권자에 대하여 상계할 채권을 가지고 있음에도 상계를 하지 않고 있다 하더라도 다른 부진정연대채무자가 그 채권을 가지고 상계를 할 수는 없다(대판 1994.5.27. 93다21521).

4. 부진정연대채무자 사이의 구상관계
주관적 공동관계가 없으므로 부담부분이 없고, 따라서 구상관계가 당연히 발생하지는 않는다(통설). 이에 대하여 판례는 공동불법행위의 경우에만 구상을 인정하여 왔었는데 최근에는 이를 일반적으로 인정하려는 태도를 보인다.

[1] 공동불법행위자는 채권자에 대한 관계에서는 연대책임(부진정연대채무)을 지되, 공동불법행위자들 내부관계에서는 일정한 부담 부분이 있고, 이 부담 부분은 공동불법행위자의 과실의 정도에 따라 정하여지는 것으로서 공동불법행위자 중 1인이 자기의 부담 부분 이상을 변제하여 공동의 면책을 얻게 하였을 때에는 다른 공동불법행위자에게 그 부담 부분의 비율에 따라 구상권을 행사할 수 있다.
[2] 공동불법행위자 중 1인이 다른 공동불법행위자에 대하여 구상권을 행사하기 위하여는 자기의 부담 부분 이상을 변제하여 공동의 면책을 얻었음을 주장·입증하여야 하며, 위와 같은 법리는 피해자의 다른 공동불법행위자에 대한 손해배상청구권이 시효소멸한 후에 구상권을 행사하는 경우라고 하여 달리 볼 것이 아니다.
[3] 피해자가 부진정연대채무자 중 1인에 대하여 손해배상에 관한 권리를 포기하거나 채무를 면제하는 의사표시를 하였다 하더라도 다른 채무자에 대하여 그 효력이 미친다고 볼 수는 없다.
[4] 공동불법행위자 간 구상권의 발생 시점은 구상권자가 현실로 피해자에게 손해배상금을 지급한 때이다(대판 1997.12.12. 96다50896).

금액이 다른 채무가 서로 부진정연대 관계에 있을 때 다액채무자가 일부 변제를 하는 경우, 변제로 먼저 소멸하는 부분(= 다액채무자가 단독으로 채무를 부담하는 부분)

금액이 다른 채무가 서로 부진정연대관계에 있을 때 다액채무자가 일부 변제를 하는 경우 변제로 인하여 먼저 소멸하는 부분은 당사자의 의사와 채무 전액의 지급을 확실히 확보하려는 부진정연대채무 제도의 취지에 비추어 볼 때 다액채무자가 단독으로 채무를 부담하는 부분으로 보아야 한다. 이러한 법리는 사용자의 손해배상액이 피해자의 과실을 참작하여 과실상계를 한 결과 타인에게 직접 손해를 가한 피용자 자신의 손해배상액과 달라졌는데 다액채무자인 피용자가 손해배상액의 일부를 변제한 경우에 적용되고, 공동불법행위자들의 피해자에 대한 과실비율이 달라 손해배상액이 달라졌는데 다액채무자인 공동불법행위자가 손해배상액의 일부를 변제한 경우에도 적용된다. 또한 중개보조원을 고용한 개업공인중개사의 공인중개사법 제30조 제1항에 따른 손해배상액이 과실상계를 한 결과 거래당사자에게 직접 손해를 가한 중개보조원 자신의 손해배상액과 달라졌는데 다액채무자인 중개보조원이 손해배상액의 일부를 변제한 경우에도 마찬가지이다(대판 2018.3.22. 2012다74236[전합]). 기출 20·21

제5절 보증채무

I 서 설

1. 보증채무의 의의

보증채무란 채권자와 보증인 사이에 체결된 보증계약에 의하여 성립하는 채무로서 주채무자가 그 채무를 이행하지 않는 경우에 보증인이 이를 보충적으로 이행하여야 할 채무를 말한다.

2. 보증채무의 법적 성질

(1) 독립성

보증채무는 채권자와 보증인 사이의 독자적인 계약에 의하여 성립하며, 주채무와는 별개의 독립한 채무이다. 즉, 보증계약이 존재한다는 점에서 채무가 없는 책임이 아니다. 따라서 보증채무에 대하여만 위약금을 약정하거나 손해배상액을 예정할 수 있다(민법 제429조 제2항). 기출 21

(2) 내용의 동일성

보증채무의 내용은 주채무의 내용과 동일하여야 한다. 따라서 원칙적으로 주채무는 대체적 급부이어야 한다.

(3) 부종성

1) 성립·존속상의 부종성

주채무가 무효 또는 취소로 인하여 성립하지 않은 경우에는 보증채무에 그러한 사유가 없더라도 성립하지 않는다. 주채무가 소멸한 때에는 그 원인 여하를 불문하고 보증채무도 소멸한다.

2) 이전상의 부종성(수반성)

① 채권양도
- 주채무자에 대한 채권이 양도된 경우에 보증인에 대한 채권도 당연히 양도되고, 대항요건은 주채무자에 대해서만 갖추면 되고, 보증인에게는 대항요건을 갖출 필요가 없다. 기출 20·24·25
- 주채권과 보증인에 대한 채권의 귀속주체를 달리하는 것은, 주채무자의 항변권으로 채권자에게 대항할 수 있는 보증인의 권리가 침해되는 등 보증채무의 부종성에 반하고, 주채권을 가지지 않는 자에게 보증채권만을 인정할 실익도 없기 때문에 주채권과 분리하여 보증채권만을 양도하기로 하는 약정은 그 효력이 없다(대판 2002.9.10. 2002다21509). 기출 20

② 채무인수 : 주채무가 인수된 경우에, 보증인의 동의가 없는 한 인수인의 주채무를 보증할 수 없고, 원칙적으로는 보증채무는 소멸된다(민법 제459조).

3) 내용에 관한 부종성

보증인의 부담이 주채무의 목적이나 형태보다 중한 때에는 주채무의 한도로 감축한다(민법 제430조).

(4) 보충성

1) 의 의

주채무의 이행기가 도래하였으나 주채무자가 이를 이행하지 않으면, 채권자는 보증인에 대하여 보증채무의 이행을 청구할 수 있다(민법 제428조 제1항). 그런데 보증채무는 원칙적으로 주된 채무가 이행되지 않는 경우에 그 보충으로 이행되어야 할 채무의 성격, 즉 보충성을 가진다.

2) 최고·검색의 항변권

① 채권자로부터 청구를 받은 경우에, 보증인은 주채무자에게 변제자력이 있다는 사실과 그 집행이 용이하다는 사실을 증명하고 먼저 주채무자에게 이행을 청구하라고 항변할 수 있다(민법 제437조).

② 보증인의 최고·검색의 항변에도 불구하고 채권자가 최고나 검색을 게을리하여 주채무자로부터 전부나 일부의 변제를 받지 못한 경우에, 보증인은 채권자가 해태하지 않았으면 변제받았을 한도에서 그 의무를 면한다(민법 제438조).

3) 보충성의 배제

연대보증은 보충성이 없지만 보증으로서의 성질을 갖는다.

Ⅱ 보증채무의 성립

1. 보증계약에 의한 성립

보증채무는 채권자와 보증인 사이에 체결되는 무상·편무·요식계약으로서의 보증계약에 의해 성립된다.
기출 24 주채무자는 보증계약의 당사자가 아니다. 종래 보증계약은 양자 간의 합의만으로 성립하는 낙성계약이었으나 2015년 민법 제428조의2의 신설로 서면주의를 채택함에 따라 요식계약으로 변경되었다.

2. 보증계약의 요건

(1) 주채무에 관한 요건

1) 주채무가 존재할 것
① 보증채무는 주채무의 이행을 담보로 하는 채무이기 때문에 성질상 주채무가 존재하여야 한다. 장래의 채무·정지조건부채무 등과 같이 현재는 존재하지 않으나 장래 발생될 채무에 대해서도 보증할 수 있다(민법 제428조 제2항).
② 근보증에 대하여는 민법상 명문의 규정없이 종래 판례에 의해 인정되어 왔으나 2015년 민법개정으로 근보증에 관한 규정(민법 제428조의3)이 신설되어 포괄근보증을 허용한바 보증하는 채무의 최고액을 서면으로 특정해야 하며, 최고액을 서면으로 특정하지 않은 보증계약은 효력이 없다고 규정하고 있다. **기출 24**
③ 취소의 원인 있는 채무를 보증한 경우 : 보증채무는 주채무가 취소되면 부종성으로 인하여 보증채무도 무효로 되는데, "취소의 원인 있는 채무를 보증한 자가 보증계약 당시에 그 원인 있음을 안 경우에 주채무의 불이행 또는 취소가 있는 때에는 주채무와 동일한 목적의 독립채무를 부담한 것으로 본다"는 민법 제436조는 2015년 민법 개정으로 삭제되었다.

2) 주채무의 급부는 대체적일 것
보증채무는 주채무와 내용상 동일할 것을 요하므로 보증채무가 성립하기 위해서는 원칙적으로 주채무가 대체적 급부를 내용으로 하여야 한다. 부대체적 급부를 내용으로 하는 채무에 대한 보증에 있어서는 그 채무자 불이행에 의하여 손해배상채무로 변하는 것을 정지조건으로 하여 조건부 보증채무가 성립할 수 있다.

(2) 보증인에 관한 요건

① 보증인의 자격에 관하여 일반적인 제한은 없으나, 행위능력이 있어야 한다.
② 보증인을 세울 의무가 있는 경우에는 보증인은 행위능력 및 변제자력을 갖추고 있어야 한다(민법 제431조 제1항).
③ 변제자력을 상실하게 된 때 채권자는 보증인의 변경을 청구할 수 있다(민법 제431조 제2항).
④ 채권자가 보증인을 지명할 경우에는 보증인이 변제자력이 없다고 하여 그 변경을 청구할 수 없다(민법 제431조 제3항).
⑤ 채무자는 다른 상당한 담보를 제공하여 보증인을 세울 의무를 면할 수 있다(민법 제432조).

3. 방 식

① 보증은 그 의사가 보증인의 기명날인 또는 서명이 있는 서면으로 표시되어야 효력이 발생한다. 다만, 보증의 의사가 전자적 형태로 표시된 경우에는 효력이 없다(민법 제428조의2 제1항). 기출 17 보증인의 서명은 원칙적으로 보증인이 직접 자신의 이름을 쓰는 것을 의미하므로 타인이 보증인의 이름을 대신 쓰는 것은 이에 해당하지 않지만, 보증인의 기명날인은 타인이 이를 대행하는 방법으로 하여도 무방하다(대판 2019.3.14. 2018다282473). 기출 25

② 보증채무를 보증인에게 불리하게 변경하는 경우에도 위 ①과 같다(민법 제428조의2 제2항).

③ 보증인이 보증채무를 이행한 경우에는 그 한도에서 위 ①과 ②에 따른 방식의 하자를 이유로 보증의 무효를 주장할 수 없다(민법 제428조의2 제3항).

> **채권자의 정보제공의무와 통지의무 등(민법 제436조의2)**
> ① 채권자는 보증계약을 체결할 때 보증계약의 체결 여부 또는 그 내용에 영향을 미칠 수 있는 주채무자의 채무 관련 신용정보를 보유하고 있거나 알고 있는 경우에는 보증인에게 그 정보를 알려야 한다. 보증계약을 갱신할 때에도 또한 같다.
> ② 채권자는 보증계약을 체결한 후에 다음 각 호의 어느 하나에 해당하는 사유가 있는 경우에는 지체 없이 보증인에게 그 사실을 알려야 한다.
>   1. 주채무자가 원본, 이자, 위약금, 손해배상 또는 그 밖에 주채무에 종속한 채무를 3개월 이상 이행하지 아니하는 경우
>   2. 주채무자가 이행기에 이행할 수 없음을 미리 안 경우
>   3. 주채무자의 채무 관련 신용정보에 중대한 변화가 생겼음을 알게 된 경우
> ③ 채권자는 보증인의 청구가 있으면 주채무의 내용 및 그 이행 여부를 알려야 한다.
> ④ 채권자가 제1항부터 제3항까지의 규정에 따른 의무를 위반하여 보증인에게 손해를 입힌 경우에는 법원은 그 내용과 정도 등을 고려하여 보증채무를 감경하거나 면제할 수 있다.

Ⅲ 보증채무의 효력

1. 보증채무의 내용

(1) 보증채무의 급부내용

원칙적으로 보증채무의 목적인 급부는 주채무와 동일한 것이어야 한다(민법 제428조). 특정물채무에 대한 보증은 우선 그 채무가 장래의 채무불이행으로 인해 손해배상채무로 변경된 경우에 그 채무를 조건부로 보증한다.

(2) 보증채무의 범위

보증채무의 내용은 보증계약에 의하여 결정된다. 채권자와 보증인 사이에 특별한 의사표시가 없는 한 보증채무는 주채무의 이자, 위약금, 손해배상, 기타 주채무에 종속한 채무를 포함한다(민법 제429조 제1항). 보증인은 계약해제에 의한 원상회복의무(민법 제548조)와 손해배상의무(민법 제551조)에 대해서도 보증채무를 부담한다.

- [1] 보증한도액을 정한 근보증에 있어 보증채무는 특별한 사정이 없는 한 보증한도 범위 안에서 확정된 주채무 및 그 이자, 위약금, 손해배상 기타 주채무에 종속한 채무를 모두 포함한다.
  [2] 보증채무는 주채무와는 별개의 채무이기 때문에 보증채무 자체의 이행지체로 인한 지연손해금은 보증한도액과는 별도로 부담하고 이 경우 보증채무의 연체이율에 관하여 특별한 약정이 없는 경우라면 그 거래행위의 성질에 따라 상법 또는 민법에서 정한 법정이율에 따라야 하며, 주채무에 관하여 약정된 연체이율이 당연히 여기에 적용되는 것은 아니지만, 특별한 약정이 있다면 이에 따라야 한다(대판 2000.4.11. 99다12123). 기출 25
- 어느 한 사람이 같은 채권의 담보를 위하여 연대보증계약과 물상보증계약을 체결할 경우 부종성을 인정할 특별한 사정이 없는 한 위 두 계약은 별개의 계약이므로 보증책임의 범위가 담보부동산의 가액범위 내로 제한된다고 할 수 없다(대판 1990.1.25. 88다카26406).
- 채무가 특정된 확정채무에 대하여 보증한 보증인으로서는 자신의 동의 없이 피보증채무의 이행기를 연장해 주었는지에 상관없이 보증채무를 부담하는 것이 원칙이다. 그렇지만 당사자 사이에 보증인의 동의를 얻어 피보증채무의 이행기가 연장된 경우에 한하여 피보증채무를 계속하여 보증하겠다는 취지의 특별한 약정이 있다면 약정에 따라야 한다. 이 경우에 보증채무를 존속시키기 위하여 필요한 이행기 연장에 대한 보증인의 동의는 이행기가 연장된 주채무에 대하여 보증채무를 변제하겠다는 의사를 의미하며, 위와 같은 의사가 담겨 있는 이상 동의는 이행기가 연장되기 전뿐 아니라 이행기가 연장된 후에도 가능하고, 묵시적 의사표시의 방법으로도 할 수 있다고 보아야 한다(대판 2012.8.30. 2009다90924).
- 물품제조공급계약에 있어서 공급인을 위한 보증인은 특단의 사정이 없는한 그 공급인이 채무불이행으로 그 상대방에게 부담할 채무에 관하여 책임을 진다는 취지로 볼 것이므로 공급인의 채무불이행을 이유로 계약이 해제된 경우 공급인이 이미 수령한 대금을 상대방에게 반환하여야 하는 등 원상회복의무에 관하여도 보증인이 책임이 있다(대판 1967.9.16. 67다1482).
- 보증채무자가 주채무를 소멸시키는 행위는 주채무의 존재를 전제로 하므로, 보증인의 출연행위 당시에는 주채무가 유효하게 존속하고 있었다 하더라도 그 후 주계약이 해제되어 소급적으로 소멸하는 경우에는 보증인은 변제를 수령한 채권자를 상대로 이미 이행한 급부를 부당이득으로 반환청구할 수 있다(대판 2004.12.24. 2004다20265).

(3) 보증채무에 대한 위약금 등

보증채무의 이행을 확보하기 위해 보증인과 채권자 사이에서 보증채무에 관한 위약금 기타 손해배상액을 예정할 수 있다(민법 제429조 제2항).

2. 보증채무의 대외적 효력

(1) 채권자의 보증인에 대한 권리

주채무의 이행기가 도래하였으나 주채무자가 이를 이행하지 않는 경우에 채권자는 보증인에 대하여 보증채무의 이행을 청구할 수 있다(민법 제428조 제1항).

(2) 보증인의 권리

1) 부종성에 기한 권리

① 보증인은 주채무자가 채권자에 대하여 가지는 항변권을 행사할 수 있으며 주채무자가 항변권을 포기하더라도 보증인에게 아무런 효력이 없다(민법 제433조). 기출 17·20
② 보증인의 권리에는 주채무의 부존재 및 소멸의 항변권, 주채무자의 취소권·해제권·해지권, 주채무자의 상계권(민법 제434조)등이 있다. 기출 14
③ 주채무자의 취소권·해제권·해지권을 보증인이 직접 행사할 수 있는 것이 아니고 채권자의 이행청구에 대해서 거절할 수 있는 것이다(민법 제435조).

2) 보충성에 기한 권리
① 채권자가 주채무자에게 이행을 청구하지 않고 곧바로 보증인에게 채무의 이행을 청구한 때에 보증인은 주채무자에게 변제능력이 있다는 사실과 그 집행이 용이하다는 사실을 증명하여 먼저 주채무자에게 청구할 것과 주채무자의 재산에 대하여 집행할 것을 항변할 수 있다(민법 제437조 본문).
② 보증인이 주채무자와 연대하여 채무를 부담한 때(민법 제437조 단서), 주채무자가 파산선고를 받은 때, 주채무자가 행방불명인 때, 보증인이 항변권을 포기한 때에는 최고・검색의 항변권을 행사할 수 없다.
③ 이러한 보증인의 항변에 불구하고 채권자의 해태로 인하여 채무자로부터 전부나 일부의 변제를 받지 못한 경우에는 채권자가 해태하지 아니하였으면 변제받았을 한도에서 보증인은 그 의무를 면한다(민법 제438조).

3. 주채무자 또는 보증인에 관하여 생긴 사유의 효력
(1) 원 칙
① 주채무자에게 발생한 사유는 절대적 효력을 갖는다.
② 보증인에게 생긴 사유는 채권을 만족시키는 사유 이외에는 상대적 효력을 갖는다.

(2) 주채무자에게 생긴 사유
① 주채무의 소멸 : 보증채무도 소멸한다.
② 주채무에 관한 채권양도와 채무인수 : 전채무자의 채무에 대한 보증이나 제3자가 제공한 담보는 채무인수로 인하여 소멸한다. 그러나 보증인이나 제3자가 채무인수에 동의한 경우에는 그러하지 아니하다(민법 제459조).
③ 주채무에 관한 시효중단 : 주채무자에 대한 시효의 중단은 보증인에 대하여 그 효력이 있다(민법 제440조).

(3) 보증인에게 생긴 사유
① 시효의 중단은 시효중단행위에 관여한 당사자 및 그 승계인 사이에 효력이 있는 것이므로 채권자는 경매개시결정에 따른 압류의 사실을 통지하지 아니하더라도 연대보증인 겸 물상보증인에 대하여 시효의 중단을 주장할 수 있으나, 연대보증인 겸 물상보증인은 보증채무의 부종성에 따라 주채무가 시효로 소멸되었음을 주장할 수는 있는 것으로서, 주채무자에 대한 시효중단의 사유가 없는 이상 연대보증인 겸 물상보증인에 대한 시효중단의 사유가 있다 하여 주채무까지 시효중단되었다고 할 수는 없다(대판 1994.1.11. 93다21477).
기출 14・17

② 보증채무에 대한 소멸시효가 중단되는 등의 사유로 소멸시효가 완성되지 아니하였다고 하더라도 주채무에 대한 소멸시효가 완성된 경우에는 시효완성의 사실로 주채무가 소멸되므로 보증채무의 부종성에 따라 보증채무 역시 당연히 소멸되는 것이 원칙이다. 다만 보증채무의 부종성을 부정하여야 할 특별한 사정이 있는 경우에는 예외적으로 보증인은 주채무의 시효소멸을 이유로 보증채무의 소멸을 주장할 수 없으나, 특별한 사정을 인정하여 보증채무의 본질적인 속성에 해당하는 부종성을 부정하려면 보증인이 주채무의 시효소멸에도 불구하고 보증채무를 이행하겠다는 의사를 표시하거나 채권자와 그러한 내용의 약정을 하였어야 하고, 단지 보증인이 주채무의 시효소멸에 원인을 제공하였다는 것만으로는 보증채무의 부종성을 부정할 수 없다(대판 2018.5.15. 2016다211620). 기출 24

4. 보증채무의 대내적 효력

(1) 수탁보증인의 구상권

1) 구상권의 발생요건
① 주채무자의 부탁에 의하여 보증인이 된 자가 과실 없이 변제, 대물변제, 경개 등의 출재를 통하여 주채무를 소멸시켰을 경우에는 주채무자에 대하여 구상권을 갖는다(민법 제441조 제1항).
② 구상권은 면책된 날 이후의 법정이자 및 피할 수 없는 비용 기타 손해배상을 포함한다(민법 제425조 제2항).

2) 사전구상권

> **수탁보증인의 사전구상권(민법 제442조)**
> ① 주채무자의 부탁으로 보증인이 된 자는 다음 각 호의 경우에 주채무자에 대하여 미리 구상권을 행사할 수 있다. 기출 14
>   1. 보증인이 과실 없이 채권자에게 변제할 재판을 받은 때
>   2. 주채무자가 파산선고를 받은 경우에 채권자가 파산재단에 가입하지 아니한 때
>   3. 채무의 이행기가 확정되지 아니하고 그 최장기도 확정할 수 없는 경우에 보증계약후 5년을 경과한 때
>   4. 채무의 이행기가 도래한 때
> ② 전항 제4호의 경우에는 보증계약후에 채권자가 주채무자에게 허여한 기한으로 보증인에게 대항하지 못한다.
>
> **주채무자의 면책청구(민법 제443조)**
> 전조의 규정에 의하여 주채무자가 보증인에게 배상하는 경우에 주채무자는 자기를 면책하게 하거나 자기에게 담보를 제공할 것을 보증인에게 청구할 수 있고 또는 배상할 금액을 공탁하거나 담보를 제공하거나 보증인을 면책하게 함으로써 그 배상의무를 면할 수 있다.

최근 판례는 주채무자는 수탁보증인이 주채무자에게 사전구상의무 이행을 구하면 수탁보증인에게 담보의 제공을 구할 수 있고, 그러한 담보제공이 있을 때까지 사전구상의무 이행을 거절할 수 있으므로 수탁보증인이 주채무자의 담보제공청구에 응하여 구상금액에 상당한 담보를 특정하여 제공할 의사를 표시한다면 법원은 주채무자가 수탁보증인으로부터 그 특정한 담보를 제공받음과 동시에 사전구상의무를 이행하여야 한다고 판결하여야 하지만, 수탁보증인이 주채무자의 담보제공청구를 거절하거나 구상금액에 상당한 담보를 제공하려는 의사를 표시하지 않는다면 법원은 수탁보증인의 사전구상금 청구를 기각하는 판결을 하여야 한다고(대판 2023.2.2. 2020다283578) 판시하고 있다.

3) 구상권의 제한

> **구상요건으로서의 통지(민법 제445조)**
> ① 보증인이 주채무자에게 통지하지 아니하고 변제 기타 자기의 출재로 주채무를 소멸하게 한 경우에 주채무자가 채권자에게 대항할 수 있는 사유가 있었을 때에는 이 사유로 보증인에게 대항할 수 있고 그 대항사유가 상계인 때에는 상계로 소멸할 채권은 보증인에게 이전된다.
> ② 보증인이 변제 기타 자기의 출재로 면책되었음을 주채무자에게 통지하지 아니한 경우에 주채무자가 선의로 채권자에게 변제 기타 유상의 면책행위를 한 때에는 주채무자는 자기의 면책행위의 유효를 주장할 수 있다.
>
> **주채무자의 보증인에 대한 면책통지의무(민법 제446조)**
> 주채무자가 자기의 행위로 면책하였음을 그 부탁으로 보증인이 된 자에게 통지하지 아니한 경우에 보증인이 선의로 채권자에게 변제 기타 유상의 면책행위를 한 때에는 보증인은 자기의 면책행위의 유효를 주장할 수 있다.

(2) 부탁 없는 보증인의 구상권
① 주채무자의 부탁 없이 보증인이 된 자가 변제 기타 자기의 출재로 주채무를 소멸하게 한 때에는 주채무자는 그 당시에 이익을 받은 한도에서 배상하여야 한다(민법 제444조 제1항). 기출 14
② 주채무자의 의사에 반하여 보증인이 된 자가 변제 기타 자기의 출재로 주채무를 소멸하게 한 때에는 주채무자는 현존 이익의 한도에서 배상하여야 한다(민법 제444조 제2항). 기출 17·25
③ 부탁 없는 보증인은 사전구상권이 없다.

(3) 구상권자의 법정대위권
① 보증인은 변제할 정당한 이익이 있는 자이므로 변제에 의해 당연히 채권자의 채권 및 담보에 관한 권리를 대위한다.
② 변제할 정당한 이익이 있는 자가 채무자를 위하여 채권의 일부를 대위변제할 경우 대위자는 그 변제한 가액에 비례하여 채권자와 함께 그 권리를 행사하고, 변제한 가액의 범위 내에서 종래 채권자가 가지고 있던 채권 및 담보에 관한 권리를 취득하는 것이되, 이 경우에도 채권자는 일부 대위변제자에 대하여 우선변제권을 가지는 것이라 하겠으나, 보증인이 변제 기타의 출재로 주채무를 소멸하게 하는 등의 사유로 주채무자에 대하여 가지게 되는 구상권은 변제자가 갖는 고유의 권리로서 대위의 객체가 된 권리와는 별개라 할 것이어서 당사자 사이에 다른 약정이 있다는 등의 특정한 사정이 없는 한 일부대위에 관한 위와 같은 법리가 보증인이 행사하는 구상권의 경우에 당연히 그대로 적용되는 것은 아니다(대판 1995.3.3. 94다33514).

Ⅳ 연대보증

1. 의 의
연대보증이란 보증인이 채권자에 대하여 주채무자와 연대하여 채무를 부담하는 형태의 보증채무를 말한다.

2. 연대보증에서의 구상
① 연대채무자가 수인이 있는 경우에 이들 모두를 위한 연대보증인은 보증채무의 이행으로 한 출연액 전부에 대하여 어느 연대채무자에게나 구상권을 가지는 것이므로, 이와 반대로 연대채무자들 중 어느 1인이 자신의 내부부담부분을 넘어 채무를 변제함으로써 채권자의 그 다른 연대채무자에 대한 원채권을 행사하는 경우에도 그 자신의 연대보증인도 겸한 다른 연대채무자의 연대보증인에 대하여는 대위할 수 없다(대판 1992.5.12. 91다3062). 기출 24
② [1] 수인의 보증인이 있는 경우에는 그 사이에 분별의 이익이 있는 것이 원칙이지만, 그 수인이 연대보증인일 때에는 각자가 별개의 법률행위로 보증인이 되었고 또한 보증인 상호 간에 연대의 특약(보증연대)이 없었더라도 채권자에 대하여는 분별의 이익을 갖지 못하고 각자의 채무의 전액을 변제하여야 하나, 연대보증인들 상호 간의 내부관계에서는 주채무에 대하여 출재를 분담하는 일정한 금액을 의미하는 부담부분이 있고, 그 부담부분의 비율, 즉 분담비율에 관하여는 그들 사이에 특약이 있으면 당연히 그에 따르되 그 특약이 없는 한 각자 평등한 비율로 부담을 지게 된다. 그러므로 연대보증인 가운데 한 사람이 자기의 부담부분을 초과하여 변제하였을 때에는 다른 연대보증인에 대하여 구상을 할 수 있는데, 다만 다른 연대보증인 가운데 이미 자기의 부담부분을 변제한 사람에 대하여는 구상을 할 수 없으므로 그를 제외하고 아직 자기의 부담부분을 변제하지 아니한 사람에 대하여만 구상권을 행사하여야 한다.

[2] 연대보증인 가운데 한 사람이 자기의 부담부분을 초과하여 변제하여 다른 연대보증인에 대하여 구상을 하는 경우의 부담부분은 수인의 연대보증이 성립할 당시 주채무액에 분담비율을 적용하여 산출된 금액으로 일단 정하여지지만, 그 후 주채무자의 변제 등으로 주채무가 소멸하면 부종성에 따라 각 연대보증인의 부담부분이 그 소멸액만큼 분담비율에 따라 감소하고 또한 연대보증인의 변제가 있으면 당해 연대보증인의 부담부분이 그 변제액만큼 감소하게 된다. 그러므로 자기의 부담부분을 초과한 변제를 함으로써 그 초과 변제액에 대하여 다른 연대보증인을 상대로 구상권을 행사할 수 있는 연대보증인인지 여부는 당해 변제시를 기준으로 판단하되, 구체적으로는 우선 그때까지 발생·증가하였던 주채무의 총액에 분담비율을 적용하여 당해 연대보증인의 부담부분 총액을 산출하고 그전에 앞서 본 바와 같은 사유 등으로 감소한 그의 부담부분이 있다면 이를 위 부담부분 총액에서 공제하는 방법으로 당해 연대보증인의 부담부분을 확정한 다음 당해 변제액이 위 확정된 부담부분을 초과하는지 여부에 따라 판단하여야 한다. 한편, 이미 자기의 부담부분을 변제함으로써 위와 같은 구상권 행사의 대상에서 제외되는 다른 연대보증인인지 여부도 원칙적으로 구상의 기초가 되는 변제 당시에 위와 같은 방법에 의하여 확정되는 그 연대보증인의 부담부분을 기준으로 판단하여야 한다(대판 2024.10.25. 2024다232066).

V 계속적 보증(근보증)

계속적 계약관계로부터 발생되는 불특정채무에 대하여 행하여지는 보증을 말한다.
① 보증은 불확정한 다수의 채무에 대해서도 할 수 있다. 이 경우 보증하는 채무의 최고액을 서면으로 특정하여야 한다(민법 제428조의3 제1항). **기출 20** 채무의 최고액을 서면으로 특정하지 아니한 보증계약은 효력이 없다(민법 제428조의3 제2항).
② 보증책임의 한도액이나 보증기간에 관하여 아무런 정함이 없는 경우에는 보증인은 원칙적으로 변제기에 있는 주채무 전액에 관하여 보증책임을 부담한다(대판 1988.11.8. 88다3253).[11]
③ 계속적 보증계약 당시 주채무의 액수를 보증인이 예상하였거나 예상할 수 있었을 경우에는 그 예상 범위로 보증책임을 제한할 수 있다 할 것이나, 그 예상 범위를 상회하는 주채무 과다 발생의 원인이 채권자가 주채무자의 자산 상태가 현저히 악화된 사실을 잘 알면서도(중대한 과실로 알지 못한 경우도 같다) 이를 알지 못하는 보증인에게 아무런 통보나 의사 타진도 없이 고의로 거래 규모를 확대함에 연유하는 등 신의칙에 반하는 사정이 있는 경우에 한하여 보증인의 책임을 합리적인 범위 내로 제한할 수 있다(대판 1995.12.22. 94다42129).
④ 계속적인 보증에 있어서는 보증계약 후 당초 예기하지 못한 사정변경이 생겨 보증인에게 계속하여 보증책임을 지우는 것이 당사자의 의사해석 내지 신의칙에 비추어 상당하지 못하다고 인정되는 경우에는, 상대방인 채권자에게 신의칙상 묵과할 수 없는 손해를 입게 하는 등의 특별한 사정이 없는 한 보증인의 일방적인 보증계약해지의 의사표시에 의하여 보증계약을 해지할 수 있다(대판 1996.12.10. 96다27858).

---

[11] 종래 보증책임의 한도액이나 보증기간에 관하여 정함이 없는 근보증의 경우 보증인은 원칙적으로 주채무 전액에 관하여 보증책임을 부담한다는 것이 판례(대판 1988.11.8. 88다3253 등)의 일관적인 태도이나, 2015.2.3. 신설된 민법 제428조의3은 채무의 최고액을 서면으로 특정하지 아니한 근보증계약은 효력이 없다고 규정하고 있다. 최근 판례(대판 2019.3.14. 2018다282473)도 민법 제428조의3은 불확정한 다수의 채무에 대하여 보증하는 경우 보증인이 부담하여야 할 보증채무의 액수가 당초 보증인이 예상하였거나 예상할 수 있었던 것보다 지나치게 확대될 우려가 있으므로, 보증인이 보증을 함에 있어 자신이 지게 되는 법적 부담의 한도액을 미리 명확하게 알 수 있도록 함으로써 보증인을 보호하려는 데에 입법 취지가 있음을 볼 때, 채무의 최고액이 서면으로 특정되어 보증계약이 유효하다고 하기 위해서는, 보증인의 보증의사가 표시된 서면에 보증채무의 최고액이 명시적으로 기재되어 있어야 하고, 보증채무의 최고액이 명시적으로 기재되어 있지 않더라도 서면 자체로 보아 보증채무의 최고액이 얼마인지를 객관적으로 알 수 있는 등 보증채무의 최고액이 명시적으로 기재되어 있는 경우와 동일시할 수 있을 정도의 구체적인 기재가 필요하다고 봄이 타당하다고 판시하고 있다.

⑤ 회사의 이사로 재직하면서 보증 당시 이미 그 채무가 특정되어 있는 확정채무에 대하여는 보증을 한 후 이사 직을 사임하였다 하더라도 사정변경을 이유로 그 책임이 제한되는 것은 아니다(대판 1997.2.14. 95다31645).

기출 25

⑥ 계속적 보증계약에서 보증한도액의 정함이 있는 경우, 그 한도액을 주채무의 원본 총액만을 기준으로 할 것인지 그 한도액에 이자, 지연손해금 등의 부수채무까지도 포함될 것으로 할 것인지는 먼저 계약당사자의 의사에 따라야 하나, 특약이 없는 한도액 내에는 이자 등 부수채무도 포함되는 것으로 해석하여야 한다(대판 1995.6.30. 94다40444).

⑦ 보증채무는 주채무와는 별개의 채무이기 때문에 보증채무 자체의 이행지체로 인한 지연손해금은 근보증의 한도액과는 별도로 부담한다(대판 1995.6.30. 94다40444).

⑧ 물상보증과 연대보증의 피담보채무의 중첩성이 인정될 경우, 특히 근저당권이 담보하는 피담보채무와 연대보증계약상의 주채무가 동일한 것으로 보아야 할 경우에 달리 특별한 사정이 없는 한 근저당권의 소멸과 동시에 연대보증계약도 해지되어 장래에 향하여 그 효력을 상실한다(대판 1997.11.14. 97다34808).

⑨ 연대보증인은 해지 이전에 발생한 보증채무에 대하여는 연대보증계약을 해지하였다고 하더라도 면제 등의 특별한 사정이 없는 한 그 책임을 면할 수는 없다(대판 1997.11.14. 97다34808).

⑩ 계속적 채권관계에서 발생하는 주계약상의 불확정 채무에 대하여 보증한 경우 그 보증채무는 통상적으로 주계약상의 채무가 확정된 때에 이와 함께 확정된다. 그러나 채권자와 주채무자 사이에서 주계약상의 거래기간이 연장되었으나 보증인과 사이에서 보증기간이 연장되지 아니하는 등의 사정으로 보증계약 관계가 먼저 종료된 때에는 그 종료로 보증채무가 확정되므로, 보증인은 그 당시의 주계약상의 채무에 대하여 보증책임을 지고, 그 후의 채무에 대하여는 보증책임을 지지 아니한다(대판 2021.1.28. 2019다207141).

CHAPTER 04 다수당사자의 채권관계

01
CHECK
○△×

甲, 乙, 丙이 丁에 대하여 부담부분이 균등한 9억원의 연대채무를 부담하는 경우에 관한 설명으로 옳은 것을 모두 고른 것은?(원본만을 고려하며, 다툼이 있으면 판례에 따름) 기출 25

> ㄱ. 甲이 9억원의 지급에 갈음하여 丁에게 자신의 X토지의 소유권이전을 내용으로 하는 경개계약을 체결하면, 乙과 丙의 연대채무는 모두 소멸한다.
> ㄴ. 丁이 甲에 대하여 4억원의 채무를 면제하면, 乙과 丙은 5억원에 관하여 연대채무를 부담한다.
> ㄷ. 丁이 甲에 대하여 8억원의 채무를 면제하면, 乙과 丙은 7억원에 관하여 연대채무를 부담한다.

① ㄱ
② ㄴ
③ ㄱ, ㄷ
④ ㄴ, ㄷ
⑤ ㄱ, ㄴ, ㄷ

• 해설 및 정답 •

01 ㄱ. (○) 경개는 일체형 절대효가 인정되므로(민법 제417조 참조), 연대채무자 甲이 채권자 丁에게 9억원의 연대채무액의 지급에 갈음하여 자신의 X토지의 소유권이전을 내용으로 하는 경개계약을 체결하면, 乙과 丙의 연대채무는 모두 소멸하게 된다.

ㄴ. (×), ㄷ. (○) 연대채무자 중 1인에 대한 채무의 일부 면제에 상대적 효력만 있다고 볼 특별한 사정이 없는 한 일부 면제의 경우에도 면제된 부담부분에 한하여 면제의 절대적 효력이 인정된다고 보아야 한다.
구체적으로 연대채무자 중 1인이 채무 일부를 면제받는 경우에 그 연대채무자가 지급해야 할 잔존 채무액이 부담부분을 초과하는 경우에는 그 연대채무자의 부담부분이 감소한 것은 아니므로 다른 연대채무자의 채무에도 영향을 주지 않아 다른 연대채무자는 채무 전액을 부담하여야 한다. 반대로 일부 면제에 의한 피면제자의 잔존 채무액이 부담부분보다 적은 경우에는 차액(부담부분 - 잔존 채무액)만큼 피면제자의 부담부분이 감소하였으므로, 차액의 범위에서 면제의 절대적 효력이 발생하여 다른 연대채무자의 채무도 차액만큼 감소한다(대판 2019.8.14. 2019다216435). 따라서 채권자 丁이 연대채무자 甲에 대하여 4억원의 채무를 면제하면, 이는 연대채무자 甲이 지급해야 할 잔존 채무액(5억원)이 부담부분(3억원)을 초과하는 경우로, 그 연대채무자의 부담부분이 감소한 것은 아니므로 다른 연대채무자의 채무에도 영향을 주지 않아 다른 연대채무자 乙과 丙은 채무 전액(9억원)을 부담해야 한다(ㄴ). 반대로 채권자 丁이 연대채무자 甲에 대하여 8억원의 채무를 면제하면, 이는 일부 면제에 의한 피면제자 甲의 잔존 채무액(1억원)이 부담부분(3억원)보다 적은 경우로, 차액(부담부분 - 잔존 채무액 : 2억원)만큼 피면제자의 부담부분이 감소하였으므로 차액의 범위(2억원)에서 면제의 절대적 효력이 발생하여 다른 연대채무자 乙과 丙의 채무도 차액만큼 감소한 7억원에 관하여 연대채무를 부담한다(ㄷ).

정답 ③

02 민법상 보증채무에 관한 설명으로 옳은 것은?(다툼이 있으면 판례에 따름) 기출 25

① 회사의 이사가 채무액과 변제기가 특정된 회사 채무의 보증인이 된 경우, 그 이사는 이사직 사임이라는 사정변경을 이유로 보증계약을 해지할 수 없다.
② 보증채무의 소멸시효기간은 특별한 약정이 없는 한 주채무의 소멸시효기간에 따른다.
③ 주채무자의 의사에 반하여 보증인이 된 자가 변제로 주채무를 소멸하게 한 때에는 주채무자는 그 당시에 이익을 받은 한도에서 배상하여야 한다.
④ 보증의 효력발생요건인 보증인의 기명날인은 타인이 이를 대행하는 방법으로 할 수 없다.
⑤ 보증채무의 연체이율은 주채무의 약정연체이율을 따르는 것이 원칙이다.

03 甲에 대하여 乙 및 丙은 1억 8,000만원의 연대채무를 부담하고 있으며, 乙과 丙의 부담부분은 각각 1/3과 2/3이다. 이에 관한 설명으로 옳은 것은?(원본만을 고려하며, 다툼이 있으면 판례에 따름) 기출 24

① 乙이 甲으로부터 위 1억 8,000만원의 채권을 양수받은 경우, 丙의 채무는 전부 소멸한다.
② 乙이 甲에 대하여 9,000만원의 반대채권이 있으나 乙이 상계를 하지 않은 경우, 丙은 그 반대채권 전부를 자동채권으로 하여 甲의 채권과 상계할 수 있다.
③ 甲이 乙에게 이행을 청구한 경우, 丙의 채무에 대해서는 시효중단의 효력이 없다.
④ 甲이 乙에게 채무를 면제해 준 경우, 丙도 1억 2,000만원의 채무를 면한다.
⑤ 丁이 乙 및 丙의 부탁을 받아 그 채무를 연대보증한 후에 甲에게 위 1억 8,000만원을 변제하였다면, 丁은 乙에게 1억 8,000만원 전액을 구상할 수 있다.

• 해설 및 정답 •

02 ① (O) 회사의 이사가 채무액과 변제기가 특정되어 있는 회사 채무에 대하여 보증계약을 체결한 경우에는 계속적 보증이나 포괄근보증의 경우와는 달리 이사직 사임이라는 사정변경을 이유로 보증인인 이사가 일방적으로 보증계약을 해지할 수 없다(대판 2006.7.4. 2004다30675).
② (×) 보증채무는 주채무와는 별개의 독립한 채무이므로 보증채무와 주채무의 소멸시효기간은 채무의 성질에 따라 각각 별개로 정해진다. 그리고 주채무자에 대한 확정판결에 의하여 민법 제163조 각 호의 단기소멸시효에 해당하는 주채무의 소멸시효기간이 10년으로 연장된 상태에서 주채무를 보증한 경우, 특별한 사정이 없는 한 보증채무에 대하여는 민법 제163조 각 호의 단기소멸시효가 적용될 여지가 없고, 성질에 따라 보증인에 대한 채권이 민사채권인 경우에는 10년, 상사채권인 경우에는 5년의 소멸시효기간이 적용된다(대판 2014.6.12. 2011다76105).
③ (×) 주채무자의 의사에 반하여 보증인이 된 자가 변제 기타 자기의 출재로 주채무를 소멸하게 한 때에는 주채무자는 현존이익의 한도에서 배상하여야 한다(민법 제444조 제2항).
④ (×) 민법 제428조의2 제1항 전문은 "보증은 그 의사가 보증인의 기명날인 또는 서명이 있는 서면으로 표시되어야 효력이 발생한다."라고 규정하고 있는데, '보증인의 서명'은 원칙적으로 보증인이 직접 자신의 이름을 쓰는 것을 의미하므로 타인이 보증인의 이름을 대신 쓰는 것은 이에 해당하지 않지만, '보증인의 기명날인'은 타인이 이를 대행하는 방법으로 하여도 무방하다(대판 2019.3.14. 2018다282473).
⑤ (×) 보증한도액을 정한 근보증에 있어 보증채무는 특별한 사정이 없는 한 보증한도 범위 안에서 확정된 주채무 및 그 이자, 위약금, 손해배상 기타 주채무에 종속한 채무를 모두 포함하는 것이고, 한편 보증채무는 주채무와는 별개의 채무이기 때문에 보증채무 자체의 이행지체로 인한 지연손해금은 보증한도액과는 별도로 부담하고 이 경우 보증채무의 연체이율에 관하여 특별한 약정이 없는 경우라면 그 거래행위의 성질에 따라 상법 또는 민법에서 정한 법정이율에 따라야 하며, 주채무에 관하여 약정된 연체이율이 당연히 여기에 적용되는 것은 아니지만, 특별한 약정이 있다면 이에 따라야 할 것이다(대판 2005.6.23. 2005다18955).

정답 ①

03 ① (×) 어느 연대채무자와 채권자 간에 혼동이 있는 때에는 그 채무자의 부담부분에 한하여 다른 연대채무자도 의무를 면하므로(민법 제420조), 乙의 甲에 대한 연대채무 1억 8,000만원이 전부 혼동으로 인하여 소멸하더라도, 다른 연대채무자 丙의 채무는 乙의 부담부분인 6,000만원(=1억 8,000만원×1/3)에 한하여 소멸한다. 결과적으로 丙은 단독으로 乙에게 1억 2,000만원의 채무를 부담하게 된다.
② (×) 연대채무자 乙이 채권자 甲에 대하여 9,000만원의 반대채권이 있으나 乙이 상계를 하지 않은 경우, 다른 연대채무자 丙은 乙의 부담부분인 6,000만원(=1억 8,000만원×1/3)에 한하여 甲에 대한 반대채권을 자동채권으로 하여 甲의 채권과 상계할 수 있다(민법 제418조 제2항 참조).
③ (×) 연대채무의 경우에는 이행청구를 원인으로 한 소멸시효의 중단(민법 제168조 제1호)에도 절대적 효력이 인정된다(통설). 따라서 甲이 乙에게 이행을 청구한 경우, 丙의 채무에 대해서도 시효중단의 효력이 있다.
④ (×) 甲이 연대채무자 중 1인에 해당하는 乙에게 채무 전부를 면제해 준 경우, 다른 연대채무자 丙은 乙의 부담부분인 6,000만원(=1억 8,000만원×1/3)에 한하여 채무를 면한다(민법 제419조 참조). 결과적으로 丙은 단독으로 甲에게 1억 2,000만원의 채무를 부담하게 된다.
⑤ (O) 연대채무자가 수인이 있는 경우에 이들 모두를 위한 연대보증인은 보증채무의 이행으로 한 출연액 전부에 대하여 어느 연대채무자에게나 구상권을 가지는 것이다(대판 1992.5.12. 91다3062). 丁이 乙 및 丙의 부탁을 받아 그 채무를 연대보증한 후에 甲에게 위 1억 8,000만원을 변제하였다면, 丁은 乙에게 1억 8,000만원 전액을 구상할 수 있다.

정답 ⑤

04 甲, 乙, 丙이 丁에 대하여 9백만원의 연대채무를 부담하고 있고, 각자의 부담부분은 균등하다. 甲이 丁에 대하여 6백만원의 상계적상에 있는 반대채권을 가지고 있는 경우에 관한 설명으로 옳은 것은?(당사자 사이에 다른 약정은 없으며, 다툼이 있으면 판례에 따름) 기출 23

① 甲이 6백만원에 대해 丁의 채무와 상계한 경우, 남은 3백만원에 대해 乙과 丙이 丁에게 각각 1백 5십만원의 분할채무를 부담한다.
② 甲이 6백만원에 대해 丁의 채무와 상계한 경우, 甲, 乙, 丙은 丁에게 3백만원의 연대채무를 부담한다.
③ 甲이 상계권을 행사하지 않은 경우, 乙과 丙은 甲의 상계권을 행사할 수 없고, 甲, 乙, 丙은 丁에게 3백만원의 연대채무를 부담한다.
④ 甲이 상계권을 행사하지 않은 경우, 乙은 丁을 상대로 甲의 6백만원에 대해 상계할 수 있고, 乙과 丙이 丁에게 각각 1백 5십만원의 분할채무를 부담한다.
⑤ 甲이 상계권을 행사하지 않은 경우, 丙은 丁을 상대로 甲의 6백만원에 대해 상계할 수 있고, 乙과 丙이 丁에게 3백만원의 연대채무를 부담한다.

05 甲과 乙은 A에 대하여 2억원의 연대채무를 부담하고 있으며, 甲과 乙 사이의 부담부분은 균등하다. 이에 관한 설명으로 옳은 것은?(다툼이 있으면 판례에 따름) 기출 22

① 甲의 A에 대한 위 채무가 시효완성으로 소멸한 경우, 乙도 A에 대하여 위 채무 전부를 이행할 의무를 면한다.
② 甲이 A에게 2억원의 상계할 채권을 가지고 있음에도 상계를 하지 않는 경우, 乙은 甲이 A에게 가지는 2억원의 채권으로 위 채무 전부를 상계할 수 있다.
③ A가 甲에 대하여 채무의 이행을 청구하여 시효가 중단된 경우, 乙에게도 시효중단의 효력이 있다.
④ A의 신청에 의한 경매개시결정에 따라 甲소유의 부동산이 압류되어 시효가 중단된 경우, 乙에게도 시효중단의 효력이 있다.
⑤ A가 甲에 대하여 위 채무를 전부 면제해 준 경우, 乙도 A에 대하여 위 채무 전부를 이행할 의무를 면한다.

• 해설 및 정답 •

04 ① (×) 어느 연대채무자가 채권자에 대하여 채권이 있는 경우에 그 채무자가 상계한 때에는 채권은 모든 연대채무자의 이익을 위하여 소멸한다(민법 제418조 제1항). 따라서 甲이 6백만원에 대해 丁의 채무와 상계한 경우, 6백만원의 채무는 공동면책되고, 甲, 乙, 丙은 丁에게 남은 3백만원에 대한 연대채무를 부담한다.
② (○) 甲이 6백만원에 대해 丁의 채무와 상계한 경우, 6백만원의 채무가 공동면책되고(민법 제418조 제1항), 甲, 乙, 丙은 丁에게 남은 3백만원에 대한 연대채무를 부담한다.
③ (×) 상계할 채권이 있는 연대채무자가 상계하지 아니한 때에는 그 채무자의 부담부분에 한하여 다른 연대채무자가 상계할 수 있다(민법 제418조 제2항). 따라서 甲이 상계권을 행사하지 않은 경우, 乙과 丙은 甲의 부담부분(3백만원)에 한하여 상계권을 행사할 수 있고, 상계권 행사 후 甲, 乙, 丙은 丁에게 6백만원에 대한 연대채무를 부담한다.
④ (×) 상계할 채권이 있는 연대채무자가 상계하지 아니한 때에는 그 채무자의 부담부분에 한하여 다른 연대채무자가 상계할 수 있다(민법 제418조 제2항). 따라서 甲이 상계권을 행사하지 않은 경우, 乙은 丁을 상대로 甲의 부담부분(3백만원)에 한하여 상계권을 행사할 수 있고, 상계권 행사 후 甲, 乙, 丙은 丁에게 6백만원에 대한 연대채무를 부담한다.
⑤ (×) 甲이 상계권을 행사하지 않은 경우, 丙은 丁을 상대로 甲의 부담부분(3백만원)에 한하여 상계권을 행사할 수 있고(민법 제418조 제2항), 상계권 행사 후 甲, 乙, 丙은 丁에게 6백만원에 대한 연대채무를 부담한다.

정답 ②

05 ① (×) 연대채무자 甲에 대하여 소멸시효가 완성한 때에는 그 부담부분인 1억원에 한하여 다른 연대채무자 乙도 의무를 면하게 된다(민법 제421조). 따라서 乙은 A에게 자기의 부담부분인 1억원에 대하여 연대채무를 부담한다.
② (×) 상계할 채권이 있는 연대채무자 甲이 상계하지 아니한 때에는 다른 연대채무자 乙은 甲의 부담부분인 1억원에 한하여 상계할 수 있다(민법 제418조 제2항).
③ (○) 채권자 A가 연대채무자 甲에 대하여 채무의 이행을 청구하여 시효가 중단된 경우, 다른 연대채무자 乙에게도 시효중단의 효력이 있다(민법 제416조, 민법 제168조 제1호).
④ (×) 연대채무와 채권자 사이에 절대적 효력이 있는 사유 외에는 상대적 효력이 인정되는 데 그치므로(민법 제423조), 채권자 A의 이행청구 외의 압류로 인한 소멸시효 중단의 효력은 다른 연대채무자인 乙에게 미치지 아니한다.
⑤ (×) 어느 연대채무자에 대한 채무면제는 그 채무자의 부담부분에 한하여 다른 연대채무자의 이익을 위하여 효력이 있으므로(민법 제419조), 채권자 A가 연대채무자 甲에 대하여 채무를 전부 면제해 준 경우, 甲은 연대채무를 면하게 되고 다른 연대채무자 乙은 A에 대하여 자기의 부담부분인 1억원에 한하여 연대채무를 이행할 의무가 있다.

정답 ③

CHAPTER 05 채권양도와 채무인수

> **출제포인트**
> □ 지명채권의 양도성 및 채권양도의 대항요건
> □ 증권적 채권의 양도
> □ 면책적 채무인수 · 병존적 채무인수 · 이행인수 · 계약인수

제1절 채권의 양도

I 서 설

1. 채권양도의 의의
채권양도란 채권을 그 동일성을 유지하면서 이전하는 양도인과 양수인 사이의 계약이다.

2. 채권양도의 법적 성질

(1) 처분행위
채권양도는 처분행위로서 준물권행위이다. 지명채권양도는 낙성·불요식 계약이며 통지·승낙은 대항요건일 뿐이다. 기출 21

(2) 독자성 여부
채권양도가 그 원인행위와는 독립하여 따로 체결되는지의 여부가 채권양도의 독자성의 문제이다. 지명채권양도는 원칙적으로 독자성을 부정하나, 증권적 채권의 경우에는 독자성을 긍정한다(통설).

(3) 무인성 여부
원인행위가 무효·취소·해제되면 채권양도행위가 효력을 상실하는지 여부가 무인성의 문제이다. 지명채권양도는 유인성이 인정되나, 증권적 채권의 양도는 무인성이 인정된다(통설). 한편 채무자 또는 제3자가 채권을 담보하기 위하여 자기의 제3채무자에 대한 채권을 채권자에게 양도하는 경우에 판례는 채권양도가 다른 채무의 담보조로 이루어졌으며 또한 그 채무가 변제되었다고 하더라도, 이는 채권 양도인과 양수인 간의 문제일 뿐이고, 양도채권의 채무자는 채권 양도·양수인 간의 채무 소멸 여하에 관계없이 양도된 채무를 양수인에게 변제하여야 하는 것이므로, 설령 그 피담보채무가 변제로 소멸되었다고 하더라도 양도채권의 채무자로서는 이를 이유로 채권양수인의 양수금 청구를 거절할 수 없다고(대판 1999.11.26, 99다23093) 한다.

기출 24

Ⅱ 지명채권의 양도

1. 의의

(1) 지명채권의 개념

지명채권이란 채권자가 특정되어 있고, 그 채권의 성립, 양도를 위해서 증서의 작성·교부를 필요로 하지 않는 채권이다.

(2) 지명채권의 양도성

1) 원칙 기출 20·21

지명채권의 양도는 원칙적으로 인정된다. 또한 장래의 채권도 그 권리의 특정이 가능하고 가까운 장래에 발생할 것임이 상당 정도 기대되는 경우에는 채권양도의 대상이 될 수 있다(대판 1996.7.30. 95다7932). 판례는 채권양도에 의하여 채권은 그 동일성을 잃지 않고 양도인으로부터 양수인에게 이전된다 할 것이며, 가압류된 채권도 이를 양도하는 데 아무런 제한이 없다 할 것이나, 다만 가압류된 채권을 양수받은 양수인은 그러한 가압류에 의하여 권리가 제한된 상태의 채권을 양수받는다고 보아야 할 것이고, 이는 채권을 양도받았으나 확정일자 있는 양도통지나 승낙에 의한 대항요건을 갖추지 아니하는 사이에 양도된 채권이 가압류된 경우에도 동일하다고 한다(대판 2002.4.26. 2001다59033).

2) 예외

단, 다음의 세 경우에는 예외적으로 양도성이 인정되지 않는다.

① 채권의 성질이 양도를 허용하지 않는 경우(민법 제449조 제1항 단서) : 판례는 매매로 인한 소유권이전등기청구권의 양도는 특별한 사정이 없는 이상 양도가 제한되고 양도에 채무자의 승낙이나 동의를 요한다고 할 것이므로 통상의 채권양도와 달리 양도인의 채무자에 대한 통지만으로는 채무자에 대한 대항력이 생기지 않으며 반드시 채무자의 동의나 승낙을 받아야 대항력이 생긴다고 한다(대판 2018.7.12. 2015다36167). 기출 21

② 당사자가 양도금지특약을 한 경우(민법 제449조 제2항 본문)
- 양도금지특약을 위반하여 이루어진 채권양도는 원칙적으로 효력이 없다(대판 2019.12.19. 2016다24284[전합]).

> **양도금지특약을 위반한 채권양도의 효력(원칙적 무효) 및 채권양수인의 악의 또는 중과실에 대한 주장·증명책임의 소재(= 양도금지특약으로 양수인에게 대항하려는 자)**
>
> 채권은 양도할 수 있다. 그러나 채권의 성질이 양도를 허용하지 아니하는 때에는 그러하지 아니하다(민법 제449조 제1항). 그리고 채권은 당사자가 반대의 의사를 표시한 경우에는 양도하지 못한다. 그러나 그 의사표시로써 선의의 제3자에게 대항하지 못한다(민법 제449조 제2항). 이처럼 당사자가 양도를 반대하는 의사를 표시(이하 '양도금지특약')한 경우 채권은 양도성을 상실한다. 양도금지특약을 위반하여 채권을 제3자에게 양도한 경우에 채권양수인이 양도금지특약이 있음을 알았거나 중대한 과실로 알지 못하였다면 채권 이전의 효과가 생기지 아니한다. 반대로 양수인이 중대한 과실 없이 양도금지특약의 존재를 알지 못하였다면 채권양도는 유효하게 되어 채무자는 양수인에게 양도금지특약을 가지고 채무 이행을 거절할 수 없다. 채권양수인의 악의 내지 중과실은 양도금지특약으로 양수인에게 대항하려는 자가 주장·증명하여야 한다(대판 2019.12.19. 2016다24284[전합]).
>
> **양도금지특약이 있는 채권을 전부받은 자로부터 다시 그 채권을 양수한 자가 양도금지특약에 대하여 악의인 경우, 채무자는 위 특약을 근거로 채권양도의 무효를 주장할 수 있는지 여부(소극)**
>
> 당사자 사이에 양도금지의 특약이 있는 채권이더라도 전부명령에 의하여 전부되는 데에는 지장이 없고, 양도금지의 특약이 있는 사실에 관하여 집행채권자가 선의인가 악의인가는 전부명령의 효력에 영향을 미치지 못하는 것인바, 이와 같이 양도금지특약부 채권에 대한 전부명령이 유효한 이상, 그 전부채권자로부터 다시 그 채권을 양수한 자가 그 특약의 존재를 알았거나 중대한 과실로 알지 못하였다고 하더라도 채무자는 위 특약을 근거로 삼아 채권양도의 무효를 주장할 수 없다(대판 2003.12.11. 2001다3771). 기출 24·25

> **임대차계약의 당사자들이 '임차인은 임대인의 동의 없이는 임차권을 양도 또는 담보제공하지 못한다'고 약정한 경우, 그 약정의 취지를 임대보증금반환채권의 양도를 금지하는 것으로 볼 수 있는지 여부(소극)**
> 임대차계약의 당사자 사이에 '임차인은 임대인의 동의 없이는 임차권을 양도 또는 담보제공 하지 못한다.'는 약정을 하였다면, <u>그 약정의 취지는 임차권의 양도를 금지한 것으로 볼 것이지 임대차계약에 기한 임대보증금반환채권의 양도를 금지하는 것으로 볼 수는 없다</u>(대판 2013.2.28, 2012다104366). 기출 25

- 당사자의 의사표시에 의한 양도금지특약은 <u>선의의 제3자에 대해 대항할 수 없다.</u> 기출 12
- 중대한 과실은 악의와 같이 취급되어야 하므로, 양도금지특약의 존재를 알지 못하고 채권을 양수한 경우에 있어서 그 알지 못함에 중대한 과실이 있는 때에는 악의의 양수인과 같이 양도에 의한 채권을 취득할 수 없다(대판 1996.6.28, 96다18281). 기출 24
- <u>양도금지의 특약이 붙은 채권이 양도된 경우에 양수인의 악의 또는 중과실에 관한 입증책임은 채무자가 부담한다</u>(대판 2000.12.22, 2000다55904).

③ 법률이 양도를 금지하는 경우
㉠ 부양청구권(민법 제979조), 개별법상 각종 연금청구권, 재해보상청구권(근기법 제86조) 등은 법률에 의하여 양도성이 제한되는 경우이다.
㉡ <u>판례는 근로자의 임금채권은 그 양도를 금지하는 법률의 규정이 없으므로 이를 양도할 수 있으나, 근로자가 그 임금채권을 양도한 경우라 할지라도 그 임금의 지급에 관하여는 임금직접지급의 원칙이 적용되어 사용자는 직접 근로자에게 임금을 지급하지 아니하면 안 되는 것이고 그 결과 비록 양수인이라고 할지라도 스스로 사용자에 대하여 임금의 지급을 청구할 수는 없다고</u>(대판 1988.12.13, 87다카2803[전합]) 한다.

2. 채권양도의 대항요건

(1) 대항요건의 필요성

지명채권의 양도는 양도인이 채무자에게 통지하거나 채무자가 승낙하지 아니하면 채무자 기타 제3자에게 대항하지 못한다(민법 제450조 제1항). 채권양도는 양도인과 양수인 사이의 계약에 의하여 성립하는데, 권리를 공시할 방법이 없는 지명채권의 성질로 인해 양도계약에 관여하지 않는 채무자나 제3자가 채권양도의 사실 및 이전의 시기를 알지 못함에 따라 예기하지 못한 손해를 입을 염려가 있으므로 이들을 보호하려는 취지에서 규정한 것으로 이해할 수 있다. 여기서 채무자에게 대항한다는 것은 양수인이 채무자에 대하여 자신이 채권자임을 주장하기 위한 요건이라는 뜻으로, 이중변제의 위험으로부터 보호하기 위한 요건이고, 양수인이 채무자를 상대로 소를 제기하기 위해서는 대항요건을 구비하였음을 주장·증명하여야 한다. 채무자 외의 제3자에게 대항한다는 것은 동일한 채권을 이중으로 양수하거나 압류한 자 사이에 우열을 결정하는 표준이 된다는 의미이다. 이와 관련하여 <u>판례는 채권양도 후 대항요건이 구비되기 전의 채권양도인은 채무자에 대한 관계에서는 여전히 채권자의 지위에 있으므로 채무자의 제3채무자에 대한 채권에 대하여 채권가압류 등의 보전조치를 할 수 있고, 이 경우 채권가압류에 기하여 채권양도인이 배당절차에서 배당을 받았다면 그 배당은 유효하다고</u>(대판 2019.5.16, 2016다8589) 한다. 기출 25

(2) 채무자에 대한 대항요건

1) **채무자에 대한 통지**(민법 제450조 제1항)
① 통지란 채권양도가 있었다는 사실을 알리는 행위로서 그 법적 성질은 관념의 통지이다.
② 통지권자는 양도인이며, 양수인에 의한 통지는 대항력이 발생하지 않는다.
③ 지명채권의 양도통지를 한 후 그 양도계약이 해제된 경우에, 양도인이 그 해제를 이유로 다시 원래의 채무자에 대하여 양도채권으로 대항하려면 양수인이 채무자에게 위와 같은 해제사실을 통지하여야 한다(대판 1993.8.27. 93다17379).
④ 양도인이 채무자에게 채권양도를 통지한 때에는 아직 양도하지 아니하였거나 그 양도가 무효인 경우에도 선의인 채무자는 양수인에게 대항할 수 있는 사유로 양도인에게 대항할 수 있다(민법 제452조 제1항). 기출 20
⑤ 채권양도의 통지는 양수인의 동의가 없으면 철회하지 못한다(민법 제452조 제2항).
⑥ 채권양도의 통지는 양도인이 직접 하지 아니하고 사자를 통하여 하거나 나아가서 대리인으로 하여금 하게 하여도 무방하고, 그와 같은 경우에 양수인이 양도인의 사자 또는 대리인으로서 채권양도통지를 하였다 하여 민법 제450조의 규정에 어긋난다고 할 수 없다(대판 1997.6.27. 95다40977·40984). 기출 12·16
⑦ 채권양도가 있기 전에 미리 하는 사전통지는 채무자로 하여금 양도의 시기를 확정할 수 없는 불안한 상태에 있게 하는 결과가 되어 원칙적으로 허용될 수 없다(대판 2000.4.11. 2000다2627).
⑧ 채권을 양수하기는 하였으나 아직 양도인에 의한 통지 또는 채무자의 승낙이라는 대항요건을 갖추지 못하였다면 채권양수인은 현재는 채무자와 사이에 아무런 법률관계가 없어 채무자에 대하여 아무런 권리 주장을 할 수 없기 때문에 채무자에 대하여 채권양도인으로부터 양도통지를 받은 다음 채무를 이행하라는 청구는 장래이행의 소로서의 요건을 갖추지 못하여 부적법하다(대판 1992.8.18. 90다9452·9469).

2) **채무자의 승낙**
① 승낙은 관념의 통지이다.
② 승낙권자는 채무자이고, 상대방은 양도인 또는 양수인이다. 기출 18·20
③ 지명채권의 양도를 승낙함에 있어서는 이의를 보류하고 할 수 있음은 물론이고 양도금지의 특약이 있는 채권양도를 승낙함에 있어 조건을 붙여서 할 수도 있으며 승낙의 성격이 관념의 통지라고 하여 조건을 붙일 수 없는 것은 아니다(대판 1989.7.11. 88다카20866). 기출 12·17·18·20·24
④ 채권양수인으로서는 양도인이 채무자에게 채권양도통지를 하거나 채무자가 이를 승낙하여야 채무자에게 채권양수를 주장(대항)할 수 있는 것이며, 그 입증은 양수인이 사실심에서 하여야 할 책임이 있다(대판 1990.11.27. 90다카27662).
⑤ 승낙 당시 이미 상계를 할 수 있는 원인이 있었던 경우에는 아직 상계적상에 있지 아니하였다 하더라도 그 후에 상계적상이 생기면 채무자는 양수인에 대하여 상계로 대항할 수 있다(대판 1999.8.20. 99다18039).
⑥ 민법 제451조 제1항의 "양도인에게 대항할 수 있는 사유"란 채권의 성립, 존속, 행사를 저지·배척하는 사유를 가리킬 뿐이고, 채권의 귀속(채권이 이미 타인에게 양도되었다는 사실)은 이에 포함되지 아니한다(대판 1994.4.29. 93다35551). 따라서 채권양도에 대하여 채무자가 이의를 보류하지 아니하고 승낙을 하였더라도 채무자는 채권이 이미 타인에게 양도되었다는 사실로써 양수인에게 대항할 수 있다. 기출 24
⑦ 채무자는 채권양도를 승낙한 후에 취득한 양도인에 대한 채권으로써 양수인에 대하여 상계로써 대항하지 못한다(대판 1984.9.11. 83다카2288). 기출 22

(3) 채무자 이외의 제3자에 대한 대항요건

① 지명채권의 통지나 승낙은 확정일자 있는 증서에 의하지 아니하면 채무자 이외의 제3자에게 대항하지 못한다(민법 제450조 제2항).
② 확정일자란 당사자가 후에 변경하지 못하는 것으로 공정증서, 공무소에서 기입한 일자 등이다.
③ 제3자란 그 채권에 대해서 법률상의 이익을 가지고 있는 자 또는 그 채권에 대해 양수인의 지위와 양립할 수 없는 법률상의 지위를 취득한 자를 의미한다.
④ 채권의 이중양수인, 채권질권자, 채권을 압류한 양도인의 채권자 및 그 채권의 양도인이 파산한 경우의 파산채권자 등은 제3자에 해당된다.
⑤ 확정판결은 확정일자 있는 증서에 해당한다(대판 1999.3.26. 97다30622).
⑥ 채권자가 채권양도통지서에 공증인가 합동법률사무소의 확정일자인증을 받아 그 자리에서 채무자에게 교부하였다면 하나의 행위로서 확정일자인증과 채권양도통지가 이루어진 것으로 보아 확정일자 있는 증서에 의한 채권양도의 통지가 있었다고 해석함이 타당하다(대판 1986.12.9. 86다카858).
⑦ 지명채권양도에 있어서 확정일자 있는 증서에 의한 통지나 승낙은 제3자에 대한 대항요건에 불과하고 채권양도의 유효요건은 아니며, 당해 채권을 양수한 양수인에게까지 필요한 것은 아니다(대판 1983.2.22. 81다134).
⑧ 선순위의 근저당권부 채권을 양수한 채권자보다 후순위의 근저당권자는 채권양도의 대항요건을 갖추지 아니한 경우 대항할 수 없는 제3자에 포함되지 않는다(대판 2005.6.23. 2004다29279).

3. 채권양도의 유형과 대항관계 기출 12·16

> **승낙, 통지의 효과(민법 제451조)**
> ① 채무자가 이의를 보류하지 아니하고 전조의 승낙을 한 때에는 양도인에게 대항할 수 있는 사유로써 양수인에게 대항하지 못한다. 그러나 채무자가 채무를 소멸하게 하기 위하여 양도인에게 급여한 것이 있으면 이를 회수할 수 있고 양도인에 대하여 부담한 채무가 있으면 그 성립되지 아니함을 주장할 수 있다.
> ② 양도인이 양도통지만을 한 때에는 채무자는 그 통지를 받은 때까지 양도인에 대하여 생긴 사유로써 양수인에게 대항할 수 있다.

(1) 채권양도만이 있는 경우

① 채무자에 대한 통지나 채무자의 승낙을 갖추지 않는 한 채무자에게 대항할 수 없다.
② 이중양도의 경우에는 양수인 상호 간에도 대항할 수 없다.

(2) 채권양도와 함께 채무자에 대한 통지만이 행해진 경우

① 1인의 양수인에게만 양도한 경우에, 통지나 승낙의 요건을 갖추는 한 채무자에 대하여 양도사실을 주장할 수 있다.
② 이중양도를 하였으나 1인의 양수인에 관해서만 통지를 한 경우에도 그 양수인은 채무자에게 대항할 수 있다.
③ 이중양도를 행하고 각 양도에 대해 모두 통지를 행한 경우에는 각 양수인은 상호 간에 대항할 수 없는 결과 채무자에 대해서도 대항할 수 없다. 다만, 채무자는 임의로 1인의 양수인에게 유효한 변제를 할 수 있다.

(3) 채권양도와 확정일자 있는 증서에 의해 통지가 행해진 경우

① 먼저 이중양도가 행해지고 1인에 대해서는 확정일자부 증서에 의한 통지를, 그리고 다른 1인에 대해서는 단순한 통지만을 행한 경우에는 확정일자부 증서에 의해 통지된 양수인만이 진정한 권리자가 된다.
② 이중양도가 행해지고 각 양도에 대해 모두 확정일자 있는 증서에 의한 통지가 행해진 경우 다수설에 따르면 각 채권양도 사이의 우열의 기준을 획일적으로 처리하기 위하여 확정일자 있는 증서에 의한 통지 가운데 확정일자가 우선하는 통지에 대해 우선적 효력을 부여하고 있다.

> 채권이 이중으로 양도된 경우의 양수인 상호 간의 우열은 통지 또는 승낙에 붙여진 확정일자의 선후에 의하여 결정할 것이 아니라, 채권양도에 대한 채무자의 인식, 즉 확정일자 있는 양도통지가 채무자에게 도달한 일시 또는 확정일자 있는 승낙의 일시의 선후에 의하여 결정하여야 할 것이다(대판 1994.4.26. 93다24223[전합]). **기출** 16·20

③ 채권양도 통지와 채권가압류결정 정본이 같은 날 도달되었는데 그 선후관계에 대하여 달리 입증이 없으면 동시에 도달된 것으로 추정한다(대판 1994.4.26. 93다24223[전합]).

Ⅲ 증권적 채권의 양도

지시채권은 그 증서에 배서하여 양수인에게 교부하는 방식으로 양도할 수 있다(민법 제508조). **기출** 17 무기명채권은 지시채권과 달리 특정 채권자가 증서면에 기재·표시되어 있지 않다는 점에서 배서를 요하지 않고 양수인에게 그 증서를 교부함으로써 양도의 효력이 생긴다(민법 제523조). 지명소지인출급채권은 무기명채권과 동일한 효력을 가지고 있으므로(민법 제525조), 증서의 교부만으로도 양도의 효력이 생긴다.

제2절 채무의 인수

Ⅰ 면책적 채무인수

1. 의 의

채무인수란 채무의 동일성을 유지하면서 채무를 인수인에게 이전시키는 계약이다. 채무의 동일성이 변경되지 않는다는 점에서 채무자변경에 의한 경개와는 다르다. 채무인수는 낙성·불요식 계약이다.

2. 채무인수의 요건

(1) 채무에 관한 요건

채무가 존재하여야 한다. 조건부·기한부 채무도 이미 성립한 채무로서 인수의 대상이 되며, 장래의 채무도 인수할 수 있다(단 특정이 가능하여야 한다). 또한 채무인수가 되려면 채무는 이전할 수 있는 것이어야 한다. 다만, 채무의 성질이나(민법 제453조 제1항 단서) 당사자의 의사표시에 의하여 이전이 제한될 수 있다(통설).

(2) 인수계약의 당사자

1) 채권자·인수인·채무자 사이의 계약

명문의 규정은 없지만, 계약자유의 원칙상 당연히 유효하다.

2) 채권자와 인수인 사이의 계약

① 이해관계 없는 제3자는 채무자의 의사에 반하여 인수인이 되지 못한다(민법 제453조 제2항). 기출 25 단, 병존적 채무인수는 사실상 인적담보의 기능을 가지는 점에서 보증채무의 경우(민법 제444조 제2항)에 준하여 채무자의 의사에 반해서도 가능하다(대판 1988.5.24. 87다카3104). 기출 21

② 이해관계 없는 제3자가 채무자의 의사에 반하여 채무를 인수했다는 것에 대한 입증책임은 판례에 의하면 이를 주장하는 자가 부담한다.

3) 채무자와 인수인 사이의 계약

① 채무자와 인수인 사이의 계약으로 채무인수를 할 수 있으나, 이때에는 채권자의 승낙이 있어야 그 효력이 발생한다(민법 제454조 제1항). 기출 22·24·25

② 채권자의 승낙은 사전에도 가능하며(통설), 그 상대방은 채무자 또는 인수인에게 가능하다(민법 제454조 제2항). 기출 25

③ 채무인수에 대한 채권자의 승낙은 다른 의사표시가 없으면 채무를 인수한 때에 소급하여 그 효력이 생긴다. 그러나 제3자의 권리를 해하지 못한다(민법 제457조). 기출 13

④ 채무자나 인수인은 상당한 기간을 정하여 승낙 여부의 확답을 최고할 수 있다. 채권자가 그 기간 내에 확답을 발송하지 아니한 때에는 승낙을 거절한 것으로 본다(민법 제455조 제1항, 제2항).

⑤ 채권자의 승낙에 의하여 채무인수의 효력이 생기는 경우, 채권자가 승낙을 거절하면 그 이후에는 채권자가 다시 승낙하여도 채무인수로서의 효력이 생기지 않는다(대판 1998.11.24. 98다33765). 기출 25

⑥ 채무자나 인수인은 채권자의 승낙이 있을 때까지는 채무인수계약을 철회하거나 변경할 수 있다(민법 제456조).

3. 채무인수의 효과

(1) 채무의 이전

① 채무인수가 효력이 발생함과 동시에 채무는 동일성을 유지하면서 채무자로부터 인수인에게 이전한다. 이로써 전(前) 채무자는 채무를 면하고 인수인이 채무를 부담한다.

② 채무가 동일성을 유지하면서 이전된다는 점에서 그 채무에 종된 권리도 그대로 이전된다.

> • [1] 인수채무가 원래 5년의 상사시효의 적용을 받던 채무라면 그 후 면책적 채무인수에 따라 그 채무자의 지위가 인수인으로 교체되었다고 하더라도 그 소멸시효의 기간은 여전히 5년의 상사시효의 적용을 받는다 할 것이고, 이는 채무인수행위가 상행위나 보조적 상행위에 해당하지 아니한다고 하여 달리 볼 것이 아니다.
> [2] 면책적 채무인수가 있은 경우, 인수채무의 소멸시효기간은 채무인수와 동시에 이루어진 소멸시효중단사유, 즉 채무승인에 따라 채무인수일로부터 새로이 진행된다(대판 1999.7.9. 99다12376). 기출 25
> • 면책적 채무인수라 함은 채무의 동일성을 유지하면서 이를 종래의 채무자로부터 제3자인 인수인에게 이전하는 것을 목적으로 하는 계약을 말하는바, 채무인수로 인하여 인수인은 종래의 채무자와 지위를 교체하여 새로이 당사자로서 채무관계에 들어서서 종래의 채무자와 동일한 채무를 부담하고 동시에 종래의 채무자는 채무관계에서 탈퇴하여 면책되는 것일 뿐 종래의 채무가 소멸하는 것이 아니므로, 채무인수로 종래의 채무가 소멸하였으니 저당권의 부종성으로 인하여 당연히 소멸한 채무를 담보하는 저당권도 소멸한다는 법리는 성립하지 않는다(대판 1996.10.11. 96다27476).

(2) 항변권의 이전

① 인수인은 전 채무자가 채권자에 대해 가지고 있던 항변사유로 채권자에게 대항할 수 있다(민법 제458조). 기출 22 단, 인수된 채무의 발생원인이 되는 계약의 취소권·해제권은 계약당사자만이 가지는 권리이므로, 단순히 채무의 특정승계인에 지나지 않는 인수인은 이러한 권리를 주장할 수 없다. 기출 14 또 인수인은 전 채무자가 가지고 있던 반대채권으로 상계하지도 못한다.

② 인수인이 전 채무자에 대하여 가지는 항변사유로 채권자에게 대항할 수는 없다(대판 1966.11.29. 66다1861).

(3) 보증·담보의 존속 여부

1) 제3자가 제공한 담보

① 제3자가 제공한 담보(물상보증)나 보증채무는 이들의 승낙이 없는 한 이전하지 않고 소멸한다(민법 제459조). 기출 22

② 물상보증인이 피담보채무를 인수한 때에는 그 동의를 한 것으로 해석된다.

2) 채무자가 제공한 담보

① 채무인수가 「채권자와 인수인」 사이의 계약으로 이루어질 때에는 채무자의 승낙이 없는 한 소멸한다(통설).

② 채무자와 인수인 또는 3면계약에 의해 이루어진 때에는 채무자인 담보제공자가 채무인수에 동의한 것으로 보아 민법 제459조를 유추적용하여 존속하는 것으로 본다(통설).

3) 법정담보

채무인수에 영향을 받지 않고 그대로 존속한다(통설).

II 병존적 채무인수

1. 의 의

① 병존적 채무인수란 기존 채무자의 채무도 존속시키면서 인수인이 동일한 채무를 부담하는 채무인수를 말한다.

② 병존적 채무인수란 인적 담보의 기능을 하는데, 기존 채무자의 채무를 면하게 하는 것은 아니므로 처분행위가 아니다.

③ 면책적인지 병존적인지 의사가 불분명하면 채권자에게 유리한 병존적 인수로 해석한다(대판 2012.1.12. 2011다76099). 기출 13·21·22·24

④ 부동산을 매매하면서 매도인과 매수인 사이에 중도금 및 잔금은 매도인의 채권자에게 직접 지급하기로 약정한 경우, 그 약정은 매도인의 채권자로 하여금 매수인에 대하여 그 중도금 및 잔금에 대한 직접청구권을 행사할 권리를 취득케 하는 제3자를 위한 계약에 해당하고 동시에 매수인이 매도인의 그 제3자에 대한 채무를 인수하는 병존적 채무인수에도 해당한다(대판 1997.10.24. 97다28698). 기출 17

2. 요 건

① 계약의 당사자는 채권자·채무자·인수인, 채권자·인수인, 채무자·인수인 모두 가능하다.

② 채권자와 인수인 사이의 계약으로 이루어질 경우 이는 담보적 기능을 갖기 때문에 채무자의 의사에 반해서도 제3자의 병존적 채무인수가 가능하다. 기출 14·22·24

③ 채무자와 인수인 사이의 병존적 채무인수계약은 일종의 제3자를 위한 계약으로서 민법 제539조 제2항 소정의 채권자의 수익의 의사표시가 필요하다. 기출 13

> **채무자와 인수인의 합의에 의한 중첩적 채무인수에서 채권자의 '수익의 의사표시'가 계약의 성립요건이나 효력발생요건인지 여부(소극)**
> [1] 채무자와 인수인의 합의에 의한 중첩적 채무인수는 일종의 제3자를 위한 계약이라고 할 것이므로, 채권자는 인수인에 대하여 채무이행을 청구하거나 기타 채권자로서의 권리를 행사하는 방법으로 수익의 의사표시를 함으로써 인수인에 대하여 직접 청구할 권리를 갖게 된다. 이러한 점에서 채무자에 대한 채권을 상실시키는 효과가 있는 면책적 채무인수의 경우 채권자의 승낙을 계약의 효력발생요건으로 보아야 하는 것과는 달리, 채무자와 인수인의 합의에 의한 중첩적 채무인수의 경우 채권자의 수익의 의사표시는 그 계약의 성립요건이나 효력발생요건이 아니라 채권자가 인수인에 대하여 채권을 취득하기 위한 요건이다.
> [2] 채무자와 인수인의 합의에 의한 중첩적 채무인수의 경우 채권자가 수익을 받지 않겠다는 의사표시를 하였다면 채권자는 인수인에 대하여 채권을 취득하지 못하고, 특별한 사정이 없는 한 사후에 이를 번복하고 다시 수익의 의사표시를 할 수는 없다고 할 것이지만, 인수인이 채권자에게 중첩적 채무인수라는 취지를 알리지 아니한 채 채무인수에 대한 승낙 여부만을 최고하여 채권자가 인수인으로부터 최고받은 채무인수가 채무자에 대한 채권을 상실하게 하는 면책적 채무인 것으로 잘못 알고 면책적 채무인수를 승낙하지 아니한다는 취지의 의사표시를 한 경우에는, 이는 중첩적 채무인수에 대하여 수익 거절의 의사표시를 한 것이라고 볼 수 없으므로, 채권자는 그 후 중첩적 채무인수 계약이 유효하게 존속하고 있는 한 수익의 의사표시를 하여 인수인에 대한 채권을 취득할 수 있다(대판 2013.9.13. 2011다56033).

3. 효 과

① 두 채무 가운데 어느 하나가 변제되면 두 채무는 전부 소멸한다. 물론 채무인수인이 변제하게 되면 원래의 채무자에게 구상권을 행사할 수 있다. 이 경우 인수인은 채권자의 권리를 법정대위한다.
② 종전의 채무와 인수된 채무가 채권자에 대하여 어떠한 관계에 있는지 문제되는데 학설은 보증채무관계설, 연대채무관계설, 부진정연대채무관계설 등이 주장되고 있다. 최근 판례는 채무자와 인수인 사이에 주관적 공동관계가 있으면 연대채무관계, 주관적 공동관계가 없으면 부진정연대관계라고 하여 연대채무관계설을 취하고 있다(대판 2014.8.26. 2013다49404). 기출 24

Ⅲ 이행인수

이행인수는 인수인이 채무자에 대해 채무자의 채무를 이행할 것을 약정하는 채무자·인수인 사이의 계약을 말한다.
기출 14

① 인수인은 채무자와 사이에 채권자에게 채무를 이행할 의무를 부담하는데 그치고 직접 채권자에 대하여 채무를 부담하는 것이 아니므로 채권자는 직접 인수인에 대하여 채무를 이행할 것을 청구할 수 없다(대판 2010.9.30. 2009다65942). 기출 13
② 부동산의 매수인이 매매목적물에 관한 근저당권이나 가등기 등의 피담보채무를 인수하는 한편 그 채무액을 매매대금에서 공제하기로 약정한 경우 다른 특별한 약정이 없는 이상 이는 매도인을 면책시키는 채무인수가 아니라 이행인수로 보아야 한다(대판 1994.6.14. 92다23377).

부동산 매수인이 매매목적물에 관한 임대차보증금 반환채무 등을 인수하면서 채무액을 매매대금에서 공제하기로 약정한 경우, 채무인수의 법적 성질

부동산의 매수인이 매매목적물에 관한 임대차보증금 반환채무 등을 인수하는 한편 그 채무액을 매매대금에서 공제하기로 약정한 경우, 그 인수는 특별한 사정이 없는 이상 매도인을 면책시키는 면책적 채무인수가 아니라 이행인수로 보아야 하고, 면책적 채무인수로 보기 위해서는 이에 대한 채권자 즉 임차인의 승낙이 있어야 한다(대판 2015.5.29. 2012다84370). 이때 임차인의 승낙은 반드시 명시적 의사표시로 하여야 하는 것은 아니고 묵시적 의사표시로도 가능하다. 그러나 임차인이 채무자인 임대인을 면책시키는 것은 그의 채권을 처분하는 행위이므로, 임대보증금 반환채권의 회수 가능성 등이 의문시되는 상황이라면 임차인의 어떠한 행위를 임대차보증금 반환채무의 면책적 인수에 대한 묵시적 승낙의 의사표시에 해당한다고 쉽게 단정하여서는 아니 된다(대판 2024.6.13. 2024다215542).

부동산 매수인이 매매목적물에 관한 근저당권의 피담보채무를 인수하고 그 채무액을 매매대금에서 공제하기로 약정한 경우, 이를 이행인수로 보아야 하는지 여부(원칙적 적극) 및 이행인수계약의 불이행으로 인한 손해배상의 범위

부동산의 매수인이 매매목적물에 관한 근저당권의 피담보채무를 인수하고 그 채무액을 매매대금에서 공제하기로 약정한 경우, 특별한 사정이 없는 한 매도인을 면책시키는 채무인수가 아니라 이행인수로 보아야 한다. 이행인수계약의 불이행으로 인한 손해배상의 범위는 원칙적으로 채무자가 채무의 내용에 따른 이행을 하지 않음으로써 생긴 통상의 손해를 한도로 한다. 매수인이 인수하기로 한 근저당권의 피담보채무를 변제하지 않아 원리금이 늘어났다면 그 원리금이 매수인의 이행인수계약 불이행으로 인한 통상의 손해액이 된다(대판 2021.11.25. 2020다294516).

담보책임

매매의 목적이 된 부동산에 설정된 저당권의 행사로 인하여 매수인이 취득한 소유권을 잃은 때에는 매수인은 민법 제576조 제1항의 규정에 의하여 매매계약을 해제할 수 있지만, 매수인이 매매목적물에 관한 근저당권의 피담보채무를 인수하는 것으로 매매대금의 지급에 갈음하기로 약정한 경우에는 특별한 사정이 없는 한, 매수인으로서는 매도인에 대하여 민법 제576조 제1항의 담보책임을 면제하여 주었거나 이를 포기한 것으로 봄이 상당하므로, 매수인이 매매목적물에 관한 근저당권의 피담보채무 중 일부만을 인수한 경우 매도인으로서는 자신이 부담하는 피담보채무를 모두 이행한 이상 매수인이 인수한 부분을 이행하지 않음으로써 근저당권이 실행되어 매수인이 취득한 소유권을 잃게 되더라도 민법 제576조 소정의 담보책임을 부담하게 되는 것은 아니다(대판 2002.9.4. 2002다11151).

Ⅳ 계약인수

① 계약인수는 민법상 명문의 규정이 없다고 하더라도 그 같은 계약이 인정되어야 할 것임은 계약자유, 사법자치의 원칙에 비추어 당연한 귀결이다(대판 1996.9.24. 96다25548).

② 계약당사자로서의 지위 승계를 목적으로 하는 계약인수는 계약당사자 및 인수인의 3면 합의에 의하여 계약당사자 중 일방이 당사자로서의 지위를 포괄적으로 제3자에게 이전하여 계약관계에서 탈퇴하고 제3자가 그 지위를 승계하는 것을 목적으로 하는 계약으로서 3면 계약으로 이루어지는 것이 보통이나 관계 당사자 중 2인이 합의하고 나머지 당사자가 이를 동의 내지 승낙하는 방법으로도 가능하고, 나머지 당사자의 동의 내지 승낙이 반드시 명시적 의사표시에 의하여야 하는 것은 아니며 묵시적 의사표시에 의하여서도 가능하다(대판 2023.3.30. 2022다296165).

③ 계약으로부터 발생된 채권·채무는 인수인에게 이전되며, 그 계약의 내용에 따라 장래 발생하게 될 채권·채무도 양수인을 주체로 하여 발생한다. 이 경우 그 계약관계로부터 생기는 취소권, 해제권 등의 권리·의무도 포괄적으로 이전된다.

④ 계약인수가 적법하게 이루어지면 양도인은 계약관계에서 탈퇴하게 되고 계약인수 후에는 특별한 사정이 없는 한 잔류당사자와 양도인 사이에는 계약관계가 존재하지 않게 되며 그에 따른 채권채무관계도 소멸한다(대판 1987.9.8. 85다카733).

CHAPTER 05 채권양도와 채무인수

01 지명채권양도에 관한 설명으로 옳은 것은?(다툼이 있으면 판례에 따름) 기출 24

① 보증채권을 주채권과 함께 양도하는 경우, 대항요건은 양 채권 모두에 관하여 구비하여야 한다.
② 대항요건을 갖추지 못한 채권양도인은 채무자의 제3채무자에 대한 채권에 관하여 가압류를 할 수 없다.
③ 대항요건을 갖추지 못한 채권양수인이 채무자를 상대로 재판상 청구를 한 경우, 이는 소멸시효의 중단사유이다.
④ 임대차계약상 임차권양도금지 특약이 있는 경우, 특별한 사정이 없는 한 임대보증금 반환채권의 양도도 금지하는 것으로 보아야 한다.
⑤ 양도금지특약부 채권을 전부받은 자로부터 다시 그 채권을 양수한 자가 특약에 대하여 악의인 경우, 채무자는 특약을 근거로 채권양도의 무효를 주장할 수 있다.

02 면책적 채무인수에 관한 설명으로 옳지 않은 것은?(다툼이 있으면 판례에 따름) 기출 24

① 채무자와 인수인의 계약에 의한 채무인수의 경우, 채권자의 승낙의 상대방은 채무자나 인수인이다.
② 채무자와 인수인의 계약에 의한 채무인수의 경우, 채권자의 승낙은 계약의 효력발생요건이 아니라 채권자가 인수인에 대하여 채권을 취득하기 위한 요건이다.
③ 인수채무의 소멸시효기간은 채무인수와 동시에 이루어진 채무승인에 따라 채무인수일로부터 새로이 진행된다.
④ 채무자와 인수인의 계약에 의한 채무인수의 경우, 채권자가 승낙을 거절하면 그 이후에는 채권자가 다시 승낙하여도 채무인수의 효력이 생기지 않는다.
⑤ 채권자와 인수인의 계약에 의한 채무인수의 경우, 금전채무의 보증인은 채무자의 의사에 반하여 채무를 인수할 수 있다.

• 해설 및 정답 •

01 ① (×) 보증채무는 주채무에 대한 부종성 또는 수반성이 있어서 주채무자에 대한 채권이 이전되면 당사자 사이에 별도의 특약이 없는 한 보증인에 대한 채권도 함께 이전하고, 이 경우 채권양도의 대항요건도 주채권의 이전에 관하여 구비하면 족하고, 별도로 보증채권에 관하여 대항요건을 갖출 필요는 없다(대판 2002.9.10. 2002다21509).
② (×) 채권양도 후 대항요건이 구비되기 전의 채권양도인은 채무자에 대한 관계에서는 여전히 채권자의 지위에 있으므로 채무자의 제3채무자에 대한 채권에 대하여 채권가압류 등의 보전조치를 할 수 있고, 이 경우 채권가압류에 기하여 채권양도인이 배당절차에서 배당을 받았다면 그 배당은 유효하다고 봄이 상당하다(대판 2019.5.16. 2016다8589).
③ (○) 대항요건을 갖추지 못하여 채무자에게 대항하지 못한다고 하더라도 채권의 양수인이 채무자를 상대로 재판상의 청구를 하였다면 이는 소멸시효 중단사유인 재판상의 청구에 해당한다고 보아야 한다(대판 2005.11.10. 2005다41818).
④ (×) 임차인과 임대인간의 약정에 의하여 임차권의 양도가 금지되어 있다 하더라도 그러한 사정만으로 임대차계약에 따른 임차보증금반환채권의 양도까지 금지되는 것은 아니므로, 임차인 겸 양도인이 양수인에게 임차목적물에 대한 임차권뿐만 아니라 임차보증금반환채권을 양도하고 임대인에게 임차보증금반환채권이 양도되었다는 통지를 한 이상 그 후 임대차계약이 종료되는 경우 양수인은 임차권양도에 동의하였는지의 여부에 상관없이 임대인에 대하여 임차보증금의 반환을 구할 수 있다(대판 2001.6.12. 2001다2624).
⑤ (×) 당사자 사이에 양도금지의 특약이 있는 채권이더라도 전부명령에 의하여 전부되는 데에는 지장이 없고, 양도금지의 특약이 있는 사실에 관하여 집행채권자가 선의인가 악의인가는 전부명령의 효력에 영향을 미치지 못하는 것인바, 이와 같이 양도금지특약부 채권에 대한 전부명령이 유효한 이상, 그 전부채권자로부터 다시 그 채권을 양수한 자가 그 특약의 존재를 알았거나 중대한 과실로 알지 못하였다고 하더라도 채무자는 위 특약을 근거로 삼아 채권양도의 무효를 주장할 수 없다(대판 2003.12.11. 2001다3771).

정답 ③

02 ① (○) 채무자와 인수인의 계약에 의한 채무인수의 경우, 채권자의 승낙에 의하여 그 효력이 생기며(민법 제454조 제1항), 채권자의 승낙의 상대방은 채무자나 인수인이다(민법 제454조 제2항).
② (×) 채무자에 대한 채권을 상실시키는 효과가 있는 면책적 채무인수의 경우 채권자의 승낙을 계약의 효력발생요건으로 보아야 하는 것과는 달리, 채무자와 인수인의 합의에 의한 중첩적 채무인수의 경우 채권자의 수익의 의사표시는 그 계약의 성립요건이나 효력발생요건이 아니라 채권자가 인수인에 대하여 채권을 취득하기 위한 요건이다(대판 2013.9.13. 2011다56033).
③ (○) 면책적 채무인수가 있은 경우, 인수채무의 소멸시효기간은 채무인수와 동시에 이루어진 소멸시효 중단사유, 즉 채무승인에 따라 채무인수일로부터 새로이 진행된다(대판 1999.7.9. 99다12376).
④ (○) 채권자의 승낙에 의하여 면책적 채무인수의 효력이 생기는 경우, 채권자가 승낙을 거절하면 그 이후에는 채권자가 다시 승낙하여도 채무인수로서의 효력이 생기지 않는다(대판 1998.11.24. 98다33765).
⑤ (○) 채권자와 인수인의 계약에 의한 면책적 채무인수의 경우, 금전채무의 보증인은 이해관계 있는 자로서 채무자의 의사에 반하여 채무를 인수할 수 있다(민법 제453조 제2항).

정답 ②

03 지명채권양도에 관한 설명으로 옳지 않은 것은?(다툼이 있으면 판례에 따름) 기출 24

① 채권양도에 대하여 채무자가 이의를 보류하지 않은 승낙을 하였더라도 채무자는 채권이 이미 타인에게 양도되었다는 사실로써 양수인에게 대항할 수 있다.
② 채권양도에 있어서 주채무자에 대하여 대항요건을 갖추었다면 보증인에 대하여도 그 효력이 미친다.
③ 채권양도가 다른 채무의 담보조로 이루어진 후 그 피담보채무가 변제로 소멸된 경우, 양도채권의 채무자는 이를 이유로 채권양수인의 양수금 지급청구를 거절할 수 있다.
④ 채권양도금지특약의 존재를 경과실로 알지 못하고 그 채권을 양수한 자는 악의의 양수인으로 취급되지 않는다.
⑤ 당사자 사이에 양도금지의 특약이 있는 채권이라도 압류 및 전부명령에 의하여 이전될 수 있다.

04 채권자 甲, 채무자 乙, 인수인 丙으로 하는 채무인수 등의 법률관계에 관한 설명으로 옳은 것은?(다툼이 있으면 판례에 따름) 기출 24

① 乙과 丙 사이의 합의에 의한 면책적 채무인수가 성립하는 경우, 甲이 乙 또는 丙을 상대로 승낙을 하지 않더라도 그 채무인수의 효력은 발생한다.
② 乙과 丙 사이의 합의에 의한 이행인수가 성립한 경우, 丙이 그에 따라 자신의 출연으로 乙의 채무를 변제하였다면 특별한 사정이 없는 한 甲의 채권을 법정대위할 수 있다.
③ 乙의 의사에 반하여 이루어진 甲과 丙 사이의 합의에 의한 중첩적 채무인수는 무효이다.
④ 乙과 丙 사이의 합의에 의한 채무인수가 면책적 인수인지, 중첩적 인수인지 분명하지 않은 때에는 이를 면책적 채무인수로 본다.
⑤ 乙의 부탁을 받은 丙이 甲과 합의하여 중첩적 채무인수 계약을 체결한 경우, 乙과 丙은 부진정연대채무 관계에 있다.

•해설 및 정답•

03 ① (O) 민법 제451조 제1항의 "양도인에게 대항할 수 있는 사유"란 채권의 성립, 존속, 행사를 저지·배척하는 사유를 가리킬 뿐이고, 채권의 귀속(채권이 이미 타인에게 양도되었다는 사실)은 이에 포함되지 아니한다(대판 1994.4.29. 93다35551). 채권양도에 대하여 채무자가 이의를 보류하지 않은 승낙을 하였더라도 채무자는 채권이 이미 타인에게 양도되었다는 사실로써 양수인에게 대항할 수 있다.
② (O) 채권양도에 있어서 주채무자에 대하여 그 대항요건을 갖추었으면 보증인에 대하여도 그 효력이 미친다(대판 1976.4.13. 75다1100).
③ (×) 채권양도가 다른 채무의 담보조로 이루어졌으며 또한 그 채무가 변제되었다고 하더라도, 이는 채권 양도인과 양수인 간의 문제일 뿐이고, 양도채권의 채무자는 채권 양도·양수인 간의 채무 소멸 여하에 관계없이 양도된 채무를 양수인에게 변제하여야 하는 것이므로, 설령 그 피담보채무가 변제로 소멸되었다고 하더라도 양도채권의 채무자로서는 이를 이유로 채권양수인의 양수금 청구를 거절할 수 없다(대판 1999.11.26. 99다23093).
④ (O) 채권양도금지특약의 존재를 '중과실'로 알지 못하고 채권을 양수한 자와 달리, 채권양도금지특약의 존재를 '경과실'로 알지 못하고 그 채권을 양수한 자는 '악의'의 양수인으로 취급되지 않는다(대판 2010.5.13. 2010다8310 참조).
⑤ (O) 당사자 사이에 양도금지의 특약이 있는 채권이라도 압류 및 전부명령에 의하여 이전될 수 있고, 양도금지의 특약이 있는 사실에 관하여 압류채권자가 선의인가 악의인가는 전부명령의 효력에 영향을 미치지 못한다(대판 1976.10.29. 76다1623).

정답 ③

04 ① (×) 제3자가 채무자와의 계약으로 채무를 인수한 경우에는 채권자의 승낙에 의하여 그 효력이 생긴다. 채권자의 승낙 또는 거절의 상대방은 채무자나 제3자이다(민법 제454조). 따라서 채무자 乙과 제3자(인수인) 丙 사이의 합의에 의한 면책적 채무인수가 성립하는 경우, 채권자 甲이 채무자 乙 또는 제3자(인수인) 丙을 상대로 승낙을 해야 그 채무인수의 효력이 발생한다.
② (O) 민법 제481조에 의하여 법정대위를 할 수 있는 '변제할 정당한 이익이 있는 자'라고 함은 변제함으로써 당연히 대위의 보호를 받아야 할 법률상의 이익을 가지는 자를 의미한다. 그런데 이행인수인이 채무자와의 이행인수 약정에 따라 채권자에게 채무를 이행하기로 약정하였음에도 불구하고 이를 이행하지 아니하는 경우에는 채무자에 대하여 채무불이행의 책임을 지게 되어 특별한 법적 불이익을 입게 될 지위에 있다고 할 것이므로, 이행인수인은 그 변제를 할 정당한 이익이 있다고 할 것이다(대결 2012.7.16. 2009마461). 채무자 乙과 인수인 丙 사이의 합의에 의한 이행인수가 성립한 경우, 이행인수인 丙이 그에 따라 자신의 출연으로 乙의 채무를 변제하였다면 특별한 사정이 없는 한 채권자 甲의 채권을 법정대위할 수 있다.
③ (×) 중첩적 채무인수는 채권자와 채무인수인과의 합의가 있는 이상 채무자의 의사에 반하여서도 이루어질 수 있다(대판 1988.11.22. 87다카1836). 따라서 채무자 乙의 의사에 반하여 이루어진 채권자 甲과 인수인 丙사이의 합의에 의한 중첩적 채무인수는 유효하다.
④ (×) 채무인수가 면책적인가 중첩적인가 하는 것은 채무인수계약에 나타난 당사자 의사의 해석에 관한 문제이고, 채무인수에 있어서 면책적 인수인지, 중첩적 인수인지가 분명하지 아니한 때에는 이를 중첩적으로 인수한 것으로 볼 것이다(대판 2002.9.24. 2002다36228).
⑤ (×) 중첩적 채무인수에서 인수인이 채무자의 부탁 없이 채권자와의 계약으로 채무를 인수하는 것은 매우 드문 일이므로 채무자와 인수인은 원칙적으로 주관적 공동관계가 있는 연대채무관계에 있고, 인수인이 채무자의 부탁을 받지 아니하여 주관적 공동관계가 없는 경우에는 부진정연대관계에 있는 것으로 보아야 한다(대판 2014.8.20. 2012다97420). 채무자 乙의 부탁을 받은 인수인 丙이 채권자 甲과 합의하여 중첩적 채무인수계약을 체결한 경우, 채무자 乙과 인수인 丙은 주관적 공동관계가 있는 연대채무관계에 있다.

정답 ②

05

채무인수에 관한 설명으로 옳지 않은 것은?(다툼이 있으면 판례에 따름) 기출 22

① 중첩적 채무인수는 채권자와 인수인 사이의 합의가 있으면 채무자의 의사에 반하여서도 이루어질 수 있다.
② 채무자와 인수인의 계약에 의한 면책적 채무인수는 채권자의 승낙이 없더라도 면책적 채무인수의 효력이 있다.
③ 채무인수가 면책적인지 중첩적인지 불분명한 경우에는 중첩적 채무인수로 본다.
④ 면책적 채무인수인은 전(前)채무자의 항변할 수 있는 사유로 채권자에게 대항할 수 있다.
⑤ 전(前)채무자의 채무에 대한 보증은 보증인의 동의가 없는 한 면책적 채무인수로 인하여 소멸한다.

해설 및 정답

05 ① (○) 중첩적 채무인수는 채권자와 채무인수인과의 합의가 있는 이상 채무자의 의사에 반하여서도 이루어질 수 있다(대판 1988.11.22. 87다카1836).
② (×) 제3자가 채무자와의 계약으로 채무를 인수한 경우에는 채권자의 승낙에 의하여 그 효력이 생긴다(민법 제454조 제1항). 따라서 채권자의 승낙이 없다면 면책적 채무인수의 효력은 발생하지 아니한다.
③ (○) 채무인수가 면책적인가 중첩적인가 하는 것은 채무인수계약에 나타난 당사자 의사의 해석에 관한 문제로서, 면책적 인수인지 중첩적 인수인지가 분명하지 아니한 때에는 이를 중첩적으로 인수한 것으로 볼 것이다(대판 2013.9.13. 2011다56033).
④ (○) 민법 제458조
⑤ (○) 전채무자의 채무에 대한 보증이나 제3자가 제공한 담보는 채무인수로 인하여 소멸한다. 그러나 보증인이나 제3자가 채무인수에 동의한 경우에는 그러하지 아니하다(민법 제459조).

정답 ②

CHAPTER 06 채권의 소멸

> **출제포인트**
> ☐ 제3자의 변제와 채권의 준점유자에 대한 변제
> ☐ 변제제공의 방법 및 효과
> ☐ 변제의 충당
> ☐ 변제자대위
> ☐ 상 계

제1절 변 제

Ⅰ 변제의 의의

변제란 채무자 또는 제3자의 급부행위에 의하여 채권이 만족을 얻어 채권의 소멸이라는 법률효과를 발생시키는 법률요건이다. 변제는 준법률행위라는 점에서 법률행위 또는 사실행위에 의한 변제자의 변제행위와 구별하여야 한다.

Ⅱ 변제자와 변제수령자

1. 변제자

(1) 채무자

채무자는 변제를 하여야 할 자로서 스스로 변제를 할 수도 있고 이행보조자를 시켜 변제할 수도 있으며, 급부가 법률행위인 때에는 대리인을 시켜 변제할 수도 있다. 변제에 관한 증명책임은 채무자에게 있다. 채무자는 채권자에게 급부한 점 및 그 급부가 특정 채무의 변제로서 이루어졌다는 점을 증명해야 한다. 채무자가 객관적으로 특정 채무의 내용에 적합한 급부를 하였다면 특별한 사정이 없는 한 급부가 그 채무의 변제로서 이루어졌다는 점이 인정된다(대판 2024.10.8. 2024다258921).

(2) 제3자의 변제

1) 의 의

제3자의 변제란 채무자의 이름으로 변제하는 것이 아니라 <u>자신의 이름으로 타인의 채무를 변제하려는 의사를</u> 가지고 변제하는 것을 말한다.

2) 제3자의 변제의 요건

타인 채무의 변제라는 지정행위가 있어야 한다. 제3자가 채권자에 대하여 자기의 채무변제를 지정하는 경우에는 본조가 적용되지 않는다.

3) 제3자의 변제의 제한
① 채무의 성질상 제3자의 변제가 허용되지 않는 경우
② 이해관계 없는 제3자의 변제로서 채무자의 의사에 반하는 경우 : 물상보증인이나 담보부동산의 제3취득자 등과 같이 법률상의 이해관계를 가지는 제3자는 채무자의 의사에 반하여서도 변제할 수 있으나, 이해관계가 없는 제3자는 채무자의 의사에 반하여 변제할 수 없다(민법 제469조 제2항).
③ 당사자의 의사표시로 제3자의 변제를 금지한 경우(민법 제469조 제1항 단서)

(3) 제3자의 변제의 효과
① 제3자의 변제가 유효하면 채권이 소멸된다.
② 채무자에 대한 구상권을 갖는다. 제3자가 채무자에 대해 구상권을 가지는 경우 이러한 구상권의 확보를 위해 변제자대위가 가능하다.
③ 제3자의 변제제공을 채권자가 정당한 이유 없이 거절하면 수령지체에 빠진다.
④ 변제자는 채권자에 대하여 영수증의 교부를 청구하는 권리(민법 제474조)와 채권증서의 반환을 청구하는 권리(민법 제475조 전단)를 가진다.
⑤ 다수설에 의하면 영수증의 교부와 변제는 동시이행의 관계에 있다고 해석되지만, 채권증서의 반환과 변제는 동시이행의 관계가 없다고 한다. 기출 12 · 15

2. 변제수령자

(1) 원 칙

채권자에게 변제수령권이 있는 것이 원칙이다.

(2) 채권자에게 변제수령권한이 없는 경우

압류당한 채권자, 파산한 채권자, 입질시킨 채권자는 수령할 권한이 없다.

(3) 채권의 준점유자에 대한 변제

1) 의 의

채권의 준점유자란 채권을 사실상 행사하는 자로 사실상 행사의 의미는 진정한 채권자가 아니면서 채권자로서의 외형을 갖춘 것을 말한다(대판 2004.4.23. 2004다5389). 기출 15

2) 요 건
① 채권의 준점유자일 것

> **판례가 채권의 준점유자로 인정한 사례**
> - 채권의 표현상속인
> - 예금증서와 인장의 소지인
> - 가압류된 채권이 지급된 경우
> - 채권양도가 무효인 경우 사실상의 양수인 또는 무효인 전부명령을 받은 자
> - 채권자의 대리인이라고 칭한 자

② 변제자의 선의 · 무과실
- 채권의 준점유자에게 변제수령의 권한이 있다고 믿었으며 또 그와 같이 믿는 데 과실이 없는 때에만 유효한 것으로 된다(민법 제470조). 기출 12 · 15
- 통설은 선의 및 무과실의 주장·입증책임은 변제의 유효를 주장하는 자가 부담한다고 한다. 기출 20

③ 채권자의 귀책사유가 필요한지 여부 : 통설은 채권의 준점유자가 외형을 갖추는 것에 대한 채권자의 귀책사유는 불필요하다고 한다.

3) 효 과

채권의 준점유자에 대한 변제가 유효하면 채권은 확정적으로 소멸하고 채무자는 채무를 면한다. 따라서 채권자는 채무자에 대해 이행을 청구할 수 없다. 또한 채무자는 준점유자에 부당이득의 반환을 청구할 수 없으며, 진정한 채권자만이 준점유자에게 부당이득반환을 청구할 수 있다.

(4) 영수증소지자에 대한 변제

1) 의 의

영수증이란 변제의 수령을 증명하는 서면을 말하는데, 영수증소지자가 무권한자인 경우에도 변제자가 선의 · 무과실로 변제한 경우라면 변제자를 보호할 필요가 있다.

2) 요 건

영수증은 진정하게 작성된 것이어야 하고, 변제자는 선의·무과실이어야 한다. 변제자에게 악의나 과실이 있다는 점은 변제의 효력을 부정하는 채권자가 증명해야 한다.

3) 효 과

유효한 변제가 되어 채무는 소멸한다.

(5) 증권적 채권의 소지인에 대한 변제

증권적 채권(지시채권, 무기명채권, 지명소지인출급채권 등)의 소지인에 대한 변제는 그가 진정한 권리자가 아니더라도 변제자가 악의이거나 중과실이 없는 한 유효하다. 증권적 채권의 유통성 확보를 위한 것이다.

(6) 권한 없는 자에 대한 변제의 특칙

> **권한 없는 자에 대한 변제(민법 제472조)**
> 전2조의 경우외에 변제받을 권한 없는 자에 대한 변제는 채권자가 이익을 받은 한도에서 효력이 있다. 기출 25

1) 원 칙

권한 없는 자에 대한 변제는 원칙적으로 민법 제470조나 민법 제471조에 의해 보호되는 경우가 아닌 한 변제로서의 효력이 없다.

2) 예 외

① 단, 무효인 변제에 의하여 채권자가 사실상 이익을 받은 경우에는 그 한도에서 변제가 유효하다.

> 민법 제472조는 불필요한 연쇄적 부당이득반환의 법률관계가 형성되는 것을 피하기 위하여 변제받을 권한 없는 자에 대한 변제의 경우에도 채권자가 이익을 받은 한도에서 효력이 있다고 규정하고 있는데, 여기에서 말하는 '채권자가 이익을 받은' 경우에는 변제의 수령자가 진정한 채권자에게 채무자의 변제로 받은 급부를 전달한 경우는 물론이고, 그렇지 않더라도 무권한자의 변제수령을 채권자가 사후에 추인한 때와 같이 무권한자의 변제수령을 채권자의 이익으로 돌릴 만한 실질적 관련성이 인정되는 경우도 포함된다. 이 경우 추인은 명시적 뿐만 아니라 묵시적인 방법으로도 가능하며 그 의사표시는 무권대리인이나 그 상대방 어느 쪽에 하여도 무방하고, 이와 같이 무권한자의 변제수령을 채권자가 추인한 경우에 채권자는 무권한자에게 부당이득으로서 그 변제받은 것의 반환을 청구할 수 있다(대판 2023.12.14. 2023다272234).

② 변제자의 선의·악의는 불문한다.

III 변제의 충당

1. 의 의

변제의 충당이란 채무자가 같은 채권자에 대하여 수 개의 동종의 채무를 부담하고 있는 경우 또는 한 개의 채무의 변제로서 수 개의 급부를 하여야 할 경우에, 변제자가 제공한 급부가 그 채무의 전부를 소멸시킬 수 없는 때에는 어느 채무 또는 급부의 변제에 충당할 것인가를 결정하는 것을 말한다.

① 채권자에게 여러 채무를 부담하는 채무자의 급부가 동시에 여러 채무의 내용에 적합하나 그 채무 전부를 소멸시키기에 부족한 경우에는 변제충당이 문제된다. 채무자가 그중 특정 채무의 변제로서 급부하였다고 주장함에 대하여, 채권자가 이를 수령한 사실을 인정하면서도 다른 채무의 변제에 충당하였다고 주장하는 경우에는 채권자는 그 다른 채권이 존재한다는 사실과 그 다른 채권에 변제충당하기로 하는 합의나 지정 또는 그 채권이 법정충당의 우선순위에 있었다는 사실을 주장·증명하여야 한다(대판 2024.10.8. 2024다258921).

② 변제충당에 관한 규정은 임의규정이므로 변제자와 변제받는 자 사이에 민법 제476조 내지 제479조의 규정과 다른 약정이 있다면 그 약정에 따라 변제충당의 효력이 발생하며(대결 2010.3.10. 2009마1942), 다른 약정이 없는 경우에는 지정충당에 의하여 정하여지고, 지정이 없을 때에는 법률의 규정에 의하여 충당이 이루어진다. 기출 15

2. 변제충당의 순서

① 합의충당이 최우선이다.

② 비용·이자·원본의 순서는 지정충당으로 변경할 수 없고, 합의로만 변경할 수 있다. 따라서 채무자가 1개 또는 수개 채무의 비용 및 이자를 전부 소멸케 하지 못하는 급여를 한 경우의 변제충당에 관하여는 민법 제479조에 그 충당순서가 법정되어 있고 지정변제충당에 관한 민법 제476조는 준용되지 아니하므로, 당사자 사이에 특별한 합의가 없는 한 비용, 이자, 원본의 순서로 변제에 충당되며, 채무자는 물론 채권자라고 할지라도 위 법정순서와 다르게 일방적으로 충당의 순서를 지정할 수는 없다(대판 2006.10.12. 2004재다818). 기출 20·25

3. 합의충당(계약에 의한 충당)

4. 지정행위에 의한 충당(민법 제476조)

(1) 변제자에 의한 충당
1차 충당지정권자는 변제자이다. 따라서 변제자의 지정으로 충당할 수 있고, 수령자는 이의를 제기할 수 없다.

(2) 변제수령자에 의한 충당
2차 충당지정권자는 변제수령자이다. 따라서 변제자는 변제수령자의 지정충당에 대하여 즉시 이의를 제기할 수 있고, 이의를 제기하면 변제수령자의 지정충당은 그 효력이 없어지면서 법정충당에 의한다(통설).

5. 법정충당(민법 제477조)

(1) 의의
변제자에 의한 지정도 변제수령자에 의한 지정도 없는 경우 또는 변제수령자가 지정하였으나 변제자가 즉시 이의를 제기한 경우에 그리고 비용, 이자 및 원본 사이에서는 법정충당에 따라 충당된다.

(2) 충당의 순서
① 이행기 도래의 여부 : 채무 중에 이행기가 도래한 것과 도래하지 아니한 것이 있으면 이행기가 도래한 채무의 변제에 충당한다(제1호). 기출 22
② 변제이익의 다과 : 채무 전부의 이행기가 도래하였거나 도래하지 아니한 때에는 채무자에게 변제이익이 많은 채무의 변제에 충당한다(제2호). 기출 12 · 22
③ 이행기의 선후 : 채무자에게 변제이익이 같으면 이행기가 먼저 도래한 채무나 먼저 도래할 채무의 변제에 충당한다(제3호). 기출 12
④ 비례충당 : 전2호의 사항이 같은 때에는 그 채무액에 비례하여 각 채무의 변제에 충당한다(제4호). 기출 12

(3) 관련 판례

주채무자의 경우 보증인이 있는 채무와 보증인이 없는 채무 간에 변제이익에 차이가 있는지 여부(소극)
변제자가 주채무자인 경우, 보증인이 있는 채무와 보증인이 없는 채무 사이에는 변제이익의 점에서 차이가 없다고 보아야 하므로, 보증기간 중의 채무와 보증기간 종료 후의 채무 사이에서도 변제이익의 점에서 차이가 없다. 따라서 주채무자가 변제한 금원은 이행기가 먼저 도래한 채무부터 법이 정하는 바에 따라 변제충당을 하여야 한다(대판 2021.1.28, 2019다207141).
기출 12 · 22 · 24

채무자의 변제에 따른 법정변제충당에서 물상보증인이 제공한 물적 담보가 있는 채무와 그러한 담보가 없는 채무 사이에 변제이익의 차이가 있는지 여부(소극)
변제자가 주채무자인 경우에 보증인이 있는 채무와 보증인이 없는 채무 사이에 있어서 전자가 후자에 비하여 변제이익이 더 많다고 볼 근거는 전혀 없는 것이고 양자는 변제의 이익의 점에 있어 차이가 없다고 봄이 상당하다고 할 것이며 이와 같이 변제의 이익이 같을 경우에는 변제금은 이행기가 먼저 도래한 채무나 먼저 도래할 채무의 변제에 충당하여야 한다(대판 1985.3.12, 84다카2093).

Ⅳ 변제자대위

1. 의 의
변제로서 당연히 소멸되어야 할 채권자의 채권을 소멸시키지 않고 구상권자의 구상권의 확보를 위해 구상권자에게 이전할 수 있도록 하는 규정이 변제자대위 제도이다.

2. 법적 성질
변제에 의한 대위의 경우 채권자의 권리가 변제자에게 이전된다(법률상 권리이전설, 통설·판례).

3. 변제자대위의 요건

(1) 대위의 요건
① 변제 기타 원인으로 채권의 만족을 주었을 것
② 변제자가 채무자에 대하여 구상권을 가질 것
③ 변제할 정당한 이익이 있을 것(민법 제481조)
④ 변제와 동시에 채권자의 승낙이 있을 것(민법 제480조 제1항)

(2) 구체적 검토

1) 법정대위의 경우

> **변제자의 법정대위(민법 제481조)**
> 변제할 정당한 이익이 있는 자는 변제로 당연히 채권자를 대위한다.

① 변제할 정당한 이익을 갖는 자 : 변제할 정당한 이익이 있는 자란 변제를 하지 않으면 채권자로부터 집행을 받게 되거나 또는 채무자에 대한 자기의 권리를 잃게 되는 지위에 있기 때문에 변제함으로써 당연히 대위의 보호를 받아야 할 법률상의 이익을 가지는 자를 의미하며, 사실상의 이해관계를 가지는 자는 포함되지 않는다(대판 1991.7.12, 90다17774, 17781). 변제할 정당한 이익이 있는 자란 구체적으로 불가분채무자, 연대채무자, 보증인, 물상보증인 등을 말한다.

> **민법 제481조에 의하여 법정대위를 할 수 있는 '변제할 정당한 이익이 있는 자'의 의미 및 이행인수인이 '변제할 정당한 이익이 있는 자'에 해당하는지 여부(적극)**
> 민법 제481조에 의하여 법정대위를 할 수 있는 '변제할 정당한 이익이 있는 자'라고 함은 변제함으로써 당연히 대위의 보호를 받아야 할 법률상의 이익을 가지는 자를 의미한다. 그런데 이행인수인이 채무자와의 이행인수약정에 따라 채권자에게 채무를 이행하기로 약정하였음에도 불구하고 이를 이행하지 아니하는 경우에는 채무자에 대하여 채무불이행의 책임을 지게 되어 특별한 법적 불이익을 입게 될 지위에 있다고 할 것이므로, 이행인수인은 그 변제를 할 정당한 이익이 있다고 할 것이다(대결 2012.7.16, 2009마461). **기출** 24

② 법정대위의 효과 : 채권양도의 합의나 대항요건을 갖추지 않더라도 법률상 당연히 채권자의 채권이 변제자에게 이전되고 담보권 등도 당연히 이전된다(통설).

2) 임의대위의 경우
① 성립요건
    ㉠ 변제할 정당한 이익을 가지지 않는 자라 하더라도 채무자를 위해 변제한 자는 변제와 동시에 채권자의 승낙을 얻어 채권자를 대위할 수 있다(민법 제480조 제1항).
    ㉡ 채권자의 승낙은 반드시 명시적일 필요가 없다.
② 효과 : 변제만으로 채권자의 채권이 당연히 이전하지는 않고, 채권자의 승낙이 필요할 뿐만 아니라 채무자 기타 제3자에게 대항하기 위해서는 채권양도의 대항요건을 갖추어야 한다(민법 제480조 제2항).

4. 변제자대위의 효과

> **변제자대위의 효과, 대위자 간의 관계(민법 제482조)**
> ① 전2조의 규정에 의하여 채권자를 대위한 자는 자기의 권리에 의하여 구상할 수 있는 범위에서 채권 및 그 담보에 관한 권리를 행사할 수 있다.
> ② 전항의 권리행사는 다음 각 호의 규정에 의하여야 한다. 기출 12
> 1. 보증인은 미리 전세권이나 저당권의 등기에 그 대위를 부기하지 아니하면 전세물이나 저당물에 권리를 취득한 제3자에 대하여 채권자를 대위하지 못한다.
> 2. 제3취득자는 보증인에 대하여 채권자를 대위하지 못한다.
> 3. 제3취득자 중의 1인은 각 부동산의 가액에 비례하여 다른 제3취득자에 대하여 채권자를 대위한다.
> 4. 자기의 재산을 타인의 채무의 담보로 제공한 자가 수인인 경우에는 전호의 규정을 준용한다.
> 5. 자기의 재산을 타인의 채무의 담보로 제공한 자와 보증인간에는 그 인원수에 비례하여 채권자를 대위한다. 그러나 자기의 재산을 타인의 채무의 담보로 제공한 자가 수인인 때에는 보증인의 부담부분을 제외하고 그 잔액에 대하여 각 재산의 가액에 비례하여 대위한다. 이 경우에 그 재산이 부동산인 때에는 제1호의 규정을 준용한다.

(1) 채무자와 대위자 사이의 효과
① 원채권 및 그 담보권은 동일성이 유지되면서 대위권자에게 이전된다(민법 제482조 제1항).
② 대위권은 구상권의 범위 내에서만 행사가 가능하다.
    ㉠ 구상권 확보와 무관한 계약해제권이나 취소권은 행사할 수 없다.
    ㉡ 구상권이 소멸하면 원채권 및 그 담보권도 소멸한다. 변제자대위권은 구상권에 부종하기 때문이다.

(2) 일부대위의 경우
① 변제자가 「그 변제한 가액에 비례하여 채권자와 함께 그 권리를 행사」한다(민법 제483조 제1항).

> **변제할 정당한 이익이 있는 자가 채무자를 위하여 채권의 일부를 대위변제한 경우, 일부 대위변제자와 채권자 사이의 변제의 순위**
> 변제할 정당한 이익이 있는 자가 채무자를 위하여 채권의 일부를 대위변제할 경우에 대위변제자는 변제한 가액의 범위 내에서 종래 채권자가 가지고 있던 채권 및 담보에 관한 권리를 취득하게 되고 따라서 채권자가 부동산에 대하여 저당권을 가지고 있는 경우에는 채권자는 대위변제자에게 일부 대위변제에 따른 저당권의 일부이전의 부기등기를 경료해 주어야 할 의무가 있으나 이 경우에도 채권자는 일부 대위변제자에 대하여 우선변제권을 가지고, 다만 일부 대위변제자와 채권자 사이에 변제의 순위에 관하여 따로 약정을 한 경우에는 그 약정에 따라 변제의 순위가 정해진다(대판 2010.4.8. 2009다80460).

② 채권의 일부에 대하여 대위변제가 있는 경우에 채무불이행을 원인으로 하는 계약의 해지 또는 해제는 채권자만이 할 수 있고 채권자는 대위자에게 그 변제한 가액과 이자를 상환하여야 한다(민법 제483조 제2항).

기출 20

(3) 법정대위자 상호 간의 효과

1) 의 의

동일한 채권에 관하여 법정대위자가 수인이 있는 경우 민법은 대위변제자 상호 간의 관계, 즉 대위의 순서와 비율에 관하여 규정하고 있다(민법 제482조 제2항).

2) 권리행사방법

① 보증인 · 물상보증인과 제3취득자 : 보증인(제1호와 제2호)과 물상보증인(해석상)이 우선한다.

> **물상보증인이 채무를 변제하거나 담보권의 실행으로 소유권을 잃은 경우, 채무자로부터 담보부동산을 취득한 제3자에 대하여 채권자를 대위할 수 있는 범위(= 구상권의 범위 내에서 출재한 전액) 및 채무자로부터 담보부동산을 취득한 제3자가 채무를 변제하거나 담보권의 실행으로 소유권을 잃은 경우, 물상보증인에 대하여 채권자를 대위할 수 있는지 여부(소극)**
>
> 민법 제481조는 "변제할 정당한 이익이 있는 자는 변제로 당연히 채권자를 대위한다."라고 규정하고, 민법 제482조 제1항은 "전조의 규정에 의하여 채권자를 대위한 자는 자기의 권리에 의하여 구상할 수 있는 범위에서 채권 및 그 담보에 관한 권리를 행사할 수 있다."라고 규정하며, 같은 조 제2항은 "전항의 권리행사는 다음 각 호의 규정에 의하여야 한다."라고 규정하고 있으나, 그중 물상보증인과 제3취득자 사이의 변제자대위에 관하여는 명확한 규정이 없다. 그런데 보증인과 제3취득자 사이의 변제자대위에 관하여 민법 제482조 제2항 제1호는 "보증인은 미리 전세권이나 저당권의 등기에 그 대위를 부기하지 아니하면 전세물이나 저당물에 권리를 취득한 제3자에 대하여 채권자를 대위하지 못한다."라고 규정하고, 같은 항 제2호는 "제3취득자는 보증인에 대하여 채권자를 대위하지 못한다."라고 규정하고 있다. 한편 민법 제370조, 제341조에 의하면 물상보증인이 채무를 변제하거나 담보권의 실행으로 소유권을 잃은 때에는 '보증채무'에 관한 규정에 의하여 채무자에 대한 구상권을 가지고, 민법 제482조 제2항 제5호에 따르면 물상보증인과 보증인 상호 간에는 그 인원수에 비례하여 채권자를 대위하게 되어 있을 뿐 이들 사이의 우열은 인정하고 있지 아니하다. 위와 같은 규정 내용을 종합하여 보면, 물상보증인이 채무를 변제하거나 담보권의 실행으로 소유권을 잃은 때에는 보증채무를 이행한 보증인과 마찬가지로 채무자로부터 담보부동산을 취득한 제3자에 대하여 구상권의 범위 내에서 출재한 전액에 관하여 채권자를 대위할 수 있는 반면, 채무자로부터 담보부동산을 취득한 제3자는 채무를 변제하거나 담보권의 실행으로 소유권을 잃더라도 물상보증인에 대하여 채권자를 대위할 수 없다고 보아야 한다. 만일 물상보증인의 지위를 보증인과 다르게 보아서 물상보증인과 채무자로부터 담보부동산을 취득한 제3자 상호 간에는 각 부동산의 가액에 비례하여 채권자를 대위할 수 있다고 한다면, 본래 채무자에 대하여 출재한 전액에 관하여 대위할 수 있었던 물상보증인은 채무자가 담보부동산의 소유권을 제3자에게 이전하였다는 우연한 사정으로 이제는 각 부동산의 가액에 비례하여서만 대위하게 되는 반면, 당초 채무 전액에 대한 담보권의 부담을 각오하고 채무자로부터 담보부동산을 취득한 제3자는 그 범위에서 뜻하지 않은 이득을 얻게 되어 부당하다(대판 2014.12.18. 2011다50233[전합]). **기출 24**
>
> **민법 제482조 제2항 제2호의 제3취득자에 후순위 근저당권자가 포함되는지 여부(소극) 및 민법 제482조 제2항 제1호의 '제3자'에 후순위 근저당권자가 포함되는지 여부(소극)**
>
> [1] 저당부동산에 대하여 후순위 근저당권을 취득한 제3자는 민법 제364조에서 정한 저당권소멸청구권을 행사할 수 있는 제3취득자에 해당하지 아니하고, 달리 선순위 근저당권의 실행으로부터 그의 이익을 보호하는 규정이 없으므로 변제자대위와 관련해서 후순위 근저당권자보다 보증인을 더 보호할 이유가 없으며, 나아가 선순위 근저당권의 피담보채무에 대하여 직접 보증책임을 지는 보증인과 달리 선순위 근저당권의 피담보채무에 대한 직접 변제책임을 지지 않는 후순위 근저당권자는 보증인에 대하여 채권자를 대위할 수 있다고 봄이 타당하므로, 민법 제482조 제2항 제2호의 제3취득자에 후순위 근저당권자는 포함되지 아니한다.
> [2] 민법 제482조 제2항 제2호의 제3취득자에 후순위 근저당권자가 포함되지 않음에도 같은 항 제1호의 제3자에는 후순위 근저당권자가 포함된다고 하면, 후순위 근저당권자는 보증인에 대하여 항상 채권자를 대위할 수 있지만 보증인은 후순위 근저당권자에 대하여 채권자를 대위하기 위해서는 미리 대위의 부기등기를 하여야만 하므로 보증인보다 후순위 근저당권자를 더 보호하는 결과가 되는데, 이러한 결과는 법정대위자인 보증인과 후순위 근저당권자 간의 이해관계를 공평하고 합리적으로 조절하기 위한 민법 제482조 제2항 제1호와 제2호의 입법 취지에 부합하지 않을뿐더러 후순위 근저당권자는 통상 자신의 이익을 위하여 선순위 근저당권의 담보가치를 초과하는 담보가치만을 파악하여 담보권을

취득한 자에 불과하므로 변제자대위와 관련해서 후순위 근저당권자를 보증인보다 더 보호할 이유도 없다. 이러한 사정들과 민법 제482조 제2항 제1호와 제2호가 상호작용하에 법정대위자 중 보증인과 제3취득자의 이해관계를 조절하는 규정인 점 등을 종합하여 보면, <u>보증인은 미리 저당권의 등기에 그 대위를 부기하지 않고서도 저당물에 후순위 근저당권을 취득한 제3자에 대하여 채권자를 대위할 수 있다고 할 것이므로 민법 제482조 제2항 제1호의 제3자에 후순위 근저당권자는 포함되지 않는다</u>(대판 2013.2.15. 2012다48855). **기출 24**

보증인이 채무를 변제한 후 저당권 등의 등기에 관하여 대위의 부기등기를 하지 않고 있는 동안 제3취득자가 목적부동산에 대하여 권리를 취득한 경우, 보증인이 제3취득자에 대하여 채권자를 대위할 수 있는지 여부(소극) / 제3취득자가 목적부동산에 대하여 권리를 취득한 후 채무를 변제한 보증인은 대위의 부기등기를 하지 않고도 대위할 수 있다고 보아야 하는지 여부(적극)
민법 제480조, 제481조에 따라 채권자를 대위한 자는 자기의 권리에 의하여 구상할 수 있는 범위에서 채권과 그 담보에 관한 권리를 행사할 수 있다(민법 제482조 제1항). 보증인과 제3취득자 사이의 변제자대위에 관하여 민법 제482조 제2항 제1호는 "보증인은 미리 전세권이나 저당권의 등기에 그 대위를 부기하지 아니하면 전세물이나 저당물에 권리를 취득한 제3자에 대하여 채권자를 대위하지 못한다"라고 정하고 있다. 이 규정은 보증인의 변제로 저당권 등이 소멸한 것으로 믿고 목적부동산에 대하여 권리를 취득한 제3취득자를 예측하지 못한 손해로부터 보호하기 위한 것이다. 따라서 보증인이 채무를 변제한 후 저당권 등의 등기에 관하여 대위의 부기등기를 하지 않고 있는 동안 제3취득자가 목적부동산에 대하여 권리를 취득한 경우 보증인은 제3취득자에 대하여 채권자를 대위할 수 없다. 그러나 제3취득자가 목적부동산에 대하여 권리를 취득한 후 채무를 변제한 보증인은 대위의 부기등기를 하지 않고도 대위할 수 있다고 보아야 한다. 보증인이 변제하기 전 목적부동산에 대하여 권리를 취득한 제3자는 등기부상 저당권 등의 존재를 알고 권리를 취득하였으므로 나중에 보증인이 대위하더라도 예측하지 못한 손해를 입을 염려가 없다(대판 2020.10.15. 2019다222041).

② 보증인 상호 간, 보증인과 물상보증인 상호 간은 '인원수'에 비례하여 대위한다(제5호 본문).
③ 제3취득자 상호 간, 물상보증인 상호 간은 '가액'에 비례하여 대위한다(제3호, 제4호). 판례도 같은 취지에서 수인의 물상보증인 또는 그로부터 담보의 목적이 된 부동산에 관한 소유권 등을 취득한 제3취득자 중 1인이 채무를 변제하거나 담보권의 실행으로 소유권을 잃은 때에는 다른 물상보증인 또는 그로부터 담보의 목적이 된 부동산에 관한 소유권을 취득한 제3취득자에 대하여 구상권의 범위 내에서 채권자를 대위하여 채권 및 그 담보에 관한 권리를 행사할 수 있고, 이때에도 특별한 사정이 없는 한 그 행사는 물상보증인 상호 간의 대위를 규정한 민법 제482조 제2항 제3호 및 제4호에 따라 각 부동산의 가액에 비례한다고 한다(대판 2024.7.31. 2023다266420).
④ 보증인과 물상보증인 사이에서는 인원수에 비례하여 채권자를 대위한다. 다만, 이때 물상보증인이 수인인 때에는 보증인의 부담부분을 제외하고 그 잔액에 대해서 각 담보물의 가액에 비례하여 대위한다(제5호 단서).

여러 보증인 또는 물상보증인 중 어느 1인이 자신의 부담 부분에 미달하는 대위변제 등을 한 경우, 민법 제482조 제2항 제5호에 따른 변제자대위를 할 수 있는지 여부(소극)
민법 제482조 제2항 제5호는 동일한 채무에 대하여 인적 무한책임을 지는 보증인과 물적 유한책임을 지는 물상보증인이 여럿 있고 그중 어느 1인이 먼저 대위변제를 하거나 경매를 통한 채무상환을 함으로써 다른 자에 대하여 채권자의 권리를 대위하게 되는 경우, 먼저 대위변제 등을 한 자가 부당하게 이익을 얻거나 대위가 계속 반복되는 것을 방지하고 대위관계를 공평하게 처리하기 위하여 <u>대위자들 상호 간의 대위의 순서와 분담비율을 규정하고 있는바</u>, 위 규정에 의하면, <u>여러 보증인과 물상보증인 사이에서는 그중 어느 1인에 의하여 주채무 전액이 상환되었을 것을 전제로 하여 그 주채무 전액에 민법 제482조 제2항 제5호에서 정한 대위비율을 곱하여 산정한 금액이 각자가 대위관계에서 분담하여야 할 부담 부분이다.</u> 그런데 여러 보증인 또는 물상보증인 중 어느 1인이 위와 같은 방식으로 산정되는 자신의 부담 부분에 미달하는 대위변제 등을 한 경우 그 대위변제액 또는 경매에 의한 채무상환액에 위 규정에서 정한 대위비율을 곱하여 산출된 금액만큼 곧바로 다른 자를 상대로 채권자의 권리를 대위할 수 있도록 한다면, 먼저 대위변제 등을 한 자가 부당하게 이익을 얻거나 대위자들 상호 간에 대위가 계속 반복되게 되고 대위관계를 공평하게 처리할 수도 없게 되므로, 민법 제482조 제2항 제5호의 규정 취지에 반하는 결과가 생기게 된다. 따라서 보증인과 물상보증인이 여럿 있는 경우 어느 누구라도 위와 같은 방식으로 산정한 각자의 부담 부분을 넘는 대위변제 등을 하지 않으면 다른 보증인과 물상보증인을 상대로 채권자의 권리를 대위할 수 없다(대판 2010.6.10. 2007다61113).

(4) 채권자와 대위자 사이의 효과

① 채권자는 채권증서 및 담보물교부의무가 있다(민법 제484조).
② **채권자의 담보보존의무**(민법 제485조) : 이와 관련하여 판례는 법정대위를 할 자는 채권자가 고의나 과실로 담보를 상실하게 하거나 감소하게 한 때에는 원칙적으로 민법 제485조에 따라 면책을 주장할 수 있을 뿐이지만, 채권자가 제3자에 대하여 자신의 담보권을 성실하게 보존·행사하여야 할 의무를 부담하는 특별한 사정이 인정되는 경우에는 채권자의 담보권의 포기 행위가 불법행위에 해당할 수 있다고(대판 2022.12.29. 2017다261882) 한다.
③ 채권자의 부당이득반환의무(민법 제483조 제2항)

제2절 공탁

I 의의

① 공탁이란 금전·유가증권 기타 물건을 공탁소에 임치하는 것을 말한다. 공탁원인 내지 목적에 따라 변제공탁(민법 제487조 이하), 담보공탁(민법 제353조 제3항), 집행공탁(민집법 제222조) 등이 있는데, 민법 제487조 이하에서 정하는 공탁은 채권의 소멸원인으로 다루어지는 변제공탁이다.
② 변제공탁이란 채권자가 변제를 받지 않거나 받을 수 없는 경우에 변제자가 채권자를 위하여 변제의 목적물을 공탁소에 임치함으로써 채무를 면하는 제도이다.

II 요건

> **변제공탁의 요건, 효과**(민법 제487조)
> 채권자가 변제를 받지 아니하거나 받을 수 없는 때에는 변제자는 채권자를 위하여 변제의 목적물을 공탁하여 그 채무를 면할 수 있다. 변제자가 과실 없이 채권자를 알 수 없는 경우에도 같다. 기출 20
>
> **자조매각금의 공탁**(민법 제490조)
> 변제의 목적물이 공탁에 적당하지 아니하거나 멸실 또는 훼손될 염려가 있거나 공탁에 과다한 비용을 요하는 경우에는 변제자는 법원의 허가를 얻어 그 물건을 경매하거나 시가로 방매하여 대금을 공탁할 수 있다.

1. 변제공탁의 원인

(1) **채권자의 변제수령의 거절 또는 불능**

① 채권자가 미리 수령을 거절한 경우에 구두제공을 포함하는 변제제공 없이 바로 공탁할 수 있다.
② 수령불능의 경우에도 변제제공 없이 바로 공탁할 수 있다. 수령불능은 사실상의 불능 외에 법률상의 불능을 포함한다.
③ 수령거절에서 그 주관적 이유 또는 불능에서 채권자의 귀책사유의 유무는 문제되지 않는다.

(2) **변제자가 과실 없이 채권자를 알 수 없는 경우, 즉 채권자 불확지**

채권자 불확지란 객관적으로 채권자가 존재하지만 채무자가 선관주의를 다하여도 채권자가 누구인지를 알 수 없는 경우를 의미한다(상대적 불확지).

2. 공탁의 내용

(1) 일부공탁

원칙적으로 일부에 대해서도 무효가 되어 그 부분에 대하여도 채무소멸의 효력이 발생하지 않으나, 예외적으로 채권자의 승인이 있거나, 이의 없이 수령한 경우에는 하자가 치유된다. 판례도 같은 취지에서 변제공탁이 유효하려면 채무 전부에 대한 변제의 제공 및 채무 전액에 대한 공탁이 있어야 하고, 채무 전액이 아닌 일부에 대한 공탁은 일부의 제공이 유효한 제공이라고 볼 수 있거나 변제자의 공탁금액이 채무의 총액에 비하여 아주 근소하게 부족하여 해당 변제공탁을 신의칙상 유효한 것이라고 볼 수 있는 등의 특별한 사정이 있는 경우를 제외하고는 채권자가 이를 수락하지 않는 한 그 공탁 부분에 관하여서도 채무소멸의 효과가 발생하지 않는다고 판시하고 있다(대판 2022.11.30. 2017다232167). 기출 25

(2) 조건부 공탁

① 본래 채무에 붙은 조건은 부착이 가능하다.

> **공탁물수령과 상대의무이행(민법 제491조)**
> 채무자가 채권자의 상대의무이행과 동시에 변제할 경우에는 채권자는 그 의무이행을 하지 아니하면 공탁물을 수령하지 못한다.

② 새로운 조건은 채권자의 승낙이 없는 한 불가능하다.

III 절 차

> **공탁의 방법(민법 제488조)**
> ① 공탁은 채무이행지의 공탁소에 하여야 한다.
> ② 공탁소에 관하여 법률에 특별한 규정이 없으면 법원은 변제자의 청구에 의하여 공탁소를 지정하고 공탁물보관자를 선임하여야 한다.
> ③ 공탁자는 지체 없이 채권자에게 공탁통지를 하여야 한다.

IV 효 과

1. 채무의 소멸

① 공탁의 기본적인 효과로 채무자는 공탁에 의하여 채무를 면한다(민법 제487조). 변제공탁은 공탁공무원의 수탁처분과 공탁물보관자의 공탁물수령으로 그 효력이 발생하여 채무소멸의 효과를 가져오는 것이고 채권자에 대한 공탁통지나 채권자의 수익의 의사표시가 있는 때에 공탁의 효력이 생기는 것이 아니다(대결 1972.5.15. 72마401). 기출 24

② 공탁이 행해진 후에도 변제자에 의해 원칙적으로 공탁물의 회수가 허용된다. 따라서 공탁에 의하여 채무가 일단 소멸하지만, 공탁자가 공탁물을 회수하면 채무가 부활된다.

2. 공탁물의 회수

> **공탁물의 회수(민법 제489조)**
> ① 채권자가 공탁을 승인하거나 공탁소에 대하여 공탁물을 받기를 통고하거나 공탁유효의 판결이 확정되기까지는 변제자는 공탁물을 회수할 수 있다. 이 경우에는 공탁하지 아니한 것으로 본다(공탁의 효과는 소급적 소멸).
> ② 전항의 규정은 질권 또는 저당권이 공탁으로 인하여 소멸한 때에는 적용하지 아니한다. 기출 12

제3절 상 계

I 의 의

1. 개 념

상계란 채권자와 채무자가 서로 동종의 채권·채무를 가지는 경우에, 그 채권·채무를 대등액에서 소멸시키는 당사자 일방의 일방적 의사표시이다.

2. 기 능

상계는 간이한 결제방법이면서 자동채권의 확보를 위하여 수동채권이 최우선, 최강력의 담보적 역할을 한다.

II 요 건

> **상계의 요건(민법 제492조)**
> ① 쌍방이 서로 같은 종류를 목적으로 한 채무를 부담한 경우에 그 쌍방의 채무의 이행기가 도래한 때에는 각 채무자는 대등액에 관하여 상계할 수 있다. 그러나 채무의 성질이 상계를 허용하지 아니할 때에는 그러하지 아니하다.
> ② 전항의 규정은 당사자가 다른 의사를 표시한 경우에는 적용하지 아니한다. 그러나 그 의사표시로써 선의의 제3자에게 대항하지 못한다.
>
> **소멸시효완성된 채권에 의한 상계(민법 제495조)**
> 소멸시효가 완성된 채권이 그 완성전에 상계할 수 있었던 것이면 그 채권자는 상계할 수 있다. 기출 14·18·25

1. 쌍방의 채권이 상계적상에 있을 것

(1) 쌍방의 채권이 대립하고 있을 것

상계하는 측의 채권을 자동채권이라 하고, 상계를 당하는 측의 채권을 수동채권이라 한다. 법률의 규정 등 특별한 사정이 없는 한 자동채권으로 될 수 있는 채권은 상계자가 상대방에 대하여 가지는 채권이어야 하고 제3자가 상대방에 대하여 가지는 채권으로는 상계할 수 없다(대판 2022.12.16. 2022다218271). 수동채권 역시 원칙적으로 상대방이 상계자에 대하여 가지는 채권이어야 한다(대판 2011.4.28. 2010다101394). 기출 25

(2) 쌍방의 채권이 동종의 목적일 것

쌍방의 채권이 동종의 목적이어야 하므로 특정채권인 경우에는 상계적상이 인정되기 어렵다. 두 채권이 동종이기만 하면 되고, 원칙적으로 다른 요건은 요하지 아니한다. 따라서 이행지가 다르더라도 상계가 허용되나 이로 인한 손해는 배상하여야 한다(민법 제494조). 기출 16·18·25 또한 채권발생의 법적 근거가 무엇인지의 여부는 급부의 동종성을 결정하는 데 영향을 미치지 아니한다. 즉, 공법상의 확정된 벌금채권도 자동채권이 될 수 있다(대판 2004.4.27. 2003다37891). 기출 22·24

(3) 쌍방의 채권이 변제기에 있을 것

쌍방의 채권이 변제기에 있을 것이 원칙이나, 자동채권의 변제기만 도래한 경우도 상계권자인 채무자는 자신의 채무(수동채권)의 기한의 이익을 포기할 수 있으므로 상계가 가능하다. 기출 25 단, 이 경우에도 자동채권에 항변권의 부착이 없어야 한다. 기출 14·18

> **민법 제492조 제1항에서 정한 '채무의 이행기가 도래한 때'의 의미**
> 쌍방이 서로 같은 종류를 목적으로 한 채무를 부담한 경우 쌍방 채무의 이행기가 도래한 때에는 각 채무자는 대등액에 관하여 상계할 수 있다(민법 제492조 제1항). 민법 제492조 제1항에서 정한 '채무의 이행기가 도래한 때'는 채권자가 채무자에게 이행의 청구를 할 수 있는 시기가 도래하였음을 의미하고 채무자가 이행지체에 빠지는 시기를 말하는 것이 아니다(대판 2021.5.7. 2018다25946).

> **민법 제492조 제1항에서 정한 '채무의 이행기가 도래한 때'의 의미 및 상계에 따른 양 채권의 차액 계산 또는 상계 충당의 시기(= 상계적상 시) / 부당이득반환채권은 채권의 성립일에 상계적상에서 의미하는 이행기가 도래한 것으로 볼 수 있는지 여부(적극)**
> 쌍방이 서로 같은 종류를 목적으로 한 채무를 부담한 경우 쌍방 채무의 이행기가 도래한 때에는 각 채무자는 대등액에 관하여 상계할 수 있다(민법 제492조 제1항). 여기서 '채무의 이행기가 도래한 때'는 채권자가 채무자에게 이행의 청구를 할 수 있는 시기가 도래하였음을 의미하고 채무자가 이행지체에 빠지는 시기를 말하는 것이 아니다. 상계의 의사표시는 각 채무가 상계할 수 있는 때에 대등액에 관하여 소멸한 것으로 본다(민법 제493조 제2항). 상계의 의사표시가 있는 경우 채무는 상계적상 시에 소급하여 대등액에 관하여 소멸하게 되므로, 상계에 따른 양 채권의 차액 계산 또는 상계 충당은 상계적상의 시점을 기준으로 한다. 이행기의 정함이 없는 채권의 경우 그 성립과 동시에 이행기에 놓이게 되고, 부당이득반환채권은 이행기의 정함이 없는 채권으로서 채권의 성립과 동시에 언제든지 이행을 청구할 수 있으므로, 그 채권의 성립일에 상계적상에서 의미하는 이행기가 도래한 것으로 볼 수 있다(대판 2022.3.17. 2021다287515). 기출 24

(4) 상계가 금지되어 있지 않을 것

> **불법행위채권을 수동채권으로 하는 상계의 금지(민법 제496조)**
> 채무가 고의의 불법행위로 인한 것인 때에는 그 채무자는 상계로 채권자에게 대항하지 못한다.

> **압류금지채권을 수동채권으로 하는 상계의 금지(민법 제497조)**
> 채권이 압류하지 못할 것인 때에는 그 채무자는 상계로 채권자에게 대항하지 못한다. 기출 14·18

> **지급금지채권을 수동채권으로 하는 상계의 금지(민법 제498조)**
> 지급을 금지하는 명령을 받은 제삼채무자는 그 후에 취득한 채권에 의한 상계로 그 명령을 신청한 채권자에게 대항하지 못한다. 기출 13·18

1) 채권의 성질이 상계를 허용할 것(민법 제492조 제1항 단서)
2) 당사자의 약정에 의한 금지(민법 제492조 제2항)

채권자와 채무자는 상계의 금지를 약정할 수 있다. 당사자 사이에 상계금지의 특약이 있는 경우에 상계는 허용되지 아니한다. 상계금지의 특약은 선의의 제3자에게 대항하지 못한다.

3) 법률의 규정에 의한 금지
① 고의의 불법행위로 인한 손해배상채권
   ㉠ 내 용
      - 가해자가 자기의 채권을 자동채권으로 하고 피해자의 손해배상채권을 수동채권으로 하여 상계하는 것은 허용되지 않는다.
      - 피해자 스스로 불법행위로 인한 손해배상채권을 자동채권으로 하여 상계하는 것은 허용된다.
   ㉡ 적용범위 기출 14·17·22·23·24
      - 피용자의 고의의 불법행위로 사용자책임이 성립하는 경우 : 피용자의 고의의 불법행위로 인하여 사용자책임이 성립하는 경우에 민법 제496조의 적용을 배제하여야 할 이유가 없으므로 사용자책임이 성립하는 경우 사용자는 자신의 고의의 불법행위가 아니라는 이유로 민법 제496조의 적용을 면할 수는 없다(대판 2006.10.26, 2004다63019).

> 민법 제496조의 규정 취지 및 이 규정이 고의의 채무불이행으로 인한 손해배상채권을 수동채권으로 하는 상계에 적용되는지 여부(원칙적 소극) / 고의에 의한 행위가 불법행위와 채무불이행을 동시에 구성하여 불법행위로 인한 손해배상채권과 채무불이행으로 인한 손해배상채권이 경합하는 경우, 위 규정이 유추적용되어 채무자는 고의의 채무불이행으로 인한 손해배상채권을 수동채권으로 하여 상계하더라도 채권자에게 대항할 수 없는지 여부(적극)
> 민법 제496조는 "채무가 고의의 불법행위로 인한 것인 때에는 그 채무자는 상계로 채권자에게 대항하지 못한다"라고 정하고 있다. 고의의 불법행위로 인한 손해배상채권에 대하여 상계를 허용한다면 고의로 불법행위를 한 사람까지도 상계권 행사로 현실적으로 손해배상을 지급할 필요가 없게 되어 보복적 불법행위를 유발하게 될 우려가 있다. 또 고의의 불법행위로 인한 피해자가 가해자의 상계권 행사로 현실의 변제를 받을 수 없는 결과가 됨은 사회적 정의관념에 맞지 않는다. 따라서 고의에 의한 불법행위의 발생을 방지함과 아울러 고의의 불법행위로 인한 피해자에게 현실의 변제를 받게 하려는 데 이 규정의 취지가 있다. 이 규정은 고의의 불법행위로 인한 손해배상채권을 수동채권으로 한 상계에 관한 것이고 고의의 채무불이행으로 인한 손해배상채권에는 적용되지 않는다. 다만 고의에 의한 행위가 불법행위를 구성함과 동시에 채무불이행을 구성하여 불법행위로 인한 손해배상채권과 채무불이행으로 인한 손해배상채권이 경합하는 경우에는 이 규정을 유추적용할 필요가 있다. 이러한 경우에 고의의 채무불이행으로 인한 손해배상채권을 수동채권으로 한 상계를 허용하면 이로써 고의의 불법행위로 인한 손해배상채권까지 소멸하게 되어 고의의 불법행위에 의한 손해배상채권은 현실적으로 만족을 받아야 한다는 이 규정의 입법 취지가 몰각될 우려가 있기 때문이다. 따라서 이러한 예외적인 경우에는 민법 제496조를 유추적용하여 고의의 채무불이행으로 인한 손해배상채권을 수동채권으로 하는 상계를 한 경우에도 채무자가 상계로 채권자에게 대항할 수 없다고 보아야 한다(대판 2017.2.15, 2014다19776).

- 기망행위로 소비대차계약이 체결된 경우 : 상대방의 기망행위로 소비대차계약을 체결한 자가 불법행위로 인한 손해배상청구를 하지 아니하고 계약상 채권에 따른 대여금 및 이자 등의 지급을 구하는 경우에는 민법 제496조가 유추적용될 수 없다고 보아야 한다. 계약상 채권은 상대방의 기망행위가 아니라 쌍방 사이의 계약에 기초하여 발생하는 권리이고, 그 급부의 이행으로 지향하는 경제적 이익이 불법행위로 인한 손해배상채권과 동일하여 양자가 경합하는 관계에 있다고 보기도 어려우며, 달리 민법 제496조가 정한 상계 금지의 취지에 비추어 계약상 채권이 실질적으로 고의의 불법행위로 인한 채권과 마찬가지라고 평가할 만한 사정도 없기 때문이다(대판 2024.8.1, 2024다204696).
- 중과실의 불법행위에 의한 손해배상채무가 인정되는 경우 : 민법 제496조가 고의의 불법행위로 인한 손해배상채권에 대한 상계를 금지하는 입법취지는 고의에 의한 불법행위의 발생을 방지함과 아울러 고의의 불법행위로 인한 피해자에게 현실의 변제를 받게 하려는 데 있는바, 이같은 입법취지나 적용결과에 비추어 볼 때 고의의 불법행위에 인한 손해배상채권에 대한 상계금지를 중과실의 불법행위에 인한 손해배상채권에까지 유추 또는 확장적용하여야 할 필요성이 있다고 할 수 없다(대판 1994.8.12, 93다52808). 기출 25

② 압류가 금지된 채권
  ㉠ 내용 : 수동채권이 압류가 금지된 채권인 경우에는 그 채무자는 상계로 채권자에게 대항하지 못한다. 반면에 압류금지의 채권을 자동채권으로 하는 상계는 허용된다.
  ㉡ 임금채권 등을 수동채권으로 한 상계가 허용되는지 여부(원칙 소극) : 근로기준법 제43조 제1항의 임금 전액지급의 원칙에 따라 원칙적으로 사용자가 근로자에 대하여 가지는 채권을 자동채권으로 근로자의 임금채권을 수동채권으로 하여 일방적으로 상계하는 것은 금지되나, 사용자가 근로자의 동의를 얻어 근로자의 임금채권에 대해 상계하는 것은 근로기준법 제43조 제1항에 위반되지 않으므로 허용된다. 다만, 그 동의는 근로자의 자유로운 의사에 기한 것이라는 판단은 엄격하고 신중하게 이루어져야 한다(대판 2001.10.23. 2001다25184).

③ 지급이 금지된 채권
  ㉠ 일반론

> • 양 채권이 변제기가 도래한 상태뿐만 아니라 자동채권의 변제기는 도래하였으나 수동채권의 변제기가 아직 도래하지 않았던 경우에도 상계를 하여 압류채권자에게 대항할 수 있다(대판 1979.6.12. 79다662).
> • 채권압류명령을 받은 제3채무자가 압류채무자에 대한 반대채권을 가지고 있는 경우에 상계로써 압류채권자에게 대항하기 위하여는, 압류의 효력 발생 당시에 대립하는 양 채권이 상계적상에 있거나, 그 당시 반대채권(자동채권)의 변제기가 도래하지 아니한 경우에는 그것이 피압류채권(수동채권)의 변제기와 동시에 또는 그보다 먼저 도래하여야 한다. 이러한 법리는 채권압류명령을 받은 제3채무자이자 보증채무자인 사람이 압류 이후 보증채무를 변제함으로써 담보제공청구의 항변권을 소멸시킨 다음, 압류채무자에 대하여 압류 이전에 취득한 사전구상권으로 피압류채권과 상계하려는 경우에도 적용된다고 봄이 타당하다(대판 2019.2.14. 2017다274703). 기출 25

  ㉡ 압류의 효력이 생긴 후에 비로소 자동채권이 발생한 경우

> 금전채권에 대한 압류 및 전부명령이 있는 때에는 압류된 채권은 동일성을 유지한 채로 압류채무자로부터 압류채권자에게 이전되고, 제3채무자는 채권이 압류되기 전에 압류채무자에게 대항할 수 있는 사유로써 압류채권자에게 대항할 수 있는 것이므로, 제3채무자의 압류채무자에 대한 자동채권이 수동채권인 피압류채권과 동시이행의 관계에 있는 경우에는, 압류명령이 제3채무자에게 송달되어 압류의 효력이 생긴 후에 자동채권이 발생하였다고 하더라도 제3채무자는 동시이행의 항변권을 주장할 수 있다. 이 경우에 자동채권이 발생한 기초가 되는 원인은 수동채권이 압류되기 전에 이미 성립하여 존재하고 있었던 것이므로, 그 자동채권은 민법 제498조의 '지급을 금지하는 명령을 받은 제3채무자가 그 후에 취득한 채권'에 해당하지 않는다고 봄이 상당하고, 제3채무자는 그 자동채권에 의한 상계로 압류채권자에게 대항할 수 있다(대판 2010.3.25. 2007다35152).

2. 상계의 방법

> **상계의 방법, 효과(민법 제493조)**
> ① 상계는 상대방에 대한 의사표시로 한다. 이 의사표시에는 조건 또는 기한을 붙이지 못한다. 기출 25
> ② 상계의 의사표시는 각 채무가 상계할 수 있는 때에 대등액에 관하여 소멸한 것으로 본다. 기출 17

① 당사자 일방의 상대방에 대한 일방적 의사표시로 상계권을 행사한다. 상계의 의사표시가 없는 한 상계적상이라는 이유만으로는 상계의 효과가 발생하지 않는다(대판 2000.9.8. 99다6524).
② 상계는 특별한 방식을 요하지 않으나, 증권적 채권을 자동채권으로 하는 상계의 경우에 판례는 증권적 채권의 제시와 교부를 요한다.
③ 상계는 단독행위이므로 조건을 붙일 수 없고, 소급효가 있기 때문에 시기를 붙일 수 없다(민법 제493조 제1항).

기출 14

④ 상계는 자동채권의 처분행위의 성질을 갖기 때문에 상계시에 행위능력이 요구된다.
⑤ 상계는 단독행위로서 상계를 할지는 채권자의 의사에 따른 것이고 상계적상에 있는 자동채권이 있다고 하여 반드시 상계를 해야 할 것은 아니다. 채권자가 주채무자에 대하여 상계적상에 있는 자동채권을 상계하지 않았다고 하여 이를 이유로 보증채무자가 보증한 채무의 이행을 거부할 수 없으며 나아가 보증채무자의 책임이 면책되는 것도 아니다(대판 2018.9.13. 2015다209347). 기출 22

III 효 과

1. 채권의 소멸

상계에 의하여 당사자 쌍방의 채권은 그 대등액에 관하여 소멸한다(민법 제493조 제2항). 다만, 피상계자가 여러 개의 상계적상에 있는 수동채권을 가지고 있는데 자동채권이 그 전부를 소멸시키기에 부족한 경우 변제충당에 관한 규정을 준용하여 상계에 의하여 소멸될 수동채권을 결정한다(상계충당, 민법 제499조).

2. 상계의 소급효

① 자동채권과 수동채권은 상계표시시가 아니라 '상계할 수 있는 때'에 소급하여 소멸하는데, 상계할 수 있는 때란 양 채권이 모두 변제기가 도래한 경우와 수동채권의 변제기가 도래하지 아니하였더라도 기한의 이익을 포기할 수 있는 경우를 포함한다(대판 2011.7.28. 2010다70018).
② 상계의 의사표시에 의하여 각 채무는 상계할 수 있는 때에 대등액에 관하여 소멸한 것으로 보게 되지만, 이러한 상계의 소급효는 양 채권 및 이에 관한 이자나 지연손해금 등을 정산하는 기준시기를 소급하는 것일 뿐이고 특별한 사정이 없는 한 상계의 의사표시 전에 이미 발생한 사실을 복멸시키지는 아니한다(대판 2025.5.15. 2024다317332).12)

---

12) 갑 시설관리공단(임대인)이 을 주식회사(임차인)를 상대로 임대차계약이 종료 후에도 임대목적물인 건물 부분을 불법점유하고 있다며 건물 부분의 인도와 함께 임대차계약에서 월 차임의 1.3배로 정한 손해배상 예정액의 지급을 구하자, 을 회사가 준비서면의 송달로 부속물매수청구권을 행사한다는 의사표시를 하고, 갑 공단도 준비서면의 송달로 을 회사의 불법점유로 인한 갑 공단의 손해배상채권을 자동채권으로 하여 을 회사의 부속물 매매대금 채권과 대등액에서 상계한다는 의사표시를 한 사안에서, 을 회사의 부속물매수청구권 행사 후에 갑 공단이 을 회사의 부속물 매매대금 채권을 을 회사의 불법점유로 인한 갑 공단의 손해배상채권과 상계하는 의사를 표시하여 을 회사의 부속물 매매대금 채권이 소멸된다고 하더라도, 양 채권을 정산하는 기준시기가 상계적상이 있었던 때인 부속물 매매대금 채권 발생 시점으로 소급하는 것일 뿐, 상계의 의사표시 이전까지 존재하였던 갑 공단의 부속물 매매대금 지급의무와 을 회사의 건물 부분 인도의무 사이의 동시이행관계가 상계적상이 있었던 시기로 소급하여 소멸되고 이로 인해 을 회사의 건물 부분 인도의무가 그때부터 이행지체에 빠지게 된다거나 건물 부분에 대한 을 회사의 점유가 소급하여 불법점유가 된다고 할 수 없다고 한 사례

Ⅳ 관련 판례

1. 수취은행의 상계 가부

① 송금의뢰인이 착오송금임을 이유로 거래은행을 통하여 혹은 수취은행에 직접 송금액의 반환을 요청하고, 수취인도 송금의뢰인의 착오송금에 의하여 수취인의 계좌에 금원이 입금된 사실을 인정하여 수취은행에 그 반환을 승낙하고 있는 경우, 수취은행이 수취인에 대한 대출채권 등을 자동채권으로 하여 수취인의 계좌에 착오로 입금된 금원 상당의 예금채권과 상계하는 것은 수취은행이 선의인 상태에서 수취인의 예금채권을 담보로 대출을 하여 그 자동채권을 취득한 것이라거나 그 예금채권이 이미 제3자에 의하여 압류되었다는 등의 특별한 사정이 없는 한, 송금의뢰인에 대한 관계에서 신의칙에 반하거나 상계에 관한 권리를 남용하는 것이다. 수취인의 계좌에 착오로 입금된 금원 상당의 예금채권이 이미 제3자에 의하여 압류되었다는 특별한 사정이 있어 수취은행이 수취인에 대한 대출채권 등을 자동채권으로 하여 수취인의 그 예금채권과 상계하는 것이 허용되더라도 이는 피압류채권액의 범위 내에서만 가능하고, 그 범위를 벗어나는 상계는 신의칙에 반하거나 권리를 남용하는 것으로서 허용되지 않는다(대판 2022.7.14. 2020다212958).

② [1] 예금거래기본약관에 따라 송금의뢰인이 수취인의 예금계좌에 자금이체를 하여 예금원장에 입금의 기록이 된 때에는 특별한 사정이 없는 한 송금의뢰인과 수취인 사이에 자금이체의 원인인 법률관계가 존재하는지 여부에 관계없이 수취인과 수취은행 사이에는 위 입금액 상당의 예금계약이 성립하고, 수취인이 수취은행에 대하여 위 입금액 상당의 예금채권을 취득한다. 그리고 수취은행은 원칙적으로 수취인의 계좌에 입금된 금원이 송금의뢰인의 착오로 자금이체의 원인관계 없이 입금된 것인지 여부에 관하여 조사할 의무가 없으며, 수취은행이 수취인에 대한 대출채권 등을 자동채권으로 하여 수취인의 계좌에 입금된 금원 상당의 예금채권과 상계하는 것은 신의칙 위반이나 권리남용에 해당한다는 등의 특별한 사정이 없는 한 유효하다.

[2] 송금의뢰인이 착오송금임을 이유로 거래은행을 통하여 혹은 수취은행에 직접 송금액의 반환을 요청하고 수취인도 송금의뢰인의 착오송금에 의하여 수취인의 계좌에 금원이 입금된 사실을 인정하고 수취은행에 그 반환을 승낙하고 있는 경우, 수취은행이 수취인에 대한 대출채권 등을 자동채권으로 하여 수취인의 계좌에 착오로 입금된 금원 상당의 예금채권과 상계하는 것은, 수취은행이 선의인 상태에서 수취인의 예금채권을 담보로 대출을 하여 그 자동채권을 취득한 것이라거나 그 예금채권이 이미 제3자에 의하여 압류되었다는 등의 특별한 사정이 없는 한, 공공성을 지닌 자금이체시스템의 운영자가 그 이용자인 송금의뢰인의 실수를 기화로 그의 희생하에 당초 기대하지 않았던 채권회수의 이익을 취하는 행위로서 상계제도의 목적이나 기능을 일탈하고 법적으로 보호받을 만한 가치가 없으므로, 송금의뢰인에 대한 관계에서 신의칙에 반하거나 상계에 관한 권리를 남용하는 것이다(대판 2010.5.27. 2007다66088). 기출 25

2. 채권양수인의 상계 가부

민법 제493조 제2항은 "상계의 의사표시는 각 채무가 상계할 수 있는 때에 대등액에 관하여 소멸한 것으로 본다."라고 정하고 있으므로 상계의 효력은 상계적상 시로 소급하여 발생한다. 상계적상은 자동채권과 수동채권이 상호 대립하는 때에 비로소 생긴다. 채권양수인이 양수채권을 자동채권으로 하여 그 채무자가 채권양수인에 대해 가지고 있던 기존 채권과 상계한 경우, 채권양수인은 채권양도의 대항요건이 갖추어진 때 비로소 자동채권을 행사할 수 있으므로 채권양도 전에 이미 양 채권의 변제기가 도래하였다고 하더라도 상계의 효력은 변제기로 소급하는 것이 아니라 채권양도의 대항요건이 갖추어진 시점으로 소급한다(대판 2022.6.30. 2022다200089).

3. 임대인의 상계 가부

(1) 구상금채권을 자동채권으로 하는 상계 가부

민법 제626조 제2항은 임차인이 유익비를 지출한 경우에는 임대인은 임대차 종료 시에 그 가액의 증가가 현존한 때에 한하여 임차인의 지출한 금액이나 그 증가액을 상환하여야 한다고 규정하고 있으므로, 임차인의 유익비상환채권은 임대차계약이 종료한 때에 비로소 발생한다고 보아야 한다. 따라서 임대차 존속 중 임대인의 구상금채권의 소멸시효가 완성된 경우에는 위 구상금채권과 임차인의 유익비상환채권이 상계할 수 있는 상태에 있었다고 할 수 없으므로, 그 이후에 임대인이 이미 소멸시효가 완성된 구상금채권을 자동채권으로 삼아 임차인의 유익비상환채권과 상계하는 것은 민법 제495조에 의하더라도 인정될 수 없다(대판 2021.2.10. 2017다258787).

(2) 차임채권을 자동채권으로 하는 상계 가부

[1] 부동산임대차에서 임차인이 임대인에게 지급하는 임대차보증금은 임대차관계가 종료되어 목적물을 반환하는 때까지 그 임대차관계에서 발생하는 임차인의 모든 채무를 담보하는 것으로서, 임대인의 임대차보증금 반환의무는 임대차관계가 종료되는 경우에 그 임대차보증금 중에서 목적물을 반환받을 때까지 생긴 연체차임 등 임차인의 모든 채무를 공제한 나머지 금액에 관하여서만 비로소 이행기에 도달한다.

[2] 임대차 존속 중 차임을 연체하는 경우 그 채권의 소멸시효는, 임대차 종료 후 목적물 인도 시에 임대차보증금에서 일괄 공제하는 방식에 의하여 정산하기로 약정한 경우와 같은 특별한 사정이 없는 한 임대차계약에서 정한 지급기일부터 진행한다.

[3] 민법 제495조에 따라 소멸시효가 완성된 채권이 그 완성 전에 상계할 수 있었던 것이면 채권자는 상계할 수 있다. 이는 '자동채권의 소멸시효 완성 전에 양 채권이 상계적상에 이르렀을 것'을 요건으로 하는 것인데, 임대인의 임대차보증금 반환채무는 임대차계약이 종료된 때에 비로소 이행기에 도달하므로, 임대차 존속 중 차임채권의 소멸시효가 완성된 경우에는 소멸시효 완성 전에 임대인이 임대차보증금 반환채무에 관한 기한의 이익을 실제로 포기하였다는 등의 특별한 사정이 없는 한 양 채권이 상계할 수 있는 상태에 있었다고 할 수 없다. 그러므로 그 이후에 임대인이 이미 소멸시효가 완성된 차임채권을 자동채권으로 삼아 임대차보증금 반환채무와 상계하는 것은 민법 제495조에 따르더라도 인정될 수 없다. 그러나 임대차 존속 중 차임이 연체되고 있음에도 임대차보증금에서 연체차임을 충당하지 않고 있었던 임대인의 신뢰와 차임연체 상태에서 임대차관계를 지속해 온 임차인의 묵시적 의사를 감안하면, 그 연체차임은 민법 제495조를 유추적용하여 임대차보증금에서 공제할 수는 있다고 봄이 타당하다(대판 2025.3.27. 2024다302217).

4. 제척기간 경과 후의 상계 가부

매도인이나 수급인의 담보책임을 기초로 한 매수인이나 도급인의 손해배상채권의 제척기간이 지난 경우에도 민법 제495조를 유추적용해서 매수인이나 도급인이 상대방의 채권과 상계할 수 있는지 문제된다. 매도인의 담보책임을 기초로 한 매수인의 손해배상채권 또는 수급인의 담보책임을 기초로 한 도급인의 손해배상채권이 각각 상대방의 채권과 상계적상에 있는 경우에 당사자들은 채권·채무관계가 이미 정산되었거나 정산될 것으로 기대하는 것이 일반적이므로, 그 신뢰를 보호할 필요가 있다. 이러한 손해배상채권의 제척기간이 지난 경우에도 그 기간이 지나기 전에 상대방에 대한 채권·채무관계의 정산 소멸에 대한 신뢰를 보호할 필요성이 있다는 점은 소멸시효가 완성된 채권의 경우와 아무런 차이가 없다. 따라서 매도인이나 수급인의 담보책임을 기초로 한 손해배상채권의 제척기간이 지난 경우에도 제척기간이 지나기 전 상대방의 채권과 상계할 수 있었던 경우에는 매수인이나 도급인은 민법 제495조를 유추적용해서 위 손해배상채권을 자동채권으로 해서 상대방의 채권과 상계할 수 있다고 봄이 타당하다(대판 2019.3.14. 2018다255648). **기출** 25

CHAPTER 06 채권의 소멸

01 민법상 상계에 관한 설명으로 옳지 않은 것은?(다툼이 있으면 판례에 따름) 기출 25

CHECK
○△×

① 자동채권과 수동채권의 이행지가 다른 경우에도 상계할 수 있다.
② 수동채권은 원칙적으로 상대방이 상계자에 대하여 가지는 채권이어야 한다.
③ 제척기간이 완성된 채권이 그 완성 전에 상계할 수 있었던 것이면 그 채권자는 상계할 수 있다.
④ 수동채권의 변제기는 도래하였으나 자동채권의 변제기가 도래하지 않은 경우에는 상계할 수 없다.
⑤ 손해배상채무가 중과실의 불법행위로 인한 것인 때에는 그 채무자는 상계로 채권자에게 대항하지 못한다.

● 해설 및 정답 ●

01 ① (○) 각 채무의 이행지가 다른 경우에도 상계할 수 있으므로, 자동채권과 수동채권의 이행지가 다른 경우에도 상계할 수 있다. 그러나 상계하는 당사자는 상대방에게 상계로 인한 손해를 배상하여야 한다(민법 제494조).
② (○) 상계는 당사자 쌍방이 서로 같은 종류를 목적으로 한 채무를 부담한 경우에 서로 같은 종류의 급부를 현실로 이행하는 대신 어느 일방 당사자의 의사표시로 그 대등액에 관하여 채권과 채무를 동시에 소멸시키는 것이고, 이러한 상계제도의 취지는 서로 대립하는 두 당사자 사이의 채권・채무를 간이한 방법으로 원활하고 공평하게 처리하려는 데 있으므로, <u>수동채권으로 될 수 있는 채권은 상대방이 상계자에 대하여 가지는 채권이어야 하고, 상대방이 제3자에 대하여 가지는 채권과는 상계할 수 없다고 보아야</u> 한다(대판 2011.4.28. 2010다101394).
③ (○) 손해배상채권의 제척기간이 지난 경우에도 그 기간이 지나기 전에 상대방에 대한 채권・채무관계의 정산소멸에 대한 신뢰를 보호할 필요성이 있다는 점은 소멸시효가 완성된 채권의 경우와 아무런 차이가 없다. 따라서 <u>매도인이나 수급인의 담보책임을 기초로 한 손해배상채권의 제척기간이 지난 경우에도 제척기간이 지나기 전 상대방의 채권과 상계할 수 있었던 경우에는 매수인이나 도급인은 민법 제495조를 유추적용해서 위 손해배상채권을 자동채권으로 해서 상대방의 채권과 상계할 수 있다고 봄이 타당하다</u>(대판 2011.4.28. 2010다101394).
④ (○) 수동채권은 변제기 도래 전이라도 상계가 가능하나, 자동채권은 반드시 변제기에 있어야 한다. 따라서 수동채권의 변제기는 도래하였으나 자동채권의 변제기가 도래하지 않은 경우에는 상계할 수 없다.
⑤ (×) 민법 제496조가 고의의 불법행위로 인한 손해배상채권에 대한 상계를 금지하는 입법취지는 고의의 불법행위에 인한 손해배상채권에 대하여 상계를 허용한다면 고의로 불법행위를 한 자가 상계권행사로 현실적으로 손해배상을 지급할 필요가 없게 됨으로써 보복적 불법행위를 유발하게 될 우려가 있고, 고의의 불법행위로 인한 피해자가 가해자의 상계권행사로 인하여 현실의 변제를 받을 수 없는 결과가 됨은 사회적 정의관념에 맞지 아니하므로 고의에 의한 불법행위의 발생을 방지함과 아울러 고의의 불법행위로 인한 피해자에게 현실의 변제를 받게 하려는 데 있는바, 이같은 입법취지나 적용결과에 비추어 볼 때 <u>고의의 불법행위에 인한 손해배상채권에 대한 상계금지를 중과실의 불법행위에 인한 손해배상채권에까지 유추 또는 확장적용하여야 할 필요성이 있다고 할 수 없다</u>(대판 1994.8.12. 93다52808). 이러한 판례의 취지를 고려할 때 손해배상채무가 중과실의 불법행위로 인한 것인 때에는 그 채무자는 상계로 채권자에게 대항할 수 있다.

정답 ⑤

02 변제에 관한 설명으로 옳은 것은?(다툼이 있으면 판례에 따름) 기출 25

① 채무 없음을 알고 임의로 변제한 경우, 변제자는 반환을 청구할 수 있다.
② 변제기 전에 변제한 채무자는 변제한 것의 반환을 청구할 수 있다.
③ 채무자가 변제 수령권한이 없는 자에게 변제를 한 경우, 이로 인하여 채권자가 받은 이익이 일부분 존재하더라도 그 부분에 대한 변제의 효력은 발생하지 않는다.
④ 1억원의 채무 중 7천만원을 변제공탁한 경우, 채권자가 이를 수락하지 않으면 채무자는 3천만원을 변제제공하더라도 채무불이행책임을 부담한다.
⑤ 변제금액이 채권액에 부족한 경우, 채무자는 이자에 앞서 원본에 충당할 것을 지정할 수 있다.

03 甲은 2025.2.1. 乙과 인쇄기의 매도계약을 체결하면서 대금 3천만원을 2025.2.15. 지급받음과 동시에 인쇄기를 인도하기로 하였다. 한편 乙은 甲에 대하여 이행기가 2020.2.20.인 3천만원의 대여금채권을 가지고 있다. 이에 관한 설명으로 옳지 않은 것은?(이자나 지연손해금은 고려하지 않고, 다툼이 있으면 판례에 따름) 기출 25

① 乙이 상계하려는 경우, 그 의사표시에는 조건을 붙일 수 없다.
② 甲은 2025.2.15. 매매대금채권으로 대여금채무와 상계할 수 있다.
③ 乙은 2025.2.15. 대여금채권으로 매매대금채무와 상계하고 인쇄기의 인도를 구할 수 있다.
④ 만일 2025.2.10. 甲의 채권자 丙에 의해 매매대금채권이 압류된 경우, 乙은 2025.2.15. 매매대금채권을 수동채권으로 하여 상계할 수 있다.
⑤ 만일 대여금채권이 2025.2.20. 시효소멸하였더라도 乙은 2025.2.25. 상계의 의사표시를 하여 상계할 수 있다.

• 해설 및 정답 •

02 ① (×) 민법 제742조의 비채변제는 지급자가 채무 없음을 알면서도 임의로 지급한 경우에만 성립하고, 채무 없음을 알고 있었다 하더라도 변제를 강제당한 경우나 변제거절로 인한 사실상의 손해를 피하기 위하여 부득이 변제하게 된 경우 등 그 변제가 자기의 자유로운 의사에 반하여 이루어진 것으로 볼 수 있는 사정이 있는 때에는 지급자가 그 반환청구권을 상실하지 않는다(대판 1996.12.20. 95다52222). 이러한 판례의 취지를 고려할 때 변제자가 채무 없음을 알고 임의로 변제한 경우, 변제자는 그 반환을 청구할 수 없다.
② (×) 민법 제743조 소정의 "착오로 인하여"라 함은 변제기 전임을 알지 못하였음을 의미하므로 변제기가 도래했다고 오신하고서 변제한 경우에 한하고 변제기 전임을 알면서 변제한 자는 기한의 이익을 포기한 것으로 볼 것이다(대판 1991.8.13. 91다6856). 따라서 변제기 전에 변제한 채무자는 변제한 것의 반환을 청구할 수 없다.
③ (×) 채권의 준점유자에 대한 변제(민법 제470조), 영수증소지자에 대한 변제(민법 제471조) 외에 변제받을 권한 없는 자에 대한 변제는 채권자가 이익을 받은 한도에서 효력이 있다(민법 제472조).
④ (○) 변제공탁이 유효하려면 채무 전부에 대한 변제의 제공 및 채무 전액에 대한 공탁이 있어야 하고, <u>채무 전액이 아닌 일부에 대한 공탁</u>은 일부의 제공이 유효한 제공이라고 볼 수 있거나 변제자의 공탁금액이 채무의 총액에 비하여 아주 근소하게 부족하여 해당 변제공탁을 신의칙상 유효한 것이라고 볼 수 있는 등의 특별한 사정이 있는 경우를 제외하고는 <u>채권자가 이를 수락하지 않는 한 그 공탁 부분에 관하여서도 채무소멸의 효과가 발생하지 않는다</u>(대판 2022.11.30. 2017다232167). 1억원의 채무 중 7천만원을 변제공탁한 경우, 채권자가 이를 수락하지 않으면 7천만원에 대한 채무소멸의 효과가 발생하지 아니하여, 채무자가 3천만을 변제제공하더라도 채무불이행책임을 부담한다.
⑤ (×) 채무자가 변제로서 제공한 급여가 같은 채권자가 가지는 수개의 원본 채권과 그 이자 또는 지연손해금 채권 등을 전부 소멸시키기에 부족한 경우 <u>이자 또는 지연손해금과 원본 간에는 당사자 사이의 명시적·묵시적 합의가 없는 한 획일적으로 가장 공평·타당한 충당 방법인 민법 제479조의 규정에 따라 이자 또는 지연손해금과 원본의 순으로 법정변제충당이 이루어진다</u>(대판 2022.8.31. 2022다239896).

정답 ④

03 ① (○) 상계의 의사표시에는 조건 또는 기한을 붙이지 못한다(민법 제493조 제1항 후문).
② (×) 항변권이 붙어 있는 채권을 자동채권으로 하여 타의 채무와의 상계를 허용한다면 상계자 일방의 의사표시에 의하여 상대방의 항변권행사의 기회를 상실케 하는 결과가 되므로 이와 같은 상계는 그 성질상 허용될 수 없다(대판 2002.8.23. 2002다25242). <u>매도인 甲은 2025.2.15. 자동채권인 매매대금채권에 동시이행의 항변권이 붙은 경우 채권의 성질상 수동채권인 3천만원의 대여금채무와 상계가 허용되지 않는다.</u>
③ (○) 반면에 수동채권에 항변권이 붙어 있는 경우 상계권자 스스로 항변권을 포기하는 것이 가능하므로 매수인 乙은 2025.2.15. 자동채권인 대여금채권으로 수동채권인 매매대금채권과 상계하고 인쇄기의 인도를 구할 수 있다.
④ (○) 가압류명령을 받은 제3채무자가 가압류채무자에 대한 반대채권을 가지고 있는 경우에 상계로써 가압류채권자에게 대항하기 위하여는 가압류의 효력 발생 당시에 양 채권이 상계적상에 있거나, 반대채권이 압류 당시 변제기에 이르지 않는 경우에는 피압류채권인 수동채권의 변제기와 동시에 또는 보다 먼저 변제기에 도달하는 경우이어야 한다(대판 1982.6.22. 82다카200). 이러한 판례의 취지를 고려할 때 만일 2025.2.10. 甲의 채권자 丙에 의해 매매대금채권이 압류된 경우, 제3채무자 乙은 상계적상 시인 2025.2.15.에 이행기가 2020.2.20.인 대여금채권을 반대채권(자동채권)으로 하고, 매매대금채권을 수동채권으로 하여 상계할 수 있다.
⑤ (○) 소멸시효가 완성된 채권이 그 완성 전에 상계할 수 있었던 것이면 그 채권자는 상계할 수 있으므로(민법 제495조), 대여금채권이 2025.2.20. 시효소멸하였더라도 乙은 2025.2.15. 상계적상 시 상계할 수 있었으므로, 2025.2.25. 상계의 의사표시를 하여 상계할 수 있다.

정답 ②

04

甲은 乙에 대하여 A채무(원본 : 5천만원, 대여일 : 2021년 3월 1일, 이자 : 월 0.5%, 변제기 : 2021년 4월 30일)와 B채무(원본 : 4천만원, 대여일 : 2021년 4월 1일, 이자 : 월 1%, 변제기 : 2021년 5월 31일)를 부담하고 있다. 이에 관한 설명으로 옳은 것을 모두 고른 것은?(다툼이 있으면 판례에 따름) 기출 22

> ㄱ. 甲은 2021년 6월 5일에 5천만원을 변제하면서 乙과의 합의로 B채무의 원본에 충당한 후 나머지는 A채무의 원본에 충당하는 것으로 정할 수 있다.
> ㄴ. 甲이 2021년 6월 5일에 5천만원을 변제하면서 법정충당이 이루어지는 경우, B채무에 보증인이 있다면 A채무의 변제에 먼저 충당된다.
> ㄷ. 甲이 2021년 5월 3일에 5천만원을 변제하면서 법정충당이 이루어지는 경우, B채무에 먼저 충당된다.
> ㄹ. 甲이 2021년 4월 28일에 5천만원을 변제하면서 법정충당이 이루어지는 경우, B채무에 먼저 충당된다.

① ㄱ, ㄴ
② ㄱ, ㄹ
③ ㄴ, ㄷ
④ ㄱ, ㄷ, ㄹ
⑤ ㄴ, ㄷ, ㄹ

05

변제에 관한 설명으로 옳지 않은 것을 모두 고른 것은?(다툼이 있으면 판례에 따름) 기출 24

> ㄱ. 미리 저당권의 등기에 그 대위를 부기하지 않은 피담보채무의 보증인은 저당물에 후순위 근저당권을 취득한 제3자에 대하여 채권자를 대위할 수 없다.
> ㄴ. 변제자가 주채무자인 경우 보증인이 있는 채무와 보증인이 없는 채무의 변제이익은 차이가 없다.
> ㄷ. 채무자로부터 담보부동산을 취득한 제3자와 물상보증인 상호 간에는 각 부동산의 가액에 비례하여 채권자를 대위할 수 있다.

① ㄱ
② ㄴ
③ ㄱ, ㄷ
④ ㄴ, ㄷ
⑤ ㄱ, ㄴ, ㄷ

해설 및 정답

04 ㄱ. (○) 채무자 甲이 채권자 乙에게 A채무(5천만원)와 B채무(4천만원)를 부담하고 있는데 甲이 변제제공한 5천만원은 채무 전부를 소멸시키기에 충분하지 아니하여 변제충당의 문제가 발생한다. 민법상 명문 규정은 없지만 합의에 의한 충당이 최우선적으로 적용되므로, 甲이 5천만원을 변제하면서 乙과의 합의로 B채무의 원본에 충당한 후 나머지는 A채무의 원본에 충당하는 것으로 정할 수 있다.

ㄴ. (×) 변제충당의 합의가 없고 지정충당도 없는 경우에는 민법 제477조에서 정한 법정충당에 의하게 된다. 甲이 2021년 6월 5일에 5천만원을 변제하면서 법정충당이 이루어지는 경우, A채무와 B채무는 이미 변제기가 도래하였고, B채무에 존재하는 보증인으로 인한 변제이익은 A채무와 차이가 없으나(대판 1985.3.12. 84다카2093), 이자발생으로 인한 변제이익(A채무 : 월 25만원, B채무 : 월 40만원)은 B채무가 더 많으므로 민법 제477조 제2호에 의하여 B채무의 변제에 먼저 충당된다.

ㄷ. (×) 甲이 2021년 5월 3일에 5천만원을 변제하면서 법정충당이 이루어지는 경우, A채무는 변제기에 도달하였으나 B채무는 그러하지 아니하므로 민법 제477조 제1호에 의하여 A채무의 변제에 먼저 충당된다.

ㄹ. (○) 甲이 2021년 4월 28일에 5천만원을 변제하면서 법정충당이 이루어지는 경우, A채무와 B채무는 모두 변제기에 도달하지 아니하였기 때문에 민법 제477조 제2호에 의하여 변제 이익이 많은 B채무의 변제에 먼저 충당된다.

정답 ❷

05 ㄱ. (×) 민법 제482조 제2항 제2호의 제3취득자에 후순위 근저당권자가 포함되지 않음에도 같은 항 제1호의 제3자에는 후순위 근저당권자가 포함된다고 하면, 후순위 근저당권자는 보증인에 대하여 항상 채권자를 대위할 수 있지만 보증인은 후순위 근저당권자에 대하여 채권자를 대위하기 위해서는 미리 대위의 부기등기를 하여야만 하므로 보증인보다 후순위 근저당권자를 더 보호하는 결과가 되는데, 이러한 결과는 법정대위자인 보증인과 후순위 근저당권자 간의 이해관계를 공평하고 합리적으로 조절하기 위한 민법 제482조 제2항 제1호와 제2호의 입법 취지에 부합하지 않을뿐더러 후순위 근저당권자는 통상 자신의 이익을 위하여 선순위 근저당권의 담보가치를 초과하는 담보가치만을 파악하여 담보권을 취득한 자에 불과하므로 변제자대위와 관련해서 후순위 근저당권자를 보증인보다 더 보호할 이유도 없다. 이러한 사정들과 민법 제482조 제2항 제1호와 제2호가 상호작용 하에 법정대위자 중 보증인과 제3취득자의 이해관계를 조절하는 규정인 점 등을 종합하여 보면, <u>보증인은 미리 저당권의 등기에 그 대위를 부기하지 않고서도 저당물에 후순위 근저당권을 취득한 제3자에 대하여 채권자를 대위할 수 있다고 할 것이므로 민법 제482조 제2항 제1호의 제3자에 후순위 근저당권자는 포함되지 않는다</u>(대판 2013.2.15. 2012다48855).

ㄴ. (○) 변제자가 주채무자인 경우, 보증인이 있는 채무와 보증인이 없는 채무 사이에는 변제이익의 점에서 차이가 없다고 보아야 하므로, 보증기간 중의 채무와 보증기간 종료 후의 채무 사이에서도 변제이익의 점에서 차이가 없다. 따라서 주채무자가 변제한 금원은 이행기가 먼저 도래한 채무부터 법이 정하는 바에 따라 변제충당을 하여야 한다(대판 2021.1.28. 2019다207141).

ㄷ. (×) 물상보증인이 채무를 변제하거나 담보권의 실행으로 소유권을 잃은 때에는 보증채무를 이행한 보증인과 마찬가지로 채무자로부터 담보부동산을 취득한 제3자에 대하여 구상권의 범위 내에서 출재한 전액에 관하여 채권자를 대위할 수 있는 반면, <u>채무자로부터 담보부동산을 취득한 제3자는 채무를 변제하거나 담보권의 실행으로 소유권을 잃더라도 물상보증인에 대하여 채권자를 대위할 수 없다고 보아야 한다. 만일 물상보증인의 지위를 보증인과 다르게 보아서 물상보증인과 채무자로부터 담보부동산을 취득한 제3자 상호 간에는 각 부동산의 가액에 비례하여 채권자를 대위할 수 있다고 한다면, 본래 채무자에 대하여 출재한 전액에 관하여 대위할 수 있었던 물상보증인은 채무자가 담보부동산의 소유권을 제3자에게 이전하였다는 우연한 사정으로 이제는 각 부동산의 가액에 비례하여서만 대위하게 되는 반면, 당초 채무 전액에 대한 담보권의 부담을 각오하고 채무자로부터 담보부동산을 취득한 제3자는 그 범위에서 뜻하지 않은 이득을 얻게 되어 부당하다</u>(대판 2014.12.18. 2011다50233[전합]).

> **변제자대위의 효과, 대위자간의 관계(민법 제482조)**
> ① 전2조의 규정에 의하여 채권자를 대위한 자는 자기의 권리에 의하여 구상할 수 있는 범위에서 채권 및 그 담보에 관한 권리를 행사할 수 있다.
> ② 전항의 권리행사는 다음 각 호의 규정에 의하여야 한다.
>   1. <u>보증인은 미리 전세권이나 저당권의 등기에 그 대위를 부기하지 아니하면 전세물이나 저당물에 권리를 취득한 제3자에 대하여 채권자를 대위하지 못한다.</u>
>   2. 제3취득자는 보증인에 대하여 채권자를 대위하지 못한다.
>   3. 제삼취득자 중의 1인은 각 부동산의 가액에 비례하여 다른 제삼취득자에 대하여 채권자를 대위한다.
>   4. 자기의 재산을 타인의 채무의 담보로 제공한 자가 수인인 경우에는 전호의 규정을 준용한다.
>   5. <u>자기의 재산을 타인의 채무의 담보로 제공한 자와 보증인 간에는 그 인원수에 비례하여 채권자를 대위한다. 그러나 자기의 재산을 타인의 채무의 담보로 제공한 자가 수인인 때에는 보증인의 부담부분을 제외하고 그 잔액에 대하여 각 재산의 가액에 비례하여 대위한다. 이 경우에 그 재산이 부동산인 때에는 제1호의 규정을 준용한다.</u>

정답 ❸

PART 3

채권각론

CHAPTER 01 계약총론

CHAPTER 02 계약각론

CHAPTER 03 법정채권관계

CHAPTER 01 계약총론

> **출제포인트**
> - 청약과 승낙·교차청약
> - 동시이행항변권·위험부담·제3자를 위한 계약
> - 해제계약·법정해제·약정해제·해지

제1절 서 설

I 계약의 의의

계약은 서로 대립하는 두 개 이상의 의사표시의 합치로 성립하는 법률행위로, 채권관계의 발생을 목적으로 한다.

II 계약의 종류

계약은 민법전에 규정되어 있는지 여부에 따라 전형계약과 비전형계약으로 구분할 수 있고, 당사자가 서로 대가적 의미의 채무를 부담하는지 여부에 따라 쌍무계약과 편무계약으로 구분할 수 있다. 대부분의 전형계약이 쌍무계약에 해당하나 증여, 사용대차, 현상광고는 편무계약에 해당한다. 기출 23 또한 대가적 의미를 가지는 재산상의 출연을 하는지 여부에 따라 유상계약과 무상계약으로 구분할 수 있다.

제2절 계약의 성립

I 계약성립요건

1. 계약의 특별성립요건
(1) 객관적 합치(내용의 합치)
(2) 주관적 합치(상대방의 일치)

> 계약이 의사의 불합치로 성립하지 아니한 경우 그로 인하여 손해를 입은 당사자가 상대방에게 부당이득반환청구 또는 불법행위로 인한 손해배상청구를 할 수 있는지는 별론으로 하고, 상대방이 계약이 성립되지 아니할 수 있다는 것을 알았거나 알 수 있었음을 이유로 민법 제535조를 유추적용하여 계약체결상의 과실로 인한 손해배상청구를 할 수는 없다(대판 2017.11.14. 2015다10929). 기출 24

2. 불합의의 구별개념

(1) 불합의
의식적 불합의이건 무의식적 불합의이건 구별 없이 계약은 성립하지 않는다.

(2) 숨은 불합의와 착오의 구별
당사자가 불합의를 모르고 있었던 경우인 숨은 불합의는 착오와 구별이 곤란하다. 다만, 의사표시의 합치는 계약의 성립요건이고, 착오는 계약의 성립을 전제로 한 계약의 유효요건의 문제이므로 숨은 불합의는 착오가 문제될 여지는 없다.

3. 의사의 합치의 정도
당해 계약의 내용을 이루는 모든 사항에 관하여 의사의 합치가 있어야 하는 것은 아니나 그 본질적 사항이나 중요사항에 관하여는 구체적으로 의사의 합치가 있거나 적어도 장래 구체적으로 특정할 수 있는 기준과 방법 등에 관한 합의는 있어야 한다(대판 2006.11.24. 2005다39594).

II 청약과 승낙에 의한 계약의 성립

1. 청 약

(1) 청약의 개념
① 청약은 승낙과 결합하여 일정한 계약을 성립시키는 것을 목적으로 하는 일방적·확정적 의사표시이다.
② 청약은 불특정다수인에 대한 것도 유효하다. 기출 16·22·24
③ 청약은 그에 대응하는 승낙만 있으면 곧 계약을 성립시키는 구체적·확정적 의사표시이다.

> 분양계약의 목적물인 아파트에 관한 외형·재질 등이 제대로 특정되지 아니한 상태에서 체결된 분양계약은 그 자체로서 완결된 것이라고 보기 어렵다 할 것이므로, 비록 분양광고의 내용, 모델하우스의 조건 또는 그 무렵 분양회사가 수분양자에게 행한 설명 등이 비록 청약의 유인에 불과하다 할지라도 그러한 광고 내용이나 조건 또는 설명 중 구체적 거래조건, 즉 아파트의 외형·재질 등에 관한 것으로서 사회통념에 비추어 수분양자가 분양자에게 계약 내용으로서 이행을 청구할 수 있다고 보이는 사항에 관한 한 수분양자들은 이를 신뢰하고 분양계약을 체결하는 것이고 분양자들도 이를 알고 있었다고 보아야 할 것이므로, 분양계약시에 달리 이의를 유보하였다는 등의 특단의 사정이 없는 한, 분양자와 수분양자 사이에 이를 분양계약의 내용으로 하기로 하는 묵시적 합의가 있었다고 봄이 상당하다(대판 2007.6.1. 2005다5812).
>
> 기출 24

(2) 청약의 효력

1) 청약의 효력발생시기
   ① 청약도 의사표시이므로, 의사표시의 효력발생시기에 관한 일반원칙(민법 제111조 제1항)에 따라 도달에 의하여 그 효력이 발생한다. 다만, 불특정인에 대한 청약에서는 불특정인이 요지할 수 있는 상태가 성립한 때에 도달이 있다고 할 수 있다.
   ② 청약의 발신 후 그 도달 전에 청약자가 사망하거나 행위능력을 상실하더라도 청약의 효력에는 영향이 없다(민법 제111조 제2항). 기출 20·22·23

2) 청약의 구속력(비철회성)
   ① **의의** : 청약이 상대방에게 도달하여 그 효력이 발생한 경우에는 청약자가 이를 마음대로 철회하지 못한다(민법 제527조)는 것을 의미한다. 기출 20·24·25
   ② **구속력의 존속기간** : 승낙기간을 정한 청약은 그 기간 중에는 철회하지 못하고(민법 제527조), 그 기간을 경과하면 청약은 효력(승낙적격)을 잃는다(민법 제528조 제1항). 기출 16·25
   ③ **구속력의 배제** : 민법 제527조는 임의규정이므로 청약자가 철회할 수 있음을 유보한 경우, 대화자 사이의 청약의 경우, 청약자가 즉시 승낙을 요구하는 경우, 불특정 다수인에 대한 청약의 경우에는 청약을 철회할 수 있다. 판례는 근로관계의 종료의 경우에도 구속력을 배제하고 있는데, 명예퇴직은 근로자가 명예퇴직의 신청(청약)을 하면 사용자가 요건을 심사한 후 이를 승인(승낙)함으로써 합의에 의하여 근로관계를 종료시키는 것으로, 명예퇴직의 신청은 근로계약에 대한 합의해지의 청약에 불과하여 이에 대한 사용자의 승낙이 있어 근로계약이 합의해지되기 전에는 근로자가 임의로 그 청약의 의사표시를 철회할 수 있다고(대판 2003.4.25. 2002다11458) 하고 있다. 기출 23

3) 청약의 실질적 효력(승낙적격, 청약의 존속기간)
   ① 청약을 받은 상대방은 승낙함으로써 곧 계약을 성립시킬 수 있다. 즉, 청약은 그에 대한 승낙만 있으면 바로 계약을 성립하게 하는 효력이 있는데, 이를 청약의 실질적 효력(승낙적격)이라고 한다.
   ② 승낙기간이 정하여진 청약의 경우 그 기간 내에 한하여 승낙할 수 있는데, 승낙은 승낙기간 내에 도달해야 한다(민법 제528조 제1항). 다만, 승낙의 통지가 기간 후에 도달한 경우에 보통 그 기간 내에 도달할 수 있는 발송인 때에는 청약자는 지체 없이 상대방에게 그 연착의 통지를 하여야 한다. 청약자가 통지를 하지 아니한 때에는 승낙의 통지는 연착되지 아니한 것으로 본다(민법 제528조). 기출 22·25
   ③ 승낙기간을 정하지 아니한 청약을 한 경우에는 청약자가 상당한 기간 내에 승낙의 통지를 받지 못한 때에는 효력을 잃는다(민법 제529조). 기출 15·16·23·24
   ④ 승낙기간을 경과하여 연착된 승낙은 청약자가 이를 새로운 청약으로 보고(민법 제530조), 이에 대해 승낙을 하면 계약은 성립한다. 기출 15

> 청약이 상시거래관계에 있는 자 사이에 그 영업부류에 속한 계약에 관하여 이루어진 것이어서 상법 제53조가 적용될 수 있는 경우가 아니라면, 청약의 상대방에게 청약을 받아들일 것인지 여부에 관하여 회답할 의무가 있는 것은 아니므로, 청약자가 미리 정한 기간 내에 이의를 하지 아니하면 승낙한 것으로 간주한다는 뜻을 청약시 표시하였다고 하더라도 이는 상대방을 구속하지 아니하고 그 기간은 경우에 따라 단지 승낙기간을 정하는 의미를 가질 수 있을 뿐이다(대판 1999.1.29. 98다48903).
> 기출 25

2. 승 낙

(1) 개 념

승낙은 청약의 상대방이 청약에 응하여 계약을 성립시킬 목적으로 청약자에 대하여 행하는 의사표시이다.

(2) 승낙의 상대방

승낙은 반드시 특정의 청약자에 대하여 해야 한다. 즉, 불특정·다수인에 대한 승낙은 불가능하다.

(3) 변경을 가한 승낙

승낙은 청약과 내용적으로 일치(객관적 합치)해야 하는데, 객관적으로 합치하지 아니한 승낙, 즉 청약에 조건을 부가하거나 청약의 내용을 변경하여 하는 응낙은 승낙이 될 수 없고 다만 청약을 거절하고 새로운 청약을 한 것을 본다(민법 제534조). 기출 25 판례도 같은 취지에서 매매계약 당사자 중 매도인이 매수인에게 매매계약의 합의해제를 청약하였다고 할지라도, 매수인이 그 청약에 대하여 조건을 붙이거나 변경을 가하여 승낙한 때에는 민법 제534조의 규정에 비추어 그 청약의 거절과 동시에 새로 청약한 것으로 보게 되는 것이고, 그로 인하여 종전의 매도인의 청약은 실효된다고(대판 2009.2.12. 2008다71926) 판시하고 있다. 기출 23 청약의 양적 일부에만 승낙한 경우에도 새로운 청약이 된다(민법 제534조). 기출 20

(4) 연착된 승낙

새로운 청약이 된다(민법 제530조).

(5) 승낙의 방법

원칙적으로 자유이고 그에 대한 특별한 제한이 없다.

III 기타의 방법에 의한 계약의 성립

1. 의사실현에 의한 계약의 성립

> **의사실현에 의한 계약성립(민법 제532조)**
> 청약자의 의사표시나 관습에 의하여 승낙의 통지가 필요하지 아니한 경우에는 계약은 승낙의 의사표시로 인정되는 사실이 있는 때에 성립한다. 기출 22

2. 교차청약에 의한 계약의 성립

> **교차청약(민법 제533조)**
> 당사자 간에 동일한 내용의 청약이 상호교차된 경우에는 양청약이 상대방에게 도달한 때에 계약이 성립한다.
> 기출 14·15·16·22

Ⅳ 계약체결상 과실책임

1. 의 의
계약체결을 위한 준비과정이나 계약의 성립과정에서 당사자 일방이 유책적으로 상대방의 손해를 야기한 경우에, 이를 배상해야 할 책임을 계약체결상의 과실책임이라 한다.

2. 원시적 불능으로 인한 계약체결상의 과실책임

(1) 의 의

민법 제535조는 계약의 목적이 원시적 불능으로 무효인 경우 그 불능을 알았거나 알 수 있었던 자에게 상대방이 입은 손해를 배상할 책임을 규정하고 있다.

(2) 요 건 기출 24

1) 원시적 불능으로 무효일 것

계약의 내용이 된 채무를 이행하는 것이 계약 당시부터 이미 사실상·법률상 불가능한 상태였다면 그 계약은 원시적으로 불능이어서 무효이다. 채무의 이행이 불가능하다는 것은 절대적·물리적으로 불가능한 경우만이 아니라 사회생활상 경험칙이나 거래상의 관념에 비추어 볼 때 채권자가 채무자의 이행 실현을 기대할 수 없는 경우도 포함한다(대판 2020.12.10. 2019다201785). 판례는 부동산매매계약에 있어서 실제면적이 계약면적에 미달하는 경우에는 그 매매가 수량지정매매에 해당할 때에 한하여 대금감액청구권을 행사함은 별론으로 하고, 그 매매계약이 그 미달 부분만큼 일부 무효임을 들어 이와 별도로 일반 부당이득반환청구를 하거나 그 부분의 원시적 불능을 이유로 계약체결상의 과실에 따른 책임의 이행을 구할 수 없다고(대판 2002.4.9. 99다47396) 하여, 계약이 원시적·전부불능일 때에만 민법 제535조가 적용된다고 한다. 기출 21

2) 배상자 측 요건

원시적 불능이라는 사실에 대해 알았거나 알 수 있었어야 한다.

3) 상대방 측 요건

상대방은 불능의 원인에 대해 선의, 무과실이어야 한다. 기출 25

(3) 효 과

1) 손해배상청구권

계약의 유효를 믿었음으로 인하여 받은 손해를 배상하여야 하고, 그 배상액은 계약이 유효함으로 인하여 생길 이익액을 넘지 못한다.

2) 입증책임 및 이행보조자 책임의 문제

다수설(계약책임설)에 의하면 가해자가 자신에게 귀책사유가 없음을 입증해야 하며, 이행보조자에 대해서는 민법 제391조가 적용된다.

출처 | 박기현·김종원, 「핵심정리 민법」, 메티스, 2014, p.1325~1339

3. 관련 판례

[1] 어느 일방이 교섭단계에서 계약이 확실하게 체결되리라는 정당한 기대 내지 신뢰를 부여하여 상대방이 그 신뢰에 따라 행동하였음에도 상당한 이유 없이 계약의 체결을 거부하여 손해를 입혔다면 이는 신의성실의 원칙에 비추어 볼 때 계약자유원칙의 한계를 넘는 위법한 행위로서 불법행위를 구성한다.

[2] 계약교섭의 부당한 중도파기가 불법행위를 구성하는 경우 그러한 불법행위로 인한 손해는 일방이 신의에 반하여 상당한 이유 없이 계약교섭을 파기함으로써 계약체결을 신뢰한 상대방이 입게 된 상당인과관계 있는 손해로서 계약이 유효하게 체결된다고 믿었던 것에 의하여 입었던 손해 즉 신뢰손해에 한정된다고 할 것이고, 이러한 신뢰손해란 예컨대, 그 계약의 성립을 기대하고 지출한 계약준비비용과 같이 그러한 신뢰가 없었더라면 통상 지출하지 아니하였을 비용상당의 손해라고 할 것이며, 아직 계약체결에 관한 확고한 신뢰가 부여되기 이전 상태에서 계약교섭의 당사자가 계약체결이 좌절되더라도 어쩔 수 없다고 생각하고 지출한 비용, 예컨대 경쟁입찰에 참가하기 위하여 지출한 제안서, 견적서 작성비용 등은 여기에 포함되지 아니한다.

[3] 침해행위와 피해법익의 유형에 따라서는 계약교섭의 파기로 인한 불법행위가 인격적 법익을 침해함으로써 상대방에게 정신적 고통을 초래하였다고 인정되는 경우라면 그러한 정신적 고통에 대한 손해에 대하여는 별도로 배상을 구할 수 있다(대판 2003.4.11. 2001다53059). 기출 24

제3절 계약의 효력

I 서 설

계약이 성립하면 권리장애사실이 존재하지 않는 한 즉시 그 효력이 발생하여 당사자들을 구속한다. 즉 당사자들에 의하여 행하여진 합의가 법률에 갈음하여 당사자들을 구속한다.13) 이러한 계약의 구속력은 당사자의 법률상 지위를 승계한 자에게도 미친다고 보아야 한다. 쌍무계약에는 채무의 견련성이 나타나므로 성립요건과 효력발생요건을 갖춘 두 개의 채무는 서로 대가적 의의를 가지고 성립상·이행상·존속상의 견련관계가 인정되고 있다.

II 동시이행의 항변권

1. 의 의

동시이행의 항변권은 쌍무계약에 있어서의 이행상의 견련관계를 인정하기 위한 제도로, 쌍무계약당사자의 일방이 상대방이 그 채무의 이행을 제공할 때까지 자기의 채무의 이행을 거절할 수 있는 항변권을 의미한다(민법 제536조). 그 법적 성질이 다투어지고 있으나, 쌍무계약에서의 각 채무자가 거절할 수 있는 권능(항변권설)이라고 이해하는 것이 다수설의 태도이다. 동시이행항변권 규정은 임의규정이므로, 쌍방의 채무가 쌍무계약이 아니라 별개의 계약에 의한 것이라도 동시이행의 특약이 있는 경우에는 동시이행의 항변권이 인정되는 반면(대판 1990.4.13. 89다카23794), 쌍무계약에 의한 것이라도 동시이행의 항변권을 배제할 수도 있다.

---

13) 판례는 계약의 구속력과 관련하여 하나의 법률관계를 둘러싸고 각기 다른 내용을 정한 여러 개의 계약서가 순차로 작성되어 있는 경우 당사자가 그러한 계약서에 따른 법률관계나 우열관계를 명확하게 정하고 있다면 그와 같은 내용대로 효력이 발생하나, 여러 개의 계약서에 따른 법률관계 등이 명확히 정해져 있지 않다면 각각의 계약서에 정해져 있는 내용 중 서로 양립할 수 없는 부분에 관해서는 원칙적으로 나중에 작성된 계약서에서 정한 대로 계약 내용이 변경되었다고 해석하는 것이 합리적이라고 본다(대판 2020.12.30. 2017다17603).

2. 요 건

(1) 당사자 쌍방이 서로 대가적 의미 있는 채무를 부담하고 있을 것

1) 동일한 계약상의 의무

① 동시이행은 동일한 쌍무계약에서 발생한 의무에서 인정되고, 본래의 계약상의 의무가 아니라 별도의 특약에 의한 의무는 원칙적으로 동시이행의 항변권이 인정되지 아니한다. 다만 하나의 계약에서 특약한 것을 함께 이행할 필요가 있는 경우에는 동시이행관계가 인정된다. 예를 들어 부동산 매매계약에 있어 매수인이 부가가치세를 부담하기로 약정한 경우, 부가가치세를 매매대금과 별도로 지급하기로 했다는 등의 특별한 사정이 없는 한 부가가치세를 포함한 매매대금 전부와 부동산의 소유권이전등기의무가 동시이행의 관계에 있다고 하여야 한다(대판 2006.2.24. 2005다58656).

> **임차인의 목적물반환의무와 임대인의 목적물을 사용수익하게 할 의무불이행에 대하여 손해배상하기로 한 약정에 따른 의무와 사이의 이행상 견련관계 유무(소극)**
> 임대차계약 해제에 따른 임차인의 임대차계약의 이행으로 이루어진 목적물 인도의 원상회복의무와 임대인이 임차인에게 건물을 사용수익하게 할 의무를 불이행한 데 대하여 손해배상을 하기로 한 각서에 기하여 발생된 약정지연손해배상의무는 하나의 임대차계약에서 이루어진 계약이행의 원상회복관계에 있지 않고 그 발생원인을 달리하고 있어 특별한 사정이 없는 한 양자 사이에 이행상의 견련관계는 없으므로 임차인의 동시이행의 항변은 배척되어야 한다(대판 1990.12.26. 90다카25383).
>
> **도급인의 지체상금채권과 수급인의 공사대금채권이 동시이행 관계에 있는지 여부(원칙적 소극)**
> 공사도급계약상 도급인의 지체상금채권과 수급인의 공사대금채권은 특별한 사정이 없는 한 동시이행의 관계에 있다고 할 수 없다(대판 2015.8.27. 2013다81224).

② 서로 이행의 상대방을 달리 하는 경우에는 동시이행의 항변권이 인정되지 아니한다. 판례는 근저당권 실행을 위한 경매가 무효로 되어 채권자(= 근저당권자)가 채무자를 대위하여 낙찰자에 대한 소유권이전등기 말소청구권을 행사하는 경우, 낙찰자가 부담하는 소유권이전등기 말소의무는 채무자에 대한 것인 반면, 낙찰자의 배당금 반환청구권은 실제 배당금을 수령한 채권자(= 근저당권자)에 대한 채권인바, 채권자(= 근저당권자)가 낙찰자에 대하여 부담하는 배당금 반환채무와 낙찰자가 채무자에 대하여 부담하는 소유권이전등기 말소의무는 서로 이행의 상대방을 달리하는 것으로서, 채권자(= 근저당권자)의 배당금 반환채무가 동시이행의 항변권이 부착된 채 채무자로부터 승계된 채무도 아니므로, 위 두 채무는 동시에 이행되어야 할 관계에 있지 아니하다고 판시하고 있다(대판 2006.9.22. 2006다24049).

2) 대가적인 의미가 있을 것(상환성)

① 쌍무계약에서 서로 대가관계에 있는 당사자 쌍방의 의무는 원칙적으로 동시이행의 관계에 있고, 나아가 하나의 계약으로 둘 이상의 민법상의 전형계약을 포괄하는 내용의 계약을 체결한 경우에 당사자 일방의 여러 의무가 포괄하여 상대방의 여러 의무와 대가관계에 있다고 인정되면, 이러한 당사자 일방의 여러 의무와 상대방의 여러 의무는 동시이행의 관계에 있다(대판 2011.2.10. 2010다77385). 따라서 쌍방이 채무를 부담하더라도 그 채무가 서로 대가적 의미를 가지지 않거나 서로 다른 법률상의 원인에 의해 발생한 경우에는 원칙적으로 동시이행항변권이 인정되지 않는다(대판 1989.2.14. 88다카10753). 그러나 당사자가 부담하는 각 채무가 쌍무계약에 있어 고유의 대가관계가 있는 채무가 아니라고 하더라도 구체적인 계약관계에서 각 당사자가 부담하는 채무에 관한 약정내용에 따라 그것이 대가적 의미가 있어 이행상의 견련관계를 인정하여야 할 사정이 있는 경우에는 동시이행의 항변권을 인정할 수 있을 것이다(대판 1992.8.18. 91다30927).

② 상환성은 주된 급부의무 상호 간에만 인정되고, 부수적 의무의 경우에는 당사자가 특별히 그 부수의무의 이행을 반대급부의 조건으로 삼은 경우나 그 부수의무의 이행이 상대방에게 중요한 의의가 있는 경우에는 동시이행의 항변권이 인정된다(대판 1976.10.12. 73다584).

3) 동일성의 유지

① 본래의 채무의 내용이 바뀌어 손해배상채무가 되더라도 채무의 동일성은 있으므로 항변권은 소멸하지 않는다(대판 2000.2.25. 97다30066). 기출 24

> 공사도급계약의 도급인이 자신 소유의 토지에 근저당권을 설정하여 수급인으로 하여금 공사에 필요한 자금을 대출받도록 한 경우, 수급인의 근저당권 말소의무는 도급인의 공사대금채무와 이행상 견련관계가 인정되어 서로 동시이행관계에 있고, 나아가 도급인이 대출금 등을 대위변제함으로써 수급인이 지게 된 구상금채무도 근저당권 말소의무의 변형물로서 도급인의 공사대금채무와 동시이행관계에 있다(대판 2010.3.25. 2007다35152).

② 채무불이행으로 인한 손해배상채권은 본래의 채권과 동일성을 가진다.

> 채무불이행으로 인한 손해배상채권은 본래의 채권이 확장된 것이거나 본래의 채권의 내용이 변경된 것이므로 본래의 채권과 동일성을 가진다. 따라서 본래의 채권이 시효로 소멸한 때에는 손해배상채권도 함께 소멸한다(대판 2018.2.28. 2016다45779).

(2) 상대방의 채무가 변제기에 있을 것

1) 원 칙

법률의 규정 또는 특약에 의하여 일방이 선이행의무를 지는 때에는 선이행의무자는 항변권을 가지지 않는다(민법 제536조 제1항 단서). 따라서 금전채권의 채무자가 채권자에게 담보를 제공한 경우 특별한 사정이 없는 한 채권자는 채무자로부터 채무를 모두 변제받은 다음 담보를 반환하면 될 뿐 채무자의 변제의무와 채권자의 담보반환의무가 동시이행관계에 있다고 볼 수 없다. 따라서 채권자가 채무자로부터 제공받은 담보를 반환하기 전에도 특별한 사정이 없는 한 채무자는 이행지체 책임을 진다(대판 2019.10.31. 2019다247651).

2) 예 외

① 선이행의무의 이행지체 중 상대방의 채무의 이행기가 도래한 경우 : 쌍방의 채무가 변제기를 같이 할 필요는 없으며, 항변권을 행사할 때에 상대방의 채무의 변제기가 도래되어 있으면 되므로 선이행의 의무를 지는 자가 이행하지 않고 있는 동안에 상대방의 채무가 이행기에 달한 경우, 상대방의 청구에 대하여 선이행의무자도 동시이행의 항변을 행사할 수 있다(통설·판례).

> **부동산매수인이 중도금을 지급하지 않고 있던 중 매도인의 그 소유권이전등기서류의 제공이 없이 잔대금지급기일이 도과된 경우에 매수인의 중도금의 미지급에 대한 지체책임의 발생여부(소극)**
> 매수인이 선이행의무 있는 중도금을 이행하지 않았다 하더라도 계약이 해제되지 않은 상태에서 잔대금지급기일이 도래하여 그때까지 중도금과 잔대금이 지급되지 아니하고 잔대금과 동시이행관계에 있는 매도인의 소유권이전등기 소요 서류가 제공된 바 없이 그 기일이 도과하였다면 매수인의 위 중도금 및 잔대금의 지급과 매도인의 소유권이전등기 소요 서류의 제공은 동시이행관계에 있다 할 것이어서 그때부터는 매수인은 위 중도금을 지급하지 아니한 데 대한 이행지체의 책임을 지지 아니한다(대판 1988.9.27. 87다카1029). 기출 24·25

> **선이행해야 할 중도금 지급의무가 계약상의 잔금지급기일을 도과한 경우, 매수인의 중도금 지급의무와 매도인의 소유권이전등기서류 제공의무가 동시이행의 관계에 있다고 볼 수 없는 특별한 사정이 있다고 한 사례**
> 매도인이 매수인으로부터 중도금을 지급받아 원매도인에게 매매잔대금을 지급하지 아니하고서는 토지의 소유권이전등기서류를 갖추어 매수인에게 제공하기 어려운 특별한 사정이 있었고, 매수인도 그러한 사정을 알고 매매계약을 체결하였던 경우, 매도인의 소유권이전등기절차 서류의 제공의무는 매수인의 중도금 지급이 선이행되었을 때에 매수인의 잔대금의 지급과 동시에 이를 이행하기로 약정한 것이라고 할 것이므로, 매수인의 중도금 지급의무는 당초 계약상의 잔금지급기일을 도과하였다고 하여도 매도인의 소유권이전등기서류의 제공과 동시이행의 관계에 있다고 할 수 없다(대판 1997.4.11. 96다31109).

② **불안의 항변권** : 당사자 일방이 선이행의무를 지고 있는 경우라도 상대방의 재산상태의 악화 등으로 상대방이 부담하는 의무의 이행이 곤란할 현저한 사유가 있는 때에는, 상대방의 채무의 변제기가 도래하기 전에도 동시이행의 항변권을 가진다(민법 제536조 제2항).

> **아파트 수분양자가 자신을 아파트에 입주시켜 주어야 할 아파트 분양회사의 의무보다 선이행하여야 하는 중도금 지급의무의 이행을 아파트 분양회사의 신용불안 등을 이유로 거절할 수 있는지 여부(적극)**
> 아파트 수분양자의 중도금 지급의무는 아파트를 분양한 건설회사가 수분양자를 아파트에 입주시켜 주어야 할 의무보다 선이행하여야 하는 의무이나, 건설회사의 신용불안이나 재산상태의 악화 등은 민법 제536조 제2항의 건설회사의 의무이행이 곤란할 현저한 사유가 있는 때 또는 민법 제588조의 매매의 목적물에 대하여 권리를 주장하는 자가 있는 경우에 매수인이 매수한 권리의 전부나 일부를 잃을 염려가 있는 때에 해당하여, 아파트 수분양자는 건설회사가 그 의무이행을 제공하거나 매수한 권리를 잃을 염려가 없어질 때까지 자기의 의무이행을 거절할 수 있고, 수분양자에게는 이러한 거절권능의 존재 자체로 인하여 이행지체 책임이 발생하지 않으므로, 수분양자가 건설회사에 중도금을 지급하지 아니하였다고 하더라도 그 지체책임을 지지 않는다(대판 2006.10.26. 2004다24106).
>
> **민법 제536조 제2항에서 정한 '상대방의 이행이 곤란할 현저한 사유'의 의미 및 그 판단 기준**
> 민법 제536조 제2항은 쌍무계약의 당사자 일방이 상대방에게 먼저 이행을 하여야 하는 의무를 지고 있는 경우에도 "상대방의 이행이 곤란할 현저한 사유가 있는 때"에는 동시이행의 항변권을 가진다고 하여, 이른바 '불안의 항변권'을 규정한다. 여기서 '상대방의 이행이 곤란할 현저한 사유'란 선이행채무를 지게 된 채무자가 계약성립 후 채권자의 신용불안이나 재산상태의 악화 등의 사정으로 반대급부를 이행받을 수 없는 사정변경이 생기고 이로 인하여 당초의 계약내용에 따른 선이행의무를 이행하게 하는 것이 공평과 신의칙에 반하게 되는 경우를 말하고, 이와 같은 사유가 있는지 여부는 당사자 쌍방의 사정을 종합하여 판단되어야 한다. 한편 위와 같은 불안의 항변권을 발생시키는 사유에 관하여 신용불안이나 재산상태 악화와 같이 채권자 측에 발생한 객관적·일반적 사정만이 이에 해당한다고 제한적으로 해석할 이유는 없다(대판 2012.3.29. 2011다93025).

(3) 상대방이 자기의 채무의 이행 또는 그 제공을 하지 않고서 이행을 청구할 것

상대방이 채무의 내용에 좇은 이행을 한 경우 채무의 대립상태는 소멸하고 동시이행의 문제는 발생하지 아니한다. 또한 상대방이 채무의 내용에 좇은 이행의 제공을 한 경우에도 동시이행의 항변권은 인정되지 아니한다. 문제가 되는 것은 다음과 같은 경우이다.

① 상대방이 일부의 이행이나 불완전한 이행을 한 경우에는, 청구를 받은 채무가 가분적이면 원칙적으로 불이행 또는 불완전한 부분에 상당하는 만큼의 채무의 이행을 거절할 수 있다.
② 불이행 또는 불완전한 부분이 경미한 것이면 일부에 관한 항변권은 없고, 반대로 중요한 것이면 전부에 대한 항변권이 성립한다.
③ 청구를 받은 채무가 불가분인 때에는 불이행 또는 불완전한 부분의 중요성에 따라서 전부에 관한 항변권이 성립하느냐 않느냐가 결정된다. 중요성의 판단은 계약의 취지나 신의칙에 의하여 결정된다.

> **부동산매매계약에서 매수인의 소유권이전등기청구에 대하여 매도인이 잔대금 지급의 동시이행항변을 한 경우, 잔대금 지급 또는 이행제공 여부에 관한 증명책임의 소재(= 매수인)**
> 부동산매매계약에 있어서 특별한 사정이 없는 한 매수인의 잔대금지급의무와 매도인의 소유권이전등기 이행의무는 동시이행관계에 있고, 매수인의 소유권이전등기청구에 대하여 매도인이 잔대금 지급의 동시이행항변을 한 경우 매수인이 그 항변을 배제하려면 잔대금을 지급하였거나 이행의 제공을 하였음을 입증하여야 한다(대판 2013.4.11. 2012다65294).
>
> **임차인이 임차목적물에서 퇴거하기는 하였으나 그 사실을 임대인에게 통지하지 아니 한 경우, 임차목적물의 명도의 이행제공이 있었다고 볼 수 있는지 여부(소극)**
> 임차인의 임차목적물 명도의무와 임대인의 보증금 반환의무는 동시이행의 관계에 있다 하겠으므로, 임대인의 동시이행의 항변권을 소멸시키고 임대보증금 반환 지체책임을 인정하기 위해서는 임차인이 임대인에게 임차목적물의 명도의 이행제공을 하여야만 한다 할 것이고, 임차인이 임차목적물에서 퇴거하면서 그 사실을 임대인에게 알리지 아니한 경우에는 임차목적물의 명도의 이행제공이 있었다고 볼 수는 없다(대판 2002.2.26. 2001다77697).

> 임차인이 사소한 원상회복의무를 이행하지 아니한 채 건물의 명도 이행을 제공한 경우, 임대인이 이를 이유로 거액의 임대차보증금 전액의 반환을 거부하는 동시이행의 항변권을 행사할 수 있는지 여부(소극)
> 동시이행의 항변권은 근본적으로 공평의 관념에 따라 인정되는 것인데, 임차인이 불이행한 원상회복의무가 사소한 부분이고 그로 인한 손해배상액 역시 근소한 금액인 경우에까지 임대인이 그를 이유로, 임차인이 그 원상회복의무를 이행할 때까지, 혹은 임대인이 현실로 목적물의 명도를 받을 때까지 원상회복의무 불이행으로 인한 손해배상액 부분을 넘어서서 거액의 잔존 임대차보증금 전액에 대하여 그 반환을 거부할 수 있다고 하는 것은 오히려 공평의 관념에 반하는 것이 되어 부당하고, 그와 같은 임대인의 동시이행의 항변은 신의칙에 반하는 것이 되어 허용할 수 없다(대판 1999.11.12. 99다34697).

(4) 수령지체와 동시이행의 항변권

1) 수령지체자의 동시이행의 항변권
쌍무계약의 당사자 일방이 먼저 한 번 현실의 제공을 하고, 상대방을 수령지체에 빠지게 하였다 하더라도 그 이행의 제공이 계속되지 않는 경우는 과거에 이행의 제공이 있었다는 사실만으로 상대방이 가지는 동시이행의 항변권이 소멸하지 아니한다(대판 1993.8.24. 92다56490).

2) 동시이행의 항변권과 지체책임의 부담

① **이행제공의 방법**: 쌍무계약의 당사자 일방이 먼저 한 번 현실의 제공을 하고, 상대방을 수령지체에 빠지게 하였다고 하더라도 그 이행의 제공이 계속되지 않는 경우는 과거에 이행의 제공이 있었다는 사실만으로 상대방이 가지는 동시이행의 항변권이 소멸하는 것은 아니므로, 일시적으로 당사자 일방의 의무의 이행 제공이 있었으나 곧 그 이행의 제공이 중지되어 더 이상 그 제공이 계속되지 아니하는 기간 동안에는 상대방의 의무가 이행지체 상태에 빠졌다고 할 수는 없다고 할 것이고, 따라서 그 이행의 제공이 중지된 이후에 상대방의 의무가 이행지체되었음을 전제로 하는 손해배상청구도 할 수 없다(계속적 이행제공설)(대판 1995.3.14. 94다26646).[14]

② **이행제공의 정도**: 판례는 쌍무계약에 있어서 당사자의 채무에 관하여 이행의 제공을 엄격하게 요구하면 불성실한 상대당사자에게 구실을 주게 될 수도 있으므로 당사자가 하여야 할 제공의 정도는 그의 시기와 구체적인 상황에 따라 신의 성실의 원칙에 어긋나지 않게 합리적으로 정하여야 하는 것이며, 부동산매매계약에서 매도인의 소유권이전등기절차이행채무와 매수인의 매매잔대금 지급채무가 동시이행관계에 있는 한 쌍방이 이행을 제공하지 않는 상태에서는 이행지체로 되는 일이 없을 것인바, 매도인이 매수인을 이행지체로 되게 하기 위하여는 소유권이전등기에 필요한 서류 등을 현실적으로 제공하거나 그렇지 않더라도 이행장소에 그 서류 등을 준비하여 두고 매수인에게 그 뜻을 통지하고 수령하여 갈 것을 최고하면 되는 것이어서, 특별한 사정이 없으면 이행장소로 정한 법무사 사무실에 그 서류 등을 계속 보관시키면서 언제든지 잔대금과 상환으로 그 서류들을 수령할 수 있음을 통지하고 신의칙상 요구되는 상당한 시간 간격을 두고 거듭 수령을 최고[구두제공의 의미(註)]하면 이행의 제공을 다한 것이 되고 그러한 상태가 계속된 기간 동안은 매수인이 이행지체로 된다고 한다(대판 2001.5.8. 2001다6053).

---

14) 다만, 판례는 계속적 이행의 제공이 없더라도 지연배상을 청구할 수 있는 경우로 몇 가지를 들고 있다. ① 도급인의 보수채무의 이행지체를 이유로 한 지연배상을 구하는 사례(대판 2002.10.25. 2002다43370), ② 임차인의 목적물반환채무의 이행지체를 원인으로 한 지연배상을 구하는 사례(대판 1998.5.29. 98다6497)가 그것인데, 이 경우 채권자의 반대급부(수급인의 목적물반환의무, 임대인의 보증금반환의무)의 변제 또는 변제제공이 있으면 그것으로 충분하고 이행제공의 계속을 요하지 아니한다고 판시하고 있다.

3) 이행지체로 인한 해제권의 행사(해제권 행사요건으로서의 이행제공의 정도)

쌍무계약의 일방 당사자가 이행기에 한번 이행제공을 하여서 상대방을 이행지체에 빠지게 한 경우, 신의성실의 원칙상 이행을 최고하는 일방 당사자로서는 그 채무이행의 제공을 계속할 필요는 없다 하더라도 상대방이 최고기간 내에 이행 또는 이행제공을 하면 계약해제권은 소멸되므로 상대방의 이행을 수령하고 자신의 채무를 이행할 수 있는 정도의 준비가 되어 있으면 된다(대판 1996.11.26. 96다35590).

3. 효 과

(1) 존재의 효과

1) 당연효(이행지체의 불성립)

이행지체저지효는 항변권의 존재만으로 당연히 생긴다(통설·판례). 기출 21·24 그 결과 이행지체를 전제로 한 손해배상책임이나 해제권 등은 발생하지 아니한다. 이와 같은 효과는 이행지체책임이 없다고 주장하는 자가 반드시 동시이행의 항변권을 행사하여야만 발생하는 것이 아니며, 존재자체만으로도 발생한다(대판 1999.7.9. 98다13754). 한편 주의할 것은 판례는 원인채무의 이행의무와 어음의 반환의무 사이에 동시이행관계를 인정하지만, 이는 이중지급의 위험을 피하기 위한 것이므로 당연효가 인정되지 않으며, 원인채무의 이행기를 도과하면 원칙적으로 이행지체가 성립하되, 채무자가 동시이행의 항변권을 행사하여 이행을 거절하는 경우에만 지체책임을 면한다는 점이다.

> **원인채무 이행의무와 어음반환의무 간의 동시이행관계 인정 여부**
> - 채무자가 어음의 반환이 없음을 이유로 원인채무의 변제를 거절할 수 있는 권능을 가진다고 하여 채권자가 어음의 반환을 제공하지 아니하면 채무자에게 적법한 이행의 최고를 할 수 없다고 할 수는 없고, 채무자는 원인채무의 이행기를 도과하면 <u>원칙적으로 이행지체의 책임을 진다</u>(대판 1999.7.9. 98다47542).
> - 기존의 원인채권과 어음채권이 병존하는 경우에 채권자가 원인채권을 행사함에 있어서 채무자는 원칙적으로 어음과 상환으로 지급하겠다고 하는 항변으로 채권자에게 대항할 수 있다. 그러나 채무자가 어음의 반환이 없음을 이유로 원인채무의 변제를 거절할 수 있는 것은 채무자로 하여금 무조건적인 원인채무의 이행으로 인한 이중지급의 위험을 면하게 하려는 데 그 목적이 있고, 기존의 원인채권에 터잡은 이행청구권과 상대방의 어음반환청구권 사이에 민법 제536조에 정하는 쌍무계약상의 채권채무관계나 그와 유사한 대가관계가 있기 때문은 아니다. 따라서 <u>어음상 권리가 시효완성으로 소멸하여 채무자에게 이중지급의 위험이 없고 채무자가 다른 어음상 채무자에 대하여 권리를 행사할 수도 없는 경우에는 채권자의 원인채권 행사에 대하여 채무자에게 어음상환의 동시이행항변을 인정할 필요가 없으므로 결국 채무자의 동시이행항변권은 부인된다</u>(대판 2010.7.29. 2009다69692).

2) 상계금지효

원칙적으로 동시이행항변권이 붙은 채권은 이를 자동채권으로 상계하지 못한다. 다만, 판례는 상계의 대상이 될 수 있는 자동채권과 수동채권이 동시이행관계에 있다고 하더라도 서로 현실적으로 이행하여야 할 필요가 없는 경우라면 상계로 인한 불이익이 발생할 우려가 없고 오히려 상계를 허용하는 것이 동시이행관계에 있는 채권·채무 관계를 간명하게 해소할 수 있으므로 특별한 사정이 없는 한 상계가 허용된다고 한다(대판 2006.7.28. 2004다54633). 기출 21

(2) 행사의 효과

1) 이행거절권능

동시이행의 항변권은 상대방이 채무를 이행하거나 이행의 제공을 할 때까지 자기채무의 이행을 거절할 수 있는 것을 그 내용으로 한다. 소송상의 항변에 해당하기 때문에 변론주의의 원칙상 소송에서 이를 주장하여야 그 효력이 발생한다(변론주의의 사실의 주장책임). 따라서 법원은 매도인의 동시이행의 항변이 있는 때에 비로소 대금지급 사실의 유무를 심리할 수 있는 것이며, 당사자가 이를 항변하지 아니한 경우에 법원이 직권으로 이를 고려할 수는 없다(대판 1990.11.27. 90다카25222). 상대방으로부터 동시이행의 항변권의 주장이 없는 한 상대방의 청구권은 그대로 효력을 발생하며(상대방이 채무의 이행 또는 이행의 제공이 없더라도), 법원은 이 항변권의 존재를 고려할 필요 없이 상대방의 청구를 인용하여야 한다.

2) 소송상의 효력

채권자가 채무이행을 소구하면 채권자의 패소로 되는 것이 아니라 '피고는 원고로부터 그 채무의 이행을 받음과 동시에 자기의 채무를 이행하라.'는 취지의 판결을 받게 된다(상환이행판결). 그리고 이 판결에 의하여 강제집행을 할 경우 원고의 반대급부 이행 또는 이행제공은 집행문 부여의 요건이 아니라 집행개시의 요건임을 유의하여야 한다(집행개시의 요건)(민사집행법 제41조).

4. 동시이행항변권이 인정되는 사례 기출 13·17

(1) 민법상 명문규정이 있는 경우

계약해제로 인한 원상회복의무의 이행(민법 제549조), 매도인의 담보책임(민법 제583조), 도급에서 완성된 목적물에 하자가 있는 경우에 손해배상을 할 수급인의 의무와 도급인의 보수지급의무(민법 제667조 제3항), 종신정기금계약의 해제에 따른 쌍방의 채무(민법 제728조) 등

(2) 판례가 인정하는 경우 기출 23

임차인의 목적물반환의무와 임대인의 보증금반환의무, 변제와 영수증의 교부, 계약이 무효·취소된 경우의 반환의무, 채무의 변제와 그 채무이행 확보를 위해 교부한 어음·수표의 반환, 매도인의 소유권이전등기의무 및 인도의무와 매수인의 잔대금지급의무 등

> **동시이행항변권이 인정되지 아니하는 사례**
> - 채무자가 채무 전부를 변제한 때에는 채권자에게 채권증서의 반환을 청구할 수 있으며, 제3자가 변제를 하는 경우에는 제3자도 채권증서의 반환을 구할 수 있으나, 이러한 채권증서 반환청구권은 채권 전부를 변제한 경우에 인정되는 것이고, 영수증 교부의무와 달리 변제와 동시이행관계에 있지 않다(대판 2005.8.19. 2003다22042). 기출 13
> - 공사도급계약상 도급인의 지체상금채권과 수급인의 공사대금채권은 특별한 사정이 없는 한 동시이행의 관계에 있다고 할 수 없다(대판 2015.8.27. 2013다81224). 기출 21
> - 매도인의 토지거래허가 신청절차 협력의무와 매수인의 매매대금 또는 약정에 따른 양도소득세 상당의 금원 지급의무가 동시이행의 관계에 있는 것은 아니다(대판 1996.10.25. 96다23825). 기출 23
> - 매매대금채권의 일부가 양도되어 그 양수인이 대금을 수령한 후 매매계약이 해제된 경우, 그 양수인의 대금반환의무는 매수인의 목적물반환의무와 동시이행의 관계에 있지 아니하다(대판 2003.1.24. 2000다22850).
> - 부동산에 관한 매매계약을 체결한 후 매수인 앞으로 소유권이전등기를 마치기 전에 매수인으로부터 그 부동산을 다시 매수한 제3자의 처분금지가처분신청으로 매매목적부동산에 관하여 가처분등기가 이루어진 상태에서 매도인과 매수인 사이의 매매계약이 해제된 경우, 매도인만이 가처분이의 등을 신청할 수 있을 뿐 매수인은 가처분의 당사자가 아니어서 가처분이의 등에 의하여 가처분등기를 말소할 수 있는 법률상의 지위에 있지 않고, 제3자가 한 가처분을 매도인의 매수인에 대한 소유권이전등기의무의 일부이행으로 평가할 수 없어 그 가처분등기를 말소하는 것이 매매계약 해제에 따른 매수인의 원상회복의무에 포함된다고 보기도 어려우므로, 위와 같은 가처분등기의 말소와 매도인의 대금반환의무는 동시이행의 관계에 있다고 할 수 없다(대판 2009.7.9. 2009다18526).

5. 동시이행항변권의 행사와 권리남용

일반적으로 동시이행의 관계가 인정되는 경우에는 그러한 항변권을 행사하는 자의 상대방이 그 동시이행의 의무를 이행하기 위하여 과다한 비용이 소요되거나 또는 그 의무의 이행이 실제적으로 어려운 반면 그 의무의 이행으로 인하여 항변권자가 얻는 이득은 달리 크지 아니하여 동시이행의 항변권의 행사가 주로 자기 채무의 이행만을 회피하기 위한 수단이라고 보여지는 경우에는 그 항변권의 행사는 권리남용으로서 배척되어야 한다(대판 1992.4.28. 91다29972).

6. 동시이행항변권의 포기

동시이행항변권의 포기는 명시적 의사표시뿐만 아니라 묵시적 의사표시로 이루어지는 것도 가능하지만, 묵시적 의사표시의 해석을 통한 동시이행항변권 포기의 인정은 엄격하고 신중하게 이루어져야 한다(대판 2025.6.26. 2025다209893).

Ⅲ 위험부담

1. 의 의

① 위험부담은 쌍무계약으로부터 생기는 양 채무의 존속상의 견련관계를 인정하는 제도이다.
② 쌍무계약상의 일방의 채무가 채무자의 책임 없는 사유로 후발적 불능이 되어 소멸한 경우, 다른 일방의 채무의 존속 여부에 관한 문제이다. 기출 25
③ 우리 민법은 채무자위험부담주의 원칙을 취하고(민법 제537조) 예외적으로 채권자위험부담주의를 취하고 있다(민법 제538조 제1항).

2. 채무자위험부담주의

(1) 요 건 기출 21

① 쌍무계약일 것
② 일방의 채무가 후발적 불능일 것
③ 급부의 불능에 관하여 양 당사자에게 귀책사유가 없을 것
④ 민법 제537조는 임의규정이므로 당사자 사이의 특약에 의하여 위험부담의 문제를 약정할 수 있다(대판 1995.3.28. 94다44132).

(2) 효 과

1) 내 용

급부위험은 채권자가 부담하고, 대가위험은 채무자가 부담한다.

2) 일부불능과 반대급부의 감축

① 일부불능이 생긴 경우에는 채무자는 불능이 생긴 범위에서 채무를 면함과 동시에 그것에 대응하는 반대급부를 받을 권리도 소멸한다.
② 일부불능 때문에 계약의 목적을 달성할 수 없게 된 때에는 전부불능의 경우와 마찬가지로 다루어야 할 것이다.

3) 대상청구권

대상청구권을 인정하는 것이 통설·판례이다. 즉, 채무자가 급부불능을 원인으로 급부에 갈음하는 이익을 취득한 경우에는, 채권자는 그 대상을 청구하고 자기의 반대급부를 이행할 수 있다.

(3) 관련 판례

쌍무계약에서 당사자 쌍방의 귀책사유 없이 채무를 이행할 수 없게 된 경우 채무자는 민법 제537조에 따라 자신의 채무를 이행할 의무를 면함과 더불어 상대방의 이행도 청구하지 못한다. 쌍방 채무의 이행이 없었던 경우에는 계약상 의무의 이행을 청구하지 못하고 이미 이행한 급부는 법률상 원인 없는 급부가 되어 부당이득 법리에 따라 반환을 청구할 수 있다(대판 2021.5.27. 2017다254228).

3. 채권자의 귀책사유로 인한 이행불능(채권자위험부담주의)

(1) 요 건 기출 16

① 채권자의 귀책사유로 인한 불능의 경우
② 채권자의 수령지체 중 불능의 경우

(2) 효 과

1) 대가위험의 이전

대가위험이 채권자에게 이전되어 채무자는 반대급부청구권을 상실하지 않는다. 기출 25

2) 채무자의 이익상환의무

① 채무자는 자신의 채무를 면함으로써 얻은 이익을 채권자에게 상환하여야 한다(민법 제538조 제2항).
② 이때 이익이란 적극적으로 얻은 이익뿐만 아니라 소극적으로 지출하지 않게 된 비용도 포함된다.
③ 상환하여야 할 이익은 채무를 면한 것과 상당인과관계에 있는 것에 한한다(대판 1993.5.25. 92다31125).

IV 제3자를 위한 계약

1. 의 의

제3자를 위한 계약이란 계약당사자의 일방이 계약당사자 이외의 자에게 직접 채무를 부담할 것을 내용으로 하는 계약을 말한다(민법 제539조 제1항).

2. 3자 사이의 법률관계

① 기본관계(보상관계) : 요약자와 낙약자 사이의 관계
② 대가관계(출연관계) : 요약자와 제3자와의 관계
③ 급부관계 : 낙약자와 제3자와의 관계로 낙약자와 제3자 사이에는 계약이 존재하지 않는다.

3. 요 건

(1) 요약자와 낙약자 간에 유효한 계약의 성립(기본관계의 유효)

① 대가관계의 효력은 제3자를 위한 계약 또는 요약자와 낙약자 사이의 기본계약의 성립이나 효력에 아무런 영향을 주지 않는다.
② 낙약자는 요약자와 수익자 사이의 법률관계에 기한 항변으로 수익자에게 대항하지 못하고, 요약자도 대가관계의 부존재나 효력의 상실을 이유로 자신이 기본관계에 기하여 낙약자에게 부담하는 채무의 이행을 거부할 수 없다. 기출 25
③ 제3자는 계약당사자가 아니다.
④ 조건부 제3자를 위한 계약도 체결가능하다.

(2) 제3자 수익의 약정

① 제3자를 위한 계약이 성립하려면 요약자와 낙약자 간의 계약으로 '제3자에게 직접적으로 채권을 취득시키려는 약정'이 있어야 하며, 「제3자에게 직접 권리를 취득하게 하려는 것」인지는 의사해석의 문제이다(대판 2006.9.14. 2004다18804). 또한 제3자의 수익의 의사표시는 계약의 성립요건, 효력발생요건이 아니고, 「제3자가 채권을 취득하기 위한 요건」일 뿐이다.
② 제3자를 위한 계약인 병존적 채무인수와 이행인수의 판별 기준은 계약 당사자에게 제3자 또는 채권자가 계약 당사자 일방 또는 인수인에 대하여 직접 채권을 취득케 할 의사가 있는지 여부에 달려 있다(대판 1997.10.24. 97다28698).

(3) 제3자의 존재(수익자의 특정)

수익자는 계약체결 당시 현존하고 있을 필요가 없으므로 설립 중의 법인도 수익자가 될 수 있다(대판 1960.7.21. 4292민상773). 다만, 수익의 의사표시를 할 때에는 제3자가 현존·특정되어 있어야 한다.

(4) 제3자를 위한 계약의 목적

① 제3자가 물권을 취득하게 하는 약정도 가능하다. 다만, 등기나 인도는 제3자 앞으로 갖추어야 한다.
② 낙약자가 제3자에 대한 채권에 관하여 채무의 면제를 하는 계약도 제3자를 위한 계약에 준하는 것으로 유효하다(대판 2004.9.3. 2002다37405). 기출 24·25
③ 제3자의 부담을 목적으로 하는 계약, 즉 제3자에게 직접 채무를 부담시키는 계약은 무효이다(통설). 그러나 제3자에게 권리만을 주는 것이 아니라 일정한 의무를 부담케 하는 계약은 학설상으로는 다툼이 있으나 판례는 유효하다고 한다.

4. 효 과

(1) 수익자의 지위

1) 수익의 의사표시 이전

① 수익의 의사표시가 있어야 제3자는 이행청구권을 갖는다(통설). 명시적·묵시적 의사표시를 불문하며 제3자를 위한 계약의 성립시뿐만 아니라 계약성립 후에도 수익의 의사표시를 할 수 있다. 기출 24
② 수익의 의사표시를 할 권리는 형성권에 해당하고, 계약에서 특별히 정한 바가 없으면 10년의 제척기간에 걸린다.

2) 수익의 의사표시 이후
① 수익의 의사표시 후 요약자·낙약자 등은 계약을 변경·소멸하게 할 수 없다(민법 제541조). 그러나 계약으로 해제권을 유보한 경우에는 그러하지 아니하다(대판 2002.1.25. 2001다30285). 기출 15·22·25
② 학설은 제3자를 위한 계약이 무효·취소·해제가 된 경우 수익자는 제3자로서 보호를 받을 수 없다고 하고 있으나, 판례는 제3자를 위한 계약에서도 낙약자와 요약자 사이의 법률관계(기본관계)에 기초하여 수익자가 요약자와 원인관계(대가관계)를 맺음으로써 해제 전에 새로운 이해관계를 갖고 그에 따라 등기, 인도 등을 마쳐 권리를 취득하였다면, 수익자는 민법 제548조 제1항 단서에서 말하는 계약해제의 소급효가 제한되는 제3자에 해당한다고 봄이 타당하다고 한다(대판 2021.8.19. 2018다244976).
③ 요약자가 낙약자의 채무불이행을 이유로 계약을 해제하게 되면 수익자는 낙약자에게 자기가 입은 손해의 배상을 청구할 수 있다. 단, 수익자는 제3자를 위한 계약의 당사자는 아니므로 해제권이나 해제를 원인으로 한 원상회복청구권이 있다고 볼 수 없다. 판례는 제3자를 위한 계약에 있어서 수익의 의사표시를 한 수익자는 낙약자에게 직접 그 이행을 청구할 수 있을 뿐만 아니라 요약자가 계약을 해제한 경우에는 낙약자에게 자기가 입은 손해의 배상을 청구할 수 있는 것이므로, 수익자가 완성된 목적물의 하자로 인하여 손해를 입었다면 수급인[낙약자(註)]은 그 손해를 배상할 의무가 있다고 한다(대판 1994.8.12. 92다41559).
기출 22

(2) 요약자의 지위
① 요약자는 제3자에 대해 채무를 이행할 것을 낙약자에게 청구할 수 있다. 기출 25
② 낙약자의 채무불이행시 요약자는 낙약자를 상대로 수익자에게 손해를 배상하도록 청구할 수 있다. 또한 요약자는 계약해제권을 행사할 수 있고, 이때에는 수익자의 동의가 불필요하다(대판 1970.2.24. 69다1410).
기출 21·22·24
③ 판례는 제3자를 위한 계약에서 제3자는 채무자(낙약자)에 대하여 계약의 이익을 받을 의사를 표시한 때에 채무자에게 직접 이행을 청구할 수 있는 권리를 취득하고(민법 제539조), 요약자는 제3자를 위한 계약의 당사자로서 원칙적으로 제3자의 권리와는 별도로 낙약자에 대하여 제3자에게 급부를 이행할 것을 요구할 수 있는 권리를 가진다고 한다(대판 2022.1.27. 2018다259565). 기출 22

(3) 낙약자의 지위
채무자는 민법 제539조의 계약에 기한 항변으로 그 계약의 이익을 받을 제3자에게 대항할 수 있다(민법 제542조).
기출 24

5. 제3자를 위한 계약의 종류

(1) 제3자를 위한 계약인 것
변제를 위한 공탁, 타인을 위한 보험, 타인을 위한 신탁, 병존적 채무인수 기출 22·24

(2) 제3자를 위한 계약이 아닌 것
이행인수, 면책적 채무인수, 계약인수

제4절 계약의 해제와 해지

I 서 설

1. 의 의

① 계약해제란 유효하게 성립한 계약의 효력을 당사자 일방의 의사표시에 의하여 소급적으로 소멸하게 하여, 계약이 처음부터 성립하지 않는 것과 같은 상태로 복귀시키는 것을 말한다(해제에 관한 직접효과설).
② 해제권은 권리자의 일방적 의사표시에 의하여 계약의 효력을 소멸시키는 권리로 형성권에 속한다. 또한 해제권은 계약에 종된 권리로서 계약당사자만이 이를 가질 수 있고, 계약당사자의 지위를 승계하지 않는 한 해제권만의 양도는 허용되지 않는다.
③ 해제권은 법률의 규정에 의하여 당연히 발생하는 법정해제권과 당사자 사이의 특약으로 유보된 약정해제권으로 구분된다.
④ 해제에 관한 민법규정은 임의규정이다.

2. 구별개념

(1) 해제계약(합의해제)

1) 의 의

해제권의 유무에도 불구하고 계약당사자 쌍방이 합의에 의하여 기존의 계약의 효력을 소멸시켜 당초부터 계약이 체결되지 않았던 것과 같은 상태로 복귀시킬 것을 내용으로 하는 새로운 계약이다. 기출 22

2) 성립요건

계약의 일반적 성립요건 및 유효요건을 갖추어야 한다. 해제계약은 단독행위인 해제와 구별된다.

3) 효 과

① 해제에 관한 민법 제543조 이하의 규정은 원칙적으로 단독행위로서의 해제권의 행사를 전제로 하는 것이므로, 해제계약에는 적용되지 않는다. 그러나 계약의 합의해제의 경우에도 민법 제548조 제1항 단서가 적용된다.
② 합의해제에 따른 매도인의 원상회복청구권은 소멸시효의 대상이 되지 않는다(대판 1982.7.27. 80다2968).

4) 관련 판례

> **원래의 계약에 있는 위약금이나 손해배상에 관한 약정이 합의해제·해지의 경우에까지 적용되는지 여부(원칙적 소극)**
> 법률행위의 해석은 당사자가 그 표시행위에 부여한 의미를 명백하게 확정하는 것으로서, 당사자가 표시한 문언에서 그 의미가 명확하게 드러나지 않는 경우에는 문언의 내용, 법률행위가 이루어진 동기와 경위, 당사자가 법률행위로 달성하려는 목적과 진정한 의사, 거래의 관행 등을 종합적으로 고려하여 논리와 경험의 법칙, 그리고 사회일반의 상식과 거래의 통념에 따라 합리적으로 해석하여야 한다. 계약을 합의하여 해제하거나 해지하면서 상대방에게 손해배상을 하기로 하는 특약이나 손해배상청구권을 유보하는 의사표시를 하였는지를 판단할 때에도 위와 같은 법률행위 해석에 관한 법리가 적용된다. 위와 같은 특약이나 의사표시가 있었는지는 합의해제·해지 당시를 기준으로 판단하여야 하는데, 원래의 계약에 있는 위약금이나 손해배상에 관한 약정은 그것이 계약 내용이나 당사자의 의사표시 등에 비추어 합의해제·해지의 경우에도 적용된다고 볼만한 특별한 사정이 없는 한 합의해제·해지의 경우에까지 적용되지는 않는다(대판 2021.5.7. 2017다220416).

계약의 합의해지의 의의 및 요건 및 당사자 사이에 계약을 종료시킬 의사가 일치되었으나 계약 종료에 따른 법률관계가 당사자들에게 중요한 관심사이고 위 법률관계에 관하여 아무런 약정이 없는 경우, 합의해지가 성립하였다고 볼 수 있는지 여부(원칙적 소극)

[1] 계약의 합의해지는 계속적 채권채무관계에서 당사자가 이미 체결한 계약의 효력을 장래에 향하여 소멸시킬 것을 내용으로 하는 새로운 계약으로서, 이를 인정하기 위해서는 계약이 성립하는 경우와 마찬가지로 기존 계약의 효력을 장래에 향하여 소멸시키기로 하는 내용의 청약과 승낙이라는 서로 대립하는 의사표시가 합치될 것을 요건으로 한다. 계약의 합의해지는 묵시적으로 이루어질 수도 있으나, 계약에 따른 채무의 이행이 시작된 다음에 당사자 쌍방이 계약실현 의사의 결여 또는 포기로 계약을 실현하지 않을 의사가 일치되어야만 한다. 이와 같은 합의가 성립하기 위해서는 쌍방 당사자의 표시행위에 나타난 의사의 내용이 객관적으로 일치하여야 하므로 계약당사자 일방이 계약해지에 관한 조건을 제시한 경우 조건에 관한 합의까지 이루어져야 한다. 기출 24

[2] 당사자 사이에 계약을 종료시킬 의사가 일치되었더라도 계약 종료에 따른 법률관계가 당사자들에게 중요한 관심사가 되고 있는 경우 그러한 법률관계에 관하여 아무런 약정 없이 계약을 종료시키는 합의만 하는 것은 경험칙에 비추어 이례적이고, 이 경우 합의해지가 성립하였다고 보기 어렵다(대판 2018.12.27. 2016다274270).

계약의 합의해지에 대하여 민법 제548조 제2항이 적용되는지 여부(소극)

합의해지 또는 해지계약이라 함은 해지권의 유무에 불구하고 계약 당사자 쌍방이 합의에 의하여 계속적 계약의 효력을 해지시점 이후부터 장래를 향하여 소멸하게 하는 것을 내용으로 하는 새로운 계약으로서, 그 효력은 그 합의의 내용에 의하여 결정되고 여기에는 해제, 해지에 관한 민법 제548조 제2항의 규정은 적용되지 아니하므로, 당사자 사이에 약정이 없는 이상 합의해지로 인하여 반환할 금전에 그 받은 날로부터의 이자를 가하여야 할 의무가 있는 것은 아니다(대판 2003.1.24. 2000다5336). 기출 24

(2) 해제조건(실권조항)

1) 의 의

실권조항이란 채무불이행이 있는 경우에 채권자의 특별한 의사표시가 없더라도 당연히 계약의 효력을 잃게 하고, 채무자의 계약상의 권리를 상실하게 하는 취지의 약정 또는 약관을 말한다. 따라서 실권조항이 있는 경우 채무자의 채무불이행을 해제조건으로 하는 조건부 법률행위가 있는 것으로 해석된다.

2) 관련 판례

① **계약금포기・배액상환약정(해제권유보약정)** : 매도인이 위약시에는 계약금의 배액을 배상하고 매수인이 위약시에는 지급한 계약금을 매도인이 취득하고 계약은 자동적으로 해제된다는 조항은 위약 당사자가 상대방에 대하여 계약금을 포기하거나 그 배액을 배상하여 계약을 해제할 수 있다는 해제권 유보조항이라 할 것이고 최고나 통지없이 해제할 수 있다는 특약이라고 볼 수 없다(대판 1982.4.27. 80다851).

② **중도금지급채무의 불이행을 조건으로 한 실권조항** : 매매계약에 있어서 매수인이 중도금을 약정한 일자에 지급하지 아니하면 그 계약을 무효로 한다고 하는 특약이 있는 경우 매수인이 약정한대로 중도금을 지급하지 아니하면(해제의 의사표시를 요하지 않고) 그 불이행 자체로써 계약은 그 일자에 자동적으로 해제된 것이라고 보아야 한다(대판 1991.8.13. 91다13717). 기출 25

③ **잔대금지급채무의 불이행을 조건으로 한 실권조항** : 부동산 매매계약에서 매수인이 잔대금 지급기일까지 그 대금을 지급하지 못하면 계약이 자동적으로 해제된다는 취지의 약정이 있더라도 매도인이 이행의 제공을 하여 매수인을 이행지체에 빠뜨리지 않는 한 지급기일의 도과사실만으로는 매매계약이 자동해제된 것으로 볼 수 없다. 다만 매도인이 소유권이전등기에 필요한 서류를 갖추었는지 여부를 묻지 않고 매수인의 지급기일 도과사실 자체만으로 계약을 실효시키기로 특약을 하였다거나, 매수인이 수회에 걸친 채무불이행에 대하여 책임을 느끼고 잔금 지급기일의 연기를 요청하면서 새로운 약정기일까지는 반드시 계약을 이행할 것을 확약하고 불이행 시에는 매매계약이 자동적으로 해제되는 것을 감수하겠다는 내용의 약정을 하였다고 볼 특별한 사정이 있다면, 매수인이 잔금 지급기일까지 잔금을 지급하지 않음으로써 그 매매계약은 자동적으로 실효된다(대판 2022.11.30. 2022다255614). 기출 25

④ **자동해제된 계약의 부활** : 쌍무계약을 체결하면서 어느 기한까지 일방이 채무를 이행하지 아니하면 자동적으로 계약이 해제된다고 약정한 경우 어느 일방이 채무를 이행하지 아니하였다면 별도의 이행최고나 해제의 의사표시를 요하지 않고 그 불이행 자체로써 계약이 자동으로 해제된 것으로 보아야 한다. 그러나 당사자들이 계약이 여전히 유효함을 전제로 논의를 계속하면서 해제에 따른 법률효과를 주장하지 아니한 채 계약 내용에 따른 이행을 촉구하거나 온전한 채무의 이행을 받지 못한 상대방이 별다른 이의 없이 급부 중 일부를 수령하였다면, 특별한 사정이 없는 한 계약당사자들 사이에서는 자동해제 약정의 효력을 상실시키고 자동해제된 계약을 부활시키기로 하는 합의가 있었다고 봄이 상당하다. 이러한 경우 채무이행을 받지 못한 상대방은 새로운 이행의 최고 없이 바로 해제권을 행사할 수 없다(대판 2019.6.27. 2019다21681).

(3) 취 소

구 분	취 소	해 제
공통점	법률행위의 효력이 소급적으로 소멸	
차이점	법률행위의 흠이 요건	유효하게 성립한 계약의 효력이 소급적으로 소멸
	모든 법률행위에 대해 인정	계약에 대해서만 인정
	법률의 규정이 있는 경우에만 인정	법률의 규정 외에 당사자의 약정에 의해서도 발생

(4) 철 회

해제는 유효하게 성립한 계약의 효력을 소급적으로 소멸시키는 제도라는 점에서 법률행위의 효력이 발생하기 전에 그 발생을 저지하는 철회와 구별된다.

II 법정해제

1. 해제권의 발생

(1) 의 의

① 법정해제권 발생의 요건인 채무불이행은 주된 채무의 그것이어야 하고, 주된 채무 이외의 부수의무의 불이행은 원칙적으로 해제권을 발생시키지 않는다. 다만, 외관상 부수의무라도 실질적으로 그것을 불이행함으로써 계약의 목적을 달성할 수 없다면, 그 불이행이 해제권을 발생시킬 수도 있을 것이다.
② 유동적 무효상태에서는 계약의 효력으로서 채무가 발생하지 않으므로, 채무불이행을 이유로 한 해제 및 손해배상의 청구가 불가능하다(대판 1997.7.25. 97다4357).
③ 채무불이행이 있더라도 법정해제권의 발생을 배제하기로 하는 합의가 유효하지만, 그 효력을 인정함에는 신중해야 한다.

(2) 이행지체에 의한 해제권의 발생

① 채무자의 이행지체가 있어야 하고, 상당기간을 정하여 최고를 하였으나 상당기간 내에 채무자의 이행이나 이행의 제공이 없어야 한다. 판례는 채권자의 이행최고가 본래 이행하여야 할 채무액을 초과하는 금액의 이행을 요구하는 내용일 때에는 그 과다한 정도가 현저하고 채권자가 청구한 금액을 제공하지 않으면 그것을 수령하지 않을 것이라는 의사가 분명한 경우에는 그 최고는 부적법하고 이러한 최고에 터잡은 계약해제는 그 효력이 없다고 한다(대판 1994.11.25. 94다35930). 기출 22
② 상대방에게 동시이행의 항변권이 있는 경우에 상대방을 이행지체에 빠뜨리기 위해서는 자신의 채무의 이행을 제공하고 이행청구를 하여야 한다.
③ 해제권 발생요건을 경감하는 특약도 유효하다.

(3) 이행불능에 의한 해제권의 발생 기출 16
① 이행불능으로 인한 해제권 행사에는 후발적 불능에 국한한다.
② 이행기에 불능한 것이 확실한 경우에는 이행기를 기다리지 않고 곧 해제할 수 있다.

2. 해제권의 행사

> **해지, 해제권(민법 제543조)**
> ① 계약 또는 법률의 규정에 의하여 당사자의 일방이나 쌍방이 해지 또는 해제의 권리가 있는 때에는 그 해지 또는 해제는 상대방에 대한 의사표시로 한다.
> ② 전항의 의사표시는 철회하지 못한다. 기출 25
>
> **해지, 해제권의 불가분성(민법 제547조)**
> ① 당사자의 일방 또는 쌍방이 수인인 경우에는 계약의 해지나 해제는 그 전원으로부터 또는 전원에 대하여 하여야 한다.
> ② 전항의 경우에 해지나 해제의 권리가 당사자 1인에 대하여 소멸한 때에는 다른 당사자에 대하여도 소멸한다. 기출 25
>
> **해제권행사 여부의 최고권(민법 제552조)**
> ① 해제권의 행사의 기간을 정하지 아니한 때에는 상대방은 상당한 기간을 정하여 해제권행사 여부의 확답을 해제권자에게 최고할 수 있다.
> ② 전항의 기간 내에 해제의 통지를 받지 못한 때에는 해제권은 소멸한다. 기출 25
>
> **훼손 등으로 인한 해제권의 소멸(민법 제553조)**
> 해제권자의 고의나 과실로 인하여 계약의 목적물이 현저히 훼손되거나 이를 반환할 수 없게 된 때 또는 가공이나 개조로 인하여 다른 종류의 물건으로 변경된 때에는 해제권은 소멸한다. 기출 25

(1) 행사의 방법
① 해제권이 발생하더라도, 해제권의 행사 여부는 해제권자의 자유이다.
② 해제의 의사표시에는 원칙적으로 조건이나 기한을 붙이지 못한다.
③ 해제권의 행사는 상대방 있는 의사표시로서 상대방에게 도달한 때 효과가 발생한다. 기출 16
④ 소제기로써 계약해제권을 행사한 후 그 뒤 그 소송을 취하하였다 하더라도 해제권은 형성권이므로 그 행사의 효력에는 아무런 영향을 미치지 아니한다(대판 1982.5.11. 80다916).

(2) 해제의 불가분성
1) 해제권 행사의 불가분성
① 계약당사자 일방 또는 쌍방이 수인인 경우에 해제의 의사표시는 전원으로부터 전원에 대하여 하여야 그 효과가 발생한다. 기출 22
② 명의수탁자가 수인인 경우 신탁자가 그 일부에 대해서만 해지권을 행사하였다면 신탁해지의 효과는 그 일부에 대해서만 발생하는 것이고, 해제, 해지의 불가분성에 대한 민법 제547조 규정은 적용되지 않는다.
③ 해제의 불가분성에 관한 민법 제547조는 당사자의 특약에 의하여 배제될 수 있는 임의규정이다.

2) 해제권 소멸의 불가분성
해제권을 가진 자가 수인인 경우, 1인의 당사자에 대하여 해제권이 소멸하면 다른 당사자의 해제권도 소멸한다. 기출 16

3. 해제의 효과

> **해제의 효과, 원상회복의무(민법 제548조)**
> ① 당사자 일방이 계약을 해제한 때에는 각 당사자는 그 상대방에 대하여 원상회복의 의무가 있다. 그러나 제3자의 권리를 해하지 못한다. 기출 15
> ② 전항의 경우에 반환할 금전에는 그 받은 날로부터 이자를 가하여야 한다.
>
> **원상회복의무와 동시이행(민법 제549조)**
> 제536조의 규정은 전조의 경우에 준용한다.
>
> **해지의 효과(민법 제550조)**
> 당사자 일방이 계약을 해지한 때에는 계약은 장래에 대하여 그 효력을 잃는다.

(1) 해제의 효과에 관한 법리구성

해제의 효과에 관하여는 이를 계약관계의 소급적 소멸로 이론구성하는 직접효과설과 청산목적의 채권관계로의 변형으로 파악하는 청산관계설의 대립이 있으나, 해지의 장래효에 관한 민법 제550조는 해제의 소급효를 전제하였다고 보아야 하고, 민법 제548조 제1항 단서를 신설한 입법취지에 비추어 현행법의 해석상 직접효과설이 타당하다고 판단된다. 판례도 일관하여 직접효과설의 태도를 취하고 있다(대판 2022.3.11. 2020다297430).

(2) 계약의 소급효 – 채권·채무의 소급적 소멸

계약을 해제하면 계약은 소급하여 그 효력을 잃는다. 따라서 당사자는 계약의 구속력으로부터 해방되며 그 결과 이행하지 아니한 채무는 이행할 필요가 없고, 이미 이행한 급부는 원상회복의 의무가 발생한다. 판례는 계약이 적법하게 해제되면 그 계약의 효과는 소급적으로 소멸되므로, 매매계약의 대금을 기존의 채권과 상계하기로 한 경우, 매매계약이 해제되면 상계는 효력을 발생할 수 없어, 상계로 소멸한 기존의 채권은 다시 살아나게 된다고 판시하고 있다(대판 1980.8.26. 79다1257).

(3) 원상회복의무

1) 의 의

계약이 해제된 경우 해제의 소급효로 인해, 계약의 당사자는 원상회복의무로서 자신이 수령한 급부 전체를 이익의 현존 여부, 선·악을 불문하고 상대방에게 반환하여야 한다(민법 제548조 제1항). 원상회복의무에 관한 민법 제548조 제1항은 일반부당이득반환의 범위에 관한 민법 제748조의 특칙으로 기능한다.

2) 당사자

원상회복의 당사자는 해제된 계약의 당사자이다. 아래에서 문제가 된 사례를 살펴본다.

① **계약해제로 인하여 소멸되는 채권을 양수한 자**: 민법 제548조 제1항 단서에서 규정하고 있는 제3자란 일반적으로 계약이 해제되는 경우 그 해제된 계약으로부터 생긴 법률효과를 기초로 하여 해제 전에 새로운 이해관계를 가졌을 뿐 아니라 등기·인도 등으로 완전한 권리를 취득한 자를 말하고, 계약상의 채권을 양수한 자는 여기서 말하는 제3자에 해당하지 않는다고 할 것인바, <u>계약이 해제된 경우 계약해제 이전에 해제로 인하여 소멸되는 채권을 양수한 자는 계약해제의 효과에 반하여 자신의 권리를 주장할 수 없음은 물론이고, 나아가 특단의 사정이 없는 한 채무자로부터 이행받은 급부를 원상회복하여야 할 의무가 있다</u>(대판 2003.1.24. 2000다22850).

② **해제되는 계약을 체결한 대리인** : 계약이 적법한 대리인에 의하여 체결된 경우에 대리인은 다른 특별한 사정이 없는 한 본인을 위하여 계약상 급부를 변제로서 수령할 권한도 가진다. 그리고 대리인이 그 권한에 기하여 계약상 급부를 수령한 경우에, 그 법률효과는 계약 자체에서와 마찬가지로 직접 본인에게 귀속되고 대리인에게 돌아가지 아니한다. 따라서 <u>계약상 채무의 불이행을 이유로 계약이 상대방 당사자에 의하여 유효하게 해제되었다면, 해제로 인한 원상회복의무는 대리인이 아니라 계약의 당사자인 본인이 부담한다</u>. 이는 본인이 대리인으로부터 그 수령한 급부를 현실적으로 인도받지 못하였다거나 해제의 원인이 된 계약상 채무의 불이행에 관하여 대리인에게 책임 있는 사유가 있다고 하여도 다른 특별한 사정이 없는 한 마찬가지라고 할 것이다(대판 2011.8.18, 2011다30871).

③ **해제되는 이른바 삼각관계의 당사자** : 계약의 일방 당사자가 계약 상대방의 지시 등으로 급부과정을 단축하여 계약 상대방과 또 다른 계약관계를 맺고 있는 제3자에게 직접 급부한 경우, 그 급부로써 급부를 한 계약 당사자의 상대방에 대한 급부가 이루어질 뿐 아니라 그 상대방의 제3자에 대한 급부로도 이루어지는 것이므로 <u>계약의 일방 당사자는 제3자를 상대로 법률상 원인 없이 급부를 수령하였다는 이유로 부당이득반환청구를 할 수 없다</u>(대판 2003.12.26, 2001다46730).

3) 반환범위

① **원칙적 원물반환** : 이익의 현존 여부나 선·악을 불문하고 받은 급부 전부를 반환하여야 한다. 금전의 경우에는 받은 날로부터 반환할 때까지의 이자를 가산하여 반환하여야 한다(민법 제548조 제2항).

② **예외적 가액반환** : 원물반환이 불가능하거나 수령자에게 이익이 되지 아니하는 경우에는 가액반환을 하여야 한다. 가액산정의 시기에 대하여 판례는 매도인으로부터 매매 목적물의 소유권을 이전받은 매수인이 매도인의 계약해제 이전에 제3자에게 목적물을 처분하여 계약해제에 따른 원물반환이 불가능하게 된 경우 매수인은 원상회복의무로서 가액을 반환하여야 하며, 이때에 반환할 금액은 특별한 사정이 없는 한 계약해제 당시가 아니라 원상회복의무가 이행불능이 된 당시, 즉 그 처분 당시의 목적물의 대가 또는 그 시가 상당액과 처분으로 얻은 이익에 대하여 그 이득일부터의 법정이자를 가산한 금액이라고 한다(대판 2013.12.12, 2013다14675).

③ **이자** : 계약이 해제된 경우 금전을 수령한 자는 그 수령한 날(해제한 날이 아님을 유의) 이자를 가산하여 반환하여야 한다(민법 제548조 제2항). 이는 수령한 금전으로부터 실제로 이자를 수취하였는지 여부를 불문하고 인정된다. 당사자 일방이 계약을 해제한 때에는 각 당사자는 상대방에 대하여 원상회복의무가 있고, 이 경우 반환할 금전에는 받은 날로부터 이자를 가산하여 지급하여야 한다. 여기서 가산되는 이자는 원상회복의 범위에 속하는 것으로서 일종의 부당이득 반환의 성질을 가지는 것이고 반환의무의 이행지체로 인한 지연손해금이 아니다. 따라서 당사자 사이에 그 이자에 관하여 특별한 약정이 있으면 그 약정이율이 우선 적용되고 약정이율이 없으면 민사 또는 상사 법정이율이 적용된다(대판 2013.4.26, 2011다50509). **기출** 20·21·24 또한 소송촉진법 제3조 제1항은 금전채무의 전부 또는 일부의 이행을 명하는 판결을 선고할 경우에 있어서 금전채무불이행으로 인한 손해배상액 산정의 기준이 되는 법정이율에 관한 특별규정이므로, 위 이자에는 소송촉진법 제3조 제1항에 의한 이율을 적용할 수 없다(대판 2024.8.1, 2024다226504).

④ 지연손해금[15]
　㉠ **가산이자에 대한 약정이 있는 경우** : 계약해제 시 반환할 금전에 가산할 이자에 관하여 당사자 사이에 약정이 있는 경우에는 특별한 사정이 없는 한 이행지체로 인한 지연손해금도 그 약정이율에 의하기로 하였다고 보는 것이 당사자의 의사에 부합한다. 다만 그 약정이율이 법정이율보다 낮은 경우에는 약정이율에 의하지 아니하고 법정이율에 의한 지연손해금을 청구할 수 있다고 봄이 타당하다. 계약해제로 인한 원상회복 시 반환할 금전에 받은 날로부터 가산할 이자의 지급의무를 면제하는 약정이 있는 때에도 그 금전반환의무가 이행지체상태에 빠진 경우에는 법정이율에 의한 지연손해금을 청구할 수 있는 점과 비교해 볼 때 그렇게 보는 것이 논리와 형평의 원리에 맞기 때문이다(대판 2013.4.26. 2011다50509).
　㉡ **지연손해금률에 대한 약정이 있는 경우** : 원상회복의무가 이행지체에 빠진 이후의 기간에 대해서는 부당이득반환의무로서의 이자가 아니라 반환채무에 대한 지연손해금이 발생하게 되므로 거기에는 지연손해금률이 적용되어야 한다. 그 지연손해금률에 관하여도 당사자 사이에 별도의 약정이 있으면 그에 따라야 할 것이고, 그것이 법정이율보다 낮다 하더라도 마찬가지이다(대판 2024.8.1. 2024다226504).

⑤ **사용이익** : 민법 제548조 제2항의 금전의 경우와의 균형상 반환할 물건에는 '그 받은 날'로부터 임료상당의 사용이익을 가산하여 반환하여야 한다(민법 제548조 제2항의 유추해석). 이때 매매목적물을 통해 영업을 하였더라도 원상회복으로 반환하여야 할 부당이득은 영업이익이 아니라 임료상당의 사용이익이어야 한다(대판 2021.7.8. 2020다290804). 그러나 매매계약의 해제로 인하여 매수인이 반환하여야 할 목적물의 사용이익을 산정함에 있어서 매수인의 영업수완 등 노력으로 인한 이른바 운용이익이 포함된 것으로 볼 여지가 있는 경우 이러한 운용이익은 사회통념상 매수인의 행위가 개입되지 아니하였더라도 그 목적물로부터 매도인이 당연히 취득하였으리라고 생각되는 범위 내의 것이 아닌 한 매수인이 반환하여야 할 사용이익의 범위에서 공제하여야 한다(대판 2006.9.8. 2006다26328).

> **사용이익의 반환 여부에 대한 사례**
> - 양도인은 양수인이 양도 목적물을 인도받은 후 사용하였다 하더라도 양도계약의 해제로 인하여 양수인에게 그 사용에 의한 이익의 반환을 구함은 별론으로 하고, 양도 목적물 등이 양수인에 의하여 사용됨으로 인하여 감가 내지 소모가 되는 요인이 발생하였다 하여도 그것을 훼손으로 볼 수 없는 한 그 감가비 상당은 원상회복의무로서 반환할 성질의 것은 아니다(대판 2000.2.25. 97다30066).
> - 매매계약이 해제되면 각 당사자는 그 상대방에 대하여 원상회복의 의무가 있다(민법 제548조 제1항 본문). 따라서 이 경우에 매수인은 매도인에게 목적물을 반환할 의무는 물론이고 그 목적물을 사용하였으면 그 사용이익을 반환할 의무도 부담한다. 그러나 이러한 매수인의 사용이익 반환의무는 매매계약의 해제에 따른 원상회복 의무의 일환으로서 인정되는 것이므로 매도인이 매매계약의 이행으로서 목적물을 매수인에게 인도하여 매수인이 그 목적물을 사용한 경우에 비로소 인정될 수 있다(대판 2011.6.30. 2009다30724).

---

15) 계약해제시 반환할 금전에 가산하는 이자와 원상회복의무의 이행지체로 인한 지연손해금에 대한 판례의 태도를 정리하면 다음과 같다.
① 계약을 해제할 경우 원상회복으로 반환할 금전에 가산되는 이자는 부당이득반환이며 지연손해금이 아니므로 당사자 사이에 그 이자에 관하여 특별한 약정이 있으면 그 약정이율에 의하고 약정이율이 없으면 민사 또는 상사법정이율에 의한다.
② 원상회복의무가 이행지체에 빠진 이후의 기간에 대하여는 지연손해금이 발생하게 되므로 지연손해금률이 적용되어야 하며, 지연손해금률에 관하여 별도의 약정이 있으면 그에 따라야 할 것이고, 설령 그것이 법정이율보다 낮은 경우라 하더라도 마찬가지이다. 지연손해금률에 대한 약정이 없는 경우, 이자에 대하여 약정이 있으면 약정이율에 의해 지연손해금을 산정하고, 이 경우 약정이율이 법정이율보다 높은 경우에는 약정이율에 의하고 약정이율이 법정이율보다 낮은 경우에는 약정이율에 의하지 아니하고 법정이율에 의한 지연손해금을 청구할 수 있다. 그러나 이자에 대하여도 약정이 없으면 이자와 지연손해금 모두에 대하여 민사 또는 상사법정이율이 적용된다.

출처 | 박승수, 「민법정리」, 에듀비, 2021, p.526

> • [1] 민법 제548조 제2항은 계약해제로 인한 원상회복의무의 이행으로서 반환하는 금전에는 받은 날로부터 이자를 가산하여야 한다고 정하였는데, 위 이자의 반환은 원상회복의무의 범위에 속하는 것으로 일종의 부당이득반환의 성질을 가지는 것이지 반환의무의 이행지체로 인한 손해배상은 아니고, 소송촉진 등에 관한 특례법(이하 '소송촉진법') 제3조 제1항은 금전채무의 전부 또는 일부의 이행을 명하는 판결을 선고할 경우에 있어서 금전채무불이행으로 인한 손해배상액 산정의 기준이 되는 법정이율에 관한 특별규정이므로, 위 이자에는 소송촉진법 제3조 제1항에서 정한 이율을 적용할 수 없다.
> [2] 매매계약이 해제된 경우에 매수인이 목적물을 인도받아 사용하였다면 원상회복으로서 목적물을 반환하는 외에 사용이익을 반환할 의무를 부담하고, 이때 사용이익의 반환의무는 부당이득반환의무에 해당하므로, 특별한 사정이 없는 한 매수인이 점유·사용한 기간 당해 재산으로부터 통상 수익할 수 있을 것으로 예상되는 이익, 즉 임료 상당액을 매수인이 반환하여야 할 사용이익으로 보아야 한다(대판 2024.2.29. 2023다289720).

4) 과실상계 인정 여부

과실상계는 본래 채무불이행 또는 불법행위로 인한 손해배상책임에 대하여 인정되는 것이고, 매매계약이 해제되어 소급적으로 효력을 잃은 결과 매매당사자에게 당해 계약에 기한 급부가 없었던 것과 동일한 재산상태를 회복시키기 위한 원상회복의무의 이행으로서 이미 지급한 매매대금 기타의 급부의 반환을 구하는 경우에는 적용되지 아니한다. 계약의 해제로 인한 원상회복청구권에 대하여 해제자가 해제의 원인이 된 채무불이행에 관하여 '원인'의 일부를 제공하였다는 등의 사유를 내세워 신의칙 또는 공평의 원칙에 기하여 일반적으로 손해배상에 있어서의 과실상계에 준하여 권리의 내용이 제한될 수 있다고 하는 것은 허용되어서는 아니 된다(대판 2014.3.13. 2013다34143).

(4) 제3자의 보호

1) 제3자의 의의

민법 제548조 제1항 단서의 제3자란 그 해제된 계약으로부터 생긴 법률효과를 기초로 하여 해제 전 새로운 이해관계를 가졌을 뿐만 아니라 등기, 인도 등으로 완전한 권리를 취득한 자를 말한다(대판 2007.12.27. 2006다60229). 계약당사자의 일방이 계약을 해제한 경우 그 계약의 해제 전에 그 해제와 양립되지 아니하는 법률관계를 가진 제3자에 대하여는 계약의 해제에 따른 법률효과를 주장할 수 없고, 이는 제3자가 그 계약의 해제 전에 계약이 해제될 가능성이 있다는 것을 알았거나 알 수 있었다 하더라도 달라지지 아니한다(대판 2010.12.23. 2008다57746). 기출 25 해제의 의사표시가 있는 경우에는 그 등기 등을 말소하지 않은 동안, 새로운 권리를 취득하게 된 선의의 제3자도 이에 포함된다(대판 1985.4.9. 84다카130). 기출 25 이 경우에 제3자가 악의라는 사실의 주장·증명책임은 계약해제를 주장하는 자에게 있다(대판 2005.6.9. 2005다6341).

2) 제3자의 범위

① 제3자에 해당하는 사례[16]
  ㉠ 매수인과 매매예약을 체결한 후 그에 기한 소유권이전청구권 보전을 위한 가등기를 마친 사람(대판 2014.12.11. 2013다14569) 기출 23
  ㉡ 실권특약부 매매계약에 기하여 매수인 앞으로 소유권이전등기가 경료된 토지를 체납처분의 일환으로 압류하고 그 등기까지 마친 사람 기출 25
  ㉢ 해제된 매매계약에 의하여 채무자의 책임재산이 된 부동산을 가압류 집행한 가압류채권자(대판 2005.1.14. 2003다33004)

---

16) 학설은 그 밖에 매매계약을 해제하기 전에 그 부동산을 매수하고 소유권이전등기를 경료한 제3취득자, 토지매매계약이 해제되기 전에 매수인의 토지에 저당권을 취득한 자, 토지매매계약의 해제로 토지의 소유권을 상실하게 된 매수인으로부터 해제 이전에 토지를 임차하여 임차권등기를 마친 자 등도 제3자에 해당한다고 본다. 기출 23

ⓔ 임대인이 계약해제로 소유권을 상실하게 된 경우, 그 계약해제 전에 대항요건을 갖춘 임차인(대판 1996.8.20. 96다17653)
ⓜ 미등기매수인인 임대인이 계약해제로 소유권을 상실하게 된 경우, 그 계약해제 전에 대항요건을 갖춘 임차인(2008.4.10. 2007다38908)[17]
ⓗ 제3자를 위한 계약에서의 수익자(대판 2021.8.19. 2018다244976)

② 제3자에 해당하지 아니하는 사례
㉠ 계약해제로 인하여 소멸되는 채권을 양수한 자나 그 채권 자체를 압류 또는 전부한 채권자(대판 2000.4.11. 99다51685) 기출 25
㉡ 동일한 부동산에 대하여 가압류등기와 이에 선행하는 처분금지가처분등기가 기입된 후 가처분채권자인 전 소유자(매도인)가 매매계약 해제를 원인으로 한 본안소송에서 승소판결을 받아 확정된 경우의 가압류채권자(매수인의 채권자)(대판 2005.1.14. 2003다33004)
㉢ 매매계약 해제시 원상회복 방법으로 매도인에게 소유권이전등기를 하기로 하는 약정에 따른 청구권을 보전하기 위한 가등기가 된 경우, 그 가등기 후 본등기 전에 소유권이전등기를 경료받은 제3자(대판 1982.11.23. 81다카1110)

(5) 손해배상의 청구

1) 원칙 - 이행이익의 배상

계약해제의 효과는 손해배상의 청구에 영향을 미치지 않는다(민법 제551조). 여기에서 손해배상은 채무불이행으로 인한 손해배상이므로 채무자의 고의 또는 과실을 필요로 하며(대판 2016.4.15. 2015다59115), 그 범위도 원칙적으로 이행이익의 배상이다(통설·판례). 즉 해제로 인하여 이미 이행된 급부를 반환함으로써 이루어지는 원상회복으로 계약이 해제될 때까지 당사자 일방이 입은 손해가 제거되는 것을 아니므로 실질적 공평의 관점에서 법이 해제와 손해배상의 양립을 인정하는 것이다. 따라서 이때 이행이익 상당액이란 원상회복을 통해 전보되지 아니하는 추가적인 손해를 의미한다.

2) 예외 - 신뢰이익의 배상

채무불이행을 이유로 계약해제와 아울러 손해배상을 청구하는 경우에 그 계약이행으로 인하여 채권자가 얻을 이익 즉 이행이익의 배상을 구하는 것이 원칙이지만, 그에 갈음하여 그 계약이 이행되리라고 믿고 채권자가 지출한 비용 즉 신뢰이익의 배상을 구할 수도 있다고 할 것이고, 그 신뢰이익 중 계약의 체결과 이행을 위하여 통상적으로 지출되는 비용은 통상의 손해로서 상대방이 알았거나 알 수 있었는지의 여부와는 관계없이 그 배상을 구할 수 있고, 이를 초과하여 지출되는 비용은 특별한 사정으로 인한 손해로서 상대방이 이를 알았거나 알 수 있었던 경우에 한하여 그 배상을 구할 수 있다고 할 것이고, 다만 그 신뢰이익은 과잉배상금지의 원칙에 비추어 이행이익의 범위를 초과할 수 없다(대판 2002.6.11. 2002다2539). 그러나 채권자가 계약의 이행으로 얻을 수 있는 이익(이행이익)이 인정되지 않는 경우라면, 채권자에게 배상해야 할 손해가 발생하였다고 볼 수 없으므로, 당연히 지출비용의 배상(신뢰이익)을 청구할 수 없다(대판 2017.2.15. 2015다235766).

---

[17] 그러나 미등기매수인의 임대권한이 처음부터 제한되어 있는 경우에는 대항력있는 임차권을 취득한 경우라도 제3자에 해당하지 아니한다는 것이 판례의 태도이다. 즉 판례는 매도인으로부터 매매계약의 해제를 해제조건부로 전세 권한을 부여받은 매수인이 주택을 임대한 후 매도인과 매수인 사이의 매매계약이 해제됨으로써 해제조건이 성취되어 그때부터 매수인이 주택을 전세 놓을 권한을 상실하게 되었다면, 임차인은 전세계약을 체결할 권한이 없는 자와 사이에 전세계약을 체결한 임차인과 마찬가지로 매도인에 대한 관계에서 그 주택에 대한 사용수익권을 주장할 수 없게 되어 매도인의 명도 청구에 대항할 수 없게 되는바, 이러한 법리는 임차인이 그 주택에 입주하고 주민등록까지 마쳐 주택임대차보호법상의 대항요건을 구비하였거나 전세계약서에 확정일자를 부여받았다고 하더라도 마찬가지라고 판시하고 있다(대판 1995.12.12. 95다32037).

(6) 해제와 동시이행

민법 제549조는 당사자 간의 원상회복의무 사이에만 동시이행관계를 인정하고 있으나, 판례는 손해배상의무에 대하여도 동시이행관계를 인정하고 있다(대판 1992.4.28. 91다29972).

4. 해제권의 소멸

(1) 일반적 소멸원인
① 해제권의 행사 전에 채무의 이행이나 이행제공이 있으면 해제권은 소멸한다.
② 해제권의 포기 또는 실효
③ 제척기간의 만료

(2) 해제권에 특유한 소멸원인
① 최고에 의한 소멸 : 상대방의 최고권 행사에 대해 확답을 하지 않은 경우(민법 제552조)
② 해제권자의 고의·과실로 계약목적물을 현저히 훼손시키거나 목적물을 반환할 수 없게 된 경우(민법 제553조)

기출 14

③ 해제권 행사·소멸의 불가분성에 따라 1인에게 해제권이 소멸한 경우

III 약정해제

1. 의 의
계약을 체결하면서 장래의 사정변경에 대비하기 위하여 특약으로 해제권을 유보하는 경우를 의미한다.

2. 약정해제권의 행사
특약을 한 경우 그에 따라야 한다. 특약이 없는 경우에는 상대방에 대한 의사표시로 한다. 해제의 불가분성에 관한 민법 제547조도 적용된다.

3. 약정해제의 효과
원상회복의무가 생긴다. 그러나 채무불이행에 의한 것이 아니므로 일반적으로 손해배상의 청구라는 효과는 생기지 않는다. 따라서 민법 제551조는 적용되지 않는다. 기출 14

4. 약정해제권의 소멸
법정해제권의 소멸을 참조하라. 단, 계약금의 교부에 의하여 해제권이 유보된 경우에 당사자의 일방이 이행에 착수하면 해제권이 소멸하지만, 그 밖의 경우에는 중도금 지급 후라도 약정해제권을 행사할 수 있다(대판 1979.9.25. 79다832).

Ⅳ 계약의 해지

1. 의의
계속적 계약관계의 경우 일방적 의사표시로 그 효력을 장래에 향하여 소멸시키는 것을 해지라고 한다.

2. 해지권의 발생

(1) 법정해지권
민법은 각종의 계약에 관하여 개별적으로 법정해지권의 발생원인을 규정하고 있다.

(2) 약정해지권
계약을 체결하면서 당사자 일방이나 쌍방을 위하여 해지권을 유보하는 특약을 할 수도 있다.

3. 해지권의 행사
① 해지권의 행사는 상대방에 대한 의사표시로써 하며, 재판상·재판외 행사 모두 가능하다(대판 2000.1.28. 99다50712).
② 해지의 의사표시는 철회하지 못한다(민법 제543조 제2항).
③ 행사 및 소멸의 불가분성은 해제권과 동일하다(민법 제547조).

4. 해지의 효과

(1) 장래효
계약을 해지한 때에는 계약은 장래에 대하여 그 효력을 잃는다(민법 제550조). 기출 16 이 점이 소급효가 인정되는 해제와 근본적으로 다르다.

(2) 손해배상의 청구
해지는 손해배상의 청구에 영향을 미치지 않는다(민법 제551조).

CHAPTER 01 계약총론

01 甲이 2025.1.1. 乙에게 '핸드폰을 1백만원에 매도하고자 하니 매수 여부를 2025.1.20.까지 알려달라'는 내용의 우편을 발송하여 2025.1.5. 乙에게 도달하였다. 이에 관한 설명으로 옳지 않은 것은?(甲과 乙은 격지자 간임을 전제로 하고, 다툼이 있으면 판례에 따름) 기출 25

① 甲이 2025.1.3. 위 매도청약을 철회한다는 내용의 우편을 발송하여 2025.1.6. 乙에게 도달한 경우, 甲의 청약은 유효하다.
② 乙이 2025.1.20.까지 회신을 하지 않으면 甲의 청약은 효력을 상실한다.
③ 乙이 2025.1.18. 甲의 통지대로 매수하겠다는 내용의 우편을 발송하여 2025.1.22. 甲에게 도달한 경우, 매매계약은 성립한다.
④ 乙이 2025.1.10. 甲에게 80만원에 사겠다는 내용의 우편을 발송하여 2025.1.15. 도달하였다면 甲의 청약은 효력을 상실한다.
⑤ 만약 甲의 위 우편에 '2025.1.20.까지 답이 없으면 매수하겠다는 의사로 간주하겠다'는 내용이 포함되어 있음에도 乙이 회신하지 않으면 매매가 성립한 것으로 본다.

02 甲은 2025.2.1. 乙에게 기계를 1천만원에 매도하기로 하면서, 乙은 계약금 1백만원은 계약 당일 지급하였고, 중도금 3백만원은 2025.2.10.에 지급하며, 잔금은 2025.2.20. 기계의 인도와 동시에 지급하기로 합의하였다. 이에 관한 설명으로 옳은 것은?(다툼이 있으면 판례에 따름) 기출 25

① 乙이 중도금을 지급하지 않은 채 잔금기일이 지난 경우, 기계인도채무와 동시이행관계에 있는 것은 잔금 지급채무만이다.
② 乙이 중도금을 지급하지 않은 채 잔금기일이 지난 경우, 중도금에 대한 지연손해금은 잔금기일이 지나서도 계속 발생한다.
③ '중도금을 지급기일에 지급하지 않으면 최고 없이 해제된다'고 특약한 경우, 중도금이 지급기일에 지급되지 않으면 원칙적으로 위 특약에 의해 해제된 것으로 본다.
④ '잔금을 지급기일에 지급하지 않으면 최고 없이 해제된다'고 특약한 경우, 잔금이 지급기일에 지급되지 않으면 원칙적으로 위 특약에 의해 해제된 것으로 본다.
⑤ 매매목적물이 자기소유라고 주장하는 제3자가 있더라도, 乙은 매매대금의 지급을 거절할 권리는 없다.

● 해설 및 정답 ●

01 ① (○) 청약은 상대방 있는 의사표시에 해당하여, 상대방에게 도달한 때 효력이 발생하므로(민법 제111조 제1항), 더 이상 청약자는 청약을 철회할 수 없다(민법 제527조). 따라서 2025.1.1. 甲의 위 매도청약이 2025.1.5. 乙에게 도달하여 청약의 효력이 발생한 경우, 甲이 2025.1.3. 위 매도청약을 철회한다는 내용의 우편을 발송하여 2025.1.6. 乙에게 도달한 경우라도 2025.1.1. 위 매도청약은 유효하다.
② (○) 승낙의 기간을 정한 계약의 청약은 청약자가 그 기간 내에 승낙의 통지를 받지 못한 때에는 그 효력을 잃는다(민법 제528조 제1항). 乙이 2025.1.20.까지 승낙의 통지를 회신하지 않았다면 甲의 청약은 효력을 상실한다.
③ (×) 乙이 2025.1.18. 甲의 통지대로 매수하겠다는 내용의 우편을 발송하여 2025.1.22. 甲에게 도달한 경우, 청약자 甲이 지체 없이 연착의 통지를 하지 아니하였다면 乙의 승낙의 통지는 연착되지 아니한 것으로 간주되므로(민법 제529조 제3항), 격지자 간의 매매계약은 乙이 승낙의 통지를 발송한 때인 2025.1.18. 성립한다. 다만, 甲이 2025.1.1.에 우편을 발송하여 2025.1.5.에 乙에게 도달한 것을 고려할 때 甲과 乙 간의 우편의 도달은 4일이 걸리는 것이 통상적이라고 판단된다. 따라서 乙이 2025.1.18. 우편을 발송하여 2025.1.22. 甲에게 도달한 경우, 이는 통상적인 도달이고 연착통지의 대상이라고 하기는 어렵다. 결국 乙의 우편이 승낙기간인 2025.1.20. 이후에 甲에게 도달하였으므로 甲과 乙 간의 매매계약은 성립하지 아니한다고 이해할 여지가 있다. 이러한 이유로 지문 ⑤와 함께 지문 ③도 최종 정답에서 오답으로 처리하여 복수정답을 인정한 것으로 보인다.
④ (○) 승낙자가 청약에 대하여 조건을 붙이거나 변경을 가하여 승낙한 때에는 그 청약의 거절과 동시에 새로 청약한 것으로 보므로(민법 제534조), 乙이 2025.1.10. 甲에게 80만원에 사겠다는 내용의 우편을 발송하여 2025.1.15. 도달하였다면 甲의 청약은 거절된 것으로 간주되어 그 효력을 상실한다.
⑤ (×) <u>청약자가 미리 정한 기간 내에 이의를 하지 아니하면 승낙한 것으로 간주한다는 뜻을 청약시 표시하였다고 하더라도 이는 상대방을 구속하지 아니하고 그 기간은 경우에 따라 단지 승낙기간을 정하는 의미를 가질 수 있을 뿐이다</u>(대판 1999.1.29. 98다48903). 이러한 판례의 취지를 고려할 때 만약 甲의 위 우편에 '2025.1.20.까지 답이 없으면 매수하겠다는 의사로 간주하겠다'는 내용이 포함되어 있더라도 乙이 회신하지 않은 경우 매매가 성립한 것으로 볼 수는 없다.

정답 ③, ⑤

02 ① (×) 乙이 중도금을 지급하지 않은 채 잔금기일이 지난 경우 甲의 기계인도채무와 동시이행관계에 있는 것은 <u>乙의 중도금 및 이에 대한 지급일 다음 날부터 잔대금지급일까지의 지연손해금과 잔대금의 지급채무이다</u>(대판 1991.3.27. 90다19930).
② (×) 매수인이 선이행하여야 할 중도금지급을 하지 아니한 채 잔대금지급일을 경과한 경우에는 매수인의 중도금 및 이에 대한 지급일 다음 날부터 잔대금지급일까지의 지연손해금과 잔대금의 지급채무는 매도인의 소유권이전등기의무와 특별한 사정이 없는 한 동시이행관계에 있다고 할 것이어서(대판 1991.3.27. 90다19930), 그 때부터 乙은 중도금에 대한 지연손해금을 지급하지 아니한데 대한 이행지체의 책임을 지지 아니하므로 乙이 중도금을 지급하지 않은 채 잔금기일이 지난 경우, <u>그 지연손해금은 잔금기일 이후에는 발생하지 않는다</u>.
③ (○) 매매계약에 있어서 매수인이 중도금을 약정한 일자에 지급하지 아니하면 그 계약을 무효로 한다고 하는 특약이 있는 경우 매수인이 약정한대로 중도금을 지급하지 아니하면 별도의 해제의 의사표시를 요하지 아니하고 그 불이행 자체로써 계약은 그 일자에 자동적으로 해제된 것이라고 보아야 한다(대판 1981.8.13. 91다13717).
④ (×) 부동산 매매계약에 있어서 매수인이 잔대금지급기일까지 그 대금을 지급하지 못하면 그 계약이 자동적으로 해제된다는 취지의 약정이 있더라도 특별한 사정이 없는 한 매수인의 잔대금지급의무와 매도인의 소유권이전등기의무는 동시이행의 관계에 있으므로 매도인이 잔대금지급기일에 소유권이전등기에 필요한 서류를 준비하여 매수인에게 알리는 등 이행의 제공을 하여 매수인으로 하여금 이행지체에 빠지게 하였을 때에 비로소 자동적으로 매매계약이 해제된다고 보아야 하고 매수인이 그 약정기한을 도과하였더라도 이행지체에 빠진 것이 아니라면 대금 미지급으로 계약이 자동해제된다고는 볼 수 없다(대판 1992.10.27. 91다32022).
⑤ (×) 매매의 목적물인 기계에 대하여 소유권을 주장하는 제3자가 있는 경우에 乙이 매수한 권리의 전부나 일부를 잃을 염려가 있는 때에는 乙은 그 위험의 한도에서 대금의 전부나 일부의 지급을 거절할 수 있다. 그러나 甲이 상당한 담보를 제공한 때에는 乙은 대금지급을 거절하지 못한다(민법 제587조 참조).

정답 ③

03 매매목적물의 멸실에 따른 법률관계에 관한 설명으로 옳지 않은 것은?(다툼이 있으면 판례에 따름) 기출 25

① 매매계약체결 당시 매매목적물이 당사자 쌍방의 귀책사유 없이 멸실된 상태였던 경우는 위험부담이 문제되지 않는다.
② 매매계약체결 당시 매매목적물이 멸실된 상태였고 매수인이 대금을 이미 지급한 경우, 매수인은 매도인에 대하여 부당이득으로서 대금의 반환을 청구할 수 있다.
③ 매매계약체결 당시 매매목적물이 멸실된 사실을 자신의 과실로 알지 못한 매수인은 매도인을 상대로 계약체결상의 과실책임을 추궁할 수 없다.
④ 매매계약체결 후 매수인의 수령지체 중에 당사자 쌍방의 책임 없는 사유로 매매목적물이 멸실된 경우, 매도인은 매수인을 상대로 매매대금의 지급을 청구할 수 있다.
⑤ 매수인이 매매목적물을 인도받아 사용하던 중 당사자 쌍방의 귀책사유 없이 제3자의 소유로 판명되어 제3자에게 그 목적물을 인도한 경우, 매수인은 매도인에게 그 목적물의 사용에 따른 이익을 반환할 의무는 없다.

04 제3자를 위한 계약에 관한 설명으로 옳은 것은?(다툼이 있으면 판례에 따름) 기출 25

① 계약의 일방 당사자로 하여금 '그가 제3자에 대하여 가지는 채권'에 관하여 그 채무를 면제하도록 하는 합의도 제3자를 위한 계약에 준하는 것으로서 유효하다.
② 요약자는 낙약자에 대하여 '제3자에게 급부를 이행할 것'을 요구할 권리는 없다.
③ 제3자가 수익의 의사표시를 한 이후에는 요약자와 낙약자가 계약 당시 제3자의 권리를 변경시킬 수 있도록 미리 유보하였더라도 요약자와 낙약자는 제3자의 권리를 변경시킬 수 없다.
④ 요약자와 낙약자 사이의 매매계약이 해제된 경우, 그 계약에 따라 매매대금을 제3자에게 지급한 낙약자는 그 제3자에 대하여 지급한 금액의 반환을 청구할 수 있다.
⑤ 낙약자는 요약자와 수익자 사이의 대가관계가 해제되었다는 점을 들어 수익자에게 대항할 수 있다.

● 해설 및 정답 ●

03 ① (○) 매매계약체결 당시 이미 매매목적물이 당사자 쌍방의 귀책사유 없이 멸실된 상태인 원시적 불능의 경우에는 후발적 불능과 달리 당사자 쌍방의 귀책사유를 불문하고 위험부담이 문제되지 않는다.
② (○) 원시적·객관적·전부 불능의 매매계약은 무효이므로, 매수인이 대금을 이미 지급한 경우, 매수인은 매도인에 대하여 부당이득반환의 법리에 따라 매매대금의 반환을 청구할 수 있다.
③ (○) 목적이 불능(원시적·객관적·전부 불능)한 계약을 체결할 때에 그 불능을 알았거나 알 수 있었을 매도인은 매수인이 그 계약의 유효를 믿었음으로 인하여 받은 손해를 배상하여야 하나(민법 제535조 제1항 본문), 매수인이 그 불능을 알았거나 알 수 있었을 경우에는 매도인을 상대로 계약체결상의 과실책임을 추궁할 수 없다(민법 제535조 제2항).
④ (○) 매매계약체결 후 매수인의 수령지체 중에 당사자 쌍방의 책임 없는 사유로 매매목적물이 멸실되어 이행할 수 없게 된 경우, 매도인은 매수인을 상대로 매매대금의 지급을 청구할 수 있다(민법 제538조 제1항 후문).
⑤ (×) 매수인이 매매목적물을 인도받아 사용하던 중 당사자 쌍방의 귀책사유 없이 제3자의 소유로 판명되어 제3자에게 그 목적물을 인도한 경우, 타인권리매매의 경우 매도인의 담보책임 규정(민법 제570조)에 따라 선의의 매수인은 매도인에게 매매계약을 해제하고, 손해배상을 청구할 수 있다. 이때 매매계약의 해제의 효과로써 발생하는 원상회복의무의 범위에 관하여는 민법 제548조 제1항 본문은 부당이득에 관한 특별규정의 성격을 가진 것이라 할 것이어서, 그 이익 반환의 범위는 이익의 현존 여부나 선의·악의에 불문하고 특단의 사유가 없는 한 받은 이익의 전부라고 할 것이다(대판 1998.12.23. 98다43175 참조). 따라서 매수인은 매도인에게 매매목적물의 사용에 따른 이익을 반환할 의무를 부담한다(대판 2024.2.29. 2023다289720 참조).

정답 ⑤

04 ① (○) 제3자를 위한 계약이 성립하기 위하여는 일반적으로 그 계약의 당사자가 아닌 제3자로 하여금 직접 권리를 취득하게 하는 조항이 있어야 할 것이지만, 계약의 당사자가 제3자에 대하여 가진 채권에 관하여 그 채무를 면제하는 계약도 제3자를 위한 계약에 준하는 것으로서 유효하다(대판 2004.9.3. 2002다37405).
② (×) 제3자를 위한 계약에서 제3자는 채무자(낙약자)에 대하여 계약의 이익을 받을 의사를 표시한 때에 채무자에게 직접 이행을 청구할 수 있는 권리를 취득하고(민법 제539조), 요약자는 제3자를 위한 계약의 당사자로서 원칙적으로 제3자의 권리와는 별도로 낙약자에 대하여 제3자에게 급부를 이행할 것을 요구할 수 있는 권리를 가진다. 이때 낙약자가 요약자의 이행청구에 응하지 아니하면 특별한 사정이 없는 한 요약자는 낙약자에 대하여 제3자에게 급부를 이행할 것을 소로써 구할 이익이 있다(대판 2022.1.27. 2018다259565).
③ (×) 제3자를 위한 계약에 있어서, 제3자가 민법 제539조 제2항에 따라 수익의 의사표시를 함으로써 제3자에게 권리가 확정적으로 귀속된 경우에는, 요약자와 낙약자의 합의에 의하여 제3자의 권리를 변경·소멸시킬 수 있음을 미리 유보하였거나, 제3자의 동의가 있는 경우가 아니면 계약의 당사자인 요약자와 낙약자는 제3자의 권리를 변경·소멸시키지 못하고, 만일 계약의 당사자가 제3자의 권리를 임의로 변경·소멸시키는 행위를 한 경우 이는 제3자에 대하여 효력이 없다(대판 2002.1.25. 2001다30285). 이러한 판례의 취지를 고려할 때 제3자가 수익의 의사표시를 한 이후에도 요약자와 낙약자가 계약 당시 제3자의 권리를 변경시킬 수 있도록 미리 유보하였더라면 요약자와 낙약자는 제3자의 권리를 변경시킬 수 있다.
④ (×) 제3자를 위한 계약관계에서 낙약자와 요약자 사이의 법률관계(이른바 기본관계)를 이루는 계약이 해제된 경우 그 계약관계의 청산은 계약의 당사자인 낙약자와 요약자 사이에 이루어져야 하므로, 특별한 사정이 없는 한 낙약자가 이미 제3자에게 급부한 것이 있더라도 낙약자는 계약해제에 기한 원상회복 또는 부당이득을 원인으로 제3자를 상대로 그 반환을 구할 수 없다(대판 2005.7.22. 2005다7566).
⑤ (×) 낙약자는 요약자와 수익자 사이의 대가관계에 기한 항변으로 수익자에게 대항하지 못하지만, 요약자와 낙약자 사이의 기본관계에 기한 항변으로 수익자에게 대항할 수 있다.

정답 ①

05 해제에 관한 설명으로 옳은 것을 모두 고른 것은? 기출 25

ㄱ. 해제의 의사표시는 철회하지 못한다.
ㄴ. 매매계약의 매수 당사자 일방이 여러 명인 경우, 매수 당사자 중 1인이 해제권을 상실하더라도 다른 매수인은 해제할 수 있다.
ㄷ. 해제권의 행사기간을 정하지 아니한 경우, 상대방이 해제권자에게 해제권의 행사 여부에 관하여 최고하였으나 해제권자로부터 상당기간이 지난 후에도 해제의 통지를 받지 못한 때에는 해제권은 소멸한다.
ㄹ. 해제권자의 가공으로 계약의 목적물이 다른 종류의 물건으로 변경된 경우, 해제권은 소멸한다.

① ㄱ, ㄴ
② ㄴ, ㄷ
③ ㄱ, ㄷ, ㄹ
④ ㄴ, ㄷ, ㄹ
⑤ ㄱ, ㄴ, ㄷ, ㄹ

06 甲은 2025.3.1. 乙에게 甲소유의 X토지를 매도하고 2025.3.7. 乙명의로 소유권이전등기를 경료해 주었는데, 2025.5.1. 위 매매계약이 적법하게 해제되었다. 이 경우 해제의 소급효로부터 보호받는 제3자에 해당하지 않는 자를 모두 고른 것은?(다툼이 있으면 판례에 따름) 기출 25

ㄱ. 2025.4.1. 甲의 乙에 대한 매매대금 채권을 압류한 자
ㄴ. 2025.4.1. X를 압류한 자
ㄷ. 甲에 의한 해제가능성을 알면서 2025.4.1. 乙로부터 X에 저당권설정등기를 경료받은 자
ㄹ. 계약이 해제된 사실을 알면서 2025.5.3. 乙과 매매예약을 체결하고 그에 기한 소유권이전청구권 보전을 위한 가등기를 마친 자

① ㄱ, ㄴ
② ㄱ, ㄹ
③ ㄴ, ㄷ
④ ㄱ, ㄴ, ㄹ
⑤ ㄴ, ㄷ, ㄹ

07 계약의 성립에 관한 설명으로 옳은 것은?(다툼이 있으면 판례에 따름) 기출 24

① 민법은 청약의 구속력에 관한 규정에서 철회할 수 있는 예외를 규정하고 있다.
② 승낙기간을 정하지 않은 청약은 청약자가 상당한 기간 내에 승낙 통지를 받지 못한 때에 그 효력을 잃는다.
③ 민법은 격지자간의 계약은 승낙의 통지가 도달한 때에 성립한다고 규정하고 있다.
④ 청약은 그에 응하는 승낙이 있어야 계약이 성립하므로 구체적이거나 확정적일 필요가 없다.
⑤ 아파트의 분양광고가 청약의 유인인 경우, 피유인자가 이에 대응하여 청약을 하는 것으로써 분양계약은 성립한다.

• **해설 및 정답** •

05 ㄱ. (○) 해제의 의사표시는 철회하지 못한다(민법 제543조 제2항).
ㄴ. (×) 매매계약의 매수 당사자 일방이 여러 명인 경우, 매수 당사자 중 1인이 해제권을 상실하였다면 다른 매수인도 해제권을 상실한다(해제권 소멸의 불가분성)(민법 제547조 제2항).
ㄷ. (○) 해제권의 행사기간을 정하지 아니한 때에는 상대방은 상당한 기간을 정하여 해제권 행사 여부의 확답을 해제권자에게 최고할 수 있고(민법 제552조 제1항), 해제권자로부터 상당한 기간 내에 해제의 통지를 받지 못한 때에는 해제권은 소멸한다(민법 제552조 제2항).
ㄹ. (○) 해제권자의 고의나 과실로 인하여 계약의 목적물이 현저히 훼손되거나 이를 반환할 수 없게 된 때 또는 가공이나 개조로 인하여 다른 종류의 물건으로 변경된 때에는 해제권은 소멸한다(민법 제553조).

정답 ③

06 ㄱ. (제3자에 해당 ×) 민법 제548조 제1항 단서에서 말하는 제3자란 일반적으로 그 해제된 계약으로부터 생긴 법률효과를 기초로 하여 해제 전에 새로운 이해관계를 가졌을 뿐 아니라 등기, 인도 등으로 완전한 권리를 취득한 자를 말하므로 계약상의 채권을 양수한 자나 그 채권 자체를 압류 또는 전부한 채권자는 여기서 말하는 제3자에 해당하지 아니한다(대판 2000.4.11. 99다51685). 따라서 2025.4.1. 甲의 乙에 대한 매매대금 채권을 압류한 자는 민법 제548조 제1항 단서의 제3자에 해당하지 않는다.
ㄴ. (제3자에 해당 ○) 실권특약부 매매계약에 기하여 매수인 앞으로 소유권이전등기가 경료되어 매수인의 책임재산이 된 토지를 체납처분의 일환으로 압류하고 그 등기까지 마친 자는 위 토지를 환가하여 그 대금으로 채권의 만족을 얻을 수 있는 별개의 새로운 권리를 취득하였으므로 민법 제548조 제1항 단서 소정의 제3자에 포함되고, 따라서 매도인은 실권특약에 의한 계약의 실효나 계약해제의 효과 등으로써 위 압류채권자에게 대항할 수 없다(대판 2000.4.21. 2000다584). 이에 따라 2025.4.1. X토지를 압류한 자는 민법 제548조 제1항 단서의 제3자에 해당한다.
ㄷ. (제3자에 해당 ○) 계약당사자의 일방이 계약을 해제한 경우 그 계약의 해제 전에 그 해제와 양립되지 아니하는 법률관계를 가진 제3자에 대하여는 계약의 해제에 따른 법률효과를 주장할 수 없고, 이는 제3자가 그 계약의 해제 전에 계약이 해제될 가능성이 있다는 것을 알았거나 알 수 있었다 하더라도 달라지지 아니한다(대판 2010.12.23. 2008다57746). 甲에 의한 해제가능성을 알면서 계약해제 전인 2025.4.1. 乙로부터 X토지에 저당권설정등기를 경료받은 자도 민법 제548조 제1항 단서의 제3자에 해당한다.
ㄹ. (제3자에 해당 ×) 계약 당사자의 일방이 계약을 해제하였을 때에는 계약은 소급하여 소멸하고 각 당사자는 원상회복의 의무를 지게 되나, 이 경우 계약해제로 인한 원상회복등기 등이 이루어지기 전에는 계약의 해제를 주장하는 자와 양립되지 아니하는 법률관계를 가지게 되었고 계약해제 사실을 몰랐던 제3자에 대하여는 계약해제를 주장할 수 없으며, 이러한 법리는 실권특약부 매매계약이 그 특약에 의하여 소급적으로 실효되는 경우에도 마찬가지로 적용된다(대판 2000.4.21. 2000다584). 이러한 판례의 취지를 고려할 때 2025.5.1. 매매계약이 해제된 사실을 알면서 2025.5.3. 乙과 매매예약을 체결하고 그에 기한 소유권이전청구권 보전을 위한 가등기를 마친 자는 민법 제548조 제1항 단서의 제3자에 해당하지 않는다.

정답 ②

07 ① (×) 민법은 청약의 구속력에 관한 규정(민법 제527조)에서 "계약의 청약은 이를 철회하지 못한다."고 규정하고 있을 뿐, 철회할 수 있는 예외를 규정하고 있지 않다.
② (○) 승낙의 기간을 정하지 아니한 계약의 청약은 청약자가 상당한 기간 내에 승낙의 통지를 받지 못한 때에는 그 효력을 잃는다(민법 제529조).
③ (×) 민법은 "격지자간의 계약은 승낙의 통지를 발송한 때에 성립한다."고 규정하고 있다(민법 제531조).
④ (×) 계약이 성립하기 위한 법률요건인 청약은 그에 응하는 승낙만 있으면 곧 계약이 성립하는 구체적, 확정적 의사표시이어야 하므로, 청약은 계약의 내용을 결정할 수 있을 정도의 사항을 포함시키는 것이 필요하다(대판 2017.10.26. 2017다242867).
⑤ (×) 청약은 이에 대응하는 상대방의 승낙과 결합하여 일정한 내용의 계약을 성립시킬 것을 목적으로 하는 확정적인 의사표시인 반면 청약의 유인은 이와 달리 합의를 구성하는 의사표시가 되지 못하므로 피유인자가 그에 대응하여 의사표시를 하더라도 계약은 성립하지 않고 다시 유인한 자가 승낙의 의사표시를 함으로써 비로소 계약이 성립하는 것으로서 서로 구분되는 것이다. 그리고 위와 같은 구분기준에 따르자면, 상가나 아파트의 분양광고의 내용은 청약의 유인으로서의 성질을 갖는데 불과한 것이 일반적이라 할 수 있다(대판 2007.6.1. 2005다5812).

정답 ②

CHAPTER 02 계약각론

> **출제포인트**
> ☐ 증여・특수한 증여
> ☐ 매매(계약금・담보책임)
> ☐ 소비대차・임대차
> ☐ 도급・여행계약
> ☐ 위임・임치・조합・화해계약

제1절 증여

I 서설

1. 의의

증여란 당사자 일방이 무상으로 재산을 상대방에 수여하는 의사를 표시하고 상대방이 이를 승낙함으로써 그 효력이 생기는 계약을 말한다(민법 제554조). 증여는 무상・편무・낙성・불요식의 계약이다. 서면에 의하지 않은 증여는 각 당사자가 해제할 수 있는데(민법 제555조), 증여의 성립에 반드시 서면이 작성되어야만 하는 것은 아니다. 기출 14・16・24

2. 증여의 효력

(1) 담보책임

증여는 무상계약이므로 원칙적으로 담보책임을 지지 않으나(민법 제559조 제1항 본문), 예외적으로 증여자가 악의인 때(민법 제559조 제1항 단서)와 증여가 부담부인 때(민법 제559조 제2항)에는 담보책임을 진다. 기출 16・24

(2) 해제

서면에 의하지 않은 증여의 경우 각 당사자는 이를 해제할 수 있고(민법 제555조), 수증자의 망은행위(증여자 또는 그 배우자나 직계혈족에 대한 범죄행위가 있는 때, 증여자에 대하여 부양의무있는 경우에 이를 이행하지 아니하는 때)가 있는 경우 증여자는 해제할 수 있다. 망은행위로 인한 해제권은 해제원인있음을 안 날로부터 6월을 경과하거나 증여자가 수증자에 대하여 용서의 의사를 표시한 때에는 소멸한다(민법 제556조). 또한 재산상태가 악화되어 그 이행으로 인하여 증여자의 생계에 중대한 영향을 미칠 때에는 증여자는 증여를 해제할 수 있다(민법 제557조). 기출 16 증여의 해제는 이미 이행한 부분에 대하여는 영향을 미치지 않는다(민법 제558조).

(3) 관련 판례

민법 제556조 제1항 제1호에서 정한 '범죄행위'는, 수증자가 증여자에게 감사의 마음을 가져야 함에도 불구하고 증여자가 배은망덕하다고 느낄 정도로 둘 사이의 신뢰관계를 중대하게 침해하여 수증자에게 증여의 효과를 그대로 유지시키는 것이 사회통념상 허용되지 아니할 정도의 범죄를 저지르는 것을 말한다. 이때 이러한 범죄행위에 해당하는지는 수증자가 범죄행위에 이르게 된 동기 및 경위, 수증자의 범죄행위로 증여자가 받은 피해의 정도, 침해되는 법익의 유형, 증여자와 수증자의 관계 및 친밀도, 증여행위의 동기와 목적 등을 종합적으로 고려하여 판단하여야 하고, 반드시 수증자가 그 범죄행위로 형사처벌을 받을 필요는 없다(대판 2022.3.11. 2017다207475).

Ⅱ 특수한 증여

1. 부담부 증여

(1) 담보책임

부담부분에 한하여 담보책임을 진다(민법 제559조 제2항). 기출 22 · 25

(2) 준용규정

① 부담에 한해 동시이행항변권, 위험부담의 규정을 적용한다(민법 제561조).
② 부담 있는 증여에 대하여는 쌍무계약에 관한 규정이 준용되어 부담의무 있는 상대방이 자신의 의무를 이행하지 아니할 때에는 비록 증여계약이 이미 이행되어 있다 하더라도 증여자는 계약을 해제할 수 있고, 그 경우 민법 제555조와 민법 제558조는 적용되지 아니하기 때문에 원상회복의무가 있다(대판 1997.7.8. 97다2177). 기출 25

(3) 관련 판례[18]

1) 증여계약의 해제 가부

민법 제555조는 "증여의 의사가 서면으로 표시되지 아니한 경우에는 각 당사자는 이를 해제할 수 있다."라고 정하고, 민법 제561조는 "상대부담있는 증여에 대하여는 본절의 규정 외에 쌍무계약에 관한 규정을 적용한다."라고 정한다. 이처럼 부담부 증여에도 민법 제3편 제2장 제2절(제554조부터 제562조까지)의 증여에 관한 일반 조항들이 그대로 적용되므로, 증여의 의사가 서면으로 표시되지 않은 경우 각 당사자는 원칙적으로 민법 제555조에 따라 부담부 증여계약을 해제할 수 있다. 그러나 부담부 증여계약에서 증여자의 증여 이행이 완료되지 않았더라도 수증자가 부담의 이행을 완료한 경우에는, 그러한 부담이 의례적·명목적인 것에 그치거나 그 이행에 특별한 노력과 비용이 필요하지 않는 등 실질적으로는 부담 없는 증여가 이루어지는 것과 마찬가지라고 볼 만한 특별한 사정이 없는 한, 각 당사자가 서면에 의하지 않은 증여임을 이유로 증여계약의 전부 또는 일부를 해제할 수는 없다고 봄이 타당하다(대판 2022.9.29. 2021다299976).

---

[18] 부담부 증여의 경우에도 원칙적으로 민법상의 증여에 관한 일반 조항(민법 제554조부터 제562조까지의 규정)은 그대로 적용되나, 수증자가 그 부담을 이행하지 아니하는 경우에는 증여자는 민법 제555조, 제558조가 아닌 민법 제544조에 의하여 증여계약을 해제할 수 있고(대판 1997.7.8. 97다2177), 수증자가 부담을 이미 이행한 경우도 민법 제555조가 적용되지 아니하므로 각 당사자가 서면에 의하지 않은 증여임을 이유로 증여계약의 전부 또는 일부를 해제할 수는 없다(대판 2022.9.29. 2021다299976)는 것이 판례의 취지라고 이해하면 족하다.

2) 부담의 증명책임

증여에 상대부담(민법 제561조) 등의 부관이 붙어 있는지 또는 증여와 관련하여 상대방이 별도의 의무를 부담하는 약정을 하였는지 여부는 당사자 사이에 어떠한 법률효과의 발생을 원하는 대립하는 의사가 있고 그것이 말 또는 행동 등에 의하여 명시적 또는 묵시적으로 외부에 표시되어 합치가 이루어졌는가를 확정하는 것으로서 사실인정의 문제에 해당하므로, 이는 그 존재를 주장하는 자가 증명하여야 하는 것이다(대판 2010.5.27. 2010다5878). 기출 25

2. 정기증여

① 정기증여는 계속적인 채권관계에 해당한다.
② 정기증여는 증여자 또는 수증자의 사망으로 효력을 상실한다(민법 제560조).

3. 사인증여

(1) 준용규정(민법 제562조)

사인증여는 계약이나, 유증은 단독행위·요식행위라는 점에서, 주로 유증의 효력에 관한 것을 준용하고, 단독행위·요식행위로서의 성질을 갖는 것은 준용하지 않는다(대판 1996.4.12. 94다37714).

(2) 포괄적 사인증여

포괄적 사인증여는 낙성·불요식의 증여계약의 일종이고, 포괄적 유증은 엄격한 방식을 요하는 단독행위이며, 방식을 위배한 포괄적 유증은 대부분 포괄적 사인증여로 보여질 것인바, 포괄적 사인증여에 민법 제1078조가 준용된다면 양자의 효과는 같게 되므로, 결과적으로 포괄적 유증에 엄격한 방식을 요하는 요식행위로 규정한 조항들은 무의미하게 된다. 따라서 민법 제1078조가 포괄적 사인증여에 준용된다고 하는 것은 사인증여의 성질에 반하므로 준용되지 아니한다(대판 1996.4.12. 94다37714).

제2절 매 매

I 의 의

매매는 당사자 일방, 즉 매도인이 일정한 재산권을 상대방, 즉 매수인에게 이전할 것을 약정하고, 상대방은 이에 대하여 대금을 지급할 것을 약정함으로써 성립하는 낙성·쌍무·불요식의 유상계약이다(민법 제563조).

Ⅱ 매매의 성립

1. 개 관 기출 23

매매는 낙성계약이므로, 재산권 이전과 대금지급에 관한 합의만 있으면 유효하게 성립한다. 매매목적물과 대금은 반드시 계약 체결 당시에 구체적으로 특정할 필요는 없고, 이를 나중에라도 구체적으로 특정할 수 있는 방법과 기준이 정해져 있으면 충분하다(대판 2020.4.9. 2017다20371). 이 경우 그 약정된 기준에 따른 대금액 산정에 관하여 당사자 간에 다툼이 있다면 법원이 이를 정할 수밖에 없다. 매매대금 액수를 일정기간 후 시가에 의하여 정하기로 하였다는 사유만을 들어 매매계약이 아닌 매매예약이라고 단정할 것은 아니다. 그 밖에 특별한 사정이 없는 한 이행시기, 이행장소, 담보책임 등에 관한 합의가 없었더라도 매매계약이 성립하는 데에 지장이 없다(대판 2023.9.14. 2023다227500). 매매는 처분행위가 아니므로, 매도인이 권리자가 아니더라도 의무부담행위로서 매매는 유효하게 성립하고, 매도인은 매수인에게 재산권의 이전의무를 부담한다(민법 제569조). 매매의 성립에 관하여 주의할 것은 매매의 예약과 계약금이다.

2. 매매의 예약

> **매매의 일방예약(민법 제564조)**
> ① 매매의 일방예약은 상대방이 매매를 완결할 의사를 표시하는 때에 매매의 효력이 생긴다.
> ② 전항의 의사표시의 기간을 정하지 아니한 때에는 예약자는 상당한 기간을 정하여 매매완결 여부의 확답을 상대방에게 최고할 수 있다.
> ③ 예약자가 전항의 기간 내에 확답을 받지 못한 때에는 예약은 그 효력을 잃는다.

(1) 의 의

장차 본계약을 체결할 것을 약정하는 것이 예약이고, 매매의 예약은 장차 매매계약을 체결할 것을 약정하는 것이다. 예약자체는 채권계약이다.

(2) 종 류

1) 일방예약과 쌍방예약

쌍방 예약당사자 중 일방만이 예약완결권을 가지는 것을 일방예약이라 하고, 쌍방이 예약완결의 의사표시를 할 수 있는 권리를 가지는 것을 쌍방예약이라고 한다. 기출 12

2) 편무예약과 쌍무예약

당사자 일방만이 승낙의무를 부담하는 경우 즉, 본계약 체결의 청약을 할 수 있는 권리를 당사자 일방만이 가지는 경우와 당사자 쌍방이 모두 승낙의무를 부담하는 경우, 즉 당사자 쌍방이 모두 상대방에 대하여 청약을 할 수 있는 권리를 가지는 경우가 있는데 전자를 편무예약, 후자를 쌍무예약이라고 한다.

3) 일방예약의 추정

당사자가 위의 네 가지 유형 중 어느 종류의 예약을 하였는지는 계약의 성질 또는 해석에 의하여 결정되어야 하지만, 법은 특히 일방예약에 관한 규정을 두고 있기 때문에(민법 제564조 제1항), 매매의 예약은 일방예약으로 추정된다.

(3) 매매의 일방예약

1) 성립요건
매매예약은 당사자의 합의만 있으면 성립하며, 매매의 일방예약에 의해 매매를 완결할 의사표시를 한 때에 매매가 성립하고 즉시 효력이 생기므로 예약 당시에 그 예약에 의하여 체결된 본계약의 요소가 되는 내용이 확정되어 있거나 또는 확정될 수 있어야 한다(대판 1993.5.27. 93다4908). 기출 24

2) 예약완결권 기출 21·23
① 예약완결권이란 매매의 일방예약 또는 쌍방예약에 의하여 일방 또는 쌍방이 상대방에게 매매완결의 의사표시를 할 수 있는 권리인 바, 이는 형성권이고 재산권에 해당한다. 약정이 없는 경우 10년의 제척기간에 걸린다.
② 예약완결권의 존속기간을 정하지 않은 경우 예약자는 상당한 기간을 정하여 매매완결 여부의 확답을 최고할 수 있고, 확답을 받지 못한 경우 예약은 그 효력을 잃는다.
③ 예약완결권은 양도성이 있다.

3. 계약금

(1) 의 의
계약을 체결할 때에 그 계약에 부수하여 당사자의 일방이 상대방에게 교부하는 금전 기타의 유가물을 말한다. 계약금계약은 요물계약이며 종된 계약이다.

(2) 법적 성질

1) 해약금
계약금의 교부는 당사자 간의 다른 약정이 없는 한 해약금으로 추정된다(통설·판례)(민법 제565조).

기출 16·17

2) 위약금
① 계약금에 대하여 위약금으로서의 성격을 인정하기 위해서는 당사자 간의 별도의 위약금 특약이 있어야 한다(통설·판례).
② 해약금을 당사자 간의 합의로 위약금으로 하기로 한다면 손해배상예정액으로도 추정된다(민법 제398조 제4항).

(3) 해약금에 의한 해제권의 행사

1) 해제권의 행사요건
① 당사자의 일방이 이행에 착수할 때까지, 교부자는 이를 포기하고 수령자는 그 배액을 상환하여 매매계약을 해제할 수 있다(민법 제565조 제1항). 기출 16·17
② 이행에 착수한다는 것은 객관적으로 외부에서 인식할 수 있는 정도로 채무의 이행행위의 일부를 하거나 또는 이행을 하기 위하여 필요한 전제행위를 하는 경우를 말하는 것으로서 단순히 이행의 준비를 하는 것만으로는 부족하나 반드시 계약내용에 들어 맞는 이행의 제공의 정도에까지 이르러야 하는 것은 아니다(대판 1993.5.25. 93다1114). 중도금의 제공은 급부의 일부를 실현하는 것으로서 이행의 착수에 해당한다. 기출 17 이행기 전에 이루어진 이행이 이행의 착수에 해당하는지 문제되나, 판례는 이행기의 약정이 있는 경우라도 당사자가 채무의 이행기 전에는 착수하지 아니하기로 하는 특약을 하는 등의 특별한 사정이 없는 한 이행기 전에도 이행에 착수할 수 있다고(대판 2006.2.10. 2004다11599) 한다.

해약금에 의한 해제권 행사의 가부

- 종전 판례는 "계약금계약은 금전 기타 유가물의 교부를 요건으로 하므로 단지 계약금을 지급하기로 약정만 한 단계에서는 아직 계약금으로서의 효력, 즉 위 민법 규정에 의해 계약해제를 할 수 있는 권리는 발생하지 않는다고 할 것이다. 따라서 당사자가 계약금의 일부만을 먼저 지급하고 잔액은 나중에 지급하기로 약정하거나 계약금 전부를 나중에 지급하기로 약정한 경우, 교부자가 계약금의 잔금이나 전부를 약정대로 지급하지 않으면 상대방은 계약금 지급의무의 이행을 청구하거나 채무불이행을 이유로 계약금약정을 해제할 수 있고, 나아가 위 약정이 없었더라면 주계약을 체결하지 않았을 것이라는 사정이 인정된다면 주계약도 해제할 수도 있을 것이나, 교부자가 계약금의 잔금 또는 전부를 지급하지 아니하는 한 계약금계약은 성립하지 아니하므로 당사자가 임의로 주계약을 해제할 수는 없다"고 판시하였다(대판 2008.3.13. 2007다73611). 기출 14·23
- 그러나 최근 판례는 "매도인이 '계약금 일부만 지급된 경우 지급받은 금원의 배액을 상환하고 매매계약을 해제할 수 있다'고 주장한 경우, '실제 교부받은 계약금'의 배액만을 상환하여 매매계약을 해제할 수 있다면 이는 당사자가 일정한 금액을 계약금으로 정한 의사에 반하게 될 뿐 아니라, 교부받은 금원이 소액일 경우에는 사실상 계약을 자유로이 해제할 수 있어 계약의 구속력이 약화되는 결과가 되어 부당하기 때문에, 계약금 일부 지급된 경우 수령자가 매매계약을 해제할 수 있다고 하더라도 해약금의 기준이 되는 금원은 '실제 교부받은 계약금'이 아니라 '약정 계약금'이라고 봄이 타당하므로, 매도인이 계약금의 일부로서 지급받은 금원의 배액을 상환하는 것으로는 매매계약을 해제할 수 없다"고 판시하고 있다(대판 2015.4.23. 2014다231378). 기출 25

계약에서 정한 매매대금의 이행기가 매도인을 위해서도 기한의 이익을 부여하는 것이라고 볼 수 있는 경우, 채무자가 이행기 전에 이행에 착수할 수 없는 특별한 사정이 있는 경우에 해당하는지 여부(적극) 및 그 판단 방법

부동산 매매계약에서 중도금 또는 잔금 지급기일은 일반적으로 계약금에 의한 해제권의 유보기간의 의미를 가진다고 이해되고 있으므로, 계약에서 정한 매매대금의 이행기가 매도인을 위해서도 기한의 이익을 부여하는 것이라고 볼 수 있다면, 채무자가 이행기 전에 이행에 착수할 수 없는 특별한 사정이 있는 경우에 해당한다고 할 수 있다. 이에 해당하는지 여부는 채무 내용, 이행기가 정하여진 목적, 이행기까지 기간의 장단 및 그에 관한 부수적인 약정의 존재와 내용, 채무 이행행위를 비롯하여 당사자들이 계약 이행과정에서 보인 행위의 태양, 이행기 전 이행행위가 통상적인 계약의 이행에 해당하기보다 상대방의 해제권의 행사를 부당하게 방해하기 위한 것으로 볼 수 있는지, 채권자가 채무자의 이행의 착수에도 불구하고 계약을 해제하는 것이 신의칙에 반한다고 볼 수 있는지 등 여러 가지 사정을 종합하여 구체적으로 판단해야 한다(대판 2024.1.4. 2022다256624).

이행의 착수 여부에 대한 사례

- 매수인이 매도인의 동의하에 매매계약의 계약금 및 중도금 지급을 위하여 은행도어음을 교부한 경우 매수인은 계약의 이행에 착수한 것으로 보아야 한다(대판 2002.11.26. 2002다46492).
- 민법 제565조 제1항에서 말하는 당사자의 일방이라는 것은 매매 쌍방 중 어느 일방을 지칭하는 것이고, 상대방이라 국한하여 해석할 것이 아니므로, 비록 상대방인 매도인이 매매계약의 이행에는 전혀 착수한 바가 없다 하더라도 매수인이 중도금을 지급하여 이미 이행에 착수한 이상 매수인은 민법 제565조에 의하여 계약금을 포기하고 매매계약을 해제할 수 없다(대판 2000.2.11. 99다62074). 기출 25
- 국토의 계획 및 이용에 관한 법률에 정한 토지거래계약에 관한 허가구역으로 지정된 구역 안의 토지에 관하여 매매계약이 체결된 후 계약금만 수수한 상태에서 당사자가 토지거래허가신청을 하고 이에 따라 관할관청으로부터 그 허가를 받았다 하더라도, 그러한 사정만으로는 아직 이행의 착수가 있다고 볼 수 없어 매도인으로서는 민법 제565조에 의하여 계약금의 배액을 상환하여 매매계약을 해제할 수 있다(대판 2009.4.23. 2008다62427).
- 매도인이 매수인에 대하여 매매계약의 이행을 최고하고 매매잔대금의 지급을 구하는 소송을 제기한 것만으로는 이행에 착수하였다고 볼 수 없다(대판 2008.10.23. 2007다72274). 기출 25

③ 이행에 착수한 당사자는 비록 상대방이 이행에 착수하지 않았다 하더라도 해제권을 행사할 수 없다(대판 2000.2.11. 99다62074). 기출 17

④ 교부자는 해제권을 행사하면 당연히 계약금을 포기하는 것이 되므로, 별도로 포기의 의사표시가 필요 없으나, 수령자는 반드시 현실적으로 배액을 상환하거나 배액의 이행제공이 있어야만 해제할 수 있다. 배액의 이행제공만 있으면 충분하고 상대방이 이를 수령하지 않는다고 하여 공탁까지 할 필요는 없다(대판 1992.5.12. 91다2151). 기출 21·25

⑤ 민법 제565조의 해약권은 당사자 간에 다른 약정이 없는 경우에 한하여 인정되는 것이고, 만일 당사자가 위 조항의 해약권을 배제하기로 하는 약정을 하였다면 더 이상 그 해제권을 행사할 수 없다(대판 2009.4.23. 2008다50615). 기출 25

2) 해제권의 행사효과
① 법정해제권과 달리 원상회복의 문제가 발생하지 않는다(이행한 것이 없기 때문임). 또한 손해배상을 청구할 수도 없다(채무불이행이 원인이 아니기 때문이다). 기출 16・18
② 해약금약정은 법정해제권과는 무관하므로 채무불이행에 기한 법정해제권의 발생・행사에 아무런 영향을 주지 않는다는 것이 판례이다.

Ⅲ 매매의 효력

1. 매도인의 재산권이전의무

매도인은 매수인에 대하여 매매의 목적이 된 권리를 이전하여야 할 의무를 진다(민법 제568조 제1항).
① 매도인의 재산권 이전의무는 특약이나 관습이 없으면 매수인의 대금지급의무와 동시이행의 관계에 선다(민법 제568조 제2항).
② 매매계약 있은 후에도 인도하지 아니한 목적물로부터 생긴 과실은 매도인에게 속한다(민법 제587조). 다만, 매매목적물의 인도 전이라도 매수인이 매매대금을 완납한 때에는 그 이후의 과실수취권은 매수인에게 귀속된다(대판 1993.11.9. 93다28928). 기출 12
③ 매매당사자 사이의 형평을 꾀하기 위하여 매매목적물이 인도되지 아니하더라도 매수인이 대금을 완제한 때에는 그 시점 이후의 과실은 매수인에게 귀속되지만, 매매목적물이 인도되지 아니하고 또한 매수인이 대금을 완제하지 아니한 때에는 매도인의 이행지체가 있더라도 과실은 매도인에게 귀속된다(대판 2004.4.23. 2004다8210). 기출 21・23・24
④ 매매계약에 관한 비용, 예컨대 중개사 수수료, 계약서 작성비용 등은 당사자 쌍방이 균분하여 부담한다(민법 제566조). 기출 12・23・24・25

2. 매도인의 담보책임

타인의 권리의 매매(민법 제569조) 기출 21・23
매매의 목적이 된 권리가 타인에게 속한 경우에는 매도인은 그 권리를 취득하여 매수인에게 이전하여야 한다.

동전-매도인의 담보책임(민법 제570조)
전조의 경우에 매도인이 그 권리를 취득하여 매수인에게 이전할 수 없는 때에는 매수인은 계약을 해제할 수 있다. 그러나 매수인이 계약당시 그 권리가 매도인에게 속하지 아니함을 안 때에는 손해배상을 청구하지 못한다.

동전-선의의 매도인의 담보책임(민법 제571조)
① 매도인이 계약당시에 매매의 목적이 된 권리가 자기에게 속하지 아니함을 알지 못한 경우에 그 권리를 취득하여 매수인에게 이전할 수 없는 때에는 매도인은 손해를 배상하고 계약을 해제할 수 있다.
② 전항의 경우에 매수인이 계약당시 그 권리가 매도인에게 속하지 아니함을 안 때에는 매도인은 매수인에 대하여 그 권리를 이전할 수 없음을 통지하고 계약을 해제할 수 있다.

권리의 일부가 타인에게 속한 경우와 매도인의 담보책임(민법 제572조)
① 매매의 목적이 된 권리의 일부가 타인에게 속함으로 인하여 매도인이 그 권리를 취득하여 매수인에게 이전할 수 없는 때에는 매수인은 그 부분의 비율로 대금의 감액을 청구할 수 있다.
② 전항의 경우에 잔존한 부분만이면 매수인이 이를 매수하지 아니하였을 때에는 선의의 매수인은 계약전부를 해제할 수 있다.
③ 선의의 매수인은 감액청구 또는 계약해제외에 손해배상을 청구할 수 있다.

전조의 권리행사의 기간(민법 제573조) 기출 22
전조의 권리는 매수인이 선의인 경우에는 사실을 안 날로부터, 악의인 경우에는 계약한 날로부터 1년 내에 행사하여야 한다.

수량부족, 일부멸실의 경우와 매도인의 담보책임(민법 제574조) [19)]
전2조의 규정은 수량을 지정한 매매의 목적물이 부족되는 경우와 매매목적물의 일부가 계약당시에 이미 멸실된 경우에 매수인이 그 부족 또는 멸실을 알지 못한 때에 준용한다. 기출 22

제한물권 있는 경우와 매도인의 담보책임(민법 제575조) 기출 20
① 매매의 목적물이 지상권, 지역권, 전세권, 질권 또는 유치권의 목적이 된 경우에 매수인이 이를 알지 못한 때에는 이로 인하여 계약의 목적을 달성할 수 없는 경우에 한하여 매수인은 계약을 해제할 수 있다. 기타의 경우에는 손해배상만을 청구할 수 있다.
② 전항의 규정은 매매의 목적이 된 부동산을 위하여 존재할 지역권이 없거나 그 부동산에 등기된 임대차계약이 있는 경우에 준용한다.
③ 전2항의 권리는 매수인이 그 사실을 안 날로부터 1년 내에 행사하여야 한다.

저당권, 전세권의 행사와 매도인의 담보책임(민법 제576조)
① 매매의 목적이 된 부동산에 설정된 저당권 또는 전세권의 행사로 인하여 매수인이 그 소유권을 취득할 수 없거나 취득한 소유권을 잃은 때에는 매수인은 계약을 해제할 수 있다.
② 전항의 경우에 매수인의 출재로 그 소유권을 보존한 때에는 매도인에 대하여 그 상환을 청구할 수 있다.
③ 전2항의 경우에 매수인이 손해를 받은 때에는 그 배상을 청구할 수 있다.

저당권의 목적이 된 지상권, 전세권의 매매와 매도인의 담보책임(민법 제577조)
전조의 규정은 저당권의 목적이 된 지상권 또는 전세권이 매매의 목적이 된 경우에 준용한다.

경매와 매도인의 담보책임(민법 제578조)
① 경매의 경우에는 경락인은 전8조의 규정에 의하여 채무자에게 계약의 해제 또는 대금감액의 청구를 할 수 있다.
② 전항의 경우에 채무자가 자력이 없는 때에는 경락인은 대금의 배당을 받은 채권자에 대하여 그 대금전부나 일부의 반환을 청구할 수 있다.
③ 전2항의 경우에 채무자가 물건 또는 권리의 흠결을 알고 고지하지 아니하거나 채권자가 이를 알고 경매를 청구한 때에는 경락인은 그 흠결을 안 채무자나 채권자에 대하여 손해배상을 청구할 수 있다.

채권매매와 매도인의 담보책임(민법 제579조)
① 채권의 매도인이 채무자의 자력을 담보한 때에는 매매계약시의 자력을 담보한 것으로 추정한다.
② 변제기에 도달하지 아니한 채권의 매도인이 채무자의 자력을 담보한 때에는 변제기의 자력을 담보한 것으로 추정한다.

---

19) 판례에 의하면 목적물이 일정한 면적을 가지고 있다는 데 주안을 두고 대금도 면적을 기준으로 정하여지는 아파트분양계약은 특별한 사정이 없는 한 수량지정매매에 해당한다(대판 2002.11.8. 99다58136). 기출 21·22

> **매도인의 하자담보책임(민법 제580조)**
> ① 매매의 목적물에 하자가 있는 때에는 제575조 제1항의 규정을 준용한다. 그러나 매수인이 하자 있는 것을 알았거나 과실로 인하여 이를 알지 못한 때에는 그러하지 아니하다. 기출 20·22
> ② 전항의 규정은 경매의 경우에 적용하지 아니한다. 기출 20·24
>
> **종류매매와 매도인의 담보책임(민법 제581조)**
> ① 매매의 목적물을 종류로 지정한 경우에도 그 후 특정된 목적물에 하자가 있는 때에는 전조의 규정을 준용한다.
> ② 전항의 경우에 매수인은 계약의 해제 또는 손해배상의 청구를 하지 아니하고 하자 없는 물건을 청구할 수 있다.
>
> **전2조의 권리행사기간(민법 제582조)**
> 전2조에 의한 권리는 매수인이 그 사실을 안 날로부터 6월 내에 행사하여야 한다.
>
> **담보책임과 동시이행(민법 제583조)**
> 제536조의 규정은 제572조 내지 제575조, 제580조 및 제581조의 경우에 준용한다.
>
> **담보책임면제의 특약(민법 제584조)**
> 매도인은 전15조에 의한 담보책임을 면하는 특약을 한 경우에도 매도인이 알고 고지하지 아니한 사실 및 제3자에게 권리를 설정 또는 양도한 행위에 대하여는 책임을 면하지 못한다.

(1) 의 의

① 매매에 의하여 매수인이 취득하는 권리 또는 권리의 객체인 물건에 하자 내지 불완전한 점이 있는 때에 매도인이 매수인에 대하여 부담하는 책임을 말한다.

② 매도인의 담보책임의 법적 성질에 대하여 다수설은 매매계약의 유사성에 비추어 매수인을 보호하고 거래의 안전을 보장하기 위해 인정되는 법정책임이라고 한다.

③ 매도인의 담보책임은 매도인의 고의나 과실 등의 귀책사유를 요건으로 하지 않는 일종의 무과실책임이다.

기출 20

(2) 권리의 하자에 대한 담보책임

1) 전부 타인 권리의 매매

① 특정한 매매의 목적물이 타인의 소유에 속하는 경우라 하더라도, 그 매매계약이 원시적 이행불능에 속하는 내용을 목적으로 하는 당연무효의 계약이라고 볼 수 없다(대판 1993.9.10. 93다20283). 기출 24

② 전부 타인의 권리에 있어서는 매수인의 선·악을 불문하고 해제권이 인정된다(민법 제570조). 기출 18

2) 일부 타인권리의 매매

일부 타인의 권리에 있어서는 매수인의 선·악을 불문하고 대금감액청구권이 인정된다(민법 제572조 제1항).

기출 15

3) 목적물의 수량부족·일부멸실

① 민법 제574조의 담보책임이 성립하기 위해서는 ㉠ 수량을 지정한 매매의 목적물이 부족한 경우와 ㉡ 매매목적물의 일부가 계약당시 이미 멸실된 경우일 것 등의 요건을 갖추어야 한다.

② 권리의 일부가 타인에게 속하는 경우(민법 제573조), 목적물의 수량부족[20]·일부멸실(민법 제574조), 용익적 권리에 의하여 제한되어 있는 경우(민법 제575조 제3항)에는 매수인이 그 사실을 안 날로부터 1년 이내에 권리를 행사하여야 한다.

---

20) 판례에 의하면 목적물이 일정한 면적을 가지고 있다는 데 주안을 두고 대금도 면적을 기준으로 정하여지는 아파트분양계약은 특별한 사정이 없는 한 수량지정매매에 해당한다(대판 2002.11.8. 99다58136). 기출 21·22

4) 용익적 권리에 의하여 제한받고 있는 경우

매매의 목적물이 지상권, 지역권, 전세권, 질권 또는 유치권의 목적이 된 경우에 매수인이 이를 알지 못한 때에는 이로 인하여 계약의 목적을 달성할 수 없는 경우에 한하여 매수인은 계약을 해제할 수 있다. 기타의 경우에는 손해배상만을 청구할 수 있다. 이는 매매의 목적이 된 부동산을 위하여 존재할 지역권이 없거나 그 부동산에 등기된 임대차계약이 있는 경우에도 적용된다(민법 제575조). 기출 20

5) 저당권·전세권에 의하여 제한받고 있는 경우

저당권·전세권에 의하여 매수인이 소유권을 취득할 수 없거나 또는 취득한 소유권을 잃은 때에는 매수인은 선·악을 불문하고 계약해제권과 손해배상청구권을 행사할 수 있다(민법 제576조 제1항, 제3항). 기출 15

(3) 물건의 하자에 대한 담보책임

1) 법률상의 장애

법률적 장해의 문제를 다수설은 권리의 하자로 보아 민법 제575조의 적용을 인정하는데 반하여 판례는 물건의 하자로 보아 경매의 경우에 담보책임을 지지 않는다. 기출 15·18·21

2) 책임의 내용

① 매매의 목적물에 하자가 있는 때에는 제575조 제1항의 규정을 준용한다. 그러나 매수인이 하자 있는 것을 알았거나 과실로 인하여 이를 알지 못한 때에는 그러하지 아니하다(민법 제580조 제1항). 이는 경매의 경우에는 적용하지 아니한다(민법 제580조 제2항). 기출 20·22·24

② 매매의 목적물을 종류로 지정한 경우에도 그 후 특정된 목적물에 하자가 있는 때에는 제580조를 준용한다. 이 경우에 매수인은 계약의 해제 또는 손해배상의 청구를 하지 아니하고 하자없는 물건을 청구할 수 있다(민법 제581조).

③ 특정물의 매매, 불특정물의 매매에 있어서(민법 제582조)는 매수인이 그 사실을 안 날로부터 6월 이내에 행사하여야 한다. 기출 13

④ 양 당사자가 부담하는 의무는 하나의 쌍무계약에서 발생한 것은 아니지만, 서로 밀접한 관계에 있으므로 그 이행에 견련성(동시이행관계)을 인정한 것이다.

⑤ 담보책임에 관한 규정은 강행규정이 아니므로 당사자 사이의 특약으로 담보책임을 배제, 경감 또는 가중할 수 있다. 다만, 담보책임의 요건이 되는 사실을 매도인이 알고도 고지하지 않은 때, 매도인이 권리를 제3자에게 설정 또는 양도한 때에는 책임을 면하지 못한다(민법 제584조).

[담보책임의 내용]

담보책임의 원인	매수인의 선의·악의	책임의 내용(매수인의 권리)			제척기간
		해제권	손해배상청구권	대금감액청구권	
전부 타인의 권리 (민법 제570조)	선 의	○	○	-	제한 없음
	악 의	○	×	-	
일부 타인의 권리 (민법 제572조)	선 의	일정한 경우에 있음	○	○	1년
	악 의	×	×	○	
수량부족·일부멸실 (민법 제574조)	선 의	일정한 경우에 있음	○	○	
	악 의	×	×	×	
용익권에 의한 제한 (민법 제575조)	선 의	목적을 달성할 수 없는 경우에 있음	○	-	
	악 의	×	×	-	

저당권・전세권에 의한 제한 (민법 제576조)	선 의	일정한 경우에 있음	일정한 경우에 있음	–	제한 없음
	악 의	일정한 경우에 있음	일정한 경우에 있음	–	
특정물의 하자 (민법 제580조)	선의・무과실	목적을 달성할 수 없는 경우에 있음	○	–	6월
	악 의	×	×	–	
불특정물의 하자 (민법 제581조)	선의・무과실	목적을 달성할 수 없는 경우에 있음	손해배상청구권 또는 완전물급부청구권	–	
	악 의	×	×	–	

(4) 관련 판례

1) 매도인의 하자담보책임에 기한 손해배상청구권의 소멸시효 완성 여부

[1] 공익사업을 위한 토지 등의 취득 및 보상에 관한 법률에 따라 공공사업의 시행자가 토지를 협의취득하는 행위는 사법상의 법률행위로 일방당사자의 채무불이행에 대하여 민법에 따른 손해배상 또는 하자담보책임을 물을 수 있다. 이 경우 매도인에 대한 하자담보에 기한 손해배상청구권에 대하여는 민법 제162조 제1항의 채권소멸시효의 규정이 적용되고, 매수인이 매매의 목적물을 인도받은 때부터 소멸시효가 진행한다.

[2] 갑 공사가 택지개발사업을 시행하면서 을 등이 소유한 토지를 공공용지로 협의취득하였고, 갑 공사를 합병한 병 공사가 위 택지개발사업을 준공한 다음 위 토지 중 일부를 정에게 매도하여 소유권이전등기를 마쳐 주었는데, 정이 건물을 신축하기 위해 터파기공사를 하던 중 위 토지 지하에 폐기물이 매립되어 있는 것을 발견하여 병 공사에 통보하자, 병 공사가 을 등을 상대로 매도인의 하자담보책임에 기한 손해배상을 구한 경우, 갑 공사가 을 등 소유의 토지를 매수한 행위는 상행위에 해당하지 않아 상법 제64조가 적용되지 않고, 병 공사가 을 등에게 매도인의 담보책임을 구하고 있으므로, 갑 공사가 위 토지에 관하여 소유권이전등기를 마친 때부터 민법 제162조 제1항에 따른 10년의 소멸시효가 진행되고, 그로부터 10년이 지나기 전에 소가 제기되어 병 공사의 손해배상청구권은 소멸시효가 완성되지 않았다고 보아야 한다(대판 2020.5.28. 2017다265389).

2) 목적물의 하자로 인하여 계약의 목적을 달성할 수 없다는 것의 의미

민법 제581조 제1항, 제580조 제1항, 제575조 제1항은 매매의 목적물에 하자가 있는 때 매수인은 그 하자로 인하여 계약의 목적을 달성할 수 없는 경우에 한하여 계약을 해제할 수 있고, 기타의 경우에는 손해배상만을 청구할 수 있다고 규정하고 있다. 여기서 목적물의 하자로 인하여 계약의 목적을 달성할 수 없다는 것은, 그 하자가 중대하고 보수가 불가능하거나 가능하더라도 장기간을 요하는 등 계약해제권을 행사하는 것이 정당하다고 인정되는 경우를 의미한다(대판 2023.4.13. 2022다296776).

3) 사용이익의 반환의무

타인의 권리의 매매의 경우에 매도인이 그 권리를 취득하여 매수인에게 이전할 수 없는 때에는 매수인은 계약을 해제할 수 있다(민법 제570조). 이러한 해제의 효과에 관하여 특별한 규정은 없지만 일반적인 해제와 달리 해석할 이유가 없다. 따라서 위 규정에 따라 매매계약이 해제되는 경우에, 매도인은 매수인에게 매매대금과 그 받은 날부터의 이자를 반환할 의무를 부담하고, 매수인 역시 특별한 사정이 없는 한 매도인에게 목적물을 반환할 의무는 물론이고 목적물을 사용하였으면 그 사용이익을 반환할 의무도 부담한다. 그리고 이러한 결론은 매도인이 목적물의 사용권한을 취득하지 못하여 매수인으로부터 반환받은 사용이익을 궁극적으로 정당한 권리자에게 반환하여야 할 입장이라 하더라도 마찬가지이다. 다만, 매수인이 진정한 권리자인 타인에게 직접 목적물 또는 사용이익을 반환하는 등의 특별한 사정이 있는 경우에는 매수인은 적어도 그 반환 등의 한도에서는 매도인에게 목적물 및 사용이익을 반환할 의무를 부담하지 않는다고 할 것이다(대판 2017.5.31. 2016다240).

3. 매수인의 의무

> **동일기한의 추정(민법 제585조)**
> 매매의 당사자 일방에 대한 의무이행의 기한이 있는 때에는 상대방의 의무이행에 대하여도 동일한 기한이 있는 것으로 추정한다.
>
> **대금지급장소(민법 제586조)**
> 매매의 목적물의 인도와 동시에 대금을 지급할 경우에는 그 인도장소에서 이를 지급하여야 한다.
>
> **권리주장자가 있는 경우와 대금지급거절권(민법 제588조)**
> 매매의 목적물에 대하여 권리를 주장하는 자가 있는 경우에 매수인이 매수한 권리의 전부나 일부를 잃을 염려가 있는 때에는 매수인은 그 위험의 한도에서 대금의 전부나 일부의 지급을 거절할 수 있다. 그러나 매도인이 상당한 담보를 제공한 때에는 그러하지 아니하다. 기출 25
>
> **대금공탁청구권(민법 제589조)**
> 전조의 경우에 매도인은 매수인에 대하여 대금의 공탁을 청구할 수 있다.

매수인은 매도인의 재산권이전에 대한 반대급부로서 대금지급 의무를 진다(민법 제568조 제1항).
① 대금지급장소는 채권자의 현주소에서 하는 것이 원칙이다(민법 제467조 제2항).
② 매매의 목적물의 인도와 동시에 대금을 지급할 경우에는 그 인도장소에서 이를 지급하여야 한다(민법 제586조).

기출 12

③ 매수인이 동시이행의 항변권을 원용할 수 있는 경우에는 대금의 지급을 거절할 수 있다.
④ 매수인에게 목적물 수령의무가 있는가에 대하여 통설은 협력공동체로서 수령의무를 인정한다.

Ⅳ 환매와 재매매의 예약

> **환매의 의의(민법 제590조)**
> ① 매도인이 매매계약과 동시에 환매할 권리를 보류한 때에는 그 영수한 대금 및 매수인이 부담한 매매비용을 반환하고 그 목적물을 환매할 수 있다.
> ② 전항의 환매대금에 관하여 특별한 약정이 있으면 그 약정에 의한다.
> ③ 전2항의 경우에 목적물의 과실과 대금의 이자는 특별한 약정이 없으면 이를 상계한 것으로 본다.
>
> **환매기간(민법 제591조)**
> ① 환매기간은 부동산은 5년, 동산은 3년을 넘지 못한다. 약정기간이 이를 넘는 때에는 부동산은 5년, 동산은 3년으로 단축한다.
> ② 환매기간을 정한 때에는 다시 이를 연장하지 못한다.
> ③ 환매기간을 정하지 아니한 때에는 그 기간은 부동산은 5년, 동산은 3년으로 한다.
>
> **환매등기(민법 제592조)**
> 매매의 목적물이 부동산인 경우에 매매등기와 동시에 환매권의 보류를 등기한 때에는 제3자에 대하여 그 효력이 있다.
>
> 기출 24
>
> **환매권의 대위행사와 매수인의 권리(민법 제593조)**
> 매도인의 채권자가 매도인을 대위하여 환매하고자 하는 때에는 매수인은 법원이 선정한 감정인의 평가액에서 매도인이 반환할 금액을 공제한 잔액으로 매도인의 채무를 변제하고 잉여액이 있으면 이를 매도인에게 지급하여 환매권을 소멸시킬 수 있다.

> **환매의 실행(민법 제594조)**
> ① 매도인은 기간 내에 대금과 매매비용을 매수인에게 제공하지 아니하면 환매할 권리를 잃는다.
> ② 매수인이나 전득자가 목적물에 대하여 비용을 지출한 때에는 매도인은 제203조의 규정에 의하여 이를 상환하여야 한다. 그러나 유익비에 대하여는 법원은 매도인의 청구에 의하여 상당한 상환기간을 허여할 수 있다.

제3절 소비대차

I 의 의

소비대차는 당사자 일방이 금전 기타 대체물의 소유권을 상대방에게 이전할 것을 약정하고 상대방은 그와 같은 종류, 품질 및 수량으로 반환할 것을 약정함으로써 성립하는 낙성·불요식의 계약이다(민법 제598조).

II 소비대차의 효력

1. 대주의 의무

(1) 목적물의 소유권이전의무

(2) 담보책임

   1) 이자부 소비대차의 경우
   목적물에 하자가 있는 경우 민법 제580조 내지 민법 제582조의 규정을 준용한다(민법 제602조 제1항).

   2) 무이자 소비대차의 경우
   원칙적으로 담보책임이 없지만, 대주가 하자를 알고서도 고지하지 않은 경우에는 담보책임을 진다(민법 제602조 제2항 단서).

2. 차주의 의무

(1) 목적물반환의무

   1) 반환시기
   ① 반환시기를 약정한 때에는, 차주는 약정시기에 차용물과 같은 종류·품질 및 수량의 물건을 반환하여야 한다(민법 제603조 제1항). 기출 14
   ② 반환시기의 약정이 없는 때에는 대주는 상당한 기간을 정하여 반환을 최고하여야 한다. 그러나 차주는 언제든지 반환할 수 있다(민법 제603조 제2항).

2) 반환할 물건
① 원칙 : 차용한 것과 동종, 동질, 동량의 물건을 반환해야 한다(민법 제598조).
② 예 외
- 차주가 하자 있는 물건을 받은 경우, 이때는 하자 있는 물건의 가액으로 반환할 수 있다(민법 제602조 제2항).
- 차주가 차용물과 같은 종류, 품질 및 수량의 물건을 반환할 수 없는 때에는 그때의 시가로 상환하여야 한다. 그러나 민법 제376조 및 민법 제377조 제2항의 경우에는 그러하지 아니하다(민법 제604조).

(2) 이자지급의무
이자지급약정이 있는 경우

Ⅲ 관련 판례

경개나 준소비대차는 모두 기존채무를 소멸하게 하고 신채무를 성립시키는 계약인 점에 있어서는 동일하지만 경개의 경우에는 기존채무와 신채무 사이에 동일성이 없는 반면, 준소비대차의 경우에는 원칙적으로 동일성이 인정된다는 점에 차이가 있다. 기존 채권·채무의 당사자가 목적물을 소비대차의 목적으로 할 것을 약정한 경우 약정을 경개로 볼 것인가 준소비대차로 볼 것인가는 일차적으로 당사자의 의사에 따라 결정되고 만약 당사자의 의사가 명백하지 않을 때에는 의사해석의 문제이나, 특별한 사정이 없는 한 동일성을 상실함으로써 채권자가 담보를 잃고 채무자가 항변권을 잃게 되는 것과 같이 스스로 불이익을 초래하는 의사를 표시하였다고는 볼 수 없으므로 일반적으로 준소비대차로 보아야 한다(대판 2016.6.9. 2014다64752). 기출 24

제3절의2 사용대차

사용대차의 의의(민법 제609조)
사용대차는 당사자 일방이 상대방에게 무상으로 사용, 수익하게 하기 위하여 목적물을 인도할 것을 약정하고 상대방은 이를 사용, 수익한 후 그 물건을 반환할 것을 약정함으로써 그 효력이 생긴다. 기출 25

차주의 사용, 수익권(민법 제610조)
① 차주는 계약 또는 그 목적물의 성질에 의하여 정하여진 용법으로 이를 사용, 수익하여야 한다.
② 차주는 대주의 승낙이 없으면 제3자에게 차용물을 사용, 수익하게 하지 못한다.
③ 차주가 전2항의 규정에 위반한 때에는 대주는 계약을 해지할 수 있다. 기출 25

비용의 부담(민법 제611조)
① 차주는 차용물의 통상의 필요비를 부담한다. 기출 25
② 기타의 비용에 대하여는 제594조 제2항의 규정을 준용한다.

준용규정(민법 제612조)
제559조, 제601조의 규정은 사용대차에 준용한다.

차용물의 반환시기(민법 제613조)
① 차주는 약정시기에 차용물을 반환하여야 한다.
② 시기의 약정이 없는 경우에는 차주는 계약 또는 목적물의 성질에 의한 사용, 수익이 종료한 때에 반환하여야 한다. 그러나 사용, 수익에 족한 기간이 경과한 때에는 대주는 언제든지 계약을 해지할 수 있다. 기출 25

차주의 사망, 파산과 해지(민법 제614조)
차주가 사망하거나 파산선고를 받은 때에는 대주는 계약을 해지할 수 있다.

차주의 원상회복의무와 철거권(민법 제615조)
차주가 차용물을 반환하는 때에는 이를 원상에 회복하여야 한다. 이에 부속시킨 물건은 철거할 수 있다.

공동차주의 연대의무(민법 제616조)
수인이 공동하여 물건을 차용한 때에는 연대하여 그 의무를 부담한다. 기출 25

손해배상, 비용상환청구의 기간(민법 제617조)
계약 또는 목적물의 성질에 위반한 사용, 수익으로 인하여 생긴 손해배상의 청구와 차주가 지출한 비용의 상환청구는 대주가 물건의 반환을 받은 날로부터 6월 내에 하여야 한다.

제4절 임대차

I 의 의

임대차는 임대인이 상대방, 즉 임차인에게 목적물을 사용·수익하게 할 것을 약정하고, 상대방은 이에 대하여 차임을 지급할 것을 약정함으로써 성립하는 낙성·불요식·유상·쌍무계약이다(민법 제618조).

II 임대차의 존속기간

1. 존속기간을 정한 경우

(1) 최장기간의 제한

임대차 기간에 관하여 최장기간을 제한하는 규정을 두고 최소한의 존속기간에 대하여는 제한이 없는 바 원칙적으로 20년을 넘지 못한다(민법 제651조). 기출 17 헌법재판소는 이 규정이 헌법에 위반된다고 단순위헌결정을 하였고(헌재 2013.12.26. 2011헌바234), 2016년 민법 제651조가 삭제되었다. 이에 따라 최근 판례는 당사자들이 자유로운 의사에 따라 임대차기간을 영구로 정한 약정은 이를 무효로 볼만한 특별한 사정이 없는 한 계약자유의 원칙에 의하여 허용된다고 보아야 하고, 이와 같은 임대차기간의 보장은 임대인에게는 의무가 되나 임차인에게는 권리의 성격을 갖는 것이므로 임차인으로서는 언제라도 그 권리를 포기할 수 있고, 그렇게 되면 임대차계약은 임차인에게 기간의 정함이 없는 임대차가 된다고(대판 2023.6.1. 2023다209045) 판시하고 있다.

기출 24

(2) 최단기간의 제한

민법은 최단기간에 관하여 아무런 제한이 없으나, 부동산임대차에서 임차인 보호를 위하여 최단기간을 제한할 필요가 있으며, 주택임대차보호법 제4조와 상가건물임대차보호법 제9조는 일정한 건물임대차에 관하여 최단기간을 규정하고 있다.

(3) 기간의 갱신

1) 갱신계약

당사자들이 임대차의 기간을 갱신할 수 있는데, 이 경우 동일성이 유지된다.

2) 묵시의 갱신(법정갱신)

① 판례는 본 규정을 임차인을 보호하기 위한 강행규정이라고 해석한다(대판 2011.5.26. 2011다1231).
② 임차인의 계속 사용에 상당기간 동안 임대인의 이의가 없으면 전임대차와 동일 조건으로 갱신된 것으로 본다(민법 제639조 제1항 본문). 그러나, 존속기간은 약정이 없는 것으로 당사자는 언제든지 해지통고가 가능하다(민법 제639조 제1항 단서). 이때 임대인의 이의는 명시적으로뿐만 아니라 묵시적으로도 할 수 있고, 차임을 증액하지 않으면 임대차관계를 지속하지 않겠다는 것과 같이 조건부로도 할 수 있다. 다만 임차인의 신뢰를 보호하기 위한 위 규정의 취지에 비추어 볼 때, 묵시적 또는 조건부 이의가 있다고 보기 위해서는 더 이상 임대차관계를 지속하지 않겠다는 임대인의 의사를 객관적으로 추단할 만한 사정이 있어야 한다. 한편 민법 제628조의 차임증액청구권은 임대차계약이 존속하고 있음을 전제로 행사하는 권리이므로, 임대인이 전 임대차기간 만료 후 차임증액청구권을 행사하였다는 사정만으로는 임대인이 더 이상 임대차관계를 지속하지 않겠다는 의사에 기하여 민법 제639조 제1항의 이의를 하였다고 보기 어렵다(대판 2025.3.13. 2024다315046).
③ 묵시의 갱신이 성립되는 경우 전 임대차에 대하여 제3자가 제공한 담보는 소멸한다(민법 제639조 제2항).

2. 존속기간을 정하지 않은 경우

> **기간의 약정 없는 임대차의 해지통고(민법 제635조)**
> ① 임대차기간의 약정이 없는 때에는 당사자는 언제든지 계약해지의 통고를 할 수 있다.
> ② 상대방이 전항의 통고를 받은 날로부터 다음 각 호의 기간이 경과하면 해지의 효력이 생긴다. 기출 15 · 16 · 24
> 　1. 토지, 건물 기타 공작물에 대하여는 임대인이 해지를 통고한 경우에는 6월, 임차인이 해지를 통고한 경우에는 1월
> 　2. 동산에 대하여는 5일

① 당사자는 언제든지 해지의 통고를 할 수 있지만, 해지의 효력은 상대방이 해지통고를 받은 날부터 일정한 기간이 경과하여야 한다(민법 제635조). 이 규정에 위반하는 약정으로 임차인에게 불리한 것은 그 효력이 없다(민법 제652조).
② 존속기간을 정하지 않은 경우에도 주택임대차보호법 제4조는 2년, 상가임대차보호법 제9조는 1년의 존속기간을 보장한다.

3. 처분능력, 권한 없는 자의 단기임대차의 존속기간

> **처분능력, 권한 없는 자의 할 수 있는 단기임대차(민법 제619조)**
> 처분의 능력 또는 권한 없는 자가 임대차를 하는 경우에는 그 임대차는 다음 각 호의 기간을 넘지 못한다.
> 1. 식목, 채염 또는 석조, 석회조, 연와조 및 이와 유사한 건축을 목적으로 한 토지의 임대차는 10년
> 2. 기타 토지의 임대차는 5년
> 3. 건물 기타 공작물의 임대차는 3년
> 4. 동산의 임대차는 6월

Ⅲ 임대인의 의무

1. 임대인의 수선의무(임차물을 사용·수익하게 할 의무)

임대인은 임차인이 목적물을 사용·수익할 수 있는 상태로 목적물을 임차인에게 인도하여야 하고, 임대차기간 중 그러한 상태를 유지시킬 의무를 부담한다. 어떠한 상태가 사용·수익에 적합한 상태인지는 임대차 목적물의 통상적인 사용방법을 중심으로 하되, 단순히 물리적인 사용·수익 가능성뿐만 아니라, 임대차의 목적과 유형, 거래 관행, 계약의 내용을 통해 드러난 당사자의 의사 등을 종합적으로 고려하여 판단해야 한다(대판 2025.5.1. 2024다293580). 임차인이 목적물을 사용·수익할 수 있게 해 줄 적극적 의무를 부담하는 결과 임대인은 목적물인도의무, 방해배제의무, 비용상환의무, 담보책임과 같은 의무를 부담한다. 판례는 임차인이 계약에 의하여 정하여진 목적에 따라 사용·수익하는 데 하자가 있는 목적물인 경우 임대인은 하자를 제거한 다음 임차인에게 하자 없는 목적물을 인도할 의무가 있다고 하여 임대인이 임차인에게 그와 같은 하자를 제거하지 아니하고 목적물을 인도하였다면 사후에라도 위 하자를 제거하여 임차인이 목적물을 사용·수익하는 데 아무런 장해가 없도록 해야만 하고, <u>임대인의 임차목적물의 사용·수익상태 유지의무는 임대인 자신에게 귀책사유가 있어 하자가 발생한 경우는 물론, 자신에게 귀책사유가 없이 하자가 발생한 경우에도 면해지지 아니하며 임대인이 그와 같은 하자 발생 사실을 몰랐다거나 반대로 임차인이 이를 알거나 알 수 있었다고 하더라도 마찬가지</u>라고 판시하고 있다(대판 2021.4.29. 2021다202309).

2. 필요비상환의무 및 유익비상환의무

> **임차인의 상환청구권(민법 제626조)**
> ① 임차인이 임차물의 보존에 관한 필요비를 지출한 때에는 임대인에 대하여 그 상환을 청구할 수 있다.
> ② 임차인이 유익비를 지출한 경우에는 임대인은 임대차종료시에 그 가액의 증가가 현존한 때에 한하여 임차인의 지출한 금액이나 그 증가액을 상환하여야 한다. 이 경우에 법원은 임대인의 청구에 의하여 상당한 상환기간을 허여할 수 있다.

> 민법 제495조에 따른 소멸시효가 완성된 채권에 의한 상계는 '자동채권의 소멸시효 완성 전에 양 채권이 상계적상에 이르렀을 것'을 요건으로 하는지 여부(적극) / 임차인이 유익비를 지출한 경우, 임차인의 유익비상환채권의 발생 시기(= 임대차계약 종료 시) 및 임대차 존속 중 임대인의 구상금채권 소멸시효가 완성된 경우, 임대인이 이미 소멸시효가 완성된 구상금채권을 자동채권으로 삼아 임차인의 유익비상환채권과 상계할 수 있는지 여부(소극)
>
> 민법 제495조는 "소멸시효가 완성된 채권이 그 완성 전에 상계할 수 있었던 것이면 그 채권자는 상계할 수 있다."라고 규정하고 있다. 이는 당사자 쌍방의 채권이 상계적상에 있었던 경우에 당사자들은 그 채권·채무관계가 이미 정산되어 소멸하였다고 생각하는 것이 일반적이라는 점을 고려하여 당사자들의 신뢰를 보호하기 위한 것이다. 다만 이는 '자동채권의 소멸시효 완성 전에 양 채권이 상계적상에 이르렀을 것'을 요건으로 한다. 민법 제626조 제2항은 임차인이 유익비를 지출한 경우에는 임대인은 임대차 종료 시에 그 가액의 증가가 현존한 때에 한하여 임차인의 지출한 금액이나 그 증가액을 상환하여야 한다고 규정하고 있으므로, 임차인의 유익비상환채권은 임대차계약이 종료한 때에 비로소 발생한다고 보아야 한다. 따라서 임대차 존속 중 임대인의 구상금채권의 소멸시효가 완성된 경우에는 위 구상금채권과 임차인의 유익비상환채권이 상계할 수 있는 상태에 있었다고 할 수 없으므로, 그 이후에 임대인이 이미 소멸시효가 완성된 구상금채권을 자동채권으로 삼아 임차인의 유익비상환채권과 상계하는 것은 민법 제495조에 의하더라도 인정될 수 없다(대판 2021.2.10. 2017다258787).

Ⅳ 임차인의 권리

1. 임차물의 사용·수익권

2. 임차권의 대항력

> **임대차의 등기(민법 제621조)**
> ① 부동산임차인은 당사자 간에 반대약정이 없으면 임대인에 대하여 그 임대차등기절차에 협력할 것을 청구할 수 있다.
> ② 부동산임대차를 등기한 때에는 그때부터 제3자에 대하여 효력이 생긴다.
>
> **건물등기 있는 차지권의 대항력(민법 제622조)**
> ① 건물의 소유를 목적으로 한 토지임대차는 이를 등기하지 아니한 경우에도 임차인이 그 지상건물을 등기한 때에는 제3자에 대하여 임대차의 효력이 생긴다.
> ② 건물이 임대차기간 만료 전에 멸실 또는 후폐한 때에는 전항의 효력을 잃는다.

3. 부속물매수청구권

> **임차인의 부속물매수청구권(민법 제646조)**
> ① 건물 기타 공작물의 임차인이 그 사용의 편익을 위하여 임대인의 동의를 얻어 이에 부속한 물건이 있는 때에는 임대차의 종료 시에 임대인에 대하여 그 부속물의 매수를 청구할 수 있다.
> ② 임대인으로부터 매수한 부속물에 대하여도 전항과 같다.

(1) 의 의

임차인의 부속물매수청구권에 관한 민법 제646조는 편면적 강행규정이며(민법 제652조), 일시사용을 위한 임대차에는 적용되지 않는다(민법 제653조).

(2) 행사의 요건

1) 건물 기타 공작물의 임대차일 것

토지임차인에게는 갱신청구권과 지상물매수청구권이 인정되기 때문에 굳이 부속물매수청구권을 인정할 필요가 없다(민법 제643조).

2) 건물 기타 공작물의 사용의 편익을 위하여 부속시킨 것일 것

부속물이란 임차인의 소유에 속하고, 건물의 구성부분이 되지 아니한 것으로서 건물의 사용에 객관적인 편익을 가져오게 하는 물건이어야 한다.

3) 임대인의 동의를 얻었거나 임대인으로부터 매수한 것일 것

4) 독립성이 인정되는 것일 것

5) 임대차가 종료된 경우일 것

단, 판례는 임차인의 채무불이행에 기해 임대차가 해지된 경우 임차인은 부속물매수청구권을 행사할 수 없다고 한다(대판 1990.1.23. 88다카7245, 7252).

(3) 행사의 효과

① 부속물매수청구권은 형성권으로, 임차인의 일방적인 의사표시에 의하여 매매계약이 성립된 경우와 같은 효과가 발생한다.

② 임차인이 부속물매수청구권을 행사한 경우에, 그는 주된 물건인 임차목적물 자체에 대하여 유치권을 행사할 수 없다(통설)(대판 2013.10.24. 2011다44788).

4. 지상물매수청구권

> **임차인의 갱신청구권, 매수청구권(민법 제643조)**
> 건물 기타 공작물의 소유 또는 식목, 채염, 목축을 목적으로 한 토지임대차의 기간이 만료한 경우에 건물, 수목 기타 지상시설이 현존한 때에는 제283조의 규정을 준용한다.
>
> **지상권자의 갱신청구권, 매수청구권(민법 제283조)**
> ① 지상권이 소멸한 경우에 건물 기타 공작물이나 수목이 현존한 때에는 지상권자는 계약의 갱신을 청구할 수 있다.
> ② 지상권설정자가 계약의 갱신을 원하지 아니하는 때에는 지상권자는 상당한 가액으로 전항의 공작물이나 수목의 매수를 청구할 수 있다.

(1) 의 의

지상물매수청구권은 임차인을 위한 제도로, 그에 관한 민법 제643조는 편면적 강행규정이다(민법 제652조). 갱신청구권은 청구권인데 비하여 지상물매수청구권은 형성권임에 유의하여야 한다(통설·판례). 따라서 건물의 소유를 목적으로 한 토지의 임차인이 임대차계약을 체결하거나 임차인으로서의 지위를 승계할 당시 임대인과의 사이에 건물 기타 지상시설 일체를 포기하기로 약정을 하였다고 하더라도 임대차계약의 조건이나 계약이 체결된 경위 등 제반 사정을 종합적으로 고려하여 실질적으로 임차인에게 불리하다고 볼 수 없는 특별한 사정이 인정되지 아니하는 한 위와 같은 약정은 임차인에게 불리한 것으로서 민법 제652조에 의하여 효력이 없다(대판 1993.6.22. 93다16130).

(2) 행사의 요건

1) 건물 기타 공작물의 소유 또는 식목·채염·목축을 목적으로 한 토지임대차일 것
2) 지상시설이 현존하고 갱신청구를 거절한 경우일 것

① 토지임대차 기간의 만료 시 지상시설이 현존하여야 하며, 임대인이 임차인의 갱신청구를 거절한 경우이어야 한다.

> • 건물의 소유를 목적으로 하는 토지 임대차에 있어서, 임대차가 종료함에 따라 토지의 임차인이 임대인에 대하여 건물매수청구권을 행사할 수 있음에도 불구하고 이를 행사하지 아니한 채, 토지의 임대인이 임차인에 대하여 제기한 토지인도 및 건물철거청구 소송에서 패소하여 그 패소판결이 확정되었다고 하더라도, 그 확정판결에 의하여 건물철거가 집행되지 아니한 이상 토지의 임차인으로서는 건물매수청구권을 행사하여 별소로써 임대인에 대하여 건물매매대금의 지급을 구할 수 있다(대판 1995.12.26. 95다42195).
> • 토지임차인의 지상물매수청구권은 기간의 정함이 없는 임대차에 있어서 임대인에 의한 해지통고에 의하여 그 임차권이 소멸된 경우에도 마찬가지로 인정된다(대판 1995.7.11. 94다34265[전합]).

② 차임연체 등 임차인의 채무불이행으로 임대차가 해지된 경우에는 갱신청구의 가능성이 없으므로, 이를 전제로 하는 2차적인 지상물매수청구권도 불가능하다(대판 1997.4.8. 96다54249).

③ 제643조의 취지는 건물철거방지의 국민경제적 관점과 임차인을 보호하기 위한 제도이므로, 비록 행정관청의 허가를 받은 적법한 건물이 아니더라도 임차인의 건물매수청구권의 대상이 될 수 있다(대판 1997.12.23. 97다37753).

④ 임차인의 지상물매수청구권의 대상이 되는 건물은 그것이 토지의 임대목적에 반하여 축조되고, 임대인이 예상할 수 없을 정도의 고가의 것이라는 특별한 사정이 없는 한 임대차기간 중에 축조되었다고 하더라도 그 만료시에 그 가치가 잔존하고 있으면 그 범위에 포함되는 것이고, 반드시 임대차계약 당시의 기존건물이거나 임대인의 동의를 얻어 신축한 것에 한정된다고는 할 수 없다(대판 1993.11.12. 93다34589). 기출 23

⑤ 임차인의 매수청구권은 지상 건물이 객관적으로 경제적 가치가 있는지 여부나 임대인에게 소용이 있는지 여부가 그 행사요건이라고 볼 수 없다(대판 2002.5.31. 2001다42080). 기출 25

3) 지상물매수청구권의 상대방

지상물매수청구권자는 지상물의 소유자에 한하며, 그 상대방은 원칙적으로 임차권 소멸 당시의 임대인이다.

> • 지상물매수청구권 제도의 목적, 미등기 매수인의 법적 지위 등에 비추어 볼 때, 종전 임차인으로부터 미등기 무허가건물을 매수하여 점유하고 있는 임차인은 특별한 사정이 없는 한 비록 소유자로서의 등기명의가 없어 소유권을 취득하지 못하였다 하더라도 임대인에 대하여 지상물매수청구권을 행사할 수 있는 지위에 있다(대판 2013.11.28. 2013다48364·48371). 기출 25
> • 건물의 소유를 목적으로 하는 토지 임차인의 건물매수청구권 행사의 상대방은 원칙적으로 임차권 소멸 당시의 토지소유자인 임대인이고, 임대인이 임차권 소멸 당시에 이미 토지소유권을 상실한 경우에는 그에게 지상건물의 매수청구권을 행사할 수는 없으며, 이는 임대인이 임대차계약의 종료 전에 토지를 임의로 처분하였다 하여 달라지는 것은 아니다(대판 1994.7.29. 93다59717). 다만, 이때 임차권이 제3자에게 대항할 수 있었던 경우에는 임대차계약 종료 후에 임대인으로부터 토지를 취득한 제3자는 그 상대방이 될 수 있다(대판 1996.6.14. 96다14517).

(3) 행사의 효과

① 매매계약의 체결 : 지상물매수청구권 행사에 의하여 임대인과 임차인 사이에 지상물에 대한 매매가 성립한다. 기출 25

② 동시이행관계 : 임차인의 건물인도 및 소유권이전등기의무와 임대인의 건물대금지급의무는 동시이행관계에 있다(대판 1998.5.8. 98다2389). 그 결과 임차인이 임대인에게 매수청구권이 행사된 건물들에 대한 명도와

소유권이전등기를 마쳐주지 아니하였다면 임대인에게 그 매매대금에 대한 지연손해금을 구할 수 없다(대판 1998.5.8. 98다2389). 기출 25 다만, 임차인이 지상건물 등의 점유·사용을 통하여 그 부지를 계속하여 점유·사용하는 한 그로 인한 부당이득으로서 부지의 임료 상당액은 이를 반환할 의무가 있다(대판 2001.6.1. 99다60535). 기출 25

> [1] 건물 소유를 목적으로 한 토지임대차계약의 기간이 만료함에 따라 지상건물 소유자가 임대인에 대하여 민법 제643조에 따른 지상물매수청구권을 행사한 경우에 그 건물의 매수가격은 건물 자체의 가격 외에 건물의 위치, 주변 토지의 여러 사정 등을 종합적으로 고려하여 매수청구권의 행사 당시 건물이 현존하는 대로의 상태에서 평가된 시가를 말한다. 그런데 민법 제643조에서 정한 지상물매수청구권은 이른바 형성권이므로, 그 행사로써 곧바로 임대인과 임차인 사이에 임차토지 지상의 건물에 관하여 매수청구권 행사 당시의 건물 시가를 대금으로 하는 매매계약이 체결된 것과 같은 효과가 발생한다.
> [2] 지상물매수청구의 대상이 된 건물의 매수가격에 관하여 당사자 사이에 의사합치가 이루어지지 않았다면, 법원은 위와 같은 여러 사정을 종합적으로 고려하여 인정된 매수청구권 행사 당시의 건물 시가를 매매대금으로 하는 매매계약이 성립하였음을 인정할 수 있을 뿐, 그와 같이 인정된 시가를 임의로 증감하여 직권으로 매매대금을 정할 수는 없다(대판 2024.4.12. 2023다309020).

V 임차인의 의무

1. 차임지급의무

(1) 차임의 내용

① 차임은 임대차의 요소이다. 반면 보증금은 임대차의 요소가 아니다.
② 차임의 지급시기도 당사자가 자유롭게 정할 수 있으나, 특약이 없으면, 후급이 원칙이다.
③ 수인의 임차인이 공동차주인 경우에는 연대채무를 부담하므로 차임채무도 연대채무가 된다. 기출 21

> • 임대인이 국가 소유의 부동산을 임대하였는데 임차인의 차임 연체로 인하여 그 임대차계약이 해지되었다면, 특별한 사정이 없는 한 임차인은 임대인에게 그 부동산을 명도하고 해지로 인한 임대차 종료 시까지의 연체차임 및 그 이후부터 명도 완료일까지 그 부동산을 점유·사용함에 따른 차임 상당의 부당이득금을 반환할 의무가 있다(대판 1996.9.6. 94다54641).
> • 임대인은 임차인에게 목적물을 인도하여 이를 사용·수익할 수 있도록 할 의무를 부담하고, 임차인은 이에 대하여 차임을 지급할 의무를 부담한다(민법 제618조, 제623조 참조). 이러한 임대인과 임차인의 의무는 특별한 사정이 없는 한 임대차계약이 유효하게 성립하면 발생하는 것이고, 상대방의 의무 이행이나 이행의 제공이 있어야 비로소 발생하는 것은 아니다. 그러므로 임차인의 차임 지급의무는 그가 임대인으로부터 목적물을 인도받았는지와 무관하게 임대차계약의 효력으로서 발생한다. 다만 임대인의 위와 같은 의무는 임차인의 차임 지급의무와 서로 대응하는 관계에 있으므로, 임대인이 이러한 의무를 불이행하여 목적물의 사용·수익에 지장이 있으면 임차인은 지장이 있는 한도에서 차임 지급을 거절할 수 있다(대판 2024.9.13. 2024다256116). 기출 24

(2) 차임의 증감청구

1) 임차인의 차임감액청구

편면적 강행규정이므로 임차인에게 불리한 약정은 무효이다(민법 제652조).

2) 차임증감청구권(민법 제628조)

① 임차인과 임대인 모두에게 인정되는 권리이다.
② 편면적 강행규정이므로 임차인에게 불리한 약정은 무효이다(민법 제652조).
③ 일시사용을 위한 임대차에서 적용되지 않는다(민법 제653조).

(3) 차임의 연체와 해지
① 2기의 차임액을 연체한 경우 임대인은 계약을 해지할 수 있다(민법 제640조). **기출** 18
② 편면적 강행규정이므로 임차인에게 불리한 약정은 효력이 없다(민법 제652조).

(4) 차임 등 확보를 위한 임대인의 법정담보물권(민법 제648조 내지 제650조) **기출** 23
토지임대인이 임대차에 관한 채권에 의하여 임차지에 부속 또는 그 사용의 편익에 공용한 임차인의 소유동산 및 그 토지의 과실을 압류한 때에는 질권과 동일한 효력이 있다(민법 제648조). 토지임대인이 변제기를 경과한 최후 2년의 차임채권에 의하여 그 지상에 있는 임차인소유의 건물을 압류한 때에는 저당권과 동일한 효력이 있다(민법 제649조). 건물 기타 공작물의 임대인이 임대차에 관한 채권에 의하여 그 건물 기타 공작물에 부속한 임차인소유의 동산을 압류한 때에는 질권과 동일한 효력이 있다(민법 제650조).

2. 임차물보관 및 목적물반환의무
① 임차인은 임대차관계가 종료되어 임대인에게 임차목적물을 반환할 때까지 목적물을 '선량한 관리자의 주의의무'로 보관할 의무가 있다(민법 제374조).
② 임대차 종료 시 임차인은 임대인에게 임차물을 반환할 계약상의 의무를 부담한다(민법 제654조, 제615조).

> **숙박업자가 고객과 숙박계약을 체결한 경우, 객실을 비롯한 숙박시설이 숙박기간 중에도 숙박업자의 지배 아래 있다고 보아야 하는지 여부(원칙적 적극) 및 고객이 숙박계약에 따라 객실을 사용·수익하던 중 발생 원인이 밝혀지지 않은 화재가 발생한 경우, 그로 인하여 객실에 발생한 손해가 숙박업자의 부담으로 귀속되는지 여부(원칙적 적극)**
>
> [1] 임대차 목적물이 화재 등으로 인하여 소멸됨으로써 임차인의 목적물 반환의무가 이행불능이 된 경우에, 임차인은 이행불능이 자기가 책임질 수 없는 사유로 인한 것이라는 증명을 다하지 못하면 목적물 반환의무의 이행불능으로 인한 손해를 배상할 책임을 지고, 그 화재 등의 구체적인 발생 원인이 밝혀지지 아니한 때에도 마찬가지이다. 이러한 법리는 임대차 종료 당시 임대차목적물 반환의무가 이행불능 상태는 아니지만 반환된 임차 건물이 화재로 인하여 훼손되었음을 이유로 손해배상을 구하는 경우에도 동일하게 적용된다.
>
> [2] 숙박업자가 고객과 체결하는 숙박계약은 숙박업자가 고객에게 객실을 제공하여 이를 일시적으로 사용할 수 있도록 하고, 고객은 숙박업자에게 사용에 따른 대가를 지급하는 것을 내용으로 한다는 점에서 임대차계약과 유사하다. 대법원이 숙박계약을 '일종의 일시 사용을 위한 임대차계약'이라고 한 것은 이러한 유사성에 착안한 것이다. 그러나 숙박계약은 통상의 임대차계약과는 다른 여러 가지 요소들도 포함하고 있으므로, 숙박계약에 대한 임대차 관련법리의 적용 여부와 범위는 이러한 숙박계약의 특수성을 고려하여 개별적으로 판단하여야 한다. 임대인은 임대차계약에 따라 임차인에게 목적물을 인도하여야 한다(민법 제623조). 임차인은 목적물의 점유를 취득하여 이를 사용·수익하면서 선량한 관리자의 주의를 다하여 목적물을 보존하고, 임대차가 종료되면 목적물을 원상에 회복하여 반환하여야 한다(민법 제374조, 제654조, 제615조). 임차인은 목적물을 인도받아 이를 사용·수익하는 동안 목적물을 직접 지배한다고 추단된다. 그러므로 목적물에 화재가 발생한 경우 화재가 임대인의 귀책사유로 인한 것이거나 임대인의 지배영역에서 발생하였다는 등의 사정이 없는 한 화재로 인한 목적물 반환의무의 이행불능으로 인한 손해는 임차인의 부담으로 귀속된다. 숙박업자와 고객의 관계는 통상적인 임대인과 임차인의 관계와는 다르다. 숙박업자는 고객에게 객실을 사용·수익하게 하는 것을 넘어서서 고객이 안전하고 편리하게 숙박할 수 있도록 시설 및 서비스를 제공하고 고객의 안전을 배려할 보호의무를 부담한다. 숙박업자에게는 숙박시설이나 설비를 위생적이고 안전하게 관리할 공법적 의무도 부과된다(공중위생관리법 제4조 제1항 참조). 숙박업자는 고객에게 객실을 제공한 이후에도 필요한 경우 객실에 출입하며 고객의 안전 배려 또는 객실 관리를 위한 조치를 취하기도 한다. 숙박업자가 고객에게 객실을 제공하여 일시적으로 이를 사용·수익하게 하더라도 객실을 비롯한 숙박시설에 대한 점유는 그대로 유지하는 것이 일반적이다. 그러므로 객실을 비롯한 숙박시설은 특별한 사정이 없는 한 숙박기간 중에도 고객이 아닌 숙박업자의 지배 아래 놓여 있다고 보아야 한다. 그렇다면 임차인이 임대차기간 중 목적물을 직접 지배함을 전제로 한 임대차 목적물 반환의무 이행불능에 관한 법리는 이와 전제를 달리하는 숙박계약에 그대로 적용될 수 없다. 고객이 숙박계약에 따라 객실을 사용·수익하던 중 발생 원인이 밝혀지지 않은 화재로 인하여 객실에 발생한 손해는 특별한 사정이 없는 한 숙박업자의 부담으로 귀속된다고 보아야 한다(대판 2023.11.2. 2023다244895).

임차인이 임대인 소유 건물의 일부를 임차하여 사용·수익하던 중 임차 건물 부분에서 화재가 발생하여 임차 건물 부분이 아닌 건물 부분까지 불에 타 그로 인해 임대인에게 재산상 손해가 발생한 경우, 임차 외 건물 부분에 발생한 손해에 대하여 임대인이 임차인을 상대로 채무불이행을 원인으로 하는 배상을 구하기 위하여 주장·증명하여야 할 사항

[1] 임대차 목적물이 화재 등으로 인하여 소멸됨으로써 임차인의 목적물 반환의무가 이행불능이 된 경우에, 임차인은 이행불능이 자기가 책임질 수 없는 사유로 인한 것이라는 증명을 다하지 못하면 목적물 반환의무의 이행불능으로 인한 손해를 배상할 책임을 지며, 화재 등의 구체적인 발생 원인이 밝혀지지 아니한 때에도 마찬가지이다. 또한 이러한 법리는 임대차 종료 당시 임대차 목적물 반환의무가 이행불능 상태는 아니지만 반환된 임차 건물이 화재로 인하여 훼손되었음을 이유로 손해배상을 구하는 경우에도 동일하게 적용된다. 한편 임대인은 목적물을 임차인에게 인도하고 임대차계약 존속 중에 그 사용, 수익에 필요한 상태를 유지하게 할 의무를 부담하므로(민법 제623조), 임대차계약 존속 중에 발생한 화재가 임대인이 지배·관리하는 영역에 존재하는 하자로 인하여 발생한 것으로 추단된다면, 그 하자를 보수·제거하는 것은 임대차 목적물을 사용·수익하기에 필요한 상태로 유지하여야 하는 임대인의 의무에 속하며, 임차인이 하자를 미리 알았거나 알 수 있었다는 등의 특별한 사정이 없는 한, 임대인은 화재로 인한 목적물 반환의무의 이행불능 등에 관한 손해배상책임을 임차인에게 물을 수 없다.

[2] 임차인이 임대인 소유 건물의 일부를 임차하여 사용·수익하던 중 임차 건물 부분에서 화재가 발생하여 임차 건물 부분이 아닌 건물 부분(이하 '임차 외 건물 부분')까지 불에 타 그로 인해 임대인에게 재산상 손해가 발생한 경우에, 임차인이 보존·관리의무를 위반하여 화재가 발생한 원인을 제공하는 등 화재 발생과 관련된 임차인의 계약상 의무 위반이 있었음이 증명되고, 그러한 의무 위반과 임차 외 건물 부분의 손해 사이에 상당인과관계가 있으며, 임차 외 건물 부분의 손해가 그러한 의무 위반에 따른 통상의 손해에 해당하거나, 임차인이 그 사정을 알았거나 알 수 있었을 특별한 사정으로 인한 손해에 해당한다고 볼 수 있는 경우라면, 임차인은 임차 외 건물 부분의 손해에 대해서도 민법 제390조, 제393조에 따라 임대인에게 손해배상책임을 부담하게 된다. 종래 대법원은 임차인이 임대인 소유 건물의 일부를 임차하여 사용·수익하던 중 임차 건물 부분에서 화재가 발생하여 임차 외 건물 부분까지 불에 타 그로 인해 임대인에게 재산상 손해가 발생한 경우에, 건물의 규모와 구조로 볼 때 건물 중 임차 건물 부분과 그 밖의 부분이 상호 유지·존립함에 있어서 구조상 불가분의 일체를 이루는 관계에 있다면, 임차인은 임차 건물의 보존에 관하여 선량한 관리자의 주의의무를 다하였음을 증명하지 못하는 이상 임차 건물 부분에 한하지 아니하고 건물의 유지·존립과 불가분의 일체 관계에 있는 임차 외 건물 부분이 소훼되어 임대인이 입게 된 손해도 채무불이행으로 인한 손해로 배상할 의무가 있다고 판단하여 왔다. 그러나 임차 외 건물 부분이 구조상 불가분의 일체를 이루는 관계에 있는 부분이라 하더라도, 그 부분에 발생한 손해에 대하여 임대인이 임차인을 상대로 채무불이행을 원인으로 하는 배상을 구하려면, 임차인이 보존·관리의무를 위반하여 화재가 발생한 원인을 제공하는 등 화재 발생과 관련된 임차인의 계약상 의무 위반이 있었고, 그러한 의무 위반과 임차 외 건물 부분의 손해 사이에 상당인과관계가 있으며, 임차 외 건물 부분의 손해가 의무 위반에 따라 민법 제393조에 의하여 배상하여야 할 손해의 범위 내에 있다는 점에 대하여 임대인이 주장·증명하여야 한다. 이와 달리 위와 같은 임대인의 주장·증명이 없는 경우에도 임차인이 임차 건물의 보존에 관하여 선량한 관리자의 주의의무를 다하였음을 증명하지 못하는 이상 임차 외 건물 부분에 대해서까지 채무불이행에 따른 손해배상책임을 지게 된다고 판단한 종래의 대법원판결들은 이 판결의 견해에 배치되는 범위 내에서 이를 모두 변경하기로 한다(대판 2017.5.18. 2012다86895[전합]).

임대 당시 이미 임차목적물인 토지에 종전 임차인 등이 설치한 가건물 기타 공작물이 있는 경우, 임차인이 임차목적물을 반환할 때 종전 임차인 등이 설치한 부분까지 원상회복할 의무가 있는지 여부(원칙적 소극)

임차인이 임대인에게 임차목적물을 반환하는 때에는 원상회복의무가 있다(민법 제654조, 제615조). 임차인이 임차목적물의 현상을 변경한 때에는 원칙적으로 변경 부분을 철거하는 등으로 임차목적물을 임대 당시의 상태로 사용할 수 있도록 해야 하나, 토지 임대 당시 이미 임차목적물인 토지에 종전 임차인 등이 설치한 가건물 기타 공작물이 있는 경우에는 특별한 사정이 없는 한 임차인은 그가 임차하였을 때의 상태로 임차목적물을 반환하면 되고 종전 임차인 등이 설치한 부분까지 원상회복할 의무는 없다. 위 특별한 사정의 인정은 임대차계약의 체결 경위와 내용, 임대 당시 목적물의 상태, 임차인에 의한 현상 변경 유무 등을 심리하여 구체적·개별적으로 이루어져야 한다(대판 2023.11.2. 2023다249661).

Ⅵ 임차권의 양도와 전대

임차권의 양도, 전대의 제한(민법 제629조)
① 임차인은 임대인의 동의 없이 그 권리를 양도하거나 임차물을 전대하지 못한다.
② 임차인이 전항의 규정에 위반한 때에는 임대인은 계약을 해지할 수 있다. 기출 15·17·23·24

전대의 효과(민법 제630조)
① 임차인이 임대인의 동의를 얻어 임차물을 전대한 때에는 전차인은 직접 임대인에 대하여 의무를 부담한다. 이 경우에 전차인은 전대인에 대한 차임의 지급으로써 임대인에게 대항하지 못한다. 기출 15
② 전항의 규정은 임대인의 임차인에 대한 권리행사에 영향을 미치지 아니한다.

전차인의 권리의 확정(민법 제631조)
임차인이 임대인의 동의를 얻어 임차물을 전대한 경우에는 임대인과 임차인의 합의로 계약을 종료한 때에도 전차인의 권리는 소멸하지 아니한다.

임차건물의 소부분을 타인에게 사용케 하는 경우(민법 제632조)
전3조의 규정은 건물의 임차인이 그 건물의 소부분을 타인에게 사용하게 하는 경우에 적용하지 아니한다.

해지통고의 전차인에 대한 통지(민법 제638조)
① 임대차계약이 해지의 통고로 인하여 종료된 경우에 그 임대물이 적법하게 전대되었을 때에는 임대인은 전차인에 대하여 그 사유를 통지하지 아니하면 해지로써 전차인에게 대항하지 못한다.
② 전차인이 전항의 통지를 받은 때에는 제635조 제2항의 규정을 준용한다.

전차인의 임대청구권, 매수청구권(민법 제644조)
① 건물 기타 공작물의 소유 또는 식목, 채염, 목축을 목적으로 한 토지임차인이 적법하게 그 토지를 전대한 경우에 임대차 및 전대차의 기간이 동시에 만료되고 건물, 수목 기타 지상시설이 현존한 때에는 전차인은 임대인에 대하여 전전대차와 동일한 조건으로 임대할 것을 청구할 수 있다.
② 전항의 경우에 임대인이 임대할 것을 원하지 아니하는 때에는 제283조 제2항의 규정을 준용한다.

전차인의 부속물매수청구권(민법 제647조)
① 건물 기타 공작물의 임차인이 적법하게 전대한 경우에 전차인이 그 사용의 편익을 위하여 임대인의 동의를 얻어 이에 부속한 물건이 있는 때에는 전대차의 종료 시에 임대인에 대하여 그 부속물의 매수를 청구할 수 있다.
② 임대인으로부터 매수하였거나 그 동의를 얻어 임차인으로부터 매수한 부속물에 대하여도 전항과 같다.

판례는 임차인이 임대인의 동의를 받지 않고 제3자에게 임차권을 양도하거나 전대하는 등의 방법으로 임차물을 사용·수익하게 하더라도, 임대인이 이를 이유로 임대차계약을 해지하거나 그 밖의 다른 사유로 임대차계약이 적법하게 종료되지 않는 한 임대인은 임차인에 대하여 여전히 차임청구권을 가지므로, 임대차계약이 존속하는 한도 내에서는 제3자에게 불법점유를 이유로 한 차임 상당 손해배상청구나 부당이득반환청구를 할 수 없으나 임대차계약이 종료된 이후에는 임차물을 소유하고 있는 임대인은 제3자를 상대로 위와 같은 손해배상청구나 부당이득반환청구를 할 수 있다고(대판 2023.3.30. 2022다296165) 한다.

Ⅶ 임대차보증금

임차보증금이란 부동산임대차 특히 건물임대차에 있어서 임차인의 채무를 담보하기 위하여 임차인 또는 제3자가 임대인에게 교부하는 금전 기타의 유가물을 말한다.

① 보증금의 성질에 대하여 다수설은 정지조건부 반환채무를 수반하는 금전소유권의 이전이라고 하고, 판례는 보증금반환채권은 임대인의 채권이 발생한다는 사정을 해제조건으로 성립한다고 한다.
② 보증금계약은 임대차에 종된 계약이며 요물계약의 성질을 가진다.
③ 보증금채권은 임대차와 분리하여 양도할 수 있다.
④ 보증금은 임대차관계에서 발생하는 임차인의 모든 채무를 담보하며 임대차의 종료된 후에 임차인의 채무변제에 충당할 수 있다.
⑤ 임대차 존속 중 임대인이 연체차임을 청구하는 경우에 임차인은 보증금의 존재를 이유로 채무의 이행을 거절하거나 또는 채무불이행책임을 면하지 못한다.
⑥ 임대차보증금이 임대인에게 교부되어 있더라도 임대인은 임대차관계가 계속되고 있는 동안에는 임대차보증금에서 연체차임을 충당할 것인지를 자유로이 선택할 수 있으므로, 임대차계약 종료 전에는 연체차임이 공제 등 별도의 의사표시 없이 임대차보증금에서 당연히 공제되는 것은 아니다. 기출 17
⑦ 묵시의 갱신이 있는 경우에 임차인이 제공한 보증금은 효력을 유지하나, 제3자가 제공한 보증금은 소멸하게 된다(민법 제639조 제2항).
⑧ 보증금반환청구권이 발생하는 시기에 대하여 다수설은 임대차가 종료한 후에 임차인이 목적물을 반환할 때에 비로소 발생한다고 하고, 판례는 임대차종료시설의 입장을 취하고 있다.
⑨ 임대차계약의 기간이 만료된 경우에 임차인이 임차목적물을 명도할 의무와 임대인이 보증금 중 연체차임 등 당해 임대차에 관하여 명도시까지 생긴 모든 채무를 청산한 나머지를 반환할 의무는 동시이행의 관계가 있다(대판 1977.9.28. 77다1241[전합]).

Ⅷ 임대차의 종료와 해지권

1. 종료의 원인

(1) 해지통고(일정기간 경과 후 해지의 효과발생)

> **기간의 약정 없는 임대차의 해지통고(민법 제635조)**
> ① 임대차기간의 약정이 없는 때에는 당사자는 언제든지 계약해지의 통고를 할 수 있다. 기출 23
> ② 상대방이 전항의 통고를 받은 날로부터 다음 각 호의 기간이 경과하면 해지의 효력이 생긴다.
>   1. 토지, 건물 기타 공작물에 대하여는 임대인이 해지를 통고한 경우에는 6월, 임차인이 해지를 통고한 경우에는 1월
>   2. 동산에 대하여는 5일
>
> **기간의 약정 있는 임대차의 해지통고(민법 제636조)**
> 임대차기간의 약정이 있는 경우에도 당사자일방 또는 쌍방이 그 기간 내에 해지할 권리를 보류한 때에는 전조의 규정을 준용한다.

임차인의 파산과 해지통고(민법 제637조)
① 임차인이 파산선고를 받은 경우에는 임대차기간의 약정이 있는 때에도 임대인 또는 파산관재인은 제635조의 규정에 의하여 계약해지의 통고를 할 수 있다.
② 전항의 경우에 각 당사자는 상대방에 대하여 계약해지로 인하여 생긴 손해의 배상을 청구하지 못한다.

해지통고의 전차인에 대한 통지(민법 제638조)
① 임대차계약이 해지의 통고로 인하여 종료된 경우에 그 임대물이 적법하게 전대되었을 때에는 임대인은 전차인에 대하여 그 사유를 통지하지 아니하면 해지로써 전차인에게 대항하지 못한다.
② 전차인이 전항의 통지를 받은 때에는 제635조 제2항의 규정을 준용한다.

(2) 즉시해지권(해지 즉시 효과발생)

임차인의 의사에 반하는 보존행위와 해지권(민법 제625조)
임대인이 임차인의 의사에 반하여 보존행위를 하는 경우에 임차인이 이로 인하여 임차의 목적을 달성할 수 없는 때에는 계약을 해지할 수 있다. 기출 24

일부멸실 등과 감액청구, 해지권(민법 제627조)
① 임차물의 일부가 임차인의 과실 없이 멸실 기타 사유로 인하여 사용, 수익할 수 없는 때에는 임차인은 그 부분의 비율에 의한 차임의 감액을 청구할 수 있다. 기출 23
② 전항의 경우에 그 잔존부분으로 임차의 목적을 달성할 수 없는 때에는 임차인은 계약을 해지할 수 있다.

임차권의 양도, 전대의 제한(민법 제629조)
① 임차인은 임대인의 동의 없이 그 권리를 양도하거나 임차물을 전대하지 못한다.
② 임차인이 전항의 규정에 위반한 때에는 임대인은 계약을 해지할 수 있다.

차임연체와 해지(민법 제640조)
건물 기타 공작물의 임대차에는 임차인의 차임연체액이 2기의 차임액에 달하는 때에는 임대인은 계약을 해지할 수 있다.

동전(민법 제641조)
건물 기타 공작물의 소유 또는 식목, 채염, 목축을 목적으로 한 토지임대차의 경우에도 전조의 규정을 준용한다.

2. 종료의 효과
① 해지에 의하여 임대차계약은 장래에 향하여 소멸한다(민법 제550조 참조).
② 당사자 일방에게 귀책사유가 있으면 손해배상을 청구할 수도 있다(민법 제551조).
③ 임대차의 종료로 임차인은 목적물을 반환해야 하지만, 보증금의 반환과 유익비의 상환 또는 부속물의 매수를 청구하거나 철거를 할 수 있다.

3. 관련 판례 – 종료 후 임차목적물을 반환하지 아니하는 경우의 법률관계

(1) 동시이행관계
임차인이 임차권등기를 마친 경우 당사자 사이에 다른 약정이 없는 한 임대차 종료 후 임대인의 임차보증금 반환의무와 임차인의 임차권등기 말소의무는 동시이행관계에 있으므로, 임차인은 임차권등기 말소의무를 이행하거나 이행제공을 하여 상대방을 이행지체에 빠뜨려야 비로소 임차보증금에 대한 지연손해금의 지급을 청구할 수 있다(대판 2024.12.12. 2024다261989).

(2) 불법행위로 인한 손해배상의무의 인정 여부

임대차계약 종료로 발생한 임차인의 목적물 반환의무와 임차인의 부속물매수청구권 행사로 발생한 임대인의 부속물 매매대금 지급의무는 동시이행관계에 있으므로, 임대인이 부속물 매매대금 지급의무를 이행하거나 적법하게 이행제공을 하는 등으로 임차인의 동시이행항변권을 상실시키지 않은 이상, 임차인이 적법한 부속물매수청구권 행사 후에 목적물을 계속 점유하는 것을 불법점유라고 할 수 없고 임차인은 이에 대한 손해배상의무를 지지 않는다(대판 2025.5.15. 2024다317332).

(3) 부당이득반환의무 인정 여부

1) 실질적인 이득을 얻지 못한 경우

[1] 임대차계약의 종료에 의하여 발생된 임차인의 임차목적물 반환의무와 임대인의 연체차임을 공제한 나머지 보증금의 반환의무는 동시이행의 관계에 있는 것이므로 임대차계약 종료의 후에도 임차인이 동시이행의 항변권을 행사하여 임차건물을 계속 점유해 온 것이라면 임대인이 임차인에게 위 보증금반환의무를 이행하였다거나 그 현실적인 이행의 제공을 하여 임차인의 건물명도의무가 지체에 빠지는 등의 사유로 동시이행항변권을 상실하게 되었다는 점에 관하여 임대인의 주장 입증이 없는 이상 임차인의 위 건물에 대한 점유는 불법점유라고 할 수 없다.

[2] 법률상의 원인없이 이득하였음을 이유로 한 부당이득의 반환에 있어서 이득이라 함은 실질적인 이익을 가리키는 것이므로 법률상 원인 없이 건물을 점유하고 있다 하여도 이를 사용, 수익하지 않았다면 이익을 얻은 것이라고 볼 수 없는 것인바, 임차인이 임대차계약 종료 이후에도 임차건물부분을 계속 점유하기는 하였으나 이를 사용, 수익하지 아니하여 실질적인 이득을 얻은 바 없는 경우에는 그로 인하여 임대인에게 손해가 발생하였다 하더라도 임차인의 부당이득 반환의무는 성립될 여지가 없다(대판 1990.12.21. 90다카24076).

2) 임차인의 사정으로 이득을 얻지 못한 경우

임차인이 임대차계약이 종료한 후 임차건물을 계속 점유하였더라도 본래의 계약 목적에 따라 사용·수익하지 아니하여 이익을 얻지 않았다면 그로 인한 부당이득반환의무가 성립하지 아니하고, 이는 임차인의 사정으로 인하여 임차건물을 사용·수익하지 못한 경우에도 그러하다(대판 2006.10.12. 2004재다818).

제5절 고용

I 서설

1. 의의

> **고용의 의의 (민법 제655조)**
> 고용은 당사자 일방이 상대방에 대하여 노무를 제공할 것을 약정하고 상대방이 이에 대하여 보수를 지급할 것을 약정함으로써 그 효력이 생긴다.
>
> **보수액과 그 지급시기(민법 제656조)**
> ① 보수 또는 보수액의 약정이 없는 때에는 관습에 의하여 지급하여야 한다.
> ② 보수는 약정한 시기에 지급하여야 하며 시기의 약정이 없으면 관습에 의하고 관습이 없으면 약정한 노무를 종료한 후 지체 없이 지급하여야 한다.
>
> **권리의무의 전속성(민법 제657조)**
> ① 사용자는 노무자의 동의 없이 그 권리를 제3자에게 양도하지 못한다.
> ② 노무자는 사용자의 동의 없이 제3자로 하여금 자기에 갈음하여 노무를 제공하게 하지 못한다.
> ③ 당사자 일방이 전2항의 규정에 위반한 때에는 상대방은 계약을 해지할 수 있다.

2. 법적 성질

고용은 노무의 공급을 목적으로 하는 낙성·유상·쌍무계약이다.

II 고용계약의 내용

1. 노무자의 의무

노무제공의무(민법 제655조), 지휘·명령에 복종할 의무, 부수적 의무 등

2. 사용자의 의무

① 보수지급의무(민법 제655조, 제656조) : 약정 → 관습 → 후불(즉시)

> 고용은 노무를 제공하는 노무자에 대하여 사용자가 보수를 지급하기로 하는 계약이므로, 고용계약에 있어서 보수는 고용계약의 본질적 부분을 구성하고, 따라서 보수 지급을 전제로 하지 않는 고용계약은 존재할 수 없으나, 보수 지급에 관한 약정은 그 방법에 아무런 제한이 없고 반드시 명시적임을 요하는 것도 아니며, 관행이나 사회통념에 비추어 노무의 제공에 보수를 수반하는 것이 보통인 경우에는 당사자 사이에 보수에 관한 묵시적 합의가 있었다고 봄이 상당하고, 다만 이러한 경우에는 보수의 종류와 범위 등에 관한 약정이 없으므로 관행 등에 의하여 이를 결정하여야 한다(대판 1999.7.9. 97다58767). **기출 24**

② 노무청구권의 양도금지
③ 안전배려의무

Ⅲ 고용의 해지와 종료

1. 묵시의 갱신(법정갱신)(민법 제662조)

> **묵시의 갱신(민법 제662조)**
> ① 고용기간이 만료한 후 노무자가 계속하여 그 노무를 제공하는 경우에 사용자가 상당한 기간 내에 이의를 하지 아니한 때에는 전고용과 동일한 조건으로 다시 고용한 것으로 본다. 그러나 당사자는 제660조의 규정에 의하여 해지의 통고를 할 수 있다.
> ② 전항의 경우에는 전고용에 대하여 제3자가 제공한 담보는 기간의 만료로 인하여 소멸한다.

2. 해지통고

(1) 기간의 약정이 없는 경우(민법 제660조)

> **기간의 약정이 없는 고용의 해지통고(민법 제660조)**
> ① 고용기간의 약정이 없는 때에는 당사자는 언제든지 계약해지의 통고를 할 수 있다.
> ② 전항의 경우에는 상대방이 해지의 통고를 받은 날로부터 1월이 경과하면 해지의 효력이 생긴다.
> ③ 기간으로 보수를 정한 때에는 상대방이 해지의 통고를 받은 당기후의 일기를 경과함으로써 해지의 효력이 생긴다.

(2) 기간의 약정이 있는 경우

> **3년 이상의 경과와 해지통고권(민법 제659조)**
> ① 고용의 약정기간이 3년을 넘거나 당사자의 일방 또는 제3자의 종신까지로 된 때에는 각 당사자는 3년을 경과한 후 언제든지 계약해지의 통고를 할 수 있다.
> ② 전항의 경우에는 상대방이 해지의 통고를 받은 날로부터 3월이 경과하면 해지의 효력이 생긴다.
>
> **부득이한 사유와 해지권(민법 제661조)**
> 고용기간의 약정이 있는 경우에도 부득이한 사유 있는 때에는 각 당사자는 계약을 해지할 수 있다. 그러나 그 사유가 당사자 일방의 과실로 인하여 생긴 때에는 상대방에 대하여 손해를 배상하여야 한다.

> 민법 제661조 소정의 '부득이한 사유'라 함은 고용계약을 계속하여 존속시켜 그 이행을 강제하는 것이 사회통념상 불가능한 경우를 말하고, 고용은 계속적 계약으로 당사자 사이의 특별한 신뢰관계를 전제로 하므로 고용관계를 계속하여 유지하는 데 필요한 신뢰관계를 파괴하거나 해치는 사실도 부득이한 사유에 포함되며, 따라서 고용계약상 의무의 중대한 위반이 있는 경우에도 부득이한 사유에 포함된다(대판 2004.2.27. 2003다51675). 기출 24

3. 즉시해지의 사유

① 노무제공과 수령의 일신전속성 위반 시(민법 제657조)
② 부득이한 사유로 고용해지 시(민법 제661조)
③ 사용자의 파산 시(민법 제663조) : 해지 시 따로 손해배상청구는 불가

4. 관련 판례

근로자를 그가 고용된 기업으로부터 다른 기업으로 적을 옮겨 다른 기업의 업무에 종사하게 하는 이른바 전적은, 종래에 종사하던 기업과 사이의 근로계약을 합의해지하고 이적하게 될 기업과 사이에 새로운 근로계약을 체결하는 것이거나 근로계약상의 사용자의 지위를 양도하는 것이므로, 동일 기업 내의 인사이동인 전근이나 전보와 달리 특별한 사정이 없는 한 근로자의 동의를 얻어야 효력이 생기고, 나아가 기업그룹 등과 같이 그 구성이나 활동 등에 있어서 어느 정도 밀접한 관련성을 갖고 사회적 또는 경제적 활동을 하는 일단의 법인체 사이의 전적에 있어서 그 법인체들 내에서 근로자의 동의를 얻지 아니하고 다른 법인체로 근로자를 전적시키는 관행이 있어서 그 관행이 근로계약의 내용을 이루고 있다고 인정하기 위하여는, 그와 같은 관행이 그 법인체들 내에서 일반적으로 근로관계를 규율하는 규범적인 사실로서 명확히 승인되거나, 그 구성원이 일반적으로 아무런 이의도 제기하지 아니한 채 당연한 것으로 받아들여 기업 내에서 사실상의 제도로서 확립되어 있지 않으면 아니 된다(대판 2006.1.12. 2005두9873). 기출 24

제6절 도급

I 의의

도급은 당사자 일방이 어느 일을 완성할 것을 약정하고 상대방이 그 일의 결과에 대하여 보수를 지급할 것을 약정함으로써 그 효력이 생기는 낙성·불요식·쌍무·유상계약이다(민법 제664조).

II 수급인의 의무

1. 일을 완성할 의무

> **공사도급계약에 있어서 반드시 수급인 자신이 직접 일을 완성하지 않으면 계약불이행이 되는지 여부(한정 소극)**
> [1] 공사도급계약에 있어서 당사자 사이에 특약이 있거나 일의 성질상 수급인 자신이 하지 않으면 채무의 본지에 따른 이행이 될 수 없다는 등의 특별한 사정이 없는 한 반드시 수급인 자신이 직접 일을 완성하여야 하는 것은 아니고, 이행보조자 또는 이행대행자를 사용하더라도 공사도급계약에서 정한 대로 공사를 이행하는 한 계약을 불이행하였다고 볼 수 없다.
> [2] 수급인이 제3자를 이용하여 공사를 하더라도 공사약정에서 정한 내용대로 그 공사를 이행하는 한 공사약정을 불이행한 것이라고 볼 수 없으므로, 수급인이 그의 노력으로 제3자와의 사이에 공사에 관한 약속을 한 후 도급인에게 그 약속 사실을 알려주지 않았다고 하더라도 이를 도급인에 대한 기망행위라고 할 수 없다고 한 사례(대판 2002.4.12. 2001다82545). 기출 24

2. 완성물의 인도의무

3. 완성물의 소유권이전의무

(1) 약정이 있는 경우

그 약정이 우선 적용된다(통설·판례).

> [1] 일반적으로 자기의 노력과 재료를 들여 건물을 건축한 사람은 그 건물의 소유권을 원시취득하는 것이고, 다만 도급계약에 있어서 수급인이 자기의 노력과 재료를 들여 건물을 완성하더라도 도급인과 수급인 사이에 도급인 명의로 건축허가를 받아 소유권보존등기를 하기로 하는 등 완성된 건물의 소유권을 도급인에게 귀속시키기로 합의한 것으로 보여질 경우에는 그 건물의 소유권은 도급인에게 원시적으로 귀속된다.
> [2] 단지 채무의 담보를 위하여 채무자가 자기의 비용과 노력으로 신축하는 건물의 건축허가명의를 채권자 명의로 하였다면 이는 완성될 건물을 담보로 제공하기로 하는 합의로서 법률행위에 의한 담보물권의 설정과 다름없으므로 완성된 건물의 소유권은 일단 채무자가 이를 원시취득한 후 채권자 명의로 소유권보존등기를 마침으로써 담보목적의 범위 내에서 채권자에게 그 소유권이 이전된다고 보아야 한다(대판 1992.8.18, 91다25505).

(2) 약정이 없는 경우

1) 도급인이 재료를 제공한 경우

도급인에게 소유권이 귀속된다.

2) 수급인이 재료를 제공한 경우

① 동산의 경우 : 수급인에게 소유권이 귀속된다.
② 부동산의 경우 : 수급인 귀속설이 다수설과 판례이다.

4. 수급인의 담보책임

> **수급인의 담보책임(민법 제667조)**
> ① 완성된 목적물 또는 완성전의 성취된 부분에 하자가 있는 때에는 도급인은 수급인에 대하여 상당한 기간을 정하여 그 하자의 보수를 청구할 수 있다. 그러나 하자가 중요하지 아니한 경우에 그 보수에 과다한 비용을 요할 때에는 그러하지 아니하다.
> ② 도급인은 하자의 보수에 갈음하여 또는 보수와 함께 손해배상을 청구할 수 있다.
> ③ 전항의 경우에는 제536조의 규정을 준용한다.
>
> **동전-도급인의 해제권(민법 제668조)**
> 도급인이 완성된 목적물의 하자로 인하여 계약의 목적을 달성할 수 없는 때에는 계약을 해제할 수 있다. 그러나 건물 기타 토지의 공작물에 대하여는 그러하지 아니하다. 기출 20·22
>
> **동전-하자가 도급인의 제공한 재료 또는 지시에 기인한 경우의 면책(민법 제669조)**
> 전2조의 규정은 목적물의 하자가 도급인이 제공한 재료의 성질 또는 도급인의 지시에 기인한 때에는 적용하지 아니한다. 그러나 수급인이 그 재료 또는 지시의 부적당함을 알고 도급인에게 고지하지 아니한 때에는 그러하지 아니하다.
>
> **담보책임면제의 특약(민법 제672조)** 기출 20
> 수급인은 제667조, 제668조의 담보책임이 없음을 약정한 경우에도 알고 고지하지 아니한 사실에 대하여는 그 책임을 면하지 못한다.

(1) 담보책임의 의의
도급도 유상계약이므로 담보책임에 관한 규정이 준용되어야 하지만, 민법은 수급인의 담보책임에 관하여 민법 제667조 이하에서 특별히 규정하고 있다.

(2) 담보책임의 성립요건
① 일의 완성에 하자가 있어야 한다.
② 목적물의 하자가 도급인이 제공한 재료의 성질 혹은 도급인의 지시에 기인하는 경우가 아니어야 한다(민법 제669조).
③ 수급인의 귀책사유를 불문한다.
④ 담보책임 규정은 임의규정이다.

(3) 담보책임의 내용

1) 하자보수청구권(민법 제667조)
도급계약에서 완성된 목적물에 하자가 있으면 도급인은 수급인에게 하자의 보수나 그에 갈음하는 손해배상을 청구할 수 있으나, 하자가 중요하지 아니하면서 동시에 보수에 과다한 비용을 요할 때에는 하자의 보수나 그에 갈음하는 손해배상을 청구할 수는 없고, 하자로 인하여 입은 손해의 배상만을 청구할 수 있다(대판 2015.4.23. 2011다63383). 기출 20

2) 손해배상청구권(민법 제667조)
① 액젓저장탱크의 제작·설치공사 도급계약에 의하여 완성된 저장탱크에 균열이 발생한 경우, 보수비용은 민법 제667조 제2항에 의한 수급인의 하자담보책임 중 하자보수에 갈음하는 손해배상이고, 액젓 변질로 인한 손해배상은 위 하자담보책임을 넘어서 수급인이 도급계약의 내용에 따른 의무를 제대로 이행하지 못함으로 인하여 도급인의 신체·재산에 발생한 손해에 대한 배상으로서 양자는 별개의 권원에 의하여 경합적으로 인정된다(대판 2004.8.20. 2001다70337). 기출 20
② 완성된 목적물에 하자가 있어 도급인이 하자의 보수에 갈음하여 손해배상을 청구한 경우에, 도급인은 수급인이 그 손해배상청구에 관하여 채무이행을 제공할 때까지 그 손해배상액에 상응하는 보수액에 관하여만 자기의 채무이행을 거절할 수 있을 뿐이고 그 나머지 보수액은 지급을 거절할 수 없다고 할 것이므로, 도급인의 손해배상 채권과 동시이행관계에 있는 수급인의 공사대금 채권은 공사잔대금 채권 중 위 손해배상 채권액과 동액의 채권에 한하고, 그 나머지 공사잔대금 채권은 위 손해배상 채권과 동시이행관계에 있다고 할 수 없다(대판 1996.6.11. 95다12798). 기출 24

3) 해제권(민법 제668조)

4) 관련 판례
도급계약에 따라 완성된 목적물에 하자가 있는 경우, 수급인의 하자담보책임과 채무불이행책임은 별개의 권원에 의하여 경합적으로 인정된다. 민법 제669조 본문은 완성된 목적물의 하자가 도급인이 제공한 재료의 성질 또는 도급인의 지시에 기인한 때에는 수급인의 하자담보책임에 관한 규정이 적용되지 않는다고 정하고 있다. 그러나 이 규정은 수급인의 하자담보책임이 아니라 민법 제390조에 따른 채무불이행책임에는 적용되지 않는다(대판 2020.1.30. 2019다268252).

(4) 담보책임의 존속기간

> **담보책임의 존속기간(민법 제670조)**
> ① 전3조의 규정에 의한 하자의 보수, 손해배상의 청구 및 계약의 해제는 목적물의 인도를 받은 날로부터 1년 내에 하여야 한다.
> ② 목적물의 인도를 요하지 아니하는 경우에는 전항의 기간은 일의 종료한 날로부터 기산한다.
>
> **수급인의 담보책임-토지, 건물 등에 대한 특칙(민법 제671조)**
> ① 토지, 건물 기타 공작물의 수급인은 목적물 또는 지반공사의 하자에 대하여 인도후 5년간 담보의 책임이 있다. 그러나 목적물이 석조, 석회조, 연와조, 금속 기타 이와 유사한 재료로 조성된 것인 때에는 그 기간을 10년으로 한다.
> ② 전항의 하자로 인하여 목적물이 멸실 또는 훼손된 때에는 도급인은 그 멸실 또는 훼손된 날로부터 1년 내에 제667조의 권리를 행사하여야 한다.

민법상 수급인의 하자담보책임에 관한 기간은 제척기간으로서 재판상 또는 재판 외의 권리행사기간이며, 재판상 청구를 위한 출소기간이 아니라고 할 것이다(대판 2004.1.27. 2001다24891). **기출** 20·24

Ⅲ 도급인의 의무

1. 보수지급의무

> **보수의 지급시기(민법 제665조)**
> ① 보수는 그 완성된 목적물의 인도와 동시에 지급하여야 한다. 그러나 목적물의 인도를 요하지 아니하는 경우에는 그 일을 완성한 후 지체 없이 지급하여야 한다.
> ② 전항의 보수에 관하여는 제656조 제2항의 규정을 준용한다.

도급계약에서 정한 일의 완성 이전에 계약이 해제된 경우 수급인으로서는 도급인에게 보수를 청구할 수 없음이 원칙이나, 당해 도급계약에 따라 수급인이 일부 미완성한 부분이 있더라도 계약해제를 이유로 이를 전부 원상회복하는 것이 신의성실의 원칙 등에 비추어 공평·타당하지 않다고 평가되는 특별한 경우라면 예외적으로 이미 완성된 부분에 대한 수급인의 보수청구권이 인정될 수 있다(대판 2023.3.30. 2022다289174).

2. 보수지급의무의 담보

> **수급인의 목적부동산에 대한 저당권설정청구권(민법 제666조)**
> 부동산공사의 수급인은 전조의 보수에 관한 채권을 담보하기 위하여 그 부동산을 목적으로 한 저당권의 설정을 청구할 수 있다.

> [1] 민법 제666조는 "부동산공사의 수급인은 보수에 관한 채권을 담보하기 위하여 그 부동산을 목적으로 한 저당권의 설정을 청구할 수 있다."라고 규정하고 있는바, 이는 부동산공사에서 그 목적물이 보통 수급인의 자재와 노력으로 완성되는 점을 감안하여 그 목적물의 소유권이 원시적으로 도급인에게 귀속되는 경우 수급인에게 목적물에 대한 저당권설정청구권을 부여함으로써 수급인이 사실상 목적물로부터 공사대금을 우선적으로 변제받을 수 있도록 하는 데 그 취지가 있고, 이러한 수급인의 지위가 목적물에 대하여 유치권을 행사하는 지위보다 더 강화되는 것은 아니어서 도급인의 일반 채권자들에게 부당하게 불리해지는 것도 아닌 점 등에 비추어, 신축건물의 도급인이 민법 제666조가 정한 수급인의 저당권설정청구권의 행사에 따라 공사대금채무의 담보로 그 건물에 저당권을 설정하는 행위는 특별한 사정이 없는 한 사해행위에 해당하지 아니한다.
> [2] 민법 제666조에서 정한 수급인의 저당권설정청구권은 공사대금채권을 담보하기 위하여 인정되는 채권적 청구권으로서 공사대금채권에 부수하여 인정되는 권리이므로, 당사자 사이에 공사대금채권만을 양도하고 저당권설정청구권은 이와 함께 양도하지 않기로 약정하였다는 등의 특별한 사정이 없는 한, 공사대금채권이 양도되는 경우 저당권설정청구권도 이에 수반하여 함께 이전된다고 봄이 타당하다. 따라서 신축건물의 수급인으로부터 공사대금채권을 양수받은 자의 저당권설정청구에 의하여 신축건물의 도급인이 그 건물에 저당권을 설정하는 행위 역시 다른 특별한 사정이 없는 한 사해행위에 해당하지 아니한다(대판 2018.11.29. 2015다19827). 기출 24

Ⅳ 도급의 종료

1. 도급인의 임의해제

> **완성전의 도급인의 해제권(민법 제673조)**
> 수급인이 일을 완성하기 전에는 도급인은 손해를 배상하고 계약을 해제할 수 있다.

① 도급인이 수급인의 채무불이행을 이유로 도급계약 해제의 의사표시를 하였으나 실제로는 채무불이행의 요건을 갖추지 못한 것으로 밝혀진 경우, 도급계약의 당사자 사이에 분쟁이 있었다고 하여 그러한 사정만으로 이 의사표시에 임의해제의 의사가 포함되어 있다고 볼 수는 없다(대판 2022.10.14. 2022다246757).

② [1] 민법 제673조에서 도급인으로 하여금 자유로운 해제권을 행사할 수 있도록 하는 대신 수급인이 입은 손해를 배상하도록 규정하고 있는 것은 도급인의 일방적인 의사에 기한 도급계약 해제를 인정하는 대신, 도급인의 일방적인 계약해제로 인하여 수급인이 입게 될 손해, 즉 수급인이 이미 지출한 비용과 일을 완성하였더라면 얻었을 이익을 합한 금액을 전부 배상하게 하는 것이라 할 것이므로, 위 규정에 의하여 도급계약을 해제한 이상 특별한 사정이 없는 한 도급인은 수급인에 대한 손해배상에 있어서 과실상계나 손해배상예정액 감액을 주장할 수는 없다. 기출 24

[2] 채무불이행이나 불법행위 등이 채권자 또는 피해자에게 손해를 생기게 하는 동시에 이익을 가져다 준 경우에는 공평의 관념상 그 이익은 당사자의 주장을 기다리지 아니하고 손해를 산정함에 있어서 공제되어야만 하는 것이므로, 민법 제673조에 의하여 도급계약이 해제된 경우에도, 그 해제로 인하여 수급인이 그 일의 완성을 위하여 들이지 않게 된 자신의 노력을 타에 사용하여 소득을 얻었거나 또는 얻을 수 있었음에도 불구하고, 태만이나 과실로 인하여 얻지 못한 소득 및 일의 완성을 위하여 준비하여 둔 재료를 사용하지 아니하게 되어 타에 사용 또는 처분하여 얻을 수 있는 대가 상당액은 당연히 손해액을 산정함에 있어서 공제되어야 한다(대판 2002.5.10. 2000다37296).

2. 도급인의 파산과 해제

> **도급인의 파산과 해제권(민법 제674조)**
> ① 도급인이 파산선고를 받은 때에는 수급인 또는 파산관재인은 계약을 해제할 수 있다. 이 경우에는 수급인은 일의 완성된 부분에 대한 보수 및 보수에 포함되지 아니한 비용에 대하여 파산재단의 배당에 가입할 수 있다.
> ② 전항의 경우에는 각 당사자는 상대방에 대하여 계약해제로 인한 손해의 배상을 청구하지 못한다.

V 제작물공급계약

제작물공급계약이란 당사자 일방이 상대방의 주문에 따라서 오로지 혹은 주로 자기의 재료를 사용하여 제작한 물건을 공급하는 계약을 말한다. 판례에 따르면 제작 공급하여야 할 물건이 대체물인 경우에는 매매로 보아서 매매에 관한 규정이 적용된다고 할 것이나, 부대체물인 경우에는 도급의 성질을 띠는 것이다(대판 1996.6.28. 94다42976).

제7절 여행계약

I 의 의

당사자 한쪽, 즉 여행주최자가 상대방에게 운송, 숙박, 관광 또는 그 밖의 여행관련 용역을 결합하여 제공하기로 약정하고 상대방, 즉 여행자는 그 대금을 지급하기로 약정함으로써 성립하는 유상·쌍무계약이며, 낙성·불요식의 계약이다(민법 제674조의2).

II 여행계약의 성립

여행관련 용역을 제공하는 여행주최자와 그에 대하여 대가를 제공하는 여행자가 여행계약의 당사자에 해당한다. 여행계약은 낙성·불요식의 계약이므로 서면의 작성이 없더라도 계약은 성립한다.

Ⅲ 여행계약의 효력

대금의 지급시기(민법 제674조의5)
여행자는 약정한 시기에 대금을 지급하여야 하며, 그 시기의 약정이 없으면 관습에 따르고, 관습이 없으면 여행의 종료 후 지체 없이 지급하여야 한다. 기출 24

여행주최자의 담보책임(민법 제674조의6)
① 여행에 하자가 있는 경우에는 여행자는 여행주최자에게 하자의 시정 또는 대금의 감액을 청구할 수 있다. 다만, 그 시정에 지나치게 많은 비용이 들거나 그 밖에 시정을 합리적으로 기대할 수 없는 경우에는 시정을 청구할 수 없다. 기출 16·24
② 제1항의 시정 청구는 상당한 기간을 정하여 하여야 한다. 다만, 즉시 시정할 필요가 있는 경우에는 그러하지 아니하다.
③ 여행자는 시정 청구, 감액 청구를 갈음하여 손해배상을 청구하거나 시정 청구, 감액 청구와 함께 손해배상을 청구할 수 있다.

여행주최자의 담보책임과 여행자의 해지권(민법 제674조의7) 기출 24
① 여행자는 여행에 중대한 하자가 있는 경우에 그 시정이 이루어지지 아니하거나 계약의 내용에 따른 이행을 기대할 수 없는 경우에는 계약을 해지할 수 있다.
② 계약이 해지된 경우에는 여행주최자는 대금청구권을 상실한다. 다만, 여행자가 실행된 여행으로 이익을 얻은 경우에는 그 이익을 여행주최자에게 상환하여야 한다. 기출 16
③ 여행주최자는 계약의 해지로 인하여 필요하게 된 조치를 할 의무를 지며, 계약상 귀환운송 의무가 있으면 여행자를 귀환운송하여야 한다. 이 경우 상당한 이유가 있는 때에는 여행주최자는 여행자에게 그 비용의 일부를 청구할 수 있다.

담보책임의 존속기간(민법 제674조의8) 기출 24
제674조의6과 제674조의7에 따른 권리는 여행 기간 중에도 행사할 수 있으며, 계약에서 정한 여행 종료일부터 6개월 내에 행사하여야 한다.

Ⅳ 여행계약의 종료

여행 개시 전의 계약 해제(민법 제674조의3)
여행자는 여행을 시작하기 전에는 언제든지 계약을 해제할 수 있다. 다만, 여행자는 상대방에게 발생한 손해를 배상하여야 한다. 기출 16·24

부득이한 사유로 인한 계약 해지(민법 제674조의4)
① 부득이한 사유가 있는 경우에는 각 당사자는 계약을 해지할 수 있다. 다만, 그 사유가 당사자 한쪽의 과실로 인하여 생긴 경우에는 상대방에게 손해를 배상하여야 한다.
② 제1항에 따라 계약이 해지된 경우에도 계약상 귀환운송(歸還運送) 의무가 있는 여행주최자는 여행자를 귀환운송할 의무가 있다.
③ 제1항의 해지로 인하여 발생하는 추가 비용은 그 해지 사유가 어느 당사자의 사정에 속하는 경우에는 그 당사자가 부담하고, 누구의 사정에도 속하지 아니하는 경우에는 각 당사자가 절반씩 부담한다. 기출 16

제7절의2 현상광고

I 서 설

현상광고는 광고자가 일정한 행위를 한 자에게 일정한 보수를 지급할 의사를 광고의 방법으로 표시하고, 이에 응한 자가 그 광고에서 정한 행위를 완료함으로써 성립하는 계약이다. 계약으로서 현상광고(계약설)는 유상·편무계약이고, 지정된 행위를 완료하여야 계약이 성립하므로 요물계약이다. 현상광고도 법률행위이므로 그 효력의 발생, 즉 그 광고에 정한 행위의 완료에 조건이나 기한을 붙일 수 있다(대판 2000.8.22. 2000다3675). 기출 25

II 현상광고의 성립

현상광고에서 불특정 다수인에 대한 광고자의 광고행위가 청약이고, 그 광고에 응하여 지정된 행위를 완료하는 응모자의 행위가 승낙이다. 현상광고는 불특정 다수인에 대한 광고이므로, 이를 철회하지 못하는 것이 원칙이다. 지정행위의 완료시기를 정한 경우 청약의 철회는 인정될 수 없다. 그러나 지정행위의 완료시기를 정하지 않았다면, 그 행위를 완료한 자가 있기 전에 전의 광고와 동일한 방법으로 그 광고를 철회할 수 있다.

III 현상광고의 효과

현상광고에서 지정된 행위를 완료한 자는 광고자에 대하여 보수청구권을 취득하며, 지정행위를 완료한 자가 수인이 있는 경우에, 최초로 지정행위를 완료한 자가 보수청구권을 취득한다. 수인이 동시에 지정행위를 완료한 경우에는 각각 균등한 비율로 보수를 받을 권리가 인정되지만, 보수가 성질상 분할할 수 없는 것이면 추첨에 의하여 보수청구권자를 정한다(민법 제676조). 이 규정은 임의규정이다.

제8절 위 임

위임의 의의(민법 제680조)
위임은 당사자 일방이 상대방에 대하여 사무의 처리를 위탁하고 상대방이 이를 승낙함으로써 그 효력이 생긴다.

수임인의 선관의무(민법 제681조)
수임인은 위임의 본지에 따라 선량한 관리자의 주의로써 위임사무를 처리하여야 한다.

I 서설

1. 의의

위임은 당사자 일방, 즉 위임인이 상대방, 즉 수임인에 대하여 사무의 처리를 위탁하고, 상대방이 이를 승낙함으로써 성립하는 계약이다(민법 제680조). 민법상의 위임은 무상임을 원칙으로 하며, 그 법적 성질은 편무·낙성계약이다. 그러나 특약으로 유상으로 할 수 있는데, 이 경우 쌍무·낙성계약이다. 기출 13

2. 위임의 성립

위임은 일정한 사무처리의 위탁을 목적으로 한다. 여기서 사무처리는 법률상 또는 사실상의 모든 행위로, 법률행위, 준법률행위, 사실행위를 포함한다. 위임인이 수임인에게 보수를 지급하는 것은 위임의 요건이 아니다.

II 위임의 효력

1. 수임인의 의무 기출 14·22

(1) 위임사무처리의무

① 선량한 관리자의 주의로 위임사무를 처리하여야 한다(민법 제681조). 이는 위임이 유상이든 무상이든 관계없이 수임인이 언제든지 부담하는 기본채무이다. 기출 22·24

> 법무사가 의뢰인으로부터 등기신청서류의 작성과 등기신청의 대리 등을 수임하였을 때에는 위임의 본지에 따라 선량한 관리자의 주의로써 위임사무를 처리하여야 하는바, 일반인들이 법무사에게 등기신청의 대리 등을 의뢰하는 이유는 통상 법무사의 등기에 관한 전문적이고 기술적인 지식의 도움으로 복잡한 등기신청절차를 적정하게 처리하기 위한 것이라 할 것이므로, 부동산 매수인의 의뢰로 매매계약 및 대금 지급에 참여하는 등 부동산 거래관계에 관여하고 그에 따른 등기신청서류의 작성과 등기신청을 대리한 법무사는 그 등기신청과 관련된 한도 내에서는 등기부를 열람하여 등기의 목적과 관련된 권리관계를 확인하고, 이를 의뢰인에게 설명하고 필요한 조언 등을 할 의무가 있고, 형식적으로 소유권이전등기신청에 관한 서류를 작성하여 제출한 것만으로는 법무사가 수임인으로서의 의무를 다하였다고 할 수 없다(대판 2008.3.27. 2007다76313).

② 원칙적으로 수임인은 자기 스스로 위임사무를 처리하여야 한다. 다만, 위임인이 승낙이 있거나 부득이한 사유가 있으면 수임인은 제3자로 하여금 자기에 갈음하여 위임사무를 처리하게 할 수 있다(민법 제682조 제1항).

(2) 부수의무

① 보고의무(민법 제683조)
② 취득물인도의무(민법 제684조 제1항) : 취득한 것 전부를 그대로 인도하여야 한다. 인도 시기는 당사자 간에 특약이 있거나 위임의 본뜻에 반하는 경우 등과 같은 특별한 사정이 없는 한 위임계약이 종료된 때이고, 수임인이 반환할 금전의 범위도 위임 종료 시를 기준으로 정해진다(대판 2024.11.14. 2021다215060).
③ 취득한 권리의 이전의무(민법 제684조 제2항)
④ 금전소비에 대한 책임(민법 제685조) : 소비한 날 이후의 이자와 그 외에 손해가 있으면 손해까지 배상하여야 한다.

2. 위임인의 의무

(1) 보수지급의무
① 특약이 없는 한 보수지급의무가 없다는 것이 민법상의 원칙이다(민법 제686조 제1항). 기출 25 단, 명시적 특약이 없다고 할지라도 유상성이 추정되는 경우가 있다(통설·판례). 판례는 변호사에게 계쟁사건의 처리를 위임함에 있어서 보수에 관하여 명시적으로 약정하지 않은 경우, 특별한 사정이 없는 한 응분의 보수를 지급할 묵시의 약정이 있는 것으로 볼 수 있다고 판시하고 있다(대판 1993.11.12. 93다36882). 기출 22
② 보수의 지급시기(후급의 원칙) : 특약이 없으면 위임사무의 종료 시에 지급한다(민법 제686조 제2항 본문). 기간으로 정한 보수는 기간이 지난 후에 지급한다(민법 제686조 제2항 단서). 기출 13

(2) 그 밖의 의무
① 비용선급의무(민법 제687조) 기출 12·14
② 필요비상환의무(민법 제688조 제1항)

> 수임인이 위임사무의 처리에 관하여 필요비를 지출한 때에는 위임인에 대하여 지출한 날 이후의 이자를 청구할 수 있는바(민법 제688조 제1항), 위 규정에 따라 수임인이 상환을 청구할 수 있는 필요비는 선량한 관리자의 주의를 가지고 수임인이 필요하다고 판단하여 지출한 비용으로서 위임인에게 실익이 생기는지 여부 또는 위임인이 소기의 목적을 달성하였는지 여부는 불문한다. 한편 수임인이 위임사무를 처리하는 과정에서 선관주의의무를 위반한 사실이 있다 하더라도, 그 이후 수임인이 위임사무 처리를 위해 비용을 지출하였고, 해당 비용의 지출 과정에서 수임인이 선량한 관리자로서의 주의를 다하였다면, 수임인은 선행 선관주의의무 위반과 상당인과관계 있는 비용 증가에 대하여 손해배상의무를 부담하는 것은 별론으로 하고 위임인에 대하여 필요비의 상환을 청구할 수 있다(대판 2024.2.29. 2023다294470).

③ 채무의 대변제의무 및 담보제공의무(민법 제688조 제2항)
④ 손해배상의무(민법 제688조 제3항)

Ⅲ 위임의 종료

1. 위임의 상호해지의 자유 기출 12·13·14·24
① 위임계약은 유상이든 무상이든 상관 없이 각 당사자가 언제든지 해지할 수 있다(민법 제689조 제1항).
② 위임에서 임의해지가 인정되고, 그로 말미암아 상대방이 손해를 입더라도, 그것을 배상할 의무를 부담하지 않는 것이 원칙이지만, 부득이한 사유 없이 상대방에게 불리한 시기에 해지한 경우에는 그 손해를 배상해야 한다(민법 제689조 제2항). 기출 22·25

2. 기타 종료사유
① 당사자 한 쪽의 사망이나 파산, 수임인에 대한 성년후견개시의 심판(민법 제690조) 기출 12·13·14·25
② 채무불이행으로 인한 해제

3. 위임종료의 특칙
① 수임인의 긴급사무처리의무(민법 제691조)
② 위임종료의 대항요건(민법 제692조)

제9절 임치

I 의의

임치는 당사자 일방(임치인)이 상대방(수치인)에 대하여 금전이나 유가증권 기타 물건의 보관을 위탁하고, 상대방이 이를 승낙함으로써 성립하는 낙성·불요식의 계약이다. 즉, 임치는 목적물의 보관 자체를 목적으로 하는 계약이다(민법 제693조).

II 임치의 성립

① 동산뿐만 아니라 부동산의 임치도 가능하다.
② 임치는 무상임을 원칙으로 하므로, 보수는 임치의 요건이 아니다. 다만, 상법상의 임치는 원칙적으로 유상이다(상법 제61조).

III 임치의 효력

1. 수치인의 의무

(1) 임치물보관의무
① 수치인은 수치한 그 물건을 반환해야 하므로, 선량한 관리자의 주의로써 임치물을 보관해야 한다(민법 제374조).
② 그러나 선관주의의무를 부담하는 것은 유상수치인에 한하고, 무상임치에서 수치인은 자기의 재산과 동일한 주의로써 보관하는 것으로 충분하다(민법 제695조). 기출 13

(2) 부수의무
① 임치인의 동의 없이 보관 중인 임치물을 사용하지 못한다(민법 제694조).
② 임치물에 관하여 권리를 주장하는 제3자가 수치인에 대하여 소를 제기하거나 압류한 경우에, 수치인은 지체 없이 그 사실을 임치인에게 통지해야 한다(민법 제696조). 기출 13
③ 수임인과 마찬가지로 수치인은 보관과 관련하여 받은 금전 기타 물건을 임치인에게 인도하고, 취득한 권리를 이전하고, 자기를 위하여 소비한 금전의 이자를 지급하며 손해를 배상할 의무를 진다(민법 제701조, 제684조, 제685조).

(3) 임치물반환의무
① 임치가 종료하면 수치인은 임치물을 임치인에게 반환해야 한다. 반환의 목적물은 수치인이 받아 보관한 것 자체이다. 임치물이 대체물인 때에도 마찬가지이다. 따라서 임치물이 전부 멸실한 때에는 임치물반환채무는 이행불능이 되는 것이며, 그 물건이 대체물인 경우에도 그와 동종·동량의 물건으로 인도할 의무는 없다(대판 1976.11.9. 76다1932). 기출 13
② 반환의 장소는 특약이 없으면 보관한 장소이다. 다만, 수치인이 정당한 이유에 기하여 전치한 경우에는 현존하는 장소에서 반환할 수 있다(민법 제700조).
③ 유상임치에서 수치인의 반환의무는 임치인의 보수지급의무와 동시이행관계에 있다.

2. 임치인의 의무

(1) 임치인의 임치물인도의무 인정 여부

학설은 긍정설과 부정설 및 무상임치의 경우에는 부정하나, 유상임치인 경우에는 긍정하는 절충설이 대립한다.

(2) 위임에 관한 규정의 준용 등

위임에 관한 규정이 준용되므로 유상인지, 무상인지 불문하고 임치인은 비용의 선급, 비용의 상환, 채무변제 및 담보제공의 의무를 부담한다(민법 제701조, 제687조, 제688조 제1항·제2항). 또한 임치물의 성질 또는 하자로 인하여 수치인이 입은 손해를 배상하여야 한다. 그러나 수치인이 그 성질이나 하자를 알고 있었다면 배상책임을 면한다(민법 제697조).

(3) 임치인의 보수지급의무 및 지급시기 등

임치인의 보수지급의무는 특약이 있는 경우에만 발생하며, 그 지급시기 등은 위임에서와 같다(민법 제701조, 제686조).

3. 관련 판례

(1) 지체책임의 성립 여부

예금계약은 은행 등 법률이 정하는 금융기관을 수치인으로 하는 금전의 소비임치 계약으로서 수치인은 임치물인 금전 등을 보관하고 그 기간 중 이를 소비할 수 있고 임치인의 청구에 따라 동종 동액의 금전을 반환할 것을 약정함으로써 성립하는 것이므로 소비대차에 관한 민법의 규정이 준용되나 사실상 그 계약의 내용은 약관에 따라 정해진다고 보아야 한다. 또한 만기가 정해진 예금계약에 따른 금융기관의 예금 반환채무는 만기가 도래하더라도 임치인이 미리 만기 후 예금 수령방법을 지정한 경우와 같은 특별한 사정이 없는 한 임치인의 적법한 지급 청구가 있어야 비로소 이행할 수 있으므로, 예금계약의 만기가 도래한 것만으로 금융기관인 수치인이 임치인에 대하여 예금 반환 지연으로 인한 지체책임을 부담한다고 볼 수는 없고, 정당한 권한이 있는 임치인의 지급 청구에도 불구하고 수치인이 예금 반환을 지체한 경우에 지체책임을 물을 수 있다고 보아야 한다(대판 2023.6.29. 2023다218353).

(2) 임치계약의 성립 여부

임치는 금전이나 유가증권 기타 물건의 보관을 목적으로 하는 계약이고, 여기서 보관이란 수치인이 목적물의 점유를 취득하여 자기의 지배하에 두면서 멸실·훼손을 방지하고 원상을 유지하는 것을 말한다. 따라서 위임 등의 계약에 수반하여 그에 따른 사무처리 등에 '사용'할 목적으로 금전이나 물건이 교부된 경우에는 '보관'을 주된 목적으로 하는 것이 아니므로, 다른 특별한 사정이 없는 한 해당 금전 등에 관한 임치계약이 별도로 성립한다고 할 수 없다(대판 2025.5.15. 2023다258504).

Ⅳ 임치의 종료

1. 임치인
기간의 약정의 유무를 불문하고 언제든지 해지 가능하다(민법 제698조 단서, 제699조).

2. 수치인
기간의 약정이 없으면 언제든지 해지 가능하나(민법 제699조), 기간의 약정이 있으면 부득이한 사유가 있어야만 기간의 만료 전에 해지 가능하다(민법 제698조 본문).

3. 기타 종료사유
그 밖에 임치기간의 만료 또는 목적물의 멸실에 의해서도 임치관계가 종료된다.

제10절 조 합

Ⅰ 서 설

1. 의 의

> **조합의 의의(민법 제703조)**
> ① 조합은 2인 이상이 상호출자하여 공동사업을 경영할 것을 약정함으로써 그 효력이 생긴다. 기출 20
> ② 전항의 출자는 금전 기타 재산 또는 노무로 할 수 있다. 기출 25

① 조합은 2인 이상이 상호출자하여 공동사업을 경영할 것을 약정함으로써 성립하는 계약을 말한다(민법 제703조 제1항). 판례는 "당사자들이 공동이행방식의 공동수급체를 구성하여 도급인으로부터 공사를 수급받는 경우 공동수급체는 원칙적으로 민법상 조합에 해당한다"고 판시하고 있다(대판 2018.1.24. 2015다69990).
기출 20

> • 이른바 '내적조합'이라는 일종의 특수한 조합으로 보기 위하여는 당사자의 내부관계에서는 조합관계가 있어야 할 것이고, 내부적인 조합관계가 있다고 하려면 서로 출자하여 공동사업을 경영할 것을 약정하여야 하며, 영리사업을 목적으로 하면서 당사자 중의 일부만이 이익을 분배받고 다른 자는 전혀 이익분배를 받지 않는 경우에는 조합관계(동업관계)라고 할 수 없다(대판 2000.7.7. 98다44666).
> • 부동산의 공동매수인들이 전매차익을 얻으려는 '공동의 목적 달성'을 위해 상호 협력한 것에 불과하고 이를 넘어 '공동사업을 경영할 목적'이 있었다고 인정되지 않는 경우, 이들 사이의 법률관계는 공유관계에 불과할 뿐 민법상 조합이 아니다(대판 2007.6.14. 2005다5140). 기출 21

② 조합자체는 권리·의무의 주체가 아니다. 즉, 조합은 권리능력이 없고, 소송상 당사자능력도 없다(대판 1994.4.23. 99다4504).

③ 토석채취권을 매수한 자가 그 권리를 조합에 출자하고 별도의 권리이전절차를 밟지 않은 경우, 다른 조합원이나 매도인이 그 권리가 조합재산임을 주장할 수 있는지 여부(소극)

> 단독으로 임야에 대한 토석채취권을 매수한 자가 그 후 매수자금 조달을 위하여 동업계약을 체결했다면, 설사 그 동업계약의 체결에 의해 매수인이 그 매매계약에 기한 매수인으로서의 권리 일체를 동업체인 조합에 출자한 것으로 본다고 하더라도, 그 권리가 당연히 조합재산으로서 동업자들에게 합유적으로 귀속되는 것은 아니고 별개의 권리이전절차를 밟아야 함은 당연하므로, 매수인 명의 변경에 관한 합의가 이루어졌다거나 달리 권리이전절차를 밟았다고 볼 수 없는 경우, 동업자들로서는 매수인에 대해 출자의무의 이행으로서 권리이전절차를 밟을 것을 청구할 수 있음은 별론으로 하고 매도인에 대해 그 권리가 조합재산임을 주장할 수는 없고, 반대로 매도인 또한 그 권리가 조합재산으로서 매수인 및 동업자들에게 합유적으로 귀속됨을 내세워 매수인 단독 명의로 임야거래허가절차의 이행을 구하는 매수인의 청구를 거부할 수는 없다(대판 1996.2.27. 94다27083).

2. 법적 성격

(1) 견해의 대립

순수한 계약이라는 견해, 합동행위로서의 성질과 계약으로서의 성질을 모두 가지는 특수한 법률행위라는 견해의 대립이 있다.

(2) 유상계약에 관한 규정의 적용 여부

조합계약이 낙성・불요식의 계약이라는 점은 이설이 없으나, 쌍무・유상계약인지 여부에 대해서는 견해의 대립이 있으며, 다수설은 쌍무・유상계약이라고 한다. 이에 따라 조합은 매매에 관한 규정이 준용된다. 그러나 임의탈퇴, 제명, 해산청구 등에 관한 특칙이 있기 때문에 해제와 해지에 관한 일반규정은 적용되지 않는다(통설・판례).

> 광업법 제34조 제1항, 제19조 제6항에 의하면 공동광업권자는 조합계약을 한 것으로 보도록 되어 있으므로 갑 등 4인 명의로 광업권등록이 되어 있다면 그들 사이에는 광업권에 관하여 조합관계에 있다 할 것이고 조합계약에 있어서는 조합의 해산청구를 하거나 탈퇴를 하거나 다른 조합원을 제명할 수 있을 뿐이고 특별한 사정이 없는 한 계약해제에 관한 민법상의 일반규정에 의하여 조합계약을 해제하고 상대방에게 원상회복의무를 부담시킬 수는 없다(대판 1988.3.8. 87다카1448). 기출 25

3. 조합계약의 성립

(1) 출자의무

모든 조합원이 출자의무를 부담하여야 하고, 출자의무를 부담하지 않는 자가 있는 조합계약은 무효이다. 출자의 목적에는 제한이 없고, 노무의 출자도 가능하다(민법 제703조 제2항).

[1] 당사자들이 공동이행방식의 공동수급체를 구성하여 도급인으로부터 공사를 수급받는 경우 공동수급체는 원칙적으로 민법상 조합에 해당한다. 건설공동수급체 구성원은 공동수급체에 출자의무를 지는 반면 공동수급체에 대한 이익분배청구권을 가지는데, 이익분배청구권과 출자의무는 별개의 권리·의무이다. 따라서 공동수급체의 구성원이 출자의무를 이행하지 않더라도, 공동수급체가 출자의무의 불이행을 이유로 이익분배 자체를 거부할 수도 없고, 그 구성원에게 지급할 이익배금에서 출자금이나 그 연체이자를 당연히 공제할 수도 없다. 다만 구성원에 대한 공동수급체의 출자금 채권과 공동수급체에 대한 구성원의 이익분배청구권이 상계적상에 있으면 상계에 관한 민법 규정에 따라 두 채권을 대등액에서 상계할 수 있을 따름이다. [2] 공동수급체의 구성원들 사이에 '출자의무와 이익분배를 직접 연계시키는 특약'을 하는 것도 계약자유의 원칙상 허용된다. 따라서 구성원들이 출자의무를 먼저 이행한 경우에 한하여 이익분배를 받을 수 있다고 약정하거나 출자의무의 불이행 정도에 따라 이익분배금을 전부 또는 일부 삭감하기로 약정할 수도 있다. 나아가 금전을 출자하기로 한 구성원이 출자를 지연하는 경우 그 구성원이 지급받을 이익분배금에서 출자금과 그 연체이자를 '공제'하기로 하는 약정을 할 수도 있다. 이러한 약정이 있으면 공동수급체는 그 특약에 따라 출자의무를 불이행한 구성원에 대한 이익분배를 거부하거나 구성원에게 지급할 이익분배금에서 출자금과 그 연체이자를 공제할 수 있다. 이러한 '공제'는 특별한 약정이 없는 한 당사자 쌍방의 채권이 서로 상계적상에 있는지 여부와 관계없이 가능하고 별도의 의사표시도 필요하지 않다. 이 점에서 상계적상에 있는 채권을 가진 채권자가 별도로 의사표시를 하여야 하는 상계(민법 제493조 제1항)와는 구별된다. 물론 상계의 경우에도 쌍방의 채무가 상계적상에 이르면 별도의 의사표시 없이도 상계된 것으로 한다는 특약을 할 수 있다. 그러나 공제 약정이 있으면 별도의 의사표시 없이도 당연히 공제되는 것이 원칙이다(대판 2018.1.24. 2015다69990).

(2) 무효·취소의 소급효 제한

통설·판례는 조합이 이미 활동을 시작한 후에는 조합계약에 무효·취소사유가 있는 경우에도 거래의 안전을 보호하기 위해 조합계약의 소급효를 제한하고 있다.

Ⅱ 조합의 법률관계

1. 조합의 대내관계(업무집행)

사무집행의 방법(민법 제706조)
① 조합계약으로 업무집행자를 정하지 아니한 경우에는 조합원의 3분의 2 이상의 찬성으로써 이를 선임한다. 기출 23
② 조합의 업무집행은 조합원의 과반수로써 결정한다. 업무집행자 수인인 때에는 그 과반수로써 결정한다. 기출 23
③ 조합의 통상사무는 전항의 규정에 불구하고 각 조합원 또는 각 업무집행자가 전행할 수 있다. 그러나 그 사무의 완료 전에 다른 조합원 또는 다른 업무집행자의 이의가 있는 때에는 즉시 중지하여야 한다. 기출 20·25

준용규정(민법 제707조)
조합업무를 집행하는 조합원에는 제681조 내지 제688조의 규정을 준용한다.

업무집행자의 사임, 해임(민법 제708조)
업무집행자인 조합원은 정당한 사유 없이 사임하지 못하며 다른 조합원의 일치가 아니면 해임하지 못한다.

조합원의 업무, 재산상태검사권(민법 제710조)
각 조합원은 언제든지 조합의 업무 및 재산상태를 검사할 수 있다.

> **조합재산의 처분·변경행위에 대하여 민법 제706조 제2항이 민법 제272조에 우선하여 적용되는지 여부(적극) 및 조합재산의 처분·변경에 관한 의사결정 방법**
> 민법 제272조에 따르면 합유물을 처분 또는 변경함에는 합유자 전원의 동의가 있어야 하나, 합유물 가운데서도 조합재산의 경우 그 처분·변경에 관한 행위는 조합의 특별사무에 해당하는 업무집행으로서, 이에 대하여는 특별한 사정이 없는 한 민법 제706조 제2항이 민법 제272조에 우선하여 적용되므로, <u>조합재산의 처분·변경은 업무집행자가 없는 경우에는 조합원의 과반수로 결정하고, 업무집행자가 수인 있는 경우에는 그 업무집행자의 과반수로써 결정하며, 업무집행자가 1인만 있는 경우에는 그 업무집행자가 단독으로 결정한다</u>(대판 2010.4.29. 2007다18911).

2. 조합의 대외관계(조합대리)

> **업무집행자의 대리권추정(민법 제709조)**
> 조합의 업무를 집행하는 조합원은 그 업무집행의 대리권 있는 것으로 추정한다.

> <u>이른바 조합대리에 있어서는 본인에 해당하는 모든 조합원을 위한 것임을 표시하여야 하나, 반드시 조합원 전원의 성명을 제시할 필요는 없고, 상대방이 알 수 있을 정도로 조합을 표시하는 것으로 충분하다.</u> 그리고 <u>상법 제48조는 "상행위의 대리인이 본인을 위한 것임을 표시하지 아니하여도 그 행위는 본인에 대하여 효력이 있다. 그러나 상대방이 본인을 위한 것임을 알지 못한 때에는 대리인에 대하여도 이행의 청구를 할 수 있다"고 규정하고 있으므로, 조합대리에 있어서도 그 법률행위가 조합에게 상행위가 되는 경우에는 조합을 위한 것임을 표시하지 않았다고 하더라도 그 법률행위의 효력은 본인인 조합원 전원에게 미친다</u>(대판 2009.1.30. 2008다79340).

Ⅲ 조합의 재산관계

1. 조합원의 출자

> **금전출자지체의 책임(민법 제705조)**
> 금전을 출자의 목적으로 한 조합원이 출자시기를 지체한 때에는 연체이자를 지급하는 외에 손해를 배상하여야 한다.

각 조합원은 조합계약에 의하여 출자의무를 부담한다(민법 제703조 제1항). 한편 금전출자의무를 부담하는 조합원이 이를 게을리 하였다면, 이자를 지급해야 할 뿐만 아니라 그로 인한 손해도 배상해야 한다(민법 제705조). 출자한 권리가 조합재산으로 되려면 등기 등 권리이전절차를 거쳐야 한다(대판 2002.6.14. 2000다30622).

2. 조합재산

(1) 합유적 귀속

> **조합재산의 합유(민법 제704조)**
> 조합원의 출자 기타 조합재산은 조합원의 합유로 한다.

① 조합재산은 조합원의 개인재산과 구별되는 독립성을 가진다. 따라서 조합의 채무자는 그가 부담하는 채무와 조합원 개인에 대한 채권을 상계하지 못한다(민법 제715조). 기출 23 따라서 조합으로부터 부동산을 매수하여 잔대금채무를 지고 있는 자가 조합원 중의 1인에 대하여 개인채권을 가지고 있다고 하더라도 그 채권과 조합과의 매매계약으로 인한 잔대금채무를 서로 대등액에서 상계할 수는 없다(대판 1998.3.13. 97다6919). 기출 21 그러나 조합 자체가 독립한 권리주체인 것은 아니므로 조합재산은 전 조합원의 합유에 속한다.

② 각 조합원은 조합의 청산 전에 조합재산의 분할을 청구하지 못하지만(민법 제273조 제2항), 조합원 전원의 동의가 있으면 분할할 수 있다.

③ 조합원 전원의 동의 없이 조합재산에 대한 지분을 처분하지 못한다(민법 제273조 제1항). 이를 위반하더라도 그 처분 자체가 무효로 되지는 않지만, 조합 및 조합과 거래한 제3자에게 대항하지 못한다.

④ 조합재산의 합유성에 따른 결과로 조합원의 합유지분에 대한 압류가 그 잠재적인 지분에 대해서는 효력이 없고, 그 지분에 기한 장래의 이익배당 및 지분을 반환받을 권리에 대해서만 효력을 가질 뿐이다(민법 제714조).

⑤ 조합의 채권도 전 조합원에게 합유적으로 귀속된다. 기출 21

> - 업무집행 조합원이 본연의 임무에 위배되거나 혹은 권한을 넘어선 행위를 자행함으로써 끝내 동업체의 동업 목적을 달성할 수 없게끔 만들고, 조합원이 출자한 동업자금을 모두 허비한 경우에 그로 인하여 손해를 입은 주체는 동업자금을 상실하여 버린 조합, 즉 조합원들로 구성된 동업체라 할 것이고, 이로 인하여 결과적으로 동업자금을 출자한 조합원에게 손해가 발생하였다 하더라도 이는 조합과 무관하게 개인으로서 입은 손해가 아니고, 조합체를 구성하는 조합원의 지위에서 입은 손해에 지나지 아니하는 것이므로, 결국 피해자인 조합원으로서는 조합관계를 벗어난 개인의 지위에서 그 손해의 배상을 구할 수는 없다(대판 1999.6.8. 98다60484).
> - 민법상 조합에서 조합의 채권자가 조합재산에 대하여 강제집행을 하려면 조합원 전원에 대한 집행권원을 필요로 하고, 조합재산에 대한 강제집행의 보전을 위한 가압류의 경우에도 마찬가지로 조합원 전원에 대한 가압류명령이 있어야 하므로, 조합원 중 1인만을 가압류채무자로 한 가압류명령으로써 조합재산에 가압류집행을 할 수는 없다(대판 2015.10.29. 2012다21560). 기출 25

(2) 조합채무에 대한 책임

> **조합원에 대한 채권자의 권리행사(민법 제712조)**
> 조합채권자는 그 채권발생 당시에 조합원의 손실부담의 비율을 알지 못한 때에는 각 조합원에게 균분하여 그 권리를 행사할 수 있다.
>
> **무자력조합원의 채무와 타조합원의 변제책임(민법 제713조)**
> 조합원 중에 변제할 자력없는 자가 있는 때에는 그 변제할 수 없는 부분은 다른 조합원이 균분하여 변제할 책임이 있다.

조합의 채무도 전 조합원에게 합유적으로 귀속되며, 조합재산으로 조합채권자에게 책임을 진다. 또한 조합채무는 각 조합원의 채무이기도 하므로, 각 조합원은 손실분담의 비율로 각자의 재산으로 책임을 지기도 한다.

3. 손익분배

> **손익분배의 비율(민법 제711조)**
> ① 당사자가 손익분배의 비율을 정하지 아니한 때에는 각 조합원의 출자가액에 비례하여 이를 정한다. 기출 23
> ② 이익 또는 손실에 대하여 분배의 비율을 정한 때에는 그 비율은 이익과 손실에 공통된 것으로 추정한다.

판례는 건설공동수급체구성원은 공동수급체에 출자의무를 지는 반면 공동수급체에 대한 이익분배청구권을 가지는데, 이익분배청구권과 출자의무는 별개의 권리·의무이므로 공동수급체의 구성원이 출자의무를 이행하지 않더라도, 공동수급체가 출자의무의 불이행을 이유로 이익분배 자체를 거부할 수도 없고, 그 구성원에게 지급할 이익분배금에서 출자금이나 그 연체이자를 당연히 공제할 수도 없다. 다만, 공동수급체의 구성원들 사이에 '출자의무와 이익분배를 직접 연계시키는 특약'을 하는 것은 계약자유의 원칙상 허용되므로 구성원들이 출자의무를 먼저 이행한 경우에 한하여 이익분배를 받을 수 있다고 약정하거나 출자의무의 불이행 정도에 따라 이익분배금을 전부 또는 일부 삭감하기로 약정할 수도 있다고 판시하고 있다(대판 2018.1.24, 2015다69990).

기출 21

Ⅳ 조합원의 탈퇴

1. 탈퇴 유형

(1) 임의탈퇴

> **임의탈퇴(민법 제716조)**
> ① 조합계약으로 조합의 존속기간을 정하지 아니하거나 조합원의 종신까지 존속할 것을 정한 때에는 각 조합원은 언제든지 탈퇴할 수 있다. 그러나 부득이한 사유 없이 조합의 불리한 시기에 탈퇴하지 못한다.
> ② 조합의 존속기간을 정한 때에도 조합원은 부득이한 사유가 있으면 탈퇴할 수 있다.

> [1] 민법상 조합원은 조합의 존속기간이 정해져 있는 경우 등을 제외하고는 원칙적으로 언제든지 조합에서 탈퇴할 수 있고(민법 제716조 참조), 조합원이 탈퇴하면 그 당시의 조합재산 상태에 따라 다른 조합원과 사이에 지분의 계산을 하여 지분환급청구권을 가지게 되는바(민법 제719조 참조), 조합원이 조합을 탈퇴할 권리는 그 성질상 조합계약의 해지권으로서 그의 일반재산을 구성하는 재산권의 일종이라 할 것이고 채권자대위가 허용되지 않는 일신전속적 권리라고는 할 수 없다.
> [2] 민법 제714조는 "조합원의 지분에 대한 압류는 그 조합원의 장래의 이익배당 및 지분의 반환을 받을 권리에 대하여 효력이 있다"고 규정하여 조합원의 지분에 대한 압류를 허용하고 있으나, 여기에서의 조합원의 지분이란 전체로서의 조합재산에 대한 조합원 지분을 의미하는 것이고, 이와 달리 조합재산을 구성하는 개개의 재산에 대한 합유지분에 대하여는 압류 기타 강제집행의 대상으로 삼을 수 없다 할 것이다(대결 2007.11.30, 2005마1130).

(2) 비임의탈퇴

> **비임의 탈퇴(민법 제717조)**
> 제716조의 경우 외에 조합원은 다음 각 호의 어느 하나에 해당하는 사유가 있으면 탈퇴된다.
> 1. 사 망
> 2. 파 산
> 3. 성년후견의 개시
> 4. 제명(除名)
>
> **제명(민법 제718조)**
> ① 조합원의 제명은 정당한 사유 있는 때에 한하여 다른 조합원의 일치로써 이를 결정한다.
> ② 전항의 제명결정은 제명된 조합원에게 통지하지 아니하면 그 조합원에게 대항하지 못한다.

> 공동광업권자의 1인이 사망한 때에는 공동광업권의 조합관계로부터 당연히 탈퇴되고, 특히 조합계약에서 사망한 공동광업권자의 지위를 그 상속인이 승계하기로 약정한 바가 없는 이상 사망한 공동광업권자의 지위는 일신전속적인 권리의무관계로서 상속인에게 승계되지 아니하고, 따라서 동 망인이 제소한 공동광업권관계소송은 그의 사망으로 당연히 종료된다(대판 1981.7.28. 81다145).

2. 탈퇴의 효과

(1) 조합원 지위의 상실

(2) 지분의 계산

> **탈퇴조합원의 지분의 계산(민법 제719조)**
> ① 탈퇴한 조합원과 다른 조합원간의 계산은 탈퇴당시의 조합재산상태에 의하여 한다.
> ② 탈퇴한 조합원의 지분은 그 출자의 종류여하에 불구하고 금전으로 반환할 수 있다. [기출 15]
> ③ 탈퇴당시에 완결되지 아니한 사항에 대하여는 완결후에 계산할 수 있다.

> - 조합에서 조합원이 탈퇴하는 경우, 탈퇴자와 잔존자 사이의 탈퇴로 인한 계산은 특별한 사정이 없는 한 민법 제719조 제1항, 제2항에 따라 '탈퇴 당시의 조합재산상태'를 기준으로 평가한 조합재산 중 탈퇴자의 지분에 해당하는 금액을 금전으로 반환하여야 하고, 조합원의 지분비율은 '조합 내부의 손익분배 비율'을 기준으로 계산하여야 하나, 당사자가 손익분배의 비율을 정하지 아니한 때에는 민법 제711조에 따라 각 조합원의 출자가액에 비례하여 이를 정하여야 한다(대판 2008.9.25. 2008다41529).
> - 2인으로 구성된 조합에서 한 조합원이 탈퇴하면 조합관계는 종료되나 특별한 사정이 없는 한 조합은 해산이나 청산이 되지 않는다. 다만 조합원의 합유에 속한 조합재산은 남은 조합원의 단독소유에 속하여 탈퇴 조합원과 남은 조합원 사이에는 탈퇴로 인한 계산을 해야 한다. 이때 탈퇴 조합원이 탈퇴로 인한 계산 결과 남은 조합원에게 가지게 되는 지분반환청구권(민법 제719조 참조)은 조합의 해산에 따른 잔여재산 분배청구권(민법 제724조 제2항 참조)과 구별되는 별도의 권리이다(대판 2024.9.13. 2024다234239).
> - 2인 조합에서 조합원 1인이 탈퇴하는 경우, 조합의 탈퇴자에 대한 채권은 잔존자에게 귀속되므로 잔존자는 이를 자동채권으로 하여 탈퇴자에 대한 지분 상당의 조합재산 반환채무와 상계할 수 있다(대판 2006.3.9. 2004다49693). [기출 25]
> - 탈퇴한 동업자의 출자금반환청구에 있어서 그 탈퇴자가 공동영업사무집행 중 동업체의 금원을 횡령하였다면 탈퇴자는 동업체에 이를 변상할 책임이 있다고 할 것이므로 동업체의 업무집행자는 위 손해배상채권을 자동채권으로 하여 탈퇴자의 출자금반환청구와 상계를 주장할 수 있다(대판 1983.10.11. 83다카542).

- 조합의 탈퇴란 특정 조합원이 장래에 향하여 조합원으로서의 지위를 벗어나는 것으로서, 이 경우 조합 자체는 나머지 조합원에 의해 동일성을 유지하며 존속하는 것이므로 결국 탈퇴는 잔존 조합원이 동업사업을 계속 유지·존속함을 전제로 한다. 2인으로 구성된 조합에서 한 사람이 탈퇴하면 조합관계는 종료되나 특별한 사정이 없는 한 조합은 해산이나 청산이 되지 않고, 다만 조합원의 합유에 속한 조합재산은 남은 조합원의 단독소유에 속하여 탈퇴 조합원과 남은 조합원 사이에는 탈퇴로 인한 계산을 해야 한다. 기출 21·23 이러한 법리는 부동산 사용권을 출자한 경우에도 적용된다. 조합원이 부동산 사용권을 존속기한을 정하지 않고 출자하였다가 탈퇴한 경우 특별한 사정이 없는 한 탈퇴 시 조합재산인 부동산 사용권이 소멸한다고 볼 수는 없고, 그러한 사용권은 공동사업을 유지할 수 있도록 일정한 기간 동안 존속한다고 보아야 한다. 이때 탈퇴 조합원이 남은 조합원으로 하여금 부동산을 사용·수익할 수 있도록 할 의무를 이행하지 않음으로써 남은 조합원에게 손해가 발생하였다면 탈퇴 조합원은 그 손해를 배상할 책임이 있다(대판 2018.12.13. 2015다72385).
- 탈퇴한 조합원과 다른 조합원 간의 계산은 탈퇴 당시의 조합재산 상태에 의하여 한다(민법 제719조 제1항). 2인으로 구성된 조합에서 한 사람이 탈퇴하면 조합관계는 종료되나 특별한 사정이 없는 한 조합은 해산이나 청산이 되지 않고, 다만 조합원의 합유에 속한 조합재산은 남은 조합원의 단독소유에 속하여 탈퇴 조합원과 남은 조합원 사이에는 탈퇴로 인한 계산을 해야 한다. 탈퇴한 조합원은 탈퇴 당시의 조합재산을 계산한 결과 조합의 재산상태가 적자가 아닌 경우에 지분을 환급받을 수 있다. 따라서 탈퇴 조합원의 지분을 계산할 때 지분을 계산하는 방법에 관해서 별도 약정이 있다는 등 특별한 사정이 없는 한 지분의 환급을 주장하는 사람에게 조합재산의 상태를 증명할 책임이 있다(대판 2021.7.29. 2019다207851).

(3) 조합원 지위의 양도

- 조합원은 다른 조합원 전원의 동의가 있으면 그 지분을 처분할 수 있으나 조합의 목적과 단체성에 비추어 조합원으로서의 자격과 분리하여 그 지분권만을 처분할 수는 없으므로, 조합원이 지분을 양도하면 그로써 조합원의 지위를 상실하게 되며, 이와 같은 조합원 지위의 변동은 조합지분의 양도양수에 관한 약정으로써 바로 효력이 생긴다. 한편, 당사자 사이에 조합지분의 양도양수에 관한 약정이 있었는지 여부는 법률행위 해석의 일반원칙에 따라야 하고, 당사자 사이에 계약의 해석을 둘러싸고 이견이 있어 처분문서에 나타난 당사자의 의사해석이 문제되는 경우에는 문언의 내용, 그와 같은 약정이 이루어진 동기와 경위, 약정에 의하여 달성하려는 목적, 당사자의 진정한 의사 등을 종합적으로 고찰하여 논리와 경험칙에 따라 합리적으로 해석하여야 한다(대판 2009.3.12. 2006다28454).
- 2인 이상이 상호 출자하여 공동사업을 경영할 것을 약정함에 따라 성립된 민법상 조합에서 조합원 지분의 양도는 원칙적으로 다른 조합원 전원의 동의가 있어야 하지만, 다른 조합원의 동의 없이 각자 지분을 자유로이 양도할 수 있도록 조합원 상호 간에 약정하거나 사후적으로 지분 양도를 인정하는 합의를 하는 것은 유효하다(대판 2016.8.30. 2014다19790).

Ⅴ 조합의 해산과 청산

1. 조합의 해산

(1) 해산사유

조합계약에서 정한 사유의 발생, 존속기간의 만료, 조합의 목적인 사업의 성공 또는 성공불능, 조합원 전원의 합의 등이 있으면 '조합원의 해산청구가 없더라도' 조합은 해산되어 조합관계는 종료한다.

(2) 해산청구

> **부득이한 사유로 인한 해산청구(민법 제720조)**
> 부득이한 사유가 있는 때에는 각 조합원은 조합의 해산을 청구할 수 있다.

① **임의규정** : 민법의 조합의 해산사유와 청산에 관한 규정은 그와 내용을 달리하는 당사자의 특약까지 배제하는 강행규정이 아니므로 당사자가 민법의 조합의 해산사유와 청산에 관한 규정과 다른 내용의 특약을 한 경우, 그 특약은 유효하다(대판 1985.2.26. 84다카1921).

② **부득이한 사유의 의미** : 경제계의 사정변경에 따른 조합 재산상태의 악화나 영업부진 등으로 조합의 목적 달성이 매우 곤란하다고 인정되는 객관적인 사정이 있거나 조합 당사자 간의 불화·대립으로 인하여 신뢰관계가 파괴됨으로써 조합업무의 원활한 운영을 기대할 수 없는 경우 등 부득이한 사유가 있는 때에는 조합원이 조합의 해산을 청구할 수 있다(대판 1997.5.30. 95다4957).

2. 조합의 청산

(1) 의 의

청산이란 해산한 조합의 재산관계를 정리하는 것을 말한다.

(2) 청산절차

① 청산인

> **청산인(민법 제721조)**
> ① 조합이 해산한 때에는 청산은 총조합원 공동으로 또는 그들이 선임한 자가 그 사무를 집행한다.
> ② 전항의 청산인의 선임은 조합원의 과반수로써 결정한다.
>
> **청산인의 업무집행방법(민법 제722조)**
> 청산인이 수인인 때에는 제706조 제2항 후단의 규정을 준용한다.
>
> **조합원인 청산인의 사임, 해임(민법 제723조)**
> 조합원 중에서 청산인을 정한 때에는 제708조의 규정을 준용한다.
>
> **청산인의 직무, 권한과 잔여재산의 분배(민법 제724조)**
> ① 청산인의 직무 및 권한에 관하여는 제87조의 규정을 준용한다.
> ② 잔여재산은 각 조합원의 출자가액에 비례하여 이를 분배한다.

② 잔여재산의 분배

> • 조합의 목적 달성 등으로 인하여 조합이 해산된 경우 별도로 처리할 조합의 잔무가 없고, 다만 잔여재산을 분배하는 일만이 남아 있을 때에는 따로 청산절차를 밟을 필요 없이 각 조합원은 자신의 잔여재산 분배비율의 범위 내에서 그 분배비율을 초과하여 잔여재산을 보유하고 있는 조합원에 대하여 바로 잔여재산의 분배를 청구할 수 있다 할 것인데, 이때 조합에 합유적으로 귀속된 채권의 추심이나 채무의 변제 등의 사무가 완료되지 아니한 상황이라면, 그 채권의 추심이나 채무의 변제는 원칙적으로 조합원 전원이 공동으로 하여야 하는 것이니 만큼 그 추심이나 변제 등이 완료되지 않은 상태에서도 조합원들 사이에서 공평한 잔여재산의 분배가 가능하다는 특별한 사정이 인정되지 아니하는 한 조합이 처리하여야 할 잔무에 해당한다고 보아야 하고, 따라서 이러한 경우 청산절차를 거치지 않고 바로 잔여재산의 분배를 구할 수는 없다 할 것이며, 나아가 조합 해산시에 어느 조합원이 다른 조합원을 상대로 청산절차를 거치지 않고 곧바로 하는 위와 같은 잔여재산의 분배청구는 청구의 상대방인 조합원이 그 분배비율을 초과하여 잔여재산을 보유하고 있는 경우에 한하여 그 분배비율을 초과하는 부분의 범위 내에서만 허용되는 것이므로, 그러한 분배청구가 가능하기 위해서는 조합의 전체 잔여재산의 내역과 그 정당한 분배비율 및 조합원 각자의 현재의 잔여재산 보유내역 등이 먼저 정확하게 확정될 수 있어야 한다(대판 2009.4.23. 2007다87214).

- 조합관계가 종료된 경우 당사자 사이에 별도의 약정이 없는 이상 청산절차를 밟는 것이 통례이나, 조합의 잔무로서 처리할 일이 없고 잔여재산의 분배만이 남아 있을 때에는 따로 청산절차를 밟을 필요가 없다. 잔여재산은 조합원 사이에 별도의 약정이 없는 이상 각 조합원의 출자가액에 비례하여 분배하도록 되어 있으므로, 비록 조합채무의 변제사무가 완료되지 아니한 사정이 있더라도 그 채권자가 조합원인 경우에는 동업체 자산을 보유하는 자가 동업체 자산에서 채권자 조합원에 대한 조합채무를 공제하여 분배대상 잔여재산액을 산출한 다음, 다른 조합원들에게 잔여재산 중 각 조합원의 출자가액에 비례한 몫을 반환함과 아울러 채권자 조합원에게 조합채무를 이행함으로써 별도의 청산절차를 거침이 없이 간이한 방법으로 공평한 잔여재산의 분배가 가능하다(대판 2025.6.26, 2025다205399).
- 조합의 해산결의 이후 조합원의 자동제명 사유가 발생하였다 하더라도 그 조합원은 해산결의에서 정한 청산방법에 따라 출자지분에 비례한 잔여재산의 분배를 구할 수 있다(대판 2007.2.9, 2006다3486).

제11절 화해

화해의 의의(민법 제731조)
화해는 당사자가 상호양보하여 당사자 간의 분쟁을 종지할 것을 약정함으로써 그 효력이 생긴다.

화해의 창설적 효력(민법 제732조)
화해계약은 당사자 일방이 양보한 권리가 소멸되고 상대방이 화해로 인하여 그 권리를 취득하는 효력이 있다.

화해의 효력과 착오(민법 제733조)
화해계약은 착오를 이유로 하여 취소하지 못한다. 그러나 화해당사자의 자격 또는 화해의 목적인 분쟁 이외의 사항에 착오가 있는 때에는 그러하지 아니하다.

판례는 화해계약은 화해당사자의 자격 또는 화해의 목적인 분쟁 이외의 사항에 착오가 있는 경우를 제외하고는 착오를 이유로 취소하지 못하지만, 화해계약이 사기로 인하여 이루어진 경우에는 화해의 목적인 분쟁에 관한 사항에 착오가 있는 때에도 민법 제110조에 따라 이를 취소할 수 있다고(대판 2008.9.11, 2008다15278) 본다.

기출 23·25

CHAPTER 02 계약각론

01 甲은 乙과 '乙이 甲에 대하여 일정한 부담을 이행할 것'을 내용으로 하는 부담부 증여계약을 체결하고, 증여를 원인으로 甲소유의 X토지에 관하여 乙에게 소유권이전등기를 경료해 주었다. 이에 관한 설명으로 옳은 것을 모두 고른 것은?(다툼이 있으면 판례에 따름) 기출 25

> ㄱ. 甲이 乙에게 하자 있는 X를 증여한 경우, 甲은 특별한 사정이 없는 한 乙에게 담보책임을 부담할 수 있다.
> ㄴ. 乙의 부담 불이행을 이유로 甲이 증여를 해제한 경우, 乙은 X에 관하여 소유권이전등기의 말소등기절차를 이행하여야 한다.
> ㄷ. 증여에 부담이 붙어 있는지 여부에 관하여 다툼이 발생한 경우, 그에 대한 증명책임은 부담의 존재를 주장하는 자가 부담한다.

① ㄱ
② ㄷ
③ ㄱ, ㄴ
④ ㄴ, ㄷ
⑤ ㄱ, ㄴ, ㄷ

해설 및 정답

01 ㄱ.(○) 상대부담 있는 증여에 대해서는 증여자는 그 부담의 한도에서 매도인과 같은 담보의 책임이 있으므로 (민법 제559조 제2항), 甲이 乙에게 하자 있는 X토지를 증여한 경우, 甲은 특별한 사정이 없는 한 乙에게 담보책임을 부담할 수 있다.

ㄴ.(○) 상대부담 있는 증여에 대하여는 민법 제561조에 의하여 쌍무계약에 관한 규정이 준용되어 부담의무 있는 상대방이 자신의 의무를 이행하지 아니할 때에는 비록 증여계약이 이미 이행되어 있다 하더라도 증여자는 계약을 해제할 수 있고, 그 경우 민법 제555조(서면에 의하지 아니한 증여와 해제)와 제558조(해제와 이행완료부분)는 적용되지 아니한다(대판 1997.7.8. 97다2177). 따라서 乙의 부담 불이행을 이유로 甲이 증여를 해제한 경우, 乙은 X토지에 관하여 소유권이전등기의 말소등기절차를 이행하여야 한다.

ㄷ.(○) 증여에 상대부담(민법 제561조) 등의 부관이 붙어 있는지 또는 증여와 관련하여 상대방이 별도의 의무를 부담하는 약정을 하였는지 여부는 당사자 사이에 어떠한 법률효과의 발생을 원하는 대립하는 의사가 있고 그것이 말 또는 행동 등에 의하여 명시적 또는 묵시적으로 외부에 표시되어 합치가 이루어졌는가를 확정하는 것으로서 사실인정의 문제에 해당하므로, 이는 그 존재를 주장하는 자가 증명하여야 하는 것이다(대판 2010.5.27. 2010다5878).

정답 ⑤

02 민법 제565조의 해약금 해제에 관한 설명으로 옳은 것은?(다툼이 있으면 판례에 따름) 기출 25

① 매도인이 매매계약의 이행에 전혀 착수한 바 없다 하더라도, 계약에서 정한 날짜에 중도금을 지급한 매수인은 계약금을 포기하고 해약금 해제를 할 수 없다.
② 매도인이 매수인에 대하여 이행을 최고하고 매매잔대금의 지급을 구하는 소를 제기하였다면 그것만으로 이행에 착수하였다고 보아야 한다.
③ 당사자 사이에 해약권을 배제하기로 하는 약정이 있다 하더라도 특별한 사정이 없는 한 해약금해제를 할 수 있다.
④ 매도인이 계약금의 배액을 이행제공하였으나 매수인이 이를 수령하지 아니하는 경우, 매도인이 해약금해제를 하기 위해서는 공탁하여야 한다.
⑤ 계약금 일부만 지급된 경우, 매도인은 지급받은 금원의 배액을 상환하고 해약금 해제를 할 수 있다.

03 사용대차에 관한 설명으로 옳지 않은 것은? 기출 25

① 사용대차는 무상계약이다.
② 차주가 대주의 승낙 없이 차용물을 제3자에게 사용하게 한 경우, 대주는 계약을 해지할 수 있다.
③ 차주는 차용물의 통상의 필요비를 부담한다.
④ 차용물의 반환시기에 관한 약정이 없는 경우, 차용물의 사용·수익에 족한 기간이 경과한 때에는 대주는 언제든지 계약을 해지할 수 있다.
⑤ 수인이 공동차주인 경우, 대주에 대한 공동차주의 손해배상채무는 다른 약정이 없는 한 분할채무관계에 있다.

● 해설 및 정답 ●

02 ① (○) 민법 제565조 제1항에서 말하는 당사자의 일방이라는 것은 매매 쌍방 중 어느 일방을 지칭하는 것이고, 상대방이라 국한하여 해석할 것이 아니므로, 비록 상대방인 매도인이 매매계약의 이행에는 전혀 착수한 바가 없다 하더라도 매수인이 중도금을 지급하여 이미 이행에 착수한 이상 매수인은 민법 제565조에 의하여 계약금을 포기하고 매매계약을 해제할 수 없다(대판 2000.2.11. 99다62074).
② (×) 민법 제565조 제1항에 따라 본인 또는 매도인이 이행에 착수할 때까지는 계약금을 포기하고 계약을 해제할 수 있는바, 여기에서 이행에 착수한다는 것은 객관적으로 외부에서 인식할 수 있는 정도로 채무의 이행행위의 일부를 하거나 또는 이행을 하기 위하여 필요한 전제행위를 하는 경우를 말하는 것으로서 단순히 이행의 준비를 하는 것만으로는 부족하고, 그렇다고 반드시 계약내용에 들어맞는 이행제공의 정도에까지 이르러야 하는 것은 아니지만, 매도인이 매수인에 대하여 매매계약의 이행을 최고하고 매매잔대금의 지급을 구하는 소송을 제기한 것만으로는 이행에 착수하였다고 볼 수 없다(대판 2008.10.23. 2007다72274).
③ (×) 민법 제565조의 해약권은 당사자 간에 다른 약정이 없는 경우에 한하여 인정되는 것이고, 만일 당사자가 위 조항의 해약권을 배제하기로 하는 약정을 하였다면 더 이상 그 해제권을 행사할 수 없다(대판 2009.4.23. 2008다50615).
④ (×) 매매당사자 간에 계약금을 수수하고 계약해제권을 유보한 경우에 매도인이 계약금의 배액을 상환하고 계약을 해제하려면 계약해제 의사표시 이외에 계약금 배액의 이행의 제공이 있으면 족하고 상대방이 이를 수령하지 아니한다 하여 이를 공탁하여야 유효한 것은 아니다(대판 1992.5.12. 91다2151).
⑤ (×) 매도인이 '계약금 일부만 지급된 경우 지급받은 금원의 배액을 상환하고 매매계약을 해제할 수 있다'고 주장한 사안에서, '실제 교부받은 계약금'의 배액만을 상환하여 매매계약을 해제할 수 있다면 이는 당사자가 일정한 금액을 계약금으로 정한 의사에 반하게 될 뿐 아니라, 교부받은 금원이 소액일 경우에는 사실상 계약을 자유로이 해제할 수 있어 계약의 구속력이 약화되는 결과가 되어 부당하기 때문에, 계약금 일부만 지급된 경우 수령자가 매매계약을 해제할 수 있다고 하더라도 해약금의 기준이 되는 금원은 '실제 교부받은 계약금'이 아니라 '약정 계약금'이라고 봄이 타당하므로, 매도인이 계약금의 일부로서 지급받은 금원의 배액을 상환하는 것으로는 매매계약을 해제할 수 없다(대판 2015.4.23. 2014다231378).

정답 ①

03 ① (○) 사용대차는 무상·편무계약이다.
② (○) 차주는 대주의 승낙이 없으면 제3자에게 차용물을 사용, 수익하게 하지 못하며(민법 제610조 제2항), 차주가 이를 위반한 경우 대주는 계약을 해지할 수 있다(민법 제610조 제3항).
③ (○) 차주는 차용물의 통상의 필요비를 부담한다(민법 제611조 제1항).
④ (○) 차용물의 반환시기에 관한 약정이 없는 경우, 차주는 계약 또는 목적물의 성질에 의한 사용, 수익이 종료한 때에 반환하여야 한다. 그러나 사용, 수익이 족한 기간이 경과한 때에는 대주는 언제든지 계약을 해지할 수 있다(민법 제613조 제2항).
⑤ (×) 수인이 공동하여 물건을 차용한 때에는 연대하여 그 의무를 부담하므로(민법 제616조), 공동차주의 손해배상채무는 다른 약정이 없는 한 연대채무관계에 있다.

정답 ⑤

04 甲은 그 소유의 X토지에 관하여 乙과 건물소유를 목적으로 하는 임대차계약을 체결하고 乙이 X토지 위에 Y건물을 건립하였는데, 임대차가 기간 만료로 종료하자 甲이 乙을 상대로 X토지인도 및 Y건물철거청구의 소를 제기하였다. 이에 관한 설명으로 옳지 않은 것은?(다툼이 있으면 판례에 따름) 기출 25

① 乙이 건물매수청구권을 적법하게 행사하면 甲과 乙사이에 Y에 대하여 매수청구권을 행사할 당시의 시가를 대금으로 하는 매매계약이 체결된 것과 같은 효과가 발생한다.
② Y가 미등기 무허가 건물인 경우, 乙은 甲에게 건물매수청구권을 행사할 수 없다.
③ 乙이 건물매수청구권을 적법하게 행사하였음에도 甲에게 Y의 인도 및 소유권이전등기를 마쳐주지 않았다면 甲을 상대로 Y의 매매대금에 대한 지연손해금을 청구할 수 없다.
④ Y가 객관적으로 경제적 가치가 있는지 여부는 건물매수청구권의 행사요건이 아니다.
⑤ 乙이 적법하게 건물매수청구권을 행사한 후 그 매매대금을 지급받을 때까지 Y의 인도를 거부하면서 그 부지를 계속 점유·사용하는 경우, 그로 인한 이익은 부당이득으로 반환할 의무가 있다.

05 민법상 위임에 관한 설명으로 옳은 것을 모두 고른 것은? 기출 25

ㄱ. 수임인은 보수를 지급하기로 하는 특별한 약정이 없으면 위임인에 대하여 보수를 청구하지 못한다.
ㄴ. 수임인이 성년후견개시의 심판을 받은 경우, 이는 위임의 종료사유이다.
ㄷ. 수임인이 부득이한 사유 없이 위임인의 불리한 시기에 위임계약을 해지한 때에는 그 손해를 배상하여야 한다.

① ㄱ
② ㄴ
③ ㄱ, ㄴ
④ ㄴ, ㄷ
⑤ ㄱ, ㄴ, ㄷ

해설 및 정답

04 ① (○) 지상물매수청구권은 형성권이므로, 민법 제643조의 규정에 의한 토지임차인의 매수청구권행사로 지상건물에 대하여 시가에 의한 매매 유사의 법률관계가 성립하며(대판 1991.4.9. 91다3260 참조), 이때 시가란 매수청구권 행사 당시 건물이 현존하는 대로의 상태에서 평가된 시가 상당액을 의미한다(대판 2008.5.29. 2007다4356 참조). 乙이 건물매수청구권을 적법하게 행사하면, 甲과 乙사이에 Y건물에 대하여 매수청구권을 행사할 당시의 시가를 대금으로 하는 매매계약이 체결된 것과 같은 효과가 발생한다.

② (✕) 임대차계약 종료시에 경제적 가치가 잔존하고 있는 건물은 그것이 토지의 임대 목적에 반하여 축조되고 임대인이 예상할 수 없을 정도의 고가의 것이라는 등의 특별한 사정이 없는 한, 비록 행정관청의 허가를 받은 적법한 건물이 아니더라도 임차인의 건물매수청구권의 대상이 될 수 있으므로(대판 1997.12.23. 97다37753), Y건물이 미등기 무허가 건물인 경우에도 乙은 특별한 사정이 없는 한 甲에게 건물매수청구권을 행사할 수 있다.

③ (○) 토지 임차인의 매수청구권 행사로 지상 건물에 대하여 시가에 의한 매매 유사의 법률관계가 성립된 경우에는 임차인의 건물명도 및 그 소유권이전등기의무와 토지 임대인의 건물대금지급의무는 서로 대가관계에 있는 채무가 되므로, 임차인이 임대인에게 매수청구권이 행사된 건물들에 대한 명도와 소유권이전등기를 마쳐주지 아니하였다면 임대인에게 그 매매대금에 대한 지연손해금을 구할 수 없다(대판 1998.5.8. 98다2389). 乙이 건물매수청구권을 적법하게 행사하였음에도 甲에게 Y건물의 인도 및 소유권이전등기를 마쳐주지 않았다면 甲을 상대로 Y건물의 매매대금에 대한 지연손해금을 청구할 수 없다.

④ (○) 민법 제643조, 제283조에 규정된 임차인의 매수청구권은, 건물의 소유를 목적으로 한 토지 임대차의 기간이 만료되어 그 지상에 건물이 현존하고 임대인이 계약의 갱신을 원하지 아니하는 경우에 임차인에게 부여된 권리로서 그 지상 건물이 객관적으로 경제적 가치가 있는지 여부나 임대인에게 소용이 있는지 여부가 그 행사요건이라고 볼 수 없으므로(대판 2002.5.31. 2001다42080), Y건물이 객관적으로 경제적 가치가 있는지 여부는 건물매수청구권의 행사요건이 아니다.

⑤ (○) 건물 기타 공작물의 소유를 목적으로 한 대지임대차에 있어서 임차인이 그 지상건물 등에 대하여 민법 제643조 소정의 매수청구권을 행사한 후에 그 임대인인 대지의 소유자로부터 매수대금을 지급받을 때까지 그 지상건물 등의 인도를 거부할 수 있다고 하여도, 지상건물 등의 점유·사용을 통하여 그 부지를 계속하여 점유·사용하는 한 그로 인한 부당이득으로서 부지의 임료 상당액은 이를 반환할 의무가 있다(대판 2001.6.1. 99다60535). 따라서 乙이 적법하게 건물매수청구권을 행사한 후 그 매매대금을 지급받을 때까지 Y건물의 인도를 거부하면서 그 부지를 계속 점유·사용하는 경우, 그로 인한 이익은 부당이득으로 반환할 의무가 있다.

정답 ②

05 ㄱ. (○) 수임인은 특별한 약정이 없으면 위임인에 대하여 보수를 청구하지 못한다(민법 제686조 제1항).

ㄴ. (○) 위임은 당사자 한쪽의 사망이나 파산으로 종료되며, 수임인이 성년후견개시의 심판을 받은 경우에도 종료된다(민법 제690조).

ㄷ. (○) 위임계약은 각 당사자가 언제든지 해지할 수 있으나(민법 제689조 제1항), 당사자 일방이 부득이한 사유 없이 상대방의 불리한 시기에 계약을 해지한 때에는 그 손해를 배상하여야 한다(민법 제689조 제2항).

정답 ⑤

06 민법상 조합에 관한 설명으로 옳지 않은 것은?(다툼이 있으면 판례에 따름) 기출 25

① 조합의 성립을 위한 출자는 노무로 할 수 있다.
② 2인 조합에서 조합원 1인이 탈퇴하는 경우, 잔존자는 조합의 탈퇴자에 대한 채권을 자동채권으로 하여 탈퇴자에 대한 지분 상당의 조합재산 반환채무와 상계할 수 없다.
③ 업무집행자가 수인인 경우 조합의 통상사무는 원칙적으로 각 업무집행자가 단독으로 행사할 수 있다.
④ 조합원 중 1인만을 가압류채무자로 한 가압류명령으로써 조합재산에 가압류집행을 할 수 없다.
⑤ 조합원은 조합계약을 해제하고 상대방에게 그로 인한 원상회복의무를 부담지울 수 없다.

07 상대부담없는 증여계약의 법정해제사유로 옳지 않은 것은?(다툼이 있으면 판례에 따름) 기출 24

① 서면에 의하지 아니한 증여의 경우
② 수증자의 증여자에 대한 범죄행위가 있는 경우
③ 증여자에 대한 부양의무 있는 수증자가 그 부양의무를 불이행한 경우
④ 증여자의 재산상태가 현저히 변경되고 증여계약의 이행으로 생계에 중대한 영향을 미칠 경우
⑤ 증여 목적물에 증여자가 알지 못하는 하자가 있는 경우

해설 및 정답

06 ① (○) 조합의 성립을 위한 출자는 금전 기타 재산 또는 노무로 할 수 있다(민법 제703조 제2항).
② (×) 2인 조합에서 조합원 1인이 탈퇴하는 경우, 조합의 탈퇴자에 대한 채권은 잔존자에게 귀속되므로 잔존자는 이를 자동채권으로 하여 탈퇴자에 대한 지분 상당의 조합재산 반환채무와 상계할 수 있다(대판 2006.3.9. 2004다49693).
③ (○) 조합의 업무집행자가 수인인 때에는 조합의 업무집행은 그 과반수로써 결정하나(민법 제706조 제2항 후문), 조합의 통상사무는 각 업무집행자가 전행할 수 있다(민법 제706조 제3항 본문).
④ (○) 민법상 조합에서 조합의 채권자가 조합재산에 대하여 강제집행을 하려면 조합원 전원에 대한 집행권원을 필요로 하고, 조합재산에 대한 강제집행의 보전을 위한 가압류의 경우에도 마찬가지로 조합원 전원에 대한 가압류명령이 있어야 하므로, 조합원 중 1인만을 가압류채무자로 한 가압류명령으로써 조합재산에 가압류집행을 할 수는 없다(대판 2015.10.29. 2012다21560).
⑤ (○) 동업계약과 같은 조합계약에 있어서는 조합의 해산청구를 하거나 조합으로부터 탈퇴를 하거나 또는 다른 조합원을 제명할 수 있을 뿐이지 일반계약에 있어서처럼 조합계약을 해제하고 상대방에게 그로 인한 원상회복의 의무를 부담지울 수는 없다(대판 1994.5.13. 94다7157).

정답 ②

07 ① (○) 증여의 의사가 서면으로 표시되지 아니한 경우에는 각 당사자는 이를 해제할 수 있다(민법 제555조).
② (○) 수증자가 증여자 또는 그 배우자나 직계혈족에 대한 범죄행위가 있는 때에는 증여자는 그 증여를 해제할 수 있다(민법 제556조 제1항 제1호). 이 경우 해제권은 해제원인 있음을 안 날로부터 6월을 경과하거나 증여자가 수증자에 대하여 용서의 의사를 표시한 때에는 소멸한다(민법 제556조 제2항).
③ (○) 수증자가 증여자에 대하여 부양의무 있는 경우에 이를 이행하지 아니하는 때에는 증여자는 그 증여를 해제할 수 있다(민법 제556조 제1항 제2호). 이 경우 증여자의 해제권은 해제원인 있음을 안 날로부터 6월을 경과하거나 증여자가 수증자에 대하여 용서의 의사를 표시한 때에는 소멸한다(민법 제556조 제2항).
④ (○) 증여계약 후에 증여자의 재산상태가 현저히 변경되고 그 이행으로 인하여 생계에 중대한 영향을 미칠 경우에는 증여자는 증여를 해제할 수 있다(민법 제557조).
⑤ (×) 증여자는 증여의 목적인 물건 또는 권리의 하자나 흠결에 대하여 책임을 지지 아니한다. 그러나 증여자가 그 하자나 흠결을 알고 수증자에게 고지하지 아니한 때에는 그러하지 아니하다(민법 제559조 제1항).

정답 ⑤

08 매매계약에 관한 설명으로 옳은 것은?(다툼이 있으면 판례에 따름) 기출 24

① 매매의 일방예약이 행해진 경우, 예약완결권자가 상대방에게 매매를 완결할 의사를 표시하면 매매의 효력이 생긴다.
② 매매계약에 관한 비용은 다른 약정이 없는 한 매수인이 부담한다.
③ 경매목적물에 하자가 있는 경우, 경매에서의 채무자는 하자담보책임을 부담한다.
④ 매매계약 후 인도되지 않은 목적물로부터 생긴 과실은 다른 약정이 없는 한 대금을 지급하지 않더라도 매수인에게 속한다.
⑤ 부동산 매매등기가 이루어지고 5년 후에 환매권의 보류를 등기한 때에는 매매등기시부터 제3자에 대하여 그 효력이 있다.

09 위임계약에 관한 설명으로 옳은 것을 모두 고른 것은?(다툼이 있으면 판례에 따름) 기출 24

ㄱ. 수임인이 대변제청구권을 보전하기 위하여 위임인의 채권을 대위행사하는 경우에는 위임인의 무자력을 요건으로 한다.
ㄴ. 수임인은 특별한 사정이 없는 한 위임인에게 불리한 시기에 부득이한 사유로 위임계약을 해지할 수 없다.
ㄷ. 위임계약이 무상인 경우, 수임인은 특별한 사정이 없는 한 위임의 본지에 따라 선량한 관리자의 주의로써 위임사무를 처리하여야 한다.

① ㄱ
② ㄷ
③ ㄱ, ㄴ
④ ㄴ, ㄷ
⑤ ㄱ, ㄴ, ㄷ

10 고용계약에 관한 설명으로 옳지 않은 것을 모두 고른 것은?(다툼이 있으면 판례에 따름) 기출 24

ㄱ. 관행에 비추어 노무의 제공에 보수를 수반하는 것이 보통인 경우에도 보수에 관하여 명시적인 합의가 없다면 노무를 제공한 노무자는 사용자에게 보수를 청구할 수 없다.
ㄴ. 근로자를 고용한 기업으로부터 다른 기업으로 적을 옮겨 업무에 종사하게 하는 전적은 특별한 사정이 없는 한 근로자의 동의가 없더라도 효력이 생긴다.
ㄷ. 고용기간이 있는 고용계약을 해지할 수 있는 부득이한 사유에는 고용계약상 의무의 중대한 위반이 있는 경우가 포함되지 않는다.

① ㄱ
② ㄷ
③ ㄱ, ㄴ
④ ㄴ, ㄷ
⑤ ㄱ, ㄴ, ㄷ

해설 및 정답

08 ① (○) 민법 제564조 제1항
② (×) 매매계약에 관한 비용은 <u>당사자 쌍방이 균분하여 부담한다</u>(민법 제566조).
③ (×) 매도인의 하자담보책임에 관한 민법 제580조 제1항은 <u>경매의 경우에 적용하지 아니한다</u>(민법 제580조 제2항).
④ (×) 민법 제587조에 의하면, 매매계약 있은 후에도 인도하지 아니한 목적물로부터 생긴 과실은 매도인에게 속하고, 매수인은 목적물의 인도를 받은 날로부터 대금의 이자를 지급하여야 한다고 규정하고 있는바, 이는 매매당사자 사이의 형평을 꾀하기 위하여 ㉠ <u>매매목적물이 인도되지 아니하더라도 매수인이 대금을 완제한 때에는 그 시점 이후의 과실은 매수인에게 귀속되지만</u>, ㉡ <u>매매목적물이 인도되지 아니하고 또한 매수인이 대금을 완제하지 아니한 때에는 매도인의 이행지체가 있더라도 과실은 매도인에게 귀속되는</u> 것이므로 매수인은 인도의무의 지체로 인한 손해배상금의 지급을 구할 수 없다(대판 2004.4.23. 2004다8210).
⑤ (×) 매매의 목적물이 부동산인 경우에 <u>매매등기와 동시에 환매권의 보류를 등기한 때에는 제3자에 대하여 그 효력이 있으므로</u>(민법 제592조), 부동산 매매등기가 이루어지고 5년 후에 환매권의 보류를 등기하였다면 제3자에 대하여 그 효력이 없다고 이해하여야 한다.

정답 ❶

09 ㄱ. (×) 수임인이 가지는 민법 제688조 제2항 전단 소정의 대변제청구권은 통상의 금전채권과는 다른 목적을 갖는 것이므로, <u>수임인이 이 대변제청구권을 보전하기 위하여 채무자인 위임인의 채권을 대위행사하는 경우에는 채무자의 무자력을 요건으로 하지 아니한다</u>(대판 2002.1.25. 2001다52506).
ㄴ. (×) <u>수임인은 언제든지 위임계약을 해지할 수 있다</u>. 수임인에게 부득이한 사유가 있다면 위임인에게 불리한 시기에 위임계약을 해지하였다고 하더라도 손해배상책임을 부담하지는 아니한다(민법 제689조).
ㄷ. (○) 수임인은 위임의 본지에 따라 선량한 관리자의 주의로써 위임사무를 처리하여야 한다(민법 제681조). 이는 <u>위임계약이 유상이든 무상이든 관계없이 수임인이 언제나 부담하는 기본채무이다.</u>

정답 ❷

10 ㄱ. (×) 고용은 노무를 제공하는 노무자에 대하여 사용자가 보수를 지급하기로 하는 계약이므로, 고용계약에 있어서 보수는 고용계약의 본질적 부분을 구성하고, 따라서 보수 지급을 전제로 하지 않는 고용계약은 존재할 수 없으나, 보수 지급에 관한 약정은 그 방법에 아무런 제한이 없고 반드시 명시적임을 요하는 것도 아니며, <u>관행이나 사회통념에 비추어 노무의 제공에 보수를 수반하는 것이 보통인 경우에는 당사자 사이에 보수에 관한 묵시적 합의가 있었다고 봄이 상당하고, 다만 이러한 경우에는 보수의 종류와 범위 등에 관한 약정이 없으므로 관행 등에 의하여 이를 결정하여야 한다</u>(대판 1999.7.9. 97다58767). 따라서 관행에 비추어 노무의 제공에 보수를 수반하는 것이 보통인 경우 명시적 합의가 없더라도 묵시적 합의가 인정되므로 노무를 제공한 노무자는 이에 의하여 사용자에게 보수를 청구할 수 있다.
ㄴ. (×) 근로자를 그가 고용된 기업으로부터 다른 기업으로 적을 옮겨 다른 기업의 업무에 종사하게 하는 이른바 <u>전적(轉籍)은</u>, 종래에 종사하던 기업과 사이의 근로계약을 합의해지하고 이적하게 될 기업과 사이에 새로운 근로계약을 체결하는 것이거나 근로계약상의 사용자의 지위를 양도하는 것이므로, 동일 기업 내의 인사이동인 전근이나 전보와 달리 <u>특별한 사정이 없는 한 근로자의 동의를 얻어야 효력이 생긴다</u>(대판 2006.1.12. 2005두9873).
ㄷ. (×) 민법 제661조 소정의 '부득이한 사유'라 함은 고용계약을 계속하여 존속시켜 그 이행을 강제하는 것이 <u>사회통념상 불가능한 경우를 말하고</u>, 고용은 계속적 계약으로 당사자 사이의 특별한 신뢰관계를 전제로 하므로 고용관계를 계속하여 유지하는 데 필요한 신뢰관계를 파괴하거나 해치는 사실도 부득이한 사유에 포함되며, 따라서 <u>고용계약상 의무의 중대한 위반이 있는 경우에도 부득이한 사유에 포함된다</u>(대판 2004.2.27. 2003다51675).

정답 ❺

11 도급계약에 관한 설명으로 옳지 않은 것은?(다툼이 있으면 판례에 따름) 기출 24

① 공사도급계약의 수급인은 특별한 사정이 없는 한 이행대행자를 사용할 수 있다.
② 수급인의 담보책임에 관한 제척기간은 재판상 또는 재판 외의 권리행사기간이다.
③ 도급인이 하자보수에 갈음하여 손해배상을 청구하는 경우, 수급인이 그 채무이행을 제공할 때까지 도급인은 그 손해배상액에 상응하는 보수액 및 그 나머지 보수액에 대해서도 지급을 거절할 수 있다.
④ 부동산공사 수급인의 저당권설정청구권은 특별한 사정이 없는 한 공사대금채권의 양도에 따라 양수인에게 이전된다.
⑤ 민법 제673조에 따라 수급인이 일을 완성하기 전에 도급인이 손해를 배상하고 도급계약을 해제하는 경우, 도급인은 특별한 사정이 없는 한 그 손해배상과 관련하여 수급인의 부주의를 이유로 과실상계를 주장할 수 없다.

12 여행계약에 관한 설명으로 옳은 것은?(다른 사정은 고려하지 않음) 기출 24

① 여행자는 여행을 시작하기 전에는 여행계약을 해제할 수 없다.
② 여행대금지급시기에 관해 약정이 없는 경우, 여행자는 다른 관습이 있더라도 여행 종료 후 지체없이 여행대금을 지급하여야 한다.
③ 여행의 하자에 대한 시정에 지나치게 많은 비용이 드는 경우에도 여행자는 그 시정을 청구할 수 있다.
④ 여행에 중대한 하자로 인해 여행계약이 중도에 해지된 경우, 여행자는 실행된 여행으로 얻은 이익을 여행주최자에게 상환하여야 한다.
⑤ 여행계약의 담보책임 존속기간에 관한 규정과 다른 합의가 있는 경우, 그 합의가 여행자에게 유리하더라도 효력은 없다.

• 해설 및 정답 •

11 ① (○) 공사도급계약에 있어서 당사자 사이에 특약이 있거나 일의 성질상 수급인 자신이 하지 않으면 채무의 본지에 따른 이행이 될 수 없다는 등의 특별한 사정이 없는 한 반드시 수급인 자신이 직접 일을 완성하여야 하는 것은 아니고, 이행보조자 또는 이행대행자를 사용하더라도 공사도급계약에서 정한 대로 공사를 이행하는 한 계약을 불이행하였다고 볼 수 없다(대판 2002.4.12. 2001다82545).
② (○) 민법상 수급인의 하자담보책임에 관한 기간은 제척기간으로서 재판상 또는 재판 외의 권리행사기간이며 재판상 청구를 위한 출소기간이 아니라고 할 것이다(대판 2000.6.9. 2000다15371).
③ (×) 완성된 목적물에 하자가 있어 도급인이 하자의 보수에 갈음하여 손해배상을 청구한 경우에, 도급인은 수급인이 그 손해배상청구에 관하여 채무이행을 제공할 때까지 그 손해배상액에 상응하는 보수액에 관하여만 자기의 채무이행을 거절할 수 있을 뿐이고 그 나머지 보수액은 지급을 거절할 수 없다고 할 것이므로, 도급인의 손해배상 채권과 동시이행관계에 있는 수급인의 공사대금 채권은 공사잔대금 채권 중 위 손해배상 채권액과 동액의 채권에 한하고, 그 나머지 공사잔대금 채권은 위 손해배상 채권과 동시이행관계에 있다고 할 수 없다(대판 1996.6.11. 95다12798).
④ (○) 민법 제666조에서 정한 수급인의 저당권설정청구권은 공사대금채권을 담보하기 위하여 인정되는 채권적 청구권으로서 공사대금채권에 부수하여 인정되는 권리이므로, 당사자 사이에 공사대금채권만을 양도하고 저당권설정청구권은 이와 함께 양도하지 않기로 약정하였다는 등의 특별한 사정이 없는 한, 공사대금채권이 양도되는 경우 저당권설정청구권도 이에 수반하여 함께 이전된다고 봄이 타당하다(대판 2018.11.29. 2015다19827).
⑤ (○) 민법 제673조에서 도급인으로 하여금 자유로운 해제권을 행사할 수 있도록 하는 대신 수급인이 입은 손해를 배상하도록 규정하고 있는 것은 도급인의 일방적인 의사에 기한 도급계약 해제를 인정하는 대신, 도급인의 일방적인 계약해제로 인하여 수급인이 입게 될 손해, 즉 수급인이 이미 지출한 비용과 일을 완성하였더라면 얻었을 이익을 합한 금액을 전부 배상하게 하는 것이라 할 것이므로, 위 규정에 의하여 도급계약을 해제한 이상은 특별한 사정이 없는 한 도급인은 수급인에 대한 손해배상에 있어서 과실상계나 손해배상예정액 감액을 주장할 수는 없다(대판 2002.5.10. 2000다37296).

정답 ③

12 ① (×) 여행자는 여행을 시작하기 전에는 언제든지 계약을 해제할 수 있다. 다만, 여행자는 상대방에게 발생한 손해를 배상하여야 한다(민법 제674조의3).
② (×) 여행자는 약정한 시기에 대금을 지급하여야 하며, 그 시기의 약정이 없으면 관습에 따르고, 관습이 없으면 여행의 종료 후 지체 없이 지급하여야 한다(민법 제674조의5).
③ (×) 여행에 하자가 있는 경우에는 여행자는 여행주최자에게 하자의 시정 또는 대금의 감액을 청구할 수 있다. 다만, 그 시정에 지나치게 많은 비용이 들거나 그 밖에 시정을 합리적으로 기대할 수 없는 경우에는 시정을 청구할 수 없다(민법 제674조의6 제1항).
④ (○) 여행자는 여행에 중대한 하자가 있는 경우에 그 시정이 이루어지지 아니하거나 계약의 내용에 따른 이행을 기대할 수 없는 경우에는 계약을 해지할 수 있다. 계약이 해지된 경우에는 여행주최자는 대금청구권을 상실한다. 다만, 여행자가 실행된 여행으로 이익을 얻은 경우에는 그 이익을 여행주최자에게 상환하여야 한다. 여행주최자는 계약의 해지로 인하여 필요하게 된 조치를 할 의무를 지며, 계약상 귀환운송 의무가 있으면 여행자를 귀환운송하여야 한다. 이 경우 상당한 이유가 있는 때에는 여행주최자는 여행자에게 그 비용의 일부를 청구할 수 있다(민법 제674조의7).
⑤ (×) 제674조의6[여행주최자의 담보책임(註)]과 제674조의7[여행주최자의 담보책임과 여행자의 해지권(註)]에 따른 권리는 여행 기간 중에도 행사할 수 있으며, 계약에서 정한 여행 종료일부터 6개월 내에 행사하여야 한다(민법 제674조의8). 다만, 제674조의8[담보책임의 존속기간(註)]은 편면적 강행규정이므로, 담보책임 존속기간에 관한 규정과 다른 합의가 여행자에게 불리한 경우에만 그 효력이 없고(민법 제674조의9), 여행자에게 유리한 경우 그 다른 합의의 효력은 인정된다.

정답 ④

CHAPTER 03 법정채권관계

출제포인트
- 사무관리의 요건 및 효과
- 부당이득의 요건 및 효과
- 특수한 부당이득
- 사용자책임 · 공동불법행위책임
- 불법행위의 효과

제1절 사무관리

I 의의

사무관리란 법률상 의무 없이 타인을 위하여 그의 사무를 처리하는 행위를 말한다. 부탁 없이 타인의 채무를 대신 변제해 주거나 타인의 자식을 양육 및 교육시켜 주는 것이 사무관리이다.

II 사무관리의 성립요건

사무관리의 내용(민법 제734조)
① 의무 없이 타인을 위하여 사무를 관리하는 자는 그 사무의 성질에 좇아 가장 본인에게 이익되는 방법으로 이를 관리하여야 한다.
② 관리자가 본인의 의사를 알거나 알 수 있는 때에는 그 의사에 적합하도록 관리하여야 한다. 기출 21
③ 관리자가 전2항의 규정에 위반하여 사무를 관리한 경우에는 과실 없는 때에도 이로 인한 손해를 배상할 책임이 있다. 그러나 그 관리행위가 공공의 이익에 적합한 때에는 중대한 과실이 없으면 배상할 책임이 없다.

1. **타인의 사무관리**
    ① 사무란 사람의 생활에 필요한 모든 일을 말하며, 타인의 사무이어야 한다.
    ② 관리란 보존 · 이용 · 개량행위뿐만 아니라 처분행위도 포함된다.
    ③ 사실행위로 나타날 수도 있고 법률행위의 방식으로도 나타날 수 있다.
    ④ 관리자는 행위능력이 있어야 한다(통설).

2. **타인을 위하여 하는 의사(사무관리의사)가 존재할 것**

관리의 사실상의 이익을 본인에게 귀속시키려는 의사가 있어야 한다. 이 관리의사는 관리의 사실상의 이익을 타인에게 귀속시키려는 의사이다. 관리의사는 관리자 자신의 이익을 위한 의사와 병존하여도 무방하고, 외부에 표시되거나 그 타인이 관리 당시에 확정되어 있을 필요도 없으며, 본인에 관하여 착오가 있더라도 상관없다. 기출 21·24

3. **법률상의 의무가 없을 것**

사무관리가 성립하려면 관리자에게 법적 의무가 없어야 하므로, 법률의 규정이나 계약에 따라 본인에 대하여 관리할 의무를 부담하는 경우에는 사무관리가 성립하지 아니한다. 그러나 의무의 발생원인인 계약이 후에 취소된 경우 또는 의무의 범위를 넘어서 사무를 처리한 때에는 사무관리가 성립한다. 관리자가 본인에 대하여 당해 사무처리의 의무를 지지 아니하나 제3자와의 관계에서 그 의무를 부담하는 경우에는, 사무관리가 성립하지 아니한다. 판례도 같은 취지에서 의무 없이 타인의 사무를 처리한 자는 그 타인에 대하여 민법상 사무관리 규정에 따라 비용상환 등을 청구할 수 있으나, 제3자와의 약정에 따라 타인의 사무를 처리한 경우에는 의무 없이 타인의 사무를 처리한 것이 아니므로 이는 원칙적으로 그 타인과의 관계에서는 사무관리가 된다고 볼 수 없다고 한다(대판 2013.9.26. 2012다43539). 기출 21·24

4. **본인에게 불리하거나 본인의 의사에 반한다는 것이 명백하지 않을 것**

처음부터 본인의 의사에 반하는 것이 명백한 때에는 사무관리는 성립하지 않는다(민법 제737조 단서 유추). 즉 사무관리가 성립하기 위하여는 우선 그 사무가 타인의 사무이고 타인을 위하여 사무를 처리하는 의사, 즉 관리의 사실상의 이익을 타인에게 귀속시키려는 의사가 있어야 하며, 나아가 그 사무의 처리가 본인에게 불리하거나 본인의 의사에 반한다는 것이 명백하지 아니할 것을 요한다(대판 2013.8.22. 2013다30882). 기출 15·24

Ⅲ 사무관리의 효과

1. **일반적 효과**

   ① 본인의 추인이 있어도 위임관계로 되지는 않는다.
   ② 사무관리가 인정되면 위법한 행위로 되지는 않는다.

2. **관리자의 주의의무 및 손해배상책임**

(1) **과실책임의 원칙**

사무관리자는 원칙적으로 본인의 사무처리에 대한 선관주의의무를 부담한다(다수설).

(2) **무과실의 손해배상책임**

관리자가 본인의 의사나 이익에 반하여 사무를 관리한 경우 관리행위 자체에 과실이 없어도 본인에게 손해가 발생하였다면 사무관리자는 이에 대한 손해배상의 책임이 있다(민법 제734조 제3항).

(3) 중과실의 경우에 한하여 손해배상책임을 지는 경우

1) 공익관리
본인의 의사나 이익에 반하더라도 공공의 이익에 적합하다면 중과실의 경우에만 손해배상책임이 있다(민법 제734조 제3항 단서).

2) 긴급사무관리
관리자가 타인의 생명, 신체, 재산, 명예에 대한 급박한 위해를 면하게 하기 위한 경우 「고의·중과실」이 없으면 손해배상책임이 없다(민법 제735조). 기출 15

3. 관리자의 의무

① 관리개시의 통지의무(민법 제736조)
② 보고의무(민법 제738조, 제683조)
③ 관리계속의무(민법 제737조)
④ 취득물 등의 인도·이전의무(민법 제738조, 제684조)
⑤ 금전소비시 이자와 손해배상책임(민법 제738조, 제685조)

4. 본인의 의무

(1) 비용상환의무

1) 본인의 의사나 이익에 합치되는 경우
① 유익비·필요비 전액을 본인의 이득 여하와는 관계없이 상환해야 한다(민법 제739조 제1항).

> 계약상 급부가 계약 상대방뿐 아니라 제3자에게 이익이 된 경우에 급부를 한 계약당사자는 계약 상대방에 대하여 계약상 반대급부를 청구할 수 있는 이외에 제3자에 대하여 직접 부당이득반환청구를 할 수는 없다고 보아야 하고, 이러한 법리는 급부가 사무관리에 의하여 이루어진 경우에도 마찬가지이다. 따라서 의무 없이 타인을 위하여 사무를 관리한 자는 타인에 대하여 민법상 사무관리 규정에 따라 비용상환 등을 청구할 수 있는 외에 사무관리에 의하여 결과적으로 사실상 이익을 얻은 다른 제3자에 대하여 직접 부당이득반환을 청구할 수는 없다(대판 2013.6.27. 2011다17106). 기출 24

② 채무의 대변제의무, 담보제공의무(민법 제739조 제2항, 제688조 제2항)

2) 본인의 의사나 이익에 반하는 경우
현존이익의 한도에서 비용상환·채무의 대변제·담보제공의무를 부담한다(민법 제739조 제3항). 기출 15·21

(2) 손해보상의무
관리자가 사무관리를 함에 있어서 과실 없이 손해를 받을 때에는 본인의 현존이익의 한도에서 그 손해의 보상을 청구할 수 있다(민법 제740조). 기출 15·16·21

(3) 보수지급의무
민법상으로는 보수지급의무가 없고, 특별법상의 보수지급의무가 있을 뿐이다.

제2절　부당이득

I 부당이득의 의의

법률상의 원인 없이 부당하게 재산적 이득을 얻고 이로 인하여 타인에게 손해를 준 자에 대하여 그 이득의 반환을 명하는 제도를 말한다(민법 제741조). 사무관리 및 불법행위와 더불어 민법이 인정하는 법정채권 발생원인이며, 법적 성질은 사건이다. '법률상 원인 없이'라는 것은 공평의 원칙 또는 사회정의에 반하는 것을 의미한다[통일설(공평설), 다수설·판례]. 통일설에 의하면 비통일설과는 달리 부당이득을 유형별로 구별하지 아니하고, 부당이득의 요건으로서 언제나 수익과 손해가 있어야 하며, 수익과 손해 사이에 인과관계가 요구된다. 부당이득반환청구권은 원칙적으로 다른 청구권에 의하여 만족을 얻지 못하는 경우에만 보충적으로 인정된다.

II 부당이득의 요건

> **부당이득의 내용(민법 제741조)**
> 법률상 원인 없이 타인의 재산 또는 노무로 인하여 이익을 얻고 이로 인하여 타인에게 손해를 가한 자는 그 이익을 반환하여야 한다.

1. 법률상 원인이 없을 것

(1) 의 의

수익자에게 이득의 취득, 보유권한이 없어야 한다. 통일설(공평설)(다수설)은 법률상 원인의 결여를 공평, 정의의 관념에 따라 판단한다. 다수설은 법률상 원인 없는 이득을 급부부당이득과 비급부부당이득으로 구분하여 부당이득의 인정 여부를 살피고 있으나, 부당이득은 손실자와 이득자 사이의 이익상황이 상이함으로 고려하여야 한다는 점에서 부당이득을 그 실질에 따라 급부부당이득, 침해부당이득, 비용부당이득으로 구분하는 견해(비통일설)(유력설)에 따라 부당이득의 인정 여부를 살펴보기로 한다. 최근 판례도 이러한 유형론을 부분적으로 수용하고 있어 주목된다(대판 2018.1.24. 2017다37324).

(2) 유 형

1) 급부부당이득

급부부당이득이란 당사자 일방의 재산증대가 상대방의 출연행위로 인한 경우의 부당이득을 말한다. 즉 법률행위가 무효인 경우(예를 들어 매매계약체결 당시 매매목적물이 멸실된 상태였고 매수인이 대금을 이미 지급한 경우), 법률행위가 취소된 경우, 채무가 없음에도 이를 알지 못하고 변제한 경우(민법 제742조 참조) 등이 그 예가 될 수 있다. 기출 25

> **급부부당이득반환청구의 인정 여부**
> • 토지의 매수인이 아직 소유권이전등기를 경료받지 아니하였다 하여도 매매계약의 이행으로 그 토지를 인도받은 때에는 매매계약의 효력으로서 이를 점유사용할 권리가 생기게 된 것으로 보아야 하고 또 매수인이 그 토지 위에 건축한 건물을 취득한 자는 그 토지에 대한 매수인의 위와 같은 점유사용권까지 아울러 취득한 것으로 봄이 상당하므로 매도인은 매매계약의 이행으로서 인도한 토지 위에 매수인이 건축한 건물을 취득한 자에 대하여 토지소유권에 기한 물권적청구권을 행사할 수 없다(대판 1988.4.25. 87다카1682).

- 매매계약이 무효인 때의 매도인의 매매대금 반환 의무는 성질상 부당이득 반환 의무로서 그 반환 범위에 관하여는 민법 제748조가 적용된다 할 것이고, 명문의 규정이 없는 이상 그에 관한 특칙인 민법 제548조 제2항이 당연히 유추적용 또는 준용된다고 할 수 없다(토지거래허가를 받지 못해 매매계약이 무효로 된 사안에서, 민법 제548조 제2항을 준용하여 매도인은 매매대금을 받은 날로부터의 이자를 가산하여 지급하여야 한다는 매수인의 주장을 배척한 사례)(대판 1997.9.26. 96다54997).

2) 침해부당이득

수익자가 권원없이 타인의 물건이나 권리로부터 이익을 얻는 경우의 부당이득을 말한다. 침해부당이득에서는 많은 경우 불법행위가 성립할 수 있으나, 그 침해에 수익자의 귀책사유를 문제삼지 아니한다는 점에서 불법행위와 구별된다. 예를 들어 채권의 귀속을 침해한 경우(대판 1999.4.27. 98다61593), 무권리자가 타인의 권리를 제3자에게 처분하였으나, 선의의 제3자 보호규정에 의하여 원래의 권리자가 권리를 상실하는 경우(대판 2011.6.10. 2010다40239) 등이 이에 해당한다.

침해부당이득을 인정한 사례

- 무권리자가 타인의 권리를 제3자에게 처분하였으나 선의의 제3자 보호규정에 의하여 원래 권리자가 권리를 상실하는 경우, 권리자는 무권리자를 상대로 제3자에게서 처분의 대가로 수령한 것을 이른바 침해부당이득으로 보아 반환청구할 수 있다. 한편 수익자가 법률상 원인 없이 이득한 재산을 처분함으로 인하여 원물반환이 불가능한 경우에 반환하여야 할 가액을 산정할 때에는 법률상 원인 없는 이득을 얻기 위하여 지출한 비용은 수익자가 반환하여야 할 이득의 범위에서 공제되어야 할 것이나, 타인 소유의 부동산을 처분하여 매각대금을 수령한 경우, 수익자는 그러한 처분행위가 없었다면 부동산 자체를 반환하였어야 할 지위에 있던 사람이므로 자신의 처분행위로 인하여 발생한 양도소득세 기타 비용은 수익자가 이익 취득과 관련하여 지출한 비용에 해당한다고 할 수 없어 이를 반환하여야 할 이득에서 공제할 것은 아니다(대판 2011.6.10. 2010다40239).
- 확정된 배당표에 의하여 배당을 실시하는 것은 실체법상의 권리를 확정하는 것이 아니므로, 배당을 받아야 할 자가 배당을 받지 못하고 배당을 받지 못할 자가 배당을 받은 경우에는 배당에 관하여 이의를 한 여부 또는 형식상 배당절차가 확정되었는지 여부에 관계없이 배당을 받지 못한 채권자는 배당받은 자에 대하여 부당이득반환을 청구할 수 있다(대판 2008.6.26. 2008다19966).
- 확정판결에는 기판력이 인정되므로 그 내용이 실체적 권리관계와 다르다고 하더라도 판결이 재심의 소 등으로 취소되지 않는 한 그 판결에 기한 이행으로 교부받은 금전 등을 법률상 원인 없는 이득이라 할 수 없지만, 지급명령에는 기판력이 인정되지 않으므로 실체적 권리관계와 다른 내용으로 지급명령이 확정되고 그 지급명령에 기한 이행으로 금전 등이 교부되었다면 그에 관하여 부당이득이 성립할 수 있다(대판 2024.4.12. 2023다307741).
- 타인 소유의 토지를 법률상 권원 없이 점유함으로 인하여 토지 소유자가 입은 통상의 손해는 특별한 사정이 없는 한 점유 토지의 임료 상당액이지만, 수익자가 단지 공로에 이르는 통로로 통행지를 통행함에 그치고 통행지 소유자의 점유를 배제할 정도의 배타적인 점유를 하고 있지 않다면, 통행지 소유자가 통행지를 본래 목적대로 사용·수익할 수 없게 되는 경우의 손해액이라 할 수 있는 임료 상당액 전부가 통행지 소유자의 손해액이 된다고 볼 수는 없고, 구체적 사안에서 사회통념에 따라 이를 감경할 수 있다(대판 2023.3.13. 2022다293999).
- 토지의 상공에 고압전선이 통과하게 됨으로써 토지소유자가 토지 상공의 사용·수익을 제한받게 되는 경우, 토지소유자의 사용·수익이 제한되는 상공의 범위에는 고압전선이 통과하는 부분뿐만 아니라 관계 법령에서 고압전선과 건조물 사이에 일정한 거리를 유지하도록 규정하고 있는 경우 그 거리 내의 부분도 포함된다. 고압전선의 소유자가 해당 토지 상공에 관하여 일정한 사용권원을 취득한 경우, 그 양적 범위가 토지소유자의 사용·수익이 제한되는 상공의 범위에 미치지 못한다면, 사용·수익이 제한되는 상공 중 사용권원을 취득하지 못한 부분에 대해서 고압전선의 소유자는 특별한 사정이 없는 한 차임 상당의 부당이득을 토지소유자에게 반환할 의무를 부담한다(대판 2022.11.30. 2017다257043).

침해부당이득을 부정한 사례
- 확정판결은 재심의 소 등으로 취소되지 않는 한 그 소송당사자를 기속하므로 확정판결에 기한 이행으로 받은 급부는 법률상 원인 없는 이익이라고 할 수 없고, 이는 해당 급부뿐만 아니라 그 급부의 대가로서 기존 급부와 동일성을 유지하면서 형태가 변경된 것에 불과한 처분대금 등에 대해서도 마찬가지이다(대판 2023.6.29. 2021다243812).
- 민사집행법 제268조에 의하여 준용되는 제88조 제1항에서 규정하는 배당요구 채권자는 경락기일까지 배당요구를 한 경우에 한하여 비로소 배당을 받을 수 있고, 적법한 배당요구를 하지 아니한 경우에는 임금채권과 같이 실체법상 우선변제청구권이 있는 채권자라 하더라도 그 경락대금으로부터 배당을 받을 수는 없을 것이므로, 이러한 배당요구 채권자가 적법한 배당요구를 하지 아니하여 그를 배당에서 제외하는 것으로 배당표가 작성·확정되고 그 확정된 배당표에 따라 배당이 실시되었다면, 집행목적물의 교환가치에 대하여서만 우선변제권을 가지고 있는 법정담보물권자의 경우와는 달리 그가 적법한 배당요구를 한 경우에 배당받을 수 있었던 금액 상당의 금원이 후순위 채권자에게 배당되었다 하여 이를 법률상 원인이 없는 것이라고 할 수 없다(대판 1996.12.20. 95다28304).
- 토지의 매수인이 아직 소유권이전등기를 마치지 않았더라도 매매계약의 이행으로 토지를 인도받은 때에는 매매계약의 효력으로서 이를 점유·사용할 권리가 있으므로, 매도인이 매수인에 대하여 그 점유·사용을 법률상 원인이 없는 이익이라고 하여 부당이득반환청구를 할 수는 없다. 이러한 법리는 대물변제 약정 등에 의하여 매매와 같이 부동산의 소유권을 이전받게 되는 사람이 이미 부동산을 점유·사용하고 있는 경우에도 마찬가지로 적용된다(대판 2016.7.7. 2014다2662).
- 어떠한 계약상의 채무를 채무자가 이행하지 않았다고 하더라도 채권자는 여전히 해당 계약에서 정한 채권을 보유하고 있으므로, 특별한 사정이 없는 한 채무자가 채무를 이행하지 않고 있다고 하여 채무자가 법률상 원인 없이 이득을 얻었다고 할 수는 없고, 설령 채권이 시효로 소멸하게 되었다 하더라도 달리 볼 수 없다(대판 2018.2.28. 2016다45779).

3) 비용부당이득

타인의 채무를 변제하거나 타인 소유의 물건에 비용을 지출(예를 들어 수리, 확장 등)하였으나, 비용지출자가 사무관리자의 요건을 구비하지 못한 경우의 부당이득을 말한다. 비용부당이득은 그 특칙이 민법에 명문으로 규정되어 있는 경우가 많다. 점유자의 비용상환청구권(민법 제203조), 사용차주·임차인·수치인의 비용상환청구권(민법 제617조, 제626조, 제701조), 수임인의 비용상환청구권(민법 제688조), 사무관리자의 비용상환청구권(민법 제739조) 등이 이에 해당한다.

(3) 증명책임

법률상 원인의 흠결 사실에 대한 증명책임의 소재에 대해 견해가 대립하고 있으나, 판례는 급부부당이득의 경우에는 부당이득반환을 주장하는 자에게 법률상 원인이 없다는 점에 대한 증명책임을 인정하고, 침해부당이득의 경우에는 부당이득반환 청구의 상대방에게 이익을 보유할 정당한 권원이 있다는 점에 대한 증명책임을 인정한다(대판 2018.1.24. 2017다37324). **기출** 25

법률상 원인의 흠결사실에 대한 증명책임
- 물건의 소유자가 물건에 관한 어떠한 이익을 상대방이 권원 없이 취득하고 있다고 주장하여 그 이익을 부당이득으로 반환청구하는 경우, 상대방은 그러한 이익을 보유할 권원이 있음을 주장·증명하지 않는 한 소유자에게 이를 부당이득으로 반환할 의무가 있다. 이때 해당 토지의 현황이나 지목이 '도로'라는 이유만으로 부당이득의 성립이 부정되지 않으며, 도로로 이용되고 있는 사정을 감안하여 부당이득의 액수를 산정하면 된다(대판 2020.10.29. 2018다228868).
- 변제를 목적으로 하는 급부가 이루어졌으나 그 급부에 법률상 원인이 없는 경우 그 급부는 비채변제에 해당하여 부당이득으로 반환되어야 한다. 이러한 급부부당이득의 반환은 법률상 원인 없는 변제를 한 주체가 청구할 수 있다. 변제는 채무자 외에 제3자도 할 수 있는데(민법 제469조 참조), 이행보조자의 변제는 채무자의 변제로 취급된다. 채무자가 자신의 채무에 관하여 스스로 또는 이행보조자를 사용하여 법률상 원인 없는 변제를 한 경우에는 채무자, 제3자가 타인의 채무에 관하여 법률상 원인 없는 변제를 한 경우에는 제3자가 각각 변제의 주체로서 그 변제로서 이루어진 급부의 반환을 청구할 수 있다. 이러한 변제 주체에 대한 증명책임은 자신이 변제 주체임을 전제로 변제에 법률상 원인이 없다고 주장하며 부당이득반환청구를 하는 사람에게 있다(대판 2024.2.15. 2023다272883).

2. 이익의 취득

재산의 적극적 증가와 채무를 면하는 경우와 같이 어떠한 사실의 발생으로 당연히 발생하였을 손실을 보지 않는 것과 같은 재산의 소극적 증가도 이익에 해당한다(대판 2024.3.28. 2023다308911). 법률상 원인 없이 이득하였음을 이유로 한 부당이득반환에 있어서 이득이라 함은 실질적인 이익을 가리키는 것이므로 이득자에게 실질적으로 이득이 귀속된 바가 없다면 반환의무를 부담시킬 수 없다(대판 2017.6.29. 2017다213838). 이득의 방법에는 제한이 없으며, 수익은 타인의 재산 또는 노무를 원인으로 하는 것이어야 한다. 부당이득은 그 수익의 방법에 제한이 없는 것으로, 채권도 물권과 같이 재산의 하나이므로 그 취득도 당연히 이득이 되고 수익이 된다(대판 1996.11.22. 96다34009). 기출 17

실질적 이득(부당이득)을 인정한 사례

- 타인 소유의 토지 위에 권원 없이 건물을 소유하는 자는 그 자체로써 건물 부지가 된 토지를 점유하고 있는 것이므로 특별한 사정이 없는 한 법률상 원인 없이 타인의 재산으로 인하여 토지의 차임에 상당하는 이익을 얻고 이로 인하여 타인에게 동액 상당의 손해를 주고 있다고 할 것이고, 이는 건물 소유자가 미등기건물의 원시취득자이고 그 건물에 관하여 사실상의 처분권을 보유하게 된 양수인이 따로 존재하는 경우에도 다르지 아니하므로, 미등기건물의 원시취득자는 토지 소유자에 대하여 부당이득반환의무를 진다. 한편 미등기건물을 양수하여 건물에 관한 사실상의 처분권을 보유하게 됨으로써 그 양수인이 건물 부지 역시 아울러 점유하고 있다고 볼 수 있는 경우에는 미등기건물에 관한 사실상의 처분권자도 건물 부지의 점유·사용에 따른 부당이득반환의무를 부담한다. 이러한 경우 미등기건물의 원시취득자와 사실상의 처분권자가 토지 소유자에 대하여 부담하는 부당이득반환의무는 동일한 경제적 목적을 가진 채무로서 부진정연대채무관계에 있다고 볼 것이다(대판 2022.9.29. 2018다243133). 기출 17 실제로 건물을 사용·수익하지 아니하더라도 건물 부지가 된 토지에 대하여 부당이득이 성립한다(대판 1998.5.8. 98다2389).
- 구분소유자 중 일부가 정당한 권원 없이 집합건물의 복도, 계단 등과 같은 공용부분을 배타적으로 점유·사용함으로써 이익을 얻고, 그로 인하여 다른 구분소유자들이 해당 공용부분을 사용할 수 없게 되었다면, 공용부분을 무단점유한 구분소유자는 특별한 사정이 없는 한 해당 공용부분을 점유·사용함으로써 얻은 이익을 부당이득으로 반환할 의무가 있다. 해당 공용부분이 구조상 이를 별개 용도로 사용하거나 다른 목적으로 임대할 수 있는 대상이 아니더라도, 무단점유로 인하여 다른 구분소유자들이 해당 공용부분을 사용·수익할 권리가 침해되었고 이는 그 자체로 민법 제741조에서 정한 손해로 볼 수 있다. 이러한 법리는 구분소유자가 아닌 제3자가 집합건물의 공용부분을 정당한 권원 없이 배타적으로 점유·사용하는 경우에도 마찬가지로 적용된다(대판 2020.5.21. 2017다220744[전합]).
- 임대차계약의 종료에 의하여 발생된 임차인의 임차목적물 반환의무와 임대인의 연체차임을 공제한 나머지 보증금의 반환의무는 동시이행의 관계에 있는 것이므로, 임대차계약 종료 후에도 임차인이 동시이행의 항변권을 행사하여 임차건물을 계속 점유하여 온 것이라면 임차인의 그 건물에 대한 점유는 불법점유라고 할 수는 없으나, 그로 인하여 이득이 있다면 이는 부당이득으로서 반환하여야 하는 것은 당연하다(대판 1992.4.14. 91다45202). 기출 25

실질적 이득(부당이득)을 부정한 사례

- 법률상의 원인 없이 이득하였음을 이유로 한 부당이득의 반환에 있어서 이득이라 함은 실질적인 이익을 가리키는 것이므로 법률상 원인 없이 건물을 점유하고 있다 하여도 이를 사용·수익하지 않았다면 이익을 얻은 것이라고 볼 수 없는 것인바, 임차인이 임대차계약 종료 이후에도 동시이행의 항변권을 행사하는 방법으로 목적물의 반환을 거부하기 위하여 임차건물부분을 계속 점유하기는 하였으나 이를 본래의 임대차계약상의 목적에 따라 사용·수익하지 아니하여 실질적인 이득을 얻은 바 없는 경우에는 그로 인하여 임대인에게 손해가 발생하였다 하더라도 임차인의 부당이득반환의무는 성립되지 않는다(대판 1992.4.14. 91다45202).
- 甲의 대리인 乙이, 토지의 소유자인 丙에게서 매도에 관한 대리권을 위임받지 않았음에도 대리인이라고 사칭한 丁으로부터 토지를 매수하기로 하는 매매계약을 체결하였고 이에 기하여 甲이 丙 명의의 계좌로 매매대금을 송금하였는데, 丙에게서 미리 통장과 도장을 교부받아 소지하고 있던 丁이 위 돈을 송금당일 전액 인출한 경우, 甲이 송금한 돈이 丙의 계좌로 입금되었다고 하더라도, 그로 인하여 丙이 위 돈 상당을 이득하였다고 하기 위해서는 丙이 이를 사실상 지배할 수 있는 상태에까지 이르러 실질적인 이득자가 되었다고 볼 만한 사정이 인정되어야 할 것인데, 甲의 송금 경위 및 丁이 이를 인출한 경위 등에 비추어 볼 때 丙이 위 돈을 송금 받아 실질적으로 이익의 귀속자가 되었다고 보기 어렵다고 보이므로, 甲의 부당이득반환청구를 인용한 원심판결에는 부당이득에 관한 법리오해의 위법이 있다(대판 2011.9.8. 2010다37325).

> - 상계계약은 당사자 사이에 서로 대립하는 채권이 유효하게 존재하는 것을 전제로 서로 채무를 대등액 또는 대등의 평가액에 관하여 면제시키는 것을 내용으로 하는 계약이다. 두 채권의 소멸은 서로 인과관계가 있으므로 한쪽 당사자의 채권이 불성립 또는 무효이어서 그 면제가 무효가 되면 상대방의 채무면제도 당연히 무효가 된다. 이때 상대방의 채권이 유효하게 존재하였던 경우라면, 그 채권은 여전히 존재하는 것이 되므로 채무자는 그 채무를 이행할 의무를 부담한다. 채무자가 이를 이행하지 않았다고 하더라도 그가 법률상 원인 없이 채무를 면하는 이익을 얻었다고 볼 수 없다. 그리고 상대방의 채권도 불성립 또는 무효이어서 존재하지 않았던 경우라면, 채무자는 부존재하는 채무에 관하여 무효인 채무면제를 받은 것에 지나지 않으므로 채무를 이행할 의무도 없고 채무를 면하는 이익을 얻은 것도 아니다(대판 2017.12.5. 2017다22597).

3. 손해의 발생

(1) 손해의 발생

다수설·판례는 타인이 손해를 입지 않은 경우에는 부당이득이 성립하지 않는다고 한다. 기출 20 따라서 부당이득은 법률상 원인 없이 타인의 재산 또는 노무로 인하여 이익을 얻고 이로 인하여 타인에게 손해를 가함으로써 성립하는 것이므로, 법률상 원인 없는 이득이 있다 하더라도 그로 인하여 타인에게 손해가 발생한 것이 아니라면 그 타인은 부당이득반환청구권자가 될 수 없게 된다(대판 2011.7.28. 2009다100418). 기출 22·23 유력설(비통일설)에 의하면 침해부당이득의 경우에는 권리자에게 손해가 발생하지 않았다 하더라도 침해자의 수익만 있으면 부당이득반환청구가 가능하다고 하며, 급부부당이득에서는 급부자에게 당연히 귀속되어야 할 것이 바로 손해가 된다고 한다.

(2) 손해의 범위

손해에는 기존의 재산이 감소한 경우뿐만 아니라, 당연히 증가하여야 할 이익이 상실된 경우도 포함된다. 이때 당연히 증가하였을 이익의 상실이란 그 사실이 없었다면 그만큼 재산적 증가가 있는 것이 보통이라고 인정되는 경우를 말한다.

(3) 수익자가 반환하여야 할 이득의 범위

반환하여야 할 이득은 손실자가 입은 손해의 범위에 한정된다. 여기서 손실자의 손해는 사회통념상 손실자가 당해 재산으로부터 통상 수익할 수 있을 것으로 예상되는 이익 상당액이라 할 것이므로 선의의 수익자는 그 받은 이익의 현존하는 한도 내에서 가액을 반환할 책임이 있으나, 손실자의 손해가 이익보다 적어서 이득자가 손해 이상의 이익을 얻는 경우에는 그 손해상당의 이익만 반환할 의무가 있다(대판 1974.7.26. 73다1637).

(4) 운용이익

수익자가 자신의 노력으로 부당이득한 재산을 이용하여 남긴 운용이익도 그것이 사회통념상 수익자의 행위가 개입되지 아니하였더라도 부당이득된 재산으로부터 손실자가 당연히 취득하였으리라고 생각되는 범위 내의 것이라면 이를 반환하여야 한다. 따라서 매매계약이 무효인 경우, 매도인이 매매대금으로 받은 금전을 정기예금에 예치하여 얻은 정기예금이자 상당액은 사회통념상 매도인의 행위가 개입되지 아니하였더라도 위 매매대금으로부터 매수인이 통상 취득하였으리라고 생각되는 범위 내의 이익으로 볼 수 있어, 매도인이 반환하여야 할 이득의 범위에 포함되는 것으로 보아야 한다(대판 1995.5.12. 94다25551). 그렇지 아니하는 경우에는 수익자가 반환하여야 할 이득의 범위에서 공제되어야 한다(대판 2008.1.18. 2005다34711).

(5) 독점적이고 배타적인 사용·수익권의 포기

판례에 의하면 토지소유자가 일단의 택지를 조성, 분양하면서 개설한 도로는 다른 특단의 사정이 없는 한 그 토지의 매수인을 비롯하여 그 택지를 내왕하는 모든 사람에 대하여 그 도로를 통행할 수 있는 권한을 부여한 것이라고 볼 것이어서 토지소유자는 위 토지에 대한 독점적이고 배타적인 사용·수익권을 행사할 수 없다고 할 것이므로 그 후 행정청이 도시계획사업의 일환으로 위 도로를 확장하고 포장하였다고 하더라도 이로 말미암아 토지소유자에게 어떠한 손실이 생겼다고 할 수 없다고 한다(대판 1985.8.13. 85다카421).

4. 수익과 손해 사이의 인과관계

수익과 손실 사이에 인과관계가 있어야 한다. 여기서의 인과관계는 동일한 사실이 한편으로는 손실을 발생시키고, 다른 한편으로는 이득을 생기게 할 필요는 없으며, 사회관념상 그 연락을 인정할 수 있으면 충분하다는 것이 학설·판례의 태도이다.

Ⅲ 부당이득의 효과

원물반환불능한 경우와 가액반환, 전득자의 책임(민법 제747조)
① 수익자가 그 받은 목적물을 반환할 수 없는 때에는 그 가액을 반환하여야 한다.
② 수익자가 그 이익을 반환할 수 없는 경우에는 수익자로부터 무상으로 그 이익의 목적물을 양수한 악의의 제3자는 전항의 규정에 의하여 반환할 책임이 있다.

수익자의 반환범위(민법 제748조)
① 선의의 수익자는 그 받은 이익이 현존한 한도에서 전조의 책임이 있다.
② 악의의 수익자는 그 받은 이익에 이자를 붙여 반환하고 손해가 있으면 이를 배상하여야 한다.

수익자의 악의인정(민법 제749조)
① 수익자가 이익을 받은 후 법률상 원인 없음을 안 때에는 그때부터 악의의 수익자로서 이익반환의 책임이 있다. 기출 22
② 선의의 수익자가 패소한 때에는 그 소를 제기한 때부터 악의의 수익자로 본다. 기출 20·22·23

1. 부당이득반환청구권의 발생

① 여러 사람이 공동으로 법률상 원인 없이 타인의 재산을 사용한 경우의 부당이득의 반환채무는 특별한 사정이 없는 한 불가분적 이득의 반환으로서 불가분채무이다(대판 2001.12.11. 2000다13948).
② 부당이득반환채권은 변제기의 정함이 없는 채권이므로 성립함과 동시에 변제기에 도달하고(대판 2019.2.14. 2017다274703), 부당이득의 날(채권이 발생한 때)로부터(무효인 경우에는 급부시부터), 부당이득반환청구권의 소멸시효가 진행한다(대판 2005.1.27. 2004다50143).
③ 부당이득의 반환의무는 이행기한의 정함이 없는 채무이므로 그 채무자는 이행청구를 받은 때에 비로소 지체책임을 지게 된다(대결 2008.2.1. 2007카기6).

2. 부당이득의 반환의무

(1) 반환의무의 대상

1) 원물반환의 원칙

수익자는 그가 받은 목적물 자체를 반환하는 것이 원칙이다(민법 제747조 제1항). 같은 취지에서 판례는 법률상 원인 없이 제3자에 대한 채권을 취득한 경우, 만약 채권의 이득자가 이미 그 채권을 변제받은 때에는 그 변제받은 금액이 이득이 되어 이를 반환하여야 할 것이나, 아직 그 채권을 현실적으로 추심하지 못한 경우에는 손실자는 채권의 이득자에 대하여 그 채권의 반환을 구하여야 하고 그 채권 가액에 해당하는 금전의 반환을 구할 수는 없으며, 이는 결국 부당이득한 채권의 양도와 그 채권 양도의 통지를 그 채권의 채무자에게 하여 줄 것을 청구하는 형태가 된다고 판시하고 있다(대판 1995.12.5. 95다22061).

2) 가액반환의 예외

수익자가 그 받은 목적물을 반환할 수 없는 경우에는 그 가액을 반환하여야 한다(민법 제747조 제1항). 원물을 처분한 경우에는 그 처분당시의 대가가 가액이 되고, 그 후 물건의 가격이 앙등하였다고 하여 앙등한 가격으로 계산한 금액이 이득이 되지 아니한다(대판 1995.5.12. 94다25551). 수익자가 받은 물건이 대체물인데 이를 소비 또는 멸실한 경우, 다른 대체물로 반환하여야 하는 것이 아니라 그 가액으로 반환하여야 한다(대판 1965.4.27. 65다181).

(2) 반환의무의 한도

손실액이 이득액보다 적을 경우에는 손실액의 한도에서만 이득액을 반환할 의무가 있다(대판 1968.7.24. 68다905). 즉 이득의 범위 내에서 그리고 상대방의 손해를 한도로 반환하면 된다.

3. 부당이득의 반환범위

(1) 선의의 수익자의 반환범위(민법 제748조 제1항)

1) 선의수익자의 개념

선의수익자란 자기가 얻은 이익이 법률상 원인 없음을 알지 못하는 수익자를 말하는데, 그의 과실의 유무는 문제되지 아니한다. 기출 17

2) 현존이익의 반환

선의의 수익자는 그 받은 이익이 현존한 한도에서 가액 반환의 책임이 있다(민법 제748조 제1항). 기출 16

3) 현존이익의 기준시기

현존이익의 결정은 원칙적으로 이득을 반환할 때를 기준으로 하지만, 소가 제기된 때에는 그 소 제기 시에 현존이익을 결정한다(다수설).

4) 증명책임 기출 17·20·24

판례에 의하면 금전의 경우에는 이득의 현존이 추정되지만(대판 1987.8.18. 87다카768), 그 밖의 경우에는 이를 부정하면서 반환청구권자가 현존이익의 사실을 입증하여야 하는 것으로 이해한다(대판 1970.2.10. 69다2171). 한편 판례는 취득한 것이 성질상 계속적으로 반복하여 거래되는 물품으로서 곧바로 판매되어 환가될 수 있는 금전과 유사한 대체물인 경우에도 이를 취득한 자가 소비하였는가의 여부를 불문하고 현존하는 것으로 추정된다고 하면서 비디오폰을 비롯한 각종 통신제품의 현존 추정을 인정한 바 있다(대판 2009.5.28. 2007다20440).

(2) 악의의 수익자의 반환범위(민법 제748조 제2항)

1) 악의수익자의 개념
악의수익자란 법률상 무원인을 야기하는 사정뿐만 아니라 그 법적 효과도 의식하면서 이득한 자를 의미한다(대판 2010.1.28. 2009다24187). 즉 자신의 이익보유가 법률상 원인 없는 것임을 인식하는 것을 말하고, 그 이익의 보유를 법률상 원인이 없는 것으로 되게 하는 사정, 즉 부당이득반환의무의 발생요건에 해당하는 사실이 있음을 인식하는 것만으로는 부족하다(대판 2018.4.12. 2017다229536).

2) 받은 이익 및 이자의 반환의무
악의의 수익자는 그 받은 이익에 이자를 붙여 반환하고 손해가 있으면 이를 배상하여야 한다.

3) 증명책임
판례는 법률상 원인 없이 타인의 재산 또는 노무로 인하여 이익을 얻고 이로 인하여 타인에게 손해를 가한 경우 선의의 수익자는 받은 이익이 현존하는 한도에서 반환책임이 있고(민법 제748조 제1항), 부당이득 반환의무자가 악의의 수익자라는 점에 대하여는 이를 주장하는 측에서 증명책임을 지고, 수익자가 취득한 것이 금전상의 이득인 때에는 그 금전은 이를 취득한 자가 소비하였는지 여부를 불문하고 현존하는 것으로 추정되나, 수익자가 급부자의 지시나 급부자와의 합의에 따라 그 금전을 사용하거나 지출하는 등의 사정이 있다면 위 추정은 번복될 수 있다고 본다(대판 2022.10.14. 2018다244488).

4. 악의의 무상전득자에 관한 특칙

(1) 의 의
수익자로부터 목적물을 전득한 자는 본래 부당이득을 취득하는 것이 아니므로 반환의무자가 아닌 것이 원칙이다. 다만, 민법은 일정한 경우에 전득자에 대해서도 부당이득반환을 청구할 수 있는 것으로 규정하고 있다.

(2) 수익자 측 요건
수익자가 그 이익을 반환할 수 없는 경우일 것

(3) 전득자 측 요건
① 전득자가 무상으로 그 이익의 목적물을 양수하였을 것
② 전득자가 악의일 것

(4) 효 과
손실자는 전득자에게 부당이득반환을 청구할 수 있다.

Ⅳ 특수한 부당이득

1. 비채변제

(1) 원칙

변제자가 채무가 없음에도 불구하고 이를 변제하였다면 수령자는 부당이득으로서 반환해야 한다.

(2) 예외

1) 악의의 비채변제(민법 제742조)
① 채무가 없음을 알면서 변제한 경우에는 그 반환을 청구하지 못한다(민법 제742조). 기출 25
② 제742조의 비채변제에 관한 규정은 변제자가 채무 없음을 알면서도 변제를 한 경우에 적용되는 것이고, 채무 없음을 알지 못한 경우에는 그 과실 유무를 불문하고 적용되지 아니한다(대판 1998.11.13. 97다58453). 기출 15·24
③ 악의의 비채변제에 대한 주장·입증책임은 반환의무를 면하려는 변제수령자에게 있다(대판 2010.5.13. 2009다96847).

2) 도의관념에 적합한 비채변제(민법 제744조)
채무 없는 자가 착오로 인하여 변제한 경우에 그 변제가 도의관념에 적합한 때에는 그 반환을 청구하지 못한다. 기출 17·18

2. 타인채무의 변제(민법 제745조)

(1) 타인의 채무임을 알고 변제한 경우

제3자를 위한 유효한 변제로서 채권은 소멸한다. 이 경우 변제자는 사무관리 또는 부당이득을 근거로 본래의 채무자에게 구상권을 행사할 수 있다.

(2) 자기의 채무인 것으로 오신하고 착오로 변제한 경우(민법 제745조)

제3자를 위한 변제로서의 효력이 없어 채권은 소멸하지 않고, 변제자는 비채변제로서 부당이득반환을 청구할 수 있다. 다만, 채권자가 선의로 채권증서를 훼멸하거나 담보를 포기하거나 시효로 인하여 그 채권을 잃은 때에는 변제자는 그 반환을 청구하지 못한다. 이 경우 변제자는 채무자에게 구상권을 행사할 수 있고 이는 부당이득반환청구권의 성질을 갖는다.

3. 변제기 전의 변제(민법 제743조)

① 이는 비채변제가 아니다.
② 변제기 전이라는 사실을 알면서 변제한 경우에는 기한의 이익의 포기로 해석할 수 있으나, 채무자가 변제기를 착오하여 변제기가 도래했다고 오신하고서 변제한 경우에는 채권자에게 발생한 이익의 반환을 청구할 수 있다(민법 제743조 단서).

4. 불법원인급여(민법 제746조)

> **불법원인급여(민법 제746조)**
> 불법의 원인으로 인하여 재산을 급여하거나 노무를 제공한 때에는 그 이익의 반환을 청구하지 못한다. 그러나 그 불법원인이 수익자에게만 있는 때에는 그러하지 아니하다.

(1) 의 의
민법 제746조는 법이 불법에는 조력할 수 없다는 취지로 민법 제103조와 표리일체를 이루어 사법의 이상을 실현하고자 하는 규정으로 볼 수 있다(통설).

(2) 성립요건

1) 불 법
① 불법의 개념에 관하여 민법 제103조와 같이 선량한 풍속 기타 사회질서 위반이라고 보는 것이 통설과 판례의 태도이다.
② 강행법규의 위반이 곧바로 불법원인급여의 불법에 해당한다고 볼 수는 없다.
③ 불법원인이라 함은 재산을 급여한 원인이 선량한 풍속 기타 사회질서에 위반한 경우를 가리키는 것인데, 강제집행을 면할 목적으로 부동산의 소유자명의를 신탁하는 것은 불법원인급여에 해당하지 않는다고 한다(대판 1994.4.15. 93다61307). 기출 13
④ 부동산 실권리자명의 등기에 관한 법률(이하 '부동산실명법') 규정의 문언, 내용, 체계와 입법 목적 등을 종합하면, 부동산실명법을 위반하여 무효인 명의신탁약정에 따라 명의수탁자 명의로 등기를 하였다는 이유만으로 그것이 당연히 불법원인급여에 해당한다고 단정할 수는 없다. 이는 농지법에 따른 제한을 회피하고자 명의신탁을 한 경우에도 마찬가지이다(대판 2019.6.20. 2013다218156[전합]). 기출 23

2) 급부의 원인이 불법일 것
급부의 원인이 불법이어야 하는데, 급부가 선행하는 법률행위에 의하여 행하여지는 경우에는 그 법률행위가 급부의 원인이고 선행하는 법률행위 없이 행하여지는 경우에는 그 급부에 의하여 달성하려는 사회적 목적이 급부의 원인이다.

3) 급 여
자발적인 의사에 기초하여 급부가 이루어져야 한다. 따라서 자발적이지 않은 경우에는 이에 포함되지 않는다. 급여는 종국적인 것이어야 한다. 따라서 부동산소유권을 이전하는 경우에는 소유권이전등기가 경료되어야 하고(대판 1966.5.31. 66다531), 동산소유권을 이전하여야 하는 경우에는 '인도'가 있어야만 불법원인급여에 해당한다. 급여가 종국적이지 아니하는 경우에는 수익자가 이를 실현하려면 국가의 협력이나 법의 보호를 요구하여야 하는데, 이는 스스로 불법을 저지른 자가 그 불법의 효과를 원용하는 것이기 때문에 불법원인급여에 해당하지 아니한다.

> **종국적 급여 여부**
> - 도박자금을 제공함으로 인하여 발생한 채권의 담보로 부동산에 관하여 근저당권설정등기가 경료되었을 뿐이라면 위와 같은 근저당권설정등기로 근저당권자가 받을 이익은 소유권이전과 같은 종국적인 것이 되지 못하고 따라서 민법 제746조에서 말하는 이익에는 해당하지 아니한다고 할 것이므로, 그 부동산의 소유자는 민법 제746조의 적용을 받음이 없이 그 말소를 청구할 수 있다(대판 1994.12.22. 93다55234).
> - 민법 제746조의 규정취의는 민법 제103조와 함께 사법의 기본이념으로 사회적 타당성이 없는 행위를 한 사람은 그 형식여하를 불문하고 스스로 한 불법행위의 무효를 주장하여 그 복구를 소구할 수 없다는 법의 이상을 표현한 것이고 부당이득반환청구만을 제한하는 규정이 아니므로 불법의 원인으로 급여를 한 사람이 그 원인행위가 무효라고 주장하고 그 결과 급여물의 소유권이 자기에게 있다는 주장으로 소유권에 기한 반환청구를 하는 것도 허용할 수 없는 것이니, 도박채무가 불법무효로 존재하지 않는다는 이유로 양도담보조로 이전해 준 소유권이전등기의 말소를 청구하는 것은 허용되지 않는다(대판 1989.9.29. 89다카5994).

4) 불법의 원인이 급여자에게도 있을 것

불법원인이 수익자에게만 있는 경우에는 급여자는 급여한 것을 반환청구할 수 있으므로(민법 제746조 단서), 반환청구가 부정되는 것은 불법의 원인이 급여자에게만 있는 경우 또는 수익자와 급여자 모두에게 있는 경우에 한정된다. 그러나 판례는 수익자의 불법성과 급여자의 그것을 비교하여 전자가 현저하게 큰 경우에는 신의칙에 따라 민법 제746조 본문의 적용을 배제하고 급여자의 반환을 허용하는 이른바 불법성비교설을 취하고 있다(대판 1999.9.17. 98도2036). **기출** 22

(3) 효 과

1) 반환청구의 부정(민법 제746조 본문)

① 반환청구의 금지 : 급여자는 부당이득반환청구를 할 수 없다. 소유권에 기한 반환청구도 부정된다는 것이 통설·판례이다. **기출** 13 따라서 급여한 물건의 소유권은 반사적으로 급여를 받은 상대방에게 귀속되며, 나아가 이를 전득한 제3자에게도 반환청구를 할 수 없다(대판 1989.9.29. 89다카5994).

② 반환청구의 가부
  ㉠ 물권적 청구권에 의한 반환청구 : 민법 제746조는 단지 부당이득제도만을 제한하는 것이 아니라 동법 제103조와 함께 사법의 기본이념으로서, 결국 사회적 타당성이 없는 행위를 한 사람은 스스로 불법한 행위를 주장하여 복구를 그 형식 여하에 불구하고 소구할 수 없다는 이상을 표현한 것이므로, 급여를 한 사람은 그 원인행위가 법률상 무효라 하여 상대방에게 부당이득반환청구를 할 수 없음은 물론 급여한 물건의 소유권은 여전히 자기에게 있다고 하여 소유권에 기한 반환청구도 할 수 없고, 따라서 급여한 물건의 소유권은 급여를 받은 상대방에게 귀속된다(대판 1979.11.13. 79다483[전합]).
  ㉡ 불법행위로 인한 손해배상청구 : 불법의 원인으로 재산을 급여한 사람은 상대방 수령자가 그 '불법의 원인'에 가공하였다고 하더라도 상대방에게만 불법의 원인이 있거나 그의 불법성이 급여자의 불법성보다 현저히 크다고 평가되는 등으로 제반 사정에 비추어 급여자의 손해배상청구를 인정하지 아니하는 것이 오히려 사회상규에 명백히 반한다고 평가될 수 있는 특별한 사정이 없는 한 상대방의 불법행위를 이유로 그 재산의 급여로 말미암아 발생한 자신의 손해를 배상할 것을 주장할 수 없다고 할 것이다. 그와 같은 경우에 급여자의 위와 같은 손해배상청구를 인용한다면, 이는 급여자는 결국 자신이 행한 급부 자체 또는 그 경제적 동일물을 환수하는 것과 다름없는 결과가 되어, 민법 제746조에서 실정법적으로 구체화된 법이념에 반하게 되는 것이다(대판 2013.8.22. 2013다35412).
  ㉢ 계약해제를 원인으로 하는 반환청구 : 불법원인급여에 관한 민법 제746조의 규정취지는 민법 제103조와 함께 사법의 기본이념으로 사회적 타당성이 없는 행위를 한 사람은 형식 여하를 불문하고 스스로 한 불법행위의 무효를 주장하여 복구를 소구할 수 없다는 법의 이상을 표현하는 것이고 부당이득반환청구권만을 제한하는 규정이 아니므로 불법의 원인으로 인하여 금원을 급여한 사람이 금원의 교부가 송금위탁계약에 기한 것으로 이의 해제를 전제로 반환을 구하는 것도 허용되지 아니한다(대판 1992.12.11. 92다33169).

2) 반환청구의 인정(민법 제746조 단서)

불법원인이 수익자에게만 있는 때에는 급여자는 급여한 것을 반환청구할 수 있다. **기출** 13 판례는 나아가 불법성비교론을 받아들여, 수익자의 불법성이 급여자의 불법성보다 현저히 크다면 신의칙에 따라 민법 제746조 본문의 적용을 배제하고 급여자의 반환청구를 허용하여야 한다는 태도를 취하고 있다(대판 1993.12.10. 93다12947).

(4) 불법원인급여의 반환약정

1) 현실적 임의반환
수령자가 현실적으로 임의반환을 하는 것은 무방하다(대판 1964.10.27. 64다798).

2) 사전의 임의반환약정
사전의 임의반환약정은 무효이다. 따라서 무효인 반환약정을 근거로 반환청구를 하지 못한다(통설)(대판 1991.3.22. 91다520).

3) 사후의 임의반환약정
종전 판례는 "공무원의 직무에 관하여 특별한 청탁을 하게 하고 보수로 돈을 지급할 것을 내용으로 한 약정은 사회질서에 반하는 무효의 계약이고, 나아가 그 보수를 지급한 후에 그 돈을 반환하여 주기로 한 약정도 결국 불법원인급여물의 반환을 구하는 범주에 속하는 것으로서 무효이고, 따라서 그 반환약정에 기하여 약속어음을 발행하였다 하더라도 채권자는 그 이행을 청구할 수 없다"고 판시하고 있었으나(대판 1995.7.14. 94다51994), 최근 판례는 불법원인급여 후 급부를 이행받은 자가 급부의 원인행위와 별도의 약정으로 급부 그 자체 또는 그에 갈음한 대가물의 반환을 특약하는 것은 반환약정 자체가 사회질서에 반하여 무효가 되지 않는 한 유효하며, 반환약정이 사회질서에 반하여 무효라는 점은 수익자가 입증하여야 한다고 판시하고 있다(대판 2010.5.27. 2009다12580).

Ⅴ 다수당사자 사이의 부당이득

1. 전용물소권

(1) 문제점
전용물소권은 계약에 의한 급부가 제3자의 이득으로 된 경우에 급부한 계약당사자의 그 제3자에 대한 부당이득반환청구권을 인정하는 것을 말한다. 예를 들어 임차인(B)이 임차물에 관하여 수리업자(C)와 수리계약을 체결하고 수리가 완료되었는데, 수리대금이 지급되지 않은 상태에서 차임지체를 이유로 임대차계약이 해지되어 임차물이 임대인(A)에게 반환된 경우, 수리업자가 임대인에게 수리대금 상당액을 부당이득으로서 반환청구할 수 있는지 여부에 대한 논의이다.

(2) 판 례

> **전용물소권 인정 여부에 대한 사례**
> - 계약상의 급부가 계약의 상대방뿐만 아니라 제3자의 이익으로 된 경우에 급부를 한 계약당사자가 계약 상대방에 대하여 계약상의 반대급부를 청구할 수 있는 이외에 그 제3자에 대하여 직접 부당이득반환청구를 할 수 있다고 보면, 자기 책임하에 체결된 계약에 따른 위험부담을 제3자에게 전가시키는 것이 되어 계약법의 기본원리에 반하는 결과를 초래할 뿐만 아니라, 채권자인 계약당사자가 채무자인 계약 상대방의 일반채권자에 비하여 우대받는 결과가 되어 일반채권자의 이익을 해치게 되고, 수익자인 제3자가 계약 상대방에 대하여 가지는 항변권 등을 침해하게 되어 부당하므로, 위와 같은 경우 계약상의 급부를 한 계약당사자는 이익의 귀속 주체인 제3자에 대하여 직접 부당이득반환을 청구할 수는 없다고 보아야 한다(대판 2002.8.23. 99다66564). 기출 25
> - 계약상 급부가 계약 상대방뿐 아니라 제3자에게 이익이 된 경우에 급부를 한 계약당사자는 계약 상대방에 대하여 계약상 반대급부를 청구할 수 있는 이외에 제3자에 대하여 직접 부당이득반환청구를 할 수는 없다고 보아야 하고, 이러한 법리는 급부가 사무관리에 의하여 이루어진 경우에도 마찬가지이다. 따라서 의무 없이 타인을 위하여 사무를 관리한 자는 타인에 대하여 민법상 사무관리 규정에 따라 비용상환 등을 청구할 수 있는 외에 사무관리에 의하여 결과적으로 사실상 이익을 얻은 다른 제3자에 대하여 직접 부당이득반환을 청구할 수는 없다(대판 2013.6.27. 2011다17106).

2. 횡령이나 편취한 금전을 채무변제에 사용한 경우

(1) 문제점

예를 들어 채무자가 피해자로부터 횡령한 금전을 채권자에 대한 채무변제에 사용한 경우, 피해자는 채권자에게 직접 부당이득을 원인으로 그 금전의 반환을 청구할 수 있는지 여부가 문제된다.

(2) 판 례

> **부당이득반환청구의 인정 여부에 대한 사례**
> - 채무자가 피해자로부터 횡령한 금전을 그대로 채권자에 대한 채무변제에 사용하는 경우 피해자의 손실과 채권자의 이득 사이에 인과관계가 있음이 명백하고, 한편 채무자가 횡령한 금전으로 자신의 채권자에 대한 채무를 변제하는 경우 채권자가 그 변제를 수령함에 있어 악의 또는 중대한 과실이 있는 경우에는 채권자의 금전 취득은 피해자에 대한 관계에 있어서 법률상 원인을 결여한 것으로 봄이 상당하나, 채권자가 그 변제를 수령함에 있어 단순히 과실이 있는 경우에는 그 변제는 유효하고 채권자의 금전 취득이 피해자에 대한 관계에 있어서 법률상 원인을 결여한 것이라고 할 수 없다(대판 2003.6.13. 2003다8862).
> - 부당이득제도는 이득자의 재산상 이득이 법률상 원인을 결여하는 경우에 공평·정의의 이념에 근거하여 이득자에게 그 반환의무를 부담시키는 것인데, 채무자가 피해자로부터 편취한 금전을 자신의 채권자에 대한 채무변제에 사용하는 경우 채권자가 그 변제를 수령함에 있어 그 금전이 편취된 것이라는 사실에 대하여 악의 또는 중대한 과실이 없는 한 채권자의 금전취득은 피해자에 대한 관계에서 법률상 원인이 있는 것으로 봄이 상당하며, 이와 같은 법리는 채무자가 편취한 금원을 자신의 채권자에 대한 채무변제에 직접 사용하지 아니하고 자신의 채권자의 다른 채권자에 대한 채무를 대신 변제하는 데 사용한 경우에도 마찬가지이다(대판 2008.3.13. 2006다53733). 여기서 '중대한 과실'이란 채권자가 조금만 주의를 기울였다면 수령한 금전이 편취된 것이라는 사실을 쉽게 알 수 있었음에도 그러한 행위를 하지 않는 등 일반인에게 요구되는 주의의무를 현저히 위반하는 것을 말하고, 채권자가 수령한 금전이 편취된 것이라는 사실을 알았거나 중대한 과실로 알지 못하였다는 점에 대한 증명책임은 피해자에게 있다(대판 2024.6.27. 2024다216187).
> - 부당이득제도는 이득자의 재산상 이득이 법률상 원인을 결여하는 경우에 공평·정의의 이념에 근거하여 이득자에게 반환의무를 부담시키는 것인데, 채무자가 피해자에게서 횡령한 금전을 자신의 채권자에 대한 채무변제에 사용하는 경우 채권자가 변제를 수령하면서 그 금전이 횡령한 것이라는 사실에 대하여 악의 또는 중대한 과실이 없는 한 채권자의 금전취득은 피해자에 대한 관계에서 법률상 원인이 있는 것으로 봄이 타당하며, 이와 같은 법리는 채무자가 횡령한 돈을 제3자에게 증여한 경우에도 마찬가지라고 보아야 한다(대판 2012.1.12. 2011다74246).

3. 채권자의 지시 또는 부탁에 의하여 제3자에게 급부한 경우

(1) 문제점

예를 들어 甲이 乙에게 부동산을 매도하고 이어 乙이 丙에게 그 부동산을 미등기전매하였는데, 乙의 지시에 의하여 丙이 甲에게 직접 매매대금을 지급한 경우, 乙과 丙 사이에 매매계약이 무효라면 丙이 누구를 상대로 부당이득반환청구를 하여야 하는지 여부가 문제된다.

(2) 판 례

판례는 계약의 한쪽 당사자가 상대방의 지시 등으로 급부과정을 단축하여 상대방과 또 다른 계약관계를 맺고 있는 제3자에게 직접 급부를 하는 경우(이른바 삼각관계에서 급부가 이루어진 경우), 그 급부로써 급부를 한 계약당사자가 상대방에게 급부를 한 것일 뿐만 아니라 그 상대방이 제3자에게 급부를 한 것이므로 계약의 한쪽 당사자는 제3자를 상대로 법률상 원인 없이 급부를 수령하였다는 이유로 부당이득반환청구를 할 수 없다고 판시하고 있다(대판 2018.7.12. 2018다204992). 판례의 취지에 따르면 丙은 계약상대방인 乙에게 부당이득반환을 청구하여야 하고, 甲에게 직접 부당이득을 원인으로 그 매매대금의 반환을 청구할 수 없다. 기출 21

제3절 불법행위

I 서설

1. 불법행위의 의의

불법행위란 고의 또는 과실로 위법하게 타인에게 손해를 가하는 행위를 말하며 법정 채권관계를 발생시키는 법률요건이다.

① 민법은 과실책임주의를 원칙으로 하고, 예외적으로 무과실책임을 인정하고 있다.
② 절대적 무과실책임으로는 공작물 소유자의 책임(민법 제758조), 담보책임(민법 제570조 이하), 무권대리인의 책임(민법 제135조) 및 법정대리인의 복임권과 그 책임(민법 제122조) 등이 있다.
③ 상대적 무과실책임(중간책임)으로는 공작물 점유자의 책임(민법 제758조), 책임무능력자의 감독자의 책임(민법 제755조), 사용자책임(민법 제756조), 동물 점유자의 책임(민법 제759조) 등이 있다.

2. 불법행위책임과 계약책임

(1) 공통점

① 불법행위책임과 계약책임은 위법행위에 의한 책임이라는 점에서 공통점을 갖는다. 기출 23
② 민법은 손해배상의 방법과 범위, 과실상계, 손해배상자의 대위에 관한 계약책임의 규정을 불법행위에 준용하고 있다(민법 제763조). 기출 23

(2) 차이점

1) 과실의 입증책임
① 계약책임에서는 채무자가 자기에게 귀책사유 없음을 적극적으로 입증해야 한다.
② 불법행위에서는 손해를 입은 피해자가 가해자의 과실을 입증해야 한다. 기출 18

2) 소멸시효
① 계약책임에 따른 손해배상청구권의 소멸시효기간은 10년이다(민법 제162조 제1항). 기출 23
② 불법행위책임에 따른 손해배상청구권의 소멸시효는 피해자 측이 손해 및 가해자를 안 날로부터 3년, 불법행위를 한 날로부터 10년이다. 기출 23 미성년자가 성폭력, 성추행, 성희롱, 그 밖의 성적(性的) 침해를 당한 경우에 이로 인한 손해배상청구권의 소멸시효는 그가 성년이 될 때까지는 진행되지 아니한다(민법 제766조). 10년의 기간에 대해서 학설은 제척기간으로 이해하나 판례는 소멸시효기간으로 본다.

3) 손해배상청구권의 상계
가해자는 고의에 의한 불법행위로 부담하는 손해배상의무를 수동채권으로 하여 상계하지 못한다(민법 제496조 참조). 기출 18

(3) 양자의 관계

① 불법행위의 당사자 사이에 계약관계가 있고, 가해사실이 계약과 관련을 가지는 경우에 양 청구권은 요건과 효과가 각각 다른 별개의 청구권이므로 경합한다(청구권 경합설).
② 전세권자의 실화로 인하여 가옥을 소실케 하여 그 반환의무를 이행할 수 없게 된 때에는 과실로 인하여 전세물에 대한 소유권을 침해한 것으로서 불법행위가 되는 동시에 한편으로는 과실로 인하여 채무를 이행할 수 없게 됨으로써 채무불이행이 되는 것이다(대판 1967.12.5. 67다2251). 기출 18
③ 채무불이행으로 인한 손해배상청구권에 대한 소멸시효 항변이 불법행위로 인한 손해배상청구권에 대한 소멸시효 항변을 포함한 것으로 볼 수는 없다(대판 1998.5.29. 96다51110). 기출 25

Ⅱ 일반불법행위의 성립요건

가해행위에 대한 고의 또는 과실, 위법성, 책임능력, 손해의 발생 및 가해행위와 손해 사이의 인과관계가 인정되어야 한다. 이중 책임능력에 대하여 살펴보건대, 책임능력이란 자기행위의 책임을 인식할 수 있는 능력을 말한다. 민법은 미성년자의 책임능력에 대하여 미성년자로서 행위의 책임을 변식할 지능이 없는 때에는 불법행위책임을 지지 않는다(민법 제753조)고 규정하고 있고, 심신상실자의 책임능력에 대하여는 심신상실 중에 타인에게 손해를 가한 자는 손해배상책임이 없으나, 고의 또는 과실로 인하여 심신상실을 초래한 때에는 배상의 책임이 있다(민법 제754조)고 규정하고 있다. 기출 23 책임능력은 일반인에게는 갖추어져 있는 것이 보통이므로 가해자 측에서 책임을 면하려면 책임무능력의 사실을 입증하여야 한다.

- 채무자가 양도되는 채권의 성립이나 소멸에 영향을 미치는 사정에 관하여 양수인에게 알려야 할 신의칙상 주의의무가 있다고 볼 만한 특별한 사정이 없는 한 채무자가 그러한 사정을 알리지 아니하였다고 하여 불법행위가 성립한다고 볼 수 없다(대판 2015.12.24. 2014다49241).
- 사생활의 비밀과 자유 또는 초상권에 대한 부당한 침해는 불법행위를 구성하고, 그 침해는 그것이 공개된 장소에서 이루어졌다거나 민사소송의 증거를 수집할 목적으로 이루어졌다는 사유만으로는 정당화되지 아니한다(대판 2013.6.27. 2012다31628).
- 부작위로 인한 불법행위가 성립하려면 작위의무가 전제되어야 하지만, 작위의무가 객관적으로 인정되는 이상 의무자가 의무의 존재를 인식하지 못하였더라도 불법행위 성립에는 영향이 없다. 이는 고지의무 위반에 의하여 불법행위가 성립하는 경우에도 마찬가지이므로 당사자의 부주의 또는 착오 등으로 고지의무가 있다는 것을 인식하지 못하였다고 하여 위법성이 부정될 수 있는 것은 아니다(대판 2012.4.26. 2010다8709). 기출 24
- 부작위에 의한 불법행위가 성립하기 위해서는 작위의무가 있는 자의 부작위가 인정되어야 한다. 여기서 작위의무는 법적인 의무이어야 하는데 그 근거가 법령, 법률행위, 선행행위로 인한 경우는 물론이고 신의성실의 원칙이나 사회상규 혹은 조리상 작위의무가 기대되는 경우에도 법적인 작위의무가 인정될 수는 있다. 기출 25 다만 신의성실의 원칙이나 사회상규 혹은 조리상 작위의무는 혈연적인 결합관계나 계약관계 등으로 인한 특별한 신뢰관계가 존재하여 상대방의 법익을 보호하고 그에 대한 침해를 방지할 책임이 있다고 인정되거나 혹은 상대방에게 피해를 입힐 수 있는 위험요인을 지배·관리하고 있거나 타인의 행위를 관리·감독할 지위에 있어 개별적·구체적 사정하에서 위험요인이나 타인의 행위로 인한 피해가 생기지 않도록 조치할 책임이 있다고 인정되는 경우 등과 같이 상대방의 법익을 보호하거나 그의 법익에 대한 침해를 방지하여야 할 특별한 지위에 있음이 인정되는 자에 대하여만 인정할 수 있고, 그러한 지위에 있지 아니한 제3자에 대하여 함부로 작위의무를 확대하여 부과할 것은 아니다(대판 2023.11.16. 2022다265994).

Ⅲ 특수한 불법행위

1. 책임무능력자의 감독자책임

(1) 감독자의 책임요건

가해자가 책임무능력자인 경우에는 법정감독의무자 또는 이에 갈음하여 무능력자를 감독하는 자가 배상할 책임이 있다(민법 제755조). 이 경우 감독의무자 자신이 감독의무를 해태하지 아니하였음을 입증하지 아니하는 한 책임을 면할 수 없다(대판 1994.2.8. 93다13605). 기출 22

(2) 책임능력 있는 미성년자의 불법행위와 감독자 책임

책임능력 있는 미성년자의 불법행위에 대하여도 감독자책임을 부담하는가에 대하여 민법 제755조는 가해자에게 책임능력이 없는 경우에 한하여 적용되는 것이고, 다만, 감독상의 부주의와 손해의 발생과의 사이에 상당인과관계가 있으면 감독의무자는 민법 제750조상의 책임을 부담한다(통설).

2. 사용자책임

(1) 의 의

사용자책임이란 타인을 사용하여 어느 사무에 종사하게 한 자가 사무집행에 관하여 피용자가 타인에게 가한 손해를 배상하는 책임을 말한다(민법 제756조 제1항). 타인을 사용하여 자기의 활동범위를 확대한 자는 그 책임의 범위도 확대된다(보상책임설).

(2) 요 건

1) 어느 사무에 종사시키기 위하여 타인을 사용할 것

① 사무란 영리적인 것에 한하지 않으며 또한 계속적인 것이어야 하는 것도 아니다.

② 타인에 대하여 어느 사업에 관하여 자기 사업을 자기 이름으로 대행할 것을 허용한 사람은 그 사업에 관하여 자기가 책임을 부담할 지위에 있음을 표시한 것이고 그 사업을 대행한 사람 또는 그 피용자가 그 사업에 관하여서 한 법률행위에 관하여 제3자에 대하여 그 책임이 있다(대판 1964.4.7. 63다638). 기출 12·14

③ 판례는 민법 제756조의 사용자와 피용자의 관계는 반드시 유효한 고용관계가 있는 경우에 한하는 것이 아니고, 사실상 어떤 사람이 다른 사람을 위하여 그 지휘·감독 아래 그 의사에 따라 사무를 집행하는 관계가 있으면 인정되고, 타인에게 위탁하여 계속적으로 사무를 처리하여 온 경우 객관적으로 보아 그 타인의 행위가 위탁자의 지휘·감독의 범위 내에 속한다고 보이는 경우 그 타인은 민법 제756조에 규정한 피용자에 해당한다고 하면서, 민법 제756조의 사용관계에 있어서 실질적인 지휘·감독 관계는 실제로 지휘·감독하고 있느냐의 여부에 의하여 결정되는 것이 아니라 객관적으로 지휘·감독을 하여야 할 관계에 있느냐의 여부에 따라 결정된다고(대판 2022.2.11. 2021다283834) 판시하고 있다. 기출 17·20 마찬가지로 명의대여관계의 경우 민법 제756조가 규정하고 있는 사용자책임의 요건으로서의 사용관계가 있느냐 여부는 실제적으로 지휘·감독을 하였느냐의 여부에 관계없이 객관적·규범적으로 보아 사용자가 그 불법행위자를 지휘·감독해야 할 지위에 있었느냐의 여부를 기준으로 결정하여야 한다고(대판 2001.8.21. 2001다3658) 한다.

④ 공사의 운영 및 시공의 정도가 설계대로 시행되고 있는가를 확인하여 공정을 감독하는 것을 감리라고 하는데, 이때는 도급인은 수급인이 그 일에 관하여 제3자에게 가한 손해를 배상할 책임이 없다. 그러나 도급 또는 지시에 관하여 도급인에게 중대한 과실이 있는 때에는 그러하지 아니하다(민법 제757조).

기출 14·17

구체적인 지휘감독권을 유보한 경우
도급인이 수급인의 일의 진행 및 방법에 관하여 구체적인 지휘감독권을 유보한 경우에는 도급인과 수급인의 관계는 실질적으로 사용자 및 피용자의 관계와 다를 바 없으므로 수급인이 고용한 제3자의 불법행위로 인한 손해에 대하여 도급인은 민법 제756조에 의한 사용자 책임을 면할 수 없다(대판 1987.10.28. 87다카1185). 기출 22

피용자가 퇴직한 경우
사용자책임이 성립하려면 사용자가 불법행위자인 피용자를 실질적으로 지휘·감독하는 관계에 있어야 하므로, 피용자가 퇴직한 뒤에는 퇴직에도 불구하고 사용자의 실질적인 지휘·감독 아래에 있었다고 볼 수 있는 특별한 사정이 없다면 그의 행위에 대하여 원칙적으로 종전의 사용자에게 사용자책임을 물을 수 없다(대판 2001.9.4. 2000다26128). 기출 12·17

2) 피용자가 사무집행에 관하여 제3자에게 손해를 주었을 것

① 피용자의 불법행위가 외형상 객관적으로 사용자의 사업활동 내지 사무집행행위 또는 그와 관련된 것이라고 보여질 때에는 행위자의 주관적 사정을 고려함이 없이 이를 사무집행에 관하여 한 행위로 본다(대판 1996.1.26. 95다46890).

② 피용자의 불법행위가 외관상 사무집행의 범위 내에 속하는 것으로 보이는 경우에도 피용자의 행위가 사용자나 사용자에 갈음하여 그 사무를 감독하는 자의 사무집행행위에 해당하지 않음을 피해자 자신이 알았거나 또는 중대한 과실로 알지 못한 때에는 사용자 또는 사용자에 갈음하여 사무를 감독하는 자에게 사용자책임을 물을 수 없다(대판 2011.11.24. 2011다41529). 기출 12·14

③ 피용자가 고의에 기하여 다른 사람에게 가해행위를 한 경우 그 행위가 피용자의 사무집행 그 자체는 아니라 하더라도 사용자의 사업과 시간적, 장소적으로 근접하고, 피용자의 사무의 전부 또는 일부를 수행하는 과정에서 이루어지거나 가해행위의 동기가 업무처리와 관련된 것일 경우에는 외형적, 객관적으로 사용자의 사무집행행위와 관련된 것이라고 보아 사용자책임이 성립한다고 할 것이다(대판 2000.2.11. 99다47297). 기출 20

3) 피용자의 불법행위 책임

무능력자의 대리감독자에게 민법 제755조 제2항에 의한 배상책임이 있다고 하여 위 대리감독자의 사용자 또는 사용자에 갈음한 감독자에게 당연히 민법 제756조에 의한 사용자책임이 있다고 볼 수는 없으며, 책임무능력자의 가해행위에 관하여 그 대리감독자에게 고의 또는 과실이 인정됨으로써 별도로 불법행위의 일반요건을 충족한 때에만 위 대리감독자의 사용자 또는 사용자에 갈음한 감독자는 사용자책임을 지게 된다(대판 1981.8.11. 81다298).

4) 사용자가 면책사유를 입증하지 못할 것

사용자는 피용자의 선임 및 그 사무감독에 상당한 주의를 한 때 또는 상당한 주의를 하여도 손해가 있을 경우에는 배상책임을 면한다(민법 제756조 제1항 단서). 기출 14·18

(3) 배상책임

피용자는 민법 제750조의 일반불법행위책임을, 사용자는 민법 제756조의 사용자배상책임을 진다.

① 사용자에 갈음하여 그 사무를 감독하는 자도 사용자와 동일한 책임을 진다(민법 제756조 제2항). 이들의 책임은 부진정연대채무를 이룬다.

② 사용자 또는 감독자가 배상을 한 때에는 피용자에 대하여 구상권을 행사할 수 있다(민법 제756조 제3항). 기출 18

③ 사용자가 피해자에게 배상한 금액을 전액 구상할 수 있다(전액구상설).

④ 사용자는 손해의 공평한 분담이라는 견지에서 신의칙상 상당하다고 인정되는 한도 내에서만 피용자에 대하여 손해배상을 청구하거나 그 구상권을 행사할 수 있다(대판 1996.4.9. 95다52611). 기출 21·25

⑤ 사용자가 피용자의 과실에 의한 불법행위로 인한 사용자책임을 부담하는 경우와 마찬가지로 피용자의 고의에 의한 불법행위로 인하여 사용자책임을 부담하는 경우에도 피해자에게 그 손해의 발생과 확대에 기여한 과실이 있다면 사용자책임의 범위를 정함에 있어서 이러한 피해자의 과실을 고려하여 그 책임을 제한할 수 있다(대판 2002.12.26. 2000다56952).

⑥ 파견근로자 보호 등에 관한 법률에 의한 근로자 파견은 파견사업주가 근로자를 고용한 후 그 고용관계를 유지하면서 사용사업주와 사이에 체결한 근로자파견계약에 따라 사용사업주에게 근로자를 파견하여 근로를 제공하게 하는 것으로서, 파견사업주와 파견근로자 사이에는 민법 제756조의 사용관계가 인정되어 파견사업주는 파견근로자의 파견업무에 관련한 불법행위에 대하여 파견근로자의 사용자로서의 책임을 져야 하지만, 파견근로자가 사용사업주의 구체적인 지시·감독을 받아 사용사업주의 업무를 행하던 중에 불법행위를 한 경우에 파견사업주가 파견근로자의 선발 및 일반적 지휘·감독권의 행사에 있어서 주의를 다하였다고 인정되는 때에는 면책된다고 할 것이다(대판 2003.10.9. 2001다24655). 기출 20·22

⑦ 피해자의 부주의를 이용하여 고의로 불법행위를 저지른 자가 바로 그 피해자의 부주의를 이유로 자신의 책임을 감하여 달라고 주장하는 것은 허용될 수 없으나, 이는 그러한 사유가 있는 자에게 과실상계의 주장을 허용하는 것이 신의칙에 반하기 때문이므로, 중개보조원이 업무상 행위로 거래당사자인 피해자에게 고의로 불법행위를 저지른 경우라 하더라도 중개보조원을 고용하였을 뿐 이러한 불법행위에 가담하지 아니한 중개업자에게 책임을 묻고 있는 피해자에 과실이 있다면, 법원은 과실상계의 법리에 좇아 손해배상책임 및 그 금액을 정하면서 이를 참작하여야 한다(대판 2011.7.14. 2011다21143). 기출 20

⑧ 사용자는 근로계약에 수반되는 신의칙상의 부수적 의무로서 피용자가 노무를 제공하는 과정에서 생명, 신체, 건강을 해치는 일이 없도록 인적·물적 환경을 정비하는 등 필요한 조치를 강구하여야 할 보호의무를 부담하고, 이러한 보호의무를 위반함으로써 피용자가 손해를 입은 경우 이를 배상할 책임이 있다. 보호의무위반을 이유로 사용자에게 손해배상책임을 인정하기 위하여는 특별한 사정이 없는 한 그 사고가 피용자의 업무와 관련성을 가지고 있을 뿐 아니라 또한 그 사고가 통상 발생할 수 있다고 하는 것이 예측되거나 예측할 수 있는 경우라야 할 것이고, 그 예측가능성은 사고가 발생한 때와 장소, 가해자의 분별능력, 가해자의 성행, 가해자와 피해자의 관계 기타 여러 사정을 고려하여 판단하여야 한다(대판 2001.7.27. 99다56734). 기출 23

> **손해배상의 범위**
> 고의 또는 과실로 인한 위법행위로 타인에게 직접 손해를 가한 피용자 자신의 손해배상의무와 그 사용자의 손해배상의무는 별개의 채무일 뿐만 아니라 불법행위로 인한 손해의 발생에 관한 피해자의 과실을 참작하여 과실상계를 한 결과 피용자와 사용자가 피해자에게 배상하여야 할 손해액의 범위가 각기 달라질 수 있다(대판 1994.2.22. 93다53696). 기출 17
>
> **구상의 범위**
> 피용자와 제3자가 공동불법행위로 피해자에게 손해를 가하여 그 손해배상채무를 부담하는 경우에 피용자와 제3자는 공동불법행위자로서 서로 부진정연대관계에 있고, 한편 사용자의 손해배상책임은 피용자의 배상책임에 대한 대체적 책임이어서 사용자도 제3자와 부진정연대관계에 있다고 보아야 할 것이므로, 사용자가 피용자와 제3자의 책임비율에 의하여 정해진 피용자의 부담 부분을 초과하여 피해자에게 손해를 배상한 경우에는 사용자는 제3자에 대하여도 구상권을 행사할 수 있으며, 그 구상의 범위는 제3자의 부담 부분에 국한된다고 보는 것이 타당하다(대판 1992.6.23. 91다33070[전합]). 기출 20

3. 공작물 등의 점유자와 소유자의 책임

(1) 의 의

공작물의 설치 또는 보존의 하자로 인하여 타인에게 손해를 준 때에는 1차로 공작물의 점유자가 책임을 지되, 그가 손해의 방지에 필요한 주의를 다한 때에는 그는 면책되고 이때에는 2차로 공작물의 소유자가 그 책임을 지는데, 소유자에게는 면책이 인정되지 않는다(민법 제758조 제1항).

> 공작물책임 규정의 내용과 입법 취지, '공작물의 설치·보존상의 하자'의 판단 기준 등에 비추어 보면, 공작물의 하자로 인해 어떤 손해가 발생하였다고 하더라도 그 손해가 공작물의 하자와 관련한 위험이 현실화되어 발생한 것이 아니라면 이는 '공작물의 설치 또는 보존상의 하자로 인하여 발생한 손해'라고 볼 수 없다(대판 2018.7.12. 2015다249147). 기출 24

(2) 책 임

1차로 지는 점유자의 책임은 과실의 입증책임을 전환한 중간책임이나, 2차로 보충적으로 지는 소유자의 책임은 무과실책임으로 구성되어 있다. 기출 25 공작물이 국가나 지방자치단체가 설치하여 관리하는 것인 때에는 민법 제758조가 아니라 국가배상법 제5조에 의해 국가 등이 그 배상책임을 지게 된다. 수목의 식재 또는 보존에 하자가 있는 경우에도 공작물책임에서와 같은 책임이 준용된다(민법 제758조 제2항). 기출 18 점유자·소유자 외에 그 손해의 원인에 대한 책임 있는 자가 있다면 배상을 한 점유자 또는 소유자가 그 책임 있는 자에 대하여 구상권을 행사할 수 있다(민법 제758조 제3항).

(3) 동물점유자의 책임

동물의 점유자 또는 점유자에 갈음하여 동물을 보관하는 자는 그 동물이 타인에게 가한 손해를 배상할 책임이 있다(민법 제759조 제1항 본문). 동물의 종류와 성질에 따라 그 보관에 상당한 주의를 게을리 하지 않은 때에는 면책된다(민법 제759조 제1항 단서).

4. 공동불법행위

(1) 의 의

공동불법행위란 수인이 공동으로 타인에게 손해를 가한 경우를 말하는데 그 가해행위에 가담한 자들은 연대하여 손해를 배상하여야 한다(민법 제760조). 기출 13·14·18

(2) 요건 및 효과

1) 요 건

① 협의의 공동불법행위 : 공동불법행위자 각인의 행위는 각각 독립하여 불법행위의 요건을 갖추어야 한다. 공동불법행위에 있어서 행위자 상호 간의 공모는 물론 공동의 인식을 필요로 하지 아니하고, 다만 객관적으로 그 공동행위가 관련 공동되어 있으면 족하다(대판 2000.4.11. 99다41749). 기출 12·14

② 가해자 불명의 공동불법행위 : 공동 아닌 수인의 행위 중 어느 자의 행위가 그 손해를 가한 것인지를 알 수 없는 때에도 연대하여 그 손해를 배상할 책임이 있다(민법 제760조 제2항). 면책을 위해서는 손해발생에 원인을 주지 아니하였다는 것을 불법행위자가 입증하여야 한다. 판례는 다수의 의사가 의료행위에 관여한 경우 그중 누구의 과실에 의하여 의료사고가 발생한 것인지 분명하게 특정할 수 없는 때에는 일련의 의료행위에 관여한 의사들 모두에 대하여 민법 제760조 제2항에 따라 공동불법행위책임을 물을 수 있다고 봄이 상당하다고(대판 2005.9.30. 2004다52576) 한다.

③ **교사 또는 방조** : 교사자나 방조자는 공동행위자로 본다(민법 제760조 제3항). 기출 13 판례는 민법 제760조 제3항은 교사자나 방조자는 공동행위자로 본다고 규정하여 교사자나 방조자에게 공동불법행위자로서 책임을 부담시키고 있는바, 방조라 함은 불법행위를 용이하게 하는 직접, 간접의 모든 행위를 가리키는 것으로서 작위에 의한 경우뿐만 아니라 작위의무 있는 자가 그것을 방지하여야 할 여러 조치를 취하지 아니하는 부작위로 인하여 불법행위자의 실행행위를 용이하게 하는 경우도 포함하고, 이러한 불법행위의 방조는 형법과 달리 손해의 전보를 목적으로 하여 과실을 원칙적으로 고의와 동일시하는 민법의 해석으로서는 과실에 의한 방조도 가능하다고(대판 2007.6.14. 2005다32999) 한다. 기출 22·23

> 민법 제760조 제3항은 불법행위의 방조자를 공동불법행위자로 보아 방조자에게 공동불법행위의 책임을 지우고 있다. 방조는 불법행위를 용이하게 하는 직접, 간접의 모든 행위를 가리키는 것으로서 손해의 전보를 목적으로 하여 과실을 원칙적으로 고의와 동일시하는 민사법의 영역에서는 과실에 의한 방조도 가능하고, 이 경우 과실의 내용은 불법행위에 도움을 주지 말아야 할 주의의무가 있음을 전제로 하여 그 의무를 위반하는 것을 말한다. 그런데 타인의 불법행위에 대하여 과실에 의한 방조로서 공동불법행위의 책임을 지우기 위해서는 방조행위와 불법행위에 의한 피해자의 손해 발생 사이에 상당인과관계가 인정되어야 하고, 상당인과관계를 판단할 때에는 과실에 의한 행위로 인하여 해당 불법행위를 용이하게 한다는 사정에 관한 예견가능성과 아울러 과실에 의한 행위가 피해 발생에 끼친 영향, 피해자의 신뢰 형성에 기여한 정도, 피해자 스스로 쉽게 피해를 방지할 수 있었는지 여부, 주의의무를 부과하는 법령 기타 행동규범의 목적과 보호법익 등을 종합적으로 고려하여 그 책임이 지나치게 확대되지 않도록 신중을 기하여야 한다(대판 2023.12.14. 2022다208649). 기출 25

2) **효 과**

① **책임의 연대성** : 민법 제760조 제1항의 연대의 의미와 관련하여 견해의 대립이 있으나, 통설과 판례는 피해자를 두텁게 보호하기 위하여 부진정연대채무로 이해한다. 1인의 공동불법행위자가 행한 변제, 대물변제, 공탁, 상계 등 채권을 만족시키는 사유는 절대적 효력이 있다. 판례는 가해자의 1인이 다른 가해자에 비하여 불법행위에 가공한 정도가 경미하다고 하더라도 피해자에 대한 관계에서 그 가해자의 책임범위를 위와 같이 정하여진 손해배상액의 일부로 제한하여 인정할 수는 없다고(대판 2012.8.17. 2012다30892) 한다. 기출 21

> 공동불법행위자의 다른 공동불법행위자에 대한 구상권은 피해자의 다른 공동불법행위자에 대한 손해배상채권과는 그 발생 원인 및 성질을 달리하는 별개의 권리이고, 연대채무에 있어서 소멸시효의 절대적 효력에 관한 민법 제421조의 규정은 공동불법행위자 상호 간의 부진정연대채무에 대하여는 그 적용이 없으므로, 공동불법행위자 중 1인의 손해배상채무가 시효로 소멸한 후에 다른 공동불법행위자 1인이 피해자에게 자기의 부담 부분을 넘는 손해를 배상하였을 경우에도, 그 공동불법행위자는 다른 공동불법행위자에게 구상권을 행사할 수 있다(대판 1997.12.23. 97다42830). 기출 12·14

② **손해배상의 범위**

㉠ **산정의 기준** : 각 공동불법행위자는 민법 제393조에 따라 공동불법행위와 상당인과관계가 있는 직접적 손해와 통상손해·특별손해를 배상하여야 한다(민법 제763조, 제393조).

> 공동불법행위로 인한 손해배상책임의 범위는 피해자에 대한 관계에서 가해자들 전원의 행위를 전체적으로 함께 평가하여 정하여야 하고, 그 손해배상액에 대하여는 가해자 각자가 그 금액의 전부에 대한 책임을 부담하는 것이며, 가해자의 1인이 다른 가해자에 비하여 불법행위에 가공한 정도가 경미하다고 하더라도 피해자에 대한 관계에서 그 가해자의 책임 범위를 위와 같이 정하여진 손해배상액의 일부로 제한하여 인정할 수는 없다(대판 2007.6.14. 2005다32999).

ⓒ 과실상계

> **공동불법행위책임에 대한 과실상계에 있어 피해자의 공동불법행위자 각인에 대한 과실비율이 서로 다른 경우, 피해자 과실의 평가 방법 / 공동불법행위자 중의 일부에게 피해자의 부주의를 이용하여 고의로 불법행위를 저지른 사유가 있다고 하여, 그러한 사유가 없는 다른 불법행위자까지도 과실상계를 주장할 수 없는 것인지 여부(소극)**
> [1] 공동불법행위의 경우 법원이 피해자의 과실을 들어 과실상계를 함에 있어서는 피해자의 공동불법행위자 각인에 대한 과실비율이 서로 다르더라도 피해자의 과실을 공동불법행위자 각인에 대한 과실로 개별적으로 평가할 것이 아니고 그들 전원에 대한 과실로 전체적으로 평가하여야 한다. 기출 21·25
> [2] 피해자의 부주의를 이용하여 고의로 불법행위를 저지른 자가 바로 그 피해자의 부주의를 이유로 자신의 책임을 감하여 달라고 주장하는 것은 허용될 수 없으나, 이는 그러한 사유가 있는 자에게 과실상계의 주장을 허용하는 것이 신의칙에 반하기 때문이므로, 불법행위자 중의 일부에게 그러한 사유가 있다고 하여 그러한 사유가 없는 다른 불법행위자까지도 과실상계의 주장을 할 수 없다고 해석할 것은 아니다(대판 2007.6.14. 2005다32999). 기출 25
>
> **[비교] 공동불법행위자의 관계는 아니지만 부진정연대채무 관계가 인정되는 경우, 과실상계를 할 때 반드시 채권자의 과실을 채무자 전원에 대하여 전체적으로 평가하여야 하는지 여부(소극)**
> 공동불법행위책임은 가해자 각 개인의 행위에 대하여 개별적으로 그로 인한 손해를 구하는 것이 아니라 그 가해자들이 공동으로 가한 불법행위에 대하여 그 책임을 추궁하는 것으로, 법원이 피해자의 과실을 들어 과실상계를 함에 있어서는 피해자의 공동불법행위자 각인에 대한 과실비율이 서로 다르더라도 피해자의 과실을 공동불법행위자 각인에 대한 과실로 개별적으로 평가하지 않고 그들 전원에 대한 과실로 전체적으로 평가하는 것이 원칙이다. 그런데 공동불법행위자의 관계는 아니지만 서로 별개의 원인으로 발생한 독립된 채무가 동일한 경제적 목적을 가지고 있고 서로 중첩되는 부분에 관하여 한쪽의 채무가 변제 등으로 소멸하면 다른 쪽의 채무도 소멸하는 관계에 있기 때문에 부진정연대채무 관계가 인정되는 경우가 있다. 이러한 경우까지 과실상계를 할 때 반드시 채권자의 과실을 채무자 전원에 대하여 전체적으로 평가하여야 하는 것은 아니다. 그리고 손해배상사건에서 과실상계나 손해부담의 공평을 기하기 위한 책임제한에 관한 사실인정이나 그 비율을 정하는 것은 그것이 형평의 원칙에 비추어 현저하게 불합리하다고 인정되지 않는 한 사실심의 전권사항에 속한다(대판 2022.7.28. 2017다16747).

③ 구상관계

> - 공동불법행위자는 채권자에 대한 관계에서는 부진정연대채무를 지되, 공동불법행위자들 내부관계에서는 일정한 부담 부분이 있고, 공동불법행위자 중 1인이 자기의 부담 부분 이상을 변제하여 공동의 면책을 얻게 하였을 때에는 다른 공동불법행위자에게 그 부담 부분의 비율에 따라 구상권을 행사할 수 있으므로 공동불법행위자가 구상권을 갖기 위하여는 반드시 피해자의 손해 전부를 배상하여야 할 필요는 없으나, 자기의 부담 부분을 초과하여 배상을 하여야 할 것이고, 피용자와 제3자가 공동불법행위로 피해자에게 손해를 가하여 그 손해배상채무를 부담하는 경우에 피용자와 제3자는 공동불법행위자로서 서로 부진정연대관계에 있고, 한편 사용자의 손해배상책임은 피용자의 배상책임에 대한 대체적 책임이어서 사용자도 제3자와 부진정연대관계에 있다고 보아야 할 것이므로, 사용자가 피용자와 제3자의 책임비율에 의하여 정해진 피용자의 부담 부분을 초과하여 피해자에게 손해를 배상한 경우에는 사용자는 제3자에 대하여도 구상권을 행사할 수 있다(대판 2006.2.9. 2005다28426).
> - 공동불법행위자 중 1인에 대하여 구상의무를 부담하는 다른 공동불법행위자가 수인인 경우에는 특별한 사정이 없는 이상 그들의 구상권자에 대한 채무는 이를 부진정연대채무로 보아야 할 근거는 없으며, 오히려 다수 당사자 사이의 분할채무의 원칙이 적용되어 각자의 부담 부분에 따른 분할채무로 봄이 상당하다(대판 2002.9.27. 2002다15917). 반면에 구상권자인 공동불법행위자 측에 과실이 없는 경우, 즉 내부적인 부담 부분이 전혀 없는 경우에는 이와 달리 그에 대한 수인의 구상의무 사이의 관계는 부진정연대관계에 해당한다(대판 2005.10.13. 2003다24147).
> - 불법행위에 경합된 당사자들의 과실 정도에 관한 사실인정이나 그 비율을 정하는 것은 특별한 사정이 없는 한 사실심의 전권사항에 속한다(대판 2015.4.23. 2013다211834). 그리하여 공동불법행위자 상호 간에는 각자의 과실비율에 따른 부담부분에 관한 구상권이 인정된다. 기출 13·14·21
>
> **소멸시효**
> 공동불법행위자 간 구상권의 발생 시점은 구상권자가 현실로 피해자에게 손해배상금을 지급한 때이다(대판 1997.12.12. 96다50896). 그리고 기간 역시 민법 제766조에 의할 것이 아니라 일반 채권과 같이 10년으로 보아야 한다(대판 1996.3.26. 96다3791).

Ⅳ 불법행위의 효과

1. 손해배상의 방법
① 민법은 금전배상주의를 취한다. 손해배상의 지급은 일시금배상이 원칙이지만, 정기금배상도 인정할 수 있다.
② 타인의 명예를 훼손한 자에 대하여는 법원은 피해자의 청구에 의하여 손해배상에 갈음하거나 손해배상과 함께 명예회복에 적당한 처분을 명할 수 있다(민법 제764조). 다만, 명예회복에 적당한 처분에 사죄광고를 포함시키는 것은 헌법에 위반된다. 기출 18

2. 손해배상의 범위 및 그 산정

(1) 손해배상의 범위
종래 판례는 불법행위에 의한 손해배상의 범위를 판단할 때 상당인과관계설의 입장에서 판단하였으나, 국가배상법 제2조에 따른 책임에 관하여 상당인과관계의 유무를 판단함에 있어서는 일반적인 결과발생의 개연성은 물론 직무상 의무를 부과하는 법령 기타 행동규범의 목적이나 가해행위의 태양 및 피해의 정도 등을 종합적으로 고려하여야 한다고 판시(대판 1993.2.12. 91다43466)한 이래, 일관하여 이른바 규범목적설을 수용하여 판시하여 오고 있다.

(2) 손해배상액의 산정

1) 서 설
손해발생액의 산정에 관하여 민사소송법 제202조의2는 판례의 태도를 받아서 "손해가 발생한 사실은 인정되나 구체적인 손해의 액수를 증명하는 것이 사안의 성질상 매우 어려운 경우에는 법원은 변론 전체의 취지와 증거조사의 결과에 의하여 인정되는 모든 사정을 종합하여 상당하다고 인정되는 금액을 손해배상 액수로 정할 수 있다"고 규정하고 있다.

2) 산정의 기준시기
① 불법행위로 인한 손해배상은 통상손해를 원칙으로 하고, 특별손해는 가해자의 예견가능성을 전제로 하여 인정된다. 일반적으로 불법행위 시를 기준으로 배상액을 산정한다. 불법행위 후 목적물의 가격등귀와 같은 특별한 사정에 의한 손해는 예견가능성이 있었던 경우에 한하여 배상책임 인정된다. 다만, 불법행위 시와 결과 발생 시 사이에 시간적 간격이 있는 경우에는 불법행위가 완성된 시점인 손해발생 시가 손해액 산정의 기준 시점이 된다(대판 2014.7.10. 2013다65710).

> **불법행위로 인한 재산상 손해의 산정 방법 및 손해액 산정의 기준 시점(= 불법행위 시)**
> 불법행위로 인한 재산상 손해는 위법한 가해행위로 인하여 발생한 재산상 불이익, 즉 그 위법행위가 없었더라면 존재하였을 재산상태와 그 위법행위가 가해진 현재의 재산상태의 차이를 말하는 것이며, 그 손해액은 원칙적으로 불법행위 시를 기준으로 산정하여야 한다. 즉, 여기에서 '현재'는 '기준으로 삼은 그 시점'이란 의미에서 '불법행위 시'를 뜻하는 것이지 '지금의 시간'이란 의미로부터 '사실심 변론종결 시'를 뜻하는 것은 아니다(대판 2010.4.29. 2009다91828).
>
> **위법행위 시점과 손해의 발생 시점에 시간적 간격이 있는 경우, 불법행위로 인한 손해배상책임이 성립하는 시기(= 손해의 발생 시점) / 여기서 '손해'와 '손해의 발생 시점'의 의미 및 현실적으로 손해가 발생하였는지 판단하는 방법**
> 불법행위로 인한 손해배상책임은 원칙적으로 위법행위 시에 성립하지만 위법행위 시점과 손해발생 시점 사이에 시간적 간격이 있는 경우에는 손해가 발생한 때에 성립한다. 손해란 위법한 가해행위로 인하여 발생한 재산상의 불이익, 즉 그 위법행위가 없었더라면 존재하였을 재산상태와 그 위법행위가 있은 후의 재산상태의 차이를 말한다. 또한 손해의 발생 시점이란 이러한 손해가 현실적으로 발생한 시점을 의미하는데, 현실적으로 손해가 발생하였는지 여부는 사회통념에 비추어 객관적이고 합리적으로 판단하여야 한다(대판 2018.6.15. 2016다212272).

> **불법행위 시와 변론종결 시 사이에 장기간의 세월이 지나 통화가치 등에 불법행위 시와 비교하여 상당한 변동이 생긴 경우 손해액 산정의 기준 시점**
> 불법행위 시와 변론종결 시 사이에 장기간의 세월이 지나 위자료를 산정할 때 반드시 참작해야 할 변론종결 시의 통화가치 등에 불법행위 시와 비교하여 상당한 변동이 생긴 때에는 예외적으로 불법행위로 인한 위자료 배상채무의 지연손해금은 그 위자료 산정의 기준시인 사실심 변론종결일로부터 발생한다고 보아야 하고, 이처럼 불법행위로 인한 위자료 배상채무의 지연손해금이 사실심 변론종결일부터 발생한다고 보아야 하는 예외적인 경우에는 불법행위 시부터 지연손해금이 가산되는 원칙적인 경우보다 배상이 지연된 사정을 적절히 참작하여 사실심 변론종결 시의 위자료 원금을 산정할 필요가 있다(대판 2023.3.9. 2021다20290).

② 지연손해금의 발생시기 : 불법행위로 인한 손해배상채무는 그 손해발생과 동시에 이행기가 도래한다(대판 1966.10.21. 64다1102). 따라서 불법행위로 인한 손해배상채무의 지연손해금의 기산일은 원칙적으로 불법행위 성립일이다(대판 2010.7.22. 2010다18829).

(3) 손해의 구체적 산정

1) 인적 손해

손해는 적극적 손해, 소극적 손해, 정신적 손해로 구분된다(손해3분설). 따라서 피해자는 각각의 손해를 증명하여야 하고, 손해 간에 전용은 인정되지 않는다.

> 재산적 손해로 인한 배상청구와 정신적 손해로 인한 배상청구는 각각 소송물을 달리하는 별개의 청구이므로 소송당사자로서는 그 금액을 각각 특정하여 청구하여야 하고, 법원으로서도 그 내역을 밝혀 각 청구의 당부에 관하여 판단하여야 하는 것이다(대판 2006.9.22. 2006다32569).

① 적극적 손해
  ㉠ 입원비, 진료비, 약대 등의 치료비가 적극적 손해에 포함된다. 고의 또는 과실에 의하여 타인의 생명을 해한 자는 장례비를 손해로서 배상할 의무가 있다(대판 1966.10.11. 66다1456). 그러나 장례 때 조객으로부터 받는 부의금은 손실을 전보하는 성질의 것이 아니므로, 이를 재산적 손해액 산정에서 참작할 것이 아니다(대판 1976.5.24. 75다1088).
  ㉡ 판례는 불법행위를 이유로 배상하여야 할 손해는 현실로 입은 확실한 손해에 한하므로, 가해자가 행한 불법행위로 인하여 피해자가 제3자에 대하여 채무를 부담하게 된 경우 피해자가 가해자에게 그 채무액 상당의 손해배상을 구하기 위해서는 채무의 부담이 현실적·확정적이어서 실제로 변제하여야 할 성질의 것이어야 하고, 현실적으로 손해가 발생하였는지 여부는 사회통념에 비추어 객관적이고 합리적으로 판단하여야 한다고 하면서, 행정처분이 있은 이후 행정처분을 이행하기 어려운 장애사유가 있어 오랫동안 이행이 이루어지지 않았고, 해당 행정관청에서도 이러한 사정을 참작하여 그 이행을 강제하기 위한 조치를 취하지 않고 불이행된 상태를 방치하는 등 특별한 사정이 있는 경우에는, 행정처분을 받은 당사자가 가까운 장래에 그 행정처분을 이행할 개연성을 인정하기 부족하여 이행에 따른 비용 상당의 손해가 확정적으로 발생하였다고 보기는 어렵고, 불법행위로 인한 손해배상청구에서 위와 같은 손해의 발생 사실은 행정처분을 받은 당사자인 피해자가 이를 증명하여야 한다고(대판 2020.7.9. 2017다56455) 판시하고 있다.
② 소극적 손해(일실이익) : 불법행위 당시 일정한 수입이 없는 피해자의 장래 수입상실액은 일반노동임금을 기준으로 하나, 불법행위 당시 일정한 수입이 있었던 경우에는 원칙적으로 피해자가 사고 당시에 실제로 얻고 있었던 수입금액을 확정하고 이를 기초로 하여 일실수입액을 산정하여야 한다(대판 2006.3.9. 2005다16904).

> **일반육체노동을 하는 사람 또는 육체노동을 주로 생계활동으로 하는 사람의 가동연한을 경험칙상 만 65세까지로 보아야 하는지 여부(원칙적 적극)**
> 대법원은 1989.12.26. 선고한 88다카16867 전원합의체 판결(이하 '종전 전원합의체 판결'이라 한다)에서 일반 육체노동을 하는 사람 또는 육체노동을 주로 생계활동으로 하는 사람(이하 '육체노동'이라 한다)의 가동연한을 경험칙상 만 55세라고 본 기존 견해를 폐기하였다. 그 후부터 현재에 이르기까지 육체노동의 가동연한을 경험칙상 만 60세로 보아야 한다는 견해를 유지하여 왔다. 그런데 우리나라의 사회적·경제적 구조와 생활여건이 급속하게 향상·발전하고 법제도가 정비·개선됨에 따라 종전 전원합의체 판결 당시 위 경험칙의 기초가 되었던 제반 사정들이 현저히 변하였기 때문에 위와 같은 견해는 더 이상 유지하기 어렵게 되었다. 이제는 특별한 사정이 없는 한 만 60세를 넘어 만 65세까지도 가동할 수 있다고 보는 것이 경험칙에 합당하다(대판 2019.2.21. 2018다248909[전합]). 기출 21

③ 정신적 손해(위자료청구권)

㉠ 의의 : 위자료란 불법행위 또는 기타의 불법원인으로 피해자가 입은 고통·충격 등의 정신적 손해를 금전으로 배상해 주는 손해배상금을 의미한다. 불법행위로 입은 비재산적 손해에 대한 위자료 액수에 관하여는 사실심법원이 여러 사정을 참작하여 그 직권에 속하는 재량에 의하여 이를 확정할 수 있고, 법원이 그 위자료 액수 결정의 근거가 되는 제반 사정을 판결 이유 중에 빠짐없이 명시해야만 하는 것은 아니나, 이것이 위자료의 산정에 법관의 자의가 허용된다는 것을 의미하는 것은 물론 아니다(대판 2013.5.16. 2012다202819[전합]).

㉡ 위자료청구권자

㉮ 생명침해의 경우에 있어서 민법 제752조에 규정된 친족 이외의 친족에 있어서도 그 정신적 고통에 관한 입증을 함으로써 일반원칙인 민법 제750조, 민법 제751조의 규정에 의하여 위자료를 청구할 수 있다(대판 1967.9.5. 67다1307).

㉯ 신체상해의 경우 피해자 이외의 근친자도 정신상 고통을 받았으면 민법 제750조, 민법 제751조에 의거하여 위자료 청구권을 갖는다.

㉰ 위자료청구권은 일신전속권이라 할 수 없고 피해자의 사망으로 인하여 상속된다 할 것이며, 피해자가 즉사한 경우에도 위자료청구권은 당연히 상속된다(대판 1969.4.15. 69다268).

㉢ 위자료의 산정 : 불법행위로 인하여 입은 정신적 고통에 대한 위자료 액수에 관하여는 사실심 법원이 제반사정을 참작하여 그 직권에 속하는 재량에 의하여 이를 확정할 수 있다(대판 1988.2.23. 87다카57).

2) 물적 손해

① 소유물이 멸실 또는 훼손된 경우 : 소유물이 멸실된 경우에는 멸실 당시 그 물건의 객관적 교환가치가 통상손해이고 이에 지연이자가 추가되지만 멸실 후의 목적물의 가격등귀에 따른 손해는 특별손해에 해당한다.

> [1] 불법행위로 영업용 물건이 멸실된 경우, 이를 대체할 다른 물건을 마련하기 위하여 필요한 합리적인 기간 동안 그 물건을 이용하여 영업을 계속하였더라면 얻을 수 있었던 이익, 즉 휴업손해는 그에 대한 증명이 가능한 한 통상의 손해로서 그 교환가치와는 별도로 배상하여야 하고, 이는 영업용 물건이 일부 손괴된 경우, 수리를 위하여 필요한 합리적인 기간 동안의 휴업손해와 마찬가지라고 보아야 할 것이다. 기출 24
> [2] 일반적으로 타인의 불법행위 등에 의하여 재산권이 침해된 경우에는 그 재산적 손해의 배상에 의하여 정신적 고통도 회복된다고 보아야 할 것이므로 재산적 손해의 배상에 의하여 회복할 수 없는 정신적 손해가 발생하였다면, 이는 특별한 사정으로 인한 손해로서 가해자가 그러한 사정을 알았거나 알 수 있었을 경우에 한하여 그 손해에 대한 위자료를 청구할 수 있다(대판 2004.3.18. 2001다82507[전합]).

② 소유물이 훼손된 경우 : 수리가 가능하면 불법행위 당시의 수리비, 수리가 불가능하면 훼손으로 교환가치가 감소한 부분이 통상손해로 되지만, 수리가 가능하더라도 수리비가 교환가치를 초과한다면 그 손해액은 원칙적으로 교환가치의 범위 내로 제한된다. 훼손으로 인한 교환가치의 감소액은 통상손해로 이해하는 것이 타당하다고 판단된다.

> - 불법행위 등으로 인하여 건물이 훼손된 경우, 수리가 가능하다면 그 수리비가 통상의 손해이며, 훼손 당시 그 건물이 이미 내용연수가 다 된 낡은 건물이어서 원상으로 회복시키는 데 소요되는 수리비가 건물의 교환가치를 초과하는 경우에는 형평의 원칙상 그 손해액은 그 건물의 교환가치 범위 내로 제한되어야 할 것이고, 또한 수리로 인하여 훼손 전보다 건물의 교환가치가 증가하는 경우에는 그 수리비에서 교환가치 증가분을 공제한 금액이 그 손해이다(대판 2004.2.27. 2002다39456).
> - 토석의 굴취 또는 절개 등으로 토지가 훼손됨으로써 토지 소유자가 입게 되는 통상의 손해는 훼손된 부분을 원상회복시키는 데 소요되는 비용 상당액이라고 할 것이고, 그 비용이 과다하거나 원상회복이 사실상 불가능한 때에는 훼손으로 인하여 토지 자체의 교환가치가 감소된 부분이 통상의 손해이다(대판 1993.12.24. 93다38284).

③ 재산권의 침해로 인한 위자료 청구 : 재산권의 침해로 인한 정신적 고통에 대한 위자료는 특별사정으로 인한 손해로써 침해자가 그 특별사정을 알았다거나 그 사정을 예견할 수 있었을 것이라고 인정되는 경우에 한하여 이를 인용할 것이다. 한편 재산권의 침해로 인하여 별도로 인격적 법익이 침해당한 경우에는 이는 통상손해로 보아야 한다(대판 1992.12.8. 92다34162).

(4) 손해배상액의 조정

1) 과실상계
① 불법행위에 관하여 피해자에게도 과실이 있는 때에는, 법원은 손해배상의 책임 및 그 금액을 정함에 있어 반드시 이를 참작하여야 한다.
② 피해자의 부주의를 이용하여 고의로 불법행위를 저지른 자가 바로 그 피해자의 부주의를 이유로 자신의 책임을 감하여 달라고 주장하는 것은 허용될 수 없다(대판 2005.11.10. 2003다66066). 기출 20

2) 손익상계
불법행위로 인한 손해배상액을 산정함에 있어서 과실상계를 한 다음 손익상계를 하여야 한다(대판 1996.1.23. 95다24340). 기출 20

3) 배상액의 감경청구
배상의무자는 그 손해가 고의 또는 중대한 과실에 의한 것이 아니고 그 배상으로 인하여 배상자의 생계에 중대한 영향을 미치게 될 경우에는 법원에 그 배상액의 경감을 청구할 수 있다. 법원은 청구가 있는 때에는 채권자 및 채무자의 경제 상태와 손해의 원인 등을 참작하여 배상액을 경감할 수 있다(민법 제765조).

3. 배상액의 합의

(1) 의 의
불법행위로 인하여 손해배상청구권이 발생하였을 경우 당사자 간에 그 배상액에 관해 합의하는 것을 말한다.

(2) 판 례
후발손해가 합의 당시의 사정으로 보아 예상이 불가능한 것으로서 당사자가 후발손해를 예상하였더라면 사회통념상 그 합의금액으로는 화해하지 않았을 것이라고 보는 것이 상당할 만큼 그 손해가 중대한 것일 때에는 당사자의 의사가 이러한 손해에 대해서까지 그 배상청구권을 포기한 것이라고 볼 수 없다(대판 1997.4.11. 97다423).

4. 불법행위에 의한 손해배상청구권

(1) 손해배상청구권자
① 직접 피해자가 손해배상청구권을 가진다.
② 타인의 생명을 해한 자는 피해자의 직계존속, 직계비속 및 배우자에 대하여는 재산상의 손해 없는 경우에도 손해배상의 책임이 있다(민법 제752조).
③ 법인의 목적사업수행에 영향을 미칠 정도로 법인의 명예신용을 침해한 경우에는 그 침해자에 대하여 불법행위를 원인으로 손해배상을 청구할 수 있다(대판 1965.11.30. 65다1707).
④ 태아는 손해배상의 청구권에 관하여는 이미 출생한 것으로 본다(민법 제762조). 교통사고의 충격으로 태아가 조산되고 또 그로 인하여 제대로 성장하지 못하고 사망하였다면 위 불법행위는 한편으로 산모에 대한 불법행위인 동시에 한편으로는 태아 자신에 대한 불법행위라고 볼 수 있으므로 따라서 죽은 아이는 생명침해로 인한 재산상 손해배상청구권이 있다(대판 1968.3.5. 67다2869).

(2) 손해배상청구권의 내용
① 불법행위에 의한 손해배상청구권은 양도성과 상속성이 있다. 정신적 손해에 대한 배상(위자료)청구권은 원칙적으로 상속된다(대판 1966.10.18. 66다1335).
② 채무가 고의의 불법행위로 인한 것일 때에는 그 채무자는 상계로 채권자에게 대항하지 못한다(민법 제496조).
③ 판례는 불법행위로 상해를 입었지만 후유증 등으로 인하여 불법행위 당시에는 전혀 예상할 수 없었던 후발손해가 새로이 발생한 경우와 같이, 사회통념상 후발손해가 판명된 때에 현실적으로 손해가 발생한 것으로 볼 수 있는 경우에는 후발손해 판명 시점에 불법행위로 인한 손해배상채권이 성립하고, 지연손해금 역시 그때부터 발생한다고 봄이 상당하고, 이 경우 후발손해가 판명된 때가 불법행위 시이자 그로부터 장래의 구체적인 소극적·적극적 손해에 대한 중간이자를 공제하는 현가산정의 원칙적인 기준시기가 된다고 보아야 하고, 그보다 앞선 시점이 현가산정의 기준시기나 지연손해금의 기산일이 될 수는 없다고(대판 2022.6.16. 2017다289538) 한다.

(3) 손해배상자의 대위
불법행위에 의하여 훼손되거나 소재불명으로 된 물건에 관하여 피해자가 그 가액 전부의 배상을 받은 때에는 그 물건에 관한 권리는 당연히 손해배상자에게 이전한다.

(4) 손해배상청구권의 소멸시효
① 불법행위로 인한 손해배상의 청구권은 피해자나 그 법정대리인이 그 손해 및 가해자를 안 날로부터 3년간 또는 불법행위를 한 날로부터 10년간 이를 행사하지 아니하면 시효로 인하여 소멸한다. 미성년자가 성폭력, 성추행, 성희롱, 그 밖의 성적(性的) 침해를 당한 경우에 이로 인한 손해배상청구권의 소멸시효는 그가 성년이 될 때까지는 진행되지 아니한다(민법 제766조). 기출 14·23·24
② "손해 및 가해자를 안 날"이라 함은 손해가 가해자의 불법행위로 인한 것임을 안 때라고 할 것이므로, 가해행위와 손해의 발생 사이에 인과관계가 있으며 위법하고 과실이 있는 것까지도 안 때이다(대판 1994.4.26. 93다59304).

③ "가해행위와 이로 인한 손해의 발생 사이에 시간적 간격이 있는 불법행위에 기한 손해배상청구권의 경우, 위와 같은 장기소멸시효의 기산점이 되는 '불법행위를 한 날'은 객관적·구체적으로 손해가 발생한 때, 즉 손해의 발생이 현실적인 것으로 되었다고 할 수 있을 때를 의미하고, 그 발생시기에 대한 증명책임은 소멸시효의 이익을 주장하는 자에게 있다(대판 2021.8.19. 2019다297137).

④ 불법행위로 상해를 입었지만 후유증 등으로 인하여 불법행위 당시에는 전혀 예상할 수 없었던 후발손해가 새로이 발생한 경우와 같이, 사회통념상 후발손해가 판명된 때에 현실적으로 손해가 발생한 것으로 볼 수 있는 경우에는 후발손해 판명 시점에 불법행위로 인한 손해배상채권이 성립하고, 지연손해금 역시 그때부터 발생한다고 봄이 상당하다. 이 경우 후발손해가 판명된 때가 불법행위 시이자 그로부터 장래의 구체적인 소극적·적극적 손해에 대한 중간이자를 공제하는 현가산정의 원칙적인 기준시기가 된다고 보아야 하고, 그보다 앞선 시점이 현가산정의 기준시기나 지연손해금의 기산일이 될 수는 없다(대판 2022.6.16. 2017다289538).

(5) 유족 고유의 손해배상청구권

① 피해자가 사망하기까지 유족이 부담한 치료간호의 비용, 부양청구권의 침해, 장례비용 등을 민법 제750조에 근거하여 청구할 수 있다.

② 민법 제752조에서 생명침해의 경우 피해자의 직계존속, 직계비속, 배우자에게 위자료청구권을 인정한다.

③ 민법 제752조의 열거는 예시로 보아 열거된 자에 대하여는 정신적 손해에 대한 입증책임을 면제해 준다는 의미를 가질 뿐이므로, 열거된 자 이외의 자(사실혼배우자, 미인지의 자, 형제자매)도 피해자와의 특별한 관계와 정신적 고통을 입증하면 민법 제750조, 민법 제751조에 의하여 위자료청구를 할 수 있다.

CHAPTER 03 법정채권관계

01 부당이득에 관한 설명으로 옳은 것을 모두 고른 것은?(다툼이 있으면 판례에 따름) 기출 25

> ㄱ. 계약상 급부가 상대방뿐 아니라 제3자에게 이익이 된 경우, 급부를 한 계약당사자는 제3자를 상대로 직접 부당이득반환청구를 할 수 없다.
> ㄴ. 임대차 종료 후 임차인이 동시이행항변권을 행사하여 임차건물을 사용한 경우, 이로 인한 이득이 있다면 이를 부당이득으로 반환하여야 한다.
> ㄷ. 급부를 한 당사자가 그 급부의 법률상 원인 없음을 이유로 반환을 청구하는 이른바 급부부당이득의 경우, 부당이득반환청구의 상대방이 이익을 보유할 정당한 권원이 있다는 점을 증명할 책임이 있다.

① ㄱ
② ㄷ
③ ㄱ, ㄴ
④ ㄴ, ㄷ
⑤ ㄱ, ㄴ, ㄷ

02 불법행위에 관한 설명으로 옳은 것은?(다툼이 있으면 판례에 따름) 기출 25

① 타인의 불법행위에 대하여 과실에 의한 방조로서 공동불법행위의 책임을 지우기 위해서는 방조행위와 불법행위에 의한 피해자의 손해발생 사이에 상당인과관계가 인정되어야 한다.
② 공동불법행위에서 과실상계를 함에 있어서 피해자의 공동불법행위자 각자에 대한 과실비율이 서로 다른 경우, 피해자의 과실은 공동불법행위자 각자에 대한 과실로 개별적으로 평가함이 원칙이다.
③ 민법 제758조의 공작물책임 중 소유자의 책임은 과실책임이다.
④ 채무불이행으로 인한 손해배상청구권에 대한 소멸시효 항변에는 불법행위로 인한 손해배상청구권에 대한 소멸시효 항변이 포함된 것으로 볼 수 있다.
⑤ 공동불법행위자 중 일부가 피해자의 부주의를 이용하여 고의로 불법행위를 저지른 경우, 그러한 사유가 없는 다른 불법행위자도 과실상계 주장을 할 수 없다.

• 해설 및 정답 •

01 ㄱ. (○) 계약상 급부가 계약의 상대방뿐만 아니라 제3자의 이익으로 된 경우에 급부를 한 계약당사자가 계약상대방에 대하여 계약상의 반대급부를 청구할 수 있는 이외에 그 제3자에 대하여 직접 부당이득반환청구를 할 수 있다고 보면, 자기 책임하에 체결된 계약에 따른 위험부담을 제3자에게 전가시키는 것이 되어 계약법의 기본원리에 반하는 결과를 초래할 뿐만 아니라, 채권자인 계약당사자가 채무자인 계약 상대방의 일반채권자에 비하여 우대받는 결과가 되어 일반채권자의 이익을 해치게 되고, 수익자인 제3자가 계약상대방에 대하여 가지는 항변권 등을 침해하게 되어 부당하므로, 위와 같은 경우 계약상 급부를 한 계약당사자는 이익의 귀속 주체인 제3자에 대하여 직접 부당이득반환을 청구할 수는 없다(대판 2010.6.24. 2010다9269).

ㄴ. (○) 임대차계약의 종료에 의하여 발생된 임차인의 임차목적물 반환의무와 임대인의 연체차임을 공제한 나머지 보증금의 반환의무는 동시이행의 관계에 있는 것이므로, 임대차계약 종료 후에도 임차인이 동시이행의 항변권을 행사하여 임차건물을 계속 점유하여 온 것이라면 임차인의 그 건물에 대한 점유는 불법점유라고 할 수는 없으나, 그로 인하여 이득이 있다면 이는 부당이득으로서 반환하여야 하는 것은 당연하다(대판 1992.4.14. 91다45200).

ㄷ. (×) 민법 제741조는 "법률상 원인 없이 타인의 재산 또는 노무로 인하여 이익을 얻고 이로 인하여 타인에게 손해를 가한 자는 그 이익을 반환하여야 한다."라고 정하고 있다. 당사자 일방이 자신의 의사에 따라 일정한 급부를 한 다음 급부가 법률상 원인 없음을 이유로 반환을 청구하는 이른바 급부부당이득의 경우에 는 법률상 원인이 없다는 점에 대한 증명책임은 부당이득반환을 주장하는 사람에게 있다(대판 2018.1.24. 2017다37324).

정답 ③

02 ① (○) 타인의 불법행위에 대하여 과실에 의한 방조로서 공동불법행위의 책임을 지우기 위해서는 방조행위와 불법행위에 의한 피해자의 손해 발생 사이에 상당인과관계가 인정되어야 하며, 상당인과관계를 판단할 때에는 과실에 의한 행위로 인하여 해당 불법행위를 용이하게 한다는 사정에 관한 예견가능성과 아울러 과실에 의한 행위가 피해 발생에 끼친 영향, 피해자의 신뢰 형성에 기여한 정도, 피해자 스스로 쉽게 피해를 방지할 수 있었는지 등을 종합적으로 고려하여 그 책임이 지나치게 확대되지 않도록 신중을 기하여야 한다(대판 2022.9.7. 2022다237098).

② (×) 공동불법행위의 경우 법원이 피해자의 과실을 들어 과실상계를 함에 있어서는 피해자의 공동불법행위자 각인에 대한 과실비율이 서로 다르더라도 피해자의 과실을 공동불법행위자 각인에 대한 과실로 개별적으로 평가할 것이 아니라 그들 전원에 대한 과실로 전체적으로 평가하여야 한다(대판 2007.6.14. 2005다32999).

③ (×) 민법 제758조의 공작물책임 중 소유자의 책임은 공작물 점유자의 책임과는 달리 손해의 방지에 필요한 주의를 다하였다 하더라도 면책이 인정되지 않는 무과실책임이다.

④ (×) 채무불이행으로 인한 손해배상청구권에 대한 소멸시효 항변이 불법행위로 인한 손해배상청구권에 대한 소멸시효 항변을 포함한 것으로 볼 수는 없다(대판 1998.5.29. 96다51110).

⑤ (×) 피해자의 부주의를 이용하여 고의로 불법행위를 저지른 자가 바로 그 피해자의 부주의를 이유로 자신의 책임을 감하여 달라고 주장하는 것은 허용될 수 없으나, 이는 그러한 사유가 있는 자에게 과실상계의 주장을 허용하는 것이 신의칙에 반하기 때문이므로, 불법행위자 중의 일부에게 그러한 사유가 있다고 하여 그러한 사유가 없는 다른 불법행위자까지도 과실상계의 주장을 할 수 없다고 해석할 것은 아니다(대판 2007.6.14. 2005다32999).

정답 ①

03 사무관리에 관한 설명으로 옳지 않은 것은?(다툼이 있으면 판례에 따름) 기출 24

① 제3자와의 약정에 따라 타인의 사무를 처리한 경우, 사무처리자와 그 타인과의 관계에서는 원칙적으로 사무관리가 인정되지 않는다.
② 타인의 사무처리가 본인의 의사에 반한다는 것이 명백하다면 특별한 사정이 없는 한 사무관리는 성립하지 않는다.
③ 사무관리의 성립요건인 '타인을 위하여 사무를 처리하는 의사'는 반드시 외부적으로 표시되어야 한다.
④ 사무관리에 의하여 본인이 아닌 제3자가 결과적으로 사실상 이익을 얻은 경우, 사무관리자는 그 제3자에 대하여 직접 부당이득반환을 청구할 수 없다.
⑤ 사무관리의 성립요건인 '타인을 위하여 사무를 처리하는 의사'는 관리자 자신의 이익을 위한 의사와 병존할 수 있다.

04 불법행위에 관한 설명으로 옳지 않은 것을 모두 고른 것은?(다툼이 있으면 판례에 따름) 기출 24

ㄱ. 법적 작위의무가 객관적으로 인정되더라도 의무자가 그 작위의무의 존재를 인식하지 못한 경우에는 부작위로 인한 불법행위가 성립하지 않는다.
ㄴ. 공작물의 하자로 인해 손해가 발생한 경우, 그 손해가 공작물의 하자와 관련한 위험이 현실화되어 발생한 것이 아니라도 공작물의 설치 또는 보존상 하자로 인하여 발생한 손해라고 볼 수 있다.
ㄷ. 성추행을 당한 미성년자의 가해자에 대한 손해배상청구권의 소멸시효는 그 미성년자가 성년이 될 때까지는 진행되지 아니한다.

① ㄱ
② ㄷ
③ ㄱ, ㄴ
④ ㄴ, ㄷ
⑤ ㄱ, ㄴ, ㄷ

• 해설 및 정답 •

03 ① (○) 의무 없이 타인의 사무를 처리한 자는 그 타인에 대하여 민법상 사무관리 규정에 따라 비용상환 등을 청구할 수 있으나, 제3자와의 약정에 따라 타인의 사무를 처리한 경우에는 의무 없이 타인의 사무를 처리한 것이 아니므로 이는 원칙적으로 그 타인과의 관계에서는 사무관리가 된다고 볼 수 없다(대판 2013.9.26. 2012다43539).
② (○) 사무관리가 성립하기 위하여는 우선 그 사무가 타인의 사무이고 타인을 위하여 사무를 처리하는 의사, 즉 관리의 사실상의 이익을 타인에게 귀속시키려는 의사가 있어야 함은 물론 나아가 그 사무의 처리가 본인에게 불리하거나 본인의 의사에 반한다는 것이 명백하지 아니할 것을 요한다(대판 1997.10.10. 97다26326). 타인의 사무처리가 본인의 의사에 반한다는 것이 명백하다면 특별한 사정이 없는 한 사무관리는 성립하지 않는다.
③ (×) 사무관리의 성립요건인 '타인을 위하여 사무를 처리하는 의사'는 관리자 자신의 이익을 위한 의사와 병존할 수 있고, 반드시 외부적으로 표시될 필요가 없으며, 사무를 관리할 당시에 확정되어 있을 필요가 없다(대판 2013.8.22. 2013다30882).
④ (○) 계약상 급부가 계약 상대방뿐 아니라 제3자에게 이익이 된 경우에 급부를 한 계약당사자는 계약 상대방에 대하여 계약상 반대급부를 청구할 수 있는 이외에 제3자에 대하여 직접 부당이득반환청구를 할 수는 없다고 보아야 하고, 이러한 법리는 급부가 사무관리에 의하여 이루어진 경우에도 마찬가지이다. 따라서 의무 없이 타인을 위하여 사무를 관리한 자는 타인에 대하여 민법상 사무관리 규정에 따라 비용상환 등을 청구할 수 있는 외에 사무관리에 의하여 결과적으로 사실상 이익을 얻은 다른 제3자에 대하여 직접 부당이득반환을 청구할 수는 없다(대판 2013.6.27. 2011다17106).
⑤ (○) 사무관리의 성립요건인 '타인을 위하여 사무를 처리하는 의사'는 관리자 자신의 이익을 위한 의사와 병존할 수 있고, 반드시 외부적으로 표시될 필요가 없으며, 사무를 관리할 당시에 확정되어 있을 필요가 없다(대판 2013.8.22. 2013다30882).

정답 ③

04 ㄱ. (×) 부작위로 인한 불법행위가 성립하려면 작위의무가 전제되어야 하지만, 작위의무가 객관적으로 인정되는 이상 의무자가 의무의 존재를 인식하지 못하였더라도 불법행위 성립에는 영향이 없다. 이는 고지의무 위반에 의하여 불법행위가 성립하는 경우에도 마찬가지이므로 당사자의 부주의 또는 착오 등으로 고지의무가 있다는 것을 인식하지 못하였다고 하여 위법성이 부정될 수 있는 것은 아니다(대판 2012.4.26. 2010다8709).
ㄴ. (×) 공작물책임 규정의 내용과 입법 취지, '공작물의 설치·보존상의 하자'의 판단 기준 등에 비추어 보면, 공작물의 하자로 인해 어떤 손해가 발생하였다고 하더라도 그 손해가 공작물의 하자와 관련한 위험이 현실화되어 발생한 것이 아니라면 이는 '공작물의 설치 또는 보존상의 하자로 인하여 발생한 손해'라고 볼 수 없다(대판 2018.7.12. 2015다249147).
ㄷ. (○) 미성년자가 성폭력, 성추행, 성희롱, 그 밖의 성적(性的) 침해를 당한 경우에 이로 인한 손해배상청구권의 소멸시효는 그가 성년이 될 때까지는 진행되지 아니한다(민법 제766조 제3항).

정답 ③

05 부당이득에 관한 설명으로 옳은 것을 모두 고른 것은?(다툼이 있으면 판례에 따름) 기출 24

ㄱ. 계약해제로 인한 원상회복의무의 이행으로 금전을 반환하는 경우, 그 금전에 받은 날로부터 가산하는 이자의 반환은 부당이득반환의 성질을 갖는다.
ㄴ. 민법 제742조(비채변제)의 규정은 변제자가 채무 없음을 알지 못한 경우에는 그 과실 유무를 불문하고 적용되지 아니한다.
ㄷ. 수익자가 취득한 것이 금전상의 이득인 경우, 특별한 사정이 없는 한 그 금전은 이를 취득한 자가 소비하였는지 여부를 불문하고 현존하는 것으로 추정된다.

① ㄱ
② ㄷ
③ ㄱ, ㄴ
④ ㄴ, ㄷ
⑤ ㄱ, ㄴ, ㄷ

06 불법행위에 관한 설명으로 옳지 않은 것은?(다툼이 있으면 판례에 따름) 기출 23

① 과실로 불법행위를 방조한 자에 대해서는 공동불법행위가 인정될 수 없다.
② 고의로 심신상실을 초래한 자는 타인에게 심신상실 중에 가한 손해를 배상할 책임이 있다.
③ 사용자가 근로계약에 수반되는 보호의무를 위반함으로써 피용자가 손해를 입은 경우, 사용자는 이를 배상할 책임이 있다.
④ 고의로 불법행위를 한 가해자는 피해자의 손해배상채권을 피해자에 대한 자신의 다른 채권으로 상계할 수 없다.
⑤ 미성년자가 성폭력을 당한 경우에 이로 인한 손해배상청구권의 소멸시효는 그가 성년이 될 때까지는 진행되지 아니한다.

• 해설 및 정답 •

05 ㄱ. (○) 법정해제권 행사의 경우 당사자 일방이 그 수령한 금전을 반환함에 있어 그 받은 때로부터 법정이자를 부가함을 요하는 것은 민법 제548조 제2항이 규정하는 바로서, 이는 원상회복의 범위에 속하는 것이며 일종의 부당이득반환의 성질을 가지는 것이고 반환의무의 이행지체로 인한 것이 아니므로, 부동산 매매계약이 해제된 경우 매도인의 매매대금 반환의무와 매수인의 소유권이전등기말소등기 절차이행의무가 동시이행의 관계에 있는지 여부와는 관계없이 매도인이 반환하여야 할 매매대금에 대하여는 그 받은 날로부터 민법 소정의 법정이율인 연 5푼의 비율에 의한 법정이자를 부가하여 지급하여야 하고, 이와 같은 법리는 약정된 해제권을 행사하는 경우라 하여 달라지는 것은 아니다(대판 2000.6.9. 2000다9123).
ㄴ. (○) 민법 제742조 소정의 비채변제에 관한 규정은 변제자가 채무 없음을 알면서도 변제를 한 경우에 적용되는 것이고, 채무 없음을 알지 못한 경우에는 그 과실 유무를 불문하고 적용되지 아니한다(대판 1998.11.13. 97다58453).
ㄷ. (○) 법률상 원인 없이 타인의 재산 또는 노무로 인하여 이익을 얻고 그로 인하여 타인에게 손해를 가한 경우, 그 취득한 것이 금전상의 이득인 때에는 그 금전은 이를 취득한 자가 소비하였는가의 여부를 불문하고 현존하는 것으로 추정된다(대판 1996.12.10. 96다32881).

정답 ⑤

06 ① (×) 수인이 공동의 불법행위로 타인에게 손해를 가한 때에는 연대하여 그 손해를 배상할 책임이 있다. 교사자나 방조자는 공동행위자로 본다(민법 제760조 제1항, 제3항). 공동불법행위에 있어 방조라 함은 불법행위를 용이하게 하는 직접·간접의 모든 행위를 가리키는 것으로서 형법과 달리 손해의 전보를 목적으로 하여 과실을 원칙적으로 고의와 동일시하는 민법의 해석으로서는 과실에 의한 방조도 가능하다고 할 것이며, 이 경우의 과실의 내용은 불법행위에 도움을 주지 않아야 할 주의의무가 있음을 전제로 하여 이 의무에 위반하는 것을 말한다(대판 2009.4.23. 2009다1313).
② (○) 심신상실 중에 타인에게 손해를 가한 자는 배상의 책임이 없다. 그러나 고의 또는 과실로 인하여 심신상실을 초래한 때에는 그러하지 아니하다(민법 제754조).
③ (○) 사용자는 근로계약에 수반되는 신의칙상의 부수적 의무로서 피용자가 노무를 제공하는 과정에서 생명, 신체, 건강을 해치는 일이 없도록 인적·물적 환경을 정비하는 등 필요한 조치를 강구하여야 할 보호의무를 부담하고, 이러한 보호의무를 위반함으로써 피용자가 손해를 입은 경우 이를 배상할 책임이 있다(대판 2001.7.27. 99다56734).
④ (○) 채무가 고의의 불법행위로 인한 것인 때에는 그 채무자[가해자(註)]는 상계로 채권자[피해자(註)]에게 대항하지 못한다(민법 제496조). 즉, 고의로 인한 불법행위채권을 수동채권으로 하는 상계는 금지된다. 민법 제496조의 취지는, 고의의 불법행위에 의한 손해배상채권에 대하여 상계를 허용한다면 고의로 불법행위를 한 자까지도 상계권 행사로 현실적으로 손해배상을 지급할 필요가 없게 되어 보복적 불법행위를 유발하게 될 우려가 있고, 또 고의의 불법행위로 인한 피해자가 가해자의 상계권 행사로 인하여 현실의 변제를 받을 수 없는 결과가 됨은 사회적 정의관념에 맞지 아니하므로 고의에 의한 불법행위의 발생을 방지함과 아울러 고의의 불법행위로 인한 피해자에게 현실의 변제를 받게 하려는 데 있다(대판 2002.1.25. 2001다52506).
⑤ (○) 미성년자가 성폭력, 성추행, 성희롱, 그 밖의 성적(性的) 침해를 당한 경우에 이로 인한 손해배상청구권의 소멸시효는 그가 성년이 될 때까지는 진행되지 아니한다(민법 제766조 제3항).

정답 ①

07 부당이득에 관한 설명으로 옳은 것은?(다툼이 있으면 판례에 따름) 기출 23

① 법률상 원인 없는 이득이 있다면 그 이득으로 인해 타인에게 손해가 발생한 것이 아니더라도 그 타인은 부당이득반환청구를 할 수 있다.
② 변제기에 있지 아니한 채무를 착오 없이 변제한 때에는 그 변제한 것의 반환을 청구할 수 있다.
③ 부동산 실권리자명의 등기에 관한 법률에 위반되어 무효인 명의신탁약정에 기하여 타인 명의로 등기를 마쳐준 것은 당연히 불법원인급여에 해당한다.
④ 선의의 수익자가 패소한 때에는 그 소가 확정된 때로부터 악의의 수익자로 본다.
⑤ 제한행위능력을 이유로 법률행위를 취소한 경우 제한능력자는 선의・악의를 묻지 않고 그 행위로 인하여 받은 이익이 현존하는 한도에서 상환할 책임이 있다.

- 해설 및 정답 -

07 ① (×) 법률상 원인 없이 타인의 재산 또는 노무로 인하여 이익을 얻고 <u>이로 인하여 타인에게 손해를 가한 자는 그 이익을 반환하여야 한다</u>(민법 제741조). 부당이득은 법률상 원인 없이 타인의 재산 또는 노무로 인하여 이익을 얻고 이로 인하여 타인에게 손해를 가함으로써 성립하는 것이므로, <u>법률상 원인 없는 이득이 있다 하더라도 그로 인하여 타인에게 손해가 발생한 것이 아니라면 그 타인은 부당이득반환청구권자가 될 수 없다</u>(대판 2011.7.28. 2009다100418).

② (×) <u>변제기에 있지 아니한 채무를 변제한 때에는 그 반환을 청구하지 못한다. 그러나 채무자가 착오로 인하여 변제한 때에는 채권자는 이로 인하여 얻은 이익을 반환하여야 한다</u>(민법 제743조).

③ (×) <u>부동산 실권리자명의 등기에 관한 법률이 규정하는 명의신탁약정은</u> 부동산에 관한 물권의 실권리자가 타인과의 사이에서 대내적으로는 실권리자가 부동산에 관한 물권을 보유하거나 보유하기로 하고 그에 관한 등기는 그 타인의 명의로 하기로 하는 약정을 말하는 것일 뿐이므로, <u>그 자체로 선량한 풍속 기타 사회질서에 위반하는 경우에 해당한다고 단정할 수 없을 뿐만 아니라</u>, 위 법률은 원칙적으로 명의신탁약정과 그 등기에 기한 물권변동만을 무효로 하고 명의신탁자가 다른 법률관계에 기하여 등기회복 등의 권리행사를 하는 것까지 금지하지는 않는 대신, 명의신탁자에 대하여 행정적 제재나 형벌을 부과함으로써 사적자치 및 재산권보장의 본질을 침해하지 않도록 규정하고 있으므로, 위 법률이 비록 부동산등기제도를 악용한 투기·탈세·탈법행위 등 반사회적 행위를 방지하는 것 등을 목적으로 제정되었다고 하더라도, <u>무효인 명의신탁약정에 기하여 타인 명의의 등기가 마쳐졌다는 이유만으로 그것이 당연히 불법원인급여에 해당한다고 볼 수 없다</u>(대판 2003.11.27. 2003다41722).

④ (×) 수익자가 이익을 받은 후 법률상 원인 없음을 안 때에는 그때부터 악의의 수익자로서 이익반환의 책임이 있다. 선의의 수익자가 패소한 때에는 <u>그 소를 제기한 때부터 악의의 수익자로 본다</u>(민법 제749조).

⑤ (○) 선의의 수익자는 그 받은 이익이 현존한 한도에서 부당이득반환의 책임이 있지만, 악의의 수익자는 그 받은 이익에 이자를 붙여 반환하고 손해가 있으면 이를 배상하여야 한다(민법 제748조). 다만, <u>제한능력자는 그 행위로 인하여 받은 이익이 현존하는 한도에서 상환(償還)할 책임이 있다</u>(민법 제141조). 제한능력자의 책임을 제한하는 <u>민법 제141조 단서는 부당이득에 있어 수익자의 반환범위를 정한 민법 제748조의 특칙으로서 제한능력자의 보호를 위해 그 선의·악의를 묻지 아니하고 반환범위를 현존 이익에 한정시키려는 데 그 취지가 있다</u>(대판 2009.1.15. 2008다58367 참조).

정답 ⑤

CHAPTER 01   사회보장기본법

CHAPTER 02   고용보험법

CHAPTER 03   산업재해보상보험법

CHAPTER 04   국민연금법

CHAPTER 05   국민건강보험법

CHAPTER 06   고용보험 및 산업재해보상보험의 보험료징수 등에 관한 법률

사회보험법

출제경향 & 수험대책

2024년 실시된 제33회 공인노무사 1차시험부터 사보법 시험문제가 40문항으로 증가하여 주요조문에 대한 출제뿐만 아니라 예상과는 달리 지엽적인 조문에 대한 출제도 상당한 정도로 이루어져 수험생들을 곤혹스럽게 하였다는 후문이다. 생각건대 사보법은 주로 고보법, 산재법, 징수법 분야에서 많은 출제가 이루어지고 있고 이들 법령을 대상으로 세부적인 부분까지 출제되므로 주요조문을 정확하게 숙지하여야 하고, 상대적으로 중요도가 낮았으나 출제비율이 높아지고 있는 연금법, 건강법은 기출지문 중심으로 정리하면 충분할 것으로 보인다. 마지막으로 최근 개정부분은 반드시 출제된다고 생각하고 시험장에 들어갈 때까지 반복하여 눈에 익힐 필요가 있다.

빈출지문 OX 학습 전 평가

CHAPTER 01 사회보장기본법

01 국가와 지방자치단체는 모든 국민의 인간다운 생활과 자립, 사회참여, 자아실현 등을 지원하여 삶의 질이 향상될 수 있도록 사회서비스에 관한 시책을 마련하여야 한다. ( )

02 사회보장에 관한 다른 법률을 제정하거나 개정하는 경우에는 사회보장기본법에 부합되도록 하여야 한다. ( )

03 보건복지부장관은 기본계획의 효율적 수립을 위하여 기본계획 작성지침을 작성하여 이를 관계 중앙행정기관의 장에게 통보하여야 한다.. ( )

04 지방자치단체의 장이 사회보장제도를 신설하려는 경우 매년 4월 30일까지 협의요청서를 보건복지부장관에게 제출해야 한다. ( )

05 사회보험은 국가와 지방자치단체의 책임으로 시행하고, 공공부조와 사회서비스는 국가의 책임으로 시행하는 것을 원칙으로 한다. ( )

06 국내에 거주하는 외국인에게 사회보장제도를 적용할 때에는 국민과 차별하지 아니하되 예외적으로 상호주의에 따를 수 있다. ( )

07 국가와 지방자치단체는 효과적인 사회보장정책의 수립·시행을 위하여 사회보장에 관한 통계를 작성·관리하여야 한다. ( )

08 고용노동부장관은 관계 중앙행정기관의 장과 협의하여 사회보장에 관한 기본계획을 5년마다 수립하여야 한다. ( )

CHAPTER 02 고용보험법

09 별정우체국법에 따른 별정우체국 직원, 사립학교교직원 연금법의 적용을 받는 사람, 어업 중 법인이 아닌 자가 상시 4명 이하의 근로자를 사용하는 사업 등에는 고용보험법의 적용이 제외된다. ( )

10 고용보험심사위원회의 재심사청구에 대한 심리는 공개하지 않음이 원칙이지만, 당사자의 양쪽 또는 어느 한 쪽이 신청한 경우에는 공개할 수 있다. ( )

11 장애인고용촉진 및 직업재활법 제2조 제1호에 따른 장애인의 피보험기간이 1년인 구직급여의 소정급여일수는 180일이다. ( )

12 같은 자녀에 대하여 자녀의 출생 후 18개월이 될 때까지 피보험자인 부모가 모두 육아휴직을 하는 경우(부모의 육아휴직기간이 전부 또는 일부 겹치지 않은 경우를 포함한다) 그 부모인 피보험자의 육아휴직 급여의 월별 지급액은 육아휴직 7개월째부터 육아휴직 종료일까지는 육아휴직 시작일을 기준으로 한 각 피보험자의 월 통상임금의 100분의 80에 해당하는 금액으로 한다. 다만, 해당 금액이 160만원을 넘는 경우에는 부모 각각에 대하여 160만원으로 하고, 해당 금액이 70만원보다 적은 경우에는 부모 각각에 대하여 70만원으로 한다. ( )

13 구직급여, 장해급여, 광역 구직활동비, 직업능력개발 수당, 조기재취업 수당 중 고용보험법상 실업급여의 종류에 해당하지 않는 것은 장해급여이다. ( )

▶정답과 해설◀ 01 O 02 O 03 O 04 × 05 × 06 × 07 O 08 × 09 O 10 ×
11 O 12 O 13 O

✔ 오답분석

04 중앙행정기관의 장과 지방자치단체의 장은 사회보장제도를 신설하려는 경우 매년 4월 30일(지방자치단체의 장의 경우에는 6월 30일)까지 일정한 사항을 포함한 협의요청서를 보건복지부장관에게 제출해야 한다.
05 사회보험은 국가의 책임으로 시행하고, 공공부조와 사회서비스는 국가와 지방자치단체의 책임으로 시행하는 것을 원칙으로 한다.
06 국내에 거주하는 외국인에게 사회보장제도를 적용할 때에는 상호주의의 원칙에 따르되, 관계법령에서 정하는 바에 따른다.
08 보건복지부장관은 관계 중앙행정기관의 장과 협의하여 사회보장에 관한 기본계획을 5년마다 수립하여야 한다.
10 심사위원회의 재심사청구에 대한 심리는 공개한다. 다만, 당사자의 양쪽 또는 어느 한 쪽이 신청한 경우에는 공개하지 아니할 수 있다.

14 고용노동부장관이 실업의 급증 등 고용사정이 악화되어 고용안정을 위하여 필요하다고 인정할 때에는 1년의 범위에서 고용노동부장관이 정하여 고시하는 기간에 사업주가 피보험자의 임금을 보전하기 위하여 지급한 금품의 3분의 2 이상 10분의 7 이하로서 고용노동부장관이 정하여 고시하는 비율에 해당하는 금액을 고용유지지원금으로 한다. ( )

15 훈련연장급여를 지급하는 경우에 그 일액은 해당 수급자격자의 구직급여일액의 100분의 70으로 한다. ( )

16 폐업한 자영업자인 피보험자가 법령을 위반하여 영업 정지를 받아 폐업한 경우라도 직업안정기관의 장이 인정하는 경우에는 수급자격이 있는 것으로 본다. ( )

CHAPTER 03 산업재해보상보험법

17 산업안전보건법에 따른 산업재해 보상의 세부계획에 관한 사항은 산업재해보상보험 및 예방심의위원회의 심의사항에 해당한다. ( )

18 산업재해보상보험 및 예방심의위원회의 회의는 재적위원 과반수의 출석으로 개의하고, 출석위원 3분의 2 이상의 찬성으로 의결한다. ( )

19 직업훈련비용의 금액은 고용노동부장관이 훈련비용, 훈련기간 및 노동시장의 여건 등을 고려하여 고시하는 금액의 범위에서 실제 드는 비용으로 한다. ( )

20 산업재해보상보험법상 유족급여에 해당하는 유족보상연금액상 기본금액은 급여기초연액의 100분의 45에 상당하는 금액이다. ( )

21 산업재해보상보험법상 재심사위원회 위원(당연직위원은 제외)의 임기는 3년으로 하되 연임할 수 있고, 위원장이나 위원의 임기가 끝난 경우 그 후임자가 임명될 때까지 그 직무를 수행한다. ( )

22 요양을 받고 있는 근로자가 그 요양기간 중 단시간 취업을 하는 경우에는 취업한 시간에 해당하는 그 근로자의 평균임금에서 취업한 시간에 대한 임금을 뺀 금액의 100분의 70에 상당하는 금액을 지급할 수 있다. ( )

23 장해급여자 중 훈련대상자에 대하여 실시하는 직업훈련에 드는 비용 및 직업훈련수당은 직업재활급여에 포함된다. ( )

24 보험급여의 수급권자가 사망한 경우에 아직 지급되지 아니한 보험급여가 있으면 그 수급권자의 유족의 청구와 관계없이 그 보험급여를 지급한다. ( )

CHAPTER 04 국민연금법

25 배우자의 가입기간 중의 혼인 기간이 5년 이상인 자가 배우자와 이혼하였을 것, 배우자였던 사람이 노령연금 수급권자일 것, 60세가 되었을 것의 요건을 모두 갖추면 그때부터 그가 생존하는 동안 배우자였던 자의 노령연금을 분할한 일정한 금액의 연금을 받을 수 있다. ( )

26 심사청구는 그 처분이 있음을 안 날부터 90일 이내에 문서로 하여야 하며, 처분이 있은 날부터 180일을 경과하면 이를 제기하지 못한다. 다만, 정당한 사유로 그 기간에 심사청구를 할 수 없었음을 증명하면 그 기간이 지난 후에도 심사 청구를 할 수 있다. ( )

27 지역가입자가 사업장가입자의 자격을 취득한 때에는 그에 해당하게 된 날의 다음 날에 그 자격을 상실한다. ( )

▶ **정답과 해설** ◀   14 ×   15 ×   16 ×   17 ×   18 ×   19 ○   20 ×   21 ○   22 ×   23 ○
24 ×   25 ○   26 ○   27 ×

✔ **오답분석**

14 사업주가 피보험자의 임금을 보전하기 위하여 지급한 금품의 4분의 3 이상 10분의 9 이하로서 고용노동부장관이 정하여 고시하는 비율에 해당하는 금액을 고용유지지원금으로 한다.

15 훈련연장급여를 지급하는 경우에 그 일액은 해당 수급자격자의 구직급여일액의 100분의 100으로 하고, 개별연장급여 또는 특별연장급여를 지급하는 경우에 그 일액은 해당 수급자격자의 구직급여일액의 100분의 70을 곱한 금액으로 한다.

16 폐업한 자영업자인 피보험자가 법령을 위반하여 허가 취소를 받거나 영업 정지를 받음에 따라 폐업한 경우에 해당한다고 직업안정기관의 장이 인정하는 경우에는 수급자격이 없는 것으로 본다.

17 산업안전보건법에 따른 산업재해 보상의 세부계획에 관한 사항은 산재법 시행령 제3조에서 정한 산업재해보상보험 및 예방심의위원회의 심의사항에는 해당하지 아니한다.

18 위원회의 회의는 재적위원 과반수의 출석으로 개의하고, 출석위원 과반수의 찬성으로 의결한다.

20 유족보상연금액상 기본금액은 급여기초연액의 100분의 47에 상당하는 금액이다.

22 그 근로자의 평균임금에서 그 취업한 날 또는 취업한 시간에 대한 임금을 뺀 금액의 100분의 80에 상당하는 금액을 지급할 수 있다.

24 보험급여의 수급권자가 사망한 경우에 그 수급권자에게 지급하여야 할 보험급여로서 아직 지급되지 아니한 보험급여가 있으면 그 수급권자의 유족(유족급여의 경우에는 그 유족급여를 받을 수 있는 다른 유족)의 청구에 따라 그 보험급여를 지급한다.

27 지역가입자가 사업장가입자의 자격을 취득한 때에는 그에 해당하게 된 날에 그 자격을 상실한다.

28 장애연금 수급권자가 고의나 중대한 과실로 요양 지시에 따르지 아니하거나 정당한 사유 없이 요양지시에 따르지 아니하여 회복을 방해한 때에는 급여의 전부 또는 일부의 지급을 정지할 수 있다. (   )

29 급여로 지급된 금액에 대하여는 조세특례제한법이나 그 밖의 법률 또는 지방자치단체가 조례로 정하는 바에 따라 조세, 그 밖에 국가 또는 지방자치단체의 공과금을 감면할 수 없다. (   )

30 국민연금공단은 장애연금 수급권자의 장애 정도를 심사하여 장애등급에 해당되지 아니하면 장애연금액을 변경한다. (   )

31 연금보험료, 환수금, 그 밖의 이 법에 따른 징수금을 징수하거나 환수할 권리는 3년간, 급여(제77조 제1항 제1호에 따른 반환일시금은 제외한다)를 받거나 과오납금을 반환받을 수급권자 또는 가입자 등의 권리는 5년간 행사하지 아니하면 각각 소멸시효가 완성된다. (   )

32 급여의 종류는 노령연금, 장애연금, 유족연금, 반환일시금, 장례비가 있다. (   )

33 국민연금 임의가입자는 보건복지부령으로 정하는 바에 따라 국민연금공단에 신청하여 탈퇴할 수 있다. (   )

CHAPTER 05 국민건강보험법

34 직장가입자의 보수월액은 직장가입자가 지급받는 보수를 기준으로 하여 산정한다. (   )

35 휴직으로 보수의 전부 또는 일부가 지급되지 아니하는 가입자의 보수월액보험료는 해당 사유가 생기기 전 달의 보수월액을 기준으로 산정한다. (   )

36 국민건강보험법상 이의신청은 처분이 있음을 안 날부터 90일 이내에, 처분이 있은 날부터 1년 이내에 문서로 하여야 한다. (   )

37 국민건강보험법령상 지역가입자의 재산보험료부과점수당 금액은 208.4원이다. (   )

38 국민건강보험법상 보험료는 가입자의 자격을 취득한 날이 속하는 달의 다음 달부터 가입자의 자격을 잃은 날의 전날이 속하는 달의 다음 달까지 징수한다. (   )

39 휴직이나 그 밖의 사유로 보수의 전부 또는 일부가 지급되지 아니하는 가입자의 보수 월액보험료는 해당 사유가 생긴 달의 보수월액을 기준으로 산정한다. (   )

40 국민건강보험공단은 직장가입자에게 실시하는 일반건강검진의 실시에 관한 사항을 해당 사용자에게 통보해야 한다. ( )

41 국민건강보험법령상 60세 이상인 사람은 보험료 경감대상이 될 수 있다. ( )

CHAPTER 06 고용보험 및 산업재해보상보험의 보험료징수 등에 관한 법률

42 고용보험 및 산업재해보상보험의 보험료징수 등에 관한 법령상 국가·지방자치단체가 직접 하는 사업의 고용안정·직업능력개발사업의 보험료율은 1만분의 85이다. ( )

43 근로복지공단은 보험료율이 인상 또는 인하된 때에는 월별보험료 및 개산보험료를 증액 또는 감액 조정하고, 월별보험료가 증액된 때에는 국민건강보험공단이, 개산보험료가 증액된 때에는 근로복지공단이 각각 징수한다. ( )

44 보험료율 인상으로 증액 조정된 보험료의 추가 납부를 통지받은 사업주는 납부기한까지 증액된 보험료를 내야 한다. 다만, 근로복지공단 또는 국민건강보험공단은 정당한 사유가 있다고 인정되는 경우에는 30일의 범위에서 그 납부기한을 한 번 연장할 수 있다. ( )

▶ 정답과 해설 ◀ 28 ○ 29 × 30 × 31 ○ 32 × 33 ○ 34 ○ 35 ○ 36 × 37 ○
38 × 39 × 40 ○ 41 × 42 ○ 43 ○ 44 ○

✔ 오답분석
29 급여로 지급된 금액에 대하여는 조세특례제한법이나 그 밖의 법률 또는 지방자치단체가 조례로 정하는 바에 따라 조세, 그 밖에 국가 또는 지방자치단체의 공과금을 감면한다.
30 공단은 장애연금 수급권자의 장애 정도를 심사하여 장애등급에 해당되지 아니하면 장애연금 수급권을 소멸시킨다.
32 장례비는 해당되지 않는다.
36 이의신청은 처분이 있음을 안 날부터 90일 이내에 문서로 하여야 하며 처분이 있은 날부터 180일을 지나면 제기하지 못한다.
38 보험료는 가입자의 자격을 취득한 날이 속하는 달의 다음 달부터 가입자의 자격을 잃은 날의 전날이 속하는 달까지 징수한다.
39 휴직이나 그 밖의 사유로 보수의 전부 또는 일부가 지급되지 아니하는 가입자의 보수월액보험료는 해당 사유가 생기기 전 달의 보수월액을 기준으로 산정한다.
41 65세 이상인 사람은 보험료 경감대상이 될 수 있다.

45 고용보험 및 산업재해보상보험의 보험료징수 등에 관한 법률에 따른 징수금의 독촉에 따라 중단된 소멸시효는 독촉한 날부터 새로 진행한다. ( )

46 국민건강보험공단은 보험료율이 인상 또는 인하된 때에는 개산보험료를 증액 또는 감액 조정하고, 이를 징수한다. ( )

47 국민건강보험공단은 보험가입자가 보험료를 납부기한까지 내지 아니하면 기한을 정하여 그 납부의무자에게 징수금을 낼 것을 독촉하여야 한다. 국민건강보험공단이 독촉을 하는 경우에는 독촉장을 발급하여야 한다. 이 경우의 납부기한은 독촉장 발급일부터 10일 이상의 여유가 있도록 하여야 한다. ( )

48 일괄적용사업의 사업주는 사업의 개시일부터 14일 이내에 끝나는 사업의 경우에는 그 끝나는 날의 다음 날까지 개시 및 종료 사실을 근로복지공단에 신고하여야 한다. ( )

49 고용보험 및 산업재해보상보험의 보험료징수 등에 관한 법령상 예술인과 이들을 상대방으로 하여 문화예술용역 관련 계약을 체결한 사업의 사업주에 대한 고용보험료율은 1천분의 24이다. ( )

▶ **정답과 해설** ◀   45 ×   46 ×   47 ○   48 ×   49 ×

✔ **오답분석**

45 징수금의 독촉에 따라 중단된 소멸시효는 독촉에 의한 납부기한이 지난 때부터 새로 진행한다.

46 근로복지공단은 보험료율이 인상 또는 인하된 때에는 월별보험료 및 개산보험료를 증액 또는 감액 조정하고, 월별보험료가 증액된 때에는 국민건강보험공단이, 개산보험료가 증액된 때에는 근로복지공단이 각각 징수한다.

48 일괄적용사업의 사업주는 그 각각의 사업의 개시일 및 종료일부터 각각 14일 이내에 그 개시 및 종료 사실을 근로복지공단에 신고하여야 한다. 다만, 사업의 개시일부터 14일 이내에 끝나는 사업의 경우에는 그 끝나는 날의 전날까지 신고하여야 한다.

49 문화예술용역 관련 계약을 체결한 사업의 사업주에 대한 고용보험료율은 1천분의 16으로 한다.

CHAPTER 01 사회보장기본법

출제포인트
- 사회보장의 기본개념
- 사회보장의 주체와 책임, 대상
- 사회보장을 받을 권리
- 사회보장위원회
- 사회보장제도 비용의 부담

제1절 사회보장기본법의 개관

사회보장기본법은 사회보장제도의 기본적인 사항을 법률로써 규정한 것이다. 현대 복지국가에서의 사회보장제도는 각 국가마다 상이한 형태로 운영되고 있지만, 사회보장의 기본적 형태는 소득보장과 의료보장을 중심축으로 구성되고 있다.

제2절 사회보장기본법의 주요 내용

I 서 설

1. 목적과 기본이념

(1) 목적(법 제1조)

사회보장기본법은 사회보장에 관한 국민의 권리와 국가 및 지방자치단체의 책임을 정하고 사회보장정책의 수립·추진과 관련 제도에 관한 기본적인 사항을 규정함으로써 국민의 복지증진에 이바지하는 것을 목적으로 한다. 기출 18

(2) 기본이념(법 제2조)

사회보장은 모든 국민이 다양한 사회적 위험으로부터 벗어나 행복하고 인간다운 생활을 향유할 수 있도록 자립을 지원하며, 사회참여·자아실현에 필요한 제도와 여건을 조성하여 사회통합과 행복한 복지사회를 실현하는 것을 기본 이념으로 한다. 기출 18

2. 사회보장의 기본개념(법 제3조)

기본개념	내 용
사회보장	출산, 양육, 실업, 노령, 장애, 질병, 빈곤 및 사망 등의 사회적 위험으로부터 모든 국민을 보호하고 국민 삶의 질을 향상시키는 데 필요한 소득·서비스를 보장하는 사회보험, 공공부조, 사회서비스 기출 16
사회보험	국민에게 발생하는 사회적 위험을 보험의 방식으로 대처함으로써 국민의 건강과 소득을 보장하는 제도 기출 22
공공부조	국가와 지방자치단체의 책임 하에 생활 유지 능력이 없거나 생활이 어려운 국민의 최저생활을 보장하고 자립을 지원하는 제도 기출 20
사회서비스	국가·지방자치단체 및 민간부문의 도움이 필요한 모든 국민에게 복지, 보건의료, 교육, 고용, 주거, 문화, 환경 등의 분야에서 인간다운 생활을 보장하고 상담, 재활, 돌봄, 정보의 제공, 관련 시설의 이용, 역량 개발, 사회참여 지원 등을 통하여 국민의 삶의 질이 향상되도록 지원하는 제도
평생사회안전망	생애주기에 걸쳐 보편적으로 충족되어야 하는 기본욕구와 특정한 사회위험에 의하여 발생하는 특수욕구를 동시에 고려하여 소득·서비스를 보장하는 맞춤형 사회보장제도
사회보장 행정데이터	국가, 지방자치단체, 공공기관 및 법인이 법령에 따라 생성 또는 취득하여 관리하고 있는 자료 또는 정보로서 사회보장정책 수행에 필요한 자료 또는 정보

3. 다른 법률과의 관계

사회보장에 관한 다른 법률을 제정하거나 개정하는 경우에는 이 법에 부합되도록 하여야 한다(법 제4조).

기출 22

Ⅱ 사회보장의 책임

1. 국가와 지방자치단체의 책임(법 제5조)

① 국가와 지방자치단체는 모든 국민의 인간다운 생활을 유지·증진하는 책임을 가진다. 기출 16·21
② 국가와 지방자치단체는 사회보장에 관한 책임과 역할을 합리적으로 분담하여야 한다. 기출 16·21·22
③ 국가와 지방자치단체는 국가 발전수준에 부응하고 사회환경의 변화에 선제적으로 대응하며 지속가능한 사회보장제도를 확립하고 매년 이에 필요한 재원을 조달하여야 한다. 기출 16·21

2. 국가등과 가정(법 제6조)

① 국가와 지방자치단체는 가정이 건전하게 유지되고 그 기능이 향상되도록 노력하여야 한다.

기출 14·16·22

② 국가와 지방자치단체는 사회보장제도를 시행할 때에 가정과 지역공동체의 자발적인 복지활동을 촉진하여야 한다. 기출 22

3. 국민의 책임(법 제7조)

① 모든 국민은 자신의 능력을 최대한 발휘하여 자립·자활(自活)할 수 있도록 노력하여야 한다.
　기출 14

② 모든 국민은 경제적·사회적·문화적·정신적·신체적으로 보호가 필요하다고 인정되는 사람에게 지속적인 관심을 가지고 이들이 보다 나은 삶을 누릴 수 있는 사회환경 조성에 서로 협력하고 노력하여야 한다.

③ 모든 국민은 관계 법령에서 정하는 바에 따라 사회보장급여에 필요한 비용의 부담, 정보의 제공 등 국가의 사회보장정책에 협력하여야 한다.

4. 외국인에 대한 적용(법 제8조)

국내에 거주하는 외국인에게 사회보장제도를 적용할 때에는 상호주의의 원칙에 따르되, 관계 법령에서 정하는 바에 따른다. 　기출 18·20·22

Ⅲ 사회보장을 받을 권리(사회보장수급권)

1. 수급권자

① 모든 국민은 사회보장에 관한 관계법령이 정하는 바에 따라 사회보장의 급여를 받을 권리(사회보장수급권)를 가진다(법 제9조). 　기출 14

② 국내에 거주하는 외국인에게 사회보장제도를 적용할 때에는 상호주의의 원칙에 따르되, 관계 법령에서 정하는 바에 따른다(법 제8조).

③ 사회보장의 대상자는 모든 국민(예외적으로 외국인포함)이고 수급권자는 구체적으로 사회보장수급권이 부여되는 사람이다.

2. 급여수준(법 제10조)

① 국가와 지방자치단체는 모든 국민이 건강하고 문화적인 생활을 유지할 수 있도록 사회보장급여의 수준 향상을 위하여 노력하여야 한다.

② 국가는 관계법령에서 정하는 바에 따라 최저보장수준과 최저임금을 매년 공표하여야 한다.
　기출 14·15·22

③ 국가와 지방자치단체는 최저보장수준과 최저임금 등을 고려하여 사회보장급여의 수준을 결정하여야 한다.
　기출 17·18

3. 급여신청(법 제11조)

① 사회보장급여를 받으려는 사람은 관계 법령에서 정하는 바에 따라 국가나 지방자치단체에 신청하여야 한다. 다만, 관계 법령에서 따로 정하는 경우에는 국가나 지방자치단체가 신청을 대신할 수 있다.
　기출 14·15

② 사회보장급여를 신청하는 사람이 다른 기관에 신청한 경우에는 그 기관은 지체 없이 이를 정당한 권한이 있는 기관에 이송하여야 한다. 이 경우 정당한 권한이 있는 기관에 이송된 날을 사회보장급여의 신청일로 본다. 　기출 15

4. 수급권의 보호, 제한 및 포기

(1) 보호(법 제12조)

사회보장수급권은 관계 법령에서 정하는 바에 따라 다른 사람에게 양도하거나 담보로 제공할 수 없으며, 이를 압류할 수 없다(일신전속권). 기출 18 · 19 · 20 · 21

(2) 제한(법 제13조)

① 사회보장수급권은 제한되거나 정지될 수 없다. 다만, 관계 법령에서 따로 정하고 있는 경우에는 제한되거나 정지될 수 있다. 기출 14 · 17 · 19 · 21

② 사회보장수급권이 제한되거나 정지되는 경우에는 제한 또는 정지하는 목적에 필요한 최소한의 범위에 그쳐야 한다. 기출 17 · 19 · 21 · 22

(3) 포기(법 제14조)

① 사회보장수급권은 정당한 권한이 있는 기관에 서면으로 통지하여 이를 포기할 수 있다. 기출 14 · 15 · 17 · 22 · 23

② 사회보장수급권의 포기는 취소할 수 있다. 다만, 사회보장수급권을 포기하는 것이 다른 사람에게 피해를 주거나 사회보장에 관한 관계 법령에 위반되는 경우에는 사회보장수급권을 포기할 수 없다. 기출 18 · 19 · 20 · 21 · 23

5. 불법행위에 대한 구상권(법 제15조)

제3자의 불법행위로 피해를 입은 국민이 그로 인하여 사회보장수급권을 가지게 된 경우 사회보장제도를 운영하는 자는 그 불법행위의 책임이 있는 자에 대하여 관계 법령에서 정하는 바에 따라 구상권을 행사할 수 있다. 기출 19

IV 사회보장 기본계획의 수립

1. 사회보장 기본계획의 수립(법 제16조)

(1) 기본계획의 수립연한

보건복지부장관은 관계 중앙행정기관의 장과 협의하여 사회보장 증진을 위하여 사회보장에 관한 기본계획을 5년마다 수립하여야 한다. 기출 15 · 17 · 20 · 23 · 25

(2) 기본계획에 포함되어야 할 사항

① 국내외 사회보장환경의 변화와 전망 기출 15
② 사회보장의 기본목표 및 중장기 추진방향
③ 주요 추진과제 및 추진방법
④ 필요한 재원의 규모와 조달방안
⑤ 사회보장 관련 기금 운용방안
⑥ 사회보장 전달체계 기출 20
⑦ 그 밖에 사회보장정책의 추진에 필요한 사항

(3) 기본계획의 확정 및 변경

기본계획은 사회보장위원회와 국무회의의 심의를 거쳐 확정한다. 기본계획 중 대통령령으로 정하는 중요한 사항을 변경하려는 경우에도 같다. 기출 15·20·25

> **사회보장 기본계획의 수립(영 제3조)**
> ① 보건복지부장관은 「사회보장기본법」(이하 "법"이라 한다) 제16조 제1항에 따른 사회보장에 관한 기본계획(이하 "기본계획"이라 한다)의 효율적 수립을 위하여 기본계획 작성지침을 작성하여 이를 관계 중앙행정기관의 장에게 통보하여야 한다. 기출 25
> ② 관계 중앙행정기관의 장은 제1항에 따라 통보받은 기본계획 작성지침에 따라 소관별 기본계획안을 작성하여 보건복지부장관에게 제출하여야 하고, 보건복지부장관은 이를 종합한 기본계획안을 작성하여 법 제16조 제3항에 따른 절차에 따라 기본계획을 확정하여야 한다. 기출 25
> ③ 법 제16조 제3항에서 "대통령령으로 정하는 중요사항"이란 다음 각 호의 사항을 말한다.
>   1. 사회보장의 기본목표 및 중장기 추진방향
>   2. 주요 추진과제 및 추진방법
>   3. 필요한 재원의 규모와 조달방안
>   4. 그 밖에 사회보장 전달체계 관련 사항 등 법 제20조에 따른 사회보장위원회(이하 "위원회"라 한다)에서 심의가 필요하다고 인정하는 사항
>
> **다른 계획과의 관계(영 제4조)**
> ① 다른 법령에 따라 수립되는 사회보장에 관한 계획은 기본계획의 주요 내용을 반영하여야 한다.
> ② 관계 중앙행정기관의 장은 소관 사회보장에 관한 계획을 수립·변경하는 경우 그 내용을 보건복지부장관에게 통보하여야 한다.
> ③ 보건복지부장관은 제2항에 따라 관계 중앙행정기관의 장이 통보한 내용을 종합하여 위원회에 보고하여야 한다.

2. 다른 계획과의 관계(법 제17조) 기출 17·20·25

기본계획은 다른 법령에 따라 수립되는 사회보장에 관한 계획에 우선하며 그 계획의 기본이 된다.

3. 연도별 시행계획의 수립·시행 등(법 제18조)

① 보건복지부장관 및 관계 중앙행정기관의 장은 기본계획에 따라 사회보장과 관련된 소관 주요 시책의 시행계획(이하 "시행계획")을 매년 수립·시행하여야 한다. 기출 15·20
② 관계 중앙행정기관의 장은 소관 시행계획 및 전년도의 시행계획에 따른 추진실적을 대통령령으로 정하는 바에 따라 매년 보건복지부장관에게 제출하여야 한다.
③ 보건복지부장관은 관계 중앙행정기관 및 보건복지부 소관의 추진실적을 종합하여 성과를 평가하고, 그 결과를 사회보장위원회에 보고하여야 한다.
④ 보건복지부장관은 평가를 효율적으로 하기 위하여 이에 필요한 조사·분석 등을 전문기관에 의뢰할 수 있다.
⑤ 시행계획의 수립·시행 및 추진실적의 평가 등에 필요한 사항은 대통령령으로 정한다. 이에 따라 보건복지부장관은 시행계획에 따른 추진실적의 평가를 위한 지침을 작성하여 매년 1월 31일까지 관계 중앙행정기관의 장에게 통보하고, 관계 중앙행정기관의 장은 통보받은 평가지침에 따라 전년도 시행계획의 추진실적을 평가한 후 그 결과를 매년 3월 31일까지 보건복지부장관에게 제출하여야 한다. 보건복지부장관은 관계 중앙행정기관의 장이 제출한 평가결과를 종합·검토하여 위원회의 심의를 거친 후 그 결과를 매년 9월 30일까지 관계 중앙행정기관의 장에게 통보하여야 하고, 관계 중앙행정기관의 장은 통보받은 평가결과를 다음 연도 시행계획에 반영하여야 한다(제5항, 영 제6조). 기출 22

4. **지역계획의 수립·시행**(법 제19조)
   ① 특별시장·광역시장·특별자치시장·도지사 또는 특별자치도지사·시장(제주특별자치도 설치 및 국제자유도시 조성을 위한 특별법에 따른 행정시장을 포함)·군수·구청장(자치구의 구청장을 말한다)은 관계 법령으로 정하는 바에 따라 사회보장에 관한 지역계획(이하 "지역계획")을 수립·시행하여야 한다.
   ② 지역계획은 기본계획과 연계되어야 한다.

V 사회보장위원회

1. **소속**(법 제20조 제1항) 기출 15·20
   사회보장에 관한 주요시책을 심의·조정하기 위하여 국무총리 소속으로 사회보장위원회를 둔다.

2. **구성**(법 제21조 제1항 내지 제5항, 영 제8조, 제9조, 제9조의2) 기출 15·16·25
   ① 위원회는 위원장 1명, 부위원장 3명과 행정안전부장관, 고용노동부장관, 성평등가족부장관, 국토교통부장관을 포함한 30명 이내의 위원으로 구성한다.
   ② 위원장은 국무총리가 되고 부위원장은 교육부장관, 보건복지부장관 및 기획예산처장관이 된다.
   기출 20·21·25
   ③ 위원회의 위원장은 위원회를 대표하고, 위원회의 사무를 총괄한다. 위원장이 부득이한 사유로 직무를 수행할 수 없을 때에는 위원장이 미리 정한 부위원장 순서로 그 직무를 대행하고, 위원장과 부위원장이 모두 부득이한 사유로 그 직무를 수행할 수 없을 때에는 위원장이 미리 지명한 위원이 그 직무를 대행한다.
   기출 25
   ④ 위원회의 위원은 다음의 어느 하나에 해당하는 사람으로 한다.
      ㉠ 대통령령으로 정하는 관계 중앙행정기관의 장 : 법무부장관, 국가보훈부장관, 문화체육관광부장관, 농림축산식품부장관, 산업통상부장관, 기후에너지환경부장관 및 국무조정실장
      ㉡ 다음의 사람 중에서 대통령이 위촉하는 사람
         ㉮ 근로자를 대표하는 사람
         ㉯ 사용자를 대표하는 사람
         ㉰ 사회보장에 관한 학식과 경험이 풍부한 사람
         ㉱ 변호사 자격이 있는 사람
   ⑤ 대통령은 ④ ㉡의 위원이 ㉮ 심신장애로 인하여 직무를 수행할 수 없게 된 경우, ㉯ 직무와 관련된 비위사실이 있는 경우, ㉰ 직무태만, 품위손상이나 그 밖의 사유로 인하여 위원으로 적합하지 아니하다고 인정되는 경우, ㉱ 위원 스스로 직무를 수행하는 것이 곤란하다고 의사를 밝히는 경우 등의 어느 하나에 해당하는 때에는 해당 위원을 해촉할 수 있다. 기출 21
   ⑥ 위원회에 간사 2명을 두고, 간사는 국무조정실 사회조정실장과 보건복지부 사회복지정책실장으로 한다.
   기출 21
   ⑦ 위원의 임기는 2년으로 한다. 다만, 공무원인 위원의 임기는 그 재임 기간으로 한다. 기출 25
   ⑧ 보궐위원의 임기는 전임자 임기의 남은 기간으로 한다. 기출 16·20

3. 운영(법 제21조 제6항 내지 제8항, 영 제10조 내지 제13조)

(1) 회의의 운영

① 위원장은 위원회의 회의를 소집하고, 그 의장이 되며, 위원장은 위원회의 회의 개최일 7일 전까지 회의의 일시·장소 및 심의 안건을 위원회의 위원에게 통보하여야 한다. 다만, 긴급한 사유가 있는 경우에는 회의 일시 등을 회의 전날까지 통보할 수 있다.
② 위원회 회의는 재적위원 과반수의 출석으로 개의(開議)하고, 출석위원 과반수의 찬성으로 의결한다.
③ 위원회 심의를 위하여 필요하면 관계 중앙행정기관, 지방자치단체 및 공공기관의 장이나 소속 공무원·임직원 또는 관련 전문가를 참석하게 하여 의견을 듣거나, 관계 기관 등에 대하여 필요한 자료 또는 의견의 제출 등을 요청할 수 있다.
④ 위원회에 출석한 위원, 관계 기관·단체 등의 직원 또는 전문가에게는 예산의 범위에서 수당과 여비를 지급할 수 있다. 다만, 공무원이 그 소관업무와 직접 관련되어 출석한 경우에는 그러하지 아니한다.

(2) 실무위원회 및 전문위원회의 설치

① 위원회를 효율적으로 운영하고 위원회의 심의·조정사항을 전문적으로 검토하기 위하여 위원회에 실무위원회를 두며, 실무위원회에 분야별 전문위원회를 둘 수 있다. 기출 14·15·20 실무위원회는 공동위원장 2명을 포함하여 30명 이내의 위원으로 구성한다. 기출 21 실무위원회 위원의 임기는 2년으로 한다. 다만, 공무원인 위원의 임기는 그 재임기간으로 한다. 실무위원회의 위원 중 위촉된 위원의 사임 등으로 인하여 새로 위촉된 위원의 임기는 전임자 임기의 남은 기간으로 한다. 실무위원회에 간사 1명을 두고, 간사는 고위공무원단에 속하는 일반직공무원 중에서 보건복지부장관이 지명한다. 기출 25
② 실무위원회에서 의결한 사항은 위원장에게 보고하고 위원회의 심의를 거쳐야 한다. 다만, 대통령령으로 정하는 경미한 사항에 대하여는 실무위원회의 의결로써 위원회의 의결을 갈음할 수 있다.

(3) 사무국의 설치

위원회의 사무를 효율적으로 처리하기 위하여 보건복지부에 사무국을 둔다. 기출 20·21 위원장은 위원회 및 보건복지부에 두는 사무국 업무 수행을 위하여 필요한 경우 관계 행정기관·연구기관 또는 단체 등의 장과 협의하여 그 소속 공무원 또는 직원의 파견 또는 겸임을 요청할 수 있다.

4. 직무(위원회의 심의·조정사항)(법 제20조 제2항) 기출 12·23

① 사회보장 증진을 위한 기본계획
② 사회보장 관련 주요 계획
③ 사회보장제도의 평가 및 개선
④ 사회보장제도의 신설 또는 변경에 따른 우선순위
⑤ 둘 이상의 중앙행정기관이 관련된 주요 사회보장정책
⑥ 사회보장급여 및 비용 부담
⑦ 국가와 지방자치단체의 역할 및 비용 분담
⑧ 사회보장의 재정추계 및 재원조달 방안
⑨ 사회보장 전달체계 운영 및 개선
⑩ 사회보장통계
⑪ 사회보장정보의 보호 및 관리
⑫ 중앙행정기관의 장등의 신청에 따른 조정
⑬ 그 밖에 위원장이 심의에 부치는 사항

5. 관계행정기관의 협력(법 제20조 제3항·제4항)
   ① 위원장은 확정된 기본계획과 심의·조정한 결과를 관계 중앙행정기관의 장과 지방자치단체의 장에게 통지하여야 한다.
   ② 관계 중앙행정기관의 장과 지방자치단체의 장은 위원회의 심의·조정 사항을 반영하여 사회보장제도를 운영 또는 개선하여야 한다. `기출 15` 관계 중앙행정기관의 장과 지방자치단체의 장은 사회보장제도의 운영 또는 개선에 관한 결과를 보건복지부장관에게 제출하여야 한다.

Ⅵ 사회보장정책의 기본방향

1. 평생사회안전망의 구축·운영(법 제22조)
   ① 국가와 지방자치단체는 모든 국민이 생애 동안 삶의 질을 유지·증진할 수 있도록 평생사회안전망을 구축하여야 한다. `기출 15`
   ② 국가와 지방자치단체는 평생사회안전망을 구축·운영함에 있어 사회적 취약계층을 위한 공공부조를 마련하여 최저생활을 보장하여야 한다. `기출 15·23`

2. 사회서비스 보장(법 제23조)
   ① 국가와 지방자치단체는 모든 국민의 인간다운 생활과 자립, 사회참여, 자아실현 등을 지원하여 삶의 질이 향상될 수 있도록 사회서비스에 관한 시책을 마련하여야 한다. `기출 15·23`
   ② 국가와 지방자치단체는 사회서비스 보장과 소득보장이 효과적이고 균형적으로 연계되도록 하여야 한다.

3. 소득 보장(법 제24조)
   ① 국가와 지방자치단체는 다양한 사회적 위험 하에서도 모든 국민들이 인간다운 생활을 할 수 있도록 소득을 보장하는 제도를 마련하여야 한다.
   ② 국가와 지방자치단체는 공공부문과 민간부문의 소득보장제도가 효과적으로 연계되도록 하여야 한다.
   `기출 15`

Ⅶ 사회보장제도의 운영

1. 운영원칙(법 제25조)
   사회보장기본법에서 말하는 운영원칙은 보편성, 형평성, 민주성, 연계성 및 전문성을 말하는 것으로서, 이를 사회보장제도의 기본원칙으로 말한 베버리지(Beveridge), ILO 및 세계노동조합 등의 견해를 반영한 것으로 풀이할 수 있다.

(1) 보편성
   국가와 지방자치단체가 사회보장제도를 운영할 때에는 이 제도를 필요로 하는 모든 국민에게 적용하여야 한다. `기출 22`

(2) **형평성**

국가와 지방자치단체는 사회보장제도의 급여 수준과 비용 부담 등에서 형평성을 유지하여야 한다.

(3) **민주성**

국가와 지방자치단체는 사회보장제도의 정책 결정 및 시행 과정에 공익의 대표자 및 이해관계인 등을 참여시켜 이를 민주적으로 결정하고 시행하여야 한다. 기출 14

(4) **연계성 및 전문성**

국가와 지방자치단체가 사회보장제도를 운영할 때에는 국민의 다양한 복지 욕구를 효율적으로 충족시키기 위하여 연계성과 전문성을 높여야 한다.

(5) **시행책임**

사회보험은 국가의 책임으로 시행하고, 공공부조와 사회서비스는 국가와 지방자치단체의 책임으로 시행하는 것을 원칙으로 한다. 다만, 국가와 지방자치단체의 재정 형편 등을 고려하여 이를 협의·조정할 수 있다.

기출 14 · 19 · 22 · 25

2. 협의 및 조정(법 제26조, 영 제16조)

① 국가와 지방자치단체는 사회보장제도를 신설하거나 변경할 경우 기존 제도와의 관계, 사회보장 전달체계와 재정 등에 미치는 영향, 재원의 규모·조달방안을 포함한 재정에 미치는 영향 및 지역별 특성 등을 사전에 충분히 검토하고 상호협력하여 사회보장급여가 중복 또는 누락되지 아니하도록 하여야 한다(법 제26조 제1항). 기출 19 · 25

② 중앙행정기관의 장과 지방자치단체의 장은 사회보장제도를 신설하거나 변경할 경우 신설 또는 변경의 타당성, 기존 제도와의 관계, 사회보장 전달체계에 미치는 영향, 지역복지 활성화에 미치는 영향 및 운영 방안 등에 대하여 대통령령으로 정하는 바에 따라 보건복지부장관과 협의하여야 한다. 기출 14 중앙행정기관의 장과 지방자치단체의 장은 사회보장제도를 신설하려는 경우 매년 4월 30일(지방자치단체의 장의 경우에는 6월 30일)까지 다음의 사항을 포함한 협의요청서를 보건복지부장관에게 제출해야 한다(법 제26조 제2항, 영 제15조 제1항). 기출 25

㉠ 사업 대상, 지원 내용, 전달체계 등 사회보장제도 신설과 관련된 세부사업계획

㉡ 사회보장제도 신설에 따라 예상되는 사업의 성과

㉢ 그 밖에 대통령령으로 정하는 전문기관 또는 단체

㉣ 사회보장제도의 신설에 필요한 예산규모에 관한 사항

㉤ 그 밖에 사회보장제도의 신설에 따른 협의에 필요한 서류

③ 중앙행정기관의 장과 지방자치단체의 장은 업무를 효율적으로 수행하기 위하여 필요하다고 인정하는 경우에는 관련 자료의 수집·조사 및 분석에 관한 업무를 다음의 기관 또는 단체에 위탁할 수 있다(법 제26조 제3항).

㉠ 정부출연연구기관 등의 설립·운영 및 육성에 관한 법률에 따라 설립된 정부출연연구기관

㉡ 사회보장급여의 이용·제공 및 수급권자 발굴에 관한 법률에 따른 한국사회보장정보원

㉢ 그 밖에 대통령령으로 정하는 전문기관 또는 단체

④ 중앙행정기관의 장과 지방자치단체의 장은 보건복지부장관과 협의가 이루어지지 아니할 경우에는 위원회에 조정을 신청할 수 있다. 위원회는 조정 신청을 받은 날부터 60일 이내에 조정을 해야 한다. 다만, 부득이한 사유가 있는 경우에는 30일 이내의 범위에서 그 기간을 연장할 수 있다. 위원회는 조정을 하는 경우 해당 중앙행정기관의 장 또는 지방자치단체의 장으로부터 의견 진술 또는 제출의 요청을 받은 때에는 의견을 진술하거나 제출하게 해야 한다. 보건복지부장관은 위원회의 심의·조정 결과를 해당 중앙행정기관의 장, 기획재정부장관, 행정안전부장관 및 해당 지방자치단체의 장에게 통보해야 한다(법 제26조 제4항, 영 제16조).
⑤ 보건복지부장관은 사회보장급여 관련 업무에 공통적으로 적용되는 기준을 마련할 수 있다(법 제26조 제5항).

기출 17·18·25

3. 시범사업의 실시(법 제26조의2)

국가와 지방자치단체는 새로운 사회보장제도의 도입과 발전을 위하여 필요한 경우 시범사업을 실시할 수 있다. 국가와 지방자치단체는 제1항에 따른 시범사업을 실시한 경우에는 그 결과를 평가하여 새로 시행될 사회보장제도에 반영하여야 한다.

4. 민간의 참여(법 제27조)

① 국가와 지방자치단체는 사회보장에 대한 민간부문의 참여를 유도할 수 있도록 정책을 개발·시행하고 그 여건을 조성하여야 한다. **기출** 17
② 국가와 지방자치단체는 사회보장에 대한 민간부문의 참여를 유도하기 위하여 다음의 사업이 포함된 시책을 수립·시행할 수 있다. **기출** 14
  ㉠ 자원봉사, 기부 등 나눔의 활성화를 위한 각종 지원 사업
  ㉡ 사회보장정책의 시행에 있어 민간 부문과의 상호협력체계 구축을 위한 지원사업
  ㉢ 그 밖에 사회보장에 관련된 민간의 참여를 유도하는 데에 필요한 사업
③ 국가와 지방자치단체는 개인·법인 또는 단체가 사회보장에 참여하는 데에 드는 경비의 전부 또는 일부를 지원하거나 그 업무를 수행하기 위하여 필요한 지원을 할 수 있다. **기출** 14·19

5. 비용의 부담(법 제28조)

① 사회보장비용의 부담은 각각의 사회보장제도의 목적에 따라 국가, 지방자치단체 및 민간부문 간에 합리적으로 조정되어야 한다. **기출** 14·17·19
② 사회보험에 드는 비용은 사용자, 피용자(被傭者) 및 자영업자가 부담하는 것을 원칙으로 하되, 관계 법령에서 정하는 바에 따라 국가가 그 비용의 일부를 부담할 수 있다. **기출** 12·14·19
③ 공공부조 및 관계 법령에서 정하는 일정 소득 수준 이하의 국민에 대한 사회서비스에 드는 비용의 전부 또는 일부는 국가와 지방자치단체가 부담한다. **기출** 12·14·19
④ 부담 능력이 있는 국민에 대한 사회서비스에 드는 비용은 그 수익자가 부담함을 원칙으로 하되, 관계 법령에서 정하는 바에 따라 국가와 지방자치단체가 그 비용의 일부를 부담할 수 있다.

기출 12·14·17·19·23

6. 국가와 지방자치단체의 책무

(1) 사회보장전달체계의 구축(법 제29조)
① 국가와 지방자치단체는 모든 국민이 쉽게 이용할 수 있고 사회보장급여가 적시에 제공되도록 지역적·기능적으로 균형잡힌 사회보장 전달체계를 구축하여야 한다.
② 국가와 지방자치단체는 사회보장 전달체계의 효율적 운영에 필요한 조직, 인력, 예산 등을 갖추어야 한다.
③ 국가와 지방자치단체는 공공부문과 민간부문의 사회보장 전달체계가 효율적으로 연계되도록 노력하여야 한다. 기출 22

(2) 사회보장급여의 관리(법 제30조)
① 국가와 지방자치단체는 국민의 사회보장수급권의 보장 및 재정의 효율적 운용을 위하여 사회보장급여의 관리체계를 구축·운영하여야 한다.
  ㉠ 사회보장수급권자 권리구제
  ㉡ 사회보장급여의 사각지대 발굴
  ㉢ 사회보장급여의 부정·오류 관리
  ㉣ 사회보장급여의 과오지급액의 환수 등 관리
② 보건복지부장관은 사회서비스의 품질기준 마련, 평가 및 개선 등의 업무를 수행하기 위하여 필요한 전담기구를 설치할 수 있다. 기출 14·19

(3) 사회보장제도의 평가(법 제30조의2)
① 보건복지부장관은 사회보장제도의 효과성 분석 및 통합 관리를 위하여 장기간 대규모의 예산이 투입되는 사업 등 대통령령으로 정하는 사회보장제도에 대하여 평가를 실시할 수 있다.
② 보건복지부장관은 사회보장제도의 평가를 위하여 필요한 자료나 정보의 제공을 관계 중앙행정기관의 장, 지방자치단체의 장, 교육감 및 관련 기관 또는 단체 등에 요청할 수 있다. 이 경우 요청을 받은 관계 중앙행정기관의 장 등은 특별한 사유가 없으면 이에 따라야 한다.
③ 보건복지부장관은 사회보장제도 평가를 실시한 경우에는 그 결과를 위원회에 보고하여야 한다. 그 밖에 사회보장제도 평가의 주기, 방법, 절차 등에 관하여 필요한 사항은 대통령령으로 정한다.

(4) 중장기 사회보장 재정추계(법 제30조의3)
① 보건복지부장관은 사회보장제도의 안정적인 운영을 위하여 중장기 사회보장 재정추계를 적어도 3년마다 실시하고 이를 공표하여야 한다.
② 보건복지부장관은 중장기 사회보장 재정추계의 실시를 위하여 관계 중앙행정기관의 장, 공공기관 또는 정부출연연구기관의 장에게 중장기 대내외 거시경제전망, 재정전망 및 장래인구추계 등에 관한 자료의 제출을 요청할 수 있다. 이 경우 자료의 제출을 요청받은 관계 중앙행정기관의 장 등은 특별한 사유가 없으면 이에 따라야 한다.
③ 그 밖에 중장기 사회보장 재정추계의 실시 시기, 방법, 절차 등에 필요한 사항은 대통령령으로 정한다.

> **사회보장제도의 평가대상·주기 등**(영 제16조의2)
> ① 법 제30조의2 제1항에서 "장기간 대규모의 예산이 투입되는 사업 등 대통령령으로 정하는 사회보장제도"란 다음 각 호의 어느 하나에 해당하는 사업을 말한다.
>   1. 연간 500억원 이상의 예산이 투입되는 계속사업
>   2. 사업 간 중복·조정 또는 연계가 필요한 사업
>   3. 국가적·사회적 현안으로 대두된 사업
>   4. 그 밖에 보건복지부장관이 평가를 실시할 필요가 있다고 인정하는 사업
> ② 보건복지부장관은 법 제30조의2 제1항에 따라 사회보장제도에 대한 평가를 실시하기 위하여 제1항에 따른 사업 중에서 사업규모, 운영기간 등을 고려하여 매년 사회보장제도의 평가대상 사업을 선정해야 한다.
> ③ 보건복지부장관은 제2항에 따라 선정된 사업에 대해 평가방향, 평가기준 및 평가방법 등이 포함된 평가계획을 수립하여 매년 12월 31일까지 평가를 실시해야 한다.
> ④ 보건복지부장관은 제3항에 따른 사회보장제도의 평가결과를 위원회에 보고한 후 1개월 이내에 관계 중앙행정기관의 장, 지방자치단체의 장, 교육감 및 관련 기관 또는 단체의 장에게 통보해야 한다.
> ⑤ 관계 중앙행정기관의 장, 지방자치단체의 장, 교육감 및 관련 기관 또는 단체의 장은 제4항에 따라 통보받은 평가결과를 반영하여 사회보장제도를 운영하거나 개선해야 한다.
> ⑥ 제1항부터 제5항까지에서 규정한 사항 외에 평가 절차 등 평가에 관하여 필요한 사항은 보건복지부장관이 정한다.
>
> **중장기 사회보장 재정추계의 실시 시기 등**(영 제16조의3)
> ① 보건복지부장관은 법 제30조의3 제1항에 따른 중장기 사회보장 재정추계를 위하여 재정추계를 실시하는 연도의 6월 30일까지 재정추계의 세부범위, 추계방법, 추진체계, 공표방법 및 절차 등이 포함된 재정추계 세부지침을 마련해야 한다.
> ② 보건복지부장관은 법 제30조의3 제1항에 따른 중장기 사회보장 재정추계를 제1항의 재정추계 세부지침에 따라 해당 연도의 10월 31일까지 실시하되,「국민연금법」제4조 제2항에 따른 국민연금의 재정전망 또는「국가재정법」제7조 제4항에 따른 장기 재정전망의 실시 시기와 연계해야 한다.
> ③ 보건복지부장관은 제2항에 따라 실시한 재정추계 결과를 위원회의 심의를 거친 후 1개월 이내에 관계 중앙행정기관의 장에게 통보하고, 그 내용을 홈페이지 게재 등의 방법으로 공표해야 한다.

(5) 전문인력의 양성 등(법 제31조, 영 제17조)

① 국가와 지방자치단체는 사회보장제도의 발전을 위하여 전문인력의 양성, 학술 조사 및 연구, 국제 교류의 증진 등에 노력하여야 한다. 보건복지부장관은 사회보장 분야 전문 인력 양성을 위하여 관계 중앙행정기관, 지방자치단체, 공공기관 및 법인·단체 등의 직원을 대상으로 사회보장에 관한 교육을 매년 1회 이상 실시할 수 있다. [기출] 24

② 관계 중앙행정기관의 장과 지방자치단체의 장은 필요한 경우 사회보장에 관한 교육을 보건복지부장관에게 요청할 수 있다.

(6) 사회보장통계의 작성(법 제32조 제1항, 영 제18조)

① 국가와 지방자치단체는 효과적인 사회보장정책의 수립·시행을 위하여 사회보장에 관한 통계를 작성·관리하여야 한다. [기출] 19·22·23

② 보건복지부장관은 사회보장통계의 작성·제출과 관련하여 작성 대상 범위, 절차 등의 내용을 포함한 사회보장통계 운용지침을 마련하여 매년 12월 31일까지 관계 중앙행정기관의 장과 지방자치단체의 장에게 통보하여야 한다. [기출] 24

③ 관계 중앙행정기관의 장과 지방자치단체의 장은 사회보장통계 운용지침에 따라 소관 사회보장 통계목록을 작성한 후 매년 1월 31일까지 보건복지부장관에게 제출하여야 하고, 소관 사회보장통계목록이 변경된 경우에는 변경일로부터 30일 이내에 보건복지부장관에게 통보하여야 한다.

④ 보건복지부장관은 제출받은 사회보장통계 목록에 누락된 것이 있는 경우 보완을 요청할 수 있으며, 해당 중앙행정기관의 장 또는 지방자치단체의 장은 특별한 사유가 없으면 이에 따라야 한다.

⑤ 관계 중앙행정기관의 장과 지방자치단체의 장은 사회보장통계 목록에 따른 소관 사회보장통계를 매년 2월 말일까지 보건복지부장관에게 제출하여야 한다.

(7) **사회보장지출통계**(법 제32조의2)
① 보건복지부장관은 국가의 사회보장 수준의 현황 관리 및 국제수준과의 비교 등 업무를 수행하기 위하여 사회보장지출(사회보장제도의 운영과 관련하여 공공부문과 민간부문이 지출하는 급여, 비용 및 재정적 지원 등)통계를 작성·관리하여야 한다.
② 보건복지부장관은 사회보장지출통계의 작성·관리를 위하여 필요한 경우 관계 중앙행정기관의 장, 지방자치단체의 장, 교육감 및 관련 기관 또는 단체 등에 다음의 자료 또는 정보의 제공을 요청할 수 있다. 이 경우 요청을 받은 관계 중앙행정기관의 장 등은 특별한 사유가 없으면 이에 따라야 한다.
  ㉠ 정보통신매체 및 프로그램 등을 통하여 관리되는 재정정보
  ㉡ 정보시스템을 통하여 관리되는 지방재정에 관한 정보
  ㉢ 보조금통합관리망을 통하여 관리되는 보조금관리정보
  ㉣ 지방보조금통합관리망을 통하여 관리되는 지방보조금관리정보
  ㉤ 사회보장정보시스템을 통하여 관리되는 사회보장정보
  ㉥ 공공기관이 관리하는 세입·세출 정보
  ㉦ 교육비특별회계로 관리되는 세입·세출 정보
  ㉧ 그 밖에 사회보장지출통계의 작성·관리에 필요한 자료 또는 정보로서 대통령령으로 정하는 자료 또는 정보

(8) **정보의 공개**(법 제33조)
국가와 지방자치단체는 사회보장제도에 관하여 국민이 필요한 정보를 관계 법령에서 정하는 바에 따라 공개하고, 이를 홍보하여야 한다.

(9) **설명, 상담 및 통지**(법 제34조 내지 제36조)
국가와 지방자치단체는 사회보장 관계 법령에서 규정한 권리나 의무를 해당 국민에게 설명하도록 노력하여야 하며, 사회보장에 관한 상담에 응하여야 하며, 사회보장에 관한 사항을 해당 국민에게 알려야 한다.

`기출` 21·25

7. **권리구제**(법 제39조)
사회보장기본법은 위법 또는 부당한 처분을 받거나 필요한 처분을 받지 못함으로써 권리 또는 이익의 침해를 받은 국민은 행정심판을 청구하거나 행정소송을 제기하여 그 처분의 취소 또는 변경 등을 청구할 수 있다고 규정하고 있다.

Ⅷ 사회보장정보의 관리

1. 사회보장정보시스템의 구축·운영(법 제37조)

① 국가와 지방자치단체는 국민편익의 증진과 사회보장업무의 효율성 향상을 위하여 사회보장업무를 전자적으로 관리하도록 노력하여야 한다. **기출** 18
② 국가는 관계 중앙행정기관과 지방자치단체에서 시행하는 사회보장수급권자 선정 및 급여 관리 등에 관한 정보를 통합·연계하여 처리·기록 및 관리하는 시스템(이하 "사회보장정보시스템")을 구축·운영할 수 있다.
③ 보건복지부장관은 사회보장정보시스템의 구축·운영을 총괄한다.
④ 보건복지부장관은 사회보장정보시스템 구축·운영의 전 과정에서 개인정보 보호를 위하여 필요한 시책을 마련하여야 한다.
⑤ 보건복지부장관은 관계 중앙행정기관, 지방자치단체 및 관련 기관·단체에 사회보장정보시스템의 운영에 필요한 정보의 제공을 요청하고 제공받은 목적의 범위에서 보유·이용할 수 있다. 이 경우 자료의 제공을 요청받은 자는 정당한 사유가 없으면 이에 따라야 한다.
⑥ 관계 중앙행정기관 및 지방자치단체의 장은 사회보장정보와 관련하여 사회보장정보시스템의 활용이 필요한 경우 사전에 보건복지부장관과 협의하여야 한다. 이 경우 보건복지부장관은 관련 업무에 필요한 범위에서 정보를 제공할 수 있고 정보를 제공받은 관계 중앙행정기관 및 지방자치단체의 장은 제공받은 목적의 범위에서 보유·이용할 수 있다. **기출** 18
⑦ 보건복지부장관은 사회보장정보시스템의 운영·지원을 위하여 전담기구를 설치할 수 있다.

> **사회보장정보시스템의 구축 및 운영(영 제19조)**
> ① 보건복지부장관은 법 제37조 제2항에 따른 사회보장정보시스템을 통해 다음 각 호의 업무를 수행할 수 있다.
>   1. 사회보장수급자 및 사회보장급여 현황관리
>   2. 사회보장 관련통계의 생성 및 관리
>   3. 사회보장급여의 신청, 수급자격의 조사업무 및 급여의 적정성 확인, 환수(還收) 등 사후관리 업무의 전자화 및 처리지원
>   4. 사회보장수급자격의 취득·상실·정지·변경 등 변동관리
>   5. 사회보장급여 및 보조금의 부정·중복수급 모니터링
>   6. 다른 법령에 따라 국가 및 지방자치단체로부터 위탁받은 사회보장에 관한 업무 **기출** 24
> ② 보건복지부장관이 법 제37조 제5항 및 제6항에 따라 사회보장정보시스템의 운영을 위하여 수집·보유·이용·제공할 수 있는 정보의 범위는 다음 각 호와 같다.
>   1. 사회보장수급자 수, 선정기준, 보장내용, 예산, 전달체계 등 사회보장제도 및 사회보장수급자 현황에 관한 자료
>   2. 사회보장급여의 신청, 수급자격의 조사 및 사후관리에 필요한 자료로서 신청인 및 그 부양의무자에 대한 다음 각 목의 어느 하나에 해당하는 자료. 다만, 부양의무자의 부양을 필요로 하지 않거나 근로능력, 소득·재산 상태 등에 관한 조사가 필요하지 않은 경우는 제외한다.
>   가. 주민등록전산정보 등 인적사항 및 기본증명서·가족관계증명서 등 가족관계등록사항
>   나. 토지·건물·선박·차량·주택분양권, 국민건강보험·국민연금·고용보험·산업재해보상보험·퇴직금·보훈급여·공무원연금·공무원 재해보상·군인연금·사립학교교직원연금·별정우체국연금, 근로장려금, 기본형공익직접지불금 등 소득·재산에 관한 자료
>   다. 출입국·병무·교정·사업자등록증·고용정보·보건의료정보 등 근로능력 및 취업상태에 관한 자료
>   3. 사회보장급여 수급이력 및 사회보장급여와 관련된 신청, 제공 및 환수 등의 업무처리 내역에 관한 자료
>   4. 사회복지법인 및 사회복지시설, 관련 기관 및 단체의 보조금 수급이력에 관한 자료
>   5. 그 밖에 사회보장급여의 제공 및 관리 또는 위탁받은 업무의 처리에 필요한 정보로서 보건복지부장관이 정하는 자료

③ 보건복지부장관은 제1항 각 호의 업무를 수행하기 위하여 제2항 각 호에 해당하는 자료를 보건복지부장관이 정하는 바에 따라 정기적으로 갱신하여야 한다.
④ 삭제 〈2023.7.11.〉
⑤ 제1항 각 호의 업무처리 범위, 방법 및 절차와 그 밖에 필요한 사항은 보건복지부장관이 정한다.
⑥ 법 제37조 제7항에 따른 전담기구는 「사회보장급여의 이용·제공 및 수급권자 발굴에 관한 법률」 제29조에 따른 한국사회보장정보원으로 한다. 기출 24

민감정보 및 고유식별정보의 처리(영 제21조)
① 보건복지부장관(법 제37조 제7항에 따른 전담기구를 포함한다)은 다음 각 호의 사무를 수행하기 위하여 불가피한 경우 각 호의 구분에 따른 자료를 처리할 수 있다.
  1. 법 제37조 및 이 영 제19조 제1항부터 제3항까지의 규정에 따른 사회보장정보시스템의 구축 및 운영 등에 관한 사무 : 「개인정보 보호법」 제23조에 따른 건강에 관한 정보(건강관리, 건강검진 및 의료비 지원에 관한 정보만 해당한다), 같은 법 시행령 제18조 제2호에 따른 범죄경력자료에 해당하는 정보, 같은 영 제19조 제1호부터 제4호까지의 규정에 따른 주민등록번호, 여권번호, 운전면허번호 또는 외국인등록번호가 포함된 자료
  2. 법 제43조에 따른 사회보장 행정데이터 분석센터의 설치·운영에 관한 사무 : 「개인정보 보호법」 제23조에 따른 건강에 관한 정보가 포함된 자료 기출 24
② 위원회는 법 제42조에 따른 사회보장 행정데이터의 제공 요청에 관한 사무를 수행하기 위하여 불가피한 경우 「개인정보 보호법」 제23조에 따른 건강에 관한 정보가 포함된 자료를 처리할 수 있다.

2. 개인정보 등의 보호 (법 제38조)

① 사회보장 업무에 종사하거나 종사하였던 자는 사회보장업무 수행과 관련하여 알게 된 개인·법인 또는 단체의 정보를 관계 법령에서 정하는 바에 따라 보호하여야 한다.
② 국가와 지방자치단체, 공공기관, 법인·단체, 개인이 조사하거나 제공받은 개인·법인 또는 단체의 정보는 이 법과 관련 법률에 근거하지 아니하고 보유, 이용, 제공되어서는 아니 된다. 기출 18

IX 기 타

1. 국민 등의 의견수렴 (법 제40조)

국가와 지방자치단체는 국민생활에 중대한 영향을 미치는 사회보장 계획 및 정책을 수립하려는 경우 공청회 및 정보통신망 등을 통하여 국민과 관계 전문가의 의견을 충분히 수렴하여야 한다.

2. 관계 행정기관 등의 협조 (법 제41조)

국가와 지자체는 사회보장 관련 계획 및 정책의 수립·시행, 사회보장통계의 작성 등을 위하여 관련 공공기관, 법인, 단체, 개인에게 자료제출 등 필요한 협조를 요청할 수 있고, 사회보장위원회는 사회보장에 관한 자료제출 등 위원회 업무에 필요한 경우 관계 행정기관의 장에게 협조를 요청할 수 있다.

3. 사회보장행정데이터의 제공요청(법 제42조)

① 위원회는 사회보장정책의 심의·조정 및 연구를 위하여 관계기관의 장에게 사회보장행정데이터가 모집단의 대표성을 확보할 수 있는 범위에서 다음에 해당하는 사회보장행정데이터의 제공을 요청할 수 있다. 이 경우 사회보장행정데이터의 제공을 요청받은 관계기관의 장은 특별한 사유가 없으면 이에 따라야 한다.
  ㉠ 사회보험, 공공부조 및 사회서비스에 관한 다음의 자료 또는 정보
    ㉮ 국민연금·건강보험·고용보험·산업재해보상보험 등 사회보험에 관한 자료 또는 정보
    ㉯ 국민기초생활보장·기초연금 등 공공부조에 관한 자료 또는 정보
    ㉰ 아이돌봄서비스·장애인활동지원서비스 등 사회서비스에 관한 자료 또는 정보
  ㉡ 고용정책 기본법에 따른 고용·직업에 관한 정보
  ㉢ 국세기본법 및 지방세기본법에 따른 과세정보로서 다음의 정보
    ㉮ 소득세법에 따른 소득 및 원천징수
    ㉯ 조세특례제한법에 따른 근로장려금 및 자녀장려금의 결정·환급내역
    ㉰ 지방세법에 따른 재산세
  ㉣ 주민등록법에 따른 주민등록전산정보자료
  ㉤ 그 밖에 위원회의 업무수행을 위하여 필요하다고 대통령령으로 정하는 자료 또는 정보
② 요청할 수 있는 사회보장행정데이터의 구체적인 내용 및 모집단의 대표성을 확보할 수 있는 범위 등에 관한 사항은 대통령령으로 정한다.
③ 사회보장행정데이터를 제공하는 경우 가명정보로 제공하여야 한다. 위원회가 제공받은 사회보장행정데이터의 처리 및 보호에 관하여는 이 법에서 정하는 사항을 제외하고는 개인정보 보호법에 따른다.

4. 사회보장행정데이터 분석센터(법 제43조)

보건복지부장관은 제공받은 사회보장행정데이터의 원활한 분석, 활용 등을 위하여 사회보장행정데이터 분석센터를 설치·운영할 수 있다. 기출 23

5. 업무의 위탁(법 제44조, 영 제22조)

① 보건복지부장관은 필요하다고 인정하는 경우에는 다음의 업무를 위탁할 수 있다.
  ㉠ 사회보장제도의 평가 지원
  ㉡ 중장기 사회보장 재정추계 관련 자료의 수집·조사 및 분석
  ㉢ 사회보장통계 관련 자료의 수집·조사 및 분석
  ㉣ 사회보장지출통계 관련 자료의 수집·조사 및 분석
  ㉤ 사회보장 행정데이터 분석센터의 운영
  ㉥ 사회보장제도의 발전을 위한 학술 조사 및 연구 업무
② 보건복지부장관으로부터 위탁을 받아 업무를 수행할 수 있는 기관 또는 단체는 다음과 같다.
  ㉠ 정부출연연구기관 등의 설립·운영 및 육성에 관한 법률에 따라 설립된 정부출연연구기관
  ㉡ 공공기관의 운영에 관한 법률 제4조에 따른 공공기관
  ㉢ 고등교육법 제2조에 따른 학교
  ㉣ 특정연구기관 육성법 제2조에 따른 특정연구기관
  ㉤ 국공립 연구기관
③ 보건복지부장관은 업무를 위탁하는 경우 위탁받는 기관 및 위탁업무의 내용을 고시해야 한다.

CHAPTER 01 사회보장기본법

01

CHECK
□△×

사회보장기본법령상 사회보장에 관한 기본계획(이하 '기본계획'이라 한다)의 수립에 관한 설명으로 옳지 않은 것은? 기출 25

① 보건복지부장관은 관계 중앙행정기관의 장과 협의하여 기본계획을 3년마다 수립하여야 한다.
② 기본계획은 사회보장위원회와 국무회의 심의를 거쳐 확정한다.
③ 관계 중앙행정기관의 장은 기본계획 작성지침에 따라 소관별 기본계획안을 작성하여 보건복지부장관에게 제출하여야 한다.
④ 보건복지부장관은 기본계획의 효율적 수립을 위하여 기본계획 작성지침을 작성하여 이를 관계 중앙행정기관의 장에게 통보하여야 한다.
⑤ 기본계획은 다른 법령에 따라 수립되는 사회보장에 관한 계획에 우선하며 그 계획의 기본이 된다.

해설 및 정답

01 ① (×) 보건복지부장관은 관계 중앙행정기관의 장과 협의하여 사회보장 증진을 위하여 사회보장에 관한 기본계획을 <u>5년마다</u> 수립하여야 한다(사보법 제16조 제1항).
② (○) 사보법 제16조 제3항 전문
③ (○) 관계 중앙행정기관의 장은 통보받은 기본계획 작성지침에 따라 <u>소관별 기본계획안을 작성하여 보건복지부장관에게 제출하여야</u> 하고, 보건복지부장관은 이를 종합한 기본계획안을 작성하여 사회보장위원회와 국무회의의 심의를 거쳐 기본계획을 확정하여야 한다(사보법 시행령 제3조 제2항, 동법 제16조 제3항).
④ (○) 사보법 시행령 제3조 제1항
⑤ (○) 사보법 제17조

정답

02 사회보장기본법령상 사회보장위원회(이하 '위원회'라 한다)에 관한 설명으로 옳은 것은? 기출 25

① 위원회의 위원장은 보건복지부장관이 된다.
② 공무원인 위원의 임기는 2년으로 한다.
③ 위원회에 실무위원회를 두며, 실무위원회에 간사 2명을 둔다.
④ 위원회는 위원장 1명, 부위원장 2명을 포함한 20명 이내의 위원으로 구성한다.
⑤ 위원장이 부득이한 사유로 직무를 수행할 수 없을 때에는 위원장이 미리 정한 부위원장 순서로 그 직무를 대행한다.

03 사회보장기본법령상 사회보장제도의 운영에 관한 설명으로 옳지 않은 것은? 기출 25

① 공공부조와 사회서비스는 국가와 지방자치단체의 책임으로 시행하는 것을 원칙으로 한다.
② 국가와 지방자치단체는 사회보장제도를 신설하거나 변경할 경우 상호협력하여 사회보장급여가 중복 또는 누락되지 아니하도록 하여야 한다.
③ 지방자치단체의 장이 사회보장제도를 신설하려는 경우 매년 4월 30일까지 협의요청서를 보건복지부장관에게 제출해야 한다.
④ 보건복지부장관은 사회보장급여 관련 업무에 공통적으로 적용되는 기준을 마련할 수 있다.
⑤ 국가와 지방자치단체는 사회보장에 대한 민간부문의 참여를 유도할 수 있도록 정책을 개발·시행하고 그 여건을 조성하여야 한다.

04 사회보장기본법령에 관한 설명으로 옳지 않은 것은? 기출 24

① 보건복지부장관은 사회보장 행정데이터 분석센터의 설치·운영에 관한 사무를 수행하기 위하여 불가피한 경우 「개인정보 보호법」 시행령 제18조 제2호에 따른 범죄경력자료에 해당하는 정보를 처리할 수 있다.
② 보건복지부장관은 사회보장 분야 전문 인력 양성을 위하여 관계 중앙행정기관, 지방자치단체, 공공기관 및 법인·단체 등의 직원을 대상으로 사회보장에 관한 교육을 매년 1회 이상 실시할 수 있다.
③ 보건복지부장관은 사회보장정보시스템을 통해 다른 법령에 따라 국가 및 지방자치단체로부터 위탁받은 사회보장에 관한 업무를 수행할 수 있다.
④ 보건복지부장관은 사회보장통계의 작성·제출과 관련하여 작성 대상 범위, 절차 등의 내용을 포함한 사회보장통계 운용지침을 마련하여 매년 12월 31일까지 관계 중앙행정기관의 장과 지방자치단체의 장에게 통보하여야 한다.
⑤ 보건복지부장관이 사회보장정보시스템의 운영·지원을 위하여 설치할 수 있는 전담기구는 「사회보장급여의 이용·제공 및 수급권자 발굴에 관한 법률」 제29조에 따른 한국사회보장정보원으로 한다.

해설 및 정답

02 ① (×) <u>위원장은 국무총리가 되고 부위원장은 교육부장관, 보건복지부장관 및 기획예산처장관이 된다</u>(사보법 제21조 제2항).
② (×) 위원의 임기는 2년으로 한다. 다만, <u>공무원인 위원의 임기는 그 재임 기간으로 하고, 대통령이 위촉한 위원이 기관·단체의 대표자 자격으로 위촉된 경우에는 그 임기는 대표의 지위를 유지하는 기간으로 한다</u>(사보법 제21조 제4항).
③ (×) 위원회를 효율적으로 운영하고 위원회의 심의·조정 사항을 전문적으로 검토하기 위하여 위원회에 실무위원회를 두며, <u>실무위원회에 간사 1명을 두고, 간사는 고위공무원단에 속하는 일반직공무원 중에서 보건복지부장관이 지명한다</u>(사보법 제21조 제6항, 동법 시행령 제11조 제7항).
④ (×) 위원회는 위원장 1명, <u>부위원장 3명</u>과 행정안전부장관, 고용노동부장관, 성평등가족부장관, 국토교통부장관을 포함한 <u>30명 이내의 위원</u>으로 구성한다(사보법 제21조 제1항).
⑤ (○) 위원장이 부득이한 사유로 직무를 수행할 수 없을 때에는 <u>위원장이 미리 정한 부위원장 순서로 그 직무를 대행하고</u>, 위원장과 부위원장이 모두 부득이한 사유로 그 직무를 수행할 수 없을 때에는 위원장이 미리 지명한 위원이 그 직무를 대행한다(사보법 시행령 제8조 제2항).

정답 ⑤

03 ① (○) 사보법 제25조 제5항 본문
② (○) 국가와 지방자치단체는 사회보장제도를 신설하거나 변경할 경우 기존 제도와의 관계, 사회보장 전달체계에 미치는 영향, 재원의 규모·조달방안을 포함한 재정에 미치는 영향 및 지역별 특성 등을 사전에 충분히 검토하고 상호협력하여 <u>사회보장급여가 중복 또는 누락되지 아니하도록 하여야</u> 한다(사보법 제26조 제1항).
③ (×) 중앙행정기관의 장과 지방자치단체의 장은 사회보장제도를 신설하려는 경우 매년 4월 30일(<u>지방자치단체의 장의 경우에는 6월 30일</u>)까지 일정한 사항을 포함한 협의요청서를 보건복지부장관에게 제출해야 한다(사보법 시행령 제15조 제1항).
④ (○) 사보법 제26조 제5항
⑤ (○) 사보법 제27조 제1항

정답 ③

04 ① (×) 보건복지부장관은 사회보장 행정데이터 분석센터의 설치·운영에 관한 사무를 수행하기 위하여 불가피한 경우 <u>개인정보 보호법 제23조에 따른 건강에 관한 정보가 포함된 자료를 처리할 수 있다</u>(사보법 시행령 제21조 제1항 제2호).
② (○) 사보법 시행령 제17조 제1항
③ (○) 사보법 시행령 제19조 제1항 제6호
④ (○) 사보법 시행령 제18조 제1항
⑤ (○) 사보법 시행령 제19조 제6항, 사보법 제37조 제7항

정답 ①

05
사회보장기본법령상 보건복지부장관이 사회보장지출통계의 작성・관리를 위하여 필요한 경우 관계 중앙행정기관의 장, 지방자치단체의 장, 교육감 및 관련 기관 또는 단체 등에 요구할 수 있는 자료 또는 정보를 모두 고른 것은? 기출 24

> ㄱ. 「국가재정법」에 따른 정보통신매체 및 프로그램 등을 통하여 관리되는 재정정보
> ㄴ. 「지방재정법」에 따른 정보시스템을 통하여 관리되는 지방재정에 관한 정보
> ㄷ. 「보조금 관리에 관한 법률」에 따른 보조금통합관리망을 통하여 관리되는 보조금관리정보
> ㄹ. 「지방자치단체 보조금 관리에 관한 법률」에 따른 지방보조금통합관리망을 통하여 관리되는 지방보조금관리정보

① ㄱ, ㄴ, ㄷ
② ㄱ, ㄴ, ㄹ
③ ㄱ, ㄷ, ㄹ
④ ㄴ, ㄷ, ㄹ
⑤ ㄱ, ㄴ, ㄷ, ㄹ

06
사회보장기본법령에 관한 설명으로 옳은 것은? 기출 23

① 국가와 지방자치단체는 모든 국민의 인간다운 생활과 자립, 사회참여, 자아실현 등을 지원하여 삶의 질이 향상될 수 있도록 사회서비스에 관한 시책을 마련하여야 한다.
② 보건복지부장관은 제공받은 사회보장 행정데이터의 원활한 분석, 활용 등을 위하여 사회보장 행정데이터 분석센터를 설치・운영하여야 한다.
③ 부담 능력이 있는 국민에 대한 사회서비스에 드는 비용은 국가가 부담함을 원칙으로 한다.
④ 사회보장수급권을 포기하는 것이 다른 사람에게 피해를 주는 경우에는 사회보장수급권을 포기할 수 있다.
⑤ 보건복지부장관은 중장기 사회보장 재정추계를 재정추계 세부지침에 따라 해당 연도의 9월 30일까지 실시하되, 「국민연금법」에 따른 국민연금의 재정전망 또는 「국가재정법」에 따른 장기 재정전망의 실시 시기와 연계해야 한다.

07
사회보장기본법상 사회보장위원회에서 심의・조정하는 사항은 모두 몇 개인가? 기출 23

> • 사회보장 관련 주요 계획
> • 둘 이상의 중앙행정기관이 관련된 주요 사회보장정책
> • 사회보장급여 및 비용 부담
> • 국가와 지방자치단체의 역할 및 비용 분담
> • 사회보장 전달체계 운영 및 개선

① 1개
② 2개
③ 3개
④ 4개
⑤ 5개

해설 및 정답

05 ㄱ, ㄴ, ㄷ, ㄹ 모두 사보법 제32조의2 제2항에서 정한 바에 따라 보건복지부장관이 사회보장지출통계의 작성·관리를 위하여 필요한 경우 관계 중앙행정기관의 장, 지방자치단체의 장, 교육감 및 관련 기관 또는 단체 등에 요구할 수 있는 자료 또는 정보에 해당한다.

정답 ⑤

06 ① (○) 사보법 제23조 제1항
② (×) 보건복지부장관은 제공받은 사회보장 행정데이터의 원활한 분석, 활용 등을 위하여 <u>사회보장 행정데이터 분석센터를 설치·운영할 수 있다</u>(사보법 제43조 제1항).
③ (×) 부담 능력이 있는 국민에 대한 사회서비스에 드는 비용은 그 <u>수익자가 부담함을 원칙으로 하되</u>, 관계 법령에서 정하는 바에 따라 국가와 지방자치단체가 그 비용의 일부를 부담할 수 있다(사보법 제28조 제4항).
④ (×) <u>사회보장수급권을 포기하는 것이 다른 사람에게 피해를 주거나 사회보장에 관한 관계 법령에 위반되는 경우에는 사회보장수급권을 포기할 수 없다</u>(사보법 제14조 제3항).
⑤ (×) 보건복지부장관은 법 제30조의3 제1항에 따른 중장기 사회보장 재정추계를 제1항의 재정추계 세부지침에 따라 해당 연도의 <u>10월 31일까지</u> 실시하되, 국민연금법에 따른 국민연금의 재정전망 또는 국가재정법에 따른 장기 재정전망의 실시 시기와 연계해야 한다(사보법 시행령 제16조의3 제2항).

정답 ①

07 5개의 지문 모두 사보법 제20조 제2항에서 정한 사회보장위원회의 심의·조정 사항에 해당한다.

> **사회보장위원회(사보법 제20조)**
> ① 사회보장에 관한 주요 시책을 심의·조정하기 위하여 <u>국무총리 소속으로 사회보장위원회</u>(이하 "위원회")를 둔다.
> ② 위원회는 다음 각 호의 사항을 심의·조정한다.
> 1. 사회보장 증진을 위한 기본계획
> 2. <u>사회보장 관련 주요 계획</u>
> 3. 사회보장제도의 평가 및 개선
> 4. 사회보장제도의 신설 또는 변경에 따른 우선순위
> 5. <u>둘 이상의 중앙행정기관이 관련된 주요 사회보장정책</u>
> 6. 사회보장급여 및 비용 부담
> 7. <u>국가와 지방자치단체의 역할 및 비용 분담</u>
> 8. 사회보장의 재정추계 및 재원조달 방안
> 9. <u>사회보장 전달체계 운영 및 개선</u>
> 10. 제32조 제1항에 따른 사회보장통계
> 11. 사회보장정보의 보호 및 관리
> 12. 제26조 제4항에 따른 조정
> 13. 그 밖에 위원장이 심의에 부치는 사항

정답 ⑤

08 사회보장기본법에 관한 설명으로 옳은 것은? 기출 23

① 사회보장수급권은 정당한 권한이 있는 기관에 서면이나 구두로 포기할 수 있다.
② 고용노동부장관은 관계 중앙행정기관의 장과 협의하여 사회보장에 관한 기본계획을 5년마다 수립하여야 한다.
③ 국가와 지방자치단체는 효과적인 사회보장정책의 수립·시행을 위하여 사회보장에 관한 통계를 작성·관리할 수 있다.
④ 보건복지부장관은 중장기 사회보장 재정추계를 위하여 재정추계를 실시하는 연도의 5월 31일까지 재정추계의 세부범위, 추계방법, 추진체계, 공표방법 및 절차 등이 포함된 재정추계 세부지침을 마련해야 한다.
⑤ 국가와 지방자치단체는 평생사회안전망을 구축·운영함에 있어 사회적 취약계층을 위한 공공부조를 마련하여 최저생활을 보장하여야 한다.

09 사회보장기본법에 관한 설명으로 옳지 않은 것은? 기출 22

① 모든 국민은 자신의 능력을 최대한 발휘하여 자립·자활(自活)할 수 있도록 노력하여야 한다.
② 국가와 지방자치단체는 사회보장제도를 시행할 때에 가정과 지역공동체의 자발적인 복지활동을 촉진하여야 한다.
③ 사회보험이란 국민에게 발생하는 사회적 위험을 보험의 방식으로 대처함으로써 국민의 건강과 소득을 보장하는 제도를 말한다.
④ 국내에 거주하는 외국인에게 사회보장제도를 적용할 때에는 국민과 차별하지 아니하되 예외적으로 상호주의에 따를 수 있다.
⑤ 국가와 지방자치단체는 가정이 건전하게 유지되고 그 기능이 향상되도록 노력하여야 한다.

10 사회보장기본법상 사회보장제도의 운영에 관한 설명으로 옳지 않은 것은? 기출 22

① 국가와 지방자치단체가 사회보장제도를 운영할 때에는 이 제도를 필요로 하는 모든 국민에게 적용하여야 한다.
② 국가와 지방자치단체는 공공부문과 민간부문의 사회보장 전달체계가 효율적으로 연계되도록 노력하여야 한다.
③ 공공부조는 국가의 책임으로 시행하고, 사회보험과 사회서비스는 국가와 지방자치단체의 책임으로 시행하는 것을 원칙으로 한다.
④ 국가와 지방자치단체는 사회보장 관계법령에서 정하는 바에 따라 사회보장에 관한 상담에 응하여야 한다.
⑤ 국가와 지방자치단체는 효과적인 사회보장정책의 수립·시행을 위하여 사회보장에 관한 통계를 작성·관리하여야 한다.

• 해설 및 정답 •

08 ① (×) 사회보장수급권은 정당한 권한이 있는 기관에 <u>서면으로 통지하여</u> 포기할 수 있다(사보법 제14조 제1항).
② (×) <u>보건복지부장관</u>은 관계 중앙행정기관의 장과 협의하여 사회보장 증진을 위하여 사회보장에 관한 기본계획을 5년마다 수립하여야 한다(사보법 제16조 제1항).
③ (×) 국가와 지방자치단체는 효과적인 사회보장정책의 수립·시행을 위하여 <u>사회보장에 관한 통계를 작성·관리하여야</u> 한다(사보법 제32조 제1항).
④ (×) 보건복지부장관은 중장기 사회보장 재정추계를 위하여 재정추계를 실시하는 연도의 <u>6월 30일까지</u> 재정추계의 세부범위, 추계방법, 추진체계, 공표방법 및 절차 등이 포함된 재정추계 세부지침을 마련해야 한다(사보법 시행령 제16조의3 제1항).
⑤ (○) 사보법 제22조 제2항

정답 ⑤

09 ① (○) 사보법 제7조 제1항
② (○) 사보법 제6조 제2항
③ (○) 사보법 제3조 제2호
④ (×) 국내에 거주하는 외국인에게 사회보장제도를 적용할 때에는 <u>상호주의의 원칙에 따르되, 관계법령에서 정하는 바에 따른다</u>(사보법 제8조).
⑤ (○) 사보법 제6조 제1항

정답 ④

10 ① (○) 사보법 제25조 제1항
② (○) 사보법 제29조 제3항
③ (×) <u>사회보험은 국가의 책임으로 시행하고, 공공부조와 사회서비스는 국가와 지방자치단체의 책임으로 시행하는 것을 원칙으로 한다. 다만, 국가와 지방자치단체의 재정 형편 등을 고려하여 이를 협의·조정할 수 있다.</u>(사보법 제25조 제5항).
④ (○) 사보법 제35조
⑤ (○) 사보법 제32조 제1항

정답 ③

CHAPTER 02 고용보험법

출제포인트

- ☐ 고용보험 적용 제외 근로자
- ☐ 피보험자격의 취득·상실일
- ☐ 고용창출 및 고용조정의 지원
- ☐ 구직급여의 수급요건
- ☐ 자영업자인 피보험자에 대한 실업급여 적용의 특례

제1절 고용보험법의 개관

고용보험이란 실직근로자에게 실업급여를 지급하는 전통적 의미의 실업보험사업 외에 적극적인 취업알선을 통한 재취업의 촉진과 근로자 등의 고용안정을 위한 고용안정사업, 근로자 등의 직업능력개발사업 등을 상호 연계하여 실시하는 사회보험제도이다.

제2절 고용보험법의 주요 내용

I 서 설

1. 목적 및 정의

(1) 목적(법 제1조)

고용보험의 시행을 통하여 실업의 예방, 고용의 촉진 및 근로자 등의 직업능력의 개발과 향상을 꾀하고, 국가의 직업지도와 직업소개 기능을 강화하며, 근로자 등이 실업한 경우에 생활에 필요한 급여를 실시하여 근로자 등의 생활안정과 구직 활동을 촉진함으로써 경제·사회 발전에 이바지하는 것을 목적으로 한다.

(2) **용어의 정의**(법 제2조) 기출 17·18
   ① 피보험자
      ㉠ 고용보험 및 산업재해보상보험의 보험료징수 등에 관한 법률(이하 "보험료징수법")에 따라 보험에 가입되거나 가입된 것으로 보는 근로자, 예술인 또는 노무제공자
      ㉡ 보험료징수법에 따라 고용보험에 가입하거나 가입된 것으로 보는 자영업자(이하 "자영업자인 피보험자")
   ② 이직 : 피보험자와 사업주 사이의 고용관계가 끝나게 되는 것(예술인 및 노무제공자의 경우에는 문화예술용역 관련 계약 또는 노무제공계약이 끝나는 것)을 말한다.
   ③ 실업 : 근로의 의사와 능력이 있음에도 불구하고 취업하지 못한 상태에 있는 것을 말한다.
   ④ 실업의 인정 : 직업안정기관의 장이 수급자격자가 실업한 상태에서 적극적으로 직업을 구하기 위하여 노력하고 있다고 인정하는 것을 말한다.
   ⑤ 보수 : 소득세법 제20조에 따른 근로소득에서 대통령령으로 정하는 금품을 뺀 금액을 말한다.
   ⑥ 일용근로자 : 1개월 미만 동안 고용되는 사람을 말한다.

2. 보험의 관장 및 고용보험사업 등

(1) **보험의 관장**
   고용보험(이하 "보험")은 고용노동부장관이 관장한다(법 제3조).

(2) **고용보험사업**(법 제4조)
   보험은 목적을 이루기 위하여 고용보험사업(이하 "보험사업")으로 고용안정·직업능력개발 사업, 실업급여, 육아휴직 급여 및 출산전후휴가 급여 등을 실시한다.

(3) **국고의 부담**(법 제5조)
   ① 국가는 매년 보험사업에 드는 비용의 일부를 일반회계에서 부담하여야 한다. 기출 19
   ② 국가는 매년 예산의 범위에서 보험사업의 관리·운영에 드는 비용을 부담할 수 있다.

(4) **보험료**(법 제6조)
   ① 이 법에 따른 보험사업에 드는 비용을 충당하기 위하여 징수하는 보험료와 그 밖의 징수금에 대하여는 보험료징수법으로 정하는 바에 따른다.
   ② 보험료징수법에 따라 징수된 고용안정·직업능력개발 사업의 보험료 및 실업급여의 보험료는 각각 그 사업에 드는 비용에 충당한다. 다만, 실업급여의 보험료는 국민연금 보험료의 지원, 육아휴직 급여의 지급, 육아기 근로시간 단축 급여의 지급 및 출산전후휴가 급여 등의 지급에 드는 비용에 충당할 수 있다.
   ③ 자영업자인 피보험자로부터 보험료징수법에 따라 징수된 고용안정·직업능력개발 사업의 보험료 및 실업급여의 보험료는 각각 자영업자인 피보험자를 위한 그 사업에 드는 비용에 충당한다. 다만, 실업급여의 보험료는 자영업자인 피보험자를 위한 국민연금 보험료의 지원에 드는 비용에 충당할 수 있다.

3. **고용보험위원회**(법 제7조)

(1) **소 속**

이 법 및 보험료징수법(보험에 관한 사항만 해당한다)의 시행에 관한 주요 사항을 심의하기 위하여 고용노동부에 고용보험위원회(이하 "위원회")를 둔다. 기출 20

(2) **구 성**

① 위원회는 위원장 1명을 포함한 20명 이내의 위원으로 구성한다. 기출 20
② 위원회의 위원장은 고용노동부차관이 되고, 위원은 다음의 사람 중에서 각각 같은 수(數)로 고용노동부장관이 임명하거나 위촉하는 사람이 된다. 기출 20·24
  ㉠ 근로자를 대표하는 사람
  ㉡ 사용자를 대표하는 사람
  ㉢ 공익을 대표하는 사람
  ㉣ 정부를 대표하는 사람
③ 위원회는 심의 사항을 사전에 검토·조정하기 위하여 위원회에 전문위원회를 둘 수 있다. 기출 20

(3) **위원회의 심의 사항**

① 보험제도 및 보험사업의 개선에 관한 사항 기출 20
② 보험료징수법에 따른 보험료율의 결정에 관한 사항 기출 24
③ 보험사업의 평가에 관한 사항
④ 기금운용 계획의 수립 및 기금의 운용 결과에 관한 사항
⑤ 그 밖에 위원장이 보험제도 및 보험사업과 관련하여 위원회의 심의가 필요하다고 인정하는 사항

고용보험위원회의 구성(영 제1조의3)

① 법 제7조 제4항 제1호 및 제2호에 따른 근로자와 사용자를 대표하는 사람은 각각 전국 규모의 노동단체와 전국 규모의 사용자단체에서 추천하는 사람 중에서 고용노동부장관이 위촉한다.
② 법 제7조 제4항 제3호에 따른 공익을 대표하는 사람은 고용보험과 그 밖의 고용노동 분야 전반에 관하여 학식과 경험이 풍부한 사람 중에서 고용노동부장관이 위촉한다.
③ 법 제7조 제4항 제4호에 따른 정부를 대표하는 사람은 고용보험 관련 중앙행정기관의 고위공무원단에 속하는 공무원 중에서 고용노동부장관이 임명한다. 기출 23·24

위원의 임기 등(영 제1조의4)

① 법 제7조 제4항 제1호부터 제3호까지의 규정에 따른 위촉위원(이하 "위촉위원")의 임기는 2년으로 한다. 다만, 보궐위원의 임기는 전임자 임기의 남은 기간으로 한다. 기출 23
② 위촉위원은 제1항에 따른 임기가 만료된 경우에도 후임위원이 위촉될 때까지 그 직무를 수행할 수 있다.
③ 고용노동부장관은 위촉위원이 다음 각 호의 어느 하나에 해당하는 경우에는 해당 위원을 해촉(解囑)할 수 있다.
  1. 심신장애로 인하여 직무를 수행할 수 없게 된 경우
  2. 직무와 관련된 비위사실이 있는 경우
  3. 직무태만, 품위손상이나 그 밖의 사유로 인하여 위원으로 적합하지 아니하다고 인정되는 경우
  4. 위원 스스로 직무를 수행하는 것이 곤란하다고 의사를 밝히는 경우

위원장의 직무(영 제1조의5)

① 법 제7조에 따른 고용보험위원회(이하 "위원회")의 위원장은 위원회를 대표하며, 위원회의 사무를 총괄한다.
② 위원장이 부득이한 사유로 직무를 수행할 수 없을 때에는 위원장이 미리 지명하는 위원이 그 직무를 대행한다.
기출 23

회의(영 제1조의6)
① 위원장은 위원회의 회의를 소집하고, 그 의장이 된다.
② 위원회의 회의는 재적위원 과반수의 출석으로 개의(開議)하고 출석위원 과반수의 찬성으로 의결한다. 기출 23

전문위원회(영 제1조의7)
① 법 제7조 제5항에 따라 위원회에 고용보험운영전문위원회와 고용보험평가전문위원회(이하 "전문위원회")를 둔다.
기출 23·24
② 전문위원회는 각각 위원장 1명을 포함한 15명 이내의 위원으로 구성한다.
③ 위원회의 위원장은 위원회의 위원 중에서 전문위원회의 위원장을 임명하거나 위촉하고, 다음 각 호의 어느 하나에 해당하는 사람 중에서 전문위원회의 위원을 임명하거나 위촉한다.
  1. 고용보험 등 사회보험에 관한 학식과 경험이 있고, 전국 규모의 노동단체나 전국 규모의 사용자단체에서 추천하는 사람
  2. 고용보험 등 사회보험에 관한 학식과 경험이 풍부한 사람
  3. 고용보험 관련 중앙행정기관의 3급 또는 4급 공무원
④ 전문위원회의 위원장은 법 제7조 제5항에 따라 전문위원회가 심의 사항에 대하여 검토·조정한 결과를 위원회에 보고하여야 한다.

조사·연구위원(영 제1조의8)
① 고용보험에 관한 전문적인 사항을 조사·연구하기 위하여 위원회에 5명 이내의 조사·연구위원을 둘 수 있다.
② 조사·연구위원은 고용보험에 관한 학식과 경험이 풍부한 사람 중에서 위원회의 위원장이 위촉한다.

협조의 요청(영 제1조의9)
위원회나 전문위원회(이하 "위원회등"이라 한다)는 안건의 심의를 위하여 필요하다고 인정하는 경우에는 관계 행정기관 또는 단체에 자료 제출을 요청하거나 관계 공무원이나 전문가 등 관계인을 출석시켜 의견을 들을 수 있다.

간사(영 제1조의10)
위원회등에는 각각 간사 1명을 두되, 간사는 고용노동부 소속 공무원 중에서 위원회의 위원장이 임명한다. 기출 24

위원의 수당(영 제1조의11)
위원회등의 회의에 출석하거나 회의 안건에 대한 검토의견을 제출한 위원에게는 예산의 범위에서 수당과 여비를 지급할 수 있다. 다만, 그 소관 업무와 직접 관련되는 공무원인 위원에게는 수당과 여비를 지급하지 아니한다.

4. 적용범위(법 제8조)

(1) 적용원칙

근로자를 사용하는 모든 사업 또는 사업장(이하 "사업")에 적용한다. 또한 예술인 또는 노무제공자의 노무를 제공받는 사업에 적용하되, 예술인 또는 노무제공자에 관한 고용보험법의 관련규정을 각각 적용한다.

(2) 적용제외사업(영 제2조)

산업별 특성 및 규모 등을 고려하여 다음의 사업에 대하여는 적용하지 아니한다.
① 다음의 어느 하나에 해당하는 공사. 다만, 건설산업기본법에 따른 건설사업자, 주택법에 따른 주택건설사업자, 전기공사업법에 따른 공사업자, 정보통신공사업법에 따른 정보통신사업자, 소방시설공사업법에 따른 소방시설업자, 문화재수리 등에 관한 법률에 따른 문화재수리업자가 시공하는 공사는 제외한다.
기출 20

㉠ 고용보험 및 산업재해보상보험의 보험료징수 등에 관한 법률 시행령에 따른 총 공사금액이 2천만원 미만인 공사
　　㉡ 연면적 100제곱미터 이하인 건축물의 건축 또는 연면적이 200제곱미터 이하인 건축물의 대수선에 관한 공사
② 가구 내 고용활동 및 달리 분류되지 아니한 자가소비 생산활동 기출 20

(3) 적용제외 근로자(법 제10조, 영 제3조) 기출 14·15

① 해당 사업에서 소정근로시간이 대통령령으로 정하는 시간 미만인 근로자 : 해당 사업에서 1개월간 소정근로시간이 60시간 미만이거나 1주간의 소정근로시간이 15시간 미만인 근로자를 말한다. 다만, 해당 사업에서 3개월 이상 계속하여 근로를 제공하는 근로자나 일용근로자는 이 법의 적용대상이 된다.

② 국가공무원법과 지방공무원법에 따른 공무원. 다만, 대통령령으로 정하는 바에 따라 별정직 및 임기제 공무원의 경우는 본인의 의사에 따라 고용보험에 가입할 수 있다(제1항 제3호). 기출 24

> **별정직·임기제 공무원의 보험 가입(영 제3조의2)**
> ① 별정직 또는 임기제 공무원(가입대상 공무원)을 임용하는 행정기관(소속기관)의 장은 가입대상 공무원이 해당 소속기관에 최초로 임용된 경우 지체 없이 법 제10조 제1항 제3호 단서에 따른 본인의 의사를 확인하여야 한다.
> ② 소속기관의 장은 보험가입 의사가 있는 것으로 확인된 가입대상 공무원에 대하여 임용된 날부터 3개월 이내에 고용노동부장관에게 고용보험 가입을 신청하여야 한다. 다만, 해당 가입대상 공무원이 원하는 경우에는 같은 기간에 직접 가입을 신청할 수 있으며, 이 경우 고용노동부장관은 가입 신청 사실을 소속기관의 장에게 알려야 한다. 기출 24
> ③ 제1항 또는 제2항에 따라 가입을 신청한 경우에 해당 가입대상 공무원은 가입을 신청한 날의 다음 날에 피보험자격을 취득한 것으로 본다. 이 경우 피보험자격을 취득한 공무원이 공무원신분의 변동에 따라 계속하여 다른 별정직 또는 임기제 공무원으로 임용된 때에는 별도의 가입신청을 하지 않은 경우에도 고용보험의 피보험자격을 유지한다. 기출 24
> ④ 고용보험에 가입한 공무원이 고용보험에서 탈퇴하려는 경우에는 고용노동부장관에게 탈퇴신청을 하여야 한다. 이 경우 탈퇴를 신청한 날의 다음 날에 피보험자격을 상실한 것으로 본다.
> ⑤ 탈퇴 이후에는 공무원으로 계속 재직하는 동안에는 다시 가입할 수 없으며, 고용보험에서 탈퇴한 이후에는 수급자격을 인정하지 않는다. 기출 24 다만, 탈퇴한 공무원이 가입대상 공무원의 직에서 이직(가입대상 공무원 외의 공무원으로 임용된 경우를 포함한다)한 이후에 법과 이 영에 따라 다시 피보험자격을 취득한 경우에는 법 제40조 제1항 제1호에 따른 피보험 단위기간을 산정하는 경우에 그 이전 가입대상 공무원 재직 시의 피보험기간 중 법 제41조 제1항에 따른 보수 지급의 기초가 된 날을 합산하고, 법 제50조에 따라 피보험기간을 산정하는 경우에 탈퇴하기 전의 피보험기간도 같은 조에서 규정하고 있는 피보험기간에 포함하여 산정한다.
> ⑥ 고용보험에 가입한 공무원에 대한 보험료율은 징수법 시행령 제12조 제1항 제2호에 따른 실업급여의 보험율로 하되, 소속기관과 고용보험에 가입한 공무원이 각각 2분의 1씩 부담한다. 기출 24

③ 사립학교교직원 연금법의 적용을 받는 사람 기출 22
④ 별정우체국법에 따른 별정우체국 직원 기출 22
⑤ 농업·임업 및 어업 중 법인이 아닌 자가 상시 4명 이하의 근로자를 사용하는 사업에 종사하는 근로자. 다만, 본인의 의사로 고용노동부령으로 정하는 바에 따라 고용보험에 가입을 신청하는 사람은 고용보험에 가입할 수 있다.
⑥ 65세 이후에 고용(65세 전부터 피보험 자격을 유지하던 사람이 65세 이후에 계속하여 고용된 경우는 제외)되거나 자영업을 개시한 사람에게는 제4장 및 제5장(실업급여 및 육아휴직급여등)을 적용하지 아니한다.

(4) 외국인근로자에 대한 적용(법 제10조의2)

외고법의 적용을 받는 외국인근로자에게는 이 법을 적용한다. 다만, 실업급여 및 육아휴직급여규정은 고용노동부령으로 정하는 바에 따른 신청이 있는 경우에만 적용한다. 외고법의 적용을 받는 외국인근로자를 제외한 외국인이 근로계약, 문화예술용역 관련 계약 또는 노무제공계약을 체결한 경우에는 출입국관리법에 따른 체류자격의 활동범위 및 체류기간 등을 고려하여 대통령령으로 정하는 바에 따라 이 법의 전부 또는 일부를 적용한다.

5. 보험관계의 성립·소멸(법 제9조)

이 법에 따른 보험관계의 성립 및 소멸에 대하여는 보험료징수법으로 정하는 바에 따른다. 기출 19

Ⅱ 피보험자의 관리

1. 피보험자격의 취득일(법 제13조)

(1) 원 칙

근로자인 피보험자는 이 법이 적용되는 사업에 고용된 날에 피보험자격을 취득한다.

(2) 예 외

다음의 경우에는 각각 그 해당되는 날에 피보험자격을 취득한 것으로 본다. 기출 15
① 적용제외 근로자였던 사람이 이 법의 적용을 받게 된 경우에는 그 적용을 받게 된 날 기출 15·18
② 보험료징수법에 따른 보험관계 성립일 전에 고용된 근로자의 경우에는 그 보험관계가 성립한 날 기출 22

(3) 자영업자인 피보험자의 자격취득일

자영업자인 피보험자는 보험관계가 성립한 날에 피보험자격을 취득한다.

2. 피보험자격의 상실일(법 제14조)

(1) 피보험자격의 상실일

① 근로자인 피보험자가 적용제외 근로자에 해당하게 된 경우에는 그 적용제외 대상자가 된 날 기출 15
② 보험료징수법에 따라 보험관계가 소멸한 경우에는 그 보험관계가 소멸한 날 기출 15·22
③ 근로자인 피보험자가 이직한 경우에는 이직한 날의 다음 날 기출 15·18·22·25
④ 근로자인 피보험자가 사망한 경우에는 사망한 날의 다음 날 기출 18·19·22

(2) 자영업자인 피보험자의 자격상실일

자영업자인 피보험자는 보험관계가 소멸한 날에 피보험자격을 상실한다.

3. 피보험자격에 대한 신고(법 제15조)

(1) 사업주의 신고

① 사업주는 그 사업에 고용된 근로자의 피보험자격의 취득 및 상실 등에 관한 사항을 대통령령으로 정하는 바에 따라 고용노동부장관에게 신고하여야 한다.

> **피보험자격의 취득 또는 상실 신고 등(영 제7조)**
> ① 사업주나 하수급인(下受給人)은 법 제15조에 따라 고용노동부장관에게 그 사업에 고용된 근로자의 피보험자격 취득 및 상실에 관한 사항을 신고하려는 경우에는 그 사유가 발생한 날이 속하는 달의 다음 달 15일까지(근로자가 그 기일 이전에 신고할 것을 요구하는 경우에는 지체 없이) 신고해야 한다. 기출 25 이 경우 사업주나 하수급인이 해당하는 달에 고용한 일용근로자의 근로일수, 임금 등이 적힌 근로내용 확인신고서를 그 사유가 발생한 날의 다음 달 15일까지 고용노동부장관에게 제출한 경우에는 피보험자격의 취득 및 상실을 신고한 것으로 본다. 기출 21
> ② 보험료징수법 제11조 제3항에 따라 사업의 개시 또는 종료 신고를 한 사업주는 제1항에 따른 신고기간 내에 고용노동부장관에게 피보험자격의 취득 또는 상실 신고를 해야 한다.

② 보험료징수법에 따라 원수급인(元受給人)이 사업주로 된 경우에 그 사업에 종사하는 근로자 중 원수급인이 고용하는 근로자 외의 근로자에 대하여는 그 근로자를 고용하는 다음의 하수급인(下受給人)이 신고를 하여야 한다. 이 경우 원수급인은 고용노동부령으로 정하는 바에 따라 하수급인에 관한 자료를 고용노동부장관에게 제출하여야 한다.
  ㉠ 건설산업기본법에 따른 건설사업자
  ㉡ 주택법에 따른 주택건설사업자
  ㉢ 전기공사업법에 따른 공사업자
  ㉣ 정보통신공사업법에 따른 정보통신공사업자
  ㉤ 소방시설공사업법에 따른 소방시설업자
  ㉥ 국가유산수리 등에 관한 법률에 따른 국가유산수리업자

(2) 근로자의 신고

사업주가 피보험자격에 관한 사항을 신고하지 아니하면 대통령령으로 정하는 바에 따라 근로자가 신고할 수 있다(법 제15조 제3항). 근로자가 피보험자격의 취득 및 상실 등에 관한 사항을 신고할 때에는 근로계약서 등 고용관계를 증명할 수 있는 서류를 제출하여야 한다(영 제8조). 기출 21·25

(3) 신고사항의 고지

① 고용노동부장관은 신고된 피보험자격의 취득 및 상실 등에 관한 사항을 고용노동부령으로 정하는 바에 따라 피보험자 및 원수급인 등 관계인에게 알려야 한다.
② 사업주, 원수급인 또는 하수급인은 신고를 고용노동부령으로 정하는 전자적 방법으로 할 수 있다.
③ 고용노동부장관은 전자적 방법으로 신고를 하려는 사업주, 원수급인 또는 하수급인에게 고용노동부령으로 정하는 바에 따라 필요한 장비 등을 지원할 수 있다.
④ 자영업자인 피보험자는 피보험자격의 취득 및 상실에 관한 신고를 하지 아니한다. 기출 21·25

4. 피보험자격의 확인(법 제17조)

① 피보험자 또는 피보험자였던 사람은 언제든지 고용노동부장관에게 피보험자격의 취득 또는 상실에 관한 확인을 청구할 수 있다. 기출 18 · 21 · 22
② 고용노동부장관은 청구에 따르거나 직권으로 피보험자격의 취득 또는 상실에 관하여 확인을 한다.
③ 고용노동부장관은 확인 결과를 대통령령으로 정하는 바에 따라 그 확인을 청구한 피보험자 및 사업주 등 관계인에게 알려야 한다.

Ⅲ 고용안정 · 직업능력개발 사업

1. 고용안정 · 직업능력개발 사업의 실시(법 제19조)

① 고용노동부장관은 피보험자 및 피보험자였던 사람, 그 밖에 취업할 의사를 가진 사람(피보험자 등)에 대한 실업의 예방, 취업의 촉진, 고용기회의 확대, 직업능력개발 · 향상의 기회 제공 및 지원, 그 밖에 고용안정과 사업주에 대한 인력 확보를 지원하기 위하여 고용안정 · 직업능력개발 사업을 실시한다.
② 고용노동부장관은 고용안정 · 직업능력개발 사업을 실시할 때에는 근로자의 수, 고용안정 · 직업능력개발을 위하여 취한 조치 및 실적 등 대통령령으로 정하는 기준에 해당하는 기업(이하 "우선지원 대상기업")을 우선적으로 고려하여야 한다(법 제19조 제2항).

> **우선지원대상기업의 범위(영 제12조)**
> ① 법 제19조 제2항에서 "대통령령으로 정하는 기준에 해당하는 기업"이란 산업별로 상시 사용하는 근로자수가 [별표 1]의 기준에 해당하는 기업(우선지원대상기업)을 말한다.
>
> > **[별표 1] 우선지원 대상기업의 상시 사용하는 근로자 기준** 기출 25
> > 1. 500명 이하 : 제조업
> > 2. 300명 이하 : 광업, 건설업, 운수 및 창고업, 정보통신업, 사업시설 관리 및 사업지원 및 임대 서비스업(다만, 부동산 이외 임대업은 그 밖의 업종으로 본다), 전문 · 과학 및 기술 서비스업, 보건업 및 사회복지 서비스업
> > 3. 200명 이하 : 도매 및 소매업, 숙박 및 음식점업, 금융 및 보험업, 예술 · 스포츠 및 여가관련 서비스업
> > 4. 100명 이하 : 그 밖의 업종
>
> ② 제1항에 해당하지 않는 기업으로서 중소기업기본법 제2조 제1항 및 제3항의 기준에 해당하는 기업은 제1항에도 불구하고 우선지원대상기업으로 본다.
> ③ 우선지원대상기업이 그 규모의 확대 등으로 우선지원대상기업에 해당하지 않게 된 경우 그 사유가 발생한 연도의 다음 연도부터 5년간 우선지원대상기업으로 본다.
> ④ 제1항부터 제3항까지의 규정에도 불구하고 독점규제 및 공정거래에 관한 법률에 따라 지정된 상호출자제한기업집단에 속하는 회사는 그 지정된 날이 속하는 보험연도의 다음 보험연도부터 우선지원 대상기업으로 보지 않는다.
> ⑤ 우선지원대상기업에 해당하는지를 판단하는 경우 그 기준이 되는 사항은 다음과 같다.
> 1. 상시 사용하는 근로자 수는 그 사업주가 하는 모든 사업에서 전년도 매월 말일 현재의 근로자수(건설업에서는 일용근로자의 수 제외)의 합계를 전년도의 조업 개월 수로 나누어 산정한 수로 하되, 공동주택관리법에 따른 공동주택을 관리하는 사업의 경우에는 각 사업별로 상시 사용하는 근로자의 수를 산정한다. 이 경우 상시 사용하는 근로자 수를 산정할 때 1개월 동안 소정근로시간이 60시간 이상인 단시간 근로자는 0.5명으로 하여 산정하고, 60시간 미만인 단시간 근로자는 상시 사용하는 근로자 수 산정에서 제외한다.
> 2. 하나의 사업주가 둘 이상의 산업의 사업을 경영하는 경우에는 상시 사용하는 근로자의 수가 많은 산업을 기준으로 하며, 상시 사용하는 근로자의 수가 같은 경우에는 임금총액, 매출액 순으로 그 기준을 적용한다.
> ⑥ 제5항에도 불구하고 보험연도 중에 보험관계가 성립된 사업주에 대해서는 보험관계성립일 현재를 기준으로 우선지원 대상기업에 해당하는지를 판단해야 한다.

2. 고용창출의 지원(법 제20조)

(1) 의 의

고용노동부장관은 고용환경 개선, 근무형태 변경 등으로 고용의 기회를 확대한 사업주에게 대통령령으로 정하는 바에 따라 필요한 지원을 할 수 있다.

(2) 지원요건

① 고용노동부장관은 다음의 어느 하나에 해당하는 사업주에게 임금의 일부를 지원할 수 있다. 다만, ㉠의 경우에는 근로시간이 감소된 근로자에 대한 임금의 일부와 필요한 시설의 설치비의 일부도 지원할 수 있으며, ㉡의 경우에는 시설의 설치비의 일부도 지원할 수 있다(영 제17조).

㉠ 근로시간 단축, 교대근로 개편, 정기적인 교육훈련 또는 안식휴가 부여 등(이하 "일자리 함께하기")을 통하여 실업자를 고용함으로써 근로자 수가 증가한 경우(제1호) [기출] 17

㉡ 고용노동부장관이 정하는 시설을 설치·운영하여 고용환경을 개선하고 실업자를 고용하여 근로자 수가 증가한 경우(제2호) [기출] 17

㉢ 직무의 분할, 근무체계 개편 또는 시간제직무 개발 등을 통하여 실업자를 근로계약기간을 정하지 않고 시간제로 근무하는 형태로 하여 새로 고용하는 경우(제3호) [기출] 17·23

㉣ 위원회에서 심의·의결한 성장유망업종, 인력수급 불일치 업종, 국내복귀기업 또는 지역특화산업 등 고용지원이 필요한 업종에 해당하는 기업이 실업자를 고용하는 경우(제4호) [기출] 17·23

㉤ 위원회에서 심의·의결한 업종에 해당하는 우선지원 대상기업이 고용노동부장관이 정하는 전문적인 자격을 갖춘 자(이하 "전문인력")를 고용하는 경우(제5호) [기출] 23

㉥ 임금피크제, 임금을 감액하는 제도 또는 그 밖의 임금체계 개편 등을 통하여 15세 이상 34세 이하의 청년 실업자를 고용하는 경우(제6호) [기출] 23

㉦ 고용노동부장관이 고령자 또는 준고령자가 근무하기에 적합한 것으로 인정하는 직무에 고령자 또는 준고령자를 새로 고용하는 경우(제7호) [기출] 23

② 지원하는 경우에 지원 대상, 지원 요건, 지원 수준, 지원 기간, 신청 기간, 신청 방법 등 지원에 필요한 사항은 고용노동부장관이 정하여 고시한다.

3. 고용조정의 지원

(1) 고용유지 지원금

1) 지원개관(법 제21조)

① 고용노동부장관은 경기의 변동, 산업구조의 변화 등에 따른 사업 규모의 축소, 사업의 폐업 또는 전환으로 고용조정이 불가피하게 된 사업주가 근로자에 대한 휴업이나 휴직 등 근로를 제공하지 아니하도록 하는 조치, 직업전환에 필요한 직업능력개발 훈련, 인력의 재배치 등을 실시하거나 그 밖에 근로자의 고용안정을 위한 조치를 하면 대통령령으로 정하는 바에 따라 그 사업주에게 필요한 지원을 할 수 있다. 이 경우 사업주가 근로자에게 지급하는 금품이 근로자의 고용안정을 위한 조치로 인하여 대통령령으로 정하는 수준으로 감소할 때에는 대통령령으로 정하는 바에 따라 그 근로자에게도 필요한 지원을 할 수 있다. 대통령령으로 정하는 수준이란 평균임금의 100분의 50 미만(지급되는 임금이 없는 경우를 포함)을 말한다(영 제21조의2). [기출] 15·18·20

② 고용노동부장관은 고용조정으로 이직된 근로자를 고용하는 등 고용이 불안정하게 된 근로자의 고용안정을 위한 조치를 하는 사업주에게 대통령령으로 정하는 바에 따라 필요한 지원을 할 수 있다.
③ 고용노동부장관은 고용조정 지원을 할 때에는 다음의 어느 하나에 해당하는 경우 사업주 또는 근로자에게 고용정책 기본법에 따른 고용정책심의회의 심의를 거쳐 대통령령으로 정하는 바에 따라 그 지원을 확대할 수 있다.
  ㉠ 사업주 또는 근로자가 고용정책 기본법에 따른 업종에 해당하거나 지역에 있는 경우
  ㉡ 고용상황이 전국적으로 현저히 악화되어 특별지원이 필요하게 된 경우

2) **지원금액**(영 제21조)

① **고용유지지원금의 금액** : 고용유지지원금은 다음에 해당하는 금액으로 한다. 다만, 고용노동부장관이 실업의 급증 등 고용사정이 악화되어 고용안정을 위하여 필요하다고 인정할 때에는 1년의 범위에서 고용노동부장관이 정하여 고시하는 기간에 사업주가 피보험자의 임금을 보전하기 위하여 지급한 금품의 4분의 3 이상 10분의 9 이하로서 고용노동부장관이 정하여 고시하는 비율[우선지원 대상기업에 해당하지 않는 기업(이하 "대규모기업")의 경우에는 3분의 2]에 해당하는 금액으로 한다. 기출 23
  ㉠ 근로시간 조정, 교대제 개편, 휴업 또는 휴직 등으로 단축된 근로시간이 역에 따른 1개월의 기간 동안 100분의 50 미만인 경우 : 단축된 근로시간 또는 휴직기간에 대하여 사업주가 피보험자의 임금을 보전하기 위하여 지급한 금품의 3분의 2(대규모기업의 경우에는 2분의 1)에 해당하는 금액
  ㉡ 근로시간 조정, 교대제 개편, 휴업 또는 휴직 등으로 단축된 근로시간이 역에 따른 1개월의 기간 동안 100분의 50 이상인 경우 : 단축된 근로시간 또는 휴직기간에 대하여 사업주가 피보험자의 임금을 보전하기 위하여 지급한 금품의 3분의 2에 해당하는 금액

② **고용유지지원금의 범위**
  ㉠ 고용유지지원금은 그 조치를 실시한 일수(둘 이상의 고용유지조치를 동시에 실시한 날은 1일로 본다)의 합계가 그 보험연도의 기간 중에 180일에 이를 때까지만 각각의 고용유지조치에 대하여 고용유지지원금을 지급한다. 기출 24
  ㉡ 지급되는 고용유지지원금은 고용유지조치별 대상 근로자 1명당 고용노동부장관이 정하여 고시하는 금액을 초과할 수 없다.

3) **고용유지조치계획 위반으로 인한 지원제한** 기출 18

① 고용노동부장관은 고용유지조치계획과 다르게 고용유지조치를 이행한 사업주에게는 고용노동부령으로 정하는 바에 따라 해당 사실이 발생한 날이 속한 달에 대한 고용유지지원금의 전부 또는 일부를 지급하지 아니할 수 있다(영 제20조의2).
② 사업주가 고용유지조치 기간 동안 근로자를 새로 고용하거나, 3년 이상 연속하여 같은 달에 고용유지조치를 실시하거나, 사업주가 고용유지조치를 하려는 날의 전날 이전 2년 동안 고용유지지원금을 지급받은 사실이 있는 경우에는 그 고용유지조치 기간의 마지막 날의 다음 날부터 6개월 이내에 고용조정으로 소속 피보험자의 100분의 10 이상을 이직시킨 경우 관할 직업안정기관의 장이 불가피하다고 인정하는 경우를 제외하고는 해당 달에 대한 고용유지지원금을 지급하지 아니한다(영 제19조 제2항).

(2) **휴업 등에 따른 피보험자 지원**(영 제21조의3)

고용노동부장관은 사업주가 고용노동부령으로 정하는 고용조정이 불가피하게 된 사유가 있음에도 고용조정을 하는 대신에 실시한 휴업 또는 휴직(이하 "휴업등")이 일정한 요건에 해당하는 경우 해당 피보험자에게 지원금을 지급할 수 있다.

4. 고령자등 고용촉진의 지원

(1) 고용촉진장려금(영 제26조)

1) 지원요건

고용노동부장관은 장애인, 여성가장 등 노동시장의 통상적인 조건에서는 취업이 특히 곤란한 사람의 취업촉진을 위하여 직업안정기관이나 그 밖에 고용노동부령으로 정하는 기관(이하 "직업안정기관 등")에 구직등록을 한 사람으로서 다음의 어느 하나에 해당하는 실업자를 피보험자로 고용한 사업주에게 고용촉진장려금을 지급한다.

① 고용노동부장관이 고시하는 바에 따라 노동시장의 통상적인 조건에서는 취업이 특히 곤란한 사람을 대상으로 하는 취업지원프로그램을 이수한 사람
② 중증장애인으로서 1개월 이상 실업상태에 있는 사람
③ 가족 부양의 책임이 있는 여성 실업자 중 고용노동부령으로 정하는 사람으로서 국민기초생활 보장법 시행령에 따른 취업대상자 또는 한부모가족지원법에 따른 보호대상자에 해당하고 1개월 이상 실업상태에 있는 사람
④ 고용촉진장려금 지급요건을 갖추지 못한 실업자 중에서 실업의 급증 등 고용사정이 악화되어 취업촉진을 위한 조치가 필요하다고 고용노동부장관이 인정하는 사람

2) 신청기간

해당 사업주가 새로 근로자를 고용한 날부터 12개월 이내로 한다(규칙 제45조 제3항).

3) 지원금액

고용촉진장려금(이하 "고용촉진장려금")은 사업주가 피보험자를 6개월 이상 고용한 경우에 다음의 구분에 따라 지급한다.

① 고용기간이 6개월 이상 12개월 미만인 경우 : 6개월분
② 고용기간이 12개월 이상인 경우 : 12개월분. 다만, 고용노동부장관이 정하여 고시하는 피보험자에 대한 고용기간이 18개월 이상인 경우에는 다음의 구분에 따른다.
  ㉠ 고용기간이 18개월 이상 24개월 미만인 경우 : 18개월분
  ㉡ 고용기간이 24개월 이상인 경우 : 24개월분

4) 지원제한

고용촉진장려금은 다음의 어느 하나에 해당하는 경우에는 지급하지 않는다.

① 근로계약기간이 단기간인 경우 등 고용노동부령으로 정하는 경우에 해당하는 사람을 고용하는 경우
② 대규모기업이 29세 이하인 실업자로서 고용노동부장관이 정하는 사람을 고용하는 경우
③ 사업주가 고용촉진장려금 지급대상자를 고용하기 전 3개월부터 고용 후 1년까지(고용촉진장려금 지급대상자의 고용기간이 1년 미만인 경우에는 그 고용관계 종료 시까지) 고용조정으로 근로자(고용촉진장려금 지급대상 근로자보다 나중에 고용된 근로자는 제외)를 이직시키는 경우
④ 고용촉진장려금 지급대상자를 고용한 사업주가 해당 근로자의 이직(해당 사업주가 해당 근로자를 고용하기 전 1년 이내에 이직한 경우에 한정) 당시의 사업주와 같은 경우. 다만, 다음의 어느 하나에 해당하는 경우에는 그러하지 아니하다.
  ㉠ 사업주가 근로기준법에 따라 해당 근로자를 우선적으로 고용한 경우
  ㉡ 사업주가 일용근로자로 고용하였던 근로자를 기간의 정함이 없는 근로계약을 체결하여 다시 고용한 경우

⑤ 고용촉진장려금 지급대상자를 고용한 사업주가 해당 근로자의 이직 당시의 사업주와 합병하거나 그 사업을 넘겨받은 사업주인 경우 등 해당 근로자의 이직 당시의 사업과 관련되는 사업주인 경우로서 고용노동부령으로 정하는 경우
⑥ 사업주가 임금 등을 체불하여 근로기준법에 따라 명단이 공개 중인 경우
⑦ 장애인고용촉진 및 직업재활법에 따른 장애인 고용 의무를 이행하지 않은 사업주가 그 장애인 고용 의무가 이행되기 전까지 같은 법에 따른 장애인(중증장애인은 제외)을 새로 고용한 경우
⑧ 그 밖에 법 제23조에 따른 지원 목적에 부합하지 않는다고 고용노동부장관이 정하여 고시하는 대상이나 업종에 해당하는 경우

5) 지원한도

① 매년 고용노동부장관이 임금상승률, 노동시장 여건 등을 고려하여 고시하는 금액과 고용촉진장려금의 지급대상이 되는 피보험자의 수를 곱하여 산정한다. 다만, 고용노동부장관이 고시하는 금액은 지급대상이 된 기간 동안 해당 사업주가 지원요건을 충족하는 피보험자에 대하여 부담하는 보수를 초과할 수 없고, 고용촉진장려금의 지급대상이 되는 피보험자의 수는 다음의 인원을 한도로 한다.
  ㉠ 해당 사업의 직전 보험연도 말일 기준 피보험자 수가 10명 이상인 경우 : 그 피보험자 수의 100분의 30에 해당하는 인원. 다만, 100분의 30에 해당하는 인원이 30명을 넘는 경우에는 30명으로 한다.
  ㉡ 해당 사업의 직전 보험연도 말일 기준 피보험자 수가 10명 미만인 경우 : 3명
② 고용노동부장관은 재난으로 실업의 급증 등 고용사정이 악화되어 고용촉진을 위한 긴급한 조치가 필요할 때에는 사업주에 대한 지원을 확대하기 위하여 고용정책심의회의 심의를 거쳐 1년의 범위에서 고용기간, 고용촉진장려금의 지급제외 사유, 상한액 및 지급대상 피보험자 수의 한도를 고시로 달리 정할 수 있다.

(2) 출산육아기 고용안정장려금(영 제29조)

1) 지원요건(제1항)

고용노동부장관은 다음의 어느 하나에 해당하는 사업주에게 출산육아기 고용안정장려금을 지급한다.
① 피보험자인 근로자에게 남녀고용평등과 일·가정 양립 지원에 관한 법률에 따른 육아휴직 또는 육아기 근로시간 단축(이하 "육아휴직등")을 30일[근로기준법에 따른 출산전후휴가(이하 "출산전후휴가")의 기간과 중복되는 기간은 제외] 이상 허용한 우선지원대상기업의 사업주
② 피보험자인 근로자에게 출산전후휴가, 근로기준법에 따른 유산·사산 휴가(이하 "유산·사산 휴가") 또는 육아휴직등을 30일 이상 부여하거나 허용하고 대체인력을 고용하거나 파견근로자를 대체인력으로 사용한 경우로서 다음의 요건을 모두 갖춘 우선지원대상기업의 사업주
  ㉠ 다음의 어느 하나에 해당할 것
    ㉮ 출산전후휴가, 유산·사산 휴가 또는 육아휴직등의 시작일 전 2개월이 되는 날(출산전후휴가에 연이어 유산·사산 휴가 또는 육아휴직등을 시작하는 경우에는 출산전후휴가 시작일 전 2개월이 되는 날) 이후 새로 대체인력을 고용하거나 파견근로자를 대체인력으로 사용하여 30일 이상 계속 고용하거나 사용한 경우 기출 21
    ㉯ 피보험자인 근로자에게 임신 중에 60일을 초과하여 근로시간 단축을 허용하고 대체인력을 고용하거나 파견근로자를 대체인력으로 사용한 경우로서 그 근로자가 근로시간 단축 종료에 연이어 출산전후휴가, 유산·사산 휴가 또는 육아휴직등을 시작한 이후에도 같은 대체인력을 계속 고용하거나 사용한 경우. 이 경우 대체인력을 고용하거나 사용한 기간은 30일 이상이어야 한다.

ⓒ 새로 대체인력을 고용하거나 파견근로자를 대체인력으로 사용하기 전 3개월부터 대체인력의 고용 또는 사용 후 1년까지(해당 대체인력의 고용기간 또는 사용기간이 1년 미만인 경우에는 그 고용관계 또는 사용관계 종료 시까지) 고용조정으로 다른 근로자(새로 고용 또는 사용한 대체인력보다 나중에 고용된 근로자는 제외한다)를 이직시키지 않을 것

③ 피보험자인 근로자에게 육아휴직등을 30일 이상 허용하거나 부여한 경우로서 해당 근로자의 업무 전부 또는 일부를 대신하여 수행할 근로자(이하 "업무분담자")를 지정하고 해당 업무분담자에게 업무분담에 대한 금전적 지원을 한 우선지원대상기업의 사업주. 다만, 육아기 근로시간 단축 근로자에 대한 업무분담자를 지정한 경우에는 육아기 근로시간 단축 근로자의 단축된 근로시간이 주당 10시간 이상이어야 한다.

2) 신청기간

출산육아기 고용안정장려금 지급 신청 기간은 육아휴직등, 출산전후휴가, 유산·사산 휴가 또는 육아휴직등의 종료일부터 12개월 이내로 한다(규칙 제51조 제3항).

3) 지원금액의 산정

① **육아휴직등 장려금**(제3항) : 육아휴직등 장려금은 육아휴직등의 허용에 따른 사업주의 노무비용부담, 육아휴직등의 대상 자녀의 나이 등을 고려하여 매년 고용노동부장관이 정하여 고시하는 금액에 근로자가 사용한 육아휴직등의 개월 수를 곱하여 산정한 금액으로 한다.

② **대체인력지원금**(제4항) : 대체인력지원금은 대체인력의 고용 또는 사용에 따른 사업주의 노무비용부담을 고려하여 고용노동부장관이 정하여 고시하는 금액에 출산전후휴가, 유산·사산 휴가 또는 육아휴직등을 사용한 기간(출산전후휴가, 유산·사산 휴가 또는 육아휴직등을 사용하기 전 2개월간의 업무 인수인계기간을 포함한다) 중 대체인력을 고용하거나 사용한 개월 수를 곱하여 산정한 금액으로 하되, 이 영 또는 다른 법령에 따라 국가 또는 지방자치단체가 해당 대체인력 고용·사용 또는 업무분담자 지정에 대하여 사업주에게 지급하는 지원금 또는 장려금 등이 있는 경우에는 그 지원금 또는 장려금 등의 금액을 뺀 금액으로 한다. 이 경우 대체인력지원금의 금액은 사업주가 해당 대체인력에게 지급한 임금액 또는 근로자파견의 대가를 초과할 수 없다.

③ **업무분담지원금**(제5항) : 업무분담지원금은 업무분담자 지정에 따른 사업주의 노무비용부담을 고려하여 고용노동부장관이 정하여 고시하는 금액에 육아휴직등을 사용한 기간 중 업무분담자를 지정한 개월 수를 곱하여 산정한 금액으로 하되, 이 영 또는 다른 법령에 따라 육아휴직등에 따른 업무분담자 지정 또는 대체인력의 고용·사용에 대해 사업주가 지원금 또는 장려금 등의 금전을 지급받은 경우에는 그 지원금 또는 장려금 등의 금액을 뺀 금액으로 한다. 이 경우 업무분담지원금의 금액은 사업주가 해당 업무분담자에게 지급한 금액을 초과할 수 없다.

4) 지원금액(제6항)

① **육아휴직등 장려금** : 출산육아기 고용안정장려금의 100분의 50에 해당하는 금액은 사업주가 육아휴직등 장려금 지급요건을 갖추면 지급하고, 나머지 금액은 해당 사업주가 육아휴직등을 사용한 근로자를 육아휴직등이 끝난 후 6개월 이상 피보험자로 계속 고용하는 경우(사업주가 해당 근로자의 자기 사정으로 인하여 6개월 이상 계속 고용하지 못한 경우 포함)에 합산하여 한꺼번에 지급한다.

② **대체인력지원금** : 다음의 구분에 따른 금액은 사업주가 대체인력지원금 지급요건을 갖추면 지급하고, 나머지 금액은 해당 사업주가 출산전후휴가, 유산·사산 휴가 또는 육아휴직등을 사용한 근로자를 출산전후휴가, 유산·사산 휴가 또는 육아휴직등이 끝난 후 1개월 이상 피보험자로 계속 고용하는 경우(사업주가 해당 근로자의 자기 사정으로 인하여 1개월 이상 계속 고용하지 못한 경우를 포함)에 합산하여 한꺼번에 지급한다.

    ㉠ 업무 인수인계기간 : 대체인력지원금의 100분의 100
    ㉡ 출산전후휴가, 유산·사산 휴가 또는 육아휴직등의 기간 : 대체인력지원금의 100분의 50
  ③ 업무분담지원금 : 사업주가 업무분담지원금 지급요건을 갖추면 업무분담지원금의 100분의 100을 지급한다.
5) 지원제한(제2항)
고용노동부장관은 ① 부패방지 및 국민권익위원회의 설치와 운영에 관한 법률에서 정한 공공기관 및 공공기관의 운영에 관한 법에 따라 지정·고시된 공공기관의 사업주, ② 임금 등을 체불하여 근로기준법에 따라 명단이 공개 중인 사업주, ③ 그 밖에 지원 목적에 부합하지 않는다고 고용노동부장관이 정하여 고시하는 대상이나 업종의 사업주 등에게는 출산육아기 고용안정장려금을 지급하지 않는다.

Ⅳ 실업급여

1. 실업급여

(1) 실업급여의 종류
실업급여는 구직급여와 취업촉진 수당으로 구분한다. 기출 25

(2) 취업촉진 수당의 종류(법 제37조) 기출 20 · 25
  ① 조기재취업 수당
  ② 직업능력개발 수당
  ③ 광역 구직활동비
  ④ 이주비

(3) 실업급여의 지급(법 제37조의2, 영 제58조의2)

  1) 실업급여수급계좌로의 입금
  ① 직업안정기관의 장은 수급자격자의 신청이 있는 경우에는 실업급여를 수급자격자 명의의 지정된 계좌(이하 "실업급여수급계좌")로 입금하여야 한다. 다만, 정보통신장애나 그 밖에 대통령령으로 정하는 불가피한 사유로 실업급여를 실업급여수급계좌로 이체할 수 없을 때에는 현금 지급 등 대통령령으로 정하는 바에 따라 실업급여를 지급할 수 있다.
  ② 실업급여수급계좌의 해당 금융기관은 이 법에 따른 실업급여만이 실업급여수급계좌에 입금되도록 관리하여야 한다. 기출 24

  2) 이체가 제한되는 불가피한 사유
  "대통령령으로 정하는 불가피한 사유"란 수급자격자가 섬 지역(제주특별자치도 본도 및 방파제 또는 교량 등으로 육지와 연결된 섬은 제외)에 거주하여 실업인정의 특례를 신청한 사람으로서 그 수급자격자가 금융기관을 이용할 수 없는 지역에 거주함으로, 실업급여의 신청일부터 14일 이내에 수급자격자에게 금융기관을 통하여 실업급여를 지급하는 것이 불가능한 경우를 의미한다.

  3) 수급자격자에 대한 직접 지급
  직업안정기관의 장은 정보통신장애나 이체가 제한되는 불가피한 사유로 인하여 실업급여를 실업급여수급계좌로 이체할 수 없을 때에는 해당 실업급여 금액을 수급자격자에게 직접 현금으로 지급할 수 있다. 기출 24
  직업안정기관의 장은 수급자격 인정신청을 한 사람에게 신청인이 원하는 경우에는 해당 실업급여를 실업급여수급계좌로 받을 수 있다는 사실을 안내하여야 한다.

(4) 수급권의 보호(법 제38조, 영 제58조의3)

실업급여를 받을 권리는 양도 또는 압류하거나 담보로 제공할 수 없으며 지정된 실업급여수급계좌에 입금된 금액 전액에 관한 채권은 압류할 수 없다. 기출 19

(5) 공과금부과 제한(법 제38조의2)

실업급여로서 지급된 금품에 대하여는 국가·지자체의 공과금을 부과하지 아니한다.

2. 구직급여(법 제40조)

(1) 구직급여의 수급요건 기출 14

1) 통상근로자의 수급요건

구직급여는 이직한 근로자인 피보험자가 다음의 요건을 모두 갖춘 경우에 지급한다.
① 기준기간 동안의 피보험 단위기간이 합산하여 180일 이상일 것
② 근로의 의사와 능력이 있음에도 불구하고 취업(영리를 목적으로 사업을 영위하는 경우를 포함)하지 못한 상태에 있을 것
③ 이직사유가 수급자격의 제한 사유에 해당하지 아니할 것
④ 재취업을 위한 노력을 적극적으로 할 것

2) 일용근로자에게 추가되는 수급요건

① 수급자격 인정신청일이 속한 달의 직전 달 초일부터 수급자격 인정신청일까지의 근로일 수의 합이 같은 기간 동안의 총 일수의 3분의 1 미만일 것 또는 건설일용근로자로서 수급자격 인정신청일 이전 14일간 연속하여 근로내역이 없을 것 기출 18·20
② 최종 이직 당시의 기준기간 동안의 피보험 단위기간 중 다른 사업에서 수급자격의 제한 사유에 해당하는 사유로 이직한 사실이 있는 경우에는 그 피보험 단위기간 중 90일 이상을 일용근로자로 근로하였을 것

(2) 기준기간의 연장

기준기간은 이직일 이전 18개월로 하되, 근로자인 피보험자가 다음의 어느 하나에 해당하는 경우에는 다음의 구분에 따른 기간을 기준기간으로 한다.

1) 이직일 이전 18개월 동안에 질병·부상, 그 밖에 대통령령으로 정하는 사유로 계속하여 30일 이상 보수의 지급을 받을 수 없었던 경우

18개월에 그 사유로 보수를 지급받을 수 없었던 일수를 가산한 기간(3년을 초과할 때에는 3년)

2) 다음의 요건에 모두 해당하는 경우 : 이직일 이전 24개월
① 이직 당시 1주 소정근로시간이 15시간 미만이고, 1주 소정근로일수가 2일 이하인 근로자로 근로하였을 것
② 이직일 이전 24개월 동안의 피보험 단위기간 중 90일 이상을 ①의 요건에 해당하는 근로자로 근로하였을 것

- (3) **피보험 단위기간**(법 제41조)
    - ① 근로자의 피보험 단위기간은 피보험기간 중 보수 지급의 기초가 된 날을 합하여 계산한다. 다만, 자영업자인 피보험자의 경우에는 그 수급자격과 관련된 폐업 당시의 적용 사업에의 보험가입기간 중에서 실제로 납부한 고용보험료에 해당하는 기간으로 한다(제1항). 기출 18 · 25
    - ② 피보험 단위기간을 계산할 때에는 최후로 피보험자격을 취득한 날 이전에 구직급여를 받은 사실이 있는 경우에는 그 구직급여와 관련된 피보험자격 상실일 이전의 피보험 단위기간은 넣지 아니한다(제2항). 기출 20
    - ③ 근로자인 피보험자가 기준기간 동안에 근로자·예술인·노무제공자 중 둘 이상에 해당하는 사람으로 종사한 경우의 피보험 단위기간은 대통령령으로 정하는 바에 따른다(제3항).
- (4) **실업의 신고**(법 제42조)

    구직급여를 지급받으려는 사람은 이직 후 지체 없이 직업안정기관에 출석하여 실업을 신고하여야 한다. 다만, 재난으로 출석하기 어려운 경우 등 고용노동부령으로 정하는 사유가 있는 경우에는 고용정보시스템을 통하여 신고할 수 있다. 기출 14 · 16 · 18 · 20 실업의 신고에는 구직 신청과 수급자격의 인정신청을 포함하여야 한다. 구직급여를 지급받기 위하여 실업을 신고하려는 사람은 이직하기 전 사업의 사업주에게 피보험 단위기간, 이직 전 1일 소정근로시간 등을 확인할 수 있는 자료("이직확인서")의 발급을 요청할 수 있다. 이 경우 요청을 받은 사업주는 고용노동부령으로 정하는 바에 따라 이직확인서를 발급하여 주어야 한다.

- (5) **수급자격의 인정**(법 제43조)
    1) 인정신청

    구직급여를 지급받으려는 사람은 직업안정기관의 장에게 구직급여의 수급 요건을 갖추었다는 사실(이하 "수급자격")을 인정하여 줄 것을 신청하여야 한다(제1항).

    2) 고려사항

    수급자격인정신청인이 피보험자로서 마지막에 이직한 사업에 고용되기 전에 피보험자로서 이직한 사실이 있을 것, 마지막 이직 이전의 이직과 관련하여 구직급여를 받은 사실이 없을 것의 요건을 모두 갖춘 경우에는 마지막에 이직한 사업을 기준으로 수급자격의 인정 여부를 결정한다. 다만, 마지막 이직 당시 일용근로자로서 피보험 단위기간이 1개월 미만인 사람이 수급자격을 갖추지 못한 경우에는 일용근로자가 아닌 근로자로서 마지막으로 이직한 사업을 기준으로 결정한다(제3항). 기출 23

    3) 인정결정통지

    직업안정기관의 장은 수급자격의 인정신청을 받으면 그 신청인에 대한 수급자격의 인정 여부를 결정하고, 신청인에게 그 결과를 알려야 한다(제2항). 기출 16

- (6) **실업의 인정**(법 제44조)
    1) 구직급여의 지급

    구직급여는 수급자격자가 실업한 상태에 있는 날 중에서 직업안정기관의 장으로부터 실업의 인정을 받은 날에 대하여 지급한다. 기출 18 · 19 · 23 · 25

2) 실업의 인정방법
① 실업의 인정을 받으려는 수급자격자는 실업의 신고를 한 날부터 계산하기 시작하여 1주부터 4주의 범위에서 직업안정기관의 장이 지정한 날(실업인정일)에 출석하여 재취업을 위한 노력을 하였음을 신고하여야 하고, 직업안정기관의 장은 직전 실업인정일의 다음 날부터 그 실업인정일까지의 각각의 날에 대하여 실업의 인정을 한다. 다만, 다음에 해당하는 사람에 대한 실업의 인정 방법은 고용노동부령으로 정하는 기준에 따른다.
  ㉠ 직업능력개발 훈련 등을 받는 수급자격자
  ㉡ 천재지변, 대량 실업의 발생 등 대통령령으로 정하는 사유가 발생한 경우의 수급자격자
  ㉢ 그 밖에 대통령령으로 정하는 수급자격자
② 수급자격자가 다음의 어느 하나에 해당하면 직업안정기관에 출석할 수 없었던 사유를 적은 증명서를 제출하여 실업의 인정을 받을 수 있다. 기출 20·23·25
  ㉠ 질병이나 부상으로 직업안정기관에 출석할 수 없었던 경우로서 그 기간이 계속하여 7일 미만인 경우
  ㉡ 직업안정기관의 직업소개에 따른 구인자와의 면접 등으로 직업안정기관에 출석할 수 없었던 경우
  ㉢ 직업안정기관의 장이 지시한 직업능력개발 훈련 등을 받기 위하여 직업안정기관에 출석할 수 없었던 경우
  ㉣ 천재지변이나 그 밖의 부득이한 사유로 직업안정기관에 출석할 수 없었던 경우

3) 재취업활동 인정기준(규칙 제87조)
① 재취업활동으로 인정되는 경우
  ㉠ 구인업체를 방문하거나 우편·인터넷 등을 이용하여 구인에 응모한 경우 기출 18
  ㉡ 채용관련 행사에 참여하여 채용을 위한 면접에 응한 경우
  ㉢ 직업능력개발 훈련 등을 받는 경우 중 고용노동부장관이 정한 경우
  ㉣ 직업안정기관에서 실시하는 직업지도 프로그램에 참여한 경우
  ㉤ 해당 실업인정일부터 30일 이내에 취업하기로 확정된 경우
  ㉥ 국민 평생 직업능력 개발법에 따른 직업능력개발 훈련시설(법인을 포함)이나 학원의 설립·운영 및 과외교습에 관한 법률에 따른 학원 등에서 재취업을 위하여 수강 중인 경우로서 따로 재취업활동이 필요하지 아니하다고 직업안정기관의 장이 인정하는 경우
  ㉦ 구인업체가 부족한 경우 등 노동시장의 여건상 고용정보의 제공이 어려운 경우로서 직업지도를 위하여 필요하다고 판단되어 직업안정기관의 장이 소개한 사회봉사활동에 참여하는 경우
  ㉧ 고용노동부장관이 정하는 바에 따라 자영업 준비활동을 한 경우
  ㉨ 직업안정기관의 지원을 받아 재취업활동에 관한 계획을 수립하는 경우
  ㉩ 위의 규정에 준하는 경우로서 고용노동부장관이 정하는 경우
② 재취업활동으로 인정되지 않는 경우
  ㉠ 임신·출산·육아·노약자의 간호, 그 밖의 가사상의 이유로 이직한 사람 중 그 이직 원인이 아직 소멸되었다고 보기 어려운 경우
  ㉡ 질병·부상 등 정신적·육체적 조건으로 통상 취업이 곤란하다고 인정되는 경우
  ㉢ 산업재해보상보험법에 따른 휴업급여의 지급 대상이 되는 경우
  ㉣ 직업안정기관의 장이 미리 지정하여 준 직업소개나 직업지도를 위한 출석일에 정당한 사유 없이 출석하지 아니한 경우(출석하지 아니한 기간으로 한정)
  ㉤ 위의 규정에 준하는 경우로서 고용노동부장관이 정하는 경우

(7) 실업인정대상기간 중의 취업 등의 신고(법 제47조)

① 수급자격자는 실업의 인정을 받으려 하는 기간(이하 "실업인정대상기간") 중에 고용노동부령으로 정하는 기준에 해당하는 취업을 한 경우에는 그 사실을 직업안정기관의 장에게 신고하여야 한다(제1항). 직업안정기관의 장은 필요하다고 인정하면 수급자격자의 실업인정대상기간 중의 취업 사실에 대하여 조사할 수 있다(제2항). 기출 20

② 수급자격자는 취업한 사실이 있는 경우에는 취업한 날 이후 최초의 실업인정일에 제출하는 실업인정신청서에 그 사실을 적어야 한다(영 제69조).

(8) 기초일액(기초임금일액)(법 제45조)

1) 기초일액의 산정

① 구직급여의 산정 기초가 되는 임금일액(기초일액)은 수급자격의 인정과 관련된 마지막 이직 당시 근로기준법에 따라 산정된 평균임금으로 한다. 다만, 마지막 이직일 이전 3개월 이내에 피보험자격을 취득한 사실이 2회 이상인 경우에는 마지막 이직일 이전 3개월간(일용근로자의 경우에는 마지막 이직일 이전 4개월 중 최종 1개월을 제외한 기간)에 그 근로자에게 지급된 임금 총액을 그 산정의 기준이 되는 3개월의 총 일수로 나눈 금액을 기초일액으로 한다(제1항).

② 산정된 기초일액이 근로기준법에 따른 그 근로자의 통상임금보다 적을 경우에는 그 통상임금액을 기초일액으로 한다. 다만, 마지막 사업에서 이직 당시 일용근로자였던 사람의 경우에는 그러하지 아니하다(제2항).

2) 기준보수를 기초일액으로 하는 경우

기초일액을 산정하는 것이 곤란한 경우와 보험료를 보험료징수법에 따른 기준보수를 기준으로 낸 경우에는 기준보수를 기초일액으로 한다. 다만, 보험료를 기준보수로 낸 경우에도 산정한 기초일액이 기준보수보다 많은 경우에는 그러하지 아니하다(제3항).

3) 기초일액의 하한액

산정된 기초일액이 그 수급자격자의 이직 전 1일 소정근로시간에 이직일 당시 적용되던 최저임금법에 따른 시간 단위에 해당하는 최저임금액을 곱한 금액(이하 "최저기초일액")보다 낮은 경우에는 최저기초일액을 기초일액으로 한다. 이 경우 이직 전 1일 소정근로시간은 고용노동부령으로 정하는 방법에 따라 산정한다(제4항).

4) 기초일액의 상한액

산정된 기초일액이 보험의 취지 및 일반 근로자의 임금 수준 등을 고려하여 대통령령으로 정하는 금액을 초과하는 경우에는 대통령령으로 정하는 금액을 기초일액으로 한다(제5항).

> **급여기초임금일액의 상한액(영 제68조)**
> ① 법 제45조 제5항에 따라 구직급여의 산정기초가 되는 임금일액이 11만원을 초과하는 경우에는 11만원을 해당 임금일액으로 한다.
> ② 고용노동부장관은 제1항에 따른 금액이 적용된 후 물가상승률과 경기변동, 임금상승률등을 고려하여 조정이 필요하다고 판단되면 해당 금액의 변경을 고려하여야 한다.

(9) 구직급여일액(법 제46조)

1) 구직급여일액의 계산
구직급여일액은 다음의 구분에 따른 금액으로 한다.
① 그 수급자격자의 기초일액에 100분의 60을 곱한 금액으로 한다.
② 산정된 구직급여일액이 최저구직급여일액보다 낮은 경우에는 최저구직급여일액을 그 수급자격자의 구직급여일액으로 한다.

2) 최저구직급여일액
최저기초일액으로 구직급여액을 계산하는 경우에는 그 수급자격자의 기초일액에 100분의 80을 곱한 금액으로 한다.

(10) 수급기간 및 수급일수(법 제48조)

1) 의 의
① 구직급여는 이 법에 따로 규정이 있는 경우 외에는 그 구직급여의 수급자격과 관련된 이직일의 다음 날부터 계산하기 시작하여 12개월 내에 소정급여일수를 한도로 하여 지급한다. 기출 23
② 12개월의 기간 중 임신·출산·육아, 그 밖에 대통령령으로 정하는 사유로 취업할 수 없는 사람이 그 사실을 수급기간에 직업안정기관에 신고한 경우에는 12개월의 기간에 그 취업할 수 없는 기간을 가산한 기간(4년을 넘을 때에는 4년)에 소정급여일수를 한도로 하여 구직급여를 지급한다.

2) 신고의 의제
다음에 해당하는 경우에는 해당 최초 요양일에 신고를 한 것으로 본다.
① 산업재해보상보험법에 따른 요양급여를 받는 경우
② 질병 또는 부상으로 3개월 이상의 요양이 필요하여 이직하였고, 이직 기간 동안 취업활동이 곤란하였던 사실이 요양기간과 부상·질병상태를 구체적으로 밝힌 주치의사의 소견과 요양을 위하여 이직하였다는 사업주의 의견을 통하여 확인된 경우

3) 수급기간의 연기사유(영 제70조)
① 본인의 질병이나 부상(상병급여를 받은 경우의 질병이나 부상은 제외)
② 배우자의 질병이나 부상
③ 본인과 배우자의 직계존속 및 직계비속의 질병이나 부상
④ 배우자의 국외발령 등에 따른 동거 목적의 거소 이전
⑤ 병역법에 따른 의무복무
⑥ 범죄혐의로 인한 구속이나 형의 집행(형법 또는 직무와 관련된 법률을 위반하여 금고 이상의 형을 선고받아 수급자격이 없는 자는 제외)
⑦ 그 밖에 이에 준하는 경우로서 노동부령이 정하는 사유

(11) 대기기간(법 제49조, 영 제71조의2)
실업의 신고일부터 계산하기 시작하여 7일간은 대기기간으로 보아 구직급여를 지급하지 아니한다. 다만, 최종 이직 당시 건설일용근로자였던 사람에 대해서는 실업의 신고일부터 계산하여 구직급여를 지급한다. 수급자격의 인정신청을 한 경우로서 가장 나중에 상실한 피보험자격과 관련된 이직사유를 직업안정기관의 장이 대통령령으로 정하는 바에 따른 소득감소로 이직하였다고 인정하는 경우에 해당하는 때에는 실업의 신고일부터 계산하기 시작하여 2주를 대기기간으로 보아 구직급여를 지급하지 아니한다.

(12) 소정급여일수 및 피보험기간(법 제50조) 기출 17 · 21 · 23 · 24 · 25

1) 의 의
① 하나의 수급자격에 따라 구직급여를 지급받을 수 있는 날(이하 "소정급여일수")은 대기기간이 끝난 다음 날부터 계산하기 시작하여 피보험기간과 연령에 따라 [별표 1]에서 정한 일수가 되는 날까지로 한다.

기출 25

고보법 [별표 1]
구직급여의 소정급여일수(법 제50조 제1항 관련)

구분		피보험기간				
		1년 미만	1년 이상 3년 미만	3년 이상 5년 미만	5년 이상 10년 미만	10년 이상
이직일 현재 연령	50세 미만	120일	150일	180일	210일	240일
	50세 이상	120일	180일	210일	240일	270일
비고 : 장애인고용촉진 및 직업재활법 제2조 제1호에 따른 장애인은 50세 이상인 것으로 보아 위 표를 적용한다.						

② 수급자격자가 소정급여일수 내에 임신·출산·육아, 그 밖에 대통령령으로 정하는 사유로 수급기간을 연장한 경우에는 그 기간만큼 구직급여를 유예하여 지급한다.

2) 피보험기간
① 피보험기간은 그 수급자격과 관련된 이직 당시의 적용 사업에서 고용된 기간(적용 제외 근로자로 고용된 기간은 제외)으로 한다. 다만, 자영업자인 피보험자의 경우에는 그 수급자격과 관련된 폐업 당시의 적용 사업에의 보험가입기간 중에서 실제로 납부한 고용보험료에 해당하는 기간으로 한다. 기출 23
② 피보험기간을 계산할 때에 다음의 경우에는 각각 피보험기간을 계산한다.
  ㉠ 종전의 적용 사업에서 피보험자격을 상실한 사실이 있고 그 상실한 날부터 3년 이내에 현재 적용 사업에서 피보험자격을 취득한 경우 : 종전의 적용 사업에서의 피보험기간을 합산한다. 다만, 종전의 적용 사업의 피보험자격 상실로 인하여 구직급여를 지급받은 사실이 있는 경우에는 그 종전의 적용 사업에서의 피보험기간은 제외한다.
  ㉡ 자영업자인 피보험자가 종전에 근로자로서 고용되었다가 피보험자격을 상실한 사실이 있고 그 상실한 날부터 3년 이내에 자영업자로서 피보험자격을 다시 취득한 경우 : 종전의 적용 사업에서의 피보험기간을 합산하지 아니하되, 본인이 종전의 피보험기간을 합산하여 줄 것을 원하는 때에 한정하여 합산한다. 다만, 종전의 적용 사업의 피보험자격상실로 인하여 구직급여를 지급받은 사실이 있는 경우에는 그 종전의 적용 사업에서의 피보험기간은 제외한다.
③ 피보험자격 취득에 관하여 신고가 되어 있지 아니하였던 피보험자의 경우에는 하나의 피보험기간에 피보험자가 된 날이 다음의 어느 하나에 해당하는 날부터 소급하여 3년이 되는 해의 1월 1일 전이면 그 해당하는 날부터 소급하여 3년이 되는 날이 속하는 보험연도의 첫 날에 그 피보험자격을 취득한 것으로 보아 피보험기간을 계산한다. 다만, 사업주가 다음의 어느 하나에 해당하는 날부터 소급하여 3년이 되는 해의 1월 1일 전부터 해당 피보험자에 대한 고용보험료를 계속 납부한 사실이 증명된 경우에는 고용보험료를 납부한 기간으로 피보험기간을 계산한다.
  ㉠ 제15조에 따른 피보험자격 취득신고를 한 날
  ㉡ 제17조에 따른 피보험자격 취득이 확인된 날

3. 연장급여

(1) 훈련연장급여(법 제51조)

1) 의 의
직업안정기관의 장은 수급자격자의 연령·경력 등을 고려할 때 재취업을 위하여 직업능력개발 훈련 등을 받도록 지시할 수 있다.

2) 훈련연장급여의 지급대상(요건 전부 충족 필요)(규칙 제94조 제1항)
① 직업능력개발 훈련을 받으면 재취업을 하기가 쉽다고 인정될 것
② 국가기술자격증이 없거나 있더라도 그 기술에 대한 노동시장의 수요가 급격히 감소했을 것
③ 최근 1년간 직업능력개발훈련을 받지 않았을 것
④ 실업의 신고일부터 직업안정기관의 장의 직업소개 또는 직업상담(심층상담 또는 집단상담으로 한정)에 3회 이상 응했으나 취업되지 않았을 것

3) 훈련연장급여의 지급기간 기출 20·24·25
직업안정기관의 장은 직업능력개발 훈련 등을 받도록 지시한 경우에는 수급자격자가 그 직업능력개발 훈련 등을 받는 기간 중 실업의 인정을 받은 날에 대하여는 소정급여일수를 초과하여 구직급여를 연장하여 지급할 수 있다. 이 경우 연장하여 지급하는 구직급여(훈련연장급여)의 지급 기간은 2년 이내로 한다(법 제51조 제2항, 영 제72조).

(2) 개별연장급여(법 제52조)

1) 의 의
직업안정기관의 장은 취업이 특히 곤란하고 생활이 어려운 수급자격자로서 대통령령으로 정하는 사람에게는 그가 실업의 인정을 받은 날에 대하여 소정급여일수를 초과하여 구직급여를 연장하여 지급할 수 있다.

2) 개별연장급여의 지급대상
취업이 특히 곤란하고 생활이 어려운 수급자격자로서 대통령령으로 정하는 사람이란 다음의 요건을 모두 갖춘 수급자격자를 말한다(영 제73조 제1항).
① 실업신고일부터 구직급여의 지급이 끝날 때까지 직업안정기관의 장의 직업소개에 3회 이상 응하였으나 취업되지 않은 사람으로서 다음의 어느 하나에 해당하는 부양가족이 있는 사람, 즉 18세 미만이나 65세 이상인 사람, 장애인고용촉진 및 직업재활법에 따른 장애인, 1개월 이상의 요양이 요구되는 환자, 소득이 없는 배우자, 학업 중인 사람으로서 고용노동부장관이 정하여 고시하는 사람 등의 부양가족이 있는 사람
② 급여기초 임금일액과 본인과 배우자의 재산합계액이 각각 고용노동부장관이 정하여 고시한 기준 이하인 사람

3) 개별연장급여의 지급기간 기출 20
연장하여 지급하는 구직급여("개별연장급여")는 60일의 범위에서 대통령령으로 정하는 기간 동안 지급한다. 개별연장급여 지급일수는 최대 60일로 하되, 일정 기간 동안 실업급여를 반복하여 수급한 정도를 고려하여 고용노동부장관이 정하는 기준에 따라 그 지급기간을 60일 미만으로 정할 수 있다(영 제73조 제2항).

4) 개별연장급여의 지급신청
수급자격자가 개별연장급여를 지급받으려는 경우에는 구직급여일수 종료일까지 개별연장급여 신청서를 신청지 관할 직업안정기관의 장에게 제출하여야 한다(영 제73조 제3항).

(3) 특별연장급여(법 제53조)

1) 특별연장급여의 지급사유

① 고용노동부장관은 실업의 급증 등 대통령령으로 정하는 사유가 발생한 경우에는 60일의 범위에서 수급자격자가 실업의 인정을 받은 날에 대하여 소정급여일수를 초과하여 구직급여를 연장하여 지급할 수 있다. 다만, 이직 후의 생활안정을 위한 일정 기준 이상의 소득이 있는 수급자격자 등 고용노동부령으로 정하는 수급자격자에 대하여는 그러하지 아니하다.

② "대통령령으로 정하는 사유"란 다음의 어느 하나에 해당하는 경우를 말한다(영 제74조). 다만, ㉠부터 ㉢까지의 경우는 그와 같은 상황이 계속될 것으로 예상되는 경우로 한정한다.

㉠ 매월의 구직급여 지급을 받은 사람의 수(훈련연장급여, 개별연장급여 또는 특별연장급여를 지급받는 사람의 수는 제외)를 해당 월의 말일의 피보험자수로 나누어 얻은 비율이 연속하여 3개월 동안 각각 100분의 3을 초과하는 경우(제1호)

㉡ 매월의 수급자격신청률이 연속하여 3개월 동안 100분의 1을 초과하는 경우(제2호)

㉢ 매월의 실업률이 연속하여 3개월 동안 100분의 6을 초과하는 경우(제3호)

㉣ 실업의 급증 등에 따른 고용사정의 급격한 악화로 고용정책심의회에서 특별연장급여의 지급이 필요하다고 의결한 경우(제4호)

2) 특별연장급여의 지급기간

고용노동부장관은 연장하여 지급하는 구직급여(특별연장급여)를 지급하려면 기간을 정하여 실시하여야 한다. 특별연장급여의 실시기간은 6개월 이내로 한다(규칙 제98조).

(4) 연장급여의 수급기간 및 구직급여일액(법 제54조)

1) 수급기간

연장급여를 지급하는 경우에 그 수급자격자의 수기급기간은 그 수급자격자의 수급기간에 연장되는 구직급여일수를 더하여 산정한 기간으로 한다. 기출 25

2) 구직급여일액

① 훈련연장급여를 지급하는 경우에 그 일액은 해당 수급자격자의 구직급여일액의 100분의 100으로 하고, 개별연장급여 또는 특별연장급여를 지급하는 경우에 그 일액은 해당 수급자격자의 구직급여일액의 100분의 70을 곱한 금액으로 한다. 기출 24·25

② 산정된 구직급여일액이 최저구직급여일액보다 낮은 경우에는 최저구직급여일액을 그 수급자격자의 구직급여일액으로 한다.

(5) 연장급여의 상호조정 등(법 제55조)

① 연장급여는 그 수급자격자가 지급받을 수 있는 구직급여의 지급이 끝난 후에 지급한다. 기출 24

② 훈련연장급여를 지급받고 있는 수급자격자에게는 그 훈련연장급여의 지급이 끝난 후가 아니면 개별연장급여 및 특별연장급여를 지급하지 아니한다. 기출 16·24

③ 개별연장급여 또는 특별연장급여를 지급받고 있는 수급자격자가 훈련연장급여를 지급받게 되면 개별연장급여나 특별연장급여를 지급하지 아니한다. 기출 16·24

④ 특별연장급여를 지급받고 있는 수급자격자에게는 특별연장급여의 지급이 끝난 후가 아니면 개별연장급여를 지급하지 아니하고, 개별연장급여를 지급받고 있는 수급자격자에게는 개별연장급여의 지급이 끝난 후가 아니면 특별연장급여를 지급하지 아니한다. 기출 16·24·25

(6) 지급일 및 지급 방법(법 제56조)

① 구직급여는 대통령령으로 정하는 바에 따라 실업의 인정을 받은 일수분(日數分)을 지급한다.
② 직업안정기관의 장은 각 수급자격자에 대한 구직급여를 지급할 날짜를 정하여 당사자에게 알려야 한다.

(7) 지급되지 아니한 구직급여(법 제57조, 영 제76조)

1) 의 의

수급자격자가 사망한 경우 그 수급자격자에게 지급되어야 할 구직급여로서 아직 지급되지 아니한 것이 있는 경우에는 그 수급자격자의 배우자(사실상의 혼인 관계에 있는 사람을 포함)·자녀·부모·손자녀·조부모 또는 형제자매로서 수급자격자와 생계를 같이하고 있던 사람의 청구에 따라 그 미지급분을 지급한다. 이때 지급되지 않은 구직급여의 지급을 청구하려는 사람("미지급급여청구자")은 미지급 실업급여 청구서를 사망한 수급자격자의 신청지 관할 직업안정기관의 장에게 제출해야 한다. 기출 23·25

2) 미지급구직급여 청구요건

수급자격자가 사망하여 실업의 인정을 받을 수 없었던 기간에 대하여는 지급되지 아니한 구직급여의 지급을 청구하는 사람이 사망한 수급자격자의 신청지 관할 직업안정기관에 출석하여 미지급 실업급여 청구서를 제출하고 해당 수급자격자에 대한 실업의 인정을 받아야 한다. 이 경우 수급자격자가 실업인정대상기간 중에 근로를 제공한 경우에 해당하면 지급되지 아니한 구직급여를 청구하는 사람이 직업안정기관의 장에게 신고하여야 한다.

3) 청구권자의 순위

지급되지 아니한 구직급여를 지급받을 수 있는 사람의 순위는 1)에서 열거된 순서로 한다. 이 경우 같은 순위자가 2명 이상이면 그중 1명이 한 청구를 전원(全員)을 위하여 한 것으로 보며, 그 1명에게 한 지급은 전원에 대한 지급으로 본다.

4. 구직급여의 지급제한 및 유예 기출 15

(1) 이직 사유에 따른 수급자격의 제한(법 제58조)

피보험자가 다음에 해당한다고 직업안정기관의 장이 인정하는 경우에는 수급자격이 없는 것으로 본다.

1) 중대한 귀책사유로 해고된 피보험자로서 다음의 어느 하나에 해당하는 경우

① 형법 또는 직무와 관련된 법률을 위반하여 금고 이상의 형을 선고받은 경우(제1호 가목)
② 사업에 막대한 지장을 초래하거나 재산상 손해를 끼친 경우로서 고용노동부령으로 정하는 기준에 해당하는 경우(제1호 나목)

> **고보법 시행규칙 [별표 1의2]**
> 사업에 막대한 지장을 초래하거나 재산상 손해를 끼친 경우(규칙 제101조 제1항 관련)
> 1. 납품업체로부터 금품이나 향응을 받고 불량품을 납품받아 생산에 차질을 가져온 경우
> 2. 사업의 기밀이나 그 밖의 정보를 경쟁관계에 있는 다른 사업자 등에게 제공한 경우
> 3. 거짓 사실을 날조·유포하거나 불법 집단행동을 주도하여 사업에 막대한 지장을 초래하거나 재산상 손해를 끼친 경우
> 4. 직책을 이용하여 공금을 착복·장기유용·횡령하거나 배임한 경우

> 5. 제품이나 원료 등을 절취하거나 불법 반출한 경우
> 6. 인사·경리·회계담당 직원이 근로자의 근무상황 실적을 조작하거나 거짓서류 등을 작성하여 사업에 막대한 지장을 초래하거나 재산상 손해를 끼친 경우
> 7. 사업장의 기물을 고의로 파손하여 사업에 막대한 지장을 초래하거나 재산상 손해를 끼친 경우
> 8. 영업용 차량을 사업주의 위임이나 동의 없이 다른 사람에게 대리운전하게 하여 교통사고를 일으킨 경우

③ 정당한 사유 없이 근로계약 또는 취업규칙 등을 위반하여 장기간 무단 결근한 경우

2) 자기 사정으로 이직한 피보험자로서 다음의 어느 하나에 해당하는 경우 기출 15

① 전직 또는 자영업을 하기 위하여 이직한 경우
② 중대한 귀책사유가 있는 사람이 해고되지 아니하고 사업주의 권고로 이직한 경우
③ 그 밖에 고용노동부령으로 정하는 정당한 사유에 해당하지 아니하는 사유로 이직한 경우

> **고보법 시행규칙 [별표 2]**
> 근로자의 수급자격이 제한되지 아니하는 정당한 이직 사유(제101조 제2항 관련)
> 1. 다음 각 목의 어느 하나에 해당하는 사유가 <u>이직일 전 1년 이내에 2개월 이상 발생한 경우</u> 기출 25
>   가. 실제 근로조건이 채용 시 제시된 근로조건이나 채용 후 일반적으로 적용받던 근로조건보다 낮아지게 된 경우
>   나. 임금체불이 있는 경우
>   다. 소정근로에 대하여 지급받은 임금이 최저임금법에 따른 최저임금에 미달하게 된 경우
>   라. 근로기준법 제53조에 따른 연장 근로의 제한을 위반한 경우
>   마. 사업장의 휴업으로 휴업 전 평균임금의 70퍼센트 미만을 지급받은 경우
> 2. 사업장에서 종교, 성별, 신체장애, 노조활동 등을 이유로 불합리한 차별대우를 받은 경우 기출 25
> 3. 사업장에서 본인의 의사에 반하여 성희롱, 성폭력, 그 밖의 성적인 괴롭힘을 당한 경우
> 3의2. 근로기준법 제76조의2에 따른 직장 내 괴롭힘을 당한 경우
> 4. 사업장의 도산·폐업이 확실하거나 대량의 감원이 예정되어 있는 경우
> 5. 다음 각 목의 어느 하나에 해당하는 사정으로 사업주로부터 퇴직을 권고받거나, 인원 감축이 불가피하여 고용조정계획에 따라 실시하는 퇴직 희망자의 모집으로 이직하는 경우
>   가. 사업의 양도·인수·합병
>   나. 일부 사업의 폐지나 업종전환
>   다. 직제개편에 따른 조직의 폐지·축소
>   라. 신기술의 도입, 기술혁신 등에 따른 작업형태의 변경
>   마. 경영의 악화, 인사 적체, 그 밖에 이에 준하는 사유가 발생한 경우
> 6. 다음 각 목의 어느 하나에 해당하는 사유로 <u>통근이 곤란(통근 시 이용할 수 있는 통상의 교통수단으로는 사업장으로의 왕복에 드는 시간이 3시간 이상인 경우)하게 된 경우</u>
>   가. 사업장의 이전
>   나. 지역을 달리하는 사업장으로의 전근
>   다. 배우자나 부양하여야 할 친족과의 동거를 위한 거소 이전
>   라. 그 밖에 피할 수 없는 사유로 통근이 곤란한 경우
> 7. <u>부모나 동거 친족의 질병·부상 등으로 30일 이상 본인이 간호해야 하는 기간에 기업의 사정상 휴가나 휴직이 허용되지 않아 이직한 경우</u> 기출 25
> 8. 산업안전보건법 제2조 제2호에 따른 "중대재해"가 발생한 사업장으로서 그 재해와 관련된 고용노동부장관의 안전보건상의 시정명령을 받고도 시정기간까지 시정하지 아니하여 같은 재해 위험에 노출된 경우
> 9. 체력의 부족, 심신장애, 질병, 부상, 시력·청력·촉각의 감퇴 등으로 피보험자가 주어진 업무를 수행하는 것이 곤란하고, 기업의 사정상 업무종류의 전환이나 휴직이 허용되지 않아 이직한 것이 의사의 소견서, 사업주 의견 등에 근거하여 객관적으로 인정되는 경우
> 10. 임신, 출산, 8세 이하 또는 초등학교 2학년 이하의 자녀(입양한 자녀를 포함)의 육아, 병역법에 따른 의무복무 등으로 업무를 계속적으로 수행하기 어려운 경우로서 사업주가 휴가나 휴직을 허용하지 않아 이직한 경우

11. 사업주의 사업 내용이 법령의 제정·개정으로 위법하게 되거나 취업 당시와는 달리 법령에서 금지하는 재화 또는 용역을 제조하거나 판매하게 된 경우
12. 정년의 도래나 계약기간의 만료로 회사를 계속 다닐 수 없게 된 경우 기출 25
13. 그 밖에 피보험자와 사업장 등의 사정에 비추어 그러한 여건에서는 통상의 다른 근로자도 이직했을 것이라는 사실이 객관적으로 인정되는 경우

(2) 훈련 거부 등에 따른 급여의 지급 제한(법 제60조, 영 제79조)

1) 지급정지 대상자

수급자격자가 직업안정기관의 장이 소개하는 직업에 취직하는 것을 거부하거나 직업안정기관의 장이 지시한 직업능력개발 훈련 등을 거부하면 지급정지절차에 따라 구직급여의 지급을 정지한다.

① 직업안정기관의 장이 소개하는 직업에 취직하는 것을 거부하는 수급자격자
② 직업안정기관의 장이 지시한 직업능력개발훈련 등을 거부하는 수급자격자
③ 직업안정기관의 장이 실시하는 재취업 촉진을 위한 직업지도를 거부하는 수급자격자

2) 급여지급이 가능한 정당한 사유가 있는 경우

① 소개된 직업 또는 직업능력개발 훈련 등을 받도록 지시된 직종이 수급자격자의 능력에 맞지 아니하는 경우
② 취직하거나 직업능력개발 훈련 등을 받기 위하여 주거의 이전이 필요하나 그 이전이 곤란한 경우
③ 소개된 직업의 임금 수준이 같은 지역의 같은 종류의 업무 또는 같은 정도의 기능에 대한 통상의 임금 수준에 비하여 100분의 20 이상 낮은 경우 등 고용노동부장관이 정하는 기준에 해당하는 경우
④ 그 밖에 정당한 사유가 있는 경우

3) 지급정지절차

① 수급자격자에게 구직급여의 지급이 정지될 수 있음을 사전에 알렸음에도 취직, 직업능력개발훈련 등을 두 번 이상 거부하는 경우에는 구직급여의 지급을 정지하여야 한다. 직업안정기관의 장은 구직급여의 지급을 정지할 때에는 다음번 실업인정일의 전일까지 지급정지의 사유·기간 등을 수급자격자에게 알려야 하며, 그 지급정지기간에 대하여는 실업을 인정하지 아니한다.
② 정당한 사유의 유무(有無)에 대한 인정은 고용노동부장관이 정하는 기준에 따라 직업안정기관의 장이 행한다.
③ 구직급여의 지급을 정지하는 기간은 1개월의 범위에서 고용노동부장관이 정하여 고시한다.

5. 취업촉진 수당

(1) 조기재취업 수당(법 제64조)

1) 지급요건

① 조기재취업 수당은 수급자격자(외국인근로자의 고용 등에 관한 법률에 따른 외국인 근로자는 제외)가 안정된 직업에 재취직하거나 스스로 영리를 목적으로 하는 사업을 영위하는 경우로서 대통령령으로 정하는 기준에 해당하면 지급한다(제1항).

> **조기재취업 수당의 지급기준(영 제84조)**
> ① 법 제64조 제1항에서 "대통령령으로 정하는 기준"이란 법 제42조에 따른 실업의 신고일부터 14일이 지난 후 재취업한 수급자격자가 재취업한 날의 전날을 기준으로 법 제50조에 따른 소정급여일수를 2분의 1 이상 남기고 재취업한 경우로서 다음 각 호의 어느 하나에 해당하는 경우를 말한다.
>   1. 12개월 이상 계속하여 고용된 경우이거나 이직일 당시 65세 이상인 사람(65세 전부터 65세가 될 때까지 피보험자격을 유지한 사람만 해당)으로서 6개월 이상 계속하여 고용될 것으로 고용노동부장관이 정하는 바에 따라 직업안정기관의 장이 인정하는 경우. 다만, 수급자격자가 다음 각 목의 어느 하나에 해당하는 경우는 제외한다.
>   가. 최후에 이직한 사업의 사업주나 그와 관련된 사업주로서 고용노동부령으로 정하는 사업주에게 재고용된 경우
>   나. 법 제42조에 따른 실업의 신고일 이전에 채용을 약속한 사업주에게 고용된 경우
>   다. 국가공무원법 또는 지방공무원법에 따른 공무원으로 채용된 경우. 다만, 가입대상 공무원으로 채용된 경우는 제외한다.
>   라. 조기재취업 수당 제도의 취지 및 근로자 평균 근로소득 등을 고려하여 고용노동부장관이 정하여 고시하는 임금액 이상을 받는 경우
>   마. 「병역법」 제2조 제1항 제9호, 제16호 또는 제17호에 따른 승선근무예비역, 전문연구요원 또는 산업기능요원으로 근무 또는 복무하는 경우
>   2. 12개월 이상 계속하여 사업을 영위한 경우이거나 이직일 당시 65세 이상인 사람으로서 6개월 이상 계속하여 사업을 영위할 것으로 고용노동부장관이 정하는 바에 따라 직업안정기관의 장이 인정하는 경우.
> ② 법 제64조 제2항에서 "대통령령으로 정하는 기간"이란 2년을 말한다.

② 수급자격자가 안정된 직업에 재취업한 날 또는 스스로 영리를 목적으로 하는 사업을 시작한 날 이전의 2년 이내에 조기재취업 수당을 지급받은 사실이 있는 경우에는 조기재취업 수당을 지급하지 아니한다(제2항).

2) 지급액

조기재취업 수당의 금액은 구직급여의 소정급여일수 중 미지급일수의 비율에 따라 대통령령으로 정하는 기준에 따라 산정한 금액으로 한다(제3항).

> **조기재취업 수당의 금액(영 제85조)** 기출 14
> ① 법 제64조 제3항에 따른 조기재취업 수당의 금액은 구직급여일액에 미지급일수의 2분의 1을 곱한 금액으로 한다.

3) 지급효과

조기재취업 수당을 지급받은 사람에 대하여 이 법의 규정(부정행위에 따른 급여의 지급 제한에 대해 정한 제61조 및 구직급여의 반환명령에 대해 정한 제62조는 제외)을 적용할 때에는 그 조기재취업 수당의 금액을 구직급여일액으로 나눈 일수분에 해당하는 구직급여를 지급한 것으로 본다.

4) 재취업촉진활동장려금

수급자격자를 조기에 재취업시켜 구직급여의 지급 기간이 단축되도록 한 사람에게는 대통령령으로 정하는 바에 따라 장려금을 지급할 수 있다.

(2) 이주비(법 제67조)

1) 의 의

이주비는 수급자격자가 취업하거나 직업안정기관의 장이 지시한 직업능력개발 훈련 등을 받기 위하여 그 주거를 이전하는 경우로서 대통령령으로 정하는 기준에 따라 직업안정기관의 장이 필요하다고 인정하면 지급할 수 있다.

2) 지급요건

수급자격자가 다음의 요건을 모두 갖춘 경우에 지급한다(영 제90조).
① 취업하거나 직업훈련 등을 받게 된 경우로서 고용노동부장관이 정하는 기준에 따라 거주지 관할 직업안정기관의 장이 주거의 변경이 필요하다고 인정할 것 기출 25
② 해당 수급자격자를 고용하는 사업주로부터 주거의 이전에 드는 비용이 지급되지 아니하거나 지급되더라도 그 금액이 이주비에 미달할 것 기출 25
③ 취업을 위한 이주인 경우 1년 이상의 근로계약기간을 정하여 취업할 것 기출 25

3) 지급액

이주비의 금액은 수급자격자 및 그 수급자격자에 의존하여 생계를 유지하는 동거 친족의 이주에 일반적으로 드는 비용으로 하되, 그 금액의 산정은 고용노동부령으로 정하는 바에 따라 따른다. 기출 15

6. 자영업자인 피보험자에 대한 실업급여 적용의 특례

(1) **자영업자인 피보험자의 실업급여의 종류**(법 제69조의2) 기출 14 · 15 · 18 · 21

자영업자인 피보험자의 실업급여에는 구직급여와 취업촉진 수당이 포함되나, 연장급여와 조기재취업 수당은 제외된다.

(2) **구직급여의 수급 요건**(법 제69조의3) 기출 18 · 19 · 21

구직급여는 폐업한 자영업자인 피보험자가 다음의 요건을 모두 갖춘 경우에 지급한다.
① 폐업일 이전 24개월간 자영업자인 피보험자로서 갖춘 피보험 단위기간이 합산하여 1년 이상일 것
② 근로의 의사와 능력이 있음에도 불구하고 취업을 하지 못한 상태에 있을 것
③ 폐업사유가 수급자격의 제한 사유에 해당하지 아니할 것
④ 재취업을 위한 노력을 적극적으로 할 것

(3) **기초일액**(법 제69조의4, 영 제68조 제1항)

① 자영업자인 피보험자이었던 수급자격자에 대한 기초일액은 다음의 구분에 따른 기간 동안 본인이 납부한 보험료의 산정기초가 되는 보험료징수법에 따라 고시된 보수액을 전부 합산한 후에 그 기간의 총일수로 나눈 금액으로 한다.
  ㉠ 수급자격과 관련된 피보험기간이 3년 이상인 경우 : 마지막 폐업일 이전 3년의 피보험기간의 총일수
  ㉡ 수급자격과 관련된 피보험기간이 3년 미만인 경우 : 수급자격과 관련된 그 피보험기간의 총일수
② 자영업자인 피보험자이었던 수급자격자가 피보험기간을 합산하게 됨에 따라 소정급여일수가 추가로 늘어나는 경우에는 그 늘어난 일수분에 대한 기초일액은 ①에 따라 산정된 기초일액으로 하되, 기초일액이 최저기초일액에 미치지 못하는 경우에는 최저기초일액으로 하고, 기초일액이 기초임금일액의 상한액(11만원)을 초과하는 경우에는 그 금액(11만원)으로 한다.

(4) **구직급여일액**(법 제69조의5)

자영업자인 피보험자로서 폐업한 수급자격자에 대한 구직급여일액은 그 수급자격자의 기초일액에 100분의 60을 곱한 금액으로 한다. 기출 18 · 21 · 23

(5) 소정급여일수(법 제69조의6) 기출 22·23

자영업자인 피보험자로서 폐업한 수급자격자에 대한 소정급여일수는 대기기간이 끝난 다음 날부터 계산하기 시작하여 피보험기간에 따라 [별표 2]에서 정한 일수가 되는 날까지로 한다.

고보법 [별표 2]
자영업자의 구직급여의 소정급여일수(법 제69조의6 관련)

구 분	피보험기간			
	1년 이상 3년 미만	3년 이상 5년 미만	5년 이상 10년 미만	10년 이상
소정급여일수	120일	150일	180일	210일

(6) 폐업사유에 따른 수급자격의 제한(법 제69조의7, 규칙 제115조의2)

폐업한 자영업자인 피보험자가 다음의 어느 하나에 해당한다고 직업안정기관의 장이 인정하는 경우에는 수급자격이 없는 것으로 본다.

① 법령을 위반하여 허가 취소를 받거나 영업 정지를 받음에 따라 폐업한 경우 기출 19·23
② 방화(放火) 등 피보험자 본인의 중대한 귀책사유로서 자영업자인 피보험자가 본인의 사업장 또는 사업장 내의 주요 생산·판매시설 등에 대하여 형법 제13장의 죄를 범하여 금고 이상의 형을 선고받고 폐업한 경우나 자영업자인 피보험자가 본인의 사업과 관련하여 형법 제347조, 제350조, 제351조(제347조 및 제350조의 상습범으로 한정), 제355조, 제356조 또는 특정경제범죄 가중처벌 등에 관한 법률 제3조에 따라 징역형을 선고받고 폐업한 경우 기출 23
③ 매출액 등이 급격하게 감소하는 등 고용노동부령으로 정하는 사유가 아닌 경우로서 전직 또는 자영업을 다시 하기 위하여 폐업한 경우
④ 그 밖에 고용노동부령으로 정하는 정당한 사유에 해당하지 아니하는 사유로 폐업한 경우

(7) 자영업자인 피보험자에 대한 실업급여의 지급 제한(법 제69조의8, 규칙 제115조의4) 기출 21

고용노동부장관은 보험료를 체납한 사람에게는 고용노동부령으로 정하는 바에 따라 이 장에 따른 실업급여를 지급하지 아니할 수 있다. 자영업자인 피보험자가 해당 고용보험가입기간 동안 고용보험료를 [별표 2의4]의 구분에 따른 횟수 이상 체납한 경우에는 실업급여를 지급하지 않는다. 다만, 자영업자인 피보험자가 최초의 실업인정일까지 체납한 고용보험료 및 그에 따른 연체금을 전부 납부한 경우에는 실업급여를 지급한다.

자영업자 실업급여 지급이 제한되는 보험료체납횟수(고보법 시행규칙 [별표 2의4])

구 분	피보험기간		
	1년 이상~2년 미만	2년 이상~3년 미만	3년 이상
체납횟수	1회	2회	3회

(8) 준용규정

자영업자의 실업급여를 받을 권리는 양도 또는 압류하거나 담보로 제공할 수 없다(법 제69조의9, 제38조).
기출 21

V 육아휴직급여와 육아기 근로시간 단축급여

1. 육아휴직 급여(법 제70조)

(1) 지급요건

고용노동부장관은 육아휴직을 30일(근로기준법에 따른 출산전후휴가기간과 중복되는 기간은 제외) 이상 부여받은 피보험자 중 육아휴직을 시작한 날 이전에 피보험 단위기간이 합산하여 180일 이상인 피보험자에게 육아휴직 급여를 지급한다(법 제70조 제1항).

(2) 지급신청

1) 신청절차

① 육아휴직 급여를 지급받으려는 사람은 육아휴직을 시작한 날 이후 1개월부터 육아휴직이 끝난 날 이후 12개월 이내에 신청하여야 한다. 다만, 해당 기간에 대통령령으로 정하는 사유로 육아휴직 급여를 신청할 수 없었던 사람은 그 사유가 끝난 후 30일 이내에 신청하여야 한다(법 제70조 제2항).

② 피보험자가 육아휴직 급여 지급신청을 하는 경우 육아휴직 기간 중에 이직하거나 고용노동부령으로 정하는 기준에 해당하는 취업을 한 사실이 있는 경우에는 해당 신청서에 그 사실을 기재하여야 한다(법 제70조 제3항). 피보험자는 이직 또는 취업을 한 날 이후 최초로 제출하는 육아휴직 급여 신청서에 이직 또는 취업을 한 사실을 적어야 한다(영 제96조).

2) 신청기간 연장사유(영 제94조) 기출 20·25

① 천재지변
② 본인이나 배우자의 질병, 부상
③ 본인과 배우자의 직계존속 및 직계비속의 질병, 부상
④ 병역법에 따른 의무복무
⑤ 범죄혐의로 인한 구속이나 형의 집행

(3) 육아휴직 급여액(영 제95조)

1) 월별 지급액

육아휴직 급여는 다음의 구분에 따른 금액을 월별 지급액으로 한다.

① 육아휴직 시작일부터 3개월까지 : 육아휴직 시작일을 기준으로 한 월 통상임금에 해당하는 금액. 다만, 해당 금액이 250만원을 넘는 경우에는 250만원으로 하고, 해당 금액이 70만원보다 적은 경우에는 70만원으로 한다.

② 육아휴직 4개월째부터 6개월째까지 : 육아휴직 시작일을 기준으로 한 월 통상임금에 해당하는 금액. 다만, 해당 금액이 200만원을 넘는 경우에는 200만원으로 하고, 해당 금액이 70만원보다 적은 경우에는 70만원으로 한다.

③ 육아휴직 7개월째부터 종료일까지 : 육아휴직 시작일을 기준으로 한 월 통상임금의 100분의 80에 해당하는 금액. 다만, 해당 금액이 160만원을 넘는 경우에는 160만원으로 하고, 해당 금액이 70만원보다 적은 경우에는 70만원으로 한다(제1항).

2) 분할사용

육아휴직을 분할하여 사용하는 경우에는 각각의 육아휴직 사용기간을 합산한 기간을 육아휴직 급여의 지급대상 기간으로 본다(제2항).

3) 일수에 비례한 계산

육아휴직 급여의 지급대상 기간이 1개월을 채우지 못하는 경우에는 월별 지급액을 해당 월에 휴직한 일수에 비례하여 계산한 금액을 지급액으로 한다(제3항).

(4) 지급특례(영 제95조의3)

1) 부모가 모두 육아휴직을 하는 경우

같은 자녀에 대하여 자녀의 출생 후 18개월이 될 때까지 피보험자인 부모가 모두 육아휴직을 하는 경우(부모의 육아휴직기간이 전부 또는 일부 겹치지 않은 경우 포함) 그 부모인 피보험자의 육아휴직 급여의 월별 지급액은 다음의 구분에 따라 산정한 금액으로 한다.

① 육아휴직 시작일부터 6개월까지 : 육아휴직 시작일을 기준으로 한 각 피보험자의 월 통상임금에 해당하는 금액. 이 경우 그 월별 지급액의 상한액은 다음의 구분에 따르며, 그 월별 지급액의 하한액은 부모 각각에 대하여 70만원으로 한다.
  ㉠ 부모가 육아휴직을 사용한 기간이 각각 1개월인 경우 : 부모 각각에 대하여 월 250만원
  ㉡ 부모가 육아휴직을 사용한 기간이 각각 2개월인 경우 : 부모 각각에 대하여 첫 번째 달과 두 번째 달 모두 월 250만원
  ㉢ 부모가 육아휴직을 사용한 기간이 각각 3개월인 경우 : 부모 각각에 대하여 첫 번째 달과 두 번째 달은 월 250만원, 세 번째 달은 월 300만원
  ㉣ 부모가 육아휴직을 사용한 기간이 각각 4개월인 경우 : 부모 각각에 대하여 첫 번째 달과 두 번째 달은 월 250만원, 세 번째 달은 월 300만원, 네 번째 달은 월 350만원
  ㉤ 부모가 육아휴직을 사용한 기간이 각각 5개월인 경우 : 부모 각각에 대하여 첫 번째 달과 두 번째 달은 월 250만원, 세 번째 달은 월 300만원, 네 번째 달은 월 350만원, 다섯 번째 달은 월 400만원
  ㉥ 부모가 육아휴직을 사용한 기간이 각각 6개월인 경우 : 부모 각각에 대하여 첫 번째 달과 두 번째 달은 월 250만원, 세 번째 달은 월 300만원, 네 번째 달은 월 350만원, 다섯 번째 달은 월 400만원, 여섯 번째 달은 월 450만원

② 육아휴직 7개월째부터 육아휴직 종료일까지 : 육아휴직 시작일을 기준으로 한 각 피보험자의 월 통상임금의 100분의 80에 해당하는 금액. 다만, 해당 금액이 160만원을 넘는 경우에는 부모 각각에 대하여 160만원으로 하고, 해당 금액이 70만원보다 적은 경우에는 부모 각각에 대하여 70만원으로 한다.

2) 임신을 이유로 육아휴직을 하는 경우

1)을 적용할 경우, 임신 중인 여성 근로자가 임신을 이유로 육아휴직을 하는 경우에는 임신 중인 태아를 자녀로 보고, 임신 중인 여성 근로자와 그 배우자를 부모로 본다.

3) 한부모가족의 모 또는 부가 육아휴직을 하는 경우

한부모가족지원법의 모 또는 부에 해당하는 피보험자가 육아휴직을 하는 경우 그 육아휴직 급여의 월별 지급액은 다음의 구분에 따른다.

① 육아휴직 시작일부터 3개월까지 : 육아휴직 시작일을 기준으로 한 월 통상임금에 해당하는 금액. 다만, 해당 금액이 300만원을 넘는 경우에는 300만원으로 하고, 해당 금액이 70만원보다 적은 경우에는 70만원으로 한다.

② 육아휴직 4개월째부터 6개월째까지 : 육아휴직 시작일을 기준으로 한 월 통상임금에 해당하는 금액. 다만, 해당 금액이 200만원을 넘는 경우에는 200만원으로 하고, 해당 금액이 70만원보다 적은 경우에는 70만원으로 한다.

③ 육아휴직 7개월째부터 종료일까지 : 육아휴직 시작일을 기준으로 한 월 통상임금의 100분의 80에 해당하는 금액. 다만, 해당 금액이 160만원을 넘는 경우에는 160만원으로 하고, 해당 금액이 70만원보다 적은 경우에는 70만원으로 한다.

(5) 육아휴직 급여의 감액(영 제98조)

고용노동부장관은 피보험자가 남녀고용평등과 일·가정 양립 지원에 관한 법률에 따른 육아휴직 기간 중 사업주로부터 육아휴직을 이유로 금품을 지급받은 경우로서 매월 단위로 육아휴직 기간 중 지급받은 금품과 육아휴직 급여를 합한 금액이 육아휴직 시작일을 기준으로 한 월 통상임금을 초과한 경우에는 그 초과하는 금액을 육아휴직 급여에서 빼고 지급한다.

(6) 육아휴직의 확인(법 제71조)

사업주는 피보험자가 육아휴직 급여를 받으려는 경우 고용노동부령으로 정하는 바에 따라 사실의 확인 등 모든 절차에 적극 협력하여야 한다.

(7) 육아휴직 급여의 지급 제한 등(법 제73조)

① 피보험자가 육아휴직 기간 중에 그 사업에서 이직한 경우에는 그 이직하였을 때부터 육아휴직 급여를 지급하지 아니한다.

② 피보험자가 육아휴직 기간 중에 취업을 한 경우에는 그 취업한 기간에 대해서는 육아휴직 급여를 지급하지 아니한다. 기출 15

③ 피보험자가 사업주로부터 육아휴직을 이유로 금품을 지급받은 경우 대통령령으로 정하는 바에 따라 급여를 감액하여 지급할 수 있다.

④ 거짓이나 그 밖의 부정한 방법으로 육아휴직 급여를 받았거나 받으려 한 사람에게는 그 급여를 받은 날 또는 받으려 한 날부터의 육아휴직 급여를 지급하지 아니한다. 다만, 그 급여와 관련된 육아휴직 이후에 새로 육아휴직 급여 요건을 갖춘 경우 그 새로운 요건에 따른 육아휴직 급여는 그러하지 아니하다.

⑤ 육아휴직 기간 중 취업한 사실을 기재하지 아니하거나 거짓으로 기재하여 육아휴직 급여를 받았거나 받으려 한 사람에 대해서는 위반횟수 등을 고려하여 고용노동부령으로 정하는 바에 따라 지급이 제한되는 육아휴직 급여의 범위를 달리 정할 수 있다.

(8) 육아휴직 급여의 사무의 위탁(영 제99조)

직업안정기관의 장은 피보험자의 신청에 따라 필요하다고 인정하면 그 자에게 행하는 육아휴직 급여에 관한 사무를 다른 직업안정기관의 장에게 위탁하여 처리할 수 있다.

2. 육아기 근로시간 단축급여(법 제73조의2)

(1) 지급요건

고용노동부장관은 고평법에 따른 육아기 근로시간 단축을 30일(근로기준법에 따른 출산전후휴가기간과 중복되는 기간은 제외) 이상 실시한 피보험자 중 육아기 근로시간 단축을 시작한 날 이전에 피보험 단위기간이 합산하여 180일 이상인 피보험자에게 육아기 근로시간 단축 급여를 지급한다(법 제73조의2 제1항).

(2) 단축급여 신청

육아기 근로시간 단축 급여를 지급받으려는 사람은 육아기 근로시간 단축을 시작한 날 이후 1개월부터 끝난 날 이후 12개월 이내에 신청하여야 한다. 다만, 해당 기간에 대통령령으로 정하는 사유로 육아기 근로시간 단축 급여를 신청할 수 없었던 사람은 그 사유가 끝난 후 30일 이내에 신청하여야 한다(법 제73조의2 제2항).

기출 16

(3) 육아기 근로시간 단축급여액(영 제104조의2) 기출 17

① 육아기 근로시간 단축 급여 신청기간의 연장 사유에 관하여는 육아휴직 급여 신청기간의 연장 사유 규정을 준용한다. 이 경우 "육아휴직 급여"는 "육아기 근로시간 단축 급여"로 본다(제1항).
② 육아기 근로시간 단축 급여액은 다음의 계산식에 따라 산정한다. 다만, 육아기 근로시간 단축 급여의 지급대상 기간이 1개월을 채우지 못하는 경우에는 다음의 계산식에 따라 산출된 금액을 그 달의 일수로 나누어 산출한 금액에 그 달에 육아기 근로시간 단축을 사용한 일수를 곱하여 산정한다(제2항).

(매주 최초 10시간 단축분)

육아기 근로시간 단축 개시일을 기준으로 근로기준법에 따라 산정한 월 통상임금액에 해당하는 금액
(220만원을 상한액으로 하고 50만원을 하한액으로 한다)

× $\dfrac{10(\text{주당 단축 근로시간이 10시간 미만인 경우 실제 단축한 시간})}{\text{단축 전 소정근로시간}}$

(나머지 근로시간 단축분)

육아기 근로시간 단축 개시일을 기준으로 근로기준법에 따라 산정한 월 통상 임금의 100분의 80에 해당하는 금액
(150만원을 상한액으로 하고, 50만원을 하한액으로 한다)

× $\dfrac{\text{단축 전 소정근로시간} - \text{단축 후 소정근로시간} - 10}{\text{단축 전 소정근로시간}}$

(4) 육아기 근로시간 단축급여의 감액(영 제104조의4)

고용노동부장관은 피보험자가 육아기 근로시간 단축기간 중 매월 단위로 사업주로부터 지급받은 금품(임금과 육아기 근로시간 단축을 이유로 지급받은 금품)과 육아기 근로시간 단축 급여를 합한 금액이 다음의 구분에 따른 통상임금을 초과한 경우에는 그 초과하는 금액을 육아기 근로시간 단축 급여에서 빼고 지급한다.
① 육아기 근로시간 단축기간 중 통상임금 인상이 없는 경우 : 육아기 근로시간 단축 시작일의 직전 월을 기준으로 한 월 통상임금
② 육아기 근로시간 단축기간 중 통상임금이 인상된 경우 : 다음의 구분에 따른 통상임금
㉠ 통상임금이 인상된 날의 전날 까지 : 육아기 근로시간 단축 시작일의 직전 월을 기준으로 한 월 통상임금
㉡ 통상임금이 인상된 날 이후 : 통상임금이 인상된 날을 기준으로 한 월 통상임금

3. 출산전후휴가 급여등

(1) 지급요건(법 제75조)

고용노동부장관은 피보험자가 근로기준법에 따른 출산전후휴가 또는 유산·사산 휴가를 받은 경우와 배우자 출산휴가 또는 난임치료휴가를 받은 경우로서 다음의 요건을 모두 갖춘 경우에 출산전후휴가 급여등을 지급한다.
① 휴가가 끝난 날 이전에 피보험 단위기간이 합산하여 180일 이상일 것
② 휴가를 시작한 날[출산전후휴가 또는 유산·사산 휴가를 받은 피보험자가 속한 사업장이 우선지원 대상 기업이 아닌 경우에는 휴가 시작 후 60일(한 번에 둘 이상의 자녀를 임신한 경우에는 75일)이 지난 날] 이후 1개월부터 휴가가 끝난 날 이후 12개월 이내에 신청할 것. 다만, 그 기간에 대통령령으로 정하는 사유로 출산전후휴가 급여등을 신청할 수 없었던 사람은 그 사유가 끝난 후 30일 이내에 신청하여야 한다.

(2) 지급기간 등(법 제76조)

1) 지급기간

다음의 휴가 기간에 대하여 근로기준법의 통상임금(휴가를 시작한 날을 기준으로 산정)에 해당하는 금액을 지급한다.

① 근로기준법에 따른 출산전후휴가 또는 유산·사산휴가 기간. 다만, 우선지원 대상기업이 아닌 경우에는 휴가 기간 중 60일(한 번에 둘 이상의 자녀를 임신한 경우에는 75일)을 초과한 일수(30일을 한도로 하되, 미숙아를 출산한 경우에는 40일을 한도로 하고, 한 번에 둘 이상의 자녀를 임신한 경우에는 45일을 한도)로 한정한다.

② 남녀고용평등과 일·가정 양립 지원에 관한 법률에 따른 배우자 출산휴가 기간. 다만, 피보험자가 속한 사업장이 우선지원 대상기업인 경우로 한정한다.

③ 남녀고용평등과 일·가정 양립 지원에 관한 법률에 따른 난임치료휴가 기간 중 최초 2일. 다만, 피보험자가 속한 사업장이 우선지원 대상기업인 경우로 한정한다.

2) 출산전후휴가 급여 등의 상·하한액(영 제101조)

① **상한액** : 다음의 사항을 고려하여 매년 고용노동부장관이 고시하는 금액
 ㉠ 출산전후휴가급여등 수급자들의 평균적인 통상임금 수준
 ㉡ 물가상승률
 ㉢ 최저임금법에 따른 최저임금
 ㉣ 그 밖에 고용노동부장관이 필요하다고 인정하는 사항

② **하한액** : 출산전후휴가, 유산·사산 휴가 또는 배우자 출산휴가 또는 난임치료휴가의 시작일 당시 적용되던 최저임금법에 따른 시간 단위에 해당하는 최저임금액(시간급 최저임금액)보다 그 근로자의 시간급 통상임금이 낮은 경우에는 시간급 최저임금액을 시간급 통상임금으로 하여 산정된 출산전후휴가 급여 등의 지원기간 중 통상임금에 상당하는 금액

(3) 출산전후휴가 급여 등의 감액(영 제104조)

고용노동부장관은 피보험자가 출산전후휴가 기간, 유산·사산 휴가 기간, 배우자 출산휴가 기간 또는 난임치료휴가 기간 중 사업주로부터 통상임금에 해당하는 금품을 지급받은 경우로서 사업주로부터 받은 금품과 출산전후휴가 급여등을 합한 금액이 휴가 시작일을 기준으로 한 통상임금을 초과한 경우 그 초과하는 금액을 출산전후휴가 급여등에서 빼고 지급한다. 다만, 휴가기간 중에 통상임금이 인상된 피보험자에게 사업주가 인상된 통상임금과 출산전후휴가 급여등의 차액을 지급했을 때에는 그렇지 않다.

Ⅵ 예술인인 피보험자에 대한 고용보험 특례

1. 예술인에 대한 적용(법 제77조의2)

(1) 원 칙

근로자가 아니면서 예술인 복지법에 따른 예술인 등 대통령령으로 정하는 사람 중 문화예술용역 관련 계약(이하 "문화예술용역 관련 계약")을 체결하고 다른 사람을 사용하지 아니하고 자신이 직접 노무를 제공하는 사람(이하 "예술인")과 이들을 상대방으로 하여 문화예술용역 관련 계약을 체결한 사업에 대해서는 고용보험 특례규정을 적용한다.

> **예술인인 피보험자의 범위(영 제104조의5)**
> ① 법 제77조의2 제1항에서 "대통령령으로 정하는 사람"이란 다음 각 호의 어느 하나에 해당하는 사람을 말한다.
>   1. 예술인 복지법 제2조 제2호에 따른 예술인
>   2. 예술인 복지법 제3조의2 제1항 각 호의 어느 하나에 해당하나 예술 활동 증명을 받지 못하였거나 예술 활동 증명의 유효기간이 지난 사람으로서 문화예술 분야에서 창작, 실연(實演), 기술지원 등의 활동을 하고 있거나 하려는 사람
> ② 법 제77조의2 제2항 제2호 본문에서 "대통령령으로 정하는 소득 기준"이란 다음 각 호와 같다.
>   1. 예술인과 사업주가 체결한 문화예술용역 관련 계약의 월평균소득(예술인이 문화예술용역 관련 계약에서 지급받기로 한 금액을 계약기간으로 나누어 월 단위로 산정한 금액)이 50만원 이상일 것
>   2. 제1호에 따른 소득 기준을 충족하지 못하는 예술인이 둘 이상의 문화예술용역 관련 계약을 체결한 경우로서 같은 기간에 해당하는 문화예술용역 관련 계약의 월평균소득을 합산(본인이 합산하기를 원하는 경우만 해당)하여 그 합계액이 50만원 이상일 것

(2) 적용제외

예술인이 다음의 어느 하나에 해당하는 경우에는 이 법을 적용하지 아니한다.
① 65세 이후에 근로계약, 문화예술용역 관련 계약 또는 노무제공계약을(65세 전부터 피보험자격을 유지하던 사람이 65세 이후에 계속하여 근로계약, 문화예술용역 관련 계약 또는 노무제공계약을 체결한 경우는 제외) 체결하거나 자영업을 개시하는 경우
② 예술인 중 대통령령으로 정하는 소득 기준을 충족하지 못하는 경우. 다만, 예술인 중 계약의 기간이 1개월 미만인 사람(이하 "단기예술인")은 제외한다.
③ 15세 미만인 경우. 다만, 15세 미만인 예술인으로서 고용보험 가입을 원하는 사람은 대통령령으로 정하는 바에 따라 고용보험에 가입할 수 있다.

(3) 피보험자격에 관한 신고등

① 사업의 특성 및 규모 등을 고려하여 대통령령으로 정하는 사업이 다음의 어느 하나에 해당하는 경우에는 하수급인이 사용하는 예술인에 대하여 대통령령으로 정하는 바에 따라 발주자 또는 원수급인이 피보험자격에 관한 신고를 하여야 한다.
  ㉠ 하나의 사업에 다수의 도급이 이루어져 원수급인이 다수인 경우
  ㉡ 하나의 사업이 여러 차례의 도급으로 이루어져 하수급인이 다수인 경우
② 하수급인인 사업주와 예술인 등은 발주자·원수급인이 피보험자격 취득 등의 신고를 위하여 대통령령으로 정하는 관련 자료, 정보 등을 요청하는 경우 이를 제공하여야 한다.
③ 예술인과 문화예술용역 관련 계약을 체결한 사업의 사업주(하수급인이 사용하는 예술인에 대하여는 발주자 또는 원수급인)는 징수법에 따라 보험료를 부담하며, 그 보험관계의 성립·소멸 및 변경, 보험료의 산정·납부 및 징수에 필요한 사항은 징수법에서 정하는 바에 따른다.

2. 예술인에 대한 구직급여(법 제77조의3, 영 제104조의8 제5항)

(1) 지급요건

예술인의 구직급여는 다음의 요건을 모두 갖춘 경우에 지급한다. 다만, ⑥은 최종 이직 당시 단기예술인이었던 사람만 해당한다.

① 이직일 이전 24개월 동안의 피보험 단위기간이 통산하여 9개월 이상일 것 기출 21·24
② 근로 또는 노무제공의 의사와 능력이 있음에도 불구하고 취업(영리를 목적으로 사업을 영위하는 경우를 포함)하지 못한 상태에 있을 것 기출 24
③ 이직사유가 수급자격의 제한 사유에 해당하지 아니할 것. 다만, 예술인이 이직할 당시 대통령령으로 정하는 바에 따른 소득감소로 인하여 이직하였다고 직업안정기관의 장이 인정하는 경우에는 수급자격의 제한 사유에 해당하지 아니하는 것으로 본다.
④ 이직일 이전 24개월 중 3개월 이상을 예술인인 피보험자로 피보험자격을 유지하였을 것 기출 21·24
⑤ 재취업을 위한 노력을 적극적으로 할 것
⑥ 다음의 요건을 모두 갖출 것
   ㉠ 수급자격의 인정신청일 이전 1개월 동안의 노무제공일수가 10일 미만이거나 수급자격 인정신청일 이전 14일간 연속하여 노무제공내역이 없을 것 기출 24
   ㉡ 최종 이직일 이전 24개월 동안의 피보험 단위기간 중 다른 사업에서 수급자격의 제한 사유에 해당하는 사유로 이직한 사실이 있는 경우에는 그 피보험 단위기간 중 90일 이상을 단기예술인으로 종사하였을 것 기출 24

(2) 피보험단위기간

피보험 단위기간은 그 수급자격과 관련된 이직 당시의 사업에서의 피보험자격 취득일부터 이직일까지의 기간으로 산정하고, 이직일 이전 24개월 동안 근로자·예술인, 노무제공자 중 둘 이상에 해당하는 사람으로 종사한 경우의 피보험 단위기간은 대통령령으로 정하는 바에 따른다.

(3) 기초일액

예술인의 기초일액은 수급자격 인정과 관련된 마지막 이직일 전 1년간의 징수법에 따라 신고된 보수총액을 그 산정의 기준이 되는 기간의 총 일수로 나눈 금액으로 한다. 다만, 예술인(기준보수를 적용받지 아니하는 예술인은 제외)의 기초일액이 이직 당시 예술인의 일단위 기준보수 미만인 경우에는 일단위 기준보수를 기초일액으로 한다.

(4) 구직급여일액

① 예술인의 구직급여일액은 기초일액에 100분의 60을 곱한 금액으로 한다. 기출 21
② 구직급여일액의 상한액은 근로자인 피보험자의 구직급여 상한액 등을 고려하여 대통령령으로 정하는 금액(6만 6천원)으로 한다. 기출 21
③ 예술인은 실업의 신고일부터 계산하기 시작하여 7일간은 대기기간으로 보아 구직급여를 지급하지 아니한다. 다만, ㉠ 예술인이 이직할 당시 대통령령으로 정하는 바에 따른 소득감소로 인하여 이직하였다고 직업안정기관의 장이 인정하는 경우나, ㉡ 수급자격의 인정신청을 한 경우로서 가장 나중에 상실한 피보험자격과 관련된 이직사유를 대통령령으로 정하는 바에 따른 소득감소로 인한 이직으로 직업안정기관의 장이 인정하는 경우에는 각 사유별로 ㉠은 4주, ㉡은 2주를 대기기간으로 보아 구직급여를 지급하지 아니하며, 위의 각 사유 중 둘 이상에 해당하는 경우에는 그 대기기간이 가장 긴 기간을 대기기간으로 본다.

④ 예술인의 소정급여일수 산정을 위한 피보험기간은 피보험 단위기간으로 한다. 다만, 단기예술인은 해당 계약기간 중 노무제공일수 등을 고려하여 대통령령으로 정하는 바에 따라 산정한 기간으로 한다.
⑤ 직업안정기관의 장은 예술인 피보험자에 대하여 구직급여를 지급하는 경우에는 실업인정대상기간 중 취업 등으로 발생한 소득에 대해서는 소득수준, 근로 등의 활동 기간 등을 고려하여 대통령령으로 정하는 바에 따라 일부 또는 전부를 감액하고 지급하여야 한다.

3. 예술인의 출산전후급여(법 제77조의4)

고용노동부장관은 예술인 피보험자 또는 피보험자였던 사람이 출산 또는 유산·사산을 이유로 노무를 제공할 수 없는 경우에는 출산전후급여 등을 지급한다. 다만, 같은 자녀에 대하여 출산전후휴가 급여 등 및 출산전후급여 등의 지급요건을 동시에 충족하는 경우 등에 대해서는 대통령령으로 정하는 바에 따라 지급한다.

> **예술인의 출산전후급여등의 지급요건 등(영 제104조의9)**
> ① 고용노동부장관은 법 제77조의4 제2항에 따라 예술인 피보험자 또는 피보험자였던 사람이 다음 각 호의 요건을 모두 갖춘 경우에 출산전후급여 등(이하 "출산전후급여등")을 지급한다.
>   1. 다음 각 목의 구분에 따른 요건을 갖출 것
>   가. 출산 또는 유산·사산을 한 날 현재 피보험자인 예술인 : 출산 또는 유산·사산을 한 날 이전에 예술인으로서의 피보험 단위기간이 합산하여 3개월 이상일 것
>   나. 출산 또는 유산·사산을 한 날 현재 피보험자가 아닌 예술인 : 출산 또는 유산·사산을 한 날 이전 18개월 동안 예술인으로서의 피보험 단위기간이 합산하여 3개월 이상일 것
>   2. 제2항에 따른 출산전후급여등의 지급기간에 노무제공을 하지 않을 것. 다만, 그 지급기간 중 노무제공 또는 자영업으로 발생한 소득이 각각 고용노동부장관이 정하여 고시하는 금액 미만인 경우에는 노무제공을 하지 않은 것으로 본다.
>   3. 출산 또는 유산·사산을 한 날부터 12개월 이내에 출산전후급여등을 신청할 것. 다만, 다음 각 목의 어느 하나에 해당하는 사유로 그 기간까지 신청할 수 없었던 경우에는 그 사유가 끝난 날부터 30일 이내에 신청해야 한다.
>   가. 천재지변
>   나. 본인, 배우자 또는 본인·배우자의 직계존속·직계비속의 질병이나 부상
>   다. 범죄 혐의로 인한 구속이나 형의 집행
> ② 출산전후급여등의 지급기간은 다음 각 호의 구분에 따른다.
>   1. 예술인 피보험자 또는 피보험자였던 사람이 출산한 경우 : 출산 전과 후를 연속하여 다음 각 목의 구분에 따른 기간으로 하되, 출산 후에 45일(가목의 경우에는 60일) 이상이 되도록 할 것
>   가. 한 번에 둘 이상의 자녀를 임신한 경우 : 120일
>   나. 고용노동부령으로 정하는 미숙아를 출산한 경우 : 100일
>   다. 가목 및 나목 외의 경우 : 90일
>   2. 예술인 피보험자 또는 피보험자였던 사람이 유산 또는 사산한 경우: 다음 각 목에 해당하는 기간
>   가. 임신기간이 15주 이내인 경우 : 유산 또는 사산한 날부터 10일
>   나. 삭제 〈2025.2.18.〉
>   다. 임신기간이 16주 이상 21주 이내인 경우 : 유산 또는 사산한 날부터 30일
>   라. 임신기간이 22주 이상 27주 이내인 경우 : 유산 또는 사산한 날부터 60일
>   마. 임신기간이 28주 이상인 경우 : 유산 또는 사산한 날부터 90일

Ⅶ 노무제공자인 피보험자에 대한 고용보험 특례

1. 노무제공자에 대한 적용(법 제77조의6)

(1) 원 칙

근로자가 아니면서 자신이 아닌 다른 사람의 사업을 위하여 자신이 직접 노무를 제공하고 해당 사업주 또는 노무수령자로부터 일정한 대가를 지급받기로 하는 계약(이하 "노무제공계약")을 체결한 사람 중 대통령령으로 정하는 직종에 종사하는 사람(이하 "노무제공자")과 이들을 상대방으로 하여 노무제공계약을 체결한 사업에 대해서는 고용보험 특례규정을 적용한다.

노무제공자인 피보험자의 범위(영 제104조의11)

① 법 제77조의6 제1항에서 "대통령령으로 정하는 직종에 종사하는 사람"이란 다음 각 호의 어느 하나에 해당하는 사람을 말한다.

1. 보험을 모집하는 사람으로서 다음 각 목의 어느 하나에 해당하는 사람
   가. 보험업법 제84조 제1항에 따라 등록한 보험설계사
   나. 우체국 예금·보험에 관한 법률에 따른 <u>우체국보험의 모집을 전업으로 하는 사람</u> [기출] 22
2. 통계법 제22조에 따라 국가데이터처장이 고시하는 직업에 관한 표준분류(이하 "한국표준직업분류표")의 세분류에 따른 학습·교구 관련 방문강사 등 회원의 가정 등을 직접 방문하여 아동이나 학생 등을 가르치는 사람
3. 한국표준직업분류표의 세분류에 따른 택배원 또는 세세분류에 따른 그 외 배달원인 사람으로서 택배사업[소화물을 집화(集貨)·수송 과정을 거쳐 배송하는 사업을 말한다. 이하 제11호 라목에서 같다]에서 집화 또는 배송 업무를 하는 사람
4. 대부업 등의 등록 및 금융이용자 보호에 관한 법률 제3조 제1항 단서에 따른 대출모집인
5. 여신전문금융업법 제14조의2 제1항 제2호에 따른 신용카드회원모집인(전업으로 하는 사람만 해당)
6. 방문판매 등에 관한 법률 제2조 제2호에 따른 방문판매원 또는 같은 조 제8호에 따른 후원방문판매원으로서 상시적으로 방문판매업무를 하는 사람. 다만, <u>자가소비를 위한 방문판매원·후원방문판매원 및 제2호 또는 제7호에 동시에 해당하는 사람은 제외한다.</u> [기출] 22
7. 한국표준직업분류표의 세분류에 따른 대여 제품 방문 점검원 [기출] 22
8. <u>가전제품의 판매를 위한 배송업무를 주로 수행하고 가전제품의 설치, 시운전 등을 통해 작동상태를 확인하는 사람</u> [기출] 22
9. <u>초·중등교육법 제2조에 따른 학교에서 운영하는 방과후학교의 과정을 담당하는 강사</u> [기출] 22
10. 건설기계관리법 제3조 제1항에 따라 등록된 건설기계를 직접 운전하는 사람
11. 화물자동차 운수사업법에 따른 화물차주로서 다음 각 목의 어느 하나에 해당하는 사람
    가. 자동차관리법 제3조 제1항 제4호에 따른 특수자동차로 수출입 컨테이너 또는 시멘트를 운송하는 사람
    나. 자동차관리법 제2조 제1호 본문에 따른 견인자동차 또는 제3조에 따른 일반형 화물자동차로 화물자동차 운수사업법 시행령 제4조의15 제1항에 따른 안전운송원가가 적용되는 철강재를 운송하는 사람
    다. 자동차관리법 제3조에 따른 일반형 화물자동차 또는 특수용도형 화물자동차로 물류정책기본법 제29조 제1항에 따른 위험물질을 운송하는 사람
12. 한국표준직업분류표의 세분류에 따른 늘찬배달원으로서 퀵서비스업자(소화물을 집화·수송 과정을 거치지 않고 배송하는 사업을 말한다)로부터 업무를 의뢰받아 배송 업무를 하는 사람. 다만, 다음 각 목의 사람은 제외한다.
    가. 제3호에 해당하는 사람
    나. 자동차관리법 제3조 제1항 제3호의 화물자동차로 배송 업무를 하는 사람
13. 대리운전업자(자동차 이용자의 요청에 따라 목적지까지 유상으로 그 자동차를 운전하도록 하는 사업의 사업주를 말한다)로부터 업무를 의뢰받아 대리운전 업무를 하는 사람
14. 소프트웨어 진흥법에 따른 소프트웨어사업에서 노무를 제공하는 같은 법에 따른 소프트웨어기술자
15. 관광진흥법 제38조 제1항 단서에 따른 관광통역안내의 자격을 가진 사람으로서 외국인 관광객을 대상으로 관광안내를 하는 사람
16. 도로교통법에 따른 어린이통학버스를 운전하는 사람
17. 체육시설의 설치·이용에 관한 법률 제7조에 따라 직장체육시설로 설치된 골프장 또는 같은 법 제19조에 따라 체육시설업의 등록을 한 골프장에서 골프경기를 보조하는 골프장 캐디

(2) 적용제외

노무제공자가 다음의 어느 하나에 해당하는 경우에는 이 법을 적용하지 아니한다.

① 65세 이후에 근로계약, 노무제공계약 또는 문화예술용역 관련 계약(65세 전부터 피보험자격을 유지하던 사람이 65세 이후에 계속하여 근로계약, 노무제공계약 또는 문화예술용역 관련 계약을 체결한 경우는 제외)을 체결하거나 자영업을 개시하는 경우

② 노무제공자 중 대통령령으로 정하는 소득 기준을 충족하지 못하는 경우. 다만, 노무제공자 중 계약의 기간이 1개월 미만인 사람(이하 "단기노무제공자")은 제외한다.

③ 15세 미만인 경우. 다만, 15세 미만인 노무제공자로서 고용보험 가입을 원하는 사람은 대통령령으로 정하는 바에 따라 고용보험에 가입할 수 있다.

(3) 피보험자격의 취득

노무제공자와 그와 노무제공계약을 체결한 사업의 사업주(이하 "노무제공사업의 사업주")는 징수법에 따라 보험료를 부담하며, 그 보험관계의 성립·소멸 및 변경, 보험료의 산정·납부 및 징수에 필요한 사항은 징수법에서 정하는 바에 따른다.

2. 노무제공플랫폼사업자에 대한 특례(법 제77조의7)

(1) 노무제공자에 대한 피보험자격의 취득신고

노무제공사업의 사업주가 노무제공자와 노무제공사업의 사업주에 관련된 자료 및 정보를 수집·관리하여 이를 전자정보 형태로 기록하고 처리하는 시스템(이하 "노무제공플랫폼")을 구축·운영하는 사업자(이하 "노무제공플랫폼사업자")와 노무제공플랫폼 이용에 대한 계약(이하 "노무제공플랫폼이용계약")을 체결하는 경우 노무제공플랫폼사업자는 대통령령으로 정하는 바에 따라 노무제공자에 대한 피보험자격의 취득 등을 신고하여야 한다.

(2) 자료 또는 정보제공의 요청

① 고용노동부장관은 노무제공자에 관한 보험사무의 효율적 처리를 위하여 노무제공플랫폼사업자에게 해당 노무제공플랫폼의 이용 및 보험관계의 확인에 필요한 다음의 자료 또는 정보의 제공을 요청할 수 있다. 이 경우 요청을 받은 노무제공플랫폼사업자는 정당한 사유가 없으면 그 요청에 따라야 한다.

㉠ 노무제공플랫폼이용계약의 개시일 또는 종료일

㉡ 노무제공사업의 사업주의 보험관계와 관련된 사항으로서 사업장의 명칭·주소 등 대통령령으로 정하는 자료 또는 정보

㉢ 노무제공자의 피보험자격과 관련된 사항으로서 노무제공자의 이름·직종·보수 등 대통령령으로 정하는 자료 또는 정보

② 노무제공플랫폼사업자는 요청받은 자료 또는 정보의 제공을 위하여 필요한 경우에는 해당 노무제공자와 노무제공사업의 사업주에게 필요한 자료 또는 정보의 제공을 요청할 수 있다. 이 경우 요청을 받은 노무제공자와 노무제공사업의 사업주는 정당한 사유가 없으면 그 요청에 따라야 한다. 고용노동부장관은 노무제공플랫폼사업자가 제공한 자료 또는 정보를 해당 보험사무의 처리에 필요한 범위에서만 활용하여야 하며, 이를 공개해서는 아니 된다.

(3) 관련 정보의 보관

노무제공플랫폼사업자는 노무제공자의 피보험자격 신고와 관련된 정보를 해당 노무제공자와 노무제공사업의 사업주 사이에 체결된 노무제공계약이 끝난 날부터 3년 동안 노무제공플랫폼에 보관하여야 한다.

3. 노무제공자에 대한 구직급여(법 제77조의8, 영 제104조의15 제5항)

(1) 지급요건

노무제공자의 구직급여는 다음의 요건을 모두 갖춘 경우에 지급한다. 다만, ⑥은 최종 이직 당시 단기노무제공자였던 사람만 해당한다.

① 이직일 이전 24개월 동안 피보험 단위기간이 통산하여 12개월 이상일 것
② 근로 또는 노무제공의 의사와 능력이 있음에도 불구하고 취업(영리를 목적으로 사업을 영위하는 경우를 포함)하지 못한 상태에 있을 것
③ 이직사유가 수급자격의 제한 사유에 해당하지 아니할 것. 다만, 노무제공자로 이직할 당시 대통령령으로 정하는 바에 따른 소득감소로 인하여 이직하였다고 직업안정기관의 장이 인정하는 경우에는 수급자격의 제한 사유에 해당하지 아니하는 것으로 본다.
④ 이직일 이전 24개월 중 3개월 이상을 노무제공자인 피보험자로 피보험자격을 유지하였을 것
⑤ 재취업을 위한 노력을 적극적으로 할 것
⑥ 다음의 요건을 모두 갖출 것
  ㉠ 수급자격의 인정신청일 이전 1개월 동안의 노무제공일수가 10일 미만이거나 수급자격 인정신청일 이전 14일간 연속하여 노무제공내역이 없을 것
  ㉡ 최종 이직일 이전 24개월 동안의 피보험 단위기간 중 다른 사업에서 수급자격의 제한 사유에 해당하는 사유로 이직한 사실이 있는 경우에는 그 피보험 단위기간 중 90일 이상을 단기노무제공자로 종사하였을 것

(2) 피보험 단위기간

피보험 단위기간은 그 수급자격과 관련된 이직 당시의 사업에서의 피보험자격 취득일부터 이직일까지의 기간으로 산정하고, 이직 전 24개월 중 근로자·노무제공자·예술인 중 둘 이상에 해당하는 사람으로 종사한 경우의 피보험 단위기간은 대통령령으로 정하는 바에 따른다.

(3) 기초일액

① 노무제공자의 기초일액은 수급자격 인정과 관련된 마지막 이직일 전 1년간의 징수법에 따라 신고된 보수총액을 그 산정의 기준이 되는 기간의 총 일수로 나눈 금액으로 한다. 다만, 노무제공자(기준보수를 적용받지 아니하는 노무제공자는 제외)의 기초일액이 이직 당시 노무제공자의 일단위 기준보수 미만인 경우에는 일단위 기준보수를 기초일액으로 한다.
② 노무제공특성에 따라 소득확인이 어렵다고 대통령령으로 정하는 직종의 노무제공자의 기초일액은 고용노동부장관이 고시하는 금액으로 한다.

(4) 구직급여일액

① 노무제공자의 구직급여일액은 기초일액에 100분의 60을 곱한 금액으로 한다. 이 경우 구직급여일액의 상한액은 근로자인 피보험자의 구직급여 상한액 등을 고려하여 대통령령으로 정하는 금액(6만 6천원)으로 한다.
② 노무제공자는 실업의 신고일부터 계산하기 시작하여 7일간은 대기기간으로 보아 구직급여를 지급하지 아니한다. 다만, ㉠ 노무제공자가 이직할 당시 대통령령으로 정하는 바에 따른 소득감소로 인하여 이직하였다고 직업안정기관의 장이 인정하는 경우나, ㉡ 수급자격의 인정신청을 한 경우로서 가장 나중에 상실한 피보험자격과 관련된 이직사유를 대통령령으로 정하는 바에 따른 소득감소로 인한 이직으로 직업안정

기관의 장이 인정하는 경우에, 각 사유별로 ⊙은 소득 감소의 정도가 100분의 30 이상 100분의 50 미만인 경우에는 4주, 소득 감소의 정도가 100분의 50 이상인 경우에는 2주, ⓒ은 2주를 대기기간으로 보아 구직급여를 지급하지 아니하며, 위의 각 사유 중 둘 이상에 해당하는 경우에는 그 대기기간이 가장 긴 기간을 대기기간으로 본다.

③ 노무제공자의 소정급여일수 산정을 위한 피보험기간은 피보험 단위기간으로 한다. 다만, 단기노무제공자의 피보험기간은 해당 계약기간 중 노무제공일수 등을 고려하여 대통령령으로 정하는 바에 따라 산정한 기간으로 한다.

④ 직업안정기관의 장은 노무제공자인 피보험자에 대하여 구직급여를 지급하는 경우 실업인정대상기간 중 취업 등으로 발생한 소득에 대해서는 소득수준, 근로 등의 활동 기간 등을 고려하여 대통령령으로 정하는 바에 따라 일부 또는 전부를 감액하고 지급하여야 한다.

4. 노무제공자의 출산전후급여등 (법 제77조의9)

① 고용노동부장관은 노무제공자인 피보험자 또는 피보험자였던 사람이 출산 또는 유산·사산을 이유로 노무를 제공할 수 없는 경우에는 출산전후급여 등을 지급한다. 다만, 같은 자녀에 대하여 출산전후휴가 급여 등 또는 출산전후급여 등의 지급요건을 동시에 충족하는 경우 대통령령으로 정하는 바에 따라 지급한다.

② 출산전후급여등의 지급요건, 지급수준 및 지급기간 등은 대통령령으로 정하는 바에 따른다.

> **노무제공자의 출산전후급여등의 지급요건 등(영 제104조의16)**
> ① 고용노동부장관은 법 제77조의9 제2항에 따라 노무제공자인 피보험자 또는 피보험자였던 사람이 다음 각 호의 요건을 모두 갖춘 경우에 출산전후급여등을 지급한다.
>   1. 다음 각 목의 구분에 따른 요건을 갖출 것
>   가. 출산 또는 유산·사산을 한 날 현재 피보험자인 노무제공자 : 출산 또는 유산·사산을 한 날 이전에 노무제공자로서의 피보험 단위기간이 합산하여 3개월 이상일 것
>   나. 출산 또는 유산·사산을 한 날 현재 피보험자가 아닌 노무제공자 : 출산 또는 유산·사산을 한 날 이전 18개월 동안 노무제공자로서의 피보험 단위기간이 합산하여 3개월 이상일 것
>   2. 제2항에 따른 출산전후급여등의 지급기간에 노무제공을 하지 않을 것. 다만, 그 지급기간 중 노무제공 또는 자영업으로 발생한 소득이 각각 고용노동부장관이 정하여 고시하는 금액 미만인 경우에는 노무제공을 하지 않은 것으로 본다.
>   3. 출산 또는 유산·사산을 한 날부터 12개월 이내에 출산전후급여등을 신청할 것. 다만, 다음 각 목의 어느 하나에 해당하는 사유로 그 기간까지 신청할 수 없었던 경우에는 그 사유가 끝난 날부터 30일 이내에 신청해야 한다.
>   가. 천재지변
>   나. 본인, 배우자 또는 본인·배우자의 직계존속·직계비속의 질병이나 부상
>   다. 범죄 혐의로 인한 구속이나 형의 집행
> ② 출산전후급여등의 지급기간은 제104조의9 제2항에 따른다. 이 경우 "예술인"을 "노무제공자"로 한다.
> ③ 출산전후급여등은 출산 또는 유산·사산한 날부터 소급하여 1년(출산 또는 유산·사산을 한 날 현재 피보험자가 아닌 노무제공자의 경우에는 18개월) 동안의 월평균보수에 해당하는 금액을 기준으로 제104조의9 제2항 각 호의 구분에 따른 기간에 대하여 산정한 금액으로 하되, 그 상한액과 하한액은 다음 각 호의 사항을 고려하여 고용노동부장관이 정하여 고시한다.
>   1. 제101조에 따른 출산전후휴가 급여등의 상한액과 하한액
>   2. 노무제공자인 피보험자의 월평균보수 수준
>   3. 물가상승률
>   4. 그 밖에 고용노동부장관이 출산전후급여등의 산정에 필요하다고 인정하는 사항

VIII 고용보험기금

1. 기금의 설치 및 조성(법 제78조)
① 고용노동부장관은 보험사업에 필요한 재원에 충당하기 위하여 고용보험기금(이하 "기금")을 설치한다.
② 기금은 보험료와 이 법에 따른 징수금·적립금·기금운용 수익금과 그 밖의 수입으로 조성한다.

2. 기금의 관리·운용(법 제79조)
① 기금은 고용노동부장관이 관리·운용한다.
② 기금의 관리·운용에 관한 세부 사항은 국가재정법의 규정에 따른다.
③ 고용노동부장관은 다음의 방법에 따라 기금을 관리·운용한다.
　㉠ 금융기관에의 예탁 기출 22
　㉡ 재정자금에의 예탁
　㉢ 국가·지방자치단체 또는 금융기관에서 직접 발행하거나 채무이행을 보증하는 유가증권의 매입
　㉣ 보험사업의 수행 또는 기금 증식을 위한 부동산의 취득 및 처분
　㉤ 그 밖에 대통령령으로 정하는 기금 증식 방법(자본시장과 금융투자업에 관한 법률에 따른 증권의 매입)
④ 기금수입징수관은 기금징수액보고서를, 기금재무관은 기금지출원인행위액 보고서를, 기금지출관은 기금지출액보고서를 매월 말일을 기준으로 작성하여 다음 달 20일까지 고용노동부장관에게 제출하여 기금의 운용상황을 보고하여야 한다(영 제117조 제1항). 기출 22

3. 기금의 용도(법 제80조 제1항) 기출 19·25
① 고용안정·직업능력개발 사업에 필요한 경비
② 실업급여의 지급
③ 국민연금 보험료의 지원
④ 육아휴직 급여 및 출산전후휴가 급여등의 지급
⑤ 보험료의 반환
⑥ 일시 차입금의 상환금과 이자
⑦ 이 법과 보험료징수법에 따른 업무를 대행하거나 위탁받은 자에 대한 출연금
⑧ 그 밖에 이 법의 시행을 위하여 필요한 경비로서 대통령령으로 정하는 경비와 고용안정·직업능력개발이나 실업급여의 지급에 따른 사업의 수행에 딸린 경비

4. 기금운용 계획 등(법 제81조)

(1) 승인 및 공표
① 고용노동부장관은 매년 기금운용 계획을 세워 고용보험위원회 및 국무회의의 심의를 거쳐 대통령의 승인을 받아야 한다. 기출 17
② 고용노동부장관은 매년 기금의 운용 결과에 대하여 고용보험위원회의 심의를 거쳐 공표하여야 한다. 기출 17

(2) 포함되어야 할 사항(영 제109조)
① 기금의 수입과 지출에 관한 사항
② 해당 연도의 사업계획·지출원인행위계획과 자금계획에 관한 사항
③ 전년도 이월자금의 처리에 관한 사항
④ 적립금에 관한 사항
⑤ 그 밖에 기금운용에 필요한 사항

5. 기금계정의 설치(법 제82조)
① 고용노동부장관은 한국은행에 고용보험기금계정을 설치하여야 한다. 기출 22
② 고용보험기금계정은 고용안정·직업능력개발 사업 및 실업급여, 자영업자의 고용안정·직업능력개발 사업 및 자영업자의 실업급여로 구분하여 관리한다.

6. 기금의 적립(법 제84조)
① 고용노동부장관은 대량 실업의 발생이나 그 밖의 고용상태 불안에 대비한 준비금으로 여유자금을 적립하여야 한다.
② 여유자금의 적정규모는 다음과 같다.
   ㉠ 고용안정·직업능력개발 사업 계정의 연말 적립금 : 해당 연도 지출액의 1배 이상 1.5배 미만
   ㉡ 실업급여 계정의 연말 적립금 : 해당 연도 지출액의 1.5배 이상 2배 미만

7. 잉여금과 손실금의 처리(법 제85조)
① 기금의 결산상 잉여금이 생기면 이를 적립금으로 적립하여야 한다.
② 기금의 결산상 손실금이 생기면 적립금을 사용하여 이를 보전(補塡)할 수 있다. 기출 17·22

8. 차입금(법 제86조)
기금을 지출할 때 자금 부족이 발생하거나 발생할 것으로 예상되는 경우에는 기금의 부담으로 금융기관·다른 기금과 그 밖의 재원 등으로부터 차입을 할 수 있다. 기출 17·22

IX 심사청구 및 재심사청구

1. 심사청구

(1) 심사대상(법 제87조)
피보험자격의 취득·상실에 대한 확인, 실업급여 및 육아휴직 급여와 출산전후휴가급여 등에 관한 처분(이하 "원처분등")에 이의가 있는 자는 심사관에게 심사를 청구할 수 있다.

(2) 청구기간(법 제87조)
심사의 청구는 확인 또는 처분이 있음을 안 날부터 90일 이내에 제기하여야 한다. 기출 22 심사청구는 시효중단에 관하여 재판상의 청구로 본다. 기출 14·19·22

(3) 대리인의 선임(법 제88조) 기출 15

심사청구인은 법정대리인 외에 다음의 어느 하나에 해당하는 자를 대리인으로 선임할 수 있다. 기출 19
① 청구인의 배우자, 직계존속·비속 또는 형제자매
② 청구인인 법인의 임원 또는 직원
③ 변호사나 공인노무사
④ 심사위원회의 허가를 받은 자

(4) 고용보험심사관의 심사

1) 고용보험심사관의 설치(법 제89조)
① 심사를 행하게 하기 위하여 고용보험심사관(이하 "심사관")을 둔다.
② 심사관은 심사청구를 받으면 30일 이내에 그 심사청구에 대한 결정을 하여야 한다. 다만, 부득이한 사정으로 그 기간에 결정할 수 없을 때에는 한 차례만 10일을 넘지 아니하는 범위에서 그 기간을 연장할 수 있다. 기출 23
③ 당사자는 심사관에게 심리·결정의 공정을 기대하기 어려운 사정이 있으면 그 심사관에 대한 기피신청을 고용노동부장관에게 할 수 있다. 기출 23
④ 심사청구인이 사망한 경우 그 심사청구인이 실업급여의 수급권자이면 제57조에 따른 유족이, 그 외의 자인 때에는 상속인 또는 심사청구의 대상인 원처분등에 관계되는 권리 또는 이익을 승계한 자가 각각 심사청구인의 지위를 승계한다.

2) 심사청구의 방식(법 제90조)
① 피보험자격의 취득·상실 확인에 대한 심사의 청구는 근로복지공단을, 실업급여 및 육아휴직 급여와 출산전후휴가 급여 등에 관한 처분에 대한 심사의 청구는 직업안정기관의 장을 거쳐 심사관에게 하여야 한다(제1항). 기출 14·24
② 직업안정기관 또는 근로복지공단은 심사청구서를 받은 날부터 5일 이내에 의견서를 첨부하여 심사청구서를 심사관에게 보내야 한다(제2항). 기출 23·24
③ 심사의 청구는 대통령령으로 정하는 바에 따라 문서로 하여야 한다(법 제91조).

3) 보정 및 각하결정(법 제92조)
① 심사청구 기간(심사의 청구는 확인 또는 처분이 있음을 안 날부터 90일 이내에, 재심사의 청구는 심사청구에 대한 결정이 있음을 안 날부터 90일 이내에 각각 제기하여야 한다)이 지났거나 법령으로 정한 방식을 위반하여 보정하지 못할 것인 경우에 심사관은 그 심사의 청구를 결정으로 각하하여야 한다.
기출 14·19
② 심사의 청구가 법령으로 정한 방식을 어긴 것이라도 보정할 수 있는 것인 경우에 심사관은 상당한 기간을 정하여 심사청구인에게 심사의 청구를 보정하도록 명할 수 있다. 다만, 보정할 사항이 경미한 경우에는 심사관이 직권으로 보정할 수 있다.
③ 심사관은 심사청구인이 보정을 하지 아니하면 결정으로써 그 심사청구를 각하하여야 한다.

4) **원처분등의 집행 정지**(법 제93조)

① 심사의 청구는 원처분등의 집행을 정지시키지 아니한다. 다만, 심사관은 원처분등의 집행에 의하여 발생하는 중대한 위해를 피하기 위하여 긴급한 필요가 있다고 인정하면 직권으로 그 집행을 정지시킬 수 있다. 기출 14·24

② 심사관은 집행을 정지시키려고 할 때에는 그 이유를 적은 문서로 그 사실을 직업안정기관의 장 또는 근로복지공단에 알려야 한다.

③ 직업안정기관의 장 또는 근로복지공단은 통지를 받으면 지체 없이 그 집행을 정지하여야 한다.

④ 심사관은 집행을 정지시킨 경우에는 지체 없이 심사청구인에게 그 사실을 문서로 알려야 한다.

5) **심사관의 권한**(법 제94조)

① 심사관은 심사의 청구에 대한 심리를 위하여 필요하다고 인정하면 심사청구인의 신청 또는 직권으로 다음의 조사를 할 수 있다.

　㉠ 심사청구인 또는 관계인을 지정 장소에 출석하게 하여 질문하거나 의견을 진술하게 하는 것 기출 23

　㉡ 심사청구인 또는 관계인에게 증거가 될 수 있는 문서와 그 밖의 물건을 제출하게 하는 것

　㉢ 전문적인 지식이나 경험을 가진 제3자로 하여금 감정하게 하는 것

　㉣ 사건에 관계가 있는 사업장 또는 그 밖의 장소에 출입하여 사업주·종업원이나 그 밖의 관계인에게 질문하거나 문서와 그 밖의 물건을 검사하는 것

② 심사관이 사건에 관계가 있는 사업장 또는 그 밖의 장소에 출입하여 사업주·종업원이나 그 밖의 관계인에게 질문과 검사를 하는 경우에는 그 권한을 나타내는 증표를 지니고 이를 관계인에게 내보여야 한다.

(5) **심사청구에 대한 결정**(법 제96조)

심사관은 심사의 청구에 대한 심리를 마쳤을 때에는 원처분등의 전부 또는 일부를 취소하거나 심사청구의 전부 또는 일부를 기각한다. 기출 24

1) **결정방법**(법 제97조)

결정은 대통령령으로 정하는 바에 따라 문서로 하여야 한다. 심사관은 결정을 하면 심사청구인 및 원처분등을 한 직업안정기관의 장 또는 근로복지공단에 각각 결정서의 정본을 보내야 한다.

2) **결정효력**(법 제98조)

결정은 심사청구인 및 직업안정기관의 장 또는 근로복지공단에 결정서의 정본을 보낸 날부터 효력이 발생한다. 결정은 원처분 등을 행한 직업안정기관의 장 또는 근로복지공단을 기속한다. 기출 14·24

2. 재심사청구

(1) **심사대상**(법 제87조)

심사관의 심사청구에 대한 결정에 이의가 있는 자는 심사위원회에 재심사를 청구할 수 있다. 기출 19·23

(2) **청구기간**(법 제87조)

재심사의 청구는 심사청구에 대한 결정이 있음을 안 날부터 90일 이내에 각각 제기하여야 한다. 기출 22
재심사의 청구는 시효중단에 관하여 재판상의 청구로 본다.

(3) 대리인의 선임(법 제88조) 기출 15

재심사청구인은 법정대리인 외에 다음의 어느 하나에 해당하는 자를 대리인으로 선임할 수 있다.

기출 19

① 청구인의 배우자, 직계존속·비속 또는 형제자매
② 청구인인 법인의 임원 또는 직원
③ 변호사나 공인노무사
④ 심사위원회의 허가를 받은 자

(4) 고용보험심사위원회의 재심사(법 제99조)

1) 심사위원회의 구성

① 재심사를 하게 하기 위하여 고용노동부에 고용보험심사위원회(이하 "심사위원회")를 둔다.
② 심사위원회는 근로자를 대표하는 사람 및 사용자를 대표하는 사람 각 1명 이상을 포함한 15명 이내의 위원으로 구성한다.
③ 위원 중 2명은 상임위원으로 한다.
④ 다음의 어느 하나에 해당하는 사람은 위원에 임명될 수 없다.
  ㉠ 피성년후견인·피한정후견인 또는 파산의 선고를 받고 복권되지 아니한 사람
  ㉡ 금고 이상의 실형을 선고받고 그 집행이 끝나거나(집행이 끝난 것으로 보는 경우를 포함) 집행이 면제된 날부터 3년이 지나지 아니한 사람
  ㉢ 금고 이상의 형의 집행유예를 선고받고 그 유예기간 중에 있는 사람
⑤ 위원 중 공무원이 아닌 위원이 다음의 어느 하나에 해당되는 경우에는 해촉(解囑)할 수 있다.
  ㉠ 심신장애로 인하여 직무를 수행할 수 없게 된 경우
  ㉡ 직무와 관련된 비위사실이 있는 경우
  ㉢ 직무태만, 품위손상이나 그 밖의 사유로 인하여 위원으로 적합하지 아니하다고 인정되는 경우
  ㉣ 위원 스스로 직무를 수행하는 것이 곤란하다고 의사를 밝히는 경우
⑥ 상임위원은 정당에 가입하거나 정치에 관여하여서는 아니 된다.
⑦ 심사위원회는 재심사의 청구를 받으면 50일 이내에 재결(裁決)을 하여야 한다. 다만, 부득이한 사정으로 그 기간에 재결할 수 없을 때에는 한 차례만 10일을 넘지 아니하는 범위에서 그 기간을 연장할 수 있다.
⑧ 심사위원회에 사무국을 둔다.

2) 재심사청구(법 제100조)

재심사는 원처분등을 행한 직업안정기관의 장 또는 근로복지공단을 상대방으로 하여 청구한다.

3) 심리(법 제101조)

① 심사위원회는 재심사의 청구를 받으면 그 청구에 대한 심리 기일 및 장소를 정하여 심리 기일 3일 전까지 당사자 및 그 사건을 심사한 심사관에게 알려야 한다. 기출 22
② 당사자는 심사위원회에 문서나 구두로 그 의견을 진술할 수 있다. 기출 22
③ 심사위원회의 재심사청구에 대한 심리는 공개한다. 다만, 당사자의 양쪽 또는 어느 한 쪽이 신청한 경우에는 공개하지 아니할 수 있다. 기출 19·22
④ 심사위원회는 심리조서를 작성하여야 한다.

⑤ 당사자나 관계인은 심리조서의 열람을 신청할 수 있다.
⑥ 위원회는 당사자나 관계인이 열람 신청을 하면 정당한 사유 없이 이를 거부하여서는 아니 된다.
⑦ 심사위원회는 재심사청구의 심리를 위하여 심사관과 동일의 권한을 행사할 수 있다. 심사위원회의 요구에 의하여 지정 장소에 출석한 재심사청구인 또는 관계인과 전문적인 지식이나 경험을 이용하여 감정을 한 감정인에게는 고용노동부장관이 정하는 실비를 변상한다.

4) 재심사청구에 대한 재결(법 제102조, 제96조 내지 제98조)

심사위원회는 재심사의 청구에 대한 심리를 마쳤을 때에는 원처분등의 전부 또는 일부를 취소하거나 재심사청구의 전부 또는 일부를 기각한다. 재결은 대통령령으로 정하는 바에 따라 문서로 하여야 한다. 심사위원회는 재결을 하면 재심사청구인 및 원처분 등을 한 직업안정기관의 장 또는 근로복지공단에 각각 재결서의 정본을 보내야 한다. 재결은 재심사청구인 및 직업안정기관의 장 또는 근로복지공단에 재결서의 정본을 보낸 날부터 효력이 발생한다. 재결은 원처분 등을 행한 직업안정기관의 장 또는 근로복지공단을 기속한다.

5) 재결에 대한 불복(행정소송법 제20조)

심사위원회의 재결에 대한 불복이 있는 자는 재심사청구에 대한 재결이 있음을 안 날로부터 90일 이내에 제기해야 하며, 재결이 있은 날로부터 1년을 경과하면 이를 제기할 수 없다.

X 불이익 처우의 금지 및 소멸시효

1. 불이익 처우의 금지(법 제105조)

사업주는 근로자가 고용노동부장관에게 피보험자격의 취득 또는 상실에 관한 확인을 청구한 것을 이유로 그 근로자에게 해고나 그 밖의 불이익한 처우를 하여서는 아니 된다.

2. 소멸시효(법 제107조)

① 다음의 어느 하나에 해당하는 권리는 3년간 행사하지 아니하면 시효로 소멸한다.
  ㉠ 제3장에 따른 지원금을 지급받거나 반환받을 권리
  ㉡ 제4장에 따른 취업촉진 수당을 지급받거나 반환받을 권리
  ㉢ 제4장에 따른 구직급여를 반환받을 권리
  ㉣ 제5장에 따른 육아휴직 급여, 육아기 근로시간 단축 급여 및 출산전후휴가 급여 등을 반환받을 권리
② 소멸시효의 중단에 관하여는 산업재해보상보험법을 준용한다.

3. 국민기초생활 보장법의 수급자에 대한 특례(법 제113조의2)

국민기초생활 보장법에 따라 자활을 위한 근로기회를 제공하기 위한 사업은 이 법의 적용을 받는 사업으로 본다. 이 경우 해당 사업에 참가하여 유급으로 근로하는 국민기초생활 보장법에 따른 수급자는 이 법의 적용을 받는 근로자로 보고, 보장기관(같은 법에 따라 사업을 위탁하여 행하는 경우는 그 위탁기관)은 이 법의 적용을 받는 사업주로 본다. 기출 19

XI 벌 칙

1. 형벌(법 제116조) 기출 16·17

① 사업주와 공모하여 거짓이나 그 밖의 부정한 방법으로 다음에 따른 지원금 또는 급여를 받은 자와 공모한 사업주는 각각 5년 이하의 징역 또는 5천만원 이하의 벌금에 처한다.
  ㉠ 고용안정·직업능력개발 사업의 지원금
  ㉡ 실업급여
  ㉢ 육아휴직 급여, 육아기 근로시간 단축 급여 및 출산전후휴가 급여등
  ㉣ 구직급여 및 출산전후급여등

② 다음의 어느 하나에 해당하는 자는 3년 이하의 징역 또는 3천만원 이하의 벌금에 처한다(제2항).
  ㉠ 근로자가 고용노동부장관에게 피보험자격의 취득 또는 상실에 관한 피보험자격을 확인청구한 것을 이유(예술인, 노무제공자의 피보험자격확인에 준용되는 경우 포함)로 그 근로자를 해고하거나 그 밖에 근로자에게 불이익한 처우를 한 사업주
  ㉡ 거짓이나 그 밖의 부정한 방법으로 고용안정·직업능력개발 사업의 지원금 또는 실업급여, 육아휴직 급여, 육아기 근로시간 단축 급여 및 출산전후휴가 급여, 실업급여 및 출산전후급여등을 받은 자. 다만, 사업주와 공모하여 거짓이나 그 밖의 부정한 방법으로 지원금 또는 급여를 받은 자와 공모한 사업주는 제외한다.

2. 과태료(법 제118조)

(1) 300만원 이하의 과태료 부과 처분

다음의 어느 하나에 해당하는 사업주, 보험사무대행기관, 노무제공플랫폼사업자의 대표자 또는 대리인·사용인, 그 밖의 종업원에게는 300만원 이하의 과태료를 부과한다.

① 근로자의 피보험자격의 취득 및 상실 등에 관한 사항(예술인, 노무제공자의 피보험자격 등에 준용되는 경우 포함), 사업의 특성 및 규모 등을 고려하여 대통령령으로 정하는 사업이 하나의 사업에 다수의 도급이 이루어져 원수급인이 다수인 경우나, 하나의 사업이 여러 차례의 도급으로 이루어져 하수급인이 다수인 경우에 하수급인이 사용하는 예술인의 피보험자격의 취득 및 상실 등에 관한 사항 및 노무제공플랫폼 이용계약을 체결하는 경우 노무제공자의 피보험자격의 취득 및 상실 등에 관한 사항 등을 신고를 하지 아니하거나 거짓으로 신고한 자 기출 17

② 이직확인서를 발급하여 주지 아니하거나 거짓으로 작성하여 발급하여 준 자(예술인, 노무제공자의 구직급여에 준용되는 경우를 포함) 기출 16·17

③ 이직확인서를 제출하지 아니하거나 거짓으로 작성하여 제출한 자(예술인, 노무제공자의 구직급여에 준용되는 경우를 포함)

④ 고용노동부장관의 요구에 따르지 아니하여 보고를 하지 아니하거나 거짓으로 보고한 자, 같은 요구에 따르지 아니하여 문서를 제출하지 아니하거나 거짓으로 적은 문서를 제출한 자 또는 출석하지 아니한 자(예술인, 노무제공자의 출산전후급여등에 준용되는 경우를 포함)

⑤ 실업급여를 지급받기 위하여 증명서교부를 청구하는 이직한 사람의 요구에 따르지 아니하여 증명서를 내주지 아니한 자(예술인, 노무제공자의 출산전후급여등에 준용되는 경우를 포함)

⑥ 고용노동부 소속 직원의 질문에 답변하지 아니하거나 거짓으로 진술한 자 또는 조사를 거부·방해하거나 기피한 자(예술인, 노무제공자의 출산전후급여등에 준용되는 경우를 포함)

(2) 100만원 이하의 과태료 부과 처분
① 다음의 어느 하나에 해당하는 피보험자, 수급자격자 또는 지급되지 아니한 실업급여의 지급을 청구하는 자에게는 100만원 이하의 과태료를 부과한다.
　㉠ 고용노동부장관에 의해 요구된 보고를 하지 아니하거나 거짓으로 보고한 자, 문서를 제출하지 아니하거나 거짓으로 적은 문서를 제출한 자 또는 출석하지 아니한 자(예술인, 노무제공자의 출산전후급여등에 준용되는 경우를 포함) 기출 16
　㉡ 고용노동부 소속 직원의 질문에 답변하지 아니하거나 거짓으로 진술한 자 또는 검사를 거부・방해하거나 기피한 자(예술인, 노무제공자의 출산전후급여등에 준용되는 경우를 포함)
② 심사 또는 재심사의 청구를 받아 하는 심사관 및 심사위원회의 질문에 답변하지 아니하거나 거짓으로 진술한 자 또는 검사를 거부・방해하거나 기피한 자에게는 100만원 이하의 과태료를 부과한다(예술인, 노무제공자의 출산전후급여등에 준용되는 경우를 포함).

CHAPTER 02 고용보험법

01 고용보험법상 고용보험기금의 용도로 옳은 것은 모두 몇 개인가? 기출 25

- 일시 차입금의 상환금과 이자
- 이 법에 따른 국민연금 보험료의 지원
- 실업급여의 지급에 따른 사업의 수행에 딸린 경비
- 육아휴직 급여 및 출산전후휴가 급여등의 지급
- 「고용보험 및 산업재해보상보험의 보험료징수 등에 관한 법률」에 따른 업무를 대행하거나 위탁 받은 자에 대한 출연금

① 1개
② 2개
③ 3개
④ 4개
⑤ 5개

02 고용보험법상 연장급여에 관한 설명으로 옳지 않은 것은? 기출 25

① 개별연장급여는 60일의 범위에서 대통령령으로 정하는 기간 동안 지급한다.
② 직업안정기관의 장은 직업능력개발 훈련 등을 받도록 지시한 경우에는 수급자격자에게 2년을 한도로 훈련연장급여를 지급할 수 있다.
③ 개별연장급여를 지급하는 경우에 그 수급자격자의 수급기간은 그 수급자격자의 수급기간에 연장되는 구직급여일수를 더하여 산정한 기간으로 한다.
④ 특별연장급여를 지급받고 있는 수급자격자에게는 특별연장급여의 지급이 끝난 후가 아니면 개별연장급여를 지급하지 아니한다.
⑤ 훈련연장급여를 지급하는 경우에 그 일액은 해당 수급자격자의 구직급여일액의 100분의 70으로 한다.

해설 및 정답

01 일시 차입금의 상환금과 이자(제5호), 이 법에 따른 국민연금 보험료의 지원(제2호의2), 실업급여의 지급에 따른 사업의 수행에 딸린 경비(제7호), 육아휴직 급여 및 출산전후휴가 급여등의 지급(제3호), 「고용보험 및 산업재해보상보험의 보험료징수 등에 관한 법률」에 따른 업무를 대행하거나 위탁받은 자에 대한 출연금(제6호) 등은 모두 고보법 제80조 제1항에서 정한 고용보험기금의 용도에 해당한다.

> **기금의 용도(고보법 제80조)**
> ① 기금은 다음 각 호의 용도에 사용하여야 한다.
>   1. 고용안정·직업능력개발 사업에 필요한 경비
>   2. 실업급여의 지급
>   2의2. 제55조의2에 따른 국민연금 보험료의 지원
>   3. 육아휴직 급여 및 출산전후휴가 급여등의 지급
>   4. 보험료의 반환
>   5. 일시 차입금의 상환금과 이자
>   6. 이 법과 고용산재보험료징수법에 따른 업무를 대행하거나 위탁받은 자에 대한 출연금
>   7. 그 밖에 이 법의 시행을 위하여 필요한 경비로서 대통령령으로 정하는 경비와 제1호 및 제2호에 따른 사업의 수행에 딸린 경비

정답 ⑤

02 ① (○) 고보법 제52조 제2항
② (○) 직업안정기관의 장은 직업능력개발 훈련 등을 받도록 지시한 경우에는 수급자격자가 그 직업능력개발 훈련 등을 받는 기간 중 실업의 인정을 받은 날에 대하여는 소정급여일수를 초과하여 구직급여를 연장하여 지급할 수 있다. 이 경우 훈련연장급여의 지급 기간은 2년을 한도로 한다(고보법 제51조 제2항, 동법 시행령 제72조).
③ (○) 고보법 제54조 제1항, 제52조
④ (○) 특별연장급여를 지급받고 있는 수급자격자에게는 특별연장급여의 지급이 끝난 후가 아니면 개별연장급여를 지급하지 아니하고, 개별연장급여를 지급받고 있는 수급자격자에게는 개별연장급여의 지급이 끝난 후가 아니면 특별연장급여를 지급하지 아니한다(고보법 제55조 제4항).
⑤ (×) 훈련연장급여를 지급하는 경우에 그 일액은 해당 수급자격자의 구직급여일액의 100분의 100으로 하고, 개별연장급여 또는 특별연장급여를 지급하는 경우에 그 일액은 해당 수급자격자의 구직급여일액의 100분의 70을 곱한 금액으로 한다(고보법 제54조 제2항).

정답 ⑤

03 고용보험법령상 구직급여에 관한 설명으로 옳지 않은 것은? 기출 25

① 구직급여는 수급자격자가 실업한 상태에 있는 날 중에서 직업안정기관의 장으로부터 실업의 인정을 받은 날에 대하여 지급한다.
② 하나의 수급자격에 따라 구직급여를 지급받을 수 있는 날은 대기기간이 끝난 다음 날부터 계산하기 시작하여 피보험기간과 연령에 따라 법령에서 정한 일수가 되는 날까지로 한다.
③ 수급자격자가 질병으로 직업안정기관에 출석할 수 없었던 경우로서 그 기간이 계속하여 14일인 경우 그 사유를 적은 증명서를 제출하여 실업의 인정을 받을 수 있다.
④ 근로자의 피보험 단위기간은 피보험기간 중 보수 지급의 기초가 된 날을 합하여 계산한다.
⑤ 수급자격자가 사망한 경우 그 수급자격자에게 지급되어야 할 구직급여로서 아직 지급되지 아니한 것이 있는 경우 그 지급을 청구하려는 사람은 미지급 실업급여 청구서를 사망한 수급자격자의 신청지 관할 직업안정기관의 장에게 제출해야 한다.

04 고용보험법령상 우선지원 대상기업의 상시 사용하는 근로자 기준에서 산업분류(ㄱ)와 상시 사용하는 근로자 수(ㄴ)가 옳게 연결된 것은? 기출 25

① ㄱ : 산업용 기계 및 장비 수리업,   ㄴ : 100명 이하
② ㄱ : 건설업,   ㄴ : 400명 이하
③ ㄱ : 금융 및 보험업,   ㄴ : 300명 이하
④ ㄱ : 보건업 및 사회복지 서비스업,   ㄴ : 500명 이하
⑤ ㄱ : 숙박 및 음식점업,   ㄴ : 300명 이하

• **해설 및 정답** •

03 ① (○) 고보법 제44조 제1항
② (○) 고보법 제50조 제1항
③ (✕) 수급자격자가 질병이나 부상으로 직업안정기관에 출석할 수 없었던 경우로서 그 기간이 계속하여 <u>7일 미만</u>인 경우 직업안정기관에 그 사유를 적은 증명서를 제출하여 실업의 인정을 받을 수 있다(고보법 제44조 제3항 제1호).
④ (○) 고보법 제41조 제1항 본문
⑤ (○) 고보법 제57조 제1항, 동법 시행령 제76조 제1항

정답 ❸

04 ① (○) 고보법 시행령 [별표 1] 제1호에 의하면 산업용 기계 및 장비 수리업은 제13호의 그 밖의 업종으로 간주되므로 상시 사용하는 근로자수는 100명 이하가 된다.
② (✕) 고보법 시행령 [별표 1] 제3호 - 300명 이하
③ (✕) 고보법 시행령 [별표 1] 제11호 - 200명 이하
④ (✕) 고보법 시행령 [별표 1] 제8호 - 300명 이하
⑤ (✕) 고보법 시행령 [별표 1] 제10호 - 200명 이하

우선지원 대상기업의 상시 사용하는 근로자 기준(고보법 시행령 [별표 1])

산업분류	분류기호	상시 사용하는 근로자 수
1. 제조업[다만, <u>산업용 기계 및 장비 수리업(34)</u>은 그 밖의 업종으로 본다]	C	500명 이하
2. 광업 3. <u>건설업</u> 4. 운수 및 창고업 5. 정보통신업 6. 사업시설 관리, 사업 지원 및 임대 서비스업[다만, 부동산 이외 임대업(76)은 그 밖의 업종으로 본다] 7. 전문, 과학 및 기술 서비스업 8. <u>보건업 및 사회복지 서비스업</u>	B F H J N M Q	300명 이하
9. 도매 및 소매업 10. <u>숙박 및 음식점업</u> 11. <u>금융 및 보험업</u> 12. 예술, 스포츠 및 여가관련 서비스업	G I K R	200명 이하
13. <u>그 밖의 업종</u>		100명 이하

정답 ❶

05 고용보험법령상 피보험자격에 관한 설명으로 옳지 않은 것은? 기출 25

① 피보험자가 이직을 한 경우에는 이직한 날에 그 피보험자격을 상실한다.
② 사업주가 그 사업에 고용된 근로자의 피보험자격의 취득에 관한 사항을 신고하지 아니하면 근로자가 근로계약서 등 고용관계를 증명할 수 있는 서류를 제출하여 신고할 수 있다.
③ 사업주는 고용노동부장관에게 그 사업에 고용된 근로자의 피보험자격 취득 및 상실에 관한 사항을 신고하려는 경우에는 그 사유가 발생한 날이 속하는 달의 다음 달 15일까지, 근로자가 그 기일 이전에 신고할 것을 요구하는 경우에는 지체 없이 신고해야 한다.
④ 피보험자는 언제든지 고용노동부장관에게 피보험자격의 취득 또는 상실에 관한 확인을 청구할 수 있다.
⑤ 자영업자인 피보험자는 이 법에 따른 피보험자격의 취득 및 상실에 관한 신고를 하지 아니한다.

06 고용보험법상 실업급여의 종류가 아닌 것은? 기출 25

① 구직급여
② 장해급여
③ 광역 구직활동비
④ 직업능력개발 수당
⑤ 조기(早期)재취업 수당

07 고용보험법상 「장애인고용촉진 및 직업재활법」에 따른 장애인 A(35세)는 B회사를 퇴사한 후 직업안정기관으로부터 구직급여 수급자격을 인정받았다. 피보험기간이 4년인 A가 받을 수 있는 구직급여의 소정급여일수는? 기출 25

① 120일
② 150일
③ 180일
④ 210일
⑤ 240일

• 해설 및 정답 •

05 ① (×) 근로자인 피보험자가 이직한 경우에는 <u>이직한 날의 다음 날</u>에 그 피보험자격을 상실한다(고보법 제14조 제1항 제3호).
② (○) 사업주가 그 사업에 고용된 근로자의 피보험자격의 취득 및 상실 등에 관한 사항을 신고하지 아니하면, 근로자가 근로계약서 등 고용관계를 증명할 수 있는 서류를 제출하여 고용노동부장관에게 신고할 수 있다(고보법 제15조 제3항, 제1항, 동법 시행령 제8조).
③ (○) 고보법 시행령 제7조 제1항 전문
④ (○) 피보험자 또는 피보험자였던 사람은 언제든지 고용노동부장관에게 피보험자격의 취득 또는 상실에 관한 확인을 청구할 수 있다(고보법 제17조 제1항).
⑤ (○) 고보법 제15조 제7항

> **피보험자격의 상실일(고보법 제14조)**
> ① 근로자인 피보험자는 <u>다음 각 호의 어느 하나에 해당하는 날</u>에 각각 그 피보험자격을 상실한다.
>   1. 근로자인 피보험자가 제10조 및 제10조의2에 따른 적용 제외 근로자에 해당하게 된 경우에는 그 적용 제외 대상자가 된 날
>   2. 고용산재보험료징수법 제10조에 따라 보험관계가 소멸한 경우에는 그 보험관계가 소멸한 날
>   3. <u>근로자인 피보험자가 이직한 경우에는 이직한 날의 다음 날</u>
>   4. 근로자인 피보험자가 사망한 경우에는 사망한 날의 다음 날
> ② 자영업자인 피보험자는 고용산재보험료징수법 제49조의2 제10항 및 같은 조 제12항에서 준용하는 같은 법 제10조 제1호부터 제3호까지의 규정에 따라 보험관계가 소멸한 날에 피보험자격을 상실한다.

정답 ❶

06 ① 구직급여(제1항), ③ 광역 구직활동비(제2항 제3호), ④ 직업능력개발 수당(제2항 제2호), ⑤ 조기(早期)재취업 수당(제2항 제1호)은 모두 고보법 제37조에서 정한 실업급여에 해당한다. ② <u>장해급여는 산재법상 보험급여에 해당한다</u>(산재법 제36조 제1항 제3호).

> **실업급여의 종류(고보법 제37조)**
> ① 실업급여는 <u>구직급여</u>와 취업촉진 수당으로 구분한다.
> ② 취업촉진 수당의 종류는 다음 각 호와 같다.
>   1. <u>조기(早期)재취업 수당</u>
>   2. <u>직업능력개발 수당</u>
>   3. <u>광역 구직활동비</u>
>   4. 이주비

정답 ❷

07 ①「장애인고용촉진 및 직업재활법」제2조 제1호에 따른 장애인은 이직일 현재 연령을 50세 이상으로 간주하므로, A의 피보험기간이 4년인 경우 구직급여의 소정급여일수는 <u>210일</u>이다(고보법 [별표 1]).

구직급여의 소정급여일수(고보법 [별표 1])

구 분		피보험기간				
		1년 미만	1년 이상 3년 미만	3년 이상 5년 미만	5년 이상 10년 미만	10년 이상
이직일 현재 연령	50세 미만	120일	150일	180일	210일	240일
	50세 이상	120일	180일	210일	240일	270일
비고 : 장애인고용촉진 및 직업재활법 제2조 제1호에 따른 장애인은 50세 이상인 것으로 보아 위 표를 적용한다.						

정답 ❹

08

고용보험법령상 '근로자의 수급자격이 제한되지 아니하는 정당한 이직 사유'에 해당하는 것을 모두 고른 것은?

기출 25

ㄱ. 1개월의 임금체불이 발생하여 이직한 경우
ㄴ. 정년의 도래로 회사를 계속 다닐 수 없게 된 경우
ㄷ. 계약기간의 만료로 회사를 계속 다닐 수 없게 된 경우
ㄹ. 사업장에서 신체장애를 이유로 불합리한 차별대우를 받은 경우
ㅁ. 동거 친족의 질병으로 30일 이상 본인이 간호해야 하는 기간에 기업의 사정상 휴가가 허용되지 않아 이직한 경우

① ㄱ, ㅁ
② ㄴ, ㄷ
③ ㄷ, ㄹ
④ ㄱ, ㄴ, ㅁ
⑤ ㄴ, ㄷ, ㄹ, ㅁ

해설 및 정답

08 ㄱ. (×) 1개월의 임금체불이 발생하여 이직한 경우가 아니라 이직일 전 1년 이내에 2개월 이상 임금체불이 발생하여 이직한 경우가 '근로자의 수급자격이 제한되지 아니하는 정당한 이직 사유'에 해당한다(고보법 제58조 제2호 다목, 동법 시행규칙 [별표 2] 제1호 나목).
ㄴ. (○) 고보법 제58조 제2호 다목, 동법 시행규칙 [별표 2] 제12호
ㄷ. (○) 고보법 제58조 제2호 다목, 동법 시행규칙 [별표 2] 제12호
ㄹ. (○) 고보법 제58조 제2호 다목, 동법 시행규칙 [별표 2] 제2호
ㅁ. (○) 고보법 제58조 제2호 다목, 동법 시행규칙 [별표 2] 제7호

근로자의 수급자격이 제한되지 아니하는 정당한 이직 사유(고보법 시행규칙 [별표 2])
1. 다음 각 목의 어느 하나에 해당하는 사유가 이직일 전 1년 이내에 2개월 이상 발생한 경우
   가. 실제 근로조건이 채용 시 제시된 근로조건이나 채용 후 일반적으로 적용받던 근로조건보다 낮아지게 된 경우
   나. 임금체불이 있는 경우
   다. 소정근로에 대하여 지급받은 임금이 「최저임금법」에 따른 최저임금에 미달하게 된 경우
   라. 「근로기준법」 제53조에 따른 연장 근로의 제한을 위반한 경우
   마. 사업장의 휴업으로 휴업 전 평균임금의 70퍼센트 미만을 지급받은 경우
2. 사업장에서 종교, 성별, 신체장애, 노조활동 등을 이유로 불합리한 차별대우를 받은 경우
3. 사업장에서 본인의 의사에 반하여 성희롱, 성폭력, 그 밖의 성적인 괴롭힘을 당한 경우
3의2. 「근로기준법」 제76조의2에 따른 직장 내 괴롭힘을 당한 경우
4. 사업장의 도산·폐업이 확실하거나 대량의 감원이 예정되어 있는 경우
5. 다음 각 목의 어느 하나에 해당하는 사정으로 사업주로부터 퇴직을 권고받거나, 인원 감축이 불가피하여 고용조정계획에 따라 실시하는 퇴직 희망자의 모집으로 이직하는 경우
   가. 사업의 양도·인수·합병
   나. 일부 사업의 폐지나 업종전환
   다. 직제개편에 따른 조직의 폐지·축소
   라. 신기술의 도입, 기술혁신 등에 따른 작업형태의 변경
   마. 경영의 악화, 인사 적체, 그 밖에 이에 준하는 사유가 발생한 경우
6. 다음 각 목의 어느 하나에 해당하는 사유로 통근이 곤란(통근 시 이용할 수 있는 통상의 교통수단으로는 사업장으로의 왕복에 드는 시간이 3시간 이상인 경우를 말한다)하게 된 경우
   가. 사업장의 이전
   나. 지역을 달리하는 사업장으로의 전근
   다. 배우자나 부양하여야 할 친족과의 동거를 위한 거소 이전
   라. 그 밖에 피할 수 없는 사유로 통근이 곤란한 경우
7. 부모나 동거 친족의 질병·부상 등으로 30일 이상 본인이 간호해야 하는 기간에 기업의 사정상 휴가나 휴직이 허용되지 않아 이직한 경우
8. 「산업안전보건법」 제2조 제2호에 따른 "중대재해"가 발생한 사업장으로서 그 재해와 관련된 고용노동부장관의 안전보건상의 시정명령을 받고도 시정기간까지 시정하지 아니하여 같은 재해 위험에 노출된 경우
9. 체력의 부족, 심신장애, 질병, 부상, 시력·청력·촉각의 감퇴 등으로 피보험자가 주어진 업무를 수행하는 것이 곤란하고, 기업의 사정상 업무종류의 전환이나 휴직이 허용되지 않아 이직한 것이 의사의 소견서, 사업주 의견 등에 근거하여 객관적으로 인정되는 경우
10. 임신, 출산, 8세 이하 또는 초등학교 2학년 이하의 자녀(입양한 자녀를 포함한다)의 육아, 「병역법」에 따른 의무복무 등으로 업무를 계속적으로 수행하기 어려운 경우로서 사업주가 휴가나 휴직을 허용하지 않아 이직한 경우
11. 사업주의 사업 내용이 법령의 제정·개정으로 위법하게 되거나 취업 당시와는 달리 법령에서 금지하는 재화 또는 용역을 제조하거나 판매하게 된 경우
12. 정년의 도래나 계약기간의 만료로 회사를 계속 다닐 수 없게 된 경우
13. 그 밖에 피보험자와 사업장 등의 사정에 비추어 그러한 여건에서는 통상의 다른 근로자도 이직했을 것이라는 사실이 객관적으로 인정되는 경우

정답 ❺

09 고용보험법령상 육아휴직 급여 신청기간의 연장 사유에 해당하는 것을 모두 고른 것은? 기출 25

> ㄱ. 범죄혐의로 인한 구속
> ㄴ. 「병역법」에 따른 의무복무
> ㄷ. 본인의 직계비속의 질병
> ㄹ. 본인의 형제자매의 부상
> ㅁ. 배우자의 직계존속의 질병

① ㄱ, ㄴ, ㄷ
② ㄱ, ㄷ, ㄹ
③ ㄴ, ㄹ, ㅁ
④ ㄱ, ㄴ, ㄷ, ㅁ
⑤ ㄱ, ㄴ, ㄷ, ㄹ, ㅁ

10 고용보험법령상 이주비의 지급요건을 모두 고른 것은? 기출 25

> ㄱ. 취업하거나 직업훈련 등을 받게 된 경우로서 고용노동부장관이 정하는 기준에 따라 신청지관할 직업안정기관의 장이 주거의 변경이 필요하다고 인정할 것
> ㄴ. 해당 수급자격자를 고용하는 사업주로부터 주거의 이전에 드는 비용이 지급되지 아니하거나 지급되더라도 그 금액이 이주비에 미달할 것
> ㄷ. 취업을 위한 이주인 경우 1년 이상의 근로계약기간을 정하여 취업할 것

① ㄱ
② ㄷ
③ ㄱ, ㄴ
④ ㄴ, ㄷ
⑤ ㄱ, ㄴ, ㄷ

11 고용보험법상 「장애인고용촉진 및 직업재활법」 제2조 제1호에 따른 장애인의 피보험기간이 1년인 구직급여의 소정급여일수는? 기출 24

① 120일
② 180일
③ 210일
④ 240일
⑤ 270일

해설 및 정답

09 ㄱ. 범죄혐의로 인한 구속(제5호), ㄴ. 병역법에 따른 의무복무(제4호), ㄷ. 본인의 직계비속의 질병(제3호), ㅁ. 배우자의 직계존속의 질병(제3호)은 모두 고보법 시행령 제94조에서 정하는 육아휴직 급여 신청기간의 연장 사유에 해당하나, ㄹ. 본인의 형제자매의 부상은 그러하지 아니하다.

> **육아휴직 급여 신청기간의 연장 사유(고보법 시행령 제94조)**
> 법 제70조 제2항 단서에서 "대통령령으로 정하는 사유"란 다음 각 호의 어느 하나에 해당하는 사유를 말한다.
> 1. 천재지변
> 2. 본인이나 배우자의 질병·부상
> 3. 본인이나 배우자의 직계존속 및 직계비속의 질병·부상
> 4. 「병역법」에 따른 의무복무
> 5. 범죄혐의로 인한 구속이나 형의 집행

정답 ❹

10 ㄱ. 취업하거나 직업훈련 등을 받게 된 경우로서 고용노동부장관이 정하는 기준에 따라 신청지 관할 직업안정기관의 장이 주거의 변경이 필요하다고 인정할 것(제1호), ㄴ. 해당 수급자격자를 고용하는 사업주로부터 주거의 이전에 드는 비용이 지급되지 아니하거나 지급되더라도 그 금액이 이주비에 미달할 것(제2호), ㄷ. 취업을 위한 이주인 경우 1년 이상의 근로계약기간을 정하여 취업할 것(제3호) 등은 모두 고보법 시행령 제90조 제1항에서 정하는 이주비의 지급요건에 해당한다.

> **이주비(고보법 시행령 제90조)**
> ① 법 제67조 제1항에 따른 이주비는 수급자격자가 다음 각 호의 요건을 모두 갖춘 경우에 지급한다.
> 1. 취업하거나 직업훈련 등을 받게 된 경우로서 고용노동부장관이 정하는 기준에 따라 신청지 관할 직업안정기관의 장이 주거의 변경이 필요하다고 인정할 것
> 2. 해당 수급자격자를 고용하는 사업주로부터 주거의 이전에 드는 비용이 지급되지 아니하거나 지급되더라도 그 금액이 이주비에 미달할 것
> 3. 취업을 위한 이주인 경우 1년 이상의 근로계약기간을 정하여 취업할 것
> ② 이주비의 청구절차는 고용노동부령으로 정한다. 이 경우 이주비의 지급절차에 관하여는 제75조를 준용한다.

정답 ❺

11 장애인고용촉진 및 직업재활법 제2조 제1호에 따른 장애인은 이직일 현재 연령을 50세 이상으로 간주하므로, 피보험기간이 1년인 구직급여의 소정급여일수는 180일이 된다(고보법 [별표 1]).

구직급여의 소정급여일수(고보법 [별표 1])

구 분		피보험기간				
		1년 미만	1년 이상 3년 미만	3년 이상 5년 미만	5년 이상 10년 미만	10년 이상
이직일 현재 연령	50세 미만	120일	150일	180일	210일	240일
	50세 이상	120일	180일	210일	240일	270일

비고 : 장애인고용촉진 및 직업재활법 제2조 제1호에 따른 장애인은 50세 이상인 것으로 보아 위 표를 적용한다.

정답 ❷

12 고용보험법상 심사 및 재심사청구에 관한 설명으로 옳은 것은? 기출 24

① 직업안정기관 또는 근로복지공단은 심사청구서를 받은 날부터 7일 이내에 의견서를 첨부하여 심사청구서를 고용보험심사관에게 보내야 한다.
② 고용보험심사관은 원처분등의 집행에 의하여 발생하는 중대한 위해(危害)를 피하기 위하여 긴급한 필요가 있다고 인정되더라도 직권으로는 그 집행을 정지시킬 수 없다.
③ 육아휴직 급여와 출산전후휴가 급여등에 관한 처분에 대한 심사의 청구는 근로복지공단을 거쳐 고용보험심사관에게 하여야 한다.
④ 고용보험심사관은 심사의 청구에 대한 심리(審理)를 마쳤을 때에는 원처분등의 전부 또는 일부를 취소하거나 심사청구의 전부 또는 일부를 기각한다.
⑤ 심사청구에 대한 결정은 심사청구인 및 직업안정기관의 장 또는 근로복지공단에 결정서의 정본을 보낸 다음 날부터 효력이 발생한다.

13 고용보험법령상 육아휴직 급여 등의 특례에 관한 내용이다. (   )에 들어갈 내용은? 기출 24

같은 자녀에 대하여 자녀의 출생 후 18개월이 될 때까지 피보험자인 부모가 모두 육아휴직을 하는 경우(부모의 육아휴직기간이 전부 또는 일부 겹치지 않은 경우를 포함한다) 그 부모인 피보험자의 육아휴직 급여의 월별 지급액은 육아휴직 7개월째부터 육아휴직 종료일까지는 육아휴직 시작일을 기준으로 한 각 피보험자의 월 통상임금의 (ㄱ)에 해당하는 금액으로 한다. 다만, 해당 금액이 (ㄴ)만원을 넘는 경우에는 부모 각각에 대하여 (ㄴ)만원으로 하고, 해당 금액이 70만원보다 적은 경우에는 부모 각각에 대하여 70만원으로 한다.

① ㄱ : 100분의 70, ㄴ : 150
② ㄱ : 100분의 70, ㄴ : 200
③ ㄱ : 100분의 80, ㄴ : 100
④ ㄱ : 100분의 80, ㄴ : 160
⑤ ㄱ : 100분의 80, ㄴ : 200

14 고용보험법령상 보험가입 등에 관한 설명으로 옳지 않은 것은? 기출 24

① 「국가공무원법」에 따른 임기제 공무원(이하 "임기제 공무원"이라 한다)의 경우는 본인의 의사에 따라 고용보험(실업급여에 한정)에 가입할 수 있다.
② 임기제 공무원이 원하는 경우에는 임용된 날부터 3개월 이내에 고용노동부장관에게 직접 고용보험가입을 신청할 수 있다.
③ 고용보험 피보험자격을 취득한 임기제 공무원이 공무원 신분의 변동에 따라 계속하여 다른 임기제공무원으로 임용된 때에는 별도의 가입신청을 하지 않은 경우에도 고용보험의 피보험자격을 유지한다.
④ 임기제 공무원이 가입한 고용보험에서 탈퇴한 이후에 가입대상 공무원으로 계속 재직하는 경우 본인의 신청에 의하여 고용보험에 다시 가입할 수 있다.
⑤ 고용보험에 가입한 임기제 공무원에 대한 보험료는 소속기관과 고용보험에 가입한 임기제 공무원이 각각 2분의 1씩 부담한다.

• 해설 및 정답 •

12 ① (×) 직업안정기관 또는 근로복지공단은 심사청구서를 받은 날부터 <u>5일 이내</u>에 의견서를 첨부하여 심사청구서를 고용보험심사관에 보내야 한다(고보법 제90조 제2항).
② (×) 고용보험심사관은 원처분등의 집행에 의하여 발생하는 중대한 위해(危害)를 피하기 위하여 긴급한 필요가 있다고 인정하면 직권으로 그 <u>집행을 정지시킬 수 있다</u>(고보법 제93조 제1항 단서).
③ (×) 육아휴직 급여와 출산전후휴가 급여등에 관한 처분에 대한 심사의 청구는 <u>직업안정기관의 장을 거쳐</u> 고용보험심사관에게 하여야 한다(고보법 제90조 제1항 후단).
④ (○) 고보법 제96조
⑤ (×) 심사청구에 대한 결정은 심사청구인 및 직업안정기관의 장 또는 근로복지공단에 <u>결정서의 정본을 보낸 날부터 효력이 발생한다</u>(고보법 제98조 제1항).

정답 ④

13 ( )의 ㄱ과 ㄴ에 들어갈 내용은 <u>100분의 80</u>과 <u>160</u>이다.

> **출생 후 18개월 이내의 자녀에 대한 육아휴직 급여 등의 특례(고보법 시행령 제95조의3)**
> ① 제95조 제1항 및 제95조의2 제1항·제2항에도 불구하고 같은 자녀에 대하여 자녀의 출생 후 18개월이 될 때까지 피보험자인 부모가 모두 육아휴직을 하는 경우(부모의 육아휴직기간이 전부 또는 일부 겹치지 않은 경우를 포함한다) 그 부모인 피보험자의 육아휴직 급여의 월별 지급액은 다음 각 호의 구분에 따라 산정한 금액으로 한다.
> 2. 육아휴직 7개월째부터 육아휴직 종료일까지 : 육아휴직 시작일을 기준으로 한 각 피보험자의 월 통상임금의 <u>100분의 80</u>에 해당하는 금액. 다만, 해당 금액이 160만원을 넘는 경우에는 부모 각각에 대하여 <u>160만원</u>으로 하고, 해당 금액이 70만원보다 적은 경우에는 부모 각각에 대하여 70만원으로 한다.

정답 ④

14 ① (○) 고보법 제10조 제1항 제3호 단서
② (○) 고보법 시행령 제3조의2 제2항 단서 전단
③ (○) 고보법 시행령 제3조의2 제3항 후문
④ (×) 임기제 공무원이 가입한 고용보험에서 탈퇴한 이후에 가입대상 공무원으로 계속 재직하는 경우 본인의 신청에 의하여 고용보험에 <u>다시 가입할 수 없다</u>(고보법 시행령 제3조의2 제5항 본문).
⑤ (○) 고용보험에 가입한 공무원에 대한 보험료율은 고용산재보험료징수법 시행령에 따른 실업급여의 보험료율로 하되, <u>소속기관과 고용보험에 가입한 공무원이 각각 2분의 1씩 부담한다</u>(고보법 시행령 제3조의2 제6항).

정답 ④

15 고용보험법령상 실업급여에 관한 설명으로 옳지 않은 것은? 기출 24

① 실업급여수급계좌의 해당 금융기관은 「고용보험법」에 따른 실업급여만이 실업급여수급계좌에 입금되도록 관리하여야 한다.
② 직업안정기관의 장은 수급자격 인정신청을 한 사람에게 신청인이 원하는 경우에는 해당 실업급여를 실업급여수급계좌로 받을 수 있다는 사실을 안내하여야 한다.
③ 실업급여수급계좌에 입금된 실업급여 금액 전액 이하의 금액에 관한 채권은 압류할 수 없다.
④ 실업급여로서 지급된 금품에 대하여는 「국세기본법」 제2조 제8호의 공과금을 부과한다.
⑤ 직업안정기관의 장은 정보통신장애로 인하여 실업급여를 실업급여수급계좌로 이체할 수 없을 때에는 해당 실업급여 금액을 수급자격자에게 직접 현금으로 지급할 수 있다.

16 고용보험법상 최종 이직 당시 단기예술인인 피보험자에게만 적용되는 구직급여 지급요건을 모두 고른 것은? 기출 24

ㄱ. 수급자격의 인정신청일 이전 1개월 동안의 노무제공일수가 10일 미만이거나 수급자격 인정신청일 이전 14일간 연속하여 노무제공내역이 없을 것
ㄴ. 이직일 이전 24개월 동안의 피보험 단위기간이 통산하여 9개월 이상일 것
ㄷ. 이직일 이전 24개월 중 3개월 이상을 예술인인 피보험자로 피보험자격을 유지하였을 것
ㄹ. 최종 이직일 이전 24개월 동안의 피보험 단위기간 중 다른 사업에서 제77조의5 제2항에서 준용하는 제58조에 따른 수급자격의 제한 사유에 해당하는 사유로 이직한 사실이 있는 경우에는 그 피보험 단위기간 중 90일 이상을 단기예술인으로 종사하였을 것
ㅁ. 근로 또는 노무제공의 의사와 능력이 있음에도 불구하고 취업(영리를 목적으로 사업을 영위하는 경우를 포함한다)하지 못한 상태에 있을 것

① ㄱ, ㄹ
② ㄱ, ㄴ, ㅁ
③ ㄴ, ㄹ, ㅁ
④ ㄴ, ㄷ, ㄹ, ㅁ
⑤ ㄱ, ㄴ, ㄷ, ㄹ, ㅁ

17 고용보험법령상 연장급여의 상호 조정 등에 관한 설명으로 옳지 않은 것은? 기출 24

① 훈련연장급여의 지급 기간은 1년을 한도로 한다.
② 훈련연장급여를 지급받고 있는 수급자격자에게는 그 훈련연장급여의 지급이 끝난 후가 아니면 특별연장급여를 지급하지 아니한다.
③ 개별연장급여를 지급받고 있는 수급자격자가 훈련연장급여를 지급받게 되면 개별연장급여를 지급하지 아니한다.
④ 특별연장급여를 지급받고 있는 수급자격자에게는 특별연장급여의 지급이 끝난 후가 아니면 개별연장급여를 지급하지 아니한다.
⑤ 특별연장급여는 그 수급자격자가 지급받을 수 있는 구직급여의 지급이 끝난 후에 지급한다.

> **해설 및 정답**

15 ① (○) 고보법 제37조의2 제2항
② (○) 고보법 시행령 제58조의2 제3항
③ (○) 고보법 제38조 제2항, 동법 시행령 제58조의3
④ (×) 실업급여로서 지급된 금품에 대하여는 국가나 지방자치단체의 공과금(「국세기본법」 제2조 제8호 또는 「지방세기본법」 제2조 제1항 제26호에 따른 공과금을 말한다)을 부과하지 아니한다(고보법 제38조의2).
⑤ (○) 고보법 제37조의2 제1항 단서, 동법 시행령 제58조의2 제2항

정답 ④

16 고용보험법상 최종 이직 당시 단기예술인인 피보험자에게만 적용되는 구직급여 지급요건에 해당하는 것은 ㄱ과 ㄹ이다.
ㄱ. (○) 수급자격의 인정신청일 이전 1개월 동안의 노무제공일수가 10일 미만이거나 수급자격 인정신청일 이전 14일간 연속하여 노무제공내역이 없을 것(고보법 제77조의3 제1항 제6호 가목)
ㄴ. (×) 이직일 이전 24개월 동안의 피보험 단위기간이 통산하여 9개월 이상일 것(고보법 제77조의3 제1항 제1호)은 예술인의 구직급여 지급요건에 해당한다. 설문이 "최종 이직 당시 단기예술인인 피보험자에게만 적용되는 구직급여 지급요건"을 고르는 것이므로 틀린 지문이 된다.
ㄷ. (×) 이직일 이전 24개월 중 3개월 이상을 예술인 피보험자로 피보험자격을 유지하였을 것(고보법 제77조의3 제1항 제4호)은 예술인의 구직급여 지급요건에 해당한다. 설문이 "최종 이직 당시 단기예술인인 피보험자에게만 적용되는 구직급여 지급요건"을 고르는 것이므로 틀린 지문이 된다.
ㄹ. (○) 최종 이직일 이전 24개월 동안의 피보험 단위기간 중 다른 사업에서 제77조의5 제2항에서 준용하는 제58조에 따른 수급자격의 제한 사유에 해당하는 사유로 이직한 사실이 있는 경우에는 그 피보험 단위기간 중 90일 이상을 단기예술인으로 종사하였을 것(고보법 제77조의3 제1항 제6호 나목)
ㅁ. (×) 근로 또는 노무제공의 의사와 능력이 있음에도 불구하고 취업(영리를 목적으로 사업을 영위하는 경우를 포함한다)하지 못한 상태에 있을 것(고보법 제77조의3 제1항 제2호)은 예술인의 구직급여 지급요건에 해당한다. 설문이 "최종 이직 당시 단기예술인인 피보험자에게만 적용되는 구직급여 지급요건"을 고르는 것이므로 틀린 지문이 된다.

정답 ①

17 ① (×) 훈련연장급여의 지급 기간은 2년을 한도로 한다(고보법 제51조 제2항, 동법 시행령 제72조).
② (○) 훈련연장급여를 지급받고 있는 수급자격자에게는 그 훈련연장급여의 지급이 끝난 후가 아니면 개별연장급여 및 특별연장급여를 지급하지 아니한다(고보법 제55조 제2항).
③ (○) 개별연장급여 또는 특별연장급여를 지급받고 있는 수급자격자가 훈련연장급여를 지급받게 되면 개별연장급여나 특별연장급여를 지급하지 아니한다(고보법 제55조 제3항).
④ (○) 특별연장급여를 지급받고 있는 수급자격자에게는 특별연장급여의 지급이 끝난 후가 아니면 개별연장급여를 지급하지 아니하고, 개별연장급여를 지급받고 있는 수급자격자에게는 개별연장급여의 지급이 끝난 후가 아니면 특별연장급여를 지급하지 아니한다(고보법 제55조 제4항).
⑤ (○) 고보법 제55조 제1항

정답 ①

18 고용보험법상 훈련연장급여에 관한 내용이다. ( )에 들어갈 숫자를 순서대로 옳게 나열한 것은? 기출 24

> 제54조(연장급여의 수급기간 및 구직급여일액)
> ① 〈중략〉
> ② 제51조에 따라 훈련연장급여를 지급하는 경우에 그 일액은 해당 수급자격자의 구직급여일액의 100분의 (   )으로 하고, 제52조 또는 제53조에 따라 개별연장급여 또는 특별연장급여를 지급하는 경우에 그 일액은 해당 수급자격자의 구직급여일액의 100분의 (   )을 곱한 금액으로 한다.

① 60, 60
② 70, 60
③ 80, 60
④ 90, 70
⑤ 100, 70

19 고용보험법령상 고용보험위원회(이하 '위원회'라 한다)에 관한 설명으로 옳지 않은 것은? 기출 24

① 위원회의 위원장은 고용노동부차관이 되며, 그 위원장은 위원을 임명하거나 위촉한다.
② 위원회에는 고용보험운영전문위원회와 고용보험평가전문위원회를 둔다.
③ 위원회의 위원 중 정부를 대표하는 사람은 임명의 대상이 된다.
④ 위원회의 간사는 1명을 두되, 간사는 고용노동부 소속 공무원 중에서 위원장이 임명한다.
⑤ 「고용보험 및 산업재해보상보험의 보험료징수 등에 관한 법률」에 따른 보험료율의 결정에 관한 사항은 위원회의 심의사항이다.

20 고용보험법령상 고용유지지원금에 관한 설명이다. ( )에 들어갈 내용으로 옳은 것은?(다만, 2020년 보험연도의 경우는 제외한다) 기출 24

> 고용유지지원금은 그 조치를 실시한 일수(둘 이상의 고용유지조치를 동시에 실시한 날은 (ㄱ)로 본다)의 합계가 그 보험연도의 기간 중에 (ㄴ)에 이를 때까지만 각각의 고용유지조치에 대하여 고용유지지원금을 지급한다.

① ㄱ : 1일, ㄴ : 60일
② ㄱ : 1일, ㄴ : 90일
③ ㄱ : 1일, ㄴ : 180일
④ ㄱ : 2일, ㄴ : 90일
⑤ ㄱ : 2일, ㄴ : 180일

• 해설 및 정답 •

18 ( )에 들어갈 숫자는 순서대로 100, 70이다.

> **연장급여의 수급기간 및 구직급여일액(고보법 제54조)**
> ① 제51조부터 제53조까지의 규정에 따른 연장급여를 지급하는 경우에 그 수급자격자의 수급기간은 제48조에 따른 그 수급자격자의 수급기간에 연장되는 구직급여일수를 더하여 산정한 기간으로 한다.
> ② 제51조에 따라 훈련연장급여를 지급하는 경우에 그 일액은 해당 수급자격자의 구직급여일액의 <u>100분의 100</u>으로 하고, 제52조 또는 제53조에 따라 개별연장급여 또는 특별연장급여를 지급하는 경우에 그 일액은 해당 수급자격자의 구직급여일액의 <u>100분의 70</u>을 곱한 금액으로 한다.
> ③ 제2항에 따라 산정된 구직급여일액이 제46조 제2항에 따른 최저구직급여일액보다 낮은 경우에는 최저구직급여일액을 그 수급자격자의 구직급여일액으로 한다.

정답 ⑤

19 ① (×) 위원회의 위원장은 고용노동부차관이 되고, 위원은 근로자를 대표하는 사람, 사용자를 대표하는 사람, 공익을 대표하는 사람, 정부를 대표하는 사람 중에서 각각 같은 수(數)로 <u>고용노동부장관이 임명하거나 위촉하는 사람이 된다</u>(고보법 제7조 제4항).
② (○) 고보법 제7조 제5항, 동법 시행령 제1조의7 제1항
③ (○) 위원회의 위원 중 정부를 대표하는 사람은 고용보험 관련 중앙행정기관의 고위공무원단에 속하는 공무원 중에서 <u>고용노동부장관이 임명한다</u>(고보법 제7조 제4항 제4호, 동법 시행령 제1조의3 제3항).
④ (○) 고보법 시행령 제1조의10
⑤ (○) 고보법 제7조 제2항 제2호

정답 ①

20 ( )의 ㄱ과 ㄴ에 들어갈 내용은 1일, 180일이다.

> **고용유지지원금의 금액 등(고보법 시행령 제21조)**
> ① 고용유지지원금은 다음 각 호에 해당하는 금액으로 한다. 다만, 고용노동부장관이 실업의 급증 등 고용사정이 악화되어 고용안정을 위하여 필요하다고 인정할 때에는 1년의 범위에서 고용노동부장관이 정하여 고시하는 기간에 사업주가 피보험자의 임금을 보전하기 위하여 지급한 금품의 4분의 3 이상 10분의 9 이하로서 고용노동부장관이 정하여 고시하는 비율[우선지원대상기업에 해당하지 않는 기업(이하 "대규모기업")의 경우에는 3분의 2]에 해당하는 금액으로 한다.
> 1. <u>근로시간 조정, 교대제 개편, 휴업 또는 휴직 등으로 단축된 근로시간이 역에 따른 1개월의 기간 동안 100분의 50 미만인 경우</u> : 단축된 근로시간 또는 휴직기간에 대하여 사업주가 피보험자의 임금을 보전하기 위하여 지급한 금품의 3분의 2(대규모기업의 경우에는 2분의 1)에 해당하는 금액
> 2. <u>근로시간 조정, 교대제 개편, 휴업 또는 휴직 등으로 단축된 근로시간이 역에 따른 1개월의 기간 동안 100분의 50 이상인 경우</u> : 단축된 근로시간 또는 휴직기간에 대하여 사업주가 피보험자의 임금을 보전하기 위하여 지급한 금품의 3분의 2에 해당하는 금액
> ② 제1항에 따른 고용유지지원금은 그 조치를 실시한 일수(둘 이상의 고용유지조치를 동시에 실시한 날은 <u>1일</u>로 본다)의 합계가 그 보험연도의 기간 중에 <u>180일</u>에 이를 때까지만 각각의 고용유지조치에 대하여 고용유지지원금을 지급한다.

정답 ③

CHAPTER 03 산업재해보상보험법

출제포인트
- 산업재해보상보험법 용어의 정리
- 산업재해보상보험 및 예방심의위원회
- 업무상 재해의 인정기준
- 요양급여 및 재요양
- 업무상질병판정위원회
- 장례비
- 심사청구 및 재심사청구
- 특수형태근로종사자

제1절 서설

I 의의

1. 목적(법 제1조)

산업재해보상보험 사업을 시행하여 근로자의 업무상의 재해를 신속하고 공정하게 보상하며, 재해근로자의 재활 및 사회 복귀를 촉진하기 위하여 이에 필요한 보험시설을 설치·운영하고, 재해 예방과 그 밖에 근로자의 복지 증진을 위한 사업을 시행하여 근로자 보호에 이바지하는 것을 목적으로 한다.

2. 보험의 관장과 보험연도(법 제2조)

이 법에 따른 산업재해보상보험 사업(보험사업)은 고용노동부장관이 관장하고, 이 법에 따른 보험사업의 보험연도는 정부의 회계연도에 따른다.

3. 국가의 부담 및 지원(법 제3조)

국가는 회계연도마다 예산의 범위에서 보험사업의 사무 집행에 드는 비용을 일반회계에서 부담하여야 하고, 국가는 회계연도마다 예산의 범위에서 보험사업에 드는 비용의 일부를 지원할 수 있다. 기출 14·15·25

4. **용어의 정의**(법 제5조) 기출 12·13·17
   ① **업무상의 재해** : 업무상의 사유에 따른 근로자의 부상·질병·장해 또는 사망
   ② **근로자·임금·평균임금·통상임금** : 각각 근로기준법에 따른 근로자·임금·평균임금·통상임금 다만, 근로기준법에 따라 임금 또는 평균임금을 결정하기 어렵다고 인정되면 고용노동부장관이 정하여 고시하는 금액
   ③ **유족** : 사망한 사람의 배우자(사실상 혼인 관계에 있는 사람을 포함)·자녀·부모·손자녀·조부모 또는 형제자매 기출 24·25
   ④ **치유** : 부상 또는 질병이 완치되거나 치료의 효과를 더 이상 기대할 수 없고 그 증상이 고정된 상태에 이르게 된 것
   ⑤ **장해** : 부상 또는 질병이 치유되었으나 정신적 또는 육체적 훼손으로 인하여 노동능력이 상실되거나 감소된 상태 기출 24
   ⑥ **중증요양상태** : 업무상의 부상 또는 질병에 따른 정신적 또는 육체적 훼손으로 노동능력이 상실되거나 감소된 상태로서 그 부상 또는 질병이 치유되지 아니한 상태 기출 24·25
   ⑦ **진폐** : 분진을 흡입하여 폐에 생기는 섬유증식성 변화를 주된 증상으로 하는 질병 기출 24
   ⑧ **출퇴근** : 취업과 관련하여 주거와 취업장소 사이의 이동 또는 한 취업장소에서 다른 취업장소로의 이동 기출 24

Ⅱ 적용범위

1. **원칙**(법 제6조)
   근로자를 사용하는 모든 사업 또는 사업장(이하 "사업")에 적용한다. 다만, 위험률·규모 및 장소 등을 고려하여 대통령령으로 정하는 사업에 대하여는 이 법을 적용하지 아니한다.

2. **대통령령으로 정하는 적용제외사업**(영 제2조)
   ① 공무원 재해보상법 또는 군인 재해보상법에 따라 재해보상이 되는 사업. 다만, 공무원 재해보상법에 따라 순직유족급여 또는 위험직무순직유족급여에 관한 규정을 적용받는 경우는 제외한다. 기출 22
   ② 선원법·어선원 및 어선 재해보상보험법 또는 사립학교교직원 연금법에 따라 재해보상이 되는 사업 기출 22
   ③ 가구 내 고용활동 기출 22
   ④ 농업, 임업(벌목업은 제외), 어업 및 수렵업 중 법인이 아닌 자의 사업으로서 상시근로자 수가 5명 미만인 사업 기출 22·25

Ⅲ 산업재해보상보험 및 예방심의위원회

1. 구성(법 제8조)

① 산업재해보상보험 및 예방에 관한 중요 사항을 심의하게 하기 위하여 고용노동부에 산업재해보상보험 및 예방심의위원회(위원회)를 둔다. `기출` 14 위원회는 근로자를 대표하는 사람, 사용자를 대표하는 사람 및 공익을 대표하는 사람으로 구성하되, 그 수는 각각 같은 수로 한다. `기출` 14·24

② 위원회는 그 심의 사항을 검토하고, 위원회의 심의를 보조하게 하기 위하여 위원회에 전문위원회를 둘 수 있다.

위원회의 구성(영 제4조)
위원회의 위원은 다음 각 호의 구분에 따라 각각 고용노동부장관이 임명하거나 위촉한다.
1. 근로자를 대표하는 위원은 총연합단체인 노동조합이 추천하는 사람 5명
2. 사용자를 대표하는 위원은 전국을 대표하는 사용자 단체가 추천하는 사람 5명 `기출` 24
3. 공익을 대표하는 위원은 다음 각 목의 사람 5명
   가. 고용노동부 산업안전보건본부장
   나. 고용노동부에서 산업재해보상보험 업무를 담당하는 고위공무원 또는 산업재해 예방 업무를 담당하는 고위공무원 중 1명
   다. 시민단체(「비영리민간단체 지원법」 제2조에 따른 비영리민간단체를 말한다)에서 추천한 사람과 사회보험 또는 산업재해 예방에 관한 학식과 경험이 풍부한 사람 중 3명

위원의 임기 등(영 제5조)
① 위원의 임기는 3년으로 하되, 연임할 수 있다. 다만, 제4조 제3호 가목 또는 나목에 해당하는 위원의 임기는 그 재직기간으로 한다. `기출` 17·24
② 보궐위원의 임기는 전임자의 남은 임기로 한다. `기출` 17·24
③ 고용노동부장관은 제4조에 따른 위원회의 위촉위원이 다음 각 호의 어느 하나에 해당하는 경우에는 해당 위원을 해촉(解囑)할 수 있다. `기출` 17
   1. 심신장애로 인하여 직무를 수행할 수 없게 된 경우
   2. 직무와 관련된 비위사실이 있는 경우
   3. 직무태만, 품위손상이나 그 밖의 사유로 인하여 위원으로 적합하지 아니하다고 인정되는 경우
   4. 위원 스스로 직무를 수행하는 것이 곤란하다고 의사를 밝히는 경우

위원장과 부위원장(영 제6조)
① 위원회에 위원장과 부위원장을 각 1명씩 둔다.
② 위원장은 고용노동부 산업안전보건본부장이 되고, 부위원장은 공익을 대표하는 위원 중에서 위원회가 선임한다.
③ 위원장은 위원회를 대표하며, 위원회의 사무를 총괄한다.
④ 부위원장은 위원장을 보좌하며 위원장이 부득이한 사유로 직무를 수행할 수 없을 때에는 그 직무를 대행한다.

위원회의 회의(영 제7조)
① 위원장은 위원회의 회의를 소집하고 그 의장이 된다.
② 위원회의 회의는 고용노동부장관의 요구가 있거나 재적위원 과반수의 요구가 있을 때 소집한다.
③ 위원회의 회의는 재적위원 과반수의 출석으로 개의하고, 출석위원 과반수의 찬성으로 의결한다. `기출` 24

> **전문위원회(영 제8조)**
> ① 법 제8조 제3항에 따라 위원회에 산업재해보상보험정책전문위원회, 산업재해보상보험요양전문위원회 및 산업안전보건전문위원회를 둔다.
> ② 제1항에 따른 전문위원회는 위원회 위원장의 명을 받아 다음 각 호의 구분에 따른 사항을 검토하여 위원회에 보고한다.
>   1. 산업재해보상보험정책전문위원회 : 산업재해보상보험의 재정·적용·징수·급여·재활 및 복지에 관한 사항
>   2. 산업재해보상보험요양전문위원회 : 요양급여의 범위나 비용 등 요양급여의 기준 및 요양관리에 관한 사항
>   3. 산업안전보건전문위원회 : 산업안전보건에 관한 중요정책 및 제도개선에 관한 사항
> ③ 각 전문위원회는 25명 이내의 위원으로 구성하되, 비상임으로 한다.
>
> **조사·연구위원(영 제8조의2)**
> ① 산업재해보상보험과 산업재해 예방에 관한 사항을 조사·연구하게 하기 위하여 위원회에 산업재해보상보험·산업안전공학·기계안전·전기안전·화공안전·건축안전·토목안전·산업의학·산업간호·산업위생·인간공학·유해물질관리·안전보건 관련 법령 및 산업재해통계, 그 밖에 필요한 각 분야별로 2명 이내의 조사·연구위원을 둘 수 있다.
> ② 조사·연구위원은 해당 분야에 관한 학식과 경험이 풍부한 사람 중에서 고용노동부장관이 임명한다.

2. 심 의

(1) 심의사항(영 제3조)

① 요양급여의 범위나 비용 등 요양급여의 산정 기준에 관한 사항 기출 22
② 보험료징수법에 따른 산재보험료율의 결정에 관한 사항 기출 22
③ 산업재해보상보험 및 예방기금의 운용계획 수립에 관한 사항 기출 22
④ 산업안전보건법에 따른 산업안전·보건 업무와 관련되는 주요 정책 및 산업재해 예방에 관한 기본계획
⑤ 그 밖에 고용노동부장관이 산업재해보상보험 사업 및 산업안전·보건 업무에 관하여 심의에 부치는 사항
기출 22

(2) 의결(영 제7조)

재적위원 과반수 출석으로 개의하고, 출석위원 과반수의 찬성으로 의결한다.

Ⅳ 보험사업 관련 조사·연구

고용노동부장관은 보험사업을 효율적으로 관리·운영하기 위하여 조사·연구 사업 등을 할 수 있다. 고용노동부장관은 필요하다고 인정하면 보험사업에 관한 조사·연구 사업의 일부를 정부출연연구기관 등의 설립·운영 및 육성에 관한 법률에 따라 설립된 연구기관에 대행하게 할 수 있다. 이 경우 연구기관을 선정할 때에는 보험사업과 관련된 연구 인력 및 실적 등을 고려하여야 한다(산재법 제9조, 동법 시행령 제12조).

Ⅴ 산업재해근로자의 날

산업재해에 대한 국민의 이해를 증진시키고 산업재해근로자의 권익 향상을 도모하기 위하여 매년 4월 28일을 산업재해근로자의 날로 하며, 산업재해근로자의 날부터 1주간을 산업재해근로자 추모 주간으로 한다. 기출 25
고용노동부장관은 산업재해근로자의 날의 취지에 적합한 행사, 산업재해예방교육, 산업재해근로자 지원 등의 사업을 실시하도록 노력하여야 한다(산재법 제9조의2).

제2절 근로복지공단

I 근로복지공단의 설립(법 제10조)

고용노동부장관의 위탁을 받아 목적을 달성하기 위한 사업을 효율적으로 수행하기 위하여 근로복지공단(이하 "공단")을 설립한다.

II 공단의 법인격 및 사업

1. **법인격**(법 제12조, 제15조)

    공단은 법인으로 하고, 그 주된 사무소의 소재지에서 설립등기를 함으로써 성립한다.

2. **공단의 사업**(법 제11조)
    ① 공단은 다음의 사업을 수행한다.
    ㉠ 보험가입자와 수급권자에 관한 기록의 관리·유지
    ㉡ 보험료징수법에 따른 보험료와 그 밖의 징수금의 징수
    ㉢ 보험급여의 결정과 지급 기출 19
    ㉣ 보험급여 결정 등에 관한 심사 청구의 심리·결정
    ㉤ 산업재해보상보험 시설의 설치·운영
    ㉥ 업무상 재해를 입은 근로자 등의 진료·요양 및 재활
    ㉦ 재활보조기구의 연구개발·검정 및 보급
    ㉧ 보험급여 결정 및 지급을 위한 업무상 질병 관련 연구
    ㉨ 근로자 등의 건강을 유지·증진하기 위하여 필요한 건강진단 등 예방 사업
    ㉩ 근로자의 복지 증진을 위한 사업
    ㉪ 그 밖에 정부로부터 위탁받은 사업
    ㉫ 산업재해보상보험 시설의 설치·운영, 업무상 재해를 입은 근로자 등의 진료·요양 및 재활, 재활보조기구의 연구개발·검정 및 보급, 보험급여 결정 및 지급을 위한 업무상 질병 관련 연구, 근로자 등의 건강을 유지·증진하기 위하여 필요한 건강진단 등 예방 사업, 근로자의 복지 증진을 위한 사업과 그 밖에 정부로부터 위탁받은 사업 등에 딸린 사업
    ② 공단은 업무상 재해를 입은 근로자 등의 진료·요양 및 재활, 재활보조기구의 연구개발·검정 및 보급, 보험급여 결정 및 지급을 위한 업무상 질병 관련 연구, 근로자 등의 건강을 유지·증진하기 위하여 필요한 건강진단 등 예방 사업을 위하여 의료기관, 연구기관 등을 설치·운영할 수 있다.
    ③ 보험급여의 결정과 지급에 따른 사업의 수행에 필요한 자문을 하기 위하여 공단에 관계 전문가 등으로 구성되는 보험급여자문위원회를 둘 수 있다.

Ⅲ 공단의 임원등

1. 임원 및 이사회(법 제16조 내지 제18조, 제21조, 제22조)

(1) 임원의 구성(법 제16조)

① 공단의 임원은 이사장 1명과 상임이사 4명을 포함한 15명 이내의 이사와 감사 1명으로 한다. 기출 25 이사장·상임이사 및 감사의 임면(任免)에 관하여는 공공기관의 운영에 관한 법률에 따른다.

② 비상임이사(당연비상임이사로 선임되는 사람은 제외)는 총연합단체인 노동조합이 추천하는 사람, 전국을 대표하는 사용자단체가 추천하는 사람, 사회보험 또는 근로복지사업에 관한 학식과 경험이 풍부한 사람으로서 공공기관의 운영에 관한 법률에 따른 임원추천위원회가 추천하는 사람, 3년 이상 재직한 공단 소속 근로자 중에서 근로자대표(근로자의 과반수로 조직된 노동조합이 있는 경우 그 노동조합의 대표자를 말한다)의 추천이나 근로자 과반수의 동의를 받은 사람 중에서 고용노동부장관이 임명한다. 이 경우 3년 이상 재직한 공단 소속 근로자 중에서 근로자대표의 추천이나 근로자 과반수의 동의를 받은 사람 1명을 포함하여야 하며 총연합단체인 노동조합이 추천하는 사람, 전국을 대표하는 사용자단체가 추천하는 사람에 해당하는 비상임이사는 같은 수로 하되, 노사 어느 일방이 추천하지 아니하는 경우에는 그러하지 아니하다.

③ 당연히 비상임이사로 선임되는 사람은 다음과 같다.
   ㉠ 기획예산처에서 공단 예산 업무를 담당하는 3급 공무원 또는 고위공무원단에 속하는 일반직공무원 중에서 기획예산처장관이 지명하는 1명
   ㉡ 고용노동부에서 산업재해보상보험 업무를 담당하는 3급 공무원 또는 고위공무원단에 속하는 일반직공무원 중에서 고용노동부장관이 지명하는 1명

④ 비상임이사에게는 보수를 지급하지 아니한다. 다만, 직무 수행에 드는 실제 비용은 지급할 수 있다.

(2) 임원의 임기(법 제17조)

이사장의 임기는 3년으로 하고, 이사와 감사의 임기는 2년으로 하되, 각각 1년 단위로 연임할 수 있다.

(3) 임원의 직무(법 제18조)

① 이사장은 공단을 대표하고 공단의 업무를 총괄한다. 상임이사는 정관으로 정하는 바에 따라 공단의 업무를 분장하고, 이사장이 부득이한 사유로 직무를 수행할 수 없을 때에는 정관으로 정하는 순서에 따라 그 직무를 대행한다.

② 감사는 공단의 업무와 회계를 감사(監査)한다.

(4) 임직원의 겸직 제한(법 제21조)

① 공단의 상임임원과 직원은 그 직무 외에 영리를 목적으로 하는 업무에 종사하지 못한다. 기출 25

② 상임임원이 임명권자나 제청권자의 허가를 받은 경우와 직원이 이사장의 허가를 받은 경우에는 비영리 목적의 업무를 겸할 수 있다.

③ 공단의 임직원이나 그 직에 있었던 사람은 그 직무상 알게 된 비밀을 누설하여서는 아니된다.

(5) 이사회(법 제22조)

① 공단에 공공기관의 운영에 관한 법률에서 정한 사항을 심의·의결하기 위하여 이사회를 둔다.

② 이사회는 이사장을 포함한 이사로 구성한다. 이사장은 이사회의 의장이 된다.

③ 이사회의 회의는 이사회 의장이나 재적이사 3분의 1 이상의 요구로 소집하고, 재적이사 과반수의 찬성으로 의결한다.

④ 감사는 이사회에 출석하여 의견을 진술할 수 있다.

2. 업무의 지도 · 감독(법 제25조)

① 공단은 대통령령으로 정하는 바에 따라 회계연도마다 사업 운영계획과 예산에 관하여 고용노동부장관의 승인을 받아야 한다. 기출 15
② 공단은 회계연도마다 회계연도가 끝난 후 2개월 이내에 사업 실적과 결산을 고용노동부장관에게 보고하여야 한다. 기출 25
③ 고용노동부장관은 공단에 대하여 그 사업에 관한 보고를 명하거나 사업 또는 재산 상황을 검사할 수 있고, 필요하다고 인정하면 정관을 변경하도록 명하는 등 감독을 위하여 필요한 조치를 할 수 있다.

3. 공단의 회계(법 제26조)

① 공단의 회계연도는 정부의 회계연도에 따른다.
② 공단은 보험사업에 관한 회계를 공단의 다른 회계와 구분하여 회계처리하여야 한다.
③ 공단은 고용노동부장관의 승인을 받아 회계규정을 정하여야 한다.

4. 권한 또는 업무의 위임 · 위탁(법 제29조)

① 이 법에 따른 공단 이사장의 대표 권한 중 일부를 대통령령으로 정하는 바에 따라 공단의 분사무소(이하 "소속 기관")의 장에게 위임할 수 있다.
② 이 법에 따른 공단의 업무 중 일부를 대통령령으로 정하는 바에 따라 체신관서나 금융기관에 위탁할 수 있다. 기출 25

5. 자료 제공의 요청(법 제31조)

① 공단은 보험급여의 결정과 지급 등 보험사업을 효율적으로 수행하기 위하여 필요하면 질병관리청 · 국세청 · 경찰청 및 지방자치단체 등 관계 행정기관이나 그 밖에 대통령령으로 정하는 보험사업과 관련되는 기관 · 단체에 주민등록 · 외국인등록 등 대통령령으로 정하는 자료의 제공을 요청할 수 있다. 기출 25
② 자료의 제공을 요청받은 관계 행정기관이나 관련 기관 · 단체 등은 정당한 사유 없이 그 요청을 거부할 수 없다. 공단에 제공되는 자료에 대하여는 수수료나 사용료 등을 면제한다.

6. 유사명칭의 사용 금지(법 제34조)

공단이 아닌 자는 근로복지공단 또는 이와 비슷한 명칭을 사용하지 못한다.

7. 민법의 준용(법 제35조)

공단에 관하여는 이 법과 공공기관의 운영에 관한 법률에 규정된 것 외에는 민법 중 재단법인에 관한 규정을 준용한다.

제3절 업무상 재해

I 업무상 재해

1. 의 의

업무상의 재해란 업무상의 사유에 따른 근로자의 부상·질병·장해 또는 사망을 말한다.

2. 업무상의 재해의 인정기준(법 제37조)

(1) **업무상 사고나 질병 또는 출퇴근 재해로 인한 재해**

근로자가 다음의 어느 하나에 해당하는 사유로 부상·질병 또는 장해가 발생하거나 사망하면 업무상의 재해로 본다. 다만, 업무와 재해 사이에 상당인과관계가 없는 경우에는 그러하지 아니하다.

1) 업무상 사고 기출 14
① 근로자가 근로계약에 따른 업무나 그에 따르는 행위를 하던 중 발생한 사고 기출 16·22
② 사업주가 제공한 시설물 등을 이용하던 중 그 시설물 등의 결함이나 관리소홀로 발생한 사고 기출 22
③ 사업주가 주관하거나 사업주의 지시에 따라 참여한 행사나 행사준비 중에 발생한 사고 기출 18·22
④ 휴게시간 중 사업주의 지배관리 하에 있다고 볼 수 있는 행위로 발생한 사고 기출 18·22
⑤ 그 밖에 업무와 관련하여 발생한 사고

2) 업무상 질병
① 업무수행 과정에서 물리적 인자(因子), 화학물질, 분진, 병원체, 신체에 부담을 주는 업무 등 근로자의 건강에 장해를 일으킬 수 있는 요인을 취급하거나 그에 노출되어 발생한 질병
② 업무상 부상이 원인이 되어 발생한 질병
③ 근로기준법에 따른 직장 내 괴롭힘, 고객의 폭언 등으로 인한 업무상 정신적 스트레스가 원인이 되어 발생한 질병 기출 20
④ 그 밖에 업무와 관련하여 발생한 질병

3) 출퇴근 재해
① 사업주가 제공한 교통수단이나 그에 준하는 교통수단을 이용하는 등 사업주의 지배관리하에서 출퇴근하는 중 발생한 사고 기출 18
② 그 밖에 통상적인 경로와 방법으로 출퇴근하는 중 발생한 사고

(2) **고의·자해행위나 범죄행위로 인한 재해**

근로자의 고의·자해행위나 범죄행위 또는 그것이 원인이 되어 발생한 부상·질병·장해 또는 사망은 업무상의 재해로 보지 아니한다. 다만, 그 부상·질병·장해 또는 사망이 정상적인 인식능력 등이 뚜렷하게 낮아진 상태에서 한 행위로 발생한 경우로서 대통령령으로 정하는 사유가 있으면 업무상의 재해로 본다.

Ⅱ 업무상 사고

1. 업무수행 중의 사고(영 제27조)

(1) 근로계약에 따른 업무 중에 발생한 사고
① 근로계약에 따른 업무수행 행위 기출 23
② 업무수행 과정에서 하는 용변 등 생리적 필요 행위 기출 20
③ 업무를 준비하거나 마무리하는 행위, 그 밖에 업무에 따르는 필요적 부수행위 기출 23

(2) 긴급상황에서의 사고
천재지변・화재 등 사업장 내에 발생한 돌발적인 사고에 따른 긴급피난・구조행위 등 사회통념상 예견되는 행위 기출 23

(3) 출장업무 중의 사고
① 근로자가 사업주의 지시를 받아 사업장 밖에서 업무를 수행하던 중에 발생한 사고는 업무상 사고로 본다. 다만, 사업주의 구체적인 지시를 위반한 행위, 근로자의 사적(私的) 행위 또는 정상적인 출장 경로를 벗어났을 때 발생한 사고는 업무상 사고로 보지 않는다. 기출 23
② 출장중에 입은 재해이지만 업무와 관계없이 여자들을 태우고 놀러 다니기 위하여 승용차를 운전하다가 입은 것으로서 업무수행을 벗어난 사적인 행위라고 보아 업무상 재해에 해당하지 아니한다(대판 1992.11.24, 92누11046).

(4) 업무수행장소 비지정 근로자
업무의 성질상 업무수행 장소가 정해져 있지 않은 근로자가 최초로 업무수행 장소에 도착하여 업무를 시작한 때부터 최후로 업무를 완수한 후 퇴근하기 전까지 업무와 관련하여 발생한 사고는 업무상 사고로 본다.

2. 시설물 등의 결함 등에 따른 사고(영 제28조)
① 사업주가 제공한 시설물, 장비 또는 차량 등의 결함이나 사업주 관리 소홀로 발생한 사고는 업무상 사고로 본다.
② 사업주가 제공한 시설물등을 사업주의 구체적인 지시를 위반하여 이용한 행위로 발생한 사고와 그 시설물 등의 관리 또는 이용권이 근로자의 전속적 권한에 속하는 경우에 그 관리 또는 이용 중에 발생한 사고는 업무상 사고로 보지 않는다. 기출 20

3. 행사 중의 사고(영 제30조)
운동경기・야유회・등산대회 등 각종 행사에 근로자가 참가하는 것이 사회통념상 노무관리 또는 사업운영상 필요하다고 인정되는 경우로서 다음의 어느 하나에 해당하는 경우에 근로자가 그 행사에 참가(행사 참가를 위한 준비・연습을 포함)하여 발생한 사고는 업무상 사고로 본다.
① 사업주가 행사에 참가한 근로자에 대하여 행사에 참가한 시간을 근무한 시간으로 인정하는 경우
② 사업주가 그 근로자에게 행사에 참가하도록 지시한 경우
③ 사전에 사업주의 승인을 받아 행사에 참가한 경우
④ 그 밖에 위의 규정에 준하는 경우로서 사업주가 그 근로자의 행사 참가를 통상적・관례적으로 인정한 경우

4. 휴게시간 중의 사고(법 제37조 제1항 제1호 마목)

휴게시간 중 사업주의 지배·관리하에 있다고 볼 수 있는 행위로 발생한 사고는 업무상 사고로 본다.

기출 23

5. 출퇴근 재해(법 제37조 제1항 제3호, 영 제35조, 영 제35조의2)

(1) 사업주가 제공한 교통수단이나 그에 준하는 교통수단을 이용하는 등 사업주의 지배·관리하에서 출퇴근하는 중 발생한 사고

사업주가 출퇴근용으로 제공한 교통수단이나 사업주가 제공한 것으로 볼 수 있는 교통수단으로, 출퇴근용으로 이용한 교통수단의 관리 또는 이용권이 근로자 측의 전속적 권한에 속하지 아니한 교통수단을 이용하던 중에 사고가 발생한 경우 출퇴근 재해로 본다.

(2) 그 밖에 통상적인 경로와 방법으로 출퇴근하는 중 발생한 사고

출퇴근 사고 중에서 출퇴근 경로 일탈 또는 중단이 있는 경우에는 해당 일탈 또는 중단 중의 사고 및 그 후의 이동 중의 사고에 대하여는 출퇴근 재해로 보지 아니한다. 다만, 일탈 또는 중단이 일상생활에 필요한 행위로서 대통령령으로 정하는 사유가 있는 경우에는 출퇴근 재해로 본다(법 제37조 제3항).

1) 출퇴근 재해에 해당하는 경우 기출 19·20

출퇴근 경로의 일탈 또는 중단이 일상생활에 필요한 행위로서 다음의 사유가 있는 경우에는 출퇴근 재해로 본다.
① 일상생활에 필요한 용품을 구입하는 행위
② 고등교육법에 따른 학교 또는 직업교육훈련 촉진법에 따른 직업교육훈련기관에서 직업능력 개발향상에 기여할 수 있는 교육이나 훈련 등을 받는 행위
③ 선거권이나 국민투표권의 행사
④ 근로자가 사실상 보호하고 있는 아동 또는 장애인을 보육기관 또는 교육기관에 데려주거나 해당 기관으로부터 데려오는 행위
⑤ 의료기관 또는 보건소에서 질병의 치료나 예방을 목적으로 진료를 받는 행위
⑥ 근로자의 돌봄이 필요한 가족 중 의료기관 등에서 요양 중인 가족을 돌보는 행위
⑦ 기타 이에 준하는 행위로서 고용노동부장관이 일상생활에 필요한 행위라고 인정하는 행위

2) 출퇴근 재해가 아닌 경우

출퇴근 경로 일탈 또는 중단이 있는 경우에는 해당 일탈 또는 중단 중의 사고 및 그 후의 이동 중의 사고에 대하여는 출퇴근 재해로 보지 아니한다.

3) 출퇴근재해 적용제외 직종(법 제37조 제4항, 영 제35조의2)

출퇴근 경로와 방법이 일정하지 아니한 직종으로 대통령령으로 정하는 경우에는 출퇴근 재해를 적용하지 아니한다. 대통령령으로 정하는 경우란 다음의 어느 하나에 해당하는 직종에 종사하는 사람(중·소기업 사업주등에 대한 특례에 따라 자기 또는 유족을 보험급여를 받을 수 있는 자로 하여 보험에 가입한 사람으로서 근로자를 사용하지 않는 사람)이 본인의 주거지에 업무에 사용하는 자동차 등의 차고지를 보유하고 있는 경우를 말한다.
① 여객자동차 운수사업법에 따른 수요응답형 여객자동차운송사업
② 여객자동차 운수사업법 시행령에 따른 개인택시운송사업
③ 퀵서비스업[소화물의 집화(集貨)·수송 과정 없이 그 배송만을 업무로 하는 사업]

Ⅲ 업무상 질병

1. 의 의
근로자가 업무수행중에 그 업무에 기인하는 사유로 질병에 걸리는 경우를 의미한다. 공단은 근로자의 업무상 질병 또는 업무상 질병에 따른 사망의 인정 여부를 판정할 때에는 그 근로자의 성별, 연령, 건강 정도 및 체질 등을 고려하여야 한다.

2. 업무상 질병의 유형

(1) **직업성 질병**(법 제37조 제1항 제2호 가목)

   1) 의 의
   업무수행 과정에서 물리적 인자(因子), 화학물질, 분진, 병원체, 신체에 부담을 주는 업무 등 근로자의 건강에 장해를 일으킬 수 있는 요인을 취급하거나 그에 노출되어 발생한 질병을 말한다.

   2) 인정요건(전부 충족 필요)(영 제34조 제1항)
   ① 근로자가 업무수행 과정에서 유해·위험요인을 취급하거나 유해·위험요인에 노출된 경력이 있을 것
   ② 유해·위험요인을 취급하거나 유해·위험요인에 노출되는 업무시간, 그 업무에 종사한 기간 및 업무 환경 등에 비추어 볼 때 근로자의 질병을 유발할 수 있다고 인정될 것
   ③ 근로자가 유해·위험요인에 노출되거나 유해·위험요인을 취급한 것이 원인이 되어 그 질병이 발생하였다고 의학적으로 인정될 것

(2) **재해성 질병**(법 제37조 제1항 제2호 나목)

   1) 의 의
   업무상 부상이 원인이 되어 발생한 질병을 말한다.

   2) 인정요건(전부 충족 필요)(영 제34조 제2항)
   ① 업무상 부상과 질병 사이의 인과관계가 의학적으로 인정될 것
   ② 기초질환 또는 기존 질병이 자연발생적으로 나타난 증상이 아닐 것

(3) **스트레스로 인한 질병**(법 제37조 제1항 제2호 다목)
근로기준법에 따른 직장 내 괴롭힘, 고객의 폭언 등으로 인한 업무상 정신적 스트레스가 원인이 되어 발생한 질병을 말한다.

(4) **과로사**
과로로 인하여 신체기능이 저하되고 질병에 대한 저항능력이 떨어져 사망에 이르는 것을 말한다. 질병의 주된 발생원인이 업무와 직접적인 관계가 없더라도 업무상의 과로나 스트레스가 질병의 주된 발생원인에 겹쳐서 질병을 유발 또는 악화시킨 경우, 구 산업재해보상보험법의 '업무상 재해'에 해당한다(대판 2007.4.12. 2006두4912).

(5) **고의에 의한 사고**
   ① 근로자의 고의·자해행위·범죄행위 또는 그것이 원인이 되어 발생한 부상·질병·장해 또는 사망은 재해와 업무와 인과관계를 인정할 수 없으므로 업무상 재해라고 할 수 없다.
   ② 다만, 업무상 사유로 치료를 받았거나 요양중인 사람이 정신적 이상상태에서 자해행위를 한 경우에는 업무상 재해라고 해야 한다.

3. 업무상질병판정위원회(법 제38조, 규칙 제6조 내지 제9조)

(1) 구 성

업무상 질병의 인정 여부를 심의하기 위하여 공단 소속 기관에 업무상질병판정위원회(이하 "판정위원회")를 둔다. 기출 14

① 판정위원회의 심의에서 제외되는 질병과 판정위원회의 심의 절차는 고용노동부령으로 정한다. 기출 14
② 판정위원회의 구성과 운영에 필요한 사항은 고용노동부령으로 정한다.
③ 판정위원회는 위원장 1명을 포함하여 180명 이내의 위원으로 구성한다. 이 경우 판정위원회의 위원장은 상임으로 하고, 위원장을 제외한 위원은 비상임으로 한다. 기출 14
④ 판정위원회의 위원장 및 위원은 ㉠ 변호사 또는 공인노무사, ㉡ 고등교육법에 따른 학교에서 조교수 이상으로 재직하고 있거나 재직하였던 사람, ㉢ 의사, 치과의사 또는 한의사, ㉣ 산업재해보상보험 관련 업무에 5년 이상 종사한 사람, ㉤ 국가기술자격법에 따른 산업위생관리 또는 인간공학 분야 기사 이상의 자격을 취득하고 관련 업무에 5년 이상 종사한 사람 등의 어느 하나에 해당하는 사람 중에서 공단 이사장이 위촉하거나 임명한다. 기출 21·24
⑤ 판정위원회의 위원장과 위원의 임기는 2년으로 하되, 연임할 수 있다. 기출 21·24

(2) 심 의

① 공단의 분사무소(이하 "소속 기관")의 장은 판정위원회의 심의가 필요한 질병에 대하여 보험급여의 신청 또는 청구를 받으면 판정위원회에 업무상 질병으로 인정할지에 대한 심의를 의뢰하여야 한다.
② 판정위원회는 심의를 의뢰받은 날부터 20일 이내에 업무상 질병으로 인정되는지를 심의하여 그 결과를 심의를 의뢰한 소속 기관의 장에게 알려야 한다. 다만, 부득이한 사유로 그 기간 내에 심의를 마칠 수 없으면 10일을 넘지 않는 범위에서 한 차례만 그 기간을 연장할 수 있다. 기출 21

(3) 운 영

① 판정위원회의 위원장은 회의를 소집하고, 그 의장이 된다. 다만, 판정위원회의 원활한 운영을 위하여 필요하면 위원장이 지명하는 위원이 회의를 주재할 수 있다. 기출 21
② 판정위원회의 회의는 위원장(위원장이 지명하는 위원이 회의를 주재하는 경우에는 그 위원) 및 회의를 개최할 때마다 위원장이 지정하는 위원 6명으로 구성한다. 이 경우 위원장은 의사, 치과의사 또는 한의사에 해당하는 위원 2명 이상을 지정하여야 한다.
③ 판정위원회의 위원장이 회의를 소집하려면 회의 개최 5일 전까지 일시·장소 및 안건을 위원장이 지정하는 위원에게 서면으로 알려야 한다. 다만, 긴급한 경우에는 회의 개최 전날까지 구두(口頭), 전화, 그 밖의 방법으로 알릴 수 있다.
④ 판정위원회의 회의는 구성원 과반수의 출석과 출석위원 과반수의 찬성으로 의결한다.

(4) 심사제외 대상 질병 기출 21·23

① 진 폐
② 이황화탄소 중독증
③ 유해·위험요인에 일시적으로 다량 노출되어 나타나는 급성 중독 증상 또는 소견 등의 질병
④ 업무상의 재해인지 판단하기 위한 진찰을 한 결과 업무와의 관련성이 매우 높다는 소견이 있는 질병
⑤ 한국산업안전공단 등에 자문한 결과 업무와의 관련성이 높다고 인정된 질병
⑥ 그 밖에 업무와 그 질병 사이에 상당인과관계가 있는지를 명백히 알 수 있는 경우로서 공단이 정하는 질병

제4절 보험급여

I 보험급여의 종류와 산정기준

1. **보험급여의 종류**(법 제36조 제1항 본문)

    요양급여, 휴업급여, 장해급여, 간병급여, 유족급여, 상병보상연금, 장례비, 직업재활급여

2. **진폐에 따른 보험급여의 종류**(법 제36조 제1항 단서)

    요양급여, 간병급여, 장례비, 직업재활급여, 진폐보상연금, 진폐유족연금 기출 21·23·25

3. **건강손상자녀에 대한 보험급여의 종류**(법 제36조 제1항 단서)

    요양급여, 장해급여, 간병급여, 장례비, 직업재활급여 기출 25

4. **수급권자**

보험급여의 종류	수급권자
요양급여, 휴업급여, 장해급여, 간병급여, 상병보상연금, 진폐보상연금	근로자
유족급여, 진폐유족연금	근로자의 유족
장례비	장례주관자
직업훈련수당	근로자
직업훈련비용	직업업훈련기관
직장복귀지원금, 직장적응훈련비, 재활운동비	사업주

5. **보험급여의 산정기준**

(1) **평균임금의 산정**(법 제5조 제2호)

   원칙적으로 근로기준법에 의하여 평균임금을 산정한다. 그러나 근로기준법에 따라 평균임금을 결정하기 어렵다고 인정되면 고용노동부장관이 정하여 고시하는 금액을 평균임금으로 한다.

(2) **평균임금의 증감**(법 제36조 제3항, 제4항)

   보험급여를 산정하는 경우 해당 근로자의 평균임금을 산정하여야 할 사유가 발생한 날부터 1년이 지난 이후에는 매년 전체 근로자의 임금 평균액의 증감률에 따라 평균임금을 증감하되, 그 근로자의 연령이 60세에 도달한 이후에는 소비자물가변동률에 따라 평균임금을 증감한다. 다만, 해당 직업병이 확인된 날을 기준으로 전체 근로자의 임금 평균액을 고려하여 고용노동부장관이 매년 고시하는 금액을 그 근로자의 평균임금으로 보는 진폐에 걸린 근로자에 대한 보험급여는 제외한다.

산재법 시행령 [별표 2] 기출 14

전체 근로자의 임금 평균액의 증감률 및 소비자물가변동률의 산정 기준과 방법(영 제22조 제1항 관련)

1. 법 제36조 제3항에 따른 전체 근로자의 임금 평균액의 증감률은 사업체노동력조사의 내용 중 전체 근로자를 기준으로 다음 산식에 따라 산정한다.

   전체 근로자의 임금 평균액의 증감률

   $$= \frac{\text{평균임금 증감사유 발생일이 속하는 연도의 전전 보험연도의 7월부터 직전 보험연도의 6월까지의 근로자 1명당 월별 월평균 임금총액의 합계}}{\text{평균임금 증감사유 발생일이 속하는 연도의 3년 전 보험연도의 7월부터 전전 보험연도의 6월까지의 근로자 1명당 월별 월평균 임금총액의 합계}}$$

   비고 : "평균임금 증감사유 발생일"이란 법 제36조 제3항에 따라 평균임금을 증감할 사유가 발생한 날을 말한다.

2. 소비자물가변동률은 통계법에 따른 지정통계로서 국가데이터처장이 작성하는 소비자물가조사의 내용 중 전도시의 소비자물가지수를 기준으로 다음 계산식에 따라 산정한다.

   소비자물가변동률

   $$= \frac{\text{평균임금 증감사유 발생일이 속하는 연도의 전전 보험연도의 7월부터 직전 보험연도의 6월까지의 월별 소비자물가지수 변동률의 합계}}{12}$$

   비고 : "소비자물가지수 변동률"은 해당 월의 전도시 소비자물가지수를 전년도 전도시 소비자물가지수로 나눈 비율을 말한다.

(3) 일용근로자의 평균임금의 산정(법 제36조 제5항)

보험급여(진폐보상연금 및 진폐유족연금은 제외한다)를 산정할 때 해당 근로자의 근로 형태가 특이하여 평균임금을 적용하는 것이 적당하지 아니하다고 인정되는 경우로서 대통령령으로 정하는 경우에는 대통령령으로 정하는 산정 방법에 따라 산정한 금액을 평균임금으로 한다.

근로 형태가 특이한 근로자의 범위(영 제23조, 제24조)
- 적용대상
  - 1일 단위로 고용되거나, 근로일에 따라 일당 형식의 임금을 지급받는 근로자(일용근로자)
  - 둘 이상의 사업에서 근로하는 단시간 근로자
- 적용예외 : 근로관계가 3개월 이상 계속되거나, 근로형태가 상용근로자와 비슷하다고 인정되는 경우에는 일용근로자로 보지 않음
- 평균임금 산정방법
  - 일용근로자 : 일용근로자 평균임금 = 일당×통상근로계수(73/100)(평균임금 산정사유 발생당시 해당 사업에서 1개월 이상 근로한 일용근로자는 통상근로계수로 산정한 평균임금이 실제 임금 또는 근로일수에 비추어 적절하지 않은 경우에는, 실제 임금 또는 근로일수를 증명하는 서류를 첨부하여 공단에 적용제외를 신청할 수 있다).
  - 단시간근로자 : 단시간 근로자 평균임금 = 평균임금 산정기간 동안 해당 단시간근로자가 재해가 발생한 사업에서 지급받은 임금과 같은 기간 동안 해당 사업 외의 사업에서 지급받은 임금을 모두 합산한 금액을 해당 기간의 총일수로 나눈 금액

Ⅱ 사망의 추정(법 제39조)

사고가 발생한 선박 또는 항공기에 있던 근로자의 생사가 밝혀지지 아니하거나 항행 중인 선박 또는 항공기에 있던 근로자가 행방불명 또는 그 밖의 사유로 그 생사가 밝혀지지 아니하면 대통령령으로 정하는 바에 따라 사망한 것으로 추정하고, 유족급여와 장례비에 관한 규정을 적용한다.

1. **사망추정의 사유**(영 제37조 제1항)
   ① 선박이 침몰·전복·멸실 또는 행방불명되거나 항공기가 추락·멸실 또는 행방불명되는 사고가 발생한 경우에 그 선박 또는 항공기에 타고 있던 근로자의 생사가 그 사고 발생일부터 3개월간 밝혀지지 아니한 경우
   ② 항행 중인 선박 또는 항공기에 타고 있던 근로자가 행방불명되어 그 생사가 행방불명된 날부터 3개월간 밝혀지지 아니한 경우
   ③ 천재지변, 화재, 구조물 등의 붕괴, 그 밖의 각종 사고의 현장에 있던 근로자의 생사가 사고 발생일부터 3개월간 밝혀지지 아니한 경우

2. **사망의 추정**(영 제37조 제2항·제3항)
   ① 사망으로 추정되는 사람은 그 사고가 발생한 날 또는 행방불명된 날에 사망한 것으로 추정한다.
   ② 생사가 밝혀지지 아니하였던 사람이 사고가 발생한 날 또는 행방불명된 날부터 3개월 이내에 사망한 것이 확인되었으나, 그 사망 시기가 밝혀지지 아니한 경우에도 그 사고가 발생한 날 또는 행방불명된 날에 사망한 것으로 추정한다.
   ③ 따라서 사고가 발생한 날 또는 행방불명된 날에 사망한 것으로 추정하여 사망에 따른 보험급여(유족급여와 장례비)를 지급한다.

3. **실종 또는 사망확인의 신고**(영 제37조 제4항)
   보험가입자는 사망추정 사유가 발생한 때 또는 사망이 확인된 때에는 지체 없이 공단에 근로자 실종 또는 사망확인의 신고를 하여야 한다.

4. **생존확인의 신고 및 보험금의 징수**(법 제39조, 영 제37조 제5항)
   ① 보험급여를 지급한 후에 그 근로자의 생존이 확인되면 보험급여를 받은 사람과 보험가입자는 그 근로자의 생존이 확인된 날부터 15일 이내에 공단에 근로자 생존확인 신고를 하여야 한다.
   ② 공단은 사망의 추정으로 보험급여를 지급한 후에 그 근로자의 생존이 확인되면 그 급여를 받은 사람이 선의인 경우에는 받은 금액을, 악의인 경우에는 받은 금액의 2배에 해당하는 금액을 징수하여야 한다.

Ⅲ 요양급여 등

1. 요양급여(법 제40조, 규칙 제11조, 제12조, 제17조)

(1) 지급사유

① 요양급여는 근로자가 업무상의 사유로 부상을 당하거나 질병에 걸린 경우에 그 근로자에게 지급한다. 기출 15

② 부상 또는 질병이 3일 이내의 요양으로 치유될 수 있으면 요양급여를 지급하지 아니한다.

(2) 요양급여의 범위

1) 개 관 기출 24
① 진찰 및 검사
② 약제 또는 진료재료와 의지(義肢) 그 밖의 보조기의 지급
③ 처치, 수술, 그 밖의 치료
④ 재활치료
⑤ 입 원
⑥ 간호 및 간병
⑦ 이 송
⑧ 그 밖에 고용노동부령으로 정하는 사항

2) 간 병

① 간병의 범위
  ㉠ 간병은 요양 중인 근로자의 부상·질병 상태 및 간병이 필요한 정도에 따라 구분하여 제공한다. 다만, 요양 중인 근로자가 중환자실이나 회복실에서 요양 중인 경우 그 기간에는 별도의 간병을 제공하지 않는다. 기출 21
  ㉡ 간병은 요양 중인 근로자의 부상·질병 상태가 의학적으로 다른 사람의 간병이 필요하다고 인정되는 경우로서 다음의 어느 하나에 해당하는 사람에게 제공한다.
    ㉮ 두 손의 손가락을 모두 잃거나 사용하지 못하게 되어 혼자 힘으로 식사를 할 수 없는 사람
    ㉯ 두 눈의 실명 등으로 일상생활에 필요한 동작을 혼자 힘으로 할 수 없는 사람
    ㉰ 뇌의 손상으로 정신이 혼미하거나 착란을 일으켜 일상생활에 필요한 동작을 혼자 힘으로 할 수 없는 사람
    ㉱ 신경계통 또는 정신의 장해로 의사소통을 할 수 없는 등 치료에 뚜렷한 지장이 있는 사람
    ㉲ 신체 표면면적의 35퍼센트 이상에 걸친 화상을 입어 수시로 적절한 조치를 할 필요가 있는 사람
    기출 21

② 간병을 할 수 있는 사람의 범위
  ㉠ 간병을 할 수 있는 사람은 다음의 어느 하나에 해당하는 사람으로 한다.
    ㉮ 간호사 또는 간호조무사
    ㉯ 요양보호사 등 공단이 인정하는 간병 교육을 받은 사람
    ㉰ 해당 근로자의 배우자(사실상 혼인관계에 있는 사람을 포함), 부모, 13세 이상의 자녀 또는 형제자매 기출 21
    ㉱ 그 밖에 간병에 필요한 지식이나 자격을 갖춘 사람 중에서 간병을 받을 근로자가 지정하는 사람

ⓒ 간병의 대상이 되는 근로자의 부상·질병상태 등이 전문적인 간병을 필요로 하는 경우에는 간호사·간호조무사 또는 요양보호사 등 공단이 인정하는 간병교육을 받은 사람만 간병을 하도록 할 수 있다. 기출 21

③ 동행간호인 : 해당 근로자의 부상·질병 상태로 보아 이송 시 간호인의 동행이 필요하다고 인정되는 경우에는 간호인 1명이 동행할 수 있다. 다만, 의학적으로 특별히 필요하다고 인정되는 경우에는 2명까지 동행할 수 있다. 기출 21

(3) 의학적 소견의 요구

업무상의 재해를 입은 근로자가 요양할 산재보험의료기관이 상급종합병원인 경우에는 응급환자이거나 그 밖에 부득이한 사유가 있는 경우를 제외하고는 그 근로자가 상급종합병원에서 요양할 필요가 있다는 의학적 소견이 있어야 한다.

2. 요양급여의 신청(법 제41조)

① 요양급여(진폐에 따른 요양급여를 제외)는 받으려는 사람은 소속 사업장, 재해발생 경위, 그 재해에 대한 의학적 소견, 그 밖에 고용노동부령으로 정하는 사항을 적은 서류를 첨부하여 공단에 요양급여의 신청을 하여야 한다. 이 경우 요양급여 신청의 절차와 방법은 고용노동부령으로 정한다.

② 근로자를 진료한 산재보험 의료기관은 그 근로자의 재해가 업무상의 재해로 판단되면 그 근로자의 동의를 받아 요양급여의 신청을 대행할 수 있다. 기출 18

3. 지급방법(법 제40조 제2항, 영 제38조) 기출 18

(1) 원칙(현물급여)

요양급여는 산재보험 의료기관에서 요양을 하게 한다.

(2) 예외(현금급여)

부득이한 경우에는 요양을 갈음하여 산재보험 의료기관이 아닌 의료기관에서 응급진료 등 긴급하게 요양을 한 경우의 요양비, 의지(義肢)나 그 밖의 보조기의 지급, 간병, 이송에 드는 비용, 그 밖에 공단이 정당한 사유가 있다고 인정하는 요양비 등을 지급할 수 있다.

4. 건강보험의 우선 적용(법 제42조)

① 요양급여의 신청을 한 사람은 공단이 요양급여에 관한 결정을 하기 전에는 국민건강보험법에 따른 요양급여 또는 의료급여법에 따른 의료급여(건강보험요양급여 등)를 받을 수 있다.

② 건강보험요양급여 등을 받은 사람이 국민건강보험법 또는 의료급여법에 따른 본인 일부 부담금을 산재보험 의료기관에 납부한 후에 요양급여 수급권자로 결정된 경우에는 그 납부한 본인 일부 부담금 중 요양급여에 해당하는 금액을 공단에 청구할 수 있다.

5. 재요양(법 제51조, 영 제48조)

(1) 의 의

요양급여를 받은 사람이 치유 후 요양의 대상이 되었던 업무상의 부상 또는 질병이 재발하거나 치유 당시보다 상태가 악화되어 이를 치유하기 위한 적극적인 치료가 필요하다는 의학적 소견이 있으면 다시 요양급여(재요양)를 받을 수 있다. 기출 14

(2) 요 건 기출 15
① 치유된 업무상 부상 또는 질병과 재요양의 대상이 되는 부상 또는 질병 사이에 상당인과관계가 있을 것
② 재요양의 대상이 되는 부상 또는 질병의 상태가 치유 당시보다 악화된 경우로서 나이나 그 밖에 업무 외의 사유로 악화된 경우가 아닐 것
③ 재요양의 대상이 되는 부상 또는 질병의 상태가 재요양을 통해 호전되는 등 치료효과를 기대할 수 있을 것

(3) 신 청
재요양을 받으려는 사람은 고용노동부령으로 정하는 바에 따라 공단에 재요양을 신청하여야 한다.

Ⅳ 휴업급여 등

1. **휴업급여**(법 제52조)

(1) 원 칙
휴업급여는 업무상 사유로 부상을 당하거나 질병에 걸린 근로자에게 요양으로 취업하지 못한 기간에 대하여 지급하되, 1일당 지급액은 평균임금의 100분의 70에 상당하는 금액으로 한다. 다만, 취업하지 못한 기간이 3일 이내이면 지급하지 아니한다. 기출 15·20

(2) **저소득 근로자의 휴업급여**(법 제54조)
① 1일당 휴업급여 지급액이 최저 보상기준 금액의 100분의 80보다 적거나 같으면 그 근로자에 대하여는 평균임금의 100분의 90에 상당하는 금액을 1일당 휴업급여 지급액으로 한다. 다만, 그 근로자의 평균임금의 100분의 90에 상당하는 금액이 최저 보상기준 금액의 100분의 80보다 많은 경우에는 최저 보상기준 금액의 100분의 80에 상당하는 금액을 1일당 휴업급여 지급액으로 한다. 기출 17·22
② 산정한 휴업급여 지급액이 최저임금액보다 적으면 그 최저임금액을 그 근로자의 1일당 휴업급여 지급액으로 한다.

(3) **고령자의 휴업급여**(법 제55조) 기출 20
휴업급여를 받는 근로자가 61세가 되면 그 이후의 휴업급여는 연령에 따라 일정한 비율로 감액된 금액을 지급한다. 다만, 61세 이후에 취업 중인 사람이 업무상의 재해로 요양하거나 61세 전에 업무상 질병으로 장해급여를 받은 사람이 61세 이후에 그 업무상 질병으로 최초로 요양하는 경우에는 2년간 휴업급여를 감액하지 아니한다.

(4) **재요양 기간 중의 휴업급여**(법 제56조)
① 재요양을 받는 사람에 대하여는 재요양 당시의 임금을 기준으로 산정한 평균임금의 100분의 70에 상당하는 금액을 1일당 휴업급여 지급액으로 한다. 이 경우 평균임금 산정사유 발생일은 대통령령으로 정한다. 기출 20
② 1일당 휴업급여 지급액이 최저임금액보다 적거나 재요양 당시 평균임금산정의 대상이 되는 임금이 없으면 최저임금액을 1일당 휴업급여 지급액으로 한다. 기출 16·20
③ 장해보상연금을 지급받는 사람이 재요양하는 경우에는 1일당 장해보상연금액(장해보상연금액을 365로 나눈 금액)과 1일당 휴업급여 지급액을 합한 금액이 장해보상연금의 산정에 적용되는 평균임금의 100분의 70을 초과하면 그 초과하는 금액 중 휴업급여에 해당하는 금액은 지급하지 아니한다.
④ 재요양 기간 중의 휴업급여를 산정할 때에는 제54조(저소득 근로자의 휴업급여)를 적용하지 아니한다.

2. 부분휴업급여(법 제53조, 영 제49조, 제50조)

① 요양 또는 재요양을 받고 있는 근로자가 그 요양기간 중 일정기간 또는 단시간 취업을 하는 경우에는 그 취업한 날에 해당하는 그 근로자의 평균임금에서 그 취업한 날에 대한 임금을 뺀 금액의 100분의 80에 상당하는 금액을 지급할 수 있다. 다만, 최저임금액을 1일당 휴업급여 지급액으로 하는 경우에는 최저임금액([별표 1] 제2호에 따라 감액하는 경우에는 그 감액한 금액)에서 취업한 날에 대한 임금을 뺀 금액을 지급할 수 있다.

② 부분휴업급여를 받으려는 사람은 ㉠ 요양 중 취업 사업과 종사 업무가 정해져 있을 것, ㉡ 그 근로자의 부상·질병 상태가 취업을 하더라도 치유 시기가 지연되거나 악화되지 아니할 것이라는 의사의 소견이 있을 것 등의 요건을 모두 구비하여 고용노동부령으로 정하는 서류를 첨부하여 공단에 청구하여야 하며, 공단은 청구가 있으면 그 근로자의 부상·질병 상태 및 종사 업무 등을 고려하여 지급 여부를 결정하고 그 내용을 그 근로자에게 알려야 한다.

Ⅴ 장해급여 등

1. 지급요건(법 제57조)

① 장해급여는 근로자가 업무상의 사유로 부상을 당하거나 질병에 걸려 치유된 후 신체 등에 장해가 있는 경우에 그 근로자에게 지급한다.
② 남아 있는 장해가 신체장해등급 1급에서 14급에 해당해야 한다.

2. 장해등급의 기준(법 제57조 제2항, 영 제53조 제1항, 제3항)

(1) 신체장해등급표에 의한 인정

장해등급의 기준은 우선 신체장해등급표에 의한다.

(2) 미규정장해의 등급결정

신체장해등급표에 규정되지 아니한 장해가 있을 때에는 같은 표 중 그 장해와 비슷한 장해에 해당하는 장해등급으로 결정한다.

(3) 장해등급의 재판정(법 제59조)

① 공단은 장해보상연금 또는 진폐보상연금 수급권자 중 그 장해상태가 호전되거나 악화되어 치유 당시 결정된 장해등급 또는 진폐장해등급이 변경될 가능성이 있는 사람에 대하여는 그 수급권자의 신청 또는 직권으로 장해등급을 재판정할 수 있다.
② 장해등급 등의 재판정 결과 장해등급 등이 변경되면 그 변경된 장해등급 등에 따라 장해급여 또는 진폐보상연금을 지급한다.
③ 장해등급 등 재판정은 1회 실시하되, 장해보상연금 또는 진폐보상연금의 지급 결정을 한 날을 기준으로 2년이 지난 날부터 1년 이내에 하여야 한다. 기출 16

3. 장해급여의 지급

(1) 유형
장해급여는 장해등급에 따라 장해보상연금 또는 장해보상일시금으로 하되, 그 장해등급의 기준은 대통령령으로 정한다.

(2) 지급방법(법 제57조)
① 장해보상연금 또는 장해보상일시금은 수급권자의 선택에 따라 지급한다. 다만, 대통령령으로 정하는 노동력을 완전히 상실한 장해등급의 근로자에게는 장해보상연금을 지급하고, 장해급여 청구사유 발생 당시 대한민국 국민이 아닌 사람으로서 외국에서 거주하고 있는 근로자에게는 장해보상일시금을 지급한다.   기출 17·18

② 따라서 노동력을 완전히 상실한 장해등급에서는(제1급~제3급)은 장해보상연금을 지급하고, 제4급부터 제7급까지는 수급권자의 선택에 따라 연금 또는 일시금을 지급하며, 제8급 이하에서는 일시금을 지급한다.

(3) 지급액(법 제57조, 제70조)

1) 장해보상일시금
장해등급에 따라 장해급여표에 정해진 일수에 따라 평균임금을 곱한 금액을 전부 지급한다.

2) 장해보상연금
① 장해보상연금은 매년 이를 12등분하여 매달 25일에 그 달 치의 금액을 지급하되, 지급일이 토요일이거나 공휴일이면 그 전날에 지급한다.
② 장해보상연금은 수급권자가 신청하면 그 연금의 최초 1년분 또는 2년분의 2분의 1에 상당하는 금액을 미리 지급할 수 있다. 이 경우 미리 지급하는 금액에 대하여는 100분의 5의 비율 범위에서 대통령령으로 정하는 바에 따라 이자를 공제할 수 있다.   기출 24
③ 장해보상연금 수급권자의 수급권이 소멸한 경우에 이미 지급한 연금액을 지급 당시의 각각의 평균임금으로 나눈 일수(日數)의 합계가 장해보상일시금의 일수에 못 미치면 그 못 미치는 일수에 수급권 소멸 당시의 평균임금을 곱하여 산정한 금액을 유족 또는 그 근로자에게 일시금으로 지급한다.

(4) 장해보상연금 등의 수급권의 소멸(법 제58조)   기출 15·19
장해보상연금 또는 진폐보상연금의 수급권자가 다음의 어느 하나에 해당하면 그 수급권이 소멸한다.
① 사망한 경우
② 대한민국 국민이었던 수급권자가 국적을 상실하고 외국에서 거주하고 있거나 외국에서 거주하기 위하여 출국하는 경우
③ 대한민국 국민이 아닌 수급권자가 외국에서 거주하기 위하여 출국하는 경우
④ 장해등급 또는 진폐장해등급이 변경되어 장해보상연금 또는 진폐보상연금의 지급 대상에서 제외되는 경우

4. 재요양에 따른 장해급여(법 제60조)
① 장해보상연금의 수급권자가 재요양을 받는 경우에도 그 연금의 지급을 정지하지 아니한다.   기출 21

② 재요양을 받고 치유된 후 장해상태가 종전에 비하여 호전되거나 악화된 경우에는 그 호전 또는 악화된 장해상태에 해당하는 장해등급에 따라 장해급여를 지급한다. 이 경우 재요양 후의 장해급여의 산정 및 지급 방법은 대통령령으로 정한다.

Ⅵ 유족급여 등

1. 유족급여(법 제62조)

(1) 지급사유

유족급여는 근로자가 업무상의 사유로 사망한 경우에 유족에게 지급한다. 기출 17

(2) 급여의 종류

유족급여는 유족보상연금이나 유족보상일시금으로 한다.

2. 유족보상연금

(1) 수급자격자의 범위(법 제63조)

① 유족보상연금을 받을 수 있는 자격이 있는 사람(유족보상연금 수급자격자)은 근로자가 사망할 당시 그 근로자와 생계를 같이 하고 있던 유족(그 근로자가 사망할 당시 대한민국 국민이 아닌 사람으로서 외국에서 거주하고 있던 유족은 제외) 중 배우자와 다음의 어느 하나에 해당하는 사람으로 한다. 이 경우 근로자와 생계를 같이 하고 있던 유족의 판단 기준은 대통령령으로 정한다(제1항).
  ㉠ 부모 또는 조부모로서 각각 60세 이상인 사람
  ㉡ 자녀로서 25세 미만인 사람, 손자녀로서 25세 미만인 사람
  ㉢ 형제자매로서 19세 미만이거나 60세 이상인 사람
  ㉣ 위의 규정 중 어느 하나에 해당하지 아니하는 자녀·부모·손자녀·조부모 또는 형제자매로서 장애인 중 고용노동부령으로 정한 장애 정도에 해당하는 사람
② 근로자가 사망할 당시 태아였던 자녀가 출생한 경우에는 출생한 때부터 장래에 향하여 근로자가 사망할 당시 그 근로자와 생계를 같이 하고 있던 유족으로 본다(제2항).
③ 유족보상연금 수급자격자 중 유족보상연금을 받을 권리의 순위는 배우자·자녀·부모·손자녀·조부모 및 형제자매의 순서로 한다(제3항).

(2) 생계를 같이하는 유족의 범위(영 제61조)

근로자와 생계를 같이 하고 있던 유족이란 ① 근로자와 주민등록법에 따른 주민등록표상의 세대를 같이 하고 동거하던 유족으로서 근로자의 소득으로 생계의 전부 또는 상당 부분을 유지하고 있던 사람, ② 근로자의 소득으로 생계의 전부 또는 상당 부분을 유지하고 있던 유족으로서 학업·취업·요양, 그 밖에 주거상의 형편 등으로 주민등록을 달리하였거나 동거하지 않았던 사람, ③ ①, ②의 유족 외의 유족으로서 근로자가 정기적으로 지급하는 금품이나 경제적 지원으로 생계의 전부 또는 대부분을 유지하고 있던 사람을 말한다.

(3) 수급자격자의 자격상실과 순위이전 등(법 제64조)

① 유족보상연금 수급자격자인 유족이 다음의 어느 하나에 해당하면 그 자격을 잃는다.
  ㉠ 사망한 경우
  ㉡ 재혼한 때(사망한 근로자의 배우자만 해당하며, 재혼에는 사실상 혼인 관계에 있는 경우를 포함)
  기출 15
  ㉢ 사망한 근로자와의 친족 관계가 끝난 경우 기출 24
  ㉣ 자녀가 25세가 된 때, 손자녀가 25세가 된 때 또는 형제자매가 19세가 된 때 기출 21
  ㉤ 장애인이었던 사람으로서 그 장애 상태가 해소된 경우

ⓗ 근로자가 사망할 당시 대한민국 국민이었던 유족보상연금 수급자격자가 국적을 상실하고 외국에서 거주하고 있거나 외국에서 거주하기 위하여 출국하는 경우 기출 24
　　ⓢ 대한민국 국민이 아닌 유족보상연금 수급자격자가 외국에서 거주하기 위하여 출국하는 경우 기출 24
② 유족보상연금을 받을 권리가 있는 유족보상연금 수급자격자(이하 "유족보상연금 수급권자")가 그 자격을 잃은 경우에 유족보상연금을 받을 권리는 같은 순위자가 있으면 같은 순위자에게, 같은 순위자가 없으면 다음 순위자에게 이전된다. 기출 24
③ 유족보상연금 수급권자가 3개월 이상 행방불명이면 대통령령으로 정하는 바에 따라 연금 지급을 정지하고, 같은 순위자가 있으면 같은 순위자에게, 같은 순위자가 없으면 다음 순위자에게 유족보상연금을 지급한다.

> **유족보상연금의 지급정지 등(영 제62조)**
> ① 법 제64조 제2항에 따라 유족보상연금을 받을 권리가 이전된 경우에 유족보상연금을 새로 지급받으려는 사람은 공단에 유족보상연금 수급권자 변경신청을 하여야 한다.
> ② 법 제64조 제3항에 따라 유족보상연금 수급권자가 3개월 이상 행방불명이면 같은 순위자(같은 순위자가 없는 경우에는 다음 순위자)의 신청에 따라 행방불명된 달의 다음 달 분부터 그 행방불명 기간 동안 그 행방불명된 사람에 대한 유족보상연금의 지급을 정지하고, 법 제62조 제2항 및 법 [별표 3]에 따라 산정한 금액을 유족보상연금으로 지급한다. 이 경우 행방불명된 종전의 유족보상연금 수급자는 법 제62조 제2항 및 법 [별표 3]에 따른 가산금액이 적용되는 유족보상연금 수급자격자로 보지 않는다.
> ③ 제2항 전단에 따라 유족보상연금의 지급이 정지된 사람은 언제든지 그 지급정지의 해제를 신청할 수 있다.
>
> **유족보상연금액의 조정(영 제63조)**
> 공단은 다음 각 호의 사유가 발생하면 유족보상연금 수급권자의 청구에 의하거나 직권으로 그 사유가 발생한 달의 다음 달 분부터 유족보상연금의 금액을 조정한다.
> 1. 근로자의 사망 당시 태아였던 자녀가 출생한 경우 기출 24
> 2. 제62조 제3항에 따라 지급정지가 해제된 경우
> 3. 유족보상연금 수급자격자가 법 제64조 제1항에 따라 자격을 잃은 경우
> 4. 유족보상연금 수급자격자가 행방불명이 된 경우

(4) 연금의 산정과 지급

① 기본금액과 가산금액은 [별표 3]과 같다.

> **산재법 [별표 3]**
> **유족급여**(법 제62조 제2항 관련) 기출 23
>
> | 유족급여의 종류 | 유족급여의 금액 |
> |---|---|
> | 유족보상연금 | 유족보상연금액은 다음의 기본금액과 가산금액을 합한 금액으로 한다.
1. 기본금액 : 급여기초연액(평균임금에 365를 곱하여 얻은 금액)의 100분의 47에 상당하는 금액
2. 가산금액 : 유족보상연금수급권자 및 근로자가 사망할 당시 그 근로자와 생계를 같이 하고 있던 유족보상연금수급자격자 1인당 급여기초연액의 100분의 5에 상당하는 금액의 합산액. 다만, 그 합산금액이 급여기초연액의 100분의 20을 넘을 때에는 급여기초연액의 100분의 20에 상당하는 금액으로 한다. |
> | 유족보상일시금 | 평균임금의 1,300일분 |

② 유족보상연금을 받을 수 있는 자격이 있는 사람이 원하면 [별표 3]의 유족보상일시금의 100분의 50에 상당하는 금액을 일시금으로 지급하고 유족보상연금은 100분의 50을 감액하여 지급한다(법 제62조 제3항).

③ 유족보상연금을 받던 사람이 그 수급자격을 잃은 경우 다른 수급자격자가 없고 이미 지급한 연금액을 지급 당시의 각각의 평균임금으로 나누어 산정한 일수의 합계가 1,300일에 못 미치면 그 못 미치는 일수에 수급자격 상실 당시의 평균임금을 곱하여 산정한 금액을 수급자격 상실 당시의 유족에게 일시금으로 지급한다(법 제62조 제4항).

(5) **연금의 지급기간 및 지급시기**(법 제70조)
① 유족보상연금의 지급은 그 지급사유가 발생한 달의 다음 달 첫날부터 시작되며, 그 지급받을 권리가 소멸한 달의 말일에 끝난다. 기출 15
② 유족보상연금은 그 지급을 정지할 사유가 발생한 때에는 그 사유가 발생한 달의 다음 달 첫날부터 그 사유가 소멸한 달의 말일까지 지급하지 아니한다. 기출 15
③ 유족보상연금은 매년 이를 12등분하여 매달 25일에 그 달 치의 금액을 지급하되, 지급일이 토요일이거나 공휴일이면 그 전날에 지급한다. 기출 15
④ 유족보상연금을 받을 권리가 소멸한 경우에는 지급일 전이라도 지급할 수 있다.
⑤ ①에서 ④의 유족보상연금에 대한 설명은 장해보상연금, 진폐보상연금 또는 진폐유족연금에 대하여도 그대로 타당하다. 기출 21

3. 유족보상일시금

(1) **지급사유**

유족보상일시금은 근로자가 사망할 당시 유족보상연금을 받을 수 있는 자격이 있는 사람이 없는 경우에 지급한다(법 제62조 제2항). 기출 17

(2) **지급액**

평균임금의 1,300일분을 지급한다.

(3) **수급권자의 순위**(법 제65조)
① 유족 간의 수급권의 순위는 다음의 순서로 하되, ㉠~㉢의 사람 사이에서는 각각 그 적힌 순서에 따른다. 기출 25 이 경우 같은 순위의 수급권자가 2명 이상이면 그 유족에게 똑같이 나누어 지급한다.
  ㉠ 근로자가 사망할 당시 그 근로자와 생계를 같이 하고 있던 배우자・자녀・부모・손자녀 및 조부모
  ㉡ 근로자가 사망할 당시 그 근로자와 생계를 같이 하고 있지 아니하던 배우자・자녀・부모・손자녀 및 조부모 또는 근로자가 사망할 당시 근로자와 생계를 같이 하고 있던 형제자매
  ㉢ 형제자매
② ①의 경우 부모는 양부모(養父母)를 선순위로, 실부모(實父母)를 후순위로 하고, 조부모는 양부모의 부모를 선순위로, 실부모의 부모를 후순위로, 부모의 양부모를 선순위로, 부모의 실부모를 후순위로 한다.
③ 수급권자인 유족이 사망한 경우 그 보험급여는 같은 순위자가 있으면 같은 순위자에게, 같은 순위자가 없으면 다음 순위자에게 지급한다.
④ 수급권자의 순위는 장해보상연금 차액일시금(법 제57조 제5항), 유족보상연금 차액일시금(법 제62조 제4항)의 경우에도 적용된다.

(4) **유언에 의한 수급권자의 지정**(법 제65조 제4항)

근로자가 유언으로 보험급여를 받을 유족을 지정하면 유족보상일시금의 수급권자의 순위와 관계없이 그 순위에 따른다.

4. 유족특별급여(법 제79조)

(1) 지급요건
보험가입자의 고의 또는 과실로 발생한 업무상의 재해로 근로자가 사망한 경우에 수급권자가 민법에 따른 손해배상청구를 갈음하여 유족특별급여를 청구하면 유족급여 또는 진폐유족연금 외에 대통령령으로 정하는 유족특별급여를 지급할 수 있다.

(2) 지급의 효과
① 수급권자가 유족특별급여를 받으면 동일한 사유에 대하여 보험가입자에게 민법이나 그 밖의 법령에 따른 손해배상을 청구할 수 없다.
② 공단은 유족특별급여를 지급하면 대통령령으로 정하는 바에 따라 그 급여액 모두를 보험가입자로부터 징수한다.

Ⅶ 상병보상연금 등

1. 상병보상연금

(1) 지급사유(법 제66조 제1항 제1호 내지 제3호)
요양급여를 받는 근로자가 요양을 시작한 지 2년이 지난 날 이후에 다음의 요건 모두에 해당하는 상태가 계속되면 휴업급여 대신 상병보상연금을 그 근로자에게 지급한다. 기출 21·24
① 그 부상이나 질병이 치유되지 아니한 상태일 것 기출 22
② 그 부상이나 질병에 따른 중증요양상태의 정도가 대통령령으로 정하는 중증요양상태등급 기준에 해당할 것 기출 22
③ 요양으로 인하여 취업하지 못하였을 것 기출 22

(2) 상병보상연금의 지급
상병보상연금은 [별표 4]에 따른 중증요양상태등급에 따라 지급한다. 기출 24

산재법 [별표 4]
상병보상연금표(법 제66조 제2항 관련)

중증요양상태등급	상병보상연금
제1급	평균임금의 329일분
제2급	평균임금의 291일분
제3급	평균임금의 257일분

2. 저소득 근로자의 상병보상연금(법 제67조)
① 상병보상연금을 산정할 때 그 근로자의 평균임금이 최저임금액에 70분의 100을 곱한 금액보다 적을 때에는 최저임금액의 70분의 100에 해당하는 금액을 그 근로자의 평균임금으로 보아 산정한다. 기출 18·24
② 산정한 상병보상연금액을 365로 나눈 1일당 상병보상연금 지급액이 1일당 휴업급여 지급액보다 적으면 저소득근로자의 휴업급여 지급액을 1일당 상병보상연금 지급액으로 한다.

3. 고령자의 상병보상연금(법 제68조)

상병보상연금을 받는 근로자가 61세가 되면 그 이후의 상병보상연금은 산재법 [별표 5]에 따른 1일당 상병보상연금 지급기준에 따라 산정한 금액을 지급한다. 기출 24

4. 재요양 기간 중의 상병보상연금(법 제69조)

(1) 지급요건

재요양을 시작한 지 2년이 지난 후에 부상·질병 상태가 상병보상연금 지급요건 모두에 해당하는 사람에게는 휴업급여 대신 중증요양상태등급에 따라 상병보상연금을 지급한다. 기출 24 이 경우 상병보상연금을 산정할 때에는 재요양 기간 중의 휴업급여 산정에 적용되는 평균임금을 적용하되, 그 평균임금이 최저임금액에 70분의 100을 곱한 금액보다 적거나 재요양 당시 평균임금 산정의 대상이 되는 임금이 없을 때에는 최저임금액의 70분의 100에 해당하는 금액을 그 근로자의 평균임금으로 보아 산정한다.

(2) 지급액

1) 상병보상연금 수급자의 61세 도과

상병보상연금을 받는 근로자가 61세가 된 이후에는 1일당 상병보상연금 지급액에서 평균임금을 기준으로 산정한 1일당 장해보상연금 지급액을 뺀 금액을 1일당 상병보상연금 지급액으로 한다.

2) 장해보상연금 수급자의 연금산정

상병보상연금을 받는 근로자가 장해보상연금을 받고 있으면 중증요양상태등급별 상병보상연금의 지급일수에서 장해등급별 장해보상연금의 지급일수를 뺀 일수에 평균임금을 곱하여 산정한 금액을 그 근로자의 상병보상연금으로 한다.

3) 장해보상연금 수급자의 재요양

장해보상연금을 받는 근로자가 재요양하는 경우에는 상병보상연금을 지급하지 아니한다. 다만, 재요양 중에 중증요양상태등급이 높아지면 재요양을 시작한 때부터 2년이 지난 것으로 보아 상병보상연금을 지급한다. 재요양 기간 중 상병보상연금을 산정할 때에는 저소득 근로자의 상병보상연금 규정을 적용하지 아니한다.

VIII 간병급여와 장례비 등

1. 간병급여(법 제61조)

① 간병급여는 요양급여를 받은 사람 중 치유 후 의학적으로 상시 또는 수시로 간병이 필요하여 실제로 간병을 받는 사람에게 지급한다.
② 간병급여의 지급 기준과 지급 방법 등에 관하여 필요한 사항은 대통령령으로 정한다.

2. 간병급여의 지급방법, 기준 및 급여액(영 제59조)

(1) 지급방법

간병급여는 간병급여의 지급 대상에 해당되는 사람이 실제로 간병을 받은 날에 대하여 지급한다.

(2) 지급기준

① 간병급여의 지급 기준은 고용노동부장관이 작성하는 고용형태별근로실태조사의 직종별 월급여 총액 등을 기초로 하여 고용노동부장관이 고시하는 금액으로 한다. 이 경우 수시 간병급여의 대상자에게 지급할 간병급여의 금액은 상시 간병급여의 지급 대상자에게 지급할 금액의 3분의 2에 해당하는 금액으로 한다.
② 간병급여 수급권자가 재요양을 받는 경우 그 재요양 기간 중에는 간병급여를 지급하지 않는다.

기출 17

(3) 급여액

구 분	상시간병급여	수시간병급여
전문간병인	44,760원	29,840원
가족 기타간병인	41,170원	27,450원

※ 전문간병인은 규칙 제12조 제1항 제1호 및 제2호에 따른 사람을 말한다.

3. 장례비 (법 제71조)

(1) 지급사유

근로자가 업무상 재해로 사망한 경우에 인정된다.

(2) 지급액

장례비는 근로자가 업무상의 사유로 사망한 경우에 지급하되, 평균임금의 120일분에 상당하는 금액을 그 장례를 지낸 유족에게 지급한다. 다만, 장례를 지낼 유족이 없거나 그 밖에 부득이한 사유로 유족이 아닌 사람이 장례를 지낸 경우에는 평균임금의 120일분에 상당하는 금액의 범위에서 실제 드는 비용을 그 장례를 지낸 사람에게 지급한다. 기출 16·17·18

(3) 최고금액과 최저금액

장례비가 대통령령으로 정하는 바에 따라 고용노동부장관이 고시하는 최고 금액을 초과하거나 최저 금액에 미달하면 그 최고 금액 또는 최저 금액을 각각 장례비로 한다.

> **장례비 최고·최저 금액의 산정(영 제66조)** 기출 24
> ① 법 제71조 제2항에 따른 장례비의 최고금액 및 최저금액은 다음 각 호의 구분에 따라 산정한다.
>   1. 장례비 최고금액 : 전년도 장례비 수급권자에게 지급된 1명당 평균 장례비 90일분 + 최고 보상기준 금액의 30일분
>   2. 장례비 최저금액 : 전년도 장례비 수급권자에게 지급된 1명당 평균 장례비 90일분 + 최저 보상기준 금액의 30일분
> ② 장례비 최고금액 및 최저금액을 산정할 때 10원 미만은 버린다.
> ③ 장례비 최고금액 및 최저금액의 적용기간은 다음 연도 1월 1일부터 12월 31일까지로 한다.

(4) 최저금액의 선지급

근로자가 업무상 사고, 출퇴근 재해로 사망하였다고 추정되는 경우에는 장례를 지내기 전이라도 유족의 청구에 따라 최저 금액을 장례비로 미리 지급할 수 있다. 이 경우 장례비를 청구할 수 있는 유족의 순위에 관하여는 장해급여 또는 유족급여에 관한 규정을 준용한다. 장례비를 선지급한 경우 업무상의 사유로 사망한 경우에 지급되는 장례비는 선지급한 금액을 공제한 나머지 금액으로 한다(법 제71조 제3항, 제4항, 영 제66조의2).

Ⅸ 직업재활급여 등

1. 직업재활급여(법 제72조)

(1) 직업재활급여의 종류

① 장해급여 또는 진폐보상연금을 받은 사람이나 장해급여를 받을 것이 명백한 사람으로서 대통령령으로 정하는 사람(장해 급여자) 중 취업을 위하여 직업훈련이 필요한 사람(훈련대상자)에 대하여 실시하는 직업훈련에 드는 비용 및 직업훈련수당 기출 25

② 업무상의 재해가 발생할 당시의 사업에 복귀한 장해급여자에 대하여 사업주가 고용을 유지하거나 직장적응훈련 또는 재활운동을 실시하는 경우(직장적응훈련의 경우에는 직장 복귀 전에 실시한 경우도 포함)에 각각 지급하는 직장복귀지원금, 직장적응훈련비 및 재활운동비

(2) 직업훈련대상자범위 등의 위임

직업훈련대상자 및 장해급여자는 장해정도 및 연령 등을 고려하여 대통령령으로 정한다.

2. 직업훈련비용(법 제73조)

(1) 직업훈련기관

훈련대상자에 대한 직업훈련은 공단과 계약을 체결한 직업훈련기관(이하 "직업훈련기관")에서 실시하게 한다(법 제73조 제1항). 기출 16

(2) 직업훈련대상자(요건 전부 충족 필요)(영 제68조)

① 장해등급등 제1급부터 제12급까지의 어느 하나에 해당하거나, 업무상의 사유로 발생한 부상 또는 질병으로 인하여 요양 중으로서 그 부상 또는 질병의 상태가 치유 후에도 장해등급 제1급부터 제12급까지의 어느 하나에 해당할 것이라는 내용의 의학적 소견이 있을 것
② 취업하고 있지 아니한 사람일 것
③ 다른 직업훈련을 받고 있지 아니할 것
④ 직업복귀계획을 수립하였을 것

(3) 직업훈련비용의 지급

직업훈련에 드는 비용(직업훈련비용)은 직업훈련을 실시한 직업훈련기관에 지급한다. 다만, 직업훈련기관이 장애인고용촉진 및 직업재활법, 고용보험법 또는 국민 평생 직업능력 개발법이나 그 밖에 다른 법령에 따라 직업훈련비용에 상당한 비용을 받은 경우 등 대통령령으로 정하는 경우에는 지급하지 아니한다(법 제73조 제2항). 기출 20

(4) 지급액과 지급기간

직업훈련비용의 금액은 고용노동부장관이 훈련비용, 훈련기간 및 노동시장의 여건 등을 고려하여 고시하는 금액의 범위에서 실제 드는 비용으로 하되, 직업훈련비용을 지급하는 훈련기간은 12개월 이내로 한다(법 제73조 제3항). 기출 20·25

3. 직업훈련수당(법 제74조, 영 제68조)

(1) 지급요건
직업훈련수당은 직업훈련을 받는 훈련대상자에게 그 직업훈련으로 인하여 취업하지 못하는 기간에 대하여 지급한다.

(2) 지급액
1일당 지급액은 최저임금액에 상당하는 금액으로 한다. 기출 16·20·25

(3) 지급제한
① 휴업급여나 상병보상연금을 받는 훈련대상자에게는 직업훈련수당을 지급하지 아니한다.
② 직업훈련수당을 받는 사람이 장해보상연금 또는 진폐보상연금을 받는 경우에는 1일당 장해보상연금액 또는 1일당 진폐보상연금액과 1일당 직업훈련수당을 합한 금액이 그 근로자의 장해보상연금 또는 진폐보상연금 산정에 적용되는 평균임금의 100분의 70을 초과하면 그 초과하는 금액 중 직업훈련수당에 해당하는 금액은 지급하지 아니한다.
③ 직업훈련을 받고 있는 훈련대상자가 직업훈련 기간 중에 취업을 한 경우에는 그 직업훈련 과정이 끝날 때까지 직업훈련을 받게 할 수 있되, 취업한 기간에 대하여는 직업훈련수당을 지급하지 않는다.
④ 훈련대상자가 직업훈련 기간에 대하여 고용보험법에 따른 구직급여를 받은 경우에는 직업훈련을 받게 할 수 있되, 직업훈련수당은 지급하지 않는다.

4. 직장복귀지원금 등(법 제75조, 영 제70조)

(1) 지급요건 기출 16
직장복귀지원금, 직장적응훈련비 및 재활운동비는 장해급여자에 대하여 고용을 유지하거나 직장적응훈련 또는 재활운동을 실시하는 사업주에게 각각 지급한다. 아래의 각 지급요건에서 요양종결일 또는 직장복귀일을 적용할 때 장해급여자 중 장해급여를 받은 자는 요양종결일을 적용하고, 장해급여를 받을 것이 명백한 자는 직장복귀일을 적용한다.

1) 직장복귀지원금
직장복귀지원금은 사업주가 장해급여자에 대하여 요양종결일 또는 직장복귀일부터 6개월 이상 고용을 유지하고 그에 따른 임금을 지급한 경우에 지급한다. 다만, 장해급여자가 요양종결일 또는 직장복귀일부터 6개월이 되기 전에 자발적으로 퇴직한 경우에는 그 퇴직한 날까지의 직장복귀지원금을 지급한다.

2) 직장적응훈련비
직장적응훈련비는 사업주가 장해급여자에 대하여 그 직무수행이나 다른 직무로 전환하는 데에 필요한 직장적응훈련을 실시한 경우로서 다음의 요건 모두에 해당하는 경우에 지급한다.
① 요양종결일 또는 직장복귀일 직전 3개월부터 요양종결일 또는 직장복귀일 이후 6개월 이내에 직장적응훈련을 시작하였을 것
② 직장적응훈련이 끝난 날의 다음 날부터 6개월 이상 해당 장해급여자에 대한 고용을 유지하였을 것. 다만, 장해급여자가 직장적응훈련이 끝난 날의 다음 날부터 6개월이 되기 전에 자발적으로 퇴직한 경우에는 그러하지 아니하다.

3) 재활운동비

재활운동비는 사업주가 장해급여자에 대하여 그 직무수행이나 다른 직무로 전환하는 데 필요한 재활운동을 실시한 경우로서 다음의 요건 모두에 해당하는 경우에 지급한다.
① 요양종결일 또는 직장복귀일부터 6개월 이내에 재활운동을 시작하였을 것
② 재활운동이 끝난 날의 다음 날부터 6개월 이상 해당 장해급여자에 대한 고용을 유지하였을 것. 다만, 장해급여자가 재활운동이 끝난 날의 다음 날부터 6개월이 되기 전에 자발적으로 퇴직한 경우에는 그렇지 않다.

(2) 지급액과 지급기간

① 직장복귀지원금은 고용노동부장관이 임금수준 및 노동시장의 여건 등을 고려하여 고시하는 금액의 범위에서 사업주가 장해급여자에게 지급한 임금액으로 하되, 그 지급기간은 12개월 이내로 한다. 기출 16·24
② 직장적응훈련비 및 재활운동비는 고용노동부장관이 직장적응훈련 또는 재활운동에 드는 비용을 고려하여 고시하는 금액의 범위에서 실제 드는 비용으로 하되, 그 지급기간은 3개월 이내로 한다.
기출 16·20·24·25
③ 장해급여자를 고용하고 있는 사업주가 고용보험법에 따른 지원금, 장애인고용촉진 및 직업재활법에 따른 장애인 고용장려금이나 그 밖에 다른 법령에 따라 직장복귀지원금, 직장적응훈련비 또는 재활운동비(이하 "직장복귀지원금 등")에 해당하는 금액을 받은 경우 등 대통령령으로 정하는 경우에는 그 받은 금액을 빼고 직장복귀지원금 등을 지급한다.

(3) 지급제한

사업주가 장애인고용촉진 및 직업재활법에 따른 의무로써 장애인을 고용한 경우 등 대통령령으로 정하는 경우에는 직장복귀지원금 등을 지급하지 아니한다.

X 기타 보험급여의 일시지급 등

1. 보험급여의 일시지급(법 제76조)

대한민국 국민이 아닌 근로자가 업무상의 재해에 따른 부상 또는 질병으로 요양 중 치유되기 전에 출국하기 위하여 보험급여의 일시지급을 신청하는 경우에는 출국하기 위하여 요양을 중단하는 날 이후에 청구 사유가 발생할 것으로 예상되는 보험급여를 한꺼번에 지급할 수 있다.

2. 다른 보상이나 배상과의 관계(법 제80조)

(1) 근로기준법과의 관계

① 수급권자가 이 법에 따라 보험급여를 받았거나 받을 수 있으면 보험가입자는 동일한 사유에 대하여 근로기준법에 따른 재해보상 책임이 면제된다.
② 요양급여를 받는 근로자가 요양을 시작한 후 3년이 지난 날 이후에 상병보상연금을 지급받고 있으면 사용자가 일시보상을 하였을 경우 또는 사업을 계속할 수 없게 된 경우에는 해고가 제한되지 아니한다는 근로기준법 제23조 제2항 단서를 적용할 때 그 사용자는 그 3년이 지난 날 이후에는 같은 법에 따른 일시보상을 지급한 것으로 본다.

(2) 민법과의 관계

① 수급권자가 동일한 사유에 대하여 이 법에 따른 보험급여를 받으면 보험가입자는 그 금액의 한도 안에서 민법이나 그 밖의 법령에 따른 손해배상의 책임이 면제된다. 이 경우 장해보상연금 또는 유족보상연금을 받고 있는 사람은 장해보상일시금 또는 유족보상일시금을 받은 것으로 본다.

② 수급권자가 동일한 사유로 민법이나 그 밖의 법령에 따라 이 법의 보험급여에 상당한 금품을 받으면 공단은 수급권자가 지급받은 금품의 가액 또는 요양서비스를 제공받은 경우 그 요양에 드는 비용으로 환산한 금액의 한도 안에서 이 법에 따른 보험급여를 지급하지 아니한다. 다만, ①의 후단에 따라 수급권자가 지급받은 것으로 보게 되는 장해보상일시금 또는 유족보상일시금에 해당하는 연금액에 대하여는 그러하지 아니하다.

3. 미지급의 보험급여(법 제81조)

① 보험급여의 수급권자가 사망한 경우에 그 수급권자에게 지급하여야 할 보험급여로서 아직 지급되지 아니한 보험급여가 있으면 그 수급권자의 유족(유족급여의 경우에는 그 유족급여를 받을 수 있는 다른 유족)의 청구에 따라 그 보험급여를 지급한다. 기출 25

② 그 수급권자가 사망 전에 보험급여를 청구하지 아니하면 유족의 청구에 따라 그 보험급여를 지급한다.

4. 보험급여의 지급(법 제82조, 영 제77조의2)

보험급여는 지급 결정일부터 14일 이내에 지급하여야 한다. 기출 17·18·25

5. 부당이득의 징수(법 제84조)

(1) 부당이득의 징수

1) 수급권자의 부정행위에 따른 징수

① 공단은 보험급여를 받은 사람이 다음의 어느 하나에 해당하면 그 급여액에 해당하는 금액(거짓이나 그 밖의 부정한 방법으로 보험급여를 받은 경우에는 그 급여액의 2배에 해당하는 금액)을 징수하여야 한다. 이 경우 공단이 국민건강보험공단 등에 청구하여 받은 금액은 징수할 금액에서 제외한다. 기출 25
  ㉠ 거짓이나 그 밖의 부정한 방법으로 보험급여를 받은 경우
  ㉡ 수급권자 또는 수급권이 있었던 사람이 신고의무를 이행하지 아니하여 부당하게 보험급여를 지급받은 경우
  ㉢ 그 밖에 잘못 지급된 보험급여가 있는 경우

② 거짓이나 그 밖의 부정한 방법으로 보험급여를 받은 경우 보험급여의 지급이 보험가입자·산재보험 의료기관 또는 직업훈련기관의 거짓된 신고, 진단 또는 증명으로 인한 것이면 그 보험가입자·산재보험 의료기관 또는 직업훈련기관도 연대하여 책임을 진다.

2) 산재보험 의료기관이나 약국의 부정행위에 따른 징수

공단은 산재보험 의료기관이나 약국이 다음의 어느 하나에 해당하면 그 진료비나 약제비에 해당하는 금액을 징수하여야 한다. 다만, 거짓이나 그 밖의 부정한 방법으로 진료비나 약제비를 지급받은 경우에는 그 진료비나 약제비의 2배에 해당하는 금액(과징금을 부과하는 경우에는 그 진료비에 해당하는 금액)을 징수한다. 기출 17

① 거짓이나 그 밖의 부정한 방법으로 진료비나 약제비를 지급받은 경우
② 요양급여의 산정 기준 및 합병증등 조치비용 산정 기준을 위반하여 부당하게 진료비나 약제비를 지급받은 경우
③ 그 밖에 진료비나 약제비를 잘못 지급받은 경우

(2) 자진신고자에 대한 특례

공단은 거짓이나 그 밖의 부정한 방법으로 보험급여, 진료비 또는 약제비를 받은 자(연대책임을 지는 자를 포함)가 부정수급에 대한 조사가 시작되기 전에 부정수급 사실을 자진 신고한 경우에는 그 보험급여액, 진료비 또는 약제비에 해당하는 금액을 초과하는 부분은 징수를 면제할 수 있다.

(3) 부정수급자명단 공개(법 제84조의2, 영 제79조의2)

공단은 매년 직전 연도부터 과거 3년간 다음의 어느 하나에 해당하는 자의 명단을 공개할 수 있다. 이 경우 연대책임자의 명단을 함께 공개할 수 있다.
① 부정수급 횟수가 2회 이상이고 부정수급액의 합계가 1억원 이상인 자 기출 25
② 1회의 부정수급액이 2억원 이상인 자

6. 공단의 손해배상청구권 대위(법 제87조)

(1) 대위요건

근로복지공단은 제3자의 행위에 따른 재해로 보험급여를 지급한 경우에는 그 급여액의 한도 안에서 급여를 받은 사람의 제3자에 대한 손해배상청구권을 대위(代位)한다. 다만, 보험가입자인 둘 이상의 사업주가 같은 장소에서 하나의 사업을 분할하여 각각 행하다가 그중 사업주를 달리하는 근로자의 행위로 재해가 발생하면 그러하지 아니하다. 기출 18

(2) 수급권자가 손해배상을 받은 경우

수급권자가 제3자로부터 동일한 사유로 이 법의 보험급여에 상당하는 손해배상을 받으면 공단은 그 배상액을 대통령령으로 정하는 방법에 따라 환산한 금액의 한도 안에서 이 법에 따른 보험급여를 지급하지 아니한다.

(3) 재해의 신고

수급권자 및 보험가입자는 제3자의 행위로 재해가 발생하면 지체 없이 공단에 신고하여야 한다.

기출 17

7. 보험가입자의 수급권 대위(법 제89조)

보험가입자(보험료징수법에 따른 하수급인을 포함한다)가 소속 근로자의 업무상의 재해에 관하여 이 법에 따른 보험급여의 지급 사유와 동일한 사유로 민법이나 그 밖의 법령에 따라 보험급여에 상당하는 금품을 수급권자에게 미리 지급한 경우로서 그 금품이 보험급여에 대체하여 지급한 것으로 인정되는 경우에 보험가입자는 대통령령으로 정하는 바에 따라 그 수급권자의 보험급여를 받을 권리를 대위한다.

8. 수급권의 보호(법 제88조)

① 근로자의 보험급여를 받을 권리는 퇴직하여도 소멸되지 아니한다. 기출 18
② 보험급여를 받을 권리는 양도 또는 압류하거나 담보로 제공할 수 없다.
③ 지정된 보험급여수급계좌의 예금 중 보험급여수급계좌에 입금된 금액 전액 이하의 금액에 관한 채권은 압류할 수 없다.

9. 공과금의 면제(법 제91조)

보험급여로서 지급된 금품에 대하여는 국가나 지방자치단체의 공과금을 부과하지 아니한다. 기출 18

제5절 진폐에 따른 보험급여의 특례

Ⅰ 진폐에 대한 업무상 재해 인정기준(법 제91조의2)

근로자가 진폐에 걸릴 우려가 있는 작업으로서 암석, 금속이나 유리섬유 등을 취급하는 작업 등 고용노동부령으로 정하는 분진작업(이하 "분진작업")에 종사하여 진폐에 걸리면 업무상 질병으로 본다.

Ⅱ 진폐보상연금 등

1. 진폐보상연금(법 제91조의3)

① 진폐보상연금은 업무상 질병인 진폐에 걸린 근로자(이하 "진폐근로자")에게 지급한다.
② 진폐보상연금은 평균임금을 기준으로 하여 진폐장해등급별 진폐장해연금과 기초연금을 합산한 금액으로 한다. 이 경우 기초연금은 최저임금액의 100분의 60에 365를 곱하여 산정한 금액으로 한다. 기출 20
③ 진폐보상연금을 받던 사람이 그 진폐장해등급이 변경된 경우에는 변경된 날이 속한 달의 다음 달부터 기초연금과 변경된 진폐장해등급에 해당하는 진폐장해연금을 합산한 금액을 지급한다.

2. 진폐유족연금(법 제91조의4)

① 진폐유족연금은 진폐근로자가 진폐로 사망한 경우에 유족에게 지급한다.
② 진폐유족연금은 사망 당시 진폐근로자에게 지급하고 있거나 지급하기로 결정된 진폐보상연금과 같은 금액으로 한다. 이 경우 진폐유족연금은 유족보상연금을 초과할 수 없다. 기출 20
③ 진폐에 대한 진단을 받지 아니한 근로자가 업무상 질병인 진폐로 사망한 경우에 그 근로자에 대한 진폐유족연금은 기초연금과 진폐장해등급별로 산정한 진폐장해연금을 합산한 금액으로 한다.
④ 진폐유족연금을 받을 수 있는 유족의 범위 및 순위, 자격 상실과 지급 정지 등은 유족보상연금의 그 것과 같다.

Ⅲ 진폐의 진단

1. 진폐의 진단(법 제91조의6)

① 공단은 요양급여 등을 청구하면 건강진단기관에 진폐판정에 필요한 진단을 의뢰하여야 한다. 기출 20
② 건강진단기관은 진폐에 대한 진단을 의뢰받으면 고용노동부령으로 정하는 바에 따라 진폐에 대한 진단을 실시하고 그 진단결과를 공단에 제출하여야 한다.
③ 진단을 받는 근로자에게는 고용노동부장관이 정하여 고시하는 금액을 진단수당으로 지급할 수 있다. 다만, 장해보상연금 또는 진폐보상연금을 받고 있는 사람에게는 진단수당을 지급하지 아니한다. 기출 20

2. 진폐심사회의(법 제91조의7, 규칙 제38조)

진단결과에 대하여 진폐병형 및 합병증 등을 심사하기 위하여 공단에 관계 전문가 등으로 구성된 진폐심사회의(이하 "진폐심사회의")를 둔다. 기출 20 진폐심사회의는 위원장 1명을 포함하여 45명 이내의 위원으로 구성한다.

3. 진폐판정 및 보험급여의 결정 등(법 제91조의8)

① 공단은 진단결과를 받으면 진폐심사회의의 심사를 거쳐 해당 근로자의 진폐병형, 합병증의 유무 및 종류, 심폐기능의 정도 등을 판정(이하 "진폐판정")하여야 한다.
② 공단은 보험급여의 지급 여부 등을 결정하면 그 내용을 해당 근로자에게 알려야 한다.

4. 진폐에 따른 사망의 인정 등(법 제91조의10, 영 제83조의3)

분진작업에 종사하고 있거나 종사하였던 근로자가 진폐, 합병증이나 그 밖에 진폐와 관련된 사유로 사망하였다고 인정되면 업무상의 재해로 본다. 이 경우 진폐에 따른 사망 여부를 판단하는 때에 고려하여야 하는 사항은 진폐병형, 심폐기능, 합병증, 성별, 연령 등이다.

제6절 건강손상자녀에 대한 보험급여의 특례

I 건강손상자녀에 대한 업무상의 재해의 인정기준

임신 중인 근로자가 업무수행 과정에서 업무상 사고, 출퇴근 재해 또는 대통령령으로 정하는 유해인자의 취급이나 노출로 인하여, 출산한 자녀에게 부상, 질병 또는 장해가 발생하거나 그 자녀가 사망한 경우 업무상의 재해로 본다. 이 경우 그 출산한 자녀(이하 "건강손상자녀")는 해당 업무상 재해의 사유가 발생한 당시 임신한 근로자가 속한 사업의 근로자로 본다(법 제91조의12). 기출 25 대통령령으로 정하는 유해인자란 화학적 유해인자, 약물적 유해인자, 물리적 유해인자(고열, 방사선 등), 생물학적 유해인자 등을 말하며 이외에 임신 중인 근로자의 업무수행 과정에서 그 유해인자의 취급이나 유해인자에의 노출이 건강손상자녀와 인과관계가 있음이 한국산업안전보건공단 또는 고용노동부령으로 정하는 기관의 자문을 통해 시간적·의학적으로 증명되는 경우에도 유해인자로 본다(영 제83조의4 [별표 11의4]).

II 장해등급의 판정시기

건강손상자녀에 대한 장해등급 판정은 18세 이후에 한다(법 제91조의13). 기출 25

III 건강손상자녀의 장해급여·장례비 산정기준

건강손상자녀에게 지급하는 보험급여 중 장해급여의 산정기준이 되는 금액은 보험급여의 최저 보상기준 금액으로 하고, 장례비는 장례비의 최저 금액으로 한다(법 제91조의14).

제7절 노무제공자에 대한 특례[10]

I. 노무제공자 등의 정의(법 제91조의15)

1. 노무제공자[11]

"노무제공자"란 자신이 아닌 다른 사람의 사업을 위하여 다음의 어느 하나에 해당하는 방법에 따라 자신이 직접 노무를 제공하고 그 대가를 지급받는 사람으로서 업무상 재해로부터의 보호 필요성, 노무제공 형태 등을 고려하여 대통령령으로 정하는 직종에 종사하는 사람을 말한다.

① 노무제공자가 사업주로부터 직접 노무제공을 요청받은 경우
② 노무제공자가 사업주로부터 일하는 사람의 노무제공을 중개·알선하기 위한 전자적 정보처리시스템(이하 "온라인 플랫폼")을 통해 노무제공을 요청받는 경우

> **노무제공자의 범위(영 제83조의5)**
> 법 제91조의15 제1호 각 목 외의 부분에서 "대통령령으로 정하는 직종에 종사하는 사람"이란 다음 각 호의 사람을 말한다.
> 1. 보험을 모집하는 사람으로서 다음 각 목의 어느 하나에 해당하는 사람
>   가. 보험업법 제83조 제1항 제1호에 따른 보험설계사
>   나. 새마을금고법 및 신용협동조합법에 따른 공제의 모집을 전업으로 하는 사람 [기출 24]
>   다. 우체국예금·보험에 관한 법률에 따른 우체국보험의 모집을 전업으로 하는 사람 [기출 24·25]
> 2. 건설기계관리법 제3조 제1항에 따라 등록된 건설기계를 직접 운전하는 사람
> 3. 통계법 제22조에 따라 국가데이터처장이 고시하는 직업에 관한 표준분류(이하 "한국표준직업분류표")의 세분류에 따른 학습·교구 관련 방문강사 등 회원의 가정 등을 직접 방문하여 아동이나 학생 등을 가르치는 사람
> 4. 체육시설의 설치·이용에 관한 법률 제7조에 따라 직장체육시설로 설치된 골프장 또는 같은 법 제19조에 따라 체육시설업의 등록을 한 골프장에서 골프경기를 보조하는 골프장 캐디
> 5. 한국표준직업분류표의 세분류에 따른 택배원 또는 세세분류에 따른 그 외 배달원으로서 다음 각 목의 어느 하나에 해당하는 사람
>   가. 생활물류서비스산업발전법 제2조 제6호 가목에 따른 택배서비스종사자로서 집화 또는 배송(설치를 수반하는 배송을 포함) 업무를 하는 사람
>   나. 가목 외의 택배사업(소화물을 집화·수송 과정을 거쳐 배송하는 사업)에서 집화 또는 배송 업무를 하는 사람
> 6. 한국표준직업분류표의 세분류에 따른 늘찬배달원으로서 퀵서비스업의 사업주로부터 업무를 의뢰받아 배송 업무를 하는 사람. 다만, 제5호 또는 제14호에 해당하는 사람은 제외한다.
> 7. 대부업 등의 등록 및 금융이용자 보호에 관한 법률 제3조 제1항 단서에 따른 대출모집인
> 8. 여신전문금융업법 제14조의2 제1항 제2호에 따른 신용카드회원 모집인 [기출 25]

---

10) 산재법 제125조에 따르면 특수형태근로종사자가 산재보험을 적용받기 위해서는 '특정 사업에의 전속성' 요건을 충족하여야 하는데, 온라인 플랫폼 등을 통해 복수의 사업에 노무를 제공하는 경우에는 이러한 요건을 충족하지 못하여 산업재해 보호의 사각지대가 발생하고 있고, 특수형태근로종사자가 '특정 사업에의 전속성' 요건을 충족하더라도, 주된 사업장 외의 보조사업장에서 업무상 재해를 입은 경우에는 산재보험이 적용되지 않는 상황이므로 산재보험의 전속성 요건을 폐지하고, 기존 특수형태근로종사자 및 온라인 플랫폼 종사자 등을 포괄하는 개념으로 "노무제공자"의 정의를 신설하여 산재보험의 적용을 받을 수 있도록 하며, 이로 인하여 새롭게 보험의 적용을 받는 사람들의 노무제공 특성에 맞는 보험 적용·징수 체계와 급여·보상 제도를 마련함으로써 산재보험을 통한 보호 범위를 보다 확대하려는 취지에서 산재법 제125조를 삭제하고 산재법 제3장의4(산재법 제91조의15 이하)에서 노무제공자에 대한 특례를 신설하였다.

11) 2022.6.10. 신설한 노무제공자에 대한 특례에 의하면 산재법의 근로자는 직업의 종류와 관계없이 임금을 목적으로 사업이나 사업장에 근로를 제공하는 사람을 말함에도 불구하고(산재법 제5조 제2호), 노무제공자를 산재법의 적용을 받는 근로자로 보고, 노무제공자의 노무를 제공받는 사업을 산재법의 적용을 받는 사업으로 보고 있다(산재법 제91조의16).

9. 다음 각 목의 어느 하나에 해당하는 사업자로부터 업무를 의뢰받아 자동차를 운전하는 사람
   가. 대리운전업자(자동차 이용자의 요청에 따라 그 이용자와 동승하여 해당 자동차를 목적지까지 운전하는 사업의 사업주)
   나. 탁송업자(자동차 이용자의 요청에 따라 그 이용자와 동승하지 않고 해당 자동차를 목적지까지 운전하는 사업의 사업주)
   다. 대리주차업자(자동차 이용자의 요청에 따라 그 이용자를 대신하여 해당 자동차를 주차하는 사업의 사업주)
10. 방문판매 등에 관한 법률 제2조 제2호에 따른 방문판매원 또는 같은 조 제8호에 따른 후원방문판매원으로서 방문판매업무를 하는 사람. 다만, 다음 각 목의 어느 하나에 해당하는 경우는 제외한다.
    가. 방문판매는 하지 않고 자가 소비만 하는 경우 기출 25
    나. 제3호 또는 제11호에 해당하는 경우
11. 한국표준직업분류표의 세분류에 따른 대여 제품 방문점검원 기출 25
12. 한국표준직업분류표의 세분류에 따른 가전제품 설치 및 수리원으로서 가전제품의 판매를 위한 배송 업무를 주로 수행하고 가전제품의 설치·시운전 등을 통해 작동상태를 확인하는 사람
13. 화물자동차 운수사업법 제2조 제1호에 따른 화물자동차 중 고용노동부령으로 정하는 자동차를 운전하는 사람
14. 화물자동차 운수사업법 제2조 제11호에 따른 화물차주로서 다음 각 목의 어느 하나에 해당하는 자동차를 운전하는 사람 및 그 밖에 화물을 운송하기 위하여 다음 각 목의 어느 하나에 해당하는 자동차를 운전하는 사람. 다만, 제5호, 제12호 또는 제13호에 해당하는 사람은 제외한다.
    가. 자동차관리법 제3조 제1항 제3호에 따른 화물자동차
    나. 자동차관리법 제3조 제1항 제4호에 따른 특수자동차 중 견인형 자동차 또는 특수작업형 사다리차(이사 등을 위하여 높은 건물에 필요한 물건을 올리기 위한 자동차)
15. 소프트웨어 진흥법 제2조 제3호에 따른 소프트웨어사업에서 노무를 제공하는 같은 조 제10호에 따른 소프트웨어 기술자
16. 다음 각 목의 어느 하나에 해당하는 강사
    가. 초·중등교육법 제2조에 따른 학교에서 운영하는 방과후학교의 과정을 담당하는 강사
    나. 유아교육법 제2조 제2호에 따른 유치원에서 운영하는 같은 조 제6호에 따른 방과후 과정을 담당하는 강사
    다. 영유아보육법 제2조 제3호에 따른 어린이집에서 운영하는 같은 법 제29조 제4항에 따른 특별활동프로그램을 담당하는 강사
17. 관광진흥법 제38조 제1항 단서에 따른 관광통역안내의 자격을 가진 사람으로서 외국인 관광객을 대상으로 관광안내를 하는 사람
18. 도로교통법 제2조 제23호에 따른 어린이통학버스를 운전하는 사람 기출 25

2. 플랫폼 종사자

"플랫폼 종사자"란 온라인 플랫폼을 통해 노무를 제공하는 노무제공자를 말한다. 기출 24

3. 플랫폼 운영자

"플랫폼 운영자"란 온라인 플랫폼을 이용하여 플랫폼 종사자의 노무제공을 중개 또는 알선하는 것을 업으로 하는 자를 말한다. 기출 24

4. 플랫폼 이용 사업자

"플랫폼 이용 사업자"란 플랫폼 종사자로부터 노무를 제공받아 사업을 영위하는 자를 말한다. 다만, 플랫폼 운영자가 플랫폼 종사자의 노무를 직접 제공받아 사업을 영위하는 경우 플랫폼 운영자를 플랫폼 이용 사업자로 본다.

5. 보 수

"보수"란 노무제공자가 이 법의 적용을 받는 사업에서 노무제공의 대가로 지급받은 사업소득 및 기타소득에서 대통령령으로 정하는 금품을 뺀 금액을 말한다. 다만, 노무제공의 특성에 따라 소득확인이 어렵다고 대통령령으로 정하는 직종의 보수는 고용노동부장관이 고시하는 금액으로 한다.

> **노무제공자의 보수(영 제83조의6)**
> 법 제91조의15 제5호 본문에서 "대통령령으로 정하는 금품"이란 다음 각 호의 금품을 말한다.
>   1. 소득세법 제12조 제2호 또는 제5호에 해당하는 비과세소득
>   2. 고용노동부장관이 정하여 고시하는 방법에 따라 산정한 필요경비
>
> **제소득확인이 어려운 직종(영 제83조의7)**
> 법 제91조의15 제5호 단서에서 "대통령령으로 정하는 직종"이란 제83조의5 제2호 및 제13호에 해당하는 노무제공자가 종사하는 직종을 말한다.

6. 평균보수

"평균보수"란 이를 산정하여야 할 사유가 발생한 날이 속하는 달의 전전달 말일부터 이전 3개월 동안 노무제공자가 재해가 발생한 사업에서 지급받은 보수와 같은 기간 동안 해당 사업 외의 사업에서 지급받은 보수를 모두 합산한 금액을 해당 기간의 총 일수로 나눈 금액을 말한다. **기출** 24 다만, 노무제공의 특성에 따라 소득확인이 어렵거나 소득의 종류나 내용에 따라 평균보수를 산정하기 곤란하다고 인정되는 경우에는 고용노동부장관이 고시하는 금액으로 한다.

Ⅱ 노무제공자에 대한 보험급여의 산정

1. 노무제공자에 대한 보험급여의 산정기준(법 제91조의17)

① 노무제공자의 평균보수 산정사유 발생일은 대통령령으로 정한다.
② 노무제공자에 대해 보험급여에 관한 규정을 적용할 때에는 "임금"은 "보수"로, "평균임금"은 "평균보수"로 보며, 업무상 재해를 입은 노무제공자가 평균보수 산정기간 동안 근로자(대통령령으로 정하는 일용근로자는 제외)로서 지급받은 임금이 있는 경우에는 그 기간의 보수와 임금을 합산한 금액을 해당 기간의 총일수로 나누어 평균보수를 산정한다.
③ 노무제공자에 대한 보험급여를 산정하는 경우 해당 노무제공자의 평균보수를 산정하여야 할 사유가 발생한 날부터 1년이 지난 이후에는 매년 소비자물가변동률에 따라 평균보수를 증감한다.
④ 노무제공자에 대한 보험급여의 산정에 관하여 보험급여를 산정할 때 해당 근로자의 근로 형태가 특이하거나 진폐 등 대통령령으로 정하는 직업병으로 보험급여를 받게 되어 근로자의 보호에 적당하지 아니한 경우 대통령령으로 정하는 산정 방법에 따라 산정한 금액을 평균임금으로 하는 규정은 적용되지 아니한다.

2. 노무제공자에 대한 업무상의 재해의 인정기준(법 제91조의18, 제37조)

노무제공자에 대하여는 일반적인 업무상의 재해의 인정기준 규정을 적용하되 구체적인 인정기준은 노무제공 형태 등을 고려하여 대통령령으로 정한다.

3. 노무제공자에 대한 보험급여 산정 특례(법 제91조의19)

① 노무제공자에 대해서는 1일당 휴업급여 지급액이 대통령령으로 정하는 최저 휴업급여 보장액(이하 "최저 휴업급여 보장액")보다 적으면 최저 휴업급여 보장액을 1일당 휴업급여 지급액으로 한다.
② 재요양을 받는 노무제공자에 대해서는 1일당 휴업급여 지급액이 최저 휴업급여 보장액보다 적거나 재요양 당시 평균보수 산정의 대상이 되는 보수가 없으면 최저 휴업급여 보장액을 1일당 휴업급여 지급액으로 한다.
③ 장해보상연금을 지급받는 노무제공자가 재요양하는 경우에는 1일당 장해보상연금액과 1일당 휴업급여 지급액을 합한 금액이 장해보상연금의 산정에 적용되는 평균보수의 100분의 70을 초과하면 그 초과하는 금액 중 휴업급여에 해당하는 금액은 지급하지 아니한다.
④ 최저 휴업급여 보장액을 1일당 휴업급여 지급액으로 하는 노무제공자가 그 요양기간 중 일정기간 또는 단시간 취업을 하는 경우에는 최저 휴업급여 보장액([별표 1] 제2호에 따라 감액하는 경우에는 그 감액한 금액)에서 취업한 날에 대한 보수를 뺀 금액을 부분휴업급여로 지급할 수 있다.

4. 노무제공자에 대한 보험급여의 지급(법 제91조의20)

① 노무제공자의 보험급여는 보험료징수법에 따라 공단에 신고된 해당 노무제공자의 보수를 기준으로 평균보수를 산정한 후 그에 따라 지급한다.
② 수급권자는 신고 누락 등으로 인하여 산정된 평균보수가 실제 평균보수와 다르게 산정된 경우에는 보험료징수법으로 정하는 바에 따라 보수에 대한 정정신고를 거쳐 이 법에 따른 평균보수 및 보험급여의 정정청구를 할 수 있다.

Ⅲ 플랫폼 운영자에 대한 자료제공 등의 요청(법 제91조의21)

공단은 플랫폼 종사자에 관한 보험사무의 효율적 처리를 위하여 플랫폼 운영자에게 해당 온라인 플랫폼의 이용 및 보험관계의 확인에 필요한 다음의 자료 또는 정보의 제공을 요청할 수 있다. 이 경우 요청을 받은 플랫폼 운영자는 정당한 사유가 없으면 그 요청에 따라야 한다.
① 플랫폼 이용 사업자 및 플랫폼 종사자의 온라인 플랫폼 이용 개시일 또는 종료일
② 플랫폼 이용 사업자의 보험관계와 관련된 사항으로서 사업장의 명칭·주소 등 대통령령으로 정하는 정보
③ 플랫폼 종사자의 보험관계 및 보험급여의 결정과 지급 등과 관련된 사항으로서 플랫폼 종사자의 이름·직종·보수·노무제공 내용 등 대통령령으로 정하는 자료 또는 정보

제8절 근로복지사업

I 근로복지사업(법 제92조)

① 업무상의 재해를 입은 근로자의 원활한 사회 복귀를 촉진하기 위한 ㉠ 요양이나 외과 후 처치에 관한 시설, ㉡ 의료재활이나 직업재활에 관한 시설등의 보험시설의 설치·운영, ② 장학사업 등 재해근로자와 그 유족의 복지 증진을 위한 사업, ③ 그 밖에 근로자의 복지 증진을 위한 시설의 설치·운영 사업

II 국민건강보험 요양급여비용의 본인일부 부담금의 대부(법 제93조)

1. 공단의 대부사업

① 공단은 업무상 질병에 대하여 요양 신청을 한 경우로서 요양급여의 결정에 걸리는 기간 등을 고려하여 대통령령으로 정하는 사람에 대하여 요양급여 비용의 본인 일부 부담금에 대한 대부사업을 할 수 있다.
② 공단은 대부를 받은 사람에게 지급할 이 법에 따른 요양급여가 있으면 그 요양급여를 대부금의 상환에 충당할 수 있다.

2. 본인일부 부담금의 대부대상(요건 전부 충족 필요)

① 근로자가 요양급여를 신청한 날부터 30일이 지날 때까지 공단이 요양급여에 관한 결정을 하지 아니하였을 것
② 그 근로자의 업무와 요양급여의 신청을 한 질병 간에 상당인과관계가 있을 것으로 추정된다는 의학적 소견이 있을 것

III 장해급여자의 고용 촉진(법 제94조)

고용노동부장관은 보험가입자에 대하여 장해급여를 받은 사람을 그 적성에 맞는 업무에 고용하도록 권고할 수 있다.

제9절 산업재해보상보험 및 예방기금

I 산업재해보상보험 및 예방기금의 설치 및 조성(법 제95조)

고용노동부장관은 보험사업, 산업재해 예방 사업에 필요한 재원을 확보하고, 보험급여에 충당하기 위하여 산업재해보상보험 및 예방기금(이하 "기금")을 설치한다. 기출 17
① 기금은 보험료, 기금운용 수익금, 적립금, 기금의 결산상 잉여금, 정부 또는 정부 아닌 자의 출연금 및 기부금, 차입금, 그 밖의 수입금을 재원으로 하여 조성한다.
② 정부는 산업재해 예방 사업을 수행하기 위하여 회계연도마다 기금지출예산 총액의 100분의 3의 범위에서 정부의 출연금으로 세출예산에 계상(計上)하여야 한다.

II 기금의 관리 및 운용

1. 기금의 용도(법 제96조)

(1) 구체적 범위
① 보험급여의 지급 및 반환금의 반환
② 차입금 및 이자의 상환
③ 공단에의 출연
④ 산업재해 예방에 필요한 비용
⑤ 재해근로자의 복지 증진
⑥ 한국산업안전보건공단에의 출연
⑦ 근로복지공단과 국민건강보험공단에의 출연
⑧ 그 밖에 보험사업 및 기금의 관리와 운용

(2) 기금의 계상 등
고용노동부장관은 회계연도마다 위의 용도에 해당하는 기금지출예산 총액의 100분의 8 이상을 산업재해 예방에 필요한 비용과 한국산업안전보건공단에의 출연용도로 계상하여야 한다. 국민건강보험에 따른 국민건강보험공단에 출연하는 금액은 징수업무(고지·수납·체납 업무)가 차지하는 비율 등을 기준으로 산정한다.

2. 기금의 관리·운용사업(법 제97조)

① 기금은 고용노동부장관이 관리·운용한다. 기출 15
② 고용노동부장관은 다음의 방법에 따라 기금을 관리·운용하여야 한다.
  ㉠ 금융기관 또는 체신관서에의 예입(預入) 및 금전신탁
  ㉡ 재정자금에의 예탁
  ㉢ 투자신탁 등의 수익증권 매입
  ㉣ 국가·지방자치단체 또는 금융기관이 직접 발행하거나 채무이행을 보증하는 유가증권의 매입
  ㉤ 그 밖에 기금 증식을 위하여 대통령령으로 정하는 사업

제10절 심사청구 및 재심사청구

I 심사청구

1. 심사대상(법 제103조)

다음에 해당하는 공단의 결정 등(보험급여 결정 등)에 불복하는 자는 공단에 심사청구를 할 수 있다.
① 보험급여에 관한 결정 `기출 19`
② 진료비에 관한 결정
③ 약제비에 관한 결정 `기출 17·19`
④ 진료계획 변경 조치 등
⑤ 보험급여의 일시지급에 관한 결정, 합병증 등 예방관리에 관한 조치 `기출 25`
⑥ 부당이득의 징수에 관한 결정 `기출 19`
⑦ 수급권의 대위에 관한 결정 `기출 19`

2. 청구기간(법 제103조)

심사청구는 보험급여 결정 등이 있음을 안 날부터 90일 이내에 하여야 한다. `기출 14·15·17·18·25`

3. 산업재해보상보험심사위원회의 심사

(1) 산업재해보상보험심사위원회의 설치, 구성 및 운영(법 제104조, 영 제99조, 제100조)

1) 설 치

심사청구를 심의하기 위하여 근로복지공단에 관계 전문가 등으로 구성되는 산업재해보상보험심사위원회(이하 심사위원회)를 둔다. `기출 15·17`

2) 구 성

① 산업재해보상보험심사위원회는 위원장 1명을 포함하여 150명 이내의 위원으로 구성하되, 위원 중 2명은 상임으로 한다.
② 심사위원회의 위원은 다음의 어느 하나에 해당하는 사람 중에서 공단 이사장이 위촉하거나 임명한다.
　㉠ 판사·검사·변호사 또는 경력 5년 이상의 공인노무사
　㉡ 고등교육법에 따른 학교에서 조교수 이상으로 재직하고 있거나 재직하였던 사람
　㉢ 노동 관계 업무 또는 산업재해보상보험 관련 업무에 10년 이상 종사한 사람
　㉣ 사회보험이나 산업의학에 관한 학식과 경험이 풍부한 사람
③ 심사위원회의 위원장은 상임위원 중에서 공단 이사장이 임명한다.
④ 심사위원회의 위원 중 5분의 2에 해당하는 위원은 근로자 단체 및 사용자 단체가 각각 추천하는 사람 중에서 위촉한다. 이 경우 근로자 단체 및 사용자 단체가 추천한 위원은 같은 수로 한다.
⑤ 심사위원회 위원의 임기는 3년으로 하되, 연임할 수 있다. 다만, 임기가 끝난 위원은 그 후임자가 위촉되거나 임명될 때까지 그 직무를 수행할 수 있다.

3) 운영
① 심사위원회의 위원장은 심사위원회의 회의를 소집하고, 그 의장이 된다. 다만, 위원장은 심사위원회의 원활한 운영을 위하여 필요하면 상임위원 또는 그 밖에 위원장이 지명하는 위원이 심사위원회의 회의를 주재하도록 할 수 있다. 심사위원회의 회의는 위원장(상임위원 또는 위원장이 지명하는 위원이 회의를 주재하는 경우에는 그 위원)과 회의를 개최할 때마다 위원장이 지정하는 위원 6명으로 구성한다. 심사위원회의 회의는 구성원 과반수의 출석으로 개의하고, 출석위원 과반수의 찬성으로 의결한다.
② 공단은 심사 청구에 대하여 심사위원회의 심의를 거쳐 결정하는 경우에는 그 심리 경과에 관하여 심리조서를 작성하여야 한다. 심리조서에는 작성 연월일을 적고, 위원장이 서명하거나 날인하여야 하며, 당사자 또는 관계인은 문서로 심리조서의 열람을 신청할 수 있다.
③ 심사위원회의 회의에 출석한 상임위원 및 공단의 임직원인 위원 외의 위원에게는 예산의 범위에서 수당과 여비를 지급할 수 있다.

(2) **심사청구의 방식**(법 제103조)
① 심사청구는 그 보험급여 결정 등을 한 공단의 소속 기관을 거쳐 공단에 제기하여야 한다. 기출 17
② 심사청구서를 받은 공단의 소속 기관은 5일 이내에 의견서를 첨부하여 공단에 보내야 한다. 기출 14·17
③ 보험급여 결정 등에 대하여는 행정심판법에 따른 행정심판을 제기할 수 없다. 기출 17·20·23

(3) **보정 및 각하결정**(영 제97조)
① 공단은 심사청구가 심사청구 기간이 지나 제기되었거나 법령의 방식을 위반하여 보정(補正)할 수 없는 경우 또는 보정 기간에 보정하지 아니한 경우에는 각하결정을 하여야 한다.
② 심사청구가 법령의 방식을 위반한 것이라도 보정할 수 있는 경우에는 공단은 상당한 기간을 정하여 심사청구인에게 보정할 것을 요구할 수 있다. 기출 25 다만, 보정할 사항이 경미한 경우에는 공단이 직권으로 보정할 수 있다.
③ 공단은 직권으로 심사청구를 보정한 경우에는 그 사실을 심사청구인에게 알려야 한다.

(4) **보험급여 결정등의 집행정지**(영 제98조)
① 심사청구는 해당 보험급여 결정등의 집행을 정지시키지 않는다. 다만, 공단은 그 집행으로 발생할 중대한 손실을 피하기 위하여 긴급한 필요가 있다고 인정하면 그 집행을 정지시킬 수 있다.
② 공단은 집행을 정지시킨 경우에는 지체 없이 심사청구인 및 해당 보험급여 결정등을 한 공단의 소속 기관에 문서로 알려야 한다.

(5) **심사청구에 대한 심리·결정**(법 제105조)
1) 심사기간
공단은 재해근로자나 유족으로부터 심사청구를 받으면 심사청구서를 받은 날부터 60일 이내에 심사위원회의 심의를 거쳐 심사청구에 대한 결정을 하여야 한다. 기출 25 다만, 부득이한 사유로 그 기간 이내에 결정을 할 수 없으면 한 차례만 20일을 넘지 아니하는 범위에서 그 기간을 연장할 수 있다. 심사청구 기간이 지난 후에 제기된 심사청구 등 대통령령으로 정하는 사유에 해당하는 경우에는 심사위원회의 심의를 거치지 아니할 수 있다. 기출 14·15·17

2) 심의제외 대상(영 제102조)
① 업무상질병판정위원회의 심의를 거쳐 업무상 질병의 인정 여부가 결정된 경우
② 진폐인 경우
③ 이황화탄소 중독인 경우
④ 각하 결정 사유에 해당하는 경우
⑤ 그 밖에 심사청구의 대상이 되는 보험급여 결정 등이 적법한지를 명백히 알 수 있는 경우

3) 결정기간의 연장
결정기간을 연장할 때에는 최초의 결정기간이 끝나기 7일 전까지 심사청구인 및 보험급여 결정 등을 한 공단의 소속 기관에 알려야 한다.

4) 공단의 심리권한
공단은 심사청구의 심리를 위하여 필요하면 청구인의 신청 또는 직권으로 다음의 행위를 할 수 있다.
① 청구인 또는 관계인을 지정 장소에 출석하게 하여 질문하거나 의견을 진술하게 하는 것
② 청구인 또는 관계인에게 증거가 될 수 있는 문서나 그 밖의 물건을 제출하게 하는 것
③ 전문적인 지식이나 경험을 가진 제3자에게 감정하게 하는 것
④ 소속 직원에게 사건에 관계가 있는 사업장이나 그 밖의 장소에 출입하여 사업주·근로자, 그 밖의 관계인에게 질문하게 하거나, 문서나 그 밖의 물건을 검사하게 하는 것(공단의 소속 직원은 그 권한을 표시하는 증표를 지니고 이를 관계인에게 내보여야 한다.) 기출 25
⑤ 심사청구와 관계가 있는 근로자에게 공단이 지정하는 의사·치과의사 또는 한의사(의사 등)의 진단을 받게 하는 것

5) 심사청구에 대한 결정(영 제101조)
심사청구에 대한 결정은 문서로 하여야 한다. 또한 심사청구에 대한 결정을 하면 심사청구인에게 심사 결정서 정본을 보내야 한다. 공단이 심사청구에 대한 결정을 할 때에는 그 상대방 또는 심사청구인에게 심사청구에 대한 결정에 관하여 심사청구 또는 재심사청구를 제기할 수 있는지 여부, 제기하는 경우의 절차 및 청구기간을 알려야 한다.

Ⅱ 재심사청구

1. 심사대상(법 제106조)
심사청구에 대한 결정에 불복하는 자는 산업재해보상보험 재심사위원회에 재심사청구를 할 수 있다. 다만, 판정위원회의 심의를 거친 보험급여에 관한 결정에 불복하는 자는 심사청구를 하지 아니하고 재심사청구를 할 수 있다(제1항). 기출 15

2. 청구기간(법 제106조)
재심사청구는 심사청구에 대한 결정이 있음을 안 날부터 90일 이내에 제기하여야 한다. 다만, 심사청구를 거치지 아니하고 재심사청구를 하는 경우에는 보험급여에 관한 결정이 있음을 안 날부터 90일 이내에 제기하여야 한다(제3항).

3. 산업재해보상보험재심사위원회의 재심사(법 제106조, 제107조)

(1) 산업재해보상보험재심사위원회의 설치, 구성 및 운영(법 제107조, 영 제106조, 제107조, 제111조)

1) 설 치
재심사청구를 심리·재결하기 위하여 고용노동부에 산업재해보상보험재심사위원회(이하 "재심사위원회")를 둔다. `기출` 17

2) 구 성
① 재심사위원회는 위원장 1명을 포함한 90명 이내의 위원으로 구성하되, 위원 중 2명은 상임위원으로, 1명은 당연직위원으로 한다. 재심사위원회에 위원장과 3명 이내의 부위원장을 두며, 위원장은 재심사위원회를 대표하며, 위원회의 사무를 총괄한다. 부위원장은 재심사위원회가 위원 중에서 선출한다. 부위원장은 위원장을 보좌하며, 위원장이 부득이한 사유로 직무를 수행할 수 없을 때에는 그 직무를 대행한다.

② 재심사위원회의 위원 중 5분의 2에 해당하는 위원은 ④의 ⓒ부터 ⓜ까지에 해당하는 사람 중에서 근로자단체 및 사용자 단체가 각각 추천하는 사람으로 구성한다. 이 경우 근로자 단체 및 사용자 단체가 추천하는 사람은 같은 수로 하여야 한다.

③ 근로자단체나 사용자단체가 각각 추천하는 사람이 위촉하려는 전체 위원 수의 5분의 1보다 적은 경우에는 ②의 후단을 적용하지 아니하고 근로자단체와 사용자단체가 추천하는 위원 수를 전체 위원 수의 5분의 2 미만으로 할 수 있다.

④ 재심사위원회의 위원장 및 위원은 다음의 어느 하나에 해당하는 사람 중에서 고용노동부장관의 제청으로 대통령이 임명한다. 다만, 당연직위원은 고용노동부장관이 소속 3급의 일반직 공무원 또는 고위공무원단에 속하는 일반직 공무원 중에서 지명하는 사람으로 한다. `기출` 15·20·23
   ㉠ 3급 이상의 공무원 또는 고위공무원단에 속하는 일반직 공무원으로 재직하고 있거나 재직하였던 사람
   ㉡ 판사·검사·변호사 또는 경력 10년 이상의 공인노무사
   ㉢ 고등교육법에 따른 학교에서 부교수 이상으로 재직하고 있거나 재직하였던 사람
   ㉣ 노동관계 업무 또는 산업재해보상보험 관련 업무에 15년 이상 종사한 사람
   ㉤ 사회보험이나 산업의학에 관한 학식과 경험이 풍부한 사람

⑤ 다음의 어느 하나에 해당하는 사람은 위원에 임명될 수 없다.
   ㉠ 피성년후견인·피한정후견인 또는 파산선고를 받고 복권되지 아니한 사람
   ㉡ 금고 이상의 실형을 선고받고 그 집행이 끝나거나(집행이 끝난 것으로 보는 경우를 포함) 집행이 면제된 날부터 3년이 지나지 아니한 사람
   ㉢ 금고 이상의 형의 집행유예를 선고받고 그 유예기간 중에 있는 사람
   ㉣ 심신 상실자·심신 박약자

⑥ 재심사위원회 위원(당연직위원은 제외)의 임기는 3년으로 하되 연임할 수 있고, 위원장이나 위원의 임기가 끝난 경우 그 후임자가 임명될 때까지 그 직무를 수행한다. `기출` 20·23

⑦ 재심사위원회의 위원은 ㉠ 금고 이상의 형을 선고받은 경우, ㉡ 오랜 심신 쇠약으로 직무를 수행할 수 없게 된 경우, ㉢ 직무와 관련된 비위사실이 있거나 재심사위원회 위원직을 유지하기에 적합하지 아니하다고 인정되는 비위사실이 있는 경우 등 외에는 그 의사에 반하여 면직되지 아니한다.

⑧ 재심사위원회에 사무국을 둔다.

3) 운 영
① 위원장은 재심사위원회의 회의를 소집하고, 그 의장이 된다. 다만, 재심사위원회의 원활한 운영을 위하여 필요하면 위원장의 명을 받아 부위원장이 재심사위원회의 회의를 주재할 수 있다. 위원장은 재심사위원회의 회의를 소집하려면 회의 개최 5일 전까지 회의의 일시·장소 및 안건을 위원들에게 서면으로 알려야 한다. 다만, 긴급하게 회의를 소집하여야 할 때에는 회의 개최 전날까지 구두(口頭), 전화, 그 밖의 방법으로 알릴 수 있다.
② 재심사위원회의 회의는 위원장 또는 부위원장, 상임위원 및 위원장이 회의를 할 때마다 지정하는 위원을 포함하여 9명으로 구성한다. 이 경우 위원장이 지정하는 위원 중에는 판사·검사·변호사 또는 경력 10년 이상의 공인노무사의 자격이 있는 위원과 사회보험이나 산업의학에 관한 학식과 경험이 풍부한 위원이 각각 1명 이상 포함되어야 한다.
③ 재심사위원회의 회의는 구성원 과반수의 출석과 출석위원 과반수의 찬성으로 의결한다. 이 경우 판사·검사·변호사 또는 경력 10년 이상의 공인노무사의 자격이 있는 위원과 사회보험이나 산업의학에 관한 학식과 경험이 풍부한 위원이 각각 1명 이상 출석하여야 한다. 재심사위원회의 회의에 출석한 상임위원 및 당연직위원 외의 위원에게는 예산의 범위에서 수당과 여비를 지급할 수 있다. 재심사위원회의 운영에 필요한 기타 사항은 재심사위원회의 의결을 거쳐 위원장이 정한다.
④ 재심사위원회는 재심사 청구의 효율적인 심리를 위하여 필요하다고 인정하는 경우에는 전문 분야별 소위원회(이하 "소위원회")를 구성·운영할 수 있다. 소위원회는 재심사위원회 위원장이 재심사위원회 위원 중에서 지정한 5명 이내의 위원으로 구성한다. 소위원회 위원장은 소위원회 위원 중에서 재심사위원회 위원장이 지정한다. 소위원회는 위원장이 지정하는 재심사 청구 사건을 검토하여 재심사위원회에 보고하여야 한다.

(2) **심사청구의 방식**(법 제106조)
① 재심사청구는 그 보험급여 결정 등을 한 공단의 소속 기관을 거쳐 산업재해보상보험 재심사위원회에 제기하여야 한다(제2항).
② 재심사 청구서를 받은 산업재해보상보험재심사위원회의 소속 기관은 5일 이내에 의견서를 첨부하여 산업재해보상보험재심사위원회에 보내야 한다(제4항).

(3) **위원의 제척·기피·회피**
1) 제 척
재심사위원회의 위원은 다음의 어느 하나에 해당하는 경우에는 그 사건의 심리·재결에서 제척된다.
① 위원 또는 그 배우자나 배우자였던 사람이 그 사건의 당사자가 되거나 그 사건에 관하여 공동권리자 또는 의무자의 관계에 있는 경우
② 위원이 그 사건의 당사자와 민법에 따른 친족이거나 친족이었던 경우
③ 위원이 그 사건에 관하여 증언이나 감정을 한 경우
④ 위원이 그 사건에 관하여 당사자의 대리인으로서 관여하거나 관여하였던 경우
⑤ 위원이 그 사건의 대상이 된 보험급여 결정 등에 관여한 경우

2) 기 피

당사자는 위원에게 심리·재결의 공정을 기대하기 어려운 사정이 있는 경우에는 기피신청을 할 수 있다.

3) 회 피

위원은 제척이나 기피의 사유에 해당하면 스스로 그 사건의 심리·재결을 회피할 수 있다.

4) 준 용

사건의 심리·재결에 관한 사무에 관여하는 위원 아닌 직원에게도 제척·기피·회피규정을 준용한다.

(4) 재심사청구에 대한 심리와 재결(법 제109조)

1) 재심사기간

재심사위원회는 재심사청구를 받은 날로부터 60일 이내에 재심사청구에 대한 결정을 하여야 한다. 부득이한 사유로 60일 이내에 결정을 할 수 없으면 1차에 한하여 20일을 넘지 아니하는 범위 내에서 심사기간을 연장할 수 있다.

2) 재심사청구에 대한 결정

재심사청구에 대한 결정은 문서로 하여야 한다. 또한 재심사청구에 대한 재결을 하면 공단 및 재심사청구인에게 재결서 정본을 보내야 한다. 재심사청구에 대한 재결을 할 때에는 재심사청구인에게 재결에 관하여 행정소송을 제기할 수 있는지 여부, 제기하는 경우에는 절차 및 청구기간을 알려야 한다.

3) 재심사청구에 대한 재결의 효력

재심사위원회의 재결은 공단을 기속(羈束)한다(제2항). **기출** 20·23

(5) 재결에 대한 불복(행정소송법 제20조)

심사위원회의 재결에 대한 불복이 있는 자는 재심사청구에 대한 재결이 있음을 안 날로부터 90일 이내에 행정소송을 제기하여야 하며, 재결이 있은 후 1년이 경과하면 이를 제기하지 못한다.

Ⅲ 기 타

1. 심사청구인 및 재심사청구인의 지위승계(법 제110조)

심사청구인 또는 재심사청구인이 사망한 경우 그 청구인이 보험급여의 수급권자이면 유족이, 그 밖의 자이면 상속인 또는 심사청구나 재심사청구의 대상인 보험급여에 관련된 권리·이익을 승계한 자가 각각 청구인의 지위를 승계한다.

2. 다른 법률과의 관계(법 제111조)

① 심사청구 및 재심사청구의 제기는 시효의 중단에 관하여 민법에 따른 재판상의 청구로 본다(제1항).

기출 20·23

② 재심사청구에 대한 재결은 행정소송법 제18조를 적용할 때 행정심판에 대한 재결로 본다(제2항).

③ 심사청구 및 재심사청구에 관하여 이 법에서 정하고 있지 아니한 사항에 대하여는 행정심판법에 따른다(제3항).

제11절 보 칙

I 시효의 완성(법 제112조) 기출 19

① 다음의 권리는 3년간 행사하지 아니하면 시효로 말미암아 소멸한다. 다만, 보험급여 중 장해급여, 유족급여, 장례비, 진폐보상연금 및 진폐유족연금을 받을 권리는 5년간 행사하지 아니하면 시효의 완성으로 소멸한다.
   ㉠ 보험급여를 받을 권리
   ㉡ 산재보험 의료기관의 권리
   ㉢ 약국의 권리
   ㉣ 보험가입자의 권리
   ㉤ 국민건강보험공단 등의 권리
② 소멸시효에 관하여는 이 법에 규정된 것 외에는 민법에 따른다.

II 보험급여의 일시 중지(법 제120조, 영 제119조) 기출 15·20

공단은 보험급여를 받고자 하는 사람이 다음의 어느 하나에 해당되면 보험급여의 지급을 일시 중지할 수 있다.
① 요양 중인 근로자가 공단의 의료기관 변경 요양 지시를 정당한 사유 없이 따르지 아니하는 경우
② 공단이 직권으로 실시하는 장해등급 또는 진폐장해등급 재판정 요구에 따르지 아니하는 경우
③ 보고·서류제출 또는 신고를 하지 아니하는 경우
④ 질문이나 조사에 따르지 아니하는 경우
⑤ 진찰 요구에 따르지 아니하는 경우

제12절 벌 칙

I 형벌(법 제127조)

① 공동이용하는 전산정보자료를 목적 외의 용도로 이용하거나 활용한 자는 3년 이하의 징역 또는 3천만원 이하의 벌금에 처한다. 기출 21
② 산재보험 의료기관이나 약국의 종사자로서 거짓이나 그 밖의 부정한 방법으로 진료비나 약제비를 지급받은 자는 3년 이하의 징역 또는 3천만원 이하의 벌금에 처한다.
③ 다음의 어느 하나에 해당하는 자는 2년 이하의 징역 또는 2천만원 이하의 벌금에 처한다.
   ㉠ 거짓이나 그 밖의 부정한 방법으로 보험급여를 받은 자 기출 22·25
   ㉡ 거짓이나 그 밖의 부정한 방법으로 보험급여를 받도록 시키거나 도와준 자 기출 21·22·25
   ㉢ 불이익 처우 금지규정(법 제111조의2)을 위반하여 근로자를 해고하거나 그 밖에 근로자에게 불이익한 처우를 한 사업주 기출 21·23·25
④ 공단의 임직원이나 그 직에 있었던 자가 그 직무상 지득한 비밀을 누설한 자는 2년 이하의 징역 또는 1천만원 이하의 벌금에 처한다. 기출 21

Ⅱ 과태료(법 제129조) 기출 18

1. 300만원 이하의 과태료 부과처분
플랫폼 종사자에 관한 보험사무의 효율적 처리를 위하여 근로복지공단이 플랫폼 운영자에게 청구한 해당 온라인 플랫폼의 이용 및 보험관계의 확인에 필요한 자료 또는 정보의 제공 요청에 따르지 아니한 자

2. 200만원 이하의 과태료 부과처분
① 근로복지공단 또는 이와 비슷한 명칭을 사용한 자 기출 21·22·23·25
② 공단이 아닌 자에게 진료비를 청구한 자

3. 100만원 이하의 과태료 부과처분
① 진료계획을 정당한 사유 없이 제출하지 아니하는 자 기출 25
② 심사청구인이 공단의 질문에 답변하지 아니하거나 거짓된 답변을 하거나 검사를 거부·방해 또는 기피한 자
③ 사업주, 당해 사업에 종사하는 근로자, 보험사무조합 또는 진료를 담당한 의사가 보험사업에 관하여 필요한 보고를 하지 아니하거나 거짓된 보고를 한 자 또는 서류나 물건의 제출명령에 따르지 아니한 자
④ 공단의 소속 직원의 질문에 답변을 거부하거나 조사를 거부·방해 또는 기피한 자

CHAPTER 03 산업재해보상보험법

01 산업재해보상보험법령상 근로복지공단(이하 '공단'이라 한다)에 관한 설명으로 옳지 않은 것은? 기출 25

① 공단의 상임임원과 직원은 그 직무 외에 영리를 목적으로 하는 업무에 종사할 수 있다.
② 공단의 업무 중 보험급여의 지급에 관한 사항을 체신관서에 위탁할 수 있다.
③ 공단의 임원은 이사장 1명과 상임이사 4명을 포함한 15명 이내의 이사와 감사 1명으로 한다.
④ 공단은 회계연도마다 회계연도가 끝난 후 2개월 이내에 사업 실적과 결산을 고용노동부장관에게 보고하여야 한다.
⑤ 공단은 보험급여의 결정과 지급 등 보험사업을 효율적으로 수행하기 위하여 필요하면 국세청에 대통령령으로 정하는 자료의 제공을 요청할 수 있다.

해설 및 정답

01 ① (×) 공단의 상임임원과 직원은 그 직무 외에 영리를 목적으로 하는 업무에 종사하지 못한다(산재법 제21조 제1항).
② (○) 공단의 업무 중 보험급여의 지급에 관한 사항 및 이에 딸린 업무는 체신관서나 금융기관에 위탁할 수 있다 (산재법 제29조 제2항, 동법 시행령 제19조 제1항).
③ (○) 산재법 제16조 제1항
④ (○) 산재법 제25조 제2항
⑤ (○) 공단은 보험급여의 결정과 지급 등 보험사업을 효율적으로 수행하기 위하여 필요하면 질병관리청·국세청·경찰청 및 지방자치단체 등 관계 행정기관이나 그 밖에 대통령령으로 정하는 보험사업과 관련되는 기관·단체에 주민등록·외국인등록 등 대통령령으로 정하는 자료의 제공을 요청할 수 있다(산재법 제31조 제1항).

정답 ❶

02 산업재해보상보험법령에 관한 설명으로 옳은 것은? 기출 25

① 국가는 회계연도마다 예산의 범위에서 보험사업에 드는 비용의 전부를 지원하여야 한다.
② 어업 및 수렵업 중 법인이 아닌 자의 사업으로서 상시근로자 수가 5명 미만인 사업에 대하여는 이 법을 적용하지 아니한다.
③ "중증요양상태"란 부상 또는 질병이 치유되었으나 정신적 또는 육체적 훼손으로 인하여 노동능력이 상실되거나 감소된 상태를 말한다.
④ "장해"란 부상 또는 질병이 완치되거나 치료의 효과를 더 이상 기대할 수 없고 그 증상이 고정된 상태에 이르게 된 것을 말한다.
⑤ 산업재해근로자의 권익 향상을 도모하기 위하여 매년 3월 28일을 산업재해근로자의 날로 하며, 산업재해근로자의 날부터 1주간을 산업재해근로자 추모 주간으로 한다.

03 산업재해보상보험법상 보험급여에 관한 설명으로 옳은 것을 모두 고른 것은? 기출 25

> ㄱ. 진폐에 따른 보험급여의 종류에 휴업급여와 장해급여는 포함되지 않는다.
> ㄴ. 임신 중인 근로자가 업무수행 과정에서 업무상 사고로 인하여, 출산한 자녀에게 장해가 발생한 경우 업무상의 재해로 본다.
> ㄷ. 건강손상자녀에 대한 보험급여의 종류에 휴업급여, 유족급여 및 장례비는 포함되지 않는다.
> ㄹ. 건강손상자녀에 대한 장해등급 판정은 20세 이후에 한다.

① ㄱ, ㄴ
② ㄱ, ㄷ
③ ㄴ, ㄹ
④ ㄱ, ㄷ, ㄹ
⑤ ㄴ, ㄷ, ㄹ

해설 및 정답

02 ① (×) 국가는 회계연도마다 예산의 범위에서 보험사업에 드는 비용의 일부를 지원할 수 있다(산재법 제3조 제2항).
② (○) 산재법 제6조 단서, 동법 시행령 제2조 제1항 제6호
③ (×) "중증요양상태"란 업무상의 부상 또는 질병에 따른 정신적 또는 육체적 훼손으로 노동능력이 상실되거나 감소된 상태로서 그 부상 또는 질병이 치유되지 아니한 상태를 말한다(산재법 제5조 제6호). 부상 또는 질병이 치유되었으나 정신적 또는 육체적 훼손으로 인하여 노동능력이 상실되거나 감소된 상태는 "장해"를 의미한다(산재법 제5조 제5호).
④ (×) "장해"란 부상 또는 질병이 치유되었으나 정신적 또는 육체적 훼손으로 인하여 노동능력이 상실되거나 감소된 상태를 말한다(산재법 제5조 제5호). 부상 또는 질병이 완치되거나 치료의 효과를 더 이상 기대할 수 없고 그 증상이 고정된 상태에 이르게 된 것은 "치유"를 의미한다(산재법 제5조 제4호).
⑤ (×) 산업재해에 대한 국민의 이해를 증진시키고 산업재해근로자의 권익 향상을 도모하기 위하여 매년 4월 28일을 산업재해근로자의 날로 하며, 산업재해근로자의 날부터 1주간을 산업재해근로자 추모 주간으로 한다(산재법 제9조의2 제1항).

정답 ❷

03 ㄱ. (○) 진폐에 따른 보험급여의 종류는 요양급여, 간병급여, 장례비, 직업재활급여, 진폐보상연금, 진폐유족연금으로 하므로(산재법 제36조 제1항 단서 전단), 보험급여의 종류에 휴업급여와 장해급여는 포함되지 아니한다.
ㄴ. (○) 임신 중인 근로자가 업무수행 과정에서 업무상 사고 및 업무상 질병 또는 대통령령으로 정하는 유해인자의 취급이나 노출로 인하여, 출산한 자녀에게 부상, 질병 또는 장해가 발생하거나 그 자녀가 사망한 경우 업무상의 재해로 본다(산재법 제91조의12 전문).
ㄷ. (×) 건강손상자녀에 대한 보험급여의 종류는 요양급여, 장해급여, 간병급여, 장례비, 직업재활급여로 한다(산재법 제36조 제1항 단서 후단). 따라서 휴업급여, 유족급여 보험급여의 종류에 포함되지 아니하나 장례비는 포함된다.
ㄹ. (×) 건강손상자녀에 대한 장해등급 판정은 18세 이후에 한다(산재법 제91조의13).

> **보험급여의 종류와 산정 기준 등(산재법 제36조)**
> ① 보험급여의 종류는 다음 각 호와 같다. 다만, 진폐에 따른 보험급여의 종류는 제1호의 요양급여, 제4호의 간병급여, 제7호의 장례비, 제8호의 직업재활급여, 제91조의3에 따른 진폐보상연금 및 제91조의4에 따른 진폐유족연금으로 하고, 제91조의12에 따른 건강손상자녀에 대한 보험급여의 종류는 제1호의 요양급여, 제3호의 장해급여, 제4호의 간병급여, 제7호의 장례비, 제8호의 직업재활급여로 한다.
> 1. 요양급여
> 2. 휴업급여
> 3. 장해급여
> 4. 간병급여
> 5. 유족급여
> 6. 상병(傷病)보상연금
> 7. 장례비
> 8. 직업재활급여

정답 ❶

04 산업재해보상보험법상 직업재활급여에 관한 설명으로 옳지 않은 것은? 기출 25

① 재활운동비의 지급기간은 3개월 이내로 한다.
② 장해급여자 중 훈련대상자에 대하여 실시하는 직업훈련에 드는 비용 및 직업훈련수당은 직업재활급여에 포함된다.
③ 직업훈련수당의 1일당 지급액은 평균임금의 100분의 70에 상당하는 금액으로 한다.
④ 직업훈련비용을 지급하는 훈련기간은 12개월 이내로 한다.
⑤ 직업훈련비용의 금액은 고용노동부장관이 훈련비용, 훈련기간 및 노동시장의 여건 등을 고려하여 고시하는 금액의 범위에서 실제 드는 비용으로 한다.

05 산업재해보상보험법상 과태료 부과 대상이 되는 자는 모두 몇 명인가? 기출 25

- 거짓으로 보험급여를 받은 자
- 거짓으로 보험급여를 받도록 시킨 자
- 근로복지공단이 아닌 자가 근로복지공단과 비슷한 명칭을 사용한 자
- 근로자가 보험급여를 신청한 것을 이유로 근로자에게 불이익한 처우를 한 사업주
- 요양기간을 연장할 필요가 있을 때 제출해야 할 진료계획을 정당한 사유 없이 제출하지 아니하는 자

① 1명
② 2명
③ 3명
④ 4명
⑤ 5명

● 해설 및 정답 ●

04 ① (○) 직장적응훈련비 및 재활운동비는 고용노동부장관이 직장적응훈련 또는 재활운동에 드는 비용을 고려하여 고시하는 금액의 범위에서 실제 드는 비용으로 하되, <u>그 지급기간은 3개월 이내로 한다</u>(산재법 제75조 제3항).
② (○) <u>장해급여자 중 훈련대상자에 대하여 실시하는 직업훈련에 드는 비용 및 직업훈련수당과 업무상의 재해가 발생할 당시의 사업에 복귀한 장해급여자에 대하여 사업주가 고용을 유지하거나 직장적응훈련 또는 재활운동을 실시하는 경우에 각각 지급하는 직장복귀지원금, 직장적응훈련비 및 재활운동비 등이 직업재활급여에 포함된다</u>(산재법 제72조 제1항).
③ (×) 직업훈련수당의 1일당 지급액은 <u>최저임금액에 상당하는 금액</u>으로 한다(산재법 제74조 제1항 본문).
④ (○) 직업훈련비용의 금액은 고용노동부장관이 훈련비용, 훈련기간 및 노동시장의 여건 등을 고려하여 고시하는 금액의 범위에서 실제 드는 비용으로 하되, <u>직업훈련비용을 지급하는 훈련기간은 12개월 이내로 한다</u>(산재법 제73조 제3항).
⑤ (○) 산재법 제73조 제3항 전단

정답 ❸

05 <u>근로복지공단이 아닌 자가 근로복지공단과 비슷한 명칭을 사용한 자</u>(제2항 제1호)와 <u>요양기간을 연장할 필요가 있는 때 제출해야 할 진료계획을 정당한 사유 없이 제출하지 아니하는 자</u>(제3항 제1호) 등이 산재법 제129조 제2항, 제3항에서 정한 과태료부과대상자에 해당한다. 거짓으로 보험급여를 받은 자, 거짓으로 보험급여를 받도록 시킨 자, 근로자가 보험급여를 신청한 것을 이유로 근로자에게 불이익한 처우를 한 사업주 등은 산재법 제127조 제3항에서 정한 바에 따라 벌칙의 적용대상에 해당한다.

> **벌칙(산재법 제127조)**
> ③ 다음 각 호의 어느 하나에 해당하는 자는 2년 이하의 징역 또는 2천만원 이하의 벌금에 처한다.
>   1. 거짓이나 그 밖의 부정한 방법으로 보험급여를 받은 자
>   2. 거짓이나 그 밖의 부정한 방법으로 보험급여를 받도록 시키거나 도와준 자
>   3. 제111조의2를 위반하여 근로자를 해고하거나 그 밖에 근로자에게 불이익한 처우를 한 사업주
>
> **과태료(산재법 제129조)**
> ① 제91조의21을 위반하여 자료 또는 정보의 제공 요청에 따르지 아니한 자에게는 300만원 이하의 과태료를 부과한다.
> ② 다음 각 호의 어느 하나에 해당하는 자에게는 200만원 이하의 과태료를 부과한다.
>   1. 제34조를 위반하여 근로복지공단 또는 이와 비슷한 명칭을 사용한 자
>   2. 제45조 제1항을 위반하여 공단이 아닌 자에게 진료비를 청구한 자
> ③ 다음 각 호의 어느 하나에 해당하는 자에게는 100만원 이하의 과태료를 부과한다.
>   1. 제47조 제1항에 따른 진료계획을 정당한 사유 없이 제출하지 아니하는 자
>   2. 제105조 제4항(제109조 제1항에서 준용하는 경우를 포함한다)에 따른 질문에 답변하지 아니하거나 거짓된 답변을 하거나 검사를 거부·방해 또는 기피한 자
>   3. 제114조 제1항 또는 제118조에 따른 보고를 하지 아니하거나 거짓된 보고를 한 자 또는 서류나 물건의 제출 명령에 따르지 아니한 자
>   4. 제117조 또는 제118조에 따른 공단의 소속 직원의 질문에 답변을 거부하거나 조사를 거부·방해 또는 기피한 자
>   5. 삭제 〈2022.6.10.〉

정답 ❷

06 산업재해보상보험법상 유족보상일시금에 대해 근로자가 유언으로 보험급여를 받을 유족을 지정하지 않은 경우 다음 중 유족 간의 수급권 순위가 가장 높은 사람은? 기출 25

① 근로자가 사망할 당시 그 근로자와 생계를 같이 하고 있던 자녀
② 근로자가 사망할 당시 그 근로자와 생계를 같이 하고 있던 부모
③ 근로자가 사망할 당시 그 근로자와 생계를 같이 하고 있던 형제
④ 근로자가 사망할 당시 그 근로자와 생계를 같이 하고 있지 아니하던 자매
⑤ 근로자가 사망할 당시 그 근로자와 생계를 같이 하고 있지 아니하던 배우자

07 산업재해보상보험법상 보험급여의 지급 및 부당이득에 관한 설명으로 옳은 것은? 기출 25

① 보험급여는 신청일로부터 7일 이내에 지급하여야 한다.
② 보험급여의 수급권자가 사망한 경우에 아직 지급되지 아니한 보험급여가 있으면 그 수급권자의 유족의 청구와 관계없이 그 보험급여를 지급한다.
③ 보험급여수급계좌의 해당 금융기관은 이 법에 따른 보험급여만이 보험급여수급계좌에 입금되도록 관리하여야 한다.
④ 근로복지공단은 보험급여를 받은 사람이 거짓이나 그 밖의 부정한 방법으로 보험급여를 받은 경우 그 급여액의 3배에 해당하는 금액을 징수하여야 한다.
⑤ 근로복지공단은 거짓으로 진료비를 지급받은 산재보험 의료기관으로서 매년 직전 연도부터 과거 2년간 부정수급 횟수가 2회 이상이고 부정수급액의 합계가 5천만원 이상인 자의 명단을 공개할 수 있다.

08 산업재해보상보험법령상 노무제공자가 아닌 자는? 기출 25

① 「여신전문금융업법」에 따른 신용카드회원 모집인
② 「도로교통법」에 따른 어린이통학버스를 운전하는 사람
③ 한국표준직업분류표의 세분류에 따른 대여 제품 방문 점검원
④ 「방문판매 등에 관한 법률」제2조 제2호에 따른 방문판매원으로서 방문판매는 하지 않고 자가 소비만 하는 사람
⑤ 「우체국예금・보험에 관한 법률」에 따른 우체국보험의 모집을 전업으로 하는 사람

• 해설 및 정답 •

06 산재법 제65조 제1항 제1호와 제2호의 관계에서는 제1호에 규정된 사람이, 제1호에 규정된 사람 간에는 동호에 적힌 순서에 따라 유족 간의 수급권의 순위가 결정되므로, 근로자가 사망할 당시 그 근로자와 생계를 같이하고 있던 자녀, 부모, 형제 중 산재법 제65조 제1항 제1호에서 적힌 순서가 가장 빠른 '자녀'가 유족 간 수급권순위가 가장 높은 사람이 된다.

> **수급권자인 유족의 순위(산재법 제65조)**
> ① 제57조 제5항·제62조 제2항(유족보상일시금에 한정한다) 및 제4항에 따른 <u>유족 간의 수급권의 순위는 다음 각 호의 순서로 하되, 각 호의 사람 사이에서는 각각 그 적힌 순서에 따른다.</u> 이 경우 같은 순위의 수급권자가 2명 이상이면 그 유족에게 똑같이 나누어 지급한다.
>   1. <u>근로자가 사망할 당시 그 근로자와 생계를 같이 하고 있던 배우자·자녀·부모·손자녀 및 조부모</u>
>   2. 근로자가 사망할 당시 그 근로자와 생계를 같이 하고 있지 아니하던 배우자·자녀·부모·손자녀 및 조부모 또는 근로자가 사망할 당시 근로자와 생계를 같이 하고 있던 형제자매
>   3. 형제자매

정답 ❶

07 ① (×) 보험급여는 <u>지급 결정일부터 14일 이내에</u> 지급하여야 한다(산재법 제82조 제1항).
② (×) 보험급여의 수급권자가 사망한 경우에 그 수급권자에게 지급하여야 할 보험급여로서 아직 지급되지 아니한 보험급여가 있으면 <u>그 수급권자의 유족(유족급여의 경우에는 그 유족급여를 받을 수 있는 다른 유족)의 청구에 따라</u> 그 보험급여를 지급한다(산재법 제81조 제1항).
③ (○) 산재법 제82조 제3항
④ (×) 근로복지공단은 보험급여를 받은 사람이 거짓이나 그 밖의 부정한 방법으로 보험급여를 받은 경우 <u>그 급여액의 2배에 해당하는 금액을</u> 징수하여야 한다(산재법 제84조 제1항 제1호).
⑤ (×) 근로복지공단은 거짓으로 진료비를 지급받은 산재보험 의료기관으로서 매년 직전 연도부터 과거 <u>3년간 부정수급 횟수가 2회 이상이고 부정수급액의 합계가 1억원 이상인 자의</u> 명단을 공개할 수 있다(산재법 제84조의2 제1항 제1호).

정답 ❸

08 ① (○) 산재법 시행령 제83조의5 제8호
② (○) 산재법 시행령 제83조의5 제18호
③ (○) 산재법 시행령 제83조의5 제11호
④ (×) 방문판매 등에 관한 법률 제2조 제2호에 따른 방문판매원 또는 같은 조 제8호에 따른 후원방문판매원으로서 방문판매업무를 하는 사람이 산재법상 노무제공자에 해당한다. 다만, <u>방문판매는 하지 않고 자가 소비만 하는 경우에는 노무제공자에 해당하지 아니한다</u>(산재법 시행령 제83조의5 제10호).
⑤ (○) 산재법 시행령 제83조의5 제1호 다목

정답 ❹

09 산업재해보상보험법령상 심사청구에 관한 설명으로 옳지 않은 것은? 기출 25

① 근로복지공단(이하 '공단'이라 한다)의 합병증 등 예방관리에 관한 조치에 불복하는 자는 공단에 심사청구를 할 수 있다.
② 심사 청구는 보험급여 결정등이 있음을 안 날부터 90일 이내에 하여야 한다.
③ 심사 청구가 법령의 방식을 위반한 것이라도 보정할 수 있는 경우에는 공단은 상당한 기간을 정하여 심사 청구인에게 보정할 것을 요구할 수 있다.
④ 공단은 심사 청구서를 받은 날부터 90일 이내에 산업재해보상보험심사위원회의 심의를 거쳐 심사청구에 대한 결정을 하여야 한다.
⑤ 공단은 심사 청구의 심리를 위하여 필요하면 직권으로 소속 직원에게 사건에 관계가 있는 사업장에 출입하여 문서를 검사하게 할 수 있다.

• 해설 및 정답 •

09 ① (○) 산재법 제103조 제1항 제5호의2
② (○) 산재법 제103조 제3항
③ (○) 심사 청구가 법령의 방식을 위반한 것이라도 보정할 수 있는 경우에는 공단은 상당한 기간을 정하여 심사 청구인에게 보정할 것을 요구할 수 있다. 다만, 보정할 사항이 경미한 경우에는 공단이 직권으로 보정할 수 있다(산재법 시행령 제97조 제2항).
④ (×) 공단은 심사 청구서를 받은 날부터 <u>60일 이내</u>에 심사위원회의 의결를 거쳐 심사 청구에 대한 결정을 하여야 한다. 다만, 부득이한 사유로 그 기간 이내에 결정을 할 수 없으면 한 차례만 20일을 넘지 아니하는 범위에서 그 기간을 연장할 수 있다(산재법 제105조 제1항).
⑤ (○) 산재법 제105조 제4항 제4호

> **심사 청구의 제기(산재법 제103조)**
> ① <u>다음 각 호의 어느 하나에 해당하는 공단의 결정 등(이하 "보험급여 결정등"이라 한다)에 불복하는 자는 공단에 심사 청구를 할 수 있다.</u>
>   1. 제3장, 제3장의2 및 제3장의3에 따른 보험급여에 관한 결정
>   2. 제45조 및 제91조의6 제4항에 따른 진료비에 관한 결정
>   3. 제46조에 따른 약제비에 관한 결정
>   4. 제47조 제2항에 따른 진료계획 변경 조치등
>   5. 제76조에 따른 보험급여의 일시지급에 관한 결정
>   5의2. 제77조에 따른 합병증 등 예방관리에 관한 조치
>   6. 제84조에 따른 부당이득의 징수에 관한 결정
>   7. 제89조에 따른 수급권의 대위에 관한 결정
>
> **심사 청구에 대한 심리·결정(산재법 제105조)**
> ④ 공단은 심사 청구의 심리를 위하여 필요하면 <u>청구인의 신청 또는 직권으로 다음 각 호의 행위를 할 수 있다.</u>
>   1. 청구인 또는 관계인을 지정 장소에 출석하게 하여 질문하거나 의견을 진술하게 하는 것
>   2. 청구인 또는 관계인에게 증거가 될 수 있는 문서나 그 밖의 물건을 제출하게 하는 것
>   3. 전문적인 지식이나 경험을 가진 제3자에게 감정하게 하는 것
>   4. <u>소속 직원에게 사건에 관계가 있는 사업장이나 그 밖의 장소에 출입하여 사업주·근로자, 그 밖의 관계인에게 질문하게 하거나, 문서나 그 밖의 물건을 검사하게 하는 것</u>
>   5. 심사 청구와 관계가 있는 근로자에게 공단이 지정하는 의사·치과의사 또는 한의사(이하 "의사등"이라 한다)의 진단을 받게 하는 것

정답 ④

10 산업재해보상보험법상 요양급여의 범위에 해당하는 것은 모두 몇 개인가? 기출 24

○ 재활치료
○ 간호
○ 이송
○ 간병
○ 약제 또는 진료재료와 의지(義肢)나 그 밖의 보조기의 지급

① 1개
② 2개
③ 3개
④ 4개
⑤ 5개

11 산업재해보상보험법령상 산업재해보상보험 및 예방심의위원회(이하 '위원회'라 한다)에 관한 내용으로 옳지 않은 것은? 기출 24

① 위원회는 근로자를 대표하는 사람, 사용자를 대표하는 사람 및 공익을 대표하는 사람으로 구성하되, 그 수는 각각 같은 수로 한다.
② 사용자를 대표하는 위원은 전국을 대표하는 사용자 단체가 추천하는 사람 5명으로 한다.
③ 근로자를 대표하는 위원의 임기는 3년으로 하되, 연임할 수 있다.
④ 위원회의 회의는 재적위원 과반수의 출석으로 개의하고, 출석위원 3분의 2 이상의 찬성으로 의결한다.
⑤ 보궐위원의 임기는 전임자의 남은 임기로 한다.

• 해설 및 정답 •

10 5개의 지문 모두 산재법 제40조 제4항에서 정한 요양급여의 범위에 해당한다.

> **요양급여(산재법 제40조)**
> ① 요양급여는 근로자가 업무상의 사유로 부상을 당하거나 질병에 걸린 경우에 그 근로자에게 지급한다.
> ② 제1항에 따른 요양급여는 제43조 제1항에 따른 산재보험 의료기관에서 요양을 하게 한다. 다만, 부득이한 경우에는 요양을 갈음하여 요양비를 지급할 수 있다.
> ③ 제1항의 경우에 부상 또는 질병이 3일 이내의 요양으로 치유될 수 있으면 요양급여를 지급하지 아니한다.
> ④ 제1항의 <u>요양급여의 범위</u>는 다음 각 호와 같다.
>   1. 진찰 및 검사
>   2. <u>약제 또는 진료재료와 의지(義肢)나 그 밖의 보조기의 지급</u>
>   3. 처치, 수술, 그 밖의 치료
>   4. <u>재활치료</u>
>   5. 입 원
>   6. <u>간호 및 간병</u>
>   7. <u>이 송</u>
>   8. 그 밖에 고용노동부령으로 정하는 사항

정답 ⑤

11 ① (O) 산재법 제8조 제2항
② (O) 산재법 시행령 제4조 제2호
③ (O) 산재법 시행령 제5조 제1항 본문
④ (×) 위원회의 회의는 재적위원 과반수의 출석으로 개의하고, <u>출석위원 과반수의 찬성으로 의결한다</u>(산재법 시행령 제7조 제3항).
⑤ (O) 산재법 시행령 제5조 제2항

정답 ④

12 산업재해보상보험법령상 유족보상연금에 관한 내용으로 옳지 않은 것은? 기출 24

① 유족보상연금 수급자격자인 유족이 사망한 근로자와의 친족 관계가 끝난 경우 그 자격을 잃는다.
② 대한민국 국민이 아닌 유족보상연금 수급자격자인 유족이 외국에서 거주하기 위하여 출국하는 경우 그 자격을 잃는다.
③ 근로복지공단은 근로자의 사망 당시 태아였던 자녀가 출생한 경우 유족보상연금 수급권자의 청구에 의하거나 직권으로 그 사유가 발생한 달 분부터 유족보상연금의 금액을 조정한다.
④ 근로자가 사망할 당시 대한민국 국민이었던 유족보상연금 수급자격자인 유족이 국적을 상실하고 외국에서 거주하고 있거나 외국에서 거주하기 위하여 출국하는 경우 그 자격을 잃는다.
⑤ 유족보상연금을 받을 권리가 있는 유족보상연금 수급자격자가 그 자격을 잃은 경우에 유족보상연금을 받을 권리는 같은 순위자가 있으면 같은 순위자에게, 같은 순위자가 없으면 다음 순위자에게 이전된다.

13 산업재해보상보험법령상 노무제공자에 대한 특례의 내용으로 옳지 않은 것은? 기출 24

① "플랫폼 종사자"란 온라인 플랫폼을 통해 노무를 제공하는 노무제공자를 말한다.
② "평균보수"란 이를 산정하여야 할 사유가 발생한 날이 속하는 달의 전달 말일부터 이전 3개월 동안 노무제공자가 재해가 발생한 사업에서 지급받은 보수와 같은 기간 동안 해당 사업 외의 사업에서 지급받은 보수를 모두 합산한 금액을 해당 기간의 총 일수로 나눈 금액을 말한다.
③ 보험을 모집하는 사람으로서「새마을금고법」및「신용협동조합법」에 따른 공제의 모집을 전업으로 하는 사람은 노무제공자의 범위에 포함된다.
④ 보험을 모집하는 사람으로서「우체국예금・보험에 관한 법률」에 따른 우체국보험의 모집을 전업으로 하는 사람은 노무제공자의 범위에 포함된다.
⑤ "플랫폼 운영자"란 온라인 플랫폼을 이용하여 플랫폼 종사자의 노무제공을 중개 또는 알선하는 것을 업으로 하는 자를 말한다.

해설 및 정답

12 ① (○) 산재법 제64조 제1항 제3호
    ② (○) 산재법 제64조 제1항 제7호
    ③ (×) 근로복지공단은 <u>근로자의 사망 당시 태아였던 자녀가 출생한 경우</u> 유족보상연금 수급권자의 청구에 의하거나 직권으로 <u>그 사유가 발생한 달의 다음 달 분부터</u> 유족보상연금의 금액을 조정한다(산재법 시행령 제63조 제1호).
    ④ (○) 산재법 제64조 제1항 제6호
    ⑤ (○) 산재법 제64조 제2항

    정답 ③

13 ① (○) 산재법 제91조의15 제2호
    ② (×) "평균보수"란 이를 산정하여야 할 사유가 발생한 날이 속하는 달의 <u>전전달 말일부터</u> 이전 3개월 동안 노무제공자가 재해가 발생한 사업에서 지급받은 보수와 같은 기간 동안 해당 사업 외의 사업에서 지급받은 보수를 모두 합산한 금액을 해당 기간의 총 일수로 나눈 금액을 말한다(산재법 제91조의15 제6호 본문).
    ③ (○) 산재법 제91조의15 제1호, 동법 시행령 제83조의5 제1호 나목
    ④ (○) 산재법 제91조의15 제1호, 동법 시행령 제83조의5 제1호 다목
    ⑤ (○) 산재법 제91조의15 제3호

    정답 ②

14 산업재해보상보험법령상 장례비에 관한 설명으로 옳지 않은 것은? 기출 24

① 장례비 최고금액 및 최저금액의 적용기간은 당해 연도 1월 1일부터 12월 31일까지로 한다.
② 장례비 최고금액은 전년도 장례비 수급권자에게 지급된 1명당 평균 장례비 90일분+최고 보상기준 금액의 30일분으로 산정한다.
③ 장례비 최저금액은 전년도 장례비 수급권자에게 지급된 1명당 평균 장례비 90일분+최저 보상기준 금액의 30일분으로 산정한다.
④ 장례비 최고금액 및 최저금액을 산정할 때 10원 미만은 버린다.
⑤ 장례비는 장례를 지낼 유족이 없거나 그 밖에 부득이한 사유로 유족이 아닌 사람이 장례를 지낸 경우에는 평균임금의 120일분에 상당하는 금액의 범위에서 실제 드는 비용을 그 장례를 지낸 사람에게 지급한다.

15 산업재해보상보험법령상 업무상질병판정위원회의 구성에 관한 내용으로 옳은 것은? 기출 24

① 「고등교육법」제2조에 따른 학교에서 조교수 이상으로 재직하고 있는 사람은 위원이 될 수 없다.
② 「국가기술자격법」에 따른 산업위생관리 기사 이상의 자격을 취득하고 관련 업무에 3년 이상 종사한 치과의사는 위원이 될 수 없다.
③ 산업재해보상보험 관련 업무에 5년 이상 종사한 사람은 위원이 될 수 있다.
④ 「국가기술자격법」에 따른 인간공학 분야 기사 이상의 자격을 취득하고 관련 업무에 3년 이상 종사한 한의사는 위원이 될 수 없다.
⑤ 위원장과 위원의 임기는 3년으로 하되, 연임할 수 있다.

16 산업재해보상보험법에서 사용하는 용어의 정의로 옳지 않은 것은? 기출 24

① "유족"이란 사망한 사람의 배우자(사실상 혼인 관계에 있는 사람을 포함한다)·자녀·부모·손자녀·조부모 또는 형제자매를 말한다.
② "장해"란 업무상의 부상 또는 질병에 따른 정신적 또는 육체적 훼손으로 노동능력이 상실되거나 감소된 상태로서 그 부상 또는 질병이 치유되지 아니한 상태를 말한다.
③ "치유"란 부상 또는 질병이 완치되거나 치료의 효과를 더 이상 기대할 수 없고 그 증상이 고정된 상태에 이르게 된 것을 말한다.
④ "출퇴근"이란 취업과 관련하여 주거와 취업장소 사이의 이동 또는 한 취업장소에서 다른 취업장소로의 이동을 말한다.
⑤ "진폐"(塵肺)란 분진을 흡입하여 폐에 생기는 섬유증식성(纖維增殖性) 변화를 주된 증상으로 하는 질병을 말한다.

• 해설 및 정답 •

14 ① (×) 장례비 최고금액 및 최저금액의 적용기간은 <u>다음 연도 1월 1일부터 12월 31일까지로 한다</u>(산재법 시행령 제66조 제3항).
② (○) 산재법 시행령 제66조 제1항 제1호
③ (○) 산재법 시행령 제66조 제1항 제2호
④ (○) 산재법 시행령 제66조 제2항
⑤ (○) 산재법 제71조 제1항 단서

정답 ❶

15 ① (×) 「고등교육법」 제2조에 따른 학교에서 조교수 이상으로 재직하고 있거나 재직하였던 사람은 <u>위원이 될 수 있다</u>(산재법 시행규칙 제6조 제2항 제2호).
② (×) 국가기술자격법에 따른 <u>산업위생관리 또는 인간공학 분야 기사 이상의 자격을 취득하고 관련 업무에 5년 이상 종사한 사람</u>(산재법 시행규칙 제6조 제2항 제5호)이 업무상질병판정위원회의 위원이 될 수 있으나, 치과의사는 이러한 요건을 구비함이 없이 당연히 위원이 될 수 있다(산재법 시행규칙 제6조 제2항 제3호).
③ (○) 산재법 시행규칙 제6조 제2항 제4호
④ (×) 국가기술자격법에 따른 <u>산업위생관리 또는 인간공학 분야 기사 이상의 자격을 취득하고 관련 업무에 5년 이상 종사한 사람</u>(산재법 시행규칙 제6조 제2항 제5호)이 업무상질병판정위원회의 위원이 될 수 있으나, 한의사는 이러한 요건을 구비함이 없이 당연히 위원이 될 수 있다(산재법 시행규칙 제6조 제2항 제3호).
⑤ (×) 판정위원회의 위원장과 위원의 임기는 <u>2년</u>으로 하되, 연임할 수 있다(산재법 시행규칙 제6조 제5항).

정답 ❸

16 ① (○) 산재법 제5조 제3호
② (×) "장해"란 부상 또는 질병이 치유되었으나 정신적 또는 육체적 훼손으로 인하여 노동능력이 상실되거나 감소된 상태를 말한다(산재법 제5조 제5호). "중증요양상태"란 업무상의 부상 또는 질병에 따른 정신적 또는 육체적 훼손으로 노동능력이 상실되거나 감소된 상태로서 그 부상 또는 질병이 치유되지 아니한 상태를 말한다(산재법 제5조 제6호).
③ (○) 산재법 제5조 제4호
④ (○) 산재법 제5조 제8호
⑤ (○) 산재법 제5조 제7호

정답 ❷

17 산업재해보상보험법상 장해보상연금에 관한 내용이다. ( )에 들어갈 숫자의 합은? 기출 24

> 장해보상연금은 수급권자가 신청하면 그 연금의 최초 1년분 또는 ( )년분(대통령령으로 정하는 노동력을 완전히 상실한 장해등급의 근로자에게는 그 연금의 최초 1년분부터 ( )년분까지)의 ( )분의 1에 상당하는 금액을 미리 지급할 수 있다. 이 경우 미리 지급하는 금액에 대하여는 100분의 ( )의 비율 범위에서 대통령령으로 정하는 바에 따라 이자를 공제할 수 있다.

① 11
② 12
③ 13
④ 15
⑤ 18

18 산업재해보상보험법령상 상병보상연금에 관한 설명으로 옳은 것은? 기출 24

① 중증요양상태등급이 제3급인 경우 평균임금의 257일분을 지급한다.
② 상병보상연금을 받는 근로자가 60세가 되면 그 이후의 상병보상연금은 고령자의 1일당 상병보상연금 지급기준에 따라 감액된 금액을 지급한다.
③ 상병보상연금을 지급받는 경우 요양급여와 휴업급여는 지급되지 아니한다.
④ 재요양을 시작한 지 1년이 지난 후에 부상·질병 상태가 상병보상연금의 지급요건 모두에 해당하는 사람에게는 상병보상연금을 지급한다.
⑤ 상병보상연금을 산정할 때 근로자의 평균임금이 최저임금액에 90분의 100을 곱한 금액보다 적을 때에는 최저임금액의 90분의 100에 해당하는 금액을 그 근로자의 평균임금으로 보아 산정한다.

• 해설 및 정답 •

17 ( )에 들어갈 숫자의 합은 2+4+2+5=13이 된다.

> **장해급여(산재법 제57조)**
> ① 장해급여는 근로자가 업무상의 사유로 부상을 당하거나 질병에 걸려 치유된 후 신체 등에 장해가 있는 경우에 그 근로자에게 지급한다.
> ② 장해급여는 장해등급에 따라 [별표 2]에 따른 장해보상연금 또는 장해보상일시금으로 하되, 그 장해등급의 기준은 대통령령으로 정한다.
> ③ 제2항에 따른 장해보상연금 또는 장해보상일시금은 수급권자의 선택에 따라 지급한다. 다만, 대통령령으로 정하는 노동력을 완전히 상실한 장해등급의 근로자에게는 장해보상연금을 지급하고, 장해급여 청구사유 발생 당시 대한민국 국민이 아닌 사람으로서 외국에서 거주하고 있는 근로자에게는 장해보상일시금을 지급한다.
> ④ 장해보상연금은 수급권자가 신청하면 그 연금의 최초 1년분 또는 <u>2</u>년분(제3항 단서에 따른 근로자에게는 그 연금의 최초 1년분부터 <u>4</u>년분까지)의 <u>2</u>분의 1에 상당하는 금액을 미리 지급할 수 있다. 이 경우 미리 지급하는 금액에 대하여는 100분의 <u>5</u>의 비율 범위에서 대통령령으로 정하는 바에 따라 이자를 공제할 수 있다.

정답 ❸

18 ① (○) 산재법 [별표 4]
② (×) 상병보상연금을 받는 근로자가 <u>61세</u>가 되면 그 이후의 상병보상연금은 [별표 5]에 따른 1일당 상병보상연금 지급기준에 따라 산정한 금액을 지급한다(산재법 제68조).
③ (×) 요양급여를 받는 근로자가 요양을 시작한 지 2년이 지난 날 이후에 그 부상이나 질병이 치유되지 아니한 상태이고, 그 부상이나 질병에 따른 중증요양상태의 정도가 대통령령으로 정하는 중증요양상태등급 기준에 해당하며, 요양으로 인하여 취업하지 못한 상태가 계속되는 경우 휴업급여 대신 상병보상연금을 그 근로자에게 지급한다(산재법 제66조 제1항). 따라서 <u>근로자가 상병보상연금을 지급받는 경우 요양급여는 계속 지급되나 휴업급여는 지급되지 아니함을 유의하여야</u> 한다.
④ (×) 재요양을 시작한 지 <u>2년</u>이 지난 후에 부상·질병 상태가 상병보상연금의 지급요건 모두에 해당하는 사람에게는 휴업급여 대신 중증요양상태등급에 따라 상병보상연금을 지급한다(산재법 제69조 제1항 전문).
⑤ (×) 제66조에 따라 상병보상연금을 산정할 때 그 근로자의 평균임금이 최저임금액에 <u>70분의 100</u>을 곱한 금액보다 적을 때에는 최저임금액의 <u>70분의 100</u>에 해당하는 금액을 그 근로자의 평균임금으로 보아 산정한다(산재법 제67조 제1항).

상병보상연금표(산재법 [별표 4])

중증요양상태등급	상병보상연금
제1급	평균임금의 329일분
제2급	평균임금의 291일분
제3급	평균임금의 257일분

정답 ❶

19 산업재해보상보험법상 직장복귀지원금 등에 관한 것이다. ( )에 들어갈 숫자로 옳은 것은? 기출 24

> 제75조(직장복귀지원금 등)
> ① 〈중략〉
> ② 제1항에 따른 직장복귀지원금은 고용노동부장관이 임금수준 및 노동시장의 여건 등을 고려하여 고시하는 금액의 범위에서 사업주가 장해급여자에게 지급한 임금액으로 하되, 그 지급기간은 (ㄱ)개월 이내로 한다.
> ③ 제1항에 따른 직장적응훈련비 및 재활운동비는 고용노동부장관이 직장적응훈련 또는 재활운동에 드는 비용을 고려하여 고시하는 금액의 범위에서 실제 드는 비용으로 하되, 그 지급기간은 (ㄴ)개월 이내로 한다.

① ㄱ : 3, ㄴ : 3
② ㄱ : 3, ㄴ : 6
③ ㄱ : 6, ㄴ : 6
④ ㄱ : 6, ㄴ : 12
⑤ ㄱ : 12, ㄴ : 3

해설 및 정답

19 ( )의 ㄱ과 ㄴ에 들어갈 숫자는 12와 3이다.

> **직장복귀지원금 등(산재법 제75조)**
> ① 제72조 제1항 제2호에 따른 직장복귀지원금, 직장적응훈련비 및 재활운동비는 장해급여자에 대하여 고용을 유지하거나 직장적응훈련 또는 재활운동을 실시하는 사업주에게 각각 지급한다. 이 경우 직장복귀지원금, 직장적응훈련비 및 재활운동비의 지급요건은 각각 대통령령으로 정한다.
> ② 제1항에 따른 직장복귀지원금은 고용노동부장관이 임금수준 및 노동시장의 여건 등을 고려하여 고시하는 금액의 범위에서 사업주가 장해급여자에게 지급한 임금액으로 하되, 그 지급기간은 12개월 이내로 한다.
> ③ 제1항에 따른 직장적응훈련비 및 재활운동비는 고용노동부장관이 직장적응훈련 또는 재활운동에 드는 비용을 고려하여 고시하는 금액의 범위에서 실제 드는 비용으로 하되, 그 지급기간은 3개월 이내로 한다.

정답

CHAPTER 04 국민연금법

출제포인트
- 국민연금가입기간의 계산
- 국민연금급여의 종류
- 유족연금

제1절 국민연금법의 주요 내용

I 서 설

1. **목적**(법 제1조)

    국민연금법은 국민의 노령, 장애 또는 사망에 대하여 연금급여를 실시함으로써 국민의 생활 안정과 복지 증진에 이바지하는 것을 목적으로 한다.

2. **관장**(법 제2조)
    ① 국민연금사업은 보건복지부장관이 이를 관장한다.
    ② 보건복지부장관은 국민연금제도의 설계에서부터 제도운영에 관한 모든 정책결정과 업무관장에 대한 책임을 지고 있다. 업무수행의 전문성과 효율성을 높이기 위해서 공법인인 국민연금관리공단을 설립하여 위탁운영하고 있다.

3. **국가의 책무**(법 제3조의2)

    국가는 국민연금법에 따른 연금급여의 안정적이고 지속적인 지급을 보장하여야 하며, 이에 필요한 시책을 수립·시행하여야 한다.

4. 용어의 정의(법 제3조)

① 이 법에서 사용하는 용어의 뜻은 다음과 같다.
  ㉠ 근로자 : 직업의 종류가 무엇이든 사업장에서 노무를 제공하고 그 대가로 임금을 받아 생활하는 자(법인의 이사와 그 밖의 임원을 포함). 다만, 대통령령으로 정하는 자는 제외한다.

> **근로자에서 제외되는 사람(영 제2조)**
> 국민연금법(이하 "법") 제3조 제1항 제1호 단서에 따라 근로자에서 제외되는 사람은 다음 각 호와 같다. **기출** 14
> 1. 일용근로자나 1개월 미만의 기한을 정하여 근로를 제공하는 사람. 다만, 1개월 이상 계속하여 근로를 제공하는 사람으로서 다음 각 목의 어느 하나에 해당하는 사람은 근로자에 포함된다.
>   가. 건설산업기본법 제2조 제4호 각 목 외의 부분 본문에 따른 건설공사의 사업장 등 보건복지부장관이 정하여 고시하는 사업장에서 근로를 제공하는 경우 : 1개월 동안의 근로일수가 8일 이상이거나 1개월 동안의 소득(제3조 제1항 제2호에 따른 소득만 해당한다. 이하 이 조에서 같다)이 보건복지부장관이 정하여 고시하는 금액 이상인 사람
>   나. 가목 외의 사업장에서 근로를 제공하는 경우 : 1개월 동안의 근로일수가 8일 이상 또는 1개월 동안의 근로시간이 60시간 이상이거나 1개월 동안의 소득이 보건복지부장관이 정하여 고시하는 금액 이상인 사람
> 2. 소재지가 일정하지 아니한 사업장에 종사하는 근로자
> 3. 법인의 이사 중 소득이 없는 사람
> 4. 1개월 동안의 소정근로시간이 60시간 미만인 단시간근로자. 다만, 해당 단시간근로자 중 다음 각 목의 어느 하나에 해당하는 사람은 근로자에 포함된다.
>   가. 3개월 이상 계속하여 근로를 제공하는 사람으로서 고등교육법 제14조 제2항에 따른 강사
>   나. 3개월 이상 계속하여 근로를 제공하는 사람으로서 사용자의 동의를 받아 근로자로 적용되기를 희망하는 사람
>   다. 둘 이상 사업장에 근로를 제공하면서 각 사업장의 1개월 소정근로시간의 합이 60시간 이상인 사람으로서 1개월 소정근로시간이 60시간 미만인 사업장에서 근로자로 적용되기를 희망하는 사람
>   라. 1개월 이상 계속하여 근로를 제공하는 사람으로서 1개월 동안의 소득이 보건복지부장관이 정하여 고시하는 금액 이상인 사람

  ㉡ 사용자 : 해당 근로자가 소속되어 있는 사업장의 사업주
  ㉢ 소득 : 일정한 기간 근로를 제공하여 얻은 수입에서 대통령령으로 정하는 비과세소득을 제외한 금액 또는 사업 및 자산을 운영하여 얻는 수입에서 필요경비를 제외한 금액
  ㉣ 평균소득월액 : 매년 사업장가입자 및 지역가입자 전원(全員)의 기준소득월액을 평균한 금액
  ㉤ 기준소득월액 : 연금보험료와 급여를 산정하기 위하여 국민연금 가입자(이하 "가입자")의 소득월액을 기준으로 하여 정하는 금액
  ㉥ 사업장가입자 : 사업장에 고용된 근로자 및 사용자로서 국민연금에 가입된 자
  ㉦ 지역가입자 : 사업장가입자가 아닌 자로서 국민연금에 가입된 자
  ㉧ 임의가입자 : 사업장가입자 및 지역가입자 외의 자로서 국민연금에 가입된 자
  ㉨ 임의계속가입자 : 국민연금 가입자 또는 가입자였던 자가 국민연금공단에 가입을 신청하여 가입자로 된 자
  ㉩ 연금보험료 : 국민연금사업에 필요한 비용으로서 사업장가입자의 경우에는 부담금 및 기여금의 합계액을, 지역가입자・임의가입자 및 임의계속가입자의 경우에는 본인이 내는 금액

- ㅋ 부담금 : 사업장가입자의 사용자가 부담하는 금액
- ㅌ 기여금 : 사업장가입자가 부담하는 금액
- ㅍ 사업장 : 근로자를 사용하는 사업소 및 사무소
- ㅎ 수급권 : 이 법에 따른 급여를 받을 권리
- ㉮ 수급권자 : 수급권을 가진 자
- ㉯ 수급자 : 이 법에 따른 급여를 받고 있는 자
- ㉰ 초진일 : 장애의 주된 원인이 되는 질병이나 부상에 대하여 처음으로 의사의 진찰을 받은 날. 이 경우 질병이나 부상의 초진일에 대한 구체적인 판단기준은 보건복지부장관이 정하여 고시한다.
- ㉱ 완치일 : 장애의 주된 원인이 되는 질병이나 부상이 의학적으로 치유된 날, 더 이상 치료효과를 기대할 수 없는 경우로서 그 증상이 고정되었다고 인정되는 날, 증상의 고정은 인정되지 아니하나 증상의 정도를 고려할 때 완치된 것으로 볼 수 있는 날 중 하나에 해당하는 날
- ㉲ "가입대상기간"이란 18세부터 초진일 혹은 사망일까지의 기간으로서, 가입 대상에서 제외되는 기간, 18세 이상 27세 미만인 기간 중 지역가입자에서 제외되는 기간, 18세 이상 27세 미만인 기간 중 연금보험료를 내지 아니한 기간(병역의무를 수행하는 경우에는 27세 이상인 기간도 포함)을 제외한 기간을 말한다. 다만, 18세 미만에 가입자가 된 경우에는 18세 미만인 기간 중 보험료 납부기간(초진일이나 사망일 이전에 18세 미만 근로자가 연금보험료를 최초로 납부한 이후에 연금보험료를 내지 아니한 기간에 대하여 보험료를 추후 납부하였을 경우에는 그 추후 납부한 기간을 포함)을 가입대상기간에 포함하고, 초진일이나 사망일 이전에 보험료납부예외기간에 대하여 보험료를 추후 납부하였을 경우에는 그 추후 납부한 기간을 가입대상기간에 포함한다.

II 국민연금심의위원회(법 제5조, 영 제12조 내지 제14조)[12]

1. 설 치
국민연금사업에 관한 일정 사항을 심의하기 위하여 보건복지부에 국민연금심의위원회를 둔다.

2. 구 성
① 국민연금심의위원회는 위원장·부위원장 및 위원으로 구성하되, 위원장은 보건복지부차관이 되고, 부위원장은 공익을 대표하는 위원 중에서 호선(互選)한다.
② 위원은 사용자 단체가 추천하는 4명, 근로자단체가 추천하는 4명, 지역가입자를 대표하는 위원 6명, 수급자를 대표하는 위원 4명, 공익을 대표하는 위원으로서 국민연금에 관한 전문가 5명을 보건복지부장관이 지명하거나 위촉한다.

---

[12] 국민연금심의위원회와 국민연금심사위원회를 구분할 필요가 있다.
국민연금가입자 중 자신의 자격, 기준소득월액, 연금보험료 기타 징수금과 급여에 관한 공단의 처분에 이의가 있는 자는 90일 이내에 공단에 심사청구를 할 수 있는데, 이 심사청구사항을 심사하기 위하여 공단에 국민연금심사위원회를 둔다(법 제109조).

3. 운영

(1) 직무

위원장은 국민연금심의위원회를 대표하며, 위원회의 사무를 총괄한다. 부위원장은 위원장을 보좌하며, 위원장이 부득이한 사유로 직무를 수행할 수 없을 때에는 그 직무를 대행한다.

(2) 임기

국민연금심의위원회의 위원장 외의 위원의 임기는 2년으로 하며, 두 차례만 연임할 수 있다.

(3) 해촉

보건복지부장관은 위원이 심신장애로 인하여 직무를 수행할 수 없게 된 경우, 직무와 관련된 비위사실이 있는 경우, 직무태만, 품위손상이나 그 밖의 사유로 인하여 위원으로 적합하지 아니하다고 인정되는 경우, 위원 스스로 직무를 수행하는 것이 곤란하다고 의사를 밝히는 경우 등의 어느 하나에 해당하는 경우에는 그 지명을 철회하거나 해당 위원을 해촉할 수 있다.

(4) 소집

① 위원장은 국민연금심의위원회의 회의를 소집하며, 그 의장이 된다.
② 국민연금심의위원회의 회의는 보건복지부장관의 요구가 있을 때, 국민연금심의위원회의 재적 위원 3분의 1 이상의 요구가 있을 때, 그 밖에 위원장이 필요하다고 인정할 때 등의 어느 하나에 해당할 때에 소집한다.

4. 심의

① 국민연금제도 및 재정계산에 관한 사항
② 급여에 관한 사항
③ 연금보험료에 관한 사항
④ 국민연금기금에 관한 사항
⑤ 그 밖에 국민연금제도의 운영과 관련하여 보건복지부장관이 회의에 부치는 사항

5. 의결

국민연금심의위원회의 회의는 재적 위원 과반수의 출석으로 시작하고 출석 위원 과반수의 찬성으로 의결한다. 위원장은 국민연금심의위원회에서 의결된 사항을 보건복지부장관에게 보고하여야 한다.

제2절 국민연금가입자

I. 가입대상자 및 가입대상 제외자(법 제6조, 영 제18조)

1. 가입대상자

국적요건으로 원칙적으로 '국민'이 가입대상자, 거주요건으로 '국내'에 거주하는 연령요건으로 '18세 이상 60세 미만'이어야 한다.

2. 가입대상 제외자 기출 21

공무원연금법, 군인연금법, 사립학교교직원 연금법 및 별정우체국법을 적용을 받는 공무원·군인, 교직원 및 별정우체국 직원, 그 밖에 대통령령이 정하는 자는 제외한다. 즉, 노령연금의 수급권을 취득한 자 중 60세 미만의 특수 직종 근로자, 조기노령연금의 수급권을 취득한 자. 단, 조기노령연금의 지급이 정지 중인 자는 제외한다.

II. 가입자의 종류[13]

1. 사업장가입자(법 제8조)

(1) 종류와 가입조건

종별	종류	가입요건
사업장 가입자	당연적용 사업장가입자	근로자 1인 이상 사업장에 종사하는 18세 이상 60세 미만의 자
	외국인 사업장가입자	18세 이상 60세 미만으로 당연적용사업장에 사용되고 있거나 국내에 거주하는 외국인인 자(법 제126조)
	당연적용 제외자 (임의가입자로 가입 가능)	• 사업장가입자의 당연적용대상에서 제외되는 자 • 공무원연금법, 공무원 재해보상법, 사립학교교직원연금법, 별정우체국법에 따른 퇴직연금, 장해연금, 퇴직연금일시금이나 군인연금법에 따른 퇴역연금, 퇴역연금일시금, 군인 재해보상법에 따른 상이연금을 받을 권리를 얻은 자(퇴직연금 등 수급권자) • 국민기초생활보장법에 의한 수급자

(2) 당연적용사업장(영 제19조)

① 사업의 종류, 근로자의 수 등을 고려하여 대통령령으로 정하는 사업장(당연적용사업장)의 18세 이상 60세 미만인 근로자와 사용자는 당연히 사업장가입자가 된다.
② 당연적용사업장은 다음 중 어느 하나에 해당하는 사업장으로 한다.
  ㉠ 1명 이상의 근로자를 사용하는 사업장
  ㉡ 주한 외국 기관으로서 1명 이상의 대한민국 국민인 근로자를 사용하는 사업장
③ 사업장 상호 간에 본점과 지점·대리점·출장소 등의 관계에 있고 그 사업 경영이 일체로 되어 있는 경우에는 이를 하나의 사업장으로 보아 당연적용사업장으로 본다.

---

[13] 가입자는 사업장가입자, 지역가입자, 임의가입자 및 임의계속가입자로 구분한다(연금법 제7조). 기출 22

(3) 사업장가입자 제외대상(법 제8조)

① 공무원연금법, 공무원 재해보상법, 사립학교교직원 연금법 또는 별정우체국법에 따른 퇴직연금, 장해연금 또는 퇴직연금일시금이나 군인연금법에 따른 퇴역연금, 퇴역연금일시금, 군인 재해보상법에 따른 상이연금을 받을 권리를 얻은 자(퇴직연금 등 수급권자). 다만, 퇴직연금 등 수급권자가 국민연금과 직역연금의 연계에 관한 법률에 따라 연계 신청을 한 경우에는 그러하지 아니하다.
② 국민연금에 가입된 사업장에 종사하는 18세 미만 근로자는 사업장가입자가 되는 것으로 본다. 다만 본인이 원하지 아니하면 사업장가입자가 되지 아니할 수 있다.
③ 국민기초생활 보장법에 따른 생계급여 수급자 또는 의료급여 수급자는 본인 희망에 따라 사업장가입자가 되지 아니할 수 있다.

(4) 사업장가입자 자격의 취득시기(법 제11조 제1항)

① 사업장에 고용된 때 또는 그 사업장의 사용자가 된 때
② 당연적용사업장으로 된 때

(5) 사업장가입자 자격의 상실시기(법 제12조 제1항) 기출 18·20·25

다음의 어느 하나에 해당하게 된 날의 다음 날에 자격을 상실한다.
① 사망한 때
② 국적을 상실하거나 국외로 이주한 때
③ 사용관계가 끝난 때
④ 60세가 된 때
⑤ 국민연금 가입 대상 제외자에 해당하게 된 때(해당하게 된 날에 상실)

2. **지역가입자**(법 제9조)

(1) 종류와 가입조건

종별	종류	가입요건
지역가입자	당연적용 지역가입자	18세 이상 60세 미만으로서 사업장가입자가 아닌 자
	특례적용 지역가입자	지역가입자의 요건을 갖춘 자로서 60세 이상 65세 미만인 자(법률 제8541호 부칙 제10조)
	외국인 지역가입자	18세 이상 60세 미만으로 당연적용사업장에 사용되고 있거나 국내에 거주하는 외국인인 자(법 제126조)
	당연적용 제외자 (임의가입자로 가입 가능)	1. 다음에 해당하는 배우자로서 별도의 소득이 없는 자 • 국민연금 가입대상에서 제외되는 자 • 사업장가입자·지역가입자 및 임의계속가입자 • 노령연금 수급권자·퇴직연금 등 수급권자 2. 18세 이상 27세 미만인 자로서 학생이거나 군복무 등의 이유로 소득이 없는 자(연금보험료 납부사실이 있는 자는 제외) 3. 퇴직연금 등 수급권자 4. 국민기초생활보장법에 따른 수급권자 5. 1년 이상 행방불명된 자

(2) 지역가입자 제외대상

① 다음의 어느 하나에 해당하는 자의 배우자로서 별도의 소득이 없는 자
  ㉠ 국민연금 가입 대상에서 제외되는 자
  ㉡ 사업장가입자, 지역가입자 및 임의계속가입자
  ㉢ 노령연금 수급권자 및 퇴직연금 등 수급권자
② 퇴직연금 등 수급권자. 다만, 퇴직연금 등 수급권자가 국민연금과 직역연금의 연계에 관한 법률에 따라 연계 신청을 한 경우에는 그러하지 아니하다.
③ 18세 이상 27세 미만인 자로서 학생이거나 군 복무 등의 이유로 소득이 없는 자(연금보험료를 납부한 사실이 있는 자는 제외)
④ 국민기초생활 보장법에 따른 생계급여 수급자 또는 의료급여 수급자 기출 21
⑤ 1년 이상 행방불명된 자

(3) 행방불명된 자에 대한 인정기준 및 방법(영 제20조)

① 행방불명된 자의 증명은 특별자치도지사·시장·군수·구청장(자치구의 구청장)이 확인하는 바에 따른다.
② 행방불명기간의 기산일은 특별자치도지사·시장·군수·구청장이 확인한 날로 한다.
③ 행방불명된 자의 연금보험료가 납부된 사실이 있는 경우에는 연금보험료가 납부된 기간은 행방불명된 기간에 산입하지 아니한다.
④ 연금보험료가 납부된 자가 다시 행방불명된 것으로 확인되는 경우 행방불명된 기간은 연금보험료 납부 후 다시 행방불명된 것으로 확인된 날부터 기산한다.

(4) 지역가입자 자격의 취득시기(법 제11조 제2항)

1) 사유발생 시
① 사업장가입자의 자격을 상실한 때
② 국민연금 가입 대상 제외자에 해당하지 아니하게 된 때
③ 배우자가 별도의 소득이 있게 된 때
④ 18세 이상 27세 미만인 자가 소득이 있게 된 때

2) 신고시
배우자가 별도의 소득이 있게 된 때, 18세 이상 27세 미만인 자가 소득이 있게 된 때로서 소득이 있게 된 때를 알 수 없는 경우에는 신고를 한 날에 그 자격을 취득한다.

(5) 지역가입자 자격의 상실시기(법 제12조 제2항) 기출 20·21

다음의 어느 하나에 해당하게 된 날의 다음 날에 자격을 상실한다. 다만, 국민연금 가입 대상 제외자에 해당하게 된 때와 사업장가입자의 자격을 취득한 때의 경우에는 그에 해당하게 된 날에 그 자격을 상실한다.

기출 25

① 사망한 때
② 국적을 상실하거나 국외로 이주한 때
③ 국민연금 가입 대상 제외자에 해당하게 된 때
④ 사업장가입자의 자격을 취득한 때
⑤ 배우자로서 별도의 소득이 없게 된 때
⑥ 60세가 된 때

3. 임의가입자

(1) **임의가입대상**(법 제10조)
   ① 사업장가입자도 아니고 지역가입자도 아닌 자로서 18세 이상 60세 미만인 자는 국민연금공단에 가입신청을 하는 경우 임의가입자가 될 수 있다.
   ② 임의가입자는 국민연금공단에 신청하여 탈퇴할 수 있다. 기출 22

(2) **임의가입자 자격의 취득시기**(법 제11조 제3항)
   임의가입자는 가입 신청이 수리된 날에 자격을 취득한다. 기출 21·22

(3) **임의가입자 자격의 상실시기**(법 제12조 제3항) 기출 20
   다음의 어느 하나에 해당하게 된 날의 다음 날에 자격을 상실한다. 다만, ⑥과 ⑦의 경우에는 그에 해당하게 된 날에 그 자격을 상실한다.
   ① 사망한 때
   ② 국적을 상실하거나 국외로 이주한 때
   ③ 탈퇴 신청이 수리된 때
   ④ 60세가 된 때
   ⑤ 대통령령으로 정하는 기간 이상 계속하여 연금보험료를 체납한 때(3개월 이상)(제3항 제5호)
   ⑥ 사업장가입자 또는 지역가입자의 자격을 취득한 때
   ⑦ 국민연금 가입 대상 제외자에 해당하게 된 때

4. 임의계속가입자(법 제13조)

(1) **임의계속가입대상**
   다음의 어느 하나에 해당하는 자는 65세가 될 때까지 보건복지부령으로 정하는 바에 따라 국민연금공단에 가입을 신청하면 임의계속가입자가 될 수 있다.
   ① 국민연금 가입자 또는 가입자였던 자로서 60세가 된 자. 다만, 다음의 어느 하나에 해당하는 자는 제외한다.
      ⑦ 연금보험료를 납부한 사실이 없는 자
      ⓒ 노령연금 수급권자로서 급여를 지급받고 있는 자
      ⓒ 반환일시금을 지급받은 자
   ② 전체 국민연금 가입기간의 5분의 3 이상을 대통령령으로 정하는 직종의 근로자로 국민연금에 가입하거나 가입하였던 사람(이하 "특수직종근로자")으로서 다음의 어느 하나에 해당하는 사람 중 노령연금 급여를 지급받지 않는 사람(제1항 제2호)
      ⑦ 노령연금 수급권을 취득한 사람
      ⓒ 국민복지연금법개정법률 부칙에 따라 특례노령연금 수급권을 취득한 사람

> **특수 직종 근로자(영 제22조)**
> ① 법 제13조 제1항 제2호 각 목 외의 부분에서 "대통령령으로 정하는 직종"이란 다음 각 호의 직종을 말한다.
>   1. 광업법 제3조 제2호에 따른 광업(갱내 작업에 한정)
>   2. 어선에서의 수산업법 제2조 제2호에 따른 어업(양식산업발전법 제2조 제2호에 따른 양식업을 포함하며, 선원법 제2조 제6호에 따른 부원으로서 직접 어로작업에 종사한 경우만 해당)
> ② 제1항의 경우에 특수 직종 근로자로서의 연금 가입 기간이 그의 전(全) 연금가입기간의 5분의 3에 미달하면 특수 직종 근로자로 보지 아니한다.

③ 임의계속가입자 탈퇴신청서를 작성하여 국민연금공단에 제출하면 탈퇴를 할 수 있다.

(2) 임의계속가입자 자격의 취득시기(법 제13조 제1항)

이 경우 가입 신청이 수리된 날에 그 자격을 취득한다.

(3) 임의계속가입자 자격의 상실시기(법 제13조 제3항)

임의계속가입자는 다음의 어느 하나에 해당하게 된 날의 다음 날에 그 자격을 상실한다. 기출 25 다만, ③의 경우 임의계속가입자가 납부한 마지막 연금보험료에 해당하는 달의 말일이 탈퇴 신청이 수리된 날보다 같거나 빠르고 임의계속가입자가 희망하는 경우에는 임의계속가입자가 납부한 마지막 연금보험료에 해당하는 달의 말일에 그 자격을 상실한다.

① 사망한 때
② 국적을 상실하거나 국외로 이주한 때
③ 보건복지부령으로 정하는 바에 따른 국민연금공단에 대한 탈퇴 신청이 수리된 때
④ 대통령령으로 정하는 기간 이상 계속하여 연금보험료를 체납한 때(제3항 제4호)

> **연금보험료 체납에 따른 자격상실(영 제21조)** 기출 25
> 법 제12조 제3항 제5호, 법 제13조 제3항 제4호에 따라 임의가입자와 임의계속가입자가 그 자격을 상실하게 되는 연금보험료의 체납기간은 3개월로 한다. 다만, 천재지변이나 그 밖에 부득이한 사유로 기간 내에 연금보험료를 낼 수 없었음을 증명하면 그렇지 않다.

5. 외국인가입자(법 제126조, 영 제111조)

(1) 당연가입대상

이 법의 적용을 받는 사업장에 사용되고 있거나 국내에 거주하는 외국인은 당연히 사업장가입자 또는 지역가입자가 된다. 다만, 이 법에 따른 국민연금에 상응하는 연금에 관하여 그 외국인의 본국 법이 대한민국 국민에게 적용되지 아니하면 그러하지 아니하다.

(2) 외국인가입자 제외대상

① 체류기간연장허가를 받지 아니하고 체류하는 자
② 외국인등록을 하지 아니하거나 강제퇴거명령서가 발급된 자
③ 외국인의 체류자격이 있는 자로서 보건복지부령으로 정하는 자

Ⅲ 국민연금가입기간의 계산

1. 국민연금 가입기간의 계산(법 제17조)

(1) 가입기간

국민연금 가입기간(이하 "가입기간")은 월 단위로 계산하되, 가입자의 자격을 취득한 날이 속하는 달의 다음 달부터 자격을 상실한 날의 전날이 속하는 달까지로 한다. 다만, 다음의 어느 하나에 해당하는 경우 자격을 취득한 날이 속하는 달은 가입기간에 산입하되, 가입자가 그 자격을 상실한 날의 전날이 속하는 달에 자격을 다시 취득하면 다시 취득한 달을 중복하여 가입기간에 산입하지 아니한다(제1항).

① 가입자가 자격을 취득한 날이 그 속하는 달의 초일인 경우(자격 취득일이 속하는 달에 다시 그 자격을 상실하는 경우는 제외)
② 임의계속가입자의 자격을 취득한 경우
③ 가입자가 희망하는 경우

(2) 산입기간의 제외

① 가입기간을 계산할 때 연금보험료를 내지 아니한 기간은 가입기간에 산입하지 아니한다. 다만, 사용자가 근로자의 임금에서 기여금을 공제하고 연금보험료를 내지 아니한 경우에는 그 내지 아니한 기간의 2분의 1에 해당하는 기간을 근로자의 가입기간으로 산입한다. 이 경우 1개월 미만의 기간은 1개월로 한다(제2항).

기출 23

② 지급받은 반환일시금이 환수할 급여에 해당하는 경우 이를 반납하지 아니하는 때에는 그에 상응하는 기간을 가입기간에 산입하지 아니한다(제6항).

(3) 기여금의 개별납부

① 국민건강보험공단이 근로자에게 그 사업장의 체납 사실을 통지한 경우에는 통지된 체납월(滯納月)의 다음 달부터 체납 기간은 가입기간에 산입하지 아니한다. 이 경우 그 근로자는 가입기간에 산입되지 아니한 체납기간에 해당하는 기여금 및 부담금을 건강보험공단에 낼 수 있으며, 다음에 따른 기간을 가입기간에 산입한다(제3항).

㉠ 기여금 납부 : 체납기간의 2분의 1에 해당하는 기간. 이 경우 1개월 미만의 기간은 1개월로 한다.

㉡ 기여금과 부담금 납부 : 체납기간에 해당하는 기간

② 기여금 및 부담금을 납부할 때 월별 납부 기한으로부터 10년이 지난 경우에는 대통령령으로 정하는 이자를 더하여 납부하여야 한다(제4항).
③ 건강보험공단이 사용자가 체납한 연금보험료를 사용자로부터 납부받거나 징수한 경우에는 근로자가 중복하여 낸 기여금 및 부담금을 해당 근로자에게 대통령령으로 정하는 이자를 더하여 돌려주어야 한다(제5항).

2. 군복무기간에 대한 가입기간 추가산입(법 제18조, 영 제24조의3)

① 다음의 어느 하나에 해당하는 자가 노령연금 수급권을 취득한 때(가입기간이 추가 산입되면 노령연금 수급권을 취득할 수 있는 경우를 포함)에는 복무기간(병역의무 수행기간)을 가입기간에 추가로 산입하게 되는데, 병역의무 수행기간이 6개월 이상 12개월 이하인 경우에는 그 병역의무 수행기간을 산입한다. 이 경우 1개월 미만의 일수는 1개월로 계산한다. 병역의무 수행기간이 12개월을 초과하는 경우에는 12개월을 산입한다.
  ⊙ 병역법에 따른 현역병
  ⓒ 병역법에 따른 전환복무를 한 사람
  ⓒ 병역법에 따른 상근예비역
  ② 병역법에 따른 사회복무요원

② 병역법에 따른 병역의무를 수행한 기간의 전부 또는 일부가 다음의 어느 하나에 해당하는 기간에 산입된 경우에는 군복무기간에 대한 가입기간을 추가산입하지 아니한다.
  ⊙ 공무원연금법, 사립학교 교직원 연금법 또는 별정우체국법에 따른 재직기간
  ⓒ 군인연금법에 따른 복무기간

③ 가입기간을 추가로 산입하는 데 필요한 재원은 국가가 전부를 부담한다.

3. 출산에 대한 가입기간 추가산입(법 제19조) 기출 19

① 자녀가 있는 가입자 또는 가입자였던 자가 노령연금수급권을 취득한 때(가입기간이 추가 산입되면 노령연금수급권을 취득할 수 있는 경우를 포함)에는 다음에 따른 기간을 가입기간에 추가로 산입한다.
  ⊙ 자녀가 2명 이하인 경우 : 자녀 1명마다 12개월을 더한 개월 수
  ⓒ 자녀가 3명 이상인 경우 : 첫째 및 둘째 자녀에 대하여 인정되는 24개월에 2자녀를 초과하는 자녀 1명마다 18개월을 더한 개월 수

② 추가 가입기간은 부모가 모두 가입자 또는 가입자였던 자인 경우에는 부와 모의 합의에 따라 2명 중 1명의 가입기간에만 산입하되, 합의하지 아니한 경우에는 균등 배분하여 각각의 가입기간에 산입한다. 이 경우 합의의 절차 등에 관하여 필요한 사항은 보건복지부령으로 정한다.

③ 가입기간을 추가로 산입하는 데 필요한 재원은 국가가 전부 또는 일부를 부담한다.

4. 가입기간의 합산(법 제20조) 기출 22

① 가입자의 자격을 상실한 후 다시 그 자격을 취득한 자에 대하여는 전후(前後)의 가입기간을 합산한다.
② 가입자의 가입 종류가 변동되면 그 가입자의 가입기간은 각 종류별 가입기간을 합산한 기간으로 한다.

제3절 국민연금공단

I 공단의 설립

1. 설립 및 법인격
① 보건복지부장관의 위탁을 받아 국민의 생활 안정과 복지 증진을 달성하기 위한 사업을 효율적으로 수행하기 위하여 국민연금공단(이하 "공단")을 설립한다(법 제24조).
② 국민연금공단은 법인으로 한다(법 제26조).

2. 업무(법 제25조)
① 가입자에 대한 기록의 관리 및 유지
② 연금보험료의 부과
③ 급여의 결정 및 지급
④ 가입자, 가입자였던 자, 수급권자 및 수급자를 위한 자금의 대여와 복지시설의 설치·운영 등 복지사업
⑤ 가입자 및 가입자였던 자에 대한 기금증식을 위한 자금 대여사업
⑥ 가입 대상과 수급권자 등을 위한 노후준비서비스 사업
⑦ 국민연금제도·제정계산·기금운용에 관한 조사연구
⑧ 국민연금기금 운용 전문인력 양성
⑨ 국민연금에 관한 국제협력
⑩ 그 밖에 이 법 또는 다른 법령에 따라 위탁받은 사항
⑪ 그 밖에 국민연금사업에 관하여 보건복지부장관이 위탁하는 사항

II 임원(법 제30조)

1. 임원의 구성
① 공단에 임원으로 이사장 1명, 상임이사 4명 이내, 이사 10명, 감사 1명을 두되, 이사에는 다음의 어느 하나에 해당하는 사람이 포함되어야 한다.
  ㉠ 사용자 대표, 근로자 대표, 지역가입자 대표 및 수급자 대표 각 2명
  ㉡ 3년 이상 재직한 공단 소속 근로자(제3조 제1항 제1호에도 불구하고 「근로기준법」 제2조 제1항 제1호에 따른 근로자를 말한다. 이하 이 호에서 같다) 중에서 근로자 대표(근로자의 과반수로 조직된 노동조합이 있는 경우 그 노동조합의 대표자를 말한다)의 추천이나 근로자 과반수의 동의를 받은 사람 1명
  ㉢ 당연직 이사로서 보건복지부에서 국민연금 업무를 담당하는 3급 국가공무원 또는 고위공무원단에 속하는 일반직 공무원 1명
② 이사장은 보건복지부장관의 제청으로 대통령이 임면하고, 상임이사·이사(당연직 이사는 제외) 및 감사는 이사장의 제청으로 보건복지부장관이 임면한다.
③ 이사에게는 보수를 지급하지 아니한다. 다만, 실비(實費)는 지급할 수 있다.

2. 임원의 임기(법 제32조)
임원의 임기는 3년으로 한다. 다만, 당연직 이사의 임기는 그 재임기간으로 하고, 기금이사의 임기는 계약기간으로 한다.

3. **임원의 직무**(법 제33조)
    ① 이사장은 공단을 대표하고, 공단의 업무를 통할한다.
    ② 상임이사는 정관으로 정하는 바에 따라 공단의 업무를 분장하고, 이사장에게 사고가 있을 때에는 정관으로 정하는 순위에 따라 그 직무를 대행한다.
    ③ 감사는 공단의 회계, 업무 집행 상황 및 재산 상황을 감사한다.

제4절 급여

I 급여의 종류(법 제49조)

급여의 종류는 노령연금, 장애연금, 유족연금, 반환일시금이 있다. 기출 14·20·22

II 급여의 지급(법 제50조) 기출 20

급여는 수급권자의 청구에 의하여, 공단이 지급한다(제1항). 연금액은 그 지급사유에 따라 기본연금액과 부양가족연금액을 기초로 하여 산정한다(제2항). 실제로는 연금의 종류에 따라 기본연금액에 연금종류별 지급률과 제한율을 곱한 후 부양가족연금액을 합하여 산정한다.

III 내 용

1. **기본연금액**(법 제51조)

(1) **연금액의 산정**

수급권자의 기본연금액은 다음의 금액을 합한 금액에 1천분의 1천290을 곱한 금액으로 한다. 다만, 가입기간이 20년을 초과하면 그 초과하는 1년(1년 미만이면 매 1개월을 12분의 1년으로 계산)마다 본문에 따라 계산한 금액에 1천분의 50을 곱한 금액을 더한다(제1항).
  ① 다음에 따라 산정한 금액을 합산하여 3으로 나눈 금액(제1호)
    ㉠ 연금 수급 3년 전 연도의 평균소득월액을 연금 수급 3년 전 연도와 대비한 연금 수급 전년도의 전국소비자물가변동률 (국가데이터처장이 매년 고시하는 전국소비자물가변동률)에 따라 환산한 금액
    ㉡ 연금 수급 2년 전 연도의 평균소득월액을 연금 수급 2년 전 연도와 대비한 연금 수급 전년도의 전국소비자물가변동률에 따라 환산한 금액
    ㉢ 연금 수급 전년도의 평균소득월액

② 가입자 개인의 가입기간 중 매년 기준소득월액을 대통령령으로 정하는 바에 따라 보건복지부장관이 고시하는 연도별 재평가율에 의하여 연금 수급 전년도의 현재가치로 환산한 후 이를 합산한 금액을 총 가입기간으로 나눈 금액. 다만, 다음에 따라 산정하여야 하는 금액은 그 금액으로 한다(제2호).
㉠ 사용자가 근로자의 임금에서 기여금을 공제하고 연금보험료를 내지 아니한 경우에 그 내지 아니한 기간의 2분의 1에 해당하는 기간 및 사업장의 체납 사실을 통지받은 근로자가 기여금을 납부한 경우에 체납기간의 2분의 1에 해당하는 기간의 기준소득월액은 ②의 ㉠·㉡·㉢ 외의 부분 본문에 따라 산정한 금액의 2분의 1에 해당하는 금액
㉡ 군복무기간에 의해 추가로 산입되는 가입기간의 기준소득월액은 ①에 따라 산정한 금액의 2분의 1에 해당하는 금액
㉢ 출산에 의해 추가로 산입되는 가입기간의 기준소득월액은 ①에 따라 산정한 금액

(2) 산정된 금액의 조정
① 산정된 금액을 수급권자에게 적용할 때에는 연금 수급 2년 전 연도와 대비한 전년도의 전국소비자물가변동률을 기준으로 그 변동률에 해당하는 금액을 더하거나 빼되, 미리 국민연금심의위원회의 심의를 거쳐야 한다(제2항).
② 조정된 금액을 수급권자에게 적용할 때 그 적용 기간은 해당 조정연도 1월부터 12월까지로 한다(제3항).

2. 부양가족연금액(법 제52조)

(1) 부양가족연금액
① 부양가족연금액은 수급권자(유족연금의 경우에는 사망한 가입자 또는 가입자였던 자)를 기준으로 하는 다음의 자로서 수급권자에 의하여 생계를 유지하고 있는 자에 대하여 다음에 규정된 각각의 금액으로 한다. 이 경우 생계유지에 관한 대상자별 인정기준은 대통령령으로 정한다.
㉠ 배우자 : 연 15만원 기출 14
㉡ 19세 미만이거나 장애상태에 있는 자녀(배우자가 혼인 전에 얻은 자녀를 포함) : 연 10만원
㉢ 60세 이상이거나 장애상태에 있는 부모(부 또는 모의 배우자, 배우자의 부모를 포함) : 연 10만원
② 부양가족연금액을 수급권자에게 적용하는 경우에는 금액의 조정을 위하여 미리 국민연금심의위원회의 심의를 거쳐야 하고, 조정된 부양가족연금액의 적용 기간은 해당 조정연도 1월부터 12월까지로 한다(제2항).

(2) 부양가족연금액 계산에서의 제외
① 부양가족이 다음의 어느 하나에 해당하면 부양가족연금액 계산에서 제외한다.
㉠ 연금 수급권자(국민연금과 직역연금의 연계에 관한 법률에 따른 연계급여 수급권자를 포함)
㉡ 퇴직연금 등 수급권자
㉢ 공무원연금법, 공무원 재해보상법, 사립학교교직원 연금법, 별정우체국법, 군인연금법 또는 군인 재해보상법에 따른 퇴직유족연금, 퇴역유족연금, 장해유족연금, 상이유족연금, 순직유족연금, 직무상유족연금, 위험직무순직유족연금 또는 유족연금 수급권자
② 부양가족에 해당하는 자는 부양가족연금액을 계산할 때 2명 이상의 연금 수급권자의 부양가족연금 계산 대상이 될 수 없다.
③ 부양가족이 다음의 어느 하나에 해당하게 되면 부양가족연금액의 계산에서 제외한다.
㉠ 사망한 때
㉡ 수급권자에 의한 생계유지의 상태가 끝난 때

ⓒ 배우자가 이혼한 때
ⓔ 자녀가 다른 사람의 양자가 되거나 파양(罷養)된 때
ⓜ 자녀가 19세가 된 때. 다만, 장애상태에 있는 자녀는 제외한다.
ⓗ 장애상태에 있던 자녀 또는 부모가 그 장애상태에 해당하지 아니하게 된 때
ⓢ 배우자가 혼인 전에 얻은 자녀와의 관계가 이혼으로 인하여 종료된 때
ⓞ 재혼한 부 또는 모의 배우자와 수급자의 관계가 부모와 그 배우자의 이혼으로 인하여 종료된 경우

연금액 = 기본연금액 × 연금종별 지급률 및 제한율 + 부양가족연금액

(3) 부양가족연금액 및 유족연금 지급 대상의 장애 인정기준(법 제52조의2)

장애상태란 장애등급 1급 또는 2급에 해당하는 상태 또는 장애의 정도가 심한 장애인으로서 대통령령으로 정하는 장애 정도에 해당하는 상태를 말한다.

3. 연금액의 최고한도(법 제53조)

① 연금의 월별 지급액은 다음의 금액 중에서 많은 금액을 넘지 못한다.
  ㉠ 가입자였던 최종 5년 동안의 기준소득월액을 평균한 금액을 전국소비자물가변동률에 따라 조정한 금액
  ㉡ 가입기간 동안의 기준소득월액을 평균한 금액을 전국소비자물가변동률에 따라 조정한 금액
② 수급권자에게 두 가지 이상의 급여수급권이 발생한 때에는 그 자의 선택에 의하여 그중의 하나만을 지급하고 다른 급여의 지급은 정지된다(법 제56조).

4. 연금 지급기간 및 지급시기(법 제54조)

(1) 지급기간

연금은 지급하여야 할 사유가 생긴 날(반납금, 추납보험료 또는 체납된 연금보험료를 냄에 따라 연금을 지급하여야 할 사유가 생긴 경우에는 해당 금액을 낸 날)이 속하는 달의 다음 달부터 수급권이 소멸한 날이 속하는 달까지 지급한다.

(2) 지급시기 기출 20

연금은 매월 25일에 그 달의 금액을 지급하되, 지급일이 토요일이나 공휴일이면 그 전날에 지급한다. 다만, 수급권이 소멸하거나 연금지급이 정지된 경우에는 그 지급일 전에 지급할 수 있다.

(3) 지급정지

연금은 지급을 정지하여야 할 사유가 생기면 그 사유가 생긴 날이 속하는 달의 다음 달부터 그 사유가 소멸한 날이 속하는 달까지는 지급하지 아니한다.

5. 수급권 보호 및 조세 기타 공과금의 면제(법 제58조, 제60조)

수급권은 이를 양도·압류하거나 담보에 제공할 수 없다. 수급권자에게 지급된 급여로서 대통령령으로 정하는 금액 이하의 급여는 압류할 수 없고, 급여수급전용계좌에 입금된 급여와 이에 관한 채권은 압류할 수 없다(법 제58조). 기출 24 국민연금법에 의한 급여로서 지급된 금액에 대하여는 조세특례제한법이나 그 밖의 법률 또는 지방자치단체가 조례가 정하는 바에 의하여 조세, 그 밖에 국가 또는 지방자치단체의 공과금을 감면한다. 기출 22·24

Ⅳ 노령연금

1. 노령연금의 유형

유 형	지급사유
완전노령연금	가입기간이 10년 이상으로 가입자 또는 가입자였던 자가 60세에 도달하면 지급
조기노령연금	가입기간이 10년 이상으로 55세 이상인 가입자가 소득이 있는 업무에 종사하지 아니하는 경우에 지급
소득활동에 따른 노령연금	가입기간이 10년 이상으로 60세 이상 65세 미만인 가입자가 소득이 있는 업무에 종사하고 있는 경우에 지급
분할연금	혼인기간이 5년 이상인 자가 이혼한 후 배우자였던 자의 노령연금을 분할하여 지급
특례노령연금	1988년 기준으로 45세 이상 60세 미만인 가입자에게만 적용하여, 가입기간이 5년 이상으로 60세에 도달하면 지급

2. 완전노령연금

(1) 수급요건(법 제61조 제1항)

가입기간이 10년 이상인 가입자 또는 가입자였던 자에 대하여는 60세(특수직종근로자는 55세)가 된 때부터 그가 생존하는 동안 노령연금을 지급한다. 기출 17·21

(2) 급여수준(법 제63조 제1항)

노령연금액은 다음의 구분에 따른 금액에 부양가족연금액을 더한 금액으로 한다.
① 가입기간이 20년 이상인 경우 : 기본연금액
② 가입기간이 10년 이상 20년 미만인 경우 : 기본연금액의 1천분의 500에 해당하는 금액에 가입기간 10년을 초과하는 1년(1년 미만이면 매 1개월을 12분의 1년으로 계산한다)마다 기본연금액의 1천분의 50에 해당하는 금액을 더한 금액

3. 조기노령연금

(1) 수급요건(법 제61조 제2항)

가입기간이 10년 이상인 가입자 또는 가입자였던 자로서 55세 이상인 자가 대통령령으로 정하는 소득이 있는 업무에 종사하지 아니하는 경우 본인이 희망하면 60세가 되기 전이라도 본인이 청구한 때부터 그가 생존하는 동안 일정한 금액의 연금(조기노령연금)을 받을 수 있다.

(2) 급여수준(법 제63조 제2항)

조기노령연금액은 가입기간에 따라 제1항에 따른 노령연금액 중 부양가족연금액을 제외한 금액에 수급연령별로 다음의 구분에 따른 비율(청구일이 연령도달일이 속한 달의 다음 달 이후인 경우에는 1개월마다 1천분의 5를 더한다)을 곱한 금액에 부양가족연금액을 더한 금액으로 한다.
① 55세부터 지급받는 경우에는 1천분의 700
② 56세부터 지급받는 경우에는 1천분의 760
③ 57세부터 지급받는 경우에는 1천분의 820
④ 58세부터 지급받는 경우에는 1천분의 880
⑤ 59세부터 지급받는 경우에는 1천분의 940

4. **소득활동에 따른 노령연금액**(법 제63조의2)

    노령연금 수급권자가 대통령령으로 정하는 소득(3년간 평균소득월액을 초과하는 소득)이 있는 업무에 60세 이상 65세 미만(특수직종근로자는 55세 이상 60세 미만)인 기간에 종사해야 한다.

5. **분할연금**

(1) **수급요건**(법 제64조 제1항)

    ① 혼인기간(배우자의 가입기간 중의 혼인기간으로 별거, 가출 등의 사유로 인하여 실질적인 혼인관계가 존재하지 아니하였던 기간을 제외한 기간)이 5년 이상인 자가 다음의 요건을 모두 갖추면 그때부터 그가 생존하는 동안 배우자였던 자의 노령연금을 분할한 일정한 금액의 연금(분할연금)을 받을 수 있다.

    기출 18·23

    ㉠ 배우자와 이혼하였을 것
    ㉡ 배우자였던 사람이 노령연금수급권자일 것
    ㉢ 60세가 되었을 것

    ② 분할연금은 위의 요건을 모두 갖추게 된 때부터 5년 이내에 청구하여야 한다. 기출 23

(2) **분할연금청구의 특례**(법 제64조의3)

    ① 60세에 도달하기 이전에 이혼하는 경우에는 이혼의 효력이 발생하는 때부터 분할연금을 미리 청구(이하 "분할연금 선청구")할 수 있다.
    ② 분할연금 선청구는 이혼의 효력이 발생하는 때부터 3년 이내에 하여야 하며, 60세에 도달하기 이전에 분할연금 선청구를 취소할 수 있다. 이 경우 분할연금 선청구 및 선청구의 취소는 1회에 한한다.
    ③ 분할연금을 선청구한 경우라고 하더라도 수급요건을 모두 갖추게 된 때에 분할연금을 지급한다.

(3) **급여수준**(법 제64조, 제64조의2)

    ① 분할연금액은 배우자였던 자의 노령연금액(부양가족연금액 제외) 중 혼인기간에 해당하는 연금액을 균등하게 나눈 금액으로 한다.
    ② 민법에 따라 연금의 분할에 관하여 별도로 결정된 경우에는 그에 따른다.

6. **특례노령연금**(법률 제8541호 부칙 제2조)

    1988년 1월 1일 현재 45세 이상 60세 미만인 자(특수직종근로자의 경우에는 40세 이상 55세 미만인 자)가 가입기간이 5년 이상이 되는 때에는 일정한 금액의 연금을 지급한다.

Ⅴ 장애연금

1. 장애연금의 수급권자(법 제67조)

(1) 수급요건(제1항)

가입자 또는 가입자였던 자가 질병이나 부상으로 신체상 또는 정신상의 장애가 있고 다음의 요건을 모두 충족하는 경우에는 장애 정도를 결정하는 기준이 되는 날부터 그 장애가 계속되는 기간 동안 장애 정도에 따라 장애 연금을 지급한다.

① 해당 질병 또는 부상의 초진일 당시 연령이 18세(다만, 18세 전에 가입한 경우에는 가입자가 된 날) 이상이고 노령연금의 지급 연령 미만일 것
② 다음의 어느 하나에 해당할 것
  ㉠ 해당 질병 또는 부상의 초진일 당시 연금보험료를 낸 기간이 가입대상기간의 3분의 1 이상일 것
  ㉡ 해당 질병 또는 부상의 초진일 5년 전부터 초진일까지의 기간 중 연금보험료를 낸 기간이 3년 이상일 것. 다만, 가입대상기간 중 체납기간이 3년 이상인 경우는 제외한다.
  ㉢ 해당 질병 또는 부상의 초진일 당시 가입기간이 10년 이상일 것

(2) 장애결정 기준일(제2항)

① 초진일부터 1년 6개월이 지나기 전에 완치일이 있는 경우 : 완치일
② 초진일부터 1년 6개월이 지날 때까지 완치일이 없는 경우 : 초진일부터 1년 6개월이 되는 날의 다음 날
③ 초진일부터 1년 6개월이 되는 날의 다음 날에 장애연금의 지급 대상이 되지 아니하였으나, 그 후 그 질병이나 부상이 악화된 경우 : 장애연금의 지급을 청구한 날(노령연금 지급연령 전에 청구한 경우만 해당)과 완치일 중 빠른 날
④ 장애연금의 수급권이 소멸된 사람이 장애연금 수급권을 취득할 당시의 질병이나 부상이 악화된 경우 : 청구일과 완치일 중 빠른 날

(3) 예외(제3항)

① 초진일이 가입 대상에서 제외된 기간 중에 있는 경우
② 초진일이 국외이주·국적상실 기간 중에 있는 경우
③ 반환일시금을 지급받은 경우

2. 장애연금액(법 제68조)

장애연금액은 장애등급에 따라 다음의 금액으로 한다.
① 장애등급 1급에 해당하는 자 : 기본연금액에 부양가족연금액을 더한 금액
② 장애등급 2급에 해당하는 자 : 기본연금액의 1천분의 800에 해당하는 금액에 부양가족연금액을 더한 금액 기출 24
③ 장애등급 3급에 해당하는 자 기출 15 : 기본연금액의 1천분의 600에 해당하는 금액에 부양가족연금액을 더한 금액
④ 장애등급 4급에 해당하는 자 : 기본연금액의 1천분의 2천250에 해당하는 금액을 일시보상금으로 지급한다.

3. 장애의 중복조정(법 제69조)

장애연금 수급권자에게 다시 장애연금을 지급하여야 할 장애가 발생한 때에는 전후의 장애를 병합한 장애정도에 따라 장애연금을 지급한다. 다만, 전후의 장애를 병합한 장애 정도에 따른 장애연금이 전의 장애연금보다 적으면 전의 장애연금을 지급한다.

4. 장애연금액의 변경(법 제70조)

① 공단은 장애연금 수급권자의 장애 정도를 심사하여 장애등급이 다르게 되면 그 등급에 따라 장애연금액을 변경하고, 장애등급에 해당되지 아니하면 장애연금 수급권을 소멸시킨다. 장애연금의 수급권자는 그 장애가 악화되면 공단에 장애연금액의 변경을 청구할 수 있다. 기출 22
② 장애정도를 결정할 때에는 완치일을 기준으로 하며, 공단이 장애연금액을 변경하거나 장애연금 수급권을 소멸시키는 경우에는 장애 정도의 변화개연성에 따라 공단이 지정한 주기가 도래한 날이 속하는 달의 말일 등 대통령령으로 정하는 날, 수급권자가 장애연금액의 변경을 청구하는 경우에는 장애연금액의 변경을 청구한 날까지 완치되지 않은 경우에는 그 해당하는 날을 기준으로 장애 정도를 결정한다.
③ 장애연금액의 변경에 대한 사항은 60세 이상인 장애연금 수급권자에 대하여는 적용하지 아니한다.

Ⅵ 유족연금

1. 유족연금의 수급권자(법 제72조)

(1) 수급요건

① 다음의 어느 하나에 해당하는 사람이 사망하면 그 유족에게 유족연금을 지급한다. 기출 15·16·25
  ㉠ 노령연금 수급권자
  ㉡ 가입기간이 10년 이상인 가입자 또는 가입자였던 자
  ㉢ 연금보험료를 낸 기간이 가입대상기간의 3분의 1 이상인 가입자 또는 가입자였던 자
  ㉣ 사망일 5년 전부터 사망일까지의 기간 중 연금보험료를 낸 기간이 3년 이상인 가입자 또는 가입자였던 자(다만, 가입대상기간 중 체납기간이 3년 이상인 사람은 제외)
  ㉤ 장애등급이 2급 이상인 장애연금 수급권자 기출 24
② ㉠ 연금보험료를 낸 기간이 가입대상기간의 3분의 1 이상인 가입자 또는 가입자였던 자, ㉡ 사망일 5년 전부터 사망일까지의 기간 중 연금보험료를 낸 기간이 3년 이상인 가입자 또는 가입자였던 자(다만, 가입대상기간 중 체납기간이 3년 이상인 사람은 제외)가 다음의 기간 중 사망하는 경우에는 유족연금을 지급하지 아니한다.
  ㉠ 가입 대상에서 제외되는 기간
  ㉡ 국외이주·국적상실 기간

(2) 유족의 범위 등(법 제73조)

① 유족연금을 지급받을 수 있는 유족은 (1) ①에 해당하는 사람이 사망할 당시(민법상 보통실종에 따른 실종선고를 받은 경우에는 실종기간의 개시 당시를, 특별실종에 따른 실종선고를 받은 경우에는 사망의 원인이 된 위난 발생 당시) 그에 의하여 생계를 유지하고 있던 다음의 자로 한다. 이 경우 가입자 또는 가입자였던 자에 의하여 생계를 유지하고 있던 자에 관한 인정 기준은 대통령령으로 정한다.
  ㉠ 배우자

  ⓒ 자녀. 다만, 25세 미만이거나 장애상태에 있는 사람만 해당한다.
  ⓓ 부모(배우자의 부모를 포함). 다만, 60세 이상이거나 장애상태에 있는 사람만 해당한다.
  ⓔ 손자녀. 다만, 19세 미만이거나 장애상태에 있는 사람만 해당한다.
  ⓕ 조부모(배우자의 조부모를 포함). 다만, 60세 이상이거나 장애상태에 있는 사람만 해당한다.

> - 배우자, 남편 또는 아내에는 사실상의 혼인관계에 있는 자를 포함한다(법 제3조 제2항). 기출 19
> - 수급권을 취득할 당시 가입자 또는 가입자였던 자의 태아가 출생하면 그 자녀는 가입자 또는 가입자였던 자에 의하여 생계를 유지하고 있던 자녀로 본다(법 제3조 제3항).

 ② 유족연금은 ①에서 정한 ㉠~㉤의 순위에 따라 최우선 순위자에게만 지급한다. 다만, 배우자인 유족의 수급권이 소멸되거나 정지되면 자녀(25세 미만이거나 장애등급 2급 이상인 자)인 유족에게 지급한다. 기출 19

 ③ 같은 순위의 유족이 2명 이상이면 그 유족연금액을 똑같이 나누어 지급하되, 지급 방법은 대통령령으로 정한다.

(3) 유족연금 수급권의 소멸(법 제75조) 기출 16

 ① 유족연금 수급권자가 다음의 어느 하나에 해당하게 되면 그 수급권은 소멸한다.
  ㉠ 수급권자가 사망한 때
  ㉡ 배우자인 수급권자가 재혼한 때 기출 25
  ㉢ 자녀나 손자녀인 수급권자가 파양된 때 기출 16
  ㉣ 장애상태에 해당하지 아니한 자녀인 수급권자가 25세가 된 때 또는 장애상태에 해당하지 아니한 손자녀인 수급권자가 19세가 된 때

 ② 부모, 손자녀 또는 조부모인 유족의 유족연금 수급권은 가입자 또는 가입자였던 사람이 사망할 당시에 그 가입자 또는 가입자였던 사람의 태아가 출생하여 수급권을 갖게 되면 소멸한다. 기출 19·25

2. 유족연금액(법 제74조)

유족연금액은 가입기간에 따라 다음의 금액에 부양가족연금액을 더한 금액으로 한다. 다만, 노령연금 수급권자가 사망한 경우의 유족연금액은 사망한 자가 지급받던 노령연금액을 초과할 수 없다.

① 가입기간이 10년 미만 : 기본연금액의 1천분의 400에 해당하는 금액
② 가입기간이 10년 이상 20년 미만 : 기본연금액의 1천분의 500에 해당하는 금액
③ 가입기간이 20년 이상 : 기본연금액의 1천분의 600에 해당하는 금액

3. 유족연금의 지급정지(법 제76조, 영 제49조의2)

(1) 필요적 지급정지

1) 배우자에 대한 지급정지

유족연금의 수급권자인 배우자에 대하여는 수급권이 발생한 때부터 3년 동안 유족연금을 지급한 후 55세가 될 때까지 지급을 정지한다. 다만, 그 수급권자가 다음의 어느 하나에 해당하면 지급을 정지하지 아니한다.
① 장애상태인 경우
② 가입자 또는 가입자였던 자의 25세 미만인 자녀 또는 장애상태인 자녀의 생계를 유지한 경우
③ 대통령령으로 정하는 소득이 있는 업무에 종사하지 아니하는 경우

2) 배우자등의 소재불명으로 인한 지급정지
① 유족연금의 수급권자인 배우자의 소재를 1년 이상 알 수 없는 때에는 유족인 자녀의 신청에 의하여 그 소재 불명(不明)의 기간동안 그에게 지급하여야 할 유족연금은 지급을 정지한다. 기출 25
② 배우자 외의 자에 대한 유족연금의 수급권자가 2명 이상인 경우 그 수급권자 중에서 1년 이상 소재를 알 수 없는 자가 있으면 다른 수급권자의 신청에 따라 그 소재 불명의 기간에 해당하는 그에 대한 유족연금의 지급을 정지한다.

3) 입양으로 인한 지급정지
자녀나 손자녀인 수급권자가 다른 사람에게 입양된 때에는 그에 해당하게 된 때부터 유족연금의 지급을 정지한다. 기출 22·25

4) 장애로 인한 지급정지
장애로 수급권을 취득한 자가 장애상태에 해당하지 아니하게 된 때에는 그에 해당하게 된 때부터 유족연금의 지급을 정지한다.

(2) 임의적 지급정지
유족연금의 수급권자인 배우자의 소재를 1년 이상 알 수 없는 경우로서 지급정지 신청을 할 수 있는 유족인 자녀가 없거나 자녀가 지급정지 신청을 하지 않는 경우, 유족연금의 수급권자인 배우자 외의 사람이 2명 이상이고 그 일부 또는 모두의 소재를 1년 이상 알 수 없는 경우로서 지급정지 신청을 할 수 있는 사람이 없거나 다른 수급권자가 지급정지 신청을 하지 않는 경우, 유족연금의 수급권자인 배우자 외의 사람이 1명이고 그 사람의 소재를 1년 이상 알 수 없는 경우 등에는 유족연금의 지급을 정지할 수 있다.

(3) 지급정지의 해제
1) 지급이 정지된 자의 소재가 확인된 경우
배우자등의 소재불명으로 지급정지되었으나, 유족연금의 지급이 정지된 자의 소재가 확인된 경우에는 본인의 신청에 의하여 지급정지를 해제한다.

2) 파양된 경우
유족연금의 지급이 정지된 자가 파양된 경우에는 본인의 신청에 의하여 파양된 때부터 지급정지를 해제한다. 기출 25

3) 장애상태에 해당하게 된 경우
유족연금의 지급이 정지된 자가 그 질병이나 부상이 악화되어 장애상태에 해당하게 된 경우에는 본인의 신청에 의하여 장애상태에 해당하게 된 때부터 지급정지를 해제한다.

Ⅶ 반환일시금

1. 수급요건(법 제77조)
① 가입자 또는 가입자였던 자가 다음의 어느 하나에 해당하게 되면 본인이나 그 유족의 청구에 의하여 반환일시금을 지급받을 수 있다.
㉠ 가입기간이 10년 미만인 자가 60세가 된 때 기출 24
㉡ 가입자 또는 가입자였던 자가 사망한 때. 다만, 유족연금이 지급되는 경우에는 그러하지 아니하다.
㉢ 국적을 상실하거나 국외로 이주한 때

② 반환일시금의 액수는 가입자 또는 가입자였던 자가 납부한 연금보험료(사업장가입자 또는 사업장가입자였던 자의 경우에는 사용자의 부담금을 포함)에 대통령령으로 정하는 이자를 더한 금액으로 한다.
③ 반환일시금의 지급을 청구할 경우 유족의 범위와 청구의 우선순위 등에 관하여는 유족연금의 경우와 동일하다.

2. 반납금 납부와 가입기간(법 제78조)

① 반환일시금을 받은 자로서 다시 가입자의 자격을 취득한 자는 지급받은 반환일시금에 대통령령으로 정하는 이자를 더한 금액(반납금)을 공단에 낼 수 있다.
② 반납금은 대통령령으로 정하는 바에 따라 분할하여 납부하게 할 수 있다. 이 경우 대통령령으로 정하는 이자를 더하여야 한다.
③ 위의 반납금을 낸 경우에는 그에 상응하는 기간은 가입기간에 넣어 계산한다.

3. 반환일시금 수급권의 소멸(법 제79조)

반환일시금의 수급권은 다음의 어느 하나에 해당하면 소멸한다.
① 수급권자가 다시 가입자로 된 때
② 수급권자가 노령연금의 수급권을 취득한 때
③ 수급권자가 장애연금의 수급권을 취득한 때
④ 수급권자의 유족이 유족연금의 수급권을 취득한 때

제5절 급여의 제한 및 정지

I 급여의 제한(법 제82조, 영 제55조)

1. 장애연금

(1) 제한사유

① 가입자 또는 가입자였던 자가 고의로 질병·부상 또는 그 원인이 되는 사고를 일으켜 그로 인하여 장애를 입은 경우에는 그 장애를 지급 사유로 하는 장애연금을 지급하지 아니할 수 있다. 기출 25
② 가입자 또는 가입자였던 자가 고의나 중대한 과실로 요양 지시에 따르지 아니하거나 정당한 사유 없이 요양 지시에 따르지 아니하여 다음의 어느 하나에 해당하게 되면 대통령령으로 정하는 바에 따라 이를 원인으로 하는 급여의 전부 또는 일부를 지급하지 아니할 수 있다.
   ㉠ 장애를 입거나 사망한 경우 기출 25
   ㉡ 장애나 사망의 원인이 되는 사고를 일으킨 경우
   ㉢ 장애를 악화시키거나 회복을 방해한 경우

(2) 제한되는 급여의 범위

① 고의 또는 중대한 과실로 요양 지시에 따르지 아니하면 급여의 1천분의 800에서 1천분의 1,000까지
② 정당한 사유 없이 요양 지시에 따르지 아니하면 급여의 1천분의 500에서 1천분의 800까지

2. 유족연금 등

다음의 어느 하나에 해당하는 사람에게는 사망에 따라 발생되는 유족연금, 미지급급여, 반환일시금 및 사망일시금(이하 "유족연금 등")을 지급하지 아니한다.
① 가입자 또는 가입자였던 자를 고의로 사망하게 한 유족 `기출 25`
② 유족연금 등의 수급권자가 될 수 있는 자를 고의로 사망하게 한 유족
③ 다른 유족연금 등의 수급권자를 고의로 사망하게 한 유족연금 등의 수급권자

Ⅱ 변경의 제한(법 제83조)

장애연금의 수급권자가 고의나 중대한 과실로 요양 지시에 따르지 아니하거나 정당한 사유 없이 요양 지시에 따르지 아니하여 장애를 악화시키거나 회복을 방해한 경우에는 장애연금액을 변경하지 아니할 수 있다.

`기출 25`

Ⅲ 지급의 정지 등(법 제86조, 법 제86조의2, 영 제56조의2)

1. 급여의 지급정지사유

수급권자가 다음의 어느 하나에 해당하면 급여의 전부 또는 일부의 지급을 정지할 수 있다.
① 수급권자가 정당한 사유 없이 공단의 서류, 그 밖의 자료 제출 요구에 응하지 아니한 때
② 장애연금 또는 유족연금의 수급권자가 정당한 사유 없이 공단의 진단 요구 또는 확인에 응하지 아니한 때
③ 장애연금 수급권자가 고의나 중대한 과실로 요양 지시에 따르지 아니하거나 정당한 사유 없이 요양 지시에 따르지 아니하여 회복을 방해한 때 `기출 24`
④ 수급권자가 정당한 사유 없이 수급권의 발생·변경·소멸·정지 및 급여액의 산정·지급 등에 관련된 사항을 신고를 하지 아니한 때

2. 급여의 일시중지

급여의 지급을 정지하려는 경우에는 지급을 정지하기 전에 대통령령으로 정하는 바에 따라 급여의 지급을 일시 중지할 수 있다.

3. 소재불명자에 대한 지급정지

(1) 지급정지 사유

수급권자(유족연금 수급권자는 제외)가 1년 이상 소재불명인 경우에는 이 법에 따른 급여의 지급을 정지할 수 있다.

(2) 지급정지 절차

공단은 급여의 지급을 정지하려는 경우에는 수급권자의 소재불명 여부를 확인해야 한다. 다만, 조사·질문 또는 확인조사 결과 수급권자의 소재불명이 확인된 경우에는 그렇지 않다. 공단은 수급권자의 소재불명이 확인된 경우에는 10일 이상의 기한을 정하여 소재불명 사실을 해소할 것과 해소되지 않을 경우 급여 지급이 정지된다는 내용이 기재된 통지서를 그 수급권자의 주민등록표에 기재된 마지막 주소 등으로 발송해야 하고, 발송이 불가능한 경우에는 공단의 게시판이나 인터넷 홈페이지에 그 내용을 공고해야 한다.

(3) 지급정지 취소

급여의 지급을 정지한 후 소재불명이었던 수급권자의 소재가 확인되거나 사망한 사실이 확인된 경우에는 지급정지를 취소하여야 한다. 지급정지를 취소한 경우 지급정지 기간 동안 지급되지 아니한 급여를 수급권자(수급권자가 사망한 때에는 미지급 급여를 받을 수 있는 자)에게 지급하여야 한다.

제6절 비용부담 및 연금보험료 징수

I 국고부담(법 제87조)

국가는 매년 공단 및 건강보험공단이 국민연금사업을 관리·운영하는 데에 필요한 비용의 전부 또는 일부를 부담한다.

II 연금보험료의 부과·징수 등(법 제88조)

1. 부과·징수

   ① 보건복지부장관은 국민연금사업 중 연금보험료의 징수에 관하여 이 법에서 정하는 사항을 건강보험공단에 위탁한다.
   ② 공단(국민연금공단)은 국민연금사업에 드는 비용에 충당하기 위하여 가입자와 사용자에게 가입기간 동안 매월 연금보험료를 부과하고, 건강보험공단이 이를 징수한다.

2. 보험료

   ① 사업장가입자의 연금보험료 중 기여금은 사업장가입자 본인이, 부담금은 사용자가 각각 부담하되, 그 금액은 각각 기준소득월액의 1천분의 65에 해당하는 금액으로 한다.
   ② 지역가입자, 임의가입자 및 임의계속가입자의 연금보험료는 지역가입자, 임의가입자 또는 임의계속가입자 본인이 부담하되, 그 금액은 기준소득월액의 1천분의 130으로 한다.
   ③ 공단은 기준소득월액 정정 등의 사유로 당초 징수 결정한 금액을 다시 산정함으로써 연금보험료를 추가로 징수하여야 하는 경우 가입자 또는 사용자에게 그 추가되는 연금보험료를 나누어 내도록 할 수 있다. 이 경우 분할 납부 신청 대상, 분할 납부 방법 및 납부 기한 등 연금보험료의 분할 납부에 필요한 사항은 대통령령으로 정한다.

3. 징수의 우선순위(법 제98조)

연금보험료나 그 밖의 이 법에 따른 징수금을 징수하는 순위는 국민건강보험법에 따른 보험료와 같은 순위로 한다.

> 국세 및 지방세 > 연금보험료 > 채권(민사채권·상사채권·공과금채권)

4. 징수권의 소멸(법 제99조)

지역가입자, 임의가입자 및 임의계속가입자의 연금보험료 및 연체금을 징수할 권리는 다음의 어느 하나에 해당하는 때에 소멸한다.
① 가입자 또는 가입자였던 자가 사망한 때
② 본인이 노령연금을 받거나 반환일시금을 받은 때
③ 소멸시효가 완성된 때

Ⅲ 연금보험료 등의 독촉(법 제95조)

① 건강보험공단은 사업장가입자와 지역가입자가 연금보험료와 그에 따른 징수금을 기한(납부 기한을 연장한 경우에는 그 기한)까지 내지 아니하거나 제2차 납부의무자가 연금보험료, 연체금, 체납처분비를 기한까지 내지 아니하면 대통령령으로 정하는 바에 따라 기한을 정하여 독촉하여야 한다.

> **연금보험료 등의 독촉(영 제64조)** 기출 24
> ① 건강보험공단은 법 제95조 제1항에 따라 사업장가입자의 연금보험료와 그에 따른 징수금의 납부를 독촉할 때에는 납부 기한이 지난 후 20일 이내에 해당 사업장가입자의 사용자에게 독촉장을 발부하여야 한다.
> ② 건강보험공단은 법 제95조 제1항에 따라 지역가입자의 연금보험료와 그에 따른 징수금의 납부를 독촉할 때에는 납부 기한이 지난 후 3개월 이내에 해당 가입자에게 독촉장을 발부하여야 한다.
> ③ 건강보험공단은 법 제95조 제1항에 따라 제2차 납부의무자의 연금보험료, 연체금, 체납처분비의 납부를 독촉할 때에는 납부 기한이 지난 후 20일 이내에 제2차 납부의무자에게 독촉장을 발부하여야 한다.

② 건강보험공단은 독촉할 경우에는 10일 이상의 납부 기한을 정하여 독촉장을 발부하여야 한다.
③ 연금보험료를 연대하여 내야 하는 자 중 1명에게 한 독촉은 다른 연대 납부의무자에게도 효력이 있다.

제7절 국민연금기금

I 연금기금의 설치·운용

1. 기금의 설치 및 조성(법 제101조)
① 보건복지부장관은 국민연금사업에 필요한 재원을 원활하게 확보하고, 이 법에 따른 급여에 충당하기 위한 책임준비금으로서 국민연금기금(이하 "기금")을 설치한다.
② 기금은 연금보험료, 기금 운용 수익금, 적립금, 공단의 수입지출 결산상의 잉여금으로 조성한다.

기출 24

2. 국민연금기금운용위원회(법 제103조)
① 기금의 운용에 관한 다음의 사항을 심의·의결하기 위하여 보건복지부에 국민연금기금운용위원회(운용위원회)를 둔다.
  ㉠ 기금 운용지침에 관한 사항
  ㉡ 기금을 관리기금에 위탁할 경우 예탁이자율의 협의에 관한 사항 기출 24
  ㉢ 기금 운용 계획에 관한 사항
  ㉣ 기금의 운용 내용과 사용 내용에 관한 사항
  ㉤ 그 밖에 기금운용에 관한 중요사항으로서 운용위원회 위원장이 회의에 부치는 사항
② 운용위원회는 위원장인 보건복지부장관, 당연직 위원인 재정경제부차관·농림축산식품부차관·산업통상부차관·고용노동부차관·기획예산처차관과 공단 이사장 및 위원장이 위촉하는 다음의 위원으로 구성한다.
  ㉠ 사용자를 대표하는 위원으로서 사용자 단체가 추천하는 자 3명
  ㉡ 근로자를 대표하는 위원으로서 노동조합을 대표하는 연합단체가 추천하는 자 3명
  ㉢ 지역가입자를 대표하는 위원으로서 다음의 자
    ㉮ 농어업인 단체가 추천하는 자 2명
    ㉯ 농어업인 단체 외의 자영자 관련 단체가 추천하는 자 2명
    ㉰ 소비자단체 및 시민단체가 추천하는 자 2명
  ㉣ 관계 전문가로서 국민연금에 관한 학식과 경험이 풍부한 자 2명
③ 위원의 임기는 2년으로 하고, 1차만 연임할 수 있다. 다만, 위원장과 당연직 위원의 임기는 그 재임 기간으로 한다.
④ 위원장은 운용위원회의 회의를 소집하고 그 의장이 된다.
⑤ 운용위원회의 회의는 연 4회 이상 개최하여야 하며, 재적 위원 과반수의 출석으로 개회하고, 출석 위원 과반수의 찬성으로 의결한다. 이 경우 출석하지 아니한 위원은 의결권을 행사하지 아니한 것으로 본다.
⑥ 보건복지부장관은 운용위원회의 요구에 따라 회의에 필요한 자료를 사전에 제출하여야 한다.

Ⅱ 국민연금 기금 운용지침, 운용계획

1. 기금 운용지침(법 제105조, 영 제81조)

① 운용위원회는 가입자의 권익이 극대화되도록 매년 다음 사항에 관한 국민연금기금운용지침(이하 "기금운용지침")을 마련하여야 한다.
  ㉠ 공공사업에 사용할 기금 자산의 비율
  ㉡ 공공사업에 대한 기금 배분의 우선순위
  ㉢ 가입자・가입자였던 자 및 수급권자의 복지증진을 위한 사업비
  ㉣ 기금증식을 위한 가입자 및 가입자였던 자에 대한 대여사업비
  ㉤ 기금의 관리・운용 현황에 관한 공시 대상 및 방법
② 보건복지부장관은 다음 연도의 국민연금기금운용지침안(이하 "기금운용지침안")을 작성하여 4월 말일까지 운용위원회에 제출하여야 한다. 운용위원회는 기금운용지침안을 5월 말일까지 심의・의결하여야 한다. 기출 24

2. 기금 운용계획 등(법 제107조)

① 보건복지부장관은 매년 기금 운용 계획을 수립하여 운용위원회 및 국무회의의 심의를 거쳐 대통령의 승인을 얻어야 하며, 정부는 이를 전년도 10월 말까지 국회에 보고하여야 한다. 기출 24
② 보건복지부장관은 기금의 운용 내용을, 재정경제부장관은 관리기금에 예탁된 기금의 사용 내용을 각각 다음 연도 6월 말까지 운용위원회에 제출하여야 한다. 기출 24
③ 운용위원회의 위원장은 정부가 작성한 기금의 운용 내용과 사용 내용을 운용위원회의 심의를 거쳐 국회에 제출하고 공시하여야 한다.

제8절 심사청구 및 재심사청구

Ⅰ 심사청구

1. 심사대상(법 제108조)

가입자의 자격, 기준소득월액, 연금보험료, 그 밖의 이 법에 따른 징수금과 급여에 관한 공단 또는 건강보험공단의 처분에 이의가 있는 자는 그 처분을 한 공단 또는 건강보험공단에 심사청구를 할 수 있다(제1항). 기출 24

2. 청구기간(법 제108조)

심사청구는 그 처분이 있음을 안 날부터 90일 이내에 문서(전자문서를 포함) 기출 25 로 하여야 하며, 처분이 있은 날부터 180일을 경과하면 이를 제기하지 못한다. 다만, 정당한 사유로 그 기간에 심사청구를 할 수 없었음을 증명하면 그 기간이 지난 후에도 심사청구를 할 수 있다(제2항).

3. 국민연금심사위원회 및 징수심사위원회의 심사(법 제109조, 영 제89조, 제90조 등)

(1) 심사위원회의의 설치, 구성 및 의결

1) 설 치

심사청구 사항을 심사하기 위하여 국민연금공단에 국민연금심사위원회(이하 심사위원회)를 두고, 건강보험공단에 징수심사위원회를 둔다.

2) 구 성

심사위원회의 위원장은 공단의 상임이사 중 공단이사장이 임명하는 자로 하며, 위원장 1명을 포함한 26명 이내의 위원으로 국민연금심사위원회가 구성된다. 기출 25 위원은 공단의 실장급 이상의 임직원, 사용자단체가 추천하는 자, 근로자단체가 추천하는 자, 지역가입자를 대표하는 단체가 추천하는 자, 법률이나 의료 또는 사회보험분야에 관한 학식과 경험이 있는 사람으로서 변호사 자격 또는 의사 자격을 취득한 후 5년 이상 실무에 종사한 사람·고등교육법에 따른 학교에서 사회보험관련학과의 조교수 이상으로 재직한 사람·박사학위를 취득한 후 사회보험관련분야에서 5년 이상 근무한 사람·사회보험관련분야에서 10년 이상 근무한 사람에 해당하는 자 중에서 공단이사장이 임명하거나 위촉한다(영 제89조, 제90조).

3) 임 기

심사위원회 위원의 임기는 2년으로 하며, 2차례만 연임할 수 있다. 다만, 공단의 임직원인 위원의 임기는 그 직위의 재임기간으로 한다(영 제91조). 기출 24

4) 의 결

심사위원회의 회의는 위원장과 위원장이 회의마다 지정하는 7명의 위원으로 구성하되, 구성원 과반수의 출석으로 시작하고 출석 위원 과반수의 찬성으로 의결한다(영 제92조).

(2) 심사청구에 대한 결정(영 제98조, 제99조, 제100조)

1) 결정기관

심사위원회 및 징수심사위원회의 심사의결을 거쳐 공단이 결정한다.

2) 결정유형

공단은 심사청구가 적법하지 아니한 경우에는 그 심사청구를 각하하는 결정을 한다. 공단은 심사청구가 이유 없다고 인정한 경우에는 그 심사청구를 기각하는 결정을 한다. 공단은 심사청구가 이유 있다고 인정한 경우에는 처분을 취소하거나 변경하는 결정을 한다. 공단은 결정을 하면 지체 없이 청구인에게 결정서의 정본을 보내야 한다. 한편 청구인은 결정이 있기 전까지는 언제든지 심사청구를 문서로 취하할 수 있다. 기출 24 · 25

3) 결정기간

공단은 심사청구를 받은 날부터 60일 이내에 결정을 하여야 한다. 다만, 부득이한 사정이 있는 경우에는 위원장이 직권으로 30일을 연장할 수 있다. 결정기간을 연장하면 결정기간이 끝나기 7일 전까지 청구인에게 이를 알려야 한다. 보정기간은 결정기간에 산입하지 아니한다.

Ⅱ 재심사청구

1. 심사대상(법 제110조)

심사청구에 대한 국민연금공단 및 건강보험공단의 결정에 불복하는 자는 재심사청구서에 따라 국민연금재심사위원회에 재심사를 청구할 수 있다.

2. 청구기간(법 제110조)

심사청구에 대한 결정에 불복하는 자는 그 결정통지를 받은 날부터 90일 이내에 재심사청구서에 따라 국민연금재심사위원회에 재심사를 청구할 수 있다. 기출 24·25

3. 국민연금재심사위원회의 재심사(법 제111조, 영 제105조)

(1) 재심사위원회의 설치, 구성 및 의결

1) 설 치

재심사청구 사항을 심사하기 위하여 보건복지부에 국민연금재심사위원회(이하 "재심사위원회")를 둔다.

2) 구 성

① 재심사위원회는 위원장 1명을 포함한 20명 이내의 위원으로 구성한다. 기출 25 이 경우 공무원이 아닌 위원이 전체 위원의 과반수가 되도록 하여야 한다.
② 재심사위원회의 위원장은 보건복지부 연금정책국장으로 한다.

3) 의 결

재심사위원회의 회의는 위원장과 위원장이 회의마다 지정하는 6명의 위원으로 구성한다. 재심사위원회의 회의는 재적 위원 과반수의 출석으로 시작하고 출석 위원 과반수의 찬성으로 의결한다(영 제106조).

(2) 재심사청구에 대한 재결(법 제112조)

재심사위원회의 재심사와 재결에 관한 절차에 관하여는 행정심판법을 준용한다(제1항). 기출 24

(3) 재결에 대한 불복(법 제112조, 행정소송법 제18조, 제20조)

① 재심사청구사항에 대한 재심사위원회의 재심사는 행정심판법에 따른 행정심판으로 본다(제2항). 따라서 재심사위원회의 재결에 불복이 있으면 행정소송을 제기할 수 있다.
② 그러나 심사청구 및 재심사청구의 절차를 거치지 아니하고 행정소송을 제기할 수도 있다.
③ 행정소송은 재심사위원회의 재결 또는 공단의 처분이 있음을 안 날로부터 90일 이내에 제기하여야 하며, 재결 또는 처분이 있은 날로부터 1년을 경과하면 이를 제기하지 못한다.

제9절 중복급여조정, 대위권 및 시효

I 연금의 중복급여의 조정(법 제113조)

장애연금 또는 유족연금의 수급권자가 이 법에 따른 장애연금 또는 유족연금의 지급 사유와 같은 사유로 다음의 어느 하나에 해당하는 급여를 받을 수 있는 경우에는 장애연금액이나 유족연금액은 그 2분의 1에 해당하는 금액을 지급한다.
① 근로기준법에 따른 장해보상, 유족보상 또는 일시보상
② 산업재해보상보험법에 따른 장해급여, 유족급여, 진폐보상연금 또는 진폐유족연금
③ 선원법에 따른 장해보상, 일시보상 또는 유족보상
④ 어선원 및 어선 재해보상보험법에 따른 장해급여, 일시보상급여 또는 유족급여

II 대위권(법 제114조)

① 공단은 제3자의 행위로 장애연금이나 유족연금의 지급 사유가 발생하여 장애연금이나 유족연금을 지급한 때에는 그 급여액의 범위에서 제3자에 대한 수급권자의 손해배상청구권에 관하여 수급권자를 대위한다.
② 제3자의 행위로 장애연금이나 유족연금의 지급 사유가 발생한 경우 그와 같은 사유로 제3자로부터 손해배상을 받았으면 공단은 그 배상액의 범위에서 제1항에 따른 장애연금이나 유족연금을 지급하지 아니한다.

III 시효(법 제115조)

① 연금보험료, 환수금, 그 밖의 이 법에 따른 징수금을 징수하거나 환수할 권리는 3년간, 급여를 받거나 과오납 금을 반환받을 수급권자 또는 가입자 등의 권리는 5년간, 반환일시금을 지급받을 권리는 10년간 행사하지 아니하면 각각 소멸시효가 완성된다. 기출 17·24
② 급여를 지급받을 권리는 그 급여 전액에 대하여 지급이 정지되어 있는 동안은 시효가 진행되지 아니한다. 기출 17
③ 연금보험료나 그 밖의 이 법에 따른 징수금 등의 납입 고지, 독촉과 급여의 지급 또는 과오납금 등의 반환청구는 소멸시효 중단의 효력을 가진다.
④ 중단된 소멸시효는 납입 고지나 독촉에 따른 납입 기간이 지난 때부터 새로 진행된다.
⑤ 급여의 지급이나 과오납금 등의 반환청구에 관한 기간을 계산할 때 그 서류의 송달에 들어간 일수는 그 기간에 산입하지 아니한다. 기출 17

제10절 벌 칙

I 형 벌

1. 징역(법 제128조)

(1) **3년 이하의 징역이나 3천만원 이하의 벌금**(제1항)

거짓이나 그 밖의 부정한 방법으로 급여를 받은 자

(2) **3년 이하의 징역 또는 1천만원 이하의 벌금**(제2항)

전산정보자료를 국민연금사업을 수행하기 위한 목적 외의 용도로 이용하거나 활용한 자

2. 벌금(법 제128조)

다음의 어느 하나에 해당하는 자는 1년 이하의 징역이나 1천만원 이하의 벌금에 처한다(제3항).
① 부담금의 전부 또는 일부를 사업장가입자에게 부담하게 하거나 임금에서 기여금을 공제할 때 기여금을 초과하는 금액을 사업장가입자의 임금에서 공제한 사용자
② 납부 기한까지 정당한 사유 없이 연금보험료를 내지 아니한 사용자
③ 근로자가 가입자로 되는 것을 방해하거나 부담금의 증가를 기피할 목적으로 정당한 사유 없이 근로자의 승급 또는 임금 인상을 하지 아니하거나 해고나 그 밖의 불리한 대우를 한 사용자
④ 업무를 수행하면서 알게 된 비밀을 누설한 자

II 과태료(법 제131조)

1. 50만원 이하의 과태료(제1항)

① 당연적용사업장에 해당된 사실등을 공단에 신고를 하지 아니하거나 거짓으로 신고한 사용자
② 공단 또는 공단의 직원이 서류나 그 밖의 자료 제출을 요구하거나 조사·질문을 할 때 이를 거부·기피·방해하거나 거짓으로 답변한 사용자

2. 10만원 이하의 과태료(제2항)

① 지역가입자, 임의가입자 및 임의계속가입자의 자격 및 소득에 관한 사항 등을 신고하지 아니하거나 수급권 변경 등을 신고를 하지 아니한 자, 수급권자 또는 수급자가 사망한 경우 사망사실을 안 날부터 1개월 이내에 공단에 신고하지 아니한 자
② 공단으로부터 사업장가입자의 자격 취득·상실에 관한 확인사항등을 통지받은 후 그 사항을 사업장가입자 또는 그 자격을 상실한 자에게 통지하지 아니한 자
③ 공단 또는 공단의 직원이 서류나 그 밖의 소득·재산 등에 관한 자료의 제출을 요구하거나 조사·질문할 때 이를 거부·기피·방해하거나 거짓으로 답변한 가입자, 가입자였던 자 또는 수급권자

CHAPTER 04 국민연금법

01 국민연금법령에 관한 설명으로 옳은 것은? 기출 25

① 사업장가입자는 사망한 날에 자격을 상실한다.
② 임의가입자는 가입 신청이 수리된 날에 자격을 취득한다.
③ 임의계속가입자는 국적을 상실한 날에 자격을 상실한다.
④ 임의가입자가 그 자격을 상실하게 되는 연금보험료의 체납기간은 원칙적으로 1년이다.
⑤ 지역가입자가 사업장가입자의 자격을 취득한 때에는 그에 해당하게 된 날의 다음 날에 그 자격을 상실한다.

02 국민연금법상 유족연금에 관한 설명으로 옳지 않은 것은? 기출 25

① 연금보험료를 낸 기간이 가입대상기간의 4분의 1인 가입자가 사망하면 그 유족에게 유족연금을 지급한다.
② 배우자인 수급권자가 재혼한 때 유족연금 수급권은 소멸한다.
③ 조부모인 유족의 유족연금 수급권은 가입자가 사망할 당시에 그 가입자의 태아가 출생하여 수급권을 갖게 되면 소멸한다.
④ 유족연금의 수급권자인 배우자의 소재를 1년 이상 알 수 없는 때에는 유족인 자녀의 신청에 의하여 그 소재 불명의 기간 동안 그에게 지급하여야 할 유족연금은 지급을 정지한다.
⑤ 자녀인 수급권자가 다른 사람에게 입양된 때에는 그에 해당하게 된 때부터 유족연금의 지급을 정지한다.

해설 및 정답

01 ① (×) 사업장가입자는 <u>사망한 날의 다음 날</u>에 자격을 상실한다(연금법 제12조 제1항 제1호).
② (○) 연금법 제11조 제3항
③ (×) 임의계속가입자는 <u>국적을 상실한 날의 다음 날</u>에 자격을 상실한다(연금법 제13조 제3항 제1호).
④ (×) 임의가입자가 그 자격을 상실하게 되는 연금보험료의 체납기간은 <u>원칙적으로 6개월이다</u>(연금법 제12조 제3항 제5호, 동법 시행령 제21조 본문).
⑤ (×) 지역가입자가 사업장가입자의 자격을 취득한 때에는 <u>그에 해당하게 된 날에 그 자격을 상실한다</u>(연금법 제12조 제2항 각 호 외 단서, 제4호).

정답 ②

02 ① (×) 연금보험료를 낸 기간이 가입대상기간의 <u>3분의 1</u> 이상인 가입자 또는 가입자였던 자가 사망하면 그 유족에게 유족연금을 지급한다(연금법 제72조 제1항 제3호).
② (○) 연금법 제75조 제1항 제2호
③ (○) 부모, 손자녀 또는 조부모인 유족의 유족연금 수급권은 가입자 또는 가입자였던 사람이 사망할 당시에 그 가입자 또는 가입자였던 사람의 태아가 출생하여 수급권을 갖게 되면 소멸한다(연금법 제75조 제2항).
④ (○) 연금법 제76조 제2항
⑤ (○) 자녀나 손자녀인 수급권자가 다른 사람에게 입양된 때에는 그에 해당하게 된 때부터 유족연금의 지급을 정지한다(연금법 제76조 제5항).

> **유족연금 수급권의 소멸(연금법 제75조)**
> ① 유족연금 수급권자가 다음 각 호의 어느 하나에 해당하게 되면 그 수급권은 소멸한다.
>   1. 수급권자가 사망한 때
>   2. <u>배우자인 수급권자가 재혼한 때</u>
>   3. 자녀나 손자녀인 수급권자가 파양된 때
>   4. 제52조의2에 따른 장애상태에 해당하지 아니한 자녀인 수급권자가 25세가 된 때 또는 제52조의2에 따른 장애상태에 해당하지 아니한 손자녀인 수급권자가 19세가 된 때
>   5. 삭제 〈2017.10.24.〉
> ② <u>부모, 손자녀 또는 조부모인 유족의 유족연금 수급권</u>은 가입자 또는 가입자였던 사람이 사망할 당시에 그 가입자 또는 가입자였던 사람의 <u>태아가 출생하여 수급권을 갖게 되면 소멸한다</u>.

정답 ①

03 국민연금법상 급여의 제한 등에 관한 설명으로 옳지 않은 것은? 기출 25

① 가입자를 고의로 사망하게 한 유족에게는 사망에 따라 발생되는 유족연금을 지급하지 아니한다.
② 가입자가 고의로 요양 지시에 따르지 아니하여 사망한 경우 이를 원인으로 하는 급여의 전부 또는 일부를 지급하지 아니할 수 있다.
③ 장애연금의 수급권자가 정당한 사유 없이 요양 지시에 따르지 아니하여 장애를 악화시킨 경우에는 장애연금액을 변경하지 아니할 수 있다.
④ 입양으로 유족연금의 지급이 정지된 손자녀인 수급권자가 파양된 경우에는 직권으로 입양된 때부터 지급정지를 해제한다.
⑤ 가입자가 고의로 질병·부상 또는 그 원인이 되는 사고를 일으켜 그로 인하여 장애를 입은 경우에는 그 장애를 지급 사유로 하는 장애연금을 지급하지 아니할 수 있다.

04 국민연금법령상 심사청구 등에 관한 설명으로 옳지 않은 것은? 기출 25

① 국민연금재심사위원회는 위원장 1명을 포함한 20명 이내의 위원으로 구성한다.
② 국민연금심사위원회의 위원장은 국민연금공단의 상임이사 중 이사장이 임명하는 자로 한다.
③ 심사청구는 그 처분이 있음을 안 날부터 90일 이내에 문서로 하여야 하며, 처분이 있은 날부터 180일을 경과하면 이를 제기하지 못한다. 다만, 정당한 사유로 그 기간에 심사청구를 할 수 없었음을 증명하면 그 기간이 지난 후에도 심사 청구를 할 수 있다.
④ 심사청구에 대한 결정에 불복하는 자는 그 결정통지를 받은 날부터 90일 이내에 재심사청구서에 따라 국민연금재심사위원회에 재심사를 청구할 수 있다.
⑤ 청구인은 결정이 있기 전까지는 언제든지 심사청구를 구두로 취하할 수 있다.

05 국민연금법상 국민연금공단(이하 '공단'이라 한다)에 관한 설명으로 옳지 않은 것은? 기출 25

① 당연직 이사의 임기는 그 재임기간으로 한다.
② 공단에 관하여 「국민연금법」에서 정한 것 외에는 「민법」 중 사단법인에 관한 규정을 준용한다.
③ 임원으로 이사장 1명, 상임이사 4명 이내, 이사 9명, 감사 1명을 둔다.
④ 공단은 회계연도가 끝나고 2개월 내에 사업 실적과 결산을 보건복지부장관에게 보고하여야 한다.
⑤ 기금이사의 임기는 계약기간으로 한다.

해설 및 정답

03 ① (○) 연금법 제82조 제3항 제1호
② (○) 연금법 제82조 제2항 제1호
③ (○) 장애연금의 수급권자가 고의나 중대한 과실로 요양 지시에 따르지 아니하거나 <u>정당한 사유 없이 요양 지시에 따르지 아니하여 장애를 악화시키거나 회복을 방해한 경우에는 장애연금액을 변경하지 아니할 수 있다</u>(연금법 제83조).
④ (×) 입양으로 유족연금의 지급이 정지된 손자녀인 수급권자가 파양된 경우에는 <u>본인의 신청에 의하여</u> 파양된 때부터 지급 정지를 해제한다(연금법 제76조 제5항, 제6항).
⑤ (○) 연금법 제82조 제1항

> **급여의 제한(연금법 제82조)**
> ① 가입자 또는 가입자였던 자가 <u>고의로 질병ㆍ부상 또는 그 원인이 되는 사고를 일으켜 그로 인하여 장애를 입은 경우에는</u> 그 장애를 지급 사유로 하는 장애연금을 지급하지 아니할 수 있다.
> ② <u>가입자 또는 가입자였던 자가 고의나 중대한 과실로 요양 지시에 따르지 아니하거나</u> 정당한 사유 없이 요양 지시에 따르지 아니하여 다음 각 호의 어느 하나에 해당하게 되면 대통령령으로 정하는 바에 따라 이를 원인으로 하는 급여의 전부 또는 일부를 지급하지 아니할 수 있다.
>   1. 장애를 입거나 <u>사망한 경우</u>
>   2. 장애나 사망의 원인이 되는 사고를 일으킨 경우
>   3. 장애를 악화시키거나 회복을 방해한 경우
> ③ 다음 각 호의 어느 하나에 해당하는 사람에게는 <u>사망에 따라 발생되는 유족연금</u>, 미지급급여, 반환일시금 및 사망일시금(이하 이 항에서 "유족연금등"이라 한다)을 지급하지 아니한다.
>   1. <u>가입자 또는 가입자였던 자를 고의로 사망하게 한 유족</u>
>   2. 유족연금등의 수급권자가 될 수 있는 자를 고의로 사망하게 한 유족
>   3. 다른 유족연금등의 수급권자를 고의로 사망하게 한 유족연금등의 수급권자

정답 ④

04 ① (○) 연금법 제111조 제2항 전문
② (○) 연금법 시행령 제90조 제1항
③ (○) 연금법 제108조 제2항
④ (○) 연금법 제110조 제1항
⑤ (×) 청구인은 결정이 있기 전까지는 언제든지 심사청구를 <u>문서로</u> 취하할 수 있다(연금법 시행령 제98조).

정답 ⑤

05 ① (○) 임원의 임기는 3년으로 한다. 다만, 당연직 이사의 임기는 그 재임기간으로 하고, 기금이사의 임기는 계약기간으로 한다(연금법 제32조).
② (×) 공단에 관하여 연금법에서 정한 것 외에는 민법 중 <u>재단법인에 관한 규정을 준용한다</u>(연금법 제48조).
③ (○) 공단에 <u>임원으로 이사장 1명, 상임이사 4명 이내, 이사 9명, 감사 1명을 두되</u>, 이사에는 사용자 대표, 근로자 대표, 지역가입자 대표, 수급자 대표 각 1명 이상과 당연직 이사로서 보건복지부에서 국민연금 업무를 담당하는 3급 국가공무원 또는 고위공무원단에 속하는 일반직 공무원 1명이 포함되어야 한다(연금법 제30조 제1항).
④ (○) 연금법 제41조 제2항
⑤ (○) 연금법 제32조 단서 후단.

정답 ②

06 국민연금법에 관한 내용으로 옳지 않은 것은? 기출 24

① 급여수급전용계좌에 입금된 급여와 이에 관한 채권은 압류할 수 없다.
② 장애연금액은 장애등급 2급에 해당하는 자에 대하여는 기본연금액의 1천분의 600에 해당하는 금액에 부양가족연금액을 더한 금액으로 한다.
③ 장애등급이 2급 이상인 장애연금 수급권자가 사망하면 그 유족에게 유족연금을 지급한다.
④ 가입자 또는 가입자였던 자가 가입기간이 10년 미만이고 60세가 된 때에는 본인이나 그 유족의 청구에 의하여 반환일시금을 지급받을 수 있다.
⑤ 장애연금 수급권자가 고의나 중대한 과실로 요양 지시에 따르지 아니하거나 정당한 사유 없이 요양지시에 따르지 아니하여 회복을 방해한 때에는 급여의 전부 또는 일부의 지급을 정지할 수 있다.

07 국민연금법상 소멸시효에 관한 내용이다. ( )에 들어갈 숫자의 합은? 기출 24

> 연금보험료, 환수금, 그 밖의 이 법에 따른 징수금을 징수하거나 환수할 권리는 ( )년간, 급여(제77조 제1항 제1호에 따른 반환일시금은 제외한다)를 받거나 과오납금을 반환받을 수급권자 또는 가입자 등의 권리는 ( )년간 행사하지 아니하면 각각 소멸시효가 완성된다.

① 4 ② 6
③ 8 ④ 13
⑤ 15

08 국민연금법령상 심사청구 및 재심사청구에 관한 내용으로 옳지 않은 것은? 기출 24

① 가입자의 자격, 기준소득월액, 연금보험료, 그 밖의 이 법에 따른 징수금과 급여에 관한 국민연금공단 또는 국민건강보험공단의 처분에 이의가 있는 자는 그 처분을 한 국민연금공단 또는 국민건강보험공단에 심사청구를 할 수 있다.
② 국민연금심사위원회 위원의 임기는 2년으로 하며, 1차례만 연임할 수 있으며, 국민연금공단의 임직원인 위원의 임기는 그 직위의 재임기간으로 한다.
③ 청구인은 결정이 있기 전까지는 언제든지 심사청구를 문서로 취하할 수 있다.
④ 심사청구에 대한 결정에 불복하는 자는 그 결정통지를 받은 날부터 90일 이내에 국민연금재심사위원회에 재심사를 청구할 수 있다.
⑤ 국민연금재심사위원회의 재심사와 재결에 관한 절차에 관하여는 「행정심판법」을 준용한다.

• **해설 및 정답** •

06 ① (○) 연금법 제58조 제3항
② (×) 장애연금액은 장애등급 2급에 해당하는 자에 대하여는 기본연금액의 <u>1천분의 800</u>에 해당하는 금액에 부양가족연금액을 더한 금액으로 한다(연금법 제68조 제1항 제2호).
③ (○) 연금법 제72조 제1항 제5호
④ (○) 연금법 제77조 제1항 제1호
⑤ (○) 연금법 제86조 제1항 제3호

정답 ②

07 ( )에 들어갈 숫자의 합은 3+5=<u>8</u>이 된다.

> **시효(연금법 제115조)**
> ① 연금보험료, 환수금, 그 밖의 이 법에 따른 징수금을 징수하거나 환수할 권리는 <u>3년간</u>, 급여(제77조 제1항 제1호에 따른 반환일시금은 제외한다)를 받거나 과오납금을 반환받을 수급권자 또는 가입자 등의 권리는 <u>5년간</u>, 제77조 제1항 제1호에 따른 반환일시금을 지급받을 권리는 10년간 행사하지 아니하면 각각 소멸시효가 완성된다.

정답 ③

08 ① (○) 연금법 제108조 제1항
② (×) 심사위원회 위원의 임기는 2년으로 하며, <u>2차례</u>만 연임할 수 있다. 다만, 공단의 임직원인 위원의 임기는 그 직위의 재임기간으로 한다(연금법 시행령 제91조).
③ (○) 연금법 시행령 제98조
④ (○) 심사청구에 대한 결정에 불복하는 자는 <u>그 결정통지를 받은 날부터 90일 이내</u>에 대통령령으로 정하는 사항을 적은 재심사청구서에 따라 국민연금재심사위원회에 재심사를 청구할 수 있다(연금법 제110조 제1항).
⑤ (○) 연금법 제112조 제1항

정답 ②

09 국민연금법령상 연금보험료 등의 독촉에 관한 내용이다. ( )에 들어갈 내용은? 기출 24

> 제64조(연금보험료 등의 독촉)
> ① 국민건강보험공단은 법 제95조 제1항에 따라 사업장가입자의 연금보험료와 그에 따른 징수금의 납부를 독촉할 때에는 납부기한이 지난 후 (ㄱ) 이내에 해당 사업장가입자의 사용자에게 독촉장을 발부하여야 한다.
> ② 국민건강보험공단은 법 제95조 제1항에 따라 지역가입자의 연금보험료와 그에 따른 징수금의 납부를 독촉할 때에는 납부 기한이 지난 후 (ㄴ) 이내에 해당 가입자에게 독촉장을 발부하여야 한다.
> ③ 국민건강보험공단은 법 제95조 제1항에 따라 제2차 납부의무자의 연금보험료, 연체금, 체납처분비의 납부를 독촉할 때에는 납부 기한이 지난 후 (ㄷ) 이내에 제2차 납부의무자에게 독촉장을 발부하여야 한다.

① ㄱ : 10일, ㄴ : 1개월, ㄷ : 10일
② ㄱ : 20일, ㄴ : 1개월, ㄷ : 20일
③ ㄱ : 20일, ㄴ : 3개월, ㄷ : 20일
④ ㄱ : 30일, ㄴ : 3개월, ㄷ : 20일
⑤ ㄱ : 30일, ㄴ : 3개월, ㄷ : 30일

10 국민연금법령상 국민연금기금에 관한 설명으로 옳지 않은 것은? 기출 24

① 국민연금기금은 연금보험료, 국민연금기금 운용 수익금, 적립금, 국민연금공단의 수입지출 결산상의 잉여금을 재원으로 조성한다.
② 국민연금기금운용위원회는 국민연금기금을 관리기금에 위탁할 경우 예탁 이자율의 협의에 관한 사항을 심의·의결할 수 있다.
③ 보건복지부장관은 다음 연도의 국민연금기금운용지침안을 작성하여 4월 말일까지 국민연금기금운용위원회에 제출하여야 하고, 국민연금기금운용위원회는 국민연금기금운용지침안을 5월 말일까지 심의·의결하여야 한다.
④ 보건복지부장관은 매년 국민연금기금 운용계획을 세워서 국민연금기금운용위원회 및 국무회의의 심의를 거쳐 대통령의 승인을 받아야 한다.
⑤ 보건복지부장관은 국민연금기금의 운용 내용과 관리기금에 예탁된 국민연금기금의 사용 내용을 다음 연도 6월 말까지 국민연금기금운용위원회에 제출하여야 한다.

• 해설 및 정답 •

09 ( )의 ㄱ, ㄴ, ㄷ에 들어갈 내용은 순서대로 <u>20일</u>, <u>3개월</u>, <u>20일</u>이다.

> **연금보험료 등의 독촉(연금법 시행령 제64조)**
> ① 건강보험공단은 법 제95조 제1항에 따라 사업장가입자의 연금보험료와 그에 따른 징수금의 납부를 독촉할 때에는 납부 기한이 지난 후 <u>20일 이내</u>에 해당 사업장가입자의 사용자에게 독촉장을 발부하여야 한다.
> ② 건강보험공단은 법 제95조 제1항에 따라 지역가입자의 연금보험료와 그에 따른 징수금의 납부를 독촉할 때에는 납부 기한이 지난 후 <u>3개월 이내</u>에 해당 가입자에게 독촉장을 발부하여야 한다.
> ③ 건강보험공단은 법 제95조 제1항에 따라 제2차 납부의무자의 연금보험료, 연체금, 체납처분비의 납부를 독촉할 때에는 납부 기한이 지난 후 <u>20일 이내</u>에 제2차 납부의무자에게 독촉장을 발부하여야 한다.

정답 ③

10 ① (○) 연금법 제101조 제2항
② (○) 연금법 제103조 제1항 제2호
③ (○) 연금법 시행령 제81조 제1항, 제2항
④ (○) 연금법 제107조 제1항
⑤ (×) <u>보건복지부장관은 기금의 운용 내용을, 재정경제부장관은 관리기금에 예탁된 기금의 사용 내용을 각각 다음 연도 6월 말까지 운용위원회에 제출하여야 한다</u>(연금법 제107조 제3항).

정답 ⑤

CHAPTER 05 국민건강보험법

출제포인트
- ☐ 요양급여비용의 산정
- ☐ 보험료액의 산정
- ☐ 보험료의 납부의무자
- ☐ 이의신청 및 심판청구

제1절 서 설

I 목적(법 제1조)

이 법은 국민의 질병·부상에 대한 예방·진단·치료·재활과 출산·사망 및 건강증진에 대하여 보험급여를 실시함으로써 국민보건 향상과 사회보장 증진에 이바지함을 목적으로 한다.

II 용어의 정의(법 제3조)

① **근로자** : 직업의 종류와 관계없이 근로의 대가로 보수를 받아 생활하는 사람(법인의 이사와 그 밖의 임원 포함)으로서 공무원 및 교직원을 제외한 자
② **사용자** : 근로자가 소속되어 있는 사업장의 사업주이거나, 공무원이 소속되어 있는 기관의 장으로서 대통령령으로 정하는 사람이거나, 교직원이 소속되어 있는 사립학교(「사립학교교직원연금법」에 규정된 사립학교)를 설립·운영하는 자
③ **사업장** : 사업소나 사무소
④ **공무원** : 국가나 지방자치단체에서 상시 공무에 종사하는 사람
⑤ **교직원** : 사립학교나 사립학교의 경영기관에서 근무하는 교원과 직원

III 국민건강보험종합계획의 수립 등(법 제3조의2)

1. **종합계획수립**

   보건복지부장관은 건강보험의 건전한 운영을 위하여 건강보험정책심의위원회의 심의를 거쳐 5년마다 국민건강보험종합계획(이하 "종합계획")을 수립하여야 한다.

2. 시행계획 수립·시행 및 평가

보건복지부장관은 종합계획에 따라 매년 연도별 시행계획을 건강보험정책심의위원회의 심의를 거쳐 수립·시행하여야 한다. 보건복지부장관은 매년 시행계획에 따른 추진실적을 평가해야 한다.

Ⅳ 건강보험정책심의위원회(법 제4조)

건강보험정책에 관한 다음의 사항을 심의·의결하기 위하여 보건복지부장관 소속으로 건강보험정책심의위원회(이하 "심의위원회")를 둔다.
① 종합계획 및 시행계획에 관한 사항(심의에 한정)
② 요양급여의 기준
③ 요양급여비용에 관한 사항
④ 직장가입자의 보험료율 기출 15
⑤ 지역가입자의 보험료율과 재산보험료부과점수당 금액
⑥ 보험료 부과 관련 제도 개선에 관한 다음의 사항(의결은 제외)
  ㉠ 건강보험 가입자(이하 "가입자")의 소득 파악 실태에 관한 조사 및 연구에 관한 사항
  ㉡ 가입자의 소득 파악 및 소득에 대한 보험료 부과 강화를 위한 개선 방안에 관한 사항
  ㉢ 그 밖에 보험료 부과와 관련된 제도 개선 사항으로서 심의위원회 위원장이 회의에 부치는 사항
⑦ 그 밖에 건강보험에 관한 주요 사항으로서 대통령령으로 정하는 사항

제2절 가입자

Ⅰ 서 설

1. 자격요건(법 제5조)

국민건강보험법의 가입자가 될 수 있는 사람은 국내에 거주하는 국민으로서, 적용 제외 대상자가 아닌 모든 사람이 일단 자격요건을 갖는다. 자격요건은 가입자와 피부양자 모두에게 요구된다.

2. 적용제외 대상

① 의료급여법에 따라 의료급여를 받는 사람(수급권자)
② 독립유공자예우에 관한 법률 및 국가유공자 등 예우 및 지원에 관한 법률에 따라 의료보호를 받는 사람(유공자 등 의료보호대상자). 다만, 다음의 어느 하나에 해당하는 사람은 가입자 또는 피부양자가 된다.
  ㉠ 유공자 등 의료보호대상자 중 건강보험의 적용을 보험자에게 신청한 사람
  ㉡ 건강보험을 적용받고 있던 사람이 유공자등 의료보호대상자로 되었으나 건강보험의 적용 배제신청을 보험자에게 하지 아니한 사람

③ **외국 정부 근로자에 대한 특례** : 정부는 외국 정부가 사용자인 사업장의 근로자의 건강보험에 관하여는 외국 정부와 한 합의에 따라 이를 따로 정할 수 있다. 따라서 원칙적으로 적용제외 대상자이지만, 외국정부와의 합의에 따라 국민건강보험제도의 대상이 될 수 있다(법 제109조 제1항).

④ **재외국민 또는 외국인에 대한 특례** : 국내에 체류하는 재외국민 또는 외국인으로서 대통령령으로 정하는 사람은 국민건강보험법의 적용을 받는 가입자 또는 피부양자가 된다(법 제109조 제2항 등).

Ⅱ 가 입

가입자는 직장가입자와 지역가입자로 구분한다.

1. 가입자의 종류(법 제6조)

(1) 직장가입자

다음의 어느 하나에 해당하는 사람을 제외한 모든 사업장의 근로자 및 사용자와 공무원 및 교직원

① 고용기간이 1개월 미만인 일용근로자 〔기출〕 14·22·25

② 병역법에 따른 현역병(지원에 의하지 아니하고 임용된 하사 포함), 전환복무된 사람 및 군간부후보생
〔기출〕 22·25

③ 선거에 당선되어 취임하는 공무원으로서 매월 보수 또는 보수에 준하는 급료를 받지 아니하는 사람
〔기출〕 22·25

④ 그 밖에 사업장의 특성, 고용 형태 및 사업의 종류 등을 고려하여 대통령령으로 정하는 사업장의 근로자 및 사용자와 공무원 및 교직원

> **직장가입자에서 제외되는 사람(영 제9조)**
> 1. 비상근 근로자 또는 1개월 동안의 소정 근로시간이 60시간 미만인 단시간근로자 〔기출〕 22·25
> 2. 비상근 교직원 또는 1개월 동안의 소정 근로시간이 60시간 미만인 시간제공무원 및 교직원 〔기출〕 25
> 3. 소재지가 일정하지 아니한 사업장의 근로자 및 사용자
> 4. 근로자가 없거나 제1호에 해당하는 근로자만을 고용하고 있는 사업장의 사업주

(2) 지역가입자

직장가입자와 그 피부양자를 제외한 가입자

2. 피부양자(법 제5조 제2항) 〔기출〕 23

다음의 어느 하나에 해당하는 사람 중 직장가입자에게 주로 생계를 의존하는 사람으로서 소득 및 재산이 보건복지부령으로 정하는 기준 이하에 해당하는 사람을 말한다.

① 직장가입자의 배우자
② 직장가입자의 직계존속(배우자의 직계존속 포함)
③ 직장가입자의 직계비속(배우자의 직계비속 포함) 및 배우자
④ 직장가입자의 형제, 자매

피부양자 자격의 인정기준 등(규칙 제2조)

① 「국민건강보험법」(이하 "법"이라 한다) 제5조 제2항에 따른 피부양자 자격의 인정기준은 다음 각 호의 요건을 모두 충족하는 것으로 한다.
  1. [별표 1]에 따른 부양요건에 해당할 것
  2. [별표 1의2]에 따른 소득 및 재산요건에 해당할 것
② 피부양자는 다음 각 호의 어느 하나에 해당하는 날에 그 자격을 취득한다.
  1. 신생아의 경우 : 출생한 날
  2. 직장가입자의 자격 취득일 또는 가입자의 자격 변동일부터 90일 이내에 피부양자의 자격취득 신고를 한 경우 : 직장가입자의 자격 취득일 또는 해당 가입자의 자격 변동일
  3. 직장가입자의 자격 취득일 또는 가입자의 자격 변동일부터 90일을 넘겨 피부양자 자격취득 신고를 한 경우 : 법 제13조에 따른 국민건강보험공단(이하 "공단"이라 한다)에 별지 제1호 서식의 피부양자 자격(취득·상실) 신고서를 제출한 날. 다만, 천재지변, 질병·사고 등 공단이 정하는 본인의 책임이 없는 부득이한 사유로 90일을 넘겨 피부양자 자격취득 신고를 한 경우에는 직장가입자의 자격 취득일 또는 가입자의 자격 변동일로 한다.
③ 피부양자는 다음 각 호의 어느 하나에 해당하게 된 날에 그 자격을 상실한다.
  1. 사망한 날의 다음 날 `기출` 24
  2. 대한민국의 국적을 잃은 날의 다음 날 `기출` 24
  3. 국내에 거주하지 아니하게 된 날의 다음 날
  4. 직장가입자가 자격을 상실한 날 `기출` 24
  5. 법 제5조 제1항 제1호에 따른 수급권자가 된 날
  6. 법 제5조 제1항 제2호에 따른 유공자등 의료보호대상자인 피부양자가 공단에 건강보험의 적용배제 신청을 한 날의 다음 날
  7. 직장가입자 또는 다른 직장가입자의 피부양자 자격을 취득한 경우에는 그 자격을 취득한 날
  8. 피부양자 자격을 취득한 사람이 본인의 신고에 따라 피부양자 자격 상실 신고를 한 경우에는 신고한 날의 다음 날 `기출` 24
  9. 제1항에 따른 요건을 충족하지 아니하는 경우에는 공단이 그 요건을 충족하지 아니한다고 확인한 날의 다음 날
  10. 제9호에도 불구하고 「국민건강보험법 시행령」(이하 "영"이라 한다) 제41조의2 제3항에 따라 영 제41조 제1항 제3호 및 제4호의 소득(이하 "사업소득등"이라 한다)의 발생 사실과 그 금액을 신고하여 공단이 제1항 제2호에 따른 소득요건을 충족하지 않는다고 확인한 경우에는 그 사업소득등이 발생한 날이 속하는 달의 다음 달 말일
  11. 제9호에도 불구하고 영 제41조의2 제3항에 따라 사업소득등의 발생 사실과 그 금액을 신고하지 않았으나 공단이 제1항 제2호에 따른 소득요건을 충족하지 않음을 확인한 경우에는 그 사업소득등이 발생한 날이 속하는 달의 말일
  12. 제9호부터 제11호까지의 규정에도 불구하고 거짓이나 그 밖의 부정한 방법으로 영 제41조의2 제1항에 따른 소득월액의 조정 신청 또는 이 규칙에 따른 피부양자 자격 취득 신고를 하여 피부양자 자격을 취득한 것을 공단이 확인한 경우에는 그 자격을 취득한 날

Ⅲ 가입자 자격의 취득과 상실

1. 자격취득(법 제8조)

(1) 자격취득의 시기

가입자는 원칙적으로 국내에 거주하게 된 날에 직장가입자 또는 지역가입자의 자격을 얻는다. 다만, 다음의 어느 하나에 해당하는 사람은 그 해당되는 날에 각각 자격을 얻는다.
① 수급권자이었던 사람은 그 대상자에서 제외된 날
② 직장가입자의 피부양자이었던 사람은 그 자격을 잃은 날
③ 유공자등 의료보호대상자이었던 사람은 그 대상자에서 제외된 날
④ 보험자에게 건강보험의 적용을 신청한 유공자등 의료보호대상자는 그 신청한 날

(2) 자격취득의 신고

자격을 얻은 경우 그 직장가입자의 사용자 및 지역가입자의 세대주는 그 명세를 보건복지부령으로 정하는 바에 따라 자격을 취득한 날부터 14일 이내에 보험자에게 신고하여야 한다.

2. 자격변동(법 제9조)

(1) 자격변동의 시기

가입자는 다음의 어느 하나에 해당하게 된 날에 그 자격이 변동된다.
① 지역가입자가 적용대상사업장의 사용자로 되거나, 근로자·공무원 또는 교직원(이하 "근로자등")으로 사용된 날 기출 24·25
② 직장가입자가 다른 적용대상사업장의 사용자로 되거나 근로자등으로 사용된 날 기출 24·25
③ 직장가입자인 근로자등이 그 사용관계가 끝난 날의 다음 날 기출 24·25
④ 적용대상사업장에 휴업·폐업 등 보건복지부령으로 정하는 사유가 발생한 날의 다음 날
⑤ 지역가입자가 다른 세대로 전입한 날 기출 24·25

(2) 자격변동의 신고

① 지역가입자가 직장가입자로 자격이 변동된 경우에는 당해 직장가입자의 사용자가, 직장가입자 또는 피부양자가 지역가입자로 자격이 변동된 경우에는 당해 지역가입자의 세대주가 각각 그 내역을 자격변동일부터 14일 이내에 보험자에게 신고하여야 한다.
② 법무부장관 및 국방부장관은 직장가입자나 지역가입자가 병역법에 따른 현역병(지원에 의하지 아니하고 임용된 하사를 포함), 전환복무된 사람 및 군간부후보생에 해당하게 되거나, 교도소, 그 밖에 이에 준하는 시설에 수용되어 있는 경우, 보건복지부령으로 정하는 바에 따라 그 사유에 해당된 날부터 1개월 이내에 보험자에게 알려야 한다.

3. 자격상실(법 제10조) 기출 21

(1) 자격상실의 시기

국민건강보험제도의 가입자는 다음의 경우에 그 해당하게 된 날에 그 자격을 잃는다.
① 사망한 날의 다음 날
② 국적을 잃은 날의 다음 날
③ 국내에 거주하지 아니하게 된 날의 다음 날
④ 직장가입자의 피부양자가 된 날
⑤ 수급권자가 된 날
⑥ 건강보험을 적용받고 있던 사람이 유공자 등 의료보호대상자가 되어 건강보험의 적용배제신청을 한 날

(2) 자격상실의 신고

자격을 잃은 경우 직장가입자의 사용자와 지역가입자의 세대주는 그 명세를 보건복지부령으로 정하는 바에 따라 자격을 잃은 날부터 14일 이내에 보험자에게 신고하여야 한다.

제3절 국민건강보험공단

I 보험자(법 제2조, 제13조)

국민건강보험제도는 사회보험제도의 하나로서 감독 및 최종 책임은 보건복지부장관이 지게 되지만, 운영주체로서 보험자는 법인 형태의 국민건강보험공단(이하 "공단")이다.

II 국민건강보험공단

1. 법인격(법 제15조, 제16조, 제18조)

공단은 일종의 공법인으로서 주된 사무소의 소재지에 설립등기를 함으로써 성립한다. 설립등기는 목적, 명칭, 주된 사무소 및 분사무소의 소재지, 이사장의 성명·주소 및 주민등록번호 등을 포함하여야 한다.
기출 24 공단의 주된 사무소의 소재지는 정관으로 정하며, 필요하면 정관으로 정하는 바에 따라 분사무소를 둘 수 있다. 기출 24

2. 업무(법 제14조 제1항)

① 가입자 및 피부양자의 자격관리
② 보험료와 그 밖에 이 법에 따른 징수금의 부과·징수
③ 보험급여의 관리
④ 가입자 및 피부양자의 질병의 조기발견·예방 및 건강관리를 위하여 요양급여 실시 현황과 건강검진 결과 등을 활용하여 실시하는 예방사업으로서 대통령령으로 정하는 사업
⑤ 보험급여 비용의 지급
⑥ 자산의 관리·운영 및 증식사업
⑦ 의료시설의 운영
⑧ 건강보험에 관한 교육훈련 및 홍보
⑨ 건강보험에 관한 조사연구 및 국제협력
⑩ 이 법에서 공단의 업무로 정하고 있는 사항
⑪ 국민연금법, 고용보험 및 산업재해보상보험의 보험료징수 등에 관한 법률, 임금채권보장법 및 석면피해구제법(이하 "징수위탁근거법")에 따라 위탁받은 업무
⑫ 그 밖에 이 법 또는 다른 법령에 따라 위탁받은 업무
⑬ 그 밖에 건강보험과 관련하여 보건복지부장관이 필요하다고 인정한 업무

3. 임원의 구성·임기(법 제20조)

① 공단은 임원으로서 이사장 1명, 이사 14명 및 감사 1명을 둔다. 이 경우 이사장, 이사 중 5명 및 감사는 상임으로 한다. 기출 25
② 이사장은 임원추천위원회가 복수로 추천한 사람 중에서 보건복지부장관의 제청으로 대통령이 임명한다.
③ 상임이사는 보건복지부령으로 정하는 추천 절차를 거쳐 이사장이 임명한다.
④ 비상임이사는 노동조합·사용자단체·시민단체·소비자단체·농어업인단체 및 노인단체가 추천하는 각 1명, 대통령령으로 정하는 바에 따라 추천하는 관계 공무원 3명을 보건복지부장관이 임명한다.

⑤ 감사는 임원추천위원회가 복수로 추천한 사람 중에서 재정경제부장관의 제청으로 대통령이 임명한다.
⑥ 비상임이사는 정관으로 정하는 바에 따라 실비변상을 받을 수 있다.
⑦ 이사장의 임기는 3년, 이사(공무원인 이사 제외)와 감사의 임기는 각각 2년으로 한다.

4. **이사회**(법 제26조, 영 제12조)

① 이사회의 회의는 정기회의와 임시회의로 구분한다. 정기회의는 매년 2회 정관으로 정하는 시기에 이사회의 의장이 소집한다. 기출 25
② 임시회의는 재적이사(이사장을 포함) 3분의 1 이상이 요구할 때 또는 이사장이 필요하다고 인정할 때에 이사회의 의장이 소집한다.
③ 이사회의 회의는 재적이사 과반수의 출석으로 개의하고, 재적이사 과반수의 찬성으로 의결한다. 이사회의 의장은 이사장이 된다.

5. **해산**(법 제19조)

공단의 해산에 관하여는 법률로 정한다. 기출 24

제4절 보험급여

I 의 의

1. **개 념**

"보험급여"란 국민건강보험의 적용을 받는 가입자 및 피부양자의 질병·부상에 대한 예방·진단·치료·재활과 출산·사망 및 건강증진에 대하여 국민건강보험법에 따라 국민건강보험공단이 현물 또는 현금 형태로 제공하는 서비스이다.

2. **보험급여의 형태**

(1) **현물급여**

요양기관(병·의원 등) 등으로부터 가입자 또는 피부양자가 직접 제공받는 의료 서비스 일체를 현물급여라 하며, 요양급여, 건강검진이 대표적이다.

(2) **현금급여**

가입자 및 피부양자의 신청에 따라 공단에서 현금으로 지급하는 것을 현금급여라 하며, 임신·출산 진료비, 요양비(출산비 포함), 본인부담액 상한제, 장애인 보조기기에 대한 보험급여 등이 대표적이다.

II 요양급여

1. **요양급여제공**(법 제41조)

요양급여는 가입자 및 피부양자의 질병·부상·출산 등에 대하여 진찰, 검사, 약제·치료 재료의 지급, 처치·수술 기타의 치료, 예방·재활, 입원, 간호, 이송의 급여를 제공한다. 기출 20·25

2. 요양급여의 범위(요양급여의 기준에 관한 규칙 제8조)

(1) 약 제
보건복지부장관이 요양급여의 대상으로 결정하여 고시한 것

(2) 약제를 제외한 요양급여
보건복지부장관이 비급여의 대상으로 정한 것을 제외한 일체의 것

3. 비급여대상(법 제41조 제4항)
보건복지부장관은 요양급여의 기준을 정할 때 업무나 일상생활에 지장이 없는 질환에 대한 치료 등 보건복지부령으로 정하는 사항은 요양급여대상에서 제외되는 사항(이하 "비급여대상")으로 정할 수 있다.

Ⅲ 요양급여비용

1. 본인일부부담(법 제44조)
① 요양급여를 받는 자는 대통령령으로 정하는 바에 따라 비용의 일부(이하 "본인일부부담금")를 본인이 부담한다. 이 경우 선별급여에 대해서는 다른 요양급여에 비하여 본인일부부담금을 상향 조정할 수 있다.
② 본인이 연간 부담하는 본인일부부담금의 총액 및 요양이나 출산의 비용으로 부담한 금액(요양이나 출산의 비용으로 부담한 금액이 보건복지부장관이 정하여 고시한 금액보다 큰 경우에는 그 고시한 금액)에서 요양비로 지급받은 금액을 제외한 금액의 합계액이 대통령령으로 정하는 금액("본인부담상한액")을 초과한 경우에는 공단이 그 초과 금액을 부담하여야 한다. 이 경우 공단은 당사자에게 그 초과 금액을 통보하고, 이를 지급하여야 한다.
③ 본인부담상한액은 가입자의 소득수준 등에 따라 정한다.

2. 요양급여비용의 산정(법 제45조, 제46조)

(1) 요양급여비용계약의 체결
① 요양급여비용은 공단의 이사장과 대통령령으로 정하는 의약계를 대표하는 사람들의 계약으로 정한다. 이 경우 계약기간은 1년으로 한다.
② 계약은 그 직전 계약기간 만료일이 속하는 연도의 5월 31일까지 체결하여야 하며, 그 기한까지 계약이 체결되지 아니하는 경우 보건복지부장관이 그 직전 계약기간 만료일이 속하는 연도의 6월 30일까지 심의위원회의 의결을 거쳐 요양급여비용을 정한다. 이 경우 보건복지부장관이 정하는 요양급여비용은 계약으로 정한 요양급여비용으로 본다.
③ 공단의 이사장은 재정운영위원회의 심의·의결을 거쳐 계약을 체결하여야 한다.
④ 심사평가원은 공단의 이사장이 계약을 체결하기 위하여 필요한 자료를 요청하면 그 요청에 성실히 따라야 한다.

(2) 요양급여비용계약의 효력
① 계약이 체결되면 그 계약은 공단과 각 요양기관 사이에 체결된 것으로 본다.
② 요양급여비용이 정해지면 보건복지부장관은 그 요양급여비용의 명세를 지체 없이 고시하여야 한다.

(3) 약제·치료재료에 대한 요양급여비용의 산정

약제·치료재료(이하 "약제·치료재료")에 대한 요양급여비용은 요양기관의 약제·치료재료 구입금액 등을 고려하여 대통령령으로 정하는 바에 따라 달리 산정할 수 있다.

3. 요양급여의 적정성 평가 (법 제47조의4, 규칙 제22조의2)

① 심사평가원은 요양급여에 대한 의료의 질을 향상시키기 위하여 요양급여의 적정성 평가를 실시할 수 있고, 요양기관의 인력·시설·장비, 환자안전 등 요양급여와 관련된 사항을 포함하여 평가할 수 있다. 심사평가원은 평가 결과를 평가대상 요양기관에 통보하여야 하며, 평가 결과에 따라 요양급여비용을 가산 또는 감산할 경우에는 그 결정사항이 포함된 평가 결과를 가감대상 요양기관 및 공단에 통보하여야 한다.

② 심사평가원의 원장은 적정성평가를 위하여 제공받은 자료의 사실 여부를 확인할 필요가 있으면 소속 직원으로 하여금 해당 사항을 확인하게 할 수 있다. 심사평가원은 매년 진료심사평가위원회의 심의를 거쳐 다음 해의 적정성평가 계획을 수립해야 한다. 기출 23

Ⅳ 건강검진

1. 건강검진의 실시 (법 제52조)

공단은 가입자 및 피부양자에 대하여 질병의 조기발견과 그에 따른 요양급여를 하기 위하여 건강검진을 실시한다.

2. 건강검진의 종류 및 대상 기출 21·23

① 일반건강검진 : 직장가입자, 세대주인 지역가입자, 20세 이상인 지역가입자 및 20세 이상인 피부양자
기출 25

② 암검진 : 암관리법에 따른 암의 종류별 검진주기와 연령 기준 등에 해당하는 사람
③ 영유아건강검진 : 6세 미만의 가입자 및 피부양자

3. 검진항목의 설계

건강검진의 검진항목은 성별, 연령 등의 특성 및 생애 주기에 맞게 설계되어야 한다.

> **건강검진(영 제25조)**
> ① 법 제52조에 따른 건강검진(이하 "건강검진")은 2년마다 1회 이상 실시하되, 사무직에 종사하지 않는 직장가입자에 대해서는 1년에 1회 실시한다. 다만, 암검진은 암관리법 시행령에서 정한 바에 따르며, 영유아건강검진은 영유아의 나이 등을 고려하여 보건복지부장관이 정하여 고시하는 바에 따라 검진주기와 검진횟수를 다르게 할 수 있다. 기출 23
> ② 건강검진은 건강검진기본법 제14조에 따라 지정된 건강검진기관(이하 "검진기관")에서 실시해야 한다.
> ③ 공단은 건강검진을 실시하려면 건강검진의 실시에 관한 사항을 다음 각 호의 구분에 따라 통보해야 한다.
>   1. 일반건강검진 및 암검진 : 직장가입자에게 실시하는 건강검진의 경우에는 해당 사용자에게, 직장가입자의 피부양자 및 지역가입자에게 실시하는 건강검진의 경우에는 검진을 받는 사람에게 통보 기출 23
>   2. 영유아건강검진 : 직장가입자의 피부양자인 영유아에게 실시하는 건강검진의 경우에는 그 직장가입자에게, 지역가입자인 영유아에게 실시하는 건강검진의 경우에는 해당 세대주에게 통보
> ④ 건강검진을 실시한 검진기관은 공단에 건강검진의 결과를 통보해야 하며, 공단은 이를 건강검진을 받은 사람에게 통보해야 한다. 다만, 검진기관이 건강검진을 받은 사람에게 직접 통보한 경우에는 공단은 그 통보를 생략할 수 있다. 기출 23
> ⑤ 건강검진의 검사항목, 방법, 그에 드는 비용, 건강검진 결과 등의 통보 절차, 그 밖에 건강검진을 실시하는 데 필요한 사항은 보건복지부장관이 정하여 고시한다.

제5절　건강보험심사평가원

I 서 설

1. 설립(법 제62조)
요양급여비용을 심사하고 요양급여의 적정성을 평가하기 위하여 건강보험심사평가원을 설립한다.

2. 업무(법 제63조)
① 요양급여비용의 심사　기출 15
② 요양급여의 적정성 평가　기출 14·15
③ 심사기준 및 평가기준의 개발　기출 15
④ ①부터 ③까지의 규정에 따른 업무와 관련된 조사연구 및 국제협력
⑤ 다른 법률에 따라 지급되는 급여비용의 심사 또는 의료의 적정성 평가에 관하여 위탁받은 업무
⑥ 그 밖에 이 법 또는 다른 법령에 따라 위탁받은 업무
⑦ 건강보험과 관련하여 보건복지부장관이 필요하다고 인정한 업무　기출 15
⑧ 그 밖에 보험급여 비용의 심사와 보험급여의 적정성 평가와 관련하여 대통령령으로 정하는 업무

> **업무(영 제28조)**
> ① 법 제63조 제1항 제8호에서 "대통령령으로 정하는 업무"란 다음 각 호의 업무를 말한다.
>   1. 법 제47조에 따른 요양급여비용의 심사청구와 관련된 소프트웨어의 개발·공급·검사 등 전산 관리
>   2. 법 제47조의4에 따른 요양급여의 적정성 평가 결과의 공개
>   3. 법 제49조 제1항에 따라 지급되는 요양비 중 보건복지부령으로 정하는 기관에서 받은 요양비에 대한 심사
>   4. 법 제63조 제1항 제1호부터 제7호까지 및 이 항 제1호부터 제3호까지의 업무를 수행하기 위한 환자 분류체계 및 요양급여 관련 질병·부상 분류체계의 개발·관리
>   5. 법 제63조 제1항 제1호부터 제7호까지 및 이 항 제1호부터 제4호까지의 업무와 관련된 교육·홍보
> ② 제1항 제1호·제2호·제4호에 따른 전산 관리, 적정성 평가 결과의 공개, 환자 분류체계 및 요양급여 관련 질병·부상 분류체계의 개발·관리의 절차·기준·방법과 그 밖에 필요한 사항은 보건복지부장관이 정하여 고시한다.

3. 법인격 등(법 제64조)
심사평가원은 법인으로 하고, 심사평가원은 주된 사무소의 소재지에서 설립등기를 함으로써 성립한다.

4. 임원(법 제65조)
① 심사평가원에 임원으로서 원장, 이사 15명 및 감사 1명을 둔다. 이 경우 원장, 이사 중 4명 및 감사는 상임으로 한다.
② 원장은 임원추천위원회가 복수로 추천한 사람 중에서 보건복지부장관의 제청으로 대통령이 임명한다.
③ 상임이사는 보건복지부령으로 정하는 추천 절차를 거쳐 원장이 임명한다.
④ 비상임이사는 공단이 추천하는 1명, 의약관계단체가 추천하는 5명, 노동조합·사용자단체·소비자단체 및 농어업인단체가 추천하는 각 1명 중에서 10명과 대통령령으로 정하는 바에 따라 추천한 관계 공무원 1명을 보건복지부장관이 임명한다.
⑤ 감사는 임원추천위원회가 복수로 추천한 사람 중에서 재정경제부장관의 제청으로 대통령이 임명한다.
⑥ 비상임이사는 정관으로 정하는 바에 따라 실비변상을 받을 수 있다.
⑦ 원장의 임기는 3년, 이사(공무원인 이사 제외)와 감사의 임기는 각각 2년으로 한다.

5. 진료심사평가위원회(법 제66조, 제66조의2)

(1) 설 치
① 심사평가원의 업무를 효율적으로 수행하기 위하여 심사평가원에 진료심사평가위원회(이하 "심사위원회")를 둔다.
② 심사위원회는 위원장을 포함하여 90명 이내의 상근심사위원과 1천명 이내의 비상근심사위원으로 구성하며, 진료과목별 분과위원회를 둘 수 있다.

(2) 겸 직
고등교육법에 따른 교원 중 교수·부교수 및 조교수는 소속대학 총장의 허가를 받아 진료심사평가위원회 위원의 직무를 겸할 수 있다. 진료심사평가위원회(이하 "심사위원회") 위원의 직무를 겸하려는 교수·부교수 및 조교수(이하 "교수등")는 소속대학 총장에게 겸직 허가를 신청해야 한다. 이 경우 신청을 받은 소속대학 총장은 지체 없이 허가 여부를 해당 교수등에게 통보해야 한다. 근무조건, 보수 등 교수등이 심사위원회의 위원을 겸하기 위하여 필요한 세부 사항은 심사평가원의 정관으로 정한다.

제6절 보험료

I 의 의

국민건강보험 급여와 관련 사업에 사용되는 재원의 조달방법은 정기적인 기여금인 보험료와 운영 등에 필요한 비용을 국가에서 부담하는 국가부담, 그리고 본인 일부부담액 등을 재원으로 한다. 보험료를 통한 재원조달방식은 일종의 정률방식을 채택하고 있으며 가입자의 종류에 따라 약간씩 상이하다.

II 보험료 징수기준

1. 징수기준(법 제69조 제2항, 제3항)

(1) 자격의 취득과 징수
보험료는 가입자의 자격을 취득한 날이 속하는 달의 다음 달부터 가입자의 자격을 잃은 날의 전날이 속하는 달까지 징수한다. 다만, 가입자의 자격을 매월 1일에 취득한 경우 또는 유공자등 의료보호대상자 중 건강보험 적용 신청으로 가입자의 자격을 취득하는 경우에는 그 달부터 징수한다. 기출 18·23·25

(2) 자격의 변동과 징수
가입자의 자격이 변동된 경우에는 변동된 날이 속하는 달의 보험료는 변동되기 전의 자격을 기준으로 징수한다. 다만, 가입자의 자격이 매월 1일에 변동된 경우에는 변동된 자격을 기준으로 징수한다.

2. 월별 보험료액의 산정(법 제69조, 영 제32조)

(1) **직장가입자**(법 제69조 제4항) 기출 15·17

① 보수월액보험료 : 보수월액에 보험료율을 곱하여 얻은 금액
② 보수 외 소득월액보험료 : 보수 외 소득월액에 보험료율을 곱하여 얻은 금액

(2) **지역가입자**(법 제69조 제5항)

지역가입자의 월별 보험료액은 소득(지역가입자의 소득월액에 보험료율을 곱하여 얻은 금액)과 재산(재산보험료부과점수에 재산보험료부과점수당 금액을 곱하여 얻은 금액)을 합산한 금액으로 하되, 보험료액은 세대 단위로 산정한다.

(3) **월별보험료액의 상하한액**(영 제32조) 기출 17

1) 월별 보험료액의 상한
① 직장가입자의 보수월액보험료 : 전전년도 평균 보수월액보험료의 30배에 해당하는 금액을 고려하여 보건복지부장관이 정하여 고시하는 금액 기출 23
② 직장가입자의 보수 외 소득월액보험료 및 지역가입자의 월별 보험료액 : 전전년도 평균 보수월액보험료의 15배에 해당하는 금액을 고려하여 보건복지부장관이 정하여 고시하는 금액

2) 월별 보험료액의 하한
① 직장가입자의 보수월액보험료 : 전전년도 평균 보수월액보험료의 1천분의 50 이상 1천분의 85 미만의 범위에서 보건복지부장관이 정하여 고시하는 금액
② 지역가입자의 월별 보험료액 : 직장가입자의 보수월액보험료의 100분의 90 이상 100분의 100 이하의 범위에서 보건복지부장관이 정하여 고시하는 금액

3. 직장가입자의 보수월액(법 제70조)

(1) **보수의 범위**(영 제33조)

1) 보수에 포함되는 금품
보수는 근로자등이 근로를 제공하고 사용자·국가 또는 지방자치단체로부터 지급받는 금품(실비변상적인 성격을 갖는 금품은 제외)으로서 근로의 대가로 받은 봉급, 급료, 보수, 세비(歲費), 임금, 상여, 수당, 그 밖에 이와 유사한 성질의 금품을 말한다.

2) 제외되는 금품
① 퇴직금 기출 22
② 현상금·번역료 및 원고료
③ 소득세법에 따른 비과세 근로소득
④ 실비변상적인 성격의 것

3) 현물로 지급되는 경우
보수의 전부 또는 일부가 현물로 지급되는 경우에는 그 지역의 시가를 기준으로 공단이 정하는 가액을 그에 해당하는 보수로 본다. 기출 22·24

(2) **보수월액 산정을 위한 보수등의 통보**(영 제35조 제1항)

사용자는 매년 3월 10일까지 전년도 직장가입자에게 지급한 보수의 총액과 직장가입자가 해당 사업자 등에 종사한 기간 등 보수월액의 산정에 필요한 사항을 공단에 통보하여야 한다.

(3) **보수월액의 결정 등**(영 제36조, 제37조)

1) 산정방식

직장가입자의 보수월액은 직장가입자가 지급받는 보수를 기준으로 하여 산정한다(법 제70조 제1항). 기출 24
즉, 공단은 통보받은 전년도 보수의 총액을 전년도 중 직장가입자가 당해 사업장 등에 종사한 기간의 월수로 나누어서 받은 금액을 매년 보수월액으로 결정한다(영 제36조 제1항 본문). 기출 22

2) 둘 이상의 건강보험적용사업장에서 보수를 받고 있는 경우

각 사업장에서 받고 있는 보수를 기준으로 각각 보수월액을 결정한다(제4항).

3) 자격 취득·변동 시 보수월액의 결정

공단은 직장가입자의 자격을 취득하거나, 다른 직장가입자로 자격이 변동되거나, 지역가입자에서 직장가입자로 자격이 변동된 사람이 있을 때에는 다음의 구분에 따른 금액을 해당 직장가입자의 보수월액으로 결정한다.

① 연·분기·월·주 또는 그 밖의 일정기간으로 보수가 정해지는 경우 : 그 보수액을 그 기간의 총 일수로 나눈 금액의 30배에 상당하는 금액
② 일(日)·시간·생산량 또는 도급(都給)으로 보수가 정해지는 경우 : 직장가입자의 자격을 취득하거나 자격이 변동된 달의 전 1개월 동안에 그 사업장에서 해당 직장가입자와 같은 업무에 종사하고 같은 보수를 받는 사람의 보수액을 평균한 금액 기출 24
③ 보수월액을 산정하기 곤란한 경우 : 직장가입자의 자격을 취득하거나 자격이 변동된 달의 전 1개월 동안 같은 업무에 종사하고 있는 사람이 받는 보수액을 평균한 금액

(4) **휴직자등의 보수월액**(법 제70조 제2항)

휴직이나 그 밖의 사유로 보수의 전부 또는 일부가 지급되지 아니하는 가입자의 보수월액보험료는 해당 사유가 생기기 전 달의 보수월액을 기준으로 산정한다. 기출 18·22·24·25

(5) **보수관련 자료가 없거나 불명확한 경우의 보수월액**(법 제70조 제3항 후문)

보건복지부장관이 정하여 고시하는 금액을 보수로 본다. 기출 22·24

(6) **보수가 지급되지 아니하는 사용자의 보수월액**(영 제38조)

1) 확인금액(제1항 제1호)

해당 연도 중 해당 사업장에서 발생한 보건복지부령으로 정하는 수입으로서 객관적인 자료를 통하여 확인된 금액으로 한다.

2) 신고금액(제1항 제2호)

수입을 확인할 수 있는 객관적인 자료가 없는 경우에는 사용자의 신고금액으로 한다. 기출 15

3) 가장 높은 근로자의 보수월액(제3항 제1호)

확인금액 또는 신고금액이 해당 사업장에서 가장 높은 보수월액을 적용받는 근로자의 보수월액보다 낮은 경우(확인금액이 0원 이하인 경우는 제외)에는 그 근로자의 보수월액을 해당 사용자의 보수월액으로 한다.

4) 근로자의 보수월액을 평균한 금액(제3항 제2호)

① 사용자가 수입을 증명할 수 있는 자료 제출과 수입금액 통보를 하지 않고, 수입을 확인할 수 있는 객관적인 자료도 없는 경우
② 해당 연도 중 해당 사업장에서 발생한 보건복지부령으로 정하는 수입으로서 객관적인 자료를 통한 확인금액이 0원 이하인 경우

4. 직장가입자의 소득월액(법 제71조)

직장가입자의 보수 외 소득월액은 보수월액의 산정에 포함된 보수를 제외한 직장가입자의 소득('보수 외 소득')이 대통령령으로 정하는 금액(연 2,000만원)을 초과하는 경우, 다음의 계산식에 따른 값을 보건복지부령으로 정하는 바에 따라 평가하여 산정한다. 지역가입자의 소득월액은 지역가입자의 연간 소득을 12개월로 나눈 값을 보건복지부령으로 정하는 바에 따라 평가하여 산정한다.

> (연간 보수 외 소득 − 연 2,000만원) × 1/12

5. 직장가입자의 보험료율 등(법 제73조)

① 직장가입자의 보험료율은 1천분의 80의 범위에서 심의위원회의 의결을 거쳐 대통령령으로 정한다. 국외에서 업무에 종사하고 있는 직장가입자에 대한 보험료율은 직장가입자 보험료율의 100분의 50으로 한다. 기출 25

② 지역가입자의 보험료율과 재산보험료부과점수당 금액은 심의위원회의 의결을 거쳐 대통령령으로 정한다.

> **보험료율 및 재산보험료부과점수당 금액(영 제44조)**
> ① 법 제73조 제1항에 따른 **직장가입자의 보험료율 및 같은 조 제3항에 따른 지역가입자의 보험료율은 각각 1만분의 709**로 한다. 기출 23
> ② 법 제73조 제3항에 따른 **지역가입자의 재산보험료부과점수당 금액은 208.4원**으로 한다. 기출 25

6. 보험료부과점수(법 제72조)

① 재산보험료부과점수는 지역가입자의 재산을 기준으로 산정한다. 다만, 대통령령으로 정하는 지역가입자가 실제 거주를 목적으로 대통령령으로 정하는 기준 이하의 주택을 구입 또는 임차하기 위하여 다음의 어느 하나에 해당하는 대출을 받고 그 사실을 공단에 통보하는 경우에는 해당 대출금액을 대통령령으로 정하는 바에 따라 평가하여 재산보험료부과점수 산정 시 제외한다.
  ㉠ 금융실명거래 및 비밀보장에 관한 법률에 따른 금융회사등(이하 "금융회사등")으로부터 받은 대출
  ㉡ 주택도시기금법에 따른 주택도시기금을 재원으로 하는 대출 등 보건복지부장관이 정하여 고시하는 대출

② 재산보험료부과점수의 산정방법과 산정기준을 정할 때 법령에 따라 재산권의 행사가 제한되는 재산에 대하여는 다른 재산과 달리 정할 수 있다. 기출 18
③ 지역가입자는 금융회사등이나 주택도시기금으로부터 대출을 받은 사실을 공단에 통보할 때 신용정보, 금융자산, 금융거래의 내용에 대한 자료·정보 중 대출금액 등 대통령령으로 정하는 자료·정보(이하 "금융정보등")를 공단에 제출하여야 하며, 재산보험료부과점수 산정을 위하여 필요한 금융정보등을 공단에 제공하는 것에 대하여 동의한다는 서면을 함께 제출하여야 한다.

7. 보험료 부과제도에 대한 적정성 평가(법 제72조의3)

보건복지부장관은 피부양자 인정기준(이하 "인정기준")과 보험료, 보수월액, 소득월액 및 재산보험료부과점수의 산정 기준 및 방법 등(이하 "산정기준")에 대하여 적정성을 평가하고, 이 법 시행일로부터 4년이 경과한 때 이를 조정하여야 한다.

III 보험료의 면제 및 경감

1. 보험료의 면제(법 제74조)

① 공단은 직장가입자가 국외에 체류하거나, 병역법에 따른 현역병(지원에 의하지 아니하고 임용된 하사를 포함)·전환복무된 사람·군간부후보생이거나, 교도소·그 밖에 이에 준하는 시설에 수용되어 있는 경우에는(국외에 체류하는 경우는 1개월 이상의 기간으로서 대통령령으로 정하는 기간 이상 국외에 체류하는 경우에 한정한다) 그 가입자의 보험료를 면제한다. 다만, 국외에 체류하는 직장가입자의 경우에는 국내에 거주하는 피부양자가 없을 때에만 보험료를 면제한다.
② 지역가입자가 국외에 체류하거나 병역법에 따른 현역병(지원에 의하지 아니하고 임용된 하사를 포함), 전환복무된 사람 및 군간부후보생이거나 교도소, 그 밖에 이에 준하는 시설에 수용되어 있는 경우에는 그 가입자가 속한 세대의 보험료를 산정할 때 그 가입자의 소득월액 및 재산보험료부과점수를 제외한다.
③ 보험료의 면제나 보험료의 산정에서 제외되는 소득월액 및 재산보험료부과점수에 대하여는 급여정지 사유가 생긴 날이 속하는 달의 다음 달부터 사유가 없어진 날이 속하는 달까지 적용한다. 다만, 다음의 어느 하나에 해당하는 경우에는 그 달의 보험료를 면제하지 아니하거나 보험료의 산정에서 소득월액 및 재산보험료부과점수를 제외하지 아니한다.
   ㉠ 급여정지 사유가 매월 1일에 없어진 경우
   ㉡ 국외에 체류하는 가입자 또는 그 피부양자가 국내에 입국하여 입국일이 속하는 달에 보험급여를 받고 그 달에 출국하는 경우

2. 보험료의 경감(법 제75조)

① 다음의 어느 하나에 해당하는 가입자 중 보건복지부령으로 정하는 가입자에 대하여는 그 가입자 또는 그 가입자가 속한 세대의 보험료의 일부를 경감할 수 있다(제1항).
   ㉠ 섬·벽지(僻地)·농어촌 등 대통령령으로 정하는 지역에 거주하는 사람
   ㉡ 65세 이상인 사람 기출 23

ⓒ 장애인복지법에 따라 등록한 장애인
② 국가유공자 등 예우 및 지원에 관한 법률에 따른 국가유공자
⑩ 휴직자
ⓑ 그 밖에 생활이 어렵거나 천재지변 등의 사유로 보험료를 경감할 필요가 있다고 보건복지부장관이 정하여 고시하는 사람

> **보험료 경감대상자(규칙 제46조)** 기출 19
> 법 제75조 제1항 각 호 외의 부분에서 "보건복지부령으로 정하는 가입자"란 다음 각 호의 어느 하나에 해당하는 사람을 말한다.
> 1. 영 제45조 제1호에 해당하는 지역에 거주하는 가입자
> 2. 영 제45조 제2호에 해당하는 지역에 거주하는 지역가입자로서 다음 각 목의 어느 하나에 해당하는 사람. 다만, 영 제45조 제2호 나목 및 다목에 해당하는 지역의 경우 라목에 해당하는 사람은 제외한다.
>   가. 농어업·농어촌 및 식품산업 기본법 제3조 제2호에 따른 농어업인
>   나. 수산업법 제2조 제12호에 따른 어업인
>   다. 광업법 제3조 제2호에 따른 광업에 종사하는 사람
>   라. 소득세법 제19조에 따른 사업소득이 연간 500만원 이하인 사람
> 3. 영 제45조 제3호에 해당하는 지역에 거주하는 직장가입자로서 보건복지부장관이 정하여 고시하는 사람
> 4. 법 제75조 제1항 제2호부터 제4호까지에 해당하는 지역가입자
> 5. 법 제75조 제1항 제5호에 해당하는 직장가입자 중 휴직기간이 1개월 이상인 사람
> 6. 법 제75조 제1항 제6호에 해당하는 가입자

② 보험료 납부의무자가 다음의 어느 하나에 해당하는 경우에는 대통령령으로 정하는 바에 따라 보험료를 감액하는 등 재산상의 이익을 제공할 수 있다(법 제75조 제2항). 공단은 전자문서로 납입 고지를 받거나 계좌 또는 신용카드 자동이체의 방법으로 보험료를 내는 납부의무자에 대해서는 그에 따라 절감되는 우편요금 등 행정비용의 범위에서 공단의 정관으로 정하는 바에 따라 보험료를 감액하거나 감액하는 금액에 상당하는 금품을 제공할 수 있다(영 제45조의2).
㉠ 보험료의 납입 고지 또는 독촉을 전자문서로 받는 경우
㉡ 보험료를 계좌 또는 신용카드 자동이체의 방법으로 내는 경우

Ⅳ 보험료의 부담 및 납부

1. 보험료의 부담

(1) 직장가입자(법 제76조 제1항, 제2항, 제4항) 기출 15·16·17·19

1) 보수월액보험료
① 직장가입자와 다음의 구분에 따른 자가 각각 보험료액의 100분의 50씩 부담한다.
㉠ 직장가입자가 근로자인 경우에는 사업장의 사업주
㉡ 직장가입자가 공무원인 경우에는 그 공무원이 소속되어 있는 국가 또는 지방자치단체
㉢ 직장가입자가 교직원(사립학교에 근무하는 교원은 제외)인 경우에는 교직원이 소속되어 있는 사립학교를 설립·운영하는 사용자

② 직장가입자가 교직원으로서 사립학교에 근무하는 교원이면 보험료액은 그 직장가입자가 100분의 50을, 교직원이 소속되어 있는 사립학교를 설립·운영하는 사용자가 100분의 30을, 국가가 100분의 20을 각각 부담한다. 기출 25

③ 직장가입자가 교직원인 경우 교직원이 소속되어 있는 사립학교를 설립·운영하는 사용자가 부담액 전부를 부담할 수 없으면 그 부족액을 학교에 속하는 회계에서 부담하게 할 수 있다.

2) 보수 외 소득월액보험료 기출 25

직장가입자가 부담한다.

(2) **지역가입자**(법 제76조 제3항)

지역가입자의 보험료는 그 가입자가 속한 세대의 지역가입자 전원이 연대하여 부담한다. 기출 16·19

2. 보험료의 납부

(1) **납부의무자**(법 제77조)

1) **직장가입자** 기출 15·16·18·23

① 보수월액보험료 : 사용자가 납부하며 사업장의 사용자가 2명 이상인 때에는 그 사업장의 사용자는 해당 직장가입자의 보험료를 연대하여 납부한다.

② 보수 외 소득월액보험료 : 직장가입자

2) **지역가입자**

그 가입자가 속한 세대의 지역가입자 전원이 연대하여 납부한다. 다만, 소득 및 재산이 없는 미성년자와 소득 및 재산 등을 고려하여 대통령령으로 정하는 기준에 해당하는 미성년자는 납부의무를 부담하지 아니한다(제2항). 기출 18

(2) **원천징수**

사용자는 보수월액보험료 중 직장가입자가 부담하여야 하는 그 달의 보험료액을 그 보수에서 공제하여 납부하여야 한다. 이 경우 직장가입자에게 공제액을 알려야 한다(제3항).

> **지역가입자의 보험료 연대납부의무 면제 대상 미성년자(영 제46조)**
> 법 제77조 제2항 단서에서 "대통령령으로 정하는 기준에 해당하는 미성년자"란 다음 각 호의 어느 하나에 해당하는 미성년자를 말한다. 다만, 제41조 제1항 제2호의 배당소득 또는 같은 항 제3호의 사업소득으로서 「소득세법」 제168조 제1항에 따른 사업자등록을 한 사업에서 발생하는 소득이 있는 미성년자는 제외한다.
> 1. 다음 각 목의 요건을 모두 갖춘 미성년자
>   가. 제41조 제1항에 따른 소득의 합이 연간 100만원 이하일 것
>   나. 제42조 제1항 제1호에 해당하는 재산이 없을 것
> 2. 부모가 모두 사망한 미성년자로서 제1호 가목의 요건을 갖춘 미성년자

3. 보험료 납부기한(법 제78조)

① 보험료 납부의무가 있는 자는 가입자에 대한 그 달의 보험료를 그 다음 달 10일까지 납부하여야 한다. 다만, 직장가입자의 보수 외 소득월액보험료 및 지역가입자의 보험료는 보건복지부령으로 정하는 바에 따라 분기별로 납부할 수 있다. 기출 15·23

② 공단은 납입 고지의 송달 지연 등 보건복지부령으로 정하는 사유가 있는 경우 납부의무자의 신청에 따라 납부기한부터 1개월의 범위에서 납부기한을 연장할 수 있다. 이 경우 납부기한 연장을 신청하는 방법, 절차 등에 필요한 사항은 보건복지부령으로 정한다.

V 보험료등의 독촉 및 체납처분

1. 연체금(법 제80조)

① 공단은 보험료등의 납부의무자가 납부기한까지 보험료등을 내지 아니하면 그 납부기한이 지난 날부터 매 1일이 경과할 때마다 다음에 해당하는 연체금을 징수한다.
  ㉠ 보험료 또는 보험급여 제한 기간 중 받은 보험급여에 대한 징수금을 체납한 경우 : 해당 체납금액의 1천500분의 1에 해당하는 금액. 이 경우 연체금은 해당 체납금액의 1천분의 20을 넘지 못한다.
  ㉡ 기타 이 법에 따른 징수금을 체납한 경우 : 해당 체납금액의 1천분의 1에 해당하는 금액. 이 경우 연체금은 해당 체납금액의 1천분의 30을 넘지 못한다.

② 공단은 보험료등의 납부의무자가 체납된 보험료등을 내지 아니하면 납부기한 후 30일이 지난 날부터 매 1일이 경과할 때마다 다음에 해당하는 연체금을 ①에 따른 연체금에 더하여 징수한다.
  ㉠ 보험료 또는 보험급여 제한 기간 중 받은 보험급여에 대한 징수금을 체납한 경우 : 해당 체납금액의 6천분의 1에 해당하는 금액. 이 경우 연체금(①㉠의 연체금을 포함한 금액을 의미)은 해당 체납금액의 1천분의 50을 넘지 못한다.
  ㉡ 기타 이 법에 따른 징수금을 체납한 경우 : 해당 체납금액의 3천분의 1에 해당하는 금액. 이 경우 연체금(①㉡의 연체금을 포함한 금액을 의미)은 해당 체납금액의 1천분의 90을 넘지 못한다.

③ 공단은 천재지변이나 그 밖에 보건복지부령으로 정하는 부득이한 사유가 있으면 연체금을 징수하지 아니할 수 있다.

> **연체금 징수의 예외(규칙 제51조)** 기출 24
> 법 제80조 제3항에서 "보건복지부령으로 정하는 부득이한 사유"란 다음 각 호의 어느 하나에 해당하는 경우를 말한다.
> 1. 전쟁 또는 사변으로 인하여 체납한 경우
> 2. 연체금의 금액이 공단의 정관으로 정하는 금액 이하인 경우
> 3. 사업장 또는 사립학교의 폐업·폐쇄 또는 폐교로 체납액을 징수할 수 없는 경우
> 4. 화재로 피해가 발생해 체납한 경우
> 5. 그 밖에 보건복지부장관이 연체금을 징수하기 곤란한 부득이한 사유가 있다고 인정하는 경우

2. 독촉 및 체납처분(법 제81조)

(1) 보험료의 독촉
공단은 보험료 등을 내야하는 자가 보험료 등을 내지 아니하면 기한을 정하여 독촉할 수 있다. 이 경우 직장가입자의 사용자가 2명 이상인 경우 또는 지역가입자의 세대가 2명 이상으로 구성된 경우에는 그중 1명에게 한 독촉은 해당 사업장의 다른 사용자 또는 세대 구성원인 다른 지역가입자 모두에게 효력이 있는 것으로 본다.

(2) 독촉장의 발부
독촉할 때에는 10일 이상 15일 이내의 납부기한을 정하여 독촉장을 발부하여야 한다.

(3) 통보서 발송
공단은 체납처분을 하기 전에 보험료 등의 체납 내역, 압류 가능한 재산의 종류, 압류 예정 사실 및 국세징수법에 따른 소액금융재산에 대한 압류금지 사실 등이 포함된 통보서를 발송하여야 한다. 다만, 법인 해산 등 긴급히 체납처분을 할 필요가 있는 경우로서 대통령령으로 정하는 경우에는 그러하지 아니하다.

(4) 체납보험료의 징수
공단은 독촉을 받은 자가 그 납부기한까지 보험료 등을 내지 아니하면 보건복지부장관의 승인을 받아 국세체납 처분의 예에 따라 이를 징수할 수 있다.

(5) 한국자산관리공사의 공매대행
공단은 국세 체납처분의 예에 따라 압류하거나 압류한 재산의 공매에 대하여 전문지식이 필요하거나 그 밖에 특수한 사정으로 직접 공매하는 것이 적당하지 아니하다고 인정하는 경우에는 한국자산관리공사에 공매를 대행하게 할 수 있다. 이 경우 공매는 공단이 한 것으로 본다.

(6) 공단의 수수료 지급
공단은 한국자산관리공사가 공매를 대행하면 보건복지령으로 정하는 바에 따라 수수료를 지급할 수 있다.

보험료등의 체납처분 전 통보 예외(영 제46조의5)

법 제81조 제4항 단서에서 "대통령령으로 정하는 경우"란 보험료등을 체납한 자가 다음 각 호의 어느 하나에 해당하는 경우를 말한다.
1. 국세의 체납으로 체납처분을 받는 경우
2. 지방세 또는 공과금(국세기본법 제2조 제8호 또는 지방세기본법 제2조 제1항 제26호에 따른 공과금)의 체납으로 체납처분을 받는 경우
3. 강제집행을 받는 경우
4. 어음법 및 수표법에 따른 어음교환소에서 거래정지처분을 받는 경우
5. 경매가 시작된 경우
6. 법인이 해산한 경우
7. 재산의 은닉·탈루, 거짓 계약이나 그 밖의 부정한 방법으로 체납처분의 집행을 면하려는 행위가 있다고 인정되는 경우

3. 부당이득 징수금의 압류(법 제81조의2)

① 공단은 보험급여 비용을 받은 요양기관이 다음의 요건을 모두 갖춘 경우에는 징수금의 한도에서 해당 요양기관 또는 그 요양기관을 개설한 자(해당 요양기관과 연대하여 징수금을 납부하여야 하는 자)의 재산을 보건복지부장관의 승인을 받아 압류할 수 있다.
  ㉠ 의사, 치과의사, 한의사 또는 조산사, 국가나 지방자치단체, 의료법인, 비영리법인, 준정부기관, 지방의료원, 한국보훈복지의료공단 등이 아닌 자가 의료기관을 개설하였거나, 약사 또는 한약사가 아닌 자가 약국을 개설하였다는 사실로 기소된 경우
  ㉡ 요양기관 또는 요양기관을 개설한 자에게 강제집행, 국세 강제징수 등 대통령령으로 정하는 사유가 있어 그 재산을 압류할 필요가 있는 경우
② 공단은 재산을 압류하였을 때에는 해당 요양기관 또는 그 요양기관을 개설한 자에게 문서로 그 압류 사실을 통지하여야 한다.
③ 공단은 다음의 어느 하나에 해당할 때에는 압류를 즉시 해제하여야 한다.
  ㉠ 통지를 받은 자가 징수금에 상당하는 다른 재산을 담보로 제공하고 압류 해제를 요구하는 경우
  ㉡ 법원의 무죄 판결이 확정되는 등 대통령령으로 정하는 사유로 해당 요양기관에게 의사, 치과의사, 한의사 또는 조산사, 국가나 지방자치단체, 의료법인, 비영리법인, 준정부기관, 지방의료원, 한국보훈복지의료공단 등이 아닌 자가 의료기관을 개설하였거나, 약사 또는 한약사가 아닌 자가 약국을 개설하였다는 혐의가 입증되지 아니한 경우

부당이득 징수금의 압류 등(영 제46조의6)
① 법 제81조의2 제1항 제2호에서 "강제집행, 국세 강제징수 등 대통령령으로 정하는 사유"란 다음 각 호의 어느 하나에 해당하는 경우를 말한다.
  1. 국세, 지방세 또는 공과금의 체납으로 강제징수 또는 체납처분이 시작된 경우
  2. 강제집행이 시작된 경우
  3. 어음법 및 수표법에 따른 어음교환소에서 거래정지처분을 받은 경우
  4. 경매가 시작된 경우
  5. 법인이 해산한 경우
  6. 재산의 은닉·탈루, 거짓 계약이나 그 밖의 부정한 방법으로 징수금을 면탈하려는 행위가 있다고 인정되는 경우
  7. 채무자 회생 및 파산에 관한 법률에 따른 회생절차개시, 간이회생절차개시 또는 파산선고의 결정이 있는 경우
  8. 국내에 주소 또는 거소를 두지 않게 된 경우
  9. 법 제57조 제1항 또는 제2항에 따른 징수금이 5억원 이상인 경우
② 법 제81조의2 제3항 제2호에서 "법원의 무죄 판결이 확정되는 등 대통령령으로 정하는 사유"란 다음 각 호의 어느 하나에 해당하는 경우를 말한다.
  1. 법원의 무죄 판결이 확정된 경우
  2. 검사가 공소를 취소한 경우

Ⅵ 고액·상습체납자의 인적사항의 공개 및 결손처분

1. 고액·상습체납자의 인적사항 공개(법 제83조)

(1) 인적사항 공개대상

공단은 이 법에 따른 납부기한의 다음 날부터 1년이 경과한 보험료, 연체금과 체납처분비(결손처분한 보험료, 연체금과 체납처분비로서 징수권 소멸시효가 완성되지 아니한 것을 포함)의 총액이 1천만원 이상인 체납자가 납부능력이 있음에도 불구하고 체납한 경우 그 인적사항·체납액 등(이하 "인적사항등")을 공개할 수 있다. 다만, 체납된 보험료, 연체금과 체납처분비와 관련하여 이의신청, 심판청구가 제기되거나 행정소송이 계류 중인 경우 또는 그 밖에 체납된 금액의 일부 납부 등 대통령령으로 정하는 사유가 있는 경우에는 그러하지 아니하다.

(2) 공개대상자 선정절차

1) 보험료정보공개심의위원회의 심의

체납자의 인적사항 등에 대한 공개 여부를 심의하기 위하여 공단에 보험료정보공개심의위원회를 둔다.

2) 소명기회 부여

공단은 보험료정보공개심의위원회의 심의를 거친 인적사항 등의 공개대상자에게 공개대상자임을 서면으로 통지하여 소명의 기회를 부여하여야 한다.

3) 공개대상자 선정

통지일부터 6개월이 경과한 후 체납액의 납부이행 등을 감안하여 공개대상자를 선정한다.

4) 인적사항 등의 공개

관보에 게재하거나 공단 인터넷 홈페이지에 게시하는 방법에 따른다.

고액·상습체납자의 인적사항 공개 및 공개 제외 사유 등(영 제48조)

① 법 제83조 제1항 단서에서 "체납된 금액의 일부 납부 등 대통령령으로 정하는 사유가 있는 경우"란 다음 각 호의 어느 하나에 해당하는 경우를 말한다.

1. 법 제83조 제3항에 따른 통지 당시 체납된 보험료, 연체금 및 체납처분비(이하 이 조에서 "체납액")의 100분의 30 이상을 그 통지일부터 6개월 이내에 납부한 경우
2. 채무자 회생 및 파산에 관한 법률 제243조에 따른 회생계획인가의 결정에 따라 체납액의 징수를 유예받고 그 유예기간 중에 있거나 체납액을 회생계획의 납부일정에 따라 내고 있는 경우
3. 재해 등으로 재산에 심한 손실을 입었거나 사업이 중대한 위기에 처한 경우 등으로서 법 제83조 제2항에 따른 보험료정보공개심의위원회(이하 "보험료정보공개심의위원회")가 체납자의 인적사항·체납액 등(이하 "인적사항등")을 공개할 실익이 없다고 인정하는 경우

---

2. 결손처분(법 제84조)

공단은 다음에 해당하는 사유가 있는 때에는 재정운영위원회의 의결을 얻어 보험료 등을 결손처분할 수 있다. 기출 18

① 체납처분이 끝나고 체납액에 충당될 배분금액이 그 체납액에 미치지 못하는 경우
② 해당 권리에 대한 소멸시효가 완성된 경우
③ 그 밖에 징수할 가능성이 없다고 인정되는 경우로서 대통령령으로 정하는 경우(제1항 제3호)

> **결손처분(영 제50조)**
> 법 제84조 제1항 제3호에서 "대통령령으로 정하는 경우"란 다음 각 호의 경우를 말한다.
> 1. 체납자의 재산이 없거나 체납처분의 목적물인 총재산의 견적가격이 체납처분비에 충당하고 나면 남을 여지가 없음이 확인된 경우
> 2. 체납처분의 목적물인 총재산이 보험료등보다 우선하는 국세, 지방세, 전세권·질권·저당권 또는 동산·채권 등의 담보에 관한 법률에 따른 담보권에 따라 담보된 채권 등의 변제에 충당하고 나면 남을 여지가 없음이 확인된 경우
> 3. 그 밖에 징수할 가능성이 없다고 재정운영위원회에서 의결한 경우

제7절 보험급여수급권의 제한과 보호

I 보험급여수급권의 제한

1. 급여의 제한(법 제53조 제1항)

(1) 급여의 제한사유

공단은 보험급여를 받을 수 있는 사람이 다음의 어느 하나에 해당하면 보험급여를 하지 아니한다.

기출 19·23

① 고의 또는 중대한 과실로 인한 범죄행위에 그 원인이 있거나 고의로 사고를 일으킨 경우
② 고의 또는 중대한 과실로 공단이나 요양기관의 요양에 관한 지시에 따르지 아니한 경우
③ 고의 또는 중대한 과실로 문서와 그 밖의 물건의 제출을 거부하거나 질문 또는 진단을 기피한 경우
④ 업무상 또는 공무상 질병·부상·재해로 인하여 다른 법령에 의한 보험급여나 보상(報償) 또는 보상(補償)을 받게 되는 경우

(2) 중복급여에 따른 지급제한(법 제53조 제2항)

공단은 보험급여를 받을 수 있는 사람이 다른 법령에 따라 국가나 지방자치단체로부터 보험급여에 상당하는 급여를 받거나 보험급여에 상당하는 비용을 지급받게 되는 경우에는 그 한도에서 보험급여를 하지 아니한다.

기출 18·19

(3) 가입자에 대한 지급제한(법 제53조 제3항, 영 제26조) 기출 19

1) 지급의 제한

공단은 가입자가 1개월 이상 다음의 보험료를 체납한 경우 그 체납한 보험료를 완납할 때까지 그 가입자 및 피부양자에 대하여 보험급여를 실시하지 아니할 수 있다. 다만, 월별 보험료의 총체납횟수(이미 납부된 체납보험료는 총체납횟수에서 제외하며, 보험료의 체납기간은 고려하지 아니한다)가 6회 미만이거나 가입자 및 피부양자의 소득·재산 등이 대통령령으로 정하는 기준 미만인 경우에는 그러하지 아니하다.
① 보수 외 소득월액보험료
② 세대단위의 보험료

2) 제한의 완화
① 체납 직장가입자 : 공단은 보험료 납부의무를 부담하는 사용자가 보수월액보험료를 체납한 경우에는 그 체납에 대하여 직장가입자 본인에게 귀책사유가 있는 경우에 한하여 지급이 제한된다. 이 경우 해당 직장가입자의 피부양자에게도 지급이 제한된다.
② 분할납부 승인 : 공단으로부터 분할납부 승인을 받고 그 승인된 보험료를 1회 이상 낸 경우에는 보험급여를 할 수 있다. 다만, 분할납부 승인을 받은 사람이 정당한 사유 없이 5회(승인받은 분할납부 횟수가 5회 미만인 경우에는 해당 분할납부 횟수) 이상 그 승인된 보험료를 내지 아니한 경우에는 그러하지 아니하다.

(4) 급여제한기간 중 실시된 보험급여
보험급여를 하지 아니하는 기간(급여제한기간)에 받은 보험급여는 다음의 어느 하나에 해당하는 경우에만 보험급여로 인정한다.
① 공단이 급여제한기간에 보험급여를 받은 사실이 있음을 가입자에게 통지한 날부터 2개월이 지난 날이 속한 달의 납부기한 이내에 체납된 보험료를 완납한 경우
② 공단이 급여제한기간에 보험급여를 받은 사실이 있음을 가입자에게 통지한 날부터 2개월이 지난 날이 속한 달의 납부기한 이내에 분할납부 승인을 받은 체납보험료를 1회 이상 낸 경우. 다만, 분할납부 승인을 받은 사람이 정당한 사유 없이 5회 이상 그 승인된 보험료를 내지 아니한 경우에는 그러하지 아니하다.

> **급여의 제한(영 제26조)**
> ① 법 제53조 제3항 각 호 외의 부분 본문에서 "대통령령으로 정하는 기간"이란 1개월을 말한다.
> ② 법 제53조 제3항 각 호 외의 부분 단서에서 "대통령령으로 정하는 횟수"란 6회를 말한다.
> ③ 법 제53조 제3항 각 호 외의 부분 단서에서 "대통령령으로 정하는 기준 미만인 경우"란 다음 각 호의 요건을 모두 충족한 경우를 말한다. 이 경우 소득은 제41조 제1항에 따른 소득을 말하고, 재산은 제42조 제1항 제1호에 따른 재산을 말한다.
> 1. 법 제53조 제3항 제2호의 보험료를 체납한 가입자가 속한 세대의 소득이 336만원 미만이고, 그 세대의 재산에 대한 지방세법 제10조의2부터 제10조의6까지의 규정에 따른 과세표준(이하 "과세표준")이 450만원 미만일 것. 다만, 가입자가 미성년자, 65세 이상인 사람 또는 장애인복지법에 따라 등록한 장애인인 경우에는 그 소득 및 재산에 대한 과세표준이 각각 공단이 정하는 금액 미만일 것
> 2. 법 제53조 제3항 제2호의 보험료를 체납한 가입자가 소득세법 제168조 제1항에 따른 사업자등록을 한 사업에서 발생하는 소득이 없을 것
>
> **급여 제한에 관한 통지(규칙 제27조)** 기출 18
> ① 공단은 법 제53조 및 제109조 제10항·제11항에 따라 보험급여를 제한하는 경우에는 문서로 그 내용과 사유를 가입자에게 알려야 한다.
> ② 공단은 법 제79조에 따라 보험료의 납입고지를 할 때에는 법 제53조 제3항 및 제109조 제10항·제11항에 따른 급여 제한의 내용을 안내해야 한다.

2. **급여의 정지**(법 제54조)

보험급여를 받을 수 있는 사람이 다음의 어느 하나에 해당하면 그 기간에는 보험급여를 하지 아니한다. 다만, ②와 ③의 경우에는 요양급여를 실시한다. 기출 16·19
① 국외에 체류하는 경우
② 병역법에 따른 현역병(지원에 의하지 아니하고 임용된 하사를 포함), 전환복무된 사람 및 군간부후보생인 경우
③ 교도소, 그 밖에 이에 준하는 시설에 수용되어 있는 경우

Ⅱ 보험급여수급권의 보호

1. 요양비 등의 지급(법 제56조)

공단은 이 법에 따라 지급의무가 있는 요양비 또는 부가급여의 청구를 받으면 지체 없이 이를 지급하여야 한다.

2. 구상권(법 제58조)

(1) 손해배상청구권의 대위

제3자의 행위에 의한 보험급여 사유가 생겨 가입자 또는 피부양자에게 보험급여를 한 경우에는 그 급여에 들어간 비용 한도에서 그 제3자에게 손해배상을 청구할 권리를 얻는다.

(2) 보험급여의 면책

보험급여를 받은 자가 제3자로부터 이미 손해배상을 받은 때에는 공단은 그 배상액의 한도 내에서 보험급여를 하지 아니한다.

3. 수급권의 보호(법 제59조)

보험급여를 받을 권리는 양하거나 또는 압류할 수 없다(제1항). 요양비 등 수급계좌에 입금된 요양비 등은 압류할 수 없다(제2항).

제8절 이의신청 및 심판청구

Ⅰ 이의신청

1. 이의신청대상(법 제87조)

(1) 공단에 대한 이의신청

가입자 및 피부양자의 자격, 보험료 등, 보험급여 또는 보험급여 비용에 관한 공단의 처분에 이의가 있는 자는 공단에 이의신청을 할 수 있다. 기출 14·20·24

(2) 심사평가원에 대한 이의신청

요양급여비용 및 요양급여의 적정성에 대한 평가 등에 관한 건강보험심사평가원의 처분에 이의가 있는 공단, 요양기관 또는 그 밖의 자는 건강보험심사평가원에 이의신청을 할 수 있다. 기출 14·23·24

2. 이의신청기간(법 제87조)

① 정당한 사유로 이의신청을 할 수 없었음을 소명한 경우를 제외하고는 처분이 있음을 안 날부터 90일 이내에 문서(전자문서를 포함)로 하여야 하며 처분이 있은 날부터 180일을 지나면 제기하지 못한다.

기출 14·17·20·24

② 요양기관이 심사평가원의 요양급여의 대상 여부의 확인에 대하여 이의신청을 하려면 확인결과를 통보받은 날로부터 30일 이내에 하여야 한다.

3. 이의신청위원회의 설치, 구성 및 운영(영 제53조, 제54조, 제55조)

(1) 설치
이의신청을 효율적으로 처리하기 위하여 공단 및 심사평가원에 각각 이의신청위원회를 설치한다.

(2) 구성
① 이의신청위원회는 각각 위원장 1명을 포함한 25명의 위원으로 구성한다.
② 공단에 설치하는 이의신청위원회의 위원장은 공단의 이사장이 지명하는 공단의 상임이사가 되고, 위원은 공단의 이사장이 임명하거나 위촉하는 ㉠ 공단의 임직원 1명, ㉡ 사용자단체 및 근로자단체가 각각 4명씩 추천하는 8명, ㉢ 시민단체, 소비자단체, 농어업인단체 및 자영업자단체가 각각 2명씩 추천하는 8명, ㉣ 변호사, 사회보험 및 의료에 관한 학식과 경험이 풍부한 사람 7명 등으로 한다.
③ 심사평가원에 설치하는 이의신청위원회의 위원장은 심사평가원의 원장이 지명하는 심사평가원의 상임이사가 되고, 위원은 심사평가원의 원장이 임명하거나 위촉하는 ㉠ 심사평가원의 임직원 1명, ㉡ 가입자를 대표하는 단체(시민단체를 포함)가 추천하는 사람 5명, ㉢ 변호사, 사회보험에 관한 학식과 경험이 풍부한 사람 4명, ㉣ 의약 관련 단체가 추천하는 사람 14명 등으로 한다.
④ 공단의 이사장이 위촉하거나 심사평가원의 원장이 위촉하는 위원의 임기는 3년으로 한다.

(3) 운영
① 이의신청위원회의 위원장은 이의신청위원회 회의를 소집하고, 그 의장이 된다. 이 경우 위원장이 부득이한 사유로 직무를 수행할 수 없을 때에는 위원장이 지명하는 위원이 그 직무를 대행한다. 이의신청위원회의 회의는 위원장과 위원장이 회의마다 지명하는 6명의 위원으로 구성한다. 이의신청위원회의 회의는 구성원 과반수의 출석으로 개의하고, 출석위원 과반수의 찬성으로 의결한다.
② 이의신청위원회의 회의에 출석한 위원장 및 소속 임직원을 제외한 나머지 위원에게는 예산의 범위에서 수당과 여비, 그 밖에 필요한 경비를 지급할 수 있다. 이의신청위원회의 회의에 부치는 안건의 범위, 그 밖에 이의신청위원회의 운영에 필요한 사항은 이의신청위원회의 의결을 거쳐 위원장이 정한다.

4. 이의신청방식(영 제56조)
이의신청 및 그에 대한 결정은 보건복지부령으로 정하는 서식에 따른다.

5. 이의신청에 대한 결정

(1) 결정통지(영 제57조)
공단과 심사평가원은 이의신청에 대한 결정을 하였을 때에는 지체 없이 신청인에게 결정서의 정본을 보내고, 이해관계인에게는 그 사본을 보내야 한다.

(2) 결정기간(영 제58조)
① 공단과 심사평가원은 이의신청을 받은 날부터 60일 이내에 결정을 하여야 한다. 다만, 부득이한 사정이 있는 경우에는 30일의 범위에서 그 기간을 연장할 수 있다.
② 공단과 심사평가원은 결정기간을 연장하려면 결정기간이 끝나기 7일 전까지 이의신청을 한 자에게 그 사실을 알려야 한다.

II 심판청구

1. 심판대상(법 제88조 제1항)
이의신청에 대한 결정에 불복이 있는 자는 건강보험분쟁조정위원회에 심판청구를 할 수 있다.

기출 14 · 17 · 20 · 24

2. 청구기간(법 제88조 제1항)
심판청구는 정당한 사유로 이의신청을 할 수 없었음을 소명한 경우를 제외하고는 결정이 있음을 안 날부터 90일 이내에 문서(전자문서를 포함)로 하여야 하며 결정이 있는 날부터 180일을 지나면 제기하지 못한다.

3. 심판청구서의 제출(법 제88조 제2항)
심판청구를 하고자 하는 자는 심판청구서를 이의신청에 대한 결정을 행한 공단 또는 심사평가원에 제출하거나 건강보험분쟁조정위원회에 제출하여야 한다.

4. 건강보험분쟁조정위원회의 설치, 구성 및 운영(법 제89조)
① 심판청구를 심리·의결하기 위하여 보건복지부에 건강보험분쟁조정위원회를 둔다.
② 분쟁조정위원회는 위원장을 포함한 60명 이내의 위원으로 구성하고, 위원장을 제외한 위원 중 1명은 당연직위원으로 한다. 이 경우 공무원이 아닌 위원이 전체 위원의 과반수가 되도록 하여야 한다. 기출 25
③ 분쟁조정위원회의 회의는 위원장, 당연직위원 및 위원장이 매 회의마다 지정하는 7명의 위원을 포함하여 총 9명으로 구성하되, 공무원이 아닌 위원이 과반수가 되도록 하여야 한다.
④ 분쟁조정위원회는 구성원 과반수의 출석과 출석위원 과반수의 찬성으로 의결한다.

5. 심판청구에 대한 결정

(1) 결정통지(영 제60조)
분쟁조정위원회의 위원장은 심판청구에 대하여 결정을 하였을 때에는 다음의 사항을 적은 결정서에 서명 또는 기명날인하여 지체 없이 청구인에게는 결정서의 정본을 보내고, 처분을 한 자 및 이해관계인에게는 그 사본을 보내야 한다.
① 청구인의 성명·주민등록번호 및 주소
② 처분을 한 자
③ 결정의 주문(主文)
④ 심판청구의 취지
⑤ 결정 이유
⑥ 결정 연월일

(2) **결정기간**(영 제61조)
① 분쟁조정위원회는 심판청구서가 제출된 날부터 60일 이내에 결정을 하여야 한다. 다만, 부득이한 사정이 있는 경우에는 30일의 범위에서 그 기간을 연장할 수 있다.
② 결정기간을 연장하려면 결정기간이 끝나기 7일 전까지 청구인에게 그 사실을 알려야 한다.

6. **결정에 대한 불복**(법 제90조)
공단 또는 심사평가원의 처분에 이의가 있는 자, 이의신청 또는 심판청구에 대한 결정에 불복하는 자는 행정소송법이 정하는 바에 의하여 행정소송을 제기할 수 있다. 기출 14·24

제9절 소멸시효, 근로자의 권익보호 등

I 소멸시효(법 제91조)

1. **시효의 완성**(제1항)
다음의 권리는 3년 동안 행사하지 아니하면 소멸시효가 완성된다.
① 보험료, 연체금 및 가산금을 징수할 권리
② 보험료, 연체금 및 가산금으로 과오납부한 금액을 환급받을 권리
③ 보험급여를 받을 권리
④ 보험급여 비용을 받을 권리
⑤ 과다납부된 본인일부부담금을 돌려받을 권리
⑥ 근로복지공단의 권리

2. **시효의 중단**(제2항)
시효는 다음의 사유로 인하여 중단된다.
① 보험료의 고지 또는 독촉
② 보험급여 또는 보험급여비용의 청구

II 근로자의 권익보호(법 제93조)

직장가입자에 해당하지 아니하는 근로자를 고용하는 모든 사업장의 사용자는 그가 고용한 근로자가 이 법에 따른 직장가입자가 되는 것을 방해하거나 자신이 부담하는 부담금이 증가되는 것을 피할 목적으로 정당한 사유 없이 근로자의 승급 또는 임금 인상을 하지 아니하거나 해고나 그 밖의 불리한 조치를 할 수 없다.

제10절 벌 칙

I 형벌(법 제115조 내지 제117조)

1. **5년 이하의 징역 또는 5천만원 이하의 벌금**(법 제115조 제1항)

    가입자 및 피부양자의 개인정보를 누설하거나 직무상 목적 외의 용도로 이용 또는 정당한 사유 없이 제3자에게 제공한 자

2. **3년 이하의 징역 또는 3천만원 이하의 벌금**(법 제115조 제2항)
    ① 대행청구단체의 종사자로서 거짓이나 그 밖의 부정한 방법으로 요양급여비용을 청구한 자
    ② 업무를 수행하면서 알게 된 정보를 누설하거나 직무상 목적 외의 용도로 이용 또는 제3자에게 제공한 자

3. **3년 이하의 징역 또는 1천만원 이하의 벌금**(법 제115조 제3항)

    공동이용하는 전산정보자료를 목적 외의 용도로 이용하거나 활용한 자

4. **2년 이하의 징역 또는 2천만원 이하의 벌금**(법 제115조 제4항)

    거짓이나 그 밖의 부정한 방법으로 보험급여를 받거나 타인으로 하여금 보험급여를 받게 한 사람

5. **1년 이하의 징역 또는 1천만원 이하의 벌금**(법 제115조 제5항)
    ① 선별급여의 실시조건을 충족하지 못하거나 실시제한 요양기관임에도 불구하고 선별급여를 제공한 요양기관의 개설자
    ② 대행청구단체가 아닌 자로 하여금 대행하게 한 자
    ③ 근로자의 권익 보호 규정을 위반한 사용자
    ④ 업무정지기간 중 요양급여금지 규정을 위반한 요양기관의 개설자

6. **1천만원 이하의 벌금**(법 제116조)
    ① 보고와 검사규정에 위반하여 보고 또는 서류제출을 하지 아니한 자
    ② 거짓으로 보고하거나 거짓 서류를 제출한 자
    ③ 검사 또는 질문을 거부·방해 또는 기피한 자

7. **500만원 이하의 벌금**(법 제117조)

    정당한 이유 없이 요양급여를 거부하거나 요양비명세서 또는 요양 명세를 적은 영수증을 요양을 받은 자에게 교부하지 아니한 자

Ⅱ 과태료(법 제119조)

1. 500만원 이하의 과태료(제3항)
① 사업장의 신고를 하지 아니하거나 거짓으로 신고한 사용자
② 정당한 사유 없이 신고·서류제출을 하지 아니하거나 거짓으로 신고·서류제출을 한 자
③ 정당한 사유 없이 보고·서류제출을 하지 아니하거나 거짓으로 보고·서류제출을 한 자
④ 행정처분을 받은 사실 또는 행정처분절차가 진행 중인 사실을 지체 없이 알리지 아니한 자
⑤ 정당한 사유 없이 제조업자 등의 금지행위 등을 위반하여 서류를 제출하지 아니하거나 거짓으로 제출한 자

2. 100만원 이하의 과태료(제4항)
① 제12조 제4항(건강보험증)을 위반하여 정당한 사유 없이 건강보험증이나 신분증명서로 가입자 또는 피부양자의 본인 여부 및 그 자격을 확인하지 아니하고 요양급여를 실시한 자
② 제96조의4(서류의 보존)를 위반하여 서류를 보존하지 아니한 자
③ 제103조(공단 등에 대한 감독 등)에 따른 명령을 위반한 자
④ 제105조(유사명칭의 사용금지)를 위반한 자

CHAPTER 05 국민건강보험법

01 국민건강보험법령상 다음 (   )에 들어가지 않는 숫자는? 기출 25

- 국민건강보험공단은 임원으로서 이사장 1명, 이사 (   )명 및 감사 (   )명을 둔다.
- 국민건강보험공단 이사회의 정기회의는 매년 (   )회 정관으로 정하는 시기에 이사회의 의장이 소집한다.
- 건강보험분쟁조정위원회는 위원장을 포함하여 (   )명 이내의 위원으로 구성하고, 위원장을 제외한 위원 중 (   )명은 당연직위원으로 한다.

① 1
② 2
③ 14
④ 20
⑤ 60

해설 및 정답

01
- 국민건강보험공단은 임원으로서 이사장 1명, 이사 <u>14</u>명 및 감사 <u>1</u>명을 둔다. 이 경우 이사장, 이사 중 5명 및 감사는 상임으로 한다(건강법 제20조 제1항).
- 국민건강보험공단 이사회의 정기회의는 매년 <u>2</u>회 정관으로 정하는 시기에 이사회의 의장이 소집한다(건강법 시행령 제12조 제2항).
- 건강보험분쟁조정위원회는 위원장을 포함하여 <u>60</u>명 이내의 위원으로 구성하고, 위원장을 제외한 위원 중 <u>1</u>명은 당연직위원으로 한다. 이 경우 공무원이 아닌 위원이 전체 위원의 과반수가 되도록 하여야 한다(건강법 제89조 제2항).

정답 ④

02 국민건강보험법령상 직장가입자에 해당하는 자는? 기출 25

① 비상근 근로자
② 「병역법」에 따른 현역병
③ 1개월 동안의 소정근로시간이 60시간 이상인 시간제공무원
④ 고용 기간이 1개월 미만인 일용근로자
⑤ 선거에 당선되어 취임하는 공무원으로서 매월 보수 또는 보수에 준하는 급료를 받지 아니하는 사람

03 국민건강보험법령상 지역가입자의 재산보험료부과점수당 금액은? 기출 25

① 104.2원
② 208.4원
③ 354.5원
④ 709.0원
⑤ 800.0원

04 국민건강보험법상 일반건강검진의 대상이 아닌 자는? 기출 25

① 세대주인 지역가입자
② 19세인 직장가입자
③ 19세인 피부양자
④ 20세인 피부양자
⑤ 20세인 지역가입자

• 해설 및 정답 •

02 ① 비상근 근로자(제4호), ② 병역법에 따른 현역병(제2호), ④ 고용 기간이 1개월 미만인 일용근로자(제1호), ⑤ 선거에 당선되어 취임하는 공무원으로서 매월 보수 또는 보수에 준하는 급료를 받지 아니하는 사람(제3호) 등은 건강법 제6조 제2항 단서 각 호에서 정한 직장가입자에서 제외되는 사람에 해당한다. 비상근 교직원 또는 1개월 동안의 소정근로시간이 60시간 미만인 시간제공무원 및 교직원이 직장가입자에서 제외되는 사람이므로(건강법 시행령 제9조 제2호) ③ 1개월 동안의 소정근로시간이 60시간 이상인 시간제공무원은 직장가입자에 해당한다.

> **가입자의 종류(건강법 제6조)**
> ② 모든 사업장의 근로자 및 사용자와 공무원 및 교직원은 직장가입자가 된다. 다만, 다음 각 호의 어느 하나에 해당하는 사람은 제외한다.
>   1. 고용 기간이 1개월 미만인 일용근로자
>   2. 「병역법」에 따른 현역병(지원에 의하지 아니하고 임용된 하사를 포함한다), 전환복무된 사람 및 군간부후보생
>   3. 선거에 당선되어 취임하는 공무원으로서 매월 보수 또는 보수에 준하는 급료를 받지 아니하는 사람
>   4. 그 밖에 사업장의 특성, 고용 형태 및 사업의 종류 등을 고려하여 대통령령으로 정하는 사업장의 근로자 및 사용자와 공무원 및 교직원
>
> **직장가입자에서 제외되는 사람(건강법 시행령 제9조)**
> 법 제6조 제2항 제4호에서 "대통령령으로 정하는 사업장의 근로자 및 사용자와 공무원 및 교직원"이란 다음 각 호의 어느 하나에 해당하는 사람을 말한다.
>   1. 비상근 근로자 또는 1개월 동안의 소정(所定)근로시간이 60시간 미만인 단시간근로자
>   2. 비상근 교직원 또는 1개월 동안의 소정근로시간이 60시간 미만인 시간제공무원 및 교직원
>   3. 소재지가 일정하지 아니한 사업장의 근로자 및 사용자
>   4. 근로자가 없거나 제1호에 해당하는 근로자만을 고용하고 있는 사업장의 사업주

정답 ③

03 지역가입자의 보험료율과 재산보험료부과점수당 금액은 심의위원회의 의결을 거쳐 대통령령으로 정한다(건강법 제73조 제3항). 이에 따른 지역가입자의 재산보험료부과점수당 금액은 208.4원으로 한다(건강법 시행령 제44조 제2항).

정답 ②

04 ① 세대주인 지역가입자, ② 19세인 직장가입자, ④ 20세인 피부양자, ⑤ 20세인 지역가입자 등이 건강법 제52조 제2항 제1호에서 정한 일반건강검진 대상에 해당한다. 동 규정에 의하면 20세 이상인 피부양자가 일반건강검진 대상이므로 ③ 19세인 피부양자는 일반건강검진의 대상이 아니다.

> **건강검진(건강법 제52조)**
> ① 공단은 가입자와 피부양자에 대하여 질병의 조기 발견과 그에 따른 요양급여를 하기 위하여 건강검진을 실시한다.
> ② 제1항에 따른 건강검진의 종류 및 대상은 다음 각 호와 같다.
>   1. 일반건강검진 : 직장가입자, 세대주인 지역가입자, 20세 이상인 지역가입자 및 20세 이상인 피부양자
>   2. 암검진 : 「암관리법」 제11조 제2항에 따른 암의 종류별 검진주기와 연령 기준 등에 해당하는 사람
>   3. 영유아건강검진 : 6세 미만의 가입자 및 피부양자
> ③ 제1항에 따른 건강검진의 검진항목은 성별, 연령 등의 특성 및 생애 주기에 맞게 설계되어야 한다.
> ④ 제1항에 따른 건강검진의 횟수·절차와 그 밖에 필요한 사항은 대통령령으로 정한다.

정답 ③

05 국민건강보험법상 가입자의 자격변동 시기로 옳지 않은 것은? 기출 25

① 직장가입자인 근로자가 그 사용관계가 끝난 날의 다음 날
② 지역가입자가 적용대상사업장의 사용자로 된 날
③ 지역가입자가 공무원으로 사용된 날
④ 지역가입자가 다른 세대로 전입한 날의 다음 날
⑤ 직장가입자가 다른 적용대상사업장의 사용자로 된 날

06 국민건강보험법상 요양급여가 아닌 것은? 기출 25

① 간 호
② 진찰·검사
③ 수 술
④ 치료재료의 지급
⑤ 장제비

07 국민건강보험법상 보험료에 관한 설명으로 옳은 것은? 기출 25

① 보험료는 가입자의 자격을 취득한 날이 속하는 달의 다음 달부터 가입자의 자격을 잃은 날의 전날이 속하는 달의 다음 달까지 징수한다.
② 휴직이나 그 밖의 사유로 보수의 전부 또는 일부가 지급되지 아니하는 가입자의 보수월액보험료는 해당 사유가 생긴 다음 달의 보수월액을 기준으로 산정한다.
③ 국외에서 업무에 종사하고 있는 직장가입자에 대한 보험료율은 지역가입자의 보험료율의 100분의 80으로 한다.
④ 직장가입자의 보수 외 소득월액보험료는 직장가입자가 부담한다.
⑤ 직장가입자가 교직원으로서 사립학교에 근무하는 교원이면 보험료액은 그 직장가입자가 100분의 40을, 국가가 100분의 60을 각각 부담한다.

• **해설 및 정답** •

05 ①, ②, ③, ⑤는 건강법 제9조 제1항에서 정한 가입자의 자격변동 시기에 해당하나, ④ 지역가입자가 다른 세대로 전입한 경우에는 전입한 날의 다음 날이 아닌 전입한 날에 그 자격이 변동된다.

> **자격의 변동 시기 등(건강법 제9조)**
> ① 가입자는 다음 각 호의 어느 하나에 해당하게 된 날에 그 자격이 변동된다.
>   1. 지역가입자가 적용대상사업장의 사용자로 되거나, 근로자·공무원 또는 교직원(이하 "근로자등"이라 한다)으로 사용된 날
>   2. 직장가입자가 다른 적용대상사업장의 사용자로 되거나 근로자등으로 사용된 날
>   3. 직장가입자인 근로자등이 그 사용관계가 끝난 날의 다음 날
>   4. 적용대상사업장에 제7조 제2호에 따른 사유가 발생한 날의 다음 날
>   5. 지역가입자가 다른 세대로 전입한 날

정답 ④

06 ① 간호(제6호), ② 진찰·검사(제1호), ③ 수술(제3호), ④ 치료재료의 지급(제2호) 등이 건강법 제41조 제1항에서 정한 요양급여에 해당한다. ⑤ 장제비와 관련하여, 건강법은 공단이 요양급여 외에 대통령령으로 정하는 바에 따라 임신·출산 진료비, 장제비, 상병수당, 그 밖의 급여를 부가급여로 실시할 수 있음을 규정하고 있으나(건강법 제50조), 건강법 제50조의 위임을 받은 동법 시행령 제23조 제1항은 임신·출산 진료비를 부가급여로 규정하고 있을 뿐이다.

> **요양급여(건강법 제41조)**
> ① 가입자와 피부양자의 질병, 부상, 출산 등에 대하여 다음 각 호의 요양급여를 실시한다.
>   1. 진찰·검사
>   2. 약제(藥劑)·치료재료의 지급
>   3. 처치·수술 및 그 밖의 치료
>   4. 예방·재활
>   5. 입 원
>   6. 간 호
>   7. 이송(移送)

정답 ⑤

07 ① (×) 보험료는 가입자의 자격을 취득한 날이 속하는 달의 다음 달부터 가입자의 자격을 잃은 날의 전날이 속하는 달까지 징수한다(건강법 제69조 제2항 본문).
② (×) 휴직이나 그 밖의 사유로 보수의 전부 또는 일부가 지급되지 아니하는 가입자의 보수월액보험료는 해당 사유가 생기기 전 달의 보수월액을 기준으로 산정한다(건강법 제70조 제2항).
③ (×) 국외에서 업무에 종사하고 있는 직장가입자에 대한 보험료율은 지역가입자의 보험료율의 100분의 50으로 한다(건강법 제73조 제2항).
④ (○) 건강법 제76조 제2항
⑤ (×) 직장가입자가 교직원으로서 사립학교에 근무하는 교원이면 보험료액은 그 직장가입자가 100분의 50을, 교직원이 소속되어 있는 사립학교가 100분의 30을, 국가가 100분의 20을 각각 부담한다(건강법 제76조 제1항 단서).

정답 ④

08 국민건강보험법상 국민건강보험공단은 보험료등의 납부의무자가 납부기한까지 보험료등을 내지 아니하는 경우에 보건복지부령으로 정하는 부득이한 사유로 연체금을 징수하지 아니할 수 있다. 밑줄 친 사유에 해당하는 것을 모두 고른 것은? 기출 24

> ㄱ. 사변으로 인하여 체납하는 경우
> ㄴ. 화재로 피해가 발생해 체납한 경우
> ㄷ. 사업장 폐업으로 체납액을 징수할 수 없는 경우
> ㄹ. 연체금의 금액이 국민건강보험공단의 정관으로 정하는 금액 이하인 경우

① ㄱ, ㄴ
② ㄴ, ㄷ
③ ㄱ, ㄴ, ㄹ
④ ㄱ, ㄷ, ㄹ
⑤ ㄱ, ㄴ, ㄷ, ㄹ

09 국민건강보험법상 국내에 거주하는 국민으로서 건강보험 가입자의 자격의 변동시기에 관한 내용으로 옳은 것을 모두 고른 것은? 기출 24

> ㄱ. 지역가입자가 적용대상사업장의 사용자로 된 다음 날
> ㄴ. 직장가입자가 다른 적용대상사업장의 근로자로 사용된 날
> ㄷ. 지역가입자가 다른 세대로 전입한 날
> ㄹ. 직장가입자인 근로자가 그 사용관계가 끝난 날의 다음 날

① ㄱ
② ㄱ, ㄴ
③ ㄴ, ㄷ
④ ㄴ, ㄷ, ㄹ
⑤ ㄱ, ㄴ, ㄷ, ㄹ

10 국민건강보험법상 국민건강보험공단(이하 '공단'이라 한다)에 관한 설명으로 옳지 않은 것은? 기출 24

① 공단은 법인으로 한다.
② 공단의 해산에 관하여는 정관으로 정한다.
③ 공단은 주된 사무소의 소재지에서 설립등기를 함으로써 성립한다.
④ 공단의 설립등기에는 목적, 명칭, 주된 사무소 및 분사무소의 소재지, 이사장의 성명·주소 및 주민등록번호를 포함하여야 한다.
⑤ 공단의 주된 사무소의 소재지는 정관으로 정한다.

• 해설 및 정답 •

08 ㄱ, ㄴ, ㄷ, ㄹ 모두 밑줄 친 부득이한 사유에 해당한다.

> **연체금 징수의 예외(건강법 시행규칙 제51조)**
> 법 제80조 제3항에서 "보건복지부령으로 정하는 부득이한 사유"란 다음 각 호의 어느 하나에 해당하는 경우를 말한다.
> 1. 전쟁 또는 사변으로 인하여 체납한 경우
> 2. 연체금의 금액이 공단의 정관으로 정하는 금액 이하인 경우
> 3. 사업장 또는 사립학교의 폐업·폐쇄 또는 폐교로 체납액을 징수할 수 없는 경우
> 4. 화재로 피해가 발생해 체납한 경우
> 5. 그 밖에 보건복지부장관이 연체금을 징수하기 곤란한 부득이한 사유가 있다고 인정하는 경우

정답 ⑤

09 건강보험 가입자의 자격의 변동시기에 관한 내용으로 옳은 것은 보기 중 ㄴ. 직장가입자가 다른 적용대상사업장의 사용자로 되거나 근로자등으로 사용된 날(건강법 제9조 제1항 제2호), ㄷ. 지역가입자가 다른 세대로 전입한 날(동법 제9조 제1항 제5호), ㄹ. 직장가입자인 근로자등이 그 사용관계가 끝난 날의 다음 날(동법 제9조 제1항 제3호) 등이다. ㄱ. "지역가입자가 적용대상사업장의 사용자로 된 다음 날"은 "지역가입자가 적용대상사업장의 사용자로 되거나, 근로자·공무원 또는 교직원으로 사용된 날"(동법 제9조 제1항 제1호)이 건강보험 가입자의 자격의 변동시기이므로 틀린 보기가 된다.

정답 ④

10 ① (○) 건강법 제15조 제1항
② (×) 공단의 해산에 관하여는 법률로 정한다(건강법 제19조).
③ (○) 건강법 제15조 제2항
④ (○) 건강법 제18조
⑤ (○) 건강법 제16조 제1항

정답 ②

CHAPTER 06 고용보험 및 산업재해보상보험의 보험료징수 등에 관한 법률

출제포인트
- 기준보수
- 보험료율의 결정
- 보수총액 등의 신고
- 가산금, 연체금 등의 징수 및 납부
- 보험료의 시효

제1절 서 설

I 목적(법 제1조)

이 법은 고용보험과 산업재해보상보험의 보험관계의 성립·소멸, 보험료의 납부·징수 등에 필요한 사항을 규정함으로써 보험사무의 효율성을 높이는 것을 목적으로 한다.

II 용어의 정의(법 제2조) 기출 13

① 보험 : 고용보험법에 따른 고용보험 또는 산업재해보상보험법에 따른 산업재해보상보험
② 근로자 : 근로기준법에 따른 근로자
③ 보수 : 소득세법에 따른 근로소득에서 대통령령으로 정하는 금품을 뺀 금액. 다만, 고용보험료를 징수하는 경우에는 근로자가 휴직이나 그 밖에 이와 비슷한 상태에 있는 기간 중에 사업주 외의 자로부터 지급받는 금품 중 고용노동부장관이 정하여 고시하는 금품은 보수로 본다. 기출 17·19
④ 원수급인 : 사업이 여러 차례의 도급에 의하여 행하여지는 경우에 최초로 사업을 도급받아 행하는 자. 다만, 발주자가 사업의 전부 또는 일부를 직접 하는 경우에는 발주자가 직접 하는 부분(발주자가 직접 하다가 사업의 진행경과에 따라 도급하는 경우에는 발주자가 직접 하는 것으로 본다)에 대하여 발주자를 원수급인으로 본다. 기출 14
⑤ 하수급인 : 원수급인으로부터 그 사업의 전부 또는 일부를 도급받아 하는 자와 그 자로부터 그 사업의 전부 또는 일부를 도급받아 하는 자 기출 14·17·19
⑥ 정보통신망 : 정보통신망 이용촉진 및 정보보호 등에 관한 법률에 따른 정보통신망
⑦ 보험료등 : 보험료, 이 법에 따른 가산금·연체금·체납처분비 및 징수금

Ⅲ 기준보수(법 제3조, 영 제3조)

1. 의 의
보험료를 산정하거나 보험급여액을 산정할 때 기초가 되는 근로자의 보수를 산정·확정하기 곤란한 경우에 고용노동부장관이 정하여 고시하는 금액을 기준으로 하여 보험사무를 처리하게 되는데 이를 기준보수라고 한다.

2. 기준보수의 적용사유
다음의 어느 하나에 해당하는 경우에는 기준보수를 근로자, 예술인이나 노무제공자의 보수 또는 보수액으로 할 수 있다.
① 사업 또는 사업장(이하 "사업")의 폐업·도산 등으로 근로자, 예술인 또는 노무제공자의 보수 또는 보수액을 산정·확인하기 곤란한 경우
② 보수 관련 자료가 없거나 명확하지 않은 경우
③ 사업의 이전 등으로 사업의 소재지를 파악하기 곤란한 경우
④ 예술인(고보법을 적용하기 위한 소득 기준을 충족하는 예술인으로서 대통령령으로 정하는 사람과 단기예술인은 제외) 및 노무제공자(고보법을 적용하기 위한 소득 기준을 충족하는 노무제공자로서 대통령령으로 정하는 사람과 단기노무제공자는 제외)의 보수액이 기준보수보다 적은 경우

3. 기준보수의 적용제외 사유
'둘 이상의 문화예술용역 관련 계약을 체결한 경우로서 같은 기간에 해당하는 문화예술용역 관련 계약의 월평균소득을 합산하여 그 합계액이 50만원 이상인 예술인'과 '둘 이상의 노무제공계약을 체결한 경우로서 같은 기간에 해당하는 노무제공계약의 월보수액을 합산하여 그 합계액이 80만원 이상인 노무제공자'는 기준보수의 적용 대상에서 제외된다(징수법 시행령 제3조 제2항, 제3항).

4. 기준보수의 결정 기출 12·14·17·19·22
① 기준보수는 사업의 규모, 근로·노무 형태, 보수·보수액 수준 등을 고려하여 고용보험위원회의 심의를 거쳐 시간·일 또는 월 단위로 정하되, 사업의 종류별 또는 지역별로 구분하여 정할 수 있다.
② 통상근로자로서 월정액으로 보수를 지급받는 근로자에게는 월단위 기준보수를 적용한다.
③ 단시간근로자, 근로시간에 따라 보수를 지급받는 근로자(이하 "시간급근로자"), 근로일에 따라 일당 형식의 보수를 지급받는 근로자(이하 "일급근로자")에게는 주당 소정근로시간을 실제 근로한 시간으로 보아 시간단위 기준보수를 적용한다. 다만, 시간급근로자 또는 일급근로자임이 명확하지 아니하거나 주당 소정근로시간을 확정할 수 없는 경우에는 월단위 기준보수를 적용한다.
④ 예술인에게는 월단위 기준보수를 적용한다.
⑤ 노무제공자에게는 월단위 기준보수를 적용한다.

> **기준보수의 적용(영 제3조)**
> ① 법 제3조 제1항 제1호에서 "사업의 폐업·도산 등으로 근로자, 예술인 또는 노무제공자의 보수 또는 보수액을 산정·확인하기 곤란한 경우 등 대통령령으로 정하는 사유가 있는 경우"란 다음 각 호의 어느 하나에 해당하는 경우를 말한다.
> 　1. 사업 또는 사업장(이하 "사업")의 폐업·도산 등으로 근로자, 고용보험법 제77조의2 제1항에 따른 예술인(이하 "예술인") 또는 같은 법 제77조의6 제1항에 따른 노무제공자(이하 "노무제공자")의 보수 또는 보수액을 산정·확인하기 곤란한 경우
> 　2. 보수 관련 자료가 없거나 명확하지 않은 경우
> 　3. 사업의 이전 등으로 사업의 소재지를 파악하기 곤란한 경우 기출 22
> ④ 법 제3조에 따른 기준보수는 다음 각 호의 구분에 따라 적용한다.
> 　1. 통상근로자로서 월정액으로 보수를 지급받는 근로자에게는 월단위 기준보수를 적용한다. 기출 22
> 　2. 단시간근로자, 근로시간에 따라 보수를 지급받는 근로자(이하 이 조에서 "시간급근로자"), 근로일에 따라 일당형식의 보수를 지급받는 근로자(이하 이 조에서 "일급근로자")에게는 주당 소정근로시간을 실제 근로한 시간으로 보아 시간단위 기준보수를 적용한다. 다만, 시간급근로자 또는 일급근로자임이 명확하지 아니하거나 주당 소정근로시간을 확정할 수 없는 경우에는 월단위 기준보수를 적용한다. 기출 22
> 　3. 예술인에게는 월단위 기준보수를 적용한다.
> 　4. 노무제공자에게는 월단위 기준보수를 적용한다.

Ⅳ 보험사업의 수행주체(법 제4조) 기출 14·18

고용보험법 및 산업재해보상보험법에 따른 보험사업에 관하여 이 법에서 정한 사항은 고용노동부장관으로부터 위탁을 받아 산업재해보상보험법에 따른 근로복지공단(이하 "공단")이 수행한다. 다만, 다음에 해당하는 징수업무는 국민건강보험법에 따른 국민건강보험공단(이하 "건강보험공단")이 고용노동부장관으로부터 위탁을 받아 수행한다.
① 보험료 등(개산보험료 및 확정보험료, 징수금 제외)의 고지 및 수납
② 보험료 등의 체납관리

제2절 보험관계의 성립 및 소멸

Ⅰ 보험의 가입 및 해지등

1. 보험의 가입

(1) 당연가입(법 제5조 제1항, 제3항)

1) 고용보험법상의 고용보험가입

고용보험법을 적용받는 사업의 사업주와 근로자(고용보험법에 따른 적용 제외 근로자는 제외)는 당연히 고용보험법에 따른 고용보험의 보험가입자가 된다. 기출 16·25

2) 산업재해보상보험법상의 고용보험가입

산업재해보상보험법을 적용받는 사업의 사업주는 당연히 산업재해보상보험법의 보험가입자가 된다.

기출 16·19·25

(2) 임의가입(법 제5조 제2항, 제4항)

① 고용보험법에 따라 산업별 특성 및 규모 등을 고려하여 같은 법이 적용되지 아니하는 사업의 사업주가 근로자의 과반수의 동의를 받아 공단의 승인을 받으면 그 사업의 사업주와 근로자는 고용보험에 가입할 수 있다. 기출 16·22

② 산업재해보상보험법에 따라 위험률 규모 및 장소 등을 고려하여 같은 법이 적용되지 아니하는 사업의 사업주는 공단의 승인을 받아 산재보험에 가입할 수 있다. 기출 22

(3) 의제가입(법 제6조)

1) 고용보험의 의제가입
사업주 및 근로자가 고용보험의 당연가입자가 되는 사업이 사업규모의 변동 등의 사유로 고용보험법에 따른 적용제외사업에 해당하게 되었을 때에는 그 사업주 및 근로자는 그날부터 고용보험에 가입한 것으로 본다.

2) 산업재해보상보험의 의제가입
사업주가 산업재해보상보험의 당연가입자가 되는 사업이 사업규모의 변동 등의 사유로 산업재해보상보험법에 따른 적용 제외사업에 해당하게 되었을 때에는 그 사업주는 그날부터 산재보험에 가입한 것으로 본다.

3) 근로자를 고용하지 아니하게 되었을 경우
고용보험이나 산업재해보상보험에 가입한 사업주가 그 사업을 운영하다가 근로자를 고용하지 아니하게 되었을 때에는 그날부터 1년의 범위에서 근로자를 사용하지 아니한 기간에도 보험에 가입한 것으로 본다. 기출 18

2. 보험의 해지 및 직권소멸

(1) 보험의 해지(법 제5조 제5항·제6항, 제6조)

1) 당연가입사업
당연가입의 본질상 당연가입사업의 보험계약의 해지는 불가능하다.

2) 임의가입사업
① 고용보험 또는 산업재해보상보험에 가입한 사업주가 보험계약을 해지할 때에는 미리 공단의 승인을 받아야 한다. 이 경우 보험계약의 해지는 그 보험계약이 성립한 보험연도가 끝난 후에 하여야 한다. 기출 15·22

② 사업주가 고용보험계약을 해지할 때에는 근로자 과반수의 동의를 받아야 한다. 기출 25

3) 의제가입사업
의제가입 보험계약의 해지에는 임의가입사업에 적용되는 규정을 준용한다.

(2) 직권소멸(법 제5조 제7항)
공단은 사업 실체가 없는 등의 사유로 계속하여 보험관계를 유지할 수 없다고 인정하는 경우에는 그 보험관계를 소멸시킬 수 있다. 기출 14·15·16·19·25

Ⅱ 보험관계의 성립 및 소멸

1. 보험관계의 성립일(법 제6조, 제7조)

(1) 당연가입사업
① 고용보험과 산업재해보상보험의 당연가입자가 되는 사업의 경우에는 그 사업이 시작된 날
② 사업규모의 변동 등으로 당연가입사업에 해당되게 되는 경우에는 그 해당하게 된 날

(2) 임의가입사업
근로복지공단의 승인을 받아 보험에 가입한 경우에는 공단이 그 사업의 사업주로부터 보험가입승인신청서를 접수한 날의 다음 날

(3) 일괄적용사업
일괄적용을 받는 사업의 경우에는 처음 하는 사업이 시작된 날 기출 17·21·25

(4) 도급사업에서 하수급인이 보험료납부를 인수한 경우
보험에 가입한 하수급인의 경우에는 그 하도급공사의 착공일 기출 15·17·21·25

2. 보험관계의 소멸일(법 제10조)
① 사업이 폐업 또는 끝난 날의 다음 날 기출 15·21·25
② 보험계약을 해지하는 경우에는 그 해지에 관하여 공단의 승인을 받은 날의 다음 날 기출 17·21·25
③ 공단이 보험관계를 소멸시키는 경우에는 그 소멸을 결정·통지한 날의 다음 날 기출 17·21
④ 사업을 운영하다가 근로자를 고용하지 아니하게 된 가입사업주의 경우에는 근로자를 사용하지 아니한 첫날부터 1년이 되는 날의 다음 날 기출 17·25

Ⅲ 보험관계의 신고

1. 보험관계의 신고(법 제11조)
① 사업주는 고용보험, 산업재해보상보험의 당연 보험가입자가 된 경우에는 그 보험관계가 성립한 날부터 14일 이내에, 사업의 폐업·종료 등으로 인하여 보험관계가 소멸한 경우에는 그 보험관계가 소멸한 날부터 14일 이내에 공단에 보험관계의 성립 또는 소멸 신고를 하여야 한다. 다만, 다음에 해당하는 사업의 경우에는 그 구분에 따라 보험관계 성립신고를 하여야 한다.
  ㉠ 보험관계가 성립한 날부터 14일 이내에 종료되는 사업 : 사업이 종료되는 날의 전날까지
  ㉡ 산업재해보상보험법 제6조 단서에 따른 대통령령으로 정하는 사업 : 그 일정 기간의 종료일부터 14일 이내
② 사업주는 일괄적용을 받는 사업의 경우에는 처음 하는 사업을 시작하는 날부터 14일 이내에, 일괄적용을 받고 있는 사업이 사업의 폐업·종료 등으로 일괄적용관계가 소멸한 경우에는 소멸한 날부터 14일 이내에 공단에 일괄적용관계의 성립 또는 소멸 신고를 하여야 한다. 기출 17

③ 일괄적용사업의 사업주는 그 각각의 사업의 개시일 및 종료일(사업 종료의 신고는 고용보험의 경우만 한다)부터 각각 14일 이내에 그 개시 및 종료 사실을 공단에 신고하여야 한다. 다만, 사업의 개시일부터 14일 이내에 끝나는 사업의 경우에는 그 끝나는 날의 전날까지 신고하여야 한다. 기출 22

2. 보험관계의 변경신고(법 제12조, 영 제9조)

보험에 가입한 사업주는 ① 사업주(법인인 경우에는 대표자)의 이름 및 주민등록번호, ② 사업의 명칭 및 소재지, ③ 사업의 종류, ④ 사업자등록번호(법인인 경우에는 법인등록번호를 포함), ⑤ 건설공사 또는 벌목업 등 기간의 정함이 있는 사업의 경우 사업의 기간, ⑥ 우선지원 대상기업의 해당 여부에 변경이 있는 경우 상시근로자수 등이 변경된 경우에는 그날부터 14일 이내에 그 변경사항을 공단에 신고해야 한다. 다만, ⑥은 다음 보험연도 첫날부터 14일 이내에 신고해야 한다. 기출 17·19·21·22

제3절 보험료

I 보험료

1. 종류(법 제13조)

보험사업에 드는 비용에 충당하기 위하여 보험가입자로부터 다음의 보험료를 징수한다. 기출 17·24
① 고용안정·직업능력개발사업 및 실업급여의 보험료(이하 "고용보험료")
② 산재보험의 보험료(이하 "산재보험료")

2. 부담(법 제13조)

(1) 고용보험료

① 고용보험 가입자인 근로자가 부담하여야 하는 고용보험료는 자기의 보수총액에 실업급여의 보험료율의 2분의 1을 곱한 금액으로 한다. 기출 24 다만, 사업주로부터 보수를 지급받지 아니하는 근로자는 보수로 보는 금품의 총액에 실업급여의 보험료율을 곱한 금액을 부담하여야 하고, 휴직이나 그 밖에 이와 비슷한 상태에 있는 기간 중에 사업주로부터 보수를 지급받는 근로자로서 고용노동부장관이 정하여 고시하는 사유에 해당하는 근로자는 그 기간에 지급받는 보수의 총액에 실업급여의 보험료율을 곱한 금액을 부담하여야 한다.

② 고용보험법에 따라 65세 이후에 고용(65세 전부터 피보험자격을 유지하던 사람이 65세 이후에 계속하여 고용된 경우는 제외)되거나 자영업을 개시한 자에 대하여는 고용보험료 중 실업급여의 보험료를 징수하지 아니한다. 기출 16

③ 사업주가 부담하여야 하는 고용보험료는 그 사업에 종사하는 고용보험 가입자인 근로자의 개인별 보수총액(보수로 보는 금품의 총액과 보수의 총액은 제외)에 다음을 각각 곱하여 산출한 각각의 금액을 합한 금액으로 한다.
㉠ 고용안정·직업능력개발사업의 보험료율
㉡ 실업급여의 보험료율의 2분의 1

(2) 산재보험료

사업주가 부담하여야 하는 산재보험료는 그 사업주가 경영하는 사업에 종사하는 근로자의 개인별 보수총액에 다음에 따른 산재보험료율을 곱한 금액을 합한 금액으로 한다. 다만, 출퇴근 경로와 방법이 일정하지 아니한 직종으로 대통령령으로 정하는 경우에는 ①에 따른 산재보험료율만을 곱하여 산정한다.

① 같은 종류의 사업에 적용되는 산재보험료율
② 통상적인 경로와 방법으로 출퇴근하는 중 발생한 사고로 인한 업무상의 재해에 관한 산재보험료율

Ⅱ 보험료율의 결정

1. 고용보험료율(법 제14조, 법 제49조의2, 영 제12조)

(1) 보험료율의 결정

① 고용보험료율은 보험수지의 동향과 경제상황 등을 고려하여 1000분의 30의 범위에서 고용안정·직업능력개발사업의 보험료율 및 실업급여의 보험료율로 구분하여 대통령령으로 정한다(제1항). 기출 18·25

② 고용보험료율을 결정하거나 변경하려면 고용보험법에 따른 고용보험위원회의 심의를 거쳐야 한다(제2항). 기출 25

③ 자영업자에게 적용하는 고용보험료율은 보험수지의 동향과 경제상황 등을 고려하여 1000분의 30의 범위에서 고용안정·직업능력개발사업의 보험료율 및 실업급여의 보험료율로 구분하여 대통령령으로 정한다(법 제49조의2 제7항).

(2) 실업급여보험료율

① 실업급여의 보험료율 : 1천분의 18(영 제12조 제1항 제2호)
② 자영업자의 실업급여의 보험료율 : 1천분의 20(영 제56조의19 제1항 제2호)

(3) 안정·직업보험료율

> **고용보험료율(영 제12조)**
> ① 법 제14조 제1항에 따른 고용보험료율은 다음 각 호와 같다.
>   1. 고용안정·직업능력개발사업의 보험료율은 다음 각 목의 구분에 따른 보험료율
>   가. 상시근로자수가 150인 미만인 사업주의 사업 : 1만분의 25 기출 22·24
>   나. 상시근로자수가 150인 이상인 사업주의 사업으로서 우선지원대상기업의 범위에 해당하는 사업 : 1만분의 45 기출 25
>   다. 상시근로자수가 150인 이상 1천인 미만인 사업주의 사업으로서 나목에 해당하지 아니하는 사업 : 1만분의 65
>   라. 상시근로자수가 1천인 이상인 사업주의 사업으로서 나목에 해당하지 아니하는 사업 및 국가·지방자치단체가 직접 행하는 사업 : 1만분의 85 기출 21·24·25
>   2. 실업급여의 보험료율 : 1천분의 18
> ② 제1항 제1호를 적용할 때 상시근로자수는 해당 사업주가 하는 국내의 모든 사업의 상시근로자수를 합산한 수로 한다. 다만, 공동주택관리법 제2조 제1항 제1호 가목에 따른 공동주택을 관리하는 사업의 경우에는 각 사업별로 상시근로자수를 산정한다.
> ③ 제1항 제1호를 적용할 때 법 제9조 제1항 단서에 따라 법의 적용을 받는 사업주가 되는 하수급인에게는 원수급인에게 적용하는 고용안정·직업능력개발사업의 보험료율을 적용한다. 다만, 법 제8조에 따라 일괄적용을 받게 되는 사업주의 개별 사업에 대해 법 제9조 제1항 단서에 따라 하수급인을 법의 적용을 받는 사업주로 보는 경우에는 그 하수급인인 사업주에게 적용하는 고용안정·직업능력개발사업의 보험료율을 적용한다.

④ 제1항 제1호를 적용할 때 상시근로자수가 증가하여 고용안정・직업능력개발사업의 보험료율이 증가하는 경우에는 그 사유가 발생한 보험연도의 다음 보험연도부터 3년 동안 상시근로자수가 증가하기 전에 적용된 고용안정・직업능력개발사업의 보험료율을 적용한다.
⑤ 제4항에도 불구하고 독점규제 및 공정거래에 관한 법률 제31조에 따라 지정된 상호출자제한기업집단에 속하는 회사의 경우에는 그 지정된 날이 속한 보험연도의 다음 보험연도부터 제4항을 적용하지 않는다.
⑥ 제1항 제1호 및 제2항에도 불구하고 보험연도 중에 사업이 양도되거나 사업주가 합병된 경우 그 양도 또는 합병된 사업에 대해서는 해당 보험연도에 한정하여 양도 또는 합병 전에 적용된 고용안정・직업능력개발사업의 보험료율을 적용한다.

자영업자 고용보험료율(영 제56조의19)
① 법 제49조의2 제7항에 따른 고용보험료율은 다음 각 호와 같다.
  1. 고용안정・직업능력개발사업의 보험료율 : 1만분의 25
  2. 실업급여의 보험료율 : 1천분의 20
② 공단은 제1항에 따른 자영업자 보험료율이 인상되거나 인하된 경우에는 자영업자에 대한 고용보험료를 증액 또는 감액 조정하여야 한다.

2. 산재보험료율(법 제14조, 영 제14조)

(1) 보험료율의 결정

① 산재보험료율은 매년 6월 30일 현재 과거 3년 동안의 보수총액에 대한 산재보험급여총액의 비율을 기초로 하여, 산업재해보상보험법에 따른 연금 등 산재보험급여에 드는 금액, 재해예방 및 재해근로자의 복지증진에 드는 비용 등을 고려하여 사업의 종류별로 구분하여 고용노동부령으로 정한다. 이 경우 업무상의 재해를 이유로 지급된 보험급여액은 산재보험급여총액에 포함시키지 아니한다. 기출 15・20

② 산재보험의 보험관계가 성립한 후 3년이 지나지 아니한 사업에 대한 산재보험료율은 고용노동부령으로 정하는 바에 따라 산업재해보상보험 및 예방심의위원회의 심의를 거쳐 고용노동부장관이 사업의 종류별로 따로 정한다. 기출 25

③ 고용노동부장관은 산재보험료율을 정하는 경우에는 특정 사업 종류의 산재보험료율이 전체 사업의 평균 산재보험료율의 20배를 초과하지 아니하도록 하여야 한다. 기출 15・20・25

④ 고용노동부장관은 특정 사업 종류의 산재보험료율이 인상되거나 인하되는 경우에는 직전 보험연도 산재보험료율의 100분의 30의 범위에서 조정하여야 한다. 기출 15・25

(2) 동일한 사업주가 하나의 장소에서 사업의 종류가 다른 2개 이상의 사업을 운영하는 경우(영 제14조)

① 동일한 사업주가 하나의 장소에서 사업의 종류가 다른 사업을 둘 이상 하는 경우에는 그중 근로자 수 및 보수총액 등의 비중이 큰 주된 사업(이하 이 조에서 "주된 사업")에 적용되는 산재보험료율을 그 장소의 모든 사업에 적용한다.

② 주된 사업의 결정은 다음의 순서에 따른다. 기출 23
  ㉠ 근로자 수가 많은 사업
  ㉡ 근로자 수가 같거나 그 수를 파악할 수 없는 경우에는 보수총액이 많은 사업
  ㉢ 주된 사업을 결정할 수 없는 경우에는 매출액이 많은 제품을 제조하거나 서비스를 제공하는 사업

Ⅲ 보험료율의 특례

1. 개별실적요율의 특례(법 제15조)

(1) 의 의

① 대통령으로 정하는 사업으로서 매년 9월 30일 현재 고용보험의 보험관계가 성립한 후 3년이 지난 사업의 경우에 그 해 9월 30일 이전 3년 동안의 그 실업급여 보험료에 대한 실업급여금액의 비율이 대통령령으로 정하는 비율에 해당하는 경우에는 그 사업에 적용되는 실업급여 보험료율의 100분의 40의 범위에서 대통령령으로 정하는 기준에 따라 인상하거나 인하한 비율을 그 사업에 대한 다음 보험연도의 실업급여 보험료율로 할 수 있다(법 제15조 제1항).

② 대통령령으로 정하는 사업으로서 매년 6월 30일 현재 산재보험의 보험관계가 성립한 후 3년이 지난 사업의 경우에 그 해 6월 30일 이전 3년 동안의 산재보험료(통상적인 경로와 방법으로 출퇴근하는 중 발생한 사고로 인한 업무상의 재해에 관한 산재보험료율을 곱한 금액은 제외)에 대한 산재보험급여 금액(통상적인 경로와 방법으로 출퇴근하는 중 발생한 사고로 인한 업무상의 재해를 이유로 지급된 보험급여는 제외)의 비율이 대통령령으로 정하는 비율에 해당하는 경우에는 같은 종류의 사업에 적용되는 산재보험료율의 100분의 50의 범위에서 사업 규모를 고려하여 대통령령으로 정하는 바에 따라 인상하거나 인하한 비율(이하 "개별실적요율")을 통상적인 경로와 방법으로 출퇴근하는 중 발생한 사고로 인한 업무상의 재해에 관한 산재보험료율과 합하여 그 사업에 대한 다음 보험연도의 산재보험료율로 할 수 있다(법 제15조 제2항).

③ 법 제15조 제2항에서 "대통령령이 정하는 비율에 해당하는 경우"라 함은 100분의 85를 넘거나 100분의 75 이하인 경우를 말한다(영 제16조).

(2) 산 정

개별실적요율을 산정할 때 수급인·관계수급인 또는 파견사업주의 근로자에게 발생한 업무상 재해가 다음의 어느 하나에 해당하는 재해인 경우에는 그로 인하여 지급된 산재보험급여 금액을 재해발생의 책임 등을 고려하여 대통령령으로 정하는 바에 따라 해당 근로자에 대한 도급인, 수급인 또는 사용사업주의 산재보험급여 금액에 포함한다.

① 도급인이 산업안전보건법에 따른 의무를 위반하여 도급한 기간 중 수급인의 근로자에게 발생한 업무상 재해
② 산업안전보건법에 따른 의무를 위반하여 하도급한 기간 중 관계수급인의 근로자에게 발생한 업무상 재해
③ 도급인이 산업안전보건법상의 의무를 위반하여 관계수급인의 근로자에게 발생한 업무상 재해
④ 파견근로자에게 발생한 업무상 재해

(3) 적 용

개별실적요율 적용 사업 중 대통령령으로 정하는 규모 이상의 사업의 경우 매년 6월 30일 이전 3년 동안에 업무상 사고로 사망한 사람(해당 사업에서 직접 고용한 근로자, 수급인·관계수급인의 근로자 및 파견근로자가 해당 사업에서 업무수행 중 사고로 사망한 경우를 모두 포함)의 수가 3명 이상인 경우에는 해당 사업주의 산업안전보건법상 의무위반 여부 등을 고려하여 대통령령으로 정하는 바에 따라 개별실적요율을 달리 적용할 수 있다.

2. 산재예방요율의 특례(법 제15조)

(1) 의 의
대통령령으로 정하는 사업(상시근로자수가 50명 미만인 제조업, 임업, 위생 및 유사서비스업, 하수도업 등)으로서 산재보험의 보험관계가 성립한 사업의 사업주가 해당 사업 근로자의 안전보건을 위하여 재해예방활동을 실시하고 이에 대하여 고용노동부장관의 인정을 받은 때에는 그 사업에 대하여 적용되는 통상적인 경로와 방법으로 출퇴근하는 중 발생한 사고로 인한 업무상의 재해에 관한 산재보험료율의 100분의 30의 범위에서 대통령령으로 정하는 바에 따라 인하한 비율을 같은 종류의 사업에 적용되는 산재보험료율과 합하여 그 사업에 대한 다음 보험연도의 산재보험료율(이하 "산재예방요율")로 할 수 있다(법 제15조 제5항).

(2) 재해예방활동
① 산재예방요율을 적용할 때 재해예방활동의 내용·인정기간, 산재예방요율의 적용기간 등 그 밖에 필요한 사항은 사업주가 실시하는 재해예방활동별로 구분하여 대통령령으로 정한다.
② 개별실적요율이나 산재예방요율에 따른 산재보험료율을 모두 적용받을 수 있는 사업의 경우에는 그 사업에 적용되는 산재보험료율에 각각 인상 또는 인하한 비율을 합하여(인상 및 인하한 비율이 동시에 발생한 경우에는 같은 값만큼 서로 상계하여 계산) 얻은 값만큼을 인상하거나 인하한 비율을 그 사업에 대한 다음 보험연도 산재보험료율로 한다.

(3) 재해예방활동인정의 취소
① 고용노동부장관은 산재예방요율을 적용받는 사업이 다음의 어느 하나에 해당하는 경우에는 재해예방활동의 인정을 취소하여야 한다.
  ㉠ 거짓이나 그 밖의 부정한 방법으로 재해예방활동의 인정을 받은 경우 기출 24
  ㉡ 재해예방활동의 인정기간 중 산업안전보건법에 따른 중대재해가 발생한 경우. 다만, 산업안전보건법에 따른 사업주의 의무와 직접적으로 관련이 없는 재해로서 대통령령으로 정하는 재해는 제외한다.
  ㉢ 그 밖에 재해예방활동의 목적을 달성한 것으로 인정하기 곤란한 경우 등 대통령령으로 정하는 사유에 해당하는 경우
② 거짓이나 그 밖의 부정한 방법으로 재해예방활동을 인정받아 재해예방활동의 인정이 취소된 사업의 경우에는 산재예방요율 적용을 취소하고, 산재예방요율을 적용받은 기간에 대한 산재보험료를 다시 산정하여 부과하여야 한다.
③ 재해예방활동의 인정기간 중 중대재해가 발생하여 재해예방활동의 인정이 취소된 사업에 대하여는 해당 보험연도 재해예방활동의 인정기간비율에 따라 산재예방요율을 적용하여 다음 보험연도의 산재보험요율을 산정한다.

Ⅳ 보험료의 부과·징수 및 산정

1. **보험료의 부과·징수**(법 제16조의2)
   ① 보험료는 공단이 매월 부과하고, 건강보험공단이 이를 징수한다. 기출 14·21·24
   ② 건설업 등 대통령령으로 정하는 사업의 경우에는 법 제17조(건설업 등의 개산보험료의 신고와 납부) 및 제19조(건설업 등의 확정보험료의 신고·납부 및 정산)에 따른다.
   ③ 건설업 등 대통령령으로 정하는 사업이란 다음의 사업을 말한다(영 제19조의2). 기출 21
   　㉠ 건설업(건설장비운영업은 제외한다)
   　㉡ 임업 중 벌목업

2. **월별보험료의 산정**(법 제16조의3)
   ① 공단이 매월 부과하는 보험료(이하 "월별보험료")는 근로자 또는 예술인의 개인별 월평균보수에 고용보험료율 및 산재보험료율을 각각 곱한 금액을 합산하여 산정한다. 다만, 월평균보수를 산정하기 곤란한 일용근로자 등 대통령령으로 정하는 사람에 대한 월별보험료는 대통령령으로 정하는 바에 따라 산정한 금액을 개인별 월평균보수로 보아 산정한다.
   ② 월평균보수는 사업주가 지급한 보수·보수액 및 고용보험료를 징수하는 경우에는 근로자가 휴직이나 그 밖에 이와 비슷한 상태에 있는 기간 중에 사업주 외의 자로부터 지급받는 금품 중 고용노동부장관이 정하여 고시하는 금품을 기준으로 산정한다. 이 경우 월평균보수의 산정방법, 적용기간 등은 대통령령으로 정하는 바에 따른다.

3. **월 중간 고용관계 변동 등에 따른 월별보험료 산정**(법 제16조의4)
   다음의 어느 하나에 해당하는 경우 월별보험료는 해당 월의 다음 달부터 산정한다. 다만, 매월 1일에 다음의 어느 하나에 해당하는 경우에는 그 달부터 산정한다.
   ① 근로자가 월의 중간에 새로이 고용된 경우
   ② 근로자가 월의 중간에 동일한 사업주의 하나의 사업장에서 다른 사업장으로 전근되는 경우
   ③ 근로자의 휴직 등 대통령령으로 정하는 사유가 월의 중간에 종료된 경우

   > **월 중간에 종료되는 고용관계 변동 사유**(영 제19조의4)
   > 법 제16조의4 제3호에서 "근로자의 휴직 등 대통령령으로 정하는 사유"란 다음 각 호의 어느 하나에 해당하는 사유를 말한다.
   > 1. 근로자의 휴업·휴직
   > 2. 근로기준법 제74조 제1항부터 제3항까지의 규정에 따른 출산전후휴가 또는 유산·사산휴가
   > 3. 그 밖에 근로자가 근로를 제공하지 않은 상태로서 고용노동부장관이 인정하는 사유

4. **보험료 산정의 특례**(법 제16조의5)
   근로자가 근로기준법에 따른 휴업수당을 받는 등 대통령령으로 정하는 사유에 해당하는 경우에는 대통령령으로 정하는 바에 따라 해당 근로자의 월평균보수(건설업 등의 사업은 보수총액)의 전부 또는 일부를 제외하고 보험료를 산정한다.

> **보험료 산정 시 월평균보수 등에서 제외하는 보수(영 제19조의5)**
> ① 법 제16조의5에서 "「근로기준법」 제46조 제1항에 따른 휴업수당을 받는 등 대통령령으로 정하는 사유"란 영 제19조의4 각 호의 사유를 말한다.
> ② 제1항에 따른 사유에 해당하는 기간 중의 보수는 산재보험료를 산정할 때 월평균보수 또는 보수총액에서 제외한다.

Ⅴ 월별보험료의 납부 및 고지

1. 납부기한(법 제16조의7)

사업주는 그 달의 월별보험료를 다음 달 10일까지 납부하여야 한다(제1항). 제16조의6(조사 등에 따른 월별보험료 산정) 및 제16조의9 제2항(공단은 사업주가 보수총액을 신고하지 아니하거나 사실과 다르게 신고한 경우에는 제16조의6 제1항을 준용하여 보험료를 산정)에 따라 산정된 보험료는 건강보험공단이 정하여 고지한 기한까지 납부하여야 한다(제2항). 기출 15·17·25

2. 고지(법 제16조의8)

① 건강보험공단은 사업주에게 다음의 사항을 적은 문서로써 납부기한 10일 전까지 월별보험료의 납입을 고지하여야 한다. 기출 15·21·25
  ㉠ 징수하고자 하는 보험료 등의 종류
  ㉡ 납부하여야 할 보험료 등의 금액
  ㉢ 납부기한 및 장소
② 건강보험공단은 납입의 고지를 하는 경우에는 사업주가 신청한 때에는 전자문서교환방식 등에 의하여 전자문서로 고지할 수 있다. 기출 17
③ 전자문서로 고지한 경우 고용노동부령으로 정하는 정보통신망에 저장하거나 납부의무자가 지정한 전자우편주소에 입력된 때에 그 사업주에게 도달된 것으로 본다.
④ 연대납부의무자 중 1명에게 한 고지는 다른 연대납부의무자에게도 효력이 있는 것으로 본다.
⑤ 건강보험공단은 제2차 납부의무자에게 납부의무가 발생한 경우 납입의 고지를 하여야 하며, 원납부의무자인 법인인 사업주 및 사업양도인에게 그 사실을 통지하여야 한다. 이 경우 납입의 고지 방법, 고지의 도달 등에 관한 사항은 이미 살핀 내용과 동일하다.

Ⅵ 신고의무

1. 보수총액 등의 신고(법 제16조의10, 영 제19조의8)

① 사업주는 전년도에 근로자, 예술인 또는 노무제공자에게 지급한 보수총액 등을 매년 3월 15일까지 공단에 신고하여야 한다. 이 경우 보험료납부자가 사업주, 예술인 또는 노무제공자의 보험료를 원천공제하여 납부한 경우는 제외한다.
② 사업주는 사업의 폐지·종료 등으로 보험관계가 소멸한 때에는 그 보험관계가 소멸한 날부터 14일 이내에 근로자, 예술인 또는 노무제공자에게 지급한 보수총액 등을 공단에 신고하여야 한다. 기출 25

③ 사업주는 다음의 어느 하나에 해당하는 때에는 그 근로자·예술인·노무제공자의 성명 및 주소지 등을 해당 근로자를 고용한 날 또는 해당 예술인·노무제공자의 노무제공 개시일이 속하는 달의 다음 달 15일까지 공단에 신고하여야 한다. 다만, 1개월 동안 소정근로시간이 60시간 미만인 사람 등 대통령령으로 정하는 근로자에 대해서는 신고하지 아니할 수 있다.
  ㉠ 근로자를 새로 고용한 때
  ㉡ 문화예술용역 관련 계약을 체결한 때
  ㉢ 노무제공계약을 체결한 때
④ 사업주는 다음의 어느 하나에 해당하는 때에는 그 근로자·예술인·노무제공자에게 지급한 보수총액, 고용관계 또는 문화예술용역 관련 계약·노무제공계약의 종료일 등을 해당 고용관계 또는 계약이 종료된 날이 속하는 달의 다음 달 15일까지 공단에 신고하여야 한다.
  ㉠ 근로자와 고용관계를 종료한 때
  ㉡ 예술인과 문화예술용역 관련 계약을 종료한 때
  ㉢ 노무제공자와 노무제공계약을 종료한 때
⑤ 사업주는 근로자, 예술인 또는 노무제공자가 휴직하거나 다른 사업장으로 전보되는 등 대통령령으로 정하는 사유가 발생한 때에는 그 사유 발생일부터 14일 이내에 그 사실을 공단에 신고하여야 한다.
⑥ 사업주 또는 발주자·원수급인이 고용보험법에 따른 사항을 고용노동부장관에게 신고한 경우에는 보수총액 등의 신고를 생략할 수 있다.
⑦ 보수총액 등의 사항을 신고하여야 하는 사업주는 해당 신고를 정보통신망을 이용하거나 콤팩트디스크(Compact Disc) 등 전자적 기록매체로 제출하는 방식으로 하여야 한다. 다만, 전년도 말일 현재 근로자 수가 10명 미만인 사업주는 해당 신고를 문서로 할 수 있다.

2. **수정신고**(법 제16조의11)

보수총액신고서를 그 신고기한 내에 제출한 사업주는 보수총액신고서에 적은 보수총액이 실제로 신고하여야 하는 보수총액과 다른 경우에는 공단이 사업주에 대하여 사실을 조사하겠다는 뜻을 미리 알리기 전까지 보수총액을 수정하여 신고할 수 있다. 이 경우 보수의 수정신고 사항 및 신고절차에 관하여 필요한 사항은 고용노동부령으로 정한다.

Ⅶ 월별부과·고지제외 대상사업

1. **대상사업**(법 제16조의2 제2항)
  ① 건설업 등 대통령령으로 정하는 사업의 경우에는 법 제17조(건설업 등의 개산보험료의 신고와 납부) 및 제19조(건설업 등의 확정보험료의 신고·납부 및 정산)에 따른다.
  ② 건설업 등 대통령령으로 정하는 사업이란 다음의 사업을 말한다(영 제19조의2).
    ㉠ 건설업(건설장비운영업은 제외)
    ㉡ 임업 중 벌목업

2. 건설업 등의 개산보험료(법 제17조)

사업주는 보험연도마다 그 1년 동안(보험연도 중에 보험관계가 성립한 경우에는 그 성립일부터 그 보험연도 말일까지의 기간)에 사용할 근로자(고용보험료를 산정하는 경우에는 고용보험법에 의한 적용제외 근로자를 제외한다)에게 지급할 보수총액의 추정액(대통령령이 정하는 경우에는 전년도에 사용한 근로자에게 지급한 보수총액)에 고용보험료율 및 산재보험료율을 각각 곱하여 산정한 금액(개산보험료)을 대통령령이 정하는 바에 따라 그 보험연도의 3월 31일(보험연도 중에 보험관계가 성립한 경우에는 그 보험관계의 성립일부터 70일, 건설공사 등 기간이 정하여져 있는 사업으로서 70일 이내에 끝나는 사업에 경우에는 그 사업이 끝나는 날의 전날)까지 공단에 신고·납부하여야 한다. 다만, 그 보험연도의 개산보험료 신고·납부 기한이 확정보험료 신고·납부 기한보다 늦은 경우에는 그 보험연도의 확정보험료 신고·납부 기한을 그 보험연도의 개산보험료 신고·납부 기한으로 한다(제1항).

3. 건설업 등의 확정보험료(법 제19조)

(1) 산정 및 납부

① 사업주는 매 보험연도의 말일(보험연도 중에 보험관계가 소멸한 경우에는 그 소멸한 날의 전날)까지 사용한 근로자(고용보험료를 산정하는 경우에는 고용보험법에 따른 적용 제외 근로자는 제외)에게 지급한 보수총액(지급하기로 결정된 금액을 포함)에 고용보험료율 및 산재보험료율을 각각 곱하여 산정한 금액(이하 "확정보험료")을 대통령령으로 정하는 바에 따라 다음 보험연도의 3월 31일(보험연도 중에 보험관계가 소멸한 사업에 있어서는 그 소멸한 날부터 30일)까지 공단에 신고하여야 한다. 다만, 사업주가 국가 또는 지방자치단체인 경우에는 그 보험연도의 말일(보험연도 중에 보험관계가 소멸한 사업의 경우에는 그 소멸한 날부터 30일)까지 신고할 수 있다(제1항).

② 그 보험연도의 확정보험료 신고·납부 기한이 다음 보험연도의 확정보험료 신고·납부 기한보다 늦은 경우에는 다음 보험연도의 확정보험료 신고·납부기한을 그 보험연도의 확정보험료 신고·납부 기한으로 한다.

(2) 과부족 정산

납부하거나 추가징수한 개산보험료의 금액이 확정보험료의 금액을 초과하는 경우에 공단은 그 초과액을 사업주에게 반환하여야 하며, 부족한 경우에 사업주는 그 부족액을 다음 보험연도의 3월 31일(보험연도 중에 보험관계가 소멸한 사업의 경우에는 그 소멸한 날부터 30일)까지 납부하여야 한다. 다만, 사업주가 국가 또는 지방자치단체인 경우에는 그 보험연도의 말일(보험연도 중에 보험관계가 소멸한 사업의 경우에는 그 소멸한 날부터 30일)까지 납부할 수 있다.

4. 보험료 납부방법의 변경(법 제19조의2)

사업종류의 변경으로 보험료 납부방법이 변경되는 경우에는 사업종류의 변경일 전일을 변경 전 사업 폐지일로, 사업종류의 변경일을 새로운 사업성립일로 본다. 기출 14·17·19·25

Ⅷ 보험료율의 인상 또는 인하 등에 따른 조치

1. 조정 및 징수(법 제18조 제1항)

공단은 보험료율이 인상 또는 인하된 때에는 월별보험료 및 개산보험료를 증액 또는 감액 조정하고, 월별보험료가 증액된 때에는 건강보험공단이, 개산보험료가 증액된 때에는 공단이 각각 징수한다. 이 경우 사업주에 대한 통지, 납부기한 등 필요한 사항은 대통령령으로 정한다. 기출 14·19·22·24·25

2. 통지(영 제24조)

① 공단은 보험료를 감액 조정한 경우에는 보험료율의 인하를 결정한 날부터 20일 이내에 그 감액 조정 사실을 사업주에게 알려야 한다. 기출 19·24
② 보험료를 감액 조정한 결과 사업주가 이미 납부한 금액이 납부하여야 할 금액보다 많은 경우 공단은 잘못 낸 금액의 충당 및 반환을 결정하고 사업주에게 이를 알려야 한다.
③ 공단 또는 국민건강보험공단은 보험료를 증액 조정한 경우에는 납부기한을 정하여 보험료를 추가로 낼 것을 사업주에게 알려야 한다.
④ 보험료의 추가 납부를 통지받은 사업주는 납부기한까지 증액된 보험료를 내야 한다. 다만, 공단 또는 건강보험공단은 정당한 사유가 있다고 인정되는 경우에는 30일의 범위에서 그 납부기한을 한 번 연장할 수 있다. 기출 24

3. 신청에 의한 감액(법 제18조 제2항)

공단은 사업주가 보험연도 중에 사업의 규모를 축소하여 실제의 개산보험료 총액이 이미 신고한 개산보험료 총액보다 대통령령이 정하는 기준(100분의 30) 이상으로 감소하게 된 경우에는 사업주의 신청을 받아 그 초과액을 감액할 수 있다. 기출 24

Ⅸ 보험료 등의 경감, 면제특례 및 2차 납부의무(법 제22조의2, 제22조의3, 제22조의5)

1. 보험료 등의 경감

① 고용노동부장관은 천재지변이나 그 밖에 대통령령으로 정하는 특수한 사유(화재, 폭발 및 전쟁의 피해, 그 밖에 이에 준하는 재난)가 있어 보험료를 경감할 필요가 있다고 인정하는 보험가입자에 대하여 고용보험법에 따른 고용보험위원회 또는 산업재해보상보험법에 따른 산업재해보상보험 및 예방심의위원회 심의를 거쳐 보험료와 이 법에 따른 그 밖의 징수금을 경감할 수 있다. 이 경우 경감비율은 100분의 50의 범위에서 대통령령으로 정한다.
② 경감비율은 보험료와 그 밖의 징수금의 100분의 30으로 한다(영 제30조의2 제2항). 기출 19
③ 공단은 보수총액 또는 개산보험료를 기한까지 고용·산재정보통신망을 통하여 신고하는 사업주에 대하여는 그 월별보험료 또는 개산보험료에서 대통령령으로 정하는 금액을 경감할 수 있다. 다만, 월별보험료 또는 개산보험료가 10만원 미만인 경우에는 그러하지 아니하다.
④ 공단은 월별보험료 또는 개산보험료를 자동계좌이체의 방법으로 내는 사업주에게는 월별보험료 또는 개산보험료를 경감하거나 추첨에 따라 경품을 제공하는 등 재산상의 이익을 제공할 수 있다.

2. 산재보험료등의 면제특례

산업재해보상보험법에 따른 노무제공자("산재보험 노무제공자")로부터 노무를 제공받는 사업주가 다음의 어느 하나에 해당하는 신고를 한 때에는 산재보험 노무제공자 노무 제공 신고일(산재보험 노무제공자로부터 최초로 노무를 제공받은 날 및 산재보험 노무제공자의 업무내용 등에 대한 신고) 이전의 산재보험료 및 이에 대한 가산금·연체금(이하 "산재보험료등")의 전부 또는 일부를 면제할 수 있다.
① 보험관계의 신고 및 해당 산재보험 노무제공자에 대한 노무제공 신고
② 사업주가 이미 보험관계의 신고를 한 경우에는 해당 산재보험 노무제공자에 대한 노무제공 신고

3. 제2차 납부의무

① 법인의 재산으로 그 법인이 납부하여야 하는 보험료, 이 법에 따른 그 밖의 징수금과 체납처분비를 충당하여도 부족한 경우에는 해당 법인이 납부하여야 하는 보험료의 납부기간 만료일(건설업 등의 개산보험료와 확정보험료의 신고가 있는 경우에는 해당 규정에 따른 납부기간 만료일) 현재의 무한책임사원 또는 과점주주가 그 부족한 금액에 대하여 제2차 납부의무를 진다. 다만, 과점주주의 경우에는 그 부족한 금액을 그 법인의 발행주식 총수(의결권이 없는 주식은 제외) 또는 출자총액으로 나눈 금액에 해당 과점주주가 실질적으로 권리를 행사하는 주식 수(의결권이 없는 주식은 제외) 또는 출자액을 곱하여 산출한 금액을 한도로 한다.
② 사업이 양도·양수된 경우에 양도일 이전에 양도인에게 부과 결정된 보험료(건설업 등의 개산보험료와 확정보험료로 신고된 보험료를 포함), 이 법에 따른 그 밖의 징수금 및 체납처분비를 양도인의 재산으로 충당하여도 부족한 경우에는 사업의 양수인이 그 부족한 금액에 대하여 양수한 재산의 가액을 한도로 제2차 납부의무를 진다. 이 경우 양수인의 범위 및 양수한 재산의 가액은 대통령령으로 정한다.

X 보험료 등의 충당 및 반환

1. 보험료 등 과납액의 충당·반환(법 제23조 제1항·제2항)

① 공단은 보험료 등의 납부의무자가 잘못 낸 금액을 반환하고자 하는 때에는 다음의 순위에 따라 보험료등과 환수금에 우선 충당하고 나머지 금액이 있으면 그 납부의무자에게 반환결정하고, 건강보험공단이 그 금액을 지급한다. 다만, 개산보험료, 확정보험료 및 징수금에 따른 나머지 금액은 공단이 지급한다.
  ㉠ 체납처분비
  ㉡ 월별보험료, 개산보험료 또는 확정보험료
  ㉢ 연체금
  ㉣ 가산금
  ㉤ 보험급여액의 징수금
  ㉥ 환수금
② 잘못 낸 금액이 고용보험과 관련될 때에는 고용보험료, 관련 징수금, 환수금 및 체납처분비에 충당하고, 산재보험과 관련되는 경우에는 산재보험료, 관련 징수금 및 체납처분비에 충당하여야 하며, 같은 순위의 보험료, 환수금, 이 법에 따른 그 밖의 징수금과 체납처분비가 둘 이상 있을 때에는 납부기한이 빠른 보험료, 환수금, 이 법에 따른 그 밖의 징수금과 체납처분비를 선순위로 한다.

2. **산재보험급여의 충당**(법 제23조 제3항)

    산업재해보상보험법에 따라 보험가입자에게 산재보험급여를 지급할 때에는 ㉠~㉥의 순위에 따라 산재보험료, 이 법에 따른 그 밖의 징수금과 체납처분비(산재보험 관련 징수금과 체납처분비로 한정)에 우선 충당하고 그 잔액을 사업주에게 지급하여야 한다.

3. **산재보험 진료비 등의 충당**(법 제23조의2)

    공단은 산업재해보상보험법의 규정에 따라 근로자가 요양한 산재보험 의료기관에 진료비를 지급하거나 약제를 지급하는 약국에 약제비를 지급하는 때에는 그 의료기관 또는 약국이 산재보험가입자로서 납부하여야 하는 산재보험료, 이 법에 따른 그 밖의 징수금과 체납처분비에 우선 충당하고 그 잔액을 지급할 수 있다. 이 경우 충당은 ㉠~㉥의 순위에 따른다.

제4절 가산금, 연체금 등의 징수 및 납부 등

I 가산금 및 연체금의 징수

1. **가산금의 징수**(법 제24조)
    ① 근로복지공단은 사업주가 납부기한까지 확정보험료를 신고하지 아니하거나 신고한 확정보험료가 사실과 달라 보험료를 징수하는 경우에는 그 징수하여야 할 보험료의 100분의 10에 상당하는 가산금을 부과하여 징수한다. 다만, 가산금이 소액이거나 그 밖에 가산금을 징수하는 것이 적절하지 아니하다고 인정되어 대통령령으로 정하는 경우 또는 대통령령으로 정하는 금액을 초과하는 부분에 대하여는 그러하지 아니하다(제1항).
    ② 대통령령으로 정하는 경우란 ㉠ 가산금의 금액이 3천원 미만인 경우, ㉡ 보수총액 또는 확정보험료를 신고하지 아니한 사유가 천재지변이나 그 밖에 고용노동부장관이 인정하는 부득이한 사유에 해당하는 경우를 말한다(영 제32조).
    ③ 공단은 확정보험료 수정신고서를 제출한 사업주에게는 가산금의 100분의 50을 경감한다(제3항).

2. **연체금의 징수**(법 제25조)
    ① 건강보험공단은 사업주가 납부기한까지 보험료 또는 이 법에 따른 그 밖의 징수금을 내지 아니한 경우에는 그 납부기한이 지난 날부터 매 1일이 지날 때마다 체납된 보험료, 그 밖의 징수금의 1천 500분의 1에 해당하는 금액을 가산한 연체금을 징수한다. 이 경우 연체금은 체납된 보험료 등의 1천분의 20을 초과하지 못한다. 기출 18
    ② 건강보험공단은 사업주가 보험료 또는 이 법에 따른 그 밖의 징수금을 내지 아니하면 납부기한 후 30일이 지난 날부터 매 1일이 지날 때마다 체납된 보험료, 그 밖의 징수금의 6천분의 1에 해당하는 연체금을 ①에 따른 연체금에 더하여 징수한다. 이 경우 연체금은 체납된 보험료, 그 밖의 징수금의 1천분의 50을 넘지 못한다. 기출 20
    ③ 건강보험공단은 채무자 회생 및 파산에 관한 법률에 따른 징수의 유예가 있거나 그 밖에 연체금을 징수하는 것이 적절하지 아니하다고 인정되어 대통령령으로 정하는 경우에는 연체금을 징수하지 아니할 수 있다.

Ⅱ 산재보험가입자로부터의 보험급여액의 징수 등

1. 징수사유(법 제26조)

① 공단은 다음의 어느 하나에 해당하는 재해에 대하여 산재보험급여를 지급하는 경우에는 대통령령으로 정하는 바에 따라 그 급여에 해당하는 금액의 전부 또는 일부를 사업주로부터 징수할 수 있다.
  ㉠ 사업주가 보험관계 성립신고를 게을리한 기간 중에 발생한 재해
  ㉡ 사업주가 산재보험료의 납부를 게을리한 기간 중에 발생한 재해 기출 18
② 공단은 산재보험급여액의 전부 또는 일부를 징수하기로 결정하였으면 지체 없이 그 사실을 사업주에게 알려야 한다.

2. 납부기한(영 제35조)

공단이 보험급여액의 전부 또는 일부의 납부를 통지할 때에는 그 납부기한은 통지를 받은 날부터 30일 이상이 되도록 하여야 한다.

Ⅲ 징수금의 징수우선순위 및 통지·독촉

1. 징수금의 징수우선순위(법 제26조의2)

납부기한이 지난 보험료, 환수금 또는 이 법에 따른 그 밖의 징수금과 체납처분비를 징수(고용보험 관련 징수금과 산재보험 관련 징수금을 모두 징수하는 경우에는 각 보험별 총징수금액의 비율에 따라 징수)하는 경우 그 징수순위는 제23조 제1항 각 호의 순위, 즉 ① 체납처분비, ② 월별보험료, 개산보험료 또는 확정보험료, ③ 연체금, ④ 가산금, ⑤ 보험급여액의 징수금, ⑥ 환수금의 순위에 따른다. 이 경우 같은 순위에 해당하는 징수금이 둘 이상 있을 때에는 납부기한이 빠른 징수금을 선순위로 한다.

2. 징수금의 통지 및 독촉(법 제27조)

(1) 징수금의 통지

공단 또는 건강보험공단은 보험료[개산보험료 및 확정보험료는 제외] 또는 이 법에 의한 그 밖의 징수금을 징수하는 경우에는 납부의무자에게 그 금액과 납부기한을 문서로 통지하여야 한다. 다만, 자동계좌이체의 방법으로 보험료를 납부하는 사업주가 동의하는 경우에는 정보통신망을 이용한 전자문서로 통지할 수 있으며, 이 경우 그 전자문서는 당해 사업주가 지정한 컴퓨터 등에 입력된 때에 도달된 것으로 본다.

(2) 징수금의 독촉

① 건강보험공단은 납부의무자가 보험료등을 납부기한까지 내지 아니하면 기한을 정하여 해당 보험료등을 낼 것을 독촉하여야 한다.
② 건강보험공단은 독촉을 하는 경우에는 독촉장을 발급하여야 한다. 이 경우의 납부기한은 독촉장 발급일부터 10일 이상의 여유가 있도록 하여야 한다. 기출 18·20

③ 건강보험공단은 납부의무자의 신청이 있으면 독촉을 전자문서교환방식 등에 의하여 전자문서로 할 수 있다. 이 경우 전자문서 독촉에 대한 신청방법·절차 등에 필요한 사항은 고용노동부령으로 정한다.
④ 전자문서로 독촉한 경우 고용노동부령으로 정하는 정보통신망에 저장하거나 납부의무자가 지정한 전자우편주소에 입력된 때에 그 사업주에게 도달된 것으로 본다.
⑤ 연대납부의무자 중 1명에게 한 독촉은 다른 연대납부의무자에게도 효력이 있는 것으로 본다.

3. 징수금의 체납처분 등(법 제28조)

① 건강보험공단은 독촉을 받은 자가 그 기한까지 보험료나 이 법에 따른 그 밖의 징수금을 납부하지 아니한 때에는 고용노동부장관의 승인을 얻어 국세체납처분의 예에 따라 이를 징수할 수 있다. 기출 18
② 건강보험공단은 국세체납처분의 예에 따라 압류한 재산을 공매하는 경우에 전문지식이 필요하거나 그 밖의 특수한 사정이 있어 직접 공매하기에 적당하지 아니하다고 인정하면 한국자산관리공사로 하여금 압류한 재산의 공매를 대행하게 할 수 있다. 이 경우 공매는 공단이 한 것으로 본다.
③ 건강보험공단은 한국자산관리공사로 하여금 공매를 대행하게 하는 경우에는 고용노동부령이 정하는 바에 따라 수수료를 지급할 수 있다.
④ 한국자산관리공사가 공매를 대행하는 경우에 한국자산관리공사의 임·직원은 형법 제129조 내지 제132조의 적용에 있어서 공무원으로 본다.

Ⅳ 납부기한 전 징수(법 제27조의2) 기출 15·18·21

① 공단 또는 건강보험공단은 사업주에게 다음의 어느 하나에 해당하는 사유가 있는 경우에는 납부기한 전이라도 이미 납부의무가 확정된 보험료, 이 법에 따른 그 밖의 징수금을 징수할 수 있다. 다만, 보험료와 이 법에 따른 그 밖의 징수금의 총액이 500만원 미만인 경우에는 그러하지 아니하다.
  ㉠ 국세를 체납하여 체납처분을 받은 경우
  ㉡ 지방세 또는 공과금을 체납하여 체납처분을 받은 경우 기출 24
  ㉢ 강제집행을 받은 경우 기출 24
  ㉣ 어음법 및 수표법에 따른 어음교환소에서 거래정지처분을 받은 경우 기출 24
  ㉤ 경매가 개시된 경우
  ㉥ 법인이 해산한 경우 기출 24
② 공단 또는 건강보험공단은 납부기한 전에 보험료와 이 법에 따른 그 밖의 징수금을 징수할 때에는 새로운 납부기한 및 납부기한의 변경사유를 적어 사업주에게 알려야 한다. 이 경우 이미 납부 통지를 하였을 때에는 납부기한의 변경을 알려야 한다.

Ⅴ 보험료 등의 분할납부(법 제27조의3)

① 사업주는 다음의 어느 하나에 해당하는 경우에는 납부기한이 지난 보험료와 이 법에 따른 그 밖의 징수금에 대하여 분할 납부를 승인하여 줄 것을 건강보험공단에 신청할 수 있다. 기출 18
   ㉠ 보험의 당연가입자인 사업주로서 보험관계 성립일부터 1년 이상이 지나서 보험관계 성립신고를 한 경우
   ㉡ 납부기한이 연장되었으나 연장된 납부기한이 지나 3회 이상 체납한 경우
② 건강보험공단은 분할 납부를 신청한 사업주에 대하여 납부능력을 확인하여 보험료와 이 법에 따른 그 밖의 징수금의 분할 납부를 승인할 수 있다. 기출 18
③ 건강보험공단은 분할 납부 승인을 받은 사업주가 다음의 어느 하나에 해당하게 된 경우에는 분할 납부의 승인을 취소하고 분할 납부의 대상이 되는 보험료와 이 법에 따른 그 밖의 징수금을 한꺼번에 징수할 수 있다. 기출 18
   ㉠ 분할 납부하여야 하는 보험료와 이 법에 따른 그 밖의 징수금을 정당한 사유 없이 두 번 이상 내지 아니한 경우
   ㉡ 납부기한 전 징수사유가 발생한 경우

Ⅵ 납부의무의 승계

1. 법인의 합병으로 인한 납부의무의 승계(법 제28조의2)

법인이 합병한 때에 합병 후 존속하는 법인 또는 합병으로 인하여 설립되는 법인은 합병으로 인하여 소멸된 법인에게 부과되거나 그 법인이 납부하여야 하는 보험료와 이 법에 따른 그 밖의 징수금과 체납처분비를 납부할 의무를 진다. 기출 14·21·24

2. 상속으로 인한 납부의무의 승계(법 제28조의3)

① 상속이 개시된 때에 그 상속인(민법의 규정에 따라 포괄적 유증을 받은 자를 포함) 또는 민법의 규정에 따른 상속재산관리인(이하 "상속재산관리인")은 피상속인에게 부과되거나 그 피상속인이 납부하여야 하는 보험료, 이 법에 따른 그 밖의 징수금과 체납처분비를 상속받은 재산의 한도에서 낼 의무를 진다. 기출 14·21
② 상속인이 2명 이상이면 각 상속인은 피상속인에게 부과되거나 그 피상속인이 내야 하는 보험료, 이 법에 따른 그 밖의 징수금과 체납처분비를 민법에 따른 상속분에 따라 나누어 계산한 후, 상속받은 재산의 한도에서 연대하여 낼 의무를 진다. 이 경우 각 상속인은 그 상속인 중에서 피상속인의 보험료, 이 법에 따른 그 밖의 징수금과 체납처분비를 낼 대표자를 정하여 건강보험공단에 신고하여야 한다.
③ 상속인의 존재 여부가 분명하지 아니할 때에는 상속인에게 하여야 하는 보험료, 이 법에 따른 그 밖의 징수금과 체납처분비의 납부 고지·독촉 또는 그 밖에 필요한 조치는 상속재산관리인에게 하여야 한다.
④ 상속인의 존재 여부가 분명하지 아니하고 상속재산관리인도 없으면 건강보험공단은 피상속인의 주소지를 관할하는 법원에 상속재산관리인의 선임을 청구할 수 있다.
⑤ 피상속인에 대한 처분 또는 절차는 상속인 또는 상속재산관리인에 대하여도 효력이 있다. 기출 18

Ⅶ 연대납부의무(법 제28조의4)

① 공동사업에 관계되는 보험료, 이 법에 따른 그 밖의 징수금과 체납처분비는 공동사업자가 연대하여 낼 의무를 진다. 기출 14・19・21
② 법인이 분할 또는 분할합병되는 경우 분할되는 법인에 대하여 분할일 또는 분할합병일 이전에 부과되거나 납부의무가 성립한 보험료, 이 법에 따른 그 밖의 징수금과 체납처분비는 다음의 법인이 연대하여 낼 책임을 진다.
  ㉠ 분할되는 법인
  ㉡ 분할 또는 분할합병으로 설립되는 법인
  ㉢ 분할되는 법인의 일부가 다른 법인과 합병하여 그 다른 법인이 존속하는 경우 그 다른 법인
③ 법인이 분할 또는 분할합병으로 해산되는 경우 해산되는 법인에 대하여 부과되거나 그 법인이 내야 하는 보험료, 이 법에 따른 그 밖의 징수금과 체납처분비는 법인이 연대하여 낼 책임을 진다. 기출 14

Ⅷ 고액・상습 체납자의 인적사항 공개(법 제28조의6)

① 건강보험공단은 납부기한의 다음 날부터 1년이 지난 보험료와 그 밖의 징수금과 체납처분비(결손처분한 보험료, 이 법에 따른 그 밖의 징수금과 체납처분비로서 징수권 소멸시효가 완성되지 아니한 것을 포함)의 총액이 5천만원 이상인 체납자가 납부능력이 있음에도 불구하고 체납한 경우에는 그 인적사항 및 체납액 등(이하 "인적사항등")을 공개할 수 있다. 다만, 체납된 보험료, 이 법에 따른 그 밖의 징수금과 체납처분비와 관련하여 행정심판 또는 행정소송이 계류 중인 경우, 그 밖에 체납된 금액의 일부납부 등 대통령령으로 정하는 사유가 있을 때에는 그러하지 아니하다. 기출 16・23
② 체납자의 인적사항 등에 대한 공개 여부를 심의하기 위하여 건강보험공단에 보험료정보공개심의위원회(위원회)를 둔다. 기출 16・23
③ 건강보험공단은 위원회의 심의를 거쳐 인적사항 등의 공개가 결정된 자에게 공개대상자임을 알림으로써 소명의 기회를 주어야 하며, 통지일부터 6개월이 지난 후 위원회로 하여금 체납액의 납부이행 등을 고려하여 체납자 인적사항 등의 공개 여부를 재심의하게 한 후 공개대상자를 선정한다. 기출 16・23
④ 체납자 인적사항 등의 공개는 관보에 게재하거나, 고용・산재정보통신망 또는 건강보험공단게시판에 게시하는 방법에 따른다. 기출 16・23

> **고액・상습 체납자의 인적사항 공개 제외 사유 등(영 제40조의4)**
> ① 건강보험공단은 법 제28조의6 제1항 본문에 따라 체납자의 인적사항등을 공개할 때에는 체납자의 성명・상호(법인의 명칭을 포함), 나이, 업종・직종, 주소, 체납액의 종류・납부기한・금액 및 체납요지 등을 공개하여야 하고, 체납자가 법인인 경우에는 법인의 대표자를 함께 공개한다.
> ② 건강보험공단은 법 제28조의6 제1항 본문에 따른 납부능력을 판단하는 경우에는 같은 조 제2항에 따른 보험료정보공개심의위원회의 심의를 거쳐 고액・상습 체납자의 재산상태, 소득수준 및 미성년자 여부 등을 종합적으로 고려해야 한다.
> ③ 법 제28조의6 제1항 단서에서 "체납된 금액의 일부납부 등 대통령령으로 정하는 사유"란 다음 각 호의 어느 하나에 해당하는 경우를 말한다.
>   1. 체납된 보험료와 그 밖의 징수금 및 체납처분비(이하 "체납액")의 100분의 30 이상을 해당 보험연도에 납부한 경우
>   2. 채무자 회생 및 파산에 관한 법률 제243조에 따른 회생계획인가의 결정에 따라 체납액의 징수를 유예받고 그 유예기간 중에 있거나 체납액을 회생계획의 납부일정에 따라 내고 있는 경우
>   3. 재해 등으로 재산에 심한 손실을 입어 사업이 중대한 위기에 처한 경우 등으로서 법 제28조의6 제2항에 따른 보험료정보공개심의위원회가 체납자의 인적사항등을 공개할 실익이 없다고 인정하는 경우

④ 건강보험공단은 법 제28조의6 제3항에 따라 체납자 인적사항등의 공개대상자에게 공개대상자임을 알리는 경우에는 체납액의 납부를 촉구하고, 법 제28조의6 제1항 단서에 따른 인적사항등의 공개 제외 사유에 해당되는 경우 이에 관한 소명자료를 제출하도록 안내하여야 한다.

보험료정보공개심의위원회의 구성 및 운영(영 제40조의5)
① 법 제28조의6 제2항에 따른 보험료정보공개심의위원회(이하 "위원회")는 위원장 1명을 포함한 11명의 위원으로 구성한다.
② 위원회의 위원장은 건강보험공단의 임원 중 해당 업무를 담당하는 상임이사가 되고, 위원은 다음 각 호의 사람 중에서 건강보험공단의 이사장이 임명하거나 위촉한다.
  1. 공단의 소속 직원 1명
  2. 건강보험공단의 소속 직원 3명
  3. 고용노동부의 고용보험 및 산업재해보상보험의 징수업무를 담당하는 3급 또는 4급 공무원 1명
  4. 국세청의 3급 또는 4급 공무원 1명
  5. 법률, 회계 또는 사회보험에 관한 학식과 경험이 풍부한 사람 4명
③ 제2항 제5호에 따른 위원의 임기는 2년으로 한다.
④ 위원회의 회의는 위원장을 포함한 재적위원 과반수의 출석으로 개의(開議)하고, 출석위원 과반수의 찬성으로 의결한다.
⑤ 제1항부터 제4항까지에서 규정한 사항 외에 위원회의 구성 및 운영에 필요한 사항은 건강보험공단이 정한다.

IX 징수금의 결손처분

1. 결손처분사유(법 제29조 제1항, 영 제41조)

건강보험공단은 다음의 어느 하나에 해당하는 사유가 있을 때에는 고용노동부장관의 승인을 받아 보험료와 이 법에 따른 그 밖의 징수금을 결손처분할 수 있다. 기출 14·19·21
① 체납처분이 끝나고 체납액에 충당된 배분금액이 그 체납액보다 적은 경우
② 소멸시효가 완성된 경우 기출 18
③ 체납자의 행방이 분명하지 않은 경우(영 제41조 제1항 제1호) 기출 14·18
④ 체납자의 재산이 없거나 체납처분의 목적물인 총재산의 견적가격이 체납처분비에 충당하고 나면 나머지가 생길 여지가 없음이 확인된 경우(영 제41조 제1항 제2호) 기출 18
⑤ 체납처분의 목적물인 총재산이 보험료, 그 밖의 징수금보다 우선하는 국세·지방세 등의 채권 변제에 충당하고 나면 나머지가 생길 여지가 없음이 확인된 경우(영 제41조 제1항 제3호)
⑥ 채무자 회생 및 파산에 관한 법률에 따라 체납회사가 보험료 등의 납부책임을 지지 않게 된 경우(영 제41조 제1항 제4호)

2. 결손처분취소(법 제29조 제2항)

건강보험공단은 결손처분을 한 후 압류할 수 있는 다른 재산을 발견한 경우에는 지체 없이 그 처분을 취소하고 다시 체납처분을 하여야 한다.

X 보험료징수의 우선순위(법 제30조)

보험료와 이 법에 따른 그 밖의 징수금은 국세 및 지방세를 제외한 다른 채권보다 우선하여 징수한다. 다만, 보험료 등의 납부기한 전에 전세권·질권·저당권 또는 동산·채권 등의 담보에 관한 법률에 따른 담보권의 설정을 등기하거나 등록한 사실이 증명되는 재산을 매각하여 그 매각대금 중에서 보험료 등을 징수하는 경우에 그 전세권·질권·저당권 또는 동산·채권 등의 담보에 관한 법률에 따른 담보권에 의하여 담보된 채권에 대하여는 그러하지 아니하다. 기출 14

제5절 보험사무대행기관

I 보험사무대행기관

1. **보험대행기관의 인가**(법 제33조) 기출 20
    ① 사업주 등을 구성원으로 하는 단체로서 특별법에 따라 설립된 단체, 민법에 따라 고용노동부장관의 허가를 받아 설립된 법인 및 그 밖에 대통령령으로 정하는 기준에 해당하는 법인, 공인노무사 또는 세무사(이하 "법인 등")는 사업주로부터 위임을 받아 보험료 신고, 고용보험 피보험자에 관한 신고 등 사업주가 지방고용노동관서 또는 공단에 대하여 하여야 할 보험에 관한 사무(이하 "보험사무")를 대행할 수 있다.
    ② 법인 등이 보험사무를 대행하고자 하는 경우에는 대통령령이 정하는 바에 따라 공단의 인가를 받아야 한다.
    ③ 인가를 받은 법인 등(보험사무대행기관)이 인가받은 사항을 변경하고자 하는 경우에는 수탁대상지역 등 대통령령이 정하는 사항에 관하여는 공단의 인가를 받아야 하며, 소재지 등 고용노동부령이 정하는 사항에 관하여는 공단에 신고하여야 한다.
    ④ 보험사무대행기관이 업무의 전부 또는 일부를 폐지하고자 할 때에는 공단에 신고하여야 한다.

2. **보험사무대행기관 인가의 취소**(법 제33조 제5항, 제6항, 영 제48조)

(1) 인가의 취소 사유

    공단은 보험사무대행기관이 다음의 어느 하나에 해당하는 경우에는 그 인가를 취소할 수 있다. 다만, 거짓이나 그 밖의 부정한 방법으로 인가를 받은 경우에는 인가를 취소하여야 한다.
    ① 거짓이나 그 밖의 부정한 방법으로 인가를 받은 경우
    ② 정당한 사유 없이 계속하여 2개월 이상 보험사무를 중단한 경우
    ③ 보험사무를 거짓이나 그 밖의 부정한 방법으로 운영한 경우
    ④ 그 밖에 이 법 또는 이 법에 따른 명령을 위반한 경우

(2) 인가의 제한 기간

    업무가 전부 폐지되거나 인가가 취소된 보험사무대행기관은 폐지신고일 또는 인가취소일부터 1년의 범위에서 대통령령으로 정하는 기간 동안은 보험사무대행기관으로 다시 인가받을 수 없다.

① 업무 전부에 대한 폐지 신고를 한 경우 : 3개월. 다만, 인가취소 절차가 진행 중인 기간(행정절차법에 따른 처분의 사전 통지 시점부터 인가취소 처분 여부를 결정하기 전까지의 기간)에 업무 전부에 대한 폐지 신고를 한 경우에는 다음의 구분에 따른다.
  ㉠ 거짓이나 그 밖의 부정한 방법으로 인가를 받아 인가취소의 사전 통지를 받은 경우 : 1년
  ㉡ 정당한 사유 없이 계속하여 2개월 이상 보험사무를 중단한 경우, 보험사무를 거짓이나 그 밖의 부정한 방법으로 운영한 경우, 그 밖에 이 법 또는 이 법에 따른 명령을 위반한 경우 등의 어느 하나에 해당하는 사유로 인가취소의 사전 통지를 받은 경우 : 6개월
② 거짓이나 그 밖의 부정한 방법으로 인가를 받아 인가가 취소된 경우 : 1년 기출 24
③ 정당한 사유 없이 계속하여 2개월 이상 보험사무를 중단한 경우, 보험사무를 거짓이나 그 밖의 부정한 방법으로 운영한 경우, 그 밖에 이 법 또는 이 법에 따른 명령을 위반한 경우 등의 어느 하나에 해당하는 사유로 인가가 취소된 경우 : 6개월

(3) 취소사실의 통지

공단은 보험사무대행기관의 인가를 취소하면 지체 없이 그 사실을 해당 보험사무대행기관과 보험사무를 위임한 사업주에게 알려야 한다.

3. 보험사무의 위임의 범위(영 제46조) 기출 19

① 보수총액 등의 신고
② 개산보험료·확정보험료의 신고·수정신고에 관한 사무
③ 고용보험 피보험자의 자격 관리에 관한 사무
④ 보험관계의 성립·변경·소멸의 신고
⑤ 그 밖에 사업주가 지방노동관서 또는 공단에 대하여 하여야 할 보험에 관한 사무

4. 보험사무대행기관에 대한 통지(법 제34조)

공단은 보험료, 이 법에 따른 그 밖의 징수금의 납입의 통지 등을 보험사무대행기관에 함으로써 그 사업주에 대한 통지를 갈음한다. 기출 20

5. 보험사무대행기관의 의무(법 제35조)

공단이 가산금, 연체금 및 산재보험급여에 해당하는 금액을 징수하는 경우에 그 징수사유가 보험사무대행기관의 귀책사유로 인한 것일 때에는 그 한도 안에서 보험사무대행기관이 해당 금액을 내야 한다. 기출 20

Ⅱ 보험사무대행기관에 대한 지원 등(법 제37조)

공단은 보험사무대행기관이 보험사무를 대행한 때에는 대통령령이 정하는 바에 따라 징수비용과 그 밖의 지원금을 교부할 수 있다.

제6절 보험료의 시효 등

I 시효(법 제41조)

1. 소멸시효

보험료, 이 법에 따른 그 밖의 징수금을 징수하거나 그 반환받을 수 있는 권리는 3년간 행사하지 아니하면 시효로 인하여 소멸한다. 소멸시효에 관하여는 이 법에 규정된 것을 제외하고는 민법에 따른다.

기출 14 · 17 · 20 · 21 · 25

2. 시효의 중단(법 제42조)

① 소멸시효는 다음의 사유로 중단된다. 기출 17
  ㉠ 월별보험료의 고지
  ㉡ 보험료 등 과납액의 반환의 청구
  ㉢ 보험료 또는 징수금의 통지 또는 독촉
  ㉣ 체납처분 절차에 따라 하는 교부 청구 또는 압류
② 중단된 소멸시효는 다음의 기한 또는 기간이 지난 때부터 새로 진행한다.
  ㉠ 고지한 월별보험료의 납부기한 기출 21 · 25
  ㉡ 독촉에 의한 납부기한 기출 21 · 25
  ㉢ 통지받은 납부기한
  ㉣ 교부청구 중의 기간 기출 14 · 21 · 25
  ㉤ 압류기간

3. 보험료 정산에 따른 권리의 소멸시효(법 제43조)

① 보험료의 정산에 따라 사업주가 반환받을 권리 및 건강보험공단이 징수할 권리의 소멸시효는 다음 보험연도의 첫날(보험연도 중에 보험관계가 소멸한 사업의 경우에는 보험관계가 소멸한 날)부터 진행한다.

기출 25

② 건설업 등의 확정보험료의 정산에 따라 사업주가 반환받을 권리 및 공단이 징수할 권리의 소멸시효는 다음 보험연도의 첫날(보험연도 중에 보험관계가 소멸한 사업의 경우에는 보험관계가 소멸한 날)부터 진행한다. 기출 14

II 보고(법 제44조)

공단 또는 건강보험공단은 보험료의 성실신고 및 보험사무대행기관의 지도 등을 위하여 필요하다고 인정되어 대통령령으로 정하는 경우에는 이 법을 적용받는 사업의 사업주, 그 사업에 종사하는 근로자, 보험사무대행기관 및 보험사무대행기관이었던 자에 대하여 이 법 시행에 필요한 보고 및 관계 서류의 제출을 요구할 수 있다.

제7절 적용특례

I. 예술인 고용보험 특례(법 제48조의2)

1. 보험가입
고용보험법에 따라 고용보험의 적용을 받는 예술인과 이들을 상대방으로 하여 문화예술용역 관련 계약을 체결한 사업의 사업주는 당연히 고용보험의 보험가입자가 된다.

2. 보수액
예술인의 보수액은 소득세법에 따른 사업소득 및 같은 법에 따른 기타 소득에서 대통령령으로 정하는 금품을 뺀 금액으로 한다.

3. 보험료 및 보험료율
예술인의 월별 고용보험료는 전년도 보수총액을 전년도에 노무제공을 한 개월 수로 나눈 금액인 월평균보수에 고용보험료율을 곱한 금액으로 산정한다. 예술인과 이들을 상대방으로 하여 문화예술용역 관련 계약을 체결한 사업의 사업주에 대한 고용보험료율은 종사형태 등을 반영하여 고용보험법에 따른 고용보험위원회의 심의를 거쳐 대통령령으로 달리 정할 수 있다(제3항). 현재 대통령령으로 정한 고용보험료율은 1천분의 16이다 (영 제56조의5 제2항). 기출 23 예술인에 대한 고용보험료의 상한액을 정하는 경우, 보험료가 부과되는 연도의 전전년도 보험가입자의 고용보험료 평균액의 10배 이내에서 고용노동부장관이 고시하는 금액으로 한다(영 제56조의5 제3항).

4. 보험료의 납부
① 고용보험법에 따라 고용보험의 적용을 받는 사업의 사업주는 예술인이 부담하여야 하는 고용보험료와 사업주가 부담하여야 하는 고용보험료를 납부하여야 한다. 이 경우 사업주는 예술인이 부담하여야 하는 고용보험료를 대통령령으로 정하는 바에 따라 그 예술인의 보수에서 원천공제하여 납부할 수 있다.
② 사업주는 고용보험료에 해당하는 금액을 원천공제하였으면 공제계산서를 예술인에게 발급하여야 한다.
③ 고용보험법에 따라 피보험자격의 취득을 신고한 예술인이 부담하여야 하는 고용보험료는 대통령령으로 정하는 바에 따라 발주자 또는 원수급인이 납부하여야 한다.
④ 고용보험료를 납부하여야 하는 자는 대통령령으로 정하는 바에 따라 해당 고용보험료를 부담하여야 하는 보험가입자로부터 고용보험료를 원천공제하여 납부하여야 한다. 이 경우 해당 사업주 등에게 원천공제내역을 알려야 한다.

Ⅱ 노무제공자의 고용보험 특례(법 제48조의3, 영 제56조의6)

1. 보험가입

고용보험법에 따라 고용보험의 적용을 받는 노무제공자와 이들을 상대방으로 하여 노무제공계약을 체결한 사업의 사업주(이하 "노무제공사업의 사업주")는 당연히 고용보험의 보험가입자가 된다.

2. 보수액

노무제공자의 보수액은 소득세법에 따른 사업소득 및 기타 소득에서 소득세법상 비과세소득 및 고용노동부장관이 정하여 고시하는 필요경비를 뺀 금액으로 한다. 다만, 노무제공특성에 따라 소득확인이 어렵다고 대통령령으로 정하는 노무제공자가 종사하는 직종의 고용보험료 산정기초가 되는 보수액은 고용노동부장관이 고시하는 금액으로 한다. 사업주 또는 노무제공플랫폼사업자는 노무제공자의 노무제공 내용과 월 보수액을 고용노동부령으로 정하는 바에 따라 노무제공일이 속하는 달의 다음 달 말일까지 공단에 신고해야 한다. 노무제공자의 월 보수액은 사업주가 노무를 제공받은 월에 대하여 노무제공자에게 지급한 보수액을 기준으로 산정한다. 다만, 사업주 또는 노무제공플랫폼사업자가 월 보수액을 신고하지 않은 경우 그 월 보수액은 고용보험법 시행령에 따른 피보험자격 취득 신고, 노무제공계약 체결 신고와 사업주 또는 노무제공플랫폼사업자가 신고한 노무제공자의 노무제공 내용과 월 보수액 중 가장 최근에 신고된 해당 노무제공자의 월 보수액으로 한다.

3. 보험료 및 보험료율

공단이 매월 부과하는 노무제공자의 월별 보험료(고용보험료에 한정)는 월 보수액에 고용보험료율을 곱한 금액으로 한다. 노무제공자와 노무제공사업의 사업주가 부담하여야 하는 고용보험료 및 고용보험료율은 종사형태 등을 반영하여 고용보험법에 따른 고용보험위원회의 심의를 거쳐 대통령령으로 달리 정할 수 있다. 현재 고용보험료율은 1천분의 16으로 하고, 노무제공자와 사업주가 각각 분담해야 하는 고용보험료는 해당 노무제공자의 월 보수액에 고용보험료율의 2분의 1을 곱한 금액이다. 노무제공자에 대한 고용보험료의 상한액을 정하는 경우 고용보험료가 부과되는 연도의 전전년도 보험가입자의 고용보험료 평균액의 10배 이내에서 고용노동부장관이 고시하는 금액으로 한다.

4. 보험료의 납부

노무제공사업의 사업주는 노무제공자가 부담하여야 하는 고용보험료와 사업주가 부담하여야 하는 고용보험료를 납부하여야 한다. 이 경우 노무제공사업의 사업주는 노무제공자가 부담하여야 하는 고용보험료를 대통령령으로 정하는 바에 따라 그 노무제공자의 보수에서 원천공제하여 납부할 수 있다. 노무제공사업의 사업주는 고용보험료에 해당하는 금액을 원천공제한 때에는 공제계산서를 노무제공자에게 발급하여야 한다.

Ⅲ 노무제공플랫폼사업자에 대한 특례 (법 제48조의4)

1. 노무제공플랫폼이용계약의 신고
고용보험법에 따른 노무제공플랫폼사업자는 노무제공사업의 사업주와 노무제공플랫폼 이용에 대한 계약(이하 "노무제공플랫폼이용계약")을 체결하는 경우 해당 이용계약의 개시일 또는 종료일이 속하는 달의 다음 달 15일까지 다음에 해당하는 사항을 공단에 신고하여야 한다.
① 노무제공플랫폼사업자의 성명과 주소(법인의 경우에는 법인의 명칭과 주된 사무소의 소재지)
② 노무제공사업의 사업주가 해당 사업에 고용보험법에 따른 노무제공플랫폼을 이용하기 시작한 날 또는 종료한 날
③ 노무제공사업의 사업주의 성명과 주소(법인의 경우에는 법인의 명칭과 주된 사무소의 소재지)
④ 그 밖에 고용노동부령으로 정하는 사항

2. 정보제공의 요청
공단은 노무제공플랫폼사업자와 노무제공사업의 사업주가 노무제공플랫폼이용계약을 체결하는 경우 노무제공플랫폼사업자에게 노무제공횟수 및 그 대가 등 대통령령으로 정하는 자료 또는 정보의 제공을 요청할 수 있다. 이 경우 요청을 받은 노무제공플랫폼사업자는 특별한 사유가 없으면 그 요청에 따라야 한다.

3. 보험료의 납부
고용보험법에 따라 노무제공플랫폼사업자가 피보험자격의 취득 등을 신고한 경우 그 노무제공자 및 노무제공사업의 사업주가 부담하는 고용보험료 부담분은 노무제공플랫폼사업자가 원천공제하여 대통령령으로 정하는 바에 따라 납부하여야 한다. 노무제공플랫폼사업자는 고용보험료를 원천공제한 경우에는 해당 노무제공자와 노무제공사업의 사업주에게 그 원천공제내역을 알려야 한다.

4. 관계서류의 제출요구
공단 또는 건강보험공단은 노무제공플랫폼사업자의 원천공제에 관한 지도 등을 위하여 필요하다고 인정되는 경우에는 노무제공플랫폼사업자 및 노무제공플랫폼사업자이었던 자에 대하여 다음의 구분에 따라 보고 또는 관계서류의 제출을 요구하거나 조사 등을 할 수 있다.
① **공단 또는 건강보험공단의 경우** : 노무제공플랫폼사업자가 원천공제하여 납부하여야 하는 고용보험료 부담분 납부업무와 관련된 보고 또는 관계서류의 제출요구
② **공단의 경우** : 소속 직원으로 하여금 해당 사업자의 사무소에 출입하여 관계인에 대한 질문과 관계서류의 조사

5. 비용 지원
① 공단은 노무제공플랫폼사업자가 노무제공자의 월 보수액을 기한 내에 신고한 경우, 노무제공자 및 노무제공사업의 사업주가 부담하는 고용보험료를 기한 내에 납부한 경우, 노무제공자에 대한 피보험자격의 취득 등을 기한 내에 신고한 경우 등에는 노무제공플랫폼사업자가 보험사무에 관한 의무를 이행하는 데 필요한 비용의 일부를 고용보험기금에서 지원할 수 있다.

② 노무제공플랫폼사업자는 지원을 받으려는 경우에는 고용노동부령으로 정하는 바에 따라 공단에 지원 신청을 해야 한다.

③ 공단은 노무제공플랫폼사업자의 보험사무에 관한 의무 이행 실적 등을 고려하여 고용노동부장관이 정하여 고시하는 기준에 따라 지원 금액을 분기별로 산정하여 지급한다.

Ⅳ 산재보험 노무제공자의 산재보험 특례[14] (법 제48조의6, 영 제56조의8 내지 제56조의14)

1. 보험가입

산재보험 노무제공자의 노무를 제공받는 사업의 사업주는 당연히 산재보험의 보험가입자가 된다.

2. 보수액

산재보험 노무제공자의 월 보수액은 소득세법상의 사업소득 및 기타소득에서 비과세소득과 고용노동부장관이 정하여 고시하는 방법에 따라 산정한 필요경비를 뺀 금액으로 한다. 다만, 노무제공특성에 따라 소득확인이 어려운 산재보험 노무제공자인 등록된 건설기계를 직접 운전하는 사람과 고용노동부령으로 정하는 화물자동차를 운전하는 사람의 월 보수액은 고용노동부장관이 고시하는 금액으로 한다. 사업주는 월 보수액(사업주가 노무 제공을 받은 월에 대해 산정한 것)을 고용노동부령으로 정하는 바에 따라 노무제공일이 속하는 달의 다음 달 말일까지 공단에 신고해야 한다. 산재보험 노무제공자인 등록된 건설기계를 직접 운전하는 사람과 고용노동부령으로 정하는 화물자동차를 운전하는 사람으로부터 노무 제공을 받는 사업주는 노무 제공을 받거나 받지 않게 된 경우에는 고용노동부령으로 정하는 바에 따라 그 사유가 발생한 날이 속하는 달의 다음 달 15일까지 공단에 신고해야 한다. 사업주가 신고하지 아니하여 산재보험 노무제공자가 월 보수액을 신고하는 경우에는 소득을 증명할 수 있는 자료를 함께 제출해야 한다. 사업주 또는 산재보험 노무제공자가 월 보수액을 잘못 신고한 경우에는 고용노동부령으로 정하는 바에 따라 공단에 월 보수액 정정 신고를 할 수 있다. 이 경우 산재보험 노무제공자는 소득을 증명할 수 있는 자료를 함께 제출해야 한다.

3. 보험료 및 보험료율

공단이 매월 부과하는 산재보험 노무제공자의 월별보험료(산재보험료에 한정)는 사업주가 매월 지급하는 보수액에 산재보험료율을 곱한 금액으로 한다. 사업주는 노무제공특성에 따라 소득확인이 어려운 산재보험 노무제공자(등록된 건설기계를 직접 운전하는 사람과 고용노동부령으로 정하는 화물자동차를 운전하는 사람)가 ① 산재보험 노무제공자가 부상을 당하거나 질병에 걸려 휴업을 하는 경우, ② 여성 산재보험 노무제공자가 임신 또는 출산으로 휴업을 하는 경우, ③ 산재보험 노무제공자가 8세 이하 또는 초등학교 2학년 이하의 자녀(입양한 자녀를 포함)를 양육하기 위하여 휴업을 하는 경우, ④ 사업주의 귀책사유로 휴업을 하는 경우,

---

14) 2022.6.10 산재법의 개정으로 산재보험의 전속성을 요건으로 하고 있던 산재법 제125조가 삭제됨에 따라 이를 전제로 한 징수법 제49조의3도 마찬가지로 삭제되었다. 이에 따라 새로 산재보험의 적용을 받는 사람들(특수형태근로종사자 및 플랫폼 종사자 등)의 노무제공 특성에 맞는 보험행정의 달성을 위하여 징수법 제48조의6(산재보험 노무제공자의 산재보험 특례), 제48조의7(플랫폼 운영자의 산재보험 특례)이 신설되어 2023.7.1.부터 시행되고 있다.

⑤ 사업주가 천재지변, 전쟁 또는 이에 준하는 재난이나 감염병의 확산으로 불가피하게 휴업을 하는 경우 등으로 노무를 제공할 수 없을 때에는 그 사유가 발생한 날부터 14일 이내에 그 사실을 공단에 신고하여야 하며, 사업주가 해당 기한 내에 신고하지 아니한 경우에는 산재보험 노무제공자가 신고할 수 있다. 이 경우 해당 사유가 발생한 기간은 보험료를 부과하지 아니할 수 있다. 산재보험 노무제공자의 산재보험료율은 재해율 등을 고려하여 산업재해보상보험법상의 산업재해보상보험 및 예방심의위원회의 심의를 거쳐 고용노동부장관이 달리 정할 수 있다. 산재보험료는 사업주와 산재보험 노무제공자가 각각 2분의 1씩 부담하며, 이 경우 각각 분담해야 하는 산재보험료는 개인별 월 보수액에 산재보험료율의 2분의 1을 곱한 금액으로 한다. 다만, 사용종속관계(使用從屬關係)의 정도 등을 고려하여 대통령령으로 정하는 직종에 종사하는 산재보험 노무제공자의 경우에는 사업주가 부담한다. 산재보험 노무제공자의 재해율, 월 보수액, 산재보험료율 및 노무제공 형태 등을 고려하여 대통령령으로 정하는 산재보험 노무제공자와 해당 사업주에 대해서는 재보험료를 대통령령으로 정하는 바에 따라 감면할 수 있다.

4. 보험료의 납부

사업주는 산재보험 노무제공자가 부담하여야 하는 산재보험료와 사업주가 부담하여야 하는 산재보험료를 납부하여야 한다. 사업주는 산재보험 노무제공자에게 월 보수액을 지급할 때마다 그 지급금액과 직전의 지급일 이후 따로 지급한 보수액을 더한 금액에서 노무제공자가 부담할 산재보험료에 해당하는 금액을 원천공제하여 납부할 수 있다. 이 경우 사업주는 공제계산서를 산재보험 노무제공자에게 발급하여야 한다.

Ⅴ 플랫폼 운영자의 산재보험 특례(법 제48조의7)

1. 신 고

① 플랫폼 운영자(플랫폼 운영자가 플랫폼 종사자의 노무를 직접 제공받아 사업을 영위하는 경우는 제외, 이하 "플랫폼 운영자")는 플랫폼 이용 사업자(이하 "플랫폼 이용 사업자")의 온라인 플랫폼(이하 "온라인 플랫폼") 이용 개시일 또는 종료일이 속하는 달의 다음 달 15일까지 다음 사항을 공단에 신고하여야 한다.
  ㉠ 플랫폼 운영자의 성명과 주소(법인의 경우에는 법인의 명칭과 주된 사무소의 소재지)
  ㉡ 플랫폼 이용 사업자가 해당 사업에 온라인 플랫폼을 이용하기 시작한 날 또는 종료한 날
  ㉢ 플랫폼 이용 사업자의 성명과 주소(법인의 경우에는 법인의 명칭과 주된 사무소의 소재지)
  ㉣ 그 밖에 산업재해보상보험법에 따른 플랫폼 종사자(이하 "플랫폼 종사자")의 보험관계에 관한 정보 등 고용노동부령으로 정하는 사항
② 플랫폼 종사자의 월 보수액 등 신고는 대통령령으로 정하는 바에 따라 플랫폼 운영자가 하여야 한다.

2. 정보제공의 요청

플랫폼 운영자는 신고를 하기 위하여 필요한 경우 해당 플랫폼 이용 사업자와 플랫폼 종사자에게 필요한 자료 또는 정보의 제공을 요청할 수 있다. 이 경우 요청을 받은 플랫폼 이용 사업자와 플랫폼 종사자는 정당한 사유가 없으면 그 요청에 따라야 한다.

3. 보험료의 납부

플랫폼 운영자는 산재보험료를 납부하기 위하여 산재보험료 원천공제 및 납부를 위한 전용 계좌를 개설하여야 한다. 플랫폼 종사자 및 플랫폼 이용 사업자가 부담하는 산재보험료는 플랫폼 운영자가 원천공제하여 대통령령으로 정하는 바에 따라 납부하여야 한다. 다만, 대통령령으로 정하는 온라인 플랫폼을 통하여 노무를 제공하는 플랫폼 종사자의 산재보험료 원천공제·납부 등에 대해서는 대통령령으로 정하는 바에 따른다. 플랫폼 운영자는 산재보험료를 원천공제한 경우에는 해당 플랫폼 종사자와 플랫폼 이용 사업자에게 그 원천공제 내역을 알려야 한다.

4. 관계서류의 제출요구

공단 또는 건강보험공단은 보험료의 성실납부 등을 위하여 필요하다고 인정되는 경우에는 플랫폼 운영자 및 플랫폼 운영자였던 자에 대하여 다음의 구분에 따라 보고 또는 관계 서류의 제출을 요구하거나 조사 등을 할 수 있다. 이 경우 보고·관계 서류의 제출 요구 및 조사 등에 관하여는 이미 살펴본 보고 및 조사에 대한 규정을 준용한다.
① 공단 또는 건강보험공단의 경우 : 제4항의 업무와 관련된 보고 또는 관계 서류의 제출 요구
② 공단의 경우 : 소속 직원으로 하여금 해당 플랫폼 운영자의 사무소에 출입하여 관계인에 대한 질문과 관계 서류의 조사

5. 정보 보관

플랫폼 운영자는 월 보수액 등 신고와 관련된 정보를 플랫폼 종사자의 해당 온라인 플랫폼을 통한 노무제공이 종료된 날부터 5년 동안 보관하여야 한다.

6. 비용 지원

공단은 대통령령으로 정하는 바에 따라 플랫폼 운영자가 보험사무에 관한 의무를 이행하는 데 필요한 비용의 일부를 지원할 수 있다.

Ⅵ 자영업자에 대한 특례(법 제49조의2)

1. 보험가입

① 근로자를 사용하지 아니하거나 50명 미만의 근로자를 사용하는 사업주로서 대통령령으로 정하는 요건을 갖춘 자영업자(이하 "자영업자")는 공단의 승인을 받아 자기를 이 법에 따른 근로자로 보아 고용보험에 가입할 수 있다(제1항).
② 보험에 가입한 자영업자가 50명 이상의 근로자를 사용하게 된 경우에도 본인이 피보험자격을 유지하려는 경우에는 계속하여 보험에 가입된 것으로 본다. 기출 16·24

> **가입대상 자영업자(영 제56조의18)**
> 법 제49조의2 제1항에서 "대통령령으로 정하는 요건을 갖춘 자영업자"란 다음 각 호에 해당하는 요건을 모두 갖춘 자영업자를 말한다.
> 1. 고용보험 가입 신청 당시 다음 각 목의 어느 하나의 경우에 해당할 것
>   가. 「소득세법」 제168조 제1항 또는 「부가가치세법」 제8조에 따라 사업자등록을 하고 실제 사업을 영위하고 있는 경우
>   나. 「소득세법」 제168조 제5항에 따라 고유번호를 부여받아 실제 사업을 영위하고 있는 경우로서 「영유아보육법」 제10조 제5호의 가정어린이집을 운영하는 등 고용노동부장관이 정하여 고시하는 사업을 영위하는 경우
>   다. 「농어업경영체 육성 및 지원에 관한 법률」 제4조 제1항에 따라 농어업경영정보를 등록하고 실제 사업을 영위하고 있는 경우
> 2. 고용보험 가입 신청일 전 2년 이내에 「고용보험법」 제69조의3에 따라 구직급여를 받은 사실이 없을 것
> 3. 다음 각 목의 어느 하나에 해당하는 업종에 종사하지 아니할 것
>   가. 「고용보험법 시행령」 제2조 제1항 각 호의 어느 하나에 해당하는 사업
>   나. 부동산 임대업(한국표준산업분류표의 세분류를 기준으로 한다)

2. 보수액

① 자영업자에 대한 고용보험료 산정의 기초가 되는 보수액은 자영업자의 소득, 보수수준 등을 고려하여 고용노동부장관이 정하여 고시한다. 기출 24
② 자영업자는 보험가입 승인을 신청하려는 경우에는 본인이 원하는 혜택수준을 고려하여 고시된 보수액 중 어느 하나를 선택하여야 한다.
③ 자영업자는 선택한 보수액을 다음 보험연도에 변경하려는 경우에는 직전 연도의 12월 20일까지 고시된 보수액 중 어느 하나를 다시 선택하여 공단에 보수액의 변경을 신청할 수 있다.

3. 보험료 및 보험료율

자영업자가 부담하여야 하는 고용안정·직업능력개발사업 및 실업급여에 대한 고용보험료는 선택한 보수액에 고용보험료율을 곱한 금액으로 한다. 이 경우 월(月)의 중간에 보험관계가 성립하거나 소멸하는 경우에는 그 고용보험료는 일수에 비례하여 계산한다. 자영업자에게 적용하는 고용보험료율은 보험수지의 동향과 경제상황 등을 고려하여 1000분의 30의 범위에서 고용안정·직업능력개발사업의 보험료율 및 실업급여의 보험료율로 구분하여 대통령령으로 정한다. 이 경우 고용보험료율의 결정 및 변경은 고용보험법에 따른 고용보험위원회의 심의를 거쳐야 한다. 기출 15·16

> **자영업자 고용보험료율(영 제56조의19)**
> ① 법 제49조의2 제7항에 따른 고용보험료율은 다음 각 호와 같다.
>   1. 고용안정·직업능력개발사업의 보험료율 : 1만분의 25
>   2. 실업급여의 보험료율 : 1천분의 20
> ② 공단은 제1항에 따른 자영업자 보험료율이 인상되거나 인하된 경우에는 자영업자에 대한 고용보험료를 증액 또는 감액 조정하여야 한다.

4. 부과·징수

고용보험료는 공단이 매월 부과하고, 건강보험공단이 이를 징수한다. 기출 15·24

5. 보험료의 납부

고용보험에 가입한 자영업자는 매월 부과된 보험료를 다음 달 10일까지 납부하여야 한다. 기출 24

6. 보험관계의 소멸

고용보험에 가입한 자영업자가 자신에게 부과된 월(月)의 고용보험료를 계속하여 6개월간 납부하지 아니한 경우에는 마지막으로 납부한 고용보험료에 해당되는 피보험기간의 다음 날에 보험관계가 소멸된다. 다만, 천재지변이나 그 밖에 부득이한 사유로 고용보험료를 낼 수 없었음을 증명하면 그러하지 아니하다. 기출 24

제8절 벌칙

I 형벌(법 제49조의6)

금융회사등의 특정점포가 제공한 금융거래정보를 알게 된 경우, 이를 타인에게 제공 또는 누설하거나 그 목적 외의 용도로 이용한 자(예술인, 노무제공자의 고용보험 특례, 산재보험 노무제공자의 산재보험 특례에 준용되는 경우를 포함)는 5년 이하의 징역 또는 3천만원 이하의 벌금에 처한다. 이 경우 징역형과 벌금형은 병과할 수 있다.

II 과태료(법 제50조) 기출 14

1. 300만원 이하의 과태료

① 보험관계의 신고(예술인, 노무제공자의 고용보험 특례 및 산재보험 노무제공자의 산재보험 특례에 준용되는 경우를 포함), 보험관계의 변경신고(예술인, 노무제공자의 고용보험 특례 및 산재보험 노무제공자의 산재보험 특례에 준용되는 경우를 포함), 보수총액 등의 신고, 개산보험료의 신고 및 확정보험료의 신고를 하지 아니하거나 거짓 신고를 한 자
② 금융거래정보의 제공을 요청받고 정당한 사유 없이 금융거래정보의 제공을 거부한 자(예술인, 노무제공자의 고용보험 특례, 산재보험 노무제공자의 산재보험 특례에 준용되는 경우를 포함)
③ 공단이 산재보험 노무제공자에 대한 보험료의 부과·징수 등을 위하여 산재보험 노무제공자의 노무를 제공받는 사업의 도급인, 보험회사 등 대통령령으로 정하는 기관·단체에 산재보험 노무제공자의 월 보수액 등 보험료 부과·징수 등에 필요한 자료 또는 정보의 제공을 요청하였으나 그 요청에 따르지 아니한 자

④ 공단 또는 건강보험공단의 보고 요구(예술인, 노무제공자의 고용보험 특례 및 산재보험 노무제공자의 산재보험 특례에 준용되는 경우를 포함), 공단 또는 건강보험공단의 노무제공플랫폼사업자 및 노무제공플랫폼사업자였던 자에 대한 보고 요구, 플랫폼 운영자 및 플랫폼 운영자였던 자였던 자에 대한 보고 요구에 불응하여 보고를 하지 아니하거나 거짓으로 보고한 자 또는 관계서류를 제출하지 아니하거나 거짓으로 적은 관계서류를 제출한 자

⑤ 공단 소속 직원의 질문(예술인의 고용보험 특례에 준용되는 경우를 포함), 공단이 노무제공플랫폼사업자 및 노무제공플랫폼사업자였던 자에 대하여 소속 직원으로 하여금 해당 사업자의 사무소에 출입하여 행하게 한 관계인에 대한 질문, 공단이 플랫폼 운영자 및 플랫폼 운영자였던 자에 대하여 소속 직원으로 하여금 해당 플랫폼 운영자의 사무소에 출입하여 행하게 한 관계인에 대한 질문에 거짓으로 답변한 자 또는 조사를 거부·방해 또는 기피한 자

⑥ 산재보험 노무제공자의 산재보험 특례 및 플랫폼 운영자의 산재보험 특례에 따른 월 보수액 등 신고를 하지 아니하거나 거짓 신고를 한 자

⑦ 플랫폼 운영자의 산재보험 특례에 따른 산재보험료 원천공제 및 납부를 위한 전용 계좌를 개설하지 아니한 자

⑧ 플랫폼 운영자의 산재보험 특례에 따른 플랫폼 종사자의 월 보수액 등 신고와 관련된 정보를 보관하지 아니한 자

2. 50만원 이하의 과태료

제36조(보험사무대행기관의 장부비치 등)에 따른 장부 또는 그 밖의 서류를 갖추어 두지 아니하거나 거짓으로 적은 자(법 제50조 제2항).

3. 과태료의 부과·징수

과태료는 대통령령으로 정하는 바에 따라 고용노동부장관이 부과·징수한다(법 제50조 제3항).

CHAPTER 06 고용보험 및 산업재해보상보험의 보험료징수 등에 관한 법률

01 고용보험 및 산업재해보상보험의 보험료징수 등에 관한 법령상 고용안정 · 직업능력개발사업의 보험료율이다. ( )에 들어갈 알맞은 내용은? 기출 25

- 상시근로자수가 150명 이상인 사업주의 사업으로서 우선지원대상기업의 범위에 해당하는 사업 : 1만분의 (ㄱ)
- 국가 · 지방자치단체가 직접 하는 사업 : 1만분의 (ㄴ)

① ㄱ : 45, ㄴ : 75
② ㄱ : 45, ㄴ : 85
③ ㄱ : 50, ㄴ : 75
④ ㄱ : 50, ㄴ : 85
⑤ ㄱ : 50, ㄴ : 90

02 고용보험 및 산업재해보상보험의 보험료징수 등에 관한 법률상 보험관계의 성립일 또는 소멸일에 관한 설명으로 옳은 것은? 기출 25

① 보험관계는 사업이 폐업되거나 끝난 날 소멸한다.
② 일괄적용을 받는 사업의 경우에는 처음 하는 사업이 시작된 날의 다음 날에 보험관계가 성립한다.
③ 근로복지공단의 승인을 얻어 가입한 보험계약을 해지하는 경우에는 그 해지에 관하여 근로복지공단의 승인을 받은 날에 보험관계가 소멸한다.
④ 보험에 가입한 하수급인의 경우에는 그 하도급공사의 착공일의 다음 날에 보험관계가 성립한다.
⑤ 산업재해보상보험에 의제가입한 사업주가 그 사업의 운영 중에 근로자를 고용하지 아니하게 된 때에 근로자를 사용하지 아니한 첫날부터 1년이 되는 날의 다음 날 그 보험관계가 소멸한다.

해설 및 정답

01 제시된 내용의 ( )에 들어갈 알맞은 내용은 ㄱ : 45, ㄴ : 85이다.

> **고용보험료율(징수법 시행령 제12조)**
> ① 법 제14조 제1항에 따른 고용보험료율은 다음 각 호와 같다.
> 1. 고용안정·직업능력개발사업의 보험료율 : 다음 각 목의 구분에 따른 보험료율
>   가. 상시근로자수가 150명 미만인 사업주의 사업 : 1만분의 25
>   나. 상시근로자수가 150명 이상인 사업주의 사업으로서 우선지원대상기업의 범위에 해당하는 사업
>   : <u>1만분의 45</u>
>   다. 상시근로자수가 150명 이상 1천명 미만인 사업주의 사업으로서 나목에 해당하지 않는 사업 : 1만분의 65
>   라. 상시근로자수가 1천명 이상인 사업주의 사업으로서 나목에 해당하지 않는 사업 및 국가·지방자치단체가 직접 하는 사업 : <u>1만분의 85</u>
> 2. 실업급여의 보험료율 : 1천분의 18

정답 ❷

02 ① (×) 보험관계는 사업이 <u>폐업되거나 끝난 날의 다음 날</u>에 소멸한다(징수법 제10조 제1호).
② (×) 일괄적용을 받는 사업의 경우에는 <u>처음 하는 사업이 시작된 날</u>에 보험관계가 성립한다(징수법 제7조 제4호).
③ (×) 근로복지공단의 승인을 얻어 가입한 보험계약을 해지하는 경우에는 그 해지에 관하여 <u>근로복지공단의 승인을 받은 날의 다음 날</u>에 보험관계가 소멸한다(징수법 제10조 제2호).
④ (×) 보험에 가입한 하수급인의 경우에는 그 <u>하도급공사의 착공일</u>에 보험관계가 성립한다(징수법 제7조 제5호).
⑤ (○) 징수법 제10조 제4호

> **보험관계의 성립일(징수법 제7조)**
> 보험관계는 <u>다음 각 호의 어느 하나에 해당하는 날</u>에 성립한다.
> 1. 제5조 제1항에 따라 사업주 및 근로자가 고용보험의 당연가입자가 되는 사업의 경우에는 그 사업이 시작된 날(「고용보험법」 제8조 단서에 따른 사업이 제5조 제1항에 따라 사업주 및 근로자가 고용보험의 당연가입자가 되는 사업에 해당하게 된 경우에는 그 해당하게 된 날)
> 2. 제5조 제3항에 따라 사업주가 산재보험의 당연가입자가 되는 사업의 경우에는 그 사업이 시작된 날(「산업재해보상보험법」 제6조 단서에 따른 사업이 제5조 제3항에 따라 사업주가 산재보험의 당연가입자가 되는 사업에 해당하게 된 경우에는 그 해당하게 된 날)
> 3. 제5조 제2항 또는 제4항에 따라 보험에 가입한 사업의 경우에는 공단이 그 사업의 사업주로부터 보험가입승인신청서를 접수한 날의 다음 날
> 4. 제8조 제1항에 따라 <u>일괄적용을 받는 사업의 경우에는 처음 하는 사업이 시작된 날</u>
> 5. 제9조 제1항 단서 및 제2항에 따라 보험에 가입한 <u>하수급인의 경우에는 그 하도급공사의 착공일</u>
>
> **보험관계의 소멸일(징수법 제10조)**
> 보험관계는 다음 각 호의 어느 하나에 해당하는 날에 소멸한다.
> 1. <u>사업이 폐업되거나 끝난 날의 다음 날</u>
> 2. 제5조 제5항(제6조 제4항에서 준용되는 경우를 포함한다)에 따라 보험계약을 해지하는 경우에는 그 <u>해지에 관하여 공단의 승인을 받은 날의 다음 날</u>
> 3. 제5조 제7항에 따라 공단이 보험관계를 소멸시키는 경우에는 그 소멸을 결정·통지한 날의 다음 날
> 4. 제6조 제3항에 따른 사업주의 경우에는 <u>근로자</u>(고용보험의 경우에는 「고용보험법」 제10조 및 제10조의2에 따른 적용 제외 근로자는 제외한다)를 사용하지 아니한 첫날부터 1년이 되는 날의 다음 날

정답 ❺

03 고용보험 및 산업재해보상보험의 보험료징수 등에 관한 법령상 보험가입자에 관한 설명으로 옳지 않은 것은?

① 「고용보험법」을 적용받는 사업의 사업주는 당연히 「고용보험법」에 따른 고용보험의 보험가입자가 된다.
② 「산업재해보상보험법」을 적용받는 사업의 사업주는 당연히 「산업재해보상보험법」에 따른 산업재해보상보험의 보험가입자가 된다.
③ 상시근로자 수가 3명인 농업 법인의 사업주는 산업재해보상보험에 가입할 수 없다.
④ 사업주가 근로복지공단의 승인을 받아 고용보험계약을 해지할 때에는 근로자 과반수의 동의를 받아야 한다.
⑤ 근로복지공단은 사업 실체가 없는 등의 사유로 계속하여 보험관계를 유지할 수 없다고 인정하는 경우에는 그 보험관계를 소멸시킬 수 있다.

04 고용보험 및 산업재해보상보험의 보험료징수 등에 관한 법률상 소멸시효에 관한 설명으로 옳은 것은?

① 보험료, 이 법에 따른 그 밖의 징수금을 징수할 수 있는 권리는 3년간 행사하지 아니하면 시효로 인하여 소멸하며, 소멸시효에 관하여는 「민법」을 우선 적용한다.
② 이 법에 따른 징수금의 독촉에 따라 중단된 소멸시효는 독촉한 날부터 새로 진행한다.
③ 보험료 정산에 따라 사업주가 반환받을 권리의 소멸시효는 다음 보험연도의 첫날부터 진행하며, 보험연도 중에 보험관계가 소멸한 사업의 경우에는 보험관계가 소멸한 날부터 진행한다.
④ 이 법에 따른 체납처분 절차에 따라 하는 교부청구로 중단된 소멸시효는 교부청구일로부터 새로 진행한다.
⑤ 월별보험료의 고지로 중단된 소멸시효는 월별보험료를 고지한 날로부터 새로 진행한다.

05 고용보험 및 산업재해보상보험의 보험료징수 등에 관한 법률상 보험료율의 결정에 관한 설명으로 옳은 것은?

① 고용보험료율은 보험수지와 경제상황 등을 고려하여 100분의 30의 범위에서 고용안정·직업능력개발사업의 보험료율 및 실업급여의 보험료율로 구분하여 정한다.
② 고용보험료율을 결정하거나 변경하려면 「고용보험법」에 따른 고용보험위원회의 심의를 거쳐야 한다.
③ 산업재해보상보험의 보험관계가 성립한 후 4년이 지나지 아니한 사업에 대한 산재보험료율은 동일하게 정한다.
④ 산재보험료율을 정하는 경우에는 특정 사업 종류의 산재보험료율이 전체 사업의 평균 산재보험료율의 2배를 초과하지 아니하도록 하여야 한다.
⑤ 고용노동부장관은 관련 규정에 따라 정한 특정 사업 종류의 산재보험료율이 인상되거나 인하되는 경우에는 직전 보험연도 산재보험료율의 100분의 40의 범위에서 조정하여야 한다.

• **해설 및 정답** •

03 ① (○) 징수법 제5조 제1항
② (○) 징수법 제5조 제3항
③ (×) 농업, 임업(벌목업은 제외), 어업 및 수렵업 중 <u>법인이 아닌 자의 사업으로서 상시근로자 수가 5명 미만인 사업에 대하여는 산업재해보상보험법을 적용하지 아니한다</u>(산재법 제6조 단서, 동법 시행령 제2조 제1항 제6호). 농업 법인이 아닌 자의 사업이 산재법 적용 제외 사업에 해당하고 지문의 농업 법인은 산재법의 적용을 받게 되므로 산재법을 적용받는 농업 법인의 사업주는 징수법상 당연히 산재보험의 보험가입자가 된다(징수법 제5조 제3항).
④ (○) 징수법 제5조 제6항
⑤ (○) 징수법 제5조 제7항

정답 ❸

04 ① (×) 보험료, 이 법에 따른 그 밖의 징수금을 징수하거나 그 반환받을 수 있는 권리는 3년간 행사하지 아니하면 시효로 인하여 소멸한다(징수법 제41조 제1항). 소멸시효에 관하여는 <u>이 법에 규정된 것을 제외하고는 「민법」에 따른다</u>(징수법 제41조 제2항).
② (×) 징수금의 독촉에 따라 중단된 소멸시효는 <u>독촉에 의한 납부기한이 지난 때부터 새로 진행한다</u>(징수법 제42조 제2항 제2호).
③ (○) 보험료 정산에 따라 사업주가 반환받을 권리 및 건강보험공단이 징수할 권리의 소멸시효는 다음 보험연도의 첫날(보험연도 중에 보험관계가 소멸한 사업의 경우에는 보험관계가 소멸한 날)부터 진행한다(징수법 제43조 제1항).
④ (×) 체납처분 절차에 따라 하는 교부청구로 중단된 소멸시효는 <u>교부청구 중의 기간이 지난 때부터 새로 진행한다</u>(징수법 제42조 제2항 제4호).
⑤ (×) 월별보험료의 고지로 중단된 소멸시효는 <u>고지한 월별보험료의 납부기한이 지난 때부터 새로 진행한다</u>(징수법 제42조 제2항 제1호).

정답 ❸

05 ① (×) 고용보험료율은 보험수지의 동향과 경제상황 등을 고려하여 <u>1,000분의 30</u>의 범위에서 고용안정·직업능력개발사업의 보험료율 및 실업급여의 보험료율로 구분하여 대통령령으로 정한다(징수법 제14조 제1항).
② (○) 징수법 제14조 제2항
③ (×) 산업재해보상보험의 보험관계가 성립한 후 <u>3년</u>이 지나지 아니한 사업에 대한 산재보험료율은 고용노동부령으로 정하는 바에 따라 산업재해보상보험법에 따른 산업재해보상보험 및 예방심의위원회의 심의를 거쳐 고용노동부장관이 <u>사업의 종류별로 따로 정한다</u>(징수법 제14조 제4항).
④ (×) 고용노동부장관은 산재보험료율을 정하는 경우에는 특정 사업 종류의 산재보험료율이 전체 사업의 평균 산재보험료율의 <u>20배</u>를 초과하지 아니하도록 하여야 한다(징수법 제14조 제5항).
⑤ (×) 고용노동부장관은 관련 규정에 따라 정한 특정 사업 종류의 산재보험료율이 인상되거나 인하되는 경우에는 직전 보험연도 산재보험료율의 <u>100분의 30</u>의 범위에서 조정하여야 한다(징수법 제14조 제6항).

정답 ❷

06 고용보험 및 산업재해보상보험의 보험료징수 등에 관한 법률에 관한 설명으로 옳은 것은? 기출 25

① 사업종류의 변경으로 보험료 납부방법이 변경되는 경우에는 사업종류의 변경일을 변경 전 사업폐지일로, 사업종류의 변경일의 다음 날을 새로운 사업성립일로 본다.
② 사업주는 그 달의 월별보험료를 그 달 말일까지 납부하여야 하며, 보험료의 정산에 따라 산정된 보험료는 근로복지공단이 정하여 고지한 기한까지 납부하여야 한다.
③ 근로복지공단은 사업주에게 징수하고자 하는 보험료 등의 종류, 납부할 금액 등을 적은 문서로써 납부기한 14일 전까지 월별보험료의 납입을 고지하여야 한다.
④ 국민건강보험공단은 보험료율이 인상 또는 인하된 때에는 개산보험료를 증액 또는 감액 조정하고, 이를 징수한다.
⑤ 사업주는 사업의 폐지·종료 등으로 보험관계가 소멸한 때에는 그 보험관계가 소멸한 날부터 14일 이내에 근로자, 예술인 또는 노무제공자에게 지급한 보수총액 등을 근로복지공단에 신고하여야 한다.

07 고용보험 및 산업재해보상보험의 보험료징수 등에 관한 법률 제49조의2(자영업자에 대한 특례)에 관한 설명으로 옳은 것은? 기출 24

① 자영업자에 대한 고용보험료 산정의 기초가 되는 보수액은 자영업자의 소득, 보수수준 등을 고려하여 재정경제부장관이 정하여 고시한다.
② 고용보험에 가입한 자영업자는 매월 부과된 보험료를 다음 달 14일까지 납부하여야 한다.
③ 자영업자의 고용보험료는 근로복지공단이 매월 부과하고 징수한다.
④ 고용보험에 가입한 자영업자가 자신에게 부과된 월(月)의 고용보험료를 계속하여 3개월간 납부하지 아니한 경우에는 마지막으로 납부한 고용보험료에 해당되는 피보험기간의 다음 날에 보험관계가 소멸된다.
⑤ 근로복지공단의 승인을 통해 고용보험에 가입한 자영업자가 50명 이상의 근로자를 사용하게 된 경우에도 본인이 피보험자격을 유지하려는 경우에는 계속하여 보험에 가입된 것으로 본다.

08 고용보험 및 산업재해보상보험의 보험료징수 등에 관한 법령상 보험료 등에 관한 설명으로 옳지 않은 것을 모두 고른 것은? 기출 24

> ㄱ. 고용보험 가입자인 근로자가 부담하여야 하는 고용보험료는 자기의 보수총액에 고용안정·직업능력개발사업 및 실업급여의 보험료율의 2분의 1을 곱한 금액으로 한다.
> ㄴ. 보험료는 국민건강보험공단이 매월 부과하고, 이를 근로복지공단이 징수한다.
> ㄷ. 보험사업에 드는 비용에 충당하기 위하여 보험가입자인 근로자와 사용자로부터 산업재해보상보험의 보험료를 징수한다.
> ㄹ. 재정경제부장관은 산재예방요율을 적용받는 사업이 거짓이나 그 밖의 부정한 방법으로 재해예방활동의 인정을 받은 경우에는 재해예방활동의 인정을 취소하여야 한다.

① ㄱ, ㄴ, ㄷ
② ㄱ, ㄴ, ㄹ
③ ㄱ, ㄷ, ㄹ
④ ㄴ, ㄷ, ㄹ
⑤ ㄱ, ㄴ, ㄷ, ㄹ

• 해설 및 정답 •

06 ① (×) 사업종류의 변경으로 보험료 납부방법이 변경되는 경우에는 사업종류의 변경일 전일을 변경 전 사업 폐지일로, 사업종류의 변경일을 새로운 사업성립일로 본다(징수법 제19조의2).
② (×) 사업주는 그 달의 월별보험료를 다음 달 10일까지 납부하여야 한다(징수법 제16조의7 제1항). 보험료의 정산에 따라 산정된 보험료는 건강보험공단이 정하여 고지한 기한까지 납부하여야 한다(징수법 제16조의7 제2항).
③ (×) 근로복지공단은 사업주에게 징수하고자 하는 보험료 등의 종류, 납부할 금액 등을 적은 문서로써 납부기한 10일 전까지 월별보험료의 납입을 고지하여야 한다(징수법 제16조의8 제1항 제1호, 제2호).
④ (×) 근로복지공단은 보험료율이 인상 또는 인하된 때에는 월별보험료 및 개산보험료를 증액 또는 감액 조정하고, 월별보험료가 증액된 때에는 국민건강보험공단이, 개산보험료가 증액된 때에는 근로복지공단이 각각 징수한다(징수법 제18조 제1항 전문).
⑤ (○) 징수법 제16조의10 제2항

정답 ⑤

07 ① (×) 자영업자에 대한 고용보험료 산정의 기초가 되는 보수액은 자영업자의 소득, 보수수준 등을 고려하여 고용노동부장관이 정하여 고시한다(징수법 제49조의2 제3항).
② (×) 고용보험에 가입한 자영업자는 매월 부과된 보험료를 다음 달 10일까지 납부하여야 한다(징수법 제49조의2 제9항).
③ (×) 자영업자의 고용보험료는 근로복지공단이 매월 부과하고, 국민건강보험공단이 이를 징수한다(징수법 제49조의2 제8항).
④ (×) 고용보험에 가입한 자영업자가 자신에게 부과된 월(月)의 고용보험료를 계속하여 6개월간 납부하지 아니한 경우에는 마지막으로 납부한 고용보험료에 해당되는 피보험기간의 다음 날에 보험관계가 소멸된다. 다만, 천재지변이나 그 밖에 부득이한 사유로 고용보험료를 낼 수 없었음을 증명하면 그러하지 아니하다(징수법 제49조의2 제10항).
⑤ (○) 징수법 제49조의2 제2항

정답 ⑤

08 ㄱ. (×) 고용보험 가입자인 근로자가 부담하여야 하는 고용보험료는 자기의 보수총액에 실업급여의 보험료율의 2분의 1을 곱한 금액으로 한다(징수법 제13조 제2항 본문). 고용보험 가입자인 사업주가 부담하여야 하는 고용보험료는 그 사업에 종사하는 고용보험 가입자인 근로자의 개인별 보수총액(보수로 보는 금품의 총액과 보수의 총액은 제외)에 고용안정·직업능력개발사업의 보험료율과 실업급여의 보험료율의 2분의 1을 각각 곱하여 산출한 각각의 금액을 합한 금액으로 한다(징수법 제13조 제4항).
ㄴ. (×) 보험료는 근로복지공단이 매월 부과하고, 국민건강보험공단이 이를 징수한다(징수법 제16조의2 제1항).
ㄷ. (×) 보험사업에 드는 비용에 충당하기 위하여 고용보험의 가입자인 사업주와 근로자로부터 고용안정·직업능력개발사업 및 실업급여의 보험료를 징수한다. 또한 산업재해보상보험의 가입자인 사업주로부터 산업재해보상보험의 보험료를 징수한다(징수법 제13조 제1항, 제5조 제1항, 제3항).
ㄹ. (×) 고용노동부장관은 산재예방요율을 적용받는 사업이 거짓이나 그 밖의 부정한 방법으로 재해예방활동의 인정을 받은 경우에는 재해예방활동의 인정을 취소하여야 한다(징수법 제15조 제8항 제1호).

정답 ⑤

09 고용보험 및 산업재해보상보험의 보험료징수 등에 관한 법령상 거짓으로 보험사무대행기관 인가를 받아 근로복지공단으로부터 인가가 취소된 경우 보험사무대행기관 인가의 제한 기간은? 기출 24

① 3개월 ② 6개월
③ 1년 ④ 3년
⑤ 5년

10 고용보험 및 산업재해보상보험의 보험료징수 등에 관한 법률상 납부의무가 확정된 보험료가 600만원인 경우, 이를 납부기한 전이라도 징수할 수 있는 사유에 해당하지 않는 것은? 기출 24

① 법인이 합병한 경우
② 공과금을 체납하여 체납처분을 받은 경우
③ 강제집행을 받은 경우
④ 법인이 해산한 경우
⑤ 「어음법」 및 「수표법」에 따른 어음교환소에서 거래정지처분을 받은 경우

- **해설 및 정답**

09 근로복지공단은 보험사무대행기관이 거짓이나 그 밖의 부정한 방법으로 인가를 받은 경우 그 인가를 취소하여야 한다(징수법 제33조 제5항 제1호). 인가가 취소된 보험사무대행기관은 <u>인가취소일부터 1년 동안</u>은 보험사무대행기관으로 다시 인가받을 수 없다(징수법 제33조 제6항, 동법 시행령 제48조 제1항 제2호).

정답 ❸

10 ① (×) "법인이 합병한 경우"는 징수법 제27조의2 제1항에서 정한 <u>보험료 기타 징수금의 납부기한 전 징수사유에 해당하지 아니한다.</u> 다만, 이 경우 법인의 합병으로 인한 납부의무의 승계 여부가 문제될 수 있다(징수법 제28조의2).
② (○) 징수법 제27조의2 제1항 제2호
③ (○) 징수법 제27조의2 제1항 제3호
④ (○) 징수법 제27조의2 제1항 제6호
⑤ (○) 징수법 제27조의2 제1항 제4호

> **납부기한 전 징수(징수법 제27조의2)**
> ① 공단 또는 건강보험공단은 사업주에게 다음 각 호의 어느 하나에 해당하는 사유가 있는 경우에는 납부기한 전이라도 이미 납부의무가 확정된 보험료, 이 법에 따른 그 밖의 징수금을 징수할 수 있다. 다만, 보험료와 이 법에 따른 그 밖의 징수금의 총액이 500만원 미만인 경우에는 그러하지 아니하다.
> 1. <u>국세를 체납하여 체납처분을 받은 경우</u>
> 2. <u>지방세 또는 공과금을 체납하여 체납처분을 받은 경우</u>
> 3. <u>강제집행을 받은 경우</u>
> 4. <u>「어음법」및「수표법」에 따른 어음교환소에서 거래정지처분을 받은 경우</u>
> 5. <u>경매가 개시된 경우</u>
> 6. <u>법인이 해산한 경우</u>

정답 ❶

 혼자 공부하기 힘드시다면 방법이 있습니다.
시대에듀의 동영상 강의를 이용하시면 됩니다.
www.sdedu.co.kr → 회원가입(로그인) → 강의 살펴보기

49.4%

*2025년 공인노무사 1차 합격률

CBT 모의고사로 최종 합격 점검!

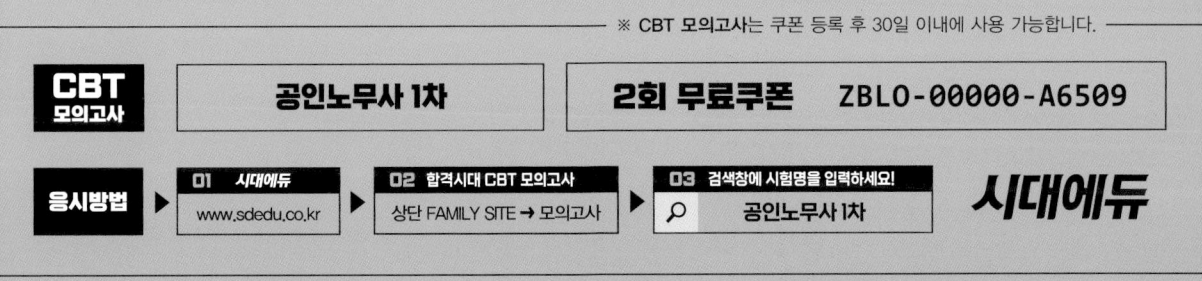

公認勞務士

공인노무사
한권으로 끝내기

노동법 Ⅰ·Ⅱ / 민법(총칙·채권) / 사회보험법 / 경제학원론·경영학개론(선택과목)

1차시험 | 전과목

[2024년] 공인노무사 시리즈
19,000부 판매

2026

CBT 모의고사
2회 무료쿠폰 제공

公認勞務士

공인노무사
한권으로 끝내기

경제학원론·경영학개론

편저 | EBS 교수진

핵심이론과 연계된 실전대비문제 수록

2026년 제35회 공인노무사시험 대비
출제경향을 반영한 핵심이론 수록

1차시험 | 전과목

▲ 합격의 모든 것

시대에듀

합격생 후기 언급량 1위
수험생들이 가장 많이 검색한 시대에듀

전과목 전강좌 0원

전 교수진 최신 강의 — 100% 무료

지금 바로 1위 강의 100% 무료 수강하기 GO »

*노무사 합격후기 / 수강후기 게시판 김희향 언급량 기준
*네이버 DataLab 검색어 트렌드 조회 결과(주제어: 업체명 + 법무사 / 3개 업체 비교 / 2016.05.~2025.05.)

2026 공인노무사 한권으로 끝내기

1차시험 | 전과목

3권 | 경제학원론 · 경영학개론

시대에듀

이 책의 목차

2026 시대에듀 EBS 공인노무사 1차 한권으로 끝내기

제5과목 경제학원론

CHAPTER 01 수요와 공급
- 제1절 수요 · 공급의 이론 · · · · · · · · · · · · · · · · · · · 014
- 제2절 탄력성 · 017
- 제3절 수요 · 공급이론의 응용 · · · · · · · · · · · · · · · 020
- CHAPTER 01 실전대비문제 · · · · · · · · · · · · · · · · · · 022

CHAPTER 02 소비자이론
- 제1절 한계효용이론 · 033
- 제2절 무차별곡선이론 · 035
- 제3절 소비자 균형 · 037
- 제4절 소비자이론의 확장 · · · · · · · · · · · · · · · · · · 040
- CHAPTER 02 실전대비문제 · · · · · · · · · · · · · · · · · · 044

CHAPTER 03 생산자이론
- 제1절 생산이론 · 052
- 제2절 비용이론 · 056
- CHAPTER 03 실전대비문제 · · · · · · · · · · · · · · · · · · 059

CHAPTER 04 시장이론
- 제1절 기업의 이윤극대화 · · · · · · · · · · · · · · · · · · 068
- 제2절 완전경쟁시장 · 069
- 제3절 독점시장 · 070
- 제4절 독점적 경쟁시장 · 074
- 제5절 과점시장 · 075
- 제6절 게임이론 · 078
- CHAPTER 04 실전대비문제 · · · · · · · · · · · · · · · · · · 081

CHAPTER 05 생산요소시장과 소득분배
- 제1절 생산요소의 고용량과 가격 · · · · · · · · · · · · 098
- 제2절 소득분배이론 · 101
- CHAPTER 05 실전대비문제 · · · · · · · · · · · · · · · · · · 104

CHAPTER 06 시장과 효율성
- 제1절 일반균형이론과 자원배분의 효율성 · · · · · 122
- 제2절 공공재 · 127
- 제3절 사용재 · 129
- 제4절 외부효과 · 130
- 제5절 정보경제학 · 132
- CHAPTER 06 실전대비문제 · · · · · · · · · · · · · · · · · · 133

CHAPTER 07 국민소득결정이론
- 제1절 거시경제학의 기초개념 · · · · · · · · · · · · · · · 141
- 제2절 고전학파와 케인즈의 국민소득결정이론 · · · · · · · · · 143
- 제3절 승수이론 · 145
- CHAPTER 07 실전대비문제 · · · · · · · · · · · · · · · · · · 147

CHAPTER 08 거시경제의 균형
- 제1절 생산물시장의 균형 : IS곡선 · · · · · · · · · · · 156
- 제2절 화폐시장의 균형 : LM곡선 · · · · · · · · · · · · 159
- 제3절 총수요 – 총공급이론 · · · · · · · · · · · · · · · · 162
- CHAPTER 08 실전대비문제 · · · · · · · · · · · · · · · · · · 165

CHAPTER 09 거시경제안정화정책
- 제1절 재정정책 · 170
- 제2절 금융정책 · 173
- CHAPTER 09 실전대비문제 · · · · · · · · · · · · · · · · · · 177

CHAPTER 10 화폐금융론
- 제1절 소비함수 · 182
- 제2절 투자함수 · 186
- 제3절 화폐수요 · 189
- 제4절 화폐공급 · 192
- CHAPTER 10 실전대비문제 · · · · · · · · · · · · · · · · · · 195

CHAPTER 11 인플레이션과 실업
- 제1절 물가와 인플레이션 · · · · · · · · · · · · · · · · · · 204
- 제2절 실 업 · 207
- 제3절 실업과 인플레이션의 관계 · · · · · · · · · · · · 210
- 제4절 효율임금이론 · 211
- CHAPTER 11 실전대비문제 · · · · · · · · · · · · · · · · · · 213

CHAPTER 12 경기변동과 경제성장
- 제1절 경기변동론 · 224
- 제2절 경제성장론 · 227
- CHAPTER 12 실전대비문제 · · · · · · · · · · · · · · · · · · 230

CHAPTER 13 국제경제학
- 제1절 국제무역론 · 234
- 제2절 무역정책론 · 236
- 제3절 경제성장과 경제통합 · · · · · · · · · · · · · · · · 238
- 제4절 환율, 환율제도, 환율결정이론 · · · · · · · · · 239
- 제5절 국제수지론 · 242
- CHAPTER 13 실전대비문제 · · · · · · · · · · · · · · · · · · 245

CONTENTS

제6과목 경영학개론

CHAPTER 01 경영의 기초
- 제1절 경영의 본질 · · · · · · · · · · · · · · · · · · · 264
- 제2절 경영의 연구대상과 지도원리 · · · · · · · 265
- CHAPTER 01 실전대비문제 · · · · · · · · · · · · · 267

CHAPTER 02 경영의 역사
- 제1절 미국의 경영학사 · · · · · · · · · · · · · · · · 269
- CHAPTER 02 실전대비문제 · · · · · · · · · · · · · 275

CHAPTER 03 경영환경
- 제1절 경영환경의 개관 · · · · · · · · · · · · · · · · 280
- 제2절 경영환경의 유형 · · · · · · · · · · · · · · · · 281
- 제3절 국제기업환경 · · · · · · · · · · · · · · · · · · 283
- CHAPTER 03 실전대비문제 · · · · · · · · · · · · · 284

CHAPTER 04 기업형태 및 기업집중
- 제1절 경영제도의 유형 · · · · · · · · · · · · · · · · 286
- 제2절 기업의 집중 · · · · · · · · · · · · · · · · · · · 287
- 제3절 기업의 국제화 · · · · · · · · · · · · · · · · · · 289
- CHAPTER 04 실전대비문제 · · · · · · · · · · · · · 291

CHAPTER 05 경영목표와 의사결정
- 제1절 경영목표 · 296
- 제2절 의사결정 · 298
- CHAPTER 05 실전대비문제 · · · · · · · · · · · · · 301

CHAPTER 06 경영관리론
- 제1절 경영관리론의 개관 · · · · · · · · · · · · · · 303
- 제2절 경영관리론의 본질 · · · · · · · · · · · · · · 304
- 제3절 경영계획과 경영통제 · · · · · · · · · · · · 305
- 제4절 경영혁신 · 309
- CHAPTER 06 실전대비문제 · · · · · · · · · · · · · 311

CHAPTER 07 전략수립과 전략실행
- 제1절 경영전략과 전략계획 · · · · · · · · · · · · 314
- 제2절 전략경영 · 321
- CHAPTER 07 실전대비문제 · · · · · · · · · · · · · 323

CHAPTER 08 조직구조와 조직행위
- 제1절 조직구조 · 330
- 제2절 조직문화 · 336
- 제3절 조직행위 · 341
- CHAPTER 08 실전대비문제 · · · · · · · · · · · · · 356

CHAPTER 09 인사관리와 노사관계관리
- 제1절 인사관리 · 378
- 제2절 인사고과 · 382
- 제3절 노사관계관리 · · · · · · · · · · · · · · · · · · 385
- 제4절 보상관리 · 390
- CHAPTER 09 실전대비문제 · · · · · · · · · · · · · 393

CHAPTER 10 생산관리
- 제1절 생산관리의 개관 · · · · · · · · · · · · · · · · 408
- 제2절 수요예측 · 409
- 제3절 생산시스템 · 410
- 제4절 제조전략 · 412
- 제5절 생산계획 · 운영 및 통제 · · · · · · · · · · 414
- CHAPTER 10 실전대비문제 · · · · · · · · · · · · · 419

CHAPTER 11 마케팅
- 제1절 마케팅의 개관 · · · · · · · · · · · · · · · · · · 434
- 제2절 마케팅 관리체계 · · · · · · · · · · · · · · · · 437
- 제3절 마케팅 환경 · · · · · · · · · · · · · · · · · · · 438
- 제4절 목표시장 선정 · · · · · · · · · · · · · · · · · · 439
- 제5절 제품관리 · 444
- 제6절 가격관리 · 448
- 제7절 유통관리 · 452
- 제8절 마케팅 커뮤니케이션관리 · · · · · · · · 454
- CHAPTER 11 실전대비문제 · · · · · · · · · · · · · 457

CHAPTER 12 재무관리
- 제1절 재무관리의 개관 · · · · · · · · · · · · · · · · 470
- 제2절 자금의 조달 · · · · · · · · · · · · · · · · · · · 472
- 제3절 자본구조와 배당정책 · · · · · · · · · · · · 474
- 제4절 투자안 평가 · · · · · · · · · · · · · · · · · · · 475
- 제5절 재무관리의 특수문제들 · · · · · · · · · · 476
- 제6절 재무분석 · 480
- CHAPTER 12 실전대비문제 · · · · · · · · · · · · · 482

CHAPTER 13 경영정보시스템
- 제1절 경영정보시스템의 개관 · · · · · · · · · · 496
- 제2절 기업경영과 경영정보시스템 · · · · · · 499
- 제3절 시스템 개발과정 · · · · · · · · · · · · · · · · 501
- CHAPTER 13 실전대비문제 · · · · · · · · · · · · · 502

CHAPTER 14 회계학
- 제1절 재무회계의 개관 · · · · · · · · · · · · · · · · 512
- 제2절 재무제표 · 513
- CHAPTER 14 실전대비문제 · · · · · · · · · · · · · 517

CHAPTER 01　수요와 공급

CHAPTER 02　소비자이론

CHAPTER 03　생산자이론

CHAPTER 04　시장이론

CHAPTER 05　생산요소시장과 소득분배

CHAPTER 06　시장과 효율성

CHAPTER 07　국민소득결정이론

CHAPTER 08　거시경제의 균형

CHAPTER 09　거시경제안정화정책

CHAPTER 10　화폐금융론

CHAPTER 11　인플레이션과 실업

CHAPTER 12　경기변동과 경제성장

CHAPTER 13　국제경제학

경제학원론

출제경향 & 수험대책

경제학원론은 경영학개론과는 달리 거의 모든 부분에서 고르게 출제되는 편이다. 출제비중이 높은 부분들을 우선적으로 학습하여야 하므로, 본서에 표시된 기출표시를 중심으로 중요부분을 파악하여 집중적으로 학습하고, 그 외의 부분은 가볍게 학습함으로써 강약을 조절하는 것이 중요하다. 또한 수식을 이용한 문제가 많이 출제되는 경향이 있으므로, 본서에 수록된 기본 수식은 반복학습하여 철저하게 암기하여야 한다. 본서에서는 이를 위하여 이미 출제된 중요부분과 기본 수식부분에 강조표시를 하였으므로, 학습에 이용한다면 경제학원론에서 고득점을 획득하는 데 어려움은 없을 것이라고 판단된다.

빈출지문 OX 학습 전 평가

CHAPTER 01 수요와 공급

01 정상재 중 수요증가율이 소득증가율보다 크면 필수재이다. (   )

02 수요의 가격탄력성이 0인 경우 수요곡선은 수평선으로 나타난다. (   )

03 열등재의 경우, 대체효과가 소득효과보다 작으면 가격상승에 따라 수요량은 감소한다. (   )

04 수요와 공급이 균형인 상태에서 생산기술의 향상이 이루어진다면 공급곡선이 좌측으로 이동한다. (   )

05 대체재 관계에 있는 재화의 교차탄력성은 0보다 작다. (   )

06 사치재에 비하여 생활필수품은 수요의 가격탄력성이 작다. (   )

07 종량세를 부과하면, 수요의 가격탄력성이 공급의 가격탄력성보다 클수록 소비자의 부담은 작아지고 생산자의 부담은 커진다. (   )

CHAPTER 02 소비자이론

08 소비자잉여란 소비자가 재화의 일정량 구입에 대하여 실제로 지불한 가격과 시장가격의 차액이다. (   )

09 소비자의 효용극대화를 위해서는 두 재화의 시장가격비율이 동일해야 한다. (   )

10 한계효용 체감의 법칙은 재화 소비량이 증가할수록 총효용이 감소한다는 법칙이다. (   )

11 예산선의 기울기는 한 재화의 한계효용을 의미한다. (   )

12 효용함수가 선형효용함수인 경우 두 재화는 완전보완재이다. (   )

CHAPTER 03 생산자이론

13 총가변비용곡선의 기울기와 총비용곡선의 기울기는 다르다. ( )

14 한계비용이 평균총비용보다 작을 경우, 한계비용은 항상 감소한다. ( )

15 콥-더글라스(Cobb-Douglas) 생산함수의 대체탄력성은 0이다. ( )

16 비용극소화가 되려면 한계기술대체율이 생산요소가격의 비율과 일치해야 한다. ( )

17 등량곡선과 등비용선이 접하는 점에서 비용극소화가 이루어진다. ( )

▶ 정답과 해설 ◀   01 ×   02 ×   03 ×   04 ×   05 ×   06 ○   07 ○   08 ×   09 ○   10 ×
　　　　　　　　11 ×   12 ×   13 ×   14 ×   15 ×   16 ○   17 ○

✔ 오답분석
01 필수재는 수요증가율이 소득증가율보다 작은 정상재이다. 수요증가율이 소득증가율보다 큰 정상재는 사치재이다.
02 수직선으로 나타난다.
03 열등재의 경우, 대체효과가 소득효과보다 작으면 가격상승에 따라 수요량은 증가한다.
04 수요와 공급이 균형인 상태에서 생산기술의 향상이 이루어진다면 공급곡선은 우측으로 이동한다.
05 대체재 관계에 있는 재화의 교차탄력성은 0보다 크다.
08 소비자잉여는 소비자가 재화의 일정량 구입에 대해 지불할 용의가 있는 금액과 실제로 지불한 금액의 차액이다.
10 한계효용이 줄어드는 것이다.
11 예산선의 기울기는 X재와 Y재의 교환율이다.
12 효용함수가 선형효용함수인 경우 두 재화는 완전대체이다.
13 총가변비용곡선을 총고정비용만큼 상방으로 이동시키면 총비용곡선이 도출되므로 총가변비용곡선의 기울기와 총비용곡선의 기울기는 동일하다.
14 한계비용은 감소하다가 증가한다.
15 콥-더글라스(Cobb-Douglas) 생산함수의 대체탄력성은 1이다.

CHAPTER 04 시장이론

18 독점기업이 직면한 공급곡선은 시장공급곡선 그 자체이다. ( )

19 독점기업의 한계수입곡선은 항상 수요곡선의 아래쪽에 위치한다. ( )

20 완전경쟁시장에서 개별기업의 한계수입곡선은 우하향하는 형태이다. ( )

21 이부가격제는 소비자들의 수요 행태가 다양할 때 가장 효과적이다. ( )

22 독점기업이 가격차별을 하면 사회후생은 항상 감소한다. ( )

23 독점기업은 시장의 유일한 공급자이기 때문에 수요곡선은 우하향한다. ( )

24 생산요소의 가격이 변하지 않는 비용불변산업에서는 장기 시장공급곡선은 우상향한다. ( )

25 독점적 경쟁시장에서 제품의 차별화가 클수록 수요의 가격탄력성이 커진다. ( )

CHAPTER 05 생산요소시장과 소득분배

26 지니계수는 45도 대각선 아래의 삼각형 면적을 45도 대각선 로렌츠곡선 사이에 만들어진 초승달 모양의 면적으로 나눈 비율이다. ( )

27 지니계수의 값이 클수록 평등한 분배상태를 나타낸다. ( )

28 동일한 지니계수 값을 갖는 두 로렌츠 곡선은 교차할 수 없다. ( )

29 십분위분배율은 0과 2 사이의 값을 가지며, 값이 클수록 더욱 평등한 분배상태를 의미한다. ( )

30 전체 구성원의 소득기준 상위 10% 계층이 전체 소득의 40%를 벌면 로렌츠 곡선은 대각선이다. ( )

CHAPTER 06 시장과 효율성

31 배제불가능성이란 한 사람이 공공재를 소비한다고 하여 다른 사람이 소비할 수 있는 기회가 줄어들지 않음을 의미한다. ( )

32 순수공공재는 그 특성 때문에 양(+)의 가격을 매길 수 없다. ( )

33 코즈정리(Coase Theorem)에 따르면 일정한 조건하에서 이해당사자의 비자발적 협상에 의해 외부성의 문제가 해결될 수 있다. ( )

34 긍정적 외부효과가 존재할 경우 시장생산량은 사회적으로 바람직한 생산량보다 많다. ( )

▶ **정답과 해설** ◀   18 ×   19 ○   20 ×   21 ×   22 ×   23 ○   24 ×   25 ×   26 ×   27 ×
　　　　　　　　　 28 ×   29 ○   30 ×   31 ×   32 ○   33 ×   34 ×

✔ **오답분석**

18 독점기업은 이윤극대화를 위한 공급량과 가격을 독점기업이 정하므로 공급곡선은 존재하지 않는다.
20 완전경쟁시장에서의 한계수입은 일정하기 때문에 한계수입곡선은 수평선의 형태를 갖는다.
21 소비자들의 수요 행태가 다양할 때 가장 효과적인 방법은 제1급 가격차별이다.
22 독점기업이 가격차별을 하면 순수독점보다 생산량이 증가하고, 거래량도 증가하여 사회후생은 항상 증가한다.
24 생산요소의 가격이 변하지 않는 비용불변산업에서 수평의 장기 공급곡선을 갖는다.
25 독점적 경쟁시장은 제품의 차별화가 이루어지므로 재화는 이질적이라고 볼 수 있는데, 제품의 차별화가 클수록 그 제품을 대체하기가 어려우므로 수요곡선은 비탄력적이 된다.
26 지니계수는 45도 대각선과 로렌츠곡선 사이에 만들어진 초승달 모양의 면적을 45도 대각선 아래의 삼각형 면적으로 나눈 비율이다.
27 지니계수의 값이 작을수록 평등한 분배상태를 나타낸다.
28 동일한 지니계수 값을 갖는 두 로렌츠 곡선은 교차할 수 있다.
30 전체 구성원의 소득기준 상위 10% 계층이 전체 소득의 40%를 벌면 소득이 불균등한 상황이다. 로렌츠 곡선은 소득이 완전균등할 때 대각선이다.
31 문제의 지문은 비경합성에 대한 설명으로, 배제불가능성이란 비용을 부담하지 않은 소비자일지라도 공공재의 소비로부터 배제할 수 없음을 의미한다.
33 코즈정리(Coase Theorem)에 따르면 일정한 조건하에서 이해당사자의 자발적 협상에 의해 외부성의 문제가 해결될 수 있다.
34 긍정적 외부효과가 존재할 경우 시장생산량은 사회적으로 바람직한 생산량보다 적다.

CHAPTER 07 국민소득결정이론

35 확률보행가설은 소비자들이 장래소득에 관해 적응적 기대를 한다고 가정한다. ( )

36 케인즈는 공급은 스스로의 수요를 창조하므로 만성적인 수요부족은 존재하지 않는다고 주장한다. ( )

37 케인즈의 일반이론에서는 수요가 공급을 창출하는 '유효수요의 원리'를 주장한다. ( )

38 케인즈는 공급측면에 의해서 국민소득수준이 결정된다고 가정한다. ( )

39 케인즈 소비이론에서 현재의 소비는 현재의 가처분소득에 주로 의존하며, 미래의 가처분소득은 중요한 역할을 하지 않는다. ( )

40 케인즈학파는 경기침체의 원인이 공급 총공급의 부족에 있다고 주장한다. ( )

CHAPTER 08 거시경제의 균형

41 인적자본이 증가하면 장기총공급곡선은 오른쪽으로 이동한다. ( )

42 GDP 디플레이터는 국내에서 생산된 상품만을 조사 대상으로 하기 때문에 수입상품의 가격동향을 반영하지 못한다. ( )

43 우리나라의 소비자물가지수는 소비자가 소비하는 모든 상품과 서비스를 대상으로 측정되기 때문에 정부 물가관리의 주요 대상지표가 된다. ( )

44 기존 주택의 거래, 중고자동차의 거래는 국내총생산(GDP)에 포함하지 않는다. ( )

45 정부지출 증가는 정부(공공)저축 감소로 이어지고, 정부저축 감소는 대부자금의 공급 감소로 이어지며, 이는 결국 이자율을 상승시킨다. ( )

CHAPTER 09 거시경제안정화정책

46 유동성함정에 빠진 경우 확장적 통화정책은 총수요를 증가시킨다. ( )

47 구축효과란 정부지출 증가가 소비지출 감소를 초래한다는 것을 의미한다. ( )

48 화폐공급의 증가가 장기에는 물가만을 상승시킬 뿐 실물변수에는 아무런 영향을 미치지 못하는 현상을 화폐의 장기중립성이라 한다. ( )

49 전통적인 케인즈 경제학자들은 통화정책이 재정정책보다 더 효과적이라고 주장했다. ( )

50 기업이 일용직 급여를 계좌이체 대신 현금으로 지급하는 경우 예금창조 금액은 더 많아진다. ( )

CHAPTER 10 화폐금융론

51 항상소득이론에서 일시소득의 한계소비성향은 항상소득의 한계소비성향보다 크다. ( )

52 생애주기이론에서는 같은 금액의 가처분소득을 가지더라도, 사람들은 나이에 따라 다른 소비성향을 보인다. ( )

53 법정지급준비율은 통화승수에 영향을 미친다. ( )

54 중앙은행이 민간에 국채를 매각하면 통화량이 증가한다. ( )

▶ 정답과 해설 ◀ 35 × 36 × 37 ○ 38 × 39 ○ 40 × 41 ○ 42 ○ 43 × 44 ○
45 ○ 46 × 47 × 48 ○ 49 × 50 × 51 × 52 ○ 53 ○ 54 ○

✔ 오답분석
35 확률보행가설은 항상소득가설에 합리적 기대를 가정한 소비형태이다.
36 공급은 스스로의 수요를 창조한다는 명제는 고전학파의 이론에 관한 설명이다.
38 초과생산능력으로 유효수요가 생산가능하므로 수요측면에 의해서 국민소득수준이 결정된다고 본다.
40 케인즈학파는 경기침체의 원인이 유효수요의 부족에 있다고 주장하였다.
43 소비자물가지수는 소비자가 소비하는 모든 상품과 서비스를 대상으로 하는 것이 아닌 일상생활을 영위하기 위해 구입하는 재화와 서비스를 대상으로 한다.
46 유동성함정에 빠진 경우 확장적 통화정책은 총수요에 영향을 주지 않는다.
47 정부지출의 증가로 인해 총수요가 증가하면, 이자율이 상승하여 민간투자가 감소하게 되는데, 이를 구축효과라 한다.
49 케인즈 경제학자들은 통화정책이 전달경로가 길고 불확실하여 효과가 매우 미약하며, 유동성함정의 경우 무력하다고 보았다. 그러나 재정정책은 구입효과로 인해 매우 효과적이어서, 정부가 적극적으로 개입하여 재량적인 재정정책으로 경제의 안정화를 도모해야 한다고 주장하였다.
50 예금창조기능이란 은행에 예금과 대출이 반복되면서 통화량이 처음 은행에 예금된 금액보다 훨씬 증가하는 것을 말한다. 기업이 일용직 급여를 계좌이체 대신 현금으로 지급하는 경우, 은행 밖으로 빠져나간 금액이 많아지므로 예금창조 금액은 더 적어진다.
51 항상소득이론에 의하면 일시소득이 증가하더라도 소비의 증가가 나타나지 않으므로, 일시소득의 한계소비성향은 항상소득의 한계소비성향보다 작다.

CHAPTER 11　인플레이션과 실업

55 예상치 못한 인플레이션이 발생하면 채권자가 이득을 보고 채무자가 손해를 보게 된다.　(　)

56 경기호황 속에 물가만 상승하는 현상을 스태그플레이션이라고 한다.　(　)

57 경기변동 때문에 발생하는 실업을 경기적 실업이라 한다.　(　)

58 실업보험은 마찰적 실업을 감소시켜 자연실업률을 하락시키는 경향이 있다.　(　)

59 인플레이션이 발생하면 상대가격이 유지되어 발생하는 자원배분 왜곡으로 인한 인플레이션 비용이 발생한다.
　(　)

60 모두가 합리적 기대를 하는 경제의 경우, 단기에 필립스 곡선은 항상 수직이다.　(　)

CHAPTER 12　경기변동과 경제성장

61 보상적 임금격차(compensating wage differential) 이론에 따르면, 모든 근로자가 위험선호자이기 때문에 고위험 직종의 임금이 높게 형성된다.　(　)

62 인구증가율이 증가하면, 자본의 황금률 수준은 증가한다.　(　)

63 한 국가의 인구증가율의 상승은 균제상태에서 1인당 자본량과 1인당 소득을 감소시킨다.　(　)

64 저축률이 황금률 수준의 저축률보다 높은 경우에는 저축률을 황금률 수준으로 낮추면, 현재소비와 미래소비 모두 저축률을 낮추기 이전보다 늘어난다.　(　)

65 실물경기변동이론에 따르면 양(+)의 기술충격은 실질임금을 상승시킨다.　(　)

CHAPTER 13　국제경제학

66 리카도의 대등정리에 따르면 정부지출 재원조달 방식은 실질변수에 아무런 영향을 미치지 못하므로 재정정책을 실시할 때에도 영향을 미치지 못한다.　(　)

67 리카도의 대등정리가 성립하는 경우에, 정부가 발행한 국채는 민간의 순자산을 증가시키지 않는다.　(　)

68 폐쇄경제에서 투자의 이자율탄력성이 0일 때, 중앙은행이 긴축통화정책을 시행하면 소득이 감소한다.
( )

69 고정환율제하에서 통화공급이 증가할 경우, 환율은 변하지 않지만 소득은 증가한다. ( )

70 헥셔 – 올린 정리(Heckscher – Ohlin theorem)에 따르면 양국간 요소부존의 차이가 재화의 상대가격 차이를 발생시켜 비교우위가 결정된다.
( )

71 변동환율제하에서 확장적 재정정책을 시행할 경우, 자국화폐의 평가절상으로 소득이 감소한다. ( )

72 이자율 평형조건(Interest Parity Condition)에 의하면 국내 이자율이 해외 이자율보다 높으면 국내 통화가치가 하락할 것으로 기대된다.
( )

▶ **정답과 해설** ◀ 55 ×   56 ×   57 ○   58 ×   59 ×   60 ×   61 ×   62 ×   63 ○   64 ○
　　　　　　　　　 65 ○   66 ○   67 ○   68 ×   69 ×   70 ○   71 ×   72 ○

✔ **오답분석**
55 예상치 못한 인플레이션이 발생하면 화폐가치가 하락하여 채무자는 이득을, 채권자는 손해를 보게 된다.
56 스태그플레이션이란 경기불황 속에 물가가 상승하는 현상을 말한다.
58 실업보험은 마찰적 실업을 증가시켜 자연실업률을 상승시키는 경향이 있다.
59 상대가격이 유지되지 못해 자원배분 왜곡의 문제가 발생한다.
60 합리적 기대가 성립한다고 해도, 기대 물가와 실제 물가가 다르면 단기적으로 산출량과 실업률이 변동할 수 있고, 이때 단기 필립스곡선은 우하향한다.
61 보상적 임금격차(compensating wage differential) 이론에 따르면, 일반적으로 근로자들이 위험회피자이기 때문에 고위험 직종의 임금이 높게 형성된다.
62 인구증가율이 증가하면 필요투자액이 증가하여 자본의 황금률 수준은 감소한다.
68 투자의 이자율탄력성이 0이면 IS곡선은 수직선 형태로 긴축통화정책을 시행하여도 소득에는 영향을 주지 않는다.
69 고정환율제하에서 통화정책은 효과가 없으므로, 통화공급이 증가할 경우 환율과 소득 모두 변하지 않는다.
71 변동환율제하에서 확장적 재정정책을 시행할 경우, IS곡선의 우측이동으로 자국화폐가 평가절상 되지만 그에 따라 수출이 감소하고 수입이 증가하면서 IS곡선은 다시 좌측이동한다. 따라서 소득은 불변한다.

CHAPTER 01 수요와 공급

> **출제포인트**
> ☐ 수요량의 변화와 수요의 변화
> ☐ 수요의 가격탄력성
> ☐ 물품세부과와 자원배분

제1절 수요·공급의 이론

I 수요이론

1. 의 의
수요란 일정 기간 동안 주어진 가격으로 수요자들이 구입하려고 의도하는 재화 또는 서비스의 총량을 의미한다.

2. 수요함수와 수요의 법칙
① **수요함수** : 수요함수란 어떤 재화에 대한 수요와 그 재화의 수요에 대하여 영향을 미치는 요인과의 관계를 분석한 것을 말한다.

$$D_n = f(P_n,\ P_1,\ \cdots P_{n-1},\ Y,\ T,\ N,\ M)$$
(P_n : n재의 가격, $P_1,\ \cdots P_{n-1}$: 타재화의 가격, Y : 소득수준, T : 선호도, N : 인구, M : 소득)

② **수요의 법칙** 기출 11 : 수요의 법칙이란 가격이 상승하면 수요량이 감소하는 것을 말한다. 수요의 법칙이 성립하는 경우 수요곡선은 우하향한다. 단, Giffen재의 경우와, Veblen's Effect가 존재하는 경우는 성립하지 않는다.
  ㉠ Giffen재 : 가격이 하락하는 경우 대체효과의 크기보다 소득효과의 크기가 커서 수요량이 감소하는 재화로 열등재의 일종이다.
  ㉡ Veblen's Effect : 귀금속이나 화장품 등의 경우 가격이 상승할 때 오히려 수요량이 증가하는데 이는 다른 사람들에게 과시하고 싶은 욕구 때문이다.

3. 수요량의 변화와 수요의 변화 기출 11·14

① **수요량의 변화** : 당해 재화의 가격변화로 인한 수요곡선상의 이동을 의미한다.
② **수요의 변화** : 당해 재화가격 이외의 다른 요인의 변화로 수요곡선 자체가 이동하는 경우를 말한다.
　㉠ 수요의 증가 : 수요곡선 자체의 우측 이동
　㉡ 수요의 감소 : 수요곡선 자체의 좌측 이동

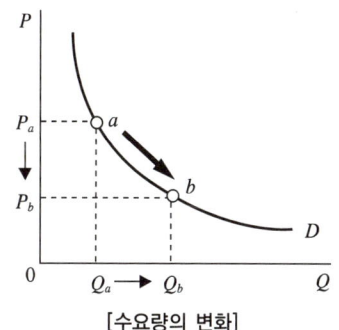

[수요량의 변화]

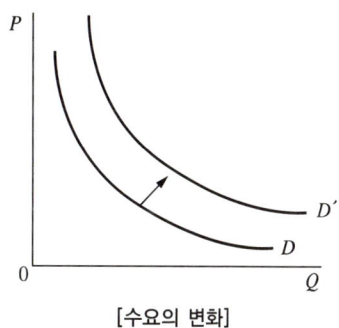

[수요의 변화]

4. 수요변화의 요인 기출 19·21·22·25

① 타재화의 가격변화
　㉠ 대체재(커피와 홍차의 관계) : 커피의 가격이 상승하는 경우 홍차에 대한 수요가 증가
　㉡ 보완재(커피와 설탕의 관계) : 커피의 가격이 상승하여 커피의 수요량이 감소하는 경우 설탕의 수요도 감소
② 소득수준의 변화
　㉠ 우등재(상급재·정상재·보통재) : 소득이 증가하는 경우 수요가 증가한다.
　㉡ 열등재(하급재) : 소득이 증가하는 경우 수요가 감소한다.
③ 소득의 분포 : 사회전체적인 소득이 평등분배 될수록 사회전체의 소비성향이 증대되어 수요가 증가한다.
④ 물가상승에 대한 기대 : 물가상승을 기대하는 경우 수요가 증가하는데 이를 가수요라 한다.

수요변화의 요인		수요변화	수요곡선이동
소득 증가	정상재	증 가	우측이동
	열등재	감 소	좌측이동
다른 재화의 가격 상승	대체재	증 가	우측이동
	보완재	감 소	좌측이동

Ⅱ 공급이론

1. 의 의
일정기간 동안 주어진 가격으로 생산자들이 판매하고자 의도하는 재화 또는 서비스의 총량을 의미한다.

2. 공급함수
공급함수란 어떤 재화에 대한 공급과 그 재화의 공급에 대하여 영향을 미치는 요인과의 관계를 분석한 것을 의미한다.

$$S_n = f(P_n \cdot P_1 \cdots P_{n-1} \cdot F_1 \cdots F_m)$$
(P_n : n재의 가격, $P_1 \cdots P_{n-1}$: 타재화의 가격, $F_1 \cdots F_m$: 생산요소의 가격)

3. 공급량의 변화와 공급의 변화
① 공급량의 변화 : 당해 재화의 가격 변화로 인한 공급곡선상의 이동을 의미한다.

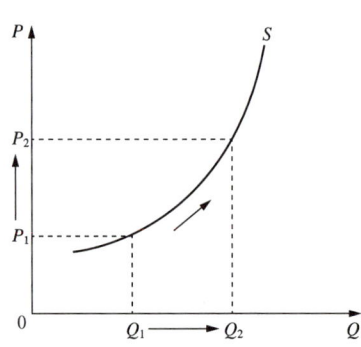

② 공급의 변화 : 당해 재화가격 이외의 다른 요인의 변화로 공급곡선 자체가 이동하는 것을 말한다.
  ㉠ 공급의 증가 : 공급곡선 자체의 우측 이동
  ㉡ 공급의 감소 : 공급곡선 자체의 좌측 이동

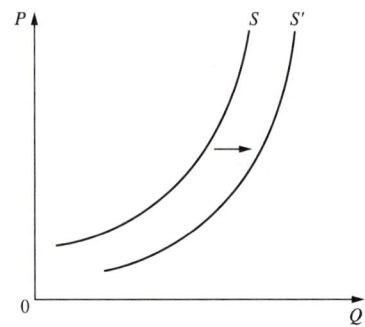

4. 공급변화의 요인
① 타재화의 가격변화 : 주어진 생산요소를 이용하여 대체 생산이 가능한 두 재화가 있을 때 한 재화의 가격이 상승하면 다른 재화의 공급은 감소한다.
② 생산요소의 가격변화 : 생산요소의 가격이 상승하는 경우 공급은 감소한다.
③ 기술의 변화 : 기술수준이 진보하는 경우 공급은 증가한다.

Ⅲ 시장균형

1. 시장균형가격

가격이 P_1인 경우 시장에는 기업이 팔고자 하는 상품 중 일부가 팔리지 않는 초과공급(Excess Supply)상태가 나타난다. 초과공급의 존재는 가격을 P_1이하로 떨어트려 가격이 P_2인 경우 시장에는 초과수요(Excess Demand)가 발생하여 가격이 상승하게 된다. 시장균형가격인 P_*에서는 초과공급이나 초과수요가 생기지 않으며, 이 가격은 다른 교란요인이 없는 한 계속 유지될 수 있다.

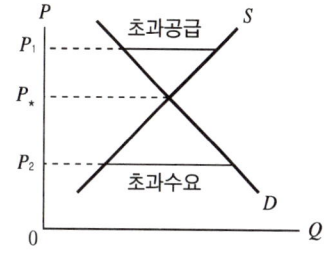

2. 시장균형의 변화 기출 17·23·24

① 시장균형가격의 변화 : 수요가 증가하거나 공급이 감소하는 경우 시장가격은 상승하며 수요가 감소하거나 공급이 증가하는 경우 시장가격은 하락한다.
② 시장균형거래량의 변화 : 수요가 증가하거나 공급이 증가하는 경우 시장균형거래량은 증가하며 수요가 감소하거나 공급이 감소하는 경우 시장균형거래량은 감소한다.

제2절 탄력성

Ⅰ 수요의 탄력성

1. 의 의

수요의 탄력성은 각 독립변수의 변화에 대해 수요량이 얼마나 민감하게 반응하는지를 하나의 숫자로 나타내 준다. 일반적으로 말해 'A의 B 탄력성'(B Elasticity of A)이라고 하는 것은, B라는 독립변수의 변화에 대해 종속변수 A가 얼마나 민감하게 반응하는가를 나타내는 특정한 탄력성을 뜻한다.

2. 수요의 가격탄력성 기출 10·13·15·16·21

① 의의 : 수요의 가격탄력성(Price Elasticity of Demand)은 상품가격의 그 변화율에 대한 수요량 변화율의 상대적 크기로 측정된다.
② 가격탄력성의 도출

$$E_p = -\frac{\text{수요량의 변화율}}{\text{가격의 변화율}} = -\frac{\frac{\Delta Q_D}{Q_D}}{\frac{\Delta P}{P}} = -\frac{\Delta Q_D}{\Delta P} \cdot \frac{P}{Q_D}$$

③ 예외적인 경우 기출 13·15·18

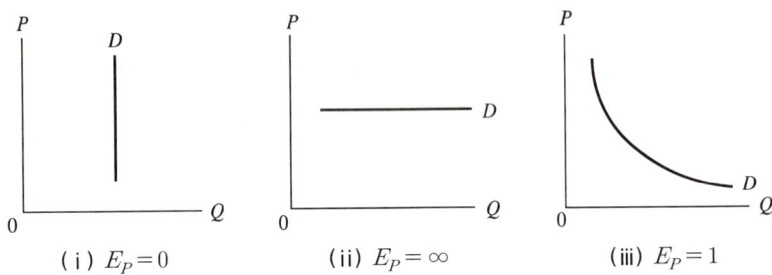

(i) $E_P = 0$ (ii) $E_P = \infty$ (iii) $E_P = 1$

㉠ 그림 (i)의 수직선으로 나타나 있는 수요곡선의 경우에는 모든 점에서 가격탄력성이 0이다.
㉡ 그림 (ii)의 수평선은 가격탄력성이 무한대인 경우이며, 그림 (iii)의 수요곡선은 직각쌍곡선의 모양을 갖고 있는데, 모든 점에서의 가격탄력성이 1의 값을 갖는다.

3. 가격탄력성과 판매수입 기출 21·24

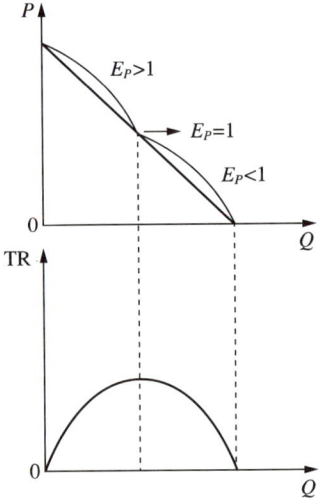

① $E_P > 1$: 수요량의 변화율 > 가격의 변화율
   가격을 인하하는 경우 가격인하에 따른 총수입 감소분보다 가격인하에 따른 수요증가로 인한 총수입의 증가분이 더 커서 총수입이 증가하고, 가격을 인상하는 경우 총수입은 감소한다.
② $E_P = 1$: 수요량의 변화율 = 가격의 변화율
   가격을 인상하는 경우나 인하하는 경우에 관계없이 총수입은 변화가 없다.
③ $0 < E_P < 1$: 수요량의 변화율 < 가격의 변화율
   가격을 인상하는 경우 가격인상에 따른 총수입 증가분이 수요감소에 따른 총수입의 감소분보다 커서 총수입이 증가하고 가격을 인하하는 경우 총수입은 감소한다.

4. 가격탄력성의 결정요인

① 재화의 성격
   ㉠ 사치재 : $E_P > 1$
   ㉡ 필수재 : $0 < E_P < 1$
② 대체재의 존재여부 : 대체재를 쉽게 찾을 수 없는 경우라면 가격탄력성이 작을 것이나, 다른 물건으로 쉽게 대체될 수 있는 것이라면 가격탄력성이 클 것이다.
③ 전체지출에서 차지하는 비중 : 상품에 대한 지출이 한 가계의 전체 지출 중에서 차지하는 비중이 큰 경우에는 수요의 가격탄력성이 클 것이다.

5. 기타의 수요탄력성

① **소득탄력성**: 수요의 소득탄력성(Income Elasticity of Demand)은 소득수준에 생긴 작은 변화에 대해 수요가 얼마나 민감하게 반응하는가를 나타내고 있다.

$$E_M = \frac{\text{수요(량)의 변화율}}{\text{소득의 변화율}} = \frac{\triangle Q/Q}{\triangle M/M}$$

② **소득탄력성에 따른 재화의 분류**
  ㉠ 다른 모든 조건이 동일할 때, 소득의 증가가 그 상품에 대한 수요를 증가시키면 그 상품을 정상재(Normal Goods)라 하고, 수요를 감소시키면 열등재(Inferior Goods)라고 한다.
    → 정상재: $E_M > 0$, 열등재: $E_M < 0$
  ㉡ 정상재는 수요증가율이 소득증가율보다 더 크냐 아니면 작으냐에 따라 사치재(Luxuries)와 필수재(Necessities)로 구분할 수 있다.
    → 필수재: $0 < E_M < 1$, 사치재: $E_M > 1$

③ **교차탄력성** 기출 12·25
  ㉠ 교차탄력성(Cross Elasticity of Demand)은 한 상품의 가격에 생긴 변화에 대해 다른 상품의 수요가 얼마나 민감하게 반응하는가를 나타낸다.

$$E_c = \frac{Y\text{재 수요(량)의 변화율}}{X\text{재 가격의 변화율}} = \frac{\triangle Q_Y/Q_Y}{\triangle P_X/P_X}$$

  ㉡ 대체재의 관계에 있는 재화 간의 교차탄력성은 0보다 크며 보완재의 관계에 있는 재화 간의 교차탄력성은 0보다 작다.

Ⅱ 공급의 가격탄력성

1. 의의

공급의 가격탄력성은 가격의 변화에 대한 공급의 변화정도를 나타낸다.

2. 가격탄력성의 도출 기출 20

$$E_P^S = \frac{\text{공급량의 변화율}}{\text{가격의 변화율}} = \frac{\frac{\triangle Q_S}{Q_S}}{\frac{\triangle P}{P}} = \frac{\triangle Q_S}{\triangle P} \cdot \frac{P}{Q_S}$$

3. 공급곡선의 가격탄력성 [기출 19]

공급곡선의 절편이 P축에 존재하는 경우 가격탄력성은 1보다 크며 공급곡선의 절편이 Q축에 존재하는 경우는 1보다 작다. 만약 공급곡선이 원점을 지나는 직선인 경우 공급의 가격탄력성은 1이다.

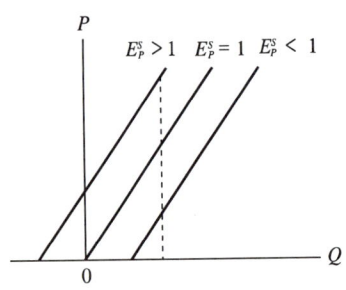

$$E_P^S = \frac{\triangle Q_S}{\triangle P} \cdot \frac{P}{Q_S} = \frac{OC}{BE} \cdot \frac{BC}{OC} = \frac{BC}{BE} > 1$$

4. 공급의 가격탄력성 결정요인

생산량 증가시 생산비가 완만히 상승하는 경우, 기술수준의 향상이 빠를수록, 유휴설비가 많을수록, 측정기간이 길어질수록 공급의 가격탄력성은 커진다.

제3절 수요·공급이론의 응용

I 가격규제

가격에 대한 정부의 규제에는 가격이 일정한 수준 이상으로 올라가는 것을 막는 최고가격제도(Price Ceiling)와 그 반대로 가격이 일정한 수준 이하로 내려가는 것을 막는 최저가격제(Price Floor)의 두 가지 형태가 있다.

① **최고가격제도** : 최고가격제도는 소비자를 보호할 목적으로 시장균형가격보다 낮은 가격을 최고가격으로 설정하여 그 이상으로 가격이 올라가지 못하게 하는 제도를 말한다. 최고가격을 실시하는 경우 시장에는 초과수요가 발생하여 비시장적 자원배분이 발생하고 암시장이 형성될 가능성이 있으며 인위적인 가격규제에 의한 비효율이 발생한다.

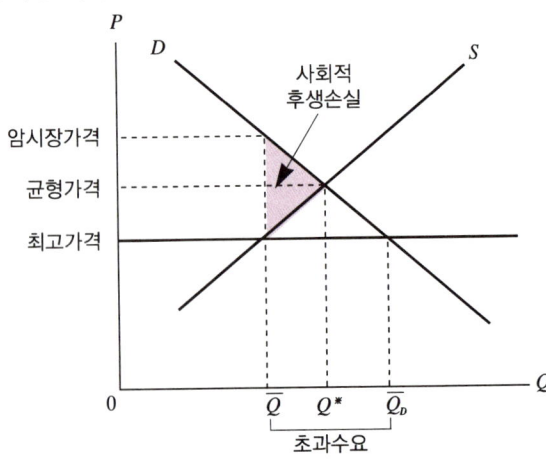

② **최저가격제도** : 최저가격제도는 공급자 보호를 위해 시장균형가격보다 높은 가격수준에 최저가격을 설정하여 가격이 그 이하로 내려가지 못하게 하는 제도를 말한다. 미숙련 노동시장에서 최저임금제가 실시되면 시장 내의 초과공급 발생으로 비자발적 실업($\overline{L_1L_2}$)이 발생하며 인위적인 가격규제에 의해 사회적 비효율이 발생하게 된다.

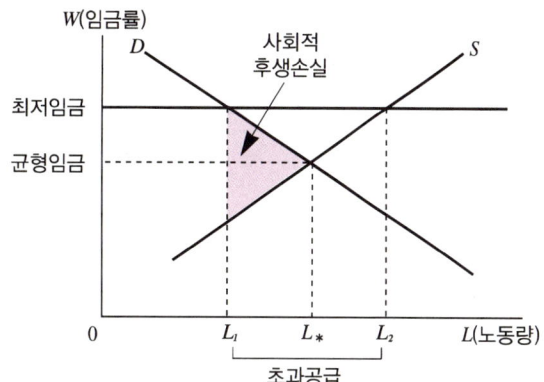

Ⅱ 물품세 부과의 경제적 효과

1. 물품세 부과와 자원배분 [기출] 15·16·18·22·24·25

판매량 매 단위에 대하여 일정액으로 부과되는 소비세를 물품세라 하며 정부가 기업의 재화에 대하여 물품세를 부과하면 공급은 감소하여 공급곡선은 단위당 물품세만큼 평행으로 좌상방으로 이동한다.

물품세 부과에 따라 소비자가격은 상승하며($P_0 \to P_1$) 공급자가 인식하는 가격수준은 하락한다 ($P_0 \to P_2$). 소비자가격의 상승분($\overline{P_1P_0}$)이 소비자부담에 해당하며 공급자가 인식하는 가격수준의 하락폭($\overline{P_0P_2}$)이 공급자부담에 해당한다. 물품세 부과에 따라 사회적으로 비효율이 발생하고 시장균형거래량은 감소한다.

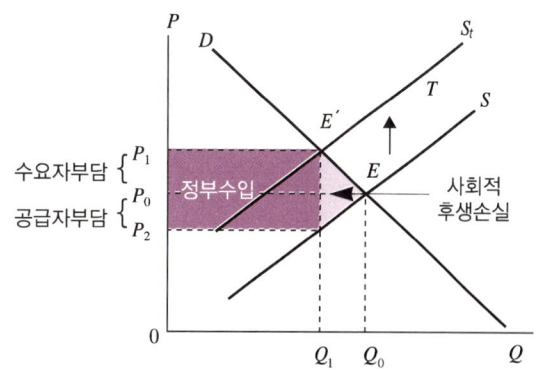

2. 물품세의 귀착 [기출] 15·17·19·22·23·25

$$\frac{수요의\ 가격탄력성}{공급의\ 가격탄력성} = \frac{공급자\ 부담}{소비자\ 부담}$$

수요가 비탄력적일수록, 공급이 탄력적일수록 물품세는 소비자에게 많이 전가되며, 수요와 공급이 비탄력적일수록 물품세부과로 인한 정부의 조세수입액은 크다.

CHAPTER 01 수요와 공급

01 상품 A의 수요함수가 $Q = 4P^{-2}Y^{0.4}$일 때, 이에 관한 설명으로 옳은 것은?(단, Q는 수요량, P는 가격, Y는 소득이다) 기출 21

① 가격이 상승하면, 총수입은 증가한다.
② 소득이 2% 감소하면, 수요량은 0.4% 감소한다.
③ 소득탄력성의 부호는 음(−)이다.
④ 가격이 상승함에 따라 수요의 가격탄력성도 증가한다.
⑤ 수요의 가격탄력성(절댓값)은 2이다.

02 수요의 가격탄력성에 관한 설명으로 옳지 않은 것은?(단, Q는 수량, P는 가격이다) 기출 21

① 상품가격이 변화할 때 상품수요가 얼마나 변하는가를 측정하는 척도이다.
② 수요곡선이 수직선이면 언제나 일정하다.
③ 수요곡선이 $Q = 5/P$인 경우, 수요의 가격탄력성(절댓값)은 수요곡선상 모든 점에서 항상 1이다.
④ 정상재인 경우 수요의 가격탄력성이 1보다 클 때 가격이 하락하면 기업의 총수입은 증가한다.
⑤ 사치재에 비하여 생활필수품은 수요의 가격탄력성이 작다.

03 기펜재(Giffen Goods)에 관한 설명으로 옳지 않은 것은? 기출 21

① 가격이 하락하면 재화의 소비량은 감소한다.
② 소득효과가 대체효과보다 큰 재화이다.
③ 가격상승 시 소득효과는 재화의 소비량을 감소시킨다.
④ 기펜재는 모두 열등재이지만 열등재가 모두 기펜재는 아니다.
⑤ 가격하락 시 대체효과는 재화의 소비량을 증가시킨다.

해설 및 정답

01 $\varepsilon = -\dfrac{dQ}{dP} \cdot \dfrac{P}{Q} = 8P^{-3}Y^{0.4} \times \dfrac{P}{4P^{-2}Y^{0.4}} = 2$

① 수요의 가격탄력성이 1보다 큰 경우에는 가격이 상승하면 총수입은 감소한다.
② $\varepsilon_M = \dfrac{dQ}{dY} \times \dfrac{Y}{Q} = 1.6P^{-2}Y^{-0.6} \times \dfrac{Y}{4P^{-2}Y^{0.4}} = 0.4$ 이므로, 소득이 2% 감소하면 수요량은 0.8% 감소한다.
③ 소득탄력성의 부호는 양(+)이다.
④ 가격에 상관없이 수요의 가격탄력성은 2로 동일하다.

정답 ❺

02 수요의 가격탄력성은 가격변화에 따른 수요량 변화의 정도를 측정하는 지표이다.
② 수요곡선이 수직선이면 수요의 가격탄력성은 항상 0이다.
③ 수요곡선이 직각쌍곡선의 형태일 때에는 수요의 가격탄력성은 수요곡선상 모든 점에서 항상 1이다.
④ 정상재인 경우 수요의 가격탄력성이 1보다 클 때 가격이 하락하면 총수입은 증가하고, 반대로 가격이 상승하면 총수입은 감소한다.
⑤ 생필품은 가격변화에 따른 수요량 변화가 사치재보다 작으므로, 수요의 가격탄력성이 상대적으로 작다.

〈가격탄력성에 따른 총수입의 변화(정상재)〉

가격탄력성의 크기	총수입	
	가격하락 시	가격상승 시
$0 < \varepsilon < 1$	감 소	증 가
$\varepsilon = 1$	불 변	불 변
$\varepsilon > 1$	증 가	감 소

수요 vs 수요량
- 수요 : 소비자가 어떤 재화나 서비스를 일정한 가격으로 사려는 욕구
- 수요량 : 특정한 가격 수준에서 소비자들이 구매하고자 하는 재화나 서비스의 수량

정답 ❶

03 열등재란 소득이 줄어들수록 수요가 증가하고, 소득이 늘어날수록 수요가 감소하는 재화를 말하는데, 기펜재란 열등재 중에서도 소득효과가 대체효과보다 커서 가격상승 시 수요가 오히려 증가하는 재화를 말한다.

정답 ❸

04 정부가 제품 1개당 10만큼의 종량세를 부과할 때 나타나는 현상에 관한 설명으로 옳지 않은 것은?(단, 수요곡선은 우하향하고 공급곡선은 우상향한다) 기출 19

① 공급자에게 종량세를 부과하면 균형가격은 상승한다.
② 수요자에게 종량세를 부과하면 균형가격은 하락한다.
③ 종량세를 공급자에게 부과하든 수요자에게 부과하든 정부의 조세수입은 같다.
④ 종량세를 공급자에게 부과하든 수요자에게 부과하든 경제적 순손실(Deadweight loss)은 같다.
⑤ 수요의 가격탄력성이 공급의 가격탄력성보다 클 경우 공급자보다 수요자의 조세부담이 크다.

05 재화 X의 공급함수가 $Q=10P-4$이다. $P=2$일 때, 공급의 가격탄력성은?(단, Q는 공급량, P는 가격이다) 기출 19

① 0.5
② 0.75
③ 1
④ 1.25
⑤ 2.5

06 수요의 가격탄력성이 무한대(∞)이고 공급곡선이 우상향하는 재화에 대해 물품세가 부과될 경우, 조세부담의 귀착에 관한 설명으로 옳은 것은? 기출 25

① 조세부담은 모두 소비자에게 귀착된다.
② 조세부담은 모두 생산자에게 귀착된다.
③ 조세부담은 양측에 귀착되나 소비자에게 더 귀착된다.
④ 조세부담은 양측에 귀착되나 생산자에게 더 귀착된다.
⑤ 조세부담은 소비자와 생산자에게 똑같이 귀착된다.

07 ( )에 들어갈 내용으로 옳은 것은?(단, 두 재화의 수요곡선은 우하향하고 공급곡선은 우상향한다) 기출 22

> X재의 가격이 상승할 때, X재와 대체 관계에 있는 Y재의 (ㄱ)곡선은 (ㄴ)으로 이동하고, 그 결과 Y재의 균형가격은 (ㄷ)한다.

① ㄱ : 수요, ㄴ : 우측, ㄷ : 상승
② ㄱ : 수요, ㄴ : 좌측, ㄷ : 상승
③ ㄱ : 수요, ㄴ : 좌측, ㄷ : 하락
④ ㄱ : 공급, ㄴ : 우측, ㄷ : 상승
⑤ ㄱ : 공급, ㄴ : 좌측, ㄷ : 하락

해설 및 정답

04 종량세가 수요자나 공급자 누구에게 부과되어도 동일한 조세수입을 가져오지만, 누가 더 많은 조세를 부과하는지는 수요와 공급의 탄력성에 의해 결정된다. 지문에서 <u>수요자의 가격탄력성이 더 크다고 하였으므로, 공급자가 더 많은 조세를 부담</u>한다. 상대적으로 가격탄력성이 낮은 쪽의 조세부담이 커지는 것은, 조세부과로 인한 가격상승에도 수요량의 감소가 적기 때문이다.
① 종량세를 공급자에게 부과하면 공급곡선이 10만큼 상방으로 이동하므로, 균형가격은 상승한다.
② 종량세를 수요자에게 부과하면 수요곡선이 10만큼 하방으로 이동하므로, 균형가격은 하락한다.
③ 종량세가 공급자에게 부과되든, 수요자에게 부과되든 균형가격의 변화만 있을 뿐, 정부의 조세수입은 동일하다.
④ 정부의 수입이 동일하므로, 경제적 순손실도 동일하다.

정답 ❺

05 • 공급의 가격탄력성 : $\dfrac{dQ}{dP} \times \dfrac{P}{Q}$

• $\dfrac{dQ}{dP}$는 공급함수를 P에 대하여 미분한 것으로 10이다. 또한, $P=2$를 공급함수 $Q=10P-4$에 대입하여 보면 $Q=16$이 계산된다. 따라서 공급의 가격탄력성 $= 10 \times \dfrac{2}{16} = 1.25$

정답 ❹

06 수요가 탄력적일수록, 공급이 비탄력적일수록 생산자부담이 커진다. 수요의 가격탄력성이 무한대일 경우 조세는 모두 생산자에게 귀착된다.

정답 ❷

07 X재 가격 상승 → X재 소비량 감소 → Y재 소비량 증가 → Y재 수요곡선 우측이동 → Y재 균형가격 상승

정답 ❶

08 수요의 탄력성에 관한 설명으로 옳은 것은? 기출 18

① 재화가 기펜재라면 수요의 소득탄력성은 양(+)의 값을 갖는다.
② 두 재화가 서로 대체재의 관계에 있다면 수요의 교차탄력성은 음(-)의 값을 갖는다.
③ 우하향하는 직선의 수요곡선상에 위치한 두 점에서 수요의 가격탄력성은 동일하다.
④ 수요의 가격탄력성이 '1'이면 가격변화에 따른 판매총액은 증가한다.
⑤ 수요곡선이 수직선일 때 모든 점에서 수요의 가격탄력성은 '0'이다.

09 정부의 가격통제에 관한 설명으로 옳지 않은 것은?(단, 시장은 완전경쟁이며 암시장은 존재하지 않는다)
기출 18

① 가격상한제란 정부가 설정한 최고가격보다 낮은 가격으로 거래하지 못하도록 하는 제도이다.
② 가격하한제는 시장의 균형가격보다 높은 수준에서 설정되어야 효력을 가진다.
③ 최저임금제는 저임금근로자의 소득을 유지하기 위해 도입하지만 실업을 유발할 수 있는 단점이 있다.
④ 전쟁 시에 식료품 가격안정을 위해서 시장균형보다 낮은 수준에서 최고가격을 설정하여야 효력을 가진다.
⑤ 시장 균형가격보다 낮은 아파트 분양가 상한제를 실시하면 아파트 수요량은 증가하고, 공급량은 감소한다.

10 수요곡선이 우하향하는 직선이며, 이 곡선의 가로축과 세로축의 절편이 각각 a, b라고 할 때, 수요의 가격탄력성(E_P)에 관한 설명으로 옳지 않은 것은?(단, 가격과 수요량이 0보다 큰 경우만 고려한다) 기출 24

① 어떤 가격에서의 수요량이 $\frac{a}{2}$보다 작다면 $E_P > 1$이다.
② 가격이 0에서 b에 가까워질수록 E_P가 더 커진다.
③ 현재의 가격에서 $E_P > 1$인 경우 기업이 가격을 올리면 총수입이 증가한다.
④ b가 일정할 경우, 동일한 수요량에서는 a가 클수록 E_P가 더 크다.
⑤ a가 일정할 경우, 동일한 가격에서는 b가 클수록 E_P가 더 작다.

해설 및 정답

08 수요곡선이 수직선일 경우에는 아래의 그림에서 보듯이 모든 가격수준에서 동일한 양의 재화를 소비하기 때문에 가격탄력성은 0이다.

① 기펜재는 열등재의 일종으로 가격이 상승할수록 수요량이 증가하고 소득이 증가할수록 수요가 감소한다. 따라서 기펜재의 수요의 소득탄력성은 음(−)의 값을 갖는다.

② 대체재란 한 재화의 가격이 상승할 때 그 재화의 수요는 줄어들고, 대체가 가능한 상품의 수요가 늘어나는 관계를 갖는 재화이기 때문에, 수요의 교차탄력성은 양(+)의 값을 갖는다.

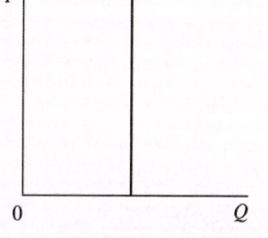

③ 수요곡선이 우하향하는 직선인 경우 수요곡선상에서의 수요가격 탄력은 동일하지 않다.

④ 가격탄력성이 1이라면 가격변화에 따른 판매총액은 불변이다. 왜냐하면 가격이 상승하면 상승한 만큼 수요가 줄 것이고, 가격이 하락하면 하락한 만큼 수요가 늘 것이기 때문이다.

정답 ⑤

09 가격상한제란 소비자 보호를 목적으로 정부가 설정한 가격보다 높은 가격으로 거래하지 못하도록 하는 제도이다.

② 가격하한제란 생산자 보호를 목적으로 정보가 설정한 가격보다 낮은 가격으로 거래하지 못하도록 하는 제도이므로, 시장의 균형가격보다 높은 수준으로 설정되어야 한다.

③ 최저임금은 노동시장의 균형임금보다 높은 수준으로 설정되기 때문에 노동의 초과공급이 발생하여 실업을 유발한다.

④ 전쟁이 발생한 경우라면, 상품의 공급이 부족하여 초과수요가 일어날 것이다. 시장의 자율에 맡기면 가격이 크게 상승할 것이므로 시장의 균형가격보다 낮은 수준에서 가격상한제를 시행하여야 한다.

⑤ 아파트 분양가가 시장 균형가격보다 낮다면 아파트를 구매하고자 하는 수요자는 증가하고 아파트를 판매하고자 하는 공급자는 감소한다.

정답 ①

10 가격탄력성이 1보다 큰 경우에 가격을 올리면 총수입은 <u>감소</u>한다.

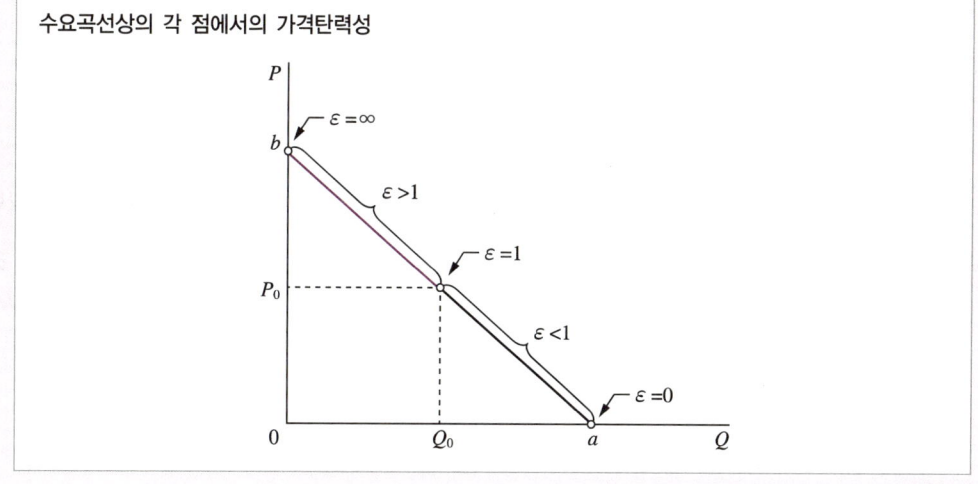

수요곡선상의 각 점에서의 가격탄력성

정답 ③

11 탄력성에 관한 설명으로 옳은 것을 모두 고른 것은? 기출 25

> ㄱ. 수요의 소득탄력성은 소득수준에 생긴 변화에 대해 수요가 얼마나 민감하게 반응하는가를 나타낸다.
> ㄴ. 다른 모든 조건이 동일할 때, 소득의 증가가 그 상품에 대한 수요를 감소시키면 그 상품은 열등재이다.
> ㄷ. 정상재 중 수요증가율이 소득증가율보다 크면 필수재이다.
> ㄹ. 교차탄력성은 한 상품의 가격 변화에 대해 다른 상품의 수요가 민감하게 반응하는 정도를 나타낸다.
> ㅁ. 대체재 관계에 있는 재화의 교차탄력성은 0보다 작다.

① ㄱ, ㄴ, ㄷ
② ㄱ, ㄴ, ㄹ
③ ㄱ, ㄹ, ㅁ
④ ㄴ, ㄷ, ㄹ
⑤ ㄷ, ㄹ, ㅁ

12 수요가 가격에 대해 완전탄력적이고 공급함수는 $Q = \frac{1}{2}P - 6$(P는 가격, Q는 수량)일 때 시장균형에서 거래량이 5라고 하자. 생산자에게 단위당 2의 물품세를 부과할 경우에 관한 설명으로 옳지 않은 것은?

기출 24

① 거래량은 4가 된다.
② 조세수입은 8이다.
③ 생산자잉여는 9만큼 감소한다.
④ 자중손실(deadweight loss)은 생산자잉여의 감소분과 일치한다.
⑤ 소비자에게 조세부담 귀착은 발생하지 않는다.

해설 및 정답

11 ㄷ. (×) 필수재는 수요증가율이 소득증가율보다 작은 정상재이다. 수요증가율이 소득증가율보다 큰 정상재는 <u>사치재</u>이다.
ㅁ. (×) 대체재 관계에 있는 재화의 교차탄력성은 0보다 <u>크다</u>.

정답 ②

12 자중손실은 생산자잉여 감소분 보다 작다, 왜냐하면 조세수입이 발생하기 때문이다.
① 공급함수를 P에 대해 정리하면 $P=2Q+12$가 된다.
수요가 가격에 대해 완전탄력적이기에 수요곡선은 수평선 형태로 도출된다. 시장균형에서 거래량 5를 공급함수에 대입하면 가격은 $22[=(2\times5)+12]$가 되며 이는 수요곡선과 일치한다. 생산자에 단위당 2의 물품세가 부과되면 수정 공급함수는 $P'=(2Q+12)+2=2Q+14$가 된다.
수정 공급곡선과 수요곡선을 연립하여 거래량을 구해보면
$2Q+14=22$
$\therefore Q=4$
② 조세수입 = 단위당 물품세 × 거래량 = $2\times4=8$
③ 생산자잉여 감소분 = $(5+4)\times2\div2=9$
⑤ 수요가 가격에 대해 완전탄력적이므로 소비자에게 조세부담 귀착은 발생하지 않는다.

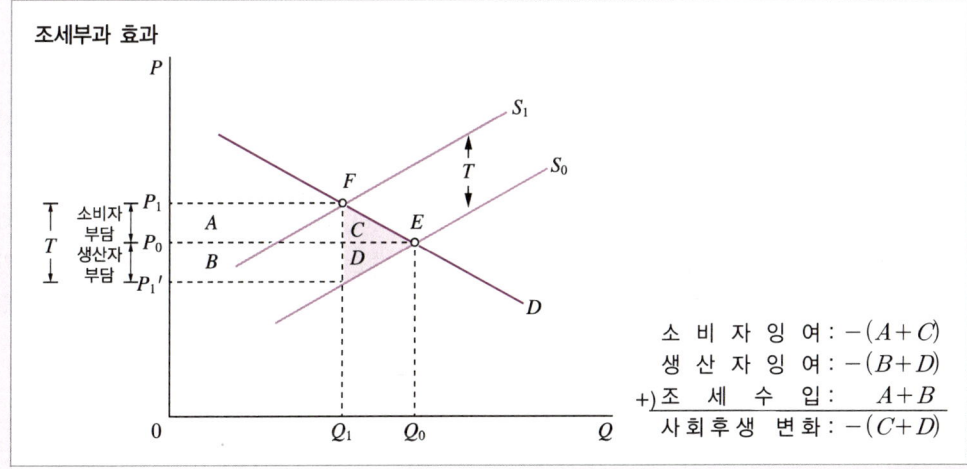

정답 ④

13 정부는 물가급등에 따른 소비자 부담을 줄여주기 위해 X재에 부과하는 물품세를 단위당 100원만큼 인하하였다. 이에 관한 설명으로 옳은 것은?(단, X재의 수요곡선은 우하향하고 공급곡선은 우상향한다) 기출 22

① 소비자의 부담은 100원만큼 줄어든다.
② 조세 인하 혜택의 일정 부분은 생산자에게 귀착된다.
③ 조세 인하로 인해 X재 가격은 하락하지만, 소비량은 영향을 받지 않는다.
④ 조세 인하로 인해 후생손실이 늘어난다.
⑤ X재에 부과되는 물품세는 중립세여서 경제주체들에게 아무런 영향을 주지 않는다.

14 빵의 수요곡선은 $Q_d = 200 - P$, 공급곡선은 $Q_s = P - 2$이다. 정부가 빵의 소비를 늘리기 위해 소비자에게 개당 2의 보조금을 지급할 때, 정부의 보조금 지급액과 사중손실(deadweight loss)은? (단, P는 가격, Q_d는 수요량, Q_s는 공급량이다) 기출 25

① 100, 1
② 100, 2
③ 200, 1
④ 200, 2
⑤ 200, 3

해설 및 정답

13 ① 소비자의 부담이 100원만큼 줄어들기 위해서는 수요의 가격탄력성이 완전탄력적이어야 한다. 하지만 수요곡선이 우하향 형태로 수요의 가격탄력성이 완전탄력적이라 할 수 없으므로 소비자의 부담은 100원보다 적게 줄어든다.
③ 조세 인하로 인한 X재 가격 하락으로 소비량은 증가한다.
④ 조세 인하로 인해 후생손실은 감소한다.
⑤ 물품세는 중립세가 아니다.

> **중립세**
> 중립세는 민간부분의 의사결정에 영향을 미치지 않기 때문에 초과부담을 유발하지 않는 조세로, 현실에서 중립세에 가장 근접한 조세는 인두세라고 할 수 있으나 완벽한 중립세는 존재하지 않는다.

정답 ❷

14 빵의 수요곡선 $Q_d = 200 - P$와 공급곡선 $Q_s = P - 2$를 연립하여 보조금 지급 전 시장의 균형을 구하면 $P = 101$, $Q = 99$이다.
공급곡선 $Q_s = P - 2$와 보조금 지급 후 수요곡선 $Q_d = 202 - P$를 연립하면 $P = 102$, $Q = 100$이다.
보조금지급액 = 보조금지급후거래량 × 단위당보조금 = 100 × 2 = 200
보조금 지급 후 거래량 100을 보조금 지급 전 수요곡선에 대입하면,
보조금지급 전 가격 $P = 100$이므로 사중손실 = $(102 - 100) \times 1 \times \frac{1}{2} = 1$이다.

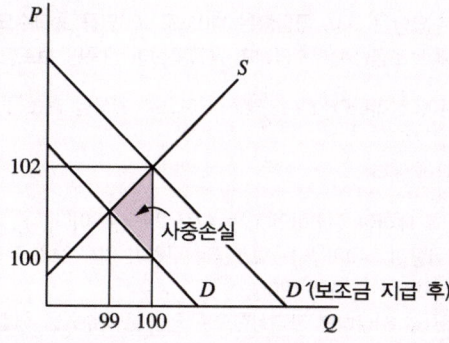

정답 ❸

15 원룸 임대시장의 공급곡선과 수요곡선은 각각 $Q_s = 20 + 4P$, $Q_d = 420 - 6P$이다. 정부는 원룸의 임대료(P)가 너무 높다고 판단하여 상한을 30으로 규정하였다. 원룸 부족현상을 피하기 위해 수요량(Q_d)에 따라 공급량(Q_s)이 일치되도록 할 경우, 정부가 원룸당 지원해야 할 보조금은? 기출 23

① 10
② 15
③ 20
④ 25
⑤ 30

해설 및 정답

15 임대료(P)가 30일 경우 수요량은 240, 공급량은 140으로 100만큼 초과수요가 발생한다.
초과수요를 해소하기 위해 보조금(S)을 지급하면 공급곡선이 원룸당 보조금 크기만큼 하방이동한다.
공급곡선 식을 P에 대하여 정리하면 $P = \frac{1}{4}Q - 5$이므로 원룸당 보조금(S) 만큼 지급하면 공급곡선 식은 $P = \frac{1}{4}Q - 5 - S$로 바뀌게 된다.
변경된 공급곡선 식을 Q에 대하여 정리하면 $Q = 4P + 20 + 4S$이다.
임대료(P)가 30일 때 공급량이 240이 되는 보조금을 구하기 위해 보조금 지급 이후 공급곡선 식에 대입하면 $240 = (4 \times 30) + 20 + 4S$로 $S = 25$가 된다.
따라서 원룸당 25의 보조금을 지급하면 가격상한으로 인한 초과수요를 해결할 수 있다.

정답 ④

CHAPTER 02 소비자이론

출제포인트
- 한계효용균등의 법칙
- 예산선

제1절 한계효용이론 기출 21

Ⅰ. 총효용과 한계효용 기출 23

1. 총효용
소비자가 일정 기간 동안에 재화의 일정량 소비로 인하여 얻게 되는 주관적 만족치의 총계를 말한다.

2. 한계효용
소비자가 재화 한 단위를 추가적으로 소비함에 따라 얻게 되는 총효용의 증가분을 말한다.

$$MU = \frac{\triangle TU}{\triangle Q} \Rightarrow \frac{dTU}{dQ}$$

3. 총효용과 한계효용

구 분	1	2	3	4	5
총효용	10	16	20	22	20
한계효용	10	6	4	2	-2

Ⅱ. 한계효용체감의 법칙

한계효용체감의 법칙은 재화의 소비량이 증가함에 따라서 추가적인 소비로부터 얻게 되는 한계효용은 점점 감소한다는 법칙이다. 이는 한계효용곡선이 우하향함을 의미한다.

Ⅲ 총효용과 한계효용과의 관계

총효용과 한계효용은 다음의 관계에 있다.

① 재화 n번째 단위의 총효용은 n번째 단위까지의 한계효용을 누계한 것과 같다.
② 총효용곡선 상의 변곡점에서 한계효용은 극대가 된다.
③ 총효용 극대점에 이를 때까지 총효용은 증가하나 한계효용은 증가하다 감소한다.
④ 총효용이 극대(극대점)일 때 한계효용은 0이 된다.
⑤ 총효용이 감소할 때 한계효용은 (−)의 값을 갖는다.

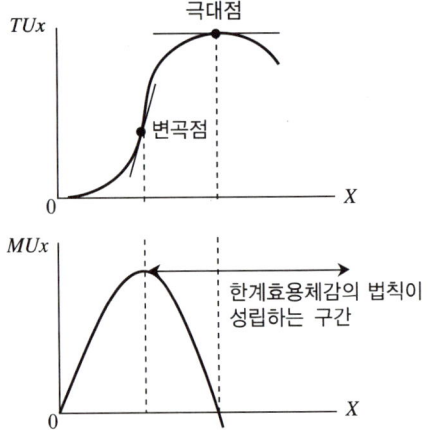

Ⅳ 한계효용균등의 법칙 기출 16·17·20

두 가지 이상의 재화를 소비할 때 소비자가 주어진 소득을 이용하여 만족을 극대화하기 위해서는 각 재화소비에 있어 화폐 1단위당의 한계효용 $\left(\dfrac{MU_X}{P_X}\right)$이 균등하게 되도록 각 재화를 구입하여야 한다는 법칙을 말한다.

$$\frac{MU_X}{P_X} = \frac{MU_Y}{P_Y}$$

한계효용균등의 법칙

구 분	예산제약식	한계대체율(MRS_{XY})
정 의	주어진 소득으로 구입할 수 있는 재화의 구입량	무차별 곡선의 기울기
표 현	$P_X X + P_Y Y = M \rightarrow Y = -\dfrac{P_X}{P_Y} X + \dfrac{M}{P_Y}$	$\dfrac{\triangle Y}{\triangle X} = \dfrac{MU_X}{MU_Y}$
의 의	기울기 $\dfrac{P_X}{P_Y}$는 X재와 Y재의 가격 비율로 시장에서 결정된 객관적 가치	$\dfrac{MU_X}{MU_Y}$는 소비자가 느끼는 X재와 Y재의 주관적 가치
소비자균형	소비자균형은 무차별곡선(MRS_{XY})과 예산선$\left(\dfrac{P_X}{P_Y}\right)$이 접하는 점에서 결정	
한계효용균등의 법칙	$\dfrac{P_X}{P_Y} = \dfrac{MU_X}{MU_Y} \rightarrow \dfrac{MU_X}{P_X} = \dfrac{MU_Y}{P_Y}$ (효용 극대화=소비자균형)	

제2절 무차별곡선이론

I 효용함수와 무차별곡선 [기출 25]

1. 효용함수

효용함수란 일정한 공리를 만족하는 소비자의 선호서열을 수치로 나타내는 함수를 말한다. 무차별곡선이론에서는 한계효용이론에서와 달리 서수적 효용을 전제로 한다. 한계효용이론에서는 효용수준을 절대적으로 측정가능하다는 기수적 효용을 전제로 하였으나 이러한 가정의 비현실성에 기인하여 무차별곡선은 서수적 효용을 전제로 하게 되었다.

2. 무차별곡선 [기출 13·19·21]

① **의의** : 무차별곡선(Indifference Curve)이란 동일한 수준의 효용을 가져다주는 모든 상품묶음을 연결한 궤적을 말한다. 일반적인 형태의 무차별곡선은 원점에 대해 볼록하며 A, B, C, D는 동일한 효용을 주는 재화묶음이다($U_A = U_B = U_C = U_D$).

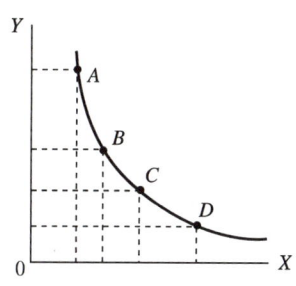

② **무차별곡선의 성질** : 무차별곡선은 우하향으로, 원점에서 멀어질수록 높은 효용을 나타내며, 서로 교차하지 않고 원점에 대해 볼록한 형태를 갖는다.

③ **무차별곡선의 형태** : 무차별곡선의 형태는 효용함수를 반영한다. 효용함수가 콥-더글라스 효용함수인 경우 무차별곡선의 모양은 우하향하는 원점에 대해 볼록한 형태를 갖는다.

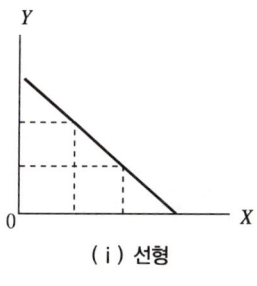
(ⅰ) 선형

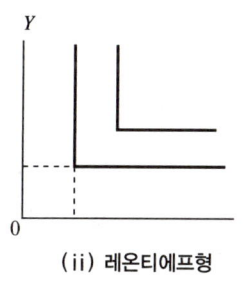
(ⅱ) 레온티에프형

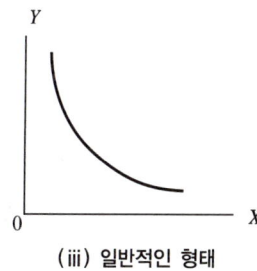
(ⅲ) 일반적인 형태

㉠ **선형의 무차별곡선** : 두 재화가 완전대체관계인 경우 무차별곡선은 우하향하는 직선의 형태를 갖는다.
㉡ **레온티에프형** : 두 재화의 관계는 완전보완재의 관계인 경우 무차별곡선은 원점에 대해 볼록한 L자형을 갖는다.

효용함수			
구 분	선형함수	레온티에프함수	콥-더글라스함수
효용함수	$U = aX + bY$	$U = \min(\dfrac{X}{a}, \dfrac{Y}{b})$	$U = AX^\alpha Y^\beta$
구 분	완전대체재	완전보완재	일 반
무차별곡선	우하향 직선	L자	원점에 볼록한 곡선
MRS	일 정	0 또는 ∞	체 감
특 징	• 두 재화는 완전대체재 관계이므로 대체효과 = ∞ • $MRS_{XY} > \dfrac{P_X}{P_Y}$ → X재만 소비 • $MRS_{XY} < \dfrac{P_X}{P_Y}$ → Y재만 소비	• 두 재화는 완전보완재 관계이므로 대체효과 = 0 • 균형조건 $U = \dfrac{X}{a} = \dfrac{Y}{b}$	• α : X재 효용의 기여도 • β : Y재 효용의 기여도 • 교차탄력도 = 0 (독립재 관계)

3. 한계대체율(Marginal Rate of Substitution X for Y ; MRS_{XY}) 기출 15·17·21·23

한계대체율은 무차별곡선 기울기의 절대치이다. 이는 X재 한 단위를 추가적으로 더 소비하고자 할 때 포기해도 종전과 동일한 만족수준을 유지할 수 있는 Y재의 수량으로 측정되며 재화에 대한 주관적 교환비율을 의미한다.

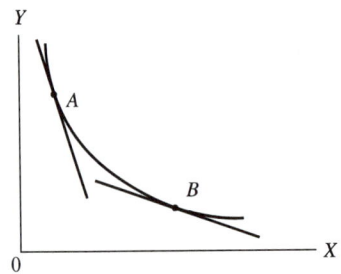

$$MRS_{XY} = -\frac{\Delta Y}{\Delta X} = \frac{MU_X}{MU_Y}$$

한계대체율은 무차별곡선의 형태가 일반적인 경우 체감한다(한계대체율 체감의 법칙 : $MRS_{XY}^A > MRS_{XY}^B$).

Ⅱ 예산선

1. 의의(Price Line or Budget Line) 기출 11·15·19

예산선이란 소비자가 주어진 소득을 이용하여 최대로 구입할 수 있는 두 재화의 여러 가지 배합을 나타낸 직선을 말한다.

$$M = P_X \cdot X + P_Y \cdot Y$$

2. 예산선의 이동

① 소득이 증가(감소)하는 경우 상방(하방)으로 평행이동한다.
② P_X의 가격이 상승(하락)하는 경우 Y절편을 축으로 시계방향(시계반대방향)으로 회전이동한다.
③ P_Y의 가격이 상승(하락)하는 경우 X절편을 축으로 시계반대방향(시계방향)으로 회전이동한다.

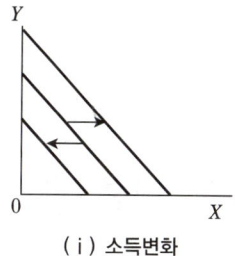
(ⅰ) 소득변화

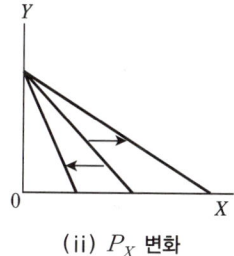
(ⅱ) P_X 변화

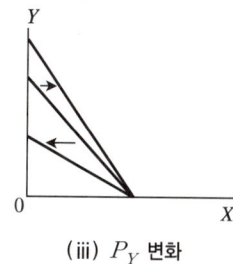
(ⅲ) P_Y 변화

제3절 소비자 균형

Ⅰ 소비자 균형 기출 16·17

소비자 균형이란 주어진 예산제약 하에서 소비자 효용을 극대화하고 있는 상태를 말한다.

① 무차별곡선과 가격선이 접하는 점(E)
② 무차별곡선의 기울기의 절대치(MRS_{XY})
   =예산선의 기울기의 절대치$\left(\dfrac{P_X}{P_Y}\right)$
③ $\dfrac{MU_X}{MU_Y} = \dfrac{P_X}{P_Y}$ 일 때 성립, $\dfrac{MU_X}{P_X} = \dfrac{MU_X}{P_Y}$

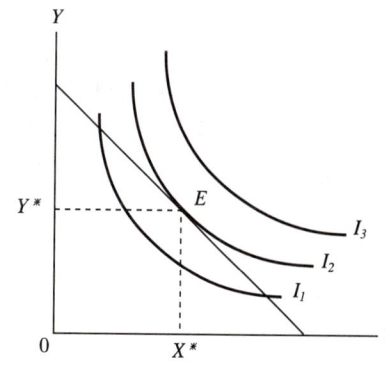

II. 소비자 균형의 변화 기출 20·24·25

X재의 가격이 하락하는 경우 예산선은 Y절편을 축으로 시계반대방향으로 회전이동한다. 이때 소비자 균형은 A에서 C로 변화한다.

① **가격효과(A → C)** : 가격효과란 명목소득이 일정한 상태에서 재화의 가격이 변화함에 따른 수요량의 변화를 말한다.

② **대체효과(A → B)** : 대체효과는 소비자의 실질소득이 불변인 상태에서 두 상품 사이의 상대가격비율에 변화가 생김으로써 발생하는 효과다. 대체효과는 어떤 경우에나 상대적으로 싸진 물건을 더욱 많이 사게 하는 반면, 상대적으로 비싸진 물건을 더 적게 사도록 하는 방향으로 작용한다.

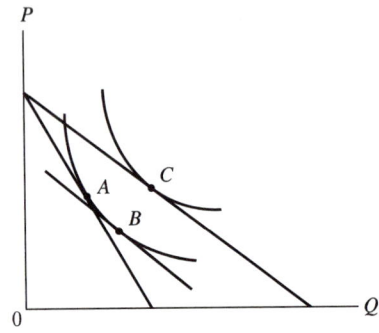

③ **소득효과(B → C)** : 소득효과는 상대가격의 변화가 없는 상황에서 실질소득이 변화함으로써 생기는 효과를 뜻한다. 소득효과의 경우에는 고려대상이 되는 상품의 성격에 따라 작용하는 방향이 다를 수 있다. 만약 상품이 정상재라면 실질소득의 증가는 이 상품에 대한 수요를 증가시킬 것이나, 열등재라면 이와 반대로 수요가 감소할 것이다. 어떤 상품의 경우에는 반대 방향으로 작용하는 소득효과가 너무 커 대체효과를 상쇄하고 남을 정도여서 가격이 하락하면 수요량은 오히려 줄어드는 이상한 현상이 나타날 수 있다. 이와 같은 성격을 갖는 상품을 기펜재(Giffen Goods)라 한다.

구 분	대체효과	보상수요곡선의 기울기	소득효과	가격효과	(마샬)수요곡선의 기울기
정상재	-	우하향	-	-	우하향
열등재	-	우하향	+	-	우하향
기펜재	-	우하향	+	+	우상향

III. 가격소비곡선 기출 12·15·20·24

1. 가격소비곡선(Price Consumption Curve)의 도출

가격소비곡선이란 가격효과를 반영하는 곡선으로 재화의 가격이 변화할 때 소비자 균형점의 궤적을 이은 곡선을 말한다. 가격소비곡선은 재화의 가격을 변화에 따른 소비자균형의 변화로부터 도출된다. 가격소비곡선은 가격효과를 반영하며 가격-재화평면에서 수요함수로 나타낼 수 있다.

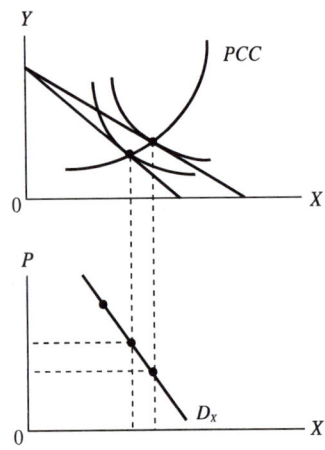

2. 수요의 가격탄력성과 가격소비곡선

X재의 가격탄력성이 1보다 큰 경우 가격소비곡선은 우하향하며 0보다 크고 1보다 작은 경우는 우상향한다. 그리고 재화의 가격탄력성이 1인 경우 수평선의 형태를 갖는다.

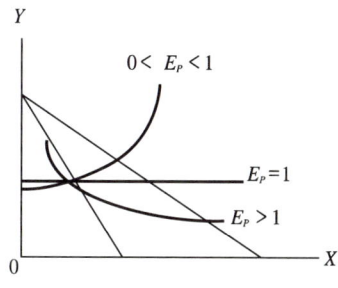

가격탄력성	가격소비곡선
$0 < E_P < 1$	우상향
$E_P = 1$	수평선
$E_P > 1$	우하향

Ⅳ 소득소비곡선 기출 15

1. 소득소비곡선(Income Consumption Curve)의 도출

소득소비곡선이란 명목소득이 변화하는 경우 소비자 균형점의 궤적을 이은 선을 말한다. 이를 통해서 엥겔곡선을 도출할 수 있다. 명목소득이 변화하는 경우 예산선은 평행이동한다. 이때 소비자 균형점은 재화의 성격에 따라 다르게 나타난다.

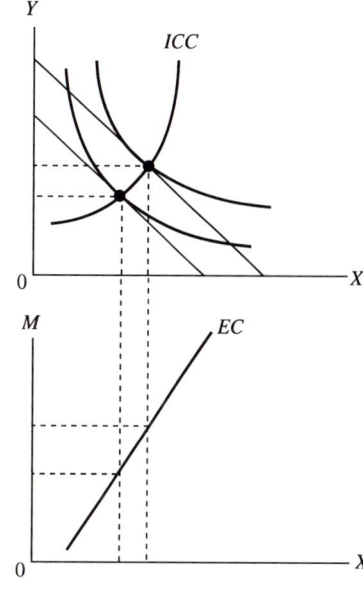

2. 소득탄력성과 소득소비곡선 기출 11

재화의 종류		소득탄력성	소득소비곡선	엥겔곡선
정상재	사치재	$E_M > 1$	아래로 오목/우상향	아래로 오목/우상향
		$E_M = 1$	원점을 통과하는 직선	원점을 통과하는 직선
	필수재	$0 < E_M < 1$	아래로 볼록/우상향	아래로 볼록/우상향
중립재		$E_M = 0$	수직선	수직선
열등재		$E_M < 0$	• X재가 열등재인 경우 좌상향 • Y재가 열등재인 경우 우하향	좌상향

제4절 소비자이론의 확장

I 현시선호이론

1. 의 의
P. A. Samuelson이 제시하고 H. R. Hicks에 의해 발전된 이론으로 한계효용이론에서의 효용의 기수적 가측성도 무차별곡선 이론에서의 효용의 서수적 가측성을 나타내는 무차별곡선도 전제하지 않고 실제로 시장에서 나타난 소비자의 행동을 바탕으로 하여 소비자의 최적화를 분석하는 이론이다.

2. 약공리와 강공리
① 약공리(제1공준, 일관성의 공준) : 만약 소비자가 A상품 배합과 B상품 배합을 모두 선택할 수 있을 때 A배합을 선택하였다면 가격이 변화한 후에도 A, B 모두 구매 가능할 때 A보다 B를 더 선호해서는 안 된다.
② 강공리(제2공준, 추이성의 공준) : 만약 소비자가 A상품 배합을 B상품 배합보다 선호하고 B를 C보다 선호한다고 하면 A와 C를 모두 구매 가능할 때 A보다 C를 선호해서는 안 된다.

II 지 수

1. 의 의
지수(Index)는 이와 같이 상품의 수량이나 가격에 생긴 변화를 하나의 수치로 표현하는 것을 가능하게 하기 위해 고안된 개념이다.

2. 수량지수
기준연도의 가격을 가중치로 사용하여 구한 수량지수를 라스파이레스 수량지수(Laspeyres Quantity Index)라고 하며 비교연도의 가격을 가중치로 사용하는 수량지수를 파셰 수량지수(Paasche Quantity Index)라 한다.

① 라스파이레스 수량지수(Laspeyres Quantity Index)

$$L_Q = \frac{P_{X_0}X_1 + P_{Y_0}Y_1}{P_{X_0}X_0 + P_{Y_0}Y_0} = \frac{P_0 Q_1}{P_0 Q_0}$$

② 파셰 수량지수(Paasche Quantity Index)

$$P_Q = \frac{P_{X_1}X_1 + P_{Y_1}Y_1}{P_{X_1}X_0 + P_{Y_1}Y_0} = \frac{P_1 Q_1}{P_1 Q_0}$$

③ 수량지수에 의한 후생평가
  ㉠ 만약 $L_Q \leq 1$이면 비교연도의 생활수준은 기준연도에 비해 명백하게 악화되었다고 평가할 수 있다.
  ㉡ 만약 $P_Q \geq 1$이면 비교연도의 생활수준은 기준연도에 비해 명백하게 개선되었다고 평가할 수 있다.

3. 가격지수

기준연도의 상품량을 가중치로 사용하는 라스파이레스 가격지수(Laspeyres Price Index)와 비교연도의 상품량을 가중치로 사용하는 파셰 수량지수(Paasche Price Index)가 있다.

① 라스파이레스 가격지수

$$L_P = \frac{P_{X_1}X_0 + P_{Y_1}Y_0}{P_{X_0}X_0 + P_{Y_0}Y_0} = \frac{P_1Q_0}{P_0Q_0}$$

② 파셰 가격지수(Paasche Price Index)

$$P_P = \frac{P_{X_1}X_1 + P_{Y_1}Y_1}{P_{X_0}X_1 + P_{Y_0}Y_1} = \frac{P_1Q_1}{P_0Q_1}$$

③ 가격지수에 의한 후생평가

$$명목소득지수 : N = \frac{M_1}{M_0} = \frac{P_{X_1}X_1 + P_{Y_1}Y_1}{P_{X_0}X_0 + P_{Y_0}Y_0} = \frac{P_1Q_1}{P_0Q_0}$$

㉠ 만약 $N \geq L_P$이면 비교연도의 생활수준은 기준연도에 비해 명백하게 개선되었다고 평가할 수 있다.
㉡ 만약 $N \leq P_P$이면 비교연도의 생활수준은 기준연도에 비해 명백하게 악화되었다고 평가할 수 있다.

Ⅲ 소비자 · 생산자잉여 기출 22 · 24

1. 소비자잉여 기출 18

소비자가 재화의 일정량 구입에 대하여 지불할 용의가 있는 금액과 실제로 지불한 금액과의 차액으로 이는 균형가격을 상회하는 수요곡선상의 면적으로 표시할 수 있다.

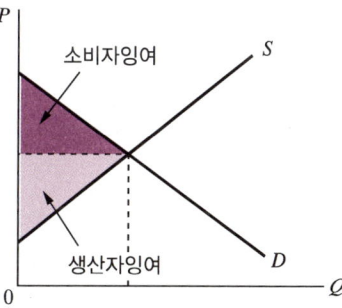

2. 생산자잉여

생산자가 재화의 일정량 판매로 인하여 실제로 받은 금액에서 판매할 용의가 있었던 금액을 차감한 것으로 공급곡선과 시장균형가격 사이의 면적으로 표시할 수 있다.

Ⅳ 보상변화와 동등변화 기출 25

1. 보상변화(Compensated Variation)

보상변화란 가격변화 이전의 효용수준(또는 소득수준)을 달성하기 위해 증감해야 하는 소득의 크기를 의미한다. 따라서 보상변화의 크기는 가격변화에 따른 힉스(Hicks)나 슬러츠키(Slutsky)소득효과와 같다. 보상변화란 가격변화 후 가격변화 전 효용수준을 달성하기 위해 보상해야 할 소득의 크기이므로 보상의 크기는 가격변동 후의 대체효과를 나타내는 예산선과 가격변동 후의 가격효과를 나타내는 예산선의 차이 만큼이다.

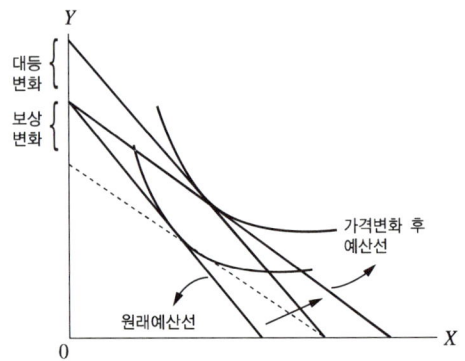

2. 동등변화(Equivalent Variation) 또는 대등변화

동등변화란 가격변화에 의한 효용을 변화를 소득으로 측정한 크기이다. 동등변화의 크기를 알기 위해서는 가격변화 이전의 소득수준을 가격변화 이후의 효용이 되도록 소득을 변화시켜 두 소득 사이의 차이를 계산하면 된다.

Ⅴ 사회복지제도

1. 소득(현금)보조와 현물보조

현금보조를 하는 경우 소비자의 소득이 증가한 것과 동일한 효과가 발생한다. 현물보조를 하는 경우 현물로 지급된 재화의 소비가능영역이 증가하나 다른 재화와 교환이 불가능하기에 예산선이 굴절된 형태로 나타난다(예산선 : ABD). 현금보조와 현물보조의 상대적 유효성은 일단 현금보조가 더 효과적이다. 현물보조 되지 않은 재화에 대해 편향적 선호를 가지고 있지 않은 소비자에게는 현금보조와 현물보조가 무차별하지만($U_{소득}$ = 현물보조) Y재에 대해 편향적 선호를 가지고 있는 소비자(Y재를 A 이상 소비하는 소비자)에게는 현금보조가 더 우월하다.

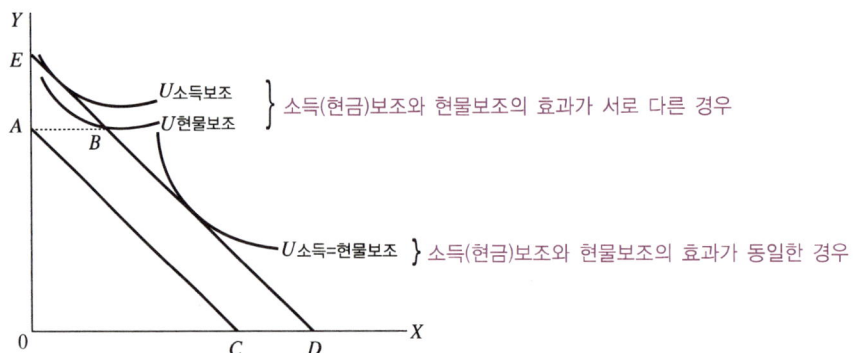

2. 현금보조와 가격보조

현금보조는 소득증가와 동일한 효과가 있으며 가격보조는 보조된 재화의 가격이 하락하는 것과 동일한 효과가 있다. 즉, 현금보조는 예산선의 기울기(상대가격비율)를 일정하게 유지하면서 보조를 해주는 효과를 갖는데 비해, 가격보조의 경우에는 상대가격비율을 변화시킨다. 가격보조가 주어질 때 소비자의 선택행위는 상대가격구조의 변화에 의해 교란되며, 이로 인해 효율성의 상실이 초래되는 결과가 나타나 현금보조가 더 우월하다.

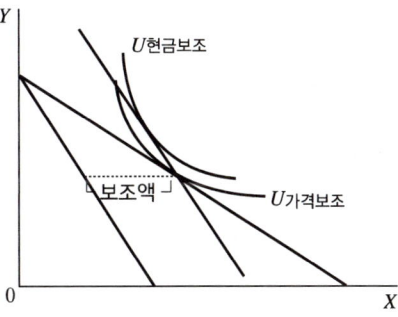

CHAPTER 02 소비자이론

01 효용극대화를 추구하는 소비자 A의 효용함수가 $U = 4X^{1/2}Y^{1/2}$일 때, 이에 관한 설명으로 옳지 않은 것은? (단, A는 모든 소득을 X재와 Y재의 소비에 지출한다. P_X와 P_Y는 각각 X재와 Y재의 가격, MU_X와 MU_Y는 각각 X재와 Y재의 한계효용이다) 기출 21

① 무차별곡선의 기울기는 한계대체율이다.
② $P_X = 2P_Y$일 때, 최적 소비조합점에서 $MU_X = 0.5MU_Y$를 충족한다.
③ $P_X = 2P_Y$일 때, 최적 소비조합점은 $Y = 2X$의 관계식을 충족한다.
④ 한계대체율은 체감한다.
⑤ Y재 가격이 상승하여도 X재 소비는 불변이다.

02 두 재화 X재, Y재를 통한 효용함수가 $U = X + 2Y$일 때, 다음 설명으로 옳은 것을 모두 고른 것은? (단, 모든 소득을 X재와 Y재의 소비에 지출하고 P_X, P_Y는 각각 X재와 Y재의 가격이다) 기출 25

> ㄱ. 무차별곡선은 우하향하는 직선이다.
> ㄴ. MRS_{XY}(한계대체율)는 일정하다.
> ㄷ. 두 재화의 대체효과는 0이다.
> ㄹ. 두 재화는 완전대체재 관계이다.
> ㅁ. $MRS_{XY} < P_X/P_Y$일 때 X재만 소비한다.

① ㄱ, ㄴ, ㄹ
② ㄱ, ㄴ, ㅁ
③ ㄱ, ㄷ, ㄹ
④ ㄴ, ㄹ, ㅁ
⑤ ㄷ, ㄹ, ㅁ

• **해설 및 정답** •

01 • $\dfrac{MU_X}{P_X} = \dfrac{MU_Y}{P_Y}$ (한계효용균등의 법칙)

② · ③ $P_X = 2P_Y$인 경우

• $MU_X = \dfrac{dU}{dX} = 2\sqrt{\dfrac{Y}{X}}$, $MU_Y = \dfrac{dU}{dY} = 2\sqrt{\dfrac{X}{Y}}$

• $\dfrac{2\sqrt{\dfrac{Y}{X}}}{P_X} = \dfrac{2\sqrt{\dfrac{X}{Y}}}{P_Y} \rightarrow \dfrac{2\sqrt{\dfrac{Y}{X}}}{2P_Y} = \dfrac{2\sqrt{\dfrac{X}{Y}}}{P_Y} \rightarrow \sqrt{\dfrac{Y}{X}} = 2\sqrt{\dfrac{X}{Y}}$, ∴ $Y = 2X$

• $MU_X = 2\sqrt{\dfrac{Y}{X}} = 2\sqrt{\dfrac{2X}{X}} = 2\sqrt{2}$, $MU_Y = 2\sqrt{\dfrac{X}{Y}} = 2\sqrt{\dfrac{X}{2X}} = \sqrt{2}$, ∴ $MU_X = 2MU_Y$

① X재의 소비가 증가할수록 X재의 한계효용이 감소하고, Y재의 소비가 증가할수록 Y재의 한계효용이 감소하므로, X재와 Y재 모두 정상재이다.
④ X재의 소비를 한 단위 증가시 감소시켜야 하는 Y재가 감소하기 때문에 한계대체율은 체감함을 알 수 있다.
⑤ 콥–더글라스 효용함수의 경우 X재와 Y재 간의 교차탄력성은 0이므로, Y재의 가격변화는 X재의 소비에 영향을 미치지 않는다.

정답 ❷

02 효용함수가 $U = aX + bY$이므로 X재와 Y재는 완전대체재이다. 이때 $MRS_{XY} = \dfrac{a}{b}$로 일정하다.

ㄱ. (○) 무차별곡선은 우하향하는 직선이다.

ㄴ. (○) $MRS_{XY} = \dfrac{a}{b} = \dfrac{1}{2}$로 일정하다.

ㄷ. (×) 두 재화의 대체효과는 극대화된다.

ㄹ. (○) 두 재화는 완전대체재 관계이다.

ㅁ. (×) $MRS_{XY} < P_X/P_Y$일 때 Y재만 소비한다.

정답 ❷

03 소비자의 최적선택에 관한 설명으로 옳은 것은? 기출 25

① 슬러츠키(Slutsky) 분해는 가격변화의 효과를 대체효과와 가격효과로 나눈다.
② 가격효과는 항상 대체효과보다 크다.
③ 무차별곡선이 우하향하는 직선일 경우 두 재화는 완전보완재이다.
④ 소득효과는 재화가격의 변화로 인한 소비자의 전반적 구매력의 변화로부터 발생하는 재화소비량의 변화이다.
⑤ 보상수요곡선은 가격변화로 인한 대체효과를 제거한 후 구해진 수요곡선이다.

04 경쟁시장에서 A기업의 단기 총비용함수는 $C(q) = 50 + 10q + 2q^2$이고, 한계비용함수는 $MC(q) = 10 + 4q$이다. 시장가격이 $P = 30$일 때, A기업의 생산량(q)과 생산자잉여(PS)는? 기출 22

① $q = 4$, $PS = 0$
② $q = 4$, $PS = 5$
③ $q = 5$, $PS = 0$
④ $q = 5$, $PS = 50$
⑤ $q = 15$, $PS = 50$

05 주어진 예산으로 효용극대화를 추구하는 어떤 사람이 일정 기간에 두 재화 X와 Y만 소비한다고 하자. X의 가격은 200원이고, 그가 얻는 한계효용이 600이 되는 수량까지 X를 소비한다. 아래 표는 Y의 가격이 300원일 때 그가 소비하는 Y의 수량과 한계효용 사이의 관계를 보여준다. 효용이 극대화되는 Y의 소비량은? 기출 17

Y의 수량	1개	2개	3개	4개	5개
한계효용	2,600	1,900	1,300	900	800

① 1개　　　　　　　　　　② 2개
③ 3개　　　　　　　　　　④ 4개
⑤ 5개

06 양의 효용을 주는 X재와 Y재가 있을 때, 소비자의 최적선택에 관한 설명으로 옳은 것은? 기출 20

① 소비자의 효용극대화를 위해서는 두 재화의 시장가격비율이 1보다 커야 한다.
② X재 1원당 한계효용이 Y재 1원당 한계효용보다 클 때 소비자의 효용은 극대화된다.
③ 가격소비곡선은 다른 조건이 일정하고 한 상품의 가격만 변할 때, 소비자의 최적선택점이 변화하는 것을 보여 준다.
④ 예산제약이란 소비할 수 있는 상품의 양이 소비자의 예산범위를 넘을 수 있음을 의미한다.
⑤ 예산선의 기울기는 한 재화의 한계효용을 의미한다.

해설 및 정답

03 소득효과는 재화가격의 변화로 인한 소비자의 전반적 구매력의 변화로부터 발생하는 재화소비량의 변화이다.
① 슬러츠키(Slutsky) 분해는 가격변화의 효과를 대체효과와 소득효과로 나눈다.
② 가격효과 = 대체효과 + 소득효과

소득효과에 따라 가격효과는 대체효과보다 클 수도, 작을 수도, 같을 수도 있다.
③ 무차별곡선이 우하향하는 직선인 두 재화는 완전대체재 관계이다.
⑤ 보상수요곡선은 가격변화로 인한 소득효과를 제거한 후 대체효과만을 반영한 수요곡선이다.

정답 ④

04

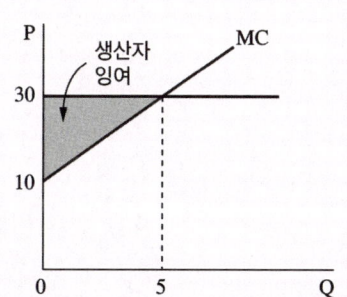

- $MC(q) = 10 + 4q = 30$
  $\therefore q = 5$
- 생산자잉여$(PS) = (30 - 10) \times 5 \times \dfrac{1}{2} = 50$

정답 ④

05
- 효용극대화 조건 : $\dfrac{MU_X}{P_X} = \dfrac{MU_Y}{P_Y}$
- P_X는 200, MU_X는 600, $\dfrac{MU_X}{P_X} = 3$이고, P_Y가 3000이므로 MU_Y는 9000이 나와야 한다.

정답 ④

06 ① 소비자의 효용극대화를 위해서는 두 재화의 시장가격비율이 동일해야 한다.
② X재 1원당 한계효용과 Y재 1원당 한계효용이 동일해야 소비자의 효용이 극대화된다.
④ 소비자는 예산제약의 범위를 넘어서 소비할 수 없다.
⑤ 예산선의 기울기는 X재와 Y재의 교환율이다.

정답 ③

07 효용을 극대화하는 갑(甲)의 효용함수는 $U = C \times L$, 시간당 임금은 2만원이고, 주당 40시간을 일하거나 여가를 사용할 수 있다. 한편 정부는 근로자 한 명당 주당 32만원의 보조금을 주지만 근로소득의 20%를 소득세로 징수하는 제도를 시행 중이다. 이때 갑(甲)의 주당 근로시간은?(단, C는 상품에 지출하는 금액, L은 여가시간이다) 기출 23

① 10
② 24
③ 30
④ 36
⑤ 40

08 갑(甲)이 소유한 건물의 가치는 화재가 발생하지 않을 시 3600, 화재발생 시 1600이고, 건물의 화재 발생확률은 0.5이다. 갑(甲)의 효용함수가 $U(W) = \sqrt{W}$일 때, 건물의 (ㄱ) 기대가치와 (ㄴ) 기대효용은?(단, W는 건물의 가치이다) 기출 23

① ㄱ : 1800, ㄴ : 40
② ㄱ : 2400, ㄴ : 40
③ ㄱ : 2400, ㄴ : 50
④ ㄱ : 2600, ㄴ : 40
⑤ ㄱ : 2600, ㄴ : 50

09 갑은 회사 취업 또는 창업을 선택할 수 있다. 각 선택에 따른 결과로 고소득과 저소득의 확률(P)과 보수(R)가 아래와 같을 때, 이에 관한 설명으로 옳지 않은 것은? 기출 24

구 분	고소득(P, R)	저소득(P, R)
회사 취업	(0.9, 600만원)	(0.1, 300만원)
창 업	(0.2, 1,850만원)	(0.8, 250만원)

① 갑이 위험기피자라면 창업을 선택한다.
② 회사 취업을 선택하는 경우 기대소득은 570만원이다.
③ 창업이 회사 취업보다 분산으로 측정된 위험이 더 크다.
④ 갑의 효용함수가 소득에 대해 오목하다면 회사 취업을 선택한다.
⑤ 창업을 선택하는 경우 기대소득은 570만원이다.

10 소비자이론에 관한 설명으로 옳지 않은 것은? 기출 25

① 소비자잉여란 소비자가 재화의 일정량 구입에 대하여 실제로 지불한 가격과 시장가격의 차액이다.
② 생산자잉여란 생산자가 재화의 일정량 판매로 인하여 실제로 받은 금액에서 판매할 용의가 있었던 금액을 차감한 것이다.
③ 보상변화(compensating variation)란 가격변화 이전의 효용수준을 달성하기 위해 증감해야 하는 소득의 크기를 의미한다.
④ 동등변화(equivalent variation)란 가격변화 이전의 효용수준에서 가격변화 이후의 효용수준으로 옮겨가는 데 필요한 소득의 변화이다.
⑤ 효용함수란 일정한 공리를 만족하는 소비자의 선호 서열을 나타내는 함수이다.

해설 및 정답

07
- 근무시간을 x라 할 경우 여가시간은 $40-x$
- 상품에 지출하는 금액 : [32만원+{(2만원×x)×(1−0.2)}]

$U = C \times L = [32만원+\{(2만원 \times x) \times (1-0.2)\}] \times (40-x) = -1.6만원x^2 + 32만원x + 1,280만원$

효용의 극댓값을 구하기 위해 U를 x에 대하여 미분한 후 0이 되는 x를 구하면
$\frac{dU}{dx} = -3.2만원x + 32만원 = 0 \quad \therefore x = 10$

정답 ①

08 기대가치 = (3,600×0.5)+(1,600×0.5) = 2,600
기대효용 = ($\sqrt{3,600}$ ×0.5)+($\sqrt{1,600}$ ×0.5) = 50

정답 ⑤

09 갑이 위험기피자라면 기대소득에 대한 위험(분산)도 작은 회사 <u>취업</u>을 선택한다.
② 회사 취업 기대소득 = (0.9 × 600만원) + (0.1 × 300만원) = 570만원
③ 창업이 회사 취업보다 분산으로 측정된 위험이 더 크다.

> 회사 취업 분산 = 0.9 × (600만 − 570만)^2 + 0.1 × (300만 − 570만)^2
> 창업 분산 = 0.2 × (1,850만 − 570만)^2 + 0.8 × (250만 − 570만)^2

④ 효용함수가 소득에 대해 오목하다면 위험기피자로 갑은 회사 취업을 선택하게 된다.
⑤ 창업 기대소득 = (0.2 × 1,850만원) + (0.8 × 250만원) = 570만원

정답 ①

10 소비자잉여는 소비자가 재화의 일정량 구입에 대해 <u>지불할 용의가 있는 금액과 실제로 지불한 금액</u>의 차액이다.

정답 ①

11 X재와 Y재를 소비하는 어떤 소비자의 효용함수가 $U = X^{1/3}Y^{2/3}$ 이고, P_Y는 P_X의 2배이다. 효용극대화 행동에 관한 설명으로 옳은 것은?(단, P_X, P_Y는 각 재화의 가격이며, MU_X, MU_Y는 각 재화의 한계효용이다) 기출 24

① 두 재화의 수요량은 같다.
② 소득이 증가할 경우 소비량의 증가분은 X재가 Y재보다 더 작다.
③ Y재의 가격이 하락하면 X재의 수요량이 증가한다.
④ 현재 소비조합에서 $\dfrac{MU_X}{MU_Y}$가 $\dfrac{1}{2}$보다 작다면 X재의 소비를 늘려야 한다.
⑤ 만약 두 재화의 가격이 같다면 두 재화의 수요량도 같다.

해설 및 정답

11 두 재화의 수요량은 동일하다.
② 두 재화 모두 소득탄력성이 1로 동일하다. 따라서 소득 증가로 인한 소비량 증가분은 동일하다.
③ 두 재화간의 교차탄력성은 0으로 Y의 가격이 하락해도 X재의 수요량은 변하지 않는다.
④ 현재 소비조합에서 $\dfrac{MU_X}{MU_Y}$가 $\dfrac{1}{2}$보다 작다면 Y재의 소비를 늘려야 한다.
⑤ 두 재화의 가격이 같다면 두 재화의 수요량은 다르다.

계산과정

$U = X^{\frac{1}{3}} Y^{\frac{2}{3}}$

$MU_X = \dfrac{dU}{dX} = \dfrac{1}{3} X^{-\frac{2}{3}} Y^{\frac{2}{3}}$

$MU_Y = \dfrac{dU}{dY} = \dfrac{2}{3} X^{\frac{1}{3}} Y^{-\frac{1}{3}}$

$MRS_{XY} = \dfrac{MU_X}{MU_Y} = \dfrac{\frac{1}{3} X^{-\frac{2}{3}} Y^{\frac{2}{3}}}{\frac{2}{3} X^{\frac{1}{3}} Y^{-\frac{1}{3}}} = \dfrac{Y}{2X}$

위에서 구한 조건을 고려하여 소비자균형 조건을 구해보면
$$MRS_{XY} = \frac{P_X}{P_Y} = \frac{P_X}{2P_X} = \frac{1}{2}$$
$$\frac{Y}{2X} = \frac{P_X}{P_Y} = \frac{1}{2}$$
$$\therefore X = Y$$

위에서 구한 소비자균형 조건을 예산제약식에 대입하여 X재 수요함수를 구해보면
$$P_X \cdot X + P_Y \cdot Y = M$$
$$P_X \cdot X + 2P_X \cdot X = M$$
$$\therefore X = \frac{M}{3P_X}$$

동일한 방법으로 Y재 수요함수를 구해보면
$$P_X \cdot X + P_Y \cdot Y = M$$
$$\frac{1}{2} P_Y \cdot Y + P_Y \cdot Y = M$$
$$\therefore Y = \frac{2M}{3P_Y}$$

위에서 구한 수요함수를 보면 X재 수요함수에는 Y재 가격이 포함되어 있지 않고 Y재 수요함수에는 X재 가격이 포함되어 있지 않아 X재 가격이 변해도 Y재 가격은 변하지 않고 Y재 가격이 변해도 X재 수요량이 변하지 않음을 알 수 있다. 따라서 두 재화간의 교차탄력성은 0이 된다.

위에서 구한 X재와 Y재 수요함수를 이용하여 X재와 Y재 소득탄력성을 구해보면
X재 소득탄력성
$$\epsilon = \frac{dX}{dM} \cdot \frac{M}{X} = \frac{1}{3P_X} \cdot \frac{M}{\frac{M}{3P_X}} = 1$$

Y재 소득탄력성
$$\epsilon = \frac{dY}{dM} \cdot \frac{M}{Y} = \frac{2}{3P_Y} \cdot \frac{M}{\frac{2M}{3P_Y}} = 1$$

정답 ❶

CHAPTER 03 생산자이론

출제포인트
- ☐ 생산함수의 대체탄력성
- ☐ 단기생산비용

제1절 생산이론

I 생산기간

1. 의 의
생산기간(Production Period)은 시간적인 개념이 아닌 투입요소의 변화 가능성에 따른 분류이다.

2. 단기(Short-run Period)
생산요소 중 일부만 변경할 수 있는 상태를 의미한다. 변화가 가능한 생산요소를 가변요소(Variable Factor)라 하고, 변화가 불가능한 생산요소를 고정요소(Fixed Factor)라 한다. 일반적으로 노동을 가변요소, 자본을 고정요소로 본다.

3. 장기(Long-run Period)
모든 생산요소를 변화시킬 수 있는 상태를 장기라 한다. 모든 생산요소가 가변요소로 이용된다. 따라서 노동과 자본 모두 가변요소이다.

II 단기생산함수 $Q = f(L, K) = f(L)$

1. 의 의
단기생산함수는 고정요소인 자본이 $\bar{K}$로 고정된 상태에서 노동량만 변화가 가능할 때, 투입 노동량에 따른 생산량을 의미한다.

2. 총생산물과 평균생산물, 한계생산물의 관계 기출 15 · 18 · 21 · 25

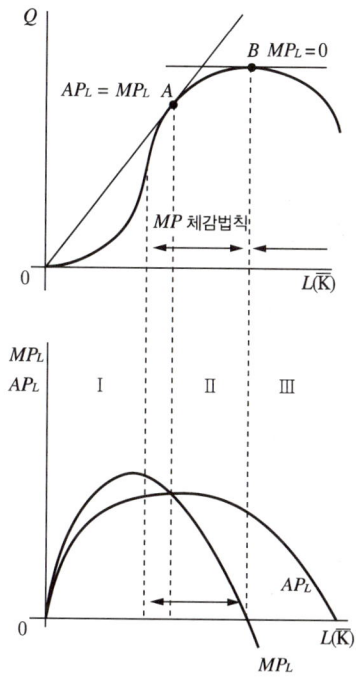

① 생산의 3단계

구 분	제1단계(Ⅰ)	제2단계(Ⅱ)	제3단계(Ⅲ)
특 징	원점~AP_L 최대점 MP_K이 음인 구간 비경제적인 영역	AP_L 최대점 ~ MP_L=0 경제적인 영역	MP_L이 음인 영역 비경제적인 영역

② 노동의 평균생산성 : $AP_L = \dfrac{Q}{L}$

노동의 평균생산성(Average Product of Labor ; AP_L)이란 한 단위의 노동량으로 생산할 수 있는 생산량을 의미한다. 평균생산성은 총생산량을 노동투입량으로 나눈 값이며 원점에서 총생산곡선 위의 한 점으로 그은 직선의 기울기와 같다.

③ 노동의 한계생산성 : $MP_L = \dfrac{\triangle Q}{\triangle L}$

노동의 한계생산성(Marginal Product of Labor ; MP_L)이란 한 단위의 노동을 생산에 추가 투입했을 때 추가적으로 증가하는 생산량을 의미하며 총생산곡선의 한 점의 접선의 기울기로 표현된다.

④ 한계생산곡선과 평균생산곡선의 특징

평균생산물이 증가하는 영역	평균생산물이 감소하는 영역	평균생산물이 극대인 점
$MP_L > AP_L$	$MP_L < AP_L$	$MP_L = AP_L$

㉠ 평균생산물은 총생산곡선의 변곡점에서 가장 큰 값을 갖는다. 즉, 노동이 증가할수록 점점 커지다 변곡점에서 극댓값을 갖고 변곡점 이후에서는 점점 작아진다.
㉡ 원점에서 그은 직선이 총생산곡선과 접하는 점에서 한계생산곡선은 평균생산곡선과 만난다.
㉢ 한계생산과 평균생산이 일치하는 점 이전에는 한계생산이 평균생산보다 크고, 이후에는 평균생산이 한계생산보다 크다.

III 장기생산함수 $Q=f(L, K)$

1. 등량곡선 [기출] 12·15·23

① 의의 : 등량곡선이란 동일한 양의 산출량을 생산하는데 필요한 두 생산요소의 여러 조합이다.
② 등량곡선의 특징
  ㉠ 우하향한다.
  ㉡ 원점에 대해 볼록하다. 즉, $MRTS_{LK}$(한계기술대체율)가 체감한다.
  ㉢ 동일한 생산기술의 두 등량곡선은 교차하지 않는다.
  ㉣ 노동-자본 평면의 모든 점들은 그 점을 지나는 하나의 등량곡선을 갖는다.
  ㉤ 원점에서 멀수록 더 높은 산출량을 의미한다.

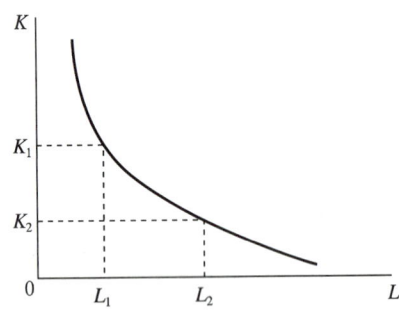

③ 한계기술대체율(Marginal Rate of Technical Substitution ; $MRTS_{LK}$)
  ㉠ 의의 : 한계기술대체율($MRTS_{LK}$)이란 노동을 $\triangle L$만큼 변화시켰을 때, 동일한 산출량을 생산하기 위한 자본의 변동량($\triangle K$)을 의미하며 등량곡선의 접선의 기울기와 같다.

$$MRTS_{LK} = -\frac{\triangle K}{\triangle L} = \frac{MP_L}{MP_K}$$

  ㉡ 한계기술대체율 체감의 법칙 : 한계기술대체율 체감의 법칙이란 노동 투입량을 증가시킬수록 노동한 단위를 대체해야 하는 자본의 크기가 작아지는 것을 말한다. 한계기술대체율이 체감하는 이유는 생산기술이 강볼록성을 갖기 때문이다. 한계생산성 체감의 법칙과 한계기술대체율 체감의 법칙은 관련이 없다.

2. 등비용곡선(Iso-quantity Curve) : $wL + rK = C$ [기출] 12·15·23

등비용곡선이란 지출액이 주어져 있을 때 주어진 가격하에서 투입할 수 있는 최대 투입요소의 조합을 의미하며 소비자의 예산제약선과 유사한 개념이다.

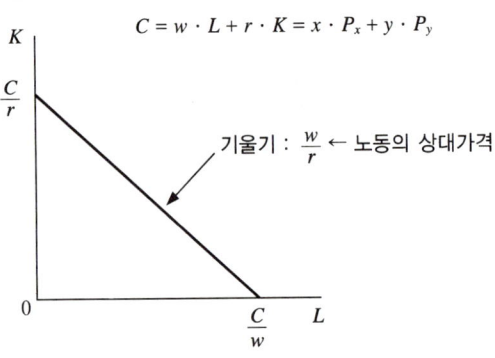

3. 생산자균형 : 비용제약하의 생산극대($MRTS_{LK} = \dfrac{w}{r}$) 기출 19·23

① 생산자균형의 도출 : 등량곡선의 기울기인 $MRTS_{LK}$와 등비용곡선의 기울기인 요소의 상대가격 $\dfrac{w}{r}$가 일치하는 수준에서 노동량과 자본량을 투입할 때 생산극대가 달성되며, 생산자균형점에서는 $\dfrac{MP_L}{w} = \dfrac{MP_K}{r}$의 관계가 성립한다. 이는 화폐 단위당 한계생산물이 일치할 때 생산극대가 달성됨을 의미한다. 이를 화폐 단위당 한계생산물 균등의 법칙이라고 부른다.

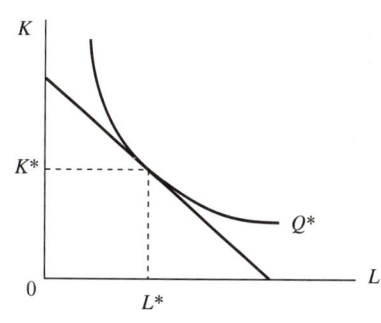

② 확장선(Expansion Path) : 지출액의 변화에 따른 생산극대점을 구해 연결한 곡선을 확장선이라고 한다. 소비자이론에서 소득소비곡선과 유사한 개념이다.

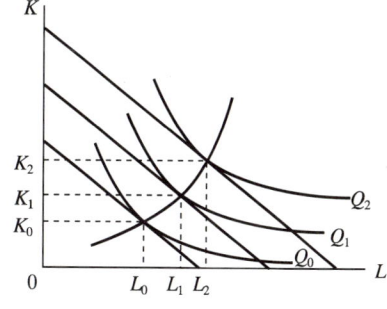

4. 대체탄력성

① 개념 : 한계기술대체율(요소상대가격)의 변화에 대해 자본과 노동의 투입비율의 변화정도를 보여주는 것이 대체탄력성이다. $MRTS$와 요소의 투입비율 사이의 변화율의 비율로 계산한다.

$$\sigma = \frac{\Delta\left(\dfrac{K}{L}\right) / \left(\dfrac{K}{L}\right)}{\Delta MRTS / MRTS} = \frac{\Delta\left(\dfrac{K}{L}\right) / \left(\dfrac{K}{L}\right)}{\Delta\left(\dfrac{w}{r}\right) / \left(\dfrac{w}{r}\right)}$$

② 각 생산함수의 대체탄력성 기출 11·14·15·19·22·23·25

구 분	레온티에프 생산함수	콥-더글라스 생산함수	선형생산함수
등량곡선	L자 형태	원점에 대하여 볼록한 곡선 (직각쌍곡선)	우하향의 직선
대체탄력성	대체탄력성(σ)=0	대체탄력성(σ)=1	대체탄력성(σ)=∞
특 징	• 등량곡선의 곡률이 클수록(=등량곡선이 L자에 가까울수록) 대체탄력성은 작아진다. • 등량곡선의 곡률이 작을수록(=등량곡선이 직선에 가까울수록) 대체탄력성은 커진다.		

제2절 비용이론

I 비용의 개념

경제학에서 비용은 실제 지불이 이루어진 명시적 회계비용(Accounting Cost)과 실제 지불되지는 않았지만 경제행위를 통해 포기하게 된 수익 중 가장 큰 값으로 평가되는 묵시적(암묵적) 기회비용(Opportunity Cost)으로 구성되어 있다.

- **경제적 비용(회계비용+기회비용)**: 경제학에서 비용은 회계비용뿐 아니라 기회비용까지 포함한 개념이다.
- **회계비용**: 회계비용은 기업이 경영활동과 관련하여 실제로 지출된 모든 경비를 말한다.
- **기회비용**: 기회비용이란 어떤 경제행위 대신 다른 경제행위를 했을 때 얻을 수 있으리라 예상되는 수익, 즉 어떤 경제행위를 함으로써 포기해야 하는 수익 중 가장 큰 값을 말한다.

II 단기비용함수와 단기비용곡선

1. 의 의

단기비용이란 생산요소 중 고정요소가 존재할 때, 주어진 고정요소(자본)와 가변요소(노동)를 투입하는 데 소요된 비용을 의미하며 장기비용은 모든 요소가 가변요소일 때, 생산을 위해 투입한 노동과 자본비용을 의미한다.

2. 단기생산비용 기출 11·15·19·20

① **단기총비용**: 단기에는 생산요소가 고정요소와 가변요소로 구성되므로 총비용을 고정요소에 투입된 고정비용(Total Fixed Cost ; TFC)과 가변요소에 투입된 가변비용(Total Variable Cost ; TVC)으로 나눌 수 있다.

$$TC = TFC + TVC$$

② **단기평균비용**: 단기평균비용은 산출량 1단위를 생산하는데 지출된 비용을 의미한다. 따라서 단기평균비용은 총비용을 산출물의 양으로 나눠줌으로써 계산할 수 있다.

$$AC = \frac{TC}{Q} = \frac{TFC}{Q} + \frac{TVC}{Q} = AFC + AVC$$
(AFC : 평균고정비용, AVC : 평균가변비용)

 ㉠ 평균비용(AC): 평균비용의 크기는 원점에서 총비용곡선의 한 점에 그은 직선의 기울기와 같다. 평균비용은 평균고정비용과 평균가변비용의 합과 같다.
 ㉡ 평균고정비용(AFC): 평균고정비용은 원점에서 고정비용곡선의 한 점에 그은 직선의 기울기와 같으며 평균고정비용은 산출량이 증가할수록 점점 낮아진다.
 ㉢ 평균가변비용(AVC): 평균가변비용은 가변비용곡선의 한 점에 그은 직선의 기울기와 같다.

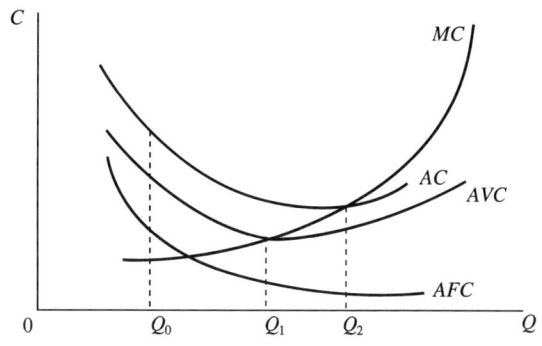

③ **단기한계비용** : 단기한계비용(MC)은 추가적인 한 단위의 산출물을 더 생산하기 위해 추가적으로 지출해야 하는 비용의 크기를 의미하며 단기 총비용곡선 또는 단기가변비용곡선의 한 점에서 접선의 기울기로 측정될 수 있다.

$$MC = \frac{\triangle TC}{\triangle Q} = \frac{\triangle TFC}{\triangle Q} + \frac{\triangle TVC}{\triangle Q}$$

($\frac{\triangle TFC}{\triangle Q}$는 $\triangle TFC = 0$이므로 0이다. 따라서 $MC = \frac{\triangle TVC}{\triangle Q}$가 된다)

④ **평균비용과 한계비용** : 한계비용과 평균비용은 평균비용이 최저점인 생산량 Q_2 수준에서 동일한 값을 갖는다. 즉, 평균비용곡선과 한계비용곡선은 생산량 Q_2 수준에서 만난다. 평균비용의 최저점이 되기 전에는 한계비용보다 평균비용이 크고, 평균비용의 최저점을 지나면 한계비용이 평균비용을 능가한다. 또한 평균가변비용과 한계비용은 평균가변비용곡선의 최저점(Q_1)에서 만난다. 평균가변비용도 평균비용에서와 마찬가지로 평균가변비용의 최저점이 되기 전에는 평균가변비용이 한계비용을 초과하고, 최저점을 지나면 한계비용이 평균비용을 능가한다.

Ⅲ 장기비용함수와 장기비용곡선

장기에는 모든 요소가 가변요소이므로 가변비용과 고정비용의 구분이 없어진다. 즉, 모든 비용이 가변비용이 된다.

① **장기총비용함수** : $LTC = TC(Q)$

모든 요소가 가변비용이 되므로 장기총비용은 생산이 장기생산함수에 근거하여 이뤄질 때 소요되는 비용으로 측정된다. 여기서 Q는 $f(L, K)$를 의미한다.

② **장기평균비용** : 장기평균비용은 노동과 자본을 모두 변경시킬 수 있을 때 한 단위의 산출량을 생산하는데 지출된 비용을 의미한다.

$$LAC = \frac{LTC}{Q}$$

LAC는 각 자본규모에 따른 단기 평균비용곡선 중 평균비용이 가장 낮은 수준에서 생산이 이뤄질 때의 평균비용을 나타낸다. 따라서 장기평균비용곡선은 단기평균비용곡선의 포락선(Envelope Curve)이다.

장기평균비용곡선과 단기평균비용곡선

$SAC(K_0)$는 고정요소인 자본투입량이 K_0일 때의 단기평균비용곡선이고, $SAC(K_1)$은 자본투입량이 K_1일 때의 단기평균비용곡선이다. 기업이 자본량을 K_0만큼 투입할 경우 장기생산량은 Q_1이다. 장기적으로 평균비용을 최소화하는 상태의 생산량 Q^*를 최소효율규모라 한다. 최소효율규모생산량을 생산할 때 단기평균비용 $SAC(K_1)$에서의 투입된 자본량을 최적 자본규모(Optimal Scale of Capital)라 한다.

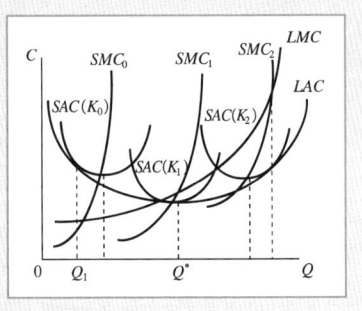

③ 장기한계비용 : 장기한계비용곡선은 장기총비용곡선의 접선의 기울기를 의미한다.
  ㉠ LMC는 SMC와 한 점에서 만나지만 SMC의 포락선은 아니다. LMC와 SMC는 LAC와 SAC가 만나는 산출량 수준에서 만난다.
  ㉡ LMC는 LAC의 최저점을 지난다.
  ㉢ LMC의 최저점에서 $LAC = LMC = SAC = SMC$가 성립한다.

④ 규모에 대한 수익과 장기비용  25
  ㉠ 규모에 대해 수익불변 : 투입요소를 일정 비율로 증가시킬 때 산출량이 동일한 비율로 증가한다. 따라서 비용의 측면에서 산출량증가비율과 투입요소의 비율이 일정하므로 요소가격이 불변이라면 장기평균비용도 일정하다.
  ㉡ 규모에 대한 수익증가 : 투입요소를 일정한 비율로 증가시킬 때 산출량은 더 큰 비율로 증가한다. 산출량을 일정 비율로 증가시키는데 필요한 투입요소의 증가비율은 산출량 증가비율보다 적다. 따라서 산출량이 증가할수록 장기평균비용이 감소한다.
  ㉢ 규모에 대한 수익감소 : 산출량을 일정 비율로 증가시키기 위해 필요한 투입요소는 산출량 증가비율보다 큰 비율로 증가한다. 산출량을 일정 비율로 증가시키기 위해 산출량의 증가보다 더 많은 비율의 요소를 투입해야 하므로 장기평균비용이 증가한다.

총비용곡선 · 평균비용곡선 기출 19

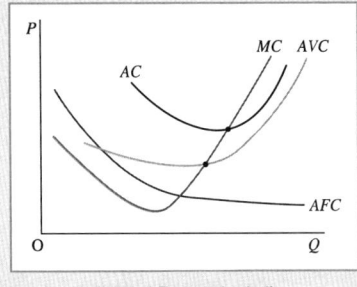

〈평균비용곡선의 관계〉

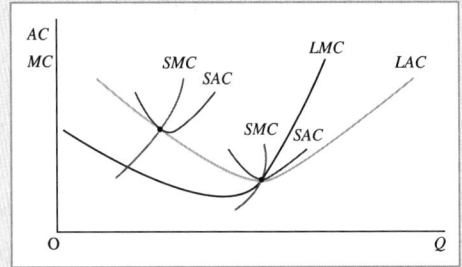

〈장단기비용곡선의 관계〉

- 총비용곡선은 총가변비용곡선의 기울기와 동일하고, 고정비용만큼 상방 이동
- 평균비용곡선은 일반적으로 U자 형태
- 장기평균비용곡선은 단기평균비용곡선의 포락선(최저점 연결×)
- 장기평균비용곡선은 단기평균비용곡선보다 같거나 하방에 위치 → ∵ 장기에는 설비규모의 조정이 가능하기 때문
- LTC와 STC가 접하는 점에서 AC와 MC도 교차

CHAPTER 03 생산자이론

01 기업 A의 생산함수가 $Q=\sqrt{2K+L}$ 이다. 이에 관한 설명으로 옳은 것은?(단, Q는 산출량, K는 자본, L은 노동이다) 기출 24

① 생산함수는 규모에 대한 수확불변이다.
② 등량곡선의 기울기는 -4이다.
③ 두 생산요소는 완전보완재이다.
④ 등량곡선과 등비용곡선의 기울기가 다르면 비용최소화점에서 한 생산요소만 사용한다.
⑤ 한계기술대체율은 체감한다.

해설 및 정답

01 등량곡선과 등비용곡선의 기울기가 다르면 구석해가 발생해 비용최소화점에서 한 생산요소만 사용하게 된다.
① 자본과 노동의 투입량을 t배 증가할 때 생산량이 t배보다 작게 증가하므로 생산함수는 규모에 대한 <u>수확체감</u>이다.
② 등량곡선의 기울기 $=\dfrac{MP_L}{MP_K}=\dfrac{\frac{1}{2}(2K+L)^{-\frac{1}{2}}}{\frac{1}{2}(2K+L)^{-\frac{1}{2}}\times 2}=\dfrac{1}{2}$
③ 두 생산요소는 항상 일정한 비율로 소비되는 경우가 아니므로 <u>완전보완재가 아니다</u>.
⑤ 한계기술대체율은 등량곡선 접선의 기울기로 <u>일정</u>하다.

정답 ④

02

현재 생산량 수준에서 자본과 노동의 한계생산물이 각각 5와 8이고, 자본과 노동의 가격이 각각 12와 25이다. 이윤극대화를 추구하는 기업의 의사결정으로 옳은 것은?(단, 한계생산물체감의 법칙이 성립한다) 기출 19

① 노동 투입량을 증가시키고 자본 투입량을 감소시킨다.
② 노동 투입량을 감소시키고 자본 투입량을 증가시킨다.
③ 두 요소의 투입량을 모두 감소시킨다.
④ 두 요소의 투입량을 모두 증가시킨다.
⑤ 두 요소의 투입량을 모두 변화시키지 않는다.

03

기업 A의 생산함수가 $Q = 9L^{\frac{1}{3}}K^{\frac{2}{3}}$ 이고, 노동투입량(L)과 자본투입량(K)은 각각 8과 27일 때, 자본의 한계생산(MP_K)과 평균생산(AP_K)은? 기출 25

① 1, 3
② 2, 4
③ 3, 6
④ 4, 2
⑤ 4, 6

04

규모의 경제에 관한 설명으로 옳은 것은? 기출 25

① 투입요소를 일정 비율로 증가시킬 때 산출량이 동일한 비율로 증가한다.
② 여러 제품을 함께 생산할 때 비용이 각 제품을 따로 생산하는 경우보다 낮아진다.
③ 투입요소를 증가시킬 때 장기한계비용이 장기평균비용보다 크다.
④ 투입요소를 일정 비율로 증가시킬 때 산출량이 더 큰 비율로 감소한다.
⑤ 산출량이 증가할 때 장기평균비용은 감소한다.

해설 및 정답

02 • 이윤극대화 조건식 : $MRTS_{LK} = \dfrac{w}{r}$

  • $MRTS_{LK} = \dfrac{MP_L}{MP_K} = \dfrac{8}{5}$ 이고, $\dfrac{w}{r} = \dfrac{25}{12}$ → $\dfrac{MP_L}{MP_K} < \dfrac{w}{r}$ → $\dfrac{MP_L}{w} < \dfrac{MP_K}{r}$

따라서 자본 투입량을 늘리고 노동 투입량을 감소시킨다.

정답 ❷

03 자본의 한계생산(MP_K)은 생산함수 $Q = 9L^{\frac{1}{3}} K^{\frac{2}{3}}$ 를 K에 대해 미분하여 구하므로

$MP_K = 9L^{\frac{1}{3}} \cdot \dfrac{2}{3} K^{-\frac{1}{3}}$ 이고, 여기에 $L = 8$, $K = 27$을 대입하면 $MP_K = 18 \times \dfrac{2}{9} = 4$이다.

한편 자본의 평균생산은 $AP_K = \dfrac{Q}{K}$으로 구한다.

$Q = 9L^{\frac{1}{3}} K^{\frac{2}{3}}$ 에서 $Q = 9 \times 2 \times 9 = 162$이므로 $AP_K = \dfrac{162}{27} = 6$이다.

정답 ❺

04 규모의 경제는 산출량이 증가할 때 장기평균비용이 감소하는 것을 의미한다.
① 규모에 대한 수익불변에 관한 설명이다.
② 범위의 경제에 관한 설명이다.
③ 규모의 불경제에 관한 설명이다.
④ 규모에 대한 수익체감에 관한 설명이다.

정답 ❺

05 전기차 제조업체인 A의 생산함수는 $Q=4K+L$이다. 노동(L)의 단위 가격은 3, 자본(K)의 단위 가격은 9라고 할 때, 생산량 200을 최소비용으로 생산하기 위해 필요한 노동의 투입액과 자본의 투입액은? 기출 24

① 0, 450
② 60, 360
③ 90, 315
④ 210, 180
⑤ 600, 0

06 생산함수 $Q=A(aL^\rho+bK^\rho)^{\frac{v}{\rho}}$에 관한 설명으로 옳은 것을 모두 고른 것은?(단, $A>0$, $a>0$, $b>0$, $\rho<1$, $\rho\neq 0$, $v>0$이고 A, a, b, ρ, v는 모두 상수이며, L은 노동, K는 자본이다) 기출 23

> ㄱ. A가 클수록 한계기술대체율($MRTS_{L,K}$)이 커진다.
> ㄴ. v가 1보다 크면 규모의 수익체증(increasing returns to scale)이 된다.
> ㄷ. ρ가 클수록 대체탄력성이 크고 등량곡선이 직선에 가까워진다.
> ㄹ. a가 클수록 노동절약적 기술진보이다.

① ㄱ, ㄴ
② ㄱ, ㄷ
③ ㄱ, ㄹ
④ ㄴ, ㄷ
⑤ ㄷ, ㄹ

해설 및 정답

05 생산함수 $Q=4K+L$의 K, L은 완전대체적으로 이와 같은 생산함수는 선형생산함수라 하며 등량곡선이 우하향 형태로 도출된다. 위와 같은 형태의 생산함수는 전부 자본 또는 노동에만 투입하는 것이 최적이다.

$$MP_L = \frac{dQ}{dL} = 1, \ MP_K = \frac{dQ}{dK} = 4$$
$$w=3, \ r=9$$

$$\frac{MP_L}{w} = \frac{1}{3} < \frac{MP_K}{r} = \frac{4}{9}$$

자본의 한계생산물이 더 크므로 전부 자본에만 투입하는 것이 최적이다.
따라서 생산량 200을 제조하기 위해 자본에 450을 투입하면 된다.

정답 ❶

06 ㄱ. (×) A는 한계기술대체율에 영향을 주지 않는다.

- $MP_L = \dfrac{dQ}{dL} = \dfrac{v}{\rho} A(aL^\rho + bK^\rho)^{\frac{v}{\rho}-1} \cdot a\rho L^{\rho-1}$

- $MP_K = \dfrac{dQ}{dK} = \dfrac{v}{\rho} A(aL^\rho + bK^\rho)^{\frac{v}{\rho}-1} \cdot b\rho K^{\rho-1}$

$\therefore MRTS_{L,K} = \dfrac{MP_L}{MP_K} = \dfrac{a}{b}\left(\dfrac{L}{K}\right)^{\rho-1}$

ㄴ. (○) v가 1보다 크면 노동과 자본 투입량 모두 t배 증가 시 생산량이 t배 이상 증가하게 되므로 규모의 수익체증이 됨을 알 수 있다.

ㄷ. (○) ρ가 최대한 1에 가깝도록 커지면 한계기술대체율은 $\dfrac{a}{b}$로 근접해지고 등량곡선 또한 우하향 직선형태에 근접해진다. 등량곡선이 직선형태에 가까워지기에 대체탄력성은 커짐을 알 수 있다.

ㄹ. (×) a가 클수록 MP_L은 증가한다. 따라서 a가 클수록 노동집약적 기술진보(자본절약적 기술진보)이다.

> **기술진보의 유형**
> • 중립적 기술진보 : MP_L과 MP_K를 동일한 비율로 증가시키는 기술진보
> • 자본절약적 기술진보(노동집약적 기술진보) : MP_L을 MP_K보다 더 크게 증가시키는 기술진보
> • 노동절약적 기술진보(자본집약적 기술진보) : MP_K를 MP_L보다 더 크게 증가시키는 기술진보

정답 ❹

07 갑(甲) 기업의 생산함수가 $Q = AK^{0.5}L^{0.5}$일 때, 등량곡선과 등비용선에 관한 설명으로 옳지 않은 것은?(단, $A > 0$, K는 자본, L은 노동, MP_K는 자본의 한계생산, MP_L은 노동의 한계생산, r은 자본가격, w는 노동가격이다) 기출 23

① 비용극소화가 되려면 한계기술대체율이 생산요소가격의 비율과 일치해야 한다.
② 한계기술대체율은 체감한다.
③ $MP_K/r > MP_L/w$일 때, 비용극소화를 위해서는 노동을 늘리고 자본을 줄여야 한다.
④ A가 커지면 등량곡선은 원점에 가까워진다.
⑤ 등량곡선과 등비용선이 접하는 점에서 비용극소화가 이루어진다.

08 생산요소 노동(L)과 자본(K) 사이의 대체탄력성(σ)에 관한 설명으로 옳은 것을 모두 고른 것은?(단, r은 자본가격, w는 노동가격, $\sigma = \dfrac{\Delta(\frac{K}{L})/(\frac{K}{L})}{\Delta(\frac{w}{r})/(\frac{w}{r})}$ 이다) 기출 23

> ㄱ. $\sigma = 0.5$인 경우 노동의 상대가격 상승에 따라 노동소득의 상대적 비율이 더 커진다.
> ㄴ. $\sigma = 1$인 경우 노동의 상대가격이 상승해도 자본소득의 상대적 비율에 아무런 변화가 없다.
> ㄷ. 콥-더글라스(Cobb-Douglas) 생산함수의 대체탄력성은 0이다.

① ㄱ
② ㄱ, ㄴ
③ ㄱ, ㄷ
④ ㄴ, ㄷ
⑤ ㄱ, ㄴ, ㄷ

09 B국의 총생산함수는 $Y = AK^\alpha L^{(1-\alpha)}$이다. 생산요소들이 한계생산물만큼 보상을 받는 경우, 자본소득에 대한 노동소득의 비율은?(단, Y는 생산량, A는 총요소생산성, $0 < \alpha < 1$, K는 자본량, L은 노동량이다)
기출 20

① α
② $1 - \alpha$
③ $\dfrac{\alpha}{Y}$
④ $\dfrac{1-\alpha}{Y}$
⑤ $\dfrac{1-\alpha}{\alpha}$

해설 및 정답

07 $MP_K/r > MP_L/w$일 때, 비용극소화를 위해서는 자본을 늘리고 노동을 줄여야 비용극소화를 위한 생산자균형에 도달하게 된다.
④ A가 클수록 생산을 위해 더 적은 노동과 자본이 필요하므로 등량곡선은 원점에 가까워진다.

> **비용극소화**
> 최소 비용으로 생산하는 생산균형점에서 등량곡선과 등비용선이 접하므로 다음의 균형조건이 성립한다.
> 등량곡선의 기울기($MRTS_{L,K}$)=등비용선의 기울기$\left(\dfrac{w}{r}\right)$
>
> **한계기술대체율 체감의 법칙**
> 동일한 생산량을 유지하면서 자본을 노동으로 대체해가면 한계기술대체율이 점점 감소하는 현상

정답 ③

08 ㄱ. (○) 대체탄력성(σ)가 1보다 작기에 노동의 상대가격 상승에 따라 노동소득의 상대적 비율은 더 커진다.
ㄴ. (○) 대체탄력성(σ)이 1인 경우에는 노동의 상대가격이 상승해도 자본소득의 상대적 비율에 영향을 주지 못한다.
ㄷ. (×) 콥-더글라스(Cobb-Douglas) 생산함수의 대체탄력성은 1이다.

대체탄력성(σ)	임금이 하락할 경우	상대적인 노동소득분배비율
대체탄력성(σ)>1	임금하락률<노동투입증가율	증 가
대체탄력성(σ)=1	임금하락률=노동투입증가율	일 정
대체탄력성(σ)<1	임금하락률>노동투입증가율	하 락

정답 ②

09 • 자본소득분배비율 $= \dfrac{MP_K \cdot K}{Y} = \dfrac{\alpha AK^{(\alpha-1)}L^{(1-\alpha)} \cdot K}{AK^{\alpha}L^{(1-\alpha)}} = \alpha$

• 노동소득분배비율 $= \dfrac{MP_L \cdot L}{Y} = \dfrac{(1-\alpha)AK^{\alpha}L^{-\alpha} \cdot L}{AK^{\alpha}L^{(1-\alpha)}} = 1-\alpha$

∴ 자본소득에 대한 노동소득의 비율 $= \dfrac{\text{노동소득분배비율}}{\text{자본소득분배비율}} = \dfrac{1-\alpha}{\alpha}$

정답 ⑤

10 한계비용이 평균총비용보다 작을 경우, 기업의 비용곡선에 관한 설명으로 옳은 것은? (단, 평균총비용은 U자 형태이고, 생산이 증가할 때를 가정한다) 기출 25

① 한계비용은 항상 감소한다.
② 평균총비용이 감소한다.
③ 평균고정비용은 증가한다.
④ 평균가변비용은 항상 감소한다.
⑤ 평균고정비용은 불변이다.

11 다음 생산함수에서 규모에 대한 수확이 체증, 불변, 체감의 순으로 짝지은 것으로 옳은 것은?(단, q는 생산량, L은 노동, K는 자본이다) 기출 22

ㄱ. $q = 2L + 3K$
ㄴ. $q = (2L + K)^{1/2}$
ㄷ. $q = 2L \cdot K$
ㄹ. $q = L^{1/3} K^{2/3}$
ㅁ. $q = 3L^{1/2} + 3K$

① ㄱ - ㄴ - ㄷ
② ㄴ - ㄹ - ㅁ
③ ㄷ - ㄱ - ㄴ
④ ㄷ - ㄴ - ㅁ
⑤ ㅁ - ㄹ - ㄱ

해설 및 정답

10 한계비용이 평균총비용보다 작을 경우는 아래 그래프에서 O~Q′이다. 이 구간에서 평균총비용은 감소한다.
① 한계비용은 <u>감소하다가 증가</u>한다.
③ 평균고정비용은 <u>감소</u>한다.
④ 평균가변비용은 <u>감소하다가 증가</u>한다.
⑤ 평균고정비용은 <u>감소</u>한다.

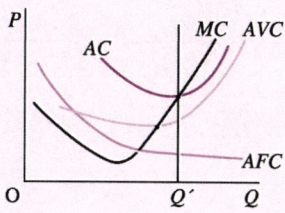

정답 ❷

11 모든 요소 투입량 t배 증가 시 다음과 같다.
ㄱ. $tq = 2tL + 3tK$
  $q = 2L + 3K$
  ∴ 규모에 대한 수확 불변
ㄴ. $tq = (2tL + tK)^{1/2}$
  $q = \dfrac{(2tL + tK)^{1/2}}{t}$
  ∴ 규모에 대한 수확 체감
ㄷ. $tq = 2(tL) \cdot (tK) = 2t^2 LK$
  $q = 2tLK$
  ∴ 규모에 대한 수확 체증
ㄹ. $tq = (tL)^{1/3}(tK)^{2/3} = tL^{1/3}K^{2/3}$
  $q = L^{1/3}K^{2/3}$
  ∴ 규모에 대한 수확 불변
ㅁ. $tq = 3(tL)^{1/2} + 3(tK)$
  $q = 3\left(\dfrac{L}{t}\right)^{1/2} + 3K$
  ∴ 규모에 대한 수확 체감

> **규모에 대한 수익**
> • 규모에 대한 수익 체증 : 모든 요소 투입량 t배 증가 시 생산량이 t배보다 더 크게 증가하는 경우
> • 규모에 대한 수익 불변 : 모든 요소 투입량 t배 증가 시 생산량이 t배 증가하는 경우
> • 규모에 대한 수익 체감 : 모든 요소 투입량 t배 증가 시 생산량이 t배보다 더 작게 증가하는 경우

정답 ❸

CHAPTER 04 시장이론

출제포인트
- 완전경쟁시장
- 단기공급곡선
- 독점기업의 단기균형
- 독점적 경쟁시장

제1절 기업의 이윤극대화

I. 기업이윤과 기회비용

1. 기업이윤 : $\pi = TR - TC$

기업의 이윤은 기업이 벌어들인 총수익(TR)에서 기업이 지출한 총비용(TC)을 제한 나머지를 말한다. 이때 기업이 지출한 총비용은 경제적 비용이다. 따라서 기업의 이윤은 회계상 이윤이 아닌 경제적 이윤을 의미한다.

2. 회계이윤과 기회비용

> 기업의 이윤 = 총수익 − (회계비용 + 기회비용)
> = (총수익 − 회계비용) − 기회비용
> = 회계적 이윤 − 기회비용 = 경제적 이윤

기업의 경제적 이윤(Economic Profit)은 회계이윤(Accounting Profit)에서 기회비용을 뺀 나머지를 말한다. 경제학에서 비용은 회계비용과 기회비용을 합한 경제적 비용으로 기업의 이윤 또한 경제적 비용을 고려한 경제적 이윤을 의미한다. 회계이윤을 정상이윤(Normal Profit)이라고 하고, 경제적 이윤을 초과이윤(Excess Profit)이라고도 한다.

II. 기업의 이윤극대화 조건 기출 17

이윤극대화 조건은 TR곡선과 TC곡선의 차이가 가장 큰 곳에서 달성되고, 이는 두 곡선의 접선의 기울기가 일치하는 수준에서 결정된다. 따라서 $MR = MC$인 산출량을 선택하면 이윤이 극대화된다. 이윤극대화 조건 $MR = MC$는 시장구조(완전경쟁, 독점, 과점, 독점적 경쟁 등)에 관계없이 모든 기업에게 항상 성립하는 이윤극대화 조건이다.

제2절 완전경쟁시장 기출 12·16·17·21·23·25

I 성립요건

완전경쟁시장의 성립요건은 다음과 같다.
① 다수의 생산자와 수요자(가격순응자)
② 동질적인 제품
③ 재화 및 생산요소의 자유로운 이동
④ 완전한 정보

II 완전경쟁기업의 수요곡선

가격순응자인 완전경쟁기업은 시장에서 결정된 가격수준에서 수평인 수요곡선을 갖는다. 이는 수요가 가격에 대해 완전탄력적임을 의미한다.

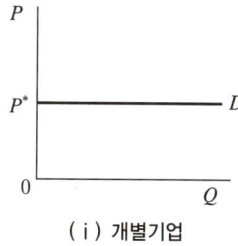
(i) 개별기업

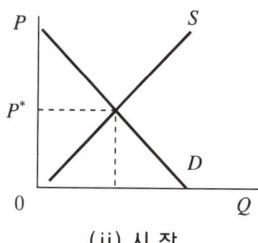
(ii) 시 장

III 완전경쟁기업의 균형

1. 단기 이윤극대화

완전경쟁시장에서는 $P=MR=AR$의 관계가 성립한다. 따라서 이윤극대화 조건에서 $P=MR=MC$의 관계가 성립한다. 완전경쟁시장에서 단기에 신규기업의 진입이 불가능하기에 단기에는 초과이윤이 존재할 수 있다.

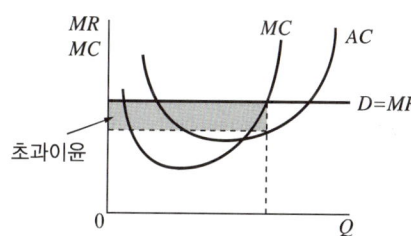

2. 단기공급곡선 기출 14·15·16·20

시장가격이 P_1 미만에서 결정되면, 기업은 평균수익(AR)이 평균비용보다 낮아 손실이 발생한다. 단기에 기업은 손실이 발생되더라도 고정비용의 일부를 보전할 수 있다면 생산을 지속하는 것이 유리하다. 단기에 기업은 자본을 변경시킬 수 없으므로 생산을 하던 하지 않던 일정한 고정비용만큼 비용이 지출되기 때문이다.

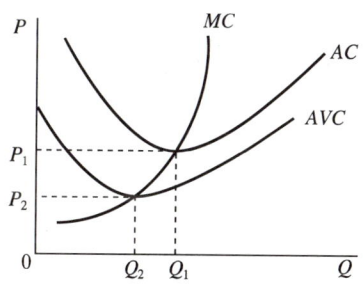

만약 가격(평균수익)이 평균가변비용(AVC)보다 높으면 생산을 통해 발생하는 손실이 고정비용보다 적으므로 생산을 하는 것이 유리하다. 따라서 완전경쟁시장을 가정하고 있다는 전제하에 완전경쟁기업의 단기공급곡선은 평균가변비용곡선의 상방에 존재하는 한계비용곡선이다.
① 손익분기점(P_1, Q_1) : 정상이윤만 발생하는 평균비용의 최저점
② 조업중단점(P_2, Q_2) : 재화 1단위당 손실이 평균고정비용과 동일한 평균가변비용의 최저점

3. 장기균형

① 장기균형의 조건 : $P = AR = MR = LMC = LAC = SMC = SAC$
 단기균형가격수준에서 기업은 초과이윤을 얻고 있다. 단기초과이윤의 존재는 장기 신규기업의 진입과 기존 기업의 산출량의 증가를 통해 시장공급량을 증가시켜 결국 모든 기업이 정상이윤만 획득하는 장기균형에 도달한다.
② 완전경쟁산업의 장기공급곡선
 ㉠ 비용불변산업의 경우 : 수량축에 평행
 ㉡ 비용증가산업의 경우 : 우상향
 ㉢ 비용감소산업의 경우 : 우하향

Ⅳ 자원배분의 평가

다음과 같이 평가된다.
① $P = MC$에서 자원배분이 이루어져 비효율이 발생하지 않는다.
② 장기에 최적 시설규모에서 생산이 이루어진다.
③ 장기에 모든 기업이 정상이윤만 획득하게 된다.

제3절 독점시장 기출 21·25

Ⅰ 의 의

독점은 시장에 하나의 기업만 존재한다는 것을 의미한다. 독점시장은 하나의 기업이 시장을 지배하고 진입장벽이 존재하며, 공급자가 가격설정자(Price Setter)로 기능한다는 특징을 가지고 있다.

Ⅱ 독점발생의 원인

독점은 시장규모가 협소할 때, 규모의 경제가 존재할 때, 생산요소의 공급원이 독점될 때, 국가에 의해 특허권이 설정된 때에 발생한다.

Ⅲ 독점기업의 단기균형 〔기출〕 13·14·15·16·17·18·23·24

1. 독점기업의 이윤극대화 조건
독점기업은 수요곡선에 해당하는 가격을 임의로 선택할 수 있는 가격설정자이다. 따라서 독점기업은 기업이 직면하는 수요곡선은 시장수요곡선과 동일하다.

① 이윤함수

$$\pi = TR - TC$$

② 이윤극대화 조건

$$MR = MC$$

2. 수요함수와 MR의 관계
수요곡선은 $D = P(Q)$로 우하향하고, 총수입은 $TR = P(Q) \cdot Q$
$AR = \dfrac{TR}{Q} = D(수요곡선)$ $MR = \dfrac{dTR}{dQ} = P\left(1 - \dfrac{1}{E_p}\right)$
탄력성 E_p는 항상 (+)의 값을 가지므로 $AR > MR$이 성립한다.
또한 수요의 가격탄력성 $E_p = 1$일 때 $MR = 0$이다.

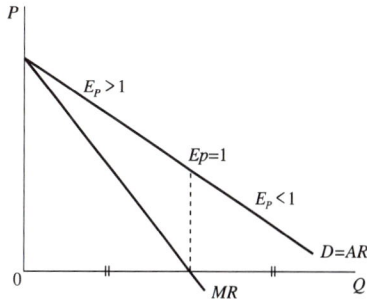

3. 독점기업의 단기균형
독점기업의 이윤극대화 산출량은 $MR = MC$인 Q_m에서 결정되며 가격은 P_m에서 결정된다. 이때, 독점기업의 초과이윤(=독점이윤)은 빗금 친 영역이다.

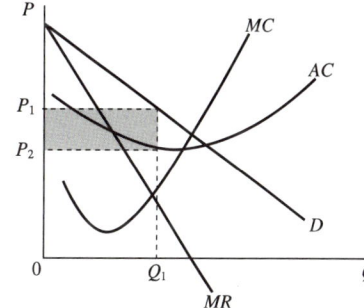

Ⅳ 독점기업의 장기균형

장기에서의 이윤극대화 원리는 단기에서와 동일하게 $MR = MC$에서 이루어진다. 독점기업의 장기균형이 단기균형과 다른 점은 이윤함수를 구성하는 생산함수와 비용함수가 장기생산함수와 장기비용함수라는 점이다. 이윤극대화 산출량은 $MR = LMC$인 Q_m 수준에서 결정되고, 장기독점가격은 산출량에 해당하는 수요곡선 위의 한 점인 P_m에서 결정된다. 완전경쟁기업이 장기에서 정상이윤만을 얻는데 비해 독점기업은 장기에 반드시 0 이상의 이윤을 얻는다.

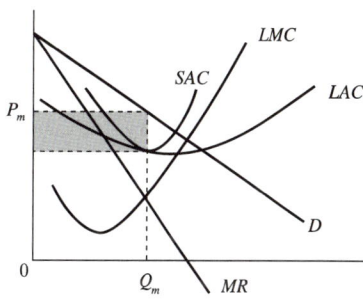

Ⅴ 가격차별 기출 22

1. 의 의
가격차별이란 동일한 재화에 대해 다른 가격을 책정하는 독점기업의 이윤극대화 행동의 하나이다.

2. 가격차별의 종류 기출 13·14·20·24
가격차별에는 차별방식에 따라 다양한 형태의 가격차별이 존재하지만 다음과 같이 크게 세 종류로 분류된다.

① 1급 가격차별
- ㉠ 완전가격차별(Perfect Price Discrimination)이라고 한다.
- ㉡ 완전가격차별이 이뤄지기 위해서는 모든 소비자의 수요곡선을 알고 있어야 가능하다.
- ㉢ 독점기업은 상품을 1단위씩 분리하여 각각의 소비자가 지불할 의사가 있는 가장 높은 가격을 제시한다.
- ㉣ 사회적 잉여는 완전경쟁시장과 같으나 소비자잉여는 모두 공급자잉여에 흡수된다.

② 2급 가격차별
- ㉠ 독점기업은 판매할 상품을 몇 개의 부분으로 나누고 각 부분에 대해 다른 가격을 부과한다.
- ㉡ 총수입은 완전가격차별에 비해 낮아지며 사회적 잉여도 작아진다. 그러나 독점에서의 사회적 잉여에 비해 높은 사회적 잉여를 얻을 수 있다. 전기, 수도요금과 같은 사용량에 따라 차별적인 가격을 부과하는 경우에 해당된다.

③ 3급 가격차별
- ㉠ 3급 가격차별이란 수요곡선의 탄력성에 따라 시장을 분할하고, 각 시장의 탄력성에 따라 각각 다른 가격을 부과하는 가격차별정책이다.
- ㉡ 이윤극대화 조건

$$MR_A = MR_B = MC$$

- ㉢ 수요의 가격탄력성과 가격 사이의 관계 : 가격과 한계수입은 $MR = P\left(1 - \dfrac{1}{E_p}\right)$의 관계가 성립하므로 이윤극대화 조건은 다음과 같이 바꿀 수 있다.

$$P_A\left(1 - \dfrac{1}{E_p^A}\right) = P_B\left(1 - \dfrac{1}{E_p^B}\right) = MC$$

만약 $E_p^A > E_p^B$라면, $P_A < P_B$가 성립한다. 즉, 탄력성이 낮을수록 높은 가격을 부담한다.

Ⅵ 독점시장의 자원배분의 평가 [기출] 22

1. 자원배분의 비효율성 [기출] 19·20

① $P_m > MR = MC$, 완전경쟁에서보다 생산량은 적고 가격은 높게 된다.
② 사회적 후생손실(자중손실)이 발생한다(자중손실= $\triangle BCD$).
③ X – 비효율성의 존재

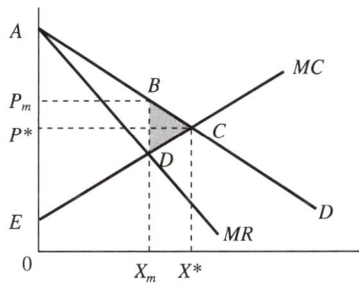

2. 소득분배의 측면

① 소비자잉여를 독점이윤으로 전환시킴에 따라 소득분배의 불평등이 초래된다.
② 초과이윤의 존재와 경제력 집중으로 인해 소득불평등이 심화될 수 있다.

3. 기타의 측면

① 규모의 경제에 의해 독점이 발생한 것이라면 독점의 자원배분이 효율적일 가능성도 있다.
② 시장규모가 협소하여 1개 이상의 기업이 들어설 수 있는 여지가 없는 경우라면 독점은 불가피하다.
③ 기술혁신의 측면 : 독점기업은 안일하게 초과이윤을 향유하므로 기술혁신을 저해하는 측면이 있다. 반면 슘페터(Schumpeter)에 따르면 독점에 따른 초과이윤을 누리기 위해 기술혁신이 촉진되는 효과도 있다고 한다.

Ⅶ 독점의 규제

	의 의	이윤극대화 조건의 변화	효 과	평 가
가격규제	가격의 상한을 설정	• $P=MC$수준에 가격상한을 설정 • 기업의 수요곡선과 한계수입곡선이 굴절됨	• 가격하락 • 생산량증가	자연독점의 경우 기업은 손실을 볼 수 있음
조세부과 / 종량세	재화 1단위당 조세부과	평균비용상승, 한계비용상승	• 가격상승 • 생산량감소 • 독점이윤감소	자원배분왜곡에 따른 비효율발생
조세부과 / 정액세	산출량과 관계없이 일정액을 부과	평균비용상승, 한계비용불변	• 가격불변 • 생산량불변 • 독점이윤감소	자원배분상태는 불변이나 독점이윤을 제거하여 분배측면은 개선가능
조세부과 / 이윤세	기업의 이윤에 조세부과	이윤세의 부과는 기업의 이윤극대화조건을 변화시키지 않음		

제4절 독점적 경쟁시장 기출 25

I 독점적 경쟁시장의 특징 기출 13·15·16·17

독점적 경쟁시장은 다음과 같은 특징을 갖는다.
① **차별화된 재화의 공급** : 소비자에 대한 독점력을 갖는 차별화된 재화를 공급하므로 기업이 직면한 수요곡선은 우하향하고, 기업은 가격결정자가 된다.
② **다수의 기업이 존재** : 다수의 기업이 다수의 대체재를 공급하므로 개별 기업의 수요곡선은 독점기업에 비해 탄력적인 특성을 갖는다. 즉, 수요곡선의 기울기가 매우 완만하다.
③ **진입장벽이 없음** : 시장의 진입과 퇴출이 자유롭다. 따라서 장기에 초과이윤이 존재하는 경우, 새로운 기업이 진입하고, 손실이 발생하는 경우 퇴출이 이루어져 장기이윤은 항상 0이 된다.
④ 독점적 경쟁시장은 비가격 경쟁에 의해 주로 경쟁이 이뤄진다.

II 독점적 경쟁기업의 단기균형 기출 16

독점적 경쟁기업의 이윤극대화 조건은 $MR = MC$이다. 독점적 경쟁기업은 독점과 마찬가지로 개별기업이 직면하는 수요곡선이 우하향하므로 가격과 한계수입이 일치하지 않고, $P(Q) = D > MR$의 관계가 성립한다. 독점적 경쟁기업은 차별적 재화의 독점력을 이용하여 단기에는 독점기업과 같이 행동한다. 기업은 단기에 기업의 진입과 퇴출이 불가능하므로 빗금 친 영역만큼 초과이윤이 발생한다.

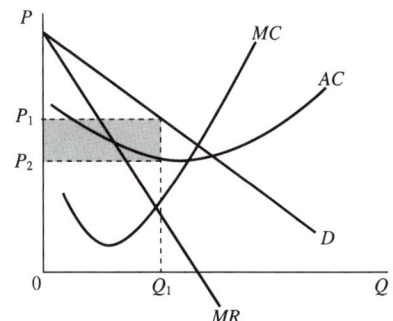

III 독점적 경쟁기업의 장기균형 기출 12·15

독점적 경쟁기업의 장기 이윤극대화 산출량은 $MR = LMC$인 Q_1에서 결정된다. 독점적 경쟁기업의 장기 생산은 최소효율규모 생산량보다 적은 Q_1에서 이뤄진다. 즉, 최소 비용수준에서 생산이 이뤄지지 않아 사회적으로 효율적인 생산량보다 과소생산 되는 생산의 비효율성이 발생한다. 독점적 경쟁시장은 장기에 진입장벽이 존재하지 않아 진입과 퇴출이 자유로우므로 초과이윤이 발생하면 새로운 기업의 진입이 이뤄지고, 손실이 발생하면 기존 기업의 퇴출이 이뤄진다. 따라서 장기에 독점적 경쟁기업의 가격은 $D = MR = LAC$인 수준에서 결정된다. 평균수익과 평균비용이 항상 일치하므로 초과이윤이 존재하지 않는다.

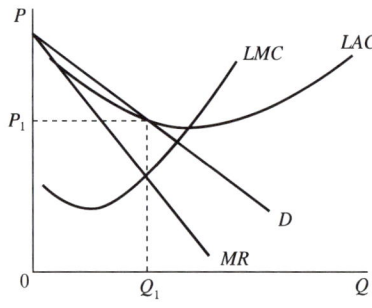

제5절 과점시장

I 내 용

1. 의 의
과점시장은 둘 이상의 소수의 공급자가 진입장벽이 존재하는 시장의 대부분을 지배하는 시장으로 소수의 공급자가 시장을 지배하고, 진입장벽(Entry Barrier)이 존재한다. 동질(同質)의 상품이 거래되는 과점시장을 순수과점, 종류는 동일하지만 품질이 다른 상품을 거래하는 과점시장을 차별과점이라 한다.

2. 특 징
과점시장은 시장 내 기업 간의 상호의존성, 기업 간의 비가격경쟁, 기술혁신의 유인이 높은 특징을 가지고 있다.

II 쿠르노(Cournot) 모형 기출 12·18·23·25

1. 가 정
① 시장에 두 개의 기업만 존재하는 복점을 가정한다.
② 추측된 산출량의 변화는 0이라고 가정한다.
③ 두 기업은 동시에 의사결정을 하며 의사결정의 대상은 산출량이다.

2. 시장균형
각 기업은 이윤극대화 식을 통해 반응곡선을 도출한다. 반응곡선이란 상대방의 산출량을 주어진 것으로 보았을 때 이윤극대화 산출량의 궤적을 말한다. 시장균형은 각 기업의 반응곡선이 만나는 점에서 이루어진다.

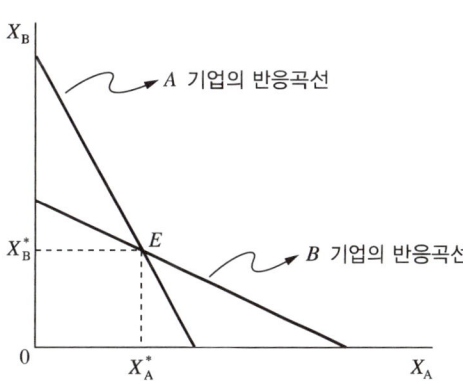

3. 자원배분의 평가
수요곡선이 직선인 경우 완전경쟁시장, 독점시장, 쿠르노 모형에서의 산출량 간에는 다음의 관계가 성립한다.

① 독점기업의 산출량 = $\frac{1}{2}$(완전경쟁기업의 산출량)

② 쿠르노 모형에서 각 기업의 산출량 = $\frac{1}{3}$(완전경쟁기업의 산출량)

Ⅲ 베르뜨랑(Bertrand) 모형

1. 기본가정
① 두 개의 기업이 존재하고 각 기업은 동시에 의사결정을 한다.
② 각 기업이 생산하는 재화는 동질적이며 각 기업의 한계비용은 동일하다.
③ 의사결정 대상이 산출량이 아니라 가격이다.

2. 시장균형

각 기업은 동질의 상품을 공급하므로 어느 한 기업의 가격이 조금만 낮아도 수요를 독점할 수 있다. 따라서 각 기업은 서로 조금씩 낮은 가격을 제시하여 자신이 시장수요 전체를 독점하려 한다. 이러한 가격경쟁을 통해 시장가격은 두 기업이 제시할 수 있는 가장 낮은 가격인 한계비용수준에서 결정된다. 만약 두 기업의 한계비용이 다른 경우라면 높은 한계비용을 가진 기업의 한계비용수준에서 가격이 결정되고, 시장수요는 낮은 한계비용을 가진 기업이 독점하게 된다.

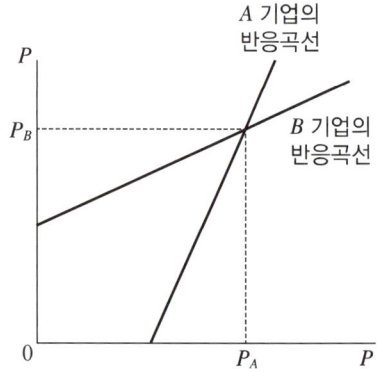

Ⅳ 슈타켈버그(Stackelberg) 모형(수량선도모형)

1. 의 의

슈타켈버그(Stackelberg)는 복점기업에 선도기업(Leader)과 추종기업(Follower)으로 구분되는 경우를 모형화 하였다. 선도기업은 추종기업의 반응을 고려하여 먼저 의사결정을 하고, 추종기업은 선도기업의 산출량을 보고 자신의 이윤극대화 산출량을 결정한다. 따라서 추종기업의 추측된 변화는 0이지만 선도기업의 추측된 변화는 0이 아니다.

2. 시장균형

① **선도기업과 추종기업의 시장균형** : 모형은 Cournot의 경우와 같고, A 기업이 선도기업이고 B 기업이 추종기업이라고 할 때 선도기업인 기업 A는 기업 B의 반응을 추측하여 자신의 이윤극대화 산출량을 결정한다. 그리고 추종기업은 선도기업의 주어진 생산수준에서 자신의 이윤극대화 산출량을 결정한다. 시장균형상태에서는 Cournot균형에 비해 선도기업의 산출량은 증가, 추종기업의 산출량은 감소한다.

② **선도기업 간의 시장균형** : 두 기업이 서로 선도자라고 생각하는 경우 두 기업은 모두 앞 모형의 선도기업처럼 행동할 것이다. 선도경쟁하의 균형은 존재할 수 없는 균형이다. 이처럼 각 기업이 서로 선도기업이 되려고 하는 것을 슈타켈버그 전쟁(Stackelberg Warfare)이라고 한다.

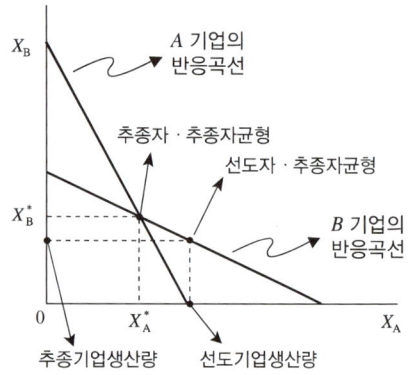

③ 자원배분의 평가

　㉠ 독점기업의 산출량 = $\frac{1}{2}$(완전경쟁기업의 산출량)

　㉡ 과점기업의 산출량 = $\frac{1}{3}$(완전경쟁기업의 산출량)

　㉢ 선도기업의 산출량 = $\frac{1}{2}$(완전경쟁기업의 산출량)

　㉣ 추종기업의 산출량 = $\frac{1}{4}$(완전경쟁기업의 산출량)

V 담합모형

모 형	내 용
가격선도이론 (불완전한 담합)	가격선도자가 가격을 설정하면 추종자는 선도자가 정한 가격을 주어진 것으로 받아들이고 산출량을 결정한다.
카르텔(완전담합)	• 동일산업에 속하는 기업들이 명시적으로 합의하여 가격이나 생산량을 정하는 것 • 카르텔은 단일독점기업과 동일하게 행동 • 카르텔이 형성되면 협정을 위반할 유인이 존재하여 카르텔은 내재적 불안정성을 가지고 있다.

VI 과점의 평가

1. 과점의 비효율성
① 장기평균비용곡선의 최저점에서 생산이 이뤄지는 것이 아님(비효율적 생산)
② 일반적으로 정상이윤을 넘는 초과이윤을 수취(진입장벽이 존재)
③ 광고비 등 비가격경쟁에 과다한 자원배분

2. 과점의 후생학적 장점
① R&D 경쟁 : 비가격경쟁의 일환으로 R&D 경쟁이 활발하다.
② 질적 수준이 높은 상품이나 다양한 상품을 공급함으로써 소비자들의 선택 가능성을 증대시켜 소비자의 효용을 증대시킬 수 있다.
③ 규모의 경제가 실현되므로 생산의 효율성을 증대할 수 있다.

제6절 게임이론

I 게임(Game)의 구성요소

게임(Game)의 구성요소는 다음과 같다.
① **경기자** : 경기도중 의사를 결정하는 의사결정의 주체로서 독립적인 의사결정단위
② **전략** : 경기도중 취하게 되는 행동계획, 즉 경기자가 선택가능한 대안
③ **Nature** : 게임을 둘러 싼 환경, 확률이 부여된 경기에서 게임 초기에 확률을 부여하는 비경기자
④ **보수** : 각 경기자에게 귀속되는 게임의 결과

II 게임의 분류

1. 경기자의 행동순서에 따른 분류

① **동시선택게임(Simultaneous Move Game)** : 동시선택게임은 본질적으로 경기자가 자신의 전략을 선택할 그 순간에는 상대방이 어떤 전략을 선택했는지 알 수 없다. 따라서 동시게임에서의 "동시"의 의미는 경기자들이 시간적으로 엄밀히 동시에 전략을 구사한다는 의미가 아니라 상대의 전략에 관한 정보가 없는 상태에서 자신의 선택을 해야 하는 상황을 의미한다.
② **순차게임(Sequential Game)** : 한 경기자가 먼저 행동을 취하고 다른 경기자가 뒤이어 선택을 하는 게임으로 나중에 행동을 취하는 경기자는 앞의 경기자가 어떤 대안을 선택했는지를 알고 자신의 대안을 선택한다는 특징을 가지고 있다. 시간적 순서에 따라 게임이 진행되므로 게임의 성격에 따라 먼저 행동을 하는 경기자가 유리한 경우와 나중에 행동하는 경기자가 유리한 경우가 있는데, 전자를 선행자의 이점(Advantage of First-Mover)이라 하고, 후자의 경우를 후행자의 이점(Advantage of Second-Mover)이라 한다.

2. 정보에 따른 분류

게임은 경기자들이 특정 정보를 가지고 있느냐에 따라 완전정보게임과 불완전정보게임, 그리고 완비정보게임과 불비정보게임으로 나눌 수 있다.
① **완전정보 혹은 불완전정보** : 각 경기자가 대안을 선택해야 할 때 상대 경기자가 무슨 대안을 선택했는지를 알고 있느냐, 모르고 있느냐에 따른 구분이다. 동시선택게임은 일반적으로 불완전정보게임에 속하고 순차게임은 일반적으로 완전정보게임이다.
② **완비정보와 불비정보** : 상대 경기자의 보수함수를 알고 있느냐에 따른 구분이다. 완비정보게임이란 선택된 대안의 조합에 대응하여 상대 경기자가 얻을 보수를 각 경기자가 정확히 예측할 수 있는 게임이며 이때 상대의 보수함수를 정확히 안다는 것은 상대방의 유형(Type)을 안다는 것을 의미한다.

구 분	상대경기자의 선택대안을 알고 있는 경우	상대경기자의 선택대안을 알 수 없는 경우
상대경기자의 유형을 알고 있는 경우	완전정보게임, 완비정보게임	불완전정보게임, 완비정보게임
상대경기자의 유형을 알지 못하는 경우	완전정보게임, 불비정보게임	불완전정보게임, 불비정보게임

3. 게임의 반복여부에 따른 분류

일회게임과 반복게임으로 나눌 수 있다. 반복게임은 다시 무한·유한반복게임으로 나누어진다.

4. 협조게임과 비협조게임

협조게임은 경기자들이 공동의 목표를 설정하고 이를 효과적으로 달성하기 위해 자신들의 전략을 상호 조정하는 게임으로 협조게임에서는 경기자들의 "전략적 행태"가 있을 수 없다. 일반적으로 게임은 비협조게임이며 비협조게임에서 경기자 사이의 협조가 발생하는 경우는 게임이 반복되는 경우 미래의 게임에서 상대방의 협조를 필요로 할 때 발생한다.

Ⅲ 우월전략균형 기출 19·22·25

1. 우월전략

우월전략이란 상대방의 전략에 상관없이 자신의 전략 중 자신의 보수를 극대화하는 전략을 말한다.

2. 우월전략균형

우월전략 균형은 경기자들의 우월전략의 배합을 말한다.
A의 우월전략(자백), B의 우월전략(자백)
→ 우월전략균형(자백, 자백)

[Confess Game(용의자 딜레마게임)]

	자 백	부 인
자 백	−5, −5	−1, −10
부 인	−10, −1	−2, −2

3. 균형상태의 평가

① 각 경기자의 우월전략은 비협조전략이다.
② 각 경기자의 우월전략배합이 열위전략의 배합보다 파레토 열위상태이다.
③ 자신만이 비협조전략(이기적인 전략)을 선택하는 경우 보수가 증가한다.
④ 효율적 자원배분(부인, 부인)은 협조전략하에 나타난다.
⑤ 각 경기자가 자신의 이익을 극대화하는 행동이 사회적으로 바람직한 자원배분을 실현하는 것은 아니다 (개인적 합리성이 집단적 합리성을 보장하지 못한다).

Ⅳ 내쉬균형 기출 19·22·24·25

1. 의 의

① 내쉬균형이란 상대방의 전략을 주어진 것으로 보고 자신의 이익을 극대화하는 전략을 선택할 때 이 최적전략의 짝을 내쉬균형이라 한다.
② 내쉬균형은 존재하지 않을 수도, 복수로 존재할 수도 있다.
③ 내쉬균형은 상대방의 최적 전략에 대해서만 최적대응이 될 수 있는 전략의 존재를 요구한다.
④ 우월전략균형은 반드시 내쉬균형이나 내쉬균형은 우월전략균형이 아닐 수 있다.

2. 내쉬균형의 예

① 내쉬균형이 존재하지 않는 경우

	T	H
T	3, 2	1, 3
H	1, 1	3, -1

② 내쉬균형이 1개 존재하는 경우(자백, 자백)

	자백	부인
자백	-5, -5	-1, -10
부인	-10, -1	-2, -2

③ 내쉬균형이 2개 존재하는 경우(야구, 야구) (영화, 영화)

	야구	영화
야구	3, 2	1, 1
영화	1, 1	2, 3

3. 내쉬균형 존재정리

"유한한 경기자"와 "유한한 전략"의 틀을 가진 게임에서 혼합전략을 허용할 때 최소한 하나 이상의 내쉬균형이 존재한다.

4. N. E의 한계점

① 경기자 모두 소극적 추종자로 행동, 적극적으로 행동할 때의 균형을 설명하지 못한다.
② 순차게임을 설명하지 못한다.
③ 협력의 가능성이 없으며 협력의 가능성 있는 게임을 설명하지 못한다.

V 혼합전략균형

1. 순수전략과 혼합전략

① 순수전략 : 경기자가 여러 가지 전략 중 특정한 한 가지 전략만 사용하는 것
② 혼합전략 : 각 경기자가 2가지 이상의 순수전략을 미리 선택된 확률에 의거하여 혼합하여 사용하는 것(각 경기자가 혼합전략을 사용하는 이유는 자신의 행동을 상대방이 쉽게 예측하지 못하게 하기 위함이다)

2. 혼합전략 내쉬균형

모든 경기자가 각 순수전략을 사용할 확률, 즉 혼합전략을 더 이상 변경할 유인이 없는 상태를 말한다.

CHAPTER 04 시장이론

01 이윤을 극대화하는 독점기업 A의 평균총비용함수는 $ATC = \dfrac{20}{Q} + Q$이고, 시장수요함수는 $P = 200 - 4Q$ 일 때, 독점이윤은?(단, Q는 거래량, P는 가격이다) 기출 24

① 800
② 1,600
③ 1,980
④ 2,490
⑤ 2,540

해설 및 정답

01 $ATC = \dfrac{20}{Q} + Q$

$TC = ATC \times Q = \left(\dfrac{20}{Q} + Q\right) \times Q = 20 + Q^2$

$MC = \dfrac{dTC}{dQ} = 2Q$

$P = 200 - 4Q$
$MR = 200 - 8Q$

독점기업의 이윤극대화 조건
$MR = MC$
$200 - 8Q = 2Q$
$\therefore Q = 20$

$Q = 20$에서의 독점이윤을 구해보면
$TR = P \times Q = [200 - (4 \times 20)] \times 20 = 2,400$
$TC = ATC \times Q = \left(\dfrac{20}{20} + 20\right) \times 20 = 420$
독점이윤 $= TR - TC = 2,400 - 420 = 1,980$

정답 ③

02 완전경쟁시장에 관한 설명으로 옳지 않은 것은? 기출 23

① 개별기업의 최적산출량은 한계수입과 한계비용이 일치할 때 결정된다.
② 개별기업은 장기에 효율적인 생산 규모에서 생산하며 정상이윤만을 얻게 된다.
③ 개별기업이 단기에 손실을 보더라도 생산을 계속하는 이유는 고정비용의 일부를 회수할 수 있기 때문이다.
④ 단기균형과 장기균형에서 총잉여인 사회적 후생이 극대화된다.
⑤ 생산요소의 가격이 변하지 않는 비용불변산업에서는 장기 시장공급곡선은 우상향한다.

03 완완전경쟁시장에서 수요곡선은 $Q_d = 8 - 0.25P$이고 공급곡선은 $Q_s = 0.5P - 4$라고 할 때, 균형가격(P)과 생산자잉여는? (단, Q_d는 수요량, Q_s는 공급량이다) 기출 21

① 4, 8
② 8, 8
③ 8, 16
④ 16, 16
⑤ 16, 32

04 완전경쟁시장에서 한 기업의 평균가변비용은 $AVC = 3Q + 5$(Q는 생산량)이고 고정비용이 12이다. 이 기업의 손익분기점에서의 가격과 조업중단점에서의 가격은? 기출 24

① 15, 5
② 15, 12
③ 17, 5
④ 17, 12
⑤ 19, 0

해설 및 정답

02 생산요소의 가격이 변하지 않는 비용불변산업에서 수평의 장기 공급곡선을 갖는다.

정답 ⑤

03
> 생산자 잉여 = 실제 받은 금액 − 판매할 용의가 있었던 금액

수요곡선과 공급곡선이 만나는 지점인 $8-0.25P=0.5P-4$에서 균형가격 $P=16$, 균형 거래량 $Q=4$

공급곡선의 P축 절편$=8$이므로 생산자잉여$=(16-8)\times 4\times \dfrac{1}{2}=16$

정답 ④

04 $TC=(AVC\times Q)+$고정비용$=[(3Q+5)\times Q]+12=3Q^2+5Q+12$

$MC=\dfrac{dTC}{dQ}=6Q+5$

완전경쟁시장은 $P=MR=MC$가 성립하므로
$P=MC=6Q+5$
$TR=P\times Q=(6Q+5)\times Q=6Q^2+5Q$

손익분기점에서의 생산량과 가격을 구해보면
$TR-TC=0$
$(6Q^2+5Q)-(3Q^2+5Q+12)=3Q^2-12=0$
∴ $Q=2$ (∵ Q는 양수)
∴ $P=(6\times 2)+5=17$

조업중단점의 가격은 AVC의 최소점은 생산량이 0인 경우이다. 따라서 조업중단점의 가격은 5이다.

정답 ③

05 독점기업의 시장 수요와 공급에 관한 설명으로 옳지 않은 것은?(단, 시장수요곡선은 우하향한다) 기출 21

① 독점기업은 시장의 유일한 공급자이기 때문에 수요곡선은 우하향한다.
② 독점기업의 공급곡선은 존재하지 않는다.
③ 독점기업의 한계수입은 가격보다 항상 높다.
④ 한계수입과 한계비용이 일치하는 점에서 독점기업의 이윤이 극대화된다.
⑤ 독점기업의 한계수입곡선은 항상 수요곡선의 아래쪽에 위치한다.

06 이윤극대화를 추구하는 독점기업의 생산 활동이 자원 배분의 비효율성을 초래하는 근거로 옳은 것은?
기출 19

① 소비자들이 원하는 상품을 생산하지 않기 때문이다.
② 생산에 있어서 과다한 자원을 사용하기 때문이다.
③ 사회적으로 바람직한 생산량보다 적게 생산하기 때문이다.
④ 평균비용과 가격이 일치하는 점에서 생산 활동을 하기 때문이다.
⑤ 한계수입과 한계비용이 일치하는 수준에서 생산하지 않기 때문이다.

07 독점기업의 가격 전략에 관한 설명으로 옳은 것은? 기출 22

① 소비자잉여를 유지하며 생산자의 이윤을 극대화한다.
② 독점가격은 한계비용과 같다.
③ 가격차별을 하는 경우 단일 가격을 설정하는 것에 비해 사회적 후생은 증가한다.
④ 가격차별을 하는 경우 수요의 가격탄력성이 더 높은 소비자들에게 더 높은 가격을 부과한다.
⑤ 이부가격제는 소비자들의 수요 행태가 다양할 때 가장 효과적이다.

• 해설 및 정답 •

05 독점기업은 $MR > 0$인 경우에만 생산하므로, 수요의 가격탄력성(ε)이 1보다 작은 구간에서는 생산하지 않는다. 따라서 독점기업의 한계수입은 가격보다 항상 낮다.
① 독점기업이 추가적으로 더 많은 재화를 판매하기 위해서는 가격을 낮추어야 하므로, 수요곡선은 우하향하는 형태를 갖는다.
② 독점기업은 이윤극대화를 위한 재화의 공급량과 가격을 원하는 대로 결정할 수 있기 때문에 공급곡선이 없다.
④ 이윤극대화는 한계수입과 한계비용이 동일한 경우에 발생한다.

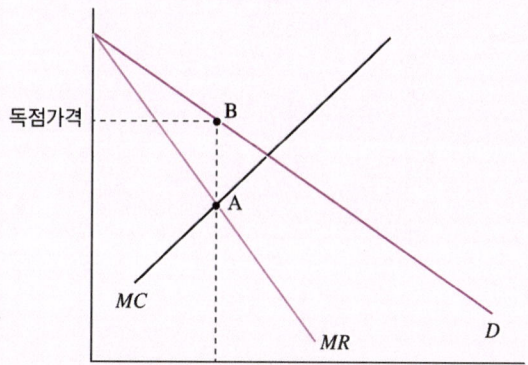

정답 ③

06 • 완전경쟁기업은 $P = MC$로 설정되어 사회적으로 바람직한 수준의 생산을 하지만, 독점기업은 장기적으로도 $P > MC$이므로 사회적으로 바람직한 생산량수준보다 미달하게 생산된다.
• 자원 배분의 효율성을 달성하기 위해서는 $P = MC$가 되어야 한다.
• 독점기업도 생산 활동은 $MR = MC$인 점에서 이루어진다.

정답 ③

07 ① 소비자잉여는 감소하며 생산자의 이윤은 증가한다.
② 독점가격은 한계비용보다 높은 수준에서 설정된다.
④ 가격차별을 하는 경우 수요의 가격탄력성이 더 높은 소비자에게 더 낮은 가격을 부과한다.
⑤ 소비자들의 수요 행태가 다양할 때 가장 효과적인 방법은 제1급 가격차별이다.

정답 ③

08 복점시장에서 꾸르노(Cournot) 경쟁을 하는 두 기업의 역수요함수는 $P=20-q_1-q_2$이다. 두 기업의 비용구조는 동일하며 고정비용은 없고 한 단위당 생산비용은 8일 때, 균형가격과 기업2의 균형생산량은? (단, P는 가격, q_1은 기업1의 생산량, q_2는 기업2의 생산량이다) 기출 25

① 10, 2
② 12, 2
③ 12, 4
④ 14, 8
⑤ 14, 10

09 꾸르노(Cournot) 복점모형에서 시장수요곡선이 $P=-2Q+70$이고, 두 기업의 한계비용은 10으로 동일하다. 내쉬(Nash)균형에서 두 기업 생산량의 합은?(단, P는 상품가격, Q는 총생산량이다) 기출 23

① 15
② 20
③ 25
④ 30
⑤ 35

해설 및 정답

08 시장의 수요함수는 $P=20-Q$이고 완전경쟁시장에서 $P=MC$이므로 $20-Q=8$, 완전경쟁시장의 생산량 $Q=12$이다.

꾸르노 경쟁에서의 생산량(q_1+q_2)은 완전경쟁 생산량의 $\frac{2}{3}$만큼인 8이므로,

균형가격 $P=20-q_1-q_2=20-8=\underline{12}$이다.

두 기업의 비용구조가 동일하므로 기업1과 기업2의 생산량은 같다. 즉, $q_2=8\times\frac{1}{2}=\underline{4}$이다.

정답 ❸

09 꾸르노 복점모형에서 두 기업의 비용조건이 동일하므로 각 기업은 완전경쟁의 $\frac{1}{3}$만큼씩 생산한다.

완전경쟁의 경우 생산량을 구해보면
$P=MC$
$-2Q+70=10$
∴ $Q=30$

각 기업의 생산량은 10(=$30\times\frac{1}{3}$)

∴ 두 기업의 생산량의 합은 20

꾸르노 모형 생산량 구하는 공식
꾸르노 모형에서 시장수요함수가 $P=a-bQ$, 기업1의 비용함수는 $MC_1=c$, 기업2의 비용함수는 $MC_2=d$인 경우 각 기업의 생산량은 다음과 같다.

- 기업1의 생산량 = $\frac{a-2c+d}{3b}$
- 기업2의 생산량 = $\frac{a+c-2d}{3b}$

정답 ❷

10 불완전경쟁시장에 관한 설명으로 옳은 것은?(단, 수요곡선은 우하향한다) 기출 24

① 독점기업의 공급곡선은 우상향한다.
② 베르트랑(Bertrand) 과점모형은 상대기업 산출량이 유지된다는 기대 하에 자신의 행동을 선택한다.
③ 독점기업은 이부가격제를 통해 이윤을 추가적으로 얻을 수 있다.
④ 러너(Lerner)의 독점력지수는 이윤극대화점에서 측정되는 수요의 가격탄력성과 같은 값이다.
⑤ 독점적 경쟁시장에서 수평적 차별화는 소비자가 한 상품이 비슷한 다른 상품보다 품질이 더 좋은 것으로 인식하도록 하는 것이다.

11 제품 A만 생산하는 독점기업의 생산비는 생산량에 관계없이 1단위당 60원이고, 제품 A에 대한 시장수요곡선은 $P = 100 - 2Q$이다. 이 독점기업의 이윤극대화 가격(P원)과 생산량(Q개)은? 기출 17

① 40원, 30개 ② 50원, 25개
③ 60원, 20개 ④ 70원, 15개
⑤ 80원, 10개

12 단기에 A기업은 완전경쟁시장에서 손실을 보고 있지만 생산을 계속하고 있다. 시장수요의 증가로 시장가격이 상승하였는데도 단기에 A기업은 여전히 손실을 보고 있다. 다음 설명 중 옳은 것은? 기출 16

① A기업의 한계비용곡선은 아래로 평행 이동한다.
② A기업의 한계수입곡선은 여전히 평균비용곡선 아래에 있다.
③ A기업의 평균비용은 시장가격보다 낮다.
④ A기업의 총수입은 총가변비용보다 적다.
⑤ A기업의 평균가변비용곡선의 최저점은 시장가격보다 높다.

• **해설 및 정답** •

10 이부가격제는 소비자가 재화 구입 시 1차로 재화를 구입할 수 있는 권리인 1차 가격(예 놀이동산 입장료)을 부과하고 2차로 재화를 이용할 때 필요한 비용인 2차 가격(예 놀이기구 이용료)을 지불하는 가격체계로 독점기업은 이부가격제를 통해 이윤을 추가적으로 얻을 수 있다.
① 독점기업은 공급곡선이 <u>존재하지 않는다</u>.
② 상대기업 산출량이 유지된다는 기대하에 자신의 행동을 선택하는 것은 꾸르노 모형이다. 베르트랑 과점모형은 상대방이 현재의 가격을 그대로 유지할 것이라는 전제하에 자신의 행동을 선택한다.
④ 러너(Lerner)의 독점력지수는 이윤극대화점에서 측정되는 수요의 <u>가격탄력성의 역수</u>와 같은 값이다.

> 균형산출량(이윤극대화 생산량) 수준에서 측정하는 경우
>
> $$\text{독점력지수} = \frac{P-MC}{P} = \frac{P-MR}{P} = \frac{P-P\left(1-\frac{1}{\epsilon}\right)}{P} = \frac{1}{\epsilon}$$
>
> (P : 가격, MR : 한계수입, MC : 한계비용, ϵ : 수요의 가격탄력성)

⑤ 소비자가 한 상품이 비슷한 다른 상품보다 품질이 더 좋은 것으로 인식하도록 하는 것은 수직적 차별화이다. 수평적 차별화는 품질이나 기능이 아닌 다른 가치를 통해 경쟁자들과 차별하는 것이다.

정답 ❸

11 • 독점기업의 이윤극대화 조건은 $MR = MC$ 이다.
• 생산량에 관계없이 1단위당 생산비가 60원이므로 $MC = 60$
• $MR = MC$ 이므로 $MR = 60$
• $MR = 100 - 4Q = 60$, $Q = 10$, $P = 80$

정답 ❺

12 A 기업은 시장의 수요증가로 시장가격이 상승하였음에도 손실을 보고 있다는 것은 현재 가격이 평균비용보다 작다는 것이다. 가격이 평균비용보다 작다는 것은 한계수입곡선이 평균비용곡선 하방에 위치하였음을 나타낸다.
① 완전경쟁시장에서는 $P = MR = MC$ 인데, 시장가격이 상승하였으므로 한계비용곡선은 상방 이동한다.
③ 손실을 보고 있다면 가격이 평균비용보다 낮은데, 생산을 계속하고 있으므로 평균가변비용보다는 높은 경우이다.
④ 가격이 평균가변비용보다 높다면 총수입은 총가변비용보다 많다.
⑤ 가격이 평균가변비용곡선보다 상방에 위치하므로 평균가변비용곡선의 최저점은 시장가격보다 낮다.

정답 ❷

13 독점적 경쟁시장에 관한 설명으로 옳지 않은 것은? 기출 16

① 기업의 수요곡선은 우하향하는 형태이다.
② 진입장벽이 존재하지 않으므로, 단기에는 기업이 양(+)의 이윤을 얻지 못한다.
③ 기업의 이윤극대화 가격은 한계비용보다 크다.
④ 단기에 기업의 한계수입곡선과 한계비용곡선이 만나는 점에서 이윤극대화 생산량이 결정된다.
⑤ 장기에 기업의 수요곡선과 평균비용곡선이 접하는 점에서 이윤극대화 생산량이 결정된다.

14 완전경쟁기업의 단기 조업중단 결정에 관한 설명으로 옳은 것은? 기출 15

① 가격이 평균가변비용보다 높으면 손실을 보더라도 조업을 계속하는 것이 합리적 선택이다.
② 가격이 평균고정비용보다 높으면 손실을 보더라도 조업을 계속해야 한다.
③ 가격이 평균비용보다 낮으면 조업을 중단해야 한다.
④ 가격이 한계비용보다 낮으면 조업을 계속해야 한다.
⑤ 평균비용과 한계비용이 같으면 반드시 조업을 계속해야 한다.

15 수요의 가격탄력성에 관한 설명으로 옳은 것을 모두 고른 것은?(단, 시장수요곡선은 우하향하는 직선이다) 기출 23

ㄱ. 종량세를 부과하면, 수요의 가격탄력성이 공급의 가격탄력성보다 클수록 소비자의 부담은 작아지고 생산자의 부담은 커진다.
ㄴ. 경쟁시장에 개별기업이 직면한 수요곡선은 완전탄력적이다.
ㄷ. 독점기업의 총수입은 수요의 가격탄력성이 0일 때 극대화된다.

① ㄱ
② ㄷ
③ ㄱ, ㄴ
④ ㄴ, ㄷ
⑤ ㄱ, ㄴ, ㄷ

16 독점기업 A의 생산함수는 $Q = \left[\min(4L,\ K)\right]^{\frac{1}{2}}$이고, 노동($L$)의 가격은 16, 자본($K$)의 가격은 4이다. 시장수요곡선이 $Q = 200 - 0.5P$일 때, 이윤을 극대화하는 생산량(Q)과 가격(P)은?(단, 고정비용은 0이다) 기출 23

① $Q : 20,\ P : 360$
② $Q : 30,\ P : 340$
③ $Q : 40,\ P : 320$
④ $Q : 50,\ P : 300$
⑤ $Q : 60,\ P : 280$

• **해설 및 정답** •

13 진입장벽은 없으나 제품차별화 등으로 인해 단기에는 초과이윤을 얻을 수 있고 장기에는 정상이윤만을 얻게 된다.
① 완전경쟁기업과 다르게 같은 가격으로 계속 판매량을 늘릴 수 없고, 판매량을 늘리려면 가격을 인하해야 하므로 독점적 경쟁기업이 직면하는 수요곡선은 우하향하는 형태이다.
③ 독점적 경쟁기업의 경우 균형에서 항상 $P > MC$이므로 재화생산이 비효율적으로 이루어진다.
④ 어떤 형태의 기업이든 생산량과 가격은 $MR = MC$인 점에서 이루어진다.
⑤ 장기에 독점적 경쟁기업은 정상이윤만을 얻게 되므로 산출량 수준에서 수요곡선과 장기평균비용곡선이 접하게 된다. 생산량이 최적수준에 미달하므로 초과설비를 보유한다.

정답 ❷

14 손실을 본다고 조업을 중단하더라도 고정비용은 계속해서 지출이 되기 때문에 균형가격이 평균가변비용보다 높다면 가변비용을 충당하고 고정비용도 일부 회수가능하기 때문에 조업을 계속해야 한다.
② 손해를 보더라도 조업을 계속해야 할 때는 가격이 평균가변비용보다 높을 경우이다. 평균고정비용보다 높을 경우에는 조업중단 여부를 알 수 없다.
③ 가격이 평균가변비용보다 낮으면 조업을 중단해야 한다.
④ 전경쟁기업은 가격과 한계비용이 같아지는 점에서 생산을 하므로, 가격이 한계비용보다 낮으면 재화를 팔아서 얻는 수익보다 재화를 생산할 때 소비되는 금액이 더 크므로 조업을 중단한다.
⑤ 평균비용과 한계비용이 같은 점은 정상이윤만 얻고 초과이윤은 없기 때문에 반드시 조업을 계속해야 하는 것은 아니다.

정답 ❶

15 ㄱ. (○) 조세부과로 인한 가격상승에 신축적으로 대응하기 힘든 탄력성이 높은 쪽보다는 낮은 쪽의 조세부담이 더 크다. 따라서 수요의 가격탄력성이 공급의 가격탄력성보다 더 크다면 소비자보다는 생산자의 부담이 더 크다.
ㄴ. (○) 개별기업은 자신의 생산능력 범위 내에서 생산량을 증가시켜도 시장가격이 변하지 않고 주어진 가격으로 원하는 만큼 판매가 가능하므로 개별기업이 인식하는 수요곡선은 수평선이 된다. 즉 완전탄력적이다.
ㄷ. (×) 독점시장의 총수입은 수요의 가격탄력성이 1일 때 극대화된다.

정답 ❸

16
- 생산함수 $Q = \left[\min(4L, K)^{\frac{1}{2}}\right]$이므로 $Q = \sqrt{4L} = \sqrt{K}$
- 노동의 가격 16과 자본의 가격 4를 이용한 비용함수(C)는 $C = 16L + 4K$
- $Q = \sqrt{4L} = \sqrt{K}$을 비용함수에 대입하면 $C = 8Q^2$
- $MC = \dfrac{dC}{dQ} = 16Q$
- 시장수요곡선 $Q = 200 - 0.5P$를 P에 대하여 정리하면 $P = 400 - 2Q$
- $MR = 400 - 4Q$
- 이윤극대화 생산량은 $MR = MC$에서 이루어지므로 $400 - 4Q = 16Q$
  ∴ $Q = 20$
- $Q = 20$을 시장수요곡선에 대입하면 $P = 360$

정답 ❶

17 기업 A가 직면하는 상품의 수요곡선이 우하향하는 직선일 때 옳은 것을 모두 고른 것은? 기출 13

> ㄱ. 생산량이 증가할수록 총 수입은 감소하다가 증가한다.
> ㄴ. 생산량이 증가할수록 평균수입은 감소한다.
> ㄷ. 생산량이 증가할수록 한계수입은 감소한다.

① ㄱ
② ㄱ, ㄴ
③ ㄱ, ㄷ
④ ㄴ, ㄷ
⑤ ㄷ

18 독점과 독점경쟁시장에 관한 설명으로 옳은 것은? 기출 25

① 독점기업이 직면한 공급곡선은 시장공급곡선 그 자체이다.
② 독점시장의 균형에서 가격과 한계수입의 차이가 작을수록 독점도는 커진다.
③ 독점경쟁시장에서 제품의 차별화가 클수록 수요의 가격탄력성이 커진다.
④ 독점기업이 가격차별을 하면 사회후생은 항상 감소한다.
⑤ 독점기업의 이윤극대화 필요조건은 한계수입과 한계비용이 같아지는 것이다.

19 A기업은 완전경쟁시장에서 이윤을 극대화하는 생산량 1,000개를 생산하고 전량 판매하고 있다. 이때 한계비용은 10원, 평균가변비용은 9원, 평균고정비용은 2원이다. 이에 관한 설명으로 옳지 않은 것은? 기출 20

① 총수입은 10,000원이다.
② 총비용은 11,000원이다.
③ 상품 개당 가격은 10원이다.
④ 총가변비용은 9,000원이다.
⑤ 단기에서는 조업을 중단해야 한다.

해설 및 정답

17 ㄱ. 생산량이 증가할수록 가격은 하락하는데 이때 가격탄력성이 1보다 크다면 총 수입은 증가하고 1보다 작다면 감소한다. $MR = P\left[1 - \dfrac{1}{E_P}\right]$ 에서 MR이 0인 점에서 가격탄력성은 1이 되고 MR이 양수(+)의 값을 갖는 경우 탄력성은 1보다 크고 음수(−)의 값을 갖는 경우 탄력성은 1보다 작다. 따라서 그래프에서 보는 바와 같이 생산량이 증가할수록 총 수입은 증가하다가 감소한다.

ㄴ. 평균수입 $AR = \dfrac{TR}{Q} = \dfrac{P \times Q}{Q} = P$, 즉 평균수입은 가격을 의미한다. 생산량이 증가할수록 가격은 감소하므로 평균수입은 감소한다.

ㄷ. 수요곡선이 우하향하는 직선이므로 $P = a + bQ$라는 일반형으로 바꾸고 한계수입을 구해보면

$MR = \dfrac{\Delta TR}{\Delta Q} = a + 2bQ$, 다시 말해서 한계수입곡선은 수요곡선과 절편은 같고 기울기만 2배인 직선이 된다. 따라서 생산량이 증가할수록 한계수입은 감소한다.

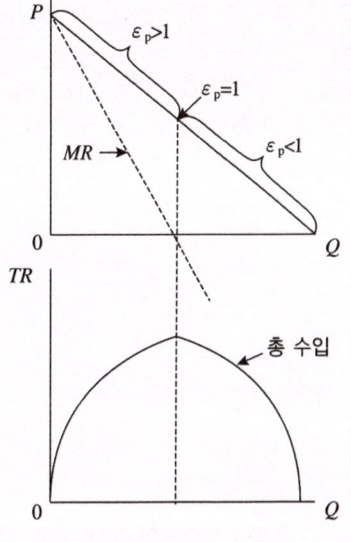

정답 ④

18 독점기업은 MR(한계수입)=MC(한계비용)에서 이윤이 극대화된다.
① 독점기업은 이윤극대화를 위한 공급량과 가격을 독점기업이 정하므로 공급곡선은 존재하지 않는다.
② 독점시장의 균형에서 가격과 한계수입의 차이가 클수록 독점도는 커진다.
③ 독점경쟁시장에서 제품의 차별화가 클수록 수요의 가격탄력성이 작아진다.
④ 독점기업이 가격차별을 하면 순수독점보다 생산량이 증가하고, 거래량도 증가하여 사회후생은 항상 증가한다.

정답 ⑤

19 상품가격(10원)이 평균가변비용(9원)보다 크므로, 단기에서 조업을 중단하지 않는다.
① 총수입 = 가격 × 판매량 = 10 × 1,000 = 10,000
② 총비용 = (평균가변비용 + 평균고정비용) × 판매량 = (9 + 2) × 1,000 = 11,000
③ 완전경쟁시장의 상품가격은 한계비용과 동일하다. 따라서 상품가격 = 한계비용 = 10
④ 총가변비용 = 평균가변비용 × 판매량 = 9 × 1,000 = 9,000

정답 ⑤

20 독점기업의 가격차별에 관한 설명으로 옳지 않은 것은? 기출 20

① 가격차별을 하는 경우의 생산량은 순수독점의 경우보다 더 작아진다.
② 가격차별을 하는 독점기업은 가격탄력성이 더 작은 시장에서의 가격을 상대적으로 더 높게 책정한다.
③ 가격차별은 소득재분배효과를 가져올 수 있다.
④ 소비자의 재판매가 가능하다면 가격차별이 유지되기 어렵다.
⑤ 완전가격차별의 사회적 후생은 순수독점의 경우보다 크다.

21 독점기업 A의 수요곡선, 총비용곡선이 다음과 같을 때, 독점이윤 극대화 시 사중손실(Deadweight Loss)은?(단, P는 가격, Q는 수량이다) 기출 20

- 수요곡선 : $P = -Q + 20$
- 총비용곡선 : $TC = 2Q + 10$

① 99/2
② 94/2
③ 88/2
④ 81/2
⑤ 77/2

22 동일한 브랜드의 가전제품을 경쟁적으로 판매하고 있는 두 마트(mart) E와 H는 이윤을 극대화하기 위해 광고 전략을 고려하고 있다. 다음은 두 마트가 전략을 동시에 선택할 경우 얻게 되는 보수행렬이다. 이에 관한 설명으로 옳지 않은 것은? (단, E와 H는 전략을 동시에 선택하고 합리적으로 행동하며 본 게임은 1회만 행해진다. 괄호 안의 왼쪽 값은 E의 보수, 오른쪽 값은 H의 보수를 나타낸다) 기출 25

		H	
		광고함	광고 안함
E	광고함	(10, 4)	(8, 3)
	광고 안함	(3, 8)	(6, 4)

① 내쉬균형의 보수조합은 (6, 4)이다.
② E의 우월전략은 광고함을 선택하는 것이다.
③ H의 우월전략은 광고함을 선택하는 것이다.
④ 내쉬균형은 E와 H 둘 다 광고함을 선택하는 것이다.
⑤ E와 H가 각각 우월전략을 선택할 때 내쉬균형에 도달한다.

• 해설 및 정답 •

20 가격차별을 하는 경우의 생산량은 순수독점의 경우와 같거나 더 커진다.
② 3급 가격차별에 관한 내용으로, 3급 가격차별을 하는 독점기업은 가격탄력성이 큰 시장보다 작은 시장에서의 가격을 상대적으로 높게 책정한다.
③ 가격차별로 인해 더 높은 가격을 치르면 소비자잉여가 생산자이윤으로 재분배되는 현상이 발생한다.
④ 3급 가격차별이 가능하기 위해서는 소비자의 재판매가 허용되어서는 안 된다.
⑤ 완전가격차별의 사회적 후생은 완전경쟁일 경우와 동일하다.

정답 ①

21
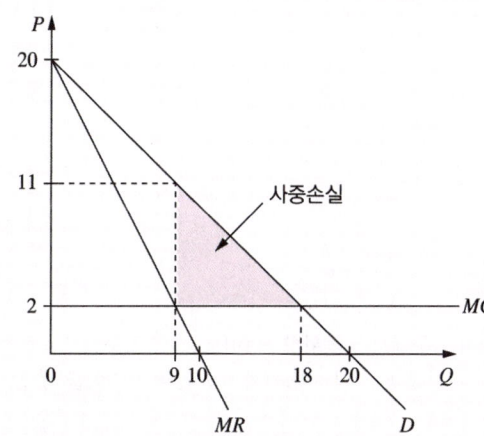

- $P = -Q + 20$
- $MR = -2Q + 20$ (∵ 독점기업)
- $TC = 2Q + 10$
- $MC = 2$
∴ 사중손실 = (9 × 9) / 2 = 81/2

정답 ④

22 E가 광고함으로 얻는 보수는 10 또는 8이고, 광고 안 함으로 얻는 보수는 3 또는 6이므로 H의 전략과 상관없이 E의 우월전략은 광고함이다.
H가 광고함으로 얻는 보수는 4 또는 8이고 광고 안 함으로 얻는 보수는 3 또는 4이므로 E의 전략과 상관없이 H의 우월전략은 광고함이다.
따라서 우월전략균형은 (광고함, 광고함)이고 우월전략균형은 내쉬균형이며 이때 보수는 (10, 4)이다.

정답 ①

23. 동일한 상품을 경쟁적으로 판매하고 있는 두 기업 A와 B는 이윤을 극대화하기 위해 광고 전략을 고려하고 있다. 다음은 두 기업이 전략을 동시에 선택할 경우 얻게 되는 보수행렬이다. 이에 관한 설명으로 옳은 것은? (단, A와 B는 전략을 동시에 선택하고 합리적으로 행동하며 본 게임은 1회만 행해진다. 괄호 안의 왼쪽 값은 A의 보수, 오른쪽 값은 B의 보수를 나타낸다) 기출 22

		B	
		광고함	광고 안함
A	광고함	(6, 4)	(8, 3)
	광고 안함	(3, 8)	(10, 4)

① 내쉬균형의 보수조합은 (6, 4)이다.
② A의 우월전략은 광고함을 선택하는 것이다.
③ B의 우월전략은 광고 안함을 선택하는 것이다.
④ A와 B가 각각 우월전략을 선택할 때 내쉬균형에 도달한다.
⑤ 내쉬균형은 파레토 효율적(Pareto efficient)이다.

24. 아내와 남편으로 구성된 가구에서 노동시장 근로(labor)와 가구생산(household production)에 쓸 수 있도록 각자에게 10시간씩 주어졌다. 각각의 활동에 10시간을 투입했을 때 생산할 수 있는 가치는 각각 다음과 같다.

구 분	가구생산	근 로
남 편	10만원	20만원
아 내	25만원	15만원

소득(노동)-여가 선택모형을 응용하였을 때, 효용극대화를 추구하는 가구에 관한 설명으로 옳은 것은? (단, 가로축은 가구생산액(L), 세로축은 근로소득액(Y)이고, 한계대체율($MRS = \left|\frac{\triangle Y}{\triangle L}\right|$)은 체감한다) 기출 25

① 만약 두 사람 모두 가구생산을 하고 있다가 누군가 1시간의 노동시장 근로를 해야 한다면, 남편이 한다.
② 이 가구가 근로를 통해 21만원을 벌어야 한다면, 가구의 근로시간은 남편 7시간과 아내 4시간이다.
③ 남편의 비교우위는 가구생산에 있다.
④ 두 사람이 미혼일 경우와 비교하여 결혼 후에 가구의 기회집합이 확장되는 것은 전문화와 관련이 없다.
⑤ 이 가구의 예산선 기울기는 굴절되지 않는다.

해설 및 정답

23 B는 광고할 경우의 보수가 광고를 하지 않을 경우보다 항상 크므로 B는 광고를 할 것이다. B가 광고를 할 경우 A 또한 광고를 할 경우의 보수가 광고를 하지 않을 경우보다 항상 크므로 내쉬균형의 보수조합은 둘 다 광고를 하는 (6, 4)이다.
② A의 전략은 B의 광고 유무에 따라 변화하기 때문에 A의 우월전략은 존재하지 않는다.
③ B는 A의 광고 유무에 상관없이 광고를 하는 전략이 보수가 더 크기 때문에 B의 우월전략은 광고함을 선택하는 것이다.
④ A의 전략은 B의 광고 유무에 따라 변화하기 때문에 A의 우월전략은 존재하지 않으므로 성립되지 않는다.
⑤ 내쉬균형의 보수조합은 (6, 4)에서 A가 광고를 하지 않을 경우 B의 보수가 증가하고 B가 광고를 하지 않을 경우 A의 보수가 증가하므로 내쉬균형은 파레토 효율적(Pareto efficient)이라 할 수 없다.

정답 ❶

24 근로에 비교우위가 있는 사람은 남편이므로 만약 두 사람 모두 가구생산을 하고 있다가 누군가 1시간의 노동시장 근로를 해야 한다면 남편이 한다.
② 이 가구가 근로를 통해 21만원을 벌어야 한다면, 먼저 근로에 비교우위가 있는 남편이 근로를 한다. 남편은 10시간의 근로를 통해 20만원을 벌 수 있고, 나머지 1만원은 아내의 근로로 번다. 아내는 한 시간에 1.5만원을 벌 수 있으므로, 2/3시간이면 1만원을 벌 수 있다. 따라서 가구의 근로시간은 <u>남편 10시간과 아내 2/3시간</u>이다.
③ 남편의 비교우위는 근로에 있다.
④ <u>결혼 후에 각자 비교우위가 있는 것에 전문화한다면 미혼일 때에 비해 기회집합이 확장된다.</u>
⑤ 효율적인 가구생산액과 근로소득액의 조합을 나타내는 이 가구의 예산선을 그릴 때, 누가 어떤 일을 하는지에 따라 포기하는 가치 비율이 다르므로 <u>예산선의 기울기는 굴절된다.</u>

정답 ❶

CHAPTER 05 생산요소시장과 소득분배

출제포인트
- 수요곡선
- 생산요소에 대한 공급
- 불완전경쟁요소 시장의 균형

제1절 생산요소의 고용량과 가격 기출 25

I 생산요소에 대한 수요

1. 성 질
생산요소에 대한 수요는 기업의 이윤극대화과정에서 결정되는데 이것은 결국 생산물시장에서 시장수요의 크기에 의해서 좌우되므로 생산요소에 대한 수요는 파생수요로서의 성질을 갖게 된다. 생산요소에 대한 수요 곡선은 우하향하는데 이는 수확체감의 법칙 때문이다.

2. 요소수요곡선 기출 11·13·19·20
① 재화시장이 완전경쟁시장인 경우 : $w = MP_L \times P = VMP_L$
② 재화시장이 불완전경쟁시장인 경우 : $w = MP_L \times MR = MRP_L$

3. 요소수요의 변화요인
요소가격이 하락하면 요소수요량이 증가하고(곡선상의 이동), 가격이 상승하거나 요소한계생산성이 증가하면 요소수요가 증가한다(곡선의 이동).

4. 요소수요의 가격탄력성 결정요인 기출 24
대체적인 요소가 많을수록, 재화수요가 탄력적일수록, 대체탄력성이 클수록, 측정기간이 길수록 요소수요의 가격탄력성은 탄력적이 된다.

Ⅱ 생산요소에 대한 공급 기출 12・13・14・15・16・18・20・23・24

생산요소에 대한 공급은 소득-여가평면에서의 최적화의 원리로부터 결정된다. 임금수준이 상승하는 경우 대체효과에 의한 변화를 보면 노동의 상대가격이 비싸지므로 상대적으로 싸진 여가에 대한 수요는 무조건 감소한다(노동공급 증가). 그러나 소득효과에 의한 변화를 보면 소득이 증가하므로 여가에 대한 수요가 증가한다(노동공급 감소). 따라서 임금률의 상승에 따른 전체효과는 소득효과와 대체효과의 크기에 따라 여가의 수요가 증가할 수도 감소할 수도 있다. 소득효과가 대체효과보다 큰 경우 노동공급곡선은 후방굴절하게 된다.

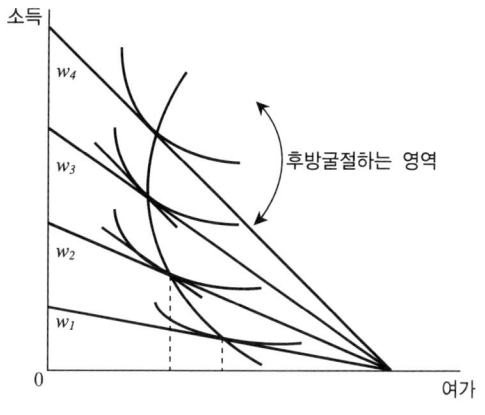

① 소득효과 < 대체효과

  여가수요 감소, 즉 노동공급 증가 : 우상향하는 노동공급곡선

② 소득효과 > 대체효과

  여가수요 증가, 즉 노동공급 감소 : 우하향하는 노동공급곡선

Ⅲ 완전경쟁 요소시장의 균형 기출 13・18・19・20・22・25

생산요소에 대한 수요는 생산물시장의 경쟁구조에 영향을 받는다. 생산물시장이 완전경쟁시장인 경우의 요소수요곡선은 한계생산물가치(VMP_L)곡선이 되며 불완전 경쟁시장인 경우는 한계수입생산물(MRP_L)곡선이 된다.

- 완전경쟁시장인 경우 : $VMP_L = MRP_L$
- 불완전경쟁시장인 경우 : $VMP_L > MRP_L$

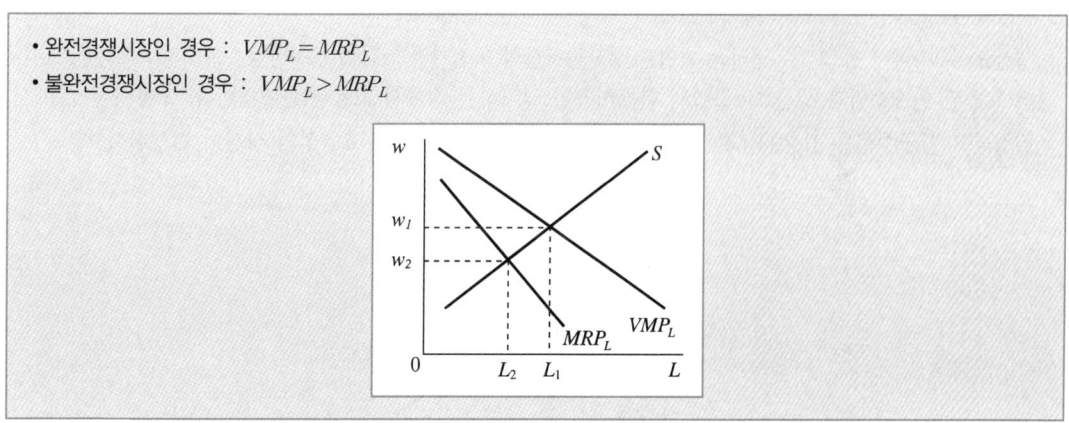

생산물시장이 불완전 경쟁구조인 경우는 완전경쟁구조인 경우에 비하여 고용량은 작고($L_1 > L_2$), 임금수준은 낮은($W_1 > W_2$) 상태에서 균형이 성립한다.

Ⅳ 불완전경쟁 요소시장의 균형 기출 12·14·15·16·18·20·21·22

1. 수요독점인 경우

① 한계요소비용곡선 : 요소수요독점인 경우 수요독점자가 인식하는 요소공급곡선은 시장공급곡선과 동일하다. 이는 요소 1단위를 고용하는데 따른 한계요소비용이 평균요소비용보다 높다는 것을 의미한다.

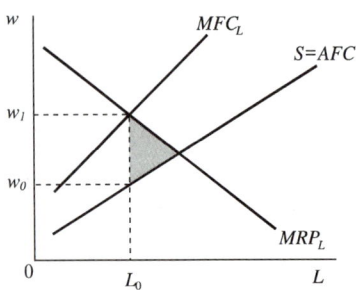

② 시장의 균형 : $MFC_L = MRP_L$

생산요소시장에서 수요독점인 경우 생산물시장은 불완전경쟁시장이 형성된다. 시장의 균형은 생산요소 1단위 고용에 따른 한계수입생산물(MRP_L)과 생산요소 1단위 고용에 따른 한계요소비용(MFC_L)이 일치하는 점에서 고용량이 결정되고 결정된 고용량에 해당하는 공급곡선의 높이에 해당하는 점에서 임금이 결정된다.

③ 자원배분의 평가 : 생산요소시장이 수요독점인 경우 수요독점적 착취가 발생한다($W_1 - W_0$). 그리고 빗금 친 영역만큼의 사회적 비효율이 발생한다.

2. 공급독점인 경우 : $MR = MC$

생산요소시장에서 공급을 독점하는 기업은 생산물시장의 독점기업과 같이 행동한다. 즉 시장수요곡선으로부터 도출된 한계수입과 생산요소공급의 한계비용이 일치하는 점에서 고용량을 결정한다. 고용량은 L_0에서 결정되고 임금수준은 W_0에서 결정되며 빗금 친 영역만큼의 사회적 효율성의 상실이 발생한다.

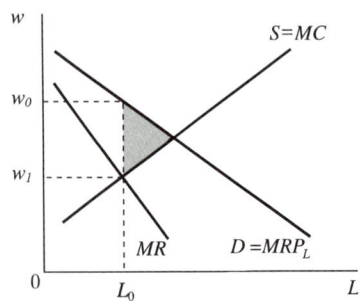

제2절 소득분배이론

I. 불평등도지수 기출 22

1. 십분위분배율(Deciles Distribution Ratio) 기출 19·25

$$D = \frac{\text{하위 40\%의 소득점유비율}}{\text{상위 20\%의 소득점유비율}} (0 \leq P \leq 2)$$

※ 2에 가까울수록 소득분배균등

2. 로렌츠 곡선(Lorenz Curve) 기출 18·19·25

① 인구의 누적비율과 소득의 누적비율 사이의 관계를 나타낸 곡선
② 완전평등시 로렌츠 곡선 : A
③ 완전불평등시 로렌츠 곡선 : B
④ 로렌츠 곡선의 장단점
  ㉠ Lorenz Curve로 불평등도를 판단하는 방법은 최소한의 가치판단을 전제로 하고 있어서 높은 객관성이 유지되나 곡선이 교차시 평등도의 비교가 곤란하며, 서수적인 판단만이 가능하다.
  ㉡ 서수적인 판단만이 가능하다는 것은 로렌츠곡선이 대각선에 가까워질수록 소득분배가 균등해지나 어느 정도 균등해지는지 알 수 없다는 의미이다.

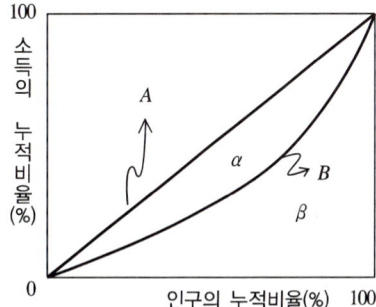

3. 지니계수(Gini Coefficient) 기출 16·19·21·25

① 로렌츠 곡선을 이용

$$G = \frac{\alpha}{\alpha + \beta} (0 \leq G \leq 1)$$

※ 1에 가까울수록 소득분배불평등

② 평균소득격차의 개념을 사용

$$G = \frac{\Delta}{2\mu}$$
$$\Delta = \frac{1}{n(n-1)} \sum_{i=1}^{n} \sum_{j=1}^{n} |y_i - y_j|$$

(Δ : 평균소득격차, μ : 평균소득)

③ 비판 : Gini계수에 의한 평가는 일련의 가치판단을 전제로 하여 얻어진 것으로 상당한 주관성을 내포하고 있다.

4. 앳킨슨지수(Atkinson Index)

① Atkinson Index의 도출

㉠ $A = 1 - \left\{ \Sigma \left(\dfrac{y_i}{\mu}\right)^{i=\epsilon} \cdot f_i \right\}^{\frac{1}{i=\epsilon}} = 1 - \dfrac{Y^{EDE}}{\mu}$

$\begin{cases} y_i : i\text{번째 계층의 평균소득} \\ \mu : \text{전체 인구의 평균소득} \\ f_i : i\text{번째 계층의 비율} \end{cases}$

㉡ 균등분배대등소득(Equally Distributed Equivalent Income ; Y^{EDE}) : 모든 사람에게 균등하게 소득을 분배하였을 경우에 사회후생수준이, 현재의 분배상태에서 사회후생수준과 같아지도록 만드는 균등소득

② 사회후생함수에 따른 Y^{EDE}

㉠ Y^{EDE}의 크기 : 공리 > 평등 > 롤즈($Y_2 > Y_1 > Y_0$)

㉡ Atkinson 지수의 크기 : 롤즈 > 평등 > 공리

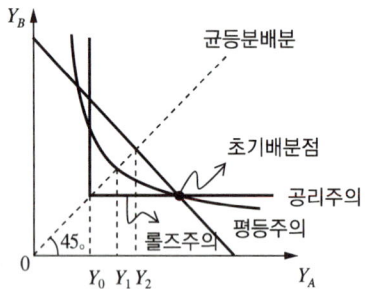

Ⅱ 지대론 기출 22

1. 준지대

① 단기적으로 공급이 고정되어 있는 생산요소에 지불되는 보수를 준지대라 한다.
② 준지대는 총수입(TR)−총가변비용(TVC)=총고정비용(TFC)+초과이윤으로 계산한다.
③ 준지대의 크기는 완전경쟁시장인 경우 장기에 0이 되며 단기에는 고정비용 중 매몰비용이 차지하는 비율에 따라 그 크기가 달라질 수 있다.

2. 경제적 지대

① 의의 : 경제적 지대란 단기와 장기에 모두 발생가능하며 생산요소의 총수입에서 이전수입을 차감한 것으로 측정된다. 이는 생산요소 공급자가 얻는 잉여이다. 이러한 경제적 지대는 생산요소의 공급탄력성이 비탄력적일수록 증가한다.
② 이전수입 : 이전수입이란 요소공급자에게 최소한 지급해야 하는 금액으로 생산요소를 공급하도록 하는 최소금액을 의미한다.

Ⅲ 탄력성과 경제적 지대

1. 요소공급의 가격탄력성이 무한대인 경우
요소소득=이전수입, 경제적 지대=0

2. 요소공급의 가격탄력성이 완전비탄력적인 경우
요소소득=경제적 지대, 이전수입=0

3. 일반적인 우상향하는 공급곡선의 경우
요소소득=경제적 지대+이전수입

CHAPTER 05 생산요소시장과 소득분배

01 노동수요에 관한 설명으로 옳지 않은 것은?(단, 생산요소는 자본과 노동이며, 두 요소의 한계기술대체율은 체감하고 완전경쟁요소시장을 가정한다) 기출 24

① 자본가격의 하락에 따른 대체효과는 노동수요를 증가시킨다.
② 제품수요의 가격탄력성이 높을수록 노동수요의 가격탄력성이 크다.
③ 단기보다 장기에서 노동수요의 가격탄력성이 크다.
④ 자본공급의 가격탄력성이 클수록 노동수요의 가격탄력성이 크다.
⑤ 노동과 자본 사이의 대체탄력성이 클수록 노동수요의 가격탄력성이 크다.

02 노동시장에서 수요독점자인 A기업의 생산함수는 $Q=2L+100$ 이다. 생산물시장은 완전경쟁이고, 생산물가격은 100이다. 노동공급곡선이 $W=10L$ 인 경우 다음을 구하시오(단, Q는 산출량, L은 노동투입량, W는 임금이며, 기업은 모든 근로자에게 동일한 임금을 지급한다). 기출 21

> ㄱ. A기업의 이윤극대화 임금
> ㄴ. 노동시장의 수요독점에 따른 사회후생감소분(절댓값)의 크기

① ㄱ : 50, ㄴ : 100
② ㄱ : 50, ㄴ : 200
③ ㄱ : 100, ㄴ : 300
④ ㄱ : 100, ㄴ : 400
⑤ ㄱ : 100, ㄴ : 500

해설 및 정답

01 노동과 자본이 서로 대체 요소일 경우 자본가격 하락이 자본에 대한 수요를 증가시키는 동시에 <u>노동에 대한 수요를 감소시킨다.</u>

생산요소에 대한 수요의 가격탄력성 결정요인	
다른 생산요소와의 대체가능성	어떤 생산요소에 대한 수요의 가격탄력성은 그것이 다른 생산요소에 의해 대체되는 것이 쉬우면 쉬울수록 커진다.
상품에 대한 수요의 가격탄력성	어떤 생산요소에 의해 생산되는 상품에 대한 수요의 가격탄력성이 클수록 그 생산요소에 대한 수요의 가격탄력성도 따라서 커진다.
다른 생산요소 공급의 가격탄력성	어떤 생산요소에 대한 수요의 가격탄력성은 다른 생산요소 공급의 가격탄력성이 클수록 커진다.
고려되는 기간의 길이	똑같은 생산요소라 해도 이에 대한 수요의 가격탄력성은 단기에서 보다 장기에서 더 크다.

정답

02
- $MP_L = \dfrac{dQ}{dL} = 2$
- $VMP_L = MP_L \times P = 2 \times 100 = 200$
- $TFC_L = W \times L = 10L^2$
- $MFC_L = \dfrac{dTFC_L}{dL} = 20L$

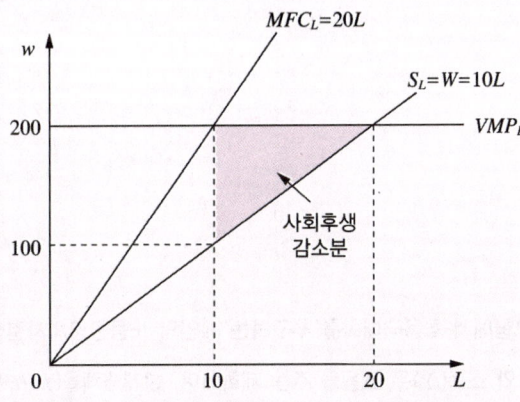

ㄱ. 이윤극대화 노동투입량은 $MFC_L = VMP_L$인 10이므로, 이윤극대화 임금은 노동투입량 10일 때의 노동공급 곡선값인 100이다.

ㄴ. 노동시장의 수요독점에 따른 사회후생감소분은 수요독점으로 인한 노동투입량감소분과 임금감소분을 나타내는 빗금 친 영역의 삼각형 면적인 $100 \times 10 \times (1/2) = 500$이다.

정답

03 이윤극대화를 추구하는 완전경쟁기업의 노동의 한계생산은 $MP_L = -10L + 30$이다. 제품가격 10, 임금 100 이라고 할 때, 이 기업의 고용량은? (단, L은 고용량이다) 기출 25

① 0
② 1
③ 2
④ 3
⑤ 4

04 노동시장에서의 차별에 관한 설명으로 옳은 것을 모두 고른 것은? 기출 21

> ㄱ. 제품시장과 요소시장이 완전경쟁이라면 고용주의 선호(기호)차별은 정부개입 없이 기업 간 경쟁에 의해 사라지게 된다.
> ㄴ. 통계적 차별은 개인적인 편견이 존재하지 않더라도 발생한다.
> ㄷ. 통계적 차별은 개인이 속한 집단의 평균적 생산성을 기초로 개인의 생산성을 예측하는 데서 발생한다.
> ㄹ. 동등가치론(Comparable Worth)은 차별시정을 위해 공정한 취업의 기회를 주장한다.

① ㄱ, ㄹ
② ㄴ, ㄷ
③ ㄱ, ㄴ, ㄷ
④ ㄴ, ㄷ, ㄹ
⑤ ㄱ, ㄴ, ㄷ, ㄹ

05 소득-여가선택모형에서 효용극대화를 추구하는 개인의 노동공급의사결정에 관한 설명으로 옳지 않은 것은?(단, 여가(L)와 소득(Y)은 효용을 주는 재화이며, 한계대체율($MRS = \left|\frac{\triangle Y}{\triangle X}\right|$)은 체감한다) 기출 21

① 여가가 정상재인 경우 복권당첨은 근로시간의 감소를 초래한다.
② 여가가 열등재라면 노동공급곡선은 우하향한다.
③ 임금률이 한계대체율보다 크다면 효용극대화를 위해 근로시간을 늘려야 한다.
④ 개인 간 선호의 차이는 무차별곡선의 모양 차이로 나타난다.
⑤ 시장임금이 유보임금(Reservation Wage)보다 낮다면 노동을 제공하지 않는다.

해설 및 정답

03 요소시장이 완전경쟁일 때 이윤을 극대화하는 최적고용은 요소가격(w) = $VMP_L = MP_L \times P$에서 결정된다.
$VMP_L = MP_L \times P = 10(-10L+30) = 100$
$-10L+30 = 10$, $\underline{L=2}$

정답

04 ㄱ. (○) 생산요소시장이 완전경쟁일 경우에 개별기업은 주어진 임금으로 원하는 만큼의 고용이 가능하므로, 고용주의 선호차별은 사라지게 된다.
ㄴ. (○) 통계적 차별이란 사용자가 근로자에 대한 이해가 부족하여 잘못된 정보를 바탕으로 근로자 간 임금격차를 발생시키는 것으로, 사회적으로 내재된 편견에 의해서 발생할 수도 있다.
ㄷ. (○) 통계적 차별은 개인이 속한 집단의 평균적 생산성을 기초로 개인의 생산성을 예측하는 과정에서 이를 완전히 예측하지 못할 때 나타난다.
ㄹ. (×) 동등가치론은 남녀 간 임금차별에 대한 시정을 주장한다.

정답

05 여가가 열등재인 경우에는 임금상승으로 인한 대체효과와 소득효과 모두 노동공급을 증가시키므로, 노동공급곡선은 반드시 우상향의 형태가 된다.
① 복권당첨으로 인한 소득증가는 여가증가로 이어진다.
③ 임금률이 한계대체율보다 크다는 것은, 임금의 단위당 한계효용이 여가의 단위당 한계효용보다 크다는 의미이므로, 효용극대화를 위해서는 근로시간을 늘려야 한다.
④ 여가와 소득에 따른 개인 간 선호 차이로 인해 무차별곡선의 모양은 개인마다 다르게 나타난다.
⑤ 시장임금이 유보임금(Reservation Wage)보다 높을 경우 노동을 제공한다.

정답

06 소득분배를 측정하는 지수에 관한 설명으로 옳은 것은? 기출 25

① 지니계수 값이 커질수록 더 균등한 소득분배를 나타낸다.
② 동일한 지니계수 값을 갖는 두 로렌츠 곡선은 교차할 수 없다.
③ 모든 소득이 한 사람에게만 집중되어 있다면 로렌츠 곡선은 대각선이다.
④ 전체 구성원의 소득기준 상위 10% 계층이 전체 소득의 40%를 벌면 로렌츠 곡선은 대각선이다.
⑤ 십분위분배율 값이 커질수록 더 균등한 소득분배를 나타낸다.

07 A재의 시장수요곡선은 $Q_d = 20 - 2P$이고 한계비용은 생산량에 관계없이 2로 일정하다. 이 시장이 완전경쟁일 경우와 비교하여 독점에 따른 경제적 순손실(Deadweight loss)의 크기는 얼마인가?(단, Q_d는 A재의 수요량, P는 A재의 가격이다) 기출 18

① 8
② 16
③ 20
④ 32
⑤ 40

08 소득분배지표에 관한 설명으로 옳지 않은 것은? 기출 22

① 로렌츠곡선이 대각선에 접근할수록 지니계수는 커진다.
② 지니계수는 0과 1 사이의 값을 가지며, 그 값이 작을수록 분배상태가 더 평등한 것으로 본다.
③ 로렌츠곡선은 인구의 누적비율과 소득의 누적비율을 각각 축으로 하여 계층별 소득분포를 표시한 곡선을 말한다.
④ 십분위분배율이란 최하위 40% 소득계층의 소득점유율을 최상위 20% 소득계층의 소득점유율로 나눈 값을 말한다.
⑤ 십분위분배율은 0과 2 사이의 값을 가지며, 값이 클수록 더욱 평등한 분배상태를 의미한다.

해설 및 정답

06 십분위분배율 값이 커질수록 더 균등한 소득분배를 나타낸다.
① 지니계수 값이 작아질수록 더 균등한 소득분배를 나타낸다.
② 동일한 지니계수 값을 갖는 두 로렌츠 곡선은 교차할 수 있다.
③ 소득 분배가 완전균등할 때 로렌츠 곡선은 대각선이고, 모든 소득이 한 사람에게만 집중되어 있는 완전 불균등 상황에서 로렌츠곡선은 ㄴ 모양이다.
④ 전체 구성원의 소득기준 상위 10% 계층이 전체 소득의 40%를 벌면 소득이 불균등한 상황이다. 로렌츠 곡선은 소득이 완전균등할 때 대각선이다.

다양한 계층별 소득분배측정치

용어	범위	완전평등	완전불평등
로렌츠곡선		대각선	ㄴ
지니계수	0 ≤ 지니계수 ≤ 1	0	1
앳킨슨 지수	0 ≤ 앳킨슨지수 ≤ 1	0	1
십분위 분배율	0 ≤ 십분위 분배율 ≤ 2	2	0
소득 5분위배율	1 ≤ 소득 5분위분배율 ≤ ∞	1	∞

정답 ⑤

07 • 독점기업의 이윤극대화 :
$MR = MC$, $TR = 10Q - \frac{1}{2}Q^2$
→ $MR = 10 - Q$, $MC = 2$
대입해보면 가격은 6, 거래량은 8이다.
• 완전경쟁시장인 경우에는
$P = MC$, $P = 10 - \frac{1}{2}Q$, $MC = 2$
대입해보면 가격은 2, 거래량은 16이다.
• 경제적 순손실은 $4 \times 8 \times \frac{1}{2} = 16$이다.

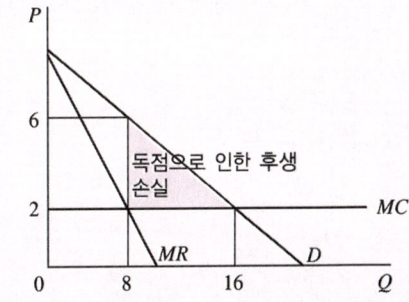

정답 ②

08 로렌츠곡선이 대각선에 접근할수록 지니계수는 작아진다.
② 지니계수는 소득분배상태를 숫자로 표현하는 대표적인 측정방법으로, 0과 1 사이의 값을 가지며, 값이 작을수록 평등한 분배상태를 나타낸다.
③ 로렌츠곡선은 계층별 소득분포자료에서 인구의 누적점유율과 소득의 누적점유율 사이의 대응관계를 그림으로 나타낸 것이다.
④ 십분위배율 = $\dfrac{\text{하위 40\%의 소득점유비율}}{\text{상위 20\%의 소득점유비율}}$ $(0 \leq P \leq 2)$
⑤ 십분위분배율은 0과 2 사이의 값을 가지며, 그 값이 클수록 소득분배가 균등함을 의미한다.

정답 ①

09 노동시장에 관한 설명으로 옳은 것을 모두 고른 것은? 기출 18

> ㄱ. 완전경쟁 노동시장이 수요 독점화되면 고용은 줄어든다.
> ㄴ. 단기 노동수요곡선은 장기 노동수요곡선보다 임금의 변화에 비탄력적이다.
> ㄷ. 채용비용이 존재할 때 숙련 노동수요곡선은 미숙련 노동수요곡선보다 임금의 변화에 더 탄력적이다.

① ㄱ
② ㄷ
③ ㄱ, ㄴ
④ ㄴ, ㄷ
⑤ ㄱ, ㄴ, ㄷ

10 소득-여가 선택모형에서 A의 효용함수가 $U = Y + 2L$이고, 총가용시간은 24시간이다. 시간당 임금이 변화할 때, A의 노동공급시간과 여가시간에 관한 설명으로 옳은 것을 모두 고른 것은?(단, U=효용, Y=소득, L=여가시간이다) 기출 18

> ㄱ. 시간당 임금의 상승은 언제나 노동공급시간을 증가시킨다.
> ㄴ. 시간당 임금이 1이면 노동공급시간은 3이다.
> ㄷ. 시간당 임금이 3이면 여가시간은 0이다.
> ㄹ. 시간당 임금이 3에서 4로 상승하면 임금상승에도 불구하고 노동공급시간은 더 이상 증가하지 않는다.

① ㄱ, ㄴ
② ㄴ, ㄷ
③ ㄷ, ㄹ
④ ㄱ, ㄴ, ㄷ
⑤ ㄴ, ㄷ, ㄹ

11 소득-여가 선택모형에서 갑(甲)의 효용함수 $U = Y + 3L$, 예산선 $Y = w(24-L)$이다. 이에 관한 설명으로 옳은 것은?(단, U는 효용, Y는 소득, L은 여가, w는 임금률이다) 기출 23

① 한계대체율은 체감한다.
② 임금률이 1이면 효용은 55이다.
③ 임금률이 1에서 2로 상승하면 근로시간은 증가한다.
④ 임금률이 4에서 5로 상승하면 여가시간은 불변이다.
⑤ 임금률과 무관하게 예산선은 고정된다.

• **해설 및 정답** •

09 ㄱ. 그림에서 보듯이 수요독점기업은 이윤극대화를 위해 $MRP_L = MFC_L$에서 고용량을 결정하기 때문에 완전경쟁시장일 때의 노동고용량보다 적은 수준으로 고용한다.
ㄴ. 단기에는 자본량이 고정되어 있어서 임금이 변화할 때 고용량이 크게 변하지 않지만, 장기에는 자본량이 증가하여 임금의 변화 시에 고용량이 크게 변할 수 있다.
ㄷ. 숙련 노동자들은 쉽게 대체하기가 어려운 반면에 미숙련 노동자들은 쉽게 대체가 가능하기 때문에 고용에 있어서 탄력적이다.

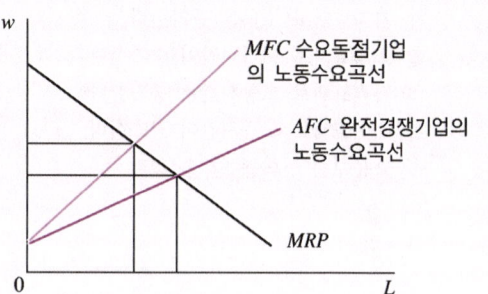

정답 ❸

10 ㄱ. 임금이 상승하면 여가의 기회비용이 상승하므로, 대체효과에 의해서 여가를 줄이고 노동공급이 증가한다. 소득효과에 의해서는 실질소득이 증가하여 여가를 늘리고 노동공급은 감소하므로 후방굴절모양의 노동공급곡선이 나올 수 있다.
ㄴ. A의 효용함수를 보면 여가 1과 소득 2의 효용이 같음을 알 수 있다. 따라서 임금이 1이라면 소득보다는 여가로 인한 효용이 더 크기에 A는 소득(노동)을 포기하고 여가를 선택할 것이다.
ㄷ. A의 효용함수를 보면 여가 1과 소득 2의 효용이 같음을 알 수 있다. 무차별곡선의 기울기가 2이므로 따라서 임금이 3이라면 여가보다는 소득으로 인한 효용이 더 크기에 A는 여가를 포기하고 노동을 선택할 것이다.
ㄹ. 시간당 임금이 3에서 4로 상승해도, 여전히 현재 24시간 모두 노동에 사용하고 있으므로 더 이상 노동시간이 증가할 수는 없다.

정답 ❸

11 임금률이 4에서 5로 상승하여도 여가시간은 0으로 동일하다(∵ 여가시간이 0일 경우 효용극대화).
① 한계대체율은 3으로 일정하다.

$$MU_Y = \frac{dU}{dY} = 1, \quad MU_L = \frac{dU}{dL} = 3$$

∴ 한계대체율 $= \dfrac{MU_L}{MU_Y} = 3$

② 임금률이 1이면 효용극대화 지점은 여가 24, 소득 0인 지점이 되므로 효용은 72가 된다.
③ 임금률이 1에서 2로 상승하여도 근로시간은 0으로 동일하다(∵ 근로시간이 0일 경우 효용극대화).
⑤ 임금률에 따라 예산선의 기울기는 변한다.

정답 ❹

12 소득-여가 선택모형에서 효용극대화를 추구하는 갑(甲)은 임금률이 10일 때 a를 선택하였고, 이후 임금률이 8로 하락하자 b를 선택하였다. 이에 관한 설명으로 옳은 것은?(단, 여가는 정상재이다) 기출 23

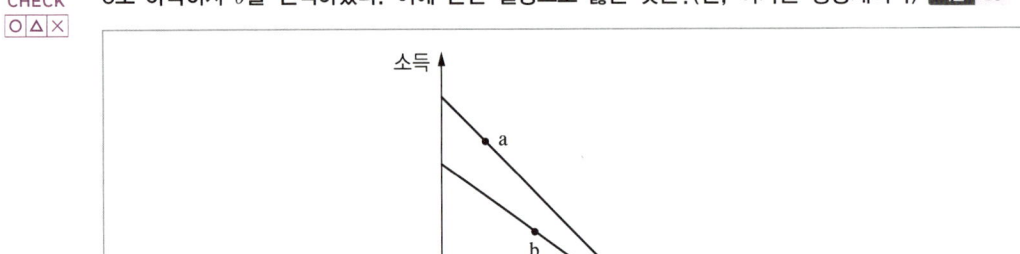

① 가격효과로 소득은 증가한다.
② 소득효과로 여가시간이 증가한다.
③ 가격효과로 노동시간은 증가한다.
④ 대체효과로 노동시간이 감소한다.
⑤ 효용수준 변화는 알 수 없다.

13 생산물시장과 노동시장이 완전경쟁일 때, A기업의 생산함수는 $Q=-4L^2+100L$이고 생산물가격은 50이다. 임금이 1,000에서 3,000으로 상승할 때 노동수요량의 변화는?(단, Q는 산출량, L은 노동시간이다) 기출 22

① 변화없음
② 5 감소
③ 5 증가
④ 10 감소
⑤ 10 증가

14 노동공급곡선이 $L=w$이고, 노동시장에서 수요독점인 기업 A가 있다. 기업 A의 노동의 한계수입생산물이 $MRP_L=300-L$일 때, 아래의 설명들 중 옳지 않은 것을 모두 고른 것은?(단, L은 노동, w는 임금, 기업 A는 이윤극대화를 추구하고 생산물시장에서 독점기업임) 기출 15

ㄱ. 이 기업의 노동의 한계요소비용은 $MFC_L=L$이다.
ㄴ. 이 기업의 고용량은 $L=100$이다.
ㄷ. 이 기업의 임금은 $w=200$이다.

① ㄱ
② ㄴ
③ ㄷ
④ ㄱ, ㄴ
⑤ ㄱ, ㄷ

해설 및 정답

12 ①·②·③·④ 임금 하락으로 인한 여가의 상대적 가격이 하락하여 여가시간을 증가시키고자 하는 대체효과가 임금 하락으로 인한 실질소득의 감소로 노동시간을 증가시키고자 하는 소득효과보다 커 최종적으로 여가시간이 증가하게 된다.
⑤ 갑의 효용은 감소하였다.

정답 ④

13 생산물시장과 노동시장이 완전경쟁일 때

$$w = VMP_L = MP_L \times P$$

- 임금이 1,000일 경우의 노동수요량
 $1,000 = (-8L + 100) \times 50$
 $\therefore L = 10$
- 임금이 3,000일 경우의 노동수요량
 $3,000 = (-8L + 100) \times 50$
 $\therefore L = 5$

따라서 임금이 1,000에서 3,000으로 상승할 때, 노동수요량은 5 감소한다.

정답 ②

14 ㄱ. 수요독점 기업 A의 총요소비용 $TFC_L = w \times L = L^2$, 이를 L로 미분하면 한계요소비용 $MFC_L = 2L$
ㄴ·ㄷ. 이윤극대화 고용량 $MFC_L = MRP_L \rightarrow 2L = 300 - L$, $L = 100$, $L = w$이므로 $w = 100$

정답 ⑤

15 생산물시장에서 독점인 A기업은 노동시장의 수요독점자이다. 이 기업이 직면하는 노동공급곡선이 $w = 50 + 10L$ 이고, 노동자의 추가 고용으로 얻는 노동의 한계수입생산물은 $MRP_L = 200 - 5L$ 일 때 이윤극대화를 추구하는 이 기업이 노동자에게 지급하는 임금은?(단, w는 임금, L은 고용량이다) 기출 14

① 90
② 100
③ 110
④ 120
⑤ 130

16 노동시장에서 노동에 대한 수요의 임금 탄력성을 작게 하는 요인을 모두 고른 것은? 기출 22

ㄱ. 노동과 다른 생산요소 간의 대체탄력성이 커진다.
ㄴ. 총비용에서 차지하는 노동비용 비중이 커진다.
ㄷ. 노동투입으로 생산되는 상품에 대한 신규 특허 적용에 따라 상품 수요의 가격탄력성이 작아진다.

① ㄱ
② ㄴ
③ ㄷ
④ ㄱ, ㄷ
⑤ ㄴ, ㄷ

17 소득-여가 선택모형에서 효용극대화를 추구하는 개인의 노동공급 의사결정에 관한 설명으로 옳지 않은 것은?(단, 대체효과와 소득효과의 비교는 절댓값으로 한다) 기출 20

① 소득과 여가가 정상재인 경우, 임금률 상승 시 대체효과가 소득효과보다 크면 노동공급은 증가한다.
② 소득과 여가가 정상재인 경우, 임금률 하락 시 소득효과가 대체효과보다 크면 노동공급은 감소한다.
③ 소득과 여가가 정상재인 경우, 임금률 하락 시 대체효과는 노동공급 감소요인이다.
④ 소득과 여가가 정상재인 경우, 임금률 상승 시 소득효과는 노동공급 감소요인이다.
⑤ 소득은 정상재이지만 여가가 열등재인 경우, 임금률 상승은 노동공급을 증가시킨다.

• 해설 및 정답 •

15 노동시장에서 기업이 수요독점일 경우 노동에 대한 한계비용곡선은 평균비용곡선보다 상방에 위치하게 된다. 기업은 노동에 대한 한계생산물가치와 한계요소비용이 일치하는 지점에서 고용량을 결정한다.
문제에서 노동시장의 공급곡선은 $w = 50 + 10L$이고 수요곡선은 $MRP_L = 200 - 5L$이다.
기업은 수요독점자이므로 공급곡선 상방의 한계비용곡선에서 의사결정을 하게 되므로 한계비용곡선을 도출해야 한다. 한계비용곡선을 도출해 보면,
$$MC_L = \frac{dTC}{dL} = \frac{dw(L) \cdot L}{dL} = w'(L) \cdot L + w(L) \cdot 1 = 10L + (50 + 10L) = 50 + 20L$$
따라서 한계비용곡선 $MC_L = 50 + 20L$임을 알 수 있다.
수요독점자인 개별기업은 한계비용곡선과 수요곡선이 교차하는 지점에서 고용량과 임금을 결정하므로,
$50 + 20L = 200 - 5L$
$25L = 150$
$L = 6$이고 이를 공급곡선에 대입해보면 $w = 110$임을 알 수 있다.

정답 ❸

16 ㄷ. 노동투입으로 생산되는 상품에 대한 신규 특허 적용에 따라 상품 수요의 가격탄력성이 작아지면 노동에 대한 수요의 임금 탄력성이 작아진다.

> **노동에 대한 수요의 임금 탄력성이 커지는 요인**
> • 기업의 생산물 수요 탄력성이 클수록 노동에 대한 수요의 임금 탄력성이 커진다.
> • 총생산비에 대한 노동비용 비중이 클수록 노동에 대한 수요의 임금 탄력성이 커진다.
> • 재화 생산의 생산요소 대체 가능성이 클수록 노동에 대한 수요의 임금 탄력성이 커진다.
> • 단기보다 장기에 노동에 대한 수요의 임금 탄력성이 커진다.
> • 다른 요소 공급탄력성이 클수록 노동에 대한 수요의 임금 탄력성이 커진다.
> • 다른 대체 요소가 많을수록 노동에 대한 수요의 임금 탄력성이 커진다.
> • 노동 한계생산성을 느리게 체감할수록 노동에 대한 수요의 임금 탄력성이 커진다.

정답 ❸

17 소득과 여가가 정상재인 경우, 임금률 하락시 소득효과가 대체효과보다 크면 노동공급은 증가한다.

〈소득과 여가가 정상재인 경우의 노동공급곡선〉

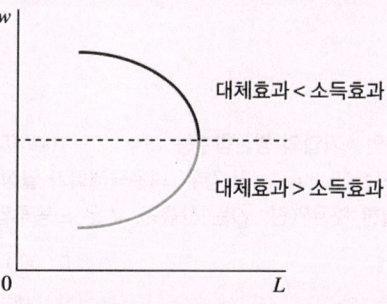

정답 ❷

18 기업의 생산함수가 $Y = 200N - N^2$ 이고(Y는 생산량, N은 노동시간임), 근로자의 여가 1시간당 가치가 40이다. 상품시장과 생산요소시장이 완전경쟁시장이고, 생산물의 가격이 1일 때 균형노동시간은? 기출 13

① 25시간
② 75시간
③ 80시간
④ 95시간
⑤ 125시간

19 노동(L)과 자본(K)을 생산요소로 투입하여 비용을 최소화하는 기업의 생산함수는 $Q = L^{0.5}K$ 이다(Q는 생산량임). 이에 관한 설명으로 옳지 않은 것은? 기출 13

① 규모에 대한 수익이 체증한다.
② 노동투입량이 증가할수록 노동의 한계생산은 감소한다.
③ 노동투입량이 증가할수록 자본의 한계생산은 증가한다.
④ 노동과 자본의 단위당 가격이 동일할 때 자본투입량은 노동투입량의 2배이다.
⑤ 자본투입량이 증가할수록 자본의 한계생산은 증가한다.

20 생산물시장에서 독점기업인 A는 노동시장에서 수요독점자이다. 노동공급곡선은 $w = 100 + 5L$, 근로자를 추가로 고용할 때 A기업이 얻는 노동의 한계수입생산물은 $MRP_L = 300 - 10L$ 이다. 이때 A기업이 이윤극대화를 위해 근로자에게 지급하는 임금은?(단, w는 임금, L은 고용량) 기출 12

① 100
② 150
③ 200
④ 250
⑤ 300

21 노동시장에서 수요독점자인 A기업의 생산함수는 $Q = 4L + 100$ 이다. 생산물시장은 완전경쟁이고 생산물가격은 200이다. 노동공급곡선이 $w = 5L$인 경우, 이윤극대화가 달성되는 노동의 한계요소비용과 한계수입생산을 순서대로 옳게 나열한 것은?(단, Q는 산출량, L은 노동투입량, w는 임금이다) 기출 20

① 400, 400
② 400, 600
③ 600, 800
④ 800, 800
⑤ 900, 900

해설 및 정답

18 노동시장에서 기업은 한계수입생산(MRP)과 한계요소비용(MFC)이 일치하는 수준까지 노동력을 수요하려 한다.
- 한계수입생산 : $MRP_L = MR \times MP_N$, 생산물시장이 완전경쟁시장이라면 한계수입과 가격이 일치하므로 $P \times MP_N$, 주어진 생산함수에서 노동의 한계생산을 도출하면 $Y = 200N - N^2$, 이를 N으로 미분하면 $MP_N = 200 - 2N$
- 한계요소비용 : $MFC_N = \dfrac{\Delta TFC_N}{\Delta N} = \dfrac{W \cdot \Delta N}{\Delta N} = W$, 여가의 가치는 임금과 동일하므로 $W = 40$이 된다.
- 균형노동시간의 도출 $= P \times MP_N = W \Rightarrow 1 \times (200 - 2N) = 40$, 따라서 $N = 80$이 도출된다.

정답 ❸

19 자본의 한계생산은 $L^{0.5}$이다. 따라서 자본의 한계생산은 자본투입량의 크기에 영향을 받지 않는다.
① 콥-더글라스 생산함수 $Q = AL^\alpha K^\beta$에서 $\alpha + \beta > 1$인 경우 규모에 대한 수익은 체증한다. 문제의 경우 1.5이므로 규모에 대한 수익 체증이다.
② 노동의 한계생산 $MP_L = \dfrac{\partial Q}{\partial L} = 0.5L^{-0.5}K$가 된다. 이때 노동을 늘릴수록 노동의 한계생산은 감소한다.
③ 자본의 한계생산 $MP_K = \dfrac{\partial Q}{\partial K} = L^{0.5}$가 된다. 이때 노동을 늘릴수록 자본의 한계생산은 증가한다.
④ 비용극소화 조건 : $MRTS_{LK} = \dfrac{MP_L}{MP_K} = \dfrac{0.5L^{-0.5}K}{L^{0.5}} = \dfrac{K}{2L} = \dfrac{w}{r} \Rightarrow 2Lw = rK$
  노동과 자본의 단위당 가격이 동일하다면 $2L = K$이므로 자본투입량은 노동투입량의 2배가 된다.

정답 ❺

20 수요독점기업인 A의 노동공급곡선이 $w = 100 + 5L$이면 MFC(한계요소비용)$= 100 + 10L$이다. 이 경우 이윤극대화 조건이 $MRP = MFC$이므로, $300 - 10L = 100 + 10L$이고, $L = 10$이다.
따라서 $w = 100 + 5 \times 10 = 150$이 된다.

정답 ❷

21 A기업의 생산함수 $Q = 4L + 100$을 L에 대하여 미분하면 $MP_L = 4$이고, 생산물시장이 완전경쟁이므로 생산물가격 = 한계수익(MR) = 한계비용(MC) = 200이다.
∴ 노동의 한계요소비용 $= MP_L \times MC = 4 \times 200 = 800$
  한계수입생산 $= MP_L \times MR = 4 \times 200 = 800$

정답 ❹

22 노동시장에서 경제적 지대(economic rent)와 전용수입(transfer earnings)에 관한 설명으로 옳은 것은?

① 공급이 고정되어 있는 노동에 대한 사용의 대가로 지불하는 금액은 전용수입에 해당한다.
② 노동공급곡선이 수평이면 지급한 보수 전액이 경제적 지대이다.
③ 노동을 현재의 고용상태로 유지하기 위해 지급해야 하는 최소한의 보수는 전용수입에 해당한다.
④ 경제적 지대의 비중이 높은 노동은 다른 요소로 대체하기가 더욱 수월하다.
⑤ 경제적 지대의 비중이 높은 노동의 경우 임금률이 상승할 때 노동 공급량이 쉽게 증가한다.

23 노동시장과 임금격차에 관한 설명으로 옳은 것은?

① 보상적 임금격차(compensating wage differential) 이론에 따르면, 모든 근로자가 위험선호자이기 때문에 고위험 직종의 임금이 높게 형성된다.
② 동등보수(equal pay)의 원칙은 유사한 직종에 종사하는 노동자에게 동일한 임금을 지급함을 의미한다.
③ 유보임금률(reservation wage rate)은 동일 업무에 대해서 모든 노동자에게 동일하게 적용된다.
④ 이중노동시장 이론에 따르면, 1차노동시장과 2차노동시장 간의 이동 여부는 정부규제가 가장 큰 역할을 한다.
⑤ 숙련노동과 미숙련노동의 임금격차는 한계생산물가치의 차이에 영향을 받는다.

24 노동시장에서의 임금격차에 관한 설명으로 옳지 않은 것은?

① 임금격차는 인적자본의 차이에 따라 발생할 수 있다.
② 임금격차는 작업조건이 다르면 발생할 수 있다.
③ 임금격차는 각 개인의 능력과 노력 정도의 차이에 따라 발생할 수 있다.
④ 임금격차는 노동시장에 대한 정보가 완전해도 발생할 수 있다.
⑤ 임금격차는 차별이 없으면 발생하지 않는다.

• **해설 및 정답** •

22　① 공급이 고정되어 있는 노동에 대한 사용의 대가로 지불하는 금액은 지대이다.
　　② 노동공급곡선이 수평이면 지급한 보수 전액이 전용수입이다.
　　④ 경제적 지대의 비중이 높은 노동은 다른 요소로 대체하기가 더욱 어렵다.
　　⑤ 경제적 지대의 비중이 높은 노동의 경우 임금률이 상승해도 노동 공급량이 쉽게 증가하지 않는다.

　　　정답 ③

23　숙련노동자의 한계생산물가치가 미숙련노동자의 한계생산물가치보다 더 크기에 더 높은 임금을 받는다.
　　① 보상적 임금격차(compensating wage differential) 이론에 따르면, 일반적으로 근로자들이 위험회피자이기 때문에 고위험 직종의 임금이 높게 형성된다.
　　② 동등보수(equal pay)의 원칙은 동일한 업무에 종사하는 사람에게 동일한 임금이 지급되어야 한다는 원칙이다.
　　③ 유보임금률(reservation wage rate)은 근로자가 근로 계약을 할 때 최소한 받아야 한다는 임금률로, 유보임금률 결정에는 과거의 임금, 연령, 자녀 유무 등이 관련된다.
　　④ 이중노동시장 이론에 따르면, 1차노동시장과 2차노동시장 간의 이동 여부는 정부규제보다 근로여건, 임금 등이 더 큰 역할을 한다.

　　　정답 ⑤

24　임금격차는 차별이 아닌 개인별 차이로 인해 발생하는데, 개인별 차이에는 인적자본, 작업조건, 능력 및 노력 등이 있다.

　　　정답 ⑤

25

정부는 고용하는 근로시간마다 1의 급여세(payroll tax)를 기업에게 부과하는 정책을 도입하였다. 아래의 조건에서 이 정책으로 인한 사중손실은? (단, L은 근로시간, W는 시간당임금이다) 기출 25

○ 노동공급곡선 : $L_s = W + 10$
○ 노동수요곡선 : $L_d = -2W + 20$

① $\dfrac{1}{4}$ ② $\dfrac{1}{3}$

③ $\dfrac{1}{2}$ ④ 1

⑤ $\dfrac{3}{2}$

26

헤도닉 임금(hedonic wage) 이론에 관한 설명으로 옳지 않은 것은? (단, 가로축은 부상확률, 세로축은 임금이고 근로자는 위험기피자로 가정한다) 기출 25

① 안전한 환경을 만드는 데 비용이 들기 때문에 기업의 등이윤곡선은 우상향한다.
② 이윤이 다른 A기업의 등이윤곡선이 2개 있을 때, 위에 있는 것이 아래에 있는 것보다 이윤의 크기가 크다.
③ 근로자의 무차별곡선 기울기는 약간 더 위험한 일로 바꾸려할 때 요구하는 유보가격과 같다.
④ 근로자와 기업의 매칭은 (부상확률, 임금) 조합에 따라 상호 이해가 일치할 경우에 이루어진다.
⑤ 완전경쟁에서 기업이 제안하는 일자리의 (부상확률, 임금) 조합은 이윤이 0인 등이윤곡선상에 있다.

27

학력선택 모형에 관한 설명으로 옳지 않은 것은? (단, 가로축은 교육년수, 세로축은 임금이다) 기출 25

① 임금-학력 곡선은 교육을 통해 근로자의 인적자본이 축적되기 때문에 우상향한다.
② 임금-학력 곡선의 기울기로 교육에 대한 한계수익률을 알 수 있다.
③ 능력이 다른 사람은 상이한 임금-학력 곡선을 갖는다.
④ 동일한 능력을 가진 두 사람은 할인율이 서로 다르더라도 동일한 교육년수를 선택한다.
⑤ 임금-학력 곡선의 기울기는 수확체감의 법칙이 작용하기 때문에 교육년수가 증가함에 따라 감소한다.

• 해설 및 정답 •

25 근로시간마다 1의 급여세를 기업에게 부과하는 정책의 결과 노동수요가 하방으로 1만큼 이동한다.

급여세 부과 전 노동시장의 균형
$W+10 = -2W+20$, $W = \dfrac{10}{3}$, $L = W+10 = \dfrac{40}{3}$

급여세 부과 후 노동시장의 균형
노동공급곡선 $L_s = W+10$
노동수요곡선 $L_d = -2(W+1)+20 = -2W+18$
$W+10 = -2W+18$, $W = \dfrac{8}{3}$, $L = \dfrac{38}{3}$

사중손실은 $1 \times (\dfrac{40}{3} - \dfrac{38}{3}) \times \dfrac{1}{2} = \dfrac{1}{3}$

정답 ②

26 헤도닉 임금 이론은 부상위험 등 부정적인 일자리의 특성에 대한 보상임금의 격차를 분석한 이론이다. 이윤이 다른 A기업의 등이윤곡선이 2개 있을 때, 위에 있는 것이 아래에 있는 것보다 같은 위험수준에서 임금의 크기가 더 크기 때문에 <u>이윤의 크기가 작다</u>.

정답 ②

27 할인율은 미래 소득의 현재 시점에서의 가치를 나타낸다. 할인율이 높으면 미래소득에 적은 가치를 두며, 할인율이 낮으면 미래 소득에 높은 가치를 두어 미래를 위한 투자인 교육을 더 선호한다. 따라서 동일한 능력을 가진 두 사람의 할인율이 서로 다르다면 <u>다른 교육년수를 선택</u>한다.

정답 ④

CHAPTER 06 시장과 효율성

출제포인트
- 공공재의 의의 및 성격
- 부분균형분석
- 외부성과 자원배분의 효율성

제1절 일반균형이론과 자원배분의 효율성

I 일반균형이론

일반균형(General Equilibrium)이란 경제 안의 모든 시장이 동시에 균형이 달성되는 상태를 의미한다. 일반균형상태에서는 다음의 조건이 성립한다.
① 모든 소비자가 그의 예산제약하에서 효용이 극대화되는 상품묶음을 선택하고 있다.
② 모든 소비자가 원하는 만큼의 생산요소를 공급하고 있다.
③ 모든 기업이 주어진 여건하에서 이윤을 극대화하고 있다.
④ 주어진 가격체계하에서 모든 상품시장과 생산요소시장에서의 수요량과 공급량이 일치하고 있다.

> **Walras Law**
> 왈라스 법칙이란 n개의 시장이 존재할 때, $n-1$개의 시장에서 동시에 균형이 달성되면 나머지 한 시장은 자동으로 균형이 달성된다는 법칙이다.

Ⅱ 자원배분의 효율성

1. 경제적 효율성의 의의와 조건

① 파레토 효율성 [기출 14] : 파레토 효율성이란 하나의 자원배분상태에서 다른 어떤 사람에게 손해가 가도록 하지 않고서는 어떤 한 사람에게 이득이 되는 변화를 만들어 내는 것이 불가능한 상태, 즉 더 이상의 파레토 개선이 불가능한 자원배분 상태를 말한다.

② 효율적인 자원배분을 위한 세 가지 한계조건

㉠ 생산의 효율성 조건 : $MRTS_{LK}^{X} = MRTS_{LK}^{Y}$

㉡ 교환의 효율성 조건 : $MRS_{XY}^{A} = MRS_{XY}^{B}$

㉢ 생산과 교환의 종합적 효율성 조건 : $MRS_{XY} = MRT_{XY}$

> **효용가능경계**
> 주어진 생산요소(L, K)로 한 경제 내에서 달성가능한 생산의 효율성을 만족하는 산출량조합(PPC, X, Y)의 각각에 대해서 교환의 효율성을 만족시킬 때의 소비자의 효용수준의 조합으로 도출된 개별효용가능곡선(UPC)의 포락선을 의미한다.

2. 완전경쟁과 자원배분의 효율성 [기출 14]

① 후생경제학의 제1정리(First Theorem of Welfare Economy) : 모든 소비자의 선호체계가 강단조성을 가지고, 외부성이 존재하지 않을 경우 일반경쟁균형의 배분은 파레토 효율적이다(시장의 힘에 의하여 달성된 균형이 계약곡선상에 위치한다).

㉠ 경제적 의미 : 제1정리는 A. Smith가 말한 "보이지 않는 손"이 자원을 효율적으로 배분한다는 말을 달리 표현한 것이다. 즉, 개별 경제주체들의 사익추구와 공익이 조화됨을 의미하며 시장의 힘에 대한 신뢰를 이론적으로 정당화하며 시장의 제반 조건이 충족되는 경우 정부의 개입이 불필요하다는 것을 의미한다.

㉡ 제1정리의 한계 : 시장실패

제1정리가 전제로 하는 완전경쟁시장의 조건은 현실에서 충족되기 어렵고, 제1정리는 자원배분의 효율성에 대해 말하는 것이지 분배의 공평성과는 상관이 없다.

② 후생경제학의 제2정리(Second Theorem of Welfare Economy)

㉠ 의의 : 후생경제학 제1정리에 따르면 시장은 자원을 파레토 효율적으로 배분한다. 하지만 제반 조건이 충족되지 못하는 경우 시장실패현상(효율성 측면, 공평성 측면)이 나타나게 되며 이는 정부 개입의 필요조건이 된다. 후생경제학 제2정리는 정부가 개입하는 경우 정부개입의 이론적 근거와 정부개입방법의 기준을 제시하고 있다.

㉡ 내용 : (초기부존 자원이 적절히 분배된 상태에서) 모든 소비자의 선호체계가 볼록성을 가지면 파레토 효율적인 자원배분은 일반경쟁균형이 된다. 즉, 선호가 볼록한 경우 최초 자원배분을 적절히 재분배한 후 시장기능에 맡기면 어떠한 파레토 효율적인 자원배분도 경쟁균형이 되도록 할 수 있다는 의미이다.

Ⅲ 시장실패와 정부실패

1. 시장실패의 원인 기출 24
① 의의 : 시장실패란 공공재나 외부성 등으로 인하여 시장에 의한 자원배분이 효율성을 달성하지 못하는 상태를 말한다.
② 실패의 원인
  ㉠ 불완전경쟁 : 독점, 과점, 독점적 경쟁 등을 의미한다. $P > MC$인 것이 특징이다.
  ㉡ 공공재(Public Goods) : 비경합성과 비배제성을 지니는 공공재의 경우 과소공급과 무임승차의 문제가 발생한다.
  ㉢ 외부성(Externality) : 소비의 외부성이 존재하는 경우 사회적 한계편익(SMB)와 사적 한계편익(PMB)가 일치하지 않게 되며 생산의 외부성이 존재하는 경우 PMC와 SMC가 일치하지 않게 되어 과소·과다소비, 과소·과다생산이 이루어지게 된다.
  ㉣ 불확실성 : 불확실성이 존재하는 경우에 시장실패가 일어나는 것이 일반적이나, 완전한 조건부상품시장이 존재하는 경우에는 시장실패가 발생하지 않는다(K. Arrow).
  ㉤ 불완전한 정보 : 역선택과 도덕적 해이
  ㉥ 완비되지 못한 시장 : 전쟁, 천재지변에 대한 보험시장이 존재하지 않는 경우

2. 시장실패와 정부개입
시장의 실패가 발생할 경우 정부의 개입에 대한 필요성이 제기된다. 그러나 시장의 실패는 정부개입의 필요조건만을 제공할 뿐 충분조건까지 제공하는 것은 아니다. 즉, 정부의 개입이 오히려 비효율성을 심화시키는 정부실패의 발생가능성이 존재한다.

3. 정부의 실패 기출 13
① 의의 : 시장실패의 치유를 위한 정부의 개입이 오히려 비효율성을 심화시키는 경우를 의미한다.
② 원인
  ㉠ 제한된 정보(차선의 정리)
  ㉡ 민간부분 반응의 통제 불가능성 : 최적정책의 동태적 비일관성, 루카스 비판(Lucas critique)
  ㉢ 정치적 과정에서의 제약 : 이익집단이나 정치집단의 개입
  ㉣ 관료제에 대한 불완전한 통제 : X-비효율성, 니스카넨의 모형, 울프(C. Wolf)의 내부성
  ㉤ 공공선택의 문제 : 이해당사자들의 타협을 통한 의사결정(불가능성정리)
  ㉥ 재원조달 과정상의 비효율성

Ⅳ 사회후생함수(Social Welfare Function) 기출 20

1. 의 의
사회후생함수란 사회구성원들의 선호를 집약하여 사회적 선호로 나타내주는 함수를 의미한다.

$$SW = U_1(X), U_2(X) \cdots U_N(X) \text{(어떤 X라는 분배상태가 주어져 있는 경우)}$$

2. 유 형
① 공리주의 사회후생함수 : $SW = U_A + U_B = \sum U_i$

공리주의 사회후생함수는 소득분배와는 관계없이 개인의 효용 합에 의해서 결정된다.

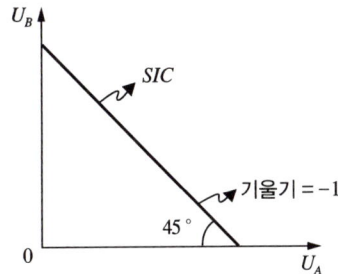

② 평등주의 사회후생함수 : $SW = U_A \times U_B$

평등주의 사회후생함수는 소득이 낮은 사람에게 높은 가중치를 부여하여 사회 전체의 후생수준을 결정한다.

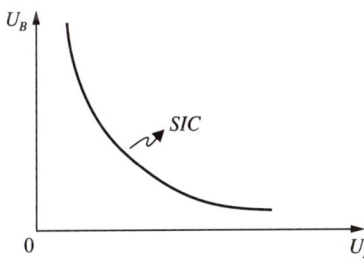

③ 롤스의 사회후생함수 : $SW = \min(U_A, U_B)$ (최소극대화의 원칙)

롤스의 사회후생함수는 가장 가난한 사람의 후생수준으로 사회 전체의 후생수준을 결정한다.

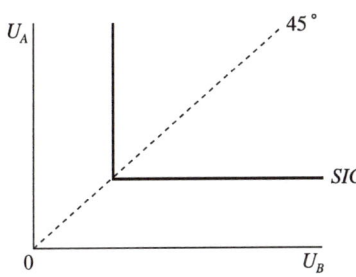

④ 최상층 우대 또는 엘리트 우대 사회후생함수 : $SW = \max(U_A, U_B)$
  최상층 우대 사회후생함수는 가장 부자의 후생수준으로 사회 전체의 후생수준을 결정한다.

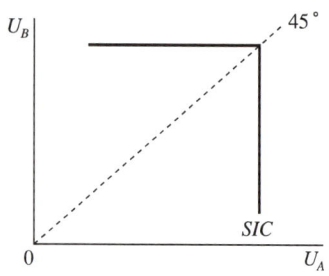

노직의 자유주의
노직과 롤스 모두 자유주의 사상가로 자유를 무엇보다 중요한 것으로 보았다. 하지만 롤스와 반대로 노직은 개인의 자유와 소유의 권리를 최우선으로 보장하는 소유의 권리로서의 정의를 주장하였다.

제1원칙 정당한 최소 취득의 원칙	다른 사람에게 피해를 주지 않고 자신의 노동으로 사유 재산을 삼았으면 그러한 소유는 정당하다.
제2원칙 정당한 양도의 원칙	교환이나 증여, 상속 등의 과정에서 부정이 없었으면 그 결과로 인한 소유는 정당하다.
제3원칙 시정(=교정)의 원칙	취득과 양도 과정에서 부정이 있으면 바로 잡아야 한다.

V 애로우의 불가능성 정리

1. 의 의
개인적 선호로부터 선호의 완전성, 만장일치, 비독재성, 보편성과 독립성을 만족시키는 사회적인 선호(사회후생함수)를 도출하는 것은 불가능하다는 정리를 말한다.

2. 가 정
① 집단적 합리성 : 완전성(Completeness), 이행성(Transitivity)
  완전성이란 모든 사회적 자원배분 상태를 비교평가할 수 있음을 의미한다. 이행성이란 자원배분 상태 사이에 $X \geq Y$, $Y \geq Z$이면, $X \geq Z$가 성립해야 함을 의미한다.
② 만장일치(Unanimity) : 파레토원칙
  모든 개인이 $X \geq Y$인 경우 사회적 선호도 $X \geq Y$가 되어야 한다.
③ 비독재성(Non-dictatorship) : 사회적 선호는 어느 한 경제주체가 결정할 수 없다.
④ 보편성(Universality) : 개인의 선호가 특정한 선호로 제약되어서는 안 된다.
⑤ 무관한 선택으로부터의 독립(Independence of Irrelevant Alternatives ; IIA) : 사회적 선호의 우선순위는 이에 대응하는 개별선호의 우선순위에 의해서만 결정되고 이와 관련없는 다른 선호의 영향을 받지 않는다.

Ⅵ 차선의 정리(Lipsey & Lancaster)

한 경제 내에서 효율적인 자원배분을 위해 n개의 효율성 조건이 만족되어야 한다고 할 때, 이미 하나 이상의 효율성 조건이 파괴되어 있는 상태에서는 만족되는 효율성의 조건이 많아진다고 해서 사회후생 측면에서 바람직하다고 할 수 없다.

제2절 공공재 기출 25

Ⅰ 공공재의 의의 및 성격 기출 12·15·20·22

1. 의 의
어느 사람에 의해 생산되는 즉시 그 집단의 모든 성원에 의해 소비혜택이 공유될 수 있는 재화 또는 서비스를 의미한다. 사유재(私有財)와 대립되는 개념이며, 공공재는 시장의 가격 원리가 적용될 수 없는데다 모든 사람이 공동으로 이용할 수 있기 때문에, 대가를 치르지 않더라도 재화 또는 서비스를 이용할 수 있다.

2. 성 격
① 비경합성 : 비경합성은 한사람의 추가적 소비에 따른 혼잡문제가 발생하지 않음을 의미한다. 즉, 소비하는 사람의 수에 관계없이 모든 사람이 동일한 양을 소비한다. 비경합성에 기인하여 1인 추가소비에 따른 한계비용은 0이다. 이는 공공재의 경우 양의 가격을 매기는 것이 바람직하지 않음을 의미한다.
② 비배제성 : 재화 생산에 대한 기여 여부에 관계없이 소비가 가능한 특성을 의미한다. 비배제성에 기인하여 공공재의 경우 양의 가격을 책정하는 것이 가능하지도 않다.

3. 종 류 기출 10
① 순수 공공재 : 국방, 치안서비스 등
② 비순수 공공재
  ㉠ 불완전한 비경합성을 가진 Club재(혼잡재)
  ㉡ 지방공공재

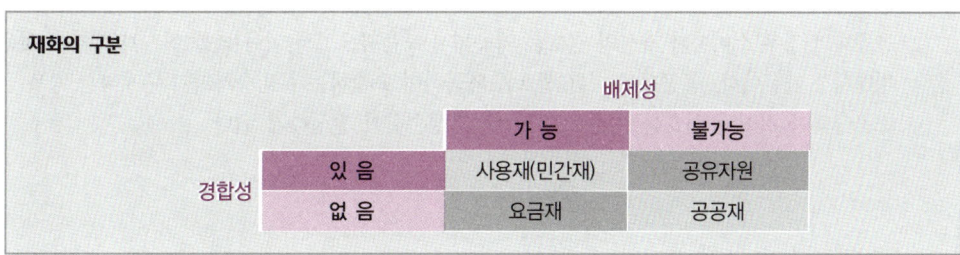

Ⅱ 공공재의 최적 공급량

1. 부분균형분석 : 균형조건($\sum_{i=1}^{n} MB_i = MC$) 기출 12·15·17

각 소비자가 공공재에 대한 진정한 선호를 표출할 때 공공재의 마지막 단위에 대해서 사람들이 부여하는 가치의 합이 그것을 생산하기 위해 사회가 지불해야 하는 한계비용과 같아야 적정배분이 달성될 수 있다. 이때 각자가 한계편익과 일치하는 가격을 지불하도록 한다면(T_1, T_2) 공공재 생산과 관련된 재원조달의 문제도 해결할 수 있게 된다.

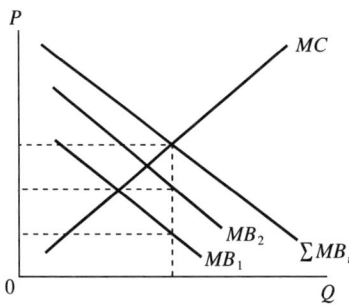

2. 일반균형분석 : 균형조건($\sum_{i=1}^{n} MRS_{ZX}^{i} = MRT_{XY}$)

두 재화(X, Z), 두 소비자(A, B)가 존재하며 공공재(Z)는 사용재(X)를 투입하여 생산하고 경제 내에 일정한 사용재가 초기부존으로 주어져 있는 경우 공공재의 최적 공급은 각 개인의 한계대체율의 합이 경제 내의 한계변환율과 동일할 때 공공재의 최적공급이 이루어진다.

Ⅲ 무임승차자의 문제 기출 20

1. 의의 및 원인

① 무임승차자의 문제란 자신의 재화(공공재)에 대한 선호를 왜곡하여 표현하여 재화가 다른 사람에 의해 공급된 후 이에 편승하고자 하는 경향이 있기 때문에 발생하는 문제이다.
② 공공재의 경우 소비자가 자신의 선호를 왜곡해서 표출함으로서 이득을 볼 여지가 생기는 것은 공공재의 비배제성 때문이다. 공공재에 대한 선호를 왜곡하여 표출하는 무임승차자가 존재하는 경우 공공재는 과소공급되며 진실한 선호를 기준으로 할 때 후생손실이 발생하게 된다.

2. 문제의 해결방안

① **협상에 의한 방법** : 개인의 이기적인 행동에 의해 자신이익의 증대 가능성이 존재하는 한 무임승차의 유인이 존재한다. 그 결과 공공재가 생산되지 않을 가능성을 모두 인식하여 당사자 간의 협상 가능성이 존재한다. 협상의 결과는 협상력에 의존하며 협상결과 효율적 산출수준의 달성 가능성은 낮다.

② **수요표출 메커니즘** : 무임승차자의 문제는 시장실패현상이며 이는 정부개입의 충분조건이다. 그러나 정부의 개입에 의하여 효율적인 공공재 공급이 보장되기 위해선 공공재에 대한 수요의 측정가능성이 전제되어야 한다. 공공재에 대한 수요측정의 수단이 수요 표출 메커니즘이다.

③ **간접적 수요 추정**
   ㉠ 보완재 이용
   ㉡ 공공재와 사용재 사이에 뚜렷한 보완성이 존재하는 경우에만 적용 가능

제3절 사용재

I 의의 및 특징 기출 19

1. 의 의
공공재와는 달리 배제성과 경합성을 가지는 재화나 서비스를 말한다.

2. 특 징
① 사용재의 시장수요곡선은 개별수요곡선의 수평의 합으로 도출할 수 있다.
② 시장전체의 수요·공급곡선에 의하여 재화 가격이 결정되면 모든 소비자들은 동일한 가격으로 서로 다른 양을 소비하게 된다.

II 사용재의 최적 수준

사용재의 경우 효율적인 자원배분의 조건은 모든 사람의 한계편익이 같고 이것이 한계비용과 같아야 하고, 이는 다시 모든 사람의 한계대체율과 한계변환율이 같아야 함을 의미한다.

$$MB_A = MB_B = MC, \ MRS_A = MRS_B = MRT$$

제4절 외부효과 기출 21·25

I 의의

어떤 경제주체의 행위가 시장기구를 통하지 않고서 다른 경제주체의 경제활동에 영향을 미칠 때 이것을 외부효과라 한다.

II 외부효과와 자원배분의 효율성 기출 11·12·14·19

1. 생산의 부정적 외부효과

외부효과가 존재하는 경우 사회적 최적기준과 개인의 최적조건이 일치하지 않게 되어 비효율이 발생한다. 생산의 부정적 외부효과가 존재하는 경우 $SMC > PMC$이다. 이때 사회적 최적생산량은 Q_S^*이며 사적 의사결정하의 산출량은 Q_P^*로 사회적 최적산출량보다 많은 수준으로 빗금 친 영역만큼의 비효율이 발생한다. 피구조세를 부과하는 경우 사적 한계비용이 상승하여 사회적 최적생산이 가능하게 된다. 부과되는 조세액의 크기는 사회적 최적산출량 수준에서 사회적 한계피해액(SMD)만큼이다.

2. 외부효과의 유형과 자원배분

① 소비의 외부 경제 : 과소소비
   사회적 한계편익 > 사적 편익
② 소비의 외부 불경제 : 과다소비
   사회적 한계편익 < 사적 편익
③ 생산의 외부 경제 : 과소생산
   사적 한계비용 > 사회적 한계비용
④ 생산의 외부 불경제 : 과다생산
   사적 한계비용 < 사회적 한계비용

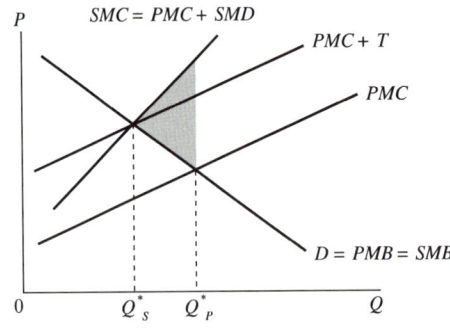

외부효과

정 의	한 경제주체가 다른 경제주체에게 시장가격기구를 통하지 않고 의도하지 않은 혜택이나 피해를 주는 것	
	긍정적 외부효과	부정적 외부효과
생산의 외부효과	• $PMC > SMC$ • 과소생산 • 보조금지급으로 해결	• $PMC < SMC$ • 과잉생산 • 조세부과로 해결
	긍정적 외부효과	부정적 외부효과
소비의 외부효과	• $PMB < SMB$ • 과소소비 • 보조금지급으로 해결	• $PMB > SMB$ • 과잉소비 • 조세부과로 해결

Ⅲ 외부효과의 해결방안

사적인 해결방안	합 병	외부효과를 유발하는 기업과 외부효과로 인해 피해나 이익을 입는 기업 간의 합병을 통해 외부효과를 내부화
	코즈(Coase) 정리	• 외부효과의 원인은 소유권의 미확립 • 소유권을 확립하면 당사자 간 협상으로 외부효과 내부화 가능 • 다만, 협상비용이 거의 없어야 할 것, 정보비대칭이 없어야 할 것 등의 성립요건이 전제

공적인 해결방안	오염 배출권
	(= 탄소세)
	기출 22·24
		• 방 식
		  - 환경세의 일종으로 이산화탄소와 같은 오염물질을 방출할 경우 부과된다.
		  - 각 기업은 정부가 설정한 오염배출량만큼 오염배출권을 발행하고 오염배출권을 가진 한도 내에서 오염물질을 배출할 수 있다.
		  - 각 기업은 정부로부터 오염물질배출권을 구입할 수 있다.
		  - 각 기업 간의 오염물질배출권의 자유로운 거래는 허용된다.
		• 효 과
		  - 각 기업은 오염물질 처리비용과 오염배출권 가격을 비교하여 오염물질 매각 또는 매입 여부를 결정한다.
		  - 오염물질 처리비용이 적은 기업은 오염물질배출권을 매각할 것이므로 사회적으로 적은 비용으로 오염물질을 줄이는 효과를 가져온다.
		  - 생산과정에서 탄소세 부과로 인해 증가된 비용은 물품 가격 상승에 영향을 미친다.

	피구보조금, 피구세	• 피구보조금 : 긍정적 외부효과 발생 시에는 외부한계편익만큼 보조금을 지급 • 피구세 : 부정적 외부효과 발생 시에는 외부한계비용만큼 조세를 부과
	직접규제	• 정부가 직접 오염배출 기업의 생산량이나 배출량을 규제 • 사회전체적으로 과다 비용 발생

제5절 정보경제학

I 기본개념정리 기출 11

의의	정의
도덕적 해이	감추어진 행동에 대한 비대칭적 정보하의 상황에서 한 경제주체의 행위의 결과가 다른 경제주체에 귀속됨에 따라 발생하는 경제주체의 부주의한 행동을 의미한다.
자기선택장치	정보가 없는 측에서 불리한 상황의 선택을 피하기 위해 고안한 장치로서 감추어진 속성을 가진 사람들이 자신의 속성에 따라서 선택을 하는 것이 자신에게 유리하기 때문에 스스로 자신의 속성을 드러내도록 고안된 장치를 의미한다. 이러한 자기선택장치는 정보를 보유한 측이 자신의 유형을 드러내는 것이 더 기대효용이 높도록 설계되어야 한다.
Screening	정보를 보유하지 못한 측에서 불충분하지만 보유하고 있는 정보를 기초로 상대방의 감추어진 특성을 파악하는 행위
Reputation	정보를 보유한 측이 오랜 기간 일관된 행위를 기초로 획득되는 것으로 정보를 보유하지 못한 측에 신호로 작용하게 된다.
역선택	감추어진 특성에 대한 비대칭적 정보로 인해 정보를 갖지 못한 측이 교환에서 얻을 수 있는 최대한의 이익을 얻을 수 있는 선택을 하지 못하는 상황
Signaling	신호는 감추어진 특성에 관한 관찰가능한 지표로서 정보를 보유한 측에서 적극적으로 정보를 알리려고 노력하는 것을 말한다. signal은 감추어진 특성과 높은 상관관계가 있어야 하며 Signaling에 따른 비용이 적어야 한다.

II 정보의 비대칭 해결방안

역선택	도덕적 해이
• 신호발송 • 강제집행 • 평판과 표준화 • 신용할당(자본시장의 경우)	• 보험시장 : 공동보험, 기초공제제도 • 금융시장 : 담보설정, Monitoring • 노동시장 : 효율성임금

CHAPTER 06 시장과 효율성

01 오염물질을 발생시키는 상품 A의 시장수요곡선은 $Q = 20 - P$이고, 사적 한계비용곡선과 사회적 한계비용 곡선이 각각 $PMC = 6 + Q$, $SMC = 10 + Q$이다. 사회적 최적생산량을 달성하기 위하여 부과해야 하는 생산단위당 세금은?(단, Q는 생산량, P는 가격이고, 완전경쟁시장을 가정한다) 기출 21

① 1.5
② 2
③ 3
④ 4
⑤ 5

02 노동시장에서 노동수요와 노동공급곡선은 각각 $L_d = -W + 70$, $L_s = 2W - 20$이다. 정부가 최저임금을 $W = 40$으로 결정하여 시행하는 경우 고용량은?(단, L_d는 노동수요량, L_s는 노동공급량, W는 노동 1단위당 임금이다) 기출 21

① 30
② 40
③ 50
④ 60
⑤ 70

· 해설 및 정답 ·

01 시장기구에 의한 생산량은 PMC와 시장수요곡선, 사회적 최적생산량은 SMC와 시장수요곡선이 일치하는 점에서 각각 결정되므로, 사회적 최적생산량을 달성하기 위해서는 SMC와 동일한 생산량이 되도록 PMC를 4만큼 평행이동시켜야 한다. 따라서 사회적 최적생산량을 달성하기 위해 부과해야 하는 생산단위당 세금은 4이다.

정답 ④

02 최저임금 40에서의 노동수요량은 $L_d = -40 + 70 = 30$이므로, 고용량은 30이다.

정답 ①

03 외부효과(Externality)에 관한 설명으로 옳은 것을 모두 고른 것은?(단, 수요곡선은 우하향하고 공급곡선은 우상향한다) 기출 19

> ㄱ. 생산 측면에서 부(-)의 외부효과가 존재하면, 시장 균형 생산량은 사회적 최적 생산량보다 적다.
> ㄴ. 외부효과는 보조금 혹은 조세 등을 통해 내부화시킬 수 있다.
> ㄷ. 거래비용 없이 협상할 수 있다면, 당사자들이 자발적으로 외부효과로 인한 비효율성을 줄일 수 있다.

① ㄱ
② ㄱ, ㄴ
③ ㄱ, ㄷ
④ ㄴ, ㄷ
⑤ ㄱ, ㄴ, ㄷ

04 공공재에 관한 설명으로 옳은 것을 모두 고른 것은? 기출 25

> ㄱ. 공공재의 공급을 시장에 맡길 경우 무임승차자의 문제로 인해 공급부족이 야기될 수 있다.
> ㄴ. 순수공공재는 그 특성 때문에 양(+)의 가격을 매길 수 없다.
> ㄷ. 배제불가능성이란 한 사람이 공공재를 소비한다고 해서 다른 사람이 소비할 수 있는 기회가 줄어들지 않음을 의미한다.
> ㄹ. 비경합성이란 대가를 지불하지 않은 사람이라 해도 소비하지 못하게 만들 수 없다는 것이다.

① ㄱ, ㄴ
② ㄴ, ㄷ
③ ㄷ, ㄹ
④ ㄱ, ㄴ, ㄷ
⑤ ㄱ, ㄴ, ㄷ, ㄹ

05 공공재 수요자 3명이 있는 시장에서 구성원 A, B, C의 공공재에 대한 수요함수는 각각 아래와 같다. 공공재의 한계비용이 30으로 일정할 때, 공공재의 최적공급량에서 각 구성원이 지불해야 하는 가격은?(단, P는 가격, Q는 수량이다) 기출 17

> $A : P_a = 10 - Q_a$
> $B : P_b = 20 - Q_b$
> $C : P_c = 20 - 2Q_c$

① $P_a = 5$, $P_b = 15$, $P_c = 10$
② $P_a = 5$, $P_b = 10$, $P_c = 10$
③ $P_a = 10$, $P_b = 10$, $P_c = 15$
④ $P_a = 10$, $P_b = 15$, $P_c = 5$
⑤ $P_a = 15$, $P_b = 15$, $P_c = 5$

해설 및 정답

03 ㄱ. 생산 측면에서 부(-)의 외부효과의 경우 시장의 가격기구에 의한 생산량은 사회적인 최적생산량을 초과하여, 과잉생산이 이루어진다.
　ㄴ. 피구세 : 부(-)의 외부효과가 발생하면 최적생산량 수준에서 재화 1단위당 외부한계비용만큼의 조세를 부과하고, 양(+)의 외부효과가 발생하면 최적생산량 수준에서 재화 1단위당 외부한계편익만큼의 보조금을 지급하면, 외부효과를 시장기구에 내부화하여 외부효과를 해결할 수 있다.
　ㄷ. 코즈(Coase)는 외부효과가 자원의 효율적인 배분을 저해하는 이유는, 외부효과와 관련된 재산권이 제대로 설정되어있지 않기 때문이라고 보았다. 따라서 거래비용이 작거나, 없어서 자발적인 협상을 통해 재산권이 적절하게 설정되면, 시장기구 스스로가 외부효과를 해결할 수 있다고 주장하였다. 거래비용이 너무 크면 처음부터 협상 자체가 이루어지지 않기 때문이다.

정답 ④

04 ㄱ. (O) 공공재는 배제불가능성과 비경합성을 가지고 있기 때문에 무임승차자가 발생하여 공급 부족이 야기될 수 있다.
　ㄴ. (O) 순수공공재란 배제불가능성과 비경합성을 모두 가진 공공재를 말하는데, 비경합성에 의해 추가적 소비에 필요한 한계비용이 0이 되므로 순수공공재의 가격은 0이다. 즉, 양(+)의 가격을 매길 수 없다.
　ㄷ. (×) 배제불가능성이란 <u>대가를 지불하지 않은 사람이라 해도 소비하지 못하게 만들 수 없다는 것이다.</u>
　ㄹ. (×) 비경합성이란 <u>한 사람이 공공재를 소비한다고 해서 다른 사람이 소비할 수 있는 기회가 줄어들지 않음을 의미한다.</u>

정답 ①

05 ・공공재 적정공급량 $P = MC$
　・시장 구성원들의 합 : $A + B + C \rightarrow P = 50 - 4Q = 30$, $Q = 5$
　・$Q = 5$를 A, B, C의 수요함수에 대입하면 $P_a = 5$, $P_b = 15$, $P_c = 10$

정답 ①

06

기업 A, B는 생산 1단위당 폐수 1단위를 방류한다. 정부는 적정수준의 방류량을 100으로 결정하고, 두 기업에게 각각 50의 폐수방류권을 할당했다. A의 폐수저감 한계비용은 $MAC_A = 100 - Q_A$, B의 폐수저감 한계비용은 $MAC_B = 120 - Q_B$인 경우, 폐수방류권의 균형거래량과 가격은?(단, Q_A, Q_B는 각각 A, B의 생산량이다) 기출 24

① 5, 60
② 10, 60
③ 10, 80
④ 20, 80
⑤ 20, 100

07

생산과정에서 탄소를 배출하는 X재에 탄소세를 부과하려고 한다. 이에 관한 설명으로 옳은 것을 모두 고른 것은?(단, X재의 수요곡선은 우하향하고 공급곡선은 우상향한다) 기출 22

ㄱ. 탄소세는 외부불경제를 해결하기 위한 조세이다.
ㄴ. 탄소세를 부과하면 X재의 가격이 오를 것이다.
ㄷ. 탄소세를 부과하면 자원배분의 효율성이 높아진다.
ㄹ. X재의 주요사례로 태양광발전과 풍력발전을 들 수 있다.

① ㄱ, ㄴ
② ㄴ, ㄹ
③ ㄷ, ㄹ
④ ㄱ, ㄴ, ㄷ
⑤ ㄴ, ㄷ, ㄹ

08

100명의 주민이 살고 있는 아파트에 주민들이 안전을 우려하여 공동으로 아파트 입구에 CCTV를 설치하고자 한다. 설치된 CCTV의 서비스에 관한 설명으로 옳은 것을 모두 고른 것은? 기출 22

ㄱ. CCTV 서비스는 주민들에게 공유자원이다.
ㄴ. CCTV 서비스는 주민들에게 사적재이다.
ㄷ. CCTV 서비스는 주민들에게 비배제성을 갖는다.
ㄹ. CCTV 서비스는 주민들에게 공공재이다.

① ㄱ
② ㄴ
③ ㄱ, ㄴ
④ ㄴ, ㄷ
⑤ ㄷ, ㄹ

해설 및 정답

06 〈조건 1〉
적정수준의 폐수방류량이 100이므로 $Q_A + Q_B = 100$이다.

〈조건 2〉
두 기업의 폐수저감 한계비용이 같아지는 점에서 거래가 이뤄지므로
$MAC_A = MAC_B$
$100 - Q_A = 120 - Q_B$
$\therefore Q_A + 20 = Q_B$

위 조건을 이용하여 Q_A, Q_B를 구해보면
$Q_A + Q_B = 100$
$Q_A + (Q_A + 20) = 2Q_A + 20 = 100$
$\therefore Q_A = 40$, $Q_B = 60$

따라서 기업 A는 기업 B에게 10개의 폐수방류권을 판매하게 된다. 이때의 가격은 $Q_A = 40$, $Q_B = 60$일 때의 한계비용인 60이 된다.

정답 ❷

07 ㄱ. (○) 탄소세는 다른 경제주체의 활동 결과 자기가 불리한 영향을 받는 외부불경제를 해결하기 위한 환경세의 일종이다.
ㄴ. (○) 생산과정에서 탄소세 부과로 증가된 비용은 물품 가격 상승에 영향을 미쳐 X재의 가격이 오를 것이다.
ㄷ. (○) 탄소세를 부과하면 각 기업은 오염물질 처리비용과 오염배출권 가격을 비교하여 오염물질 매각 또는 매입 여부를 결정하고, 오염물질 처리비용이 적은 기업은 오염물질배출권을 매각하여 사회적으로 적은 비용으로 오염물질을 줄이는 효과를 가져와 자원배분의 효율성이 높아지게 될 것이다.
ㄹ. (✕) 태양광발전과 풍력발전은 친환경 발전으로 탄소세와 관련이 없다.

정답 ❹

08 ㄱ・ㄴ. (✕) CCTV 서비스는 배제성과 경합성이 모두 없으므로 공공재이다.

정답 ❺

09

외부효과에 관한 설명으로 옳은 것을 모두 고른 것은?

> ㄱ. 외부효과가 존재할 경우 시장은 자원을 비효율적으로 배분한다.
> ㄴ. 부정적 외부효과가 존재할 경우 사회적비용은 사적비용보다 작다.
> ㄷ. 부정적 외부효과를 시정하기 위해 고안된 세금을 피구세(Pigouvian tax)라고 한다.
> ㄹ. 긍정적 외부효과가 존재할 경우 시장생산량은 사회적으로 바람직한 생산량보다 많다.

① ㄱ, ㄴ
② ㄱ, ㄷ
③ ㄴ, ㄹ
④ ㄷ, ㄹ
⑤ ㄱ, ㄷ, ㄹ

10

외부효과에 관한 설명으로 옳은 것을 모두 고른 것은? (단, 수요곡선은 우하향하고 공급곡선은 우상향한다)

> ㄱ. 생산 측면에서 부(−)의 외부효과가 존재하면, 시장균형생산량은 사회적 최적생산량보다 크다.
> ㄴ. 외부효과는 보조금 혹은 조세 등을 통해 내부화시킬 수 있다.
> ㄷ. 직접통제 방식은 외부효과를 줄이는 확실한 방법이며 상황변화에도 신축적으로 적응할 수 있다.
> ㄹ. 거래비용 없이 협상할 수 있다면, 당사자들이 자발적으로 외부효과로 인한 비효율성을 줄일 수 있다.

① ㄱ, ㄴ, ㄷ
② ㄱ, ㄴ, ㄹ
③ ㄱ, ㄷ, ㄹ
④ ㄴ, ㄷ, ㄹ
⑤ ㄱ, ㄴ, ㄷ, ㄹ

11

두 개의 지역 A와 B로 나누어진 K시는 도심공원을 건설할 계획이다. 두 지역에 거주하는 지역주민의 공원에 대한 수요곡선과 공원 건설의 한계비용곡선이 다음과 같을 때 사회적으로 최적인(Socially Optimal) 도심공원의 면적은?(단, P_A는 A지역 주민이 지불하고자 하는 가격, P_B는 B지역 주민이 지불하고자 하는 가격, Q는 공원면적, MC는 한계비용)

> • A지역 주민의 수요곡선 : $P_A = 10 - Q$
> • B지역 주민의 수요곡선 : $P_B = 10 - \frac{1}{2}Q$
> • 한계비용곡선 : $MC = 5$

① 4
② 5
③ 6
④ 10
⑤ 15

해설 및 정답

09 ㄱ. 외부효과가 존재할 경우 시장은 자원을 비효율적으로 배분한다.
ㄴ. 부정적 외부효과가 존재할 경우 사회적 비용은 사적 비용보다 크다.
ㄷ. 부정적 외부효과를 시정하기 위해 고안된 세금을 피구세(Pigouvian tax)라고 한다.
ㄹ. 긍정적 외부효과가 존재할 경우 시장생산량은 사회적으로 바람직한 생산량보다 적다.

정답 ②

10 ㄱ. (○) 생산 측면에서 부(−)의 외부효과가 존재하면 사적한계비용(PMC) < 사회적한계비용(SMC)로 시장균형생산량이 사회적 최적생산량보다 큰 과잉생산이 발생한다.
ㄴ. (○) 긍정적 외부효과는 보조금 지급으로, 부정적 외부효과는 조세부과로 해결할 수 있다.
ㄷ. (×) 직접통제 방식은 외부효과를 줄일 수 있지만, <u>외부성을 측정하는 것이 어렵기 때문에 상황변화에 신축적으로 적응할 수 없다.</u>
ㄹ. (○) 코즈(Coase)의 정리에 관한 설명이다. 외부효과의 원인이 소유권의 미확립에 있다고 보고, 소유권을 확립하면 당사자 간의 협상으로 외부효과를 내부화할 수 있다고 주장했다. 이때 거래비용, 정보비대칭이 없어야 한다.

정답 ②

11 공공재의 시장수요곡선은 각각의 수요곡선의 합이다.
따라서 K시 공공재의 시장수요곡선 $P = (10 - Q) + (10 - 0.5Q) = 20 - 1.5Q$이다. 한계비용 $MC = 5$이므로 $20 - 1.5Q = 5$, $Q = 10$이다.

정답 ④

12 벤담(J. Bentham)의 공리주의를 표현한 사회후생함수는?(단, 이 경제에는 갑, 을만 존재하며, W는 사회 전체의 후생, U는 갑의 효용, V는 을의 효용이다) 기출 20

① $W = \max(U, V)$
② $W = \min(U, V)$
③ $W = U + V$
④ $W = U \times V$
⑤ $W = U/V$

해설 및 정답

12 $W = U + V$: 벤담의 공리주의 사회후생함수
  ① $W = \max(U, V)$: 최상층우대 또는 엘리트우대 사회후생함수
  ② $W = \min(U, V)$: 롤스의 사회후생함수
  ④ $W = U \times V$: 평등주의 사회후생함수

정답 ❸

CHAPTER 07 국민소득결정이론

출제포인트
- □ 국민소득의 측정 : 삼면등가의 법칙
- □ 케인즈의 국민소득결정

제1절 거시경제학의 기초개념 기출 25

Ⅰ 국민소득의 순환구조

가계는 기업에 생산요소(주로 노동)를 제공한 대가로 소득(Y)을 얻고 이 소득을 기초로 소비(C)와 저축(S)을 한다. 기업은 가계가 제공하는 생산요소를 생산설비(기계나 공장)와 결합하여 생산물을 만들고 이를 시장에 판매한다. 이때 생산설비나 건물 등에 대한 기업의 지출은 투자(I)로 분류된다. 그림의 아랫부분은 가계가 제공하는 생산요소가 거래되는 생산요소시장을, 그림의 윗부분은 기업의 생산하는 재화가 거래되는 생산물시장을 나타낸다.

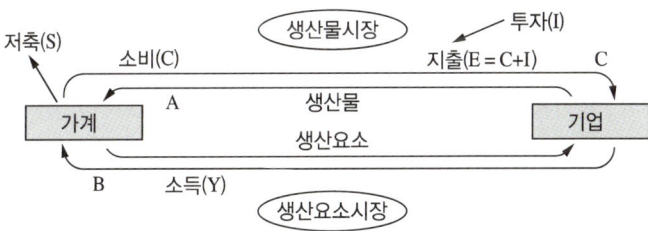

Ⅱ 국내총생산(GDP)의 개관 기출 16·17·20·22

1. 국내총생산의 의의
① 국내총생산(Gross Domestic Product ; GDP)은 모든 재화와 서비스의 생산량을 합하여 경제전체 생산량의 크기를 나타내는 것으로 여러 거시경제 지표 중에서 가장 중요한 지표로 인식되고 있다.
② 물리적 단위가 서로 다른 재화를 단순합계하는 것이 불가능하므로 각 재화의 생산액을 구한 다음 이를 합하여 하나의 숫자로 나타낸 것이 GDP이다.
③ GDP디플레이터 : $\frac{명목GDP}{실질GDP} \times 100$

2. 3면등가의 법칙

GDP를 생산측면에서, 그리고 요소측면과 지출측면에서 집계한 값이 동일한 것을 3면등가의 원칙이라고 한다.

① 국내총생산(생산GDP)
   ㉠ 생산측면에서 보면 GDP는 모든 최종생산물의 시장가치를 합하여 계산할 수도 있고, 각 생산단계에서의 부가가치와 고정자본소모를 합하여 계산할 수도 있다.
   ㉡ 생산GDP : 최종생산물의 시장가치의 합 = 부가가치 + 고정자본소모

② 국내총소득(분배GDP)
   ㉠ 생산이 이루어지면 이는 생산과정에 참여한 요소에 대한 소득으로 분배되므로 이를 합하여 GDP를 계산할 수도 있다.
   ㉡ 분배GDP : 임금 + 이자 + 지대 + 이윤 + 고정자본소모 + 순간접세

③ 국내총지출(지출GDP)
   ㉠ 국내에서 생산된 재화와 서비스는 누군가에 의하여 사용되므로 지출측면에서도 GDP를 집계할 수 있다.
   ㉡ 지출GDP : 민간소비지출 + 국내총투자 + 정부소비지출 + 순수출

Ⅲ 국민총소득(GNI)과 기타 지표들 기출 19

1. 국민총소득의 의의

① 국민총소득(Gross National Income ; GNI)은 국민들이 생산활동을 통해 획득한 소득의 구매력을 나타내는 지표이다.
② 종래에는 소득지표로서 GNP가 사용되었으나, 이 지표가 실질소득을 반영하지 못하는 문제가 있어, GNI로 대체되었다.
③ GDP가 한 나라의 생산활동을 나타내는 생산지표임에 반하여 GNI는 국민들의 생활수준을 측정하기 위한 소득지표이다.
④ 통상적으로 1인당 국민소득은 1인당 GNI의 크기로 특정한다.

2. GDP와의 관계

① GNI는 GDP에 교역조건변화에 따른 실질무역손익과 국외 순수취 요소소득을 합한 것으로서 다음과 같이 나타낼 수 있다.

> GNI = GDP + 교역조건변화에 따른 실질무역손익 + (국외 수취요소소득 − 국외지급 요소소득)
>   = GDP + 교역조건변화에 따른 실질무역손익 + 국외 순수취 요소소득

② 우리나라에서 근로자나 기업이 외국에서 생산한 것은 GDP에는 포함되지 아니하나, 이들이 벌어온 수입은 우리나라 국민의 소득이 되므로 국민총소득을 구할 때 포함시켜야 하는데 이를 국외수취요소소득이라 한다.

③ 외국노동자나 기업이 우리나라에서 생산한 것은 우리나라 GDP에는 포함되지만 이들이 번 수익은 우리나라 국민의 소득이 아니므로 국민총소득에서 제외해야하는데 이를 국외지급요소소득이라고 한다.

3. 기타 지표들 기출 19

국민총생산(GNP)	GDP+해외 순수취 요소소득
국내총소득(GDI)	GDP+교역조건 변화에 따른 실질무역 손익
국민총소득(GNI)	GDP+교역조건 변화에 따른 실질무역 손익+해외 순수취 요소소득
국민소득(NI)	GNI-고정자본 소모분-순간접세

제2절 고전학파와 케인즈의 국민소득결정이론

I 고전학파의 국민소득결정이론

1. 의의
한 나라의 국민소득수준은 그 나라의 생산기술, 자본량, 노동량 등 공급측면에 의해서 결정된다.

2. 기본가정 기출 14
① 세이의 법칙(Say's law)은 "공급은 스스로 수요를 창출한다."는 명제로 공급측면에 의해서 국민소득이 결정됨을 의미한다.
② 모든 가격변수(물가, 명목임금, 명목이자율)는 완전 신축적이다.
③ 노동에 대한 수요와 공급은 실질임금의 함수이다.
④ 모든 시장은 완전경쟁시장이다.

3. 균형국민소득의 결정
노동시장에서의 노동의 수요와 공급이 일치하는 균형고용량이 결정되면 총생산함수와 균형고용량을 통해 국민소득이 결정된다. 외적 요인에 의해 물가가 상승하는 경우 일시적인 노동의 초과수요가 발생하나 즉각적으로 명목임금이 상승하므로 고용량은 불변이다. 노동시장에서 고용량이 불변이므로 총 산출량도 변하지 않는다. 따라서 고전학파의 총공급곡선(AS)은 수직선으로 나타난다.

4. 시사점
고전학파모형은 공급애로가 있는 국민경제를 설명하기에 적합한 모형이다. 즉, 공급애로가 있는 국민경제는 국민소득을 증가시키기 위해서 생산능력을 향상시켜야 함을 시사한다.

Ⅱ 케인즈의 국민소득결정 기출 14

1. 의 의
경제는 불완전 고용상태가 일반적이며 한 나라의 국민소득수준은 수요측면에 의해서 결정된다.

2. 가정(케인즈 단순모형)
① 경제에 초과생산능력이 존재한다. 따라서 유효수요가 존재하는 경우 물가수준의 변화 없이 생산이 가능하다.
② 물가는 일정하다.
③ 소비는 소득의 함수이며, 한계소비성향은 0과 1 사이이다.
  ㉠ 소비함수 : $C = a + bY (a > 0,\ 0 < b < 1)$
  ㉡ 저축함수 : $S = -a + (1-b)Y$
④ 기업의 투자지출, 정부지출, 순수출은 모두 일정하다.

3. 균형국민소득의 결정
① 주입과 누출에 의한 국민소득결정 : 사전적인 투자수요와 저축이 일치하는 Y^*에서 국민소득이 균형을 이룬다. 국민소득이 Y_0에서는 사전적 투자(즉, 의도했던 투자)가 사후적 투자보다 많기 때문에 의도하지 않은 재고의 감소가 발생하고, 생산이 증가하여 균형국민소득(Y^*)으로 수렴한다. 국민소득이 Y_1에서는 사전적 투자가 사후적 투자보다 적기 때문에 의도하지 않은 재고의 증가가 발생하고, 생산이 감소하여 균형국민소득(Y^*)으로 수렴한다.

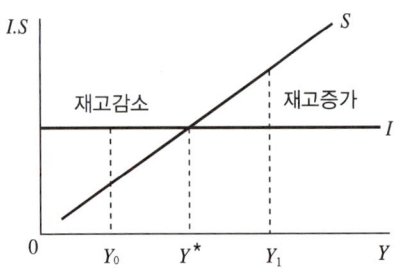

② 유효수요에 의한 국민소득결정
  ㉠ 총수요 : $Y^D = C + I = a + bY + I$
  ㉡ 총공급 : $Y^s = Y$
  Y_0에서는 총수요가 총공급을 초과하므로 재고의 감소가 일어나고 이에 따라 생산이 증가하게 되어 국민소득이 증가하여 Y^*에 수렴하게 된다. Y_1에서는 총공급이 총수요를 초과하므로 재고의 증가가 일어난다. 따라서 생산이 감소하게 되어 국민소득이 감소하여 Y^*에 수렴하게 된다.

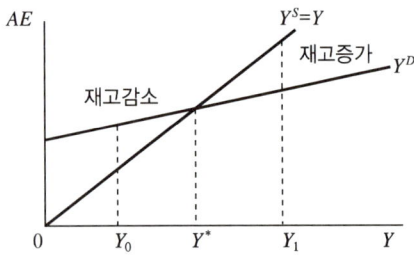

균형국민소득의 결정 기출 18·22·23·25	
균형국민소득	$AE = Y = C + I + G + (X - M)$
요인들	AE : 총지출, Y : 국민소득, C : 소비, I : 투자, G : 정부지출, X : 수출, M : 수입

Ⅲ 고전학파와 케인즈의 비교

구 분	고전학파	케인즈
경제환경	19세기까지의 물물교환경제	20세기의 화폐경제
분석중심	초과수요경제	초과공급경제
기본가정	공급측	수요측
경제이론	모든 시장은 완전경쟁, 가격변수의 신축성, 완전정보	가격변수의 경직성, 불완전정보, 불완전 경쟁시장
경제의 안정여부	자본주의 경제는 안정적	자본주의 경제는 불안정적
정 책	자유방임정책	정부의 적극적 개입

제3절 승수이론

Ⅰ 인플레이션 갭과 디플레이션 갭 기출 24

1. 인플레이션 갭

> 인플레이션 갭 = 현실적인 총수요 − 완전고용 국민소득수준만큼의 총수요
> = 완전고용 국민소득수준에서의 초과수요

2. 디플레이션 갭

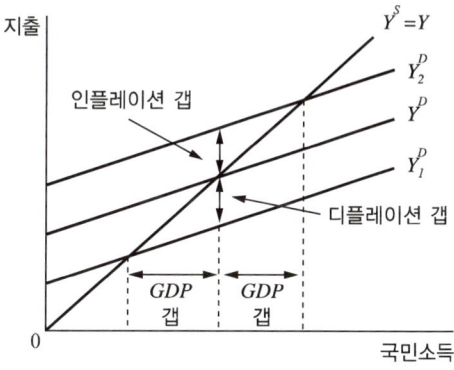

> 디플레이션 갭 = 완전고용 국민소득수준만큼의 총수요 − 현실적인 총수요
> = 완전고용 국민소득수준에서의 수요의 부족분

Ⅱ 승수이론 기출 20 · 21 · 23 · 24

독립지출(기초소비, 독립투자, 정부지출)이 증가하면, 균형국민소득은 독립지출 증가분보다 몇 배로 증가하게 되는데, 이를 승수효과라고 한다.

$$승수 = \frac{균형국민소득증가분}{독립지출증가분}$$

① 가 정
  ㉠ 국민경제에는 잉여생산능력이 존재한다.
  ㉡ 한계소비성향은 일정하다.
  ㉢ 물가수준은 변하지 않는다.

② 승수의 도출(2부문모형 : 가계, 기업)

$$Y^D = C + I = a + bY + I_o$$
$$(C = a + bY, \ I = I_o)$$

균형국민소득을 도출하면 $Y = \frac{1}{1-b} I_o + \frac{1}{1-b} \cdot a$가 도출된다.

도출된 국민소득식을 통해 $\Delta Y = \frac{1}{1-b} \cdot \Delta I$임을 알 수 있다$\left(승수 = \frac{1}{1-b}\right)$.

③ 각종 승수
  ㉠ 폐쇄경제이고 정액세인 경우에는 $t = 0$, $m = 0$으로 둔다.
  ㉡ 폐쇄경제이고 비례세일경우에는 $m = 0$으로 둔다.
  ㉢ 개방경제이고 정액세인 경우에는 $t = 0$으로 둔다.

구 분	폐쇄경제		개방경제	
	정액세인 경우	비례세인 경우	정액세인 경우	비례세인 경우
정부지출승수	$\frac{1}{1-b}$	$\frac{1}{1-b+bt}$	$\frac{1}{1-b+m}$	$\frac{1}{1-b+bt+m}$
투자승수	$\frac{1}{1-b}$	$\frac{1}{1-b+bt}$	$\frac{1}{1-b+m}$	$\frac{1}{1-b+bt+m}$
조세승수	$-\frac{b}{1-b}$	$-\frac{b}{1-b+bt}$	$-\frac{b}{1-b+m}$	$-\frac{b}{1-b+bt+m}$
정부이전지출승수	$\frac{b}{1-b}$	$\frac{b}{1-b+bt}$	$\frac{b}{1-b+m}$	$\frac{b}{1-b+bt+m}$
수출승수	-	-	$\frac{b}{1-b+m}$	$\frac{b}{1-b+bt+m}$
균형재정승수	1	$\frac{1-b}{1-b+bt}$	$\frac{1-b}{1-b+m}$	$\frac{1-b}{1-b+bt+m}$

④ **승수 크기 결정요인** : 승수는 한계소비성향(b)이 클수록, 한계저축성향($s = 1 - b$)이 작을수록, 세율(t)이 작을수록, 한계수입성향(m)이 작을수록 커진다.

CHAPTER 07 국민소득결정이론

01 우리나라의 국내총생산(GDP)에 관한 설명으로 옳지 않은 것은? 기출 25

① 화학공장의 100억원의 부가가치 생산과정에서 배출되는 대기오염으로 인한 피해가 10억원인 경우, 국내총생산은 100억원 증가로 표시된다.
② 우리나라 안에서 1년 동안 생산되는 최종생산물의 시장가치의 합계액이다.
③ 절도 사건이 자주 발생하여 디지털도어록이 많이 생산된다면, 우리나라의 국내총생산은 증가한다.
④ 기존 주택의 거래, 중고자동차의 거래는 포함하지 않는다.
⑤ 주부의 가사노동, 자가주택의 주거서비스는 제외된다.

해설 및 정답

01 국내총생산에 주부의 가사노동은 제외되지만, 자가주택의 주거서비스는 포함된다.

GDP에 포함되는 항목	GDP에 포함되지 않는 항목
• 귀속임대료	• 여가, 환경
• 파출부의 가사노동	• 가정주부의 가사노동
• 농부의 자가소비 농산물	• 가정주부의 자가소비 농산물
• 신규주택거래	• 기존주택 거래, 중고차 거래금액
• 신규재고의 누적	• 기존재고의 소진
• 재해로 인한 도로복구비용	• 골동품 판매수입
• 회사채이자, 은행이자	• 재해로 인한 도로유실
• 정부생산물(국방, 치안서비스 등)	• 국공채이자(이전지출)
• 중개수수료(부동산, 자동차 등)	• 정부의 이전지출(보조금, 실업급여)
• 연말까지 팔리지 않은 중간재(재고투자)	• 지하경제(밀수, 마약, 탈세, 사채, 도박 등)
• 가계가 구입한 밀가루(최종생산물)	• 자본이득(주식가격・부동산가격 변동)
	• 이전거래(상속, 증여)
	• 복권당첨금
	• 제빵사가 구입한 밀가루(중간생산물)

정답 ⑤

02 A국가의 총수요와 총공급곡선은 각각 $Y_d = -P+5$, $Y_s = (P-P^e)+6$이다. 여기서 P^e가 5일 때 (ㄱ) 균형국민소득과 (ㄴ) 균형물가수준은?(단, Y_d는 총수요, Y_s는 총공급, P는 실제물가수준, P^e는 예상물가수준이다) 기출 21

① ㄱ : 1, ㄴ : 0
② ㄱ : 2, ㄴ : 1
③ ㄱ : 3, ㄴ : 2
④ ㄱ : 4, ㄴ : 2
⑤ ㄱ : 5, ㄴ : 3

03 우리나라의 물가지수에 관한 설명으로 옳지 않은 것은? 기출 25

① 소비자물가지수와 생산자물가지수는 동일 기간에 대해서 서로 다른 값을 보일 수 있다.
② 소비자물가지수 측정대상 품목 수는 생산자물가지수 측정대상 품목수보다 적다.
③ 소비자물가지수, 생산자물가지수, GDP 디플레이터는 기준년도에 100이다.
④ 소비자물가지수는 도시가계가 주로 소비하는 상품군의 가격변화를 나타낸다.
⑤ 소비자물가지수를 구할 때 모든 상품의 가중치는 동일하다.

04 다음 표에 관한 설명으로 옳지 않은 것은? (단, 2020년의 GDP 디플레이터는 100이다) 기출 25

구 분	2021년	2022년
명목 GDP	1,050	1,210
실질 GDP	1,000	1,100

① 2022년의 실질경제성장률은 10%이다.
② 2022년의 GDP 디플레이터는 110이다.
③ 2022년의 GDP 디플레이터는 2021년에 비해 5% 올랐다.
④ 2021년의 GDP 디플레이터는 105이다.
⑤ 2022년의 명목경제성장률은 10%보다 높다.

해설 및 정답

02 $Y_d = Y_s$
$-P + 5 = (P-5) + 6$
$\therefore P = 2, \ Y_d = Y_s = 3$

정답 ❸

03 소비자물가지수를 구할 때는 각 상품의 기준년도의 거래량(Q_0)에 따라 다른 가중치를 적용한다.

정답 ❺

04 GDP 디플레이터 $= \dfrac{\text{명목}GDP}{\text{실질}GDP} \times 100$

2021년 GDP 디플레이터 $= \dfrac{\text{명목}GDP}{\text{실질}GDP} \times 100 = \dfrac{1{,}050}{1{,}000} \times 100 = 105$

2022년 GDP 디플레이터 $= \dfrac{\text{명목}GDP}{\text{실질}GDP} \times 100 = \dfrac{1{,}210}{1{,}100} \times 100 = 110$

2022년의 GDP 디플레이터는 2021년에 비해 $\dfrac{110-105}{105} \times 100(\%) = 4.8(\%)$ 올랐다.

명목경제성장률 $= \dfrac{1{,}210 - 1{,}050}{1{,}050} \fallingdotseq 15(\%)$

정답 ❸

05

다음은 A국의 경제를 나타낸다. 완전고용의 GDP를 회복하기 위한 정부지출은?(단, Y는 GDP, C는 민간소비, I는 투자, G는 정부지출, T는 조세, Y_f는 완전고용하에서 GDP이다) 기출 22

- $Y = C + I + G$
- $C = 100 + 0.5(Y - T)$
- $I = 300$
- $G = 100$
- $T = 100$
- $Y_f = 1,200$

① 100
② 150
③ 300
④ 350
⑤ 400

06

아래와 같이 주어진 폐쇄경제를 가정할 경우, (ㄱ) 균형국민소득과 (ㄴ) 균형이자율은?(단, Y는 GDP, C는 소비, I는 투자, G는 정부지출, r은 이자율, T는 조세, $(M/P)^d$는 실질화폐수요, M은 통화량, P는 물가이다) 기출 23

- $Y = C + I + G$
- $I = 100 - 5r$
- $G = 100$
- $M = 400$
- $C = 50 + 0.5(Y - T)$
- $(M/P)^d = Y - 20r$
- $T = 100$
- $P = 4$

① ㄱ : 200, ㄴ : 5
② ㄱ : 300, ㄴ : 5
③ ㄱ : 300, ㄴ : 10
④ ㄱ : 400, ㄴ : 15
⑤ ㄱ : 400, ㄴ : 20

07

GDP를 $Y = C + I + G + X - M$으로 표시할 때, GDP에 관한 설명으로 옳지 않은 것은?(단, C는 소비, I는 투자, G는 정부지출, $X - M$은 순수출(무역수지로 측정)이다) 기출 17

① 무역수지가 적자일 경우, GDP는 국내 경제주체들의 총지출보다 작다.
② GDP가 감소해도 무역수지는 흑자가 될 수 있다.
③ M(수입)은 C, I, G에 포함되어 있는 수입액을 모두 다 더한 것이다.
④ 올해 생산물 중 판매되지 않고 남은 재고는 올해 GDP에 포함되지 않는다.
⑤ 무역수지가 흑자이면 국내 저축이 국내 투자보다 더 크다.

해설 및 정답

05 $Y = C + I + G$
$= 100 + 0.5(Y - T) + 300 + G$
완전고용 시, 즉 $Y_f = 1{,}200$일 때의 정부지출(G)을 구해보면
$1{,}200 = 100 + 0.5(1{,}200 - 100) + 300 + G$
$\therefore G = 250$
$\therefore$ 완전고용을 회복하기 위한 정부지출 $= 250 - 100 = 150$

정답 ②

06 • $Y = C + I + G = [50 + 0.5(Y - T)] + (100 - 5r) + 100$
  $\therefore Y = -10r + 400 \ (\because T = 100)$
• $\left(\dfrac{M}{P}\right)^d = Y - 20r = (-10r + 400) - 20r = -30r + 400$
• $\dfrac{M}{P} = \dfrac{400}{4} = 100$

위에서 구한 $\left(\dfrac{M}{P}\right)^d$과 $\dfrac{M}{P}$을 이용하여 균형이자율을 구해보면
$-30r + 400 = 100$
$\therefore r = 10$

균형이자율을 위에서 구한 Y에 대입하여 균형국민소득을 구해보면
$Y = -10r + 400 = -(10 \times 10) + 400$
$\therefore Y = 300$

정답 ③

07 올해 팔고 남은 재고는 투자항목의 재고투자로 구성되어 GDP에 포함된다.
① $C + I + G$가 국내 경제주체들의 총지출인데, $X - M$이 음수(−)이므로 국내 총지출에서 국제수지 음수를 제거한 것이 GDP이므로 GDP는 국내경제주체들의 지출보다 작다.
② 무역수지가 흑자여도 국내 총지출이 감소한다면 GDP는 감소한다.
③ 국내에서 지출한 재화와 서비스 지출액에는 해외에서 생산된 부분에 대한 지출도 포함되므로 국내 지출을 구하려면 이들을 제외하여야 한다.
⑤ S(총저축)$= I + (X - M)$이므로 무역수지가 흑자라면 총저축이 더 커진다.

정답 ④

08 A국의 소비지출(C), 투자지출(I), 정부지출(G), 순수출(X_n), 조세징수액(T)이 다음과 같을 때, 이에 관한 설명으로 옳은 것은?(단, Y는 국민소득이고, 물가, 금리 등 가격변수는 고정되어 있으며, 수요가 존재하면 공급은 언제나 이루어진다고 가정한다) 기출 20

- $C = 300 + 0.8(Y - T)$
- $G : 500$
- $T : 500$
- $I : 300$
- $X_n : 400$

① 균형국민소득은 4,000이다.
② 정부지출이 10 증가하는 경우 균형국민소득은 30 증가한다.
③ 조세징수액이 10 감소하는 경우 균형국민소득은 30 증가한다.
④ 정부지출과 조세징수액을 각각 100씩 증가시키면 균형국민소득은 100 증가한다.
⑤ 정부지출승수는 투자승수보다 크다.

09 가격이 신축적인 폐쇄경제에서 조세와 재정지출을 각각 10 증가시킬 때, 국민소득 증가분은?(단, Y는 국민소득, C는 소비, I는 투자, G는 정부지출, T는 조세, r은 이자율, L은 노동, W는 임금, M은 통화량, V는 화폐유통속도, P는 물가, L^S는 노동공급, L^D는 노동수요이다) 기출 23

- $C = 10 + 0.8(Y - T)$
- $G = 50$
- $MV = PY$
- $M = 100$
- $L^S = 50 + 10(W/P)$
- $L = L^S = L^D$
- $I = 10 - 200r$
- $T = 50$
- $V = 1$
- $Y = L$
- $L^D = 150 - 10(W/P)$

① 0
② 10
③ 50
④ 100
⑤ 200

10 케인즈의 이론에 관한 설명으로 옳지 않은 것은? 기출 14

① 노동시장에서 명목임금은 하방경직성을 갖는다.
② 투자는 기업가의 심리에 큰 영향을 받는다.
③ 경기침체 시에는 확대재정정책이 필요하다.
④ 공급은 스스로의 수요를 창조하므로 만성적인 수요부족은 존재하지 않는다.
⑤ 저축의 역설이라는 관점에서 '소비는 미덕, 저축은 악덕'이라고 주장한다.

- **해설 및 정답**

08 정부지출승수와 조세승수의 합은 1이므로, 정부지출과 조세징수액을 각각 100씩 증가시키면 균형국민소득은 100 증가한다.
① $Y = C + I + G + X_n = 300 + 0.8(Y - 500) + 300 + 500 + 400$ ∴ $Y = 5,500$
② 정부지출승수는 $5[1/(1-c) = 1/(1-0.8)]$이므로, 정부지출이 10 증가하면 균형국민소득은 50 증가한다.
③ 조세승수는 $-4[-c/(1-c) = -0.8/(1-0.8)]$이므로, 조세징수액이 10 감소하면 균형국민소득은 40 증가한다.
⑤ 정부지출승수(5)와 투자승수$[1/(1-c) = 1/(1-0.8) = 5]$는 같다.

정답 ④

09 • 조세 10 증가로 인한 국민소득 변화분 $= -\dfrac{1}{1-0.8} \times 10 = -50$

• 재정지출 10 증가로 인한 국민소득 변화분 $= \dfrac{1}{1-0.8} \times 10 = 50$

∴ 조세 10 증가와 재정지출 10 증가로 인한 국민소득 변화분은 0

정답 ①

10 "공급은 스스로의 수요를 창조한다"는 명제는 고전학파의 이론에 관한 설명이다. 케인즈는 경제에는 초과생산능력이 존재하므로 유효수요가 존재하는 경우 물가수준의 변화 없이 생산이 가능하다고 주장했다.

정답 ④

11

아래 폐쇄경제 완전고용을 고려한 균형국민소득 결정모형에서 콥-더글라스 생산함수가 $Y = K^{0.5}L^{0.5}$ 이고, 자본(K)과 노동(L)의 공급량은 각각 100으로 고정되어 있다. 초기 균형상태에서 정부가 지출을 10만큼 증가시키는 경우, 균형이자율 변화(차이)의 절댓값은? (단, Y는 국민소득, C는 소비, T는 조세, I는 투자, r은 이자율, G는 정부지출이다) 기출 25

- $C = 10 + 0.8(Y - T)$
- $I = 8 - 2r$
- $G = 50$
- $T = 50$

① 3
② 4
③ 5
④ 6
⑤ 8

12

득과 균형이자율은? (단, Y는 국민소득, C는 소비, I는 투자, G는 정부지출, T는 조세, r은 이자율, P는 물가수준이고, 초기 경제상태는 균형이다) 기출 25

- $C = 20 + 0.8(Y - T)$
- $I = 10 - 2r$
- $G = 50$
- $T = 50$
- $\dfrac{M}{P} = Y - 10r$
- $P = 1$

① 50, 3
② 100, 4
③ 150, 5
④ 200, 6
⑤ 250, 8

해설 및 정답

11
$$Y = K^{0.5}L^{0.5} = \sqrt{100} \times \sqrt{100} = 100$$

$Y = C + I + G$에서
초기균형은 $100 = 10 + 0.8(100 - 50) + 8 - 2r + 50$, $r = 4$
정부가 지출을 10만큼 증가시키는 경우 $100 = 10 + 0.8(100 - 50) + 8 - 2r + 60$, $r = 9$
균형이자율 변화(차이)의 절댓값은 $9 - 4 = \underline{5}$

정답 ③

12 생산물시장의 균형을 나타내는 IS곡선은
$Y = C + I + G = 20 + 0.8(Y - 50) + 10 - 2r + 50$, $2r = 40 - 0.2Y$

위 식을 Y에 대해 정리하면 $Y = 200 - 10r$

화폐시장의 균형을 나타내는 LM곡선은
$\dfrac{M^d}{P} = \dfrac{M^s}{P}$, $Y - 10r = 100$이므로 $Y = 100 + 10r$

IS곡선과 LM곡선을 연립하여 답을 구한다. $Y = 150$, $r = 5$

정답 ③

CHAPTER 08 거시경제의 균형

출제포인트
- 생산물시장과 화폐시장의 동시균형
- 총공급곡선

제1절 생산물시장의 균형 : IS곡선

I 의 의
IS곡선은 생산물시장의 균형을 나타내는 이자율과 국민소득의 조합을 연결한 곡선으로 이자율–소득평면에서 IS곡선은 일반적으로 우하향한다.

II IS곡선의 도출 : 4부문모형(가계, 기업, 정부, 해외)

① $Y = C + I + G + (X - M)$
 $C = C_0 + bY_d$ (C_0 : 기초소비, b : 한계소비성향)
 $Y_d = Y - T$
 $T = T_o + tY$ (T_o : 정액세, tY : 누진세)
② $I = I_o - cr$ (I_o : 독립투자, c : 투자의 이자율탄력성)
 $G = G_0$
 $X = X_o$, $M = M_o + mY$ (M_o : 기초수입, m : 한계수입성향)

위의 두 식을 이용해 균형국민소득을 도출하면 다음과 같다. 이 식을 소득과 이자율 평면에 나타내면 생산물시장의 균형곡선인 IS곡선이 된다.

$$Y = \frac{1}{1-b+bt+m}(C_0 + I_o + G_o + X_o + M_o) - \frac{1}{1-b+bt+m}(cr + bT_o)$$

Ⅲ IS곡선 기울기

1. IS곡선의 기울기
이자율이 하락하는 경우 투자가 증가하여 생산물시장에서 초과수요가 발생한다. 따라서 소득이 증가하여 생산물시장의 균형이 이루어진다. 결국 IS곡선의 기울기는 이자율-소득평면에서 우하향한다.

2. IS곡선의 기울기 결정요인 : 4부문 모형

$$r = -\frac{1-b+bt+m}{c} \cdot Y + \frac{1}{c}(C_0 + I_o + G_o + X_o - bT_o - M_o)$$

기울기 $\left(\frac{1-b+bt+m}{c}\right)$가 작을수록 IS곡선이 완만해지고, 기울기가 클수록 IS곡선이 가파른 형태를 띤다. 따라서 IS곡선 기울기에 영향을 미치는 변수는 c, b, s, t, m이다. 기울기는 c(투자의 이자율탄력성)와 b(한계소비성향)가 클수록 기울기는 완만해지며, t(세율)와 m(한계수입성향)이 클수록 기울기는 가파르게 된다.

3. IS곡선의 기울기에 대한 학파별 견해
만약 가처분소득의 한계소비성향이 안정적이면 IS곡선의 기울기는 투자의 이자율탄력성 크기에 의해서 결정된다. 투자의 이자율탄력성이 클수록 IS곡선은 완만하고 투자의 이자율탄력성이 작을수록 IS곡선은 가파르다. 케인즈에 의하면 투자는 기업가의 야성적 충동에 의해서 결정되기 때문에 투자의 이자율탄력성이 작고 IS곡선이 가파르며 고전학파에 따르면 투자의 이자율탄력성이 크기 때문에 IS곡선은 완만하다.

구 분	고전학파	통화론자	케인즈학파	케인즈 단순모형
투자의 이자율 탄력성	완전탄력적	탄력적	비탄력적	완전비탄력적
IS곡선의 기울기	수 평	완 만	가파른 형태	수 직
재정정책의 유효성	무 력	효과 적음 (구축효과가 크다)	효과 많음 (구축효과가 적다)	구축효과가 발생하지 않음

Ⅳ IS곡선의 이동

1. 곡선상의 이동
다른 모든 변수가 일정한 상태에서 이자율이 변하면 IS곡선 상에서 균형점이 이동한다.

2. IS곡선의 이동
정부지출을 G_0에서 G_1으로 증가시킨 경우 $C+I(r_0)+G_0$곡선이 $C+I(r_0)+G_1$으로 상방이동시킨다. 이러한 증가는 이자율-소득 평면에서 이자율 수준에 변화가 없이 소득이 증가한 경우이므로 IS곡선을 우측으로 이동시킨다.

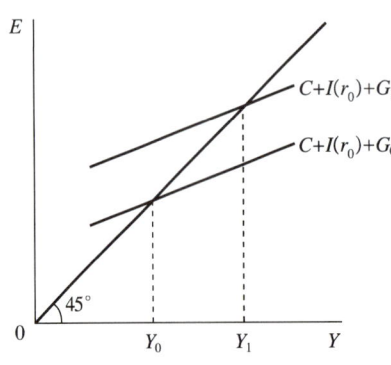 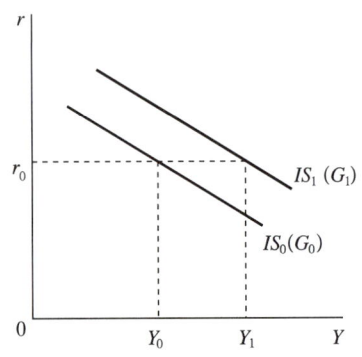

우측이동 : 주입의 증가, 누출의 감소	좌측이동 : 주입의 감소, 누출의 증가
• 기초소비(a) 증가 : 소비 증가, 저축(S) 감소 • 독립투자(I) 증가 : 투자 증가 • 정부지출(G) 증가 : 재정적자 증가, 조세(T) 감소 • 수출(X) 증가 : 순수출 증가, 수입(M) 감소	• 기초소비(a) 감소 : 소비 감소, 저축(S) 증가 • 독립투자(I) 감소 : 투자 감소 • 정부지출(G) 감소 : 재정적자 감소, 조세(T) 증가 • 수출(X) 감소, 수입(M) 증가

V 생산물시장의 균형 및 불균형

1. IS 곡선 상방영역(A점)

균형수준을 보장하는 이자율 수준보다 높은 이자율 수준으로 총수요가 총공급에 미달하는 영역으로 생산물시장에 초과공급이 발생한다.

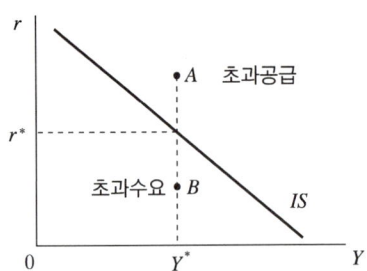

2. IS 곡선 하방영역(B점)

균형수준을 보장하는 이자율 수준보다 낮은 이자율 수준으로 총수요가 총공급을 초과하는 초과수요가 발생하는 영역이다.

제2절 화폐시장의 균형 : LM곡선

I 의 의

LM곡선은 화폐시장의 균형을 나타내는 이자율과 국민소득의 조합을 연결한 곡선이며 일반적으로 LM곡선은 우상향한다.

II LM곡선의 도출

화폐수요는 소득의 증가함수이자 이자율의 감소함수이며 화폐공급은 중앙은행에 의해 외생적으로 주어지며 일정하다.

① 화폐수요 : $M^D = L(Y, r)$

② 화폐공급 : $\dfrac{M^S}{P} = \dfrac{M_0}{P_0}$ (M_0 : 명목통화량, P_0 : 물가수준)

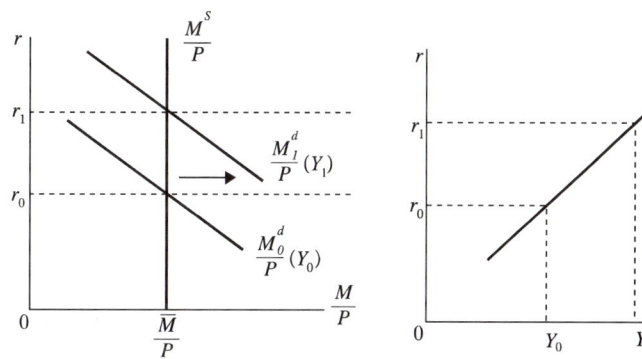

소득이 증가하는 경우 주어진 화폐공급량 $\left(\dfrac{M^S}{P} = \dfrac{M_0}{P_0}\right)$ 수준에서 화폐수요가 증가한다. 화폐수요의 증가에 따라 이자율이 증가한다. 따라서 화폐시장의 균형을 나타내는 LM곡선은 소득이 증가하면 이자율이 상승하는 우상향하는 기울기를 나타낸다.

III LM곡선의 기울기

1. LM곡선의 기울기

화폐시장에서 이자율이 증가하는 경우 화폐수요가 감소하여 초과공급이 발생한다. 따라서 화폐시장의 균형을 유지하기 위해서는 소득이 증가하여 화폐수요가 증가하여야 한다. 결국 LM곡선은 우상향한다.

2. LM곡선의 기울기 결정요인

LM곡선의 기울기는 거래적 화폐수요의 소득탄력성이 작을수록, 투자적 화폐수요의 이자율탄력성이 클수록 완만해진다.

3. LM곡선의 기울기에 대한 학파별 견해

투기적 화폐수요가 거의 존재하지 않는다고 보는 고전학파는 이자율이 변해도 화폐수요는 별로 변화하지 않을 것이기 때문에 화폐시장의 균형을 회복하기 위한 소득수준의 변화도 별로 크지 않다고 생각했다. 따라서 이들 LM곡선의 기울기가 매우 가파르다고 주장한다. 극단적으로 투기적 화폐수요가 전혀 존재하지 않는다면 LM곡선은 수직선이 된다. 반면 케인즈학파는 투기적 화폐수요가 당연히 존재하며, 따라서 LM곡선의 기울기는 매우 완만한 형태라고 주장한다. 극단적으로 이자율수준이 너무 낮아서 모든 사람들이 이자율이 곧 상승할 것이라고, 즉 채권가격이 하락할 것이라고 생각한다면, 투자적 화폐수요가 무한히 증가하여 LM곡선은 수평선이 될 것이다. 케인즈는 이러한 상황을 유동성함정(Liquidity trap)이라고 하였다.

구 분	고전학파	통화론자	케인즈학파	케인즈 단순모형
화폐수요의 이자율 탄력성	완전비탄력적	비탄력적	탄력적	탄력적(유동성함정 하 완전탄력적)
LM곡선의 기울기	수 직	가파른 형태	완 만	완만(유동성함정 하 수평)
금융정책의 유효성	고전적 이분성, 효과 없음	유 효	효과 적음	효과 적음(유동성함정 하 효과 없음)

Ⅳ LM곡선의 이동

1. LM곡선 상의 이동

다른 모든 변수가 일정한 상태에서 이자율이 변하면 LM곡선 상에서 균형점이 이동한다.

2. LM곡선의 이동 기출 24

중앙은행이 통화량을 M_0에서 M_1으로 증가시킨 경우 화폐시장은 초과공급 상태가 된다. 소득수준이 변하지 않는다면 거래적 화폐수요가 변하지 않으므로 증가된 화폐공급은 투기적 화폐수요에 의해 흡수되어야 한다. 이 과정에서 균형이자율은 r_0에서 r_1으로 하락해야 한다. 주어진 소득수준 Y_0에서 화폐시장의 균형을 가져오기 위한 이자율의 하락은 LM곡선이 LM_0에서 LM_1으로 하방 또는 우측으로 이동함을 의미한다.

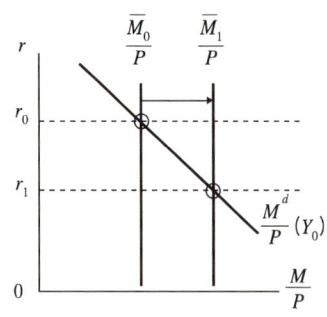 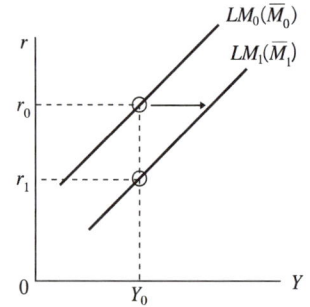

우측이동	좌측이동
• 통화공급량의 증가 • 물가수준의 하락 • 화폐수요의 감소	• 통화공급량의 감소 • 물가수준의 상승 • 화폐수요의 증가

Ⅴ 화폐시장의 균형과 불균형

1. LM곡선 상방영역(A점)
화폐시장의 균형을 보장하는 이자율 수준보다 높은 이자율 수준으로 화폐수요가 화폐공급보다 적은 초과공급영역이다.

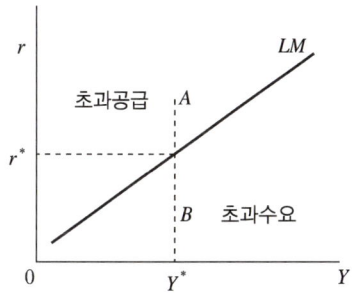

2. LM곡선 하방영역(B점)
화폐시장의 균형을 보장하는 이자율 수준보다 낮은 이자율 수준으로 이는 화폐수요가 화폐공급 수준보다 많은 초과수요영역이다.

Ⅵ 생산물시장과 화폐시장의 동시균형 기출 12・16

1. 균형국민소득과 균형이자율 결정
IS곡선과 LM곡선이 교차하는 점에서 균형국민소득과 균형이자율이 결정되며 균형에서 생산물시장과 화폐시장이 동시에 균형을 이루게 된다.

2. 생산물시장과 화폐시장의 불균형
생산물시장에서 불균형이 발생하면 생산량을 통해서 불균형을 조정하며 화폐시장에서 불균형이 발생하면 이자율을 통해서 불균형이 조정된다.

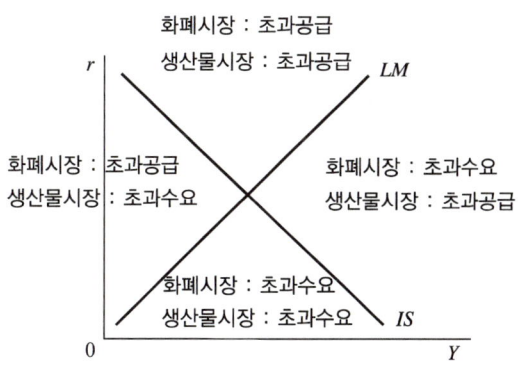

IS-LM 균형

구 분	내 용
균 형	생산물시장과 화폐시장이 균형이 이루어지는 IS곡선과 LM곡선이 교차하는 점에서 균형국민소득과 균형이자율이 결정
특 징	• IS-LM모형은 수요측 모형 → 결정된 국민소득은 총수요를 의미 • 공급측면 고려× • 물가고정을 가정하기 때문에 인플레이션 설명×
불균형	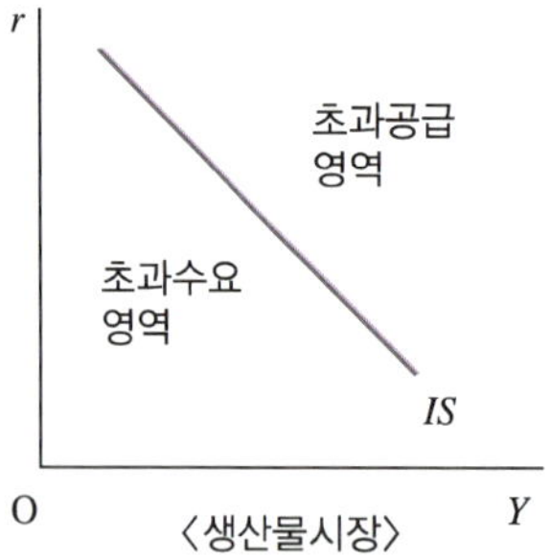 (생산물시장 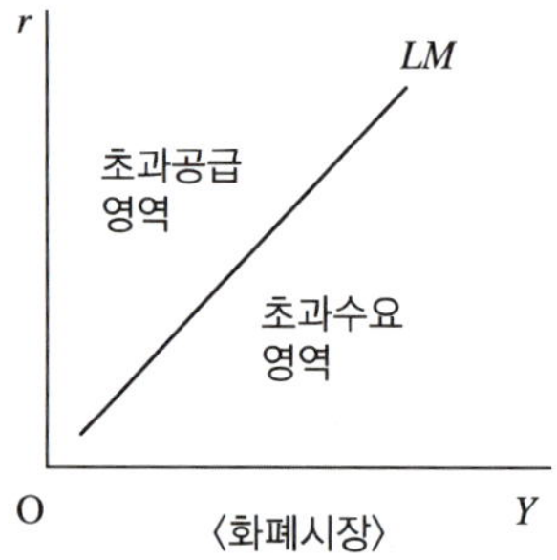 그래프: 초과공급 영역, 초과수요 영역, IS곡선) (화폐시장 그래프: 초과공급 영역, 초과수요 영역, LM곡선) • 생산물시장 초과수요 → 생산량 증가, 생산물시장 초과공급 → 생산량 감소 • 화폐시장 초과수요 → 이자율 상승, 화폐시장 초과공급 → 이자율 하락
균형조정	• 생산물시장의 불균형은 IS곡선의 좌우이동(생산량)으로 조정 • 화폐시장의 불균형은 LM곡선의 상하이동(이자율)으로 조정 • 화폐시장의 조정이 설비규모의 조절이 필요한 생산물시장보다 빠르게 조정

화폐의 중립성 기출 20

화폐의 중립성에 따르면 통화량의 변화는 명목변수에만 영향을 줄 뿐 실질변수에는 영향을 주지 못한다.

제3절 총수요 - 총공급이론 기출 25

I 의 의

생산물시장의 균형과 화폐시장의 균형을 나타내는 IS-LM곡선으로부터 물가변화에 대한 총수요수준의 변화를 나타내는 총수요곡선을 도출할 수 있고 노동시장의 균형과 물가수준에 대한 기대 그리고 생산함수를 통하여 총공급곡선을 도출할 수 있다.

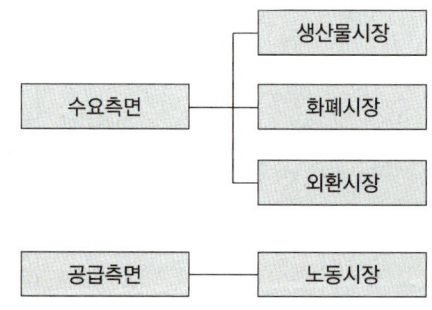

Ⅱ 총수요곡선 기출 16 · 19 · 24

1. 총수요곡선의 도출

물가수준이 하락하는 경우 실질통화 공급량이 증가한다 $\left(\dfrac{M}{P_0} \to \dfrac{M}{P_1}\right)$. 실질통화 공급량의 증가에 따라 이자율이 하락하고 투자가 증가하여 소득이 증가한다 ($Y_o \to Y_1$). 물가와 총수요와의 관계는 물가가 하락하면 총수요가 증가하며 총수요곡선은 우하향한다.

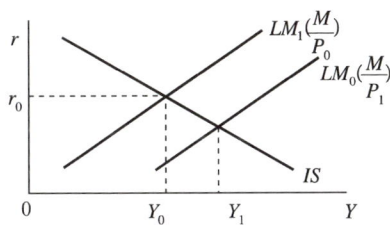
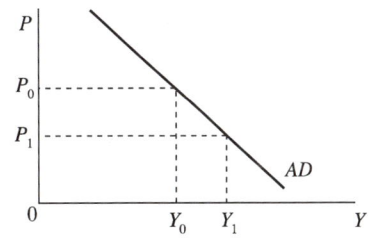

2. 총수요곡선의 기울기

① 총수요곡선의 기울기는 물가하락에 따라 화폐시장에서 이자율이 하락할 때 이자율의 하락 정도와 이자율의 하락에 따른 소득의 증가의 크기와 관계있다. 이자율의 하락 정도는 화폐수요의 이자율탄력성과 관계가 있으며 이자율하락에 따른 소득의 증가는 투자의 이자율탄력성과 관계가 있다.
② IS곡선이 완만할수록(투자의 이자율탄력성이 클수록), LM곡선의 기울기가 급경사일수록(화폐수요의 이자율탄력성이 작을수록) 총수요곡선의 기울기는 완만해진다.

3. 총수요곡선의 이동

IS곡선이나 LM곡선이 우측으로 이동하는 경우 총수요곡선은 주어진 물가수준에서 우측으로 이동한다. 그러나 물가수준의 변화에 따른 실질통화공급의 변화는 총수요곡선의 이동이 아닌 총수요곡선상의 이동에 해당한다.

III 총공급곡선 기출 13 · 16 · 19 · 20 · 21 · 22 · 25

공급곡선이란 한 나라의 경제에서 물가가 변화함에 따라 공급측면의 균형을 나타내는 국민소득이 변화하는 형태를 연결한 곡선이다. 공급곡선에는 장·단기곡선이 있다.

① **노동의 수요·공급함수** : 노동시장 균형분석과 총체적 생산함수로부터 거시경제 전체의 총공급곡선을 도출할 수 있다.

　㉠ 노동의 수요함수 : $L^d = f\left(\dfrac{W}{P}\right)$

　　고전학파와 케인즈학파 모두 노동을 수요하는 기업은 합리적이라고 전제하여 노동수요는 실질임금(W/P)의 감소함수라고 가정한다.

　㉡ 노동의 공급함수

　　㉮ 고전학파의 견해 : $L_s = f\left(\dfrac{W}{P}\right)$

　　　노동공급은 실질임금의 증가함수이며 임금수준은 상하방으로 완전 신축적임을 가정한다.

　　㉯ 케인즈학파의 견해 : $L_s = f(W)$

　　　노동을 공급하는 노동자에게는 화폐적 환상(Money illusion)이 존재한다고 보아 노동공급은 명목임금의 증가함수라 가정하며 임금은 하방경직적임을 가정한다.

② **총공급곡선의 도출** : 총공급곡선은 물가, 임금에 대한 경제주체들의 기대와 물가의 신축성에 대한 가정에 따라 그 모양이 다르게 나타난다.

학파	물가에 대한 가정	단기총공급곡선	장기총공급곡선	물가에 대한 기대
고전학파	완전신축적	완전고용수준에서 수직	완전고용수준에서 수직	완전예견
케인즈	단기고정	수평	-	물가수준 고정
케인즈학파	단기경직적	우상향	완전고용수준에서 수직	적응적 기대
통화주의 학파	완전신축적	우상향	완전고용수준에서 수직	적응적 기대
신(新)고전학파	완전신축적	우상향	완전고용수준에서 수직	합리적 기대
신(新)케인즈학파	단기경직적	우상향	완전고용수준에서 수직	합리적 기대

③ **총공급곡선의 이동** : 장기 총공급곡선은 자연산출량 수준에서 수직선 형태를 보이지만, 기술발전, 인구증가, 자본량 증가, 생산성 향상 등과 같은 실물적인 요인이 증가하면 우측으로 이동한다.

CHAPTER 08 거시경제의 균형

01 다음 중 총수요곡선이 우하향하는 이유로 옳은 것을 모두 고른 것은? 기출 19

CHECK
□△×

> ㄱ. 자산효과 : 물가수준이 하락하면 자산의 실질가치가 상승하여 소비지출이 증가한다.
> ㄴ. 이자율효과 : 물가수준이 하락하면 이자율이 하락하여 투자지출이 증가한다.
> ㄷ. 환율효과 : 물가수준이 하락하면 자국 화폐의 상대가치가 하락하여 순수출이 증가한다.

① ㄱ
② ㄴ
③ ㄱ, ㄴ
④ ㄴ, ㄷ
⑤ ㄱ, ㄴ, ㄷ

해설 및 정답

01 ㄱ・ㄴ. 물가가 하락하면 실질통화량 $\left(\dfrac{M}{P}\right)$이 증가하므로 이자율이 하락하고, 이자율의 하락으로 인해 민간소비와 투자지출이 증가한다. 물가 하락 시 민간소비와 투자가 증가하면 소비지출이 증가한다. 따라서 총수요곡선은 물가가 하락할 때 수요가 증가하는 우하향 형태가 된다.
ㄷ. 물가 하락으로 인한 순수출 증가로 총수요의 증가를 확인할 수 있다. 따라서 총수요곡선은 물가하락으로 총수요가 증가하는 우하향 형태가 된다.

정답 ⑤

02 단기총공급곡선이 우상향하는 이유로 옳지 않은 것은? 기출 20

① 명목임금이 일반적인 물가 상승에 따라 변동하지 못한 경우
② 수요의 변화에 따라 수시로 가격을 변경하는 것이 어려운 경우
③ 화폐의 중립성이 성립하여, 통화량 증가에 따라 물가가 상승하는 경우
④ 일반적인 물가 상승을 자신이 생산하는 재화의 상대가격 상승으로 착각하는 경우
⑤ 메뉴비용이 발생하는 것과 같이 즉각적인 가격 조정을 저해하는 요인이 있는 경우

03 통화공급은 외생적으로 결정되며, 실질화폐수요는 명목이자율의 감소함수이고 실질국민소득의 증가함수일 때, 화폐시장만의 균형에 관한 설명으로 옳은 것을 모두 고른 것은? 기출 24

> ㄱ. 중앙은행이 통화량을 증가시키면 명목이자율은 하락한다.
> ㄴ. 물가수준이 상승하면 명목이자율은 하락한다.
> ㄷ. 실질국민소득이 증가하면 이자율은 상승한다.

① ㄱ
② ㄴ
③ ㄱ, ㄴ
④ ㄱ, ㄷ
⑤ ㄴ, ㄷ

04 총공급곡선에 관한 설명으로 옳지 않은 것은? 기출 19

① 유가 상승시 단기 총공급곡선은 좌측으로 이동한다.
② 인적 자본이 증가하여도 장기 총공급곡선은 이동하지 않는다.
③ 생산성이 증가하면 단기 총공급곡선은 우측으로 이동한다.
④ 모든 가격이 신축적이면 물가가 하락하여도 장기에는 총산출량이 불변이다.
⑤ 고용주가 부담하는 의료보험료가 상승하면 단기 총공급곡선은 좌측으로 이동한다.

해설 및 정답

02 화폐의 중립성이 성립한다고 가정하면, 통화량 증가는 물가만 상승시킬 뿐 산출량에는 영향을 주지 못하므로, 단기 총공급곡선은 수직선의 형태를 띤다.

정답 ❸

03 ㄱ. (○) 통화량 증가로 명목이자율은 하락한다.
ㄴ. (×) 물가수준이 상승은 화폐수요 증가를 초래하게 되어 명목이자율은 <u>상승</u>한다.
ㄷ. (○) 실질국민소득의 증가는 화폐수요 증가를 초래하게 되어 이자율은 상승한다.

정답 ❹

04 장기 총공급곡선은 자연산출량 수준에서 수직선 형태를 보이지만, 기술발전, 노동력이나 자본 같은 실물적인 요인이 증가하면 우측으로 이동한다.
① 유가가 상승하면 생산요소가격의 상승으로, 기업의 생산비가 상승한다. 기업의 생산비가 상승하면, 단기 총공급곡선은 좌측으로 이동한다.
③ 생산성이 향상되면 재화생산에 필요한 생산요소의 양이 줄어들어, 기업의 생산비가 하락한다. 기업의 생산비가 하락하면, 단기 총공급곡선은 우측으로 이동한다.
④ 장기는 모든 가격변수가 신축적일 정도로 충분히 긴 시간이다. 장기에는 가격변수가 신축적이므로 물가가 상승하거나 하락하더라도 총생산량은 변하지 않으므로, 장기 총공급곡선은 자연산출량 수준에서 수직선이다.
⑤ 고용주가 부담하는 의료보험료의 상승도 결국은 생산요소의 가격상승으로, 생산비의 증가를 가져온다.

정답 ❷

05 장기 총공급곡선을 오른쪽으로 이동시키는 요인이 아닌 것은? 기출 22

① 이민자의 증가로 노동인구 증가
② 물적 및 인적 자본의 증대
③ 기술진보로 인한 생산성 증대
④ 새로운 광물자원의 발견
⑤ 자연실업률의 상승

06 폐쇄경제하에서 총공급곡선(AS)의 기울기에 관한 설명으로 옳지 않은 것은? 기출 25

① 총공급곡선이 수직선일 경우, 총수요의 변화는 물가에 영향을 미치나 생산량에는 영향을 미치지 않는다.
② 수직인 총공급곡선은 고전파의 이분법을 만족시킨다.
③ 단기에 있어 모든 가격이 고정되어 있는 경우, 총공급곡선은 수평선이 된다.
④ 단기에 실제물가수준이 기대물가수준과 일치하지 않을 경우 총공급곡선은 우하향한다.
⑤ 케인즈는 노동시장에서의 명목임금 경직성 때문에 단기 총공급곡선은 우상향한다고 주장한다.

07 다음 거시경제모형에서 잠재GDP가 1,500이라면, 잠재GDP를 달성하기 위해 정부지출을 얼마나 변화시켜야 하는가?(단, C는 소비, Y는 GDP, T는 조세, I는 투자, r은 이자율, G는 정부지출, M_S는 화폐공급, M_D는 화폐수요이다)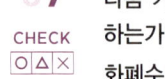

- $C = 500 + 0.8(Y - T)$
- $I = 100 - 20r$
- $T = 200$
- $G = 300$
- $Y = C + I + G$
- $M_S = 1,000$
- $M_D = 500 + 0.4Y - 10r$

① 80% 감소
② 50% 감소
③ 20% 감소
④ 20% 증가
⑤ 40% 증가

•━ 해설 및 정답 ━•

05 장기는 가격변수가 신축적이므로 장기 총공급곡선은 노동, 자본, 생산기술 등 실물적 요인에 의해 움직인다. 따라서 실물적 요인이 아닌 자연실업률의 상승은 장기 총공급곡선의 이동 요인이 아니다.

정답 ⑤

06 단기에 실제물가수준이 기대물가수준과 일치하지 않을 경우 총공급곡선은 우상향한다.

정답 ①

07

IS곡선	LM곡선
$Y = C + I + G$ $= [500 + 0.8(Y - T)] + (100 - 20r) + 300$ $= [500 + 0.8(Y - 200)] + (100 - 20r) + 300$ $= 0.8Y + 740 - 20r$ $\therefore Y = 3,700 - 100r$	$M_S = M_D$ $1,000 = 500 + 0.4Y - 10r$ $0.4Y = 500 + 10r$ $\therefore Y = 1,250 + 25r$

IS곡선과 LM곡선을 연립하여 균형국민소득 Y와 균형이자율 r을 구하면 $Y = 1,740$, $r = 19.6$이 된다.

잠재GDP 1,500이 되는 이자율을 구하기 위해 LM곡선을 활용하면
$1,500 = 1,250 + 25r$
$\therefore r = 10$

위에서 구한 이자율을 IS곡선에 대입해 잠재GDP 1,500이 되기 위해 IS곡선의 이동 방향 및 이동폭을 구해보면
$(3,700 - x) - (100 \times 10) = 1,500$
$\therefore x = 1,200$

따라서 IS곡선이 왼쪽으로 1,200만큼 이동해야 한다.

정부지출 승수는 $5 (= \dfrac{1}{1 - 한계소비성향} = \dfrac{1}{1 - 0.8})$이므로 정부지출 300에서 240을 줄이면 즉, 80%를 감소하면 IS곡선이 왼쪽으로 1,200만큼 이동하여 잠재GDP를 달성할 수 있다.
변화된 IS곡선 식은 $Y = 2,500 - 100r$이다.

정답 ①

CHAPTER 09 거시경제안정화정책

출제포인트
- 통화승수에 영향
- 금융정책의 중간지표에 대한 학파별 견해

제1절 재정정책 기출 21

I 의의

정부지출과 조세를 변화시켜 물가안정, 완전고용(실업감소), 국제수지균형 등을 달성하여 경제를 안정화시키려는 경제정책을 말하며 정부지출을 위한 재원을 조세수입이나 국·공채의 발행(일반인에게)으로 조달하는 경우로 통화공급량에 영향을 미치지 않는 경우를 말한다.

II 정부예산 제약식

$$정부지출(G) - 조세(T) = 통화공급 증가(\Delta M) + 국·공채발행(\Delta B)$$

정부지출과 조세의 크기가 동일한 경우를 균형예산(균형재정)이라 한다. 정부지출의 크기가 조세수입의 크기를 초과하는 경우를 재정적자(적자예산)라 하며 부족한 재원은 화폐발행 또는 국·공채발행을 통해 조달하게 된다.

Ⅲ 경기변동과 재정의 기능

1. 재정의 자동안정화장치

경기침체나 경기과열시 정부가 의도적으로 정부지출과 조세를 변경시키지 않아도 자동적으로 정부지출과 조세수입이 변하여 경기침체나 경기과열을 완화시켜주는 재정제도를 말한다. 국민소득이 Y_o일 때 정부지출(G)과 조세수입(T)은 동일한 균형재정상태이다. 국민소득이 Y_o에서 Y_1으로 경기가 과열되는 경우 조세수입(누출)이 증가하여 경기과열을 억제시켜준다. 소득이 감소하는 경우에는 조세수입(누출)이 감소하여 경기침체를 완화시켜준다. 재정의 자동안정화장치로는 누진세제도, 실업보험, 각종 사회보장제도 등이 있다.

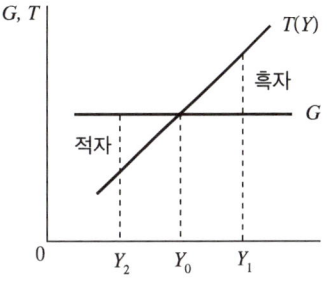

2. 재정적 견인(Fiscal Drag)

현재의 경제상태가 완전고용국민소득에 크게 미달할 경우 완전고용달성을 위한 총수요증대효과가 조세수입의 증가로 인하여 억제되는 경우를 재정적 견인이라고 한다.

3. 정책함정

경기가 불황에 있을 때 균형재정을 추구함으로써 경기가 더욱 침체에 빠지는 경우를 정책함정이라고 한다.

Ⅳ 재정정책의 효과 : 확대재정정책 기출 15·20

정부가 정부지출 증가나 조세의 감소 등 확대재정정책을 실시할 경우 IS곡선은 우측으로 이동하게 되어[$IS(G_o) \to IS(G_1)$] 국민소득은 증가하고($Y_o \to Y_1$) 이자율도 상승한다($r_o \to r_1$). 이자율 상승에 따라 차입을 통해 이루어지는 가계의 소비와 기업투자의 감소가 발생한다. 즉, 민간투자가 감소하게 된다. 이렇게 정부지출의 증가로 인한 총수요 증가효과가 민간투자의 감소로 일부 상쇄되는 현상을 구축효과(Crowding-out Effect)라고 한다. 이러한 구축효과는 확대재정정책이 이자율을 상승시키기 때문에 발생하는 현상이다(구축효과 : Y_2Y_1).

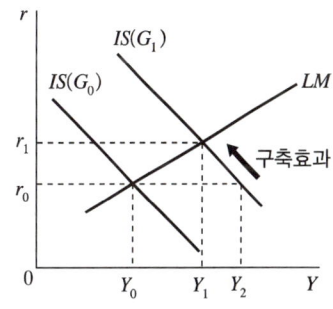

V 재정정책의 상대적 유효성 기출 23·24

재정정책의 효과는 IS곡선이 수직에 가까울수록, LM곡선이 수평에 가까울수록 커진다. 이는 투자의 이자율탄력성이 작을수록, 화폐수요의 이자율탄력성이 클수록 재정정책의 효과가 커짐을 의미한다.

① LM곡선의 기울기와 재정정책의 효과 : LM곡선의 기울기가 완만한 경우(LM_2) 동일한 재정지출의 증가시 이자율의 상승폭이 더 작다. 이는 이자율의 상승에 따른 투자의 구축효과가 작음을 의미하며 재정정책의 효과가 LM곡선의 기울기가 가파른 경우에(LM_1) 비하여 더 크다.
  ㉠ LM_1의 경우 : $Y_1 \to Y_2$
  ㉡ LM_2의 경우 : $Y_1 \to Y_3$

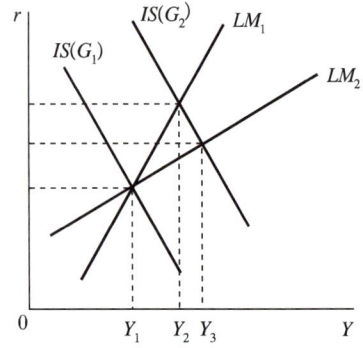

② IS곡선의 기울기와 재정정책의 효과 : IS의 기울기가 급할수록 투자의 이자율 탄력성이 작으므로 이자율이 상승하여도 민간투자가 적게 감소한다. 즉, 구축효과가 작아진다. 그러므로 IS곡선의 기울기가 완만한 경우가 기울기가 급한 경우보다 재정지출의 효과가 작다.
  ㉠ IS의 경우 $Y_1 \to Y_3$: 확대재정에 따른 승수효과
  ㉡ IS'의 경우 $Y_3 \to Y_2$: 이자율 상승에 따른 구축효과

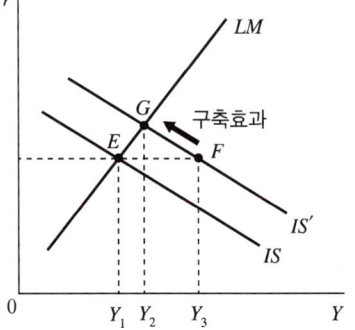

재정정책	
수 단	정부지출, 조세
내 용	• 정부지출 증가 → IS곡선 우측 이동 → 국민소득 증가, 이자율 상승 → 이자율 상승으로 인한 투자 감소(구축 효과) → 증가된 국민소득 일부 감소 • 조세 감면 → IS곡선 우측 이동 → 국민소득 증가, 이자율 상승
효 과	IS곡선이 수직 + LM곡선이 수평에 가까울수록 재정정책이 효과적

제2절 금융정책 기출 20·25

I 의의

중앙은행이 각종금융정책수단을 이용하여 통화량을 변화시킴으로써 물가안정, 완전고용(실업감소), 국제수지균형 등을 달성하려는 경제정책을 말한다.

II 금융정책의 수단과 목표

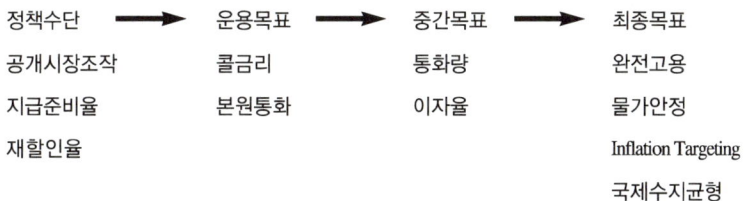

① **최종목표** : 금융정책이 실현하고자 하는 국민경제상의 목표를 말한다.
② **운영목표** : 금융정책의 최종목표를 달성하기 위하여 금융정책 당국이 조절·통제하려고 하는 지표를 말한다.
③ **정책수단** : 금융정책의 운영목표인 이자율과 통화량을 조절·통제하고자 금융정책 당국이 직접 사용할 수 있는 정책도구를 말한다.

III 금융정책 수단

1. 본원통화에 대한 영향 기출 19

① **공개시장 조작 정책** : 중앙은행이 공개 시장에서 유동성이 높은 특정증권을 매매하여 통화량이나 금리조절을 하는 것을 말한다.
  ㉠ 시중은행 상대 : 매입 → 지불준비금 증가, 매각 → 지불준비금 감소
  ㉡ 민간상대 : 민간보유현금변화
② **재할인율정책** : 재할인율이란 중앙은행으로부터 부족한 지불준비금 차입시 부과되는 금리를 의미한다(재할인율 변경 → 지불준비금 변화 → 본원 통화 변화).

2. 통화승수에 대한 영향(지불준비율조정정책) 기출 15·19

① 지불준비금은 금융기관의 유동성을 유지할 목적으로 중앙은행에 예치하거나 은행이 보유하고 있는 현금을 의미한다(지불준비율 변경 → 신용창조능력 변화 → 통화량 변화=통화승수 변화).
② **유동성함정** : 금리를 아무리 낮추어도 투자나 소비 등의 실물경제에 아무런 영향을 미치지 못하는 상태를 말한다.

Ⅳ 중간목표

1. 의 의
중간목표란 금융정책의 궁극적인 목표(물가안정 등)를 달성하기 위하여 중앙은행이 조절·통제하려는 지표를 말한다. 중간목표는 정책수단과 최종목표와의 매개역할을 하는 것으로 금융정책의 외부시차가 길고 가변적이기에 필요하다. 중간목표는 중간목표의 변화를 통하여 최종목표를 예측 가능해야 하며 통제 및 측정 가능하여야 한다.

2. 금융정책의 중간지표에 대한 학파별 견해 기출 14
① 통화주의학파(주요지표 : 통화량) : 이자율지표는 매우 불완전한 정보를 제공하기 때문에 통화량을 금융지표로 사용해야 한다고 주장한다.
② 케인즈학파(주요지표 : 이자율) : 통화량증감은 그 자체에 의미가 있는 것이 아니라 그것이 이자율을 변동시켜 투자수요(실물경제)에 영향을 미칠 때 그 의미가 있다고 주장한다.

> **k%준칙**
> 정부는 재량적인 정책을 쓰지 말고 준칙에 따라야 한다. 왜냐하면 시장은 단순하지 않기 때문이다. 따라서 통화의 증가율을 k%로 고정한 준칙에 따른다면 경제는 안정적일 수 있다.

Ⅴ 금융정책의 효과(확대금융정책)

중앙은행이 통화량증가를 통한 확대금융정책을 실시할 경우 통화공급의 증가로($M_1 \rightarrow M_2$) 화폐시장에서 초과공급이 발생하고 이자율이 하락한다($r_1 \rightarrow r_2$). 이자율의 하락에 따라 실물시장에서 투자가 증가하여 소득이 증가한다($Y_1 \rightarrow Y_2$).

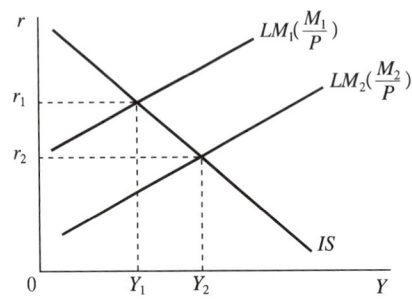

금융정책 I 기출 22

구 분	공개시장조작 정책	재할인율 정책	지급준비율 정책
수 단	• 국공채 매입 → 본원통화 증가 → 통화량 증가 → 이자율 하락 • 국공채 매각 → 본원통화 감소 → 통화량 감소 → 이자율 증가	• 재할인율 하락 → 은행의 차입 증가 → 본원통화 증가 → 통화량 증가 → 이자율 하락 • 재할인율 상승 → 은행의 차입 감소 → 본원통화 감소 → 통화량 감소 → 이자율 증가	• 지급준비율 하락 → 통화승수 증가 → 통화량 증가 → 이자율 하락 • 지급준비율 상승 → 통화승수 감소 → 통화량 감소 → 이자율 증가
중간목표	• 이자율(케인즈학파) • 통화량(통화주의 학파)		
최종목표	• 완전 고용 • 물가 안정 • 국제수지 균형 • 경제 성장		
파급경로	이자율	자 산	환 율	신 용
내 용	통화량 증가 → 이자율 하락 → 소비, 투자 증가	• 통화량 증가 → 이자율 하락 → 주가 상승 → 토빈의 q 상승 → 투자 증가 • 통화량 증가 → 자산 증가 → 소비 증가	통화량 증가 → 이자율 하락 → 자본의 유출 → 환율의 상승 → 순수출 증가 → 총수요 증가	통화량 증가 → 은행의 대출 증가 → 소비, 투자 증가

예금창조기능 기출 20

은행에 예금하게 되면 일부는 대출로 사용되고 대출된 금액의 일부는 은행으로 다시 예금된다. 이처럼 예금과 대출이 반복되면 통화량은 처음 은행에 예금된 금액보다 훨씬 증가하게 되는데, 이를 예금창조기능이라 한다. 이러한 예금창조기능은 중앙은행뿐만 아니라 정부나 민간 등 다양한 요소의 영향을 받는다.

VI 금융정책의 상대적 유효성 기출 16·24

금융정책의 효과는 IS곡선이 수평에 가까울수록, LM곡선이 수직에 가까울수록 더 커진다. 이는 투자의 이자율 탄력성이 클수록, 금융정책의 효과가 더 커짐을 의미한다.

① IS곡선의 기울기와 금융정책 : IS곡선의 기울기가 가파른 것은 투자의 이자율탄력성이 작기 때문이다. 금융정책은 통화공급 증가에 따른 이자율 하락과 이에 따른 투자의 증가로 그 효과가 발생한다. 투자의 이자율 탄력성이 작은 경우는 이자율 하락에 따른 투자의 증대효과가 적어 IS곡선의 기울기가 더 완만한 경우에 비하여 금융정책의 효과가 더 적게 나타난다.
  ㉠ IS_1의 경우 : $Y_1 \to Y_2$
  ㉡ IS_2의 경우 : $Y_1 \to Y_3$

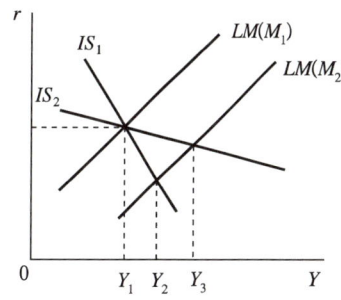

② LM곡선의 기울기와 금융정책의 효과 : LM곡선의 기울기가 가파른 경우(LM^1)가 완만한 경우(LM^2)에 비하여 금융정책의 효과가 더 크게 나타난다. LM곡선의 기울기가 가파르다는 것은 화폐수요의 이자율 탄력성이 작다는 것을 의미한다. 이는 동일한 통화공급량이 증가한 경우 화폐시장의 균형을 회복하기 위한 이자율의 하락폭이 더 크다는 것을 의미하며 따라서 투자의 증대에 의한 소득증대 효과가 더 크게 나타난다.

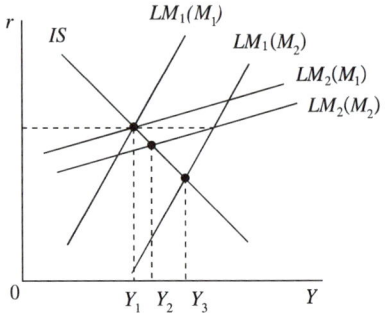

㉠ LM_1의 경우 : $Y_1 \rightarrow Y_3$
㉡ LM_2의 경우 : $Y_1 \rightarrow Y_2$

금융정책 Ⅱ	
수 단	통화량, 이자율
내 용	• 통화량 증가 → LM곡선 우측 이동 → 국민소득 증가, 이자율 하락 → 민간투자 증가 • 통화정책은 이자율이 하락하므로 구축효과 발생× • 통화정책은 재정정책에 비해 전달경로가 길다는 단점
효 과	IS곡선이 수평에 가까울수록, LM곡선이 수직에 가까울수록 통화정책이 효과적

CHAPTER 09 거시경제안정화정책

01
CHECK
○△×

폐쇄경제 총수요(AD)-총공급(AS)모형에 관한 설명으로 옳지 않은 것을 모두 고른 것은? 기출 25

> ㄱ. AD-AS 곡선은 모든 재화와 서비스의 개별적인 수요-공급곡선을 수직으로 합하여 도출한다.
> ㄴ. 통화공급이 증가할 경우, AD곡선은 우측으로 이동한다.
> ㄷ. 정부지출이 감소할 경우, AD곡선은 왼쪽으로 이동한다.
> ㄹ. 투자수요에 대한 이자율 탄력성이 음(-)의 값을 가질 경우 AD곡선의 기울기는 우상향한다.

① ㄱ, ㄴ
② ㄱ, ㄹ
③ ㄴ, ㄷ
④ ㄴ, ㄹ
⑤ ㄱ, ㄴ, ㄹ

해설 및 정답

01 ㄱ. (×) 총수요(AD)곡선은 생산물시장(IS)과 화폐시장(LM)의 균형을 나타내며 IS-LM 모형을 통해 총수요(AD)곡선을 도출할 수 있다. 총공급(AS)곡선은 각 물가 수준에서 기업이 팔고자 하는 생산물의 양을 나타내는 곡선으로 노동시장과 총생산함수를 통해 도출할 수 있다.
ㄴ. (○) 통화공급이 증가할 경우, LM곡선이 우측으로 이동하여 AD곡선이 우측으로 이동한다.
ㄷ. (○) 정부지출이 감소할 경우, IS곡선이 좌측으로 이동하여 AD곡선이 좌측으로 이동한다.
ㄹ. (×) 투자수요에 대한 이자율 탄력성이 음(-)의 값을 가질 경우 물가가 하락하면 이자율이 하락하고, 투자가 증가하여 총수요가 증가하므로 AD곡선의 기울기는 우하향한다.

정답 ❷

02 폐쇄경제 균형국민소득은 $Y = C + I + G$이고 다른 조건이 일정할 때, 재정적자가 대부자금시장에 미치는 효과로 옳은 것은?(단, 총투자곡선은 우하향, 총저축곡선은 우상향, Y : 균형국민소득, C : 소비, I : 투자, G : 정부지출이다) 기출 21

① 대부자금공급량은 감소한다.
② 이자율은 하락한다.
③ 공공저축은 증가한다.
④ 저축곡선은 오른쪽 방향으로 이동한다.
⑤ 투자곡선은 왼쪽 방향으로 이동한다.

03 폐쇄경제하 중앙은행이 통화량을 감소시킬 때 나타나는 변화를 $IS-LM$모형을 이용하여 설명한 것으로 옳은 것을 모두 고른 것은?(단, IS곡선은 우하향, LM곡선은 우상향한다) 기출 21

ㄱ. LM곡선은 오른쪽 방향으로 이동한다.
ㄴ. 이자율은 상승한다.
ㄷ. IS곡선은 왼쪽 방향으로 이동한다.
ㄹ. 구축효과로 소득은 감소한다.

① ㄱ, ㄴ
② ㄱ, ㄷ
③ ㄱ, ㄹ
④ ㄴ, ㄹ
⑤ ㄴ, ㄷ, ㄹ

04 폐쇄경제 IS-LM 모형에 관한 설명으로 옳은 것은? 기출 24

① 유동성 함정은 화폐수요의 이자율 탄력성이 0인 경우에 발생한다.
② LM곡선이 수직선이고 IS곡선이 우하향할 때, 완전한 구축효과가 나타난다.
③ 피구효과는 소비가 이자율의 함수일 때 발생한다.
④ IS곡선이 수평선이고 LM곡선이 우상향할 때, 통화정책은 국민소득을 변화시킬 수 없다.
⑤ 투자의 이자율 탄력성이 0이면 IS곡선은 수평선이다.

05 폐쇄경제에서 투자의 이자율 탄력성이 0일 때, $IS-LM$모형을 이용한 중앙은행의 긴축통화정책 효과로 옳은 것은?(단, LM곡선은 우상향한다) 기출 23

① 소득 불변
② 이자율 하락
③ LM곡선 우측 이동
④ 이자율 불변
⑤ 소득 감소

해설 및 정답

02 ①·②·③ 재정적자, 즉 정부지출 증가는 정부(공공)저축 감소로 이어지고, 정부저축 감소는 대부자금의 공급 감소로 이어지며, 이는 결국 이자율을 상승시킨다.
④ 정부저축 감소로 인해 저축곡선은 왼쪽 방향으로 이동한다.
⑤ 투자는 이자율의 감소함수로, 이자율 변화에 따른 투자곡선은 투자곡선 내에서 변동한다.

정답 ❶

03 폐쇄경제하에서 중앙은행이 통화량을 감소하면 LM곡선은 좌측으로 이동하고, LM곡선의 이동으로 인해 이자율이 상승하며, 이자율 상승은 투자를 위축시키는 구축효과를 유발한다.

정답 ❹

04 LM곡선이 수직선이기에 화폐수요의 이자율 탄력성이 무한대(∞)임을 알 수 있다. 화폐수요의 이자율 탄력성이 무한대(∞)이기에 완전한 구축효과가 나타난다.
① 유동성 함정은 화폐수요의 이자율 탄력성이 무한대(∞)인 경우에 발생한다.
③ 피구효과는 소비가 소득과 부의 함수일 때 발생한다.
④ IS곡선이 수평선이고 LM곡선이 우상향이면 통화정책은 국민소득을 증가시킨다.
⑤ 투자의 이자율 탄력성이 0이면 IS곡선은 수직선이다.

정답 ❷

05 투자의 이자율 탄력성이 0이면 IS곡선은 수직선 형태로 긴축통화정책을 시행하여도 소득에는 영향을 주지 않는다.

정답 ❶

06 통화정책의 단기적 효과를 높이는 요인으로 옳은 것을 모두 고른 것은? 기출 16

ㄱ. 화폐수요의 이자율 탄력성이 높은 경우
ㄴ. 투자의 이자율 탄력성이 높은 경우
ㄷ. 한계소비성향이 높은 경우

① ㄱ
② ㄴ
③ ㄱ, ㄴ
④ ㄴ, ㄷ
⑤ ㄱ, ㄴ, ㄷ

07 통화정책과 재정정책에 관한 설명으로 옳지 않은 것은? 기출 15

① 경제가 유동성함정에 빠져 있을 경우에는 통화정책보다는 재정정책이 효과적이다.
② 전통적인 케인즈 경제학자들은 통화정책이 재정정책보다 더 효과적이라고 주장했다.
③ 재정정책과 통화정책을 적절히 혼합하여 사용하는 것을 정책혼합(Policy mix)이라고 한다.
④ 화폐공급의 증가가 장기에서 물가만을 상승시킬 뿐 실물변수에는 아무런 영향을 미치지 못하는 현상을 화폐의 장기중립성이라고 한다.
⑤ 정부지출의 구축효과란 정부지출을 증가시키면 이자율이 상승하여 민간 투자지출이 감소하는 효과를 말한다.

08 총수요-총공급모형에서 통화정책과 재정정책에 관한 설명으로 옳은 것은?(단, 폐쇄경제를 가정한다)
기출 20

① 통화정책은 이자율의 변화를 통해 국민소득에 영향을 미친다.
② 유동성함정에 빠진 경우 확장적 통화정책은 총수요를 증가시킨다.
③ 화폐의 중립성에 따르면, 통화량을 늘려도 명목임금은 변하지 않는다.
④ 구축효과란 정부지출 증가가 소비지출 감소를 초래한다는 것을 의미한다.
⑤ 확장적 재정정책 및 통화정책은 모두 경기팽창효과가 있으며, 국민소득의 각 구성요소에 동일한 영향을 미친다.

해설 및 정답

06 ㄱ. 화폐수요의 이자율 탄력성이 클 경우 LM곡선이 수평에 가까워지면서 통화정책의 효과는 적어진다.
ㄴ. 투자의 이자율 탄력성이 클 경우 IS곡선이 수평에 가까워지면서 통화정책의 효과는 커진다.
ㄷ. 한계소비성향이 높다면 IS곡선의 기울기가 완만해진다.

정답 ④

07 케인즈 경제학자들은 통화정책이 전달경로가 길고 불확실하여 효과가 매우 미약하며, 유동성함정의 경우 무력하다고 보았다. 그러나 재정정책은 구입효과로 인해 매우 효과적이어서, 정부가 적극적으로 개입하여 재량적인 재정정책으로 경제의 안정화를 도모해야 한다고 주장하였다.
① 유동성함정 구간에서는 통화정책을 실시해서 화폐공급이 증가하더라도, 증가된 통화량이 모두 화폐수요로 전환되므로 이자율이 변하지 않는다. 하지만 재정정책을 실시하면 IS곡선을 이동시켜 총수요곡선도 이동시킨다. 총수요곡선의 이동으로 수요 증가효과를 가져와 국민소득을 증가시킬 수 있다.
③ 경제의 성장과 안정을 동시에 실현하기 위해 재정정책, 통화정책, 외환정책 등의 다양한 경제 정책 수단을 종합적으로 운영하는 일을 정책혼합이라 한다.
④ 화폐의 중립성이란 통화량의 변화는 명목변수에만 영향을 줄 뿐이며 실질변수에는 영향을 미치지 못하는 현상을 말한다.
⑤ 정부지출 증가 → 총수요 증가 → 국민소득 증가 → 통화수요 증가 → 이자율 상승 → 민간투자 감소 → 총수요 감소 → 국민소득 일부 감소

정답 ②

08 통화량이 증가하면 이자율의 하락으로 인해 민간투자가 증가하므로, 국민소득이 증가한다.
② 유동성함정에 빠진 경우 확장적 통화정책은 총수요에 영향을 주지 않는다.
③ 화폐의 중립성에 따르면, 통화량 증가시 명목임금에는 영향을 주지만, 실질임금에는 영향을 주지 않는다.
④ 정부지출의 증가로 인해 총수요가 증가하면, 이자율이 상승하여 민간투자가 감소하게 되는데, 이를 구축효과라고 한다.
⑤ 확장적 재정정책은 이자율이 상승하므로 구축효과가 발생하지만, 확장적 통화정책은 이자율이 하락하므로 구축효과가 발생하지 않는다.

정답 ①

CHAPTER 10 화폐금융론

출제포인트

☐ q - 이론
☐ 화폐수량설(고전학파)
☐ 통화공급 방정식

제1절 소비함수 기출 20·23·24·25

I 절대소득가설(케인즈) 기출 18

1. 가 정

① 소비의 독립성 : 한 개인의 소비는 다른 사람의 소비행위와 무관하게 이루어진다.
② 소비의 가역성 : 소비지출이 소득수준에 따라 자유롭게 움직인다.

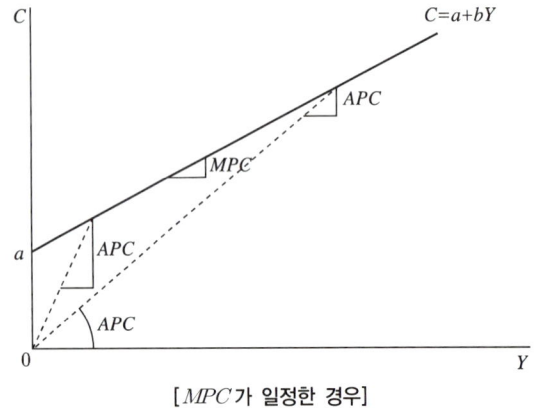

[MPC가 일정한 경우]

2. 내 용

① 소비는 당기의 가처분소득에 의해서 결정된다[$C = a + bY(a > 0,\ 0 < b < 1)$].
② 소득이 증가하면 소비도 증가하나 증가한 소득 중 일부만 소비된다($0 < MPC < 1$).
③ 평균소비성향(APC)은 소득이 증가함에 따라 감소한다.

3. 시사점

케인즈의 절대소득가설은 소비가 가처분소득의 증가함수이므로 가처분소득을 증가시킬 수 있는 재정정책(조세정책)은 경기 불황 시에 매우 효과적이라고 본다.

4. 한 계

케인즈는 장·단기에 평균소비성향(APC)이 한계소비성향(MPC)보다 크다고 주장하였다. 그러나 쿠즈네츠 실증분석에 의하면 장기에는 평균소비성향(APC)과 한계소비성향(MPC)은 같게 나온다.

> **쿠즈네츠 실증분석**
> - 시계열 분석
>   - 단기 : 호황기에는 APC가 낮고, 불황기에는 APC가 높다.
>   - 장기 : 장기에는 APC가 일정하다.
> - 횡단면 분석 : 소득이 높을수록 평균소비성향은 감소한다.

II 상대소득가설(듀젠베리)

1. 가 정

① 소비행위의 상호의존성 : 소비는 자신의 소득뿐만 아니라 다른 사람의 소비수준에도 영향을 받는다.
② 소비의 비가역성 : 소비행위는 어느 정도 습관적이므로 소비수준이 일단 증가를 하게 되면 소득이 하락하여도 소비수준은 쉽게 떨어지지 않는다.

2. 내 용

① **전시효과** : 경제주체의 소비행위는 자신의 소득뿐만 아니라 이웃 집단의 평균적인 소득에 따른 소비수준에 영향을 받는다(소비행위의 상호의존성).
② **톱니효과** : 소비는 현재소득뿐만 아니라 과거의 최고소득수준에도 영향을 받는다(소비의 비가역성).

3. 한 계

① 소비자를 지나치게 비합리적인 소비를 한다고 가정하였다(소비의 상호의존성, 소비의 비가역성).
② 소비함수가 비대칭적이다.

Ⅲ 항상소득가설(프리드만)

1. 의 의
소득을 항상소득(Y_P)과 임시소득(Y_T)으로, 소비는 항상소비(C_P)와 임시소비(C_T)로 구분하여 단기소비함수를 이해하고 있다.

2. 기본개념
① 항상소득(Y_P) : 정상적인 소득흐름으로 볼 때 확실하게 기대할 수 있는 장기평균소득
② 임시소득(Y_T) : 비정상적인 소득으로 예측 불가능한 임시적인 소득으로 단기적으로 (+) 혹은 (−) 일 수 있으나, 장기적으로 평균은 0이 된다.

3. 내 용
① 단기소비함수 : 경기가 호황인 경우에 임시소득이 증가하여 평균소비성향이 감소하고 경기가 불황인 경우에는 임시소득이 감소하여 평균소비성향이 증가한다. 따라서 단기에 소득이 증가할수록 평균소비성향은 하락하게 된다.
② 장기소비함수 : 장기적으로 임시소득은 0이므로 평균소비성향은 일정하고 소비는 항상소득만의 함수이므로 한계소비성향과 평균소비성향은 일치한다.

4. 시사점과 한계점
① 임시소득에 영향을 미치는 정책은 장기적으로 큰 효과를 줄 수 없고, 항상소득을 변화시키는 정책만이 소비에 영향을 미친다.
② 임시소득과 임시소비가 관련성 없다는 가정은 현실에 부합하지 않고 실제소득을 항상소득과 임시소득으로 구분하는 것은 어렵다.

Ⅳ 생애주기가설(모딜리아니, 앤도)

1. 가 정
소비는 소비자의 전 생애를 통한 총소득의 현재가치에 의해서 결정되며 소득은 노동소득과 자산소득으로 구분된다.

2. 내 용
한 개인의 인생에서 청년기와 노년기에 소득이 낮고, 중년기에는 소득이 높다. 따라서 청년기와 노년기에 평균소비성향이 높고, 중년기에는 평균소비성향이 낮다. 단기적으로 소비성향은 가변적이지만, 전 생애를 통해서는 일정하다.

3. 시사점
현재의 소득에만 영향을 미치는 재정정책은 그 효력은 미약하다.

소비함수

구 분	의 의	가 정	특 징
절대소득가설	현재의 소비는 현재의 소득에 의해 결정	• 소비의 독립성 • 소비의 가역성	• $APC > MPC$ • APC는 소득이 증가하면서 점점 감소 • MPC는 일정 • 재정정책 효과적
상대소득가설	• 현재소비는 현재 소득의 상대적인 크기에 영향을 받음 • 소비는 다른 사람의 소비에 영향 • 소비는 습관성이 있으므로 소득이 줄어도 소비는 유지	• 소비의 상호의존성(소비의 전시효과) • 소비의 비가역성(톱니효과)	• 전시효과 : 자신이 속한 집단의 평균소비에 영향을 받음 • 톱니효과 : 소득변화와 소비변화가 비대칭적이어서 톱니모양의 곡선 도출
항상소득가설	소비는 항상소득의 크기에 의해 결정	• 소득=항상소득+임시소득 • 소비=항상소비+임시소비 • 임시소득은 단기적으로는 경기의 영향을 받지만, 장기적으로는 0 • 임시소비는 0	• 단기적인 재정정책은 효과× • 유동성제약 하에서는 현실 설명력×

V 확률보행가설(Random Walk가설) 기출 20·23

1. 의 의
항상소득가설에 합리적 기대를 도입하여 소비형태를 설명하고자 하는 이론으로, 임의보행가설 또는 불규칙보행가설이라 한다.

2. 내 용
① 개인 소비자들은 모든 정보를 활용해 항상소득을 예상한다(합리적 기대).
② 개인 소비자들은 예상한 항상소득에 맞춰 소비를 결정한다.
③ 이전과 소득, 이자율 등이 미래에 예상되는 소득, 이자율 등과 동일하다면 이전과 미래에 소비는 동일하다.
④ 이전과 달리 미래에 예상하지 못한 충격이 발생하게 되면 이전과 미래의 소비는 달라진다.
⑤ 예상하지 못한 충격은 미래의 항상소득과 소비를 증가시킬 수도, 감소시킬 수도 있기 때문에 다음과 같이 소비함수를 표현할 수 있다.

$$C_t = C_{t-1} + \epsilon_t \ (\epsilon_t : 예상하지 못한 충격)$$

3. 특 징

① 미래 소비를 예측하기 위해선 전기 소비를 알아야 한다.
② 예상하지 못한 충격은 소비의 정확한 예측을 불가능하게 한다.
③ 소비를 변화시키기 위해선 예상된 정책이 아닌 예상하지 못한 정책을 시행해야 한다.

합리적 기대
① 이용가능한 모든 정보를 이용하여 경제상황 및 변수를 예측하는 것을 말한다.
② 합리적 기대하에서는 모든 정보를 이용하여 예상하기 때문에 체계적인 예측오차가 발생하지 않는다.
  ※ 체계적 오차 : 어떠한 변수를 예상할 때 계속적으로 과소예상 또는 과대예상하는 것
③ 합리적 기대 시 예상하지 못한 충격이 발생하면 예상이 정확하지 않을 수 있으나, 평균적으로는 정확하게 예측한다.

제2절 투자함수

I 현재가치법(고전학파)

1. 의 의

투자로 인한 기대수익의 현재가치(PV)와 자본재의 구입가격 또는 투자비용(C)을 비교하여 투자의사결정을 내리는 방법이다.

2. 투자의사결정

$$\text{순현재가치}(PV) : \sum_{k=1}^{n} \frac{R_k}{(1+r)^k} - C$$
(R : 기대수익, r : 이자율, k : 기대수익의 발생시점, C : 투자비용)

① $NPV > 0$: 투자 증대
② $NPV < 0$: 투자 감소
③ $NPV = 0$: 균형투자량 결정

3. 이자율과 투자

이자율이 하락하면 기대수익의 현재가치(PV)가 증대되어 투자규모가 늘어난다. 이자율이 상승하면 기대수익의 현재가치(PV)가 감소하여 투자규모가 감소한다.

Ⅱ 내부수익률법(케인즈)

1. 의 의
내부수익률(투자의 한계효율, MEI)과 이자율을 비교하여 투자를 결정하는 방법이다.

2. 투자의사결정
투자의 한계효율이란 투자로 인하여 발생할 것으로 예상되는 미래 기대수익의 현재가치와 투자액을 일치시켜주는 할인율로 내부수익률(IRR)이라고도 한다. 내부수익률이 투자에 대한 한계비용인 이자율보다 높은 경우 투자가 이루어진다.

3. 이자율과 투자와의 관계
투자의 한계효율이 이자율보다 크면 투자가 이루어진다. 이자율이 상승하여 한계효율수준보다 높아지는 경우 투자는 감소한다. 따라서 투자는 이자율의 감소함수이다.

Ⅲ 가속도 원리

1. 의 의
유발투자를 가정하여 소득의 증가는 소비의 증가를 가져오고, 이러한 소비수요의 변화가 그 몇 배로 투자를 증가시킨다.

2. 내 용
투자가 증가하는 경우 소득이 증가하고, 이에 따라 소비가 증가하는 승수원리에 의해 소득이 증가하게 된다. 투자가 소득의 함수임을 가정하여 소득의 증가는 (유발)투자를 증가시켜 소득을 증가시킨다.

3. 특 징
한계소비성향이 클수록 유발투자가 증가하고 소득증가분이 클수록 유발투자가 증가한다.

4. 한 계
자본이 완전 이용된다는 가정을 전제로 하고 있으며 가속도계수가 일정하다는 것을 가정하고 있다. 그리고 자본재가격이나 예상수익률을 무시하고 있다.

Ⅳ 자본스톡 조정모형

1. 의 의
기존의 자본스톡과 바람직한 자본스톡을 조정하기 위해서 투자가 이루어진다는 가설로서, 투자조정속도를 고려하였다.

2. 투자결정원리
최적자본량(K^*)과 $t-1$기의 자본량(K_{t-1})의 차이가 투자이다. 그러나 K^*와 K_{t-1}의 차이를 완전히 메우기 위해서는 높은 조정비용이 소요된다. 따라서 기업은 $(K^* - K_{t-1})$의 일정비율(λ)만큼만 투자를 하게 된다.

3. 평 가
투자에 소요되는 시차를 고려하여 가속도 이론보다는 훨씬 더 현실적이다.

Ⅴ q - 이론(토빈) 기출 13

1. 의 의
주식시장에서 평가된 기업의 가치와 실물자본의 대체비용을 비교하여 투자가 결정된다는 이론이다.

2. 투자결정원리

$$q = \frac{\text{주식시장에서 평가된 기업의 시장가치}}{\text{기업의 실물자본의 대체비용}}$$

① $q > 1$: 주식시장가치 > 실물자본가치 → 투자 증대
② $q < 1$: 주식시장가치 < 실물자본가치 → 투자 감소
③ $q = 1$: 주식시장가치 = 실물자본가치 → 투자 균형

3. 평 가
전통적인 투자이론이 이자율, 국민소득 등을 설명변수로 하는 자본재수요이론인 것에 비해, q-이론은 주식시장에서 평가된 자본가치를 포함하여 투자유인에 대한 정보를 보다 포괄적으로 고려하고 있다.

제3절 화폐수요

I 화폐수량설(고전학파)

1. 교환방정식(고전적 화폐수량설) 기출 12·14·15·18·23

화폐유통속도(V)와 거래량(T)은 일정하다는 전제하에 물가수준(P)은 통화량(M)의 크기에 의해 결정된다. 교환방정식은 일정기간 동안 총거래액(PT)과 그에 대한 화폐지출액(MV_T)은 항상 일치함을 의미하는 항등식이다.

$$MV_T = PT \rightarrow MV = PY \text{(소득형 교환방식)}$$
$$M + V = P + Y$$

$$\frac{\Delta M}{M} + \frac{\Delta V}{V} = \frac{\Delta P}{P} + \frac{\Delta Y}{Y}$$

물가 상승률 + 유통속도 변화율 = 물가 상승률 + 경제 성장률

(M : 통화량, V_T : 화폐유통속도, P : 물가, T : 총거래량)

고전학파의 경우 V는 화폐지불관습 등에 의해서 일정하고 Y는 완전고용국민소득으로 일정하므로 M(통화량)이 증가하면 P(물가수준)가 정비례하여 증가한다.

※ 피셔방정식 : 명목이자율 = 실질이자율 + 기대(예상)물가상승률

피셔효과 기출 17·22·25
- 피셔방정식 : 명목이자율(i) = 실질이자율(r) + 기대인플레이션이자율(π^e)
- 기대인플레이션율의 상승이 100% 명목이자율 상승에 반영되어 실질이자율에는 영향을 못 미치는 효과
- 통화량이 증가하고 물가가 상승해도 실질이자율은 불변
- 인플레이션이 발생해도 실질이자율이 불변이므로 부의 재분배는 발생×

II 현금잔고수량설

1. 기본 명제

사람들은 소득의 수입시점과 지출시점이 완전히 일치하지 않고, 채권매매시 비용이 발생하므로 명목국민소득 중 일정비율(k%)만큼은 화폐로 보유한다(가치저장수단).

2. 현금잔고방정식

$$M^D = k \cdot PY$$

k(마샬의 k)는 사회의 거래관습에 의해 결정되므로 일정하고 Y는 완전고용국민소득으로 일정하므로, 화폐수요와 소득수준 간에는 일정한 비례관계가 유지된다. 즉, 개개인은 명목국민소득(PY) 중 일정비율(k%)만큼 화폐를 보유한다.

3. 교환방정식(고전적 화폐수량설)과의 비교

① 공통점 : 고전학파의 이분법을 전제하고 있으며 통화량과 물가수준은 정비례관계가 성립하고 V(소득유통속도)와 k(마샬의 k)는 일정하므로 화폐수요는 안정적이다. 따라서 금융정책은 실질국민소득에 아무런 영향을 미치지 못한다.

② 차이점

구 분	고전적 화폐수량설(교환방정식)	현금잔고수량설
화폐의 기능	교환의 매개수단(화폐사용측면)	가치저장수단(화폐보유측면)
화폐의 수요	거래의 성립을 위하여 화폐를 수요한다(암묵적·사후적으로 화폐수요를 도출).	화폐수요를 명시적으로 도출
화폐의 수량	유량(Flow)의 개념으로 봄	저량(Stock)의 개념으로 봄

Ⅲ 케인즈의 유동성 선호설

1. 화폐수요의 동기

① 거래적 동기(거래적 화폐수요) : 일상의 거래를 위해 화폐를 보유하며 일반적으로 소득이 증가하면 거래적 화폐수요도 증가한다.
② 예비적 동기(예비적 화폐수요) : 장래에 예상치 못한 상황에 대비하여 예비적으로 화폐를 보유하며 예비적 화폐수요는 소득의 증가함수이다(이자율과 무관함).
③ 투기적 동기(투기적 화폐수요) : 증권투기에 사용할 목적으로 화폐를 보유하는 것을 말하며 투기적 화폐수요는 이자율의 감소함수이다.

2. 화폐수요함수

$$M^D = L_T(Y) + L_S(r)$$

화폐수요는 거래적 화폐수요, 예비적 화폐수요, 투기적 화폐수요로 구성되어 있다. 화폐수요함수를 이자율 평면에 나타내는 경우 소득의 변화는 거래적 화폐수요를 변화시켜 화폐수요곡선이 우측(소득증가시) 혹은 좌측(소득감소시)으로 이동하며 이자율이 변화하는 경우는 화폐수요곡선 상에서 이동을 하게 된다.

3. 투기적 화폐수요

① 이자율과 투기적 화폐수요 : 케인즈는 화폐수요의 동기 중 투기적 동기에 의한 화폐수요(L_S)를 중요시하였다. 투기적 화폐수요는 이자율의 감소함수이다.
  ㉠ 이자율이 상승하는 경우 : 이자율과 역의 관계인 채권가격이 하락하고 이에 따라 채권의 가격상승을 예상한 경제주체는 채권을 매입하여 화폐에 대한 수요가 감소한다.
  ㉡ 이자율이 하락하는 경우 : 이자율이 하락하는 경우 채권의 가격이 상승하고 정상가격보다 상승한 채권의 가격수준에 대해 경제주체는 채권의 가격하락을 예상하여 채권의 보유를 줄이고 화폐를 보유하여 화폐에 대한 수요가 증가한다.
② 균형이자율의 결정 : 이자율이 실물시장에서 결정되는 고전학파와 달리 케인즈는 이자율이 화폐시장에서 화폐수요와 화폐공급이 일치하는 수준에서 결정된다고 본다.

4. 유동성함정(Liquidity Trap) 기출 11·20

모든 개인들이 이자율이 상승할 것이라는 이자율의 변화에 대한 기대가 동일하게 형성되는 경우 경제주체는 모든 자산을 화폐로 보유하게 된다(채권의 가격이 하락할 것이라고 기대하기 때문에 화폐를 수요함). 이러한 상황을 유동성함정이라 하고 유동성함정의 상황에서 투기적 화폐수요의 이자율탄력성은 무한대가 된다. 유동성함정에서는 모든 유휴자금의 증가분이 투기적 화폐수요로 흡수되기에 금융정책은 효과가 없게 된다.

IV 프리드만의 신화폐수량설

1. 의 의

고전학파는 화폐의 자산으로서의 기능을 무시하였다. 교환의 매개수단으로서의 기능만을 강조하였고 케인즈는 화폐를 하나의 자산으로써 보유하는 가치저장의 기능을 중시하였다. 이에 대해 프리드만은 화폐를 자산으로 보유하는 가치저장의 기능을 인정하였지만 케인즈와는 다르게 화폐수요는 매우 안정적이라고 주장하였다.

2. 화폐수요함수의 도출

① 화폐수요의 결정 : 프리드만의 신화폐수량설에서 화폐수요에 영향을 미치는 변수에는 항상소득(Y_P)과 채권수익률, 주식수익률, 화폐수익률 등이 있다.
② 화폐수요함수

$$\frac{M^D}{P} = f(Y_P,\ W,\ r_b,\ r_e,\ P_e\ \cdots)$$

(Y_P : 항상소득, W : 현재부, P_e : 예상물가상승률, r_b : 채권수익률, r_e : 주식수익률)

사람들은 화폐를 수요할 때 명목화폐가 아닌 실질화폐를 수요하며 실질화폐수요$\left(\frac{M^D}{P}\right)$는 이자율(채권수익률, 주식수익률, 화폐이자율 등)과 항상소득(Y_P)에 의해 결정된다. 그러나 이자율 등이 실질화폐수요$\left(\frac{M^D}{P}\right)$에 미치는 영향은 미비하므로 화폐수요는 개인의 항상소득에 의해 주로 결정된다. 따라서 화폐수요는 매우 안정적이다.

3. 신화폐수량설의 평가

① 통화량은 명목국민소득결정에 가장 중요한 결정요인이다.
② 통화지표로써 통화량을 중시하였다.
③ 규칙적인 일정률($k\%$)의 통화준칙을 실시하라고 주장하였다.

V 각 이론별 비교

구 분	화폐수량설	유동성선호설	신화폐수량설
화폐의 기능	교환의 매개수단 강조	가치저장수단을 강조	가치저장수단을 강조
화폐수요결정요인	소 득	소득과 이자율 → 이자율 강조	소득과 이자율 → 소득 강조
화폐유통속도(V)	일정(외생적 결정변수)	불안정	안정적
화폐수요함수	$M^D = k \cdot PY$	$M^D = L_T(Y) + L_S(r)$	$M^D = k(\cdots) \cdot PY$
화폐수요함수의 안정성	매우 안정적	매우 불안정적	매우 안정적
화폐수요의 이자율탄력성	완전 비탄력적	탄력적	비탄력적
화폐수요의 소득탄력성	1(단위탄력적)	매우 비탄력적	1에 가깝다
화폐관	실물과 화폐는 별개	실물부문에 적극적으로 영향을 줌	• 단기 : 실물부분에 영향 • 장기 : 물가에만 영향

제4절 화폐공급

I 통화지표

우리나라에서는 1951년부터 통화(구M_1) 및 총통화(구M_2) 지표를 공식 편제하기 시작한 이래 본원통화, M_3, MCT 등의 지표를 추가로 편제해 왔다. 2002년부터는 IMF의 통화금융통계매뉴얼(2000년) 기준에 부합하는 새 통화지표로서 협의통화(M_1) 및 광의통화(M_2)를 개발・공표하였는데, 이들 지표는 금융기관의 제도적 형태보다는 금융기관이 취급하는 금융상품의 유동성 정도를 기준으로 그 포괄상품을 구성한 것이다. 그리고 2003년부터는 이들 지표 중 구M_1, 구M_2, MCT 지표의 공식 편제를 중단하였다.

			M_2(광의의 통화)	Lf(협의 유동성 또는 금융기관 유동성)
				예금은행 및 비은행금융기관 기타 예수금 등
			준결제성예금 • 정기예적금 및 부금 • 실적배당형금융상품 • 시장형금융상품 • 기타 예금・금융채	(좌 동)
		M_1(협의의 통화)		
	현금통화	결제성예금 • 요구불예금 • 수시입출금식예금	(좌 동)	(좌 동)
민간의 화폐보유액	(좌 동)	(좌 동)	(좌 동)	

[통화 및 유동성 지표별 구성내역]

Ⅱ 본원통화 기출 14

1. 의 의
중앙은행의 창구를 통하여 시중에 나온 현금을 본원통화라고 한다. 본원통화는 중앙은행의 입장에서는 부채이며 예금은행으로부터 발생하는 신용창조의 토대가 된다.

2. 본원통화의 구성

본원통화			
현금통화	지급준비금		
현금통화	시재금	지급준비예치금	
화폐발행액		지급준비예치금	

① **지급준비금** : 법정지급준비금+초과지급준비금
② **법정지급준비금** : 예금은행이 예금액에서 예금주를 보호하기 위해서 정해 놓은 일정비율(법정지급준비율)만큼을 준비금으로 보유하는데 이를 법정지급준비금이라고 한다.
③ **지급준비예치금** : 지급준비금 중 중앙은행에 예치되어 있는 부분이다.
④ **시재금** : 지급준비금 중 예금은행의 금고에 보관 중인 부분이다.
⑤ **화폐발행액** : 중앙은행 밖에 있는 현금총액이다.

Ⅲ 본원통화의 공급경로

중앙은행 대차대조표	
차변(자산)	대변(부채)
① 순 대정부에 대한 대출(여신) ② 순 대예금은행에 대한 대출(여신) ③ 순 대해외자산(외환 포함) ④ 유가증권(국・공채 포함) ⑤ 순 기타자산	본원통화 (화폐발행액＋지급준비예치금)

본원통화는 중앙은행의 자산이 증가하는 경우 증가하게 된다. 본원통화는 정부재정적자가 증가하는 경우, 예금은행의 한국은행으로부터의 차입이 증가하는 경우, 국제수지가 흑자인 경우, 중앙은행이 유가증권을 구입하는 경우 증가한다.

Ⅳ 통화공급 방정식 기출 12·14·15·17·18·20·25

1. 통화승수
통화승수란 통화량과 본원통화의 비율을 의미하는 것으로 본원통화가 1단위 공급되었을 때 통화량이 얼마나 증가하였는지 보여주는 배수이다.

$$통화승수(m) = \frac{1}{c+z(1-c)}$$

$[c = C/M(c : 현금통화비율, C : 현금통화, M : 통화량), z = 실제지급비율]$

2. 통화공급 방정식

$$M(통화량) = m(통화승수) \times B(본원통화) = \frac{1}{c+z(1-c)} \times B(본원통화)$$

$(c = C/M : 현금통화비율, z = 실제지급비율)$

3. 통화공급량의 결정요인
통화공급량은 민간부문(일반인, 예금은행)과 중앙은행(정책당국)에 의해서 결정된다. 현금통화비율은 경제사회관습에 의해 결정되고, 초과지급준비율은 예금은행의 관행에 의해 일정하게 유지된다.

4. 통화승수의 변화와 통화공급량의 변화
현금통화비율(c)이 하락하는 경우 통화승수는 증가하고, 통화공급도 증가하며 지급준비율(z)이 하락하는 경우 통화승수가 증가하고 통화공급도 증가한다.

CHAPTER 10 화폐금융론

01 소비이론에 관한 설명으로 옳지 않은 것은? 기출 25

① 항상소득이론에서 한계소비성향은 일시소득의 경우가 항상소득보다 작다.
② 생애주기이론에서는 같은 금액의 가처분소득을 가지더라도, 사람들은 나이에 따라 다른 소비성향을 보인다.
③ 케인즈 소비이론에서 현재의 소비는 현재의 가처분소득에 주로 의존하며, 미래의 가처분소득은 중요한 역할을 하지 않는다.
④ 케인즈 소비이론에서 한계소비성향은 0과 1사이의 값이며, 평균소비성향은 소득증가에 따라 증가한다.
⑤ 항상소득이론은 사람들이 소비를 일정한 수준으로 유지하려 한다고 가정한다.

해설 및 정답

01 케인즈 소비이론에서 소비는 당기의 가처분소득에 의해 결정된다.

$$C = a + bY (a > 0,\ 0 < b < 1)$$

소득이 증가하면 소비도 증가하지만, 증가한 소득 중 일부만 소비된다.

$$C = a + bY (a > 0,\ 0 < b < 1)$$

평균소비성향(APC)은 소득증가에 따라 <u>감소</u>한다.

정답 ④

02 소비이론에 관한 설명으로 옳지 않은 것은? 기출 24

① 케인즈의 소비함수는 평균소비성향이 장기적으로 일정하다는 현상을 설명하지 못한다.
② 기간 간 최적 소비선택모형에서 이자율이 상승하면 현재소비는 감소한다.
③ 생애주기가설에 따르면 강제적 공적연금저축은 민간의 연금저축을 감소시킨다.
④ 항상소득가설에 따르면 일시적 소득이 증가하는 호경기에는 평균소비성향이 감소한다.
⑤ 리카도 대등정리는 항상소득가설에 따른 소비결정이론과 부합한다.

03 소비함수에 관한 설명으로 옳지 않은 것은? 기출 23

① 케인즈에 따르면 현재소득이 소비를 결정하는 가장 중요한 결정요소이다.
② 항상소득가설에 의하면 야간작업에 의한 일시적 소득증가보다 승진에 의한 소득증가가 더 큰 소비의 변화를 초래한다.
③ 평생소득가설에 의하면 연령계층에 따라 소비성향이 다를 수 있다.
④ 확률보행가설은 소비자들이 장래소득에 관해 적응적 기대를 한다고 가정한다.
⑤ 케인즈는 평균소비성향이 소득 증가에 따라 감소한다고 가정한다.

• 해설 및 정답 •

02 이자율이 상승하면 저축자의 경우 대체효과로 소비가 감소하지만, 소득효과로 소비가 증가하여, 소비의 증감을 알 수 없다. 반면 차입자의 경우 대체효과와 소득효과 모두 소비를 감소하게 된다.
① 케인즈의 소비함수는 단기에 $APC > MPC$인 것은 설명할 수 있는 반면에 장기에 $APC = MPC$가 되는 것은 설명하지 못한다.
③ 공적연금이 민간저축에 미치는 영향은 부과방식(pay-as-you-go system)과 적립방식(mandatory and fully funded system)으로 대별되는 연금운영 방식에 따라 달라진다. 먼저 부과방식의 연금제도는 생애주기가설(life-cycle hypothesis)에 따르면 일을 하는 현재 시점과 퇴직 후 시점의 소득과 소비는 변화가 없으며 공적연금 보험료만큼 민간저축이 감소한다. 또한 제도의 성격상 이와 같은 연금제도는 정부저축에는 거의 영향을 미치지 못하기 때문에 민간저축과 정부저축을 합한 총저축은 민간저축이 줄어든 만큼 감소한다. 한편, 적립식 방식의 연금제도하에서는 자산간 완전한 대체성을 가정하면 공적연금의 도입으로 자발적 저축(voluntary saving)이 강제저축(mandatory saving)으로 대체되는 효과가 발생하여 민간저축은 강제저축이 증가한 만큼 줄어든다. 따라서 자발적 저축과 강제 저축의 합으로 나타낸 총저축은 변하지 않는다(출처 Auerbach and Kotlikoff, 1987; Kotlikoff, 1996; Mitchell & Zeldes, 1996).
④ 항상소득가설의 소비는 항상소득의 일정비율이므로 일시적 소득이 증가하면 실제소득이 증가하는 데 일시적 소득의 증가는 실제소득 중에서 일시적 소득이 차지하는 비율이 커지고 항상소득이 차지하는 비율은 낮아지므로 평균소비성향은 감소하게 된다.
⑤ 리카르도 대등정리는 항상소득가설 또는 생애주기가설 같은 미래전망적 소비이론에 근거하고 있다.

기간 간 최적 소비선택모형(피셔의 2기간 모형)의 이자율 상승에 따른 최적 소비흐름

저축자의 경우

구 분	대체효과	소득효과	총효과
현재소비	↓	↑	?
미래소비	↑	↑	↑
현재저축	↑	↓	?

차입자의 경우

구 분	대체효과	소득효과	총효과
현재소비	↓	↓	↓
미래소비	↑	↓	?
현재저축	↑	↑	↑

정답 ②

03 확률보행가설은 항상소득가설에 합리적 기대를 가정한 소비형태이다.
① 케인즈는 소비가 현재의 처분가능소득에 의해 결정된다고 보았다.
② 항상소득가설에 의하면 소비는 임시소득보다는 항상소득에 의해 영향을 더 많이 받는다.
③ 평생소득가설은 나이에 따라 소비의 흐름이 다르다고 가정하였다.
⑤ 케인즈의 절대소득가설의 소비함수는 소비축을 통과하므로 소득이 증가할수록 평균소비성향이 감소한다.

정답 ④

04 통화승수에 관한 설명으로 옳지 않은 것은? 기출 25

① 중앙은행이 증가시킨 화폐량과 예금창조를 통해 증가한 통화량 사이의 비율을 의미한다.
② 요구불예금에 대한 이자율이 낮을수록 통화승수는 작아진다.
③ 법정지급준비율을 높이면 통화승수는 작아진다.
④ 기업이 일용직 급여를 계좌이체 대신 현금으로 지급하는 경우 예금창조 금액은 더 많아진다.
⑤ 본원통화 1억원을 증가시킬 때, 통화승수가 4라면 통화량은 4억원 증가한다.

05 특정 기간 동안 물가상승률이 3%, 명목이자율이 5%이고, 이자소득세율이 10%일 때, 실질이자율과 세후명목이자율은? 기출 25

① 2%, 2%
② 2%, 4.5%
③ 3%, 7%
④ 4.5%, 1.8%
⑤ 5%, 5.5%

06 통화함수 $\frac{M}{P} = 0.4\left(\frac{Y}{i^{1/2}}\right)$ 이다. 화폐수량방정식을 이용하여 명목이자율(i)이 4일 때, 화폐의 유통속도는?
(단, Y는 균형소득, M은 통화량, P는 물가이다) 기출 23

① 2
② 4
③ 5
④ 6
⑤ 8

07 1년간 정기예금의 실질이자율이 5%, 인플레이션율이 3%이고, 이자소득세율이 20%일 때 세후 명목이자율은? 기출 22

① 1.6%
② 4.8%
③ 5.0%
④ 6.4%
⑤ 8.0%

• **해설 및 정답** •

04 예금창조기능이란 은행에 예금과 대출이 반복되면서 통화량이 처음 은행에 예금된 금액보다 훨씬 증가하는 것을 말한다. 기업이 일용직 급여를 계좌이체 대신 현금으로 지급하는 경우, 은행 밖으로 빠져나간 금액이 많아지므로 <u>예금창조 금액은 더 적어진다</u>.
① 통화승수를 통해 중앙은행이 증가시킨 화폐량이 예금창조를 통해 얼마나 더 증가하였는지를 알 수 있다.
② 이자율하락(r↓) → 개인현금보유증가 → 현금통화비율증가(c↑) → 통화승수감소(m↓)로 요구불예금에 대한 이자율이 낮을수록 통화승수는 작아진다.
③ 통화승수= $\dfrac{1}{\text{현금통화비율}+\text{지급준비율}(1-\text{현금통화비율})}$ 에서 지급준비율은 분모에 위치하므로, 법정지급준비율을 높이면 통화승수는 작아진다.
⑤ 통화승수가 4라는 것은 본원통화가 1 증가할 때 통화량이 4 증가한다는 의미이므로, 본원통화 1억원을 증가시킬 때 통화량은 4억원 증가한다.

정답 ④

05 명목이자율(R_t)=실질이자율(r_t)+인플레이션율(π_t^e)
실질이자율(r_t)=5%−3%=<u>2%</u>
명목세율=5%×10%=0.5%
세후명목이자율=5%−0.5%=<u>4.5%</u>

정답 ③

06 화폐의 유통속도 $=\dfrac{PY}{M}=\dfrac{P}{M}\times Y=\dfrac{i^{\frac{1}{2}}}{0.4Y}\times Y=\dfrac{4^{\frac{1}{2}}}{0.4}=\dfrac{2}{0.4}=5$

정답 ③

07 세후 명목이자율 = (실질이자율 + 인플레이션율) × (1 − 세율)
= (5% + 3%) × (1 − 0.2) = 6.4%

정답 ④

08 A국에서 중앙은행이 최초로 100단위의 본원통화를 공급하였다. 민간현금보유비율이 0.1이고, 은행의 지급준비율이 0.2일 때, A국의 통화량은?(단, 소수점 첫째 자리에서 반올림하여 정수 단위까지 구한다)

① 333
② 357
③ 500
④ 833
⑤ 1,000

09 본원통화 및 통화량에 관한 설명으로 옳은 것을 모두 고른 것은?

ㄱ. 본원통화가 증가할수록 통화량은 증가한다.
ㄴ. 지급준비율이 높을수록 통화승수는 증가한다.
ㄷ. 본원통화는 민간보유현금과 은행의 지급준비금을 합한 것이다.
ㄹ. 중앙은행이 민간은행에 대출을 하는 경우 본원통화가 증가한다.

① ㄱ, ㄴ
② ㄱ, ㄹ
③ ㄴ, ㄷ
④ ㄱ, ㄷ, ㄹ
⑤ ㄴ, ㄷ, ㄹ

10 토빈(J. Tobin)의 q에 관한 설명으로 옳은 것은?

① 장기적으로 임금변화율과 실업률의 관계를 설명하는 지표이다.
② q값이 1보다 클 경우 투자규모는 증가한다고 설명한다.
③ q값은 자본비용을 자본의 시장가치로 나눈 값으로 도출된다.
④ q값은 자본의 상대적 효율성을 나타내는 지표이며, 신규투자의 변화와는 관련이 없어 거시경제지표로 활용하기 어렵다.
⑤ 토빈은 장기적으로 q값이 0으로 근접하여 순투자가 일어나지 않는 경향이 있다고 주장하였다.

해설 및 정답

08 통화공급량 $= \dfrac{1}{\text{민간현금보유비율} + \text{지급준비율}(1 - \text{민간현금보유비율})} \times \text{본원통화}$

$= \dfrac{1}{0.1 + 0.2(1-0.1)} \times 100 = 357$

정답 ②

09 ㄴ. 통화승수는 현금통화비율과 지급준비율에 의하여 결정되는데, 지급준비율이 높을수록 통화승수는 감소한다.

통화승수 $= \dfrac{1}{c + z(1-c)}$

(c : 현금통화비율, z : 지급준비율)

정답 ④

10 q값이 1보다 클 경우 주식시장가치가 실물가치보다 크기 때문에 투자가 증대된다.
① 토빈의 q는 장기적으로 투자와 주식시장 간의 관계를 설명하는 지표이다.
③ 토빈의 $q = \dfrac{\text{주식시장에서 평가된 기업의 시장가치}}{\text{실물자본 대체비용}}$
④ q값은 주식시장의 상황으로 신규투자를 이끌어 낼 수 있으므로 밀접한 관계가 있다.
⑤ 자본재시장 및 주식시장이 완전경쟁이고 효율적이라면 기업의 시장가치는 실물자본 대체비용과 일치하므로 토빈의 q는 1로 수렴하게 된다고 주장한다.

정답 ②

11 유동성 함정(Liquidity Trap)에 관한 설명으로 옳은 것은? 기출 11

① 유동성 함정구간에서는 화폐수요의 이자율탄력성이 영(0)이다.
② 유동성 함정구간에서 중앙은행의 통화량 증가는 이자율을 하락시킨다.
③ 유동성 함정은 고전학파가 제시한 개념이다.
④ 유동성 함정구간에서는 재정정책이 금융정책보다 국민소득에 미치는 효과가 더 크다.
⑤ 유동성 함정구간에서는 화폐수요의 소득탄력성이 무한대이다.

12 효율적 시장가설(Efficient Market Hypothesis)에 관한 설명으로 옳은 것을 모두 고른 것은? 기출 20

ㄱ. 주식가격은 매 시점마다 모든 관련 정보를 반영한다.
ㄴ. 주식가격은 랜덤워크(Random Walk)를 따른다.
ㄷ. 미래 주식가격의 변화에 대한 체계적인 예측이 가능하다.
ㄹ. 주식가격의 예측이 가능해도 가격 조정은 이루어지지 않는다.

① ㄱ, ㄴ
② ㄱ, ㄷ
③ ㄴ, ㄷ
④ ㄴ, ㄹ
⑤ ㄷ, ㄹ

13 아래 피셔(I. Fisher)의 기간 간 소비선택(intertemporal choice)에 관한 설명으로 옳지 않은 것을 모두 고른 것은? (단, 소비자는 두 기간 동안만 생존하고, 현재와 미래소비는 정상재이다)? 기출 25

ㄱ. 현재소비는 현재 소득만이 아닌 현재소득과 미래소득의 현재가치에 의존한다.
ㄴ. 차용이 불가능한 소비자의 경우, 소비는 평생 동안 번 소득의 현재가치에 의존한다.
ㄷ. 제1기 또는 제2기의 소득이 증가하면, 제1기 및 제2기 소비를 모두 증가시킨다.
ㄹ. 이자율 상승에 따른 대체효과가 발생하면 현재소비는 증가하고 미래소비는 감소한다.

① ㄱ, ㄴ
② ㄱ, ㄹ
③ ㄴ, ㄷ
④ ㄴ, ㄹ
⑤ ㄱ, ㄴ, ㄹ

해설 및 정답

11 유동성 함정구간에서는 경기침체로 경기전망이 어두워 투자와 소비를 하지 않고 경기가 활성화 되지 않는다. 케인즈가 제시한 이론으로 이자율이 0에 가깝고 통화를 공급해도 이자율이 하락하지 않게 된다. 따라서 화폐수요의 이자율탄력성은 무한대(∞)가 된다. 이럴 때 중앙은행의 금융정책은 경기조절의 효과가 없어 재정정책이 더 중요하다. 또한 화폐수요의 소득탄력성은 아주 낮게 형성된다.

정답 ❹

12 ㄱ. 효율적 시장가설에 따르면 모든 정보가 가격 형성에 즉각적으로 반영되어 장기적으로는 시장수익률을 넘어설 수 없다.
ㄴ. 주가에는 모든 정보가 반영되어 있어 미래 주가는 임의(Random)대로 움직인다.
ㄷ. 합리적 기대에 따른 가격 변동으로 인해 미래 주식가격 변화에 대한 체계적인 예측이 어렵다.
ㄹ. 정보 변화에 따른 가격 변화가 즉각적으로 이루어진다.

정답 ❶

13 피셔(I. Fisher)의 기간 간 소비선택모형에서 소비자는 소득과 이자율을 고려하여 현재와 미래의 소비를 결정한다.
ㄴ. (×) 차용이 불가능한 소비자의 경우, 소비는 현재 소득에 의존한다.
ㄹ. (×) 이자율 상승에 따른 대체효과가 발생하면 현재소비는 감소하고 미래소비는 증가한다.

정답 ❹

CHAPTER 11 인플레이션과 실업

출제포인트
- 실업률의 측정
- 실업과 인플레이션의 관계

제1절 물가와 인플레이션

I 물가지수 기출 20·22·24·25

1. 의 의
물가의 움직임을 구체적으로 측정한 지표(일정시점을 기준으로 그 이후의 물가변동을 백분율(%)로 표시)

2. 측 정

$$물가지수 = \frac{비교시의\ 물가수준}{기준시의\ 물가수준} \times 100$$

3. 물가지수 작성방법 기출 18

① 라스파이레스 방식(LPI) : $\dfrac{\sum P_i Q_o}{\sum P_o Q_o} \times 100$

기준연도의 거래량을 가중치로 사용하며 소비자물가지수, 생산자물가지수 등의 계산에 이용된다. 일반물가수준의 상승을 과대평가한다.

② 파셰 방식(PPI) : $\dfrac{\sum P_i Q_i}{\sum P_o Q_i} \times 100$

비교연도의 거래량을 가중치로 사용하며 GDP디플레이터 계산에 이용된다. 파셰 방식은 일반물가수준의 상승을 과소평가한다.

4. 물가지수의 종류

① 소비자물가지수(CPI) : 가계의 소비생활에 필요한 재화와 서비스의 소매가격을 기준으로 환산한 물가지수로서 라스파이레스 방식으로 통계청에서 작성한다.
② 생산자물가지수(PPI) : 국내시장의 제1차 거래단계에서 기업 상호 간에 거래되는 모든 재화와 서비스의 평균적인 가격변동을 측정한 물가지수로서 라스파이레스 방식으로 한국은행에서 작성한다.
③ GDP디플레이터 : 명목GDP를 실질가치로 환산할 때 사용하는 물가지수로서 GDP를 추계하는 과정에서 산출된다. 가장 포괄적인 물가지수로서 사후적으로 계산되며 파셰방식으로 한국은행에서 작성한다.

$$\frac{명목GDP}{실질GDP} \times 100$$

5. 화폐의 구매력(화폐의 일반적인 교환가치)

$$화폐의\ 구매력 = \frac{1}{물가수준} \times 100$$

① 물가상승 → 화폐구매력 감소 → 화폐가치 하락
② 물가하락 → 화폐구매력 증가 → 화폐가치 상승

II 인플레이션 기출 20·25

1. 의 의

인플레이션이란 물가수준이 지속적으로 상승하여 화폐가치가 하락하는 현상을 말한다.

2. 인플레이션의 종류(발생원인에 따른 분류)

① 수요견인 인플레이션 : 총수요(AD)증가로 인한 인플레이션
② 비용인상 인플레이션 : 총공급(AS)감소로 인한 인플레이션
③ 혼합형 인플레이션 : 총수요증가와 총공급감소가 동시에 발생함으로 인한 인플레이션

3. 인플레이션 원인과 대책

① 수요견인 인플레이션
  ㉠ 고전학파와 통화주의 학파 : 인플레이션의 원인을 지나친 통화공급으로 파악하여 통화량을 적절히 조절한다면 인플레이션을 제거할 수 있다고 본다. 특히, 통화주의자들은 통화량 증가율은 경제성장률에 맞추어 매년 일정하게 유지하는 준칙(k%준칙)에 입각한 통화정책의 실시를 강력하게 주장하였다.
  ㉡ 케인즈학파 : 총수요의 증가에 의해 발생한 인플레이션을 긴축적인 총수요관리정책(긴축재정, 긴축금융정책)을 통해 억제해야 한다고 주장하였다.

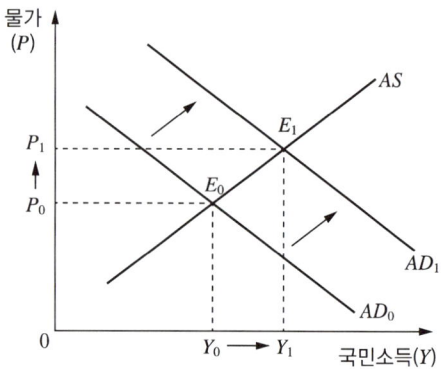

② 비용인상 인플레이션
　㉠ 케인즈학파 : 비용인상 인플레이션을 임금인상, 이윤인상, 석유파동, 원자재가격상승 등으로 인한 AS곡선의 좌측이동으로 인해 발생하는 것으로 파악한 케인즈학파는 총공급관리정책을 통해 비용인상 인플레이션을 억제하려 하였다. 총공급관리정책이란 정책당국이 생산성 증가율의 범위 내에서 임금 등의 가격상승을 억제하는 정책을 실시하여 인플레이션을 억제하고자 하는 정책을 말한다.
　㉡ 통화주의학파와 합리적 기대학파 : 재량에 의한 금융정책으로 수요견인 인플레이션이 발생하여 경제주체들이 그 수요견인 인플레이션에 적응적(합리적)으로 대응하는 과정에서 비용인상 인플레이션이 발생한다고 본다. 따라서 준칙에 의한 통화정책을 통하여 민간의 물가수준에 대한 기대가 실제물가수준과 일치할 수 있도록 하는 것을 중요시한다(k% 준칙에 입각한 통화정책).

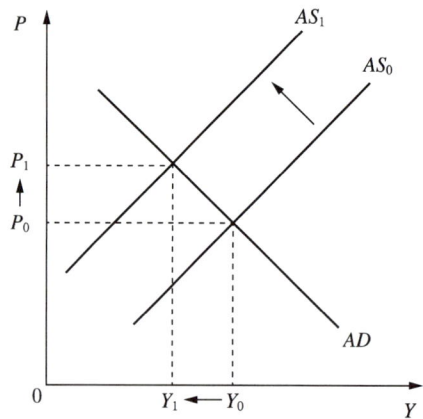

인플레이션의 발생원인		
학 파	수요견인 인플레이션	비용인상 인플레이션
고전학파	통화공급(M)의 증가	통화주의는 물가수준에 대한 적응적 기대를 하는 과정에서 생긴 현상으로 파악
통화주의학파	통화공급(M)의 증가	
케인즈학파	정부지출 증가, 투자증가 등 유효수요 증가와 통화량증가	임금인상 등의 부정적 공급충격

4. 인플레이션의 경제적 효과 [기출] 16

① 예상치 못한 인플레이션은 채권자에서 채무자에게로 소득을 재분배하며 고정소득자와 금융자산을 많이 보유한 사람에게 불리하게 작용한다.
② 예상치 못한 인플레이션은 경제 내의 불확실성을 증가시킨다.
③ 인플레이션은 물가수준의 상승을 의미하므로 수출재의 가격이 상승하여 수출이 줄어들므로 경상수지를 악화시킨다.
④ 인플레이션은 실물자산에 대한 선호를 증가시켜 저축이 감소하여 자본축적을 저해해 경제의 장기적인 성장가능성을 저하시킨다.

5. 인플레이션비용 [기출] 16·19·22·23·24

① 유형: 화폐의 보유를 줄이기 위해 부담해야 하는 구두창비용, 가격을 더 자주 변경하는데 들어가는 메뉴비용, 상대가격 변동의 확대, 세제가 물가에 연동되지 아니하여 증가하는 세금부담, 회계의 단위가 변동되어 발생하는 혼동과 불편, 채권자와 채무자 사이의 부의 재분배 등을 들 수 있다.
② 메뉴비용
  ㉠ 예상한 인플레이션과 예상하지 못한 인플레이션의 경우 모두에서 메뉴비용이 발생한다.
  ㉡ 메뉴비용이 커서 가격조정이 즉각적으로 이루어지지 않은 경우에는 재화의 상대가격이 변화하고 이에 따라 자원배분의 비효율성이 발생한다.

제2절 실 업

Ⅰ 실업의 의의 [기출] 17

실업이란 일할 의사와 능력을 가진 사람이 직업을 갖지 못한 상태를 말한다.

Ⅱ 실업률의 측정 [기출] 13·16·18·19·20·21·22·23·24·25

1. 실업률

$$\frac{실업자}{경제활동인구} \times 100$$

※ 취업자의 개념: 1주일간 수입 목적으로 1시간 이상 일을 한 사람

2. 경제활동참가율

$$\frac{경제활동인구}{15세 이상 인구} \times 100$$

(15세 이상 인구＝경제활동인구＋주부, 학생 등, 경제활동인구＝실업자＋취업자)

※ 경제활동인구 : 만 15세 이상의 국민 중 일할 의사와 능력을 가진 사람

3. 고용률

$$\frac{취업자수}{15세 이상 인구} \times 100$$

Ⅲ 실업의 구분 기출 15 · 20 · 21 · 22

1. 자발적 실업

일할 능력을 갖고 있으나 현재의 임금수준에서 일할 의사가 없어서 실업상태에 있는 경우를 말한다.
① **마찰적 실업** : 일시적으로 직장을 옮기는 과정에서 발생하는 실업
② **탐색적 실업** : 보다 나은 직장을 탐색하면서 발생하는 실업

2. 비자발적 실업 기출 14

일할 의사와 능력을 갖고 있으나 현재의 임금수준에서 일자리를 구하지 못하여 실업상태에 있는 경우를 말한다.
① **경기적 실업** : 경기침체로 인해 발생하는 대량의 실업(케인즈적 실업)
　→ 경기회복으로 해결이 가능
② **구조적 실업** : 일부산업의 사양화 등으로 인하여 발생하는 실업
　→ 산업구조의 개편과 새로운 인력정책으로 해결이 가능
③ **기타의 실업**
　㉠ 잠재적 실업(위장실업 · 가장실업) : 인구과잉의 후진국 농업부문에서 주로 나타나는 실업으로 겉으로 보기에는 취업상태에 있으나 한계생산력이 0인 상태의 실업을 말한다.
　㉡ 기술적 실업 : 기술진보로 노동이 인간에서 기계로 대체되어 발생하는 실업
　㉢ 계절적 실업 : 생산 또는 수요의 계절적 변화에 따라 발생하는 실업

Ⅳ 실업원인과 대책

1. 고전학파

고전학파에 따르면 물가에 대한 완전예견과 가격·임금수준의 신축성에 기인하여 균형고용량은 완전고용수준의 고용량과 같다. 따라서 실업은 노동조합, 최저임금제, 실업수당 등 제도적 요인에 의해 발생하며 실업의 대책은 가격의 신축성을 저해하는 제도적 요인들을 최소화하는 것이라고 주장하였다.

2. 케인즈와 케인즈학파

케인즈학파는 노동의 공급을 예상실질임금의 함수로 보았으나 명목임금의 하방경직성을 가정함으로서 비자발적 실업의 존재를 인정한다. 실업은 총수요의 부족에 기인하여 발생하며 정부가 총수요확대정책을 실시하는 경우 실업을 줄일 수 있다고 본다.

3. 통화주의학파(자연실업률가설) 기출 23·24

① **자연실업률**

㉠ 의의 : 자연실업률이란 완전 고용상태에서의 실업률 또는 현재 진행되는 인플레이션을 가속시키지도 않고, 감속시키지도 않게 해주는 실업률을 말한다. 또한, 장기적인 균형에서 마찰적 실업과 구조적 실업만 존재할 때의 실업률을 의미한다.

㉡ 측 정

$$U_n = \frac{U}{U+E} = \frac{실직률}{실직률+구직률}$$

② **자연실업률가설** : 적응적 기대와 신축적 물가를 가정하여 정부의 재량적인 정책은 단기적인 효과가 존재하나 장기에는 민간 경제주체의 기대의 변화에 의해 물가수준만 상승시킨다(준칙에 입각한 통화정책주장). 즉, 실업을 감소시키기 위한 정부의 재량적인 정책은 장기적으로 무력하며 자연실업률 수준을 변화시키는 정책만이 실업을 감소시킬 수 있다.

4. 새고전학파(탐색실업이론)

직업탐색이론에 따르면 불완전한 노동시장과 비대칭적 정보하에서 노동자는 보다 많은 임금의 일자리를 탐색하고, 기업은 보다 높은 생산성을 가진 노동자를 탐색하는 과정에서 일시적으로 실업이 발생한다. 따라서 실업을 감소시키기 위해서 노동시장의 정보흐름을 원활히 하고 실업수당을 감소시킬 것을 주장하였다.

제3절 실업과 인플레이션의 관계 기출 25

I 전통적 필립스곡선 기출 14·23

1. 형태

인플레이션과 실업의 관계를 구명하는 곡선을 필립스곡선(Philips Curve)이라 한다. 일반적인 필립스곡선은 우하향의 형태를 띠고 있다.

$$\pi = h(u - u_n)$$
($h<0$, u : 실제실업률, u_n : 자연실업률)

2. 특 징

필립스곡선은 우하향하며 실업률이 하락하면 인플레이션율이 상승하고, 실업률이 상승하면 인플레이션율이 하락한다. 그러나 정태적 기대를 가정하고 있으며 물가가 상승하고 실업률이 증가하는 스태그플레이션을 설명하지 못한다.

3. 정책적 시사점

우하향하는 필립스곡선은 정부의 정책 개입에 따른 정책효과가 존재함을 의미하여 케인즈학파의 재량정책의 정당성을 부여하였다.

II 프리드만 - 펠프스의 기대부가 필립스곡선(자연실업률 가설) 기출 19

1. 형태

단기적으로 경제주체들의 예상 인플레이션(π^e)이 일정할 때 단기 필립스곡선은 우하향곡선의 형태이다. 이때 정부의 인위적인 재량정책을 사용하며 경제주체들의 예상 인플레이션이 상승하면 필립스곡선도 예상 인플레이션만큼 상방이동하게 되어 장기적으로 필립스곡선은 수직형태를 띠게 된다.

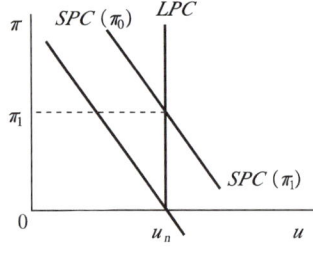

$$\pi = \pi^e + h(u + u_n)$$
($h<0$, u : 실제실업률, u_n : 자연실업률)

2. 특 징

적응적 기대와 가격신축성을 가정한다. 단기적으로 필립스곡선은 우하향하며 장기에는 기대의 변화로 단기 필립스곡선이 이동하게 된다. 따라서 장기 필립스곡선은 자연실업률 수준에서 수직이다.

3. 정책적 시사점

정부의 정책은 단기적으로 유효하나 장기적으로 물가만 불안하게 하므로 정부는 준칙에 의한 정책을 실시하여야 한다.

제4절 효율임금이론(Efficiency wage theory)

Ⅰ 의 의

1. 개 념

효율임금이론이란 근로자의 생산성을 높이기 위해 균형임금보다 더 높은 임금을 지불하는 것이 이윤극대화를 추구하는 기업에 더 이익이 된다는 이론이다.

2. 도 입

새케인즈학파는 기업들이 임금수준을 균형임금보다 높게 유지하여, 근로자에게 높은 임금을 지급하면 이들의 효율이 높아지기 때문에 기업에 이익이 될 수 있다고 주장하고 있다.

Ⅱ 특 징 기출 16·19·22·24·25

1. 유 형

① 임금과 근로자들의 건강이 밀접한 관련이 있다고 하여, 기업입장에서는 높은 임금을 지급하더라도 건강하고 생산성이 높은 근로자를 고용하는 것이 이익이라는 이론이 있다.
② 임금과 근로자들의 이직과의 관계를 강조하여 기업이 지급하는 임금이 높을수록 근로자들의 이직이 줄어 기업에 이익이 된다는 이론이 있다.
③ 임금과 근로자들의 자질과의 관계를 강조하여 기업이 근로자들에게 높은 임금을 지급하면 더 우수한 지원자가 지원할 것이므로 기업에 이익이 된다는 이론이 있다.
④ 마지막으로 임금과 근로자들의 열의사이의 관계를 강조하여 균형임금보다 높은 임금을 지급하면 현재 고용된 근로자들에게 열심히 일할 유인을 제공한다는 이론이 있다.

2. 내용

① 고임금의 경제효과가 있을 때 임금이 상승하여도 생산성이 높으므로 새롭게 형성되는 노동수요곡선은 본래의 수요곡선보다 비탄력적이다.

② 기업은 이윤을 높이기 위해, 높은 임금을 지급해야 하므로 임금의 하방경직성을 설명할 수 있다.

③ 기업이 낮은 수준의 임금을 제시하면 생산성 높은 노동자는 기업을 떠나고 생산성이 낮은 노동자만 그 기업에 남게 되는 역선택이 발생하나, 생산성에 따라 임금을 받는 효율성임금을 지급하면 태만, 역선택을 줄일 수 있다.

④ 이 이론에 의하면 기업입장에서는 노동의 공급과잉이 있는 경우에도 균형임금보다 높은 임금을 지급하는 것이 이득이 되기 때문에 이로 인한 실업을 설명할 수 있게 된다.

효율성임금 모형	
영양모형	실질임금수준이 높을수록 영양가 높은 식사를 할 수 있으므로 영양상태가 양호하게 유지될 수 있어 생산성이 높아진다.
태업방지모형	노동자들은 취직 후 근무를 태만히 하는 도덕적 해이가 나타나는데, 높은 임금을 지급하면 태업을 줄일 수 있다.
역선택모형	낮은 임금을 지급하면 우수한 노동자는 직장을 그만두고 생산성이 낮은 노동자만 남게 되는 역선택이 발생하는데, 높은 임금을 지급하면 평균생산성을 높게 유지할 수 있어 역선택을 방지할 수 있다.
이직모형	기업이 새로운 직원을 채용하고 교육시키는 데 많은 비용이 소요되므로, 높은 임금을 지급하면 이직비용을 줄일 수 있다.

CHAPTER 11 인플레이션과 실업

01 고용과 관련된 지표에 관한 설명으로 옳지 않은 것은? 기출 24

① 경제활동인구란 15세 이상의 인구 중에서 취업자와 실업자를 합한 것이다.
② 15세 이상의 인구 중에서 취업할 의사가 없거나 일할 능력이 없는 사람은 비경제활동인구에 포함된다.
③ 군대 의무 복무자와 교도소 수감자는 경제활동 조사대상에서 제외된다.
④ 조사대상 기간 1주일 중 수입을 목적으로 1시간 이상 일을 한 사람은 취업자에 해당된다.
⑤ 일정한 직장을 가지고 있으나 일시적인 질병 등으로 조사대상 기간에 일을 하지 못한 사람은 실업자로 분류된다.

해설 및 정답

01 일정한 직장을 가지고 있으나 일시적인 질병 등으로 조사대상 기간에 일을 하지 못한 사람은 <u>취업자</u>로 분류된다.

정답 ⑤

02
2021년 현재 우리나라 통계청의 고용통계작성기준에 관한 설명으로 옳지 않은 것은?(단, 만 15세 이상 인구를 대상으로 한다) 기출 21

① 아버지가 수입을 위해 운영하는 편의점에서 조사대상주간에 무상으로 주당 20시간 근로한 자녀는 비경제활동인구로 분류된다.
② 다른 조건이 같을 때, 실업자가 구직활동을 포기하면 경제활동참가율은 하락한다.
③ 질병으로 입원하여 근로가 불가능한 상태에서 구직활동을 하는 경우에는 실업자로 분류되지 않는다.
④ 대학생이 수입을 목적으로 조사대상주간에 주당 1시간 이상 아르바이트를 하는 경우 취업자로 분류된다.
⑤ 실업률은 경제활동인구 대비 실업자수의 비율이다.

03
실업에 관한 설명으로 옳은 것은? 기출 22

① 구직단념자의 증가는 비경제활동인구의 감소를 초래하여 실업률을 상승시킨다.
② 비자발적 실업이 존재한다는 것은 노동시장에서 실제 임금수준이 균형임금보다 낮다는 것을 의미한다.
③ COVID-19 팬데믹 문제로 산업 활동이 둔화하여 발생하는 실업은 마찰적 실업에 해당한다.
④ 전기차 등 친환경차 생산 증대로 기존 내연기관 자동차 생산에 종사하는 노동자가 일자리를 잃는 경우 구조적 실업에 해당한다.
⑤ 해외 유아의 국내 유입이 증가하는 경우 실업률이 하락한다.

04
다음 표에 근거한 실업 관련 지표에 관한 설명으로 옳은 것은? 기출 25

구 분	2023년	2024년
취업자 수	1,000명	1,000명
비경제활동인구	2,000명	2,100명
생산가능인구	4,000명	4,000명
총인구	6,000명	6,200명

① 2024년의 고용률은 2023년보다 낮다.
② 2024년의 실업률은 2023년보다 낮다.
③ 2024년의 실업률은 50%이다.
④ 고용률은 총인구 중 취업자가 차지하는 비율을 의미한다.
⑤ 2024년의 경제활동참가율은 2023년보다 높다.

해설 및 정답

02 아버지가 수입을 위해 운영하는 편의점에서 조사대상주간에 무상으로 주당 20시간 근로한 자녀는 경제활동인구로 분류된다.
② 실업자 중 구직활동을 포기한 실망노동자는 비경제활동인구로 분류되어 경제활동참가율은 하락하게 된다.
③ 통계청에서 정의하고 있는 실업자란 조사대상주간을 포함한 지난 4주간 적극적으로 일자리를 찾아보았으며, 일이 주어졌을 경우 즉시 일할 수 있는 여건이 구비된 사람으로, 질병으로 입원하여 근로가 불가능한 상태의 사람은 즉각 일할 수 있는 여건이 구비된 사람에 해당하지 않으므로, 실업자로 분류되지 않는다.
④ 대학생이 수입을 목적으로 조사대상주간에 주당 1시간 이상 아르바이트를 하는 경우, 그 아르바이트로써 수입이 발생했기 때문에 취업자로 분류된다.
⑤ 실업률 $= \dfrac{\text{실업자수}}{\text{경제활동인구}} \times 100 = \dfrac{\text{실업자수}}{\text{취업자수} + \text{실업자수}} \times 100$

정답 ①

03 ① 구직단념자는 실망노동자로 실업률 통계에 포함되지 않는다.
② 비자발적 실업이 존재한다는 것은 노동시장에서 실제 임금수준이 균형임금보다 높다는 것을 의미한다.
③ COVID-19 팬데믹 문제로 산업 활동이 둔화하여 발생하는 실업은 경기적 실업에 해당한다.
⑤ 15세 이하의 유아 유입은 실업률과 관련이 없다.

정답 ④

04

생산가능인구(15세 이상의 인구)		
비경제활동인구	경제활동인구	
	취업자	실업자

경제활동참가율 $= \dfrac{\text{경제활동인구}}{\text{생산가능인구}} \times 100$

고용률 $= \dfrac{\text{취업자 수}}{\text{생산가능인구}} \times 100$

실업률 $= \dfrac{\text{실업자 수}}{\text{경제활동인구}} \times 100$

2024년의 실업률은 $\dfrac{1,900-1,000}{4,000-2,100} \times 100(\%) ≒ 47(\%)$ 이고

2023년의 실업률은 $\dfrac{2,000-1,000}{4,000-2,000} \times 100(\%) = 50(\%)$ 이므로 2024년의 실업률이 더 낮다.

① 2023년과 2024년의 고용률은 $\dfrac{1,000}{4,000} \times 100(\%) = 25(\%)$ 으로 <u>같다.</u>
③ 2024년의 실업률은 약 <u>47%</u>이다.
④ 고용률은 <u>생산가능인구</u> 중 취업자가 차지하는 비율을 의미한다.
⑤ 2024년의 경제활동참가율은 $\dfrac{1,900}{4,000} \times 100(\%) = 47.5(\%)$ 이고

2023년의 경제활동참가율은 $\dfrac{2,000}{4,000} \times 100(\%) = 50(\%)$ 이므로

2024년보다 <u>2023년의 경제활동참가율이 더 높다.</u>

정답 ②

05 실업에 관한 설명으로 옳지 않은 것은? 기출 20

① 실업보험은 마찰적 실업을 감소시켜 자연실업률을 하락시키는 경향이 있다.
② 경기변동 때문에 발생하는 실업을 경기적 실업이라 한다.
③ 효율성임금이론(Efficiency Wage Theory)에 따르면 높은 임금 책정으로 생산성을 높이려는 사용자의 시도가 실업을 야기할 수 있다.
④ 내부자-외부자가설(Insider-outsider Hypothesis)에 따르면 내부자가 임금을 높게 유지하려는 경우 실업이 발생할 수 있다.
⑤ 최저임금제도는 구조적 실업을 야기할 수 있다.

06 A국의 15세 이상 생산가능인구는 200명이다. 실업률이 10%, 경제활동참가율이 60%일 때, 취업자수는? 기출 23

① 54명
② 100명
③ 108명
④ 120명
⑤ 180명

07 A국가는 경제활동인구가 4,000만 명이고 비경제활동인구는 1,000만 명이다. 경제활동인구와 비경제활동인구 간의 상태변화는 없으며, 매 기간 동안 실직률(취업자 중 실직하는 사람의 비율)과 구직률(실직자 중 취업하는 사람의 비율)은 각각 4%와 16%이다. 균제상태(steady state)에서 취업자 수는? 기출 25

① 3,000만 명
② 3,100만 명
③ 3,200만 명
④ 3,300만 명
⑤ 3,600만 명

08 적응적 기대가설 하에서 필립스곡선에 대한 설명으로 옳지 않은 것은? 기출 19

① 단기필립스곡선은 총수요 확장정책이 효과적임을 의미한다.
② 단기필립스곡선은 희생률(sacrifice ratio) 개념이 성립함을 의미한다.
③ 단기필립스곡선은 본래 임금 상승률과 실업률 사이의 관계에 기초한 것이다.
④ 밀턴 프리드만(M. Priedman)에 의하면 필립스곡선은 장기에 우하향한다.
⑤ 예상 인플레이션율이 상승하면 단기 필립스곡선은 오른쪽으로 이동한다.

해설 및 정답

05 실업보험은 마찰적 실업을 증가시켜 자연실업률을 상승시키는 경향이 있다.

정답 ①

06 • 경제활동인구＝15세 이상의 생산가능인구×경제활동참가율
　　　　　　　＝200명×60%
　　　　　　　＝120명
　• 실업률＝$\frac{실업자수}{경제활동인구}×100$＝$\frac{실업자수}{120명}×100$＝10%
　　∴ 실업자수＝120명×10%＝12명
　• 취업자수＝경제활동인구－실업자수＝120명－12명＝108명

정답 ③

07 실취업자(E) 중 실직률을 s, 실업자(U) 중 구직률을 f라고 하면

$$자연(균제상태)실업률 = \frac{U}{U+E} = \frac{s}{s+f}$$

문제의 값을 대입하면
실업률 ＝ $\frac{4}{4+16}$ ＝ 20(%)
실업자 수 ＝ 4,000만명×20%＝800만명

취업자 수 ＝ 경제활동인구－실업자 수이므로
취업자 수 ＝ 4,000만명－800만명＝<u>3,200만 명</u>

정답 ③

08 밀턴 프리드만에 의하면 장기에는 사람들이 인플레이션율을 정확히 예측하므로 실제실업률과 자연실업률이 일치하여, 장기 필립스곡선은 자연산출량 수준에서 수직선의 형태로 도출된다.
① 단기 필립스곡선은 수요정책을 효과적이라고 보는 케인즈 학파의 지지를 받았다. 실업률을 낮추기 위한 재량적인 총수요관리정책은 단기적으로 실제 실업률을 낮출 수 있다고 주장하였다.
② 희생률이란 인플레이션 하락에 따라 증가하는 실업률로써 이는 실업률과 물가상승률 간 상충관계를 보여주는 단기 필립스곡선과 관계가 있다.
③ 단기 필립스곡선은 본래 필립스(A. W. Phillips)가 영국의 자료를 분석하여, 명목임금상승률과 실업률 간에 역의 상관관계가 있다는 것을 제시하였다.
⑤ 필립스곡선 : $\pi = \pi^e - \gamma(u - u^n)$, 예상 인플레이션율 π^e이 상승하면 단기 필립스곡선은 오른쪽으로 이동한다.

정답 ④

09 필립스곡선에 관한 설명으로 옳지 않은 것은? 기출 25

① 실제산출량이 자연산출량 수준에서 결정되면, 필립스곡선은 수직선의 형태를 취한다.
② 단기에서 실업률을 낮추기 위한 확장적 통화정책은 물가상승률을 반드시 높이게 된다.
③ 단기적으로 기울기가 우하향할 경우, 합리적 기대가 성립한다 해도 이 경제에서 화폐의 중립성이 항상 성립되는 것은 아니다.
④ 모두가 합리적 기대를 하는 경제의 경우, 단기에 필립스 곡선은 항상 수직이다.
⑤ 새고전학파에 의하면 경제주체들이 합리적 기대를 따를 경우, 정부정책이 실행될 시 이를 반영하여 즉각적으로 필립스곡선이 이동한다고 주장한다.

10 아래 조건을 만족하는 경제에 관한 설명으로 옳지 않은 것은?(M은 통화량, V는 화폐유통속도, P는 물가수준, Y는 총생산이다) 기출 23

- 인플레이션율과 총생산성장률 간 양(+)의 관계가 성립한다.
- 총생산성장률과 실업률 간 음(−)의 관계가 성립한다.
- $MV = PY$가 성립한다.
- 화폐유통속도는 일정하다.
- 현재 통화증가율은 10%이고, 인플레이션율은 6%이다.

① 오쿤의 법칙(OKun's law)이 성립한다.
② 필립스곡선은 우하향한다.
③ 명목 총생산성장률은 10%이다.
④ 총생산성장률은 4%이다.
⑤ 통화증가율을 6%로 낮추어 인플레이션율이 4%로 인하되면 총생산은 감소한다.

11 물가지수에 관한 설명으로 옳지 않은 것은? 기출 22

① 우리나라의 소비자물가지수는 농촌지역의 물가 동향을 파악하는 지표로는 적합하지 않다.
② 우리나라의 소비자물가지수는 소비자가 소비하는 모든 상품과 서비스를 대상으로 측정되기 때문에 정부 물가관리의 주요 대상지표가 된다.
③ GDP 디플레이터는 국내에서 생산된 상품만을 조사 대상으로 하기 때문에 수입상품의 가격동향을 반영하지 못한다.
④ GDP 디플레이터는 명목국내총생산을 실질국내총생산으로 나눈 값으로 측정한다.
⑤ 우리나라의 생산자물가지수는 기업 간에 거래되는 일정 비율 이상의 비중을 갖는 원자재 및 자본재의 가격 변화를 반영한다.

해설 및 정답

09 합리적 기대가 성립한다고 해도, 기대 물가와 실제 물가가 다르면 단기적으로 산출량과 실업률이 변동할 수 있고, 이때 단기 필립스곡선은 <u>우하향</u>한다.

정답 ④

10 총생산성장률이 감소하는 것이지 총생산이 감소하는 것이 아니다.
① 오쿤의 법칙은 실업률과 경제성장률 간에 성립하는 역의 상관관계가 있음을 나타낸 것으로 총생산성장률과 실업률 간에 음(-)의 관계가 성립하므로 위 조건으로 오쿤의 법칙이 성립함을 알 수 있다.
② 본 조건에서 인플레이션과 총생산성장률 간 양(+)의 상관관계를 가지고 총생산성장률과 실업률 간 음(-)의 상관관계를 가지므로 인플레이션과 실업률 간에는 음(-)의 상관관계를 가짐을 알 수 있다. 필립스 곡선은 인플레이션과 실업률 간의 역의 상관관계를 나타내는 곡선으로 일반적인 필립스 곡선은 우하향 형태를 나타낸다.
③ 명목 총생산성장률＝통화증가율＋화폐유통속도증가율＝10%＋0%＝10%(∵ 화폐유통속도는 일정하므로 화폐유통속도증가율은 0%)
④ 총생산성장률＝통화증가율＋화폐유통속도증가율－인플레이션율＝10%＋0%－6%＝4%

정답 ⑤

11 소비자물가지수는 소비자가 소비하는 모든 상품과 서비스를 대상으로 하는 것이 아닌 일상생활을 영위하기 위해 구입하는 재화와 서비스를 대상으로 한다.
① 소비자물가지수는 전체 도시소비자가 상품과 서비스품목을 구입할 때 지불하는 가격의 평균변동을 측정한 수치로 농촌지역의 물가 동향을 파악하는 지표로는 적합하지 않다.
③ GDP 디플레이터는 수입품 가격은 제외되어 산출된다.
④ GDP 디플레이터 $= \dfrac{\text{명목GDP}}{\text{실질GDP}} \times 100$
⑤ 소비자물가지수는 원자재 및 자본재 가격을 제외하지만 생산자물가지수는 원자재, 자본재 및 소비재를 포함한다.

정답 ②

12 물가지수에 관한 설명으로 옳지 않은 것은? 기출 20

① 소비자물가지수는 재화의 품질 변화를 반영하는 데 한계가 있다.
② GDP디플레이터는 실질 GDP를 명목 GDP로 나눈 수치이다.
③ 소비자물가지수는 재화의 상대가격 변화에 따른 생계비의 변화를 과대평가한다.
④ 소비자물가지수는 재화 선택의 폭이 증가함에 따른 화폐가치의 상승효과를 측정할 수 없다.
⑤ 소비자물가지수는 GDP디플레이터와 달리 해외에서 수입되는 재화의 가격 변화도 반영할 수 있다.

13 인플레이션에 관한 설명으로 옳은 것은? 기출 20

① 예상치 못한 인플레이션이 발생하면 채권자가 이득을 보고 채무자가 손해를 보게 된다.
② 피셔(I. Fisher)가설에 따르면 예상된 인플레이션의 사회적 비용은 미미하다.
③ 예상치 못한 인플레이션은 금전거래에서 장기계약보다 단기계약을 더 회피하도록 만든다.
④ 경기호황 속에 물가가 상승하는 현상을 스태그플레이션이라고 한다.
⑤ 인플레이션 조세는 정부가 화폐공급량을 줄여 재정수입을 얻는 것을 의미한다.

14 인플레이션에 관한 설명으로 옳지 않은 것은? 기출 25

① 수입원자재 가격의 상승은 수요견인 인플레이션의 원인이 된다.
② 예상된 인플레이션이 발생하면 예금을 인출하기 위해 자주 은행을 찾게 되는데, 이를 구두창비용이라 한다.
③ 인플레이션 조세란 통화발행을 통해 정부가 수입을 얻는 것이다.
④ 피셔(I. Fisher)가설이 성립한다면, 채권자가 인플레이션으로 손해를 보지 않는다.
⑤ 예상치 못한 인플레이션은 부동산, 금, 외환에 대한 투기를 초래할 수 있다.

15 인플레이션의 비용이 아닌 것은? 기출 23

① 화폐 보유액을 줄이는데 따르는 비용
② 가격을 자주 바꾸는 과정에서 발생하는 비용
③ 경직적인 조세제도로 인한 세금 부담 비용
④ 기대하지 못한 인플레이션에 의한 부(wealth)의 재분배
⑤ 상대가격이 유지되어 발생하는 자원배분 왜곡

해설 및 정답

12 GDP디플레이터는 명목GDP를 실질GDP로 나눈 수치이다.
① 소비자물가지수 작성 시 모든 재화의 품질 변화를 반영하려고 노력하지만, 이는 실질적으로 매우 어렵다.
③ 소비자물가지수는 기준연도의 거래량을 고정하여 계산하는 라스파이레스 방식($L_P = \dfrac{\sum P_t \cdot Q_0}{\sum P_0 \cdot Q_0}$)을 활용하므로, 물가 상승에 따른 거래량 감소를 반영하지 못해 생계비의 변화를 과대평가한다.
④ 신제품의 증가로 인해 재화 선택의 폭이 증가하더라도, 소비자물가지수가 갱신되기 전까지는 그 신제품이 소비자물가지수 대상품목에 포함되지 않으므로, 화폐가치의 상승효과를 측정할 수 없다.
⑤ 수입되는 재화의 가격을 제외하고 계산하는 GDP디플레이터와는 달리, 소비자물가지수는 계산 시 수입품의 가격을 포함한다.

정답 ❷

13 ① 예상치 못한 인플레이션이 발생하면 화폐가치가 하락하여 채무자는 이득을, 채권자는 손해를 보게 된다.
③ 예상치 못한 인플레이션은 미래의 불확실성을 야기하므로, 장기계약을 회피하도록 만든다.
④ 스태그플레이션이란 경기불황 속에 물가가 상승하는 현상을 말한다.
⑤ 인플레이션 조세란 정부가 화폐공급량을 증가시키면서 발생한 인플레이션이 화폐의 가치를 하락시켜 세금처럼 작용하는 현상을 말한다.

정답 ❷

14 수입원자재 가격의 상승은 <u>비용인상</u> 인플레이션의 원인이 된다. 수입원자재의 가격이 상승하면 생산비의 상승으로 총공급이 감소하여 물가상승을 유발한다.
② 예상된 인플레이션이 발생하면 예금을 인출하여 현물로 교환하기 위해 자주 은행을 찾게 된다. 이를 구두창비용이라 한다.
③ 정부가 통화량을 증가시켜 재정자금을 조달하면 인플레이션이 나타나고 화폐의 구매력이 감소한다. 이는 화폐를 보유한 사람의 실질소득 감소를 의미하고, 정부가 세금을 부과한 것과 같은 결과를 가져오므로 인플레이션 조세라고 한다.
④ 피셔(I. Fisher)가설은 명목이자율＝실질이자율＋물가상승률이다. 이때 명목이자율에는 물가상승률이 반영되어 있기 때문에 채권자는 인플레이션으로 손해를 보지 않는다.
⑤ 예상치 못한 인플레이션이 발생하면 화폐가치가 하락하여 부동산, 금, 외환에 대한 투기를 초래할 수 있다.

정답 ❶

15 상대가격이 유지되지 못해 자원배분 왜곡의 문제가 발생한다.
① 인플레이션이 발생하면 화폐가치 하락으로 화폐 보유액이 감소한다.
② 인플레이션이 발생하면 재화가격을 조정하는 메뉴비용이 발생한다.
③ 인플레이션으로 조세가 증가하게 되면 저축이 감소하는 문제가 발생한다.
④ 예상치 못하게 물가가 높아지면 채무자의 실질 부채는 감소하고, 저축자가 실질적으로 받는 금액은 감소한다.

정답 ❺

16 효율임금이론에 관한 설명으로 옳은 것은? 기출 25

ㄱ. 근로자의 근무태만을 감소시킨다.
ㄴ. 근로자의 비근로소득을 증가시킨다.
ㄷ. 근로자의 이직 확률을 낮춘다.
ㄹ. 우수한 근로자를 기업으로 끌어들인다.

① ㄱ
② ㄴ
③ ㄷ
④ ㄹ
⑤ ㄷ, ㄹ

17 암묵적 계약이론(implicit contract theory)에 관한 설명으로 옳지 않은 것은? 기출 23

① 실질임금이 단기에 노동수요 충격과 노동공급 충격에 민감하게 변화하지 않는 현상을 설명한다.
② 근로자와 사용자가 사전에 구체적인 업무를 명시하지 않고 불완전한 계약을 하는 이유를 설명한다.
③ 비대칭적 정보하에서 근로자가 상황 변화에 따른 임금 조정보다 안정적 임금을 선호하는 이유를 설명한다.
④ 암묵적 계약은 자율적 강제성보다는 법적 강제성이 전제되어야 성립한다.
⑤ 암묵적 계약은 자유의사에 의한 고용원칙(the doctrine of employment-at-will) 하에서 더 효과적으로 집행될 수 있다.

18 일자리 탐색 모형(job search model)에 관한 설명으로 옳은 것은? 기출 23

① 일자리 특성이 아니라 근로자의 특성에 따라 취업할 확률에 미치는 영향을 설명한다.
② 일자리 탐색 모형은 채용기준에 적합한 근로자를 찾는 과정을 설명한다.
③ 유보임금(reservation wage)은 근로를 위해 받아들일 수 있는 최저 임금이다.
④ 유보임금이 증가하면 예상실업기간은 감소한다.
⑤ 근로자는 탐색과정에서 희망하는 최고의 임금을 받게 된다.

해설 및 정답

16 ㄱ. (○) 효율성임금의 태업방지모형에 관한 내용이다.
ㄴ. (×) 효율성임금은 근로자의 근로소득을 증가시키는 것이지, 비근로소득과는 관련이 없다.
ㄷ. (○) 효율성임금의 이직모형에 관한 내용이다.
ㄹ. (○) 효율성임금의 역선택모형에 관한 내용이다.

정답 ❷

17 암묵적 계약은 법적 강제성보다는 자율적 강제성이 전제되어야 한다.

> **암묵적 계약이론(묵시적 계약이론)**
> 노동자는 임금이 약간 낮아도 경기상황에 영향 없이 일정한 실질임금을 받기 원하고, 기업은 경기상황에 영향 없이 안정적인 고용관계를 유지하고자 하는 양측의 필요성에 의해 이루어진 암묵적 계약을 말한다.

정답 ❹

18 ① 근무 여건과 조직 분위기 같은 일자리 특성은 취업에 영향을 준다.
② 기업입장에서 적합한 근로자를 찾는 것이 아닌 근로자 입장에서 일할 기업을 구하는 과정을 설명한다.
④ 유보임금이 클수록 취업에 성공할 확률은 줄어들기에 예상실업기간은 증가한다.
⑤ 시간이 지나면서 근로자의 원하는 임금은 점점 작아지게 되므로 최고의 임금을 받기 어렵다.

정답 ❸

CHAPTER 12 경기변동과 경제성장

출제포인트
- ☐ 경기종합지수
- ☐ 솔로우모형

제1절 경기변동론

Ⅰ 의 의

경기변동이란 실질 GDP, 소비, 투자, 고용 등 집계변수들이 장기추세선을 중심으로 상승과 하락을 반복하는 현상을 말한다.

Ⅱ 경기변동요인

1. 계절요인
   1년 동안 계절에 따른 주기적 변동

2. 불규칙요인
   천재지변, 파업 등에 따른 단기적, 우발적 변동

3. 추세요인
   인구증가, 자본축적, 기술진보 등에 의한 장기적 변동

4. 순환요인
   경기의 상승과 하강에 따라 변동하는 요인

Ⅲ 경기변동의 종류

기 간	종 류	주 기	요 인
단 기	키친 파동	2~6년	통화공급, 금리변동, 물가변동, 생산업자나 판매업자의 재고변동
중 기	쥬글러 파동, 쿠즈네츠 파동	10~20년	기술혁신, 설비투자의 내용연수, 경제성장률의 변동
장 기	콘트라티에프 파동	50~60년	기술혁신(산업혁명 등), 신자원개발

Ⅳ 경기지수

1. 경기종합지수(Composite Index ; CI) 기출 12

① **선행종합지수** : 실제 경기순환에 앞서 변동하는 개별지표를 가공, 종합하여 만든 지수로 향후 경기변동의 단기예측에 이용됨
② **동행종합지수** : 실제 경기순환과 함께 변동하는 개별지표를 가공, 종합하여 만든 지수로 현재 경기상황과 판단에 이용됨
③ **후행종합지수** : 실제 경기순환에 후행하여 변동하는 개별지표를 가공, 종합하여 만든 지표로 현재 경기의 사후 확인에 이용됨

선행종합지수	동행종합지수	후행종합지수
1. 재고순환지표 2. 소비자기대지수 3. 건설수주액(실질) 4. 기계류내수출하지수(선박제외) 5. 수출입물가비율 6. 코스피지수 7. 장단기금리차 8. 구인구직비율 9. 경제심리지수	1. 광공업생산지수 2. 서비스업생산지수(도·소매업 제외) 3. 소매판매액지수 4. 내수출하지수 5. 건설기성액(불변) 6. 수입액(실질) 7. 비농림어업취업자수	1. 생산자제품재고지수 2. 소비자물가지수변화율 3. 소비재수입액(실질) 4. 취업자수 5. CP유통수익률

2. 기업경기실사지수(BSI)

경기에 대한 기업가의 판단, 예측 및 계획 등의 내용을 설문조사를 통해 경기상황을 지수화한 것이다. BSI는 0~200 사이의 값을 가지며, BSI가 100 이상이면 경기가 확장국면, 100 이하이면 수축국면이라고 판단할 수 있다.

$$기업경기실사지수(BSI) = \frac{(긍정적\ 응답업체수 - 부정적\ 응답업체수)}{전체\ 응답업체수} \times 100 + 100$$

Ⅴ 고전적 경기변동이론(케인즈 이전의 내생적 경기이론)

① 세이의 부분적 과잉생산설 : "공급이 스스로 수요를 창출한다"라고 하여 과잉생산은 원칙적으로 발생하지 않지만, 기업가의 착오로 인하여 부분적으로 과잉생산이 일어나고 이로 인해 경기변동이 일어난다.
② 멜더스의 일반적 과잉생산설 : 인구의 증가는 임금의 감소를 유발하고, 기업가의 이윤을 증가시키므로 경영자는 생산확장이 실행되고, 근로자는 소비지출을 감소시키므로 경기변동이 일어난다.
③ 순수화폐적 과잉투자설(호트레이 ; Hawtrey) : 은행의 신용창조에 의한 금리변동에 의해 경기변동이 발생한다.
④ 슘페터의 기술혁신설 : 기업가의 혁신에 의한 신제품, 신기술개발 등으로 경기변동이 일어난다.

Ⅵ 사무엘슨의 승수ㆍ가속도원리

① 케인즈의 승수이론(불황설명)에 근대적 가속도원리(호황설명)를 접목시킨다.
② 근대적 가속도원리(소득증가 → 소비증가 → 투자증가 → 소득증가 …)를 적용한다.
③ 투자의 증가폭은 α(한계소비성향)와 β(가속도계수)의 크기에 의해 결정되며 국민소득의 진동폭은 한계소비성향(α)과 가속도계수(β)의 크기가 클수록 경기는 크게 변동된다.

$$Y_t = C_t + I_t + G_t$$
$$C_t = C_o + aY_{t-1}, \quad I_t = \beta(Y_{t-1} - Y_{t-2})$$

Ⅶ 새고전학파의 균형경기변동이론 기출 24

새고전학파의 경기변동론은 개별경제주체의 최적화와 시장청산의 결과로서 경기변동을 설명한다. 즉, 경기변동은 불완전한 정보하에서 외부적 충격이 발생할 때 이 충격에 경제주체들이 적응해가는 동태적 최적화 행위의 결과로 나타난다고 보며 경제활동의 상승과 하강은 경제주체들의 최적화행위를 반영한 것이므로 경기변동은 후생감소를 초래하지는 않는다고 본다. 따라서 균형경기변동론이라고 부른다. 새고전학파의 균형경기변동론은 경기변동의 원인에 따라 화폐적 경기변동이론과 실물적 경기변동으로 구분된다.
① 화폐적 균형경기변동이론(루카스) : 루카스의 화폐적 경기변동이론은 불완전 정보, 합리적 기대, 신축적 가격조정이라는 가정을 도입하여 예측치 못한 통화량의 변화(경기변동의 원인=화폐적 요인)에 대해 합리적 기대를 하는 경제주체들이 물가변동에 대한 예상착오를 일으켜 경기변동이 발생한다고 본다.
② 실물적 균형경기변동이론(프로세콧, 카디랜드) : 실물적 균형경기변동이론은 합리적 기대, 동태적 최적화, 신축적 가격을 가정하며 경기변동의 원인을 생산성 변화, 기술변화 등의 실물적 요인으로 본다. 실물적 충격이 발생하면 투자의 완결기간(Time to build), 동태적 최적화 등에 의해 경기변동이 지속된다고 본다.

VIII. 새케인즈파의 불균형경기변동이론 [기출 24]

합리적 기대, 동태적 최적화, 가격경직성을 가정하며 일부시장의 불균형상태가 다른 시장에 파급됨으로써 경제 전체가 불균형을 야기하고, 이로 인해 경기변동이 일어난다고 주장한다. 즉, 외부적 충격으로 총수요가 감소하면, 산출량과 고용량이 감소하고 경기가 침체되지만, 가격은 즉각적으로 조정되지 않으므로 시장은 단기적으로 불균형상태를 유지하게 되며 경기변동이 발생한다.

제2절 경제성장론

I 개 관

1. 의 의
경제성장이란 오랜 기간에 걸쳐 일어나는 총체적 생산수준 혹은 실질 국내총생산의 지속적 증가와 평균생활수준 혹은 1인당 실질 GDP의 지속적 성장을 의미한다.

2. 경제성장률의 측정
① 경제성장률 $= \dfrac{Y_t - Y_{t-1}}{Y_{t-1}} - 100$

② 1인당 경제성장률 = 경제성장률 − 인구증가율

3. 칼도(N. Kaldor)의 정형화된 사실
① 자본−산출량 비율$\left(\text{자본계수}: \dfrac{K}{Y}\right)$은 대체로 일정하다(자본증가율 = 경제성장률이 일정).

② 자본노동비율$\left(\dfrac{K}{L}\right)$과 1인당 실질소득$\left(\dfrac{Y}{L}\right)$이 일정비율로 증가한다(자본증가율이 노동증가율보다 크고 그 차이는 대체로 일정함을 의미).

③ 실질이자율은 대체로 일정하다.

④ 자본과 노동의 상대적 소득 분배율이 일정하다.

II 해로드 - 도마모형

1. 기본가정
① 경제 내에 생산물이 하나만 존재한다.
② 매기의 인구증가율은 n으로 일정하다.
③ 평균저축성향(s)은 장기적으로 일정. 저축과 투자는 일치한다($S = sY$, $S = I$).

④ 레온티예프 생산함수

$$Y = \min\left[\frac{K}{v}, \frac{N}{a}\right] (v : \text{자본계수}, \ a : \text{노동계수})$$

∴ $Y = \frac{K}{v} = \frac{N}{a}$ 일 경우 효율적 생산이 이루어진다.

2. 내용

① **노동의 완전고용조건** : 실제성장률(G)=자연성장률(G_n)

　장기적으로 노동이 완전고용되기 위해서는 경제성장률(실제성장률)과 인구증가율이 일치해야 하며 이때의 성장률을 자연성장률(G_n)이라고 한다($G_n = n$).

　㉠ 실제성장률(G)<자연성장률(G_n) … 노동의 초과공급(실업)발생
　㉡ 실제성장률(n)>자연성장률(G_n) … 노동의 초과수요발생

② **자본의 완전고용조건** : 실제성장률(G)=적정성장률(G_w)

　장기적으로 자본이 완전 가동되기 위해서는 경제성장률(실제성장률)과 자본증가율($\frac{s}{v}$)이 일치해야 하며 이때의 성장률을 적정성장률(G_w)이라고 한다($G_w = \frac{s}{v}$).

　㉠ 실제성장률(G)<적정성장률(G_w) … 자본의 초과공급(잉여설비)발생
　㉡ 실제성장률(n)>적정성장률(G_w) … 자본의 초과수요발생

$G_w > G_n$	$G_w < G_n$
적정성장률>자연성장률 → 자본증가율(w)>인구증가율(n) → 자본의 과잉투자 → 소비가 미덕	적정성장률<자연성장률 → 자본증가율(w)<인구증가율(n) → 자본의 과소투자 → 저축이 미덕

③ **자본과 노동의 완전고용조건**

$$G = \frac{s}{v} = n \ (\frac{s}{v} : \text{자본증가율}, \ n : \text{인구증가율}) \rightarrow G = G_n = G_w$$

실질성장률(G)과 자본증가율, 인구증가율이 일치하는 경우에만 완전고용 하에서 균형성장이 달성되나 균형조건하의 변수들이 모두 외생적으로 주어지는 외생변수이므로 적정성장률(G_w)과 자연성장률(G_n)이 일치하지 않는 경우가 일반적이며 따라서 경제는 일반적으로 불완전고용하의 성장이 나타나고, 균형성장은 현실적으로 나타나지 않는다.

III 솔로우모형 기출 12·15·21·23·24·25

1. 기본가정
① 모든 가격변수는 신축적으로 변동하고, 정보는 완전하다.
② 생산함수는 요소 간의 대체가능한 콥-더글라스 생산함수이다.
③ 인구증가율은 n으로 일정하다.
④ 저축은 소득의 일정비율이며 저축과 투자는 항상 일치한다($I=S$).

2. 장기균형 : 균제상태
① 의의 : 모든 1인당 변수들이 시점에 관계없이 일정한 값을 갖는 상태를 의미한다.
② 균제조건 : $sf(k^*) = (n+d)k^*$
1인당 자본량을 일정수준으로 유지하기 위해 요구되는 자본축적량(우변)만큼 자본이 실제로 투자(좌변)될 때 균제상태가 달성된다. 즉, 균제상태는 $sf(k) = (n+d)k$가 만나기만 하면 존재한다(k). 균제상태(k)에서의 1인당 자본량은 변하지 않는다. 1인당 자본량이 변하지 않으므로 1인당 산출량 $y = f(k)$ 역시 변하지 않는다. 따라서 1인당 생산, 소득의 증가율은 0이다. 한편 총생산(Y), 총자본량(K), 총소비(C)의 성장률은 인구증가율(n)과 같다.

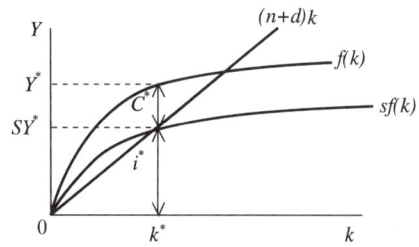

3. 경제성장의 결정요인
① **인구 증가** : 인구증가율이 상승하면 균제상태에서의 1인당 자본량은 감소하고 1인당 산출량도 감소한다. 그러나 일단 경제가 새로운 균제상태에 도달하면 1인당 자본량과 1인당 산출량의 성장률도 0이 되고 총자본량과 총산출량은 새로운 인구증가율로 증가한다.
② **저축률의 증가** : 저축성향이 증가하면 균제상태에서의 1인당 자본량은 증가하고 1인당 산출량도 증가한다. 하지만 일단 경제가 새로운 균제상태에 도달하면 1인당 자본량과 1인당 산출량의 성장률도 0이 되고 총자본량과 총산출량은 n의 비율로 증가한다.
③ **기술진보** : 기술진보는 1인당 생산함수를 상방으로 이동시킨다. 그러나 한계생산이 체감하는 한, 생산함수의 오목한 형태는 그대로 유지되기 때문에 일회적 기술진보에 의한 지속적 경제성장은 불가능하다. 그러나 기술수준이 매기 일정률(a)로 상승하는 경우 1인당 생산함수는 지속적으로 상방이동하고 지속적 경제성장이 가능하다. 즉, 균제 상태의 1인당 자본량은 기술진보율 a만큼 지속적으로 증가한다.

4. 솔로우모형의 문제점
① 기술진보의 요인을 모형 내에서 규명하지 못한다(성장원동력의 외생성).
② 국가간 성장률 차이가 발생하는 원인을 설명하지 못한다(수렴가설의 한계).

CHAPTER 12 경기변동과 경제성장

01 한 국가의 총생산(Y) 함수가 $Y = AK^{0.4}L^{0.6}$ 이고, 총생산 증가율이 0.02, 솔로우 잔차(Solow residual)가 0.05, 노동투입 증가율이 −0.08이라면, 성장회계식으로 계산한 자본투입 증가율은?(단, K는 자본투입, L은 노동투입이며, $A>0$이다) 기출 24

① 0.02
② 0.025
③ 0.03
④ 0.04
⑤ 0.045

02 갑국의 생산함수는 $y=Ak$이고 저축률(s), 감가상각률(δ), 인구증가율(n)이 상수일 때, 이 경제의 성장경로에 관한 설명으로 옳은 것을 모두 고른 것은?(단, y, k는 각각 1인당 총생산, 1인당 자본, A는 양(+)의 상수이고, $sA > n + \delta$이다) 기출 24

ㄱ. 저축률이 높아지면 1인당 총생산 증가율이 높아진다.
ㄴ. 인구증가율이 높을수록 1인당 총생산 증가율이 높아진다.
ㄷ. 균형성장경로에서는 1인당 자본의 증가율과 1인당 총생산의 증가율이 동일하다.
ㄹ. 이 경제는 항상 균형성장경로에 있다.

① ㄱ, ㄴ
② ㄱ, ㄷ
③ ㄴ, ㄹ
④ ㄱ, ㄷ, ㄹ
⑤ ㄴ, ㄷ, ㄹ

03 솔로(R. Solow) 경제성장모형에서 1인당 생산함수는 $y=f(k)=4K^{1/2}$이고, 저축률은 5%, 감가상각률은 2%, 그리고 인구증가율은 2%이다. 균제상태(Steady State)에서 1인당 자본량은?(단, y는 1인당 산출량, k는 1인당 자본량이다) 기출 21

① 21
② 22
③ 23
④ 24
⑤ 25

04 솔로우(R. Solow) 경제성장모형의 균제상태(steady-state)에 관한 설명으로 옳은 것을 모두 고른 것은?

기출 23

ㄱ. 저축률이 증가하면 1인당 자본량은 증가한다.
ㄴ. 감가상각률이 증가하면, 자본의 황금률 수준(Golden rule level of capital)은 감소한다.
ㄷ. 인구증가율이 증가하면, 자본의 황금률 수준은 증가한다.

① ㄱ
② ㄱ, ㄴ
③ ㄱ, ㄷ
④ ㄴ, ㄷ
⑤ ㄱ, ㄴ, ㄷ

해설 및 정답

01 주어진 생산함수를 증가율로 나타내어 자본투입 증가율을 구해보면

$$\frac{\Delta Y}{Y} = \frac{\Delta A}{A} + 0.4\frac{\Delta K}{K} + 0.6\frac{\Delta L}{L}$$

$$0.02 = 0.05 + \left(0.4 \times \frac{\Delta K}{K}\right) + [0.6 \times (-0.08)]$$

$$\therefore \frac{\Delta K}{K} = 0.045$$

정답 ⑤

02 ㄱ. (○) 저축률이 높아지면 투자액 증가로 1인당 자본량이 증가한다. 그에 따라 1인당 총생산 증가율이 높아진다.
ㄴ. (×) 인구증가율이 높아지면 1인당 자본량이 감소한다. 그에 따라 <u>1인당 총생산 증가율이 낮아진다</u>.
ㄷ. (○) 균형성장경로에서는 1인당 자본의 증가율과 1인당 총생산의 증가율은 기술진보율과 같다.
ㄹ. (○) 자본, 노동, 생산량이 일정한 비율로 성장하므로 이 경제는 균형성장경로에 있다.

정답 ④

03 솔로모형의 기본방정식은 $sf(k) = (n+d)K$로, 여기서 s는 저축률, n은 인구증가율, d는 감가상각률이다. 문제의 조건을 위 기본방정식에 대입하면 다음과 같다.

$$sf(k) = (n+d)K \rightarrow 0.05 \times 4K^{1/2} = (0.02 + 0.02) \times K$$

따라서 균제상태에서 1인당 자본량은 25이다.

정답 ⑤

04 ㄱ. (○) 저축을 통해 투자가 이루어지면 1인당 자본량은 증가한다.
ㄴ. (○) 자본의 황금률은 1인당 생산량에서 필요투자액을 차감한 것으로 감가상각률이 증가하면 필요투자액이 증가하게 되어 자본의 황금률 수준은 감소한다.
ㄷ. (×) 인구증가율이 증가하면 필요투자액이 증가하여 자본의 황금률 수준은 감소한다.

정답 ②

05
경제학파에 관한 설명으로 옳은 것을 모두 고른 것은? 기출 24

ㄱ. 정책무력성정리(policy ineffectiveness proposition)는 새고전학파 이론에 속한다.
ㄴ. 총수요 외부성(aggregate demand externalities)이론은 실물경기변동 이론에 속한다.
ㄷ. 케인즈 학파는 경기침체의 원인이 총수요의 부족에 있다고 주장한다.
ㄹ. 비동조적 가격 설정(staggered price setting)모형은 새케인즈 학파 이론에 속한다.

① ㄱ, ㄴ
② ㄱ, ㄹ
③ ㄴ, ㄷ
④ ㄴ, ㄹ
⑤ ㄱ, ㄷ, ㄹ

06
실질임금의 경기순환성에 관한 설명으로 옳은 것은? 기출 24

① 명목임금경직성 모형에서는 경기변동 요인이 총수요 충격일 때 실질임금이 경기순행적(pro-cyclical)이다.
② 중첩임금계약(staggered wage contracts) 모형에서는 경기변동 요인이 총수요 충격일 때 실질임금이 경기순행적이다.
③ 효율성임금이론은 실질임금의 경기순행성을 설명한다.
④ 실물경기변동이론에 따르면 양(+)의 기술충격은 실질임금을 상승시킨다.
⑤ 실물경기변동이론에 따르면 노동공급곡선이 수평선인 경우 기술충격이 발생할 때 실질임금이 경기순행적이다.

07
아래 이윤극대화의 원리에 따라 투자수준을 결정하는 신고전파 투자모형(neoclassical model of investment)하에서 기업가가 구입하고자 하는 적정 자본재(K)수준은? (단, 자본재 가격이 다른 상품가격과 함께 상승하고 물가수준은 1이라고 가정한다) 기출 25

- 자본재의 한계생산 : $MP_K = 10 - 2K$
- 자본재의 가격 : $P_K = 20$
- 실질이자율 : $r = 5\%$
- 감가상각률 : $\delta = 5\%$

① 2
② 3
③ 4
④ 5
⑤ 6

해설 및 정답

05 ㄱ. (○) 정책무력성정리(policy ineffectiveness proposition)는 새고전학파 이론에 속한다.
ㄴ. (×) 총수요 외부성(aggregate demand externalities)이론은 새케인즈 학파의 경기변동 이론에 속한다.
ㄷ. (○) 케인즈 학파는 경기침체의 원인이 총수요의 부족에 있다고 주장한다.
ㄹ. (○) 비동조적 가격 설정(staggered price setting)모형은 새케인즈 학파 이론에 속한다.

정답 ❺

06 ①·②·③ 명목임금에 경직성이 있는 경우 실질임금은 경기역행적이다.
④ 유리한 공급충격이 발생하면 생산함수는 상방으로 이동하게 되어 노동수요가 증가하고, 그에 따라 고용량이 증가하고 임금도 상승한다.
⑤ 실물경기변동이론에 따르면 노동공급곡선이 수평선인 경우 기술충격이 발생할 때 실질임금은 변하지 않는다.

정답 ❹

07 신고전파 투자모형 하에서 기업의 적정 자본재 수준은 자본재의 한계생산과 자본재의 사용자 비용이 일치하는 지점에서 결정된다.

$$MP_K = P_k(r+\delta)$$

자본재의 사용자 비용 = 자본재의 가격 × (실질이자율 + 감가상각률)
$\qquad\qquad\qquad = P_K \times (r+\delta)$
$\qquad\qquad\qquad = 20 \times (0.05+0.05) = 2$
$10 - 2K = 2$, $K = 4$

정답 ❸

CHAPTER 13 국제경제학

출제포인트

- ☐ 비교우위의 결정 : 노동생산성의 차이
- ☐ 환율과 환율제도
- ☐ 변동환율제에서의 정책효과

제1절 국제무역론

Ⅰ 리카도모형 기출 13·15·16·18·22·24

1. 의 의
리카도모형은 단 하나의 생산요소인 노동을 사용하여 2개의 서로 다른 재화의 생산을 행하는 모형이다.

2. 비교우위의 결정 : 노동생산성의 차이
무역은 국가간 재화의 상대가격의 차이에 의해 발생한다. 이러한 재화의 상대가격 차이는 리카도 모형에서 노동생산성의 차이에서 발생한다. 즉, X재 산업의 노동생산성이 외국에 비해 높은 경우 X재 생산을 더 싸게 생산할 수 있는 X재 산업에 비교우위가 있게 된다.

3. 무역패턴
리카도모형에서 무역 패턴은 양국의 무역 전 상대가격의 차이로부터 결정된다. 즉, 무역 전 본국의 X재의 상대가격이 외국의 X재 상대가격보다 낮다면 본국은 X재를 수출하고 Y재를 수입하며 반대로 외국은 X재를 수입하고 Y재를 수출하게 된다.

4. 완전특화
리카도모형은 노동생산성이 일정함을 가정하며 생산요소가 노동으로 유일함을 가정한다. 따라서 한 국가의 생산가능곡선은 직선으로 나타나며 교역이 발생하면 비교우위를 가진 하나의 재화에 완전 특화하여 생산하게 된다.

5. 무역의 이익 [기출] 20
① 사회적 후생의 증가
② 보다 다양한 소비기회의 제공
③ 규모의 경제를 누릴 수 있는 기회 발생
④ 경쟁의 촉진으로 국내 독과점시장의 시장실패 교정 가능

6. 리카도모형에 대한 비판
① 노동가치설에 입각해 있다(자본시장은 무시하고 있다).
② 한계생산물 체감의 법칙을 무시하고 있다. 즉, 요소의 투입량과 산출량과의 고정불변의 비례관계를 전제하고 있다(1차 동차 생산함수 전제).
③ 교역조건의 범위는 결정하나 구체적인 교역점을 알 수 없다.

II 헥셔 - 올린모형

1. 의 의
헥셔-올린모형은 2국, 2재화, 2생산요소를 가정하는 모형이다. 이를 통하여 요소부존도의 차이가 어떻게 무역을 발생시키고, 비교우위를 창출하며, 무역의 이익을 가져다주는지를 알 수 있다.

2. 비교우위의 결정 : 요소부존도의 차이
헥셔-올린의 정리에 의하면 노동이 상대적으로 풍부한 국가는 노동집약적인 재화생산에 비교우위를 지니게 되고 자본이 상대적으로 풍부한 국가는 자본집약적인 재화생산에 비교우위를 지니게 되어 무역이 발생한다.

3. 무역패턴
무역 패턴은 비교우위에 따라 결정된다. 헥셔-올린모형에 따르면 각국은 상대적으로 풍부한 생산요소를 집약적으로 사용하는 재화를 수출하게 되고 상대적으로 부족한 재화를 집약적으로 사용하는 재화를 수입하게 된다.

4. 불완전 특화
1차 동차 생산함수와 두 가지의 생산요소를 가정하는 헥셔-올린모형은 생산가능곡선이 원점에 대해 오목한 모양이다. 이는 한 재화생산의 기회비용이 체증함을 의미하며 교역을 하는 경우 각국은 불완전 특화하게 된다.

5. 요소가격 균등화 정리
헥셔-올린모형에서 생산요소의 국가간 이동은 불가능하다. 그러나 재화에 대한 자유무역이 발생하게 되면 양국간 재화의 상대가격뿐만 아니라 절대가격이 동일하게 된다. 재화의 가격이 동일해짐에 따라 생산요소시장에서 생산요소의 수요의 변화와 산업간 생산요소의 이동이 발생하고 이러한 변화에 기인하여 각국간 생산요소의 절대가격과 상대가격이 동일하게 된다.

Ⅲ 스톨퍼 - 사무엘슨 정리

교역조건(재화의 국제상대가격)의 변화는 생산과 소득분배에 변화를 가져온다. 스톨퍼-사무엘슨 정리에 따르면 어떤 한 재화의 상대가격의 상승은 그 재화의 생산을 늘리고 다른 재화의 생산을 줄이며, 그 재화에 집약적으로 사용되는 생산요소의 가격을 재화의 가격상승분보다 더 높게 상승시키고 다른 생산요소의 가격은 절대적으로 하락하게 된다.

Ⅳ 립진스키 정리

헥셔-올린모형에서 생산요소의 총량은 일정함을 가정한다. 일정하다고 가정한 생산요소의 공급이 변화하는 경우 생산에 변화가 발생하게 되는데 이를 립진스키 정리라 한다. 립진스키 정리에 따르면 재화가격에 변화가 없는 상태에서 어떤 한 생산요소의 부존량이 증가하는 경우 그 요소를 집약적으로 사용하는 재화의 생산은 절대적으로 증가하고, 다른 생산요소를 사용하는 재화의 생산은 절대적으로 감소하게 된다.

Ⅴ 레온티에프 역설

헥셔-올린정리에 의하면, 자본이 풍부한 나라는 자본집약적인 재화를 수출하고, 노동집약적인 재화를 수입하게 된다. 헥셔-올린 정리에 따르면 미국의 경우는 자본이 노동에 대해 상대적으로 풍부한 나라로 자본집약재를 수출하여야 하나 실증결과는 그 반대로 나타났다. 이를 레온티에프패러독스 또는 레온티에프 역설이라 부른다.

제2절 무역정책론

Ⅰ 교역조건

① 교역조건은 양국 간에 교역되는 제품 간의 교환비율을 의미한다. 즉, 수출상품 1단위와 교환되는 수입상품의 수량을 나타내며 이를 식으로 나타내면 위와 같다.
② 교역조건이 개선되면 수출품 단위당 교환되는 수입품의 수량이 늘어나게 되며 수입가격에 비하여 수출가격이 상대적으로 상승하였음을 의미한다.

Ⅱ 오퍼곡선

1. 의 의

오퍼곡선이란 주어진 수요·공급조건하에서 한 나라가 무역을 할 때 상대가격의 변화에 따라 그 나라가 수입하고자 하는 재화의 양과 그 대가로 지불(수출)하고자 하는 다른 재화의 양을 나타내는 조합의 궤적이다.

2. 특 징

① 오퍼곡선은 밀(J. S. Mill)에 의해 창안되었고 이후 에지워드(F. Y. Edgeworth)와 마샬(A. Marshall)에 의해 발전하였으며 미시경제학의 소비자이론에서 나오는 가격소비곡선과 개념적으로 완전히 일치한다.
② 세계 균형가격은 각국의 오퍼곡선이 만나는 점(각국의 수입수요와 수출공급량이 일치하는 점)에서 이루어진다. 그리고 경제규모가 작은 소국의 경우 오퍼곡선은 국제상대가격과 동일한 기울기를 갖는 직선으로 나타난다.

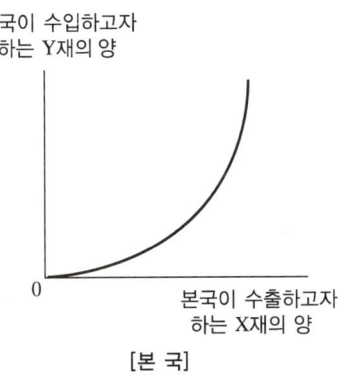
[본 국]

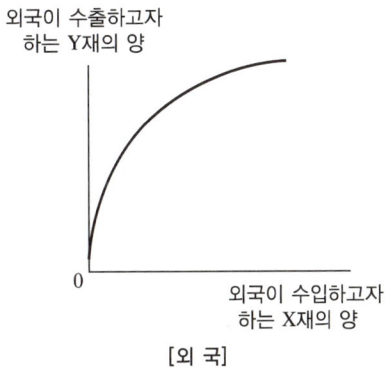
[외 국]

Ⅲ 관세부과의 경제적 효과 : 소국의 경우

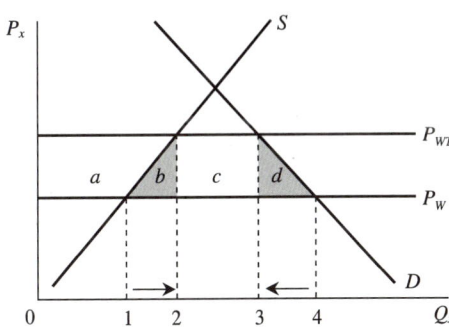

소국의 의미는 세계시장에서 결정되는 재화의 상대가격에 아무런 영향을 미치지 못함을 의미한다. 관세를 부과하는 경우는 재화를 수입하는 경우이며 이 경우 관세부과의 효과는 다음과 같다.

① 자원배분효과
  ㉠ 생산(보호)효과(1 → 2 : 국내생산의 증가)
  ㉡ 소비효과(4 → 3 : 국내소비의 감소)
  ㉢ 무역(수입대체)효과($\overline{14} \to \overline{23}$)
② **사회후생의 변화** : 생산자잉여는 증가(a)하였고 소비자잉여는 감소($a+b+c+d$)하였으며 정부수입은 증가(c)하였다. 따라서 생산측면의 왜곡(b)과 소비측면의 왜곡(d)이 발생하는 비효율성이 나타난다.

Ⅳ 최적관세

자국의 후생을 극대화시키는 관세로서 자국한계대체율과 외국한계교역조건이 일치하는 수준(본국의 무역무차별곡선과 외국의 오퍼곡선이 접하는 점)에서 사회후생이 극대화되며 그때의 관세수준이 최적 관세이다.

① 소국의 경우 관세를 부과하더라도 교역조건 개선에 따른 이득이 발생하지 않으므로 관세부과시 항상 사회적인 후생손실을 발생하게 한다. 그러므로 소국의 경우는 최적 관세율이 0이다. 일반적으로 최적 관세율(t)은 다음과 같이 나타낼 수 있다.

$$t = \frac{1}{e^* - 1} \text{ (단, } e^* \text{ : 외국의 수입수요의 가격탄력성)}$$

② 대국의 경우 관세 부과에 따른 교역조건 개선효과가 관세의 왜곡효과보다 큰 경우 후생증대 가능성이 존재한다(그러나 장기적인 관점에선 관세전쟁의 가능성에 따라 자유무역이 최선이다).

> **Metzler's Paradox(메츨러의 역설)**
> 대국의 경우 관세 부과에 따른 국제가격하락폭(교역조건 개선효과)이 국내가격 상승폭(관세효과)을 회피하여 관세 부과 후 수입재의 국내가격이 하락하는 현상을 말한다. 메츨러의 역설이 발생하는 경우 관세 부과에 따른 국내산업 보호효과는 나타나지 않게 된다.

제3절 경제성장과 경제통합

Ⅰ 궁핍화 성장

성장으로 인해 교역조건의 악화·자원배분의 왜곡이 나타나는 경우, 이러한 악화·왜곡이 심하여 성장 결과 오히려 성장 전보다 실질소득(후생수준)이 감소되는 형태의 성장을 의미하며, 대국에서 수출편향적 성장이 이루어지는 경우 발생한다.

Ⅱ 경제통합의 유형

경제통합의 유형	정 의
자유무역지역	역내국에는 관세 및 비과세장벽 철폐와 역외국에 대해서는 독자관세유지
관세동맹	역내국에는 관세철폐
공동시장	관세동맹에 더하여 생산요소의 자유로운 이동을 보장
경제동맹	공동시장에 더하여 각국간 경제정책의 협조
완전경제통합	경제면에서 하나의 국가와 동일

Ⅲ 관세동맹의 경제적 효과

관세동맹의 후생평가는 무역전환효과와 무역창출효과를 함께 분석하여야 한다. 모든 국가에 대해 관세를 부과하고 있는 최초상황에서 A국은 재화를 가장 효율적으로 생산하는 C국으로부터 $P_c(1+t)$의 가격으로 수입한다. A국이 B국과 관세동맹을 체결하면 B국의 생산비가 P_B이고 관세동맹을 체결하지 않은 C국의 관세부과 후의 $P_c(1+t)$가격은 증가되어 수입을 B국으로부터 하게 된다.

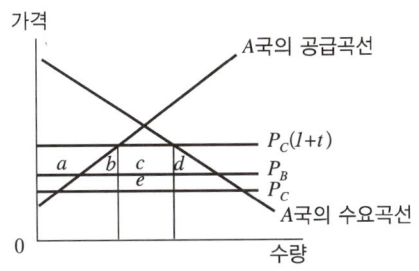

① **무역창출효과** : 관세동맹으로 인해 가맹국들 간에 무역이 발생하는 효과

$P_c(1+t)$로 수입하던 재화를 관세동맹으로 인해 P_B의 가격으로 수입하게 됨에 따라 수입이 증가한다. 수입이 증가함에 따른 소비자잉여는 $a+b+c+d$만큼 증가하고 생산자잉여는 a만큼 감소한다. 그리고 정부 관세수입이 c만큼 감소하여 총 후생증가는 $b+d$이다.

② **무역전환효과** : 관세동맹으로 인해 역외국가에서 역내국가로 전환되는 효과

관세동맹 전 A국은 C국으로부터 수입을 하였으나 관세동맹 후 수입을 B국으로 전환되었다. 이에 따라 무역창출효과로 분석하였던 후생평가를 수정하여야 한다. 즉, 추가적인 관세수입의 손실에 따른 후생감소를 반영하여 관세동맹에 의해 $b+d-e$만큼의 후생변화가 발생한다.

③ **관세동맹이익**
  ㉠ 역내국간 경쟁적 산업구조일수록 효과가 크다.
  ㉡ 역내국간 시장규모가 클수록 무역창출효과 크고, 전환효과는 작다.
  ㉢ 관세동맹 이전 역내국간 무역장벽이 높을수록 통합효과가 크다.
  ㉣ 인접국간 유통비용이 낮고, 산업구조조정의 유연성이 클수록 경제효과가 커진다.

제4절 환율, 환율제도, 환율결정이론

Ⅰ 국제수지표 기출 16·19

1. 국제수지

	정 의	• 일정기간 동안의 일국의 거주자와 외국의 거주자 사이의 모든 경제적 거래를 분류한 것 • 유량의 개념 • 복식부기의 원리	
국제수지	경상수지	상품수지	수 입
			수 출
		서비스수지	운 수
			여 행
			서비스
			특허권 등록 사용료

			직접투자소득
		소득수지	증권투자소득
			기타투자소득
		경상이전수지	이전수입
			이전지출
	자본수지	투자수지	직접투자
			증권투자
			기타투자
		기타자본수지	자본이전
			특허권 등 기타자산
준비자산증감		중앙은행의 대외준비자산의 증감	보정적 요소
오차 및 누락		-	

2. 경상수지

상품수지	• 정의 : 거주자와 비거주자 사이의 상품거래 • 가장 기본적이며, 중요한 항목
서비스수지	• 정의 : 거주자와 비거주자 사이의 용역거래 • 운수, 여행, 보험서비스, 통신서비스, 정보서비스, 금융서비스, 특허권 등의 사용료 등
소득수지	• 정의 : 근로자 이동, 직접·증권 투자 등에 의한 소득이전 • 외국인 근로자·해외파견 근로자 임금, 직접투자, 증권투자에 따른 이자나 배당 등
경상이전수지	• 정의 : 대가없이 주고받은 거래 • 무상원조, 출연금 등

II 환율과 환율제도 기출 12·14·24

1. 의의

국내화폐와 외국화폐가 교환되는 시장을 외환시장(Foreign Exchange Market)이라고 한다. 그리고 여기서 결정되는 두 나라 화폐의 교환비율을 환율이라고 한다. 즉, 환율이란 자국화폐단위로 표시한 외국화폐 1단위의 가격을 말한다.

2. 환율의 변화

환율의 상승을 환율 인상(Depreciation), 환율의 하락을 환율 인하(Appreciation)라고 한다. 환율이 인상되는 경우 자국화폐의 가치가 하락하는 것을 의미하며 환율이 인하되는 경우는 자국화폐가치가 상승함을 의미한다.

평가절상(= 환율 인하, 자국화폐가치 상승)	평가절하(= 환율 인상, 자국화폐가치 하락)
• 수출 감소 • 수입 증가 • 경상수지 악화 • 외채부담 감소	• 수출 증가 • 수입 감소 • 경상수지 개선 • 외채부담 증가

3. 환율제도

구 분	고정환율제도	변동환율제도
국제수지 불균형의 조정	정부개입에 의한 해결 (평가 절하, 평가 절상)	시장에서 환율의 변화에 따라 자동적으로 조정
환위험	작 음	환율의 변동성에 기인하여 환위험에 크게 노출되어 있다.
환투기의 위험	작 음	크다(이에 대해 프리드먼은 환투기는 환율을 오히려 안정시키는 효과가 존재한다고 주장).
해외교란요인의 파급 여부	국내로 쉽게 전파됨	환율의 변화가 해외교란요인의 전파를 차단(차단효과)
금융정책의 자율성 여부	자율성 상실(불가능성 정리)	자율성 유지
정책의 유효성	금융정책무력(재정정책 효과적)	재정정책무력(금융정책 효과적)

Ⅲ 환율결정이론

1. 구매력평가설 기출 24

① 의의 : 구매력평가설(Purchasing Power Parity Theory ; PPP Theory)이란 환율이 각국 화폐의 구매력, 즉 물가수준의 비율에 의해서 결정된다는 이론이다. 이 이론은 교역이 자유로운 상황에서 동일한 재화의 시장가격은 유일하다는 일물일가의 법칙(Law of one Price)을 전제로 한다.

② 도 출

㉠ 절대적 구매력 평가설 $\left(e = \dfrac{P}{P_f}\right)$

$$e = \frac{\text{외국화폐의 구매력}}{\text{본국화폐의 구매력}} = \frac{\dfrac{1}{P_f}}{\dfrac{1}{P}} \rightarrow e = \frac{P}{P_f}$$

(P : 국내물가수준, P_f : 외국물가수준)

㉡ 상대적 구매력 평가설

$$\frac{\Delta e}{e} = \frac{\Delta P}{P} - \frac{\Delta P_f}{P_f}$$ (환율상승률＝국내물가상승률－외국물가상승률)

이 식에 따르면 국내 인플레이션율과 외국 인플레이션율의 차이는 환율변화율과 일치한다.

③ 한 계

㉠ 재화의 교역이 자유롭다는 구매력평가설의 가정과 달리 실제로는 많은 나라들이 아직도 관세 등 무역장벽을 쌓고 있고, 무역에 소요되는 비용이 무시할 수 없을 정도로 큰 것이 일반적이다.

㉡ 각 나라가 생산하는 상품이 완전히 동질적일 수는 없다. 따라서 일물일가의 법칙을 적용하는 데 무리가 따른다.

㉢ 보편적으로 비교역재(Nontradable Goods)가 존재한다. 따라서 비교역재를 포함한 일반물가수준의 차이로는 환율결정방식을 설명할 수 없다.

2. 이자율평가설

① 의의 : 이자율평가설(Interest Rate Parity Theory ; IRP Theory)은 국가간 자본이동에 아무런 제약이 없다면, 투자자가 갖고 있는 국내통화를 국내에 투자하건 외국통화로 바꿔서 외국에 투자하건 그 자본투자에 따른 수익률이 같아야 한다는 것을 주된 내용으로 한다. 즉, 이자율평가설은 환율이 두 나라 간 명목이자율 차이에 의해 결정된다고 본다.

② 균형환율의 결정

$$r = r_f + \frac{e_{t+1} - e_t}{e_t}$$
$$r = r_f + \frac{\Delta e}{e}$$

(r : 국내투자수익률, r_f : 외국이자율, $\frac{\Delta e}{e}$: 환율변동률)

㉠ $1+r > \frac{e_{t+1}}{e_t}(1+r_f)$ 인 경우 : 자국투자수익률이 해외투자수익률보다 높은 경우로 이 경우 외환을 매도하고 원화를 매입하게 된다. 따라서 환율이 하락하여 양국의 투자수익률은 동일하게 된다.

㉡ $1+r < \frac{e_{t+1}}{e_t}(1+r_f)$ 인 경우 : 해외투자수익률이 높아 해외투자를 위하여 외환을 매입하고 원화를 매도하게 된다. 따라서 환율이 상승하여 양국의 투자수익률은 동일하게 된다.

제5절 국제수지론

I 국민소득항등식과 경상수지

경상수지와 국민총생산	$Y = C + I + G + X - M$ $Y - (C + I + G) = X - M$ • 국내총생산이 국내총지출수준보다 큰 경우 경상수지는 흑자이다. 즉, 국내에서 소비하고 남은 부분을 해외수출하게 된다. • 국내총지출이 국내총생산보다 큰 경우 경상수지는 적자이다. 즉, 국내총생산을 초과하는 지출만큼 해외로부터 수입하게 된다.
경상수지와 저축	$Y = C + I + G + X - M$ $(S - I) + (T - G) = X - M$ 민간저축(S) + 정부저축($T - G$) - 투자(I) = 해외투자($X - M$) 국내 총저축수준이 국내투자수준을 상회하는 경우 해외투자(경상수지)가 양이 된다. 즉, 경상수지 적자는 국내총투자가 저축을 초과하기 때문에 발생한다.

Ⅱ 국제수지 균형곡선

1. 의 의
BP곡선은 국제수지를 균형으로 만드는 국민소득과 이자율의 조합을 의미한다.

2. 도 출
국가간 자본이동에 아무런 제약 없이 해외자본유출입이 자유화되면 국제수지는 경상수지($X-Q$)와 자본수지(F)의 합, 즉 $BP = (X-Q) + F(r-r_f)$로 구성된다. 외국이자율(r_f)에 비해 국내이자율(r)이 높다면 외국인들의 국내자산에 대한 투자는 증가한다. 결국 순자본유입(F)은 국내외 이자율차이($r-r_f$)의 증가함수가 된다.

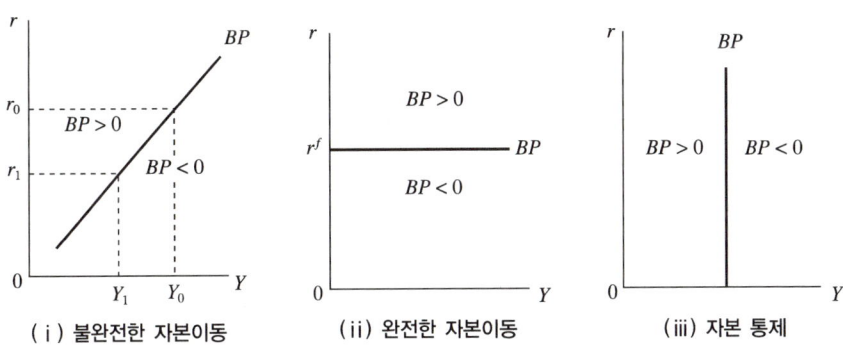

(ⅰ) 불완전한 자본이동 (ⅱ) 완전한 자본이동 (ⅲ) 자본 통제

Ⅲ 고정환율제에서의 정책효과 _{기출} 19·21·24·25

자본이동이 자유로운 고정환율제도에서 재정정책은 유효한 반면, 화폐금융정책은 아무런 효과를 갖지 못한다.

① **재정정책**: 정부지출의 증가는 IS곡선을 IS_1으로 우측이동시킨다. 그러면 새로운 대내균형은 점 A_1에서 이루어진다. 국내금리가 국제금리보다 높아지므로 해외자본이 급속히 유입되어 국제수지 흑자가 되고 환율하락을 막기 위한 중앙은행개입(자국통화 매도와 외화 매입)의 결과 국내통화량이 증가하여 LM곡선이 LM_1으로 우측이동하여 LM곡선은 점 A_2까지 이동한다.

② **금융정책**: 통화량이 증가하면 LM곡선이 LM_1으로 우측이동하므로 A_1점에서 대내균형이 이루어진다. 이때 국내이자율이 국제이자율보다 낮아지면서 해외로 자본이 유출되어 국제수지 적자가 되고, 환율 상승을 막기 위한 중앙은행개입(자국통화 매입과 외환 매도)의 결과 통화량이 감소한다. 이에 따라 LM곡선은 다시 좌측으로 이동하여 원래의 위치로 되돌아온다. 따라서 고정환율제도에서 확장적 화폐금융정책은 수요측면의 균형총생산 또는 국민소득(Y)을 증대시키는 데 효과가 없다.

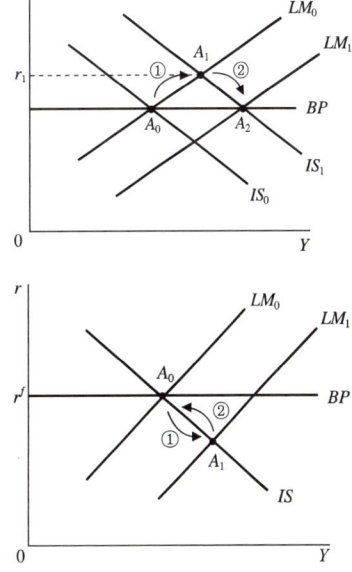

Ⅳ 변동환율제에서의 정책효과 기출 13·23·25

자본이동이 자유로운 변동환율제도에서 금융정책은 유효한 반면, 재정정책은 아무런 효과를 갖지 못한다.

① **재정정책** : 정부지출이 증가하면 IS곡선은 IS_1으로 우측이동한다. 그 결과 새로운 대내균형은 IS_1과 LM이 교차하는 A_1점에서 결정될 것이다. 새로운 대내균형점 A_1에서는 국내이자율이 국제이자율보다 높기 때문에 해외로부터 자본이 급속히 유입되어 국제수지는 흑자가 된다. 한편 국내통화가치의 상승(Appreciation)에 따른 실질환율 하락은 생산물시장에서 순수출을 감소시키므로 IS곡선을 다시 좌측으로 이동시킨다. 따라서 변동환율제도에서 확장적 재정정책은 국민소득(Y)을 증대시키는 데 효과가 없다.

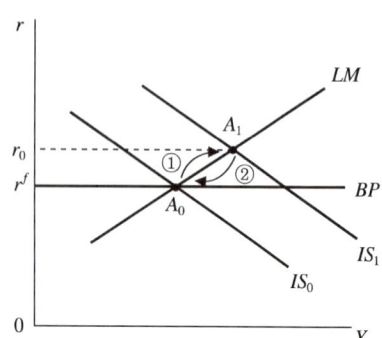

② **금융정책** : 중앙은행이 통화량을 증가시키면 LM곡선은 LM_1으로 우측이동하고 A_1에서 새로운 대내균형이 형성된다. 이때 국내이자율이 국제이자율보다 낮아 자본유출이 발생하고 환율이 상승한다. 이에 따라 경상수지가 호전되고, 그 결과 생산물시장에서 IS곡선이 IS_1으로 우측이동하여 A_2에 도달한다. 따라서 변동환율제도에서 확장적 화폐금융정책은 수요측면의 균형총생산 또는 국민소득(Y)을 증대시키는 데 효과가 있다.

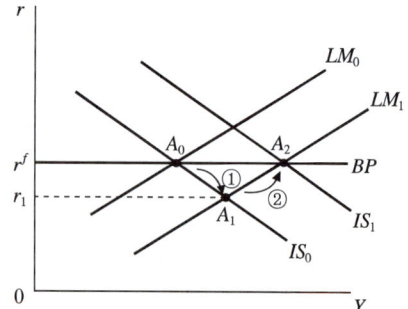

CHAPTER 13 국제경제학

01 먼델-플레밍모형을 이용하여 고정환율제하에서 정부지출을 감소시킬 경우 나타나는 변화로 옳은 것은?(단, 소규모 개방경제하에서 국가 간 자본의 완전이동과 물가불변을 가정하고, IS곡선은 우하향, LM곡선은 수직선이다) 기출 21

① IS곡선은 오른쪽 방향으로 이동한다.
② LM곡선은 오른쪽 방향으로 이동한다.
③ 통화량은 감소한다.
④ 고정환율수준 대비 자국의 통화가치는 일시적으로 상승한다.
⑤ 균형국민소득은 증가한다.

해설 및 정답

01
- 정부지출 감소 → IS곡선 좌측 이동($IS_0 \rightarrow IS_1$)
- IS곡선 좌측 이동($IS_0 \rightarrow IS_1$) → 이자율 하락($\epsilon_0 \rightarrow \epsilon_1$)
- 이자율 하락($\epsilon_0 \rightarrow \epsilon_1$) → 자본 유출(∵ 통화가치 하락)
- 자본 유출 → 통화량 감소
- 통화량 감소 → LM곡선 좌측 이동($LM_0 \rightarrow LM_1$)
- LM곡선 좌측 이동($LM_0 \rightarrow LM_1$) → 균형국민소득(산출량) 감소, 이자율 불변

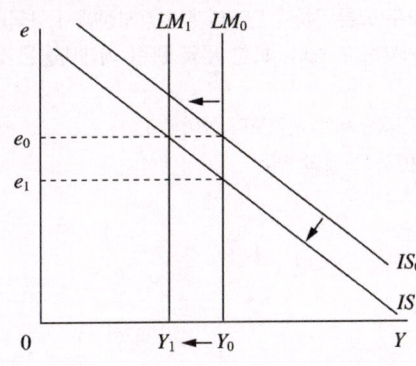

정답 ③

02 변동환율제하에서 수입제한정책을 실시할 경우 나타나는 변화를 먼델-플레밍 모형을 이용하여 옳게 설명한 것을 모두 고른 것은?(단, 소규모 개방경제 하에서 국가 간 자본의 완전이동과 물가불변을 가정하고, IS곡선은 우하향하고, LM곡선은 수직선이다) 기출 23

> ㄱ. IS곡선은 오른쪽 방향으로 이동한다.
> ㄴ. 자국통화가치는 하락한다.
> ㄷ. 소득수준은 불변이다.
> ㄹ. LM곡선은 왼쪽 방향으로 이동한다.

① ㄱ, ㄴ
② ㄱ, ㄷ
③ ㄱ, ㄹ
④ ㄴ, ㄷ
⑤ ㄷ, ㄹ

03 자본이동이 완전한 소규모 개방경제에서 먼델-플레밍 모형을 적용한 설명으로 옳은 것은? (단, 물가수준은 국내와 해외에서 단기적으로 고정이고, IS곡선은 우상향하고 LM곡선은 수직선을 가정한다) 기출 25

① 변동환율제하에서 확장적 재정정책을 시행할 경우, 자국화폐의 평가절상으로 소득이 감소한다.
② 고정환율제하에서 확장적 재정정책을 시행할 경우, 자국화폐의 평가절상으로 소득이 감소한다.
③ 변동환율제하에서 수입이 수출보다 클 경우, IS곡선은 왼쪽으로 이동하여 자국화폐는 평가절하되지만 소득수준은 변하지 않는다.
④ 고정환율제하에서 순수출이 감소할 경우, 일정하게 주어진 환율에 대하여 소득은 변하지 않는다.
⑤ 고정환율제하에서 통화공급이 증가할 경우, 환율은 변하지 않지만 소득은 증가한다.

04 A국은 세계 철강시장에서 무역을 시작하였다. 무역 이전과 비교하여 무역 이후에 A국 철강시장에서 발생하는 현상으로 옳은 것을 모두 고른 것은?(단, 세계 철강시장에서 A국은 가격수용자이며 세계 철강 가격은 무역 이전 A국의 국내 가격보다 높다. 또한 무역 관련 거래비용은 없다) 기출 18

> ㄱ. A국의 국내 철강 가격은 세계 가격보다 높아진다.
> ㄴ. A국의 국내 철강 거래량은 감소한다.
> ㄷ. 소비자잉여는 감소한다.
> ㄹ. 생산자잉여는 증가한다.
> ㅁ. 총잉여는 감소한다.

① ㄱ, ㄴ, ㄷ
② ㄱ, ㄴ, ㄹ
③ ㄱ, ㄷ, ㅁ
④ ㄴ, ㄷ, ㄹ
⑤ ㄷ, ㄹ, ㅁ

•─ **해설 및 정답** ─•

02 ㄱ. (○) 순수출 증가로 IS곡선은 오른쪽으로 이동한다.
ㄴ. (×) 순수출이 증가하게 되면 외화공급 증가로 자국통화가치는 상승한다.
ㄷ. (○) LM곡선이 수직선이므로 수입제한정책은 소득에 영향을 주지 않는다.
ㄹ. (×) LM곡선의 변화는 없다.

정답 ❷

03 변동환율제하에서 수입이 수출보다 클 경우, 경상수지 적자로 IS곡선의 좌측이동으로 자국화폐는 평가절하 된다. 그러나 화폐의 평가절하로 수출이 늘어나고 수입이 줄어들면 다시 IS곡선이 우측이동하여 소득수준이 변하지 않는다.
① 변동환율제하에서 확장적 재정정책을 시행할 경우, IS곡선의 우측이동으로 자국화폐가 평가절상 되지만 그에 따라 수출이 감소하고 수입이 증가하면서 IS곡선은 다시 좌측이동한다. 따라서 <u>소득은 불변</u>한다.
② 고정환율제하에서 확장적 재정정책을 시행할 경우, 소득 증가 → 화폐수요 증가 → 이자율 상승 → 해외투자 기대수익률 감소 → 환율하락압력발생 → 중앙은행의 외화매입 → 통화량 증가 → 이자율감소 → 환율불변 → 소득 증가의 과정을 거쳐 환율이 불변하고 <u>소득이 증가</u>한다.
④ 고정환율제하에서 순수출이 감소할 경우, 외환시장의 외화 부족 → 중앙은행의 외화 공급 → 통화량 감소 → IS곡선 좌측이동으로 <u>소득은 감소</u>한다.
⑤ 고정환율제하에서 통화정책은 효과가 없으므로, 통화공급이 증가할 경우 환율과 <u>소득 모두 변하지 않는다</u>.

정답 ❸

04 ㄱ. A국의 국내 철강 가격은 세계 철강시장 가격까지 오른다.
ㄴ. 소비자는 철강 가격이 인상되어 수요량을 줄일 것이므로 거래량은 줄어든다. 공급자는 생산량을 늘려서 국내 초과 공급분을 모두 수출해 수출량을 늘릴 것이다. 그림의 보라색 부분이다.
ㄷ. 무역 이전보다 국내 철강 값이 상승하여 수요가 줄기 때문에 그 만큼 소비자잉여가 감소한다.
ㄹ. 무역 이전보다 국내 철강 값이 올라가 더 많은 이윤을 얻기 때문에 생산량이 늘어나 생산자잉여가 증가한다.
ㅁ. 생산자잉여가 수출량만큼 더 늘어났으므로 국가 전체의 총잉여는 증가하였다.

정답 ❹

05 A국의 2018년 국제수지표의 일부 항목이다. 다음 표에서 경상수지는 얼마인가? 기출 19

- 상품수지 : 54억 달러
- 본원소득수지 : 3억 달러
- 직접투자 : 26억 달러
- 서비스수지 : -17억 달러
- 이전소득수지 : -5억 달러
- 증권투자 : 20억 달러

① 35억 달러 흑자
② 40억 달러 흑자
③ 60억 달러 흑자
④ 61억 달러 흑자
⑤ 81억 달러 흑자

06 A는 직장 근무를 시작한 1985년에 연봉 2,000만원을 받았고, 임원으로 승진한 2010년에는 연봉 1억원을 받았다. 1985년의 물가지수가 50이고, 2010년의 물가지수가 125라면 2010년 물가로 환산한 A의 1985년 연봉은? 기출 14

① 2,500만원
② 4,000만원
③ 5,000만원
④ 1억원
⑤ 1억 2,500만원

07 현재 한국과 미국의 햄버거 가격이 각각 4,800원과 4달러이고, 명목환율(원/달러)이 1,300이며, 장기적으로 구매력평가설이 성립할 때, 이에 관한 설명으로 옳은 것은?(단, 햄버거는 대표 상품이며 변동환율제도를 가정한다) 기출 24

① 실질환율은 장기적으로 1보다 크다.
② 양국의 현재 햄버거 가격에서 계산된 구매력평가환율은 1,250이다.
③ 양국의 햄버거 가격이 변하지 않는다면 장기적으로 명목환율은 하락한다.
④ 미국의 햄버거 가격과 명목환율이 변하지 않는다면 장기적으로 한국의 햄버거 가격은 하락한다.
⑤ 한국의 햄버거 가격이 변하지 않는다면 장기적으로 명목환율과 미국의 햄버거 가격은 모두 상승한다.

해설 및 정답

05 • 경상수지 = 상품수지 + 서비스수지 + 본원소득수지 + 이전소득수지
　　　　　 = 54억달러 + −17억달러 + 3억달러 + −5억달러 = 35억달러 흑자
• 직접투자와 증권투자는 자본수지의 투자수지 계정에 포함된다.

　　　　　　　　　　　　　　　　　　　　　　　　　　　　　　　　　　　　　　정답 ❶

06 물가지수란 물가의 변동을 종합적으로 파악하기 위해 나타내는 지수를 말한다.
2010년의 물가로 환산한 A의 1985년 연봉은 1985년과 2010년의 물가지수와 연봉을 비교한 비례식을 통해 구할 수 있다.

구 분	물가지수	연 봉
1985년	50	2,000만원
2010년	125	x

$50 : 125 = 2{,}000$만원 $: x$
$50x = 250{,}000$만원
$\therefore x = 5{,}000$만원
따라서 2010년 물가로 환산한 A의 1985년 연봉은 5,000만원임을 알 수 있다.

　　　　　　　　　　　　　　　　　　　　　　　　　　　　　　　　　　　　　　정답 ❸

07 양국의 햄버거 가격이 변하지 않는다면 장기적으로 명목환율은 1,200으로 하락한다.
① 구매력평가설이 성립하면 실질환율은 장기적으로 1이 된다.
② 양국의 현재 햄버거 가격에서 계산된 구매력평가환율은 1,200(= 4,800 ÷ 4)이다.
④ 미국의 햄버거 가격과 명목환율이 변하지 않는다면 장기적으로 한국의 햄버거 가격은 5,200원(= 1,300원/달러 × 4달러)으로 상승한다.
⑤ 한국의 햄버거 가격이 변하지 않는다면 장기적으로 명목환율은 1,200으로 하락하거나 미국의 햄버거 가격이 3달러 하락할 것이다.

　　　　　　　　　　　　　　　　　　　　　　　　　　　　　　　　　　　　　　정답 ❸

08 리카도의 대등정리가 성립하는 경우 다음 중 옳은 것은? 기출 18

① 조세징수보다 국채발행이 더 효과적인 재원조달방식이다.
② 정부가 발행한 국채는 민간의 순자산을 증가시키지 않는다.
③ 조세감면으로 발생한 재정적자를 국채발행을 통해 보전하면 이자율이 상승한다.
④ 조세감면으로 재정적자가 발생하면 민간의 저축이 감소한다.
⑤ 재원조달방식의 중립성이 성립되지 않아 재정정책이 통화정책보다 효과적이다.

09 A국과 B국이 자동차 1대와 옷 1벌을 생산하는 데 소요되는 노동의 양이 아래 표와 같다고 한다. 리카도의 비교 우위에 관한 설명으로 옳지 않은 것은? 기출 22

구 분	A국	B국
자동차	10	6
옷	5	2

① A국은 자동차 생산에 비교 우위가 있다.
② B국은 옷 생산에 비교 우위가 있다.
③ B국의 자동차 생산의 기회비용은 옷 2벌이다.
④ B국은 옷 생산에 있어 A국에 비해 절대 우위에 있다.
⑤ A국은 자동차 생산에 특화하고, B국은 옷 생산에 특화하여 교역을 하는 것이 상호이익이다.

10 리카도 대등정리(Ricardian equivalence theorem)에 관한 설명으로 옳은 것은? 기출 14

① 국채 발행을 통해 재원이 조달된 조세삭감은 소비에 영향을 미치지 않는다.
② 국채 발행이 증가하면 이자율이 하락한다.
③ 경기침체 시에는 조세 대신 국채 발행을 통한 확대재정정책이 더 효과적이다.
④ 소비이론 중 절대소득가설에 기초를 두고 있다.
⑤ 소비자들이 유동성제약에 직면해 있는 경우 이 이론의 설명력이 더 커진다.

해설 및 정답

08 합리적인 소비자들은 국채를 자산이 아닌 부채로 인식하므로 국채 발행시 소비가 증가하지 않고 총수요에 변화가 없어 순자산도 변화하지 않는다.
① 리카도의 대등정리에 의하여 주장하는 바는 정부지출의 크기가 변화 없다면 정부의 재원조달방식의 변경은 실질변수에 아무런 영향을 미치지 못한다는 것이다.
③·④ 조세를 감면해도 소비자들은 미래의 조세증가에 대비하여 소비를 증가시키지 않고 저축을 증가시키는 반면에, 정부는 조세수익이 줄어서 저축이 감소한다. 총 저축이 변화가 없기 때문에 이자율에 영향을 주지 못한다.
⑤ 리카도의 대등정리에 따르면 정부지출 재원조달방식은 실질변수에 아무런 영향을 미치지 못하므로 재정정책을 실시할 때에도 영향을 미치지 못한다.

정답 ❷

09 B국의 자동차 생산의 기회비용은 옷 3벌이다.

〈기회비용〉

구 분	A국	B국
자동차	$\frac{10}{5} = 2$	$\frac{6}{2} = 3$
옷	$\frac{5}{10} = 0.5$	$\frac{2}{6} ≒ 0.3$

① A국이 B국보다 자동차 생산에 대한 기회비용이 작으므로 A국은 자동차 생산에 비교 우위가 있다.
② B국이 A국보다 옷 생산에 대한 기회비용이 작으므로 B국은 옷 생산에 비교 우위가 있다.
④ B국이 A국보다 옷 생산에 필요한 노동량이 더 적으므로 B국은 옷 생산에 있어 A국에 비해 절대 우위에 있다.
⑤ 상호 간에 비교 우위가 있는 재화를 특화하여 교역하는 것이 A국, B국 모두 무역이익을 얻을 수 있으므로 A국은 자동차를, B국은 옷 생산을 특화하여 교역하는 것이 상호이익을 위해 유리하다.

정답 ❸

10 ② 국채를 발행해서 지출재원을 조달하더라도 경제의 실질변수에는 영향을 주지 않는다.
③ 재원조달 방식은 경제에 아무런 영향을 주지 않는다.
④ 리카도 대등정리는 항상소득가설 또는 생애주기가설에 근거한 소비이론이다.
⑤ 유동성제약에 직면한 경우 국채가 발행되면 가처분소득의 증가로 소비가 증가한다.

> **유동성제약**
> 소비를 늘리고 싶어도 차입이 불가능해 소비를 증가시킬 수 없는 상태

정답 ❶

11 A국과 B국에서 X재와 Y재 각 1단위를 생산하는 데 필요한 노동량이 아래 표와 같다. A국의 총노동량이 20, B국의 총노동량이 60이라고 할 때, 이에 관한 설명으로 옳지 않은 것은? 기출 24

구 분	X재	Y재
A국	2	4
B국	4	6

① A국은 X재와 Y재 각각의 생산에서 B국보다 절대우위가 있다.
② A국에서 X재 1단위 생산의 기회비용은 Y재 1/2 단위이다.
③ A국에서는 X재 6단위와 Y재 2단위를 생산할 수 있다.
④ B국에서 Y재 1단위에 대한 X재의 상대가격은 3/2이다.
⑤ 완전특화가 이루어지면, B국은 비교우위를 가지고 있는 재화를 10단위 생산한다.

12 인천공항에 막 도착한 A씨는 미국에서 사먹던 빅맥 1개의 가격인 5달러를 원화로 환전한 5,500원을 들고 햄버거 가게로 갔다. 여기서 A씨는 미국과 똑같은 빅맥 1개를 구입하고도 1,100원이 남았다. 다음 설명 중 옳은 것을 모두 고른 것은? 기출 17

> ㄱ. 한국의 빅맥 가격을 달러로 환산하면 4달러이다.
> ㄴ. 구매력평가설에 의하면 원화의 대미 달러 환율은 1,100원이다.
> ㄷ. 빅맥 가격을 기준으로 한 대미 실질환율은 880원이다.
> ㄹ. 빅맥 가격을 기준으로 볼 때, 현재의 명목환율은 원화의 구매력을 과소평가하고 있다.

① ㄱ, ㄴ
② ㄱ, ㄷ
③ ㄱ, ㄹ
④ ㄴ, ㄷ
⑤ ㄴ, ㄹ

- **해설 및 정답**

11 B국에서 Y재 1단위에 대한 X재의 상대가격은 2/3(= 4 ÷ 6)이다.
  ① A국은 X재와 Y재 각각의 생산에 필요한 노동량이 B국보다 적어 X재와 Y재 각각의 생산에서 B국보다 절대우위가 있다.
  ② A국에서 X재 1단위 생산의 기회비용은 Y재 1/2(= 2 ÷ 4) 단위이다.
  ③ A국에서는 X재 6단위 생산에 노동량 12를 투입하고 Y재 2단위를 생산에 노동량 8을 투입하여 총노동량 20을 투입할 여력이 있기에 해당 재화 생산은 가능하다.
  ⑤ 완전특화가 이루어지면, B국은 Y재에 비교우위가 있으므로 총노동량 60을 Y재 생산에 투입하여 재화 10단위를 생산한다.

  정답 ④

12 ㄱ. 한국에서 빅맥을 구입할 때 5,500원을 내고 1,100원이 남았으므로 한국 빅맥가격은 4,400원이고, 명목환율이 1달러에 1,100원이므로 한국의 빅맥가격은 4달러이다.
  ㄴ. 미국에서는 빅맥이 5달러이고, 한국에서는 4,400원이므로,

  구매력평가환율 = 국내물가수준/해외물가수준 = $\frac{4,400원}{5달러}$ = 880원/달러

  ㄷ. 실질환율 = 명목환율 × 외국물가/자국물가 = 1,100원/달러 × $\frac{5,500원}{4,400원}$ = 1,375원/달러

  ㄹ. 빅맥 가격 기준 구매력평가환율은 1달러 = 880원인데, 명목환율이 1달러 = 1,100원이므로 현재 명목환율은 원화의 구매력을 과소평가하고 있다.

  정답 ③

CHAPTER 01   경영의 기초

CHAPTER 02   경영의 역사

CHAPTER 03   경영환경

CHAPTER 04   기업형태 및 기업집중

CHAPTER 05   경영목표와 의사결정

CHAPTER 06   경영관리론

CHAPTER 07   전략수립과 전략실행

CHAPTER 08   조직구조와 조직행위

CHAPTER 09   인사관리와 노사관계관리

CHAPTER 10   생산관리

CHAPTER 11   마케팅

CHAPTER 12   재무관리

CHAPTER 13   경영정보시스템

CHAPTER 14   회계학

경영학개론

출제경향 & 수험대책

선택과목으로서의 경영학개론은 경제학원론보다 수험생들이 접근하기 쉬울 것으로 판단되나, 회차를 거듭할수록 점차 어렵게 출제되고 있는 추세이다. 본서에 표시된 기출표시를 중심으로 중요부분을 파악하여 집중적으로 학습하고, 그 외의 부분은 가볍게 학습함으로써 강약을 조절하여야 할 필요가 있으며, 각 Chapter별로 수록한 기출문제는 아무리 강조하여도 지나치지 않을 만큼 중요하므로, 문제와 해설을 토대로 철저히 학습하여야 한다. 마지막으로 계산문제는 매년 2문제 정도 출제되므로, 이에 대비한 연습을 별도로 하는 것이 좋다.

빈출지문 OX 학습 전 평가

CHAPTER 01 경영의 기초

01 범위의 비경제는 기업의 생산 규모가 커질수록 단위당 생산 비용이 증가하여 효율성이 감소하는 현상을 의미한다. ( )

CHAPTER 02 경영의 역사

02 테일러(F. W. Taylor)의 과학적 관리법에 의하면 집단중심의 보상 체제를 중시하였다. ( )

03 테일러(F. W. Taylor)의 과학적 관리이론에서 과업관리 목표는 '높은 임금과 높은 노무비의 원리'이다. ( )

04 호손실험은 경제적 욕구의 중요성을 재확인하였다. ( )

05 인간관계론은 조직을 개인, 공식 집단 및 집단 상호 간의 관계로 되는 사회체제로 인식한다. ( )

06 캐롤(B. A. Carroll)이 주장한 기업의 사회적 책임 중 책임성격이 의무성 보다 자발성에 기초하는 것은 경제적 책임과 법적 책임이다. ( )

CHAPTER 03 경영환경

07 특정 국가에 맞는 적합한 유통경로를 찾기 위해서는 표준화를 통한 전략 수립이 필요하다. ( )

CHAPTER 04 기업형태 및 기업집중

08 전문경영인을 고용하여 소유와 경영의 통합이 가능하다. ( )

09 카르텔은 아웃사이더가 많을수록 협정의 영향력이 커진다. ( )

10 무한책임사원과 유한책임사원으로 구성된 기업 형태는 합명회사이다. ( )

11 생산 공정 또는 판매과정 등의 분야에서 상호 간 관련이 없는 다양한 이종 기업을 합병하거나 매수해서 나의 거대한 기업체를 형성하는 기업결합 형태를 콩글로머릿(conglomerate)이라 한다. ( )

12 카르텔은 경제적·법률적 독립성이 유지되는 동종업종 간 연합체인 반면에 콘체른은 법률적 독립성만이 유지되는 이종업종 간 연합체이다. ( )

▶ 정답과 해설 ◀ 01 × 02 × 03 × 04 × 05 × 06 × 07 × 08 × 09 × 10 ×
11 ○ 12 ○

✔ 오답분석
01 규모의 비경제는 기업의 생산 규모가 커질수록 단위당 생산 비용이 증가하여 효율성이 감소하는 현상을 의미한다.
02 테일러(F. W. Taylor)의 과학적 관리법에 의하면 종업원 개인이 달성한 성과에 따라 임금을 차별화하였다.
03 테일러(F. W. Taylor)의 과학적 관리이론에서 과업관리 목표는 '높은 임금과 낮은 노무비의 원리'이다.
04 호손실험은 원래 노동자의 생산성이 임금, 작업시간, 노동환경 등 물적 요인과 인적 요인에 영향을 받는다고 가설을 설정하고 실험을 시작하였다. 그러나 실험의 결과는 초기에 생각한 물적 요인이나 인적 요인보다는 상사·동료와의 관계, 집단 내 분위기, 비공식집단 등 인간관계에 큰 영향을 받는 것으로 확인되었다.
05 인간관계론은 조직을 개인, 비공식 집단 및 집단 상호 간의 관계로 되는 사회체제로 인식한다.
06 캐롤(B. A. Carroll)이 주장한 기업의 사회적 책임 중 책임성격이 의무성 보다 자발성에 기초하는 것은 윤리적 책임과 자선적 책임이다.
07 유통경로는 국가에 따라 문화적 배경이나 지리적 환경 등의 요인으로 특색있게 발전된다. 따라서 특정 국가에 맞는 적합한 유통경로를 찾기 위해서는 현지화를 통한 전략 수립이 필요하다.
08 전문경영인을 고용하여 소유와 경영의 분리가 가능하다.
09 협정에 참여하지 않는 아웃사이더가 많을수록 아웃사이더들의 통제가 힘들어져 협정의 영향력은 감소한다.
10 무한책임사원과 유한책임사원으로 구성된 기업 형태는 합자회사이다. 합자회사는 1인 이상의 무한책임사원과 1인 이상의 유한책임사원으로 구성되어 있다.

CHAPTER 05 경영목표와 의사결정

13 델파이 기법은 의사결정 및 의견개진 과정에서 타인의 압력이 배제된다. ( )

14 집단사고(groupthink)는 개방적인 분위기를 형성해야 한다는 압력이 발생한다. ( )

15 휴리스틱이란 정보의 부족과 시간제약으로 완벽한 의사결정을 할 수 없을 때 또는 비구조적인 문제와 같이 합리적인 판단을 할 필요가 없는 상황에서 현실적으로 만족할 만한 수준의 해답을 찾는 것이다. ( )

16 집단의사결정 방식 중 구성원간 상호작용을 제한하는 정도는 브레인스토밍(brainstorming)보다 명목집단법(nominal group technique)이 더 강하다. ( )

17 전략적 의사결정은 기업의 내부자원을 조직화하기 위한 의사결정이다. ( )

CHAPTER 06 경영관리론

18 높은 성과를 올리고 있는 회사와 비교·분석하여 창조적 모방을 통해 개선하고자 하는 경영혁신 기법은 벤치마킹(benchmarking)이다. ( )

19 문제중심학습이란 구성원들 스스로가 경영상 발생할 수 있는 가상의 실제적 문제(Authentic Problem)를 해결하는 방법을 찾도록 하는 교육훈련방식이다. ( )

20 경영통제 과정에서 성과측정의 단계는 중심부에 속하지 않으므로 일괄적으로 하위부서에 일임한다. ( )

21 아웃소싱(outsourcing)은 기업의 비핵심 업무를 다른 기업에 위탁하는 것을 말한다. ( )

CHAPTER 07 전략수립과 전략실행

22 기업의 포트폴리오를 평가함에 있어 BCG매트릭스는 시장성장률과 상대적 시장점유율을 고려하는 반면, GE/맥킨지매트릭스는 보다 다양한 요소를 감안하여 시장매력도(산업매력도)와 사업단위 경쟁력(사업단위 위치 또는 사업강도)을 고려한다. ( )

23 포터(M. Porter)의 산업구조분석 모형에 의하면 산업 내 대체재가 많을수록 기업의 수익이 많이 창출된다. ( )

24 시장성장률이 높은 영역은 별(star)과 현금젖소(cash cow)이고, 상대적 시장점유율이 높은 영역은 물음표 (question mark)와 별(star)이다. (   )

25 포터(Porter)의 가치사슬(value chain) 모형에 의하면 본원적 활동(primary activities)에는 기획, 구매, 물류, 생산, 판매, 유통, 사후관리가 포함된다. (   )

CHAPTER 08 조직구조와 조직행위

26 매트릭스 조직은 역할 분담, 권력 균형, 갈등 조정 등이 쉬워 효율적인 조직 운영이 가능하다. (   )

27 허즈버그(F. Hertzberg)가 제시한 2요인(two-factor) 이론에서 급여는 위생요인으로 불만족을 줄여주는 효과가 있다. (   )

28 피들러(F. Fiedler)의 상황적합 리더십이론의 상황요인 3가지는 리더-부하관계, 과업구조, 부하의 성숙도이다. (   )

29 블레이크와 무튼(R. Blake & J. Mouton)의 관리그리드(managerial grid) 이론은 상황에 따라 효과적인 리더십 스타일이 변화될 수 있다는 리더십에 대한 상황적 접근법 해당한다. (   )

▶ 정답과 해설 ◀   13 ○   14 ×   15 ○   16 ○   17 ×   18 ○   19 ○   20 ×   21 ○   22 ○
                 23 ○   24 ×   25 ×   26 ×   27 ○   28 ×   29 ×

✔ 오답분석

14 집단사고(groupthink)는 집단 내부적으로 응집력이 높은 경우에 발생하는 현상으로, 집단 내부적으로 결정한 대안 외의 다른 대안을 받아들이지 않아 개방적 분위기를 형성하지 못한다.
17 기업의 내부자원을 조직화하기 위한 의사결정은 관리적 의사결정이다.
20 성과측정은 기업규모가 커질수록 복잡해지므로 정형적인 성과는 하위부서에 맡기고, 비정형적인 성과는 최고경영층이 담당하는 등의 방법을 취한다.
24 시장성장률이 높은 영역은 별(star)과 물음표(question mark)이고, 상대적 시장점유율이 높은 영역은 현금젖소(cash cow)와 별(star)이다.
25 포터(Porter)의 가치사슬(value chain) 모형에 의하면 기획은 본원적 활동이 아닌 지원활동에 포함된다.
26 매트릭스 조직은 이중권한체계로 혼란과 갈등이 발생하기 쉽고, 기능식 조직과 사업부제 조직 간의 갈등해결에 많은 시간과 노력이 소요된다.
28 피들러의 상황적응적 모형은 두 가지 유형의 리더십 과업중심과 인간관계중심을 리더-구성원 관계, 과업구조, 직위권력과 결부하였다.
29 블레이크와 무튼(R. Blake & J. Mouton)의 관리그리드(managerial grid) 이론은 리더십의 행동이론에 해당한다.

CHAPTER 09 인사관리와 노사관계관리

30 메인트넌스 숍(maintenance shop)은 조합원이 아닌 종업원에게도 노동조합비를 징수하는 제도이다.
( )

31 직종별 노동조합은 동종 근로자집단으로 조직되어 단결이 강화되고 단체교섭과 임금협상이 용이하다.
( )

32 연합체 조직은 각 지역이나 기업 또는 직종별 단위조합이 단체의 자격으로 지역적 내지 전국적 조직의 구성원이 되는 형태이다. ( )

33 직무스트레스와 직무성과 간의 관계는 U자형으로 나타난다. ( )

34 연공급은 동일노동 동일임금의 원칙을 적용한다. ( )

35 스캔론 플랜(Scanlon Plan)은 기업이 창출한 부가가치를 기준으로 성과급을 산정한다. ( )

36 직무특성모형에서 중요심리상태의 하나인 의미충만(meaningfulness)에 영향을 미치는 핵심직무차원은 기술다양성, 과업정체성, 과업중요성이다. ( )

37 직능자격제도 하에서 직능자격승진의 경우에는 직급과 직능등급이 일치된다. ( )

38 분배적 오류란 평가자가 평가측정을 한 후 그 결과에 따라 다수의 피평가자에게 점수를 부여할 때 각 점수의 분포가 특정 방향으로 쏠리는 현상으로, 중심화 경향, 관대화 경향 및 가혹화 경향 등이 대표적이다.
( )

39 내부모집은 외부모집에 비해 인력구조에 대한 양적 충족이 가능하다는 장점이 있다. ( )

CHAPTER 10 생산관리

40 수요는 평균수준, 추세, 계절적 변동, 주기적 변동, 우연 변동 등으로 구성되며, 이 중 우연 변동에 대한 예측 정확도가 수요예측의 정확도를 결정한다. ( )

41 마코브(Markov) 분석은 인력의 변동이 심한 상황에서 종업원의 이동을 예측할 때 효과적인 인력공급 예측기법이다.
( )

42 JIT시스템은 로트(Lot)의 크기를 최대화하여 단위 제품당 생산시간과 생산비용을 최소화한다. ( )

43 도요타 생산시스템에서 정의한 7가지 낭비유형은 불량의 낭비, 재고의 낭비, 과잉생산의 낭비, 가공의 낭비, 동작의 낭비, 작업자 재교육으로 인한 낭비, 대기의 낭비이다. ( )

44 추진요원 중 식스시그마 추진에 필요한 자원을 할당하는 사업부 책임자는 마스터 블랙벨트이다. ( )

45 조립라인공정은 소량 생산되는 제품에 적합한 공정이다. ( )

▶ 정답과 해설 ◀

| 30 × | 31 ○ | 32 ○ | 33 × | 34 × | 35 × | 36 ○ | 37 × | 38 ○ | 39 × |
| 40 × | 41 × | 42 × | 43 × | 44 × | 45 × | | | | |

✔ **오답분석**

30 메인트넌스 숍은 조합원이 되면 일정기간동안은 조합원의 신분을 유지토록 하는 제도를 말한다. 조합원이 아닌 종업원에게도 노동조합비를 징수하는 제도는 에이전시 숍이다.
33 적정 수준의 직무스트레스는 성과와 업무의 성취감을 높여주지만 과도한 직무스트레스는 직무성과에 악영향을 준다. 따라서 직무스트레스와 직무성과 간의 관계는 역U자형으로 나타난다.
34 동일노동 동일임금의 원칙이 적용되는 것은 직무급이다.
35 스캔론 플랜은 판매가치(매출액)를 기준으로 성과급을 산정하는 방식이다. 부가가치를 기준으로 성과급을 산정하는 방식은 럭커 플랜이다.
37 직능자격승진의 경우 종업원의 직무수행능력이 기준이 된다. 직급은 조직 내 지위나 역할을 나타내고, 직능등급은 개인의 직무 수행 능력이나 자격 수준을 나타내기 때문에 직급과 직능등급이 항상 일치하는 것은 아니다.
39 외부모집은 내부모집에 비해 인력구조에 대한 양적 충족이 가능하다는 장점이 있다.
40 수요는 평균수준, 추세, 계절적 변동, 주기적 변동, 우연 변동 등으로 구성되며, 이 중 우연 변동은 예측이나 통제가 불가능한 변동이기에 예측 정확도가 수요예측의 정확도를 결정한다고 할 수 없다.
41 마코브(Markov) 분석은 전이확률행렬을 이용하여 미래 인력의 이동을 예측하며, 경영환경이 안정적일 때 적합하다.
42 JIT시스템은 로트(Lot)의 크기를 가능하면 작게 한다.
43 도요타 생산시스템에서 정의한 7가지 낭비유형은 불량의 낭비, 재고의 낭비, 과잉생산의 낭비, 가공의 낭비, 동작의 낭비, 운반의 낭비, 대기의 낭비이다.
44 추진요원 중 식스시그마 추진에 필요한 자원을 할당하는 사업부 책임자는 챔피언이다.
45 조립라인공정은 대량생산 제품에 적합한 공정이다.

CHAPTER 11 마케팅

46 마케팅믹스의 4P's는 제품(Product), 가격(Price), 유통(Place), 촉진(Promotion)이다. ( )

47 브랜드마다 독특한 차별적 특성을 지니고 있으며, 대체재가 별로 없는 제품은 선매품(shopping goods)이다. ( )

48 기업형 VMS는 관리형 VMS보다 경로구성원들에 대한 관리가 쉽지 않아 이들에 대한 통제력이 더 약하다. ( )

49 마케팅 개념의 발전 단계는 생산 개념 → 제품 개념 → 판매 개념 → 마케팅 개념 → 사회 지향적 개념이다. ( )

50 로저스(E. Rogers)의 혁신에 대한 수용자 유형은 혁신자(Innovators), 조기수용자(Early Adopters), 후기수용자(late adopters), 후기다수자(Late Majority), 최후수용자(Laggards)이다. ( )

CHAPTER 12 재무관리

51 회수기간법은 회수기간 이후의 현금흐름을 고려한다. ( )

52 자본시장선의 기울기는 시장포트폴리오의 기대수익률에서 무위험수익률을 차감한 값과 같다. ( )

53 증권시장선(SML)은 개별주식의 기대수익률과 체계적 위험 간의 선형관계를 나타낸다. ( )

54 증권시장선 위쪽에 위치하는 주식은 과소평가된 주식이고, 아래쪽에 위치하는 주식은 과대평가된 주식이다. ( )

55 동일한 체계적 위험(베타)을 가지고 있는 자산이면 증권시장선 상에서 동일한 위치에 놓인다. ( )

CHAPTER 13 경영정보시스템

56 텍스트마이닝은 비정형 텍스트를 정형화하여 의미 있는 패턴과 새로운 인사이트를 찾아내는 프로세스이다. ( )

57 지리적으로 분산된 네트워크 환경에서 수많은 컴퓨터와 저장장치, 데이터베이스 시스템 등과 같은 자원들을 고소 네트워크로 연결하여 그 자원을 공유할 수 있도록 하는 방식은 전문가 시스템(Expert System)이다. ( )

58 특정기업의 이메일로 위장한 메일을 불특정 다수에게 발송하여 권한 없이 데이터를 획득하는 방식을 피싱(phishing)이라 한다. ( )

59 사용자의 컴퓨터를 조정하거나 성가신 팝업 메시지들을 띄워서 컴퓨터시스템을 악성코드로 감염시켜 사용자의 돈을 갈취하는 악성 프로그램을 스니핑(sniffing)이라 한다. ( )

60 언어로 표현하기 힘든 주관적 지식을 형식지라고 한다. ( )

CHAPTER 14 회계학

61 매입채무의 증가는 차변에 기록한다. ( )

62 매입채무, 차입금, 선수금, 사채 등은 금융부채에 속한다. ( )

63 포괄손익계산서의 수익과 비용계정 과목을 잘못 분류하여 발생하는 오류는 당기순이익에 영향을 미친다. ( )

64 주식발행초과금, 이익준비금, 주식할인발행차금, 자기주식은 자본조정에 해당한다. ( )

65 유형자산 취득 시 발생한 운반비는 유형자산 취득원가에 포함된다. ( )

▶ 정답과 해설 ◀ 46 ○ 47 × 48 × 49 ○ 50 × 51 × 52 × 53 ○ 54 ○ 55 ○
56 ○ 57 × 58 ○ 59 × 60 × 61 × 62 × 63 × 64 × 65 ○

✔ 오답분석
47 브랜드마다 독특한 차별적 특성을 지니고 있으며, 대체재가 별로 없는 제품은 전문품(speciality goods)이다.
48 경로구성원들에 대한 통제력은 기업형 VMS > 계약형 VMS > 관리형 VMS 순으로 강하다.
50 로저스(E. Rogers)의 혁신에 대한 수용자 유형은 혁신자(Innovators), 조기수용자(Early Adopters), 조기다수자(Early Majority), 후기다수자(Late Majority), 최후수용자(Laggards)이다.
51 회수기간법은 회수기간 이후의 현금흐름을 고려하지 않고 평가한다.
52 시장포트폴리오의 기대수익률에서 무위험수익률을 차감한 값은 증권시장선의 기울기이다.
57 지리적으로 분산된 네트워크 환경에서 수많은 컴퓨터와 저장장치, 데이터베이스 시스템 등과 같은 자원들을 고속 네트워크로 연결하여 그 자원을 공유할 수 있도록 하는 방식은 그리드 컴퓨팅(Grid Computing)이다.
59 랜섬웨어(ransomware)는 사용자의 컴퓨터를 조정하거나 성가신 팝업 메시지들을 띄워서 컴퓨터시스템을 악성코드로 감염시켜 사용자의 돈을 갈취하는 악성 프로그램을 말한다.
60 언어로 표현하기 힘든 주관적 지식을 암묵지라 하며, 언어로 표현되는 객관적 지식을 형식지라 한다.
61 매입채무의 증가는 대변에 기록한다.
62 선수금은 재화나 용역을 인도받기로 계약하고 미리 지급하는 금액으로, 계약한 재화나 용역을 인도받으면 제공대가로 대체되므로, 금융부채에 속하지 않는다.
63 포괄손익계산서의 수익과 비용계정 과목을 잘못 분류하여 발생하는 오류는 당기순이익에 영향을 미치지 않는다.
64 주식발행초과금, 이익준비금, 주식할인발행차금, 자기주식은 자본조정에 해당한다.

CHAPTER 01 경영의 기초

> **출제포인트**
> ☐ 경영의 의의
> ☐ 개별경제주체

제1절 경영의 본질

I 의 의

일반적으로 각 경제주체들이 경제생활을 함에 있어 필요로 하는 재화 및 서비스를 만들어 공급하는 활동이다.
① **경제활동과의 관계** : 경제활동은 사람들의 욕구 등을 채워줌으로써 인간의 삶의 질을 높이는 것을 목적으로 하고, 이는 각각의 개별경제주체에 의해 이루어진다.
② **경영학의 의의** : 기업조직이라는 실체를 대상으로 기업에 관련되는 각종 현상을 과학적 방법으로 연구하고 이에 관한 지식을 체득하고 체계화한 학문, 즉 개별경제주체들의 경제적인 활동에 초점을 맞추고 있는 학문 분야이다.

II 분 류

1. 인사관리

기업조직의 능동적 구성요소인 인적 자원으로서의 구성원의 잠재적인 능력을 최대한 발휘하게 하여 구성원들로 하여금 스스로가 최대한의 성과를 달성하도록 하며, 그들이 인간으로서의 만족을 얻게 하려는 일련의 체계적인 관리활동이다.

2. 생산관리

경영의 생산활동을 능률화하고 생산력을 최고로 발휘시키기 위한 것으로, 공정계획·일정계획에서부터 공장 내 자재가 입고되어 모든 작업이 완료되어 제품으로서 반출되기까지의 통제 관리를 말한다.

3. 경영정보 시스템

기업 경영조직에서 의사결정의 유효성을 높이기 위해 경영 내·외의 관련한 정보 등을 필요에 따라 즉시, 그리고 대량으로 수집·전달·처리·저장·활용할 수 있게 만든 인간과 컴퓨터와의 결합 형태를 말한다.

4. 마케팅

경영 전체로서의 마케팅 활동을 계획하며, 이를 실시하기 위한 조직을 설정하고, 이로 인해 실시되는 활동을 관리·통제하는 것을 말한다. 이러한 마케팅관리 주요 대상으로는 가격설정, 제품계획, 판매촉진, 광고, 판매경로 설정 및 물적 유통 등이 해당한다.

5. 회계

특정의 경제적 실체에 대해 이해관계를 가진 사람들에게 합리적인 경제적 의사결정을 하는 데 유용한 재무적 정보를 제공하기 위한 일련의 과정 또는 체계를 말한다.

6. 재무

기업조직이 목적을 이루기 위해 기업이 자본의 조달 및 운용을 위해 실시하는 것을 말한다.

제2절 경영의 연구대상과 지도원리

I 연구대상

개별경제주체들의 경제적 활동이 그 대상이 된다.
① **개별경제** : 국민경제에 상응하는 개념이자 국민경제를 구성하는 단위이다.
② **개별경제의 형태**

구 분	내 용	사 례
기업경영	각 사업체로서의 영리적인 단위경제	기업, 공장, 회사, 상점
재정경영	국가, 지방자치단체의 단위경제	세무서, 중앙행정기관, 법원
가정경영	가정이 중심이 되는 단위경제	가 계
기 타	기업, 재정, 가정경영을 제외한 기타 개별 경제	교회, 학교

③ **주연구대상** : 오늘의 경제활동은 주로 기업경영에 의해 지탱되고 있는 자본주의 경제체제하에 있으므로 기업경영이 주된 관심사가 되고 있다.

Ⅱ 지도원리

1. 수익성
① 의의 : 자본에 대한 이익의 관계를 나타내며, 기업이 시장에서 이윤을 획득할 수 있는 잠재적 능력을 나타낸다.
② 수익성 증대방안
  ㉠ 매출액을 증대시켜야 한다.
  ㉡ 매출액을 차지하는 이익의 비율이 높아져야 한다.
  ㉢ 매출수량이 일정하다고 가정했을 때 매출단위당 가격을 극대화한다.
  ㉣ 지출비용을 최소화한다.

2. 생산성
생산성은 투입물에 대한 산출물의 비율을 말하며, 그 내용은 다음과 같다.
① **가치 생산성** : 산출물의 시장가치를 활용하는 경우로 다품종의 제품 생산시 적용 또는 연구개발 활동 및 마케팅 활동까지도 포함하는 지표
② **물적 생산성** : 산출물 수량을 활용하는 경우로 노동의 기능 및 강도 등을 반영하는 지표
③ **부가가치 생산성** : 산출물 부가가치를 활용
④ **부가가치 향상 방안** : 가격, 물적 노동 생산성, 부가가치율을 향상시켜야 한다.
⑤ **가격** : 가격을 향상시키기 위해서는 대체적으로 연구개발을 기반으로 한 제품차별화 또는 기술적 독점 등에 의해 제품에 대한 브랜드충성도를 제고시켜야 한다.
⑥ **물적 노동 생산성(물적 자본 생산성×노동장 비율)** : 자동화를 통한 노동장 비율의 제고와 더불어 기계설비의 향상 및 성능 유지 등을 통해 제고된다.
⑦ **부가가치율** : 제품 판매수익을 높임과 더불어 비용을 줄여야하는데, 이는 슘페터가 제시한 신공정기술, 신시장, 신제품, 신조직 등 각 부분에서 접근 가능한 혁신에 의해서 이뤄질 수 있다.

Ⅲ 조직균형

1. 의미
기업조직이 존속하기 위해서는 외부적으로 기업조직의 환경요소, 내부적으로 기업조직과 구성원들 간에 균형이 존재해야 한다는 것을 말한다.

2. 내용
① 조직균형은 기업의 사회적 책임과도 연결된다.
② 바너드가 주장한 기업조직의 존속요건 : 공통목표, 공헌의욕, 의사소통
③ 기업조직이 균형을 이루기 위해서는 기업조직의 공헌에 대한 대가를 공헌과 동일하거나 그 이상으로 해주어야 한다.

CHAPTER 01 경영의 기초

01 다음 중 개별경제주체의 연결로 잘못된 것은?

① 각 사업체로서의 영리적인 단위 경제 – 기업, 회사
② 국가, 지방자치제의 단위 경제 – 법원, 세무서
③ 가정이 중심이 되는 단위 경제 – 가계
④ 비영리 추구로 지역사회의 중심이 되는 단위 경제 – 교회, 성당
⑤ 국민경제에서 생산을 담당하는 단위 경제 – 기업, 공장

02 다음 중 수익성에 대한 내용으로 거리가 먼 것은?

① 수익성은 자본에 대한 이익의 관계를 표현한다.
② 수익성만이 무조건적인 경영의 지도 원리라고 할 수는 없다.
③ 수익성은 영리를 목적으로 하는 개별경제주체의 경우 적용이 가능하다.
④ 기업이 시장에서 손해를 감수할 수 있는 잠재적 능력을 나타내는 지표이다.
⑤ 수익 증대뿐만 아니라 지출을 최소화하는 것도 포함한다.

해설 및 정답

01 교회나 학교 등은 기타 개별경제에 해당한다.
정답 ④

02 수익성은 기업이 시장에서 이윤을 획득할 수 있는 잠재적 능력을 나타내는 지표이다.
정답 ④

03 다음 설명 중 바르지 않은 것은?

① 생산성은 비영리 경제주체에도 적용이 가능하다.
② 생산성은 투입물에 대한 산출물의 비율이다.
③ 생산성은 분자에 투입하는 산출물에 따라 가치생산성, 물적 생산성, 부가가치 생산성으로 나누어 진다.
④ 생산성은 기준에 따라 단일한 개념으로 정의된다.
⑤ 생산성은 기술 향상뿐만 아니라 브랜드 충성도 제고를 포함하는 개념이다.

04 다음 설명에 해당하는 것은? 기출 25

> 생산규모가 어느 한계를 초과하면 의사소통의 복잡성과 조직의 관료화로 오히려 단위당 평균비용이 증가하게 된다.

① 규모의 경제
② 규모의 비경제
③ 범위의 경제
④ 범위의 비경제
⑤ 관료주의 경제

해설 및 정답

03 생산성은 기준에 따라 여러 가지 개념으로 정의된다.

정답 ④

04 규모의 비경제는 기업의 생산 규모가 커질수록 단위당 생산 비용이 증가하여 효율성이 감소하는 현상을 의미한다.
① 규모의 경제는 소량의 제품을 생산하는 것보다 대량의 제품을 생산할 때 제품의 생산비용이 감소하는 것을 의미한다.
③ 범위의 경제는 산업 연관성이 있는 제품을 한 기업이 생산할 때 비용 감소 효과가 발생하는 것을 의미한다.
④ 범위의 비경제는 한 기업이 여러 제품이나 서비스를 함께 생산할 때 복잡성 증가, 전문성 부족 등의 원인으로 생산 효율성과 품질이 저하 되어 비용이 증가하는 것을 의미한다.
⑤ 관료주의 경제는 조직이 커질수록 관리 비용이 증가하고 조직의 비효율성이 높아지는 것을 의미하며, '관료주의 비경제'로 주로 표현된다.

정답 ②

CHAPTER 02 경영의 역사

출제포인트
- ☐ 고전학파
- ☐ 포드의 3S
- ☐ 페이욜의 관리 5요소
- ☐ 막스 베버
- ☐ 인간관계학파

제1절 미국의 경영학사

I. 고전적 관리론 [기출] 17

1. 과학적 관리론

(1) 테일러의 과학적 관리론

① 개요 : 하루의 작업량을 시간연구 및 동작연구, 작업연구를 통해 하루의 표준 작업량을 설정하고, 할당된 과업을 초과달성한 근로자에게는 높은 임금률을 적용하고 그렇지 못한 근로자에게는 낮은 임금률을 적용함으로써 생산의 능률을 꾀하려는 방법이다.

② 주요 내용 [기출] 15·19·24

㉠ 시간 및 동작연구 : 종업원들의 하루 작업량(표준작업)을 과학적으로 하기 위해 시간연구·동작연구를 하였다.

㉡ 차별성과급제 : 작업량을 달성한 사람에게는 높은 임금을 주고, 그렇지 못한 사람에게는 낮은 임금을 적용하는 등의 능률증진을 꾀하였다.

㉢ 종업원 선발 및 교육 : 과학적 관리론에 부합하는 근로자에 대한 선발방식 및 교육훈련방식을 마련하였다.

㉣ 직능식제도와 직장제도 : 공장의 조직을 기존의 군대식에서 직능식으로 바꾸고, 직장제도를 끌어들여 종업원들과 운영자가 서로의 직책에 따라 업무하여 일을 하고, 협력할 수 있게 하였다.

> **테일러이론 한 눈에 알아보기**
> - 작업연구, 시간 및 동작연구, 표준과업량 설정, 차별성과급제, 기능성의 조직
> - 기업조직에 있어 기획과 실행의 분리를 기본으로 함
> - 기계적·폐쇄적 조직관 및 경제적 인간관이라는 가정을 기반으로 함
> - 인간의 신체를 기계처럼 생각하고 취급하는 철저한 능률위주의 관리이론
> - 과학적 관리론은 노동조합으로부터 비판적인 평가를 받음
> - 포드에 의해서 더욱 구체화됨

(2) 포드 시스템 기출 11
　① 개 요
　　㉠ 유동작업을 기반으로 하는 새로운 생산관리 방식으로 포드는 자동차 공장에 컨베이어 시스템을 도입하여 대량생산을 통한 원가를 절감하였다.
　　㉡ 포드의 컨베이어 시스템 : 모든 작업을 단순작업으로 분해하여 분해된 작업의 소요시간을 거의 동일하게 하여 일정한 속도로 이동하는 컨베이어로 전체 공정을 연결하여 작업을 수행하였다.
　② 포드의 3S : 부품의 표준화(Standardization), 제품의 단순화(Simplification), 작업의 전문화(Specialization)

2. 페이욜의 관리과정이론

① 페이욜의 관리 5요소 기출 13 : 계획, 조직, 명령, 조정, 통제
② 페이욜의 6가지 경영의 기능 : 기술적 활동, 재무적 활동, 상업적 활동, 회계적 활동, 보전적 활동, 관리적 활동
③ 페이욜의 관리일반원칙 기출 21
　㉠ 관리활동 수행시 일반적 규칙·기준으로 다음의 14가지를 제시하였다.
　㉡ 분업, 권한과 책임, 규율, 명령의 일원화, 지휘의 일원화, 전체의 이익을 위한 개인의 복종, 보수, 집권화, 계층의 연쇄, 질서, 공정성, 직장의 안정성, 주도권, 단결심

3. 막스 베버의 관료조직론 기출 16

① 개 요
　㉠ 베버의 관료제 이론은 권한구조에 대한 이론에 기반을 두고 있다.
　㉡ 막스 베버는 권한의 유형을 카리스마적 권한, 전통적 권한, 합리적·법적 권한으로 구분하고 이중 합리적·법적 권한에 기반한 관료제 모형이 근대사회의 대규모 조직을 설명하는데 가장 적절하다고 보았다.
② 특 징
　㉠ 안정적이면서 명확한 권한계층
　㉡ 태도 및 대인관계의 비개인성
　㉢ 과업전문화에 기반한 체계적인 노동의 분화
　㉣ 규제 및 표준화된 운용절차의 일관된 시스템
　㉤ 관리자는 생산수단의 소유자가 아님
　㉥ 문서로 된 규칙, 의사결정, 광범위한 파일
　㉦ 기술적인 능력에 의한 승진을 기반으로 한 평생의 경력관리

Ⅱ 인적자원관리론 기출 12·16

1. 메이요의 인간관계론 기출 22

> **인간관계론의 등장**
> 기존의 기업조직의 경영은 과학적 관리론에 입각한 능률 위주였으므로 노동자들은 오로지 생산을 위한 기계화 또는 부품화된 도구에 지나지 않았다. 그래서 인간의 어떠한 주체성이나 개성 등은 당연히 무시되었다. 그러나 점차 산업이 발달하고 기업의 대규모화가 진행됨에 따라 능률 위주의 기업 생산성은 점차 한계점에 도달함을 인식하게 되었다. 이에 과학적 관리론에 대한 회의와 불만 등이 대두되기 시작하였으며, 결국엔 과학적 관리론이 불안전하고 비합리적이라는 사실을 증명하기에 이르렀다.
> 즉 기업조직 내에서 종업원 개개인의 존재는 경제·논리적인 존재가 아니라, 단지 협력체제라는 사회적 인간관의 시각에서만 인정되었으며 이는 종업원의 사회, 심리적인 욕구를 충족시킴으로써 기업의 생산성이 상승될 수 있다는 인식을 갖게 하는 계기가 되었다. 이러한 기업의 인간화가 곧 인간관계론의 출발점이 되었던 것이다.

① 개 요 기출 17
  ㉠ 호손(Hawthorne)실험은 1차 실험(조명도실험), 2차 실험(계전기조립실험-6명 여성노동자(휴식, 노동시간, 간식)), 3차 실험(면접실험-1600명), 4차 실험(배전작업관찰실험)으로 이루어졌다.
  ㉡ 민주적 리더십을 강조한다.
  ㉢ 비공식 조직을 강조한다.
  ㉣ 기업조직은 경제적·기술적·사회적인 시스템이다.
  ㉤ 종업원 만족의 증가가 성과로서 연결된다고 본다.
  ㉥ 인간의 사회적·심리적 조건 등을 중요시한다.
  ㉦ 의사소통의 경로개발이 중요시되며, 참여가 제시된다.

② 호손실험의 영향
  ㉠ 이 실험으로 인해 인간에 대한 관심을 높이는 계기가 되었다.
  ㉡ 인간의 감정, 배경, 욕구, 태도, 사회적 관계 등이 효과적인 경영에 상당히 중요함을 인식하게 되었다.
  ㉢ 구성원들 상호 간 관계에서 이루어지는 사회적인 관계가 '비공식조직'을 만들고, 이는 공식조직만큼이나 생산성에 영향을 미친다는 사실을 인식하게 되었다.

2. 뢰슬리스버거의 사회체계론

① 개 요
  ㉠ 기업을 기술적 조직과 인간적 조직으로 나누고, 인간적 조직은 개인적 조직과 사회적 조직으로 구분하였으며, 사회적 조직 내 공식 조직과 비공식 조직이 존재한다고 본다.
  ㉡ 비공식 조직에서는 감정의 논리가, 공식 조직에서는 비용·능률의 논리가 적용되어야 함을 주장하였다.

② 인간행동의 3가지 측면
  ㉠ 논리적 행동 : 객관적인 지식에 의한 논리적인 이해에 따른 행동
  ㉡ 비논리적 행동 : 환경에 의해 좌우되는 사회적 감정에 따른 행동
  ㉢ 비합리적 행동 : 비합리적 행동이 사회적인 감정에 따른 행동

Ⅲ 근대적 관리론

1. 바너드의 조직이론

① 개 요
- ㉠ 경영자의 기능에서 기업조직을 협동체계로 파악한다.
- ㉡ 대외적·전체적·동태적 관점에서 새롭게 접근하여, 비교적 균형 잡힌 이론을 제시한다.
- ㉢ 기업조직은 협동시스템으로서의 공헌의욕, 공통목적, 의사소통이 잘 이루어져야 한다.
- ㉣ 결합된 협동노력에는 개인적 의사결정과 조직적 의사결정이 있으며, 이 두 가지가 균형을 이루어야 한다.

② 조직이론 체계
- ㉠ 공헌의욕 : 조직 활동에 공헌하고자 하는 구성원들의 의욕으로서 구성원 개개인들이 느끼는 만족 및 불만의 결과를 말한다.
- ㉡ 공통목적 : 협동하고자 하는 목적이 없으면 공헌의욕이 발휘될 수 없으며, 여러 힘을 결합하기 위해서는 기업조직에 공통의 목적이 있어야 한다.
- ㉢ 의사소통 : 공헌의욕이 고취되고 공통목적을 이루려면 기업조직의 각 구성원이 그 목적을 인식할 수 있어야 하는 의사소통이 필요하다.

③ 의사결정 체계
- ㉠ 개인적 의사결정 : 개인이 기업조직에 기여할 것인가의 여부, 즉 기업조직에 공헌하는 사람이 될 것인지 말 것인지에 관한 의사결정
- ㉡ 조직적 의사결정 : 기업조직의 목적과 관련되는 직위를 기반으로 한 비개인적인 의사결정

2. 사이먼의 조직이론

① 개 요
- ㉠ 사이먼은 '관리행동'에서 조직 내 전문화, 커뮤니케이션, 의사결정 등에 중점을 두고 논의를 전개한다.
- ㉡ 기업조직은 경제학에서 가정하고 있는 객관적 또는 초합리적인 의사결정을 할 수 없고, 현실적인 제약 하에서 제한된 의사결정을 하게 된다.

> **제한된 합리성**
> - 현실적으로 모든 대안을 알 수는 없다.
> - 모든 대체행동의 각 결과에 대한 완전한 지식을 가질 수 없다.
> - 결과에 대한 지식이 완전하다고 하더라도 평가체제가 변화할 수 있고 평가에 있어서의 정확성과 일관성을 유지할 수 없다. 이처럼 현실적 의미에서 합리성은 '제한된 합리성'에 불과하며, 이러한 제한된 합리성 밖에 달성할 수 없는 현실의 인간을 '관리인'이라 하고, 객관적인 합리성을 달성할 수 있는 '경제인'과 구별하였다.

② 현실적으로 합리성이 달성될 수 없는 이유
- ㉠ 객관적인 합리성의 경우 가능한 한 전체 대안의 열거를 요구하지만, 현실적으로는 그중에서 일부밖에 열거할 수 없다.
- ㉡ 객관적인 합리성은 전체 대안의 결과에 대한 완전한 지식을 요구하나, 현실적으로 우리의 지식은 언제나 단편적이고 불완전하다.
- ㉢ 어떤 결과에 대한 지식이 완전하더라도 우리는 동시에 그 모두를 완전한 형태로 평가할 수는 없다.

3. 사이어트와 마치의 조직이론

① 개 요
- ㉠ 사이어트와 마치는 '기업의 행동이론'에서 경제학과 조직이론의 관점에서 기업이 현실적으로 어떻게 행동하는가를 설명한다.
- ㉡ 새로운 기업이론을 구축하기 위해서는 조직의 목표형성, 조직의 기대형성, 조직에 의한 수단선택과 관련되는 3가지 하위이론이 필요하다고 본다.

② 3가지 하위이론
- ㉠ 조직목표이론 : 기업조직에서 어떻게 목표가 설정되고, 그것이 시간의 흐름에 따라 어떻게 변화되며 기업조직이 그 목표에 얼마만큼 주목하는지를 고찰한다.
- ㉡ 조직기대이론 : 기업조직이 새로운 대안 및 정보 등을 언제 어떻게 탐색하는지, 정보 등이 어떠한 방식으로 처리되는지 등을 다룬다.
- ㉢ 조직선택이론 : 기업조직이 활용 가능한 대안들에 대해 서열을 매겨 그중 하나를 선택하게 하는 과정이다.

Ⅳ 경영학 이론의 통합시도

구 분		조직에 대한 관점			
		폐쇄적		개방적	
인간에 대한 관점	합리적	1900~1930 (테일러, 베버, 페이욜)	고 전	1960~1970 (챈들러, 로렌스와 로쉬, 톰슨)	상황적합이론
			제1상한		제3상한
	사회적	1930~1960 (메이요, 맥그리거, Selznick)	인간관계론	1970~ (웨티크, 마치)	-
			제2상한		제4상한

① 폐쇄-합리적 조직이론
- ㉠ 조직을 외부 환경과 관계없는 폐쇄체계로 파악하고, 인간 역시 합리적으로 사고하며 행동하는 것으로 파악한다.
- ㉡ 테일러, 베버, 페이욜, 귤릭, 어윅 등이 대표적 학자이다.
- ㉢ 오늘날의 인간공학 및 산업공학을 중심으로 한 경영과학의 학문영역을 구축하고 있다.

② 폐쇄-사회적 조직이론
- ㉠ 조직을 외부 환경과 관계없는 폐쇄체계로 파악하였지만, 조직 구성원들의 인간적인 측면을 수용하고 있다.
- ㉡ 메이요, 뢰슬리스버거, 딕슨 등이 대표적 학자이다.
- ㉢ 종업원들의 업무태도, 작업집단 내 인간관계, 노조, 리더십, 커뮤니케이션 등에 대해 관심을 두고 조직 구성원들의 사기를 생산성과 연결한다.
- ㉣ 외부환경 문제에는 소홀하였고, 지나치게 기업조직의 인간적·사회적 측면만을 강조하였다는 비판이 있다.

③ 개방-합리적 조직이론
  ㉠ 조직을 외부 환경에 대해서 개방체계로 파악하였지만, 조직 구성원들에 대해서는 다시 합리적 전제로 돌아간다.
  ㉡ 번스와 스토커, 챈들러, 우드워드, 로렌스와 로쉬, 톰슨 등이 대표적 학자이다.
  ㉢ 환경을 이론에 반영하여 기업을 외적인 힘에 의해 형성되는 것으로 본다.
  ㉣ 유기체의 생존 원천에 대한 관점을 조직 내에서 외부환경으로 옮긴다.
  ㉤ 현재에는 관료제적 사고의 틀을 벗어날 수 있는 조직과 관리의 이론으로 타 환경의 요구에 대응할 수 있는 방안을 제시해주는 상황적합이론의 관점으로 정리되어 조직개발 실행에 활용되고 있다.

④ 개방-사회적 조직이론
  ㉠ 조직이 환경에 대해서 개방되었고, 구성원들이 지닌 비합리성·비공식성 등이 수용되고 있다.
  ㉡ 웨익, 힉슨, 마치와 올슨, 페퍼와 샐런시크 등이 대표적 학자이다.
  ㉢ 생존을 중요시하는 기업조직 안에 흐르는 비합리성·비공식성에 초점을 맞춰 기업조직의 비합리적인 동기적 측면을 중점적으로 다루고 있다.
  ㉣ 기업조직의 목적 및 수단 등을 분류하지 못하는 비합리성을 반영한다.

> **기업의 사회적 책임** 기출 20·21
> - 의의 : 기업도 사회의 구성원이므로 소속된 사회에 대한 책임이 있다는 주장
> - 사회적 책임이 요구되는 이유
>   - 구성원들 사이의 상호의존성 심화
>   - 완전경쟁이 이루어지지 않는 시장
>   - 외부불경제
>   - 기업의 대형화로 인한 기업의 영향력 증대
> - 종 류
>   - 경제적 책임(Economic Responsibility) : 기업이 사회적으로 필요한 서비스를 판매하고 수익성을 창출하는 책임
>   - 법적 책임(Legal Responsibility) : 기업의 운영이 공정한 규칙 속에서 이루어져야 할 책임
>   - 윤리적 책임(Ethical Responsibility) : 기업의 이해관계나 가치기준에 합당한 행동을 해야 할 책임
>   - 자선적 책임(Discretionary Responsibility) : 기업이 자발적으로 사회적으로 도움이 필요한 곳에 봉사를 수행해야 할 책임

CHAPTER 02 경영의 역사

01 페욜(H. Fayol)의 일반적 관리원칙에 해당하지 않는 것은? 기출 21

① 지휘의 통일성
② 직무의 분업화
③ 보상의 공정성
④ 조직의 분권화
⑤ 권한과 책임의 일치

02 캐롤(B.A. Carrol)의 피라미드모형에서 제시된 기업의 사회적 책임의 단계로 옳은 것은? 기출 21

① 경제적 책임 → 법적 책임 → 윤리적 책임 → 자선적 책임
② 경제적 책임 → 윤리적 책임 → 법적 책임 → 자선적 책임
③ 경제적 책임 → 자선적 책임 → 윤리적 책임 → 법적 책임
④ 경제적 책임 → 법적 책임 → 자선적 책임 → 윤리적 책임
⑤ 경제적 책임 → 윤리적 책임 → 자선적 책임 → 법적 책임

해설 및 정답

01 페욜은 경영활동을 기술활동, 상업활동, 재무활동, 보호활동, 회계활동, 관리활동으로 구분하였고, 이 중 관리활동에 필요한 5가지 관리요소로서 계획·조직·지휘·조정·통제를 제시하였으며, 이를 바탕으로 경영활동을 수행하는 데 필요한 14가지의 관리일반원칙을 세웠는데, 여기서 강조한 것은 조직의 분권화가 아닌 집권화이다.

정답 ❹

02 캐롤은 기업의 사회적 책임을 4가지로 분류하였는데, 제1책임인 경제적 책임을 가장 하위단계에 배치시키고, 그 위로 법적 책임, 윤리적 책임, 자선적 책임을 쌓아 피라미드구조로 나타내었다. 다만, 피라미드구조라 하여 각 단계의 책임들 간에 우선순위가 있는 것은 아니고, 4가지 책임 모두를 동시에 충족하여야 한다고 주장하였다.

정답 ❶

03 캐롤(B. A. Carroll)이 주장한 기업의 사회적 책임 중 책임성격이 의무성 보다 자발성에 기초하는 것을 모두 고른 것은? 기출 24

ㄱ. 경제적 책임
ㄴ. 법적 책임
ㄷ. 윤리적 책임
ㄹ. 자선적 책임

① ㄱ, ㄴ
② ㄴ, ㄷ
③ ㄷ, ㄹ
④ ㄱ, ㄴ, ㄹ
⑤ ㄴ, ㄷ, ㄹ

04 메이요(E. Mayo)의 호손실험 중 배선작업 실험에 관한 설명으로 옳지 않은 것은? 기출 22

① 작업자를 둘러싸고 있는 사회적 요인들이 작업능률에 미치는 영향을 파악하였다.
② 생산현장에서 비공식조직을 확인하였다.
③ 비공식조직이 작업능률에 영향을 미치는 것을 발견하였다.
④ 관찰연구를 통해 진행되었다.
⑤ 경제적 욕구의 중요성을 재확인하였다.

05 호손실험(Hawthorne experiment)의 순서가 바르게 나열된 것은? 기출 17

ㄱ. 면접실험
ㄴ. 조명실험
ㄷ. 배전기 전선작업실 관찰
ㄹ. 계전기 조립실험

① ㄱ → ㄴ → ㄷ → ㄹ
② ㄱ → ㄹ → ㄷ → ㄴ
③ ㄴ → ㄹ → ㄱ → ㄷ
④ ㄴ → ㄹ → ㄷ → ㄱ
⑤ ㄹ → ㄱ → ㄷ → ㄴ

• **해설 및 정답** •

03 자발성에 기초한 기업의 사회적 책임은 윤리적 책임과 자선적 책임이다.

캐롤의 기업의 사회적 책임	
경제적 책임	기업이 사회적으로 필요한 서비스를 판매하고 수익성을 창출하는 책임
법적 책임	기업의 운영이 공정한 규칙 속에서 이루어져야 할 책임
윤리적 책임	기업의 처벌이나 강제가 따르는 법적 책임과 달리 어떤 사안이나 사건과 관련되는 일의 도덕적 자발성에 의한 책임
자선적 책임	기업이 자발적으로 사회적 도움이 필요한 곳에 봉사를 수행해야 할 책임

정답 ❸

04 호손실험은 원래 노동자의 생산성이 임금, 작업시간, 노동환경 등 물적 요인과 인적 요인에 영향 받는다고 가설을 설정하고 실험을 시작하였다. 그러나 실험의 결과는 초기에 생각한 물적 요인이나 인적 요인보다는 상사·동료와의 관계, 집단 내 분위기, 비공식집단 등 인간관계에 큰 영향을 받는 것으로 확인되었다.

정답 ❺

05 ㄴ. 조명실험 → ㄹ. 계전기 조립실험 → ㄱ. 면접실험 → ㄷ. 배전기 전선작업실 관찰

정답 ❸

06 막스 베버(Max Weber)가 제시한 관료제 이론의 주요 내용이 아닌 것은?

① 규정에 따른 직무배정과 직무수행
② 능력과 과업에 따른 선발과 승진
③ 상황적합적 관리
④ 계층에 의한 관리
⑤ 규칙과 분서에 의한 관리

07 인간관계론에 해당하는 내용은?

① 기획업무와 집행업무를 분리시킴으로써 계획과 통제의 개념 확립
② 시간 및 동작 연구를 통하여 표준 과업량 설정
③ 자연발생적으로 형성된 비공식 조직의 존재 인식
④ 과업에 적합한 근로자 선발 및 교육훈련 방법 고안
⑤ 전문기능별 책임자가 작업에 대한 분업적 지도 수행

08 생산합리화의 3S로 옳은 것은?

① 표준화(Standardization) - 단순화(Simplification) - 전문화(Specialization)
② 규격화(Specification) - 세분화(Segmentation) - 전문화(Specialization)
③ 단순화(Simplification) - 규격화(Specification) - 세분화(Segmentation)
④ 세분화(Segmentation) - 표준화(Standardization) - 단순화(Simplification)
⑤ 규격화(Specification) - 전문화(Specialization) - 표준화(Standardization)

09 테일러(F. W. Taylor)의 과학적 관리법에 제시된 원칙으로 옳은 것을 모두 고른 것은?

ㄱ. 작업방식의 과학적 연구
ㄴ. 과학적 선발 및 훈련
ㄷ. 관리자와 작업자들 간의 협력
ㄹ. 관리활동의 분업

① ㄱ, ㄴ
② ㄷ, ㄹ
③ ㄱ, ㄴ, ㄷ
④ ㄴ, ㄷ, ㄹ
⑤ ㄱ, ㄴ, ㄷ, ㄹ

해설 및 정답

06 막스 베버(Max Weber) 관료제의 특징
- 안정적이면서 명확한 권한계층
- 태도 및 대인관계의 비개인성
- 과업전문화에 기반한 체계적인 노동의 분화
- 규제 및 표준화된 운용절차의 일관된 시스템
- 관리자는 생산수단의 소유자가 아님
- 문서로 된 규칙, 의사결정, 광범위한 파일
- 기술적인 능력에 의한 승진을 기반으로 한 평생의 경력관리

정답 ❸

07 인간관계론은 조직을 개인, 비공식 집단 및 집단 상호 간의 관계로 되는 사회체제로 인식한다.

정답 ❸

08 미국의 경영자 포드는 부품의 표준화, 제품의 단순화, 작업의 전문화의 3S운동을 전개하고 컨베이어 시스템에 의한 이동조립방법을 채택해 작업의 동시 관리를 꾀하여 생산능률을 극대화했다.

정답 ❶

09 모두 옳은 지문이다.

> 테일러(F. W. Taylor)의 과학적 관리법 원칙
> - 차별 성과급제
> - 기능식 직장제도
> - 시간연구와 동작연구
> - 기획부제도의 설치
> - 작업지시표 제도
> - 과학적 선발·훈련·배치
> - 노사 간의 조화로운 협력

정답 ❺

CHAPTER 03 경영환경

출제포인트
- ☐ 경영환경의 의미
- ☐ 환경의 두가지 차원

제1절 경영환경의 개관

Ⅰ 경영환경의 중요성

기업조직이 영속체로서 생명을 존속하고 성장 및 발전하기 위해서는 외부환경 및 내부환경에 대한 고찰을 충실히 해야 한다. 이는 외부로부터 각종 원자재, 노동력 등을 공급받아 생산하며, 이렇게 생산된 제품이 다시 외부시장으로 판매되어야 함을 의미하므로 이러한 관점에서 조직은 외부환경과 상호작용을 하는 개방체계로 파악되어야 한다.

Ⅱ 경영환경의 의미

1. 기본특성
① **경영외계 또는 일반적 환경** : 경영에서의 외부 요인
② **경영환경** : 경영행동을 직접적으로 규제하는 외부 요인의 집합
③ **경영외계와 경영환경과의 관계** : 경영환경은 경영외계의 부분집합

2. 경영외계의 환경
1930년대의 대공황 이후에는 정부·노동조합·출자자 등의 이해자 집단이 주요 환경 요소로 인식되었으나, 1960년대 이후에는 자연·자원·국제정세 등이 새로운 주요 환경요소로 부각된다.

3. 환경적응의 중요성
경영환경은 시대의 변화에 따라 점점 더 확대되어 가고 있어, 급변하는 환경에 기업조직이 적응하기 위해서는 기업의 경영목적 및 사회목적의 균형을 찾아야 하며, 그로 인한 전략적 적응이 요구된다(적응방식은 기업조직의 행동범위 또는 행동양식의 차이에 따라 달라짐).

제2절 경영환경의 유형

I 일반환경과 과업환경 기출 23

1. 일반환경

① 경제적 환경
  ㉠ 기업 역시 국민경제의 일부를 구성하는 단위로 국민경제 구성요소들의 영향을 받는다.
  ㉡ GDP 성장률, 물가수준의 변화, 산업구조의 변화, 환율변동, 국제자본이동, 무역구조, 외국의 생산구조 등 다양한 경제조건의 변화에 많은 영향을 받고 있다.
  ㉢ 엔고현상에 의한 우리나라 기업의 수출경쟁력 향상 등을 예로 들 수 있다.

② 정치적 환경
  ㉠ 기업은 한 사회 내에서 합법성과 정당성을 인정받아야 한다.
  ㉡ 해당 사회를 다스리기 위해 존재하는 갖가지 법률 또는 규칙 등을 따라야 한다.
  ㉢ 경제정책상의 조건, 외국의 정치변동, 제반법령 등을 예로 들 수 있다.

③ 사회문화적 환경
  ㉠ 기업의 활동영역인 사회의 습관 및 문화, 인구 통계적 특성, 사회구성원의 욕구 및 가치관 등은 사회마다 각각 다르다.
  ㉡ 기업조직은 사회문화적 환경의 특성을 잘 파악해야 구성원들의 욕구를 충족시켜 줄 수 있다.
  ㉢ 인구특성(성별, 연령, 직업, 결혼 등)과 문화구조(국민성, 민족성, 종교, 가치관), 소득수준, 소비구조, 가계지출, 저축, 통신이나 운수 등의 인프라와 관련된다.

④ 자원 환경
  ㉠ 기업조직은 외부 자원을 활용하여 내부에서 기업 활동을 수행한다.
  ㉡ 외부의 자원을 어떻게 내부화 할 것인지, 더불어 그러한 자원을 어떻게 운용할 것인지 등이 중요하다.
  ㉢ 크게 인적 자원(노동자원, 대학, 직업훈련원), 재무 자원(주식시장, 금융기관), 물적 자원(부동산, 원자재, 부자재, 기계) 등의 형태가 있다.

⑤ 기술적 환경
  ㉠ 과학과 산업의 발전으로 인해 오늘날의 기술은 급속하게 변화해 가고 있다.
  ㉡ 기업이 신기술을 체득하여 체화시키지 못하면 갖가지 외부경쟁업체와의 경쟁에서 질 수 밖에 없다.
  ㉢ 기업에서는 기초연구기술, 응용연구기술, 실용화연구기술 등의 각 분야에서 자신의 사업영역에 맞는 부분을 개발하고, 습득하려는 노력을 지속해야 한다.

2. 과업환경

① 특정 경영체가 목표설정 및 목표를 달성하기 위한 의사결정을 내리는 데에 직접적으로 영향을 미치는 환경을 의미하는 것으로 각 경영체에 따라 다르게 나타난다.
② 과업환경은 기업의 행동에 직접적인 영향을 미치며, 그 범위가 일반 환경에 비해 작고, 기업조직이 일정 수준 통제할 수 있다는 특징이 있다.
③ 환경의 2가지 차원
　㉠ 변화의 정도 : 환경요소들이 안정적인지 또는 동태적인지를 말하는 것으로, 환경이 과거의 패턴으로부터 예측가능한지 그렇지 않은지를 나타낸다.
　㉡ 복잡성의 정도 : 환경요소들이 단순한가, 그렇지 않은가를 말하는 것으로 상호작용하는 환경요소의 수와 관련 있다.

Ⅱ 환경의 분석

1. 외부환경의 분석

환경의 구성요소인 경제적, 정치적, 사회적, 기술적인 측면을 고려하여 이를 기반으로 사업의 기회 및 외형요인, 제약요인들을 분석해야 한다. 이러한 분석을 바탕으로 조직 활동의 영역이 결정된다.

2. 내부환경의 분석

① 기업조직의 외부환경 분석을 통해 기업조직의 활동영역이 정해지면 구체적인 경영활동을 실행하기 위해 내부환경을 분석해야 한다.
② 구체적인 활동에는 기업조직의 내부능력 및 역량 등이 필요하며, 이러한 능력은 기업 조직의 자원과도 관련된다.
③ 기업조직의 내부환경 분석에서는 인적 자원, 물적 자원, 재무적 자원에 대한 자세한 분석이 필요하다.

> **기업조직의 자원**
> - 인적 자원
>   - 관리인력 : 능력 있는 관리자의 확보
>   - 전문인력 : 제조·공급 및 과학 분야의 전문적인 지식을 지닌 우수 인력을 확보하고 있는 정도
>   예 기술·생산 및 품질관리 전문가, 과학자, 컴퓨터 시스템 분석가 등
> - 물적 자원
>   - 공장입지 : 시장접근성, 원재료의 공급, 노동력 공급의 용이성, 수송수단의 활용성
>   - 우수한 공장설비 : 제조공장의 능률성, 연구 및 실험시설, 창고 및 기계설비
>   - 원자재의 확보 : 원자재 공급의 장기적인 계약
> - 재무적 자원
>   - 재무적 자원의 배분능력 : 예산편성의 과정, 수익성이 가장 높은 부문에 재무적인 자원을 배분하고 있는지의 여부
>   - 재무적 자원의 통제능력 : 컴퓨터에 의한 재무구조 모델의 활용
>   - 자금조달능력 : 유보이익, 주식의 발행

제3절 국제기업환경

I 문제의 대두

WTO체제와 UR체제하에서는 보호무역주의를 철폐하고 세계경제의 자유무역주의를 주장하고 있다. 이런 상황에서 이미 많은 다국적 기업들이 국내에 들어와 있고, 국내의 많은 기업들 역시 해외에 대한 투자 및 경영활동을 수행하고 있다. 하지만 국제경영환경은 국내의 환경과는 매우 상이하며 여러 차이점을 지니고 있다. 그렇기에 국제기업환경의 문제가 중요한 이슈로 대두되고 있는 것이다.

II 환경영역

1. 정치적 환경
① 정치적 이념 : 진출대상국 및 진출국 사이에 있어서 정치적인 이념을 달리할 수 있기 때문에 서로 간의 충분한 이해 및 유연성을 가지고 실리를 놓치지 않도록 해야 한다.
② 정치적 안정성 : 정치적인 안정이 없다면 정부의 정책지속성 및 일관성이 결여되기 쉽고 진출기업이 희생당하는 경우도 생기게 마련이므로 진출기업으로서는 진출대상국의 정치적인 안정성의 여부를 고려해야 한다.
③ 경제에 대한 정부의 규제 : 자국에 진출한 해외기업에 대해서 차별적 규제를 적용하는 경향이 심화되고 있다.
④ 국제관계 : 진출대상국 및 진출국 사이에 국방정책, 외교정책, 정치적 이념 등에 의해 기업활동이 영향을 받을 수 있으므로 진출대상국과의 적대적 관계에 놓여 있는 국가들이 어떤 반응을 보일지에 대해 유의해야 한다.

2. 법률적 환경
① 국제분규의 관할권 : 국제기업 간 상사분규를 해결할 수 있는 초국가적 법률체계가 없기 때문에 계약서 또는 기타 법적인 문서에 상사분규가 발생했을 경우 관할권에 대한 조항을 반드시 포함시켜 두어야 한다.
② 국제상사분규의 중재 : 국제 간 분규를 해결할시, 법률적인 소송보다는 상사중재에 따른 해결방식이 시간 및 금전적으로도 상당히 유리하다.
③ 법률지식의 필요성 : 국제기업의 활동은 국내보다 더욱 복잡한 환경 속에서 활동해야 하는 경우로 이는 법률적으로도 갖가지 분쟁을 야기할 수 있다.

3. 문화적 환경
① 언어 : 진출대상국에서 현지인 경영자 및 인력채용에 있어 현지 언어에 대한 이해가 필요하다.
② 물질문명 : 물질문명의 가용도 여하에 따라 진출대상국에 대한 판매정책이 달라진다.
③ 교육 : 진출대상국에서의 교육 상태는 노동력에 대한 질뿐만 아니라 소비자 시장에서의 특성을 판단하는 요소가 된다.
④ 종교 : 진출대상국의 종교는 그 나라의 소비패턴을 좌우하는 요소가 된다.

CHAPTER 03 경영환경

01 해외시장으로의 진출 전략에 관한 설명으로 옳지 않은 것은? 기출 11

① 전략적 제휴는 다른 기업들과 특정 사업 및 업무 분야에 걸쳐 협력관계를 맺어 공동으로 해외사업에 진출하는 전략이다.
② 해외자회사의 장점은 해외시장에서 많은 자금과 기술을 운영하면서 기업의 자산들을 해외정부로부터 안전하게 지킬 수 있는 것이다.
③ 라이선싱(Licensing)은 자신의 제품을 생산할 수 있는 권리를 일정한 대가를 받고 외국 기업에게 일정 기간 동안 부여하는 것을 말한다.
④ 국제합작투자의 장점은 기술의 공유, 위험의 분산, 마케팅 및 경영 노하우의 공유 등이다.
⑤ 해외직접투자는 기술·자본·상표·경영능력 등 여러 생산요소가 하나의 시스템으로 해외에 이전되는 것을 말한다.

02 다국적 기업은 글로벌전략 수립에 있어 세계화와 현지화의 상반된 압력에 직면하게 된다. 다음 중 현지화의 필요성을 증대시키는 요인은?

① 유통경로의 국가별 차이 증가
② 규모의 경제 중요성 증가
③ 소비자 수요 동질화
④ 무역장벽 붕괴
⑤ 재무제표 등의 국제표준기준의 강조

03 경영환경을 일반환경과 과업환경으로 구분할 때, 기업에게 직접적인 영향을 주는 과업환경에 해당하는 것은? 기출 23

① 정치적 환경
② 경제적 환경
③ 기술적 환경
④ 경쟁자
⑤ 사회문화적 환경

해설 및 정답

01 해외자회사의 경우 해외시장에서 많은 자금과 기술을 운영하기보다는 해외시장에 많은 자금과 인력을 투자해야 하므로 위험이 높은 편이다.

정답 ❷

02 유통경로는 국가에 따라 문화적 배경이나 지리적 환경 등의 요인으로 특색있게 발전된다. 따라서 특정 국가에 맞는 적합한 유통경로를 찾기 위해서는 현지화를 통한 전략 수립이 필요하다.

정답 ❶

03 ①, ②, ③, ⑤는 일반환경이고, ④만 과업환경이다.

> **기업환경(경영환경)**
> 조직의 의사결정이나 투입요소의 변환과정에 영향을 미치는 정도에 따라 기업의 외부환경이 '일반환경(간접환경)'과 '과업환경'으로 구분된다.
> 1. 일반환경(간접환경)
>   - 개념 : 사회 모든 조직단위에 간접적으로 영향을 미치는 환경
>   - 종류
>   - 경제적 환경 : 산업구조 변화, 물가수준 변화, 환율변동, 원유가격 변동, 국제자본이동 등
>   - 정치적 환경 : 특허법, 정부보조 정책, 공정거래법 개정, 환경보호 관련법규 등
>   - 사회문화적 환경 : 성별, 연령, 소득수준, 소비구조, 저출산 등
>   - 자원환경 : 노동시장, 주식, 금융시장, 부동산 등
>   - 기술적 환경 : 정보기술의 발전, 컴퓨팅 기술발전 등
> 2. 과업환경
>   - 개념 : 조직이 목표를 달성하는데 직접적으로 영향을 미치는 환경
>   - 종류
>   - 산업부문 : 경쟁기업 출현, 산업의 규모, 관련 산업 등
>   - 원재료 부문 : 공급업체, 제조업체, 서비스 업체 등
>   - 시장 부문 : 제품 및 서비스의 고객, 소비자, 잠재적 사용자 등

정답 ❹

CHAPTER 04 기업형태 및 기업집중

출제포인트

☐ 기업결합의 유형

제1절 경영제도의 유형

I. 기업의 주요 법률형태 기출 23·15

① 사기업 : 영리추구를 목적으로 민간인이 출자한 기업이다.
② 공기업 : 영리추구를 목적으로 하지 않는 국가, 지방자치단체가 출자한 기업이다.
③ 합명회사(Ordinary partnership) : 회사 채무를 직접적으로 연대하여 무한책임을 지는 2인 이상 사원으로 구성된 회사
④ 합자회사(Limited partnership) : 회사채권자에 대해 직접적으로 연대하여 무한책임을 지는 1인 이상의 사원과 직접적으로 연대하여 유한책임을 지는 1인 이상의 사원으로 구성된 이원적 회사
⑤ 유한회사(Private company) : 간접적으로 유한책임을 지는 1인 이상의 사원으로 구성된 회사
⑥ 유한책임회사 : 회사채권자에 대해 간접적으로 유한책임을 지는 사원으로 구성된 회사
⑦ 주식회사 : 주식의 인수가액 한도로 출자의무를 갖는 회사

II. 주식회사 기출 11·23

1. 특 징

① 사기업인 영리기업에 해당한다.
② 주주와 회사 간 관계가 비인격적이므로 물적 회사 또는 자본회사의 성격을 지니게 된다.
③ 대규모 경영에 대한 양산체제를 특징으로 하는 현대산업사회의 전형적인 기업형태이다.

2. 기 관

① **주주총회**(상법 제361조)
  ㉠ 주식회사의 최고의사결정기관으로 주주로 이루어진다.
  ㉡ 회사 기업에서 영업활동의 신속성 및 업무내용의 복잡성으로 인해 그 결의사항을 법령 및 정관에서 정하는 사항만으로 제한하고 있다.
  ㉢ 주주의 결의권은 1주 1결의권을 원칙으로 하고 의결은 다수결에 의한다.
  ㉣ 주주총회의 주요 결의사항으로는 자본의 증감, 정관의 변경, 이사·감사인 및 청산인 등의 선임·해임에 관한 사항, 영업의 양도·양수 및 합병 등에 관한 사항, 주식배당, 신주인수권 및 계산 서류의 승인에 관한 사항 등이 있다.

② **감 사**(상법 제409조)
  ㉠ 이사의 업무집행을 감시하게 되는 필요 상설기관이다.
  ㉡ 주주총회에서 선임되고, 이러한 선임결의는 보통 결의의 방법에 따른다.

③ **이사회 및 대표이사**(상법 제393조, 제389조)
  ㉠ 이사회는 이사 전원으로 구성되는 합의체로 회사의 업무진행상의 의사결정기관이다.
  ㉡ 이사는 주주총회에서 선임되고, 그 수는 3인 이상이어야 하며, 임기는 3년을 초과할 수 없다.
  ㉢ 대표이사는 이사회의 결의사항을 집행하고 통상적인 업무에 대한 결정 및 집행을 맡음과 동시에 회사를 대표한다.
  ㉣ 이사회의 주요 결의사항으로는 대표이사의 선임, 주주총회의 소집, 이사와 회사 간의 소(訴)에 관한 대표의 선정, 지배인의 선임 및 해임, 신주의 발행, 이사와 회사 간 거래의 승인, 채권의 발행 등이 있다.

3. 장단점

① **장점** : 자본조달용이, 주식양도를 통한 소유권이전의 용이, 위험이 분산, 세제상혜택, 제한된 책임 등이 있다.
② **단점** : 외부회계감사 요구, 소유와 경영이 분리로 인한 도덕적 해이와 많은 제재의 가능성이 있다.

제2절 기업의 집중

I 기업집중의 유형

1. 기업집중의 형태 기출 18·21·25

① **카르텔(Cartell)**
  ㉠ 동종 또는 유사기업 간 협정, 카르텔 협정 등에 의해 성립되며 가맹기업은 이러한 협정에 의해 일부 활동에 대해 제약을 받지만 경제적·법률적인 독립성을 잃지 않는다.
  ㉡ 가맹기업의 자유의사에 의해 결성되지만, 국가에 의해 강제적으로 결성되는 경우도 있다.
  ㉢ 카르텔은 국민경제발전의 저해, 경제의 비효율화 등에 미치는 폐해가 크므로 각국에서는 이를 금지 및 규제하고 있다.

② 신디케이트(Syndicate)
   ㉠ 동일한 시장 내 여러 기업이 출자해서 공동판매회사를 설립, 이를 일원적으로 판매하는 조직을 의미한다.
   ㉡ 참가기업의 경우 생산 면에서 독립성을 유지하지만 판매는 공동판매회사를 통해 이루어진다.
③ 트러스트(Trust)
   ㉠ 카르텔보다 강한 기업집중의 형태로, 시장독점을 위해 각 기업체가 개개의 독립성을 상실하고 결합하는 것을 의미한다.
   ㉡ 고전적 트러스트 외 기업합동의 형태로는 기존 여러 기업의 주식 중 지배 가능한 주식을 매수함으로써 지배권을 집중화하는 지주회사 형식, 기존 여러 기업이 일단 해산한 후 자산을 새로 설립된 기업에 계승시키는 통합형식 또는 어떠한 기업이 타기업을 흡수·병합하는 형식 등이 있다.
④ 콤비나트(Kombinat)
   ㉠ 일정 수의 유사한 규모의 기업들이 원재료 및 신기술의 활용을 목적으로 사실상의 제휴를 하기 위해 근접한 지역에서 대등한 관계로 결성하는 수평적인 기업집단을 의미한다.
   ㉡ 국내의 경우 공업단지가 이와 비슷한 형태이다.
⑤ 콘글로머릿(Conglomerate)
   ㉠ 생산 공정 또는 판매과정 등의 분야에서 상호 간 관련이 없는 다양한 이종 기업을 합병하거나 매수해서 하나의 거대한 기업체를 형성하는 기업결합 형태를 의미한다.
   ㉡ 이를 구성하는 목적으로는 경영의 다각화, 경기변동에 의한 위험분산, 이윤의 증대, 외형상의 성장, 조직의 개선 등이 있다.
⑥ 콘체른(Concern)
   ㉠ 법률적으로 독립성을 유지하면서 경제적으로는 불대등한 관계의 서로 관련된 복수 기업들의 기업결합 형태를 의미한다.
   ㉡ 본래는 거대독점자본인 금융기관의 존재형태 및 기업소유형태와 깊은 관련이 있으나 국내 및 일본에서는 기업형태상 콘체른에 속하는 기업집단을 동족적 집단이라는 의미에서 재벌이라고 한다.

2. 카르텔, 트러스트, 콘체른의 비교
   ① 카르텔
      ㉠ 법률적, 경제적 독립성을 유지하면서 협정에 의하여 결합하는 연합체
      ㉡ 시장에서의 경쟁제한이라는 소극적 목적을 가진 동종 산업사이의 결합이 중심
   ② 트러스트
      ㉠ 시장지배를 통한 독점이라는 적극적인 목적에서 참가기업이 각자의 독립성을 버리고 결합
      ㉡ 참가기업이 법률적으로 독립성을 유지하는 사례도 있으나, 최소한 경제적으로는 독립성이 상실
   ③ 콘체른
      ㉠ 자본결합을 중심으로 한 다각적인 기업결합
      ㉡ 모회사를 중심으로 한 산업자본형 콘체른과, 재벌과 같은 금융자본형 콘체른이 있음

제3절 기업의 국제화

I. 기업의 국제화

1. 개요
① 국제기업환경을 전제로 하는 기업 활동의 국제적인 전개를 의미한다.
② 기업의 국제화에 있어서 기업조직 자체의 의사결정이 주도적인 역할을 수행하지만, 정부도 이에 대해 직·간접적인 역할을 수행한다.

2. 기업의 국제화과정
국내지향단계(국내기업) → 수출지향단계(국제기업) → 현지시장지향단계(다국적 기업) → 세계시장지향단계(글로벌 기업)

3. 국제경영전략
① **수출** : ㉠ 간접수출, ㉡ 직접수출, ㉢ 해외자회사에 의한 수출
② **지적 재산거래** : ㉠ 라이선싱, ㉡ 프랜차이징, ㉢ 경영관리계약
③ **해외투자** : ㉠ 증권투자(해외간접투자), ㉡ 합작투자, ㉢ 단독투자

II. 합작회사

1. 의의
2개 이상의 기업이 공동으로 출자하여 공동으로 경영을 하는 결합형태로, 통상적으로 합작회사는 공동출자액에 의해 공동손익을 분담해서 1개 또는 복수의 특정 사업을 대상으로 설립한다.

2. 특징
공동목적성, 기업목적성, 단일목적성, 공동계산성, 일시적 목적성 등

III. 다국적 기업

1. 개념
통상적으로 2개국 또는 그 이상의 국가에서 직접적으로 기업 활동을 전개하는 모든 기업체로, 특정국가의 이익을 초월하여 범세계적인 시야에서 경영활동을 수행한다.

2. 특징
경영활동의 세계지향성, 기업조직구조의 분권화, 기업소유권의 다국적성, 인적 구성의 다국적성, 국제협력체제의 실행, 이윤의 현지기업에 대한 재투자를 들 수 있다.

3. 비 판

산업정책의 효과감소, 세계적인 독과점체제의 파급, 투자국 국내고용의 감퇴, 연구개발 및 기술독점 등의 본국집중(독점)에 의한 수입국 기술진보의 저해, 각 국의 세제차이를 활용한 과세의 회피, 국제투자를 위한 수입국과 투자국과의 마찰문제 등이 있다.

> **전략유형** 기출 20·22
> - 우회전략(Turnaround Strategy) : 우회전략이란 경쟁자가 존재하는 시장에 참여하여 직접적으로 경쟁자와 대결하기보다는, 경쟁자가 존재하지 않는 시장을 확보하는 전략을 말한다.
> - 집중전략(Concentration Strategy) : 집중전략이란 기업의 자원이 한정·제약되어 있는 경우, 전체 세분시장 중에서 특정 세분시장을 목표시장으로 삼아 집중적으로 공략하는 전략을 말한다.
> - 프랜차이징(Franchising) : 프랜차이징이란 음식점이나 커피숍 등 서비스업종에서 많이 사용하는 전략으로, 모기업의 상표, 제품 및 이미지 등을 사용하는 가맹점이 수익의 일정 부분을 사용료 명목으로 모기업에 제공하는 계약을 말한다.
> - 컨소시엄(Consortium) : 컨소시엄이란 공동의 목적을 위해 다수 기업 또는 단체가 공동으로 자원을 투입하는 전략을 말한다.
> - 포획전략(Captive Strategy) : 포획전략이란 경쟁기업이 한곳에 집중하지 못하도록 여러 곳에 투자 및 홍보 등을 하여 그 기업의 자원집중도를 약화시키는 전략을 말한다.

CHAPTER 04 기업형태 및 기업집중

01 다음 설명에 해당하는 기업형태는? 기출 25

- 무한책임사원과 유한책임사원으로 구성되는 이원적 회사이다.
- 무한책임사원은 경영을 담당하고, 유한책임사원은 출자에 따른 이익분배에만 관여한다.

① 개인기업
② 합명회사
③ 합자회사
④ 유한회사
⑤ 주식회사

해설 및 정답

01 합자회사는 1인 이상의 무한책임사원과 1인 이상의 유한책임사원으로 구성되어 있다.
① 개인기업은 개인이 단독으로 출자하고 운영하는 기업으로, 개인이 무한책임을 진다.
② 합명회사는 2인 이상의 무한책임사원으로 구성된 회사이다.
④ 유한회사는 1인 이상의 유한책임사원으로 구성된 회사이다.
⑤ 주식회사는 주식의 인수가액 한도로 출자의무를 갖는 회사이다.

정답 ③

02

다음의 특성에 해당되는 기업집중형태는? 기출 21

- 주식소유, 금융적 방법 등에 의한 결합
- 외형상으로 독립성이 유지되지만 실질적으로는 종속관계
- 모회사와 자회사형태로 존재

① 카르텔(Cartel)
② 콤비나트(Combinat)
③ 트러스트(Trust)
④ 콘체른(Concern)
⑤ 디베스티처(Divestiture)

03

상호관련성이 없는 이종 기업들이 매수·합병을 통하여 경영다각화를 추구하는 기업 결합 형태는? 기출 25

① 카르텔(cartel)
② 디베스티처(divestiture)
③ 콤비나트(combinat)
④ 컨글로메리트(conglomerate)
⑤ 조인트벤처(joint venture)

04

프랜차이즈(franchise)에 관한 설명으로 옳지 않은 것은? 기출 22

① 가맹점은 운영측면에서 개인점포에 비해 자율성이 높다.
② 가맹본부의 사업확장이 용이하다.
③ 가맹점은 인지도가 있는 브랜드와 상품으로 사업을 시작할 수 있다.
④ 가맹점은 가맹본부로부터 경영지도와 지원을 받을 수 있다.
⑤ 가맹점은 프랜차이즈 비용이 부담이 될 수 있다.

해설 및 정답

02 콘체른은 법률적으로 독립하고 있는 몇 개의 기업이 출자 등의 자본적 연휴를 기초로 하는 지배・종속관계하에 결합된 기업집중형태로, 모회사와 자회사의 형태로 존재하고, 경제적・법률적 독립성이 유지되는 동종업종 간 연합체인 카르텔과 달리, 법률적 독립성만이 유지되는 이종업종 간 연합체라는 점이 특징이다.
① 동종・유사업종의 기업들이 법적・경제적 독립성을 유지한 채 협정을 통해 수평적으로 결합하는 기업집중형태이다.
② 유사업종의 기업들이 재료나 기술의 활용을 목적으로 근접지역에서 대등한 관계로 결합하는 수평적 기업집중형태로, 콤비나트의 결과 대규모 공업단지가 형성되는데, 우리나라에서는 주로 화학산업에서 많이 나타난다.
④ 기업합동이라고도 하며, 동일한 사업부문에서 자본의 결합을 축으로 한 독점적 기업집중형태로, 주목적인 시장독점을 위해 결합과정에서 각 기업이 독립성을 상실하므로 카르텔보다 결합력이 강하고, 콘체른보다 시장에 미치는 영향이 크다. 우리나라의 '재벌'은 트러스트에 해당한다.
⑤ 기업의 구조조정과정에서 경영성과가 부진한 생산부문을 타사에 매각함으로써 기업의 채산성을 개선하고 경쟁력을 강화하는 기업집중형태로, 기업 전체를 타사에 매각하는 흡수합병과는 다르다는 점에 유의하여야 한다.

정답 ④

03 컨글로메리트(conglomerate)는 생산 공정 또는 판매 과정 등에서 상호 간 관련이 없는 이종 기업을 매수・합병하여 경영다각화를 추구하는 기업 결합 형태를 의미한다.
① 카르텔(cartel)은 동종・유사업종의 기업들이 시장의 독점적 지배를 위해 법적・경제적 독립성을 유지한 채 협정을 통해 수평적으로 결합하는 기업 결합 형태이다.
② 디베스티처(divestiture)는 기업의 구조조정과정에서 경영성과가 부진한 생산부문을 타사에 매각함으로써 기업의 채산성을 개선하고 경쟁력을 강화하는 기업집중 형태로, 기업 전체를 타사에 매각하는 흡수합병과 구별된다.
③ 콤비나트(combinat)는 유사업종의 기업들이 재료나 기술의 활용을 목적으로 근접지역에서 대등한 관계로 결합하는 수평적 기업집중 형태이다.
⑤ 조인트벤처(joint venture)는 두 개 이상의 기업이 특정 사업 목적 달성을 위해 공동으로 설립한 법인이다.

정답 ④

04 가맹점은 가맹점만의 경영방식으로 운영하지 못하고 본사에서 정한 경영방식에 의해 운영되어야 한다.
② 가맹본부는 가맹점이 늘어나면 자기자본 없이도 무한 확장이 가능하다.
③ 가맹점은 본사의 상표, 상호, 로고, 생산과 판매의 노하우 등을 공급하므로 본사 브랜드의 인지도가 높으면 상대적으로 노력이 덜 드는 장점이 있다.
④ 가맹점은 소액의 자본으로 본사의 노하우를 배워 쉽게 점포를 운영할 수 있다.
⑤ 가맹점에는 본사의 운영간섭, 의무적 구매량 등이 존재하고 매출 로열티 등으로 수익률이 저하되는 등의 단점도 존재한다.

05 다음 특성에 모두 해당되는 기업의 형태는? 기출 23

- 대규모 자본 조달이 용이하다.
- 출자자들은 유한책임을 진다.
- 전문경영인을 고용하여 소유와 경영의 분리가 가능하다.
- 자본의 증권화를 통해 소유권 이전이 용이하다.

① 개인기업
② 합명회사
③ 합자회사
④ 유한회사
⑤ 주식회사

06 (주)한국은 정부의 대규모사업에 참여하면서 다수 기업과 공동출자를 하고자 한다. 이 전략유형에 해당하는 것은? 기출 20

① 우회전략(Turnaround Strategy)
② 집중전략(Concentration Strategy)
③ 프랜차이징(Franchising)
④ 컨소시엄(Consortium)
⑤ 포획전략(Captive Strategy)

해설 및 정답

05 지문은 주식회사에 대한 설명이다.
① 개인기업은 개인이 운영하는 회사이다.
② 합명회사는 회사 채무를 직접적으로 연대하여 무한책임을 지는 2인 이상 사원으로 구성된 회사이다.
③ 합자회사는 회사채권자에 대해 직접적으로 연대하여 무한책임을 지는 1인 이상의 사원과 직접적으로 연대하여 유한책임을 지는 1인 이상의 사원으로 구성된 이원적 회사이다.
④ 유한회사는 간접적으로 유한책임을 지는 1인 이상의 사원으로 구성된 회사이다.

> **주식회사의 특징**
> • 유한책임제도 : 자신이 출자한 한도 내에서만 회사 자본 위험에 책임을 진다.
> • 자본의 증권화 : 경영자는 영구적으로 자본이 고정되기를 원하고 투자자는 언제든 자본을 매매하기를 원하는 욕구 모두 충족이 가능하다.
> • 소유와 경영의 분리 : 주식회사는 자본의 증권화로 주식의 분산이 많이 이루어져 소액주주들은 현실적으로 의사결정 권한을 행사하는데 어려움이 있다.
> • 대규모 자본조달 : 다수의 출자자로부터 대규모 자본조달이 용이하다.

정답 ⑤

06 컨소시엄이란 공동의 목적을 위해 다수 기업 또는 단체가 공동으로 자원을 투입하는 전략을 말한다.
① 우회전략이란 경쟁자가 존재하는 시장에 참여하여 직접적으로 경쟁자와 대결하기보다는, 경쟁자가 존재하지 않는 시장을 확보하는 전략을 말한다.
② 집중전략이란 기업의 자원이 한정·제약되어 있는 경우, 전체 세분시장 중에서 특정 세분시장을 목표시장으로 삼아 집중적으로 공략하는 전략을 말한다.
③ 프랜차이징이란 음식점이나 커피숍 등 서비스업종에서 많이 사용하는 전략으로, 모기업의 상표, 제품 및 이미지 등을 사용하는 가맹숍이 수익의 일정 부분을 사용료 명목으로 모기업에 제공하는 계약을 말한다.
⑤ 포획전략이란 경쟁기업이 한곳에 집중하지 못하도록 여러 곳에 투자 및 홍보 등을 하여 그 기업의 자원집중도를 약화시키는 전략을 말한다.

정답 ④

CHAPTER 05 경영목표와 의사결정

출제포인트
- ☐ 신사업 전략
- ☐ 의사결정 모형

제1절 경영목표

I 경영목표와 경영이념

1. 경영목표
① 기업이 경영활동을 통하여 실현하고자 하는 상태로, 현대에 들어 기업 및 환경과의 관계에서 전략의 수립 시에 이념으로서의 경영 목적이 중요시되어 경영목표 및 경영이념이 통합된 것으로 파악해서 통상 이 두 가지의 개념을 구분하지 않는다.
② **경영목표 형성의 3가지 차원** : 경영목표의 내용, 경영목표의 범위, 경영목표의 실현기간
③ 경영목표는 경영활동에 있어서의 지침 및 결과 등을 측정하는 지표로 의미가 있기 때문에 목표의 내용 및 범위, 실현기간 등이 명확해야 한다.
④ 경영목표는 경영이념 및 상호작용 관계에 있어 경영이념의 형성에 의해 영향을 받기도 하지만 반대로 경영이념 형성에 대해 영향을 끼치기도 한다.

2. 경영이념
① 경영신조, 경영신념, 경영이상 등으로 표현되며, 경영철학의 규범적인 가치체계이다.
② 경영의 목표형성 및 경영활동에 영향을 미치지만 기업제도가 발전함에 따라 변화되어 왔다.

II 목표차원과 목표시스템

1. 목표차원
① **의의** : 추구하는 목표의 개념을 규정하기 위해서 사용되는 3가지 방향을 의미한다.
② **목표의 내용** : 목표의 내용은 목표의 수립 및 실현에 있어 행위유발의 직접적인 요인이 되므로 이는 해석상의 혼선이 빚어지지 않도록 명확해야 하며, 동시에 목표의 내용은 가치 있는 활동상황 및 환경과 연관되는 상황 등을 포함하도록 해야 한다.
③ **시간적 관련성** : 목표의 시점과 기간을 결정해야 한다.

2. 목표시스템

① 여러 가지 목표의 개념이 규정되면 이를 기반으로 목표시스템이 형성된다.
② 목표시스템에 대한 연구는 기업조직이 동시에 여러 가지의 복수 목표를 추구하는 경우에 우선순위를 정하는데 있어 중요한 의미를 지닌다.

Ⅲ 복수목표 시스템

현대기업이 대규모화되고 제도적으로 발전함에 따라 이익추구만을 유일목적으로 추구할 수 없게 됨에 따라 사회적 목표인 사회적 책임의 추구와 같은 복수목표체계 하에서 기업이 움직이고 있다.

Ⅳ 단일목표 체계로서의 이익추구

1. 이윤극대화에 대한 논의

① 이윤 : 본질적으로 기업조직 활동의 결과로 인해 나타난 것이자, 동시에 기업조직의 생존과 발전을 유지할 수 있는 기본적 원동력이다. 이익은 기업가의 경제적인 기능수행에 대한 자극이 됨과 동시에 그러한 활동성과를 종합적으로 측정할 수 있는 척도가 된다.
② 이윤극대화 가정 : 기업조직의 이윤극대화 추구를 가정하는 것은 완전경쟁 하에서 기업조직은 이윤극대화의 목적을 위해 한계수입 및 한계비용이 일치하는 부분에서 생산량과 가격을 결정한다고 보기 때문이다.

2. 수정된 대표적 기업모형

① 매리스(R. Marris)의 성장균형 모형
② 보몰(W. Baumol)의 판매수입극대화 모형
③ 윌리엄슨(O. E. Williamson)의 경영자재량극대화 모형
④ 쿠퍼(W. W. Cooper)의 유동성 모형
⑤ 비드린 마이어(J. Bidlingmaier)의 수익범위 모형

3. 이윤극대화에 대한 비판

① 이윤극대화 가설이 언제나 합리적으로 행동하는 경제인을 전제로 하고 있다.
② 기업조직의 제도적·역사적 변화를 무시하고 있다.
③ 이윤극대화 가설은 정태적인 가설이며, 동시에 장·단기의 구별이 불가능하다.

4. 이윤극대화추구에 대한 제한

① 제한사유 : 이윤극대화의 경우 제한된 합리화 원리에 의해 제한될 뿐만 아니라 오늘날 기업형태의 발전, 기업규모 확대, 이해집단의 영향과 기술혁신 등을 기반으로 한 산업사회의 발전 등에 의해 제한 받게 된다.
② 딘(J. Deen)의 이윤제한 이유 : 대다수의 기업조직은 이윤의 추구뿐만 아니라 더불어서 안정성도 추구하게 되는데, 경우에 따라서 이윤의 추구와 안정의 추구가 서로 간 상충되기도 한다. 이는 이익이 많아지면 안전성이 작아지고, 이익이 적으면 안전성이 커지게 된다는 것을 의미한다. 이에 표준이윤, 적정이윤, 안전이윤, 목표이윤 등의 개념들이 기업목표설정 및 예산 통제에서 중요시되고 있다.

5. 이익이론 및 이익개념의 내용
   ① **이익이론** : 이익이 무엇에 근거해서 누구에게 귀속이 되며 어떤 원인에 의해 발생하는지에 대한 이론적인 설명이자, 실제로 이익이 어떤 구성요소에 의해 파악되며 해당 내용은 어떻게 달라질 수 있는지에 대한 연구이다.
   ② **이익개념에 대한 여러 견해**
      ㉠ 상법상 이익 : 기간 순손익이 아닌 시점이익(회계학적 견해와는 다소 차이가 있음)
      ㉡ 회계학상 이익 : 기간 순손익
      ㉢ 경제학상 이익 : 미래지향적인 이윤개념(경제학상의 이익개념은 현가계산이 주가 되지만, 기본적으로 그 계산은 상법상 시점의 이익)
      ㉣ 세법상 이익 : 회계학상의 이익개념과 동일하게 기간손익을 전제로 한 법인세의 과세가능 순손익을 의미한다.

제2절 의사결정

I 의사결정의 개관

1. **의사결정의 의의**
   기업조직의 경영에 있어 기업의 목적을 효과적으로 달성하기 위해서 둘 이상의 대체 가능한 방법들 가운데 한 가지 방향을 과학적, 조직적 및 효과적으로 결정하는 것을 의미한다.

2. **의사결정의 주요요소**
   ① 의사 담당자 : 개인, 집단, 조직 또는 사회
   ② 환경 : 확실성, 위험, 불확실성 상황으로 구분
   ③ 대상 : 결정사항으로서 생산, 마케팅, 재무 등이 해당함

3. **사이먼의 의사결정 과정**
   ① 정보활동 : 결정을 필요로 하는 갖가지 조건에 관련된 환경의 탐색(의사결정기회의 발견)
   ② 설계활동 : 가능한 대체적인 활동방안의 개발 분석(여러 가지 대체안의 탐구)
   ③ 선택활동 : 특정 대체안의 선정 및 복수 대체안의 평가(대체안의 선택)
   ④ 검토활동 : 과거의 선택에 대한 평가(사후적인 평가)

Ⅱ 사이먼의 의사결정모형

사이먼은 의사결정 유형을 정형적, 비정형적인 것으로 분류하고 정형적 의사결정은 구조화된 결정 문제, 비정형적 의사결정은 비구조화된 결정 문제라고 하였다.

구 분	정형적 의사결정	비정형적 의사결정
문제의 성격	보편적, 일상적인 상황	비일상적, 특수적 상황
문제해결 방안의 구체화방식	문제해결안이 조직의 정책 또는 절차 등에 의해 미리 상세하게 명시	해결안은 문제가 정의된 다음에 창의적으로 결정
의사결정의 계층	주로 하위층	주로 고위층
의사결정의 수준	업무적·관리적 의사결정	전략적 의사결정
적용조직의 형태	시장 및 기술이 안정되고, 일상적이며 구조화된 문제해결이 많은 조직	구조화가 되어 있지 않으며, 결정사항이 비일상적이면서 복잡한 조직
전통적 기법	업무절차, 관습 등	직관, 판단, 경험법칙, 창조성 등
현대적 기법	EDPS, OR 등	휴리스틱 기법

Ⅲ 앤소프(H. I. Ansoff)의 의사결정모형

1. 전략적 의사결정
시장의 상황에 따라 어떤 제품을 어느 정도 생산할지, 어떠한 제품에 어느 정도의 자원을 투하시킬 것인지에 관한 기본적 의사결정을 의미한다.

2. 관리적 의사결정
최대한의 과업능력을 이끌어내기 위해 기업조직의 자원을 조직화하는 문제에 대한 의사결정을 의미한다.

3. 업무적 의사결정
기업자원의 전환과정에 있어 효율을 최대로 하기 위한 의사결정으로, 현 업무의 수익성을 최대로 하는 것을 목적으로 한다.

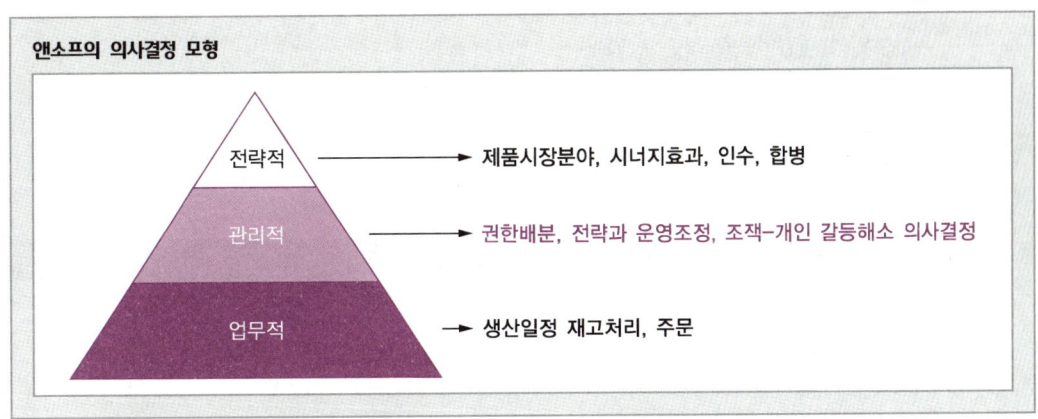

Ⅳ 불확실성·확실성·위험 하에서의 의사결정

1. 불확실성 하에서의 의사결정
의사결정의 결과에 대해 높은 불확실성이 존재하는 의사결정을 의미한다.

2. 확실성 하에서의 의사결정
의사결정의 결과를 확실하게 예측할 수 있는 상황에서의 의사결정을 의미한다.

3. 위험 하에서의 의사결정
불확실성 및 확실성의 중간으로 결과에 대해 확률이 주어질 수 있는 상황 하에서의 의사결정을 의미한다.

Ⅴ 의사결정기법

1. 의사결정의 의의
의사결정자가 문제를 인식하고 바람직한 상태를 달성하기 위하여 문제해결에 필요한 정보를 수집하고 평가하여 최종대안을 선택하는 일련의 과정을 말한다.

2. 집단의사결정 [기출] 15·19·21·23

① 종 류
- ㉠ 의사결정나무(Decision tree) : 의사결정나무는 의사결정 규칙(Decision Tree)을 나무로 도표화하여 관심대상이 되는 집단을 몇 개의 소집단으로 분류하거나 예측을 수행하는 계량적 분석 방법이다.
- ㉡ 브레인스토밍법(Brainstorming) : 리더에 의해 설명된 구체적 문제해결 위해 창의적이고 비구조화된 방법으로 머리속에서 떠오른 창의적인 아이디어를 자유롭게 발표하도록 격려하고 비판을 금지함으로써 좀 더 다양하고 우수한 아이디어를 얻는 방법이다.
- ㉢ 명목집단기법(Nominal Groups Technique) : 구성원들 간의 대화는 차단한 채로 각 구성원들에게 문제를 제시하고 될 수 있는 한 본인의 해결안과 의견을 많이 제출하게 하여 차례로 본인의 의견을 다른 구성원들에게 설명하고 그 내용을 진행자가 정리하여 모든 설명이 끝나면 비밀투표를 실시하여 우선순위의 해결안을 정하는 방법이다.
- ㉣ 델파이기법(Delphi Technique) : 다수의 전문가로부터 그 시스템에 관해 문의를 하고, 그 집계 결과를 각 회답자에게 되돌려주어 이것을 참고로 하여 회답자는 다시 의견을 보내게 하는 과정을 반복하여 시스템에 관한 평가를 다듬어 가는 방법이다.

② 장·단점

장 점	단 점
• 많은 정보의 활용	• 즉각성의 상실
• 다양한 시선의 교차	• 집단사고의 가능성
• 선택안에 대한 높은지지	• 동조화 현상
• 커뮤니케이션 기능 수행	• 갈등의 우려
• 결정에 대한 참여도의 증대	• 정치적 힘의 작용
• 응집력과 교육적 효과	• 시간과 비용의 낭비
• 합법성과 정당성의 증대	• 특정인의 지배가능성

CHAPTER 05 경영목표와 의사결정

01 집단사고(groupthink)의 증상에 해당하지 않는 것은? 기출 23

① 자신의 집단은 잘못된 의사결정을 하지 않는다는 환상
② 의사결정이 만장일치로 이루어져야 한다는 환상
③ 반대의견을 스스로 자제하려는 자기검열
④ 외부집단에 대한 부정적인 상동적 태도
⑤ 개방적인 분위기를 형성해야 한다는 압력

02 델파이 기법에 관한 설명으로 옳지 않은 것은? 기출 15

① 전문가들을 두 그룹으로 나누어 진행한다.
② 많은 전문가들의 의견을 취합하여 재조정 과정을 거친다.
③ 의사결정 및 의견개진 과정에서 타인의 압력이 배제된다.
④ 전문가들을 공식적으로 소집하여 한 장소에 모이게 할 필요가 없다.
⑤ 미래의 불확실성에 대한 의사결정 및 장기예측에 좋은 방법이다.

● 해설 및 정답 ●

01 집단사고(groupthink)는 집단 내부적으로 응집력이 높은 경우에 발생하는 현상으로, 집단 내부적으로 결정한 대안 외의 다른 대안을 받아들이지 않아 개방적 분위기를 형성하지 못한다.

정답 ⑤

02 델파이(delphi) 기법은 예측하려는 현상에 대하여 관련 있는 전문가나 담당자들로 구성된 위원회를 구성하고 개별적 질의를 통해 의견을 수집하여 종합·분석·정리하고 의견이 일치될 때까지 개별적 질의 과정을 되풀이하는 예측기법이다.

정답 ①

03 다음 설명에 해당하는 의사결정기법은? 기출 21

- 자유롭게 아이디어를 제시할 수 있다.
- 타인이 제시한 아이디어에 대해 비판은 금지된다.
- 아이디어의 질보다 양을 강조한다.

① 브레인스토밍(Brainstorming)
② 명목집단법(Nominal Group Technique)
③ 델파이법(Delphi Technique)
④ 지명반론자법(Devil's Advocacy)
⑤ 프리모텀법(Premortem)

해설 및 정답

03 브레인스토밍은 의견의 수가 많을수록 좋은 의견이 나올 확률이 증가할 것이라는 전제하에 집단의 구성원들이 최대한 많은 의견을 제시할 수 있도록 각 의견에 대한 즉각적 판단·비판은 자제한다.
② 명목상의 집단을 구성하되, 서로 간의 의사소통을 극도로 제한하여 구성원들이 자신들의 의견을 신중히 생각하고 정리할 시간을 주고, 이후 각 의견에 대해 토론·평가하여 투표로써 최종안을 결정한다.
③ 델파이법은 전문가나 담당자들로 이루어진 익명의 비공개 위원회를 구성하되 그들을 한데 모으지 않고, 서신을 통한 개별질의에 대한 답변을 취합하여 종합·분석·정리하면서 의견이 일치될 때까지 그 과정을 되풀이한다.
④ 집단을 둘로 나누거나 집단 내에서 반론자 역할을 할 사람을 선택하고, 집단이 제시한 의견에 대해 다른 한 집단 또는 변론자가 반론하면, 그 반론에 기해 의견을 수정·보완하는 일련의 과정을 거쳐 최종안을 도출한다.
⑤ 어떠한 결정이 이미 잘못되었다는 가정하에 그 원인을 분석하고 수정·보완함으로써 의사결정의 성공률을 높인다.

정답

CHAPTER 06 경영관리론

출제포인트
- ☐ 매니지먼트 관점의 변화
- ☐ 페이욜의 인간관계론
- ☐ 쿤츠의 경영계획
- ☐ 경영혁신 기법

제1절 경영관리론의 개관

I 독일 경영학과 미국 경영학의 비교

1. 독일 경영학(경영경제학)
상업학으로부터 시작해서 이론적인 측면이 강한 학문이다.

2. 미국 경영학(경영관리학)
실제 경영에서 나타나는 문제의 해결에 관심을 가지고 시작한 실천적 측면이 강한 학문이다.

II 매니지먼트에 대한 관점

1. 관리(일반)로 보는 관점
① 특정 종류의 인간행위 또는 사회적인 현상을 의미하는 것으로 '조직화된 집단 내에서 활동하는 사람들을 통해 또한 그들과 더불어 일을 이룩하게 하는 과정'을 말한다.
② 쿤츠(H. Koontz)와 오도넬(C. O'Donnell) : 매니지먼트를 '타인으로 하여금 목표를 달성하게 하는 기능'이라 정의한다.

2. 경영관리로 보는 관점
① 페이욜은 매니지먼트를 경영관리로 보고 기본적으로는 경영 및 관리를 구분해서 모든 종류의 산업 활동을 영업적 활동, 기업적 활동, 보전적 활동, 재무적 활동, 회계적 활동, 관리적 활동으로 구분하고 6번째의 관리적 활동을 중심으로 분석하였다.

② 페이욜은 6가지의 활동을 Government라 지칭하고, 관리적 활동을 Administration이라 하여 관리적 활동을 경영의 한 요소로 파악한다.
③ 타인들로 하여금 목표를 달성하게 하는 과정이나 기능은 물론 변화하는 환경에 대응하기 위한 전략적 관리를 그 연구대상에 포함해야 한다는 관점이다. 기업내부의 관리적 문제로만 파악해서는 급격히 변화하는 환경에 적응할 수 없다는 측면에서 혁신과 전략적 관리를 포함하여야 함을 주장한다.

제2절 경영관리론의 본질

I 관리(일반)로 보는 관점

1. 테일러 및 페이욜의 공헌
① 종전에는 매니지먼트에 대한 것을 과학적 인식의 대상보다 경영자들의 직관 또는 경험의 문제로 인식하여, 페이욜 이전에는 경영활동에 있어서 생산·판매·회계·보전·재무 등 5가지의 직능을 필요로 하는 것을 알고 있었지만, 기업조직의 전체 목표를 달성할 수 있도록 이런 기능들을 조정해 주는 '관리'라는 직능에 있어서는 거의 인식하지 못했다.
② 페이욜은 관리가 계획·조직·지휘·조정·통제의 과정으로 이루어지며, 매니지먼트의 교육에 대해 그 필요성을 느끼고, 관리론에 대한 이론의 체계화를 추구하였다.

2. 인간관계론의 공헌
인간관계론의 관점에서 계획 및 조직, 통제 등과 같은 과정 또는 기능 등을 의미하는 입장에서 바라보면 인간관계론의 핵심은 여전히 관리자 기능을 중심으로 하는 관리과정론에 입각해 있다고 할 수 있다.

3. 관리기능(과정)의 내용
① 페이욜의 관리기능
  ㉠ 페이욜은 기업에 있어 매니지먼트의 핵심이 되는 관리기능(과정)을 처음 제시하였다.
  ㉡ 페이욜은 기업조직이 존재하는 산업활동을 기술적 활동, 영업적 활동, 재무적 활동, 보전적 활동, 회계적 활동, 관리적 활동의 6가지로 구분하였고, 마지막 6번째 활동인 관리적 활동은 계획·조직·명령·조정·통제라는 5가지의 관리요소 또는 관리 기능들로 구성된다고 하였다.
  ㉢ 페이욜이 주장하는 산업활동 중 관리활동을 중요시 하며, 이를 관리(일반)로 바라보는 입장의 학자들을 관리과정학파라고 한다.
② 쿤츠 및 오도넬의 관리과정
  ㉠ 쿤츠와 오도넬은 관리과정학파의 대표적 학자로서 관리과정을 계획, 조직화, 충원, 지휘 및 통제로 구분한다.
  ㉡ 조직화 및 충원, 지휘 등의 활동 중 주로 사람의 활동과 연관되는 과정 또는 기능 등을 강조한 것이라 할 수 있다.

Ⅱ 경영관리로 보는 관점

1. 관점전환의 필요성
① 기존에는 관리적 기능에서 의사결정에만 관심을 기울이고 전략적 계획은 무시되었다. 그 이유는 20C 이후에 갑자기 형성된 대규모 인적조직을 어떻게 구조화하고 지휘할 것인가에만 관심이 있었고, 기술적으로나 사회적으로 급속한 변화가 없었기 때문이다.
② 하지만 최근에는 기업외부의 환경변화에 적응하기 위해서는 전략적 관리와 대응이 반드시 요구되며, 이를 경영관리 관점에서 파악하여야 할 필요성이 있다.

2. 경영관리의 내용
① **전략적 관리** : 선정된 목적을 달성할 수 있도록 조직체 및 환경과의 관계를 결정·유지하며, 해당 조직체의 하위부분이 효과적이면서 능률적으로 활동할 수 있도록 자원을 배분하는 과정을 말한다.
② **업무적 관리** : 일상 업무의 처리 및 관련된 관리과정으로서 관리적 결정 또는 작업적 결정이 주된 의사결정영역이다.

제3절 경영계획과 경영통제

Ⅰ 경영계획

1. 경영계획의 의의
① 개 념
  ㉠ 기업조직의 장래 관리활동에 대한 의사결정 및 그 과정을 말한다. 경영계획은 경영자가 수행하는 최초의 경영관리 과정이면서 더불어 경영관리의 최종적 과정인 경영통제의 전제조건이다.
  ㉡ 경영계획은 관리활동의 출발점으로 기업조직이 지향해야 할 목표를 제시한다.
② 분 류
  ㉠ 광의 : 목표 및 전략을 모두 포함한다.
  ㉡ 협의 : 방침, 절차, 프로그램, 규정, 예산만을 경영계획에 포함시킨다.

2. 경영계획의 필요성
① 미래의 불확실성 및 변화에 대처하기 위함이다.
② 경영자가 경영목표에 주의 및 관심을 집중하도록 한다.
③ 비생산적이거나 비경제적인 노력을 배제함으로써 경제성 및 효율성을 높일 수 있다.
④ 통제에 있어서 필수 불가결하다.

3. 경영계획의 체계

쿤츠는 '목적, 목표, 전략, 방침, 규칙, 절차, 프로그램, 예산'의 8가지를 제시한다.
① **스케줄** : 기업조직의 목표달성을 위해 어떤 일을 어떤 순서대로 연속적으로 수행해야 하는지에 대한 시간적인 순서
② **프로그램** : 목표달성을 위해 필요하고 연결되어 있는 제반활동이나 연속되는 행동시스템 즉, 프로그램은 어떤 일정 행동방침을 실행하기 위해 필요로 하는 요소들의 복합체
③ **예산** : 계획기능 중의 하나인 통제를 위한 불가결한 수단임과 동시에 예산편성은 기업조직의 제반 계획을 통합하기 위한 중요 수단
④ **절차** : 미래 시점에서 발생하는 활동의 관습적인 처리방법을 미리 설정하는 것이며 업무수행에 있어서 기본이 되는 계획이면서 표준화를 달성하는 주요 수단

4. 경영계획의 종류

① **종합계획** : 최고경영층 또는 전반관리층 등이 책임을 진다.
② **단기계획** : 1년 이내의 계획을 의미한다.
③ **개별계획** : 각 프로젝트마다 계획을 세운다.
④ **부문계획** : 기능별, 경영요소 또는 문제별로 세분화된다.

5. 경영계획의 원칙(쿤츠)

① **합목적성의 원칙**
  ㉠ 모든 계획에 있어서의 기본적인 목적은 기업조직의 목표를 용이하게 달성하도록 공헌하는 데 있다.
  ㉡ 경영의 본질이 의도적인 협동을 통해 공통의 목적을 이룰 수 있다는 것을 감안하면 경영과정의 한 요소인 계획은 기업의 목표에 공헌을 해야 할 것이다(합리성의 원칙이라고도 함).
② **계획우선의 원칙**
  ㉠ 계획이 목적을 달성하기 위한 활동코스를 제시하는 것이 모든 관리활동에 우선해야 한다.
  ㉡ 계획은 통제의 기준을 제시한다는 점에서 통제보다도 선행되어야 하는 관리기능이다.
③ **보편성의 원칙**
  ㉠ 계획은 기업조직 내 어느 특정한 계층에서만 수행되는 활동이 아닌 전 계층에서 수행되어야 하는 관리활동이다.
  ㉡ 경영계획은 최고경영층으로부터 하위관리자에 이르기까지 모두 수행해야 하는 관리기능이며, 이를 보편성의 원칙이라고 한다.
④ **효율성의 원칙** : 계획은 주어진 비용으로 최대의 산출을 발생시킬 수 있어야 한다.

6. 경영계획의 단계
① **문제의 인식** : 전체 계획은 계획수립의 필요성을 인식하는 것에서부터 시작하고, 계획수립의 필요성은 바로 해결해야 하는 문제를 인식하는 것을 말한다.
② **목표의 설정**
  ㉠ 명확하게 설정된 목표는 계획 자체가 바르게 실행되도록 해준다.
  ㉡ 설정 목표는 기업 전체에 대한 목표로부터 부문별 목표에 걸쳐 다양하다.
③ **계획의 전제 수립** : 계획의 필요성을 인식하고 목표설정 후에 계획 설정에 있어 기반이 되는 미래상황에 대한 예측자료, 기본정책, 기존 계획안 등을 수집 및 정리해서 각 관련자들에게 전달하고, 그들의 동의를 구해야 한다.
④ **대안의 모색 및 검토** : 계획의 전제를 수립한 후에 갖가지 행동대안 등을 모색하게 되는데, 특히 명백하게 드러나 있지 않은 잠재적인 대안을 찾아내는 것이 중요하다.
⑤ **대안의 평가** : 목표달성에의 공헌도 또는 전제조건의 충족도 등의 기준에 의해 이루어진다.
⑥ **대안의 선택** : 계획이 구체적으로 수립되는 시기이다.
⑦ **파생계획의 수립** : 파생계획이 수립되었을 시에 계획이 수립되었다고 할 수 있는 것을 말한다.
⑧ **예산에 의한 계획의 수량화** : 앞 단계의 계획을 예산으로 변환시키는 일종의 계량화 과정으로 계획수행 여부의 판단기준이 되기도 한다.

Ⅱ 경영통제

1. 개 요
① 경영관리과정에서 수립된 목표·계획 등이 실제로 수행된 결과 사이에서의 괴리가 존재할 때 이를 조정해서 기업조직의 목표달성을 가능하게 해야 하는데, 이러한 관리활동을 의미한다.
② 통제는 목표 또는 계획과 성과 사이의 편차 측정 및 그러한 편차 수정이라는 내용을 기본적으로 내포하고 있다.

2. 범 위
통제는 기업조직의 목표 또는 계획 및 성과 사이의 편차를 측정하는 것을 내포하지만 동시에 그 이상의 의미를 지닌다.
① **피드백에 의한 통제** : 회계보고에 기반을 둔 역사적 자료 즉 과거사실에 대한 자료를 통제 수단으로 삼아 계획을 한 번 수행한 후 사후적으로 편차를 조정해서 기업조직의 목표를 달성하도록 되어 있다.
② **피드포워드 통제** : 미래에 발생 가능한 편차의 원인이 되는 문제점이 발생하지 않도록 사전에 제거함으로써 한 번의 계획수정으로 목표를 달성할 수 있게 하는 것을 말한다.

3. 경영통제 과정

① 표준의 설정
ㄱ) 개념 : 표준은 기업조직의 경영목표에 의해 수립되는 일종의 계획에 준하는 경영통제의 기준이라 할 수 있으며, 이는 실제적인 성과의 측정을 위한 기반이 된다.
ㄴ) 설정 : 표준은 제품의 양, 작업시간 및 속도, 서비스의 단위, 불합격품의 수량 등 물리적이면서 양적인 것으로 표현이 될 수도 있고 수입, 비용 또는 투자액과 같이 금전적인 화폐단위로도 표현 가능하다.

[종류]

물리적 표준	비금전적인 측정표준으로 통상적으로 원료에 노동력을 작용시켜 가공함으로써 재화 및 용역을 생산하는 작업장에서 주로 쓰이고 있음 예 마력당 연료소모량, 단위생산당 작업시간 등
원가측정	금전적 측정표준으로 물리적 표준과 동일하게 작업장에서 주로 쓰이고 있음 예 단위생산당 간접원가, 단위생산당 직접원가, 단위생산당 원재료비 등
자본적 표준	원가표준을 변형한 것으로 물리적인 항목에 금전적 측정치를 활용한 것이지만 이는 작업의 비용보다도 기업에 투하된 자본과 연관이 있음 예 유동비율, 부채비율, 자본이익률, 재고회전율 등
수익표준	화폐적인 단위를 매출에 활용한 것 예 고객의 1인당 매출액, 철재 1톤당 수익 등
프로그램기준	신제품개발계획이나 변동예산계획 또는 판매진들의 자질향상계획 등을 설정할 시에 활용하는 표준
추상적 표준	물리적 · 화폐적 측정치로는 표현이 불가한 경우에 활용되는 표준으로 인간관계적인 요소가 성과측정의 고려대상이 되는 경우에는 필요하지만, 어느 정도가 효과적인지 파악하기는 어려움 예 충성심 제고, 사기양양

② 성과의 측정
ㄱ) 성과측정의 단계는 통제의 중심부를 차지하는 단계라 할 수 있다.
ㄴ) 통상적으로 성과측정은 기업조직의 규모가 커질수록 복잡해짐. 이를 해결하기 위해서는 정형적 성과의 측정은 하위계층에 일임시키고, 최고경영층에서는 비정형적인 성과의 측정만을 담당하는 예외의 원칙을 활용하거나 또는 스태프 조직을 활용하는 것이 필요하다.

③ 편차의 수정
ㄱ) 표준 및 성과의 편차를 수정하는 단계
ㄴ) 편차 수정을 위해서는 내 · 외부 조건을 조정하거나 또는 하급자들의 감독 · 훈련 및 선발 등을 재검토할 필요가 있다.

4. 경영통제 기법

① 통제수단
ㄱ) 통제의 기능이 활발히 수행되도록 적절한 정보를 제공해 주는 하나의 절차 내지 기법
ㄴ) 통제가 잘 이루어지기 위해서는 기업조직의 강점 및 약점을 인식해야 하는데, 이때 통제의 수단은 이를 파악함에 있어 상당히 유용하다.

② 예산제도에 의한 통제
ㄱ) 예산제도는 오래되었으면서도 통상적으로 보급된 통제수단이다.
ㄴ) 예산통제는 크게 이익계획을 기초로 한 형태와 적립식 형태로 나누어진다.

③ 합리적인 예산통제를 위한 조건
　㉠ 기업의 조직구성원들은 모두가 예산통제제도에 대해 충분하게 이해함과 동시에 지원해야 한다.
　㉡ 예산통제를 위한 조직이 확립되어 있어야 한다.
　㉢ 예산통제를 위해서는 예산통제의 방침 또는 절차 등을 명시한 예산통제 관리규정이 정비되어 있어야 한다.
　㉣ 예산통제제도는 계수를 통한 통제방식이므로 이를 다룰 수 있는 적절한 회계조직이 확립되어 있어야 한다.
　㉤ 예산기간의 경우 회계기간의 장단, 제조기간의 장단, 장기예측의 필요 유무, 계절적 요인 등에 따라 달라질 수 있지만, 예산통제제도를 지속적으로 내부통제에 활용하기 위해서는 회계연도와 동일하게 설정하는 것이 바람직하다.

④ 기타 방법에 의한 전통적 통제기법
　㉠ 통계적 자료에 의한 방법
　㉡ 손익분기점 분석에 의한 방법

　　㉮ 손익분기점에서의 수량 $= \dfrac{\text{총고정비}}{\text{단위당 공헌이익}}$

　　㉯ 손익분기점에서의 금액 $= \dfrac{\text{총고정비}}{1 - \dfrac{\text{단위당 변동비}}{\text{단위당 판매가격}}}$

　㉢ 특수한 보고서 및 그 분석에 의한 방법
　㉣ 개인적 관찰에 의한 방법
　㉤ 내부감사에 의한 방법

제4절　경영혁신

1. 경영혁신의 의의
① **광의** : 환경의 변화에 대응하기 위한 조직의 의도적이고 계획적인 변화 및 혁신 노력을 통칭하는 개념이다.
② **협의** : 경영관리과정에 있어서의 혁신 ↔ 기술혁신

2. 경영혁신의 요인

기업외적 요인	기업내적 요인
• 세계화, 규제화, 개방화 등에 따른 경쟁 심화 • 소비자 요구의 다양화 • 경쟁우위 요소의 변화(가격, 생산량 → 대고객서비스, 품질) • 정보기술의 발달 • 조직원들의 생활 패턴 변화 　예 단순노동 회피, 여가 선호 등	• 기업의 생산성이 낮아지고 경쟁력 약화 • 간접부문에서의 비효율성 증가 • 최고경영자층의 경영혁신 선호 • 재무성과 우수 기업의 효과적 여유자원 활용과 미래 대비 목적

3. 경영혁신의 기법 [기출] 14 · 16 · 20 · 25

벤치마킹 (Benchmarking)	• 지속적 개선을 위한 기업 내부의 활동과 기능, 관리능력을 외부기업과의 비교를 통해 평가하는 것(C. McNair) • 최고의 성과를 얻기 위하여 최고의 실제 사례를 찾는 과정(R. Camp)
전사적 품질경영 (Total Quality Management ; TQM)	고객만족을 목표로 전사적인 참여를 통하여 조직 내 업무프로세스와 시스템을 지속적으로 개선시키고자 하는 통합적인 기법
리엔지니어링 BPR (Business Process Reengineering)	비용, 품질, 서비스, 속도와 같은 기업의 핵심적 성과면에 있어서의 극적인(Dramatic) 향상을 얻기 위해 기업의 프로세스(Process)를 기본적(Fundamental)으로 다시 생각하고 근본적(Radical)으로 재설계하는 것
다운사이징 (Downsizing)	조직의 효율성을 향상시키기 위해 의도적으로 조직 내의 인력, 계층, 작업, 직무, 부서 등의 규모를 축소시키는 기법
리스트럭처링 (Restructuring)	조직경쟁력 강화를 위한 전략경영의 차원에서 기존 사업단위의 축소, 통폐합 및 확대 여부와 신규 사업에 진입여부, 주력사업의 선정 등에 관한 결정과 함께 이러한 사업들을 어떻게 연계하여 통합할 것인지를 결정하는 복잡하고 다차원적인 전략기획의 방법
아웃소싱 (outsourcing)	기업의 비핵심 업무를 다른 기업에 위탁하여 운영하는 방법

Process
하나 이상의 입력(Input)을 받아들여 고객에게 가치 있는 결과(Output)를 산출하는 행동들의 집합 → 직무, 부서, 사람 중심의 사고에서 프로세스 중심 사고로 전환

CHAPTER 06 경영관리론

01 교육참가자들이 소규모 집단을 구성하여 팀워크로 경영상의 실제 문제를 해결하도록 하여 문제해결과정에 대한 성찰을 통해 학습하게 하는 교육방식은? 기출 21

① Team Learning
② Organizational Learning
③ Problem Based Learning
④ Blended Learning
⑤ Action Learning

해설 및 정답

01 행동학습은 퍼실리테이터의 주도 하에 경영상의 실제 문제(Real Issues)를 해결하는 방법을 구성원들이 터득하도록 하는 교육훈련방식으로, 해당 문제에 대한 대응력을 기를 수 있지만, 해당 문제가 발생하지 않는 경우에는 학습결과가 무용지물이 될 수 있다는 단점이 있다.
① 팀학습이란 특정 주제에 대해 어떠한 제약 없이 발표·토론·비판하는 등 자유로운 의사소통을 하도록 하는 교육훈련방식을 말한다.
② 조직학습이란 한 구성원의 개인차원의 학습결과를 다른 구성원과 공유함으로써 조직차원으로 승화시키는 교육훈련방식을 말한다.
③ 문제중심학습이란 구성원들 스스로가 경영상 발생할 수 있는 가상의 실제적 문제(Authentic Problem)를 해결하는 방법을 찾도록 하는 교육훈련방식으로, 행동학습과 유사하나 문제의 실제성과 학습의 지향점에서 그 차이점을 발견할 수 있다.
④ 혼합학습이란 오프라인교육에서 실시할 수 없는 교육훈련은 온라인교육으로 실시하고, 그 학습결과를 오프라인 작업에 적용하는 교육훈련방식을 말한다.

정답 ⑤

02

다음 설명에 해당하는 경영기법은? 기출 25

- 비용절감 등을 위해 외부의 인력, 시설, 기술, 자원 등을 활용한다.
- 기업은 고유의 업무에 집중함으로써 생산성 향상을 도모할 수 있다.

① 벤치마킹
② 아웃소싱
③ 리엔지니어링
④ 다운사이징
⑤ 전사적 품질경영

03

다음에서 설명하는 경영혁신 기법으로 옳은 것은? 기출 16

통계적 품질관리를 기반으로 품질혁신과 고객만족을 달성하기 위하여 전사적으로 실행하는 경영혁신 기법이며 제조과정뿐만 아니라 제품개발, 판매, 서비스, 사무업무 등 거의 모든 분야에서 활용 가능함

① 학습조직(learning organization)
② 다운사이징(downsizing)
③ 리스트럭처링(restructuring)
④ 리엔지니어링(reengineering)
⑤ 6 시그마(six sigma)

04

기업성과를 높이기 위해 정보통신기술을 적극적으로 활용하여 업무과정을 근본적으로 재설계하는 경영기법은? 기출 14

① 콘커런트 엔지니어링
② 비즈니스 프로세스 리엔지니어링
③ 조직 리스트럭처링
④ 다운사이징
⑤ 벤치마킹

해설 및 정답

02 아웃소싱(outsourcing)은 기업의 비핵심 업무를 다른 기업에 위탁하는 것을 말한다.
① 벤치마킹(benchmarking)은 생산성 향상을 위해 해당 분야의 최고 경영 비결을 찾아내어 자사에 적용하는 경영혁신 프로그램이다.
③ 리엔지니어링(reengineering)은 기업의 체질 및 구조와 경영방식을 근본적으로 재설계하여 경쟁력을 확보하는 경영기법이다.
④ 다운사이징(downsizing)은 조직의 효율성 향상을 위해 의도적으로 조직 내의 인력, 계층, 작업, 직무, 부서 등의 규모를 축소시키는 기법이다.
⑤ 전사적 품질경영(TQM)은 고객만족을 목표로 전사적인 참여를 통해 조직 내 업무 프로세스와 시스템을 지속적으로 개선시키고자 하는 통합적인 기법이다.

정답 ②

03 ① 학습조직(learning organization) : 조직구성원이 학습할 수 있는 기회와 자원을 제공하고, 학습 결과에 따라 지속적인 변화를 이루는 것
② 다운사이징(downsizing) : 불필요한 인원 및 경비를 축소하여 낭비되는 요소를 제거
③ 리스트럭처링(restructuring) : 한 기업이 여러 사업을 보유하고 있는 경우, 미래 변화를 예측하여 사업구조를 개혁하는 것
④ 리엔지니어링(reengineering) : 기업의 체질 및 구조와 경영방식을 근본적으로 재설계하여 경쟁력을 확보하는 것

정답 ⑤

04 ① 콘커런트 엔지니어링은 기업의 제품개발 프로세스를 재설계하여 신제품 개발 기간의 단축, 비용절감 및 고품질의 제품생산을 도모하는 경영혁신 기법이다.
③ 조직 리스트럭처링은 한 기업이 여러 사업부를 가지고 있을 때 중복사업을 통합함으로써 사업구조를 개혁하는 것이다.
④ 다운사이징은 조직의 효율성, 생산성, 그리고 경쟁력을 개선하기 위해 조직 인력의 규모, 비용규모, 업무흐름 등에 변화를 가져오는 일련의 조치를 말한다.
⑤ 벤치마킹은 경영혁신 프로그램으로 해당 분야의 '최고' 경영 비결을 찾아내어 자사에 적용하는 생산성향상 방법의 구체적 사안을 다루는 방법이다.

정답 ②

CHAPTER 07 전략수립과 전략실행

> **출제포인트**
> ☐ 마이클 포터의 경쟁전략
> ☐ 가치사슬 모형
> ☐ 경쟁전략을 위한 산업구조적 요인의 분석
> ☐ BCG 매트릭스 모형

제1절 경영전략과 전략계획

Ⅰ 경영전략

1. 의 의
변화하는 기업환경 하에서 기업조직의 존속 및 성장을 도모하기 위해 환경의 변화에 대해 기업조직의 활동을 전체적이면서 계획적으로 적응해 나가는 전략을 의미한다.

2. 구성요소
① 앤소프 전략의 구성요소 : 제품·시장분야, 성장벡터, 경쟁상의 이점, 시너지
② 호퍼와 센델의 전략 구성요소 : 영역, 자원전개, 경쟁우위성, 시너지

Ⅱ 전략계획과 개발

1. 전략계획
공식화된 계획 설정 과정에서 전략 개념을 도입한 계획 설정(이에 대한 명칭 및 내용은 다양함)으로, 변화하는 환경에 대응하고 경영의 잠재적 수익능력을 종합적으로 개발하기 위한 미래지향적 의사결정시스템이다.

2. 관리문제영역의 혁신과 전략계획(앤소프의 5단계 분류)
① 사회적(정치적) 관리
  ㉠ 기업의 최상단에는 사회적·정치적 관리가 위치한다.
  ㉡ 사회에 있어 기업조직의 정당성·합법성, 존재이유를 판단하고 결정한다.

② 기업가적 관리
　㉠ 기업가적 관리는 기업을 위한 이익잠재력을 창출해 낸다.
　㉡ 기업의 유지・발전의 기회를 포착하며 실현시키고, 위협을 인식하고 회피하는 것을 의미한다.
③ 경쟁적 관리 : 잠재적인 이익을 현실이익으로 전환하는 것과 관련된다.
④ 경영적 관리 : 위에 제시된 3가지 관리활동이 요구하는 능력을 제공하는 것으로, 3가지 관리에 대해 기능・가치・구조・시스템 등을 지원하는 관리이다.
⑤ 로지스틱스 과정 : 비관리적인 성격, 병참적 활동이나 생산적 활동이라 불리며 자원의 조달・변환・유통 등의 복잡한 단계를 포함한다.

3. 전략계획의 특징(G. A. Steiner)
① 전략계획은 과정이다 : 전략계획은 목표의 개발과 더불어 시작되는 일종의 과정으로 전략 수립을 위한 지속적인 과정이 되어야 함을 의미한다.
② 전략계획은 하나의 철학이다 : 이미 정해진 과정, 절차 또는 기법보다 한 차원 높은 사고의 과정이나 지적 활동이다.
③ 전략계획은 의사결정의 미래성을 다룬다 : 공식적 전략계획은 미래에 존재하는 기회 및 위협의 구별을 의미하고, 이는 합리적 의사결정의 기초가 된다.
④ 총괄적인 전사적 계획은 계획의 구조로 정의되기도 한다 : 단기적인 업무계획 및 전략계획을 통합화하는 구조를 의미한다.

4. 전략개발과 전략유형
① 전략개발의 방법
　㉠ 갭분석 : 검토하려는 목표나 단순하게 연장된 성과의 차이로 설정된 목표가 달성될 것인지의 여부를 분석하기 위한 방법이다(차이분석).
　㉡ ETOP분석 : 환경의 위협 및 기회에 대해 배경조사, 각 지표에 대한 과거행위의 측정, 중요지표의 선택, 각 지표의 예측, 잠재적인 미래 상황의 식별, 시나리오의 작성 등과 같은 프로파일을 통해 새로운 전략개발을 모색하기 위한 방법이다.
　㉢ SWOT분석 : 환경의 기회 및 위협 등을 파악하고, 기업조직의 강점 및 약점을 인식해서 여러 형태의 전략적인 반응을 유도하고자 하는 방법이다.
　㉣ 이슈분석 : 환경의 변화에 대한 미세 신호를 포착해서 이를 통해 위협을 극복하고 기회를 파악해야 하며, 충격적인 놀라움의 원인 및 반응 등을 전략적으로 분석해서 사전에 대비를 철저히 해야 함을 의미한다.
② 경영전략의 유형
　㉠ 스타이너(Steiner)와 마이너(Miner)의 분류
　　㉮ 조직계층별 분류 : 분권화된 기업조직에서 본사수준의 전략 및 사업부수준의 전략으로 구분한다.
　　㉯ 영역에 기초를 둔 분류 : 기본전략 및 프로그램 전략으로 구분한다.
　　㉰ 목적 또는 기능에 의한 분류 : 성장 및 생존목적을 위한 전략과 제품・시장전략의 구분

- ㉣ 물질적·비물질적 자원별 분류 : 통상적으로 전략은 물리적인 자원을 대상으로 하지만 경영자의 스타일이나 사고패턴, 철학과도 관련된다.
- ㉤ 경영자의 개인적 선택에 의한 분류 : 개개인의 개인적 지위 및 가치관의 차이에 의한 분류이다.
ⓒ 외형적인 전략출현 중심의 분류
- ㉮ 생산지향 전략 : 외부 환경을 보완적인 요인으로 보고 내부환경의 전략적 요인을 추구하는 전략으로, 생산시스템의 혁신 및 제품표준화 또는 제품개발에 의한 생산의 효율화를 목적으로 한다.
- ㉯ 시장지향 전략 : 시장 환경에서 전략적인 요인을 찾는 전략으로, 제품·시장전략이 중심이다.
- ㉰ 산업지향 전략 : 산업계의 경쟁관계에서 전략적인 요인을 찾는 전략으로, 전사적 전략이 중심이다.

Ⅲ 제품개발 전략 기출 17

표준화, 단순화, 전문화를 주축으로 제품개발과 시장침투가 핵심적 내용을 구성하고 있다. 제품의 라이프사이클에 따른 제품개발, 계열화, 확대전략 등이 구체적으로 나타나는 전략이며, 최근에는 생산성 향상을 위한 측면에서 생산성 전략이 나타나기도 한다.

1. 제품의 표준화 전략

① 포드 시스템
- ㉠ 포드의 생산전략은 제품의 표준화, 부품 등의 호환성 제고, 이를 가능하게 하는 부품의 집중생산 및 컨베이어 시스템을 활용한 흐름작업화 등을 가리킨다.
- ㉡ 생산전략에 있어 공통적 사항은 표준화, 단순화, 전문화 등이 있다.
- ㉢ 포드의 생산전략은 확대전략(Expansion Strategy)의 특징을 지닌다.

> **포드 시스템에 대한 비판**
> - 동시작업 시스템의 문제 : 한 라인에서 작업이 중지될 경우 전체 라인의 작업이 중지되어 이는 제품생산에 큰 차질을 빚게 한다.
> - 인간의 기계적 종속화 : 컨베이어 시스템 등의 생산기계에 이상이 있을 시에 생산은 중단되고 사람은 아무런 일도 하지 못하게 된다.
> - 노동착취의 원인 제공 : 생산라인에서 사람은 쉬지 못할 뿐만 아니라 떠날 수도 없는 생산과정으로 이는 노동의 과부하를 불러일으킬 수 있다.
> - 제품의 단순화, 표준화는 효율적이지만 갖가지 욕구충족에는 역부족이다.

② 확대전략
- ㉠ 제품의 개발 : 기존제품을 대신할 신제품 개발을 위해 제품수명주기를 고려해야 한다.
- ㉡ 계열화 : 포드에 의해 시작된 것으로 주로 수직적인 계열화이고 각기 다른 생산공정단계 및 생산영역을 하나의 경영시스템하에 둔 것이다.
- ㉢ 확대 : 통상적으로 확대전략은 현존 제품의 시장지위를 높이는 전략이다.

③ **생산성 전략** : 이 전략은 제조전략의 기반이 되고 있지만, 제조공정의 원가절감 및 작업자 만족, 제품의 품질향상이라는 상호배반적 측면이 있으므로 최적화에 다다르는 과정이 쉽지 않다.

2. 제품의 다각화 전략

① **시장지향전략의 출현** : 시장이 잠재적으로 크고 더욱 동질적이며 안정되어 있다는 가정 하에서 제품표준화 전략을 중심으로 한 생산전략이 가능했지만, 이러한 가정이 타당성을 지니지 못하는 상황에서는 시장지향적인 전략이 중요시 된다.

② **다각화 전략의 성장벡터 유형**

ㄱ. 개념 : 앤소프는 제품의 생산지향적 전략에서 시장지향적 전략으로의 전환과정에서 필연적으로 나타나는 제품전략으로 제품개발, 시장침투, 시장개발 등의 전략을 확대전략으로 파악하고 이와 대비되는 전략을 다각화 전략으로 보았다.

제품 / 시장 확장 매트릭스 기출 22·25

	기존제품	신제품
기존시장	시장침투 Market Penetration	제품개발 Product Development
신시장	시장개발 Market Development	다각화 Diversification

㉮ 시장개발, 시장침투, 제품개발은 제품의 생산기술과 마케팅의 어느 한 쪽 또는 쌍방과 공통의 관련성을 지닌다는 부분에서 공통점을 보이며, 이를 확대화라 한다.
㉯ 다각화의 경우 생산과 시장의 양면에서 기존 것과 다른 분야에 진출을 하는 것이고, 이는 엄격히 말하면 신규제품과 시장에 진출하는 것을 가리킨다.

ㄴ. 다각화의 이유

㉮ 확대기회가 충분하고 과거의 경영목적이 달성되었더라도 유보자금이 확대에 필요한 액수보다 상회하고 있을 경우
㉯ 확대화에 의해 규정되어 있는 제품·시장분야 내에서 경영목적을 달성할 수 없을 경우
㉰ 활용가능한 정보가 확대화와 다각화의 결정적인 대비를 가능하게 할 수 있는 신뢰도를 갖지 못할 경우
㉱ 현재 경영목적이 달성되더라도 다각화의 기회가 확대화의 기회보다 큰 수익성을 보장할 경우

> **다각화의 종류**
> - **수직적 다각화** : 기업이 자신의 분야에 포함된 분야로 사업영역을 확장하는 것
> - **수평적 다각화** : 자신의 분야와 동등한 수준의 분야로 다각화하는 것
> - **집중적 다각화** : 핵심기술 한 가지에 집중해서 판매하는 것 또는 다른 관점에서 바라보면 경영합리화의 목적, 시장통제의 목적, 금융상 이점 등을 목적으로 상호 간 협정 또는 제휴를 통해 과다경쟁으로 인한 폐해를 없애고 기업조직의 안정 및 시장지배를 목적으로 하는 것
> - **복합적 다각화** : 해당 사업이 연계한 동종업종의 것일 수도 있으며, 전혀 자신들의 업종과는 다른 양상의 분야로 확장해서 운영하는 것

Ⅳ 경영전략 기법

1. 마이클 포터의 경쟁전략 기출 15

① 의의 : 신규업체 진출위험, 공급업체 협상력, 동종기업 간 경쟁, 고객 협상력, 대체제 출현위협 등 다섯 가지 경쟁요인을 통해 기업, 산업의 현황 및 미래를 분석하는 기법이다. 다섯 가지 경쟁요인을 통해서 기업, 산업의 수익률이 결정된다고 보며, 기업의 경영전략을 수립하는데 활용된다.

② 가치사슬 모형 기출 12・15・20・25
   ㉠ 본원적 활동 : 내부 물류, 제조・생산, 외부 물류, 영업・마케팅, 서비스
   ㉡ 지원 활동 : 기업하부구조, 인적자원, 기술개발, 조달

③ 경쟁력 결정요인 기출 10・12・22・24

신규업체 진출 위협	신규진입 기업들이 시장에 보다 안정적으로 진입하기 위해서는 진입장벽을 넘어야 한다.
공급업체 협상력	원자재 공급업체의 영향력이 크면 수익성이 낮아진다. [예] OPEC – 산유국의 교섭력을 높이려는 카르텔
동종기업 간 경쟁	• 경쟁이 치열할수록 수익성은 떨어진다. • 경쟁은 기업 간 제품 차별화가 없고 퇴각 장벽이 높은 경우 치열해진다.
고객 협상력	• 구매자의 영향력이 크면 수익성이 낮아진다. • 대량 구매나 구매자의 수익성이 낮으면 강력한 교섭력을 가진다. [예] 엘리베이터 제조업체와 건설업체
대체재 출현 위협	대체재가 많을수록 높은 가격을 받을 수 있는 가능성이 낮아진다.

④ 3가지 경쟁전략 기출 10・18・25 : 기업조직에서의 경쟁전략은 기업조직이 어떻게 경쟁에 들어가는지, 그리고 목표는 무엇인지, 이러한 목표를 실현하기 위해 필요한 정책은 무엇인지에 대해 결정하는 것이다. 그 형태는 다음과 같다.
   ㉠ 코스트 리더십 전략(원가우위 전략) : 비용요소를 철저하게 통제하고 기업조직의 가치사슬을 최대한 효율적으로 구사하는 전략이다.
   ㉡ 차별화 전략 : 소비자들이 가치가 있다고 판단하는 요소를 제품 및 서비스 등에 반영해서 경쟁사의 제품과 차별화한 후 소비자들의 충성도를 확보하고 이를 통해 가격 프리미엄 또는 매출증대를 꾀하고자 하는 전략이다.
   ㉢ 집중적 전략 : 메인 시장과는 다른 특성을 지니는 틈새시장을 대상으로 해서 소비자들의 니즈를 원가우위 또는 차별화 전략을 통해 충족시켜 나가는 전략이다.

2. 포트폴리오 전략

① 경영자전략계획의 일환으로 기업조직의 환경위험을 분석하여 한정된 자원의 최적배분이 가능하도록 기업의 능력개발을 위해 고안된 전략이다.

② 경험곡선에 의한 비용체감의 법칙과 PIMS 모형에 의한 시장점유율 및 ROI 결정법칙을 결합하여 현재 잠재력이 있는 전략적 사업단위를 발견해서 이에 대해 투자 또는 환수를 정하는 전략이다.

③ 학습곡선 : 통상적으로 어떤 제품의 생산에 있어 필요한 제품 1단위당 직접 노동량의 투입량이 누적생산량의 증가에 따라 일정한 비율로 감소한다는 경험적인 사실을 표현하는 곡선이고, 이러한 현상을 학습효과라고 한다.

④ **경험곡선** : 제품의 단위당 실질 코스트는 누적경험량(누적생산량 또는 판매량)이 증가함에 따라 단위당 비용이 20~30%의 비율로 저하된다는 것이다(비용체감의 법칙).

⑤ **경험곡선과 PIMS**
  ㉠ 시장점유율 및 투자수익률과의 정(+)의 관계를 실제적으로 검증
  ㉡ 특정 사업에 있어 투자수익률이 전략 변화에 어떠한 영향을 미치는지 또는 반대로 전략 변화가 투자수익률에 어떤 영향을 미치는지를 분석한다.
  ㉢ PIMS는 이익모형으로 기업조직의 수익성에 영향을 미치는 요소 및 그 영향정도, 전략과 시장조건의 변화에 따른 투자수익률의 변화를 파악하고자 한다.
  ㉣ PIMS 모형이 제시하는 전략 : 구축전략, 유지전략, 철수전략

⑥ **성장-점유 매트릭스**
  ㉠ 최초의 표준화된 포트폴리오 모형
  ㉡ 각 SBU(Strategic Business Unit)의 수익과 현금흐름이 실질적으로 판매량과 밀접한 관계에 있다는 가정 하에 작성된 모형으로 수익의 주요 지표로서 현금흐름에 초점을 두고, 상대적 시장점유율과 시장성장률이라는 2가지 변수를 고려하여 사업 포트폴리오를 구성한다.
  ㉢ 세로축을 시장성장률로 두고, 가로축을 상대적 시장점유율로 두어 2×2 매트릭스를 형성한다.
  ㉣ 시장성장률은 각 SBU가 속하는 산업 전체의 평균매출액 증가율로 표시되며, 시장성장률의 고·저를 나누는 기준점으로는 전체 산업의 평균성장률을 활용하게 된다.

3. BCG 매트릭스 모형 `기출` 12·13·15·23

① **별(Star) 사업부**
  ㉠ 시장성장률도 높고 상대적 시장점유율도 높은 경우에 해당하는 사업이다.
  ㉡ 이 사업부의 제품들은 제품수명주기 상에서 성장기에 속한다.
  ㉢ 이에 속한 사업부를 가진 기업은 시장 내 선도기업의 지위를 유지하고 성장해가는 시장의 수용에 대처하고, 여러 경쟁기업들의 도전에 극복하기 위해 역시 자금의 유출이 필요하다.
  ㉣ 별 사업부에 속한 기업들이 효율적으로 잘 운영된다면 이들은 향후 Cash Cow가 된다.

② **현금젖소(Cash Cow) 사업부**
  ㉠ 시장성장률은 낮지만 높은 상대적 시장점유율을 유지하고 있다. 이 사업부는 제품수명주기 상에서 성숙기에 속하는 사업부이다.
  ㉡ 이에 속한 사업은 많은 이익을 시장으로부터 창출해낸다. 그 이유는 시장의 성장률이 둔화되었기 때문에 그만큼 새로운 설비투자 등과 같은 신규 자금의 투입이 필요 없고, 시장 내에 선도 기업에 해당되므로 규모의 경제와 높은 생산성을 누리기 때문이다.
  ㉢ Cash Cow에서 산출되는 이익은 전체 기업의 차원에서 상대적으로 많은 현금을 필요로 하는 Star나 Question Mark, Dog의 영역에 속한 사업으로 자원이 배분된다.

③ **물음표(Question Mark) 사업부**
  ㉠ 다른 말로 '문제아'라고도 한다.
  ㉡ 이 사업부는 시장성장률은 높으나 상대적 시장점유율이 낮은 사업이다.
  ㉢ 이 사업부의 제품들은 제품수명주기 상에서 도입기에 속하는 사업부이다.

② 시장에 처음으로 제품을 출시하지 않은 대부분의 사업부들이 출발하는 지점이 물음표이며, 신규로 시작하는 사업이기 때문에 기존의 선도 기업을 비롯한 여러 경쟁기업에 대항하기 위해 새로운 자금의 투자를 상당량 필요로 한다.
⑪ 기업이 자금을 투입할 것인가 또는 사업부를 철수해야 할 것인가를 결정해야 하기 때문에 Question Mark라고 불리고 있다.
⑭ 한 기업에게 물음표에 해당하는 사업부가 여러 개이면, 그에 해당되는 모든 사업부에 자금을 지원하는 것보다 전략적으로 소수의 사업부에 집중적 투자하는 것이 효과적이라 할 수 있다.

④ 개(Dog) 사업부
㉠ 시장성장률도 낮고 시장점유율도 낮은 사업부이다.
㉡ 제품수명주기 상에서 쇠퇴기에 속하는 사업이다.
㉢ 낮은 시장성장률 때문에 그다지 많은 자금의 소요를 필요로 하지는 않지만, 사업활동에 있어서 얻는 이익도 매우 적은 사업이다.
㉣ 이 사업에 속한 시장의 성장률이 향후 다시 고성장을 할 가능성이 있는지 또는 시장 내에서 자사의 지위나 점유율이 높아질 가능성은 없는지 검토해보고 이 영역에 속한 사업들을 계속 유지할 것인가 아니면 축소 내지 철수할 것인가를 결정해야 한다.

4. GE/맥킨지 매트릭스(GE/McKinsey Matrix) 기출 21

① 의의 : BCG 매트릭스가 사업부를 판단할 때 시장성장률, 시장점유율 두 가지의 지표만으로 측정됨으로써 단순하고 포괄적이라는 지적을 보완하여 보다 자세히 판단할 수 있도록 구성한 매트릭스이다.

② 주요 측정지표

구 분	주요 측정지표
산업매력도 (외부환경)	시장규모 및 성장률, 업계 평균 이익률, 거시 환경의 영향, 진입장벽과 철수장벽, 필요한 기술 수준 및 자본규모 등
사업경쟁력 (기업내부, 상대적 경쟁력)	시장점유율, 가격 경쟁력, 유통시스템, 제품 및 서비스 품질 등

③ 구 성

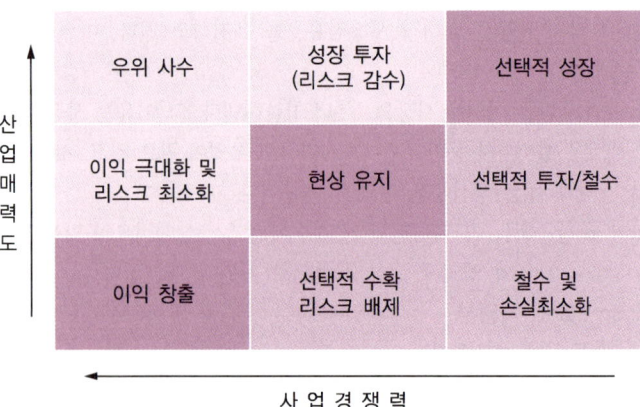

제2절 전략경영

I 전략경영의 개관

1. 특징
전략경영은 경영관리상의 전 범위를 포괄하며, 또한 전략경영시스템은 계획활동뿐만 아니라 기업조직의 활동·동기부여·통제 등의 여러 국면을 포괄하는 시스템으로의 특징을 지닌다.

전략계획	전략경영
문제해결과정으로서의 전략수립에 역점	실행 및 통제의 문제를 포함
기업의 외적 관계성, 즉 제품·시장전략과 관련	내부배열, 즉 조직시스템 및 조직 변화와 관련
전략의 결정 시 기술적·경제적·정보적 측면에 집중	기업조직 내외의 사회적·정치적 요소에도 주목

2. 호퍼와 센델의 전략경영 형성단계(7단계)
전략의 식별 → 환경의 분석 → 자원의 분석 → 갭의 분석 → 전략적 대체안 → 전략의 평가 → 전략의 선택

> **전략경영**
> - 보편적 관점 : 기업제도 → 기업성과(One best way 테일러, 포드, 페이욜)
> - 상황적 관점 : 기업제도 → 기업성과(상황)
> - 구성형태적 관점 : 기업제도(A, B, C) → 기업성과 및 전략

II 전략·구조와 문화

1. 구조와 과정
① 통상적으로 구조는 조직구성요소의 상호 관련된 틀 또는 패턴이라 하고, 과정의 경우에는 조직구성요소의 결합에 있어 행동이나 기능 등이 된다.
② 구조는 기업조직시스템의 정태적 현상이며, 과정은 기업조직구조의 동태적 현상이다.

2. 구조의 선택
① 통상적으로 과거에는 기업조직이 환경변화에 적응하기 위해서 전략목적을 설정하면 이를 이루기 위해 그에 맞는 적정한 조직구조가 자동으로 설계된다는 가정이 지배적이었지만, 현대에 와서는 기업의 조직구조가 전략적인 선택에 의해 형성되는 명제로 수정·보완된다.
② 챈들러의 경우, 미국 내 대기업을 상대로 한 연구에서 집권화된 기업조직으로 시작한 기업이 다양화 전략에 따라 사업부제로 이행하였음을 발견하고, '구조는 전략에 따른다'는 명제를 만들어 냈다. 하지만 이런 명제는 조직 및 환경과의 맥락에서 지나치게 기계론적이고, 결정론적이라는 비판을 받게 된다.

3. 전략과 문화

① 기업문화론에 대한 연구는 기업의 조직구조 및 관리시스템을 변혁시키고자 하는 문제의식으로부터 시작되었고, 계량모형에 의한 합리적인 경영기법의 한계를 극복하고자 시도된 새로운 접근방법이다.
② 핵스와 마이루프의 경우 전략경영의 통합적 전망이라는 전략은 기업문화의 내부로 통합되어야 함을 주장하고, 전략경영은 기업조직의 모든 기능 및 구조계층을 연결시키는 기업가치·경영능력·조직책임, 그리고 관리시스템을 개발하는 것이라고 정의한다.
③ 오늘날의 조직문화 또는 기업문화는 경영전략의 수립 및 실행에 있어 중요한 전략적인 과제로 나타나고 있다.

4. 마일즈와 스노우가 말하는 전략·구조 유형 기출 24

전 략	목 표	조직구조의 특성
방어형 전략	안정 및 능률	• 광범위한 분업 및 공식화의 정도가 높은 기능별 조직구조를 취하는 경향 • 집권화된 통제 및 복잡한 수직적 정보시스템 • 단순한 조정메커니즘과 계층경로를 통한 갈등해결
공격형 전략	유연성	• 분업의 정도가 낮으며, 공식화의 정도가 낮은 제품별 조직구조를 취하는 경향 • 분권화된 통제 및 단순한 수평적 정보시스템 • 복잡한 조정메커니즘과 조정자에 의한 갈등 해결
분석형 전략	안정 및 유연성	• 기능별 구조 및 제품별 구조를 결합한 느슨한 조직구조를 취하는 경향 • 중간 정도로 집권화된 통제 • 극도로 복잡하면서 고비용의 조정메커니즘 : 어떠한 갈등은 제품관리자에 의해 해결하고, 어떠한 갈등은 계층경로를 통해 해결

CHAPTER 07 전략수립과 전략실행

01 GE/맥킨지매트릭스(GE/McKinsey Matrix)에서 전략적 사업부를 분류하기 위한 두 기준은? 기출 21

① 산업매력도 – 사업단위 위치(경쟁력)
② 시장성장률 – 시장점유율
③ 산업매력도 – 시장성장률
④ 사업단위 위치(경쟁력) – 시장점유율
⑤ 시장점유율 – 가격경쟁력

해설 및 정답

01 기업의 포트폴리오를 평가함에 있어 BCG매트릭스는 시장성장률과 상대적 시장점유율을 고려하는 반면, GE/맥킨지매트릭스는 보다 다양한 요소를 감안하여 시장매력도(산업매력도)와 사업단위 경쟁력(사업단위 위치 또는 사업강도)을 고려한다.

〈GE/맥킨지매트릭스〉

산업매력도 ↑	우위 사수	성장 투자 (리스크 감수)	선택적 성장
	이익 극대화 및 리스크 최소화	현상 유지	선택적 투자/철수
	이익 창출	선택적 수확 리스크 배제	철수 및 손실최소화

← 사업 경쟁력

정답 ①

02
앤소프(H. Ansoff)의 제품-시장 확장 매트릭스 중 다음 설명에 해당하는 전략은? 기출 25

- 기존 고객의 제품 사용률을 높임으로써 기업 성장을 추구한다.
- 치약회사에서 '하루에 3번 양치질하기' 캠페인을 전개한다.

① 시장침투전략
② 시장개발전략
③ 제품개발전략
④ 원가우위전략
⑤ 다각화전략

03
포터(M. Porter)의 원가우위전략(cost leadership strategy)에 관한 설명으로 옳은 것은? 기출 25

① 생산비를 낮추어 가격 경쟁력을 확보한다.
② 차별화된 제품과 서비스 제공이 목표이다.
③ 고가 제품을 제공해 브랜드를 강화한다.
④ 고가 제품의 틈새시장을 집중적으로 공략한다.
⑤ 제품의 품질을 높이는 것이 목표이다.

04
포터(M. Porter)의 가치사슬 모델에서 보조활동(support activities)에 해당하지 않는 것은? 기출 25

① 기 획
② 마케팅
③ 법률자문
④ 기술개발
⑤ 인적자원관리

해설 및 정답

02 기존 제품을 사용하는 고객들이 더 많이 또는 더 자주 제품을 구입하게 함으로써 성장을 추구하는 전략은 시장침투 전략이다.

〈제품 / 시장 매트릭스〉

구 분	기존제품	신제품
기존시장	시장침투 전략	제품개발 전략
신시장	시장개발 전략	다각화 전략

정답 ❶

03 원가우위전략은 경쟁자보다 낮은 원가로 제품을 생산하여 가격 경쟁력을 확보하는 전략이다.
② 차별화전략에 대한 설명이다.
③ 차별화전략에 가깝다.
④ 집중화된 차별화전략에 가깝다.
⑤ 원가우위전략은 제품의 품질 제고보다 경쟁사보다 낮은 원가로 생산하는 데 목표를 둔다.

- 원가우위 전략 : 비용요소를 철저하게 통제하고 기업조직의 가치사슬을 최대한 효율적으로 구사하는 전략
- 차별화 전략 : 소비자가 가치를 느끼는 요소를 제품 및 서비스 등에 반영하여 경쟁사의 제품과 차별화한 후 소비자의 충성도를 확보하고, 이를 통해 가격 프리미엄 또는 매출증대를 꾀하는 전략
- 집중화 전략 : 틈새시장을 대상으로 소비자들의 니즈를 원가우위 또는 차별화 전략을 통해 충족시키는 전략

정답 ❶

04 마케팅은 본원적활동이다.
- 본원적활동(primary activities) : 내부물류 활동, 생산 활동, 외부물류 활동, 마케팅 및 영업 활동, 서비스 활동
- 보조활동(support activities) : 기획·재무 활동, 인적자원관리 활동, 기술개발 활동, 법률자문

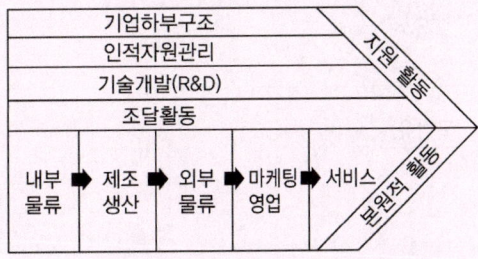

정답 ❷

05 포터(M. Porter)의 산업구조분석 모형에 관한 설명으로 옳지 않은 것은? 기출 24

① 산업 내 경쟁이 심할수록 산업의 수익률은 낮아진다.
② 새로운 경쟁자에 대한 진입장벽이 낮을수록 해당 산업의 경쟁이 심하다.
③ 산업 내 대체재가 많을수록 기업의 수익이 많이 창출된다.
④ 구매자의 교섭력은 소비자들이 기업의 제품을 선택하거나 다른 제품을 구매할 수 있는 힘을 의미한다.
⑤ 공급자의 교섭력을 결정하는 요인으로는 공급자의 집중도, 공급물량, 공급자 판매품의 중요도 등이 있다.

06 BCG 매트릭스에 관한 설명으로 옳은 것은? 기출 12

① 횡축은 시장성장률, 종축은 상대적 시장점유율이다.
② 물음표 영역은 시장성장률이 높고, 상대적 시장점유율은 낮아 계속적인 투자가 필요하다.
③ 별 영역은 시장성장률이 낮고, 상대적 시장점유율은 높아 현상유지를 해야 한다.
④ 자금젖소 영역은 현금창출이 많지만, 상대적 시장점유율이 낮아 많은 투자가 필요하다.
⑤ 개 영역은 시장지배적인 위치를 구축하여 성숙기에 접어든 경우이다.

07 다음 BCG 매트릭스의 4가지 영역 중, 시장성장률이 높은(고성장) 영역과 상대적 시장점유율이 높은(고점유) 영역이 옳게 짝지어진 것은? 기출 23

> ㄱ. 현금젖소(cash cow)
> ㄴ. 별(star)
> ㄷ. 물음표(question mark)
> ㄹ. 개(dog)

	고성장	고점유
①	ㄱ, ㄴ	ㄴ, ㄷ
②	ㄱ, ㄴ	ㄴ, ㄹ
③	ㄱ, ㄹ	ㄱ, ㄴ
④	ㄴ, ㄷ	ㄱ, ㄴ
⑤	ㄴ, ㄷ	ㄱ, ㄷ

해설 및 정답

05 산업 내 대체제가 많을수록 높은 가격을 받을 가능성 낮아져 <u>기업의 수익은 감소</u>한다.

포터(Michael Porter)의 5가지 경쟁요인	
신규업체 진출 위협	신규진입 기업들이 시장에 보다 안정적으로 진입하기 위해서는 진입장벽을 넘어야 한다.
공급업체 협상력	원자재 공급업체의 영향력이 크면 수익성이 낮아진다. 예 OPEC - 산유국의 교섭력을 높이려는 카르텔
동종기업 간 경쟁	• 경쟁이 치열할수록 수익성은 떨어진다. • 경쟁은 기업 간 제품 차별화가 없고 퇴각 장벽이 높은 경우 치열해진다.
고객 협상력	• 구매자의 영향력이 크면 수익성이 낮아진다. • 대량구매나 구매자의 수익성이 낮으면 강력한 교섭력을 가진다. 예 엘리베이터 제조업체와 건설업체
대체재 출현 위협	대체재가 많을수록 높은 가격을 받을 수 있는 가능성이 낮아진다.

정답 ③

06 물음표 영역의 제품들은 제품수명주기 상의 도입부에 속하기 때문에 여러 경쟁기업에 대항하기 위해서는 상당량의 자금투자가 필요하다.
① 횡축은 상대적 시장점유율, 종축은 시장성장률이다.
③ 별 영역은 시정성장률이 높고 상대적 시장점유율도 높다.
④ 자금젖소 영역은 시장점유율이 높아 자금투자보다 자금산출이 많다.
⑤ 개영역은 시장성장률과 상대적 시장점유율이 낮은 쇠퇴기에 접어든 경우이다.

정답 ②

07 시장성장률이 높은 영역은 별(star)과 물음표(question mark)이고, 상대적 시장점유율이 높은 영역은 현금젖소(cash cow)와 별(star)이다.

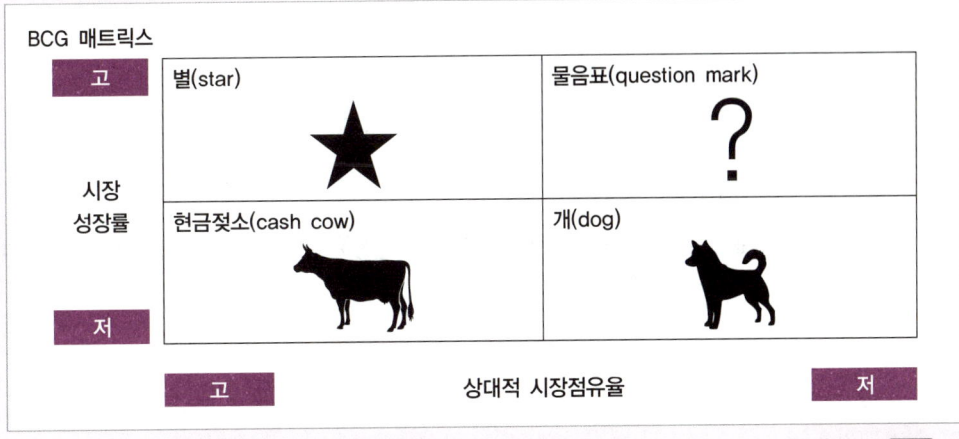

정답 ④

08 BCG 매트릭스에서 시간 흐름에 따른 사업단위(SBU)의 수명주기를 순서대로 나열한 것은? 기출 13

① 별 → 현금젖소 → 개 → 물음표
② 물음표 → 별 → 현금젖소 → 개
③ 현금젖소 → 개 → 별 → 물음표
④ 개 → 물음표 → 현금젖소 → 별
⑤ 물음표 → 현금젖소 → 별 → 개

09 적대적 M&A의 방어전략 중 다음에서 설명하는 것은? 기출 23

> 피인수기업의 기존 주주에게 일정조건이 충족되면 상당히 할인된 가격으로 주식을 매입할 수 있는 권리를 부여함으로써, 적대적 M&A를 시도하려는 세력에게 손실을 가하고자 한다.

① 백기사(white knight)
② 그린메일(green mail)
③ 황금낙하산(golden parachute)
④ 독약조항(poison pill)
⑤ 왕관보석(crown jewel)

10 마일즈(R. Miles)와 스노우(C. Snow)의 전략 유형 중 유연성이 높고 분권화된 학습지향 조직구조로 설계하는 것이 적합한 전략은? 기출 24

① 반응형 전략
② 저원가 전략
③ 분석형 전략
④ 공격형 전략
⑤ 방어형 전략

해설 및 정답

08 사업단위(SBU) 수명주기
물음표(도입기, 개발사업) → 별(성장기, 성장사업) → 현금젖소(성숙기, 수익창출원) → 개(쇠퇴기, 사양사업)

정답 ❷

09 독약조항(poison pill)은 적대적 M&A에 맞서는 방어전략으로 적대적 M&A 시도가 있을 때 주주에게 싼값에 회사 주식을 팔거나 비싼값으로 주식을 회사에 되팔 수 있는 권리 등을 주는 방법을 말한다.
① 백기사(white knight)는 적대적 M&A에 맞서는 방어전략으로 우호적인 제3의 백기사에게 기업을 넘겨줌으로써 적대적 인수기업에게 인수실패를 맛보게 하고 향후 재반환 가능성을 높이는 방법을 말한다.
② 그린메일(green mail)은 특정 기업의 일정 지분을 시장에서 사들인 뒤 경영권을 쥔 대주주를 협박하여, 비싼값에 주식을 되파는 방법을 말한다.
③ 황금낙하산(golden parachute)은 적대적 M&A에 맞서는 방어전략으로 기업 인수로 인해 기존 경영진이 퇴사할 경우에 퇴직금 외 거액의 추가보상을 요구하는 방법을 말한다.
⑤ 왕관보석(crown jewel)은 적대적 M&A에 맞서는 방어전략으로 기업의 가장 중요한 자산을 매각하는 방법을 말한다.

정답 ❹

10 마일즈(R. Miles)와 스노우(C. Snow)의 전략 유형 중 유연성이 높고 분권화된 학습지향 조직구조로 설계하는 것이 적합한 전략은 공격형 전략이다.

마일즈(R. Miles)와 스노우(C. Snow)의 전략분류

전략	목표	환경	구조적 특징	전반적 조직구조
방어형	안정성과 효율성	안정적 환경	• 높은 수준의 통제 • 높은 분업화, 높은 공식화, 높은 집권화	기계적
분석형	안정성과 유연성	변화하는 환경	• 중간 정도의 집권화 • 현재 사업에 대해서는 높은 통제 • 신사업에 대해서는 느슨한 통제	중 간
탐색형 (공격형)	유연성	역동적 환경	• 느슨한 구조 • 낮은 분업화, 낮은 공식화, 낮은 집권화	유기적

〈출처〉 Stephen P. Robbins, Organization Theory, 3rd ed., 1990

정답 ❹

CHAPTER 08 조직구조와 조직행위

출제포인트
- ☐ 관료제
- ☐ 경영조직 종류와 특성
- ☐ 매슬로우 동기부여이론
- ☐ 리더십 구분

제1절 조직구조

Ⅰ 조직구조의 구성

1. 로빈스(S. P. Robbins)의 조직구조의 구성요소
① 복잡성 : 수직 및 수평적 분화 중심
② 공식화 : 업무 및 절차 등의 표준화 정도
③ 집권화 : 의사결정권한의 집중 정도

2. 조직구조분석을 위한 구성요소
① 분화 : 서로 다른 부문 또는 인간에게 여러 가지 활동 혹은 과업을 할당하는 것
② 통합 : 분할된 활동 혹은 과업을 조정하는 방법
③ 권한 시스템 : 조직내부에 있어서 권력, 권위, 계층의 관계
④ 관리 시스템 : 조직에 있어 인간의 활동과 관계를 지도하는 계획적이고 공식화된 시책, 절차, 통제

> **조직설계의 기본변수&상황변수** 기출 22
> - 조직설계의 상황변수 : 전략, 기술, 규모, 환경 등
> - 조직설계의 기본변수 : 복잡성, 공식화, 집권화, 분권화

3. 공식조직과 비공식조직

① **공식조직** : 계획적이면서 의도적으로 구성요소 간 합리적이고 인위적인 관계패턴을 공식적으로 확립시키기 위해 만든 조직. 공식조직을 구성함에 있어서는 기능(과제)의 분화 및 지위의 형성, 직위에 대한 권한 및 책임의 한계를 명시적으로 규정화하는 것 등이 문제가 된다.

② **비공식조직** : 공식 조직 내에 존재하고, 자연발생적으로 생겨난 조직으로 소집단의 성질을 띠며, 조직구성원은 밀접한 관계를 형성한다.

4. 분업구조와 분권화

① **분업구조** : 조직의 목표를 세분화한 것으로 조직단위의 연결 또는 네트워크로 생각할 수 있다.
  ㉠ 수직적 분화는 계층의 형성을 의미하며, 수평적 분화는 부문화의 형성을 의미한다.
  ㉡ 분업은 전문화에 의한 업무의 분화이지만, 이는 통합을 전제로 하는 것이다.
  ㉢ 의사결정의 권한을 집권화시키거나 하위단위로 분산화시키는 형태로 나타나게 된다(대표적인 집권화 조직은 베버가 제시하는 관료제 특성에서 찾아볼 수 있음).

② **관료제** : 베버는 조직의 규모가 커져감에 따라 발전된 합리적 구조를 관료제라고 하였으며 근대적인 합법적인 지배를 기반으로 하고 있다. 더불어 관료제는 직위의 계층적인 배열, 전문화 및 분업, 비인격적 관계, 추상적인 규칙시스템 등을 특성으로 하고 있다.
  ㉠ 관료제의 특징
    ㉮ 계층적인 권한체계
    ㉯ 문서에 의한 직무집행 및 기록
    ㉰ 명확하게 규정된 권한 및 책임의 범위
    ㉱ 직무활동을 수행하기 위한 전문적인 훈련
    ㉲ 규정에 의한 담당자의 역할이 결정되는 지속적인 조직체
  ㉡ 관료제의 역기능
    ㉮ 단위들 사이의 커뮤니케이션 저해
    ㉯ 규정에 얽매여 목표 및 수단의 전도현상 발생
    ㉰ 전문화된 단위 사이의 갈등을 유발해서 전체목표 달성 저해
    ㉱ 계층의 구조가 하향식이므로 개인의 창의성 및 참여 봉쇄
    ㉲ 수평적인 커뮤니케이션을 공식적으로 인정하지 않으므로 공식적 계층을 따르다 보면 시간 및 에너지 낭비

5. 계층구조와 권한관계

경영조직은 조직구성원 개개의 과제 및 기능을 서로 상호 조정하기 위해서 상·하위의 계층이 불가피하며, 이에 따라 조직구조인 계층구조를 지니게 된다. 계층구조의 분석에 있어 권한이 중요시되고, 조직에서의 권한은 통상적으로 직무를 수행할 수 있는 권리 및 그에 따른 권력 등을 포함하는 것으로 정의된다.

[사이먼(H. A. Simon)이 주장하는 권한의 기능]

권한의 기능	내 용
책임이행의 강요	책임이 이행되지 않았을시 구체적 제재의 권한이 발동되는 것
의사결정에 있어서 전문성의 확보	권한의 행사로서 의사결정의 전문성을 높이는 것
활동 간 조정	전체 집단구성원으로 하여금 특정한 정책의 결정에 따르도록 유도하는 것

6. 커뮤니케이션의 구조와 품의제도

① **의사소통구조** : 의사소통은 적어도 두 사람 사이의 정보전달과정이며, 조직에서의 의사소통 관계를 의사소통구조라고 한다.
  ㉠ 바너드에 의하면 조직을 구성하는 기본 조건은 의사소통, 공동목적, 협동의욕의 세 가지가 갖추어져야 한다고 하였다. 이처럼 의사소통은 조직의 목적을 각 구성원에게 효과적으로 전달할 수 있도록 명료성, 일관성, 자기적시성, 분포성, 타당성, 적응성, 관심과 수용의 원칙 등이 지켜져야 한다.
  ㉡ 수단의 하나가 품의제도이며, 이는 집권화 체제에서 주로 활용되고 있는 방법이다.

② **품의제도**
  ㉠ 경영관리상 중요 문제를 하위자가 상위자에게 상신해서 결재를 받는 것과 직능적으로 관련있는 타 직위에 회의(回議)하는 것을 의미한다.
  ㉡ 문서의 형식으로 절차에 의해 양식화되고 확인 · 기록 · 보존하는 것이다.
  ㉢ 상신 · 결재 · 회의 · 양식화하는 공식적인 커뮤니케이션 수단이며, 이는 기록 및 확인하는 요소를 포함한다.

> **주요사항**
> - 업무핵심층(Operating Core) : 제품 및 서비스 생산과 직접 관련된 기본적인 업무를 수행한다.
> - 전략상층부(Strategic Apex) : 기업조직에 대한 전반적인 책임과 함께, 조직의 방향설정과 전략개발 등을 담당한다.
> - 중간라인(Middle Line) : 중간라인은 업무핵심층과 전략상층부를 연결해 주는 역할을 수행한다.
> - 테크노스트럭쳐(Techno – Structure) : 업무의 흐름을 설계하고 수정하며, 종업원들을 훈련시키는 등 전문적인 기술지원을 하지만 직접적인 작업을 수행하지는 않는다.
> - 지원스태프(Support Staff) : 작업흐름과 분리되어서 작업을 수행하는 다른 부문을 전체적인 차원에서 지원해주는 전문화된 단위로서 그 역할을 수행한다.

커뮤니케이션 네트워크의 유형 기출 20

구 분	내 용	형 태
연쇄형 (사슬형 · 선형)	• 공식적 계통과 수직적 경로를 통한 의사전달 • 권한체계가 명확한 공식적인 조직에서 발생 • 사슬이 길어질수록 왜곡가능성 증가	리더
Y형	• 리더는 없지만, 집단을 대표하는 인물이 있는 조직에서 발생 • 단순한 문제해결의 정확도는 비교적 높음	조정역
수레바퀴형 (바퀴형 · 윤형)	• 리더가 있는 조직에서 발생 • 리더에게 정보가 집중 • 구성원들 사이에 정보공유가 되지 않음	리더

원 형	지위의 차이가 없는 상황에서 특정 문제해결을 위해 모인 조직에서 발생	
완전연결형 (개방형·성형)	• 이상적인 커뮤니케이션형태 • 자유로운 의사소통을 통해 창의적인 아이디어 산출가능성 증가	

Ⅱ 기술과 조직구조 기출 20

1. 톰슨(Thompson)의 기술분류와 조직구조

기 술	상호의존성	의사전달 빈도	조정 형태
중개적 기술	집합적 상호의존성	낮 음	표준화, 규칙, 절차
연계형 기술	연속적 상호의존성	중 간	계획, 스케줄, 피드백
집약적 기술	교호적 상호의존성	높 음	상호조정, 팀워크, 부서간 회의, 수평적 의사전달 등

2. 페로우(Perrow)의 기술분류와 조직구조 기출 24

		과업다양성	
		소수의 예외적 상황	다수의 예외적 상황
문제분석 가능성	불가능	장인(Craft)기술	비일상(Non-routine)기술
	가 능	일상(Routine)기술	공학(Engineering)기술

3. 우드워드(J. Woodward)의 기술분류와 조직구조 기출 25

기술 유형	특 징	조직구조	예 시
단위소량생산 (Unit & Small Batch Production)	맞춤형, 주문제작 방식	유기적 구조 (유연성, 비공식적)	항공기 제작, 수제 공예품, 맞춤 가구
대량생산 (Mass Production)	동일한 제품을 대량으로 생산	기계적 구조 (표준화, 공식화)	자동차 조립라인, 전자제품 생산
연속공정생산 (Process Production)	생산이 자동화되어 연속적으로 진행됨	유기적 구조 (높은 기술 의존도)	화학공장, 정유공장, 발전소

Ⅲ 조직구조의 형태 기출 24·25

1. 민츠버그의 분류 기출 23
① 단순구조 : 전략상층부와 업무핵심층으로만 구성되어 있는 조직으로서, 사업의 초기단계에서 많이 나타나는 형태이다(가장 단순하며, 의사소통이 원활함).
② 기계적 관료제 : 기업규모가 어느 정도 대규모화됨에 따라 점차 그 기능에 따라 조직을 구성하게 되고, 테크노스트럭쳐와 지원 스탭이 구분되어 업무 핵심층에 대한 정보와 조언, 지원을 담당하는 형태이다.
③ 전문적 관료제 : 기능에 따라 조직이 형성된 것은 기계적 관료제의 특성과 같지만 여기서는 업무핵심층이 주로 전문직들이라는 것이 특징이다(병원이라든지, 대학 등으로 의사나 교수 등이 핵심 업무층을 담당
④ 사업부제 : 기능조직이 점차 대규모화됨에 따라 제품이나 지역, 고객 등을 대상으로 해서 조직을 분할하고 이를 독립채산제로 운영하는 방법으로, 기능조직과 같은 형태를 취하고 있으며, 회사 내 회사라고 볼 수 있다.
⑤ 애드호크라시 : 임시조직 또는 특별조직이라고 할 수 있으며, 평상시에는 조직이 일정한 형태로 움직이다가 특별한 일이나 사건이 발생하면 그것을 담당할 수 있도록 조직을 재빨리 구성하여 업무 처리가 이루어지는 형태이다. 업무처리가 완성되면 나머지 부문은 다시 사라지고 원래의 형태로 되돌아가는 조직으로 변화에 대한 적응성이 높은 것이 특징이다. (예 재해대책본부)

2. 일반적 분류
기업조직의 기본적 형태는 라인조직·기능식 조직·라인과 스태프조직, 집권화 및 분권화를 기준으로 하는 사업부제 조직, 집권식 기능조직과 분권적 조직의 결합인 매트릭스 조직 등으로 분류된다.

3. 라인조직
① 단일 라인조직
　㉠ 한 사람의 의사 및 명령이 하부에 직선적으로 전달되는 형태의 조직. 군대식 조직과 같이 지휘명령권이 명확하며, 계층원리 또는 명령일원화 원리에 의해서 설계된 조직형태이다.
　㉡ 모든 조직의 기본형태로 소규모의 기업경영형태에서 볼 수 있다. 의사결정이 신속하며 하급자의 훈련이 용이하나 업무의 과다한 집중으로 인한 비효율성 발생한다.
② 복수 라인조직
　㉠ 명령권자 및 수령라인이 복수인 조직형태로, 이러한 조직의 구성은 테일러(Taylor)가 주장하였다.
　㉡ 감독의 전문화가 이루어지나, 명령의 이원화에 따른 문제발생의 소지가 있다.
③ 스태프 라인조직
　㉠ 복수 기능식 라인조직의 결함을 보완하고, 단일 라인조직의 장점을 살릴 수 있는 혼합형 조직형태로, 라인이 명령권을 지니며, 스태프는 권고·조언·자문 등의 기능을 지닌다.
　㉡ 라인 및 스태프의 분화에 의한 전문화의 이점을 살릴 수 있으나, 라인 및 스태프 간 갈등발생의 우려가 있다.

4. 사업부제 조직

기능조직이 점차 대규모화함에 따라 제품이나, 지역, 고객 등을 대상으로 해서 조직을 분할하고 이를 독립채산제로 운영하는 방법으로, 사업부는 기능조직과 같은 형태를 취하고 있으며, 회사 내의 회사라고 볼 수 있다.

① 챈들러의 '구조는 전략에 따른다'라는 명제를 낳게 하였다.
② 사업부제 조직의 형태로는 제품별 사업부제, 지역별 사업부제, 고객별 사업부제의 형태 등이 있다.

[기능별 조직과 사업부제 조직의 비교]

구 분	기능별 조직	사업부제 조직
장 점	• 기능별로 최적방법(품질관리, 생산관리, 마케팅 등)의 통일적인 적용 • 전문화에 의한 지식경험의 축적 및 규모의 경제성 • 인원·신제품·신시장의 추가 및 삭감이 신속하고 신축적임 • 자원(사람 및 설비)의 공통 이용	• 부문 간 조정이 용이 • 제품별 명확한 업적평가, 자원의 배분 및 통제가 용이 • 사업부별 신축성 및 창의성을 확보하면서 집권적인 스태프와 서비스에 의한 규모의 이익도 추구 • 사업부장의 총체적 시각에서의 의사결정
단 점	• 과도한 권한의 집중 및 의사결정의 지연 • 기능별 시각에 따른 모든 제품 및 서비스 경시 • 다각화 시에 제품별 조건 적합적 관리 불가능 • 각 부문의 업적평가 곤란	• 단기적인 성과 중시 • 스태프, 기타 자원의 중복에 의한 조직슬랙의 증대 • 분권화에 의한 새로운 부문 이기주의의 발생 및 사업부 이익의 부분 극대화 • 전문직 상호 간 커뮤니케이션의 저해

5. 매트릭스 조직 기출 12·20

① 기존의 조직체계에서 특정 사업(프로젝트)을 수행하거나 특정 업무가 하나의 조직단위에 국한되지 않고 각 조직 단위에 관계되는 경우 이렇게 관계된 조직의 단위로부터 대표자를 선정해 새로운 조직체를 형성하는 조직형태이다.
② 조직의 구성원이 원래 속해 있던 종적계열과 함께 횡적계열이나 프로젝트 팀의 일원으로 속해 동시에 임무를 수행하는 조직형태로, 결국 한 구성원이 동시에 두 개의 팀에 속하게 된다. 매트릭스 조직의 특징은 계층원리와 명령일원화 원리의 불적용, 라인·스태프 구조의 불일치, 프로젝트 임수 완수 후 원래 속한 조직업무로의 복귀 등이 있다.
③ 신축성 및 균형적 의사결정권을 동시에 부여함으로써 경영을 동태화시키는 순기능도 있지만, 조직의 복잡성이 증대된다는 역기능도 가지고 있다.

매트릭스 조직의 장·단점

장 점	단 점
• 환경 불확실성에 대한 신속한 대응 • 인적 자원의 유연한 활용 • 제품다양성 확보 • 구성원들의 역량 향상기회 제공	• 이중권한체계로 인한 혼란과 갈등 발생 • 기능부서와 사업부서 간의 갈등 발생

제2절 조직문화

I 조직문화의 개관

1. 의 의
한 조직의 구성원들이 공유하는 신념, 가치관, 이념, 관습, 지식 및 기술을 총칭한 것이다.

2. 조직문화에 대한 학설
① Pettigrew : 언어, 상징, 이념, 전통 등 조직체 개념의 총체적 원천
② Sathe : 조직 구성원들이 보편적으로 공유하는 중요한 가정
③ Deal과 Kennedy : 현재 활용되고 있는 행동양식
④ O'Reilly : 강력하고 공유된 핵심가치
⑤ Hofstede : 사람에게 공유되고 있는 집합적인 심리적 프로그래밍
⑥ Bate : 조직자극에 대해 합의된 지각
⑦ Ouchi : 조직구성원에게 조직의 가치 및 신념 등을 전달하는 의식, 상징 등의 집합
⑧ Peters와 Waterman : 신화, 전설, 스토리, 우화 등과 같이 상징 수단에 의해 전달되고 지배적이면서 일관된 공유가치의 집합

> **파스칼과 피터스의 조직문화 7S** 기출 20
> - 공유가치(Shared Value) : 기업구성원이 공유하는 가치관으로, 다른 조직문화의 구성요소들을 연결시켜 주고, 조직문화 형성에 가장 중요한 영향을 미치는 요소
> - 전략(Strategy) : 변화하는 시장환경 속에서 기업이 적응하여 능력을 발휘할 수 있도록 장기적인 목적과 계획을 세우고, 이를 달성하기 위한 자원을 분배하는 과정
> - 관리기술(Skill) : 전략을 실행시키는 경영기술, 기법 등의 요소
> - 조직구조(Structure) : 전략을 실행하기 위한 틀로, 조직구조, 직무설계 및 조직 간 커뮤니케이션수준 등의 요소
> - 관리시스템(System) : 의사결정의 일관성을 유지하기 위한 틀로, 지원시스템, 경영관리시스템 및 목표설정시스템 등의 요소
> - 구성원(Staff) : 기업에서 성과를 창출하는 인력자원으로, 개인별 능력, 전문성, 욕구, 지각 및 태도 등의 요소
> - 스타일(Style) : 구성원들을 이끌어 가는 경영자의 관리스타일, 변화대응력 및 참여도 등의 요소

3. 조직문화의 성격
① 작업 집단 내 형성되는 규범
② 사람이 상호작용할 시 관찰되는 행동의 규칙성(사용하는 언어, 의식 등)
③ 소비자 및 종업원에 대한 정책결정의 지침이 되는 경영철학. '최상의 품질', '저렴한 가격' 등과 같이 조직에 의해 강조되는 지배적인 가치관
④ 조직구성원들이 소비자나 외부사람들과의 접촉하는 방식과 사무실 내 물질적인 배치 등에서 느끼는 분위기 또는 느낌
⑤ 신입자가 조직의 구성원으로 인정받기 위해 습득해야 하는 불문율로, 이는 조직 내에서 잘 어울려 지내는 데 필요한 규칙

Ⅱ 조직문화의 수준

1. 샤인(E. Schein)의 조직문화 수준
① 첫 번째 수준(잠재적 단계) : 당연하다고 생각하는 가장 기본적인 믿음으로서 외부에서 관찰이 불가능하며, 의식하지 못하는 상태에서 작용한다.
② 두 번째 수준(인식 단계) : 기본적인 믿음이 표출되어 인식의 수준으로 나타난 것으로 옳고 그름이 결정될 수 있는 가치관을 말한다.
③ 세 번째 수준(가시적 단계) : 인간이 창출한 인공물, 기술이나 예술, 행동양식들로 가치관이 표출되어 나타난 것으로 관찰 가능한 것을 말한다.

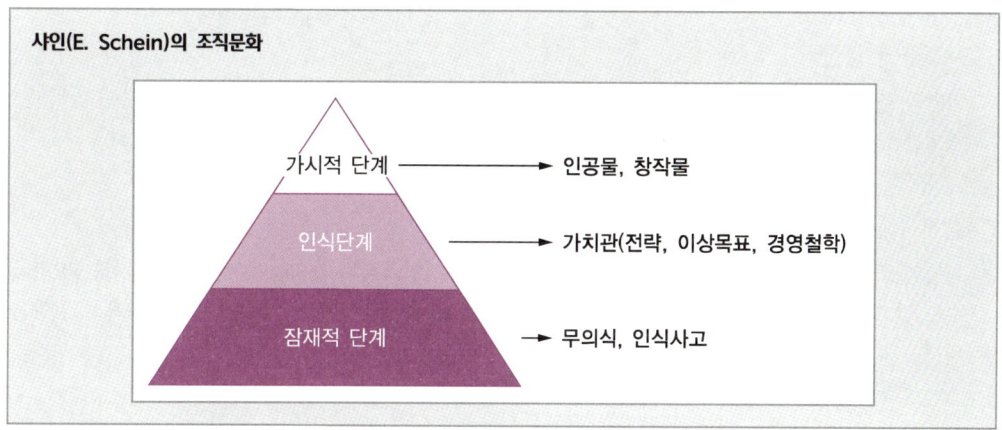

Ⅲ 조직문화의 영향력

1. 전략수행에 영향
조직문화는 기업에서의 전략수행에 영향을 끼치는데, 기업조직이 전략을 수행함에 있어 조직이 지니는 기존의 가정으로부터 벗어난 새로운 가정, 가치관, 운영방식 등을 따라야 한다.

2. 합병, 매수와 다각화 등에 영향
기업조직의 합병, 매수 및 다각화를 시도할시 기업조직의 문화를 고려해야 한다.

3. 신기술의 통합에 영향
조직의 문화는 신기술의 통합에 영향을 미친다. 기업조직이 신기술을 도입할 경우에 조직 구성원들은 이에 대해 많은 저항을 하게 되기 때문에 일부 직종별 하위문화를 조화시키고, 더불어 일부의 지배적인 기업조직의 문화를 변경하는 것이 필요하다.

4. 집단 간 갈등

조직문화는 기업조직의 집단 간 갈등에 영향을 끼치는데, 기업조직의 전체적 수준에서 각 집단의 하위문화를 통합해주는 공통적 문화가 존재하지 못할 경우 각 집단에서는 서로 상이한 문화의 특성으로 인해 심각한 경쟁과 마찰 및 갈등이 발생하게 된다.

5. 화합과 의사소통에 영향

기업의 조직문화는 효과적인 화합 및 의사소통에 영향을 끼치는데, 한 기업조직 내에서 서로 상이한 문화적 특성을 지닌 집단의 경우 상황을 해석하는 방법 및 지각의 내용 등이 달라질 수 있다.

6. 사회화에 영향

기업의 조직문화는 사회화에 영향을 끼치는데, 기업조직에 신입이 들어와서 사회화되지 못한 경우에 불안, 소외감, 좌절감 등을 겪게 되고 그로 인해 이직을 하게 된다.

7. 생산성에 영향

기업의 조직문화는 생산성에 영향을 끼치는데, 강력한 기업조직의 문화는 생산성을 제한하는 방향으로 흐를 수도 있고, 자신의 성장 및 기업의 발전을 동일시하는 경우는 생산성을 향상시키는 방향으로 영향을 미치게 된다.

Ⅳ 조직문화의 형성

1. 형성과정의 4단계(가글리아드)

① 1단계 : 기업조직이 형성되는 단계로 리더가 지니는 비전이 조직의 목적, 구성원들에게 과업을 분배하는 데 있어 평가 및 준거의 기준으로 활용되는 단계이다.
② 2단계 : 리더의 기본적인 신념에 의해 이루어짐. 행동이 바람직한 결과를 가져왔을 때 이러한 신념은 경험에 의해 확인되고 조직의 각 구성원들에 의해 공유되어 비로소 행동의 준거로 활용된다.
③ 3단계 : 바람직한 결과가 연속적으로 달성됨으로 인해 조직의 구성원들은 이러한 가치를 당연한 것으로 받아들이고, 그러한 효과에서 벗어나 원인을 규명하는데 집중하게 된다.
④ 4단계 : 전 구성원들에 의해 의문 없이 그러한 가치가 수용되고, 이는 구성원들이 더욱 당연한 가치로 받아들임으로 인해 더 이상 의식적으로 그것을 인식하려 하지 않는 단계이다.

2. 영향을 미치는 요인

조직문화는 외부환경에의 적응 및 내부적 통합을 추구하는 과정으로부터 형성된 것으로 이는 조직의 역사, 한 국가의 사회문화, 관습, 규범 등에 의해 영향을 받는다.

V 조직문화의 차원

1. 조직문화의 차원(숄츠)

① **환경적 차원에 따른 조직문화(제1유형)** : 기업과 환경과의 관계를 다루는 방법의 결과에 관한 것으로, 강인하고 억센 문화, 열심히 일하고 잘 노는 문화, 회사의 운명을 거는 문화, 과정을 중시하는 문화 등으로 분류한다.
  ㉠ 강인하고 억센 문화 : 높은 위험이 있으며, 행동의 결과에 대한 피드백이 빠른 환경에 있는 기업의 문화
  ㉡ 열심히 일하고 잘 노는 문화 : 상대적 위험이 낮으며, 피드백이 빠른 환경에 있는 기업의 문화
  ㉢ 회사의 운명을 거는 문화 : 모험적인 의사결정이 요구되는 환경에 있는 기업의 문화
  ㉣ 과정을 중시하는 문화 : 위험 및 피드백이 거의 없는 환경에 있는 기업의 문화

② **내부적 차원(제2유형)** : 기업의 문제해결태도와 관련된 내부적 상황에 관한 것으로 생산적 문화, 관료적 문화, 전문적 문화 등으로 분류한다.
  ㉠ 생산적 문화 : 생산과정이 일정하면서도 작업과정이 표준화되며, 숙련기술을 많이 필요로 하지 않는 기업의 문화
  ㉡ 관료적 문화 : 업무의 비일상성 정도가 생산적 문화에 비해 높고, 역할과 연관된 권한과 책임 등이 구체적으로 명시된 기업의 문화
  ㉢ 전문적 문화 : 과업수행의 난이도 및 과업 다양성이 높으며, 조직 구성원들은 어느 특정 분야의 전문가들인 기업의 문화

③ **진화적 차원(제3유형)** : 기업의 성장단계에 따라서 나타나는 문화적 특성에 관한 것으로 안정적 문화, 반응적 문화, 예측적 문화, 탐험적 문화, 창조적 문화 등으로 분류한다.
  ㉠ 안정적 문화 : 내부지향적이면서 과거지향적인 문화
  ㉡ 반응적 문화 : 내부지향적이면서 동시에 현재지향적이고, 최소한의 위험을 추구하며, 변화를 거의 수용하지 않는 문화
  ㉢ 예측적 문화 : 부분적으로는 내부지향적 및 외부지향적이며, 익숙한 위험을 추구하고 점진적으로 변화를 수용하는 문화
  ㉣ 탐험적 문화 : 외부지향적이고 위험 및 이익의 상충관계를 고려해서 행동하며, 많은 변화를 수용하는 문화
  ㉤ 창조적 문화 : 외부지향적이고 익숙치 않은 위험을 상당히 선호하고 새로운 변화를 지속적으로 추구하는 문화

2. 조직문화의 형태

제1유형~제3유형이 조화를 이루고 있는 경우가 바람직한 문화형태를 나타내며, 이러한 구성형태에 적절한 조직구조가 설계되어야 함을 제시하고 있다. 제1유형의 경우는 기계적 관료조직, 제2유형은 전문적 관료조직, 제3유형은 애드호크라시와 창업 기업이 적합한 형태이다.

VI 조직문화의 변화

1. 변화의 계기
① 환경적인 위기 : 갑작스런 경기의 후퇴 및 기술혁신 등으로 인한 심각한 환경의 변화, 시장개방 등으로 인한 위기
② 경영상의 위기 : 조직의 최고경영층의 변동, 회사에 돌이킬 수 없는 커다란 실수의 발생, 적절하지 못한 전략 등
③ 내적 혁명 : 기업조직 내부의 갑작스런 사건의 발생 등
④ 외적 혁명 : 신 규제조치의 입법화, 정치적인 사건 등
⑤ 커다란 잠재력을 지닌 환경적 기회 : 신 시장의 발견, 신 기술적 돌파구의 발견, 신 자본조달원 등

2. 변화의 방법
조직문화의 변화방법은 효과 및 의도에 따라 1차 방법과 2차 방법으로 분류되며, 2차 방법의 경우에는 1차 방법이 효력을 지니는 상황에서만 유효하다. 1차 방법은 경영자 및 관리자들의 행동에 관련한 것이고, 2차 방법은 1차 방법을 강화시켜 주는 활동이다. 1・2차적 방법들은 최고경영자가 일관성 있게 적극적으로 수행할 때 가능하다.
① 1차적 방법 : 경영자가 어떠한 관점에 관심을 두는지에 관심사, 중요한 사건 또는 조직의 위기에 대한 경영자의 대응방식, 모범을 보이고 지도하기, 보상 및 승진에 대한 결정기준이 무엇인가, 모집・선발・퇴직의 기준은 무엇인가 등
② 2차적 방법 : 새로운 조직문화에 적합한 조직구조 설계, 조직시스템과 절차 확립, 물리적인 환경 조성, 중요 사건 또는 영웅적인 인물에 대한 일화의 전파, 조직의 철학・신념에 대한 공식적 언급 등

3. 조직사회화
① 조직문화를 효과적으로 관리하기 위해서는 ㉠ 진입충격(Entry shock)완화, ㉡ 조직정체성 유도로 적극적 업무활동추진, ㉢ 총원비용절감, ㉣ 우수인재의 유지 등에 있어서 조직문화 형성단계에서부터 체계적인 관리가 필요하다. 따라서 신입사원이 들어오는 경우에는 이에 대한 사회화가 체계적으로 이루어져야 한다.
② **조직사회화의 단계** : 1단계 조직진입 전 사회화 → 2단계 조직과 대면 → 3단계 조직에 정착 등의 단계를 거친다.

제3절 조직행위

I 조직행위론의 개관

1. 의의
① 조직 : 공통의 목적이나 목표를 달성하기 위해 사람들이 모인 집합체로서 주어진 위계질서 속에서 상호작용하는 곳을 의미한다.
② 조직행위론 : 조직 내 인간의 태도와 행위에 대한 체계적 연구를 통하여 조직의 유효성과 인간복지를 강화하고자 조직 내 인간 행동을 연구하는 학문이다.

2. 성격

종합학문적 성격	심리학, 사회학, 인류학 등 여러 사회과학 분야에 의존
인간중심성	인간을 중심으로 연구한 학문
성과지향성	조직체의 목적달성, 변화지향성, 조직유효성
상황적합성	여러 상황변수를 고려한 연구와 해결방안의 제시
과학적 방법론	공개성, 개념적 정의, 객관성, 연구 결과의 재검토성, 연결성, 기본목적

II 지각이론과 평가

1. 지각이론의 의의와 중요성
① 의의 : 외부로부터 들어오는 자극에 대해 의미를 부여하는 것으로, 감각적으로 획득한 정보를 선택(Select), 조직화(Organize), 해석(Interpret)하는 과정으로 같은 환경이라 할지라도 사람에 따라 서로 다른 의미를 부여한다.
② 중요성
 ㉠ 객관적 현실과 지각된 현실은 다를 수 있다.
 ㉡ 지각의 차이로 인하여 갈등이 빚어질 수 있다.
 ㉢ 인간은 지각된 것에 따라 행위를 한다.

2. 자극의 범주화와 해석
① 범주화

유형	내용
근접성(Proximity)	가까이 있는 자극을 집단화하는 성향
유사성(Similarity)	유사한 것끼리 집단화하는 성향
연속성(Continuity)	연속된 패턴을 지각하고자 하는 성향이 사람에게 있어 자극이 연속되도록 집단화하는 성향
완결성(Closure)	틈이 있는 곳을 채워 완전한 대상으로 지각하는 성향
연결성(Connectedness)	서로 다른 것끼리도 하나의 단위로 지각하는 성향

② 해석 : 선택된 자극을 조직화한 후 이를 해석(Interpretation)하는 것으로 인간은 자극에 대한 선택적 지각과 조직화의 영향을 받고 동시에 인간이 갖는 해석패턴의 영향을 받는다는 것으로 그 해석패턴은 대체로 세 가지로 나누어 볼 수 있다.
  ㉠ 스키마 : 사람의 경험을 통해 특정의 사건이나 자극을 머릿속에 가지고 있는 형태로 사람들은 자신이 가지고 있는 스키마를 이용하여 모호한 감각을 해석하게 된다.
  ㉡ 맥락효과 : 지각은 대상의 특성에 의존해서 이루어 지는 것이 아니라 맥락에 의해 영향을 받는다는 것이 맥락효과이다.
  ㉢ 기대 : 과거경험이 기억 속에 스키마를 만들어 자극의 해석에 영향을 미치고 미래의 어떤 상황이 일어날 것을 기대하고 예측하게 만들어 해석에 영향을 미치게 한다.

3. 지각평가 이론

① 인상형성 이론(Impression Formation Theory)
  ㉠ 의의 : 타인에 대한 인상을 작은 지식을 기초로 지식을 확대하여 이해한다는 이론
  ㉡ 인상형성의 특징과 과정

일관성	작은 정보를 이용하여 일관성을 형성하려는 경향
중심특질과 주변특질	• 중심특질 (Central Trait) : 중심적인 역할을 하는 특질 • 주변특질 (Peripheral Trait) : 부수적인 역할을 하는 특질
합산원리와 평균원리	• 합산원리 : 전체인상은 여러 특질의 단순한 합계 • 평균원리 : 전체인상은 정보들의 무게의 평균으로 파악
초두효과 (Primary effect)	앞에서 제시된 정보가 뒤에 제시된 정보보다 큰 영향을 줌

② 귀인이론
  ㉠ 귀인과정(Attribution Process) : 지각 평가의 대상이 되는 행위의 원인을 추리·분석하는 과정
  ㉡ 귀인이론(Attribution Theory) : 귀인과정을 중심으로 연구한 사회적 지각 이론
  ㉢ 원인의 귀속

내적 귀속	• 당사자 본인에게 원인을 돌리는 것 • 성격, 능력, 노력 등
외적 귀속	• 외부 환경 탓으로 돌리는 것 • 상황, 운 등

  ㉣ 귀속과정에서의 편견

행위자-관찰자 편견 (Actor-Observer Effect)	자신의 행위를 설명할 때는 외적으로, 타인의 행위를 설명할 때는 내적 해석하는 것으로 내가 일을 실패하면 환경 탓, 남이 잘못하면 네 탓으로 말하는 것
자존적 편견 (Self-Serving Bias)	평가자가 본인 자존심을 높이는 방향으로 해석 하는 것으로 성공하면 내 탓, 실패하면 환경 탓을 하는 것

> **켈리(Kelley)의 귀인모형** 기출 23·25
> • 켈리(Kelley)의 귀인이론에서는 행동의 원인을 특이성, 합의성, 일관성으로 구분하여 파악한다.
> • 켈리(Kelley)의 귀인모형에 따르면 특이성(distinctiveness)과 합의성(consensus)이 낮고 일관성(consistency)이 높은 경우에는 내적 귀인을 하게 되고, 특이성과 합의성이 높고 일관성이 낮은 경우에는 외적 귀인을 하게 된다.

4. 행동평가에 영향을 미치는 요인

피평가자의 특성, 평가자의 특성, 평가가 이루어지는 상황
① **피평가자의 특성** : 피평가자의 특성으로는 신체적 특성, 사회적 특성, 역사적 특성이 있다.
② **평가자의 특성** : 평가자의 특성으로는 욕구와 동기, 과거의 경험, 자아개념 등이 있다.
③ **평가가 이루어지는 상황** : 평가가 이루어지는 장소, 시기 등 상황요인에 따라 평가의 차이가 발생한다.

5. 평가의 오류 기출 19 · 24

상동적 태도	• 선입견 또는 고정관념에 따른 오차 • 피평가자가 속한 집단의 유형이나 오랫동안 일관되게 유지되어온 심리상태에 따른 오차
현혹효과(Halo Effect)	한 평정 요소에 대한 판단이 다른 요소 판단에도 영향을 미치는 오류
선택적 지각	자기기준에서 유리한 것만 추론함으로써 발생하는 오류
유사효과	자기 자신과 성향이 유사한 평가자에게 후한 평가를 하는 오류
관대화 경향	평가가 우수한 쪽으로 집중되는 오류
가혹화(엄격화) 경향	평가가 열등한 쪽으로 집중되는 오류
중심화(집중화) 경향	평가가 중간 수준으로 집중되는 오류

직무설계방법 기출 21

직무확대	• 수평적으로 직무의 범위를 늘리고 다양성을 증가시키는 방법이다. • 직무에 대한 흥미와 만족도를 높일 수 있으나, 새로운 직무에 대한 교육비용이 증가한다.
직무충실화	• 직무를 수직적으로 늘려 직무내용을 깊이 있게 하는 방법이다. • 의사결정의 자율성이 증가하고 전문성이 향상된다.
직무단순화	• 작업자들이 좁은 범위의 몇 가지 일을 담당하도록 하는 방법이다. • 교육이 용이하지만 직무에 대한 무료감을 느낄 수 있다.
직무순환	• 작업자들이 여러 가지 직무를 수행하도록 하는 방법이다. • 업무의 지루함을 상쇄시킬 수 있으나 전문성이 떨어질 수 있다.

Ⅲ 학습이론 기출 19

1. 학습의 의의와 유형

① **의의** : 반복된 경험이나 연습으로 나타나는 변화
② **유형**

고전적 조건화	• 연상작용에 의한 학습 • 조건화된 자극에 의한 조건화된 반응을 이끌어냄
수단적 조건화	사람들의 반응이 강화요인인지 처벌요인인지에 따라 반응에 차이가 발생
조작적 조건화	• 긍정적 강화의 중요성을 강조 • 보상받은 행태는 반복, 보상받지 않은 행태는 중단 또는 소멸 • 행동변화에 초점을 두는 행태주의 학습이론
인식론적 학습	사건과 개인적 목표와 기대 사이의 관계를 생각하면서 학습
사회적 학습	• 행동은 외적 선행자극 외 내면적인 요소도 함께 영향을 줌 • '환경결정론'에 '자기결정론', '조작적 조건화', '인식론적 학습'을 결합

2. 강화이론

적극적 강화	원하는 상황을 제공	승진, 칭찬
소극적 강화	원하지 않는 상황을 제거 또는 회피	불편제거
처 벌	원하지 않는 상황을 제공	감봉, 질책
소거(중단)	원하는 상황의 제공을 중단	간식 제거

3. 강화계획

연속적 강화			• 원하는 결과가 나올 때마다 강화 • 가장 이상적이고 효과적이라 할 수 있지만 비경제적인 단점이 있음
단속적(부분) 강화	간격 강화	고정간격강화	미리 결정된 일정한 시간간격으로 강화요인 제공 (예 매월 5일 봉급지급)
		변동간격강화	불규칙적인 시간간격으로 강화요인 제공 (예 팝퀴즈)
	비율 강화	고정비율강화	일정 비율의 성과에 따라 강화요인 제공 (예 성과급제)
		변동비율강화	불규칙적 빈도 또는 비율의 성과에 따라 강화요인 제공 (예 보너스)

IV 태도이론 기출 19

1. 태 도

① 의의 : 대상이나 사람, 사건에 대하여 좋고 나쁨을 평가하는 것
② 태도의 구성요소

인지적 요소	인간이 지닌 믿음이나 견해 등으로 구성
정서적 요소	대상에 대해 느끼는 감정
행위적 요소	어떤 대상에 대하여 특정한 방식대로 행동하려는 의도

레윈(Lewin)의 3단계 변화관리 모델	
구 분	내 용
해빙기	• 조직변화를 위한 준비단계를 말한다. • 문제해결을 통해 변화하고자 하는 필요성과 동기를 갖는 단계이다.
변화기	• 구체적으로 변화하는 단계이다. • 다양한 방법으로 변화를 시도하는 단계이다.
재결빙기	• 변화를 지속시키기 위한 단계이다. • 변화가 조직 내에 자리 잡게 하여 안정화시키는 단계이다.

2. 태도의 일관성 이론

균형이론	개인의 인지체계에서 감정들 사이에 일관성 압력이 작용하게 되어 비일관성이나 불균형상태가 나타나면 인지체계들 감정들 간에 균형과 일관성을 회복하고자 한다.
일치이론	균형이론을 발전시킨 것으로 균형상태로 회복되는 과정에서 보다 강한 태도값을 가진 두 요소간의 관계가 더 큰 영향력을 가진다.
인지부조화 이론	인지적 감정이 일관되지 않으면 불편함을 느끼게 되어 인지를 자신의 감정과 일치시키고자 한다.

V 개인행위

1. 맥그리거의 X이론과 Y이론 기출 18·22

X이론	Y이론
• 대부분의 사람들에 있어서 일은 싫은 것이다. • 대부분의 사람들은 야망이 없고 책임감도 거의 없으며 지시받기를 좋아한다. • 대개의 사람들은 조직의 문제를 해결하는데 창의력을 발휘할 만한 능력을 갖고 있지 못하다. • 동기부여는 물질적·경제적 수준에서 이루어진다. • 대개의 사람들은 엄격히 통제되어 조직의 목표를 달성하게끔 강제되어야 한다.	• 조건만 알맞다면 일은 노는 것처럼 자연스러운 것이다. • 사람들은 자신이 책임을 느끼는 목표를 달성하기 위해 자기지시와 자기통제를 한다. • 조직의 문제를 해결하는데 필요한 창조적 능력은 인간에게 광범하게 분산되어 있다. • 동기부여는 물질적·경제적 수준에서 뿐만 아니라 심리적·사회적인 수준에서도 이루어진다. • 사람들은 적절히 동기가 부여되면 일에 있어 자기통제적일 수 있고 창조적일 수 있다.

2. 아지리스의 성숙-미성숙 이론

① 성숙 vs 미성숙

성 숙	미성숙
능동적 활동	수동적 활동
독립적이며 다양한 활동	의존적이며 한정된 행동
장기적 안목	단기적 안목
자아의 의식과 통제	자아의식 결여
대등·우월적 지위	종속적 지위

② 특 징
  ㉠ 고전적 관리전략을 대체할 관리전략
  ㉡ 아지리스의 성숙-미성숙 이론은 Y이론에 대한 지지가 함축되어 있음

VI 동기부여 이론 기출 19

1. 동기부여

① 의의 : 동기부여란 조직의 목표를 향해서 조직구성원을 지휘, 감독하고 도전의식을 불어넣는 일이다. 또한 인간의 행동을 활성화시키고 행동의 방향을 설정하거나 어떤 목표를 지향하도록 하며, 인간의 행동을 유지시키거나 지속시키는 역할을 수행하도록 하는 것이다.

② 구 분

구 분	내 용	대표적인 이론
내용이론	인간행동의 원동력은 '무엇'이며, 사람들이 무엇을 원하고 필요로 하는지 연구하는 이론	• 매슬로우(A. Maslow)의 욕구계층제이론 • 알더퍼(C. Alderfer)의 ERG 이론 • 허즈버그(F. Herzberg)의 2요인 이론 • 맥클레랜드(D. C. McClelland)의 성취동기이론 • 맥그리거(D. McGregor)의 XY이론
과정이론	동기부여가 '어떤 과정'을 통해 일어나는가에 관한 이론	• 브룸(V. Vroom)의 기대이론 • 아담스(J. S. Adams)의 공정성이론 • 로크(E. A. Locke)의 목표설정이론 • 데시(E. Deci)의 인지평가이론 • 아지리스(C. Argyris)의 미성숙-성숙이론 • 포터(L. Porter)와 롤러(E. Lawler)의 동기 유발 모형(EPRS 모형)

2. 내용이론

① A. H. Maslow의 욕구계층이론 기출 16

㉠ 개인의 욕구는 다섯 종류의 기본적 욕구로 구분되며, 그 강도와 충족에 있어서 계층적 구조를 형성하고 있다. 가장 저층의 욕구가 가장 먼저 동기를 자극하며, 이것이 충족되면 다음 욕구가 중요해진다.

㉡ 고차원의 욕구일수록 내적인 보상에 의해 충족되고, 저차원의 욕구일수록 외적인 보상에 의해 충족된다. 중간차원적 욕구는 내·외적인 보상에 의해 충족된다.

구 분	내 용
생리적 욕구	음식, 물 등 인간의 가장 기본적인 생존을 위한 욕구를 말한다.
안전 욕구	일단 생존의 욕구가 충족되면 신체적인 피해와 상실에 대하여 자신을 보호함으로써 지속적인 생존을 도모한다.
사회적 욕구	사회적 및 사교적인 본질과 관계되는 것으로 동료의식, 소속감, 우정, 애정 등의 욕구를 말한다.
존경 욕구	자신의 중요성을 다른 사람에게 인식시키고자 하는 욕구로 그로 인해 자기 자신에 대한 존경의 욕구를 말한다.
자기실현의 욕구	• 인간의 욕구 중 가장 상위의 욕구로 개인의 잠재력을 충분히 개발하려는 욕구를 말한다. • 창조적이고 자기표현의 기회를 갖는 욕구를 말한다.

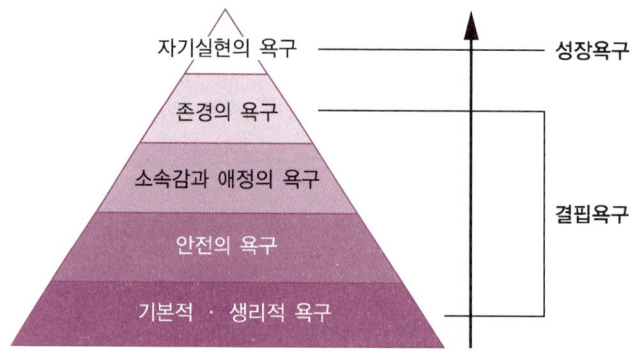

② C. P. Alderfer의 ERG 이론
  ㉠ 인간의 욕구를 중요도 순으로 계층화했다는 점에서는 매슬로우(A. Maslow)의 욕구단계설과 동일하게 정의하지만, 그 단계를 5개에서 3개로 줄여 제시하였다는 점과 직접조직 현장에 들어가 연구를 실행했다는 점에서 차이를 보인다.
  ㉡ ERG 이론에서의 욕구는 생존(존재)욕구, 관계욕구, 성장욕구의 세 가지로 나뉜다.

구 분	생존(존재)욕구	관계욕구	성장욕구
내 용	기본적인 욕구로 음식, 공기, 물, 임금 그리고 작업조건과 같은 것에 대한 욕구	의미 있는 사회적, 개인적 인간관계 형성에 의해서 충족되어 질 수 있는 욕구	개인의 생산적이고 창의적인 공헌에 의해서 충족될 수 있는 욕구
매슬로우 욕구와의 관계	매슬로우의 생리적 욕구와 물리적 측면의 안전욕구에 해당한다.	매슬로우의 안전욕구와 사회욕구, 그리고 존경욕구의 일부를 포함한다.	매슬로우의 자아실현 욕구와 존경욕구에 해당한다.

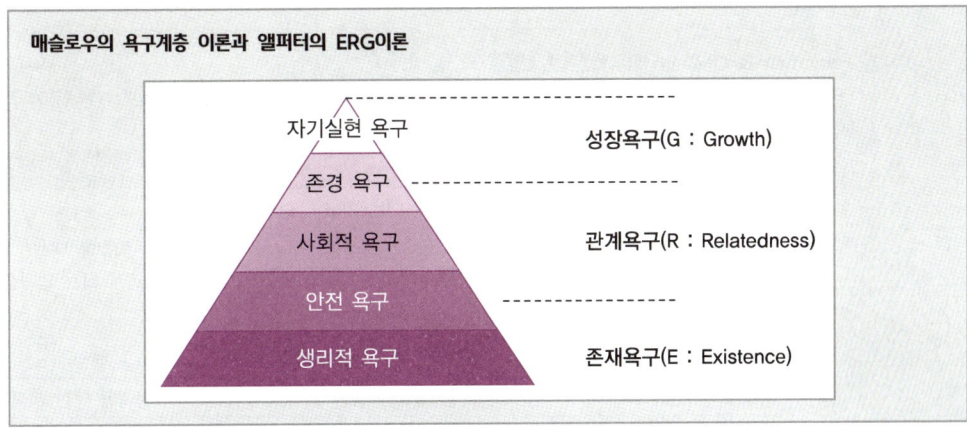

③ D. G. McClelland의 성취동기이론
  ㉠ 인간은 성취욕구, 소속(친교)욕구, 권력(지배)욕구가 있는데, 개인 및 사회의 발전은 성취 욕구와 밀접한 상관관계를 갖는다는 이론이다.
  ㉡ 높은 성취동기의 사람들로 구성된 조직이나 사회의 경제 발전이 빠르며 성취동기가 높은 사람들은 좀 더 훌륭한 경영자로서 성공한다고 주장한다. 특히 한 나라의 경제 성장은 그 사회구성원의 성취욕구의 함수라고 주장한다.

구 분	내 용
성취욕구	무엇을 이루어내고 싶은 욕구
소속(친교)욕구	남들과 사이좋게 잘 지내고 싶은 욕구
권력(지배)욕구	다른 사람에게 영향을 미치고 영향력을 행사하며, 그를 통제하고 싶은 욕구

④ F. Herzberg의 2요인 이론 기출 16·21
  ㉠ 2요인 이론은 인간의 욕구가 단계별(욕구단계설, ERG이론)로 계층을 이루는 것이 아니라 부정적 행동을 방지하는 요인과 긍정적 행동을 유발하는 요인이라는 별개의 요인으로 이루어져 있고 이 중 긍정적 행동을 유발하는 요인만이 동기부여 요인으로 작용한다는 이론이다.
  ㉡ 위생요인이 충족되는 것은 단지 직무불만족 요인을 제거하는 것일 뿐이며, 직무만족에 영향을 주려면 동기요인을 강화해야 한다고 주장하였다. 이것은 우선 위생요인을 충족하고, 그에 멈추지 말고 동기유발 요인을 충족시켜야 한다는 결론에 이른다.

구 분	내 용
동기요인 (만족요인)	성취감, 인정, 책임감, 성장, 발전 존경, 자아실현 등 주로 직무 내재적 성격의 요인
위생요인 (불만족요인)	개인의 생리적 욕구와 안전욕구, 애정욕구 등 개인의 직무환경과 관련된 직무 외재적 성격의 요인

Hackman & Oldham 직무특성이론 기출 23

① 직무의 특성[기술다양성, 과업정체성(직무정체성), 과업중요성(직무중요성), 자율성, 피드백(환류)]이 직무수행자의 성장 욕구수준에 부합할 경우 긍정적 동기유발(내재적 동기부여)효과가 발생한다.

직무특성	정 의	직무수행자의 심리상태
기술다양성	직무 수행에 요구되는 기술의 종류	직무에 대해 느끼게 되는 의미성
과업정체성(직무정체성)	직무 내용의 완결성	
과업중요성(직무중요성)	직무가 조직 내외 타인의 삶과 일에 영향을 미치는 정도	
자율성	개인이 본인 직무에 느끼는 책임감	책임감
피드백(환류)	직무 수행 결과에 대한 지식	성과에 대한 지식

② 다섯 가지의 직무특성 중 자율성과 피드백(환류)의 중요성이 가장 강조된다.

$$\text{잠재적 동기지수} = \frac{\text{기술다양성} + \text{과업정체성} + \text{과업중요성}}{3} \times \text{자율성} \times \text{피드백}$$

③ 구성원의 성장욕구가 강할 경우 복잡한 업무가 효과적인 반면에 성장욕구가 낮을 경우에는 정형화된 단순한 업무가 효과적이다.

3. 동기부여 과정이론

① V. H. Vroom의 기대이론 기출 15·18·20
  ㉠ 브룸은 "모티베이션(동기)의 정도는 행위의 결과에 대한 매력의 정도(유의성)와 결과의 가능성(기대감) 그리고 성과에 대한 보상 가능성(수단성)의 함수에 의해 결정된다"고 주장하였다. 즉 인간은 자신의 행동과정에서 여러 대안 중 자신이 원하는 결과를 가져올 행동을 선택한다는 것이다.
  ㉡ 기대이론은 다음의 내용을 믿는 신념이 있을 때 동기부여가 잘 될 것이라고 설명한다.
    ㉮ 노력-성과 관계 : 노력하면 좋은 성과를 낼 수 있을 것이라는 기대
    ㉯ 성과-보상 관계 : 좋은 성과는 조직에서의 보상(보너스, 임금인상 또는 승진)을 가져올 것이라는 기대
    ㉰ 보상-개인목표 관계 : 보상은 종업원들의 개인목표를 충족시킬 것이라는 기대

ⓒ 동기력은 기대, 수단성, 유의성을 곱하여 결정되는데 세 가지 요소 중 한 가지 요소라도 0이면 전체가 0이 된다.

$$동기부여(M) = \Sigma 기대 \times \Sigma (수단성 \times 유의성)$$

동기행동의 5가지 변수

구 분	내 용
결과 또는 보상 (outcome or reward)	행동의 산물로서 개인행동의 성과와 같은 1차적 결과(first-level outcome)와 성과에 따른 보상과 승진 등 2차적 결과(second-level outcome)로 구분된다.
기대감 (expectancy)	• 자신의 노력이 일정한 성과(1차적 결과)를 달성한다는 기대이다. • 이것은 수치로 표현할 때 행동과 결과 간에 전혀 관계가 없는 0의 상태로부터 시작하여 행동과 결과 간의 관계가 확실한 1의 사이에 존재한다.
수단성 (instrumentality)	• 수단성은 성과(1차 결과)가 보상(2차 결과)을 가져올 것이라는 믿음이다. • 예를 들어 높은 성과가 항상 승급을 가져오는 +1의 관계로부터 성과와 보상 간에 전혀 관계가 없는 0의 관계 그리고 높은 성과가 도리어 승급에 항상 부정적인 영향을 미치는 -1의 관계 사이에 존재한다.
유의성 (valence)	• 보상에 대한 개인의 매력 정도, 즉 보상에 대한 주관적 선호의 정도를 나타낸다. • 개인이 원하는 결과(2차 결과)에 대한 강도로서 개인의 욕구를 반영시키며 보상, 승진, 인정과 같은 긍정적 유의성(positive valence)인 "보상, 승진, 인정을 얼마나 선호하느냐?"와 과업 과정에서의 압력과 벌 등의 부정적 유의성(negative valence)인 "갈등, 직무압력, 벌 등을 얼마나 싫어하느냐?"로 구분된다.
행동 선택 (choice behavior)	행동방식의 선택으로서 개인은 행동대안과 기대되는 결과 및 그 중요성을 모두 비교·평가하여 적절한 행동을 선택하게 된다.

② J. S. Adams의 공정성 이론 기출 18

㉠ 아담스는 투입과 산출의 비교가 동기부여에 영향을 미친다고 제안하였다. 자신의 투입 대 산출의 비율이 타인의 그것과 비교하여 같으면 공정하다고 느끼며 조직과 공정한 관계가 이루어졌다고 생각하지만, 작거나 크면 불공정성을 지각하게 되어 불쾌감과 긴장감을 느끼며 불공정성 회복을 위해 행동하게 된다는 이론이다.

㉡ 불공정성이 지각되었을 때의 대안

구 분	내 용
투입의 변화	직무에 투여하는 시간과 노력을 감소시킨다. 또 다른 형태의 투입인 신뢰성, 협동, 창의성 그리고 책임의 수용을 회피한다.
산출의 변화	상사에게 항의하여 임금의 인상이나 휴가 혹은 보다 나은 직무를 요구한다.
태도의 변화	내 자신의 태도를 변화시킨다. 예 더 많은 시간을 투여할 수 있는데도 이 정도면 충분할 것이라고 스스로 합리화한다.
준거대상의 변화	비교의 대상이 되는 준거대상을 변경한다.
준거대상의 투입과 변화	만약 준거 대상이 동료라면 그 준거대상의 투입과 산출의 변화가 용이하다. 즉, 준거의 대상에게 보다 많은 책임을 지우거나 작업의 지연을 요구한다.
환경의 변화	불공정성을 회피하기 위하여 다른 직무로 전직을 한다.

③ 로크(E. A. Locke)의 목표설정이론
  ㉠ 인간이 합리적으로 행동한다는 기본적인 가정에 기초하여, 개인이 의식적으로 얻으려고 설정한 목표가 동기와 행동에 영향을 미친다는 이론이다.
  ㉡ 목표는 개인이 의식적으로 얻고자 하는 사물이나 혹은 상태를 말하며, 장래 어떤 시점에 달성하려고 시도하는 것이다.

Ⅶ 리더십 이론 기출 25

1. 리더십의 의의와 주요이론
① 의의 : 리더십이란 조직 구성원으로 하여금 바람직한 조직목적에 자발적으로 협조하도록 하는 기술 및 영향력을 말한다.
② 리더십 이론
  ㉠ 자질론(특성이론) : 자질론은 리더가 갖춰야 하는 특성과 자질을 찾는 이론으로 '어떠한 리더의 특성이 효과적인가'를 연구하는 이론이다.
  ㉡ 행태론(행동유형론)
    ㉮ 자질이론의 여러 한계로 인해 학자들의 관심은 지도자의 실제 행동을 분석하는 행동유형론으로 옮겨지게 되었다. 즉 리더의 어떤 행동 유형이 조직의 효과성을 높이게 되는지에 관심을 갖게 되었다.
    ㉯ 행동유형론은 눈에 보이지 않는 능력 등 속성보다 지도자들이 실제 어떤 행동을 하는가에 초점을 맞추고 있다.
  ㉢ 상황론
    ㉮ 행동유형론을 매개로 하여 발전된 상황론은 리더가 처한 '상황적 요인'이 지도자를 만든다는 사고방식에서 출발된 것이다. 즉, 리더는 그가 처한 상황적 요인에 적합한 행태를 보일 때 조직의 효과성이 제고된다는 생각이 상황론의 기본적 전제이다.
    ㉯ 리더의 역할 변화를 초래하는 상황적 요인으로는 부하의 기대와 욕구, 가치관, 경험 등에 더하여 업무의 명확성과 난이도, 조직 및 집단의 규모, 목표, 규범, 권력 구조, 응집성, 문화, 집단 구성원 간의 관계 등이 제시되고 있다.

2. 리더십의 행태론적 접근방법
① 아이오와 대학 연구
  ㉠ 분 류
    ㉮ 권위형 리더십 : 지도자가 독단적으로 중요한 결정을 내리고 부하로 하여금 이에 따르게 하는 유형이다.
    ㉯ 민주형 리더십 : 권위형과 달리 지도자가 홀로 의사결정을 하는 것이 아니라, 지도자가 부하들의 의견을 반영하여 의사결정을 하는 유형이다.
    ㉰ 자유방임형 리더십 : 지도자가 스스로 결정하지 않고 오히려 구성원들의 재량에 맡기는 유형이다.
  ㉡ 결론 : 민주형 리더십이 가장 효율적이며 바람직하다.
② 미시간 대학 모형 : 리더십의 유형을 직원중심형과 생산중심형으로 구분하였으며 직원중심형이 더 우월하다고 여겼다.

③ 오하이오 주립대학 모형 기출 12
　㉠ 분 류

배려형	리더가 구성원들에게 보내는 우호적인 행동이나 구성원에 대한 다양한 관심 등을 취하는 리더십형을 말한다.
구조중심형	구조중심은 조직의 공식적 목표를 달성하기 위해서 구성원들을 역할설정, 계획의 수립과 조정, 문제의 해결, 구성원들의 독려, 작업수준의 설정과 표준절차의 준수, 시한의 관리 등에 중점을 두는 리더십형을 말한다.

　㉡ 결론 : 구조중심이며 배려가 높은 형태가 가장 바람직하다.
④ 관리격자 모형(Managerial Grid)
　㉠ 의의 : 1973년 텍사스대학 교수였던 블레이크와 머튼(R. Blake & J. Mouton)이 발표한 이론으로 리더에게 필요한 역량을 크게 인간에 대한 관심과 과업(생산)에 대한 관심의 영역으로 나누고 두 가지가 모두 높은 리더를 이상형이라고 보고 이러한 리더를 양성하려고 한 이론이다.
　㉡ 리더십의 유형

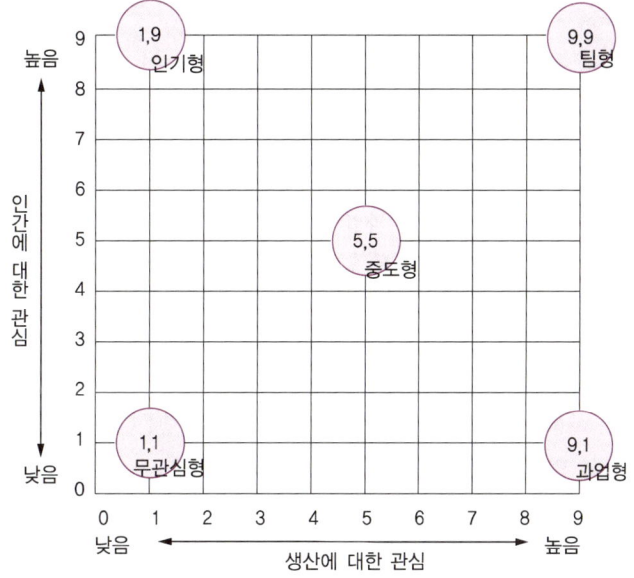

　㉢ 내 용
　　㉮ 과업(생산)에 대한 관심과 인간에 대한 관심(concern for people)을 양쪽 축으로 놓고, 마치 바둑판과 같은 9등급의 격자(格子)에 각자의 리더십 스타일의 정도를 표시하도록 하고 있다.
　　㉯ 다음 그림에서와 같이 정도에 따라 격자무늬에 무관심형, 과업형, 컨트리클럽형, 중간형, 팀형으로 나타낼 수 있다.

인기형	과업은 도외시하고 인간관계에만 관심있는 형
무관심형	과업, 사람 어디에도 무관심한 형
과업형	인간관계는 도외시하고 과업에만 관심있는 형
중도형	과업과 인간관계 모두 적당히 하는 형
팀 형	과업과 인간관계 모두 관심있는 형

　　㉰ 여기에서 가장 바람직한 스타일은 생산과 인간관계를 모두 중시하는 팀형(9, 9형)이라는 것이다.

3. 리더십의 상황이론

① 가정 : 행동유형론을 매개로 하여 발전된 상황이론은 리더가 처한 '상황적 요인'이 지도자를 만든다는 사고방식에서 출발된 것이다. 즉, 리더는 그가 처한 상황적 요인에 적합한 행태를 보일 때 조직의 효과성이 제고된다는 생각이 상황론의 기본적 전제이다.

② F. Fiedler의 상황 모형 기출 23
  ㉠ 상황론의 전형적인 예로 널리 인용되고 있는 피들러의 상황적응적 접근방법은 L=f(T. S. F.)로 도식화 할 수 있다. 그는 리더십의 효율성은 리더의 자질(Traits), 상황요인(Situation), 그리고 추종자 특성(Follower)의 함수라는 것이다.
  ㉡ 피들러는 상황요인으로 리더와 구성원 관계, 과업구조, 지위권력의 3가지를 제시하였다.

상황변수명	내 용
리더-구성원 관계	집단의 구성원들이 리더를 신뢰하고 좋아하며, 그의 말을 기꺼이 따르려는 정도. 가장 중요한 상황변수가 된다.
과업구조	• 과업의 요구조건들이 얼마나 명백히 정해져 있는가 하는 것(목표명료성) • 어떤 과업을 수행하는데 사용할 수 있는 과업수행 방법의 수(목표-경로의 다양성) • 과업을 수행하고 나서 그 결과를 알 수 있는 정도(검증가능성) • 과업에 대한 최적의 해답이나 결과가 존재하는 정도(구체성)
지위권력	리더가 갖고 있는 지위에 집단구성원들을 지도하고 평가하고 상과 벌을 줄 수 있는 권한이 주어진 정도

  ㉢ 상황이 아주 좋을 때, 즉 부하들이 리더를 좋아하고 과업구조가 명확하며 지위권력이 클 때와 그리고 그 반대로 상황이 아주 나쁠 때는 과업지향적 리더가 효과적이라고 하였다.
  ㉣ 리더와 구성원 간의 관계는 어느 정도 형성되어 있지만, 구성원들에게 주어진 과업이 애매하고, 리더가 별로 권력을 장악하지 못한 상황이라면 리더는 관계중심적 리더십을 발휘하는 것이 가장 바람직하다.

③ House의 경로-목표 이론 기출 20
  ㉠ 내용 : 리더는 부하가 원하는 보상(목표)을 얻을 수 있는 행동(목표)를 명확히 하여야 부하의 성과를 높일 수 있다는 이론
  ㉡ 리더십의 유형

유 형	내 용
지시형	부하들을 통제, 조정하는 것
지원형(지지형)	부하의 욕구와 복지를 생각하여 작업환경의 부정적 측면을 최소화
참여형	의사결정시 부하들의 의견을 반영
성취지향형	부하들이 도전적 목표를 수립하도록 하며 높은 성과를 달성하도록 요구

  ㉢ 상황특성

개인 특성	통제의 위치, 능력, 욕구 등
환경 요인	과업구조, 공식적 권한 체계, 작업집단 등

ⓔ 모 형

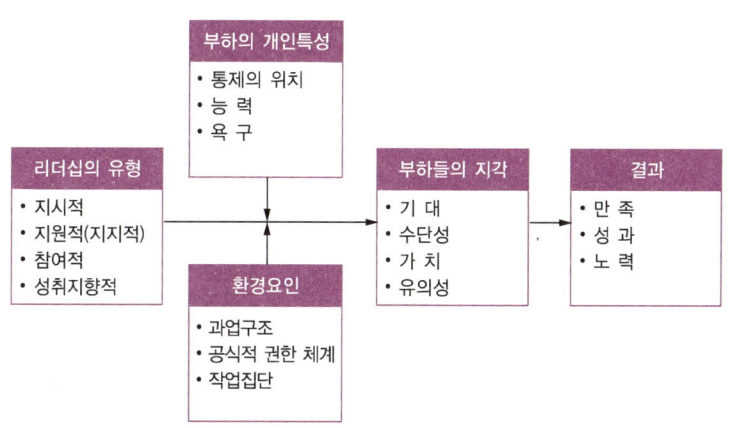

④ Hersey와 Blanchard의 상황론적 리더십 [기출] 12 : 리더십 스타일을 과업지향과 관계지향의 두 축으로 구분하였으며, 구성원들의 성숙도에 따라서 네 가지 리더십 상황을 구분하고 있다.

구 분	필요한 리더십
구성원들의 능력과 의지가 낮은 경우	과업지향적인 리더십
구성원들의 능력은 별로 없지만 의지는 높은 경우	관계지향적인 리더십
능력은 있지만 의지가 약한 경우	
능력과 의지가 모두 높은 경우	결정과 책임을 구성원들에게 위양하는 리더십

> **성숙도**
> 구성원들의 성취지향, 자신의 일에 대한 책임감, 업무와 관계되어서 가지고 있는 구성원들의 능력과 경험 등의 결과이다. 결국 성숙도에 따라 리더가 발휘하여야 할 리더십 스타일은 다르게 적용되어야 한다는 것이다.

4. 리더십의 새로운 패러다임

거래적 리더십과 변혁적 리더십 [기출] 14 · 24

구 분	거래적 리더십	변혁적 리더십
초 점	하급 관리자	최고 관리자
관리전략	합리적 교환관계	내적 동기유발
환 경	폐쇄체제	개방체제
구 조	기계적 관료제	임시구조
성 격	현상유지	변화지향

슈퍼리더십 [기출] 13
- 의의 : 슈퍼리더십 이론의 가장 핵심적인 사항은, 변혁의 시대에 있어서 리더는 슈퍼리더(super-leader)가 되어야 한다는 것이다. 여기에서 말하는 슈퍼리더란 '구성원 개개인들이 자기 자신을 리드할 수 있는 셀프리더(self-leader)가 될 수 있도록 리드해 가는 사람'으로 규정하고 있다.
- 특징 : 한 사람이 다른 사람에게 영향력을 행사한다는 전통적인 논리에 비추어 본다면 커다란 패러다임의 전환이다. 바로 구성원들 스스로가 자율적이면서도 효과적으로 자신의 운명을 이끌어 가도록 그들의 잠재력을 극대화시키는 것이 리더의 중요한 역할로 부각된 것이다.

Ⅷ 권력과 갈등

1. 권 력 기출 16·19·21

① 의의 : 다른 사람이나 집단에 영향을 미치는 잠재적 능력을 권력이라 한다.
② 분 류(J. French & B. Raven)

보상적 권력	타인에게 승진이나 급여와 같은 보상을 제공할 수 있는 능력
강제적 권력	타인을 처벌할 수 있는 능력
합법적 권력	권한과 유사한 것으로 직위에 기반한 권력
준거적 권력	카리스마와 유사한 것으로 뛰어난 사람을 닮고자 할 때 발생
전문적 권력	전문적 기술이나 지식에 의한 권력

2. 갈 등

① 의의 : 갈등이란 한정된 자원에 대한 경쟁이 있거나 선택의 기준이 분명치 못해 여러 대안 중 선택의 곤란을 겪는 상황이라고 할 수 있다.
② 기 능

갈등의 순기능	• 어느 정도의 갈등은 집단의 형성 및 집단 활동의 유지를 위해 필요한 현상이다. • 조직이나 개인의 문제점에 대해서 관계자들의 관심을 갖게 하는 계기가 되어 변화를 가져온다. • 갈등이 합리적으로 해결되면 쇄신이나 변동 및 발전과 재통합의 계기가 된다. • 침체된 조직을 거기에서 벗어나 더욱 생동하게 하는 계기가 된다. • 구성원들의 다양한 심리적 요구를 충족시키는 계기가 된다. • 조직 내의 갈등을 관리하고 방지할 수 있는 방법을 학습할 수 있는 기회를 제공한다. • 조직이나 개인에게 창의성, 진취성, 적응성, 융통성을 향상시킨다.
갈등의 역기능	• 역기능적 입장은 갈등의 병리적 측면에 초점을 두고, 갈등은 조직에 해로운 것이라는 관점에서 갈등의 원인 규명과 해결 방안을 탐구하고자 하는 입장이다. • 개인과 집단의 균형을 깨뜨려서 혼란과 무질서를 초래하고 조직 구성원의 사기를 저하시킨다. • 개인이나 조직의 통합과 조화를 깨뜨리고 조직의 위계질서를 문란하게 할 우려가 있다. • 조직 구성원 간이나 조직 단위들 간에 반목과 적대 의식을 조장하여 불안과 긴장을 조장시킬 우려가 있다. • 조직 내에서의 창의성과 쇄신을 봉쇄할 우려가 있다.

③ 갈등의 유형
  ㉠ 개인적 갈등
    ㉮ 목표 갈등

접근-접근 갈등	두 개 이상의 긍정적인 유인가가 동시에 나타났을 때 어느 것을 선택할 것인지를 망설이는 심리적 상태
접근-회피 갈등	긍정적 유인가와 부정적 유인가가 동시에 나타났을 때의 심리상태
회피-회피 갈등	바람직하지 못한 두 개의 유인가 중에서 선택해야 하는 경우

    ㉯ 역할 갈등

개인-역할 갈등	역할 기대가 역할 담당자의 방향 또는 가치와 불일치하는 정도 예 중간 경영자에게 가격을 경쟁회사와 은밀하게 고정하는데 합의하려는 압력이 심한 경우
역할 간 갈등	동일한 개인이 맡은 2가지 이상의 역할 기대가 양립되지 못한 경우 예 작업량이 늘어나면서 경영자는 작업에 밤과 주말을 보내지만 반면에 그의 가족은 남편의 책임과 아버지의 책임을 못한다 해서 화가 난 경우

ⓒ 조직갈등

조직 내 개인 대 개인의 갈등	개인 상호 간에 이해관계의 상반, 추구하는 목표의 상이, 개인적인 감정 등에 의해 생기는 갈등
조직 대 개인 갈등	조직이 선택한 대안이 개인적으로 만족스럽지 못하다고 인식되는 경우와 수용·선택할 수 있는 대안이 없을 경우에 생기는 갈등
조직상의 갈등	• 계층적 갈등 • 기능적 갈등 • 라인-스탭 갈등 : 실무 라인부서와 전문스탭 관리부서 간의 갈등 • 공식적-비공식적 조직 갈등

④ 갈등 해결 전략
  ㉠ 마치와 사이먼(J. March & H. Simon)의 갈등 해결 전략

구 분	내 용
문제 해결	문제 해결은 갈등 당사자들이 상호 설명과 이해를 통해 갈등의 원인이 되는 문제를 공동으로 해결하는 방법을 말한다.
설 득	자신의 입장을 양보하지 않고 상대방을 이해시켜 자신의 입장으로 끌어들이는 노력이라고 하겠다.
협 상	• 어떤 공통된 문제에 대하여 당사자 상호 간에 합의를 형성함으로써 상충되는 이익을 조정해 나가는 과정이라고 할 수 있다. • 협상은 '주고받는' 하나의 교환 관계로 서로 간에 수용가능한 행동 대안을 만들기 위해 상호 간의 입장을 조정하는 과정을 거치게 된다.
책 략	협상과 유사하나, 협상과 다른 점은 당사자들이 협상의 장이 고정되어 있지 않다고 생각한다는 점이다. 예 열세에 놓인 측이 '협상의 장' 바깥에 있는 유력한 후원자를 동원해 유리한 타결을 모색하는 등의 방식

  ㉡ 로빈스(S. P. Robbins)의 갈등 관리 전략

구 분	내 용
갈등의 강도를 줄이기 위한 방안	상위목표의 도입, 청원제도, 공식적인 권한, 갈등되는 구성원들 간의 교류촉진, 조직 전체에 걸친 평가 기준과 보상 시스템, 갈등하고 있는 부서의 통합, 자원의 확충, 문제 공동해결과 같은 방법을 제시
갈등촉진 기법	의사소통, 구성원의 이질화, 경쟁의 조성과 같은 방법을 제시

CHAPTER 08 조직구조와 조직행위

01 허츠버그(F. Herzberg)의 2요인이론에서 위생요인에 해당하는 것은? 기출 21

① 성취감 ② 도전감
③ 임 금 ④ 성장가능성
⑤ 직무내용

02 전통적 직무설계와 관련 없는 것은? 기출 21

① 분 업 ② 과학적 관리
③ 전문화 ④ 표준화
⑤ 직무순환

03 직무특성모형에서 중요심리상태의 하나인 의미충만(meaningfulness)에 영향을 미치는 핵심직무차원을 모두 고른 것은? 기출 23

> ㄱ. 기술다양성　　　ㄴ. 과업정체성
> ㄷ. 과업중요성　　　ㄹ. 자율성
> ㅁ. 피드백

① ㄱ, ㄴ, ㄷ ② ㄱ, ㄴ, ㅁ
③ ㄱ, ㄹ, ㅁ ④ ㄴ, ㄷ, ㄹ
⑤ ㄷ, ㄹ, ㅁ

04 마키아벨리즘(Machiavellism)에 관한 설명으로 옳지 않은 것은? 기출 21

① 마키아벨리즘은 자신의 이익을 위해 타인을 이용하고 조작하려는 성향이다.
② 마키아벨리즘이 높은 사람은 감정적 거리를 잘 유지한다.
③ 마키아벨리즘이 높은 사람은 남을 잘 설득하며 자신도 잘 설득된다.
④ 마키아벨리즘이 높은 사람은 최소한의 규정과 재량권이 있을 때 높은 성과를 보이는 경향이 있다.
⑤ 마키아벨리즘이 높은 사람은 목적이 수단을 정당화시킬 수 있다고 믿는 경향이 있다.

해설 및 정답

01 허츠버그의 2요인이론은 종업원들의 직무만족도를 증감시키는 요인을 동기요인과 위생요인 2가지로 구분하였는데, 동기요인에는 직무의 질·내용, 성취, 도전, 인정, 성장가능성 및 책임소재 등이 있고, 위생요인에는 회사의 정책 및 관리방침, 임금, 직위, 작업조건, 다른 종업원들과의 관계 등이 있다.

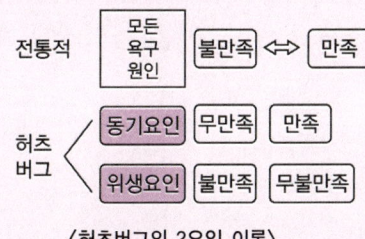

〈허츠버그의 2요인 이론〉

정답 ❸

02 아담스미스의 분업과 이를 기초로 한 테일러의 과학적 관리는 작업과정을 표준화시켜 노동효율성의 제고를 강조한 직무전문화를 추구하였는데, 이는 가장 대표적인 전통적 직무설계로서 많은 문제점을 야기하였고, 이를 보완하기 위해 직무순환이나 직무확대와 같은 과도기적 직무설계가 등장하였다.

정답 ❺

03 의미충만에 영향을 미치는 핵심직무차원은 기술다양성, 과업정체성, 과업중요성이다.

정답 ❶

04 마키아벨리즘이 높은 사람은 잘 설득되지 않으며, 오히려 자신의 목적을 위해 타인을 설득하려 한다.

정답 ❸

05 조직으로부터 나오는 권력을 모두 고른 것은? 기출 21

ㄱ. 보상적 권력
ㄴ. 전문적 권력
ㄷ. 합법적 권력
ㄹ. 준거적 권력
ㅁ. 강제적 권력

① ㄱ, ㄴ, ㄷ
② ㄱ, ㄴ, ㄹ
③ ㄱ, ㄷ, ㅁ
④ ㄴ, ㄹ, ㅁ
⑤ ㄷ, ㄹ, ㅁ

06 ( )에 들어갈 내용으로 옳은 것은? 기출 25

켈리(H. Kelley)의 귀인이론에서는 합의성(consensus), 특이성(distinctiveness), 일관성(consistency)을 이용하여 행위의 원인을 판단한다. 예를 들어, A학생은 이번 학기에 5개 과목을 수강하고 있는데, 중간시험에서 경영학 과목에서만 시험점수가 좋지 않았고 나머지 다른 과목에서는 모두 좋은 점수를 받았다고 한다. 이 경우는 ( )의 사례라고 할 수 있다.

① 낮은 합의성
② 높은 특이성
③ 낮은 특이성
④ 높은 일관성
⑤ 낮은 일관성

07 상사 A에 대한 나의 태도를 기술한 것이다. 다음에 해당하는 태도의 구성요소를 옳게 연결한 것은? 기출 19

ㄱ. 나의 상사 A는 권위적이다.
ㄴ. 나는 상사 A가 권위적이어서 좋아하지 않는다.
ㄷ. 나는 권위적인 상사 A의 지시를 따르지 않겠다.

① ㄱ : 감정적 요소, ㄴ : 인지적 요소, ㄷ : 행동적 요소
② ㄱ : 감정적 요소, ㄴ : 행동적 요소, ㄷ : 인지적 요소
③ ㄱ : 인지적 요소, ㄴ : 행동적 요소, ㄷ : 감정적 요소
④ ㄱ : 인지적 요소, ㄴ : 감정적 요소, ㄷ : 행동적 요소
⑤ ㄱ : 행동적 요소, ㄴ : 감정적 요소, ㄷ : 인지적 요소

08

CHECK ○△×

아담스(J. S. Adams)의 공정성이론에서 조직구성원들이 개인적 불공정성을 시정(是正)하기 위한 방법에 해당하지 않는 것은? 기출 19

① 투입의 변경
② 산출의 변경
③ 투입과 산출의 인지적 왜곡
④ 장(場) 이탈
⑤ 준거인물 유지

해설 및 정답

05 프렌치와 레이븐은 권력을 공식적 권력과 개인적 권력으로 구분하였는데, 공식적 권력은 보상적 권력, 강제적 권력 및 합법적 권력으로, 개인적 권력은 준거적 권력과 전문적 권력으로 세분하였다.

정답 ③

06 합의성(consensus)은 개인의 성과가 타인들의 성과와 비슷한 정도에 관한 것이고, 특이성(distinctiveness)은 개인이 수행한 특정 과업의 성과를 다른 과업의 성과와 비교하는 것으로, 다르게 수행할수록 특이성이 높다. 일관성(consistency)은 개인이 특정 과업을 일정기간 동안 일관성 있게 수행하는 정도이다. A학생은 중간시험에서 경영학 과목만 시험점수가 좋지 않고 다른 과목은 좋은 점수를 받았으므로, 이는 높은 특이성의 사례이다.

정답 ②

07 나의 상사 A는 권위적이다 : 대상에 대한 신념이나 평가[인지적 요소(evaluation)]
나는 상사 A가 권위적이어서 좋아하지 않는다 : 대상에 대한 호불호의 느낌[정서적 요소(feeling)]
나는 권위적인 상사 A의 지시를 따르지 않겠다 : 특정 대상에 대한 행위하려는 의도나 방식[행동적 요소(action)]

정답 ④

08 준거인물의 유지가 아닌 비교대상의 투입과 산출의 변경에 해당한다.

> **불공정성의 관리**
> • 자신의 투입과 산출의 변경
> • 비교대상의 투입과 산출의 변경
> • 인지적 왜곡
> • 비교 대상 변경
> • 이 직

정답 ⑤

09 다음 사례에서 A의 행동을 설명하는 동기부여이론은? 기출 18

> 팀원 A는 작년도 목표 대비 업무실적을 100% 달성하였다. 이에 반해 같은 팀 동료인 B는 동일 목표 대비 업무실적이 10% 부족하였지만 A와 동일한 인센티브를 받았다. 이 사실을 알게 된 A는 팀장에게 추가 인센티브를 요구하였으나 받아들여지지 않자 결국 이직하였다.

① 기대이론
② 공정성이론
③ 욕구단계이론
④ 목표설정이론
⑤ 인지적 평가이론

10 강화계획(Schedules of Reinforcement)에서 불규칙한 횟수의 바람직한 행동 후 강화요인을 제공하는 기법은? 기출 19

① 고정간격법
② 변동간격법
③ 고정비율법
④ 변동비율법
⑤ 연속강화법

11 퀸과 카메론(R. Quinn & K. Cameron)이 제시한 조직수명주기 단계의 순서로 옳은 것은? 기출 23

| ㄱ. 창업 단계 | ㄴ. 공식화 단계 |
| ㄷ. 집단공동체 단계 | ㄹ. 정교화 단계 |

① ㄱ → ㄴ → ㄷ → ㄹ
② ㄱ → ㄴ → ㄹ → ㄷ
③ ㄱ → ㄷ → ㄴ → ㄹ
④ ㄱ → ㄷ → ㄹ → ㄴ
⑤ ㄱ → ㄹ → ㄴ → ㄷ

해설 및 정답

09 공정성이론 : 조직구성원은 자신의 투입에 대한 결과의 비율을 동일한 직무 상황에 있는 준거인의 투입 대 결과의 비율과 비교해 자신의 행동을 결정하게 된다는 이론
① 기대이론 : 구성원 개인의 모티베이션의 강도를 성과에 대한 기대와 성과의 유의성에 의해 설명하는 이론
③ 욕구단계이론 : 인간의 욕구는 위계적으로 조직되어 있으며 하위 단계의 욕구 충족이 상위 계층 욕구의 발현을 위한 조건이 된다는 이론
④ 목표설정이론 : 의식적인 목표나 의도가 동기의 기초이며 행동의 지표가 된다고 보는 이론
⑤ 인지적 평가이론 : 성취감이나 책임감에 의해 동기유발이 되어 있는 것에 외적인 보상(승진, 급여인상, 성과급 등)을 도입하면 오히려 동기유발 정도가 감소한다고 보는 이론

정답 ②

10 불규칙한 횟수의 바람직한 행동 후 강화요인을 제공하는 것은 변동비율법에 해당한다.

정답 ④

11 퀸(Quinn)과 카메론(Cameron)이 제시한 조직수명주기 모형의 각 단계는 창업 단계 – 집단공동체 단계 – 공식화 단계 – 정교화 단계이다.

정답 ③

12 맥그리거(D. McGregor)의 XY이론 중 Y이론에 관한 설명으로 옳은 것을 모두 고른 것은? 기출 22

ㄱ. 동기부여는 생리적 욕구나 안전욕구 단계에서만 가능하다.
ㄴ. 작업조건이 잘 갖추어지면 일은 놀이와 같이 자연스러운 것이다.
ㄷ. 대부분의 사람들은 엄격하게 통제되어야 하고 조직목표를 달성하기 위해서는 강제되어야 한다.
ㄹ. 사람은 적절하게 동기부여가 되면 자율적이고 창의적으로 업무를 수행한다.

① ㄱ, ㄴ
② ㄱ, ㄷ
③ ㄴ, ㄷ
④ ㄴ, ㄹ
⑤ ㄷ, ㄹ

13 다음에서 설명하는 조직이론은? 기출 22

- 조직형태는 환경에 의하여 선택되거나 도태될 수 있다.
- 기존 대규모 조직들은 급격한 환경변화에 적응하기 어려워 공룡신세가 되기 쉽다.
- 변화과정은 변이(variation), 선택(selection), 보존(retention)의 단계를 거친다.

① 자원의존 이론
② 제도화 이론
③ 학습조직 이론
④ 조직군 생태학 이론
⑤ 거래비용 이론

14 민츠버그(H. Mintzberg)의 조직유형에 해당하는 것을 모두 고른 것은? 기출 25

ㄱ. 매트릭스 조직
ㄴ. 사업부제 조직
ㄷ. 애드호크라시 조직
ㄹ. 기계적 관료조직
ㅁ. 단순조직

① ㄱ, ㄴ, ㄷ
② ㄱ, ㄴ, ㅁ
③ ㄴ, ㄹ, ㅁ
④ ㄱ, ㄷ, ㄹ, ㅁ
⑤ ㄴ, ㄷ, ㄹ, ㅁ

해설 및 정답

12 ㄱ. (×) 동기부여는 생리적 욕구나 안전욕구 단계에서만 가능하다. – X이론
ㄴ. (○) 작업조건이 잘 갖추어지면 일은 놀이와 같이 자연스러운 것이다. – Y이론
ㄷ. (×) 대부분의 사람들은 엄격하게 통제되어야 하고 조직목표를 달성하기 위해서는 강제되어야 한다. – X이론
ㄹ. (○) 사람은 적절하게 동기부여가 되면 자율적이고 창의적으로 업무를 수행한다. – Y이론

정답 ❹

13 조직군 생태학 이론은 환경에 따른 조직들의 형태와 그 존재 및 소멸 이유를 설명하는 이론이다.
① 자원의존 이론은 조직이 생존하기 위해서는 환경으로부터 전략적으로 자원을 획득하고 적극적으로 환경에 대처해야 한다는 이론이다.
② 제도화 이론은 조직의 생존을 위해 이해관계자들로부터 정당성을 얻는 것이 중요하며, 조직들이 서로 모방하기 때문에 동일 산업 내의 조직형태 및 경영관행 등이 유사성을 보인다는 이론이다.
③ 학습조직 이론은 기업은 조직원이 학습할 수 있도록 환경을 제공하고 그 학습결과에 따라 지속적으로 조직을 변화시킨다는 이론이다.
⑤ 거래비용 이론은 기업의 조직이나 형태는 기업의 거래비용을 절약하는 방향으로 결정된다는 이론이다.

정답 ❹

14 민츠버그(H. Mintzberg)는 조직구조를 조직에서 강조되는 부문에 따라 전략경영부문(단순조직), 기술지원부문(기계적 관료조직), 생산핵심부문(전문적 관료조직), 중간관리부문(사업부제 조직), 일반지원부문(애드호크라시 조직)으로 유형화했다.

정답 ❺

15 매슬로우(A. H. Maslow)가 제시한 욕구단계이론의 내용이 아닌 것은? 기출 16

① 권한위임에 대한 욕구
② 신체적 안전에 대한 욕구
③ 소속감이나 애정에 대한 욕구
④ 의식주에 대한 욕구
⑤ 존경받고 싶은 욕구

16 피들러(F. Fiedler)의 상황적합 리더십이론에 관한 설명으로 옳지 않은 것은? 기출 23

① LPC 척도는 가장 선호하지 않는 동료작업자를 평가하는 것이다.
② LPC 점수를 이용하여 리더십 유형을 파악한다.
③ 상황요인 3가지는 리더-부하관계, 과업구조, 부하의 성숙도이다.
④ 상황의 호의성이 중간 정도인 경우에는 관계지향적 리더십이 효과적이다.
⑤ 상황의 호의성이 좋은 경우에는 과업지향적 리더십이 효과적이다.

17 브룸(V. Vroom)이 제시한 기대 이론의 작동순서로 올바른 것은? 기출 20

① 기대감 → 수단성 → 유의성
② 기대감 → 유의성 → 수단성
③ 수단성 → 유의성 → 기대감
④ 유의성 → 수단성 → 기대감
⑤ 유의성 → 기대감 → 수단성

18 성격의 Big 5 모형에 해당하지 않는 것은? 기출 15 · 23

① 정서적 안정성
② 성실성
③ 친화성
④ 모험선호성
⑤ 개방성

해설 및 정답

15 **매슬로우의 5단계 욕구**
    1단계 : 생리적 욕구(Physiological Needs)
    2단계 : 안전의 욕구(Safety Needs)
    3단계 : 소속감과 애정의 욕구(Belongingness and Love Needs)
    4단계 : 존경의 욕구(Esteem Needs)
    5단계 : 자아실현의 욕구(Self-Actualization Needs)

    정답 ❶

16 피들러의 상황적응적 모형은 두 가지 유형의 리더십 과업중심과 인간관계중심을 리더-구성원 관계, 과업구조, 직위 권력과 결부하였다.

    정답 ❸

17 브룸은 개인에게 동기부여(Motivation)를 하기 위해서는 그 개인이 바라는 최종목표와 그 목표를 달성하기 위한 수단들 사이를 강력하게 연결시켜야 하고, 이를 위해 기대감(Expectancy)·수단성(Instrumentality)·유의성(Valence)의 3요소가 순서대로 작동해야 한다고 주장하였다.

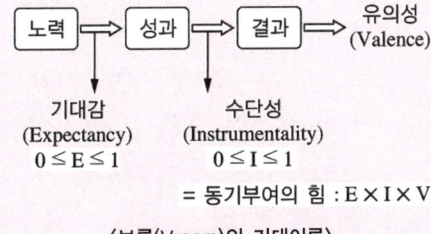

= 동기부여의 힘 : E × I × V

⟨브룸(Vroom)의 기대이론⟩

    정답 ❶

18 Costa와 McCrae(1992)는 결합요인분석을 통해 CPI, MBTI, MMPI 등의 인성검사에 공통적인 5요인을 발견하고, 사람들은 공통적으로 5개의 성격인 불안정성(N ; Neuroticism) 혹은 정서적 안정성(Emotional Stability), 외향성(E ; Extraversion), 개방성(O ; Openness to Experience, Culture, Intellect), 수용성(친화성)(A ; Agreeableness), 성실성(C ; Conscientiousness)이 존재한다고 주장했다.

    정답 ❹

19 변혁적 리더십의 구성요소 중 다음 내용에 해당하는 것은? 기출 24

- 높은 기대치를 전달하고, 노력에 집중할 수 있도록 상징을 사용
- 미래에 대한 매력적인 비전 제시, 업무의 의미감 부여, 낙관주의와 열정을 표출

① 예외에 의한 관리
② 영감적 동기부여
③ 지적 자극
④ 이상적 영향력
⑤ 개인화된 배려

20 오하이오 주립대학 모형의 리더십 유형구분은? 기출 12

① 구조주도형 리더 - 배려형 리더
② 직무 중심적 리더 - 종업원 중심적 리더
③ 독재적 리더 - 민주적 리더
④ 이상형 리더 - 과업지향형 리더
⑤ 무관심형 리더 - 인간관계형 리더

21 페로우(C. Perrow)가 제시한 기술 분류기준으로 옳은 것을 모두 고른 것은? 기출 20

ㄱ. 기술복잡성	ㄴ. 과업다양성
ㄷ. 상호의존성	ㄹ. 과업정체성
ㅁ. 문제분석가능성	

① ㄱ, ㄴ
② ㄴ, ㄹ
③ ㄴ, ㅁ
④ ㄷ, ㅁ
⑤ ㄱ, ㄷ, ㄹ

22 페로우(C. Perrow)의 기술분류 유형 중 과업다양성과 분석가능성이 모두 낮은 유형은? 기출 24

① 일상적 기술
② 비일상적 기술
③ 장인기술
④ 공학기술
⑤ 중개기술

해설 및 정답

19. 조직 구성원들에게 제시한 비전, 목표, 미션을 달성할 수 있도록 지속적으로 조직 구성원들을 고무시키는 것을 말한다.
    ① 하급자의 성과가 계획된 수준에 도달하지 못했을 때 리더가 개입하는 것을 말한다.
    ③ 조직 구성원들의 혁신성과 창의성을 일깨우고, 새로운 시각과 방법을 통해 문제에 접근하고 업무를 수행할 수 있도록 자극하는 것을 말한다.
    ④ 리더가 조직 구성원들에게 롤모델로서 강력한 영향력을 미치는 것을 말한다.
    ⑤ 조직 구성원들의 욕구(성장, 배움, 발전의 욕구)에 개인적인 관심을 기울이고, 자기계발의 기회 및 환경을 조성하는 것을 말한다.

    정답 ②

20. 오하이오 주립대학의 연구에 따르면 리더십의 유형은 '구조적 리더십'과 '배려적 리더십'으로 구분된다. 구조적 리더십은 리더가 부하들의 역할을 명확히 정해주고 직무수행의 절차를 정하거나 지시, 보고 등을 포함한 집단 내의 의사소통 경로를 조직화하는 행위를 말한다. 배려적 리더십은 리더가 부하들의 복지와 안녕, 지위, 공헌 등에 관심을 가져주는 행동을 말한다.

    정답 ①

21. 페로우는 과업다양성과 문제분석가능성을 기준으로 장인(Craft)기술, 비일상(Non-routine)기술, 일상(Routine)기술, 공학(Engineering)기술 4가지로 분류하였다.

    정답 ③

22. 페로우(C. Perrow)의 기술분류 유형 중 과업다양성과 분석가능성이 모두 낮은 유형은 장인기술이다.

    페로우(Perrow)의 기술분류와 조직구조

		과업다양성	
		소수의 예외적 상황	다수의 예외적 상황
분석가능성	불가능	장인(craft) 기술	비일상적(nonroutine) 기술
	가능	일상적(routine) 기술	공학적(engineering) 기술

    정답 ③

23 허시와 블랜차드(P. Hersey & K. H. Blanchard)의 상황적 리더십 이론에 관한 설명으로 옳은 것은? 기출 12

① 부하의 성과에 따른 리더의 보상에 초점을 맞춘다.
② 리더는 부하의 성숙도에 맞는 리더십을 행사함으로써 리더십 유효성을 높일 수 있다.
③ 리더가 부하를 섬기고 봉사함으로써 조직을 이끈다.
④ 리더십 유형은 지시형, 설득형, 거래형, 희생형의 4가지로 구분된다.
⑤ 리더십에 영향을 줄 수 있는 상황적 요소는 과업구조, 리더의 지위권력 등이다.

24 상황에 따라 효과적인 리더십 스타일이 변화될 수 있다는 리더십에 대한 상황적 접근법에 해당하지 않는 것은? 기출 25

① 피들러(F. Fiedler)의 리더십이론
② 하우스(R. House)의 경로-목표이론
③ 허시와 블랜차드(P. Hersey & K. Blanchard)의 리더십이론
④ 브룸과 예튼(V. Vroom & P. Yetton)의 리더십 규범모형
⑤ 블레이크와 무튼(R. Blake & J. Mouton)의 관리그리드(managerial grid) 이론

25 하우스(R. House)가 제시한 경로-목표 이론의 리더십유형에 해당하지 않는 것은? 기출 20

① 권한위임적 리더십
② 지시적 리더십
③ 지원적 리더십
④ 성취지향적 리더십
⑤ 참가적 리더십

26 다음과 같은 장점을 지닌 조직구조는? 기출 24

- 관리 비용을 절감할 수 있음
- 작은 기업들도 전 세계의 자원과 전문적인 인력을 활용할 수 있음
- 창업 초기에 공장이나 설비 등의 막대한 투자없이도 사업이 가능

① 사업별 조직구조
② 프로세스 조직구조
③ 매트릭스 조직구조
④ 지역별 조직구조
⑤ 네트워크 조직구조

• 해설 및 정답 •

23 **허시와 블랜차드(P. Hersey & K. H. Blanchard)의 상황적 리더십**
- 기본가정 : 허시와 블랜차드는 리더십의 효과가 구성원의 성숙도라는 상황요인에 의하여 달라질 수 있다는 상황적 리더십 모델을 제안하였다.
- 리더십 모델 : 여기서 구성원의 성숙도란 구성원의 업무에 대한 능력과 의지를 뜻하는 것인데, 구체적으로는 달성 가능한 범위 내에서 높은 목표를 세울 수 있는 성취욕구, 자신의 일에 대해서 책임을 지려는 의지와 능력, 과업과 관련된 교육과 경험을 종합적으로 지칭하는 변수가 된다.
  - 지시형 리더십 : 업무의 구체적 지시, 밀착 감독
  - 판매형 리더십 : 의사결정에 대해 구성원이 그 내용을 이해, 납득할 수 있도록 기회 부여
  - 참여형 리더십 : 의사결정에서 정보와 아이디어를 공유
  - 위임형 리더십 : 결정과 실행책임을 구성원에게 위임

정답 ❷

24 블레이크와 무튼(R. Blake & J. Mouton)의 관리그리드(managerial grid) 이론은 <u>리더십의 행동이론</u>에 해당한다.

정답 ❺

25 권한위임적 리더십은 경로-목표 이론의 리더십유형에 해당하지 않는다.

하우스의 경로-목표 이론 리더십 유형

유 형	내 용
지시형 리더십	부하들을 통제·조정
지원형(지지형) 리더십	부하의 욕구와 복지를 생각하여 작업환경의 부정적 측면 최소화
참여형 리더십	의사결정 시 부하들의 의견 반영
성취지향형 리더십	부하들이 도전적 목표를 수립하고, 높은 성과를 달성하도록 요구

정답 ❶

26 해당 조건은 네트워크 조직구조의 장점이다.
① 사업별 조직구조의 장점은 성과책임 분명, 기능 간 조정 우수 등이 있다.
② 프로세스 조직구조의 장점은 신속한 고객 요구의 대응, 고객 대응력 강화, 책임과 권한의 명확화 등이 있다.
③ 매트릭스 조직구조는 조직자원 활용의 효율성을 제고할 수 있다는 장점이 있다.
④ 지역별 조직구조는 지역별로 책임이 이양되어 지역에 맞는 맞춤 전략을 세울 수 있다는 장점이 있다.

네트워크 조직구조의 장점	
조직의 개방화	네트워크 조직을 구성하면서 네트워크 공급자나 고객을 선정하고 이들과 연계 고리를 관리하며 이를 위해 의사소통 시스템을 개발·운영하는 능력이 배양되기 때문에 기업 환경에 민감하게 반응할 수 있는 열린 조직으로의 관리능력을 배양할 수 있다.
조직의 슬림화	기업의 핵심 역량만을 내부에 보유하고 나머지 활동은 외부적으로 네트워크화시키고 또 수평적으로 통합화함으로써 조직의 슬림화를 기할 수 있다.
조직의 횡적통합화 능력 배양	과거에 발생했던 부서 간 장벽이 없이 수평적 연계 고리를 매끄럽게 연결할 수 있는 능력으로 시장변화에 발 빠른 대응이 가능하고 비용을 크게 줄일 수 있다.

정답 ❺

27 구성원들 간 의사소통이 강력한 특정 리더에게 집중되는 유형은? 기출 20

① 원 형
② Y자형
③ 수레바퀴형
④ 사슬형
⑤ 전체연결형

28 파스칼(R. Pascale)과 피터스(T. Peters)의 조직문화 7S 중 다른 요소들을 연결시켜 주는 핵심적인 요소는? 기출 20

① 전략(Strategy)
② 관리기술(Skill)
③ 공유가치(Shared Value)
④ 관리시스템(System)
⑤ 구성원(Staff)

29 조직설계의 상황변수에 해당하는 것을 모두 고른 것은? 기출 22

ㄱ. 복잡성	ㄴ. 전 략
ㄷ. 공식화	ㄹ. 기 술
ㅁ. 규 모	

① ㄱ, ㄴ, ㄷ
② ㄱ, ㄴ, ㄹ
③ ㄱ, ㄷ, ㅁ
④ ㄴ, ㄹ, ㅁ
⑤ ㄷ, ㄹ, ㅁ

30 조직의 목표를 달성하기 위하여 조직구성원들이 담당해야 할 역할 구조를 설정하는 관리과정의 단계는? 기출 24

① 계 획
② 조직화
③ 지 휘
④ 조 정
⑤ 통 제

해설 및 정답

27 수레바퀴형은 리더를 중심으로 정보가 집중되며, 구성원들 사이에 정보공유가 되지 않는 단점이 있다.

정답 ❸

28 다른 요소들을 연결시켜 주는 핵심적인 요소는 공유가치이다.
① 전략은 변화하는 시장환경 속에서 기업이 적응하여 능력을 발휘할 수 있도록 장기적인 목적과 계획을 세우고, 이를 달성하기 위한 자원을 분배하는 과정이다.
② 관리기술은 전략을 실행시키는 경영기술, 기법 등의 요소이다.
④ 관리시스템은 의사결정의 일관성을 유지하기 위한 틀로, 지원시스템, 경영관리시스템 및 목표설정시스템 등의 요소이다.
⑤ 구성원은 기업에서 성과를 창출하는 인력자원으로, 개인별 능력, 전문성, 욕구, 지각 및 태도 등의 요소이다.

정답 ❸

29 • 조직설계의 상황변수 : 전략, 기술, 규모, 환경 등
• 조직설계의 기본변수 : 복잡성, 공식화, 집권화, 분권화

정답 ❹

30 착수를 위한 인적·물적 구조를 구축하는 단계이다.
① 미래를 살펴보고 행동계획을 작성
③ 직원들 간의 활동을 유지·관리
④ 모든 행동과 노력을 결집시키고 통합하여 조화를 이루는 활동
⑤ 규칙과 명령에 따라 일어나는 현상을 관찰

정답 ❷

31 핵심자기평가(core self-evaluation)가 높은 사람들은 자신을 가능성 있고, 능력 있고, 가치있는 사람으로 평가한다. 핵심자기평가의 구성요소를 모두 고른 것은? 기출 24

ㄱ. 자존감
ㄴ. 관계성
ㄷ. 통제위치
ㄹ. 일반화된 자기효능감
ㅁ. 정서적 안정성

① ㄱ, ㄴ, ㄷ
② ㄱ, ㄴ, ㅁ
③ ㄱ, ㄴ, ㄹ, ㅁ
④ ㄱ, ㄷ, ㄹ, ㅁ
⑤ ㄴ, ㄷ, ㄹ, ㅁ

32 효과적인 의사소통을 방해하는 요인 중 발신자와 관련된 요인이 아닌 것은? 기출 24

① 의사소통 기술의 부족
② 준거체계의 차이
③ 의사소통 목적의 결여
④ 신뢰성의 부족
⑤ 정보의 과부하

해설 및 정답

31 사람들이 자신의 가치, 역량, 능력에 대해 내리는 기본적인 평가에 대한 구성요소는 자아존중감(자존감), 일반화된 자기효능감, 내재적 통제위치, 신경증, 정서적 안정성이다.

핵심자기평가 정의 및 구성요소

사용된 정의	구성요소
사람들이 자신의 가치, 역량, 능력에 대해 내리는 기본적인 평가	자아존중감(자존감), 일반화된 자기효능감, 내재적 통제위치, 신경증, 정서적 안정성
미래의 특정 상황에서 추가적인 행동적 활동과 노력을 통해 태도나 성과에 긍정적 영향을 미치는 개념	자아존중감(자존감), 자기효능감 or 일반화된 자기효능감, 내재적 통제위치, 정서적 안정성
자존감, 자기효능감, 낮은 신경증, 내부 자기통제로서 개인의 가치, 효과성, 능력에 대한 기본적인 평가	자아존중감(자존감), 자기효능감, 낮은 신경증, 내부 자기통제
개인이 업무 달성을 위해 기울인 노력에 대한 자기평가	자아존중감(자존감), 일반화된 자기효능감, 내재적 통제위치, 정서적 안정성

정답 ④

32 정보의 과부하는 상황에 의한 장애요인에 해당한다.

커뮤니케이션 장애요인

송신자(발신자)에 의한 장애요인	수신자에 의한 장애요인	상황에 의한 장애요인	매체에 장애요인
• 목적의식 부족 • 커뮤니케이션 스킬 부족 • 타인에 대한 민감성 부족 • 준거체계의 차이 • 발신자의 신뢰성 부족	• 불신과 선입견 • 선택적 경청 • 반응피드백의 부족 • 평가적 경향	• 어의상의 문제 • 정보의 과부하(과중) • 시간적 압박 • 지위의 차이 • 조직의 분위기	• 부적절한 매체 선택 • 통신장비의 결함

정답

33 킬만(T. Kilmann)의 갈등관리 유형 중 목적달성을 위해 비협조적으로 자기 관심사만을 만족시키려는 유형은?

기출 24

① 협력형
② 수용형
③ 회피형
④ 타협형
⑤ 경쟁형

34 카츠(R. L. Katz)가 제시한 경영자의 기술에 관한 설명으로 옳은 것을 모두 고른 것은? 기출 24

ㄱ. 전문적 기술은 자신의 업무를 정확히 파악하고 능숙하게 처리하는 능력을 말한다.
ㄴ. 인간적 기술은 다른 조직구성원과 원만한 인간관계를 유지하는 능력을 말한다.
ㄷ. 개념적 기술은 조직의 현황이나 현안을 파악하여 세부적으로 처리하는 실무적 능력을 말한다.

① ㄱ
② ㄴ
③ ㄱ, ㄴ
④ ㄱ, ㄷ
⑤ ㄱ, ㄴ, ㄷ

해설 및 정답

33 킬만(T. Kilmann)의 갈등관리 유형 중 목적달성을 위해 비협조적으로 자기 관심사만을 만족시키려는 유형은 경쟁형이다.

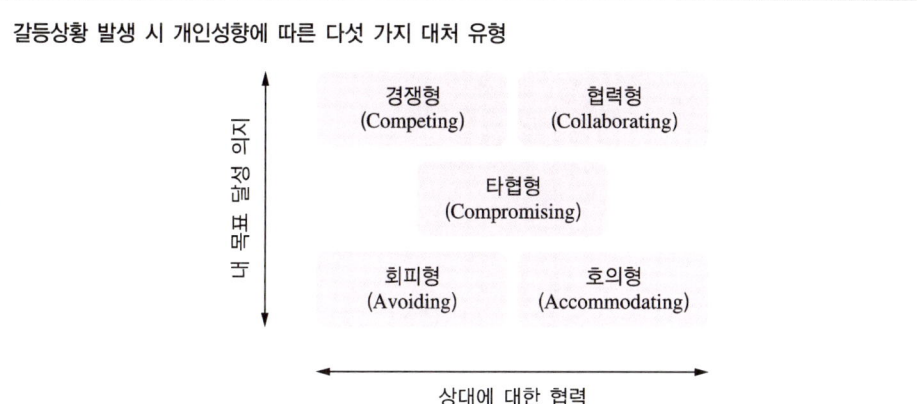

갈등상황 발생 시 개인성향에 따른 다섯 가지 대처 유형

유 형	내 용
회피형(Avoiding)	자신과 상대방의 관심사 모두를 무시함으로써 갈등을 의도적으로 피하고자 하는 방식
수용형(순응, 동조, 조정, 호의)(Accomodating)	좋은 인간관계를 유지하기 위해서 자신의 욕구충족은 포기하고 상대방의 주장에 따름으로써 갈등을 해소하는 방법
타협형(Compromising)	양쪽이 조금씩 서로 양보하여 절충안을 찾으려는 방법
경쟁형(Competing)	상대방을 희생시키고 자신의 이익이나 관심사를 충족하려는 방법
협력형(Collaborating)	양쪽의 관심사를 모두 만족시키려는 접근방법

정답 ❺

34 ㄷ – 전문적 기술에 대한 설명이다.

전문적 기술	• 관리자가 특정분야의 업무를 감독, 수행하는 데 필요한 지식, 방법 및 기구, 설비 등을 사용할 수 있는 능력 • 이 기술은 경험, 교육 훈련 등을 통해 습득되어지며 일선관리자에게 주로 요구되는 기술 부분
인간적 기술	• 관리자가 구성원에 대한 효과적인 지도성을 발휘하고 동기를 부여 • 다른 사람들과 함께 일할 수 있는 능력으로 모든 계층의 관리자에게 공통적으로 요구되는 기술
개념적 기술	• 분석적 사고 능력으로서 조직 전체를 이해하고 조직 내에서 구성원들의 활동을 조직하여 전체 상황에 맞도록 진행해 나가는 능력 • 비정형적 의사결정이 중심적 역할인 최고관리자에게 가장 필요한 부분

정답 ❸

35 우드워드(J. Woodward)가 분류한 기술유형으로 옳은 것을 모두 고른 것은? 기출 25

> ㄱ. 대량생산기술
> ㄴ. 결합생산기술
> ㄷ. 단위소량생산기술
> ㄹ. 연속공정생산기술
> ㅁ. 유연생산기술

① ㄱ, ㄴ, ㄷ
② ㄱ, ㄷ, ㄹ
③ ㄴ, ㄹ, ㅁ
④ ㄱ, ㄴ, ㄷ, ㅁ
⑤ ㄴ, ㄷ, ㄹ

36 로키치(M. Rokeach)의 최종가치(terminal values)에 해당하는 것을 모두 고른 것은? 기출 25

> ㄱ. 편안한 삶(comfortable life)
> ㄴ. 야망(ambitious)
> ㄷ. 행복(happiness)
> ㄹ. 용기(courageous)
> ㅁ. 즐거움(pleasure)

① ㄱ, ㄷ
② ㄴ, ㄹ
③ ㄱ, ㄷ, ㅁ
④ ㄴ, ㄹ, ㅁ
⑤ ㄱ, ㄷ, ㄹ, ㅁ

해설 및 정답

35 우드워드(J. Woodward)는 기술의 복잡성을 기준으로 기업의 기술유형을 고객의 요구에 따라 맞춤 생산하는 <u>단위소량생산기술</u>, 조립라인에 따라 표준품을 생산하는 <u>대량생산기술</u>, 정유와 같이 계속되는 흐름을 가지는 <u>연속공정생산기술</u>로 분류했다. 이때 대량생산에는 기계적 조직구조가, 단위소량생산과 연속공정생산에는 유기적 조직구조가 적합하다.

정답

36 로키치(M. Rokeach)는 가치를 개인이 인생에서 도달하고자 하는 궁극적인 목표인 최종가치(terminal values)와 최종가치에 도달하기 위해 선호되는 행동양식인 수단가치(instrumental values)로 구분한다.
- 최종가치 : <u>편안한 삶(comfortable life)</u>, 신나는 삶(exciting life), 성취감(sense of accomplishment), <u>행복(happiness)</u>, 평등(equality), 자유(freedom), <u>즐거움(pleasure)</u>, 사회적 인정(social recognition) 등
- 수단가치 : 야망(ambitious), 정직(honest), 책임감(responsible), 용기(courageous), 예의(polite), 독립적(independent), 논리적(logical), 자제력(self-controlled) 등

정답

CHAPTER 09 인사관리와 노사관계관리

출제포인트

- ☐ 직무분석
- ☐ 보상 및 유지
- ☐ 임금관리의 체계
- ☐ 노동조합의 탈퇴 및 가입
- ☐ 쟁의행위의 유형
- ☐ 성과배분제도

제1절 인사관리

I 의의

1. 인사관리의 개념

① 기업조직에 필요한 인력을 획득, 이를 조달하고 유지 및 개발하며, 유입된 인력을 효율적으로 관리·활용하는 체제를 의미한다.

② 인사관리의 주요 기능으로는 직무의 분석 및 설계, 모집 및 선발, 훈련 및 개발, 보상 및 후생복지, 노조와의 관계 등이 있다.

[전통적 인사관리와 현대적 인사관리의 비교]

구 분	전통적 인사관리	현대적 인사관리
중 점	직무중심의 인사관리	경력중심의 인사관리 (예 CDP 제도)
강조점	조직목표 강조	조직목표와 개인목표의 조화 (예 MBO)
인간관	소극적, 타율적 X론적 인간관	주체적, 자율적 Y론적 인간관
안 목	주어진 인력을 활용하는 단기적인 안목	인력을 육성·개발하는 장기적 안목
노동조합	노동조합의 억제(부정)	노사 간 상호협동에 의한 목적달성

2. 인사관리의 목표

① 설정목표
  ㉠ 생산성의 향상 및 근로생활의 질(QWL) 2가지를 동시에 만족시키는 것이다.
  ㉡ 생산성의 목표는 조직 구성원들의 만족과 같은 인간적인 면보다는 주어진 과업 그 자체를 이루기 위한 조직의 목표를 말한다.
② 근로생활의 질(QWL) : 산업화에 따른 종업원들 작업의 전문화 및 단순화에서 나타나는 단조로움, 소외감, 인간성 상실 등에 대한 반응 또는 빠르게 변화하는 경영환경 하에서의 새로운 기술의 발달로 인한 업무환경의 불건전성 등의 문제에 대한 반응으로서 나타난 개념이다.

3. 인사관리의 환경

① 내부환경
  ㉠ 노동력 구성비의 변화 : 구성원들의 중고령화, 관리직 및 전문직의 증가, 여성근로자의 증가로 인한 여성들의 사회 참여의욕이 점차적으로 증가하였다.
  ㉡ 조직규모의 확대 : 기업조직의 규모 확대와 더불어 인사관리의 기능분화가 발생하였다.
  ㉢ 가치관의 변화 : 조직중심에서 개인주의적인 성향이 우선시되는 방향으로 가치관이 변화하였다.
② 외부환경
  ㉠ 경제여건의 변화 : 경기가 호황일 때 임금, 승진, 복지후생 등의 고용조건이 좋아지지만, 경기가 불황일 때 유휴인력, 실업, 정리해고 등의 문제가 발생하였다.
  ㉡ 정부개입의 증대 : 사회보장에 관한 관심의 증가로 인해 정부개입도 증가하였다.
  ㉢ 정보기술의 발전 : 사무자동화, 공장자동화, 경영정보시스템 등의 정보기술의 발달로 인해 신인사체제 확립이 필요하다.
  ㉣ 노동조합의 발전 : 근로자에 대한 노동조건의 향상과 더불어 경영참가 등 인사관리상의 참여도 요구되고 있다.

Ⅱ 직무분석과 직무평가

1. 직무분석 기출 12·22

① 직무분석의 의의
  ㉠ 직무의 성격·내용에 연관되는 각종 정보를 수집, 분석, 종합하는 활동으로, 기업조직이 요구하는 일의 내용들을 정리·분석하는 과정을 의미한다.
  ㉡ 사람 중심의 관리가 아닌 일 중심의 인사관리를 하기 위해서 기본적으로 직무분석이 선행되어야 한다.
② 직무분석 방법

관찰법	직무수행을 관찰하고 기록함으로써 정보를 얻는 방법
질문지법	질문지에 응답한 내용으로 직무에 대한 정보를 얻는 방법
면접법	면접을 통해 직무에 대한 정보를 얻는 방법
중요사건법	직무수행에 대한 사례들을 분석함으로써 직무에 대한 정보를 얻는 방법
경험법	직접 경험을 통해 직무에 대한 정보를 얻는 방법

③ **직무기술서** 기출 12 : 종업원의 직무분석 결과를 토대로 직무수행과 관련된 각종 과업 및 직무행동 등을 일정한 양식에 따라 기술한 문서이다.
④ **직무기술서에 포함되는 내용** 기출 16
　㉠ 직무에 대한 명칭
　㉡ 직무에 따른 활동과 절차
　㉢ 실제 수행되는 과업 및 사용에 필요로 하는 각종 원재료 및 기계
　㉣ 타 작업자들과의 공식적인 상호작용
　㉤ 감독의 범위와 성격
　㉥ 종업원들의 작업조건 및 소음도, 조명, 작업 장소, 위험한 조건과 더불어 물리적인 위치 등
　㉦ 종업원들의 고용조건, 작업시간과 임금구조 및 그들의 임금 형태와 부가적인 급부, 공식적인 기업조직에서의 직무 위치, 승진이나 이동의 기회 등
⑤ **직무명세서** : 직무분석의 결과를 토대로 특정한 목적의 관리절차를 구체화하는 데 있어 편리하도록 정리하는 것이다. 각 직무수행에 필요한 종업원들의 행동이나 기능・능력・지식 등을 일정한 양식에 기록한 문서를 의미하며, 직무명세서는 특히 인적요건에 초점을 둔다.
⑥ **직무기술서 및 직무명세서의 차이점**
　㉠ 직무기술서는 수행되어야 할 과업에 초점을 두며, 직무분석의 결과를 토대로 직무수행과 관련된 과업 그리고 직무 행동을 일정한 양식에 기술한 문서를 의미한다.
　㉡ 직무명세서는 인적 요건에 초점을 두며, 직무분석의 결과를 토대로 직무수행에 필요로 하는 작업자들의 적성이나 기능 또는 지식・능력 등을 일정한 양식에 기록한 문서를 의미한다.

2. 직무평가

① 기업조직에서 각 직무의 숙련・노력・책임・작업조건 등을 분석 및 평가하여 다른 직무와 비교한 직무의 상대적 가치를 정하는 체계적인 방법을 의미한다.
② 직무평가는 '동일노동 동일임금'을 기본원리로 하는 직무급 제도의 기초가 된다.
③ **직무평가방법** 기출 24

비계량	서열법	직무를 전체적으로 평가하여 중요도에 의해 직위를 서열화하는 방식
	분류법	서열법보다는 세련된 방식으로 직무를 전체적으로 평가하지만 등급분류기준을 정한 등급기준표에 따라 등급을 결정하는 방식
계량	점수법	가장 많이 사용되는 방식으로 직위요소에 대한 총점을 구한 후 등급기준표에 따라 배치하는 방법
	요소비교법	가장 늦게 고안된 방식으로 관찰 가능한 직무와 기준 직무를 비교하는 방식

> **직무스트레스** 기출 22
> 1. 개념 : 구성원과 조직 환경 간의 기대 및 요구의 불일치로 인하여 상호 적응과정에서 발생하는 개인의 부정적 반응을 직무스트레스라 한다.
> 2. 발생요인 : 개인의 욕구가 그 업무를 통해 얼마나 충족되는지를 의미하는 '개인의 만족도'와 구성원의 능력과 기술이 얼마나 그 업무에 부합하는지, 조직이 개인을 필요로 하는지, 그 사람을 고용한 것에 만족하는지를 의미하는 '조직의 만족도' 모두 중요한데 이 두 요소 사이 불만족과 불충족이 발생될 경우 직무스트레스가 발생한다.

3. 대처방안
   ① 개인차원
      ㉠ 규칙적 운동
      ㉡ 긴장이완 훈련(예 명상, 요가, 최면 등)
      ㉢ 인지 재구성
      ㉣ 자기조절
   ② 조직차원
      ㉠ 직무설계
      ㉡ 역할분석
      ㉢ 조직구조 변화

Ⅲ 인사관리의 주요활동

1. 인적자원의 확보

① 인적자원관리 과정에서 가장 먼저 이루어지는 과정이며, 기업조직의 목표를 달성함에 있어서 필요한 인력을 조직이 확보해 나가는 과정으로, 이 단계에서는 주로 인적자원의 (충원)계획에 따른 모집이나 선발 및 배치관리가 이루어진다.

② 기업조직 내에서 해고, 퇴직, 승진, 이동 등에 따른 현재 및 미래 직무 공백을 분석하고, 기업조직의 확장 또는 변경 등에 대비해서 조직의 인력흐름을 조절한다.

> **모집, 선발 및 배치**
> - 모집 : 외부노동 시장으로부터 기업의 공석인 직무에 관심이 있고, 자격(능력)이 있는 사람들을 구별하고 유인하는 일련의 과정
> - 선발 : 모집활동을 통해 획득한 지원자들을 대상으로 미래에 수행할 직무에 대해 가장 적합한 지원자를 선별하는 과정
> - 배치 : 여러 직무와 여러 개인들의 관계를 잘 연결시켜, 이를 기업조직의 성과 내지 각 개인의 만족도를 높이도록 해당 직무에 종업원들을 배속시키는 것

2. 인적자원의 개발

① **인력개발** : 기업조직 내 인력자원을 타 자원(정보자원, 재무자원, 기타 물리적 자원)과 마찬가지로 기업의 장·단기전략, 목표를 달성하는데 있어 주요 수단으로 여기고 조직전략 및 목표에 맞게 개발하여 이를 통해 타 인사기능과 효과적인 연관관계를 맺어 인력자원의 효율적인 활동을 통해 궁극적으로 기업조직의 유효성을 향상시키는 기능을 의미한다.

② **개인개발** : 구성원(종업원) 스스로가 종사하고 있는 직종에 연관된 신지식 및 기술 등을 습득하고, 긍정적인 태도 및 행동양식을 보여줌으로써 업무향상을 꾀하도록 인력개발을 하는 것이다.

③ **경력개발** : 기업조직이 미래 사업에 배치할 인력개발을 목표로 미래 직무에 필요로 하는 기술을 개발하기 위해 개개인의 관심, 적성, 가치관, 활동 및 업무 등을 파악하는 개발과정이다.

④ **조직개발** : 조직구조 전체를 하나의 시스템으로 간주하고 인력자원에 관련한 여러 가지의 변수, 즉 조직구조·과정·문화·전략 등의 상호작용을 분석해서 그들 변수 및 업무에 대한 문제를 해결함으로써 기업전 조직을 새롭고 창조적인 체제로 개선해 나가는 것이다.

3. 인적자원의 활용

인적자원의 개발관리를 통해 개발된 인적자원을 효율적으로 활용하기 위해서는 조직의 특성 및 직무특성 등의 재설계 또는 건전한 조직풍토 및 기업문화의 정립이 요구된다. 이러한 인적자원의 활용을 위해서는 MBO, 소집단 활동, 프로젝트 팀 등의 활동이 활성화되어야 한다.

4. 보상 및 유지 기출 14

① 인적자원을 효율적으로 활용한 대가로 기업이 개인에게 주는 경제적 보상으로 임금과 복리후생이 있다.
② **복리후생** : 기업조직이 종업원과 가족들의 생활수준을 높이기 위해 마련한 임금 이외의 제반급부이다. 복리후생제도는 기업에서 노사 간의 관계에 안정, 공동체의 실현 및 종업원들의 생활안정과 문화향상 등의 필요에 의해 발전하고 있다.
③ 복리후생을 증진하는 주체는 통상적으로 기업 측이 맡고 있지만, 관리운영을 반드시 기업 측이 담당할 필요는 없다.

제2절 인사고과

I 인사고과의 기초개념

1. 인사고과의 의의
① 조직구성원의 행위를 조직 목적에 적합하게끔 유도하기 위하여 의식적으로 재정하여 실시하는 인사평가제도를 뜻한다.
② 조직 내부의 인력을 대상으로 하여 그들의 조직에 대한 기여도 및 기여 가능도를 객관적인 수치에 의하여 평가하는 것이다.

2. 인사고과의 성격
① 직무를 수행하는 종업원의 상대적 가치의 평가 성격을 띈다.
② 객관성을 높이기 위하여 특정목적에 적합하도록 조정되는 경향이 있다.
③ 직무평가는 인사고과의 선행절차에 해당한다.

Ⅱ 인사고과의 방법 기출 13·16·18·24

구 분	내 용
자질평정척도법	• 성실성, 분석력 등과 같은 자질을 평정척도로 측정하는 방법이다. • 평가자는 피평가자의 능력이나 태도와 관련한 평가항목을 3점 척도, 5점 척도 혹은 7점 척도 등으로 측정한다.
서열법	• 평가자가 피평가자의 능력이나 업적을 총체적으로 비교하여 피평가자의 순서를 단순하게 결정하는 방법이다. • 서열법은 일반적으로 평가가 용이하며, 관대화 경향이나 중심화 경향과 같은 오차를 제거할 수 있다. • 단점으로는 평가대상자가 20~30명을 넘을 때에는 평정이 어려워지며, 이때에는 몇 그룹으로 나누어 그 내부에서 순위를 정하여 그것을 종합하는 방법을 취해야 한다. 이와 반대로 너무 인원수가 적을 때에는 순위를 매기더라도 별로 의미가 없다.
도표식 평정척도법	• 도표로 된 평정표를 사용하는 근무성적 평정방법이다. • 가장 많이 이용되고 있으며, 평정표의 작성이 용이하고 평정이 쉽다는 장점을 지닌다.
강제할당법	결과가 과도하게 집중되거나 관대화 되는 것을 막기 위해 성적 분포의 비율을 미리 정해 놓는 평정 방법을 말한다.
사실기록법	조직원의 근무성적을 객관적인 사실에 기초하여 평가하는 방법이다.
목표관리법	상·하급자 간에 협의를 통하여 부서 및 개인의 목표를 명확히 설정하고 일정 기간(근무성적 평정기간) 동안 목표 활동을 수행하게 한 뒤, 성과를 평가하여 보상 체제에 반영하는 평가방법이다.
체크리스트 평정법	공무원 평정에 적절하다고 판단되는 표준행동목록을 미리 작성해 두고, 이 목록에 단순히 가부를 표시하게 하는 방법을 통하여 공무원의 근무성적을 평가하는 방법이다.
강제선택법	• 2개 또는 4~5개의 항목으로 구성된 각 기술 항목의 조(組) 가운데서 피평정자의 특성에 가까운 것을 강제적으로 골라 표시하도록 하는 평정방법이다. • 예시한 항목은 가장 긍정적인 항목도 있고 가장 부정적인 항목도 있다. 평가자와 피평가자는 예시한 항목의 점수를 정확하게 알 수 없다. 평가자는 피평가자가 예시한 항목에 해당되는지를 선택만 하면 된다. • 예컨대 대학병원을 평가하는 강제선택척도를 예시하면 다음과 같다. 　ⅰ) 매년 병원시설환경개선에 대한 투자비율이 높다. 　ⅱ) 신종감염병 대비실적이 5점 만점에 4점 이상이다. 　ⅲ) 응급환자의 치료를 거절한 적이 있다. 　ⅳ) 대외적으로 산학협동을 한 실적이 없다. 예시한 평가항목 중 2가지는 바람직한 행동 사례이고, 나머지는 부정적인 행동사례이다. 비교적 구체적인 행동사례를 보고 평가자는 선택만 하면 되기 때문에 이 평가 방법은 평가자의 주관성을 배제하고 평가의 객관성을 높여주는 효과가 크다.
중요사건 서술(기록)법	• 조직목표 달성의 성패에 미치는 영향이 큰 중요한 사실을 중점적으로 기록, 검토하여 피평가자의 직무태도와 업무 수행능력을 개선하도록 유도하는 평가방법이다. • 이 평가방법은 여러 가지 중요사건들을 추출하여 몇 개의 영역으로 나누고 각 영역에서 현저하게 좋거나 나쁜 행동의 예를 기록하여 이를 평가하는 것이다. • 성과와 관련된 행동을 판단하고, 어떠한 행동이 능력개발이나 승진 등에 중요하고 인정되는 행동인가를 명확히 해준다.
행태기준평정 척도법	• 도표식 평정척도법과 중요사건기록법의 장점을 통합한 방법이다. • 피평가자의 직무와 관련되는 중요한 행동이나 사건들을 나열해 주고 각각의 행동들에 대하여 자주 하는지 전혀 안하는지의 척도를 매기게 하여 총점을 계산한다. 업무와 직결되는 행동이라 평가하기도 쉽고 피평가자가 좋은 점수를 받기위해 구체적으로 어떤 행동을 해야 하는지를 제시해 줄 수 있는 장점도 있다.
행태관찰척도법	• 행태기준평정척도법과 도표식 평정척도법을 혼합한 방법이다. • 도표식 평정척도법과 유사하게 사건의 빈도수를 표시한 등급을 사용하되, 행태에 관한 구체적인 사건·사례를 기준으로 평가하는 평정방법을 말한다.

Ⅲ 인사고과 상의 오류 기출 12 · 16 · 21 · 24

구 분	내 용
연쇄효과 (Halo Effect)	현혹효과 또는 후광효과라고도 하며, 한 분야에 있어서의 피평정자에 대한 호의적 또는 비호의적인 인상이 다른 분야에 있어서의 그 피평정자에 대한 평가에 영향을 미치는 것을 말한다.
이미지 평가 오류	부하에 대한 선입관이나 이미지로(에서) 평가해 버리는 경향을 말한다. 예를 들면, '피평정자 A씨는 원래 업무에 대한 지식이 풍부하기 때문에, 이번에도 높은 실적을 올렸을 것이다'라고 평가해 버리는 오류를 말한다.
논리적 오류	• 각 평가요소간 논리적인 상관관계가 있는 경우 비교적 높게 평가된 평가요소가 있으면 다른 요소도 높게 평가하는 경향을 말한다. 예를 들면 '영업 실적이 높은 사람은 사교성이 강하다'라고 평가하는 경향을 말한다. • 현혹효과가 평정자 개인의 특성에 의한 평가상의 오류인데 반해, 논리적 오류는 평가자가 각 평가요소간 논리적으로 일치된다고 생각하는 데서 생기는 오류이다.
집중화(중심화) 경향	평정자가 모든 피평정자들에게 대부분 중간 수준의 점수를 주는 심리적 경향을 말한다.
관대화 경향	평정 결과의 분포가 우수한 쪽에 집중되는 경향을 말한다.
엄격화 경향	반대로 평정 결과의 점수 분포가 낮은 쪽에 집중되는 경향을 말한다.
규칙적 오류	어떤 평정자가 다른 평정자들보다 언제나 후한 점수 또는 나쁜 점수를 주는 것을 말한다.
총계적 오류	평정자의 평정기준이 일정치 않아 관대화 및 엄격화 경향이 불규칙하게 나타나는 경우를 말한다.
상동적 오류	사람에 대한 경직된 편견이나 고정관념에 의한 오차를 의미하는 것으로, 직원에 대한 평가가 그가 속한 사회적 집단에 대한 지각을 기초로 해서 이루어지는 것으로 보는 오류를 말한다.
근접 오류	인사평가표상에서 근접하고 있는 평가요소의 평가결과 혹은 특정 평정시간 내에서의 평가요소 간의 평가결과가 유사하게 되는 오류를 말한다.
시간적 오류	평가자가 피평정자를 평가함에 있어서 쉽게 기억할 수 있는 최근의 실적이나 능력 중심으로 평가하려는 데서 생기는 오류를 말한다.
연공 오류	피평정자의 학력이나 근속연수, 연령 등 연공에 좌우되어서 발생하는 오류를 의미한다. 예를 들어 학력이 대졸자와 중졸자가 있을 때 전자는 더 높게 평가해 버리는 경향을 말한다.
대비 오류	직무기준과 직무능력 요건이 말한 절대기준이 아닌 자신에 기준을 두어 자신과 부하를 비교하는 경우를 말한다. 이러한 오류를 방지하기 위해서는 직무기준(업무목표)과 직무능력 요건에 비추어 평가를 해야 하며, 평정자 훈련을 통해 판단기준을 통일하도록 해야 한다.
극단화 오류	평가가 평정 단계의 최상위, 혹은 최하위에 집중해 버리는 경향을 말한다.

목표를 정하는 5가지 원칙(SMART 원칙) 기출 20
- 목표는 구체적이고 명확하게 정해야 한다(Specific).
- 측정 가능한 목표를 세워야 한다(Measurable).
- 조직목표와의 일치성이 있어야 한다(Aligned with Organizational Goals).
- 목표 설정은 현실적이며 결과지향적이어야 한다(Realistic and Result-oriented).
- 목표 설정은 시간을 적절히 배정하고 즉시 시행할 수 있어야 한다(Timely).

제3절 노사관계관리

I 노사관계관리의 개관

1. 발전과정
전제적 노사관계 → 온정적 노사관계 → 근대적 노사관계 → 민주적 노사관계

2. 기본목표
노사 간 질서의 확립, 올바른 이념의 정립, 노사관계의 안정 등

II 노동조합

1. 의의
노동자가 주체가 되어 자주적으로 단결하여 근로조건의 유지 및 개선, 기타 노동자의 경제적·사회적인 지위의 향상을 도모하기 위한 목적으로 조직하는 단체 또는 그 연합단체를 말한다.

2. 기능
① 기본적 기능 : 노동자들이 노동조합을 형성하기 위해서 비조합원인 근로자들을 조직하는 제1차적 기능인 근로자 기능과 조직된 해당 노동조합을 유지하는 제2차적 기능인 노동조합 기능으로 나누어진다.
② 집행적 기능
　㉠ 단체교섭 기능 : 노동자와 사용자 간의 단체교섭을 통해서 근로조건 유지·개선 내용에 대해 노사 간에 일치점이 나타나게 되면 이를 단체협약으로 이행하는 것이다.
　㉡ 경제활동 기능 : 경제활동 기능은 크게 공제적 기능과 협동적 기능으로 구분되며, 공제적 기능은 노동조합의 자금원조 기능으로 볼 수 있는데, 이는 노동자들이 어떠한 질병이나 재해, 사망 또는 실업에 대비해서 노동조합이 사전에 공동기금을 준비하는 상호부조의 활동(상호보험)을 의미한다. 협동적 기능은 노동자가 취득한 임금을 보호하기 위한 소비측면의 보호로서 생산자 협동조합이나 소비자 협동조합 및 신용조합, 노동은행의 활동 등을 의미한다.
　㉢ 정치활동 기능 : 노동자들이 자신들의 경제적인 목적을 달성하기 위해 부득이하게 정치적인 활동을 전개하는 것으로서, 노동관계법 등의 법률 제정이나 그에 대한 촉구와 반대 등의 정치적 발언권을 행사하며, 이를 위해서 어느 특정 정당을 지지하거나 반대하는 등의 정치활동을 전개하는 것을 가리킨다.
③ 참모적 기능 : 기본기능과 집행기능을 보조하거나 참모하는 역할을 수행하는 기능으로, 노동자들이 만든 노동조합의 임원이나 조합원들에게 교육활동이나 각종 선전활동, 조사연구활동 및 사회봉사활동 등의 내용을 포함한다.

3. 노동조합의 조직형태 기출 17·19

① **직업별 노동조합** : 기계적인 생산방법이 도입되지 못하던 수공업단계에서 산업이나 기계에 관련 없이 서로 동일한 직능(예 인쇄공이나 선반공 또는 목수 등)에 종사하는 숙련노동자들이 자신들이 소속되어 있는 회사를 초월해서 노동자 자신들의 직업적인 안정과 더불어 경제적인 부분에서의 이익을 확보하기 위해 만든 배타적인 노동조합이다.

② **산업별 노동조합** : 직종이나 계층 또는 기업에 상관없이 동일한 산업에 종사하는 모든 노동자가 하나의 노동조합을 결성하는 새로운 형태의 노동조합이다. 이들 산업별 노동조합은 노동조합 발생 초기에 발달한 형태로 노동시장에 대한 공급통제를 목적으로 숙련 또는 비숙련 노동자들을 불문하고 동종 산업의 모든 노동자들을 하나로 해서 조직된다.

③ **기업별 노동조합** : 동일한 기업에 종사하는 노동자들이 해당 직종 또는 직능에 대한 차이 및 숙련의 정도를 무시하고 조직하는 노동조합으로서 이는 개별기업을 존립의 기반으로 삼고 있는 것을 가리킨다.

④ **일반노동조합** : 기업 및 숙련도, 직능과는 상관없이 하나 또는 여러 개의 산업에 걸쳐서 각기 흩어져 있는 일정 지역 내의 노동자들을 규합하는 노동조합을 가리킨다. 어느 특정한 직종이나 산업 및 기업에 소속되지 않는 노동자들도 자유로이 가입할 수 있는 반면에, 조직으로서 갖추어야 하는 단결력이 약화되므로 전반적인 이해관계에 대한 문제가 나타날 우려가 있다.

4. 노동조합의 가입·탈퇴 기출 15·17

> **노동조합의 가입**
> 우리나라 헌법 제8조에서는 근로자들의 단결권을 인정하고 있으며, 노동조합 및 노동관계조정법 제5조에서는 '근로자가 자유로이 노동조합을 조직 및 이에 가입할 수 있다'라고 규정하고 있다.

① **오픈 숍(Open Shop)** : 사용자가 노동조합에 가입한 조합원뿐만 아니라 비조합원도 자유롭게 채용할 수 있도록 하는 제도로, 종업원의 노동조합에 대한 가입·비가입 등이 채용이나 해고조건에 전혀 영향력을 끼치지 못하는 것이라 할 수 있다. 노동조합에 대한 가입 및 탈퇴에 대한 부분은 종업원들의 각자 자유에 맡기고, 사용자는 비조합원들도 자유롭게 채용할 수 있기 때문에, 조합원들의 사용자에 대한 교섭권은 약화된다.

② **클로즈드 숍(Closed Shop)** : 기업의 결원에 대한 보충이나, 신규채용 등에 있어 사용자가 조합원 중에서 채용을 하지 않으면 안 되는 것을 의미한다. 노동조합의 가입이 채용의 전제조건이 되므로 조합원의 확보 방법으로서는 최상의 강력한 제도라 할 수 있으며, 클로즈드 숍 하에서 노동조합이 노동의 공급 등을 통제가능하기 때문에 노동가격(임금)을 상승시킬 수 있다.

③ **유니언 숍(Union Shop)** : 사용자의 노동자에 대한 채용은 자유롭지만, 일단 채용이 되고 나서부터는 종업원들은 일정 기간이 지난 후에는 반드시 노동조합에 가입해야만 하는 제도를 말한다.

④ **에이전시 숍(Agency Shop)** : 종업원들 중에서 조합가입의 의사가 없는 자에게는 조합가입이 강제되지 아니하나 조합가입에 대신하여 조합비를 조합에 납입하여야 하는 제도를 말한다.

⑤ **조합원자격유지제도(Maintenance of Membership)** : 사용자가 조합원 또는 비조합원의 여부에 관계없이 종업원을 고용할 수는 있으나 단체협약체결 당시에 조합원인 종업원은 고용계속의 조건으로서 단체협약의 유효기간 동안 조합원자격을 유지해야 되고 조합으로부터 제명되거나 탈퇴하는 경우에 해고되는 제도를 말한다.

⑥ **프리퍼런셜 숍(preferential shop)** : 채용에 있어서 노동조합원에게 우선순위를 주는 제도를 말한다.

Ⅲ 단체교섭과 단체협약

1. 단체교섭 [기출] 13·20·24

① 의의 : 노동조합과 사용자 간의 노동자들의 임금이나 근로시간, 기타 근로조건에 대한 협약체결을 위해서 대표자를 통해 집단적인 타협을 하고 또 체결된 협약을 이행·관리하는 절차이다. 노사의 대표자가 노동자의 임금·근로시간 또는 제 조건에 대해서 협약의 체결을 위해서 평화적으로 타협점을 찾아가는 절차를 가리킨다.

② 단체교섭의 기능
　㉠ 사용자 측 : 근로자 전체 의사를 수렴한 노조와의 대화 채널이며, 더불어 노사관계의 안전장치로 생각할 수 있다.
　㉡ 근로자 측 : 근로자 자신들의 근무조건을 유지 및 향상시키며 구체적인 노조활동의 자유를 사용자로부터 얻어내기 위한 중요 수단이다.

③ 단체교섭 방식
　㉠ 기업별 교섭
　　㉮ 기업 내 조합원들을 교섭 단위로 해서 기업단위노조와 사용자 간 단체교섭이 행해지는 것이다.
　　㉯ 각 사업장의 특수성을 반영할 수 있는 반면에 개별사업을 존립기반으로 하므로 노동시장에 대한 지배력이 없으며 기업별, 사업장별 교섭 등에서 오는 제약이 따른다.
　㉡ 집단교섭
　　㉮ 여러 개 단위노조와 사용자가 집단으로 연합전선을 구축해서 교섭하는 방식이다.
　　㉯ 기업별 교섭과 산업별 통일교섭의 절충형태이다.
　㉢ 통일교섭
　　㉮ 전국에 걸친 산업별 노조 또는 하부단위노조로부터 교섭권을 위임받은 연합체 노조와 이에 대응하는 산업별 또는 지역별 사용자단체 간의 단체교섭을 가리킨다.
　　㉯ 해당 산업의 전반에 걸쳐 근로조건을 통일할 수 있는 반면에, 기업별 특수성을 반영하기 어렵다.
　㉣ 대각선 교섭 : 단위노조가 소속된 상부단체와 각 단위노조에 대응하는 개별기업의 사용자 간에 행해지는 교섭방식이다.
　㉤ 공동교섭 : 기업별 노동조합 또는 지역-기업단위지부가 상부단위의 노조와 공동으로 참가해서 기업별 사용 측과 교섭하는 것이다.

2. 단체협약

① 노동자들이 사용자에 대해서 평화적인 교섭 또는 쟁의행위를 거쳐서 쟁취한 유리한 근로조건을 협약이라는 형태로 서면화한 것이다.
② 단체교섭에 의해 노사 간의 입장의 합의를 보게 되었을 때 단체협약이 된다. 단체협약의 경우에 성립이 되고 나면, 그것이 법에 저촉되지 않는 한 취업규칙 및 개별근로계약에 우선해서 획일적인 적용을 하게 되는 상당히 강력하게 작용하는 것으로써, 이는 협약서 작성에 있어 상당한 규제로 가해진다.
③ 기능 : 근로조건 개선기능, 산업평화 기능 등이 있다.
④ 단체협약의 유효기간 : 단체협약의 유효기간은 3년을 초과하지 않는 범위에서 노사가 합의하여 정할 수 있다. 단체협약에 그 유효기간을 정하지 아니한 경우 또는 3년을 초과하는 유효기간을 정한 경우에 그 유효기간은 3년으로 한다.

Ⅳ 부당노동행위 기출 20

우리나라의 경우 개별적인 근로자를 대상으로 한 부당노동행위와 노동조합을 대상으로 하는 부당노동행위로 구별해서 다음과 같은 5가지 종류의 부당노동행위를 규정해서 이를 금지하고 있다(노동조합의 조직·가입·활동 등에 관한 불이익 대우, 황견계약의 체결, 단체교섭의 거부, 노동조합의 조직·운영에 대한 지배·개입과 경비원조, 단체행동에의 참가·기타 노동위원회와의 관계에 있어 행위에 관한 보복적 불이익 대우).

Ⅴ 쟁의행위와 쟁의조정제도

1. 노동쟁의
종업원들의 노동시간, 복지후생, 임금, 해고 등에 대해서 노사 간의 의견 불일치로 인해 발생하는 분쟁상태를 의미한다.

2. 쟁의행위의 유형 기출 17·20

구 분	유 형	내 용
노동자 측면의 쟁의행위	파 업	노동조합 안에서의 통일적 의사결정에 따라 근로계약상 노동자가 사용자에게 제공해야 할 의무가 있는 근로의 제공을 거부하는 쟁의수단
	태업·사보타지	• 태업 : 노동조합이 형식적으로는 노동력을 제공하지만 의도적으로 불성실하게 노동을 제공함으로써 작업능률을 저하시키는 행위 • 사보타지(Sabotage) : 태업에서 더 나아가 능동적으로 생산 및 사무를 방해하거나 원자재 또는 생산시설 등을 파괴하는 행위
	생산관리	노동조합이 직접적으로 사업장이나 공장 등을 점거하여 직접 나서서 기업경영을 하는 행위
	준법투쟁	노동조합이 법령·단체협약, 취업규칙 등의 내용을 정확하게 이행한다는 명분하에 업무의 능률 및 실적을 떨어뜨려 자신의 주장을 받아들이도록 사용자에게 압력을 가하는 집단행동 예 일제휴가, 집단사표, 연장근무의 거부 등
노동자 측면의 (부수적) 쟁의행위	불매동맹 (Boycott)	노동조합이 사용자나 사용자와 거래 관계에 있는 제3자의 제품구입 또는 시설 등에 대한 이용을 거절하거나 그들과의 근로계약 체결 거부 등을 호소하는 행위
	피켓팅 (Piketting)	노조의 쟁의행위를 효과적으로 수행하기 위한 것으로서, 이는 비조합원들의 사업장 출입을 저지하고, 이들을 파업에 동조하도록 호소하여 사용자에게 더 큰 타격을 주기 위해 활용되는 것
사용자 측면의 쟁의행위	직장폐쇄 (Lock Out)	노동조합과 사용자 간에 임금 및 기타 제 근로조건에 대해서 주장이 일치하지 아니하는 경우 사용자 측이 자기의 주장을 관철하기 위해서 노동자가 제공하는 노동력의 제공을 거부하고, 노동자에게 경제적 타격을 입힘으로써 압력을 가하는 실력행위

3. 쟁의권행사의 절차
① 쟁의의 신고 : 노동쟁의가 발생하였을 시 쟁의 당사자 중 어느 한 쪽이 지체 없이 이를 관할 행정관청 및 노동위원회에 신고한 후 상대 측에 통고해야 한다.
② 조정기간 : 신고된 노동쟁의가 노동위원회의 적법판정을 받게 되었다 할지라도 일반사업에 있어 10일, 공익사업에 있어 15일을 경과하지 않으면 최종수단인 쟁의행위를 할 수 없다.

4. 노동쟁의의 조정
① **조정** : 노동위원회가 관계당사자 일방의 신청을 받고 관계당사자의 의견을 들어 조정안을 만들어 노사의 수락을 권고하는 형태로, 노동위원회에서 구성한 조정위원 3인으로 구성된 조정위원회에서 담당한다.
② **중재** : 노사의 자주적인 해결의 원칙과는 거리가 먼 형태로 중재절차가 개시되면 냉각기간이 경과했더라도 그날로부터 15일간 쟁의행위를 할 수 없고, 중재재정의 내용은 단체협약과 동일한 효력을 지닌다.
③ **긴급조정** : 쟁의행위가 국민경제 및 국민의 일상생활을 위태롭게 할 경우 당사자에게 의견을 묻지 않고 고용노동부장관의 직권으로 결정하는 것이다(이는 쟁의권에 대한 중대한 제약).

Ⅵ 경영참가제도와 성과배분제도

1. 경영참가
① 노동자 또는 노동조합이 사용자와 공동으로 기업의 경영관리기능을 담당 수행하는 것이다.
② 국가별, 지역별, 기업의 규모에 따라 각각 차이가 있지만 일반적으로 널리 사용되고 있는 경영참가의 기본유형으로는 자본참가(우리사주), 이익참가(분배), 경영의사결정참가 등의 세 가지로 나누어진다.

2. 성과배분제도 기출 12·13·18·22
기업이 생산성 향상에 의해 얻어진 성과를 배분하는 제도로, 생산성 향상을 위한 인센티브 제도라고 할 수 있다. 생산성 향상의 성과가 뚜렷했을 때에만 성과배분제의 효과를 가질 수 있으며, 성과배분제도의 종류는 다음과 같다.
① **일반적 성과배분제도** : 상여금제, 이윤분배제, 종업원지주제도 등
② **공장단위 성과배분제도** : 스캔론 플랜(판매가치기준), 럭커 플랜(부가가치 기준), 링컨플랜(이윤분배+성과급 기준), 프렌치시스템(비용절감) 등

Ⅶ 사회보장제도

1. 개요
사회보험에 의한 제 급여 및 무상으로 행해지는 공공부조이다. 사회보험은 부조와 더불어 사회보장의 2대 지주를 형성하고 있으며, 사회보장의 한 부분이다.

2. 사회보험의 4대 지주
국민건강보험, 국민연금보험, 고용보험, 산업재해보상보험 등이 이에 해당한다.

Ⅷ ILO 가입과 노사관계

ILO는 근로조건을 개선하고 근로자들의 권익보호 및 복지증진을 통해 사회의 정의를 구현하고, 세계의 항구적 평화달성에 공헌하고자 설립된 노·사·정의 3자 기구이다. 그 기대효과로는 국가의 지위향상, 국내 노동 분야의 발전, 노동 분야의 국제협력확대, 민간차원의 노동외교활성화, 국제노동계 동향 및 정보파악 용이 등이 있다.

제4절 보상관리

I 보상관리의 기초개념

1. 임금의 의의
사용자가 근로의 대가로 근로자에게 임금, 봉급, 그 밖에 어떠한 명칭으로든지 지급하는 일체의 금품

2. 보상관리의 내용 기출 12·15·24

구 분	의 의
임금 수준	종업원에게 지급하는 평균적인 임금
임금 체계	임금 총액을 각 종업원에게 배분하는 구성내용
임금 형태	임금을 지급하거나 산정하는 방법

II 임금수준 관리

1. 임금수준의 결정요소

생계비	종업원의 생계를 유지하고 생활을 보장할 수 있는 수준이 되어야 하는데 측정방법과 내용에 따라 실태생계비와 이론생계비로 나눌 수 있다.
지불능력	기업이 보상으로 지불할 수 있는 최대한의 재정적 능력이 아니라 기업이 안정된 성장을 계속할 수 있다는 전제 하에서 지불할 수 있는 기업의 능력
기 타	같은 지역, 같은 업종, 동일규모의 업체와 임금수준

2. 결정구조 기출 16

상 한	기업이 감당할 수 있는 최대한의 수준
조정요인	동일한 업종의 타 회사 수준, 사회적 임금 수준 등
하 한	최저임금

3. 최저임금제 기출 18
① 개념 : 국가가 종업원에 대한 임금액의 최저한도선을 정하고, 사용자에게 그 지급을 법적으로 강제하는 제도를 말한다.
② 목 적
  ㉠ 경제정책적인 목적 : 저임금 근로자의 구매력을 증가시켜 불황기에 유효수요 축소의 방지, 부당한 임금절하에 의한 생산비 절하를 방지한다.
  ㉡ 사회정책적인 목적 : 저임금 근로자의 빈곤 퇴치, 미숙련·비조직 근로자에 대한 노동력 착취 방지, 소득을 재분배한다.
  ㉢ 산업정책적인 목적 : 저임금 의존적 경쟁 지양, 기술개발 및 생산성 향상을 통한 공정한 경쟁의 유도, 노동쟁의 예방한다.

③ 필요성
- ㉠ 계약자유의 원칙 한계 보완 : 계약의 자유가 소유권과 결합하여 오히려 경제적 강자를 보호하고 경제적 약자를 지배하는 제도로 전환되는 한계를 보완한다.
- ㉡ 사회적 약자 보호 : 생존임금과 생활임금을 보장하여 저임금 노동자 등의 사회적 약자들을 보호한다.
- ㉢ 시장실패 보완 : 임금이 하락함에도 불구하고 노동공급은 줄어들지 않고 계속 증가하여 임금이 계속 떨어지는 현상인 왜곡된 임금구조를 개선한다.
- ㉣ 유효수요 증대 : 저소득층의 한계소비성향을 높여 사회 전반적인 수요를 증대시킨다.

Ⅲ 임금체계의 관리

1. 임금 체계의 의의
임금 총액을 각 종업원에게 배분하는 구성내용

2. 임금의 종류 기출 25
① 연공급
- ㉠ 근속연수에 따라 임금수준을 결정하는 방식
- ㉡ 동양적 정서에 적합한 방식

② 직무급
- ㉠ 직무가 가지고 있는 상대적 가치를 평가하여 그에 상응하는 보수를 결정하는 방식
- ㉡ 보수의 공정성을 높일 수 있음(동일노동·동일보수)

③ 직능급
- ㉠ 직무수행능력(노동력의 가치)에 따라 보수를 지급하는 방식
- ㉡ 개인에게 학습과 개발의 동기를 제공하는 효과를 지님

④ 자격급
- ㉠ 직무급과 연공급을 결합한 형태
- ㉡ 자격제도를 바탕으로 한 임금체계

⑤ 성과급제
- ㉠ 직무수행 성과에 따라 보수를 차등적으로 지급하는 방식
- ㉡ 동기유발에 효과가 있는지 의문이 제기되고 있음

Ⅳ 복리후생관리

1. 복리후생의 의의
기업이 종업원에게 지급하는 보상의 한 종류로 종업원의 동기부여에 공헌한다.

2. 카페테리아식 복리후생
① 의의 : 기업이 일방적으로 제공하는 복리후생이 아니라 종업원 니즈에 맞는 복리후생 항목과 수혜수준을 종업원이 자유롭게 선택하도록 하는 제도
② 장점 : 종업원 개인이 선택권을 갖는다면 각자 욕구에 맞는 복리후생 설계가 가능하여 복리후생의 가치는 증대된다.
③ 단점 : 종업원 개인이 복리후생의 선택권을 갖는다면 복리후생 비용을 추정하기 어렵다.

3. 법정복리후생 기출 14
① 1995년 고용보험의 실시로 고용보험을 포함한 건강보험, 연급보험, 산재보험등 4대 보험체계가 정립되었다.
② 우리나라에서 실시되는 복리후생으로는 고용보험, 건강보험, 연급보험, 산재보험, 퇴직금, 유급휴가제도 등이 있다.

CHAPTER 09 인사관리와 노사관계관리

01 인사평가의 분배적 오류에 해당하는 것은? 기출 21

① 후광효과
② 상동적 태도
③ 관대화 경향
④ 대비오류
⑤ 확증편향

―● 해설 및 정답 ●―

01 분배적 오류란 평가자가 평가측정을 한 후 그 결과에 따라 다수의 피평가자에게 점수를 부여할 때 각 점수의 분포가 특정 방향으로 쏠리는 현상으로, 중심화 경향, 관대화 경향 및 가혹화 경향 등이 대표적이다.
① 하나의 특징적인 인상이 피고과자의 전체를 좌우하는 오류
② 피고과자가 속한 집단의 특성에 근거하여 그를 판단하는 경향 또는 오류로, 일종의 고정관념
④ 한 사람에 대한 평가가 다른 사람의 평가에 영향을 주는 오류
⑤ 자신의 신념과 일치하는 정보만을 받아들이는 경향으로, 고과자가 평가매뉴얼을 따르지 않고 자신만의 기준에 따른 질문과 판단을 하는 오류

정답 ❸

02 고과자가 평가방법을 잘 이해하지 못하거나 피고과자들 간의 차이를 인식하지 못하는 무능력에서 발생할 수 있는 인사고과의 오류는? 기출 24

① 중심화 경향
② 논리적 오류
③ 현혹효과
④ 상동적 태도
⑤ 근접오차

03 노동조합의 조직형태에 관한 설명으로 옳지 않은 것은? 기출 19

① 직종별 노동조합은 동종 근로자집단으로 조직되어 단결이 강화되고 단체교섭과 임금협상이 용이하다.
② 일반노동조합은 숙련근로자들의 최저생활조건을 확보하기 위한 조직으로 초기에 발달한 형태이다.
③ 기업별 노동조합은 조합원들이 동일기업에 종사하고 있으므로 근로조건을 획일적으로 적용하기가 용이하다.
④ 산업별 노동조합은 기업과 직종을 초월한 거대한 조직으로서 정책활동 등에 의해 압력단체로서의 지위를 가진다.
⑤ 연합체 조직은 각 지역이나 기업 또는 직종별 단위조합이 단체의 자격으로 지역적 내지 전국적 조직의 구성원이 되는 형태이다.

04 외부 모집과 비교한 내부 모집의 장점을 모두 고른 것은? 기출 24

> ㄱ. 승진기회 확대로 종업원 동기 부여
> ㄴ. 지원자에 대한 평가의 정확성 확보
> ㄷ. 인력수요에 대한 양적 충족 가능

① ㄱ
② ㄴ
③ ㄱ, ㄴ
④ ㄴ, ㄷ
⑤ ㄱ, ㄴ, ㄷ

해설 및 정답

02 평정자가 모든 피평정자들에게 대부분 중간 수준의 점수를 주는 심리적 경향
② 고과 요소 간에 상관관계가 있을 때 하나를 통하여 다른 하나를 미루어 짐작하는 오류
③ 한 평가요소가 평가자의 판단에 연쇄적으로 영향을 주는 오류
④ 선입견이나 고정관념에 의한 오류
⑤ 인사고과표상에 근접되어 있는 평가요소의 평가 결과 혹은 특정평가 시간 내에서의 평정요소 간의 평정결과가 비슷한 경향

정답 ❶

03 일반노동조합은 숙련도나 직종, 산업에 관계없이 일반근로자를 폭넓게 규합하는 노조이다. 초기에 발달한 형태는 산업별 노동조합에 해당한다.

정답 ❷

04 ㄱ. 내부모집 장점
ㄴ. 내부모집 장점
ㄷ. 외부모집 장점

내부모집 · 외부모집 장단점

구 분	내부모집	외부모집
장 점	• 승진기회 확대로 종업원의 동기부여 상승 • 능력이 충분히 검증된 인재 채용 가능 • 신속한 충원 및 충원비용 감소	• 인재 선택 폭 확대 • 외부인력이 조직에 유입되어 조직 분위기 쇄신 가능 • 자격을 가춘 자가 채용되어 교육훈련비 감소
단 점	• 구성원이 자기사람을 심는 등 조직 폐쇄성 강화 • 인재 선택 폭 감소 • 자신의 능력을 넘는 범위까지 승진하여 조직이 무능력한 인재들로 구성되는 피터의 원리 발생	• 내부인력 승진 기회 감소로 종업원의 동기부여 감소하게 되어 이직률 상승 등 조직 분위기에 부정적 영향 발생 • 경력자 채용으로 높은 급여 발생(인건비 상승) • 시간비용 및 충원비용 소요

정답 ❸

05 직무분석에 관한 설명으로 옳은 것은? 기출 22

① 직무의 내용을 체계적으로 정리하여 직무명세서를 작성한다.
② 직무수행자에게 요구되는 자격요건을 정리하여 직무기술서를 작성한다.
③ 직무분석과 인력확보를 연계하는 것은 타당하지 않다.
④ 직무분석은 작업장의 안전사고 예방에 도움이 된다.
⑤ 직무분석은 직무평가 결과를 토대로 실시한다.

06 다음 특성에 부합하는 직무평가 방법으로 옳은 것은? 기출 24

- 비계량적 평가
- 직무 전체를 포괄적으로 평가
- 직무와 직무를 상호 비교하여 평가

① 서열법
② 등급법
③ 점수법
④ 분류법
⑤ 요소비교법

07 최저임금제의 필요성으로 옳지 않은 것은? 기출 18

① 계약자유 원칙의 한계 보완
② 저임금 노동자 보호
③ 임금인하 경쟁 방지
④ 유효수요 창출
⑤ 소비자 부담 완화

• 해설 및 정답 •

05 ① 직무의 내용을 체계적으로 정리하여 직무기술서를 작성한다.
② 직무수행자에게 요구되는 자격요건을 정리하여 직무명세서를 작성한다.
③ 직무분석과 인력확보를 연계하는 것은 타당하다.
⑤ 직무평가는 직무분석 결과를 토대로 실시한다.

〈직무분석, 직무기술서, 직무명세서 및 직무평가〉

직무분석	직무의 성격·내용에 연관되는 각종 정보를 수집, 분석, 종합하는 활동으로, 기업조직이 요구하는 일의 내용들을 정리·분석하는 과정
직무기술서	종업원의 직무분석 결과를 토대로 직무수행과 관련된 각종 과업 및 직무행동 등을 일정한 양식에 따라 기술한 문서
직무명세서	직무분석의 결과를 토대로 특정한 목적의 관리절차를 구체화하는 데 있어 편리하도록 정리하는 것으로, 각 직무수행에 필요한 종업원들의 행동이나 기능·능력·지식 등을 일정한 양식에 기록한 문서
직무평가	기업조직에서 각 직무의 숙련·노력·책임·작업조건 등을 분석 및 평가하여 다른 직무와 비교한 직무의 상대적 가치를 정하는 체계적인 방법

정답 ④

06 조건에 해당하는 직무평가 방법은 서열법이다.

직무평가 방법

비계량	서열법	직무를 전체적으로 평가하여 중요도에 의해 직위를 서열화하는 방식
	분류법	서열법보다는 세련된 방식으로 직무를 전체적으로 평가하지만 등급분류기준을 정한 등급기준표에 따라 등급을 결정하는 방식
계량	점수법	가장 많이 사용되는 방식으로 직위요소에 대한 총점을 구한 후 등급기준표에 따라 배치하는 방법
	요소비교법	가장 늦게 고안된 방식으로 관찰 가능한 직무와 기준 직무를 비교하는 방식

정답 ①

07 **최저임금제의 필요성**
• 계약자유의 원칙 한계 보완 : 계약의 자유가 소유권과 결합하여 오히려 경제적 강자를 보호하고 경제적 약자를 지배하는 제도로 전환되는 한계를 보완
• 사회적 약자 보호 : 생존임금과 생활임금을 보장하여 저임금 노동자 등의 사회적 약자들을 보호
• 시장실패 보완 : 임금이 하락함에도 불구하고 노동공급은 줄어들지 않고 계속 증가하여 임금이 계속 떨어지는 현상인 왜곡된 임금구조를 개선
• 유효수요 증대 : 저소득층의 한계소비성향을 높여 사회 전반적인 수요 증대

정답 ⑤

08 스캔론 플랜(Scanlon Plan)에 관한 설명으로 옳지 않은 것은? 기출 22

① 기업이 창출한 부가가치를 기준으로 성과급을 산정한다.
② 집단성과급제도이다.
③ 생산제품의 판매가치와 인건비의 관계에서 배분액을 결정한다.
④ 실제인건비가 표준인건비보다 적을 때 그 차액을 보너스로 배분한다.
⑤ 산출된 보너스액 중 일정액을 적립한 후 종업원분과 회사분으로 배분한다.

09 종업원 선발을 위한 면접에 관한 설명으로 옳은 것은? 기출 17

① 비구조화 면접은 표준화된 질문지를 사용한다.
② 집단 면접의 경우 맥락효과(context effect)가 발생할 수 있다.
③ 면접의 신뢰성과 타당성을 높이기 위해 면접내용 개발 단계에서 면접관이나 경영진을 배제한다.
④ 위원회 면접은 한명의 면접자가 여러 명의 피면접자를 평가하는 방식이다.
⑤ 스트레스 면접은 여러 시기에 걸쳐 여러 사람이 면접하는 방식이다.

10 노사관계에 관한 설명으로 옳지 않은 것은? 기출 17

① 좁은 의미의 노사관계는 집단적 노사관계를 의미한다.
② 메인트넌스 숍(maintenance shop)은 조합원이 아닌 종업원에게도 노동조합비를 징수하는 제도이다.
③ 우리나라 노동조합의 조직형태는 기업별 노조가 대부분이다.
④ 사용자는 노동조합의 파업에 대응하여 직장을 폐쇄할 수 있다.
⑤ 채용 이후 자동적으로 노동조합에 가입하는 제도는 유니온 숍(union shop)이다.

11 임금수준의 관리에 관한 설명으로 옳지 않은 것은? 기출 16

① 대외적 공정성을 확보하기 위해서는 노동시장의 임금수준 파악이 필요하다.
② 기업의 임금 지불능력을 파악하는 기준으로 생산성과 수익성을 들 수 있다.
③ 임금수준 결정 시 선도전략은 유능한 종업원을 유인하는 효과가 크다.
④ 임금수준의 관리는 적정성의 원칙을 지향한다.
⑤ 임금수준의 하한선은 기업의 지불능력에 의하여 결정된다.

해설 및 정답

08 스캔론 플랜은 판매가치(매출액)를 기준으로 성과급을 산정하는 방식이다. 부가가치를 기준으로 성과급을 산정하는 방식은 럭커 플랜이다.

정답 ①

09 복수의 피면접자를 동시에 면접하는 집단면접 경우, 맥락에 의해서도 영향을 받는 맥락효과(context effect)가 발생할 수 있다.
① 비구조화 면접은 자유질문으로 구성이 되어있으며, 표준화된 질문지를 사용하는 것은 구조화 면접이다.
③ 면접내용 개발 단계에서 면접관이나 경영진을 참여하게 함으로써 조직에 필요한 역량 등을 질문에 반영하여 면접의 신뢰성과 타당성을 높인다.
④ 위원회 면접은 3명 이상의 면접자가 1명의 피면접자를 평가하는 방식이다.
⑤ 스트레스 면접이란 피면접자들이 스트레스에 어떻게 대응하는 지를 보는 것으로서 여러 시기에 걸쳐 여러 사람이 면접하는 방식은 아니다.

정답 ②

10 메인트넌스 숍은 조합원이 되면 일정기간동안은 조합원의 신분을 유지토록 하는 제도를 말한다. 조합원이 아닌 종업원에게도 노동조합비를 징수하는 제도는 에이전시 숍이다.

정답 ②

11 임금수준의 하한선은 생계비에 의하여 결정되며, 기업의 지불능력은 기업의 경제적 목표달성도와 관련이 있다.

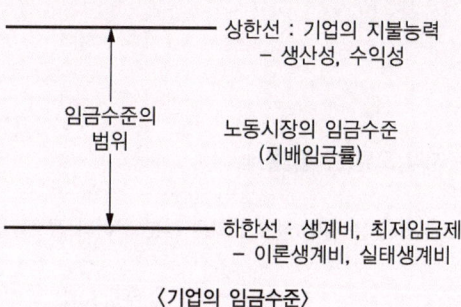

〈기업의 임금수준〉

정답 ⑤

12 기업이 종업원에게 지급하는 임금의 계산 및 지불 방법에 해당하는 것은? 기출 24

① 임금수준
② 임금체계
③ 임금형태
④ 임금구조
⑤ 임금결정

13 연공급에 관한 설명으로 옳지 않은 것은? 기출 25

① 근속연수에 따라 임금이 상승하므로 고용안정과 생활보장에 도움이 된다.
② 소극적인 근무태도를 야기할 수 있다.
③ 전문기술인력을 채용하고 유지하기가 어렵다.
④ 동일노동 동일임금의 원칙을 적용할 수 있다.
⑤ 직무보다는 사람을 기준으로 하는 임금체계이다.

14 직무스트레스에 관한 설명으로 옳지 않은 것은? 기출 22

① 직무스트레스의 잠재적 원인으로는 환경요인, 조직적 요인, 개인적 요인이 존재한다.
② 직무스트레스 원인과 경험된 스트레스 간에 조정변수가 존재한다.
③ 사회적 지지는 직무스트레스의 조정변수이다.
④ 직무스트레스 결과로는 생리적 증상, 심리적 증상, 행동적 증상이 있다.
⑤ 직무스트레스와 직무성과 간의 관계는 U자형으로 나타난다.

15 다음 설명에 해당하는 지각 오류는? 기출 16

> 어떤 대상(개인)으로부터 얻은 일부 정보가 다른 부분의 여러 정보들을 해석할 때 영향을 미치는 것

① 자존적 편견
② 후광효과
③ 투사
④ 통제의 환상
⑤ 대조효과

해설 및 정답

12 **임금의 산정 및 지급방법**
① 국가, 산업, 직업, 기업 따위의 일정한 범위에 속하는 노동자의 평균적인 임금
② 임금이 결정 또는 조정되는 기준과 방식
④ 산업 간·지역 간·기업 간·직종 간·남녀 간·연령 간에 따라 임금에 격차가 나타나는 임금분포를 총괄적으로 나타낸 노동경제학상의 개념
⑤ 임금의 결정

정답 ❸

13 동일노동 동일임금의 원칙이 적용되는 것은 <u>직무급</u>이다.

정답 ❹

14 적정 수준의 직무스트레스는 성과와 업무의 성취감을 높여주지만 과도한 직무스트레스는 직무성과에 악영향을 준다. 따라서 직무스트레스와 직무성과 간의 관계는 역U자형으로 나타난다.

정답 ❺

15 ① 자존적 편견은 대부분의 사람은 성공은 자신이 잘해서 이루어졌다고 생각하고, 실패는 상황 때문에 일어났다고 믿는다는 것이다.
③ 투사는 한 사람의 두드러진 특성이 그 사람의 다른 특성을 평가하는 데 역시 영향을 미치는 것이다.
④ 통제의 환상은 사람들이 그들 자신을 할 수 있는 경향이거나, 혹은 외부 환경을 자신이 원하는 방향으로 이끌어 갈 수 있다고 믿는 심리적 상태이다.
⑤ 대조효과는 정보를 해석할 때 기존의 개념보다는 새로 수용하는 정보를 판단의 기초로 사용하며 나타나는 현상이다.

정답 ❷

16 단위당 소요되는 표준작업시간과 실제작업시간을 비교하여 절약된 작업시간에 대한 생산성 이득을 노사가 각각 50 : 50의 비율로 배분하는 임금제도는? 기출 13

① 임프로쉐어 플랜
② 스캔론 플랜
③ 럭커 플랜
④ 메리크식 복률성과급
⑤ 테일러식 차별성과급

17 산업별 노동조합 또는 교섭권을 위임받은 상급단체와 개별 기업의 사용자 간에 이루어지는 단체교섭 유형은? 기출 24

① 대각선 교섭
② 통일적 교섭
③ 기업별 교섭
④ 공동교섭
⑤ 집단교섭

18 사용자가 노동조합의 정당한 활동을 방해하는 것은? 기출 20

① 태 업
② 단체교섭
③ 부당노동행위
④ 노동쟁의
⑤ 준법투쟁

• 해설 및 정답 •

16 단위당 소요되는 표준노동시간과 실제노동시간을 비교하여 절약된 노동시간만큼 시간당 임률을 노사가 1:1로 배분하는 것으로, 개인별 인센티브 제도에 쓰이는 성과측정방법을 집단의 성과측정에 이용한 방식이다. 산업공학의 원칙을 이용하여 보너스를 산정한다는 특징이 있다.
② 노사협력에 의한 생산성 향상에 대한 대가를 지불하는 방식의 성과배분계획 모형이다.
③ 매출액에서 각종 비용을 제한 일종의 부가가치 개념인 생산가치로부터 임금상수를 도출하여, 실제 부가가치 발생규모를 표준부가가치와 비교하여 그 절약분에 임금상수를 곱한 만큼 종업원에게 배분하는 방식이다.
④ 표준작업량의 83%와 100%선을 기준으로 하여 83% 미만의 성과자들에게는 낮은 임률을 적용하지만 83~100% 사이의 성과자들에게는 표준임금률을 약간 상회하는 수준을, 100% 이상의 성과자들에게는 더 높은 수준의 임률을 제공하여 중간정도의 목표를 달성하는 종업원을 배려하고 있다.
⑤ 표준작업량을 기준으로 임률을 고·저로 나누는 방식이다.

정답 ①

17 기업별 노동조합으로 구성된 산업별 노동조합과 개별사용자와의 교섭
② 전국적 또는 지역적 노동조합과 지역적인 사용자 단체의 교섭
③ 특정기업과 그 기업의 근로자로 구성된 노동조합의 교섭
④ 산업별 노동조합과 그 지부가 공동으로 사용자와 교섭
⑤ 집단화된 몇 개의 기업별 조합과 사용자측의 집단과의 교섭

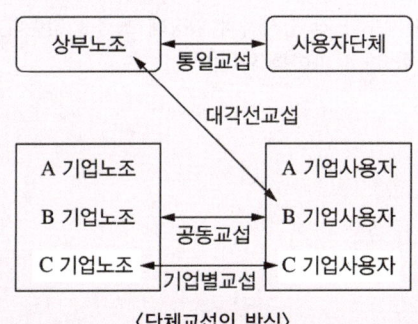

〈단체교섭의 방식〉

정답 ①

18 정당한 노동조합활동을 이유로 불이익 취급을 하거나 노동조합활동에 사용자가 지배·개입하는 등, 근로자의 노동 3권(단결권·단체교섭권·단체행동권)을 침해하는 사용자의 행위를 부당노동행위라고 한다.
① 노동조합이 형식적으로 노동력을 제공하지만 의도적으로 불성실하게 노동을 제공함으로써 작업을 저해시키는 행위를 태업이라 한다.
② 노동조합과 사용자 간의 노동자들의 임금이나 근로시간, 기타 근로조건에 대한 협약체결을 위해서 대표자를 통해 집단적인 타협을 하고 또 체결된 협약을 이행·관리하는 절차를 단체교섭이라 한다.
④ 종업원들의 노동시간, 복지후생, 임금, 해고 등에 대해서 노사 간의 의견 불일치로 인해 발생하는 분쟁상태를 노동쟁의라 한다.
⑤ 노동조합이 법령·단체협약, 취업규칙 등의 내용을 정확하게 이행한다는 명분하에 업무의 능률 및 실적을 떨어뜨려 자신의 주장을 받아들이도록 사용자에게 압력을 가하는 집단행동을 준법투쟁이라 한다.

정답 ③

19 복리후생에 관한 설명으로 옳지 않은 것은? 기출 14

① 구성원의 직무만족 및 기업공동체의식 제고를 위해서 임금 이외에 추가적으로 제공하는 보상이다.
② 의무와 자율, 관리복잡성 등의 특성이 있다.
③ 통근차량 지원, 식당 및 탁아소 운영, 체육시설 운영 등의 법정복리후생이 있다.
④ 경제적·사회적·정치적·윤리적 이유가 있다.
⑤ 합리성, 적정성, 협력성, 공개성 등의 관리원칙이 있다.

20 분배적 교섭의 특성에 해당되는 것은? 기출 14

① 나도 이기고 상대도 이긴다.
② 장기적 관계를 형성한다.
③ 정보공유를 통해 각 당사자의 관심을 충족시킨다.
④ 당사자 사이의 이해관계보다 각 당사자의 입장에 초점을 맞춘다.
⑤ 양 당사자 모두 만족할 만큼 파이를 확대한다.

21 샤인(Schein)이 제시한 경력 닻의 내용으로 옳지 않은 것은? 기출 14

① 전문역량 닻 - 일의 실제 내용에 주된 관심이 있으며 전문분야에 종사하기를 원한다.
② 관리역량 닻 - 특정 전문영역보다 관리직에 주된 관심이 있다.
③ 자율성·독립 닻 - 조직의 규칙과 제약조건에서 벗어나려는데 주된 관심이 있으며 스스로 결정할 수 있는 경력을 선호한다.
④ 도전 닻 - 해결하기 어려운 문제나 극복 곤란한 장애를 해결하는 데 주된 관심이 있다.
⑤ 기업가 닻 - 타인을 돕는 직업에서 일함으로써 타인의 삶을 향상시키고 사회를 위해 봉사하는데 주된 관심이 있다.

해설 및 정답

19 법정복리후생이란 국민건강보험, 산재보험, 고용보험, 국민연금 등을 말한다.

    정답 ③

20 분배적 교섭이란 한정된 몫을 분배할 때 이루어지는 전통적인 단체교섭으로서 당사자 간의 이해관계보다 각 당사자의 입장에 초점을 맞춘 교섭이다. 일방이 많이 받을수록 상대방은 그만큼 더 적게 받게 되는 '제로섬 교섭'이다.

    정답 ④

21 **샤인(Schein)의 경력 닻 모형**
    - 닻Ⅰ : 관리적 능력 – 복잡한 경영문제 분석, 해결 선호
    - 닻Ⅱ : 전문능력 – 일 자체에 흥미, 승진거절, 일반적 관리와 기업정치 싫어함
    - 닻Ⅲ : 안전성 – 직무안전성과 장기적 경력에 의해 동기부여됨, 지리적 재배치 싫어함, 조직가치와 규범에 순응
    - 닻Ⅳ : 창의성 – 자기사업 시작을 선호, 소규모의 유망기업 선호
    - 닻Ⅴ : 자율성/독립성 – 조직의 제약으로부터 벗어나고자 함, 자신의 일을 스스로 하고자 함, 대기업과 공무원 회피

    정답 ⑤

22 MBO에서 목표 설정 시 SMART원칙으로 옳지 않은 것은? 기출 20

① 구체적(Specific)이어야 한다.
② 측정 가능(Measurable)하여야 한다.
③ 조직목표와의 일치성(Aligned with Organizational Goals)이 있어야 한다.
④ 현실적이며 결과지향적(Realistic and Result-oriented)이어야 한다.
⑤ 훈련 가능(Trainable)하여야 한다.

23 승진에 관한 설명으로 옳지 않은 것은? 기출 25

① 연공이 승진기준으로 적합한 때는 개인의 숙련이나 능력향상이 연공에 비례하는 경우이다.
② 연공주의는 노동조합이 선호하는 반면에 능력주의는 경영자가 선호한다.
③ 직능자격제도 하에서 직능자격승진의 경우에는 직급과 직능등급이 일치된다.
④ 대용승진의 경우에는 직무내용의 실질적인 변화 없이 직급명칭만 변경된다.
⑤ 조직변화승진의 경우에는 경영조직을 변화시켜 승진기회를 마련한다.

24 홀(D. Hall, 1976)의 경력단계 순서로 옳은 것은? 기출 25

① 탐색단계 → 전진단계 → 유지단계 → 쇠퇴단계
② 시도단계 → 전진단계 → 확립단계 → 쇠퇴단계
③ 탐색단계 → 시도단계 → 성장단계 → 쇠퇴단계
④ 시도단계 → 확립단계 → 성장단계 → 쇠퇴단계
⑤ 탐색단계 → 확립단계 → 유지단계 → 쇠퇴단계

해설 및 정답

22 SMART원칙의 'T'는 시간제약성(Time-bound) 또는 시의적절성(Timely)을 의미한다.

정답 ⑤

23 직능자격승진의 경우 종업원의 직무수행능력이 기준이 된다. 직급은 조직 내 지위나 역할을 나타내고, 직능등급은 개인의 직무 수행 능력이나 자격 수준을 나타내기 때문에 직급과 직능등급이 항상 일치하는 것은 아니다.

정답 ③

24 홀(D. Hall)은 경력개발단계를 인간의 생애주기와 관련시켜 탐색단계 → 확립단계 → 유지단계 → 쇠퇴단계로 구분하였다.

정답 ⑤

CHAPTER 10 생산관리

출제포인트
- ☐ JIT시스템(적시생산시스템)
- ☐ 생산예측의 방법
- ☐ MRP

제1절 생산관리의 개관

I 생산관리의 의의

1. 개 념
경영의 생산활동을 능률화하고 생산력을 최고로 발휘시키기 위한 일련의 시책을 의미한다.

2. 생 성
생산활동에 대한 이론은 스미스의 분업이론, 바비지의 시간연구 및 공정분석에 의한 분업 실천화 방안에 기초하고 있고, 테일러가 이들의 이론을 유지해서 표준시간 설정에 따른 과학적 관리 및 과업관리를 주창해서 현대생산관리가 나타나게 되었다.

3. 발전배경
SA(System Approach), OR(Operation Research), 컴퓨터 과학(Computer Science) 등 현대 과학기술의 발전으로 팽창되었다.

II 생산관리의 기능

① 설계기능 : 장기적인 문제와 연관되어 주로 전략적인 의사결정을 하게 한다.
② 계획 및 통제기능 : 단기적인 문제와 연관되어 일상적·운영적인 의사결정을 하게 한다.

제2절 수요예측

I. 수요예측의 의의

① 주관적 예측(질적 방법) : 경험적 자료나 이론이 없는 경우에 전문가의 주관적 판단에 의해 미래를 예측
② 시계열적 예측 : 시계열상의 변동을 구분하여 측정하는 방법
③ 인과관계적 예측 : 과거와 현재 자료에 입각하여 미래를 예측하는 방법

II. 수요예측기법(질적 방법) 기출 12·19

1. 델파이법
다수의 전문가로부터 그 시스템에 관해 문의를 하고, 그 집계 결과를 각 회답자에게 되돌려주어 이것을 참고로 하여 회답자는 다시 의견을 보내게 하는 과정을 반복하여 시스템에 관한 평가를 다듬어 가는 방법

2. 시장조사법
설문지나 전화 등을 통해 수집한 자료를 이용하여 수요를 예측하는 방법

3. 패널조사법
전문가, 소비자, 담당자 등으로 구성된 위원회에서 공개적으로 구성원끼리 자유롭게 의사를 표시하여 결론을 유도하는 방법

4. 판매원 추정법
판매원들이 작성한 수요추정치를 근거로 예측하는 방법

5. 경영자 판단법
경영자들의 경험 및 지식 등을 이용하여 예측하는 방법

III. 수요예측기법(양적 방법) 기출 12·19·23

1. 단순이동평균법 기출 20
현재시점을 전후로 하여 산술평균을 계산한 수치를 추세치로 간주하는 방법

2. 가중이동평균법 기출 24
평균 계산시 가중치의 합이 1인 범위 내에서 다른 가중치를 부여하는 방법

3. 지수평활법
최근 값에 큰 가중치를 부여하고 오래될수록 가중치를 작게하여 미래의 추세를 예측하는 방법

Ⅳ 수요예측기법(횡단면분석 방법) 기출 12·19

1. 회귀분석
독립변수와 종속변수 사이에 형성된 인과관계를 통해 계산하는 방법

2. 상관관계분석
변수들 간에 관련성의 방향과 정도를 분석하여 예측하는 방법

3. 투입-산출 모형
투입과 산출 간의 관계를 이용하여 수요를 예측하는 방법

제3절 생산시스템

Ⅰ 생산시스템의 개관

1. 생산시스템의 의의
시스템은 하나의 전체를 이루도록 각각이 서로 간 유기적으로 관련된 형태이며, 이는 환경과도 연관되어 있으며 개체 간 관계로서 결합된 개체들의 집합을 말한다.

2. 생산시스템의 특징
① 생산시스템은 일정한 개체들의 집합이다.
② 생산시스템의 각 개체들은 각기 투입, 과정, 산출 등의 기능을 담당한다.
③ 단순하게 개체들을 모아놓은 것이 아닌 의미가 있는 하나의 전체이며, 어떠한 목적을 달성하는 데 기여할 수 있다.
④ 각각의 개체는 각자의 고유 기능을 갖지만 타 개체와의 관련을 통해서 비로소 전체의 목적에 기여할 수 있다.
⑤ 생산시스템의 경계 외부에는 환경이 존재한다.

3. 생산시스템의 유형
① 주문생산시스템 및 예측생산시스템(생산의 형태에 따라)
② 다품종 소량생산시스템과 소품종 다량생산시스템(제품의 종류 또는 생산량에 따라)
③ 연속생산, 반복생산 및 단속생산시스템(중단 여부에 따라)
  ㉠ 연속생산시스템 : 중단 없이 지속적으로 가동 생산되는 방식으로 화학, 정유, 시멘트 산업 등과 같은 화학적인 공정을 필요로 하는 산업들이 대표적이다.
  ㉡ 반복생산시스템 : 일정 크기의 로트를 설정해서 작업 실행 및 작업 중단을 반복하는 생산방식으로 TV, 자동차, 전화기 등의 여러 분야에 활용되고 있다.
  ㉢ 단속생산시스템 : 주문된 제품의 수량 및 납기 등에 맞추어 생산하는 방식이다.

Ⅱ 진보적 생산시스템 기출 21·24

1. JIT(Just In Time) 시스템(= 적시생산시스템) 기출 13·14·15
필요한 시기에 필요한 양만큼의 단위를 생산해내는 것을 말한다.
① 풀 시스템 : 주문을 받아 필요한 시기에 필요로 하는 양만큼을 생산해 내는 시스템으로 이는 수요변동에 의한 영향을 감소시키고 분권화에 의해 작업관리의 수준을 높인다.
② 푸시 시스템 : 고객의 주문 이전에 생산을 개시
③ JIT의 효과 : 납기의 100% 달성, 고설계 적합성, 생산 리드타임의 단축, 수요변화의 신속한 대응, 낮은 수준의 재고를 통한 작업의 효율성, 작업 공간 사용의 개선, 분권화를 통한 관리의 증대, 재공품(在工品) 재고변동의 최소화, 각 단계 간 수요변동의 증폭전달 방지, 불량 감소, 유연성 등을 확보할 수 있다.

2. 셀 제조시스템(CMS)
① 다품종 소량생산에서 부품설계, 작업준비 및 가공 등을 체계적으로 하고 유사한 가공물을 집단으로 가공함으로써 생산효율을 높이는 기법이다.
② 셀 제조시스템의 효과 : 작업공간의 절감, 유연성의 개선, 도구사용의 감소, 작업준비시간의 단축, 로트 크기의 감소, 재공품 재고 감소 등의 효과가 있다.

3. 유연생산시스템(FMS)
① 특정 작업계획으로 여러 부품들을 생산하기 위해 컴퓨터에 의해 제어 및 조절되며 자재취급시스템에 의해 연결되는 작업장들의 조합이다.
② 보다 넓은 개념으로 보면 다품종 소량의 제품을 짧은 납기로 해서 수요변동에 대한 재고를 지니지 않고 대처하면서 생산효율의 향상 및 원가절감을 실현할 수 있는 생산시스템을 가리킨다.

4. 동시생산시스템 및 최적생산기법
① 일정한 계획에 대한 시뮬레이션 기업으로 세부적인 일정계획에 대한 모듈은 알려지지 않고 있지만 제품이 만들어지는 것을 보여주기 위해 '제품 네트워크'를 활용한다.
② 최적생산기법의 핵심은 '병목자원의 관리'로서 병목은 시장수요에 미달되거나 같은 성능을 지닌 자원을 가리킴. 주요 목표는 효율의 증가, 재고의 감소 및 운영비용 절감 등을 동시에 만족시키는 것이다.

5. 컴퓨터통합생산시스템(CIMS)
① 제조활동을 중심으로 해서 기업의 전체 기능을 관리 및 통제하는 기술 등을 통합시킨 것이라 할 수 있다.
② 공장자동화로서의 CIMS는 과거 자동화시스템보다 유연성을 얻을 수 있다.

6. 식스 시그마(six sigma) 기출 12·21

① 의의 : 100만 개의 제품 중 3~4개의 불량만을 허용하는 3~4PPM(Parts Per Million) 경영, 즉 품질 혁신 운동을 의미한다.

② 프로세스 개선 5단계
  ㉠ 정의(Define) : 문제와 고객, 프로젝트 요건, 최종 목표, 고객의 기대치 등을 정의한다.
  ㉡ 측정(Measure) : 결함 판단 및 지표 수집을 위한 데이터 수집 계획을 수립해 현재 공정의 성과를 측정한다.
  ㉢ 분석(Analyze) : 공정을 분석해 변동과 결함의 근본 원인을 알아내고, 이를 통해 현 전략의 문제점 중 최종 목표에 방해가 되는 문제점을 파악한다.
  ㉣ 개선(Improve) : 혁신적인 해결책을 통해 결함의 근본 원인을 제거하고 공정을 개선한다.
  ㉤ 통제(Control) : 다시 과거의 습관에 빠지지 않고 제 궤도를 유지하도록 신규 공정을 통제한다.

③ 비 판
  ㉠ 식스 시그마 방법론은 중·소기업에 적용되는 부분도 분명히 있지만 관련성은 낮다.
  ㉡ 식스 시그마는 신기술과 관련된 혁신을 추구하는 것이 아니라 이미 존재하는 것을 개선하는 것에 집중하는 점도 주의해야 한다.

제4절 제조전략

I 제조전략의 의의

1. 개 념
① 원가, 품질, 신속성 및 신축성 등을 달성하기 위해 수립하는 것이다.
② 기업조직의 경영전략 및 제조전략은 각각 별개의 개념으로 구분하는 것이 어려우며, 이는 기업 전체의 각 부문이 상호연관성 있게 추진 및 운영되어야 한다.

2. 기대효과
제조활동 성과를 높이기 위한 제조전략의 개발은 기업조직의 경쟁력 향상에 중요한 구성요소이며, 이런 제조전략이 수행될 때 생산성 향상, 품질향상, 원가절감, 소비자 욕구에 대해 신속하면서도 신축적인 대응 등의 결과를 기대할 수 있다.

Ⅱ 전략방향

1. 전략적 접근

① 제조전략의 수립방향
  ㉠ 통상적으로 제조전략은 경영전략에서 소외되거나 타 전략의 일부로서 수동적으로 수립되었다.
  ㉡ 마케팅 및 재무 부문과 상호 관련되어 수립되어야 한다.
  ㉢ 마케팅 및 재무 부문에 고정되어 있는 비용구조를 제조, 배분, 공급 등과 동일한 분야에서 경쟁력을 갖추도록 개선해야 한다.
  ㉣ 사업정책 또는 기업정책의 수립 시에 제조전략을 기반으로 삼아야 한다.
  ㉤ 제조활동의 핵심 및 활동관점에 대해 재인식하며, 경쟁국들의 상대적 성공에 관심을 가져야 한다.
  ㉥ 제조전략의 전개를 위한 기업조직의 재편성에 노력해야 한다.

② 제조전략 수립 시의 주의사항
  ㉠ 제조전략은 단순하면서도 추진이 가능해야 하고, 더불어 추후 전망이 있어야 하며 커뮤니케이션이 용이해야 한다.
  ㉡ 디자인, 마케팅, 구매, 엔지니어링, 인사, 재무, 통상품질 등과 같은 부분과 상호 관련되어야 한다.

2. 시간중심 제조전략

생산, 신제품의 개발, 판매 및 유통에서 선도적 역할을 수행하고 있는 회사는 시간을 유효하게 관리함으로써 경쟁력 우위를 점하고 있다. 세계시장을 석권 중인 제조회사의 특징은 다음과 같다.

① 단기간 동안 다량의 새로운 모델을 개발한다.
② 단기속성계획으로 신제품 개발 및 제조가 이루어진다.
③ 전략적 요인상 시간은 자본, 생산성, 품질, 나아가 기술혁신과도 비슷한 개념으로 볼 수 있다.

전통적 제조과정과 시간중심 제조과정의 비교

구 분	전통적인 제조과정	시간 중심 제조과정
생산시간	최대화 노력	최소화 노력
생산설비 배치	하나의 공정 후에 다음 단계로 수행되어 시간낭비	제품 중심으로 각 부문의 움직임을 최소화해서 시간절약
일정계획	중앙집권적인 일정계획	국부적인 일정계획

3. 기술적 접근

① 각각의 회사는 요구되는 상황에 따라 스스로의 목표 및 전략에 맞추어 제조기술과 도입 및 운영에 대한 프로젝트를 준비해야 한다.
② 제조전략은 원가, 품질, 신속성 및 신축성 등을 이루기 위해 수립하는 것이므로 제조전략에서의 설계에서는 이 4가지 성과 측정시스템을 고려해야 한다.

제5절 생산계획·운영 및 통제

I 생산예측

1. 생산예측의 의의
미래의 시점에 또는 미래의 시점에 다다르기까지의 해당 제품에 대한 수요를 과거 및 현재를 기반으로 일정한 조건 하에서 예상하는 것을 말한다.

2. 생산예측의 방법 기출 12·13
① **정성적 방법** : 시장에 신제품이 처음으로 출시될 때처럼 새로운 제품에 대한 수요예측의 자료가 충분하지 못할 경우에 주로 활용된다.
  ㉠ 논리적이고 선입견 없는 체계적인 방식으로 정보를 수집한다.
  ㉡ 델파이법, 위원회에 의한 예측법, 시장조사법, 과거자료유추법 등이 해당한다.
② **인과적 방법** : 과거 자료의 수집이 쉽고 예측하려는 요소 및 그 외의 사회경제적 요소와의 관련성을 비교적 명백하게 밝힐 수 있을 때 활용된다.
  ㉠ 인과모형은 자료 작성 등에 있어 많은 기간의 준비가 필요한 반면에 미래 전환기를 예언하는 최선의 방식이다. 예측방법 중 가장 정교한 방식으로 관련된 인과관계를 수학적으로 표현한다.
  ㉡ 투입산출모형, 선형회귀분석, 경기지표법, 계량경제모형, 제품수명주기분석법, 소비자구매경향조사법 등이 해당한다.
③ **시계열분석 방법** : 제품 및 제품계열에 대한 수년간의 자료 등을 수집하기 용이하며, 변화하는 경향이 비교적 분명하며 안정적일 경우에 활용된다.
  ㉠ 추세변동(경향변동) : 상승·하락적인 장기적 추세 및 방향을 나타내는 변동을 말하며 이동평균법, 최소자승법, 목측법, 지수평활법 등이 해당한다.
  ㉡ 계절변동 : 주기가 1년 이내인 계절의 변화와 연관되어 발생하는 경제통계상의 변동이다.
  ㉢ 순환변동 : 일정 주기를 가지고 반복되는 변동으로 경향선상의 장기적 진동을 의미한다.
  ㉣ 불규칙변동 : 우연한 사건의 결과로 발생되는 변동이다.

II 총괄생산계획

1. 의 의
특정한 시간에 대해 예측수요량을 기반으로 제품 생산능력을 적절하게 할당 및 배분해서 생산시설을 효과적으로 운용하기 위한 기준이자, 시설능력의 제약적 조건 하에서 단위기간별 수요를 충족시키기 위해 작업자의 증원, 잔업, 하청 또는 재고의 비축 등의 변수 등 어떠한 것을 활용할 것인지를 결정하는 것을 의미한다. 생산계획의 구분은 다음과 같다.
① **장기계획** : 통상적으로 1년 이상의 계획기간을 대상으로 매년 작성되며, 기업에서의 전략계획, 판매 및 시장계획, 재무계획, 사업계획, 자본·설비투자계획 등과 같은 내용을 포함한다.
② **중기계획** : 대체로 6~8개월의 기간을 대상으로 해서 분기별 또는 월별로 계획을 작성하고, 계획기간 동안에 발생하는 총 생산비용을 최소로 줄이기 위해 월별 재고수준, 노동력 규모 및 생산율 등을 결정하는 수요예측, 총괄생산계획, 대일정계획, 대일정계획에 의한 개괄적인 설비능력계획 등을 포함한다.
③ **단기계획** : 대체로 주 별로 작성되며, 1일 내지 수주 간의 기간을 대상으로 한다.

2. 총괄생산계획의 내용

① 총괄생산계획의 생산전략
　㉠ 생산율을 일정하게 고정시키면서 재고를 활용해서 수요에 대한 변화를 흡수한다.
　㉡ 수요변화에 대응하기 위해 노동력의 규모를 변화시켜 생산율을 조절하며, 재고는 안전 재고 수준만을 보유한다.
　㉢ 노동력의 규모를 고정시키고 그 대신에 잔업 또는 단축노무 등으로 인한 생산시간 등을 조절해서 생산율을 변동시킴으로써 수요의 변화에 대응한다.

② 총괄생산계획에서의 비용요소
　㉠ 기본 생산비 : 일정 기간 동안 정상적 생산 활동을 통해 일정량을 생산할 때 발생하는 공정비 및 공정 생산비로 정규작업대금 및 기계준비비 등이 포함된다.
　㉡ 생산율 변동비용 : 기존 생산율을 변동시킬 경우에 발생하는 비용으로 고용·해고비용, 하청비용, 잔업비용 등이 포함된다.
　㉢ 재고비용 : 재고유지비(창고운영비, 세금, 보험금, 감가상각비 등), 기회손실비(기회이익의 손실)
　㉣ 재고부족비용 : 수요에 대응할 재고가 없을 경우에 발생하는 판매수익의 손실, 미납주문, 신뢰도 상실 등을 의미한다.

Ⅲ 재고관리

1. 재고의 기능
① 고객에 대한 서비스
② 생산의 안정화
③ 부문 간 완충
④ 취급수량의 경제성
⑤ 재고보유를 통한 판매촉진

2. 재고관련 비용
① 재고유지비(Holding Cost) : 재고 보유로 인해서 부담하게 되는 자본비용(금리), 위험비용(도난·파손·진부화), 저장비용(저장·설비·세금·보험·자재취급) 등을 가리킨다.
② 품절비(Stockout Cost) : 재고보다도 수요가 많아 마이너스 재고가 될 시에 발생하는 비용으로 납기지연에 따른 배상, 이익의 기회손실, 기업신용의 피해, 긴급주문 및 특별수송 비용 등이 포함된다.
③ 발주비(Ordering Cost) : 제품에 대한 주문행위에 필요한 비용으로 통신, 사무 및 서류처리, 수송, 수입검사 등의 비용 및 공장에서의 새로운 주문으로 인한 작업준비의 비용을 포함한다.
④ 구매비(Purchase Cost) : 재고품의 장부가액 또는 시장가액을 의미한다.

3. 재고관리 시스템 기출 25

구 분	정기발주시스템	정량발주시스템
내 용	• 발주 간격을 정해서 정기적으로 발주하는 방식 • 단가가 높은 상품에 적용 • 발주할 때마다 발주량이 변하는 것이 특징이며, 발주량이 문제	• 재고가 일정 수준의 주문점에 다다르면 정해진 주문량을 주문하는 시스템 • 매회 주문량을 일정하게 하고 다만 소비의 변동에 따라 발주시기를 변동 • 조달 기간 동안의 실제 수요량이 달라지나 주문량은 언제나 동일하므로 주문 사이의 기간이 매번 다르고, 최대 재고 수준도 조달기간의 수요량에 따라 달라짐
특 징	• 일정 기간별 발주 및 발주량 변동 • 운용자금의 절약 • 재고량의 발주 빈도 감소 • 고가품, 수요변동, 준비기간 장기 • 사무처리 수요 증가 • 수요예측제도의 향상 • 품목별 관리	• 일정량을 발주하고 발주 시기는 비정기적 • 발주 비용이 저렴 • 계산이 편리해서 사무관리가 용이 • 저가품, 수요안정, 준비기간 단기 • 재고량의 증가 우려 • 정기적인 재고량 점검

4. 경제적 주문량모형(Economic Order Quantity ; EOQ) 기출 12·16·18·19·22

① 의의 : 재고유지비용인 자본비용과 보유재고유지비용의 합을 최소화 시키는 1회 주문량

② 경제적 주문량의 결정

㉠ 1회주문량(EOQ) = $\dfrac{2 \times 연간수요량 \times 주문량고정비}{단위당\ 연간유지비용}$

㉡ 최적주문횟수 = $\dfrac{연간수요량}{EOQ}$

㉢ 연간총비용(TC) = 연간재고유지비용 + 연간 주문비용

㉣ 연간재고유지비용 = 평균재고량 × 단위당 연간재고유지비용

㉤ 연간 주문비용 = 연간주문횟수 × 1회 주문비용

Ⅳ 공정관리

1. 의 의

일정 품질 및 수량의 제품을 적시에 생산이 가능하도록 인적 노력 및 기계설비 등의 생산자원을 합리적으로 활용할 것을 목적으로 공장 생산 활동을 전체적으로 통제하는 것을 말한다.

2. 공정관리의 기능

① 계획기능과 통제기능
  ㉠ 계획기능 : 절차계획, 공수계획, 일정계획 등
  ㉡ 통제기능 : 작업할당, 진도관리 등
② 절차계획의 주요 결정사항 : 제품생산에 있어 필요로 하는 작업의 내용 및 방법, 각 작업의 실시장소 및 경로, 각 작업의 실시순서, 각 작업의 소요시간·표준시간, 경제적 제조 로트의 결정, 제품생산에 있어 필요로 하는 자재의 종류 및 수량, 각 작업에 사용할 기계 및 공구 등이다.

③ 공수계획 : 계획생산량 완성에 있어 필요로 하는 인원 또는 기계의 부하를 결정해서 이를 현유인원 및 기계의 능력 등과 비교해서 조정하는 것으로 가장 많이 활용되는 기준은 작업시간으로서 기계시간 (Machine Hour)과 인시(Man Hour)가 대표적이다.
④ 일정계획 : 생산계획을 구체화하는 과정을 말하며 기준일정 결정과 생산일정 결정으로 나누어진다. 통상적으로 대일정 계획, 중일정 계획, 소일정 계획의 3단계로 분류한다.
⑤ 작업할당 : 절차계획에서 결정된 공정절차표 및 일정계획에서 수립된 일정표에 의해 실제 생산 활동을 시작하도록 허가하는 것을 가리킨다.
⑥ 진도관리 : 진행 중인 작업에 대해 첫 작업으로부터 완료되기까지의 진도상태를 관리하는 것을 의미한다. 통상적으로 간트 차트식의 진도표 또는 그래프식 진도표, 작업관리판 등이 활용된다.

> **관리도** 기출 20
> 품질의 산포가 우연원인에 의한 것인지, 이상원인에 의한 것인지를 밝혀 주는 역할을 하며, 제조공정의 상태를 파악하기 위해 공정관리에 이용되는 것을 말한다.

V 자재관리 계획

1. MRP(Material Requirement Planning) 기출 17·18

소요량에 의해 최초의 주문을 계획하는데, 자재소요의 양적·시간적인 변화에 맞춰 기주문을 재계획함으로써 정확한 자재의 수요를 계산해 나가는 방법이다.

① MRP의 특징
  ㉠ 설비가동능률의 증진
  ㉡ 적시 최소비용으로 공급
  ㉢ 소비자에 대한 서비스의 개선
  ㉣ 의사결정의 자동화에 기여
  ㉤ 생산계획의 효과적인 도구

② MRP 전제조건
  ㉠ 전체 재고품목들을 확인·구별할 수 있어야 한다.
  ㉡ 재고기록서에 기록된 자료들은 정확성 및 유용성이 높아야 한다.
  ㉢ 원자재·가공조립품·구입품 등을 표시할 수 있는 자재명세서가 준비되어야 한다.
  ㉣ 어떠한 제품이 언제(얼만큼) 필요한지를 나타내는 정확한 생산종합계획이 수립되어야 한다.

③ MRP의 효율적 적용을 위한 가정
  ㉠ 제조공정이 독립적이어야 한다.
  ㉡ 전체 자료의 조달기간 파악이 가능해야 한다.
  ㉢ 재고기록서의 자료 및 자재명세서의 자료가 일치해야 한다.
  ㉣ 전체 조립구성품들은 조립착수 시점에서 활용이 가능해야 한다.
  ㉤ 전체 품목들은 저장이 가능해야 하며, 매출행위가 있어야 한다.

2. MRP Ⅱ

① 의의 : 고전적 MRP 시스템에 생산계획 및 생산일정 등과 같은 계획기능, 구매활동 등과 같은 실행기능이 덧붙여진 시스템을 말한다.

② MRP Ⅱ 시스템구축
  ㉠ 프로젝트 팀을 지정하고 높은 수준을 지닌 전문가 선정
  ㉡ 프로젝트 팀에 모든 문제 위임
  ㉢ 필요로 하는 자원 제공
  ㉣ 충분한 사내교육을 실시
  ㉤ 실제 운영 이전의 예비수행계획 준비
  ㉥ 각 부서로 하여금 리더십을 지니도록 함

Ⅵ 품질관리

1. 품질관리의 의의와 실시

① 의의 : 소비자들의 요구에 부응하는 품질의 제품 및 서비스를 경제적으로 생산 가능하도록 기업조직 내 여러 부문이 제품에 대한 품질을 유지·개선하는 관리적 활동의 체계를 의미한다.

② 품질관리의 실시목표
  ㉠ 제품시장에 일치시킴으로써 소비자들의 요구를 충족시킨다.
  ㉡ 다음 공정의 작업을 원활화한다.
  ㉢ 불량, 오작동의 재발을 방지한다.
  ㉣ 요구품질의 수준과 비교함으로써 공정을 관리한다.
  ㉤ 현 공정능력에 따른 제품의 적정품질수준을 검토해서 설계의 지침으로 한다.
  ㉥ 불량품 및 부적격 업무를 감소시킨다.

③ 품질관리의 실시효과
  ㉠ 불량품이 감소되어 제품품질의 균일화를 가져온다.
  ㉡ 제품원가가 감소되어 제품가격이 저렴해진다.
  ㉢ 생산량의 증가와 합리적 생산계획을 수립한다.
  ㉣ 기술부문과 제조현장 및 검사부문의 밀접한 협력관계가 이루어진다.
  ㉤ 작업자들의 제품품질에 대한 책임감 및 관심 등이 높아진다.
  ㉥ 통계적인 수법의 활용과 더불어 검사비용이 줄어든다.
  ㉦ 원자재 공급자 및 생산자와 소비자와의 거래가 공정하게 이루어진다.
  ㉧ 사내 각 부문의 종사자들이 좋은 인간관계를 지니게 되고, 사외 이해관계자들에게는 높은 신용을 지니게 한다.

2. 종합적 품질경영(Total Quality Management ; TQM)

경영자의 열의 및 리더십을 기반으로 지속된 교육 및 참여에 의해 능력이 개발된 조직의 구성원들이 합리적이면서 과학적인 관리방식을 활용해서 기업조직 내 절차를 표준화하며, 이를 지속적으로 개선해 나가는 과정에서 종업원의 니즈를 만족시키고 소비자 만족 및 기업조직의 장기적인 성장을 추구하는 관점에서의 경영시스템을 말한다.

CHAPTER 10 생산관리

01 식스시그마의 성공적 수행을 위한 5단계 활동으로 옳은 순서는? 기출 21

① 계획 → 분석 → 측정 → 개선 → 평가
② 계획 → 분석 → 측정 → 평가 → 개선
③ 계획 → 측정 → 평가 → 통제 → 개선
④ 정의 → 측정 → 분석 → 개선 → 통제
⑤ 정의 → 측정 → 평가 → 통제 → 개선

02 (주)한국의 A부품에 대한 연간수요는 4,000개이며, A부품 구입가격은 단위당 8,000원이다. 1회당 주문비용은 4,000원이고, 단위당 연간 재고유지비용은 구입가격의 10%일 때 A부품의 경제적 주문량(EOQ)은?

기출 19

① 100개　　　　　　　　　　② 200개
③ 300개　　　　　　　　　　④ 400개
⑤ 600개

해설 및 정답

01 DMAIC는 식스시그마를 수행하기 위한 가장 일반적인 방법론으로, 정의(Define) → 측정(Measure) → 분석(Analyze) → 개선(Improve) → 통제(Control)로 구성되는데, 기존 프로세스의 개선·재설계나 신규 프로세스의 설계 모두에 다양하게 적용 가능하다.

정답 ④

02 경제적주문량 $= \sqrt{\dfrac{2 \times 수요량 \times 주문비용}{재고유지비용}} = \sqrt{\dfrac{2 \times 4,000 \times 4,000}{8,000 \times 0.1}} = \sqrt{40,000} = 200$개

※ 재고유지비용 : 단위당 단가 × 재고보유비율

정답 ②

03 경제적 주문량(EOQ)에 관한 설명으로 옳지 않은 것은? 기출 22

① 연간 재고유지비용과 연간 주문비용의 합이 최소화되는 주문량을 결정하는 것이다.
② 연간 재고유지비용과 연간 주문비용이 같아지는 지점에서 결정된다.
③ 연간 주문비용이 감소하면 경제적 주문량이 감소한다.
④ 연간 재고유지비용이 감소하면 경제적 주문량이 감소한다.
⑤ 연간 수요량이 증가하면 경제적 주문량이 증가한다.

04 다음의 수요예측기법 중 시계열(time series) 예측기법에 해당하는 것을 모두 고른 것은? 기출 23

ㄱ. 이동평균법
ㄴ. 지수평활법
ㄷ. 델파이 기법

① ㄱ
② ㄴ
③ ㄱ, ㄴ
④ ㄴ, ㄷ
⑤ ㄱ, ㄴ, ㄷ

05 최종품목 또는 완제품의 주생산일정계획(master production schedule)을 기반으로 제품생산에 필요한 각종 원자재, 부품, 중간조립품의 주문량과 주문시기를 결정하는 재고관리방법은? 기출 18

① 자재소요계획(MRP)
② 적시(JIT) 생산시스템
③ 린(lean) 생산
④ 공급사슬관리(SCM)
⑤ 칸반(kanban) 시스템

해설 및 정답

03 경제적 주문량모형(EOQ ; Economic Order Quantity)
재고유지비용인 자본비용과 보유재고유지비용의 합을 최소화 시키는 1회 주문량을 결정하는 것을 말한다.

> **경제적 주문량의 결정**
> - EOQ = $\sqrt{\dfrac{2DS}{H}}$
>   (D : 연간 수요량, S : 로트당 주문비용 또는 가동준비비용, H : 단위당 연간 재고유지비용)
> - 최적 주문횟수 = $\dfrac{\text{연간 수요량}}{\text{EOQ}}$
> - 연간 총비용 = 연간 재고유지비용 + 연간 주문비용
> - 연간 재고유지비용 = 평균재고량 × 단위당 연간 재고유지비용
> - 연간 주문비용 = 연간 주문횟수 × 1회 주문비용

정답 ④

04 델파이 기법은 정성적 예측기법이다.

> **수요예측 방법의 종류와 예**
> - 정성적 예측기법 : 시장조사법, 델파이 기법, 패널조사법, 판매원추정법(판매원의견종합법), 경영자판단법, 소비자조사법 등
> - 인과형 예측기법 : 회귀분석, 선형계획, 모의실험(시뮬레이션), 투입 – 산출모형, 의사결정나무분석법, 이론지도작성 등
> - 시계열 예측기법 : 단순이동평균법, 가중이동평균법, 지수평활법(지수가중치법), 최소자승법, 시계열분석법, 검은줄기법 등

정답 ③

05 자재소요계획(MRP)은 주일정계획(MPS)에 맞추어 종속수요품목의 생산주문 및 구매주문이 적시에 적량만큼 이루어지도록 하는 생산계획 밑 재고통제기법이다.
② 적시(JIT) 생산시스템은 필요한 때에 맞추어 물건을 생산·공급하는 것으로 제조업체가 부품업체로부터 부품을 필요한 시기에 필요한 수량만큼 공급받아 재고가 없도록 해주는 재고관리시스템이다.
③ 린(lean) 생산은 작업 공정 혁신을 통해 비용은 줄이고 생산성은 높이는 것으로 숙련된 기술자의 편성과 자동화 기계의 사용으로 적정량의 제품을 생산하는 방식이다.
④ 공급사슬관리(SCM)는 어떤 제품을 판매하는 경우 자재 조달, 제품 생산, 유통, 판매 등의 흐름을 적절히 관리하여 공급망 체인을 최적화함으로써 조달 시간 단축, 재고 비용이나 유통 비용 삭감, 고객 문의에 대한 빠른 대응을 실현하는 것이다.
⑤ 칸반(kanban) 시스템은 JIT 시스템의 생산통제수단으로 낭비를 제거하고 필요한 때에 필요한 물건을 필요한 양만큼만 만들어서 보다 빨리, 보다 싸게 생산하기 위한 목적으로 활용되는 시스템이다.

정답 ①

06 준비비용이 일정하다고 가정하는 경제적 주문량(EOQ)과는 달리 준비비용을 최대한 줄이고자 하는 시스템은? 기출 24

① 유연생산시스템(FMS)
② 자재소요관리시스템(MRP)
③ 컴퓨터통합생산시스템(CIM)
④ ABC 재고관리시스템
⑤ 적시생산시스템(JIT)

07 제품설계 기법에 관한 설명으로 옳은 것은? 기출 23

① 동시공학은 부품이나 중간 조립품의 호환성과 공용화를 높여서 생산원가를 절감하는 기법이다.
② 모듈러설계는 불필요한 원가요인을 발굴하여 제거함으로써 제품의 가치를 높이는 기법이다.
③ 가치공학은 신제품 출시과정을 병렬적으로 진행하여 신제품 출시기간을 단축하는 기법이다.
④ 품질기능전개는 소비자의 요구사항을 체계적으로 제품의 기술적 설계에 반영하는 과정이다.
⑤ 가치분석은 제품이나 공정을 처음부터 환경변화의 영향을 덜 받도록 설계하는 것이다.

08 가치분석/가치공학분석에서 사용하는 브레인스토밍(brainstorming)의 주제로 옳지 않은 것은? 기출 24

① 불필요한 제품의 특성은 없는가?
② 추가되어야 할 공정은 없는가?
③ 무게를 줄일 수는 없는가?
④ 두 개 이상의 부품을 하나로 결합할 수 없는가?
⑤ 제거되어야 할 비표준화된 부품은 없는가?

09 전형적인 제품수명주기(PLC)에 관한 설명으로 옳지 않은 것은? 기출 15

① 도입기, 성장기, 성숙기, 쇠퇴기의 4단계로 나누어진다.
② 성장기에는 제품선호형 광고에서 정보제공형 광고로 전환한다.
③ 도입기에는 제품인지도를 높이기 위해 광고비가 많이 소요된다.
④ 성숙기에는 제품의 매출성장률이 점차적으로 둔화되기 시작한다.
⑤ 쇠퇴기에는 제품에 대해 유지전략, 수확전략, 철수전략 등을 고려할 수 있다.

• **해설 및 정답** •

06 적시생산시스템(JIT)은 필요한 시기에 필요한 양만큼 생산해내는 경영방식으로 준비비용을 최대한 줄이고자 하는 시스템이다.
① 유연생산시스템(FMS)은 다양한 종류를 소량생산하게 하는 시스템이다.
② 자재소요관리시스템(MRP)은 자재소요량계획으로서 생산수량과 일정을 토대로 자재가 투입되는 시점 및 양을 관리하기 위한 시스템이다.
③ 컴퓨터통합생산시스템(CIM)은 제조부터 판매까지 연결되는 정보 흐름의 과정을 정보시스템으로 통합한 종합적인 생산관리 시스템이다.
④ ABC 재고관리 시스템은 재고품목을 연간 사용금액에 따라 3가지로 구분하여 관리한다.

ABC 재고관리	
개념	재고품목을 연간 사용금액에 따라 A등급, B등급, C등급으로 나눈다.
A등급	상위 15% 정도, 연간 사용금액이 가장 큰 항목, 아주 엄격한 재고 통제
B등급	35% 정도, 연간 사용금액이 중간인 항목, 중간 정도의 재고 통제
C등급	50% 정도, 연간 사용금액이 작은 항목, 느슨한 재고 통제

정답 ⑤

07 품질기능전개(QFD)는 고객의 요구사항을 제품이나 서비스의 설계명세에 반영하는 방법을 말한다.
① 동시공학(concurrent engineering)은 제품개발 초기부터 관련부서가 모두 개발과정에 참여하는 것을 말한다.
② 모듈러설계(modular design)는 제품구성요소를 표준화시켜 생산원가를 낮추며 다양한 제품을 만들어 제품차별화를 이루려는 방법을 말한다.
③ 가치공학(Value Engineering)은 고객의 요구를 충족시키면서 원가절감과 제품의 성능향상을 이루는 것이다.
⑤ 가치분석(VA)은 기능적 요구조건을 충족시키는 범위 내에서 불필요하게 원가를 유발하는 요소를 제거하고자 하는 체계적인 방법을 말한다.

정답 ④

08 가치분석(VA)과 가치공학분석(VE)은 고객의 요구를 충족시키면서 원가 절감과 제품과 서비스 향상을 추구하는 것을 말하는데 공정과정이 추가되면 원가가 증가하게 되어 주제와는 맞지 않는다.

정답 ②

09 성장기에는 신제품을 인지시키기 위한 정보제공형 광고에서 제품선호형 광고로 전환한다.

정답 ②

10 다음 중 도요타 생산시스템에서 정의한 7가지 낭비유형에 해당하는 것을 모두 고른 것은? 기출 23

> ㄱ. 과잉생산에 의한 낭비
> ㄴ. 대기시간으로 인한 낭비
> ㄷ. 재고로 인한 낭비
> ㄹ. 작업자 재교육으로 인한 낭비

① ㄱ, ㄴ
② ㄷ, ㄹ
③ ㄱ, ㄴ, ㄷ
④ ㄴ, ㄷ, ㄹ
⑤ ㄱ, ㄴ, ㄷ, ㄹ

11 A점포의 연간 자전거 판매수량은 500대이고, 한 번 주문할 때 소요되는 주문비용은 10만원이다. 자전거 한 대의 구입가격은 15만원이며, 재고 유지를 위해 매년 부담하는 비용은 대당 1만원이다. A점포의 경제적 주문량(EOQ)과 최적주문횟수는 각각 얼마인가? 기출 18

① 50대, 5회
② 50대, 10회
③ 100대, 5회
④ 100대, 7회
⑤ 250대, 2회

12 최종소비자의 수요변동 정보가 전달되는 과정에서 지연이나 왜곡현상이 발생하여 재고부족 또는 과잉 문제가 발생하고 공급사슬 상류로 갈수록 수요변동이 증폭되는 현상은? 기출 23

① 채찍 효과
② 포지셔닝 효과
③ 리스크 풀링 효과
④ 크로스 도킹 효과
⑤ 레버리지 효과

13 공급사슬관리의 효율성을 측정하는 지표로 옳은 것은? 기출 24

① 재고회전율
② 원자재투입량
③ 최종고객주문량
④ 수요통제
⑤ 채찍효과

• 해설 및 정답 •

10 도요타 생산시스템에서 정의한 7가지 낭비유형은 불량의 낭비, 재고의 낭비, 과잉생산의 낭비, 가공의 낭비, 동작의 낭비, 운반의 낭비, 대기의 낭비이다.

정답 ③

11 $EOQ = \sqrt{\dfrac{2 \times 주문당\ 소요비용 \times 연간\ 수요량}{연간단위\ 재고비용}} = \sqrt{\dfrac{2 \times 10만원 \times 500}{1만원}} = 100$

최적주문횟수 $= \dfrac{연간\ 수요량}{EOQ} = \dfrac{500}{100} = 5$

정답 ③

12 채찍 효과는 고객의 수요가 상부단계 방향으로 전달될수록 각 단계별 수요의 변동성이 증가하는 현상을 말한다.
② 포지셔닝은 하나의 제품이나 서비스, 혹은 회사를 소비자들의 인식 속에 특정한 이미지로 자리 잡게 하는 일 또는 전략을 말한다.
③ 리스크 풀링 효과는 여러 지역의 수요를 하나로 통합했을 때 수요 변동성이 감소하는 효과를 말한다.
④ 크로스 도킹(Cross Docking)은 생산 이후 물류 센터로 입고되는 상품들을 물류센터에 보관해 두는 것이 아니라 분류 및 재포장 작업 등의 과정을 거친 후 다시 배송하는 물류 시스템을 말하는데, 물류센터를 보관 창고가 아닌 잠시 거치는 중개 기지의 역할로 이용하는 것으로 임대료, 물류비용 절감 및 인력 단축의 효과를 가짐으로써 생산성 향상 등의 효과를 가진다.
⑤ 레버리지 효과란 차입금 등 타인 자본을 지렛대로 삼아 자기자본이익률을 높이는 것으로 지렛대 효과라 하기도 한다.

채찍효과

정 의	고객의 수요가 상부단계 방향으로 전달될수록 각 단계별 수요의 변동성이 증가하는 현상
발생원인	공급망에 있어서 수요의 작은 변동이 제조업체에 전달될 때 확대되어 제조업자에게는 수요의 변동이 매우 불확실하게 보이게 된다. 이와 같이 정보가 왜곡되어 공급 측에 재고가 쌓이면 고객에 대한 서비스 수준도 저하된다. 또한 생산계획이 차질을 빚고, 수송의 비효율과 같은 악영향도 발생되며, 배치(Batch)식 주문으로 인하여 필요 이상의 기간이 소요되는 등의 문제가 발생된다.
대응방안	채찍효과를 막기 위해서는 정보를 공유하며, 배치식 주문을 없애야 하고, 가격정책의 안정화와 철저한 판매예측을 거친 뒤 공급하는 방안이 필요하다.

정답 ①

13 공급사슬관리의 효율성을 측정하는 지표로 재고 관련 지표와 재무지표가 있다. 재고 관련 지표로는 <u>평균 총 재고가치, 재고공급일수, 재고회전율</u> 등이 있으며, 재무지표로는 자산회전율, 현금회수기간이 있다.

정답 ①

14 생산 프로세스에서 낭비를 제거하여 부가가치를 극대화하기 위한 것은? 기출 22

① 린(lean) 생산
② 자재소요계획(MRP)
③ 장인생산(craft production)
④ 대량고객화(mass customization)
⑤ 오프쇼오링(off-shoring)

15 2014년 5월 수요예측치는 200개이고 실제수요치는 180개인 경우, 지수평활계수가 0.8이면 단순지수평활법에 의한 2014년 6월 수요예측치는? 기출 14

① 164개
② 184개
③ 204개
④ 214개
⑤ 224개

16 (주)한국의 4개월간 제품 실제 수요량과 예측치가 다음과 같다고 할 때, 평균절대오차(MAD)는? 기출 22

월(t)	실제 수요량(D_t)	예측치(F_t)
1월	200개	225개
2월	240개	220개
3월	300개	285개
4월	270개	290개

① 2.5
② 10
③ 20
④ 412.5
⑤ 1650

17 품질의 산포가 우연원인에 의한 것인지, 이상원인에 의한 것인지를 밝혀 주는 역할을 하며, 제조공정의 상태를 파악하기 위해 공정관리에 이용되는 것은? 기출 20

① 파레토도
② 관리도
③ 산포도
④ 특성요인도
⑤ 히스토그램

• 해설 및 정답 •

14 린 생산(lean production)은 생산과정 내 낭비를 제거하여 제조방법의 합리화를 추구하는 것을 말한다.
② 자재소요계획(Material Requirements Planning)이란 종속수요품목의 재고관리를 위해 컴퓨터를 활용하여 필요한 품목을 필요한 때에 필요한 양만큼 조달하는 관리기법을 말한다.
③ 장인생산(craft production)은 고도로 숙련된 작업자가 고객의 요구조건에 따라 단순하고 범용적인 도구를 사용하여 제품을 생산하는 방식을 말한다.
④ 대량고객화(mass customization)는 맞춤화된 상품과 서비스를 대량생산을 통해 비용을 낮춰 경쟁력을 창출하는 새로운 생산과 마케팅 방식을 말한다.
⑤ 오프쇼오링(off-shoring)은 경영 활동의 일부를 국내 기업에 맡기는 아웃소싱의 범위가 해외의 저비용 이점을 활용하기 위해 해외로 확대된 것을 말한다.

정답 ①

15 이번달 수요예측치 = 지난달 수요예측치 + 지수평활계수 × (실제수요치 − 지난달 수요예측치)
2014년 6월 수요예측치 = 200(2014년 5월 수요예측치) + 0.8 × (180 − 200)
= 200 + 0.8 × (−20) = 184

정답 ②

16
> 오차 = 실제 수요량 − 예측치

1월의 오차 = 200 − 225 = −25
2월의 오차 = 240 − 220 = 20
3월의 오차 = 300 − 285 = 15
4월의 오차 = 270 − 290 = −20

∴ 평균절대오차 = $\dfrac{|(-25)| + (20) + (15) + |(-20)|}{4}$ = 20

정답 ③

17 ① 이탈리아의 경제학자 파레토가 발표한 소득곡선에 관한 지수법칙을 바탕으로, 현장에서 문제시되는 불량, 결점, 고장 및 사고 등의 데이터를 원인별로 분류·집계하여 크기순으로 나열하고, 막대그래프와 꺾은 선 그래프로 표현한 도표이다.
③ 변산도라고도 하며, 변량이 흩어져 있는 정도를 나타낸 값이다.
④ 현장에서 발생하는 문제들의 결과(특성)와 원인(요인)의 관계를 체계적으로 도식화한 도표로, 생선뼈의 모양을 닮아 생선뼈그림(Fishbone Diagram)이라고도 한다.
⑤ 비교할 양이나 수치의 분포를 구간을 나누어 막대그래프로 표현한 도표이다.

정답 ②

18 (주)한국의 연도별 제품판매량은 다음과 같다. 과거 3년간의 데이터를 바탕으로 단순이동평균법을 적용하였을 때 2020년도의 수요예측량은? 기출 20

연 도	2014	2015	2016	2017	2018	2019
판매량(개)	2,260	2,090	2,110	2,150	2,310	2,410

① 2,270
② 2,280
③ 2,290
④ 2,300
⑤ 2,310

19 최근 5개월간의 실제 제품의 수요에 대한 데이터가 주어져 있다고 할 때, 3개월 가중이동평균법을 적용하여 계산된 5월의 예측 수요 값은?(단, 가중치는 0.6, 0.2, 0.2이다) 기출 24

구 분	1월	2월	3월	4월	5월
실제 수요(개)	680만	820만	720만	540만	590만

① 606만개
② 632만개
③ 658만개
④ 744만개
⑤ 766만개

20 기업에서 생산목표상의 경쟁우선순위에 해당하지 않는 것은? 기출 24

① 기 술
② 품 질
③ 원 가
④ 시 간
⑤ 유연성

21 품질문제와 관련하여 발생하는 외부 실패비용에 해당하지 않는 것은? 기출 24

① 고객불만 비용
② 보증 비용
③ 반품 비용
④ 스크랩 비용
⑤ 제조물책임 비용

해설 및 정답

18 2020년도 수요예측량 = $\dfrac{\text{과거 3년간의 판매량 합}}{3}$ = $\dfrac{2{,}150 + 2{,}310 + 2{,}410}{3}$ = 2,290

정답 ❸

19 가중이동평균법을 적용한 5월의 예측 수요 값
= (820만개 × 0.2) + (720만개 × 0.2) + (540만개 × 0.6) = 632만개

정답 ❷

20 기업에서 생산목표상의 경쟁우선순위에는 <u>원가, 품질, 시간, 유연성</u>이 있다. 따라서 기술은 기업에서 생산목표상의 경쟁우선순위에 해당하지 않는다.

정답 ❶

21 스크랩 비용은 폐기비용으로 <u>내부 실패비용</u>이다.

품질비용의 추정	
평가비용	명세서의 적합 여부를 결정하기 위한 테스트 및 검사활동에 따른 직·간접비용이 포함된다. [예] 수입검사, 공정검사, 제품검사, 기술테스트, 상품테스트, 작업자의 점검, 개발 단계별 평가, 품질검사, 입고부품 품질확인 등
예방비용	제품이나 서비스의 불량을 막기 위해서 의도된 모든 활동과 관련된 것을 말한다. [예] 품질교육 및 훈련, 품질공학, 품질검사, 공급업자의 능력조사, 공정능력 분석 등
내부 실패비용	제품 출하나 서비스 전달 이전에 발견된 결점에서 발생한다. [예] 폐기물(폐기비용), 손상된 제품, 재작업, 실패분석, 재검사, 재시험, 비가동시간, 등급제품의 기회비용 등
외부 실패비용	제품 출하나 서비스 전달 이후에 발견된 결점에서 발생한다. [예] 품질보증비용, 고객불만의 조정, 반품, 결함상품의 회수, 제품배상책임, 고객불만조사, 품질보증을 위한 현장검사, 시험 및 보증수리와 관련된 인건비 및 교통비 등

정답 ❹

22 제품 설계 시 법률적 검토사항과 직접적 관련성이 없는 것은? 기출 25

① 제조물책임법
② 공공건물의 장애인 편의시설 설치 의무
③ 전기배선에 관한 규정
④ ISO 9001 인증
⑤ 자동차의 안전벨트 설치 기준

23 인력의 수요공급 예측기법에 관한 설명으로 옳지 않은 것은? 기출 25

① 마코브(Markov) 분석은 인력의 변동이 심한 상황에서 종업원의 이동을 예측할 때 효과적인 인력공급 예측기법이다.
② 대체도(replacement chart)는 공석이 된 직무로 누가 이동할 수 있는지를 보여주는 표로서 인력공급 예측기법으로 활용된다.
③ 기능목록은 종업원의 교육, 경험, 능력 등과 같은 직무관련 자료를 요약한 것으로 인력공급 예측기법으로 활용된다.
④ 델파이 기법은 여러 전문가들의 의견을 종합하여 판단하는 인력수요 예측기법이다.
⑤ 시나리오 기법은 경영환경이 복잡하여 변화에 대한 예측이 용이하지 않을 때 이용될 수 있는 인력수요 예측기법이다.

24 라이트와 레이스(J. Wright & P. Race)가 제시한 공급사슬의 채찍효과에 대한 원인이 아닌 것은? 기출 25

① 공급과잉
② 리드타임
③ 뱃치주문
④ 수요예측
⑤ 가격변동

- **해설 및 정답**

22 ISO 9001은 국제표준화기구가 제정한 <u>품질경영시스템</u> 표준이다.

정답 ❹

23 마코브(Markov) 분석은 전이확률행렬을 이용하여 미래 인력의 이동을 예측하며, <u>경영환경이 안정적일 때 적합</u>하다.

정답 ❶

24 채찍효과란 고객의 수요가 상부단계 방향으로 전달될수록 각 단계별 수요의 변동성이 증가하는 현상을 말한다. <u>공급과잉은 채찍효과의 원인이 아닌 결과이다.</u>
② 리드타임이 길면 미래 수요 예측의 불확실성이 커지고, 과잉주문으로 이어져 공급사슬의 채찍효과가 나타난다.
③ 묶음 단위 뱃치주문은 불규칙적인 대량 주문으로 수요를 왜곡하여 공급사슬의 채찍효과를 초래한다.
④ 수요예측에 오류가 발생하면 상부단계 방향으로 갈수록 변동성이 증가한다.
⑤ 가격변동은 일시적인 수요 변동으로 이어지는데, 이를 지속적인 수요로 오해한 상부단계의 과잉생산으로 채찍효과가 발생한다.

정답 ❶

25 라인 밸런싱(line balancing)의 목적에 해당하는 것은? 기출 25

① 가장 짧은 작업시간을 늘리는 것
② 생산라인의 작업순서를 무작위로 배치하는 것
③ 작업장(work station) 간 작업시간을 균등하게 하여 유휴시간을 최소화 하는 것
④ 작업장 수를 늘려 작업장별 여유시간을 늘리는 것
⑤ 재고수준을 조절하여 비용을 낮추는 것

26 공정-제품 매트릭스(process-product matrix)에 근거할 경우 공정과 제품의 연결이 옳지 않은 것은? 기출 25

① 프로젝트공정 - 고객 맞춤형 제품
② 개별공정 - 다양한 제품
③ 뱃치공정 - 소수의 주력 제품
④ 조립라인공정 - 소량 생산되는 제품
⑤ 연속공정 - 표준화된 일용제품

27 재고관리시스템에서 정량발주시스템(Q-시스템)에 관한 설명으로 옳은 것은? 기출 25

① 정해진 시간마다 주문한다.
② 매번 주문량이 변동한다.
③ 재주문점 도달 시 주문한다.
④ 정기적으로 재고수준을 확인한다.
⑤ 주문 간격이 일정하다.

해설 및 정답

25 라인 밸런싱(line balancing)은 작업장 간 작업시간을 생산주기시간에 비슷하게 맞추어 유휴시간을 최소화하는 것이 목적이다.
① 가장 짧은 작업시간을 늘리는 것이 아니라 작업시간을 생산라인 주기시간에 맞추는 것이다.
② 라인 밸런싱은 생산 순서에 따라 작업 순서를 배치하는 제품별 배치의 과정이다.
④ 최소의 작업장 수로 작업장별 여유시간을 최소화하는 것이 목적이다.
⑤ 재고수준이 아닌 생산라인의 주기시간을 조절하여 비용을 낮춘다.

정답 ③

26 조립라인공정은 <u>대량생산 제품에 적합한 공정</u>이다.

정답 ④

27 정량발주시스템은 발주 시점에 재고량이 일정 수준 이하(재주문점)로 떨어지면, 고정된 주문량만큼 발주하는 방식이다.

정량발주시스템(Q-시스템)	정기발주시스템(P-시스템)
• 일정한 주문량을 고정하여 발주한다. • 재고량이 일정 수준 이하(재주문점)로 떨어지면 발주한다. • 발주 시점은 변동될 수 있지만, 주문량은 항상 같다. • 발주 시점을 파악하기 예측하기 쉽고, 재고 관리가 비교적 간편하여 안정적으로 유지할 수 있다.	• 일정한 간격으로 발주한다. • 발주량은 주문 시점의 재고량에 따라 변동된다. • 주문 시점은 고정되어 있어 발주 계획을 세우기 용이하다. • 재고 변동성이 커서 주문량을 예측하기 어렵다.

정답 ③

CHAPTER 11 마케팅

> **출제포인트**
> ☐ 시장 세분화
> ☐ 시장 표적화
> ☐ 제품 포지셔닝
> ☐ 제품의 수명주기 및 제품전략
> ☐ 촉진믹스의 구성요소

제1절 마케팅의 개관

I 마케팅의 이해

1. 마케팅의 의의

① **미국 마케팅 학회의 정의** : 마케팅은 개인과 조직의 목표 달성을 위해 아이디어, 제품, 서비스에 관하여 제품화, 가격, 촉진, 유통을 계획하고 집행하는 과정이다.

② **코틀러(P. Kotler)의 정의** : 마케팅은 개인과 집단이 제품과 가치를 창출하고 교환함으로써 필요와 욕구를 충족시키는 사회적·관리적 과정이다. 마케팅 정의에서 핵심적인 것은 교환과 교환 관계라고 할 수 있다. 마케팅은 개인소비자와 집단을 대상으로 한다. 개인 소비자를 대상으로 하는 마케팅은 소비재 마케팅이라고 하고 집단이나 조직을 대상으로 하는 마케팅은 산업재 마케팅이라고 한다. 여기서 소비재 마케팅이란 소비자의 구매를 유도하는 모든 활동뿐만 아니라 재화나 서비스의 획득, 소비, 처분에 관련된 기업의 포괄적인 활동으로 이해하는 것이 바람직하다.

2. 마케팅의 본질
① 개인 및 조직의 목표를 만족시키는데 있다.
② **교환의 성립** : 기업은 소비자에게 제품과 서비스를, 소비자는 기업에 대가를 제공한다.
③ **일련의 인간 활동** : 마케팅 요소 4P's를 혼합하는 활동이다[4P : 제품(Product), 가격(Price), 유통(Place), 프로모션(Promotion)].

> **마케팅 믹스 4P's → 4C's로의 전환(소비자 중심)**
> - Product → Consumer : 제품이 아니라 소비자가 원하는 것
> - Price → Cost : 소비자들이 지불하는 노력 및 시간, 금전적인 부담, 심리적인 부담 등의 모든 비용
> - Place → Convenience : 소비자들에게 구매의 편리성을 제공
> - Promotion → Communication : 일방적인 전달이 아닌 양방향적 커뮤니케이션

3. 마케팅의 특성
① 모든 기업조직의 활동들(예 생산, 재무, 판매 등)을 고객의 욕구에 부응하도록 통합한다.
② 고객의 욕구를 충족시킴으로써 모든 목표, 즉 금전적, 사회적, 개인적인 목표를 달성할 수 있다는 점을 강조한다.
③ 고객의 욕구에 부응하는 데 있어 나타나는 사회적 결과에 관심을 가진다.
④ 제품, 서비스, 아이디어를 창출하고 이들의 가격을 결정하고 이들에 관한 정보를 제공하고 이들을 배포하여 개인 및 조직체의 목표를 만족시키는 교환을 성립하게 하는 일련의 인간 활동을 말한다.
⑤ 단순히 영리를 목적으로 하는 기업뿐만 아니라 비영리조직까지 적용되고 있다.
⑥ 단순한 판매나 영업의 범위를 벗어난 고객을 위한 인간 활동이며, 눈에 보이는 유형의 상품뿐만 아니라 무형의 서비스까지도 마케팅 대상이다.
⑦ 계획·실시·통제라는 경영관리의 성격을 지닌다.

II 마케팅의 기본요소

마케팅의 기본요소는 다음과 같다.
① **필요** : 가장 기본적 만족의 결핍을 인식하고 있는 상태
② **욕구** : 필요를 충족시키기 위한 형태
③ **교환** : 기업의 가치 있는 제품이나 서비스에 대해서 대가를 지불하고 획득하는 것
④ **시장** : 교환과 거래가 이루어지는 장소
⑤ **제품** : 소비자의 욕구를 만족시켜주기 위하여 시장에 제공되는 것

Ⅲ 마케팅 개념의 발전단계 기출 19·23·25

생산개념
- 생산지향성 시대는 무엇보다도 저렴한 제품을 선호한다는 가정에서 출발함. 즉, 소비자는 제품 이용 가능성과 저가격에만 관심이 있다고 할 수 있음. 그러므로 기업의 입장에서는 대량생산과 유통을 통해 낮은 제품원가를 실현하는 것이 목적이 됨
- 제품의 수요에 비해서 공급이 부족하여 고객들이 제품구매에 어려움을 느끼기 때문에 고객들의 주된 관심이 '지불할 수 있는 가격으로 그 제품을 구매하는 것'일 때 나타나는 이념

제품개념
- 소비자들이 가장 우수한 품질이나 효용을 제공하는 제품을 선호한다는 개념
- 제품지향적 기업은 다른 것보다도 보다 나은 양질의 제품을 생산하고 이를 개선하는 데 노력을 기울임

판매개념
- 기업이 소비자로 하여금 경쟁회사 제품보다는 자사제품을 더 많은 양을 구매하도록 설득하여야 하며, 이를 위하여 이용 가능한 모든 효과적인 판매활동과 촉진도구를 활용하여야 한다고 보는 개념
- 생산능력의 증대로 제품공급의 과잉상태가 나타나게 되며, 고압적인 마케팅 방식에 의존하여 광고, 유통 등에 많은 관심
- 소비자의 욕구보다는 판매방식이나 판매자 시장에 관심을 가짐

마케팅 개념
- 고객중심적인 마케팅 관리이념으로서, 고객욕구를 파악하고 이에 부합되는 제품을 생산하여 고객욕구를 충족시키는 데 초점을 둠
- 고객지향 : 소비자들의 욕구를 기업 관점이 아닌 소비자의 관점에서 정의하는 것(소비자의 욕구를 소비자 스스로가 기꺼이 지불할 수 있는 가격에 충족시키는 것)
- 전사적 노력 : 기업의 각 부서 중에서 직접적으로 소비자를 상대하는 부문은 마케팅 부서이나 고객중심의 개념으로 비추어 보면 기업 내 전 부서의 공통된 노력이 요구됨. 즉, 기업의 전 부서 모두가 고객지향적일 때 올바른 고객욕구의 충족이 이루어질 수 있음
- 고객만족을 통한 이익의 실현 : 마케팅 개념은 기업 목적 지향적이어야 하며, 적정한 이익의 실현은 기업 목적달성을 위한 필수불가결한 요소임. 이러한 이익은 결국 고객만족 노력에 대한 결과이며 동시에 기업이 이익만을 추구할 경우에는 이러한 목적은 실현될 수 없음을 의미함

사회지향적 개념
- 기업의 이윤을 창출할 수 있는 범위 안에서 타사에 비해 효율적으로 소비자의 욕구를 충족시키도록 노력하는 데 있어서는 마케팅 개념과 일치
- 사회지향적 마케팅은 단기적인 소비자의 욕구충족이 장기적으로는 소비자는 물론 사회의 복지와 상충되어짐에 따라서 기업은 마케팅활동의 결과가 소비자는 물론 사회 전체에 어떤 영향을 미치게 될 것인가에 대한 관심을 가져야 하며 부정적 영향을 미치는 마케팅활동을 가급적 자제하여야 한다는 사고에서 등장한 개념임(고객만족, 기업의 이익에 더불어서 사회 전체의 복지를 요구하는 개념)

Ⅳ 현대마케팅의 특징

소비자 지향성, 기업목적 지향성, 사회적 책임 지향성, 통합적 마케팅 지향성이 있다.

제2절 마케팅 관리체계

I 관리과정
특정 제품 및 시장을 전제로 하여 전개되는 마케팅 관리활동을 말한다.

II 상황분석
마케팅관리 과정에서 가장 먼저 해야 할 일은 자사의 제품이 당면하고 있는 환경 및 상황에 대한 명확한 분석이다. 마케팅계획 수립 전 시장 환경, 거시적 환경, 경쟁 환경, 구매자 환경 및 자사의 환경 등에 대한 분석이 필요하다.

III 목표시장 선정전략의 수립(STP분석) 기출 20

1. 시장세분화(고객세분화 - Segmentation)
가격이나 제품에 대한 반응에 따라 전체시장을 몇 개의 공통된 특성을 가지는 세분시장으로 나누어서 마케팅을 차별화시키는 것이다.

2. 표적시장(목표고객결정 - Targeting)
세분시장이 확인되고 나면, 기업은 어떤 세분시장을 얼마나 표적으로 할 것인지를 결정한다.

3. 포지셔닝(Positioning)
자사 제품의 큰 경쟁우위를 찾아내어 이를 선정된 목표시장의 소비자들의 마음속에 자사의 상품을 자리잡게 하는 것이다.

IV 마케팅믹스 전략의 수립
기업조직이 표적시장에서 자사의 마케팅 목표를 이루기 위해 기업이 통제 가능한 요소인 제품, 가격, 유통, 판매촉진을 효율적으로 혼합하는 것을 가리킨다.
① 제품 : 소비자들에게 필요하며 그들의 욕구를 만족시켜주는 재화 및 서비스, 아이디어 등
② 가격 : 소비자들이 제품 및 아이디어를 제공받기 위해 지불하는 가치
③ 유통 : 소비자들이 제품을 구매하는 장소
④ 프로모션 : 소비자와 판매자 간 커뮤니케이션 수단

V 마케팅 조사

1. 개 요
① 마케팅 의사결정을 하기 위해 필요한 각종 정보를 제공하기 위해 자료를 수집·분석하는 과정이다.
② 마케팅 조사는 서로 간의 관련이 있는 사실들을 찾아내고 분석하고, 가능한 조치를 제시함으로써 마케팅 의사결정을 돕는 것이다.

2. 마케팅 조사의 절차

1단계 : 조사문제의 제기와 조사목적의 결정
마케팅 조사를 수행하기 위해서는 먼저 조사문제를 정확하게 정의해야 한다. 마케팅 조사는 특정한 의사결정을 위해 수행되는 것이므로, 의사결정 문제에서부터 조사문제가 결정된다.

↓

2단계 : 마케팅 조사의 설계
연구에 대한 구체적인 목적을 공식화하여, 조사를 위한 순서와 책임을 구체화시켜야 한다. 보통 연구조사의 주체, 대상, 시점, 장소 및 방법 등을 결정하는 단계

↓

3단계 : 자료의 수집, 분석 및 해석
자료의 수집방법, 설문지의 작성, 조사대상에 대한 선정 및 실사 등을 통해 자료를 수집·분석하고 나온 결과에 대해 의미 있는 해석이 뒤따라야 한다.

↓

4단계 : 보고서 작성
자료의 수집방법, 설문지의 작성, 조사대상에 대한 선정 및 실사 등을 통해 자료를 수집·분석하고 나온 결과에 대해 의미 있는 해석이 뒤따라야 한다.

제3절 마케팅 환경

I 거시적 환경

1. 의 의
특정 개별기업의 마케팅활동에 직접적으로 영향을 미치지 않고 간접적이며, 단기적으로는 잘 변하지 않는 환경요인을 의미한다(사회, 문화, 정치, 경제, 법, 기술적 환경 등).

2. 거시적 환경요인의 종류
① 인구통계적 환경요소
② 경제적 환경요소
③ 자연적 환경요소

④ 기술적 환경요소
⑤ 법적·정치적 환경요소
⑥ 사회·문화적 환경요소

Ⅱ 소비자 환경

1. 소비자 행동모델 및 영향요소
① 사회적 요인 : 가족, 준거집단, 역할 및 지위
② 문화적 요인 : 소비자들 스스로가 속한 문화, 사회계층, 하위문화
③ 개인적 요인 : 연령, 직업, 경제상황, 생활주기, 개성 및 자아개념
④ 마케팅 자극 : 가격, 제품, 유통촉진 요인
⑤ 심리적 요인 : 지각, 동기, 학습, 신념 및 태도

2. 소비자 구매의사결정과정(소비자구매 5단계) 기출 16
문제의 인식 → 정보의 탐색 → 대안의 평가 → 구매 → 구매 후 행동

제4절 목표시장 선정

Ⅰ 목표시장 선정전략 기출 20

시장세분화	• 시장 세분화를 위한 세분화 기준변수 파악 • 각 세분시장의 프로파일 개발
표적시장 선정	• 세분시장 매력도 평가를 위한 측정변수 개발(3C분석) • 표적시장 선정
포지셔닝	• 각 표적시장별 포지셔닝을 위한 위치 파악 • 각 표적시장별 마케팅믹스 개발

Ⅱ 시장 세분화 기출 13·17

1. 의 의
전체시장을 하나의 시장으로 보지 않고, 소비자 특성의 차이 또는 기업의 마케팅 정책, 예를 들어 가격이나 제품에 대한 반응에 따라 전체시장을 몇 개의 공통된 특성을 가지는 세분시장으로 나누어서 마케팅을 차별화시키는 것이다.

2. 시장세분화의 이점
① **새로운 마케팅기회 포착** : 마케터는 각 세분시장이 원하는 바와 경쟁자들의 제품을 검토함으로써 보다 효과적으로 소비자를 만족시키기 위한 방안을 결정할 수 있다.
② **정밀한 마케팅믹스 조정** : 마케터는 모든 소비자들이 원하는 바의 차이를 고려하지 않고 하나의 마케팅 믹스를 제공하기보다는 원하는 바를 효과적으로 충족시키기 위해 세분시장별로 마케팅 믹스를 조정할 수 있다.
③ **자원의 효율적 할당** : 마케터는 각 세분시장의 반응 특성을 근거로 하여 바람직한 목표를 효과적으로 달성할 수 있도록 마케팅 노력을 합리적으로 할당할 수 있다.

3. 시장세분화의 요건 기출 18·20·24

구 분	개 념
측정 가능성	마케터는 각 세분시장에 속하는 구성원을 확인하고, 세분화 근거에 따라 그 규모나 구매력 등의 크기를 측정할 수 있어야 한다.
유지 가능성	각 세분시장은 별도의 마케팅 노력을 할애받을 만큼 규모가 크고 수익성이 높아야 한다.
접근 가능성	마케터는 각 세분시장에 기업이 상이한 마케팅 노력을 효과적으로 집중시킬 수 있어야 한다.
실행 가능성	마케터는 각 세분시장에 적합한 마케팅 믹스를 실제로 개발할 수 있는 능력과 자원을 가지고 있어야 한다.
내부적 동질성과 외부적 이질성	특정한 마케팅 믹스에 대한 반응이나 세분화 근거에 있어서 같은 세분시장의 구성원은 동질성을 보여야 하고, 다른 세분시장의 구성원과는 이질성을 보여야 한다.

4. 시장세분화의 기준 기출 13
① **인구통계적 기준**
  ㉠ 고객의 연령 : 장난감 또는 의류의 경우 연령층에 따라서 차별화된 제품이 제공되는 것을 들 수 있다.
  ㉡ 성별 : 담배시장의 경우가 대표적이다. 말보로 담배는 전통적으로 남성담배의 전형인 반면에 버지니어 슬림 또는 이브 등은 여성고객을 주된 대상으로 하는 제품이다.
  ㉢ 가족 수 : 대가족인 경우와 소가족인 경우의 소비패턴과 같이 가족 수에 따라서도 달라질 수 있음을 들 수 있다.
② **지리적 세분화** : 고객이 살고 있는 거주 지역을 기준으로 시장을 세분화하는 방법이다. 학생 교복회사의 경우에 강남과 강북 학생 교복의 가격을 서로 다르게 책정하고 있어 지역별 시장 세분화 전략을 수행하는 사례가 있었다.
③ **심리행태의 세분화**
  ㉠ 사회계층 : 사회계층에 따라 소비행태는 다양하게 나타난다. 특히 자동차, 의류, 가전제품, 여가선용 등에서 계층 간의 소비는 그 격차가 크게 나타난다.
  ㉡ 라이프스타일 : 라이프스타일은 개인의 욕구, 동기, 태도, 생각 등을 총망라한 결합체이다. 리복 운동화는 건강하고 날렵한 몸매를 위해 에어로빅을 하는 여성에 초점을 맞추어 크게 성공한 사례가 있다.

④ 인지 및 행동적 세분화
  ㉠ 편익 : 소비자들이 제품을 사용하면서 얻고자 하는 가치를 말한다. 치약의 경우 소비자들은 충치 및 치주질환을 예방하는 기능을 추구하는 집단, 이를 하얗게 해주는 기능을 추구하는 집단, 양치질 후의 상쾌한 맛과 향기를 추구하는 집단 등으로 나눌 수 있다.
  ㉡ 사용경험 : 소비자들이 제품을 사용하는 상황이나 경험을 말한다. 같은 제품이라도 소비자 자신이 사용하기도 하고 다른 사람에게 선물로 주기도 한다.
  ㉢ 사용하는 상황 : 화장실용 휴지, 화장용 휴지, 휴대용 휴지 등 사용하는 상황에 따라서 제품이 달라지는 경우도 있다.
  ㉣ 제품 사용량 : 대량소비자, 소량소비자 등으로 세분화하기도 한다.
  ㉤ 브랜드 충성도 : 자사 상표에 대한 호의적인 태도와 반복구매 정도를 나타내는 브랜드 충성도에 따라 자사브랜드 선호 집단, 경쟁브랜드 선호 집단 등으로 세부화하기도 한다.

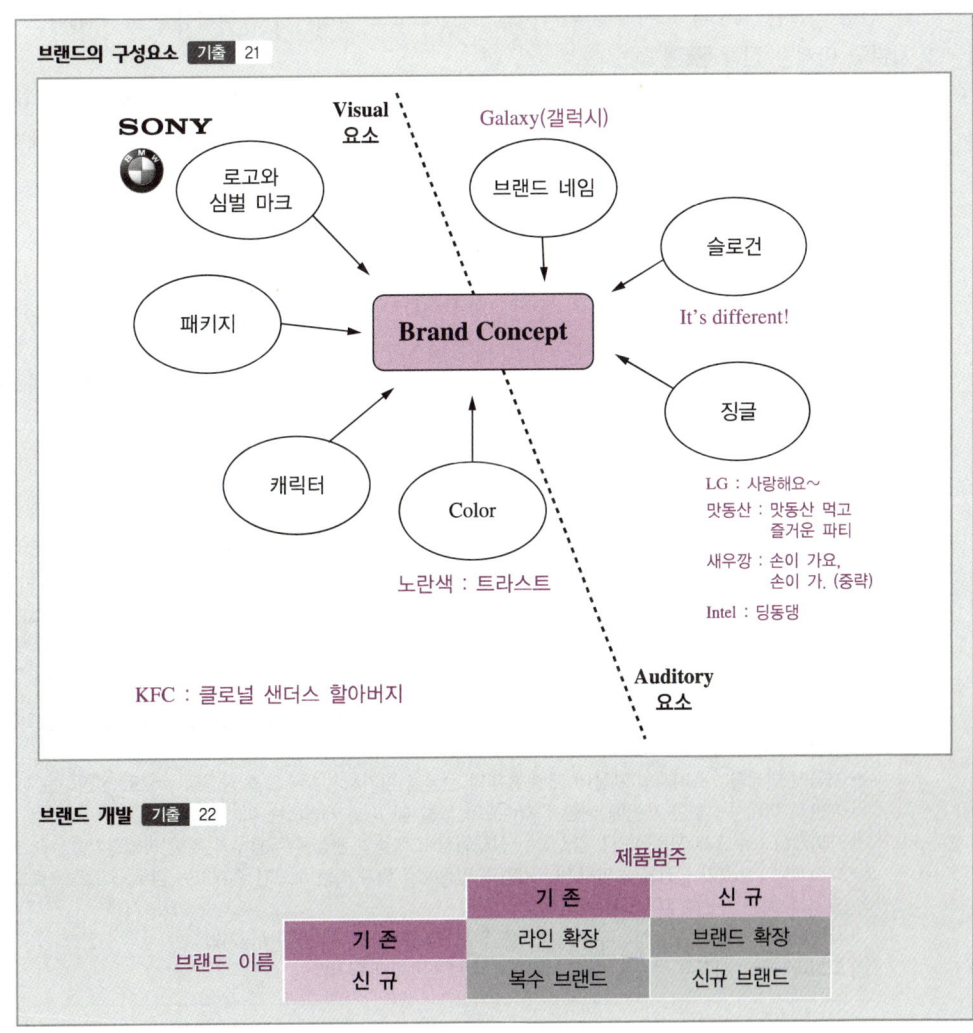

Ⅲ 시장 표적화

1. 의 의
자사의 경쟁우위가 어느 세분시장에서 확보가 가능한지를 평가해서 상대적으로 경쟁우위가 있는 세분시장을 선택하는 것을 말한다.

2. 목표시장 선정전략 기출 15
① 무차별적 마케팅 전략
  ㉠ 개념 : 수요의 동질성이 높은 제품에 대해 전체 시장을 하나의 동일한 시장으로 간주하고, 하나의 제품을 제공하는 전략이다.
  ㉡ 장점 : 규모의 경제, 즉 비용을 줄일 수 있다.
  ㉢ 단점 : 모든 계층의 소비자를 만족시킬 수 없으므로 경쟁사가 틈새시장을 찾기 쉽다.
② 차별적 마케팅 전략 기출 20
  ㉠ 개념 : 제품의 특성이 차이가 나거나 시장이 이질적인 경우 전체 시장을 세분시장으로 나누고, 이들 모두 목표시장으로 삼아 각각 세분시장의 상이한 욕구에 부응할 수 있는 마케팅믹스를 개발·적용하여 기업의 목표를 달성하고자 하는 것이다.
  ㉡ 특징 : 주로 자원이 풍부한 대기업이 사용한다.
  ㉢ 장점 : 전체 시장의 매출은 증가한다.
  ㉣ 단점 : 각 세분시장에 차별화된 제품과 광고 판촉을 제공하기 위해 비용도 늘어난다.
③ 집중적 마케팅 전략
  ㉠ 개념 : 기업의 자원이 한정·제약 돼 있는 경우 전체 세분시장 중에서 특정 세분시장을 목표시장으로 삼아 집중 공략하는 전략이다.
  ㉡ 특징 : 자원이 한정된 중소기업이 사용한다.
  ㉢ 장점 : 해당 시장의 소비자 욕구를 보다 정확히 이해하여 그에 걸맞은 제품과 서비스를 제공함으로써 전문화의 명성을 얻을 수 있으며 생산·판매 및 촉진활동의 전문화로 비용절감이 가능하다.
  ㉣ 단점 : 대상으로 하는 세분시장의 규모가 축소되거나 경쟁자가 해당 시장에 뛰어들 경우 위험이 크다.

> **주요 마케팅관리 기법** 기출 20
> - 전환적 마케팅 : 부정적 수요를 긍정적 수요로 전환하는 마케팅기법
> - 동시화 마케팅 : 계절적 요인이나 시간적 요인 등으로 인해 규칙적이지 않은 수요 상태에서 수요의 평준화를 맞추기 위한 마케팅기법
> - 자극적 마케팅 : 소비자의 제품에 대한 흥미와 관심을 환기시켜 무수요를 긍정적 수요로 전환하는 마케팅기법
> - 개발적 마케팅 : 없던 제품에 대한 잠재수요가 있을 때 이를 개발하는 마케팅기법
> - 재마케팅 : 수요가 지속적으로 감소하는 상태에서 고객들의 관심을 유발하기 위한 마케팅기법
> - 디마케팅 : 수요가 공급을 초과하거나 기업의 입장에서 해가 되는 수요가 존재하는 경우, 의도적으로 그 수요를 일시적 혹은 영구히 감소시키는 마케팅기법
> - 대항마케팅 : 불건전하거나 지나친 수요를 억제·소멸시키기 위한 마케팅기법
> - 터보마케팅 : 시간적 우위를 통해 경쟁력을 확보하는 마케팅기법

Ⅳ 제품 포지셔닝

1. 의의
자사 제품의 큰 경쟁우위를 찾아내어 이를 선정된 목표시장의 소비자들의 마음속에 자사의 상품을 자리 잡게 하는 것, 즉 소비자들에게 경쟁제품과 비교하여 자사제품에 대한 차별화된 이미지를 심어주기 위한 계획적인 전략접근법이다.

2. 포지셔닝 전략유형 기출 12·14
① **제품속성에 의한 포지셔닝**
  ㉠ 자사제품의 속성이 경쟁제품에 비해 차별적 속성을 지니고 있어서 그에 대한 혜택을 제공한다는 것을 소비자에게 인식시키는 전략으로, 가장 널리 사용되는 포지셔닝 전략방법이다.
  ㉡ 스웨덴의 'Volvo(안정성)', GM대우의 '마티즈(저렴한 유지비)', '파로돈탁스(타사 제품과는 달리 잇몸 질환을 예방해 준다는 속성을 강조)', Olympus의 '디지털카메라(생활방수기능)', '하우젠세탁기(삶지 않아도 세탁과 동시에 살균이 된다는 속성)'
② **이미지 포지셔닝**
  ㉠ 제품이 지니고 있는 추상적인 편익을 강조하는 전략이다.
  ㉡ '맥심 커피(정서적, 사색적인 고급 이미지를 형성)', '아시아나항공사(아름다운 사람, 그녀의 이름은 아시아나)'
③ **경쟁제품에 의한 포지셔닝** : 소비자가 인식하고 있는 기존의 경쟁제품과 비교함으로써 자사 제품의 편익을 강조하는 방법이다.
④ **사용상황에 의한 포지셔닝**
  ㉠ 개념 : 자사 제품의 적절한 사용상황을 설정함으로써 타사 제품과 사용상황에 따라 차별적으로 다르다는 것을 소비자에게 인식시키는 전략이다.
  ㉡ '게토레이(일반음료와는 달리 운동 후 마시는 음료라는 상황을 강조)', '오뚜기 3분 요리(시간이 없어서 급하게 요리를 해야 할 때 등의 상황을 강조)'
⑤ **제품사용자에 의한 포지셔닝**
  ㉠ 제품이 특정 사용자 계층에 적합하다고 소비자에게 강조하여 포지셔닝 하는 전략이다.
  ㉡ '도브(피부가 건조한 소비자층을 표적으로 이에 적합한 비누)', '하나로(샴푸와 린스를 따로 쓰지 않는 겸용샴푸)'

3. 포지셔닝 맵
① 소비자의 마음속에 자리잡고 있는 자사의 제품과 경쟁 제품들의 위치를 2차원 또는 3차원의 도면으로 작성해 놓은 도표이다.
② 작성 절차 : 차원의 수를 결정 → 차원의 이름을 결정 → 경쟁사 제품 및 자사 제품의 위치 확인 → 이상적인 포지션의 결정

제5절 제품관리

I 제품관리의 개관

1. 제품의 의의
일반적으로 소비자들의 기본적인 욕구와 욕망을 충족시켜 주기 위한 것으로, 시장에 출시되어 사람의 주의, 획득, 사용이나 소비의 대상이 되는 것을 말한다.

2. 제품차원의 구성 기출 17
① 핵심제품 : 제품의 핵심적인 측면을 나타내는 것으로서, 제품이 본질적으로 수행하는 기능, 다시 말해 소비자의 욕구충족이나 문제해결의 차원을 의미(화장품은 아름다워지려는 욕구충족, 자동차는 목적지까지 운전자를 이동시켜 주는 역할)
② 유형제품 : 제품의 유형적 측면을 나타내는 것으로서, 소비자가 제품으로부터 추구하는 혜택을 구체적·물리적인 속성들의 집합으로 유형화시킨 것을 의미(포장화, 상표명, 특성, 품질, 스타일 등)
③ 확장제품 : 전통적 제품의 개념이 고객서비스로 확대된 것으로 제품에 대한 사후보증, 애프터서비스, 배달, 설치, 대금지불방법 등의 고객서비스를 모두 포함하는 차원의 개념

3. 구매관습에 따른 소비재 분류 기출 21·25
① 소비재 : 구매자가 일반적으로 개인이 최종적으로 사용하거나 소비하는 것을 목적으로 구매하는 제품
  ㉠ 편의품 : 구매빈도가 높은 저가의 제품. 동시에 최소한의 노력과 습관적으로 구매하는 경향이 있는 제품(치약, 비누, 세제, 껌, 신문, 잡지 등)
  ㉡ 선매품 : 소비자가 가격, 품질, 스타일이나 색상 면에서 경쟁제품을 비교한 후에 구매하는 제품(패션의류, 승용차, 가구 등)
  ㉢ 전문품 : 소비자는 자신이 찾는 품목에 대해서 너무나 잘 알고 있으며, 그것을 구입하기 위해서 특별한 노력을 기울이는 제품(최고급 시계, 보석 등)
② 산업재 : 구매자가 개인이 아니라 기업 등의 조직으로 최종 소비가 목적이 아니라 다른 제품을 만들기 위하여 또는 제3자에게 판매할 목적으로 구매하는 제품
  ㉠ 원자재의 구분
    ㉮ 원자재 : 제품의 제작에 필요한 모든 자연생산물
    ㉯ 가공재 : 원료를 가공 처리하여 제조된 제품으로서 다른 제품의 부분으로 사용되는데, 다른 제품의 생산에 투입될 경우에 원형을 잃게 되는 제품(철강, 설탕 등)
    ㉰ 부품 : 생산과정을 거쳐 제조되었지만, 그 자체로는 사용가치를 지니지 않는 완제품으로, 더 이상 변화 없이 최종 제품의 구성부분(소형 모터, 타이어 등)
  ㉡ 자본재의 구분
    ㉮ 설비 : 고정자산적 성격이 강하고, 매우 비싸며 건물, 공장의 부분으로 부착되어 있는 제품
    ㉯ 소모품 : 제품의 완성에는 필요하지만, 최종 제품의 일부가 되지 않는 제품(윤활유 등)

Ⅱ 제품의 구성요소

1. 제품기능

① 특징 : 타사의 제품과 차별되는 기본요소 또는 구조적·기능적인 차이점과 더불어 소비자들에게 제공하는 이점 및 효과가 있다.
② 품질 : 비슷한 제품과의 우위성을 나타내며, 이는 기술적 수준과 상업적인 질의 2가지 측면을 고려해야 한다.
③ 스타일 : 제품에 대한 선호 및 취향에 맞게 다양성을 부여하는 것이다.

2. 상 표 기출 13

① 의의 : 사업자가 자기가 취급하는 상품을 타사의 상품과 식별(이름, 표시, 도형 등을 총칭)하기 위하여 상품에 사용하는 표지를 나타낸다.
② 상표명 : 상표를 나타내는 구체적인 이름을 말한다.
③ 상표마크 : 상표에 드러난 심벌모형을 의미한다.
④ 상표의 기능
  ㉠ 구매자의 입장
    ㉮ 공급업자가 생산하는 제품의 질을 보증하는 역할을 수행한다.
    ㉯ 상품구매의 효율성을 높여줌(구매자들은 특정 상품에 대한 충성도가 높으면 높을수록 해당 상품에 대한 식별을 용이하게 하여 구매할 수 있기 때문)
  ㉡ 회사의 입장
    ㉮ 상표를 사용함으로써 판매업자로 인한 주문 처리와 문제점 추적을 쉽게 할 수 있다.
    ㉯ 자사만의 제품특성을 법적으로 보호를 받음으로써, 타사가 모방할 수 없게 해준다.
    ㉰ 고객에 대한 기업의 이미지가 상승한다.
    ㉱ 고객의 자사제품에 대한 신뢰도를 구축하여 꾸준하게 구매가능성이 높은 고객층을 확보하도록 해준다.

3. 포 장

① 의의 : 물품을 수송·보관함에 있어서 이에 대한 가치나 상태 등을 보호하기 위하여 적절한 재료나 용기 등에 탑재하는 것이다(상표에 대해 소비자로 하여금 바로 인지하게 하는 역할을 수행).
② 목 적
  ㉠ 제품의 보호성 : 포장의 근본적인 목적임과 동시에, 제품이 공급자에서 소비자로 넘어가기까지 운송, 보관, 하역 또는 수·배송을 함에 있어서 발생할 수 있는 여러 위험요소로부터 제품을 보호하기 위함이다.
  ㉡ 제품의 경제성 : 유통상의 총비용을 절감하게 한다.
  ㉢ 제품의 편리성 : 제품취급을 편리하게 해주는 것이다(제품이 공급자의 손을 떠나 운송, 보관, 하역 등 일련의 과정에서 편리를 제공하기 위해서임).
  ㉣ 제품의 촉진성 : 타사 제품과 차별화를 시키면서, 자사 제품 이미지의 상승효과를 기하여 소비자들로 하여금 구매충동을 일으키게 하는 것이다.
  ㉤ 제품의 환경보호성 : 공익성과 함께 환경 친화적인 포장을 추구해 나가는 것을 의미한다.

4. 고객서비스

서비스 요소는 서비스의 종류를 의미하는데, 이는 소비자들이 중요하다고 여기는 요소의 중요도에 따라 충족시켜 주어야 하고, 서비스의 수준은 소비자들이 기대하는 수준 및 경쟁사의 수준 등을 고려해서 결정해야 한다.

Ⅲ 제품전략

1. 제품수명주기 및 제품전략 기출 14

제품도 사람과 마찬가지로 처음 태어날 때부터 죽을 때까지 일련의 단계를 거치게 되는데, 이러한 과정을 제품수명주기라 한다. 통상적으로, 제품이 시장에 처음 출시되는 도입기 → 본격적으로 매출이 증가하는 성장기 → 매출액 증가율이 감소하기 시작하는 성숙기 → 매출액이 급격히 감소하여 더 이상의 제품으로 기능을 하지 못하는 쇠퇴기로 이루어진다.

> **각 시기별 특징**
> - 도입기의 특징
>   - 제품이 시장에 처음 소개된 시기, 즉 제품이 처음으로 출시되는 단계로서 제품에 대한 인지도나 수용도가 낮고, 판매성장률 또한 매우 낮다.
>   - 이익이 전혀 없거나, 혹은 마이너스이거나, 있다 해도 이익수준이 극히 낮다.
>   - 시장 진입 초기이므로, 과다한 유통·촉진비용이 투입된다.
>   - 경쟁자가 없거나 또는 소수에 불과하다.
>   - 제품수정이 이루어지지 않은 기본형 제품이 생산된다.
>   - 기업은 구매가능성이 가장 높은 고객에게 판매의 초점을 맞추고, 일반적으로 가격은 높게 책정되는 경향이 있다.
> - 성장기의 특징
>   - 제품이 시장에 수용되어 정착되는 단계이다.
>   - 실질적인 이익이 창출되는 단계이다.
>   - 도입기에서 성장기에 들어서면 제품의 판매량은 빠르게 증가한다.
>   - 이윤도 증가하지만 유사품, 대체품을 생산하는 경쟁자도 늘어난다.
>   - 가격은 기존수준을 유지하거나 수요가 급격히 증가함에 따라 가격이 약간 떨어지기도 한다.
> - 성숙기의 특징
>   - 경쟁제품이 출현해서 시장에 정착되는 성숙기에는 대부분의 잠재소비자가 신제품을 사용하게 됨으로써 판매 성장률은 둔화되기 시작한다.
>   - 경쟁심화를 유발시킨다.
>   - 많은 경쟁자들을 이기기 위해서 제품에 대한 마진을 줄이고, 가격을 평균생산비 수준까지 인하하게 된다.
>   - 기존과는 달리, 제품개선 및 주변제품개발을 위한 R&D 예산을 늘리게 된다.
>   - 강진 약퇴의 현상이 발생하게 된다.
> - 쇠퇴기의 특징
>   - 제품이 개량품에 의해 대체되거나 제품라인으로부터 삭제되는 시기이다.
>   - 거의 모든 제품들의 판매가 감소하면서, 이익의 잠식을 초래하게 된다.

2. 제품믹스 전략

① **제품믹스** : 일반적으로 기업이 다수의 소비자에게 제공하는 모든 형태의 제품계열과 제품품목을 통합한 것을 가리킨다.
② **제품계열** : 제품믹스 중에서 물리적·기술적 특징이나 용도가 비슷하거나, 동일한 고객집단에 의해 구매되는 제품의 집단. 즉, 특성이나 용도가 비슷한 제품들로 이루어진 집단을 말한다.
  ㉠ 제품믹스의 폭 : 기업이 가지고 있는 제품계열의 수를 의미한다.
  ㉡ 제품믹스의 깊이 : 각 제품계열 안에 있는 품목 수를 의미한다.
  ㉢ 제품믹스의 길이 : 제품믹스 내의 모든 제품품목의 수를 의미한다.

Ⅳ 신제품 관리

1. 신제품 개발

① 자사의 목표와 마케팅목표를 달성하는 데 있어 신제품이 수행해야 할 전략적 역할을 규명하는 것이다.
② 신제품 개발 계획을 입안하기 위해 마케팅 관리자는 신제품 개발 과정에서 이루어져야 할 주요 의사결정 영역을 미리 확인하고 각 영역별 의사결정요소들을 검토해야 한다.

2. 신제품 개발과정

① **아이디어 창출** : 제품개발의 첫 단계이며, 제일 좋은 아이디어는 소비자의 욕구를 충족시켜줄 수 있는 아이디어이다.
② **아이디어 선별(평가)** : 전반적인 자사의 목적에 맞지 않거나 또는 자사의 가용자원으로서 더 이상은 개발할 수 없는 아이디어들이 사라지는 단계이다.
③ **제품개념개발 및 테스트**
  ㉠ 제품개념 : 제품의 아이디어를 고객이 사용하는 의미있는 단어로 구체화시킨 것을 말한다.
  ㉡ 제품개념 테스트 : 실제적인 소비자 조사를 통해서 제품개념의 적합성 여부를 확인하는 것이다.
④ **마케팅전략 개발 단계** : 신제품을 시장에 출시하기 위한 초기의 마케팅전략이 개발되는 단계이다.
⑤ **사업성 분석 단계** : 신제품의 매출이나 비용 또는 이익에 대해 예상되는 측정치를 계산하고, 실제 이익이 되는지를 가늠하는 단계이다.
⑥ **제품개발** : 엔지니어나 연구 개발자가 제품컨셉을 물리적인 형태를 지닌 제품으로 개발하게 된다.
⑦ **시험마케팅** : 제품이 개발되어 기능 테스트와 소비자 테스트를 통과하게 되면, 시장에서 테스트를 받는 단계로 옮겨진다.
⑧ **상업화** : 경영자에게 신제품 출시에 대해 최종적인 의사결정을 내리게 하는 단계이다.

3. 신제품의 수용-로저스(Rogers)의 혁신수용곡선 기출 13 · 14 · 23 · 25

① 의의 : 로저스의 혁신수용곡선은 혁신의 수용자를 여러 범주로 분류하는 모델로, 다단계흐름 이론 또는 혁신확산 이론으로도 불린다.

② 수용자의 유형
 ㉠ 혁신자 (Innovators) : 변화를 끌어당기는 용기있는 사람들이다. 혁신자는 아주 중요한 커뮤니케이션 메커니즘이다.
 ㉡ 조기수용자 (Early Adopters) : 혁신소비자 다음으로 수용하는 소비자이며 의견선도자 역할을 한다.
 ㉢ 조기다수자 (Early Majority) : 신중한 사람들이며 조심스러우나 일반적인 사람들보다 좀 더 빨리 변화를 수용한다.
 ㉣ 후기다수자 (Late Majority) : 회의적인 사람들이며 대다수의 사람들이 새로운 아이디어와 제품을 사용할 때 사용한다.
 ㉤ 최후수용자 (Laggards) : 전통적인 사람들, 옛방식을 고수하는 것을 좋아하고, 새로운 아이디어에 비판적이며, 새로운 아이디어가 주류가 되거나 심지어 전통이 되어야 수용한다.

③ 수용자의 비율

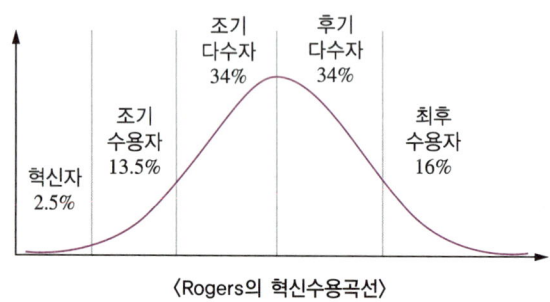

〈Rogers의 혁신수용곡선〉

제6절 가격관리

I 가격의 개관

1. 가격의 의의
공급자로부터 제공받는 재화와 서비스에 대해 소비자가 이에 대한 대가로 지급하는 화폐의 양이다. 경제학에서는 상품의 교환가치라고 정의하기도 한다.

2. 가격의 역할
① 품질에 대한 정보제공의 기능
② 타 마케팅믹스 요소 중에서 자사의 이익을 결정하는 유일한 변수 역할
③ 경쟁의 도구

Ⅱ 가격결정에 대한 영향요인

1. 내부요인
① **마케팅 목표** : 가격 결정 이전에 표적시장 및 특정한 고객집단을 명확하게 알고 있어야 한다.
② **마케팅믹스 전략** : 기업이 선택한 가격정책이 달성되기 위해서는 가격에 적합한 제품을 설계하고, 그에 따른 유통경로를 확보하며, 적합한 촉진활동 등을 고려하여 마케팅믹스 전략을 결정해야 한다.
③ **원가** : 기업의 제품을 생산하기 위해 투입된 생산비뿐만이 아니라 유통, 판촉비용 모두를 포함한 것으로 가격의 최하한선을 의미한다.

2. 외부요인
① **시장과 수요** : 가격에 따른 소비자의 태도에 따라 영향을 받게 된다.
② **경쟁자** : 경쟁자는 경쟁제품의 가격수준과 경쟁사의 가격정책에 대해 이를 바라보는 소비자들의 반응을 조사함으로써 자사제품의 가격을 결정하는 데 영향을 준다.
③ **기타 환경요인** : 유통부문에서 종사하는 중간상의 이윤(중간상의 판매촉진 자극), 기업활동에 대한 정부의 규제 및 인플레이션, 이자율 등을 생각할 수 있다.

Ⅲ 가격산정 방법

1. 원가 가산법
① 제품의 원가에 적정한 이윤을 가산해서 가격을 결정하는 기본적인 가격산정방법이다.
② 수요탄력성이 낮은 제품, 기업이 가격을 통제할 수 있는 경우에 효과적이다.

$$제품단위원가 + 표준이익 = \frac{단위원가}{(1 - 예상판매수익률)}$$

2. 목표수익률 가산법
① 기업조직이 투자에 대한 목표수익률을 정하고 이를 달성할 수 있도록 가격을 산정하는 방법이다.
② 일정 이익률을 확보하는 것이 중요한 자본집약적 산업, 공공사업 등에서 주로 활용된다.

$$단위원가 + \frac{투자액 \times 목표수익률}{예상판매량}$$

3. 경쟁자중심 가격결정
① 경쟁자들이 정하는 가격이 가격결정 기준이 된다.
② 선도기업의 가격을 기준으로 해서 자사의 제품 가격을 결정하는 후발업체 및 중소기업 등이 주로 활용하는 방식이다.

4. 소비자 기대수준 가격산정법
소비자들의 지각수준을 파악하기 위한 마케팅 조사가 우선적으로 이루어져야 한다.

Ⅳ 최종가격 선정전략

1. **제품믹스 가격전략**
   ① 가격계열화
      ㉠ 하나의 제품에 대해서 단일가격을 설정하는 것이 아닌, 제품의 품질이나 디자인의 차이에 따라 제품의 가격대를 설정하고, 그러한 가격대 안에서 개별 제품에 대한 구체적인 가격을 결정하는 가격정책이다.
      ㉡ 기업에서는 가격을 이용해서 고객들에게 여러 제품들 간의 품질의 차이를 납득시킬 수 있는 것을 의미한다.
   ② 2부제 가격 또는 이중요율
      ㉠ 제품의 가격체계를 기본가격과 사용가격으로 구분하여 2부제로 부과하는 가격 정책이다.
      ㉡ 전기, 전화(기본요금+사용요금), 수도 등의 공공요금 및 택시요금, 놀이공원(입장료+시설이용료) 등
      ㉢ 구매량과는 상관없이 기본가격과 단위가격이 적용된다.
   ③ 부산품 전략
      ㉠ 주산물에 대하여 종속의 위치에 놓이는 입장이지만 생산과정에서 필연적으로 발생하는 작업 쓰레기와는 구별되며, 그 자체가 제품가치를 지니고 있어 그대로 또는 가공 후에 판매되거나 자가 소비된다.
      ㉡ 가치가 없던 것들을 재가공하여 또 다른 부가가치로 만드는 것을 의미한다.
   ④ 묶음가격 기출 22
      ㉠ 두 가지 또는 그 이상의 제품 및 서비스 등을 결합해서 하나의 특별한 가격으로 판매하는 방식의 마케팅 전략으로, 제품이나 서비스의 마케팅 등에서 종종 활용하는 기법이다.
      ㉡ 식료품의 묶음판매, 휴가상품의 패키지, 패스트푸드점의 세트메뉴, 프로야구의 시즌티켓 판매 등
      ㉢ 묶음판매를 하는 주요한 이유는 가격차별화를 통한 이익의 증대를 가져오기 위함이다.

2. **심리적 가격결정방법** 기출 19·20
   ① 단수가격(Odd Pricing)
      ㉠ 시장에서 경쟁이 치열할 때 소비자들에게 심리적으로 값싸다는 느낌을 주어 판매량을 늘리려는 가격결정방법이다.
      ㉡ 제품의 가격을 100원, 1,000원 등과 같이 현 화폐단위에 맞게 책정하는 것이 아니라, 그보다 조금 낮은 95원, 970원, 990원 등과 같이 단수로 책정하는 방식이다.
      ㉢ 소비자의 입장에서는 할인가격으로 느낄 수 있고, 정확한 계산에 의해 가격이 책정되었다는 느낌을 줄 수 있다.
   ② 관습가격(Customary Pricing)
      ㉠ 일용품의 경우처럼 장기간에 걸친 소비자의 수요로 인해 관습적으로 형성되는 가격이다.
      ㉡ 소매점에서 포장 과자류 등을 판매할 때, 생산원가가 변동되었다고 하더라도 품질이나 수량을 가감하여 종전가격을 그대로 유지하는 것을 의미한다.

③ 명성가격(Prestige Pricing)
  ㉠ 자신의 명성이나 위신을 나타내는 제품의 경우에 일시적으로 가격이 높아짐에 따라 수요가 증가되는 경향을 보이기도 하는데, 이를 이용하여 고가격으로 가격을 설정하는 방법이다.
  ㉡ 제품의 가격과 품질의 상관관계가 높게 느껴지게 되는 제품의 경우 고가격을 유지한다.
④ 준거가격(Reference Pricing)
  ㉠ 구매자는 어떤 제품에 대해서 자기 나름대로의 기준이 되는 준거가격을 마음 속에 지니고 있어서, 제품을 구매할 경우 그 것과 비교해보고 제품 가격이 비싼지, 그렇지 않은지 여부를 결정하는 것이다.
  ㉡ A 구매자가 B 백화점에서 청바지 가격이 대략 10만원 정도라고 생각했는데, 15만원의 청바지를 보면 비싸다고 느끼는 경우에, A 구매자에게 청바지의 준거가격은 10만원 정도이다.

3. 지리적 가격조정

① **균일운송가격** : 지역에 상관없이 모든 고객에게 운임을 포함한 동일한 가격을 부과하는 가격정책으로, 운송비가 가격에서 차지하는 비율이 낮은 경우에 용이하다.
② **Free On Board가격** : 균일운송가격과 반대로 제품의 생산지에서부터 소비자가 있는 곳까지의 운송비를 소비자가 부담하도록 하는 방법으로, 일반 소비재의 경우에는 현실적인 적용이 어렵고, 발생하는 건수가 많지 않은 산업재·제조업자와 중간상 간의 거래에 많이 이용한다.
③ **구역가격** : 하나의 전체 시장을 몇몇의 지대로 구분하고, 각각의 지대에서는 소비자들에게 동일한 수송비를 부과하는 방법으로 동시에 지역 간의 운송비 차이를 일정 정도 반영하면서 가격관리의 효율성도 같이 취할 수 있는 방법이다(FOB 가격과 균일운송가격의 중간 형태).
④ **기점가격** : 공급자가 특정한 도시나 지역을 하나의 기준점으로 하여 제품이 운송되는 지역과 상관없이 모든 고객에게 동일한 운송비를 부과하는 방법이다.
⑤ **운송비 흡수가격** : 특정한 지역이나 고객을 대상으로 공급업자가 운송비를 흡수하는 방법으로, 이런 가격 결정은 사업 확장, 시장침투, 또는 경쟁이 심한 시장에서의 유지를 위해 사용한다.

V 가격조정전략 기출 25

1. 가격인상전략

제품원가의 상승, 기능 및 속성 등의 개량으로 인한 재포지셔닝의 경우, 쇠퇴기의 경우에 있어 독점적인 지위를 누리는 경우에 활용하는 전략이다.

2. 가격인하전략

① **수량할인** : 제품을 대량으로 구입할 경우에, 제품의 가격을 낮추어 주는 것이다.
② **현금할인** : 제품에 대한 대금결제를 신용이나 할부가 아닌 현금으로 할 경우에 일정액을 차감해주는 것이다.
③ **계절할인** : 제품판매에서 계절성을 타는 경우에 비수기에 제품을 구입하는 소비자에게 할인혜택을 주는 것이다.
④ **기능할인(거래할인)** : 유통의 기능을 생산자 대신에 수행해주는 중간상, 즉 유통업체에 대한 보상성격의 할인·공제에 의해 가격의 일부를 삭감해 주는 것이다(보상판매와 촉진공제로 나눔).

제7절 유통관리

I 유통경로의 개관

1. 의 의
① 기업이 소비자에게 전달하는 제품과 서비스가 다양한 경로를 거쳐 목표로 한 최종 소비자에게 보내지거나 소비하게 되는 경로를 말한다.
② 어떤 제품을 최종 소비자가 쉽게 구입할 수 있도록 해주는 과정이다.

2. 유통경로의 중요성
① 제품, 가격, 지불조건 및 구입단위 등을 표준화시켜 상호 간 거래를 용이하게 한다.
② 총거래수를 최소화시키고, 상호 간 거래를 촉진함으로써 교환과정을 촉진시킨다.
③ 소품종을 대량생산하는 생산자와 다품종을 소량소비를 하는 소비자 간 제품 구색 차이를 연결시켜 준다.
④ 판매자에게 소비자 정보 및 잠재 소비자의 도달 가능성을 높여주고, 소비자들에게는 탐색비용을 낮춰줌으로써 생산자와 소비자를 연결시켜 준다.
⑤ 타 믹스요소와는 다르게 용이하게 변화시킬 수 없는 비탄력성을 지닌다.

3. 유통경로의 조직 기출 22·25
① **전통적인 유통경로** : 제조업자가 독립적인 유통업자인 도매상과 소매상을 통해 상품을 유통시키는 일반적인 유통방법을 의미한다.
② **수직적 유통(마케팅) 시스템(Vertical Marketing System ; VMS)**
  ㉠ 의의 : 생산에서 소비에 이르기까지의 여러 가지 유통활동을 체계적으로 통합·일치·조정시킴으로써 유통질서를 유지하고 경쟁력을 강화시켜 유통 효율성을 증가시키고자 만들어진 시스템
  ㉡ 수직적 유통경로의 장·단점

장 점	단 점
• 총 유통비용의 절감 • 자원이나 원재료의 안정적 확보 • 혁신적인 기술의 보유 • 새로이 진입하려는 기업에게는 높은 진입장벽	• 초기에 막대한 자금 소요 • 시장이나 기술의 변화에 대해 기민한 대응 곤란 • 각 유통단계에서 전문화 상실

③ **수평적 유통(마케팅) 시스템(Horizontal Marketing System)**
  ㉠ 의의 : 동일한 경로단계에 있는 두 개 이상의 기업이 대등한 입장에서 자원과 프로그램을 결합하여 일종의 연맹체를 구성하고 공생·공영하는 시스템 = 생적 마케팅(Symbiotic Marketing)
  ㉡ 기업 간에 얻을 수 있는 시너지효과
    • 마케팅 시너지 : 여러 제품에 대해서 공동으로 유통경로, 판매, 관리, 조직, 광고 및 판매촉진, 시장판매를 하고 창고를 공동으로 이용함으로써 얻게 되는 효과
    • 투자 시너지 : 공장의 공동사용, 원재료의 공동조달, 공동연구개발, 기계 및 공구의 공동사용으로 얻는 효과
    • 경영관리 시너지 : 경영자 경험의 결합 및 기업결합 등에서 얻는 효과

Ⅱ 유통기구

1. 도매상
제품을 재판매하거나 산업용 또는 업무용으로 구입하려는 재판매업자나 기관구매자에게 제품이나 서비스를 제공하는 상인 또는 유통기구이다.
① **상인도매상** : 제품의 소유권 취득을 전제로, 제조업자로부터 제품을 구입하여 소매상에게 다시 판매하는 것
② **제조업자 도매상** : 제조업자가 직접적으로 소유 및 운영하는 도매상
③ **대리인 및 브로커** : 거래 제품에 따른 소유권이 존재하지 않으며 상품매매의 촉진 및 거래 성과의 대가로 판매가격의 일정 비율을 수수료로 받는 상인으로 브로커는 구매자와 판매자 사이의 중개 기능을 수행하고 대리인은 판매자와 구매자 중 한쪽을 대표하며, 지속적인 관계를 유지한다.

2. 소매상
개인용으로 사용하려는 최종 소비자에게 직접 제품과 서비스를 제공하여 소매활동을 하는 유통기관이다.
① **전문점** : 취급제품의 범위가 한정되고, 전문화되어 있다. 이들 전문점은 취급상품에 관한 전문적 지식과 기술을 갖춘 경영자나 종업원에 의해 가공 수리도 하며, 품종의 선택, 고객의 기호, 유행의 변천 등 예민한 시대감각으로 독특한 서비스를 제공함으로써 합리적 경영을 실현한다.
② **편의점** : 보통 접근이 용이한 지역에 위치하여 24시간 연중무휴 영업을 하며, 재고회전이 빠른 한정된 제품계열을 취급한다(식료품, 편의품 등).
③ **슈퍼마켓** : 주로 식료품, 일용품 등을 취급, 염가판매, 셀프서비스를 특징으로 하는 소매업체이다.
④ **백화점** : 하나의 건물 안에 의식주에 관련된 여러 가지 상품을 부문별로 진열하고 이를 조직·판매하는 근대적 대규모 소매상을 의미한다.
⑤ **할인점** : 셀프서비스에 의한 대량판매방식을 이용하여 시중가격보다 20~30% 낮은 가격으로 판매하는 유통업체를 의미한다.
⑥ **양판점** : 보통 어느 정도 깊이의 구색을 갖춘 다양한 제품계열을 취급하는 점포이다.
⑦ **회원제 도매클럽** : 메이커로부터의 현금 일괄구매에 따른 저비용 제품을 구비해서, 회원제로 운영되는 창고형 도매상을 의미한다(예 COSTCO).

Ⅲ 물적 유통관리

1. 개념
조달, 생산, 판매활동 등에 수반되는 각종 물적 흐름을 효과적으로 관리하는 과정을 말한다.

2. 물적 유통의 중요성
① 물류관리는 회사의 유통경로 활동 및 마케팅 등 단순한 물류에 국한된 문제만이 아닌 회사전체의 맥락과 함께 고려해야 한다.
② 기술의 발전과 물류관리는 너무나 큰 연관이 있기 때문에 현대에 들어와서 정보처리 전산화 및 자동화된 물류설비의 발전 등은 개개의 기업 물류활동을 훨씬 더 원활하게 수행하게끔 하는 기반이 된다.
③ 물류관리에서 비용절감의 문제에서 벗어나 고객만족 차원에서의 물류관리가 더욱 중요시되고 있다.

제8절 마케팅 커뮤니케이션관리 기출 15

I 촉진믹스의 개관

1. 의 의
① 어떤 특정한 기간 동안 자사가 기울이는 여러 가지 촉진적 노력들의 결합체를 의미한다.
② 소비자들의 수요를 자극, 제품에 대한 정보의 제공, 제품의 차별화 및 판매의 안정화 등을 목표로 한다.

2. 촉진믹스의 구성요소 기출 16·18·23
촉진믹스는 효율적인 촉진전략의 실행을 위한 도구로서 다음과 같이 4가지로 나누어진다.
① 광고활동 : 특정한 광고주가 기업의 제품 및 서비스 등에 대한 대가를 지불하게 되면서 비인적 매체를 통해 제시하고 촉진하는 것
② 인적판매활동 : 한 명 또는 그 이상의 잠재소비자들과 직접 만나면서 커뮤니케이션을 통해 판매를 실현하는 방법
③ 판매촉진활동 : 소비자들에게 기업의 서비스 또는 제품의 판매 및 구매를 촉진시키기 위한 실질적인 수단으로서, 소비자들로 하여금 구매하도록 하는 요소
④ 홍보활동 : 좋은 기업이미지를 만들고, 비호감적인 소문 및 사건 등을 처리 및 제거함으로써 우호적인 관계를 조성하는 것

3. 촉진믹스의 결정요인
① 제품·시장 유형 : 대상제품이 소비재인 경우에 광고 판촉활동이 인적 판매 및 PR보다 중요하며, 산업재인 경우에는 타 수단보다도 인적 판매가 중요한 위치를 차지하게 된다.
② 촉진전략의 방향 : 푸시(Push)전략 및 풀(Pull)전략으로 구분된다.

구 분	푸시(Push)전략	풀(Pull)전략
개 념	중간상 수준의 촉진을 사용해 최종소비자에게 제품구매를 권유하는 전략	기업수준의 촉진을 사용해 최종소비자가 중간상에게 제품판매를 요구하도록 유인하는 전략
사용가능 제품	상표충성심(Brand Loyalty)이 낮음 상표선택이 점포에서 이루어짐 충동적 제품 제품의 혜택이 쉽게 이해되는 제품	상표충성심이 높음 고관여제품 구매 전에 특정 상표를 선택하는 제품
커뮤니케이션 믹스	인적판매, 판매촉진	광고, 홍보

③ 제품수명주기단계 : 제품 도입기에서 제품에 대한 인지도를 높이기 위한 광고 및 PR 활동이 중요하게 작용하며, 성장기에서는 도입의 촉진활동을 유지하면서 경쟁자가 있는 경우에 경품 및 쿠폰의 제공 등 판촉활동이 점차적으로 중요해진다.
④ 구매의사결정단계 : 초기에는 해당 제품을 알리거나 정보를 제공해주는 광고 및 PR 등이 중요하며, 후반부로 갈수록 구매를 유도하는 판촉 및 인적 판매활동이 주를 이루게 된다.

Ⅱ 촉진관리 과정

촉진관리(커뮤니케이션) 과정은 다음과 같다.
① 표적청중의 확인 : 표적청중들에 따라 메시지의 내용, 매체, 전달시기 등이 달라진다.
② 목표의 설정 : 정보의 제공, 제품의 차별화, 수요의 자극, 판매 안정화 등이다.
③ 메시지의 결정 : 대상과 목표 등이 명확해지면 효과적인 메시지를 작성해야 한다.
④ 매체의 선정 : 자사의 촉진목표에 부합하는 경로를 선택하는 것이다.
⑤ 촉진예산설정 : 매출액비율법, 가용자원법, 목표과업법, 경쟁자기준법 등이다.
⑥ 촉진믹스결정 : 각각의 촉진믹스 요인의 특징을 파악한 후에 그에 맞는 촉진수단을 선정한다.
⑦ 촉진효과의 측정 : 매출액을 측정하는 방식과 표적고객의 인지도를 측정하는 방식 등이다.

Ⅲ 판매촉진 기출 24

1. 개 념
자사의 제품이나 서비스의 판매를 촉진하기 위해서 단기적인 동기부여 수단을 사용하는 방법을 총망라한 것으로, 광고가 서비스의 구매이유에 대한 정보를 제공하고, 이에 따른 판매를 촉진시키는 방법을 가리킨다.

2. 특 징
① 장점 : 즉각적인 반응의 유발, 단기간의 수급조절이 가능, 신제품사용유도에 적합하다.
② 단점 : 브랜드충성도가 높은 소비자들에게는 효과가 떨어지며, 모방이 용이하다.

Ⅳ 인적 판매

1. 개 요
① 신제품, 기술적으로 복잡한 제품·고가격의 제품 등의 판매촉진을 위해서 인적 판매가 필요하다.
② 판매원은 제품정보를 소비자에게 대면하여 제공함으로써, 구매할 때 또는 사용 중에 발생할 수 있는 위험 등을 줄이는 역할을 한다(자사와 고객들 간의 지속적인 관계를 이어주는 창구역할).

2. 장·단점

장 점	단 점
• 타 촉진수단에 비해서 개인적이며, 또한 직접적인 접촉을 통해서 많은 양의 정보제공이 가능하다. • 각 소비자들의 니즈와 구매시점에서 반응이나 판매상황에 따라 상이한 제안을 할 수 있다. • 판매낭비를 최소화하고 실제 판매를 발생시킨다. • 쌍방향 커뮤니케이션으로 즉각적인 피드백이 가능하다.	• 높은 비용을 발생시킨다. • 능력있는 판매원의 확보가 쉽지 않다. • 소비자들이 판매원에 대해 좋지 않은 이미지를 가지고 있다.

3. 인적 판매의 과정

준비단계	→	설득단계	→	고객관리단계
1. 고객예측 2. 사전준비		3. 접 근 4. 제품소개 5. 의견조정 6. 구매권유		7. 사후관리

V PR(Public Relations) 기출 23·24

1. 개 요

① 사람이 아닌 다른 매체를 통해 제품이나 기업자체를 뉴스나 논설의 형식으로 널리 알리는 방식을 말한다.
② 소비자들이 속해 있는 지역사회나 단체 등과 호의적인 관계를 형성하기 위해서 벌이는 여러 가지 활동 등을 의미한다.

[기업의 대표적인 PR 수단]

수 단	내 용
출판물	사보, 소책자, 연례 보고서, 신문이나 잡지 기고문
뉴 스	회사 자체, 회사의 임직원 또는 제품 등에 대한 뉴스거리를 발굴하여 언론매체 등재
이벤트	기자회견, 세미나, 전시회, 기념식, 행사 스폰서십
연 설	최고경영자 또는 임원들이 각종 행사에 참석하여 연설
사회 봉사활동	지역사회나 각종 공익 단체에 기부금을 내거나 임직원들이 직접 사회봉사활동 참여
기업 아이덴티티	고객 및 일반 대중들에게 통일된 시각적 이미지를 주기 위해 로고, 명함, 문구, 제복, 건물 등 디자인

2. 특 징

비용이 거의 들지 않으며, 더불어 매체의 독립성으로 인한 효과가 높다.

VI 광 고 기출 23·24

1. 의 의

광고주가 비용을 지불하고 사람이 아닌 각종 매체를 통하여 자사의 제품을 널리 알리는 촉진활동을 말한다.

2. 광고와 PR의 차이점

광 고	PR
매체에 대한 비용을 지불한다.	매체에 대한 비용을 지불하지 않는다.
상대적으로 신뢰도가 낮다.	상대적으로 신뢰도가 높다.
광고 내용, 위치, 일정 등의 통제가 가능하다.	통제가 불가능하다.
신문광고, TV와 라디오 광고, 온라인 광고 등이 있다.	출판물이나 이벤트, 연설 등이 있다.

CHAPTER 11 마케팅

01 기업 외부의 개인이나 그룹과 접촉하여 외부환경에 관한 중요한 정보를 얻는 활동은? 기출 24

① 광 고
② 예측활동
③ 공중관계(PR)
④ 활동영역 변경
⑤ 경계연결(boundary spanning)

02 브랜드(Brand)요소를 모두 고른 것은? 기출 21

| ㄱ. 징글(Jingle) | ㄴ. 캐릭터(Character) |
| ㄷ. 슬로건(Slogan) | ㄹ. 심벌(Symbol) |

① ㄱ, ㄴ
② ㄷ, ㄹ
③ ㄱ, ㄴ, ㄷ
④ ㄴ, ㄷ, ㄹ
⑤ ㄱ, ㄴ, ㄷ, ㄹ

해설 및 정답

01 조직의 경계를 넘어서 외부지식에 접근하여 중요한 정보를 얻는 활동
① 아이디어, 제품, 및 서비스의 비대면적 촉진활동
② 데이터 및 정보를 이용하여 향후 결과 및 추세를 예측하는 활동
③ 긍정적인 제품 홍보 기사를 개발하고 좋은 기업이미지를 구축하고 비호의적인 소문을 제거함으로서 다양한 공중들과 우호적인 관계를 구축하는 활동
④ 조직의 활동영역을 확대 또는 변경하는 것(예 다각화, 철수)

정답 ⑤

02 브랜드는 기업의 제품·서비스를 경쟁업체의 제품·서비스와 구별하기 위해 사용하는 기호·문자·도형 등의 일정한 표지로, 브랜드를 구성하는 요소에는 브랜드네임, 컬러, 서체, 로고·심벌, 징글, 슬로건, 캐릭터, 패키지디자인 및 디스플레이 등이 있다.

정답 ⑤

03 기존 브랜드명을 새로운 제품범주의 신제품에 사용하는 것은? 기출 22

① 공동 브랜딩(co-branding)
② 복수 브랜딩(multi-branding)
③ 신규 브랜드(new brand)
④ 라인 확장(line extension)
⑤ 브랜드 확장(brand extension)

04 브랜드에 관한 설명으로 옳지 않은 것은? 기출 24

① 브랜드는 제품이나 서비스와 관련된 이름, 상징, 혹은 기호로서 그것에 대해 구매자가 심리적인 의미를 부여하는 것이다.
② 브랜드 자산은 소비자가 브랜드에 부여하는 가치, 즉 브랜드가 창출하는 부가가치를 말한다.
③ 켈러(J. Keller)에 따르면, 브랜드 자산의 원천은 브랜드의 인지도와 브랜드의 이미지이다.
④ 브랜드 이미지는 긍정적이고 독특하며 강력해야 한다.
⑤ 브랜드 개발은 창의적인 광고를 통해 관련 이미지를 만들어내는 것이다.

05 선매품(Shopping Goods)에 관한 설명으로 옳은 것은? 기출 25

① 브랜드마다 독특한 차별적 특성을 지니고 있으며, 대체재가 별로 없는 제품이다.
② 소비자의 구매 빈도가 매우 높고, 제품 구매에 최소한의 시간과 노력을 투입한다.
③ 의류, 가구, 가전제품 등의 내구재가 이에 속하며, 집중적 유통(intensive distribution)전략이 적합하다.
④ 소비자가 능동적으로 구매하려고 하지 않기 때문에 판매를 위해서는 강도 높은 광고와 인적판매가 요구된다.
⑤ 소비자의 제품 구매 시 다양한 기준별로 신중하게 비교하는 경향을 나타내며, 비교를 도와주기 위한 다양한 판매지원이 이루어진다.

해설 및 정답

03 브랜드 확장이란 기존에 잘 구축된 브랜드명을 새로운 제품 카테고리나 동일 카테고리 내 신제품이 나올 경우 그대로 사용하는 것을 말한다.
① 공동 브랜딩이란 이미 소비자에게 강력한 이미지로 인식되고 있는 두 개 이상의 브랜드를 서로 합쳐 사용하는 것을 말한다. 적은 비용으로 더 많은 판매를 이루어 내고 자사 제품의 브랜드 가치를 높이기 위해 사용하는 방식이다.
② 복수 브랜딩이란 동일한 제품 범주 안에서 서로 다른 특성을 가진 다양한 브랜드 제품을 도입하는 것을 말한다.
③ 신규 브랜드는 기존 브랜드명 파워가 약해지거나 새로운 제품 범주를 도입할 때 사용하는 방식이다.
④ 브랜드 확장이란 기존에 잘 구축된 브랜드명을 새로운 제품 카테고리나 동일 카테고리 내 신제품이 나올 경우 그대로 사용하는 것을 말한다.

정답 ⑤

04 브랜드란 경쟁자와 구별하고 식별하기 위한 이름, 언어, 심볼 및 디자인 등 총체인 것을 말하므로, 브랜드 개발이 창의적 광고를 통해 관련 이미지를 만들어 내는 것이라고 할 수는 없다.

정답 ⑤

05 선매품(shopping goods)은 소비자가 가격, 품질, 스타일 등 다양한 기준별로 경쟁제품을 비교한 후에 구매하는 제품이다.
① 브랜드마다 독특한 차별적 특성을 지니고 있으며, 대체재가 별로 없는 제품은 전문품(speciality goods)이다.
② 소비자의 구매 빈도가 매우 높고, 제품 구매에 최소한의 시간과 노력을 투입하는 제품은 편의품(convenience goods)이다.
③ 선매품에는 의류, 가구, 가전제품 등의 내구재가 있으며, 선택적 유통(selective distribution)전략이 적합하다.
④ 소비자가 능동적으로 구매하려고 하지 않기 때문에 판매를 위해서는 강도 높은 광고와 인적판매가 요구되는 제품은 미탐색품(unsought goods)이고, 생명보험이 그 예이다.

정답 ⑤

06 서비스의 특성으로 옳은 것을 모두 고른 것은?

ㄱ. 동질성
ㄴ. 비분리성
ㄷ. 소멸성
ㄹ. 무형성

① ㄱ, ㄴ
② ㄷ, ㄹ
③ ㄱ, ㄴ, ㄷ
④ ㄴ, ㄷ, ㄹ
⑤ ㄱ, ㄴ, ㄷ, ㄹ

07 제품의 기본가격을 조정하여 세분시장별로 가격을 달리하는 가격결정이 아닌 것은?

① 고객집단 가격결정
② 묶음제품 가격결정
③ 제품형태 가격결정
④ 입지 가격결정
⑤ 시간 가격결정

08 수직적 마케팅시스템(Vertical Marketing System)에 관한 설명으로 옳지 않은 것은?

① 경로구성원들에 대한 소유권 정도에 따라 관리형, 계약형, 기업형 VMS로 나누어진다.
② 도매상 후원 자발적 연쇄점, 소매상 협동조합, 프랜차이즈 시스템은 계약형 VMS에 속한다.
③ 제조업체가 도·소매상들을 소유하는 전방통합과 도·소매상들이 제조업체를 소유하는 후방통합이 기업형 VMS의 전형적 형태이다.
④ 관리형 VMS에서는 경로구성원들의 마케팅활동이 소유권이나 계약에 의하지 않으면서 경로리더의 규모와 파워에 의해 조정된다.
⑤ 기업형 VMS는 관리형 VMS보다 경로구성원들에 대한 관리가 쉽지 않아 이들에 대한 통제력이 더 약하다.

09 수요가 공급을 초과할 때 수요를 감소시키는 것을 목적으로 하는 마케팅관리 기법은?

① 전환적 마케팅(conversional marketing)
② 동시화 마케팅(synchro marketing)
③ 자극적 마케팅(stimulative marketing)
④ 개발적 마케팅(developmental marketing)
⑤ 디마케팅(demarketing)

해설 및 정답

06 서비스는 무형성, 비분리성(동시성), 이질성(변동성) 및 소멸성이라는 특성을 가진다.

> **서비스의 특성**
> - 무형성 : 서비스는 실체가 없다.
> - 비분리성(동시성) : 서비스의 생산과 소비는 동시에 발생한다.
> - 이질성(변동성) : 동일한 서비스일지라도 그 내용과 질은 생산자와 소비자에 따라 달리 나타난다.
> - 소멸성 : 소비되지 않은 서비스는 재고로서 보관할 수 없다.

정답 ④

07 두 가지 또는 그 이상의 제품 및 서비스 등을 결합해서 하나의 특별한 가격으로 판매하는 방식의 마케팅 전략이며, 제품이나 서비스의 마케팅 등에서 종종 활용하는 기법으로 세분시장별로 가격을 결정하는 방식이 아니다.
① 고객집단에 따라 다른 가격을 책정하는 방식으로, 예를 들어 버스요금을 성인과 청소년으로 구분하는 것이 있다.
③ 제품형태에 따라 다른 가격을 책정하는 방식으로, 예를 들어 evian의 생수와 미스트의 가격차이 등을 들 수 있다.
④ 입지에 따라 가격을 다르게 책정하는 방식으로, 예를 들어 영화 관람에 있어 좌석의 위치에 따라 가격을 다르게 책정하는 것 등이 있다.
⑤ 시즌이나 월별 혹은 주말이나 주중에 따라 가격을 다르게 책정하는 방식으로, 예를 들어 스키장의 성수기와 비수기의 가격 차이 등을 들 수 있다.

정답 ②

08 경로구성원들에 대한 통제력은 기업형 VMS > 계약형 VMS > 관리형 VMS 순으로 강하다.

〈수직적 마케팅시스템의 유형〉

관리형 수직적 마케팅시스템	경로구성원들의 마케팅활동이 소유권이나 계약에 의하지 않으면서 어느 한 경로구성원의 규모, 파워 또는 경영지원에 의해 조정되는 경로유형으로, 수직적 마케팅시스템 중에서 통합 또는 통제의 정도가 가장 낮다.
계약형 수직적 마케팅시스템	경로구성원들이 각자가 수행해야 할 마케팅기능들을 계약에 의해 합의함으로써 공식적 경로관계를 형성하는 경로조직으로, 수직적 마케팅시스템 중 가장 일반적인 형태이다.
기업형 수직적 마케팅시스템	상품의 판매에 있어서 유통경로가 서로 다른 수준에 있는 구성원들(공급업자, 제조업자, 유통업자)을 통합해 하나의 기업조직을 이루는 형태로, 소유권의 정도와 통제력이 강한 유형에 해당한다.

정답 ⑤

09 디마케팅(demarketing)은 수요가 공급능력을 초과하는 경우 혹은 기업의 입장에서 해가 되는 수요가 존재하는 경우 일시적 혹은 영구히 수요를 감퇴시키는 것을 말한다.
① 전환적 마케팅은 부정적 수요를 긍정적 수요로 전환하는 마케팅기법이다.
② 동시화 마케팅은 계절적 요인이나 시간적 요인 등으로 인해 규칙적이지 않은 수요 상태에서 수요의 평준화를 맞추기 위한 마케팅기법이다.
③ 자극적 마케팅은 소비자의 제품에 대한 흥미와 관심을 환기시켜 무수요를 긍정적 수요로 전환하는 마케팅기법이다.
④ 개발적 마케팅은 없던 제품에 대한 잠재수요가 있을 때 이를 개발하는 마케팅기법이다.

정답 ⑤

10 마약퇴치운동과 같이 불건전한 수요를 파괴시키는 데 활용되는 마케팅은? 기출 20

① 동시화마케팅(Synchro Marketing)
② 재마케팅(Remarketing)
③ 디마케팅(Demarketing)
④ 대항마케팅(Counter Marketing)
⑤ 터보마케팅(Turbo Marketing)

11 4P 중 가격에 관한 설명으로 옳지 않은 것은? 기출 24

① 가격은 다른 마케팅믹스 요소들과 달리 상대적으로 쉽게 변경할 수 있다.
② 구매자가 가격이 비싼지 싼지를 판단하는 기준으로 삼는 가격을 준거가격이라 한다.
③ 구매자가 어떤 상품에 대해 지불할 용의가 있는 최저가격을 유보가격이라 한다.
④ 가격변화를 느끼게 만드는 최소의 가격변화 폭을 JND(just noticeable difference)라 한다.
⑤ 구매자들이 가격이 높은 상품일수록 품질도 높다고 믿는 것을 가격-품질 연상이라 한다.

12 (주)한국은 10,000원에 상당하는 두루마리 화장지 가격을 9,990원으로 책정하였다. 이러한 가격결정방법은? 기출 20

① 단수가격
② 명성가격
③ 층화가격
④ 촉진가격
⑤ 관습가격

13 판매촉진의 수단 중 소비자들의 구입가격을 인하시키는 효과를 갖는 가격수단의 유형을 모두 고른 것은?

기출 24

ㄱ. 할인쿠폰
ㄴ. 샘 플
ㄷ. 보상판매
ㄹ. 보너스팩

① ㄱ, ㄴ
② ㄷ, ㄹ
③ ㄱ, ㄴ, ㄷ
④ ㄱ, ㄷ, ㄹ
⑤ ㄱ, ㄴ, ㄷ, ㄹ

해설 및 정답

10 대항마케팅은 불건전하거나 지나친 수요를 억제·소멸시키기 위한 마케팅기법이다.
   ① 동시화마케팅은 계절적·시간적 요인 등으로 인해 규칙적이지 않은 수요를 평준화하기 위한 마케팅기법이다.
   ② 재마케팅은 수요가 지속적으로 감소하는 상태에서 고객들의 관심을 유발하기 위한 마케팅기법이다.
   ③ 디마케팅은 수요가 공급을 초과하거나 기업의 입장에서 해가 되는 수요가 존재하는 경우, 의도적으로 그 수요를 일시적 혹은 영구히 감소시키는 마케팅기법이다.
   ⑤ 터보마케팅은 시간적 우위를 통해 경쟁력을 확보하는 마케팅기법이다.

   정답 ④

11 유보가격은 소비자가 지불할 수 있는 <u>최고가격</u>을 말한다.

   정답 ③

12 단수가격은 상품의 판매가격을 미세하게 조정하여 단수를 붙임으로써 소비자의 심리적 부담을 줄이는 가격결정방법이다.
   ② 명성가격은 상품의 가격을 품질의 지표로 삼는 구매자를 대상으로 특정 상품에 매우 높은 가격을 설정하는 가격결정방법이다.
   ③ 층화가격은 가격의 차이가 클수록 상품에 대한 구매자의 인식이 강화된다는 전제하에 선정된 상품계열의 가격을 단계적으로 설정하는 가격결정방법이다.
   ④ 촉진가격은 정상적인 가격보다 낮게 설정하여 고객을 유인하는 가격결정방법이다.
   ⑤ 관습가격은 오랜 기간 동안 고정된 가격으로 판매된 껌이나 담배와 같은 특정 상품의 가격결정방법이다.

   정답 ①

13 판매촉진의 수단 중 소비자들의 구입가격을 인하시키는 효과가 있는 가격 수단 유형은 <u>할인쿠폰, 리베이트, 조기구매, 보너스팩, 보상판매, 세일</u> 등이 있으며, 비가격수단 유형으로는 샘플, 사은품, 현상경품 등이 있다.

   정답 ④

14 제품 구성요소 중 유형제품(tangible product)에 해당하는 것은? 기출 17

① 보증(guarantee)
② 상표명(brand name)
③ 대금결제방식(payment)
④ 배달(delivery)
⑤ 애프터 서비스(after service)

15 서비스 품질평가에 사용되는 SERVQUAL 모형의 서비스 차원이 아닌 것은? 기출 22

① 유형성(tangibles)
② 신뢰성(reliability)
③ 반응성(responsiveness)
④ 공감성(empathy)
⑤ 소멸성(perishability)

16 마케팅전략에 관한 설명으로 옳은 것은? 기출 20

① 마케팅비용을 절감하기 위해 차별화마케팅전략을 도입한다.
② 제품전문화전략은 표적시장 선정전략의 일종이다.
③ 포지셔닝은 전체 시장을 목표로 하는 마케팅전략이다.
④ 제품의 확장속성이란 판매자가 제공하거나 구매자가 추구하는 본질적 편익을 말한다.
⑤ 시장세분화 전제조건으로서의 실질성이란 세분시장의 구매력 등이 측정 가능해야 함을 의미한다.

17 로저스(E. Rogers)의 혁신제품 수용자 유형에 관한 설명으로 옳지 않은 것은? 기출 25

① 혁신소비자(innovators), 조기수용자(early adopters), 조기다수자(early majority), 후기다수자(late majority), 후기수용자(late adopters)의 5개 집단으로 구분하였다.
② 혁신소비자는 신제품 수용의 위험을 기꺼이 감수하려는 성향을 보인다.
③ 조기수용자에 의한 긍정적 구전은 시장 확대의 성공요인이 된다.
④ 제품수명주기 상 도입기의 광고 전략은 혁신소비자에게 제품편익을 알리고 제품 및 브랜드 인지도 구축에 초점을 둔다.
⑤ 후기다수자는 신제품 수용에 의심이 많은 집단으로 잠재고객의 절반 이상이 구매한 이후에 구매하는 보수적 성향을 보인다.

• **해설 및 정답** •

14 유형제품이란 소비자가 추구하는 것들을 물리적 속성들의 집합으로 유형화 시킨 것으로 상표, 품질수준, 특성, 스타일 등이 포함된다. ①, ③, ④, ⑤는 확장제품에 해당되며 확장제품은 유형제품에 부가적인 서비스 제공물들로, 보증, 대금결제방식, 배달, 애프터 서비스 등이 포함된다.

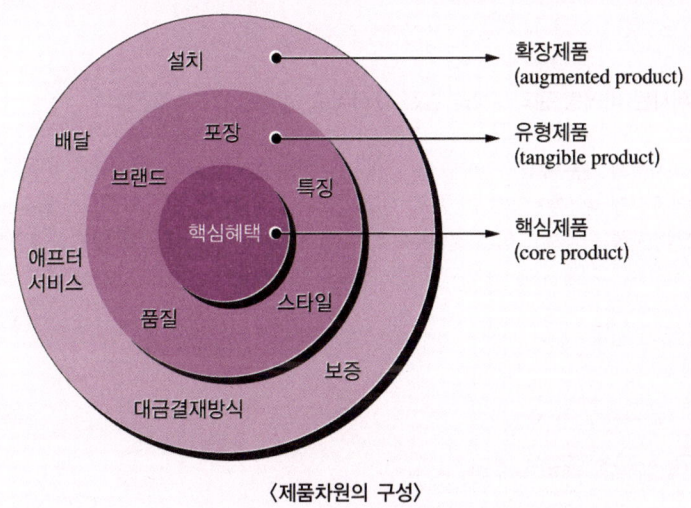

〈제품차원의 구성〉

정답 ②

15 SERVQUAL 모형의 서비스품질을 측정하는 5가지 차원은 신뢰성, 확신성, 유형성, 공감성, 대응성(반응성)이다.

정답 ⑤

16 ① 차별화마케팅전략 도입 시 마케팅비용은 상승한다.
③ 포지셔닝은 특정 목표시장에서의 경쟁우위를 달성하기 위한 마케팅전략이다.
④ 제품의 확장속성이란 경쟁자가 제공하는 편익과 구별되는 차별화특성을 말한다.
⑤ 시장세분화 전제조건으로서의 실질성이란 세분시장이 상당한 이익을 기대할 수 있을 정도의 규모여야 함을 의미한다.

정답 ②

17 로저스(E. Rogers)는 소비자들을 신제품 수용 시점에 따라 혁신소비자(innovators), 조기수용자(early adopters), 조기다수자(early majority), 후기다수자(late majority), 지각수용자(laggards)의 5개 집단으로 구분하였다. 유형별로 혁신소비자가 2.5%, 조기수용자가 13.5%, 조기다수자가 34%, 후기다수자가 34%, 지각수용자가 16%의 비중을 차지한다.

정답 ①

18 다음에서 설명하는 제품수명주기의 단계는? 기출 24

- 고객의 신제품수용이 늘어나 생산량이 급속히 증가하면서 단위당 제품원가, 유통비용, 촉진비용이 하락한다.
- 지속적인 판매량 증대로 이익이 빠르게 늘어난다.

① 도입기
② 성장기
③ 성숙기
④ 정체기
⑤ 쇠퇴기

19 다음에 제시된 마케팅 관리철학을 발전 순서대로 나열한 것은? 기출 25

ㄱ. 소비자들의 제품 구매를 위해서는 적극적인 판매/촉진 노력이 필요하다.
ㄴ. 고객욕구의 충족뿐만 아니라 사회 전체의 복리를 고려하여 장기적 이윤창출에 노력한다.
ㄷ. 고객욕구를 파악하고 이를 경쟁사보다 더 잘 충족시키기 위해 모든 유형의 마케팅활동을 통합한다.
ㄹ. 소비자들은 제품 구매 시 가격을 중시하므로, 대량생산을 통해 낮은 제품원가 실현에 노력한다.

① ㄱ → ㄷ → ㄹ → ㄴ
② ㄷ → ㄱ → ㄹ → ㄴ
③ ㄷ → ㄹ → ㄱ → ㄴ
④ ㄹ → ㄱ → ㄷ → ㄴ
⑤ ㄹ → ㄷ → ㄱ → ㄴ

20 광고(advertising)와 홍보(publicity)에 관한 설명으로 옳지 않은 것은? 기출 23

① 광고는 홍보와 달리 매체 비용을 지불한다.
② 홍보는 일반적으로 광고보다 신뢰성이 높다.
③ 광고는 일반적으로 홍보보다 기업이 통제할 수 있는 영역이 많다.
④ 홍보는 언론의 기사나 뉴스 형태로 많이 이루어진다.
⑤ 홍보의 세부 유형으로 PR(Public Relations)이 있다.

• **해설 및 정답** •

18 성장기는 신제품에 대해 소비자들이 인지하기 시작하고 고객만족을 이끌어 내면서 판매가 급속하게 증가하는 단계이다.
① 도입기는 신제품이 출시된 단계로 소비자는 기존 제품에 익숙하기 때문에 신제품에 대해 저항성이 있어 매출은 완만하게 증가한다.
③ 성숙기는 가장 높은 매출을 실현하는 단계로 다수의 경쟁자가 출현하여 어느 시점부터는 매출이 감소하게 된다.
④ 정체기는 제품수명주기에 해당하는 단계가 아니다.
⑤ 쇠퇴기는 시장수요 포화, 신기술과 대체재의 출현, 고객요구 변화 등으로 매출과 이익이 줄어든다.

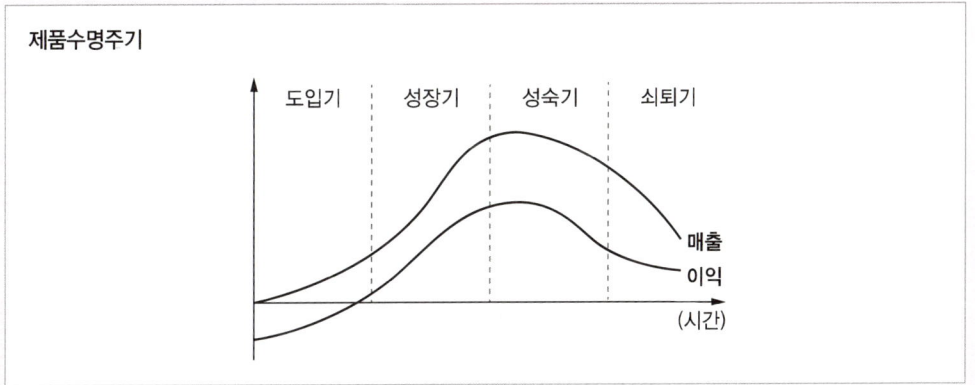

정답 ❷

19 마케팅 개념은 (ㄹ) 생산 개념 → 제품 개념 → (ㄱ) 판매 개념 → (ㄷ) 마케팅 개념 → (ㄴ) 사회 지향적 개념으로 발전해왔다.

정답 ❹

20 PR(Public Relations)의 커뮤니케이션 방법으로 홍보가 사용된다.
① 광고는 진행을 위해 비용을 지불하며 수익에 목표를 둔다.
② 광고는 비용만 지불하면 언제든지 할 수 있기에 신뢰도가 낮은 반면에 홍보는 주로 언론을 통해 노출되기 때문에 신뢰도가 높다.
③ 홍보를 통해 보도되는 내용은 기업이 작성한 내용에서 필터링을 거쳐 객관적 사실만 보도되는 반면에 광고는 기업이 직접 문구, 내용 및 디자인을 선택할 수 있다.
④ 홍보는 주로 언론을 통해 노출되기 때문에 신뢰도가 높고 기사나 뉴스 형태로 많이 이루어진다.

정답 ❺

21 효과적인 시장세분화가 되기 위한 조건으로 옳지 않은 것은? 기출 24

① 세분화를 위해 사용되는 변수들이 측정가능해야 한다.
② 세분시장에 속하는 고객들에게 효과적이고 효율적으로 접근할 수 있어야 한다.
③ 세분시장 내 고객들과 기업의 적합성은 가능한 낮아야 한다.
④ 같은 세분시장에 속한 고객들끼리는 최대한 비슷해야 하고 서로 다른 세분시장에 속한 고객들 간에는 이질성이 있어야 한다.
⑤ 세분시장의 규모는 마케팅활동으로 이익이 날 수 있을 정도로 충분히 커야 한다.

22 제품의 기본가격을 조정하여 세분시장별로 가격을 달리하는 가격차별(price discrimination)에 해당하지 않는 것은? 기출 25

① A 리조트는 성수기와 비수기에 따라 숙박 및 시설 이용료를 다르게 책정한다.
② B 미술관은 일반 관람객보다 학생이나 노인층에게 낮은 입장료를 책정한다.
③ C 공연장은 내부 좌석 위치에 따라 오페라 관람요금을 다르게 책정한다.
④ D 회사는 면도기에 대해서는 저가격을 책정하지만, 면도날에 대해서는 고가격을 책정하여 판매한다.
⑤ E 회사는 1리터 페트병에 담긴 생수는 1,500원에 판매하지만, 보습 스프레이 용기에 담긴 동량의 동일 생수는 15,000원에 판매한다.

해설 및 정답

21 세분시장 내 고객들과 기업의 적합성은 가능한 <u>높아야</u> 한다.

시장세분화 요건	
측정 가능성	마케터는 각 세분시장에 속하는 구성원을 확인하고, 세분화 근거에 따라 그 규모나 구매력 등의 크기를 측정할 수 있어야 한다.
유지 가능성	각 세분시장은 별도의 마케팅 노력을 할애 받을 만큼 규모가 크고 수익성이 높아야 한다.
접근 가능성	마케터는 각 세분시장에 기업이 상이한 마케팅 노력을 효과적으로 집중시킬 수 있어야 한다.
실행 가능성	마케터는 각 세분시장에 적합한 마케팅믹스를 실제로 개발할 수 있는 능력과 자원을 가지고 있어야 한다.
내부적 동질성과 외부적 이질성	특정한 마케팅믹스에 대한 반응이나 세분화 근거에 있어서 같은 세분시장의 구성원은 동질성을 보여야 하고, 다른 세분시장의 구성원과는 이질성을 보여야 한다.

정답 ❸

22 주제품(면도기)과 함께 사용되는 부속 제품(면도날)이 있을 때, 주제품은 낮은 가격으로 판매하여 시장 점유율을 높이고 부속 제품은 높은 가격에 판매하여 수익성을 올리는 <u>캡티브 프로덕트 가격 정책</u>(captive-product pricing)에 해당한다.

정답 ❹

CHAPTER 12 재무관리

> **출제포인트**
> ☐ 투자안의 경제성 분석
> ☐ 옵션과 선물거래
> ☐ 재무비율의 종류

제1절 재무관리의 개관

I 재무관리의 기능

1. 의 의
기업조직이 필요로 하는 자금을 합리적으로 조달하고, 이렇게 조달된 자금을 효율적으로 운용하는 것을 말한다. 재무관리의 분석대상은 기업이며, 기업재무에서 다루게 되는 재무의사결정으로는 기업조직의 투자의사결정, 자본조달 및 배당의사 결정, 기업조직의 지배구조 및 인수합병, 유동자산 또는 고정자산의 관리 등이 해당한다.

2. 재무관리의 영역
① 자금조달의 측면
  ㉠ 자본비용 : 기업의 자금사용에 대한 대가를 의미한다(부채의 경우에는 이자, 우선주나 보통주의 경우에 배당이 자본비용에 속함).
  ㉡ 자기자본 : 잉여금 또는 주식발행 등을 통한 자본조달이 가능하다.
  ㉢ 타인자본 : 기업이 은행으로부터 차입하거나 또는 자본시장에서 사채발행을 통한 자본조달을 의미한다.
② 자금운용의 측면
  ㉠ 투자 대상 : 실물자산(인적 자원에 대한 투자는 추상적이면서 계량화하기 어렵다는 문제로 인해 재무관리에서는 실물자산에 대한 투자만을 다룸)
  ㉡ 투자결정 결과 : 기업조직의 사업방향이 정해지고, 그로 인해 자산의 규모 및 구성, 기업의 영업위험, 유동성 등이 결정된다.
③ 기타 영역의 측면 : 기업 영업성과를 평가하는 재무분석, 영업활동으로부터 발생한 순이익의 배분 및 관련된 배당정책, 국제금융, 기업합병, 기업운영에 있어 필요한 운전자본의 관리, 국제재무에 관련한 문제 등이 있다.

Ⅱ 재무관리의 목표

1. 재무관리 목표
재무관리의 목표는 기업 가치를 극대화시키는 것이다(통상적으로 기업조직의 목표는 이익의 극대화를 추구하는 것이지만, 재무관리에서의 이익은 단순한 회계적 이익이 아닌 경제적인 이익을 의미함).

2. 자금조달 면에서의 기업가치
① 기업가치 : 자기자본 가치+타인자본 가치
② 자기자본 가치 : 증권의 시장가격×발행증권 수
③ 타인자본 가치 : 사채가 증권시장에서 상장되어 있을 경우와 비슷한 방식으로 계산가능하다.

3. 자금운용 측면에서의 기업가치
통상적으로 해당 기업조직이 실행하고 있는 사업의 수익성 및 위험도에 의해 결정된다.

Ⅲ 소유·경영의 분리와 대리인 문제

1. 소유·경영의 분리
기업조직의 소유권은 주주들에게 분산되어 있으며, 경영의 경우에는 기업의 소유자인 주주의 대리인, 즉 경영자가 담당한다.

2. 대리인 문제
주주들의 경우에는 경영자가 자신들의 이익을 위해서라도 최선을 다할 것으로 생각하지만, 경영자의 입장에서는 자신의 이익을 추구하려 하므로 주주와 경영자 간 사이에 이해상충문제가 발생하는데 이를 대리인 문제라고 한다.

3. 주주 및 채권자 간 대리인 문제
① 경영자의 지분이 낮고 외부주주들의 지분이 많을수록 문제가 커지며 기업조직 내 조직구조를 변경 또는 경영자의 보수 계약을 실적과 관련지음으로써 어느 정도 해결 가능하다.
② 부의 이전현상이 발생한다(리스크가 큰 투자안을 선택할 때 채권자의 부는 감소하고, 주주의 부가 증가).

제2절 자금의 조달

I 사채

1. 의 의
발행기관이 계약에 의해 일정한 이자를 지급하면서 만기에 원금을 상환하기로 한 일종의 증서로 회사가 대중으로부터 큰 규모의 자금을 오랜 기간 동안 집단적으로 조달하기 위해 발행한다.

2. 특 징
① 장 점
  ㉠ 비교적 저렴한 자본비용으로 기업지배권의 변동이 없이 자금 조달이 가능하다.
  ㉡ 일정기간마다 확정이자소득이 가능한 안전 투자대상이다.
  ㉢ 투자자의 입장으로서는 유통시장에서 자유로운 사채의 매매가 가능하다.
② 단 점
  ㉠ 주주와는 달리 의결권 행사가 불가능하다.
  ㉡ 통상적으로 인플레이션 발생 시에 실질가치가 하락한다.

3. 분 류
① 이자지급 유무에 따른 분류 : 할인사채, 쿠폰부사채
② 담보유무에 따른 분류 : 담보부사채, 무담보사채
③ 제3자의 보증유무에 따른 분류 : 무보증사채, 보증사채
④ 상환시기, 방법 등에 따른 분류 : 정시분할사채, 만기전액상환사채, 감채기금부사채, 수의상환사채, 연속상환사채 등

> **발행시장과 유통시장**
> - 발행시장
>   - 개념 : 처음으로 증권이 발행되는 1차 시장으로 투자자들로부터 자금수용자에게로 자금을 이전
>   - 형태 : 자금수요자 및 자금공급자 간 증권회사와 같은 발행기관들의 개입여부에 의해 직접발행 및 간접발행으로 분류
> - 유통시장
>   - 개념 : 이미 발행된 증권이 공정한 가격으로 매매되는 시장
>   - 역할 : 유가증권의 공정한 가격의 형성, 유휴자금의 산업자금화, 새로운 증권 가격결정시의 지표, 기업 경영평가 기준의 제공 등
>   - 장외시장 : 증권업자 및 투자자 사이에 비상장증권 또는 거래단위 미만의 상장증권이 개별적으로 거래가 이루어지는 시장
>   - 거래소시장 : 일정한 조건을 지닌 상장증권의 거래가 이루어지는 조직화된 시장을 의미

Ⅱ 기업공개

1. 의 의
일정조건을 지닌 기업조직이 새로운 주식을 발행해서 일반투자자에게 균등한 조건으로 공모하거나 또는 이미 발행되어 소수의 대주주가 소유하고 있는 주식을 일부 매각해서 다수의 주주에게 주식이 널리 분산하도록 하는 것을 의미한다.

2. 장 점
① 기업 공신력이 제고된다.
② 독점 및 소유 집중 현상의 개선이 가능하다.
③ 주주들로부터 직접금융방식에 의해 대규모의 장기자본을 용이하게 조달이 가능하다.
④ 투자자들에게 재산운용수단을 제공하며, 공개기업 종업원의 사기를 진작시킬 수 있다.
⑤ 공개 후 증권거래소 상장 시에 경영활동 결과를 공시하고 이를 평가받아 경영합리화를 기할 수 있으며, 소유 및 경영의 분리가 가능하다.

Ⅲ 종업원 지주제도

1. 의 의
기업조직의 종업원들에게 우리사주조합을 결성하도록 해서 자사주를 취득하게 하는 제도를 말한다.

2. 효 과
① 종업원들의 재산형성을 촉진 및 장기안정 주주를 확보해서 주가의 안정성 유지에 기여하도록 한다.
② 노사협조, 생산성의 향상, 경영권 안정 및 종업원들의 이직방지가 이루어진다.

Ⅳ 자본자유화 및 증권시장의 국제화

1. 자본자유화
① **의의** : 유가증권의 매매, 국제 간 자본의 대차, 기타 채권·채무에 대한 거래 등 국제 간의 자금이동을 원활하게 하는 경제적 조치를 의미한다.
② **구조** : 국제 간 거래에 있어 간접투자 및 직접투자를 불문하고 외국으로부터의 자금유입 및 유출 등이 허용된다.

2. 증권시장의 국제화
① **의의** : 증권투자를 목표로 한 자본이 국제 간 자유로이 유입 및 유출될 수 있도록 제도적으로 보장된 상태를 의미한다(증권시장의 개방은 자본시장 자유화의 마지막 단계임).
② **장점** : 다양하면서도 장기적인 직접금융에 의한 자금조달이 가능하다.

제3절 자본구조와 배당정책

I 자본비용

1. 의 의
자본비용은 기업에 자본을 투자한 투자자들이 요구하는 수익률로써 요구수익률, 할인율 등으로 불린다.

2. 가중평균자본비용 : WACC 기출 19
가중평균자본비용은 기업전체의 자본비용으로 자본조달원천으로부터 발생하는 자본비용을 가중평균한 것으로 가중평균자본비용의 공식은 다음과 같다.

$$\frac{자기자본}{자기자본 + 타인자본} \times 자기자본비율 + \frac{타인자본}{자기자본 + 타인자본} \times 타인자본비율(세후)$$

II 자본구조와 기업의 가치

1. 자본구조이론
MM의 3가지 명제는 다음과 같다.
① 기업 가치는 자본구조와는 무관하다.
② 투자안 평가는 자본조달과는 관련이 없으며, 가중평균자본비용에 의한다.
③ 부채의 증가에 의해 재무위험이 증가하며, 재무위험의 증가는 기업 주인인 주주들이 부담하게 되므로 자기자본비용의 상승을 초래하게 된다.

> **MM의 자본구조이론**
> 1958년 모딜리아니와 밀러가 자본구조 무관계론을 발표하면서 본격적 발전을 시작하였다. 기업조직의 가치는 해당 기업이 하고 있는 사업의 수익성 및 위험도에 의해 결정될 뿐 투자에 있어 필요한 자금을 어떠한 방식으로 조달하였는가와는 무관하다.

2. MM의 수정이론
부채에 대한 이자는 비용처리가 되므로 세금에 대한 절약효과가 발생하는 반면에 자기자본에 대한 배당은 비용처리가 되지 않으므로 부채를 많이 사용하면 할수록 기업의 가치가 증가하는 것을 의미한다.

3. 재무구조의 약화원인

① 환경적인 요인
   ㉠ 세제상 요인 : 지상배당제, 이자비용의 손비인정, 자산재평가세, 이자소득의 분리과세
   ㉡ 거시경제 요인 : 성장위주의 경제정책, 만성적인 인플레이션
   ㉢ 금융 및 정책상 요인 : 담보위주 대출관행, 자본시장 취약성, 경직된 금리정책 및 정책금융, 주식의 액면가 발행제도 등
② 기업내적 요인 : 기업조직의 방만한 투자정책, 계열사 간 주식의 상호보유, 부채의 레버리지 효과, 기업윤리의식의 부재, 무분별한 기업의 확장 등

4. 재무구조 개선방안

① 자기자본조달을 우대하는 방법
② 기업조직의 체질개선 및 경영합리화
③ 금융의 자율화, 특혜금융 및 정책금융의 폐지

Ⅲ 배당정책과 기업가치

1. 배당관계론

배당정책이 기업조직의 가치에 영향을 준다는 배당관계로, 재투자 수익률 및 기업조직의 자본비용 간 관계를 고려해서 배당이나 또는 사내유보의 규모 및 비율 등을 결정하는 것이다.

2. 배당무관계론

MM은 기업조직의 가치는 기본적으로 투자결정의 결과 기업조직이 소유하고 있는 자산 수익력에 의해 결정되는 경향을 보이며, 기업가치 및 배당정책은 관련이 없음을 증명하였다.

제4절 투자안 평가

Ⅰ 현금흐름의 추정

1. 현금흐름의 분류

① 현금유입 : 제품의 판매로 인한 수익, 잔존가치, 투자세액공제에 따른 혜택 등
② 현금유출 : 경상운영비, 최초투자지출액, 운전자본의 증가 등

2. 현금흐름 추정시 고려사항

① 인플레이션을 반영해야 한다.
② 증분현금흐름을 반영해야 한다.
③ 세금효과를 고려해야 하며, 그중에서도 감가상각 등의 비현금지출비용 등에 각별히 유의해야 한다.
④ 그 외에도 매몰원가, 기회비용 등에 대한 명확한 조정을 필요로 한다.

Ⅱ 투자안의 경제성 분석 기출 13·14·15·19·20·21·22·23·24·25

1. 회수기간법
기업에서 투자액을 회수하는 데 있어 소요되는 기간을 의미, 특히 불확실성이 많은 상황에 이러한 방식이 적용되며, 회수기간이 짧으면 짧을수록 유리하다고 판단함

2. 회계적 이익률법(평균회계이익률법)
연평균순이익을 연평균투자액으로 나눈 것을 말하는데, 회계적 이익률이 높으면 높을수록 양호하다고 판단함

3. 내부수익률
현금유입 및 유출의 현가를 동일하게 해주는 할인율이므로 이러한 방식에서는 순현재가치가 0이 되는 할인율을 찾음

4. 순현재가치
투자안의 위험도에 상응하는 적정 할인율을 활용해서 계산한 현금유입 현가에서 현금유출 현가를 제한 값

5. 현재가치지수 또는 수익성 지수
현금유입 현가를 현금유출 현가로 나눈 값으로 투자안의 효율성을 표시. 현재가치지수는 다른 말로 수익성 지수라고도 하는데 이 값이 1보다 크게 되면 해당 투자안을 선택함

제5절 재무관리의 특수문제들

Ⅰ 포트폴리오 이론 기출 21·22·24·25

1. 의 의
둘 이상의 투자자산의 배합을 말하며, 포트폴리오의 구성 목적은 분산투자를 통해 투자에 따르는 리스크를 최소화시키는 데 있다.

2. 포트폴리오 이론
① 의의 : 마코위츠에 의해 포트폴리오 이론이 처음으로 정립이 되었으며, 증권투자에서 리스크를 최소화하면서 기대수익률을 높이는 문제를 평균 및 분산기준에 의해 확립하였다.
② 체계적 위험과 비체계적 위험
　㉠ 체계적 위험 : 체계적 위험은 아무리 노력해도 피할 수 없는 위험을 말한다. 즉 시장이자율의 변동, 경기변동, 인플레이션 등과 같은 시장위험은 아무리 분산투자를 해도 피할 수 없는 위험이다.
　㉡ 비체계적 위험 : 비체계적 위험은 분산투자를 통해 피할 수 있는 위험을 말한다. 즉 경영능력, 재무구조, 상품의 특성, 파업 등이다.

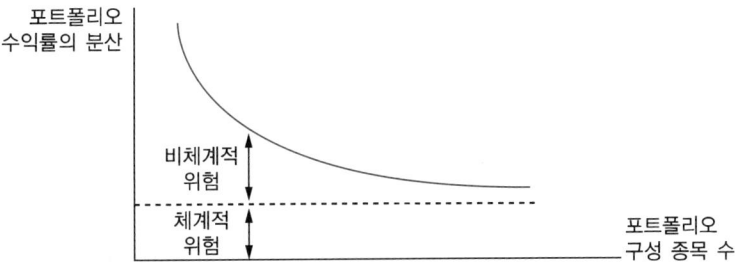

③ 자본시장선(Capital Market Line ; CML)
  ㉠ 무위험자산을 시장포트폴리오와 결합한 자본배분선이다.
  ㉡ 개인투자자들이 리스크가 포함되어 있는 주식뿐만 아니라 정기예금 또는 국공채 등과 같은 무위험자산도 투자대상에 포함시킬 때, 균형상태의 자본시장에서 효율적 포트폴리오의 기대수익과 리스크의 선형관계를 표현하는 것을 자본시장선이라고 한다.

④ 자본자산가격결정모형(CAPM)

$$E(R_i) = R_f + [E(R_M) - R_f]\beta_i = R_f + \left[\frac{E(R_M) - R_f}{\sigma_M^2}\right]\sigma_{M,i}$$

R_f : 무위험 이자율
$E(R_M)$: 시장포트폴리오의 기대수익률
β_i : i 주식의 베타(체계적 위험)
σ_M^2 : 시장포트폴리오 수익률의 분산
$\sigma_{M,i}$: i 주식과 시장포트폴리오 수익률의 공분산

⑤ 평균 - 분산 모형
  ㉠ 개 념
    기대수익률과 위험(분산, 표준편차)을 이용하여 기대효용이 극대화되는 투자안을 선택하는 모형
  ㉡ 투자결정 방법
    ㉮ 기대수익률이 동일한 경우 : 위험(분산, 표준편차)이 작은 투자안을 선택
    ㉯ 위험(분산, 표준편차)이 동일한 경우 : 기대수익률이 더 큰 투자안을 선택
  ㉢ 투자 성향에 따른 무차별곡선 : 투자자의 위험회피 성향이 클수록 모든 위험수준에서 무차별곡선의 기울기는 더 커진다.

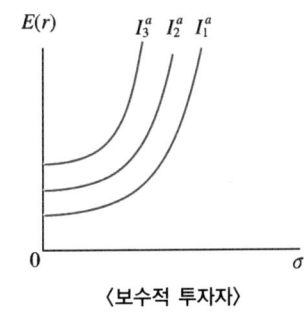
〈보수적 투자자〉

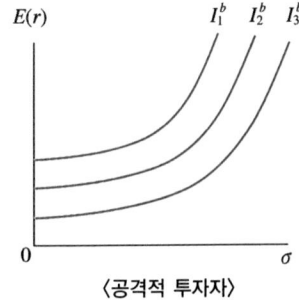
〈공격적 투자자〉

㉣ 무차별곡선의 특징
㉮ 우상향한다.
㉯ 아래로 볼록하다.
㉰ 좌상방으로 이동할수록 효용이 커진다.
㉱ 무차별곡선은 서로 겹쳐지거나 교차할 수 없다.

Ⅱ 채권 & 주식 기출 25

1. 채 권 기출 23

① 의 의
발행기관이 계약에 의해 일정한 이자를 지급하면서 만기에 원금을 상환하기로 한 일종의 증서

② 분 류
㉠ 이자지급 유무에 따른 분류 : 할인사채, 쿠폰부사채
㉡ 담보유무에 따른 분류 : 담보부사채, 무담보사채
㉢ 제3자의 보증유무에 따른 분류 : 무보증사채, 보증사채
㉣ 상환시기, 방법 등에 따른 분류 : 정시분할사채, 만기전액상환사채, 감채기금부사채, 수의상환사채, 연속상환사채 등

③ 가치평가
㉠ 순수할인채 현재가치 $= \dfrac{F}{(1+r)^n}$ (F : 액면가, n : 만기, r : 이자율)

㉡ 영구채 현재가치 $\sum\limits_{t=1}^{\infty} \dfrac{I}{(1+r)^n} = \dfrac{I}{r}$ (I : 이자, r : 이자율)

④ 채권의 만기수익률(yield to maturity)
㉠ 만기수익률은 채권을 만기까지 보유할 경우 얻게 될 미래 현금흐름을 채권의 현재가격과 일치시키는 할인율이다(= 약속수익률).
㉡ 액면가(face value)보다 높게 발행된 할증채권의 만기수익률은 액면이자율(coupon rate)보다 작다.
㉢ 만기수익률이 상승하면 채권가격은 하락한다.
㉣ 채무불이행위험은 채권 발행자가 투자자에게 약속한 액면금액과 이자를 지급하지 못할 위험으로서 만기수익률은 채무불이행위험이 없을 경우의 수익률이다.

2. 주 식 기출 21

① 의 의
㉠ 주식회사의 자본을 이루는 단위로서의 금액을 말하고, 이를 전제로 한 주주의 권리와 의무를 뜻한다.
㉡ 주주는 투자한 금액 내에서 유한책임을 진다.
㉢ 기업의 이익 중 일부를 주주에게 분배하는 것을 배당이라 한다.
㉣ 기업은 발행한 보통주에 대한 상환의무를 갖지 않는다.
㉤ 주식은 자금조달이 필요한 경우 추가로 발행될 수 있다.

② 주식의 가치평가
  ㉠ 배당성평가 모형 : 주식의 가치는 미래의 배당금을 할인율로 할인한 현재가치

  $$P = \sum_{t=1}^{\infty} \frac{d_t}{(1+r)^t} \quad [r : \text{요구수익률(할인율)}, \; d_t : t\text{시점의 배당금}]$$

  ㉡ 무성장 모형 : 매년 일정하게 지급되는 배당금을 영구채의 현재가치를 구하는 계산식을 이용해 현재가치를 계산

  $$P = \sum_{t=1}^{\infty} \frac{D}{(1+r)^t} = \frac{D}{r} \quad [r : \text{요구수익률(할인율)}, \; D : \text{배당금}]$$

  ㉢ 배당성평가 모형 : 매년 일정비율(g)로 배당금이 성장하는 모형 기출 24

  $$P = \frac{D}{1+r} + \frac{D(1+g)}{(1+r)^2} + \frac{D(1+g)^2}{(1+r)^3} + \cdots = \frac{D}{r-g} \; (\text{단}, \; r > g)$$

Ⅲ 옵션과 선물거래 기출 13·25

1. 옵 션
① 약정한 기간 동안 미리 정해진 가격으로 약정된 상품 및 증권을 사거나 또는 팔 수 있는 권리이다. 이러한 권리를 매입하고 보유한 사람은 옵션매입자라 하며, 이때 지불되는 가격을 옵션가격 또는 옵션프리미엄이라고 한다.
② 옵션의 경우 결합 형태에 따라 기본포지션, 헤지포지션, 콤비네이션, 스프레드포지션 등으로 구분이 가능하며, 주식과의 결합을 통해 적은 금액으로 주식의 투자에 따른 리스크를 줄일 수 있는 수단으로서 주목되고 있다.
③ 종 류
  ㉠ 콜 옵션(Call Option) : 특정 증권 또는 상품 등을 살 수 있는 권리
  ㉡ 풋 옵션(Put Option) : 특정 증권 또는 상품 등을 팔 수 있는 권리

2. 선물거래 기출 20
① 매매쌍방 간 미래의 일정시점에 약정된 제품을 기존에 정한 가격에 일정수량을 매매하기로 계약을 하고, 계약의 만기 이전에 반대매매를 수행하거나 만기일에 현물을 실제로 인수 및 인도함으로써 계약을 수행하는 것이다.
② 선물이 거래되는 공인 상설시장을 선물시장 또는 상품거래소라고 한다. 선물계약을 매도하는 것은 해당 상품을 인도할 의무를 지는 것이 되며, 반대급부로 선물을 매입하게 되는 것은 해당 상품을 인수할 의무를 지게 되는 것을 말한다.

3. 선도거래 기출 20

① 계약당사자 간의 개별적 합의를 통해 특정 자산의 가격과 거래시기를 계약시점에 미리 결정한 후, 자산을 인도하고 대금을 지급하는 거래형태를 말한다.
② 선도거래는 반대매매를 통한 중도청산이 어려워 만기일에 실물의 인수·인도가 이루어진다.
③ 선도거래는 개별적 합의로 이루어지는 계약으로, 계약 불이행 위험이 높다.

제6절 재무분석

I 재무분석의 의의

자본운영 및 자본조달이 효과적인지 기업조직의 상태를 인지하고 해당 문제점을 분석하는 것을 경영분석 또는 재무분석이라고 한다. 포괄손익계산서 또는 재무상태표 등의 자료를 활용해서 분석하므로 비율분석이라고도 한다. 표준비율은 같은 산업에 속하는 기업조직들의 평균비율을 활용하거나 또는 분석 대상기업의 기존 평균비율을 활용하기도 한다.

II 재무비율의 종류 기출 15·16·19·20·24

1. 레버리지 비율

① 이자보상비율 $= \dfrac{영업이익}{영업비용}$

② 부채비율 $= \dfrac{총부채}{자기자본}$

③ 고정재무비보상비율 $= \dfrac{고정재무비 + 법인세공제전순이익}{고정재무비} \times 100$

2. 유동성 비율

① 당좌비율 $= \dfrac{당좌자산(= 유동자산 - 재고자산)}{유동부채}$

② 유동비율 $= \dfrac{유동자산}{유동부채}$

3. 수익성 비율

① 총자산순이익률(ROA) = $\dfrac{순이익}{총자산} \times 100$

② 자기자본순이익률(ROE) = $\dfrac{순이익}{평균자기자본} \times 100$

③ 매출액순이익률 = $\dfrac{순이익}{매출액} \times 100$

4. 활동성 비율

① 총자산회전율 = $\dfrac{매출액}{총자산}$

② 매출채권회전율 = $\dfrac{매출액}{매출채권}$

③ 재고자산회전율 = $\dfrac{매출액}{재고자산}$

5. 시장가치비율

① 주당배당 = $\dfrac{배당금총액}{발행주식수}$

② 주당이익 = $\dfrac{당기순이익}{유통주식수}$

③ 주가대장부가치비율 = $\dfrac{주가}{주당장부가치}$

④ 주가수익비율 = $\dfrac{주가}{주당순이익}$

Ⅲ 재무비율분석의 특징

① 비교적 용이하게 어떠한 기업의 경영성과 및 재무 상태를 살펴볼 수 있다.
② 기존의 회계정보에 의존하게 된다.
③ 회계처리방법이 다른 타 기업들 간의 비교가 어렵다.
④ 비교기준이 되는 표준비율에 대한 선정이 까다롭다.
⑤ 종합적 분석이 어렵다.

CHAPTER 12 재무관리

01 (주)한국의 자기자본 시장가치와 타인자본 시장가치는 각각 5억원이다. 자기자본비용은 16%이고, 세전타인자본비용은 12%이다. 법인세율이 50%일 때 (주)한국의 가중평균자본비용(WACC)은? 기출 19

① 6%
② 8%
③ 11%
④ 13%
⑤ 15%

02 (주)한국의 유동자산은 1,200,000원이고, 유동비율과 당좌비율은 각각 200%와 150%이다. (주)한국의 재고자산은? 기출 19

① 300,000원
② 600,000원
③ 900,000원
④ 1,800,000원
⑤ 2,400,000원

03 투자안의 경제성분석방법 중 화폐의 시간가치를 고려한 방법을 모두 고른 것은? 기출 19

ㄱ. 회수기간법
ㄴ. 수익성 지수법
ㄷ. 회계적 이익률법
ㄹ. 순현재가치법
ㅁ. 내부수익률법

① ㄱ, ㄴ
② ㄱ, ㄹ
③ ㄴ, ㄷ
④ ㄴ, ㄹ, ㅁ
⑤ ㄷ, ㄹ, ㅁ

해설 및 정답

01 가중평균자본비용

$$= \frac{\text{자기자본}}{\text{자기자본} + \text{타인자본}} \times \text{자기자본비율} + \frac{\text{타인자본}}{\text{자기자본} + \text{타인자본}} \times \text{타인자본비율(세후)}$$

$$= \frac{5억}{5억원 + 5억원} \times 16\% + \frac{5억원}{5억원 + 5억원} \times 12\%(1 - 50\%) = 11\%$$

정답 ❸

02 • 유동비율 = $\frac{\text{유동자산}}{\text{유동부채}} = \frac{1,200,000원}{\text{유동부채}} = 200\%$, ∴ 유동부채 = 600,000원

• 당좌비율 = $\frac{\text{당좌자산}}{\text{유동부채}} = \frac{\text{당좌자산}}{600,000원} = 150\%$, ∴ 당좌자산 = 900,000원

• 재고자산 = 유동자산 − 당좌자산 = 1,200,000원 − 900,000원 = 300,000원

정답 ❶

03 ㄱ. 회수기간법 : 투자에 소요되는 자금을 그 투자안의 현금흐름으로 회수하는 기간이 짧은 투자안을 선택하는 기법인데, 그 시간가치를 고려하지 않고, 이후의 현금흐름을 무시한다는 단점이 있다.

ㄷ. 회계적 이익률법 = $\frac{\text{연평균 순이익}}{\text{연평균 투자액}} \times 100$

투자안의 회계적 이익률이 기업이 목표로 하고 있는 목표이익률보다 큰 경우에는 투자안을 채택하고 낮은 경우에는 투자안을 기각하는 투자방법이다. 회계적 이익률법의 가장 큰 장점은 회계상의 자료를 그대로 사용하기 때문에 간편하고 이해하기 쉽다는 것이지만, 화폐의 시간적 가치를 무시한 채 투자의사결정을 하게 되는 단점을 갖는다.

정답 ❹

04

(주)한국은 다음과 같은 조건의 사채(액면금액 ₩1,000,000, 액면이자율 8%, 만기 5년, 이자는 매년 말 지급)를 발행하였다. 시장이자율이 10%일 경우, 사채의 발행금액은?(단, 사채발행비는 없으며, 현가계수는 주어진 자료를 이용한다) 기출 23

기간(년)	단일금액 ₩1의 현가계수		정상연금 ₩1의 현가계수	
	8%	10%	8%	10%
5	0.68	0.62	3.99	3.79

① ₩896,800
② ₩923,200
③ ₩939,800
④ ₩983,200
⑤ ₩999,200

05

A기업은 2019년 1월 1일에 150만원을 투자하여 2019년 12월 31일과 2020년 12월 31일에 각각 100만원을 회수하는 투자안을 고려하고 있다. A기업의 요구수익률이 연 10%일 때, 이 투자안의 순현재가치(NPV)는 약 얼마인가?(단, 연 10% 기간이자율에 대한 2기간 단일현가계수와 연금현가계수는 각각 0.8264, 1.7355이다) 기출 18

① 90,910원
② 173,550원
③ 182,640원
④ 235,500원
⑤ 256,190원

06

시장포트폴리오와 상관계수가 1인 포트폴리오 P의 기대수익률과 표준편차는 각각 24%와 30%이다. 시장포트폴리오의 표준편차는 20%이고, 무위험이자율은 3%이다. 자본자산가격결정모형(CAPM)이 성립할 경우 시장포트폴리오의 기대수익률은? 기출 25

① 13%
② 15%
③ 17%
④ 19%
⑤ 21%

해설 및 정답

04 사채의 발행금액 = (₩1,000,000 × 0.08 × 3.79) + (₩1,000,000 × 0.62)
　　　　　　　　= ₩923,200

정답 ❷

05 순현재가치(NPV) = (1,000,000원 × 0.9091* + 1,000,000원 × 0.8264) − 1,500,000원 = 235,500원
*연 10%에 기간이자율에 대한 1기간 단일 현가계수 = 1.7355 − 0.8264 = 0.9091

정답 ❹

06 먼저 포트폴리오 P의 베타를 구하면

CAPM에서 상관계수 $\rho_{pm} = \dfrac{cov(p,m)}{\sigma_p \times \sigma_m}$, 베타 $\beta_p = \dfrac{cov(p,m)}{\sigma_m^2} = \dfrac{\rho_{pm} \times \sigma_p \times \sigma_m}{\sigma_m^2}$ 이다.

상관계수가 1이므로 $\beta_p = \dfrac{1 \times 30\% \times 20\%}{(20\%)^2} = \dfrac{600\%}{400\%} = 1.5$

CAPM 공식을 사용해서 시장포트폴리오의 기대수익률을 구하면
$E(R_p) = R_f + \beta_p \times (E(R_m) - R_f)$
$24\% = 3\% + 1.5 \times (E(R_m) - 3\%)$
$E(R_m) = 17\%$

정답 ❸

07 증권시장선(SML)에 관한 설명으로 옳은 것을 모두 고른 것은? 기출 22

ㄱ. 개별주식의 기대수익률과 체계적 위험 간의 선형관계를 나타낸다.
ㄴ. 효율적 포트폴리오에 한정하여 균형가격을 산출할 수 있다.
ㄷ. 증권시장선보다 상단에 위치하는 주식은 주가가 과소평가된 주식이다.
ㄹ. 증권시장선은 위험자산만을 고려할 경우 효율적 투자기회선이다.

① ㄱ, ㄴ
② ㄱ, ㄷ
③ ㄱ, ㄹ
④ ㄴ, ㄷ
⑤ ㄷ, ㄹ

08 자본시장선(CML)과 증권시장선(SML)에 관한 설명으로 옳지 않은 것은? 기출 24

① 증권시장선 보다 아래에 위치하는 주식은 주가가 과대평가 된 주식이다.
② 자본시장선은 개별위험자산의 기대수익률과 체계적 위험(베타) 간의 선형관계를 설명한다.
③ 자본시장선 상에는 비체계적 위험을 가진 포트폴리오가 놓이지 않는다.
④ 동일한 체계적 위험(베타)을 가지고 있는 자산이면 증권시장선 상에서 동일한 위치에 놓인다.
⑤ 균형상태에서 모든 위험자산의 체계적 위험(베타) 대비 초과수익률(기대수익률$[E(r_i)]$ – 무위험수익률 $[r_f]$)이 동일하다.

09 자본시장선(CML)과 증권시장선(SML)에 관한 설명으로 옳지 않은 것은? 기출 25

① 자본시장선은 효율적 자산의 총위험과 기대수익률의 관계를 나타낸다.
② 자본시장선의 기울기는 시장포트폴리오의 기대수익률에서 무위험수익률을 차감한 값과 같다.
③ 증권시장선을 이용하면 비효율적인 자산의 균형 기대수익률을 구할 수 있다.
④ 효율적 포트폴리오인 시장포트폴리오의 베타는 1이다.
⑤ 증권시장선 아래에 위치하는 자산은 과대평가된 자산이다.

해설 및 정답

07 ㄴ. (×) 자본시장선은 효율적인 포트폴리오에서만 성립한다. 반면 증권시장선은 효율적이지 않은 포트폴리오까지 포함하여 기대수익률과 위험(표준편차) 간의 관계를 나타낸다.
ㄹ. (×) 증권시장선은 위험자산만을 고려할 경우 효율적 투자기회선이 되지 못한다.

정답 ❷

08 자본시장선은 효율적인 포트폴리오에서만 성립한 것으로 효율적이지 않은 포트폴리오까지 포함한 개별위험자산의 기대수익률과 체계적 위험(베타) 간의 선형관계를 설명하는 것은 <u>증권시장선</u>이다.

정답 ❷

09 자본시장선의 기울기는 시장포트폴리오와 무위험 자산 간의 샤프비율, 즉 시장포트폴리오의 기대수익률에서 무위험수익률을 차감한 뒤 시장포트폴리오 수익률의 표준편차로 나눈 값 $\left(=\dfrac{E(R_m)-R_f}{\sigma_m}\right)$과 같다.
시장포트폴리오의 기대수익률에서 무위험수익률을 차감한 값은 <u>증권시장선의 기울기</u>이다.

정답 ❷

10 주식 A와 B의 기대수익률은 각각 10%와 20%이다. 이들 주식을 결합하여 기대수익률이 16%인 포트폴리오를 구성할 경우 주식 A의 투자비율은? 기출 25

① 30%
② 40%
③ 50%
④ 60%
⑤ 70%

11 A주식에 대한 분산은 0.06이고, B주식에 대한 분산은 0.08이다. A주식의 수익률과 B주식의 수익률 간의 상관계수가 0인 경우, 총 투자자금 중 A주식과 B주식에 절반씩 투자한 포트폴리오의 분산은? 기출 22

① 0.025
② 0.035
③ 0.045
④ 0.055
⑤ 0.065

12 금년 초에 5,000원의 배당($= d_0$)을 지급한 A기업의 배당은 매년 영원히 5%로 일정하게 성장할 것으로 예상된다. 요구수익률이 10%일 경우 이 주식의 현재가치는? 기출 24

① 50,000원
② 52,500원
③ 100,000원
④ 105,000원
⑤ 110,000원

13 투자안의 경제성 평가 방법에 관한 설명으로 옳은 것은? 기출 22

① 회계적이익률법의 회계적이익률은 연평균 영업이익을 연평균 매출액으로 나누어 산출한다.
② 회수기간법은 회수기간 이후의 현금흐름을 고려한다.
③ 순현재가치법은 재투자수익률을 내부수익률로 가정한다.
④ 내부수익률법에서 개별투자안의 경우 내부수익률이 0보다 크면 경제성이 있다.
⑤ 수익성지수법에서 개별투자안의 경우 수익성지수가 1보다 크면 경제성이 있다.

해설 및 정답

10 주식 A의 투자비율을 w, 주식 B의 투자비율을 $(1-w)$로 놓으면
포트폴리오기대수익률 공식은
$E(R_p) = w \times E(R_A) + (1-w) \times E(R_B)$ 이므로
16% = $w \times$ 10% + $(1-w) \times$ 20%
$10w = 4$, $w = \underline{40\%}$

정답 ❷

11 $Var(R_P) = w_A^2 \sigma_A^2 + w_B^2 \sigma_B^2 + 2w_A w_B \sigma_{AB}$
$= (0.5^2 \times 0.06) + (0.5^2 \times 0.08) = 0.035$

정답 ❷

12 연금액 = 배당액 × (1 + 성장률) = 5,000원 × (1 + 0.05) = 5,250원
영구연금 현재가치 = $\dfrac{\text{연금액}}{\text{요구수익률} - \text{성장률}} = \dfrac{5,250원}{0.1 - 0.05} = 105,000원$

정답 ❹

13 수익성 지수법이란 현금유입의 현재가치를 현금유출의 현재가치로 나누어서 나온 수익성 지수를 통해 의사결정을 하는 방법으로, 수익성지수가 1보다 커야 경제성이 있다.
 ① 회계적이익률은 연평균 순이익을 연평균 투자액으로 나눈 것을 말하는데, 회계적이익률이 높으면 높을수록 양호하다고 판단한다.
 ② 기업에서 투자액을 회수하는 데 있어 소요되는 기간을 의미하며, 특히 불확실성이 많은 상황에 이러한 방식이 적용된다. 회수기간이 짧으면 짧을수록 유리하다고 판단한다.
 ③ 투자안의 위험도에 상응하는 적정 할인율을 활용해서 계산한 현금유입 현가에서 현금유출 현가를 제한 값이다.
 ④ 현금유입 및 유출의 현가를 동일하게 해주는 할인율이므로, 이러한 방식에서는 순현재가치가 0이 되는 할인율을 찾는다.

정답 ❺

14 투자안의 경제성 분석방법에 관한 설명으로 옳은 것은? 기출 24

① 투자형 현금흐름의 투자안에서 내부수익률은 투자수익률을 의미한다.
② 화폐의 시간가치를 고려하는 분석방법은 순현재가치법이 유일하다.
③ 순현재가치법에서는 가치가산의 원칙이 성립하지 않는다.
④ 내부수익률법에서는 재투자수익률을 자본비용으로 가정한다.
⑤ 수익성지수법은 순현재가치법과 항상 동일한 투자선택의 의사결정을 한다.

15 K사는 A, B, C 세 투자안을 검토하고 있다. 모든 투자안의 내용연수는 1년으로 동일하며, 투자안의 자본비용은 10%이다. 투자액은 투자실행 시 일시에 지출되며 모든 현금흐름은 기간 말에 발생한다. 투자안의 투자액과 순현재가치(NPV)가 다음과 같은 경우 내부수익률(IRR)이 높은 순서대로 나열한 것은? 기출 21

투자안	A	B	C
투자액	100억원	200억원	250억원
순현재가치	20억원	30억원	40억원

① A, B, C
② A, C, B
③ B, A, C
④ C, A, B
⑤ C, B, A

16 K사는 현재 A, B, C 투자안을 검토하고 있다. 모든 투자안의 내용연수는 서로 동일하고, 투자액은 투자 시점에서 일시에 발생하며 투자 이후엔 현금유입이 발생한다. 투자안의 투자액 및 수익성지수(PI)가 다음과 같은 경우 투자안의 순현재가치(NPV)를 비교한 것으로 옳은 것은? 기출 25

투자안	A	B	C
투자액(억원)	200	300	400
수익성지수	1.5	1.2	1.3

① A > B > C
② A > C > B
③ B > A > C
④ C > A > B
⑤ C > B > A

해설 및 정답

14 ② 화폐의 시간가치를 고려하는 분석방법은 <u>순현재가치법, 내부수익률법, 수익성 지수법</u> 등이 있다.
③ 순현재가치법에서는 <u>가치가산의 원칙이 성립</u>한다.
④ 내부수익률법에서는 재투자수익률을 <u>내부수익률</u>로 가정한다.
⑤ 현금유출이 없는 투자안에서 사용할 수 없는 수익성지수법은 순현재가치법과 항상 동일한 투자선택의 <u>의사결정을 하는 것은 아니다.</u>

정답 ❶

15 내부수익률은 미래 현금유입의 현재가치와 현금유출의 현재가치, 즉 수익과 투자액을 일치시켜 투자안의 순현재가치를 0으로 만드는 할인율인데, 문제에서 주어진 조건은 수익이 아닌 순현재가치이므로, 순현재가치법을 이용해 수익을 구하면 다음과 같다.

$$\text{순현재가치} = \frac{\text{수익}}{1 + \text{자본비용}} - \text{투자액} \rightarrow \text{수익} = (\text{순현재가치} + \text{투자액}) \times (1 + \text{자본비용})$$

- 투자안 A의 수익 = (20억원 + 100억원) × 1.1 = 132억원
- 투자안 B의 수익 = (30억원 + 200억원) × 1.1 = 253억원
- 투자안 C의 수익 = (40억원 + 250억원) × 1.1 = 319억원

각 투자안의 수익과 투자액을 이용해 내부수익률법으로 내부수익률(IRR)을 구하면 다음과 같다.

$$\text{투자액} - \frac{\text{수익}}{1 + \text{IRR}} = 0 \rightarrow \text{IRR} = \frac{\text{수익}}{\text{투자액}} - 1$$

- 투자안 A의 IRR = $\frac{132억원}{100억원} - 1 = 0.320 = 32.0\%$
- 투자안 B의 IRR = $\frac{253억원}{200억원} - 1 = 0.265 = 26.5\%$
- 투자안 B의 IRR = $\frac{319억원}{250억원} - 1 = 0.276 = 27.6\%$

따라서 내부수익률이 높은 투자안을 순서대로 나열하면 A, C, B이다.

정답 ❷

16 수익성지수(PI)법은 현금유입의 현재가치를 현금유출의 현재가치로 나누어 얻은 수익성지수를 통해 의사결정을 하는 방법이다.
투자액과 수익성지수를 바탕으로 구한 각 투자안 A, B, C의 현금유입의 현재가치를 a, b, c라고 하면 $a=300, b=360, c=520$이다.
한편 순현재가치(NPV)는 현금유입의 현재가치에서 현금유출의 현재가치를 차감한 값이므로
각 투자안의 NPV는 100, 60, 120이다. 따라서 답은 C > A > B이다.

정답 ❹

17 선물거래에 관한 설명으로 옳지 않은 것은? 기출 20

① 조직화된 공식시장에서 거래가 이루어진다.
② 다수의 불특정 참가자가 자유롭게 시장에 참여한다.
③ 거래대상, 거래단위 등의 거래조건이 표준화되어 있다.
④ 계약의 이행을 보증하려는 제도적 장치로 일일정산, 증거금 등이 있다.
⑤ 반대매매를 통한 중도청산이 어려워 만기일에 실물의 인수·인도가 이루어진다.

18 다음 설명에 해당하는 금융상품은? 기출 25

특정자산을 미리 정해진 가격으로 지정된 날짜 또는 그 이전에 사거나 팔 수 있는 권리가 부여된 계약

① 옵 션
② 선 물
③ 주 식
④ 채 권
⑤ 스 왑

19 (주)한국의 매출 및 매출채권 자료가 다음과 같을 때, 매출채권의 평균회수기간은?(단, 1년은 360일로 가정한다) 기출 23

매출액	기초매출채권	기말매출채권
₩3,000,000	₩150,000	₩100,000

① 10일
② 15일
③ 18일
④ 20일
⑤ 24일

20 총자산순이익률(ROA)이 20%, 매출액순이익률이 8%일 때 총자산회전율은? 기출 24

① 2
② 2.5
③ 3
④ 3.5
⑤ 4

• 해설 및 정답 •

17 반대매매를 통한 중도청산이 어려워 만기일에 실무의 인수·인도가 이루어 지는 것은 선도거래이다.

> **선물거래**
> 선물거래는 거래조건이 표준화되어 있는 특정 상품을 미리 정한 가격(선물가격)으로 미래 일정 시점에 인도·인수할 것을 약속하는 거래형태로, 공인된 선물거래소에서 불특정다수의 참가자에 의해 경쟁매매방식으로 이루어진다.

정답 ❺

18 파생상품 중 옵션에 대한 설명이다. 지정된 날짜, 즉 만기에만 행사 가능한 옵션은 유럽식 옵션, 만기 이전에 행사 가능한 옵션을 미국식 옵션이다. 특정 증권 또는 상품을 살 수 있는 권리는 콜 옵션이며, 팔 수 있는 권리는 풋옵션이다.
② 파생상품 중 선물은 미래의 일정한 시점에 약정된 제품을 기존에 정한 가격에 일정수량을 매매하기로 계약을 하고, 계약의 만기 이전에 반대매매를 수행하거나 만기일에 현물을 인수 및 인도함으로써 계약을 종결한다.
③ 주식은 주식회사의 자본을 이루는 단위로서의 금액을 말하고, 이를 전제로 한 주주의 권리와 의무를 뜻한다.
④ 채권은 발행기관이 계약에 의해 일정한 이자를 지급하면서 만기에 원금을 상환하기로 한 일종의 증서이다.
⑤ 파생상품 중 스왑은 당사자 사이에서 특정 기간 동안 미리 정한 조건에 따라 자금흐름을 교환하기로 한 계약이다.

정답 ❶

19 평균회수기간 = $\dfrac{\text{평균 매출채권}}{\text{1일 매출액}}$ = $\dfrac{(₩150,000+₩100,000)/2}{₩3,000,000/360}$ = 15(일)

정답 ❷

20 총자산순이익률 = $\dfrac{\text{순이익}}{\text{총자산}}$ = 20% = 0.2, ∴ 총자산 = $\dfrac{\text{순이익}}{0.2}$ = 5 × 순이익

매출액순이익률 = $\dfrac{\text{순이익}}{\text{매출액}}$ = 8% = 0.08, ∴ 매출액 = $\dfrac{\text{순이익}}{0.08}$ = 12.5 × 순이익

총자산회전율 = $\dfrac{\text{매출액}}{\text{총자산}}$ = $\dfrac{12.5 \times \text{순이익}}{5 \times \text{순이익}}$ = 2.5

정답 ❷

21 재무비율에 관한 설명으로 옳지 않은 것은? 기출 24

① 자산이용의 효율성을 분석하는 것은 활동성비율이다.
② 이자보상비율은 채권자에게 지급해야 할 고정비용인 이자비용의 안전도를 나타낸다.
③ 유동비율은 유동자산을 유동부채로 나눈 것이다.
④ 자기자본순이익률(ROE)은 주주 및 채권자의 관점에서 본 수익성비율이다.
⑤ 재무비율분석 시 기업 간 회계방법의 차이가 있음을 고려해야 한다.

22 K사는 올해 말($t=1$)에 주당 2,000원의 배당금을 지급할 것으로 기대되고, 이후 배당금은 매년 10%씩 영구히 성장할 것으로 예상된다. 현재($t=0$) K사 주식의 가격이 10,000원일 경우 이 주식의 요구수익률(자본비용)은? (단, 주식의 현재 가격은 이론적 주가와 동일하다고 가정한다) 기출 25

① 15%
② 20%
③ 25%
④ 30%
⑤ 35%

23 다음 채권의 듀레이션은?(단, 소수점 셋째 자리에서 반올림한다) 기출 24

- 액면가액 1,000원
- 액면이자율 연 10%, 매년 말 이자지급
- 만기 2년
- 만기수익률 연 12%

① 1.75년
② 1.83년
③ 1.87년
④ 1.91년
⑤ 2.00년

해설 및 정답

21 자기자본순이익률(ROE)은 채권자가 아닌 주주의 관점에서 본 수익성비율이다.

정답 ④

22 고든의 항상성장모형에 따르면 주당현재가치 = $\dfrac{주당배당금}{요구수익률 - 배당금성장률}$ 이므로,

요구수익률 = $\dfrac{주당배당금}{주당현재가치}$ + 배당금성장률 = $\dfrac{2,000}{10,000}$ + 0.1 = 0.3 = 30%이다.

정답 ④

23 1차년도 현금유입액 현재가치 = $\dfrac{100}{1.12}$ = 89.286

2차년도 현금유입액 현재가치 = $\dfrac{1,100}{1.12^2}$ = 876.913

채권의 듀레이션 = $\dfrac{(89.286 \times 1) + (876.913 \times 2)}{89.286 + 876.913}$ = $\dfrac{1,843.112}{966.199}$ ≒ 1.91(년)

정답 ④

CHAPTER 13 경영정보시스템

출제포인트

- ☐ 경영정보시스템
- ☐ 빅데이터
- ☐ 경쟁전략을 위한 산업구조적 요인의 분석
- ☐ ERP

제1절 경영정보시스템의 개관

I 정보시스템의 의의

경영정보시스템(Management Information System ; MIS)은 기업조직의 목표를 달성하기 위해 정보, 업무, 조직원 및 정보기술 등이 조직적으로 결합된 것이다. 킨(P. Keen)에 의하면 기업조직의 정보시스템을 효율적으로 설계하고 설치 및 활용하는 것이라고 한다.

II 정보시스템의 역할

기업경영에서 정보시스템을 이용하므로, 업무처리방식의 효율화, 의사결정의 정확성・신속성 증가, 공급자 및 소비자와의 밀착화, 조직과 업무분담의 재정비, 세계화에의 대응, 경영전략의 혁신도모, 새로운 분야로의 진출 등이 가능하게 되었다.

Ⅲ 정보시스템 요구수준

1. 조직수준의 정보시스템
① 구조화된 활동 : 판단 및 통찰력 등이 불필요하며, 대다수의 경우 의사결정과정이 자동화되어 있는 활동을 의미한다.
② 비구조화된 활동 : 창조적 능력 및 판단 등을 필요로 하는 활동으로, 의사결정과정을 자동화시키는 것이 상당히 어렵다.
③ 앤소니에 의한 경영활동의 분류
  ㉠ 운영통제 : 세부적인 업무 등이 실행되도록 관리하는 과정이다.
  ㉡ 관리통제 : 관리자가 경영자원을 획득해서 효율적으로 활용하도록 관리하는 과정이다.
  ㉢ 전략계획 : 기업조직의 목표설정 및 변경, 이러한 목표를 변경하기 위해 활용하는 경영자원의 획득과 연관된 의사결정을 하는 과정이다.

2. 부서수준의 정보시스템
① 해당 부서의 생산성을 높임과 동시에 목표달성이 가능하도록 해야 한다.
② 부서 등은 기업조직의 내·외부로 제공하는 제품 등이 경쟁력을 지닐 수 있도록 지원이 가능해야 한다.

3. 개인수준의 정보시스템
① 사용자가 하나뿐인 시스템이며, 주의해야 할 요소 및 자료의 양은 상당히 제한적이다.
② 개인 스스로가 창출하는 제품 및 서비스의 질을 높이는 것이 주요 목적이다.

Ⅳ 정보시스템의 구성

1. 정 보
① 자 료
  ㉠ 자료 : 어떠한 현상이 일어난 사건, 사실 등을 있는 그대로 기록한 것으로 주로 기호·숫자·음성·문자·그림·비디오 등의 형태로 표현된다.
  ㉡ 1차 자료 : 조사자가 현재 수행 중인 조사목적을 달성하기 위해 직접 수집한 자료이다.
  ㉢ 2차 자료 : 현재의 조사목적에 도움을 줄 수 있는 기존의 모든 자료이다.
② 정 보
  ㉠ 의의 : 개인 또는 조직이 효과적인 의사결정을 하는 데 있어 의미가 있으면서 유용한 형태로 처리된 자료를 말한다.
  ㉡ 특 징
    ㉮ 정확성 : 실수 및 오류가 개입되지 않은 정보이어야 한다.
    ㉯ 완전성 : 중요한 정보가 충분히 내포되어 있어야 한다.
    ㉰ 경제성 : 필요한 정보를 산출하기 위해서는 경제성이 있어야 한다.

- ㉣ 신뢰성 : 신뢰할 수 있는 정보는 그 원천자료 및 수집방법과 관련이 있다.
- ㉤ 관련성 : 양질의 정보를 취사선택하는 최적의 기준은 관련성이다.
- ㉥ 단순성 : 지나치게 정교하거나 자세한 내용은 경우에 따라 불필요할 수도 있다.
- ㉦ 적시성 : 필요한 시간대에 사용자에게 전달되지 않으면 가치를 상실한다.
- ㉧ 입증가능성 : 정보는 입증 가능해야 한다.
- ㉨ 통합성 : 개별 정보는 많은 관련 정보들과 통합됨으로써 재생산되는 등의 상승효과를 가져 와야 한다.
- ㉩ 적절성 : 정보는 적절하게 사용되어야 유용한 정보로서의 가치를 가진다.
- ㉪ 누적가치성 : 정보는 생산·축적될수록 가치가 커진다.
- ㉫ 매체의존성 : 정보가 전달되기 위해서는 전달매체가 필요하다(신문, 방송, 컴퓨터 등).
- ㉬ 결과지향성 : 정보는 결과를 지향한다.

2. **시스템**

① **의의** : 조직, 체계, 제도 등 요소들의 집합 또는 요소와 요소 간의 유기적인 집합. 즉, 지정된 정보 처리 기능을 수행하기 위해 조직화되고 규칙적으로 상호 작용하는 방법, 절차로, 경우에 따라 인간도 포함하는 구성 요소들의 집합을 의미한다.

② **구성요소** : 통상적으로 입력(Input), 처리(Process), 출력(Output)의 형태로 나타난다.

③ **특 징**
- ㉠ 개개요소가 아닌 하나의 전체로 인식되어야 한다.
- ㉡ 상승효과를 동반한다.
- ㉢ 계층적 구조의 성격을 지닌다.
- ㉣ 통제되어야 한다.
- ㉤ 투입물을 입력받아서 처리과정을 거친 후에 그로 인한 출력물을 밖으로 내보낸다.

> **기업경영기법 용어** 기출 20
> - 데이터마이닝(Data Mining) : 기업경영활동과정에서 발생한 대규모 데이터에 담겨 있는 변수들 간에 존재하는 패턴과 관계를 발견하여 가치 있는 정보를 추출하는 기법이다.
> - 데이터웨어하우스(Data Warehouse) : 분산되어 있는 데이터를 수집하여 하나의 집중화된 저장소에 저장하여 효율적으로 사용할 수 있도록 한 대용량 데이터저장소이다.
> - 데이터관리(Data Management) : 데이터를 안전하고 효율적·경제적으로 수집, 보관 및 사용하는 활동이다.
> - 데이터무결성(Data Integrity) : 데이터베이스에 저장된 데이터값과 그 데이터값이 표현하는 실제값이 일치하는 정도이다.
> - 데이터정제(Data Cleaning) : 데이터분석의 전처리작업으로, 수집한 데이터의 결측치나 이상치들을 다른 값으로 대체하거나 제거한다.
> - 데이터마트(Data Mart) : 전사적으로 구축된 데이터웨어하우스를 특정 주제나 부서별 사용자와 연결시켜 주는 소규모 데이터웨어하우스이다.

제2절 기업경영과 경영정보시스템

I. 계층구조에 따른 유형 기출 21

1. 거래처리 시스템(Transaction Processing System ; TPS)
① 의의 : 기업조직에서 일상적이면서 반복적으로 수행되는 거래를 쉽게 기록·처리하는 정보 시스템으로서 기업 활동의 가장 기본적인 역할을 지원한다.
② 내 용
  ㉠ 컴퓨터를 활용해서 제품의 판매 및 구매와 예금의 입출금·급여계산·물품선적·항공예약과 같은 실생활에서 가장 일상적이면서 반복적인 기본적 업무를 효율적으로 신속·정확하게 처리해서 DB에 필요한 정보를 제공한다.
  ㉡ 온라인 처리방식 또는 일괄처리방식에 의해 거래데이터를 처리한다.
③ 목적 : 다량의 데이터를 신속·정확하게 처리한다.

2. 경영정보 시스템(Management Information System ; MIS)
① 기업조직에서 활용하는 효율적인 정보시스템의 개발 및 사용을 의미한다. 정규적으로 구조화되어 있으며, 요약된 보고서를 관리자에게 제공하는 정보시스템이다.
② 경영정보 시스템은 기업조직에서 발생되는 경영활동의 실적 추적정보 및 조직 내 부서 간의 업무협조를 공고히 하는 데 필요로 하는 정보를 생성해낸다.

3. 의사결정지원 시스템(Decision Support System ; DSS) 기출 20
① 의의 : 반구조적 또는 비구조적 의사결정을 지원하기 위해 의사결정자가 데이터와 모델을 활용할 수 있게 해주는 대화식 시스템이다.
② 특 성
  ㉠ 의사결정자 및 시스템 간의 대화식의 정보처리가 가능하도록 설계되어야 한다.
  ㉡ 그래픽을 활용해서 해당 정보처리 결과를 보여주고 출력하는 기능이 있어야 한다.
  ㉢ 여러 가지 원천으로부터 데이터를 획득해서 의사결정에 필요한 정보처리를 할 수 있도록 설계되어야 한다.
  ㉣ 의사결정이 이루어지는 과정 중에 발생 가능한 환경의 변화를 반영할 수 있도록 유연하게 설계되어야 한다.

4. 사무자동화 시스템(Office Automation System ; OAS)
① 기업조직 내 일상의 업무소통 및 정보처리 업무 등을 지원하는 시스템을 의미한다.
② 조직원 개인의 생산성 향상뿐만 아니라 구성원들의 사고 및 의사소통 등 새로운 방식의 업무수행방법을 제시하는 역할도 수행한다.

5. 최고경영자 정보시스템(Executive Information System ; EIS) 기출 13

① 조직의 최고 경영층에게 주요 성공요인과 관련된 내·외부 정보를 손쉽게 접할 수 있도록 해주는 컴퓨터 기반의 시스템이다.
② 다량의 자료를 사용자가 원하는 방식으로 요약한 정보를 의미하며, 사용자의 입장에서는 알고 싶어 하는 정보에 대한 상세함의 정도에 따라 갖가지 형식으로 그림 또는 표 등의 선택이 가능하다.

> **경영정보시스템 용어** 기출 20
> - 비즈니스 인텔리전스(Business Intelligence) : 사용자가 정보에 기반하여 보다 나은 비즈니스 의사결정을 돕기 위한 응용프로그램, 기술 및 데이터 분석 등을 포함하는 시스템이다.
> - 위키스(Wikis) : 사용자들이 웹페이지 내용을 쉽게 추가·편집할 수 있는 웹사이트의 일종이다.
> - 자율컴퓨팅(Autonomous Computing) : 컴퓨터시스템들이 스스로의 상태를 인식하여 인간의 관여 없이(또는 최소한의 관여만으로) 보호, 재구성, 자원의 재할당 및 복구 등의 작업을 자율적으로 처리하는 집합적 행동을 말한다. 현재는 고장 시 애프터서비스나 설정정보 변경 등의 관리작업을 컴퓨터가 스스로 처리하는 수준의 개념이지만, 수많은 컴퓨터 시스템을 다루는 유비쿼터스 컴퓨팅환경에서는 중요한 이슈 중 하나이다.
>
> **기업 간 전자상거래 용어** 기출 20
> - B2B(Business-to-Business) : 기업과 기업 간의 거래
> - B2C(Business-to-Customer) : 기업과 소비자 간의 거래
> - B2G(Business-to-Government) : 기업과 정부 간의 거래
> - B2E(Business-to-Employee) : 기업과 직원 간의 거래
> - G2C(Government-to-Customer) : 정부와 소비자 간의 거래
> - G2B(Government-to-Business) : 정부와 기업 간의 거래
> - C2C(Customer-to-Customer) : 소비자와 소비자 간의 거래
> - C2G(Customer-to-Government) : 소비자와 정부 간의 거래
> - C2B(Customer-to-Business) : 소비자와 기업 간의 거래

Ⅱ 기능별 정보시스템

1. 인적자원정보시스템
종업원의 모집, 배치, 개발, 평가, 보상 등 인사관리기능을 지원하는 정보시스템

2. 생산정보시스템
생산시스템의 운영 및 통제활동을 지원하는 정보시스템

3. 마케팅정보시스템
마케팅활동의 조정 및 통제 등의 활동을 지원하는 정보시스템

4. 재무정보시스템
투자활동과 자금조달 등 재무활동을 지원하는 정보시스템

5. 회계정보시스템
회계업무 및 이와 관련된 업무를 처리하는 시스템

제3절 시스템 개발과정

I 정보요구사항 결정단계

프로젝트 팀 구성 → 문제 정의 → 구체적인 정보요구사항의 결정 → 타당성의 조사 → 경영자의 승인 획득

II 시스템개발 핵심활동 기출 16

구 분	핵심활동
시스템분석 (Systems analysis)	기존 시스템의 문제점을 분석하여 발견된 문제점을 해소하기 위한 해결책에 요구되는 사항들을 정의 하는 단계이다.
시스템설계 (System design)	기술적, 조직적 구성요소들의 결합방법을 보여주는 정보시스템 해결책의 명세서를 제공하는 단계이다.
프로그래밍 (Programming)	단계를 거치면서 설계 단계에서 만들어진 시스템 명세서는 소프트웨어 프로그램 코드로 전환 하는 단계이다.
검사(Testing)	시스템이 올바른 결과를 산출하는지 확인하는 단계로 단위검사(Unit testing), 시스템검사(System testing), 인수검사(Acceptance testing)로 구분된다.
전환(Conversion)	기존 시스템에서 새로운 시스템으로 변환하는 단계이다.
가동(Production)	새로운 시스템이 설치되고 전환이 마무리된 후 운영되는 단계이다.
유지보수 (Maintenance)	시스템의 오류 발견 및 수정, 요구사항 부합 여부판단, 처리의 효율성 향상 등을 위해 하드웨어, 소프트웨어, 문서 그리고 절차 등을 변경하는 단계이다.

CHAPTER 13 경영정보시스템

01 다음에서 설명하는 기술발전의 법칙은? 기출 23

- 1965년 미국 반도체회사의 연구개발 책임자가 주장하였다.
- 마이크로프로세서의 성능은 18개월마다 2배씩 향상된다.

① 길더의 법칙 ② 메칼프의 법칙
③ 무어의 법칙 ④ 롱테일 법칙
⑤ 파레토 법칙

02 급여계산, 고객주문처리, 재고관리 등 일상적이고 반복적인 과업을 주로 수행하는 정보시스템은? 기출 21

① EIS ② DSS
③ ES ④ SIS
⑤ TPS

03 공급자에서 기업 내 변환과정과 유통망을 거쳐 최종고객에 이르기까지 자재, 제품, 서비스 및 정보의 흐름을 전체 시스템관점에서 설계하고 관리하는 것은? 기출 21

① EOQ ② MRP
③ TQM ④ SCM
⑤ FMS

해설 및 정답

01 무어의 법칙은 반도체 집적회로의 성능이 18개월(or 24개월)마다 2배로 증가한다는 법칙이다.
① 길더의 법칙은 광섬유의 대역폭은 12개월마다 3배씩 증가한다는 법칙이다.
② 메칼프의 법칙은 네트워크의 가치는 네트워크에 참여하는 구성원 수의 제곱에 비례한다는 법칙이다.
④ 롱테일 법칙은 주목받지 못하는 다수가 핵심적인 소수보다 더 큰 가치를 창출하는 현상으로 인터넷 비즈니스에서 성공한 기업들이 20%의 히트상품보다 80%의 틈새상품을 통해 더 많은 매출을 창출하는 것을 말한다.
⑤ 파레토 법칙은 전체 결과의 80%는 전체 인원의 20%에 기인한다는 법칙이다.

정답 ③

02 거래처리시스템(TPS ; Transactional Processing System)은 일선종업원의 일상 업무처리를 지원하는 시스템으로, 입고·출고, 판매·주문, 급여·인사기록 관리 등을 처리한다.
① 임원정보시스템(EIS ; Executive Information System)은 고위관리자의 전략적 의사결정을 지원하는 시스템으로, 의사결정에 필요한 정보를 제공하는 데 집중한다.
② 의사결정지원시스템(DSS ; Decision Support System)은 주로 중간관리자의 비일상적 의사결정을 지원하는 시스템으로, 예측할 수 없이 빠르게 변화하는 문제의 해결을 돕는다.
③ 전문가시스템(ES ; Expert System)은 전문가의 지식, 경험 등을 컴퓨터에 축적하여 전문가와 동일하거나 그 이상의 문제해결능력을 갖춘 시스템으로, 전문지식 이용에 편의를 제공한다.
④ 전략정보시스템(SIS ; Strategic Information System)은 기존의 경영정보시스템에 통신망을 연결하여 정보기술을 기업전략으로 활용하는 시스템으로, 기업이 경쟁우위를 확보하는 데 필요한 다양한 정보를 제공한다.

정답 ⑤

03 공급사슬관리(Supply Chain Management)란 자재조달, 제품의 생산·유통·판매 등 공급자로부터 생산자 그리고 고객까지 상호 연결된 일련의 흐름인 공급사슬을 관리함으로써 공급과 수요를 통합하여 조달시간 단축, 재고·유통비용 삭감 및 고객요구에 대한 빠른 대응 등을 실현하는 관리기법을 말한다.
① 경제적 주문량(Economic Order Quantity)이란 주문비용과 단위당 재고유지비용의 합계가 최소가 되는 최적의 주문량을 말한다.
② 자재소요계획(Material Requirements Planning)이란 종속수요품목의 재고관리를 위해 컴퓨터를 활용하여 필요한 품목을 필요한 때에 필요한 양만큼 조달하는 관리기법을 말한다.
③ 전사적 품질경영(Total Quality Management)이란 제품과 서비스뿐만 아니라 기업의 업무 또한 관리대상에 포함시킴으로써 구성원 모두가 품질향상을 위해 노력하도록 하는 관리기법을 말한다.
⑤ 유연생산시스템(Flexible Manufacturing System)이란 컴퓨터와 로봇, 셀(Cell)형 제조방식을 이용하여 동일한 생산라인에서 상이한 제품을 다양하게 생산할 수 있고, 생산량 또한 유연하게 조절할 수 있는 고도로 자동화된 관리기법을 말한다.

정답 ④

04 다음에서 설명하는 것은? 기출 24

- 데이터 소스에서 가까운 네트워크 말단의 서버들에서 일부 데이터 처리를 수행한다.
- 클라우드 컴퓨팅 시스템을 최적화하는 방법이다.

① 엣지 컴퓨팅
② 그리드 컴퓨팅
③ 클라이언트/서버 컴퓨팅
④ 온디멘드 컴퓨팅
⑤ 엔터프라이즈 컴퓨팅

05 컴퓨터, 저장장치, 애플리케이션, 서비스 등과 같은 컴퓨팅 자원의 공유된 풀(pool)을 인터넷으로 접근할 수 있게 해주는 것은? 기출 22

① 클라이언트/서버 컴퓨팅(client/server computing)
② 엔터프라이즈 컴퓨팅(enterprise computing)
③ 온프레미스 컴퓨팅(on-premise computing)
④ 그린 컴퓨팅(green computing)
⑤ 클라우드 컴퓨팅(cloud computing)

06 스마트폰에 신용카드 등의 금융정보를 담아 10~15cm의 근거리에서 결제를 가능하게 하는 무선통신기술은?
기출 19

① 블루투스(Bluetooth)
② GPS(Global Positioning System)
③ NFC(Near Field Communication)
④ IoT(Internet of Things)
⑤ 텔레매틱스(Telematics)

해설 및 정답

04 엣지 컴퓨팅은 클라우드 컴퓨팅과 반대되는 개념으로, 인터넷이 아닌 로컬 장치(예 스마트폰, 태블릿, IoT 장치 등)에서 데이터를 처리하는 기술이다. 이를 통해 데이터 처리 및 분석이 인터넷 대역폭을 절약하고, 응답 시간을 단축하여 네트워크 대역폭 혼잡을 완화할 수 있다.
② 그리드 컴퓨팅은 지리적으로 분산된 네트워크 환경에서 수많은 컴퓨터와 저장장치, 데이터베이스 시스템 등과 같은 자원들을 고속 네트워크로 연결하여 그 자원을 공유할 수 있도록 하는 방식이다.
③ 클라이언트/서버 컴퓨팅은 정보가 인터넷상의 서버에 영구적으로 저장되고, 데스크톱·태블릿컴퓨터·노트북·넷북·스마트폰 등의 IT 기기 등과 같은 클라이언트에는 일시적으로 보관되는 컴퓨터 환경이다.
④ 클라우드 컴퓨팅 개념인 온디멘드 컴퓨팅은 외부 서비스 공급자가 데이터를 관리하는 방식이다.
⑤ 엔터프라이즈 컴퓨팅은 기업이 인터넷을 통해 가상화된 IT 리소스에 접속할 수 있는 종량제 컴퓨팅 모델이다.

정답 ①

05 클라우드 컴퓨팅(cloud computing)은 컴퓨터를 활용하는 작업에 필요한 다양한 요소들을 인터넷 상의 서비스를 통해 다양한 종류의 컴퓨터 단말 장치로 제공하는 것을 말한다.
① 클라이언트/서버 컴퓨팅(client/server computing)은 계산, 프린터, 통신 등의 자원을 각각의 서버를 공유하여 그룹 전체의 업무를 분산처리하는 분산협동처리(distributed cooperative processing)의 한 형태이다.
② 엔터프라이즈 컴퓨팅(enterprise computing)은 공동의 목적을 이루기 위해 컴퓨터를 활용하는 것을 말한다.
③ 온프레미스 컴퓨팅(on-premise computing)은 소프트웨어 등 솔루션을 클라우드 같이 원격 환경이 아닌 자체적으로 보유한 전산실 서버에 직접 설치해 운영하는 방식을 말한다.
④ 그린 컴퓨팅(green computing)은 컴퓨팅에 이용되는 에너지를 절약하자는 운동으로, 컴퓨터 자체의 구동뿐 아니라 컴퓨터의 냉각과 주변기기의 운용에 소요되는 전력을 줄이기 위해 새로운 CPU의 설계, 대체에너지 사용 등의 다양한 방안이 제시되고 있다.

정답 ⑤

06 NFC(Near Field Communication)는 10cm 이내의 가까운 거리에서 다양한 무선 데이터를 주고받는 통신 기술이다.
① 블루투스(Bluetooth) : 디지털 통신기기를 위한 개인 근거리 무선통신산업표준
② GPS(Global Positioning System) : 음성·데이터·영상 전송을 포함하는 위성항법시스템
④ IoT(Internet of Things) : 사물에 통신기능을 내장해 인터넷에 연결하는 기술
⑤ 텔레매틱스(Telematics) : 무선통신과 GPS기술이 결합된 이동통신 서비스

정답 ③

07 전사적 자원관리(ERP) 도입의 효과가 아닌 것은? 기출 17

① 신기술 수용 및 활용
② 사업장 및 업무통합
③ 고객 이미지 개선
④ 정보 적시 제공
⑤ 업무프로세스 복잡화

08 특정기업의 이메일로 위장한 메일을 불특정 다수에게 발송하여 권한 없이 데이터를 획득하는 방식은? 기출 22

① 파밍(pharming)
② 스니핑(sniffing)
③ 피싱(phishing)
④ 서비스 거부 공격(denial-of-service attack)
⑤ 웜(worm)

09 일반 사용자의 컴퓨터 시스템 접근을 차단한 후, 접근을 허용하는 조건으로 대가를 요구하는 악성코드는? 기출 23

① 스니핑(sniffing)
② 랜섬웨어(ransomware)
③ 스팸웨어(spamware)
④ 피싱(phishing)
⑤ 파밍(pharming)

10 비정형 텍스트 데이터의 가치와 의미를 찾아내는 빅데이터 분석기법은? 기출 24

① 에쓰노그라피(ethnography) 분석
② 포커스그룹(focus group) 인터뷰
③ 텍스트마이닝
④ 군집 분석
⑤ 소셜네트워크 분석

해설 및 정답

07 전사적 자원관리(ERP)란, 기업의 중심적 활동에 속하는 원자재, 생산, 판매, 인사, 회계 등의 업무를 통합·관리해주는 소프트웨어 패키지로서 전사적 경영자원의 체계적 관리를 통한 생산성 향상을 목표로 한다. 적용 시에 데이터의 일관성, 통합성으로 업무의 표준화를 실현시킬 수 있다.

정답 ⑤

08 피싱(phishing)은 금융기관 등으로부터 개인정보를 불법적으로 알아내 이를 이용하는 사기수법으로, 특정기업의 이메일로 위장한 메일을 불특정 다수에게 발송하여 권한 없이 데이터를 획득하는 방식을 말한다.
① 파밍(pharming)은 사용자가 올바른 웹페이지 주소를 입력해도 가짜 웹페이지로 보내는 피싱기법을 말한다.
② 스니핑(sniffing)은 네트워크 주변을 지나다니는 패킷을 엿보면서 계정(ID)과 패스워드를 알아내기 위한 행위를 말한다.
④ 서비스 거부 공격(denial-of-service attack)은 네트워크 붕괴를 목적으로 다수의 잘못된 통신이나 서비스 요청을 특정 네트워크 또는 웹 서버에 보내는 방식을 말한다.
⑤ 웜(worm)은 일반적인 컴퓨터 바이러스와는 달리 자체적으로 실행되면서 다른 컴퓨터에 전파할 수 있는 프로그램을 말한다.

정답 ③

09 랜섬웨어(ransomware)는 사용자의 컴퓨터를 조정하거나 성가신 팝업 메시지들을 띄워서 컴퓨터시스템을 악성코드로 감염시켜 사용자의 돈을 갈취하는 악성 프로그램을 말한다.
① 스니핑(sniffing)은 네트워크 주변을 지나다니는 패킷을 엿보면서 계정(ID)과 패스워드를 알아내기 위한 행위를 말한다.
③ 스팸웨어(spamware)는 스팸 발송자가 스팸 발송을 위해 특별히 고안한 소프트웨어 유틸리티를 말한다.
④ 피싱(phishing)은 금융기관 등으로부터 개인정보를 불법적으로 알아내 이를 이용하는 사기수법을 말한다.
⑤ 파밍(pharming)은 사용자가 올바른 웹페이지 주소를 입력해도 가짜 웹페이지로 보내는 피싱기법을 말한다.

정답 ②

10 텍스트마이닝은 비정형 텍스트를 정형화하여 의미 있는 패턴과 새로운 인사이트를 찾아내는 프로세스이다.
① 에쓰노그라피(ethnography) 분석은 사람과 문화를 연구하는 과학의 한 분야로 유저 리서치에서는 일상생활에서 사람 혹은 그룹이 어떻게 생활하는지 연구하는데 사용되며 자연적인 반응과 비언어적인 반응 그리고 예상하지 못한 시나리오들을 포착해 내는 방법이다.
② 포커스그룹(focus group) 인터뷰는 숙달된 진행자가 6~12명 규모의 참여자와 함께 밀도 있게 진행하는 소규모 논의 방식으로 '현재' 일어나고 있는 특정 주제에 대한 의견을 교환하거나, '미래' 전략 도출을 위해서 사용한다.
④ 군집분석은 동질적인 집단인 군집을 분류하는 분석방법이다.
⑤ 소셜네트워크 분석은 '구성원 간 관계'의 관점에서 이들 관계의 패턴, 의미 있는 시사점 등의 구조를 도출하며 다양한 사회적 현상을 설명하는 것이다.

정답 ③

11 경영정보시스템의 분석 및 설계 과정에서 수행하는 작업이 아닌 것은? 기출 16

① 입력 자료의 내용, 양식, 형태, 분량 분석
② 출력물의 양식, 내용, 분량, 출력주기 정의
③ 시스템 테스트를 위한 데이터 준비, 시스템 수정
④ 자료가 출력되기 위해 필요한 수식연산, 비교연산, 논리연산 설계
⑤ 데이터베이스 구조 및 특성, 자료처리 분량 및 속도, 레코드 및 파일 구조 명세화

12 다음에서 설명하는 것은? 기출 16

> 기업의 자재, 회계, 구매, 생산, 판매, 인사 등 모든 업무의 흐름을 효율적으로 지원하기 위한 통합정보 시스템

① CRM
② SCM
③ DSS
④ KMS
⑤ ERP

13 데이터 중복을 최소화하고 무결성을 극대화하며, 최상의 성능을 달성할 수 있도록 관계형 데이터베이스를 분석하고 효율화하는 과정을 지칭하는 용어는? 기출 15

① 통합화(integration)
② 최적화(optimization)
③ 정규화(normalization)
④ 집중화(centralization)
⑤ 표준화(standardization)

● 해설 및 정답 ●

11 시스템 테스트를 위한 데이터 준비, 시스템 수정은 분석 및 설계가 완료된 후 시행하는 시스템 구현과 시스템 지원 과정에 해당하는 작업이다.

〈경영정보시스템 개발 프로세스의 핵심활동〉

구 분	핵심활동
시스템 분석 (systems analysis)	기존 시스템의 문제점을 분석하여 발견된 문제점을 해소하기 위한 해결책에 요구되는 사항들을 정의하는 단계이다.
시스템 설계 (system design)	기술적, 조직적 구성요소들의 결합방법을 보여주는 정보시스템 해결책의 명세서를 제공하는 단계이다.
프로그래밍 (programming)	단계를 거치면서 설계 단계에서 만들어진 시스템 명세서는 소프트웨어 프로그램 코드로 전환하는 단계이다.
검사(testing)	시스템이 올바른 결과를 산출하는지 확인하는 단계로 단위검사(unit testing), 시스템검사(system testing), 인수검사(acceptance testing)로 구분된다.
전환(conversion)	기존 시스템에서 새로운 시스템으로 변환하는 단계이다.

> **시스템 개발 생명주기(SDLC : Systems Development Life Cycle)**
> 시스템 조사 → 시스템 분석 → 시스템 설계 → 시스템 구현 → 시스템 지원

정답 ❸

12 ① CRM(Customer Relationship Management) : 고객관계관리라고 하며, 기업이 고객의 정보를 축적 및 관리하여 필요한 서비스를 제공할 수 있도록 하는 것이다.
② SCM(Supply Chain Management) : 공급망 관리라고 하며, 공급망 전체를 하나의 통합된 개체로 보고 이를 최적화하고자 하는 경영 방식이다.
③ DSS(Decision Support System) : 의사결정지원시스템이라고 하며, ERP를 통해서 수집된 자료를 요약, 분석, 가공하여 경영관리자의 의사결정을 지원하는 시스템이다.
④ KMS(Knowledge Management System) : 지식관리시스템이라고 하며, 기업 내 흩어져 있는 지적 자산을 활용할 수 있는 형태로 변환하여 관리 및 공유할 수 있도록 하는 시스템이다.

정답 ❺

13 ① 통합화(integration) : 여러 개의 각기 다른 파일을 결합하면서 중복되는 부분을 완전히 또는 부분적으로 제거하는 것
② 최적화(optimization) : 목적에 따라 가장 좋은 결과가 얻어지도록 여러 방면으로 연구하는 것
④ 집중화(centralization) : 컴퓨터 시스템이나 정보를 한곳에 모아서 공동으로 이용하는 것
⑤ 표준화(standardization) : 설정된 표준에 일치시키는 것

정답 ❸

14 최고경영자층의 의사결정을 지원하기 위한 목적으로 개발된 경영정보시스템의 명칭은? 기출 13

① ERP
② EDI
③ POS
④ EIS
⑤ TPS

15 경영정보시스템 용어에 관한 설명으로 옳지 않은 것은? 기출 20

① 비즈니스 프로세스 리엔지니어링(Business Process Reengineering)은 새로운 방식으로 최대한의 이득을 얻기 위해 기존의 비즈니스 프로세스를 변경하는 것이다.
② 비즈니스 인텔리전스(Business Intelligence)는 사용자가 정보에 기반하여 보다 나은 비즈니스 의사결정을 돕기 위한 응용프로그램, 기술 및 데이터 분석 등을 포함하는 시스템이다.
③ 의사결정지원시스템(Decision Support System)은 컴퓨터를 이용하여 의사결정자가 효과적인 의사결정을 할 수 있도록 지원하는 시스템이다.
④ 위키스(Wikis)는 사용자들이 웹페이지 내용을 쉽게 추가·편집할 수 있는 웹사이트의 일종이다.
⑤ 자율컴퓨팅(Autonomous Computing)은 지리적으로 분산된 네트워크환경에서 수많은 컴퓨터와 데이터베이스 등을 고속네트워크로 연결하여 공유할 수 있도록 한다.

16 전자(상)거래의 유형에 관한 설명으로 옳은 것은? 기출 20

① B2E는 기업과 직원 간 전자(상)거래를 말한다.
② B2C는 소비자와 소비자 간 전자(상)거래를 말한다.
③ B2B는 기업 내 전자(상)거래를 말한다.
④ C2C는 기업과 소비자 간 전자(상)거래를 말한다.
⑤ C2G는 기업 간 전자(상)거래를 말한다.

17 기업이 미래 의사결정 및 예측을 위하여 보유하고 있는 고객, 거래, 상품 등의 데이터와 각종 외부데이터를 분석하여 숨겨진 패턴이나 규칙을 발견하는 것은? 기출 20

① 데이터관리(Data Management)
② 데이터무결성(Data Integrity)
③ 데이터마이닝(Data Mining)
④ 데이터정제(Data Cleaning)
⑤ 데이터마트(Data Mart)

해설 및 정답

14 중역정보시스템(EIS)은 그래픽과 통신을 통해 기업의 고위 경영자들의 비구조화된 의사결정을 지원하도록 설계된 전략적 수준의 정보시스템이다.
① 전사적 자원관리(ERP)는 기업의 중심적 활동에 속하는 원자재, 생산, 판매, 인사, 회계 등의 업무를 통합·관리해주는 소프트웨어 패키지로서 전사적 경영자원의 체계적 관리를 통한 생산성 향상을 그 목표로 한다.
② 전자문서교환(EDI)은 기업 서류를 서로 합의된 통신 표준에 따라 컴퓨터 간에 교환하는 정보전달방식이다.
③ 판매시점관리시스템(POS)은 금전등록기와 컴퓨터 단말기의 기능을 결합한 시스템으로 매상금액을 정산해 줄 뿐만 아니라 동시에 소매경영에 필요한 각종정보와 자료를 수집·처리해 주는 시스템이다.
⑤ 거래처리시스템(TPS)은 거래업무나 보고서 등의 출력 등을 도와주는 정보시스템이다.

정답 ④

15 지리적으로 분산된 네트워크환경에서 수많은 컴퓨터와 데이터베이스 등을 고속네트워크로 연결하여 공유할 수 있도록 하는 것은 그리드 컴퓨팅이다.

> **자율컴퓨팅(Autonomous Computing)**
> 자율컴퓨팅이란 컴퓨터시스템들이 스스로의 상태를 인식하여 인간의 관여 없이(또는 최소한의 관여만으로) 보호, 재구성, 자원의 재할당 및 복구 등의 작업을 자율적으로 처리하는 집합적 행동을 말한다. 현재는 고장 시 애프터서비스나 설정정보 변경 등의 관리작업을 컴퓨터가 스스로 처리하는 수준의 개념이지만, 수많은 컴퓨터시스템을 다루는 유비쿼터스 컴퓨팅환경에서는 중요한 이슈 중 하나이다.

정답 ⑤

16 B2E(Business-to-Employee) : 기업 – 직원
② B2C(Business-to-Customer) : 기업 – 소비자
③ B2B(Business-to-Business) : 기업 – 기업
④ C2C(Customer-to-Customer) : 소비자 – 소비자
⑤ C2G(Customer-to-Government) : 소비자 – 정부

정답 ①

17 데이터마이닝은 기업의 경영활동과정에서 발생한 대규모 데이터에 담긴 변수들 간에 존재하는 패턴과 규칙을 발견하여 가치 있는 정보를 추출하는 기법이다.
① 데이터관리는 데이터를 안전하고 효율적·경제적으로 수집, 보관 및 사용하는 활동이다.
② 데이터무결성은 데이터베이스에 저장된 데이터값과 그 데이터값이 표현하는 실제값이 일치하는 정도이다.
④ 데이터정제는 데이터분석의 전처리작업으로, 수집한 데이터의 결측치나 이상치들을 다른 값으로 대체하거나 제거한다.
⑤ 데이터마트는 전사적으로 구축된 데이터웨어하우스를 특정 주제나 부서별 사용자와 연결시켜 주는 소규모 데이터웨어하우스이다.

> **데이터웨어하우스(Data Warehouse)**
> 데이터웨어하우스는 사용자의 의사결정을 지원하기 위해 기간시스템의 데이터베이스에 축적된 데이터들을 공통의 형식으로 변화하여 관리하는 데이터베이스이다.

정답 ③

CHAPTER 14 회계학

출제포인트
- 유동자산과 비유동자산
- 회계 거래의 기록
- 포괄손익계산서

제1절 재무회계의 개관

Ⅰ 재무회계의 이해

1. 의 의
① 경제적 실체에 대한 유용한 재무적인 정보를 제공하는 일련의 서비스 활동을 말한다.
② 경영자를 포함해서 채권자, 주주 등 기업 전반에 이해관계를 지닌 사람들에게 기업조직의 경제적인 활동에 대한 정보를 제공한다.

2. 목 적
정보이용자의 투자 및 신용결정 등 경제적 의사결정에 유용한 정보를 제공하는 것을 목적으로 한다.

Ⅱ 이론적 특징

1. 재무회계와 관리회계 비교 기출 12

구 분	재무회계	관리회계
의 의	외부보고 목적, 기업의 재무상태 및 경영성과, 현금흐름에 대한 정보 제공	내부보고 목적 및 경영의사결정을 위한 정보 제공
목 적	정보이용자의 경제적 의사결정에 유용한 정보제공 (투자 및 신용결정)	경영자의 의사결정에 적합한 정보 제공 (경영계획 및 통제)
보고 대상	불특정다수인 외부 이해관계자	경영자 외 내부 이해관계자
정보 성격	과거에 대한 정보가 많음	미래에 대한 예측정보가 많음
보고 양식	정해진 양식이 있음	일정한 양식이 없음
법적 규제	일반적으로 인정된 회계원칙 (GAAP, 기업회계기준, 외부감사 등)	없 음

2. 회계의 구성가정

계속기업의 가정 : 기업실체는 그 목적과 의무를 이행하기에 충분히 장기간 존속한다고 가정한다.

차변 VS 대변 기출 22·23·24

차 변	대 변
자산의 증가	자산의 감소
부채의 감소	부채의 증가
자본의 감소	자본의 증가
비용의 발생	수익의 발생

제2절 재무제표 기출 21

1. 재무제표

① 의의 : 일정 기간 동안 기업의 경영 성적 및 재정 상태 등을 이해관계자에게 보고하기 위해 정기적으로 작성하는 회계 보고서
② 재무제표의 질적 특성
  ㉠ 근복적 질적 특성 : 목적 적합성, 표현충실성
  ㉡ 보강적 질적 특성 : 비교가능성, 검증가능성, 적시성, 이해가능성
③ 구성요소
  ㉠ 자산 : 기업조직이 소유하고 있는 건물, 토지, 채권, 기계 등의 경제적 자원
  ㉡ 자본 : 자산의 총액에서 부채를 차감한 순 자산액을 의미
  ㉢ 부채 : 기업조직이 미래 어떤 시점에서 현금 또는 기타의 재화를 지급해야 할 의무
  ㉣ 비용 : 수익창출을 위해 자산이 활용되거나 유출되는 것을 의미
  ㉤ 수익 : 영업활동을 통해 자본 증가를 가져오는 것

> **재무제표 관련 내용** 기출 20·23·25
> - 재무상태표 : 대차대조표라고도 하며, 기업의 일정 시점의 재무상태를 나타내는 재무제표로, 차변엔 자산, 대변엔 부채와 자본을 기입하고, 기업회계기준인 유동성배열법을 원칙으로 작성한다.
> - 포괄손익계산서 : 기업의 일정 기간 동안의 성과를 나타내는 재무제표로, 그 기간 동안 발생한 수익과 이에 대응하는 비용을 정리하여 작성한다.
> - 이익잉여금 처분계산서 : 기업의 이익잉여금의 처분사항을 명확히 보고하기 위해 이월 이익잉여금의 총변동사항을 표시한 재무제표
> - 현금흐름표 : 한 회계기간 중의 현금의 유입과 유출에 관한 정보를 제공하는 재무보고서
> - 자본변동표 : 자본의 크기와 그 변동에 관한 정보를 제공하는 재무보고서

2. 자 산 기출 22·24

(1) 의 의

과거 사건의 결과로 기업이 통제하고 있고, 미래 경제적 효익이 기업에 유입될 것으로 기대되는 자원이다.

(2) 유동자산과 비유동자산 기출 15·18·21·25

① 유동자산 : 재무상태표로부터 1년 내 현금화되는 자산
  ㉠ 당좌자산 : 단기금융상품, 현금 및 현금성 자산, 매출채권, 유가증권 등
  ㉡ 재고자산 : 기업이 소유한 상품, 반제품, 원재료, 재공품, 저장품 등
  ㉢ 기타 유동자산 : 선급비용, 선급금 등
② 비유동자산 : 현금화되는 기간이 1년 이상인 것을 말하며, 경제 활동에 있어 활용할 목적으로 오랜 기간 동안 보유하는 자산
  ㉠ 투자자산 : 투자유가증권, 장기금융상품, 장기대여금, 투자부동산 등
  ㉡ 유형자산 : 건물, 토지, 차량운반구, 기계장치 등
  ㉢ 무형자산 : 저작권, 개발비, 산업재산권, 라이선스 및 프랜차이즈 등
  ㉣ 기타 비유동자산 : 장기미수금, 장기매출채권, 임차보증금 등

3. 부 채 기출 20

(1) 의 의

과거 사건의 결과로 생긴 현재의무로서, 기업이 가진 경제적 효익이 있는 자원의 유출을 통해 그 이행이 예상되는 의무이다.

(2) 유동부채와 비유동부채

① 유동부채(1년 내) : 매입채무, 단기금융부채, 단기차입금, 미지급금 등
② 비유동부채(1년 후) : 장기성매입채무, 장기금융부채, 이연법인세대 등

4. 자 본 기출 17·19

기업이 자산에서 모든 부채를 차감한 후의 잔여분이다.

자본의 종류 기출 20·22·25

분 류	계 정
자본금	보통주자본금, 우선주자본금 등
자본잉여금	주식발행초과금, 기타(감자차익, 자기주식처분이익 등) 등
자본조정	• 가산항목 : 미교부주식배당금, 주식매수선택권, 출자전환채무 등 • 차감항목 : 자기주식, 자기주식처분손실, 주식할인발행차금, 감자차손, 배당건설이자 등
기타 포괄손익누계액	매도가능증권 평가손익, 해외사업환산손익, 위험회피파생상품 평가손인, 재평가잉여금 등
이익잉여금	일반(법정적립금, 임의적립금 등), 미처분(미처리결손금 등) 등

5. 포괄손익계산서 [기출] 16·19·25

포괄손익계산서(I/S ; Income Statement, P/L ; Profit and Loss statement)란 일정 기간 동안 기업의 경영성과를 보고하는 동태적 재무제표이다.

매출액	• 기업의 주된 영업활동에서 발생한 제품, 상품, 용역 등의 총매출액에서 매출할인, 매출환입, 매출에누리 등을 차감한 금액 • 업종별이나 부문별로 구분하여 표시할 수 있으며, 반제품매출액, 부산물매출액, 작업폐물매출액, 수출액, 장기할부매출액 등이 중요한 경우에는 이를 구분하여 표시하거나 주석으로 기재
매출원가	• 제품, 상품 등의 매출액에 대응되는 원가로서 판매된 제품이나 상품 등에 대한 제조원가 또는 매입원가 • 기초제품(또는 상품)재고액에 당기제품제조원가(또는 당기상품매입액)를 가산하고 기말제품(또는 상품)재고액을 차감한 금액
매출총손익	매출액에서 매출원가를 차감하여 산출
판매비와 관리비	제품, 상품, 용역 등의 판매활동과 기업의 관리활동에서 발생하는 비용으로서 매출원가를 제외한 모든 영업비용 예 급여, 퇴직급여, 복리후생비, 감가상각비, 광고선전비, 임차료, 대손상각비 등
영업손익	매출총손익에서 판매비와 관리비를 차감하여 산출
영업외손익	기업의 주된 영업활동이 아닌 활동으로부터 발생한 수익과 차익으로서 중단사업손익에 해당하지 않는 것 예 이자수익, 배당금수익, 단기투자자산 처분이익, 유형자산 처분이익, 외환차익 등
영업외비용	기업의 주된 영업활동이 아닌 활동으로부터 발생한 비용과 차손으로서 중단사업손익에 해당하지 않는 것
법인세비용 차감전계속사업손익	• 영업손익에 영업외수익을 가산하고 영업외비용을 차감하여 산출 • 계속사업손익은 법인세비용 차감전 계속사업손익에서 계속사업손익 법인세비용을 차감하여 산출
계속사업손익 법인세비용	계속사업손익에 대응하여 발생한 법인세 비용
중단사업손익	중단사업으로부터 발생한 영업손익과 영업외손익으로서 사업중단직접비용과 중단사업자산손상차손을 포함하며, 법인세효과를 차감한 후의 순액으로 보고하고 중단사업손익의 산출내역을 주석으로 기재
당기순손익	계속사업손익에 중단사업손익을 가감하여 산출
주당손익	당기순이익을 발행주식 총수로 나누어 산출

주요구성요소의 계산

매출총이익	매출액 − 매출원가
영업이익	매출총이익 − 판매비와 관리비
법인세비용 차감전계속사업손익	영업이익 + 영업외수익 − 영업외비용
계속사업손익	법인세비용차감전계속사업손익 − 법인세비용(계속사업해당부분)
중단사업손익	중단사업부분에 해당하는 손익(세금효과반영)
당기순이익	계속사업손익 + 중단사업손익

6. 현금흐름표

기업조직이 일정기간 현금흐름의 변동을 알기 위해 만드는 동태적 보고서, 한국채택국제회계 기준은 직접법을 권장한다.

[직접법과 간접법의 비교] 기출 12

직접법	간접법
• 현금주의에 기초하고 있다. • 이해하기 쉽다. • 현금의 유입·유출의 내용을 항목별로 나타낼 수 있다. • 미래현금흐름예측에 보다 유용하다. • 회계자료는 발생주의에 의한 자료이므로 이를 통해 작성하는 데 많은 어려움이 있다.	• 영업활동에 의한 현금흐름을 발생주의에 기초하여 작성한다. • 작성하기 쉽다. • 발생주의와 현금주의의 차이를 알 수 있다.

CHAPTER 14 회계학

01 유형자산에 해당하는 항목을 모두 고른 것은? 기출 21

CHECK □△✕

ㄱ. 특허권	ㄴ. 건 물
ㄷ. 비 품	ㄹ. 라이선스

① ㄱ, ㄴ
② ㄴ, ㄷ
③ ㄱ, ㄴ, ㄷ
④ ㄴ, ㄷ, ㄹ
⑤ ㄱ, ㄴ, ㄷ, ㄹ

해설 및 정답

01 유형자산에 해당하는 항목은 건물과 비품이다. 특허권과 라이선스는 무형자산에 해당한다.

〈자산의 분류〉

분 류		항 목
유동자산	당좌자산	현금 및 현금성자산(보통예금), 단기금융상품, 매출채권, 미수금, 선급금, 선급비용 등
	재고자산	상품, 제품, 반제품, 재공품, 원재료, 미착품, 소모품 등
비유동자산	투자자산	장기금융상품(정기예금), 매도가능증권, 만기보유증권, 장기대여금, 투자부동산 등
	유형자산	토지, <u>건물</u>, 구축물, 기계장치, 건설 중인 자산, 차량운반구, 선박, <u>비품</u>, 공기구 등
	무형자산	영업권, 산업재산권(<u>특허권</u>, 상표권, 디자인권 등), 광업권, 개발비, <u>라이선스</u> 등
	기타 비유동자산	임차보증금, 전세권, 이연법인세자산, 장기미수금, 장기선급금 등

정답

02 유형자산의 취득원가에 포함되지 않는 것은? 기출 25

① 설치원가 및 조립원가
② 유형자산의 매입 또는 건설과 직접적으로 관련되어 발생한 종업원급여
③ 새로운 상품과 서비스를 소개하는 데 소요되는 원가
④ 최초의 운송 및 취급 관련 원가
⑤ 환급불가능한 관세 및 취득 관련 세금

03 유형자산의 감가상각에 관한 설명으로 옳은 것은? 기출 24

① 감가상각누계액은 내용연수 동안 비용처리 할 감가상각비의 총액이다.
② 정액법과 정률법에서는 감가대상금액을 기초로 감가상각비를 산정한다.
③ 정률법은 내용연수 후반부로 갈수록 감가상각비를 많이 인식한다.
④ 회계적 관점에서 감가상각은 자산의 평가과정이라기 보다 원가배분과정이라고 할 수 있다.
⑤ 모든 유형자산은 시간이 경과함에 따라 가치가 감소하므로 가치의 감소를 인식하기 위해 감가상각한다.

04 회계거래 분개 시 차변에 기록해야 하는 것은? 기출 24

① 선수금의 증가
② 미수수익의 증가
③ 매출의 발생
④ 미지급비용의 증가
⑤ 매입채무의 증가

해설 및 정답

02

유형자산 취득원가의 세부내용

유형자산의 원가 구성

① 관세 및 환급불가능한 취득 관련 세금을 가산하고 매입할인과 리베이트 등을 차감한 구입원가
② 경영진이 의도하는 방식으로 자산을 가동하는 데 필요한 장소와 상태에 이르게 하는 데 직접 관련되는 원가
  ㉠ 유형자산의 매입 또는 건설과 직접적으로 관련되어 발생한 종업원 급여
  ㉡ 설치장소 준비원가
  ㉢ 최초의 운송 및 취급 관련 원가
  ㉣ 설치원가 및 조립원가
  ㉤ 유형자산이 정상적으로 작동하는지 여부를 시험하는 과정에서 발생하는 원가[단, 시험과정에서 생산된 재화(장비의 시험과정에서 생산된 시제품 등)의 순매각금액은 당해 원가에서 차감]
  ㉥ 전문가에게 지급하는 수수료
③ 자산을 해체, 제거하거나 부지를 복구하는 데 소요될 것으로 최초에 추정되는 원가

유형자산의 원가가 아닌 예

① 새로운 시설을 개설하는 데 소요되는 원가
② 새로운 상품과 서비스를 소개하는 데 소요되는 원가(예 광고 및 판촉활동과 관련된 원가)
③ 새로운 지역에서 또는 새로운 고객층을 대상으로 영업을 하는 데 소요되는 원가(예 직원 교육훈련비)
④ 관리 및 기타 일반간접원가

정답 ③

03 유형자산의 취득시점부터 처분시점까지 자산의 가치는 등락하는데 이를 신뢰성 있게 측정하기는 어렵고 감가상각을 가치의 감소 과정이 아닌 원가배분과정으로 보는 것이 취득원가주의와 수익비용대응의 원칙에 보다 충실하기 때문에 회계적 관점에서는 감가상각을 원가배분과정으로 본다.
① 감가상각누계액은 매년 발생한 감가상각비를 누적한 금액이다. 내용연수 동안 비용처리 할 감가상각비의 총액은 감가상각대상금액이다.
② 정액법은 감가대상금액을 기초로 감가상각비를 산정하지만, 정률법은 장부금액(= 취득원가 − 감가상각누계액)을 기초로 감가상각비를 산정한다.
③ 정률법은 내용연수 초반에 감가상각비를 많이 인식한다.
⑤ 감가상각대상자산에 해당하지 않는 토지가 존재한다.

정답 ④

04 회계거래 분개 시 자산의 증가, 부채의 감소, 자본의 감소, 비용의 발생은 차변에 기록한다. 따라서 미수수익의 증가는 자산의 증가로 차변에 기록한다.
① 선수금의 증가는 부채의 증가로 대변에 기록한다.
③ 매출의 발생은 수익의 증가로 대변에 기록한다.
④ 미지급비용의 증가는 부채의 증가로 대변에 기록한다.
⑤ 매입채무의 증가는 부채의 증가로 대변에 기록한다.

정답 ②

05 장부마감 후 차기 회계연도로 잔액이 이월되지 않는 계정과목은? 기출 25

① 매입채무
② 단기대여금
③ 자본금
④ 미지급비용
⑤ 임대료

06 거래의 결합관계가 비용의 발생과 부채의 증가에 해당하는 것은?(단, 거래금액은 고려하지 않는다) 기출 23

① 외상으로 구입한 업무용 컴퓨터를 현금으로 결제하였다.
② 종업원 급여가 발생하였으나 아직 지급하지 않았다.
③ 대여금에 대한 이자를 현금으로 수령하지 못하였으나 결산기말에 인식하였다.
④ 거래처에서 영업용 상품을 외상으로 구입하였다.
⑤ 은행으로부터 빌린 차입금을 상환하였다.

07 종업원급여 지급 시 4대 보험의 일시적 원천징수를 위해 사용하는 계정과목은? 기출 25

① 예수금
② 미수금
③ 선수금
④ 가수금
⑤ 선급금

해설 및 정답

05 임대료는 비용으로, 포괄손익계산서 계정이다. 회계의 계정과목은 크게 재무상태표(자산, 부채, 자본) 계정과 포괄손익계산서(수익, 비용) 계정으로 나뉜다. 재무상태표 계정은 장부마감 후 차기 회계연도로 잔액이 이월되고 포괄손익계산서 계정의 잔액은 당기순손익 계산에 반영되고 차기로 이월되지 않는다.
① 매입채무는 부채로, 재무상태표 계정이다.
② 단기대여금은 자산으로, 재무상태표 계정이다.
③ 자본금은 자본으로, 재무상태표 계정이다.
④ 미지급비용은 부채로, 재무상태표 계정이다.

정답 ❺

06 종업원 급여 발생 : 비용 발생, 종업원 급여 미지급 : 부채 증가
① 외상 구입 컴퓨터 결제 : 부채 감소, 현금 결제 : 자산 감소
③ 대여금 이자 : 수익 발생, 이자 수령 : 자산 증가
④ 상품 외상 구입 : 부채 증가, 상품 구입 : 자산 증가
⑤ 차입금 상환 : 부채 감소, 자산 감소

정답 ❷

07 예수금은 일시적으로 타인의 돈을 받아서 맡아 놓는 금액으로, 원천징수를 위해 사용된다.
② 미수금은 일반 상품판매 외에 용역이나 상품을 제공했으나 아직 대금을 받지 못했을 때 사용한다.
③ 선수금은 용역이나 상품을 판매할 때 미리 받은 금액을 의미한다.
④ 가수금은 받은 금액의 원인이 정확하게 확인되지 않을 때 사용된다.
⑤ 선급금은 용역이나 상품을 매입할 때 미리 지급하는 금액을 의미한다.

정답 ❶

08 자본조정에 해당하는 항목을 모두 고른 것은? 기출 25

ㄱ. 주식발행초과금
ㄴ. 이익준비금
ㄷ. 주식할인발행차금
ㄹ. 자기주식

① ㄱ, ㄴ
② ㄷ, ㄹ
③ ㄱ, ㄴ, ㄷ
④ ㄴ, ㄷ, ㄹ
⑤ ㄱ, ㄴ, ㄷ, ㄹ

09 (주)한국(결산일 : 12월 31일)은 2017년 초 기계장치를 2,000,000원에 취득하고, 잔존가치 200,000원, 내용연수 5년, 정액법으로 감가상각하였다. (주)한국은 2019년 초에 기계장치를 1,300,000원에 처분하였다. (주)한국의 기계장치 처분으로 인한 손익은? 기출 19

① 처분이익 20,000원
② 처분손실 20,000원
③ 처분이익 100,000원
④ 처분손실 100,000원
⑤ 처분손실 300,000원

10 포괄손익계산서의 계정에 해당하지 않는 것은? 기출 19

① 감가상각비
② 광고비
③ 매출원가
④ 자기주식처분이익
⑤ 유형자산처분이익

11 현행 K-IFRS에 의한 재무제표에 해당하지 않는 것은? 기출 23

① 재무상태변동표
② 포괄손익계산서
③ 자본변동표
④ 현금흐름표
⑤ 주 석

해설 및 정답

08 ㄱ. (×) 자본잉여금
　　ㄴ. (×) 이익잉여금
　　ㄷ. (○) 자본조정 차감항목
　　ㄹ. (○) 자본조정 차감항목

> 자본 계정에는 자본금, 자본잉여금, 자본조정, 이익잉여금, 기타포괄손익누계액이 있다.
> - 자본금 : 주주가 투자한 자금으로 '주식수×액면금액'으로 계산
> - 자본잉여금 : <u>주식발행 초과금</u>, 기타 자본잉여금(감자차익, 자기주식처분 이익)
> - 자본조정 : <u>주식할인발행차금</u>, 감자차손, <u>자기주식 처분손실</u> 등
> - 기타포괄손익누계액(미실현 손익) : 매도가능 증권 평가 손익, 재평가 잉여금 등
> - 이익잉여금 : <u>이익준비금</u>, 기타법정적립금, 임의적립금, 미처분이익잉여금

정답 ❷

09 2017년 초에 구입해서 2019년 초에 팔았으므로 감가상각기간은 2년이다.

감가상각비 $= \dfrac{2{,}000{,}000 - 200{,}000}{5} \times 2 = 720{,}000$

2019년 초 기계장치 장부가액 = 2,000,000 − 720,000 = 1,280,000원
1,280,000원 기계장치를 1,300,000원에 처분하였으므로 20,000원의 처분이익이 발생하였다.

정답 ❶

10 자기주식처분이익은 재무상태표 자본계정의 자본잉여금에 포함된다.

정답 ❹

11 재무제표의 종류는 재무상태표, 포괄손익계산서, 현금흐름표, 자본변동표, 주석이다.

정답 ❶

12. 당좌자산에 해당하는 것을 모두 고른 것은? 기출 18

| ㄱ. 현 금 | ㄴ. 보통예금 |
| ㄷ. 투자부동산 | ㄹ. 단기금융상품 |

① ㄱ, ㄴ
② ㄷ, ㄹ
③ ㄱ, ㄴ, ㄹ
④ ㄴ, ㄷ, ㄹ
⑤ ㄱ, ㄴ, ㄷ, ㄹ

13. 다음의 주어진 자료를 이용하여 산출한 기말자본액은? 기출 22

〈자료〉
- 기초자산 : 380,000원
- 기초부채 : 180,000원
- 당기 중 유상증자 : 80,000원
- 당기 중 현금배당 : 40,000원
- 당기순이익 : 100,000원

① 260,000원
② 300,000원
③ 340,000원
④ 380,000원
⑤ 420,000원

14. 도소매업을 영위하는 (주)한국의 재고 관련 자료가 다음과 같을 때, 매출이익은? 기출 23

총매출액	₩10,000	총매입액	₩7,000
매출환입액	₩50	매입에누리액	₩80
기초재고액	₩200	매입운임액	₩20
기말재고액	₩250		

① ₩2,980
② ₩3,030
③ ₩3,060
④ ₩3,080
⑤ ₩3,110

해설 및 정답

12 당좌자산은 유동자산중에서 재고자산을 제외한 자산으로 제조나 판매의 과정을 거치지 않고 현금화되는 자산으로 현금, 예금, 유가증권, 단기 대여금, 미수금, 미수수익 등이 이에 속한다.

정답 ❸

13 • 기초자본 = 기초자산 − 기초부채 = 380,000원 − 180,000원 = 200,000원
   • 기말자본 = 기초자본 + 유상증자 + 당기순이익 − 현금배당
             = 200,000원 + 80,000원 + 100,000원 − 40,000원
             = 340,000원

정답 ❸

14 • 매출원가 = 기초재고액 + (총매입액 + 매입운임액 − 매입에누리) − 기말재고액
            = ₩200 + (₩7,000 + ₩20 − ₩80) − ₩250
            = ₩6,890
   • 매출이익(매출순이익) = (총매출액 − 매출환입액) − 매출원가
                       = (₩10,000 − ₩50) − ₩6,890
                       = ₩3,060

정답 ❸

15 K사는 자전거를 생산할 때 매월 장비 임차료는 1,000원이고, 제품 개당 변동비와 판매가는 각각 50원과 300원이다. 한 달에 10대를 생산하여 팔 경우 월이익은? 기출 25

① 250원
② 1,000원
③ 1,500원
④ 2,000원
⑤ 2,500원

16 다음 재고자산 관련 자료를 이용하여 구한 당기 매출액은? (단, 주어진 자료 이외의 것은 고려하지 않는다) 기출 25

- 기초재고액 100원
- 당기매입액 500원
- 기말재고액 200원
- 매출원가율 80%

① 400원
② 500원
③ 550원
④ 600원
⑤ 750원

해설 및 정답

15 이익은 수익에서 비용을 차감한 값이다.

> 월이익 = (단위당 판매가격 − 단위당 변동비) × 판매량 − 고정비

$(300-50) \times 10 - 1,000 = 1,500$(원)

정답 ❸

16 당기매출원가 = 기초재고액 + 당기매입액 − 기말재고액 = 400(원)

매출원가율 = $\dfrac{\text{매출원가}}{\text{매출액}} \times 100(\%)$ 이므로

$80\% = \dfrac{400}{\text{매출액}} \times 100(\%)$, 매출액 = 500(원)

정답 ❷

17 내용연수를 기준으로 초기에 비용을 많이 계상하는 감가상각방법은? 기출 15

① 정액법
② 정률법
③ 선입선출법
④ 후입선출법
⑤ 저가법

18 재무상태표와 관련되는 것을 모두 고른 것은? 기출 20

ㄱ. 수익·비용대응의 원칙
ㄴ. 일정 시점의 재무상태
ㄷ. 유동성배열법
ㄹ. 일정 기간의 경영성과
ㅁ. 자산, 부채 및 자본

① ㄱ, ㄴ
② ㄱ, ㄹ
③ ㄴ, ㄷ, ㄹ
④ ㄴ, ㄷ, ㅁ
⑤ ㄷ, ㄹ, ㅁ

해설 및 정답

17 정률법은 매년 감가하는 자산의 잔존가격에 일정률을 곱하여 매년의 감가액을 계산하는 방법이다.
① 정액법은 고정자산의 내용연수의 기간 중 매기 동일액을 상각해 가는 방법이다.
③ 선입선출법은 매입순법이라고도 하며, 가장 먼저 취득된 것부터 순차로 불출하는 방법이다.
④ 후입선출법은 나중에 사들인 상품 또는 원재료로 만든 물품부터 팔렸다고 보고 남은 상품 또는 원재료를 평가하는 방법이다.
⑤ 저가법은 재고자산의 가액을 결정함에 있어서 원가법이나 시가법에 따르지 않고 원가와 시가 중 낮은 가액을 계산가액으로 하는 방법이다.

정답 ❷

18 수익·비용대응의 원칙과 일정 기간의 경영성과는 손익계산서와 관련되는 것이다.

재무상태표와 손익계산서
- 재무상태표 : 대차대조표라고도 하며, 기업의 일정 시점의 재무상태를 나타내는 재무제표로, 차변엔 자산, 대변엔 부채와 자본을 기입하고, 기업회계기준인 유동성배열법을 원칙으로 작성한다.
- 손익계산서 : 기업의 일정 기간 동안의 성과를 나타내는 재무제표로, 그 기간 동안 발생한 수익과 이에 대응하는 비용을 정리하여 작성한다.

정답 ❹

참고문헌

제1과목 노동법 I
- 임종률, 김홍영 공저, 노동법, 박영사, 2025
- 김형배, 박지순 공저, 노동법 강의, 신조사, 2025
- 이상윤, 노동법, 법문사, 2024
- 조용만, 김홍영 공저, 로스쿨 노동법 해설, 오래, 2023
- 전시춘, 에센스 노동법 I, 청출어람, 2025
- 방강수, 통합노동법, 웅비, 2021
- 김기범, 2026 이론·판례 노동법, 에듀비, 2025
- 김유성, 노동법 I, 법문사, 2005
- 박홍규, 노동법 I 고용법·근로조건법, 삼영사, 2005
- 이병태, 최신 노동법, 중앙경제사, 2008

제2과목 노동법 II
- 임종률, 김홍영 공저, 노동법, 박영사, 2025
- 김형배, 박지순 공저, 노동법 강의, 신조사, 2025
- 이상윤, 노동법, 법문사, 2024
- 조용만, 김홍영 공저, 로스쿨 노동법 해설, 오래, 2023
- 전시춘, 에센스 노동법 II, 청출어람, 2025
- 방강수, 통합노동법, 웅비, 2021
- 김기범, 2026 이론·판례 노동법, 에듀비, 2025
- 김유성, 노동법 II, 법문사, 2001
- 박홍규, 노동법 II 노동단체법, 삼영사, 2002
- 이병태, 최신 노동법, 중앙경제사, 2008

제3과목 민 법
- 양창수, 민법입문, 박영사, 2023
- 지원림, 민법강의, 홍문사, 2025
- 김준호, 민법강의, 법문사, 2025
- 송덕수, 신민법강의, 박영사, 2025
- 박승수, 2025 로스쿨 민법정리, 에듀비, 2024
- 황보수정, 2025 공인노무사 핵심정리 민법, 새흐름, 2024
- 김묘엽, 2024 요약된 공인노무사 마이민법, LAW & ORDER, 2024
- 강양원, 2025 공인노무사 도해식 민법 핵심정리, 더솜, 2024
- 박기현·김종원 공저, 핵심정리 민법, 메티스, 2014

제4과목 사회보험법
- 권오성, 사회보험법, 신조사, 2013
- 이상윤·곽병수, 사회보험법, 홍문사, 2012
- 노병호·한경식, 사회보험법, 진원사, 2010
- 전시춘, 에센스 사회보험법, 청출어람, 2025
- 나진석, 해설이 있는 사회보험법 법령집, 법학사, 2021
- 이주현, 2025 핵심정리 사회보험법, 새흐름, 2025

선택과목 I 경제학원론
- 이준구·이창용, 경제학원론, 문우사, 2025
- 조순·정운찬 외 공저, 경제학원론, 율곡, 2024
- 황종휴, 연습책 미시경제학 세트, 윌비스, 2023
- 정병열, 객관식 경제학 7급, 세경북스, 2023
- 이영환·김진욱 공저, 객관식 경제학 강의 거시경제학, 율곡, 2023
- 이영환·김진욱 공저, 객관식 경제학 강의 미시경제학, 율곡, 2023
- 김대식 외, 현대 경제학원론, 박영사, 2025
- 박도준, 경제학원론, 이모션미디어, 2017

선택과목 II 경영학개론
- 김귀곤 외, 경영학으로의 초대, 박영사, 2024
- 이해선, 공인노무사를 위한 경영학개론, 필통북스, 2025
- 오대양, 에센스 경영학개론, 청출어람, 2025
- 김영재 외, 신인적자원관리, 탑북스, 2021
- 박경규, 신인사관리, 홍문사, 2023
- 임창희, 인적자원관리, 비엔엠북스, 2024
- 정순진, 경영학연습, 법문사, 2010

2026 시대에듀 EBS 공인노무사 1차 한권으로 끝내기

개정20판1쇄 발행		2025년 12월 30일(인쇄 2025년 11월 27일)
초 판 발 행		2006년 07월 01일(인쇄 2006년 05월 10일)
발 행 인		박영일
책 임 편 집		이해욱
저 자		EBS 교수진
편 집 진 행		안효상·고광옥·김민지
표 지 디 자 인		박종우
편 집 디 자 인		하한우·윤준하
발 행 처		(주)시대고시기획
출 판 등 록		제10-1521호
주 소		서울시 마포구 큰우물로 75 [도화동 538 성지 B/D] 9F
전 화		1600-3600
팩 스		02-701-8823
홈 페 이 지		www.sdedu.co.kr
I S B N		979-11-434-0347-6 (13360)
정 가		60,000원(1·2·3권 포함)

※ 이 책은 저작권법의 보호를 받는 저작물이므로 동영상 제작 및 무단전재와 배포를 금합니다.
※ 잘못된 책은 구입하신 서점에서 바꾸어 드립니다.

개정법령 관련 대처법을 소개합니다!

도서만이 전부가 아니다! 시험 관련 정보 확인법!
법령이 자주 바뀌는 과목의 경우, 도서출간 이후에 아래와 같은 방법으로
변경된 부분을 업데이트 · 수정하고 있습니다.

01 정오표
도서출간 이후 발견된 오류는 그 즉시 해당 내용을 확인한 후 수정하여 정오표 게시판에 업로드합니다.

※ 시대에듀 : 홈 ≫ 학습자료실 ≫ 정오표

02 추록(최신 개정법령)
도서출간 이후 법령개정으로 인한 수정사항은 도서의 구성에 맞게 정리하여 도서업데이트 게시판에 업로드합니다.

※ 시대에듀 : 홈 ≫ 학습자료실 ≫ 도서업데이트

시대에듀 www.sdedu.co.kr

공인노무사시험
합격을 꿈꾸는 수험생들에게...

기출문제집
- 최신 기출문제와 상세한 첨삭해설
- 최신 개정법령 및 관련 판례 완벽반영

기본서
- 최신 개정법령을 반영한 핵심이론+실전대비문제
- 온라인 동영상강의용 교재

한권으로 끝내기
- 단기간 반복학습을 위한 최적의 구성
- 단 한 권으로 1차시험 전 과목 대비

핵심요약집
- 필수 3법 도표식 요약집

도서 및 동영상강의 문의
1600-3600
www.sdedu.co.kr

공인노무사라는 꿈을 향해 도전하는 수험생 여러분에게
정성을 다해 만든 최고의 수험서를 선사합니다.

1차시험

1차시험

2차시험

핵지총
- 10개년 핵심 기출지문 총망라
- 최신 개정법령 및 관련 판례 완벽반영

객관식 문제집
- 종합기출문제해설

기본서
- 최신 개정법령을 반영한 주요논점
- Chapter별 최신 기출문제와 예시답안
- 온라인 동영상강의용 교재

관계법령집
- 노동법 Ⅰ·Ⅱ 최신 개정법령 완벽반영
- 암기용 셀로판지로 무한 반복학습

※ 각 도서의 세부구성 및 이미지는 변동될 수 있습니다.

최고 교수진의 빠른 합격전략

현직 공인노무사와 전문 교수진의 압도적인 강의로
최단기간 합격을 약속드립니다.

빈틈없는 강의로 노동법 완전정복!

합격생이 인정한 현직 노무사의
입체적인 강의

김희향 공인노무사(노동법)
현) 노무법인 태주 대표 공인노무사
(사)한국공인노무사회 교육연수위원회 이사

들을수록 빠져드는 사회보험법 고득점전략!

실무경험을 바탕으로 하는
깊이 있는 강의

이윤형 공인노무사(사회보험법)
온누리노무컨설팅 대표
서울시교육청 사학기관전문가 자문단 자문위원

방대한 민법, 핵심만 짚어준다!

민법 전문 교수가 알려 주는
쉽고 확실한 강의

김동진 교수(민법)
(前)법무법인 가현 민사·행정 전문위원
시대에듀 강사(변리사 민법)

체계적인 학습법! 경영학개론 완벽 마스터!

사례와 예시를 통해 이해를
돕는 친절한 강의

이근필 교수(경영학개론)
한양대 경영학 박사
시대에듀 강사(경영학·경영분석)

※ 강사진은 내부사정에 따라 변동될 수 있습니다.

보다 깊이 있는 학습을 원하는 수험생들을 위한
시대에듀의 동영상 강의가 준비되어 있습니다.

www.sdedu.co.kr ➔ 회원가입(로그인) ➔ 강의 살펴보기

49.4%
***2025년 공인노무사 1차 합격률**

CBT 모의고사로 최종 합격 점검!

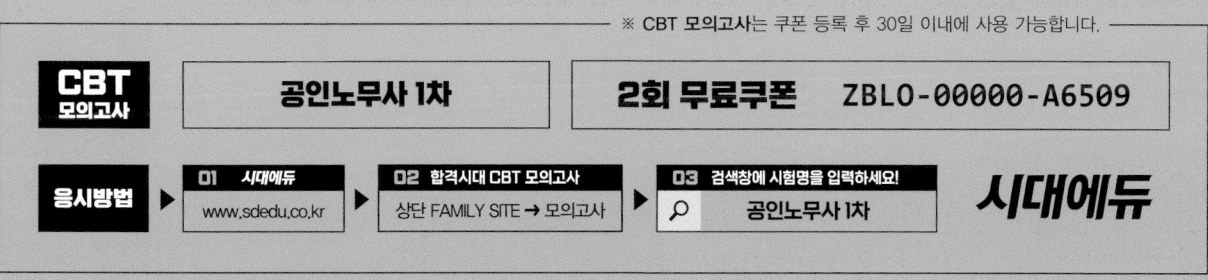

公認勞務士

공인노무사
한권으로 끝내기

노동법 Ⅰ·Ⅱ / 민법(총칙·채권) / 사회보험법 / 경제학원론·경영학개론(선택과목)

1차시험 | 전과목

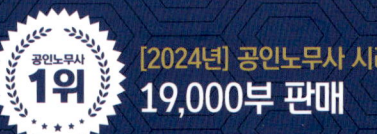

[2024년] 공인노무사 시리즈
19,000부 판매